中华人民共和国民法典
释义及适用指南

黄　薇◎主编

上册

ZHONG HUA REN MIN GONG HE GUO
MIN FA DIAN SHI YI JI SHI YONG ZHI NAN

中国民主法制出版社

图书在版编目（CIP）数据

中华人民共和国民法典释义及适用指南/黄薇主编
. —北京：中国民主法制出版社，2020.6
ISBN 978-7-5162-2219-5

Ⅰ.①中… Ⅱ.①黄… Ⅲ.①民法—法律解释—中国
②民法—法律适用—中国 Ⅳ.①D923.05

中国版本图书馆 CIP 数据核字（2020）第 069810 号

图书出品人：刘海涛
出 版 统 筹：乔先彪
责 任 编 辑：乔先彪 陈 曦 逯卫光 许泽荣 庞贺鑫 贾萌萌

书名/ 中华人民共和国民法典释义及适用指南
作者/ 黄 薇 主编

出版·发行/ 中国民主法制出版社
地址/ 北京市丰台区玉林里 7 号（100069）
电话/（010）63055259（总编室） 63057714（总编室）
传真/（010）63056975 63292520
http：//www.npcpub.com
E-mail： mzfz@npcpub.com
经销/ 新华书店
开本/ 16 开 710 毫米×1000 毫米
印张/ 124.5 **字数/** 2073 千字
版本/ 2020 年 7 月第 1 版 2020 年 7 月第 1 次印刷
印刷/ 北京天宇万达印刷有限公司

书号/ ISBN 978-7-5162-2219-5
总定价/ 320.00 元（上中下册）
出版声明/ 版权所有，侵权必究。

出版说明

2020 年 5 月 28 日，第十三届全国人民代表大会第三次会议表决通过了《中华人民共和国民法典》，宣告中国"民法典时代"正式到来。5 月 29 日下午，中共中央政治局就"切实实施民法典"举行第二十次集体学习，习近平总书记在主持学习时发表了重要讲话。习近平强调，民法典在中国特色社会主义法律体系中具有重要地位，是一部固根本、稳预期、利长远的基础性法律，对推进全面依法治国、加快建设社会主义法治国家，对发展社会主义市场经济、巩固社会主义基本经济制度，对坚持以人民为中心的发展思想、依法维护人民权益、推动我国人权事业发展，对推进国家治理体系和治理能力现代化，都具有重大意义。

基于此，为了落实党中央关于学习民法典的重要精神，切实贯彻实施民法典的精髓要义，充分发挥其在国家治理体系建设中的基础性作用，中国民主法制出版社推出《中华人民共和国民法典释义及适用指南》。

"法律解释即法典的生命。"《中华人民共和国民法典》共七编、一千二百六十条，各编依次为总则、物权、合同、人格权、婚姻家庭、继承、侵权责任，以及附则，可谓是"社会生活百科全书"。本书由全国人大常委会法制工作委员会民法室主任黄薇同志担纲主编，民法室参与立法的同志共同撰写，结合经济社会生活中出现的新情况、新问题，对民法典的立法要义和实施热点作了全方位解读，所阐释的内容为最高立法机关的精心总结，体例科学，结构严谨，权威规范。

本书秉承"立足权威、传播法律"的宗旨，紧密回应全社会关注的立法草案征求意见的反馈热点，结合平等、自愿、公平、诚信、守法、绿色等基本原则以及公序良俗社会秩序的构建，全面系统地对民法典作了实务解析，是掌握应用民法典知识的必备参考。

本书的出版，有助于让民法典知识家喻户晓，确保民法典顺利实施。我们将一如既往地做好新时代法律宣传和法律解释工作，敬请广大读者朋友关注并指正。

《中华人民共和国民法典释义及适用指南》编辑部
2020 年 7 月

CONTENTS

本册细目

第一编　总　　则

2020 年 5 月 22 日，十三届全国人大三次会议在北京召开。5 月 28 日下午，在第三次全体会议上，表决并高票通过了《中华人民共和国民法典》。

总则编规定民事活动必须遵循的基本原则和一般性规则，统领民法典各分编。总则编基本保持 2017 年 3 月十二届全国人大五次会议通过的《中华人民共和国民法总则》的结构和内容不变；同时，根据法典编纂体系化要求进行了适当调整，对个别条款作了文字修改，以使法典各编的表述整体统一。总则编共十章、二百零四条，规定了民法基本原则，自然人、法人和非法人组织等民事主体，民事权利，民事法律行为和代理，民事责任和诉讼时效等基本民事制度。

第一章　基本规定

第一章为总则编的基本规定，共十二条，规定了民法典的立法目的和依据、民法的调整范围，规定了民法的基本原则、民法的渊源，民事一般法与特别法的关系，以及民法典的效力范围。

> **第一条**　为了保护民事主体的合法权益，调整民事关系，维护社会和经济秩序，适应中国特色社会主义发展要求，弘扬社会主义核心价值观，根据宪法，制定本法。

【条文主旨】

本条是关于民法的立法目的和依据的规定。

【条文释义】

立法目的是制定法律的根本目标和宗旨。民法典的立法目的可以说是对原来各民事单行法律基本原则的归纳与概括。关于民法的立法目的包括哪些，在法律起草过程中存在不同观点。有的意见认为，民法的立法目的只有一个，就是保障民事主体的民事权益；有的意见认为，包括调整民事关系、维护社会秩序；有的意见认为，还应包括维护人的自由和尊严、增进人民福祉等。民法通则第1条规定的立法目的包括保障公民和法人的合法的民事权益，正确调整民事关系，适应社会主义现代化建设事业发展的需要。本条根据各方面意见，在民法通则规定的立法目的基础上，规定了五个方面的立法目的：

一是保护民事主体的合法权益。民事主体的合法权益包括人身权利、财产权利、兼具人身和财产性质的知识产权等权利，以及其他合法权益。保护公民的各项基本权利是宪法的基本原则和要求，保护民事主体的合法权益是民法的首要目的，也是落实和体现宪法精神的表现。可以说，民法典中的很多制度设计都是围绕保护民事主体的合法权益而展开的，如总则编第五章民事权利就是从整体上规定了民事主体所享有的各项民事权利，而物权编则专门规定了物权，人格权编则针对民事主体的人格权益进行规定，等等。

二是调整民事关系。民事权益存在于特定社会关系之中，民法保护民事权利，是通过各种调整民事关系来实现的。调整社会关系是法律的基本功能。一个人无时无刻不与外界发生各种关系，其中最为重要的就是人与人之间的社会关系。社会关系有的涉及市场交换关系，有的涉及家庭生活关系，有的涉及友情关系，不论哪种关系，都需要通过一定的社会规则加以规范，否则将可能陷入混乱。调整社会关系的手段有道德、法律等不同类型，其中法律是现代社会最为重要的调整社会关系的方式。民法调整的仅仅是民事关系，民事关系就是平等主体之间的权利和义务关系。民事关系根据权利义务内容性质的不同，可以分为人身关系、财产关系等，民法通过各种具体制度、规则调整民事主体之间的相互关系，最终的目的就是促进和实现民事主体之间生活秩序的和谐。

三是维护社会和经济秩序。民法保护单个主体的民事权利，调整民事主体之间的关系，从而确立并维护整个社会的民事生活秩序。民法确立维护婚姻、家庭等社会秩序，使民事主体之间的社会关系处于稳定有序的状态。同样，民法通过调整民事主体之间的财产权关系、交易关系，实现对经济秩序的维护，使得民事主体享有合法的财产权，进而能在此基础上与他人开展交易，从而确保整个社会的经济有条不紊地运行。正是从这个意义上说，民法典是国家治理体系的有机组成部分。

四是适应中国特色社会主义发展要求。法律是上层建筑，其由经济基础决定，并与经济基础相适应。新中国成立以来，特别是改革开放以来，中国特色社会主义建设取得了举世瞩目的成就，中国特色社会主义法律体系也已形成。随着改革开放的深入推进，市场经济不断发展，人民群众对于提高权利保障的法治化水平的期望越来越高。编纂民法典就是为了满足人民群众的新法治需求，适应我国社会主要矛盾的变化。社会主义市场经济本质上是法治经济，通过编纂民法典不断完善社会主义法律体系，健全市场秩序，维护交易安全，促进社会主义市场经济持续健康发展。

五是弘扬社会主义核心价值观。社会主义核心价值观是民族精神和时代精神的高度凝练，是中国特色社会主义法治的价值内核，是中国特色社会主义法治建设的灵魂，是坚持中国特色社会主义法治发展道路的基本遵循。社会主义核心价值观包括富强、民主、文明、和谐，自由、平等、公正、法治，爱国、敬业、诚信、友善。社会主义核心价值观要融入法治建设的全过程，要将社会主义核心价值观的基本要求融入法律，转化为法律规范性要求，将法律法规作为践行社会主义核心价值观的制度载体，使法律法规更好体现国家的价值目标、社会的价值取向、公民的价值追求。编纂民法典，健全民事基本法律制度，可以强化全社会的契约精神。按照党中央关于把社会主义核心价值观融入法治建设的要求，应当强调在民事活动中弘扬中华优秀文化，践行社会主义核心价值观，大力弘扬自由、平等、公正、诚信等社会主义核心价值观。弘扬社会主义核心价值观，体现的是法治与德治并重的治国理念。

宪法是国家的根本法，是母法，是其他法律制定的依据。我国立法法明确规定，宪法具有最高的法律效力，一切法律、行政法规、地方性法规、自治条例和单行条例、规章都不得同宪法相抵触。"根据宪法，制定本法"的规定明确了民法典的立法依据。宪法是民法的立法根据，民法的规定必须体现宪法精神，落实宪法的要求，不得违背宪法。民法的实体内容不仅应当落实宪法的原则和要求，民法典编纂的立法程序也必须符合宪法关于立法制度和程序的规定。

第二条　民法调整平等主体的自然人、法人和非法人组织之间的人身关系和财产关系。

【条文主旨】

本条是关于民法典调整范围的规定。

【条文释义】

法律的调整范围就是法律所规范的社会关系类型。一个国家的法律体系总是由不同的法律部门组成，不同的法律部门规制不同的社会关系。法律部门之间分工配合，从而形成有机统一的法律体系。中国特色社会主义法律体系也是如此，是由宪法及宪法相关法、民法、行政法、经济法、社会法、刑法、诉讼与非诉讼程序法等不同的法律部门共同组成的。

在民法典的开编就明确规定调整范围，可以让人民群众很直观地知道民法典的功能和定位。民法通则第 2 条规定，中华人民共和国民法调整平等主体的公民之间、法人之间、公民和法人之间的财产关系和人身关系。总则编延续了民法通则规定民法调整范围的做法，在本条规定，民法调整平等主体的自然人、法人和非法人组织之间的人身关系和财产关系。民法调整的这种关系进行排列组合，包括自然人之间、法人之间、非法人组织之间、自然人和法人之间、自然人和非法人组织之间、法人和非法人组织之间的人身关系和财产关系。

民事主体是民事关系的参与者、民事权利的享有者、民事义务的履行者和民事责任的承担者。本条首先列举了民事主体的具体类型，包括自然人、法人和非法人组织三类。关于民事主体的类型，民法总则起草过程中存在一定的不同意见。有的意见认为，民事主体只包括自然人和法人。有的意见认为，民事主体还包括其他组织、非法人团体或非法人组织。自然人作为民事主体，对此是没有争议的。自然人是最为重要的民事主体，民法通则用的是"公民（自然人）"，民法典直接规定为自然人，自然人就是通常意义上的人，民法上使用这个概念，主要是与法人相区别。自然人不仅包括中国公民，还包括我国领域内的外国人和无国籍人。法人就是法律上拟制的人，法人是一种社会组织，法律基于社会现实的需要，赋予符合一定条件的组织以法人资格，便于这些组织独立从事民事活动，归根结底是为了扩展自然人从事民事活动的广度。民法通则仅规定了自然人和法人两类民事主体。对于是否应当认可自然人、法人之外的第三类民事主体，认可的话第三类民事主体的名称应当是什么，立法过程中有不同的意见。有的意见认为，应当认可自然人、法人之外的第三类民事主体。有的意见认为，民事主体就是自然的人和法律拟制的人即法人两类，不存在其他第三类主体。基于社会实践和多数意见，赋予个人独资企业、合伙企业等不具有法人资格的组织以民事主体地位，有利于其开展民事活动，促进经济社会发展，也与其他法律的规定相衔接，民法典创设了第三类民事主体。

关于第三类民事主体的名称，有的意见认为应称为非法人团体，有的意见认为应称为其他组织，有的意见认为应称为非法人组织。经研究，我国现行法律使用较多的术语是其他组织，其范围不尽一致，内涵和外延都不同。在制定民法总则的过程中，对这些法律规定进行了全面研究，认为有关法律中使用的"其他组织"是适当的，但作为民事主体，统一使用"非法人组织"为宜，这与公司、基金会、协会等名称不一样，但在民法上与统一称为"法人"的道理相同。民事主体首先分为自然人和非自然人（组织），非自然人的组织体再进一步划分为法人和与法人相对应的非法人组织。

自然人、法人、非法人组织之间的社会关系多种多样，并非所有社会关系都由民法调整。民法仅调整相互之间的民事关系，即作为平等主体之间自然人、法人、非法人组织之间发生的社会关系。例如，行政机关在从事行政管理活动时，会与自然人或法人形成行政法律关系，这种行政法律关系的双方地位是不平等的，不属于民法调整。行政机关从事民事活动，如因购买商品而与公司签订买卖合同，民法要求其必须以机关法人的身份进行，此时机关法人与其他民事主体之间的法律地位是平等的，这种买卖合同关系则由民法调整。

民法所调整的民事关系根据权利义务所涉及的内容不同可以分为两大类，即民事主体之间的财产关系和人身关系。人身关系是指民事主体之间基于人格和身份形成的无直接物质利益因素的民事法律关系。人身关系有的与民事主体的人格利益相关，有的与民事主体的特定身份相关。如配偶之间的婚姻关系，父母子女之间的抚养和赡养关系。财产关系是指民事主体之间基于物质利益而形成的民事法律关系。财产关系包括静态的财产支配关系，如所有权关系；还包括动态的财产流转关系，如债权债务关系等。就财产关系所涉及的权利内容而言，财产关系包括物权关系、债权关系等。

民法通过规定基本原则、民事基本制度和具体的民事法律规范，对民事主体之间的人身性和财产性的权利义务关系予以确认、保护、规制，并赋予民事主体在权利受到侵害时相应的救济方式，以确保各种民事法律关系稳定，维护民事生活的和谐有序。

> **第三条** 民事主体的人身权利、财产权利以及其他合法权益受法律保护，任何组织或者个人不得侵犯。

【条文主旨】

本条是关于民事权利及其他合法权益受法律保护的规定。

【条文释义】

民事权利及其他合法权益受法律保护是民法的基本精神。民事主体的民事权利及其他合法权益受法律保护的要求在我国诸多法律中都有规定。如根据宪法第13条规定，公民的合法的私有财产不受侵犯。国家依照法律规定保护公民的私有财产权和继承权。民法通则第5条规定，公民、法人的合法的民事权益受法律保护，任何组织和个人不得侵犯。

民事权利及其他合法权益受法律保护是民法的基本精神，也是民事立法的出发点和落脚点。民法总则制定过程中，曾将本条内容规定在第9条中，在审议过程中，普遍认为，民事权利及其他合法权益受法律保护是民法的基本精神，统领整部民法典和各民商事特别法，应当进一步突出民事权利受法律保护的理念，将本条的内容规定在前面，以充分体现权利本位、权利导向的立法宗旨。经研究，最终将本条内容移至总则第3条，以突出强调民事权利及其他合法权益受法律保护的基本精神和重要地位。总则编对该条规定仍保持不变。

总则编第109条规定，自然人的人身自由、人格尊严受法律保护。总则编还规定保护民事主体的各种人身权利、财产权利以及其他合法权益。人身权利包括生命权、健康权、姓名权、肖像权、名誉权、荣誉权、隐私权、婚姻自主权、监护权等；财产权利包括所有权、用益物权、担保物权、股权等。民法除保护人身权利和财产权利外，兼具有人身和财产性质的知识产权、继承权等也受法律保护。除列明的民事权利外，总则编还规定保护其他合法权益，原因在于，有些民事权益法律并未明确规定，但确有必要予以保护的，法律也应当予以保护。民事权利及其他合法权益受法律保护，就要求任何组织或者个人不得侵犯。不得侵犯就是任何组织或者个人不得非法侵占、限制、剥夺他人的民事权利及其他合法权益，也不得干涉他人正常行使民事权利及其他合法权益。当然，这并非意味着民事主体的民事权利可以毫无限制，是绝对自由的。相反，民事主体行使民事权利要受到法律、公序良俗的约束，民事主体不得滥用民事权利，且国家基于公共利益的需要，在法律权限范围内经法定程序，在给予公平合理补偿的前提下，可以对民事主体的财产予以征收或者征用。

民法典不仅在总则编对保护民事权利作了规定，在其他各编中也都有配套的相关规定。如物权编中规定，国家、集体、私人的物权和其他权利人的物权受法律平等保护，任何组织或者个人不得侵犯；同时在第三章专门规定了物权保护制度。如合同编规定，依法成立的合同，受法律保护。人格权编规定，民事主体的人格权受法律保护，任何组织或者个人不得侵犯。继承编规定，国家保护自然人的继承权。

第四条　民事主体在民事活动中的法律地位一律平等。

【条文主旨】

本条是关于平等原则的规定。

【条文释义】

平等原则是指民事主体，不论是法人、自然人还是非法人组织，不论法人规模大小、经济实力雄厚与否，不论自然人是男、女、老、少、贫、富，不论非法人组织经营什么业务，在从事民事活动时，他们相互之间在法律地位上都是平等的，他们的合法权益受到法律的平等保护。平等原则是民事法律关系区别于行政法律关系特有的原则，也是发展社会主义市场经济的客观要求。

我国宪法规定，中华人民共和国公民在法律面前一律平等。宪法规定的人人平等原则，需要在民法中加以落实。自民法通则第 3 条规定当事人在民事活动中的地位平等后，很多民商事单行法律也都规定了平等原则。如物权法第 3 条第 3 款规定，国家实行社会主义市场经济，保障一切市场主体的平等法律地位和发展权利。合同法第 3 条规定，合同当事人的法律地位平等，一方不得将自己的意志强加给另一方。消费者权益保护法第 4 条规定，经营者与消费者进行交易应当遵循自愿、平等、公平、诚实信用的原则。合伙企业法第 5 条规定，订立合伙协议、设立合伙企业应当遵循自愿、平等、公平、诚实信用原则。

总则编作为民法典各分编和民商事单行法的统率性规定，在继承民法通则规定的基础上，总结吸收各民商事单行法的立法经验，在本条中规定了平等原则。在法律起草过程中，有的意见提出，应在平等原则中明确规定任何一方不得将自己的意志强加给对方。有的意见提出，应在本条中增加一款，规定法律对未成年人、老年人、残疾人、妇女、消费者、劳动者等自然人有特别保护的，依照其规定。考虑到基本原则的法律条文表述应简洁，突出表明基本原则的核心要义，这一条文规定的平等原则所指就是民事主体在民事活动中法律地位平等。法律地位平等包含民事主体在从事民事活动时不能将意志强加给另一方，还包括其他方面的要求，并不否定法律对特殊民事主体的权利予以特别保护，如果作上述规定反而会限制平等原则的含义。

民事主体的法律地位一律平等首先体现为自然人的权利能力一律平等。权利能力就是自然人享有民事权利、承担民事义务的法律资格，这种法律资格，不因自然人的出身、身份、职业、性别、年龄、民族、种族等而不同，所有自然人从法律人格上而言都是平等的、没有差别的。其次，体现为所有民事主体在从事民事活动时双方的法律地位平等。虽然国家行政机关在从事行政管理时，作为管理者与被管理的行政相对人的地位是不平等的，存在隶属关系或管理与被管理的关系。而当机关法人与其他民事主体包括自然人、法人或者非法人组织从事民事交易时，二者的法律地位则是平等的。同样，如一个资产规模很大的跨国公司，在与一个资产规模很小的公司开展交易时，尽管二者经济实力悬殊，但在法律上二者是平等的，必须在平等协商的基础上达成交易条款，任何一方不得利用自己的优势地位向对方施加不当压力。民法为了维护和实现民事主体之间法律地位的平等性，确保民事主体之间能平等协商交易条款，还规定当事人一方利用优势地位强加给另一方的不公平的"霸王条款"无效。最后，平等原则的平等还体现为所有民事主体的合法权益受到法律的平等保护。平等保护就是民事主体权利在法律上都是一视同仁受到保护的。平等保护还意味着民事主体的权利受到侵害时，在法律适用上是平等的，能够获得同等的法律救济。正因如此，我国民事诉讼法规定，民事诉讼当事人有平等的诉讼权利，人民法院审理民事案件对当事人在适用法律上一律平等。

平等原则是民法的前提和基础，是国家立法规范民事法律关系的逻辑起点。民事主体法律地位的平等是民事主体自愿参与民事活动，自主决定民事活动的权利义务内容，实现意思自治的前提。只有民事活动的当事人之间的法律地位是平等的，当事人之间才能相互尊重对方的自由和意志，进而在平等对话、自由协商的基础上达成共识，实现公平交易。总则规定平等原则就是要确认所有民事主体法律地位的这种平等性，以排除特权，防止和避免民事活动当事人一方利用某种地位上的优势威胁、限制、压制交易相对方。民事主体之间如果没有平等的法律地位，就不可能有真正的自愿，更遑论实现公平交易。当事人之间地位平等是民法区别于其他法律部门的最为重要的特征。

> **第五条** 民事主体从事民事活动，应当遵循自愿原则，按照自己的意思设立、变更、终止民事法律关系。

〖条文主旨〗

本条是关于自愿原则的规定。

〖条文释义〗

自愿原则，也称意思自治原则，就是民事主体有权根据自己的意愿，自愿从事民事活动，按照自己的意思自主决定民事法律关系的内容及其设立、变更和终止，自觉承受相应的法律后果。自愿原则体现了民事活动最基本的特征。

在法律起草过程中，有的意见提出，意思自治是实施民事法律行为、构建民事法律关系的核心，自愿只是意思自治的一个方面，意思自治比自愿原则的内涵更丰富，应该将自愿原则修改为意思自治原则。有的意见提出，自愿原则已经深入人心，应该继续沿用民法通则规定的自愿原则。考虑到民法通则以及其他民商事单行法规定的都是自愿原则，自愿原则已经为广大人民群众普遍认识和接受，总则继续沿用了自愿原则的用法，自愿原则相当于意思自治原则。结合各方面意见，总则规定，民事主体从事民事活动，应当遵循自愿原则，按照自己的意思设立、变更和终止民事法律关系，强调民事主体从事民事活动，不仅形式上要自愿，在实质内容上也要自愿。

自愿原则，可以从以下四个方面来理解。首先，民事主体有权自愿从事民事活动。民事主体参加或不参加某一民事活动由其自己根据自身意志和利益自由决定，其他民事主体不得干预，更不能强迫其参加。其次，民事主体有权自主决定民事法律关系的内容。民事主体决定参加民事活动后，可以根据自己的利益和需要，决定与谁建立民事法律关系，并决定具体的权利、义务内容，以及民事活动的行为方式。例如，甲决定给自家买一台电视机，甲可以自主选择到哪个超市或电商选购，选购何种品牌、什么型号和价格的电视机，任何超市或电商都不能强迫甲必须购买其销售的电视机。再次，民事主体有权自主决定民事法律关系的变动。民事法律关系的产生、变更、终止应由民事主体自己根据本人意志自主决定。例如，甲乙双方签订买卖合同后，双方建立了买卖合同法律关系，之后由于发生了合同解除事由，当事人即有权解除合同。最后，民事主体应当自觉承受相应法律后果。与民事主体自愿参加民事活动、自主决定民事法律关系相伴的是，民事主体需要自觉承受相应法律后果。自愿或者说意思自治的必然要求就是，每个人对自己的行为负责。自愿原则要求民事主体在行使权利的同时自觉履行约定或法定的义务，并承担相应的法律后果。

需要进一步说明的是，自愿或者意思自治不是毫无约束的绝对的自由与放任。民事主体实现自愿、自主或意思自治的前提就是民事主体之间的平等法律地位。因此，民事主体的自愿是建立在相互尊重的基础上，必须尊重其他民事主体的自主意志。民事主体的意思自治，还受到民法的公平原则、诚信原则、守法原则等基本原则的约束，这些原则要求民事主体从事民事活动，要公平合理、诚实守信，不得违反法律，不得违背公序良俗。

平等原则是民法的前提和基础，自愿原则即意思自治原则则是民法的核心。民法之所以称为"民"法，不仅是因为民法是根据人民的集体意志制定的法律，而且根据民法确立的自愿原则，民事主体在参加民事活动过程中有权根据个人意思确定民事法律关系的内容，且所决定的内容对民事活动的当事人而言具有法律约束力，是民事主体自己为自己定的"法"。可以说，不仅民法的制定要以人民的集体意志为基础，民法的实施同样也需要依赖于人民群众的个体意志才能实现。正因如此，民法上的大量规定都属于任意性规范，民事主体可以根据自己的需要而设定与法律任意性规定不同的具体权利和义务内容，民事主体根据自愿原则确定的民事权利义务关系，对当事人是具有法律效力的，当事人必须执行。民法学上的民事主体，在经济学领域被称为理性人。理性人意味着民事主体具有认知事物及其规律并为自己利益作出理性判断的能力，意味着民事主体具有在经济社会生活中与他人和平共处的理性和能力。民事主体的理性意味着民事主体作为民事活动的参与者是"三位一体"的，即民事主体是民事权利的享有者、民事义务的履行者、民事责任的承担者。

> **第六条** 民事主体从事民事活动，应当遵循公平原则，合理确定各方的权利和义务。

【条文主旨】

本条是关于公平原则的规定。

【条文释义】

公平原则要求民事主体从事民事活动时要秉持公平理念，公正、平允、合理地确定各方的权利和义务，并依法承担相应的民事责任。公平原则体现了民法促进社会公平正义的基本价值，对规范民事主体的行为发挥着重要作用。

在民法总则起草制定过程中，曾有意见提出，公平原则是法律的最高价值目标，是所有法律的基本原则，且公平原则由于弹性过大在实践中容易被滥用，不必在民法中规定。有的意见提出，公平原则仅适用于民事主体之间的财产关系，不适用于民事主体之间的人身关系，不宜作为民法的基本原则。公平正义是人类共同追求的基本价值，也是法律追求的基本价值，公平应当成为民法的基本原则。同时民法的各项基本原则是相互补充、相辅相成的，如果不规定公平原则，民法的基本原则就不周延。正因如此，民法通则将其规定为基本原则，合同法、劳动合同法、信托法、反不正当竞争法等诸多民商事单行法也规定公平原则为基本原则。结合各方面意见，仍将公平原则作为民法典的基本原则，规定民事主体从事民事活动，应当遵循公平原则，合理确定各方的权利和义务。

公平原则首先要求民事主体在从事民事活动时，按照公平观念行使权利、履行义务，特别是对于双方民事法律行为，要求一方的权利和义务应当相适应，双方之间的权利和承担的义务应当对等，不能一方承担义务另一方只享有权利，也不能一方享受的权利和义务相差悬殊。公平原则的这种要求在合同编中得到充分体现。如合同编中第496条第2款规定，采用格式条款订立合同的，提供格式条款的一方应当遵循公平原则确定当事人之间的权利和义务。根据第497条第2项规定，提供格式条款一方不合理地免除或者减轻其责任、加重对方责任、限制对方主要权利的格式条款无效。公平原则还要求民事主体合理承担民事责任，在通常情况下适用过错责任，要求责任与过错的程度相适应，在特殊情况下，也可以根据公平原则合理分担责任。如侵权责任编第1186条规定，受害人和行为人对损害的发生都没有过错的，依照法律的规定由双方分担损失。

公平原则作为民法的基本原则，不仅仅是民事主体从事民事活动应当遵守的基本行为准则，也是人民法院审理民事纠纷应当遵守的基本裁判准则。

【案例分析】

在山西省长治市某副食果品有限公司与某房地产开发有限公司合作开发的房地产合同纠纷案中，由于当事人双方在合作开发房地产项目合同中并未约定有关开放项目新增面积所得利润的分配方式，双方因此引发纠纷。人民法院根据公平原则，参照双方在项目合作中最初约定分配面积比例以及在合同履行过程中实际分配面积比例变化等项目情况，确定了新增面积利润的分配比例。

> **第七条　民事主体从事民事活动，应当遵循诚信原则，秉持诚实，恪守承诺。**

【条文主旨】

本条是关于诚信原则即诚实信用原则的规定。

【条文释义】

诚信原则要求所有民事主体在从事任何民事活动时，包括行使民事权利、履行民事义务、承担民事责任时，都应该秉持诚实、善意，信守自己的承诺。诚实信用原则要求民事主体在行使权利、履行义务过程中，讲诚实、重诺言、守信用。这对建设诚信社会、规范经济秩序、引领社会风尚具有重要意义。

诚信原则是民法通则规定的基本原则之一。民法通则第4条规定，民事活动应当遵循自愿、公平、等价有偿、诚实信用的原则。此后，大部分民商事单行法律都将诚信原则规定为基本原则之一。诚信原则也是大多数国家和地区民法规定的基本原则，有的在总则中规定诚信原则，有的则在分则相关编章中规定诚实信用的要求。

在法律起草过程中，普遍赞同将诚信原则规定为民法的基本原则，仅在如何规定诚信原则的内容上，有少数不同看法。如有的意见提出，"从事民事活动"的表述过于宽泛，不太确定，建议修改为"行使权利、履行义务"。有的意见提出，权利不得滥用是诚信原则对权利行使的要求，将禁止权利滥用的内容规定在诚信原则中更为合适，建议规定为"民事主体从事民事活动，应当遵循诚实信用原则，不得滥用权利损害他人合法权益"。诚信原则的核心含义就是诚实不欺、善意、信守诺言。综合各方面意见，为更好地揭示诚信原则的内涵，本条规定，民事主体从事民事活动，应当遵循诚信原则，秉持诚实，恪守承诺。

诚信原则作为民法最为重要的基本原则，被称为民法的"帝王条款"，是各国民法公认的基本原则。通常认为，诚实信用原则要求民事主体从事民事活动应当讲诚实、守信用，以善意的方式行使权利、履行义务，不诈不欺，言行一致，信守诺言。具体而言，民事主体应当从以下几个方面遵循诚信原则：民事主体在着手与他人开展民事活动时即应当讲诚实，如实告知交易各方的相关信息，表里如一，不弄虚作假。如合同编上规定的缔约过失责任，针对的就是缔结合同时的不诚实的行为；民事主体在与他人建立民事法律关系后，应当信守诺言、恪守信用，按照自己作出的承诺行使权利、履行义务，言而有信；民事主体应当本着善意的原则，相互配合，保护对方的合理期待与信赖；民事主体应当尊重他人的合法权益，尊重社会公共利益；民事主体应当善意行使权利，不得滥用权利；民事主体不得规避法律，不得故意曲解合同条款，等等。诚信原则的内涵和外延都是概括性的、抽象的，因此诚信原则有很大的适用性，民事主体从事任何民事活动都应当遵守该原则，不论民事主体自己行使权利，或在与他人建立民事法律关系之前、之中、之后都必须始终贯彻诚信原则，按照诚信原则的要求善意行事。诚信原则在其他各编中也有相应的规定。如合同编第509条第2款规定，当事人应当遵循诚信原则，根据合同的性质、目的和交易习惯履行通知、协助、保密等义务。

由于诚信原则具有高度抽象性和概括性，使得诚信原则对于民事主体从事民事活动、司法机关进行民事裁判活动都具有重要作用。诚信原则不仅为民事主体开展民事活动进行指导，是民事主体从事民事活动的行为规则，要求民事主体行使权利、履行义务都应善意不欺、恪守信用；同时，诚信原则对司法机关裁判民事纠纷也具有积极作用，在当事人没有明确约定或法律没有具体规定时，司法机关可以根据诚信原则填补合同漏洞、弥补法律空白，平衡民事主体之间、民事主体与社会之间的利益，进而实现社会的公平正义。

> **第八条** 民事主体从事民事活动，不得违反法律，不得违背公序良俗。

【条文主旨】

本条是关于守法与公序良俗原则的规定。

【条文释义】

公序良俗是指公共秩序和善良习俗。守法和公序良俗原则要求自然人、法人和非法人组织在从事民事活动时，不得违反各种法律的强制性规定，不得违背公共秩序和善良习俗。

守法与公序良俗原则，也是现代民法的一项重要基本原则。民法通则第6条规定民事活动必须遵守法律，法律没有规定的，应当遵守国家政策；第7条规定民事活动应当尊重社会公德，不得损害社会公共利益，扰乱社会经济秩序。此外，大多数单行民事法律也都规定有守法与公序良俗原则。

在法律起草过程中，曾有意见提出，应当继续沿用民法通则的规定，即要求民事主体从事民法活动必须遵守法律，应当尊重社会公德，不得损害社会公共利益，扰乱社会经济秩序。有的意见提出，近年来，不少地方立法在不涉及民事法律行为效力的前提下，对民事主体的部分民事活动制定了管理性规范，妥善处理了维护民事权利和保护公共利益的关系，收到了较好的实际效果，建议将"不得违反法律"修改为"不得违反法律、法规"。有的意见提出，现在思想多元、文化多元，"良俗"不好判断，社会上很多过去认为是"良俗"的好习惯，在现代社会评判起来好像都很难，在执法过程当中不好评判，很难掌握好标准，建议对公序良俗作出界定。结合各方面所提出的意见，考虑到民法中的多数规范为任意性规范，民事主体从事民事活动不是必须遵守，但民事主体从事民事活动不得违反法律的强制性规定，故不再规定"必须遵守法律"而规定"不得违反法律"。对于民法通则规定的"尊重社会公德，不得损害社会公共利益，扰乱社会经济秩序"这种表述，全国人大常委会的有关立法解释中已经使用过"公序良俗"这一更为简洁的表述，而且，公序良俗作为民法的基本原则，是高度抽象的法律规范，具有普遍适用性。至于善良习俗的具体内涵与外延，考虑到这一规定是一种兜底性规定，目的是弥补法律规定的不足，由司法机关在个案中结合实际情况作出具体判断更为科学合理。综合各方面的意见，总则规定，民事主体从事民事活动，不得违反法律，不得违背公序良俗。总则编保留了这一个规定。

守法与公序良俗原则又可以细分为两项具体要求：

一是民事主体从事民事活动不得违反法律。不得违反法律中的法律不仅包括民事法律，还包括其他部门法。所谓不得违反法律，就是要求不违反法律的强制性规定。民事主体在从事民事活动时，只要法律未明文禁止，又不违背公序良俗，就可以根据自己的利益和需要创设权利、义务内容。民事主体在从事民事活动时享有较大的自主空间，实现充分的意思自治。由于民法的基本原则之一就是意思自治，民法在通常情况下不会干预民事主体的行为自由，民法的大多数规范都是任意性规范。对于任意性规范，民事主体可以结合自身的利益需要，决定是否纳入自己的意思自治范围。但是，任何人的自由并非毫无限制的，民法同样需要维护社会的基本的生产、生活秩序，需要维护国家的基本价值追求，法律的强制性规范就是实现这一目的而制定的，民事主体在从事民事活动时，应当遵守法律的强制性规定。

二是民事主体从事民事活动不得违背公序良俗。不得违背公序良俗原则，就是不得违背公共秩序和善良习俗。公共秩序，是指政治、经济、文化等领域的基本秩序和根本理念，是与国家和社会整体利益相关的基础性原则、价值和秩序，在以往的民商事立法中被称为社会公共利益，在英美法系中也被称为公共政策。善良习俗是指基于社会主流道德观念的习俗，也被称为社会公共道德，是全体社会成员所普遍认可、遵循的道德准则。善良习俗具有一定的时代性和地域性，随着社会成员的普遍道德观念的改变而改变。公共秩序强调的是国家和社会层面的价值理念，善良习俗突出的则是民间的道德观念，二者相辅相成，互为补充。

守法与公序良俗原则中两项不同要求之间，首先要求民事主体从事民事活动不得违反法律。民事主体从事任何民事活动需要遵守法律的强制性规定，对于民法的任意性规定，民事主体是否按照任意性规定从事民事活动，法律并不强制要求，民事主体可以根据自己的利益作出相应的选择和判断。由于民事活动复杂多样，法律不可能预见所有损害社会公共利益、公共道德秩序的行为而作出详尽的禁止性规定。因此，有必要辅之以公序良俗原则，并明确规定违背公序良俗的民事法律行为无效，以弥补法律禁止性规定的不足，实现对民事主体意思自治的必要限制，以弘扬社会公共道德、维护社会公共秩序，实现民事主体的个体利益与社会公共利益的平衡。

第九条　民事主体从事民事活动，应当有利于节约资源、保护生态环境。

【条文主旨】

本条是关于绿色原则的规定。

【条文释义】

节约资源、保护生态环境的要求，在我国宪法和许多法律中都有规定。如宪法第9条第2款规定："国家保障自然资源的合理利用，保护珍贵的动物和植物。禁止任何组织或者个人用任何手段侵占或者破坏自然资源。"民法通则第124条规定："违反国家保护环境防止污染的规定，污染环境造成他人损害的，应当依法承担民事责任。"侵权责任法第八章专门规定了环境污染的民事法律责任，对举证责任分配、第三人过错等内容进行了明确规定。环境保护法第6条规定："一切单位和个人都有保护环境的义务。地方各级人民政府应当对本行政区域的环境质量负责。企业事业单位和其他生产经营者应当防止、减少环境污染和生态破坏，对所造成的损害依法承担责任。公民应当增强环境保护意识，采取低碳、节俭的生活方式，自觉履行环境保护义务。"消费者权益保护法第5条规定："国家保护消费者的合法权益不受侵害。国家采取措施，保障消费者依法行使权利，维护消费者的合法权益。国家倡导文明、健康、节约资源和保护环境的消费方式，反对浪费。"

绿色原则是贯彻宪法关于保护环境的要求，同时也是落实党中央关于建设生态文明、实现可持续发展理念的要求，将环境资源保护上升至民法基本原则的地位，具有鲜明的时代特征，将全面开启环境资源保护的民法通道，有利于构建生态时代下人与自然的新型关系，顺应绿色立法潮流。正如十二届全国人大常委会副委员长李建国在民法总则草案说明中所指出的，将绿色原则确立为基本原则，规定民事主体从事民事活动，应当有利于节约资源、保护生态环境。这样规定，既传承了天地人和、人与自然和谐共生的我国优秀传统文化理念，又体现了党的十八大以来的新发展理念，与我国是人口大国、需要长期处理好人与资源生态的矛盾这样一个国情相适应。

本条规定的绿色原则与其他原则在表述上有所不同，其他原则使用了"应当遵循""不得违反"等表述，而本条使用的是"应当有利于"的表述。尽管有这种不同，但作为民法的基本原则，仍具有重要作用：一是确立国家立法规范民事活动的基本导向，即要以节约资源、保护生态环境作为重要的考量因素；二是要求民事主体本着有利于节约资源、保护生态环境的理念从事民事活动，树立可持续发展的观念；三是司法机关在审判民事案件，适用民事法律规定时，要加强对节约资源、保护生态环境的民事法律行为的保护。

绿色原则作为民法典新增的一项基本原则，在民法典各编中都得到了贯彻。如物权编第346条规定，设立建设用地使用权，应当符合节约资源、保护生态环境的要求，遵守法律、行政法规关于土地用途的规定，不得损害已经设立的用益物权。合同编第509条第3款规定，当事人在履行合同过程中，应当避免浪费资源、污染环境和破坏生态；第625条规定，依照法律、行政法规的规定或者按照当事人的约定，标的物在有效使用年限届满后应予回收的，出卖人负有自行或者委托第三人对标的物予以回收的义务。特别是在侵权责任编"环境污染和生态破坏责任"一章中，更是对环境污染和生态破坏的民事法律责任作了详细规定。

> **第十条　处理民事纠纷，应当依照法律；法律没有规定的，可以适用习惯，但是不得违背公序良俗。**

〖条文主旨〗

本条是关于处理民事纠纷的依据的规定。

〖条文释义〗

处理民事纠纷的依据就是人民法院、仲裁机构在处理民事纠纷时据以作出裁判的规则。

在法律起草过程中，关于如何规定处理民事纠纷的依据的意见比较集中，主要是围绕处理民事纠纷的依据包括哪些，应当如何规定展开讨论，其中包括："法律"的范围，即法律是否包括法律解释、行政法规、地方性法规、自治条例和单行条例、规章等；是否要规定习惯作为民法的法律渊源；是否应当规定法理作为判案的依据；是否保留国家政策的规定等。

综合各方面意见，民法总则第10条规定，处理民事纠纷，应当依照法律；法律没有规定的，可以适用习惯，但是不得违背公序良俗。总则编保留了本条的规定。

本条是法律适用规则。在条文形成过程中，曾一度将"民事纠纷"修改为"处理民事关系"，最终条文又改回"民事纠纷"。这是考虑本条规定旨在为人民法院、仲裁机构等在处理民事纠纷时提供法律适用规则。至于民事主体之间处理民事法律关系，基于意思自治原则，当事人有很大的自主权，且民法规定很多为任意性规定，法律并未强制要求当事人适用。如合同法第12条规定合同的内容一般包括当事人的名称或者姓名和住所，标的，数量，质量，价款或者报酬，履行期限、地点和方式，违约责任，解决争议的方法。至于当事人是否必须在合同中全面载明这些内容，并无硬性要求，合同的内容由当事人约定。在特定交易环境下，当事人甚至可以约定交易习惯优先于法律的适用。因此，处理民事法律关系的范围比处理民事纠纷的范围广阔许多，法律适用规则也不是完全一样的。

本条规定，人民法院、仲裁机构等在处理民事纠纷时，首先应当依照法律。这里的法律是指广义的法律，包括全国人大及其常委会制定的法律和国务院制定的行政法规，也不排除地方性法规、自治条例和单行条例等。行政法规可以根据法律的规定或经法律的授权，针对特定领域的民事关系作出具体的细化规定。此外，有的法律授权地方性法规对某种特定的民事关系作出具体规定。如农村土地承包法第68条规定，各省、自治区、直辖市人民代表大会常务委员会可以根据本法，结合本行政区域的实际情况，制定实施办法。

本条还规定，法律没有规定的，可以适用不违背公序良俗的习惯。习惯是指在一定地域、行业范围内长期为一般人确信并普遍遵守的民间习惯或者商业惯例。适用习惯受到两个方面的限制：一是适用习惯的前提是法律没有规定。所谓法律没有规定，就是相关的法律、行政法规、地方性法规对特定民事纠纷未作出规定。二是所适用的习惯不得违背公序良俗。因此，并非所有的习惯都可以用作处理民事纠纷的依据，只有不违背公序良俗的习惯才可以适用，当然适用习惯也不得违背法律的基本原则。

本条确认了习惯作为民事法律渊源，主要考虑在于：一是承认习惯的法源地位与我国现行立法是一致的。合同法、物权法等法律已明确规定习惯可以作为判断当事人权利义务的根据。二是承认习惯的法源地位也符合现实需要。民事生活纷繁复杂，法律很难做到面面俱到，习惯可以在一定程度上弥补法律的不足。在商事领域和社会基层，对将习惯作为法律渊源的需求较为强烈。三是根据习惯裁判更贴近社会生活，有利于定分止争，且在司法实践中有时确有必要根据习惯处理民事纠纷。

在特定民事领域需要遵从和适用习惯的规定，在其他各编中也有相应的规定。如物权编第289条规定，法律、法规对处理相邻关系有规定的，依照其规定；法律、法规没有规定的，可以按照当地习惯。人格权编第1015条第2款规定，少数民族自然人的姓氏可以遵从本民族的文化传统和风俗习惯。

第十一条　其他法律对民事关系有特别规定的，依照其规定。

【条文主旨】

本条是关于一般法与特别法的关系的规定。

【条文释义】

关于一般法与特别法的关系，立法法对此有专门规定。根据立法法第92条规定，同一机关制定的法律，特别规定与一般规定不一致的，适用特别规定。在法律起草过程中，有的意见提出，立法法已经对特别法与一般法之间的关系作了规定，建议删除本条。考虑到我国制定了诸多民商事单行法，对特定领域的民事法律关系作出规范。民法典出台后，将作为一般法，各民商事单行法作为特别法，根据立法法的规定，特别法的规定将优先适用。本条明确强调特别法优先的法律适用规则，也有助于减少认识上的分歧。

对于民法典的规范适用问题，需要注意的是：首先，总则编与物权编、合同编、人格权编、婚姻家庭编、继承编、侵权责任编之间的关系，总则编也是一般性规定，其他各分编中对相同问题有特殊规定的，也应当先适用其他各分编的规定。比如关于民事法律行为的效力问题，总则编第153条规定："违反法律、行政法规的强制性规定的民事法律行为无效。但是，该强制性规定不导致该民事法律行为无效的除外。违背公序良俗的民事法律行为无效。"第154条规定，行为人与相对人恶意串通，损害他人合法权益的民事法律行为无效。而根据合同编第497条规定，有下列情形之一的，该格式条款无效：（1）具有本法第一编第六章第三节和本法第506条规定的无效情形；（2）提供格式条款一方不合理地免除或者减轻其责任、加重对方责任、限制对方主要权利；（3）提供格式条款一方排除对方主要权利。由于总则编第153条、第154条属于一般规定，合同编第497条则属于特别规定，对于格式合同条款的效力问题，则应当优先适用合同编第497条的规定。其次，物权编、合同编、人格权编、婚姻家庭编、继承编、侵权责任编与其他民事单行法律的关系，相对于其他民事单行法律而言，民法典的各分编则属于一般性规定，在民事单行法律有特别规定时，需要优先适用民事单行法律。比如总则编第188条规定，向人民法院请求保护民事权利的诉讼时效期间为3年。法律另有规定的，依照其规定。再次，民法典中物权编、合同编、人格权编、婚姻家庭编、继承编、侵权责任编之间的相互关系，需要根据民法典的规定来确定适用的法律规范。比如合同编第464条第2款规定，婚姻、收养、监护等有关身份关系的协议，适用有关该身份关系的法律规定；没有规定的，可以根据其性质参照适用本编规定。人格权编第1001条规定，对自然人因婚姻家庭关系等产生的身份权利的保护，适用本法第一编、第五编和其他法律的相关规定；没有规定的，可以根据其性质参照适用本编人格权保护的有关规定。

> **第十二条** 中华人民共和国领域内的民事活动，适用中华人民共和国法律。法律另有规定的，依照其规定。

【条文主旨】

本条是关于民法的效力范围的规定。

【条文释义】

民法的地域效力范围是指民法在什么空间领域内适用。本条规定在中华人民共和国领域内的民事活动，适用中华人民共和国法律。中华人民共和国领域内包括中华人民共和国领土、领空、领海，以及根据国际法视为我国领域的我国驻外使馆，国籍为中国的船舶、航空器等。一般来说，在中华人民共和国领域内的民事活动都得适用我国法律。

根据本条规定，法律另有规定的，依照其规定。其中最为重要的就是涉外民事关系的法律适用问题，关于涉外民事关系的法律适用，涉外民事关系法律适用法有专门的规定。除此之外，有些单行民事法律也对涉外民事关系的法律适用进行了规定。根据这些涉外民事关系适用的特别规定，在中华人民共和国领域内的涉外民事活动，应当根据特定的民事法律关系类型不同而具体适用相应的法律规范，并非一概必须适用中国法律。在法律起草过程中，有的意见提出，应该规定在中华人民共和国领域外的民事活动，也可以适用中华人民共和国法律。对于中华人民共和国领域外的民事活动是否适用中华人民共和国法律，由于涉及国际私法的法律适用问题，各国国际私法具有相应的规定，且不同的民事法律关系所适用的法律也有不同规定，法律适用情况比较复杂。故本条未对此作出规定，但这并不意味着在中华人民共和国领域外的民事活动，就不能适用中华人民共和国法律，需要根据具体情况和所在国法律的具体规定确定。如涉外民事关系法律适用法第 3 条规定："当事人依照法律规定可以明示选择涉外民事关系适用的法律。"海商法第 269 条规定："合同当事人可以选择合同适用的法律，法律另有规定的除外。合同当事人没有选择的，适用与合同有最密切联系的国家的法律。"

第二章　自然人

本章规定"自然人"这一民事主体。有关自然人的规定是世界各国或地区民法的基础和核心内容。自然人是最基本的民事主体。法律对自然人民事主体地位的确认，是自然人依法从事民事活动，享有民事权利、承担民事义务的前提。1986 年制定的民法通则根据当时的实际情况，对自然人作了较为妥善的规定，在实践中发挥了巨大作用。本章沿袭民法通则相关规定的基本结构和基本内容，同时根据实践发展的需要进行修改完善，具体内容有较大扩充。

本章共分四节，共四十四条。第一节为民事权利能力和民事行为能力，主要规定了自然人民事权利能力平等，自然人的出生时间、死亡时间，胎儿利益的保护，无民事行为能力人、限制民事行为能力人的认定等。第二节为监护，主要规定了监护人的范围、遗嘱指定监护、协议监护、监护争议解决程序、意定监护、监护终止等。第三节为宣告失踪和宣告死亡，主要规定了宣告失踪条件、失踪宣告撤销、宣告死亡条件、撤销死亡宣告及其法律效果等。第四节为个体工商户和农村承包经营户，主要规定了个体工商户、农村承包经营户、农村承包经营户的债务承担等。

第一节　民事权利能力和民事行为能力

第十三条　自然人从出生时起到死亡时止，具有民事权利能力，依法享有民事权利，承担民事义务。

【条文主旨】

本条是关于自然人民事权利能力的规定。

【条文释义】

民事权利能力是指民事主体参与民事法律关系，享有民事权利、承担民事义务的法律资格。法律规定了自然人的民事权利能力，也就确认了自然人的民事主体地位，这是自然人参与民事法律关系，依法享有民事权利、承担民事义务的前提。自然人的民事权利能力既包括自然人享有民事权利的资格，也包括自然人承担民事义务的资格。

通常认为，民事权利能力具有不可剥夺的特征。民事权利能力始于出生，终于死亡。自然人生存期间，其民事权利能力不会丧失、消灭。法律不会对自然人的民事权利能力进行限制或者剥夺。自然人受到刑事处罚、丧失民事行为能力，即使在监狱服刑，或者被判处剥夺政治权利，也并不导致民事权利能力的减损或者消灭，自然人的民事权利能力这一法律资格不受影响。

民事权利能力与民事权利是既有联系又有区别的两个不同概念。第一，民事权利能力是一种法律资格，是自然人取得民事权利的前提。自然人享有民事权利能力，并不等同于取得实际的民事权利。第二，民事权利能力是法律规定的，民事权利是自然人依据民事法律行为、事实行为、法律规定的事件或者法律规定的其他方式所取得的。第三，民事权利能力与自然人不可分离。自然人一旦出生，即具有民事权利能力，死亡是自然人丧失民事权利能力的唯一法定事由，并且民事权利能力不得以任何方式予以转让，也不能抛弃或者继承。根据民事权利的类型不同，自然人与民事权利之间的关系存在一定差别。对于财产方面的具体民事权利，自然人可以选择享有、转让或者放弃。生命权、健康权等人身权，自然人一旦出生，即依法律规定当然享有，不可以转让，非依法律规定并经法定程序，不得进行限制或者剥夺。

依据本条规定，自然人的民事权利能力始于出生，终于死亡。出生是自然人脱离母体并生存的法律事实。一般认为，出生须具备两项要件：一是胎儿与母体分离，与母体分离之前为胎儿，分离之后即成为法律上的人。二是与母体分离之际保有生命。胎儿与母体分离之际无生命的，是死体。分离之际保有生命的，即是"出生"，而不论其出生后生命延续的时间长短。如何判断"出生"，学说上有全部露出说、断脐带说、初啼说、独立呼吸说等。关于"死亡"的判断，也存在不同的学说，有呼吸停止说、脉搏停止说、心脏跳动停止说、脑死亡说等。实践中，具体如何判断"出生"和"死亡"，涉及医学理论和医学实践发展等问题，本法对此没有规定统一的判断标准。

> **第十四条** 自然人的民事权利能力一律平等。

〖条文主旨〗

本条是关于自然人民事权利能力平等的规定。

〖条文释义〗

自然人的民事权利能力一律平等，是一种法律资格的平等，指自然人的民事权利能力不因民族、种族、性别、职业、家庭出身、宗教信仰等而有差别。

自然人民事权利能力平等原则经过了漫长的历史发展演变，是人类法律文明进步的结果。在近现代之前，并不是所有的自然人都具有民事权利能力，往往因家族血缘、性别等身份因素的不同而存在差异，例如，女性在很多情况下没有资格作为独立的民事主体，不能从事缔结合同等民事活动。现代国家普遍认可自然人的民事权利能力一律平等。

> **第十五条** 自然人的出生时间和死亡时间，以出生证明、死亡证明记载的时间为准；没有出生证明、死亡证明的，以户籍登记或者其他有效身份登记记载的时间为准。有其他证据足以推翻以上记载时间的，以该证据证明的时间为准。

〖条文主旨〗

本条是关于自然人出生时间和死亡时间的规定。

【条文释义】

出生和死亡均是法律事件，能够引起一定的法律关系的产生、变更或者消灭。出生时间和死亡时间的确定具有重要的法律意义。例如，被继承人的死亡时间直接决定继承开始的时间，影响遗产的范围、继承人的范围等。

本条将出生证明、死亡证明记载的时间作为确定自然人出生时间、死亡时间的最基本依据。出生证明，即出生医学证明，记载有新生儿的姓名、性别、出生时间、父母亲姓名等。出生医学证明由国家卫生与计划生育部门统一印制，以省、自治区、直辖市为单位统一编号。国家卫生与计划生育部门主管全国出生医学证明工作，委托各级卫生行政部门负责辖区内出生医学证明的具体事务管理工作。出生医学证明必须由批准开展助产技术服务并依法取得母婴保健技术服务许可证的医疗保健机构签发，并遵循严格的程序规范。出生证明是记载出生时间的原始凭证，具有证明出生时间的准确性和规范性，因此本条将出生证明记载的时间作为确定自然人出生时间的最基本的依据。

死亡证明是指有关单位出具的证明自然人死亡的文书。主要包括以下几类：公民死于医疗单位的，由医疗单位出具死亡医学证明书；公民正常死亡但无法取得医院出具的死亡证明的，由社区、村（居）委会或者基层卫生医疗机构出具证明；公民非正常死亡或者卫生部门不能确定是否属于正常死亡的，由公安司法部门出具死亡证明；死亡公民已经火化的，由殡葬部门出具火化证明。死亡证明是记载死亡时间的原始凭证，具有证明死亡时间的准确性和规范性，因此本条将死亡证明记载的时间作为确定自然人死亡时间的最基本的依据。

依据本条规定，没有出生证明、死亡证明的，以户籍登记或者其他有效身份登记记载的时间为准。户籍登记是国家公安机关按照国家户籍管理法律法规，对公民的身份信息进行登记记载的制度。关于出生登记，我国户口登记条例第7条第1款规定："婴儿出生后一个月以内，由户主、亲属、抚养人或者邻居向婴儿常住地户口登记机关申报出生登记。"第2款规定："弃婴，由收养人或者育婴机关向户口登记机关申报出生登记。"在户主、亲属等持婴儿的出生医学证明向公安机关申报出生登记后，公安机关依据出生医学证明记载的婴儿的姓名、出生时间等信息，进行户籍登记。公民个人收养的婴儿未办理出生登记的，由收养人持民政部门出具的收养登记证向收养人常住户口所在地的公安派出所申报出生登记。社会福利机构抚养的查找不到生父母的弃婴、儿童，由该机构持婴儿、儿童基本情况证明等，向该机构所在地公安派出所申报出生登记。办理户籍登记应当遵循严格的法定程序，户籍登记记载的出生时间因此具有较强的法律效力。本条将户籍登记记载的出生时间，作为确定自然人出生时间的重要依据，没有出生证明的，以户籍登记记载的出生时间为准。

关于死亡登记，根据我国户籍管理制度，自然人死亡后，户主、亲属等应当在规定的时间内向公安机关申报死亡登记，注销户口。我国户口登记条例第8条规定："公民死亡，城市在葬前，农村在一个月以内，由户主、亲属、抚养人或者邻居向户口登记机关申报死亡登记，注销户口。公民如果在暂住地死亡，由暂住地户口登记机关通知常住地户口登记机关注销户口。"办理户籍登记应当遵循严格的法定程序，户籍登记记载的死亡时间因此具有较强的法律效力。本条将户籍登记记载的死亡时间，作为确定自然人死亡时间的重要依据，没有死亡证明的，以户籍登记记载的死亡时间为准。

本条规定的户籍登记以外的其他有效身份登记，包括我国公民居住证、港澳同胞回乡证、台湾居民的有效旅行证件、外国人居留证等。

出生证明、死亡证明以及户籍登记或者其他有效身份登记记载的时间由于各种原因，也有可能出现记载错误的情况。如果有其他证据足以推翻出生证明、死亡证明以及户籍登记或者其他有效身份登记记载的时间的，应以该证据证明的时间为准。

> **第十六条　涉及遗产继承、接受赠与等胎儿利益保护的，胎儿视为具有民事权利能力。但是，胎儿娩出时为死体的，其民事权利能力自始不存在。**

【条文主旨】

本条是关于胎儿利益保护的规定。

【条文释义】

自然人的民事权利能力始于出生，胎儿尚未与母体分离，不是独立的自然人，不能依据民事权利能力的一般规定进行保护。法律有必要对胎儿利益的保护作出特别规定。

在民法典制定以前，我国只在继承事项上对胎儿利益的保护作出规定。如继承法第28条规定："遗产分割时，应当保留胎儿的继承份额。胎儿出生时是死体的，保留的份额按法定继承办理。"除了继承事项之外，我国法律没有对胎儿利益保护的其他规定。

一、胎儿利益保护与赋予胎儿民事权利能力

关于胎儿的利益保护与赋予胎儿民事权利能力的关系问题，国内学界存在不同的观点。

有的观点认为，对胎儿利益的保护并不必然以赋予胎儿民事权利能力为前提。承认胎儿民事权利能力的目的主要是解决在继承和侵权中如何保护胎儿利益的问题。在坚持自然人的民事权利能力始于出生，不承认胎儿的民事权利能力的法律框架内，也是可以通过作出特别规定达到对胎儿利益保护的目的。第一，关于继承中的胎儿利益保护问题，有关为胎儿保留必要份额的规定可以达到保护胎儿利益的目的。第二，胎儿在未出生之前，其健康生存的利益受到侵害的，是侵权责任问题。胎儿在母体中遭受侵害，应当区分具体情况来加以考虑：如果胎儿出生后是活体的，则可以作为主体独立请求，有权就其受到的损害独立提出赔偿请求，但可以在时效方面作出特别规定，即在出生前诉讼时效中止；如果是死体，则由其母亲提出请求，把对于胎儿的侵害视为对母亲的侵害，母亲可以身体健康权受到侵害为由进行主张。

有的观点认为，胎儿利益的保护力度与是否赋予胎儿民事权利能力具有直接的关系。赋予胎儿民事权利能力，胎儿就具有了享有民事权利的法律资格，就可以成为民事权利的主体，对于受到侵害的行为，就可以通过诉讼予以救济，有利于胎儿利益的保护。例如，如果胎儿在母亲怀胎期间遭受侵害，就可以行使损害赔偿请求权，向法院提起人身伤害的侵权之诉；如果在出生之前父亲死亡，胎儿就可以享有继承权，作为第一顺序继承人参与遗产分配，或者在继承权受到侵害时，可向法院提起侵害继承权的侵权之诉。

本条从法律上明确规定胎儿在特定情形下视为具有民事权利能力。依据本条规定，涉及遗产继承、接受赠与等胎儿利益保护的，胎儿视为具有民事权利能力。采用"视为"一词主要是与本法第 13 条的规定相对应。本法第 13 条规定："自然人从出生时起到死亡时止，具有民事权利能力，依法享有民事权利，承担民事义务。"自然人的民事权利能力始于出生，胎儿尚未出生，本不具有民事权利能力，但又有必要在一定情形下对胎儿的利益进行保护，赋予胎儿民事权利能力，因此本条采用"视为"具有民事权利能力的表述。

二、胎儿利益的保护范围

本条将胎儿利益保护的范围规定为"涉及遗产继承、接受赠与等胎儿利益保护的"。在这些情形下，胎儿视为具有民事权利能力。此处的"遗产继承"不仅包括法定继承，也包括遗嘱继承、遗赠。胎儿是法定继承人的，按照法定继承取得相应的遗产份额；有遗嘱的，胎儿按照遗嘱继承取得遗嘱确定的份额。胎儿不是法定继承人的，被继承人也可以立遗嘱将个人财产赠给胎儿，将来按遗赠办理，胎儿取得遗产继承权。"接受赠与"指赠与人可以将财产赠与胎儿，胎儿此时视为具有民事权利能力，享有接受赠与的权利。除了遗产继承和接受赠与，实践中还有其他涉及胎儿利益保护的情况，因此本条用了一个"等"字，没有限定在继承范围以内，原则上也包括侵权等其他需要保护胎儿利益的情形。

三、胎儿享有民事权利能力的条件

关于胎儿享有民事权利能力的条件，民法理论上存在两种不同的观点：

其一，胎儿在母亲怀胎期间，并无民事权利能力，在胎儿活着出生后，再向前追溯至怀胎期间具有民事权利能力。

其二，胎儿在母亲怀胎期间即具有民事权利能力，但是胎儿出生时为死体的，其民事权利能力则自始不存在。

本条的规定也经历了一些变化。在民法总则草案提交全国人大常委会进行初次审议之前，曾以征求意见稿的形式征求意见。征求意见稿的规定采用了上述第一种观点。征求意见稿第 15 条规定："涉及胎儿利益保护，胎儿出生时为活体的，其出生前即视为具有民事权利能力。"有些意见提出，将"胎儿出生时为活体的"作为胎儿享有民事权利能力的必要条件，就要等待胎儿活着出生之后才可以向法院起诉。为了更周延地保护胎儿利益，胎儿自母亲怀孕之时起就应当被视为具有民事权利能力，无须待到其出生之时，即可行使继承权等。建议采用上述第二种观点，规定胎儿在母亲怀胎期间即具有民事权利能力，将"胎儿将来出生时为死体"作为溯及怀胎期间消灭其民事权利能力的条件。随后提交全国人大常委会初次审议的民法总则草案在一定程度上吸收了上述建议，对征求意见稿的规定作了修改。民法总则草案一审稿第 16 条规定："涉及遗产继承、接受赠与等胎儿利益的保护，胎儿视为具有民事权利能力。但是，胎儿出生时未存活的，其民事权利能力自始不存在。"此后基本维持了这一规定，只是作了相关文字修改。民法典继续维持这一规定。

> **第十七条** 十八周岁以上的自然人为成年人。不满十八周岁的自然人为未成年人。

【条文主旨】

本条是关于成年人与未成年人年龄标准的规定。

【条文释义】

随着年龄的增长，成年人已经具有了一定的阅历，也积累了较丰富的社会经验和知识，识别、判断能力较强，并能够充分预见到自己的行为后果，已经可以独立生活和工作。成年人不仅意味着其可以独立行使更多的权利，更意味着要独立承担更多的义务，拥有更大自主权的同时，也要对自己的行为后果独立负责。各个国家或者地区根据人们的生理、智力发育情况和社会生活状况等，对成年人年龄标准的规定各不相同。成年人年龄标准并不是随意确定的，既需要考虑人们的身心发育情况，也需要考虑社会的接受度等各方面因素。我国民法通则将成年人的年龄下限确定为18周岁，这次仍然沿袭了民法通则的规定，将成年人年龄确定为18周岁。这也与我国宪法的相关规定相一致。我国宪法将选举权和被选举权这一重要的政治权利，赋予给年满18周岁的公民。宪法第34条规定："中华人民共和国年满十八周岁的公民，不分民族、种族、性别、职业、家庭出身、宗教信仰、教育程度、财产状况、居住期限，都有选举权和被选举权；但是依照法律被剥夺政治权利的人除外。"

与"成年人"概念相对的是"未成年人"，不满18周岁的自然人为未成年人。未成年人的身体、心智发育还没有完全成熟，各个国家或者地区均对未成年人从法律上予以特殊保护，促进其健康成长。我国为了保护未成年人的身心健康，保障未成年人的合法权益，促进未成年人在品德、智力、体质等方面全面发展，制定了一系列关于未成年人保护的法律法规，如未成年人保护法等。国家、社会、学校和家庭都有义务促进未成年人健康成长，保障未成年人的合法权益不受侵犯。

在民法中区分成年人与未成年人的法律意义主要有以下几个方面：一是判断民事法律行为的效力。成年人可以独立实施民事法律行为，未成年人只可以独立实施部分民事法律行为，实施其他民事法律行为要经过法定代理人的同意或者追认。二是确定婚姻家庭关系中的权利义务。本法规定了父母、祖父母、外祖父母或者兄姐等近亲属对未成年人的抚养义务。例如，第1074条第1款规定："有负担能力的祖父母、外祖父母，对于父母已经死亡或者父母无力抚养的未成年孙子女、外孙子女，有抚养的义务。"三是设立监护。为了保护未成年人的人身、财产权利及其他合法权益，对未成年人应当设立监护人。父母是未成年人的监护人，未成年人的父母已经死亡或者没有监护能力的，依法由其他有监护能力的人担任监护人。但法律只对丧失或者部分丧失民事行为能力的成年人设立监护，依法确定监护人。

第十八条 成年人为完全民事行为能力人，可以独立实施民事法律行为。

十六周岁以上的未成年人，以自己的劳动收入为主要生活来源的，视为完全民事行为能力人。

【条文主旨】

本条是关于完全民事行为能力人的规定。

【条文释义】

民事行为能力是指民事主体独立参与民事活动，以自己的行为取得民事权利或者承担民事义务的法律资格。民事行为能力与民事权利能力不同，民事权利能力是民事主体从事民事活动的前提，民事行为能力是民事主体从事民事活动的条件。所有的自然人都有民事权利能力，但不一定都有民事行为能力。自然人一经出生即当然享有民事权利能力，但要独立从事民事活动，实施民事法律行为，还必须要具有相应的民事行为能力。自然人的辨识能力因年龄、智力、精神健康等因素不同而有差异。现在的规定延续了民法通则的做法，根据自然人辨识能力的不同，将自然人的民事行为能力分为完全民事行为能力、限制民事行为能力和无民事行为能力。学理上称为"三分法"。完全民事行为能力人具有健全的辨识能力，可以独立进行民事活动；限制民事行为能力人只能独立进行与其辨识能力相适应的民事活动；无民事行为能力人应当由其法定代理人代理实施民事活动。

依据本条第 1 款规定，成年人，即年满 18 周岁的自然人，具有完全民事行为能力，为完全民事行为能力人，可以独立实施民事法律行为，并独立对民事法律行为的法律后果负责。例如，成年人可以独立签订房屋租赁合同，行使合同约定的权利，履行合同约定的义务。但是，本条规定的成年人指辨认识别能力正常的成年人，对于辨认识别能力不足的成年人则根据具体情况的不同归为限制民事行为能力人或者无民事行为能力人，不属于本条规定的范围。

依据本条第 2 款规定，16 周岁以上的未成年人，如果以自己的劳动收入为主要生活来源的，表明其已经具备成年人的辨识能力，可以独立实施民事法律行为，独立承担民事法律行为的后果，因此可以视为完全民事行为能力人。

> **第十九条** 八周岁以上的未成年人为限制民事行为能力人，实施民事法律行为由其法定代理人代理或者经其法定代理人同意、追认；但是，可以独立实施纯获利益的民事法律行为或者与其年龄、智力相适应的民事法律行为。

【条文主旨】

本条是关于限制民事行为能力的未成年人的规定。

【条文释义】

本条将限制民事行为能力的未成年人的年龄下限标准由民法通则规定的 10 周岁下调为 8 周岁。本条在起草过程中，引起了社会广泛关注。

提交全国人大常委会审议的民法总则草案一审稿，将限制民事行为能力的未成年人的年龄下限规定为 6 周岁。在有关说明中提出，将民法通则规定的限制民事行为能力人的年龄下限标准从"十周岁"降到"六周岁"，主要考虑的是：随着经济社会的发展和生活教育水平的提高，未成年人生理心理的成熟程度和认知能力都有所提高，适当降低年龄有利于其从事与其年龄、智力相适应的民事活动，更好地尊重这一部分未成年人的自主意识，保护其合法权益。这一调整也与我国义务教育法关于年满 6 周岁的儿童须接受义务教育的规定相呼应，实践中易于掌握、执行。

一些全国人大常委会组成人员、全国人大代表、地方以及社会公众提出不同意见，认为将限制民事行为能力人的年龄下限从 10 周岁调整为 6 周岁，要有充足的依据。建议适当上调限制民事行为能力的未成年人的年龄下限。理由包括：其一，未成年人生理心理成熟程度和认知能力都有所提高的说法，有些片面。6 周岁儿童有了一定的学习能力，开始接受义务教育，但认知能力和辨识能力仍然不足，不具备独立实施民事法律行为的基础。民法通则规定为 10 周岁有一定的科学依据和实践基础。10 周岁的儿童一般进入小学高年级就读，受教育的程度与获取知识的能力有了提高，单独接触社会的机会相对较多，有了一定的社会阅历，能够初步了解自己行为的一般性质和相对后果。其二，未成年人生理、心理的承受程度和认知能力在城市和农村是存在差异的，特别是城市与那些社会环境相对封闭、教育水平相对低下的偏远农村牧区相比较，其差异是比较大的。其三，如果把 6 周岁作为限制民事行为能力的年龄下限，可能会不利于保护 6 周岁儿童及其家庭的合法权益，也给欺诈行为留下一定的空间。其四，降低限制民事行为能力的年龄下限标准不是单纯的儿童判断力提高问题，一方面可能将来要跟刑事责任能力对应起来，另一方面调低年龄对保护未成年人的利益是有利还是不利，利多还是利少，需要评估。

有的心理学专家认为，这些年来儿童认知能力有了很大提高，6 周岁以上的儿童完全可以自主进行一定的民事活动，例如，购买一些小商品等，他们是具有相应的辨别能力的。同时，现在儿童的权利意识也都很强，将限制民事行为能力的年龄下限调整为 6 周岁，既有利于尊重他们的自主意识，又有利于促进自主能力的培养。也有的心理学家认为，10 周岁的儿童与 6 周岁的儿童在认知能力和判断能力方面，存在一定的差距，建议对下调限制民事行为能力人的年龄标准慎重研究。

不少法学专家和有的教育学专家认为，1986 年民法通则将限制民事行为能力人的年龄下限规定为 10 周岁，应当是对当时儿童的身心发育情况进行了认真的研究论证，符合当时的实际情况。30 年来，随着学前教育的普及、物质文化生活的极大丰富以及信息化社会的到来，儿童的身心发育情况与当年相比已经不可同日而语，儿童的认知能力、适应能力和自我承担能力都有了很大提高。下调限制民事行为能力的年龄下限是非常必要的。赞成调整为 6 周岁，或者入学一年后的年龄即 7 周岁。

有些社会与人口学专家认为，一是 6 周岁的儿童已经开始上学接受义务教育，在一些时间内脱离了父母，有一定独立处理日常生活事务的机会，自身也已经具有了一定的辨识能力，例如，可以用零花钱购买冰棍、一些学习用品等，应当赋予 6 周岁以上的儿童从事一定民事法律行为的资格。二是对 6 周岁的儿童从事民事法律行为应当有一定的限制，草案将其范围限制为"与其年龄、智力相适应的民事法律行为"是合适的，从社会学角度来说，也是没有问题的。

提交全国人大常委会审议的民法总则草案二审稿、三审稿以及最后提交全国人民代表大会审议的民法总则草案仍然维持了限制民事行为能力的未成年人的年龄下限为 6 周岁的规定。全国人大法律委员会在民法总则草案二审稿的修改情况汇报中提出，法律委员会、法制工作委员会就此听取了部分教育学、心理学、社会学等方面专家的意见，并进一步研究了境外相关立法情况。在此基础上，经反复研究，建议对草案的规定暂不作修改，继续研究。主要考虑在于：一是随着社会的进步和教育水平的提高，儿童的认知能力、适应能力和自我承担能力也有了很大提高，法律上适当降低限制民事行为能力的未成年人年龄下限标准，符合现代未成年人心理、生理发展特点，有利于未成年人从事与其年龄、智力相适应的民事活动，更好地尊重未成年人的自主意识，保护其合法权益。二是符合国际上的发展趋势。我国参加的联合国《儿童权利公约》规定，各国要采取措施尊重和保护儿童的自我意识。一些国家和地区将限制民事行为能力人的年龄下限规定为 6 周岁或者 7 周岁；还有一些国家和地区规定未成年人均为限制民事行为能力人。三是民事行为能力不同于刑事责任能力。我国现行民法通则和刑法对民事行为能力和刑事责任能力的要求就是不同的。民事行为能力的年龄变化并不必然导致刑事责任能力的年龄变化，刑事责任能力年龄标准的调整，应当根据刑事领域的具体情况来确定。

全国人民代表大会审议民法总则草案过程中，一些代表提出，6 周岁的儿童虽然有一定的学习能力，开始接受义务教育，但认知和辨识能力仍然不足，在很大程度上还不具备实施民事法律行为的能力，建议改为 8 周岁为宜。也有的代表建议维持现行 10 周岁不变；还有的代表赞成下调为 6 周岁。全国人大法律委员会经研究，按照既积极又稳妥的要求，建议在现阶段将限制民事行为能力人的年龄下限修改为 8 周岁。因此，最终将限制民事行为能力人的年龄下限修改为 8 周岁。民法典维持了这一规定。

依据本条规定，8 周岁以上的未成年人为限制民事行为能力人，心智发育仍然不够成熟，实施民事法律行为一般应当由其法定代理人代理，或者经其法定代理人同意、追认。同意是指事前同意，即限制民事行为能力的未成年人实施民事法律行为要经法定代理人的事前同意；追认指事后追认，即限制民事行为能力的未成年人实施的民事法律行为要经过法定代理人的事后追认，才能对该未成年人发生效力。但是，8 周岁以上的未成年人已经具有一定的辨认识别能力，法律应当允许其独立实施一定的民事法律行为。可以独立实施的民事法律行为包括两类：一类是纯获利益的民事法律行为，如接受赠与等。限制民事行为能力的未成年人通常不会因这类行为遭受不利益，可以独立实施。另一类是与其年龄、智力相适应的民事法律行为，如 8 周岁的儿童购买学习用品等。限制民事行为能力的未成年人对实施这类行为有相应的认知能力，可以独立实施。

> **第二十条**　不满八周岁的未成年人为无民事行为能力人，由其法定代理人代理实施民事法律行为。

【条文主旨】

本条是关于无民事行为能力的未成年人的规定。

【条文释义】

无民事行为能力是指不具有以自己的行为取得民事权利或者承担民事义务的资格。8 周岁以下的未成年人，生理、心理发育仍然很不成熟，对自己行为的辨认识别能力以及行为后果的预见能力仍然非常不够，为了避免他们的权益受到损害，法律将其规定为无民事行为能力人。

依据本条规定，8 周岁以下的儿童不具有独立从事民事法律行为的资格，要由其法定代理人代理实施民事法律行为。例如，儿童购买玩具行为，都需要由父母等法定代理人代理实施。

在本条起草过程中，对 8 周岁以下的儿童是否可以独立实施纯获利益的民事法律行为，有的意见建议明确儿童可以独立实施纯获利益的民事法律行为，在本条增加但书规定"但纯获利益的民事法律行为除外"。理由是，6周岁以下的儿童独立实施的纯获利益的民事法律行为，例如接受赠与、奖励等行为，对儿童的利益并无损害，相反是增加儿童利益，法律应当予以支持。《最高人民法院关于贯彻执行〈中华人民共和国民法通则〉若干问题的意见（试行）》第6条规定，无民事行为能力人、限制民事行为能力人接受奖励、赠与、报酬，他人不得以行为人无民事行为能力、限制民事行为能力为由，主张以上行为无效。

也有的意见认为，8周岁以下的儿童辨认识别能力仍然非常欠缺，即使是纯获利益的民事法律行为，例如接受赠与的行为，也是需要对该行为以及行为后果有充分认识和判断的。要区分接受赠与的民事法律行为与接受赠与物的行为。低龄儿童接受了别人给的玩具，可以看作事实行为，不等同于儿童实施了接受赠与的民事法律行为。此外，有些纯获利益的行为往往要等到事后根据具体情况才能判断出来，如果所获得的收益远大于所承受的负担，就属于纯获利益。这类民事法律行为对儿童的辨识能力要求更高。如果赋予8周岁以下的儿童可以独立实施这些民事法律行为，容易使这些儿童的合法权益受到侵害。从我国实践情况来看，8周岁以下的儿童处于父母或者其他监护人的全面保护之下，极少有独立实施民事法律行为的机会，由法定代理人全面代理实施民事法律行为是符合我国国情的。

经反复研究讨论，从有利于保护儿童合法权益的角度出发，本条没有规定8周岁以下的儿童可以独立实施纯获利益的行为。

> **第二十一条** 不能辨认自己行为的成年人为无民事行为能力人，由其法定代理人代理实施民事法律行为。
>
> 八周岁以上的未成年人不能辨认自己行为的，适用前款规定。

【条文主旨】

本条是关于无民事行为能力的成年人的规定。

【条文释义】

有的自然人虽已年满18周岁，达到成年人的年龄，但因先天、疾病等原因，辨认识别能力不足，也不能正常预见自己行为的法律后果。为了保护这些辨认识别能力不足的成年人的合法权益，法律有必要对其实施民事法律行为作出特别规定。本法根据认识判断能力的不同，对这些成年人给予进一步的区分，分为两类：一是不能辨认自己行为的成年人；二是不能完全辨认自己行为的成年人。不能辨认自己行为的成年人指对普通的事物和行为欠缺基本的认识判断能力，也不能正常预见自己行为的法律后果的成年人。不能完全辨认自己行为的成年人是指对比较复杂的行为不能作出正确的认识判断，也不能完全预见到自己行为的法律后果的成年人。第一类成年人即为无民事行为能力人，由本条第1款作出规定。第二类成年人为限制民事行为能力人，由第22条作出规定。

需要注意的是，本条第1款中的"不能辨认自己行为"和第22条中的"不能完全辨认自己行为"，是指辨认识别能力不足处于一种持续的状态，不能是暂行性或者短暂的状态。例如，因酗酒、滥用麻醉用品或者精神药品，对自己的行为暂时没有辨认识别能力的成年人，不属于本法所称的无民事行为能力人或者限制民事行为能力人。

民法通则规定的无民事行为能力或者限制民事行为能力的成年人的范围为"精神病人"。民法通则第13条第1款规定："不能辨认自己行为的精神病人是无民事行为能力人，由他的法定代理人代理民事活动。"第2款规定："不能完全辨认自己行为的精神病人是限制民事行为能力人，可以进行与他的精神健康状况相适应的民事活动；其他民事活动由他的法定代理人代理，或者征得他的法定代理人的同意。"《最高人民法院关于贯彻执行〈中华人民共和国民法通则〉若干问题的意见（试行）》第5条对此作出进一步规定："精神病人（包括痴呆症人）如果没有判断能力和自我保护能力，不知其行为后果的，可以认定为不能辨认自己行为的人；对于比较复杂的事物或者比较重大的行为缺乏判断能力和自我保护能力，并且不能预见其行为后果的，可以认定为不能完全辨认自己行为的人。"该司法解释一方面对在司法实践中如何判断"不能辨认自己行为""不能完全辨认自己行为"作了细化规定，另一方面对"精神病人"的范围作了扩张解释，明确将"痴呆症人"纳入"精神病人"的范围。

现实生活中，存在因一些疾病如阿尔茨海默病（老年痴呆症）等导致不能辨认或者不能完全辨认自己行为的老年人。这些老年疾病不同于精神障碍疾病。如果将无民事行为能力人或者限制民事行为能力人的范围严格限制为"精神病人"，将这些因老年疾病导致不能辨认或者不能完全辨认自己行为的老年人排除在外，容易造成两方面的不利后果：一是对这些老年人将不能依法设定监护人，不利于保护其人身、财产及其他合法权益；二是对这些老年人从事的与其辨认识别能力不符合的民事法律行为，将不能依法被撤销或者认定为无效，损害这些老年人的合法权益。

为了回应实践需求，同时适应我国逐步进入老龄化社会、保护老年人利益的需要，在吸收司法解释规定的基础上，对无民事行为能力人和限制民事行为能力人的范围作了进一步扩张，包括了因先天、疾病等各种原因不能辨认、不能完全辨认自己行为的成年人，既包括智力障碍患者、严重精神障碍患者，也包括阿尔茨海默病患者等。需要注意的是，大部分精神障碍患者中，焦虑症、抑郁症、强迫症等常见精神障碍患者一般是有民事行为能力的。只有患精神分裂症等严重精神障碍者，才可能丧失部分或完全丧失民事行为能力。

本条第2款规定的不能辨认自己行为的8周岁以上的未成年人，指患有智力障碍、精神障碍或者因其他疾病等原因导致心智不能正常发育，辨识能力严重不足的未成年人。这些未成年人如果按照正常的年龄及心智发育程度，可以归入限制民事行为能力人，但因其对自己行为欠缺基本的辨认识别能力，为了防止其合法权益受到侵害，本条第2款将其归入无民事行为能力人的范畴。

本条第1款和第2款规定的无民事行为能力人因对普通的事物和行为欠缺基本的认识判断能力，也不能正常预见自己行为的法律后果，不能独立实施民事法律行为，应当由其法定代理人代理实施民事法律行为。

> **第二十二条** 不能完全辨认自己行为的成年人为限制民事行为能力人，实施民事法律行为由其法定代理人代理或者经其法定代理人同意、追认；但是，可以独立实施纯获利益的民事法律行为或者与其智力、精神健康状况相适应的民事法律行为。

【条文主旨】

本条是关于限制民事行为能力的成年人的规定。

【条文释义】

因智力障碍、精神障碍以及其他疾病导致不能完全辨认自己行为的成年人，均为限制民事行为能力人。限制民事行为能力的成年人对普通的事物和行为有基本的认识判断能力，但对于比较复杂的事物或者比较重大的行为缺乏判断能力和自我保护能力，并且不能预见其行为后果。限制民事行为能力的成年人实施民事法律行为一般由其法定代理人代理或者经其法定代理人同意、追认，但也可以独立实施一定的民事法律行为。

就可以独立从事的民事法律行为的范围来看，限制民事行为能力的成年人与限制民事行为能力的未成年人既有相同之处，又有不同之处。相同之处在于这两类限制民事行为能力的自然人均可以独立实施纯获利益的民事法律行为。不同之处在于，限制民事行为能力的未成年人可以独立实施与其年龄、智力相适应的民事法律行为，限制民事行为能力的成年人可以独立实施与其智力、精神健康状况相适应的民事法律行为。未成年人的年龄直接影响着其社会阅历和知识能力，智力仍处于正常发育阶段，还没有完全发育成熟，年龄、智力这两个因素是影响未成年人认知能力的两个最重要因素。与未成年人处于正常的智力发育阶段不同，限制民事行为能力的成年人实施民事法律行为需要考虑的智力因素，包括先天的智力障碍，在正常的智力发育期由于各种原因导致的智力低下，以及智力发育成熟后，由于疾病、意外事故等各种原因引起的智力损伤和老年期的智力明显衰退导致的痴呆等。限制民事行为能力的成年人实施民事法律行为需要考虑的精神健康因素主要指因精神疾病引起的认知判断能力不足的情况，不能正常参与民事活动，从事较为复杂的民事法律行为。

关于"与其智力、精神健康状况相适应"的认定，应当结合限制民事行为能力的成年人的智力、精神健康状况、行为的性质、标的数额等因素综合判断，具体情况具体分析，没有统一的标准。如果该成年人所从事的民事法律行为与其智力、精神健康状况不相适应，须经其法定代理人事前同意或者事后追认；如果该成年人所从事的民事法律行为与其智力、精神健康状况相适应，不需经其法定代理人同意或者追认，即为有效。

> **第二十三条** 无民事行为能力人、限制民事行为能力人的监护人是其法定代理人。

【条文主旨】

本条是关于无民事行为能力人、限制民事行为能力人的法定代理人的规定。

【条文释义】

法律对具有监护资格的人、监护人的选任、监护的设立方式、监护职责等都作出了严格、明确的规定。将无民事行为能力人、限制民事行为能力人的监护人规定为法定代理人，有利于保护无民事行为能力人、限制民事行为能力人的人身、财产及其他合法权益。

代理无民事行为能力人、限制民事行为能力人实施民事法律行为是监护人履行监护职责的重要内容。监护人在保护被监护人的身心健康，照顾被监护人的生活，管理和保护被监护人的财产过程中，都必不可少要代理被监护人从事一些民事法律行为，例如签订合同等。赋予监护人法定代理人资格，方便监护人更好地履行监护职责，同时也可以对这种代理行为按照本法关于代理的规定加以规范，更好地保护无民事行为能力人、限制民事行为能力人的利益。

第二十四条 不能辨认或者不能完全辨认自己行为的成年人，其利害关系人或者有关组织，可以向人民法院申请认定该成年人为无民事行为能力人或者限制民事行为能力人。

被人民法院认定为无民事行为能力人或者限制民事行为能力人的，经本人、利害关系人或者有关组织申请，人民法院可以根据其智力、精神健康恢复的状况，认定该成年人恢复为限制民事行为能力人或者完全民事行为能力人。

本条规定的有关组织包括：居民委员会、村民委员会、学校、医疗机构、妇女联合会、残疾人联合会、依法设立的老年人组织、民政部门等。

【条文主旨】

本条是关于认定或者恢复某种民事行为能力状态相关法定程序的规定。

【条文释义】

一、制度设立的法律意义

本条规定针对的是不能辨认或者不能完全辨认自己行为的成年人。未成年人虽然也有无民事行为能力人或者限制民事行为能力人，但未成年人辨认识别能力不足主要是年龄的原因，随着年龄的增长，社会阅历和知识会不断增加，到了18周岁自然就成为完全民事行为能力人。而无民事行为能力或者限制民事行为能力的成年人辨认识别能力不足，往往是因为先天因素或者疾病、事故原因造成的，短时期内难以恢复，有的甚至是不可逆转的。将不能辨认或者不能完全辨认自己行为的成年人，认定为无民事行为能力人或者限制民事行为能力人，一是对该成年人就可以依照法定程序选任监护人，保护其人身权益、财产权益及其他合法权益；二是法定代理人可以通过主张该成年人所实施的民事法律行为无效，或者撤销该民事法律行为，避免该成年人的权益受到损害；三是有利于保护交易安全。交易相对人可以事先决定是否与该成年人进行交易。如果在不知情的情况下进行了交易，相对人也可以通过催告法定代理人及时予以追认或者依法撤销该民事法律行为，尽快确定民事法律行为的效力。

依据本条规定，该认定需要向法院提出申请，并需要由法院作出判决，主要原因是无民事行为能力或者限制民事行为能力的认定对成年人的权益影响重大。将成年人认定为无民事行为能力人或者限制民事行为能力人，既是对辨认识别能力不足的成年人的保护，也是对这些成年人自由实施民事法律行为的限制，因此必须通过法定程序进行。此外，这些成年人辨认识别能力缺失的程度也有所不同，一般人难以认定，宜由法院综合各方面情况作出判断。

二、申请主体的范围

1. 利害关系人。利害关系人的情况比较复杂，其具体范围无法通过立法明确规定，应当具体情况具体分析。一般而言，对于第1款规定的"利害关系人"的范围，主要包括本人的近亲属、债权债务人等。对于第2款规定的"利害关系人"的范围，主要包括本人的监护人、债权债务人等。但在具体案件中，这些主体是否都有资格向法院提出申请，也要在个案中根据实际情况作出判断。认定利害关系人是否是适格的申请主体，需要看本人的民事行为能力状况对其是否有重要意义或者影响。例如，本人的债务人如果不是为了确定民事法律行为的效力，也不得向法院申请认定其为无民事行为能力人、限制民事行为能力人。

2. 有关组织。民法通则第19条原来规定的申请人，只有"利害关系人"，没有规定"有关组织"。在立法过程中，有的意见提出，在现实生活中，有些老人、有精神疾病的人可能没有利害关系人，这就有可能会产生因没有人提出民事行为能力认定申请而造成这部分人虽然已经处于无民事行为能力或者限制民事行为能力的状态，但不能依法设立监护、确定监护人的情况，建议在向人民法院申请认定无民事行为能力人或者限制民事行为能力人的申请主体中也增加"有关组织"。向法院申请恢复为限制民事行为能力人或者完全民事行为能力人，有时也会存在一些主观或者客观困难，例如本人没有利害关系人或者利害关系人不愿提出申请，但本人仍然没有能力独立提出申请、参加审理程序等，由有关群团组织或者民政部门等提出申请，有利于帮助这部分成年人实现自主意愿，保护这部分成年人的合法权益。因此建议申请恢复为限制民事行为能力人或者完全民事行为能力人的申请主体中增加"有关组织"。

这些意见是很有道理的。在申请认定无民事行为能力人或者限制民事行为能力人和申请恢复为限制民事行为能力或者完全民事行为能力两种情形中，都可能存在没有利害关系人的情况。但申请认定为无民事行为能力人或者限制民事行为能力人和申请恢复为限制民事行为能力或者完全民事行为能力这两种情形是有差别的。认定成年人为无民事行为能力人或者限制民事行为能力人，是对成年人意思能力和行为自由的重大限制，必须严格掌握申请主体的范围。认定恢复为限制民事行为能力或者完全民事行为能力，是对成年人民事行为能力状况的提升，在不同程度上解除了对成年人意思能力和行为自由的限制，是对成年人自主意识的尊重。在立法过程中，首先在申请恢复为限制民事行为能力或者完全民事行为能力的申请主体中增加规定了"有关组织"，以此进一步征求意见。民法总则草案一审稿、二审稿及三审稿中，均只在第 2 款的申请主体中规定了"有关组织"。具体包括以下几种情况：由无民事行为能力人恢复为限制民事行为能力人、由限制民事行为能力人恢复为完全民事行为能力人、由无民事行为能力人恢复为完全民事行为能力人。申请的主体不仅包括利害关系人，还有"有关组织"。第 1 款的申请主体没有规定"有关组织"，仍然限于利害关系人。

征求意见过程中，专家学者、社会公众对申请恢复为限制民事行为能力人和完全民事行为能力人的申请主体增加"有关组织"是赞同的。同时，也提出申请认定成年人为无民事行为能力人或者限制民事行为能力人的申请主体也应增加"有关组织"。经过反复研究，本条规定吸收了该意见，在第 1 款的申请主体中增加了"有关组织"。但应当注意的是，认定成年人为无民事行为能力或者限制民事行为能力，对成年人的行为自由影响重大，原则上应当由利害关系人提出，对于"有关组织"向法院提出申请宜作严格掌握，必须是基于保护该成年人合法权益的迫切需要。民法典继续维持这一规定。

3. 有关组织的范围。本条第 3 款对"有关组织"的范围作出规定，包括居民委员会、村民委员会、学校、医疗机构、妇女联合会、残疾人联合会、依法设立的老年人组织、民政部门等。这些组织往往具有向法院申请认定成年人民事行为能力状况的意愿、能力或者条件。其中，居民委员会、村民委员会是基层群众性自治组织，负责办理本村或者本居住地区居民的公共事务和公益事业；妇女联合会、残疾人联合会是分别代表和维护妇女权益、残疾人权益的组织；一些依法设立的老年人组织也致力于维护老年人合法权益，这些组织具有保护相关辨识能力不足的成年人合法权益的意愿、能力。学校、医疗机构往往能及时发现了解学生、患者的智力、精神健康现状，具备向法院提出申请的条件，在有些情况下，也具有向法院提出申请的意愿。民政部门作为政府的重要职能部门，一个重要的职责就是负责社会救助和社会福利方面的工作，由民政部门提出申请符合其部门职责。

> **第二十五条** 自然人以户籍登记或者其他有效身份登记记载的居所为住所；经常居所与住所不一致的，经常居所视为住所。

【条文主旨】

本条是关于自然人住所的规定。

【条文释义】

住所是指民事主体进行民事活动的中心场所或者主要场所。自然人的住所一般指自然人长期居住、较为固定的居所。自然人的住所对婚姻登记、宣告失踪、宣告死亡、债务履行地、司法管辖、诉讼送达等具有重要的法律意义。例如，甲与乙发生民间借贷纠纷，甲一般应当向乙方住所地人民法院提起诉讼，乙方住所地直接决定案件的管辖法院。居所指自然人实际居住的一定处所，其与住所的区别是，一个自然人可以同时有两个或者多个居所，但只能有一个住所。一般的居所都是自然人临时居住，为暂时性的，住所则为长期固定的。

依据本条规定，自然人以户籍登记或者其他有效身份登记记载的居所为住所。户籍登记是国家公安机关按照国家户籍管理法律法规，对公民的身份信息进行登记记载的制度。我国户口登记条例第6条规定："公民应当在经常居住的地方登记为常住人口，一个公民只能在一个地方登记为常住人口。"依据该规定，公民应当在经常居住地的公安机关进行户籍登记，户籍登记记载的居所即是其长期居住、较为固定的居所。

本条中的"其他有效身份登记"主要包括居住证和外国人的有效居留证件等。随着城镇化推进，大量人口离开户籍地工作、学习，这些自然人进行民事活动的中心场所发生明显变化，经常居住地与户籍登记地发生偏离。完全以户籍登记记载的居所为标准判断公民的住所，已经不符合当前实际需要。为了促进新型城镇化的健康发展，推进城镇基本公共服务和便利常住人口全覆盖，保障公民合法权益，促进社会公平正义，国务院于2015年颁布了《居住证暂行条例》，对居住证的申领条件、记载内容等作出规定。该条例第2条规定："公民离开常住户口所在地，到其他城市居住半年以上，符合有合法稳定就业、合法稳定住所、连续就读条件之一的，可以依照本条例的规定申领居住证。"第4条规定："居住证登载的内容包括：姓名、性别、民族、出生日期、公民身份号码、本人相片、常住户口所在地住址、居住地住址、证件的签发机关和签发日期。"依据该规定，居住证的持有人往往都在相关城市工作、生活居住半年以上。居住证记载的居住地住址也可以作为公民住所，这有利于促进公民正常从事民事活动，在出现民事纠纷时，便于公民起诉应诉。此外，对外国人、无国籍人等在中国的住所，可以根据我国主管机关遵循法定程序签发的有效居留证件等进行判断。

第二节 监 护

> **第二十六条** 父母对未成年子女负有抚养、教育和保护的义务。
> 成年子女对父母负有赡养、扶助和保护的义务。

【条文主旨】

本条是关于父母子女之间法律义务的规定。

【条文释义】

一、关于父母子女之间法律义务

尊老爱幼是中华民族的传统美德，本条从弘扬中华民族的传统美德出发，根据宪法，在婚姻法、未成年人保护法、老年人权益保障法等法律有关规定的基础上，将父母子女之间的法律义务进一步明确化、法定化，强调了家庭责任，有利于促进家庭关系的和睦，从法律上倡导和落实社会主义核心价值观。

依据本条规定，父母对未成年子女的抚养、教育和保护义务，主要包括进行生活上的照料，保障未成年人接受义务教育，以适当的方式、方法管理和教育未成年人，保护未成年人的人身、财产不受到侵害，促进未成年人的身心健康发展等。婚姻法、未成年人保护法等对此作出了较为具体的规定。成年子女对父母的赡养、扶助和保护义务，主要包括子女对丧失劳动能力或生活困难的父母，要进行生活上的照料和经济上的供养，从精神上慰藉父母，保护父母的人身、财产权益不受侵害。本法婚姻家庭编、老年人权益保障法等对此作出了较为具体的规定。

二、关于亲权与监护的关系

父母基于身份关系对未成年人子女进行教养、保护等权利义务的总和称作"亲权"。这是大陆法系国家或者地区普遍采用的制度。亲权既是父母的权利，父母作为亲权人可以自主决定、处理有关保护教养子女的事项，同时，亲权又是父母的法定义务，父母抚养、教育和保护未成年子女的义务不得抛弃。而监护的适用前提是亲权人死亡或者亲权人丧失管理权。

在立法过程中，关于是否将亲权与监护分离，存在一定的争议。有的意见认为，亲权是基于亲子之间的血缘关系自然产生并受到法律确认的，监护是亲权制度不能发挥作用时的有效补充和延伸，亲权与监护的内容并不完全相同，建议从狭义上使用监护的概念，明确将监护与亲权分离。

经研究认为，在民法通则施行以来，监护的内涵已在很多法律中得以巩固，深入社会管理和司法实践，影响到经济社会生活的方方面面，也已经获得群众的广泛接受。在这种情况下，不宜再改变监护的含义。因此，本法规定的"监护"是一个广义概念，既包括未成年人的父母担任监护人，也包括父母之外的其他人担任监护人。亲权与监护的差异，主要在于父母与子女之间的权利义务不完全等同于其他监护人与被监护人之间的权利义务，属于亲权的相关内容也规定在婚姻家庭编中。

> **第二十七条** 父母是未成年子女的监护人。
>
> 未成年人的父母已经死亡或者没有监护能力的，由下列有监护能力的人按顺序担任监护人：
>
> （一）祖父母、外祖父母；
>
> （二）兄、姐；
>
> （三）其他愿意担任监护人的个人或者组织，但是须经未成年人住所地的居民委员会、村民委员会或者民政部门同意。

〖条文主旨〗

本条是关于未成年人的监护人的规定。

〖条文释义〗

本条第 1 款规定，父母是未成年人的监护人。父母具有抚养、教育和保护未成年子女的法定义务，与未成年子女的关系最为密切，对未成年人的健康成长至关重要。基于此，父母无条件成为未成年人的法定监护人。只有在父母死亡或者没有监护能力的情况下，才可以由其他个人或者有关组织担任监护人。

本条第 2 款对父母之外的其他个人或者组织担任监护人作出规定。第 2 款在民法通则相关规定的基础上，主要从两个方面进行了完善：一是规定父母之外具有监护能力的人"按顺序"担任监护人；二是增加规定了有关组织担任监护人的规定。

一、关于"按顺序"担任监护人

实践中，有些情况下具有监护资格的人互相推脱，都不愿意担任监护人，导致监护无从设立，无民事行为能力人或者限制民事行为能力人的权益得不到保护。针对以上问题，本条明确具有监护资格的人按照顺序担任监护人，主要目的在于防止具有监护资格的人之间互相推卸责任。如果两个或者两个以上具有监护资格的人，都愿意担任监护人，也可以按照本条规定的顺序确定监护人，或者依照本法第 30 条规定进行协商；协商不成的，按照本法第 31 条规定的监护争议解决程序处理，由居民委员会、村民委员会、民政部门或者人民法院按照最有利于被监护人的原则指定监护人，不受本条规定的"顺序"的限制，但仍可作为依据。

依照本条规定的顺序应当担任监护人的个人认为自己不适合担任监护人，或者认为其他具有监护资格的人更适合担任监护人的，可以依照本法第 30 条规定进行协商；协商不成的，按照本法第 31 条规定的监护争议解决程序处理，由居民委员会、村民委员会、民政部门或者人民法院综合各方面情况，根据最有利于被监护人的原则在依法具有监护资格的人中指定监护人。例如，未成年人的祖父母作为第一顺位的监护人，认为自己年事已高，未成年人的姐姐各方面条件更好，由其姐姐担任监护人更有利于未成年人成长，可以先与其姐姐进行协商；协商不成的，依法通过监护争议程序解决。但在法院依法指定监护人前，未成年人的祖父母不得拒绝履行监护职责。

二、关于"愿意担任监护人的组织"担任监护人

随着我国公益事业的发展，有监护意愿和能力的社会组织不断增多，由社会组织担任监护人是家庭监护的有益补充，也可以缓解国家监护的压力。根据本条第 2 款第 3 项以及第 28 条第 4 项的规定，"愿意担任监护人的组织"均是指这类社会组织。但是，监护不同于简单的生活照顾，还要对被监护人的财产进行管理和保护，代理被监护人实施民事法律行为，对未成年被监护人的侵权行为承担责任等。自愿担任监护人的社会组织要具有良好信誉、一定的财产和工作人员等，这些条件都需要在实践中严格掌握，由未成年人住所地的居民委员会、村民委员会或者民政部门根据实际情况作出判断。

本条第 2 款第 3 项将民法通则规定的自愿担任监护人的"关系密切的其他亲属、朋友"修改为愿意担任监护人的"个人"，进一步扩大了监护人的范围，尽量避免无人担任监护人的情况。依据本法规定，"愿意担任监护人的个人"成为监护人，也必须经过未成年人住所地的居民委员会、村民委员会或者民政部门同意，要具有监护能力，有利于未成年人健康成长。

> **第二十八条** 无民事行为能力或者限制民事行为能力的成年人，由下列有监护能力的人按顺序担任监护人：
>
> （一）配偶；
>
> （二）父母、子女；
>
> （三）其他近亲属；
>
> （四）其他愿意担任监护人的个人或者组织，但是须经被监护人住所地的居民委员会、村民委员会或者民政部门同意。

【条文主旨】

本条是关于无民事行为能力或者限制民事行为能力的成年人的监护人的规定。

【条文释义】

本条在民法通则规定的基础上，增加了具有监护资格的人"按顺序"担任监护人、"愿意担任监护人的组织"担任监护人的规定，并将愿意担任监护人的"关系密切的其他亲属、朋友"修改为愿意担任监护人的"个人"，扩大了监护人的范围。具体说明可以参见第27条规定的释义。

本条规定的需要设立监护的成年人为无民事行为能力人或者限制民事行为能力人，包括因智力、精神障碍以及因年老、疾病等各种原因，导致辨识能力不足的成年人。对成年人监护，要正确区分失能与失智的区别。失能是失去生活自理能力，失智即辨识能力不足。失能的成年人未必需要监护，只有失智的成年人需要监护。此外，还应当区分长期照护（护理）和监护的区别：从对象来看，照护的对象既包括失智成年人，也包括失能成年人，监护的对象针对失智成年人；从内容上看，照护仅限于生活上的照料和安全上的保护，不涉及人身权益保护的安排、财产的管理等事项。监护是对失智成年人人身、财产等各方面权益的保护和安排。

本条规定的前三项具有监护资格的人，都是成年被监护人的近亲属。近亲属往往与被监护人具有血缘关系、密切的生活联系和良好的情感基础，更有利于被监护人的身心健康，也更有利于尽职尽责地保护被监护人的合法权益，因此适宜担任监护人。依据本条规定，具有监护资格的人有以下几类：

一是配偶。成年男女达到法定婚龄，通过结婚登记程序，缔结婚姻关系，产生法律权利义务关系。本法婚姻家庭编中第1059条第1款规定："夫妻有相互扶养的义务。"夫妻共同生活，具有相互扶养的义务，对共同的财产享有支配权，具有良好的感情基础，由配偶担任监护人有利于保护被监护人的人身、财产及其他合法权益。

二是父母、子女。父母子女之间既具有天然的情感，又具有法定的抚养、赡养关系，适宜担任监护人。

三是其他近亲属。这包括祖父母、外祖父母、孙子女、外孙子女、兄弟姐妹。本条将"其他近亲属"列为具有监护资格的范围，主要是基于血缘关系、生活联系，以及情感基础等因素，有利于保护被监护人的合法权益。

四是其他愿意担任监护人的个人或者组织，但是须经被监护人住所地的居民委员会、村民委员会或者民政部门同意。"愿意担任监护人的组织"主要指公益组织，其能否担任监护人，在实践中由被监护人住所地的居民委员会、村民委员会或者民政部门根据该组织的设立宗旨、社会声誉、财产或者经费、专职工作人员等情况进行判断。

> **第二十九条　被监护人的父母担任监护人的，可以通过遗嘱指定监护人。**

【条文主旨】

本条是关于遗嘱监护的规定。

【条文释义】

父母与子女之间的血缘关系最近，情感最深厚，父母最关心子女的健康成长与权益保护，应当允许父母选择自己最信任的、对于保护子女最有利的人担任监护人。遗嘱监护制度有助于满足实践中一些父母在生前为其需要监护的子女作出监护安排的要求，体现了对父母意愿的尊重，也有利于更好地保护被监护人的利益，立法应当予以认可。

依据本条规定，被监护人（包括未成年人、无民事行为能力或者限制民事行为能力的成年人）的父母可以通过立遗嘱的形式为被监护人指定监护人，但前提是被监护人的父母正在担任着监护人，如果父母因丧失监护能力没有担任监护人，或者因侵害被监护人合法权益被撤销监护人资格等不再担任监护人的，父母不宜再通过立遗嘱的形式为被监护人指定监护人。

本条规定的遗嘱指定监护与境外立法例有相同点，也有不同点。相同点是，有权以遗嘱的形式指定监护人的主体仅限于父母，其他任何人都不能以遗嘱的形式指定监护人。不同之处在于，境外立法例仅限于为未成年子女指定监护人，但依据本条规定，父母既可以为未成年子女指定监护人，也可以为成年子女指定监护人。民法总则草案一审稿、二审稿均将遗嘱监护限定于为未成年人指定监护人。在调研中，有的意见提出，在现实生活中，对无民事行为能力及限制民事行为能力的成年人，也存在由父母立遗嘱为其指定监护人的情形和立法需求，建议扩大遗嘱监护的适用范围，允许父母通过遗嘱为无民事行为能力及限制民事行为能力的成年人指定监护人。经研究，吸收了该意见。民法典继续维持这一规定。

关于遗嘱指定监护与法定监护的关系，一般来说，遗嘱指定监护具有优先地位。遗嘱指定监护是父母通过立遗嘱选择值得信任并对保护被监护人权益最为有利的人担任监护人，应当优先于本法第 27 条、第 28 条规定的法定监护。遗嘱指定监护，也应当不限于本法第 27 条、第 28 条规定的具有监护资格的人。但是，遗嘱指定的监护人应当具有监护能力，能够履行监护职责。如果遗嘱指定后，客观情况发生变化，遗嘱指定的监护人因患病等原因丧失监护能力，或者因出国等各种原因不能履行监护职责，就不能执行遗嘱指定监护，应当依法另行确定监护人。

> **第三十条** 依法具有监护资格的人之间可以协议确定监护人。协议确定监护人应当尊重被监护人的真实意愿。

【条文主旨】

本条是关于协议确定监护人的规定。

【条文释义】

协议监护是确定监护人的方式之一，具有一定的司法实践基础。《最高人民法院关于贯彻执行〈中华人民共和国民法通则〉若干问题的意见（试行）》第15条规定："有监护资格的人之间协议确定监护人的，应当由协议确定的监护人对被监护人承担监护责任。"本条在吸收司法实践经验的基础上，对协议监护制度作出规定。本法第27条、第28条分别对未成年人、无民事行为能力和限制民事行为能力的成年人规定了具有监护资格的人的范围。在法律已对具有监护资格的人作了严格限定的前提下，允许具有监护资格的人之间协议确定监护人，不会损害被监护人的合法权益。本法第27条、第28条规定了担任监护人的顺序，主要目的在于防止具有监护资格的监护人推卸责任，导致监护人缺位的情况出现。协议监护可以不按照第27条、第28条规定的顺序确定监护人。具有监护资格的人之间可以根据各自与被监护人的生活联系状况、经济条件、能够提供的教育条件或者生活照料措施等，在尊重被监护人意愿的基础上，经过充分协商，选择合适的监护人。既是对具有监护资格的人共同意愿的尊重，也有利于保护被监护人的合法权益。法律对协议监护制度予以认可，既是对实践需求的回应，也有利于进一步规范协议监护制度。

依据本条规定，协议监护具有以下几个特点：第一，协议主体必须是依法具有监护资格的人，即本法第27条、第28条规定的具有监护资格的人。未成年人的父母有监护能力的，不得与其他人签订协议，确定由其他人担任监护人，推卸自身责任。对于未成年人，协议监护只限于父母死亡或者没有监护能力的情况，协议的主体为：（1）祖父母、外祖父母；（2）兄、姐；（3）经未成年人住所地的居民委员会、村民委员会或者民政部门同意的其他愿意担任监护人的个人或者有关组织。对于父母丧失监护能力的，父母可以不作为协议监护的主体，但对协议确定监护人也可以提出自己的意见，具有监护资格的人在协议确定未成年人的监护人时，从有利于保护被监护人的利益出发，应当尽量予以尊重。对于无民事行为能力或者限制民事行为能力的成年人，协议的主体为：（1）配偶；（2）父母、子女；（3）其他近亲属；（4）经该成年人住所地的居民委员会、村民委员会或者民政部门同意的其他愿意担任监护人的个人或者组织。第二，协议确定的监护人必须从具有监护资格的人之间产生，不得在法律规定的具有监护资格的人之外确定监护人。在具有监护资格的人之外确定监护人的，协议监护无效。第三，协议监护是具有监护资格的人合意的结果，合意产生后，由协议确定的监护人担任监护人，履行监护职责。监护人一旦确定，即不得擅自变更，否则要承担相应的法律责任。

协议确定监护人对被监护人的利益影响重大，应当充分尊重被监护人的真实意愿。被监护人都是无民事行为能力人或者限制民事行为能力人，"尊重被监护人的真实意愿"不是简单地征求被监护人的意见，要结合多种情况进行综合考量判断，探求其内心真实的愿望。限制民事行为能力的未成年人和成年人已经具备了一定的认知判断能力及较强的表达能力，协议确定监护人应当直接听取其意见，并对其意见是否反映其真实意愿，结合其他一些因素，例如是否受到胁迫等进行判断。无民事行为能力的被监护人，不具有独立的认知判断能力，但这不意味着这些被监护人没有真实意愿。对于无民事行为能力的被监护人，也应当结合各种情况，例如被监护人与哪一个具有监护资格的人生活联系最为密切等因素，去发现并充分尊重被监护人的真实意愿，这对于保护被监护人的身心健康，具有重要意义。

> **第三十一条**　对监护人的确定有争议的，由被监护人住所地的居民委员会、村民委员会或者民政部门指定监护人，有关当事人对指定不服的，可以向人民法院申请指定监护人；有关当事人也可以直接向人民法院申请指定监护人。
>
> 居民委员会、村民委员会、民政部门或者人民法院应当尊重被监护人的真实意愿，按照最有利于被监护人的原则在依法具有监护资格的人中指定监护人。
>
> 依据本条第一款规定指定监护人前，被监护人的人身权利、财产权利以及其他合法权益处于无人保护状态的，由被监护人住所地的居民委员会、村民委员会、法律规定的有关组织或者民政部门担任临时监护人。
>
> 监护人被指定后，不得擅自变更；擅自变更的，不免除被指定的监护人的责任。

【条文主旨】

本条是关于监护争议解决程序的规定。

【条文释义】

本条共四款。第 1 款规定了对监护人的确定有争议情况下的两种解决途径：一是由被监护人住所地的居民委员会、村民委员会或者民政部门指定监护人。该指定并没有终局效力。有关当事人对该指定不服的，可以向法院提出申请，由法院指定监护人。法院的指定具有终局效力，被指定的监护人应当履行监护职责，不得推卸。二是有关当事人可以不经居民委员会、村民委员会或者民政部门的指定，直接向法院提出申请，由法院指定监护人。本款规定的"对监护人的确定有争议的"既包括争当监护人的情况，也包括推卸拒不担当监护人的情况，主要包括以下几类情形：一是具有监护资格的人均认为自己适合担任监护人，争当监护人；二是按照本法第 27 条、第 28 条规定的顺序应当担任监护人的，认为自己没有监护能力，无法履行监护职责或者认为其他具有监护资格的人更适宜担任监护人的；三是后一顺序具有监护资格的人要求前一顺序具有监护资格的人依法履行监护职责的；四是具有监护资格的人均推卸监护职责，拒不担当监护人的情况。对此，居民委员会、村民委员会或者民政部门应当介入，切实履行起指定监护的职责，依法指定监护人。本款中的两处"有关当事人"指对监护人的确定有争议的当事人。

本条相对于民法通则，增加了民政部门指定监护人的内容。开展社会救济和社会福利工作是民政部门的工作职责，有必要加强民政部门在监护中的职责和作用。民政部门在实际工作中，往往比较了解辖区内未成年人和丧失民事行为能力成年人的家庭关系、健康状况等，有能力指定合适的监护人，并且权威性较高，有利于促进监护争议的解决。

第 2 款规定了居民委员会、村民委员会、民政部门或者人民法院指定监护人的原则：一是应当尊重被监护人的真实意愿；二是要按照最有利于被监护人的原则指定。"按照最有利于被监护人的原则"指定，是指居民委员会、村民委员会、民政部门或者人民法院指定监护人并不需要遵照本法第 27 条第 2 款、第 28 条规定的顺序，而应当结合具有监护资格的人与被监护人的生活情感联系、有无利害冲突，具有监护资格的人的品行、身体状况、经济条件以及能够为被监护人提供的教育水平或者生活照料措施等，综合进行判断，并尊重被监护人的真实意愿，选择最有利于被监护人健康成长或者健康恢复、最有利于保护被监护人合法权益的人担任监护人。

第 3 款规定了临时监护制度。监护争议解决程序需要一定的时间，如果依照本条第 1 款规定指定监护人前，被监护人的人身权利、财产权利及其他合法权益处于无人保护状态，例如具有监护资格的人互相推诿都不愿担任监护人，为了保护被监护人的合法权益，有必要设立临时监护制度。依据本条规定，临时监护人由被监护人住所地的居民委员会、村民委员会、法律规定的有关组织或者民政部门担任。本款中的"依据本条第一款规定指定监护人前"应当从宽理解，不能仅限于监护争议解决期间。从时间点上，应当包括以下两个期间：一是监护争议解决程序启动之后，即居民委员会、村民委员会、民政部门开始处理监护争议或者人民法院受理监护申请之后，至指定监护人之前的期间；二是监护争议解决程序启动之前，只要发现因无人履行监护职责，被监护人的合法权益处于无人保护状态的，就由本条规定的居民委员会、村民委员会、法律规定的有关组织或者民政部门担任临时监护人，随后再依法启动监护争议解决程序，指定监护人。

对于第 3 款规定的担任临时监护人的主体"法律规定的有关组织"，主要是指符合法定条件的公益组织。实践中，有监护意愿和能力的公益组织不断增多，为了吸引更多的主体参与监护事业，更好地保护被监护人的合法权益，法律有必要为实践的发展留下一定的空间。当被监护人的合法权益出现无人保护状态时，临时监护人要能及时承担起监护职责，并充分履行好监护职责，因此有资格担任临时监护人的公益组织应当相对固定，并符合较高的履职条件。至于应当符合哪些具体条件，哪些公益组织有资格担任临时监护人，可以在将来由法律根据实践发展情况作出规定。

第 4 款规定了指定监护的法律效力。依照监护争议解决程序，由居民委员会、村民委员会、民政部门或者人民法院指定监护人后，被指定的监护人应当履行监护职责，不得推卸，不得擅自变更。如果擅自变更为由其他人担任监护人的，不免除被指定的监护人的责任。被监护人侵害他人的合法权益，或者被监护人自身受到损害的，被指定的监护人仍应当承担责任，擅自变更后的监护人也要根据过错程度承担相应的责任。

> **第三十二条**　没有依法具有监护资格的人的，监护人由民政部门担任，也可以由具备履行监护职责条件的被监护人住所地的居民委员会、村民委员会担任。

【条文主旨】

本条是关于民政部门或者居民委员会、村民委员会担任监护人的规定。

【条文释义】

本条规定的"没有依法具有监护资格的人的",主要指没有本法第 27 条、第 28 条规定的具有监护资格的人的情况,即被监护人的父母死亡或者没有监护能力,也没有其他近亲属,或者其他近亲属都没有监护能力,而且还没有符合条件的其他愿意担任监护人的个人或者组织。如果存在具有监护资格的人,但其拒绝担任监护人的,不适用本条规定。民法通则规定,没有依法具有监护资格的人的,由未成年人的父母所在单位、成年被监护人的所在单位或者被监护人住所地的居民委员会、村民委员会或者民政部门担任监护人。本条对此作出调整:一是删去了未成年人的父母所在单位、成年被监护人所在单位担任监护人的规定;二是强化了民政部门的职责,由民政部门担任兜底性的监护人;三是规定具备履行监护职责条件的居民委员会、村民委员会也可以担任监护人。

在立法过程中,有的意见认为,由居民委员会、村民委员会担任监护人在实践中难以落实,应当取消居民委员会、村民委员会担任监护人的职责。也有意见认为,不宜取消居民委员会、村民委员会担任监护人的职责。

经研究认为,我国宪法、城市居民委员会组织法和村民委员会组织法规定,居民委员会、村民委员会是自我管理、自我教育、自我服务的基层群众性自治组织,办理本居住地区的公共事务和公益事业。居民委员会、村民委员会对居住地区的未成年人和成年被监护人的健康状况、家庭情况等比较了解,如果具备履行监护职责条件,就可以担任监护人。这样规定也符合居民委员会、村民委员会的性质和职责。实践中,居民委员会、村民委员会担任监护人的情形比较少,但也确实有一些具备履行监护职责条件的居民委员会、村民委员会担任监护人,对此法律上不宜"一刀切"而完全否定,因此本条在保留居民委员会、村民委员会担任监护人的基础上,规定没有依法具有监护资格的人的,在主要由民政部门兜底的前提下,监护人也可以由具备履行监护职责条件的居民委员会、村民委员会担任,作为承担监护职责的补充主体。

在立法过程中,有不少意见提出:第一,大部分情况下,居民委员会、村民委员会现实中很难承担监护职责,鉴于民政部门的定位及职能,建议以民政部门为主要的兜底监护人。第二,民法通则规定,由被监护人住所地的居民委员会、村民委员会或者民政部门承担兜底性的监护责任。该规定没有区分承担兜底性的监护责任的主次顺序,非常不利于保护被监护人的合法权益。第三,多年来,民政事业有了很大进步,民政部门有能力承担起兜底性的监护职责,事实上,民政部门已经承担起未成年人的兜底性监护职责,建议进一步加强民政部门的监护职责。

实践中，没有依法具有监护资格的人的情况比较复杂，有的是父母死亡成为孤儿，有的是父母长期服刑或者一方死亡一方失踪，成为事实上的孤儿，有的精神病人的父母因年老无力监护，其他近亲属因经济条件等各种原因也无力监护，等等。随着国家经济实力的增强和治理能力的提高，国家作为社会救助和保障的最后一道防线，应当强化监护职能，在监护人缺位时由政府民政部门担任兜底监护人，保证这些人的生活得到照料，使这些人的合法权益不至于受到侵害，也避免一些没有监护人的精神障碍患者危及他人。民政部门作为负责社会救济和社会福利的主要职能部门，应承担起更多的职责。综合各方面意见，经反复研究，本条规定民政部门承担主要的兜底性监护职责。

> **第三十三条** 具有完全民事行为能力的成年人，可以与其近亲属、其他愿意担任监护人的个人或者组织事先协商，以书面形式确定自己的监护人，在自己丧失或者部分丧失民事行为能力时，由该监护人履行监护职责。

【条文主旨】

本条是关于意定监护的规定。

【条文释义】

我国当前人口老龄化趋势明显，单一的法定监护制度已经难以满足形势发展的需要。基于我国实际情况，并借鉴境外立法例，本条规定了意定监护制度，有利于成年人基于自己的意愿选任监护人。我国老年人权益保障法第26条第1款对意定监护制度作出规定："具备完全民事行为能力的老年人，可以在近亲属或者其他与自己关系密切、愿意承担监护责任的个人、组织中协商确定自己的监护人。监护人在老年人丧失或者部分丧失民事行为能力时，依法承担监护责任。"老年人权益保障法规定意定监护制度主要是考虑到老年人的智力有一个逐渐衰退的过程，在老年人清醒的时候，应当尊重老年人的意愿，允许其为自己选择丧失民事行为能力或者部分丧失民事行为能力时的监护人。民法典总则编在老年人权益保障法规定的基础上，进一步扩大了适用范围，将意定监护制度适用于具有完全民事行为能力的成年人。

意定监护是在监护领域对自愿原则的贯彻落实，是具有完全民事行为能力的成年人对自己将来的监护事务，按照自己的意愿事先所作的安排。依据本条规定，具有完全民事行为能力的成年人确定自己丧失或者部分丧失民事行为能力时的监护人，应当事先取得被选择方的认可，即经双方协商一致。意定监护对被监护人的权益影响很大，应以书面方式为宜，明确写明经双方认可的内容，对于其真实性、合法性加以保障，从根源上减少意定监护纠纷。

意定监护作为一种确定监护人的方式，是相对于法定监护来说的。意定监护是对成年人完全基于自己意愿选择监护人的尊重，自己意愿是起决定性作用的；法定监护是基于法律规定的条件和程序确定监护人，本法第27条至第32条对此作了规定。需要注意的是，意定监护不同于本法第30条规定的协议确定监护人，后者仍然属于法定监护方式，协议的主体是具有监护资格的人。一般而言，意定监护优先于法定监护予以适用。法律设立意定监护制度即是要尊重成年人自己的意愿，当然具有优先适用的地位。只有在意定监护协议无效或者因各种原因，例如协议确定的监护人丧失监护能力，监护协议无法履行的情况下，再适用法定监护。

本条确立了意定监护制度，但规定较为原则。在立法过程中，也有一些意见建议对意定监护监督人、如何启动监护等作出更加具体的规定。意定监护制度作为一项较新的制度，在实践中具体如何落实仍有必要进一步研究探索。

> **第三十四条** 监护人的职责是代理被监护人实施民事法律行为，保护被监护人的人身权利、财产权利以及其他合法权益等。
>
> 监护人依法履行监护职责产生的权利，受法律保护。
>
> 监护人不履行监护职责或者侵害被监护人合法权益的，应当承担法律责任。
>
> 因发生突发事件等紧急情况，监护人暂时无法履行监护职责，被监护人的生活处于无人照料状态的，被监护人住所地的居民委员会、村民委员会或者民政部门应当为被监护人安排必要的临时生活照料措施。

【条文主旨】

本条是关于监护职责内容及临时生活照料的规定。

【条文释义】

关于监护的性质问题，学术上存在争议，主要有"权利说""义务或者职责说""权利义务一致说"等。本条侧重于强调监护职责，同时也要保护因履行监护职责所产生的权利。

本条第 1 款规定了监护人的职责。弥补被监护人民事行为能力不足是监护制度设立的重要目的，被监护人往往不能独立实施民事法律行为，这就需要由监护人代理实施。本款将"代理被监护人实施民事法律行为"从监护职责中单列出来加以强调。监护人保护被监护人的人身权利、财产权利以及其他合法权益的职责，主要包括：保护被监护人的身心健康，促进未成年人的健康成长，对成年被监护人也要积极促进其健康状况的恢复；照顾被监护人的生活；管理和保护被监护人的财产；对被监护人进行教育和必要的管理；在被监护人合法权益受到侵害或者与人发生争议时，代理其进行诉讼等。

第 2 款规定了监护人因履行监护职责所产生的权利。监护人在履行监护职责的过程中，也会因此享有一定的权利。例如，监护人为保护被监护人的人身权益，享有医疗方案的同意权；监护人为了保护被监护人财产权益，享有财产的管理和支配权；被监护人合法权益受到侵害或者与人发生争议时，代理被监护人参加诉讼的权利等。监护人享有这些权利，是履行监护职责所需要，目的还是保护被监护人的人身、财产权利及其他合法权益。监护人行使这些权利时，其他人不得侵害或者剥夺。相关单行法也对监护人因履行监护职责所产生的权利作出规定。

第 3 款规定了监护人的责任。被监护人都是未成年人或者辨识能力不足的成年人，监护人是否能履行好监护职责，对被监护人权益影响很大。监护人如果不履行监护职责或者侵害被监护人合法权益的，应当承担相应的责任，主要包括两个方面：一是对被监护人的侵权行为承担责任。本法第 1188 条规定："无民事行为能力人、限制民事行为能力人造成他人损害的，由监护人承担侵权责任。监护人尽到监护职责的，可以减轻其侵权责任。有财产的无民事行为能力人、限制民事行为能力人造成他人损害的，从本人财产中支付赔偿费用；不足部分，由监护人赔偿。"二是监护人不履行监护职责或者侵害被监护人合法权益，造成被监护人人身、财产损害的，应当承担民事责任。本法第 179 条对承担民事责任的主要方式作出规定，包括停止侵害、赔偿损失等。

第 4 款规定了临时生活照料。因发生疫情等突发事件的紧急情况，监护人因被隔离、治疗或者其他原因，暂时无法履行监护职责，此时被监护人的生活如果处于无人照料状态的，为了被监护人的利益，居民委员会、村民委员会或者政府部门就应当为被监护人安排必要的临时生活照料。此次编纂民法典，在本条增加第 4 款规定："因发生突发事件等紧急情况，监护人暂时无法履行监护职责，被监护人的生活处于无人照料状态的，被监护人住所地的居民委员会、村民委员会或者民政部门应当为被监护人安排必要的临时生活照料措施。"这里的"突发事件",是指突发事件应对法中规定的突然发生,造成或者可能造成严重社会危害,需要采取应急处置措施予以应对的自然灾害、事故灾难、公共卫生事件和社会安全事件。

安排临时生活照料措施与民事监护中的临时监护制度不同。两者虽然都有临时生活照料的内容,但临时生活照料措施与临时监护制度适用的前提条件和内容存在很大差别。首先,在发生疫情等突发事件的紧急情况下,比如在新冠肺炎疫情期间,监护人被集中隔离、治疗,监护人还存在,其监护人的资格并没有被剥夺,这与临时监护制度发生的条件不同。临时监护制度的设立前提是没有监护人,而安排临时生活照料措施是因为监护人被隔离、治疗,只是暂时无法照料被监护人,不能履行监护职责,需要为被监护人安排必要的临时生活照料。其次,虽然是临时监护,临时监护人的监护职责也有保护被监护人的人身权利、财产权利及其他合法权益等许多方面,而安排临时生活照料措施只是安排人员照料被监护人的日常生活。再次,临时监护属于监护,临时监护人涉及许多行使权利和履行义务的情况。比如,享有财产管理和支配权、代理诉讼的权利、承担因被监护人侵权引起的法律责任,等等。然而,进行临时生活照料的人员是不可能享有这些权利并承担这些义务的。

因此,临时生活照料措施主要就是对被监护人进行生活照料,而临时监护则除了照料生活,还有许多情况需要处理,可能涉及一些被监护人的权利义务上的重大决定,这是临时生活照料措施解决不了的。采取临时生活照料措施,只是临时性生活照料,如果监护人因病去世,就应当及时确定新监护人。如果对确定新监护人发生异议难以确定,被监护人的人身、财产及其他合法权益仍处于无人保护的状态,符合临时监护的适用条件,应由被监护人住所地的居民委员会、村民委员会、法律规定的有关组织或者民政部门担任临时监护人。

> **第三十五条** 监护人应当按照最有利于被监护人的原则履行监护职责。监护人除为维护被监护人利益外,不得处分被监护人的财产。
>
> 未成年人的监护人履行监护职责,在作出与被监护人利益有关的决定时,应当根据被监护人的年龄和智力状况,尊重被监护人的真实意愿。
>
> 成年人的监护人履行监护职责,应当最大程度地尊重被监护人的真实意愿,保障并协助被监护人实施与其智力、精神健康状况相适应的民事法律行为。对被监护人有能力独立处理的事务,监护人不得干涉。

【条文主旨】

本条是关于履行监护职责应当遵循的原则的规定。

【条文释义】

监护人履行监护职责涉及被监护人人身、财产等各个方面，法律难以对所有具体履行职责的行为作出规范。通过确立监护人履行监护职责的重要原则，有利于指导监护人履行监护职责的行为，保护好被监护人的人身、财产权利及其他合法权益。本条确立了监护人履行监护职责的两项基本原则：一是最有利于被监护人的原则；二是尊重被监护人意愿的原则。

本条第1款确立了最有利于被监护人的原则。依据本款规定，对未成年人和成年被监护人的监护，均要遵循最有利于被监护人的原则，即监护人在保护被监护人的人身权利、财产权利及其他合法权益的过程中，要综合各方面因素进行权衡，选择最有利于被监护人的方案，采取最有利于被监护人的措施，使被监护人的利益最大化。例如，监护人要选择最有利于成年被监护人健康状况恢复的治疗方案、护理措施等；在将被监护人自住以外的房产出租时，选择合适的承租人，以市场价确定租金，并且租金收益归被监护人所有，监护人不得据为己有。本款还规定，除为被监护人利益外，监护人不得处分被监护人的财产。对被监护人财产的处分，必须是为维护被监护人的利益，如为了被监护人的生活、教育等，并且也要符合最有利于被监护人的原则。

第2款规定了尊重被监护人意愿的原则。联合国《儿童权利公约》规定了对儿童自主意识的尊重。《儿童权利公约》第12条第1款规定，缔约国应确保有主见能力的儿童有权对影响其本人的一切事项自由发表自己的意见，对儿童的意见应按照其年龄和成熟程度给予适当的看待。未成年人保护法落实了《儿童权利公约》的这一原则。未成年人保护法第14条规定，父母或者其他监护人应当根据未成年人的年龄和智力发展状况，在作出与未成年人权益有关的决定时告知其本人，并听取他们的意见。本款吸收了《儿童权利公约》和未成年人保护法规定的精神，将尊重未成年人的真实意愿作为监护人履行监护职责的基本原则之一。依据本款规定，未成年人的监护人在作出与未成年人的利益有关的决定时，应当征求未成年人的意见，在未成年人提出自己的意见后，再根据未成年人的年龄、社会经验、认知能力和判断能力等，探求、尊重被监护人的真实意愿。

第3款规定了最大程度地尊重成年被监护人意愿的原则。与第2款的规定有所区别，对成年被监护人的意愿，要做到"最大程度地尊重"。最大程度地尊重被监护人的真实意愿是成年人的监护人履行监护职责的基本原则，贯穿于履行监护职责的方方面面。如果某项民事法律行为，根据被监护人的智力、精神健康状况，被监护人可以独立实施，监护人不得代理实施，要创造条件保障、支持被监护人独立实施。监护人不得干涉被监护人有能力独立处理的事务，促进被监护人按照自己的意愿独立、正常生活。

第三十六条　监护人有下列情形之一的，人民法院根据有关个人或者组织的申请，撤销其监护人资格，安排必要的临时监护措施，并按照最有利于被监护人的原则依法指定监护人：

（一）实施严重损害被监护人身心健康的行为；

（二）怠于履行监护职责，或者无法履行监护职责且拒绝将监护职责部分或者全部委托给他人，导致被监护人处于危困状态；

（三）实施严重侵害被监护人合法权益的其他行为。

本条规定的有关个人、组织包括：其他依法具有监护资格的人，居民委员会、村民委员会、学校、医疗机构、妇女联合会、残疾人联合会、未成年人保护组织、依法设立的老年人组织、民政部门等。

前款规定的个人和民政部门以外的组织未及时向人民法院申请撤销监护人资格的，民政部门应当向人民法院申请。

【条文主旨】

本条是关于撤销监护人资格的规定。

【条文释义】

为了更好地保护被监护人的合法权益，根据司法实践情况，本条对撤销监护人资格诉讼的申请主体、适用情形等内容作出明确规定，并强化了民政部门的职责。

实践中，监护人严重侵害被监护人合法权益的行为时有发生，引起社会广泛关注。例如，媒体披露的父母吸毒，孩子在家里被饿死等。本条规定根据实践情况，在民法通则、未成年人保护法、反家庭暴力法和有关司法解释、部门规章等规定的基础上，对撤销监护人资格诉讼进一步作出明确的规定。

本条第1款规定了撤销监护人资格诉讼的适用情形。一是实施严重损害被监护人身心健康行为的，例如性侵害、出卖、遗弃、虐待、暴力伤害被监护人等。二是怠于履行监护职责，或者无法履行监护职责且拒绝将监护职责部分或者全部委托给他人，导致被监护人处于危困状态的。例如，父母有吸毒、赌博等恶习，怠于履行监护职责，导致儿童面临严重危险等；父母外出打工，也没有将监护职责委托给他人，留下年龄较小的儿童独立在家生活，处于危困状态等。三是兜底性规定，只要有严重侵害被监护人合法权益行为的，均可以撤销监护人资格。例如，教唆、利用未成年人实施违法犯罪行为等。

撤销监护人资格诉讼往往要持续一定的时间。在此期间内，如果被监护人的人身、财产等合法权益处于无人保护状态的，人民法院应当安排必要的临时监护措施。依据本法第31条第3款的规定，人民法院可以指定被监护人住所地的居民委员会、村民委员会、法律规定的有关组织或者民政部门担任临时监护人。

本条第2款对有权向法院申请撤销监护人资格的主体作出规定，包括其他依法具有监护资格的人、居民委员会、村民委员会、学校、医疗机构、妇女联合会、残疾人联合会、未成年人保护组织、依法设立的老年人组织、民政部门等。

"其他依法具有监护资格的人"主要依据本法第27条、第28条的规定确定。例如，配偶担任监护人的，其他依法具有监护资格的人，指本法第28条规定的父母、子女、其他近亲属、经被监护人住所地的居民委员会、村民委员会或者民政部门同意的其他愿意担任监护人的个人或者组织。

居民委员会、村民委员会是基层群众性自治组织，负责办理本村或者本居住地区居民的公共事务和公益事业。妇女联合会、残疾人联合会是分别代表和维护妇女权益、残疾人权益的组织。未成年人保护组织成立宗旨即保护未成年人合法权益。一些依法设立的老年人组织也致力于维护老年人合法权益。以上这些组织具有保护被监护人合法权益的意愿，也具有较强的提起诉讼的能力。学校、医疗机构往往能及时发现学生、患者受到侵害的情况，有些情况下也具有向法院提起诉讼的意愿。民政部门作为政府重要职能部门，负责社会救助和社会福利方面的工作，具有保护未成年人及无民事行为能力人、限制民事行为能力人合法权益的职责。法律赋予这些主体提起撤销监护人资格诉讼的职责，符合这些组织的设立宗旨或者职能定位，有利于发挥好这些组织保护被监护人权益的作用。

本条第3款对兜底性的申请主体作出规定。实践中，对于一些严重侵害被监护人合法权益的行为，第2款规定的个人和民政部门以外的组织因各种原因未及时向人民法院提出撤销监护人资格的申请，导致被监护人的合法权益无法得到保护。由于国家是社会救助和保障的最后一道防线，在这些情况下，民政部门应当承担起向法院申请撤销监护人资格的职责。要正确理解本款与第2款赋予民政部门申请主体资格的关系。民政部门只要发现具有严重侵害被监护人合法权益的情形，即可依据本条第 2 款规定，向法院申请撤销监护人资格，不需要等到其他个人或者组织都不向法院申请之后再行申请。如果其他个人或者组织未及时向法院申请撤销监护人资格，此时，民政部门应当依照第 3 款规定，主动向法院提出申请。

> **第三十七条　依法负担被监护人抚养费、赡养费、扶养费的父母、子女、配偶等，被人民法院撤销监护人资格后，应当继续履行负担的义务。**

【条文主旨】

本条是关于法定扶养义务人继续负担扶养费的规定。

【条文释义】

实践中，监护人往往由父母、子女、配偶等法定扶养义务人担任。监护人被撤销监护人资格后，就不能再继续履行监护职责。但法定扶养义务是基于血缘等关系确立的法律义务，该义务不因监护人资格的撤销而免除。

依据本条规定，在具有法定扶养义务的人担任监护人的情况下，监护人资格被撤销，不再担任监护人后，具有法定扶养义务的人，例如配偶、父母、子女等，仍应继续负担抚养费、赡养费、扶养费。未成年人保护法、反家庭暴力法已经针对各自的领域作出了相同规定。未成年人保护法第 53 条规定："父母或者其他监护人不履行监护职责或者侵害被监护的未成年人的合法权益，经教育不改的，人民法院可以根据有关人员或者有关单位的申请，撤销其监护人的资格，依法另行指定监护人。被撤销监护资格的父母应当依法继续负担抚养费用。"反家庭暴力法第 21 条规定："监护人实施家庭暴力严重侵害被监护人合法权益的，人民法院可以根据被监护人的近亲属、居民委员会、村民委员会、县级人民政府民政部门等有关人员或者单位的申请，依法撤销其监护人资格，另行指定监护人。被撤销监护人资格的加害人，应当继续负担相应的赡养、扶养、抚养费用。"与未成年人保护法、反家庭暴力法的规定相比，本条属于一般性规定，适用于所有具有法定扶养义务的人被撤销监护人资格的情形。只要具有法定扶养义务的人因严重侵害被监护人合法权益被撤销监护人资格的，均应继续履行负担抚养费、赡养费、扶养费的义务。

第三十八条 被监护人的父母或者子女被人民法院撤销监护人资格后，除对被监护人实施故意犯罪的外，确有悔改表现的，经其申请，人民法院可以在尊重被监护人真实意愿的前提下，视情况恢复其监护人资格，人民法院指定的监护人与被监护人的监护关系同时终止。

【条文主旨】

本条是关于恢复监护人资格的规定。

【条文释义】

实践中，有的监护人在资格被撤销后，确有悔改表现，有继续担任监护人的愿望。鉴于侵害被监护人合法权益的情形较为复杂，对于是否可以恢复监护人资格，法律不宜一概否定，有必要留下一定的空间。对于未成年人的监护人资格被撤销后的恢复，司法实践已经进行了一定的探索。最高人民法院、最高人民检察院、公安部、民政部《关于依法处理监护人侵害未成年人权益行为若干问题的意见》第40条规定："人民法院经审理认为申请人确有悔改表现并且适宜担任监护人的，可以判决恢复其监护人资格，原指定监护人的监护人资格终止。申请人具有下列情形之一的，一般不得判决恢复其监护人资格：（一）性侵害、出卖未成年人的；（二）虐待、遗弃未成年人六个月以上、多次遗弃未成年人，并且造成重伤以上严重后果的；（三）因监护侵害行为被判处五年有期徒刑以上刑罚的。"本条在认真总结司法实践经验的基础上，对恢复监护人资格设定了非常严格的限制。

依据本条规定，恢复监护人资格必须要向法院申请，由人民法院决定是否予以恢复。父母与子女是最近的直系亲属关系，本条适用的对象仅限于被监护人的父母或者子女，其他个人或者组织的监护人资格一旦被撤销，即不再恢复。被监护人的父母或者子女被撤销监护人资格后，再恢复监护人资格还需要满足以下几个条件：一是没有对被监护人实施故意犯罪的情形，如对被监护人实施性侵害、虐待、遗弃被监护人等构成刑事犯罪的，不得恢复监护人资格。但对因过失犯罪，例如因过失导致被监护人受到伤害等被撤销监护人资格的，则可以根据具体情况来判断是否恢复监护人资格。二是确有悔改表现，即被监护人的父母或者子女不但要有悔改的意愿，还要有实际的悔改表现，这需要由人民法院根据具体情形予以判断。三是要尊重被监护人的真实意愿，如果被监护人不愿意父母或者子女继续担任监护人的，则不得恢复监护人资格。四是即使符合以上条件，法院也还需要综合考虑各方面情况，从有利于被监护人权益保护的角度，决定是否恢复监护人资格。

> **第三十九条** 有下列情形之一的，监护关系终止：
> （一）被监护人取得或者恢复完全民事行为能力；
> （二）监护人丧失监护能力；
> （三）被监护人或者监护人死亡；
> （四）人民法院认定监护关系终止的其他情形。
> 监护关系终止后，被监护人仍然需要监护的，应当依法另行确定监护人。

【条文主旨】

本条是关于监护关系终止的情形的规定。

【条文释义】

监护关系产生于监护的设立，较为明确。对未成年人或者无民事行为能力、限制民事行为能力的成年人确定了监护人，监护即设立，监护关系即产生。但监护关系终止的情形较为复杂，法律有必要予以明确。

本条第 1 款对监护关系的终止列举了三类典型情形，并作了兜底性规定：

一是被监护人取得或者恢复完全民事行为能力。未成年人年满 18 周岁，成为成年人，或者年满 16 周岁，但以自己的劳动收入为主要生活来源，即取得完全民事行为能力。无民事行为能力或者限制民事行为能力的成年人的智力、精神健康状况恢复正常，即恢复完全民事行为能力。被监护人取得或者恢复完全民事行为能力，监护就没有存在的必要，监护关系即终止，监护人不再履行监护职责。

二是监护人丧失监护能力。监护人具有监护能力，是具有监护资格的必要条件，如果丧失监护能力，也就不得再担任监护人，监护关系终止。监护人丧失监护能力的情形较为复杂，需要根据具体情况具体判断，例如监护人因疾病成为无民事行为能力人，即丧失了监护能力。

三是被监护人或者监护人死亡。被监护人或者监护人一方死亡，监护关系即自动终止。

四是人民法院认定监护关系终止的其他情形。包括监护人资格被人民法院撤销，有正当理由向法院申请变更监护人并得到法院许可等。

依据本条第 2 款规定，在有些监护关系终止的情形，例如，监护人死亡、丧失监护能力或者被撤销监护人资格等，被监护人仍然需要监护的，就应当根据具体情况，依据法律的规定另行确定监护人。对于监护人死亡或者丧失监护能力等情形，可以依照本法第 27 条至第 32 条重新确定监护人。对于撤销监护人资格的，由人民法院依照本法第 36 条的规定，按照最有利于被监护人的原则依法指定监护人。

第三节　宣告失踪和宣告死亡

第四十条　自然人下落不明满二年的，利害关系人可以向人民法院申请宣告该自然人为失踪人。

【条文主旨】

本条是关于宣告失踪的条件的规定。

【条文释义】

对宣告失踪和宣告死亡问题，民法通则是在第二章公民（自然人）第三节专节规定，共有六个条文。本法延续民法通则体例，在第二章的第三节，也是专节规定宣告失踪和宣告死亡。本节内容以民法通则规定的六条为基础，基本制度没有大的修改，作了补充细化。主要是对司法解释多年来行之有效，为各方面普遍认可的内容加以修改完善，上升为法律，同时也反映了专家研究意见以及各方面意见和建议。

宣告失踪是指自然人下落不明达到法定的期限，经利害关系人申请，人民法院依照法定程序宣告其为失踪人的一项制度。自然人的失踪将使与其相关的法律关系处于不确定状态，法律设立宣告失踪制度，就是为了调整这种不确定状态，保护相关当事人的利益。通过设立宣告失踪制度，由人民法院宣告自然人失踪，以结束失踪人财产无人管理以及其应当履行的义务不能得到及时履行的不确定状态，保护失踪人和利害关系人的利益，以至维护社会经济秩序的稳定。

本条基本是民法通则相关内容的延续。民法通则第 20 条第 1 款规定："公民下落不明满二年的，利害关系人可以向人民法院申请宣告他为失踪人。"本条规定的宣告失踪的条件包含三个层次：

第一，自然人下落不明满 2 年。所谓下落不明，是指自然人持续不间断地没有音讯的状态。本法第41条规定，自然人下落不明的时间从其失去音讯之日起计算。战争期间下落不明的，下落不明的时间自战争结束之日或者有关机关确定的下落不明之日起计算。考虑到1986年制定的民法通则就规定宣告失踪须具备下落不明满2年的条件，多年来司法实践适用总体上也没有出现问题，在立法过程中，各方面对这一规定基本也没有提出意见。因此，本条延续了民法通则关于宣告失踪条件的规定。

第二，利害关系人向人民法院申请。对于可以向人民法院提出申请的"利害关系人"包括哪些人，《最高人民法院关于贯彻执行〈中华人民共和国民法通则〉若干问题的意见（试行）》第24条规定："申请宣告失踪的利害关系人，包括被申请宣告失踪人的配偶、父母、子女、兄弟姐妹、祖父母、外祖父母、孙子女、外孙子女以及其他与被申请人有民事权利义务关系的人。"在立法过程中，各方面对最高人民法院这一司法解释基本没有争议，但普遍认为，为了保持灵活性，这一规定还是继续作为司法解释的内容较好。司法解释这一规定中的"包括"一词，使用得也很妥当，民事生活纷繁复杂，这样表述既明确了利害关系人的一般范围，也为特殊情况留有余地。依照民事诉讼法第183条的规定，公民下落不明满2年，利害关系人申请宣告其失踪的，向下落不明人住所地基层人民法院提出。申请书应当写明失踪的事实、时间和请求，并附有公安机关或者其他有关机关关于该公民下落不明的书面证明。

第三，由人民法院依据法定程序进行宣告。宣告失踪在法律效果上对自然人的财产利益产生重大影响，必须由司法机关经过严格程序来进行。因此，宣告失踪只能由人民法院作出，其他任何机关和个人无权作出宣告失踪的决定。依照民事诉讼法的规定，人民法院审理宣告失踪案件，适用特别程序。依照民事诉讼法第185条规定，人民法院受理宣告失踪案件后，应当发出寻找下落不明人的公告。宣告失踪的公告期间为3个月。公告期间届满，人民法院应当根据被宣告失踪的事实是否得到确认，作出宣告失踪的判决或者驳回申请的判决。《最高人民法院关于适用〈中华人民共和国民事诉讼法〉的解释》第347条规定："寻找下落不明人的公告应当记载下列内容：（一）被申请人应当在规定期间内向受理法院申报其具体地址及其联系方式。否则，被申请人将被宣告失踪、宣告死亡；（二）凡知悉被申请人生存现状的人，应当在公告期间内将其所知道情况向受理法院报告。"

> **第四十一条** 自然人下落不明的时间自其失去音讯之日起计算。战争期间下落不明的，下落不明的时间自战争结束之日或者有关机关确定的下落不明之日起计算。

【条文主旨】

本条是关于下落不明的时间计算的规定。

【条文释义】

民法通则第 20 条第 1 款规定："公民下落不明满二年的，利害关系人可以向人民法院申请宣告他为失踪人。"根据民法通则第 23 条第 1 款第 1 项规定，公民下落不明满 4 年的，利害关系人可以向人民法院申请宣告他死亡。同时在第 20 条第 2 款和第 23 条第 2 款重复规定："战争期间下落不明的，下落不明的时间从战争结束之日起计算。"但没有规定一般情况下自然人下落不明的时间如何计算。对此，《最高人民法院关于贯彻执行〈中华人民共和国民法通则〉若干问题的意见（试行）》作出了解释，其中第 28 条第 1 款规定："民法通则第二十条第一款、第二十三条第一款第一项中的下落不明的起算时间，从公民音讯消失之次日起算。"考虑到下落不明的持续时间是利害关系人申请宣告自然人失踪或者死亡的重要条件，也是人民法院审理宣告失踪、宣告死亡案件的重要依据，其计算标准应当作为一般规则规定在民法典中。最高人民法院对此所作的司法解释，大体为司法实务和民法学界普遍接受。各种专家建议稿在此处与司法解释的规定大同小异，只是具体用词上，有的与司法解释类似，表述为"音讯消失之次日起计算"，有的表述为"音讯消失之日起计算"，有的表述为"次日开始计算"，等等。民法通则第 154 条规定，民法所称的期间按照公历年、月、日、小时计算。并规定，按照日、月、年计算期间的，开始的当天不算入，从下一天开始计算。这一规定的精神应当作为我国民法表述期间起算问题的标准和传统，本法在期间计算一章对此规定加以承继。民法通则规定，"战争期间下落不明的，下落不明的时间从战争结束之日起计算"，也即战争结束的当日不算入，从下一日开始计算之意。司法解释规定的"音讯消失之次日起算"，其意可察，唯于民法通则确立的表述传统，易生次日亦不算入之歧义。故此，本条规定表述为"自然人下落不明的时间自其失去音讯之日起计算"，失去音讯之日作为起算日不算入，从下一日开始计算。

本条还规定，战争期间下落不明的，下落不明的时间自战争结束之日或者有关机关确定的下落不明之日起计算。战争期间下落不明的，由于战争状态不同于平时，失踪人的行踪难以确定，因此应从战争结束时开始计算下落不明的时间。

"有关机关确定的下落不明之日"是在民法总则草案三审后加的。原来草案的条文是"战争期间下落不明的，下落不明的时间自战争结束之日起计算"，有的代表建议，将"战争结束之日"修改为"军队组织确定的下落不明之日"。在讨论这条意见的过程中，有的提出，战争期间下落不明，如果是参加军事行动的人员，这个意见有合理之处，但本条规定的范围也包括战争期间的平民。因此，经研究将这一句修改为："战争期间下落不明的，下落不明的时间自战争结束之日或者有关机关确定的下落不明之日起计算。"民法典维持民法总则的这一规定不变。

需要说明的是，本条关于下落不明的时间如何计算的规定，虽然规定在宣告失踪条件的规定之后，但其不仅适用于宣告失踪的情形，也适用于宣告死亡的情形，这是立法的本意。

> **第四十二条** 失踪人的财产由其配偶、成年子女、父母或者其他愿意担任财产代管人的人代管。
>
> 代管有争议，没有前款规定的人，或者前款规定的人无代管能力的，由人民法院指定的人代管。

【条文主旨】

本条是关于失踪人的财产代管人的规定。

【条文释义】

宣告失踪与宣告死亡不同，自然人被宣告为失踪人后，其民事主体资格仍然存在，尚存在返回的可能，并不产生婚姻关系解除和继承开始等法律后果。法律设立宣告失踪制度，主要目的就是结束失踪人财产无人管理以及其应当履行的义务不能得到及时履行的不确定状态，既是对失踪人利益的保护，同时也是对失踪人的债权人等利害关系人合法权益的保护。这首先需要明确失踪人的财产由谁来代管。

本条规定是以民法通则第21条规定为基础，加以适当修改。该条第1款规定："失踪人的财产由他的配偶、父母、成年子女或者关系密切的其他亲属、朋友代管。代管有争议的，没有以上规定的人或者以上规定的人无能力代管的，由人民法院指定的人代管。"

本条规定的"其他愿意担任财产代管人的人"，既包括民法通则第21条规定的"其他亲属、朋友"，也包括有关组织。

《最高人民法院关于贯彻执行〈中华人民共和国民法通则〉若干问题的意见（试行）》第30条第1款规定："人民法院指定失踪人的财产代管人，应当根据有利于保护失踪人财产的原则指定。没有民法通则第二十一条规定的代管人，或者他们无能力作代管人，或者不宜作代管人的，人民法院可以指定公民或者有关组织为失踪人的财产代管人。"第 2 款规定："无民事行为能力人、限制民事行为能力人失踪的，其监护人即为财产代管人。"《最高人民法院关于适用〈中华人民共和国民事诉讼法〉的解释》第 343 条规定："宣告失踪或者宣告死亡案件，人民法院可以根据申请人的请求，清理下落不明人的财产，并指定案件审理期间的财产管理人。公告期满后，人民法院判决宣告失踪的，应当同时依照民法通则第二十一条第一款的规定指定失踪人的财产代管人。"在立法过程中，有的意见提出，可以将最高人民法院这一司法解释的精神上升为法律，即在人民法院判决宣告失踪的同时就指定失踪人的财产代管人。第一，可以在不影响"配偶、成年子女、父母或者其他愿意担任财产代管人的人"自愿协商的前提下，使财产代管人具体明确。第二，在逻辑上也与本法第 44 条相协调。本法第 44 条规定，财产代管人不履行代管职责、侵害失踪人财产权益或者丧失代管能力的，失踪人的利害关系人可以向人民法院申请变更财产代管人。同时，财产代管人有正当理由的，也可以向人民法院申请变更财产代管人。如果事先未经过人民法院指定为失踪人的财产代管人，也无理由向人民法院申请变更。但这一意见最终未被采纳。

> 　　**第四十三条**　　**财产代管人应当妥善管理失踪人的财产，维护其财产权益。**
>
> 　　**失踪人所欠税款、债务和应付的其他费用，由财产代管人从失踪人的财产中支付。**
>
> 　　**财产代管人因故意或者重大过失造成失踪人财产损失的，应当承担赔偿责任。**

【条文主旨】

本条是关于财产代管人职责的规定。

【条文释义】

关于财产代管人的职责，民法通则只是在第 21 条第 2 款规定："失踪人所欠税款、债务和应付的其他费用，由代管人从失踪人的财产中支付。"本条在此基础上作了补充完善，主要参考专家建议稿的相关内容。

本条第 1 款是对财产代管人维护失踪人权益的原则规定。法律规定财产代管人制度的目的之一就是保护失踪人在下落不明状态下的财产权益，因此财产代管人应当妥善保管失踪人的财产，维护失踪人的财产利益。财产代管人负有像对待自己事务一样的注意义务，来管理失踪人的财产，既包括对失踪人财产的保管，也包括作为代理人收取失踪人的到期债权。与其他有偿的法律关系不同，财产代管人管理失踪人的财产并非合同约定的，而是直接来自法律的规定，代管财产的目的也不是从中获利，该种管理财产的行为通常是无偿的。因此，本条对此规定得也较为原则，财产代管人管理失踪人的财产，只要尽到善良管理人的义务，即能够像管理自己的事务一样管理失踪人的财产，就满足了法律规定的要求。

本条第 2 款是对财产代管人履行失踪人应当履行的义务的规定。财产代管人的职责不仅仅是维护失踪人的财产权益，还包括代失踪人履行义务，即依照本条规定，从失踪人的财产中支付失踪人所欠税款、债务和应付的其他费用。最高人民法院对此处的"其他费用"作过司法解释。根据《最高人民法院关于贯彻执行〈中华人民共和国民法通则〉若干问题的意见（试行）》第 31 条规定，这里的"其他费用"，包括赡养费、扶养费、抚育费和因代管财产所需的管理费等必要的费用。

本条第 3 款是对财产代管人造成失踪人财产损失，应当承担赔偿责任的规定。代管人应当根据有利于保护失踪人财产的原则管好失踪人的财产，不得滥用代管权对失踪人的财产挥霍浪费、挪用谋利或者将失踪人的财产据为己有，侵犯失踪人的财产权益。由于失踪人的代管人从事的是一种无偿的行为，故本条规定，只有在代管人故意或重大过失造成失踪人的财产损害时，才应当承担赔偿责任，对于一般的过失造成的损害不承担赔偿责任。存在这种情形的，在失踪人失踪期间，失踪人的利害关系人可以向人民法院请求财产代管人承担民事责任，并可以依照本法第 44 条的规定，向人民法院申请变更财产代管人。

> **第四十四条** 财产代管人不履行代管职责、侵害失踪人财产权益或者丧失代管能力的，失踪人的利害关系人可以向人民法院申请变更财产代管人。
>
> 财产代管人有正当理由的，可以向人民法院申请变更财产代管人。
>
> 人民法院变更财产代管人的，变更后的财产代管人有权请求原财产代管人及时移交有关财产并报告财产代管情况。

【条文主旨】

本条是关于财产代管人变更的规定。

【条文释义】

民法通则并未对财产代管人的变更问题作出规定。对此，司法解释作了规定。本条规定是在综合司法解释和专家建议稿相关内容的基础上作出的。《最高人民法院关于贯彻执行〈中华人民共和国民法通则〉若干问题的意见（试行）》第35条第1款规定："失踪人的财产代管人以无力履行代管职责，申请变更代管人的，人民法院比照特别程序进行审理。"第2款规定："失踪人的财产代管人不履行代管职责或者侵犯失踪人财产权益的，失踪人的利害关系人可以向人民法院请求财产代管人承担民事责任。如果同时申请人民法院变更财产代管人的，变更之诉比照特别程序单独审理。"

变更财产代管人需要有法定的事由。依照本条第1款的规定，如果出现财产代管人不履行代管职责、侵害失踪人财产权益或者丧失代管能力等事由，表明该财产代管人已经不再适格，则失踪人的利害关系人就可以向人民法院申请变更财产代管人。财产代管人不履行职责，既可以表现为不行使失踪人权利，比如不收取失踪人债权，也可以表现为不履行失踪人应当履行的义务，比如清偿债务、缴纳税款等。侵害失踪人财产权益，可以表现为不当处分失踪人的财产，滥用代管权对失踪人的财产挥霍浪费，与他人恶意串通侵夺失踪人的财产等。财产代管人丧失了代管能力，可以表现为财产代管人丧失了行为能力。出现上述情形，明显对失踪人不利，甚至会严重侵害失踪人的财产利益。因此，本条规定这些情况下失踪人的利害关系人可以向人民法院申请变更财产代管人。这里的利害关系人既包括失踪人的近亲属，也包括其他利害关系人，如失踪人的债权人。

财产代管人确定后，一般情况下不得变更，如果有本条第1款情况的，失踪人的利害关系人可以向人民法院申请变更财产代管人。但实践中还会出现一种情况，就是财产代管人有正当理由，比如由于工作、学习等原因离开财产所在地，无法再继续履行财产代管职责，此时，应当允许其向人民法院申请变更财产代管人。本条第2款对此作了明确规定。

《最高人民法院关于适用〈中华人民共和国民事诉讼法〉的解释》第344条第1款规定："失踪人的财产代管人经人民法院指定后，代管人申请变更代管的，比照民事诉讼法特别程序的有关规定进行审理。申请理由成立的，裁定撤销申请人的代管人身份，同时另行指定财产代管人；申请理由不成立的，裁定驳回申请。"第2款规定："失踪人的其他利害关系人申请变更代管的，人民法院应当告知其以原指定的代管人为被告起诉，并按普通程序进行审理。"

根据本条第 1、2 款的规定，人民法院变更财产代管人后，为了方便变更后的财产代管人及时了解财产状况，更好地管理失踪人的财产，本条第 3 款明确规定，其有权请求原财产代管人及时移交有关财产并报告财产代管情况。

> 第四十五条　失踪人重新出现，经本人或者利害关系人申请，人民法院应当撤销失踪宣告。
>
> 失踪人重新出现，有权请求财产代管人及时移交有关财产并报告财产代管情况。

【条文主旨】

本条是关于失踪宣告撤销的规定。

【条文释义】

民法通则第 22 条规定："被宣告失踪的人重新出现或者确知他的下落，经本人或者利害关系人申请，人民法院应当撤销对他的失踪宣告。"本条在此基础上进行修改补充。

本条第 1 款规定的是失踪宣告撤销的条件。一是失踪人重新出现。自然人因失去音讯下落不明而被宣告失踪，失踪宣告的撤销自然就要以这种状态的消除为条件。民法通则规定的是"被宣告失踪的人重新出现或者确知他的下落"，有的意见提出，确知失踪人的下落，也可以理解为失踪人重新出现。立法机关采纳了这种意见。这里失踪人重新出现的含义，即是重新得到了失踪人的音讯，从而消除了其下落不明的状态。二是经本人或者利害关系人申请。这里利害关系人的范围应当与申请宣告失踪的利害关系人范围一致，包括被申请宣告失踪人的配偶、父母、子女、兄弟姐妹、祖父母、外祖父母、孙子女、外孙子女以及其他与失踪人有民事权利义务关系的人。申请也应当向下落不明人住所地基层人民法院提出。三是撤销失踪宣告应当由人民法院作出。自然人失踪只能由人民法院依据法定程序进行宣告，因此，该宣告的撤销也应当由人民法院通过法定程序来作出。

本条第 2 款规定的是失踪人重新出现后的法律效果。这一规定是吸收专家建议稿的意见作出的。理由是宣告失踪一经撤销，原被宣告失踪的自然人本人就应当恢复对自己财产的控制，财产代管人的代管职责应当相应结束，停止代管行为，移交代管的财产并向本人报告代管情况。

第四十六条　自然人有下列情形之一的，利害关系人可以向人民法院申请宣告该自然人死亡：

（一）下落不明满四年；

（二）因意外事件，下落不明满二年。

因意外事件下落不明，经有关机关证明该自然人不可能生存的，申请宣告死亡不受二年时间的限制。

【条文主旨】

本条是关于宣告死亡的条件的规定。

【条文释义】

民法通则第 23 条第 1 款规定："公民有下列情形之一的，利害关系人可以向人民法院申请宣告他死亡：（一）下落不明满四年的；（二）因意外事故下落不明，从事故发生之日起满二年的。"第 2 款规定："战争期间下落不明的，下落不明的时间从战争结束之日起计算。"本条第 1 款基本延续民法通则规定的精神，略有修改。关于民法通则第 23 条第 2 款的规定，前文已述，本法第 41 条单列一条，统一规定下落不明的时间如何计算，即"自然人下落不明的时间从其失去音讯之日起计算。战争期间下落不明的，下落不明的时间自战争结束之日或者有关机关确定的下落不明之日起计算。"该规定不仅适用于宣告失踪的情形，也适用于宣告死亡，因此，相应地在本条中不作规定。本条第 2 款是依据民事诉讼法的相关规定所作的补充。

宣告死亡是自然人下落不明达到法定期限，经利害关系人申请，人民法院经过法定程序在法律上推定失踪人死亡的一项民事制度。自然人长期下落不明会使得与其相关的财产关系和人身关系处于不稳定状态，通过宣告死亡制度，可以及时了结下落不明人与他人的财产关系和人身关系，从而维护正常的经济秩序和社会秩序。宣告自然人死亡，是对自然人死亡在法律上的推定，这种推定将产生与生理死亡基本一样的法律效果，因此，宣告死亡必须具备法律规定的条件，依照本条规定，这些条件是：

第一，自然人下落不明的时间要达到法定的长度。一般情况下，下落不明的时间要满 4 年。如果是因意外事件而下落不明，下落不明的时间要满 2 年。

根据本法第 40 条规定，自然人下落不明满 2 年的，利害关系人可以向人民法院申请宣告该自然人为失踪人。可以看出，法律规定的宣告死亡需要满足的下落不明时间长度要求高于宣告失踪时的要求，因为在宣告失踪的情况下，只产生失踪人的财产代管以及实现债权、偿还债务等法律后果，但宣告死亡以后，还会发生继承的开始、身份关系解除等。因此宣告死亡的条件应当比宣告失踪严格，下落不明的时间应当比宣告失踪时所要求的时间长。

依照本条第1款第2项的规定，自然人因意外事件下落不明满2年的，利害关系人可以向人民法院申请宣告该自然人死亡。自然人因意外事件下落不明，其生存的可能性明显小于一般情况下的下落不明，因此这种情况下宣告死亡，法律要求的下落不明时间长度应当短于一般情况下宣告死亡。关于这一项的内容，民法通则的用语是"因意外事故下落不明，从事故发生之日起满二年的"。立法过程中有的意见提出，意外事件比意外事故涵盖面更广，如地震等天灾，一般语言习惯上不称为事故，另外，"意外事件"一词作为法律用语更加规范，且"意外"与"事故"在一定程度上存在语义重复，因此，本条采用"意外事件"的表述。还有的意见提出，有的意外事件过程并不止一天，可能在事件发生之日，当事人尚有音讯，之后才失去音讯，民法通则"事故发生之日"的规定并不妥当，还是适用下落不明的一般起算标准为好。因此，本条第1款第2项表述为"因意外事件，下落不明满二年"。

本条第2款是对第1款第2项的补充规定。依照这一规定，对于因意外事件下落不明的自然人，如果与该意外事件有关的机关证明该自然人不可能生存的，利害关系人就可以据此申请宣告该自然人死亡，而不必等到下落不明满2年。民法通则没有这一规定。1991年制定的民事诉讼法就已经对这种情形作了补充，现行民事诉讼法第184条第1款规定："公民下落不明满四年，或者因意外事故下落不明满二年，或者因意外事故下落不明，经有关机关证明该公民不可能生存，利害关系人申请宣告其死亡的，向下落不明人住所地基层人民法院提出。"

第二，必须要由利害关系人提出申请。此处所说的利害关系人，可以参考宣告失踪制度中的利害关系人范围。总的来说，这里的利害关系人应当是与被宣告人是生存还是死亡的法律后果有利害关系的人。依照民事诉讼法第184条的规定，利害关系人申请宣告其死亡的，向下落不明人住所地基层人民法院提出。申请书应当写明下落不明的事实、时间和请求，并附有公安机关或者其他有关机关关于该公民下落不明的书面证明。

对于可以向人民法院申请宣告死亡的利害关系人，要不要有顺序上的限制，《最高人民法院关于贯彻执行〈中华人民共和国民法通则〉若干问题的意见（试行）》第25条第1款规定："申请宣告死亡的利害关系人的顺序是：（一）配偶；（二）父母、子女；（三）兄弟姐妹、祖父母、外祖父母、孙子女、外孙子女；（四）其他有民事权利义务关系的人。"对于这一规定，历来存在争议。反对意见认为，法律不应当规定申请宣告死亡的顺序，因为如果顺序在先的当事人不申请，则失踪人长期不能被宣告死亡，使得与其相关的法律关系长期不能稳定，如继承不能发生、遗产不能分割等，对利害关系人的利益损害很大，与法律规定宣告死亡制度的初衷相悖。在立法过程中，这种意见较为普遍，因此，本章没有规定利害关系人申请宣告死亡的顺序。

第三，只能由人民法院经过法定程序，宣告自然人死亡。依照民事诉讼法的规定，人民法院审理宣告死亡案件，适用民事诉讼法关于特别程序的规定。人民法院受理宣告死亡案件后，应当发出寻找下落不明人的公告，公告期间为1年。因意外事故下落不明，经有关机关证明该公民不可能生存的，宣告死亡的公告期间为3个月。公告期间届满，人民法院应当根据被宣告死亡的事实是否得到确认，作出宣告死亡的判决或者驳回申请的判决。

> **第四十七条**　对同一自然人，有的利害关系人申请宣告死亡，有的利害关系人申请宣告失踪，符合本法规定的宣告死亡条件的，人民法院应当宣告死亡。

〖条文主旨〗

本条是关于宣告死亡和宣告失踪的关系的规定。

〖条文释义〗

民法通则没有关于本条内容的规定。《最高人民法院关于贯彻执行〈中华人民共和国民法通则〉若干问题的意见（试行）》第29条规定："宣告失踪不是宣告死亡的必经程序。公民下落不明，符合申请宣告死亡的条件，利害关系人可以不经申请宣告失踪而直接申请宣告死亡。但利害关系人只申请宣告失踪的，应当宣告失踪；同一顺序的利害关系人，有的申请宣告死亡，有的不同意宣告死亡，则应当宣告死亡。"宣告死亡和宣告失踪都是基于自然人下落不明，为了维护社会经济关系的稳定而设立的法律制度，二者都以被宣告人下落不明达到一段法定期间为前提，都需要利害关系人提出宣告申请，并且都由人民法院作出宣告的判决。但是，宣告死亡与宣告失踪在法律后果上又存在明显差异。一般来说，宣告死亡与自然死亡的法律效力相同，不但影响被宣告人财产的处分，而且也影响与其相关的身份关系，如夫妻关系与父母子女关系，同时，其遗产继承开始，其遗嘱也发生效力；宣告失踪的法律后果是为其设定财产代管人，只发生财产方面的影响而不会影响到身份关系的变化。最高人民法院司法解释表现的精神，多年来为各方面普遍接受，即宣告死亡并不以宣告失踪为前提。

> **第四十八条** 被宣告死亡的人，人民法院宣告死亡的判决作出之日视为其死亡的日期；因意外事件下落不明宣告死亡的，意外事件发生之日视为其死亡的日期。

【条文主旨】

本条是关于被宣告死亡的人死亡时间如何确定的规定。

【条文释义】

民法通则没有关于本条内容的规定。宣告死亡是人民法院经利害关系人的申请，按照法定程序推定下落不明的公民死亡的法律制度。这种推定的一项重要内容，就是推定被宣告死亡人死亡的时间。一般来说，宣告死亡与自然死亡的法律效力相同，如何推定被宣告死亡的自然人的死亡时间涉及继承的开始、身份关系解除等，如遗产的具体范围、继承人的具体范围、遗嘱效力之发生时间以及代位继承是否发生等遗产继承有关重大事项，具有重要的法律意义，法律应当对此作出规定。

根据《最高人民法院关于贯彻执行〈中华人民共和国民法通则〉若干问题的意见（试行）》第36条规定："被宣告死亡的人，判决宣告之日为其死亡的日期。"这体现了前述第二种立法模式。有的意见提出，最高人民法院司法解释施行多年，如无重大理由，立法应当保持实务操作的延续性。而且，人民法院宣告死亡的判决具有很强的宣示性，易被接受。另外，很多情况是利害关系人多年之后才申请宣告死亡，这时如将被宣告人死亡时间推定为多年以前，物是人非，可能给相关法律关系带来不必要的扰动。因此，本条规定，被宣告死亡的人，人民法院宣告死亡的判决作出之日视为其死亡的日期。

本条分号后面一句，是在十二届全国人大五次会议审议《中华人民共和国民法总则（草案）》过程中，在建议表决稿上才增加的规定。民法总则草案三审稿第46条规定："被宣告死亡的人，人民法院判决确定的日期视为其死亡的日期；判决未确定死亡日期的，判决作出之日视为其死亡的日期。"这一规定在提请十二届全国人大五次会议审议的《中华人民共和国民法总则（草案）》中未作改动。代表审议过程中，有的代表提出，被宣告死亡的人死亡日期的推定事关重大，法律的规定应当具体明确，不应当赋予法院过大的自由裁量权，况且被申请宣告死亡的人杳无音信，法院行使自由裁量权本身也缺乏说服力。因此，在提交法律委员会审议的草案修改稿中曾提出过一个方案，删去前面一句，直接规定"被宣告死亡的人，人民法院宣告死亡的判决作出之日视为其死亡的日期"。又有意见提出，这样规定太过绝对，没有一点灵活性也不好。因此，正式提出的供代表再次审议的草案修改稿又恢复了原来的规定。在审议草案修改稿过程中，有的提出，对于因意外事件下落不明宣告死亡的情形，被申请宣告死亡的人真正死亡的概率很大，这一点大家是有共识的，有一些境外立法例也规定对于这种情形，人民法院可以联系意外事件的发生时间来作出死亡日期的推定。2015 年公布的《最高人民法院关于适用〈中华人民共和国保险法〉若干问题的解释（三）》第 24 条规定："投保人为被保险人订立以死亡为给付保险金条件的保险合同，被保险人被宣告死亡后，当事人要求保险人按照保险合同约定给付保险金的，人民法院应予支持。被保险人被宣告死亡之日在保险责任期间之外，但有证据证明下落不明之日在保险责任期间之内，当事人要求保险人按照保险合同约定给付保险金的，人民法院应予支持。"这个规定在一定程度上也体现了这种精神。因此，草案建议表决稿就作出了本条的规定。最后，对是规定意外事件发生之日，还是规定意外事件结束之日曾有过讨论。有的提出，一些意外事件的过程并不止一日，应当规定意外事件结束之日。有的提出，意外事件发生之日与意外事件结束之日，被申请宣告死亡的人死亡概率差别并非悬殊，如规定意外事件结束之日，对于类似"马航事件"这种难下结论的意外事件来说，会生出何时作为意外事件结束之日的争论。因此，最终规定意外事件发生之日视为死亡的日期。民法典维持民法总则的这一规定不变。

> **第四十九条** 　自然人被宣告死亡但是并未死亡的，不影响该自然人在被宣告死亡期间实施的民事法律行为的效力。

【条文主旨】

本条是关于被宣告死亡但并未死亡的自然人实施的民事法律行为效力的规定。

【条文释义】

关于本条内容，民法通则第 24 条第 2 款规定："有民事行为能力人在被宣告死亡期间实施的民事法律行为有效。"《最高人民法院关于贯彻执行〈中华人民共和国民法通则〉若干问题的意见（试行）》第36条第2款规定："被宣告死亡和自然死亡的时间不一致的，被宣告死亡所引起的法律后果仍然有效，但自然死亡前实施的民事法律行为与被宣告死亡引起的法律后果相抵触的，则以其实施的民事法律行为为准。"

宣告死亡是人民法院经利害关系人的申请，按照法定程序推定下落不明的公民死亡的法律制度，因此，自然人被宣告死亡从本质上讲是一种拟制的死亡，有可能本人并没有自然死亡或者说真正死亡。这个被宣告死亡但并未真正死亡的自然人，可能被宣告死亡期间还在从事民事活动，包括吃穿住行等各种活动。如果因为其已经被宣告死亡了，就不承认其所从事的民事法律行为的效力，无疑是不合情理的，也不利于维护交易安全和社会经济秩序。因此，本条规定："自然人被宣告死亡但是并未死亡的，不影响该自然人在被宣告死亡期间实施的民事法律行为的效力。"

如果并未死亡的自然人从事的民事活动与被宣告死亡的法律后果不相关联，没有冲突的情况，则一般不会产生法律问题。比如，自然人被宣告死亡，其财产被依法继承，而该自然人并未死亡，生活在别处，购买食物，租住房屋，这些法律关系互不相干，皆属有效。但也有可能发生的情况相互冲突，相互抵触。如在并未死亡的自然人被宣告死亡期间，其配偶和本人都将同一房屋或者其他财产出卖。对此，按照前述司法解释提出的办法，本人实施的民事法律行为与被宣告死亡引起的法律后果相抵触的，以其实施的民事法律行为为准。在立法过程中，对于这个问题存在争议，该问题涉及各种情况和因素比较复杂。单就本人实施的民事法律行为与被宣告死亡引起的民事法律行为相抵触的情况来说，两种民事法律行为是否都应当有效，如果都属有效，哪一个优先，等等。有的还提出，在最高人民法院解决一般情况下一物二卖问题的有关司法解释中，涉及标的物的登记或者交付、价款的支付、合同订立的时间等多种因素，由宣告死亡引发的相关问题能否按照普通一物二卖的问题处理。鉴于对此问题争议较大，本条对此未作具体规定，留待司法实践继续总结经验。

> **第五十条** 被宣告死亡的人重新出现，经本人或者利害关系人申请，人民法院应当撤销死亡宣告。

【条文主旨】

本条是关于撤销死亡宣告的规定。

【条文释义】

宣告死亡本是基于自然人生死不明的情况，经利害关系人申请，人民法院通过法定程序确定的一种拟制状态。被宣告死亡属于推定的死亡，在被宣告死亡的人确定没有死亡的情况下，宣告死亡的基础即不存在，撤销对其所作的死亡宣告乃当然之理。

民法通则第24条第1款即已规定："被宣告死亡的人重新出现或者确知他没有死亡，经本人或者利害关系人申请，人民法院应当撤销对他的死亡宣告。"本条在此基础上只作了文字修改。有的意见提出，"重新出现"已经包括了确知没有死亡的情况，从立法严谨角度无须重复规定。根据民事诉讼法第186条规定，被宣告死亡的公民重新出现，经本人或者利害关系人申请，人民法院应当作出新判决，撤销原判决。宣告死亡是人民法院经过法定程序作出的，具有宣示性和公信力，产生相应的法律后果。即使被宣告人事实没有死亡，也不能在重新出现后当然使得与其相关的民事法律关系恢复到原来的状态，而必须经本人或者利害关系人申请，同样由人民法院通过法定程序作出新判决，撤销原判决。

> **第五十一条** 被宣告死亡的人的婚姻关系，自死亡宣告之日起消除。死亡宣告被撤销的，婚姻关系自撤销死亡宣告之日起自行恢复。但是，其配偶再婚或者向婚姻登记机关书面声明不愿意恢复的除外。

【条文主旨】

本条是关于宣告死亡与撤销死亡宣告对婚姻关系法律效果的规定。

【条文释义】

关于本条内容，民法通则未作规定。《最高人民法院关于贯彻执行〈中华人民共和国民法通则〉若干问题的意见（试行）》第37条规定："被宣告死亡的人与配偶的婚姻关系，自死亡宣告之日起消灭。死亡宣告被人民法院撤销，如果其配偶尚未再婚的，夫妻关系从撤销死亡宣告之日起自行恢复；如果其配偶再婚后又离婚或者再婚后配偶又死亡的，则不得认定夫妻关系自行恢复。"最高人民法院这一司法解释精神，与境外多数立法例一致，也符合情理。少数国家如德国，规定被宣告死亡的人与配偶的婚姻关系，并不是自死亡宣告之日起消灭，而是自配偶再婚时消灭。对于死亡宣告被撤销，而其配偶又尚未再婚的，如果不规定婚姻关系自行恢复，那么想恢复的还要再办理结婚手续，考虑到宣告死亡制度与婚姻之基础并无多大关涉，而且还有尚未再婚的情形，这样处理既不合情理，也不必要，还不如让不想恢复的去办理离婚手续。

民法总则草案征求意见稿第46条基本采纳司法解释的内容，规定："被宣告死亡的人与配偶的婚姻关系，自死亡宣告之日起消灭。死亡宣告被撤销时，其配偶未再婚的，夫妻关系自撤销死亡宣告之日起自行恢复；其配偶再婚的，夫妻关系不自行恢复。"其后，有的意见提出，死亡宣告被撤销后，其配偶虽未再婚，但如果日久年深，不愿意恢复婚姻关系，没有必要一定要先恢复，再去走离婚程序。因此，提请常委会审议的一审稿第47条就修改为："被宣告死亡的人与配偶的婚姻关系，自死亡宣告之日起消灭。死亡宣告被撤销，其配偶未再婚的，夫妻关系自撤销死亡宣告之日起自行恢复，任何一方不愿意自行恢复的除外；其配偶再婚的，夫妻关系不自行恢复。"二审稿略作修改，第49条规定："被宣告死亡的人的婚姻关系，自死亡宣告之日起消灭。死亡宣告被撤销的，夫妻关系自撤销死亡宣告之日起自行恢复，但其配偶再婚或者不愿意恢复的除外。"立法过程中各方面对二审稿这条规定提出一些意见，其中包括如何认定配偶不愿意恢复，很难把握，不好操作。于是三审稿第49条又修改为："被宣告死亡的人的婚姻关系，自死亡宣告之日起消灭。死亡宣告被撤销的，夫妻关系自撤销死亡宣告之日起自行恢复，但是其配偶再婚或者向婚姻登记机关声明不愿意恢复的除外。"对此，又有意见提出，婚姻登记机关没有接受这种声明的程序，如何声明，似缺乏可操作性。为了回应这一意见，将这一条中的"声明"修改为"书面声明"。民法典维持民法总则的这一规定不变。

> **第五十二条　被宣告死亡的人在被宣告死亡期间，其子女被他人依法收养的，在死亡宣告被撤销后，不得以未经本人同意为由主张收养行为无效。**

【条文主旨】

本条是关于撤销死亡宣告后如何处理宣告死亡期间的收养关系的规定。

【条文释义】

关于本条内容，民法通则未作规定。《最高人民法院关于贯彻执行〈中华人民共和国民法通则〉若干问题的意见（试行）》第38条规定："被宣告死亡的人在被宣告死亡期间，其子女被他人依法收养，被宣告死亡的人在死亡宣告被撤销后，仅以未经本人同意而主张收养关系无效的，一般不应准许，但收养人和被收养人同意的除外。"本条基本上就是将该司法解释的内容上升为法律。

根据本法第 1111 条规定，自收养关系成立之日起，养父母与养子女间的权利义务关系，适用本法关于父母子女关系的规定；养子女与养父母的近亲属间的权利义务关系，适用本法关于子女与父母的近亲属关系的规定。养子女与生父母及其他近亲属间的权利义务关系，因收养关系的成立而消除。依法产生的收养关系受法律承认和保护，没有法定事由不得主张无效或者擅自解除。关于收养有效或无效的认定，根据第 1113 条规定，有本法总则关于民事法律行为无效规定情形或者违反本编规定的收养行为无效。无效的收养行为自始没有法律约束力。根据第 1097 条规定，生父母送养子女，应当双方共同送养。据此，父母可以未经本人同意为由主张收养关系无效。被宣告死亡的人在被宣告死亡期间，在法律上与子女的亲权关系已经消灭，已不存在经其同意的问题。因此，本条规定，被宣告死亡的人在死亡宣告被撤销后，不得以未经本人同意为由主张收养关系无效。至于司法解释规定的收养人和被收养人同意的情况，已属于另外协商的问题。

> **第五十三条** 被撤销死亡宣告的人有权请求依照本法第六编取得其财产的民事主体返还财产；无法返还的，应当给予适当补偿。
>
> 利害关系人隐瞒真实情况，致使他人被宣告死亡而取得其财产的，除应当返还财产外，还应当对由此造成的损失承担赔偿责任。

【条文主旨】

本条是关于撤销死亡宣告后返还财产的规定。

【条文释义】

民法通则第 25 条规定："被撤销死亡宣告的人有权请求返还财产。依照继承法取得他的财产的公民或者组织，应当返还原物；原物不存在的，给予适当补偿。"本条第 1 款与民法通则的规定大体一致。根据民法通则第 25 条规定，被撤销死亡宣告的人有权请求返还财产。关于在被宣告死亡的人重新出现，死亡宣告被撤销后，取得其财产的人是否应当返还财产，有的意见认为，撤销死亡宣告的法律后果当然包括财产关系应当恢复原状，不管是因为继承、受遗赠，还是其他原因取得的财产，都应当向被撤销死亡宣告的人返还。有的意见认为，因宣告死亡而取得财产的人并无过错，而是依照法律规定合法取得了被宣告死亡人的财产，原则上应当以不返还为原则。比如，继承遗产应当清偿被继承人依法应当缴纳的税款和债务，这种财产本应支付，即使死亡宣告被撤销也无返还之理。再如，第三人从继承人那里合法取得原属被宣告死亡人所有的财产的，从维护交易秩序的角度，也不应要求其返还。《最高人民法院关于贯彻执行〈中华人民共和国民法通则〉若干问题的意见（试行）》第40条就规定："被撤销死亡宣告的人请求返还财产，其原物已被第三人合法取得的，第三人可不予返还。但依继承法取得原物的公民或者组织，应当返还原物或者给予适当补偿。"规定依继承法取得财产的人返还财产，主要是出于情理平衡双方的利益。一方面，被宣告死亡的人重新出现，财产可以继承的推定被推翻；另一方面，继承人乃是无偿取得财产，故而规定被撤销死亡宣告的人有权请求其返还财产。但是，进一步来说，继承人取得财产毕竟是因宣告死亡而发生，属于合法取得，也自然将其作为自己的财产而使用、消费，乃至损毁，以致不能返还。如规定这种情况下继承人应当按原值折价补偿于情理不合，甚至有的意见建议此时只应当返还财产的尚存利益。因此，本条第1款规定："被撤销死亡宣告的人有权请求依照本法第六编取得其财产的民事主体返还财产；无法返还的，应当给予适当补偿。"

本条第2款源于《最高人民法院关于贯彻执行〈中华人民共和国民法通则〉若干问题的意见（试行）》第39条，该条规定："利害关系人隐瞒真实情况使他人被宣告死亡而取得其财产的，除应返还原物及孳息外，还应对造成的损失予以赔偿。"鉴于前述本条第1款规定的理由，如果自然人被宣告死亡乃是利害关系人隐瞒真实情况所导致，并且该利害关系人还因之获得利益，取得被宣告死亡人的财产，则该利害关系人存在过错，其取得财产带有非法性，不但不应受到利益上的保护，而且还应当承担相应的责任。因此，本条第2款规定，利害关系人隐瞒真实情况，致使他人被宣告死亡而取得其财产的，除应当返还财产外，还应当对由此造成的损失承担赔偿责任。

第四节　个体工商户和农村承包经营户

第五十四条　自然人从事工商业经营，经依法登记，为个体工商户。个体工商户可以起字号。

【条文主旨】

本条是关于个体工商户的规定。

【条文释义】

一、个体工商户的基本情况

2019 年底，全国实有个体工商户 8261 万户，其中本年新登记个体工商户 1621.8 万户。自 2011 年以来，全国个体工商户实现了户数、从业人员和资金的持续增长。

二、个体工商户的登记

有经营能力的自然人，经工商行政管理部门登记，领取个体工商户营业执照，从事工商业经营的，可以成为个体工商户。

2011 年 4 月 16 日国务院公布的《个体工商户条例》（2016 年 2 月 6 日第二次修订）和 2011 年 9 月 30 日国家工商行政管理总局公布的《个体工商户登记管理办法》（2019 年 8 月 8 日第二次修订）对个体工商户的登记作了具体规定：

1. 登记机关。市场监督管理部门是个体工商户的登记管理机关。县、自治县、不设区的市、市辖区的市场监督管理部门为个体工商户的登记机关，负责本辖区内的个体工商户登记。登记机关可以委托其派出机构办理个体工商户登记。

2. 申请登记。国家对个体工商户实行市场平等准入、公平待遇的原则。申请办理个体工商户登记，申请登记的经营范围不属于法律、行政法规禁止进入的行业的，登记机关应当依法予以登记。个体工商户可以个人经营，也可以家庭经营。个人经营的，以经营者本人为申请人；家庭经营的，以家庭成员中主持经营者为申请人。申请登记为个体工商户，应当向经营场所所在地登记机关申请注册登记。申请人应当提交登记申请书、身份证明和经营场所证明。

3. 登记事项。个体工商户登记事项包括经营者姓名和住所、组成形式、经营范围、经营场所。个体工商户使用名称的，名称作为登记事项。

经营者姓名和住所，是指申请登记为个体工商户的公民姓名及其户籍所在地的详细住址。

组成形式，包括个人经营和家庭经营。家庭经营的，参加经营的家庭成员姓名应当同时备案。经营范围，是指个体工商户开展经营活动所属的行业类别。登记机关根据申请人申请，参照《国民经济行业分类》中的类别标准，登记个体工商户的经营范围。经营场所，是指个体工商户营业所在地的详细地址。个体工商户经登记机关登记的经营场所只能为一处。申请注册登记或者变更登记的登记事项属于依法须取得行政许可的，应当向登记机关提交许可证明。

4. 办理登记。登记机关对申请材料依法审查后，按照下列规定办理：（1）申请材料齐全、符合法定形式的，当场予以登记；申请材料不齐全或者不符合法定形式要求的，当场告知申请人需要补正的全部内容。（2）需要对申请材料的实质性内容进行核实的，依法进行核查，并自受理申请之日起 15 日内作出是否予以登记的决定。（3）不符合个体工商户登记条件的，不予登记并书面告知申请人，说明理由，告知申请人有权依法申请行政复议、提起行政诉讼。予以注册登记的，登记机关应当自登记之日起 10 日内发给个体工商户营业执照。

5. 变更、注销登记。个体工商户登记事项变更的，应当向登记机关申请办理变更登记。个体工商户变更经营者的，应当在办理注销登记后，由新的经营者重新申请办理注册登记。家庭经营的个体工商户在家庭成员间变更经营者的，依照规定办理变更手续。个体工商户不再从事经营活动的，应当到登记机关办理注销登记。

三、从事工商业经营的范围

对个体工商户从事"工商业经营"的范围应当从广义上理解。只要是不属于法律、行政法规禁止进入的行业，个体工商户均可进入并开展经营活动。实践中，个体工商户从事经营的领域主要有：批发和零售业，住宿和餐饮业，居民服务、修理和其他服务业，交通运输、仓储和邮政业，租赁和商务服务业，信息传输、软件和信息技术服务业，文化、体育和娱乐业，科学研究和技术服务业，卫生和社会工作，电力、热力、燃气及水生产和供应业，水利、环境和公共设施管理业，等等。

四、个体工商户的名称与字号

个体工商户可以使用名称，也可以不使用名称。个体工商户决定使用名称的，应当向登记机关提出申请，经核准登记后方可使用。一户个体工商户只能使用一个名称。

个体工商户名称由行政区划、字号、行业、组织形式依次组成。个体工商户名称中的行政区划是指个体工商户所在县（市）和市辖区名称。行政区划之后可以缀以个体工商户经营场所所在地的乡镇、街道或者行政村、社区、市场名称。

经营者姓名可以作为个体工商户名称中的字号使用。个体工商户名称中的行业应当反映其主要经营活动内容或者经营特点。个体工商户名称组织形式可以选用"厂""店""馆""部""行""中心"等字样，但不得使用"企业""公司""农民专业合作社"字样。

> **第五十五条** 农村集体经济组织的成员，依法取得农村土地承包经营权，从事家庭承包经营的，为农村承包经营户。

〖条文主旨〗

本条是关于农村承包经营户的规定。

〖条文释义〗

本条规定在民法通则的基础上，根据土地承包经营权由合同性质及债权保护强化为物权性质及物权保护的演进，作了修改完善。

实行以家庭承包经营为基础、统分结合的双层经营体制，是我国改革开放历史新时期的重要标志性举措，是我国农村改革的重大成果，是我国宪法确立的农村基本经营制度。多年来的农村改革的实践证明：实行家庭承包经营，符合生产关系要适应生产力发展要求的规律，使农户获得了充分的经营自主权，充分调动了亿万农民的生产积极性，极大地解放和发展了农村生产力，实现了我国农业的巨大发展和农村经济的全面繁荣。

家庭承包经营是集体经济组织内部的一个经营层次，是双层经营体制的基础。实行家庭承包经营，符合农业生产的特点，可以使农户根据自然条件、市场需求和效益原则等因素，确定农业生产的品种、结构和项目，广泛采用农业新品种、新技术，进行农业结构调整，使农民成为农业生产经营的独立的市场主体。实行家庭承包经营，使农户的利益与生产发展密切相关，有效地激发了广大农民对土地长效投入的热情。改良土壤、兴建农田水利设施和购置农机具已成为农户的积极选择。有效利用土地，以科学技术发展生产已成为广大农民内在持久的动力，促进了我国农业的可持续发展。

保持农村土地承包关系稳定并长久不变，赋予农民更加充分而有保障的土地权利，关系到我国广大农民生存和发展的权利，关系到我国农业的持续发展、农村经济的繁荣和农村社会的和谐稳定。对于这样一个重大问题，无疑需要由法律制度来保障。

我国对土地承包经营权保护的立法有一个发展和完善的过程。改革开放后，根据改革开放和社会经济发展的实际情况，我国于1986年制定了民法通则。这部法律第一次在民事法律中作出了土地承包经营权受法律保护的规定，即公民、集体依法对集体所有的或者国家所有由集体使用的土地、森林、山岭、草原、荒地、滩涂、水面的承包经营权，受法律保护。承包双方的权利和义务，依照法律由承包合同规定。这一内容规定在"财产所有权和与财产所有权有关的财产权"一节中，但承包双方的权利和义务，仍由承包合同约定。此后颁布的土地管理法、农业法等其他法律对土地承包经营权所作的规定，也多局限于承包合同的角度。这些法律规定，对完善土地承包经营制度，规范承包关系双方的权利义务发挥了积极作用，但也不可避免地有着历史局限性，仍不能从根本上解决合同约束效力较低所带来的承包经营权容易受到侵害的问题。

1993 年，党的十四届三中全会作出了建立社会主义市场经济体制的决定。1998 年，党的十五届三中全会明确提出，"要抓紧制定确保农村土地承包关系长期稳定的法律法规，赋予农民长期而有保障的土地使用权"，为土地承包经营权保护方面的立法提供了指导方针。1999 年的宪法修正案在 1993 年修正案的基础上进一步明确规定："农村集体经济组织实行家庭承包经营为基础、统分结合的双层经营体制。"2002 年 8 月，九届全国人大常委会二十九次会议审议通过了农村土地承包法。这部法律遵循社会主义市场经济的规律，按照党的十五届三中全会"赋予农民长期而有保障的土地使用权"的要求，以宪法为依据，从物权的角度对土地承包经营权作了规定。其内容涉及家庭承包发包方和承包方的权利和义务、承包的原则和程序、承包期限和承包合同、土地承包经营权的保护、土地承包经营权的流转，以及其他方式的承包、争议的解决和法律责任等方面。农村土地承包法的一系列规定，体现了土地承包经营权物权化的指导思想，但没有明确使用"用益物权"这个概念。

2007 年 3 月 16 日，物权法经过十届全国人大五次会议审议通过。物权法在用益物权编中专章规定了土地承包经营权，将其作为物权中的重要权利。物权法将土地承包经营权作为用益物权，土地承包经营权人依法对其承包经营的耕地、林地、草地等享有占有、使用和收益的权利，有权从事种植业、林业、畜牧业等农业生产。土地承包经营权人在集体所有的土地上，对承包地享有占有、使用和收益的权利，体现了用益物权的基本特征和土地承包经营权人的基本权利。

党的十八大以来，以习近平同志为核心的党中央对稳定和完善农村基本经营制度、深化农村集体土地制度改革，提出一系列方针政策。2013 年 7 月，习近平总书记在武汉农村综合产权交易所考察时强调，深化农村改革，完善农村基本经营制度，要好好研究农村土地所有权、承包权、经营权三者之间的关系；在 2013 年的中央农村工作会议上指出，顺应农民保留土地承包权、流转土地经营权的意愿，把农民土地承包经营权分为承包权和经营权，实现承包权和经营权分置并行，这是我国农村改革的又一次重大创新。随后党中央、国务院出台了一系列关于"三权分置"的文件。根据中央政策精神，2018 年 12 月，十三届全国人大常委会七次会议通过了《全国人民代表大会常务委员会关于修改〈中华人民共和国土地承包法〉的决定》，在法律中体现和落实了"三权分置"改革的精神。

农村土地承包法第 3 条明确规定："国家实行农村土地承包经营制度。农村土地承包采取农村集体经济组织内部的家庭承包方式，不宜采取家庭承包方式的荒山、荒沟、荒丘、荒滩等农村土地，可以采取招标、拍卖、公开协商等方式承包。"第5条第1款规定："农村集体经济组织成员有权依法承包由本集体经济组织发包的农村土地。"第16条第1款规定："家庭承包的承包方是本集体经济组织的农户。"从这些规定可以看出，家庭承包方式，是指以农村集体经济组织的每一个农户家庭全体成员为一个生产经营单位，作为承包人与发包人建立承包关系，承包耕地、林地、草地等用于农业的土地。

农村土地家庭承包的承包方是本集体经济组织的农户。农户是农村中以血缘和婚姻关系为基础组成的农村最基本的社会单位。它既是独立的生活单位，又是独立的生产单位。作为生产单位的农户，一般是依靠家庭成员的劳动进行农业生产与经营活动的。对农村土地实行家庭承包的，农户成为农村集体经济中一个独立的经营层次，是农村从事生产经营活动的基本单位。以户为生产经营单位，与一般的自然人个人作为民事主体有所区别，但又不同于非法人组织这类民事主体。因此法律对其单独进行规定，即农村集体经济组织的成员，依法取得农村土地承包经营权，从事家庭承包经营的，为农村承包经营户。

承包是以"户"为单位进行的。土地承包合同由"户"的代表与发包方签订，土地承包经营权证书是按户制作并颁发。在家庭承包的情况下，农户是交易活动的主体，其信用建立在家庭信用的基础上，发包方或交易相对一方也以农户家庭为对象，与其从事交易活动。农户也是以户的财产承担责任，以确保义务的履行。从这个角度来讲，以户为经营单位符合我国农村的实际情况，有利于农村经济活动的进行。

需要进一步说明的是：第一，家庭承包中，是按人人有份分配承包地，按户组成一个生产经营单位作为承包方。第二，本集体经济组织的农户作为承包方，主要是针对耕地、草地和林地等适宜家庭承包的土地的承包。第三，农户内的成员分家析产的，单独成户的成员可以对原家庭承包的土地进行分别耕作，但承包经营权仍是一个整体，不能分割。

> **第五十六条** 个体工商户的债务，个人经营的，以个人财产承担；家庭经营的，以家庭财产承担；无法区分的，以家庭财产承担。
>
> 农村承包经营户的债务，以从事农村土地承包经营的农户财产承担；事实上由农户部分成员经营的，以该部分成员的财产承担。

【条文主旨】

本条是关于个体工商户、农村承包经营户债务承担的规定。

【条文释义】

一、个体工商户的债务承担

个体工商户可以个人经营，也可以家庭经营。个体工商户的债务，个人经营的，以个人财产承担；家庭经营的，以家庭财产承担。对于实践中无法区分是个人经营还是家庭经营的，是个人投资还是家庭投资，是个人享用经营收益还是家庭共同享用经营收益，进而确定债务是以个人财产承担，还是以家庭财产承担，司法实践中一般有以下认定标准：一是以公民个人名义申请登记的个体工商户，用家庭共有财产投资，或者收益的主要部分供家庭成员享用的，其债务应以家庭共有财产清偿；二是夫妻关系存续期间，一方从事个体经营，其收入为夫妻共有财产的，债务亦应以夫妻共有财产清偿。此外，个体工商户的债务，如以其家庭共有财产承担责任，应当保留家庭成员的生活必需品和必要的生产工具。

二、农村承包经营户的债务承担

在承包期内，无论承包户内人口发生什么样的变化，是增是减，只要作为承包户的家庭还存在，承包户就仍然是一个生产经营单位。在承包经营活动中，无论是全体家庭成员从事生产经营劳动和经营活动，还是部分家庭成员从事生产经营劳动和经营活动，另一部分家庭成员从事其他职业或者家务劳动，农户仍然是一个对外承担责任的主体。考虑到随着我国城乡经济结构的调整和城镇化的发展，农村剩余劳动力向城镇的转移会不断增加，有的家庭成员进城务工就业，分门立户，已完全不参与家庭土地承包经营，也不分享承包家庭的收益，在这种情况下，可以不再承担原所在家庭承包经营的债务。因此本条规定，"事实上由农户部分成员经营的，以该部分成员的财产承担"。需要指出的是，实践中，这一规定要严格掌握，防止借本条规定逃避应承担的债务。

第三章　法　　人

法人是具有民事权利能力和民事行为能力，依法独立享有民事权利和承担民事义务的组织。法人制度是世界各国规范经济秩序和整个社会秩序的一项重要法律制度。

本章共分四节，共四十五条。第一节为法人制度的一般规定，主要规定了法人的概念与特点，法人的成立，法人应具备的条件，法人的民事能力，法人的机关，法人的分支机构，法人的变更、终止与清算，法人的登记等。第二节为营利法人，主要规定了营利法人的定义和登记成立，登记机关颁发营业执照，营利法人制定法人章程，设立权力机构、执行机构、监督机构，营利法人出资人的有关法定权利和义务，以及营利法人从事经营活动所应承担的道德和社会责任等。第三节为非营利法人，本节共有九条，主要规定了非营利法人的定义和范围，事业单位法人、社会团体法人、捐助法人的定义、成立程序、组织机构，以及捐助人为维护所捐财产的安全而享有的监督权，为公益目的成立的非营利法人终止时剩余财产的处理等。第四节为特别法人，主要规定了特别法人的范围，机关法人的设立和终止，农村集体经济组织、城镇农村的合作经济组织依法取得法人资格，以及居民委员会、村民委员会取得基层群众性自治组织法人资格等。

第一节 一般规定

第五十七条 法人是具有民事权利能力和民事行为能力，依法独立享有民事权利和承担民事义务的组织。

【条文主旨】

本条是关于法人定义的规定。

【条文释义】

根据本条的规定，法人是具有民事权利能力和民事行为能力，依法独立享有民事权利和承担民事义务的组织。这就是法人的定义。

一、法人制度的由来

法人制度是世界各国规范经济秩序和整个社会秩序的一项重要法律制度。一般认为，法人制度的雏形始于罗马法。罗马法有关法人人格的理念主要体现在"团体"之类的组织中，"为了形成一个真正的团体，即具有法律人格的团体，必然有数个（至少为三人）为同一合法目标而联合并意图建立单一主体的人。"罗马法中对"团体"赋予法律人格，被认为是民法理论研究和制度设计中最富有想象力和技术性的创造。

随着资本主义的发展，从 17 世纪后期开始，对特许公司股东责任进行限定的做法开始兴起和发展。1662 年，一项英国法律确认印度公司、皇家非洲公司、英国商业公司等特许公司中的股东，在公司出现亏损时，他们仅以持有股份的票面额为限，对外承担责任。之后，股东承担有限责任的特许公司开始大量出现。到了 19 世纪中叶，随着英国《有限责任法》的颁布，公司股东对公司债务承担有限责任的制度最终得以确立，这也是法人制度在近现代社会发展的一个重要背景。通过法人制度的确立，可以使一个组织以其自己名义实施法律行为、拥有法律利益，进行诉讼与被诉讼，并拥有法律上可以独立存在的、与其成员或任何第三人不同的人格。

我国建立法人制度相对比较晚。1986 年颁布、1987 年施行的民法通则首次引入了法人制度，对法人制度作了专章规定，明确了法人是具有民事权利能力和民事行为能力，依法独立享有民事权利和承担民事义务的组织，法人的民事权利能力和民事行为能力，从法人成立时产生，到法人终止时消灭。同时，民法通则还规定了法人应当具备的四项条件，包括依法成立，有必要的财产或者经费，有自己的名称、组织机构和场所，能够独立承担民事责任等。明确了法人的法定代表人、住所、终止清算等制度，并将法人分为企业法人、机关法人、事业单位法人和社会团体法人四类。应该说，民法通则对法人制度的规定，虽然比较简单，但有着非常重要的里程碑意义，使我国的法人制度从无到有，开始建立起来，对于促进我国经济的发展，规范经济社会秩序起到了积极的推动作用。经过多年的发展，我国的法人制度日益完善，本法正是在总结多年来的司法实践经验和法学理论研究的基础上，从立法层面对法人制度作了进一步的发展完善。

本章的规定在民法通则的基础上，对法人制度作了进一步完善，特别是在法人分类方面，将法人分为营利性法人、非营利性法人、特别法人三类，改变了民法通则将法人分为企业法人、机关法人、事业单位法人和社会团体法人四类的分类方式，是一个重大的进步，适应了当前我国法人制度不断发展、类型更加多样化的需要。

二、法人的特点

一是法人不是自然人，属于社会组织，是一种集合体，由法律赋予该组织单独的法律人格。法人可以是人的集合体，也可以是财产的集合体。

二是具有民事权利能力和民事行为能力。法人可以以自己的名义，通过自身的行为享有和行使民事权利，设定和承担民事义务。法人的民事权利能力和民事行为能力，从法人成立时产生，到法人终止时消灭。

三是依法独立享受民事权利、承担民事义务。法人有自己独立的民事主体地位，可以自己的名义独立从事民事活动，享有民事权利，承担民事义务。

四是独立承担民事责任。法人以其全部财产独立承担民事责任，能否独立承担民事责任，是区别法人组织和非法人组织的重要标志。

三、法人的分类

根据本章的规定，法人分为营利法人、非营利法人和特别法人。以取得利益分配给股东等出资人为目的成立的法人，为营利法人，包括有限责任公司、股份有限公司和其他企业法人等。为公益目的或者其他非营利目的成立，不向出资人、设立人或者会员分配所取得利润的法人为非营利法人，包括事业单位、社会团体、基金会、社会服务机构等。机关法人、农村集体经济组织法人、城镇农村的合作经济组织法人、基层群众性自治组织法人，为特别法人。

从国际上对法人的分类情况看，大致有以下几种：一是公法人与私法人。公法人是指以社会公共利益为目的，由国家或者公共团体依公法所设立的行使或者分担国家权力、政府职能的法人，如机关法人、某些事业单位法人等；私法人是指以私人利益为目的，由私人依私法而设立的不拥有公共权力的法人，如企业法人等。二是社团法人与财团法人。社团法人是以社员为基础的人的集合体，也称人的组合，公司、行业协会等是典型的社团法人。财团法人是指为一定目的而设立的，并由专门委任的人按照规定的目的使用的各种财产，也称财产组合，基金会、宗教活动场所、慈善组织等都是典型的财团法人。三是营利法人与非营利法人。营利法人是指以营利并将利润分配给其成员为目的的法人，如公司等企业法人；非营利法人不以营利为设立的目的，同时所得利润不分配给设立人或者投资人，而是继续用于法人的发展，如事业单位法人、社会团体法人、捐助法人等。四是公益法人与非公益法人。公益法人是指以公益为其设立目的的法人，如学校、医院、慈善组织等；非公益法人，是不以公益为其设立目的的法人，如企业法人等。

四、确立法人制度的意义

确立法人制度，可以使具备法人条件的组织取得独立的民事主体资格，在法律上拥有独立的人格，像自然人一样有完全的民事权利能力和民事行为能力，从而有利于社会组织实现自己所承担的任务。如对企业来说，通过法人制度的确立，有利于维护企业的自主权，发挥企业作为市场主体的积极作用。特别是对国有企业来说，法人制度的确立，有利于促进政企分开，使企业真正成为自主经营、自负盈亏的主体，以增强企业自身的活力，促进国有经济的发展。

> **第五十八条** 法人应当依法成立。
>
> 法人应当有自己的名称、组织机构、住所、财产或者经费。法人成立的具体条件和程序，依照法律、行政法规的规定。
>
> 设立法人，法律、行政法规规定须经有关机关批准的，依照其规定。

【条文主旨】

本条是关于法人成立的规定。

【 条文释义 】

一、法人应当依法成立

法人应当依法成立：其一，法人的成立必须合法，其设立目的和宗旨要符合国家利益和社会公共利益的要求，其组织机构、设立宗旨、经营范围、经营方式等要符合法律、法规等的要求；其二，法人成立的条件和程序应当符合法律、行政法规的规定。

二、法人应当有自己的名称、组织机构、住所、财产或者经费

1. 名称。法人应该有自己的名称，通过名称的确定使自己与其他法人相区别。有关法律、行政法规对法人的名称有明确的要求，如根据 1991 年国务院批准颁布的《企业名称登记管理规定》，企业的名称应依次由字号（或者商号）、行业或者经营特点、组织形式组成，并冠以企业所在地省、自治区、直辖市，或者市（包括州）、县（包括市辖区）行政区划名称。有一些特殊企业，经国家工商行政管理总局核准，可以不冠以企业所在地行政区划名称，包括全国性公司、国务院或其授权的机关批准的大型进出口企业、国务院或其授权的机关批准的大型企业集团、历史悠久、字号驰名的企业、外商投资企业，以及国家工商行政管理总局批准的其他企业。

作为机关法人、事业单位法人、社会团体法人等非企业法人的名称，应与其活动范围、活动内容等相适应。这类非企业法人的名称，有的是国家直接命名，如国家机关法人名称；有的则应根据活动性质命名，并依法进行登记，如社会团体法人依法由民政部门登记。

2. 组织机构。法人是社会组织，法人的意思表示必须依法由法人组织机构来完成，每一个法人都应该有自己的组织机构，如股份有限公司法人的组织机构依法应由三部分组成；作为权力机构的股东大会；作为执行机构的董事会；作为监督机构的监事会。这三部分机构有机地构成公司法人的组织机构，代表公司进行相应的活动。如果没有组织机构，就不能够成为法人。

3. 住所。法人应有自己的住所。作为法人的住所，可以是自己所有的，也可以是租赁他人的。法人有自己的住所，主要是为了交易安全，同时也便于有关机关进行监督和管理。

4. 财产或者经费。法人作为独立的民事主体，要独立进行各种民事活动，并独立承担民事活动的后果。因此，法人应有必要的财产和经费。这是其享有民事权利和承担民事义务的物质基础，也是其得以独立承担民事责任的财产保障，否则，法人无法进行各种民事活动。所谓必要的财产或者经费，是指法人的财产或者经费应与法人的性质、规模等相适应。我国一些法律法规对有关法

人的财产或者经费要求作了规定。如商业银行法规定，设立商业银行的注册资本最低限额为 10 亿元人民币；城市合作商业银行的注册资本最低限额为 1 亿元人民币；农村合作商业银行的注册资本最低限额为 5000 万元人民币。必要的财产或者经费是法人生存和发展的基础，也是法人独立承担民事责任的物质基础。因此，法人具备必要的财产或者经费是法人应具备的最重要的基础条件。

三、法人成立的具体条件和程序，依照法律、行政法规的规定

法人成立还需要满足法律、行政法规规定的其他条件和程序。如公司法规定，设立有限责任公司，应当具备下列条件：一是股东符合法定人数；二是有符合公司章程规定的全体股东认缴的出资额；三是股东共同制定公司章程；四是有公司名称，建立符合有限责任公司要求的组织机构；五是有公司住所。股东认足公司章程规定的出资后，由全体股东指定的代表或者共同委托的代理人向公司登记机关报送公司登记申请书、公司章程等文件，申请设立登记。设立公司，应当依法向公司登记机关申请设立登记。符合本法规定的设立条件的，由公司登记机关分别登记为有限责任公司或者股份有限公司；不符合本法规定的设立条件的，不得登记为有限责任公司或者股份有限公司，等等。

四、设立法人，法律、行政法规规定须经有关机关批准的，依照其规定

设立法人，如果相关法律、行政法规规定须经有关机关批准的，应当依照其规定。这里规定的"批准"是指行政许可。根据行政许可法的规定，行政许可是是指行政机关根据公民、法人或者其他组织的申请，经依法审查，准予其从事特定活动的行为。有些法律，如食品安全法、药品安全法规定设立食品、药品生产经营企业应当经过食品、药品主管部门的批准；又如民办教育促进法规定，设立民办学校，应当经教育主管部门批准；《医疗机构管理条例》规定，设立医疗机构应当经卫生主管部门批准，等等。应当指出的是，根据行政许可法的规定，地方性法规和省、自治区、直辖市人民政府规章，不得设定应当由国家统一确定的公民、法人或者其他组织的资格、资质的行政许可；不得设定企业或者其他组织的设立登记及其前置性行政许可。因此，本条规定，只有法律、行政法规可以对法人的设立设定行政许可。

> **第五十九条** 法人的民事权利能力和民事行为能力，从法人成立时产生，到法人终止时消灭。

【条文主旨】

本条是关于法人的民事权利能力和民事行为能力的规定。

【条文释义 】

法人的民事权利能力是法律赋予的，是法人作为一个独立的民事主体应当具备的基本资格。法人民事权利能力的获取意味着法人作为一个独立民事主体的成立，丧失这一权利能力则意味着法人的消灭。因而，法人的权利能力从成立时发生，至法人终止时消灭。

法人的民事行为能力是法人独立地实施民事行为，行使民事权利、承担民事义务的资格。法人的民事行为能力在时间上和民事权利能力相一致，始于法人成立，终于法人消灭，在法人存续期间始终存在。法人的民事行为能力和其民事权利能力在范围上一致，法人能够以自己的行为行使权利和承担义务的范围，即民事行为能力的范围不能超出其权利能力所限定的范围。

法人通过参与社会活动来实现一定经济利益或者公益目的，为确保经济秩序和交易的安全，国家要依法通过设立登记制度赋予法人以民事权利能力和民事行为能力。例如，企业法人设立时须经过市场监管部门登记，使企业成为独立民事主体，从而赋予其从事经营活动的能力与资格；同样，事业单位和社会团体等非营利法人的成立也应分别经编制部门、民政部门注册登记而具有法人资格，享有民事权利能力和民事行为能力。

作为法律上具有拟制人格的主体，法人的民事权利能力和民事行为能力与自然人有所不同：

一是在产生和消灭的时间上，自然人从出生之日起，即享有民事权利能力，但其民事行为能力会经历不同阶段的变化：8 周岁以下为无民事行为能力人，8 周岁到 18 周岁之间为限制民事行为能力人，18 周岁以上为完全民事行为能力人。此外，一个完全民事行为能力的成年人，可能会因为患有精神疾病而丧失或者部分丧失民事行为能力，成为无民事行为能力人或者限制民事行为能力人。与自然人不同，法人的民事行为能力与其民事权利能力一起产生、同时消灭，两者的开始与终止时间完全一致。

二是在范围方面，法人的民事权利能力与民事行为能力在范围上是一致的，不像自然人会由于年龄或者精神健康的原因而使其民事权利能力和民事行为能力在范围上有所不同。自然人中的完全民事行为能力人，其民事权利能力的范围与民事行为能力范围是相一致的，但对于无民事行为能力人或者限制民事行为能力人来说，其民事行为能力范围要小于民事权利能力范围，是不一致的。

三是在民事行为能力的实现方面，有完全民事行为能力的自然人，可以由自身来实现其民事行为能力，无须他人代表或者代理。但法人实施民事法律行为，一般是由法定代表人来进行的。法定代表人以法人的名义依法实施民事法律行为时，法定代表人所作的意思表示，就是法人的意思表示，应由法人承受其法定代表人意思表示的效果。

> **第六十条 法人以其全部财产独立承担民事责任。**

【条文主旨】

本条是关于法人独立承担民事责任的规定。

【条文释义】

民事责任，是对民事法律责任的简称，是指民事主体在民事活动中，因实施了违法行为或者存在违约行为，根据民法所承担的对其不利的民事法律后果。民事责任属于法律责任的一种，是保障民事权利和民事义务实现的重要措施，主要是一种民事救济手段，旨在使受害人被侵犯的民事权益得以恢复。除了民事责任，法律责任中还包括行政责任和刑事责任。

一般来说，民事责任的构成要件包括四个方面：一是损害事实的客观存在。损害是指因行为人的行为，包括作为或者不作为，使民事主体的人身权利或者财产权利遭受某种不利的影响。权利主体只有在受损害的情况下才能够请求法律上的救济。二是行为人实施了违法行为或者违约行为。三是行为人有过错。行为人的过错是行为人在实施违法行为或者违约行为时所具备的心理状态，包括故意和过失，是构成民事责任的主观要件。需要说明的是，在严格责任的归责原则下，行为人即使没有过错，也要承担责任。如本法侵权责任编规定的高度危险责任，即属于严格责任，只要是从事高度危险作业造成他人损害的，即应当承担侵权责任。四是行为人的违法行为或者违约行为与损害事实之间存在因果关系。作为构成民事责任要件的因果关系，是指行为人的违法行为或者违约行为与损害事实之间所存在的因果必然联系。

承担民事责任的方式主要有：（1）停止侵害；（2）排除妨碍；（3）消除危险；（4）返还财产；（5）恢复原状；（6）修理、重作、更换；（7）继续履行；（8）赔偿损失；（9）支付违约金；（10）消除影响、恢复名誉；（11）赔礼道歉。法律规定惩罚性赔偿的，依照其规定。上述的承担民事责任的方式，可以单独适用，也可以合并适用。

承担民事责任的主体既有自然人，也有法人、非法人组织，对于法人来说，是以其全部财产独立承担民事责任。这里须强调两点：一是全部财产。法人作为独立的民事主体，要独立进行民事活动，独立承担民事活动的后果。

因此，法人应有必要的财产和经费，这是其享有民事权利和承担民事义务的物质基础，也是其得以独立承担民事责任的财产保障。法人要以其全部财产承担民事责任，而不是只以部分财产承担民事责任。二是独立承担民事责任。"独立"的含义，即任何法人的债务只能由它自己承担，国家、投资者和法人组织内部的成员不对法人的债务负责。如有限责任公司是由股东出资设立的，而具有法人身份的公司在民事责任方面是与股东严格区分的，即便是股东出钱开了这家公司，但两者的责任也要严格区分，法人对外需要承担民事责任，要以自身的财产来承担，不能由投资设立该公司的股东以自己的财产来承担。但是，对于合伙企业、个人独资企业等不具备法人资格的组织，因为不能独立承担民事责任，当其财产不足以清偿债务时，要由出资人或者设立人承担无限责任。

> **第六十一条** 依照法律或者法人章程的规定，代表法人从事民事活动的负责人，为法人的法定代表人。
>
> 法定代表人以法人名义从事的民事活动，其法律后果由法人承受。
>
> 法人章程或者法人权力机构对法定代表人代表权的限制，不得对抗善意相对人。

〖条文主旨〗

本条是关于法人的法定代表人的规定。

〖条文释义〗

一、法定代表人的定义

依照法律或者法人章程的规定，代表法人从事民事活动的负责人，为法人的法定代表人。根据这一规定，法人的法定代表人由谁担任，是依据法律的规定或者法人章程的规定确定的。一是根据法律规定。有的法律，如公司法第13条规定了公司的法定代表人由谁担任："公司法定代表人依照公司章程的规定，由董事长、执行董事或者经理担任，并依法登记。公司法定代表人变更，应当办理变更登记。"二是如果没有法律规定，就要根据法人章程来确定法人的法定代表人。

总的来说，法人的法定代表人是代表法人行使职权的负责人，是代表法人进行民事活动的自然人。法定代表人只能是自然人，且该自然人只有代表法人从事民事活动时才具有这种身份。

二、法定代表人以法人名义从事的民事活动，其法律后果由法人承受

法定代表人对外以法人名义进行民事活动时，其与法人之间并非代理关系，而是代表关系，且其代表职权来自法律的明确授权，故不需要有法人的授权委托书。因此，法定代表人对外的职务行为即为法人行为，其后果由法人承担。法人对法定代表人所负的责任，也包括越权行为的责任。本法合同编规定，法人或者其他组织的法定代表人、负责人超越权限订立的合同，除相对人知道或者应当知道其超越权限的以外，该合同对法人发生效力。需要说明的是，法人除了要对其法定代表人的职务行为承担责任，还要对其工作人员的职务行为承担责任。本法在侵权责任编规定，用人单位的工作人员因执行工作任务造成他人损害的，由用人单位承担侵权责任。

三、法人章程或者法人权力机构对法定代表人代表权的限制，不得对抗善意相对人

法人不得以法人章程等对法定代表人的内部职权限制对抗善意第三人。法人章程是指法人依法制定的，规定法人的经营活动范围、内部管理制度等重大事项的文件，是法人的自我管理规范，载明了法人组织和活动的基本准则。法人章程具有法定性、真实性、自治性和公开性的基本特征，是法人设立和运营的基础和依据。法人章程对法人来说非常重要，但作为法人内部的行为规范，在通常情况下不易被法人外部的人员所知道，所以在确定其外部效力方面，要考虑对善意相对人的权益保护。本条规定对法人章程的对外效力方面作了适当限制，以保护善意相对人的合法权益。

所谓"善意相对人"是指对法人章程或者法人权力机构对法定代表人代表权的限制，不知情或者不应当知情的权利人。法人章程或者法人权力机构对法定代表人的对外代表权限进行了限制，但该法定代表人超越了自己的权限与相对人签订了合同，或者实施了其他法律行为的，如果相对人不知道或者不应当知道该限制规定的，则法人不得以法定代表人的行为超越了其权限而主张不承担或免除其应承担的法律责任。

规定法人章程或者法人权力机构对法定代表人代表权的限制，不得对抗善意相对人，旨在保护交易中无过错一方的权利，维护交易安全。这里需要指出的是，判断相对方是否为善意，不仅要考量其事实上是否知道法人章程或者法人权力机构对法定代表人代表权的限制这一情况，还要考量其是否应当知道这一情况。"知道"是一种事实状况的判定，而"应当知道"则是对当事人是否存在过错的判定。在上述例子中，如果乙公司在订立合同之前已经拿到了甲公司章程，章程中对甲公司法定代表人的权限作了明确的限制，但因乙公司疏忽大意而没有认真查看甲公司的章程，则其就属于应当知道但因过错而没能知道，因而不是善意相对人，其与甲公司法定代表人超越权限订立的合同，对甲公司就不发生效力。

> **第六十二条** 法定代表人因执行职务造成他人损害的，由法人承担民事责任。
>
> 法人承担民事责任后，依照法律或者法人章程的规定，可以向有过错的法定代表人追偿。

【条文主旨】

本条是关于法定代表人职务侵权行为的责任承担的规定。

【条文释义】

一、法定代表人因执行职务造成他人损害的，由法人承担民事责任

法定代表人因执行职务造成他人损害的，属于职务侵权。法定代表人的职务侵权行为应该同时符合以下两个要素：一是法定代表人的行为构成对第三人的侵权，包括对第三人人身权和财产权的侵害。二是该侵权行为应为法定代表人执行职务的行为。例如，甲公司的法定代表人李某驾车出差途中，发生交通事故，将行人张某撞伤，即属于李某的职务侵权行为。由于法定代表人的职务行为是代表法人实施的，因而应由法人承担民事责任。但是，法定代表人的行为如果与执行职务无关，则不构成职务侵权。在上述例子中，如果作为法定代表人的李某是在自己休假旅行过程中发生交通事故，将行人张某撞伤，则不构成职务侵权，甲公司无须承担责任，要由李某本人承担责任。

法人的法定代表人是代表法人从事民事活动的负责人，其以法人名义从事的民事活动的法律后果由法人承担，所以法人的职务侵权行为亦应由法人来承担民事责任。需要指出的是，法人的法定代表人的职务侵权行为与法人一般工作人员的职务侵权行为，在归责原则上，对外都是由法人承担责任。本法侵权责任编规定，用人单位的工作人员因执行工作任务造成他人损害的，由用人单位承担侵权责任。用人单位承担侵权责任后，可以向有故意或者重大过失的工作人员追偿。

二、法人承担民事责任后，依照法律或者法人章程的规定，可以向有过错的法定代表人追偿

法人对外承担民事责任后，在对内责任方面，可以依照法律或者法人章程的规定，向有过错的法定代表人追偿。这一规定涉及法定代表人职务侵权行为

的内部职责分担问题。在一般情况下，在职务侵权行为中，行为的法律后果完全由法人承担，法定代表人不须承担该行为的民事责任，但在以下两种情况下，法人可以向有过错的法定代表人追偿：

一是根据法律规定。如果有关法律法规明文规定了法定代表人对职务侵权行为应该承担相应的责任，那么在此种情形下，法人可以在对外赔偿后，依据法律法规规定，向有过错的法定代表人进行追偿。

二是根据法人章程规定。如果法人的章程中明确规定法定代表人对职务侵权行为应该承担相应的责任，那么在此种情形下，法人可以在对外赔偿后，依据法人章程的规定，向有过错的法定代表人进行追偿。

需要指出的是，在法人对外承担民事责任后，对内向责任人进行追偿方面，法定代表人与一般工作人员是不同的。本法在侵权责任编规定，用人单位的工作人员因执行工作任务造成他人损害的，由用人单位承担侵权责任。用人单位承担侵权责任后，可以向有故意或者重大过失的工作人员追偿。根据这一规定，在法人对外承担民事责任后，对内向责任人进行追偿方面，法定代表人与一般工作人员是有区别的：一是对法定代表人进行追偿，必须依据有关法律的规定或者法人章程的规定，否则是不能向法定代表人进行追偿的。而法人向其他工作人员追偿，则不需要有法律的规定或者法人章程的规定这一前提，只要工作人员有故意或者重大过失都可以向其追偿。二是法定代表人和其他工作人员承担内部责任的过错程度要求不同。对法定代表人来说，只要有过错，包括故意或者过失，即便是一般过失，也要对内承担责任，法人可以向其追偿。但对其他工作人员来说，其对内部承担责任的过错程度要求比较高，应为故意或者重大过失，如果只是一般过失，则无须对内承担责任，法人也不能向其追偿。

> **第六十三条** 法人以其主要办事机构所在地为住所。依法需要办理法人登记的，应当将主要办事机构所在地登记为住所。

【条文主旨】

本条是关于法人住所的规定。

【条文释义】

法人住所，是指法人主要办事机构所在地。确定法人的住所，对于确定法人主要办事机构所在地和诉讼管辖地、破产清算地等具有重要意义。此外，法人住所地的确定也可以在涉外法律关系上，决定准据法的适用。我国的涉外民事关系法律适用法明确规定："法人及其分支机构的民事权利能力、民事行为能力、组织机构、股东权利义务等事项，适用登记地法律。法人的主营业地与登记地不一致的，可以适用主营业地法律。法人的经常居所地，为其主营业地。"许多国家主张以法人的住所地法作为法人的属人法。因此，在这些国家处理国际民商事纠纷时，如需要适用法人的属人法，就适用法人的住所地法。

目前国际上确定法人的住所地主要有以下三种标准：

一是管理中心地主义，即以管理中心地为法人的住所地。法人的管理中心地，又称为法人的主要事务所所在地或主要办事机构所在地，一般是法人的董事会所在地。以管理中心地作为法人住所地的考虑是，法人的主事务所是法人的首脑机构，决定法人活动的大政方针，所以应该以法人的主事务所所在地为法人的住所。根据本条的规定，我国确定法人的住所即是采取这一标准确定的。

二是营业中心地主义，即以营业中心地为法人的住所地。营业中心地是法人进行生产、经营等活动的地方。以营业中心地作为法人住所的考虑是，法人进行营业活动的地方是其实现设立目的的地方，且相对来说比较稳定。但是，适用营业中心地主义的标准也面临一些问题，一些法人的营业范围往往涉及多个国家，因而有时难以确定其营业中心地。目前，一些发展中国家规定以营业中心所在地为法人的住所。

三是以法人章程所规定的住所地为主，管理中心地为辅。法人的章程对住所有规定的，以章程规定为准；章程没有规定的，则以其管理中心地为其住所。

多数国家规定法人只能有一个住所，但也有少数国家，如德国规定法人可以有几个住所。

本条规定，依法需要办理法人登记的，应当将主要办事机构所在地登记为住所。法人设立登记是法人依法成立，取得民事主体资格的要件。依据本法和《中华人民共和国企业法人登记管理条例》、《中华人民共和国公司登记管理条例》、《社会团体登记管理条例》、《事业单位登记管理暂行条例》和《民办非企业单位登记管理暂行条例》等规定，企业法人、部分事业单位法人和绝大多数社会团体法人应当依法进行设立登记，登记的内容包括法人的住所一项。根据本条的规定，依法需要办理法人登记的，都应当将主要办事机构所在地登记为住所。

第六十四条　法人存续期间登记事项发生变化的，应当依法向登记机关申请变更登记。

【条文主旨】

本条是关于法人变更登记的规定。

【条文释义】

法人变更登记是指法人存续期间登记事项发生变化的，应当依法将有关变化情况向登记机关报告，并申请办理变更手续。因登记而取得法人资格的法人，其登记事项的变更应进行变更登记，变更登记的机关为原登记机关。对于非因登记而取得法人资格的机关法人，以及部分社会团体法人和事业单位法人，其变更则不需要登记。

一、企业法人变更登记

企业法人变更登记的事项通常包括：合并与分立，变更组织形式，增设或者撤销分支机构及法人经营范围，注册资本、住所、法定代表人、经营方式的变动等。依据《中华人民共和国企业法人登记管理条例》及其实施细则的规定，企业法人改变名称、住所、经营场所、法定代表人、经济性质、经营范围、经营方式、注册资金、经营期限，以及增设或者撤销分支机构，应当申请办理变更登记。企业法人申请变更登记，应当在主管部门或者审批机关批准后 30 日内，向登记主管机关申请办理变更登记。企业法人分立、合并、迁移，应当在主管部门或者审批机关批准后 30 日内，向登记主管机关申请办理变更登记。

二、其他法人的变更登记

除了企业法人外，其他法人的登记事项需要变更的，也应当依法办理变更登记。例如，依据《民办非企业单位登记管理暂行条例》的规定，民办非企业单位（即社会服务机构）的登记事项需要变更的，应当自业务主管单位审查同意之日起 30 日内，向登记管理机关申请变更登记。民办非企业单位修改章程，应当自业务主管单位审查同意之日起 30 日内，报登记管理机关核准。

第六十五条　法人的实际情况与登记的事项不一致的，不得对抗善意相对人。

【条文主旨】

本条是关于法人登记事项错误不能对抗善意相对人的规定。

【条文释义】

法人登记是对法人参与社会活动的一项管理制度，为保障法人的构成和运行合法，保持法人状态的相对稳定和被社会知情，国家依法设立专门机关对法人进行登记并公示管理。依据《中华人民共和国企业法人登记管理条例》、《中华人民共和国公司登记管理条例》、《社会团体登记管理条例》、《事业单位登记管理暂行条例》和《民办非企业单位登记管理暂行条例》及有关实施细则的规定，登记的事项包括：

一是企业法人登记事项。企业法人登记注册的事项包括企业法人名称、住所、经营场所、法定代表人、经济性质、经营范围、经营方式、注册资金、从业人数、经营期限、分支机构。

二是社会团体登记事项。社会团体登记事项包括：名称、住所、宗旨、业务范围、活动地域、法定代表人、活动资金和业务主管单位。

三是事业单位法人登记事项。事业单位法人登记事项包括名称、住所、宗旨和业务范围、法定代表人、经费来源（开办资金）等。

四是民办非企业单位（即社会服务机构）登记事项。民办非企业单位登记事项包括：民办非企业单位的名称、住所、宗旨和业务范围、法定代表人或者负责人、开办资金和业务主管单位。

法人登记是法人确立民事权利能力和民事行为能力，变更民事权利能力和民事行为能力，以及消灭民事权利能力的要件。法人登记的目的在于保护相对人的利益，维护交易安全，同时也有利于国家职能部门掌握情况，实施监督管理。除依法不需要进行登记的法人，法人登记通常包括法人的设立登记、变更登记和注销登记。

如果法人的实际情况与上述登记的事项不一致的，不得对抗善意相对人。例如，法定代表人登记事项与实际情况不符，导致在法人内部存在的运行体制与其在登记机关公示的内容不完全相符，在此种情况下，对善意相对人不发生法律效力。因为登记有一个基本的公示功能，登记事项系对相对人的事先告知，对法人和相对人同等发生效力，推定各方当事人共同认可登记内容。如果法人实际情形与登记不一致的，发生的法律后果由法人自行承担，对相对人不发生效力。对此，《德国商法典》也作了类似的规定，赋予经公告的登记事项以公信力，如果官方的公告宣布某一事项已在商业登记簿中进行了登记，那么信赖这一公告的第三人将受到保护，即使官方的公告或有关的登记事项虚假不实，只要有关的相对人对此既无责任也不知情就够了。但是，需要指出的是，如果法人在进行民事活动时主动告知相对人实际情形的，则相对人即不属于善意相对人，不适用本条的规定。

第六十六条　登记机关应当依法及时公示法人登记的有关信息。

【条文主旨】

本条是关于法人登记公示制度的规定。

【条文释义】

法人登记公示制度是随着商业登记法律的产生而确立的一项制度，是商品经济发展到一定阶段的产物。德国于 1861 年颁布的《德国商法典》，规定在地方法院设置商业登记簿，由地方法院办理。随后，日本及欧洲诸国，均加以仿效。日本于明治三十二年三月颁布商法，规定商业登记由商业营业所在地的法院设置商业登记簿，办理登记。就我国的情况来说，1950 年颁布了新中国成立后的第一部企业登记法规《私营企业暂行条例》，1962 年颁布了《工商企业登记管理试行办法》。党的十一届三中全会之后，又制定一系列的法人登记法规，包括《中华人民共和国企业法人登记管理条例》、《中华人民共和国公司登记管理条例》、《社会团体登记管理条例》、《事业单位登记管理暂行条例》和《民办非企业单位登记管理暂行条例》及有关实施细则等。

法人登记事项经公示之后，即可产生两种法律效力，包括对抗力和公信力。通过赋予公示的登记事项以对抗力来保护登记人的合法权益，同时，通过赋予公示的登记事项以公信力来保护善意第三人，从而维护交易安全。

第一，对抗力。登记事项公示之后，具有对抗力。所谓对抗力，是指对于某种权利的内容，可以向第三人主张的法律效力。凡应登记及公示的事项，而未经登记和公示，则其事实存在与否，第三人很难知悉，假如没有特别的理由，法律上推定第三人不知情，那么在登记公示之前，不能对抗善意第三人。在登记公示之后，登记事项对第三人发生效力，第三人应尽注意责任，否则，即使不知情，也可与之对抗。登记及公示的对抗力，在于经公示的登记事项，可以与第三人对抗。登记与公示，是对抗力的形式要件，实为向社会宣示其权利而排斥其他权利的侵害，从而保护登记人的合法权利。

第二，公信力。所谓公信力，亦称公信原则，是指对法人登记公示的内容赋予法律上的公信力，即使该内容有瑕疵，法律对信赖该内容的第三人也将加以保护。

确立对法人登记信息的公示制度，其意义在于：一是有利于保护交易安全。法人登记公示制度对交易安全的保护，集中表现在公示的效力上，即对抗力与公信力。公示的对抗力表现为已经公示，可以对抗；未经公示，不能对抗。公示的公信力表现为一旦公示，外界即可信赖该公示的内容，即使有瑕疵，对信赖该公示的善意第三人也将加以保护。二是有利于降低社会成本。公示制度的对抗力和公信力使当事人权利义务确定化、稳定化，与之交易的第三人不必花费大量的时间和金钱去辨别公示内容的真伪。因此，公示制度大大降低了市场交易成本，即信息收集，进行谈判，订立契约并检查，监督契约实施的费用。另外，公示制度明确了当事人的责任，无论是在登记过程中，还是在交易过程中均需尽注意义务，在使当事人谨慎从事的同时，也可以减少纠纷，降低整个社会的司法成本。

登记机关应当依法及时公示法人登记的有关信息。依据《中华人民共和国企业法人登记管理条例》、《中华人民共和国公司登记管理条例》、《社会团体登记管理条例》、《事业单位登记管理暂行条例》和《民办非企业单位登记管理暂行条例》及有关实施细则的规定，法人的相关登记机关包括：一是市场监督管理部门，即原工商行政管理部门，是企业法人的登记机关。二是编制部门，是事业单位的登记机关。三是民政部门，是社会团体和民办非企业单位，即社会服务机构的登记机关。

根据本条的规定，登记机关应当依法及时公示法人登记的有关信息。这里说的"依法"主要是指《中华人民共和国企业法人登记管理条例》、《中华人民共和国公司登记管理条例》、《事业单位登记管理暂行条例》和《民办非企业单位登记管理暂行条例》及有关实施细则。上述这些法规、规章对登记机关公示法人登记信息作出了具体规定，包括设立登记、变更登记和注销登记信息都要对外进行公示。

> **第六十七条** 法人合并的，其权利和义务由合并后的法人享有和承担。
>
> 法人分立的，其权利和义务由分立后的法人享有连带债权，承担连带债务，但是债权人和债务人另有约定的除外。

【条文主旨】

本条是关于法人合并、分立后的相关权利义务的规定。

【条文释义】

一、法人合并的，其权利和义务由合并后的法人享有和承担

法人合并，是指由两个以上的法人合并为一个新法人，是法人在组织上的一种变更。法人合并分为新设合并和吸收合并。所谓新设合并，是指原法人资格随即消灭，新法人资格随即确立。所谓吸收合并，是指一个或多个法人归并

到一个现存的法人中去，被合并的法人资格消灭，存续法人的主体资格仍然存在。法人发生合并，它的权利义务，应当由合并后的法人享有和承担。

法人合并，应经主管机关批准，依法应当向登记机关办理登记并公告的，还应向登记机关进行登记，并应及时公告。法人合并的，因合并而消灭的法人办理注销登记，因合并而成立的法人办理设立登记，因合并而继续存在的法人办理变更登记。在新设合并中，被合并的两个法人都终止了，因此应当办理注销登记，而合并后的法人属于新设，应当办理设立登记。在吸收合并中，被吸收的法人终止了，因此办理注销登记，而吸收另一个法人的法人仍然继续存在，但是发生了变更，所以应当办理变更手续。

二、法人分立的，其权利和义务由分立后的法人享有连带债权，承担连带债务，但是债权人和债务人另有约定的除外

法人分立，是指一个法人分成两个或两个以上的法人，是法人在组织上的一种变更。法人的分立分为新设式分立和派生式分立两种方式。所谓新设式分立，是指原法人分立为两个或者两个以上新的法人，原法人不复存在。所谓派生式分立，是指原法人仍然存在，但从原法人中分立出来一个新的法人，原法人的资格不变。

法人分立，因分立而保留的企业应申请变更登记；因分立而新开办的企业应申请开业登记。法人分立，应经主管机关批准，依法应当向登记机关办理登记并公告的，还应当向登记机关办理分立登记，并应及时公告。

法人发生分立，其权利和义务由分立后的法人享有连带债权，承担连带债务，但是债权人和债务人另有约定的除外。当事人分立后，不仅原有的一切债权债务依法由分立后的法人或者其他组织承担，而且原有的财产所有权、经营权、知识产权等也都转移给分立后的企业，因此，分立后的各法人对原债权承担连带债权，对原债务承担连带债务，但是债权人和债务人另有约定的，可以依照约定处理。

需要说明的是，关于法人合并、分立后的相关权利义务规定，公司法也作了与本条精神一致的规定：公司合并时，合并各方的债权、债务，应当由合并后存续的公司或者新设的公司承继。公司分立前的债务由分立后的公司承担连带责任。但是，公司在分立前与债权人就债务清偿达成的书面协议另有约定的除外。

第六十八条 有下列原因之一并依法完成清算、注销登记的，法人终止：

（一）法人解散；

> （二）法人被宣告破产；
>
> （三）法律规定的其他原因。
>
> 法人终止，法律、行政法规规定须经有关机关批准的，依照其规定。

【条文主旨】

本条是关于法人终止的规定。

【条文释义】

一、法人终止的法定条件

法人终止，是指法人权利能力的终止。本条第 1 款规定了法人终止的条件：

1. 具有法定事由，包括三种：一是法人解散。二是法人被宣告破产。法人不能清偿到期债务，并且资产不足以清偿全部债务或者明显缺乏清偿能力的，债权人可以向法院提出对债务人进行破产清算的申请。作为债务人的法人被法院依法宣告破产的，法人终止。从域外一些国家的立法看，也把破产作为法人终止的法定原因，如《德国民法典》规定：社团因破产开始，丧失权利能力。三是法律规定的其他原因。除了前两项原因外，有法律规定的其他原因，法人也要终止。

2. 依法完成清算。在上述原因发生后，法人的主体资格并不立即消灭，只有经过清算，法人主体资格才归于消灭。法人清算，是指清算组织在法人终止时，依据职权清理并消灭法人的全部财产关系的程序。清算的形式有二：一是依破产程序进行清算；二是非按破产程序，而是依民法、民事诉讼法等有关规定清算。清算一般在法人终止时进行，但在法人负债过重时，经法人机关决定，由主管部门批准，可以自动清算。人民法院也可以根据法人的债权人或其他利害关系人的申请责令法人清算。

清算的任务是清查法人财产，核实债权债务，编制资产负债表，依法或章程向有关部门移交财产，依法律规定的范围和程序清偿债务等。法人清算，一般由法人的董事、理事等执行机构或者决策机构的成员作为清算义务人，成立清算组进行清算。

3. 依法进行注销登记。法人注销登记是法人依法终止，消灭其民事主体资格的要件。清算终结，应由清算组织向登记机关办理注销登记并公告，完成注销登记和公告，法人即告消灭。法人注销登记机关与设立登记机关相同，法人注销登记应提交的文件因法人种类不同而不同。

依据《中华人民共和国企业法人登记管理条例》的规定，企业法人歇业、被撤销、宣告破产或者因其他原因终止营业，应当向登记主管机关办理注销登记。企业法人办理注销登记，应当提交法定代表人签署的申请注销登记报告、主管部门或者审批机关的批准文件、清理债务完结的证明或者清算组织负责清理债权债务的文件。经登记主管机关核准后，收缴《企业法人营业执照》、《企业法人营业执照》副本，收缴公章，并将注销登记情况告知其开户银行。

依据《事业单位登记管理暂行条例》及其实施细则的规定，事业单位被撤销、解散的，应当向登记管理机关办理注销登记或者注销备案。事业单位办理注销登记前，应当在审批机关指导下成立清算组织，完成清算工作。事业单位应当自清算结束之日起15日内，向登记管理机关办理注销登记。事业单位办理注销登记，应当提交撤销或者解散该事业单位的文件和清算报告；登记管理机关收缴《事业单位法人证书》和印章。

依据《社会团体登记管理条例》的规定，社会团体终止的，应当在业务主管单位审查同意后，向登记管理机关申请注销登记。社会团体在办理注销登记前，应当在业务主管单位及其他有关机关的指导下，成立清算组织，完成清算工作。清算期间，社会团体不得开展清算以外的活动。社会团体应当自清算结束之日起15日内向登记管理机关办理注销登记。办理注销登记，应当提交法定代表人签署的注销登记申请书、业务主管单位的审查文件和清算报告书。登记管理机关准予注销登记的，发给注销证明文件，收缴该社会团体的登记证书、印章和财务凭证。

依据《民办非企业单位登记管理暂行条例》的规定，民办非企业单位需要注销登记的，应当向登记管理机关办理注销登记。民办非企业单位在办理注销登记前，应当在业务主管单位和其他有关机关的指导下，成立清算组织，完成清算工作。清算期间，民办非企业单位不得开展清算以外的活动。民办非企业单位法定代表人或者负责人应当自完成清算之日起15日内，向登记管理机关办理注销登记。办理注销登记，须提交注销登记申请书、业务主管单位的审查文件和清算报告。登记管理机关准予注销登记的，发给注销证明文件，收缴登记证书、印章和财务凭证。

二、法人终止，法律、行政法规规定须经有关机关批准的，依照其规定

法人设立，法律、行政法规规定须经有关机关批准的，依照其规定。相应地，法人终止，法律、行政法规规定须经有关机关批准的，依照其规定。如《医疗机构管理条例》规定，医疗机构歇业，必须向原登记机关办理注销登记。经登记机关核准后，收缴《医疗机构执业许可证》。

第六十九条　有下列情形之一的，法人解散：

（一）法人章程规定的存续期间届满或者法人章程规定的其他解散事由出现；

（二）法人的权力机构决议解散；

（三）因法人合并或者分立需要解散；

（四）法人依法被吊销营业执照、登记证书，被责令关闭或者被撤销；

（五）法律规定的其他情形。

〖条文主旨〗

本条是关于法人解散的规定。

〖条文释义〗

法人解散是指已成立的法人基于一定的合法事由而使法人消灭的法律行为。本条规定了法人解散的五种情形：

一是法人章程规定的存续期间届满或者法人章程规定的其他解散事由出现。法人章程规定了法人的存续期间，如自成立之日起10年，那么到了10年法人存续期满后，该法人即可以自行解散。此外，如果法人章程规定了其他解散事由，一旦该事由出现，则法人也可以解散。

二是法人的权力机构决议解散。根据本法的规定，营利法人应当设权力机构。权力机构行使修改法人章程，选举或者更换执行机构、监督机构成员，以及法人章程规定的其他职权。法人的权力机构，如股东大会，可以作出决议解散法人。

三是因法人合并或者分立需要解散。法人合并，两个以上的法人合并为一个新法人，被合并的法人自然也就解散了。法人分立，一个法人分立为两个以上的新法人，原法人自然也就解散了。

四是法人依法被吊销营业执照、登记证书，被责令关闭或者被撤销。在此种情况下，由于法人被依法给予行政处罚，失去了从事原活动的资格，所以法人也就被解散了。

吊销营业执照、登记证书、责令关闭，都是行政处罚。行政处罚是指行政机关依照法定程序对公民、法人或者其他组织违反行政管理秩序的行为给予的处罚，是一种行政责任。而本条规定的吊销营业执照、登记证书、责令关闭，属于行为罚。所谓行为罚，是指行政机关限制或剥夺违法的行政管理相对人从事某种活动的权利或者资格的制裁形式，它是仅次于人身罚的一种较为严厉的行政处罚措施。

吊销营业执照、登记证书是指行政机关依法剥夺违法者已经获得的从事某种活动的权利或资格。吊销营业执照、登记证书这种处罚，主要用于已经取得行政机关的许可，但其在生产经营等活动中，因为违反了法律法规的规定，被行政机关依法进行处罚，吊销其营业执照、登记证书，从而失去了从事某种活动的合法资格。而责令关闭是指行政机关责令违法者关闭其未经批准而从事违法生产经营活动的场所。责令关闭主要用于行为人违反法律法规规定，未经许可而擅自从事某种依法应当经过行政机关的许可才可以从事的活动。如根据食品安全法的规定，企业从事食品生产经营活动要取得食品安全监管部门的许可，对未经许可从事食品生产经营的违法者，要由食品安全监管部门责令其关闭从事非法食品生产经营活动的场所等。

法人依法被撤销，是指法人违反国家法律、法规的规定被主管部门撤销登记。例如《社会团体登记管理条例》规定：社会团体有下列情形之一，情节严重的，由登记管理机构予以撤销登记：（1）涂改、出租、出借《社会团体法人登记证书》，或者出租、出借社会团体印章的；（2）超出章程规定的宗旨和业务范围进行活动的；（3）拒不接受或者不按照规定接受监督检查的；（4）不按照规定办理变更登记的；（5）违反规定设立分支机构、代表机构，或者对分支机构、代表机构疏于管理，造成严重后果的；（6）从事营利性的经营活动的；（7）侵占、私分、挪用社会团体资产或者所接受的捐赠、资助的；（8）违反国家有关规定收取费用、筹集资金或者接受、使用捐赠、资助的。

五是法律规定的其他情形。这是一项兜底的规定，除了本条规定的上述四项情形外，如果符合其他法律规定的法人解散情形的，法人也应当解散。如公司法规定，公司经营管理发生严重困难，继续存续会使股东利益受到重大损失，通过其他途径不能解决的，持有公司全部股东表决权10%以上的股东，可以请求人民法院解散公司。

第七十条 法人解散的，除合并或者分立的情形外，清算义务人应当及时组成清算组进行清算。

法人的董事、理事等执行机构或者决策机构的成员为清算义务人。法律、行政法规另有规定的，依照其规定。

清算义务人未及时履行清算义务，造成损害的，应当承担民事责任；主管机关或者利害关系人可以申请人民法院指定有关人员组成清算组进行清算。

【条文主旨】

本条是关于法人解散清算的规定。

【条文释义】

一、法人解散的，除合并或者分立的情形外，清算义务人应当及时组成清算组进行清算

法人清算，是指在法人解散时，清算义务人成立清算组，依据职权清理并消灭法人的全部财产关系的程序。法人除了因合并或者分立的情形而解散，不需要清算的，因其他情形而解散的，都要依法进行清算。

清算的任务是：清查法人财产，核实债权债务，编制资产负债表，依法或章程向有关部门移交财产，依法律规定的范围和程序清偿债务等。法人清算必须由清算义务人指定清算组进行。清算终结，应由清算组向登记机关办理注销登记并公告，完成注销登记和公告，法人即告消灭。

二、法人的董事、理事等执行机构或者决策机构的成员为清算义务人。法律、行政法规另有规定的，依照其规定

清算义务人，是指在法人解散后，负有清算责任的主体，也称清算人。清算义务人为法人的董事、理事等执行机构或者决策机构的成员。

1. 董事。董事，是指由法人权力机构选举产生的法人执行机构的成员，是公司内部治理的主要力量。根据公司法的规定，董事由股东大会选举产生，可以由股东或非股东担任。董事的任期，一般都是在公司内部细则中予以规定，有定期和不定期两种。定期把董事的任期限制在一定的时间内，每届任期不得超过 3 年。不定期是指从任期那天算起，满一定年限应当进行改选，但可连选连任。董事被解聘的原因有：任期届满而未能连任，违反股东大会决议，股份转让，本人辞职，丧失行为能力，公司破产等。公司董事为自然人。

2. 理事。理事是指在非营利法人中，由选举产生的管理法人事务的人员，是法人内部治理的主要力量，对内管理法人事务，对外代表法人进行活动。例如，根据民办教育促进法及其实施条例的规定，非营利民办学校理事会或者其他形式决策机构的负责人应当品行良好，具有政治权利和完全民事行为能力。国家机关工作人员不得担任民办学校理事会或者其他形式决策机构的成员。民办学校的理事会或者其他形式决策机构，每年至少召开一次会议。经 1/3 以上组成人员提议，可以召开理事会或者其他形式决策机构临时会议。

除了董事、理事为清算义务人，法律、行政法规对清算义务人另有规定的，依照其规定。如根据公司法的规定，有限责任公司的清算义务人是全体股东。根据《社会团体登记管理条例》《事业单位登记管理暂行条例》和有关实施细则的规定，社会团体的清算义务人是其业务主管单位及其他有关机关；事业单位的清算义务人是其举办单位和其他有关机关。

三、清算义务人未及时履行清算义务，造成损害的，应当承担民事责任；主管机关或者利害关系人可以申请人民法院指定有关人员组成清算组进行清算

法人解散后，应当由清算义务人成立清算组。公司法规定，公司应当在解散事由出现之日起 15 日内成立清算组，开始清算。清算义务人未及时履行清算义务，逾期不成立清算组进行清算，给债权人等造成损害的，应当承担民事责任。债权人可以申请人民法院指定有关人员组成清算组进行清算；人民法院应当受理该申请，并及时组织清算组进行清算。

> **第七十一条　法人的清算程序和清算组职权，依照有关法律的规定；没有规定的，参照适用公司法律的有关规定。**

【条文主旨】

本条是关于法人的清算程序和清算组职权的规定。

【条文释义】

关于法人的清算程序和清算组职权，本条没有作具体规定，而是明确依照有关法律的规定。这里的有关法律主要是指公司法和《社会团体登记管理条例》、《事业单位登记管理暂行条例》、《民办非企业单位登记管理暂行条例》及有关实施细则等。

一、清算程序

公司法对公司法人的清算程序作出了明确的规定：法人应当在解散事由出现之日起 15 日内成立清算组，开始清算。有限责任公司的清算组由股东组成，股份有限公司的清算组由董事或者股东大会确定的人员组成。逾期不成立清算组进行清算的，债权人可以申请人民法院指定有关人员组成清算组进行清算。人民法院应当受理该申请，并及时组织清算组进行清算。清算组应当自成立之日起 10 日内通知债权人，并于 60 日内在报纸上公告。债权人应当自接到通知书之日起 30 日内，未接到通知书的自公告之日起 45 日内，向清算组申报其债权。债权人申报债权，应当说明债权的有关事项，并提供证明材料。清算组应当对债权进行登记。在申报债权期间，清算组不得对债权人进行清偿。

《事业单位登记管理暂行条例实施细则》规定，清算组应当自成立之日起 10 日内通知债权人，并于 30 日内至少发布 3 次拟申请注销登记的公告。债权人应当自第一次公告之日起 90 日内，向清算组申报其债权。此外，《民办非企业单位登记管理暂行条例》和《社会团体登记管理条例》规定，民办非企业单位、社会团体在办理注销登记前，应当在业务主管单位和其他有关机关的指导下，成立清算组，完成清算工作。

二、清算组职权

公司法规定，清算组在清算期间行使下列职权：一是清理公司财产，分别编制资产负债表和财产清单。清算组在清理公司财产、编制资产负债表和财产清单后，应当制订清算方案，并报股东会、股东大会或者人民法院确认。二是通知、公告债权人。三是处理与清算有关的公司未了结的业务。四是清缴所欠税款以及清算过程中产生的税款。五是清理债权、债务。六是处理公司清偿债务后的剩余财产。公司财产在分别支付清算费用、职工的工资、社会保险费用和法定补偿金，缴纳所欠税款，清偿公司债务后的剩余财产，有限责任公司按照股东的出资比例分配，股份有限公司按照股东持有的股份比例分配。七是代表公司参与民事诉讼活动。

法律、行政法规等对公司以外的法人解散后清算的程序和清算组职权没有规定的，可以参照适用公司法的上述规定。本条规定的"参照适用公司法律的有关规定"，即是指参照适用公司法的有关规定。需要说明的是，参照适用不是全部适用，在适用公司法相关规定的基本原则的前提下，在一些具体规定上可以根据该类组织的特点作灵活处理，与公司法的规定不完全相同。

> **第七十二条** 清算期间法人存续，但是不得从事与清算无关的活动。
>
> 法人清算后的剩余财产，按照法人章程的规定或者法人权力机构的决议处理。法律另有规定的，依照其规定。
>
> 清算结束并完成法人注销登记时，法人终止；依法不需要办理法人登记的，清算结束时，法人终止。

【条文主旨】

本条是关于清算期间法人活动的要求，清算后剩余财产的处理，以及法人终止的规定。

【条文释义】

一、清算期间法人存续，但是不得从事与清算无关的活动

清算期间，法人还继续存在，仍然具有民事权利能力和民事行为能力，但是其民事权利能力是受到限制的，不得从事与清算无关的活动，以保护债权人和其他人的利益。如果法人在清算期间，仍然继续从事经营活动，会产生新的债权债务关系，这势必会影响原债权人的利益，同时在法人处于解散的状态下，再开展业务活动，对有关相对人的权益也会造成侵害。所以，清算期间法人虽然存续，但是不得从事与清算无关的活动。公司法、《社会团体登记管理条例》、《事业单位登记管理暂行条例》及《民办非企业单位登记管理暂行条例》等法律、行政法规，均规定法人在清算期间不得开展与清算无关的活动。对违反这一规定的，公司法还规定了相应的法律责任：公司在清算期间开展与清算无关的经营活动的，由公司登记机关予以警告，没收违法所得。

二、法人清算后的剩余财产，按照法人章程的规定或者法人权力机构的决议处理。法律另有规定的，依照其规定

法人清算后的剩余财产，是指法人财产在分别支付清算费用、职工的工资、社会保险费用和法定补偿金，缴纳所欠税款，清偿公司债务后的剩余财产。对法人清算后的剩余财产，一般要根据法人章程的规定或者法人权力机构的决议来处理，但是法律另有规定的，依照其规定。如公司法规定，公司财产在分别支付清算费用、职工的工资、社会保险费用和法定补偿金，缴纳所欠税款，清偿公司债务后的剩余财产，有限责任公司按照股东的出资比例分配，股份有限公司按照股东持有的股份比例分配。因此，对有限责任公司和股份有限公司法人在清算后的剩余财产的处理，要适用公司法的规定。此外，本法第95条对为公益目的成立的非营利法人剩余财产的处理也作了专门规定：为公益目的成立的非营利法人终止时，不得向出资人、设立人或者会员分配剩余财产。剩余财产应当按照法人章程的规定或者权力机构的决议用于公益目的；无法按照法人章程的规定或者权力机构的决议处理的，由主管机关主持转给宗旨相同或者相近的法人，并向社会公告。因此，为公益目的成立的非营利法人终止时剩余财产的处理，要遵守本法第95条的规定。

三、清算结束并完成法人注销登记时，法人终止；依法不需要办理法人登记的，清算结束时，法人终止

在清算程序结束后，对经过登记设立的法人，还要再经过法人注销登记程序，法人才终止。注销登记是指登记主管机关依法对歇业、被撤销、宣告破产或者因其他原因终止营业的法人，取消法人资格的行为。根据公司法、《社会团体登记管理条例》、《事业单位登记管理暂行条例》及《民办非企业单位登记管理暂行条例》等法律、行政法规的规定，公司清算结束后，清算组应当制作清算报告，报股东会、股东大会或者人民法院确认，并报送公司登记机关，申请注销公司登记，公告公司终止。社会团体应当自清算结束之日起 15 日内向登记管理机关办理注销登记。办理注销登记，应当提交法定代表人签署的注销登记申请书、业务主管单位的审查文件和清算报告书。登记管理机关准予注销登记的，发给注销证明文件，收缴该社会团体的登记证书、印章和财务凭证。民办非企业单位法定代表人或者负责人应当自完成清算之日起 15 日内，向登记管理机关办理注销登记。办理注销登记，须提交注销登记申请书、业务主管单位的审查文件和清算报告。登记管理机关准予注销登记的，发给注销证明文件，收缴登记证书、印章和财务凭证。

事业单位应当自清算结束之日起 15 个工作日内，向登记管理机关申请注销登记并提交下列文件：（1）法定代表人签署的事业单位法人注销登记申请书；（2）撤销或者解散的证明文件；（3）有关机关确认的清算报告；（4）发布该单位拟申请注销登记公告的凭证；（5）《事业单位法人证书》正、副本及单位印章；（6）登记管理机关要求提交的其他相关文件。登记管理机关核准事业单位注销登记后，应当收缴被注销事业单位的《事业单位法人证书》正、副本及单位印章，并发布注销登记公告。经登记管理机关注销登记的事业单位，自核准注销登记之日起事业单位法人终止。

有些法人设立是依法不需要经过登记程序的，如根据工会法的规定，工会社团法人资格的取得是由工会法直接规定的，依法不需要办理法人登记。对这些法人在清算结束时，不需要进行注销登记，法人即终止。

> **第七十三条　法人被宣告破产的，依法进行破产清算并完成法人注销登记时，法人终止。**

〖条文主旨〗

本条是关于法人因破产而终止的规定。

【条文释义】

破产，是指债务人因不能偿债或者资不抵债时，由债权人或债务人诉请法院宣告破产并依破产程序偿还债务的一种法律制度。狭义的破产制度仅指破产清算制度，广义的破产制度还包括重整与和解制度。

依据本条的规定，法人被人民法院宣告破产的，依法进行破产清算并完成法人注销登记时，法人终止。这里的"依法"主要是指企业破产法和其他规定了法人破产清算的法律，如农民专业合作社法、民办教育促进法等。

本条规定明确了法人因破产而终止的两个程序性规定：

一、破产清算

破产清算制度，是对债务人宣告破产、清算还债的法律制度，即在债务人丧失清偿能力时，由法院强制执行其全部财产，公平清偿全体债权人的法律制度。根据企业破产法的规定，破产清算分为破产宣告、变价和分配、破产程序的终结三个环节。

一是破产宣告。企业破产法规定，人民法院宣告债务人破产的，应当自裁定作出之日起 5 日内送达债务人和管理人，自裁定作出之日起 10 日内通知已知债权人，并予以公告。债务人被宣告破产后，债务人称为破产人，债务人财产称为破产财产，人民法院受理破产申请时对债务人享有的债权称为破产债权。

破产宣告前，第三人为债务人提供足额担保或者为债务人清偿全部到期债务，或者债务人已清偿全部到期债务的，人民法院应当裁定终结破产程序，并予以公告。对破产人的特定财产享有担保权的权利人，对该特定财产享有优先受偿的权利。享有这一权利的债权人行使优先受偿权利未能完全受偿的，其未受偿的债权作为普通债权；放弃优先受偿权利的，其债权作为普通债权。

二是变价和分配。企业破产法规定，管理人应当及时拟订破产财产变价方案，提交债权人会议讨论。管理人应当按照债权人会议通过的或者人民法院依法裁定的破产财产变价方案，适时变价出售破产财产。变价出售破产财产应当通过拍卖进行。但是，债权人会议另有决议的除外。破产企业可以全部或者部分变价出售。企业变价出售时，可以将其中的无形资产和其他财产单独变价出售。按照国家规定不能拍卖或者限制转让的财产，应当按照国家规定的方式处理。

破产财产在优先清偿破产费用和共益债务后，依照下列顺序清偿：第一，破产人所欠职工的工资和医疗、伤残补助、抚恤费用，所欠应划入职工个人账户的基本养老保险、基本医疗保险费用，以及法律、行政法规规定应当支付给职工的补偿金；第二，破产人欠缴的除所欠职工的工资和医疗、伤残补助、抚恤费用，所欠应划入职工个人账户的基本养老保险、基本医疗保险费用，以及法律、行政法规规定应当支付给职工的补偿金以外的社会保险费用和破产人所欠税款；第三，普通破产债权。破产财产不足以清偿同一顺序的清偿要求的，按照比例分配。破产企业的董事、监事和高级管理人员的工资按照该企业职工的平均工资计算。破产财产的分配应当以货币分配方式进行。但是，债权人会议另有决议的除外。管理人应当及时拟订破产财产分配方案，提交债权人会议讨论。

三是破产程序的终结。破产人无财产可供分配的，管理人应当请求人民法院裁定终结破产程序。管理人在最后分配完结后，应当及时向人民法院提交破产财产分配报告，并提请人民法院裁定终结破产程序。人民法院应当自收到管理人终结破产程序的请求之日起15日内作出是否终结破产程序的裁定。裁定终结的，应当予以公告。自破产程序终结之日起2年内，发现有依法应当追回的财产，或者破产人有应当供分配的其他财产的，债权人可以请求人民法院按照破产财产分配方案进行追加分配，但财产数量不足以支付分配费用的，不再进行追加分配，由人民法院将其上交国库。破产人的保证人和其他连带债务人，在破产程序终结后，对债权人依照破产清算程序未受清偿的债权，依法继续承担清偿责任。

二、注销登记

企业破产法规定，管理人应当自破产程序终结之日起10日内，持人民法院终结破产程序的裁定，向破产人的原登记机关办理注销登记。管理人于办理注销登记完毕的次日终止执行职务。但是，存在诉讼或者仲裁未决情况的除外。

法人被人民法院宣告破产的，依据上述企业破产法的规定进行破产清算并完成法人注销登记时，法人终止。

需要说明的是，企业破产法规定，其他法律规定企业法人以外的组织的清算，属于破产清算的，参照适用本法规定的程序。目前，农民专业合作社法和民办教育促进法已经对农民专业合作社和民办学校的破产清算作了规定，在破产财产的清偿顺序上突出了对农民和受教育者的保护，具体是：

农民专业合作社法规定，农民专业合作社破产适用企业破产法的有关规定，但是破产财产在清偿破产费用和共益债务后，应当优先清偿破产前与农民成员已发生交易但尚未结清的款项。

民办教育促进法规定，民办学校终止时，应当依法进行财务清算。民办学校自己要求终止的，由民办学校组织清算；被审批机关依法撤销的，由审批机关组织清算；因资不抵债无法继续办学而被终止的，由人民法院组织清算。对民办学校的财产按照下列顺序清偿：一是应退受教育者学费、杂费和其他费用；

二是应发教职工的工资及应缴纳的社会保险费用；三是偿还其他债务。非营利性民办学校清偿上述债务后的剩余财产继续用于其他非营利性学校办学；营利性民办学校清偿上述债务后的剩余财产，依照公司法的有关规定处理。

> **第七十四条** 法人可以依法设立分支机构。法律、行政法规规定分支机构应当登记的，依照其规定。
>
> 分支机构以自己的名义从事民事活动，产生的民事责任由法人承担；也可以先以该分支机构管理的财产承担，不足以承担的，由法人承担。

【条文主旨】

本条是关于法人设立分支机构的规定。

【条文释义】

法人分支机构作为法人的组成部分，由法人依法设立，在法人主要活动地点以外的一定领域内，实现法人的全部或部分职能。分支机构以自己的名义所从事的民事活动，对法人直接产生权利义务，并构成整个法人权利义务的一部分。

法人分支机构，在性质上属于法人的组成部分，不具有独立责任能力，其行为的效果仍由法人承担。公司法规定，公司可以设立分公司。设立分公司，应当向公司登记机关申请登记，领取营业执照。分公司不具有法人资格，其民事责任由所属法人承担。

法人的分支机构与有独立责任能力的子公司不同，具体体现在：一是设立方式不同。子公司一般由两个以上股东发起设立，是独立法人，独立承担民事责任，在其自身经营范围内独立开展各种业务活动；法人分支机构由设立公司在其住所地之外依法设立，设立时不要求注册资金，属于总公司的分支机构，虽然也可以独立开展业务活动，但应在公司授权范围内进行。二是名称和领取的营业执照不同。子公司在登记部门领取的是《企业法人营业执照》；名称中不冠以母公司的名字；而法人分权机构则领取营业执照，名称为总公司的分公司。三是法律责任能力不同。子公司由于是独立法人，其从事民事活动的法律后果由其自身承担，只能就其自身资产承担民事责任；而分支机构虽然也可以自己的名义从事民事活动，但其不具有法人资格，自身没有承担法律责任的能力，要由设立它的法人承担，也可以先以该分支机构管理的财产承担，不足以承担的，由法人承担。

法人的分支机构虽然在法人授权范围内可以对外从事各种民事活动，但法人的分支机构属于法人的组成部分，其承担责任的能力有一定的限制，因此，法人的分支机构进行民事活动所承担的责任，要由法人承担，也可以先以该分支机构管理的财产承担，不足以承担的，由法人承担。在涉及分支机构的诉讼中，可以将法人的分支机构与法人一起列为共同被告。比如，企业法人的分支机构为他人提供担保，发生法律纠纷的，人民法院在审理过程中可以将该企业法人和分支机构列为共同被告参加诉讼。

本条规定，法人可以依法设立分支机构。这里的"依法"主要是指依据公司法、商业银行法、保险法、证券法、《中华人民共和国企业法人登记管理条例》、《社会团体登记管理条例》、《民办非企业单位登记管理暂行条例》及《基金会管理条例》等法律、行政法规的规定。例如，公司法规定，公司可以设立分公司。设立分公司，应当向公司登记机关申请登记，领取营业执照。又如，商业银行法规定，商业银行根据业务需要可以在中华人民共和国境内外设立分支机构。设立分支机构必须经国务院银行业监督管理机构审查批准。在中华人民共和国境内的分支机构，不按行政区划设立。商业银行在中华人民共和国境内设立分支机构，应当按照规定拨付与其经营规模相适应的营运资金额。拨付各分支机构营运资金额的总和，不得超过总行资本金总额的60%。再如，保险法规定，保险公司在中华人民共和国境内设立分支机构，应当经保险监督管理机构批准。保险公司分支机构不具有法人资格，其民事责任由保险公司承担。保险公司在中华人民共和国境外设立子公司、分支机构，应当经国务院保险监督管理机构批准，等等。

对于非企业法人来说，依据《社会团体登记管理条例》《民办非企业单位登记管理暂行条例》《基金会管理条例》等行政法规的规定，社会团体的分支机构是社会团体的组成部分，不具有法人资格，应当按照其所属的社会团体的章程规定的宗旨和业务范围，在该社会团体授权的范围内开展活动、发展会员。社会团体的分支机构不得再设立分支机构。社会团体不得设立地域性的分支机构。民办非企业单位不得设立分支机构。基金会可以依法设立分支机构，依据基金会的授权开展活动，不具有法人资格。

需要指出的是，法人设立分支机构是否需要登记，本条规定法律、行政法规规定分支机构应当登记的，依照其规定。根据这一规定，法人设立分支机构是否需要登记，要根据相关法律、行政法规的规定。根据《中华人民共和国企业法人登记管理条例》的规定，企业法人设立不能独立承担民事责任的分支机构，由该企业法人申请登记，经登记主管机关核准，领取营业执照，在核准登记的经营范围内从事经营活动。此外，《基金会管理条例》规定，基金会拟设立分支机构的，应当向原登记管理机关提出登记申请，并提交拟设机构的名称、住所和负责人等情况的文件。登记管理机关应当自收到前款所列全部有效文件之日起 60 日内作出准予或者不予登记的决定。准予登记的，发给《基金会分支机构登记证书》；不予登记的，应当书面说明理由。基金会分支机构的设立登记的事项包括：名称、住所、公益活动的业务范围和负责人。

> **第七十五条** 设立人为设立法人从事的民事活动，其法律后果由法人承受；法人未成立的，其法律后果由设立人承受，设立人为二人以上的，享有连带债权，承担连带债务。
> 设立人为设立法人以自己的名义从事民事活动产生的民事责任，第三人有权选择请求法人或者设立人承担。

【条文主旨】

本条是关于设立人为设立法人而从事的民事活动的法律后果的规定。

【条文释义】

法人的设立人是指申请设立法人，并在法人的设立过程中承担相应民事责任的人。在公司法中，一般称法人设立人为发起人。他们的主要民事活动是认缴、实缴出资、对出资评估作价和设立组织机构。在法人的设立过程中，设立人依法筹办法人设立的各种事务，其在法人设立过程中的行为，直接影响到法人能不能成立，以及成立以后法人的状况。所以设立人对设立法人应当承担法定的责任。

一、设立人为设立法人从事的民事活动，其法律后果由法人承受

设立人在法人的设立过程中，应当履行好作为设立人的责任，使法人能够顺利地成立。法人成立后，将依法继受设立过程中所产生的权利义务。但是，如果法人没有成立，在设立活动期间产生的民事责任义务，要由法人的设立人承担，因为设立中的法人还不具有民事权利能力和民事行为能力，不能承担民事责任。本条第 1 款规定的"法人未成立的"是指设立人未能够完成设立法人行为，法人最终没有成立。法人无论因何种原因不能成立，设立人都应当对设立行为所产生的法律后果承担法律责任。设立人为 2 人以上的，享有连带债权，承担连带债务。

二、设立人为设立法人以自己的名义从事民事活动产生的民事责任，第三人有权选择请求法人或者设立人承担发起人对自己过失行为应当承担的责任

由于信息不对称，第三人往往不知道设立人的行为目的，不知道设立人以自己的名义所从事的民事法律行为，与之后成立的法人之间的关系。所以，为保护第三人的合法权益，本条规定，设立人为设立法人以自己的名义从事民事活动产生的民事责任，第三人有权选择，或者请求法人承担，或者请求设立人承担。

除了本条的规定，公司法也对公司发起人的法律责任作了明确规定：公司不能成立时，发起人对设立行为所产生的债务和费用负连带责任；对认股人已缴纳的股款，负返还股款并加算银行同期存款利息的连带责任。根据这一规定，公司不能成立时，全体发起人都负有偿还因设立行为所产生的债务和费用的义务，也负有偿还认股人的股款及其银行同期存款利息的义务。对此拥有权利的债权人及认股人等，可以要求发起人中的任何一个人或者几个人予以清偿、缴付、返还，被要求的发起人不得拒绝。

设立行为所产生的债务和费用原则上应由成立后的公司承担，但当公司不能成立时，先前发生的与设立公司相关的费用及债务就失去了公司法人这一拟定的承担主体，只能改由实施设立行为的主体即发起人来承担。由于发起人之间的关系近似于合伙关系，因此各国公司立法一般都规定对此准用合伙的有关规定，即由发起人对设立行为所产生的费用和债务负连带赔偿责任。此外，公司法还规定，在公司设立过程中，由于发起人的过失致使公司利益受到损害的，应当对公司承担赔偿责任。实践中，公司有权向发起人请求损害赔偿的情形主要有：发起人对公司所负担的设立费用因滥用而致使公司受损失；发起人因设立公司而得到特别利益或报酬，使公司利益减少；发起人用以抵作股款的财产估价过高而令公司受损等。

第二节　营利法人

第七十六条　以取得利润并分配给股东等出资人为目的成立的法人，为营利法人。

营利法人包括有限责任公司、股份有限公司和其他企业法人等。

【条文主旨】

本条是关于营利法人定义的规定。

【条文释义】

本条第1款规定，以取得利润并分配给股东等出资人为目的成立的法人，为营利法人。这一规定强调了营利法人的两个特征：一是成立的目的是为了取得利润，即以营利性为目的。二是取得利润后要分配给股东等出资人，即出资人取得利润。这两个特征同时具备是营利法人与其他法人的根本区别所在。

本条第 2 款规定，营利法人包括有限责任公司、股份有限公司和其他企业法人等。

其一，有限责任公司，简称有限公司（Co.，Ltd.，全拼为 Limited Liability Company）。根据公司法的规定，是指由 50 个以下的股东出资设立，每个股东以其所认缴的出资额对公司承担有限责任，公司以其全部资产对其债务承担责任的经济组织。有限责任公司包括国有独资公司及其他有限责任公司。

根据公司法的规定，有限责任公司的特点如下：一是股东仅以其出资额为限对公司承担责任。二是有限责任公司的股东人数为 50 人以下。三是有限责任公司不能公开募集股份，不能发行股票。四是有限责任公司由参加者投入的资本组成固定资本份额，给予参加者参与公司管理的权利，并按份额得到公司的部分利润，即分得红利；在公司破产时，得到破产份额，即依法享有其他权利。

有限责任公司（有限公司）是我国企业实行公司制最重要的一种组织形式。其优点是设立程序比较简单，不必发布公告，也不必公布账目，尤其是公司的资产负债表一般不予公开，公司内部机构设置灵活。其缺点是由于不能公开发行股票，筹集资金范围和规模一般都比较小，难以适应大规模生产经营活动的需要。因此，有限责任公司这种形式一般适用于中小企业。

其二，股份有限公司（Stock Corporation）。股份有限公司是指公司资本由股份所组成的公司，股东以其认购的股份为限对公司承担责任的企业法人。股份公司产生于 18 世纪的欧洲，19 世纪后半期广泛流行于世界各国。目前，股份公司在欧美国家占据统治地位。公司法规定，设立股份有限公司，应当有 2 人以上 200 人以下为发起人。由于所有股份公司均须是负担有限责任的有限公司（但并非所有有限公司都是股份公司），所以一般称为"股份有限公司"。公司的资本总额平分为金额相等的股份；公司可以向社会公开发行股票筹资，股票可以依法转让；法律对公司股东人数只有最低限制，无最高人数限定性规定。股东以其所认购股份对公司承担有限责任，公司以其全部资产对公司债务承担责任；每一股有一个表决权，股东以其所认购持有的股份，享受权利，承担义务。此外，公司应当将经注册会计师审查验证过的会计报告公开。

股份有限公司有以下特征：一是股份有限公司是独立的营利法人。二是股份有限公司的股东人数不得少于法律规定的人数。三是股份有限公司的股东对公司债务负有限责任，股份有限公司的股东对公司债务仅就其认购的股份为限承担责任，公司的债权人不得直接向公司股东提出清偿债务的要求。四是股东具有广泛性。股份有限公司通过向社会公众广泛地发行股票筹集资本，股份有限公司的全部资本划分为等额的股份，任何投资者只要认购股票和支付股款，都可成为股份有限公司的股东，没有资格限制。五是股份的公开、自由、可转让性。股份的公开性、自由性包括股份的发行和转让。股份有限公司通常都以发行股票的方式公开募集资本，这种募集方式使得股东人数众多，分散广泛。同时，为提高股份的融资能力和吸引投资者，股份必须有较高程度的流通性，股票必须能够自由转让和交易。六是公司的公开性。股份有限公司的经营状况不仅要向股东公开，还必须向社会公开。使社会公众了解公司的经营状况，这也是和有限责任公司的重要区别之一。公司账目须向社会公开，以便于投资人了解公司情况，进行选择。七是公司设立和解散有严格的法律程序，手续复杂。股份有限公司是典型的"资合公司"。一个人能否成为公司股东决定于他是否缴纳了股款，购买了股票，而不取决于他与其他股东的人身关系，因此，股份有限公司能够迅速、广泛、大量地集中资金。证券市场上发行和流通的股票都是由股份有限公司发行的。

其三，除了有限责任公司、股份有限公司，营利法人还包括其他企业法人等。根据《中华人民共和国企业法人登记管理条例》的规定，具备法人条件的下列企业，应当依照本条例的规定办理企业法人登记：（1）全民所有制企业；（2）集体所有制企业；（3）联营企业；（4）在中华人民共和国境内设立的中外合资经营企业、中外合作经营企业和外资企业（现统称为外商投资企业）；（5）私营企业；（6）依法需要办理企业法人登记的其他企业。上述这些企业法人，如果不是按照公司法成立的公司法人，没有采用公司法人的组织结构，则属于本条所规定的"其他企业法人"。

> **第七十七条　营利法人经依法登记成立。**

【条文主旨】

本条是关于营利法人登记成立的规定。

【条文释义】

营利法人经依法登记成立，所谓"依法"是指公司法、《中华人民共和国公司登记管理条例》及《中华人民共和国企业法人登记管理条例》等法律、行政法规。公司法、《中华人民共和国公司登记管理条例》及《中华人民共和国企业法人登记管理条例》对设立有限责任公司、股份有限公司和其他企业法人等营利法人的条件和登记程序等作了明确的规定。

一、设立有限责任公司的条件

根据公司法的规定，设立有限责任公司应当具备下列条件：（1）股东符合法定人数；（2）有符合公司章程规定的全体股东认缴的出资额；（3）股东共同制定公司章程；（4）有公司名称，建立符合有限责任公司要求的组织机构；（5）有公司住所。

股东认足公司章程规定的出资后，由全体股东指定的代表或者共同委托的代理人向公司登记机关报送公司登记申请书、公司章程等文件，申请设立登记。

二、设立股份有限公司的条件

根据公司法的规定，设立股份有限公司应当具备下列条件：

其一，发起人符合法定的资格，达到法定的人数。发起人的资格是指发起人依法取得的创立股份有限公司的资格。股份有限公司的发起人可以是自然人，也可以是法人，但发起人中须有过半数的人在中国境内有住所。设立股份有限公司，必须达到法定的人数，应有 2 人以上 200 人以下的发起人。国有企业改建为股份有限公司的，发起人可以少于 5 人，但应当采取募集设立方式。规定发起人的最低限额，是设立股份有限公司的国际惯例。如果发起人的最低人数限额没有规定，一则发起人太少难以履行发起人的义务，二则防止少数发起人损害其他股东的合法权益。对发起人的最高人数限额则无规定的必要。

其二，有符合公司章程规定的全体发起人认购的股本总额或者募集的实收股本总额。股份有限公司采取发起设立方式设立的，注册资本为在公司登记机关登记的全体发起人认购的股本总额。在发起人认购的股份缴足前，不得向他人募集股份。股份有限公司采取募集方式设立的，注册资本为在公司登记机关登记的实收股本总额。法律、行政法规以及国务院决定对股份有限公司注册资本实缴、注册资本最低限额另有规定的，从其规定。

其三，股份发行、筹办事项符合法律规定。股份发行、筹办事项符合法律规定，是设立股份有限公司必须遵循的原则。股份的发行是指股份有限公司在设立时为了筹集公司资本，出售和募集股份的法律行为。这里讲的"股份发行"是指设立发行，在设立公司的过程中，为了组建股份有限公司，筹集组建公司所需资本而发行股份的行为。设立阶段的发行分为发起设立发行和募集设立发行两种。发起设立发行即所有股份均由发起人认购，不得向社会公开招募。募集设立发行即发起人只认购股份的一部分，其余部分向社会公开招募。

股份有限公司的资本划分为股份，每一股的金额相等。公司的股份采用股票的形式。股份的发行实行公开、公平、公正的原则，且必须同股同权、同股同利。同次发行的股份、每股的发行条件、发行价格应当相同。发起设立方式设立股份有限公司的，发起人应当书面认足公司章程规定其认购的股份，并按照公司章程规定缴纳出资。以募集设立方式设立股份有限公司的，发起人认购的股份不得少于公司股份总数的35％；但是，法律、行政法规另有规定的，从其规定。发起人向社会公开募集股份，必须公告招股说明书，并制作认股书，由依法设立的证券公司承销，签订承销协议认股书，应当同银行签订代收股款协议。

其四，发起人制定公司章程，并经创立大会通过。股份有限公司的章程，是股份有限公司重要的文件，其中规定了公司最重要的事项，它不仅是设立公司的基础，也是公司及其股东的行为准则。因此，公司章程虽然由发起人制定，但以募集设立方式设立股份有限公司的，必须召开由认股人组成的创立大会，并经创立大会决议通过。

其五，有公司名称，建立符合公司要求的组织机构。名称是股份有限公司作为法人必须具备的条件。公司名称必须符合企业名称登记管理的有关规定，股份有限公司的名称还应标明"股份有限公司"字样。

股份有限公司必须有一定的组织机构，对公司实行内部管理，并对外代表公司。股份有限公司的组织机构是股东大会、董事会、监事会和经理。股东大会作出决议，董事会是执行公司股东大会决议的执行机构，监事会是公司的监督机构，依法对董事、经理和公司的活动实行监督，经理是由董事会聘任，主持公司的日常生产经营管理工作，组织实施董事会决议。

其六，有公司住所。

三、设立企业法人的条件

根据《中华人民共和国企业法人登记管理条例》的规定，设立企业法人应当具备下列条件：一是名称、组织机构和章程；二是固定的经营场所和必要的设施；三是符合国家规定并与其生产经营和服务规模相适应的资金数额和从业人员；四是能够独立承担民事责任；五是符合国家法律、法规和政策规定的经营范围。

四、设立登记程序

第一，公司的设立登记。公司法明确规定，设立公司，应当依法向公司登记机关申请设立登记。符合本法规定的设立条件的，由公司登记机关分别登记为有限责任公司或者股份有限公司；不符合本法规定的设立条件的，不得登记为有限责任公司或者股份有限公司。法律、行政法规规定设立公司必须报经批准的，应当在公司登记前依法办理批准手续。公众可以向公司登记机关申请查询公司登记事项，公司登记机关应当提供查询服务。

有关公司的设立登记程序，《中华人民共和国公司登记管理条例》作了具体规定：

一是设立有限责任公司，应当由全体股东指定的代表或者共同委托的代理人向公司登记机关申请设立登记。设立国有独资公司，应当由国务院或者地方人民政府授权的本级人民政府国有资产监督管理机构作为申请人，申请设立登记。法律、行政法规或者国务院决定规定设立有限责任公司必须报经批准的，应当自批准之日起 90 日内向公司登记机关申请设立登记；逾期申请设立登记的，申请人应当报批准机关确认原批准文件的效力或者另行报批。

申请设立有限责任公司，应当向公司登记机关，即市场监督管理部门提交下列文件：（1）公司法定代表人签署的设立登记申请书；（2）全体股东指定代表或者共同委托代理人的证明；（3）公司章程；（4）股东的主体资格证明或者自然人身份证明；（5）载明公司董事、监事、经理的姓名、住所的文件以及有关委派、选举或者聘用的证明；（6）公司法定代表人任职文件和身份证明；（7）企业名称预先核准通知书；（8）公司住所证明；（9）国家市场监督管理总局规定要求提交的其他文件。法律、行政法规或者国务院决定规定设立有限责任公司必须报经批准的，还应当提交有关批准文件。

二是设立股份有限公司，应当由董事会向公司登记机关申请设立登记。以募集方式设立股份有限公司的，应当于创立大会结束后 30 日内向公司登记机关申请设立登记。

申请设立股份有限公司，应当向公司登记机关提交下列文件：（1）公司法定代表人签署的设立登记申请书；（2）董事会指定代表或者共同委托代理人的证明；（3）公司章程；（4）发起人的主体资格证明或者自然人身份证明；（5）载明公司董事、监事、经理姓名、住所的文件以及有关委派、选举或者聘用的证明；（6）公司法定代表人任职文件和身份证明；（7）企业名称预先核准通知书；（8）公司住所证明；（9）国家工商行政管理总局（现为国家市场监督管理总局）规定要求提交的其他文件。以募集方式设立股份有限公司的，还应当提交创立大会的会议记录以及依法设立的验资机构出具的验资证明；以募集方式设立股份有限公司公开发行股票的，还应当提交国务院证券监督管理机构的核准文件。法律、行政法规或者国务院决定规定设立股份有限公司必须报经批准的，还应当提交有关批准文件。

此外，在公司设立登记程序中，还有公司名称预核准这样一个重要的环节。根据《中华人民共和国公司登记管理条例》的规定，设立有限责任公司，应当由全体股东指定的代表或者共同委托的代理人向公司登记机关申请名称预先核准；设立股份有限公司，应当由全体发起人指定的代表或者共同委托的代理人向公司登记机关申请名称预先核准。

第二，其他营利法人的设立登记。除了有限公司、股份有限公司外，其他企业法人的登记适用《中华人民共和国企业法人登记管理条例》的相关规定。根据该条例的规定，企业法人办理开业登记，应当在主管部门或者审批机关批准后 30 日内，向登记主管机关提出申请；没有主管部门、审批机关的企业申请开业登记，由登记主管机关进行审查。登记主管机关应当在受理申请后 30 日内，作出核准登记或者不予核准登记的决定。

> **第七十八条　依法设立的营利法人，由登记机关发给营利法人营业执照。营业执照签发日期为营利法人的成立日期。**

【条文主旨】

本条是关于营利法人营业执照的规定。

【条文释义】

营业执照是市场监督管理部门，即原工商行政管理部门发给企业等营利法人，准许其从事某项生产经营活动的凭证。营业执照的格式由国家市场监督管理总局统一规定。根据公司法的规定，公司营业执照应当载明公司的名称、住所、注册资本、经营范围、法定代表人姓名等事项。公司营业执照记载的事项发生变更的，公司应当依法办理变更登记，由公司登记机关换发营业执照。营业执照分为正本和副本，二者具有相同的法律效力。正本应当置于公司住所或营业场所的醒目位置，营业执照不得伪造、涂改、出租、出借、转让。

根据《中华人民共和国公司法》和《中华人民共和国公司登记管理条例》、《中华人民共和国企业法人登记管理条例》及相关实施细则的规定，企业等营利法人经登记主管机关核准登记注册，领取《企业法人营业执照》后，企业即告成立。营业执照签发日期为营利法人的成立日期。《企业法人营业执照》是企业等营利法人取得法人资格和合法经营权的凭证。企业等营利法人凭据《企业法人营业执照》可以刻制公章、开立银行账户、签订合同，进行经营活动。登记主管机关可以根据企业法人开展业务的需要，核发《企业法人营业执照》副本。

> **第七十九条　设立营利法人应当依法制定法人章程。**

【条文主旨】

本条是关于设立营利法人应当依法制定法人章程的规定。

【条文释义】

法人章程是指根据法人性质、任务和业务活动需要制定的关于法人的活动范围、组织机构以及内部成员之间的权利义务等的重要文件，是法人从事生产经营活动的行为准则。法人章程的内容可以分为绝对必要记载的事项和任意记载的事项。前者是指法律规定在章程中必须具备的内容，通常包括法人名称、住所、宗旨和经营范围、注册资金、投资数额、投资者的姓名和住所、投资者的权利义务、法人的组织机构和解散条件、利润分配和亏损承担等。章程一经登记就具有法律效力，成为法人的行为准则。

公司法规定，设立公司必须依法制定公司章程。公司章程对公司、股东、董事、监事、高级管理人员具有约束力。公司的经营范围由公司章程规定，并依法登记。公司可以修改公司章程，改变经营范围，但是应当办理变更登记。

公司法规定，有限责任公司章程应当载明公司名称和住所，公司经营范围，公司注册资本，股东的姓名或者名称，股东的出资方式、出资额和出资时间，公司的机构及其产生办法、职权、议事规则，公司法定代表人，以及股东会会议认为需要规定的其他事项，股东应当在公司章程上签名、盖章。修改有限责任公司的章程，必须由股东会决定。

对于股份有限公司的章程，公司法规定应当载明下列事项：公司名称和住所，公司经营范围，公司设立方式，公司股份总数、每股金额和注册资本，发起人的姓名或者名称、认购的股份数、出资方式和出资时间，董事会的组成、职权和议事规则，公司法定代表人，监事会的组成、职权和议事规则，公司利润分配办法，公司的解散事由与清算办法，公司的通知和公告办法，股东大会会议认为需要规定的其他事项。公司章程由创立大会通过。公司法规定，发行股份的股款缴足后，必须经依法设立的验资机构验资并出具证明。发起人应当自股款缴足之日起 30 日内主持召开公司创立大会。创立大会由发起人、认股人组成。

> **第八十条** 营利法人应当设权力机构。
> 权力机构行使修改法人章程，选举或者更换执行机构、监督机构成员，以及法人章程规定的其他职权。

【条文主旨】

本条是关于营利法人的权力机构及其职权的规定。

【条文释义】

一、营利法人应当设权力机构

营利法人设立权力机构是公司进行内部治理的需要，也是维护股东权益的需要。股东是公司财产的所有者，虽然他们不直接参与公司的经营管理，但对公司的经营管理，每个股东都有表达其意见的权利。股东会、股东大会就是由公司全体股东所组成的，对公司一系列重大问题发表意见，作出决议的公司最高决策机构。公司通过设立权力机构来决定公司的重大问题，包括公司的发展方向、经营规模和盈利分配等，既有利于加强对公司的内部治理，增强公司的核心竞争力，也有利于确保股东等投资人的合法权益。

根据公司法的规定，有限责任公司的权力机构是股东会，股份有限公司的权力机构是股东大会，由全体股东组成。国有独资公司不设股东会，由国有资产监督管理机构行使股东会职权。国有资产监督管理机构可以授权公司董事会行使股东会的部分职权，决定公司的重大事项，但公司的合并、分立、解散、增加或者减少注册资本和发行公司债券，必须由国有资产监督管理机构决定；其中，重要的国有独资公司合并、分立、解散、申请破产的，应当由国有资产监督管理机构审核后，报本级人民政府批准。

二、权力机构的职权

根据本条第2款的规定，营利法人权力机构的职权有：

一是修改法人章程。一般由董事会提出修改建议。董事会是公司的执行机构，对公司经营情况以及章程的执行和变化情况较为了解，能够对公司章程的修改提出具有积极意义的建议。根据公司法的规定，董事会召集股东（大）会。但是修改公司章程事关公司发展的大局，不得以会间的临时动议提出。

二是选举或者更换执行机构、监督机构成员。对于有限责任公司、股份有限公司来说，其执行机构为公司董事会，监督机构为公司监事会，不设监事会的公司，监事为公司监督机构。公司法规定，股东会选举和更换非由职工代表担任的董事、监事，决定有关董事、监事的报酬事项。股东大会选举董事、监事，可以依照公司章程的规定或者股东大会的决议，实行累积投票制。累积投票制，是指股东大会选举董事或者监事时，每一股份拥有与应选董事或者监事人数相同的表决权，股东拥有的表决权可以集中使用。

除了修改法人章程，选举或者更换执行机构、监督机构成员，权力机构还行使法人章程规定的其他职权。例如，决定公司的经营方针和投资计划，审议批准董事会的报告，审议批准监事会或者监事的报告，审议批准公司的年度财务预算方案、决算方案，审议批准公司的利润分配方案和弥补亏损方案，对公司增加或者减少注册资本作出决议，对发行公司债券作出决议，对公司合并、分立、解散、清算或者变更公司形式作出决议等。

> 第八十一条　营利法人应当设执行机构。
>
> 执行机构行使召集权力机构会议，决定法人的经营计划和投资方案，决定法人内部管理机构的设置，以及法人章程规定的其他职权。
>
> 执行机构为董事会或者执行董事的，董事长、执行董事或者经理按照法人章程的规定担任法定代表人；未设董事会或者执行董事的，法人章程规定的主要负责人为其执行机构和法定代表人。

【条文主旨】

本条是关于营利法人的执行机构和法定代表人的规定。

【条文释义】

一、营利法人应当设执行机构

营利法人设立了权力机构，就必须同时设立执行机构来执行权力机构的决定，否则权力机构的决定就会落空，法人也无法正常运转。根据本条的规定，营利法人的执行机构包括两种模式：一是执行机构为董事会或者执行董事；二是未设董事会或者执行董事的，执行机构为法人章程规定的主要负责人。

根据公司法的规定，有限责任公司、股份有限公司的执行机构为董事会。董事会是股东会或股东大会这一权力机构的执行机构，对公司股东会或股东大会负责并报告工作。股东会或股东大会所作的决定，董事会必须执行。董事会设董事长1人，可以设副董事长。

二、执行机构的职权

执行机构行使召集权力机构会议，决定法人的经营计划和投资方案，决定法人内部管理机构的设置，以及法人章程规定的其他职权。

一是召集权力机构会议。根据公司法的规定，有限责任公司设立董事会的，股东会会议由董事会召集，董事长主持；董事长不能履行职务或者不履行职务的，由副董事长主持；副董事长不能履行职务或者不履行职务的，由半数以上董事共同推举1名董事主持。有限责任公司不设董事会的，股东会会议由执行董事召集和主持。董事会或者执行董事不能履行或者不履行召集股东会会议职责的，由监事会或者不设监事会的公司的监事召集和主持；监事会或者监事不召集和主持的，代表 1/10 以上表决权的股东可以自行召集和主持。

二是决定法人的经营计划和投资方案。董事会等法人执行机构，有权按照股东会或者股东大会等法人权力机构确定的法人经营的重大决策，来决定法人自身的经营计划和对外投资方案，以实现法人的经营业绩，促进法人的发展。

三是决定法人内部管理机构的设置。为加强对法人的内部管理，使法人运营更加科学、合理，董事会等执行机构有权决定法人内部管理机构的设置，如设立有关生产、销售、人事、财务、办公室、后勤部门等。

四是法人章程规定的其他职权。除了上述三项法定职权，执行机构还行使法人章程规定的其他职权。例如，根据公司法的规定，董事会还负责制订公司的年度财务预算方案、决算方案，制订公司的利润分配方案和弥补亏损方案，制订公司增加或者减少注册资本以及发行公司债券的方案，制订公司合并、分立、解散或者变更公司形式的方案，决定聘任或者解聘公司经理及其报酬事项，并根据经理的提名决定聘任或者解聘公司副经理、财务负责人及其报酬事项，以及制定公司的基本管理制度等。

三、法定代表人的担任

一是营利法人的执行机构为董事会或者执行董事的，董事长、执行董事或者经理按照法人章程的规定担任法定代表人。公司法规定，公司法定代表人依照公司章程的规定，由董事长、执行董事或者经理担任，并依法登记。公司法定代表人变更，应当办理变更登记。

二是营利法人未设董事会或者执行董事的，法人章程规定的主要负责人，既是其执行机构，也是其法定代表人。

> **第八十二条** 营利法人设监事会或者监事等监督机构的，监督机构依法行使检查法人财务，监督执行机构成员、高级管理人员执行法人职务的行为，以及法人章程规定的其他职权。

【条文主旨】

本条是关于营利法人的监督机构及其职权的规定。

【条文释义】

一、营利法人的监督机构

营利法人的监督机构为公司监事会，不设监事会的公司，监事为公司的监督机构。

营利法人设立监督机构旨在加强对法人执行机构的监督，防止公司董事会滥用权力，维护法人和股东的财产安全，是加强法人内部治理的重要机制。公司股东为防止董事会滥用职权，违反法律和公司章程、损害股东的利益，客观上就要求对董事会的活动及其经营管理的公司业务进行监督。但是，由于股东在管理公司方面受到知识能力和时间上的限制，需要由作为公司监督机构的监事会，代表股东大会以监督公司业务执行，并对股东大会负责。

公司法规定，有限责任公司设监事会，其成员不得少于3人。股东人数较少或者规模较小的有限责任公司，可以设1至2名监事，不设监事会。监事会应当包括股东代表和适当比例的公司职工代表，其中职工代表的比例不得低于1/3，具体比例由公司章程规定。监事会中的职工代表由公司职工通过职工代表大会、职工大会或者其他形式民主选举产生。

股份有限公司设监事会，其成员不得少于3人。监事会应当包括股东代表和适当比例的公司职工代表，其中职工代表的比例不得低于1/3，具体比例由公司章程规定。监事会中的职工代表由公司职工通过职工代表大会、职工大会或者其他形式民主选举产生。

需要指出的是，营利法人设立权力机构和执行机构是法律的强制性要求，但设立监督机构不是法律强制性的规定。这主要是考虑到营利法人的范围比较宽，除了有限责任公司、股份有限公司，还有非公司的企业法人。这些企业法人没有实行公司的治理模式，没有设立监督机构，所以本条没有像前两条一样，规定营利法人应当设立监督机构，而是规定"营利法人设监事会或者监事等监督机构的"，监督机构依法履行相应的职责。

二、监督机构的职权

营利法人的监督机构的职权为：检查公司财务，监督执行机构成员、高级管理人员执行法人职务的行为，以及法人章程规定的其他职权。

一是检查公司财务。监事会、不设监事会的公司的监事发现公司经营情况异常，可以进行调查；必要时，可以聘请会计师事务所等协助其工作，费用由公司承担。

二是对董事、高级管理人员执行公司职务的行为进行监督。监事可以列席董事会会议，并对董事会决议事项提出质询或者建议，同时对违反法律、行政法规、公司章程或者股东会决议的董事、高级管理人员提出罢免的建议。

三是法人章程规定的其他职权，包括：当董事、高级管理人员的行为损害公司的利益时，要求董事、高级管理人员予以纠正；提议召开临时股东会会议，在董事会不履行公司法规定的召集和主持股东会会议职责时，召集和主持股东会会议；向股东会会议提出提案；依法对董事、高级管理人员提起诉讼等。

> **第八十三条** 营利法人的出资人不得滥用出资人权利损害法人或者其他出资人的利益；滥用出资人权利造成法人或者其他出资人损失的，应当依法承担民事责任。
>
> 营利法人的出资人不得滥用法人独立地位和出资人有限责任损害法人债权人的利益；滥用法人独立地位和出资人有限责任，逃避债务，严重损害法人债权人的利益的，应当对法人债务承担连带责任。

〖条文主旨〗

本条是关于营利法人的出资人不得滥用权利、法人独立地位和出资人有限责任的规定。

〖条文释义〗

一、营利法人的出资人不得滥用出资人权利损害法人或者其他出资人的利益

营利法人的出资人，对于公司法人来说，是指有限责任公司或者股份有限公司的股东。股东作为股东会或者股东大会的组成人员，应当遵守公司法等法律、行政法规和公司章程的规定，依法合理行使作为出资人的权利。根据公司法的规定，股东权利可分为两类：财产权和参与管理权。其中，财产权是核心，是股东出资的目的所在，参与管理权则是手段，是保障股东实现其财产权的必要保障。股东权利具体包括：股东身份权、参与决策权、选择管理者权、资产收益权、退股权、知情权、提议、召集、主持股东会临时会议权、向侵犯公司或股东利益的人提起诉讼权、取得公司剩余财产权、请求法院解散公司的权利等。

如果股东滥用上述法定权利，损害法人或者其他出资人，即其他股东的利益，给法人或者其他出资人造成损失的，应当依法承担民事责任。这里应当指出的是，股东滥用权利的构成要件包括：一是以损害法人或其他出资人利益为目的行使权利。比如控股股东通过决议向关联公司输送利益，这一行为的目的在于损害法人或其他出资人利益。二是法人或其他出资人遭受了实际损失。如上述控股股东通过决议向关联公司输送利益的行为给公司和其他股东的权益造成了损失。三是因果关系。股东滥用权利的行为与法人或者其他股东权益受损之间存在因果关系。符合上述三个要素的，行为人应当承担民事责任。

二、营利法人的出资人不得滥用法人独立地位和出资人有限责任损害法人债权人的利益

法人以自己的财产独立承担民事责任。公司法规定，公司是企业法人，有独立的法人财产，享有法人财产权。公司以其全部财产对公司的债务承担责任。有限责任公司的股东以其认缴的出资额为限对公司承担责任；股份有限公司的股东以其认购的股份为限对公司承担责任。如果公司出现经济纠纷需要赔偿，或者亏损甚至因资不抵债而破产，股东的损失仅限于投资，不涉及个人和家庭的财产，这是对出资人的保护。需要指出的是，这里所说的出资不是实际出资，而是认缴的出资，也就是股东承诺的出资，写在法人章程里，是法人登记的数额，即使股东出资没有完全到位，也要按照当初承诺认缴的数额承担责任。

营利法人的出资人不得滥用法人独立地位和出资人有限责任损害法人债权人的利益。滥用法人独立地位和出资人有限责任，逃避债务，严重损害法人债权人的利益的，应当对法人债务承担连带责任。公司法的法理基础，就是利用法人独立地位和出资人有限责任充分发挥其作用，提升效率，发展生产力。如果滥用法人独立地位和出资人有限责任，则应对法人债务承担连带责任，这一规则被称为"揭开公司的面纱"，又叫"法人人格否认"。这里的否认，并非否认法人资格，而是否认其独立地位，需要出资人承担无限连带责任，保护债权人利益。针对股东采用转移公司财产、将公司财产与本人财产混同等手段，造成公司可以用于履行债务的财产减少，严重损害公司债权人利益的行为，"揭开公司面纱"规则便应运而生。"揭开公司面纱"是在英美国家的司法实践中发展起来的判例规则，意为在具体案例中忽视公司的法人人格，责令背后的股东或公司的内部人员对公司债权人直接承担责任。公司法引入了这一规则，规定公司股东应当遵守法律、行政法规和公司章程，依法行使股东权利，不得滥用公司法人独立地位和股东有限责任损害公司债权人的利益。适用这一规则要符合以下三个要素：一是公司股东滥用公司法人独立地位和股东有限责任，逃避债务；二是债权人的利益受到严重损害；三是公司股东滥用公司法人独立地位和股东有限责任的行为与债权人的利益受到损害之间存在因果关系。符合上述三个要素的，则可认定股东滥用法人独立地位和出资人有限责任，逃避债务，严重损害法人债权人的利益，应当对法人债务承担连带责任。

第八十四条 营利法人的控股出资人、实际控制人、董事、监事、高级管理人员不得利用其关联关系损害法人的利益；利用关联关系造成法人损失的，应当承担赔偿责任。

【条文主旨】

本条是关于营利法人的控股出资人、实际控制人、董事、监事、高级管理人员不得利用其关联关系损害法人利益的规定。

【条文释义】

根据公司法的规定，控股股东，是指其出资额占有限责任公司资本总额50%以上或者其持有的股份占股份有限公司股本总额50%以上的股东，或者出资额或者持有股份的比例虽然不足50%，但依其出资额或者持有的股份所享有的表决权已足以对股东会、股东大会的决议产生重大影响的股东。实际控制人，是指虽不是公司的股东，但通过投资关系、协议或者其他安排，能够实际支配公司行为的人。高级管理人员，是指公司的经理、副经理、财务负责人，上市公司董事会秘书和公司章程规定的其他人员。上述人员和作为公司权力机构成员的股东，以及作为公司监督机构成员的监事，不得利用其关联关系损害法人的利益。

根据公司法的规定，关联关系是指公司控股出资人、实际控制人、董事、监事、高级管理人员与其直接或者间接控制的企业之间的关系，以及可能导致公司利益转移的其他关系。但是，国家控股的企业之间不仅因为同受国家控股而具有关联关系。公司法规定，公司的控股出资人、实际控制人、董事、监事、高级管理人员不得利用其关联关系损害公司利益。违反这一规定，给公司造成损失的，应当承担赔偿责任。上市公司董事与董事会会议决议事项所涉及的企业有关联关系的，不得对该项决议行使表决权，也不得代理其他董事行使表决权。该董事会会议由过半数的无关联关系董事出席即可举行，董事会会议所作决议须经无关联关系董事过半数通过。出席董事会的无关联关系董事人数不足3人的，应将该事项提交上市公司股东大会审议。

本条在公司法的基础上，进一步明确所有的营利法人的控股出资人、实际控制人、董事、监事、高级管理人员利用关联关系给法人造成损失的，应当承担赔偿责任，以维护法人的合法权益。

> **第八十五条** 营利法人的权力机构、执行机构作出决议的会议召集程序、表决方式违反法律、行政法规、法人章程，或者决议内容违反法人章程的，营利法人的出资人可以请求人民法院撤销该决议。但是，营利法人依据该决议与善意相对人形成的民事法律关系不受影响。

【条文主旨】

本条是关于营利法人的出资人可以请求撤销法人权力机构、执行机构违法或者违反章程作出的决议的规定。

【条文释义】

营利法人的权力机构、执行机构违反法律、行政法规或者违反法人章程作出的决议包括两种情况：一是程序违反法律、行政法规或者法人章程；二是内容违反法人章程。就第一种情况来说，又包括两种情形：一是作出决议的会议召集程序违反法律、行政法规或者法人章程；二是作出决议的会议表决方式违反法律、行政法规或者法人章程。

一、会议召集程序违反法律、行政法规或者法人章程

公司法对作为有限责任公司、股份有限公司权力机构、执行机构的股东会、股东大会、董事会会议的召集程序作出了明确的规定。如根据公司法的规定，法律和公司章程规定公司转让、受让重大资产或者对外提供担保等事项必须经股东大会作出决议的，董事会应当及时召集股东大会会议，由股东大会就上述事项进行表决。除了公司法等法律、行政法规对股东会、股东大会、董事会的召集程序作出规定，公司的章程也可能对本公司的股东会、股东大会、董事会在召集程序方面作出一些具体的规定。如果公司的股东会、股东大会、董事会作出决议的会议在召集程序上违反了公司法等法律、行政法规的规定，或者违反了公司章程的规定，股东作为公司的出资人可以请求人民法院撤销该会议所作出的决议。

二、会议表决方式违反法律、行政法规或者法人章程

公司法规定，公司向其他企业投资或者为他人提供担保，依照公司章程的规定，由董事会或者股东会、股东大会作出决议；公司章程对投资或者担保的总额及单项投资或者担保的数额有限额规定的，不得超过规定的限额。公司为公司股东或者实际控制人提供担保的，必须经股东会或者股东大会决议，该股东或者实际控制人支配的股东，不得参加该事项的表决。该项表决由出席会议的其他股东所持表决权的过半数通过。股东会会议由股东按照出资比例行使表决权；但是，公司章程另有规定的除外。股东会的议事方式和表决程序，除公司法有规定的外，由公司章程规定。如果公司的股东会、股东大会、董事会作出决议的会议在表决方式上违反了公司法等法律、行政法规的规定，或者违反了公司章程的规定，股东作为公司的出资人可以请求人民法院撤销该会议所作出的决议。

三、内容违反法人章程

法人的章程是法人的行为准则，对法人的权力机构、执行机构及其成员均具有约束力。如果股东会或者股东大会、董事会作出决议的内容违反了公司章程的规定，股东可以请求人民法院撤销该决议。

对于股东会或者股东大会、董事会的会议召集程序、表决方式违反法律、行政法规或者公司章程，或者决议内容违反公司章程的，营利法人的出资人可以请求人民法院撤销。公司法对此也作出了相应的规定：公司股东会或者股东大会、董事会的决议内容违反法律、行政法规的无效。股东会或者股东大会、董事会的会议召集程序、表决方式违反法律、行政法规或者公司章程，或者决议内容违反公司章程的，股东可以自决议作出之日起 60 日内，请求人民法院撤销。股东向法院提起撤销股东会或者股东大会、董事会的决议之诉的，人民法院可以应公司的请求，要求股东提供相应担保。公司根据股东会或者股东大会、董事会决议已办理变更登记的，人民法院宣告该决议无效或者撤销该决议后，公司应当向公司登记机关申请撤销变更登记。

这里还需要指出两点：

第一，根据本条的规定，对于营利法人的权力机构、执行机构作出决议的会议在召集程序、表决方式方面违反法律、行政法规、法人章程，或者决议内容违反法人章程的，虽然营利法人的出资人可以请求人民法院撤销该决议，但是营利法人依据该决议与善意相对人形成的民事法律关系不受影响。这一规定旨在保护善意的、不知情的相对人。在民商事法律关系中，营利法人作为行为主体实施法律行为的过程可以分为两个方面，一是法人内部的意思形成，通常表现为法人权力机构、执行机构，即股东会、股东大会或董事会作出决议；二是法人对外作出意思表示，通常表现为法人对外作出的签订合同等民事法律行为。出于保护善意相对人和维护交易安全的考虑，在法人内部意思形成过程存在瑕疵的情况下，只要对外的意思表示行为不存在无效的情形，法人就应受其表示行为的制约。如转让股权的股东会决议因未经股权所有人同意而不成立，由此产生的股权转让属无权处分行为。如果股权受让人在受让股权时尽了合理的注意义务，且支付了合理对价，则属于善意相对人，可通过善意取得制度获得转让的股权。因此，法院虽然可以撤销法人权力、执行机构违反公司章程作出的决议，但并不意味着对法人与善意相对人形成的民事法律关系的必然否定。在营利法人的权力机构或者执行机构所作决议被人民法院的判决撤销后，营利法人依据该决议与相对人之间形成的法律关系是否受到影响，主要看该相对人是否为善意。如果相对人在与营利法人形成法律关系时不知道或者不应当知道作出决定的会议在召集程序、表决方式方面违反法律、行政法规或者法人章程的规定，或者决议内容违反法人章程的规定，则为善意相对人，其与营利法人依据该决议形成的民事法律关系不受影响；反之，则不能成为善意相对人，无权根据本条规定主张相应的利益。

第二，在营利法人的权力机构、执行机构作出决议的内容方面，本条的规定只针对违反法人章程规定的情况，如果所作决议的内容违反了法律、行政法规的强制性规定，依据本法第 143 条、第 153 条的规定，除了该强制性规定不导致民事法律行为无效的外，属于无效民事法律行为，不属于本条规定的可撤销的民事法律行为。

> **第八十六条　营利法人从事经营活动，应当遵守商业道德，维护交易安全，接受政府和社会的监督，承担社会责任。**

【条文主旨】

本条是关于对营利法人从事经营活动所应承担的道德和社会责任的规定。

【条文释义】

本条规定了营利法人从事经营活动所应承担的四项道德和社会责任：

一是应当遵守商业道德。商业道德是指道德规范在商业活动中的具体应用，是职业道德的一种，为人们提供了判断商务活动是否符合道德规范的行为准则。商业道德的基本要求包括文明经商、礼貌待客、遵纪守法、货真价实、买卖公平、诚实无欺、诚实信用、信守契约等。在商业道德中，诚实信用是市场经济活动的一项基本商业道德准则，也是现代法治社会的一项基本法律规则。诚实信用原则要求人们在民事活动中应当严守信用，恪守诺言，诚实不欺，正当行使权利和履行义务，在追求自己正当利益的同时不损害他人和社会公共利益等。

二是维护交易安全。维护交易安全，保护善意的交易相对人利益是民事主体从事经营活动的基本准则。在市场经济条件下，很多交易是在陌生人的环境中进行的。当事人几乎没有可能彼此进行深入的了解，相互之间的交易主要是建立在相互信赖的基础上。对这种信赖的保护，在法律上表现为对善意相对人利益的保护。如果善意相对人的利益不能得到很好的保护，则整个交易链可能就会断裂，交易秩序就会受到损害。所以，营利法人从事经营活动，应当注重维护交易安全，不侵害与之交易的善意相对人的权利，以维护整个交易秩序。维护交易安全同时也是民事法律制度的一个重要任务，通过民事法律规范来维护交易安全，保护善意相对人的利益，形成良好的营商法治环境。

三是接受政府和社会的监督。营利法人要自觉接受政府和社会的监督。政府的监督，更多地体现在行政监管责任上，市场监督管理等有关部门要依据法定职责，对营利法人的经营行为进行监督，发现营利法人存在违法行为，侵害国家利益、社会公共利益等的，要依法进行查处。营利法人在经营活动中也要自觉接受政府的监督，对有关部门的执法活动予以积极配合。此外，营利法人还要自觉接受社会的监督，包括新闻媒体的监督、公众的监督等。

四是承担社会责任。作为营利法人，企业不仅仅是谋取自身利益最大化的经济体，同时也是国家经济发展、社会文明进步的重要推动者。企业在发展过程中，不仅要关注自身的利益，同时也要承担好应尽的社会责任。一般来说，企业的社会责任可以表现为对消费者权益负责，注重生态环境保护，热心公益宣传和慈善捐助，帮助社会中需要帮助的弱势群体，等等。特别是在国家发生自然灾害、传染病疫情等突发事件时，能积极响应政府号召，捐款捐物，积极参加救灾抗疫活动等，都体现了企业等营利法人的社会责任。

总之，营利法人从事经营活动，必须遵守法律、行政法规，遵守社会公德、商业道德，诚实守信，维持交易安全，接受政府和社会公众的监督，承担社会责任。

第三节　非营利法人

> **第八十七条　为公益目的或者其他非营利目的成立，不向出资人、设立人或者会员分配所取得利润的法人，为非营利法人。**
>
> **非营利法人包括事业单位、社会团体、基金会、社会服务机构等。**

【条文主旨】

本条是关于非营利法人的定义和范围的规定。

【条文释义】

一、非营利法人的定义

非营利法人是为公益目的或者其他非营利目的成立，不向出资人、设立人或者会员分配所取得利润的法人。看一个法人是否为非营利法人，取决于两个因素：一是成立目的的非营利性；二是不分配利润。

一是成立目的的非营利性。非营利法人是为公益目的或者其他非营利目的成立的。公益目的，是指法人所从事的活动属于社会公益事业。根据公益事业捐赠法的规定，公益事业是指非营利的下列事项：（1）救助灾害、救济贫困、扶助残疾人等困难的社会群体和个人的活动；（2）教育、科学、文化、卫生、体育事业；（3）环境保护、社会公共设施建设；（4）促进社会发展和进步的其他社会公共和福利事业。

除了公益目的外，为其他非营利目的而成立的法人也属于非营利法人。如行业协会，是社会中介组织，它的产生和发展是社会分工和市场竞争日益加剧的结果，反映了同一行业的企业自我服务、自我协调、自我监督、自我保护的意识和要求。具体说来，行业协会的成立必须以同行业的企业为主体，建立在自愿原则的基础上。行业协会的成立以谋取和增进全体会员企业的共同利益为宗旨，不属于公益目的，但属于本条规定的其他非营利目的，也属于非营利法人。

二是不分配利润。非营利法人也可以取得利润，但是不得向出资人、设立人或者会员分配所取得利润。这也是与这类法人设立的目的为非营利相一致的，因为出资人、设立人成立这类法人的目的本身不是为了赚钱，而是为了公益目的或者为会员服务，所以法人取得的利益是不能向出资人、设立人或者会员分配的。

二、非营利法人的范围

非营利法人的范围包括事业单位、社会团体、基金会、社会服务机构等。

一是事业单位。事业单位是指由政府利用国有资产设立的，从事教育、科技、文化、卫生等活动的社会服务组织，如政府举办的学校、医院、科研机构等。事业单位一般是国家设置的带有一定的公益性质的机构，但不属于行使公权力的机构，与机关法人是不同的。根据国家事业单位分类改革精神，事业单位不再分为全额拨款事业单位、差额拨款事业单位，而分为公益一类事业单位、公益二类事业单位。

二是社会团体。社会团体是指中国公民自愿组成，为实现会员共同意愿，按照其章程开展活动的非营利性社会组织，包括行业协会，以及科技、文化、艺术、慈善事业等社会群众团体。成立社会团体，应当经其业务主管单位审查同意，并依照《社会团体登记管理条例》的规定进行登记。社会团体为非营利法人，不得从事营利性经营活动。

三是基金会。基金会是指利用自然人、法人或者其他组织捐赠的财产，以从事公益事业为目的，依法成立的非营利性法人。基金会分为面向公众募捐的基金会和不得面向公众募捐的基金会。面向公众募捐的基金会，即公募基金会按照募捐的地域范围，分为全国性公募基金会和地方性公募基金会。根据《基金会管理条例》的规定，基金会应当在民政部门登记，就其性质而言是一种民间非营利组织。

四是社会服务机构。社会服务机构，也称为民办非企业单位，是指自然人、法人或者其他组织为了提供社会服务，利用非国有资产设立的非营利性法人，如民办非营利学校、民办非营利医院等。民办教育促进法规定，民办学校的举办者可以自主选择设立非营利性或者营利性民办学校，非营利性民办学校的举办者不得取得办学收益，学校的办学结余全部用于办学，非营利性民办学校即为非营利法人。成立社会服务机构，应当经其业务主管单位审查同意，并依法进行登记。社会服务机构不得从事营利性经营活动。

"社会服务机构"这一概念来自慈善法。慈善法规定，慈善组织，是指依法成立、符合本法规定，以面向社会开展慈善活动为宗旨的非营利性组织。慈善组织可以采取基金会、社会团体、社会服务机构等组织形式。与之相衔接，本法也沿用了"社会服务机构"这一概念，作为与事业单位、社会团体、基金会并列的一种非营利法人。

> **第八十八条** 具备法人条件，为适应经济社会发展需要，提供公益服务设立的事业单位，经依法登记成立，取得事业单位法人资格；依法不需要办理法人登记的，从成立之日起，具有事业单位法人资格。

〖条文主旨〗

本条是关于事业单位法人资格取得的规定。

〖条文释义〗

事业单位是国家为了适应经济社会发展需要，提供公益服务而设立的法人组织，由国家机关举办或者其他组织利用国有资产举办，从事教育、科研、文化、卫生、体育、新闻出版、广播电视、社会福利、救助减灾、统计调查、技术推广与实验、公用设施管理、物资仓储、监测、勘探与勘察、测绘、检验检测与鉴定、法律服务、资源管理事务、质量技术监督事务、经济监督事务、知识产权事务、公证与认证、信息与咨询、人才交流、就业服务、机关后勤服务等活动。事业单位具有如下两个特点：

一是公益性。成立事业单位的目的在于提供教育、科学、文化、卫生等公益服务，这些服务属于政府应当向社会提供的公共产品。政府通过设立事业单位，如学校、医院、科研机构、文化机构等向社会提供这些领域的公益服务，以满足社会发展和公众的需求。

二是知识密集性。事业单位中的科研和其他专业人员比较集中，主要利用科技文化知识为社会提供公益服务，属于知识密集性单位。

根据本条的规定，成立事业单位在程序上分为两种：一是具备法人条件，经依法登记取得事业单位法人资格；二是具备法人条件，依法不需要办理法人登记的，从成立之日起，具有事业单位法人资格。

一、具备法人条件，依法经登记取得事业单位法人资格

《事业单位登记管理暂行条例》及其实施细则对事业单位的设立条件、程序作出了明确的规定。事业单位经县级以上各级人民政府及其有关主管部门批准成立后，应当依法登记或者备案。县级以上各级人民政府机构编制管理机关所属的事业单位登记管理机构负责实施事业单位的登记管理工作。

申请事业单位法人登记，应当具备下列条件：（1）经审批机关批准设立；（2）有自己的名称、组织机构和场所；（3）有与其业务活动相适应的从业人员；（4）有与其业务活动相适应的经费来源，事业单位的经费来源包括财政补助和非财政补助两类；（5）能够独立承担民事责任。

申请事业单位法人登记，应当向登记管理机关提交下列文件：（1）登记申请书；（2）审批机关的批准文件；（3）场所使用权证明；（4）经费来源证明；（5）其他有关证明文件。登记管理机关应当自收到登记申请书之日起30日内依照《事业单位登记管理暂行条例》的规定进行审查，作出准予登记或者不予登记的决定。准予登记的，发给《事业单位法人证书》；不予登记的，应当说明理由。事业单位的登记事项需要变更的，应当向登记管理机关办理变更登记。

二、具备法人条件，依法不需要办理法人登记的，从成立之日起，具有事业单位法人资格

根据《事业单位登记管理暂行条例》及其实施细则的规定，法律规定具备法人条件、自批准设立之日起即取得法人资格的事业单位，不再办理事业单位法人登记，由有关主管部门按照分级登记管理的规定向登记管理机关备案。县级以上各级人民政府设立的直属事业单位直接向登记管理机关备案。对备案的事业单位，登记管理机关应当自收到备案文件之日起30日内发给《事业单位法人证书》。

第八十九条　事业单位法人设理事会的，除法律另有规定外，理事会为其决策机构。事业单位法人的法定代表人依照法律、行政法规或者法人章程的规定产生。

〖**条文主旨**〗

本条是关于事业单位法人组织机构的规定。

【条文释义 】

事业单位设立理事会作为其决策机构，是建立和完善事业单位法人治理结构的重要举措，有利于创新事业单位体制机制，实现管办分离。本条明确了理事会作为事业单位决策机构的法律地位，有利于加强事业单位的法人治理，进一步激发事业单位的活力，促进事业单位的健康发展。

一、事业单位的决策机构

事业单位法人设理事会的，除法律另有规定，理事会为其决策机构。根据国务院办公厅 2011 年发布的《关于建立和完善事业单位法人治理结构的意见》，理事会一般由政府有关部门、举办单位、事业单位、服务对象和其他有关方面的代表组成。直接关系人民群众切身利益的事业单位，本单位以外人员担任的理事要占多数。根据事业单位的规模、职责任务和服务对象等方面特点，兼顾代表性和效率，合理确定理事会的构成和规模。要吸收事业单位外部人员参加决策层，扩大参与事业单位决策和监督的人员范围，进一步规范事业单位的行为，确保公益目标的实现。

《关于建立和完善事业单位法人治理结构的意见》指出，面向社会提供公益服务的事业单位要探索建立和完善法人治理结构。不宜建立法人治理结构的事业单位，要继续完善现行管理模式。根据这一精神，本条对事业单位设立理事会没有作强制性的统一要求。根据本条的规定，不是所有事业单位的决策机构都是理事会，只有设立理事会的，除法律另有规定的外，理事会才为其决策机构。

关于理事会的职责，《关于建立和完善事业单位法人治理结构的意见》规定，理事会依照法律法规、国家有关政策和本单位章程开展工作，接受政府监管和社会监督。理事会负责本单位的发展规划、财务预决算、重大业务、章程拟订和修订等决策事项，按照有关规定履行人事管理方面的职责，并监督本单位的运行。

关于理事的产生方式，《关于建立和完善事业单位法人治理结构的意见》规定，结合理事所代表的不同方面，采取相应的理事产生方式，代表政府部门或相关组织的理事一般由政府部门或相关组织委派，代表服务对象和其他利益相关方的理事原则上推选产生，事业单位行政负责人及其他有关职位的负责人可以确定为当然理事。

同时，为了加强对理事的监督，《关于建立和完善事业单位法人治理结构的意见》还规定，要明确理事的权利义务，建立理事责任追究机制，也可以探索单独设立监事会，负责监督事业单位财务和理事、管理层人员履行职责的情况。

根据本条的规定，有的法律已经明确规定了有关事业单位的决策机构的，要依据其规定。如高等教育法规定，国家举办的高等学校实行中国共产党高等学校基层委员会领导下的校长负责制。中国共产党高等学校基层委员会按照中国共产党章程和有关规定，统一领导学校工作，支持校长独立负责地行使职权，其领导职责主要是：执行中国共产党的路线、方针、政策，坚持社会主义办学方向，领导学校的思想政治工作和德育工作，讨论决定学校内部组织机构的设置和内部组织机构负责人的人选，讨论决定学校的改革、发展和基本管理制度等重大事项，保证以培养人才为中心的各项任务的完成。根据这一规定，国家举办的高等学校的决策机构为中国共产党高等学校基层委员会。

二、事业单位法定代表人

事业单位法定代表人依照法律、行政法规或者法人章程的规定产生。事业单位法定代表人是按照法定程序产生，代表事业单位行使民事权利、履行民事义务的责任人。事业单位法定代表人的产生，要依照有关法律、行政法规或者法人章程的规定。如高等教育法规定，高等学校的校长为高等学校的法定代表人。

> 第九十条 具备法人条件，基于会员共同意愿，为公益目的或者会员共同利益等非营利目的设立的社会团体，经依法登记成立，取得社会团体法人资格；依法不需要办理法人登记的，从成立之日起，具有社会团体法人资格。

【条文主旨】

本条是关于社会团体法人资格取得的规定。

【条文释义】

社会团体，是指基于会员共同意愿，为公益目的或者会员共同利益等非营利目的设立的社会组织。根据这一规定，社会团体包括两种：一是为公益目的而设立的，如中国红十字会、中华慈善总会等；二是为会员共同利益设立的，如行业协会、商会等。

根据本条的规定，社会团体在设立程序上分为两种：一是经依法登记成立，取得法人资格；二是依法不需要办理法人登记，一经成立即具有法人资格。

一、经依法登记成立，取得法人资格

根据《社会团体登记管理条例》的规定，社会团体应当具备法人条件。成立社会团体，应当经其业务主管单位审查同意，并依照该条例的规定进行登记。社会团体的登记机关为民政部门。

社会团体登记应当符合以下法定的条件和程序：

1. 成立条件。根据《社会团体登记管理条例》的规定，成立社会团体，应当具备下列条件：一是有 50 个以上的个人会员或者 30 个以上的单位会员；个人会员、单位会员混合组成的，会员总数不得少于 50 个；二是有规范的名称和相应的组织机构。社会团体的名称应当符合法律、法规的规定，不得违背社会道德风尚。社会团体的名称应当与其业务范围、成员分布、活动地域相一致，准确反映其特征。全国性的社会团体的名称冠以"中国""全国""中华"等字样的，应当按照国家有关规定经过批准，地方性的社会团体的名称不得冠以"中国""全国""中华"等字样；三是有固定的住所；四是有与其业务活动相适应的专职工作人员；五是有合法的资产和经费来源，全国性的社会团体有 10 万元以上活动资金，地方性的社会团体和跨行政区域的社会团体有 3 万元以上活动资金；六是有独立承担民事责任的能力。

2. 成立程序。根据《社会团体登记管理条例》的规定，申请成立社会团体，应当经其业务主管单位审查同意，由发起人向登记管理机关申请登记。筹备期间不得开展筹备以外的活动。申请登记社会团体，发起人应当向登记管理机关提交下列文件：（1）登记申请书；（2）业务主管单位的批准文件；（3）验资报告、场所使用权证明；（4）发起人和拟任负责人的基本情况、身份证明；（5）章程草案。登记管理机关应当自收到上述所列全部有效文件之日起 60 日内，作出准予或者不予登记的决定。准予登记的，发给《社会团体法人登记证书》；不予登记的，应当向发起人说明理由。社会团体登记事项包括：名称、住所、宗旨、业务范围、活动地域、法定代表人、活动资金、业务主管单位。社会团体的法定代表人，不得同时担任其他社会团体的法定代表人。

经登记机关审查，发现申请登记的社会团体有下列情形之一的，登记管理机关不予登记：（1）有根据证明申请登记的社会团体的宗旨、业务范围不符合《社会团体登记管理条例》规定的；（2）在同一行政区域内已有业务范围相同或者相似的社会团体，没有必要成立的；（3）发起人、拟任负责人正在或者曾经受到剥夺政治权利的刑事处罚，或者不具有完全民事行为能力的；（4）在申请登记时弄虚作假的；（5）有法律、行政法规禁止的其他情形的。

二、依法不需要办理法人登记，一经成立即具有法人资格

对于依法不需要办理法人登记的，从成立之日起，具有社会团体法人资格。根据《社会团体登记管理条例》的规定，两类社会团体不需要办理法人登记，一经成立即具有法人资格：

一是参加中国人民政治协商会议的人民团体。目前，参加中国人民政治协商会议的人民团体共有 8 个，包括中华全国总工会、中国共产主义青年团、中华全国妇女联合会、中国科学技术协会、中华全国归国华侨联合会、中华全国台湾同胞联谊会、中华全国青年联合会、中华全国工商业联合会。

二是由国务院机构编制管理机关核定，并经国务院批准免于登记的团体，共有 14 个，包括中国文学艺术界联合会、中国作家协会、中华全国新闻工作者协会、中国人民对外友好协会、中国人民外交学会、中国国际贸易促进委员会、中国残疾人联合会、宋庆龄基金会、中国法学会、中国红十字会、中国职工思想政治工作研究会、欧美同学会、黄埔军校同学会、中华职业教育社。

根据《社会团体登记管理条例》的规定，自批准成立之日起即具有法人资格的社会团体，应当自批准成立之日起 60 日内向登记管理机关提交批准文件，申领《社会团体法人登记证书》。登记管理机关自收到文件之日起 30 日内发给《社会团体法人登记证书》。

需要说明三点：第一，社会团体凭据《社会团体法人登记证书》申请刻制印章，开立银行账户。社会团体应当将印章式样和银行账号报登记管理机关备案。第二，社会团体的分支机构、代表机构是社会团体的组成部分，不具有法人资格，应当按照其所属的社会团体的章程规定的宗旨和业务范围，在该社会团体授权的范围内开展活动、发展会员。社会团体的分支机构不得再设立分支机构。第三，社会团体不得设立地域性的分支机构。

> **第九十一条** 设立社会团体法人应当依法制定法人章程。
> 社会团体法人应当设会员大会或者会员代表大会等权力机构。
> 社会团体法人应当设理事会等执行机构。理事长或者会长等负责人按照法人章程的规定担任法定代表人。

【条文主旨】

本条是关于社会团体法人章程和组织机构的规定。

【条文释义】

一、社会团体法人应当制定章程

章程是设立社会团体法人的法定必备文件，是调整社会团体内部关系，规范内部成员行为，明确法人活动准则的重要依据，对于社会团体法人具有重要意义。所以，本条规定设立社会团体法人应当依法制定法人章程。

根据《社会团体登记管理条例》的规定，社会团体的章程应当包括下列事项：一是名称、住所；二是宗旨、业务范围和活动地域；三是会员资格及其权利、义务；四是民主的组织管理制度，执行机构的产生程序；五是负责人的条件和产生、罢免的程序；六是资产管理和使用的原则；七是章程的修改程序；八是终止程序和终止后资产的处理；九是应当由章程规定的其他事项。

二、社会团体的权力机构

社会团体法人应当设会员大会或者会员代表大会等权力机构，一般会员人数相对较少的社会团体实行会员大会制度，由全体会员组成的会员大会作为该团体的决策机构。而会员人数相对较多的社会团体则实行会员代表大会制度，由全体会员选出代表召开大会，行使会员赋予的权利，对会员负责，作为该社会团体的决策机构。

社会团体的会员大会或者会员代表大会的职责在该社会团体的章程中作出规定，一般包括选举产生该社会团体的理事会、监事会；修改该社会团体的章程；审议批准理事会、监事会的工作报告；审议批准理事会提交的工作规划；决定该社会团体的重大事项等。

三、社会团体的执行机构

社会团体法人应当设理事会等执行机构。理事长或者会长等负责人按照法人章程的规定担任法定代表人，理事会在全国会员大会或者代表大会闭会期间执行其决议。理事会的任期及职责等由社会团体的章程规定。

四、社会团体的法定代表人

社会团体的理事长或者会长等负责人按照法人章程的规定担任法定代表人。社会团体的法定代表人，不得同时担任其他社会团体的法定代表人。

需要指出的是，在立法过程中，有的建议社会团体还应当设立监督机构，以监督理事会等执行机构依法行使职权。经研究认为，社会团体是否设立监督机构，应属其会员自治范畴，由社会团体法人自行决定，本法不必对此作出强制性的统一规定。

> **第九十二条** 具备法人条件，为公益目的以捐助财产设立的基金会、社会服务机构等，经依法登记成立，取得捐助法人资格。
>
> 依法设立的宗教活动场所，具备法人条件的，可以申请法人登记，取得捐助法人资格。法律、行政法规对宗教活动场所有规定的，依照其规定。

【条文主旨】

本条是关于捐助法人的定义和范围的规定。

【条文释义】

一、捐助法人的定义和范围

根据本条的规定，捐助法人的定义是为公益目的，以捐助财产设立的非营利法人。根据这一规定，捐助法人的特点在于，一是为公益目的设立；二是法人的财产全部来自捐助。

捐助法人的范围主要包括基金会、社会服务机构、宗教活动场所等。

二、捐助法人登记

基金会、社会服务机构、宗教活动场所等组织具备法人条件，经依法登记，取得捐助法人资格。

其一，基金会。

1. 登记主管机关。根据《基金会管理条例》的规定，国务院民政部门和省、自治区、直辖市人民政府民政部门是基金会的登记管理机关。

2. 设立基金会的条件。根据《基金会管理条例》的规定，设立基金会应当具备下列条件：一是为特定的公益目的而设立；二是全国性公募基金会的原始基金不低于 800 万元人民币，地方性公募基金会的原始基金不低于 400 万元人民币，非公募基金会的原始基金不低于 200 万元人民币；原始基金必须为到账货币资金；三是有规范的名称、章程、组织机构以及与其开展活动相适应的专职工作人员；四是有固定的住所；五是能够独立承担民事责任。

3. 设立登记。根据《基金会管理条例》的规定，申请设立基金会，申请人应当向登记管理机关提交有关文件，登记管理机关应当自收到全部有效文件之日起 60 日内，作出准予或者不予登记的决定。准予登记的，发给《基金会法人登记证书》；不予登记的，应当书面说明理由。基金会设立登记的事项包括：名称、住所、类型、宗旨、公益活动的业务范围、原始基金数额和法定代表人。

其二，社会服务机构。

社会服务机构进行法人登记，目前适用《民办非企业单位登记管理暂行条例》的规定。该条例明确规定了社会服务机构（即民办非企业单位）登记的管理机关，社会服务机构的设立条件和设立登记程序。

1. 登记管理机关。根据《民办非企业单位登记管理暂行条例》的规定，国务院民政部门和县级以上地方各级人民政府民政部门是本级人民政府的民办非企业单位登记管理机关。

2. 设立条件。根据《民办非企业单位登记管理暂行条例》的规定，申请登记民办非企业单位，应当具备下列条件：一是经业务主管单位审查同意；二是有规范的名称、必要的组织机构；三是有与其业务活动相适应的从业人员；四是有与其业务活动相适应的合法财产；五是有必要的场所。民办非企业单位的名称应当符合国务院民政部门的规定，不得冠以"中国""全国""中华"等字样。

3. 设立登记。申请民办非企业单位登记，举办者应当向登记管理机关提交有关文件，登记管理机关应当自收到成立登记申请的全部有效文件之日起60日内作出准予登记或者不予登记的决定。

其三，宗教活动场所。

宗教活动场是指开展宗教活动的寺院、宫观、清真寺、教堂及其他固定处所。本条第2款规定，依法设立的宗教活动场所，具备法人条件的，可以申请法人登记，取得捐助法人资格。目前，关于宗教场所的规定，主要是国务院的行政法规《宗教事务条例》和国家宗教事务局制定的《宗教活动场所设立审批和登记办法》。

根据《宗教事务条例》的规定，设立宗教活动场所，应当具备该条例规定的条件。筹备设立宗教活动场所，由宗教团体向政府宗教事务部门提出申请，经批准后，方可办理该宗教活动场所的筹建事项。宗教活动场所经批准筹备并建设完工后，应当向所在地的县级人民政府宗教事务部门申请登记。宗教事务部门经依法进行审核，对符合条件的予以登记，发给《宗教活动场所登记证》。宗教活动场所符合法人条件的，经所在地宗教团体同意，并报县级人民政府宗教事务部门审查同意后，可以到民政部门办理法人登记。宗教活动场所终止或者变更登记内容的，应当到原登记管理机关办理相应的注销或者变更登记手续。

本法赋予宗教活动场所以法人资格，有利于其对外从事民事活动，更好地维护其合法权益，也有利于加强其内部治理，保护正常的宗教活动。

这里需要指出三点：

一是宗教活动场所的法人登记以具备法人条件为前提。考虑到不同宗教的做法不同，依法设立的宗教活动场所是否登记为法人，由其自行申请。

二是法律、行政法规对宗教活动场所有规定的，依照其规定。本条的规定不影响国家依法对宗教活动场所进行规范和管理。宗教活动场所从事各类活动必须符合《宗教事务条例》等法规的规定，接受宗教事务部门依法对其进行的监督检查。

三是赋予宗教活动场所法人资格不影响其与宗教团体的关系。根据《宗教事务条例》的规定，宗教团体具有协助人民政府贯彻落实法律、法规、规章和政策，维护信教公民的合法权益，指导宗教教务，制定规章制度并督促落实，从事宗教文化研究，阐释宗教教义教规，开展宗教思想建设，开展宗教教育培训，培养宗教教职人员，认定、管理宗教教职人员，以及法律、法规、规章和宗教团体章程规定的其他职能。宗教团体具备法人条件的，可以依法登记为社会团体法人。赋予宗教活动场所法人资格不影响其与宗教团体的关系。

> 第九十三条　设立捐助法人应当依法制定法人章程。
>
> 捐助法人应当设理事会、民主管理组织等决策机构，并设执行机构。理事长等负责人按照法人章程的规定担任法定代表人。
>
> 捐助法人应当设监事会等监督机构。

【条文主旨】

本条是关于捐助法人章程和组织机构的规定。

【条文释义】

一、设立捐助法人应当依法制定法人章程

根据《中华人民共和国慈善法》《基金会管理条例》《民办非企业单位登记管理暂行条例》《宗教事务条例》的规定，设立基金会、社会服务机构、宗教活动场所应当制定章程。

基金会的章程必须明确基金会的公益性质，不得规定使特定自然人、法人或者其他组织受益的内容。基金会章程应当载明下列事项：（1）名称及住所；（2）设立宗旨和公益活动的业务范围；（3）原始基金数额；（4）理事会的组成、职权和议事规则，理事的资格、产生程序和任期；（5）法定代表人的职责；（6）监事的职责、资格、产生程序和任期；（7）财务会计报告的编制、审定制度；（8）财产的管理、使用制度；（9）基金会的终止条件、程序和终止后财产的处理。

社会服务机构（即民办非企业单位）的章程应当包括下列事项：（1）名称、住所；（2）宗旨和业务范围；（3）组织管理制度；（4）法定代表人或者负责人的产生、罢免的程序；（5）资产管理和使用的原则；（6）章程的修改程序；（7）终止程序和终止后资产的处理；（8）需要由章程规定的其他事项。

二、捐助法人应当设理事会、民主管理组织等决策机构，并设执行机构、监事会等监督机构

为了加强对捐助法人的内部治理，本条规定捐助法人应当设理事会、民主管理组织等决策机构，并设执行机构、监督机构。理事长等负责人按照法人章程的规定担任法定代表人。

1. 基金会。根据《基金会管理条例》的规定，基金会设理事会，是基金会

的决策机构。理事为 5 人至 25 人，理事任期由章程规定，但每届任期不得超过 5 年。理事任期届满，连选可以连任。用私人财产设立的非公募基金会，相互间有近亲属关系的基金会理事，总数不得超过理事总人数的 1/3；其他基金会，具有近亲属关系的不得同时在理事会任职。在基金会领取报酬的理事不得超过理事总人数的 1/3。理事会设理事长、副理事长和秘书长，从理事中选举产生，理事长是基金会的法定代表人。

基金会设监事。监事任期与理事任期相同。理事、理事的近亲属和基金会财会人员不得兼任监事。监事依照章程规定的程序检查基金会财务和会计资料，监督理事会遵守法律和章程的情况。监事列席理事会会议，有权向理事会提出质询和建议，并应当向登记管理机关、业务主管单位以及税务、会计主管部门反映情况。

2. 社会服务机构。目前，对社会服务机构法人的组织机构还没有统一的法律、行政法规的规定，但有的法律、行政法规对有关社会服务机构的组织机构作出了规定，如《中华人民共和国民办教育促进法实施条例》规定，民办学校理事会、董事会或者其他形式决策机构的负责人应当品行良好，具有政治权利和完全民事行为能力。国家机关工作人员不得担任民办学校理事会、董事会或者其他形式决策机构的成员。民办学校的理事会、董事会或者其他形式决策机构，每年至少召开一次会议。

3. 宗教活动场所。根据《宗教事务条例》的规定，宗教活动场所应当成立管理组织，实行民主管理。宗教活动场所管理组织的成员，经民主协商推选，并报该场所的登记管理机关备案。

> **第九十四条** 捐助人有权向捐助法人查询捐助财产的使用、管理情况，并提出意见和建议，捐助法人应当及时、如实答复。
>
> 捐助法人的决策机构、执行机构或者法定代表人作出决定的程序违反法律、行政法规、法人章程，或者决定内容违反法人章程的，捐助人等利害关系人或者主管机关可以请求人民法院撤销该决定。但是，捐助法人依据该决定与善意相对人形成的民事法律关系不受影响。

【条文主旨】

本条是关于捐助人权利的规定。

【条文释义】

捐助人出于从事慈善活动的目的，向基金会、社会服务机构、宗教活动场所等捐助法人捐赠财产，为了保护捐助人的权益和捐助财产的安全，使捐助财产真正用于慈善事业，本条明确了捐助人对所捐助财产使用、管理情况的监督权，以及捐助法人对捐助人行使这一权利的相应配合义务。

一、捐助人的监督权

捐助人有权向捐助法人查询捐助财产的使用、管理情况，并提出意见和建议。慈善法、《基金会管理条例》也作了类似的规定。慈善法规定，捐赠人有权查询、复制其捐赠财产管理使用的有关资料，慈善组织应当及时主动向捐赠人反馈有关情况。慈善组织违反捐赠协议约定的用途，滥用捐赠财产的，捐赠人有权要求其改正；拒不改正的，捐赠人可以向民政部门投诉、举报或者向人民法院提起诉讼。《基金会管理条例》规定，捐赠人有权向基金会查询捐赠财产的使用、管理情况，并提出意见和建议。对于捐赠人的查询，基金会应当及时如实答复。基金会违反捐赠协议使用捐赠财产的，捐赠人有权要求基金会遵守捐赠协议或者向人民法院申请撤销捐赠行为、解除捐赠协议。

捐赠协议属于本法合同编规定的赠与合同。赠与合同是赠与人将自己的财产无偿给予受赠人，受赠人表示接受赠与的合同。赠与可以附义务，受赠人应当按照约定履行义务。如果捐赠人在捐赠协议中对捐助财产的用途提出明确的要求，受赠的捐助法人需要严格按协议的规定使用捐助的财产。如果捐助法人违反协议的规定滥用捐赠财产，属于不履行赠与合同约定义务的行为，捐助人可以向人民法院提起诉讼，要求撤销赠与，也可以依法向有关部门投诉、举报。

二、捐助法人对捐助人行使监督权的配合义务

对于捐助人行使对所捐财产的监督权，捐助法人应当予以积极配合：包括当捐助人查询所捐财产的使用、管理情况时，应当积极提供有关财务资料；对于捐助人提出的有关意见、建议，应当认真听取、研究，并及时作出解释、回应，对合理化建议应当及时采纳；对于捐助人的查询，应当及时如实答复，不能拖延、敷衍，更不能弄虚作假，欺骗捐助人。

三、捐助人可以请求撤销决定的情形

一是决定程序违反法律、行政法规或者法人章程。捐助法人的决策机构、执行机构或者法定代表人作出决定的程序应当符合法律、行政法规、法人章程的规定。如根据《基金会管理条例》的规定，理事会会议须有 2/3 以上理事出席方能召开；理事会决议须经出席理事过半数通过方为有效。涉及章程的修改，选举或者罢免理事长、副理事长、秘书长，章程规定的重大募捐、投资活动，基金会的分立、合并等重要事项的决议，须经出席理事表决，2/3 以上通过方为有效。理事会会议应当制作会议记录，并由出席理事审阅、签名。如果基金会的理事会所作决定违反了这一程序性规定，捐助人等利害关系人或者主管机关可以请求人民法院撤销该决定。

二是决定内容违反法人章程的规定。捐助法人的决策机构、执行机构或者法定代表人作出决定的内容应当符合法人章程的规定。法人章程是设立法人的重要依据，也是法人应当遵循的基本准则，对法人的决策机构、执行机构或者法定代表人均具有拘束力。如果捐助法人的决策机构、执行机构或者法定代表人作出决定的内容违反了章程的规定，那么作为捐助人等利害关系人或者法人的主管机关有权请求人民法院撤销该决定，以维护所捐助财产的安全。

这里需要指出两点：

一是虽然法院依法撤销了该捐助法人所作的违法或者违反法人章程的决定，但捐助法人依据该决定与善意相对人形成的民事法律关系不受影响，这也是保护善意相对人的权益，维护交易安全的需要。如某一捐助法人的理事会，违反法律规定的程序作出一项决定，将获得捐助的一处房产卖掉。虽然该决定因违反法定程序而被人民法院撤销，但是，如果买房人因为在购房时为善意，对该法人所作决定违法或者违反章程规定的事实为不知情或者不应当知情，在此情况下，该买房人为善意相对人，可以取得该房产的所有权。

二是关于捐助法人的决策机构、执行机构、法定代表人作出决定的内容方面。本条规定只针对违反法人章程规定的情况，如果所作决定的内容违反的是法律、行政法规的强制性规定的，依据本法第143条、第153条的规定，除该强制性规定不导致民事法律行为无效的外，属于无效民事法律行为，不属于本条规定的可撤销的民事法律行为。

> 第九十五条 为公益目的成立的非营利法人终止时，不得向出资人、设立人或者会员分配剩余财产。剩余财产应当按照法人章程的规定或者权力机构的决议用于公益目的；无法按照法人章程的规定或者权力机构的决议处理的，由主管机关主持转给宗旨相同或者相近的法人，并向社会公告。

【条文主旨】

本条是关于为公益目的成立的非营利法人终止时剩余财产处理的规定。

【条文释义】

为公益目的成立的非营利法人，包括捐助法人和事业单位法人，以及部分社会团体法人。这些法人的财产，要么来自捐助财产，要么来自国有资产，所以在这些法人终止时，其剩余财产的处理是受到限制的。

一是剩余财产不得向出资人、设立人或者会员分配。剩余财产是指法人解散清算完成后所剩余的法人财产。这些财产不能向出资人、设立人或者会员分配，这是营利法人与非营利法人的重要区别。对于营利法人来说，剩余财产是可以向出资人、设立人分配的，而非营利法人，其来源是国有资产或者捐助财产，在存续期间还享受了国家在财政、税收、土地等方面的优惠政策，所以在终止时，其财产需要继续用于公益事业，不得向出资人、设立人或者会员分配。

二是剩余财产应当按照法人章程的规定或者权力机构的决议用于公益目的。非营利法人的剩余财产应当按照法人章程的规定或者理事会等权力机构的决议继续用于公益目的。非营利法人的章程中一般会规定法人终止后剩余财产的处理，主要是转给其他宗旨相同或者相近的非营利法人，如非营利性民办学校终止后，其剩余财产转给其他的非营利性民办学校。如果法人章程中没有规定，也可以由理事会等法人权力机构作出决议，将剩余财产继续用于公益事业。需要说明的是，非营利法人终止后的剩余财产只能按照法人章程的规定或者权力机构的决议用于公益事业，不能用于营利活动。

三是剩余财产无法按照法人章程的规定或者权力机构的决议处理的，由主管机关主持转给宗旨相同或者相近的法人，并向社会公告。如果法人终止后，其剩余财产的处理，既没有法人章程的规定，理事会等权力机构也没有作出相关决议，在此情况下，要由主管机关主持转给宗旨相同或者相近的法人，并向社会公告。如一所非营利的民营医院终止后，其剩余财产，可以由主管机关主持转给另外一家非营利的民营医院，并向社会公告。

《中华人民共和国慈善法》《中华人民共和国民办教育促进法》《基金会管理条例》《宗教事务条例》均明确规定了这几类非营利法人在终止后剩余财产的处理原则。慈善法规定，慈善组织清算后的剩余财产，应当按照慈善组织章程的规定转给宗旨相同或者相近的慈善组织；章程未规定的，由民政部门主持转给宗旨相同或者相近的慈善组织，并向社会公告。民办教育促进法规定，非营利性民办学校清偿上述债务后的剩余财产继续用于其他非营利性学校办学。《基金会管理条例》规定，基金会注销后的剩余财产应当按照章程的规定用于公益目的；无法按照章程规定处理的，由登记管理机关组织捐赠给与该基金会性质、宗旨相同的社会公益组织，并向社会公告。《宗教事务条例》规定，宗教团体、宗教院校、宗教活动场所注销或者终止的，应当进行财产清算，清算后的剩余财产应当用于与其宗旨相符的事业。

需要指出的是，非营利法人的范围比较宽，包括捐助法人和事业单位法人，以及部分社会团体法人。对各类非营利法人剩余财产的处理，如果其他法律另有规定的，要依照其规定。另外，事业单位终止后剩余财产的处理，原则上要符合国有资产管理的有关规定。

第四节　特别法人

> **第九十六条　本节规定的机关法人、农村集体经济组织法人、城镇农村的合作经济组织法人、基层群众性自治组织法人，为特别法人。**

【条文主旨】

本条是关于特别法人范围的规定。

【条文释义】

本条规定了特别法人所包括的具体范围：机关法人、农村集体经济组织法人、城镇农村的合作经济组织法人、基层群众性自治组织法人这四种法人为特别法人。

机关法人、农村集体经济组织法人、城镇农村的合作经济组织法人、基层群众性自治组织法人这四种法人，既不同于营利法人，也不同于非营利法人，有其自身的特殊性，所以本节将其统归于特别法人。

一、机关法人

机关法人是指依法行使国家权力，并因行使国家权力的需要而享有相应的民事权利能力和民事行为能力的国家机关。在进行民事活动时，国家机关以法人身份出现，与作为其相对人的自然人、法人或者非法人组织一样是平等的民事主体，不是行政主体。

机关法人包括政党机关、人大机关、政协机关、行政机关、监察机关、司法机关、军事机关等，具体包括各级中国共产党委员会及其所属各部门，各级人民代表大会机关，各级人民政府及其所属各工作部门，各级政治协商会议机关，各级监察机关，各级人民法院、检察院机关，各民主党派机关、军事机关等。

机关法人成立的方式为依据宪法和法律的规定，为履行法定职能而特许设立，无须经专门机构核准登记。同时，机关法人的经费纳入国家预算，由国家财政拨给。机关法人可以以法人资格与其他民事主体进行民事活动，如购置办公用品等。正是由于机关法人的上述特点，使其既不是营利法人，也不是非营利法人，属于特殊法人。在国际上，一般将机关法人称为公法人。

二、农村集体经济组织法人

农村集体经济组织产生于上个世纪 50 年代初的农业合作化运动，是为实行社会主义公有制改造，在自然乡村范围内，由农民自愿联合，将其各自所有的生产资料（土地、较大型农具、耕畜）投入集体所有，由集体组织农业生产经营，农民进行集体劳动，各尽所能，按劳分配的农业社会主义经济组织。农村集体经济组织是农村集体资产经营管理的主体，依法代表农民集体行使农村集体资产所有权。农村集体经济组织作为一类特殊的组织，既有对外的营利性，又有对内的集体利益保障性；既不同于营利法人，也不同于非营利法人，属于特别法人。

三、城镇农村的合作经济组织法人

城镇农村的合作经济组织是按照自愿互利、民主管理、协作服务原则组建的农村经济组织，主要是指供销合作社等。供销合作社地位性质特殊，既体现党和政府的政策导向，又承担政府委托的公益性服务；既有事业单位和社团组织的特点，又履行管理社有企业的职责；既要办成以农民为基础的合作经济组织，又要开展市场化经营和农业社会化服务，具有不同于营利法人、非营利法人的特殊性，属于特别法人。

四、基层群众性自治组织法人

基层群众性自治组织是指在城市和农村按居民、村民的居住地区建立起来的居民委员会和村民委员会。居民委员会、村民委员会是建立在我国社会的最基层，与群众直接联系的组织，是在自愿的基础上由群众按照居住地区，自己组织起来管理自己事务的组织。基层群众性自治组织这一概念首次见于 1982 年宪法，规定："城市和农村按居民居住地区设立的居民委员会或者村民委员会是基层群众性自治组织"。根据宪法的规定，我国分别于 1989 年、1998 年制定了居民委员会组织法、村民委员会组织法。

居民委员会和村民委员会的特点在于：一是群众性。基层群众性自治组织不同于国家政权组织和其他政治、经济等社会组织，是居住于一定范围内的居民、村民基于社会生活的共同需要而建立，目的是处理居住地范围内的公共事务、公益事业等事务，如社会治安、公共卫生等。二是自治性。基层群众性自治组织不是国家机关，也不是国家机关的下属或者下级组织，具有自身组织上的独立性。三是基层性。基层群众性自治组织只存在于居住地范围的基层社区，所从事的工作都是居民、村民居住范围内的公共事务和公益事业。正是因为居民委员会和村民委员会具有上述不同于其他法人的特点，所以有必要赋予其单独的一类法人资格。

第九十七条　有独立经费的机关和承担行政职能的法定机构从成立之日起，具有机关法人资格，可以从事为履行职能所需要的民事活动。

【条文主旨】

本条是关于机关法人的规定。

【条文释义】

根据本条的规定，机关法人包括两类：一是有独立经费的机关；二是有独立经费的承担行政职能的法定机构。

一是有独立经费的机关。机关法人的经费来自财政拨款。机关法人的设立依据是宪法、地方各级人民代表大会和地方各级人民政府组织法、国务院组织法、监察法、人民法院组织法、人民检察院组织法等法律，其设立的目的是代表国家行使公权力，履行法定的职责。因此，必须有独立的经费作为机关法人履行职责和对外承担民事责任的基础。机关法人的独立经费，来自国家的财政拨款。

机关法人在对外从事民事活动时必然要面临责任承担的问题，其享有独立的经费就成为其对外承担责任的基础。机关作为预算单位享有独立经费，确保其可以对外承担民事法律责任。

二是有独立经费的承担行政职能的法定机构。行政职能是指行政管理职能，是行政主体作为国家管理的执法机关，在依法对国家政治、经济和社会公共事务进行管理时应承担的职责和所具有的功能，如行政许可、行政处罚等，但不涉及立法、司法和军事等国家职能。行政职能一般由国家的行政机关行使，包括各级人民政府及其政府有关部门，均享有行政管理职能。除了行政机关，一些法定机构，依据法律、行政法规的授权也享有行政管理职能，这些法定机构在行使法定行政职能时，也享有与行政机关相同的行政主体地位，具有机关法人资格。本条的这一规定，相比民法通则关于机关法人的规定，在范围上作了扩大，将有独立经费的承担行政职能的法定机构也作为机关法人，适应了实践的发展需要。

承担行政职能的法定机构主要包括部分依法举办的事业单位，如中国证券监督管理委员会、中国银行保险监督管理委员会等，依据证券法、商业银行法、保险法等法律的规定，对证券期货市场、金融、保险行业实施监督管理。这样的机构虽然性质为事业单位，但因其履行公共管理职能，因而具有机关法人资格。

行政许可法、行政处罚法等法律均规定了法律、行政法规授权的组织享有行政许可权、行政处罚权。如行政许可法规定，法律、法规授权的具有管理公共事务职能的组织，在法定授权范围内，以自己的名义实施行政许可。被授权的组织适用本法有关行政机关的规定。行政处罚法规定，法律、法规授权的具有管理公共事务职能的组织可以在法定授权范围内实施行政处罚。相应而言，这些法定机构实施行政管理职能时如果违反了法律、行政法规的规定，行政相对人可以依据行政诉讼法的规定，对其提起行政诉讼。

需要指出的是，有独立经费的机关和承担行政职能的法定机构从成立之日起，即具有机关法人资格，不需要进行设立登记。

机关法人履行法定职能所从事的活动包括两种：一种是公法意义的活动，如行政管理活动，另一种则是私法意义上的活动，即民事活动，如购买办公用品等。本条规定，机关法人从其成立之日起即具有法人资格，可以从事为履行职能所需要的民事活动。换言之，如果所从事的民事活动与该机关法人的履行职能不相符，就不具有合法性，是不被允许的，如机关法人不能从事经营性的活动等。

> **第九十八条** 机关法人被撤销的，法人终止，其民事权利和义务由继任的机关法人享有和承担；没有继任的机关法人的，由作出撤销决定的机关法人享有和承担。

【条文主旨】

本条是关于机关法人终止的规定。

【条文释义】

机关法人被撤销的，法人终止。机关法人成立后，可能会因为机构改革等原因而被撤销，这样该机关法人就在法律上终止。法人终止后，其民事权利和民事义务由继任的机关法人享有和承担。如根据最新的党和国家机构改革方案，组建国家市场监督管理总局，不再保留国家工商行政管理总局、国家质量监督检验检疫总局、国家食品药品监督管理总局。那么，国家工商行政管理总局这一机关法人终止，其民事权利、民事义务由继任的国家市场监督管理总局享有和承担。如国家工商行政管理总局在被撤销前与另一个民事主体签订了民事合同，其根据该合同享有的权利、义务均由继任的国家市场监督管理总局享有和承担。

如果机关法人被撤销后，没有继任的机关法人的，则由作出撤销决定的机关法人享有和承担被撤销的机关法人的民事权利、义务。

> **第九十九条** 农村集体经济组织依法取得法人资格。
> 法律、行政法规对农村集体经济组织有规定的，依照其规定。

【条文主旨】

本条是关于农村集体经济组织依法取得法人资格的规定。

【条文释义】

农村集体经济组织作为重要的农村社会主体，多年来一直在我国农村的改革和发展中发挥着重要作用。来自农业部的数据显示，到 2017 年底，全国农村集体经济组织拥有土地等资源 66.9 亿亩，各类账面资产 2.86 万亿元，总收入 4627.6 亿元。

农村集体经济组织是农村集体资产经营管理的主体，依法代表农民集体行使农村集体资产所有权。明确农村集体经济组织的法人地位，有利于其更方便地从事民事活动，增强农村集体经济的发展活力。

农村集体经济组织具有自身的独特性：一是属于经济组织，具有营利性。二是具有集体利益保障性。作为农村集体组织成员的村民以承包地等资产加入农村集体经济组织，通过该组织的经营活动取得分红等收入，所以该组织具有保障成员利益的功能和责任。三是组织成员具有相对封闭性。农村集体经济组织的成员是该组织所覆盖的社区的村民，这些村民以承包地等资产加入农村集体经济组织，成为组织成员，所以集体经济组织的成员资格与村民作为土地承包经营权人的身份密不可分，具有相对封闭性，所在社区以外的人员一般不能成为农村集体经济组织的成员。

正是由于农村集体经济组织的上述特点，使得其既不同于企业法人，又不同于农民专业合作组织，也不同于社会团体。例如，集体土地的所有权虽然可以被纳入农村集体经济组织的财产之中，但不能够以其承担民事责任。如果将集体土地的所有权用于清偿债务，该集体经济组织成员将会失去其赖以生存的根基，难以维持其基本生计，也与我国的土地制度不符。解决农村集体经济组织的对外经营问题，只能依据农村土地承包法和本法物权编关于农村承包地"三权分置"的原则，通过土地经营权的依法流转来实现。又如，农村集体经济组织一般也不能破产，一旦破产，该组织即不再存在，这与设立农村集体经济组织的初衷相悖。因此，农村集体经济组织虽然已经在法律上具备了市场经济主体地位，但其只能属于特殊的法人类型，需要专门的立法加以规定。

由于民法通则没有明确赋予农村集体经济组织的法人资格，使得其权利义务关系不明确，不利于其对外从事民事活动。长期以来，由于性质不清，登记五花八门，我国的农村集体经济组织存在底数不清、权属不明、经营不畅等多种问题。本法赋予农村集体经济组织法人资格，有利于其以自己的名义对外从事经营等民事活动，对于发展农村经济，提高农民收入，实现乡村振兴具有重要意义。

2016年，《中共中央、国务院关于稳步推进农村集体产权制度改革的意见》指出："健全适应社会主义市场经济体制要求、以公平为核心原则的农村产权保护法律制度。抓紧研究制定农村集体经济组织方面的法律，赋予农村集体经济组织法人资格，明确权利义务关系，依法维护农村集体经济组织及其成员的权益，保证农村集体经济组织平等使用生产要素，公平参与市场竞争，同等受到法律保护。"目前，农村集体经济组织立法已经列入十三届全国人大常委会立法规划的第三类项目，有关方面正在研究论证。本法作为民事基本法，明确了农村集体经济组织的法人地位，有关农村集体经济组织如何取得法人资格，可以通过农村集体经济组织的专项立法作出具体规定。所以，本条规定农村集体经济组织依法取得法人资格。此外，本条第2款还规定，法律、行政法规对农村集体经济组织有规定的，依照其规定。

这里还要指出一点，即关于农村集体经济组织成员的资格问题。在立法过程中，有的建议对如何认定农村集体经济组织成员资格作出具体规定，以解决实践中各地在认定农村集体经济组织成员资格方面做法不一的问题。但也有的意见提出，各地农村的情况差别很大，各农村集体经济组织的历史形成、成员构成、资产组成的情况也不相同，如果由法律统一规定成员资格的认定标准，很难适应全国各地的不同情况。经研究认为，根据中央关于农村集体产权制度改革的意见，应当按照尊重历史、兼顾现实、程序规范、群众认可的原则，统筹考虑户籍关系、农村土地承包关系、对集体积累的贡献等因素，协调平衡各方利益，确认农村集体经济组织成员身份。目前，各地正在按照这一原则和精神进行试点。可以在试点工作结束后，在总结试点经验的基础上，通过农村集体经济组织的专项立法，对农村集体经济组织成员的资格认定问题作出具体规定。

第一百条　城镇农村的合作经济组织依法取得法人资格。

法律、行政法规对城镇农村的合作经济组织有规定的，依照其规定。

【条文主旨】

本条是关于城镇农村的合作经济组织依法取得法人资格的规定。

【条文释义】

城镇农村的合作经济组织是按照自愿互利、民主管理、协作服务原则组建的经济组织，主要是指供销合作社等。供销合作社是为农服务，以农民为主体的集体所有制合作经济组织，是党和政府密切联系农民群众的桥梁纽带和做好农业、农村、农民工作的重要载体。

供销合作社分为基层供销合作社，县级、市级、省级供销合作社联合社，中华全国供销合作总社。截至 2016 年底，这五级供销合作社共计 31700 余个，其中基层供销合作社 29000 个，覆盖全国近 93% 的乡镇；除中华全国供销合作总社外，全国有 32 个省级联合社，335 个地市级联合社，2400 余个县级联合社。在供销合作社系统中，上级社对下级社有指导、协调、监督、服务、教育培训等职责。

近年来，党和国家着力深化供销社改革，把这一改革作为加强党在农村基层执政基础的战略需要，也是抓好精准扶贫、实现全面小康的重要保障，是深化农业供给侧结构性改革的重要举措。2015 年 2 月颁布的《中共中央、国务院关于深化供销社综合改革的决定》明确提出：“确立供销合作社的特定法律地位。在长期的为农服务实践中，供销合作社形成了独具中国特色的组织和服务体系，组织成分多元，资产构成多样，地位性质特殊，既体现党和政府的政策导向，又承担政府委托的公益性服务，既有事业单位和社团组织的特点，又履行管理社有企业的职责，既要办成以农民为基础的合作经济组织，又要开展市场化经营和农业社会化服务，是党和政府以合作经济组织形式推动‘三农’工作的重要载体，是新形势下推动农村经济社会发展不可替代、不可或缺的重要力量。为更好发挥供销合作社独特优势和重要作用，必须确立其特定法律地位，抓紧制定供销合作社条例，适时启动供销合作社法立法工作。”2019 年《中共中央、国务院关于坚持农业农村优先发展做好“三农”工作的若干意见》指出，继续深化供销合作社综合改革，制定供销合作社条例。

根据上述规定精神，供销合作社具有特殊的法律地位，既不同于企业法人等营利法人，又不同于事业单位、社会团体等非营利法人，属于本节规定的特殊法人类型。所以，本条第 1 款规定，城镇农村的合作经济组织依法取得法人资格。这里的"依法"即是指有关供销合作社的专门立法，可以是法律，也可以是行政法规。同时，本条第 2 款还规定，法律、行政法规对城镇农村的合作经济组织有规定的，依照其规定。

> **第一百零一条** 居民委员会、村民委员会具有基层群众性自治组织法人资格，可以从事为履行职能所需要的民事活动。
> 未设立村集体经济组织的，村民委员会可以依法代行村集体经济组织的职能。

〖条文主旨〗

本条是关于居民委员会、村民委员会具有基层群众性自治组织法人资格的规定。

〖条文释义〗

一、居民委员会

1. 居民委员会的定义。根据居民委员会组织法的规定，居民委员会是居民自我管理、自我教育、自我服务的基层群众性自治组织。不设区的市、市辖区的人民政府或者它的派出机关对居民委员会的工作给予指导、支持和帮助。居民委员会协助不设区的市、市辖区的人民政府或者它的派出机关开展工作。

2. 居民委员会的任务。居民委员会组织法规定了居民委员会的九项任务：一是宣传宪法、法律、法规和国家的政策，维护居民的合法权益，教育居民履行依法应尽的义务，爱护公共财产，开展多种形式的社会主义精神文明建设活动；二是办理本居住地区居民的公共事务和公益事业；三是调解民间纠纷；四是协助维护社会治安；五是协助人民政府或者它的派出机关做好与居民利益有关的公共卫生、计划生育、优抚救济、青少年教育等项工作；六是向人民政府或者它的派出机关反映居民的意见、要求和提出建议；七是应当开展便民利民的社区服务活动，可以兴办有关的服务事业；八是管理本居民委员会的财产，任何部门和单位不得侵犯居民委员会的财产所有权；九是多民族居住地区的居民委员会，应当教育居民互相帮助，互相尊重，加强民族团结。

3. 居民委员会的设立和组成。居民委员会根据居民居住状况，按照便于居民自治的原则，一般在 100 户至 700 户的范围内设立。居民委员会的设立、撤销、规模调整，由不设区的市、市辖区的人民政府决定。

居民委员会由主任、副主任和委员共 5 至 9 人组成。多民族居住地区，居民委员会中应当有人数较少的民族的成员。

二、村民委员会

1. 村民委员会的定义。根据村民委员会组织法的规定，村民委员会是村民自我管理、自我教育、自我服务的基层群众性自治组织，实行民主选举、民主决策、民主管理、民主监督。村民委员会办理本村的公共事务和公益事业，调解民间纠纷，协助维护社会治安，向人民政府反映村民的意见、要求和提出建议。村民委员会向村民会议、村民代表会议负责并报告工作。

2. 村民委员会的设立和组成。根据村民委员会组织法的规定，村民居住状况、人口多少，按照便于群众自治，有利于经济发展和社会管理的原则设立村民委员会。村民委员会的设立、撤销、范围调整，由乡、民族乡、镇的人民政府提出，经村民会议讨论同意，报县级人民政府批准。村民委员会可以根据村民居住状况、集体土地所有权关系等分设若干村民小组。

村民委员会由主任、副主任和委员共 3 至 7 人组成。村民委员会成员中，应当有妇女成员，多民族村民居住的村应当有人数较少的民族的成员。对村民委员会成员，根据工作情况，给予适当补贴。

村民委员会根据需要设人民调解、治安保卫、公共卫生与计划生育等委员会。村民委员会成员可以兼任下属委员会的成员。人口少的村的村民委员会可以不设下属委员会，由村民委员会成员分工负责人民调解、治安保卫、公共卫生与计划生育等工作。

3. 村民委员会的任务。村民委员会组织法规定了村民委员会的七项任务：一是村民委员会应当支持和组织村民依法发展各种形式的合作经济和其他经济，承担本村生产的服务和协调工作，促进农村生产建设和经济发展。二是村民委员会依照法律规定，管理本村属于村农民集体所有的土地和其他财产，引导村民合理利用自然资源，保护和改善生态环境。三是村民委员会应当尊重并支持集体经济组织依法独立进行经济活动的自主权，维护以家庭承包经营为基础、统分结合的双层经营体制，保障集体经济组织和村民、承包经营户、联户或者合伙的合法财产权和其他合法权益。四是村民委员会应当宣传宪法、法律、法规和国家的政策，教育和推动村民履行法律规定的义务，爱护公共财产，维护村民的合法权益，发展文化教育，普及科技知识，促进男女平等，促进村与村之间的团结、互助，开展多种形式的社会主义精神文明建设活动。五是村民委员会应当支持服务性、公益性、互助性社会组织依法开展活动，推动农村社区建设。六是多民族村民居住的村，村民委员会应当教育和引导各民族村民增进团结、互相尊重、互相帮助。七是村民委员会及其成员应当遵守宪法、法律、法规和国家的政策，遵守并组织实施村民自治章程、村规民约，执行村民会议、村民代表会议的决定、决议，办事公道，廉洁奉公，热心为村民服务，接受村民监督。

三、居民委员会、村民委员会具有基层群众性自治组织法人资格，可以从事为履行职能所需要的民事活动

关于居民委员会、村民委员会的法人地位的问题，在立法过程中，有的部门、地方和一些基层干部群众代表提出，居民委员会、村民委员会是基层群众性自治组织，为履行其职能需要从事一些民事活动。现行法律没有规定其民事主体地位，致使其在一些情况下不能顺利从事民事活动，所以有必要明确赋予居民委员会、村民委员会法人资格。经研究，采纳了这一意见，在本条中明确规定：居民委员会、村民委员会具有基层群众性自治组织法人资格。

明确居民委员会、村民委员会具有法人资格，有助于进一步确定居民委员会、村民委员会的权、责、利，帮助其更好地开展民事活动，也有利于保护其成员和与其进行民事活动相对人的合法权益。居民委员会、村民委员会如果没有法人地位，参与民事活动将十分不便，交易秩序和安全也有很大不确定性。法律明确了居民委员会、村民委员会的法人资格，有利于让它们承担更多的责任，更好地依法办事，更好地履行职能，也有助于促进基层的社会治理和经济发展。

四、未设立村集体经济组织的，村民委员会可以依法代行村集体经济组织的职能

农村集体经济组织的职责主要是组织本集体成员参加生产活动，利用本经济组织的生产资料、生产工具等从事生产经营活动。根据本条第 2 款的规定，未设立村集体经济组织的，村民委员会可以依法代行村集体经济组织的职能。这是考虑到目前还有的地方并未设立农村集体经济组织，而是由村委会代行农村集体经济组织职责。所以针对这一实际情况，本条第 2 款作此规定。

第四章　非法人组织

本章共有七条，对非法人组织的定义、范围和非法人组织的民事责任，非法人组织代表人，非法人组织解散、清算等作了规定。对本节没有规定的有关非法人组织的其他方面内容，可以参照适用本编第三章第一节有关法人组织的一般性规定。

> 第一百零二条　非法人组织是不具有法人资格，但是能够依法以自己的名义从事民事活动的组织。
>
> 非法人组织包括个人独资企业、合伙企业、不具有法人资格的专业服务机构等。

〖条文主旨〗

本条是关于非法人组织的定义和范围的规定。

〖条文释义〗

一、非法人组织的定义

非法人组织是指不具有法人资格但可以以自己的名义进行民事活动的组织，亦称非法人团体。非法人组织，在日本包括非法人社团和非法人财团，在我国台湾地区称为非法人团体。

二、非法人组织的特点

一是虽然不具有法人资格，但能够依法以自己的名义从事民事活动。这类组织没有法人资格，不能独立承担民事责任，是介于自然人和法人之间的一种社会组织。但该类组织具有民事权利能力和民事行为能力，能够以自己的名义从事民事活动。

二是依法成立。非法人组织在设立程序上须履行法定的登记手续，经有关机关核准登记，这是非法人组织的合法性要件。只有依法成立，才具有民事权利能力和民事行为能力。

三是有一定的组织机构。即拥有符合法律规定的名称、固定的从事生产经营等业务活动的场所，以及相应的组织管理机构和负责人，使之能够以该组织的名义对外从事相应的民事活动。

四是有一定的财产或经费。虽然非法人组织不能独立承担民事责任，也不要求其有独立的财产，但由于它是经依法登记的组织，可以以自己的名义对外从事民事活动，享受民事权利、承担民事义务，因此它应该有与其经营活动和经营规模相适应的财产或者经费，作为其参与民事活动，享受民事权利、承担民事义务的物质基础和财产保证。应当指出的是，非法人组织的财产或经费，与法人的财产或者经费不同，即它不是独立的，是其所属法人或公民财产的组成部分，归该法人或公民所有。

五是不具有独立承担民事责任的能力。由于非法人组织没有独立的财产或经费，因而它不具有独立承担民事责任的能力。该类组织与法人的最大区别，就是不能独立承担民事责任，当其因对外进行民事活动而需要承担民事责任时，如其自身所拥有的财产能够承担责任，则由其自身承担；如其自身所拥有的财产不足以承担责任时，则由其出资人或设立人承担连带责任。

三、非法人组织的范围

非法人组织的范围包括个人独资企业、合伙企业、不具有法人资格的专业服务机构等。

其一，个人独资企业。根据个人独资企业法的规定，个人独资企业，是指依照该法在中国境内设立，由一个自然人投资，财产为投资人个人所有，投资人以其个人财产对企业债务承担无限责任的经营实体。

其二，合伙企业。根据合伙企业法的规定，合伙企业是指自然人、法人和其他组织依照该法在中国境内设立的普通合伙企业和有限合伙企业。合伙企业分为普通合伙企业和有限合伙企业。普通合伙企业由普通合伙人组成，合伙人对合伙企业债务承担无限连带责任。法律对普通合伙人承担责任的形式有特别规定的，从其规定。有限合伙企业由普通合伙人和有限合伙人组成，普通合伙人对合伙企业债务承担无限连带责任，有限合伙人以其认缴的出资额为限对合伙企业债务承担责任。国有独资公司、国有企业、上市公司以及公益性的事业单位、社会团体不得成为普通合伙人。合伙协议依法由全体合伙人协商一致、以书面形式订立。

以专业知识和专门技能为客户提供有偿服务的专业服务机构，可以设立为特殊的普通合伙企业。一个合伙人或者数个合伙人在执业活动中因故意或者重大过失造成合伙企业债务的，应当承担无限责任或者无限连带责任，其他合伙人以其在合伙企业中的财产份额为限承担责任。合伙人在执业活动中非因故意或者重大过失造成的合伙企业债务以及合伙企业的其他债务，由全体合伙人承担无限连带责任。合伙人执业活动中因故意或者重大过失造成的合伙企业债务，以合伙企业财产对外承担责任后，该合伙人应当按照合伙协议的约定对给合伙企业造成的损失承担赔偿责任。特殊的普通合伙企业应当建立执业风险基金、办理职业保险。执业风险基金用于偿付合伙人执业活动造成的债务。执业风险基金应当单独立户管理。

其三，不具有法人资格的专业服务机构，主要是指律师事务所、会计师事务所等。这类事业服务机构一般多采用合伙制，不具有法人资格，所从事的活动为提供律师、会计师等专业服务。除了律师事务所、会计师事务所，法律规定从事专业服务机构的还有资产评估机构等。资产评估是指评估机构及其评估专业人员根据委托对不动产、动产、无形资产、企业价值、资产损失或者其他经济权益进行评定、估算，并出具评估报告的专业服务行为。资产评估法规定，评估机构应当依法采用合伙或者公司形式设立。

> **第一百零三条** 非法人组织应当依照法律的规定登记。
> 设立非法人组织，法律、行政法规规定须经有关机关批准的，依照其规定。

【条文主旨】

本条是关于非法人组织设立程序的规定。

【条文释义】

设立非法人组织的程序包括两种：一是设立登记，即设立非法人组织应当依法进行登记；二是设立审批，即设立非法人组织须依法经有关机关批准。如果法律、行政法规规定应当经过批准才能设立某一非法人组织的，则依照其规定，经批准设立。如律师法、注册会计师法均规定，设立律师事务所、会计师事务所应当分别经作为主管部门的司法部门、财政部门的批准。

个人独资企业法、合伙企业法、律师法、注册会计师法、资产评估法等法律对个人独资企业、合伙企业、不具有法人资格的专业服务机构的设立程序作出了具体规定。

一、个人独资企业的设立程序

根据个人独资企业法的规定，设立个人独资企业，应当向负责企业登记的市场监督管理部门进行登记。申请设立个人独资企业，应当由投资人或者其委托的代理人向个人独资企业所在地的登记机关提交设立申请书、投资人身份证明、生产经营场所使用证明等文件。委托代理人申请设立登记时，应当出具投资人的委托书和代理人的合法证明。个人独资企业不得从事法律、行政法规禁止经营的业务；从事法律、行政法规规定须报经有关部门审批的业务，应当在申请设立登记时提交有关部门的批准文件。

个人独资企业设立分支机构，应当由投资人或者其委托的代理人向分支机构所在地的登记机关申请登记，领取营业执照。分支机构经核准登记后，应将登记情况报该分支机构隶属的个人独资企业的登记机关备案。分支机构的民事责任由设立该分支机构的个人独资企业承担。

二、合伙企业的设立程序

根据合伙企业法的规定，申请设立合伙企业，应当向企业登记机关，即市场监督管理部门提交登记申请书、合伙协议书、合伙人身份证明等文件；合伙企业的经营范围中有属于法律、行政法规规定的，在登记前须经批准的项目的，该项经营业务应当依法经过批准，并在登记时提交批准文件。申请人提交的登记申请材料齐全、符合法定形式，企业登记机关能够当场登记的，应予当场登记，发给营业执照。企业登记机关应当自受理申请之日起 20 日内，作出是否登记的决定。予以登记的，发给营业执照；不予登记的，应当给予书面答复，并说明理由。合伙企业的营业执照签发日期，为合伙企业成立日期。合伙企业领取营业执照前，合伙人不得以合伙企业名义从事合伙业务。

合伙企业设立分支机构，应当向分支机构所在地的企业登记机关申请登记，领取营业执照。合伙企业登记事项发生变更的，执行合伙事务的合伙人应当自作出变更决定或者发生变更事由之日起 15 日内，向企业登记机关申请办理变更登记。

三、不具有法人资格的专业服务机构的设立程序

一是律师事务所。根据律师法的规定，设立律师事务所，实行行政许可，应当经过司法部门批准后才能设立。律师法规定，设立合伙律师事务所，还应当提交合伙协议。设立律师事务所，应当向设区的市级或者直辖市的区人民政府司法行政部门提出申请，受理申请的部门应当自受理之日起 20 日内予以审查，并将审查意见和全部申请材料报送省、自治区、直辖市人民政府司法行政部门。省、自治区、直辖市人民政府司法行政部门应当自收到报送材料之日起10 日内予以审核，作出是否准予设立的决定。准予设立的，向申请人颁发律师事务所执业证书；不准予设立的，向申请人书面说明理由。

二是会计师事务所。设立会计师事务所，与设立律师事务所一样，也实行行政许可，由国务院财政部门或者省、自治区、直辖市人民政府财政部门批准，才能设立。注册会计师法规定，申请设立会计师事务所，申请者应当向审批机关报送法律规定的文件，审批机关应当自收到申请文件之日起 30 日内决定批准或不批准。省、自治区、直辖市人民政府财政部门批准的会计师事务所，应当报国务院财政部门备案。国务院财政部门发现批准不当的，应当自收到备案报告之日起 30 日内通知原审批机关重新审查。会计师事务所设立分支机构，须经分支机构所在地的省、自治区、直辖市人民政府部门批准。

三是资产评估机构。设立资产评估机构应当向市场监督管理部门申请办理登记。评估机构应当自领取营业执照之日起 30 日内向有关评估行政管理部门备案。评估行政管理部门应当及时将评估机构备案情况向社会公告。

第一百零四条 非法人组织的财产不足以清偿债务的，其出资人或者设立人承担无限责任。法律另有规定的，依照其规定。

【条文主旨】

本条是关于非法人组织承担民事责任的规定。

【条文释义】

非法人组织不具有法人资格，不能独立承担民事责任。所以，虽然非法人组织有自己的财产，但当其财产不足以对外清偿债务的，其出资人或者设立人应当以其个人或者家庭财产承担无限责任。具体包括：

一、个人独资企业

根据个人独资企业法的规定，投资人以其个人财产对企业债务承担无限责任。个人独资企业财产不足以清偿债务的，投资人应当以其个人的其他财产予以清偿。个人独资企业投资人在申请企业设立登记时明确以其家庭共有财产作为个人出资的，应当依法以家庭共有财产对企业债务承担无限责任。

二、合伙企业

根据合伙企业法的规定，普通合伙企业的合伙人对合伙企业债务承担无限连带责任。合伙企业不能清偿到期债务的，合伙人承担无限连带责任。合伙人由于承担无限连带责任，清偿数额超过法律规定的亏损分担比例的，有权向其他合伙人追偿。所谓"亏损分担比例"是指合伙企业的利润分配、亏损分担，按照合伙协议的约定办理；合伙协议未约定或者约定不明确的，由合伙人协商决定；协商不成的，由合伙人按照实缴出资比例分配、分担；无法确定出资比例的，由合伙人平均分配、分担。

三、不具有法人资格的专业服务机构

律师法、注册会计师法等法律对律师事务所、会计师事务所的民事责任承担作了规定。

一是律师事务所。合伙律师事务所可以采用普通合伙或者特殊的普通合伙形式设立。合伙律师事务所的合伙人按照合伙形式对该律师事务所的债务依法承担责任。

二是会计师事务所。合伙设立的会计师事务所的债务，由合伙人按照出资比例或者协议的约定，以各自的财产承担责任。合伙人对会计师事务所的债务承担连带责任。

需要指出的是，对非法人组织的民事责任问题，如果其他法律另有规定的，要依照其规定，而不适用本条的规定。比如，合伙企业法对特殊的普通合伙企业的民事责任问题作了特别规定：一个合伙人或者数个合伙人在执业活动中因故意或者重大过失造成合伙企业债务的，应当承担无限责任或者无限连带责任，

其他合伙人以其在合伙企业中的财产份额为限承担责任。合伙人在执业活动中非因故意或者重大过失造成的合伙企业债务以及合伙企业的其他债务，由全体合伙人承担无限连带责任。合伙人执业活动中因故意或者重大过失造成的合伙企业债务，以合伙企业财产对外承担责任后，该合伙人应当按照合伙协议的约定对给合伙企业造成的损失承担赔偿责任。又如，合伙企业法规定，有限合伙企业由普通合伙人和有限合伙人组成，普通合伙人对合伙企业债务承担无限连带责任，有限合伙人以其认缴的出资额为限对合伙企业债务承担责任。再如，律师法规定，个人律师事务所的设立人对律师事务所的债务承担无限责任。国家出资设立的律师事务所，依法自主开展律师业务，以该律师事务所的全部资产对其债务承担责任。这些规定也不同于本条的规定，属于法律的特别规定，要优先适用。

> **第一百零五条　非法人组织可以确定一人或者数人代表该组织从事民事活动。**

〖条文主旨〗

本条是关于非法人组织代表人的规定。

〖条文释义〗

一、非法人组织代表人的概念

非法人组织代表人是指非法人组织根据其章程、协议或者经共同决定，来确定由其代表该组织对外从事民事活动的人。非法人组织的代表人可以是一个人，也可以是多个人。

根据合伙企业法的规定，按照合伙协议的约定或者经全体合伙人决定，可以委托一个或者数个合伙人对外代表合伙企业，执行合伙事务。作为合伙人的法人、其他组织执行合伙事务的，由其委派的代表执行。合伙企业委托一个或者数个合伙人执行合伙事务的，其他合伙人不再执行合伙事务。根据上述规定，代表合伙企业执行合伙事务的人，即为合伙企业的代表人。

二、非法人组织代表人的职责

非法人组织代表人的职责主要是对外代表非法人组织从事民事活动，并按照组织章程的规定履行报告相关情况等义务。非法人组织代表人对外从事民事活动而产生的民事权利和民事义务由非法人组织承担。

合伙企业法规定，由一个或者数个合伙人执行合伙事务的，执行事务合伙人应当定期向其他合伙人报告事务执行情况以及合伙企业的经营和财务状况，其执行合伙事务所产生的收益归合伙企业，所产生的费用和亏损由合伙企业承担。

合伙人为了解合伙企业的经营状况和财务状况，有权查阅合伙企业会计账簿等财务资料。不执行合伙事务的合伙人有权监督执行事务合伙人执行合伙事务的情况。受委托执行合伙事务的合伙人不按照合伙协议或者全体合伙人的决定执行事务的，其他合伙人可以决定撤销该委托。

三、发生争议的处理

关于非法人组织代表人对外从事民事活动而产生争议的处理，合伙企业法等法律作了规定。合伙企业法规定，合伙人分别执行合伙事务的，执行事务合伙人可以对其他合伙人执行的事务提出异议。提出异议时，应当暂停该项事务的执行。如果发生争议，按照合伙协议约定的表决办法办理。合伙协议未约定或者约定不明确的，实行合伙人一人一票并经全体合伙人过半数通过的表决办法。

> **第一百零六条** 有下列情形之一的，非法人组织解散：
> （一）章程规定的存续期间届满或者章程规定的其他解散事由出现；
> （二）出资人或者设立人决定解散；
> （三）法律规定的其他情形。

【条文主旨】

本条是关于非法人组织解散的规定。

【条文释义】

非法人组织解散，意味着该组织民事主体资格的消灭，不再具有民事权利能力和民事行为能力。非法人组织解散的事由有以下三种：

一、章程规定的存续期间届满或者章程规定的其他解散事由出现

如果非法人组织在其章程中明确规定了该组织的存续期间，那么该期间一旦届满，该组织没有继续存续的意愿，即可以解散。如章程规定了非法人组织的存续期间为自成立之日起8年，那么到了8年存续期满后，该组织可以解散。此外，如果非法人组织的章程规定了其他解散事由，一旦该事由出现，则该组织也可以解散。

二、出资人或者设立人决定解散

非法人组织的出资人或者设立人可以根据该组织的经营情况等，自行决定解散该组织，即使非法人组织章程规定的存续期间没有届满，出资人或者设立人也可以决定解散该组织。如章程规定了非法人组织的存续期间为自成立之日起 8 年，那么到了第 5 年，其出资人或者设立人不想继续经营了，也可以决定解散该组织。

三、法律规定的其他情形

除了上述两项情形外，如果有关法律规定了非法人组织的解散情形的，一旦这些法定情形出现，该组织也应解散。如合伙企业法规定了合伙企业解散的法定情形，包括：（1）合伙期限届满，合伙人决定不再经营；（2）合伙协议约定的解散事由出现；（3）全体合伙人决定解散；（4）合伙人已不具备法定人数满 30 天；（5）合伙协议约定的合伙目的已经实现或者无法实现；（6）依法被吊销营业执照、责令关闭或者被撤销；（7）法律、行政法规规定的其他原因。这些情形中，既有本条规定的法定解散情形，也有本条没有规定的解散情形，如全体合伙人决定解散，合伙人已不具备法定人数满 30 天，合伙协议约定的合伙目的已经实现或者无法实现，依法被吊销营业执照、责令关闭或者被撤销等，就属于本条第 3 项规定的"法律规定的其他情形"。又如，律师法规定，律师事务所有下列情形之一的，应当终止：（1）不能保持法定设立条件，经限期整改仍不符合条件的；（2）律师事务所执业证书被依法吊销的；（3）自行决定解散的；（4）法律、行政法规规定应当终止的其他情形。个人独资企业法规定，个人独资企业有下列情形之一时，应当解散：（1）投资人决定解散；（2）投资人死亡或者被宣告死亡，无继承人或者继承人决定放弃继承；（3）被依法吊销营业执照；（4）法律、行政法规规定的其他情形。根据上述规定，这两部法律也规定了这类非法人组织解散的其他法定情形，包括律师事务所不能保持法定设立条件，经限期整改仍不符合条件的，以及律师事务所执业证书被依法吊销的；个人独资企业的投资人死亡或者被宣告死亡，无继承人或者继承人决定放弃继承，以及被依法吊销营业执照等。

第一百零七条　非法人组织解散的，应当依法进行清算。

〖条文主旨〗

本条是关于非法人组织解散清算的规定。

〖条文释义〗

非法人组织符合本法第 106 条规定的解散情形的，即可以解散，解散应当依法进行清算。个人独资企业法、合伙企业法等法律对个人独资企业、合伙企业的解散清算作了规定，本条规定的"应当依法进行清算"中的"依法"即是指依据上述这些法律的规定。

一、个人独资企业

个人独资企业法规定，个人独资企业解散，由投资人自行清算或者由债权人申请人民法院指定清算人进行清算。投资人自行清算的，应当在清算前 15 日内书面通知债权人，无法通知的，应当予以公告。债权人应当在接到通知之日起 30 日内，未接到通知的应当在公告之日起 60 日内，向投资人申报其债权。个人独资企业解散的，财产应当按照下列顺序清偿：（1）所欠职工工资和社会保险费用；（2）所欠税款；（3）其他债务。

清算期间，个人独资企业不得开展与清算目的无关的经营活动。在清偿债务前，投资人不得转移、隐匿财产。个人独资企业清算结束后，投资人或者人民法院指定的清算人应当编制清算报告，并于 15 日内到登记机关办理注销登记。

二、合伙企业

合伙企业法规定，合伙企业解散，应当由清算人进行清算。清算人由全体合伙人担任；经全体合伙人过半数同意，可以自合伙企业解散事由出现后 15 日内指定一个或者数个合伙人，或者委托第三人，担任清算人。自合伙企业解散事由出现之日起 15 日内未确定清算人的，合伙人或者其他利害关系人可以申请人民法院指定清算人。

清算人在清算期间执行下列事务：一是清理合伙企业财产，分别编制资产负债表和财产清单；二是处理与清算有关的合伙企业未了结事务；三是清缴所欠税款；四是清理债权、债务；五是处理合伙企业清偿债务后的剩余财产；六是代表合伙企业参加诉讼或者仲裁活动。清算期间，合伙企业存续，但不得开展与清算无关的经营活动。

清算人自被确定之日起 10 日内将合伙企业解散事项通知债权人，并于 60 日内在报纸上公告。债权人应当自接到通知书之日起 30 日内，未接到通知书的自公告之日起 45 日内，向清算人申报债权。债权人申报债权，应当说明债权的有关事项，并提供证明材料。清算人应当对债权进行登记。合伙企业财产在支付清算费用和职工工资、社会保险费用、法定补偿金以及缴纳所欠税款、清偿债务后的剩余财产，依照法律规定进行分配。

清算结束，清算人应当编制清算报告，经全体合伙人签名、盖章后，在 15 日内向企业登记机关报送清算报告，申请办理合伙企业注销登记。

第一百零八条 非法人组织除适用本章规定外，参照适用本编第三章第一节的有关规定。

【条文主旨】

本条是关于非法人组织参照适用本编第三章有关法人规定的规定。

【条文释义】

非法人组织除了适用本节关于该类组织的专门性规定，包括设立、民事责任承担、解散、清算等的规定，对于本节未作规定的，可以参照适用本编第三章第一节有关法人的一般规定。非法人组织相比于法人组织，最主要的区别在于没有独立的财产或者经费，对外不能独立承担民事责任，其出资人或者设立人要对非法人组织的债务承担无限责任。有鉴于此，本节重点对非法人组织在设立、民事责任承担、解散、清算等方面作了专门规定，对非法人组织的其他方面，由于与法人组织没有较大的区别，所以总体上可以参照适用法人组织的一般规定，这样处理在立法技术上比较简捷。

这里应当指出的是："参照适用"不是完全适用，对于法人的一般性规定，非法人组织能够适用的就适用；不能够完全适用的，可以参照相关规定的原则、精神，在适用上作灵活处理。

第五章 民事权利

本章共二十四条，主要规定了民事主体的人格权、身份权、物权、债权、知识产权、继承权、股权和其他投资性权利、其他民事权利和利益，对数据、网络虚拟财产的保护，对未成年人、老年人、残疾人、妇女、消费者等的民事权利的特别保护，民事权利的取得和行使等。

第一百零九条 自然人的人身自由、人格尊严受法律保护。

【条文主旨】

本条是关于自然人的人身自由、人格尊严受法律保护的规定。

【条文释义】

人身自由，包括身体行动的自由和自主决定的自由，是自然人自主参加社会各项活动、参与各种社会关系、行使其他人身权和财产权的基本保障，是自然人行使其他一切权利的前提和基础。人格尊严，包括静态和消极的人格尊严，以及动态和积极的人格尊严。也即人格形成和人格发展，涉及姓名权、名誉权、荣誉权、肖像权、隐私权等方面。人格尊严不受侵犯，是自然人作为人的基本条件之一，也是社会文明进步的一个基本标志。由于人身自由和人格尊严的含义非常广泛，所以也包含通常所说的人格独立和人格平等。所有的人格权都以人身自由和人格尊严为价值基础，是这两种价值的具体表现，以维护和实现人身自由和人格尊严为目的。人身自由和人格尊严是人格权获得法律保护的价值依据，是自然人自主参加社会各项活动、参与各种社会关系、行使其他人身权和财产权的基本保障，是自然人行使其他一切权利的前提和基础。我国宪法对于人身自由、人格尊严高度重视，专门作了规定。宪法第37条规定："中华人民共和国公民的人身自由不受侵犯。任何公民，非经人民检察院批准或者决定或者人民法院决定，并由公安机关执行，不受逮捕。禁止非法拘禁和以其他方法非法剥夺或者限制公民的人身自由，禁止非法搜查公民的身体。"宪法第38条规定："中华人民共和国公民的人格尊严不受侵犯。禁止用任何方法对公民进行侮辱、诽谤和诬告陷害。"

　　本法典在民事权利一章第1条专门规定，明确"自然人的人身自由、人格尊严受法律保护"。以此为基础，本法专设人格权编对人格权制度作了详细规定，将宪法规定的人身自由、人格尊严在民事领域予以具体化，围绕民事主体所享有的生命权、身体权、健康权、姓名权、名称权、肖像权、名誉权、荣誉权、隐私权和个人信息受保护这些人格权益，以及所产生的民事法律关系作出规定。人格权在民法典中独立成编是我国民事立法的一个制度创新，也是我国民法典的一个亮点。人格权单独成编可以更好地体现宪法精神，更好地落实中央的精神，对于确保公民的人身自由、人格尊严不受侵犯，充分体现我国在人格权保护领域所取得的进步，具有十分重要的意义。

【案例分析】

　　高某曾因面部烧伤，给她的心灵和生活带来了许多烦恼。2000年2月22日23时许，高某和朋友前往"THEDEN"酒吧消费时，曾被酒吧服务员挡在门外，此后高某又先后两次到这家酒吧消费，都遭拒绝。对此，她将酒吧上属单位北京敦煌餐饮有限责任公司告上法庭，要求被告公开赔礼道歉，并赔偿经济损失费403.5元、精神损失费5万元。法院审理认为，被告的行为不仅侵害了高某自主选择服务的权利，同时对高某也是一种侮辱，使高某的内心受到伤害，人格受到贬损，侵害了其人格尊严。法院作出一审判决："丑女"获赔4403.5

元。这是京城首例因容貌歧视侵犯人权尊严而提起的索赔诉讼。

> **第一百一十条　自然人享有生命权、身体权、健康权、姓名权、肖像权、名誉权、荣誉权、隐私权、婚姻自主权等权利。**
>
> **法人、非法人组织享有名称权、名誉权和荣誉权。**

【条文主旨】

本条是关于民事主体人格权的规定。

【条文释义】

人格权是存在于民事主体人格上的权利，是民事主体对其特定的人格利益享有的权利，关系到每个人的人格尊严和人身自由，是民事主体最基本、最重要的权利。1986 年民法通则设专节规定了人身权，其中大部分内容都是关于人格权的规定。从人格权的主体看，民法通则区分了自然人的人格权和法人的人格权。本条继承了民法通则的规定和做法，同时根据近 40 年的发展，进一步丰富了具体人格权的类型。

一、自然人的人格权

本条第 1 款是对自然人所享有的人格权种类的规定。依据本款规定，自然人主要享有以下人格权：

1. 生命权。生命权是指自然人享有的以维护生命安全和生命尊严为内容的权利，其以自然人的生命安全利益为内容，以生命安全和生命维持为客体，以维护人的生命活动延续为基本内容。生命权是自然人享有的最基本的人格权。

2. 身体权。身体权指自然人享有的以维护身体完整和行动自由为内容的权利，其是自然人保持其身体组织完整并支配其肢体、器官和其他身体组织的权利。

3. 健康权。健康权是指自然人享有的以维护自己的身心健康为内容的权利，其是以自然人维护其机体生理机能正常运作和功能完善发挥为内容的权利。健康是维持人体正常生命活动的基础，健康权是自然人重要的人格权。

4. 姓名权。姓名权指自然人享有的依法决定、使用、变更或者许可他人使用自己姓名的权利。

5. 肖像权。肖像权是指自然人享有的依法制作、使用、公开或者许可他人使用自己肖像的权利，其体现在自然人对自己的精神利益和物质利益所享有的权利。

6. 名誉权。名誉权是指自然人、法人和非法人组织就其品德、声望、才能、信用等所获得的社会评价，所享有的保有和维护的权利，也就是说其是自然人就其自身属性和价值所获得的社会评价，所享有的保有和维护的权利。

7. 荣誉权。荣誉权就是民事主体对自己所获得的荣誉及其利益所享有的保持、支配的权利。

8. 隐私权。隐私权指自然人享有的私人生活安宁与不愿为他人知晓的私密空间、私密活动、私密信息等依法受到保护，不受他人刺探、侵扰、泄露和公开的权利。

9. 婚姻自主权。婚姻自主权是指自然人享有的结婚、离婚自由不受他人干涉的权利。

本法人格权编在本条规则的基础上，对前述具体人格权的内容、权利边界和保护方式等具体内容基本上都设专章作了较为详细的规定。婚嫁家庭编则对婚姻自主权的具体内容作了较为详细的规定。需要强调的是，自然人所享有的人格权种类则具有开放性，随着社会的发展和需要，还会有新的自然人所享有的具体人格权纳入其中，所以本条第1款在对自然人的具体人格权进行列举后，还加了一个"等"字。这能够回应社会发展所产生的新型人格权益保护需求，避免具体列举人格权所产生的封闭性，有助于使得人格权益保护的体系更为完全，保护的范围也更为周延，适应社会的不断发展，发挥对人格权益进行兜底性保护的功能，保持人格权制度发展的开放性。

二、法人、非法人组织的人格权

本条第2款是对法人、非法人组织人格权的规定。依据本款规定，法人、非法人组织主要享有以下人格权：

1. 名称权。名称权是指法人和非法人组织享有的依法使用、变更、转让或者许可他人使用自己名称的权利。

2. 名誉权。名誉权是指就其品德、声望、才能、信用等所获得的社会评价，所享有的保有和维护的权利。

3. 荣誉权。荣誉权是指法人、非法人组织对其获得的荣誉及其利益所享有的保持、支配的权利。

与自然人享有的人格权益相比，法人和非法人组织不能享有生命权、身体权、健康权等专属于自然人的权利。此外，对自然人的人格权保护具有充分的伦理价值，而法人和非法人组织享有一定范围的人格权，更多是基于现实的法律技术的需要，更多涉及财产利益，或者间接地保护组织背后的自然人，不是基于人身自由和人格尊严而产生的。因此，本法对法人、非法人组织的人格权种类是严格限制的，只限于本条所规定的三类情形。

> **第一百一十一条** 自然人的个人信息受法律保护。任何组织或者个人需要获取他人个人信息的，应当依法取得并确保信息安全，不得非法收集、使用、加工、传输他人个人信息，不得非法买卖、提供或者公开他人个人信息。

【条文主旨】

本条是关于自然人的个人信息受法律保护的规定。

【条文释义】

在信息社会，人的存在不仅涉及生物体征方面的信息，如身高、性别等，也涉及人作为社会成员的基本社会文化信息，如姓名、职业、宗教信仰、消费倾向、生活习惯等。越来越多的人类活动都有信息形式的记录。自然人的个人信息，是指以电子或者其他方式记录的能够单独或者与其他信息结合识别自然人个人身份的各种信息，包括但不限于自然人的姓名、出生日期、身份证件号码、个人生物识别信息、住址、电话号码等。个人信息的主体是自然人，以电子方式或者其他方式如文字、图表、图像记录，其能够单独或者与其他信息结合识别自然人个人身份。

我国立法机关高度重视对自然人个人信息的保护，不断完善保护个人信息的法律规定。目前，对个人信息的保护涉及多部法律。侵权责任法从传统民事权利的角度，明确规定了姓名权、名誉权、肖像权、隐私权属于受法律保护的民事权利，侵犯上述民事权利的，应当依法承担侵权责任。全国人大常委会通过关于加强网络信息保护的决定，对互联网上的公民信息保护作了较为系统和全面的规定，对网络服务提供者和其他企业事业单位收集、使用公民个人电子信息应当遵循的原则、保密义务及法律责任，有关部门依法应当履行的职责作了具体规定。消费者权益保护法第 14 条规定，消费者在购买、使用商品和接受服务时，享有人格尊严、民族风俗习惯得到尊重的权利，享有个人信息依法得到保护的权利。第 50 条规定，经营者侵害消费者的人格尊严、侵犯消费者人身自由或者侵害消费者个人信息依法得到保护的权利的，应当停止侵害、恢复名誉、消除影响、赔礼道歉，并赔偿损失。第 56 条对侵害消费者个人信息的经营者，除承担民事责任外，还规定了行政责任，加大了对违法行为的惩罚力度，如警告、没收违法所得、罚款及吊销营业执照等。网络安全法对网络运营者对个人信息保护的义务和责任作了具体规定。此外，还有多部法律也有对自然人个人信息保护的规定，如商业银行法第 29 条规定的银行对存款人存款信息的保护，执业医师法第 22 条规定的医师对患者隐私的保护，居民身份证法第 19 条规定国家机关或者有关单位不得泄露公民的个人身份信息等。这些法律及决定从不同角度对各自领域的自然人隐私权和个人信息进行保护。一方面在侵犯自然人隐私权和个人信息行为较为严重的领域，明确当事人各方的权利义务；另一方面规定了侵犯隐私权和个人信息的民事责任、行政责任及刑事责任，加大惩罚力度。

本条规定了其他民事主体对自然人个人信息保护的义务。根据本条规定，其他民事主体对自然人个人信息保护有以下义务：

一是任何组织和个人需要获取他人个人信息的，有依法取得并确保信息安全的义务。民事主体在正常的生活或者经营中不可避免地会取得一些他人的个人信息，如银行业、保险业、快递业经营者从事的经营业务以客户提供个人信息为前提。民事主体取得个人信息后，有义务采取技术措施和其他必要措施，确保信息安全，防止个人信息泄露、丢失。

二是不得非法收集、使用、加工、传输他人个人信息，不得非法买卖、提供或者公开他人个人信息。此义务既针对依法取得自然人个人信息的组织和个人，也针对非依法取得个人信息的组织和个人。没有得到法律授权或者个人信息主体同意，任何组织和个人不得收集、使用、加工、传输个人信息，不得非法买卖、提供或者公开个人信息。

违反个人信息保护义务的，应当依法承担民事责任、行政责任甚至刑事责任。其他法律对于其他民事主体对自然人个人信息保护的义务有具体规定。

【案例分析】

2016 年高考，徐某某被南京邮电大学录取。8 月 19 日下午 4 点 30 分左右，她接到了一个陌生电话，对方声称有一笔 2600 元助学金要发放给她。其曾接到过教育部门发放助学金的通知。由于前一天接到的教育部门电话是真的，所以当时他们并没有怀疑这个电话的真伪。按照对方要求，徐某某将准备交学费的 9900 元打入了骗子提供的账号……发现被骗后，徐某某万分难过，当晚就和家人去派出所报了案。在回家的路上，徐某某突然晕厥，不省人事，虽经医院全力抢救，但仍没能挽回她 18 岁的生命。经调查，2016 年 7 月初，犯罪嫌疑人陈某某租住房屋，购买手机、手机卡、无线网卡等工具，从犯罪嫌疑人杜某某手中购买 50000 余条山东省 2016 年高考考生信息，雇佣郑某某、黄某某冒充教育局工作人员以发放助学金名义对高考录取生实施电话诈骗，最终由于徐某某的个人信息被盗取而导致了悲剧的发生。

第一百一十二条 自然人因婚姻家庭关系等产生的人身权利受法律保护。

【条文主旨】

本条是关于自然人因婚姻家庭关系等产生的人身权利受法律保护的规定。

【条文释义】

自然人因婚姻家庭关系等产生的人身权利主要包括以下内容：

一、自然人因婚姻关系产生的人身权利

男女双方通过结婚形成婚姻关系，夫妻之间因为婚姻关系产生一些人身权利。如夫妻双方的扶养权利和义务。民法典婚姻家庭编第1059条规定，夫妻有相互扶养的义务。需要扶养的一方，在另一方不履行扶养义务时，有要求其给付扶养费的权利。同时婚姻家庭编还规定，夫妻应当互相忠实，互相尊重，互相关爱；夫妻在婚姻家庭关系中地位平等。

二、自然人因家庭关系产生的人身权利

自然人因家庭关系产生一些人身权利。如父母对子女的亲权和履行监护职责产生的权利。本法第27条第1款规定，父母是未成年子女的监护人。第34条第2款规定，监护人依法履行监护职责产生的权利，受法律保护。

三、自然人因收养关系产生的人身权利

收养是指将他人未成年子女收为自己子女的行为。收养将本无血缘关系的自然人，拟制为亲子关系，因此，收养者与被收养者之间具有拟制血亲关系。收养者为养父母，被收养者为养子女。收养制度是婚姻家庭制度的重要组成部分。民法典婚姻家庭编在我国收养法的基础上，对收养的条件和程序、收养的效力等收养制度的内容作了较为详细的规定。根据婚姻家庭编的规定，自收养关系成立之日起，养父母与养子女间的权利义务关系，适用本法关于父母子女关系的规定；养子女与养父母的近亲属间的权利义务关系，适用本法关于子女与父母的近亲属关系的规定。

第一百一十三条 民事主体的财产权利受法律平等保护。

【条文主旨】

本条是关于民事主体的财产权利受法律平等保护的规定。

【条文释义】

民事主体的财产权利受法律平等保护是由民法调整的社会关系的性质决定的。本法第 2 条规定，民法调整平等主体的自然人、法人和非法人组织之间的人身关系和财产关系。第 4 条规定，民事主体在民事活动中的法律地位一律平等。平等集中反映了民事法律关系的本质属性，是民事法律关系区别于其他法律关系的主要标志。本条在本法规定平等原则的基础上，单列一条规定民事主体的财产权利受法律平等保护。

本条的核心是"平等保护"。民事主体的财产权利受法律平等保护也是市场经济的内在要求。我国宪法规定，国家实行社会主义市场经济。公平竞争、平等保护、优胜劣汰是市场经济的基本法则。在社会主义市场经济条件下，各种所有制经济形成的市场主体都处于平等地位，享有相同权利，遵守相同规则，承担相同责任。如果不对民事主体的财产权利平等保护，解决纠纷的办法、承担的法律责任不一样，就不可能发展社会主义市场经济，也不可能坚持和完善社会主义基本经济制度。如对不同民事主体的财产权利不平等保护，势必损害民事主体依法创造、积累财产的积极性，不利于民富国强、社会和谐。

本条的立法有一个变化的过程。民法总则草案三次审议稿第 112 条规定，自然人的私有财产权利受法律保护。第 116 条规定，民事主体的物权受法律平等保护，任何组织或者个人不得侵犯。在立法过程中，有的意见认为，第 112 条规定自然人私有财产权利受法律保护，与基本原则的相关规定重复，建议删除。有的意见认为，第 116 条只规定物权受法律平等保护不妥，其他民事权利也应当受法律平等保护。经研究认为：民法的任务之一是保护我国宪法规定的基本经济制度下民事主体的财产权，中央一再强调，对各种民事主体所享有的财产权利应当给予平等保护。党的十八届三中全会提出，要完善产权保护制度，公有制经济财产权不可侵犯，非公有制经济财产权同样不可侵犯。国家保护各种所有制经济的产权和合法权益，保证各种所有制经济同等受法律保护。党的十八届四中全会明确提出，要实现公民权利保障的法治化。《中共中央、国务院关于完善产权保护制度依法保护产权的意见》和中央经济工作会议明确提出，加强产权保护制度建设，平等保护各种所有制组织的财产权和自然人的财产权。民法总则落实了中央的上述要求，结合各方面意见，将三次审议稿第 112 条修改为"民事主体的财产权利受法律平等保护"，并删除了民法总则草案三次审议稿第 116 条。民法典延续了民法总则的规定。

【案例分析】

原审被告人张某某原系物美控股集团有限公司董事长。2009 年 3 月 30 日，原审被告人张某某因犯诈骗罪、单位行贿罪、挪用资金罪被判处有期徒刑 12 年，并处罚金人民币 50 万元。2016 年 10 月，张某某向最高人民法院提出申诉。最高人民法院于 2017 年 12 月 27 日作出再审决定。2018 年 5 月 31 日最高人民法院提审本案后，以认定事实和适用法律错误为由撤销原审判决，改判张某某无罪，原判已执行的罚金及追缴的财产依法予以返还。

最高人民法院再审认为，物美集团在申报国债技改贴息项目时，国债技改贴息政策已有所调整，民营企业具有申报资格，且物美集团所申报的物流项目和信息化项目均属于国债技改贴息重点支持对象，符合国家当时的经济发展形势和产业政策。原审被告人张某某在物美集团申报项目过程中，虽然存在违规行为，但未实施虚构事实、隐瞒真相以骗取国债技改贴息资金的诈骗行为，并无非法占有 3190 万元国债技改贴息资金的主观故意，不符合诈骗罪的构成要件。故原判认定张某某的行为构成诈骗罪，属于认定事实和适用法律错误，应当依法予以纠正。原审被告单位物美集团在收购国旅总社所持泰康公司股份后，给予赵某 30 万元好处费的行为，并非为了谋取不正当利益，亦不属于情节严重，不符合单位行贿罪的构成要件；物美集团在收购粤财公司所持泰康公司股份后，向李某支付 500 万元系被索要，且不具有为谋取不正当利益而行贿的主观故意，亦不符合单位行贿罪的构成要件，故物美集团的行为不构成单位行贿罪，张某某作为物美集团直接负责的主管人员，对其亦不应以单位行贿罪追究刑事责任。原判认定物美集团及张某某的行为构成单位行贿罪，属于认定事实和适用法律错误，应当依法予以纠正。原判认定张某某挪用资金归个人使用、为个人谋利的事实不清、证据不足。故原判认定张某某的行为构成挪用资金罪，属于认定事实和适用法律错误，应当依法予以纠正。

张某某再审案件是在全面依法治国、加强产权和企业家权益保护的大背景下，最高人民法院依法纠正涉产权和企业家冤错案件的第一案，为纠正民营企业冤错案件，落实产权司法保护树立了典范和标杆。

> **第一百一十四条　民事主体依法享有物权。**
> **物权是权利人依法对特定的物享有直接支配和排他的权利，包括所有权、用益物权和担保物权。**

【条文主旨】

本条是关于民事主体依法享有物权的规定。

【条文释义】

物权，是对物的权利。物权是一种财产权，财产权主要有物权、债权、继承权和知识产权中的财产权。财产可分为有形财产和无形财产，物权是对有形财产的权利。

物权是民事主体依法享有的一项重要的财产权利。这种权利是权利人在法律规定的范围内对特定的物享有的直接支配和排他的权利。由于物权是直接支配物的权利，因而物权又被称为"绝对权"；物权的权利人享有物权，任何其他人都不得非法干预，物权的权利人以外的任何人都是物权的义务人，因此物权又被称为"对世权"。在权利性质上，物权与债权不同。债权的权利义务限于当事人之间，如合同的权利义务限于订立合同的各方当事人；债权是要求债务人作为或者不作为的权利，债权人也只能要求债务人作为或者不作为，不能要求与其债权债务关系无关的人作为或者不作为；债权依赖于债务人而存在，债权的行使要基于相对人的意思和行为。正因为如此，债权被称为"相对权""对人权"。

物权的权利人对物享有直接支配的权利，是物权的主要特征之一。各种物权均以直接支配物作为其基本内容。"直接"即权利人实现其权利不必借助于他人，在法律规定的范围内，完全可以按照自己的意愿行使权利。"支配"有安排、利用的意思，包括占有、使用、收益和处分的权能总合。"直接支配"指的是对于物不需要他人的协助、配合，权利人就能对物自主利用。对所有权来说，权利人可以按照自己的意愿行使占有、使用、收益和处分的权利。直接支配还有排除他人干涉的含义，其他人负有不妨碍、不干涉物权人行使权利的义务。物权的排他性是指一物之上不能有相互冲突的物权，比如所有权，一物之上只能有一个所有权，此物是我的就不是你的（区分所有权等是特例）；即使一物之上可以设定若干个抵押权，但由于是按照抵押权设定的先后顺序优先受偿，其间也不存在冲突。本法物权编在本条规定的基础上对物权中的基本规则、所有权、用益物权、担保物权和占有等各项具体制度作了较为详细的规定。

物权包括所有权、用益物权和担保物权。所有权是指权利人依法对自己的不动产和动产享有全面支配的权利。所有权具有四项权能，即占有、使用、收益和处分。"占有"是对于财产的实际管领或控制，拥有一个物的一般前提就是占有，这是财产所有者直接行使所有权的表现。"使用"是权利主体对财产的运用，发挥财产的使用价值。拥有物的目的一般是为了使用。"收益"是通过财产的占有、使用等方式取得的经济效益。使用物并获益是拥有物的目的之一。"处分"是指财产所有人对其财产在事实上和法律上的最终处置。民法典物权编对国家所有权、集体所有权和私人所有权的内容作了较为详细的规定。

用益物权是权利人对他人所有的不动产或者动产，依法享有占有、使用和收益的权利。物权编在原物权法的基础上规定了土地承包经营权、建设用地使用权、宅基地使用权、地役权、居住权这几种用益物权。用益物权是以对他人所有的不动产或者动产为使用、收益的目的而设立的，因而被称作用益物权。用益物权制度是物权法律制度中一项非常重要的制度，与所有权制度、担保物权制度一同构成了物权制度的完整体系。用益物权人对他人所有的不动产或者动产，依照法律规定享有的权利包括以下几个方面：一是占有的权利。用益物权作为以使用收益为目的的物权，以权利人对物的实际占有为前提。利用他人的物为使用收益，必然要对物予以实际支配。没有占有就不能实现对物的直接利用。二是使用的权利。权利人可以根据物的自然属性、法定用途或者约定的方式，对物进行实际上的利用。比如，在集体所有的宅基地上自建房屋以供居住。三是收益的权利。权利人可以通过对物的利用而获取经济上的收入或者其他利益。比如，在集体所有的土地上从事种植业、林业、畜牧业等农业生产，出售出产物而获得收益；在国家所有的土地上建造商品房用以出售以取得收益等。

担保物权是为了确保债务履行而设立的物权，当债务人不履行债务时，债权人就担保财产依法享有优先受偿的权利。担保物权对保证债权实现、维护交易秩序、促进资金融通，具有重要作用。根据物权编的规定，我国的担保物权包括抵押权、质权和留置权。物权编第四分编对我国的担保物权制度作了详细规定。抵押权是为了确保债务履行而设立的一种担保物权，指债务人自己继续占有不动产或者动产，将该财产抵押给债权人，当债务人不履行债务时，债权人就抵押财产依法享有优先受偿的权利。比如，以房产抵押设定的抵押权。质权包括动产质权和权利质权。动产质权是指债务人将其动产交由债权人占有，当债务人不履行债务时，债权人就该动产依法享有优先受偿的权利，如将字画古董出质设定的质权。权利质权是指债务人将其拥有的财产权利凭证交由债权人占有，或者通过登记制度将该权利出质给债权人，当债务人不履行债务时，债权人就该财产权利依法享有优先受偿的权利。比如，以仓单、存款单出质设立的质权。留置权是当债务人不履行债务时，债权人依法留置已经合法占有的债务人的动产，并就该动产享有优先受偿的权利。比如，存货人不支付仓储费，仓储人依法有权留置仓储物，在法定期限内存货人仍不支付仓储费，仓储人有权变卖仓储物以获取仓储费。

> **第一百一十五条　物包括不动产和动产。法律规定权利作为物权客体的，依照其规定。**

【条文主旨】

本条是关于物权客体的规定。

【条文释义】

法律上所指的物，主要是不动产和动产。"不动产"是不可移动的物，如土地以及房屋、林木等土地附着物。"动产"是不动产以外的可移动的物，如机动车、电视机等。不动产和动产是物权法上对物的分类，之所以进行这样的分类，主要是便于根据不动产和动产各自的特点分别予以规范。物权法律制度上的物指有体物或者有形物，有体物或者有形物是物理上的物，包括固体、液体、气体，也包括电等没有形状的物。所谓有体物或者有形物主要是与精神产品相对而言的，著作、商标、专利等是精神产品，是无体物或者无形物，精神产品通常不是物权制度规范的对象。同时，并非所有的有体物或者有形物都是物权制度规范的对象，能够作为物权制度规范对象的还必须是人力所能控制、有利用价值的物。随着科学技术的发展，一些原来无法控制且无法利用的物也可以控制和利用了，也就纳入了物权制度的调整范围，物权制度规范的物的范围也在不断扩大。

精神产品不属于物权制度的调整范围，但是在有些情况下，财产权利可以作为担保物权的标的，比如可以转让的注册商标专用权、专利权、著作权等知识产权中的财产权，可以出质作为担保物权的标的，形成权利质权，由此权利也成了物权的客体。因此，本条规定，法律规定权利作为物权客体的，依照规定。

【案例分析】

被告人陈某是个体经营者，空闲时间，常玩一款舰队战略类手游。经修炼升级，逐渐从新手菜鸟成为高端玩家，并在游戏的某公会担任会长。陈某所在的公会与另一公会经常因游戏发生矛盾，陈某心中愤懑不平，欲为自己公会"出口气"，打击对方。陈某得知该公会会长杨某的游戏账号后，通过自己公会成员李成（化名）得到了杨某的账号密码，为了毁坏杨某在游戏中的战船、宝石等游戏装备，陈某特意建好微信群，将 3 名公会会员拉进群，群中部署作案计划。陈某将杨某的两个账号的密码信息发至微信群中，自己登录杨某其中一个账号，由靳某登录另一账号，二人将杨某游戏账号中的战船攻防装备全部卸下，以裸船的方式撞击其他战舰，造成杨某游戏账号内的战舰、宝石、道具大量损毁。上海青浦检察院以被告人陈某故意毁坏财物罪向上海青浦人民法院提起公诉。但在审理过程中对游戏装备是否属于物争议很大。

> **第一百一十六条　物权的种类和内容，由法律规定。**

【条文主旨】

本条是关于物权法定原则的规定。

【条文释义】

物权法定是物权法律制度的基本原则之一。物权法定中的"法"，指法律，即全国人大及其常委会制定的法律，除法律明确规定可以由行政法规、地方性法规规定的外，一般不包括行政法规和地方性法规。需要说明的是，物权法定中的法律，既包括物权法，也包括其他法律，如土地管理法、城市房地产管理法、矿产资源法、草原法、森林法、海域使用管理法、渔业法、海商法、民用航空法等，这些法律中都有对物权的规定。

物权法定，有两层含义：一是物权由法律规定，当事人不能自由创设物权；二是违背物权法定原则，所设"物权"没有法律效力。本条规定："物权的种类和内容，由法律规定。"其一，是设立哪些物权的种类，只能由法律规定，当事人之间不能创立。物权的大的种类分所有权、用益物权和担保物权；用益物权中还可分为土地承包经营权、建设用地使用权、宅基地使用权和地役权；担保物权中还可分为抵押权、质权和留置权。其二，是物权的权利内容，一般也只能由法律规定，物权的内容指物权的权利义务，如土地承包经营权的承包期多长，承包经营权何时设立，承包经营权的流转权限，承包地的调整、收回、被征收中的权利义务，等等。物权法的规定许多都是强制性规范，当事人应当严格遵守，不能由当事人约定排除，除非法律规定了"有约定的按照约定""当事人另有约定的除外"这些例外情形。

物权是一项重要的民事权利，是一种直接支配权，被称为"绝对权""对世权"。指的是权利人不需要他人的协助、配合，就能对物自主利用。因此，物权关系的义务人不同于债权关系的义务人，债权的实现在多数情况下需要债务人的积极配合，而物权关系的义务人最基本的义务是不妨碍、不干涉物权人行使权利。只要义务人不妨碍、不干涉，物权人就能实现其权利，达到对物的利用并享受收益的目的。物权不同于债权，债权的权利义务发生在当事人之间，遵循自愿原则，具体内容由当事人约定，比如合同是当事人之间的协议，对合同内容如何约定原则上由当事人决定。物权的权利人行使权利，对所有其他人都有约束力，物权人以外的任何人都是义务人，都有尊重物权不干涉权利人行使物权的义务。物权调整的权利人和义务人之间的关系与合同当事人之间的权利义务关系不同，其间的权利义务不能由权利人单方面决定，也难以由某个权利人和若干个义务人决定，权利人和义务人之间的权利义务必须由法律决定，对权利人和义务人之间的规范也只能由法律规定。

> **第一百一十七条　为了公共利益的需要，依照法律规定的权限和程序征收、征用不动产或者动产的，应当给予公平、合理的补偿。**

【条文主旨】

本条是关于征收、征用的规定。

【条文释义】

征收是国家以行政权取得集体、单位和个人的财产所有权的行为。征收的主体是国家，通常是政府以行政决定的方式从集体、单位和个人手中取得土地、房屋等财产。在物权法上，征收是物权变动的一种特殊情形，涉及所有权人的所有权丧失。征用是国家为了抢险、救灾等公共利益需要，在紧急情况下强制性地使用单位、个人的不动产或者动产。征用的目的只在获得使用权，征用不导致所有权移转，被征用的不动产或者动产使用后，应当返还被征用人。征收、征用是政府行使行政权，属于行政关系，不属于民事关系，但由于征收、征用是对所有权或者使用权的限制，同时又是国家取得所有权或者使用权的一种方式，因此民法通常都从这一民事角度对此作原则规定。

需要说明的是，征收和征用是两个不同的法律概念。征收是指为了公共利益需要，国家将他人所有的财产强制地征归国有；征用是指为了公共利益需要而强制性地使用他人的财产。征收和征用的共同之处在于，都是为了公共利益需要，都要经过法定程序，并都要给予补偿。不同之处在于，征收主要是所有权的改变，征用只是使用权的改变。征收是国家从被征收人手中直接取得所有权，其结果是所有权发生了移转；征用则主要是在紧急情况下对他人财产的强制使用，一旦紧急情况结束，被征用的财产应返还原权利人。

征收和征用，应当遵循三个原则：

其一，公共利益需要的原则。实施征收、征用，必须是出于公共利益的需要，这是征收、征用的前提条件。公共利益通常是指全体社会成员的共同利益和社会的整体利益，是不特定多数人的利益。在实践中判断是否属于社会公共利益，一要同商业利益相区别。商业利益是个人和企业获取利润的利益，商业利益直接服务于个人或者企业，不能为了商业利益的需要而强行征收、征用他人的不动产和动产。二要同部门、单位和小集体的利益相区别。部门、单位和小集体的利益，其受益人是特定的少数人，与公共利益有着本质的区别。为了谋求商业利益或者单位的利益而需要他人转让其不动产或动产的，应当通过平等协商、公平买卖的办法解决，而不是借助国家强制力来实现。

基于公共利益的需要，是征收、征用应当遵循的一项原则。但公共利益的界定在不同领域、不同情形下的表现是不同的，情况复杂难以划一，对公共利益作出具体界定，宜分别由单行法律作出具体规定。为了规范国有土地上房屋征收与补偿活动，维护公共利益，保障被征收房屋所有权人的合法权益，2011年1月21日国务院颁布的《国有土地上房屋征收与补偿条例》第8条规定，为了保障国家安全、促进国民经济和社会发展等公共利益的需要，有下列情形之一，确需征收房屋的，由市、县级人民政府作出房屋征收决定：（1）国防和外交的需要；（2）由政府组织实施的能源、交通、水利等基础设施建设的需要；（3）由政府组织实施的科技、教育、文化、卫生、体育、环境和资源保护、防灾减灾、文物保护、社会福利、市政公用等公共事业的需要；（4）由政府组织实施的保障性安居工程建设的需要；（5）由政府依照城乡规划法有关规定组织实施的对危房集中、基础设施落后等地段进行旧城区改建的需要；（6）法律、行政法规规定的其他公共利益的需要。这一规定即为对公共利益的具体界定，主要适用于在城市国有土地上对单位、个人房屋的征收。

其二，依照法定程序的原则。征收、征用在一定程度上限制了他人的财产权。为了防止其滥用，平衡他人财产保护和公共利益需要的关系，依法保护权利人的财产权利，征收、征用必须严格依照法律规定的程序进行。相比而言，征收是所有权的改变，并且事先有较充分的准备，因此程序上要求比较严格；征用一般都是在紧急情况下采取的措施，通常是临时性的，程序上相对比较简便。

依照《国有土地上房屋征收与补偿条例》的规定，国有土地上房屋的征收与补偿应当遵循决策民主、程序正当、结果公开的原则。按照以下程序进行：房屋征收部门拟定征收补偿方案，报市、县级人民政府。市、县级人民政府应当组织有关部门对征收补偿方案进行论证并予以公布，征求公众意见。征求意见期限不得少于 30 日。市、县级人民政府应当将征求意见情况和根据公众意见修改的情况及时公布。因旧城区改建需要征收房屋，多数被征收人认为征收补偿方案不符合该条例规定的，市、县级人民政府应当组织由被征收人和公众代表参加的听证会，并根据听证会情况修改方案。市、县级人民政府作出房屋征收决定后应当及时公告。公告应当载明征收补偿方案和行政复议、行政诉讼权利等事项。被征收人对市、县级人民政府作出的房屋征收决定不服的，可以依法申请行政复议，也可以依法提起行政诉讼。房屋征收部门与被征收人依照该条例的规定，就补偿方式、补偿金额和支付期限、用于产权调换房屋的地点和面积、搬迁费、临时安置费或者周转用房、停产停业损失、搬迁期限、过渡方式和过渡期限等事项，订立补偿协议。补偿协议订立后，一方当事人不履行补偿协议约定的义务的，另一方当事人可以依法提起诉讼。

其三，依法给予补偿的原则。尽管征收和征用是为了公共利益需要，但都不能采取无偿剥夺的方式，必须依法给予补偿。补偿的方式应视财产的类别而加以区别对待。征收的对象一般都是不动产，并且是所有权的改变，一般都要给予金钱补偿、相应的财产补偿或者其他形式的补偿。在征用过程中，如果是非消耗品，使用结束后，原物还存在的，应当返还原物，对于物的价值减少的部分要给予补偿；如果是消耗品，通常要给予金钱补偿。补偿的原则，宪法规定的是要依照法律规定给予补偿。本法原则规定要给予公平、合理的补偿。至于按什么标准补偿，需要在有关法律中根据不同情况作出具体规定。此外，补偿应当及时，补偿延误将给被征收、征用人造成损失。补偿是在事前给予，还是在征收、征用过程中给予，或是在事后给予，需要根据具体情况确定。即便在紧急情况下的征用，在事后给予补偿，也并不意味着可以任意拖延，而应在使用后尽快给予补偿。

国家对他人的财产可以实行征收、征用，是为了公共利益的需要；而给予补偿，又是对他人财产的一种保护，有利于平衡和协调他人财产保护和公共利益需要之间的关系。

关于征收集体土地的补偿。本法对补偿原则即给予公平合理的补偿作了明确规定。在征收集体土地时，对所有权人即农民集体和用益物权人即承包经营权人给予补偿，应当依照土地管理法等有关法律的规定，确定具体的补偿标准和补偿办法，并应当把握以下几点：

一是征地补偿和安置补助的原则是保证被征地农民的生活水平不因征收土地而降低。征收土地后通过补偿和采取各项安置措施，要使被征地农民的生活水平达到征地前的生活水平。如果达不到，应当采取相应的措施，包括提高补偿标准。

二是按照被征收土地的原用途给予补偿。原来是耕地的按耕地的标准补偿，原来是林地的按林地补偿，原来是草地的按草地补偿。

三是征收耕地的补偿费用包括土地补偿费、安置补助费、地上附着物补偿费和青苗补偿费。土地补偿费是给予土地所有人和用益物权人（承包人）的投入及造成损失的补偿，应当归土地所有人和用益物权人所有。安置补助费用于被征地农户的生活安置，如果是农民自谋职业或自行安置的，应当为农民个人所有。地上附着物和青苗补偿费归地上附着物、青苗的所有人（多为承包人）所有。

四是依据前述标准支付的土地补偿费和安置补助费不能保证被征地农民的原有生活水平的，经省级人民政府批准，可以提高补偿标准。根据社会、经济发展水平，在特殊情况下，国务院可以提高征收耕地的土地补偿费和安置补助费标准。

五是征收其他土地的土地补偿费和安置补助费，是指征收耕地以外其他土地，如林地、草地、建设用地等应当给予的补偿。其具体标准由各省、自治区、直辖市参照征收耕地的土地补偿费和安置补助费的标准规定。

关于国有土地上房屋征收的补偿。因城市建设、旧城改造等而征收房屋，应当依照《国有土地上房屋征收与补偿条例》的规定给予补偿。该条例规定，为了公共利益的需要，征收国有土地上单位、个人的房屋，应当对被征收房屋所有权人（以下称被征收人）给予公平补偿。作出房屋征收决定的市、县级人民政府对被征收人给予的补偿包括：（1）被征收房屋价值的补偿；（2）因征收房屋造成的搬迁、临时安置的补偿；（3）因征收房屋造成的停产停业损失的补偿。对被征收房屋价值的补偿，不得低于房屋征收决定公告之日被征收房屋类似房地产的市场价格。被征收房屋的价值，由具有相应资质的房地产价格评估机构按照房屋征收评估办法评估确定。被征收人可以选择货币补偿，也可以选择房屋产权调换。被征收人选择房屋产权调换的，市、县级人民政府应当提供用于产权调换的房屋，并与被征收人计算、结清被征收房屋价值与用于产权调换房屋价值的差价。因征收房屋造成搬迁的，房屋征收部门应当向被征收人支付搬迁费；选择房屋产权调换的，产权调换房屋交付前，房屋征收部门应当向被征收人支付临时安置费或者提供周转用房。房屋征收部门与被征收人在征收补偿方案确定的签约期限内达不成补偿协议，或者被征收房屋所有权人不明确的，由房屋征收部门报请作出房屋征收决定的市、县级人民政府依照本条例的规定，按照征收补偿方案作出补偿决定，并在房屋征收范围内予以公告。实施房屋征收应当先补偿、后搬迁。

2016 年 11 月 4 日，《中共中央、国务院关于完善产权保护制度依法保护产权的意见》指出，完善土地、房屋等财产征收征用法律制度，合理界定征收征用适用的公共利益范围，不将公共利益扩大化，细化规范征收征用法定权限和程序。遵循及时合理补偿原则，完善国家补偿制度，进一步明确补偿的范围、形式和标准，给予被征收征用者公平合理补偿。本条的规定，贯彻了上述中央精神，体现了维护公共利益和对财产所有权人的保护。

【案例分析】

2004 年，重庆南隆房地产开发有限公司与重庆智润置业有限公司共同对九龙坡区鹤兴路片区进行开发，征收拆迁工作从 2004 年 9 月开始，该片区 280 户均已搬迁，仅剩一户未搬迁。这幢户主为杨某、吴某夫妻的两层小楼一直矗立在工地上。2004 年 10 月，吴某夫妇的房屋被断水。2005 年 2 月房屋被断电，施工队进场后，房屋与外界的道路也被阻断。2005 年 2 月，开发商向九龙坡区房管局提请拆迁行政裁决，要求裁决被拆迁人限期搬迁。九龙坡区房管局于 2007 年 1 月 11 日下达了拆迁行政裁决书，并于 2 月 1 日向九龙坡区人民法院提起了《先予强制拆迁申请书》，法院受理了此案。3 月 19 日，九龙坡区人民法院组织九龙坡区房地产管理局、吴某、重庆南隆房地产开发有限公司进行了听证，并当庭裁定限吴某夫妇在 3 月 22 日前自动搬迁。从 3 月 21 日，法院多次组织拆迁三方进行协商，重庆智润置业有限公司及重庆南隆房地产开发有限公司的代表和吴某参加了协商。3 月 23 日，案件进入执行程序。3 月 25 日，吴某向九龙坡区人民法院提出要求院长接待，当日法院院长和执行法官接待了吴某，吴某表示愿意协商。3 月 26 日，九龙坡区人民法院组织拆迁双方进行了协商，由于拆迁双方存在较大分歧，协商未果。法院于当日发出执行通知，责令吴某夫妇在 3 月 29 日前自动搬迁。3 月 27 日，法院再次组织拆迁双方进行协商，双方分歧仍然较大，并表示拒绝继续接触。3 月 30 日，九龙坡区人民法院发布公告，责令吴某夫妇在 2007 年 4 月 10 日前自动搬迁，并将九龙坡区鹤兴路区 7 号房屋交重庆南隆房地产开发有限公司拆迁，否则法院将依法实施强制拆除。4 月 2 日，重庆智润置业有限公司和吴某夫妇达成协议。吴某夫妇接受异地商品房安置，自愿搬迁，并获得 90 万元营业损失补偿。4 月 2 日下午，户主杨某自愿离开房屋，晚 7 时拆除施工开始，至当日 22 时 36 分，房屋被顺利拆除。

> **第一百一十八条** 民事主体依法享有债权。
>
> 债权是因合同、侵权行为、无因管理、不当得利以及法律的其他规定，权利人请求特定义务人为或者不为一定行为的权利。

【条文主旨】

本条是关于民事主体依法享有债权的规定。

【条文释义】

债是因合同、侵权行为、无因管理、不当得利以及法律的其他规定，特定当事人之间发生的权利义务关系。首先，债是一种民事法律关系，是民事主体之间以权利义务为内容的法律关系。其次，债是特定当事人之间的法律关系。债的主体各方均为特定当事人。再次，债是特定当事人之间得请求为或者不为一定行为的法律关系。享有权利的人是债权人，负有义务的人是债务人。债是以请求权为特征的法律关系，债权人行使债权，只能通过请求债务人为或者不为一定行为得以实现。最后，债是因合同、侵权行为、无因管理、不当得利以及法律的其他规定而发生的法律关系。本章规定的是民事权利，因此从权利角度对债作了规定。债权是因合同、侵权行为、无因管理、不当得利以及法律的其他规定，权利人请求特定义务人为或者不为一定行为的权利。债权是现代社会生活中民事主体的一项重要财产权利。根据本条规定，债的发生原因包括以下几种情况：

一是合同。合同是民事主体之间设立、变更、终止民事法律关系的协议。合同依法成立后，即在当事人之间产生债权债务关系。基于合同所产生的债为合同之债。债权人有权按照合同约定，请求合同义务人履行合同义务。合同之债是民事主体为自己利益依自己意思自行设定的，合同之债属于意定之债。民法典合同编对合同之债的规则作了详细的规定。

二是侵权行为。侵权行为，是指侵害他人民事权益的行为。本法第3条规定，民事主体的人身权利、财产权利以及其他合法权益受法律保护，任何组织或者个人不得侵犯。在民事活动中，民事主体的合法权益受法律保护，任何人都负有不得侵害的义务。行为人侵害他人人身权利、财产权利以及其他合法权益的，应依法承担民事责任。民事权益受到侵害的，被侵权人有权请求侵权人承担侵权责任。因侵权行为，侵权人与被侵权人之间形成债权债务关系。侵权行为之债不是侵权人所愿意发生的法律后果，法律确认侵权行为之债的目的在于，通过债权和民事责任使侵权行为人承担其不法行为所造成的不利后果，给被侵权人救济，从而保护民事主体的合法民事权益。民法典侵权责任编对侵权行为之债作了较为详细的规定。

三是无因管理。无因管理，是指没有法定的或者约定的义务，为避免他人利益受损失进行管理的行为。无因管理行为虽为干预他人事务，但是以避免他人利益受损失为目的，有利于社会的互助行为。法律为鼓励这一行为赋予管理人请求受益人偿还因管理行为支出的必要费用的权利。因无因管理产生的债称为无因管理之债。无因管理之债并不是基于当事人的意愿设定的，而是根据法律的规定，为法定之债。

四是不当得利。不当得利，是指没有法律根据，取得不当利益，造成他人损失的情形。在社会生活中，任何民事主体不得没有法律根据，取得利益而致他人损害，因此，法律规定受损失的人有权请求取得不当得利的人返还不当利益。不当得利为债的发生原因，基于不当得利而产生的债称为不当得利之债。不当得利之债既不同于合同之债，也不同于无因管理之债。不当得利不是当事人双方间的合意，并非是当事人寻求的法律目的，也不以当事人的意志为转移，而是法律为纠正不当得利，直接赋予当事人的权利义务，也是法定之债。民法典合同编第三分编对无因管理之债和不当得利之债的规则作了详细的规定。

五是法律的其他规定。合同、侵权行为、无因管理、不当得利是债的发生的主要原因，除此之外，法律的其他规定也会引起债的发生，使民事主体依法享有债权。

本法合同编对合同之债作了详细规定，同时专设准合同分编对无因管理、不当得利之债作了具体规定；侵权责任编对侵权行为之债也作了较为详细的规定。

第一百一十九条　依法成立的合同，对当事人具有法律约束力。

〖条文主旨〗

本条是关于依法成立的合同对当事人具有法律约束力的规定。

〖条文释义〗

合同是产生债权债务关系的一种重要原因。合同之债是当事人在平等基础上自愿设定的，是民事主体主动参与民事活动，积极开展各种经济交往的法律表现。合同是最常见的债的发生原因，合同之债在社会经济生活中占有重要的地位。

根据自愿原则，订不订合同、与谁订合同、合同的内容如何等，由当事人自愿约定。但是，合同依法成立以后，对当事人就具有了法律约束力。所谓法律约束力，是指当事人应当按照合同的约定履行自己的义务，非依法律规定或者取得对方同意，不得擅自变更或者解除合同。如果不履行合同义务或者履行合同义务不符合约定，应当承担违约责任。只有依法成立的合同才能产生合同之债。本法合同编第 465 条第 1 款规定，依法成立的合同，受法律保护。如果一方当事人未取得对方当事人同意，擅自变更或者解除合同，不履行合同义务或者履行合同义务不符合约定，使对方当事人的权益受到损害，受损害方向人民法院起诉要求维护自己的权益时，法院就要依法维护，擅自变更或者解除合同的一方当事人应当承担违约责任。

> **第一百二十条** 民事权益受到侵害的，被侵权人有权请求侵权人承担侵权责任。

【条文主旨】

本条是关于民事权益受到侵害的被侵权人的请求权的规定。

【条文释义】

侵权责任法律制度的基本作用，一是保护被侵权人，二是减少侵权行为。保护被侵权人是建立和完善侵权责任法律制度的主要目的。本章规定了民事主体的各种人身权利、财产权利及其他合法权益。本法侵权责任编对侵权责任的具体规则作了详细规定。被侵权人在其民事权益被侵权人侵害构成侵权时，有权请求侵权人承担侵权责任。这种权利是一种请求权，所谓请求权，是指请求他人为一定行为或不为一定行为的权利。请求权人自己不能直接取得作为该权利内容的利益，必须通过他人的特定行为间接取得。在侵权人的行为构成侵权，侵害了被侵权人的民事权益时，被侵权人有权请求侵权人承担侵权责任。被侵权人可以直接向侵权人行使请求权，也可以向法院提起诉讼，请求法院保护自己的合法权益。

侵权法律关系中，在民事主体的合法权益受到侵害时，被侵权人有权请求侵权人承担侵权责任，如果进行诉讼，则为原告。这里的被侵权人指的是侵权行为损害后果的直接承受者，是因侵权行为而使民事权益受到侵害的人。被侵权人可以是所有具有民事权利能力的民事主体，只要具有实体法上的民事权利能力，又因侵权行为而使其民事权益受到侵害的人，就具有被侵权人的资格，包括自然人、法人和非法人组织。被侵权人的资格不在于其是否具有民事行为能力，但是有无民事行为能力关系到其是否可以自己行使请求侵权人承担侵权责任的权利。有完全民事行为能力的被侵权人，可以自己行使请求权，请求侵权人承担侵权责任；无民事行为能力或限制民事行为能力的被侵权人，自己不能行使请求权，应当由其法定代理人代其行使请求权。在被侵权人死亡时，其近亲属有权请求侵权人承担侵权责任。侵权责任编规定，被侵权人死亡的，其近亲属有权请求侵权人承担侵权责任。被侵权人为单位，该单位分立、合并的，承继权利的单位有权请求侵权人承担侵权责任。被侵权人可能是单个主体也可能是多个主体。在一个侵权行为有多个被侵权人的情况下，所有的被侵权人都享有请求侵权人承担侵权责任的权利，都可以提起侵权之诉，被侵权人的权利相互独立，一些被侵权人不请求不影响其他被侵权人提出请求权，被侵权人也可以提起共同诉讼。我国一些现有司法解释对请求权的主体也有规定。《最高人民法院关于确定民事侵权精神损害赔偿责任若干问题的解释》第7条规定："自然人因侵权行为致死，或者自然人死亡后其人格或者遗体遭受侵害，死者的配偶、父母和子女向人民法院起诉请求赔偿精神损害的，列其配偶、父母和子女为原告；没有配偶、父母和子女的，可以由其他近亲属提起诉讼，列其他近亲属为原告。"《最高人民法院关于审理人身损害赔偿案件适用法律若干问题的解释》第1条第2款规定："本条所称'赔偿权利人'，是指因侵权行为或者其他致害原因直接遭受人身损害的受害人、依法由受害人承担扶养义务的被扶养人以及死亡受害人的近亲属。"

在侵权法律关系中，侵权人是承担侵权责任的主体，在诉讼中为被告。《最高人民法院关于审理人身损害赔偿案件适用法律若干问题的解释》第1条第3款规定："本条所称'赔偿义务人'，是指因自己或者他人的侵权行为以及其他致害原因依法应当承担民事责任的自然人、法人或者其他组织。"侵权人一般是直接加害人，直接加害人是直接实施侵权行为，造成被侵权人损害的人。直接加害人分为单独的加害人和共同的加害人，共同加害人的侵权责任根据本法共同侵权的相关规定承担。在替代责任形式的特殊侵权责任中，直接造成损害的行为人不直接承担侵权责任，承担侵权责任的主体是替代责任的责任人。如侵权责任编规定，用人单位的工作人员因执行工作任务造成他人损害的，由用人单位承担侵权责任。

侵权人承担侵权责任有多种方式。根据本法第179条的规定，承担民事责任的方式主要有：停止侵害；排除妨碍；消除危险；返还财产；恢复原状；修理、重作、更换；继续履行；赔偿损失；支付违约金；消除影响、恢复名誉；赔礼道歉。法律规定惩罚性赔偿的，依照其规定。承担民事责任的方式，可以单独适用，也可以合并适用。

> **第一百二十一条** 没有法定的或者约定的义务，为避免他人利益受损失而进行管理的人，有权请求受益人偿还由此支出的必要费用。

【条文主旨】

本条是关于无因管理的规定。

【条文释义】

无因管理，是指没有法定的或者约定的义务，为避免他人利益受损失而进行管理的行为。管理他人事务的人为管理人，因管理人管理其事务而受益的人为受益人。无因管理制度作为债的发生原因之一，使管理人和受益人之间产生了债权债务关系。无因管理行为虽为干预他人事务，但是以避免他人利益受损失为目的，有利于社会的互助行为。法律为鼓励这一行为，赋予管理人请求受益人偿还因管理行为而支出的必要费用的权利。因无因管理产生的债称为无因管理之债。我国自 1986 年的民法通则就对无因管理制度作了规定，本条继承了民法通则的规定，对无因管理作了原则性规定。本法合同编在此基础上，还设专章对无因管理制度的具体规则作了规定。根据本法的规定，构成无因管理，有以下几个要件：

一是管理他人事务。管理他人事务，即为他人进行管理，这是成立无因管理的首要条件。如将自己的事务误认为他人事务进行管理，即使目的是为他人避免损失，也不能构成无因管理。

二是为避免他人利益受损失。一般来说，在既无法定义务又无约定义务的情况下，管理他人的事务，属于干预他人事务的范畴。而法律规定的无因管理，是为避免他人利益受损失而进行管理的行为。符合助人为乐、危难相助的道德准则的行为，应该得到鼓励和受到保护。

三是没有法定的或者约定的义务。无因，指没有法定的或者约定的义务。没有法定的或者约定的义务是无因管理成立的重要条件。如果行为人负有法定的或者约定的义务进行管理，则不能构成无因管理。

根据本条规定，符合以上三个要件，构成无因管理的，无因管理发生后，管理人依法享有请求受益人偿还因管理行为支出的必要费用的权利，受益人有偿还该项费用的义务。需要注意的是，符合以上三个要件的无因管理只是原则上享有费用请求权，但管理人管理事务的行为不符合受益人的真实意愿的，根据本法合同编关于"无因管理"第 979 条的规定，管理人不享有前款规定的权利，除非受益人的真实意愿违反法律或者违背公序良俗的除外。

> **第一百二十二条** 因他人没有法律根据，取得不当利益，受损失的人有权请求其返还不当利益。

【条文主旨】

本条是关于不当得利的规定。

【条文释义】

不当得利，是指没有法律根据，取得不当利益，造成他人损失的情形。不当得利制度对民事主体之间的财产流转关系有调节作用，目的在于恢复民事主体之间在特定情形下所发生的非正常的利益变动。因不当得利产生的债称为不当得利之债。本条规定，因他人没有法律根据，取得不当利益，受损失的人有权请求其返还不当利益。不当得利在民法中产生的情况主要有以下几种：一是民事法律行为不成立、无效及被撤销所产生的不当得利。二是履行不存在的债务所引起的不当得利。三是因合同解除产生的不当得利。四是基于受益人、受害人或第三人行为而产生的不当得利。五是基于事件而产生的不当得利。

我国在 1986 年民法通则中就对不当得利制度作了原则性规定，本法继承了民法通则的规定，于总则编中作了概括性规定，于合同编中单独专章对该制度的具体规则作了规定。根据本法的规定，构成不当得利，有以下几个要件：

一是民事主体一方取得利益。取得利益，是指财产利益的增加。既包括积极的增加，即财产总额的增加；也包括消极的增加，即财产总额应减少而未减少，如本应支付的费用没有支付等。

二是民事主体他方受到损失。受到损失，是指财产利益的减少。既包括积极损失，即财产总额的减少；也包括消费损失，即应当增加的利益没有增加。

三是一方取得利益与他方受到损失之间有因果关系。一方取得利益与他方受到损失之间有因果关系，是指他方的损失是因一方获得利益造成的。

四是没有法律根据。没有法律根据是构成不当得利的重要要件。如果一方取得利益和他方受到损失之间有法律根据，民事主体之间的关系就受到法律的认可和保护，不构成不当得利。

需要说明的是，民法通则第 92 条规定，没有合法根据，取得不当利益，造成他人损失的，应当将取得的不当利益返还受损失的人。民法总则一审稿曾延续民法通则第 92 条的规定。在立法过程中，有的意见提出，合法根据强调是否违法性，而不当得利的适用前提是指没有"法律的规定和当事人的约定"，建议将"合法根据"改为"法律根据"。有的意见提出，本章规定的是民事权利，应当从受损失的人有权请求返还的权利角度考虑。因此，本条最终修改为："因他人没有法律根据，取得不当利益，受损失的人有权请求其返还不当利益。"

第一百二十三条　民事主体依法享有知识产权。

知识产权是权利人依法就下列客体享有的专有的权利：

（一）作品；

（二）发明、实用新型、外观设计；

（三）商标；

（四）地理标志；

（五）商业秘密；

（六）集成电路布图设计；

（七）植物新品种；

（八）法律规定的其他客体。

【条文主旨】

本条是关于民事主体依法享有知识产权的规定。

【条文释义】

知识产权是国际上广泛使用的一个法律概念，是民事主体对其创造性的客体依法享有的专有权利。设立知识产权的目的在于调动人们从事智力创作和科学技术研究的积极性，从而创造出更多、更好的精神财富。民法通则将知识产权作为民事主体的基本民事权利之一予以规定，适应了我国改革开放和知识产权国际保护的需要。民法通则出台后，我国制定了多部保护知识产权的法律法规。1982 年通过商标法，1984 年通过专利法，1990 年通过著作权法，国务院也颁布实施了著作权法实施条例、专利法实施细则、商标法实施条例等。知识产权有以下特征：一是知识产权是一种无形财产权。二是知识产权具有财产权和人身权的双重属性，如作者享有发表权、署名权、修改权等人身权。三是知识产权具有专有性。本条规定，知识产权是权利人依法就下列客体享有的专有的权利。法律规定知识产权为权利人专有，除权利人同意或法律规定外，权利人以外第三人不得享有或者使用该项权利，否则为侵害他人的知识产权。四是知识产权具有地域性，法律确认和保护的知识产权，除该国与他国条约或参加国际公约外，只在一国领域内发生法律效力。五是知识产权具有时间性，各国法律对知识产权的保护都有严格的时间限制。丧失效力的知识产权客体进入公有领域，成为全人类共有的财富。根据本条规定，知识产权是权利人依法就下列客体所享有的专有权利：

一、作品

对作品的知识产权保护主要规定在著作权相关法律法规中。著作权法第 3 条规定，本法所称的作品，包括以下列形式创作的文学、艺术和自然科学、社会科学、工程技术等作品：（1）文字作品；（2）口述作品；（3）音乐、戏剧、曲艺、舞蹈、杂技艺术作品；（4）美术、建筑作品；（5）摄影作品；（6）电影作品和以类似摄制电影的方法创作的作品；（7）工程设计图、产品设计图、地图、示意图等图形作品和模型作品；（8）计算机软件；（9）法律、行政法规规定的其他作品。

权利人依法就作品享有的专有权利是著作权。根据著作权法的规定，著作权是指著作权人对其作品享有的人身权和财产权，包括发表权、署名权、修改权、保护作品完整权、复制权、发行权、出租权、展览权、表演权、放映权、广播权、信息网络传播权、摄制权、改编权、翻译权、汇编权和应当由著作权人享有的其他权利。

二、发明、实用新型、外观设计

对发明、实用新型、外观设计的知识产权保护主要规定在专利权相关法律法规中。专利法第 2 条规定，本法所称的发明创造是指发明、实用新型和外观设计。发明，是指对产品、方法或者其改进所提出的新的技术方案。实用新型，是指对产品的形状、构造或者其结合所提出的适于实用的新的技术方案。外观设计，是指对产品的形状、图案或者其结合以及色彩与形状、图案的结合所作出的富有美感并适于工业应用的新设计。

权利人依法就发明、实用新型、外观设计享有的专有权利是专利权。专利权是指专利权人依法就发明、实用新型、外观设计所享有的专有权利，任何组织或者个人未经专利权人许可，不得实施其专利。根据专利法第 60 条的规定，未经专利权人许可，实施其专利，即侵犯其专利权，引起纠纷的，由当事人协商解决；不愿协商或者协商不成的，专利权人或者利害关系人可以向人民法院起诉，也可以请求管理专利工作的部门处理。

三、商标

对商标的知识产权保护主要规定在商标权相关法律法规中。商标法第 3 条第 1、2、3 款规定，经商标局核准注册的商标为注册商标，包括商品商标、服务商标和集体商标、证明商标……本法所称集体商标，是指以团体、协会或者其他组织名义注册，供该组织成员在商事活动中使用，以表明使用者在该组织中的成员资格的标志。本法所称证明商标，是指由对某种商品或者服务具有监督能力的组织所控制，而由该组织以外的单位或者个人使用于其商品或者服务，用以证明该商品或者服务的原产地、原料、制造方法、质量或者其他特定品质的标志。

权利人依法就商标享有的专有权利是商标专用权。商标专用权是商标专用权人在核准商品上使用注册商标的专有权利。根据商标法第 3 条规定，商标注册人享有商标专用权，受法律保护。商标法第 57 条规定，有下列行为之一的，均属侵犯注册商标专用权：（1）未经商标注册人的许可，在同一种商品上使用与其注册商标相同的商标的；（2）未经商标注册人的许可，在同一种商品上使用与其注册商标近似的商标，或者在类似商品上使用与其注册商标相同或者近似的商标，容易导致混淆的；（3）销售侵犯注册商标专用权的商品的；（4）伪造、擅自制造他人注册商标标识或者销售伪造、擅自制造的注册商标标识的；（5）未经商标注册人同意，更换其注册商标并将该更换商标的商品又投入市场的；（6）故意为侵犯他人商标专用权行为提供便利条件，帮助他人实施侵犯商标专用权行为的；（7）给他人的注册商标专用权造成其他损害的。

四、地理标志

地理标志，是指标示某商品来源于某地区，该商品的特定质量、信誉或者其他特征，主要由该地区的自然因素或者人文因素所决定的标志。权利人依法就地理标志享有专有权。目前我国没有专门的法律法规对权利人依法就地理标志享有的专有权利作出规定，对地理标志享有的专有权利分散规定在商标法、农业法、商标法实施条例等法律法规中。商标法实施条例第 4 条第 1 款规定，商标法第 16 条规定的地理标志，可以依照商标法和本条例的规定，作为证明商标或者集体商标申请注册。农业法第 23 条第 3 款规定，符合国家规定标准的优质农产品可以依照法律或者行政法规的规定申请使用有关的标志。符合规定产地及生产规范要求的农产品可以依照有关法律或者行政法规的规定申请使用农产品地理标志。农业法第 49 条第 1 款规定，国家保护植物新品种、农产品地理标志等知识产权，鼓励和引导农业科研、教育单位加强农业科学技术的基础研究和应用研究，传播和普及农业科学技术知识，加速科技成果转化与产业化，促进农业科学技术进步。就地理标志享有专有权利的权利人有其特殊性。由于地理标志是标识商品产自某地区的特定质量、信誉或者其他特征，商品符合使用该地理标志条件的自然人、法人或者非法人组织都可以使用地理标志。商标法第 16 条第 1 款规定，商标中有商品的地理标志，而该商品并非来源于该标志所标示的地区，误导公众的，不予注册并禁止使用；但是，已经善意取得注册的继续有效。

在立法过程中，有的提出，根据商标法第 16 条和商标法实施条例第 4 条的相关规定，地理标志可以作为证明商标或者集体商标申请注册，地理标记已被包含在商标的范畴中。因此，建议删除本项。有的提出，与贸易有关的知识产权协议已将地理标志单列为知识产权的一种，即地理标记标示出某商品来源于某成员地域内，或来源于该地域中的某地区或某地方，该商品的特定质量、信誉或其他特征，主要与该地理来源相关联。因此，有必要在本条中将地理标记规定为知识产权的客体之一。最后本条采纳了后一种意见。

五、商业秘密

商业秘密，是指不为公众所知悉、能为权利人带来经济利益、具有实用性并经权利人采取保密措施的技术信息和经营信息。权利人依法对商业秘密享有专有权。目前我国没有专门的法律法规对权利人依法就商业秘密享有的专有权利作出规定，对商业秘密专有权利的保护分散规定在反不正当竞争法、合同法等法律中。反不正当竞争法第 9 条规定，经营者不得实施下列侵犯商业秘密的行为：（1）以盗窃、贿赂、欺诈、胁迫、电子侵入或者其他不正当手段获取权利人的商业秘密；（2）披露、使用或者允许他人使用以前项手段获取的权利人的商业秘密；（3）违反保密义务或者违反权利人有关保守商业秘密的要求，披露、使用或者允许他人使用其所掌握的商业秘密；（4）教唆、引诱、帮助他人违反保密义务或者违反权利人有关保守商业秘密的要求，披露、使用或者允许他人使用权利人的商业秘密。经营者以外的其他自然人、法人和非法人组织实施前款所列违法行为的，视为侵犯商业秘密。第三人明知或者应知商业秘密权利人的员工、前员工或者其他单位、个人实施本条第 1 款所列违法行为，仍获取、披露、使用或者允许他人使用该商业秘密的，视为侵犯商业秘密。根据民法典合同编第 501 条规定，当事人在订立合同过程中知悉的商业秘密或者其他应当保密的信息，无论合同是否成立，都不得泄露或者不正当地使用；泄露、不正当地使用该商业秘密造成对方损失的，应当承担损害赔偿责任。

六、集成电路布图设计

集成电路布图设计，是指集成电路中至少有一个是有源元件的两个以上元件和部分或者全部互联线路的三维配置，或者为制造集成电路而准备的上述三维配置。权利人依法对集成电路布图设计享有专有权。本法出台前，我国民事法律对权利人依法就集成电路布图设计享有的专有权利未作出规定，仅有科学技术进步法第 20 条第 1 款使用"集成电路布图设计专有权"。对集成电路布图设计专有权利的保护主要由国务院《集成电路布图设计保护条例》规定。《集成电路布图设计保护条例》第 7 条规定，布图设计权利人享有下列专有权：（1）对受保护的布图设计的全部或者其中任何具有独创性的部分进行复制；（2）将受保护的布图设计、含有该布图设计的集成电路或者含有该集成电路的物品投入商业利用。

七、植物新品种

植物新品种，是指经过人工培育的或者对发现的野生植物加以开发，具备新颖性、特异性、一致性和稳定性并有适当命名的植物品种。对植物新品种的知识产权保护主要规定在种子法、农业法、植物新品种保护条例等相关法律法规中。种子法第 25 条规定，国家实行植物新品种保护制度。对国家植物品种保护名录内经过人工选育或者发现的野生植物加以改良，具备新颖性、特异性、一致性、稳定性和适当命名的植物品种，由国务院农业、林业主管部门授予植物新品种权，保护植物新品种权所有人的合法权益。植物新品种权的内容和归属、授予条件、申请和受理、审查与批准，以及期限、终止和无效等依照本法、有关法律和行政法规规定执行。国家鼓励和支持种业科技创新、植物新品种培育及成果转化。取得植物新品种权的品种得到推广应用的，育种者依法获得相应的经济利益。农业法第 49 条第 1 款规定，国家保护植物新品种、农产品地理标志等知识产权，鼓励和引导农业科研、教育单位加强农业科学技术的基础研究和应用研究，传播和普及农业科学技术知识，加速科技成果转化与产业化，促进农业科学技术进步。权利人对植物新品种依法享有的专有权是植物新品种权。种子法第 28 条规定，完成育种的单位或者个人对其授权品种，享有排他的独占权。任何单位或者个人未经植物新品种权所有人许可，不得生产、繁殖或者销售该授权品种的繁殖材料，不得为商业目的将该授权品种的繁殖材料重复使用于生产另一品种的繁殖材料；但是本法、有关法律、行政法规另有规定的除外。

八、法律规定的其他客体

除了本条明确列举的知识产权的客体，本条第 8 项规定了"法律规定的其他客体"。本项规定实际上为未来知识产权客体的发展留出了空间。

【 案例分析 】

国际矿业巨头力拓集团是中国钢铁企业进口铁矿石的主要来源之一。2008 年 12 月至 2009 年 6 月，力拓公司上海首席代表、中国铁矿石业务总经理胡某某以及王某、葛某某，刘某某 4 名员工，为掌握中国钢铁企业对 2009 年度国际铁矿石价格谈判的策略，以便其所属力拓公司制定相应对策，利用该公司在铁矿石贸易中的优势地位，采取利诱及其他不正当手段，获取了中国钢铁企业 2009 年进口铁矿石价格谈判的多项商业秘密。此外，4 名被告人还于 2005 年 4 月至 2008 年 10 月间，为力拓公司在对华铁矿石贸易中获取更多的销售利润，非法搜集了中国钢铁企业的多项商业秘密。被告人胡某某、王某、葛某某、刘某某的上述行为，严重影响和损害了中国有关钢铁企业的竞争利益，使其在铁矿石进口谈判中处于不利地位，并致 2009 年中国钢铁企业与力拓公司铁矿石价格谈判突然中止，给中国有关钢铁企业造成了巨大的经济损失；其中，首钢国贸公司、莱钢国贸公司等 20 余家单位多支出预付款人民币 10.18 亿元。2010 年 3 月 29 日下午，上海市第一中级人民法院对力拓案作出一审判决，认定胡某某、王某、葛某某、刘某某 4 人犯非国家工作人员受贿罪、侵犯商业秘密罪，分别判处其有期徒刑 14 年到 17 年不等。

> **第一百二十四条** 自然人依法享有继承权。
>
> 自然人合法的私有财产，可以依法继承。

【条文主旨】

本条是关于自然人依法享有继承权的规定。

【条文释义】

继承权是指自然人依照法律的规定或者被继承人生前立下的合法有效的遗嘱而取得被继承人遗产的权利。继承权是自然人的一项基本民事权利。宪法第 13 条第 2 款规定，国家依照法律规定保护公民的私有财产权和继承权。宪法作为根本大法，确立了关于保护公民私有财产权和继承权的原则。民法通则第 76 条规定，公民依法享有财产继承权。根据宪法规定，为保护公民的私有财产的继承权，1985 年我国出台了继承法，调整继承法律关系。我国其他法律对自然人的继承权的保护也有所规定。物权法第 65 条第 2 款规定，国家依照法律规定保护私人的继承权及其他合法权益。未成年人保护法第 52 条第 1 款规定，人民法院审理继承案件，应当依法保护未成年人的继承权和受遗赠权。妇女权益保障法第 34 条第 1 款规定，妇女享有的与男子平等的财产继承权受法律保护。在同一顺序法定继承人中，不得歧视妇女。

本法总则编在本章单列一条，明确规定自然人依法享有继承权。本法继承编以本条规定为依据，在继承法和其他法律的基础上对继承的具体规则作了详细规定。对自然人继承权的保护，是保护自然人个人财产所有权的必然要求。当自然人死亡时，将其生前个人所有的合法财产，依法转移给他的继承人，有利于提高自然人参加经济建设的积极性，为社会、家庭和个人积累财富，满足人们日益增长的物质生活和文化生活的需要。

依照我国法律规定，自然人享有继承权，自然人可以继承的被继承人的财产的范围为被继承人合法的私有财产。本条第 2 款的规定是对自然人合法的私有财产权在继承制度上的保护。宪法第 13 条第 1、2 款规定，公民的合法的私有财产不受侵犯。国家依照法律规定保护公民的私有财产权和继承权。民法典物权编第 266 条规定，私人对其合法的收入、房屋、生活用品、生产工具、原材料等不动产和动产享有所有权。物权编第 267 条规定，私人合法财产受法律保护。在自然人生存时，这主要通过对其所享有的物权、债权、知识产权、股权等一系列民事权利的保护来实现。在自然人死亡后，其合法的私有财产可以作为遗产，由继承人依法继承，实现对自然人合法私有财产保护的目的。根据继承法第 3 条的规定，遗产是公民死亡时遗留的个人合法财产，包括：公民的收入；公民的房屋、储蓄和生活用品；公民的林木、牲畜和家禽；公民的文物、图书资料；法律允许公民所有的生产资料；公民的著作权、专利权中的财产权利；公民的其他合法财产。考虑到自继承法实施以来，社会物质财富极大丰富，老百姓所享有的财产也越来越多样，对可继承财产进行一一列举已不可能，难免挂一漏万。基于此，本法继承编对可以继承的财产没有再采取列举的方法，而是用概括规定的方式予以规定。

【案例分析】

2006 年 11 月，张某自书遗嘱"我妻今后嫁人，10 号楼归我侄子所有"。同年 12 月，张某去世。2007 年，张某妻蔡某与他人结婚并于次年生一女且在 10 号楼为女儿举办"百日酒"。2012 年，张某侄起诉蔡某，要求判令张某名下 9 号楼、10 号楼归其所有。法院认为：公民可以依法立遗嘱处分个人财产。本案中张某亲笔书写遗书及签名，注明年、月、日，并经数名证人见证签名，就其居住房产予以处分，故其书写遗书为自书遗嘱。公民立遗嘱将个人财产赠给国家、集体或法定继承人以外的人，为遗赠。张某侄属法定继承人以外的人，其诉讼主张基于遗赠法律关系而提出，故本案应为遗赠纠纷。

第一百二十五条　民事主体依法享有股权和其他投资性权利。

【条文主旨】

本条是关于民事主体依法享有股权和其他投资性权利的规定。

【条文释义】

股权是指民事主体因投资于公司成为公司股东而享有的权利。股权根据行使目的和方式的不同可分为自益权和共益权两部分。自益权是指股东基于自身利益诉求而享有的权利，可以单独行使，包括资产收益权、剩余财产分配请求权、股份转让权、新股优先认购权等；共益权是指股东基于全体股东或者公司的利益诉求而享有的权利，包括股东会表决权、股东会召集权、提案权、质询权、公司章程及账册的查阅权、股东会决议撤销请求权等。民事主体通过投资于公司成为公司股东后依法享有股权。根据本条规定，民事主体依法享有股权。公司法第4条规定，公司股东依法享有资产收益、参与重大决策和选择管理者等权利。公司法还区分不同的公司形式，对民事主体投资于公司成为公司股东后的权利作了详细规定。

其他投资性权利是指民事主体通过投资享有的权利。如民事主体通过购买证券、基金、保险等进行投资而享有的民事权利。根据本条规定，民事主体依法享有其他投资性权利。这些投资性权利的具体权利内容根据证券法等具体法律规定依法享有。

在制定民法总则时，民法总则一审稿第91条曾规定，民事主体依法享有股权或者其他民事权利。一审稿未规定其他投资性权利。在立法过程中，有的意见提出，民事主体购买基金和其他有价证券的权利也应受到保护，建议将"股权"修改为"投资权"。有的意见建议，将本条修改为："民事主体依法享有的股权及其他投资性权利受法律保护。"根据各方面意见，本条最终规定："民事主体依法享有股权和其他投资性权利。"

> **第一百二十六条　民事主体享有法律规定的其他民事权利和利益。**

【条文主旨】

本条是关于民事主体享有的民事权益的兜底性规定。

【条文释义】

本章专章规定了民事主体的民事权利，具体规定了民事主体的人格权、身份权、物权、债权、知识产权、继承权、股权和其他投资性权利。考虑到民事权利和利益多种多样，立法中难以穷尽，而且随着社会、经济的发展，还会不断地有新的民事权益纳入法律的保护范围，因此，本条对民事主体享有的民事权利和利益作了兜底性规定。

> **第一百二十七条　法律对数据、网络虚拟财产的保护有规定的，依照其规定。**

【条文主旨】

本条是关于数据和网络虚拟财产的保护的规定。

【条文释义】

随着互联网和大数据技术的快速发展，网络虚拟财产、数据等各种新型财产出现。但在立法过程中，对于是否规定和如何规定数据和网络虚拟财产，存在较大争议。经研究，最后本条对数据和网络虚拟财产的保护作了原则性规定，即规定"法律对数据、网络虚拟财产的保护有规定的，依照其规定"。一方面，确立了依法保护数据和网络虚拟财产的原则；另一方面鉴于数据和网络虚拟财产的权利性质存在争议，需要对数据和网络虚拟财产的权利属性作进一步深入研究，进一步总结理论和司法实践的经验，为以后立法提供坚实基础。

一、关于数据

目前我国法律未对数据的保护作出专门规定，也未专门规定对数据库的保护。根据现有法律，对数据可以分别情况依据著作权、商业秘密来保护。我国著作权法第 14 条规定了汇编作品。具有独创性是作品受著作权法保护的前提，具有独创性的数据如果构成汇编作品，受著作权法的保护。反不正当竞争法第 9 条规定了对商业秘密的保护。第 9 条第 4 款规定，本条所称的商业秘密，是指不为公众所知悉、具有商业价值并经权利人采取相应保密措施的技术信息、经营信息等商业信息。符合上述条件的技术信息和经营信息等数据，可以作为商业秘密保护。

有的意见提出，清晰的权利归属和权利内容是交易的前提与基础。随着数据产业发展和数据交易实践的进行，数据法律属性问题成为人们关注且必须解决的问题之一。数据法律属性关系到以数据为客体所形成的法律关系类型及法律关系调整问题。数据法律问题，不仅关系到数据开发者的利益，也关系到社会公众获取信息，影响数据产业的生存和发展。但规定对数据的保护，需要规定一系列的制度，包括构成数据保护的情形、主体和客体、权利的内容、权利的限制、享有权利的期限、法律责任等。民法总则的定位和篇章结构无法对这一系列制度作系统详细的规定，宜对数据的保护作原则性和指引性规定。此外，对数据的保护应以保护民事主体个人信息权益为前提。在数据时代，收集利用数据信息很容易侵犯民事主体的个人信息权益。属于他人个人信息权益范畴的信息，其权利主体为用户个人所有，其使用和经营，须经过用户的许可，否则为侵权。

二、关于网络虚拟财产

网络虚拟财产是计算机信息技术发展的产物，随着网络的普及发展，网络与人们生活的联系越来越紧密，围绕网络虚拟财产权利义务的各种纠纷时有发生，网络虚拟财产的法律属性等问题也引起了广泛争论。有的意见认为，广义的网络虚拟财产是指一切存在于网络虚拟空间内的虚拟财产，包括电子邮箱、网络账户、虚拟货币、网络游戏中虚拟物品及装备、经注册的域名等。狭义的网络虚拟财产是指网络游戏中存在的虚拟财产，包括游戏账号的等级、游戏货币、游戏人物等。网络游戏中，玩家投入大量时间、精力和金钱参与网络游戏，通过练级等个人劳动、购买游戏卡等真实财物付出、买卖装备等市场交易获得网络虚拟财产，从各种网络虚拟财产的得失中获得感官和精神上的享受，达到娱乐身心的目的，价值不言而喻。他们在虚拟空间从事创造的所得可以转化为现实的财富，网上、网下进行的交易充分彰显网络虚拟财产的交换价值。网络用户通过账号密码设置防止他人修改、增删自己的网络虚拟财产，通过一定的程序买卖、使用、消费网络虚拟财产，实现对网络虚拟财产的占有和处分。

随着网络与生活的联系越来越紧密，围绕网络虚拟财产的纠纷也越来越多。目前我国网络虚拟财产纠纷主要有以下几种情况：一是网络虚拟财产被盗纠纷。深圳市南山区法院审理了国内首例网络虚拟财产的盗窃案，该案中被告人窃取了大量QQ号码的密码保护资料并出售给他人，因此承担了刑事责任及民事赔偿责任。二是网络虚拟财产交易纠纷。网络游戏中网络虚拟财产的交易行为大量存在，有的还价值不菲，有的交易发生欺诈行为，在交易双方间产生纠纷。三是网络虚拟财产权属确认纠纷。一些网络虚拟财产几经转手后，归属关系错综复杂，致使玩家与运营商之间、玩家与玩家之间因网络虚拟财产权属确认发生纠纷。四是网络游戏服务合同纠纷。在北京市朝阳区法院审理的国内首例网络虚拟财产争议案中，原告在游戏中积累和购买的虚拟的生物武器被另一玩家盗走，但运营商拒绝将盗号者资料交给原告。原告以运营商未履行服务义务造成他的私人财产损失为由，将运营商告上了法庭。五是因运营商对"外挂"等行为封号引发的玩家与运营商之间的纠纷。某些运营商对"私服"（私人服务器）、"外挂"（一种模拟键盘和鼠标运动修改客户端内存数据的作弊程序）的玩家进行处理，未尽告知义务、扩大处理范围或者处理不当，错误查封正常玩家的账号或者删除游戏装备的纠纷。

> **第一百二十八条** 法律对未成年人、老年人、残疾人、妇女、消费者等的民事权利保护有特别规定的，依照其规定。

【条文主旨】

本条是关于弱势群体民事权利的特别保护的衔接性规定。

【条文释义】

未成年人、老年人、残疾人、妇女、消费者等民事主体，由于其心理、生理或者市场交易地位原因，可能在民事活动中处于弱势地位。为保护整体上处于弱势地位的民事主体的民事合法权益，我国不少法律对未成年人、老年人、残疾人、妇女、消费者等特殊群体所享有的民事权利有特别保护规定。如消费者权益保护法通过规定消费者的权利和经营者的义务来保护消费者的合法权益，规定消费者的知情权、选择权等权利，规定经营者负有保障消费者安全、质量保证、告知和召回等义务。未成年人保护法、老年人权益保障法、残疾人保障法、妇女权益保障法对未成年人、老年人、残疾人、妇女的民事权利有特别保护规定。本条是对弱势群体民事权利的特别保护的衔接性规定。根据本条规定，法律对未成年人、老年人、残疾人、妇女、消费者等的民事权利有特别保护规定的，依照其规定。

第一百二十九条 民事权利可以依据民事法律行为、事实行为、法律规定的事件或者法律规定的其他方式取得。

【条文主旨】

本条是关于民事权利的取得方式的规定。

【条文释义】

民事权利的取得，是指民事主体依据合法的方式获得民事权利。根据本条规定，民事权利可以依据下列方式取得：

一是民事法律行为。民事法律行为是指民事主体通过意思表示设立、变更、终止民事法律关系的行为，民法理论一般称为法律行为。如订立买卖合同的行为、订立遗嘱、放弃继承权、赠与等。本法第六章专章规定了民事法律行为，对民事法律行为的概念、成立、效力等作了规定。民事法律行为以意思表示为核心要素，没有意思表示则没有民事法律行为。意思表示是指行为人为了产生一定民法上的效果而将其内心意思通过一定方式表达于外部的行为。根据本法第 143 条的规定，具备下列条件的民事法律行为有效：（1）行为人具有相应的民事行为能力；（2）意思表示真实；（3）不违反法律、行政法规的强制性规定，不违背公序良俗。民事权利可以依据民事法律行为取得。如订立合同是民事法律行为，合同一方可以通过订立合同取得合同约定的权利。

二是事实行为。事实行为是指行为人主观上没有引起民事法律关系发生、变更或者消灭的意思，而依照法律的规定产生一定民事法律后果的行为。如自建房屋、拾得遗失物、无因管理行为、劳动生产等。事实行为有合法的，也有不合法的。拾得遗失物等属于合法的事实行为，侵害他人的人身、财产的侵权行为是不合法的事实行为。民事权利可以依据事实行为取得，如民事主体因无因管理行为取得对他人的无因管理债权等。

三是法律规定的事件。法律规定的事件是指与人的意志无关而根据法律规定能引起民事法律关系变动的客观情况，如自然人的出生、死亡，自然灾害，生产事故，果实自落及时间经过等。民事权利可以依据法律规定的事件取得，如民事主体因出生取得继承权等。

四是法律规定的其他方式。除了民事法律行为、事实行为、法律规定的事件，民事权利还可以依据法律规定的其他方式取得。如物权编第 229 条规定，因人民法院、仲裁机构的法律文书或者人民政府的征收决定等，导致物权设立、变更、转让或者消灭的，自法律文书或者征收决定等生效时发生效力。第 42 条第 1 款规定，为了公共利益的需要，依照法律规定的权限和程序可以征收集体所有的土地和组织、个人的房屋以及其他不动产。

> **第一百三十条** 民事主体按照自己的意愿依法行使民事权利，不受干涉。

【条文主旨】

本条是关于民事主体按照自己的意愿依法行使民事权利的规定。

【条文释义】

本条规定是自愿原则在民事权利行使中的体现。本法第 5 条规定了民法自愿原则："民事主体从事民事活动，应当遵循自愿原则，按照自己的意思设立、变更、终止民事法律关系。"自愿原则是民法的一项基本原则，贯彻于整个民法典之中。本条是自愿原则在行使民事权利中的体现，民事主体按照自己的意愿依法行使民事权利，不受干涉体现在：一是民事主体有权按照自己的意愿依法行使民事权利或者不行使民事权利。二是民事主体有权按照自己的意愿选择依法行使的民事权利内容。三是民事主体有权按照自己的意愿选择依法行使民事权利的方式。民事主体按照自己的意愿行使权利，任何组织和个人不得非法干涉。

我国其他法律对民事主体按照自己的意愿依法行使民事权利有相关规定。例如，合同法第 4 条规定，当事人依法享有自愿订立合同的权利，任何单位和个人不得非法干预。婚姻法第 5 条规定，结婚必须男女双方完全自愿，不许任何一方对他方加以强迫或任何第三者加以干涉。民法典婚姻家庭编第 1046 条继承了婚姻法的这一规定。

> **第一百三十一条** 民事主体行使权利时，应当履行法律规定的和当事人约定的义务。

【条文主旨】

本条是关于民事主体行使权利应当履行义务的规定。

【条文释义】

民事主体依法享有的民事权利和承担的民事义务是民事法律关系的内容。在民事法律关系中，民事权利和民事义务是相互对立、相互联系的。民事权利的内容要通过相应的民事义务表现，民事义务的内容由相应的民事权利限定。在很多情况下，民事主体享有权利的同时，负担法律规定的或者当事人约定的义务。如合同双方当事人一般相互约定各自的权利义务，一方当事人享有合同权利的同时，也负有约定的合同义务。民事主体行使权利时，应当履行法律规定的和当事人约定的义务。

在民法总则制定过程中，民法总则草案一审稿曾将本条作为民事主体合法的民事权益受法律保护这一条的第 2 款，规定在第 1 章基本原则中，表述为"民事主体行使权利的同时，应当履行法律规定的或者当事人约定的义务，承担相应责任"。立法过程中，有的意见提出，只有违反了义务，才会带来不利的法律后果，才要承担民事责任。规定行使权利、履行义务就要承担责任，在逻辑上不通。权利与义务相对应，责任属于违反义务的后果，三者不宜并列，因为行使权利，如果履行了义务，责任是不会发生的。建议删掉最后一句"承担相应责任"。草案三审稿删除了"承担相应责任"，规定"民事主体行使权利的同时，应当履行法律规定的或者当事人约定的义务"。又有意见提出，强调民事主体在享有权利的同时必须注重对义务的承担，教育公民正确行使权利，诚信履行义务，对建立法治社会、践行社会主义核心价值观具有重要现实意义，但放在基本原则一章不合适，应作为权利行使的规则在本章进行规定。最终，将本条放在民事权利一章中，作为民事权利行使的规则进行规定。民法典维持了这一规定。

> **第一百三十二条** 民事主体不得滥用民事权利损害国家利益、社会公共利益或者他人合法权益。

【条文主旨】

本条是关于民事主体不得滥用民事权利的规定。

【条文释义】

不得滥用民事权利，指民事权利的行使不得损害国家利益、社会公共利益或者他人合法权益。每一个民事主体都有权行使自己所享有的权利，法律也鼓励民事主体行使自己的权利，但是权利的行使，有一定界限，行使民事权利损害国家利益、社会公共利益或者他人合法权益的，为滥用民事权利。民法一方面鼓励权利主体正当地行使权利，另一方面为权利的行使划定了明确的界限，即不得滥用民事权利损害国家利益、社会公共利益或者他人合法权益。滥用民事权利损害国家利益、社会公共利益或者他人合法权益可构成侵权。滥用民事权利和侵权存在区别：权利滥用的前提是有正当权利存在，且是权利行使或与权利行使有关的行为，侵权行为一般事先没有正当权利存在；权利不得滥用原则是对民事主体行使民事权利的一定限制，通过限制民事主体不得滥用权利损害国家利益、社会公共利益或者他人合法权益达到民事权利与国家利益、社会公共利益、他人合法权益的平衡，而侵权责任制度的目的是保护民事主体的权利。

我国法律对权利不得滥用原则有相关规定。宪法第51条规定，中华人民共和国公民在行使自由和权利的时候，不得损害国家的、社会的、集体的利益和其他公民的合法的自由和权利。权利不得滥用是宪法上的一项基本原则。合同法第7条规定，当事人订立、履行合同，应当遵守法律、行政法规，尊重社会公德，不得扰乱社会经济秩序，损害社会公共利益。本法第7条规定，民事主体从事民事活动，应当遵循诚信原则，秉持诚实，恪守承诺。第8条规定，民事主体从事民事活动，不得违反法律，不得违背公序良俗。第9条规定，民事主体从事民事活动，应当有利于节约资源，保护生态环境。这些规定实际上都是民事主体行使权利应当遵守的最基本原则，本条所规定的权利不得滥用规则也是这些原则的具体化。

关于不得滥用民事权利是否是民法的基本原则，在立法过程中有不同意见。有的意见认为，权利不得滥用是中国宪法上的一项基本原则，根据合宪性解释方法，权利不得滥用也当然是民法的基本原则。禁止权利滥用原则不是对个别权利的限制性规定，而是对一切民事权利的行使给予限制的一般条款，反映了人类生存及人类社会可持续发展之根本利益高于个人自由的现代民法思想，在民法的基本价值体系中具有越来越重要的地位，将其作为基本原则更符合现代法的精神。考虑到权利不得滥用原则的重要性，且考虑到实践中权利滥用现象，规定该原则具有现实意义，从司法实践看，权利滥用原则也曾发挥了弥补法律漏洞的作用，需要在基本原则中规定此项原则。有的意见认为，禁止权利滥用原则仅为违反诚实信用原则的效果，是程序性、救济性原则，为权利行使的原则，是公序良俗原则的组成部分，非民法的基本原则，不宜在基本原则中规定，但可以在民事权利一章规定作为民事权利行使规范加以规定。立法过程中，本条根据各方意见不断进行修改完善。草案一审稿在第一章基本原则中规定一条，民事主体从事民事活动，应当遵守法律，不得违背公序良俗，不得损害他人合法权益。二审稿将这一条修改为，民事主体从事民事活动，不得违反法律，不得违背公序良俗，不得滥用权利损害他人合法权益。三审稿将权利不得滥用原则移至本章，规定民事主体不得滥用民事权利损害他人合法权益。最终通过的民法总则规定，民事主体不得滥用民事权利损害国家利益、社会公共利益或者他人合法权益。民法典维持了这一规定。

第六章　民事法律行为

民事法律行为是对合同行为、婚姻行为、遗嘱行为等一系列能够产生具体权利义务关系的行为的抽象和概括，是民事主体在民事活动中实现自己意图的一项重要民事制度。

本章便是关于民事法律行为的规定，共分四节，共二十八条。第一节为一般规定，主要规定了民事法律行为的定义、成立、形式和生效时间等。第二节为意思表示，主要规定了意思表示的生效、方式、撤回和解释等。第三节为民事法律行为的效力，主要规定了民事法律行为的有效要件，具体类型的无效、可撤销、效力待定的民事法律行为，无效的或者可撤销的民事法律行为自始无效，部分无效的民事法律行为，民事法律行为无效、被撤销以及确定不发生效力的后果等。第四节为民事法律行为的附条件和附期限，主要规定了附条件和附期限的民事法律行为、民事法律行为条件成就和不成就的拟制等。

第一节　一般规定

第一百三十三条　民事法律行为是民事主体通过意思表示设立、变更、终止民事法律关系的行为。

【条文主旨】

本条是关于民事法律行为定义的规定。

【条文释义】

本条规定，民事法律行为是指自然人、法人或者非法人组织通过意思表示设立、变更、终止民事权利和民事义务关系的行为。根据本条的规定，民事法律行为具有以下几个特征：

一是民事法律行为是民事主体实施的行为。民事法律行为作为一种法律事实，其必须是由自然人、法人和非法人组织这些民事主体实施的行为，非民事主体实施的行为不是民事法律行为，如司法机关作出的裁决、行政机关作出的处罚决定等也会产生法律后果，但其不是以民事主体身份作出的行为，因而裁决和处罚决定不属于民事法律行为。这里需要说明的是，总则编第三章第四节特别法人中专门规定了机关法人。之所以要规定机关法人，是因为机关在履行公共管理职能过程中可能会进行一些民事活动，如行政机关购买办公用品、修建办公大楼等，需要赋予其在一定情况下享有民事主体资格。机关在从事这些活动时是以机关法人的民事主体进行的，其实施的行为也属于民事法律行为。

二是民事法律行为应当是以发生一定的法律效果为目的的行为。民事主体在社会生产生活中会从事各种各样的活动，但并非任何行为都是民事法律行为。根据本条的规定，只有以设立、变更、终止民事法律关系为目的的行为才是民事法律行为，其最终结果是让民事主体具体地享受民事权利、承担民事义务。所谓设立民事法律关系，是指民事主体通过民事法律行为形成某种法律关系，例如在合同领域，双方当事人通过要约和承诺形成的买卖关系、租赁关系、委托关系等合同关系。所谓变更民事法律关系，是指民事主体在保持原有民事法律关系效力的基础上，通过民事法律行为对其内容作出一些调整。这里需要注意的是，如果民事主体改变了原有民事法律关系的效力，就不属于这里的变更，而是消灭了原有民事法律关系，设立了一个新的民事法律关系。所谓消灭民事法律关系，是指民事主体通过民事法律行为消灭原民事法律关系，终止其效力。

这里需要强调的是，民事法律行为虽然是民事主体期望发生一定法律效果为目的的行为，但并非任何民事法律行为都能最终产生民事主体所期望的法律效果。民事主体所从事的民事法律行为既可能是合法的，也可能是非法的，这与民法通则关于民事法律行为的规定有很大的不同。根据本章第三节关于民事法律行为的效力的规定，合法有效的民事法律行为能产生民事主体所期望发生的法律效果，但是非法的民事法律行为则不一定能产生民事主体所期望的法律效果，例如，无效的民事法律行为就确定地不发生民事主体所希望发生的法律效果；如果当事人提出撤销的申请，可撤销的民事法律行为也不能实现民事主体所希望的法律效果。非法的民事法律行为虽然不能实现民事主体意欲实现的法律效果，但是都可能产生一定的法律后果，例如，根据本章的规定，欺诈、胁迫等民事法律行为是非法的，可能产生民事法律行为被撤销的法律后果；又如根据本章的规定，恶意串通损害他人合法权益的民事法律行为会产生无效的法律后果。

三是民事法律行为是以意思表示为核心要素的行为。意思表示是指民事主体意欲发生一定法律效果的内心意思的外在表达，是民事法律行为最为核心的内容。民事法律行为之所以能对民事主体产生法律约束力，就是因为其是民事主体按照自己的意思作出的，这也是民事法律行为与事实行为最根本的区别。民事主体在社会生活中从事的一些行为，虽然也表达于外，但由于不符合民事法律行为中意思表示的要求，所以不属于民事法律行为。

> **第一百三十四条** 民事法律行为可以基于双方或者多方的意思表示一致成立，也可以基于单方的意思表示成立。
>
> 法人、非法人组织依照法律或者章程规定的议事方式和表决程序作出决议的，该决议行为成立。

【条文主旨】

本条是关于民事法律行为成立的规定。

【条文释义】

依据不同的标准，民事法律行为可以有不同的分类。依据民事法律行为的行为人数的不同，可以分为单方民事法律行为、双方民事法律行为和多方民事法律行为。不同的民事法律行为，其成立要件和成立时间是不同的。

本条第 1 款根据不同的民事法律行为类型对其不同的成立条件和成立时间作了规定：

第一，双方民事法律行为。双方民事法律行为是指双方当事人意思表示一致才能成立的民事法律行为。双方民事法律行为是现实社会经济生活中存在最多、运用最广的民事法律行为。最为典型的双方民事法律行为是合同。双方民事法律行为与单方民事法律行为的最大区别是行为的成立需要双方的意思表示一致，仅凭一方的意思表示而没有经过对方的认可或者同意不能成立。

第二，多方民事法律行为。多方民事法律行为是指根据两个以上的民事主体的意思表示一致而成立的行为。多方民事法律行为与双方民事法律行为的相同之处是都需要所有当事人意思表示才能成立；不同之处是双方民事法律行为的当事人只有两个，而多方民事法律行为的当事人有两个以上。订立公司章程的行为和签订合伙协议的行为就是较为典型的多方民事法律行为。

第三，单方民事法律行为。单方民事法律行为是指根据一方的意思表示就能够成立的行为。与双方民事法律行为不同，单方民事法律行为不存在相对方，其成立不需要其他人的配合或者同意，而是依据行为人自己一方的意志就可以产生自己所期望的法律效果。在现实生活中单方民事法律行为也不少，这些民事法律行为从内容上划分，主要可以分为两类：一是行使个人权利而实施的单方行为，如所有权人抛弃所有权的行为等，这些单方民事法律行为仅涉及个人的权利变动，不涉及他人的权利变动；二是涉及他人权利变动的单方民事法律行为，如立遗嘱，授予代理权，行使撤销权、解除权、选择权等处分形成权的行为。

除了本条第 1 款规定的多方民事法律行为、双方民事法律行为和单方民事法律行为，本条第 2 款还规定了一种较为特殊的民事法律行为，即决议行为。决议行为是两个或者两个以上的当事人基于共同的意思表示而意图实现一定法律效果而实施的行为，其满足民事法律行为的所有条件，是一种民事法律行为。但是与多方民事法律行为、双方民事法律行为和单方民事法律行为相比，其又具有特殊性，这种特殊性体现在三个方面：一是双方民事法律行为或者多方民事法律行为需要所有当事人意思表示一致才能成立，决议行为一般并不需要所有当事人意思表示一致才能成立，而是多数人意思表示一致就可以成立。二是双方民事法律行为或者多方民事法律行为的设立过程一般不需要遵循特定的程序，而决议行为一般需要依一定的程序才能设立，根据本条的规定，决议行为的设立应当依照法律或者章程规定的议事方式和表决程序。三是双方民事法律行为或者多方民事法律行为适用的范围一般不受限制，而根据本条的规定，决议行为原则上仅适用于法人或者非法人组织内部的决议事项。

> **第一百三十五条** 民事法律行为可以采用书面形式、口头形式或者其他形式；法律、行政法规规定或者当事人约定采用特定形式的，应当采用特定形式。

【条文主旨】

本条是关于民事法律行为形式的规定。

【条文释义】

根据本条规定，民事法律行为可以采用书面形式、口头形式或者其他形式。所谓书面形式，是指以文字等可以采用有形形式再现民事法律行为内容的形式。书面形式明确肯定，有据可查，对于防止争议和解决纠纷、保障交易安全有积极意义。在现实生活中，对于重要的民事法律行为，为了避免争议，当事人一般愿意采用书面形式。书面形式的种类很多，根据本法第 469 条的规定，书面形式是合同书、信件等可以有形表现所载内容等形式。以电报、电传、传真、电子数据交换、电子邮件等方式能够有形地表现所载内容，并可以随时调取查用的数据电文，视为书面形式。随着互联网技术的发展，微信、QQ 等已成为人们社会交往的重要载体，也可以成为民事法律行为的载体，有的也属于书面形式的种类。所谓口头形式，是指当事人以面对面的谈话或者以电话交流等方式形成民事法律行为的形式。口头形式的特点是直接、简便和快捷，在现实生活中，数额较小或者现款交易的民事法律行为通常都采用口头形式，如在自由市场买菜、在商店买衣服等。口头形式也是老百姓在日常生活中广泛采用的一种形式。口头形式虽然也可以适用于法人、非法人组织之间，但由于口头形式没有凭证，容易发生争议，发生争议后，难以取证，不易分清责任。除了书面形式和口头形式，本条还规定民事法律行为也可以采用其他形式。这是一个兜底性规定，主要是考虑到现实生活很复杂，民事法律行为的形式也多种多样，在有的情况下，当事人还可能采取书面形式和口头形式之外的方式形成民事法律行为。例如在合同领域，可以根据当事人的行为或者特定情形推定合同的成立，也被称为默示合同。此类合同是指当事人未用语言或者文字明确表示成立，而是根据当事人的行为推定合同成立。这类合同在现实生活中有很多，例如租房合同的期限届满后，出租人未提出让承租人退房，承租人也未表示退房而是继续交房租，出租人也接受了租金。根据双方的行为，可以推定租赁合同继续有效。再如，乘客乘上公共汽车并到达目的地时，尽管乘车人和承运人之间没有形成书面形式或者口头形式的合同，但可以依当事人的行为推定双方的运输合同成立。

对于民事法律行为是采用书面形式、口头形式还是其他形式，由当事人自主选择，法律原则上不干涉，但在一些特殊情况下，出于保护交易安全、避免纠纷等考虑，有的法律、行政法规会对民事法律行为提出特殊要求，或者当事人会约定民事法律行为采用特定形式，在这种情况下，应当采用特定形式。例如当事人约定民事法律行为采用公证形式的，则应当采用公证形式。对于未采用特殊形式的民事法律行为的后果问题，应当区分情况：一是如果法律、行政法规明确规定或者当事人明确约定不采用特殊形式的后果的，则民事法律行为的后果从法律、行政法规的规定或者当事人的约定，例如当事人明确约定民事法律行为不采用公证形式就不成立的，若该民事法律行为没有采用公证形式就不成立。二是如果法律、行政法规只明确要求或者当事人约定采用特殊形式，但没有对不采用该形式的民事法律行为的后果作出明确规定的，则从鼓励交易的角度出发，原则上不宜轻易否定民事法律行为的效力。

> **第一百三十六条** 民事法律行为自成立时生效，但是法律另有规定或者当事人另有约定的除外。
>
> 行为人非依法律规定或者未经对方同意，不得擅自变更或者解除民事法律行为。

【条文主旨】

本条是关于民事法律行为生效时间的规定。

【条文释义】

民事法律行为的生效是指民事法律行为产生法律拘束力。民事法律行为生效后，其法律拘束力主要体现在以下三个方面：一是对当事人产生法律拘束力。这种效力是民事法律行为的对内效力。一旦民事法律行为生效后，当事人应当依照民事法律行为的内容，按照诚信原则正确、全面地行使权利，履行义务，不得滥用权利，违反义务。在客观情况发生变化时，当事人必须依照法律规定或者取得对方同意后，才能变更或者终止民事法律行为。二是对当事人以外的第三人产生一定的法律拘束力，这种法律拘束力是民事法律行为的对外效力。民事法律行为一旦生效后，任何组织和个人不得侵犯当事人的权利，不得非法阻挠当事人履行义务。三是民事法律行为生效后的法律效果还表现在，当事人违反民事法律行为的，应当依法承担民事责任，必要时人民法院也可以采取强制措施要求当事人继续履行民事法律行为所规定的义务。这一点在合同领域体现得尤为明显。例如本法第 577 条规定，当事人一方不履行合同义务或者履行合同义务不符合约定的，应当承担继续履行、采取补救措施或者赔偿损失等违约责任。

民事法律行为何时生效呢？对于这个问题，民法通则第 57 条规定，民事法律行为从成立时具有法律拘束力。本条的规定继承了民法通则的规定，明确规定，民事法律行为自成立时生效。也就是说，民事法律行为的生效时间与民事法律行为的成立原则上是一致的。那么民事法律行为何时成立呢？根据本法第 134 条的规定，民事法律行为可以基于双方或者多方的意思表示一致成立，也可以基于单方的意思表示成立。法人、非法人组织依照法律或者章程规定的议事方式和表决程序作出决议的，该决议行为成立。需要强调两点：第一，成立时就生效的民事法律行为必须是具备一般有效要件的民事法律行为，就是说必须是依法成立的民事法律行为。不具备一般有效要件的民事法律行为在成立时可能会有三种后果：一是无效，例如该民事法律行为违反法律、行政法规的强制规定的就无效；二是被撤销，例如该民事法律行为因一方当事人欺诈或者重大误解被撤销的，就发生被撤销的法律后果；三是效力待定，如限制民事行为能力人实施的超出其年龄、智力、精神健康状况的民事法律行为在被其法定代理人追认前处于效力待定状态。第二，一些特殊的民事法律行为即使具备一般有效要件，在成立时也不立即生效，只有满足特殊生效要件后才生效。例如，本章第四节规定的附生效条件和附生效期限的民事法律行为在成立时并不立即生效，只在条件成就时或者期限届至时才生效。再如，遗嘱行为只有在遗嘱人死亡后才生效。根据本法第 502 条规定，法律、行政法规规定合同应当办理批准、登记等手续生效的，依照其规定。此外，基于自愿原则，当事人对民事法律行为何时生效也可以约定。基于此，本条第 1 款规定，民事法律行为自成立时生效，但是法律另有规定或者当事人另有约定的除外。这里的"法律另有规定或者当事人另有约定的除外"就是指前面所讲的各种情形。

本条第 2 款规定，行为人非依法律规定或者未经对方同意，不得擅自变更或者解除民事法律行为。本款规定表达了两层意思：一是已成立生效的民事法律行为对当事人具有法律拘束力，这时的法律拘束力体现在当事人必须尊重该民事法律行为，并通过自己的行为全面履行民事法律行为所设定的义务。除非当事人另有约定或者法律另有规定，不允许任何一方当事人擅自解除或者变更民事法律行为。这时的法律拘束力对当事人来说既包括全面积极地履行民事法律行为所设定的义务，也包括履行不擅自解除或者变更民事法律行为的不作为义务。二是对于具备一般有效要件且成立，但还不具备特殊生效要件的民事法律行为，在特殊生效要件尚不具备前，除非当事人另有约定或者法律另有规定，任意一方当事人也不得擅自变更或者解除民事法律行为。例如，对于附条件的民事法律行为，在条件未成就前，其虽还没有生效，但任何一方当事人也不得擅自解除或者变更。这时的法律拘束力主要体现在当事人的这种不作为义务上。但这并不妨碍要求当事人履行一些使民事法律行为完全生效的附随义务，例如，对于具备一般生效要件，但须满足登记这个特殊要件才能生效的民事法律行为，在未登记前虽暂未生效，但对当事人仍有一定的法律拘束力，当事人应当依诚信原则履行协助办理登记的义务，也不得擅自解除或者变更民事法律行为。

第二节　意思表示

> **第一百三十七条**　以对话方式作出的意思表示，相对人知道其内容时生效。
>
> 以非对话方式作出的意思表示，到达相对人时生效。以非对话方式作出的采用数据电文形式的意思表示，相对人指定特定系统接收数据电文的，该数据电文进入该特定系统时生效；未指定特定系统的，相对人知道或者应当知道该数据电文进入其系统时生效。当事人对采用数据电文形式的意思表示的生效时间另有约定的，按照其约定。

【条文主旨】

本条是关于有相对人的意思表示生效时间的规定。

【条文释义】

意思表示是指行为人为了产生一定民法上的效果而将其内心意思通过一定方式表达于外部的行为。意思表示中的"意思"是指设立、变更、终止民事法律关系的内心意图，"表示"是指将内心意思以适当方式向适当对象表示出来的行为。意思表示作为民事法律行为中最为核心的要素，对于确定民事法律行为的效力具有重要作用。

意思表示的类型很多，依据是否向相对人作出，意思表示可区分为有相对人的意思表示和无相对人的意思表示。所谓有相对人的意思表示，又称为需要受领的意思表示，是指向特定对象作出的意思表示。现实生活中这类意思表示是最普遍的，如订立合同的要约和承诺、行使撤销权的意思表示、行使解除权的意思表示等。有相对人的意思表示大多数是双方或者多方民事法律行为，如合同；也有一些是单方民事法律行为，如行使撤销权的意思表示，这些意思表示的生效虽不需要特定对象的同意，但需要该意思表示被特定对象所受领。所谓无相对人的意思表示，又称为无须受领的意思表示，是指无须向特定对象作出的意思表示。现实生活中这类意思表示也较多，如悬赏广告、遗嘱、抛弃权利的意思表示等。

本条是对有相对人的意思表示生效时间的规定。对于此类情况，本条又根据是否采用对话方式作了不同规定：

一是以对话方式作出的意思表示。所谓以对话方式作出的意思表示，是指采取使相对方可以同步受领的方式进行的意思表示，如面对面交谈、电话等方式。在以这种方式进行的意思表示中，表意人作出意思表示和相对人受领意思表示是同步进行的，没有时间差。因此，表意人作出意思表示并使相对人知道时即发生效力。基于此，本条第1款规定，以对话方式作出的意思表示，相对人知道其内容时生效。

二是以非对话方式作出的意思表示。以非对话方式作出的意思表示，是表意人作出意思表示的时间与相对人受领意思表示的时间不同步，二者之间存在时间差。非对话的意思表示在现实生活中存在的形式多样，如传真、信函等。对于非对话的意思表示何时生效，其他国家和地区的立法有四种立法例：表示主义、发信主义、到达主义与了解主义。表示主义和发信主义对表意人有利，对相对人不利；了解主义对相对人有利，但对表意人不利；相比较而言，到达主义兼顾了表意人和相对人的利益，所以现在大多数国家和地区的立法采用了到达主义。所谓到达主义，是指意思表示进入了相对人的实际控制范围内，至于相对人对意思表示是否了解不影响意思表示的生效时间。我国的民事立法对意思表示的生效时间的规定也采用了到达主义的模式。合同法规定，当事人的要约和承诺到达对方当事人时生效。本条延续了合同法的做法，规定以非对话方式作出的意思表示，到达相对人时生效。需要强调的是，这里"到达"并不意味着相对人必须亲自收到，只要进入相对人通常的地址、住所或者能够控制的地方（如信箱）即可视为到达，意思表示被相对人的代理人收到也可以视为"到达"。送达相对人时生效还意味着即使在意思表示送达相对人前相对人已经知道该意思表示内容的，该意思表示也不生效。

三是以非对话方式作出的采用数据电文形式的意思表示。随着科学技术的发展，人们除了可以采用信件等传统的非对话方式作出意思表示外，还可以采取数据电文的方式作出意思表示。"数据电文"系指经由电子手段、电磁手段、光学手段或类似手段生成、发送、接收或存储的信息，这些手段包括但不限于电子数据交换、电子邮件、电报、电传或传真。随着互联网技术的发展，数据电文的范围还在扩展，如现在广泛应用于社会交往的文字型微信、微博等。采用数据电文方式作出的意思表示虽然也是以非对话方式进行的，但由于其发出和到达具有自动性、实时性等特点，意思表示发出即到达，其生效规则也与一般的非对话方式作出的意思表示的生效时间有所区别。那么以数据电文作出的意思表示何时生效呢？合同法规定，要约到达受要约人时生效。采用数据电文形式订立合同，收件人指定特定系统接收数据电文的，该数据电文进入该特定系统的时间，视为到达时间；未指定特定系统的，该数据电文进入收件人的任何系统的首次时间，视为到达时间。本条第 2 款在继承合同法规定的基础上作了一定的发展，分三个层次对以数据电文形式作出的意思表示的生效时间作了规定：

第一，对以非对话方式作出的采用数据电文形式的意思表示，相对人指定特定系统接收数据电文的，该数据电文进入该特定系统时生效。这一规定与合同法的规定是一致的。这针对的是相对人指定了接收意思表示的特定信息系统的情况。在这种情况下，应当以意思表示进入该特定信息系统的时间作为意思到达的时间，也即生效的时间。这里的"特定系统"是指由某一方特别指定的接收系统。例如在合同领域，一项要约明确指定了承诺应当发回的系统。如果只是在文件中显示了电子邮件或者传真印件的地址，但没有特别指定，则不应视为明确指定的一个信息系统。"进入"概念用以界定数据电文的收到时间。所谓一项数据电文进入一个信息系统，其时间是在该信息系统内可投入处理的时间。至于进入该信息系统的数据电文是否能够为收件人所识读或者使用则不影响该数据电文意思表示的生效时间。

第二，未指定特定系统的，相对人知道或者应当知道该数据电文进入其系统时生效。这一规定与合同法的规定不完全相同。在这种情况下，合同法规定，该数据电文进入收件人的任何系统的首次时间，为生效时间，而不问相对人是否知道或者应当知道该数据电文进入其系统。鉴于我国新加入的《联合国国际合同使用电子通信公约》明确规定，在这种情况下，以相对人了解到该数据电文已发送到相对人的任何系统的时间为生效时间。这里的"了解"即知道或者应当知道。为了与公约的规定相一致，本条按照公约的规定对合同法的规定作了相应修改。在实践中，可能存在的问题是"知道或者应当知道"的主观性相对较大，意思表示的表意人一般很难证明相对人是否知道或者应当知道。为了平衡表意人和相对人的利益，《联合国国际合同使用电子通信公约》规定，当数据电文抵达收件人的系统时，即应推定收件人能够知道该数据电文。也就是说，数据电文一旦进入相对人的系统，就视为相对人知道或者应当知道该意思表示。若相对人否认的，必须要承担自己不知道或者不应当知道的证明责任。

第三，当事人对采用数据电文形式的意思表示的生效时间另有约定的，按照其约定。这主要是为了尊重当事人对意思表示生效时间的约定，体现意思自治。在现实生活中，当事人可以约定数据电文形式意思表示的生效时间可以不是该意思表示进入特定系统的时间。有这种约定的，从其约定。

> **第一百三十八条** 无相对人的意思表示，表示完成时生效。法律另有规定的，依照其规定。

【条文主旨】

本条是关于无相对人的意思表示生效时间的规定。

【条文释义】

本条规定，无相对人的意思表示在完成时生效。这是无相对人意思表示生效的一般性规则。但有时法律对无相对人的意思表示的生效时间会作出特别规定，例如我国继承法就明确规定，遗嘱这种无相对人的意思表示自遗嘱人死亡时发生效力。所以，本条还规定，法律对无相对人意思表示的生效时间另有规定的，依照其规定。

> **第一百三十九条** 以公告方式作出的意思表示，公告发布时生效。

【条文主旨】

本条是关于以公告方式作出的意思表示生效时间的规定。

【条文释义】

实践中，在意思表示有相对人的情况下，可能会发生意思表示的表意人不知道相对人的具体地址、相对人下落不明的情形。对表意人来说，要通过信函、邮件等方式送达相对人是困难的，其意思表示就有可能迟迟不能生效，影响其利益。例如，合同中的一方当事人根据法律或者当事人的约定行使解除权，但找不到另一方当事人，按照传统方式就很难将意思表示送达到相对人，这就会严重影响该当事人行使撤销权。对此，必须允许表意人采取特殊方式送达其意思表示。

本条借鉴民事诉讼法关于公告送达司法文书的规定，明确规定了表意人在这种情况下可以公告方式作出意思表示。本条规定，对于以公告方式作出的意思表示，公告发布时生效。这里的"公告方式"既可以是在有关机构的公告栏，例如人民法院的公告栏；也可以是在报纸上刊登公告的方式。以公告方式作出的意思表示，表意人一旦发出公告能够为社会公众所知道，就认为意思表示已经到达，即发生效力。理解本条还需要注意：本条所规定的表意人并不是在任何情况都可以采用公告方式作出意思表示，只有在表意人非因自己的过错而不知相对人的下落或者地址的情况下才可以采用公告方式作出意思表示，否则对相对人很不公平。在表意人知道相对人下落的情况下，表意人不得采用公告方式作出意思表示，除非相对人同意。

> **第一百四十条　行为人可以明示或者默示作出意思表示。**
> **沉默只有在有法律规定、当事人约定或者符合当事人之间的交易习惯时，才可以视为意思表示。**

【条文主旨】

本条是关于作出意思表示的方式的规定。

【条文释义】

在现实生活中，行为人作出意思表示的方式很多，归纳起来大体上可以分为两类：一是以明示的方式作出意思表示。所谓明示的意思表示，就是行为人以作为的方式使得相对人能够直接了解到意思表示的内容。以明示方式作出的意思表示具有直接、明确、不易产生纠纷等特征。所以，实践中，明示的意思表示是运用得最为广泛的一种形式。比较典型的是表意人采用口头、书面方式直接向相对人作出的意思表示。二是以默示方式作出的意思表示。这种方式又称为行为默示，是指行为人虽没有以语言或文字等明示方式作出意思表示，但以行为的方式作出了意思表示。这种方式虽不如明示方式那么直接表达出意思表示的内容，但通过其行为可以推定出其作出一定的意思表示。在现实生活中，以默示方式作出的意思表示也比较常见。例如，某人向自动售货机投入货币的行为即可推断其作出了购买物品的意思表示。又如某人乘坐无人售票的公交车时，其投币行为就可以视为其具有缔结运输合同的意思表示。

意思表示原则上都需要以明示或者默示的方式作出。但是在现实生活中也会出现一种特殊情形，即行为人作出意思表示时既无语言等明示方式，也无行为等默示方式，在一定条件下仍可视为意思表示。这种情形就是以沉默的方式作出的意思表示。沉默是一种既无语言表示也无行为表示的纯粹的缄默，是一种完全的不作为，从法学理论上讲和境外的立法例来看，原则上纯粹的不作为不能视为当事人有意思表示。也就是说，与明示和默示原则上可以作为意思表示的方式不同，沉默原则上不得作为意思表示的方式。只有在有法律规定、当事人约定或者符合当事人之间的交易习惯时，才可以视为意思表示。例如，本法第638条第1款规定，试用买卖的买受人在试用期内可以购买标的物，也可以拒绝购买。试用期限届满，买受人对是否购买标的物未作表示的，视为购买。在这条规定中，试用期限届满后，买受人对是否购买标的物未作表示就是一种沉默，但这种沉默就可以视为买受人作出了购买的意思表示。再如，在买卖合同订立的过程中，双方当事人约定，一方向另一方发出订立合同的要约后，只要另一方当事人在收到3日内没有回复的，就视为作出了接受要约内容的承诺，这种约定以沉默作出意思表示也是可以的。

> **第一百四十一条** 行为人可以撤回意思表示。撤回意思表示的通知应当在意思表示到达相对人前或者与意思表示同时到达相对人。

【条文主旨】

本条是关于意思表示撤回的规定。

【条文释义】

意思表示的撤回，是指在意思表示作出之后但在发生法律效力之前，意思表示的行为人欲使该意思表示不发生效力而作出的意思表示。意思表示之所以可以撤回，是因为意思表示生效才能发生法律约束力，在其尚未生效之前，不会对意思表示的相对人产生任何影响，也不会对交易秩序产生任何影响。因此，在此阶段应当允许行为人使未发生法律效力的意思表示不产生预期的效力，这也是对行为人意思自由的充分尊重。

本条规定，行为人可以撤回意思表示。行为人可以撤回意思表示，但不是在任何情况下都可以撤回其意思表示，而是有条件的。根据本条的规定，撤回意思表示的通知应当在意思表示到达相对人前或者与意思表示同时到达相对人。如果撤回意思表示的通知在意思表示到达相对人之后到达的，该意思表示已经生效，是否能够使其失效，则取决于相对人是否同意。因此，行为人若要撤回意思表示，必须选择以快于意思表示作出的方式发出撤回的通知，使之能在意思表示到达之前到达相对人。如果意思表示的行为人作出意思表示以后又立即以比作出意思表示更快的方式发出撤回通知，按照通常情况，撤回的通知应当先于或者最迟会与意思表示同时到达相对人，但因为其他原因耽误了，撤回的通知在意思表示到达相对人后才到达相对人。在这种情况下，相对人应当根据诚信原则及时通知意思表示的行为人，告知其撤回的通知已经迟到，意思表示已经生效；如果相对人怠于通知行为人，行为人撤回意思表示的通知视为未迟到，仍发生撤回表示的效力。

> **第一百四十二条** 有相对人的意思表示的解释，应当按照所使用的词句，结合相关条款、行为的性质和目的、习惯以及诚信原则，确定意思表示的含义。
>
> 无相对人的意思表示的解释，不能完全拘泥于所使用的词句，而应当结合相关条款、行为的性质和目的、习惯以及诚信原则，确定行为人的真实意思。

【条文主旨】

本条是关于意思表示解释的规定。

【条文释义】

任何意思表示都是通过语言、文字、行为等一定外在表现形式体现出来的，而这些外在表现形式与表意人的内心真实意思表示是否一致，常常因表意人的表达能力或者表达方式的不同而出现差异，或者意思表示不清楚、不明确。这就导致在现实生活中，对表意人作出的意思表示，不同的人可能就会产生不同理解，甚至产生争议。为了定分止争，在对意思表示的含义产生争议时，就需要人民法院或者仲裁机构对意思表示进行解释。因此，所谓意思表示的解释，就是指因意思表示不清楚或者不明确发生争议时，由人民法院或者仲裁机构对意思表示进行的解释。解释的目的就是明确意思表示的真实含义。意思表示的解释具有以下特征：一是意思表示解释的对象是当事人已经表示出来的、确定的意思，而非深藏于当事人内心的意思。深藏于当事人内心的意思无法作为认识的对象，是无法解释的。二是这里的意思表示解释主体是人民法院或者仲裁机构，并不是任何机构或者个人都可以对意思表示作出有权解释。在现实生活中，其他机构或者个人自己对意思表示的解释不是有权解释，不会对当事人产生法律约束力，只有人民法院或者仲裁机构对意思表示作出的解释才是有权解释，才会对当事人产生法律约束力。三是人民法院或者仲裁机构对意思表示的解释不是任意的主观解释，而是必须遵循一定的规则进行解释，这些规则就是解释意思表示的方法。

本条第 1 款对有相对人的意思表示的解释规则作了规定。在实践中，有相对人的意思表示主要存在于合同领域，所以对相对人的意思表示进行解释大多数情况下是对合同的解释。根据本条第 1 款的规定，对有相对人的意思表示的解释，应当遵循以下规则：

第一，首先要按照意思表示所使用的词句进行解释。法理上，这种解释方法又被称为文义解释。意思表示是由词句构成的，所以，解释意思表示必须首先从词句的含义入手。这些词句是由表意人和相对人双方形成的，对有相对人的意思表示的解释又涉及对相对人信赖利益的保护，因此绝不能抛开词句对意思表示进行完全的主观解释。对词句的解释应当按照一个合理人通常的理解来进行。也就是说，法官应当考虑一个合理的人在通常情况下对有争议的意思表示用语所能理解的含义作为解释词句含义的标准。对于何谓"合理人"应当结合具体情况来判断，如果是一般的民事活动，则"合理人"就是社会一般的人。例如，一个人到商场买一件衣服，对买卖合同的含义发生争议，对该买卖合同的理解就应当按照一个普通人的理解进行解释；如果是某种特殊交易，则"合理人"就是该领域内的人，例如，医疗器械买卖合同的解释就应当按照医疗界的人士的理解来解释该买卖合同的含义。

第二，如果按通常的理解对有相对人的意思表示所使用的词句进行解释比较困难或者不合理的，则应当结合相关条款、行为的性质和目的、习惯以及诚实信用原则，确定意思表示的含义。相关条款是意思表示的构成部分，与其他条款有着密切联系，因此不仅要从词句的含义去解释，还要结合相关条款对意思表示进行分析判断，而不是孤立地去看待某个条款。这一点在解释合同的含义时极为重要，对合同含义的解释一定要整体考虑合同的上下文，根据不同条款之间的关联性来进行解释。根据行为的性质和目的进行解释是指在对意思表示进行解释时，应当根据当事人作出该意思表示所追求的目的，来对有争议的意思表示进行解释。按照自愿原则，民事主体可以在法律规定的范围内，为追求其目的而表达其意思，进而与相对人设立、变更、终止民事法律关系。因此，意思表示本身不过是行为人实现自己目的的手段。因此，在解释意思表示时，应当充分考虑行为人作出该意思表示的目的。如果意思表示的词句与当事人所明确表达的目的相违背，且行为人与相对人对该词句的含义发生了争议的，可以按照双方当事人的目的进行解释。按照习惯进行解释是指在意思表示发生争议以后，应当根据当事人所知悉的生活和交易习惯来对意思表示进行解释。在运用习惯进行解释时，双方当事人应当对运用的习惯是否存在以及其内容进行举证证明，在当事人未举证的情况下，人民法院也可以主动适用习惯进行解释。依据诚信原则解释是指根据诚信原则对有争议的意思表示进行解释。本法第7条将诚信原则作为民事基本原则，这一基本原则贯穿于民事主体行使和履行义务的全过程，也是法官在解释意思表示时所应遵循的主要规则。它要求法官将自己作为一个诚实守信的当事人来理解、判断意思表示的内容，平衡双方当事人的利益，合理地确定意思表示内容。这里需要注意的是，诚信原则虽然很重要，但由于该原则是一个较为抽象的概念，只有在依据意思表示的词句、相关条款、目的、性质、习惯等较为具体的解释规则无法对意思表示进行解释时，才可以适用诚信原则进行解释。这是为了增进司法公信力，同时也防止滥用司法裁量权。

本条第2款对无相对人的意思表示的解释规则作了规定。根据本款规定，无相对人的意思表示的解释，不能完全拘泥于所使用的词句，而应当结合相关条款、行为的性质和目的、习惯以及诚实信用原则，确定行为人的真实意思。对有相对人的意思表示解释，既需要考虑表意人的内心真实意思，即主观想法，更要考虑相对人的信赖利益，即客观情况，将二者结合起来考虑，学理上也称为主客观相结合解释主义；与有相对人的意思表示解释规则相比，无相对人的意思表示解释规则最大的不同就是，无相对人的意思表示因无相对人，因此对这种意思表示的解释就主要探究表意人的内心真实意思，对客观情况考虑较少，学理上也称为主观解释主义。因此，对有相对人的意思表示的解释，本条强调了首先要按照意思表示所使用的词句进行解释，只有在按照所使用的词句进行解释还很困难时，才可以使用其他解释规则，实际上要以客观情况为主。对无相对人的意思表示的解释，本条则强调了不能完全拘泥于所使用的词句，而是要综合运用所使用的词句、相关条款、行为的性质和目的、习惯以及诚实信用原则探究表意人的内心真实意思。这里需要强调一点，本款规定，对无相对人的意思表示的解释，不能完全拘泥于意思表示所使用的词句，但不是完全抛开意思表示所使用的词句，这主要是为了防止在解释这类意思表示时自由裁量权过大，影响当事人的利益。例如，在对遗嘱进行解释时，虽说主要是探究遗嘱人立遗嘱的真实意思，但也不能完全不考虑遗嘱本身的词句。

第三节　民事法律行为的效力

第一百四十三条　具备下列条件的民事法律行为有效：
（一）行为人具有相应的民事行为能力；
（二）意思表示真实；
（三）不违反法律、行政法规的强制性规定，不违背公序良俗。

【条文主旨】

本条是关于民事法律行为有效要件的规定。

【条文释义】

民事法律行为效力的有效发生，是当事人实现意思自治目的的关键。但是，民事法律行为并不是在任何情况下都能具备完全有效的条件。民事法律行为的效力可能因民事主体的民事行为能力是否健全、意思表示是否真实、是否违法及违背公序良俗等情形而受影响。因此，民事法律行为除有效外，还包括无效、可撤销、效力待定等其他效力形态。我国民法通则规定了民事法律行为应当具备的条件。民法通则第55条规定："民事法律行为应当具备下列条件：（一）行为人具有相应的民事行为能力；（二）意思表示真实；（三）不违反法律或者社会公共利益。"民法通则的这一规定，清楚明确地从正面规定了民事法律行为需要具备的一般要件，为当事人通过民事法律行为实现私法目的提供了指引。从民法通则颁行以来的司法实务看，法官在遇到法律对具体案件没有特别规定的情况下，也会经常援引本条作为裁判依据。

根据本条的规定，民事法律行为应当具备的有效条件包括：

第一，行为人具有相应的民事行为能力。民事行为能力是行为人通过自己行为参与民事活动，享有权利和承担义务的能力。与作为法律资格的民事权利能力相比，民事行为能力是行为人实施民事法律行为的相应保证。这里的"相应"，强调行为人所实施的民事法律行为应当与其行为能力相匹配：对于完全民事行为能力人而言，可以从事一切民事法律行为，其行为能力不受限制；对于限制行为能力人而言，只能实施与其年龄、智力、精神健康状况等相适应的民事法律行为，实施其他行为需要经过法定代理人的同意或者追认；而无行为能力人由于不具备行为能力，其实施的民事法律行为是无效的。

第二，意思表示真实。意思表示作为法律行为的核心要素，其真实性对于保证行为人正确实现行为目的至关重要。应当注意，此处的真实应作扩大解释，实际上还包含了传统民法理论意思表示自由的含义。例如，在因欺诈、胁迫实施民事法律行为的情形中，受欺诈人、受胁迫人的意思表示虽然从表面看是真实的，但实际上并非其内心自由意志的体现。在意思表示不真实的情况下，民事法律行为不能具备完全有效的效力。

第三，不违反法律、行政法规的强制性规定，不违背公序良俗。关于违法与行为效力的关系，民法通则、合同法的规定不尽一致。根据民法通则第58条第1款第5项的规定，违反法律或者社会公共利益的民事行为无效。根据合同法第 52 条第 5 项的规定，违反法律、行政法规的强制性规定的合同无效。与民法通则将一切违法行为均认定无效的规定相比，合同法将违反任意性规范的合同排除在无效范围之外，且将民法通则中的"法律"修改为"法律、行政法规"。《最高人民法院关于适用〈中华人民共和国合同法〉若干问题的解释（二）》在合同法规定的基础上，进一步对"强制性规定"作了限定，其第 14 条规定："合同法第五十二条第（五）项规定的'强制性规定'，是指效力性强制性规定。"无论从立法还是司法的角度看，法律对于民事法律行为无效的认定都越来越趋于严格。这实际上体现了民法尊重意思自治、鼓励交易自由的精神。

第一百四十四条　无民事行为能力人实施的民事法律行为无效。

【条文主旨】

本条是关于无民事行为能力人实施的民事法律行为效力的规定。

【条文释义】

本节是关于民事法律行为效力的规定。其中第 143 条从民事法律行为有效条件的角度作了正面规定。从本条开始的本节其他条文，则分别从不同角度规定了民事法律行为的效力瑕疵及其相应的法律后果。本条首先规定的是无民事行为能力人所实施的民事法律行为的效力问题，即无民事行为能力人实施的民事法律行为无效。

无民事行为能力人尽管在民事权利能力方面同其他民事主体一律平等，但由于其不具备自己实施民事行为的能力，因此在法律上规定由其法定代理人代理其实施民事法律行为，而将其自身实施的民事法律行为则一律规定为无效。这样规定，符合民事法律行为有效要件中"行为人具有相应的民事行为能力"的要求，也是许多国家和地区立法例的通行做法。

关于无民事行为能力人实施的民事法律行为是否一律确认为无效，民法总则立法过程中曾有过争论。有的意见认为，无民事行为能力人实施的民事法律行为并非全部无效，如接受他人捐赠等纯获利益的民事法律行为应当认为是有效的。有的提出，无民事行为能力人实施的行为即使纯获利益也应无效，否则会导致概念不清晰，但可考虑通过日常行为有效的规定涵盖此类行为。经反复研究，最终本法总则编采纳了无民事行为能力人实施的民事法律行为无效的规定。主要考虑是：第一，这样规定符合自民法通则以来的立法传统。根据民法通则第 58 条的规定，无民事行为能力人实施的民事行为无效。本条对无民事行为能力人实施民事法律行为效力的规定沿袭了民法通则的规定。第二，将无民事行为能力人实施的民事法律行为的效力规定为无效，与自然人民事行为能力三分法的逻辑相契合，概念和体系上更加清晰。第三，纯获利益的行为在实践中类型多样，并非一望便知、简单识别，总则编规定无民事行为能力人实施此种行为无效，并不妨碍其代理人代理实施这种行为，实际上是给予无民事行为能力人的一种保护。

> **第一百四十五条**　限制民事行为能力人实施的纯获利益的民事法律行为或者与其年龄、智力、精神健康状况相适应的民事法律行为有效；实施的其他民事法律行为经法定代理人同意或者追认后有效。
>
> 相对人可以催告法定代理人自收到通知之日起三十日内予以追认。法定代理人未作表示的，视为拒绝追认。民事法律行为被追认前，善意相对人有撤销的权利。撤销应当以通知的方式作出。

【条文主旨】

本条是关于限制民事行为能力人实施的民事法律行为的效力的规定。

【条文释义】

根据本法总则编确定的民事行为能力的三分法，自然人的民事行为能力分为完全民事行为能力、限制民事行为能力及无民事行为能力。其中，限制民事行为能力人是指不能完全辨认自己行为的人，其民事行为能力介于完全民事行为能力和无民事行为能力之间，包括 8 周岁以上的未成年人以及不能完全辨认自己行为的成年人。限制民事行为能力人由于具备一定的行为能力，因此法律上认可其从事一定民事法律行为的效力，而不像无民事行为能力人那样一概否定其行为效力。但是，限制民事行为能力人的行为能力又不像完全民事行为能力人那样完全、充分，因此法律又必须对其从事的民事法律行为的效力进行一定限制，这既是对限制民事行为能力人的保护，避免其因实施与行为能力不匹配的民事法律行为而利益受损，同时也有助于维护交易安全。

本条第 1 款是关于限制民事行为能力人从事的民事法律行为效力的规定，具体包括两层含义：

第一，原则上，限制民事行为能力人所从事的民事法律行为，须经法定代理人同意或者追认才能有效。对于限制民事行为能力人而言，监护人为其法定代理人。限制民事行为能力人实施的民事法律行为要具有效力，一个重要的条件就是要经过法定代理人的同意或者追认，经过同意或者追认，民事法律行为就具有法律效力。如果没有经过同意或者追认，民事法律行为即使成立，也并不实际生效，而处于效力待定状态。这里对法定代理人补正限制民事行为能力人的行为能力规定了两种方式：一种是同意，指的是法定代理人事先对限制民事行为能力人实施某种民事法律行为予以明确认可；另一种是追认，指的是法定代理人事后明确无误地对限制民事行为能力人实施某种民事法律行为表示同意。无论是事先的同意还是事后的追认，都是法定代理人的单方意思表示，无须行为相对人的同意即可发生效力。需要说明的是，法定代理人对限制民事行为能力人行为的同意或者追认应当采用明示的方式作出，同时应当为行为相对人所知晓才能发生效力。

第二，考虑到限制民事行为能力人并非完全没有民事行为能力，因此除原则上规定其行为须经法定代理人同意或者追认有效之外，本条还规定了部分民事法律行为无须经法定代理人同意或者追认即可有效。这些行为主要包括两类：一是纯获利益的民事法律行为。所谓"纯获利益"，一般是指限制民事行为能力人在某种民事法律行为中只享有权利或者利益，不承担任何义务，如限制民事行为能力人接受赠与、奖励、报酬等。限制民事行为能力人如果实施了此类行为，他人不得以其限制民事行为能力为由主张行为不发生效力。二是与限制民事行为能力人的年龄、智力、精神健康状态相适应的民事法律行为，这些民事法律行为多与日常生活相关，如对于8周岁以上的未成年人购买价值不高的学习用品、平日出行乘坐交通工具等；对于不能完全辨认自己行为的精神病人，在其健康状况允许时，可以实施某些民事法律行为，而不经其法定代理人追认。法律之所以认可限制民事行为能力人独立实施纯获利益或者与其年龄、智力、精神健康状况相适应的民事法律行为，是因为这些行为要么属于只给限制民事行为能力人增利获益的行为，要么属于限制民事行为能力人在其能力范围内可以独立实施、不致因行为能力欠缺而权益受损的行为。除此之外的其他民事法律行为，只有经过法定代理人的同意或者追认后，才能发生效力。

本条第2款是对法定代理人追认的有关规定。根据本款的规定，限制民事行为能力人实施民事法律行为后，与其从事民事法律行为的相对人可以催告限制民事行为能力人的法定代理人在30日内予以追认。法定代理人未作表示的，视为拒绝追认。所谓催告，是指民事法律行为的相对人要求法定代理人在一定期限内就是否认可限制民事行为能力人所实施民事法律行为的效力作出表示，逾期不作表示的，视为法定代理人拒绝承认行为的效力。催告在民法理论上被称为"准法律行为"，因为尽管催告具有类似意思表示的行为外观，但其最终效力的发生仍然来自法律规定。限制民事行为能力人在其行为能力范围之外实施的民事法律行为属于效力待定，此种效力不确定的状态不应一直持续。立法赋予相对人以催告权，可以避免这种效力不确定的状态长期持续，从而保护相对人权益，维护交易安全。在相对人催告法定代理人对行为是否予以追认的期间内，如果法定代理人不对此作出表示，意味着法定代理人对通过追认补足行为效力的态度是消极的、放任的，此时应视为其拒绝追认，因此该行为不发生效力。需要说明的是，相对人的催告应当以明示方式作出，其期间也应从法定代理人收到通知之日起算。本条确定的期间为 30 日，法定代理人超过 30 日未作表示的，视为拒绝追认。

本条第 2 款除规定相对人的催告权外，还规定了善意相对人的撤销权，即民事法律行为被追认前，善意相对人有撤销的权利。民法中的撤销权有多种类型，如合同法中因债务人放弃到期债权或者无偿转让财产，对债权人造成损害的，债权人可以请求人民法院撤销债务人的行为；一方以欺诈、胁迫的手段或者乘人之危，使对方在违背真实意思的情况下订立的合同，受损害方有权请求人民法院或者仲裁机构撤销等。这里的撤销权，是指民事法律行为的相对人在法定代理人追认限制民事行为能力人实施的民事法律行为前，撤销自己在该民事法律行为中所作的意思表示。对于限制民事行为能力人实施的此类民事法律行为来说，如果仅规定法定代理人的追认权，相当于肯定或否定行为效力的权利只交由法定代理人来行使，而在法定代理人对行为作出追认前，相对人无法根据自身利益对行为效力作出选择，只能被动地接受法定代理人的追认或者否认，这对于相对人尤其是善意相对人而言是不公平的。此处的撤销权在性质上属于形成权，即相对人可以直接通过自己的行为而无须借助他人即可行使的权利。本条撤销权的行使应注意以下几点：一是相对人撤销权的行使须在法定代理人追认之前，法定代理人一经追认，相对人不得再行使这一权利。二是仅善意相对人可行使撤销权。所谓善意，是指相对人实施民事法律行为时并不知晓对方为限制民事行为能力人，且此种不知晓不构成重大过失。三是相对人行使撤销权时，应当通过通知的方式作出，这种通知必须是明示的、明确的，不得通过默示的方式。

> **第一百四十六条**　行为人与相对人以虚假的意思表示实施的民事法律行为无效。
>
> 以虚假的意思表示隐藏的民事法律行为的效力，依照有关法律规定处理。

【条文主旨】

本条是关于以虚假意思表示实施的民事法律行为的效力以及隐藏行为效力的规定。

【条文释义】

本条第 1 款是对双方以虚假意思表示作出的民事法律行为效力的规定，即行为人与相对人以虚假的意思表示实施的民事法律行为无效。这一规定的含义是：双方通过虚假的意思表示实施的民事法律行为是无效的。之所以对通过虚伪表示实施的民事法律行为的效力予以否定，是因为这一"意思表示"所指向的法律效果并非双方当事人的内心真意，双方对此相互知晓，如果认定其为有效，有悖于意思自治的原则。本款虽未明确规定行为人与相对人须通谋而为虚假的意思表示，实际上双方对虚假意思表示达成一致的结果反映出二者必须有一个意思联络的过程。这也是虚伪表示区别于真意保留的重要一点，真意保留的相对人并不知晓行为人表示的是虚假意思。

本条第 2 款是对隐藏行为效力的规定：行为人以虚假的意思表示隐藏的民事法律行为的效力，依照有关法律规定处理。所谓隐藏行为，又称隐匿行为，是指在虚伪表示掩盖之下行为人与相对人真心所欲达成的民事法律行为。根据虚伪表示与隐藏行为的对应关系，有虚伪表示，未必存在隐藏行为；但有隐藏行为，则一定存在虚伪表示。前者如以逃避债务为目的的假赠与，赠与行为是通过虚伪表示而实施的行为，但并不存在隐藏行为；后者如名为赠与实为买卖，赠与行为是通过虚伪表示实施的行为，而买卖则是掩盖在虚伪表示之下的隐藏行为。根据本条规定，当同时存在虚伪表示与隐藏行为时，虚伪表示无效，隐藏行为并不因此无效，其效力如何，应当依据有关法律规定处理。具体来说，如果这种隐藏行为本身符合该行为的生效要件，那么就可以生效。如在名为赠与实为买卖的行为中，赠与行为属于双方共同以虚假意思表示实施的民事法律行为，无效。隐藏于赠与形式之后的买卖是双方共同的真实意思表示，其效力能否成就取决于其是否符合买卖合同有关的法律规定：如果符合买卖合同生效要件的法律规定，则为有效；反之，则无效。本款对隐藏行为的效力作出上述规定，主要考虑是：第一，实践中当存在虚伪表示时，往往同时存在隐藏行为。如果仅规定虚伪表示的效力规则而不对隐藏行为的效力作出规定，将导致大量隐藏行为的处理没有依据。第二，虚伪表示背后隐藏的民事法律行为，体现了双方当事人的真实意思表示，原则上不应否定其效力。但隐藏行为的效力最终如何，仍然应当根据该行为自身的效力要件予以判断，不宜不加限制地一律承认其效力。既体现了对双方意思自治的充分认可，同时也对隐藏行为的效力发生施加了必要的限定，根据民事法律行为具体类型的有关规定予以判断。

> **第一百四十七条** 基于重大误解实施的民事法律行为，行为人有权请求人民法院或者仲裁机构予以撤销。

【条文主旨】

本条是关于基于重大误解实施的民事法律行为的效力规定。

【条文释义】

重大误解，是我国民法自民法通则和合同法以来一直沿用的概念。民法通则第 59 条规定："下列民事行为，一方有权请求人民法院或者仲裁机关予以变更或者撤销：（一）行为人对行为内容有重大误解的；（二）显失公平的。被撤销的民事行为从行为开始起无效。"合同法第 54 条第 1 款规定："下列合同，当事人一方有权请求人民法院或者仲裁机构变更或者撤销：（一）因重大误解订立的；（二）在订立合同时显失公平的。"尽管民法通则和合同法均规定了重大误解制度，但对于如何界定重大误解，法律并未作出规定。

本条规定，基于重大误解实施的民事法律行为，行为人有权请求人民法院或者仲裁机构予以撤销。在立法过程中，关于这一规定的意见及考虑主要有：第一，是否参照大陆法系国家和地区立法例采用"错误"概念。有的意见提出，总则编应当与大陆法系主要国家和地区的规定保持一致，在立法中采用"错误"概念，并尽量明确"错误"内涵。经研究，重大误解的概念自民法通则创立以来，实践中一直沿用至今，已经为广大司法实务人员以及人民群众所熟知并掌握，且其内涵经司法解释进一步阐明后已与大陆法系的"错误"的内涵比较接近，在裁判实务中未显不当，可以继续维持民法通则和合同法的规定。第二，是否在条文中详细列举重大误解的情形。有的意见提出，司法解释对如何认定重大误解作了规定，针对性强，实践效果不错，应当在总则编中加以规定。我们认为，最高人民法院从法律适用的角度对民法通则中"重大误解"的认定加以规定是可行的，能够更加清晰地为裁判提供指引，防止自由裁量权的滥用，统一裁判尺度。但完全将目前司法解释的规定上升为法律是否能够涵盖重大误解的所有情形，仍存在疑问。随着民事法律行为理论以及实践类型的不断发展，重大误解制度的涵摄范围会有变化，但这本质上是一个司法问题，立法可以不对其作具体限定。第三，关于重大误解撤销权的行使。有的意见提出，重大误解行为人的撤销权属于形成权，其行使仅须行为人向相对人为之，无须采用诉讼或者仲裁的方式。经研究认为，撤销权的行使将彻底改变民事法律行为的效力，关涉当事人的重大利益，民法通则及合同法均规定撤销权须经诉讼或者仲裁，这样有利于维护正常的法律秩序，妥善保护当事人双方的合法权益。经长期实践证明，民法通则和合同法关于撤销权行使方式的规定符合中国实际，总则编予以维持。

> **第一百四十八条** 一方以欺诈手段，使对方在违背真实意思的情况下实施的民事法律行为，受欺诈方有权请求人民法院或者仲裁机构予以撤销。

【条文主旨】

本条是关于行为人以欺诈手段实施的民事法律行为的效力规定。

【条文释义】

民法中的欺诈，一般是指行为人故意欺骗他人，使对方陷入错误判断，并基于此错误判断作出意思表示的行为。欺诈的构成要件一般包括四项：一是行为人须有欺诈的故意。这种故意既包括使对方陷入错误判断的故意，也包括诱使对方基于此错误判断而作出意思表示的故意。二是行为人须有欺诈的行为。这种行为既可以是故意虚构虚假事实，也可以是故意隐瞒应当告知的真实情况等。三是受欺诈人因行为人的欺诈行为陷入错误判断，即欺诈行为与错误判断之间存在因果关系。四是受欺诈人基于错误判断作出意思表示。

我国民法通则和合同法均对欺诈作了规定，但二者对欺诈的效力规范有所不同。根据民法通则第58条第1款第3项的规定，一方以欺诈、胁迫的手段或者乘人之危，使对方在违背真实意思的情况下所为的民事行为无效。合同法没有将因欺诈订立的合同一律认定无效，而是区分情况作了规定。根据合同法第52条第1项、第54条第2款的规定，一方以欺诈手段所订立的损害国家利益的合同无效；一方以欺诈的手段，使对方在违背真实意思的情况下订立的合同，受损害方有权请求人民法院或者仲裁机构变更或者撤销。对于欺诈的具体含义，民法通则和合同法没有作出规定。《最高人民法院关于贯彻执行〈中华人民共和国民法通则〉若干问题的意见（试行）》第68条规定："一方当事人故意告知对方虚假情况，或者故意隐瞒真实情况，诱使对方当事人作出错误意思表示的，可以认定为欺诈行为。"

本条规定包括以下几点内容：第一，欺诈系由民事法律行为的一方当事人实施，而相对人因此欺诈行为陷入错误判断，并进而作出了意思表示。换言之，如果没有行为人的欺诈行为，相对人将不会作出这种意思表示，民事法律行为不会成立。第二，欺诈的构成并不需要受欺诈人客观上遭受损害后果的事实，只要受欺诈人因欺诈行为作出了实施民事法律行为的意思表示，即可成立欺诈。第三，欺诈的法律后果为可撤销，享有撤销权的是受欺诈人。关于欺诈的法律后果，民法通则规定的是无效，合同法则区分欺诈行为是否损害国家利益而分别规定，如损害国家利益，则无效；如不损害，则为可变更或者可撤销。应当说，合同法在民法通则规定的基础上，修正了凡欺诈一律无效的规定，考虑到了对受欺诈人意思自治的尊重和保护，是可取的。但其又区分合同是否损害国家利益将欺诈的法律后果分别规定为无效和可撤销，这既与传统民法理论及世界各国立法例不符，在实践中也难以把握，甚至容易导致裁判者滥用自由裁量权随意判定民事法律行为无效的情形，反而损害特定情形下受欺诈人对民事法律行为效力的自主选择权，因此不宜采纳。同时，将欺诈行为的法律后果规定为可撤销，也是立法中的多数意见，因此总则编采纳这一意见，将欺诈的后果规定为可撤销。

> **第一百四十九条** 第三人实施欺诈行为，使一方在违背真实意思的情况下实施的民事法律行为，对方知道或者应当知道该欺诈行为的，受欺诈方有权请求人民法院或者仲裁机构予以撤销。

〖条文主旨〗

本条是关于第三人欺诈的民事法律行为的效力规定。

〖条文释义〗

民法中的欺诈，一般是指行为人故意欺骗他人，使对方陷入错误判断，并基于此错误判断作出意思表示的行为。在这一过程中，受欺诈人一定是民事法律行为的一方当事人，其由于欺诈人的欺诈行为陷入错误判断，并据此作出意思表示；但实施欺诈行为的人除民事法律行为的当事人外，还有可能是第三人。这里的第三人，一般是指民事法律行为的双方当事人之外、与一方存在某种关系的特定人。当事人之外的第三人对其中一方当事人实施欺诈的目的，有可能是仅仅为了帮助对方当事人达成交易，如得知买受人欲购买朋友的二手汽车，便极力劝说，尽管知道该车性能不好、出过事故，但谎称该车性能良好、从未出过事故，买受人遂信以为真，购买了该二手汽车。第三人实施欺诈也有可能最终为实现自己的目的，如第三人为达到使 A 尽快偿还所欠其债务的目的，劝说 B 购买 A 所收藏的仿真画作，谎称该画作为真品，B 信以为真，购买了该画作，A 用所得的价款偿还了对第三人的债务。由于第三人欺诈的行为同样对受欺诈人的利益造成了损害，因此本条对此加以规制。

本条主要内容包括：第一，当事人以外的第三人对一方当事人实施了欺诈行为，并致使该当事人陷入错误判断且据此作出了意思表示。欺诈行为的具体形式，有可能是故意告知虚假信息，或者故意隐瞒真实情况，也可能存在其他不同形式，但其根本目的在于使受欺诈人陷入错误认识，作出"若了解真实情况便不会作出的"意思表示。第二，受欺诈人享有对民事法律行为的撤销权，但该撤销权行使须满足一定条件。具体来说，第三人实施欺诈行为，只有在受欺诈人的相对方非属于善意时，受欺诈人才能行使撤销权。相对方的这种非善意表现为，对于第三人的欺诈行为，其知道或者应当知道。实践中，对于第三人实施的欺诈行为，受欺诈人的相对方既可能知情，也可能不知情。例如，在欺诈买受人购买朋友二手车的例子中，二手车的出卖人既可能知道交易的达成系其朋友欺诈买受人的结果，也可能对此并不知情，单纯认为买受人愿意购买自己的二手车。法律仅赋予相对方知情时受欺诈人撤销民事法律行为的权利，体现了对善意相对人的保护。第三，撤销权的行使仍须通过人民法院或者仲裁机构行使。

> **第一百五十条** 一方或者第三人以胁迫手段，使对方在违背真实意思的情况下实施的民事法律行为，受胁迫方有权请求人民法院或者仲裁机构予以撤销。

【条文主旨】

本条是关于以胁迫手段实施的民事法律行为的效力的规定。

【条文释义】

所谓胁迫，是指行为人通过威胁、恐吓等不法手段对他人思想上施加强制，由此使他人产生恐惧心理并基于恐惧心理作出意思表示的行为。在民法理论中，胁迫与欺诈一样，都属于意思表示不自由的情形。当事人因受胁迫而作出意思表示，其意思表示并没有产生错误，受胁迫人在作出符合胁迫人要求的意思表示时，清楚地意识到自己意思表示的法律后果，只是这种意思表示的作出并非基于受胁迫人的自由意志。胁迫的构成要件一般应当包括：一是胁迫人主观上有胁迫的故意，即故意实施胁迫行为使他人陷入恐惧以及基于此恐惧心理作出意思表示。二是胁迫人客观上实施了胁迫的行为，即以将要实施某种加害行为威胁受胁迫人，以此使受胁迫人产生心理恐惧。这种加害既可以是对受胁迫人自身的人身、财产权益的加害，也可以是对受胁迫人的亲友甚至与之有关的其他人的人身、财产权益的加害，客观上使受胁迫人产生了恐惧心理。三是胁迫须具有不法性，包括手段或者目的的不法性，反之则胁迫不成立。例如，出租人以向法院起诉为要挟，要求承租人按合同约定及时履行交付租金的义务，此种情形便不属于应受法律调整的胁迫行为。四是受胁迫人基于胁迫产生的恐惧心理作出意思表示。换言之，意思表示的作出与胁迫存在因果关系。此处因果关系的判断，应以受胁迫人自身而非其他人为标准。由于胁迫侵害了被胁迫人的自由意志，法律对通过胁迫手段实施的民事法律行为加以规制。

本条规定："一方或者第三人以胁迫手段，使对方在违背真实意思的情况下实施的民事法律行为，受胁迫方有权请求人民法院或者仲裁机构予以撤销。"这一规定包括以下内容：第一，民事法律行为的一方当事人或者第三人实施了胁迫行为。这种行为的具体方式，既可以是威胁对受胁迫人或其亲友的人身权益造成损害，如以损害受胁迫人的荣誉为要挟；也可以是威胁对受胁迫人或其亲友的财产权益造成损害，如不将房子出租给胁迫人，胁迫人就烧掉房子。实施胁迫行为的主体既包括民事法律行为的一方当事人，也可以是民事法律行为之外的第三人。第二，受胁迫人基于对胁迫行为所产生的恐惧作出了意思表示。受胁迫人尽管作出的意思表示是其真实意思的外在表达，但这种意思表示的作出系受到胁迫人胁迫行为的结果。第三，受胁迫人享有对民事法律行为的撤销权。胁迫是对受胁迫人意志自由的侵害，其效力不应得到法律的承认。从民法理论上讲，胁迫行为具有不法性，且构成对受胁迫人利益的侵害，应当认定因胁迫实施的民事法律行为为无效。但考虑到民事活动的复杂性以及意思自治的民事基本原则，受胁迫人在其权益受损时，有权基于自身的利益衡量对民事法律行为的效力作出选择。因此，本条规定采用世界多数国家和地区立法例，将因胁迫实施的民事法律行为效力规定为可撤销，同时赋予受胁迫人以撤销权。

> **第一百五十一条** 一方利用对方处于危困状态、缺乏判断能力等情形，致使民事法律行为成立时显失公平的，受损害方有权请求人民法院或者仲裁机构予以撤销。

【条文主旨】

本条是关于显失公平的民事法律行为的效力的规定。

【条文释义】

显失公平这一概念在传统民法理论及我国的现行法中均有所体现，但二者的内涵并不完全相同。传统民法理论中的显失公平，需要同时具备客观和主观两项要件。客观上，双方的权利义务要达到显失均衡的状态；主观上，这种权利义务失衡的状态系由于一方利用对方缺乏经验和判断能力、急迫、轻率等不利的情境所最终达成的结果。这种主、客观条件须同时具备的"显失公平"又被称为暴利行为，为继受传统民法理论的部分国家和地区的立法例所采用。

我国民法通则和合同法均对显失公平作了规定。民法通则第59条第1款规定："下列民事行为，一方有权请求人民法院或者仲裁机关予以变更或者撤销：（一）行为人对行为内容有重大误解的；（二）显失公平的。"合同法第54条第1款规定："下列合同，当事人一方有权请求人民法院或者仲裁机构变更或者撤销：（一）因重大误解订立的；（二）在订立合同时显失公平的。"从民法通则和合同法的上述规定看，现行法律似乎仅从行为后果的角度界定显失公平，并不强调传统理论中显失公平的主观要件或者产生显失公平后果的原因。《最高人民法院关于贯彻执行〈中华人民共和国民法通则〉若干问题的意见（试行）》第72条规定："一方当事人利用优势或者利用对方没有经验，致使双方的权利与义务明显违反公平、等价有偿原则的，可以认定为显失公平。"司法解释的这一规定强调对显失公平的认定要考虑到主观方面的原因，即"一方当事人利用优势或者利用对方没有经验"，相比民法通则和合同法的规定，界定更为清晰，也与传统民法理论及多数立法例较为接近。与各国立法例不同，除显失公平外，我国民法通则和合同法还同时规定了乘人之危的民事法律行为。根据民法通则第58条第1款第3项的规定，一方乘人之危，使对方在违背真实意思的情况下所为的民事行为无效。根据合同法第54条第2款的规定，一方乘人之危，使对方在违背真实意思的情况下订立的合同，受损害方有权请求人民法院或者仲裁机构变更或者撤销。《最高人民法院关于贯彻执行〈中华人民共和国民法通则〉若干问题的意见（试行）》第70条同样对乘人之危的认定作了规定，即"一方当事人乘对方处于危难之机，为牟取不正当利益，迫使对方作出不真实的意思表示，严重损害对方利益的，可以认定为乘人之危。"与显失公平相比，乘人之危的概念更加强调行为人利用对方"处于危难之机"以及"牟取不正当利益"的主观要件，这一点与传统民法理论中显失公平的主观要件非常接近。因此，不少观点认为，我国法律中所规定的显失公平与乘人之危，事实上是传统民法理论中暴利行为一分为二的结果。

在立法过程中，有的意见提出，民法通则和合同法将乘人之危与显失公平分别规定，二者有不同的适用条件，总则编应延续这一做法。经研究，我们认为，民法通则和合同法规定的显失公平与乘人之危虽各有侧重，但从相关司法实践对二者的界定来看，它们均在主观和客观两方面有相类似的要求，如显失公平中的"一方明显违反公平、等价有偿原则"，即是严重损害了对方利益；"利用优势或者利用对方没有经验"与乘人之危的手段相近，均利用了对方的不利情境。基于此，民法总则将二者合并规定，赋予显失公平以新的内涵，这既与通行立法例的做法一致，同时也便于司法实践从严把握，防止这一制度被滥用。

> 第一百五十二条　有下列情形之一的，撤销权消灭：
>
> （一）当事人自知道或者应当知道撤销事由之日起一年内、重大误解的当事人自知道或者应当知道撤销事由之日起九十日内没有行使撤销权；
>
> （二）当事人受胁迫，自胁迫行为终止之日起一年内没有行使撤销权；
>
> （三）当事人知道撤销事由后明确表示或者以自己的行为表明放弃撤销权。
>
> 当事人自民事法律行为发生之日起五年内没有行使撤销权的，撤销权消灭。

【条文主旨】

本条是关于撤销权消灭期间的规定。

【条文释义】

民事法律行为因不同事由被撤销的，其撤销权应当在一定期间内行使。这一点是由撤销权的性质所决定的。在民法理论上，撤销权属于形成权，行为人可以通过自己的行为直接行使权利，实现权利目的。但是，撤销权的行使将使得可撤销的民事法律行为效力终局性地归于无效，这将对相对人的利益产生重大影响，因此，享有撤销权的权利人必须在一定期间内决定是否行使这一权利，从而保护相对人的利益，维护交易安全。这一期间被称为除斥期间，除斥期间经过，撤销权终局性地归于消灭，可撤销的民事法律行为自此成为完全有效的民事法律行为。

由于导致民事法律行为可撤销的事由多样，因此不同情况下除斥期间的起算以及期间的长短也应有所不同。民法关于撤销权除斥期间的规定，应当同时兼顾撤销权人与相对人的利益，不应仅仅强调一方的利益保护而忽略另一方。因此，应当在规定主观期间的同时，辅之以客观期间补充，以此实现二者利益的平衡保护。

本条在民法通则和合同法规定的基础上，借鉴其他国家和地区的立法例，对撤销权的除斥期间作了以下规定：其一，撤销权原则上应在权利人知道或者应当知道撤销事由之日起1年内行使，但自民事法律行为发生之日起5年内没有行使的，撤销权消灭。将期间起算的标准规定为"当事人自知道或者应当知道撤销事由之日"有利于撤销权人的利益保护，防止其因不知撤销事由存在而错失撤销权的行使。同时，辅之以"自民事法律行为发生之日起五年内"的客观期间，有助于法律关系的稳定，稳定交易秩序，维护交易安全。其二，对于因重大误解享有撤销权的，权利人应在知道或者应当知道撤销事由之日起90日内行使，否则撤销权消灭。同欺诈、胁迫、显失公平等影响意思表示自由的情形相比，重大误解权利人的撤销事由系自己造就，不应赋予其与其他撤销事由同样的除斥期间。因此，本条将重大误解的撤销权除斥期间单独确定为90日，并仍以权利人知道或者应当知道撤销事由之日起算。其三，对于因胁迫享有撤销权的，应自胁迫行为终止之日起1年内行使，否则撤销权消灭。同欺诈、重大误解等其他撤销事由相比，胁迫具有特殊性。受胁迫人在胁迫行为终止前，即使知道胁迫行为的存在，事实上仍然无法行使撤销权。考虑到这一特殊情况，本条将因胁迫享有撤销权的除斥期间起算规定为"自胁迫行为终止之日起"，期间仍为1年。其四，对于权利人知道撤销事由后明确表示或者以自己的行为表明放弃撤销权的，撤销权消灭，不受1年期间的限制。权利人无论是明确表示还是通过行为表示对撤销权的放弃，均属于对自己权利的处分，依据意思自治的原则，法律予以准许。

> **第一百五十三条** 违反法律、行政法规的强制性规定的民事法律行为无效。但是，该强制性规定不导致该民事法律行为无效的除外。
> 违背公序良俗的民事法律行为无效。

【条文主旨】

本条是关于违反法律、行政法规的强制性规定以及违背公序良俗的民事法律行为的效力的规定。

【条文释义】

在民事法律行为有效的三项要件中，不违反法律、行政法规的强制性规定以及不违背公序良俗是其中能够体现对个人意思自治与行为限制的一项重要条件。民事法律行为虽然是彰显意思自治、保障权利实现的主要制度，但这种自由必须限定在不损害国家利益、社会公共利益的范围之内。民事主体的民事法律行为一旦超越法律和道德所容许的限度，构成对国家利益、社会公共利益的侵害，其效力就必须被否定。而法律、行政法规的强制性规定以及公共秩序和善良习俗，即是对民事主体意思自治施加的限制。

由于强制性规定和公序良俗背后所体现的对国家利益、社会公共利益的维护，世界各国和地区的民事立法均将违反这些规定以及违背公序良俗的行为确定为无效。本法第 143 条规定了民事法律行为的有效要件。其中，根据该条第 3 项的规定，民事法律行为不得违反法律、行政法规的强制性规定，不违背公序良俗。从立法技术和逻辑来看，应当同时从反面规定违反法律、行政法规以及违背公序良俗的民事法律行为的法律后果。本条即明确规定了违反法律、行政法规以及违背公序良俗的民事法律行为无效。相比而言，第 143 条属于对民事法律行为有效的一般性要求，而本条则属于可以直接判定行为效力的裁判性规范，即当民事法律行为具有违反法律、行政法规强制性规定或者违背公序良俗情形的，法院和仲裁机构可以依据本条规定确认该行为无效。从我国以往的民事立法来看，民法通则规定的是违反法律或者社会公共利益的民事行为无效；合同法规定的是违反法律、行政法规的强制性规定以及损害社会公共利益的合同无效。这些规定均在审判、仲裁实践中发挥了裁判性规范的作用。如果本条不对违反法律、行政法规的强制性规定以及违背公序良俗的法律后果直接作出规定，司法机关和仲裁机构就会丧失判定依据，导致裁决尺度不一，引发法律适用的混乱。

根据本条第 1 款规定，违反法律、行政法规的强制性规定的民事法律行为无效，但是，该强制性规定不导致该民事法律行为无效的除外。法律规范分为强制性规范与任意性规范。任意性规范的目的是引导、规范民事主体的行为，并不具备强制性效力，民事法律行为与任意性规范不一致的，并不影响其效力。任意性规范体现的是法律对主体实施民事法律行为的一种指引，当事人可以选择适用，也可以选择不适用。与任意性规范相对的是强制性规范，后者体现的是法律基于对国家利益、社会公共利益等的考量，对私人意思自治领域所施加的一种限制。民事主体在实施民事法律行为时，必须服从这种对行为自由的限制，否则会因对国家利益、社会公共利益等的侵害而被判定无效。但是，民事法律行为违反强制性规定无效有一种例外，即当该强制性规定本身并不导致民事法律行为无效时，民事法律行为并不无效。这里实际上涉及对具体强制性规定的性质判断问题。某些强制性规定尽管要求民事主体不得违反，但其并不导致民事法律行为无效。违反该法律规定的后果应由违法一方承担，对没有违法的当事人不应承受一方违法的后果。例如，一家经营水果的商店出售种子，农户购买了该种子，该商店违法经营种子，必须承担相应违法责任，但出于保护农户的目的，不宜认定该买卖行为无效。

本条第 2 款规定，违背公序良俗的民事法律行为无效。公序良俗是公共秩序和善良习俗的简称，属于不确定概念。民法学说一般采取类型化研究的方式，将裁判实务中依据公序良俗裁判的典型案件，区别为若干公序良俗违反的行为类型。法院或者仲裁机构在审理案件时，如果发现待决案件事实与其中某一个类型相符，即可判定行为无效。这些类型包括但不限于：（1）危害国家政治、经济、财政、税收、金融、治安等秩序类型；（2）危害家庭关系行为类型；（3）违反性道德行为类型；（4）违反人权和人格尊重行为类型；（5）限制经济自由行为类型；（6）违反公正竞争行为类型；（7）违反消费者保护行为类型；（8）违反劳动者保护行为类型等。同强制性规定一样，公序良俗也体现了国家对民事领域意思自治的一种限制。因此，对公序良俗的违背也构成民事法律行为无效的理由。

> **第一百五十四条** 行为人与相对人恶意串通，损害他人合法权益的民事法律行为无效。

【条文主旨】

本条是关于恶意串通的民事法律行为的效力的规定。

【条文释义】

所谓恶意串通，是指行为人与相对人互相勾结，为牟取私利而实施的损害他人合法权益的民事法律行为。恶意串通的民事法律行为在主观上要求双方有互相串通、为满足私利而损害他人合法权益的目的，客观上表现为实施了一定形式的行为来达到这一目的。比如，甲公司生产的一批产品质量低劣，卖不出去，甲公司找到乙公司负责采购的业务人员向其行贿，二者相互串通订立该产品的买卖合同，乙公司将其以合格产品买入。在该例中，甲公司与乙公司采购人员相互勾结签订合同，损害乙公司利益的行为就属于恶意串通的民事法律行为。尽管民法的基本原则中包含自愿原则，即当事人可以按照自己的意思设立、变更、终止民事法律关系，但民事主体却不得滥用民事权利损害国家利益、社会公共利益或者他人合法权益。

我国民法通则和合同法都对恶意串通作了规定。根据民法通则第58条第1款第4项的规定，恶意串通，损害国家、集体或者第三人利益的民事行为无效。根据合同法第52条第2项的规定，恶意串通，损害国家、集体或者第三人利益的合同无效。从民法通则到合同法，尽管不少情形下的民事法律行为的效力规定发生了变化，如损害国家、集体利益，欺诈、胁迫、乘人之危等情形，民法通则规定为无效，而合同法规定为可撤销。但对于恶意串通的民事法律行为，无论是民法通则还是合同法，始终将其规定为无效。从各项制度的设立目的看，无论是欺诈、胁迫、重大误解还是显失公平，大多调整的是仅涉及双方当事人之间的利益关系，而在恶意串通的情形下，实际是双方共同损害他人的合法权益。在这种情况下，双方串通的直接目的就是通过损害他人来实现自己的利益，因此，法律上对这种恶意串通行为确定为无效的做法，能够最大限度地实现对第三方合法权益的保护。

本条规定的主要考虑是：第一，行为人恶意串通损害他人合法权益的行为，多数情况下权益受损的人当时并不知情，如果不对这种行为科以无效后果，无法体现对其合法权益的有力保护。第二，民法通则、合同法规定恶意串通行为无效以来，为司法实践提供了明确的裁判指引，本法总则编应当继续沿用这一规定。第三，虽然总则编及其他民事法律对欺诈、无权处分等具体规则作了规定，但民事生活的复杂性决定了实践中仍有可能出现现有具体规则无法解决的情形。保留恶意串通的规定可以在没有具体规则可供适用时发挥规则填补的作用。

还有一个问题需要说明一下。本法第146条第1款规定了虚假表示的民事法律行为无效。有的意见提出，虚假表示和恶意串通存在重复，建议统一规定。我们认为，在虚假表示的民事法律行为中，行为人与相对人所表示出的意思均非真意，而恶意串通的双方当事人所表达的都是内心真意，二者尽管在法律后果上相同，但不可混淆。尽管在某些情况下，双方通谋的虚假表示也表现为主观上的恶意，且同时损害了他人的合法权益，但二者的侧重点不同，不能相互替代。

第一百五十五条　无效的或者被撤销的民事法律行为自始没有法律约束力。

【条文主旨】

本条是关于无效的或者被撤销的民事法律行为自始无效的规定。

【条文释义】

民事法律行为的效力形态包括多种，如有效、无效、可撤销、效力待定等。对于无效和被撤销的民事法律行为来说，必然涉及其行为效力的问题。民事法律行为无效或者被撤销后，效力自然对将来不再发生。那么，这种状态是否可以溯及既往？本条即对此作出规定，无效或者被撤销的民事法律行为自始没有法律约束力。

我国民法通则和合同法对于无效以及被撤销的民事法律行为效力问题都作了规定。民法通则第58条第2款规定："无效的民事行为，从行为开始起就没有法律约束力。"第59条第2款规定："被撤销的民事行为从行为开始起无效。"合同法第56条规定："无效的合同或者被撤销的合同自始没有法律约束力。合同部分无效，不影响其他部分效力的，其他部分仍然有效。"从上述规定来看，无效和被撤销的民事法律行为是自始无效的，具有溯及力。即使在身份行为当中，这一原则也在现行法律规定中得到了体现，如本法第1054条规定，无效的或者被撤销的婚姻自始没有法律约束力，当事人不具有夫妻的权利和义务；第1113条第2款规定，无效的收养行为自始没有法律约束力。这种自始无效意味着，民事法律行为一旦无效或者被撤销后，双方的权利义务状态应当恢复到这一行为实施之前的状态，已经履行的，应当恢复原状。

关于本条，还有两点需要说明。其一，无效的民事法律行为除自始无效外，还应当是当然无效、绝对无效。所谓当然无效，是指只要民事法律行为具备无效条件，其便当然产生无效的法律后果，无须经过特定程序的确认才无效；所谓绝对无效，是指这种民事法律行为的无效是绝对而非相对的，对包括当事人在内的其他任何人而言均是无效的。其二，有的意见提出，被撤销的民事法律行为自始无效的规定过于绝对，身份行为以及具有持续性的民事法律行为被撤销后，其无效的效果应仅向将来发生，不应溯及既往。经研究，我国婚姻法、收养法等法律规定已经对无效或被撤销婚姻、无效收养等身份行为的无效溯及既往作了规定，本条应当延续这一规定，对符合无效情形以及被撤销的此类行为，仍坚持无效溯及既往的规定。对于诸如劳动关系、合伙关系等特别领域中存在的某些持续性民事法律行为无效以及被撤销的效力问题，可以考虑在具体单行法中作出特别规定。

> **第一百五十六条** 民事法律行为部分无效，不影响其他部分效力的，其他部分仍然有效。

【条文主旨】

本条是关于民事法律行为部分无效的规定。

【条文释义】

在传统民法理论中，根据民事法律行为无效原因与整体行为内容之间的关系，可以将民事法律行为的无效分为全部无效及部分无效。如果无效原因及于整体的民事法律行为，则民事法律行为自然全部无效，这一点没有问题。但是，当无效原因只及于民事法律行为的部分内容，如何处置其他部分的民事法律行为的效力问题？本条即是对此问题作出的规定。

本条对此作出规定，如果民事法律行为的部分无效不影响其他部分效力，其他部分仍然有效。具体来说，民事法律行为的无效事由既可以导致其全部无效，也可以导致部分无效。在部分无效时，如果不影响其他部分的效力，其他部分仍可有效。这意味着，只有在民事法律行为的内容效力可分且相互不影响的情况下，部分无效才不会导致其他部分同时无效。反之，当部分无效的民事法律行为会影响其他部分效力的，其他部分也应无效。

我国民法通则和合同法均对民事法律行为的部分无效作了规定。民法通则第60条规定："民事行为部分无效，不影响其他部分的效力的，其他部分仍然有效。"合同法第56条规定："无效的合同或者被撤销的合同自始没有法律约束力。合同部分无效，不影响其他部分效力的，其他部分仍然有效。"

本条所规定的"民事法律行为部分无效，不影响其他部分效力"的情形，主要包括以下几种：一是民事法律行为的标的数量超过国家法律许可的范围。例如，借贷合同中，双方当事人约定的利息高于国家限定的最高标准，则超过部分无效，不受法律保护，但在国家所限定的最高标准以内的利息仍然有效。又如，遗嘱继承中，被继承人将其全部遗产均遗赠他人，并未给胎儿保留必要的遗产份额，违反了继承相关的法律规定。因此，在遗产的应继份范围内的那部分遗赠是无效的，但其他部分的遗赠仍然有效。二是民事法律行为的标的可分，其中一项或数项无效。比如，同一买卖合同的标的物有多个，其中一个或数个标的物因属于国家禁止流通物而无效，其他标的物的买卖仍为有效。三是民事法律行为的非根本性条款因违法或违背公序良俗而无效。例如，雇佣合同中有条款约定"工作期间发生的一切人身伤害，雇主概不负责"。这一条款因违反相关劳动法律以及公序良俗原则而无效，但雇佣合同的其他权利义务条款并不因此无效。

本条在民事法律行为无效部分与其他部分效力可分的情况下，规定部分无效在不影响其他部分效力的情况下，其他部分仍然有效。这实际上体现了民法尽可能尊重双方意思自治、承认民事法律行为效力的原则。当然，如果无效部分属于整体民事法律行为成立生效的必要条款，或者无效部分事实上与其他部分不可分割，那么这种部分无效当然会同时导致其他部分的无效，进而影响整体的行为效力。

> **第一百五十七条** 民事法律行为无效、被撤销或者确定不发生效力后，行为人因该行为取得的财产，应当予以返还；不能返还或者没有必要返还的，应当折价补偿。有过错的一方应当赔偿对方由此所受到的损失；各方都有过错的，应当各自承担相应的责任。法律另有规定的，依照其规定。

【条文主旨】

本条是关于民事法律行为无效、被撤销以及确定不发生效力的后果的规定。

【条文释义】

民事法律行为无效、被撤销以及确定不发生效力后，意味着民事法律行为的目的不能实现，应当恢复到民事法律行为成立或实施之前的状态，就如同这一行为未曾发生一样。这其中包括三种情况：其一，民事法律行为无效，即民事法律行为因具备无效条件而被确定为自始无效、当然无效、绝对无效。其二，民事法律行为被撤销，是指民事法律行为因具备撤销事由，经撤销权人行使撤销权而无效。民事法律行为被撤销前属于有效行为，撤销以后则自始没有法律约束力。其三，民事法律行为确定不发生效力，是指民事法律行为虽已成立，但由于生效条件确定无法具备而不能生效的情况。典型的情形包括两种：一是法律、行政法规规定须经批准生效的民事法律行为，因未经批准而无法生效；二是附条件生效民事法律行为，生效条件确定无法具备。这两种情形下，民事法律行为因双方合意一致已经成立，但不能生效，属于确定不生效。

民事法律行为无效、被撤销以及确定不发生效力后，由于其法律效果相当于这一行为未曾实施，因此，需要恢复至各方当事人在民事法律行为实施前的状态。已经履行或者部分履行的，各方需要承担相应的法律后果。

本条在民法通则和合同法规定的基础上，规定了民事法律行为无效、被撤销或者确定不发生效力的如下几种法律后果：

一是返还财产。这是指民事法律行为被确认无效、被撤销或者确定不发生效力后，行为人因民事法律行为所取得的财产应当予以返还，相对人亦享有对已交付财产的返还请求权。民事法律行为无效、被撤销或者确定不发生效力后，行为人对所取得的财产已没有合法占有的根据，双方的财产状况应当恢复到民事法律行为实施前的状态。当然，返还财产主要适用于民事法律行为已经实际履行的情况，如果行为被宣告无效、被撤销或者确定不发生效力时尚未履行，或者财产并未交付，则不适用这种方式。这里需要说明的是，返还财产的目的在于使双方的财产关系恢复到民事法律行为实施前的状态，因此无论双方是否存在过错，都负有返还财产的义务。一方存在过错的，相对方可以通过主张损失的赔偿来维护其利益。返还财产包括单方返还和双方返还。单方返还适用于民事法律行为的一方当事人已经履行、另一方尚未履行的情况。此时仅接受对方交付财产的当事人负有向对方返还财产的义务。双方返还适用于民事法律行为无效、被撤销或者确定不发生效力后，双方均已实际履行的，应当互负返还财产的义务。比如，民事法律行为因重大误解被撤销的，双方当事人应当相互返还财产。对于返还财产，还有几点需要明确：首先，返还财产的范围应以对方实际交付的财产数额为标准予以确定。即使当事人返还时实际的财产已经减损甚至不存在了，仍应承担返还责任。其次，如果当事人接受交付的是实物或者货币，原则上应当返还原物或者货币，不能相互替代。最后，如果原物已经灭失，造成无法实际返还的，如果存在可以替代的种类物，则应返还同一种类物。

二是折价补偿。本条规定，对于不能返还财产，或者没有必要返还的，应当折价补偿。民事法律行为无效、被撤销或者确定不发生效力后，返还财产应当作为恢复原状的原则做法。但是，在有些情况下，返还财产并不具备现实条件或者没有必要，此时应当通过折价补偿的方式来达到使财产关系恢复原状的目的。所谓财产不能返还，包括法律上的不能返还和事实上的不能返还。法律上的不能返还主要是指财产返还受到善意取得制度的影响，即一方当事人将通过民事法律行为取得的财产转让给第三人，第三人取得财产时符合善意取得制度的各项要件，此时该第三人因善意取得制度成为财产的所有权人，该财产又是不可替代的。民事法律行为虽事后被确认无效、被撤销或者确定不发生效力，当事人也不能实际返还财产，只能依当时市价折价补偿给对方当事人。事实上的不能返还主要是指因标的物已经灭失，造成客观上无法返还，且原物又是不可替代物。此时，取得该财产的当事人应当依据原物的市价进行折价补偿。所谓没有必要返还财产的，主要包括以下两种情况：（1）如果当事人接受的财产是劳务或者利益，在性质上不能恢复原状，应以国家规定的价格计算，以金钱返还；没有国家规定的，按照市价或者同类劳务的报酬标准计算返还。（2）如果一方当事人是通过使用对方的知识产权获得的利益，因知识产权属于无形财产，此时应折价补偿对方当事人。

三是赔偿损失。根据本条规定，有过错的一方应当赔偿对方由此所受到的损失；各方都有过错的，应当各自承担相应的责任。民事法律行为无效、被撤销或者确定不发生效力后，一般而言都存在损失赔偿的问题。如果因无效、被撤销或者确定不发生效力而给对方造成损失，主观上有故意或者过失的当事人应当赔偿对方的损失；双方都有过错的，应当各自承担相应的赔偿责任。比如，一方以欺诈手段与对方订立合同，合同因欺诈被撤销后，在返还财产或者折价补偿之外，受欺诈方还可能为合同的履行实际支出了其他费用，这部分损失应当由欺诈方予以赔偿。需要指出的是，这里规定的损失赔偿是一种过错责任，行为人只有主观上对民事法律行为无效、被撤销或者确定不发生效力的情形存在过错时才予以承担。

本条除规定以上内容外，还在条文最后作了"法律另有规定的，依照其规定"的除外规定。这种情况主要是指，民事法律行为效力被否定后，并非在任何情况下都存在返还财产、折价补偿或者赔偿损失的责任问题。如在民事法律行为因违法被宣告无效后，并不存在双方当事人相互返还财产的问题，而是需要根据相关法律、行政法规的规定对其予以没收、收缴等。以毒品买卖为例，双方签订的买卖合同显然因违反法律、行政法规的强制性规定而无效。但此时，双方因毒品交易产生的非法所得则应根据禁毒法等法律的规定予以收缴，而不是返还给一方当事人。

第四节　民事法律行为的附条件和附期限

> **第一百五十八条　民事法律行为可以附条件，但是根据其性质不得附条件的除外。附生效条件的民事法律行为，自条件成就时生效。附解除条件的民事法律行为，自条件成就时失效。**

【条文主旨】

本条是关于附条件的民事法律行为的规定。

【条文释义】

民事法律行为成立之后的效力问题，当事人之间可以自行约定，这也是意思自治原则的体现。民事法律行为中所附条件是指，当事人以未来客观上不确定发生的事实，作为民事法律行为效力的附款。所附条件具有以下特点：第一，条件系当事人共同约定，并作为民事法律行为的一部分内容。条件体现的是双方约定一致的意思，这是与法定条件最大的不同之处，后者是指由法律规定的且不由当事人意思决定并具有普遍约束力的条件。当事人不得以法定条件作为其所附条件。第二，条件是未来可能发生的事实。这意味着，已经过去的、现在的以及将来确定不会发生的事实不能作为民事法律行为的所附条件。如果是将来必然发生的事实，应当作为附期限。应当注意，这种条件事实发生的不确定性应当是客观存在的，如果仅仅是当事人认为事实发生与否不确定，但实际上必然发生或者不发生的，也不能作为所附条件。第三，所附条件是当事人用以限定民事法律行为效力的附属意思表示。应当将所附条件与民事法律行为中的供货条件、付款条件等相互区分，后者是民事法律行为自身内容的一部分而非决定效力的附属意思表示。第四，所附条件中的事实应为合法事实，违法事实不能作为民事法律行为的附条件。如不能约定以故意伤害他人作为合同生效的条件。

以所附条件决定民事法律行为效力发生或消灭为标准，条件可以分为生效条件和解除条件。所谓生效条件，是指使民事法律行为效力发生或者不发生的条件。生效条件具备之前，民事法律行为虽已成立但未生效，其效力是否发生处于不确定状态。条件具备，民事法律行为生效；条件不具备，民事法律行为就不生效。比如，甲、乙双方签订房屋买卖合同，约定甲将所居住的房产出卖给乙，条件是甲出国定居，不在国内居住。但条件具备时，此房屋买卖合同才生效。所谓解除条件，又称消灭条件，是指对已经生效的民事法律行为，当条件具备时，该民事法律行为失效；如果该条件确定不具备，则该民事法律行为将继续有效。

在附条件的民事法律行为中，所附条件的出现与否将直接决定民事法律行为的效力状态。附生效条件的民事法律行为，自条件成就时生效。附解除条件的民事法律行为，自条件成就时失效。需要特别指出的是，附条件的民事法律行为虽然在所附条件出现时才生效或失效，但在条件尚未具备时，民事法律行为对于当事人仍然具有法律约束力，当事人不得随意变更或者撤销。因此，可以将附条件的民事法律行为的效力分为条件成就前的效力和条件成就后的效力。对于附生效条件的民事法律行为来说，条件成就前的效力表现为当事人不得随意变更、撤销民事法律行为以及对于民事法律行为生效的期待权；对于附解除条件的民事法律行为来说，条件成就前的效力表现为条件具备后民事法律行为效力归于消灭的期待权。

我国民法通则和合同法均规定了附条件的民事法律行为。民法通则第 62 条规定："民事法律行为可以附条件，附条件的民事法律行为在符合所附条件时生效。"合同法第 45 条第 1 款规定："当事人对合同的效力可以约定附条件。附生效条件的合同，自条件成就时生效。附解除条件的合同，自条件成就时生效。"

民事法律行为以可以附条件为原则，这是意思自治原则的体现，但对于某些行为而言，则依其性质不得附条件。这主要是指，某些民事法律行为的性质要求其应当即时、确定地发生效力，不允许效力处于不确定状态，因此不得附条件。例如，票据行为，为保障其流通性不得附条件；撤销权、解除权等形成权的行使，本身就是为了使不确定的法律关系尽快确定，如果允许其附条件，会使本不确定的法律关系更加不确定，因此不得附条件。

> **第一百五十九条　附条件的民事法律行为，当事人为自己的利益不正当地阻止条件成就的，视为条件已经成就；不正当地促成条件成就的，视为条件不成就。**

【条文主旨】

本条是关于民事法律行为条件成就和不成就拟制的规定。

【条文释义】

在附条件的民事法律行为中，条件的成就或不成就直接关系到民事法律行为的效力状况。对附生效条件的民事法律行为来说，条件成就，民事法律行为就开始生效；条件不成就，民事法律行为就确定不发生效力。对附解除条件的民事法律行为来说，条件成就，民事法律行为就失效，反之民事法律行为继续有效。尽管民事法律行为成立时，当事人可以对于民事法律行为的效力共同约定附条件，但自此之后，当事人却有可能从自己的利益出发，不正当地促成或者阻止条件成就，以达到对自己有利的结果。比如，在附生效条件的民事法律行为中，一方当事人希望行为尽快生效，就可能采取不正当手段促使条件成就；在附解除条件的民事法律行为中，一方当事人希望行为继续其效力，就可能以不正当手段阻止条件成就。在附条件的民事法律行为中，无论是生效条件还是解除条件，条件的成就与否都具有或然性。这种或然性恰恰体现了民事法律行为当事人的意思自治，应当予以尊重。当一方当事人为了自己的利益通过不正当手段人为促成或者阻止条件成就时，不仅对意思自治原则造成了侵害，更有可能损害对方当事人的利益，因此法律应当予以规范。

本条参考合同法以及世界上大多数国家和地区的立法例，对条件成就或不成就的拟制作了规定。根据本条规定，当事人为自己的利益不正当地阻止条件成就的，视为条件已成就；不正当地促成条件成就的，视为条件不成就。对本条的把握应当注意以下几点：第一，当事人主观上有为自己利益人为改变条件状态的故意。换言之，当事人从自己利益的角度考虑，主观上具有使条件成就或者不成就的故意。第二，当事人为此实施了人为改变条件成就状态的行为。民事法律行为中所附条件，其成就与否本不确定。当事人为自己利益实施了促成或阻止条件成就的行为。第三，该行为具有不正当性。这主要是指当事人的此种行为违反了诚信原则，不符合事先约定。例如，甲和乙约定，当甲不在 A公司工作时，就把位于 A 公司附近的自住房产出卖给乙。乙为了尽快得到甲的房产，暗中找到 A 公司的经理，让其辞退甲，从而使得买卖合同生效。

> **第一百六十条** 民事法律行为可以附期限，但是根据其性质不得附期限的除外。附生效期限的民事法律行为，自期限届至时生效。附终止期限的民事法律行为，自期限届满时失效。

【条文主旨】

本条是关于附期限的民事法律行为的规定。

【条文释义】

当事人除可以通过附条件决定民事法律行为效力状态之外，还可通过对民事法律行为附期限的方式来决定民事法律行为的效力发生与终止，这同样体现了当事人意思自治的民事基本原则。与所附条件相比，民事法律行为所附期限具有以下特点：第一，条件的发生与否属于不确定的事实，但期限的到来则是确定发生的事实。因此，对附期限的民事法律行为来说，其生效或失效本身并不具有或然性，是将来一定能够发生的事实。第二，附期限的民事法律行为体现了当事人对民事法律行为生效或失效的期限约定，所附期限属于民事法律行为的附属意思表示，体现了双方的意思自治。第三，期限的到来是必然确定的，但到来的具体时日未必十分确定。比如，"等到下次天下雨时，我就把那批雨伞卖给你"，下次天下雨是将来必定发生的事实，但具体哪一天会下雨则不能确定。

根据所附期限决定民事法律行为的生效或失效，期限可以分为生效期限和终止期限。所谓生效期限，是指决定民事法律行为效力发生的期限。期限届至，民事法律行为生效；期限届至前，民事法律行为虽已成立但并未生效。例如，甲对乙说"下次天下雨时，从你那里购买100把雨伞"，"下次天下雨时"是将来必定发生的事实，且期限届至时，购买雨伞的买卖合同生效，因此这一期限属于生效期限。所谓终止期限，是指决定民事法律行为效力消灭的期限。期限届至，民事法律行为失效；期限届至前，民事法律行为始终有效。例如，甲对乙说："明年3月1日，把我租给你的房屋还给我。"在这里，"明年3月1日"是必然到来的事实，且期限届至时，房屋租赁合同失效。

本条根据合同法及境外立法例，对附期限的民事法律行为作了规定。根据本条，附生效期限的民事法律行为，自期限届至时生效。附终止期限的民事法律行为，自期限届满时失效。关于本条，还有两点需要说明：其一，附期限民事法律行为中的所附期限，不同于民事法律行为的履行期限。履行期限，是当事人对已生效民事法律行为的履行义务所施加的期限限制。这种情况下，民事法律行为已经生效，权利义务已经发生，只是由于履行期限尚未届至，当事人所负义务没有强制履行的效力。这就意味着，履行期限届至前，义务人可以不履行义务，权利人也不得强制义务人履行义务。但是，如果义务人提前履行且权利人同意，法律不作禁止。而对于附生效期限的民事法律行为而言，在期限到来前，民事法律行为并未生效，权利义务尚未生成，当事人当然不存在义务履行的问题。其二，同附条件的民事法律行为一样，原则上，民事法律行为均可附期限。但是，依民事法律行为的性质不得附期限的除外。这样的行为主要包括身份上的行为，如结婚、收养等。

第七章　代　理

代理是指代理人代被代理人实施民事法律行为，其法律效果直接归属于被代理人的行为。代理制度是调整被代理人、代理人和第三人之间关系的法律制度。19世纪以来，民事活动中奉行意思自治，个人依自己的自由意思处理社会生活关系。随着经济发展的速度越来越快、规模越来越大、交易范围越来越广，再加上社会分工的精细化、市场交易的信息化等需求，民事主体亲自从事民事法律行为越来越力不从心，代理制度由此应运而生，成为社会经济生活的重要组成部分。代理制度的产生和发展，对于意思自治的实现，具有重要意义。代理的功能主要体现在以下两个方面：一是扩张功能。有的被代理人由于时间、精力有限，很多事情难以亲自进行；有的被代理人受本身知识、经验等的限制，从事民事活动存在困难。代理制度使民事主体能够通过代理人的行为来实现自己的利益，从而更加广泛深入地参与民事活动。从这个意义上讲，代理制度扩张了民事主体意思自治的空间。二是辅助功能。完全民事行为能力人才能独立实施民事法律行为。对于无民事行为能力人和限制民事行为能力人来说，他们要参与民事活动，实现自己的利益，必须通过代理制度，由法定代理人来弥补其行为能力的不足。从这个意义上讲，代理制度是意思自治的补充。随着经济社会的发展，代理活动越来越广泛，也越来越复杂，为了保护被代理人、第三人的合法权益，维护交易安全，法律应当对代理行为予以规范。

本章共分三节，共十五条。第一节为一般规定，主要规定了代理的适用范围、效力、类型，代理人不当履职的民事责任及代理人和相对人恶意串通的民事责任等。第二节为委托代理，主要规定了授权委托书、共同代理、复代理、职务代理、无权代理和表见代理等。第三节为代理终止，主要规定了委托代理和法定代理的终止情形。

第一节 一般规定

第一百六十一条 民事主体可以通过代理人实施民事法律行为。

依照法律规定、当事人约定或者民事法律行为的性质，应当由本人亲自实施的民事法律行为，不得代理。

【条文主旨】

本条是关于代理适用范围的规定。

【条文释义】

代理作为一项独立的法律制度，有其特定的适用范围，对此，民法通则作了明确规定。民法通则第 63 条第 1 款规定："公民、法人可以通过代理人实施民事法律行为。"第 3 款规定："依照法律规定或者按照双方当事人约定，应当由本人实施的民事法律行为，不得代理。"本条规定在民法通则上述规定的基础上，作了进一步的完善。

本条第 1 款规定，民事主体可以通过代理人实施民事法律行为。民事法律行为是指民事主体通过意思表示设立、变更、终止民事法律关系的行为。代理的适用范围原则上限于民事法律行为。但一般认为，一些与合同密切相关的准民事法律行为、事实行为和程序行为，如要约邀请、要约撤回、订约时样品的交付和受领、办理合同公证等，也允许代理。

不是所有民事法律行为都允许代理。根据本条第 2 款的规定，下列三类民事法律行为不得代理：一是依照法律规定应当由本人亲自实施的民事法律行为。例如，根据本法婚姻家庭编第 1049 条规定，要求结婚的男女双方应当亲自到婚姻登记机关申请结婚登记。二是依照当事人约定应当由本人亲自实施的民事法律行为。当事人双方基于某种原因，约定某一民事法律行为必须由本人亲自实施的，当事人自然应当遵守这一约定，不得通过代理人实施该民事法律行为。三是依照民事法律行为的性质，应当由本人亲自实施的民事法律行为。这主要是指具有人身性质的身份行为，如结婚、离婚、收养、遗嘱、遗赠等。这些身份行为不得代理，有的法律中已作了明确规定，如上述本法婚姻家庭编第 1049 条的规定，有的法律中没有作出明确规定，但由于其人身性质不允许他人代理。因此，这次在民法通则的基础上增加规定了这一类民事法律行为不得代理。

> **第一百六十二条　代理人在代理权限内，以被代理人名义实施的民事法律行为，对被代理人发生效力。**

【条文主旨】

本条是关于代理效力的规定。

【条文释义】

一般民事法律行为只涉及行为人与相对人的关系。而民事主体通过代理人实施了民事法律行为，由此形成的代理法律关系则存在三个主体，即被代理人（本人）、代理人和相对人。该民事法律行为的效力就与一般民事法律行为存在区别，需要在法律中作出明确规定。根据本条规定，代理人在代理权限内，以被代理人名义实施的民事法律行为，对被代理人发生效力。这里所说的"对被代理人发生效力"，是指民事法律行为产生的法律效果归属于被代理人，即代理人实施的民事法律行为所设立、变更、终止民事法律关系的一切结果都归属于被代理人。一方面，代理的民事法律行为有效时，形成的权利义务应当由被代理人承受；另一方面，代理的民事法律行为无效时，引起的赔偿损失等民事责任也应当由被代理人承担。但代理人实施的民事法律行为并不都能发生代理的效力，根据本条规定，代理行为发生代理效力必须符合下列两个条件：

一是代理人在代理权限内实施民事法律行为。代理人超越代理权限实施民事法律行为的，除符合本法第 172 条规定的表见代理的构成要件外，为无权代理，须经被代理人追认才能对被代理人产生效力。代理分为法定代理和指定代理，法定代理中代理人的代理权限由法律直接作出规定，比如本法第 34 条第 1 款规定："监护人的职责是代理被监护人实施民事法律行为，保护被监护人的人身权利、财产权利以及其他合法权益等。"这一条就是对监护人作为法定代理人时代理权限的规定。委托代理中代理人的权限则由被代理人在授予代理人时确定，该权限的范围原则上由被代理人自由决定。委托代理权限分为两类，即特别代理权和概括代理权。特别代理权是指授权代理人为一项或者一类特定行为，如授权代理人转让或者出租某物，授权代理人在一定数额内买卖股票等。概括代理权是指授权代理人为被代理人处理一切民事法律行为。如本法合同编第 920 条规定："委托人可以特别委托受托人处理一项或者数项事务，也可以概括委托受托人处理一切事务。"划分特别代理权和概括代理权的意义在于，使代理人能够明确自己可以从事哪些代理活动，也使第三人知道代理人的身份和权限，使之有目的、有选择地与其共同实施订立合同等民事法律行为，以防止因代理权限不明确而引起不必要的纠纷。如果发生了纠纷，也便于根据代理权限确定当事人之间的相互责任。

二是代理人必须以被代理人的名义实施民事法律行为。代理人在实施民事法律行为时，必须以被代理人的名义进行，即明确向相对人表明是替被代理人来实施该民事法律行为。

> **第一百六十三条** 代理包括委托代理和法定代理。
>
> 委托代理人按照被代理人的委托行使代理权。法定代理人依照法律的规定行使代理权。

【 条文主旨 】

本条是关于代理类型的规定。

【 条文释义 】

根据代理权产生依据的不同，代理可以分为委托代理和法定代理。民法通则第 64 条规定："代理包括委托代理、法定代理和指定代理。委托代理人按照被代理人的委托行使代理权，法定代理人依照法律的规定行使代理权，指定代理人按照人民法院或者指定单位的指定行使代理权。"可见，民法通则将代理分为委托代理、法定代理和指定代理三种类型。在立法过程中，对指定代理是否为一种单独的代理类型，争议较大。我们认为，指定代理只是法定代理的一种特殊形式，没有必要单独列为一种代理的类型，据此，本法将代理分为委托代理和法定代理两类。

一、委托代理

本条第 2 款规定，委托代理人按照被代理人的委托行使代理权。根据这一规定，委托代理是指按照代理人的委托来行使代理权的代理，有的学者又称为"意定代理""授权代理"等。委托代理是代理的主要类型，本章设专节规定了委托代理。需要注意的是委托代理与委托合同的差异。一方面，委托合同所生的委托关系是委托代理的基础法律关系，但除委托合同外，基于劳动合同等也能产生委托代理，有的情况下甚至只有单纯的授权行为而无基础关系也能产生委托代理；另一方面，委托关系并不一定产生代理权。当事人之间可能仅存在委托合同而并无委托代理关系。

二、法定代理

本条第 2 款规定，法定代理人依照法律的规定行使代理权。根据这一规定，法定代理是指依照法律的规定来行使代理权的代理。法定代理人的代理权来自法律的直接规定，无须被代理人的授权，也只有在符合法律规定条件的情况下才能取消代理人的代理权。

民法通则将代理分为委托代理、法定代理和指定代理。本法取消了指定代理这一类型，本条规定的法定代理，涵盖了民法通则规定的法定代理和指定代理。在立法过程中，对指定代理是否为一种单独的代理类型，争议较大。一种意见认为，指定代理与法定代理有一定的区别，主要表现为以下几个方面：一是指定代理人需要人民法院或者法律规定的有关单位等特定机关来选定，而法定代理是基于法律的规定自动产生的。二是在指定代理中，即使由特定机关选定，在许多情况下还需要获得被指定人的同意或者征求其意见。比如，本法第31 条第 2 款规定，居民委员会、村民委员会、民政部门或者人民法院应当尊重被监护人的真实意愿，按照最有利于被监护人的原则在依法具有监护资格的人中指定监护人。而法定代理却没有这种限制，法定代理的产生不需要被代理人的同意。三是在指定代理中，代理的事务是特别限定的，而法定代理的事务范围却比较宽泛。另一种意见认为，两者只是在确定具体的代理人时存在区别，法定代理由法律直接规定，指定代理由特定机关根据法律来指定。但无论是法定代理还是指定代理，其代理权都来源于法律的直接规定，代理人都是在法律规定的代理权限内来履行代理职责。指定代理相比法定代理，仅是多了一个指定程序，完全可以纳入法定代理的范畴。经研究认为，法定代理和指定代理的分类在学理上有一定的意义，毕竟它们在代理人的确定上存在不同。但是，两者代理权的来源都是法律规定，代理人必须根据法律的规定取得代理权并行使代理职责，在法律上和实务中区别意义不大，因此，本法取消了民法通则规定的"指定代理"这一类型，将其纳入法定代理的范围中加以规范。

对委托代理，本章设专节作了规定，法定代理则没有设专节规定，主要是考虑到法定代理的内容在本法其他章节以及其他法律中已经作了明确规定，各类法定代理其内容差异较大，难以也没有必要作出概括规定。根据本法和其他法律的规定，法定代理人的类型主要有：

1. 监护人。这包括未成年人的父母，无民事行为能力人、限制民事行为能力人在父母之外的监护人。本法第 23 条就明确规定："无民事行为能力人、限制民事行为能力人的监护人是其法定代理人。"

2. 失踪人的财产代管人。本法第 42 条规定："失踪人的财产由其配偶、成年子女、父母或者其他愿意担任财产代管人的人代管。代管有争议，没有前款规定的人，或者前款规定的人无代管能力的，由人民法院指定的人代管。"

3. 清算组。公司法第 183 条规定："公司因本法第一百八十条第（一）项、第（二）项、第（四）项、第（五）项规定而解散的，应当在解散事由出现之日起十五日内成立清算组，开始清算。有限责任公司的清算组由股东组成，股份有限公司的清算组由董事或者股东大会确定的人员组成。逾期不成立清算组进行清算的，债权人可以申请人民法院指定有关人员组成清算组进行清算。人民法院应当受理该申请，并及时组织清算组进行清算。"

> **第一百六十四条** 代理人不履行或者不完全履行职责，造成被代理人损害的，应当承担民事责任。
>
> 代理人和相对人恶意串通，损害被代理人合法权益的，代理人和相对人应当承担连带责任。

【条文主旨】

本条是关于代理人不当履职的民事责任及代理人和相对人恶意串通的民事责任的规定。

【条文释义】

代理是意思自治的扩张和补充，代理人行使代理权，应当基于被代理人利益的考虑，忠实履行代理职责，否则，就要承担相应的民事责任。对此，民法通则第 66 条第 2 款、第 3 款已有规定："代理人不履行职责而给被代理人造成损害的，应当承担民事责任。代理人和第三人串通，损害被代理人的利益的，由代理人和第三人负连带责任。"本条在民法通则规定的基础上作了进一步的完善。

本条第 1 款是关于代理人不当履行职责的民事责任的规定。代理人行使代理权完全是为了被代理人的利益，应当在代理权限内忠实履行代理职责，如果不履行或者不完全履行代理职责，造成被代理人损害的，应当承担民事责任。关于代理人职责的内容，以及如何履行代理职责，在委托代理和法定代理情况下各有不同，本法没有作出统一规定。

委托代理时，被代理人对于代理事项、权限和期限等一般都有明确授权，代理人首先应当根据被代理人的授权来行使代理权，在授权范围内认真维护被代理人的合法权益，想方设法完成代理事项。有时，被代理人授予代理权的范围规定得并不十分具体明确，代理人就应当根据诚信原则来从事代理行为。法律为了保护被代理人的合法权益，还对一些滥用代理权的行为作了明确规定，代理人应当根据这些法律规定来行使代理权。比如，本法第 168 条规定："代理人不得以被代理人的名义与自己实施民事法律行为，但是被代理人同意或者追认的除外。代理人不得以被代理人的名义与自己同时代理的其他人实施民事法律行为，但是被代理的双方同意或者追认的除外。"第 169 条第 1 款规定："代理人需要转委托第三人代理的，应当取得被代理人的同意或者追认。"代理人越权行使代理权或者违反相关法律规定行使代理权，都属于不履行或者不完全履行代理职责，造成被代理人损害的，应当承担民事责任。

法定代理时，法律会对代理人的权限及相关职责作明确规定，代理人必须根据法律规定来行使代理权。如监护人作为法定代理人时的职责，本法第 34 条第 1 款明确规定："监护人的职责是代理被监护人实施民事法律行为，保护被监护人的人身权利、财产权利以及其他合法权益等。"第 35 条进一步规定："监护人应当按照最有利于被监护人的原则履行监护职责。监护人除为维护被监护人利益外，不得处分被监护人的财产。未成年人的监护人履行监护职责，在作出与被监护人利益有关的决定时，应当根据被监护人的年龄和智力状况，尊重被监护人的真实意愿。成年人的监护人履行监护职责，应当最大程度地尊重被监护人的真实意愿，保障并协助被监护人实施与其智力、精神健康状况相适应的民事法律行为。对被监护人有能力独立处理的事务，监护人不得干涉。"

本条第 2 款是关于代理人和相对人恶意串通的民事责任的规定。代理人和相对人恶意串通，损害被代理人合法权益时，代理人的行为属于本条第 1 款规定的范围，自应承担民事责任，但此时相对人也应承担责任。法律严格禁止这类损害被代理人利益的行为，据此，本款规定，代理人和相对人应当承担连带责任。根据本款规定，代理人和相对人承担连带责任的前提是恶意串通。恶意是指双方都明知或者应知其实施的行为会造成被代理人合法权益的损害还故意为之。串通是指双方在主观上有共同的意思联络。此处的恶意串通就是双方串通在一起，共同实施某种行为来损害被代理人的合法权益。如果双方当事人或者一方当事人不知且不应知其行为的损害后果，就不构成恶意串通，不能适用本款规定，应当根据各自的行为来承担相应的民事责任。

第二节　委托代理

> **第一百六十五条　委托代理授权采用书面形式的，授权委托书应当载明代理人的姓名或者名称、代理事项、权限和期限，并由被代理人签名或者盖章。**

【条文主旨】

本条是关于授权委托书的规定。

【条文释义】

委托代理是指按照代理人的委托来行使代理权的代理。此时，代理人行使的代理权称为委托代理权，是基于被代理人的意思而产生的。被代理人授予代理人委托代理权的行为，称为授权行为。

关于授权行为的形式，民法通则第 65 条第 1 款规定："民事法律行为的委托代理，可以用书面形式，也可以用口头形式。法律规定用书面形式的，应当用书面形式。"在民法总则立法过程中，对于授予代理权的意思表示是否需要采取代理人实施民事法律行为所应采取的方式，有过不同意见。经研究认为，法律不应当强行规定授予代理权的意思表示与代理人实施民事法律行为所采取的方式相同，因为两者的性质完全不同。只要法律、行政法规没有明确规定或者当事人没有专门约定，代理权的授予采取何种方式都应当是允许的。民法通则的规定是合理的，应当予以维持。之所以没有在本条体现民法通则第 65 条第 1款的内容，是因为授权行为也为民事法律行为，关于民事法律行为的形式本法第 135 条已作了规定："民事法律行为可以采用书面形式、口头形式或者其他形式；法律、行政法规规定或者当事人约定采用特定形式的，应当采用特定形式。"本条没有必要再重复规定相关内容。

根据本法第 135 条的规定，在法律、行政法规没有特别规定或者当事人没有约定的情况下，委托代理授权可以采取书面形式、口头形式或者其他形式中的任何一种。其中，书面形式是最主要的一种授权形式，称为授权委托书。根据本条规定，授权委托书的内容包括代理人的姓名或者名称、代理事项、代理权限、代理期限等，被代理人还应当在授权委托书上签名或者盖章。本条规定是对授权委托书应当包括的内容作提示性规定，目的是减少实践中产生纠纷。

> **第一百六十六条** 数人为同一代理事项的代理人的，应当共同行使代理权，但是当事人另有约定的除外。

【条文主旨】

本条是关于共同代理的规定。

【条文释义】

共同代理是指数个代理人共同行使一项代理权的代理。共同代理有如下几个特征：一是有数个代理人。如果只有一个代理人，属于单独代理，而不是共同代理。二是只有一个代理权。如果数个代理人有数个代理权，属于集合代理，而不是共同代理。例如，被代理人授权甲为其购买一台电视机、乙为其购买一台电冰箱，即为集合代理。被代理人授权甲、乙一起为其购买一台电视机和一台电冰箱，才属于共同代理。三是共同行使代理权。共同行使是指只有经过全体代理人的共同同意才能行使代理权，即数人应当共同实施代理行为，享有共同的权利义务。任何一个代理人单独行使代理权，均属于无权代理。如果数个代理人对同一个代理权可以单独行使，也属于单独代理，而不是共同代理。比如，被代理人授权甲、乙一起为其购买一台电视机和一台电冰箱，但谁买都可以，此种情况属于单独代理，而不是共同代理。

共同代理，应当由被代理人授权，但在被代理人就同一代理权指定了数个代理人，有约定的当然按约定处理，但如果没有明确约定是共同代理还是单独代理时，应当推定为共同代理还是单独代理，不同国家和地区的立法态度存在差别：一是推定为共同代理。二是推定为单独代理。三是没有作出明确规定。我国民法通则和合同法对此都没有作出明确规定。

为更好地保护被代理人的合法权益，减少实践纠纷，本法采纳了第一种立法例。根据本条规定，除非另有约定，被代理人就同一代理事项确定了数个代理人时，法律推定为共同代理，数个代理人应当共同行使代理权，任何一个代理人都不得擅自单独实施代理行为。

> **第一百六十七条** 代理人知道或者应当知道代理事项违法仍然实施代理行为，或者被代理人知道或者应当知道代理人的代理行为违法未作反对表示的，被代理人和代理人应当承担连带责任。

【条文主旨】

本条是关于代理违法的民事责任的规定。

【条文释义】

被代理人、代理人利用委托代理关系从事的违法行为可分为两类：一是代理事项本身违法，如委托代理人销售假冒伪劣产品；二是代理事项不违法，但代理人实施的代理行为违法，如委托代理人销售合法产品，代理人将该产品贴上假冒商标进行销售。代理违法造成第三人损害的，自应承担民事责任，但由被代理人承担还是代理人承担应当区分不同情形加以确定：

第一，代理事项违法，但代理人不知道或者不应当知道该代理事项违法，此时应由被代理人承担民事责任。如甲将假冒伪劣产品委托乙代为销售，但乙不知道该产品为假冒伪劣产品，则由甲承担民事责任，乙不承担责任。

第二，代理事项违法，代理人知道或者应当知道该代理事项违法仍然实施了代理行为，此时代理人与被代理人应当承担连带责任。如甲将假冒伪劣产品委托乙代为销售，乙知道该产品为假冒伪劣产品仍然对外销售，则甲和乙承担连带责任。

第三，代理事项不违法，但代理人实施了违法的代理行为，被代理人不知道或者不应当知道该行为违法，或者知道后表示反对的，此时应由代理人承担民事责任。如甲委托乙销售合法产品，乙将该产品贴上假冒商标进行销售，甲对此毫不知情，则乙承担民事责任，甲不承担责任。

第四，代理事项不违法，但代理人实施了违法的代理行为，被代理人知道或者应当知道该行为违法未作反对表示的，此时被代理人应与代理人承担连带责任。如甲委托乙销售合法产品，乙将该产品贴上假冒商标进行销售，甲知道后装作不知情，则甲和乙承担连带责任。

以上四种情形中，第一种和第三种情形下的责任承担，与一般的违法民事法律行为没有区别，无须再作出特别规定。第二种和第四种情形下的责任承担，与一般的违法民事法律行为存在区别，需要在法律中作出特别规定。民法通则第67条对此已有规定："代理人知道被委托代理的事项违法仍然进行代理活动的，或者被代理人知道代理人的代理行为违法不表示反对的，由被代理人和代理人负连带责任。"本条沿用了民法通则的这一规定，在文字表述上作了一定的修改完善。

> 第一百六十八条 代理人不得以被代理人的名义与自己实施民事法律行为，但是被代理人同意或者追认的除外。
>
> 代理人不得以被代理人的名义与自己同时代理的其他人实施民事法律行为，但是被代理的双方同意或者追认的除外。

【条文主旨】

本条是关于禁止自己代理和双方代理的规定。

【条文释义】

代理人行使代理权时，应当从被代理人的利益出发，忠实履行代理职责。但在某些特定情形下，可能会存在被代理人、代理人与相对人之间的利益冲突，代理人难免会厚己薄人或者厚此薄彼，此时，法律须作出规范，以保护被代理人的合法权益。最典型的情形就是自己代理和双方代理。

自己代理是指代理人以被代理人的名义与自己实施民事法律行为。实践中，自己代理主要有两种情况：一是代理人以自己的名义向被代理人发出要约且代理人以被代理人的名义予以承诺；二是代理人以被代理人的名义向自己发出要约且以自己的名义予以承诺。比如，甲授权乙销售一吨钢材，乙以甲的名义将钢材卖给自己，便构成自己代理。或者，甲授权乙购买一吨钢材，乙以甲的名义向自己购买钢材，也构成自己代理。

双方代理是指代理人同时代理被代理人和相对人实施同一民事法律行为。构成双方代理，必须符合两个条件：一是代理人必须既获得被代理人的委托代理授权，又获得相对人的委托代理授权。二是代理人同时代理双方为同一民事法律行为的当事人。比如，甲授权乙销售一吨钢材，丙授权乙购买一吨钢材，乙作为两方的代理人以甲和丙的名义签署一份钢材买卖合同，便构成双方代理。

大陆法系诸多国家和地区的立法大都明文限制自己代理和双方代理。但民法通则和合同法都没有对自己代理和双方代理作出规定。

在自己代理的情形，代理人自己的利益可能会与被代理人的利益发生冲突，代理人往往更会注重自己的利益，从而损害被代理人的利益。在双方代理的情形，一个民事法律行为的双方当事人利益难免冲突，不免会厚此薄彼，很容易损害其中一方当事人的利益。因此，法律应当对自己代理和双方代理加以规制。

根据本条规定，代理人不得以被代理人的名义与自己实施民事法律行为，也不得以被代理人的名义与自己同时代理的其他人实施民事法律行为，即原则上禁止自己代理和双方代理。

但是，法律禁止自己代理的目的是保护被代理人的利益，如果被代理人觉得没有损害其利益或者愿意承受这种不利益，法律没有必要强行干预。故本条第1款同时规定，"但是被代理人同意或者追认的除外"。即如果被代理人事先同意的，或者被代理人虽然没有事先同意，但事后经权衡后，追认了代理人的自己代理行为，法律自然要尊重被代理人的选择，认可自己代理行为的效力。

同理，法律禁止双方代理的目的是保护被代理人和相对人的利益，如果这两方都觉得没有损害其利益或者愿意承受这种不利益，法律也没有必要强行干预。因此，根据本条第2款规定，禁止双方代理，但是被代理的双方同意或者追认的除外。

> 第一百六十九条 代理人需要转委托第三人代理的，应当取得被代理人的同意或者追认。
>
> 转委托代理经被代理人同意或者追认的，被代理人可以就代理事务直接指示转委托的第三人，代理人仅就第三人的选任以及对第三人的指示承担责任。
>
> 转委托代理未经被代理人同意或者追认的，代理人应当对转委托的第三人的行为承担责任；但是，在紧急情况下代理人为了维护被代理人的利益需要转委托第三人代理的除外。

【条文主旨】

本条是关于复代理的规定。

【条文释义】

复代理，又称再代理、转代理或者次代理，是指代理人为了实施其代理权限内的行为，而以自己的名义为被代理人选任代理人的代理。与复代理相对的是本代理，或者称原代理，是指被代理人直接选任代理人而成立的代理。在复代理关系中，存在原代理人和复代理人两个代理人，存在原代理人对被代理人的代理和复代理人对被代理人的代理两层代理。

一、复代理的特征

复代理具有以下几个特征：

1. 以本代理的存在为前提。必须有一个本代理，才能在其基础上产生复代理。没有本代理，复代理就无从谈起。

2. 复代理人是原代理人以自己的名义选任的代理人。原代理人以自己的名义选任复代理人是复代理的重要特征。如果是被代理人自己选任，当然就是本代理。如果原代理人以被代理人的名义选任另一个代理人，则不属于复代理，而是在该代理人与被代理人之间直接产生一个新的代理关系。

3. 复代理人行使的代理权是原代理人的代理权，但原代理人的代理权并不因此丧失。复代理人是由原代理人以自己名义选任的，其代理权直接来源于原代理人的代理权，而且权限范围不得大于原代理权的权限范围。同时，原代理人选任复代理人后，其代理权并不因此而消灭，仍然保有其代理人地位，其与被代理人之间的代理法律关系没有发生变化。如果代理人失去其代理权，而向被代理人推介他人接替自己担任代理人的，是向被代理人推介新代理人的行为，而不是选任复代理人的行为。

4. 复代理人是被代理人的代理人，而不是代理人的代理人。复代理人以被代理人的名义实施民事法律行为，其法律效果直接归属于被代理人。如果复代理人以代理人的名义实施民事法律行为，就不是复代理，而属于一般代理了。

二、复代理的条件

在委托代理中，代理关系一般都是建立在被代理人对代理人一定的人身信任基础上，代理人是否合适，被代理人在委托授权时都会充分考虑。如果代理人自己擅自另行选任复代理人，其选任的复代理人不一定能够得到被代理人的信任，因此不能强加于被代理人。同时，如果代理人觉得自己不合适继续担任代理人，随时可以辞任，由被代理人另行选任其他代理人，而没有必要由代理人擅自选任复代理人。基于此，原则上应当不允许代理人选任复代理人。但在特殊情况下，允许代理人选任复代理人，有利于更好地保护被代理人的合法权益，不应一概否定复代理的存在。

我国民法通则和合同法对复代理也作了规定，民法通则第 68 条规定："委托代理人为被代理人的利益需要转托他人代理的，应当事先取得被代理人的同意。事先没有取得被代理人同意的，应当在事后及时告诉被代理人，如果被代理人不同意，由代理人对自己所转托的人的行为负民事责任，但在紧急情况下，为了保护被代理人的利益而转托他人代理的除外。"合同法第 400 条规定："受托人应当亲自处理委托事务。经委托人同意，受托人可以转委托。转委托经同意的，委托人可以就委托事务直接指示转委托的第三人，受托人仅就第三人的选任及其对第三人的指示承担责任。转委托未经同意的，受托人应当对转委托的第三人的行为承担责任，但在紧急情况下受托人为维护委托人的利益需要转委托的除外。"本条继承了民法通则和合同法的规定，明确只有在两种情况下才允许复代理：

1. 被代理人允许。被代理人的允许，包括事先同意和事后追认。本条第 1 款规定："代理人需要转委托第三人代理的，应当取得被代理人的同意或者追认。"有的情况下，被代理人考虑到代理人独任代理存在一些困难，准许代理人便宜行事，选任复代理人协助其实施民事法律行为；有的情况下，代理人选任复代理人的行为事先没有征得被代理人同意，但被代理人经考虑事后追认了复代理的行为。在这两种情况下，被代理人基于自己利益等考虑同意复代理，法律自无再加禁止的理由。

2. 出现紧急情况。根据本条第 3 款的规定，在紧急情况下代理人为了维护被代理人利益的需要，可以转委托第三人代理。关于"紧急情况"，《最高人民法院关于贯彻执行〈中华人民共和国民法通则〉若干问题的意见（试行）》第 80 条作了一定的界定："由于急病、通讯联络中断等特殊原因，委托代理人自己不能办理代理事项，又不能与被代理人及时取得联系，如不及时转托他人代理，会给被代理人的利益造成损失或者扩大损失的，属于民法通则第六十八条中的'紧急情况'。"出现了紧急情况，从维护被代理人利益的需要出发，法律允许复代理的存在。

三、复代理的法律效果

对被代理人和复代理人而言，一方面，代理人经被代理人同意、追认或者紧急情况下选任了复代理人，复代理人就成为被代理人的代理人，可以被代理人的名义实施民事法律行为，该民事法律行为直接对被代理人发生效力；另一方面，复代理人是被代理人的代理人，被代理人就代理事务可以越过原代理人直接指示复代理人，复代理人应当按照被代理人的指示实施民事法律行为。

对原代理人和复代理人而言，原代理人以自己的名义选任了复代理人，其可以基于自己的判断指示复代理人实施民事法律行为，即复代理人需要接受被代理人和原代理人的双重指示。当然，在被代理人和原代理人的指示不一致时，复代理人应当优先按照被代理人的指示来实施民事法律行为。

对被代理人和原代理人而言，原代理人选任了复代理人后，复代理人所实施的民事法律行为的效力直接对被代理人发生，如果出现问题造成被代理人损害的，原则上原代理人不再承担任何责任。但根据本条第 2 款的规定，在两种情况下原代理人仍然需要承担责任：一是原代理人在选任复代理人时存在过错，比如，明知复代理人的品德或者能力难以胜任代理工作仍然选任其担任复代理人的；二是复代理人的行为是根据原代理人的指示来实施的。这两种情况下，原代理人也需要对被代理人承担责任。

还有一个问题需要注意。根据本条第 3 款的规定，在原代理人未经被代理人同意或者追认而选任复代理人时，复代理人实施的代理行为就构成无权代理，除非符合本法第172条规定的表见代理外，其行为对被代理人不发生效力，代理人应当对复代理人的行为承担责任。

> **第一百七十条** 执行法人或者非法人组织工作任务的人员，就其职权范围内的事项，以法人或者非法人组织的名义实施的民事法律行为，对法人或者非法人组织发生效力。
>
> 法人或者非法人组织对执行其工作任务的人员职权范围的限制，不得对抗善意相对人。

【条文主旨】

本条是关于职务代理的规定。

【条文释义】

职务代理，顾名思义，是指根据代理人所担任的职务而产生的代理，即执行法人或者非法人组织工作任务的人员，就其职权范围内的事项，以法人或者非法人组织的名义实施的民事法律行为，无须法人或者非法人组织的特别授权，对法人或者非法人组织发生效力。职务代理能够弥补商事交易中法定代表人制度的不足，满足法人对外交易的需求，也能够增强交易结果的确定性和可预见性，使交易相对人能够迅速、准确地判断代理人是否有代理权，维护正常的交易秩序、降低交易成本、提高交易效率。我国法律中以前对职务代理没有作出明确规定，民法通则第43条规定："企业法人对它的法定代表人和其他工作人员的经营活动，承担民事责任。"有的学者将其解释为对职务代理人代理权限的规定。侵权责任法第34条则对用人单位的责任和劳务派遣单位、劳务用工单位的责任作了规定："用人单位的工作人员因执行工作任务造成他人损害的，由用人单位承担侵权责任。劳务派遣期间，被派遣的工作人员因执行工作任务造成他人损害的，由接受劳务派遣的用工单位承担侵权责任；劳务派遣单位有过错的，承担相应的补充责任。"直至2017年制定民法总则时，才专门规定了职务代理。

对职务代理的法律定位，学界有几种意见：一是将职务代理纳入委托代理的范畴，视为委托代理的一种具体类型；二是将职务代理纳入法定代理的范畴，因为其代理权来自法律的直接规定；三是认为应当将职务代理与委托代理、法定代理并列，作为一种独立的代理类型。经研究认为，委托代理本质上是指基于被代理人的意思而产生的代理，这种意思既可以体现于被代理人的授权行为，也可以体现于被代理人基于其与代理人之间的雇佣、劳动关系而对代理人的默示授权。在我国法律体系下，适当拓展委托代理的范围，将职务代理纳入委托代理的范畴加以规范，不仅理论上可行，也符合实践的需要。但职务代理与一般的委托代理相比有其特殊性，理解职务代理制度，应注意以下几点：

一是被代理人须是法人或者非法人组织。法人是指具有民事权利能力和民事行为能力，依法独立享有民事权利和承担民事义务的组织。非法人组织是指不具有法人资格，但是能够依法以自己的名义从事民事活动的组织。法人、非法人组织作为被代理人时才能适用职务代理制度。如果被代理人是自然人，只能采用一般的委托代理。

二是代理人须是执行法人或者非法人组织工作任务的人员。执行法人或者非法人组织工作任务的人员，既包括基于劳动、雇佣关系而产生的法人、非法人组织的工作人员，如工厂采购员、商店售货员等；也包括其他执行法人或者非法人组织工作任务的人员，如劳务派遣单位派到用工单位的工作人员。

三是代理事项须是职权范围内的事项。法人或者非法人组织对执行其工作任务的人员，一般情况下都会确定一定的职权范围。超越职权范围实施民事法律行为的，就构成无权代理。职权范围有时由法律、行政法规或者规章规定，有时由法人或者非法人组织的内部规定来规定，有时法人或者非法人组织还会临时授予工作人员一定的职权。但应注意的是，本条第2款明确规定，法人或者非法人组织对执行其工作任务的人员职权范围的限制，不得对抗善意相对人。法人或者非法人组织对执行其工作的人员都赋予其一定的职权范围，有的情况下是对社会公开的，相对人可以知悉，但有的情况下相对人难以知道该职权的具体范围，只能依据公开信息或者交易习惯来判断。如果相对人是善意的，即对法人或者非法人组织对执行其工作任务的人员职权范围的限制，不知道也不应当知道，那么法律应当对这种合理信赖予以保护，以维护其合法权益。

第一百七十一条 行为人没有代理权、超越代理权或者代理权终止后，仍然实施代理行为，未经被代理人追认的，对被代理人不发生效力。

相对人可以催告被代理人自收到通知之日起三十日内予以追认。被代理人未作表示的，视为拒绝追认。行为人实施的行为被追认前，善意相对人有撤销的权利。撤销应当以通知的方式作出。

行为人实施的行为未被追认的，善意相对人有权请求行为人履行债务或者就其受到的损害请求行为人赔偿。但是，赔偿的范围不得超过被代理人追认时相对人所能获得的利益。

> 相对人知道或者应当知道行为人无权代理的，相对人和行为人按照各自的过错承担责任。

【条文主旨】

本条是关于无权代理的规定。

【条文释义】

广义上的无权代理，是指行为人（无权代理人）没有代理权仍以被代理人名义实施民事法律行为。代理权的存在是代理法律关系成立的前提，行为人只有基于代理权才能以被代理人的名义从事代理行为。一般来说，行为人没有代理权，其实施的民事法律行为对被代理人而言就不应当产生代理的效力。但实际情况错综复杂，无权代理发生的原因多种多样，简单地一概否定无权代理的效力，一方面，未必完全符合被代理人的利益；另一方面，也不能置善意地相信代理人有代理权的相对人的利益不顾，否则将对交易安全、便捷造成较大冲击。因此，各国和地区一般都区分情况，以有无代理权表象为标准，将无权代理分为表见代理和狭义上的无权代理两类，赋予其不同的法律效果。本条规定的就是狭义上的无权代理，即指行为人没有代理权，也不具有使相对人有理由相信其有代理权的外部表象的代理。下文提到的无权代理，如无特别指出，都仅指狭义上的无权代理。

一、我国之前的立法

我国民法通则和合同法对无权代理都作了规定。民法通则第 66 条第 1 款规定："没有代理权、超越代理权或者代理权终止后的行为，只有经过被代理人的追认，被代理人才承担民事责任。未经追认的行为，由行为人承担民事责任。本人知道他人以本人名义实施民事行为而不作否认表示的，视为同意。"第 4 款规定："第三人知道行为人没有代理权、超越代理权或者代理权已终止还与行为人实施民事行为给他人造成损害的，由第三人和行为人负连带责任。"合同法第 48 条规定："行为人没有代理权、超越代理权或者代理权终止后以被代理人名义订立的合同，未经被代理人追认，对被代理人不发生效力，由行为人承担责任。相对人可以催告被代理人在一个月内予以追认。被代理人未作表示的，视为拒绝追认。合同被追认之前，善意相对人有撤销的权利。撤销应当以通知的方式作出。"本条在民法通则和合同法规定的基础上，作了进一步的修改完善。

二、无权代理的类型

本条将无权代理分为三种类型：

1. 没有代理权的无权代理。其是指行为人根本没有得到被代理人的授权，就以被代理人名义从事的代理。比如，行为人伪造他人的公章、合同书或者授权委托书等，假冒他人的名义实施民事法律行为，就是典型的无权代理。

2. 超越代理权的无权代理。其是指行为人与被代理人之间有代理关系存在，行为人有一定的代理权，但其实施的代理行为超出了代理范围的代理。例如，甲委托乙购买 300 台电视机，但是乙擅自与他人签订了购买 500 台电视机的合同；或者甲委托乙购买电视机，但是乙购买了电冰箱，这些都是超越代理权的无权代理。

3. 代理权终止后的无权代理。其是指行为人与被代理人之间原本有代理关系，由于法定情形的出现使得代理权终止，但是行为人仍然从事的代理。法定情形主要指本法第 173 条规定的情形，包括代理期限届满、代理事务完成或者被代理人取消委托等。

三、无权代理行为的效力

行为人没有代理权却以被代理人的名义实施民事法律行为，不符合被代理人的意愿，法律效果不能直接及于被代理人，本当无效。但是，考虑到行为人实施的民事法律行为并非都是对被代理人不利，有些对被代理人可能是有利的；而且，既然代理行为已经完成，行为人有为被代理人实施民事法律行为的意思表示，相对人有意与被代理人缔约，如果被代理人愿意事后承认，从鼓励交易、维护交易秩序稳定以及更好地保护各方当事人利益的角度出发，也没有必要一概否定其效力。因此，法律规定了一定的条件，如果符合法定条件的，允许行为人实施的民事法律行为对被代理人发生效力。大陆法系各国的立法也都规定无权代理行为为效力待定的行为，即该行为是否发生效力尚未确定，有待于其他行为使之确定。我国民法通则、合同法和本法也采纳了这一做法。

根据本条的规定，对于无权代理行为，被代理人可以追认该行为，使之确定地发生法律效力，也可以拒绝追认使之确定地不发生法律效力；善意相对人可以在被代理人追认前行使撤销权使之确定地不发生效力，如果相对人希望尽早确定其效力，可以催告被代理人予以追认。

四、被代理人的追认权和拒绝权

无权代理发生后，根据本条的规定，被代理人有追认和拒绝的权利。这里所指的"追认"，是指被代理人对无权代理行为事后予以承认的一种单方意思表示。被代理人的追认应当以明示的意思表示向相对人作出，如果仅向行为人作出意思表示，也必须使相对人知道后才能产生法律效力。追认必须在相对人催告期限尚未届满前以及善意相对人未行使撤销权前行使。一旦被代理人作出追认，无权代理就变成有权代理，行为人实施的民事法律行为就从成立时起对被代理人产生法律效力。

追认权是被代理人的一项权利，被代理人既有权作出追认，也可以拒绝追认。被代理人行使拒绝权有两种方式：一是被代理人在知道无权代理行为后，明确地向相对人表示拒绝承认该无权代理行为；二是被代理人在收到相对人催告的通知之日起1个月内未作表示的，则视为拒绝追认。被代理人拒绝追认后，无权代理行为便确定无效，因无权代理而实施的民事法律行为就不能对被代理人产生法律效力，由此而产生的责任就应该由行为人自己承担。

五、相对人的催告权和善意相对人的撤销权

无权代理经被代理人追认即产生效力，拒绝追认便不产生效力，这是为了更好地保护被代理人的合法权益。但同时相对人的合法权益也应当予以妥善保护，基于此，法律赋予了相对人催告权和善意相对人撤销权。

所谓催告权，是指相对人催促被代理人在一定期限内明确答复是否承认无权代理行为。根据本条第2款的规定，催告权的行使一般需具备以下要件：一是要求被代理人在一定的期限内作出答复，本条第2款规定的期限为30日；二是催告应当以通知的方式作出；三是催告的意思必须是向被代理人作出。

为了维护当事人之间的利益平衡，本条第2款还规定相对人享有撤销权。这里的撤销权，是指相对人在被代理人未追认无权代理行为之前，可撤回其对行为人所作的意思表示。相对人撤销权的行使必须满足以下条件：一是必须在被代理人作出追认之前作出，如果被代理人已经对无权代理行为作出了追认，该民事法律行为就对被代理人产生了效力，相对人就不能再撤销其意思表示了；二是相对人在行为人实施民事法律行为时必须是善意的，也就是说，相对人在作出意思表示时，并不知道对方是无权代理的。如果明知对方是无权代理而仍与对方共同实施民事法律行为，那么相对人就无权撤销其意思表示；三是撤销应当以通知的方式作出。

六、行为人（无权代理人）的责任

行为人实施的行为未被被代理人追认时，则其实施的民事法律行为的效力不能对被代理人发生效力，此时，行为人对相对人应当承担责任，但其承担何种内容的责任存在争议。我国民法通则和合同法对此规定"由行为人承担责任"，至于行为人承担何种内容的责任没有明确，这次专门对这一问题作了规定。

根据本条第3款、第4款的规定，行为人承担的责任基于相对人是否善意而有所区别。

1. 相对人为善意时。本条第3款规定："行为人实施的行为未被追认的，善意相对人有权请求行为人履行债务或者就其受到的损害请求行为人赔偿。但

是，赔偿的范围不得超过被代理人追认时相对人所能获得的利益。"根据本款的规定，行为人实施的无权代理行为未被被代理人追认时，允许相对人选择，或者让行为人直接承担行为后果，或者让行为人承担损害赔偿责任。

在立法过程中，有的意见认为，让行为人承担行为后果不太妥当，善意相对人并无与行为人发生法律关系的意思，而且行为人一般不具备履行相应民事法律义务的能力，让行为人承担行为后果，既不现实，也无必要。但是经研究认为，为了更好地保护善意相对人的合法权益，赋予其更多的选择权未尝不可，由善意相对人根据实际情况自己判断采用何种方式更符合自己的利益。

需要注意的是，如果善意相对人要求行为人承担损害赔偿责任，本款对赔偿责任的范围作了一定的限制，即"赔偿的范围不得超过被代理人追认时相对人所能获得的利益"。也就是说，赔偿的范围不得超过履行利益。这主要是考虑到善意相对人对因无权代理而遭受损害也有一定的过失，不能因此而多获利益，应当对行为人的赔偿责任适当加以限制。

2. 相对人为恶意时。根据本条第 4 款的规定，相对人知道或者应当知道行为人无权代理的，相对人和行为人按照各自的过错承担责任。此时，行为人和相对人对无权代理都心知肚明，法律自无对哪一方加以保护的必要，双方应当根据各自的过错来确定相应的责任。

> **第一百七十二条** 行为人没有代理权、超越代理权或者代理权终止后，仍然实施代理行为，相对人有理由相信行为人有代理权的，代理行为有效。

【条文主旨】

本条是关于表见代理的规定。

【条文释义】

所谓表见代理，是指行为人虽无代理权而实施代理行为，如果相对人有理由相信其有代理权，该代理行为有效。如前所述，无权代理非经被代理人追认，不对被代理人发生效力，这是法律为了保护被代理人的合法权益，维护其意思自治，不让其承担不测之损害。但在某些情况下，相对人是善意的且无过失，如果完全尊重被代理人的意思，强令代理行为无效，置善意相对人的利益于不顾，势必影响交易安全。要求相对人在任何情况下都必须详细考察被代理人的真正意思，不仅要花费很大的成本，实际操作中也很难做到。因此，只要相对人对行为人有代理权形成了合理信赖，即使实际情况相反，也应保护这种信赖利益，在一定程度上牺牲被代理人的利益，而将无权代理的效果归属于被代理人，以维护交易安全。本条便是基于以上理由，规定了表见代理制度。

根据本条的规定，构成表见代理需要满足以下两个条件：

1. 行为人并没有获得被代理人的授权就以被代理人的名义与相对人实施民事法律行为。本条规定了没有代理权、超越代理权或者代理权终止三种情形。

2. 相对人在主观上必须是善意、无过失的。所谓善意，是指相对人不知道或者不应当知道行为人实际上是无权代理；所谓无过失，是指相对人的这种不知道不是因为其人意造成的。如果相对人明知或者应知行为人没有代理权、超越代理权或者代理权已终止，而仍与行为人实施民事法律行为，那么就不构成表见代理，而成为无权代理。

在本条的立法过程中，对于是否要求以被代理人的过错作为表见代理的构成要件，有不同意见。一种意见认为，应当以被代理人的过错作为表见代理的要件，否则对被代理人不公平。另一种意见认为，表见代理最重要的特征就是相对人有正当理由相信行为人有代理权，而不问被代理人是否有过错。本法采纳了第二种意见。一般来说，表见代理的产生与被代理人的过错有关，比如，因为被代理人管理制度的混乱，导致其公章、介绍信等被他人借用或者冒用；被代理人在知道行为人以其名义与第三人实施民事法律行为而不作否认表示等。这些都表明被代理人是有过错的。但是，设立表见代理制度的目的是保护交易的安全性，不至于使没有过失的相对人劳而无获。因此，相对人只要证明自己和行为人实施民事法律行为时没有过失，至于被代理人在行为人实施民事法律行为时是否有过失，相对人很多情况下难以证明。故在本条的规定中，对于行为人没有代理权、超越代理权或者代理权终止后，仍然以被代理人的名义实施代理行为的情况下，只要相对人有理由相信行为人有代理权的，代理行为就有效。

第三节　代理终止

第一百七十三条　有下列情形之一的，委托代理终止：

（一）代理期限届满或者代理事务完成；

（二）被代理人取消委托或者代理人辞去委托；

（三）代理人丧失民事行为能力；

（四）代理人或者被代理人死亡；

（五）作为代理人或者被代理人的法人、非法人组织终止。

【条文主旨】

本条是关于委托代理终止的规定。

【条文释义】

委托代理终止,是指被代理人与代理人之间的代理关系消灭。关于哪些情况下委托代理终止,民法通则第 69 条作了列举式规定:"有下列情形之一的,委托代理终止:(一)代理期间届满或者代理事务完成;(二)被代理人取消委托或者代理人辞去委托;(三)代理人死亡;(四)代理人丧失民事行为能力;(五)作为被代理人或者代理人的法人终止。"合同法对委托合同终止也作了相关规定。合同法第 410 条规定:"委托人或者受托人可以随时解除委托合同。因解除合同给对方造成损失的,除不可归责于该当事人的事由以外,应当赔偿损失。"第 411 条规定:"委托人或者受托人死亡、丧失民事行为能力或者破产的,委托合同终止,但当事人另有约定或者根据委托事务的性质不宜终止的除外。"第 412 条规定:"因委托人死亡、丧失民事行为能力或者破产,致使委托合同终止将损害委托人利益的,在委托人的继承人、法定代理人或者清算组织承受委托事务之前,受托人应当继续处理委托事务。"第 413 条规定:"因受托人死亡、丧失民事行为能力或者破产,致使委托合同终止的,受托人的继承人、法定代理人或者清算组织应当及时通知委托人。因委托合同终止将损害委托人利益的,在委托人作出善后处理之前,受托人的继承人、法定代理人或者清算组织应当采取必要措施。"本条在上述规定的基础上,明确有下列五种情形之一的,委托代理终止:

1. 代理期限届满或者代理事务完成。代理期限就是委托代理授权时确定的代理权的存续期限。如果授权时明确了具体的代理期限,期限届满,没有继续授权,委托代理就应当终止。同时,代理人完成了全部代理事务,即使代理期限没有届满,代理关系也已失去继续存在的理由,也应当终止。

2. 被代理人取消委托或者代理人辞去委托。被代理人授权代理人委托代理权,该委托代理权被代理人可以依法取消,代理人也可以依法辞去,此两种情形之下,委托代理终止。当然,如果因为被代理人取消委托或者代理人辞去委托造成损失的,行为人应当依法赔偿损失。

3. 代理人丧失民事行为能力。代理人要以被代理人的名义实施民事法律行为,必须具有行为能力。如果代理人丧失民事行为能力,委托代理当然终止。

4. 代理人或者被代理人死亡。委托代理关系是建立在被代理人与代理人之间信任的基础之上,具有严格的人身属性,如果代理人或者被代理人死亡,委托代理也应终止。但应注意的是，如果被代理人突然死亡，要求代理人随即停止所有的代理活动，客观上有时难以做到，而且可能会损害被代理人的继承人的利益，因此，本法第 174 条规定了一些例外情形，在这些情形下，代理人实施的代理行为仍然有效。

5. 作为代理人或者被代理人的法人、非法人组织终止。如果代理人或者被代理人是法人或者非法人组织的，该法人或者非法人组织由于种种原因终止，此时，委托代理也当然终止。

> **第一百七十四条** 被代理人死亡后，有下列情形之一的，委托代理人实施的代理行为有效：
>
> （一）代理人不知道且不应当知道被代理人死亡；
>
> （二）被代理人的继承人予以承认；
>
> （三）授权中明确代理权在代理事务完成时终止；
>
> （四）被代理人死亡前已经实施，为了被代理人的继承人的利益继续代理。
>
> 作为被代理人的法人、非法人组织终止的，参照适用前款规定。

〖条文主旨〗

本条是关于委托代理终止例外的规定。

〖条文释义〗

本法第 173 条规定了委托代理终止的情形，其中规定被代理人死亡和作为被代理人的法人、非法人组织终止时，委托代理终止。但实践情况较为复杂，一概规定委托代理终止不太合理。《最高人民法院关于贯彻执行〈中华人民共和国民法通则〉若干问题的意见（试行）》第 82 条对此已有规定："被代理人死亡后有下列情况之一的，委托代理人实施的代理行为有效：（1）代理人不知道被代理人死亡的；（2）被代理人的继承人均予承认的；（3）被代理人与代理人约定到代理事项完成时代理权终止的；（4）在被代理人死亡前已经进行、而在被代理人死亡后为了被代理人的继承人的利益继续完成的。"本条在借鉴司法解释有益经验的基础上，对一些例外情形作了规定。

根据本条第 1 款的规定，在下列情形下，被代理人死亡的，委托代理人实施的代理行为仍然有效：

1. 代理人不知道且不应当知道被代理人死亡。被代理人突然死亡，代理人不一定能及时知道，比如此时代理人正在外地忙于代理事务，被代理人没有继承人，被代理人的继承人不知道代理人的存在，被代理人的继承人没有及时通知代理人被代理人死亡，等等，种种原因使得代理人不知道并且不应当知道被代理人死亡的，此时代理人仍然在继续实施代理行为。如果令代理行为无效，对代理人和相对人不甚合理。当然，如果代理人知道或者应当知道被代理人死亡的，代理关系终止，代理人就应当立刻停止实施代理行为。

2. 被代理人的继承人予以承认。被代理人死亡，其继承人知道代理人的存在后，对其代理人地位予以承认的，代理人可以继续实施代理行为。

3. 授权中明确代理权在代理事务完成时终止。被代理人的委托授权中明确了代理权直到代理事务完成时才终止的，即使被代理人死亡，也应当尊重其意思，代理人可以继续从事代理活动，其实施的代理行为仍然有效。

4. 被代理人死亡前已经实施，为了被代理人的继承人的利益继续代理。被代理人死亡前代理人已经实施了代理行为，被代理人死亡后，如果继续实施该代理行为有利于被代理人的继承人的利益，代理人应当完成该代理行为。

如果被代理人是法人、非法人组织，其终止类似于自然人的死亡，因此，本条第 2 款规定，作为被代理人的法人、非法人组织终止的，参照适用前款规定。

> **第一百七十五条** 有下列情形之一的，法定代理终止：
> （一）被代理人取得或者恢复完全民事行为能力；
> （二）代理人丧失民事行为能力；
> （三）代理人或者被代理人死亡；
> （四）法律规定的其他情形。

【条文主旨】

本条是关于法定代理终止的规定。

【条文释义】

法定代理依法律规定的情形而产生，也应依法律规定的情形而终止。民法通则第 70 条规定："有下列情形之一的，法定代理或者指定代理终止：（一）被代理人取得或者恢复民事行为能力；（二）被代理人或者代理人死亡；（三）代理人丧失民事行为能力；（四）指定代理的人民法院或者指定单位取消指定；（五）由其他原因引起的被代理人和代理人之间的监护关系消灭。"本条在民法通则规定的基础上，明确有下列四种情形之一的，法定代理终止：

1. 被代理人取得或者恢复完全民事行为能力。法定代理产生的一个重要原因，是被代理人为无民事行为能力人或者限制民事行为能力人，需要监护人作为其法定代理人，代理其实施民事法律行为。如果被代理人取得或者恢复完全民事行为能力，比如未成年人年满18周岁，或者健康障碍患者恢复健康，法定代理就没有存在的必要，自然终止。

2. 代理人丧失民事行为能力。代理人代理被代理人实施民事法律行为，当然必须具有行为能力。如果代理人丧失民事行为能力，法定代理当然终止。

3. 代理人或者被代理人死亡。代理人或者被代理人死亡的，法定代理当然终止。

4. 法律规定的其他情形。上述三种情形之外，法律还规定了其他一些终止情形，比如，本法第44条第1款规定，财产代管人不履行代管职责、侵害失踪人财产权益或者丧失代管能力的，失踪人的利害关系人可以向人民法院申请变更财产代管人。如果财产代管人变更，原来的财产代管人与失踪人之间的代理关系自然终止。

第八章　民事责任

民事责任是保障民事权利实现的重要制度，是民法的重要组成部分。本章共十二条，主要规定了民事责任的承担，按份责任，连带责任，承担民事责任的方式，不可抗力，正当防卫，紧急避险，因保护他人民事权益而使自己受到损害的责任承担主体，因自愿实施紧急救助行为造成受助人损害的不承担民事责任，侵害英雄烈士等的姓名、肖像、名誉、荣誉，损害社会公共利益的民事责任，违约责任与侵权责任的竞合，财产优先承担民事责任等。

> **第一百七十六条　民事主体依照法律规定或者按照当事人约定，履行民事义务，承担民事责任。**

【条文主旨】

本条是关于民事主体依法承担民事责任的规定。

【条文释义】

法律责任分为民事责任、行政责任和刑事责任。民事责任是指由于违反民事义务所应承担的责任。违反民事义务包括违反法律规定的民事义务和违反当事人约定的民事义务。

民事责任是民法上保护民事权利的重要措施。民事主体享有广泛的民事权利，民法典第一编总则的第五章以专章规定了自然人、法人、非法人组织享有哪些民事权利。民法保护民事主体的民事权利主要通过两个方面予以实现：一是赋予民事主体权利，使民事主体在权利受到损害的情况下依法采取自救措施，或者请求有关部门、组织或者法院等给予保护；二是规定不依照法律规定或者当事人约定履行民事义务的民事主体承担一定的法律后果，以恢复被损害的权利。后者就是以不履行民事义务的主体承担民事责任的方式来保护民事权利。所以，民事责任是民事主体行使民事权利的保障，没有民事责任，享受民事权利就是一句空话。通过承担民事责任，使被侵害的民事权利得以恢复和赔偿，从而保护民事主体的民事权利，同时也能起到对违反民事义务的行为予以惩罚的作用。

民事责任的基本特征包括两个方面：

1. 民事责任是民事主体违反民事义务所应承担的责任，是以民事义务为基础的。法律规定或者当事人约定民事主体应当做什么和不应当做什么，即要求应当为一定的行为或者不为一定的行为，这就是民事主体的义务。法律也同时规定了违反民事义务的后果，即应当承担的责任，这就是民事责任。民事责任不同于民事义务，民事责任是违反民事义务的后果，而不是民事义务本身。

本条规定民事主体依照法律规定或者当事人约定履行民事义务，根据这一规定，民事义务分为两类：

一是法律直接规定的义务。例如，本法第 8 条规定："民事主体从事民事活动，不得违反法律，不得违背公序良俗。""不得违反法律，不得违背公序良俗"，就是每个民事主体的法律义务。

二是在法律允许的范围内民事主体自行约定的义务。例如，合同当事人双方在合同中约定的义务。本法第 464 条第 1 款规定："合同是民事主体之间设立、变更、终止民事法律关系的协议。"第 465 条规定："依法成立的合同，受法律保护。依法成立的合同，仅对当事人具有法律约束力，但是法律另有规定的除外。"第 509 条第 1 款规定："当事人应当按照约定全面履行自己的义务。"民事主体无论违反哪一类义务都要依法承担民事责任。

2. 民事责任具有强制性。强制性是法律责任的重要特征。法律责任不同于道德责任，道德责任是社会对人们实施的不符合道德规范行为的谴责。这种谴责只能通过社会舆论和行为人自我良心的反省来实现，而不能通过国家强制力实现，因而不具有强制性。法律责任中的民事责任的强制性表现在对不履行民事义务的行为予以制裁，要求民事主体承担民事责任。因此，本条规定："民事主体依照法律规定或者按照当事人约定，履行民事义务，承担民事责任。"

> **第一百七十七条** 二人以上依法承担按份责任，能够确定责任大小的，各自承担相应的责任；难以确定责任大小的，平均承担责任。

【条文主旨】

本条是关于按份责任的规定。

【条文释义】

按份责任，是指责任人为多人时，各责任人按照一定的份额向权利人承担民事责任，各责任人之间无连带关系。也就是说，责任人各自承担不同份额的责任，不具有连带性，权利人只能请求属于按份责任人的责任份额。按份责任产生的前提，是2人以上的民事主体不依照法律规定或者当事人约定履行民事义务产生的民事责任。

适用本条规定应当符合下列构成要件：

1. 主体的复数性。不依照法律规定或者当事人约定履行民事义务的主体应当为2人或者2人以上的民事主体，可以是自然人，也可以是法人或者非法人组织。

2. 造成同一法律后果。2人或者2人以上的民事主体不依照法律规定或者当事人约定履行民事义务产生的民事责任是同一的，性质是相同的。

根据本条规定，2人或者2人以上的民事主体依法承担按份责任。每个民事主体应当承担的份额，又分两种情形：

1. 能够确定责任大小的。2人或者2人以上的民事主体没有依照法律规定或者当事人的约定履行民事义务，可以根据每个民事主体对造成损害的后果的可能性来确定责任份额。判断这种可能性，可以综合每个民事主体的过错程度、未依照法律规定或者当事人约定履行义务的具体行为与法律后果之间的因果关系的紧密程度、公平原则、诚信原则等因素。有的学者将这种可能性称为"原因力"，这是指在构成不依照法律规定或者当事人约定履行民事义务产生的共同原因中，每一个原因对于结果的发生或扩大所产生的作用力。法律不可能脱离具体案件，事先抽象出各种确定责任份额的标准，只能由人民法院、仲裁机构在具体案件中综合考虑各种因素来确定。

2. 难以确定责任大小的。责任分配的尺度有时很难有一个可以量化的标准，在某些情形下，由于案情复杂，很难分清每一个不依照法律规定或者当事人约定履行民事义务的行为对损害后果的作用力究竟有多大。针对这种情形，本条规定，难以确定责任大小的，每个行为人平均承担民事责任。

> 第一百七十八条　二人以上依法承担连带责任的，权利人有权请求部分或者全部连带责任人承担责任。
> 连带责任人的责任份额根据各自责任大小确定；难以确定责任大小的，平均承担责任。实际承担责任超过自己责任份额的连带责任人，有权向其他连带责任人追偿。
> 连带责任，由法律规定或者当事人约定。

【条文主旨】

本条是关于连带责任的规定。

【条文释义】

连带责任，是指依照法律规定或者当事人的约定，2 人或者 2 人以上当事人对共同产生的不履行民事义务的民事责任承担全部责任，并因此引起内部债务关系的一种民事责任。连带责任是一项重要的责任承担方式。连带责任可能基于合同产生，也可能基于侵权行为产生。司法实践中，连带责任是不履行义务的行为人承担责任的一种重要方式。连带责任的意义在于增加责任主体的数量，加强对受损害人的保护，确保受损害人获得赔偿。

连带责任的特征主要表现在：（1）连带责任对于违反民事义务的主体而言是一种比较严厉的责任方式。连带责任对外是一个整体的责任。连带责任中的每个主体都需要对被损害者承担全部责任。被请求承担全部责任的连带责任主体，不得因自己的过错程度而只承担自己的责任。（2）连带责任对于被损害者的保护更为充分。连带责任给了被损害者更多的选择权，被损害者可以请求一个或者数个连带责任人承担全部或者部分的赔偿责任。（3）连带责任是法定责任，连带责任人之间不能约定改变责任的性质，对于内部责任份额的约定对外不发生效力。

近几十年来，随着经济的不断发展和保险制度的日益完善，一些国家对连带责任制度的适用范围进行了反思。有的学者认为，连带责任与为自己行为负责之间可能存在矛盾，会造成连带责任中有经济赔偿能力但过错程度不重的人承担较重的责任，破坏了损害者之间的利益平衡。当某一损害者没有偿还能力时，已经承担了赔偿责任的损害者就无法行使追偿权，承担了超出其过错程度的责任。而且，连带责任制度会鼓励原告在诉讼中起诉"深口袋"，即以有偿付能力的损害者作为被告，即使这些人只有微小过错，仅仅因为他们比其他损害者有偿付能力，就需要对全部损失承担责任。但是，不能否认，连带责任有利于被损害者得到充分的救济，减轻了被损害者的举证责任，使被损害者不必因为部分共同损害者的赔付能力而妨碍得到全额的赔偿。而且，对于连带责任而言，这种责任方式也并非不公平，不履行民事义务的每一个行为人都应当对结果的发生具有预见性，因此，有理由让他们对结果的发生承担责任。连带责任内部的追偿制度也能导致最终责任的公平承担。在我国保险制度还不健全的情况下，连带责任所具有的担保价值，有利于充分保护被损害者的合法权益。因此，本法在现行法律和司法实践的基础上对连带责任作出规定："二人以上依法承担连带责任的，权利人有权请求部分或者全部连带责任人承担责任。"据此，对于依法应当承担连带责任的，权利人向一个或者数个连带责任人请求的，被请求的连带责任人就应当承担全部责任。

连带责任人对外承担了责任后，通常需要在内部确定各自的责任。责任大小一般依据如下原则确定：一是根据各自的过错。大多数不履行民事义务的行为以过错为构成要件，以过错程度确定连带责任人之间的责任份额，能够体现公平，这也是我国司法实践的通常做法。确定责任份额时，应当对每个责任主体在不履行民事义务时的过错进行比较，有故意或者有重大过失等较大过错的，承担的责任份额较大；过错较小的，如只有轻微过失的，可以承担较少的责任份额。二是对原因力进行比较。原因力是指在构成不履行义务的多个原因中，每一个原因对于结果的发生或者扩大所起的作用。原因力也是确定连带责任人责任数额的一个方面，特别是在无过错责任的情况下，需要对各责任主体在不履行民事义务时所起的作用进行比较，所起的作用较大的，应当承担较大的责任份额；所起的作用较小的，应当承担较小的责任份额。三是平均分担责任份额。如果根据过错和原因力难以确定连带责任人责任大小的，可以视为各连带责任人的过错程度和原因力大小是相当的，在这种情况下应当由连带责任人平均承担责任份额。如3名连带责任人承担连带责任，那么每人分担责任份额的1/3。需要指出的是，不能简单地、不加条件地让连带责任人平均分担责任份额，本条第2款"难以确定责任大小的，平均承担责任"的适用前提是，具有通过对过错、原因力等进行比较分析后，仍难以确定责任份额的情形。

在一个或者数个连带责任人清偿了全部责任后，实际承担责任的人有权向其他连带责任人追偿。连带责任中的追偿权在连带责任的内部关系中处于重要地位，能保障连带责任人内部合理分担风险。通过行使追偿权，实际承担民事责任的连带责任人也完成了角色的转化，从对外以不履行民事义务人的身份承担民事责任，转化为对内以债权人的身份请求公平分担责任。行使追偿权的前提是连带责任人实际承担了超出自己责任的份额，没有超出自己责任的份额，不得行使追偿权。对此，本条第 2 款予以明确规定："实际承担责任超过自己责任份额的连带责任人，有权向其他连带责任人追偿。"

在十二届全国人大五次会议审议民法总则草案的过程中，有的代表提出，连带责任是两个或者两个以上的债务人共同向债权人承担民事责任，是一种较为严厉的责任方式，除当事人有约定外，宜由法律作出规定。经研究，最后在本条增加 1 款作为第 3 款："连带责任，由法律规定或者当事人约定。"民法典维持了这一规定。

> **第一百七十九条** 承担民事责任的方式主要有：
> （一）停止侵害；
> （二）排除妨碍；
> （三）消除危险；
> （四）返还财产；
> （五）恢复原状；
> （六）修理、重作、更换；
> （七）继续履行；
> （八）赔偿损失；
> （九）支付违约金；
> （十）消除影响、恢复名誉；
> （十一）赔礼道歉。
> 法律规定惩罚性赔偿的，依照其规定。
> 本条规定的承担民事责任的方式，可以单独适用，也可以合并适用。

〖条文主旨〗

本条是关于承担民事责任方式的规定。

〖条文释义〗

民事主体应当依照法律规定或者当事人约定履行民事义务。民事主体不履行或者不完全履行民事义务的，就要承担民事责任。承担民事责任的方式是民事责任的具体体现，没有承担民事责任的方式，民事责任就难以落实。

根据本条规定，承担民事责任的方式主要有：

1. 停止侵害。这主要是要求行为人不实施某种侵害。这种责任方式能够及时制止侵害，防止侵害后果的扩大。例如，某人正在散布谣言诽谤他人，受害人有权请求其停止侵害。采用这种责任方式以不履行民事义务正在进行或者仍在延续为条件，对于未发生或者已经终止的不履行义务的情形不适用。人民法院根据受害人的请求，依据案件的具体情况，可以在审理案件之前发布停止侵害令，或者在审理过程中发布停止侵害令，也可以在判决中责令行为人停止侵害。

2. 排除妨碍。这是指行为人实施的行为使他人无法行使或者不能正常行使人身、财产权益，受害人可以要求行为人排除妨碍权益实施的障碍。如果行为人不排除妨碍，受害人可以请求人民法院责令其排除妨碍。例如，某人在他人家门口堆放垃圾，妨碍他人通行，同时污染了他人的居住环境，受害人有权请求行为人将垃圾清除。受害人也可以自己排除妨碍，但排除妨碍的费用由行为人承担。

3. 消除危险。这是指行为人的行为对他人人身、财产权益造成现实威胁，他人有权要求行为人采取有效措施消除这种现实威胁。例如，某人的房屋由于受到大雨冲刷随时有倒塌可能，危及邻居的人身、财产安全，但房屋的所有人不采取措施。此时，邻居可以请求该房屋的所有人采取措施消除这种危险。适用这种责任方式可以有效防止现实损害的发生，充分保护他人的人身、财产安全。适用这种责任方式必须是危险确实存在，对他人人身、财产安全造成现实威胁，但尚未发生实际损害。

4. 返还财产。返还财产责任是因行为人无权占有他人财产而产生。没有法律或者合同根据占有他人财产，就构成无权占有，侵害了他人的财产权益，行为人应当返还该财产。例如，某人借用他人的电脑到期不还据为己有，构成了无权占有，电脑所有人有权要求无权占有人返还电脑。根据本法规定，无权占有不动产或者动产的，权利人可以请求返还原物。有权请求返还财产的主体一般是该财产的所有人，但该财产被他人合法占有期间，被第三人非法占有的，该合法占有人也可以请求返还财产。适用返还财产责任方式的前提是该财产还存在，如果该财产已经灭失，就不可能适用该责任方式，受害人只能要求赔偿损失；该财产虽然存在，但已经损坏的，权利人可以根据自己的意愿，选择返还财产、恢复原状或者赔偿损失等责任方式。

5. 恢复原状。这是指行为人通过修理等手段使受到损坏的财产恢复到损坏发生前的状况的一种责任方式。采取恢复原状责任方式要符合以下条件：一是受到损坏的财产仍然存在且有恢复原状的可能性。受到损坏的财产不存在或者恢复原状不可能的，受害人可以请求选择其他责任方式如赔偿损失。二是恢复原状有必要，即受害人认为恢复原状是必要的且具有经济上的合理性。恢复原状若没有经济上的合理性，就不宜适用该责任方式。如果修理后不能或者不能完全达到受损前状况的，义务人还应当对该财产价值贬损的部分予以赔偿。

6. 修理、重作、更换。这主要是违反合同应当承担的民事责任形式，是违反合同后所采取的补救措施。修理包括对产品、工作成果等标的物质量瑕疵的修补，也包括对服务质量瑕疵的改善，这是最为普遍的补救方式。在存在严重的质量瑕疵，以致不能通过修理达到约定的或者法定的质量情形下，受损害方可以选择更换或者重作的补救方式。例如，修建的房屋不符合要求，义务人应当无偿地进行修理；加工制作的产品不符合约定，虽经修理也不能使用，义务人就应当重作。修理、重作、更换不是恢复原状，如果将损坏的财产修理复原，则是承担恢复原状的责任。

7. 继续履行。就是按照合同的约定继续履行义务。当事人订立合同都是追求一定的目的，这一目的直接体现在对合同标的的履行，义务人只有按照合同约定的标的履行，才能实现权利人订立合同的目的。所以，继续履行合同是当事人一方违反合同后应当负的一项重要的民事责任。对合同一方当事人不能自觉履行合同的，另一方当事人有权请求违约方继续履行合同或者请求人民法院、仲裁机构强制违约当事人继续履行合同。例如，没有交付商品的，应当交付合同约定的商品；没有提供劳务的，应当继续提供合同约定的劳务。

8. 赔偿损失。这是指行为人向受害人支付一定额数的金钱以弥补其损失的责任方式，是运用较为广泛的一种责任方式。赔偿的目的，最基本的是补偿损害，使受到损害的权利得到救济，使受害人能恢复到未受到损害前的状态。

9. 支付违约金。违约金是当事人在合同中约定的或者由法律直接规定的一方违反合同时应向对方支付一定数额的金钱，这是违反合同可以采用的承担民事责任的方式，只适用于合同当事人有违约金约定或者法律规定违反合同应支付违约金的情形。违约金的标的物通常是金钱，但是当事人也可以约定违约金标的物为金钱以外的其他财产。违约金根据产生的根据可以分为法定违约金和约定违约金。法定违约金是由法律直接规定违约的情形和应当支付违约金的数额。只要当事人一方发生法律规定的违约情况，就应当按照法律规定的数额向对方支付违约金。如果违约金是由当事人约定的，为约定违约金。约定违约金是一种合同关系，有的称为违约金合同。约定违约金又被看成一种附条件合同，只有在违约行为发生的情况下，违约金合同才生效；违约行为不发生，违约金合同不生效。当事人约定违约金的，一方违约时，应当按照该约定支付违约金。如果约定的违约金低于造成的损失的，当事人可以请求人民法院或者仲裁机构予以增加；约定的违约金过分高于造成的损失的，当事人可以请求人民法院或者仲裁机构予以适当减少。如果当事人专门就迟延履行约定违约金的，该种违约金仅是违约方对其迟延履行所承担的违约责任，因此，违约方支付违约金后还应当继续履行义务。

10. 消除影响、恢复名誉。这是指人民法院根据受害人的请求，责令行为人在一定范围内采取适当方式消除对受害人名誉的不利影响，以使其名誉得到恢复的一种责任方式。具体适用消除影响、恢复名誉，要根据侵害行为所造成的影响和受害人名誉受损的后果决定。处理的原则是，行为人应当根据造成不良影响的大小，采取程度不同的措施给受害人消除不良影响，例如在报刊上或者网络上发表文章损害他人名誉权的，就应当在该报刊或者网站上发表书面声明，对错误内容进行更正。消除影响、恢复名誉主要适用于侵害名誉权等情形，一般不适用侵犯隐私权的情形，因为消除影响、恢复名誉一般是公开进行的，如果适用于隐私权的保护，有可能进一步披露受害人的隐私，造成进一步的影响。

11. 赔礼道歉。这是指行为人通过口头、书面或者其他方式向受害人进行道歉，以取得谅解的一种责任方式。赔礼道歉主要适用于侵害名誉权、荣誉权、隐私权、姓名权、肖像权等人格权益的情形。赔礼道歉可以是公开的，也可以私下进行；可以口头方式进行，也可以书面方式进行，具体采用什么形式由法院依据案件的具体情况作出。口头道歉是由行为人直接向受害人表示，基本不公开进行；书面道歉以文字形式进行，可以登载在报纸上，或者张贴于有关场所。行为人不赔礼道歉的，人民法院可以判决按照确定的方式进行，产生的费用由行为人承担。

本条第 2 款规定，法律规定惩罚性赔偿的，依照其规定。惩罚性赔偿是指当侵权人（义务人）以恶意、故意、欺诈等的方式实施加害行为而致权利人受到损害的，权利人可以获得实际损害赔偿之外的增加赔偿。其目的是通过对义务人施以惩罚，阻止其重复实施恶意行为，并警示他人不要采取类似行为。在民法总则审议中，有些意见建议，在民事责任中规定惩罚性赔偿。民法典保留了本款规定。考虑到惩罚性赔偿是赔偿损失的一种特别赔偿，因此本款规定适用惩罚性赔偿应当在法律有特别规定的情况下，依照法律的规定予以适用。

本条规定了十一种承担民事责任的方式，各有特点，可以单独采用一种方式，也可以采用多种方式。例如，对单纯的财产损失，可以单独采用赔偿损失的方式；对侵害名誉权、隐私权等人格权的，既可以单独采用消除影响、恢复名誉的责任方式，也可以并用消除影响、恢复名誉和损害赔偿的责任方式。具体适用民事责任的方式应掌握的原则是，如果一种方式不足以救济权利人的，就应当同时适用其他方式。据此，本条第 3 款规定，本条规定的承担民事责任的方式，可以单独适用，也可以合并适用。

> **第一百八十条** 因不可抗力不能履行民事义务的，不承担民事责任。法律另有规定的，依照其规定。
>
> 不可抗力是不能预见、不能避免且不能克服的客观情况。

【条文主旨】

本条是关于不可抗力的规定。

【条文释义】

一、不可抗力的概念

本条第 2 款规定："不可抗力是不能预见、不能避免且不能克服的客观情况。"

对"不可抗力"的理解，应是根据现有的技术水平，一般对某事件发生没有预知能力。人们对某事件的发生的预知能力取决于当代的科学技术水平。某些事件的发生，在过去不可预见，但随着科学技术水平的发展，现在就可以预见。例如，现在对天气预报的准确率已达到了 90% 以上，人们对狂风暴雨的规避能力已大大提高。

如何认识"不能避免且不能克服"，应是指当事人已经尽到最大努力和采取一切可以采取的措施，仍不能避免某种事件的发生并不能克服事件所造成的后果。"不能避免且不能克服"表明某个事件的发生和事件所造成的后果具有必然性。

二、不可抗力情形下的民事责任

不可抗力是独立于人的行为之外，不受当事人意志所支配的现象，是人力所不可抗拒的力量。行为人完全因为不可抗力不能履行民事义务，表明行为人的行为与不履行民事义务之间不存在因果关系，同时也表明行为人没有过错，如果让行为人对自己无法控制的情形承担责任，对行为人来说是不公平的。因此，很多国家和地区都将不可抗力作为免除行为人承担民事责任的事由予以规定。

通常情况下，因不可抗力不能履行民事义务的，不承担民事责任。但法律规定因不可抗力不能履行民事义务，也要承担民事责任的则需要依法承担民事责任。故本条第 1 款规定："因不可抗力不能履行民事义务的，不承担民事责任。法律另有规定的，依照其规定。"具体什么情况下应承担民事责任、承担责任的程度等要依照法律的规定确定。例如，根据民用航空法第 160 条的规定，民用航空器造成他人损害的，民用航空器的经营人只有能够证明损害是武装冲突、骚乱造成的，或者是因受害人故意造成的，才能免除其责任。因不可抗力的自然灾害造成的，不能免除民用航空器经营人的责任。举例来说，民用飞机在空中遭雷击坠毁，造成地面人员伤亡。航空公司不能以不可抗力为由，对受害人予以抗辩。

> **第一百八十一条　因正当防卫造成损害的，不承担民事责任。**
> **正当防卫超过必要的限度，造成不应有的损害的，正当防卫人应当承担适当的民事责任。**

【条文主旨】

本条是关于正当防卫的规定。

【条文释义】

一、正当防卫的概念

正当防卫，是指本人、他人的人身权利、财产权利遭受不法侵害时，行为人所采取的一种防卫措施。正当防卫作为行为人不承担责任和减轻责任的情形，其根据是行为的正当性、合法性，表明行为人主观上没有过错。正当防卫是法律赋予当事人自卫的权利，是属于受法律鼓励的行为，目的是保护当事人本人、他人不受侵犯。故本条规定"因正当防卫造成损害的，不承担民事责任"。

二、正当防卫的要件

正当防卫应当同时具备以下六个要件：

1. 必须是为了使本人、他人的人身、财产权利免受不法侵害而实施的。本条规定基本传承了民法通则与侵权责任法的规定，对正当防卫的内容没有明确规定，即没有明确规定是为了谁的利益而采取防卫行为。

我国刑法明确规定了正当防卫的内容。刑法第 20 条第 1 款规定，为了使国家、公共利益、本人或者他人的人身、财产和其他权利免受正在进行的不法侵害，而采取的制止不法侵害的行为，对不法侵害人造成损害的，属于正当防卫，不负刑事责任。

本条虽然没有对正当防卫的内容作出规定，但应与我国刑法的规定一致，正当防卫应是为了保护本人或者他人的人身、财产权利而实施的行为。

2. 必须有不法侵害行为发生。所谓"不法侵害行为",是指对某种权利或者利益的侵害为法律所明文禁止,既包括犯罪行为,也包括其他违法的侵害行为。

3. 必须是正在进行的不法侵害。正当防卫的目的是制止不法侵害,避免危害结果的发生,因此,不法侵害必须是正在进行的,而不是尚未开始,或者已经实施完毕,或者实施者确已自动停止。否则,就是防卫不适时,应当承担民事责任。

4. 必须是本人、他人的人身权利、财产权利遭受不法侵害,在来不及请求有关国家机关救助的情况下实施的防卫行为。

5. 必须是针对不法侵害者本人实行,即正当防卫行为不能对没有实施不法侵害行为的第三者(包括不法侵害者的家属)造成损害。

6. 不能明显超过必要限度造成损害。正当防卫是有益于社会的合法行为,但应受一定限度的制约,即正当防卫应以足以制止不法侵害为限。

只有同时满足以上六个要件,才能构成正当防卫,防卫人才能免予承担民事责任。

三、正当防卫造成的损害

1. 遭受损害的主体。正当防卫一般仅指造成侵权人的损害。我国刑法第20条规定,正当防卫是对"不法侵害人"造成的侵害。本条第一句"因正当防卫造成损害的",这里的"造成损害"仅是指对侵害人造成的损害。

2. 遭受损害的客体。本条第一句"因正当防卫造成损害的",这里的"造成损害"既包括对侵害人人身权利的损害,也包括对侵害人财产权利的损害。例如,甲在抢劫乙的过程中,乙抓伤了甲的脸,同时也撕坏了甲的衣服,乙对甲所造成的人身损失和财产损失都免予承担民事责任。

四、防卫过当的责任

本条规定,正当防卫超过必要的限度,造成不应有的损害的,正当防卫人应当承担适当的民事责任。

如何确定和理解正当防卫的必要限度,学术界有各种各样的学说。多数意见认为,从权衡各方利益的角度考虑,既要有利于维护防卫人的权益,也要考虑到对不法行为人的合法权益的保护,防卫行为应以足以制止不法侵害为必要限度。从防卫的时间上讲,对于侵害人已经被制伏或者侵害人已经自动停止侵害行为的,防卫人不得再进行攻击行为;从防卫手段来讲,能够用较缓和的手段进行有效防卫的情况下,不允许用激烈手段进行防卫。对于没有明显危及人身、财产等重大利益的不法侵害行为,不允许采取造成重伤等手段对侵害人进行防卫。

正当防卫超过必要限度，造成侵害人不应有的损害的，正当防卫人应当承担适当的民事责任。所谓"适当的民事责任"是指不对侵害人的全部损失赔偿，而是根据正当防卫人过错的程度，由正当防卫人在损失范围内承担一部分责任。

> **第一百八十二条** 因紧急避险造成损害的，由引起险情发生的人承担民事责任。
>
> 危险由自然原因引起的，紧急避险人不承担民事责任，可以给予适当补偿。
>
> 紧急避险采取措施不当或者超过必要的限度，造成不应有的损害的，紧急避险人应当承担适当的民事责任。

【条文主旨】

本条是关于紧急避险的规定。

【条文释义】

一、紧急避险的概念

紧急避险，是指为了使本人或者他人的人身、财产权利免受正在发生的危险，不得已采取的紧急避险行为，造成损害的，不承担责任或者减轻责任的情形。危险有时来自于人的行为，有时来自自然原因。不管危险来源于哪儿，紧急避险人避让风险、排除危险的行为都有其正当性、合法性，因此在所有国家都是作为不承担责任和减轻责任的情形之一。故本条规定："因紧急避险造成损害的，由引起险情发生的人承担民事责任。危险由自然原因引起的，紧急避险人不承担民事责任，可以给予适当补偿。紧急避险采取措施不当或者超过必要的限度，造成不应有的损害的，紧急避险人应当承担适当的民事责任。"

二、紧急避险的要件

1. 必须是为了使本人、他人的人身、财产权利免受危险的损害。本条基本沿袭了民法通则、侵权责任法的规定，对紧急避险的内容没有明确规定，即没有明确是为了谁的利益而采取紧急避险行为。

我国刑法第21条明确规定了紧急避险的内容，该条规定："为了使国家、公共利益、本人或者他人的人身、财产和其他权利免受正在发生的危险，不得已采取的紧急避险行为，造成损害的，不负刑事责任。紧急避险超过必要限度造成不应有的损害的，应当负刑事责任，但是应当减轻或者免除处罚。第一款中关于避免本人危险的规定，不适用于职务上、业务上负有特定责任的人。"

本条虽然没有对紧急避险的内容作出明确规定，但是应当与我国刑法的规定相一致，紧急避险应当是使本人或者他人的人身、财产和其他权利免受正在发生的危险，不得已采取的避险行为。

2. 必须是对正在发生的危险采取的紧急避险行为。倘若危险已经消除或者尚未发生，或者虽然已经发生但不会对合法权益造成损害，则不得采取紧急避险措施。某人基于对危险状况的误解、臆想而采取紧急避险措施，造成他人利益损害的，应向他人承担民事责任。

3. 必须是在不得已情况下采取避险措施。所谓不得已，是指当事人面对突然而遇的危险，不得不采取紧急避险措施，以保全更大的利益，且这个利益是法律所保护的。

4. 避险行为不能超过必要的限度。所谓不能超过必要的限度，是指在面临紧急危险时，避险人须采取适当的措施，以尽可能小的损害保全更大的利益，即紧急避险行为所引起的损害应轻于危险所可能带来的损害。

只有同时满足以上四个要件，才能构成紧急避险。行为人（避险人）免予承担民事责任。

三、紧急避险造成的损害

1. 遭受损害的主体。紧急避险行为可能造成第三人的损害。例如，甲、乙、丙是邻居，丙的房子因雷击失火，甲为了引消防车进入灭火，推倒了乙的院墙，使消防车进入后及时扑灭了丙家的大火。按照紧急避险的抗辩事由，甲对乙不承担责任，应由受益人丙对乙给予适当补偿。

本条规定的紧急避险行为也包括对避险人本人造成的损害。例如，甲、乙是邻居，乙的房子因雷击失火，甲为了引消防车进入灭火，而推倒了自己家的院墙，使消防车进入后及时扑灭了乙家的大火。按照紧急避险的抗辩事由，甲有权要求受益人乙给予补偿。

2. 遭受损害的客体。本条第 1 款第一句"因紧急避险造成损害的"，这里的"造成损害"既包括对避险者本人、第三人财产权利的损害，也包括人身权利的损害。例如，甲为了接住从楼上坠下的小孩乙，在接住乙的瞬间将同行的丙撞伤在地。甲无须对丙的损害承担责任，而应由乙的监护人对丙给予补偿。

四、紧急避险人的法律责任

1. 按照本条规定，紧急避险人造成本人或者他人损害的，由引起险情发生的人承担责任。例如，甲因在河堤上取土致使河堤决口。乙驾驶从丙处借来的农用车正巧从此经过，迫不得已将车推进决口处，决口被成功堵塞。丙的农用车的损失，应由甲承担赔偿责任。

2. 如果危险是由自然原因引起的，紧急避险人是为了他人的利益而采取了避险行为，造成第三人利益损害的，紧急避险人免予对第三人承担责任。例如，甲、乙、丙是邻居，丙的房子因雷击失火，甲为了引消防车进入灭火，推倒了乙的院墙，使消防车进入后及时扑灭了丙家的大火。按照紧急避险的抗辩事由，甲对乙不承担责任，应由受益人丙对乙给予适当补偿。

3. 如果危险是由自然原因引起的，紧急避险人是为了本人的利益而采取了避险行为，造成第三人利益损害的，紧急避险人本人作为受益人，应当对第三人的损害给予补偿。例如，甲、乙是邻居，甲的房子因雷击失火，甲为了引消防车进入灭火，推倒了乙的院墙，使消防车进入后及时扑灭了自己家的大火。甲作为受益人对乙不承担责任，但应对乙给予适当补偿。

4. 因紧急避险采取措施不当或者超过必要的限度，造成不应有的损害的，紧急避险人应当承担适当的责任。"紧急避险采取措施不当"是指在当时的情况下能够采取可能减少或者避免损害的措施而未采取，或者采取的措施并非排除险情所必需。例如，甲的汽车自燃，因燃油泄漏，火势加大。乙在帮助灭火时，采取往燃烧的汽车上浇水的措施，由于水与燃油气体混合，导致火势越来越大，将丙的房屋烧毁。由于乙采取的避险措施不当，对丙的损失，乙应承担适当的责任。

紧急避险"超过必要的限度"，是指采取紧急避险措施没有减轻损害，或者紧急避险所造成的损害大于所保全的利益。例如，甲家因雷击失火，甲的左邻乙家人帮助用水灭火。在大火已基本被扑灭的情况下，乙家人未观察火情，而是担心火势复燃，继续往废墟上浇水，导致大量污水流入甲的右邻丙家。由于乙采取的紧急避险行为超过必要的限度，对丙的损害，乙应承担适当的责任。

> **第一百八十三条** 因保护他人民事权益使自己受到损害的，由侵权人承担民事责任，受益人可以给予适当补偿。没有侵权人、侵权人逃逸或者无力承担民事责任，受害人请求补偿的，受益人应当给予适当补偿。

〖条文主旨〗

本条是关于因保护他人民事权益而使自己受到损害的责任承担主体的规定。

〖条文释义〗

民法通则第 109 条规定："因防止、制止国家的、集体的财产或者他人的财产、人身遭受侵害而使自己受到损害的，由侵害人承担赔偿责任，受益人也可以给予适当的补偿。"侵权责任法第 23 条规定："因防止、制止他人民事权益被侵害而使自己受到损害的，由侵权人承担责任。侵权人逃逸或者无力承担责任，被侵权人请求补偿的，受益人应当给予适当补偿。"本条规定与上述规定精神一脉相承。《最高人民法院关于审理人身损害赔偿案件适用法律若干问题的解释》第 15 条规定："为维护国家、集体或者他人的合法权益而使自己受到人身损害，因没有侵权人、不能确定侵权人或者侵权人没有赔偿能力，赔偿权利人请求受益人在受益范围内予以适当补偿的，人民法院应予支持。"本法规定本条的目的，在于保护见义勇为者，鼓励见义勇为行为。在民法通则和侵权责任法规定的基础上，本条补充规定了没有侵权人时，受害人请求补偿的，受益人应当给予适当补偿的内容。

在日常生活中，为保护他人民事权益被侵害而使自己受到损害的情况为数不少。例如，为了防止被抢劫的人的人身、财产遭受损失，阻止抢劫者逃逸，被抢劫犯刺伤。又如，儿童不慎落水，见义勇为者在施救中受伤，等等。为了弘扬社会主义核心价值观，鼓励和支持舍己为人的高尚行为，不让见义勇为者流血又流泪，本条规定了因保护他人民事权益而受到损害者的请求权和承担民事责任的主体。

1. 因保护他人民事权益而使自己受到损害。这主要是指为了防止、制止国家、集体的财产或者他人的人身、财产权利遭受不法侵害而使自己受到损害。在此需要强调两点：其一，受到损害的人不是为了自己的民事权益，而是为了他人的民事权益不受侵害而为的行为。其二，受到的损害既包括人身受到伤害，也包括财产受到损害。

2. 由侵权人承担责任，受益者可以给予适当补偿。由于受害人是为了保护他人的民事权益，防止、制止侵权人的侵权行为，因此，受害人所受到的损害，应由侵权人承担民事责任。考虑到受益人因受害人的付出，使自己的权益免受或者少受损害，对受害人因此所受到的损害，受益人可以给予适当的补偿。

3. 受益人应当给予适当补偿的情形。一是侵权人逃逸或者无力承担民事责任的情形。受害人是为了保护他人的民事权益不受非法侵害才遭受损害的，通常情况下，应当由侵权人承担民事责任。但是，有时会发生侵权人逃逸，根本找不到侵权人；或者虽然找到了侵权人，但是侵权人根本没有承担民事责任的能力等情形。为了公平起见，本条规定在侵权人逃逸或者侵权人无力承担民事责任的情况下，由受益人给受害人适当的补偿。这里需要注意以下几点：第一，侵权人逃逸确实找不到，或者侵权人确实没有承担民事责任的能力。这是受害人请求补偿的前提条件。如果侵权人没有逃逸、能够找到或者有承担民事责任的能力，受害人则不能向受益人提出补偿要求。第二，要有明确的受益人。如果没有明确的受益人，那么受害人就没有提出请求的对象。第三，受害人明确提出了受益人给予适当补偿的请求。补偿不是赔偿，赔偿一般是填平原则，即损失多少赔偿多少，而补偿仅是其中的一部分。本条规定是"给予适当的补偿"，表明是要根据受害人的受损情况和受益人的受益情况等因素确定补偿的数额。

按照承担民事责任的一般原理，受益人不是侵权责任人，对受害人而言不存在任何过错，对受害人所受到的损害也没有因果关系，因此不应当承担民事责任，而应当完全由侵权人承担民事责任。但是，如果不是为了受益人的利益，受害人也不会遭受损害。当侵权人逃逸、找不到或者侵权人根本无力承担民事责任时，受害人如果得不到任何赔偿或者补偿是不公平的，更不利于助人为乐、见义勇为良好社会风尚的形成，不符合公平正义精神，因此，为了较好地平衡利益、分担损失，让受益人适当给予受害人补偿是合情合理的。

二是没有侵权人的情形。因保护他人民事权益使自己受到损害的，有时并无侵权人，如舍身相救落水人员使自己受伤等。在这种情况下，受害人请求受益人给予适当补偿是合乎情理的，受益人给予适当补偿也是理所当然的。因此，本条规定体现了社会公平。目前，一些地方设立了见义勇为基金，用于鼓励见义勇为行为，也能在一定程度上弥补见义勇为者所受到的损害。

> **第一百八十四条** 因自愿实施紧急救助行为造成受助人损害的，救助人不承担民事责任。

【条文主旨】

本条是关于因自愿实施紧急救助行为造成受助人损害的，救助人不承担民事责任的规定。

【条文释义】

本条规定，因自愿实施紧急救助行为造成受助人损害的，救助人不承担民事责任。本条规定包括以下几个方面：

一、救助人自愿实施紧急救助行为

自愿实施紧急救助行为，是指一般所称的见义勇为或者乐于助人的行为，不包括专业救助行为。本条所称的救助人是指非专业人员，即一般所称的见义勇为或者乐于助人的志愿人员。专业救助人员通常掌握某一领域内的专业知识、专业技能，并根据其工作性质有义务救助并专门从事救助工作。专业救助人员经过专业学习或者训练，在实施紧急救助行为时应该有知识和能力避免因救助行为造成受助人不应有的损害。因此，为与专业救助人员实施救助行为相区别，本条明确了"自愿"的前提条件。

二、救助人以救助为目的实施紧急救助行为

本条所称的救助行为应是在紧急情况下，救助人实施的救助他人的行为。救助人不承担民事责任的条件之一是救助人需以"救助"受助人为行为的主观目的。当受助人由于自身健康等原因处于紧急情况需要救助，救助人是以救助受助人为目的，为了受助人的利益实施的紧急救助行为。

三、受助人的损害与救助人的行为有因果关系

实践中，虽然救助人是出于救助目的实施救助行为，但由于救助行为经常发生在受助人突发疾病等紧急状态，救助人一般未受过专业的救助训练，有的救助人不能很好地掌握专业救助技能，在某些情形下，可能发生因救助人的救助行为造成受助人损害的情形。适用本条规定，须受助人受到的损害与救助人的行为有因果关系，即在紧急救助过程中，因为救助人的救助行为造成受助人的损害。

四、救助人对因救助行为造成受助人的损害不承担民事责任

根据本条的规定，在紧急状况下，救助人自愿以救助为目的实施紧急救助行为，因该行为对受助人造成损害的，救助人对该损害不承担民事责任。

> **第一百八十五条 侵害英雄烈士等的姓名、肖像、名誉、荣誉，损害社会公共利益的，应当承担民事责任。**

【条文主旨】

本条是关于侵害英雄烈士等的姓名、肖像、名誉、荣誉的民事责任的规定。

【条文释义】

一、本条保护的对象是英雄烈士等

本条保护的对象"英雄烈士等"包括为了人民利益英勇斗争而牺牲，堪为楷模的人，还包括在保卫国家和国家建设中做出巨大贡献、建立卓越功勋，已经故去的人。根据《烈士褒扬条例》第8条规定，公民牺牲符合下列情形之一的，评定为烈士：（1）在依法查处违法犯罪行为、执行国家安全工作任务、执行反恐怖任务和处置突发事件中牺牲的；（2）抢险救灾或者其他为了抢救、保护国家财产、集体财产、公民生命财产牺牲的；（3）在执行外交任务或者国家派遣的对外援助、维持国际和平任务中牺牲的；（4）在执行武器装备科研试验任务中牺牲的；（5）其他牺牲情节特别突出，堪为楷模的。《军人抚恤优待条例》第8条第1款规定，现役军人死亡，符合下列情形之一的，批准为烈士：（1）对敌作战死亡，或者对敌作战负伤在医疗终结前因伤死亡的；（2）因执行任务遭敌人或者犯罪分子杀害，或者被俘、被捕后不屈遭敌人杀害或者被折磨致死的；（3）为抢救和保护国家财产、人民生命财产或者执行反恐怖任务和处置突发事件死亡的；（4）因执行军事演习、战备航行飞行、空降和导弹发射训练、试航试飞任务以及参加武器装备科研试验死亡的；（5）在执行外交任务或者国家派遣的对外援助、维持国际和平任务中牺牲的；（6）其他死难情节特别突出，堪为楷模的。现役军人在执行对敌作战、边海防执勤或者抢险救灾任务中失踪，经法定程序宣告死亡的，按照烈士对待。

二、本条是对英雄烈士等的人格利益的保护

本条的保护对象是英雄烈士等相关人格利益。民法总则出台前，我国法律未对死者人格利益的保护作出明确规定。《最高人民法院关于确定民事侵权精神损害赔偿责任若干问题的解释》第3条规定，自然人死亡后，其近亲属因下列侵权行为遭受精神痛苦，向人民法院起诉请求赔偿精神损害的，人民法院应当依法予以受理：（1）以侮辱、诽谤、贬损、丑化或者违反社会公共利益、社会公德的其他方式，侵害死者姓名、肖像、名誉、荣誉；（2）非法披露、利用死者隐私，或者以违反社会公共利益、社会公德的其他方式侵害死者隐私；（3）非法利用、损害遗体、遗骨，或者以违反社会公共利益、社会公德的其他方式侵害遗体、遗骨。

三、侵害英雄烈士等的姓名、肖像、名誉、荣誉，损害社会公共利益的，应当承担民事责任

根据本条规定，侵害英雄烈士等的姓名、肖像、名誉、荣誉，损害社会公共利益的，应当承担民事责任。司法实践中有侵害英雄烈士等的人格权益，应当承担民事责任的相关案例。例如，2013年第11期《炎黄春秋》杂志刊发了洪振快撰写的《"狼牙山五壮士"的细节分歧》一文。"狼牙山五壮士"中的葛振林之子葛长生、宋学义之子宋福宝认为，《"狼牙山五壮士"的细节分歧》一文，以历史细节考据、学术研究为幌子，以细节否定英雄，企图达到抹黑"狼牙山五壮士"英雄形象和名誉的目的。葛长生、宋福宝分别起诉至北京市西城区人民法院，请求判决洪振快停止侵权、公开道歉、消除影响。北京市西城区人民法院经审理认为，葛振林、宋学义均是"狼牙山五壮士"这一系列英雄人物的代表人物，"狼牙山五壮士"这一称号在全军、全国人民中已经赢得了普遍的公众认同，既是国家及公众对他们作为中华民族的优秀儿女在反抗侵略、保家卫国中作出巨大牺牲的褒奖，也是他们应当获得的个人名誉和个人荣誉。尤其是，"狼牙山五壮士"是中国共产党领导的八路军在抵抗日本帝国主义侵略伟大斗争中涌现出来的英雄群体，是中国共产党领导的全民抗战并取得最终胜利的重要事件载体。这一系列英雄人物及其事迹，经由广泛传播，在抗日战争时期，成为激励无数中华儿女反抗侵略、英勇抗敌的精神动力之一；成为人民军队誓死捍卫国家利益、保障国家安全的军魂来源之一；在和平年代，"狼牙山五壮士"的精神，仍然是我国公众树立不畏艰辛、不怕困难、为国为民奋斗终生的精神指引。这些英雄人物及其精神，已经获得全民族的广泛认同，是中华民族共同记忆的一部分，是中华民族精神的内核之一，也是社会主义核心价值观的重要内容。而民族的共同记忆、民族精神乃至社会主义核心价值观，无论是从我国的历史来看，还是从现行法上来看，都已经是社会公共利益的一部分。文章侵害的不仅仅是葛振林、宋学义的个人名誉和荣誉，也侵害了社会公共利益。文章虽然未使用侮辱性的语言，但作者采取的行为方式却是通过强调与主要事实无关或者关联不大的细节，引导读者对"狼牙山五壮士"这一英雄人物群体及其事迹产生质疑，从而否定主要事实的真实性，进而降低他们的英勇形象和精神价值。该文章经由互联网传播，在全国范围内产生了较大的影响，不仅损害了葛振林和宋学义的个人名誉和荣誉、原告的个人感情，也在一定范围和程度上伤害了社会公众的民族和历史情感。由于"狼牙山五壮士"的精神价值已经内化为民族精神和社会公共利益的一部分，也损害了社会公共利益。北京市西城区人民法院判决被告构成侵权，承担相应的民事责任。

2017年民法总则通过后，2018年4月十三届全国人大常委会二次会议全票表决通过了英雄烈士保护法，该法第25条明确规定："对侵害英雄烈士的姓名、肖像、名誉、荣誉的行为，英雄烈士的近亲属可以依法向人民法院提起诉讼。英雄烈士没有近亲属或者近亲属不提起诉讼的，检察机关依法对侵害英雄烈士的姓名、肖像、名誉、荣誉，损害社会公共利益的行为向人民法院提起诉讼。负责英雄烈士保护工作的部门和其他有关部门在履行职责过程中发现第一款规定的行为，需要检察机关提起诉讼的，应当向检察机关报告。英雄烈士近亲属依照第一款规定提起诉讼的，法律援助机构应当依法提供法律援助服务。"

> **第一百八十六条　因当事人一方的违约行为，损害对方人身权益、财产权益的，受损害方有权选择请求其承担违约责任或者侵权责任。**

〖条文主旨〗

本条是关于违约责任与侵权责任竞合的规定。

【 条文释义 】

如果一方当事人的违约行为侵害了对方的人身、财产权益，则同时构成侵权行为，即违约方的同一行为违反了两种法律义务。这时违约方既负有违约责任，也负有侵权责任，这就是违约责任与侵权责任的竞合。违约责任与侵权责任的竞合，是指义务人的违约行为既符合违约要件，又符合侵权要件，导致违约责任与侵权责任一并产生。从另一方面来说，受损害方既可以就违约责任行使请求权，也可以就侵权责任行使请求权。这就产生了两种请求权竞合的情况。在两种请求权同时存在的情况下，如果允许受损害方同时行使双重请求权，则使违约方承受双重责任，这对违约方来说显失公平；从受损害方说，受损害方获得双重补偿，又构成受损害方不当得利，也不合理。因此，根据公平原则，本条规定，受损害方可以在两种请求权中选择行使一种请求权。这意味着受损害方只能行使一种请求权，如果受损害方选择行使一种请求权并得到实现，那么另一种请求权即告消灭。但是，如果受损害方行使一种请求权未果，而另一种请求权并未因时效而消灭，则受损害方仍可行使另一种请求权。由于合同纠纷与侵权纠纷在管辖法院和适用法律方面存在区别，允许受损害方选择有利于自己的一种诉由提起诉讼，对受损害方比较方便，也有利于对受损害方的保护。对违约方来说，这两种责任无论对方要求其承担哪一种，都是合理的。

> **第一百八十七条** 民事主体因同一行为应当承担民事责任、行政责任和刑事责任的，承担行政责任或者刑事责任不影响承担民事责任；民事主体的财产不足以支付的，优先用于承担民事责任。

【 条文主旨 】

本条是关于财产优先承担民事责任的规定。

【 条文释义 】

法律责任按照不同的标准可以作不同的分类，根据法律责任的类型，法律责任可以分为民事责任、行政责任和刑事责任。民事责任是自然人、法人或者非法人组织因违反民事法律、违约或者因法律规定的其他事由而依法承担的不利后果，包括侵权责任、违约责任等。行政责任是指因违反行政法律或行政法规而应当承担的法定的不利后果。刑事责任是指因违反刑事法律而应当承担的法定的不利后果。

一、民事责任和行政责任、刑事责任的竞合

法律责任竞合，是指行为人的同一行为符合两个或两个以上不同性质的法律责任的构成要件，依法应当承担多种不同性质的法律责任制度。民事责任、行政责任和刑事责任虽然是三种性质不同的法律责任，却可能因为同一法律行为而同时产生。一个行为既违反了民法又违反了行政法或者刑法，由此同时产生民事责任、行政责任或者刑事责任，即发生责任竞合。例如，缺陷产品的致害行为，既可能依侵权责任法承担民事责任，依产品质量法承担行政责任，构成犯罪的，还要依刑法承担刑事责任。由此，经营者的一个违法行为导致了民事、行政、刑事责任竞合的情形。

二、民事主体的财产优先承担民事责任

通常情况下，民事责任、行政责任和刑事责任独立存在，并行不悖。但是在特定的情况下，某一责任主体的财产不足以同时满足承担民事赔偿责任和承担罚款、罚金及没收财产等行政或刑事责任时，三种责任就发生了冲突，难以同时承担，此时就产生哪一种责任优先适用的问题。民事责任优先原则就是解决这类责任竞合时的法律原则，即某一责任主体的财产不足以同时满足民事赔偿责任与行政责任或者刑事责任中的罚款、罚金时，优先承担民事赔偿责任，这也是本条规定的要旨所在。例如，一个企业生产伪劣产品，造成消费者人身、财产损害，并构成生产伪劣产品罪，其需要同时承担对消费者的民事责任以及生产伪劣产品罪的刑事责任，如果刑事责任包含罚金，其财产不足以同时支付对受害人的赔偿及罚金时，对受害人的民事赔偿责任优先于罚金承担。

当然，民事责任优先原则的适用也是有条件的。第一，责任主体所承担的民事责任须合法有效，其发生的依据或者基于法律的规定或基于约定；第二，责任主体的财产不足以同时满足民事责任、行政责任和刑事责任，如果都能满足，则三种责任并行不悖，责任人同时承担三种责任，只有在财产不足以同时满足时，才出现民事责任优先的问题。

第九章　诉讼时效

诉讼时效是指权利人在一定期间不行使权利，在该期间届满后义务人获得抗辩权，如在诉讼中提出抗辩则可以拒绝履行其义务的法律制度。诉讼时效制度的功能主要是促使权利人及时行使权利、稳定生活秩序、维护法律秩序和交易安全。

本章共十二条，主要规定了普通诉讼时效期间及其起算规则、最长权利保护期间；分期履行债务诉讼时效期间的起算；无民事行为能力人或者限制民事行为能力人对其法定代理人的请求权的诉讼时效期间的起算；未成年人遭受性侵害的损害赔偿请求权的诉讼时效期间的起算；诉讼时效期间届满的法律效果；诉讼时效的援引；诉讼时效的中止及其效力；诉讼时效的中断及其效力；不适用诉讼时效的情形；诉讼时效的法定性及时效利益不得预先放弃；仲裁时效；除斥期间的一般规定等。

> **第一百八十八条** 向人民法院请求保护民事权利的诉讼时效期间为三年。法律另有规定的，依照其规定。
>
> 诉讼时效期间自权利人知道或者应当知道权利受到损害以及义务人之日起计算。法律另有规定的，依照其规定。但是，自权利受到损害之日起超过二十年的，人民法院不予保护，有特殊情况的，人民法院可以根据权利人的申请决定延长。

〖条文主旨〗

本条是关于普通诉讼时效期间及起算规则、最长权利保护期间的规定。

〖条文释义〗

一、普通诉讼时效期间

本条第 1 款规定了普通诉讼时效期间。在 2017 年民法总则的立法过程中，关于普通诉讼时效期间究竟规定多长比较合适，一直存在不同的观点和认识。有的认为，为了保持法律的稳定性和持续性，建议维持民法通则第 135 条普通诉讼时效期间为 2 年的规定不变。有的认为，应当将普通诉讼时效期间延长到 10 年或者更长。经研究认为，诉讼时效是权利人在法定期间内不行使权利，该期间届满后，发生义务人可以拒绝履行其给付义务效果的法律制度。该制度有利于促使权利人及时行使权利，维护交易秩序和安全。任何一种法律制度都需要符合一国的传统，考虑社会百姓的可接受程度，都要具体地、历史地进行分析。中国社会几千年的传统是避诉的，当事人为了亲情和友情，为了社会关系的维持，往往不愿提起诉讼，在婉转表达的权利要求不能实现时，才提起诉讼，这样时间上常常比较晚。此外，近年来，社会生活发生深刻变化，交易方式与类型也不断创新，权利义务关系更趋复杂，要求权利人在 2 年的普通诉讼时效期间内行使权利，已不适应中国社会现状与司法实践，不利于保护债权人合法权益，不利于建立诚信社会，适当延长普通诉讼时效期间是必要的。但是，同样应当看到，督促权利人在合理期间内行使权利，公平分配权利义务关系等都是诉讼时效制度的重要功能。诉讼时效期间过长，可能使权利人主观上产生错误认识，出现"躺在权利上睡大觉"的情况。在整个社会的宏观面上降低解决纠纷的效率，使得权利义务关系较长时间地处于不稳定状态，对社会经济的健康发展是不利的。

第 1 款规定的"法律另有规定的，依照其规定"，是允许特别法对诉讼时效作出不同于普通诉讼时效期间的规定。市场经济要求加快经济流转，通信方式和交易方式的创新使得行使权利更加便利。在商事领域可能存在需要短于普通诉讼时效期间的情形。法律另有规定时，根据特别规定优于一般规定的原则，优先适用特别规定。

二、普通诉讼时效期间的起算

本条第 2 款规定了普通诉讼时效期间的起算。普通诉讼时效期间的起算规则，主要有两种立法例。一种是客观主义起算规则，即从请求权可以行使时，诉讼时效期间开始起算。另一种是主观主义起算规则，即从权利人知道或者应当知道权利受侵害时，诉讼时效期间开始起算。

民法通则第 137 条规定，诉讼时效期间从知道或者应当知道权利被侵害时起计算。可见，民法通则采取了主观主义的起算模式。本款规定延续了民法通则的立法模式，亦采取普通诉讼时效期间的主观主义起算模式，主要有两点考虑：

一是在立法技术上，诉讼时效期间与期间起算点相互影响，二者互为牵制，突出诉讼时效制度的正当性和各价值目标的平衡。客观主义起算点可以实现诉讼时效制度追求经济效益和社会安定性的价值目标，但在权利人不知道其权利受到损害、不知道向谁主张权利时，即开始时效的进行，不能为社会公众所接受，也有悖于诉讼时效制度督促权利人及时行使权利的目的。主观主义起算点权利人考虑权利人行使权利的可能性，能更好地保护权利人，但也存在权利义务双方的关系与法律地位过多依赖权利人的担忧，可能会削弱诉讼时效制度的可预期性与安定性。因此，各国在立法上往往采取两种组合，即采用较长普通诉讼时效期间的，配合以客观主义起算点；采用较短普通诉讼时效期间的，配合以主观主义起算点。这样能够最大程度地实现诉讼时效制度的各项目标。在立法过程中，有的意见认为，3 年普通诉讼时效期间仍不够长。采取主观主义的起算模式，可以在一定程度上延长这一期间。

二是"知道或者应当知道"是一种主观状态，在很多情况下，当权利受到侵害时，受害人不一定能够马上知情。我国幅员广阔，人口众多，各地区社会经济生活差异较大。立法应当从中国的实际国情出发。采取主观主义起算点是较为公平的。因此，本款规定，诉讼时效期间自权利人知道或者应当知道权利受到损害以及义务人之日起计算。这里"知道或者应当知道权利受到损害"和"知道或者应当知道义务人"两个条件应当同时具备。

三、最长权利保护期间

采用较短普通诉讼时效期间并配合以主观主义起算点的诉讼时效制度立法模式中，考虑到如果权利人知悉权利受到损害较晚，以致诉讼时效过分迟延地不能完成，会影响制度的稳定性和宗旨。在极端情况下，可能发生从权利被侵害的事实出现、到权利人知道这一事实，超过普通诉讼时效期间的情况。因此，有必要配套规定客观主义起算点的最长权利保护期间加以限制。应当指出，这种最长权利保护期间并非一种独立的期间类型，是制度设计上的一种补足，在性质上是不变期间。第 2 款规定的"自权利受到损害之日"即为客观主义的起算标准。"二十年"的最长权利保护期间，在民法通则第 137 条中已经有规定。考虑到：一是民法通则颁布实施 30 多年来，出现适用 20 年最长权利保护期间的情况极少；二是从民法典规定的普通诉讼时效期间长度、我国社会生活的实际及诉讼程序的客观情况，规定 20 年已经足够；三是第 2 款规定 20 年期间仍不够用，"人民法院可以根据权利人的申请决定延长"，第 2 款仍然延续了民法通则的规定，将最长权利保护期间规定为 20 年。适用最长权利保护期间时，需要根据当事人的申请，人民法院才能决定。

第一百八十九条　当事人约定同一债务分期履行的，诉讼时效期间自最后一期履行期限届满之日起计算。

【条文主旨】

本条是关于分期履行债务诉讼时效期间起算规则的特殊规定。

【条文释义】

民法理论界和司法实务界对当事人约定同一债务分期履行时诉讼时效期间从何时起算，一直有争议。有的主张，从每一期债务履行期限届满之日起算。有的主张，从最后一期债务履行期限届满之日起算。我们认为，对于这个问题，应当首先明确何为"同一债务"，即对定期履行债务和分期履行债务作出明确区分。

对非一次性完成的债务，根据发生的时间和给付方式的不同，可以分为定期履行债务和分期履行债务。定期履行债务是当事人约定在履行过程中重复出现、按照固定的周期给付的债务，如当事人约定房租 3 个月支付一次、工资一个月支付一次。债务人支付的每一期租金、用人单位支付的每一个月工资，都是其在一定时期内租赁房屋、用工的对价。定期履行债务的最大特点是多个债务，各个债务都是独立的。正是因为相互独立，每一个债务的诉讼时效期间应当自每一期履行期限届满之日起分别起算。

分期履行债务是按照当事人事先约定，分批分次完成一个债务履行的情况。分期付款买卖合同是最典型的分期履行债务。例如，甲、乙签订合同买卖机床，约定：总价款50万元；甲先交20万元后乙发货；乙安装调试完成后甲再交20万元；甲用该机床生产出质量合格产品后，再交剩余10万元。在这个例子中，当事人虽然约定分三次缴付50万元的总价款，但实际上是一个合同的完整履行。分期履行债务具有整体性和唯一性，系本条规定的"同一债务"。

对分期履行债务诉讼时效期间的起算，《最高人民法院关于审理民事案件适用诉讼时效制度若干问题的规定》第5条规定，当事人约定同一债务分期履行的，诉讼时效期间从最后一期履行期限届满之日起计算。该司法解释在实践中已经执行近10年，系最高人民法院在法律没有明确规定又存在现实需要的情况下作出的解释，取得了较好的司法效果，为法律相关制度的设计提供了实践资料。本条规定吸收了司法解释的内容，这样规定的主要理由是：

一是由同一债务的特性决定的。整体性和唯一性是"同一债务"的根本特性。在"同一债务"的履行过程中，当事人可以约定分期履行的期限和数额，可以约定每次履行的时间节点和履行条件，但不论如何分期，都是一个债务履行，债务的内容和范围在债务发生时就已经确定，不因分期偿还而发生变化，诉讼时效期间自该"一个债务"履行期限届满之日起计算。

二是符合诉讼时效制度的立法目的。诉讼时效制度的立法目的在于稳定交易秩序，而不是限制甚至剥夺权利人的权利。当事人约定分期履行债务的目的在于全面履行合同约定的义务。债权人之所以同意债务人分次偿还同一债务，有可能是当事人之间存在长期友好合作关系或是比较熟悉的关系，债权人为了使债务人能够全面履行债务，给予债务人一定的宽限期；或者是债权人为了促成合同的达成与交易的顺利完成，同意债务人分期履行义务。债权人没有及时主张权利是出于与债务人之间的信赖关系，这种信赖关系能够产生经济利益。因此，法律应尽量维持当事人之间的债权债务关系和信任关系，促进双方的友好合作。如果对分期履行的每笔债务分别计算诉讼时效，有可能导致债权人因为担心债权"过期"而频繁主张权利，不仅不利于维持当事人之间债权债务关系的稳定，还可能损害信赖利益。规定从最后一期履行期限届满之日起算诉讼时效期间，可以保护权利人的合理信赖利益。

三是减少诉累、实现诉讼效率。规定诉讼时效期间从最后一期履行期限届满之日起算，符合现实中老百姓的社会认知，也符合商事交易习惯。法律的这一规定可以避免当事人为频繁主张权利而激化矛盾，避免频繁起诉，有利于节约司法资源，减少诉累，实现诉讼效率。例如，当事人双方对某一合同约定分十期履行，履行过程中第三期至第五期违约，如果法律规定每一期债务履行期限届满之日起分别起算诉讼时效期间，权利人在第三期违约时起诉一次、第四次违约时起诉一次、第五次违约时又起诉一次，三次起诉的事实基本相似，无疑给当事人造成诉累，也增加了法院的工作负担，浪费了有限的司法资源。因此，法律规定从最后一期履行期限届满之日起，计算同一债务分期履行的诉讼时效期间，具有明显的现实意义。

四是促进交易，增加社会财富。当事人订立分期履行合同，目的在于全面履行合同约定的义务。现代社会合同标的额越来越大，如房屋买卖合同，买受方很难一次性付清全部合同价款。此外，合同履行期也不断拉长，如房屋装修合同，因装修复杂程度的不同，有的可能需要履行数月至一年的时间。因此，当事人约定同一债务分期履行，能够尽可能地促成交易达成、降低交易风险和交易成本，利用分期履行的机会检验合同履行的情况；还能够加快资金回笼，投入新一轮的生产中，这有利于市场交易的健康发展且加快社会财富的积累。法律对当事人约定同一债务分期履行的情况应当进行认可和保护，对其诉讼时效期间的起算作出明确规定。

> **第一百九十条** 无民事行为能力人或者限制民事行为能力人对其法定代理人的请求权的诉讼时效期间，自该法定代理终止之日起计算。

【条文主旨】

本条是关于无民事行为能力人或者限制民事行为能力人，对其法定代理人的请求权的诉讼时效期间起算规则的特殊规定。

【条文释义】

本条规定实质上旨在保障无民事行为能力人或者限制民事行为能力人对其法定代理人行使请求权。无民事行为能力人或者限制民事行为能力人须由法定代理人代为实施法律行为及行使权利。例如，某未成年人父母死亡后，人民法院在其近亲属范围内确定了一名监护人。该近亲属成为其法定代理人，在监护过程中，侵占被监护的未成年人的父母的遗产。这时被监护人与法定代理人之间出现纠纷，根据我国法律规定，无民事行为能力人或者限制民事行为能力人无法自己进行诉讼，需要由其法定代理人代为进行。法定代理人有可能会不承认自己侵占被代理人财产的事实，滥用代理权损害无民事行为能力人或者限制民事行为能力人的合法权益。实践中，法定代理人与被代理人之间一般是家庭近亲属关系，如父母、祖父母、配偶或者其他监护人。他们在生活中对无民事行为能力人或者限制民事行为能力人的照管上有一定优势，这种优势一方面有利于无民事行为能力人或者限制民事行为能力人的生活，但另一方面也会造成权利人无法主张其所享有的权利。在法定代理关系存续期间，无民事行为能力人的全部民事法律行为或者限制民事行为能力人主张权利的行为，本质上都依赖于法定代理人的意志。但是，他们自己主张权利在实际上是不可能的。此外，以诉讼方式主张请求权会妨害家庭团结及当事人之间的信赖关系，可能出现法定代理人不继续认真履行代理职责的情况，这对被代理人不利。当法定代理终止后开始计算诉讼时效期间不会害及无民事行为能力人或者限制民事行为能力人的利益。因此，立法有必要对这种特殊情形的请求权的诉讼时效期间起算作出特殊规定。

我国民法通则规定的诉讼时效中止制度，是时效进行过程中的中止。考虑到法律制度的规定是否具有迫切性、我国司法实践的发展情况以及社会公众对法律制度的接受程度等情况，民法典并未规定诉讼时效不进行、诉讼时效不完成等复杂的制度，而是继承了民法通则只规定诉讼时效进行过程中中止的制度。规定无民事行为能力人或者限制民事行为能力人对其法定代理人的请求权的诉讼时效期间，自该法定代理终止之日起计算，可以化复杂为简单，能够解决我国社会生活中存在的无民事行为能力人或者限制民事行为能力人对其法定代理人提起请求的现实问题。

本法第 175 条规定了法定代理关系终止的主要情形：被代理人取得或者恢复完全民事行为能力；代理人丧失民事行为能力；代理人或者被代理人死亡；法律规定的其他情形。认定本条规定的法定代理终止，应当依照本法第 175 条的规定。

> **第一百九十一条** 未成年人遭受性侵害的损害赔偿请求权的诉讼时效期间，自受害人年满十八周岁之日起计算。

【条文主旨】

本条是关于未成年人遭受性侵害的损害赔偿请求权的诉讼时效期间起算规则的特殊规定。

【条文释义】

在 2017 年民法总则的立法过程中，有的意见提出，当前社会存在一些未成年人遭受性侵害的情况。曾经出现过这样的案例：农村一名 7 周岁的未成年少女的父母长期在外打工，该未成年少女由祖父母抚养。村里一名一直没有娶媳妇的单身汉，哄骗诱拐该未成年少女与其发生性关系。在有的案例中，未成年少女被性侵害之后，由于受社会传统观念影响，不少遭受性侵害的未成年人及其监护人有所顾忌，从未成年人名誉、健康成长、成年结婚等现实角度思考，往往不愿、不敢公开寻求法律保护。受害人成年之后自己寻求法律救济，却往往已超过诉讼时效期间。这种情况虽然不多，但为了突出对未成年人的保护，给受性侵害的未成年人成年后提供寻求法律保护的机会，建议规定诉讼时效起算的特殊规则。为此，民法总则草案二次审议稿第184条增加规定，未成年人遭受性侵害的损害赔偿请求权的诉讼时效期间，自受害人年满18周岁之日起计算。

也有的意见提出，增加这一条规定，对于保护未成年人，特别是保护遭受性侵害的未成年人的权利确实很好。但是，单独把性侵害列出来既不全面，也有点突兀，范围较窄，未成年人可能遭受其他人身损害的情况。例如，实践中有一些养父母虐待养子女的人身侵害，被收养的子女小时候并不敢讲，这种情况是否也要考虑使用本条规定的诉讼时效期间的特殊起算规则。为保护未成年人的人身权利，建议把"性侵害"修改为"人身侵害"，或者把"未成年人遭受性侵害的损害赔偿请求权"修改为"未成年人遭受监护人侵害的损害赔偿请求权"。

还有的意见提出，从立法本意来说，本条突出强调了对遭受性侵害的未成年人的保护，延长受害人主张权利的诉讼时效期间，能够有效保护性犯罪受害人的民事权益。但是，本条不宜写入民法总则，建议删除。其理由是：第一，不符合立法定位。总则是从各分编中抽出来的、具有共通性的规则。本条规定过于具体，且仅局限于特定主体的特定情形，无法指导、运用到其他各编，不符合民法典总则应有的立法技术。第二，未能涵盖未成年人遭受其他人身侵害的情形。第三，在实践中举证困难难以运用。第四，与刑事诉讼的追诉时效不一致，提起刑事附带民事诉讼时，在程序法上无法适用。第五，我国已有未成年人保护法、侵权责任法等相关法律，建议将本条内容放在这些法律中规定。

经研究认为，一是为了保护未成年人利益，有必要对未成年人受性侵的损害赔偿请求权诉讼时效期间的起算作出特殊规定。二是本条之所以限定较窄的适用范围，规定诉讼时效期间自未成年人年满18周岁之日起计算，其着眼点在实践中未成年人遭受性侵害后，其家庭或者法定代理人"不愿或者不敢"站出来主张权利，成年后脱离家庭了，或者有自主决定能力了，愿意或者敢于主张权利时，诉讼时效期间却已经完成，这是理解本条规定的核心。除了遭受性侵害，未成年人遭受的其他人身侵害，如交通事故、动物致害等情况，不会出现"不愿或者不敢"主张权利的情形，未成年人遭受监护人虐待的问题，可以依照本法第36条的规定，撤销其监护人资格；也可以依照本法第190条的规定，诉讼时效期间自法定代理关系终止之日起计算来解决。因此，不需要特别地用诉讼时效期间特殊起算规则的方式进行保护。三是本条规定是从时效制度方面加强对未成年人保护的。未成年人保护法等法律，作为特别法在保护未成年人合法权益方面发挥着重要作用。但是，法律体系是丰满的、多层次的，可以对权利在不同层次和不同角度上进行保护，这些规定不但不冲突，相反还可以互相呼应与支持。本法第 128 条规定，法律对未成年人、老年人、残疾人、妇女、消费者等的民事权利保护有特别规定的，依照其规定。在时效制度中专门规定对未成年人遭受性侵害的损害赔偿请求权的诉讼时效期间的特殊起算规则，既贯彻了第 128 条的规定，也符合了法律逻辑。民法典维持民法总则的这一规定不变。

理解本条规定时还应注意两点：

一是诉讼时效是权利人在法定期间内不行使权利，该期间届满后，义务人拒绝履行其给付义务的法律制度，即诉讼时效期间是权利人可以行使权利的"最晚"期间。在权利受到损害后、诉讼时效期间届满前的时间范围内，权利人都可以主张权利。因此，未成年人遭受性侵害的，在年满 18 周岁之前，其法定代理人当然可以代为行使请求权。此处的请求权应当认为是法定代理人代为向人民法院的请求，人民法院依法作出的生效判决具有既判力，受害人在年满 18 周岁之后对相关处理不满意要求再次处理的，应当符合民事诉讼法等法律的规定。如果年满 18 周岁之前，其法定代理人选择与侵害人"私了"的方式解决纠纷，受害人在年满 18 周岁之后，可以依据本条的规定请求损害赔偿。

二是未成年人遭受性侵害的损害赔偿请求权的诉讼时效期间，自受害人年满 18 周岁之日起计算。其具体的诉讼时效期间，适用本法第 188 条 3 年的普通诉讼时效期间的规定，即从年满 18 周岁之日起计算 3 年；符合本法第 194 条、第 195 条诉讼时效中止、中断情形的，可以相应中止、中断。

> **第一百九十二条** 诉讼时效期间届满的，义务人可以提出不履行义务的抗辩。
>
> 诉讼时效期间届满后，义务人同意履行的，不得以诉讼时效期间届满为由抗辩；义务人已经自愿履行的，不得请求返还。

〖条文主旨〗

本条是关于诉讼时效期间届满法律效果的规定。

〖条文释义〗

诉讼时效期间届满所达至法律效果的不同立法模式及其理论，是在不同历史时期、不同的社会、不同的法律文化背景下产生的。我们还是应当进行比较分析，借鉴符合我国国情和我国理论观念的模式。一般认为，诉权消灭主义立法模式比实体权利消灭主义的立法模式更具合理性。诉权消灭虽然使权利人的请求权丧失了法律上的救济力，不能获得法院的强制保护，但权利人的实体权利还存在，仍具有道德上的支持力，权利人可以运用道德力量唤醒义务人自觉履行义务的道德觉悟。必要时，甚至可以采取一些非暴力的措施使得义务人放弃时效利益。如果实体权利消失了，自然不能主张权利保护了。实际上，实体权利消灭主义只是法律规定和理论上的说法，实际司法实践中实体权利并没有消灭，如果义务人不提出时效抗辩，权利人的权利仍然能得到保护。当然，诉权消灭主义立法模式也有其弊端。所谓诉权消灭是指在诉讼上可能没有机会获得司法的保护，可能不能胜诉。但在实际的规定和执行上，也没有消灭起诉权，如果义务人不提出时效抗辩，权利人仍然能够胜诉。既然可以起诉，也可能胜诉，所谓诉权消灭就有些名不副实了。在理论上也很难自圆其说。

相比而言，抗辩权产生主义立法模式日渐成为学界的主流观点和民事立法的主流模式，具有明显优点。一是抗辩权产生主义理论严密、逻辑严谨，以抗辩权作为诉讼时效届满的法律后果概念清晰、精准，与我国法学界总结的胜诉权消灭有异曲同工之妙，所以很容易在理论与立法上得到认同。二是诉讼时效制度的价值目标相符。诉讼时效制度本身并非为了追求限制权利人的权利或者消灭权利，而是在于实现促进效率、督促行使权利、维护社会公共利益等多种价值。诉讼时效本身不是目的，只是达到目的的手段。是否行使该手段，应由义务人决定。诉讼时效完成后，是否援引时效抗辩取决于义务人的态度。三是缓和了法律与道德的紧张关系。时效期间届满，义务人取得抗辩权，可以提出不履行义务的抗辩。但基于商业诚信或良心，有的仍然自愿履行。权利人的权利虽然失去了法律的强制保护，但在客观上仍然存在，其有权接受义务人的履行，从而使道德在法律之外有了一次调整人们行为的机会。四是体现了意思自治，平衡了权利人与义务人的利益。诉讼时效期间届满，义务人仅取得抗辩权，人民法院不予主动干涉，由义务人自己决定是否行使抗辩权，这符合意思自治的理念。所以，抗辩权产生主义的立法模式为大多数国家和地区所采纳。

民法通则未明确规定采取何种主义。结合民法通则和有关法律的规定以及有关的司法解释，过去我国学者认为我国采取的是胜诉权消灭主义，现在有的不少学者认为我国采取的是抗辩权产生主义。民法通则第138条规定，超过诉讼时效期间，当事人自愿履行的，不受诉讼时效限制。根据这一规定，《最高人民法院关于贯彻执行〈中华人民共和国民法通则〉若干问题的意见（试行）》第171条规定，过了诉讼时效期间，义务人履行义务后，又以超过诉讼时效为由翻悔的，不予支持。《最高人民法院关于审理民事案件适用诉讼时效制度若干问题的规定》就如何适用时效规则作出规定。该司法解释第3条规定，当事人未提出诉讼时效抗辩，人民法院不应主动适用诉讼时效的规定进行裁判。第22条规定，诉讼时效期间届满，当事人一方向对方当事人作出同意履行义务的意思表示或者自愿履行义务后，又以诉讼时效期间届满为由进行抗辩的，人民法院不予支持。《最高人民法院关于适用〈中华人民共和国民事诉讼法〉的解释》第219条规定："当事人超过诉讼时效期间起诉的，人民法院应予受理。受理后对方当事人提出诉讼时效抗辩，人民法院经审理认为抗辩事由成立的，判决驳回原告的诉讼请求。"有人认为，最高人民法院的一系列司法解释的规定，使得我国在诉讼时效期间届满的法律效果上，实际上已经采取了抗辩权发生主义的模式。该种立法模式意味着，如果义务人援引抗辩权，权利人的权利将转化为自然权利，人民法院不予保护；如果义务人不援引抗辩权，权利人仍然享有完整的权利，人民法院予以保护。

在立法过程中，借鉴境外立法的经验和考虑国内的实践情况，也吸收了司法解释的有关规定，本条第1款规定，诉讼时效期间届满的，义务人可以提出不履行义务的抗辩。这就意味着，权利人享有起诉权，可以向人民法院主张其已过诉讼时效之权利，人民法院应当受理。如果义务人不提出时效完成的抗辩，人民法院将以公权力维护权利人的利益；如果义务人行使抗辩权，人民法院审查后会依法保护义务人的抗辩权，不得强制义务人履行义务。但是，义务人行使时效抗辩权不得违反诚实信用原则，否则即使诉讼时效完成，义务人也不能取得时效抗辩权。例如，在诉讼时效期间届满前，义务人通过与权利人协商，营造其将履行义务的假象，及至时效完成后，立即援引时效抗辩拒绝履行义务。该种行为违反诚实信用，构成时效抗辩权的滥用，不受保护。

本条第2款规定，诉讼时效期间届满后，义务人同意履行的，不得以诉讼时效期间届满为由抗辩；义务人已自愿履行的，不得请求返还。诉讼时效期间届满后，权利人虽不能请求法律的强制性保护，但法律并不否定其权利的存在。若义务人放弃时效利益自愿履行的，权利人可以受领并保持，受领不属于不当得利，义务人不得请求返还。诉讼时效期间届满后，义务人同意履行的，不得以诉讼时效期间届满为由抗辩。这是因为诉讼时效届满后，义务人可以处分自己的时效利益。此时义务人同意履行义务，属于对时效利益的放弃。义务人放弃时效利益的行为属于单方法律行为，并且是处分行为，自义务人放弃时效利益的意思表示到达权利人时即发生时效利益放弃的法律效果，不以权利人同意为条件。放弃的意思表示既可以是承认的明示方式，也可以是不主张时效利益的默示方式。对于义务人已自愿履行的情况，自愿履行意味着义务人自愿解除了债务的自然债务属性，恢复了原本可以获得司法强制执行的可能性，使权利人因时效完成而转化为自然权利回升为法律权利。因此，自愿履行的，不能再请求返还。

> **第一百九十三条　人民法院不得主动适用诉讼时效的规定。**

【条文主旨】

本条是关于诉讼时效援用的规定。

【条文释义】

我国民法通则未对诉讼时效由谁主张作出规定。我国司法实务界曾存在法官主动援用诉讼时效的规定进行裁判的情况。诉讼时效抗辩权本质上是义务人的一项民事权利，义务人是否行使，司法不应过多干预，这是民法意思自治原则的根本要求；义务人主张抗辩，属于自由处分权利的范畴，司法也不应过多干涉，这是民事诉讼处分原则的应有之义。因此，遵循上述意思自治原则和处分原则，在义务人不提出诉讼时效抗辩的情形下，人民法院不应主动援用时效规则进行裁判，这也与人民法院居中裁判的地位相适应。为此，《最高人民法院关于审理民事案件适用诉讼时效制度若干问题的规定》第3条规定，当事人未提出诉讼时效抗辩，人民法院不应对诉讼时效问题进行释明及主动适用诉讼时效的规定进行裁判。

本法将诉讼时效产生的法律后果明确为抗辩权，诉讼时效期间届满的直接效果是义务人取得抗辩权。抗辩权属于私权的一种，可以选择行使，也可以选择不行使。义务人对时效利益的处分不违反法律的规定，也没有侵犯国家、集体及他人的合法权益，人民法院不应当主动干预。在借鉴世界有关立法例的经验和吸收最高人民法院司法解释的基础上，本法规定诉讼时效应由当事人自主选择是否行使，人民法院不得主动适用诉讼时效的规定。

> **第一百九十四条　在诉讼时效期间的最后六个月内，因下列障碍，不能行使请求权的，诉讼时效中止：**
> **（一）不可抗力；**
> **（二）无民事行为能力人或者限制民事行为能力人没有法定代理人，或者法定代理人死亡、丧失民事行为能力、丧失代理权；**
> **（三）继承开始后未确定继承人或者遗产管理人；**

（四）权利人被义务人或者其他人控制；

（五）其他导致权利人不能行使请求权的障碍。

自中止时效的原因消除之日起满六个月，诉讼时效期间届满。

〖 条文主旨 〗

本条是关于诉讼时效中止的规定。

〖 条文释义 〗

一、诉讼时效中止

诉讼时效中止，是因法定事由的存在使诉讼时效停止进行，待法定事由消除后继续进行的制度。在诉讼时效进行中的某一时间内，出现了权利人主张权利的客观障碍，导致权利人无法在诉讼时效期间内行使权利，可能产生不公平的结果，因此法律规定了诉讼时效中止制度。

诉讼时效制度的目的之一是督促权利人及时行使权利，但当事人主观上没有行使权利的怠慢，却受制于客观因素无法行使权利时，如果法律规定诉讼时效期间继续进行，会导致权利人因时效经过而受损，产生不公平的结果，也与诉讼时效制度的目的相悖。各国民法时效上均设有时效中止的制度。民法通则第 139 条规定，在诉讼时效期间的最后 6 个月内，因不可抗力或者其他障碍不能行使请求权的，诉讼时效中止。从中止时效的原因消除之日起，诉讼时效期间继续计算。民法通则的规定比较原则，为了在实践中加强应用，《最高人民法院关于审理民事案件适用诉讼时效制度若干问题的规定》第 20 条规定，有下列情形之一的，应当认定为民法通则第 139 条规定的 "其他障碍"，诉讼时效中止：（1）权利被侵害的无民事行为能力人、限制民事行为能力人没有法定代理人，或者法定代理人死亡、丧失代理权、丧失行为能力；（2）继承开始后未确定继承人或者遗产管理人；（3）权利人被义务人或者其他人控制无法主张权利；（4）其他导致权利人不能主张权利的客观情形。该司法解释总结了我国司法实践中遇到的导致诉讼时效期间中止的情况，将民法通则第 139 条 "其他障碍" 类型化。本条规定既延续了民法通则的精神，又吸收了司法解释的规定。

二、中止时效的原因消除之后的诉讼时效期间补足

在立法过程中，有意见提出，民法通则规定在中止时效原因消除后，诉讼时效继续计算。如果剩余时效期间过短，权利人行使权利仍然很仓促，这有碍于保护权利人的权利，建议补足一段必要长度的诉讼时效期间。

经研究认为，民法通则规定了时效中止仅在时效期间进行中的最后 6 个月才能发生。从中止时效的原因消除之日起，诉讼时效期间继续计算，可能面临剩余诉讼时效期间不足以充分保证权利人行使权利时，民法通则并未规定如何处理。如果妨碍权利人行使权利的障碍消除后，剩余的诉讼时效期间过短，例如，在极端情况下仅剩 1 天的时间，要求权利人必须在 1 天内依法主张权利，否则诉讼时效将届满，这对权利人未免过于苛刻。诉讼时效中止制度设立的目的是将客观因素导致权利人无法行使权利的时间刨除在时效期间以外，从而保证权利人有足够的时间行使权利。如果因为剩余时效期间过短而无法行使权利，则要么会使诉讼时效制度空置，要么使该制度的效果打折扣。考察境外立法情况，很多立法例都规定了导致诉讼时效中止的原因消除后，补足诉讼时效期间情况。同时，考虑到我国司法实践的情况、社会公众的法律知识及行使权利的需要，在不违背时效制度目标的前提下，尽可能给予权利人救济，对诉讼时效期间给予一定时间长度的补足。经过反复研究认为，规定自中止时效的原因消除之日起满 6 个月诉讼时效期间届满，是比较合适的，既能给权利人行使权力留下必要的准备时间，又不会造成诉讼的过分拖延和给义务人造成过分的负担。

三、引起诉讼时效中止的障碍类型

根据本条第 1 款的规定，引起诉讼时效中止的障碍类型主要有：

一是不可抗力。民法通则第 139 条即规定不可抗力为引起诉讼时效中止的法定事由。不可抗力指的是不能预见、不能避免并不能克服的客观情况，如自然灾害。适用本项规定应注意，需要发生不可抗力导致权利人在客观上不能行使权利，才能引起诉讼时效中止。虽然发生了不可抗力，但并没有足以影响到权利人行使权利的，诉讼时效不为中止。

二是无民事行为能力人或者限制民事行为能力人没有法定代理人，或者法定代理人死亡、丧失民事行为能力、丧失代理权。因为无民事行为能力人或者限制民事行为能力人不能独立实施民事法律行为，法定代理人缺位会对其行使权利造成客观障碍。境外不少立法例均规定这种情况下诉讼时效中止。《最高人民法院关于审理民事案件适用诉讼时效制度若干问题的规定》第 20 条第 1 项对此也有明确规定。为了更好地保护无民事行为能力人或者限制民事行为能力人，使其不会因时效期间届满而利益受损，本项在立法时参考了境外立法例和吸收了司法解释的规定。

三是继承开始后未确定继承人或者遗产管理人。未确定继承人时，继承财产的权利主体没有确定，无法有效地对被继承人的债务人行使权利，被继承人的债权人也不知道向谁主张权利，被暂时划定在继承财产中的他人的财产权利也无法主张。未确定遗产管理人的，遗产的权利不能分割。这些情况都属于非因主观原因而由于权利人、义务人不存在的客观障碍导致权利无法行使，符合诉讼时效中止制度的要求。境外不少立法例对此均有规定。《最高人民法院关于审理民事案件适用诉讼时效制度若干问题的规定》第20条第2项对此也有明确规定。本项在立法时参考了境外立法例和吸收了司法解释的规定。

四是权利人被义务人或者其他人控制。例如，权利人被义务人非法拘禁等方式限制人身自由，会导致其无法主张权利，这种障碍是客观的。再如，义务人和权利人之间存在代表与被代表的关系，义务人是权利人的法定代表人。权利人欲提起诉讼，需要法定代表人的签字授权或者盖取公章，但法定代表人显然不会允许对自己提起诉讼进行授权或者同意盖章。又如，权利人是义务人的控股子公司。同理，子公司无法取得控股公司的诉讼授权。这些都属于客观障碍。《最高人民法院关于审理民事案件适用诉讼时效制度若干问题的规定》第20条第3项对此也有明确规定。本项在立法时吸收了司法解释的规定。

五是其他导致权利人不能行使请求权的障碍。法律充分考虑到，由于社会生活及司法实践的纷繁复杂，法律不可能逐一列举需要中止时效的事由。在列举规定类型化情形的同时，规定兜底条款，为实践的发展留有余地，并赋予法官以一定的自由裁量权。

> **第一百九十五条** 有下列情形之一的，诉讼时效中断，从中断、有关程序终结时起，诉讼时效期间重新计算：
> （一）权利人向义务人提出履行请求；
> （二）义务人同意履行义务；
> （三）权利人提起诉讼或者申请仲裁；
> （四）与提起诉讼或者申请仲裁具有同等效力的其他情形。

【条文主旨】

本条是关于诉讼时效中断的规定。

【条文释义】

诉讼时效期间中断，指诉讼时效期间进行过程中，出现了权利人积极行使权利等法定事由，从而使已经经过的诉讼时效期间归于消灭，重新计算期间的制度。

一、诉讼时效中断的特征

权利人不行使权利是诉讼时效制度存在的事实基础，如果在诉讼时效期间内出现了与这一基础事实相反的事实，就必须使已经经过的时效期间归于无效，否则就背离了诉讼时效制度的设立宗旨。诉讼时效中断的特征表现为：一是发生于诉讼时效的进行中，诉讼时效尚未开始计算或者已经届满的情况下排除其适用。二是发生了一定的法定事由导致诉讼时效存在的基础被推翻。三是它使已经进行的诉讼时效重新起算，以前经过的期间归于消灭。

民法通则规定了诉讼时效中断制度，第 140 条规定：诉讼时效因提起诉讼、当事人一方提出要求或者同意履行义务而中断。从中断时起，诉讼时效期间重新计算。这一规定比较原则，最高人民法院在总结司法实践经验的基础上，在《最高人民法院关于审理民事案件适用诉讼时效制度若干问题的规定》第 10 条、第 13 条至第 19 条分别对民法通则第 140 条的规定进行了细化。在立法过程中，对诉讼时效中断制度的设计，既继承了民法通则，又借鉴了境外立法例，还吸收了司法解释的规定。

二、引起诉讼时效中断的情形

根据本条规定，引起诉讼时效中断的情形主要有：

一是权利人向义务人提出履行请求。提出履行请求本身就意味着权利人在积极行使自己的权利，应当发生诉讼时效中断的结果。请求有诉讼请求和诉外请求两种，诉讼请求主要是起诉，诉外请求是权利人对其义务人在诉外行使权利的意思表示。这种意思表示可以表现为催促义务人履行义务，也可以表现为权利人主动抵消债权、行使同时履行抗辩权等情形。规定权利人向义务人提出履行请求作为诉讼时效中止的情形，符合我国社会避讼的法律文化传统，契合我国熟人社会的社会实践，能够减轻当事人的诉累和人民法院的压力。

二是义务人同意履行义务。这是权利人在诉讼外行使权利的一种形式。义务人同意履行义务，表明义务人知道权利人权利的存在，并且主观上承认该权利，很多情况下是权利人向义务人主张权利时义务人作出一种承诺。这种承诺是权利人积极履行权利才能取得的结果，使得权利人与义务人之间的权利义务关系重新明确、稳定下来，义务人同意履行义务，引起权利人的信赖，权利人往往给义务人必要的时间开始准备履行义务。总之，是权利人没有怠于行使权利，法律才规定该情形可以引起诉讼时效的中断。不少境外立法例规定了权利人诉外行使权利可以引起诉讼时效中断。根据《最高人民法院关于审理民事案件适用诉讼时效制度若干问题的规定》第 16 条规定："义务人作出分期履行、部分履行、提供担保、请求延期履行、制定清偿债务计划等承诺或者行为的，应当认定为同意履行义务。"该司法解释对实践中如何掌握认定义务人同意履行义务作了明确规定。

三是权利人提起诉讼或者申请仲裁。起诉是权利人在人民法院提起诉讼，请求法院强制义务人履行义务。民商事仲裁是平等主体的公民、法人和其他组织之间请求仲裁机构裁决合同纠纷和其他财产权益纠纷。劳动仲裁是当事人向劳动仲裁委员会请求裁决处理劳动争议纠纷。农村土地承包经营纠纷仲裁是就农村土地承包经营纠纷，向农村土地承包仲裁委员会申请裁决。提起诉讼、申请仲裁是权利人行使权利最有效、最强烈的方法，足以表明权利人积极行使权利，世界上主要国家和地区均把提起诉讼作为引起诉讼时效中断的事由进行规定。

关于在"提起诉讼"的情形下，诉讼时效期间应从何时中断，目前存在争议。经研究认为，我国民事诉讼法第 120 条规定，起诉应当向人民法院递交起诉状，并按照被告人数提出副本。书写起诉状确有困难的，可以口头起诉，由人民法院记入笔录，并告知对方当事人。权利人以提起诉讼的方式主张权利的，由于其请求保护权利的对象为人民法院，故只要提交起诉材料或者口头起诉，就应认定其向人民法院提出了权利主张，诉讼时效即时中断，而无须等待人民法院受理才中断。《最高人民法院关于审理民事案件适用诉讼时效制度若干问题的规定》第 12 条规定："当事人一方向人民法院提交起诉状或者口头起诉的，诉讼时效从提交起诉状或者口头起诉之日起中断。"这一规定符合诉讼时效中断制度的目的。

四是与提起诉讼或者申请仲裁具有同等效力的其他情形。实践是复杂的、发展的，法律无法穷尽规定所有引起诉讼时效中断的情形。除了本法第 195 条第 3 项规定的情形，权利人如果实施了在法律上与提起诉讼或者申请仲裁具有同样效力的其他行为，能够表明在积极行使权利而非怠于行使权利，也应当引起时效中止的效力。例如，调解是与提起诉讼或者申请仲裁具有同等效力的典型情形之一。《最高人民法院关于审理民事案件适用诉讼时效制度若干问题的规定》第 14 条规定："权利人向人民调解委员会以及其他依法有权解决相关民事纠纷的国家机关、事业单位、社会团体等社会组织提出保护相应民事权利的请求，诉讼时效从提出请求之日起中断。"该条司法解释也认可了调解可以引起诉讼时效中断的效力。再如，控告也是一种与提起诉讼或者申请仲裁具有同等效力的情形，可以引起诉讼时效中断。该司法解释第 15 条第 1 款规定："权利人向公安机关、人民检察院、人民法院报案或者控告，请求保护其民事权利的，诉讼时效从其报案或者控告之日起中断。"此外，该司法解释第 10 条第 1 款、第 13 条规定的申请仲裁，申请支付令，申请破产、申报破产债权，为主张权利而申请宣告义务人失踪或死亡，申请诉前财产保全、诉前临时禁令等诉前措施，申请强制执行，申请追加当事人或者被通知参加诉讼，在诉讼中主张抵销等，都属于与提起诉讼或者申请仲裁具有同等效力的情形，可以引起诉讼时效中断。

三、诉讼时效期间如何重新起算

民法通则规定，"从中断时起"诉讼时效期间重新计算。在立法过程中，有的意见提出，对于权利人向义务人提出履行请求、义务人同意履行等情况，民法通则的规定是可以的。但是对提起诉讼或者申请仲裁引起诉讼时效中断的情形，该规定有些简单。诉讼或者仲裁需要较长的时间，有些诉讼从起诉之日至终审判决作出需要数年之久。究竟是从起诉之日起诉讼时效期间重新起算，还是终审判决发生效力之日起诉讼时效期间重新起算，建议法律明确规定，以便于实践操作。

经研究认为，在重新计算诉讼时效期间的起算点上，应根据不同情况区别处理。以本条第1项规定的"权利人向义务人提出履行请求"、第2项规定的"义务人同意履行义务"等方式中断诉讼时效的，一旦履行请求到达义务人，或者义务人同意履行的意思表示到达权利人，即可以发生时效中断的效果。因此，在这两款规定的情况下，诉讼时效期间从中断时起重新计算。以本条第3项规定的"权利人提起诉讼或者申请仲裁"、第4项规定的"与提起诉讼或者申请仲裁具有同等效力的其他情形"等方式中断诉讼时效的，权利人处于依据法律程序主张权利的状态。如果规定诉讼时效期间从起诉之日或者提起仲裁之日起重新计算，可能会因法律程序烦琐、所耗费的时日过长，出现法律程序尚未终结而诉讼时效期间已经届满的情况，这在我国的司法实践中并不少见。这一情况有违诉讼时效中断制度的目的，为了避免制度上的缺陷，对这两项规定的情形，法律规定从有关程序终结时起，诉讼时效期间重新计算。

> **第一百九十六条** 下列请求权不适用诉讼时效的规定：
> （一）请求停止侵害、排除妨碍、消除危险；
> （二）不动产物权和登记的动产物权的权利人请求返还财产；
> （三）请求支付抚养费、赡养费或者扶养费；
> （四）依法不适用诉讼时效的其他请求权。

〖条文主旨〗

本条是关于不适用诉讼时效的情形的规定。

〖条文释义〗

根据本条规定，不适用诉讼时效的请求权包括：

一、请求停止侵害、排除妨碍、消除危险

请求停止侵害，指的是所有权人或者其他物权人请求对物权造成侵害的人停止侵害行为或者侵害状态的权利。

请求排除妨碍，指的是所有权人或者其他物权人请求妨碍人停止妨碍、去除妨碍的权利。

请求消除危险，指的是所有权人或者其他物权人请求造成危险状态的人消除该危险的权利。

停止侵害、排除妨碍和消除危险是所有权和其他物权的功能，其目的是解决对物权权能的障碍、发挥物的效用，回复权利人对权利客体的支配为目的。根据物权的理论，无论经过多长时间，法律不可能任侵害物权的行为取得合法性。如果请求停止侵害、排除妨碍、消除危险的权利适用诉讼时效，将会发生物权人必须容忍他人对其行使物权进行侵害的结果，这对权利人不公平，也违反物权法基本理论，不论是民法学界还是司法实务界，均认为这三种请求权不应适用诉讼时效。

二、不动产物权和登记的动产物权的权利人请求返还财产

物可以分为不动产和动产，相应地物权可以分为不动产物权和动产物权。不动产物权价值重大、事关国计民生和整个社会稳定，一般用登记作为不动产物权享有和变动的公示方法。不动产登记部门是国家设立的，不动产一经登记具有强大的公示公信力，也就意味着不动产物权的权利人请求返还财产适用诉讼时效已不可能。原因在于，不动产登记簿上的记载就显示了物权的归属，任何人在与他人进行交易行为时，负有注意和谨慎义务，应关注不动产的登记情况。通常只要登记簿记载的权利人与实际占有不符，这就会使他人对占有人是否为真正物权人产生疑问，而且只要登记簿记载的权利人不改变，其无论经过多长时间都不会使他人对无权占有人产生信赖，认为其是合法物权人并与之发生民事法律关系。我国不动产物权采取登记生效主义，非经登记不发生效力。本法第209条规定，不动产物权的设立、变更、转让和消灭，经依法登记，发生效力；未经登记，不发生效力，但是法律另有规定的除外。如在不动产登记制度条件下仍规定已登记的物权人请求返还财产适用诉讼时效，则必然导致时效制度与不动产登记制度的自相矛盾，动摇不动产登记制度的权威性。民法总则草案一审稿至三审稿对本项的规定没有变化，均规定为"登记的物权人请求返还财产"。在民法总则草案提请十二届全国人大五次会议审议时，有的代表提出，目前，不少农村地区的房屋尚未办理不动产登记，为更好地保护农民的房屋产权，建议将不适用诉讼时效的范围扩大至所有不动产物权的返还请求权。法律委员会经研究，对这一项作出修改，明确不动产物权的权利人请求返还财产不适用诉讼时效。民法典维持民法总则的这一规定不变。

动产以占有和交付为所有权享有和变动的公示方法。从理论上讲，他人无权占有动产后，动产即与所有人分离，动产物权的权利人如果长期不请求返还财产，他人基于占有公示产生的对抗力就越来越强，第三人随着时间推移越发相信无权占有人就是事实上物的所有人，进而基于这种信赖与之发生一定的法律关系。信赖利益是民法上的重要利益。法律对信赖利益进行保护，对维护新产生的民事法律关系的效力及整个社会经济秩序的稳定均有积极意义。但是，有的意见提出，如果规定动产物权的权利人请求返还财产一概不适用诉讼时效，在理论上似乎出现一个矛盾。例如，甲占有乙价值10元的物，又向乙借款100万元。如果规定所有的动产物权的权利人请求返还财产均不适用诉讼时效，乙对价值10元的物可以长期请求返还，但对于更大价值的100万元债权，却只能在普通诉讼时效期间的3年内主张，看似法律对价值小的法益保护更重。此外，实践中，一律规定所有的动产物权的权利人返还财产请求权不适用诉讼时效，在操作上面临很多困难，也没有必要。一般动产价值小、流动大、易损耗，如果不适用诉讼时效的规定，多年后再提起诉讼，一是因年代久远存在举证困难，二是增加诉累，三是不利于矛盾的及时解决。综合考虑，可以规定这类普通动产适用诉讼时效。船舶、航空器和机动车等动产，价值较大，被称为"准不动产"，准用不动产管理的很多规则，这类动产多进行物权登记。本法第225条规定，船舶、航空器和机动车等物权的设立、变更、转让和消灭，未经登记，不得对抗善意第三人。由此可见，法律对船舶、航空器和机动车等动产的登记采取登记对抗主义。如果进行了登记，与不动产登记一样，产生强有力的公示公信效力，登记动产物权的权利人请求返还财产不适用诉讼时效。

三、请求支付抚养费、赡养费或者扶养费

抚养费指义务人基于抚养义务所支付的费用，支付对象一般是晚辈，如子女、孙子女、外孙子女等。赡养费指义务人基于赡养义务所支付的费用，支付对象一般是长辈，如父母、祖父母、外祖父母等。扶养费指义务人基于扶养义务所支付的费用，支付对象一般是平辈，如配偶、兄弟姐妹等。

受抚养、赡养或者扶养者一般都是年幼、年老或者缺乏劳动能力的人，抚养费、赡养费或者扶养费是这些人的生活来源，若无此等费用，将严重影响他们的生活。因此，法律规定，请求支付抚养费、赡养费或者扶养费的请求权，不适用诉讼时效的规定。

四、依法不适用诉讼时效的其他请求权

本项属于兜底性条款。因为无法穷尽列举所有不适用诉讼时效的情形，法律中明确规定不适用诉讼时效的请求权，均属于本项规定的情形。

> **第一百九十七条** 诉讼时效的期间、计算方法以及中止、中断的事由由法律规定，当事人约定无效。
> 当事人对诉讼时效利益的预先放弃无效。

【条文主旨】

本条是关于诉讼时效法定性及时效利益不得预先放弃的规定。

【条文释义】

一、诉讼时效法定性

诉讼时效制度关系到法律秩序的清晰稳定，是对民事权利的法定限制，其规范目的具有公益性，以牺牲罹于时效的权利人的利益为代价，为交易关系提供安全保障，关乎社会公共利益及法律秩序的统一，这要求诉讼时效期间及其计算方法明确且为社会知晓，诉讼时效的中止、中断的事由只能由法律作出明确规定，不能属于当事人自行处分的事宜，权利人和义务人不可以自行约定。

诉讼时效的法定性，首先是诉讼时效的期间和计算方法法定。该期间由法律明确规定，当事人必须按照法律规定的期间执行，不得改动。诉讼时效期间可以在一般法中规定，例如，本法规定的"向人民法院请求保护民事权利的诉讼时效期间为三年"，也可以在特别法中规定。再如，本法第594条规定："因国际货物买卖合同和技术进出口合同争议提起诉讼或者申请仲裁的时效期间为四年。"当事人不得通过约定缩短或延长诉讼时效期间。如果允许当事人约定延长，一是对义务人不利，会危及现在和将来在当事人之间形成的财产秩序。二是第三人往往不知道当事人对诉讼时效延长的约定，基于对义务人财产状况合理的信赖而进行交易，这可能对第三人造成不可预知的潜在侵害。三是当事人约定延长诉讼时效期间，不利于督促义务人及时行使权利。因此，不应该允许当事人延长诉讼时效。如果允许当事人约定缩短，权利人可能没有必需的准备时间来行使权利，对权利人保护不利，另外与诉讼时效制度的设计也是不相吻合的。同时需要注意的是，诉讼时效法定还意味着只能由法律对诉讼时效作出规定，法规、规章都不得对此进行规定。

诉讼时效的法定性，其次是诉讼时效中止、中断的事由法定。诉讼时效可以通过中止、中断进行法定变更，但相应情形由法律明确作出规定，当事人不可以创设法律没有规定的情形，使诉讼时效擅自变更。否则，诉讼时效便失去了确定性。

诉讼时效的法定性，最后是当事人擅自约定诉讼时效的效果由法律明确规定。当事人违反本款规定，擅自对诉讼时效的期间、计算方法以及中止、中断的事由进行约定的，则约定无效。

二、诉讼时效预先放弃无效

诉讼时效放弃可以分为两种：一种是时效届满前预先放弃，另一种是诉讼时效届满后放弃。诉讼时效利益不得在时效期间届满前预先放弃。如果允许预先放弃时效利益，权利人可能会利用强势地位，损害义务人的权利。从公平保护的角度，不应该允许当事人预先约定放弃时效利益，否则等于权利人可以无期限地行使权利，违反了诉讼时效制度的法定性，与诉讼时效制度设立的目的不相吻合，因此当事人对诉讼时效利益的预先放弃无效。但是，诉讼时效期间届满后，义务人取得拒绝履行义务的抗辩权。根据私法自治原则，当事人有权在法律规定的范围内，自由处分其权利或者利益，选择是否放弃诉讼时效利益。放弃诉讼时效是单方法律行为，自成立时发生法律效力；同时又是处分行为，须依意思表示为之。可以在诉讼中也可以在诉讼外作出；可以明示也可以默示。

基于公共利益考量，法律一方面需要强调诉讼时效的法定性，部分地限制意思自治原则；另一方面，如果过于强调诉讼时效的法定性，有可能会导致公权力对私权利的过分干预，进而破坏意思自治原则的根基。因此，需要尊重意思自治原则在民法体系中的重要地位，规定当事人不得预先放弃时效利益，但对时效期间届满的时效利益，是否提出诉讼时效抗辩乃是义务人的权利，可以自由处分。这种规定是立法在诉讼时效制度的法定性价值与意思自治原则的价值之间进行平衡。《最高人民法院关于审理民事案件适用诉讼时效制度若干问题的规定》第2条规定，当事人违反法律规定，约定延长或者缩短诉讼时效期间、预先放弃诉讼时效利益的，人民法院不予认可。本条规定借鉴了境外立法例和我国最高人民法院的司法解释。

> **第一百九十八条** 法律对仲裁时效有规定的，依照其规定；没有规定的，适用诉讼时效的规定。

【条文主旨】

本条是关于仲裁时效的规定。

【条文释义】

在我国，仲裁主要包括民商事仲裁、劳动仲裁和农村土地承包经营纠纷仲裁三种。民商事仲裁是平等主体的公民、法人和其他组织之间请求仲裁机构裁决合同纠纷和其他财产权益纠纷。劳动仲裁是当事人向劳动仲裁委员会请求裁决处理劳动争议纠纷。农村土地承包经营纠纷仲裁是就农村土地承包经营纠纷，向农村土地承包仲裁委员会申请裁决。

仲裁法第74条规定，法律对仲裁时效有规定的，适用该规定。法律对仲裁时效没有规定的，适用诉讼时效的规定。关于仲裁时效的特别规定主要有：

一是劳动争议调解仲裁法对于劳动仲裁时效有明确规定。该法第 27 条规定："劳动争议申请仲裁的时效期间为一年。仲裁时效期间从当事人知道或者应当知道其权利被侵害之日起计算。""前款规定的仲裁时效，因当事人一方向对方当事人主张权利，或者向有关部门请求权利救济，或者对方当事人同意履行义务而中断。从中断时起，仲裁时效期间重新计算。""因不可抗力或者有其他正当理由，当事人不能在本条第一款规定的仲裁时效期间申请仲裁的，仲裁时效中止。从中止时效的原因消除之日起，仲裁时效期间继续计算。""劳动关系存续期间因拖欠劳动报酬发生争议的，劳动者申请仲裁不受本条第一款规定的仲裁时效期间的限制；但是，劳动关系终止的，应当自劳动关系终止之日起一年内提出。"

二是本法合同编对仲裁时效有明确规定。本法第 594 条规定："因国际货物买卖合同和技术进出口合同争议提起诉讼或者申请仲裁的时效期间为四年。"

三是农村土地承包经营纠纷调解仲裁法对仲裁时效有明确规定。该法第 18 条规定："农村土地承包经营纠纷申请仲裁的时效期间为二年，自当事人知道或者应当知道其权利被侵害之日起计算。"

除了上述规定，没有关于仲裁时效的特别规定。因此长期以来，我国仲裁时效适用民法通则有关诉讼时效期间、中止中断等有关规定。在立法过程中，有的意见提出，这一方式在实践中得到了检验，是可行的，建议继承民法通则的立法模式。我们经过反复研究，认为该种意见可以采纳，因此明确规定，法律对仲裁时效有规定的，依照其规定；没有规定的，适用诉讼时效的规定。这一规定既为特别法对仲裁时效作规定留有接口，也为仲裁时效准用诉讼时效的规定提供依据。

> **第一百九十九条** 法律规定或者当事人约定的撤销权、解除权等权利的存续期间，除法律另有规定外，自权利人知道或者应当知道权利产生之日起计算，不适用有关诉讼时效中止、中断和延长的规定。存续期间届满，撤销权、解除权等权利消灭。

【条文主旨】

本条是关于除斥期间的一般规定。

【条文释义】

除斥期间的起算点原则上应自权利行使无法律上的障碍时开始计算。但在权利人未必知道其权利存在的场合，法律通常规定自权利人知道其权利存在之时起开始计算。例如，本法第541条的规定："撤销权自债权人知道或者应当知道撤销事由之日起一年内行使。自债务人的行为发生之日起五年内没有行使撤销权的，该撤销权消灭。"根据这一规定，债权人撤销权的行使期间自撤销权人知道或者应当知道撤销事由时起算。与诉讼时效的法定性不同，除斥期间可以由当事人进行约定，甚至在法律允许的情况下，可以由一方向对方单方提出除斥期间。例如，本法第564条规定："法律规定或者当事人约定解除权行使期限，期限届满当事人不行使的，该权利消灭。法律没有规定或者当事人没有约定解除权行使期限，自解除权人知道或者应当知道解除事由之日起一年内不行使，或者经对方催告后在合理期限内不行使的，该权利消灭。"这一规定明确了合同解除可以由法律规定除斥期间，也可以由当事人直接约定除斥期间，并允许在法律没有规定或当事人未约定期限时由对方催告确定合理期间。

除斥期间是权利预设期间，以促使法律关系尽早确定为目标，为达制度目的，需要规定除斥期间经过后，权利人的权利即归于消灭，要么使原本不确定的法律关系明确固定，要么使既有的法律关系归于消灭，都会引起实体法上效果的变化。所以除斥期间没有中断的可能性，一般也不会发生中止。

除斥期间不像诉讼时效一样可以高度抽象出共同性，因此规定比较分散。关于诉讼时效，各国一般都在法律条文中使用"诉讼时效""消灭时效"等表述，我国民事立法一贯采用"诉讼时效"的表述；而对除斥期间，虽然在法律条文中没有明确体现"除斥期间"的表述，但常常使用"撤销权消灭""作为自愿放弃权益""不行使而消灭""视为放弃""视为拒绝追认""视为权利消灭"等表述。

第十章　期间计算

期间是一种重要的法律事实，是民事法律关系发生、变更和终止的依据，包括期日和期间两种。期日是某特定的时间点，如8点、午时、6月、2017年。期间是某一期日至另一期日之间的时间段，如2小时、3日、5个月、3年。

本章共五条，主要规定了期间的计算单位；期间的起算与结束；期间结束日的顺延和期间可以法定或者约定等。

第二百条　民法所称的期间按照公历年、月、日、小时计算。

【条文主旨】

本条是关于期间的计算单位的规定。

【条文释义】

根据本条的规定，我国民法中规定的期间计算单位共有四种，分别是年、月、日和小时。期日为不可分的特定时间点，不发生计算的问题，但期间为一定的时间段，存在计算的问题。期间计算一般采取历法计算法和自然计算法相结合的方式。在本法规定的四种期间计算单位中，年、月采用公历的历法规则，这样每年的时间差距相差不大，既符合我国的社会实际，又符合国际通用规则，便于生产生活和国际交往。日、小时采用自然计算法，一日为24小时。本条规定继承自民法通则第154条的规定：民法所称的期间按照公历年、月、日、小时计算。

> **第二百零一条** 按照年、月、日计算期间的，开始的当日不计入，自下一日开始计算。
> 按照小时计算期间的，自法律规定或者当事人约定的时间开始计算。

【条文主旨】

本条是关于期间起算的规定。

【条文释义】

我国民法通则第154条第1款规定，民法所称的期间按照公历年、月、日、小时计算。第2款规定，规定按照小时计算期间的，从规定时开始计算。规定按照日、月、年计算期间的，开始的当天不算入，从下一天开始计算。本条规定在民法通则的基础上，作了一定的补充和完善。

一、按照年、月、日计算期间的，开始的当日不计入，自下一日开始计算

按日计算期间的情况。例如，甲乙双方2017年1月13日签订合同，约定第30日交货，则签订合同的当日即2017年1月13日不算入期间，期间从2017年1月14日开始起算，2017年2月12日为第30日，即交货日期。同样地，如果甲乙双方2017年2月13日签订合同，约定第30日交货，则2017年3月15日为交货日。

按月计算期间的情况。例如，甲乙双方2017年1月13日签订合同，约定9

个月后交货，则期间从 2017 年 1 月 14 日开始计算 9 个月，到 2017 年 10 月 13 日为交货日。如果甲乙双方 2017 年 12 月 31 日签订合同，约定 9 个月后交货，则期间从 2018 年 1 月 1 日起计算 9 个月，到 2018 年 9 月 30 日为交货日。

因为一年中各自然月的天数不一致，闰年与平年的 2 月份天数也不一致，所以按日计算期间的情况下，相同的期间长度在不同月份、年份可能产生不同的计算结果。

按年计算期间的情况。例如，甲乙双方 2016 年 1 月 13 日签订合同，约定 3 年后交货，则期间从 2017 年 1 月 14 日开始计算 3 年，到 2019 年 1 月 13 日为交货日；如果约定 5 年后交货，则到 2021 年 1 月 14 日为交货日。如果甲乙双方合同从 2016 年 8 月 1 日生效，约定 3 年后交货，则期间从 2016 年 8 月 2 日开始计算，至 2019 年 8 月 1 日结束。

可见，在以年为计算单位的情况下，期间计算的结果不受一年中各自然月天数、闰年与平年的影响。

二、按照小时计算期间的，自法律规定或者当事人约定的时间开始计算

与民法通则的规定相比，本条增加了在按照小时计算期间的情况下，允许当时人约定，这是为了最大程度地尊重当事人的意思自治，尊重不同地区、不同行业的交易习惯，方便生活、促进交易。

按照小时计算期间，可以有两种起算方法：一种是自法律规定的时间开始计算，另一种是自当事人约定的时间开始计算。前一种情况下，例如，从 8 时开始计算 3 个小时，则期间应该到 11 时结束。又如，从 8 时 30 分开始计算 26 个小时，则期间应该到第 2 日 10 时 30 分结束。后一种情况下，可以允许当时人根据商业交易习惯或者双方都认可的方式约定期间起算方式，如整数计算法，不论期间从何时开始计算，都约定按照最近将要到达的整数时间点开始计算。8 时 38 分达成交易合同，则从 9 时开始计算期间。

> **第二百零二条** 按照年、月计算期间的，到期月的对应日为期间的最后一日；没有对应日的，月末日为期间的最后一日。

【条文主旨】

本条是关于期间结束的规定。

【条文释义】

在以日定期间的情况下，算足该期间之日即为期间最后一日。在按照年、月计算期间的情况下，期间结束日根据是否按照整月计算，会有两种不同的结果。在不按照整月计算的情况下，例如甲乙双方于 2017 年 1 月 15 日签订劳务合同，约定 1 个月的履行期，则期间开始日为 2017 年 1 月 16 日，期间结束日为 2017 年 2 月 15 日。甲乙双方于 2017 年 2 月 15 日签订劳务合同，约定 1 个月的履行期，则期间开始日为 2017 年 2 月 16 日，期间结束日为 2017 年 3 月 15 日。由此可见，期间最后一日总是到期月的签订合同的对应日。在按照整月计算的情况下，如果甲乙双方于 2017 年 1 月 31 日签订劳务合同，约定 1 个月的履行期，则期间开始日为 2017 年 2 月 1 日，期间结束日为 2017 年 2 月 28 日。如果甲乙双方于 2017 年 2 月 28 日签订劳务合同，约定 1 个月的履行期，则期间开始日为 2017 年 3 月 1 日，期间结束日为 2017 年 3 月 31 日。由此可见，期间最后一日总是月末日。

我国民法通则没有关于期间结束日的规定，但是票据法第 107 条第 2 款规定，按月计算期限的，按到期月的对日计算；无对日的，月末日为到期日。本条规定，借鉴了境外立法的经验并参考了票据法的规定。

> **第二百零三条** 期间的最后一日是法定休假日的，以法定休假日结束的次日为期间的最后一日。
>
> 期间的最后一日的截止时间为二十四时；有业务时间的，停止业务活动的时间为截止时间。

【条文主旨】

本条是关于期间结束日顺延和期间末日结束点的规定。

【条文释义】

境外不少立法例对期间最后一日的延长、期间末日的结束点有明确规定。我国民法通则第 154 条第 3 款规定："期间的最后一天是星期日或者其他法定休假日的，以休假日的次日为期间的最后一天。"第 4 款规定："期间的最后一天的截止时间为二十四点。有业务时间的，到停止业务活动的时间截止。"本条规定借鉴了境外立法的经验并继承了民法通则的成熟规定。

按照本法第 202 条的规定计算出期间最后一日，如果该日是法定休假日，对民事法律行为的产生、变更或者消灭会产生重大影响，因此法律规定期间顺延到法定休假日结束后的第一日届满。例如，2017 年 8 月 15 日，甲承包的鱼塘中的鱼全部死亡。9 月 30 日，甲得知鱼死亡是村里造纸厂排放废水造成的，其诉讼时效期间开始起算，3 年后的 2020 年 10 月 1 日诉讼时效期间届满。但是，10 月 1 日是国庆节假期，当年国庆节放假为 10 月 1 日至 7 日。甲的诉讼时效期间从 10 月 1 日顺延到 10 月 8 日，即国庆节假期结束后的第一日届满。

一日共 24 个小时，24 时为一日的结束点，因此本条第 2 款规定，期间的最后一日的截止时间为 24 时。但银行、证券交易所等均有业务时间，到达业务时间，业务停止运作，在时间联系点上业务结束时间更有意义，没有必要规定到 24 时结束。因此第 2 款规定，有业务时间的，停止业务活动的时间为截止时间。这种规定是符合社会生活实际情况的。

> **第二百零四条　期间的计算方法依照本法的规定，但是法律另有规定或者当事人另有约定的除外。**

【条文主旨】

本条是关于期间法定或者约定的规定。

【条文释义】

期间的计算方法依照法律规定，目的是使得当事人按照一种方法计算期间，从而避免误会、方便生活、促进交易，稳定法律秩序。境外立法例对此也有明确规定。

本法是民事领域的基本法，规定期间的计算单位、期间的起算与结束、期间结束日的顺延等基本内容。单行法对期间的计算方法如果有不同规定的，根据特殊优于一般的法理，应当适用特别法的规定。同时，民法需要充分尊重当事人的意思自治，当事人有特定交易习惯或者对期间的计算方法能够达成一致约定的，可以依照当事人的约定。例如，当事人可以约定采用周、半月等计算单位计算期间。

本条规定与本法第 201 条第 2 款的规定既有区别又有联系。第 201 条第 2 款的规定仅指在照小时计算期间的情况下，当事人可以约定期间开始的计算点。本条的规定是指当事人可以约定期间的计算方法，不仅是起算点，还有结束点。因此，在适用范围上，本条比第 201 条第 2 款更为广泛。

第二编　物　权

物权是民事主体依法享有的重要财产权。物权法律制度调整因物的归属和利用而产生的民事关系，是最重要的民事基本制度之一。2007年十届全国人大五次会议通过了物权法。民法典第二编"物权"在现行物权法的基础上，按照党中央提出的完善产权保护制度，健全归属清晰、权责明确、保护严格、流转顺畅的现代产权制度的要求，结合现实需要，进一步完善了物权法律制度。物权编共五个分编、二十章、二百五十八条。

第一分编　通　则

第一章　一般规定

本章共四条，对物权编的调整范围、基本原则作了规定。

> **第二百零五条　本编调整因物的归属和利用产生的民事关系。**

【条文主旨】

本条是关于民法典物权编调整范围的规定。

【条文释义】

本条规定了物权编规范的社会关系，也就是物权编的调整范围。物的归属是指物的所有人是谁，确定物的归属即是确定在民事上财产权属于谁，这是对物进行利用的前提。物权编调整物的归属关系，就要确定物的归属原则，这是物权编的重要内容。所有权人对其所有物无论自己使用还是交他人使用，都是对物的利用。物的利用是对物拥有所有权的目的所在。物权编调整因物的利用而产生的相互关系，要确定对物进行利用的规则，这也是物权编的重要内容。因物的归属和利用而产生的民事关系都适用物权编。需要明确的是，物权编并不一般性地调整所有的物的归属和利用的关系，物权编只调整平等主体之间因物的归属和利用而产生的财产关系，也就是本条规定的"民事关系"。经济社会管理活动中管理者与被管理者之间的纵向关系，也涉及财产的归属和利用问题，但此类关系主要是由行政法、经济法调整，不属于物权编调整的范围。

> 第二百零六条 国家坚持和完善公有制为主体、多种所有制经济共同发展，按劳分配为主体、多种分配方式并存，社会主义市场经济体制等社会主义基本经济制度。
> 国家巩固和发展公有制经济，鼓励、支持和引导非公有制经济的发展。
> 国家实行社会主义市场经济，保障一切市场主体的平等法律地位和发展权利。

【条文主旨】

本条是关于我国基本经济制度与社会主义市场经济原则的规定。

【条文释义】

党的十九届四中全会通过的《中共中央关于坚持和完善中国特色社会主义制度、推进国家治理体系和治理能力现代化若干重大问题的决定》提出："公有制为主体、多种所有制经济共同发展，按劳分配为主体、多种分配方式并存，社会主义市场经济体制等社会主义基本经济制度，既体现了社会主义制度优越性，又同我国社会主义初级阶段社会生产力发展水平相适应，是党和人民的伟大创造。"中国特色社会主义物权制度是由社会主义基本经济决定的，与资本主义物权制度有本质区别。作为反映我国社会主义生产关系和维护社会主义经济制度的物权编，必须全面、准确地体现现阶段我国社会主义基本经济制度。因此，物权编把社会主义基本经济制度和党的十九届四中全会决定的有关精神作为物权编的基本原则，这一基本原则规定作为物权编的核心，贯穿并体现在整部物权编的始终。

实行社会主义市场经济与我国基本经济制度密切相关。发展社会主义市场经济是坚持和完善社会主义基本经济制度的必然要求。要巩固和发展公有制经济，鼓励、支持和引导非公有制经济的发展，就要提供一个共同发展的平台，这个平台就是社会主义市场经济。改革开放前，我国实行公有制基础上的计划经济，生产过程以及生产资料的配置主要靠计划与调拨来完成。所有制较为单一，只有全民所有制与集体所有制两种形式，虽然有小规模消费市场的存在，但形不成生产资料大市场，因此不是市场经济而是计划经济。改革开放以来，实行以公有制为主体、多种所有制经济共同发展的基本经济制度，实行社会主义市场经济。实行多种所有制经济共同发展，就要相应采取市场经济体制。多种所有制经济只有在市场经济中才能得到共同发展。市场经济是人类创造的发展经济的文明成果，能够最大限度地发挥生产者的积极性，合理配置资源，创造高效率的经济效益，促进经济繁荣。因此，宪法规定，国家实行社会主义市场经济。实行社会主义市场经济最重要的一条就是要保障市场主体的平等地位和发展权利，这是实行市场经济的前提。作为规范平等主体之间因物的归属和利用而产生的财产关系的物权编，物权关系的主体具有平等的法律地位是物权编调整的平等财产关系存在的前提，这也是物权编乃至民法存在的前提。没有平等关系就没有民法，没有平等的财产关系就没有物权编。因此，物权编将实行社会主义市场经济与保障一切市场主体的平等法律地位和发展权利作为基本原则。

> **第二百零七条** 国家、集体、私人的物权和其他权利人的物权受法律平等保护，任何组织或者个人不得侵犯。

【条文主旨】

本条是关于平等保护国家、集体和私人的物权原则的规定。

【条文释义】

民法是调整平等主体之间的财产关系和人身关系的法律，作为民法重要组成部分的物权编，是调整平等主体之间因物的归属和利用而产生的财产关系的法律。物权编平等保护各个民事主体的物权是民法调整的社会关系的性质决定的。对于民法的平等原则，总则编已有明确规定：民法调整平等主体的自然人、法人和非法人组织之间的人身关系和财产关系；民事主体的人身权利、财产权利以及其他合法权益受法律保护，任何组织或者个人不得侵犯；民事主体在民事活动中的法律地位一律平等。民事主体从事民事活动，应当遵循自愿、公平、诚信的原则。因此，本条规定了对国家、集体和私人的物权平等保护的原则。

宪法规定："国家实行社会主义市场经济。"公平竞争、平等保护、优胜劣汰是市场经济的基本法则。在社会主义市场经济条件下，各种所有制经济形成的市场主体都在统一的市场上运作并发生相互关系，各种市场主体都处于平等地位，享有相同权利，遵守相同规则，承担相同责任。马克思说，"商品是天生的平等派"。如果对各种市场主体不给予平等保护,解决纠纷的办法、承担的法律责任不一样,那就不可能发展社会主义市场经济,也不可能坚持和完善社会主义基本经济制度。为适应社会主义市场经济发展的要求,党的十六届三中全会明确要"保障所有市场主体的平等法律地位和发展权利"。党的十八届三中全会提出,要完善产权保护制度,公有制经济财产权不可侵犯,非公有制经济财产权同样不可侵犯;国家保护各种所有制经济产权和合法权益,保证各种所有制经济同等受到法律保护。《中共中央、国务院关于完善产权保护制度依法保护产权的意见》明确提出,要坚持平等保护原则,健全以公平为核心原则的产权保护制度。即使不进入市场交易的财产,宪法也明确规定:"公民的合法的私有财产不受侵犯。""国家依照法律规定保护公民的私有财产权和继承权。"在财产归属依法确定的前提下,作为物权主体,不论是国家的、集体的物权,还是私人的物权,也都应当给予平等保护。否则,不同权利人的物权受到同样的侵害,国家的、集体的应当多赔,私人的可以少赔,势必损害群众依法创造、积累财富的积极性,不利于民富国强、社会和谐。需要说明的是,平等保护不是说不同所有制经济在国民经济中的地位和作用是相同的。依据宪法规定,公有制经济是主体,国有经济是主导力量,非公有制经济是社会主义市场经济的重要组成部分,它们在国民经济中的地位和作用是不同的。这主要体现在国家宏观调控、公共资源配置、市场准入等方面,对关系国家安全和国民经济命脉的重要行业和关键领域,必须确保国有经济的控制力,而这些在经济法、行政法中都有明确的规定。

另外还需要说明,本条规定了"其他权利人的物权",这是由于本条是从所有制的角度对物权主体分类规定平等保护原则的,尚有无法完全纳入"国家""集体"和"私人"的权利人,如公益性基金会等,因此规定了"其他权利人"。

> **第二百零八条** 不动产物权的设立、变更、转让和消灭,应当依照法律规定登记。动产物权的设立和转让,应当依照法律规定交付。

【条文主旨】

本条是关于物权公示原则的规定。

【条文释义】

物权公示原则说的是两个方面的问题:第一个方面,物权人享有物权、物权的内容变更或者物权消灭以什么方式确定。比如买房屋或者买电视，买主什么时候拥有该房屋或者电视的所有权，以什么方式确定？某人决定将其所有的房屋与他人共有，以什么方式确定共有权？房屋出售什么时候丧失所有权，以什么方式确定？这些都是物权的设立、变更、转让和消灭的方式问题，称为物权变动。第二个方面，由于物权是排他的"绝对权""对世权"，成千上万的义务人负有不作为的义务。因此必须让广大的义务人清楚地知道谁是权利人，不应该妨碍谁。而且，权利人转让自己的物时，也要让买主知道他有无资格转让该物。这都要求以令公众信服的特定方式确定物权变动，让大家很容易、很明白地知道该物是谁的，以维护权利人和社会公众的合法权益。这是物权的公信问题。

物权公示的主要方法是：不动产物权的设立、变更、转让和消灭经过登记发生效力，动产物权的设立、转让通过交付发生效力。一方面，要获得不动产的所有权，就要进行登记；变更不动产所有权的内容，比如一人所有变为两人所有，也要进行登记；将不动产出售，还要进行登记。登记之后不动产所有权的设立、变动或者消灭才有效。要获得一个动产的所有权，要通过交付。比如买一台电视，就要通过交付，买主才有所有权；反之，出售一台电视，要交付给买主，卖主才失去所有权。因此，物权变动的关键点，不动产就是登记，动产就是交付。另一方面，要了解一项不动产属于谁所有，就要查不动产登记簿，要了解动产属于谁，就看谁占有它。简单地讲，确定物的归属就是不动产看登记，动产看占有。不动产不能移动，要靠不动产登记簿标明四至界限，除登记错误需要依法更正的外，不动产登记簿上记载的人就是该不动产的权利人。不动产登记簿是公开的，有关人员都能查阅、复制。因此，不动产登记簿的公示性是最强的，最能适应市场交易安全便捷的需要，能最大限度地满足保护权利人的要求。动产可能频繁移动，动产在谁的手里，除有相反证据外，谁就是该动产的权利人。物权编有关财产归属的规定是人类文明的优秀成果，各国有关财产归属的规定大同小异，方法简单，一目了然。如果不采取这种方法，而采取别的什么方法，必然使经济秩序混乱不堪，最终影响经济的发展和社会的进步。

第二章 物权的设立、变更、转让和消灭

本章共二十四条，对确认物权的规则作了规定。不动产物权的设立、变更、转让和消灭，应当依法登记；除法律另有规定外，未经登记，不发生物权效力。动产物权的设立和转让，除法律另有规定外，自交付时发生效力。此外，本章

第一节对不动产登记制度的一些重要内容作了规定，包括不动产统一登记原则、登记机构的职责、不动产登记的生效时间、登记资料的查询复制、更正登记、异议登记、预告登记以及登记错误责任等；本章第二节对船舶、飞行器和机动车等物权的登记和动产物权生效时间的特殊情形作了规定；本章第三节对物权设立、变更、转让或者消灭的一些特殊情况作了规定，主要是非依法律行为而发生的物权变动问题。

第一节　不动产登记

> **第二百零九条**　不动产物权的设立、变更、转让和消灭，经依法登记，发生效力；未经登记，不发生效力，但是法律另有规定的除外。
> 依法属于国家所有的自然资源，所有权可以不登记。

【条文主旨】

本条是关于不动产物权登记生效以及依法属于国家所有的自然资源，所有权可以不登记的规定。

【条文释义】

本编第一章规定了物权公示的基本原则，不动产物权的设立、变更、转让和消灭，应当依照法律规定登记。本条的规定，是对不动产公示原则的具体体现。

不动产，即土地以及房屋、林木等土地附着物，对整个社会都具有重大的政治意义、经济意义。不动产的物权，在各国都是物权编最重要的内容。不动产物权的重要意义和作用，又与不动产登记制度有着紧密的联系。本条规定，除法律另有规定外，不动产物权的设立、变更、转让和消灭，经依法登记，发生效力；未经登记，不发生效力。这表明，原则上不动产物权登记是不动产物权的法定公示手段，是不动产物权设立、变更、转让和消灭的生效要件，也是不动产物权依法获得承认和保护的依据。

关于不动产物权登记对不动产物权变动的效力，国外基本有两种立法体例：一种是登记生效主义；另一种是登记对抗主义。所谓登记生效主义，即登记决定不动产物权的设立、变更、转让和消灭是否生效，亦即不动产物权的各项变动都必须登记，不登记者不生效。所谓登记对抗主义，即不动产物权的设立、变更、转让和消灭的生效，仅仅以当事人的法律行为作为生效的必要充分条件，登记与否不决定物权变动的效力。但是为交易安全的考虑，法律规定，不经登记的不动产物权不得对抗第三人。我国民法学界一般认为，这两种体例相比，不论是在法理上，还是在实践效果上，登记生效主义都更为合理。在法理上，因物权的本质特征就是排他性，如果权利人获得的物权不能排他，就不能认为其是物权，因此而发生的物权变动自然应该无效。因此，不动产物权变动不登记就能够生效，不合法理。从实践意义上讲，不经登记的不动产物权变动对权利人和相对人均具有极大的风险，对交易的安全非常不利。2007 年物权法起草过程中，立法机关对这个问题广泛征求过意见。大多数认为应当采用不动产物权登记生效的立法体例；同时，考虑到当时我国现行有关不动产物权的法律法规也体现了这一原则，如城市房地产管理法规定，国家实行土地使用权和房屋所有权登记发证制度。房地产转让或者变更时，应当向县级以上地方人民政府房产管理部门申请房产变更登记，并凭变更后的房屋所有权证书向同级人民政府土地管理部门申请土地使用权变更登记，经同级人民政府土地管理部门核实，由同级人民政府更换或者更改土地使用权证书。土地管理法规定，土地的所有权和使用权的登记，依照有关不动产登记的法律、行政法规执行。土地管理法实施条例规定，土地所有权、使用权的变更，自变更登记之日起生效。社会各方面在实践中对这一原则也较为熟悉。因此，物权法作出了上述规定，这也有利于保持法律的连续性。民法典维持了物权法的这一规定。

不动产物权登记，最基本的效力表现为，除法律另有规定外，不动产物权的设立、变更、转让和消灭，经依法登记，发生效力；未经登记，不发生效力。例如，当事人订立了合法有效的房屋买卖合同后，只有依法办理了房屋所有权转让登记后，才发生房屋所有权变动的法律后果；不经登记，法律不认为发生了房屋所有权的变动。在不动产物权登记这个核心效力的基础上，还可以派生出不动产物权登记推定真实的效力，即除有相反证据证明外，法律认为记载于不动产登记簿的人是该不动产的权利人。这既是不动产物权交易安全性和公正性的需要，也是不动产物权公示原则的必然要求。因此，对不动产登记簿记载的权利为正确权利而取得该项权利的第三人，法律认可其权利取得有效而予以保护，但对明知不动产登记簿记载的权利有瑕疵而取得该项权利的人，法律则不予以保护。正因为不动产物权登记具有这样的效力，本章才规定异议登记的制度，在发生登记上的不动产物权和事实上的不动产物权不一致的情况下，事实上的权利人可以进行异议登记，将不动产登记可能有瑕疵的情况记入登记簿，以对抗第三人，防止自己利益受到损害。

本条规定，"未经登记，不发生效力，但是法律另有规定的除外"。这里的"法律另有规定的除外"，主要包括三个方面的内容：一是本条第 2 款所规定的，依法属于国家所有的自然资源，所有权可以不登记。二是本章第三节规定的物权设立、变更、转让或者消灭的一些特殊情况，即主要是非依法律行为而发生的物权变动的情形：第一，因人民法院、仲裁机构的法律文书或者人民政府的征收决定等，导致物权设立、变更、转让或者消灭的，自法律文书或者征收决定等生效时发生效力。第二，因继承取得物权的，自继承开始时发生效力。第三，因合法建造、拆除房屋等事实行为设立或者消灭物权的，自事实行为成就时发生效力。三是考虑到现行法律的规定以及我国的实际情况尤其是农村的实际情况，本法并没有对不动产物权的设立、变更、转让和消灭，一概规定必须经依法登记才发生效力。例如，在土地承包经营权一章中规定，"土地承包经营权自土地承包经营权合同生效时设立"。同时还规定，"土地承包经营权互换、转让的，当事人可以向登记机构申请登记；未经登记，不得对抗善意第三人"。这里规定的是"未经登记，不得对抗善意第三人"，而不是"不发生效力"。在宅基地使用权一章，也没有规定宅基地使用权必须登记才发生效力，只是规定，"已经登记的宅基地使用权转让或者消灭的，应当及时办理变更登记或者注销登记"。也就是说，宅基地使用权不以登记为生效要件。地役权一章规定，"地役权自地役权合同生效时设立。当事人要求登记的，可以向登记机构申请地役权登记；未经登记，不得对抗善意第三人"。

本条第 2 款规定，依法属于国家所有的自然资源，所有权可以不登记。本编规定，法律规定属于国家所有的财产，属于国家所有即全民所有。同时，在现行法律相关内容的基础上规定，矿藏、水流、海域属于国家所有；城市的土地，属于国家所有。法律规定属于国家所有的农村和城市郊区的土地，属于国家所有；森林、山岭、草原、荒地、滩涂等自然资源，属于国家所有，但是法律规定属于集体所有的除外；法律规定属于国家所有的野生动植物资源属于国家所有。本款作这样的规定，主要是出于两个方面的考虑：第一，规定不动产物权登记生效，是物权公示原则的体现。法律明确规定哪些自然资源属于国家所有，比权利记载于登记机构管理的不动产登记簿有着更强的公示力，也就无需再通过不动产登记来达到生效的法律效果。第二，不动产物权登记生效，针对的主要是当事人通过法律行为进行物权变动的情况。本款所规定的国家依照法律规定对自然资源享有所有权，不属于因法律行为而产生物权变动的情况，因此也就无需进行登记来享有所有权。需要说明的是，本款只是规定依法属于国家所有的自然资源，所有权可以不登记，至于在国家所有的土地、森林、海域等自然资源上设立用益物权、担保物权，则需要依法登记生效。

关于本条第 2 款，在立法征求意见的过程中，有一种意见认为，这样规定不利于对国家所有的自然资源的管理，也不利于对自然资源的利用。建议将其修改为国家所有的自然资源也应登记，并具体规定由哪个部门登记、管理、开发和利用。应当指出，在实践中，为了加强对国有自然资源的管理和有效利用，有关管理部门对国有自然资源进行了资产性登记。一些法律法规也有这方面的规定，如草原法规定，未确定使用权的国家所有的草原，由县级以上人民政府登记造册，并负责保护管理。但这种资产性登记，与物权编规定的作为公示方法的不动产物权登记性质上是不同的，它只是管理部门为"摸清家底"而从事的一种管理行为，并不产生物权法律制度上的效力。

> **第二百一十条** 不动产登记，由不动产所在地的登记机构办理。
>
> 国家对不动产实行统一登记制度。统一登记的范围、登记机构和登记办法，由法律、行政法规规定。

〖条文主旨〗

本条是关于不动产登记机构和国家实行统一登记制度的规定。

〖条文释义〗

2007 年物权法立法过程中考虑到有关法律、法规的规定，不动产登记主要由不动产所在地的县级以上人民政府的相关不动产管理部门负责。涉及的部门主要有土地管理部门、房产管理部门、农业主管部门、林业主管部门、海洋行政主管部门、地质矿产主管部门等。在物权法立法过程中，不少部门、专家认为，登记机构特别是不动产登记机构不统一，必然出现重复登记、登记资料分散、增加当事人负担、资源浪费等弊端，不利于健全登记制度，应当统一登记机构。立法机关经研究，赞成上述意见，同时又考虑统一登记涉及行政管理体制改革，实行统一登记需要有一个过程。因此，本条第 2 款在规定"国家对不动产实行统一登记制度"的同时，又规定，"统一登记的范围、登记机构和登记办法，由法律、行政法规规定"。民法典维持了这一规定。

为整合不动产登记职责，规范登记行为，方便群众申请登记，保护权利人合法权益，国务院于 2014 年制定发布了《不动产登记暂行条例》，自 2015 年 3 月 1 日起施行。目前，不动产登记工作应当按照《不动产登记暂行条例》来执行。2018 年 9 月，十三届全国人大常委会公布立法规划，其中不动产登记法被列为一类立法项目。不动产统一登记的范围、登记机构和登记办法将是不动产登记法的重要内容。

> **第二百一十一条　当事人申请登记，应当根据不同登记事项提供权属证明和不动产界址、面积等必要材料。**

【条文主旨】

本条是关于当事人申请登记应当提供的必要材料的规定。

【条文释义】

关于申请登记需要向登记机构提供哪些材料这些问题，有些国家是由专门的不动产登记法去作规定的，如《日本不动产登记法》规定，申请登记，应提供申请书，证明登记原因的材料，关于登记义务人权利的登记证明书，第三人许可、同意或承诺的证明，代理人权限的证明等。物权编在此只是原则性地作出一个衔接性的规定，当事人申请登记所需要提供的具体材料，还需要专门法律法规去进一步明确。比如，《不动产登记暂行条例》第16条就明确规定："申请人应当提交下列材料，并对申请材料的真实性负责：（一）登记申请书；（二）申请人、代理人身份证明材料、授权委托书；（三）相关的不动产权属来源证明材料、登记原因证明文件、不动产权属证书；（四）不动产界址、空间界限、面积等材料；（五）与他人利害关系的说明材料；（六）法律、行政法规以及本条例实施细则规定的其他材料。不动产登记机构应当在办公场所和门户网站公开申请登记所需材料目录和示范文本等信息。"

> **第二百一十二条　登记机构应当履行下列职责：**
> **（一）查验申请人提供的权属证明和其他必要材料；**
> **（二）就有关登记事项询问申请人；**
> **（三）如实、及时登记有关事项；**
> **（四）法律、行政法规规定的其他职责。**
> **申请登记的不动产的有关情况需要进一步证明的，登记机构可以要求申请人补充材料，必要时可以实地查看。**

【条文主旨】

本条是对登记机构应当履行的职责的规定。

【条文释义】

关于本条的意见主要集中在登记审查应当采用何种方式上，主要有形式审查和实质审查两种意见的争论。有的认为，登记机构应当对登记申请进行实质审查，以避免错误登记；有的认为，登记机构的审查主要是形式审查，实质审查是没有能力做到的。然而，对于何谓形式审查，何谓实质审查，也存在争论。有的学者从登记审查的范围对此二者进行界定，认为形式审查就是登记机构不审查登记申请是否与实体法上的权利关系一致，而仅审查登记申请在登记手续、提供材料等方面是否合法、齐备；实质审查则是不仅审查登记申请在登记手续上是否合法，还要审查其是否与实体法上的权利关系一致，实体法上的权利关系是否有效。有学者则从登记机构的调查权限上界定实质审查，即登记机构接受了登记申请之后，应当对登记内容进行询问和调查，以确保登记内容的真实性。还有的学者认为登记机构的审查权限及于不动产物权变动的原因关系的，就是实质审查；反之，就是形式审查。

本条的两款规定，既没有试图界定什么是实质审查，什么是形式审查，更不去回答物权编要求不动产登记机构进行实质审查还是形式审查。本条的规定，是在调研我国不动产登记实际情况并听取各方面意见的基础上作出的，目的是使登记机构在各自的职权范围内，充分履行职责，尽可能地保证如实、准确、及时地登记不动产物权有关事项，避免登记错误。本条内容只是物权编作出的一个原则性规定，随着行政管理体制改革和不动产统一登记制度的建立，法律还将在总结实践经验的基础上对登记机构履行职责问题上作出更为具体的规定。例如，根据《不动产登记暂行条例》第18条规定，不动产登记机构应当对下列事项进行查验：（1）不动产界址、空间界限、面积等材料与申请登记的不动产状况是否一致；（2）有关证明材料、文件与申请登记的内容是否一致；（3）登记申请是否违反法律、行政法规规定。根据《不动产登记暂行条例》第19条规定，对下列事项不动产登记机构可以对申请登记的不动产进行实地查看：（1）房屋等建筑物、构筑物所有权首次登记；（2）在建建筑物抵押权登记；（3）因不动产灭失导致的注销登记；（4）不动产登记机构认为需要实地查看的其他情形。对可能存在权属争议，或者可能涉及他人利害关系的登记申请，不动产登记机构可以向申请人、利害关系人或者有关单位进行调查。

第二百一十三条　登记机构不得有下列行为：

（一）要求对不动产进行评估；

（二）以年检等名义进行重复登记；

（三）超出登记职责范围的其他行为。

【条文主旨】

本条是关于登记机构禁止从事的行为的规定。

【条文释义】

在前条规定登记机构应当履行的职责的基础上，又作出本条的规定，主要是针对在立法调研过程中发现的一些问题。一些地方的一些不动产登记机构，履行职责态度不端正，管理不严格，不考虑如何准确及时登记申请事项，如何为当事人提供便利，而是挖空心思，利用手中职权给当事人设置重重障碍，在为组织或者个人谋取私利上做足功夫，炮制出评估、年检等诸多名目，收取高额费用。这些现象在抵押登记领域尤为突出，群众的意见很大。这种情况从另一方面也反映出在不动产登记方面法律法规还有待更加完善。因此，本条作出上述规定，对这些行为予以明确禁止，在明确列举"要求对不动产进行评估"和"以年检等名义进行重复登记"这两项反映较多的问题的同时，又规定了一项兜底内容，即"超出登记职责范围的其他行为"，以防止这些登记机构再耍花样，钻法律的空子；同时，也为当事人在权益受到侵害时提供法律武器。

> **第二百一十四条** 不动产物权的设立、变更、转让和消灭，依照法律规定应当登记的，自记载于不动产登记簿时发生效力。

【条文主旨】

本条是关于依法应当登记的不动产物权的设立、变更、转让和消灭何时发生效力的规定。

【条文释义】

本章规定，除法律另有规定外，不动产物权的设立、变更、转让和消灭，经依法登记，发生效力，未经登记，不发生效力，确立了不动产物权登记生效的原则。本条则具体明确了不动产物权设立、变更、转让和消灭登记生效的时间，即"自记载于不动产登记簿时发生效力"，也就是说，不动产物权登记，自登记机构将不动产物权有关事项记载于不动产登记簿时，始告完成。

不动产登记簿是法律规定的不动产物权登记机构管理的不动产物权登记档案。一般认为，根据物权公示原则的要求，不动产登记簿应当具有这样一些特征：一是统一性，一个登记区域内的不动产登记簿只能有一个，这样该区域内的不动产物权变动的各种情况才能准确地得到反映，物权交易的秩序才能良好建立；二是权威性，不动产登记簿是国家建立的档案簿册，其公信力以国家的行为为担保，并依此为不动产物权变动的可信性提供保障；三是持久性，不动产登记簿将由登记机构长期保存，以便于当事人和利害关系人的利益获得长期的保障；四是公开性，不动产登记簿不应是秘密档案，登记机构不但应当允许权利人和利害关系人查阅复制，而且还要为他们的查阅复制提供便利。正因为不动产登记簿具有这些特征，不动产物权的设立、变更、转让和消灭只有在记载于不动产登记簿之后，才具有了公示力和排他力，因此，本条作出了上述规定。

> **第二百一十五条** 当事人之间订立有关设立、变更、转让和消灭不动产物权的合同，除法律另有规定或者当事人另有约定外，自合同成立时生效；未办理物权登记的，不影响合同效力。

〖条文主旨〗

本条是关于合同效力和物权效力区分的规定。

〖条文释义〗

本条规定的内容，在民法学中称为物权变动与其基础关系或者说原因关系的区分原则。以发生物权变动为目的的基础关系，主要是合同，它属于债权法律关系的范畴，成立以及生效应该依据合同法来判断。民法学将这种合同看成是物权变动的原因行为。不动产物权的变动只能在登记时生效，依法成立生效的合同也许不能发生物权变动的结果。这可能是因为物权因客观情势发生变迁，使得物权的变动成为不可能；也可能是物权的出让人"一物二卖"，其中一个买受人先行进行了不动产登记，其他的买受人便不可能取得合同约定转让的物权。有关设立、变更、转让和消灭不动产物权的合同和物权的设立、变更、转让和消灭本身是两个应当加以区分的情况。除非法律有特别规定，合同一经成立，只要不违反法律的强制性规定和社会公共利益，就可以发生效力。合同只是当事人之间的一种合意，并不必然与登记联系在一起。登记是针对民事权利的变动而设定的，它是与物权的变动联系在一起的，是一种物权变动的公示的方法。登记并不是针对合同行为，而是针对物权的变动所采取的一种公示方法，如果当事人之间仅就物权的变动达成合意，而没有办理登记，合同仍然有效。

例如，当事人双方订立了房屋买卖合同之后，合同就已经生效，如果没有办理登记手续，房屋所有权不能发生移转，但买受人基于有效合同而享有的占有权仍然受到保护。违约的合同当事人一方应该承担违约责任。依不同情形，买受人可以请求债务人实际履行合同，即请求出卖人办理不动产转让登记，或者请求债务人赔偿损失。

> **第二百一十六条** 不动产登记簿是物权归属和内容的根据。
> 不动产登记簿由登记机构管理。

【条文主旨】

本条是关于不动产登记簿效力以及管理机构的规定。

【条文释义】

前文已述不动产登记簿的几个特征。在确立了不动产物权登记生效的原则之后，不动产登记簿就自然应当成为不动产物权的法律根据，这是不动产物权公示原则的当然体现，也是保障物权变动安全的必要手段。本条第 1 款的规定，在民法学上一般称为权利正确性推定原则，即在不动产登记簿上记载某人享有某项物权时，推定该人享有该项权利，其权利的内容也以不动产登记簿上的记载为准。在建立不动产登记制度的情况下，不动产登记成为不动产物权制度的基础，不动产登记簿所记载的权利的正确性推定效力对客观、公正的不动产交易秩序的建立有着极为重要的意义。

不动产登记簿记载的权利和事实上的权利应当是一致的，法律也要求登记机构正确履行职责，如实记载登记事项，但是由于现实经济生活的复杂性，也会产生两者不相符合的情形。在实际生活中，由于当事人自己的过错或者由于登记机关的过错，可能会出现登记的权利和事实上的权利不一致的情况。因此，规定不动产登记簿的推定正确效力，对实现不动产物权变动中的客观公正有十分重要的意义，正因为登记簿有此效力，第三人依据登记簿的取得才受到法律的保护，交易的安全才有了保障。由此可见，法律规定物权的归属和内容以不动产登记簿为根据，目的就是从国家公信力的角度对物权相对人的利益进行保护，从而建立一个能以客观标准衡量的公正的经济秩序，这也是物权公示原则的价值和要求。法律在为建立公正安全的交易秩序而保护相对人利益的同时，也为可能的事实权利人提供了异议登记、更正登记等救济手段。

> **第二百一十七条** 不动产权属证书是权利人享有该不动产物权的证明。不动产权属证书记载的事项，应当与不动产登记簿一致；记载不一致的，除有证据证明不动产登记簿确有错误外，以不动产登记簿为准。

【条文主旨】

本条是关于不动产登记簿与不动产权属证书关系的规定。

【条文释义】

不动产权属证书，即不动产的所有权证、使用权证等，是登记机关颁发给权利人作为其享有权利的证明。根据物权公示原则，完成不动产物权公示的是不动产登记，不动产物权的归属和内容应以不动产登记簿为根据。不动产物权证书只是不动产登记簿所记载内容的外在表现形式。在社会生活和交易过程中，不动产权利人为了证明自己的权利状况，可以出示权属文书。

实践中，组织或者个人仍存在重视不动产权属证书而轻视不动产登记簿的现象，这样将削弱不动产物权的公示性，影响不动产交易的安全。因此，本条规定，不动产权属证书是权利人享有该不动产物权的证明。不动产权属证书记载的事项，应当与不动产登记簿一致；记载不一致的，除有证据证明不动产登记簿确有错误外，以不动产登记簿为准。

> **第二百一十八条** 权利人、利害关系人可以申请查询、复制不动产登记资料，登记机构应当提供。

【条文主旨】

本条是关于不动产登记资料查询、复制的规定。

【条文释义】

不动产登记制度是建立和完善物权法律制度的基础。但是，究竟哪些人可以查询和复制登记资料。对此，有不同的观点。有一种观点认为，任何人都可以查询和复制，所有的社会公众都可以进行查询。持这种观点的主要基于以下三个理由：第一个理由是，物权公示的目的就是要公开登记资料，让社会公众都能够知道物权归属的状况。第二个理由是，如果权利人选择进行登记，登记行为本身也就表明他并不把所要登记的内容作为个人隐私，登记的资料就是准备要公开的，因此不属于隐私的范畴，也不属于商业秘密。第三个理由是，如果一部分人可以进行查询、复制，而另外一部分人不能进行查询、复制，就需要作出一些限制性的规定，在实际操作中所需的成本比较高。还有一种观点认为，对于享有不动产物权而不想进行交易的权利人来说，没有必要使其不动产物权登记信息让社会公众都知道。对于想要受让不动产物权的当事人来说，也无需了解所有的不动产物权登记信息，需要了解的只是对方需要出让的不动产物权信息。因此，没有必要规定不动产登记资料向全社会公众开放。

物权公示本来的含义或者真正目的，不是要求全社会的人都知道特定不动产的信息。物权公示虽然是针对不特定的人，但这个不特定的人不是全社会的人。登记资料只要能够满足合同双方当事人以外或者物权权利人以外的人中可能和这个物权发生联系的这部分人的要求，就达到了登记的目的和物权公示的目的。如果不加区别地认为所有人都可以去查询、复制登记资料，实际上是一种误导，做了没有必要做的事情，甚至会带来没有必要的麻烦。因此，本条规定，权利人、利害关系人可以申请查询、复制不动产登记资料，登记机构应当提供。

> **第二百一十九条　利害关系人不得公开、非法使用权利人的不动产登记资料。**

【条文主旨】

本条是关于利害关系人应当保护权利人个人信息的规定。

【条文释义】

本条是编纂民法典过程中新增加的条文。明确利害关系人不得公开、非法使用权利人不动产登记资料的义务，目的是保护权利人的个人信息。依照前条的规定，在权利人之外，只有利害关系人可以申请查询、复制登记资料。如此规定已经表明法律不认为不动产物权登记信息属于可以向社会公众开放查询的公开信息。除权利人外，登记资料只要能够满足与特定物权产生利害关系的人查询、复制的需要，就达到了物权公示的目的。然而，利害关系人虽然依法有资格查询、复制不动产登记资料，本条明确，其仍有义务保护不动产权利人的个人信息，不得公开、非法使用权利人的不动产登记资料。

我国法律高度重视对自然人个人信息的保护，不断完善保护个人信息的法律规定。民法典总则编在民事权利一章明确规定:"自然人的个人信息受法律保护。任何组织或者个人需要获取他人个人信息的,应当依法取得并确保信息安全,不得非法收集、使用、加工、传输他人个人信息,不得非法买卖、提供或者公开他人个人信息。"此外,对个人信息的保护还涉及多部法律,如消费者权益保护法、网络安全法、商业银行法、执业医师法、居民身份证法以及全国人大常委会关于加强网络信息保护的决定等。这些法律从不同角度对自然人个人信息进行保护,明确相关民事主体的权利义务,规定相应的民事责任以及行政责任、刑事责任。

> **第二百二十条** 权利人、利害关系人认为不动产登记簿记载的事项错误的,可以申请更正登记。不动产登记簿记载的权利人书面同意更正或者有证据证明登记确有错误的,登记机构应当予以更正。
>
> 不动产登记簿记载的权利人不同意更正的,利害关系人可以申请异议登记。登记机构予以异议登记,申请人自异议登记之日起十五日内不提起诉讼的,异议登记失效。异议登记不当,造成权利人损害的,权利人可以向申请人请求损害赔偿。

【条文主旨】

本条是关于不动产更正登记和异议登记的规定。

【条文释义】

更正登记与异议登记同样是保护事实上的权利人或者真正权利人以及真正权利状态的法律措施。与异议登记不同的是,更正登记是彻底地消除登记权利与真正权利不一致的状态,避免第三人依据不动产登记簿取得不动产登记簿上记载的物权。因此,也可以认为更正登记是对原登记权利的涂销登记,同时是对真正权利的初始登记。更正登记有两种方式:一种是经权利人(包括登记上的权利人和事实上的权利人)以及利害关系人申请的登记;另一种是登记机关自己发现错误后作出的更正登记。

更正登记的目的是为了保护事实上的权利人的物权,许可真正的权利人或者利害关系人依据真正的权利状态对不动产登记簿记载的内容进行更正。但是,更正的程序可能较为费时,有时申请更正的权利人与登记簿上记载的权利人之间的争议一时难以化解,法律有必要建立异议登记制度,作为一种对真正权利人利益的临时性保护措施。所谓异议登记,就是将事实上的权利人以及利害关系人对不动产登记簿记载的权利所提出的异议记入登记簿，异议登记的法律效力是，登记簿上所记载权利失去正确性推定的效力，第三人也不得主张依照登记的公信力而受到保护。

由此可见，异议登记虽然可以对真正权利人提供保护，但这种保护应当是临时性的，因为它同时也给不动产物权交易造成了一种不稳定的状态。为使得不动产物权的不稳定状态早日恢复正常，法律必须对异议登记的有效期间作出限制。因此，本条规定，申请人在异议登记之日起15日内不起诉的，异议登记失效。申请人在异议登记之日起15日内不起诉，说明异议登记的申请人不积极行使其权利，为使登记簿上记载的权利人的利益和正常的交易秩序不致受到严重的影响，法律规定这时该异议登记失去其效力。

由于异议登记可以使登记簿上所记载权利失去正确性推定的效力；同时，异议登记的申请人在提出异议登记的申请时也无需充分证明其权利受到了损害，因此，如果申请人滥用异议登记制度，将可能给登记簿上记载的权利人的利益造成损害。所以，本条规定，异议登记不当，造成权利人损害的，权利人可以向申请人请求损害赔偿。

> **第二百二十一条** 当事人签订买卖房屋的协议或者签订其他不动产物权的协议，为保障将来实现物权，按照约定可以向登记机构申请预告登记。预告登记后，未经预告登记的权利人同意，处分该不动产的，不发生物权效力。
>
> 预告登记后，债权消灭或者自能够进行不动产登记之日起九十日内未申请登记的，预告登记失效。

【条文主旨】

本条是关于预告登记的规定。

【条文释义】

预告登记，是指为保全一项请求权而进行的不动产登记，该项请求权所要达到的目的，是在将来发生不动产物权变动。这种登记是不动产登记的特殊类型。其他的不动产登记都是对现实的不动产物权进行登记，而预告登记所登记的，不是不动产物权，而是将来发生不动产物权变动的请求权。预告登记的本质特征是使被登记的请求权具有物权的效力，也就是说，进行了预告登记的请求权，对后来发生的与该项请求权内容相同的不动产物权的处分行为，具有对抗的效力，这样，所登记的请求权就得到了保护。

预告登记的功能是限制房地产开发商等债务人处分其权利，即本条规定的"预告登记后，未经预告登记的权利人同意，处分该不动产的，不发生物权效力"，以保障债权人将来实现其债权。正如有的学者所说，预告登记的实践意义在于，权利人所期待的未来发生的物权变动对自己有极为重要的意义，非要发生这种变动不可；而法律也认可这种变动对权利人的意义，并以法律予以保障。比如，老百姓购买预售的住房，它涉及公民的基本生存权利，所以法律上承认买受人获得指定的房屋的权利有特殊保护的必要。但是，因为购房人在与开发商订立预售合同后，只享有合同法上的请求权，该项权利没有排他的效力，所以购房人无法防止开发商将房屋以更高的价格出卖给他人即"一房二卖"这种情况的发生，而只能在这种情况发生时主张开发商违约要求损害赔偿，而无法获得指定的房屋。在建立了预告登记制度的情况下，购房人如果将他的这一请求权进行预告登记，因为预告登记具有物权的排他效力，所以开发商违背预告登记内容的处分行为就不能发生法律效力。这些处分行为既包括一房二卖，也包括在已出售的房屋上设定抵押权等行为。这样，购房者将来肯定能够获得约定买卖的房屋。因此，预告登记对解决类似商品房预售中一房二卖这样的社会问题有着特殊的作用。依照本条规定，预告登记不仅可以针对当事人签订买卖房屋协议的情况，还包括签订其他不动产物权协议的情况。因而，建立预告登记制度，具有广泛地保障债权实现的意义。

> **第二百二十二条** 当事人提供虚假材料申请登记，造成他人损害的，应当承担赔偿责任。
> 因登记错误，造成他人损害的，登记机构应当承担赔偿责任。登记机构赔偿后，可以向造成登记错误的人追偿。

〖条文主旨〗

本条是关于登记错误赔偿责任的规定。

〖条文释义〗

实践中登记错误的发生主要有两种情况：一是登记机构工作人员因疏忽、过失等原因造成错误；二是登记申请人等采取欺骗手段或者与登记机关的人员恶意串通造成错误。

立法征求意见过程中，普遍认为，当事人提供虚假材料申请登记，给他人造成损害的，应当承担赔偿责任。对于登记错误登记机构应当如何承担责任，有不同的意见。有的提出，因登记机构的过错，致使不动产登记发生错误，因该错误登记致当事人或者利害关系人遭受损害的，登记机关应依照国家赔偿法的相应规定承担赔偿责任。这种意见认为，我国国家赔偿法规定，国家机关及其工作人员因执行公务的过错给公民、法人造成损害的，应承担国家赔偿的责任。具体承担责任的部门，包括政府、法院和检察院等。不动产物权登记是以国家的公信力为不动产的交易提供法律基础的行为，如果登记错误的原因是登记机构的过错，而当事人或者利害关系人因该登记受到损害，登记机关应当承担国家赔偿责任。同时认为，国家赔偿责任是过错责任，如登记机关没有过错，则不应承担责任。如果登记错误是登记机构和当事人、利害关系人的共同过错，则他们应当承担共同责任。有的提出，因不动产登记机构登记漏登、误登造成他人损失的，应当由不动产登记机构赔偿，但不赞同适用国家赔偿法并由国家出资赔偿，而是建议设立不动产登记赔偿基金，在不动产登记业务中根据一定的标准收取一定的费用，纳入不动产登记赔偿基金，该基金只能用于不动产登记赔偿，不能挪作他用。

经研究认为，对于登记机构应当具有什么性质还有不同意见，有待于进一步明确，目前不宜规定登记机构的国家赔偿责任。不动产登记赔偿基金可否设立，应当如何设立，也还可以进一步研究，即使以后规定，也宜由不动产登记的专门法律作出。民法典作为民事基本法，对于登记错误责任问题，在本条作出的只是原则性的规定。本条第2款规定，因登记错误，造成他人损害的，登记机构应当承担赔偿责任。这里造成登记错误的原因，既包括登记机构工作人员故意以及疏忽大意等过错，也包括当事人提供虚假材料欺骗登记机构等情形。登记错误的受害人处于相对弱势的地位，这样规定，是为了对受害人提供更加充分的保护。登记机构赔偿后，可以向造成登记错误的人追偿。本次民法典编纂对本条仅作个别文字修改。

> **第二百二十三条** 不动产登记费按件收取，不得按照不动产的面积、体积或者价款的比例收取。

【条文主旨】

本条是关于登记收费问题的规定。

【条文释义】

在2007年物权法立法征求意见过程中，有的提出，一段时间以来，许多地方存在着不动产登记收费过高的问题，并且无论是对不动产所有权登记，还是对不动产抵押权等所谓不动产他项权利登记，普遍地按不动产的面积作为计收登记费的标准，有的地方按照不动产转让或者抵押合同的标的额的相当比例收取登记费。

多数意见认为，登记机构不是营利性组织，目前我国各地的不动产登记机构，从事的登记工作一般也只是对登记申请人提供的有关材料是否符合规定的条件进行审核，在此基础上收取登记费，不宜与不动产的面积、体积或者价款的比例等因素挂钩，把这些作为计费的标准。建议在法律中予以明确。有的部门提出，物权法不宜对登记收费问题作规定。有的专家也认为，登记收费的问题属于具体的程序性问题，可以由将来的不动产登记法去作规定，物权法作为民事基本法，对此可以不作规定。立法机关经研究认为，物权法关系人民群众的切身利益，为社会各方面普遍关注，对于社会生活中反映较多，与人民群众利益较为密切的问题，应当在物权法中作出适当的规定。据此，物权法第22条规定："不动产登记费按件收取，不得按照不动产的面积、体积或者价款的比例收取。具体收费标准由国务院有关部门会同价格主管部门规定。"

在编纂民法典整合物权法过程中，有的意见提出，这一条过细，又涉及行政管理问题，规定在民法典中有欠妥当。而且，目前登记机构实际工作中，早已做到了不动产登记费按件收取，不按照不动产的面积、体积或者价款的比例收取。建议删去这一规定。但也有意见认为，这条规定当初就是在存在争议的情况下，为了保护人民群众切身利益而规定在民事基本法当中的，实践证明发挥了很好的作用。登记机构实际工作的改进与国家大法的推动关系很大。如果去掉这一规定，可能引发不正确的解读，不利于巩固工作成果。编纂民法典，是要对实践证明明显有问题的规定或者社会生活急需，各方面意见又基本一致的规定进行修改补充，类似于本条规定这样的内容，以不动为宜。立法机关采纳了这种意见。

第二节　动产交付

第二百二十四条　动产物权的设立和转让，自交付时发生效力，但是法律另有规定的除外。

【条文主旨】

本条是关于动产物权的设立和转让何时发生效力的规定。

【条文释义】

本编规定了物权公示原则，以维护交易安全，为第三人利益提供切实保障。不动产物权以登记为公示手段，与此相对应，动产物权以占有和交付为公示手段。占有主要在静态下，即在不发生物权变动的情况下发挥动产物权的公示作用；而交付主要是在动态下，即在发生物权变动的情况下发挥动产物权的公示作用。

依照本条规定，"动产物权的设立和转让，自交付时发生效力"，指的是当事人通过合同约定转让动产所有权和设立动产质权两种情况。物权编上所说的交付，指的是物的直接占有的转移，即一方按照法律行为要求，将物的直接占有移转给另一方的事实。本条规定的"法律另有规定的除外"主要指的是：第一，本节对动产物权的设立和转让的一些特殊情况："动产物权设立和转让前，权利人已经占有该动产的，物权自民事法律行为生效时发生效力。""动产物权设立和转让前，第三人占有该动产的，负有交付义务的人可以通过转让请求第三人返还原物的权利代替交付。""动产物权转让时，当事人又约定由出让人继续占有该动产的，物权自该约定生效时发生效力。"第二，本章第三节对主要是非依法律行为而发生的物权变动问题所作的规定。第三，本法担保物权编对动产抵押权和留置权的相关规定。

本条规定也是继承了我国民法的有关规定。民法通则规定，按照合同或者其他合法方式取得财产的，财产所有权从财产交付时起转移，法律另有规定或者当事人另有约定的除外。在民法通则颁布时，我国尚没有不动产市场，故民法通则规定的这一原则，即是为动产所有权移转确定的。合同法规定，标的物的所有权自标的物交付时起转移，但法律另有规定或者当事人另有约定的除外。

> **第二百二十五条** 船舶、航空器和机动车等的物权的设立、变更、转让和消灭，未经登记，不得对抗善意第三人。

【条文主旨】

本条是关于船舶、航空器和机动车等物权登记的规定。

【条文释义】

现行法律对船舶、航空器的物权登记效力问题已有规定。海商法规定，船舶所有权的取得、转让和消灭，应当向船舶登记机关登记；未经登记的，不得对抗第三人。设定船舶抵押权，由抵押权人和抵押人共同向船舶登记机关办理抵押权登记；未经登记的，不得对抗第三人。民用航空法规定，民用航空器所有权的取得、转让和消灭，应当向国务院民用航空主管部门登记；未经登记的，不得对抗第三人。设定民用航空器抵押权，由抵押权人和抵押人共同向国务院民用航空主管部门办理抵押权登记；未经登记的，不得对抗第三人。

我国的上述法律规定，为民法学界普遍认可，实践中也没有什么问题，为了保持法律的稳定性，本条延续了对这类动产登记对抗主义原则的规定。民法学一般认为，船舶、飞行器和汽车因价值超过动产，在法律上被视为一种准不动产，其物权变动应当以登记为公示方法。但在登记的效力上不采用登记生效主义，这是考虑到船舶、航空器和汽车等本身具有动产的属性，其物权变动并不是在登记时发生效力，其所有权转移一般在交付时发生效力，其抵押权在抵押合同生效时设立。但是，法律对船舶、航空器和汽车等动产规定有登记制度，其物权的变动如果未在登记部门进行登记，就不产生社会公信力，不能对抗善意第三人。所谓善意第三人，就是指不知道也不应当知道物权发生了变动的物权关系相对人。

> **第二百二十六条　动产物权设立和转让前，权利人已经占有该动产的，物权自民事法律行为生效时发生效力。**

〖条文主旨〗

本条是关于动产物权受让人先行占有问题的规定。

〖条文释义〗

本条规定的是设立或者转让动产物权时的一种特殊的情形，即物权的受让人已经取得了动产的占有，而后又与动产的所有权人达成移转所有权或者设定质权合同的情形。例如，承租人或者借用人，依据租赁合同或者借用合同已经取得了动产的占有，而后又与动产的所有权人达成协议，购买该项动产或者在动产上设定质权。这种情况在实际生活中也经常发生，因此物权编需要加以规定。

本法所规定的民事法律行为是民法学上的概念。依照总则编的规定，民事法律行为是民事主体通过意思表示设立、变更、终止民事法律关系的行为。民事法律行为可以基于双方或者多方的意思表示一致成立，也可以基于单方的意思表示成立。本条涉及的主要是前一种情况。有效的民事法律行为须具备下列条件：（1）行为人具有相应的民事行为能力；（2）意思表示真实；（3）不违反法律、行政法规的强制性规定，不违背公序良俗。民事法律行为以行为人的意思表示作为构成要素。意思表示是指行为人追求民事法律后果（民事法律关系的设立、变更或者消灭）的内心意思用一定的方式表示于外部的活动。民事法律行为是人们有目的、有意识的行为。所以，意思表示是民事法律行为的必要组成部分。每种民事法律行为都必须存在意思表示。缺少民法所确认的意思表示的行为就不是民事法律行为。意思表示是民事法律行为的构成要素，但并不等于民事法律行为。民事法律行为能够实现行为人所预期的民事法律后果，即设立、变更或者消灭民事法律关系。民事法律行为是一种目的性行为，即以设立、变更或终止民事法律关系为目的，民事法律行为的目的与实际产生的后果是相互一致的。本条规定的民事法律行为，主要指的是动产所有权人与受让人订立动产转让的协议以及与质权人订立动产出质协议。

在受让人已经取得对动产的占有又依据民事法律行为取得其物权的情况下，动产物权的公示已经在事先完成，物权受让人已经能够依物权的排他性行使物权。因此，物权的变动就在当事人之间的关于物权变动的协议生效时生效。

第二百二十七条　动产物权设立和转让前，第三人占有该动产的，负有交付义务的人可以通过转让请求第三人返还原物的权利代替交付。

〖条文主旨〗

本条是关于动产物权指示交付的规定。

〖条文释义〗

不动产物权的变动是通过登记簿的记载而被外部识别的，而动产物权的变动，则由交付这一行为完成。民法上，交付的原意仅指现实交付，即动产占有的现实转移。例如，甲向乙出售蔬菜5斤，蔬菜自甲手中转至乙的菜篮里，由乙获得对蔬菜的直接控制和支配，此时法律意义的交付行为完成。通过交付这一行为，动产上物权的变动能够被人们从外部加以识别。但实践中，动产的交付并非必须是由出让人之手直接交到受让人之手，本条所规定的指示交付即是一种例外情形，它与现实交付具有同等效力。

关于现实交付的例外情形，除去本条所规定的指示交付外，本章还分别对简易交付和占有改定作了规定。在这三类例外情形中，法律关系最为复杂的当属本条所规定的指示交付，因为它不仅涉及动产物权的让与人与受让人两方主体，还牵涉一个"第三人"的问题。为了更准确地理解本条的规定，下面就指示交付的含义、适用情形以及返还请求权的性质等问题加以说明：

1. 指示交付的含义。指示交付，又称返还请求权的让与，是指让与动产物权的时候，如果让与人的动产由第三人占有，让与人可以将其享有的对第三人的返还请求权让与给受让人，以代替现实交付。举例说明，甲将自己的自行车出租给乙使用，租期一个月，租赁期未满之时，甲又将该自行车出售给丙，由于租期未满，自行车尚由乙合法使用，此时为使得丙享有对该自行车的所有权，甲应当将自己享有的针对乙的返还原物请求权转让给丙以代替现实交付。

2. 指示交付适用的情形及"第三人"的范围。关于本条所规定的指示交付，其逻辑上的前提是，动产物权的让与人对其所转让的标的不享有物理意义上直接占有和直接控制的可能，出让人无法通过现实交付的方式使得动产物权得以变动，因此才有本条指示交付适用的余地。条文中的"第三人"即指能够对转让标的（动产）进行物理意义上直接占有和直接控制的一方，例如，前例中根据租赁或者借用协议而占有自行车的乙，或者根据保管合同、动产质押协议等而占有动产的保管人、质权人等，都可以成为本条所规定的"第三人"。此外需要特别说明的是，在利用提单、仓单等证券进行动产物权变动时，接受货物而签发提单或者仓单的承运人或者仓储保管人都可能成为本条中的"第三人"。

除去这一类基于合同等关系而产生的能够对动产进行直接占有和控制的"第三人"外，还有一类"第三人"也在本条的适用范围之内，即不具备法律上的正当原因而占有动产的无权占有人。例如，甲将自己收藏的古董出售给乙，买卖合同达成时甲不知该古董已被丙盗去，甲此时只能向乙转让他对于丙的返还原物请求权来代替实际交付，而丙即是本条所指的"第三人"。

3. 让与人所让与的返还请求权的性质。指示交付中让与人所让与的返还请求权，属于债权请求权，还是物权请求权，学术界的争论比较激烈。因为指示交付产生的前提是，被出让的动产不在出让人手中，而是被第三人直接占有和控制。而第三人对动产的占有又可大体分为两种：一种为基于租赁或者质权合同等关系而发生的有权占有；另一种为没有正当法律依据的无权占有。因此向第三人请求返还原物的权利，也因有权占有和无权占有性质上的差别而有所不同。

有的意见认为，指示交付中出让人让与的返还请求权仅指所有人的物上请求权，而非债权请求权；有的意见认为，在第三人基于租赁或者借用合同等而对动产进行有权占有的情况下，出让人转让给受让人的仅是债权上的请求权。如甲借钢笔于乙，同时又出卖钢笔于丙，甲转移给丙的是甲基于借用合同要求乙到期返还钢笔的请求权，性质上属于债权请求权；也有意见认为，指示交付中要求第三人返还原物的请求权，既包括物权的返还请求权，也包括债权的返还请求权。后一种意见渐为通说。

在第三人有权占有的情形下，出让人应当将其基于与第三人之间的合同关系而产生的债法上的请求权让与给受让人，此时让与人在指示交付时应当将其针对第三人享有的任何合同上的返还请求权都让与给受让人。如果让与人与第三人间的合同无效，出让人还应当将自己基于不当得利的返还请求权或者基于侵权损害赔偿的请求权让与给受让人。如果第三人对动产为无权占有，假设第三人从出让人处盗取该动产，出让人无法向受让人让与任何基于合同等关系而产生的返还原物请求权，那么出让人可以将其基于所有权的返还请求权让与给受让人。仍引前例，甲将钢笔借用给乙，后又出售于丙，此时丁自乙处盗走钢笔并赠与戊，此时甲向丙转让的基于所有权的返还原物请求权足以使得丙取得该钢笔的所有权，需要说明的是此项被让与的返还请求权不仅针对现时的无权占有人戊，对于戊将来的后手（排除善意取得的情形）也有效。

4. 指示交付的公示力。指示交付中，第三人对动产的实际占有和控制关系并未发生改变，出让人与受让人之间只是发生无形的返还请求权的转移，无论该返还请求权的转移是否采取特定的形式（对于第三人基于租赁等合同关系而占有动产的情形，出让人转让的返还请求权性质上属于债权请求权范畴，而根据债权转让的规则，出让人应当履行通知第三人的义务；但当第三人为无权占有的情形下，出让人转让的为基于所有权的物上请求权，不涉及通知的义务），都无法向外界展现物权的变动，因此此种交付方法的公示作用较弱，但由于动产善意取得制度的存在，因此对交易安全并未有太大障碍。

> **第二百二十八条　动产物权转让时，当事人又约定由出让人继续占有该动产的，物权自该约定生效时发生效力。**

【条文主旨】

本条是关于动产物权占有改定的规定。

【条文释义】

占有改定是指动产物权的让与人使受让人取得对标的物的间接占有，以代替该动产现实移转的交付。占有改定的原因在于，社会生活中，出卖人虽然将其动产出卖，但是在某一段时间内仍然可能还有使用的需要；或者买受人已经取得了该动产的所有权但是需要出卖人对该动产进行暂时的保管或者改进。在德国民法中，占有改定已经成为让与担保制度的法律基础。

占有改定以及本章规定的指示交付作为观念交付的主要方法，其前提是民法学理上直接占有同间接占有的区分，要准确地把握和理解占有改定的概念，有必要先对学理上间接占有的概念作一点了解。学理上，占有作为一种对物进行控制和管领的事实状态，可分为直接占有和间接占有，其中直接占有即是不通过他人媒介而能够对自己所有或他人之物进行直接控制和管领的事实状态，例如，甲对手中自己所有的钢笔，商店对于店中存放待售的货物，承租人、受寄人等对于他人之物的直接控制和管领等，直接占有侧重的是物理意义上对物现实、直接地控制。除去直接占有外，还有一类为间接占有，即因他人媒介的占有而对物享有间接的控制。间接占有的前提是间接占有人同媒介占有人（直接占有人）之间存在某种法律关系，例如，承租人、受寄人或者基于其他类似的法律关系，对于他人之物为占有的称为直接占有，而该他人即出租人或者寄托人等称为间接占有。间接占有侧重在间接占有人通过与直接占有人的某种特定法律关系，而间接地对物进行控制和管领。本条所规定的占有改定即是出让人自己保留直接占有，而为受让人创设间接占有以代替现实交付的一种变通方法。

占有改定必须符合下列要件：第一，让与人与受让人达成转移动产物权的合意，一般通过买卖或者让与担保的设定，使得受让人取得动产所有权。第二，让与人与受让人之间还需具有某种使得受让人取得动产间接占有的具体法律关系，即本条所规定的由出让人继续占有该动产的双方约定。《德国民法典》中，这种具体的法律关系也被称为占有媒介关系。所谓占有媒介关系，是为了保护间接占有人和直接占有人的利益而由法律拟制出来的一种法律关系，具体到本条规定来说，出让人可以根据租赁关系、寄托关系以及其他类似关系为占有改定。第三，让与人已经对物进行了直接占有或者间接占有，否则不能发生占有改定的适用。当让与人间接占有标的物时，让与人可以使受让人取得更上一级的间接占有，这样可能存在多层次的占有关系。举例来说，甲将其寄放在乙处的某物出售给丙，同时又与丙签订借用合同以代替交付，则乙为直接占有人，甲、丙都为间接占有人。

最后需要说明的一点是，除去现实已经存在的动产，占有改定制度还适用于将来可取得的动产。例如，甲向乙购买一台尚未生产出的机器，同时双方约定该机器生产出来后由乙暂时保管。一旦该机器生产完毕，则甲取得间接占有以代替交付。

第三节　其他规定

物权的设立、变更、转让或者消灭，要发生效力就必须经由一定的方式使人们能够从外部得以察知，这即是物权公示原则的要求。物权的公示性决定了物权的效力，本章第一节及第二节分别对不动产登记以及动产交付等公示方法及其物权效力作了规定。而本节所规定的则是以上公示原则的例外，即不依物权变动的一般公示原则，而依法律的规定直接发生物权变动效力的情况。

> **第二百二十九条　因人民法院、仲裁机构的法律文书或者人民政府的征收决定等，导致物权设立、变更、转让或者消灭的，自法律文书或者征收决定等生效时发生效力。**

〖条文主旨〗

本条是关于因人民法院、仲裁机构的法律文书或者人民政府的征收决定等而导致物权设立、变更、转让或者消灭的规定。

〖条文释义〗

物权的设立、变更、转让或者消灭，依其发生根据可以分为依民事法律行为而进行的物权变动，以及非依民事法律行为而发生的物权变动。依民事法律行为进行的物权变动，是指以一方当事人的单方意思表示或双方（或者多方）当事人共同的意思表示为基础进行的物权变动。此种物权变动必须遵循物权公示的一般原则才能发生效力，例如，甲将自有的私宅出售于乙，要想使私宅的所有权由甲移转至乙，双方必须去不动产登记机构办理变更登记，否则物权移转不生效力；再如甲将收藏的古董出售于乙，要使乙获得古董的所有权，甲必须将古董或者现实交付给乙手中，或者采取关于简易交付、指示交付或者占有改定等观念交付的方法替代现实交付，而完成所有权的移转。但无论何种情形，物权变动的效力是同公示方法密切相关的。但在本条，物权的设立、变更、转让或者消灭，并非基于原权利人的意思表示，而是在无原权利人甚至法律有意识排除原权利人意思表示的情况下发生的物权变动，此种变动遵循的不是一般性的物权公示原则，而是法律的直接规定。

非依民事法律行为进行的物权变动，一般有如下几种：第一，因人民法院、仲裁机构的法律文书或者人民政府的征收决定等而发生的物权变动；第二，因继承而取得物权；第三，因合法建造、拆除房屋等事实行为设立和消灭物权。

而本条规定的是第一种情形，即基于公权力的行使而使物权发生变动的情形：

1. 因国家司法裁判权的行使、仲裁裁决而导致物权的设立、变更、转让或者消灭。基于国家司法裁判权的行使、仲裁裁决而产生的生效法律文书，即人民法院的判决书、调解书以及仲裁机构的裁决书、调解书等法律文书的生效时间，就是当事人的物权设立、变动的时间。这里需要说明两点：第一，导致物权变动的人民法院判决或者仲裁机构的裁决等法律文书，指直接为当事人创设或者变动物权的判决书、裁决书、调解书等。例如，离婚诉讼中确定当事人一方享有某项不动产的判决、分割不动产的判决、使原所有人回复所有权的判决即属于本条所规定的设权、确权判决等。此类设权或者确权判决、裁决书、调解书本身，具有与登记、交付（移转占有）等公示方法相同的效力，因而依据此类判决、裁决书、调解书而进行的物权变动，无需再进行一般的物权公示而直接发生效力。例如，甲乙二人向法院诉请离婚，家中电脑经判决为乙所有，那么自法院判决生效时起，电脑的所有权归乙，尽管此时电脑仍处于甲的占有使用之中，未有交付（现实占有的转移）并不影响所有权的移转。第二，由于法院的判决书或者仲裁机构的裁决等，所针对的只是具体当事人而非一般人，对当事人以外的第三人来说公示力和公信力较弱，因此根据本节规定，对于依照法院判决或者仲裁裁决而享有的物权，在处分时，如果法律规定需要办理登记的，不经登记，不发生物权效力。

2. 因国家行政管理权的行使而导致物权的设立、变更、转让或者消灭。因国家行政管理权的行使而导致物权变动的情况，主要指因人民政府的征收决定等而产生的物权变动。国家征收，是国家取得财产的特殊方式，按照土地管理法的规定，国家征收土地，县级以上人民政府要进行公告，这已起到了公示作用，而且集体所有土地被征收，即成为国家所有的自然资源，依照本编前述规定，依法属于国家所有的自然资源，所有权可以不登记，因此人民政府的征收决定生效之时即生物权变动的效力。

> **第二百三十条** 因继承取得物权的，自继承开始时发生效力。

〖条文主旨〗

本条是关于因继承而取得物权的规定。

〖条文释义〗

除去因国家公权力的行使而导致的物权变动，可以不依一般的公示原则直接发生效力外，还有一类情形也导致物权的变动直接发生效力，即因继承而取得物权的情形。继承是导致物权变动的一个重要方式，根据继承编的规定，继承从被继承人死亡时开始。因此，本条所指的"继承开始"就是"被继承人死亡"之时。而此所谓"死亡"既包括自然死亡，如老死、病死、意外事故致死，也包括宣告死亡。在宣告死亡的情形，自判决所确定的死亡之时继承开始。本条所指的继承又可分为法定继承和遗嘱继承两类。法定继承指的是在被继承人没有对其遗产的处理立有遗嘱的情况下，由法律直接规定继承人的范围、继承顺序、遗产分配的原则。遗嘱是公民生前按照自己意愿处分自己不动产物权的一种单方民事法律行为。

继承编规定，继承开始后，继承人放弃继承的，应当在遗产处理前，以书面形式作出放弃继承的表示；没有表示的，视为接受继承。由此可见，自继承开始后，所有继承人是基于法律的直接规定而取得物权，因此取得物权的生效时间始于继承开始。与此不同，继承编规定，受遗赠人应当在知道受遗赠后60日内，作出接受或者放弃受遗赠的表示；到期没有表示的，视为放弃受遗赠。这是因为遗赠本质上属于赠与关系。合同编规定，赠与合同是赠与人将自己的财产无偿给予受赠人，受赠人表示接受赠与的合同。受赠人表示接受，赠与法律关系才成立。最后需要说明的是，依照本节规定，因继承而取得物权，如果涉及的遗产为不动产，依照法律规定需要办理登记，但继承人未办理登记的，对该不动产的处分行为不生效力。

> **第二百三十一条** 因合法建造、拆除房屋等事实行为设立或者消灭物权的，自事实行为成就时发生效力。

【条文主旨】

本条是关于因事实行为而设立或者消灭物权的规定。

【条文释义】

首先，为了准确理解本条的规定，有必要对"事实行为"作进一步的解释。要理解"事实行为"，就要从"法律事实"说起。法律事实又可分为自然事实和人的行为，其中自然事实包括两种：一是状态，即某种客观情况的持续，如下落不明、权利继续不行使、未成年人已成年等；二是事件，即某种客观情况的发生，如人的生死、果实自落于邻地、不可抗力事由的出现等。在法律实践中，引起法律后果的自然事实是有限的，仅限于法律的明文规定。能够产生法律后果的事实主要表现为人的行为，而人的行为又可分为法律行为、准法律行为和事实行为。法律行为因以意思表示为核心要素，所以又被称之为表示行为。准法律行为虽有意思表示的外观，但不同于法律行为中的意思表示，法律行为中的意思表示是产生法律效果的依据，而准法律行为中的意思表示只是一种事实构成要素，其法律效果的产生是基于法律的直接规定，只不过在某些方面可以准用法律行为的相关规定。事实行为不以意思表示为要素，属于无关乎心理状态的行为，所以又叫非表示行为。由此可见，所谓事实行为应是指不以意思表示为要素的能够产生民事法律后果的法律事实。这一定义表明：第一，事实行为是人的行为，是人的一种有意识的活动，与自然事实有别；第二，事实行为是一种法律事实，即能够在人与人之间产生、变更或终止民事法律关系；第三，事实行为不以意思表示为要素，即行为人是否表达了某种心理状态，法律不予考虑，只要有某种事实行为存在，法律便直接赋予其法律效果。

其次，具体到本条的规定来说，能够引起物权设立或者消灭的事实行为，举例来讲，如用钢筋、水泥、砖瓦、木石建造房屋或者用布料缝制衣服，用木料制作家具，将缝制好的衣物抛弃或者将制作好的家具烧毁等。本条规定的"自事实行为成就时发生效力"，就是指房屋建成之时、衣服制成之时、书柜完成之时或者衣服被抛弃之时、书柜被烧毁之时，这些物的所有权或为设立或为消灭。这些因事实行为而导致的物权的设立或者消灭，自事实行为成就时发生效力，而不需要遵循一般的物权公示方法（不动产为登记，动产为交付）即生效力。

最后需要说明的一点是，我国存在许多因合法建造房屋等事实行为设立物权的情况，这种情形下的建房有些虽然缺少登记行为，但不能将这种行为形成的建筑物作为无主财产对待，对其所有权法律承认归建房人所有。比如农民在宅基地上建造的住房，自建成之日起就取得该住房的所有权。但根据本节规定，此类合法建造的房屋，固然因建造完成而取得所有权，但如果按照法律规定应当办理登记而未登记的，所有权人其后的处分行为，不发生物权效力。

> **第二百三十二条**　处分依照本节规定享有的不动产物权，依照法律规定需要办理登记的，未经登记，不发生物权效力。

〖条文主旨〗

本条是关于非依民事法律行为享有的不动产物权变动的规定。

【条文释义】

物权变动的公示方式，在动产一般为交付，在不动产各国立法例多采登记。通过此种方法，物权变动可以被人们从外部察知，从而保护了交易的安全。但依照本节规定，物权的变动还可因法院判决、政府征收决定、继承以及合法建造房屋等，直接发生效力，而不必遵循依民事法律行为而进行的物权变动应当遵循的一般公示方法，这必然可能损害到交易秩序和交易安全，尤其是涉及不动产的物权变动时更甚。

考虑到对交易安全的保护，本法明确，依照本节规定享有的物权，处分该不动产物权时，依照法律规定需要办理登记的，未经登记，不发生物权效力。举例说明，甲乙向法院诉请离婚，法院判决原甲的房屋归乙所有，在判决生效之时，乙已经取得该房屋的所有权，但尚未去房产登记部门办理变更登记，此时乙将房屋转卖给丙，丙信赖乙出示的法院判决而与之交易，与此同时，甲将该房屋又转卖于丁，丁信赖的是登记簿上甲为所有权人的登记记录。那么乙对丙的处分行为能否发生物权效力而由丙取得房屋的所有权呢？按照本条的规定，答案是否定的。尽管乙为真正的房屋所有权人，也有权对房屋进行处分，但未经登记，该处分行为不发生所有权转移的效力，丙只能请求乙承担返还价款等违约责任。

第三章　物权的保护

加强对物权的保护，是维护权利人合法权益的必然要求。本章共七条，针对物权受到侵害时如何保护权利人作出规定，权利人有权请求返还原物、排除妨害、消除危险，有权依法请求恢复原状、损害赔偿。

> **第二百三十三条　物权受到侵害的，权利人可以通过和解、调解、仲裁、诉讼等途径解决。**

【条文主旨】

本条是关于物权保护争讼程序的规定。

【条文释义】

物权受到侵害，物权人有权选择和解、调解、仲裁、诉讼途径救济。和解是当事人之间在没有第三者参加的情况下自愿协商，达成协议。和解属于当事人处分自己民事实体权利的一种民事法律行为。和解可以发生在诉讼以前，双方当事人互相协商，达成协议，也可以发生在诉讼过程中。民事诉讼法第 50 条规定："双方当事人可以自行和解。"调解是通过第三人调停解决纠纷。通过调解达成的协议还可以依法申请司法确认。人民调解法第 33 条规定："经人民调解委员会调解达成调解协议后，双方当事人认为有必要的，可以自调解协议生效之日起三十日内共同向人民法院申请司法确认，人民法院应当及时对调解协议进行审查，依法确认调解协议的效力。人民法院依法确认调解协议有效，一方当事人拒绝履行或者未全部履行的，对方当事人可以向人民法院申请强制执行。人民法院依法确认调解协议无效的，当事人可以通过人民调解方式变更原调解协议或者达成新的调解协议，也可以向人民法院提起诉讼。"仲裁是当事人协议选择仲裁机构，由仲裁庭裁决解决争端。我国仲裁法是规范仲裁法律关系的专门法律。诉讼包括民事、行政、刑事三大诉讼，物权保护的诉讼主要指提起民事诉讼。

> **第二百三十四条** 因物权的归属、内容发生争议的，利害关系人可以请求确认权利。

〖条文主旨〗

本条是关于物权确认请求权的规定。

〖条文释义〗

物权确认请求权是物权保护的一项基本权利，很多国家立法对此都有规定。物权确认请求权是物权保护请求权的一种。物权归属或者内容发生争议，物权人可以请求有关行政机关、人民法院等部门确认该物权的归属或者内容。

> **第二百三十五条** 无权占有不动产或者动产的，权利人可以请求返还原物。

〖条文主旨〗

本条是关于返还原物请求权的规定。

〖条文释义〗

返还原物是物权请求权的一种。物权人的物被他人侵占，物权人的对物支配权受到侵害时，物权人有权请求返还原物，使物复归于物权人事实上的支配。

返还原物权请求权的产生，须有他人无权占有不动产或者动产的事实。无权占有就是没有法律根据、没有合法原因的占有。一般包括两种情形：一是占有人从占有之始就没有法律根据，如占有人占有的物是盗窃物。二是占有之初本来有法律根据，但是后来该根据消灭，如租赁他人之物，租赁期限届满而不返还。享有返还原物请求权的权利人应当是物权人，包括所有权人、用益物权人等。至于占有人，无论其是否为有权占有，均应依据占有请求权行使权利，而不能依返还原物请求权行使权利。

第二百三十六条　妨害物权或者可能妨害物权的，权利人可以请求排除妨害或者消除危险。

【条文主旨】

本条是关于排除妨害、消除危险请求权的规定。

【条文释义】

排除妨害也是一种物权请求权。妨害是指以非法的、不正当的行为，包括施加无权施加的设施，影响了特定物的权利人行使物权。例如，在他人家门口堆放物品，妨碍他人通行。排除妨害请求的目的是消除对物权的障碍或者侵害，使物权恢复圆满状态。需要注意的是，被排除的妨害需具有不法性，倘若物权人负有容忍义务，则物权人不享有排除妨害请求权。

消除危险也是一种物权请求权。消除危险请求权是指对于某种尚未发生但确有发生可能性的危险，物权人也可以请求有关的当事人采取预防措施加以防止。例如，某人的房屋由于受到大雨冲刷随时有倒塌可能，危及邻居的房屋安全，此时邻居可以请求该房屋的所有人采取措施消除这种危险。物权人行使消除危险请求权，只需有危险存在的客观事实，而不论有关的当事人是否具有故意或者过失的主观过错。

第二百三十七条　造成不动产或者动产毁损的，权利人可以依法请求修理、重作、更换或者恢复原状。

【条文主旨】

本条是关于物权的权利人可以依法请求修理、重作、更换或者恢复原状的规定。

【条文释义】

物权法第 36 条规定："造成不动产或者动产毁损的，权利人可以请求修理、重作、更换或者恢复原状。"本条在物权法规定的基础上，增加了"依法"二字。在民法典编纂立法过程中，不少意见提出，返还原物请求权、排除妨害、消除危险请求权属于物权请求权。而物权法第 36 条规定的修理、重作、更换或者恢复原状请求权，在性质上不属于物权法律制度上的物权请求权，而属于债权请求权。本条吸收这一意见，增加"依法"二字，以示区分。这里的"依法"是指依照民法典侵权责任编以及其他相关法律规范的规定。这就意味着权利人行使这种权利，需要符合这些相关法律关于请求权具体要件等方面的规定。

有的意见提出，物权编应当删除债法上的修理、重作、更换或者恢复原状请求权。但也有意见认为，考虑到本章是关于物权保护的规定，为了体现保护的全面性，可以在适当修改完善的基础上继续保留。

有的意见提出，修理指物毁损时，通过一定的办法使其恢复到毁损之前的状态；重作指当物灭失、损毁到不能使用等情形时重新作相同性质、相同用途的物，使其达到与原物相同的价值；更换指物毁损并且有与此物相同的种类物存在时，予以更换。修理、重作、更换都属于恢复原状。有的意见提出，修理可看作恢复原状的一种具体手段，将它与恢复原状并行规定，明显不合理。重作和更换这两种责任方式具有独特性，无法纳入恢复原状之中。还有意见认为，"修理、重作、更换"不是法律概念，不具备法律概念应有的特性，也无法发挥法律概念的功能。"修理、重作、更换"不是一种独立的请求权，不具有民事责任的强制性，可以被其他请求权所涵盖。也有意见认为，民法通则第 134 条就将恢复原状及修理、重作、更换并行规定为民事责任的方式。民法总则第 179 条规定了承担民事责任的方式，因循其例，其中第 5 项为恢复原状，第 6 项为修理、重作、更换。为保持法律的连续性、稳定性，对此以不作修改为宜。

> **第二百三十八条** 侵害物权，造成权利人损害的，权利人可以依法请求损害赔偿，也可以依法请求承担其他民事责任。

【条文主旨】

本条是关于物权的权利人可以依法请求侵权人承担赔偿损失等民事责任的规定。

【条文释义】

物权法第 37 条规定："侵害物权，造成权利人损害的，权利人可以请求损害赔偿，也可以请求承担其他民事责任。"本条在物权法规定的基础上，增加了"依法"二字。在民法典编纂立法过程中，不少意见提出，返还原物请求权、排除妨害、消除危险请求权属于物权请求权。而物权法第 37 条规定的损害赔偿请求权，在性质上不属于物权法律制度上的物权请求权，而属于债权请求权。本条吸收这一意见，增加"依法"二字，以示区分。这里的"依法"是指依照民法典侵权责任编以及其他相关法律规范的规定。这就意味着权利人行使这种权利，需要符合这些相关法律关于请求权具体要件等方面的规定。

有的意见提出，物权编应当删除债法上的损害赔偿请求权。但也有意见认为，考虑到本章是关于物权保护的规定，为了体现保护的全面性，可以在适当修改完善的基础上继续保留。

赔偿损失是指行为人向受害人支付一定数额的金钱以弥补其损失的责任方式，是运用较为广泛的一种民事责任方式。赔偿的目的主要是补偿损害，使受到损害的权利得到救济，使受害人能恢复到未受到损害前的状态。除了赔偿损失，民法典总则编在民法通则的基础上，还规定了其他一些承担民事责任的方式，包括停止侵害，排除妨碍，消除危险，返还财产，恢复原状，修理、重作、更换，继续履行，支付违约金，消除影响、恢复名誉，赔礼道歉。这其中有的责任方式主要适用于违约责任领域，有的主要适用于人身权侵权领域。对于物权受到侵害而言，有的责任方式本章已作规定，有的在功能上可以被物权请求权所覆盖。赔礼道歉也是承担民事责任的一种方式，物权受到侵犯，物权人有权请求赔礼道歉。赔礼道歉是将道德规范法律化，它不仅可以用于侵犯人身权利的责任承担，也可以用于侵犯财产权利的责任承担。损坏了他人心爱的东西，侵权人赔个礼、道个歉，让物权人消消气，往往有利于化干戈为玉帛。

> **第二百三十九条　本章规定的物权保护方式，可以单独适用，也可以根据权利被侵害的情形合并适用。**

【条文主旨】

本条是关于物权保护方式的单用和并用的规定。

【条文释义】

物权受到侵害的，当事人可以通过请求确认权利、返还原物、排除妨害、消除危险、修理、重作、更换、损害赔偿等方式保护自己的权利。上述保护方式，可以单独适用，也可以根据权利被侵害的情形合并适用。如果一种方式不足以救济权利人，就同时适用其他方式。

第二分编 所有权

第四章 一般规定

本章共六条，对于所有权的基本内容、国家专有、征收征用等作了规定。

> **第二百四十条** 所有权人对自己的不动产或者动产，依法享有占有、使用、收益和处分的权利。

【条文主旨】

本条是关于所有权基本内容的规定。

【条文释义】

民法通则第 71 条对所有权规定了四项内容："财产所有权是指所有人依法对自己的财产享有占有、使用、收益和处分的权利。"本条的规定与民法通则这一规定基本一致，仍沿用民法通则四项内容的规定。

所有权的上述内容在传统理论上称为所有权的"权能"。虽然大陆法国家在所有权概念上对所有权权能的规定各有不同，但在理论上通常都认为所有权具有四项基本权能：

1. 占有。占有就是对于财产的实际管领或控制。拥有一个物的一般前提就是占有，这是财产所有者直接行使所有权的表现。所有人的占有受法律保护，不得非法侵犯。对于动产，除非有相反证明，占有某物即是判定占有人享有该物所有权的标准。

2. 使用。使用是权利主体对财产的运用，以便发挥财产的使用价值。如使用机器生产产品，在土地上种植农作物。拥有物的目的一般是为了使用。

3. 收益。收益是通过财产的占有、使用等方式取得的经济效益。使用物并获益是拥有物的目的之一。收益通常与使用相联系，但是处分财产也可以带来收益。收益也包括孳息。孳息分为天然孳息和法定孳息。果树结果等属于天然孳息；存款所得的利息、出租所得租金属于法定孳息。

4. 处分。处分是指财产所有人对其财产在事实上和法律上的最终处置。处分权一般由所有权人行使，但在某些情况下，非所有权人也可以有处分权，如运输的货物，如果发生紧急情况，承运人也可以依法进行处分。

除了上述各项权能，一般认为，所有权本身具有如下一些特性：

1. 完全性。或者称所有权为完全权，所有权是就标的物为一般支配的完全权。所有权作为一般的支配权，是用益物权、担保物权等他物权的源泉。与所有权不同，他物权仅在使用收益上于一定范围内有支配权。

2. 整体性。或者称为单一性。所有权不是占有、使用、收益和处分等各项权能量的总和，而是对标的物有统一支配力，是整体的权利，不能在内容或者时间上加以分割。所有权人可以在其物上设定他物权，即使其物的占有、使用、收益、处分等权能分别归他人享有，但所有权人的所有权性质不受影响。

3. 恒久性。所有权有永久性，其存在没有存续期间，不因时效而消灭。

4. 弹力性。或者称为"所有权弹性""归一力"。所有权人在其所有物上为他人设定权利，即使所有权的所有已知表征权利均被剥夺，仍潜在地保留其完整性，这种剥夺终止后，所有权当然地重新恢复其圆满状态。

还需要说明的是，所有权不仅仅是民法的专有名词，也不仅仅是民法上的权利。"所有权"一词使用甚广，在不同的含义上使用，也在各种政治法律关系中使用。在较广的含义上，所有权指政治法律制度中的所有权制度，是调整财产所有关系的法律规范的总称。我们说所有权是所有制的法律体现，就是在这个意义上使用"所有权"这一概念的。在这个意义上，所有权与所有制是个对应的概念。在较窄的含义上，所有权指所有人对特定财产所享有的占有、使用、收益和处分的权利。所有权的基本概念通常是由民法规定的，民法的所有权是一项民事权利，属于物权的一种。但是，所有权概念的使用却不限于民法，而是广泛使用于各个法律部门。或者说，规范所有权的法律不仅有民法，各个法律部门均有涉及所有权关系的法律规范。

法律调整的是人与人之间的关系，不是人与物之间的关系。权利体现的是社会关系。民法的所有权是基于所有物而产生的所有权人与他人的财产关系。民法上讲所有权，不仅要讲所有权人对所有物的权利，而且主要是讲所有权人与他人的关系。在行政法、经济法、刑法上也讲所有权，但由于这些法律调整的社会关系与民法不同，调整的所有权关系也与民法不同。由于民法调整平等主体之间的关系，因而民法上的所有权体现了平等的民事关系。行政法、经济法调整的是行政管理的关系，因而行政法、经济法上的所有权体现的是行政管理的关系。比如，国家依行政权征收集体和私人的财产，体现了行政管理的关系。

> **第二百四十一条** 所有权人有权在自己的不动产或者动产上设立用益物权和担保物权。用益物权人、担保物权人行使权利，不得损害所有权人的权益。

【条文主旨】

本条是关于所有权人设定他物权的规定。

【条文释义】

所有权人在自己的不动产或者动产上设立用益物权和担保物权，是所有权人行使其所有权的具体体现。所有权人的各项所有权权能可以与所有权相分离。因而可以为他人设定用益物权和担保物权。由于用益物权与担保物权都是对他人的物享有的权利，因此都称为"他物权"，与此相对应，所有权称为"自物权"。现代各国民法贯彻效益原则，已逐渐放弃了传统民法注重对物的实物支配、注重财产归属的做法，转而注重财产价值形态的支配和利用。大陆法系和英美法系这两大法系有关财产的现代法律，都充分体现了以"利用"为中心的物权观念。传统的以物的"所有"为中心的物权观念，已经被以物的"利用"为中心的物权观念所取代。

但是，所有权是他物权的本源和基础。用益物权与担保物权的设定，源于所有权人对其所有权的行使。让渡对物的占有、使用，或者以物的价值为他人设定担保，正是所有权人对其所有权中诸项权能的行使。所有权人根据法律和合同，可以将使用权转移给非所有权人行使，非所有权人取得使用权、行使使用权，必须依据法律与合同的规定进行。所以，非所有人享有的使用权，不过是从所有权中分离出来的权能。所有权人根据法律或者合同用自己的物为他人债务提供担保，是对其物所有权中处分权的行使，非所有权人取得担保物权、行使担保物权，必须依据法律与合同的规定进行。所以，他人享有的担保权利，同样也是从所有权中分离出来的权能。因此，设定他物权，是所有权人行使所有权的结果。也正因如此，用益物权人、担保物权人行使权利必须依据法律或者合同的约定进行，不得损害所有权人的权益。

设定土地承包经营权、宅基地使用权、建设用地使用权是以土地为他人设定权利。在我国，土地实行公有制，土地属于国家或者集体所有，这与西方土地私有的情况有很大不同。对于土地承包、宅基地和建设用地，国家有大量的法律、行政法规以及地方法规和规章，要求政府部门严格依法办事，不能损害国家、集体的利益。土地承包经营权人、宅基地使用权人、建设用地使用权人也要依据法律和合同行使权利，履行义务，不得损害国家、集体的利益。

用益物权中有一项是地役权。"地役权"是指，在相邻关系以外，权利人按照合同约定处理两个或者两个以上不动产权利人之间在通行、通风、采光等方面产生的各种关系，以提高自己的生产或者生活水平。比如甲公司和乙公司约定，借用乙公司的道路通行，以便利甲公司员工的出入。在我国，设立地役权的情况较为特殊。在国有土地上设定地役权的，通常是拥有土地使用权的单位而不是作为所有权人的国家，在集体土地上设定地役权的通常是承包土地的农户而不是作为土地所有权人的集体经济组织。

留置权为担保物权的一种。"留置权"是法律规定为了确保债务履行而设立的一种担保物权，当债务人不履行债务时，债权人依法留置已经合法占有的债务人的动产，并就该动产享有优先受偿的权利，比如顾客不支付洗衣费，洗衣店依法有权留置衣物，在法定期限内顾客还不支付洗衣费，洗衣店依法有权就变卖衣物的价款中获取洗衣费。留置权是债权人留置债务人的动产，留置权的设定由债权人依法进行，而非动产的所有权人设定，但当事人约定不得留置的，债权人必须遵守约定，不得违背合同规定留置约定不得留置的债务人的动产。债权人留置债务人的动产、行使留置权必须依法进行，不得损害所有权人的权益。

> **第二百四十二条　法律规定专属于国家所有的不动产和动产，任何组织或者个人不能取得所有权。**

【条文主旨】

本条是关于国家专有的规定。

【条文释义】

国家专有是指只能为国家所有而不能为任何其他人所拥有。国家专有的财产由于不能为他人所拥有，因此不能通过交换或者赠与等任何流通手段转移所有权，这与非专有的国家财产的性质不同。非专有的国家财产是可以流转的，如国家用于投资的财产。国家专有的财产范围很宽，各项具体的专有财产由各个相关单行法律、行政法规规定，本条只作概括性规定。

国家专有的财产包括但不限于以下各项：

1. 国有土地。依据法律、行政法规的规定，属于国家所有的土地有：城市市区的土地；农村和城市郊区已被征收的土地；依法不属于集体所有的森林、山岭、草地、荒地、滩涂及其他土地等。

2. 海域。海域使用管理法规定，海域属于国家所有。

3. 水流。宪法规定，水流属于国家所有。

4. 矿产资源。宪法规定，矿藏属于国家所有。矿产资源法规定，矿产资源属于国家所有。有关法律、行政法规规定煤炭资源、石油资源、盐资源、水晶矿产等属于国家所有。

5. 无居民海岛。海岛保护法规定，无居民海岛属于国家所有。

6. 野生动物资源。野生动物保护法规定，野生动物资源属于国家所有。

7. 无线电频谱资源。本编第五章规定，无线电频谱资源属于国家所有。

国外有"公用财产"的概念，国外的公用财产指社会公众共同使用的财产，如公共道路、公路、街道、桥梁、水库、图书馆、港口等。有的国家规定公用财产属于社会公有，不属于国家所有，但国家享有主权和管理权。公用财产不能转让，不适用取得时效。在这一点上，与我国的国家专有财产有类似的地方。

> 第二百四十三条　为了公共利益的需要，依照法律规定的权限和程序可以征收集体所有的土地和组织、个人的房屋以及其他不动产。
>
> 征收集体所有的土地，应当依法及时足额支付土地补偿费、安置补助费以及农村村民住宅、其他地上附着物和青苗等的补偿费用，并安排被征地农民的社会保障费用，保障被征地农民的生活，维护被征地农民的合法权益。
>
> 征收组织、个人的房屋以及其他不动产，应当依法给予征收补偿，维护被征收人的合法权益；征收个人住宅的，还应当保障被征收人的居住条件。
>
> 任何组织或者个人不得贪污、挪用、私分、截留、拖欠征收补偿费等费用。

【条文主旨】

本条是关于征收的规定。

【条文释义】

征收是国家以行政权取得集体、组织和个人的财产所有权的行为。征收的主体是国家，通常是政府部门，政府以行政命令的方式从集体、组织和个人取得土地、房屋等财产，集体、组织和个人必须服从。在物权法律制度上，征收是物权变动的一种极为特殊的情形。征收属于政府行使行政权，属于行政关系，不属于民事关系，但由于征收是所有权丧失的一种方式，是对所有权的限制，同时又是国家取得所有权的一种方式，因此外国民法通常都从这一民事角度对征收作原则规定。

征收导致所有权的丧失，当然对所有权人造成损害。因此，征收虽然是被许可的行为，但通常都附有严格的法定条件的限制。征收土地是世界各国政府取得土地的常用办法，但在土地私有制国家里，征收土地的含义与我国有所不同，即表现为一种强制购买权，只有在正常收买无法取得土地时再动用征收权。

在我国，由于公共建设任务繁重而征收较多，在城市是因城市规划拆迁而征收居民房屋，在农村是因公共建设、城市规划而征收集体土地。在征收集体所有土地和城乡居民房屋的过程中，侵害群众利益的问题时有发生，社会普遍关注。在民法典物权编的立法过程中，对于征收的问题意见较多，主要集中在公共利益的目的和征收补偿两个方面。

关于公共利益。有的认为，应当明确界定公共利益的范围，以限制有的地方政府滥用征收权力，侵害群众利益。在物权法的立法过程中，曾将"为了公共利益的需要"修改为"为了发展公益事业、维护国家安全等公共利益的需要"，但有关部门和专家认为这样规定仍不清楚。经各方面反复研究，一致认为：在不同领域内，在不同情形下，公共利益是不同的，情况相当复杂，物权法难以对公共利益作出统一的具体界定，还是分别由土地管理法、城市房地产管理法等单行法律规定较为切合实际。现行有的法律如信托法、测绘法已经对公共利益的范围作了一些具体界定。本条维持了物权法的规定，没有对"公共利益"作出具体界定。

关于征收补偿。有的认为，在现实生活中，存在征收土地的补偿标准过低、补偿不到位的问题，侵害群众利益，建议对补偿问题作出具体规定。有的建议规定为"相应补偿"，有的建议规定为"合理补偿"，有的建议规定为"充分补偿"，有的建议规定"根据市场价格予以补偿"。针对群众反映较大的问题，本条第 2 款、第 3 款就补偿原则和补偿内容作了明确规定。考虑到各地的发展很不平衡，具体的补偿标准和补偿办法，由土地管理法等有关法律依照本法规定的补偿原则和补偿内容，根据不同情况作出规定。在物权编的立法过程中，有的意见提出，深入推进农村集体产权制度改革，是党中央作出的重大决策，民法典应当对农村集体所有土地的征地补偿制度予以完善。考虑到土地管理法在2019 年修改时，对农村集体所有土地的征收补偿问题作了修改完善，本条第 2

款在物权法基础上增加规定，征收集体所有的土地，应当依法及时足额支付农村村民住宅的补偿费用等，以与土地管理法的规定相衔接。针对现实生活中补偿不到位和侵占补偿费用的行为，本条第 4 款明确规定，任何组织和个人不得贪污、挪用、私分、截留、拖欠征收补偿费等费用。

> **第二百四十四条** 国家对耕地实行特殊保护，严格限制农用地转为建设用地，控制建设用地总量。不得违反法律规定的权限和程序征收集体所有的土地。

【条文主旨】

本条是关于保护耕地、禁止违法征地的规定。

【条文释义】

我国地少人多，耕地是宝贵的资源，且后备资源贫乏，如何保护我国宝贵的耕地资源，并合理利用，关系中华民族的生存。国家历来重视对耕地的保护，实行最严格的耕地保护制度，严格控制农用地转为建设用地，这是保障我国长远发展、经济平稳、社会安定的必然要求。为了切实加强土地调控，制止违法违规用地行为，针对现实生活中滥用征收权力、违法征地的行为，本条作了原则规定。

根据土地管理法等法律、行政法规的有关规定，有关耕地保护的基本政策是：

1. 严格控制耕地转为非耕地。国家保护耕地，严格控制耕地转为非耕地。国家实行严格的用途管制制度。通过制定土地利用总体规划，限定建设可以占用土地的区域。对各项建设用地下达土地利用年度计划，控制建设占用土地（包括占用耕地）。农用地转用要报省级以上人民政府批准。通过这些措施，使各项建设占用耕地的总量降到最低限度。

2. 国家实行占用耕地补偿制度。非农业建设经批准占用耕地的，按照"占多少，垦多少"的原则，由占用耕地的单位负责开垦与所占用耕地的数量和质量相当的耕地；没有条件开垦或者开垦的耕地不符合要求的，应当按照省、自治区、直辖市的规定缴纳耕地开垦费，专款用于开垦新的耕地。

3. 永久基本农田保护制度。国家实行永久基本农田保护制度，对于经国务院农业农村主管部门或者县级以上地方人民政府批准确定的粮、棉、油、糖等重要农产品生产基地内的耕地；有良好的水利与水土保持设施的耕地，正在实施改造计划以及可以改造的中、低产田和已建成的高标准农田；蔬菜生产基地；农业科研、教学试验田以及国务院规定应当划为永久基本农田的其他耕地，根据土地利用总体规划划为永久基本农田，实行严格保护。划定永久基本农田主要是为了对耕地实行特殊保护。永久基本农田经依法划定后，任何单位和个人不得擅自占用或者改变其用途。永久基本农田涉及农用地转用或者土地征收的，必须经国务院批准。

4. 其他。对保护耕地还有许多规定。例如：（1）保证耕地质量。各级人民政府应当采取措施，引导因地制宜轮作休耕，改良土壤，提高地力，维护排灌工程设施，防止土地荒漠化、盐渍化、水土流失和土壤污染。（2）非农业建设的用地原则是，必须节约使用土地，可以利用荒地的，不得占用耕地；可以利用劣地的，不得占用好地。禁止占用耕地建窑、建坟或者擅自在耕地上建房、挖砂、采石、采矿、取土等。禁止占用永久基本农田发展林果业和挖塘养鱼。（3）禁止闲置、荒芜耕地。禁止任何单位和个人闲置、荒芜耕地。已经办理审批手续的非农业建设占用耕地，1 年内不用而又可以耕种并收获的，应当由原耕种该幅耕地的集体或者个人恢复耕种，也可以由用地单位组织耕种；1 年以上未动工建设的，应当按照省、自治区、直辖市的规定缴纳闲置费；连续 2 年未使用的，经原批准机关批准，由县级以上人民政府无偿收回用地单位的土地使用权；该幅土地原为农民集体所有的，应当交由原农村集体经济组织恢复耕种。（4）开发未利用土地。国家鼓励单位和个人按照土地利用总体规划，在保护和改善生态环境、防止水土流失和土地荒漠化的前提下，开发未利用的土地；适宜开发为农用地的，应当优先开发成农用地。国家依法保护开发者的合法权益。（5）土地复垦。因挖损、塌陷、压占等造成土地破坏，用地单位和个人应当按照国家有关规定负责复垦；没有条件复垦或者复垦不符合要求的，应当缴纳土地复垦费，专项用于土地复垦。复垦的土地应当优先用于农业。

按照宪法、土地管理法等有关法律规定，征收土地的条件与程序是：

1. 征收土地必须是为了公共利益的需要。根据土地管理法的规定，有下列情形并且确需征收农民集体所有的土地的，可以依法实施征收：（1）军事和外交需要用地的；（2）由政府组织实施的能源、交通、水利、通信、邮政等基础设施建设需要用地的；（3）由政府组织实施的科技、教育、文化、卫生、体育、生态环境和资源保护、防灾减灾、文物保护、社区综合服务、社会福利、市政公用、优抚安置、英烈保护等公共事业需要用地的；（4）由政府组织实施的扶贫搬迁、保障性安居工程建设需要用地的；（5）在土地利用总体规划确定的城镇建设用地范围内，经省级以上人民政府批准由县级以上地方人民政府组织实施的成片开发建设需要用地的；（6）法律规定为公共利益需要可以征收农民集体所有的土地的其他情形。

2. 征地是一种政府行为，是政府的专有权力，其他任何单位和个人都没有征地权。同时，被征地单位必须服从，不得阻挠征地。

3. 必须依法取得批准。征收永久基本农田、永久基本农田以外的耕地超过35公顷的，以及其他土地超过70公顷的，由国务院批准。征收其他土地的，由省、自治区、直辖市人民政府批准。征收农用地的，应当依照有关规定先行办理农用地转用审批。

4. 必须予以公告并听取相关主体的意见。国家征收土地依照法定程序批准后，由县级以上地方人民政府予以公告并组织实施。县级以上地方人民政府拟申请征收土地的，应当开展拟征收土地现状调查和社会稳定风险评估，并将征收范围、土地现状、征收目的、补偿标准、安置方式和社会保障等在拟征收土地所在的乡（镇）和村、村民小组范围内公告至少30日，听取被征地的农村集体经济组织及其成员、村民委员会和其他利害关系人的意见。

5. 必须依法对被征地单位进行补偿。拟征收土地的所有权人、使用权人应当在公告规定期限内，持不动产权属证明材料办理补偿登记。县级以上地方人民政府应当组织有关部门测算并落实有关费用，保证足额到位，与拟征收土地的所有权人、使用权人就补偿、安置等签订协议。相关前期工作完成后，县级以上地方人民政府方可申请征收土地。征收土地应当给予公平、合理的补偿，保障被征地农民原有生活水平不降低、长远生计有保障。征收土地应当依法及时足额支付土地补偿费、安置补助费以及农村村民住宅、其他地上附着物和青苗等的补偿费用，并安排被征地农民的社会保障费用。

6. 征地补偿费用的情况要向集体组织成员公布，接受监督。被征地的农村集体经济组织应当将征收土地的补偿费用的收支状况向本集体经济组织的成员公布，接受监督。同时规定，禁止侵占、挪用被征收土地单位的征地补偿费用和其他有关费用。

因此，法律、行政法规对于保护耕地、征收土地都有明确的规定。征收农村土地，应当按照特殊保护耕地的原则，依照法律规定的权限和程序进行，切实保护耕地，保护农民利益，保障社会安定和经济的可持续发展。

第二百四十五条　因抢险救灾、疫情防控等紧急需要，依照法律规定的权限和程序可以征用组织、个人的不动产或者动产。被征用的不动产或者动产使用后，应当返还被征用人。组织、个人的不动产或者动产被征用或者征用后毁损、灭失的，应当给予补偿。

【条文主旨】

本条是关于征用的规定。

【条文释义】

征用是国家强制使用组织、个人的财产。强制使用就是不必得到所有权人的同意，在国家有紧急需要时即直接使用。国家需要征用组织、个人的不动产和动产的原因，是抢险、救灾、应对突发公共卫生事件等在社会整体利益遭遇危机的情况下，需要动用一切人力、物力进行紧急处理和救助。所以，法律允许在此种情况下限制组织或者个人的财产所有权。

国家以行政权命令征用财产，被征用的组织、个人必须服从，这一点与征收相同。但征收是剥夺所有权，征用只是在紧急情况下强制使用组织、个人的财产，紧急情况结束后被征用的财产要返还给被征用的组织、个人，因此征用与征收有所不同。本章规定的征收限于不动产，本条规定的征用的财产既包括不动产也包括动产。

征用在国家出现紧急情况时采用，因此国外通常在紧急状态法中规定，但也有的国家在民法中作了规定，如《意大利民法典》规定，"在发生公共事务、军事、民事的重大紧急需求的情况下，可以对动产或者不动产进行征调。对动产或者不动产的所有权人应当给予合理补偿"。考虑到征用如征收一样也是对所有权的限制，本法对征用作了规定。由于征用是对所有权的限制，并可能给所有权人造成不利的后果，因此，征用的采用亦有严格的条件限制：（1）征用的前提条件是发生紧急情况，因此征用适用于出现紧急情况时，平时不得采用；（2）征用应符合法律规定的权限和程序；（3）使用后应当将征用财产返还被征用人，并且给予补偿，但通常不及于可得利益的损失。

征用如征收一样也是较为复杂的问题，同时征用是政府行使行政权，不是民事关系，征用的具体问题应由相关的行政法规定。因此，本条仅从民事角度作了原则性规定。

第五章　国家所有权和集体所有权、私人所有权

本章共二十五条，规定了国家所有权和集体所有权、私人所有权。本章主要对国有财产的范围、国家所有权的行使、对国有财产的保护、集体所有权的范围、集体所有权的行使、对集体成员合法权益的保护、私人所有权的范围、企业法人的财产权等作了规定。

> **第二百四十六条** 法律规定属于国家所有的财产，属于国家所有即全民所有。
>
> 国有财产由国务院代表国家行使所有权。法律另有规定的，依照其规定。

【条文主旨】

本条是关于国有财产范围、国家所有的性质和国家所有权行使的规定。

【条文释义】

国有经济是国民经济中的主导力量。加大对国有资产的保护力度，切实防止国有资产流失，是巩固和发展公有制经济的现实要求。物权编通过明确规定国有财产的归属和行使主体，对国有财产的合理开发利用，侵害国有财产的民事保护方法等，加大对国有资产的保护力度，防止国有资产流失。物权编的基本原则、物权的设立和转让、所有权人享有的权利、用益物权、担保物权、物权的保护等一系列规定对国有财产都是适用的，并对国有财产作出若干特别规定。

一、国有财产的范围

本条第1款是对国有财产范围的概括性规定。依据宪法、法律、行政法规，物权编明确规定矿藏、水流、海域、无居民海岛、无线电频谱资源、城市的土地、国防资产属于国家所有。法律规定属于国家所有的铁路、公路、电力设施、电信设施和油气管道等基础设施、文物、农村和城市郊区的土地、野生动植物资源，属于国家所有。除法律规定属于集体所有的外，森林、山岭、草原、荒地、滩涂等自然资源，属于国家所有。

在立法征求意见过程中，对于国有财产范围的不同意见主要是，国有财产的范围很广，如何在物权编中确定国有财产的范围，哪些应该明确写，哪些不应该写，对物的种类在文字上应该如何表述。有的认为，物权编具体列举的国有财产不够全面，应当增加规定空域、航道、频道、种质资源属于国家所有。考虑到国有财产范围很宽，难以逐项列全，所提出的增加规定的有些内容是否属于物权编上的物，也有争议。因此，本条对国有财产的范围作了概括性的规定："法律规定属于国家所有的财产，属于国家所有即全民所有。"并以现行法律的规定为依据对国家所有的财产作了列举规定。现行法律、行政法规没有明确规定的，根据本条，可以在制定或者修改有关法律时作出具体规定。

二、我国国家所有的性质

我国国家所有的性质是全民所有。宪法第 9 条第 1 款规定："矿藏、水流、森林、山岭、草原、荒地、滩涂等自然资源，都属于国家所有，即全民所有；由法律规定属于集体所有的森林和山岭、草原、荒地、滩涂除外。"民法通则第 73 条第 1 款规定："国家财产属于全民所有。"本法根据宪法和民法通则规定，"国家所有即全民所有"，以更好地和宪法、民法通则的规定相衔接，进一步明确国家所有的性质。

三、代表国家行使国家财产所有权的主体

本条第 2 款是对代表国家行使国家财产所有权的主体的规定。在征求意见过程中，有的认为，由"国务院代表国家行使国家所有权"可操作性不强。有的提出，国有自然资源的所有权实际上有不少是由地方人民政府具体行使的，应规定地方人民政府也有权代表国家具体行使国有自然资源的所有权。有的建议，明确实践中行使所有权的地方各级政府同国务院之间的关系是委托还是授权。有的认为，应该由全国人大代表国家行使国家财产所有权。立法机关经研究认为，依据宪法规定，全国人大是最高国家权力机关，国务院是最高国家权力机关的执行机关。全国人大代表全国人民行使国家权力，体现在依法就关系国家全局的重大问题作出决定，而具体执行机关是国务院。我国的许多法律已经明确规定由国务院代表国家行使所有权。例如，土地管理法第 2 条第 2 款规定："全民所有，即国家所有土地的所有权由国务院代表国家行使。"矿产资源法第 3 条第 1 款中规定："矿产资源属于国家所有，由国务院行使国家对矿产资源的所有权。"

由国务院代表国家行使所有权也是现行的管理体制。本法规定："国有财产由国务院代表国家行使所有权。法律另有规定的，依照其规定。"这样规定，既符合人民代表大会制度的特点，也体现了党的十六大关于国家要制定法律法规，建立中央政府和地方政府分别代表国家履行出资人职责，享有所有者权益的国有资产管理体制的要求。全国人大通过立法授权国务院代表国家行使国家所有权，正体现了全国人大的性质及其行使职权的特点。当然，国务院代表国家行使所有权，应当依法对人大负责，受人大监督。

国有财产由国务院代表国家行使所有权，同时依照法律规定也可以由地方人民政府等部门行使有关权利。我国很多法律法规对此都有相应的规定，如矿产资源法第 11 条规定："国务院地质矿产主管部门主管全国矿产资源勘查、开采的监督管理工作。国务院有关主管部门协助国务院地质矿产主管部门进行矿产资源勘查、开采的监督管理工作。省、自治区、直辖市人民政府地质矿产主管部门主管本行政区域内矿产资源勘查、开采的监督管理工作。省、自治区、

直辖市人民政府有关主管部门协助同级地质矿产主管部门进行矿产资源勘查、开采的监督管理工作。"矿产资源法实施细则第 3 条第 2 款规定："国务院代表国家行使矿产资源的所有权。国务院授权国务院地质矿产主管部门对全国矿产资源分配实施统一管理。"

> **第二百四十七条　矿藏、水流、海域属于国家所有。**

【条文主旨】

本条是关于矿藏、水流、海域的国家所有权的规定。

【条文释义】

本条规定，矿藏、水流、海域属于国家所有。

一、矿藏属于国家所有

矿藏，主要指矿产资源，即存在于地壳内部或者地表的，由地质作用形成的，在特定的技术条件下能够被探明和开采利用的，呈固态、液态或气态的自然资源。本法依据宪法规定矿藏属于国家所有。矿藏属于国家所有，指国家享有对矿产资源的占有、使用、收益和处分的权利。宪法第 9 条第 1 款规定："矿藏、水流、森林、山岭、草原、荒地、滩涂等自然资源，都属于国家所有，即全民所有；由法律规定属于集体所有的森林和山岭、草原、荒地、滩涂除外。"矿产资源是国民经济和社会发展的重要物质基础，只有严格依照宪法的规定，坚持矿藏属于国家所有，即全民所有，才能保障我国矿产资源的合理开发、利用、节约、保护和满足各方面对矿产资源日益增长的需求，适应国民经济和社会发展的需要。

国家对矿藏的所有权可以有多种行使方式。民法通则第 81 条第 2 款规定："国家所有的矿藏，可以依法由全民所有制单位和集体所有制单位开采，也可以依法由公民采挖。国家保护合法的采矿权。"矿产资源法第 3 条第 3 款中规定："勘查、开采矿产资源，必须依法分别申请、经批准取得探矿权、采矿权，并办理登记。"矿产资源法第 4 条第 1 款规定："国家保障依法设立的矿山企业开采矿产资源的合法权益。"依照规定，民事主体可以依法取得开发和经营矿藏的权利，其性质为采矿权。取得该权利后，通过开发和经营矿藏取得对矿藏的所有权。民事主体取得采矿权并不影响国家的所有权。国家保护合法的采矿权。但该采矿权与对矿藏的所有权不同，前者是他物权，后者是所有权。国家保障矿产资源的合理利用。

二、水流属于国家所有

水流，指江、河等的统称。此处水流应包括地表水、地下水和其他形态的水资源。水是人类生存的生命线，人类因水而生存，因水而发展。然而，21世纪人类却面临着严重的水资源问题。水资源短缺几乎成为世界性的问题。我国是水资源贫乏的国家，人均水资源仅为世界平均水平的1/4。同时，水资源在时间和地区分布上很不平衡，由于所处的独特的地理位置和气候条件，使我国面临水资源短缺、洪涝灾害频繁、水环境恶化三大水问题，对国民经济和社会发展具有全局影响。

本条规定水流属于国家所有。水流属于国家所有，指国家享有对水流的占有、使用、收益和处分的权利。宪法第9条第1款中规定："矿藏、水流、森林、山岭、草原、荒地、滩涂等自然资源，都属于国家所有，即全民所有。"水法第3条中规定："水资源属于国家所有。水资源的所有权由国务院代表国家行使。"在征求意见过程中，有的建议将"水流"修改为"水资源"。考虑到宪法中的用词是"水流"，物权编中仍然依照宪法使用"水流"一词。水流是我国最宝贵的自然资源之一，是实现可持续发展的重要物质基础。只有严格依照宪法的规定，坚持水流属于国家所有，即全民所有，才能保障我国水资源的合理开发、利用、节约、保护和满足各方面对水资源日益增长的需求，适应国民经济和社会发展的需要。

三、海域属于国家所有

海域，是指中华人民共和国内水、领海的水面、水体、海床和底土。这是一个空间资源的概念，是对传统民法中"物"的概念的延伸与发展。内水，是指中华人民共和国领海基线向陆地一侧至海岸线的海域。领海这个概念是随公海自由原则的确立而形成的，它是指沿着国家的海岸、受国家主权支配和管辖下的一定宽度的海水带。我国是海洋大国，拥有近300万平方公里的管辖海域，相当于陆地国土面积的1/3，拥有18000多公里的大陆岸线，14000多公里的岛屿岸线，蕴藏着丰富资源，包括生物资源、矿产资源、航运资源、旅游资源等。对于丰富的资源，国家有责任实施管理，对于我国辽阔的海域，需要由国家行使管理职能。这些管理，是以海域的国家所有权为法律依据的。

本条明确规定海域属于国家所有。海域使用管理法第3条第1款中规定："海域属于国家所有，国务院代表国家行使海域所有权。任何单位或者个人不得侵占、买卖或者以其他形式非法转让海域。"长期以来，在海域权属问题上存在一些模糊认识，出现了一些不正常的现象。个别地方政府或者有关部门擅自将海域的所有权确定为本地所有或者某集体经济组织所有，用海单位在需要使用海域时直接向乡镇和农民集体经济组织购买或者租用；个别乡镇竟然公开拍卖海域或者滩涂；有的村民认为，祖祖辈辈生活在海边，海就是村里的。这些认识和行为，不仅导致海域使用秩序的混乱，而且损害了国家的所有权权益。因此，物权编明确规定海域属于国家所有。海域属于国家所有，指国家享有对海域的占有、使用、收益和处分的权利。这不仅能正本清源，纠正思想上的错误认识，而且有助于树立海域国家所有的意识和有偿使用海域的观念，使国家的所有权权益能在经济上得到实现。

> **第二百四十八条　无居民海岛属于国家所有，国务院代表国家行使无居民海岛所有权。**

【条文主旨】

本条是关于无居民海岛的国家所有权的规定。

【条文释义】

本条是编纂民法典过程中在物权编中增加的条文。有的意见提出，2009 年全国人大常委会通过的海岛保护法第 2 条中规定："本法所称海岛，是指四面环海水并在高潮时高于水面的自然形成的陆地区域，包括有居民海岛和无居民海岛。"海岛保护法第 4 条规定："无居民海岛属于国家所有，国务院代表国家行使无居民海岛所有权。"为了更好地保护国家对无居民海岛的所有权，同时也为了宣示国家对无居民海岛的主权，有必要在民法典中明确规定无居民海岛属于国家所有。也有的意见认为，对于自然资源的所有权，物权编主要是从自然资源的类别角度进行规范，而非地理的自然形态。物权编已经规定了土地、矿藏、水流、森林、山岭、野生动植物等自然资源的所有权，这些自然资源也可能存在于无居民海岛上。海岛保护法规定无居民海岛属于国家所有，其角度与物权编不同，不宜将这一规定照搬到民法典物权编中。经研究，采纳了第一种意见。

本条规定无居民海岛属于国家所有，国务院代表国家行使无居民海岛所有权。有的意见提出，本法第 246 条已经规定了"国有财产由国务院代表国家行使所有权"，因此本条不要再重复规定"国务院代表国家行使无居民海岛所有权"。也有的意见认为，本法第 246 条第 2 款的规定是："国有财产由国务院代表国家行使所有权。法律另有规定的，依照其规定。"而海岛保护法第 4 条规定："无居民海岛属于国家所有，国务院代表国家行使无居民海岛所有权。"并没有关于法律另有规定的表述。无居民海岛的所有权，也应当由国务院统一代表国家行使。经研究，采纳了第二种意见。

> **第二百四十九条　城市的土地，属于国家所有。法律规定属于国家所有的农村和城市郊区的土地，属于国家所有。**

【条文主旨】

本条是关于国家所有土地范围的规定。

【条文释义】

本条规定了国家所有土地的范围，国家所有的土地包括：城市的土地；法律规定属于国家所有的农村和城市郊区的土地。

1. 城市的土地属于国家所有。"城市的土地，属于国家所有"即指国家对于城市的土地享有所有权，且城市的土地所有权只属于国家。宪法第 10 条中规定："城市的土地属于国家所有。"土地管理法第 9 条第 1 款中规定："城市市区的土地属于国家所有。"

2. 法律规定属于国家所有的农村和城市郊区的土地属于国家所有。宪法第 10 条中规定："农村和城市郊区的土地，除由法律规定属于国家所有的以外，属于集体所有。"土地管理法第 9 条第 2 款中规定："农村和城市郊区的土地，除由法律规定属于国家所有的以外，属于农民集体所有。"农村和城市郊区的土地，除法律规定属于国家所有的以外，是属于农民集体所有的。但是法律规定属于国家所有的农村和城市郊区的土地属于国家所有。这里所讲的法律是全国人大及其常委会通过的具有法律约束力的规范性文件，包括宪法和其他法律。

> **第二百五十条　森林、山岭、草原、荒地、滩涂等自然资源，属于国家所有，但是法律规定属于集体所有的除外。**

【条文主旨】

本条是关于属于国家所有的森林、草原等自然资源的规定。

【条文释义】

本条有关森林、山岭、草原、荒地、滩涂等自然资源所有权的规定是依据宪法作出的。宪法第 9 条第 1 款规定："矿藏、水流、森林、山岭、草原、荒地、滩涂等自然资源，都属于国家所有，即全民所有；由法律规定属于集体所有的森林和山岭、草原、荒地、滩涂除外。"我国绝大多数自然资源都属于国家所有，这是我国不同于资本主义国家经济制度的基本特征之一。物权编根据宪法和有关法律的规定，对自然资源的归属作出规定，对进一步保护国有自然资源，合理开发利用国有自然资源，具有重要意义。

在立法征求意见过程中，有的建议，删除"等自然资源"的表述。有的认为，"土地"包括"山岭""荒地""滩涂"，建议删除本条中的"山岭""荒地""滩涂"。有的认为，本条中"等"表述易生歧义，建议删除。宪法是我国的根本大法，制定法律要以宪法为依据，因此，本条在文字的表述上依据宪法作出了规定。

根据宪法，我国其他法律对自然资源的国家所有权也作出了相应的规定。森林法第14条第1款规定："森林资源属于国家所有，由法律规定属于集体所有的除外。"草原法第9条中规定："草原属于国家所有，由法律规定属于集体所有的除外。"

第二百五十一条　法律规定属于国家所有的野生动植物资源，属于国家所有。

【条文主旨】

本条是关于属于国家所有的野生动植物资源的规定。

【条文释义】

依据我国野生动物保护法第2条第2款的规定，野生动物，是指受保护的野生动物，即珍贵、濒危的陆生、水生野生动物和有重要生态、科学社会价值的陆生野生动物。依据野生植物保护条例第2条第2款的规定，受保护的野生植物，是指原生地天然生长的珍贵植物和原生地天然生长并具有重要经济、科学研究、文化价值的濒危、稀有植物。

野生动物是我国的一项巨大自然财富。我国野生动物资源十分丰富，不仅经济动物种类繁多，还有不少闻名世界的珍贵稀有鸟兽。野生动物作为自然生态系统的重要组成部分，是人类宝贵的自然资源，为人类的生产和生活提供了丰富的资源，对人类发展有重要的促进作用。我国也是世界上野生植物资源种类最为丰富的国家之一。野生植物是自然生态系统的重要组成部分，是人类生存和社会发展的重要物质基础，是国家重要的资源。野生植物资源作为社会经济发展中一种极为重要的资源，具有生态性、多样性、遗传性和可再生性等特点。

野生动植物是国家宝贵的种质资源，是人类生产生活的重要物质基础，人类的衣食住行都与其密切相关。同时，它还是重要的战略资源，保存着丰富的遗传基因，为人类的生存与发展提供了广阔的空间。野生动植物资源在国民经济和社会发展中具有非常重要的地位。

因此，本条规定，法律规定属于国家所有的野生动植物资源，属于国家所有。这样规定，有利于保护我国的野生动植物资源，有利于更加合理地利用野生动植物资源。

第二百五十二条　无线电频谱资源属于国家所有。

【条文主旨】

本条是关于无线电频谱资源的国家所有权的规定。

【条文释义】

无线电频谱资源是有限的自然资源。为了充分、合理、有效地利用无线电频谱，保证各种无线电业务的正常运行，防止各种无线电业务、无线电台站和系统之间的相互干扰，本条规定无线频谱资源属于国家所有。无线电频谱资源属于国家所有，是指国家对无线电频谱资源享有占有、使用、收益和处分的权利。无线电管理条例第3条规定："无线电频谱资源属于国家所有。国家对无线电频谱资源实行统一规划、合理开发、有偿使用的原则。"

在立法征求意见过程中，有的认为，规定频谱资源属于国家所有，不利于新技术的开发，会产生争议。无线电管理条例第5条规定："国家鼓励、支持对无线电频谱资源的科学技术研究和先进技术的推广应用，提高无线电频谱资源的利用效率。"因此，规定无线电频谱资源属于国家所有并不会不利于新技术的开发，而会更有利于充分、合理、有效地利用无线电频谱资源。

第二百五十三条　法律规定属于国家所有的文物，属于国家所有。

【条文主旨】

本条是关于属于国家所有文物的规定。

【条文释义】

我国是一个拥有悠久历史和灿烂文化的文明古国，拥有极为丰富的文化遗产。我们的祖先在改造自然、改造社会的长期斗争中，创造了灿烂辉煌的古代文化，为整个人类文明历史作出过重要的贡献。保存在地上地下极为丰富的祖国文物是文化遗产的重要组成部分，是中华民族历史发展的见证。它真实地反映了我国历史各个发展阶段的政治、经济、军事、文化、科学和社会生活的状况，蕴藏着各族人民的创造、智慧和崇高的爱国主义精神，蕴含着中华民族特有的精神价值、思维方式、想像力，体现着中华民族的生命力和创造力，对世世代代的中华儿女都有着强大的凝聚力和激励作用。在建设具有中国特色的社会主义的新时期，在全国各族人民坚持四项基本原则，坚持改革开放总方针的伟大实践中，保护和利用好文物，对于继承和发扬中华民族的优秀文化和革命传统，增进民族团结和维护国家统一，增强民族自信心和凝聚力，促进社会主义物质文明和精神文明建设，团结国内外同胞推进祖国统一大业，以及不断扩大我国人民同世界各国人民的文化交流和友好往来，都具有重要的意义。

本条规定，法律规定属于国家所有的文物，属于国家所有。在此需要明确的是，并不是所有的文物都归国家所有，而是法律规定属于国家所有的文物，属于国家所有。文物的所有者可以是各类民事主体，民事主体可以按照法律规定享有对文物的所有权。依照文物保护法第5条的规定，以下文物属于国家所有：（1）中华人民共和国境内地下、内水和领海中遗存的一切文物，属于国家所有。（2）古文化遗址、古墓葬、石窟寺属于国家所有。国家指定保护的纪念建筑物、古建筑、石刻、壁画、近代现代代表性建筑等不可移动文物，除国家另有规定的以外，属于国家所有。（3）下列可移动文物，属于国家所有：①中国境内出土的文物，国家另有规定的除外；②国有文物收藏单位以及其他国家机关、部队和国有企业、事业组织等收藏、保管的文物；③国家征集、购买的文物；④公民、法人和其他组织捐赠给国家的文物；⑤法律规定属于国家所有的其他文物。文物保护法第5条中还规定："属于国家所有的可移动文物的所有权不因其保管、收藏单位的终止或者变更而改变。国有文物所有权受法律保护，不容侵犯。"国家依法享有对法律规定属于国家所有的文物的所有权，也就是国家依法享有对其所有的文物的占有、使用、收益和处分的权利。

> **第二百五十四条** 国防资产属于国家所有。
> 铁路、公路、电力设施、电信设施和油气管道等基础设施，依照法律规定为国家所有的，属于国家所有。

【条文主旨】

本条是关于国防资产的国家所有权以及属于国家所有的基础设施的规定。

【条文释义 】

本条第 1 款规定，国防资产属于国家所有。国防是国家生存与发展的安全保障，是维护国家安全统一，确保实现全面建成小康社会目标的重要保障。建立强大巩固的国防是中国现代化建设的战略任务。规定国防资产的国家所有权对我国的国防建设有重大意义。

本条第 2 款规定铁路、公路、电力设施、电信设施和油气管道等基础设施，依照法律规定为国家所有的，属于国家所有。依据本款的规定，并不是所有的铁路、公路、电力设施、电信设施和油气管道等基础设施，都属于国家所有，而是依照法律规定为国家所有的基础设施才属于国家所有。此处的基础设施也不仅仅是包括铁路、公路、电力设施、电信设施和油气管道这几种，只要是依照法律规定为国家所有的基础设施都被包括在本条之内。

铁路、公路、电力设施、电信设施和油气管道等基础设施都是国家重要的基础设施，建设铁路、公路、电力设施、电信设施和油气管道等基础设施对方便人民生活、提高人民生活水平有重要意义，确保铁路、公路、电力设施、电信设施和油气管道等基础设施的安全对于国民经济发展和保障人民群众生命财产安全意义重大。因此，规定铁路、公路、电力设施、电信设施和油气管道等基础设施，依照法律规定为国家所有的，属于国家所有，对于提高基础设施的建设速度、使用效率和保障基础设施的安全等都有重要意义。

> **第二百五十五条** 国家机关对其直接支配的不动产和动产，享有占有、使用以及依照法律和国务院的有关规定处分的权利。

【条文主旨 】

本条是关于国家机关的物权的规定。

【条文释义 】

本条是国家机关对其直接支配的物享有的物权的规定，规定国家机关对其直接支配的不动产和动产，享有占有、使用以及依照法律和国务院的有关规定处分的权利。国家机关的财产也是国有资产的重要组成部分。明确国家机关对其直接支配的财产享有的权利，哪些权利必须依照法律和国务院的有关规定行使，这对保护国家机关的财产具有重要意义。民法通则第 37 条规定，法人应当具备下列条件：（1）依法成立；（2）有必要的财产或者经费；（3）有自己的名称、组织机构和场所；（4）能够独立承担民事责任。民法通则第50条第1款规定："有独立经费的机关从成立之日起，具有法人资格。"民法典总则编与民法通则的规定大同小异，规定法人应当依法成立。法人应当有自己的名称、组织机构、住所、财产或者经费。法人成立的具体条件和程序，依照法律、行政法规的规定。法人以其全部财产独立承担民事责任。

保护国有财产权，防止国有财产流失，是我国的一项长期任务。除了物权编，还需要制订国有财产管理法，进一步完善国有财产的管理制度。国有财产权作为一种物权，有关这种权利的归属及其内容的基本规则已经在物权编中作出规定，但也要看到，国有财产的行使及其监管又具有特殊性，因而单纯依靠物权编的规定是不够的，还需要制定国有财产管理法，区分经营性财产和非经营性财产，建立不同的管理制度。依据本条规定，国家机关应当依法对其直接支配的财产行使占有、使用和处分的权利。国家机关对其占用的财产的处分必须依照法律和国务院的有关规定中的限制和程序进行，不得擅自处置国有财产。本条对国家机关对其直接支配的国有财产行使占有、使用和处分的权利作出了规定，加强了对国家机关直接占有的国有财产的保护。

> **第二百五十六条** 国家举办的事业单位对其直接支配的不动产和动产，享有占有、使用以及依照法律和国务院的有关规定收益、处分的权利。

〖条文主旨〗

本条是关于国家举办的事业单位的物权的规定。

〖条文释义〗

国家举办的事业单位对其直接支配的不动产和动产，享有占有、使用以及依照法律和国务院的有关规定收益、处分的权利。国有事业单位的财产也是国有资产的重要组成部分。明确国有事业单位对其直接支配的财产享有的权利，哪些权利必须依照法律和国务院的有关规定行使，这对保护国有事业单位的财产具有重要意义。

对国家举办的事业单位占用的财产，要根据事业单位的类型、财产的特殊性对其收益和处分的权利分别处理：一是国家举办的事业单位对其占用的财产毫无处分权利，比如故宫博物院对其占用的某些财产；二是经过审批，国家举办的事业单位对其占用的财产具有部分处分权利；三是国家举办的事业单位对其占用的财产具有完全的处分权利。这就需要通过以后制定国有财产管理法对国家举办的事业单位如何有效行使、如何处分其占用的财产作出明确规定。

国家举办的事业单位应当依法对其直接支配的财产行使占有、使用、收益和处分的权利，不得擅自处置国有财产。本条对国家举办的事业单位对其直接支配的国有财产行使占有、使用、收益和处分的权利作出了规定，加强了对国家举办的事业单位直接占有的国有财产的保护。

第二百五十七条　国家出资的企业，由国务院、地方人民政府依照法律、行政法规规定分别代表国家履行出资人职责，享有出资人权益。

【条文主旨】

本条是关于国有出资的企业出资人制度的规定。

【条文释义】

本条根据党的有关国有资产管理体制改革的政策，对国有企业出资人制度作了规定，即："国家出资的企业，由国务院、地方人民政府依照法律、行政法规规定分别代表国家履行出资人职责，享有出资人权益。"为了更好地理解本条的含义，有以下四个问题需要解释：

第一，什么是国家出资的企业。国家出资的企业，不仅仅包括国家出资兴办的企业，如国有独资公司，也包括国家控股、参股有限责任公司和股份有限公司等。当然国家出资的企业不仅仅是以公司形式，也包括未进行公司制改造的其他企业。

第二，谁来代表履行国有企业的出资人职权。本条规定了由国务院和地方人民政府分别代表国家履行出资人职责，享有出资人权益。我国是一个大国，地域辽阔，国有企业众多，即使经过调整、改制，目前还有十几万户分布在各地。为了实现有效管理，都由中央政府直接管理这么多企业是困难的。因此，适宜的做法就是通过资产的划分和权利的划分，由中央政府和地方政府分别代表国家履行出资人的职责。《企业国有资产法》第11条规定，国务院国有资产监督管理机构和地方人民政府按照国务院的规定设立的国有资产监督管理机构，根据本级人民政府的授权，代表本级人民政府对国家出资企业履行出资人职责。国务院和地方人民政府根据需要，可以授权其他部门、机构代表本级人民政府对国家出资企业履行出资人职责。根据《企业国有资产监督管理暂行条例》的规定，国务院和地方人民政府的具体分工是：国务院代表国家对关系国民经济命脉和国家安全的大型国有及国有控股、国有参股企业，重要基础设施和重要自然资源等领域的国有及国有控股、国有参股企业，履行出资人职责。国务院履行出资人职责的企业，由国务院确定、公布。省、自治区、直辖市人民政府和设区的市、自治州级人民政府分别代表国家对由国务院履行出资人职责以外的国有及国有控股、国有参股企业，履行出资人职责。其中，省、自治区、直辖市人民政府履行出资人职责的国有及国有控股、国有参股企业，由省、自治区、直辖市人民政府确定、公布，并报国务院国有资产监督管理机构备案；其他由设区的市、自治州级人民政府履行出资人职责的国有及国有控股、国有参股企业，由设区的市、自治州级人民政府确定、公布，并报省、自治区、直辖市人民政府国有资产监督管理机构备案。本条规定的目的是充分调动中央和地方两个积极性，使社会生产力得到进一步解放。同时中央政府和地方政府合理分工分别代表国家履行出资人职责，这就界定了各级政府的管理国有资产的权利和责任，改变了过去中央统一管理，地方责、权、利不明确的弊端。这有助于强化管理上的激励和约束机制，克服"出资人主体虚位"的现象。

需要明确的是，国家实行国有企业出资人制度的前提是国家统一所有，国家是国有企业的出资人。中央政府与地方政府都只是分别代表国家履行出资人职责，享有出资人权益。不能把国家所有与政府所有等同起来，更不能把国家所有与地方政府所有等同。

第三，履行出资人职责的法律依据。虽然中央政府和地方政府分别代表国家履行出资人职责，享有所有者权益，但它们都必须在国家统一制定法律法规的前提下行事。有关的法律主要有宪法、公司法等。行政法规主要有《企业国有资产监督管理暂行条例》。

第四，出资人职责和权益内容是什么。简单地说，出资人职责就是股东的职能，履行出资人职责的机构，代表本级人民政府对国家出资企业享有资产收益、重大决策和选择管理者等出资人权益；对国有资产保值、防止国有资产流失负监管责任。需要注意的是，中央政府和地方政府代表国家履行出资人职责时，要尊重、维护国有及国有控股企业经营自主权。宪法第16条中规定："国有企业在法律规定的范围内有权自主经营。"《企业国有资产法》第14条第2款规定，履行出资人职责的机构应当维护企业作为市场主体依法享有的权利，除依法履行出资人职责外，不得干预企业经营活动。根据宪法等法律和国有资产管理改革所遵循的政企分开的原则，中央政府和地方政府以及其设立的国有资产管理机构不能干预国家出资的企业依法行使自主经营权。

> **第二百五十八条　国家所有的财产受法律保护，禁止任何组织或者个人侵占、哄抢、私分、截留、破坏。**

【条文主旨】

本条是关于国有财产保护的规定。

【条文释义】

国有财产属全民所有，是国家经济、政治、文化、社会发展的物质基础。加大对国有财产的保护力度，切实防止国有财产流失，是巩固和发展公有制经济的重要内容。宪法第 12 条规定："社会主义的公共财产神圣不可侵犯。""国家保护社会主义的公共财产。禁止任何组织或者个人用任何手段侵占或者破坏国家的和集体的财产。"民法通则第 73 条规定："国家财产属于全民所有。""国家财产神圣不可侵犯，禁止任何组织或者个人侵占、哄抢、私分、截留、破坏。"在 2007 年物权法立法过程中，有的认为，物权法既然要体现平等保护的原则，那就不宜强调对国有财产的保护。经研究，物权法应当坚持平等保护的原则；同时，从实际情况看，目前经济领域中受侵害最严重的恰恰是国有财产，物权法就加强对国有财产的保护、切实防止国有财产流失作出有针对性的规定，是必要的。因此，本条根据宪法和民法通则的规定，针对国有财产的特点，从物权的角度作出了保护国有财产的一般原则性规定，即："国家所有的财产受法律保护，禁止任何组织或者个人侵占、哄抢、私分、截留、破坏。"

"国家所有的财产"是指依法属于全民所有的财产，不仅包括国家拥有所有权的财产，如矿藏、水流、海域，国有的土地以及森林、山岭、草原、荒地、滩涂等自然资源，野生动植物资源，无线电频谱资源，依法属于国家所有的文物，国有的铁路、公路、电力设施、电信设施和油气管道等基础设施，国家机关和国家举办的事业单位依法直接支配的国有财产，而且包括国家依法投入到企业的动产和不动产。此外，国家的财政收入、外汇储备和其他国有资金也属于国家所有的财产。

这里的"侵占"是指以非法占有为目的，将其经营、管理的国有财产非法占为己有。侵占的客体是国有财产。侵占的主体一般是经营、管理国有财产的单位或者个人，如国有企业、国家举办的事业单位等。构成侵占，还有一个要件是侵占主体要有主观故意，即以非法占有国有财产为目的。

这里的"哄抢"是指以非法占有为目的，组织、参与多人一起强行抢夺国有财产的行为。哄抢的客体是国有财产。哄抢的主体可以是任何的组织或者个人，并且还需具备非法占有国有财产的主观故意。

这里的"私分"是指违反国家关于国有财产分配管理规定，以单位名义将国有财产按人头分配给单位内全部或者部分职工的行为。例如，违反国家关于国有资金与企业资金的分账比例管理制度，由单位领导班子集体决策或者由单位负责人决定并由直接责任人员经手实施，擅自将国有资金转为企业资金，进而以单位分红、单位发奖金、单位下发的节日慰问费等名义私分国有财产。私分的主体只是单位，一般指负有经营、管理国有财产的国家机关、国有公司、企业、事业单位、人民团体等单位。

这里的"截留"是指违反国家关于国有资金等国有财产拨付、流转的决定，擅自将经手的有关国有财产据为己有或者挪作他用的行为。如有的政府部门将其经手的，应当向农村集体支付的土地征收补偿费不及时支付或者留下挪作他用。截留的主体一般是指经手国有财产的单位或者相关责任人员。

这里的"破坏"是指故意毁坏国有财产，影响其发挥正常功效的行为，如采取爆破的方式毁坏国有铁路，影响国家正常交通运输的行为。破坏的主体可以是任何的组织或者个人，而且需有主观上的毁坏国有财产的故意。

侵占、哄抢、私分、截留、破坏国有财产的，应当承担返还原物、恢复原状、赔偿损失等民事责任；触犯治安管理处罚法和刑法的，还应当承担相应的法律责任。有关组织的责任人也要依法追究行政责任甚至是刑事责任。

本次民法典编纂对本条仅作个别文字修改。

> **第二百五十九条** 履行国有财产管理、监督职责的机构及其工作人员，应当依法加强对国有财产的管理、监督，促进国有财产保值增值，防止国有财产损失；滥用职权，玩忽职守，造成国有财产损失的，应当依法承担法律责任。
>
> 违反国有财产管理规定，在企业改制、合并分立、关联交易等过程中，低价转让、合谋私分、擅自担保或者以其他方式造成国有财产损失的，应当依法承担法律责任。

〖条文主旨〗

本条是关于国有财产管理法律责任的规定。

〖条文释义〗

加大对国有财产的保护力度，切实防止国有财产流失，是巩固和发展公有制经济的重要内容。从国有财产流失的主要情形看，加大对国有财产的保护力度，切实防止国有财产流失，一方面要加强对国有财产的管理、监督；另一方面要明确规定造成国有财产流失的应承担的法律责任。关于国有财产的管理、监督，以及造成国有财产流失的法律责任，公司法、刑法等法律以及国有财产监管的行政法规和部门规章已经有规定。物权编着重从其调整范围对加大国有财产的保护力度，切实防止国有财产流失作出规定，并与有关国有财产监管的法律作出衔接性的规定。因此，本条第1款对履行国有财产管理、监督职责的机构及其工作人员切实履行职责作了规定，同时第2款针对现实中存在的国有财产流失的突出问题作了规定。

一、关于国有财产管理、监督机构及其工作人员的职责

根据党的十六大和十六届二中全会关于深化国有资产管理体制改革和设立专门国有资产管理监督机构的精神，经十届全国人大一次会议批准，设立了国务院国有资产监督管理委员会。地方政府也组建了相应的国有资产监督管理机构。党的十六届三中全会决定提出："国有资产管理机构对授权监管的国有资本依法履行出资人职责，维护所有者权益，维护企业作为市场主体依法享有的各项权利，督促企业实现国有资本保值增值，防止国有资产流失。"根据上述要求，国务院国有资产监督管理委员会除了根据国务院授权，依照公司法等法律和行政法规履行出资人职责外，还负有以下主要职责：（1）指导推进国有企业改革和重组；对所监管企业国有资产的保值增值进行监督，加强国有资产的管理工作；推进国有企业的现代企业制度建设，完善公司治理结构；推动国有经济结构和布局的战略性调整。（2）代表国家向部分大型企业派出监事会；负责监事会的日常管理工作。（3）通过法定程序对企业负责人进行任免、考核并根据其经营业绩进行奖惩；建立符合社会主义市场经济体制和现代企业制度要求的选人、用人机制，完善经营者激励和约束制度。（4）通过统计、稽核对所监管国有资产的保值增值情况进行监管；建立和完善国有资产保值增值指标体系，拟订考核标准；维护国有资产出资人的权益。（5）起草国有资产管理的法律、行政法规，制定有关规章制度；依法对地方国有资产管理进行指导和监督。还有三点需要注意：其一，履行国有资产管理、监督职责的机构不仅仅是中央政府和地方政府设立的国有财产监督管理委员会（局），而且包括其他机构，比如，财政部门、审计部门、水利部门、外汇管理部门等，还有国家机关和国家举办事业单位内部设立的国有财产管理部门等，都负有一定的国有财产管理、监督职责。其二，国有财产监督管理机构应当支持企业依法自主经营，除履行出资人职责以外，不得干预企业的生产经营活动。其三，本条强调了国有财产管理、监督职责的机构的工作人员的责任。如果滥用职权、玩忽职守，造成国有财产损失的，还要依法承担行政责任、刑事责任等。如刑法第 397 条规定，国家机关工作人员滥用职权或者玩忽职守，致使公共财产遭受重大损失的，处 3 年以下有期徒刑或者拘役。

二、违反国有财产管理规定造成国有财产损失的法律责任

据了解，造成国有财产流失的，主要发生在国有企业改制、合并分立、关联交易的过程中。

国有企业改制，是指国有企业通过重组、联合、兼并、租赁、承包经营、合资、转让国有产权和股份制、股份合作制等多种形式，建立符合市场经济规律的以产权为核心的现代企业制度。而今，国有企业的公司化改革已经基本完成，除了部分带有政府职能性质或者占据垄断资源的机构还保留全资国有的产权结构外，绝大部分国有企业均已实现投资主体的多元化，并建立起以股东会、董事会、监事会为主要标志的现代企业管理体系。国有企业改制过程中，必须依法进行清产核资、财务审计、资产评估、公开信息。涉及国有产权转让的，应当采取拍卖、招投标等竞价转让方式以及国家法律法规规定的其他方式。

国有企业的分立是指一个国有企业法人分成两个或者两个以上企业法人。因分立而保留的企业应申请变更登记；因分立而新开办的企业应申请开业登记。国有企业的合并是指两个或两个以上的国有企业法人，合并为一个企业法人或合并为一个新的企业法人。因合并而保留的企业，应申请变更登记，因合并而终止的企业，应申请注销登记；因合并而新开办的企业，应申请开业登记。企业法人分立、合并，它的权利和义务，由分立、合并后法人享有和承担。

本条中的关联交易，就是指企业关联方之间的交易。根据财政部颁布的《企业会计准则第 36 号——关联方披露》的规定，一方控制、共同控制另一方或对另一方施加重大影响，以及两方或两方以上同受一方控制、共同控制或重大影响的，构成关联方。所谓控制，是指有权决定一个企业的财务和经营政策，并能据以从该企业的经营活动中获取利益。所谓共同控制，是指按照合同约定对某项经济活动所共有的控制，仅在与该项经济活动相关的重要财务和经营决策需要分享控制权的投资方一致同意时存在。所谓重大影响，是指对一个企业的财务和经营政策有参与决策的权力，但并不能够控制或者与其他方一起共同控制这些政策的制定。由于关联交易方可以运用行政力量撮合交易的进行，从而有可能使交易的价格、方式等在非竞争的条件下出现不公正情况，形成对股东或部分股东权益的侵犯。

在上述的国有企业改制、合并分立、关联交易中，造成国有资产损失的有以下常见情形：（1）低价转让。有的不按规定进行国有资产评估或者压低评估价格；有的不把国家划拨的土地计入国有股；有的对专利、商标等无形资产不作评估；有的将国有资产无偿转让或者低价折股、低价出售给非国有单位或者个人；有的在经营活动中高价进、低价出。（2）违反财务制度，合谋私分侵占国有资产。有的将应收账款做成呆账、坏账，有的私设"小金库"或者设立"寄生公司"，以后再提取侵占私分。（3）擅自担保。有的根本不认真调查被担保人的资信情况，未经法定程序和公司章程规定，擅自向非国有单位或者个人担保，造成国有财产损失。此外，还包括以下情形：（1）通过管理层持股非法牟利；（2）低估企业财产，虚构企业债务，以降低持股所需资金；有的实际未出资，以拟收购的企业财产作为其融资担保；（3）贪污、挪用国有财产；虚假破产，逃避债务；（4）利用分立重组方式，把债务留在原企业，使原企业变成空壳企业，侵害银行的国有财产；（5）直接负责的主管人员玩忽职守，造成企业破产或者严重亏损等。

本条第2款针对上述现实中造成国有财产流失的主要情形，规定上述违反国有财产管理的行为，应当依法承担法律责任，包括赔偿损失等民事责任，纪律处分等行政责任，构成犯罪的，依法追究刑事责任。根据《企业国有资产监督管理暂行条例》第39条的规定，对企业国有资产损失负有责任受到撤职以上纪律处分的国有及国有控股企业的企业负责人，5年内不得担任任何国有及国有控股企业的企业负责人；造成企业国有资产重大损失或者被判处刑罚的，终身不得担任任何国有及国有控股企业的企业负责人。

> **第二百六十条　集体所有的不动产和动产包括：**
> （一）法律规定属于集体所有的土地和森林、山岭、草原、荒地、滩涂；
> （二）集体所有的建筑物、生产设施、农田水利设施；
> （三）集体所有的教育、科学、文化、卫生、体育等设施；
> （四）集体所有的其他不动产和动产。

【条文主旨】

本条是关于集体财产范围的规定。

【条文释义】

宪法第6条规定，中华人民共和国的社会主义经济制度的基础是生产资料的社会主义公有制，即全民所有制和劳动群众集体所有制。集体所有根据所有人身份不同，可以分为农村集体所有和城镇集体所有。集体财产是广大人民群众多年来辛勤劳动积累的成果，是发展集体经济和实现共同富裕的重要物质基础。确认集体财产的范围，对保护集体的财产权益，维护广大集体成员的合法财产权益都具有重要意义。宪法和民法通则等法律已经对集体财产的范围作了规定，如宪法第 9 条第 1 款规定："矿藏、水流、森林、山岭、草原、荒地、滩涂等自然资源，都属于国家所有，即全民所有；由法律规定属于集体所有的森林和山岭、草原、荒地、滩涂除外。"第 10 条第 2 款规定："农村和城市郊区的土地，除由法律规定属于国家所有的以外，属于集体所有；宅基地和自留地、自留山，也属于集体所有。"民法通则第 74 条第 1 款规定："劳动群众集体组织的财产属于劳动群众集体所有，包括：（一）法律规定为集体所有的土地和森林、山岭、草原、荒地、滩涂等；（二）集体经济组织的财产；（三）集体所有的建筑物、水库、农田水利设施和教育、科学、文化、卫生、体育等设施；（四）集体所有的其他财产。"物权编保护集体所有权，首先要确定集体所有权的客体，即集体财产的范围，这是维护我国基本经济制度的重要内容，也是物权编的重要内容。因此，本条依据宪法和民法通则等有关法律的规定，以列举加概括的方式，对集体所有的不动产和动产的范围作出了规定。

一、集体是集体财产所有权的主体

在 2007 年物权法立法过程中，曾有意见认为，集体所有的财产可以适用物权法关于共有的规定。经研究，集体所有和共有是不同的。共有是两个以上自然人、法人对一项财产享有权利，如两人出资购买 1 辆汽车，子女共同继承 1 栋房子等。共有人对共有的财产都享有占有、使用、收益和处分的权利，都有权要求分割共有财产。集体所有是公有制的一部分，集体的成员不能独自对集体财产行使权利，离开集体时不能要求分割集体财产。

二、集体所有财产主要包括的内容

1. 法律规定属于集体所有的土地和森林、山岭、草原、荒地、滩涂。土地是人类社会生产和生活的物质基础。对广大农民来说，土地是其可以利用的一切自然资源中最基本、最宝贵的资源，是其安身立命的根本。在我国，土地公有制是我国土地制度的基础和核心，我国土地公有制的法律表现形式是国有土地所有权和集体土地所有权。宪法第 10 条第 2 款规定："农村和城市郊区的土地，除由法律规定属于国家所有的以外，属于集体所有；宅基地和自留地、自留山，也属于集体所有。"土地管理法也作了类似的规定。关于集体所有的土地，有两点需要说明：一是集体所有的土地的所有者只有农民集体，城镇集体没有土地的所有权。二是集体所有的土地主要包括耕地，也包括宅基地和自留地、自留山。除了土地外，根据宪法第 9 条第 1 款规定，森林、山岭、草原、荒地、滩涂等自然资源，根据法律规定，也可以属于集体所有。如森林法第 14

条规定，森林资源属于国家所有，由法律规定属于集体所有的除外。草原法第9条规定，草原属于国家所有，由法律规定属于集体所有的除外。

2. 集体所有的集体企业的厂房、仓库等建筑物；机器设备、交通运输工具等生产设施；水库、农田灌溉渠道等农田水利设施；以及集体所有的教育、科学、文化、卫生、体育等公益设施。需要说明的是，这里集体所有的财产主要有两个来源：一是集体自己出资兴建、购置的财产；二是国家拨给或者捐赠给集体的财产。

3. 除上述几种常见的集体财产外，集体财产还包括集体企业所有的生产原材料、半成品和成品，村建公路、农村敬老院等，本条不可能一一列举，因此还规定了一个兜底条款，即集体所有的其他不动产和动产，以对上述规定的补充。

> **第二百六十一条** 农民集体所有的不动产和动产，属于本集体成员集体所有。
>
> 下列事项应当依照法定程序经本集体成员决定：
> （一）土地承包方案以及将土地发包给本集体以外的组织或者个人承包；
> （二）个别土地承包经营权人之间承包地的调整；
> （三）土地补偿费等费用的使用、分配办法；
> （四）集体出资的企业的所有权变动等事项；
> （五）法律规定的其他事项。

【条文主旨】

本条是关于农民集体所有财产归属以及重大事项集体决定的规定。

【条文释义】

本条主要有以下几个含义：

一、本集体成员集体所有

农民集体所有的特征就是集体财产集体所有、集体事务集体管理、集体利益集体分享。只有本集体的成员才能享有这些权利。农村集体成员有两个特征：一是平等性，即不分加入集体时间长短，不分出生先后，不分贡献大小，不分有无财产投入等，其成员资格都一律平等。二是地域性和身份性。一般来说农村集体成员往往就是当地的村民，他们所生子女，自出生后自动取得该集体成员资格。此外，也有的成员是通过婚姻或收养关系迁入本集体取得成员资格。也有的是因移民迁入本集体而取得成员资格。

因下列情形，丧失农村集体成员资格：一是死亡，包括自然死亡和宣告死亡。二是因婚姻、收养关系以及因法律或政策的规定迁出本农村集体而丧失。如出嫁城里，取得城市户籍而丧失原集体经济组织成员资格。又如因被录用为国家公务员、全家户口迁入设区的市而丧失原集体成员资格。三是因国家整体征收农民集体土地或者整体移民搬迁等原因，原集体失去继续存在的条件而终止，其成员资格亦当然丧失。需要说明的是，农民只能在一个农民集体内享有成员权利，不能同时享有两个或者多个集体成员权利。

二、农民集体所有的不动产和动产的范围

本条规定的农民集体所有的财产应当在上一条规定的集体财产范围内，最主要的就是本集体所有的土地，以及法律规定属于集体所有的森林、山岭、草原、荒地、滩涂，集体所有的建筑物、生产设施、农田水利设施以及教育、科学、文化、卫生、体育设施等不动产和动产。

三、重大事项须依法定程序经本集体成员决定

集体所有的特征就要求了民主管理集体事务，涉及集体成员重大利益的事项，必须依照法定程序经本集体成员决定。现实中，往往发生少数村干部擅自决定涉及全体村民利益的大事的情况，群众对此反映十分强烈。为了维护集体成员的合法权益，促进社会的和谐与稳定，本条明确规定了须经集体成员决定的事项：

1. 土地承包方案以及将土地发包给本集体以外的组织或者个人承包。土地承包方案以及将土地发包给本集体以外的组织或者个人承包，直接关系到本集体成员的切身利益，直接关系到以家庭承包经营为基础的双层经营体制的长期稳定。根据农村土地承包法的规定，土地承包应当按照下列程序进行：首先，由本集体经济组织成员的村民会议选举产生承包工作小组；再由该承包工作小组依照法律、法规的规定拟订并公布承包方案；然后依法召开本集体经济组织成员的村民会议，讨论承包方案。承包方案必须经本集体经济组织成员的村民会议 2/3 以上成员或者 2/3 以上村民代表同意。

2. 个别土地承包经营权人之间承包地的调整。原则上，在承包期内，发包方不得调整承包地。如果因自然灾害严重毁损承包地等特殊情形需要适当调整的，按照农村土地承包法的规定，必须经本集体经济组织成员的村民会议 2/3 以上成员或者 2/3 以上村民代表的同意，并报乡（镇）人民政府和县级人民政府农村、林业和草原等主管部门批准。

3. 土地补偿费等费用的使用、分配办法。根据物权编关于征收补偿的规定，为了公共利益的需要，依照法律规定的权限和程序，可以征收农村集体所有的土地。征收集体所有的土地，应当支付土地补偿费、安置补助费以及农村村民住宅、其他地上附着物和青苗等的补偿费用。现实中，这部分费用一般支付给被征地的农村集体经济组织，其中大部分费用分配给本集体成员、补偿受影响的土地承包经营权人。因为征收集体土地直接影响被征地农民的生产生活，这部分费用的使用和分配办法必须经集体成员通过村民会议等方式决定。

4. 集体出资的企业的所有权变动等事项。实践中，很多农村集体经济组织都投资兴办企业，一方面实现共同致富，另一方面也解决了大量农业人口的就业问题。集体出资的企业收益属集体成员集体所有。如果将该企业出让或者抵押的，也要经过本集体成员讨论决定，不能由该企业负责人或者本集体管理人擅自做主。

5. 法律规定的其他事项。村民委员会组织法规定，村集体经济项目的立项、承包方案及宅基地的使用方案等涉及村民利益的事项，必须提请村民会议讨论决定，方可办理。

本次民法典编纂对本条仅作个别文字修改。

> 第二百六十二条 对于集体所有的土地和森林、山岭、草原、荒地、滩涂等，依照下列规定行使所有权：
>
> （一）属于村农民集体所有的，由村集体经济组织或者村民委员会依法代表集体行使所有权；
>
> （二）分别属于村内两个以上农民集体所有的，由村内各该集体经济组织或者村民小组依法代表集体行使所有权；
>
> （三）属于乡镇农民集体所有的，由乡镇集体经济组织代表集体行使所有权。

【条文主旨】

本条是关于由谁来代表农民集体行使所有权的规定。

【条文释义】

根据我国广大农村集体所有权基本形式，本条规定相应的主体来代表集体行使所有权，这样规定与民法通则、土地管理法、农村土地承包法等现行法律的相关规定保持一致，也使得党在农村的政策具有连续性和稳定性，进而保护和调动广大农民的积极性。

关于谁来行使集体所有权，本条的规定分为三种情况：

1. 属于村农民集体所有的，由村集体经济组织或者村民委员会代表集体行使所有权。这里的"村"是指行政村，即设立村民委员会的村，而非自然村。

该行政村农民集体所有的土地等集体财产，就由该行政村集体经济组织或者村民委员会来代表集体行使所有权。"村民委员会"就是指村民委员会组织法中所规定的村民委员会（村委会）。村民委员会是在人民公社进行政社分开、建立乡政权的过程中，在全国农村逐步建立起来的农村基层群众性自治组织。农村实行家庭承包经营等责任制形式后，对以"三级所有，队为基础"的人民公社体制进行改革。在改革过程中，在原来生产大队，有的在生产小队的基础上建立了村民委员会。1985 年 2 月，生产大队管理体制的改革在全国全部完成，村民委员会在农村普遍建立起来。

还有一点需要说明，在 2007 年物权法立法过程中，曾有意见认为，村民委员会是农村基层群众性自治组织，不能代表集体行使所有权。经研究，在实践中，许多村没有集体经济组织或者不健全，难以履行集体所有土地的经营、管理等行使所有权任务，需要由行使自治权的村民委员会来代表行使集体所有权。因此，如果有以村为单位的农村集体经济组织，就由该村集体经济组织经营、管理；如果没有以村为单位的农村集体经济组织，则由村民委员会经营、管理。而且，民法通则、土地管理法和农村土地承包法都从法律上赋予了村民委员会对村集体所有土地等财产进行经营、管理的经济职能。所以，村民委员会行使村集体所有权，不但与农村经济发展的实际情况相适应，而且也符合多年来的法律实践。民法典总则编规定，居民委员会、村民委员会具有基层群众性自治组织法人资格，可以从事为履行职能所需要的民事活动。未设立村集体经济组织的，村民委员会可以依法代行村集体经济组织的职能。

2. 分别属于村内两个以上农民集体所有的，由村内各该集体经济组织或者村民小组代表集体行使所有权。这里"分别属于村内两个以上农民集体所有"主要是指该农民集体所有的土地和其他财产在改革开放以前就分别属于两个以上的生产队，现在其土地和其他集体财产仍然分别属于相当于原生产队的村民小组的农民集体所有。这里的"村民小组"是指行政村内的由村民组成的自治组织。根据村民委员会组织法的规定，村民委员会可以根据居住状况、集体土地所有权关系等分设若干个村民小组。目前，全国多数农村地区在原来的生产大队一级设村民委员会，在原来的生产队一级设村民小组。土地管理法和农村土地承包法都赋予了村民小组对集体土地等财产经营、管理的职能。本条也因此作了类似的规定。根据上述规定，如果村内有集体经济组织的，就由村内的集体经济组织行使所有权；如果没有村内的集体经济组织，则由村民小组来行使。

3. 属于乡镇农民集体所有的，由乡镇集体经济组织代表集体行使所有权。这种情况包括：一是指改革开放以前，原来以人民公社为核算单位的土地，在公社改为乡镇以后仍然属于乡镇农民集体所有；二是在人民公社时期，公社一级掌握的集体所有的土地和其他财产仍然属于乡镇农民集体所有。上述两种情况下，由乡镇集体经济组织来行使所有权。

还需要解释的是"行使所有权"。其一，行使集体所有权的客体，不但包括集体所有的土地和森林、山岭、草原、荒地、滩涂，也包括集体所有的建筑物、生产设施、农田水利设施；集体所有的教育、科学、文化、卫生、体育等设施；以及集体所有的其他不动产和动产。其二，行使所有权的内容就是对集体所有的财产享有占有、使用、收益和处分的权利，例如，对集体所有的土地进行发包，分配宅基地等。其三，农村集体经济组织、村委会和村民小组不是集体财产的所有人，只是依法代表集体行使所有权，并且向所属集体负责，接受其监督。

> **第二百六十三条　城镇集体所有的不动产和动产，依照法律、行政法规的规定由本集体享有占有、使用、收益和处分的权利。**

【条文主旨】

本条是关于城镇集体财产权利的规定。

【条文释义】

在物权法立法过程中，有的同志提出，物权法应当明确规定，城镇集体财产属于本集体成员集体所有。经反复研究，我国的城镇集体企业是在计划经济条件下逐步形成的。在几十年的进程中，几经变化，有些集体企业是由国有企业为安排子女就业、知青回城设立的，有些集体企业是国有企业在改制中为分离辅业、安置富余人员设立的。从在北京、上海、江苏和湖南等地调研的情况看，城镇集体企业产生的历史背景和资金构成十分复杂，有些企业最初是由个人现金入股或者实物折价入股的，后来有的退还了原始股，有的未退原始股；有的企业的资金来源主要是借贷，国家和其他方面都没有投资，但国家提供了政策支持。近年来，城镇集体企业通过改制又发生了很大变化，有的改制为股份有限公司，有的改制为职工全体持股，有的实际上已经成为私人企业。目前来看，城镇集体企业改革还在继续深化。鉴于这种历史和现实的情况，而且城镇集体财产不像农村集体财产属于本集体成员所有那样清晰、稳定，城镇集体企业成员也不像农村集体经济组织成员那样相对固定，因而难以不加区别地规定为"属于本集体成员集体所有"。因此，物权法第61条从物权的角度作了原则规定，即"城镇集体所有的不动产和动产，依照法律、行政法规的规定由本集体享有占有、使用、收益和处分的权利"。民法典维持这一规定不变。

为了更好地理解本条的含义，有几点需要说明：

第一，本条规定的集体财产权行使的主体是本集体。集体所有、集体管理、集体经营是集体所有制的应有之义，因此，行使城镇集体财产权的只能是该集体，而不能由个别集体成员独断专行。

第二，集体财产权的客体只能是属于该城镇集体所有的不动产和动产。如果城镇集体企业已经改制了，如成为有限责任公司或者股份有限公司、个人独资企业或者合伙企业的，就不适用本条，而分别适用公司法、个人独资企业法或者合伙企业法的有关规定。

第三，城镇集体财产权的内容，包括对本集体所有财产所享有的占有、使用、收益和处分的权利。作为本集体所有财产的所有人，当然享有所有权的"占有、使用、收益和处分"四项权能，全面支配本集体所有的财产。

第四，行使财产权应当依照法律、行政法规的规定。现行法律方面主要是宪法和民法典等有关规定。行政法规目前主要是城镇集体所有制企业条例。今后，随着城镇集体企业改革的不断深入，在实践经验比较成熟时，还会制定或者修改相关的法律、行政法规。

> **第二百六十四条**　农村集体经济组织或者村民委员会、村民小组应当依照法律、行政法规以及章程、村规民约向本集体成员公布集体财产的状况。集体成员有权查阅、复制相关资料。

【条文主旨】

本条是关于公布集体财产状况的规定。

【条文释义】

集体所有的财产关系到每一个集体成员的切身利益，因此，每一个集体成员有权参与对集体财产的民主管理和民主监督。尊重集体成员的民主权利，保障集体成员的财产权益，才能调动劳动群众的积极性，推动集体经济向前发展。现实中，有的集体经济组织的管理人为政不勤、不是尽职尽责地为集体办事，而是以权谋私，挥霍浪费，造成了集体财产巨大的损失，损害了广大集体成员的权益。解决这一问题的根本在于必须建立健全民主管理、监督制度，形成有效的激励、约束、监督机制，充分调动广大集体成员的劳动积极性和创造性，促进集体经济的发展走上规范化和制度化的轨道。因此，本条从广大集体劳动群众普遍关心的和涉及群众切身利益的实际问题入手，规定了集体经济组织等行使集体财产所有权的组织应当向本集体成员公布集体财产的状况，这是完善集体事务民主监督和民主管理的基础。

1. 本条规范的主体是行使集体财产所有权的组织，包括农村集体经济组织、城镇集体企业，也包括代表集体行使所有权的村民委员会、村民小组。

2. 公布的内容是本集体的财产状况，包括集体所有财产总量的变化（如集体财产的收支状况、债权债务状况），所有权变动的情况（如转让、抵押），集体财产使用情况（如农村集体土地承包），集体财产分配情况（征收补偿费的分配）等涉及集体成员利益的重大事项。

3. 公布的要求。本条规定，向本集体成员公布集体财产状况，应当依照法律、行政法规、章程和村规民约。公布集体财产状况，还要做到以下几点：一是公布内容简洁明了，便于集体成员了解。公布的形式和方法可根据实际情况因地制宜、灵活多样，如采用张榜公布、召开集体成员大会或者代表大会等。二是公布要做到及时。可以采取定期的形式，也可以根据集体财产重大变动事项，可以根据进展的不同阶段随时公布。三是公布要做到内容真实。公布的内容要真实可靠，有凭有据，不得谎报、虚报、瞒报。

根据村民委员会组织法第 31 条的规定，村民委员会不及时公布应当公布的事项或者公布的事项不真实的，村民有权向乡、民族乡、镇人民政府或者县级人民政府及其有关主管部门反映。接到反映意见的乡镇人民政府或者县级人民政府及其有关主管部门，如民政局等政府机关，应当负责调查核实有关情况，责令村民委员会公布，对于经查证核实确有弄虚作假等违法行为的，应当依法追究有关人员的责任。

4. 集体成员有权查阅、复制相关资料。物权法、村民委员会组织法规定了村民委员会实行村务公开制度，但是未明确规定集体成员是否有权主动查阅、是否有权对相关资料进行复制。为了使集体成员可以更好地监督集体财产状况，保障集体财产的安全，本条明确规定"集体成员有权查阅、复制相关资料"。

> **第二百六十五条** 集体所有的财产受法律保护，禁止任何组织或者个人侵占、哄抢、私分、破坏。
>
> 农村集体经济组织、村民委员会或者其负责人作出的决定侵害集体成员合法权益的，受侵害的集体成员可以请求人民法院予以撤销。

【条文主旨】

本条是关于集体财产权保护的规定。

【条文释义】

集体经济是社会主义公有制的重要组成部分。集体所有的财产是劳动群众集体多年来通过辛苦劳动创造、积累的物质财富，是发展集体经济、实现共同富裕的物质基础。近年来，集体经济发展迅速，集体资产存量迅速增长，但由于集体资产的管理还相当薄弱等原因，造成集体资产的严重流失，不仅使集体经济遭受了损失，集体生产力受到破坏，而且直接损害劳动群众的切身利益，影响了社会的和谐发展。因此，依法保护集体财产是巩固和发展公有制经济的现实需要，也是物权法应有之义。宪法第 12 条规定："社会主义的公共财产神圣不可侵犯。""国家保护社会主义的公共财产。禁止任何组织或者个人用任何手段侵占或者破坏国家的和集体的财产。"本条第 1 款根据集体财产保护的特点，依据宪法作了规定："集体所有的财产受法律保护，禁止任何组织或者个人侵占、哄抢、私分、破坏。"

本条规定的集体所有的财产，从内容上，主要是指本法所规定的集体所有的不动产和动产，包括法律规定属于集体所有的土地和森林、山岭、草原、荒地、滩涂；集体所有的建筑物、生产设施、农田水利设施；集体所有的教育、科学、文化、卫生、体育等设施；以及集体所有的其他不动产和动产。从所有者来讲，既包括农民集体所有的财产，也包括城镇集体所有的财产。

针对损害集体财产的主要行为，本条强调了禁止任何组织或者个人侵占、哄抢、私分、破坏集体财产。所谓的"侵占"是指以非法占有为目的，将其经营、管理的集体财产非法占为己有。侵占的客体是集体所有的资产。侵占的主体一般是经营、管理集体资产的组织或者个人。构成侵占，还必须有非法占有集体财产的主观故意。"哄抢"是指以非法占有为目的，组织、参与多人一起强行抢夺集体财产的行为。哄抢的客体是集体财产。哄抢的主体可以是任何的组织或者个人，并且还需具备非法占有集体财产的主观故意。"私分"是指违反集体财产分配管理规定，擅自将集体财产按人头分配给部分集体成员的行为，如有少数村民委员会干部将应分配给全体村民的征收补偿款擅自分掉据为己有。"破坏"是指故意毁坏集体财产，致使其不能发挥正常功效的行为。如故意毁坏集体企业的机器设备或者农村集体所有的水利设施，影响集体经济组织生产经营的行为。破坏的主体可以是任何的组织或者个人，而且须有毁坏集体财产的主观故意。

侵占、哄抢、私分、破坏集体所有财产的，应当承担返还原物、恢复原状、赔偿损失等民事责任；触犯治安管理处罚法和刑法的，还应当承担相应的法律责任。有关单位的责任人也要依法承担行政甚至是刑事责任。

本条第2款规定了集体成员的撤销权。因为集体成员往往众多，集体所有的财产一般要由集体经济组织经营管理，在村民集体所有的情况下，村民委员会也可以代表集体经营管理村集体所有的财产。因为"集体所有"的性质，集体所有的财产应当采取民主管理的模式，涉及集体成员重大利益的事项，应当依照法定程序或者章程规定，由本集体成员（或者其代表）来共同决定。本集体成员有权参与集体经济组织的民主管理，监督集体经济组织的各项活动和管理人员的工作。现实中，有的集体的负责人违反法定程序或者章程规定，擅自决定或者以集体名义作出决定低价处分、私分、侵占集体所有的财产，严重侵害集体成员的财产权益。针对这种情况，本条第2款赋予了集体成员请求人民法院撤销农村集体经济组织、村民委员会或者其负责人作出的不当决定的权利。关于集体成员的撤销权，主要有以下几个内容：其一，每个农村集体经济组织成员都可以针对集体经济组织（或者村民委员会）及其负责人作出的损害其权益决定，向人民法院请求撤销该决定。其二，提起诉讼的事由，是农村集体经济组织、村民委员会及其负责人作出的决定，侵害了该集体成员的合法财产权益。其三，行使撤销权的期间，本条没有规定。民法典总则编规定："有下列情形之一的，撤销权消灭：（一）当事人自知道或者应当知道撤销事由之日起一年内、重大误解的当事人自知道或者应当知道撤销事由之日起九十日内没有行使撤销权；（二）当事人受胁迫，自胁迫行为终止之日起一年内没有行使撤销权；（三）当事人知道撤销事由后明确表示或者以自己的行为表明放弃撤销权。""当事人自民事法律行为发生之日起五年内没有行使撤销权的，撤销权消灭。"

> **第二百六十六条** 私人对其合法的收入、房屋、生活用品、生产工具、原材料等不动产和动产享有所有权。

【条文主旨】

本条是关于私有财产范围的规定。

【条文释义】

改革开放以来，随着经济发展，人民生活水平不断提高，私有财产日益增加，迫切要求切实保护他们通过辛勤劳动积累的合法财产。宪法第 11 条规定，在法律规定范围内的个体经济、私营经济等非公有制经济，是社会主义市场经济的重要组成部分。国家保护个体经济、私营经济等非公有制经济的合法的权利和利益。国家鼓励、支持和引导非公有制经济的发展，并对非公有制经济依法实行监督和管理。宪法第 13 条规定，公民的合法的私有财产不受侵犯。依法保护私有合法财产，既是宪法的规定和党的主张，也是人民群众普遍愿望和迫切要求。完善保护私有财产的法律制度，首先要明确私有财产的范围。本条依据宪法的精神，规定了："私人对其合法的收入、房屋、生活用品、生产工具、原材料等不动产和动产享有所有权。"本条的内容主要有以下几点：

一、所有权的主体——私人

这里的"私人"是与国家、集体相对应的物权主体，不但包括我国的公民，也包括在我国合法取得财产的外国人和无国籍人。不仅包括自然人，还包括个人独资企业、个人合伙等非公有制企业。

二、私有财产的范围

民法通则第 75 条第 1 款规定："公民的个人财产，包括公民的合法收入、房屋、储蓄、生活用品、文物、图书资料、林木、牲畜和法律允许公民所有的生产资料以及其他合法财产。"本条根据上述规定，列举了收入、房屋等最常见、最重要的几类私有的不动产和动产。

1. 收入。是指人们从事各种劳动获得的货币收入或者有价物。主要包括：（1）工资。指定期支付给员工的劳动报酬，包括计时工资、计件工资、职务工资、级别工资、基础工资、工龄工资、奖金、津贴和补贴、加班加点工资和特殊情况下支付的报酬等；（2）从事智力创造和提供劳务所取得的物质权利，如稿费、专利转让费、讲课费、咨询费、演出费等；（3）因拥有债权、股权而取得的利息、股息、红利；（4）出租建筑物、土地使用权、机器设备、车船以及其他财产所得；（5）转让有价证券、股权、建筑物、土地使用权、机器设备、车船以及其他财产取得的所得；（6）得奖、中奖、中彩以及其他偶然所得；（7）从事个体经营的劳动收入、从事承包土地所获得的收益等。

2. 房屋。房屋是我国公民最主要最基本的生活资料，包括依法购买的城镇住宅，也包括在农村宅基地上依法建造的住宅，也包括商铺、厂房等建筑物。根据我国土地管理法、城市房地产管理法以及本法的规定，房屋仅指在土地上的建筑物部分，不包括其占有的土地，城镇房屋占用的土地属于国家所有，农村宅基地属于农民集体所有。私人可以对房屋享有所有权，对该房屋占用的土地只能依法享有建设用地使用权或者宅基地使用权。

3. 生活用品。是指用于生活方面的物品，包括家用电器、私人汽车、家具和其他用品。

4. 生产工具和原材料。生产工具是指人们在进行生产活动时所使用的器具，如机器设备、车辆、船舶等运输工具。原材料是指生产产品所需的物质基础材料，如矿石、木材、钢铁等。生产工具和原材料是重要的生产资料，是生产所必需的基础物质。

5. 除上述外，私人财产还包括其他的不动产和动产，如图书、个人收藏品、牲畜和家禽等。

三、合法

这里必须强调的是，私人只能对其合法获得的财产才能享有所有权，换句话说，民法典和其他法律只保护私人的合法财产权，以贪污、侵占、抢夺、诈骗、盗窃、走私等方式非法获取的财产，不但不能受到法律的保护，而且行为人还要依法承担没收、返还原物、赔偿损失等法律责任，构成犯罪的，还要依法追究刑事责任。

本次民法典对本条未作修改。

> **第二百六十七条** 私人的合法财产受法律保护，禁止任何组织或者个人侵占、哄抢、破坏。

【条文主旨】

本条是关于私有财产保护的规定。

【条文释义】

改革开放以来，随着整个国民经济高速发展，私人的财富也相应日益增长，同时个体经济、私营经济等非公有制经济也迅速发展，在社会主义市场经济建设中发挥了重要的作用。广大人民群众迫切要求保护他们获得的合法财产。

在法律上明确保护私有财产，不仅可以使财产所有人产生一种制度预期，对自己的财产产生安全感，一方面可以激励人们依法创造财富的积极性；另一方面可以起到鼓励交易，并形成稳定有序的市场秩序，推动市场经济向前发展。我国 1982 年宪法第 13 条就明确规定了，国家保护公民的合法的收入、储蓄、房屋和其他合法财产的所有权，2004 年宪法修正案将该规定作了修改，对私有财产的保护作了进一步的规定："公民的合法的私有财产不受侵犯。""国家依照法律规定保护公民的私有财产权和继承权。"民法通则第 75 条也明确规定了，公民的合法财产受法律保护，禁止任何组织或者个人侵占、哄抢、破坏或者非法查封、扣押、冻结、没收。物权编依据宪法和民法通则的规定，根据平等保护的原则，在规定"国家所有的财产受法律保护，禁止任何组织或者个人侵占、哄抢、私分、截留、破坏""集体所有的财产受法律保护，禁止任何组织或者个人侵占、哄抢、私分、破坏"的同时，按照私有财产保护的特点作了本条规定："私人的合法财产受法律保护，禁止任何组织或者个人侵占、哄抢、破坏。"

本条的内容主要包括以下几个方面：

一、私有财产的范围

这里的私有财产，是指私人拥有所有权的财产，不但包括合法的收入、房屋、生活用品、生产工具、原材料等不动产和动产，也包括私人合法的储蓄、投资及其收益，以及上述财产的继承权。

二、合法

私有财产受到法律保护的前提是这些财产是合法的财产，非法取得的财产不受法律保护。例如，通过侵占、贪污、盗窃国有、集体资产而取得财产，法律不但不予以保护，而且还要依法追缴。行为人构成犯罪的，还要承担刑事责任。

三、保护内容

保护私有财产的重要内容是私人的合法财产所有权不受侵犯，如非经依照法律规定的权限和程序，不得征收个人的房屋和其他不动产，也不得非法查封、扣押、冻结、没收私人合法的财产。任何组织或者个人不得侵占、哄抢、破坏私人合法的财产。所谓的"侵占"是指以非法占有为目的，将其保管、管理的私人财产非法占为己有。侵占的客体是私人合法的财产。侵占的主体一般是保管、管理他人财产的单位或者个人，并且具有非法占有该财产的主观故意。"哄抢"是指以非法占有为目的，组织、参与多人一起强行抢夺他人财产的行为。哄抢的客体是他人财产。哄抢的主体可以是任何的组织或者个人，并且还需具备非法占有他人财产的主观故意。"破坏"是指故意毁坏他人所有的合法财产，致使其不能发挥正常功效的行为。如故意毁坏他人的车辆、毁坏他人房屋等行为。破坏的主体可以是任何的组织或者个人，而且需有主观上有毁坏他人财产的故意。侵占、哄抢、破坏私人合法财产的，应当承担返还原物、恢复原状、赔偿损失等民事责任；触犯治安管理处罚法和刑法的，还应当承担相应的行政责任、刑事责任。

> **第二百六十八条** 国家、集体和私人依法可以出资设立有限责任公司、股份有限公司或者其他企业。国家、集体和私人所有的不动产或者动产投到企业的，由出资人按照约定或者出资比例享有资产收益、重大决策以及选择经营管理者等权利并履行义务。

【条文主旨】

本条是关于企业出资人权利的规定。

【条文释义】

本条的含义主要有以下几项内容：

一、出资人与出资形式

所谓出资人，就是向企业投入资本的人。在计划经济体制下，我国的所有制结构比较单一，即只存在两种形式的公有制：一是国家所有制；二是集体所有制。在这种情况下，企业的出资主体只有国家和集体。同时，计划经济体制下的企业，投资结构也很单一，都是由国家和集体投资的独资企业。随着计划经济体制向市场经济体制的转变，社会投资结构发生了重大变化，由单一的国家、集体投资变为包括国家、集体、私人等多种所有制经济的投资；对企业的投资也由独资变为主体多元化的投资。

根据本条的规定，出资人可以是国家、集体，也可以是私人。国家作为出资人的，由国务院、地方人民政府依照法律、行政法规规定分别代表国家履行出资人的职责。《企业国有资产监督管理暂行条例》第5条规定，国务院代表国家对关系国民经济命脉和国家安全的大型国有及国有控股、国有参股企业，重要基础设施和重要自然资源等领域的国有及国有控股、国有参股企业，履行出资人职责。省、自治区、直辖市人民政府和设区的市、自治州级人民政府分别代表国家对由国务院履行出资人职责以外的国有及国有控股、国有参股企业，履行出资人职责。以集体资产设立企业的，由本集体作为出资人。随着国家鼓励、支持和引导非公有制经济的发展，私有资本也大量地投资到企业中。作为出资人，私人包括中国的公民，也包括外国的自然人和法人。

国家、集体和私人出资设立企业的主要形式是公司。我国改革开放以来，特别是党的十四大提出建立社会主义市场经济体制、十四届三中全会提出建立现代企业制度以来，许多国有企业进行了公司制改革，由单一投资主体改组为独资公司，多个投资主体依法改组为有限责任公司或者股份有限公司。非国有企业也相当多地采用了公司制的组织形式。根据公司法的规定，公司是企业法人，包括有限责任公司和股份有限公司。有限责任公司是指公司股东对公司以其认缴的出资额承担有限责任的公司；股份有限公司是指公司的资本划分为等额股份，公司股东以其认购的股份为限承担有限责任的公司。由国家单独出资形成的国有独资公司也是一种有限责任公司。

二、出资人的权利和义务

出资人作为股东，按照公司法的规定，依法享有资产收益、参与重大决策和选择经营管理者等权利，本条也从出资人的角度作了同样的规定。

1. 享有资产收益，就是指出资人有权通过企业盈余分配从中获得红利。获得红利是出资人投资的主要目的，只要出资人按照章程或者其他约定，如期、足额地履行了出资义务，就有权向企业请求分配红利。一般而言，出资人应当按照其实缴出资比例或者股东协议、章程等约定分取红利。

2. 参与重大决策。出资人通过股东会或者股东大会等作出决议的方式决定企业的重大行为。企业的重大行为包括：企业资本的变化，如增加或者减少注册资本、利润分配和弥补亏损、公司的预算和决算事项；企业的融资行为，如发行公司债券；企业的对外投资，向他人提供担保、购置或者转让主要资产，变更主要业务等；企业的合并、分立、变更组织形式、解散、清算等；修改企业章程等。上述权利，由出资人按照章程或者法律规定的方式行使。按照公司法的规定，有限责任公司的股东会会议作出公司增加或者减少注册资本、分立、合并、解散或者变更公司形式的决议，必须经代表 2/3 以上表决权的股东通过。企业经营管理者必须尊重和保证出资人决定重大决策的权利，如在国家出资的企业里，国家作为出资人的，享有资产收益、重大决策以及选择经营管理者等权利，企业经营管理者无权决定依照有关法律和企业章程的规定应当由国家作为出资人决定的事项，不得擅自处分企业财产。

3. 选择经营管理者。出资人有权通过股东会或者股东大会作出决议选举或者更换公司的董事或者监事，决定董事或者监事的薪酬，通过董事会来聘任或者解聘经理等企业高级管理人员。

当然以上只是出资人享有的主要权利，除此之外，出资人还享有其他权利，如根据公司法的规定，有限责任公司的股东有权查阅本公司的章程、股东会会议记录、董事会会议决议、财务会计报告；董事、高级管理人员违反法律、行政法规或者章程的规定，损害股东利益的，股东可以向人民法院提起诉讼。

作为出资人，不但享有上述权利，还要履行相应的义务。如按照约定或者章程的规定，按期、足额地缴纳出资；不得滥用出资人的权利干涉企业正常的经营活动等。

第二百六十九条　营利法人对其不动产和动产依照法律、行政法规以及章程享有占有、使用、收益和处分的权利。

营利法人以外的法人，对其不动产和动产的权利，适用有关法律、行政法规以及章程的规定。

【条文主旨】

本条是关于法人财产权的规定。

【条文释义】

民法典总则编规定，法人应当依法成立。法人应当有自己的名称、组织机构、住所、财产或者经费。法人成立的具体条件和程序，依照法律、行政法规的规定。法人以其全部财产独立承担民事责任。各种类型的法人中，以取得利润并分配给股东等出资人为目的的成立的法人，为营利法人。营利法人包括有限责任公司、股份有限公司和其他企业法人等。营利法人区别于非营利法人的重要特征，不是"取得利润"，而是"利润分配给出资人"。是否从事经营活动并获取利润，与法人成立的目的没有直接关系，也不影响到营利法人与非营利法人的分类。例如，基金会法人是非营利法人，但为了维持财产价值或者升值，也会将管理的资金用于经营活动。营利法人与非营利法人区分的关键在于利润的分配上，是否归属出资人。如果利润归属于法人，用于实现法人目的，则不是营利法人；如果利润分配给出资人，则属于营利法人。

具备法人条件的企业成为营利法人后，取得法律上独立的民事主体资格，成为自主经营、自负盈亏的生产者和经营者。出资人将其不动产或者动产投到营利法人后，即构成了营利法人独立的财产，营利法人享有法人财产权，即依照法律、行政法规以及章程的规定对该财产享有占有、使用、收益和处分的权利，出资人个人不能直接对其投入的资产进行支配，这是营利法人实现自主经营、自负盈亏，独立承担民事责任的物质基础。营利法人的出资人不得滥用出资人权利损害法人或者其他出资人的利益。滥用出资人权利给法人或者其他出资人造成损失的，应当依法承担民事责任。民法典总则编规定，营利法人的出资人不得滥用法人独立地位和出资人有限责任损害法人的债权人利益。滥用法人独立地位和出资人有限责任，逃避债务，严重损害法人的债权人利益的，应当对法人债务承担连带责任。

本条第2款规定，营利法人以外的法人对其不动产和动产权利，适用有关法律、行政法规以及章程的规定。

依照民法典总则编的规定，营利法人之外的法人包括非营利法人和特别法人。为公益目的或者其他非营利目的的成立，不向出资人、设立人或者会员分配所取得利润的法人，为非营利法人。非营利法人包括事业单位法人、社会团体法人和捐助法人。特别法人包括机关法人、农村集体经济组织法人、城镇农村的合作经济组织法人、基层群众性自治组织法人。

关于非营利法人。民法典总则编规定，具备法人条件，为适应经济社会发展需要，提供公益服务设立的事业单位，经依法登记成立，取得事业单位法人资格；依法不需要办理法人登记的，从成立之日起，具有事业单位法人资格。民法典总则编还规定，具备法人条件，为公益目的以捐助财产设立的基金会、社会服务机构等，经依法登记成立，取得捐助法人资格。依法设立的宗教活动场所，具备法人条件的，可以申请法人登记，取得捐助法人资格。法律、行政法规对宗教活动场所有规定的，依照其规定。基金会、社会服务机构和宗教活动场所在法人属性上具有同质性，我国将其命名为捐助法人，境外大陆法系国家和地区一般称其为"财团法人"，是"社团法人"的对称。社团法人为人的组织体，其成立的基础在人，以成员为要件。而财团法人（捐助法人）为财产的集合体，其成立的基础在财产。捐助法人包括的范围广泛，除基金会、宗教活动场所外，还包括社会服务机构等，比如捐资设立的学校、医院、孤儿院、养老院、图书馆、文化馆、博物馆等。民法典总则编规定，设立捐助法人，应当依法制定法人章程。捐助法人没有会员大会等权力机构，关于捐助法人的组织管理、财产的管理使用，除了法律、行政法规的规定外，是由捐助人制定的捐助章程规定的。在捐助法人成立后，章程便成为独立的文件，约束捐助法人及其决策机构、执行机构的成员等。由此可见，由于捐助法人没有权力机构，相较于其他法人类型，章程的作用尤为重要，对于实现捐助人的捐助目的不可或缺。

关于特别法人。民法典总则编规定，有独立经费的机关和承担行政职能的法定机构从成立之日起，具有机关法人资格，可以从事为履行职能所需要的民事活动。机关法人的财产来源于国家和地方财政拨款。机关法人虽没有自己独立经营的财产，但是有独立的经费。这些独立的经费不来源于社会投资，也不源于国家投资，而是根据其工作需要，由国家和地方财政拨款形成的。因此，其最终责任承担也来源于国家财政经费。机关法人被撤销的，法人终止，其民事权利和义务由继任的机关法人享有和承担；没有继任的机关法人的，由作出撤销决定的机关法人享有和承担。本章规定，国家机关对其直接支配的不动产和动产，享有占有、使用以及依照法律和国务院的有关规定处分的权利。民法典总则编规定，农村集体经济组织依法取得法人资格。法律、行政法规对农村集体经济组织有规定的，依照其规定。城镇农村的合作经济组织依法取得法人资格。法律、行政法规对城镇农村的合作经济组织有规定的，依照其规定。居民委员会、村民委员会具有基层群众性自治组织法人资格，可以从事为履行职能所需要的民事活动。

> **第二百七十条　社会团体法人、捐助法人依法所有的不动产和动产，受法律保护。**

【条文主旨】

本条是关于保护社会团体法人、捐助法人依法所有的不动产和动产的规定。

【条文释义】

关于财产受法律保护，本章规定，国家所有的财产受法律保护，禁止任何组织或者个人侵占、哄抢、私分、截留、破坏。集体所有的财产受法律保护，禁止任何组织或者个人侵占、哄抢、私分、破坏。私人的合法财产受法律保护，禁止任何组织或者个人侵占、哄抢、破坏。同时规定，国家、集体和私人依法可以出资设立有限责任公司、股份有限公司或者其他企业。国家、集体和私人所有的不动产或者动产投到企业的，由出资人按照约定或者出资比例享有资产收益等权利。本条规定，社会团体法人、捐助法人依法所有的不动产和动产，受法律保护。

社会团体法人是非营利法人。民法典总则编规定，具备法人条件，基于会员共同意愿，为公益目的或者会员共同利益等非营利目的设立的社会团体，经依法登记成立，取得社会团体法人资格；依法不需要办理法人登记的，从成立之日起，具有社会团体法人资格。社会团体法人必须拥有会员。社会团体法人包括的范围十分广泛，既有为公益目的设立的，也有为会员共同利益等非营利目的设立的。前者如中华慈善总会、中国红十字会等，后者如商会、行业协会等。

捐助法人也是非营利法人。捐助法人是民法总则增加的法人类型。民法通则根据当时的经济社会发展状况，规定了企业法人、机关法人、事业单位法人和社会团体法人四种法人类型。随着我国经济社会各方面发展，这四种法人类型已不能满足经济社会发展的需求。基金会、社会服务机构无法纳入民法通则确立的法人分类。此外，寺庙等宗教活动场所也无法人资格。民法典第92条规定："具备法人条件，为公益目的以捐助财产设立的基金会、社会服务机构等，经依法登记成立，取得捐助法人资格。依法设立的宗教活动场所，具备法人条件的，可以申请法人登记，取得捐助法人资格。法律、行政法规对宗教活动场所有规定的，依照其规定。"

第六章　业主的建筑物区分所有权

为解决居住问题，包括我国在内的世界各国纷纷兴建高层或者多层建筑物，由此产生一栋建筑物存在多个所有权人的情形。对此，其他国家和地区相继制定建筑物区分所有权的法律或者修改民法典以调整不同所有权人之间的关系。对于建筑物区分所有权，有些国家的民法典作了规定，一些国家有专门立法。

2007 年通过的物权法专章对业主的建筑物区分所有权作了规定。民法典编纂沿用物权法规定，继续设专章对业主的建筑物区分所有权作出规定，并在物权法规定的基础上，针对实践中出现的新情况、新问题，对本章作了修改完善。

本章对业主的建筑物区分所有权作了规定，共十七条，主要对业主对建筑物区分所有权的内容，业主对专有部分行使所有权，对专有部分以外的共有部分的共有和共同管理的权利的享有与行使，车位、车库等的归属，车位、车库应当首先满足业主需要等内容作出了规定。

> **第二百七十一条　业主对建筑物内的住宅、经营性用房等专有部分享有所有权，对专有部分以外的共有部分享有共有和共同管理的权利。**

【条文主旨】

本条是对建筑物区分所有权基本内容的规定。

【条文释义】

业主的建筑物区分所有权是物权上一项重要的不动产权利，是高层或者多层建筑物产生，并在一栋建筑物存在多个所有权人后出现的物权种类。建筑物区分所有权一般是指数人区分一建筑物而各有其专有部分，并就共有部分按其专有部分享有共有的权利。业主是指享有建筑物专有部分所有权的人。

根据本条的规定，业主的建筑物区分所有权包括对其专有部分的所有权、对建筑区划内的共有部分享有的共有和共同管理的权利。

一是业主对专有部分的所有权。即本条规定的，业主对建筑物内的住宅、经营性用房等专有部分享有所有权，有权对专有部分占有、使用、收益和处分。

二是业主对建筑区划内的共有部分的共有的权利。即本条规定的，业主对专有部分以外的共有部分如电梯、过道、楼梯、水箱、外墙面、水电气的主管线等享有共有的权利。本法规定，建筑区划内的道路，属于业主共有，但属于城镇公共道路的除外。建筑区划内的绿地，属于业主共有，但属于城镇公共绿地或者明示属于个人的除外。建筑区划内的其他公共场所、公用设施和物业服务用房，属于业主共有。占用业主共有的道路或者其他场地用于停放汽车的车位，属于业主共有。

三是业主对建筑区划内的共有部分的共同管理的权利。本法规定，业主可以自行管理建筑物及其附属设施，也可以委托物业服务企业或者其他管理人管理。业主可以设立业主大会，选举业主委员会，共同决定制定和修改业主大会议事规则，制定和修改管理规约，选举业主委员会或者更换业主委员会成员，选聘和解聘物业服务企业或者其他管理人，使用建筑物及其附属设施的维修资金，筹集建筑物及其附属设施的维修资金，改建、重建建筑物及其附属设施，改变共有部分的用途或者利用共有部分从事经营活动等。业主大会和业主委员会，对任意弃置垃圾、排放大气污染物或者噪声、违反规定饲养动物、违章搭建、侵占通道、拒付物业费等损害他人合法权益的行为，有权依照法律、法规以及管理规约，要求行为人停止侵害、排除妨害、消除危险、恢复原状、赔偿损失。

> **第二百七十二条** 业主对其建筑物专有部分享有占有、使用、收益和处分的权利。业主行使权利不得危及建筑物的安全，不得损害其他业主的合法权益。

【条文主旨】

本条是关于业主对专有部分行使所有权的规定。

【条文释义】

一、关于专有部分

本法第271条中规定，业主对建筑物内的住宅、经营性用房等专有部分享有所有权。根据本法规定，专有部分是指建筑物内的住宅、经营性用房等业主专有的部分。关于专有部分的界定，《最高人民法院关于审理建筑物区分所有权纠纷案件具体应用法律若干问题的解释》第2条规定，建筑区划内符合下列条件的房屋，以及车位、摊位等特定空间，应当认定为物权法第六章所称的专有部分：（1）具有构造上的独立性，能够明确区分；（2）具有利用上的独立性，可以排他使用；（3）能够登记成为特定业主所有权的客体。规划上专属于特定房屋，且建设单位销售时已经根据规划列入该特定房屋买卖合同中的露台等，应当认定为物权法第六章所称专有部分的组成部分。

二、业主对建筑物专有部分的权利

业主对建筑物专有部分的权利是所有权的一种。本法第240条规定，所有权人对自己的不动产或者动产，依法享有占有、使用、收益和处分的权利。本条是对业主对建筑物专有部分享有所有权的具体权能的规定，即业主对其建筑物专有部分享有占有、使用、收益和处分的权利。按照这一规定，业主对建筑物内属于自己所有的住宅、经营性用房等专有部分可以直接占有、使用，实现居住或者营业的目的；也可以依法出租，获取收益；还可以出借，解决亲朋好友居住之难；或者在自己的专有部分上依法设定负担，例如，为保证债务的履行将属于自己所有的住宅或者经营性用房抵押给债权人，或者抵押给金融机构以取得贷款等；还可以将住宅、经营性用房等专有部分出售给他人，对专有部分予以处分。

三、对专有部分行使权利的限制

业主的专有部分是建筑物的重要组成部分，但与共有部分又不可分离，例如，没有电梯、楼道、走廊，业主就不可能出入自己的居室、经营性用房等专有部分；没有水箱和水、电等管线，业主就无法使用自己的居室、经营性用房等专有部分。因此，建筑物的专有部分与共有部分具有一体性、不可分离性，故业主对专有部分行使专有所有权应受到一定限制，这与建筑物区分所有权的特殊性是分不开的。对此，本条规定，业主行使专有部分所有权时，不得危及建筑物的安全，不得损害其他业主的合法权益。

一是业主行使专有部分所有权时，不得危及建筑物的安全。例如，业主在对专有部分装修时，不得拆除房屋内的承重墙，不得在专有部分内储藏、存放易燃易爆危险等物品，以免危及整个建筑物的安全。

二是业主行使专有部分所有权时，不得损害其他业主的合法权益。本法第286条规定，业主应当遵守法律、法规以及管理规约。业主大会或者业主委员会，对任意弃置垃圾、排放污染物或者噪声、违反规定饲养动物、违章搭建、侵占通道、拒付物业费等损害他人合法权益的行为，有权依照法律、法规以及管理规约，请求行为人停止侵害、排除妨碍、消除危险、恢复原状、赔偿损失。第287条规定，业主对建设单位、物业服务企业或者其他管理人以及其他业主侵害自己合法权益的行为，有权请求其承担民事责任。

> **第二百七十三条** 业主对建筑物专有部分以外的共有部分，享有权利，承担义务；不得以放弃权利为由不履行义务。
>
> 业主转让建筑物内的住宅、经营性用房，其对共有部分享有的共有和共同管理的权利一并转让。

【条文主旨】

本条是关于业主对专有部分以外的共有部分权利义务的规定。

【条文释义】

一、关于共有部分

业主专有部分以外的共有部分通常是指，除建筑物内的住宅、经营性用房等专有部分以外的部分，既包括建筑物内的走廊、楼梯、过道、电梯、外墙面、水箱、水电气管线等部分，也包括建筑区划内，由业主共同使用的物业管理用房、绿地、道路、公用设施以及其他公共场所等，但法律另有规定的除外。根据本法规定，建筑区划内的道路，属于业主共有，但属于城镇公共道路的除外。建筑区划内的绿地，属于业主共有，但属于城镇公共绿地或者明示属于个人的除外。建筑区划内的其他公共场所、公用设施和物业服务用房，属于业主共有。占用业主共有的道路或者其他场地用于停放汽车的车位，属于业主共有。

关于共有部分的界定，《最高人民法院关于审理建筑物区分所有权纠纷案件具体应用法律若干问题的解释》第3条规定，除法律、行政法规规定的共有部分外，建筑区划内的以下部分，也应当认定为物权法第六章所称的共有部分：（1）建筑物的基础、承重结构、外墙、屋顶等基本结构部分，通道、楼梯、大堂等公共通行部分，消防、公共照明等附属设施、设备，避难层、设备层或者设备间等结构部分；（2）其他不属于业主专有部分，也不属于市政公用部分或者其他权利人所有的场所及设施等。

二、业主对共有部分，享有权利，承担义务；不得以放弃权利为由不履行义务

首先，业主对专有部分以外的共有部分享有权利，承担义务。

业主对专有部分以外的共有部分的权利包括两部分内容，即共有和共同管理的权利。一是业主对专有部分以外的共有部分享有共有的权利，即每个业主在法律对所有权未作特殊规定的情形下，对专有部分以外的走廊、楼梯、过道、

电梯、外墙面、水箱、水电气管线等共有部分，对物业管理用房、绿地、道路、公用设施以及其他公共场所等共有部分享有占有、使用、收益或者处分的权利。但是，如何行使占有、使用、收益或者处分的权利，还要依据本法及相关法律、法规和建筑区划管理规约的规定。例如，本法第 283 条规定，建筑物及其附属设施的费用分摊、收益分配等事项，有约定的，按照约定；没有约定或者约定不明确的，按照业主专有部分面积所占比例确定。业主对专有部分以外的共有部分的共有，还包括对共有部分共负义务。同样，业主对共有部分如何承担义务，也要依据本法及相关法律、法规和建筑区划管理规约的规定。二是业主对专有部分以外的共有部分不仅享有共有的权利，还享有共同管理的权利，有权对共用部位与公用设备设施的使用、收益、维护等事项行使管理的权利，同时对共有部分的管理也负有相应的义务。

其次，业主不得以放弃权利为由不履行义务。

由于业主对专有部分以外的共有部分既享有权利，又负有义务，有的业主就可能以放弃权利为由，不履行义务。对此，本条明确规定，业主不得以放弃权利为由不履行义务。例如，除另有约定的外，业主不得以不使用电梯为由，不交纳电梯维修费用。

三、业主转让建筑物内的住宅、经营性用房，其对共有部分享有的共有和共同管理的权利一并转让

业主的建筑物区分所有权是一个集合权，包括对专有部分享有的所有权、对建筑区划内的共有部分享有的共有和共同管理的权利，这些权利具有不可分离性。在这些权利中，业主对专有部分的所有权占主导地位，是业主对专有部分以外的共有部分享有共有和共同管理的权利的前提与基础。没有业主对专有部分的所有权，就无法产生业主对专有部分以外共有部分的共有和共同管理的权利。如果业主丧失了对专有部分的所有权，也就丧失了对共有部分的共有和共同管理的权利。因此本条规定，业主转让建筑物内的住宅、经营性用房，其对共有部分享有的共有和共同管理的权利一并转让。

> **第二百七十四条** 建筑区划内的道路，属于业主共有，但是属于城镇公共道路的除外。建筑区划内的绿地，属于业主共有，但是属于城镇公共绿地或者明示属于个人的除外。建筑区划内的其他公共场所、公用设施和物业服务用房，属于业主共有。

〖条文主旨〗

本条是关于建筑区划内的道路、绿地、其他公共场所、公用设施和物业服

务用房归属的规定。

【条文释义】

根据本条规定，由此可知：

一是建筑区划内的道路，属于业主共有，但是属于城镇公共道路的除外。

2007年物权法制定过程中，对如何规定建筑区划内道路的归属，存在着不同意见。有的认为，道路是市政设施，应当属于国家所有，业主享有使用权。有的认为，业主购房后对所购房屋拥有的所有权包括两部分：一部分是对建筑物内住宅、经营性用房等专有部分享有的专有的、独立的所有权；另一部分是对专有部分以外的道路、绿地、其他公共场所、公用设施和物业服务用房等共有部分以及建筑物的附属设施享有的共有和共同管理的权利。有的认为，建筑区划内的道路等，应当本着谁投资归谁所有的原则确定。实践中，道路有的归业主所有，有的归市政所有。例如，有的地方规定，建筑区划内4米以下宽的道路归业主，4米以上宽的道路归市政。有些大的建筑区，如北京的天通苑，主干线道路产权归政府。经认真研究，建筑区划内的道路作为建筑物的附属设施原则归业主共有，但是属于城镇公共道路的除外。

二是建筑区划内的绿地，属于业主共有，但是属于城镇公共绿地或者明示属于个人的除外。

2007年物权法制定过程中，对如何规定建筑区划内绿地的归属，存在着不同意见。有的认为，绿地是土地的一种使用功能，其实质就是土地，城市土地属于国家所有，业主只有使用权，没有所有权。有的认为，城市的土地是国有的，无论是道路还是绿地，所有权只能归国家。有的认为，业主购房后对所购房屋拥有的所有权包括两部分：一部分是对建筑物内住宅、经营性用房等专有部分享有的专有的、独立的所有权；另一部分是对专有部分以外的道路、绿地、其他公共场所、公用设施和物业服务用房等共有部分以及建筑物的附属设施享有的共有和共同管理的权利。经调查研究认为，建筑区划内的绿地作为建筑物的附属设施原则归业主共有，但是属于城镇公共绿地或者明示属于个人的除外。需要说明的是，本条规定的绿地、道路归业主所有，不是说绿地、道路的土地所有权归业主所有，而是说绿地、道路作为土地上的附着物归业主所有。

三是建筑区划内的其他公共场所、公用设施和物业服务用房，属于业主共有。

关于建筑区划内的其他公共场所、公用设施和物业服务用房的归属问题。

有的认为，现实中，业主购房通常不支付物业管理用房的价款，对物业管理用房没有权利。有的认为，业主购房后对所购房屋拥有的所有权包括两部分：一部分是对建筑物内住宅、经营性用房等专有部分享有的专有的、独立的所有权；另一部分是对专有部分以外的道路、绿地、其他公共场所、公用设施和物业服务用房等共有部分以及建筑物的附属设施享有的共有和共同管理的权利。有的认为，建筑区划内的其他公共场所、公用设施和物业服务用房所有权的归属，应当本着谁投资归谁所有的原则确定。开发商在售楼时明确将小区的绿地、道路、物业管理用房等费用分摊给买房人的，就归业主共有。没有分摊，归开发商所有。经调查研究认为，建筑区划内的其他公共场所、公用设施和物业服务用房，属于业主共有。

> **第二百七十五条** 建筑区划内，规划用于停放汽车的车位、车库的归属，由当事人通过出售、附赠或者出租等方式约定。
>
> 占用业主共有的道路或者其他场地用于停放汽车的车位，属于业主共有。

【条文主旨】

本条是关于车位、车库归属的规定。

【条文释义】

随着经济社会的快速发展和人民生活水平的不断提高，我国机动车保有量持续快速增长，其中私人轿车拥有量增速明显。机动车保有量的迅猛增加，住宅小区机动车乱停乱放等现象日益严重，停车难、停车乱问题不断突出。车位、车库作为车辆的存放点，已成为私家车主的生活必需品。关于住宅小区车位、车库的归属和停车收费的纠纷日渐增多。

在2007年物权法起草过程中，业主的建筑物区分所有权中，如何规定车位、车库的所有权归属问题涉及广大业主的切身利益，社会普遍关注，争议较大。在征求意见过程中，主要有两种意见。一种意见认为，车位、车库应当归业主共有。主要理由：一是车位、车库已经摊入建筑成本，开发商将其再次买卖或者出租，侵害了业主的利益。二是在房屋销售过程中，开发商处于强势，如果车位、车库的所有权以有约定的按照约定的原则确定归属，对业主不利。另一种意见认为，车位、车库的归属，业主与开发商有约定的，按照约定；没有约定或者约定不明确的，属于业主共有。主要理由：一是从我国目前多数地方商品房销售的实际做法看，对车位、车库的归属，在商品房买卖合同中都有约定；从其他国家和地区看，车位、车库一般也归业主个人所有。二是车位、车库不像电梯、走廊、水箱、道路、绿地等应当共用，规定业主共有很难操作。三是开发商是否把车位、车库摊入成本，和商品房销售价格的高低没有必然联系，而且，也很难证明车库、车位的价值是否包括在建筑成本之中；目前对价格管理部门是否应当公开开发商的建筑成本仍有不同意见。四是对车位、车库的建造比例和车位、车库首先满足小区业主需要，应当作出行政管理的强制性规定，但地下车库和地面上的停车场，作为独立设施，如果不允许开发商销售或者出租，可能影响开发商建造车位、车库的积极性，对业主不利。

经对我国房地产市场的实际做法和存在的问题进行调查研究，并借鉴国外的通常做法，属于业主共有的财产，应是那些不可分割、不宜也不可能归任何业主专有的财产，如电梯等公用设施、绿地等公用场所。从房地产市场的情况看，一般来说，专门用来停放汽车的车库、车位的归属，是由当事人通过出售、附赠或者出租等方式约定归业主专有或者专用的。这样，既容易操作，也可以避免纠纷。如果规定车库、车位归业主共有，由于车库、车位和住宅的配套比例不同、业主之间享有的住宅面积不同、商品房销售的状况不同等原因，归业主共有很难操作，因此，本法区分不同的情况对车位、车库的归属作了规定：

一是建筑区划内，规划用于停放汽车的车位、车库的归属，由当事人通过出售、附赠或者出租等方式约定。建筑区划内，规划用于停放汽车的车位、车库，即开发商在开发项目前，经政府核发的建设工程规划许可证批准同意，规划用于停放汽车的车位、车库。此类车位、车库，在开发商开发后，通过出售、附赠或者出租等方式，与当事人约定车位、车库的归属和使用。

二是占用业主共有的道路或者其他场地用于停放汽车的车位，属于业主共有。规划外的占用业主共有的道路或者其他场地用于停放汽车的车位、车库，由于属于规划外，且是占用业主共有的道路或者其他场地建设的，较易形成属于业主共有的共识，属于业主共有。

关于车位、车库的归属，一些地方性法规根据实践的发展，在物权法的基础上作出进一步的规范。如《上海市住宅物业管理规定》第61条第1款规定，物业管理区域内，建设单位所有的机动车停车位数量少于或者等于物业管理区域内房屋套数的，一户业主只能购买或者附赠一个停车位；超出物业管理区域内房屋套数的停车位，一户业主可以多购买或者附赠一个。第2款规定，占用业主共有的道路或者其他场地用于停放机动车的车位，属于业主共有。第3款规定，建设单位所有的机动车停车位向业主、使用人出租的，其收费标准应当在前期物业合同中予以约定。业主大会成立前，收费标准不得擅自调整；业主大会成立后，需要调整的，建设单位应当与业主大会按照公平、合理的原则协商后，向区房屋行政管理部门备案。

> **第二百七十六条　建筑区划内，规划用于停放汽车的车位、车库应当首先满足业主的需要。**

【条文主旨】

本条是关于车位、车库应当首先满足业主需要的规定。

【条文释义】

现实生活中，不少小区没有车位、车库或者车位、车库严重不足，有的开发商将车位、车库高价出售给小区外的人，有的小区开发商公示车位、车库只售不租。为规范建筑区划内，规划用于停放汽车的车位、车库的使用，最大程度保障业主对车位、车库的需要，本条规定，建筑区划内，规划用于停放汽车的车位、车库应当首先满足业主的需要。

关于"首先满足业主的需要"的含义，物权法和民法典物权编未作明确规定，其含义可以根据总结实践经验不断完善。实践中司法解释和地方性法规根据实际情况的发展作出了一些规范和解释。如《最高人民法院关于审理建筑物区分所有权纠纷案件具体应用法律若干问题的解释》第 5 条第 1 款规定，建设单位按照配置比例将车位、车库，以出售、附赠或者出租等方式处分给业主的，应当认定其行为符合物权法第 74 条第 1 款有关"应当首先满足业主的需要"的规定。该司法解释第 2 款规定，前款所称配置比例是指规划确定的建筑区划内规划用于停放汽车的车位、车库与房屋套数的比例。《上海市住宅物业管理规定》第 62 条第 1 款规定，物业管理区域内的机动车停车位，应当提供给本物业管理区域内的业主、使用人使用。建设单位尚未出售的停车位，应当出租给业主、使用人停放车辆，不得以只售不租为由拒绝出租。停车位不得转让给物业管理区域外的单位、个人；停车位满足业主需要后仍有空余的，可以临时按月出租给物业管理区域外的单位、个人。《福建省物业管理条例》第 64 条第 3 款规定，物业管理区域规划设置的机动车车位（库）应当首先满足业主需要。建设单位不得将物业管理区域内规划的车位（库）出售给本区域以外的单位或者个人。业主要求承租尚未处置的规划车位（库）的，建设单位不得以只售不租为由拒绝出租。

> **第二百七十七条** 业主可以设立业主大会，选举业主委员会。业主大会、业主委员会成立的具体条件和程序，依照法律、法规的规定。
>
> 地方人民政府有关部门、居民委员会应当对设立业主大会和选举业主委员会给予指导和协助。

〖条文主旨〗

本条是关于设立业主大会和选举业主委员会的规定。

〖条文释义〗

一、业主可以设立业主大会，选举业主委员会

房屋的所有权人为业主，业主是建筑区划内的主人。业主大会是业主的自治组织，是基于业主的建筑物区分所有权的行使产生的，由全体业主组成，是建筑区划内建筑物及其附属设施的管理机构。因此，只要是建筑区划内的业主，就有权参加业主大会，行使专有部分以外共有部分的共有以及共同管理的权利，并对小区内的业主行使专有部分的所有权作出限制性规定，以维护建筑区划内全体业主的合法权益。故本条第 1 款首先规定，业主可以设立业主大会。《物业管理条例》第 8 条第 1 款规定，物业管理区域内全体业主组成业主大会；第 2 款规定，业主大会应当代表和维护物业管理区域内全体业主在物业管理活动中的合法权益。此外，一个物业管理区域成立一个业主大会。《物业管理条例》第 9 条第 1 款规定，一个物业管理区域成立一个业主大会；第 2 款规定，物业管理区域的划分应当考虑物业的共用设施设备、建筑物规模、社区建设等因素。具体办法由省、自治区、直辖市制定。

如果建筑区划内业主人数众多的，可以设立本建筑物或者建筑区划内所有建筑物的业主委员会，故本条第 1 款中规定，业主可以选举业主委员会。业主委员会是本建筑物或者建筑区划内所有建筑物的业主大会的执行机构，按照业主大会的决定履行管理的职责。《物业管理条例》第 15 条规定，业主委员会执行业主大会的决定事项，履行下列职责：（1）召集业主大会会议，报告物业管理的实施情况；（2）代表业主与业主大会选聘的物业服务企业签订物业服务合同；（3）及时了解业主、物业使用人的意见和建议，监督和协助物业服务企业履行物业服务合同；（4）监督管理规约的实施；（5）业主大会赋予的其他职责。

二、业主大会、业主委员会成立的具体条件和程序，依照法律、法规的规定

在民法典物权编草案编纂过程中，有的意见提出，实践中，业主大会和业主委员会的成立比例不高，存在业主委员会成立难的问题，建议对业主大会、业主委员会成立的具体条件和程序作出规定。经研究，业主大会、业主委员会成立的具体条件和程序，可以根据各地的实际情况作出规定，不宜由法律统一规定，因此，民法典物权编对业主大会、业主委员会成立的具体条件和程序作出原则性的指引规定，规定业主大会、业主委员会成立的具体条件和程序，依照法律、法规的规定。此处法规包括行政法规和地方性法规，各地可以根据实际情况作出规定。2018年8月审议的民法典各分编草案根据各方意见，增加了此规定。

《物业管理条例》和一些地方性法规对业主大会、业主委员会成立的具体条件和程序作了规定。《物业管理条例》第9条第1款规定，一个物业管理区域成立一个业主大会；第2款规定，物业管理区域的划分应当考虑物业的共用设施设备、建筑物规模、社区建设等因素。具体办法由省、自治区、直辖市制定。

三、地方人民政府有关部门、居民委员会应当对设立业主大会和选举业主委员会给予指导和协助

由于业主大会是业主的自治组织，其成立应由业主自行筹备，自主组建。但是，一个建筑区划内，业主从不同的地方入住，互不相识，入住的时间又有先有后，有的相差几年，因此，成立业主大会和选举业主委员会对于业主来说有一定的难度。业主大会的设立和业主委员会的选举关系着业主如何行使自己的权利，维护自身的合法权益，关系到广大业主的切身利益，关系到建筑区划内的安定团结，甚至关系到社会的稳定，对此，本条第2款规定，地方人民政府有关部门、居民委员会应当对设立业主大会和选举业主委员会，给予指导和协助。地方人民政府有关部门、居民委员会应当向准备成立业主大会的业主予以指导，提供相关的法律、法规及规章，提供已成立业主大会的成立经验，帮助成立筹备组织，提供政府部门制定的业主大会议事规则、业主管理公约等示范文本，协调业主之间的不同意见，为业主大会成立前的相关活动提供必要的活动场所，积极主动参加业主大会的成立大会等。

2018年8月民法典物权编一次审议后，有的常委委员、地方、部门、法学教学研究机构和社会公众提出，近年来，群众普遍反映业主大会、业主委员会成立难，建议草案对此作出有针对性的规定。2019年4月审议的民法典物权编二次审议稿，在物权法的基础上增加规定：居民委员会应当对设立业主大会和选举业主委员会给予指导和协助。

第二百七十八条　下列事项由业主共同决定：

（一）制定和修改业主大会议事规则；

（二）制定和修改管理规约；

（三）选举业主委员会或者更换业主委员会成员；

（四）选聘和解聘物业服务企业或者其他管理人；

（五）使用建筑物及其附属设施的维修资金；

（六）筹集建筑物及其附属设施的维修资金；

（七）改建、重建建筑物及其附属设施；

（八）改变共有部分的用途或者利用共有部分从事经营活动；

（九）有关共有和共同管理权利的其他重大事项。

业主共同决定事项，应当由专有部分面积占比三分之二以上的业主且人数占比三分之二以上的业主参与表决。决定前款第六项至第八项规定的事项，应当经参与表决专有部分面积四分之三以上的业主且参与表决人数四分之三以上的业主同意。决定前款其他事项，应当经参与表决专有部分面积过半数的业主且参与表决人数过半数的业主同意。

〖条文主旨〗

本条是关于业主共同决定的重大事项及表决程序的规定。

〖条文释义〗

本条在 2007 年通过的物权法第 76 条基础上作了修改完善：一是将使用建筑物及其附属设施的维修资金单列一项，并降低通过这一事项的表决要求。二是增加规定"改变共有部分的用途或者利用共有部分从事经营活动"为业主共同决定的重大事项。三是适当降低业主作出决议的门槛。

一、关于业主共同决定的重大事项

本条规定，下列事项由业主共同决定：

（一）制定和修改业主大会议事规则

业主可以共同决定制定和修改业主大会议事规则。业主大会议事规则是业主大会组织、运作的规程，是对业主大会宗旨、组织体制、活动方式、成员的权利义务等内容进行记载的业主自律性文件。业主大会通过业主大会议事规则建立大会的正常秩序，保证大会内业主集体意志和行为的统一。制定和修改业主大会议事规则属于有关共有和共同管理权利的重大事项，需要由业主共同决定。《物业管理条例》第18条规定，业主大会议事规则应当就业主大会的议事方式、表决程序、业主委员会的组成和成员任期等事项作出约定。

（二）制定和修改管理规约

业主可以共同决定制定和修改管理规约。管理规约是业主自我管理、自我约束、自我规范的规则约定，规定建筑区划内有关建筑物及其附属设施的使用、维护、管理等事项，是业主对建筑物及其附属设施的一些重大事务的共同约定，涉及每个业主的切身利益，对全体业主具有约束力，属于有关共有和共同管理权利的重大事项，应当由业主共同制定和修改。《物业管理条例》第17条规定，管理规约应当对有关物业的使用、维护、管理，业主的共同利益，业主应当履行的义务，违反管理规约应当承担的责任等事项依法作出约定。管理规约应当尊重社会公德，不得违反法律、法规或者损害社会公共利益。管理规约对全体业主具有约束力。

（三）选举业主委员会或者更换业主委员会成员

业主可以共同决定选举业主委员会或者更换业主委员会成员。业主委员会是业主大会的执行机构，具体执行业主大会决定的事项，并就建筑区划内的一般性日常事务作出决定。业主通过业主大会选举能够代表和维护自己利益的业主委员会委员，成立业主委员会。对不遵守管理规约，责任心不强，不依法履行职责的委员予以更换。选举业主委员会或者更换业主委员会成员，属于有关共有和共同管理权利的重大事项，应当由业主共同决定。

（四）选聘和解聘物业服务企业或者其他管理人

业主可以共同决定选聘和解聘物业服务企业或者其他管理人。本法第284条规定，业主可以自行管理建筑物及其附属设施，也可以委托物业服务企业或者其他管理人管理。对建设单位聘请的物业服务企业或者其他管理人，业主有权依法更换。物业服务涉及建筑物及其附属设施的使用、维护、修理、更换、公共秩序、环境卫生、小区治安等诸多方面，物业服务企业或者其他管理人的物业管理水平如何，与业主利益有直接关系。选聘和解聘物业服务企业或者其他管理人，属于有关共有和共同管理权利的重大事项，应当由业主共同决定。本法合同编对业主与物业服务企业或者其他管理人合同解除的具体操作作了规定。

（五）使用建筑物及其附属设施的维修资金

业主可以共同决定使用建筑物及其附属设施的维修资金。《住宅专项维修资金管理办法》第2条第2款规定，本办法所称住宅专项维修资金，是指专项用于住宅共用部位、共用设施设备保修期满后的维修和更新、改造的资金。建筑物及其附属设施的维修资金主要用于业主专有部分以外的共有部分的共用部位、共用设施设备保修期满后的维修、更新、改造、维护等，涉及业主的切身利益。《住宅专项维修资金管理办法》第 9 条第 1 款规定，业主交存的住宅专项维修资金属于业主所有。因此，使用建筑物及其附属设施的维修资金，属于有关共有和共同管理权利的重大事项，应当由业主共同决定。

（六）筹集建筑物及其附属设施的维修资金

业主可以共同决定筹集建筑物及其附属设施的维修资金。《住宅专项维修资金管理办法》对首次筹集维修资金作了规定，第 7 条规定，商品住宅的业主、非住宅的业主按照所拥有物业的建筑面积交存住宅专项维修资金，每平方米建筑面积交存首期住宅专项维修资金的数额为当地住宅建筑安装工程每平方米造价的 5% 至 8%。直辖市、市、县人民政府建设（房地产）主管部门应当根据本地区情况，合理确定、公布每平方米建筑面积交存首期住宅专项维修资金的数额，并适时调整。购买了商品住宅和非住宅的业主需要按照相关规定交存专项维修资金。在专项维修资金使用部分或者全部后，为保障住宅共用部位、共用设施设备保修期满后的维修和更新、改造，就面临着再次筹集建筑物及其附属设施的维修资金的问题。筹集维修资金关系到业主的切身利益，是否筹集以及如何筹集，属于有关共有和共同管理权利的重大事项，应当由业主共同决定。

（七）改建、重建建筑物及其附属设施

业主可以共同决定改建、重建建筑物及其附属设施。建筑物及其附属设施的改建、重建，涉及业主建筑物区分所有权的行使，费用的负担，事情重大，属于有关共有和共同管理权利的重大事项，应当由业主共同决定。

（八）改变共有部分的用途或者利用共有部分从事经营活动

业主可以共同决定改变共有部分的用途或者利用共有部分从事经营活动，本项是民法典物权编编纂过程中增加的规定。在民法典物权编编纂过程中，有的意见提出，《最高人民法院关于审理建筑物区分所有权纠纷案件具体应用法律若干问题的解释》第 7 条规定，改变共有部分的用途、利用共有部分从事经营性活动、处分共有部分，以及业主大会依法决定或者管理规约依法确定应由业主共同决定的事项，应当认定为物权法第 76 条第 1 款第 7 项规定的有关共有和共同管理权利的"其他重大事项"。这些规定扩展了常见的业主共同决定事项范围，鉴于改变共有部分的用途或者利用共有部分从事经营活动，关涉业主的切身利益，属于有关共有和共同管理权利的重大事项，应当由业主共同决定，建议民法典物权编在总结实践经验的基础上，将其增加规定为应该由业主共同决定的重大事项。2018 年 8 月审议的民法典各分编草案在总结实践经验的基础上，增加规定了本项。

（九）有关共有和共同管理权利的其他重大事项

除上述所列事项外，对建筑区划内有关共有和共同管理权利的其他重大事项，也需要由业主共同决定。例如，如何对物业服务企业的工作予以监督，如何与居民委员会协作，维护好建筑区划内的社会治安等。

二、关于业主共同决定的重大事项的表决程序

本条第2款规定，业主共同决定事项，应当由专有部分面积占比 2/3 以上的业主且人数占比 2/3 以上的业主参与表决。决定前款第 6 项至第 8 项规定的事项，应当经参与表决专有部分面积 3/4 以上的业主且参与表决人数 3/4 以上的业主同意。决定前款其他事项，应当经参与表决专有部分面积过半数的业主且参与表决人数过半数的业主同意。

根据本条第2款的规定，业主共同决定重大事项的表决程序如下：

一是表决程序首先要有专有部分面积占比 2/3 以上的业主且人数占比 2/3 以上的业主参与表决。

关于专有部分面积占比和业主人数占比的计算。《最高人民法院关于审理建筑物区分所有权纠纷案件具体应用法律若干问题的解释》第 8 条规定，物权法第 76 条第 2 款和第 80 条规定的专有部分面积和建筑物总面积，可以按照下列方法认定：（1）专有部分面积，按照不动产登记簿记载的面积计算；尚未进行物权登记的，暂按测绘机构的实测面积计算；尚未进行实测的，暂按房屋买卖合同记载的面积计算；（2）建筑物总面积，按照前项的统计总和计算。第 9 条规定，物权法第 76 条第 2 款规定的业主人数和总人数，可以按照下列方法认定：（1）业主人数，按照专有部分的数量计算，一个专有部分按一人计算。但建设单位尚未出售和虽已出售但尚未交付的部分，以及同一买受人拥有一个以上专有部分的，按一人计算。（2）总人数，按照前项的统计总和计算。第 8 条、第 9 条两条属于表决基数的技术规则，该规则也妥当协调了建设单位、普通业主与大业主的利益关系，有助于明晰物权法第 76 条所规定的专有部分面积和业主人数两个表决基数规则。

因此，参与表决的业主需同时满足两个条件：一是参与表决的业主的专有部分面积占比 2/3 以上，二是参与表决的业主人数占比 2/3 以上。

二是决定前款第 6 项至第 8 项规定的事项，应当经参与表决专有部分面积 3/4 以上的业主且参与表决人数 3/4 以上的业主同意。

即决定筹集建筑物及其附属设施的维修资金，改建、重建建筑物及其附属设施，改变共有部分的用途或者利用共有部分从事经营活动这些事项时，应当经参与表决专有部分面积 3/4 以上的业主且参与表决人数 3/4 以上的业主同意。筹集建筑物及其附属设施的维修资金，改建、重建建筑物及其附属设施，改变共有部分的用途或者利用共有部分从事经营活动是建筑区划内较为重大的事情，关系到每个业主的切身利益。为了保证对这三类事项决策的慎重，保证决策能够获得绝大多数业主的支持，本条第 2 款规定，决定这三类事项，应当经参与表决专有部分面积 3/4 以上的业主且参与表决人数 3/4 以上的业主同意。

根据本条规定，这三类事项决定的作出，必须同时具备两个条件，才为有效的决定：一是经参与表决专有部分面积 3/4 以上的业主，二是参与表决人数 3/4 以上的业主同意。

三是筹集建筑物及其附属设施的维修资金，改建、重建建筑物及其附属设施，改变共有部分的用途或者利用共有部分从事经营活动外的有关共有和共同管理权利的其他重大事项，属于建筑区划内的一般性、常规性事务，其决定的作出，应当经参与表决专有部分面积过半数的业主且参与表决人数过半数的业主同意。

根据这一规定，建筑区划内的一般性、常规性事务，必须同时符合如下两个条件：一是经参与表决专有部分面积过半数的业主的同意；二是参与表决人数过半数的业主同意。

【案例分析】

一个建筑区划内专有部分总面积为 9 万平方米，业主总人数为 600 人，那么业主共同决定重大事项，参与表决的业主首先需达到专有部分面积 6 万平方米以上且人数 400 人以上的条件。业主共同决定重大事项，参与表决的业主首先需达到专有部分面积 6 万平方米以上且人数 400 人以上的条件。假设参与表决的业主专有部分面积正好为 6 万平方米，人数正好为 400 人，那此时业主共同决定筹集建筑物及其附属设施的维修资金，改建、重建建筑物及其附属设施，改变共有部分的用途或者利用共有部分从事经营活动这些事项时，需达到专有部分面积 45000 平方米以上的业主且 300 名以上的业主同意。决定除本条第 1 款第 6 至 8 项之外的重大事项的，需达到专有部分面积 3 万平方米以上的业主且 200 名以上的业主同意。

> **第二百七十九条** 业主不得违反法律、法规以及管理规约，将住宅改变为经营性用房。业主将住宅改变为经营性用房的，除遵守法律、法规以及管理规约外，应当经有利害关系的业主一致同意。

【条文主旨】

本条是关于将住宅改变为经营性用房的规定。

【条文释义】

一、业主不得违反法律、法规以及管理规约，将住宅改变为经营性用房

将住宅改变为经营性用房，使原本用于居住的房屋改为用于经营的房屋，住宅的性质、用途由居住变为商用。这一改变带来许多弊端，危害性大，主要表现有：一是干扰业主的正常生活，造成邻里不和，引发社会矛盾，这是当前物业小区主要矛盾之一。二是造成小区车位、电梯、水、电等公共设施使用的紧张。三是容易产生安全隐患，例如，来往小区人员过多，造成楼板的承重力过大，外来人员流动快且杂，增加了小区不安全、不安定的因素，防火防盗压力大，隐患多。四是使城市规划目标难以实现。本来某个地区的住宅原规划是用来居住的，但由于将住宅大量改为经营性用房，用于商业目的，结果造成该地区交通拥堵、人满为患。五是造成国家税费的大量流失。因此，《物业管理条例》第49条规定，物业管理区域内按照规划建设的公共建筑和共用设施，不得改变用途。业主依法确需改变公共建筑和共用设施用途的，应当在依法办理有关手续后告知物业服务企业；物业服务企业确需改变公共建筑和共用设施用途的，应当提请业主大会讨论决定同意后，由业主依法办理有关手续。随着这方面实践经验的不断积累和完善，国家有关部门还将对这一问题作出具体的规定。另外，作为业主自我管理、自我约束、自我规范的建筑区划内有关建筑物及其附属设施的管理规约也可以依法对此问题作出规定。

2007年通过的物权法，作为规范业主建筑物区分所有权的基本法律，明确规定，业主不得违反法律、法规以及管理规约，将住宅改变为经营性用房。据此，业主不得随意改变住宅的居住用途，是业主应当遵守的最基本的准则，也是业主必须承担的一项基本义务。

二、业主将住宅改变为经营性用房的，除遵守法律、法规以及管理规约外，应当经有利害关系的业主一致同意

2007年通过的物权法规定，业主将住宅改变为经营性用房的，除遵守法律、法规以及管理规约外，应当经有利害关系的业主同意。即如果业主确实因生活需要，如因下岗无收入来源，生活困难，将住宅改变为经营性用房，一是必须遵守法律、法规以及管理规约的规定。如应要办理相应的审批手续，要符合国家卫生、环境保护要求等。二是在遵守法律、法规以及管理规约的前提下，还必须征得有利害关系的业主同意。这两个条件必须同时具备，才可以将住宅改变为经营性用房，二者缺一不可。

在民法典编纂过程中，有的意见提出，《最高人民法院关于审理建筑物区分所有权纠纷案件具体应用法律若干问题的解释》第10条规定，业主将住宅改变为经营性用房，未按照物权法第77条的规定经有利害关系的业主同意，有利害关系的业主请求排除妨害、消除危险、恢复原状或者赔偿损失的，人民法院应予支持。将住宅改变为经营性用房的业主以多数有利害关系的业主同意其行为进行抗辩的，人民法院不予支持。可见，将住宅改变为经营性用房须经有利害关系业主全体一致同意，而非有利害关系业主多数同意，建议业主将住宅改变为经营性用房时应当经有利害关系的业主同意，进一步明晰为有利害关系业主"全体一致"同意。经研究，2018年8月审议的民法典各分编草案将"应当经有利害关系的业主同意"进一步明确为"应当经有利害关系的业主一致同意"。

如何确定业主为有利害关系的业主，因改变住宅为经营性用房的用途不同，影响的范围、程度不同，要具体情况具体分析。总之，不论是否是相邻或者不相邻的业主，凡是因住宅改变为经营性用房受到影响的业主，均是本条所说的有利害关系的业主。《最高人民法院关于审理建筑物区分所有权纠纷案件具体应用法律若干问题的解释》第11条规定，业主将住宅改变为经营性用房，本栋建筑物内的其他业主，应当认定为物权法第77条所称"有利害关系的业主"。建筑区划内，本栋建筑物之外的业主，主张与自己有利害关系的，应证明其房屋价值、生活质量受到或者可能受到不利影响。

> **第二百八十条** 业主大会或者业主委员会的决定，对业主具有法律约束力。
>
> 业主大会或者业主委员会作出的决定侵害业主合法权益的，受侵害的业主可以请求人民法院予以撤销。

【条文主旨】

本条是关于业主大会、业主委员会决定效力的规定。

【条文释义】

一、业主大会或者业主委员会的决定，对业主具有法律约束力

根据本法第277条的规定，业主可以设立业主大会，选举业主委员会。业

主大会是业主的自治组织，是基于业主的建筑物区分所有权的行使产生的，由全体业主组成，是建筑区划内建筑物及其附属设施的管理机构。业主大会依据法定程序作出的决定，反映了建筑区划内绝大多数业主的意志与心声。业主委员会是由业主大会从热心公益事业、责任心强、具有一定组织能力的业主中选举产生出来的，作为业主的代表履行对建筑物及其附属设施的具体管理职责，为全体业主服务的组织。业主委员会作为业主大会的执行机构，具体实施业主大会作出的决定。业主大会或者业主委员会作为自我管理的权力机关和执行机关，其作出的决定，对业主应当具有法律约束力。因此，本条第 1 款规定，业主大会或者业主委员会的决定，对业主具有法律约束力。

对业主具有约束力的业主大会或者业主委员会的决定，必须是依法设立的业主大会、业主委员会作出的，必须是业主大会、业主委员会依据法定程序作出的，必须是符合法律、法规及规章，不违背公序良俗，不损害国家、公共和他人利益的决定。《物业管理条例》第 12 条第 4 款规定，业主大会或者业主委员会的决定，对业主具有约束力。第 19 条第 2 款规定，业主大会、业主委员会作出的决定违反法律、法规的，物业所在地的区、县人民政府房地产行政主管部门或者街道办事处、乡镇人民政府，应当责令限期改正或者撤销其决定，并通告全体业主。业主大会、业主委员会主要对建筑区划内，业主的建筑物区分所有权如何行使，业主的合法权益如何维护等事项作出决定，涉及许多方面，例如，可以对制定和修改业主大会议事规则作出决定，可以对制定和修改管理规约作出决定，可以对选举业主委员会或者更换业主委员会成员作出决定，可以对选聘和解聘物业服务企业或者其他管理人作出决定，可以对使用建筑物及其附属设施的维修资金作出决定，可以对筹集建筑物及其附属设施的维修资金作出决定，可以对改建、重建建筑物及其附属设施作出决定，可以对改变共有部分的用途或者利用共有部分从事经营活动作出决定。业主大会或者业主委员会的决定，对业主具有法律约束力。

二、业主大会或者业主委员会作出的决定侵害业主合法权益的，受侵害的业主可以请求人民法院予以撤销

现实中，有可能有的业主大会或者业主委员会不遵守法律、法规、管理规约，或者不依据法定程序作出某些决定，侵害业主的合法权益，针对这一情形，为了切实保护业主的合法权益，本条第 2 款规定，业主大会或者业主委员会作出的决定侵害业主合法权益的，受侵害的业主可以请求人民法院予以撤销。这一规定，赋予了业主请求人民法院撤销业主大会或者业主委员会作出的不当决定的权利。业主在具体行使这一权利时，还要依据本法总则编、民事诉讼法等法律的规定。例如，撤销的请求，要向有管辖权的人民法院提出，要有明确的诉讼请求和事实、理由等。《物业管理条例》第12条第5款规定，业主大会或者业主委员会作出的决定侵害业主合法权益的，受侵害的业主可以请求人民法院予以撤销。《最高人民法院关于审理建筑物区分所有权纠纷案件具体应用法律若干问题的解释》第12条规定，业主以业主大会或者业主委员会作出的决定侵害其合法权益或者违反了法律规定的程序为由，依据物权法第78条第2款的规定请求人民法院撤销该决定的，应当在知道或者应当知道业主大会或者业主委员会作出决定之日起1年内行使。

> 第二百八十一条　建筑物及其附属设施的维修资金，属于业主共有。经业主共同决定，可以用于电梯、屋顶、外墙、无障碍设施等共有部分的维修、更新和改造。建筑物及其附属设施的维修资金的筹集、使用情况应当定期公布。
>
> 紧急情况下需要维修建筑物及其附属设施的，业主大会或者业主委员会可以依法申请使用建筑物及其附属设施的维修资金。

【条文主旨】

本条是关于建筑物及其附属设施的维修基金的归属、用途以及筹集与使用的规定。

【条文释义】

随着我国住房制度改革的不断深入，人民群众的生活水平不断提高，居民个人拥有住宅的比例越来越高，住宅房屋的维修管理责任也相应地由过去的国家、单位承担转移到居民个人承担。而我国的住宅多为高层或者多层的群体建筑，又往往以住宅小区的形式开发建设，这样，建筑物及其附属设施的维修问题就日益突显出来。建筑物及其附属设施能否正常、及时、顺利地维修，关系到建筑物及其附属设施能否正常使用及业主的安全，关系到全体业主的切身利益，关系到社会的和谐与稳定。因此，有必要对建筑物及其附属设施的维修资金作出规定。

一、建筑物及其附属设施的维修资金的归属

针对实践中，业主疑问较多的有关建筑物及其附属设施的维修资金所有权归属问题，本条规定，建筑物及其附属设施的维修资金属于业主共有。《物业管理条例》第53条规定，住宅物业、住宅小区内的非住宅物业或者与单幢住宅楼

结构相连的非住宅物业的业主，应当按照国家有关规定交纳专项维修资金。专项维修资金属于业主所有，专项用于物业保修期满后物业共用部位、共用设施设备的维修和更新、改造，不得挪作他用。专项维修资金收取、使用、管理的办法由国务院建设行政主管部门会同国务院财政部门制定。2007年，为加强对住宅专项维修资金的管理和保障住宅共用部位、共用设施设备的维修和正常使用，维护住宅专项维修资金所有者的合法权益，建设部和财政部联合发布《住宅专项维修资金管理办法》，其第7条规定，商品住宅的业主、非住宅的业主按照所拥有物业的建筑面积交存住宅专项维修资金，每平方米建筑面积交存首期住宅专项维修资金的数额为当地住宅建筑安装工程每平方米造价的5%至8%。直辖市、市、县人民政府建设（房地产）主管部门应当根据本地区情况，合理确定、公布每平方米建筑面积交存首期住宅专项维修资金的数额，并适时调整。第9条规定，业主交存的住宅专项维修资金属于业主所有。从公有住房售房款中提取的住宅专项维修资金属于公有住房售房单位所有。

二、建筑物及其附属设施的维修资金的使用

住房建成后，随着时间的推移，必然面临着共有部分的维修、更新和改造问题，此时就需要使用建筑物及其附属设施的维修资金。关于建筑物及其附属设施维修资金的用途以及如何使用等问题，本条规定，经业主共同决定，可以用于电梯、屋顶、外墙、无障碍设施等共有部分的维修、更新和改造。建筑物及其附属设施的维修资金的筹集、使用情况应当定期公布。

一是建筑物及其附属设施的维修资金的使用须经业主共同决定。建筑物及其附属设施的维修资金的使用涉及共有部分、共用设施设备的维修、更新、改造等，涉及业主能否正常使用建筑物及其附属设施，关系着每个业主的切身利益，因此，本条规定建筑物及其附属设施的维修资金的使用应当经业主共同决定。至于业主如何决定建筑物及其附属设施的维修资金的使用，要依据本法第278条作出决定。

二是关于建筑物及其附属设施的维修资金的用途，本条规定维修资金可以用于电梯、屋顶、外墙、无障碍设施等共有部分的维修、更新和改造。至于业主专有部分以外的哪些部分为共有部分，哪些设施为建筑物的附属设施，要根据每一栋建筑物、每一个建筑区划的不同情况具体分析。建设部和财政部联合发布的《住宅专项维修资金管理办法》第3条规定，本办法所称住宅共用部位，是指根据法律、法规和房屋买卖合同，由单幢住宅内业主或者单幢住宅内业主及与之结构相连的非住宅业主共有的部位，一般包括：住宅的基础、承重墙体、柱、梁、楼板、屋顶以及户外的墙面、门厅、楼梯间、走廊通道等。本办法所称共用设施设备，是指根据法律、法规和房屋买卖合同，由住宅业主或者住宅业主及有关非住宅业主共有的附属设施设备，一般包括电梯、天线、照明、消防设施、绿地、道路、路灯、沟渠、池、井、非经营性车场车库、公益性文体设施和共用设施设备使用的房屋等。第18条规定，住宅专项维修资金应当专项用于住宅共用部位、共用设施设备保修期满后的维修和更新、改造，不得挪作他用。

物权法第79条规定，经业主共同决定，可以用于电梯、水箱等共有部分的维修。在民法典编纂过程中，有的意见提出，根据相关行政法规，供水设施的维修费用应由供水企业承担，按照《住宅专项维修资金管理办法》的规定，维修资金不只限于维修，还包括更新、改造，建议将"电梯、水箱等共有部分的维修"修改为"电梯、屋顶、外墙、无障碍设施等共有部分的维修、更新和改造"。经研究，2018年8月审议的民法典物权编草案作了相应修改。

三是为便于业主及时了解建筑物及其附属设施维修资金的筹集情况，依法监督维修资金的使用，本条还规定，建筑物及其附属设施的维修资金的筹集、使用情况应当定期公布。

三、紧急情况下建筑物及其附属设施的维修资金的使用

在民法典编纂过程中，有的意见提出，建筑物及其附属设施的维修资金目前主要由住建部门的专门机构管理，在实践中存在的突出问题有：一是收取难，特别是老旧小区存在拖欠维修资金的问题。二是签字表决难，特别是大型小区和业主实际入住不多的小区难以形成多数意见，更难以达到经专有部分占建筑物总面积2/3以上的业主且占总人数2/3以上的业主签字同意。三是维修资金的使用范围难以界定，新建电梯、维修屋顶等只和部分业主直接相关的维修可否动用全体业主的维修资金，目前有争议。四是提取使用程序繁琐，需要提出申请，提供符合"双过2/3"的业主签字同意证明，由管理机构抽查核对等，周期太长。五是使用监管难，存在物业或者业主委员会成员浪费、挪用、侵吞维修资金的情况。六是保值增值难。实践中，目前紧急动用维修资金的一般做法是，紧急申请，紧急公示，尽快使用维修，事后再找业主补签同意。建议增加规定紧急情况下维修申请使用建筑物及其附属设施的维修资金的相关规定。

经了解，目前一些地方性法规已经对紧急情况下维修资金的使用作了特别规定。如《江苏省物业管理条例》第76条、《安徽省物业管理条例》第89条、《青海省物业管理条例》第83条等都对紧急情况下维修资金的使用作了相关规定。

也有的地方，规定以专项维修资金的增值资金建立房屋应急解危专项资金，平衡紧急情况需要使用资金与业主决定使用较难的矛盾。如《天津市物业管理条例》第55条规定，专项维修资金的管理费用由市财政部门核定，在专项维修资金的增值资金中列支。专项维修资金增值资金除核定管理费用外，应当建立房屋应急解危专项资金，专项用于房屋应急解危支出。专项维修资金的具体管理办法，由市人民政府规定。

在征求意见过程中，针对一些地方对紧急情况下维修资金的使用作的特别规定，也有的意见提出，维修资金毕竟是业主的，应当经过大多数业主的知晓并同意，坚决反对任何组织未经业主共同决定就申请使用维修资金。如果业主们真的意识到情况紧急，那么应该团结起来，在短时间内完成法定的投票数量要求，绝对不能不经过业主投票，一旦开了这个紧急的口子，将会造成严重的后果。

经研究，2019年4月十三届全国人大常委会十次会议《全国人民代表大会宪法和法律委员会关于〈民法典物权编（草案）〉修改情况的汇报》中提到，有的常委委员、地方、部门、法学教学研究机构和社会公众提出，近年来，群众普遍反映业主大会、业主委员会成立难，公共维修资金使用难，以及物业管理不规范、业主维权难等问题，建议草案对此作出有针对性的规定。据此，宪法和法律委员会建议对该章草案作出如下修改：……三是根据一些地方的实践，在草案第76条中增加1款规定：紧急情况下需要维修建筑物及其附属设施的，业主大会或者业主委员会可以依法申请使用维修资金。据此，民法典物权编草案二次审议稿增加一款规定。根据本款规定，紧急情况下需要维修建筑物及其附属设施的，业主大会或者业主委员会可以依法申请使用维修资金。此处对紧急情况下需要维修建筑物及其附属设施使用维修资金作了指引性规定，即需"依法申请"，此处的"依法"，既包括法律，也包括行政法规、部门规章和地方性法规等。

第二百八十二条　建设单位、物业服务企业或者其他管理人等利用业主的共有部分产生的收入，在扣除合理成本之后，属于业主共有。

【条文主旨】

本条是关于共有部分产生收益的归属的规定。

【条文释义】

本条是本次民法典编纂新增加的条文。在民法典编纂过程中，有的意见建议，吸收司法解释的相关规定，增加规定："建设单位、物业服务企业或者其他管理人利用共有部分进行经营性活动的，业主可以请求行为人将扣除合理成本之后的收益用于补充专项维修资金或者业主共同决定的其他用途。"《最高人民法院关于审理建筑物区分所有权纠纷案件具体应用法律若干问题的解释》第14条规定，建设单位或者其他行为人擅自占用、处分业主共有部分、改变其使用功能或者进行经营性活动，权利人请求排除妨害、恢复原状、确认处分行为无效或者赔偿损失的，人民法院应予支持。属于前款所称擅自进行经营性活动的情形，权利人请求行为人将扣除合理成本之后的收益用于补充专项维修资金或者业主共同决定的其他用途的，人民法院应予支持。行为人对成本的支出及其合理性承担举证责任。

2018年8月，十三届全国人大常委会五次会议《关于〈民法典各分编（草案）〉的说明》中提到，加强对建筑物业主权利的保护。……第三，明确共有部分产生的收益属于业主共有（草案第77条）。民法典各分编草案第77条规定，建设单位、物业服务企业或者其他管理人等利用业主的共有部分产生的收益，在扣除合理成本之后，属于业主共有。

民法典各分编草案在征求意见过程中，有的意见提出，收益的含义本身就包含收入扣除成本的意思，为更加准确，避免实践操作中的歧义，建议将本条中的"收益"修改为"收入"。2019年4月审议的民法典物权编草案吸收了这一意见。

根据本条规定，建设单位、物业服务企业或者其他管理人等利用业主的共有部分产生的收入，在扣除合理成本之后，属于业主共有。例如，很多小区会在业主的共有部分设置广告，这些广告收入，在扣除合理成本之后，应该属于业主共有。再如，占有业主共有的道路或者其他场地设置的车位，出租车位的租金收入，在扣除合理的成本之后，也应该属于业主共有。《最高人民法院关于审理建筑物区分所有权纠纷案件具体应用法律若干问题的解释》第17条规定，本解释所称建设单位，包括包销期满，按照包销合同约定的包销价格购买尚未销售的物业后，以自己名义对外销售的包销人。《物业管理条例》第54条规定，利用物业共用部位、共用设施设备进行经营的，应当在征得相关业主、业主大会、物业服务企业的同意后，按照规定办理有关手续。业主所得收益应当主要用于补充专项维修资金，也可以按照业主大会的决定使用。

第二百八十三条　建筑物及其附属设施的费用分摊、收益分配等事项，有约定的，按照约定；没有约定或者约定不明确的，按照业主专有部分面积所占比例确定。

【条文主旨】

本条是关于建筑物及其附属设施费用分摊、收益分配的规定。

【条文释义】

在民法典编纂过程中，有的意见提出，物权法第80条中规定，没有约定或者约定不明确的，按照业主专有部分占建筑物总面积的比例确定。其中关于建筑物总面积的计算，《最高人民法院关于审理建筑物区分所有权纠纷案件具体应用法律若干问题的解释》第8条规定，物权法第76条第2款和第80条规定的专有部分面积和建筑物总面积，可以按照下列方法认定：（1）专有部分面积，按照不动产登记簿记载的面积计算；尚未进行物权登记的，暂按测绘机构的实测面积计算；尚未进行实测的，暂按房屋买卖合同记载的面积计算；（2）建筑物总面积，按照前项的统计总和计算。此处"建筑物总面积"应该是"建筑物专有部分总面积"，建议修改。2018年8月审议的民法典各分编草案吸收了这一意见，将"按照业主专有部分占建筑物总面积的比例确定"修改为"按照业主专有部分所占比例确定"。2019年4月审议的民法典物权编草案，进一步修改为"按照业主专有部分面积所占比例确定"。

本条规定，建筑物及其附属设施的费用分摊、收益分配等事项，有约定的，按照约定；没有约定或者约定不明确的，按照业主专有部分面积所占比例确定。

一是建筑物及其附属设施的费用分摊，有约定的，按照约定；没有约定或者约定不明确的，按照业主专有部分面积所占比例确定。如果管理规约对建筑物及其附属设施的费用如何分摊有约定的，首先按照约定进行分摊。如果没有约定或者约定不明确的，则可以按照业主专有部分面积所占比例确定费用。例如，对业主共有的建筑物及其附属设施如公用设施和物业服务用房等进行维修，其费用问题，如果管理规约等有约定的，先按照约定，如果没有约定或者约定不明确的，按照业主专有部分面积所占比例确定。

二是建筑物及其附属设施的收益分配，有约定的，按照约定；没有约定或者约定不明确的，按照业主专有部分面积所占比例确定。建筑物及其附属设施不仅存在着养护、维修的问题，还存在着经营收益如何分配的问题。例如，业主大会决定，将建筑物楼顶出租给企业做广告，广告收入如何分配，是居住顶层的业主多拿一些，还是业主平均分配；是作为业主大会、业主委员会的活动经费，还是作为维修资金用于建筑物及其附属设施的维修。按照本条规定，建筑物及其附属设施的收益分配，有约定的，按照约定；没有约定或者约定不明确的，按照业主专有部分面积所占比例确定。《物业管理条例》第54条规定，利用物业共用部位、共用设施设备进行经营的，应当在征得相关业主、业主大会、物业服务企业的同意后，按照规定办理有关手续。业主所得收益应当主要用于补充专项维修资金，也可以按照业主大会的决定使用。

如何规定业主对建筑物及其附属设施的费用负担、收益分配的问题，在2007年物权法立法过程中有不同的看法。有的认为，应当按照业主所有的专有部分的面积占建筑物总面积的比例确定；有的认为，应当按照业主专有部分占建筑物的价值比例确定；还有的提出，这一比例应当考虑业主专有部分的面积、楼层、朝向、购买时的价钱等综合因素。鉴于现实中情况复杂，各地及每个建筑区划的具体情况不同。业主如何负担建筑物及其附属设施的费用，如何分配建筑物及其附属设施的收益，是业主行使建筑物区分所有权的问题，业主可以依法处分，故本条规定，建筑物及其附属设施的费用分摊、收益分配等事项，有约定的，按照约定。对建筑物及其附属设施的费用分摊、收益分配等事项，没有约定或者约定不明确的，本条作了原则性、指导性规定，即按照业主专有部分面积所占比例确定。

> **第二百八十四条** 业主可以自行管理建筑物及其附属设施，也可以委托物业服务企业或者其他管理人管理。
>
> 对建设单位聘请的物业服务企业或者其他管理人，业主有权依法更换。

〖条文主旨〗

本条是对建筑物及其附属设施管理的规定。

〖条文释义〗

一、业主可以自行管理建筑物及其附属设施，也可以委托物业服务企业或者其他管理人管理

实践中，对建筑物及其附属设施进行管理主要有两种形式：一是业主委托物业服务企业或者其他管理人管理；二是业主自行管理。故本条第1款规定，

业主可以自行管理建筑物及其附属设施，也可以委托物业服务企业或者其他管理人管理。

（一）业主可以委托物业服务企业或者其他管理人管理建筑物及其附属设施

物业服务企业通常是指符合法律规定，依法向业主提供物业服务的民事主体（市场主体），包括物业公司以及向业主提供服务的其他组织。物业公司，是指依法设立、具有独立法人资格，从事物业服务活动的企业。《物业管理条例》第 32 条规定，从事物业管理活动的企业应当具有独立的法人资格。

根据本条规定，业主委托物业服务企业或者其他管理人管理建筑物及其附属设施。《物业管理条例》对物业服务企业作了相关规定，如第 3 条规定，国家提倡业主通过公开、公平、公正的市场竞争机制选择物业服务企业。第 39 条规定，物业服务企业可以将物业管理区域内的专项服务业务委托给专业性服务企业，但不得将该区域内的全部物业管理一并委托给他人。

（二）业主可以自行管理建筑物及其附属设施

对建筑物及其附属设施进行管理，并非必须委托物业服务企业或者其他管理人，除委托物业服务企业或者其他管理人外，也有业主自行管理的。根据本条规定，业主可以自行管理建筑物及其附属设施。大多发生在只有一个业主或者业主人数较少的建筑区划。随着经济的发展、科技的进步，建筑领域不断出现新技术、新产品，建筑物及其附属设施的科技含量也越来越高，管理更为复杂，业主自行管理有一定难度，所以还是提倡选择专业化、市场化、社会化的物业管理公司对建筑物及其附属设施进行管理为好。《物业管理条例》第 4 条规定，国家鼓励采用新技术、新方法，依靠科技进步提高物业管理和服务水平。

二、对建设单位聘请的物业服务企业或者其他管理人，业主有权依法更换

通常情况下，一栋楼或者一个住宅小区建好后，就要对建筑物及其附属设施进行管理，但业主们是陆陆续续迁入居住的，业主大会尚未成立，不能及时委托物业管理公司。在这种情况下，只能由建设单位选聘物业管理公司对建筑物及其附属设施进行管理。本法第 939 条规定，建设单位依法与物业服务人订立的前期物业服务合同，以及业主委员会与业主大会依法选聘的物业服务人订立的物业服务合同，对业主具有法律约束力。《物业管理条例》第 3 章专章规定了前期物业管理，对前期物业服务企业的选聘等制定了一些规定。如第 24 条规定，国家提倡建设单位按照房地产开发与物业管理相分离的原则，通过招投标的方式选聘具有相应资质的物业服务企业。住宅物业的建设单位，应当通过招投标的方式选聘物业服务企业；投标人少于 3 个或者住宅规模较小的，经物业所在地的区、县人民政府房地产行政主管部门批准，可以采用协议方式选聘物业服务企业。第 26 条规定，前期物业服务合同可以约定期限；但是，期限未满、业主委员会与物业服务企业签订的物业服务合同生效的，前期物业服务合同终止。对于建设单位前期选聘的物业服务企业或者管理人，业主可能满意，也可能不满意，如果不满意，业主都入住后，有权对建设单位选聘的物业服务企业或者其他管理人进行更换。故本条第 2 款规定，对建设单位聘请的物业服务企业或者其他管理人，业主有权依法更换。

> **第二百八十五条** 物业服务企业或者其他管理人根据业主的委托，依照本法第三编有关物业服务合同的规定管理建筑区划内的建筑物及其附属设施，接受业主的监督，并及时答复业主对物业服务情况提出的询问。
>
> 物业服务企业或者其他管理人应当执行政府依法实施的应急处置措施和其他管理措施，积极配合开展相关工作。

【条文主旨】

本条是关于物业服务企业或者其他管理人与业主关系以及物业服务企业或者其他管理人执行政府依法实施的管理措施的义务的规定。

【条文释义】

一、物业服务企业或者其他管理人与业主关系

本条第 1 款规定，物业服务企业或者其他管理人根据业主的委托，依照本法第三编有关物业服务合同的规定管理建筑区划内的建筑物及其附属设施，接受业主的监督，并及时答复业主对物业服务情况提出的询问。

第一，业主与物业服务企业或者其他管理人之间是一种合同关系。

根据本法第 284 条的规定，业主可以选择物业服务企业或者其他管理人对建筑区划内的建筑物及其附属设施进行管理。选聘物业服务企业或者其他管理人的办法、程序等，应当依据第 278 条的规定由业主共同决定。业主选好物业服务企业或者其他管理人后，应当签订物业管理合同，将自己对建筑物及其附属设施的管理权利委托给选聘的物业服务企业或者其他管理人。《物业管理条例》第 34 条第 1 款规定，业主委员会应当与业主大会选聘的物业服务企业订立书面的物业服务合同。因此，业主与物业服务企业或者其他管理人之间是一种合同关系。本次民法典编纂过程中，根据合同实践的发展，在民法典合同编典型合同中，专章增加规定了物业服务合同，对物业服务合同的内涵、权利义务

关系等作了规定。

在物业服务合同中，业主应当对自己委托物业服务企业或者其他管理人的权限范围、双方的权利义务、合同期限、违约责任等作出规定。本法第 938 条规定，物业服务合同的内容一般包括服务事项、服务质量、服务费用的标准和收取办法、维修资金的使用、服务用房的管理和使用、服务期限、服务交接等条款。物业服务人公开作出的有利于业主的服务承诺，为物业服务合同的组成部分。物业服务合同应当采用书面形式。《物业管理条例》第 34 条第 2 款规定，物业服务合同应当对物业管理事项、服务质量、服务费用、双方的权利义务、专项维修资金的管理与使用、物业管理用房、合同期限、违约责任等内容进行约定。

第二，物业服务企业或者其他管理人根据业主的委托，依照本法第三编有关物业服务合同的规定管理建筑区划内的建筑物及其附属设施。

物业服务企业或者其他管理人与业主签订委托合同后，应当根据业主的委托，依照本法合同编有关物业服务合同的规定和合同的约定向业主提供相应的服务。本次民法典编纂在合同编增加规定了物业服务合同一章，对物业服务合同的内容、权利义务等作出了明确规定，因此，民法典编纂过程中，在本条"管理建筑区划内的建筑物及其附属设施"前增加"依照本法第三编有关物业服务合同的规定"，对合同内容以及权利义务作出进一步的指引性规定。

本法以及行政法规总结实践经验，对物业服务企业或者其他管理人的管理行为作了一些规范性的规定。如本法合同编规定，物业服务人将物业服务区域内的部分专项服务事项委托给专业性服务组织或者其他第三人的，应当就该部分专项服务事项向业主负责。物业服务人不得将其应当提供的全部物业服务转委托给第三人，或者将全部物业服务肢解后分别转委托给第三人。物业服务人应当按照约定和物业的使用性质，妥善维修、养护、清洁、绿化和经营管理物业服务区域内的业主共有部分，维护物业服务区域内的基本秩序，采取合理措施保护业主的人身、财产安全。对物业服务区域内违反有关治安、环保、消防等法律法规的行为，物业服务人应当及时采取合理措施制止、向有关行政主管部门报告并协助处理。《物业管理条例》规定，物业服务企业应当按照物业服务合同的约定，提供相应的服务。物业服务企业未能履行物业服务合同的约定，导致业主人身、财产安全受到损害的，应当依法承担相应的法律责任。物业服务企业可以将物业管理区域内的专项服务业务委托给专业性服务企业，但不得将该区域内的全部物业管理一并委托给他人。物业使用人在物业管理活动中的权利义务由业主和物业使用人约定，但不得违反法律、法规和管理规约的有关规定。物业服务企业可以根据业主的委托提供物业服务合同约定以外的服务项目，服务报酬由双方约定。物业管理区域内，供水、供电、供气、供热、通信、有线电视等单位应当向最终用户收取有关费用。物业服务企业接受委托代收前述有关费用的，不得向业主收取手续费等额外费用。对物业管理区域内违反有关治安、环保、物业装饰装修和使用等方面法律、法规规定的行为，物业服务企业应当制止，并及时向有关行政管理部门报告。有关行政管理部门在接到物业服务企业的报告后，应当依法对违法行为予以制止或者依法处理。物业服务企业应当协助做好物业管理区域内的安全防范工作。发生安全事故时，物业服务企业在采取应急措施的同时，应当及时向有关行政管理部门报告，协助做好救助工作。物业服务企业雇请保安人员的，应当遵守国家有关规定。保安人员在维护物业管理区域内的公共秩序时，应当履行职责，不得侵害公民的合法权益。此外，本法合同编还对合同期限届满前后及合同终止如何处理作了规定。

第三，物业服务企业或者其他管理人管理建筑区划内的建筑物及其附属设施，接受业主的监督。

物业管理是否符合合同约定，涉及建筑区划内的建筑物及其附属设施能否正常有效的运转，建筑区划内的治安、环保、卫生、消防等许多方面，涉及每个业主的切身利益，关系着社会的和谐与安定，因此，在履行物业服务合同的过程中，物业服务企业或者其他管理人应当接受业主的监督。《物业管理条例》规定，业主可以监督物业服务企业履行物业服务合同，对物业共用部位、共用设施设备和相关场地使用情况享有知情权和监督权。业主委员会应当及时了解业主、物业使用人的意见和建议，监督和协助物业服务企业履行物业服务合同。业主对物业服务企业或者其他管理人的监督具体可以采取如下不同形式，如对物业服务企业履行合同的情况提出批评、建议，查询物业服务企业在履行合同中形成的有关物业管理的各种档案材料。查询物业服务企业的收费情况等。业主对物业服务企业的监督有利于其更好地向业主提供服务，履行好合同规定的义务。此外，本法第943条规定，物业服务人应当定期将服务的事项、负责人员、质量要求、收费项目、收费标准、履行情况，以及维修资金使用情况、业主共有部分的经营与收益情况等以合理方式向业主公开并向业主大会、业主委员会报告。

第四，物业服务企业或者其他管理人应当及时答复业主对物业服务情况提出的询问。

在民法典编纂过程中，有的意见提出，《最高人民法院关于审理建筑物区分所有权纠纷案件具体应用法律若干问题的解释》第13条规定，业主请求公布、查阅下列应当向业主公开的情况和资料的，人民法院应予支持：（1）建筑物及其附属设施的维修资金的筹集、使用情况；（2）管理规约、业主大会议事规则，以及业主大会或者业主委员会的决定及会议记录；（3）物业服务合同、共有部分的使用和收益情况；（4）建筑区划内规划用于停放汽车的车位、车库的处分情况；（5）其他应当向业主公开的情况和资料。建议增加业主知情权的相关规定。因此，本条第1款规定，业主有权对物业服务企业或者其他管理人询问物业服务情况，业主对物业服务情况提出询问的，物业服务企业或者其他管理人应当及时答复。

二、物业服务企业或者其他管理人执行政府依法实施的管理措施的义务

本条第2款规定，物业服务企业或者其他管理人应当执行政府依法实施的应急处置措施和其他管理措施，积极配合开展相关工作。本款是2020年5月提交大会审议的民法典草案增加的内容。在新冠肺炎疫情防控中，广大物业服务企业执行政府依法实施的防控措施，承担了大量具体工作，得到了社会普遍认可，还在近期的有关地方立法中引发关注。在民法典编纂过程中，有的意见提出，应该在民法典草案中增加相关规定。2020年5月《关于〈中华人民共和国民法典（草案）〉的说明》中提到，结合疫情防控工作，明确物业服务企业和业主的相关责任和义务，增加规定物业服务企业或者其他管理人应当执行政府依法实施的应急处置措施和其他管理措施，积极配合开展相关工作，业主应当依法予以配合。

因此，本条增加一款规定，物业服务企业或者其他管理人的责任和义务，物业服务企业或者其他管理人应当执行政府依法实施的应急处置措施和其他管理措施，积极配合开展相关工作。

第二百八十六条　业主应当遵守法律、法规以及管理规约，相关行为应当符合节约资源、保护生态环境的要求。对于物业服务企业或者其他管理人执行政府依法实施的应急处置措施和其他管理措施，业主应当依法予以配合。

业主大会或者业主委员会，对任意弃置垃圾、排放污染物或者噪声、违反规定饲养动物、违章搭建、侵占通道、拒付物业费等损害他人合法权益的行为，有权依照法律、法规以及管理规约，请求行为人停止侵害、排除妨碍、消除危险、恢复原状、赔偿损失。

业主或者其他行为人拒不履行相关义务的，有关当事人可以向有关行政主管部门报告或者投诉，有关行政主管部门应当依法处理。

【条文主旨】

本条是关于业主有关义务、制止损害他人合法权益行为并追究其法律责任

以及向有关行政主管部门报告或者投诉的规定。

【条文释义】

一、业主应当遵守法律、法规和管理规约以及业主的配合义务

（一）业主应当遵守法律、法规以及管理规约，相关行为应当符合节约资源、保护生态环境的要求

遵守法律、法规以及管理规约是居住于建筑区划内的业主应当履行的最基本的义务。业主首先应当遵守法律、法规，法律、法规对业主的义务作了一些规定，如本法第944条规定，业主应当按照约定向物业服务人支付物业费。物业服务人已经按照约定和有关规定提供服务的，业主不得以未接受或者无需接受相关物业服务为由拒绝支付物业费。业主违反约定逾期不支付物业费的，物业服务人可以催告其在合理期限内支付；合理期限届满仍不支付的，物业服务人可以提起诉讼或者申请仲裁。第272条中规定，业主行使权利不得危及建筑物的安全，不得损害其他业主的合法权益。《物业管理条例》第7条规定，业主在物业管理活动中，履行下列义务：（1）遵守管理规约、业主大会议事规则；（2）遵守物业管理区域内物业共用部位和共用设施设备的使用、公共秩序和环境卫生的维护等方面的规章制度；（3）执行业主大会的决定和业主大会授权业主委员会作出的决定；（4）按照国家有关规定交纳专项维修资金；（5）按时交纳物业服务费用；（6）法律、法规规定的其他义务。

此外，业主还应当遵守管理规约。根据本法第278条规定，业主共同决定制定和修改管理规约。《物业管理条例》第17条规定，管理规约应当对有关物业的使用、维护、管理，业主的共同利益，业主应当履行的义务，违反管理规约应当承担的责任等事项依法作出约定。管理规约应当尊重社会公德，不得违反法律、法规或者损害社会公共利益。管理规约对全体业主具有约束力。此外，建设单位在销售物业之前，可以制定临时管理规约，业主也应该遵守，如果建设单位制定的临时管理规约侵害业主的合法权益或者业主认为不合适，可以依法修改。

（二）业主对物业服务企业或者其他管理人依法实施的应急处理措施和其他管理措施的配合义务

本条第1款中规定，对于物业服务企业或者其他管理人执行政府依法实施的应急处置措施和其他管理措施，业主应当依法予以配合。此规定是2020年5月提交大会审议的民法典草案增加的内容。在新冠肺炎疫情防控中，广大物业服务企业执行政府依法实施的防控措施，承担了大量具体工作，得到了社会普遍认可，还在近期的有关地方立法中引发关注。在民法典编纂过程中，有的意

见提出，应该在民法典草案中增加相关规定。2020 年 5 月《关于〈中华人民共和国民法典（草案）〉的说明》中提到，结合疫情防控工作，明确物业服务企业和业主的相关责任和义务，增加规定物业服务企业或者其他管理人应当执行政府依法实施的应急处置措施和其他管理措施，积极配合开展相关工作，业主应当依法予以配合。

二、业主大会或者业主委员会制止损害他人合法权益行为并追究其法律责任

有的建筑区划内的个别业主，不遵守法律、法规以及管理规约的规定，任意弃置垃圾、排放污染物或者噪声、违反规定饲养动物、违章搭建、侵占通道、拒付物业费，损害了部分业主甚至是全体业主的合法权益，对这些侵权行为，由谁予以制止，是否可以追究其侵权的民事责任。业主大会、业主委员会是否可以提起诉讼，在哪些方面享有诉讼资格，可以成为诉讼主体。对这些问题，在 2007 年物权法研究起草过程中有着不同的看法。有的提出，对建筑区划内个别业主实施的侵权行为，业主大会、业主委员会有责任也有义务予以劝阻、制止，业主大会、业主委员会还可以提起诉讼，物权法应当赋予业主大会、业主委员会诉讼主体资格。有的提出，业主大会、业主委员会提起诉讼后，如果败诉，诉讼后果应由全体业主承担，这在理论上说得通，但在实践中行不通。有的提出，业主大会、业主委员会是由业主组成的。业主大会、业主委员会对侵权行为予以处置，影响邻里关系，容易产生矛盾，宜由物业公司或者国家有关部门予以制止。物业公司提出，物业公司根据业主的要求，对建筑区划内的违法行为予以劝阻、制止，但当事人根本不听，物业公司也没有办法。物业公司是受业主委托，向业主提供服务的企业。没有政府的授权，对这些违法行为无权管，管了也没用。

在物权法起草过程中，立法部门经调查研究认为，为了维护业主的共同权益，应当对业主大会、业主委员会的起诉和应诉资格作出规定，对此物权法草案三次审议稿第 87 条曾规定："对侵害业主共同权益等行为，业主会议经三分之二以上业主同意，可以以业主会议的名义提起诉讼、申请仲裁。"对此，有的提出，这一条的规定对于切实维护业主权益是必要的，但需经 2/3 以上业主同意规定的比例过高，建议降低比例。有的提出，现实生活中维护业主共同权益的许多工作是由业主委员会承担的，经业主授权，业主委员会也可以提起诉讼、申请仲裁。对此，立法部门将这一条修改为，"对侵害业主共同权益的行为，对物业服务机构等违反合同发生的争议，经专有部分占建筑物总面积过半数的业主或者占总人数过半数的业主同意，可以以业主大会或者业主委员会的名义提起诉讼、申请仲裁；业主也可以以自己的名义提起诉讼、申请仲裁"（草案四次审议稿第 86 条）。对这一修改，有的常委委员和业主委员会提出，业主大会或者业主委员会没有独立的财产，难以承担败诉后的民事责任，建议删去这一规定。立法部门经调查研究认为，业主大会是业主的自治性组织，业主委员会是业主大会的执行机构，业主大会或者业主委员会享有的权利、承担的义务都要落在业主身上，目前许多小区没有成立业主大会或者业主委员会，对业主大会或者业主委员会提起诉讼、申请仲裁的权利以暂不作规定为妥；对侵害业主共同权益的纠纷，可以通过民事诉讼法规定，推选代表人进行诉讼。

对任意弃置垃圾、排放污染物或者噪声、违反规定饲养动物、违章搭建、侵占通道、拒付物业费等损害他人合法权益的行为如何处置，本条规定了以下几种办法：一是业主大会、业主委员会依照法律、法规以及管理规约的规定，要求其停止侵害、消除危险、排除妨碍、赔偿损失。二是受到侵害的业主个人依据民事诉讼法等法律的规定，向人民法院提起诉讼。三是共同受到侵害的业主，推选代表人，依据民事诉讼法等法律的规定，向人民法院提起诉讼。本次民法典编纂过程中，对此未作修改。

关于"损害他人合法权益的行为"的界定，《最高人民法院关于审理建筑物区分所有权纠纷案件具体应用法律若干问题的解释》第 15 条规定，业主或者其他行为人违反法律、法规、国家相关强制性标准、管理规约，或者违反业主大会、业主委员会依法作出的决定，实施下列行为的，可以认定为物权法第 83 条第 2 款所称的其他"损害他人合法权益的行为"：（1）损害房屋承重结构，损害或者违章使用电力、燃气、消防设施，在建筑物内放置危险、放射性物品等危及建筑物安全或者妨碍建筑物正常使用；（2）违反规定破坏、改变建筑物外墙面的形状、颜色等损害建筑物外观；（3）违反规定进行房屋装饰装修；（4）违章加建、改建，侵占、挖掘公共通道、道路、场地或者其他共有部分。

三、业主或者其他行为人拒不履行相关义务的，有关当事人可以向有关行政主管部门报告或者投诉，有关行政主管部门应当依法处理

在民法典编纂过程中，有的意见提出，除要求行为人承担民事责任外，有关当事人还可以向有关行政主管部门投诉，建议增加相关内容。经研究，2019年 4 月，十三届全国人大常委会十次会议《全国人民代表大会宪法和法律委员会关于〈民法典物权编（草案）〉修改情况的汇报》中提到，加强对业主维权的保障，在草案第 81 条中增加 1 款规定：在建筑区划内违反规定饲养动物、违章搭建、侵占通道等的行为人拒不履行相关义务的，有关当事人可以向有关行政主管部门投诉，有关行政主管部门应当依法处理。例如，行为人违章搭建的，有关当事人可以依法向住建部门投诉，相关部门应当依法处理。2020 年 5 月提交大会审议的民法典草案进一步将"投诉"修改为"报告或者投诉"，并将

"行为人"修改为"业主或者行为人"。

> **第二百八十七条** 业主对建设单位、物业服务企业或者其他管理人以及其他业主侵害自己合法权益的行为，有权请求其承担民事责任。

【条文主旨】

本条是关于业主对侵害自己合法权益的行为，有权请求承担民事责任的规定。

【条文释义】

本条是在 2007 年通过的物权法第 83 条第 2 款中"业主对侵害自己合法权益的行为，可以依法向人民法院提起诉讼"的规定基础上的修改完善，将业主对侵害自己合法权益行为有权请求承担民事责任的规定单列一条作了规定。在民法典编纂过程中，有的意见提出，物权法第 83 条规定的是业主的有关义务、业主大会和业主委员会制止损害他人合法权益行为，建议对业主对侵害自己合法权益的行为作单独规定。2018 年 8 月审议的民法典各分编草案吸收了这一意见，单列一条并作了修改完善。

法律及行政法规等规定了一些业主的权利，如本法第 274 条规定，建筑区划内的道路，属于业主共有，但是属于城镇公共道路的除外。建筑区划内的绿地，属于业主共有，但是属于城镇公共绿地或者明示属于个人的除外。建筑区划内的其他公共场所、公用设施和物业服务用房，属于业主共有。第 275 条第 2款规定，占用业主共有的道路或者其他场地用于停放汽车的车位，属于业主共有。第 280 条第 2 款规定，业主大会或者业主委员会作出的决定侵害业主合法权益的，受侵害的业主可以请求人民法院予以撤销。第 281 条规定，建筑物及其附属设施的维修资金，属于业主共有。第 282 条规定，建设单位、物业服务企业或者其他管理人等利用业主的共有部分产生的收入，在扣除合理成本之后，属于业主共有。《物业管理条例》第 6 条中规定，业主在物业管理活动中，享有下列权利：（1）按照物业服务合同的约定，接受物业服务企业提供的服务；（2）提议召开业主大会会议，并就物业管理的有关事项提出建议；（3）提出制定和修改管理规约、业主大会议事规则的建议；（4）参加业主大会会议，行使投票权；（5）选举业主委员会成员，并享有被选举权；（6）监督业主委员会的工作；（7）监督物业服务企业履行物业服务合同；（8）对物业共用部位、共用设施设备和相关场地使用情况享有知情权和监督权；（9）监督物业共用部位、共用设施设备专项维修资金的管理和使用；（10）法律、法规规定的其他权利。同时也规定了一些建设单位、物业服务企业或者其他管理人以及其他业主的义务。根据本条规定，业主对建设单位、物业服务企业或者其他管理人以及其他业主侵害自己合法权益的行为，有权请求其承担民事责任。具体的民事责任，可以依据本法第 179 条的相关规定。

第七章　相邻关系

本章共九条。对处理相邻关系的原则、用水与排水、通行、通风、采光和日照等相邻关系作了规定。相邻关系是指不动产的相邻各方因行使所有权或者用益物权而发生的权利义务关系。

> **第二百八十八条**　不动产的相邻权利人应当按照有利生产、方便生活、团结互助、公平合理的原则，正确处理相邻关系。

【条文主旨】

本条是关于处理相邻关系原则的规定。

【条文释义】

本条是 2007 年通过的物权法第 84 条的规定，本次民法典编纂对本条未作修改。

本条首先要回答的是"不动产的相邻权利人"的范围。这里有以下几个问题：

第一，相邻的不动产不仅指土地，也包括附着于土地的建筑物。相邻土地权利人之间的相邻关系的内容是非常丰富的，例如，通行、引水、排水，以及临时占用邻人土地修建建筑物等。但相邻的建筑物权利人之间的相邻关系也是同样内容丰富的，无论是在农村还是在城市，建筑物之间的通风、采光等相邻关系直接关系到人们的生活。特别是随着城市化的进一步发展，建筑物区分所有人之间的相邻关系迫切需要法律作出调整。

第二，不动产的相邻关系一般指相互毗邻的不动产权利人之间的关系，但也并不尽然。例如，河流上游的权利人排水需要流经下游的土地，当事人之间尽管土地并不相互毗邻，但行使权利是相互邻接的。

第三，相邻的不动产权利人，不仅包括不动产的所有人，而且包括不动产的用益物权人和占有人。

　　法律设立不动产相邻关系的目的是尽可能确保相邻的不动产权利人之间的和睦关系，解决相邻的两个或者多个不动产所有人或使用人因行使权利而发生的冲突，维护不动产相邻各方利益的平衡。在现代社会，世界各国的立法取向更加注重不动产所有权的"社会性义务"，给不动产所有权提出了更多的限制性要求。人们逐渐认识到对不动产所有权的行使不能是绝对的，为避免所有权人绝对行使权利而妨碍社会的进步和公共利益的需要，有必要对所有权的行使，特别是不动产物权的行使加以必要的限制。基于相邻关系的规定，如果我是一个不动产权利人，这种限制来自两个方面：一是，我不能在我的一亩三分地内胡作非为，从而影响邻人对其不动产的正常使用及安宁。二是，我对我的一亩三分地行使所有权时，要为邻人对其不动产的使用提供一定的便利，即容忍邻人在合理范围内使用自己的不动产。

　　我国早在 1986 年通过的民法通则就规定了处理不动产相邻关系的原则。民法通则第 83 条规定："不动产的相邻各方，应当按照有利生产、方便生活、团结互助、公平合理的精神，正确处理截水、排水、通行、通风、采光等方面的相邻关系。给相邻方造成妨碍或者损失的，应当停止侵害，排除妨碍，赔偿损失。"虽然民法通则对相邻关系的规定仅此一条，但却揭示了相邻关系的本质特征。相邻关系是法定的，一是体现在不动产权利人对相邻不动产权利人的避免妨害之注意义务；二是体现在不动产权利人在非使用邻地就不能对自己的不动产进行正常使用时，有权在对邻地损害最小的范围内使用邻地，邻地权利人不能阻拦。这就是"团结互助、公平合理"的原则要求。

　　处理相邻关系的原则，不仅是人们在生产、生活中处理相邻关系应遵从的原则，也是法官审理相邻关系纠纷案件应遵从的原则。特别是在法律对相邻关系的某些类型缺乏明确规定的情况下，需要法官以处理相邻关系的一般原则评判是非。例如，我国民法典物权编对树木根枝越界的相邻关系问题没有作出规定。在我国农村此类纠纷还是常见的。

【案例分析】

　　例如，甲家树木的枝蔓越界到乙家，乙家认为该越界枝蔓影响了其采光，从而起诉到法院，要求甲家砍断越界的枝蔓。法官在审理此案时，首先要看当地的习惯对此类纠纷如何处理。如果当地也没有相应的习惯，法官要依我国法律规定的处理相邻关系的一般原则审理此案。法官要查证越界枝蔓是否对乙家的生活造成了严重影响，也要查明砍断越界枝蔓对甲家的生产会产生多少影响，因为该树可能是经济价值较高的果树。如果法官认定越界枝蔓严重妨害了乙家的采光，同时砍断越界枝蔓对甲家的生产损失不大，则判决甲家砍断越界枝蔓；反之，如果法官认定越界枝蔓对乙家的生活影响不大，但砍断越界枝蔓可能对甲家的生产造成较大损失，可以判决保留越界枝蔓，而由甲家给乙家一定补偿。

> **第二百八十九条** 法律、法规对处理相邻关系有规定的，依照其规定；法律、法规没有规定的，可以按照当地习惯。

【条文主旨】

本条是关于处理相邻关系依据的规定。

【条文释义】

本条是 2007 年通过的物权法第 85 条的规定，本次民法典编纂对本条未作修改。

需要用法律调整的相邻关系的种类很多，随着社会经济的发展，其范围还在不断扩大。因此，民法典物权编不可能对需要调整的相邻关系一一列举，只能择其主要，作出原则性规定。世界各国对相邻关系种类的规定也是有繁有简。但是在现实生活中，基于相邻关系发生的纠纷的种类很多，人民法院或者其他有权调解、处理的机关在处理纠纷时，又必须依据一定的规范，所以本条规定：法律、法规对处理相邻关系有规定的，依照其规定；法律、法规没有规定的，可以按照当地习惯。

我国有些法律、法规对处理相邻关系作出了规定。例如，我国建筑法对施工现场相邻建筑物的安全、地下管线的安全，以及周围环境的安全都提出了要求。该法第 39 条第 2 款规定："施工现场对毗邻的建筑物、构筑物和特殊作业环境可能造成损害的，建筑施工企业应当采取安全防护措施。"第 40 条规定："建设单位应当向建筑施工企业提供与施工现场相关的地下管线资料，建筑施工企业应当采取措施加以保护。"第 41 条规定："建筑施工企业应当遵守有关环境保护和安全生产的法律、法规的规定，采取控制和处理施工现场的各种粉尘、废气、废水、固体废物以及噪声、振动对环境的污染和危害的措施。"

处理民事关系，首先应当依照民事法律的规定。在民事法律未作规定的情况下，法官在处理民事纠纷时，依习惯作出判断。本法第 10 条规定，处理民事纠纷，应当依照法律；法律没有规定的，可以适用习惯，但是不得违背公序良俗。

平等主体之间的财产关系和人身关系的种类和内容极其广泛和复杂，调整这些关系的民法是难以涵盖全部的。因此，有的民事关系在没有相应法律进行调整时，适用当地风俗习惯或者交易惯例是一种必然要求。在法治社会里，民事主体之间发生了某种纠纷，不能说由于没有相应法律作为依据，法院就拒绝审理，这不利于社会的和谐与稳定。

作为审案依据的"习惯"必须是当地多年实施且为当地多数人所遵从和认可的习惯，这种习惯已经具有"习惯法"的作用，在当地具有类似于法律一样的约束力。同时，这种习惯以不违背公序良俗为限。因此，当邻里因为不动产的使用而发生纠纷时，如果没有相应的民事法律进行调整，在是否适用习惯作为审案的依据，以及适用何种习惯作为审案的依据问题上，法官具有自由裁量权。

在整个民法体系中，处理相邻关系需要以习惯作为依据所占的比例是比较大的。理由就是相邻关系的种类繁多且内容丰富。由于本法对相邻关系的规定比较原则和抽象，因此，更是大量需要以习惯作为标准来判决基于相邻关系而产生的纠纷的是与非。

> **第二百九十条**　不动产权利人应当为相邻权利人用水、排水提供必要的便利。
>
> 　　对自然流水的利用，应当在不动产的相邻权利人之间合理分配。对自然流水的排放，应当尊重自然流向。

〖条文主旨〗

本条是关于用水、排水相邻关系的规定。

〖条文释义〗

相邻的不动产权利人基于用水、排水而发生的相邻关系的内容非常丰富，我国水法第 28 条规定："任何单位和个人引水、截（蓄）水、排水，不得损害公共利益和他人的合法权益。"根据水法并参考国外或地区立法例，关于水的相邻关系的内容大概有以下几项：

一、对自然流水的规定

1. 尊重自然流水的流向及低地权利人的承水、过水义务。例如，法国、意大利、瑞士、日本等国民法典和我国台湾地区"民法"规定，从高地自然流至之水，低地权利人不得妨阻。

2. 水流地权利人变更水流或者宽度的限制。例如，《日本民法典》和我国台湾地区"民法"规定，水流地权利人，如对岸的土地属于他人时，不得变更水流或者宽度。两岸的土地均属于一个权利人时，该权利人可以变更水流或者宽度，但应给下游留出自然水路。当地对此有不同习惯的，从其习惯。

3. 对自然流水使用上的合理分配。我国对跨行政区域的河流实行水资源配置制度。我国水法第45条第1款规定："调蓄径流和分配水量，应当依据流域规划和水中长期供求规划，以流域为单元制定水量分配方案。"法国、意大利、瑞士等国民法典和我国台湾地区"民法"规定，自然流水为低地所必需的，高地权利人纵因其需要，也不得妨堵其全部。

二、蓄水、引水、排水设施损坏而致邻地损害时的修缮义务

例如，《日本民法典》和我国台湾地区"民法"规定，土地因蓄水、引水、排水所设置的工作物破溃、阻塞，致损及他人的土地，或者有损害发生的危险时，土地权利人应以自己的费用进行必要的修缮、疏通和预防。但对费用的承担另有习惯的，从其习惯。

三、排水权

《日本民法典》和我国台湾地区"民法"规定，高地权利人为使其浸水之地干涸，或者排泄家用、农工业用水至公共排水通道时，可以使其水通过低地。但应选择于低地损害最小的处所和方法为之。在对低地仍有损害的情况下，应给予补偿。

《日本民法典》和我国台湾地区"民法"规定，水流因事变在低地阻塞时，高地权利人为保障自己的排水，有权以自己的费用在低地建造疏通流水的必要工事。但对费用的承担另有习惯的，从其习惯。

四、土地权利人为引水或排水而使用邻地水利设施的权利

《日本民法典》和我国台湾地区"民法"规定，土地权利人为引水或排水，可以使用邻地的水利设施。但应按其受益的程度，负担该设施的设置及保存费用。

五、用水权

由于我国法律规定水资源属于国家所有，所以我国水法第48条第1款规定："直接从江河、湖泊或者地下取用水资源的单位和个人，应当按照国家取水许可制度和水资源有偿使用制度的规定，向水行政主管部门或者流域管理机构申请领取取水许可证，并缴纳水资源费，取得取水权。但是，家庭生活和零星散养、圈养畜禽饮用等少量取水的除外。"

《法国民法典》和我国台湾地区"民法"规定，河流两岸、水井所在地等水源地的权利人有自由用水权，但公法对水资源的利用有特别规定的除外。

我国台湾地区"民法"规定，土地权利人因家用或者土地利用所必须，自己取水则费用、劳力过于巨大，可以通过支付偿金的方式使用邻地权利人的有余之水。

六、水源地权利人的物上请求权

例如，《瑞士民法典》和我国台湾地区"民法"规定，他人因建筑等行为而使水源地的水资源造成损害，如使水资源减少或受到污染，无论其出于故意还是过失，水源地权利人都可以请求损害赔偿。如果该水资源属于饮用水或者利用土地所必须的，并可以请求恢复原状。

七、堰的设置与利用

《日本民法典》和我国台湾地区"民法"规定，水流地权利人有设堰的必要时，如对岸土地属于他人的，可以使其堰附着于对岸。但对于因此而发生的损害，应支付偿金。对岸土地的权利人，可以使用此堰，但是应当按其受益程度，负担该堰的设置及保存费用。关于设堰，如法律另有规定或者当地另有习惯的，从其规定或习惯。

> **第二百九十一条** 不动产权利人对相邻权利人因通行等必须利用其土地的，应当提供必要的便利。

【条文主旨】

本条是关于相邻关系中通行权的规定。

【条文释义】

不动产权利人原则上有权禁止他人进入其土地，但他人因通行等必须利用或进入其土地的，不动产权利人应当提供必要的便利。这些情形是：

第一，他人有通行权的。不动产权利人必须为相邻"袋地"的权利人提供通行便利。"袋地"是指土地被他人土地包围，与公路没有适宜的联络，致使不能正常使用的，土地权利人可以通行周围的土地以到达公路。但应选择损害最小的处所及方法通行，仍有损害的，应支付偿金。

袋地的形成如是因土地的分割或者一部的让与而致不通公路时，袋地的权利人只能通行受让人或者让与人的土地，而且无需支付偿金。

第二，依当地习惯，许可他人进入其未设围障的土地刈取杂草，采集枯枝、枯干，采集野生植物，或放牧牲畜等。

第三，他人物品或者动物偶然失落于其土地时，应允许他人进入其土地取回。

> **第二百九十二条** 不动产权利人因建造、修缮建筑物以及铺设电线、电缆、水管、暖气和燃气管线等必须利用相邻土地、建筑物的，该土地、建筑物的权利人应当提供必要的便利。

【条文主旨】

本条是关于利用相邻土地的规定。

【条文释义】

本条规定的使用邻地包括两种情形，一是因建造、修缮建筑物而临时使用邻地；二是在邻地上安设管线。

一、因建造、修缮建筑物而临时使用邻地

土地权利人因建造、修缮建筑物暂时而且有必要使用相邻的土地、建筑物的，相邻的土地、建筑物的权利人应当提供必要的便利。例如，甲要在自己的建设用地使用权范围内建筑自己的房屋，有必要将脚手架临时搭在相邻的乙的土地范围内，乙不能阻拦，而应提供必要的便利。

二、在邻地上安设管线

从建筑工程学角度上讲，土地权利人，非经过邻人的土地而不能安设电线、水管、煤气管等管线，而此等管线又为土地权利人所必需，该土地权利人有权通过邻人土地的上下安设，但应选择损害最小的处所及方法安设，仍有损害的，应支付偿金。

> **第二百九十三条** 建造建筑物，不得违反国家有关工程建设标准，不得妨碍相邻建筑物的通风、采光和日照。

【条文主旨】

本条是关于通风、采光和日照的规定。

【条文释义】

通风、采光和日照是衡量一个人居住质量的重要标准之一。随着城市化的发展，在现代都市，建筑物的通风、采光和日照问题日益成为社会关注的问题之一。由于城市土地价值的提升，导致建筑物之间的距离比过去缩小，高层建筑进一步普及，这些变化使得建筑物之间通风、采光和日照的矛盾越来越多，因此，2007 年通过的物权法在民法通则规定的基础上，对通风、采光和日照的问题作进一步规定。本次民法典编纂仅作个别文字修改。

由于我国地域辽阔，各地经济发展很不平衡，所以在民法典物权编中很难规定具体的标准。又由于不同社会发展阶段，对建设工程标准的要求也有所不同，因此不宜在民法典物权编中规定具体的标准。所以本条只是原则规定，"建造建筑物，不得违反国家有关工程建设标准，不得妨碍相邻建筑物的通风、采光和日照。"2012 年住建部颁布《建筑采光设计标准》，2018 年住建部发布《城市居住区规划设计标准》。按照该规范规定，旧区改造住宅日照标准按照大寒日的日照不低于 1 小时执行。

> **第二百九十四条** 不动产权利人不得违反国家规定弃置固体废物，排放大气污染物、水污染物、土壤污染物、噪声、光辐射、电磁辐射等有害物质。

【条文主旨】

本条是关于相邻不动产之间排放、施放污染物的规定。

【条文释义】

在现代社会，人们生活环境的质量日益受到社会的重视，各国政府都在加大环境保护的力度，其中重要的举措就是加强有关环境保护方面的立法。但是保护环境不能只靠环境保护法，在与环境有关的相邻关系，以及侵害环境的民事责任等方面，则是民法的重要任务之一。

大陆法系多数国家都把"不可称量物质侵入"的禁止性规定作为相邻关系一章的重要内容。所谓"不可称量物质侵入"是指煤气、蒸汽、热气、臭气、烟气、灰屑、喧嚣、振动，以及其他类似物质侵入相邻不动产。大陆法系多数国家或地区的民法中都规定了不可称量物质侵入相邻不动产时，如何调整、处理双方的相邻关系，只不过论述的角度有所不同。

相邻关系中的容忍义务，即遭受来自于相邻不动产的污染物侵害时，此种侵害如果是轻微的，或者按地方习惯认为不构成损害的，则应当容忍，不能阻止相邻不动产排放或施放污染物。只有此种侵害超过必要的限度或者可容忍的限度时，就可以通过法律途径要求相邻不动产权利人停止侵害、消除危险、排除妨害，以及赔偿损失。这样规定的目的是维持相邻不动产之间的和睦关系，因为一个人不可能生活在真空里，来自于相邻不动产的污染物的侵入是不可避免的，但这种侵害不能超过一个合理的度。

本条规定的大气污染物，主要包括燃煤的煤烟污染；废气、粉尘和恶臭污染；机动车船的尾气污染等。我国大气污染防治法第8条规定，国务院生态环境主管部门或者省、自治区、直辖市人民政府制定大气环境质量标准，应当以保障公众健康和保护生态环境为宗旨，与经济社会发展相适应，做到科学合理。第9条规定，国务院生态环境主管部门或者省、自治区、直辖市人民政府制定大气污染物排放标准，应当以大气环境质量标准和国家经济、技术条件为依据。第12条规定，大气环境质量标准、大气污染物排放标准的执行情况应当定期进行评估，根据评估结果对标准适时进行修订。例如，目前我国北方城市大气总悬浮颗粒物的50%来自扬尘，其中建筑施工是扬尘的重要来源。如果某一居民区的旁边是一个施工现场，该居民区的居民认为该施工现场的粉尘超过国家规定的标准的，可以要求其停止侵害、消除危险、排除妨害，以及赔偿损失。

水是一种基本的环境因素，也是重要的资源。它的开发、利用和保护的情况如何，不仅直接关系到农业生产和工业生产的发展，而且直接关系到人民生活和整个国民经济的发展。水污染是我国环境保护中的一个突出问题。随着工业生产的增长和城市的发展，排向江河、湖泊的污水量不断增加，特别是未经处理的工业废水带入大量的有毒、有害污染物质，排放到自然水体，造成了水体污染，破坏了生态平衡。我国水污染防治法对防治水污染作了相关规定。

随着我国工业化、城市化的发展以及人民生活水平的提高，固体废物污染防治工作面临着许多新的情况和问题，主要表现在以下几个方面：一是固体废物产生量持续增长，工业固体废物每年增长7%，城市生活垃圾每年增长4%；二是固体废物处置能力明显不足，导致工业固体废物（很多是危险废物）长年堆积，垃圾围城的状况十分严重；三是固体废物处置标准不高，管理不严，不少工业固体废物仅仅做到简单堆放，城市生活垃圾无害化处置率仅达到20%左右；四是农村固体废物污染问题日益突出，畜禽养殖业污染严重，大多数农村生活垃圾没有得到妥善处置；五是废弃电器产品等新型废物不断增长，造成新的污染。我国固体废物污染环境防治法第14条规定，国务院生态环境主管部门应当会同国务院有关部门根据国家环境质量标准和国家经济、技术条件，制定固体废物鉴别标准。在相邻关系中，不动产权利人不得违反国家规定的标准，向相邻不动产倾倒、堆放、丢弃、遗撒固体废物。

我国环境保护法第42条规定，排放污染物的企业事业单位和其他生产经营者，应当采取措施，防治在生产建设或者其他活动中产生的废气、废水、废渣、医疗废物、粉尘、恶臭气体、放射性物质以及噪声、振动、光辐射、电磁辐射等对环境的污染和危害。

在相邻关系中，不动产向相邻不动产施放噪声是难免的，但是要控制施放噪声的分贝以及施放噪声的时间，不得影响相邻不动产正常的生产、生活；随着城市化的发展，高层建筑的玻璃幕墙造成的光污染，以及霓虹灯等造成的光污染越来越多。解决此类纠纷，一是要求建筑单位在建筑物设计上，要考虑相邻不动产可能遭受的损害，二是要给受损害的相邻不动产充分、合理的补偿。随着近代无线电技术的发展，电磁波污染日益受到社会的重视。我国《广播电视设施保护条例》第11条规定："广播电视信号发射设施的建设，应当符合国家有关电磁波防护和卫生标准；在已有发射设施的场强区内，兴建机关、工厂、学校、商店、居民住宅等设施的，除应当遵守本条例有关规定外，还应当符合国家有关电磁波防护和卫生标准。"

【案例分析】

例如，一群人共同居住在一栋建筑物，甲在装修时释放的噪音势必对其邻居造成一定的侵害，但其上下左右的邻居为维持和睦的邻里关系，应当负容忍义务，因为谁家都可能需要装修，并且装修总是能在一段时间之内完成的，此种噪音侵害并不是永久的，所以应当是可以容忍的。但是甲也应当遵守建筑物的管理规约，不得在邻居晚上休息时释放施工噪音。

> **第二百九十五条　不动产权利人挖掘土地、建造建筑物、铺设管线以及安装设备等，不得危及相邻不动产的安全。**

【条文主旨】

本条是关于维护相邻不动产安全的规定。

【条文释义】

不动产权利人有权在自己具有使用权的土地范围内进行工程建设，但是要注意相邻不动产的安全，避免使相邻不动产造成不应有的损害。

所谓"不得危及相邻不动产的安全"主要包括以下几个方面：

第一，在自己的土地上开挖地基时，要注意避免使相邻土地的地基发生动摇或有动摇之危险，致使相邻土地上的建筑物受到损害。

第二，在与相邻不动产的疆界线附近处埋设水管时，要预防土沙崩溃、水或污水渗漏到相邻不动产。

第三，不动产权利人在自己的土地范围内种植的竹木根枝伸延，危及另一方建筑物的安全和正常使用时，应当消除危险，恢复原状。

第四，不动产权利人在相邻土地上的建筑物有倒塌的危险从而危及自己土地及建筑物安全时，有权要求相邻不动产权利人消除危险。

我国建筑法对施工现场相邻建筑物的安全、地下管线的安全提出了明确要求。该法第 39 条第 2 款规定："施工现场对毗邻的建筑物、构筑物和特殊作业环境可能造成损害的，建筑施工企业应当采取安全防护措施。"第 40 条规定："建设单位应当向建筑施工企业提供与施工现场相关的地下管线资料，建筑施工企业应当采取措施加以保护。"

> **第二百九十六条** 不动产权利人因用水、排水、通行、铺设管线等利用相邻不动产的，应当尽量避免对相邻的不动产权利人造成损害。

【条文主旨】

本条是关于在使用相邻不动产时避免造成损害的规定。

【条文释义】

在行使相邻权的同时，也要负尽量避免对被使用的相邻不动产的权利人造成损害的义务。

利用相邻土地引水、排水可能无法避免给相邻土地的权利人造成损失，但应选择损害最小的处所或方法进行引水或者排水，仍有损害的情况下，要给予相邻土地的权利人以补偿。参照我国台湾地区"民法"的规定，关于用水、排水的补偿有以下几项：

一是高地所有人，因使浸水之地干涸，或排泄家用、农工业用之水，以至河渠或沟道，得使其水通过低地。但应择于低地损害最少之处所及方法为之。前项情形，高地所有人，对于低地所受之损害，应支付偿金（我国台湾地区"民法"第 779 条）。

二是土地所有人，因使其土地之水通过，得使用高地或低地所有人所设之工作物。但应按其受益之程度，负担该工作物设置及保存之费用（我国台湾地区"民法"第 780 条）。

三是水源地或井之所有人，对于他人因工事杜绝、减少或污秽其水者，得请求损害赔偿。如其水为饮用，或利用土地所必要者，并得请求回复原状；但不能回复原状者，不在此限（我国台湾地区"民法"第 782 条）。

四是土地所有人因其家用或利用土地所必要，非以过巨之费用及劳力不能得水者，得支付偿金，对邻地所有人，请求给予有余之水（我国台湾地区"民法"第783条）。

利用相邻土地通行，一般都会对相邻土地的权利人造成损害，特别是在相邻土地上开路的情况下，损害是避免不了的，享有通行权的人必须给予补偿。

关于必须利用相邻不动产铺设管线的，应选择相邻不动产损害最小之处所或方法进行，并按照损害的大小，给予补偿。我国台湾地区"民法"第786条规定："土地所有人，非通过他人之土地，不能安设电线、水管、煤气管或其他筒管，或虽能安设而需费过巨者，得通过他人土地之上下而安设。但应择其损害最少之处所及方法为之，并应支付偿金。"

关于在自己的土地上进行建筑活动，而有必要临时使用相邻土地、建筑物，如有损害，应当对相邻土地、建筑物的权利人给予补偿。我国台湾地区"民法"第792条规定："土地所有人，因邻地所有人在其疆界或近旁，营造或修缮建筑物或其他工作物有使用其土地之必要，应许邻地所有人使用其土地，但因而受损害者，得请求偿金。"

物权法第92条规定，不动产权利人因用水、排水、通行、铺设管线等利用相邻不动产的，应当尽量避免对相邻的不动产权利人造成损害；造成损害的，应当给予赔偿。根据该条规定，在无法避免造成损害的情况下，要给予赔偿，这也是公平合理原则的体现。民法典编纂过程中，有的意见提出，造成损害的，应当给予赔偿，可以由侵权责任法调整，无需在本条作出特别规定。经研究，2018年8月审议的民法典各分编草案删除了"造成损害的，应当给予赔偿"的规定，删除此规定，并非是造成损害无需赔偿，而是如果造成损害，可以依据侵权责任法的规定请求损害赔偿。

第八章 共 有

本章是关于共有的规定，共十四条。区分按份共有和共同共有，对共有物的管理及费用负担、共有物的处分及重大修缮、共有物的分割、共有的内部关系和外部关系等内容作了规定。

> **第二百九十七条** 不动产或者动产可以由两个以上组织、个人共有。共有包括按份共有和共同共有。

【条文主旨】

本条是关于共有概念和共有形式的规定。

【条文释义】

一、关于共有的概念

共有是指多个权利主体对一物共同享有所有权。共有的主体称为共有人，客体称为共有财产或共有物。各共有人之间因财产共有形成的权利义务关系，称为共有关系。

财产的所有形式可分为单独所有和共有两种形式。单独所有是指财产所有权的主体是单一的，即一个人单独享有对某项财产的所有权。所谓共有，是指某项财产由两个或两个以上的权利主体共同享有所有权，换言之，是指多个权利主体对一物共同享有所有权。例如，两个人共同所有一艘船舶。我国海商法第 10 条规定："船舶由两个以上的法人或者个人共有的，应当向船舶登记机关登记；未经登记的，不得对抗第三人。"

在共有的概念中要区分共有与公有的关系问题。共有和公有不同。"公有"是指社会经济制度，即公有制。就公有财产权来说，它和共有在法律性质上的不同，主要表现在：第一，共有财产的主体是多个共有人，而公有财产的主体是单一的，在我国为国家或集体组织。全民所有的财产属于国家所有，集体所有的财产则属于某集体组织成员集体所有。第二，公有财产已经脱离个人而存在，它既不能实际分割为个人所有，也不能由个人按照一定的份额享有财产权利。在法律上，任何个人都不能成为公有财产的权利主体。所以，有人认为集体所有是一种共同共有的观点是不对的，集体所有是一种抽象的概念，集体所有的财产不能量化到集体经济组织的成员。而在共有的情况下，特别是在公民个人的共有关系中，财产并没有脱离共有人而存在。共有财产在归属上为共有人所有，是共有人的财产。所以，单个公民退出或加入公有组织并不影响公有财产的完整性，但是，公民退出或加入共有组织（如合伙），就会对共有财产发生影响。

二、关于共有的形式

根据本条规定，共有包括按份共有和共同共有。按份共有和共同共有的区别在于，按份共有人对共有的不动产或者动产按照其份额享有所有权，共同共有人对共有的不动产或者动产共同享有所有权。

> **第二百九十八条** 按份共有人对共有的不动产或者动产按照其份额享有所有权。

【条文主旨】

本条是关于按份共有的规定。

【条文释义】

按份共有，又称分别共有，是与共同共有相对应的一项制度。指数人按应有份额对共有物共同享有权利和分担义务的共有。

在按份共有中，各共有人对共有物享有不同的份额。各共有人的份额，又称应有份，其具体数额一般是由共有人约定明确的。在按份共有中，每个共有人对共有财产享有的权利和承担的义务，是依据其不同的份额确定的。共有人的份额决定了其权利义务的范围。共有人对共有物持有多大的份额，就对共有物享有多大权利和承担多大义务，份额不同，共有人对共有财产的权利义务也不同。

按份共有与分别所有是不同的。在按份共有中，各个共有人的权利不是局限在共有财产的某一部分上，或就某一具体部分单独享有所有权，而是各共有人的权利均及于共有财产的全部。当然，在许多情况下，按份共有人的份额可以产生和单个所有权一样的效力，如共有人有权要求转让其份额，但是各个份额并不是一个完整的所有权，如果各共有人分别单独享有所有权，则共有也就不复存在了。

【案例分析】

例如，甲、乙合购一辆汽车，甲出资 3 万元，乙出资 2 万元，甲、乙各按出资的份额对汽车享有权利、分担义务。在按份共有中，各共有人的应有份必须是明确的，如果按份共有人对共有的不动产或者动产享有的份额，没有约定或者约定不明确的，依照本法第 309 条规定，按照出资额确定；不能确定出资额的，视为等额享有。

例如，甲乙二人共同出资购买一处房屋，甲出资 6 万元，乙出资 4 万元。甲乙二人共同决定将该房屋出租获取收益。在租金的分配上，甲有权获得租金总额的 60%，乙则获得租金总额的 40%。反之，在对该房屋维修费用的负担上，甲应负担 60%，而乙则承担 40%。

> **第二百九十九条**　共同共有人对共有的不动产或者动产共同享有所有权。

【条文主旨】

本条是关于共同共有的规定。

【条文释义】

共同共有是指两个或两个以上的民事主体，根据某种共同关系而对某项财产不分份额地共同享有权利并承担义务。共同共有的特征是：第一，共同共有根据共同关系而产生，以共同关系的存在为前提，例如，夫妻关系、家庭关系；第二，在共同共有关系存续期间内，共有财产不分份额。这是共同共有与按份共有的主要区别；第三，在共同共有中，各共有人平等地对共有物享受权利和承担义务。

关于共同共有的形式，我国学界普遍认为共同共有包括"夫妻共有""家庭共有"和"遗产分割前的共有"。

一、夫妻共有

共同共有最典型的形式就是夫妻共有。本法第 1062 条规定，夫妻在婚姻关系存续期间所得的下列财产，为夫妻的共同财产，归夫妻共同所有：（1）工资、奖金、劳务报酬；（2）生产、经营、投资的收益；（3）知识产权的收益；（4）继承或者受赠的财产，但是本法第 1063 条第 3 项规定的除外；（5）其他应当归共同所有的财产。夫妻对共同财产，有平等的处理权。例如，夫妻双方出卖、赠与属于夫妻共有的财产，应取得一致的意见。夫妻一方明知另一方处分财产而未作否定表示的，视为同意。夫妻财产制是婚姻制度的组成部分，夫妻共有财产的范围、夫妻共有财产权的行使、夫妻共有财产的分割等问题，均应遵守本法婚姻家庭编的相关规定。如本法第 1066 条规定，婚姻关系存续期间，有下列情形之一的，夫妻一方可以向人民法院请求分割共同财产：（1）一方有隐藏、转移、变卖、毁损、挥霍夫妻共同财产或者伪造夫妻共同债务等严重损害夫妻共同财产利益的行为；（2）一方负有法定扶养义务的人患重大疾病需要医治，另一方不同意支付相关医疗费用。

二、家庭共有

家庭共有财产是指家庭成员在家庭共同生活关系存续期间，共同创造、共同所得的财产。例如，家庭成员交给家庭的财产，家庭成员共同受赠的财产，以及在此基础上购置和积累起来的财产等。概言之，家庭共有财产是家庭成员的共同劳动收入和所得。家庭共有财产和家庭财产的概念是不同的。家庭财产是指家庭成员共同所有和各自所有的财产的总和，包括家庭成员共同所有的财产、夫妻共有财产和夫妻个人财产、成年子女个人所有的财产、其他家庭成员各自所有的财产等。家庭共有财产则不包括家庭成员各自所有的财产。

区分家庭共有财产与家庭成员个人财产的主要意义在于：（1）本法第 1153 条第 2 款规定，遗产在家庭共有财产之中的，遗产分割时，应当先分出他人的财产。家庭共有财产的某一共有人死亡，财产继承开始时，必须把死者在家庭共有财产中的应有部分分出，作为遗产继承，而不能把家庭共有财产都作为遗产继承。（2）我国个人独资企业法第18条规定，个人独资企业投资人在申请企业设立登记时明确以其家庭共有财产作为个人出资的，应当依法以家庭共有财产对企业债务承担无限责任。《个人独资企业登记管理办法》第10条第2款规定，个人独资企业投资人以个人财产出资或者以其家庭共有财产作为个人出资的，应当在设立申请书中予以明确。

三、遗产分割前的共有

本法第1121条第1款规定，继承从被继承人死亡时开始。被继承人死亡的，其遗产无论在谁的占有之下，在法律上皆作为遗产由继承人所有，但有数个继承人且在遗产未分割前，理论上由其继承人共有。因遗产分割前，不能确定各继承人对遗产的份额，理论上认为该共有为共同共有。本法第1151条规定，存有遗产的人，应当妥善保管遗产，任何组织或者个人不得侵吞或者争抢。

> **第三百条**　共有人按照约定管理共有的不动产或者动产；没有约定或者约定不明确的，各共有人都有管理的权利和义务。

【条文主旨】

本条是关于共有物管理的规定。

【条文释义】

多人共有一物的，对共有物的管理是事关各共有人的大事，所以也是关于共有的法律规范中的重要内容。

本条规定的对共有物的"管理"是一个外延宽泛的大概念。包括共有人对共有物的保存、使用方法和简易修缮。对共有物的处分和重大修缮则不属于对共有物管理的内容，在本章中另条规定。另外，本条没有区分按份共有、共同共有而对共有物的管理分别作出规定，应当说按份共有人与共同共有人对共有物的管理的权利、义务上还是略有区别的。

一、按份共有人对共有物的管理

（一）按份共有人对共有物的保存

对共有物的保存是指以维持共有物的现状为目的，保持共有物的完好状态，通过相应的管理措施，避免共有物的毁损、灭失。

（二）按份共有人对共有物的使用方法

按份共有人对共有物的使用与按份共有人决定对共有物的使用方法是两个

性质不同的问题。按份共有人对共有物的使用及收益分配是本法第298条调整的内容，即各共有人按照其份额对共有物享有所有权。而按份共有人商定对共有物的使用方法则属于对共有物管理的内容。因为对共有物的使用方法决定着共有物的状态及使用寿命。例如，全体共有人可以约定以下几种对共有物的使用方法：一是各共有人对共有物分部分或者分时间使用；二是将共有物交个别共有人使用，由使用的共有人对不使用的共有人给予补偿；三是将共有物出租，租金在共有人中按各自的份额分配。

（三）按份共有人对共有物的简易修缮

对共有物的简易修缮与对共有物的重大修缮不同。对共有物的简易修缮是出于对共有物的保存目的，即保持共有物现有的状态。例如，给共有的房屋破损的玻璃换上好的玻璃等。而对共有物作重大修缮，目的往往是增加共有物的效用或价值。例如，将共有居住房屋改造成商业用房出租。对共有物的重大修缮，往往需费过巨，依照本法第301条的规定，需要在按份共有人中间实行多数决定通过。而对共有物的简易修缮，往往需费甚少，按本条规定，只需共有人按约定办理。如果没有约定或者约定不明确的，各共有人都有义务对共有物作简易修缮。

二、共同共有人对共有物的管理

共同共有人对共有物享有共同的权利，承担共同的义务。在对共有物的管理上，也主要体现在以下三个方面：

第一，在对共有物的保存上，有约定的按约定办理。没有约定或者约定不明确的，各共有人都有妥善保存的权利和义务。所谓对共有物保存的约定，主要是对共有物保存方式的约定，使共有物处于良好状态，以至于共有物对全体共有人发挥更大的功效。例如，夫妻可以对共有的汽车商定如何保养、存放，以避免汽车毁损、灭失。有约定的依约定，没有约定的，夫妻当中主要使用汽车的一方要妥善保存。

第二，在对共有物的使用方法上，也要遵循有约定的依约定，没有约定的，共有人在各自使用时，要尽合理的注意义务，以避免共有物毁损。

第三，在对共有物简易修缮问题上，共有人要商量确定。商量不通的，各共有人都有权利和义务进行修缮。因为共有物的有些小毛病如不及时修理，可能导致损失进一步扩大，对全体共有人都是不利的。

【案例分析】

甲乙二人共购一辆出租汽车并获得运营权。甲乙二人在共同经营这辆出租汽车时，可以就如何维护、保养这辆汽车进行约定，如该车每跑5000公里必须做保养；每晚停止营运后要置放于某安全地点以避免被盗等内容。甲乙二人应当遵守双方关于保存该车的规定。如果甲乙二人没有就该车如何保存作出约定，那么甲和乙各自应尽自己妥善保存的义务。

甲乙二人共同出资购买一处房屋，甲出资 6 万元，乙出资 4 万元。甲乙二人共同决定将该房屋出租获取收益。在租金的分配上，甲有权获得租金总额的60%，乙则获得租金总额的 40%。

> **第三百零一条** 处分共有的不动产或者动产以及对共有的不动产或者动产作重大修缮、变更性质或者用途的，应当经占份额三分之二以上的按份共有人或者全体共同共有人同意，但是共有人之间另有约定的除外。

【条文主旨】

本条是关于共有物处分或者重大修缮、变更性质或者用途的规定。

【条文释义】

在民法典编纂过程中，有的意见提出，考虑到对共有物实施转让、抵押等处分或者变更共有物的性质或用途，对按份共有人的利益影响巨大，建议增加相关规定。经研究，2018 年 8 月审议的民法典各分编草案将本条中的"重大修缮"修改为"重大修缮、变更性质或者用途"。

本条区分按份共有和共同共有，对共有物的处分或者重大修缮、变更性质或者用途问题作出了不同的规定。

一、对按份共有物的处分或者重大修缮、变更性质或者用途

根据本条规定，处分按份共有的不动产或者动产以及对共有的不动产或者动产重大修缮、变更性质或者用途的，应当经占份额 2/3 以上的按份共有人同意，但是共有人之间另有约定的除外。

（一）对按份共有物的处分

本法在对按份共有物的处分问题上兼顾效益原则和公平原则，实行"多数决"原则。即：占份额 2/3 以上的按份共有人同意，即可处分共有物。传统民法从公平原则出发，规定只有在全体按份共有人同意的前提下，才能对共有物进行处分。在 2007 年物权法起草过程中，经过对此问题深入细致地研究，认为传统民法的规定存在一定弊端，并不能适应新时代对物尽其用的要求。全体同意原则不仅使按份共有人间易滋生矛盾，丧失合作信心，也阻碍物之及时有效的利用。在当今社会，机会稍纵即逝，很多情况下，等到每个共有人都首肯，机会早已丧失，使物不能尽其用。因此，物权法在对按份共有的共有物处分问题上采用"多数决"的原则。但如果按份共有人约定对共有物的处分应经全体共有人一致同意，则应当依照约定行事。本次民法典编纂沿用了物权法的规定，未作修改。

为了提高共有物的使用效率，按份共有人可以转让其在共有物上的财产份额，当然可以用自己在共有物上的份额设定负担。

（二）对按份共有物的重大修缮、变更性质或者用途

按份共有人对共有物的重大修缮，在我国台湾地区被称为对共有物的改良。对共有物的重大修缮或改良行为，是在不改变共有物性质的前提下，提高共有物的效用或者增加共有物的价值。例如，甲乙丙兄弟三人决定将共有的房屋重建。由于对共有物的重大修缮较对共有物的保存而言需费较大，需要各共有人按照自己所占共有物份额的比例支付重大修缮费用，因此为维护多数共有人的利益，本法对共有物作重大修缮的行为规定实行"绝对多数决"的原则，即占共有物 2/3 以上份额的共有人同意，才能对共有物作重大修缮。对按份共有物的变更性质或者用途对共有人的利益影响重大，也应经占共有物 2/3 以上份额的共有人同意。

经查大陆法系有些国家或地区的立法，对共有物的改良实行"相对多数决"原则。例如，我国台湾地区"民法"第 820 条第 3 款规定："共有物之改良，非经共有人过半数，并其应有部分合计已过半数者之同意不得为之。"由此可以看出，我国台湾地区立法对共有物的改良实行"相对多数决"原则，但是其强调不但份额过半数，共有人的人数也要过半数的前提下，才能对共有物进行改良。本条只是规定占份额 2/3 以上共有人同意，即可对共有物进行重大修缮、变更性质或者用途。应当说这样规定是有其合理性的。因为既能体现物尽其用的原则，又能兼顾多数共有人的利益，可以说是兼顾了效率原则与公平原则。

二、对共同共有物的处分或者重大修缮、变更性质或者用途

根据本条规定，处分共同共有的不动产或者动产以及对共有的不动产或者动产重大修缮、变更性质或者用途的，应当经全体共同共有人同意，但是共有人之间另有约定的除外。

（一）对共同共有物的处分

共同共有根据共同关系而产生，以共同关系的存在为前提。共同共有最重要的特征之一就是各共有人平等地对共有物享受权利和承担义务。因此，处分共有物必须经全体共同共有人同意。例如，甲乙二人为夫妻关系，甲乙二人共同共有一辆汽车。在对这辆汽车的转让问题上，必须在甲乙二人一致同意转让的前提下，才能将该车转让。

法律规定对共有物的处分须经全体共同共有人同意，但共有人另有约定的

除外。例如,甲乙二人为夫妻关系,甲乙二人可以对共有财产约定一个各自可以处分的财产范围,如对价值 100 元以下的共有财产的处分,可以不经过另一共有人的同意。如果双方有此约定,则依约定行事。

(二) 对共同共有物的重大修缮、变更性质或者用途

无论是夫妻共有财产,还是家庭共有财产,对共有财产作重大修缮、变更性质或者用途,特别是对价值较大的共有财产作重大修缮、变更性质或者用途,往往事关各共有人的利益,一般需要从共有财产中支付费用,还可能基于修缮而使共有人在一段时间内不能使用,或者影响共有物所创造的价值。所以本条规定,在对共有物作重大修缮、变更性质或者用途的,须经全体共同共有人一致同意,但共有人另有约定的除外。

(三) 关于对共同共有物规定"一致决"的理论基础

共同共有以法律规定的或者合同约定的共同关系为前提,而这种共有关系的当事人之间在多数情况下具有一定的人身关系,如婚姻关系或者亲属关系。家庭是社会的细胞,家庭成员之间除具有人身关系之外,还具有一定的财产关系,而共同共有则属于家庭财产的一个常态。法律为了维护家庭关系的稳定,有必要对夫妻共有、家庭共有等共有形式的共有人之间的权利义务作出明确规定,在保护各共有人利益的同时,也维护共有人之间的和睦。

共同共有最重要的特征之一就是各共有人平等地对共有物享受权利和承担义务。本法第 1062 条第 2 款规定:"夫妻对共同财产,有平等的处理权。"平等地对共有物行使所有权是共同共有的本质特征。我国是一个有 2000 多年封建历史的国家,封建的父权主义、夫权主义在一些家庭中还有所表现。在对共同共有物的处分及行使其他权利的问题上,侵害妇女或其他共有人利益的情况仍然很多。男女平等是我国婚姻法的基本原则,在对夫妻共同财产或者家庭共同财产的处分等权利方面,也必须贯彻平等的原则。

【案例分析】

甲乙丙兄弟三人各出资 30 万元购置一套房屋。甲乙二人因生意缺钱,可以二人在该房屋上的份额向银行质押并获得贷款 60 万元。如果甲乙二人到期不能归还银行借款,丙对甲乙二人在该房屋上的份额有优先购买权,丙可以向甲乙二人各支付 30 万元,甲乙二人在向银行还贷的同时,也消灭了与丙的按份共有关系。

> **第三百零二条** 共有人对共有物的管理费用以及其他负担,有约定的,按照其约定;没有约定或者约定不明确的,按份共有人按照其份额负担,共同共有人共同负担。

【条文主旨】

本条是关于共有物管理费用负担的规定。

【条文释义】

对共有物的管理费用主要包括以下几项：

第一，对共有物的保存费用，即为保持共有物免于毁损、灭失，处于良好安全状态或使用状态而支付的费用。例如，对共有的汽车在1年中支付的保险费、养路费、车船使用税、保养费、存放费等。

第二，对共有物作简易修缮或者重大修缮所支出的费用，如修理共有的电视机所支付的修理费；装修共有的房屋所支付的费用。

对共有物的其他负担，例如，因为共有物对共有人以外的人造成损害，而向受害人支付的偿金。如共有的房屋倒塌造成他人损害，而向受害人赔偿的医疗费、误工损失费等。

在按份共有中，对共有物的管理费用以及其他负担，有约定的，按照约定；没有约定或者约定不明确的，按份共有人按照其份额负担。

在共同共有中，对共有物的管理费用以及其他负担，原则上由共同共有人共同负担，即由其他的共有财产，如共有的积蓄支付。但是共同共有人另有约定的，依照其约定。我国允许夫妻约定财产制，夫妻可以把家庭财产，部分约定为共同所有，部分约定为各自所有。

【案例分析】

甲乙二人为夫妻，双方在结婚之时约定婚后各自的工资收入为各自所有，奖金收入为共同共有。同时约定对家庭生活所必需的生活用品的购买实行AA制。婚后甲乙二人商定共买一辆汽车，约定双方各出资10万元，同时约定所购汽车为夫妻共同财产。在购买汽车后，在对汽车的费用支出问题上，如果甲乙二人有约定，则依约定行事。如甲乙二人约定对该车的所有管理费用支出也实行AA制，则依此约定。如果甲乙二人没有对该车的管理费用支出作出约定，则由二人共同负担，即从二人共有的奖金中支付该车的管理费用。

> 第三百零三条　共有人约定不得分割共有的不动产或者动产，以维持共有关系的，应当按照约定，但是共有人有重大理由需要分割的，可以请求分割；没有约定或者约定不明确的，按份共有人可以随时请求分割，共同共有人在共有的基础丧失或者有重大理由需要分割时可以请求分割。因分割造成其他共有人损害的，应当给予赔偿。

【条文主旨】

本条是关于共有财产分割原则的规定。

【条文释义】

分割共有财产的基本原则本条规定有三:

一、依据共有人约定分割的原则

无论是按份共有,还是共同共有,共有人对共有财产的分割有约定的依其约定。共有人约定不得分割共有的不动产或者动产,以维持共有关系的,应当按照约定,但共有人有重大理由需要分割的,可以请求分割。例如,没有经济收入的某个共有人的父亲病重,需要分割共有财产,获得给父亲看病的钱。在这种情形下,虽然共有人有不能分割共有财产的约定,但共有人的父亲患病属于本条规定的有重大理由需要分割共有财产的情形。

二、依法分割的原则

共有人对共有财产是否可以分割,在什么情况下可以分割没有约定,或者约定不明确的,应当依据本法的规定予以分割。即本条规定的,按份共有人可以随时请求分割,共同共有人在共有的基础丧失或者有重大理由需要分割时可以请求分割。

1. 按份共有人可以随时请求分割。按份共有是各共有人按照确定的份额对共有财产享有权利承担义务的共有。按份共有人对其应有份额享有相当于分别所有的权利。因此,按份共有关系存续期间,按份共有人有权请求从共有财产中分割出属于自己的份额。这种请求不需要征得其他共有人的同意,只要共有人提出请求,就会产生分割的后果。

2. 共同共有人在共有的基础丧失或者有重大理由需要分割时可以请求分割。共同共有是共有人对全部共有财产不分份额地享有权利承担义务的共有。在共有关系存续期间,各共有人对共有财产没有确定的份额,无论在权利的享有上还是在义务的负担上都无份额比例之分。那么,在共有人对共有财产的分割没有约定的情况下,通常共有人只有在共同共有关系消灭时才能协商确定各自的财产份额,对共有财产予以分割。因此,本条规定共同共有人在共有的基础丧失或者有重大理由需要分割时可以请求分割共有财产。共同共有人共有的基础丧失,如夫妻财产的共同共有,因婚姻关系的解除而失去了共有的基础,在这种情况下,夫或者妻一方可以请求分割共有的财产。有重大理由需要分割,如在婚姻关系存续期间,夫妻二人约定由原来的夫妻共同财产制,改变为夫妻分别财产制,在这种情况下,夫或者妻一方也可以请求分割共有的财产。本次民法典编纂还增加规定了婚姻关系存续期间，夫妻一方可以向人民法院请求分割共同财产的情形。本法第1066条规定，婚姻关系存续期间，有下列情形之一的，夫妻一方可以向人民法院请求分割共同财产：（1）一方有隐藏、转移、变卖、毁损、挥霍夫妻共同财产或者伪造夫妻共同债务等严重损害夫妻共同财产利益的行为；（2）一方负有法定扶养义务的人患重大疾病需要医治，另一方不同意支付相关医疗费用。在这些情形发生时，夫妻一方可以依法向人民法院请求分割共同财产。

三、损害赔偿的原则

共有财产关系的客体为一项特定的统一的财产，如图书馆，其功能、作用、价值是确定的。因某些法定的特殊原因，共有人分割共有财产，会使共有财产的功能丧失或者削弱，降低它的价值，有可能给其他共有人造成损害，因此本条规定，因分割对其他共有人造成损害的，应当给予赔偿。

> **第三百零四条** 共有人可以协商确定分割方式。达不成协议，共有的不动产或者动产可以分割且不会因分割减损价值的，应当对实物予以分割；难以分割或者因分割会减损价值的，应当对折价或者拍卖、变卖取得的价款予以分割。
>
> 共有人分割所得的不动产或者动产有瑕疵的，其他共有人应当分担损失。

【条文主旨】

本条是关于共有物分割方式的规定。

【条文释义】

一、关于共有物的分割方式

分割共有的不动产或者动产，可以采取各共有人间协商确定的方式。协商的内容，由共有人自由决定，当然须得共有人全体的同意。当无法达成协议时，共有人可提请法院进行裁判分割。裁判分割应遵循本条关于实物分割、变价分割或者折价赔偿的原则规定：（1）实物分割。在不影响共有物的使用价值和特定用途时，可以对共有物进行实物分割。例如，甲乙二人共有房屋两间，或甲乙共有粮食若干吨，即可采取实物分割的方式，每人分得一间房屋或数吨粮食。（2）变价分割。如果共有物无法进行实物分割，例如，甲乙共有一头牛或者一辆汽车，实物分割将减损物的使用价值或者改变物的特定用途时，应当将共有物进行拍卖或者变卖，对所得价款进行分割。还有一种情形，也适用变价分割的方式，即各共有人都不愿接受共有物，这时也可采取将共有物出卖，分割价金的方式。例如，甲乙二人共有奶牛 50 头，实物分割是可行的，但甲乙二人都不愿接受，因此只能先将 50 头奶牛变卖，对所得价金进行分割。（3）折价赔偿。折价赔偿的分割方式主要存在于以下情形，即对于不可分割的共有物或者分割将减损其价值的，如果共有人中的一人愿意取得共有物，可以由该共有人取得共有物，并由该共有人向其他共有人作价赔偿。

二、共有人分割所得的不动产或者动产有瑕疵的，其他共有人应当分担损失

本条第 2 款规定，共有人分割所得的不动产或者动产有瑕疵的，其他共有人应当分担损失，即所谓瑕疵担保责任，包括权利的瑕疵担保责任和物的瑕疵担保责任。前者指共有人应担保第三人就其他共有人分得之物不得主张任何权利；后者指共有人对其他共有人应担保其分得部分于分割前未隐含瑕疵。本款的规定是为了防止共有物分割后，共有人发现权利或者利益受到侵害而得不到赔偿的情况发生。此种瑕疵担保责任，应同于合同法中出卖人对买受人所负的瑕疵担保责任。

> **第三百零五条** 按份共有人可以转让其享有的共有的不动产或者动产份额。其他共有人在同等条件下享有优先购买的权利。

〖条文主旨〗

本条是关于按份共有人的优先购买权的规定。

〖条文释义〗

在按份共有关系中，因同一物之上同时存在着两个以上共有人，为了减少共有人的人数，简化或消除共有关系，提高共有物的利用效率，大陆法系的民事立法大都规定，在按份共有人将共有份额转让给第三人时，其他按份共有人有权行使优先购买权。

一、按份共有人可以转让其享有的共有份额

本条第一句规定了在共有关系存续期间，按份共有人有权转让其享有的共有的不动产或者动产份额。民法通则第 78 条第 3 款中规定，按份共有财产的每个共有人有权要求将自己的份额分出或者转让。

规定各共有人有权处分其份额有如下原因：一是按份共有中各共有人的所

有权可划分为份额，各共有人拥有其份额，自然有权将其份额进行处分，这是买卖自由原则的体现，也是所有权的本质所决定的。二是我国现行法的规定也未限制共有人处分其份额的权利。

共有人转让共有份额后，受让人可能继续与其他原共有人共有，或者分割共有份额。共有人请求分割共有物的行为是一种单方法律行为，一经作出即生效力。分割共有物的方法依据当事人约定，如果当事人没有约定或约定不明时，则按照以下方法加以分割：（1）如果共有物能够分割，则将共有物按照共有人各自的份额加以分配；（2）如果共有物不适合分割，如分割会减少共有物的价值，则可以将共有物拍卖或变卖而分割其价金，或者共有人之一人取得共有物，向其他共有人按照各自的份额支付相应的对价。

在一般情况下，按份共有人转让其享有的共有份额，无需得到其他共有人同意。但各共有人不得侵害其他共有人的利益，并受法律的限制。法律有特别规定的，共有人处分其份额应遵守法律的规定。如海商法第16条第1款规定："船舶共有人就共有船舶设定抵押权，应当取得持有三分之二以上份额的共有人的同意，共有人之间另有约定的除外。"城市房地产管理法第38条中规定，共有房地产，未经其他共有人书面同意的，不得转让。此外，在共有关系中有禁止共有人出让其份额的约定的，对共有人应当具有约束力。共有人之一不按照约定处分自己应有份额的，应当无效。但是这种约定是对所有关系的特别限制，不能对抗善意第三人，如果第三人受让其份额为善意无过失，发生共有份额所有权转移的后果。

二、共有人转让其份额时其他共有人享有优先购买权

本条第二句规定了共有人转让其份额时其他共有人在同等条件下享有优先购买权。法律规定其他共有人优先购买权，是为了简化共有关系，防止因外人的介入而使共有人内部关系趋于复杂。此处优先购买权是共有人相对于非共有人而言的，在共有人之间并无优先的问题。此种优先购买权仅具有债的效力，不得对抗善意第三人。而且共有人有相反的约定的，依其约定。关于共有人的优先购买权，民法通则第78条中规定，按份共有财产的每个共有人有权要求将自己的份额分出或者转让。但在出售时，其他共有人在同等条件下，有优先购买的权利。本法第860条第1款规定，合作开发完成的发明创造，申请专利的权利属于合作开发的当事人共有；当事人一方转让其共有的专利申请权的，其他各方享有以同等条件优先受让的权利。但是，当事人另有约定的除外。

根据本条规定，按份共有人行使优先购买权有以下条件：

首先，行使优先购买权应是在"同等条件"下。其次，行使优先购买权需作出购买的民事法律行为。此处"同等条件下"是指其他共有人就购买该份额所给出的价格等条件与欲购买该份额的非共有人相同。即当其他共有人与此外的其他人出价相同时，其他共有人有优先购买的权利。物权法出台后，《最高人民法院关于适用〈中华人民共和国物权法〉若干问题的解释（一）》对如何判断"同等条件"作了规定。第10条规定，物权法第101条所称的"同等条件"，应当综合共有份额的转让价格、价款履行方式及期限等因素确定。第12条第1款规定，按份共有人向共有人之外的人转让其份额，其他按份共有人根据法律、司法解释规定，请求按照同等条件购买该共有份额的，应予支持。第2款规定，其他按份共有人的请求具有下列情形之一的，不予支持：（1）未在本解释第11条规定的期间内主张优先购买，或者虽主张优先购买，但提出减少转让价款、增加转让人负担等实质性变更要求；（2）以其优先购买权受到侵害为由，仅请求撤销共有份额转让合同或者认定该合同无效。

此外，本条仅规定按份共有人将其享有的共有的不动产或者动产份额转让给按份共有人之外的人时，其他共有人在同等条件下享有优先购买的权利，未规定按份共有人之间转让其享有的共有份额的，其他共有人是否也在同等条件下享有优先购买的权利。物权法实施后，相关司法解释对此作了规定。《最高人民法院关于适用〈中华人民共和国物权法〉若干问题的解释（一）》第13条规定，按份共有人之间转让共有份额，其他按份共有人主张根据物权法第101条规定优先购买的，不予支持，但按份共有人之间另有约定的除外。

> 第三百零六条 按份共有人转让其享有的共有的不动产或者动产份额的，应当将转让条件及时通知其他共有人。其他共有人应当在合理期限内行使优先购买权。
> 两个以上其他共有人主张行使优先购买权的，协商确定各自的购买比例；协商不成的，按照转让时各自的共有份额比例行使优先购买权。

【条文主旨】

本条是关于共有人行使优先购买权的规定。

【条文释义】

本条规定是编纂民法典新增加的条文，物权法未规定本条内容。在民法典编纂过程中，有的意见提出，物权法第101条规定了按份共有人的优先购买权，但对按份共有人如何行使共有权，以及如果有两个以上共有人都主张行使优先购买权的，如何行使优先购买权问题没有明确规定，实践中有需求，建议增加相关规定予以明确。

虽然物权法未规定上述问题，物权法实施后，相关司法解释对此问题作了具体规定。《最高人民法院关于适用〈中华人民共和国物权法〉若干问题的解释（一）》第10条至第14条对按份共有人的优先购买权的实现作了明确规定。在总结司法实践经验的基础上，民法典物权编增加了本条规定。

一、按份共有人优先购买权的行使

首先，按份共有人转让其享有的共有的不动产或者动产份额的，应当将转让条件及时通知其他共有人。按份共有人欲转让其享有的共有的不动产或者动产份额的，其他共有人决定是否行使同等条件下的优先购买权，前提是其知道欲转让份额的按份共有人的转让条件，这是按份共有人可以行使优先购买权的前提条件，因此，根据本条规定，按份共有人首先应当将转让条件及时通知其他共有人。

其次，其他共有人应当在合理期限内行使优先购买权。根据本条规定，其他共有人知道了转让条件后，应当在合理期限内行使优先购买权。因具体的行使期限情况比较复杂，本条未规定具体的期限，只规定了其他共有人应当在"合理期限"内行使优先购买权，实践中如何确定"合理期限"，可以参考司法解释的相关规定。《最高人民法院关于适用〈中华人民共和国物权法〉若干问题的解释（一）》第11条规定，优先购买权的行使期间，按份共有人之间有约定的，按照约定处理；没有约定或者约定不明的，按照下列情形确定：（1）转让人向其他按份共有人发出的包含同等条件内容的通知中载明行使期间的，以该期间为准；（2）通知中未载明行使期间，或者载明的期间短于通知送达之日起15日的，为15日；（3）转让人未通知的，为其他按份共有人知道或者应当知道最终确定的同等条件之日起15日；（4）转让人未通知，且无法确定其他按份共有人知道或者应当知道最终确定的同等条件的，为共有份额权属转移之日起6个月。

二、两个以上共有人主张行使优先购买权

如果三人以上按份共有，其中一个按份共有人欲转让其享有的共有的不动产或者动产份额，其他两个以上共有人都主张行使优先购买权的，如何处理。根据本条第2款的规定，首先两个以上其他共有人主张行使优先购买权的，协商确定各自的购买比例。如果协商不成的，按照转让时各自的共有份额比例行使优先购买权。例如，甲乙丙三人按份共有一房屋，甲占50%，乙占20%，丙占30%。如果甲欲转让其享有的共有房屋份额，乙丙都想购买，都主张行使优先购买权的，按照本条规定，先协商确定各自的购买比例，如果协商不成，就按照转让时各自的共有份额比例行使优先购买权，即乙可以优先购买甲的份额的 40% ，丙可以优先购买甲的份额的 60% 。《最高人民法院关于适用〈中华人民共和国物权法〉若干问题的解释（一）》第 14 条规定，两个以上按份共有人主张优先购买且协商不成时，请求按照转让时各自份额比例行使优先购买权的，应予支持。

第三百零七条　因共有的不动产或者动产产生的债权债务，在对外关系上，共有人享有连带债权、承担连带债务，但是法律另有规定或者第三人知道共有人不具有连带债权债务关系的除外；在共有人内部关系上，除共有人另有约定外，按份共有人按照份额享有债权、承担债务，共同共有人共同享有债权、承担债务。偿还债务超过自己应当承担份额的按份共有人，有权向其他共有人追偿。

【条文主旨】

本条是关于因共有财产产生的债权债务关系的对外以及对内效力的规定。

【条文释义】

一、因共有财产产生的债权债务关系的对外效力

本条第一句中规定了因共有财产产生的债权债务关系的对外效力。按照本条规定，不论是按份共有还是共同共有，只要是因共有的不动产或者动产产生的债权债务，在对外关系上，共有人对债权债务享有连带债权、承担连带债务，但法律另有规定或者第三人知道共有人不具有连带债权债务关系的除外。连带的方法，是共有人享有连带债权时，任一共有人都可向第三人主张债权，共有人承担连带债务时，第三人可向任一共有人主张债权。合伙企业法第 38 条规定，合伙企业对其债务，应先以其全部财产进行清偿。第 39 条规定，合伙企业不能清偿到期债务的，合伙人承担无限连带责任。

本条对因共有财产产生的债权债务关系的对外效力不区分按份共有和共同共有，是为了保护善意第三人的权益，对于第三人来说，很难获知共有人的共有关系的性质，此种情形下若不使各共有人承担连带义务，很容易发生共有人推托履行义务的可能，对债权人不利。在第三人不知道共有人内部关系的情况下，法律规定共有人对其享有连带债权、承担连带债务，第三人即可向共有人中的任何一共有人主张其债权，保护了善意第三人的权利。

但是，当法律另有规定或者第三人知道共有人不具有连带债权债务关系时，共有人不用承担连带责任而是按照约定或者共有人享有的份额各自享有债权、

承担债务。

二、因共有财产产生的债权债务关系的对内效力

本条第一句还规定了因共有财产产生的债权债务关系的对内效力。按照本条规定，因共有财产产生的债权债务关系，在共有人内部关系上，除共有人另有约定外，按份共有人按照份额享有债权、承担债务，共同共有人共同享有债权、承担债务。

按份共有人按照其份额对共有的物享有所有权，在内部关系上，除共有人另有约定外，按份共有人按照其份额享有权利，承担义务。共同共有人共同对共有的物享有所有权。在内部关系上，共同共有人共同享有权利、承担义务。

三、共有人的追偿权

偿还债务超过自己应当承担份额的按份共有人，有权向其他共有人追偿。这样规定的理论基础是按份共有人在内部关系上是按照其份额承担义务的。合伙企业法第40条规定："合伙人由于承担无限连带责任，清偿数额超过本法第三十三条第一款规定的其亏损分担比例的，有权向其他合伙人追偿。"

> **第三百零八条** 共有人对共有的不动产或者动产没有约定为按份共有或者共同共有，或者约定不明确的，除共有人具有家庭关系等外，视为按份共有。

【条文主旨】

本条是关于共有关系不明时对共有关系性质推定的规定。

【条文释义】

在2007年物权法征求意见过程中，有的认为，按照传统民法共有人对共有的不动产或动产没有约定为按份共有或者共同共有，或者约定不明确的，应视为共同共有。有的建议，删除本条"除共有人具有家庭关系等外"中的"等"字，不宜将推定的共同共有范围扩大到家庭关系之外的其他社会关系。

共同共有是指共有人对全部共有财产不分份额地享受权利和承担义务的共有。共同共有的共有人只有在共有关系消灭时才能协商确定各自的份额。当共有人对共有的不动产或动产没有约定为按份共有或者共同共有，或者约定不明确的，如果推定为共同共有，共有人对共有财产的份额还是不明确的。因此，本法规定：共有人对共有的不动产或者动产没有约定为按份共有或者共同共有，或者约定不明确的，除共有人具有家庭关系等外，视为按份共有。这样规定，在共有人对共有的不动产或者动产没有约定为按份共有或者共同共有，或者约定不明确时，就能很明确地确定各共有人享有的份额。

> **第三百零九条** 按份共有人对共有的不动产或者动产享有的份额，没有约定或者约定不明确的，按照出资额确定；不能确定出资额的，视为等额享有。

【条文主旨】

本条是关于按份共有人份额不明时份额的确定原则的规定。

【条文释义】

按份共有，是指数人按照各自的份额，对共有财产分享权利，分担义务。按份共有的主体须为二人以上，称为共有人；客体须为物，称为共有物；共有人所享有的权利，为所有权。但此处的所有权不是数个，而是一个。即数个所有权人对一个物共同享有一个所有权。

所谓份额，即各共有人对其所有权在分量上应享有的比例。这个份额是抽象的，并不是指共有物具体的或实体的部分，它既不是对共有物在量上的划分，也不是就共有物划分使用部分。份额是对共有物的所有权在观念上的划分，只是确定各共有人行使权利的比例或者范围而已。各按份共有人有权依其应有份额，对共有物的全部行使权利。如两人共同出资购买了一套房屋，每人的应有份额为1/2，并非每人对这套房屋享有所有权，而是在这套房屋上只有一个所有权，每人对这套房屋都享有1/2的所有权。又如A、B二人共有一头羊，二者的份额相等，不能说羊头和腿属于A，羊的其他部分属于B，只能是在对羊的利用上，二者享有同等权利，或平均分配卖羊所得的价金。

按份共有人对共有的不动产或者动产享有的份额，有约定时，按照其约定确定份额，没有约定或者约定不明确时，首先按照出资额确定按份共有人享有的份额，在不能确定出资额的情况下，推定为等额享有。按份共有依共有人意思而成立，共有人应有份额依共有人的约定而定；没有特别约定，但共有关系基于有偿行为而发生的，按其出资比例而确定。既然共有关系的成立是当事人意思自治的结果，那么各共有人应有份额也应贯彻同样原则，即由当事人约定，当事人没有约定应有份额时则依出资比例确定共有份额，在不能确定出资额的情况下，推定为等额享有，不仅易于操作，且能简化当事人之间的法律关系，符合社会生活中最基本的公平正义。

> **第三百一十条** 两个以上组织、个人共同享有用益物权、担保物权的，参照适用本章的有关规定。

【条文主旨】

本条是关于用益物权和担保物权的准共有的规定。

【条文释义】

民法典物权编中的共有制度是专为所有权的共有而规定的，但实际生活中，并非只有所有权才能共有，其他财产权，如他物权、知识产权等财产权均可共有。比如二人以上共同享有一块土地的建设用地使用权。此种情况就是两个以上的主体共同享有用益物权。如甲、乙、丙三人分别借款给债务人丁，三人同时就丁所有的房屋设定一个抵押权，份额为均等，并办理一个抵押权登记时，就发生抵押权的准共有。此种情况就是两个以上的主体共同享有担保物权。本条对用益物权和担保物权的准共有作出了规定。两个以上的主体共同享有用益物权和担保物权的按份共有或共同共有，在性质上与对所有权的共有没有差别，为了条文的简约以及对实践中这种情况的处理，本条规定两个以上组织、个人共同享有用益物权、担保物权的，参照本章规定。

所谓准共有是指数人按份共有或者共同共有数人共同共有所有权以外的财产权。准共有有以下特征：（1）准共有的标的物是所有权之外的财产权，包括用益物权、担保物权等。（2）准共有即准用共有的有关规定，各人就所有权之外的财产究竟是准用共同共有还是按份共有，应当视其共有关系而定。（3）准共有准用按份共有或共同共有的前提，是规范该财产权的法律没有特别规定。如果有，则应首先适用该特别规定。

第九章　所有权取得的特别规定

所有权取得可分为一般取得和特别取得，善意取得、拾得遗失物等财产取得方式是所有权的特别取得。本章规定善意取得、拾得遗失物等所有权取得的特别方式。

讲所有权的特别取得须先讲物权的取得。物权的取得又作物权的发生，物权的取得可分为原始取得和继受取得，原始取得指非基于他人的权利和意志取得物权，继受取得指基于他人的权利和意志取得物权。继受取得又分为移转取得和创设取得，移转取得指按原状取得他人物权，创设取得指于他人所有权上设定用益物权。

物权的取得可细分为不动产物权的取得、动产物权的取得、用益物权的取得。某些法律事实能够引起这三种物权的发生，某些法律行为仅能引起其中一种或两种物权的发生。

能够取得不动产物权、动产物权、用益物权的法律事实主要有以下行为和事实：（1）合同。通过买卖、互易、赠与取得物权。（2）善意取得。受让人基于对不动产登记、动产占有的信赖，以对价善意受让不动产、动产的物权，纵使出让人无转让的权利，受让人依然能够取得该不动产、动产的物权。（3）继承、遗赠。自然人死亡后，继承人、受遗赠人取得遗产的物权。自然人死亡的时间，是继承人、受遗赠人取得遗产物权的时间。（4）赔偿、补偿。通过获得赔偿、补偿取得物权。（5）判决、裁决。通过人民法院判决、仲裁机构裁决取得物权。判决、裁决生效的时间是当事人取得物权的时间。（6）划拨。通过划拨取得物权。（7）时效。通过取得时效取得物权。

能够取得一种或两种物权的法律事实主要有以下行为和事实：（1）生产。通过生产劳动取得物的所有权。产品成就的时间是当事人取得产品所有权的时间。（2）先占。通过先占取得动产所有权。（3）添附。通过添附取得动产所有权。（4）收归。将无主物、无人认领的遗失物等、无人继承又无人受遗赠的遗产收归国有，将无人继承又无人受遗赠的遗产收归集体所有。（5）征收。通过征收税费和政府有偿征收，取得物的所有权。（6）没收。通过没收从事违法活动的财产，取得物的所有权。（7）罚款。通过罚款取得金钱所有权。

财产权的取得还可分为合法取得和违法取得。财产权的合法取得，指财产权的取得符合法律规定。本法第8条规定，民事主体从事民事活动，不得违反法律，不得违背公序良俗。所有权的取得，应当符合法律规定。财产权的违法取得，指财产权的取得违反法律规定。对于违法取得的偷盗物、抢劫物、抢夺物、贪污物，偷盗人、抢劫人、抢夺人、贪污人不能取得物的所有权，这些物品的所有人不变。

> **第三百一十一条** 无处分权人将不动产或者动产转让给受让人的，所有权人有权追回；除法律另有规定外，符合下列情形的，受让人取得该不动产或者动产的所有权：
>
> （一）受让人受让该不动产或者动产时是善意；
>
> （二）以合理的价格转让；

> （三）转让的不动产或者动产依照法律规定应当登记的已经登记，不需要登记的已经交付给受让人。
>
> 受让人依据前款规定取得不动产或者动产的所有权的，原所有权人有权向无处分权人请求损害赔偿。
>
> 当事人善意取得其他物权的，参照适用前两款规定。

【条文主旨】

本条是关于善意取得的规定。

【条文释义】

本条是2007年通过的物权法第106条的规定，本次民法典编纂对本条仅作了个别文字修改。

善意取得，指受让人以财产所有权转移为目的，善意、对价受让且占有该财产，即使出让人无转移所有权的权利，受让人仍取得其所有权。善意取得既适用于动产，又可适用于不动产。

一、善意取得制度的适用条件

根据本条第1款的规定，无处分权人将不动产或者动产转让给受让人的，所有权人有权追回；除法律另有规定外，符合本法规定的条件的，受让人取得该不动产或者动产的所有权。即根据本条善意取得制度的规定，即使处分物的处分人为无处分权人，其将不动产或者动产转让的，所有权人有权追回该不动产或者动产，但是如果符合本条规定的条件，此时，除法律另有规定的外，由受让人取得该不动产或者动产的所有权。例如，甲将实际所有权是乙的房屋以合理的价格出卖给丙并办理了过户登记，丙如果对甲并非房屋所有人，没有房屋处分权的事不知情，此时，虽然甲无权处分该房屋，但是根据本条规定，丙可以善意取得本房屋的所有权。

有的意见认为，善意取得对所有权人保护不利。善意取得对所有权人是有一定限制，但善意取得基于占有的公信力，旨在维护交易安全，这项制度的存在是必要的。根据本条规定，产生善意取得的法律后果，须符合以下条件，三项条件必须同时具备，否则不构成善意取得：

（一）受让人受让该不动产或者动产时是善意

适用善意取得制度，首先受让人受让该不动产或者动产时须是善意的，即受让人受让该不动产或者动产时不知道出让人是无处分权人，否则不构成善意取得。在上文所举的例子中，丙在受让该房屋时必须是不知道甲是无权处分人的。关于如何认定"善意"，《最高人民法院关于适用〈中华人民共和国物权法〉若干问题的解释（一）》第15条规定，受让人受让不动产或者动产时，不知道转让人无处分权，且无重大过失的，应当认定受让人为善意。真实权利人主张受让人不构成善意的，应当承担举证证明责任。第16条规定，具有下列情形之一的，应当认定不动产受让人知道转让人无处分权：（1）登记簿上存在有效的异议登记；（2）预告登记有效期内，未经预告登记的权利人同意；（3）登记簿上已经记载司法机关或者行政机关依法裁定、决定查封或者以其他形式限制不动产权利的有关事项；（4）受让人知道登记簿上记载的权利主体错误；（5）受让人知道他人已经依法享有不动产物权。真实权利人有证据证明不动产受让人应当知道转让人无处分权的，应当认定受让人具有重大过失。第17条规定，受让人受让动产时，交易的对象、场所或者时机等不符合交易习惯的，应当认定受让人具有重大过失。关于如何认定"受让该不动产或者动产时"，《最高人民法院关于适用〈中华人民共和国物权法〉若干问题的解释（一）》第18条规定，物权法第106条第1款第1项所称的"受让人受让该不动产或者动产时"，是指依法完成不动产物权转移登记或者动产交付之时。当事人以物权法第25条规定的方式交付动产的，转让动产法律行为生效时为动产交付之时；当事人以物权法第26条规定的方式交付动产的，转让人与受让人之间有关转让返还原物请求权的协议生效时为动产交付之时。法律对不动产、动产物权的设立另有规定的，应当按照法律规定的时间认定权利人是否为善意。

（二）以合理的价格转让

适用善意取得制度，第二个条件是以合理的价格转让，即受让人是以合理的价格，以符合一般人认知的正常的市场价格受让该不动产或者动产。在上文所举的例子中，丙必须以合理的价格受让该房屋。因为建立善意取得制度的意义之一是保障正常的市场秩序，降低交易成本，善意取得制度可以通过制度保证受让人在善意、对价受让时取得交易物。关于如何认定"以合理的价格"，《最高人民法院关于适用〈中华人民共和国物权法〉若干问题的解释（一）》第19条规定，物权法第106第1款第2项所称"合理的价格"，应当根据转让标的物的性质、数量以及付款方式等具体情况，参考转让时交易地市场价格以及交易习惯等因素综合认定。

（三）转让的不动产或者动产依照法律规定应当登记的已经登记，不需要登记的已经交付给受让人

适用善意取得制度，第三个条件是转让的不动产或者动产依照法律规定应当登记的已经登记，不需要登记的已经交付给受让人，即交易的不动产或者动

产已经依法发生了物权变动的效力。本法第 209 条第 1 款规定，不动产物权的设立、变更、转让和消灭，经依法登记，发生效力；未经登记，不发生效力，但是法律另有规定的除外。第 224 条规定，动产物权的设立和转让，自交付时发生效力，但是法律另有规定的除外。《最高人民法院关于适用〈中华人民共和国物权法〉若干问题的解释（一）》对特殊动产如何适用善意取得作了规定，第 20 条规定，转让人将物权法第 24 条规定的船舶、航空器和机动车等交付给受让人的，应当认定符合物权法第 106 条第 1 款第 3 项规定的善意取得的条件。

此外，《最高人民法院关于适用〈中华人民共和国物权法〉若干问题的解释（一）》对善意取得制度适用的排除作了规定，第 21 条规定，具有下列情形之一，受让人主张根据物权法第 106 条规定取得所有权的，不予支持：（1）转让合同因违反合同法第 52 条规定被认定无效；（2）转让合同因受让人存在欺诈、胁迫或者乘人之危等法定事由被撤销。

善意取得既适用于动产，又可适用于不动产。当事人出于善意，从无处分权人手中购买了房屋并登记过户，善意人取得房屋所有权。善意取得制度常被认为仅适用于动产，其实不然，不动产也适用善意取得制度。

善意取得与可追认的无处分权人处分财产行为有别。善意取得制度中的出让人与可追认的无处分权人处分财产行为中的出让人均是无处分权人，故善意取得是无处分权人处分财产行为的特别规定。善意取得中的受让人是善意第三人，善意取得行为自始有效，无需权利人追认。可追认的无处分权人处分财产行为中的受让人非善意第三人，其知出让人无处分权仍受让财产，故该行为是可追认的行为。权利人追认的，让与行为自始有效；权利人不追认的，让与行为自始无效。

二、受让人依据善意取得规定取得不动产或者动产的所有权的，原所有权人有权向无处分权人请求损害赔偿

受让人依照善意取得制度的规定取得不动产或者动产的所有权的，原所有权人会因为无权处分人的处分行为丧失不动产或者动产的所有权，那么此时，如何处理原所有权人与无权处分人之间的关系，如何保护原所有权人的权利。本条第 2 款规定，受让人依据善意取得规定取得不动产或者动产的所有权的，原所有权人有权向无处分权人请求损害赔偿。例如，甲将实际所有权是乙的房屋以合理的价格出卖给丙并办理了过户登记，丙为善意受让人，此时，虽然甲无权处分该房屋，但是丙根据善意取得的规定取得了本房屋的所有权，此时乙因此受到的损失，有权向甲请求损害赔偿。

三、当事人善意取得其他物权的，参照适用前两款规定

本条第 3 款规定，当事人善意取得其他物权的，参照适用前两款规定。根据本条规定，当事人可以参照适用本条第1、2款的规定，善意取得其他物权。

> **第三百一十二条**　所有权人或者其他权利人有权追回遗失物。该遗失物通过转让被他人占有的，权利人有权向无处分权人请求损害赔偿，或者自知道或者应当知道受让人之日起二年内向受让人请求返还原物；但是，受让人通过拍卖或者向具有经营资格的经营者购得该遗失物的，权利人请求返还原物时应当支付受让人所付的费用。权利人向受让人支付所付费用后，有权向无处分权人追偿。

【条文主旨】

本条是关于遗失物的善意取得的规定。

【条文释义】

遗失物的善意取得是善意取得的特殊问题，本法规定，遗失物通过转让被他人占有的，权利人有权向无外分权人请求损害赔偿，或者自知道或者应当知道受让人之日起2年内向受让人请求返还原物。

动产的善意取得亦受限制。出让人让与的动产若是货币或者无记名有价证券之外的遗失物，遗失人有权向善意取得人请求返还原物。善意取得人应当返还，善意取得人返还后可以向让与人追偿。倘若该遗失物是由善意取得人在拍卖市场、公共市场或者在贩卖与其物同类之物的商人处购得的，遗失人须偿还其购买之价金，方能取回其物。遗失物若是货币或者无记名有价证券，遗失人无权向善意取得人请求返还原物，只能向出让人请求返还同种类物或者请求其他赔偿。

对善意取得的另一意见，是认为应当规定盗赃物的善意取得。本法不规定盗赃物的善意取得，立法考虑是，对被盗、被抢的财物，所有权人主要通过司法机关依照刑法、刑事诉讼法、治安管理处罚法等有关法律的规定追缴后退回。在追赃过程中，如何保护善意受让人的权益，维护交易安全和社会经济秩序，可以通过进一步完善有关法律规定解决，2007年的物权法对此未作规定。本次民法典编纂对此未作修改。

> **第三百一十三条**　善意受让人取得动产后，该动产上的原有权利消灭。但是，善意受让人在受让时知道或者应当知道该权利的除外。

【条文主旨】

本条是关于善意受让人取得动产后，该动产上的原有权利消灭的规定。

【条文释义】

善意受让人取得动产后，该动产上的原有权利消灭。例如，该动产上有抵押的权利，抵押权消灭。但是，善意受让人取得动产时，知道该动产已被抵押，抵押权不消灭。

> **第三百一十四条** 拾得遗失物，应当返还权利人。拾得人应当及时通知权利人领取，或者送交公安等有关部门。

【条文主旨】

本条是关于拾得遗失物返还的规定。

【条文释义】

拾得遗失物应当返还，民法通则第 79 条规定：所有人不明的埋藏物、隐藏物，归国家所有。接收单位应当对上缴的单位或者个人，给予表扬或者物质奖励。拾得遗失物、漂流物或者失散的饲养动物，应当归还失主，因此而支出的费用由失主偿还。《铁路旅客运输规程》第 55 条规定：对旅客的遗失物品应设法归还原主。如旅客已经下车，应编制客运记录，注明品名、件数等移交下车站。不能判明时，移交列车终点站。

遗失物是非故意抛弃而丢失的物品。遗失物与废弃物不同，废弃物是故意抛弃之物。丢失遗失物的人，称遗失物丢失人。拾得遗失物，是发现并占有遗失物。拾得遗失物的人，称拾得人。

拾得人拾得遗失物，知道遗失物所有人的，应当及时通知其领取，或者送交遗失物。

拾得人拾得遗失物，不知道遗失物丢失人的，可以张贴招领告示，寻找遗失物丢失人。也可以将遗失物上缴公安机关或者有关单位。例如，学生将捡到的手套交给学校。

> **第三百一十五条** 有关部门收到遗失物，知道权利人的，应当及时通知其领取；不知道的，应当及时发布招领公告。

【条文主旨】

本条是关于有关部门收到遗失物的处理的规定。

【条文释义】

有关部门收到遗失物，应当查找遗失物丢失人，请其认领。无人认领的，上缴公安机关。

公安机关收到遗失物，应当查找遗失物丢失人，请其认领。或者存放遗失物品招领处，待人认领。自公安机关收到遗失物发布招领公告之日起1年内无人认领的，遗失物归国家所有。公安机关可以拍卖、变卖遗失物，所得价金上缴国库。

> 第三百一十六条 拾得人在遗失物送交有关部门前，有关部门在遗失物被领取前，应当妥善保管遗失物。因故意或者重大过失致使遗失物毁损、灭失的，应当承担民事责任。

【条文主旨】

本条是关于遗失物保管的规定。

【条文释义】

拾得人拾得遗失物，在返还失主或者送交有关部门前，应当妥善保管遗失物。有关部门收到遗失物后在遗失物被领取前，也应当妥善保管遗失物。拾得人或者有关部门因故意或者重大过失致使遗失物损坏灭失的，应当承担民事责任。

遗失物不易保管或者保管费用过高的，公安机关可以及时拍卖、变卖，保存价金。拾得人和有关单位不能自行拍卖、变卖遗失物。

> 第三百一十七条 权利人领取遗失物时，应当向拾得人或者有关部门支付保管遗失物等支出的必要费用。
> 权利人悬赏寻找遗失物的，领取遗失物时应当按照承诺履行义务。
> 拾得人侵占遗失物的，无权请求保管遗失物等支出的费用，也无权请求权利人按照承诺履行义务。

【条文主旨】

本条是关于拾金不昧的规定。

【条文释义】

一、权利人领取遗失物时，应当向拾得人或者有关部门支付保管遗失物等支出的必要费用

拾得人拾得遗失物，有人主张拾得人应获得报酬，遗失物所有人不支付酬金的，拾得人享有留置权。2007 年制定的物权法未采纳这种意见。路不拾遗、拾金不昧是崇高的道德风尚，立法要有价值取向，弘扬中华传统美德。拾得人因拾得遗失物、寻找遗失物丢失人、保管遗失物而实际支付的费用，可以按无因管理请求遗失物所有人偿还。无人认领的，由公安机关在上缴国库前支付。因此，本条第 1 款规定，权利人领取遗失物时，应当向拾得人或者有关部门支付保管遗失物等支出的必要费用。

二、权利人悬赏寻找遗失物的，领取遗失物时应当按照承诺履行义务

本条第 2 款规定，权利人悬赏寻找遗失物的，领取遗失物时应当按照承诺履行义务。例如，甲丢失一贵重物品，登报承诺如果有人拾得该物并归还，愿意支付人民币 5000 元作为报酬，此时，如有人拾得该物并归还，其应当按照承诺履行支付人民币 5000 元的义务。本法第 499 条规定，悬赏人以公开方式声明对完成特定行为的人支付报酬的，完成该行为的人可以请求其支付。

三、拾得人侵占遗失物的，无权请求保管遗失物等支出的费用，也无权请求权利人按照承诺履行义务

本条第 3 款规定，拾得人侵占遗失物的，无权请求保管遗失物等支出的费用，也无权请求权利人按照承诺履行义务。拾得人隐匿遗失物据为己有的，构成侵犯所有权。遗失物所有人可以请拾得人偿还，公安机关可以责令拾得人缴出。拾得人丧失报酬和费用请求权。拾得人将数额较大的遗失物占为己有，拒不交出的，构成犯罪，依刑法惩处。

> **第三百一十八条** 遗失物自发布招领公告之日起一年内无人认领的，归国家所有。

【条文主旨】

本条是关于无人认领的遗失物归国家所有的规定。

【条文释义】

本条在 2007 年通过的物权法第 113 条的基础上作了修改完善，将物权法第

113 条中规定的"六个月"修改为"一年"。

无人认领的遗失物归国家所有，民事诉讼法第 192 条规定，人民法院受理申请后，经审查核实，应当发出财产认领公告。公告满 1 年无人认领的，判决认定财产无主，收归国家或者集体所有。海关法第 51 条规定，进出境物品所有人声明放弃的物品、在海关规定期限内未办理海关手续或者无人认领的物品，以及无法投递又无法退回的进境邮递物品，由海关依照海关法第 30 条的规定处理。第 30 条规定，进口货物的收货人自运输工具申报进境之日起超过 3 个月未向海关申报的，其进口货物由海关提取依法变卖处理，所得价款在扣除运输、装卸、储存等费用和税款后，尚有余款的，自货物依法变卖之日起 1 年内，经收货人申请，予以发还；其中属于国家对进口有限制性规定，应当提交许可证件而不能提供的，不予发还。逾期无人申请或者不予发还的，上缴国库。确属误卸或者溢卸的进境货物，经海关审定，由原运输工具负责人或者货物的收发货人自该运输工具卸货之日起 3 个月内，办理退运或者进口手续；必要时，经海关批准，可以延期 3 个月。逾期未办手续的，由海关按前款规定处理。前两款所列货物不宜长期保存的，海关可以根据实际情况提前处理。收货人或者货物所有人声明放弃的进口货物，由海关提取依法变卖处理；所得价款在扣除运输、装卸、储存等费用后，上缴国库。邮政法第 33 条规定，邮政企业对无法投递的邮件，应当退回寄件人。无法投递又无法退回的信件，自邮政企业确认无法退回之日起超过 6 个月无人认领的，由邮政企业在邮政管理部门的监督下销毁。无法投递又无法退回的其他邮件，按照国务院邮政管理部门的规定处理；其中无法投递又无法退回的进境国际邮递物品，由海关依照海关法的规定处理。

公安机关收到遗失物，应当查找遗失物丢失人，请其认领。或者存放遗失物品招领处，待人认领。自公安机关收到遗失物发布招领公告之日起 1 年内无人认领的，遗失物归国家所有。公安机关可以拍卖、变卖遗失物，所得价金缴国库。

物权法第 113 条规定，遗失物自发布招领公告之日起 6 个月无人认领的，归国家所有。在民法典编纂过程中，有的意见提出，6 个月的时间过短，不利于物归还主，建议延长。2018 年 8 月，提交审议的民法典各分编草案将本条中的"六个月"修改为"一年"。

> **第三百一十九条**　拾得漂流物、发现埋藏物或者隐藏物的，参照适用拾得遗失物的有关规定。法律另有规定的，依照其规定。

【条文主旨】

本条是关于拾得漂流物、发现埋藏物或者隐藏物的规定。

【条文释义】

关于拾得漂流物、发现埋藏物或者隐藏物的处理，我国法律法规有不少规定。民法通则第79条规定：所有人不明的埋藏物、隐藏物，归国家所有。接收单位应当对上缴的单位或个人，给予表扬或者物质奖励。《河道管理条例》第33条规定：在河道中流放竹木，不得影响行洪、航运和水工程安全，并服从当地河道主管机关的安全管理。在汛期，河道主管机关有权对河道上的竹木和其他漂流物进行紧急处置。刑法第270条规定：将代为保管的他人财物非法占为己有，数额较大，拒不退还的，处2年以下有期徒刑、拘役或者罚金；数额巨大或者有其他严重情节的，处2年以上5年以下有期徒刑，并处罚金。将他人的遗忘物或者埋藏物非法占为己有，数额较大，拒不交出的，依照前款的规定处罚。本条罪，告诉的才处理。

漂流物、埋藏物和隐藏物的现实问题非常复杂，应当区别情况分别处理：

1. 拾得漂流物或者失散的饲养动物，应当归还失主，因此而支出的费用由失主偿还。拾得漂流物、失散的饲养动物，可参照拾得遗失物的相关规定。漂流物是指漂流在水上的遗失物。失散的饲养动物是指走失的他人饲养的动物。

2. 发现埋藏物。埋藏物是指埋藏于地下的物品。埋藏物品的人，称埋藏人。发现埋藏物的人，称发现人。发现人发现埋藏物，可视情况分别处理：一是能够判定埋藏人，且埋藏物不易为他人发现，发现人可以不挖取埋藏物，并将埋藏物继续掩埋好，且将发现情况告知埋藏人。二是能够判定埋藏人，且埋藏物易为他人发现，发现人可依前种情形处理，也可以将埋藏物挖出，交还埋藏人。三是不能判定埋藏人，且埋藏物不易为他人发现，发现人可以不挖取埋藏物，并将埋藏物继续掩埋好。发现人可以将发现情况告知有关单位或者公安机关。四是不能判定埋藏人，且埋藏物易为他人发现，发现人可依前种情形处理，也可以挖取埋藏物，按拾得不知遗失物丢失人的遗失物的办法处理。发现人发现的埋藏物倘若是文物，应依文物保护法处理。

3. 发现隐藏物。隐藏物是隐藏于他物之中的物品，如隐藏于夹墙中的物品。隐藏物品的人，称隐藏人，发现隐藏物的人，称发现人。发现隐藏物适用发现埋藏物的相关规定。

4. 漂流物、埋藏物、隐藏物与文物保护法的适用。由于漂流物、埋藏物和隐藏物的概念在外延上同"文物"的概念存在交叉，在如何处理埋藏物和隐藏物的问题上，有的意见认为，埋藏物和隐藏物的问题复杂，近期的埋藏物、隐藏物可视为遗失物处理，但历史上的埋藏物，属于文物。根据文物保护法的规定，中华人民共和国境内地下、内水和领海中遗存的一切文物，属于国家所有。

一切考古发掘工作，必须履行报批手续；从事考古发掘的单位，应当经国务院文物行政部门批准。地下埋藏的文物，任何单位或者个人都不得私自发掘。第32条规定，在进行建设工程或者在农业生产中，任何单位或者个人发现文物，应当保护现场，立即报告当地文物行政部门，文物行政部门接到报告后，如无特殊情况，应当在24小时内赶赴现场，并在7日内提出处理意见。文物行政部门可以报请当地人民政府通知公安机关协助保护现场；发现重要文物的，应当立即上报国务院文物行政部门，国务院文物行政部门应当在接到报告后15日内提出处理意见。依照前款规定发现的文物属于国家所有，任何单位或者个人不得哄抢、私分、藏匿。

考虑到文物保护法中对构成文物的物（包括漂流物、埋藏物和隐藏物）的权属及处理程序作了详细规定，因此对于文物的处理不宜笼统参照拾得遗失物的有关规定，所以本条规定但书"法律另有规定的，依照其规定"。此外，由于遗失物、漂流物、埋藏物和隐藏物的概念在外延上同"文物"的概念存在交叉，无论是遗失物、漂流物、埋藏物或者隐藏物，只要构成"文物"，文物保护法的规定将优先适用。

> **第三百二十条　主物转让的，从物随主物转让，但是当事人另有约定的除外。**

【条文主旨】

本条是关于从物随主物转让的规定。

【条文释义】

主物与从物的划分规则，是指在两个以上的物发生互相附着或者聚合而且在经济上发生密切的关联之后，当物上的权利发生变动时，为确定物的归属所适用的规则。物的主从关系的划分并非人为拟制，而是经济实践的反映。现实中的物常常是由许多单一物结合在一起组成的物。当物上的权利发生变动时，必须考虑各部分是否也随之发生权利的变动，因此制定主物与从物之间的关系规则非常必要。

要准确把握本条关于主物转让的，从物随主物转让的一般规则，需要首先对主物和从物的概念进行理解。首先，主物、从物的概念不同于物的整体与其重要成分之间的关系。物的重要成分是物的组成部分，而主物和从物在聚合之前分别为独立的物，例如，自行车与车锁，在聚合之前为独立的物。在聚合之后，根据它们的作用可以决定主从关系，并决定权利的变动。但物的重要成分与物的整体本身就是一个物，例如，汽车与其发动机，如果没有发动机的作用，汽车就不成之为汽车，也就无法发挥物的整体的效用。因此法律上的规则是，不许可在物的整体上和该物的重要成分上分设两个独立的权利；而主物从物之间的关系却不同，在从物随主物转让的一般规则下，均承认当事人例外约定的效力。例如，甲将自行车出售给乙，完全可以约定自行车车锁不售仍由甲所有。

正是基于对主物、从物仍为两物的认识，各国立法例均作出规定，许可原权利人依特别的约定对从物进行处分。这一考虑的基本原因在于：主物和从物毕竟是两个物，从物附着于主物一般也有其可分性，从物与主物的分离并不妨碍主物的经济效用的发挥。

最后一点需要说明的是，在主物和从物的关系中，必须有从物附着于主物的事实，即主物和从物必须发生空间上的联系，并且从物对主物需发挥辅助性的作用。

> **第三百二十一条** 天然孳息，由所有权人取得；既有所有权人又有用益物权人的，由用益物权人取得。当事人另有约定的，按照其约定。
>
> 法定孳息，当事人有约定的，按照约定取得；没有约定或者约定不明确的，按照交易习惯取得。

【条文主旨】

本条是关于天然孳息及法定孳息归属的规定。

【条文释义】

孳息是与原物相对而言的，指由原物而产生的物，包括天然孳息与法定孳息。

一、天然孳息的概念和归属

天然孳息是指依物的自然属性所产生的物。天然孳息的范围非常广，主要来源于种植业和养殖业，如耕作土地获得粮食和其他出产物，种植果树产生果实，包括竹木的枝根，养殖牲畜获得各种子畜和奶产品等。天然孳息是原物的出产物，一方面人们占有使用原物并对其进行生产劳动，其目的就是获得出产物、收获物，因此法律规定天然孳息的归属，实际上就是对劳动的保护；另一方面，日常生活中也常发生原物在脱离所有权人的情况下而产生孳息的情形，因此确定孳息的归属尤显必要。

天然孳息，自从与原物脱离后，会立即产生归属的问题，但是天然孳息的处理原则，民法中甚为复杂。对天然孳息，罗马法的处理原则是"生根的植物从属于土地"，即原物的所有权人取得孳息的权利，但是法律允许其他人提出可以对抗原物所有权人的抗辩。考察德国、日本及我国台湾地区立法例，关于天然孳息归属的基本规则，是在承认原物的所有权人有取得权利的大前提下，同时许可他人享有排斥原物所有权人的取得权利。他人的这一权利可以基于物权产生，例如，基于用益物权；也可因债权产生，例如，因当事人约定而取得孳息。因此，本法明确规定，天然孳息，由所有权人取得；既有所有权人又有用益物权人的，由用益物权人取得；当事人另有约定的，按照约定。

二、法定孳息的概念和归属

法定孳息是指依一定的法律关系由原物所生的物，是原物的所有权人进行租赁、投资等特定的民事法律活动而应当获得的合法收益。如房屋出租所得的租金，依股本金所得的股息等。在德国民法中，法定孳息被称为权利的孳息，确定法定孳息的归属，是对产生法定孳息的民事法律关系的承认和保护。

法定孳息（利息、租金等），按照一般的交易规则，利息应由债权人取得，租金应由出租人取得，但也不排除其他情形的存在。如在德国民法中还有为第三人设定的专以取得孳息为目的的物权类型，即动产（特指有价证券）的用益权。因此关于法定孳息的归属，原则上更为变通。本法规定，当事人有约定的，按照约定取得；没有约定或者约定不明确的，按照交易习惯取得。

> **第三百二十二条**　因加工、附合、混合而产生的物的归属，有约定的，按照约定；没有约定或者约定不明确的，依照法律规定；法律没有规定的，按照充分发挥物的效用以及保护无过错当事人的原则确定。因一方当事人的过错或者确定物的归属造成另一方当事人损害的，应当给予赔偿或者补偿。

【条文主旨】

本条是关于添附的规定。

【条文释义】

本条是本次民法典编纂新增加的规定。

一、添附的含义

加工、附合、混合统称添附，是指不同所有人的物被结合、混合在一起成为一个新物，或者利用别人之物加工成为新物的事实状态。其中附合、混合为物与物相结合，加工为劳力与他人之物相结合。添附的发生有的基于人的行为，也有的基于自然的偶然因素。添附包括三种情况：

一是加工。加工是指将他人的物加工制造成新物。加工是一种事实行为，是劳动与动产的结合，包括劳力、知识技术与时间的投入。比如在他人的纸张上作画成为艺术品，或将他人的树根进行雕刻成为根雕艺术品等。值得注意的是，本条中的加工是一种事实行为，加工他人材料制造成新物，不包括存在加工承揽合同的情况。

关于加工物的归属问题，有材料主义与加工主义两种观点。材料主义认为，有材料才能加工，加工后虽形式发生改变，但材料的本质并未变化，因此应由材料所有人取得加工物的所有权。加工主义认为，加工物的形成是加工人劳动的成果，应由加工人取得所有权。其他国家和地区有两种立法例，一种是以材料主义为原则，以加工主义为例外，如法国、日本和我国台湾地区。另一种是以加工主义为原则，以材料主义为例外，如德国和瑞士。

二是附合。附合是指不同所有人的物密切结合在一起而成为一种新物。比如误将他人的漆刷了自己的墙。

三是混合。混合是指不同所有人的物掺合、融合在一起而成为新物。比如误将两人的米混合在一起、误将两人的油混合在一起等。无法识别，或者虽有办法识别分离，但识别分离经济上不合理。混合和附合不同在于，混合后各所有人的原物已达不能凭视觉识别的程度。

民法典出台前，我国法律没有关于添附制度的规定。民法典物权编草案编纂过程中，有的意见提出，添附是非常重要的所有权取得方式，物权编应该对添附制度作出规定。2018 年 8 月，十三届全国人大常委会五次会议审议的民法典各分编草案第 117 条增加了添附制度的规定，即本条规定的内容。本条内容在物权法草案三次审议稿的基础上将"赔偿"修改为"赔偿或者补偿"。这个修改主要是在物权编草案征求意见稿征求意见的过程中，有的意见提出，在双方都无过错的情况下，不应当进行赔偿，而应当由获得物的一方补偿另一方当事人，建议将"赔偿"修改为"赔偿或者补偿"。

二、因添附产生的物的归属

添附是所有权取得的一种方式，在多数国家立法例中，法律通常规定由一人取得添附物的所有权，或共有合成物，目的在于防止对物进行不经济的分离。

（一）因添附产生的物的归属的确定

根据本条规定，因加工、附合、混合而产生的物的归属，按照以下原则确定：

首先，有约定的，按照约定。当事人之间如果就因添附产生的物的归属有约定的，确定因添附产生的物的归属时，先按照当事人的约定。

其次，没有约定或者约定不明确的，依照法律规定。如果当事人未就因添附产生的物的归属事先作约定，或者事先约定了，但约定不明确的，依照法律规定确定物的归属。

最后，法律没有规定的，按照充分发挥物的效用以及保护无过错当事人的原则确定。如果当事人未就因添附产生的物的归属事先作出约定，也没有相应的法律规定的，按照两个原则确定物的归属：

一是充分发挥物的效用原则。法律把添附作为取得所有权的一种根据，其原因就在于添附发生后，要回复各物之原状事实上已不可能，或者虽有可能但经济上很不合理，因此有必要使添附物归一方所有或各方共有。确定添附物的归属时，应以充分发挥物的效用为原则。一般情况下，加工他人的动产的，加工物的所有权属于材料的所有权人。但是，因加工致使其价值显著大于原材料价值的，可以由加工人取得该加工物的所有权。动产因附合而为不动产的重要成分，可以由不动产所有权人取得该动产的所有权。

二是保护无过错当事人原则。在考虑充分发挥物的效用确定添附物的同时，还须考虑当事人是否有过错。如一般情况下，加工他人的动产的，加工物的所有权属于材料的所有权人。但是，因加工致使其价值显著大于原材料价值的，可以由加工人取得该加工物的所有权。如果加工人明知被加工的物是他人之物，故意对原材料进行加工，即使加工价值显著大于原材料价值，也可以综合考虑充分发挥物的效用和保护无过错当事人原则，将添附物判决由材料的所有权人所有。

（二）当事人之间的赔偿或者补偿

将添附物确定归一方所有，会造成另一方的损害。根据本条规定，因一方当事人的过错或者确定物的归属造成另一方当事人损害的，应当给予赔偿或者补偿。例如，加工的情况下，确定添附物归加工人所有的，所有人应支付材料的原所有者相当的价款，确定添附物归材料所有人所有的，所有人应支付给加工人其加工的劳动报酬。再如误将他人的漆刷了房屋的墙，此种情况下，漆的所有权只能归房屋所有人，但应支付他人漆的价款。一方当事人有过错，造成另一方当事人损害的，应当给予赔偿；一方当事人无过错，因确定物的归属造成另一方当事人损害的，应当给予补偿。

第三分编　用益物权

第十章　一般规定

> **第三百二十三条**　用益物权人对他人所有的不动产或者动产，依法享有占有、使用和收益的权利。

【条文主旨】

本条是关于用益物权人享有的基本权利的规定。

【条文释义】

用益物权是权利人对他人所有的不动产或者动产，依法享有占有、使用和收益的权利。用益物权是以对他人所有的物为使用、收益的目的而设立的，因而被称作"用益"物权。用益物权制度是物权法律制度中一项非常重要的制度，与所有权制度、担保物权制度等一同构成了物权制度的完整体系。

一、用益物权人的基本权利

依照本条规定，用益物权人对他人所有的不动产或者动产，依照法律规定享有占有、使用和收益的权利。

1. 占有的权利。"占有"是对物的实际控制。用益物权作为以使用、收益为目的的物权，自当以权利人对物的实际占有为必要。利用他人之物为使用、收益，必然要对物予以实际支配。没有占有就不可能实现对物的直接利用。

2. 使用、收益的权利。"使用"是依物的自然属性、法定用途或者约定的方式，对物进行实际上的利用。"收益"是通过对物的利用而获取经济上的收入或者其他利益。用益物权的设立目的是对物的使用和收益。比如在他人的土地上自建房屋以供居住；在他人的土地上耕种、畜牧以供自用或出售而获得收益；在他人土地上建造楼宇用以出售、出租以取得收益等。

二、用益物权的特征

作为物权体系的重要组成部分，用益物权具备物权的一般特征，同时还具有自身的特性，除了以对物的实际占有为前提、以使用、收益为目的以外，还有以下几个方面的特征：

1. 用益物权是由所有权派生的物权。所有权是权利人对自己的不动产或者动产，依法享有占有、使用、收益和处分的权利，包括在自己的财产上设立用益物权或担保物权的权利。用益物权则是在他人所有的财产上设立的权利，即对他人的财产享有占有、使用和收益的权利。因此，用益物权被作为"他物权"，以相对于所有权的"自物权"。

2. 用益物权是受限制的物权。相对于所有权而言，用益物权是不全面的、受一定限制的物权。因此，用益物权属于"定限物权"，以区别于所有权的"完全物权"。其一，所有权是物权权利种类中最完全、也是最充分的权利。所有权的权利人对自己的财产，依法享有完全的直接支配力，包括占有、使用、收益和处分。而用益物权只具有所有权权能的一部分权能，其权利人享有的是对财产占有、使用和收益的权利。虽然权利人依法可以将其享有的用益物权予以转让、抵押等，但不具有对财产的所有权进行处分的权利。其二，所有权具有恒久性，只要所有物存在，所有权人对所有物便享有永久的权利。而用益物权则具有期限性。虽然设定的期限往往较长，但不是永久期限，期限届满时，用益物权人应将占有、使用之物返还于所有权人。其三，用益物权人必须根据法律的规定及合同的约定正确行使权利。用益物权人应当保护和合理利用所有权人的不动产或者动产，按照设定权利时约定的用途和使用方法利用所有权人的财产，不得损害所有权人的权益。

3. 用益物权是一项独立的物权。用益物权是对所有权有所限制的物权。用益物权虽由所有权派生，以所有权为权源，并属于"他物权""定限物权"，但用益物权一经设立，便具有独立于所有权而存在的特性。所有权对物的支配力受到约束，对物占有、使用和收益的权能由用益物权人行使，所有权人不得干涉。所有权人不得随意收回其财产，不得妨碍用益物权人依法行使权利。用益物权具有对物的直接支配性和排他性，可以对抗所有权人的干涉。同时，用益物权的义务人包括任何第三人，用益物权可以对抗所有第三人的侵害，包括干预、占有和使用客体物等。因此，用益物权是一项独立的物权。

4. 用益物权一般以不动产为客体。用益物权多以不动产尤其是土地为使用收益的对象。由于不动产特别是土地的稀缺性、不可替代性且价值较高，以及土地所有权依法不可移转性，使在土地等不动产上设立用益物权成为经济、社会发展的必然要求。而动产的特性决定了通常可以采用购买、租用等方式获得其所有权和使用权。

三、建立用益物权制度的意义

用益物权制度的建立，对社会、经济发展有着重要意义。归结起来，一是促进资源的有效利用，二是维护资源的有序利用。

1. 促进资源的有效利用。随着社会、经济的发展，人们对物质尤其是对土地等资源的需求不断扩大，而土地等资源相对稀缺、不可替代。为了社会和经济的持续发展，必然要提高对土地等资源的有效利用，充分发挥其效用。在对资源的利用过程中，通过建立对物的利用予以保障的机制，以实现资源有效、充分利用的目的，便成为物权尤其是用益物权法律制度的任务之一。用益物权法律制度，可以在不能取得土地等资源的所有权或不必取得他人之物的所有权时，使得用益物权人可以通过对他人所有之物的占有、使用而获得收益，同时为社会提供财富。而对于所有人，也可以通过设定用益物权，将其所有的土地等资源交由他人使用收益，由此所有人可以不必直接使用其所有物也能获得收益。所有权人和用益物权人都可取得相应利益，表明资源的使用价值得到了更为有效、充分的实现。对整个社会而言，社会的资源得到有效利用，社会的整体利益也就得到了最大程度的实现和满足。

2. 维护资源的有序利用。维护资源的有序利用，有以下四层含义：

首先，通过用益物权制度，确定所有权人与用益物权人之间的权利义务，以达到权利人之间的利益平衡。用益物权制度并非是单纯为维护用益物权人的利益而建立的制度，而是在维护用益物权人权利的同时，兼顾所有权人利益的制度。所以说，用益物权制度是平衡用益物权人和所有权人之间利益保障的法律制度。

其次，用益物权制度所规定的所有权人与用益物权人之间的权利义务，是法定的权利义务，当事人不得随意变更。这样就避免了一方利用其社会或者经济上的优势地位，迫使对方放弃权利，或者无端地增加本不应由对方履行的义务。以此来保障双方权利义务关系的长久与稳定。

再次，用益物权一般需要通过登记的公示方法将土地等资源上的权利状态昭示社会。通过公示来保障用益物权人的权利不为他人所侵害，并保障交易的安全。同时，通过对用益物权的设立目的、土地等资源的用途等进行登记，防止用益物权人任意改变土地等资源的原有用途。

最后，用益物权制度赋予了权利人对土地等资源的占有、使用和收益的权利。同时，还要求权利人在行使权利时，应当承担保护和合理开发利用资源的义务。这对保护和合理开发利用土地等资源，促进社会经济的可持续发展有重要意义。

四、用益物权的权利类型

用益物权的权利类型，在不同的国家有不同的制度安排，这主要是根据一国的政治、经济、历史和文化的不同背景而决定的。通常来说以传统民法上的地上权、地役权和永佃权最具代表性。我国的用益物权制度，是根据我国的社会主义基本经济制度决定的。民法典物权编专章规定的用益物权种类有土地承包经营权、建设用地使用权、宅基地使用权、居住权和地役权。

> **第三百二十四条　国家所有或者国家所有由集体使用以及法律规定属于集体所有的自然资源，组织、个人依法可以占有、使用和收益。**

【条文主旨】

本条是关于国有和集体所有的自然资源，组织和个人可以取得用益物权的规定。

【条文释义】

在我国，国家对土地等资源实行公有制，它是我国生产资料社会主义公有制的重要组成部分。我国宪法第 10 条第 1 款、第 2 款规定："城市的土地属于国家所有。农村和城市郊区的土地，除由法律规定属于国家所有的以外，属于集体所有；宅基地和自留地、自留山，也属于集体所有。"根据宪法的规定，土地公有制有两种形式：一是国家所有；二是集体所有。城市市区的土地属于国家所有即全民所有。随着社会主义建设事业的不断发展，城市作为政治、经济和文化的中心，在国家和社会生活中具有突出作用。城市中各种形式的用地十分重要和宝贵。因此，城市的土地属于国家所有。在农村和城市郊区，土地是从事农业生产的主要生产资料，是农村劳动群众集体所有制的重要物质基础。为了促进农村各项事业的发展，保障农村和城市郊区劳动者的合法权益，农村和城市郊区的土地除法律规定属于国家所有的以外，一律属于集体所有。宅基地和自留地、自留山，虽然由农民个人使用，但也属于农民集体所有。

土地等自然资源的公有制，决定了组织、个人利用土地等资源，必然要在国家所有或者集体所有的土地等资源上取得用益物权。

物权制度具有较强的本土性，与一国的基本经济制度密切相关。用益物权制度也概莫能外。从国外的法律规定看，凡实行计划经济体制的国家，其民法典上没有物权法编，没有用益物权制度，仅规定所有权制度且非常简单。这是因为，实行计划经济体制的国家，一般运用行政手段组织经济运行。国有土地的使用关系采取无偿的划拨方式，作为国有土地所有者的国家将国有土地划拨给国有企业无偿使用。农村土地则由作为所有者的集体自己使用，农户在集体所有的土地上进行生产劳动，按劳取酬，不发生所有权与使用权的分离。无论是国有土地还是集体所有的土地的使用，都不采取设立用益物权的方式，因而不需要用益物权制度。实行市场经济体制的国家，其民法典上都有物权法编，都规定了完备的所有权制度和用益物权制度。建立较为完备的所有权、用益物权等物权制度，也是实行社会主义市场经济的基本法律保障。

民法典物权编上的用益物权，是不动产所有权与不动产使用权分离的法律形式。凡实行市场经济体制的国家，均有用益物权制度。但用益物权制度所发挥的作用及其意义，又因实行土地公有制或者土地私有制，而在一定程度上有所差别。在资本主义的市场经济国家，土地归私人所有，土地所有者自己使用土地，是土地使用关系的主要形式；土地所有者自己不使用而交给他人使用，是土地使用关系的次要形式。我国是在土地公有制基础上实行社会主义市场经济，城市土地归国家所有，农村土地归集体所有。作为土地所有者的国家自己不使用土地而交给各类企业等使用，是国有土地使用关系的主要形式；作为土地所有者的农民集体自己不使用土地而交给农户使用，是农村土地使用关系的主要形式。因此，用益物权制度，对于实行社会主义市场经济的我国所具有的意义和所发挥的作用，要远远超过对于实行资本主义市场经济的国家所具有的意义和所发挥的作用。

民法典物权编根据我国的基本经济制度，以及建立和完善社会主义市场经济体制的要求，在用益物权分编中设专章分别规定了土地承包经营权、建设用地使用权、宅基地使用权等用益物权。

土地承包经营权是指权利人依法对农民集体所有和国家所有由农民集体使用的耕地、林地、草地等享有占有、使用和收益的权利，有权从事种植业、林业、畜牧业等农业生产。民法典物权编明确将农村土地承包经营权规定为用益物权，赋予了农民长期而有保障的土地使用权。本法对承包经营权人的基本权利、承包经营权的期限和期满后的继续承包、承包经营权的流转、承包地的调整和收回、承包地被征收的补偿等作了规定。

建设用地使用权是指权利人依法对国家所有的土地享有占有、使用和收益的权利，有权利用该土地建造建筑物、构筑物及其附属设施。建设用地使用权是用益物权中的一项重要权利。建设用地使用权人通过出让或者划拨的方式取得对国家所有的土地使用和收益的权利，有权利用该土地建造建筑物、构筑物及其附属设施。本法对建设用地使用权的取得方式、分层设立建设用地使用权、建设用地使用权的转让和出资或者抵押、建设用地使用权期满后的续期等作了规定。

宅基地使用权是指权利人依法对集体所有的土地享有占有和使用的权利，有权依法利用该土地建造住宅及其附属设施。本法对宅基地使用权的取得、行使和转让等作了原则性的规定。

> **第三百二十五条** 国家实行自然资源有偿使用制度，但是法律另有规定的除外。

【条文主旨】

本条是关于我国自然资源使用制度的规定。

【条文释义】

对他人所有的土地等不动产的使用和收益一直是世界各国用益物权制度的主要内容。随着社会经济的发展，土地资源、矿产资源、水资源等自然资源的使用和收益问题日益成为用益物权制度的重要课题。

土地等自然资源一方面是整个社会赖以存续的共同物质基础，具有社会性；另一方面又只能在具体的使用中实现价值，使用权属必须确定。在资本主义制度下，通过用益物权制度，所有权人之外的权利人也可以就土地等自然资源进行使用和分享收益，这在一定程度上克服了私有制的狭隘局限，有利于物尽其用。我国是社会主义公有制国家，自然资源主要归国家所有即全民所有。国家通过自然资源的有偿使用制度，适应社会主义市场经济发展的客观要求，为合理利用资源打下了基础。

一、我国的自然资源使用制度

我国的自然资源使用制度是建立在社会主义公有制基础上，适应社会主义市场经济发展的，按照土地管理法、矿产资源法、水法等法律以及国务院的有关规定，对自然资源实行有偿使用为原则、无偿使用为例外的制度。

（一）自然资源的有偿使用制度

自然资源有偿使用制度，是指国家以自然资源所有者和管理者的双重身份，为实现所有者权益，保障自然资源的可持续利用，向使用自然资源的组织和个人收取自然资源使用费的制度。目前，法律规定了土地资源、矿产资源、水资源等自然资源的有偿使用制度，例如，土地管理法第 2 条第 5 款规定："国家依法实行国有土地有偿使用制度。但是，国家在法律规定的范围内划拨国有土地使用权的除外。"矿产资源法第 5 条规定："国家实行探矿权、采矿权有偿取得的制度；但是，国家对探矿权、采矿权有偿取得的费用，可以根据不同情况规定予以减缴、免缴。具体办法和实施步骤由国务院规定。开采矿产资源，必须按照国家有关规定缴纳资源税和资源补偿费。"水法第 7 条规定："国家对水资源依法实行取水许可制度和有偿使用制度。但是，农村集体经济组织及其成员使用本集体经济组织的水塘、水库中的水的除外。国务院水行政主管部门负责全国取水许可制度和水资源有偿使用制度的组织实施。"

之所以对于土地资源、矿产资源、水资源等自然资源实行有偿使用制度，是因为：（1）在社会主义公有制条件下，只有实行自然资源有偿使用制度，才能使自然资源所有权在经济上更充分地得到实现，从而真正保障社会主义公有制的主体地位。自然资源是巨大的社会财富，随着经济和社会的发展，其价值日益上升。只有收益归公有，才能充分体现自然资源的社会主义公有制。在自然资源使用制度改革前，国家曾长期以行政手段无偿提供土地资源、水资源等自然资源给企业、事业单位使用。本应归公有的大量资源收益留在使用者手中，国家缺乏调剂余缺的力量，难以实现自然资源在社会化生产中的优化配置，自然资源的公有制在很大程度上被虚化。通过改革，推行自然资源的有偿使用制度，国家代表全体人民掌握了自然资源的收益，就有了足够的财力进行宏观调控，组织社会生产。（2）在社会主义市场经济条件下，只有实行自然资源有偿使用制度，才能充分发挥市场对经济发展的积极作用。社会主义市场经济是一个包括了生产资料市场、消费品市场以及资金、劳动力、自然资源等生产要素使用权市场的完整体系。重要自然资源作为基本的生产要素，其使用权不进入市场流通，社会主义市场体系就不完善，难以充分发挥市场优化配置、公平竞争的作用。在过去的使用制度下，自然资源使用者既没有压力，也没有动力，多占少用，早占晚用，占优用劣、占而不用甚至乱占滥用，严重浪费了宝贵的自然资源。同时，占有资源较多且质量优越的企业，与占有较少、质量较差的企业实际上处于不平等竞争的地位。通过有偿、能流动的自然资源使用制度，将自然资源的使用权作为生产要素交市场调节，才能合理配置自然资源，实现最大的资源利用效益。

（二）自然资源的无偿使用

土地管理法、水法等法律同时规定了自然资源的无偿使用作为有偿使用基本原则的例外。例如，土地管理法第2条、水法第7条的例外条款。

之所以在自然资源使用制度改革后仍然保留无偿使用自然资源的例外情况，主要是因为：（1）通过划拨等方式无偿取得土地等自然资源的使用权的情况仍然有存在的必要性。一些公益事业、公共建设仍然需要有相应的扶持。（2）农村集体经济组织和农民已有的使用水资源等自然资源的权益应当得到维护，以避免增加农民负担。这也是促进农业和农村持续、稳定、健康发展，实现全面建成小康社会的目标以及构建和谐社会所必需的。

无偿使用作为自然资源使用制度中的例外和补充，其适用范围和条件是受到严格限制的。以划拨取得土地使用权为例：土地管理法第54条，对划拨土地明确规定为四种情形。城市房地产管理法第40条，对划拨取得土地使用权的房地产的转让规定了限制条件。对自然资源的无偿使用必须严格遵守法律规定的范围和条件，发挥对自然资源有偿使用制度的有益补充作用。

二、自然资源使用制度和用益物权制度的关系

以有偿使用为基本原则，以无偿使用为例外和补充的自然资源使用制度是民法典物权编用益物权制度的重要基础。要准确把握自然资源使用制度和用益物权制度的关系还应当注意以下几点：

1. 自然资源使用制度与用益物权制度的基础是一致的。它们都建立在社会主义公有制基础上，并且服务于社会主义市场经济的发展。

2. 尽管自然资源使用制度和用益物权制度是相通的，但是它们各自属于不同的法律部门，有各自独特的领域。自然资源使用制度属于经济法的范畴，用益物权制度中除了与自然资源使用制度相关的权利，还有地役权这样独有的权利类型。自然资源使用制度和用益物权制度在各自的领域内，按照各自的内在规律发挥作用并且互相协调，才能全面调整相应的社会关系。

> **第三百二十六条** 用益物权人行使权利，应当遵守法律有关保护和合理开发利用资源、保护生态环境的规定。所有权人不得干涉用益物权人行使权利。

【条文主旨】

本条是关于用益物权人应当保护和合理开发利用资源，以及所有权人不得干涉用益物权人行使权利的规定。

【条文释义】

本条分别从用益物权人和所有权人的角度，规定了两个方面的内容。一是用益物权人行使权利，应当遵守法律有关保护和合理开发利用资源的规定；二是所有权人不得干涉用益物权人行使权利。

一、用益物权人行使权利，应当遵守法律有关保护和合理开发利用资源的规定

用益物权是在他人所有的不动产或者动产上享有的占有、使用和收益的权利。在我国，多为在国家所有或者集体所有的土地上设立建设用地使用权、农村土地承包经营权和宅基地使用权，以及行使对国家所有的矿产资源、水资源等自然资源开发利用的权利。用益物权人在行使权利的同时，应当履行遵守法律有关保护和合理开发利用土地等资源的规定的义务。

土地、矿产、水资源等自然资源，具有不可再生性或者稀缺匮乏性。拿土地资源来说，土地是人类可利用的一切自然资源中最基本、最宝贵的资源，是人类最基本的生产资料。我国人多地少，特别是耕地少，是我国的基本国情。我国国土总面积约 960 万平方公里，居世界第三位。但人均占有国土面积不到世界人均占有量的 1/3。而在我国国土总面积中，不能或者难以利用的沙漠、戈壁等又占去相当大一部分。我国目前的可耕地为 18.4 亿亩，人均 1.4 亩。耕地资源还存在着几个突出的问题：一是人均占有耕地的数量少；二是耕地总体质量差，生产水平低，抗自然灾害的能力差；三是耕地退化严重；四是耕地后备资源匮乏。我国每年因各项建设占用以及自然灾害毁损等还在造成耕地不断减少，而我国的人口却还在不断增长。人增地减的趋势已经成为我国经济社会发展中的一个重大问题和严峻挑战。因此，十分珍惜、合理利用土地和切实保护土地特别是耕地，是我国的基本国策。合理开发土地，保护土地资源是促进社会经济可持续发展的基本要求。强化土地等资源的保护，保证对土地等资源的永续利用，是资源利用中一个特别重要的问题。因此，本条明确要求：用益物权人行使权利，应当遵守法律有关保护和合理开发利用资源的规定。

对保护和合理开发利用资源，我国相关法律都作出了明确规定。比如土地管理法规定，十分珍惜、合理利用土地和切实保护耕地是我国的基本国策。各级人民政府应当采取措施，全面规划，严格管理，保护、开发土地资源，制止非法占用土地的行为。使用土地的单位和个人必须严格按照土地利用总体规划确定的用途使用土地。国家保护耕地，严格控制耕地转为非耕地。非农业建设必须节约使用土地，可以利用荒地的，不得占用耕地；可以利用劣地的，不得占用好地。禁止占用耕地建窑、建坟或者擅自在耕地上建房、挖砂、采石、采矿、取土等。禁止占用永久基本农田发展林果业和挖塘养鱼。

又如农村土地承包法规定，农村土地承包经营应当遵守法律、法规，保护土地资源的合理开发和可持续利用。未经依法批准不得将承包地用于非农建设。未经依法批准不得将承包地用于非农建设。国家鼓励增加对土地的投入，培肥地力，提高农业生产能力。承包人承担维持土地的农业用途，不得用于非农建设；依法保护和合理利用土地，不得给土地造成永久性损害的义务。

再如矿产资源法规定，国家保障矿产资源的合理开发利用。禁止任何组织或者个人用任何手段侵占或者破坏矿产资源。各级人民政府必须加强矿产资源的保护工作。开采矿产资源，必须采取合理的开采顺序、开采方法和选矿工艺。矿山企业的开采回采率、采矿贫化率和选矿回收率应当达到设计要求。在开采主要矿产的同时，对具有工业价值的共生和伴生矿产应当统一规划，综合开采，综合利用，防止浪费；对暂时不能综合开采或者必须同时采出而暂时还不能综合利用的矿产以及含有有用成分的尾矿，应当采取有效的保护措施，防止损失破坏。开采矿产资源，应当节约用地。耕地、草原、林地因采矿受到破坏的，矿山企业应当因地制宜地采取复垦利用、植树种草或者其他利用措施。

作为相关的用益物权人，在享有权利的同时，应当严格遵守有关法律，积极保护和合理开发利用自然资源。

二、所有权人不得干涉用益物权人行使权利

所有权人不得干涉用益物权人行使权利，是由所有权与用益物权、所有权人与用益物权人之间的关系决定的。用益物权虽由所有权派生，但它是一项独立的物权，当事人依法取得用益物权后对所有人的不动产或动产享有占有、使用、收益和依法转让该用益物权的权利。用益物权具有直接支配性和排他性，可以依法直接行使权利，不受第三人的侵害和所有权人的干涉。比如农村土地承包经营权人依法享有承包地使用、收益和土地承包经营权流转的权利，有权自主组织生产经营和处置产品。发包人应当尊重承包人的生产经营自主权，不得干涉承包人依法进行正常的生产经营活动。土地承包经营权流转的主体是承包人，承包人有权依法自主决定土地承包经营权是否流转和流转的方式。承包期内发包人不得调整承包地。因自然灾害严重毁损承包地等特殊情形，需要适当调整承包的耕地和草地的，应当依照农村土地承包法等法律规定办理。承包期内发包人不得收回承包地。农村土地承包法等法律另有规定的依照其规定。

所有权人不得干涉用益物权人行使权利，是用益物权人正常行使权利的基本保障。当然，如果用益物权人在行使权利时存在违背法律规定、未合理利用和保护资源等损害所有权人权益的行为，所有权人有权依法制止，并要求其赔偿损失。

> **第三百二十七条**　因不动产或者动产被征收、征用致使用益物权消灭或者影响用益物权行使的，用益物权人有权依据本法第二百四十三条、第二百四十五条的规定获得相应补偿。

〖条文主旨〗

本条是关于用益物权人因征收、征用有权获得补偿的规定。

〖条文释义〗

用益物权是当事人依照法律规定，对他人所有的不动产享有占有、使用和

收益的权利。用益物权虽由所有权派生出来，但它是一项独立的物权。用益物权人是对他人所有的物享有占有、使用和收益的权利人，虽然不是物的所有权人，但也是具有独立物权地位的权利人。在他人的不动产或者动产被征收、征用，致使所有权消灭或者影响所有权行使的，应当依法给予所有权人补偿。同时，因他人的不动产或者动产被征收、征用致使用益物权消灭或者影响用益物权行使的，用益物权人也有权依法获得相应的补偿。

我国宪法第 10 条第 3 款规定："国家为了公共利益的需要，可以依照法律规定对土地实行征收或者征用并给予补偿。"这一规定表明征收和征用，应当遵循三个原则：

一是公共利益需要的原则。实施征收、征用，必须是出于公共利益的需要，这是征收、征用的前提条件。公共利益通常是指全体社会成员的共同利益和社会的整体利益。

二是依照法定程序的原则。征收、征用在一定程度上限制了他人的财产权。为了防止这种手段的滥用，平衡他人财产保护和公共利益需要的关系，征收、征用必须严格依照法律规定的程序进行。

三是依法给予补偿的原则。尽管征收和征用是为了公共利益需要，但都不能采取无偿剥夺的方式，必须依法给予补偿。补偿的方式应视财产的类别而加以区别对待。在征收过程中，征收的对象一般都是不动产，并且是所有权的改变，一般都要给予金钱补偿、相应的财产补偿或者其他形式的补偿。在征用过程中，如果是非消耗品，使用结束后，原物还存在的，应当返还原物，对于物的价值减少的部分要给予补偿；如果是消耗品，通常要给予金钱补偿。

征收主要是针对不动产，而不动产中又以征收集体所有的土地最具代表性，因此，对征收集体土地，如何对所有权人即农民集体和用益物权人即承包经营权人给予补偿，就显得尤为重要。

本法第 243 条第 2 款规定，征收集体所有的土地，应当依法及时足额支付土地补偿费、安置补助费以及农村村民住宅、其他地上附着物和青苗等的补偿费用，并安排被征地农民的社会保障费用，保障被征地农民的生活，维护被征地农民的合法权益。该款明确规定了要给予集体所有土地的用益物权人补偿。而具体补偿范围和标准，则要根据土地管理法的规定办理。在适用土地管理法第 48 条的规定时，应当把握以下几点：

一是征地补偿和安置补助的原则是征收土地应当给予公平、合理的补偿，保障被征地农民原有生活水平不降低、长远生计有保障。征收土地后通过补偿和采取各项安置措施，要使被征地农民的生活水平达到征地前的生活水平。如果达不到，应当采取相应的措施，包括提高补偿标准。

二是征收土地应当依法及时足额支付土地补偿费、安置补助费以及农村村民住宅、其他地上附着物和青苗等的补偿费用，并安排被征地农民的社会保障费用。

三是征收农用地的土地补偿费、安置补助费标准由省、自治区、直辖市通过制定公布区片综合地价确定。制定区片综合地价应当综合考虑土地原用途、土地资源条件、土地产值、土地区位、土地供求关系、人口以及经济社会发展水平等因素，并至少每三年调整或者重新公布一次。

四是征收农用地以外的其他土地、地上附着物和青苗等的补偿标准，由省、自治区、直辖市制定。对其中的农村村民住宅，应当按照先补偿后搬迁、居住条件有改善的原则，尊重农村村民意愿，采取重新安排宅基地建房、提供安置房或者货币补偿等方式给予公平、合理的补偿，并对因征收造成的搬迁、临时安置等费用予以补偿，保障农村村民居住的权利和合法的住房财产权益。

五是县级以上地方人民政府应当将被征地农民纳入相应的养老等社会保障体系。被征地农民的社会保障费用主要用于符合条件的被征地农民的养老保险等社会保险缴费补贴。被征地农民社会保障费用的筹集、管理和使用办法，由省、自治区、直辖市制定。

本法第 245 条规定，因抢险救灾、疫情防控等紧急需要，依照法律规定的权限和程序可以征用组织、个人的不动产或者动产。被征用的不动产或者动产使用后，应当返还被征用人。组织、个人的不动产或者动产被征用或者征用后毁损、灭失的，应当给予补偿。根据这一规定，组织、个人的不动产或者动产被征用或者征用后毁损、灭失，致使用益物权消灭，或者影响用益物权行使的，应当对用益物权人给予补偿。

> **第三百二十八条　依法取得的海域使用权受法律保护。**

〖条文主旨〗

本条是关于海域使用权的规定。

〖条文释义〗

海洋被称为"蓝色国土"，在人类文明的发展史上起着重要的作用。根据本法第 247 条的规定，海域属于国家所有。国家是海域所有权的唯一主体。海域与土地具有相同的属性，随着海洋科学技术的发展，海域可以通过技术手段加以区分并进行排他性的使用，海域越来越成为被人类利用的重要资源。1993

年财政部和国家海洋局颁布的《国家海域使用管理暂行规定》第一次规定了海域使用权制度。此后，一些沿海省市也先后出台了有关海域使用权方面的地方性政府规章。2001 年我国颁布了海域使用管理法，从法律上确立了海域使用权制度。该法规定的海域是指我国内水、领海的水面、水体、海床和底土，范围从海岸线开始到领海外部界线为止。我国海域的面积达 38 万平方公里。

海域使用权是指组织或者个人依法取得对国家所有的特定海域排他性使用权。组织和个人使用海域，必须依法取得海域使用权。海域使用权取得的方式主要有三种：一是组织和个人向海洋行政主管部门申请；二是招标；三是拍卖。有关组织和个人使用海域的申请被批准或者通过招标、拍卖方式取得海域使用权后，海域使用权人应当办理登记手续。依照法律规定属于国务院批准用海的，由国务院海洋行政主管部门登记造册，向海域使用权人颁发海域使用权证书；属于地方人民政府批准用海的，由地方人民政府登记造册，向海域使用权人颁发使用权证书。根据使用海域不同的用途，海域使用权最高期限分别为：养殖用海 15 年；拆船用海 20 年；旅游、娱乐用海 25 年；盐业、矿业用海 30 年；公益事业用海 40 年；港口、修造船厂等建设工程用海 50 年。海域作为国家重要的自然资源实行有偿使用制度。组织和个人使用海域，应当按照国务院的规定缴纳海域使用金。为了切实保护养殖用海渔民的利益，目前海域主管部门在实际工作中对有争议的海域、海洋自然保护区、渔业资源保护区、传统赶海区等涉及公共利益的海域不进行招标和拍卖。同时，对于专业渔民使用海域从事养殖生产的，可以在规定的面积内减缴或者免缴海域使用金。海域使用权作为一项重要的财产权利，可以依法转让、继承。

海域使用管理法颁布后，海域使用权制度日趋完善。海域使用权制度在维护海域使用权人的合法权益，规范海洋开发利用秩序，促进海域的合理开发和海洋产业的健康发展等方面取得了良好的效果。海域使用权已成为与建设用地使用权等性质相同的用益物权。

在 2007 年物权法起草过程中，有人提出，海域使用权应与建设用地使用权等并列为用益物权，建议专章规定海域使用权，强化海域使用权的物权特点，增加海域使用权抵押以及设立海域使用权时优先考虑渔民利益等内容。物权法没有对海域使用权专章规定，主要是考虑到海域使用权是一个综合性的权利，包括利用海域从事建设工程、海水养殖、海底探矿采矿、旅游等多种活动。物权法有关用益物权的规定，是根据土地的不同用途产生的不同法律关系分别规定为土地承包经营权、建设用地使用权和宅基地使用权，没有综合规定为土地使用权。因此，如果将海域使用权专章规定，会造成物权法用益物权编体系的不平衡。所以，强化海域使用权的物权特点，弥补现行海域使用管理法不足的问题，还是应当留待修改海域使用管理法时一并解决。因此，本条只是对海域使用权作了原则性的规定，确立了海域使用权用益物权的属性，任何组织和个人使用海域必须依法取得海域使用权，依法取得的海域使用权受法律保护。根据特别法优先于普通法的原则，海域使用权首先应当适用海域使用管理法的规定；海域使用管理法没有规定的，适用物权法的有关规定。

> **第三百二十九条　依法取得的探矿权、采矿权、取水权和使用水域、滩涂从事养殖、捕捞的权利受法律保护。**

【条文主旨】

本条是关于探矿权、采矿权，取水权、使用水域和滩涂从事养殖、捕捞权利的规定。

【条文释义】

我国对自然资源实行有偿使用制度。矿产资源法、水法、渔业法分别对组织和个人利用自然资源的权利作出了规定。探矿权、采矿权、取水权和从事养殖、捕捞的权利具有自身的特点，与一般的用益物权有所不同。用益物权一般是通过合同设立，探矿权、采矿权、取水权和从事养殖、捕捞的权利是经行政主管部门许可设立。考虑到探矿权、采矿权、取水权和从事养殖、捕捞的权利主要是对国家自然资源的利用，权利人取得这些权利后，即享有占有、使用和收益的权利，其权能与用益物权是一致的，同时也需要办理登记并进行公示，符合物权的公示的原则。因此，2007年制定的物权法对这些权利作了原则性、衔接性的规定。

一、探矿权、采矿权

1986年颁布的矿产资源法曾规定，"勘查矿产资源，必须依法登记。开采矿产资源，必须依法申请取得采矿权"，但是在当时计划经济体制下，探矿权人、采矿权人是无偿取得探矿权和采矿权的。之后修改的矿产资源法规定国家实行探矿权、采矿权有偿使用的制度。根据矿产资源法的规定，勘查、开采矿产资源，必须依法分别申请、经批准取得探矿权、采矿权，并办理登记。矿产资源法第5条规定，国家实行探矿权、采矿权有偿取得的制度；但是，国家对探矿权、采矿权有偿取得的费用，可以根据不同情况规定予以减缴、免缴。具体办法和实施步骤由国务院规定。开采矿产资源，必须按照国家有关规定缴纳资源税和资源补偿费。

关于探矿权、采矿权的转让问题，1986年颁布的矿产资源法曾明确规定，采矿权不得买卖、出租，不得用作抵押。买卖、出租采矿权或者将采矿权用作抵押的，没收违法所得，处以罚款，吊销采矿许可证。修改后的矿产资源法虽然仍规定禁止将探矿权、采矿权倒卖牟利，但是已经允许探矿权、采矿权进行有条件的转让，探矿权、采矿权财产权的特征得到了进一步的明确。根据矿产资源法的规定，探矿权、采矿权的转让应当符合以下条件：（1）探矿权人有权在划定的勘查作业区内进行规定的勘查作业，有权优先取得勘查作业区内矿产资源的采矿权。探矿权人在完成规定的最低勘查投入后，经依法批准，可以将探矿权转让他人。（2）已取得采矿权的矿山企业，因企业合并、分立，与他人合资、合作经营，或者因企业资产出售以及有其他变更企业资产产权的情形而需要变更采矿权主体的，经依法批准可以将采矿权转让他人采矿。

二、取水权

1988 年颁布的水法对取水权作出了规定。当时主要是从资源配置和行政管理的角度规范取水权制度的。修改后的水法，进一步明确了国家对水资源实行有偿使用制度，并完善了取水许可制度。对水利用的方式主要有三种：一是直接从江河、湖泊或者地下取用水资源的组织和个人，应当按照国家取水许可制度和水资源有偿使用制度的规定，向水行政主管部门或者流域管理机构申请领取取水许可证，并缴纳水资源费，取得取水权。二是农村集体经济组织及其成员使用本集体经济组织的水塘、水库中的水的，不需要申请取水许可。三是家庭生活和零星散养、圈养畜禽饮用等少量取水，不需要申请取水许可。国务院水行政主管部门负责全国取水许可制度和水资源有偿使用制度的组织实施。

申请取水权应当按照以下程序：在建设项目立项前，应当先提出取水许可预申请，经审批后才能立项。在建设项目经批准后，再提出取水许可申请。提取地下水的，在打水前应当提出取水许可预申请，然后根据抽水试验，批准取水权。取水权有优先顺序的规定。首先应当满足城乡居民生活用水，并兼顾农业、工业、生态环境用水以及航运等需要。在干旱和半干旱地区开发、利用水资源，应当充分考虑生态环境用水需要。取水许可证有效期限一般为 5 年，最长不超过 10 年。有效期届满，需要延续的，取水组织或者个人应当在有效期届满 45 日前向原审批机关提出申请，原审批机关应当在有效期届满前，作出是否延续的决定。

目前我国法律对取水权能否转让未作规定。实践中正对取水权转让的问题进行研究和探索。

三、从事养殖、捕捞的权利

我国渔业法对从事养殖和捕捞的权利作出了规定。根据渔业法的规定，国家对水域利用进行统一规划，确定可以用于养殖业的水域和滩涂。组织和个人使用国家规划确定用于养殖业的全民所有的水域、滩涂的，使用者应当向县级以上地方人民政府渔业行政主管部门提出申请，由本级人民政府核发养殖证，许可其使用该水域、滩涂从事养殖生产。核发养殖证的具体办法由国务院规定。

我国对于捕捞业实行捕捞许可证制度。渔业捕捞许可证是国家批准从事捕捞生产的证书。从事捕捞生产的组织和个人，必须向县级以上主管部门提出申请，取得渔业捕捞许可证后，方准进行作业。县级以上渔业行政主管部门，按不同作业水域、作业类型、捕捞品种和渔船马力大小，实行分级审批发放。捕捞许可证也有一定的期限，比如，内陆水域捕捞许可证的有效期限为5年。需要指出的是，本法规定的捕捞活动应当是发生在国家享有所有权的水域进行的，对于在公海、经济毗连区等我国不享有国家所有权的水域从事的捕捞行为，渔业法可以对此进行调整，但不属于本法调整的范畴。

从以上规定可以看到，矿产资源法、水法、渔业法等单行法律对相关的权利都作了较为全面的规定。但是，由于这些法律多是从行政管理的角度对权利进行规范的，这些权利的物权属性并不明确，财产权利的内容并不完善，更缺少对这些权利相应的民事救济措施。因此实践中也出现了一些侵犯权利人合法权益的行为，比如内水的传统捕捞区被改变用途后，从事捕捞的渔民无法得到相应的补偿和安置。所以，民法典物权编有必要作出衔接性的规定，明确这些权利受物权以及相关法律的保护。至于进一步完善这些权利的问题，可以通过修改相关法律加以解决。根据特别法优于普通法适用的原则，探矿权、采矿权，取水权，利用水域、滩涂从事养殖、捕捞的权利，应当首先适用矿产资源法、水法和渔业法等法律的规定；矿产资源法、水法和渔业法等法律没有规定的，适用本法的有关规定。

第十一章　土地承包经营权

本章共十四条，规定了农村土地承包经营权这种用益物权。物权法对土地承包经营权就作了规定。民法典作为民事基本法，物权编是关于物权的基本规则，对于涉及数亿农村人口根本利益的农村土地承包经营权这一重要的用益物权，必须根据农村的新情况、农业的新发展、农民的新需求作出相应的修改，以满足实施乡村振兴战略的需要。在起草民法典物权编的过程中，主要是围绕落实党中央的改革要求，结合农村土地承包法的修改，对物权法有关农村土地承包经营权的规定作了相应的修改。

> **第三百三十条** 农村集体经济组织实行家庭承包经营为基础、统分结合的双层经营体制。
>
> 农民集体所有和国家所有由农民集体使用的耕地、林地、草地以及其他用于农业的土地，依法实行土地承包经营制度。

【条文主旨】

本条是对农村集体经济组织实行家庭承包经营为基础、统分结合的双层经营体制的规定。

【条文释义】

一、家庭承包经营为基础、统分结合的双层经营体制

长期稳定和不断完善以家庭承包经营为基础、统分结合的双层经营体制，是党在农村的基本政策。农村集体经济组织实行家庭承包经营为基础、统分结合的双层经营体制，是我国宪法确立的农村集体经济组织的经营体制。"双层经营"包含了两个经营层次：一是家庭分散经营层次。家庭分散经营是指农村集体经济组织的每一个农户家庭全体成员为一个生产经营单位，承包集体农村土地后，以家庭为单位进行的农业生产经营。二是集体统一经营层次。集体统一经营就是农村集体经济组织以村或者村民小组（或者乡镇）为生产经营单位，对集体所有的土地、房屋等集体资产享有、行使集体所有权，并组织本集体经济组织成员开展统一的生产经营。需要注意的是，双层经营的基础是家庭承包，但必须统分结合，不能因为家庭经营而忽略集体经营，特别是必须强调对农村土地的集体所有权，承包方享有的仅仅是对农村土地的用益物权。

四十多年来的农村改革的实践证明，实行家庭承包经营，符合生产关系要适应生产力发展要求的规律，使农户获得了充分的经营自主权，充分调动了亿万农民的生产积极性，极大地解放和发展农村生产力。实现了我国农业的巨大发展和农村经济的全面繁荣，使广大农民的生活从温饱迈向小康。正因如此，本条第1款规定，农村集体经济组织实行家庭承包经营为基础、统分结合的双层经营体制。将农村集体经济组织的双层经营体制再一次写入民法典中。

二、农村土地承包的方式

本条第2款规定，农民集体所有和国家所有由农民集体使用的耕地、林地、草地以及其他用于农业的土地，依法实行土地承包经营制度。

土地承包经营权作为一种用益物权，属于他物权，这种他物权是针对特定

对象而设定的，即是农民集体所有和国家所有由农民集体使用的农村土地。农村土地是指农民集体所有和国家所有依法由农民集体使用的耕地、林地、草地，以及其他依法用于农业的土地。因此，能够设立土地承包经营权的土地仅仅是农村土地，排除了城市的国有建设用地。还需要说明是，这里的农村土地与我们通常所说农民集体所有的土地不是一个概念，二者的范围有所不同。一般所说的农民集体所有的土地是指所有权归集体的全部土地，其中主要有农业用地、农村建设用地等。而根据农村土地承包法的规定，能够设定土地承包经营权的土地只能是农业用地，主要包括以下几种类型：一是农民集体所有的耕地、林地、草地。农民集体所有的耕地、林地、草地是指所有权归集体的耕地、林地、草地。用于农业的土地中数量最多，涉及面最广，与每一个农民利益最密切的是耕地、林地和草地，这些农村土地，多采用人人有份的家庭承包方式，集体经济组织成员都有承包的权利。二是国家所有依法由农民集体使用的耕地、林地、草地。国家所有依法由农民集体使用的耕地、林地、草地与农民集体所有的耕地、林地、草地的区别在于所有权属于国家，但依法由农民集体使用。三是其他依法用于农业的土地。用于农业的土地，主要有耕地、林地和草地，还有一些其他依法用于农业的土地，如养殖水面、菜地等。养殖水面主要是指用于养殖水产品的水面，养殖水面属于农村土地不可分割的一部分，也是用于农业生产的，所以也包括在本条所称的农村土地的范围之中。此外，还有荒山、荒丘、荒沟、荒滩等"四荒地"，"四荒地"依法是要用于农业的，也属于本条所称的农村土地。

根据农村土地承包法的规定，对于不同的农村土地，应采取的承包方式是不同的。农村土地承包经营制度，包括两种承包方式，即家庭经营方式的承包和以招标、拍卖、公开协商等方式的承包。第一种就是农村集体经济组织内部的家庭承包方式。所谓家庭承包方式是指，以农村集体经济组织的每一个农户家庭为一个生产经营单位，作为承包人承包农民集体的耕地、林地、草地等农业用地，对于承包地按照本集体经济组织成员是人人平等地享有一份的方式进行承包。其主要特点：一是集体经济组织的每个人，不论男女老少，都平均享有承包本农民集体的农村土地的权利，除非他自己放弃这个权利。也就是说，这些农村土地对本集体经济组织的成员来说，是人人有份的，任何组织和个人都无权剥夺他们的承包权。二是以户为生产经营单位承包，也就是以一个农户家庭的全体成员作为承包方，与本集体经济组织或者村民委员会订立一个承包合同，享有合同中约定的权利，承担合同中约定的义务。承包户家庭中的成员死亡，只要这个承包户还有其他人在，承包关系仍不变，由这个承包户中的其他成员继续承包。三是承包的农村土地对每一个集体经济组织的成员是人人有份的，这主要是指耕地、林地和草地，但不限于耕地、林地、草地，凡是本集体经济组织的成员应当人人有份的农村土地，都应当实行家庭承包的方式。第二种就是其他方式的承包。由于有些农业用地并不是本集体经济组织成员都能均分，如菜地、养殖水面等由于数量少，在本集体经济组织内做不到人人有份，只能由少数农户来承包；有的"四荒地"虽多，但本集体经济组织成员有的不愿承包，有的根据自己的能力承包的数量不同。这些不宜采取家庭承包方式的农村土地，可以采取招标、拍卖、公开协商等方式承包。不论是采取哪种方式承包，都必须按照农村土地承包法规定的原则、程序和方式进行。

> **第三百三十一条　土地承包经营权人依法对其承包经营的耕地、林地、草地等享有占有、使用和收益的权利，有权从事种植业、林业、畜牧业等农业生产。**

【条文主旨】

本条是土地承包经营权人享有的基本权利的规定。

【条文释义】

本条进一步明确了土地承包经营权的物权性质，明确规定了土地承包经营权人依法对其承包经营的耕地、林地、草地等享有占有、使用和收益的权利，有权从事种植业、林业、畜牧业等农业生产。

一、承包经营权人的基本权利

本条规定了承包人对承包地享有的占有、使用和收益这几项最基本、最重要的权利。

1. 依法享有对承包地占有的权利。占有的权利是土地承包经营权人对本集体所有的土地直接支配和排他的权利。

2. 依法享有对承包地使用的权利。农村土地承包经营权设立的目的，就在于让承包人在集体的土地上进行耕作、养殖或者畜牧等农业生产。因此，承包人在不改变土地的农业用途的前提下，有权对其承包的土地进行合理且有效的使用。

3. 依法获取承包地收益的权利。收益权是承包人获取承包地上产生的收益的权利，这种收益主要是从承包地上种植的农林作物以及畜牧中所获得的利益。例如，粮田里产出的粮食，果树产生的果实等。承包人还有权自由处置产品，可以自由决定农林牧产品是否卖、如何卖、卖给谁等。

二、承包经营权人的其他权利

承包经营权人的上述权利，体现了作为用益物权的承包经营权的最基本的权利，还有一些权利内容也体现了承包经营权的物权性质。这些权利有的是由物权编规定，有些则在农村土地承包法中有进一步的明确规定。主要包括以下内容：

1. 承包期及承包期届满后的延期。根据农村土地承包法和物权编的相关规定，耕地的承包期为 30 年，草地的承包期为 30—50 年，林地的承包期为 30—70 年。并进一步明确，耕地的承包期届满后可以再延长 30 年，林地、草地的承包期相应延长。

2. 依法互换、转让土地承包经营权。承包方承包土地后，可以行使承包经营权自己经营；也可以将承包地依法互换、转让。农村集体经济组织根据本地的特点，将承包地划分发包。各地地形地势不同，历史使用原因不同，与农户居住的远近等生活便利条件不同。农户承包土地后，可以依法进行互换。农户依法互换、转让土地承包权的，任何组织和个人不得强迫或限制，依法互换、转让土地承包经营权的收益归农户所有。

3. 依法流转土地经营权。在农村土地承包法修改过程中，重要任务之一就是贯彻"三权分置"改革要求。所谓"三权分置"就是要坚持农村土地集体所有权，稳定农户承包权，放活土地经营权。"三权分置"改革的核心问题是家庭承包的承包户在经营方式上发生转变，即由农户自己经营，转变为保留土地承包权，允许承包方将承包地流转给他人经营，实现土地承包经营权和土地经营权的分离。关于"三权分置"改革的具体要求和土地经营权流转，物权编第339 条作了进一步的规定。

4. 承包期内，发包人不得收回承包地。农村土地承包法进一步明确规定，国家保护进城农户的土地承包经营权。不得以退出土地承包经营权作为农户进城落户的条件；承包期内，承包农户进城落户的，引导支持其按照自愿有偿原则依法在本集体经济组织内转让土地承包经营权或者将承包地交回发包方，也可以鼓励其流转土地经营权；承包期内，承包方交回承包地或者发包方依法收回承包地时，承包方对其在承包地上投入而提高土地生产能力的，有权获得相应的补偿。

5. 承包地被依法征收、征用、占用的，有权依法获得相应的补偿。土地承包经营权作为一种用益物权，这种他物权是受到法律保护的。但是根据宪法和物权编及其他法律的有关规定，国家为了公共利益的需要，可以依照法律规定对土地实行征收或者征用并给予补偿。征收土地是国家为了社会公共利益的需要，将集体所有的土地转变为国有土地的一项制度。征用是国家强制使用组织、个人的财产。不论是征收还是征用，都必须基于公共利益的需要，按照法定程序进行，给予补偿。

6. 法律、行政法规规定的其他权利。其他法律、行政法规对土地承包经营权人所享有的权利作了规定的，土地承包经营权人即享有这些权利。例如，农村土地承包法第 32 条规定，承包人应得的承包收益，依照继承法的规定继承。林地承包的承包人死亡，其继承人可以在承包期内继续承包。此外，农业法、渔业法、草原法、森林法等法律也对土地承包经营权人所享有的权利作了规定。

> **第三百三十二条** 耕地的承包期为三十年。草地的承包期为三十年至五十年。林地的承包期为三十年至七十年。
>
> 前款规定的承包期限届满，由土地承包经营权人依照农村土地承包的法律规定继续承包。

【条文主旨】

本条是关于土地承包期限的规定。

【条文释义】

土地承包经营权是一种他物权，他物权与所有权相比的一个差别就是，他物权一般都是有期限的物权，本条规定的就是土地承包经营权的期限，即承包期限。承包期限是指农村土地承包经营权存续的期间，在这个期间内，承包方享有土地承包经营权，依照法律的规定和合同的约定，行使权利，承担义务。承包期限是土地承包制度的一项重要内容，它关系到农民是否可以得到更加充分而有保障的土地权利，关系到以家庭承包经营为基础、统分结合的双层经营体制的稳定和完善，关系到农业、农村经济发展和农村社会稳定。

本条规定与修改后的农村土地承包法的规定保持了一致，与物权法的规定相比，主要是删除了第 1 款中"特殊林木的林地承包期，经国务院林业行政主管部门批准可以延长"的规定，并对第 2 款作了衔接性修改。

一、耕地、草地、林地的承包期

我国对土地实行用途管理制度。土地管理法按照土地的用途，将土地划分为农用地、建设用地和未利用地，其中的农用地又包括耕地、林地、草地、农田水利用地和养殖水面等。本条第 1 款根据我国农村土地家庭承包的实际情况，对不同用途的土地的承包期限作出规定。

（一）耕地的承包期

耕地是指种植农作物的土地，包括灌溉水田、望天田（又称天水田）、水浇地、旱地和菜地。我国农村实行土地承包经营制度的土地主要是耕地。

承包期限对于农户的土地承包经营权而言至关重要。土地承包期限的长短，应考虑到我国农村的实际情况，根据农业生产经营的特点，农业经济的发展趋势以及当前的农业承包经营政策等因素确定。2002 年制定农村土地承包法时，将耕地的承包期确定为 30 年，符合当时有关法律的规定和农村的实际做法，同当时国家政策的规定也是一致的。党的十八大以来，党中央在诸多文件中，一再强调要"稳定承包权"，并强调"保持土地承包关系稳定并长久不变"。因此，本条第 1 款仍保留物权法、农村土地承包法的规定，继续明确耕地的承包期为 30 年，这是同党的十九大精神和中央有关文件的规定相一致的。

（二）草地、林地的承包期

对于草地、林地的承包期限，在 2002 年制定农村土地承包法之前，其他法律没有明确规定。2002 年制定农村土地承包法时，根据国家关于"营造林地和'四荒'地等开发性生产的承包期可以更长"的政策精神和我国农村土地承包的实际做法，在第 20 条对草地和林地的承包期作出了规定，即草地的承包期为30 年至 50 年。林地的承包期为 30 年至 70 年；特殊林木的林地承包期，经国务院林业行政主管部门批准可以延长。

物权法也作了同样的规定。修改后的农村土地承包法，对这一条规定没有作出大的改动，只是删除了"特殊林木的林地承包期，经国务院林业行政主管部门批准可以延长"。这一句话，主要是由于农村土地承包法施行十多年来，实践中基本没有出现国务院主管部门批准延长的情况，这一规定实际上从未真正落地过。物权编根据农村土地承包法修改情况，对物权法的规定也作了相应的修改。因此，本条第 1 款规定"耕地的承包期为三十年。草地的承包期为三十年至五十年。林地的承包期为三十年至七十年"。

二、土地承包期届满后的延长

第 2 款规定，前款规定的承包期限届满，由土地承包经营权人依照农村土地承包的法律规定继续承包。本款规定，主要是为了与修改后的农村土地承包法相衔接。

党的十九大提出，保持土地承包关系稳定并长久不变，第二轮土地承包到期后再延长 30 年。2019 年 11 月，《中共中央、国务院关于保持土地承包关系稳定并长久不变的意见》进一步明确规定：第二轮土地承包到期后再延长 30年；现有承包地在第二轮土地承包到期后由农户继续承包，承包期再延长 30年，以各地第二轮土地承包到期为起点计算。为了贯彻落实党的十九大精神，保持土地承包关系稳定并长久不变，修改后的农村土地承包法增加规定"前款规定的耕地承包期届满后再延长三十年"，即第二轮土地承包到期后再延长30年。为了保持草地、林地承包关系的稳定，修改后的农村土地承包法增加规定："草地、林地承包期届满后依照前款规定相应延长。"根据这一规定，草地、林地的承包期届满后，比照耕地承包期届满后再延长30年的规定，作相应延长。

根据物权编本款的规定，承包期限届满后，由土地承包经营权人依照农村土地承包的法律规定继续承包。所谓"依照农村承包的法律规定"所指的就是农村土地承包法的有关规定，继续承包就是承包期限的延长。

> **第三百三十三条** 土地承包经营权自土地承包经营权合同生效时设立。
>
> 登记机构应当向土地承包经营权人发放土地承包经营权证、林权证等证书，并登记造册，确认土地承包经营权。

【条文主旨】

本条是关于土地承包经营权设立和登记的规定。

【条文释义】

一、土地承包经营权的设立

本条第1款规定，土地承包经营权自土地承包经营权合同生效时设立。根据本款规定，土地承包经营权的设立，不以登记为生效的要件，土地经营权的设立以土地承包合同生效为准。

因此，要确定取得土地承包经营权的时间，就必须根据承包合同的生效时间判断。根据合同法的基本原则，合同的生效必须以合同的成立为基础。合同的成立是指订约当事人就合同的主要内容形成合意。对于合同的成立时间，合同法及民法典合同编都有规定，一般而言，承诺生效时合同成立。合同编还对书面形式合同的成立作出了规定，即当事人采用合同书形式订立合同的，自双方当事人签名、盖章或者按印时成立。农村土地承包法明确规定土地承包合同应当采用书面形式。因此，承包合同成立的时间应当是当事人签名、盖章或者按印之时。农村土地承包法第23条规定，承包合同自成立之日起生效。

二、土地经营权的登记

物权法上的登记制度，是土地等不动产物权公示的方法。其功能是对物权的设立、变更、转让或者消灭产生公示作用。登记不仅可以表彰物权的设立，明确归属而且有助于解决物权的冲突。物权法第127条第2款规定："县级以上地方人民政府应当向土地承包经营权人发放土地承包经营权证、林权证、草原使用权证，并登记造册，确认土地承包经营权。"物权编起草过程中，有的意见提出，应当根据农村土地承包法的修改情况，对物权法的规定加以修改。因此，将物权法前款规定修改为"登记机构应当向土地承包经营权人发放土地承包经营权证、林权证等证书，并登记造册，确认土地承包经营权"。该款规定就是与农村土地承包法第24条第1款规定相衔接。

农村土地承包法第24条第1款规定，国家对耕地、林地和草地等实行统一登记，登记机构应当向承包方颁发土地承包经营权证或者林权证等证书，并登记造册，确认土地承包经营权。土地承包经营权登记制度通过国家登记机构对土地承包经营权予以确认，有利于明确权利归属，稳定土地承包关系，也有利于维护农村土地承包经营权互换、转让和土地经营权流转的安全。

物权编根据修改后农村土地承包法的规定，再次明确登记机构应当向承包方颁发土地承包经营权证或者林权证等证书，并登记造册，对土地承包经营权予以确认。土地承包经营权证书、林权证等证书，是承包方享有土地承包经营权的法律凭证。承包方签订承包合同，取得土地承包经营权后，登记机构应当颁发土地承包经营权证或者林权证等证书，并登记造册，将土地的使用权属、用途、面积等情况登记在专门的簿册上，以确认土地承包经营权。

> **第三百三十四条** 土地承包经营权人依照法律规定，有权将土地承包经营权互换、转让。未经依法批准，不得将承包地用于非农建设。

【条文主旨】

本条是关于土地承包经营权互换、转让的规定。

【条文释义】

根据本条规定，土地承包经营权人有权将土地承包经营权互换、转让，但是必须依照法律规定，且不得将承包地用于非农建设。这里的依照法律规定，主要就是依照农村土地承包法的相关规定。农村土地承包法第33条、第34条对土地承包经营权的互换、转让作了明确规定。

一、土地承包经营权的互换

土地承包经营权互换，是土地承包经营权人将自己的土地承包经营权交换给他人行使，自己行使从他人处换来的土地承包经营权。互换从表面上看是地块的交换，但从性质上看，是由交换承包的土地引起的权利本身的交换。权利交换后，原有的发包方与承包方的关系，变为发包方与互换后的承包方的关系，双方的权利义务同时作出相应的调整。互换土地承包经营权，是农户在自愿的基础上，在同一集体经济组织内部，对人人有份的承包经营权进行的交换。该种交换改变了原有的权利分配，涉及承包义务的履行，因此，应当报发包方备案。由于土地承包经营权互换通常都是对等的，也未剥夺互换双方的土地承包经营权，因此，只要不违反法律，侵害他人的合法权益，发包方就不应干涉。

二、土地承包经营权的转让

土地承包经营权转让，指土地承包经营权人将其拥有的未到期的土地承包经营权以一定的方式和条件移转给他人的行为。农村土地承包法第 34 条规定，经发包方同意，承包方可以将全部或者部分的土地承包经营权转让给本集体经济组织的其他农户，由该农户同发包方确立新的承包关系，原承包方与发包方在该土地上的承包关系即行终止。土地承包经营权转让不同于土地承包经营权互换。互换土地承包经营权，承包方与发包方的关系虽有变化，但互换土地承包经营权的双方只不过是对土地承包经营权进行了置换，并未丧失该权利。而转让土地承包经营权，承包方与发包方的土地承包关系即行终止，转让方也不再享有土地承包经营权。根据农村土地承包法第 34 条的规定，转让土地承包经营权的条件是：

第一，程序上，转让土地承包经营权需要征得发包方的同意。征得发包方同意，是完全有必要的。首先，从合同原理而言，承包方转让土地承包经营权，意味着其与发包方所签订的承包合同的权利义务要一并转移给他人，也是需要征得相对方同意的。其次，从土地所有权的角度而言，发包方作为集体土地所有权的代表方，代表集体行使土地所有权，用益物权人发生变动，征得其同意也是合理的。再次，从管理的角度看，为了避免转让方与受让方日后因为转让发生争议，经过发包方同意确认双方转让了土地承包经营权，也有助于避免纠纷。

第二，主体上，转让方为承包方，受让方必须是本集体经济组织的其他农户。需要注意的是，与原农村土地承包法的规定有所不同。原农村土地承包法对转让方有一定限制的，要求转让方必须是"有稳定的非农职业或者有稳定的收入来源"，即不是任何承包方都可以转让，必须有了稳定的非农收入的承包方才可以。转让方根据自己的情况自主决定是否转让土地承包经营权，只要依法、自愿，法律不再限制。原农村土地承包法规定，受让方只要是从事农业生产经营的农户即可。修改后的农村土地承包法规定，受让方必须是本集体经济组织的农户。因此，不允许再将土地承包经营权转让给本集体经济组织以外的人。

第三，后果上，受让方与发包方成立新的承包关系，转让方与发包方的原承包关系终止。土地承包经营权转让后，意味着承包方将土地承包合同的所有权利义务转移给受让方，承包方与发包方之间的权利义务关系也就终止了。土地承包经营权转让后，出让方的全部权利义务转移给受让方，在受让方和发包方之间形成新的承包关系。需要注意的是，承包人转让的土地承包经营权，可以是全部也可以是部分，对于已经转让的，不论是全部转让还是部分转让，受让方都应与发包人确立新的承包关系。对于未转让的部分，原承包人与发包人应重新确立承包关系，变更原有的承包合同。

三、未经依法批准，不得将承包地用于非农建设

土地承包经营权转让，应当按照土地的原有用途使用土地，不得改变承包地的原有用途。承包地应当用于种植业等农业生产，不得改变农用土地的用途，将其用于非农业建设。比如不得在承包地上建窑、建坟或者擅自在承包地上建房、挖砂、采石、取土等。

> 第三百三十五条　土地承包经营权互换、转让的，当事人可以向登记机构申请登记；未经登记，不得对抗善意第三人。

【条文主旨】

本条是关于互换、转让土地承包经营权时登记的规定。

【条文释义】

对土地承包经营权的互换、转让进行登记，指互换、转让土地承包经营权的当事人，申请国家有关登记部门将土地承包经营权互换、转让的事项记载于不动产登记簿上。登记的主要目的在于将土地承包经营权变动的事实予以公示，使他人明确土地承包经营权的权利人。

登记制度是不动产物权制度的基石，具有极其重要的意义，但各国立法对于不动产登记有不同的态度：一是采登记生效主义，即不动产物权的设立、变动不登记不生效；二是采登记对抗主义，即不登记不得对抗善意第三人。本条对于土地承包经营权的互换、转让采用登记对抗主义，也就是说，当事人签订土地承包经营权的互换、转让合同，并经发包方备案或者同意后，该合同即发

生法律效力，不强制当事人登记。这样规定，一方面是从中国农村的实际出发，农民承包的是本集体经济组织所有的土地，承包方案又是经村民会议通过的，聚集而居的农户对于自己和本集体经济组织的其他农户的承包地的情况应当是清楚的，实际上已经起到公示作用。另一方面，考虑到在某些情况下，土地承包经营权互换、转让后，如果并未将变动的事实通过登记的方式予以公示，他人比较难以了解到土地承包经营权发生了变动，会由此受到损害。因此，本法将登记的决定权交给农民，当事人要求登记的，可以登记。未经登记，不能对抗善意第三人。也就是说，不登记将产生不利于土地承包经营权受让人的法律后果。比如承包户 A 将某块土地的土地承包经营权转让给 B，但没有办理变更登记。之后，A 又将同一块地的土地承包经营权转让给 C，同时办理了变更登记。如果 B 与 C 就该块土地的承包经营权发生纠纷，由于 C 取得土地承包经营权进行了登记，他的权利将受到保护。B 将不能取得该地块的土地承包经营权。因此，土地承包经营权的受让人为更好地维护自己的权益，要求办理登记更为可靠。

根据本条规定，土地承包经营权互换、转让的，当事人要求登记的，应当向登记机构申请办理登记。申请登记时，应当提交土地变更登记申请书及相关资料，内容包括：转让人与受让人的姓名、住所，土地坐落、面积、用途，土地承包合同、土地承包经营权转让或者互换合同、土地承包经营权证书，以及登记部门要求提供的其他文件。登记部门收到变更登记的申请及上述文件后，经调查、审核，符合变更登记规定的，变更注册登记，更换或者更改土地承包经营权证书。

> **第三百三十六条　承包期内发包人不得调整承包地。**
> **因自然灾害严重毁损承包地等特殊情形，需要适当调整承包的耕地和草地的，应当依照农村土地承包的法律规定办理。**

【条文主旨】

本条是关于承包地能否调整的规定。

【条文释义】

一、发包人不得调整承包地

赋予农民长期而有保障的土地使用权，保持农村土地承包关系的长期稳定，是将土地承包经营权物权化的立法宗旨和指导思想。不论是物权法，还是新旧农村土地承包法都明确规定，承包期内发包方不得调整承包地。2019年11月，《中共中央 国务院关于保持土地承包关系稳定并长久不变的意见》再次明确要求，"农户承包地要保持稳定，发包方及其他经济组织和个人不得违法调整"。

物权编保留了此款规定，再次明确承包期内发包方不得调整承包地。在民法典中明确发包人在承包期内不得随意调整承包地，维护了土地承包关系的长期稳定，再次给农民吃了定心丸。发包方在承包期内不得调整承包地：一是发包方不得单方要求调整承包地。发包方一般不得以任何理由要求承包方调整承包地。当然，如果承包方自己有合理理由，请求发包方适当调整，只要符合有关规定，发包方是可以调整的；二是在承包期内，发包方不得调整。这里的承包期就包括二轮承包期，也包括根据法律规定延长后的承包期，都不得调整；三是发包方只有在符合法律规定的情形下，根据第2款的规定才可以适当调整承包地。

二、关于承包地的调整

考虑到在几十年的承包期内，农村的情况会发生很大的变化，完全不允许调整承包地也难以做到。如果出现个别农户因自然灾害严重毁损承包地等特殊情形，仍然不允许对承包地进行小调整，将使一部分农民失去土地。在农村的社会保障制度尚不健全、实现非农就业尚有困难的情况下，使这部分农民失去最基本的生活来源，既有悖于社会公平，也不利于社会稳定。因此，在特殊情形下，应当允许按照法律规定的程序对个别农户之间的承包地进行必要的小调整。2019年11月，《中共中央 国务院关于保持土地承包关系稳定并长久不变的意见》明确，第二轮土地承包到期后应坚持延包原则，不得将承包地打乱重分，确保绝大多数农户原有承包地继续保持稳定；对少数存在承包地因自然灾害毁损等特殊情形且群众普遍要求调地的村组，届时可按照大稳定、小调整的原则，由农民集体民主协商，经本集体经济组织成员的村民会议2/3以上成员或者2/3以上村民代表同意，并报乡（镇）政府和县级政府农业等行政主管部门批准，可在个别农户间作适当调整，但要依法依规从严掌握。

本条第2款规定，因自然灾害严重毁损承包地等特殊情形，需要适当调整承包的耕地和草地的，应当依照农村土地承包的相关法律规定办理。农村土地承包法第28条第2款规定，"承包期内，因自然灾害严重毁损承包地等特殊情形对个别农户之间承包的耕地和草地需要适当调整的，必须经本集体经济组织成员的村民会议三分之二以上成员或者三分之二以上村民代表的同意，并报乡（镇）人民政府和县级人民政府农业农村、林业和草原等主管部门批准。承包合同中约定不得调整的，按照其约定"。

> **第三百三十七条　承包期内发包人不得收回承包地。法律另有规定的，依照其规定。**

【条文主旨】

本条是关于承包地能否收回的规定。

【条文释义】

本条首先规定："承包期内发包人不得收回承包地。"这一规定对保持土地承包关系稳定并长久不变具有重要意义。赋予农民长期而有保障的土地使用权，维护农村土地承包关系的长期稳定，是土地承包经营权立法的重要指导思想。其原因在于我国农村人多地少，大部分地区经济还比较落后，第二、三产业不够发达，大多数农民难以实现非农就业，仍然从事农业生产，农民对土地的依赖性较强，在相当长的时期内，土地仍是农民的基本生产资料和最主要的生活来源。因此，必须保持土地承包关系的长期稳定，不得随意收回和调整承包地。在中国特色社会主义进入新时代的关键时期，全面贯彻党的十九大和十九大二中、三中、四中全会精神，应保持土地承包关系稳定并长久不变，赋予农民更加充分而有保障的土地权利。继续明确发包方不得随意收回承包地对推动实施乡村振兴战略、保持农村社会和谐稳定都具有重大意义。根据本条规定，除法律对承包地的收回有特别规定外，在承包期内，无论承包方发生什么样的变化，只要作为承包方的家庭还存在，发包方都不得收回承包地。如承包方家庭中的一人或者数人死亡的；子女升学、参军或者在城市就业的；妇女结婚，在新居住地未取得承包地的；承包方在农村从事各种非农产业的等，只要作为承包方的农户家庭没有消亡，发包方都不得收回其承包地。但因家庭成员全部死亡而导致承包方消亡的，发包方应当收回承包地，另行发包。

当然，承包地并非一律不得收回，根据有关规定，在符合法律规定的情形下，也是可以收回的。农村土地承包法第27条第2、3、4款分别规定：国家保护进城农户的土地承包经营权。不得以退出土地承包经营权作为农户进城落户的条件；承包期内，承包农户进城落户的，引导支持其按照自愿有偿原则依法在本集体经济组织内转让土地承包经营权或者将承包地交回发包方，也可以鼓励其流转土地经营权；承包期内，承包方交回承包地或者发包方依法收回承包地时，承包方对其在承包地上投入而提高土地生产能力的，有权获得相应的补偿。

第三百三十八条 承包地被征收的，土地承包经营权人有权依据本法第二百四十三条的规定获得相应补偿。

【条文主旨】

本条是关于承包地被征收，土地承包经营权人有权获得补偿的规定。

【条文释义】

土地承包经营权是在集体所有的土地上派生出来的用益物权，土地承包经营权人是享有用益物权的权利人。农村土地承包法规定，承包方的权利之一就是，承包地被依法征收、征用、占用的，有权依法获得相应的补偿。因此，承包人对承包的土地依法享有在承包期内占有、使用、收益等权利，承包地被依法征收的，承包人有权依法获得相应的补偿。

我国宪法规定，国家为了公共利益的需要，可以依照法律规定对土地实行征收或者征用并给予补偿。本条明确规定，承包地被征收的，土地承包经营权人有权依据本法第243条的规定获得相应补偿。相应的补偿包括哪些呢？这需要结合物权编第243条及土地管理法的相关规定判断。物权编第243条第1款规定，为了公共利益的需要，依照法律规定的权限和程序可以征收集体所有的土地和组织、个人的房屋以及其他不动产。第2款规定，征收集体所有的土地，应当依法及时足额支付土地补偿费、安置补助费以及农村村民住宅、其他地上附着物和青苗等的补偿费用，并安排被征地农民的社会保障费用，保障被征地农民的生活，维护被征地农民的合法权益。关于补偿的标准，土地管理法有相应的规定。土地管理法第48条第1款规定，征收土地应当给予公平、合理的补偿，保障被征地农民原有生活水平不降低、长远生计有保障。第2款规定，征收土地应当依法及时足额支付土地补偿费、安置补助费以及农村村民住宅、其他地上附着物和青苗等的补偿费用，并安排被征地农民的社会保障费用。第3款规定，征收农用地的土地补偿费、安置补助费标准由省、自治区、直辖市通过制定公布区片综合地价确定。制定区片综合地价应当综合考虑土地原用途、土地资源条件、土地产值、土地区位、土地供求关系、人口以及经济社会发展水平等因素，并至少每3年调整或者重新公布一次。因此，征地补偿的具体标准，由各省、自治区、直辖市根据当地的具体情况制定。

> **第三百三十九条　土地承包经营权人可以自主决定依法采取出租、入股或者其他方式向他人流转土地经营权。**

【条文主旨】

本条是关于土地经营权流转的规定。

【条文释义】

一、关于"三权分置"改革

2013 年 7 月，习近平总书记在武汉农村综合产权交易所调研时指出，深化农村改革，完善农村基本经营制度，要好好研究农村土地所有权、承包权、经营权三者之间的关系。2014 年中央一号文件中共中央、国务院《关于全面深化农村改革加快推进农业现代化的若干意见》提出，要在落实农村土地集体所有权的基础上，稳定农户承包权、放活土地经营权。2016 年 10 月制定的《中共中央办公厅、国务院办公厅关于完善农村土地所有权承包权经营权分置办法的意见》指出，改革开放之初，在农村实行家庭联产承包责任制，将土地所有权和承包经营权分设，所有权归集体，承包经营权归农户，极大地调动了亿万农民积极性，有效解决了温饱问题，农村改革取得重大成果。现阶段深化农村土地制度改革，顺应农民保留土地承包权、流转土地经营权的意愿，将土地承包经营权分为承包权和经营权，实行所有权、承包权、经营权"三权分置"并行，着力推进农业现代化，是继家庭联产承包责任制后农村改革又一重大制度创新。

根据党中央、国务院出台的一系列关于"三权分置"的文件精神，"三权"分别是指集体所有权、农户承包权和土地经营权，"三权分置"就是要落实集体所有权，稳定农户承包权，放活土地经营权，充分发挥"三权"的各自功能和整体效用，形成层次分明、结构合理、平等保护的格局。"三权"中，农村土地集体所有权是土地承包经营权的前提，是农村基本经营制度的根本，必须得到充分体现和保障。农户享有土地承包权是农村基本经营制度的基础，是集体所有的具体实现形式，要稳定现有土地承包关系并保持长久不变。在土地流转中，从承包方的土地承包经营权中派生出土地经营权。赋予流转受让方更有保障的土地经营权，是完善农村基本经营制度的关键。

二、"三权分置"的法律安排

"三权分置"改革的核心问题是家庭承包的承包户在经营方式上发生转变，

即由农户自己经营，转变为将承包地流转给他人经营，实现土地承包经营权和土地经营权的分离。"三权分置"是农村土地经营方式在改革过程中两次"两权"分离的结果：第一次"两权"分离，农户通过家庭承包的方式，从集体土地所有权中分离出土地承包经营权，实现了集体统一经营向承包方家庭经营的转变；第二次"两权"分离，承包方通过出租（转包）、入股等方式，将承包地流转给他人经营，从土地承包经营权中分离出土地经营权，实现了从承包方直接经营到交由他人经营的转变。

1. 承包方享有土地承包经营权。第一次"两权"分离后，承包方从集体土地所有权中分离获得土地承包经营权。土地承包经营权是一种用益物权。承包方享有的土地承包经营权的具体权利包括：依法享有直接支配和排他占有承包地的权利；依法享有承包地使用、收益的权利，有权自主组织生产经营和处置产品；依法互换、转让土地承包经营权；依法流转土地经营权；等等。

2. 承包方自己经营。承包方取得土地承包经营权这种用益物权后，最直接的目的就是占有并使用承包地，开展农业生产经营，这是最直接的经营方式，也是法律赋予其土地承包经营权这一用益物权的根本价值和目的所在。自己经营就是承包户以家庭成员为主要劳动力，在自己所承包的农村土地上直接从事农业生产经营。这是农村土地最主要的经营方式。

3. 承包方保留土地承包权，流转土地经营权。承包方除自己经营外，还可以通过与他人签订合同，将土地经营权流转给他人，由他人经营。土地经营权是从土地承包经营权中派生出来的新的权利。从法律性质上而言，土地承包经营权人流转土地经营权后，其所享有的土地承包经营权并未发生改变，正如在集体土地所有权上设定土地承包经营权后，集体土地所有权的性质并未发生改变一样。因此，在经营方通过流转取得土地经营权后，承包方享有的土地承包经营权的法律性质并未改变，只是承包方行使土地承包经营权的方式发生了改变而已，从直接行使转变为间接行使。需要特别说明的是，物权法规定的流转对象为土地承包经营权，流转的方式包括转包、出租、互换、转让和其他方式。在物权编起草过程中，根据农村土地承包法的修改，相应地对"流转"的法律性质进行了修改，流转的对象仅限于土地经营权，不再包括土地承包经营权；流转的方式限于转包（出租）、入股或者其他方式，而不再包括互换和转让。土地承包经营权仍可以在本集体经济组织内部互换或者转让。

4. 受让方享有土地经营权。承包方采取出租（转包）、入股或者其他方式流转土地经营权后，受让方即获得土地经营权。土地经营权人有权在合同约定的期限内占有农村土地，自主开展农业生产经营并取得收益。

三、土地经营权的设立

土地经营权作为一种新的权利类型，不是凭空产生的，需要特定主体通过一定民事法律行为，依照法律规定的原则和方式，按照法律程序设立。

1. 土地经营权设立的主体。土地经营权流转有双方当事人，一方是作为出让方的土地承包经营权人，另一方是作为受让方的土地经营权人，就是通过流转获得土地经营权的个人或者组织。设立土地经营权的主体就是承包方和受让方，双方经过协商一致以合同方式设立土地经营权。由于家庭承包是以户为单位的，绝大多数承包户的家庭成员都是有数人的。因此，土地经营权设立的出让方就是承包方，而不是承包农户的个别家庭成员。在具体设立过程中，代表出让方的可能是承包家庭成员代表。土地经营权流转的受让方范围很广，既可以是本集体经济组织的成员，也可以是非本集体经济组织的成员；既可以是个人，也可以是合作社、公司等组织；既可以是法人，也可以是非法人组织。当然，土地经营权流转的受让方并非毫无限制，根据农村土地承包法规定，受让方必须具有农业经营能力或者资质，特别是工商企业作为土地经营权的受让方，还需要通过相应的资格审查。因此，承包方不是可以随意选择受让方的，也需要对受让方经营能力进行必要的审查。

2. 土地经营权设立的客体。土地经营权的客体就是农村土地。根据农村土地承包法第 2 条的规定，农村土地是指农民集体所有和国家所有依法由农民集体使用的耕地、林地、草地，以及其他依法用于农业的土地。土地经营权的客体包括耕地、林地、草地，以及其他依法用于农业的土地，比如养殖水面、荒山、荒丘荒沟、荒滩等。农村的建设用地，比如宅基地则不能成为土地经营权的客体。

3. 土地经营权设立的原则。土地承包经营权是设立土地经营权的前提和基础，设立土地经营权的原则就是应当由承包方自主决定、依法设立。所谓自主决定，是指承包方是否设立土地经营权应当由其自己决定，自愿参与土地经营权的流转。土地经营权设立的时间、对价及其给付方式、设立方式、期限长短等，都应当由承包方自主决定，与受让方协商一致后确定。集体经济组织、基层群众自治组织以及有关政府部门都不得干预。所谓依法设立，就是承包方设立土地经营权应当根据农村土地承包法和相关法律规定的程序、实体要求设立，不能违反法律的强制性要求。比如土地经营权的设立应当确保土地的农业用途；土地经营权的设立应当向发包方备案等。

4. 土地经营权流转的方式。根据本条的规定，承包方可以采取出租、入股或者其他方式向他人流转土地经营权。具体而言，土地经营权流转的方式主要有 3 种：

第一种是出租。出租就是承包方以与非本集体经济组织成员的受让方签订租赁合同的方式设立土地经营权，由受让方在合同期限内占有、使用承包地，并按照约定向承包方支付租金。

第二种是入股。入股就是承包方将土地经营权作为出资方式，投入农民专业合作社、农业公司等，并按照出资协议约定取得分红。承包方以土地经营权入股后，即成为农民专业合作社的成员或者公司的股东，享有法律规定的合作社成员或公司股东的权利，可以参与合作社、公司的经营管理，与其他成员、股东一道共担风险、共享收益。为了促进和规范土地经营权入股行为，农业农村部等部门 2018 年 12 月出台了《关于开展土地经营权入股发展农业产业化经营试点的指导意见》，对土地经营权入股的基本原则、入股的实现形式、运行机制、风险防范等作了详细规定。

第三种为其他方式。其他方式就是出租、入股之外的方式，比如根据农村土地承包法第 47 条的规定，承包方可以用承包地的土地经营权向金融机构融资担保。这也是一种设立土地经营权的方式。在当事人以土地经营权设定担保物权时，一旦债务人未能偿还到期债务，担保物权人就有权就土地经营权优先受偿。

> **第三百四十条** 土地经营权人有权在合同约定的期限内占有农村土地，自主开展农业生产经营并取得收益。

【条文主旨】

本条是关于土地经营权人享有的基本权利的规定。

【条文释义】

一、土地经营权的含义

土地经营权是受让方根据流转合同的约定对承包方承包的农村土地依法占有，利用其开展农业生产经营并取得收益的权利。

1. 权利的主体。土地经营权的权利主体就是根据土地经营权流转合同取得土地经营权的自然人或者组织。在承包方设立土地经营权后，受让方即成为土地经营权人。土地经营权人可以是自然人，也可以是法人；可以是本集体经济组织的自然人，也可以是非本集体经济组织的自然人；可以是农民专业合作社，也可以是从事农业生产经营的公司。要成为土地经营权人，还必须具备一定的条件，即具有农业经营能力或者资质。土地经营权人如果没有农业经营能力，获得土地经营权后，难以充分有效利用农业用地，无疑会造成农业用地的资料浪费，不利于维护承包方的利益，也不利于农业的发展。

2. 权利的客体。土地经营权的客体就是农村土地。农村土地是指农民集体所有和国家所有依法由农民集体使用的耕地、林地、草地，以及其他依法用于农业的土地。土地经营权的客体包括耕地、林地、草地，以及其他依法用于农业的土地，比如养殖水面、荒山、荒丘、荒沟、荒滩等。

3. 权利的取得。土地经营权是由承包方通过一定的民事法律行为设立的，这种民事法律行为就是与受让方签订土地经营权流转合同。根据合同编的规定，合同的订立需要经过要约、承诺等阶段，双方意思表示达成一致方能成立。要取得土地经营权，必须经过双方协商一致，并签订书面的流转合同。

4. 权利的期限。土地承包经营权是一种用益物权，而且是有期限物权。所谓有期限物权，是指权利的存续是有一定的期限的。根据法律的规定，耕地的承包期为 30 年，草地的承包期为 30 年至 50 年，林地的承包期为 30 年至 70 年。因此，土地承包经营权是有期限的。土地经营权作为土地承包经营权所派生的权利，也是有期限的。根据农村土地承包法的规定，土地经营权流转的期限不得超过承包期的剩余期限。这里的不得超过就是最长期限，当事人可以在合同中约定设定土地经营权的期限，可以是 1 年、2 年、3 年、5 年或者 10 年等，只要不超过承包期的剩余期限即可。

5. 权利的消灭。土地经营权是有期限的权利，因此，一旦双方约定的流转期限届满，土地经营权人的权利自然因到期而消灭。土地经营权也可能因为土地经营权流转合同的解除、被撤销或者宣告无效等事由而解除。如果土地经营权流转合同存在被撤销或者无效事由，经人民法院或者仲裁机构宣告被撤销或者无效后，所取得的土地经营权当然随之消灭。

二、土地经营权的权利内容

本条规定，土地经营权人有权在合同约定的期限内占有农村土地，自主开展农业生产经营并取得收益。根据物权编及农村土地承包法等相关法律规定，土地经营权人的权利具体包括以下几个方面：

1. 占有权。土地经营权人取得土地经营权后，即有权占有承包方的承包地。所谓占有，就是对承包地享有支配权并排除他人非法干涉。土地经营权人对承包地的占有是直接占有，是对承包地的实际控制。土地经营权人占有承包地是合法占有，这项权利受到侵害时，土地经营权人有权要求侵权人承担排除妨碍、停止侵权、赔偿损失等民事责任。占有的客体就是承包地，包括耕地、林地、草地。

2. 使用权。使用权，是指按照物的属性和功能，不损毁或改变物的性质，对物加以生产或生活上的利用。土地经营权人对承包地享有使用权，就是利用承包地开展农业生产经营的权利。土地经营权人不得将农业用地转为非农用地，不得用来建设房屋、工场等。对于土地经营权人的使用权，双方当事人应当在流转合同中依法约定土地的性质、种类和用途，确保土地经营权人依法按照合同约定使用承包地。

3. 收益权。土地经营权人占有、使用流转取得的承包地，最终目的就是取得农业生产经营的收益。比如利用耕地种植粮食作物、经济作物，产出粮食等农产品；利用林地种植林木后，依法砍伐林木；利用草地放牧牛羊等。这些收益权都属于土地经营权人，任何人不得侵害。此外，土地经营权人也有权利用农业生产设施，开展附随性的经济活动，比如开农家乐、果蔬采摘等商业经营获取收益，这些收益权同样也受法律保护。

4. 改良土壤、建设附属设施的权利。农村土地承包法第43条规定，经承包方同意，受让方可以依法投资改良土壤，建设农业生产附属、配套设施，并按照合同约定对其投资部分获得合理补偿。因此，土地经营权人经承包方同意，可以对承包地进行改良。比如通过平整土地、培肥地力、修缮沟渠等，建设高标准农田，提升改良耕地的品质。土地经营权人还可以建设农业生产附属、配套设施，比如安装建设农业生产所需的大棚、自动喷灌系统等。土地经营权人进行改良土壤、建设设施的，在土地经营权到期后，还可以根据合同约定获得合理补偿，承包方应当根据约定向其支付相应的补偿费。

5. 再流转的权利。农村土地承包法第46条规定，经承包方书面同意，并向本集体经济组织备案，受让方可以再流转土地经营权。根据此规定，土地经营权人可以再次流转其土地经营权。这种再流转受到几方面限制：一是在程序上，既要征得承包方的书面同意，还必须向发包方备案；二是再次流转的权利义务应当与承包方所签流转合同约定保持一致，不能超出原合同约定的权利范围；三是在流转期限上，再次流转的期限不得超过原流转期限的剩余期限。

6. 以土地经营权融资担保的权利。农村土地承包法第47条第1款规定，受让方通过流转取得的土地经营权，经承包方书面同意并向发包方备案，可以向金融机构融资担保。根据此规定，土地经营权人可以以土地经营权提供担保向金融机构融资。需要注意的是，土地经营权人以土地经营权设定担保同样要征得承包方的书面同意，并且向发包方备案。

7. 其他权利。土地经营权人还可以根据法律规定或者合同约定享有其他权利。比如，在流转合同有约定的情况下，承包地被依法征收或者征用时，土地经营权人可以获得相应补偿等。

当然，土地经营权人依法享有权利的同时，也应当遵守法律规定和合同约定的义务，比如按照合同约定支付流转价款、按照法律规定利用承包地等。

> 第三百四十一条　流转期限为五年以上的土地经营权，自流转合同生效时设立。当事人可以向登记机构申请土地经营权登记；未经登记，不得对抗善意第三人。

【条文主旨】

本条是关于土地经营权设立与登记的规定。

【条文释义】

一、土地经营权设立的时间

土地经营权设立需要双方就流转事项达成一致，这种一致的意思需要通过一定的载体予以体现，即土地经营权流转合同。土地经营权流转合同涉及在农村土地上设定权利义务，事关重大，且大多土地经营权流转期限较长。采用书面形式签订土地承包经营权流转合同，有利于明确记载双方的权利义务，便于事后留存证据备查，能够有效避免因合同内容而引发的纠纷。根据农村土地承包法的有关规定，土地经营权流转还需要报发包方备案，因此，双方当事人签订土地经营权流转合同后，还应当报送作为发包方的本集体经济组织或者村民委员会备案。

根据本条的规定，流转期限为 5 年以上的土地经营权，自流转合同生效时设立。一般而言，合同成立之时即生效，因此，一旦双方当事人签订的土地经营权流转合同成立并生效，土地经营权即设立。

二、土地经营权的登记

在"三权分置"改革实践中，不同类型的土地经营权人对于土地经营权的需求存在差异：从事经济作物、大棚蔬菜种植的经营者，开展观光农业、休闲农业的经营者等，由于前期基础投入较大，获得收益的期限较长，因此希望能长期稳定获得土地经营权；由于水稻等粮食农作物都是一年一收，且粮食价格波动较大，从事粮食种植的经营者觉得短期获得土地经营权是可以的。法律不宜简单规定土地经营权的性质，应当赋予当事人选择权：当事人希望获得长期稳定保障的，可以就土地经营权申请登记，登记后即可以对抗善意第三人；当事人不希望获得长期的土地经营权的，双方根据双方合同约定行使权利义务即可。在"两权"抵押改革试点中，金融机构希望政府部门能建立土地经营权登记制度，这样能够更好地保护债权人利益。因此，本条规定，土地经营权流转期限为 5 年以上的，当事人可以向登记机构申请土地经营权登记。

本条规定，土地经营权未经登记不得对抗善意第三人。根据本条的规定，土地经营权登记后，可以对抗任何人，包括善意第三人。所谓善意第三人就是不知道也不应当知道承包地上设有土地经营权的人。物权具有排他效力、优先效力。所谓排他效力就是在同一标的物上不得同时成立两个以上不相容的物权。物权的优先效力就是物权优先于债权的效力，以及物权相互之间也有的优先效力。对于土地经营权而言，受让方一旦在流转的承包地上申请土地经营权登记后，其他人就不得再在同一地块上申请土地经营权登记，包括土地承包经营权人本人。登记后的土地经营权相对于债权而言同样具有优先效力。比如，甲将自己的承包地流转给乙后，乙未申请土地经营权登记。事后，甲又与丙签订土地经营权流转合同，丙对于甲已经与乙签订流转合同并不知情，丙申请土地经营权登记。之后，当事人之间因为土地使用发生纠纷。此时，丙的土地经营权因申请登记具有对抗效力，因此，可以对抗乙的债权。从权利保护的角度而言，申请土地经营权登记对于土地经营权人具有更强的保护力。当然，由于土地经营权登记必然会对承包方的土地承包经营权形成更大的限制，受让方登记土地经营权后，由于物权排他性，这就意味着承包方自己将不能在承包地设定其他的土地经营权，承包方也就无法以该承包地的土地经营权向金融机构融资担保。

> **第三百四十二条** 通过招标、拍卖、公开协商等方式承包农村土地，经依法登记取得权属证书的，可以依法采取出租、入股、抵押或者其他方式流转土地经营权。

【条文主旨】

本条是关于以其他方式承包取得的土地经营权流转的规定。

【条文释义】

根据农村土地承包法的规定，我国的农村土地承包制度包括"农村集体经济组织内部的家庭承包方式"和"其他方式的承包"：以家庭方式取得的承包地的承包方，可以自主决定依法采取出租、入股或者其他方式向他人流转土地经营权；以其他方式承包农村土地的，承包方取得土地经营权。这两种土地经营权存在诸多区别，本法在其流转的规定方面也有较大不同。根据农村土地承包法的规定，通过家庭方式承包取得土地承包经营权后，登记机构应当向承包方颁发土地承包经营权证或者林权证等证书，并登记造册，确认土地承包经营权。承包方在此基础上，可以直接向他人流转土地经营权。但是，以招标、拍卖、公开协商等方式取得的土地经营权，承包方有的与发包人是债权关系，比如承包菜地，约定承包期为3年，其间是一种合同关系；而承包"四荒地"，由于期限较长，投入又大，双方需要建立一种物权关系，以便更好地得到保护。因此应当依法登记，取得权属证书。在此前提下，土地经营权才具备流转的基础，承包方才可以依法向他人流转土地经营权。须注意的是，通过其他方式承包所取得的土地经营权是通过市场化的行为并支付一定的对价获得的，其流转无需向发包人备案或经发包人同意。对受让方也没有特别限制，接受流转的一方可以是本集体经济组织以外的个人、农业公司等。

> **第三百四十三条** 国家所有的农用地实行承包经营的，参照适用本编的有关规定。

【条文主旨】

本条是关于国有农用地实行承包经营的法律适用的规定。

【条文释义】

我国宪法和相关法律规定，森林、山岭、草原、荒地、滩涂等自然资源，属于国家所有，但法律规定属于集体所有的除外。法律规定属于国家所有的农村和城市郊区的土地，属于国家所有。土地管理法规定，国家所有依法用于农业的土地可以由单位或者个人承包经营，从事种植业、林业、畜牧业、渔业生产。本条规定，国家所有的农用地实行承包经营的，参照本法的有关规定。

对于国家所有用于农业的土地，有的由农民集体长期使用，实行农村土地承包经营制度；有的由单位（包括集体）或者个人承包经营；有的通过组建国有农场、林场等进行生产经营；有的还没有完全开发利用。对交由农民集体使用以外的国有农用地实行承包经营的，可以根据实际情况，在承包方式、承包期限、承包的权利义务等方面参照本法的有关规定执行，以促进国有农用地资源的合理开发利用，维护承包人的合法权益。

第十二章　建设用地使用权

本章共十八条。主要规定了建设用地使用权设立的方式，建设用地使用权出让合同的内容，建设用地使用权的登记，建设用地使用权转让、互换、出资或者赠与时当事人的权利和义务，建设用地使用权届满前收回建设用地的补偿原则，建设用地使用权届满后续期以及集体土地作为建设用地的原则等内容。

> **第三百四十四条**　建设用地使用权人依法对国家所有的土地享有占有、使用和收益的权利，有权利用该土地建造建筑物、构筑物及其附属设施。

〖条文主旨〗

本条是关于建设用地使用权概念的规定。

〖条文释义〗

建设用地使用权是用益物权中的一项重要权利。出让人通过设立建设用地使用权，使建设用地使用权人对国家所有的土地享有了占有、使用和收益的权利，建设用地使用权人可以利用该土地建造建筑物、构筑物及其附属设施。建设用地包括住宅用地、公共设施用地、工矿用地、交通水利设施用地、旅游用地、军事设施用地等。本条中的建筑物主要是指住宅、写字楼、厂房等。构筑物主要是指不具有居住或者生产经营功能的人工建造物，比如道路、桥梁、隧道、水池、水塔、纪念碑等；附属设施主要是指附属于建筑物、构筑物的一些设施。

在 2007 年物权法的起草过程中，有人建议，用"土地使用权"代替"建设用地使用权"的概念。本章没有采用"土地使用权"的概念，是因为根据土地管理法的规定，我国的土地分为农用地、建设用地和未利用地。"土地使用权"是一个广义的概念，包括农用地使用权、建设用地使用权等权利。如果采取"土地使用权"的概念，就需要把土地承包经营权、建设用地使用权和宅基地使用权放入一章规定，而土地承包经营权、建设用地使用权和宅基地使用权在权利的设立、利用等方面有着较大的区别，当事人的权利和义务也不尽相同，比如，建设用地使用权一般是有偿取得，宅基地使用权是无偿取得；建设用地使用权可以依法转让和抵押，宅基地使用权的转让和抵押有严格的限制。因此，物权法根据土地的用途，将土地使用权分解为土地承包经营权、建设用地使用权和宅基地使用权，并分章对这些权利作出了规定。本次民法典编纂沿用了物权法的规定，本章主要是规定当事人如何通过出让和划拨方式取得建设用地使用权，以及取得建设用地使用权后的权利和义务，同时也对集体土地作为建设用地的问题作出了原则性规定。

建设用地使用权类似于大陆法系国家和地区民法中的地上权制度，但也有所区别。地上权主要是指在他人土地上建造建筑物而取得使用该土地的权利。一些国家和地区的地上权还包括在他人土地上种植竹木的权利。我国的建设用地使用权仅包括在国家所有的土地上建造建筑物、构筑物和其他附属物的权利。另外，在土地私有的国家，土地所有权可以进行流转，设立地上权主要是以地上权人使用为目的。而我国的土地所有权不允许流转，建设用地使用权可以流转。

> **第三百四十五条　建设用地使用权可以在土地的地表、地上或者地下分别设立。**

【条文主旨】

本条是关于建设用地使用权分层设立的规定。

【条文释义】

土地资源具有稀缺性和不可再生性，如何充分发掘土地的价值，是各国共同面临的课题。随着人类社会的进步和发展，特别是现代化专业技术的进步，分层次开发土地成了土地利用的新趋势。我国一些地区也出现利用地下空间建造地下商场、车库等设施，利用地上空间建造空中走廊、天桥等情况。对于空间利用的问题，我国有的地方在出让土地时也进行过探索：将建设用地使用权人对空间享有的权利通过出让土地的四至、建筑物的高度和深度加以确定，其中建筑物的高度根据规划确定；深度根据技术指标确定的建筑物的基底位置确定。确定范围之外的土地使用权仍属于国家，国家可以再次出让。由于我国现行法律、行政法规未对土地分层出让的问题作出规定，实践中，对于专门利用地下或者地上空间的权利性质仍不明确，造成一些土地登记机构无法办理登记手续，相关设施权利人的权利得不到确认和法律上的保护。因此，2007 年制定物权法时，对土地分层次利用的权利进行规范就势在必行。

如何在物权法中规定空间利用的权利，在 2007 年物权法起草过程中有不同的意见。有人建议，在用益物权一编对"空间利用权"设专章，对空间利用权的设定、期限、转让、抵押等问题作出规定；有人建议，空间权可分为空间基地使用权、空间农地使用权、空间邻地利用权等，因此，应当把这些权利放入物权法相应的章节里分别规定。

我国城市的土地属于国家所有，农村的土地属于集体所有。土地的性质决定了土地上下空间的所有权属于国家和集体，当事人只能通过设定建设用地使用权等用益物权的方式取得对土地以及上下空间的使用。目前，集体土地需要征收为国家所有后才能出让，国家在出让建设用地使用权时，只要对建筑物的四至、高度、建筑面积和深度作出明确的规定，那么该建筑物占用的空间范围是可以确定的。根据本法第 348 条第 2 款第 3 项的规定，建设用地使用权出让时，应当在合同中明确规定建设物、构筑物以及附属设施占用的空间范围。这样建设用地使用权人对其取得的建设用地的范围就能界定清楚。比如，同一块土地地下 10 米至地上 70 米的建设用地使用权出让给甲公司建写字楼；地下 20—40 米的建设用地使用权出让给乙公司建地下商场。在分层出让建设用地使用权时，不同层次的权利人是按照同样的规定取得土地使用权的，在法律上他们的权利和义务是相同的，只不过其使用权所占用的空间范围有所区别。所以，建设用地使用权的概念完全可以解决对不同空间土地的利用问题，物权法没有引入空间利用权的概念。本次民法典编纂沿用了物权法的规定。因此，本条规定，建设用地使用权可以在土地的地表、地上或者地下分别设立。

> **第三百四十六条** 设立建设用地使用权，应当符合节约资源、保护生态环境的要求，遵守法律、行政法规关于土地用途的规定，不得损害已经设立的用益物权。

【条文主旨】

本条是关于设立建设用地使用权的规定。

【条文释义】

一、设立建设用地使用权应当符合节约资源、保护生态环境的要求

在民法典编纂过程中，有的意见提出，民法总则第 9 条对绿色原则作了规定，民事主体从事民事活动，应当有利于节约资源、保护生态环境。为进一步

体现绿色原则，设立建设用地使用权也应当符合节约资源、保护生态环境的要求，建议增加相关规定。经研究，2018 年 8 月审议的民法典各分编草案将物权法第 136 条第二句单列一条，并增加了相关规定。

节约资源、保护生态环境的要求，在我国宪法和许多法律中都有规定。例如，宪法第 9 条第 2 款规定，国家保障自然资源的合理利用，保护珍贵的动物和植物，禁止任何组织或者个人用任何手段侵占或者破坏自然资源。民法通则第 124 条规定，违反国家保护环境防止污染的规定，污染环境造成他人损害的，应当依法承担民事责任。本法侵权责任编第七章专门规定了环境污染和生态破坏的民事法律责任，对举证责任分配、第三人过错等内容进行了明确规定。环境保护法第 6 条规定，一切单位和个人都有保护环境的义务。地方各级人民政府应当对本行政区域的环境质量负责。企业事业单位和其他生产经营者应当防止、减少环境污染和生态破坏，对所造成的损害依法承担责任。公民应当增强环境保护意识，采取低碳、节俭的生活方式，自觉履行环境保护义务。消费者权益保护法第 5 条中规定，国家倡导文明、健康、节约资源和保护环境的消费方式，反对浪费。

绿色原则是贯彻宪法关于保护环境的要求，同时也是落实党中央关于建设生态文明、实现可持续发展理念的要求。在本条中增加规定设立建设用地使用权应当符合节约资源、保护生态环境的要求也是本法总则编绿色原则的具体体现。

二、设立建设用地使用权应当遵守法律、行政法规关于土地用途的规定

我国法律、行政法规有很多关于土地用途的规定，如土地管理法第 4 条规定："国家实行土地用途管制制度。国家编制土地利用总体规划，规定土地用途，将土地分为农用地、建设用地和未利用地。严格限制农用地转为建设用地，控制建设用地总量，对耕地实行特殊保护。前款所称农用地是指直接用于农业生产的土地，包括耕地、林地、草地、农田水利用地、养殖水面等；建设用地是指建造建筑物、构筑物的土地，包括城乡住宅和公共设施用地、工矿用地、交通水利设施用地、旅游用地、军事设施用地等；未利用地是指农用地和建设用地以外的土地。使用土地的组织和个人必须严格按照土地利用总体规划确定的用途使用土地。"第 21 条中规定，城市建设用地规模应当符合国家规定的标准，充分利用现有建设用地，不占或者尽量少占农用地。因此，本条规定，设立建设用地使用权应当遵守法律、行政法规关于土地用途的规定。

三、设立建设用地使用权，不得损害已设立的用益物权

如果在同一土地上已经设立了用益物权，又要在这块土地上设立建设用地使用权，如何调整同一块土地不同用益物权人之间的关系呢？本法第 345 条规定，建设用地使用权可以在土地的地表、地上或者地下分别设立。根据本法的规定，不动产的权利人根据相邻关系的规定，应当为相邻各权利人提供必要的便利，并在其权利受到损害时，可以请求相邻权利人补偿。不动产的权利人想提高自己土地的便利和效益，可以通过设定地役权取得对他人土地的利用。以上规定完全适用于分层设立的建设用地使用权。在土地分层出让的情况下，不同层次的建设用地使用权人之间应当适用相邻关系的规定。如果建设用地使用权人一方需要利用另一方的建设用地，同样可以通过设定地役权来解决。本法第 378 条规定，土地所有权人享有地役权或者负担地役权的，设立土地承包经营权、宅基地使用权等用益物权时，该用益物权人继续享有或者负担已经设立的地役权。总之，本法所有适用于"横向"不动产之间的相邻关系和地役权等规定都适用于"纵向"不动产之间。新设立的建设用地使用权，不得损害已设立的用益物权。

> **第三百四十七条** 设立建设用地使用权，可以采取出让或者划拨等方式。
>
> 工业、商业、旅游、娱乐和商品住宅等经营性用地以及同一土地有两个以上意向用地者的，应当采取招标、拍卖等公开竞价的方式出让。
>
> 严格限制以划拨方式设立建设用地使用权。

【条文主旨】

本条是关于建设用地使用权出让方式的规定。

【条文释义】

一、设立建设用地使用权，可以采取出让或者划拨等方式

建设用地使用权出让的方式主要有两种：有偿出让和无偿划拨。有偿出让是建设用地使用权出让的主要方式，是指出让人将一定期限的建设用地使用权出让给建设用地使用权人使用，建设用地使用权人向出让人支付一定的出让金。有偿出让的方式主要包括拍卖、招标和协议等。划拨是无偿取得建设用地使用权的一种方式，是指县级以上人民政府依法批准，在建设用地使用权人缴纳补偿、安置等费用后将该幅土地交付其使用，或者将建设用地使用权无偿交付给建设用地使用权人使用的行为。划拨土地没有期限的规定。

我国在计划经济时期，土地出让主要是采取单一的无偿划拨的方式。1988

年修改的土地管理法规定，"国家依法实行国有土地有偿使用制度"。1990年颁布的城镇国有土地使用权出让和转让暂行条例规定，国有土地使用权实行有偿出让和转让制度。1994年颁布的城市房地产管理法和1998年修订的土地管理法基本确立了国有土地的使用采取有偿出让和无偿划拨两种方式。在物权法起草过程中，有人提出，为了保护国家的土地资源，应当取消以划拨方式出让建设用地，不论什么用途，都应当采取有偿出让的方式。那么，2007年制定的物权法为什么仍然将划拨作为建设用地出让的方式呢？因为我国土地管理法和城市房地产管理法对于采用划拨方式设立建设用地使用权的范围有严格的限制。根据土地管理法第54条的规定，下列建设用地，经县级以上人民政府依法批准，可以以划拨方式取得：（1）国家机关用地和军事用地；（2）城市基础设施用地和公益事业用地；（3）国家重点扶持的能源、交通、水利等基础设施用地；（4）法律、行政法规规定的其他用地。由于国家机关用地和军事用地等情况会长期存在，完全取消以划拨方式设立建设用地使用权不现实，划拨方式还会在相当长的时期存在。但是，这并不表明属于以上划拨范围的用地，就当然可以采取划拨的方式。划拨方式应当是"确属必需的"才能采取。通过划拨方式取得的建设用地使用权，没有期限的规定，但是该权利仍是一项独立的财产权利，其性质属于用益物权，应当适用"建设用地使用权"一章的规定。考虑到划拨建设用地的特殊性，有关法律对划拨建设用地的用途、转让条件和抵押等方面都有一些限制性规定。比如，城市房地产管理法规定，设定房地产抵押权的土地使用权是以划拨方式取得的，依法拍卖该房地产后，应当从拍卖所得的价款中缴纳相当于应缴纳的土地使用权出让金的款额后，抵押权人方可优先受偿。随着我国土地管理制度的改革和深化，划拨建设用地的范围和程序更趋严格和规范。近年来，国务院就划拨土地的问题多次作出规定，明确要严格控制划拨用地范围，经营性基础设施用地要逐步实行有偿使用。运用价格机制抑制多占、滥占和浪费土地。经依法批准利用原有划拨土地进行经营性开发建设的，应当按照市场价补缴土地出让金。经依法批准转让原划拨土地使用权的，应当在土地有形市场公开交易，按照市场价补缴土地出让金；低于市场价交易的，政府应当行使优先购买权。为了切实加强土地调控，制止违法违规用地行为，作为民事基本法律的物权编也对划拨建设用地的问题作出了明确规定："严格限制以划拨方式设立建设用地使用权。"

二、采取招标、拍卖等公开竞价的方式出让

本条第2款规定，工业、商业、旅游、娱乐和商品住宅等经营性用地以及同一土地有2个以上意向用地者的，应当采取招标、拍卖等公开竞价的方式出让。

招标、拍卖等公开竞价的方式，具有公开、公平和公正的特点，能够充分体现标的物的市场价格，是市场经济中较为活跃的交易方式。我国土地资源的稀缺性，决定了采取公开竞价的方式能够最大程度体现土地的市场价值。从保护土地资源和国家土地收益的大局看，采取公开竞价的方式不仅是必要的，而且其适用范围应当不断扩大。城市房地产管理法第13条规定，土地使用权出让，可以采取拍卖、招标或者双方协议的方式。商业、旅游、娱乐和豪华住宅用地，有条件的，必须采取拍卖、招标方式；没有条件，不能采取拍卖、招标方式的，可以采取双方协议的方式。采取双方协议方式出让土地使用权的出让金不得低于按国家规定所确定的最低价。近年来，由于建设用地总量增长过快，工业用地出现的问题日益突出，低成本工业用地过度扩张，违法违规用地、滥占耕地的现象屡禁不止。2004年，在《国务院关于深化改革严格土地管理的决定》中提出，工业用地要创造条件逐步实行招标、拍卖、挂牌出让。2006年8月，在《国务院关于加强土地调控有关问题的通知》规定，国家根据土地等级、区域土地利用政策等，统一制订并公布各地工业用地出让最低价标准。工业用地出让最低价标准不得低于土地取得成本、土地前期开发成本和按规定收取的相关费用之和。工业用地必须采用招标、拍卖、挂牌方式出让，其出让价格不得低于公布的最低价标准。低于最低价标准出让土地，或以各种形式给予补贴或返还的，属非法低价出让国有土地使用权的行为，要依法追究有关人员的法律责任。本条根据现行法律的规定，并结合现实中土地出让的新情况，进一步扩大了采取公开竞价出让建设用地的范围，从"豪华住宅"扩大到"商品住宅"，并把"工业用地"纳入公开竞价出让方式的范围，同时明确对于同一土地有两个以上意向用地者的，一律采取公开竞价的方式。该规定已发展了现行城市房地产管理的规定，符合国家利用土地的政策。

建设用地使用权有偿出让的方式中招标和拍卖都属于公开竞价的方式。协议是出让人和建设用地使用权人通过协商方式有偿出让土地使用权。协议的方式由于没有引入竞争机制，相对缺乏公开性，现实中，一些地区和部门为了招商引资，将本来应当采取的公开竞价方式改为协议方式，或者压低协议出让的价格，随意减免土地出让金，造成土地资源收益的流失，严重损害国家的利益。因此，有人提出，应当取消协议方式出让土地。但是，一些需要扶持的行业和大型设施用地，仍较适宜采取协议的方式出让，协议的出让方式还是有存在的必要。为了防止协议出让土地时可能滋生的腐败行为，严格土地出让秩序，城市房地产管理法规定，采取双方协议方式出让土地使用权的出让金不得低于按国家规定所确定的最低价。国务院、国土资源部也曾多次颁布相关文件，要求各级人民政府要依照基准地价制订并公布协议出让土地最低价标准。协议出让土地除必须严格执行规定程序外，出让价格不得低于最低价标准。违反规定出让土地造成国有土地资产流失的，要依法追究责任；情节严重的，依照刑法的规定，以非法低价出让国有土地使用权罪追究刑事责任。2007 年制定的物权法虽然保留了协议出让方式，但是由于扩大了公开竞价出让方式的范围，因此，协议出让的适用范围已经越来越窄，程序则更趋严格。本次民法典编纂对此未作修改。

有人提出，现实中除招标、拍卖的方式外，还有挂牌等公开竞价出让建设用地的方式，建议增加相关内容。挂牌出让方式是指市、县国土资源管理部门发布挂牌公告，按公告规定的期限将拟出让宗地的交易条件在指定的土地交易场所挂牌公布，接受竞买人的报价申请并更新挂牌价格，根据挂牌期限截止时的出价结果或现场竞价结果确定土地使用者的行为。挂牌方式可以说是土地主管部门将拍卖和招标的特点相结合创设的一项土地出让制度。由于现行法律还没有对挂牌出让方式作出规定，该方式在法律上如何定性和规范，还需要根据实践经验不断完善。我国土地制度正在改革阶段，今后可能还会出现一些新的公开竞价的出让方式，因此，本法仅列举了现行法律中已作规定的拍卖和招标两种出让方式，没有对现实中存在的公开竞价方式——列举，但这并不表明出让土地时不能采取挂牌或者其他公开竞价方式。

> **第三百四十八条** 通过招标、拍卖、协议等出让方式设立建设用地使用权的，当事人应当采用书面形式订立建设用地使用权出让合同。
>
> 建设用地使用权出让合同一般包括下列条款：
>
> （一）当事人的名称和住所；
>
> （二）土地界址、面积等；
>
> （三）建筑物、构筑物及其附属设施占用的空间；
>
> （四）土地用途、规划条件；
>
> （五）建设用地使用权期限；
>
> （六）出让金等费用及其支付方式；
>
> （七）解决争议的方法。

〖条文主旨〗

本条是对建设用地使用权出让合同内容的规定。

【条文释义】

以出让方式设立建设用地使用权的，不论是采取拍卖、招标等公开竞价方式，还是采取协议的方式，双方当事人应当签订建设用地使用权出让合同，以明确双方当事人的权利和义务。建设用地使用权合同属于民事合同，虽然各级人民政府代表国家，以土地所有人的身份与建设用地使用权人签订出让合同，但是该合同属于国家以民事主体的身份与其他主体从事的交易行为。

建设用地使用权出让合同的内容主要包括：

1. 当事人的名称和住所。当事人的名称和住所是合同最基本的要件。如果不写明当事人，合同由谁履行就不明确，当事人的权利和义务更无从谈起。虽然出让的土地属于国家所有，但是在出让合同中，国家并不列为出让人。目前，一般是由市、县人民政府土地行政主管部门代表国家作为出让人。实践中，曾出现过经济开发区管理委员会作为出让人的情况。根据2005年《最高人民法院关于审理涉及国有土地使用权合同纠纷案件适用法律问题的解释》的规定，开发区管理委员会作为出让人与受让方签订的出让合同在该司法解释实施后是无效的。

2. 土地界址、面积等。建设用地出让合同中应当明确标明出让建设用地的具体界址、面积等基本的用地状况。为了准确界定建设用地的基本数据，建设用地使用权合同一般会附"出让宗地界址图"，标明建设用地的位置、四至范围等，该附件须经双方当事人确认。

3. 建筑物、构筑物及其附属设施占用的空间。根据本法第345条的规定，建设用地使用权可以在土地的地表、地上或者地下分别设立。因此，在分层设立建设用地使用权的情况下，必须界定每一建设用地使用权具体占用的空间，即标明建设用地占用的面积和四至，建筑物、构筑物以及附属设施的高度和深度，使建设用地使用权人行使权利的范围得以确定。

4. 土地用途、规划条件。土地用途是建设用地使用权合同的重要内容。土地用途可以分为工业、商业、娱乐、住宅等用途。我国对建设用地实行用途管制，不同用途的建设用地的使用期限是不同的。为了保证建设用地使用权人按照约定的用途使用建设用地，在合同期限内，建设用地使用权人不得擅自改变建设用地的用途；需要改变建设用地使用权用途的，应当征得出让人的同意并经土地行政主管部门和城市规划行政主管部门批准，重新签订或者更改原有的建设用地使用权出让合同，调整土地出让金，并办理相应的登记。2007年物权法仅规定了"土地用途"，在民法典编纂过程中，有的意见提出，实践中还应在合同中注明规划条件，建议增加相关内容。2018年8月，提请审议的民法典各分编草案增加规定了"规划条件"。

5. 建设用地使用权期限。以出让方式设立的建设用地使用权都有期限的规定。比如，居住用地70年；工业用地50年；教育、科技、文化、卫生、体育用地50年；商业、旅游、娱乐用地40年；综合或者其他用地50年。建设用地使用权出让的期限自出让人向建设用地使用权人实际交付土地之日起算，原划拨土地使用权补办出让手续的，出让年限自合同签订之日起算。

6. 出让金等费用及其支付方式。以出让方式取得建设用地使用权是有偿的，建设用地使用权人应当按照约定支付出让金等费用。出让金等费用及其支付方式，土地管理法和城市房地产管理法对此都作了规定，明确规定应当按照国务院规定的标准和办法，缴纳土地使用权出让金等土地有偿使用费和其他费用后，方可使用土地。同时，也明确了合同双方当事人的违约责任。建设用地使用权人未按照出让合同约定支付出让金等费用的，出让人有权解除合同，并可以请求违约赔偿。建设用地使用权人按照出让合同约定支付出让金的，市、县人民政府土地行政主管部门必须按照出让合同约定，提供出让的土地；未按照出让合同约定提供出让的土地的，土地使用者有权解除合同，由土地行政主管部门返还出让金，土地使用者并可以请求违约赔偿。根据最高人民法院相关司法解释的规定，经市、县人民政府批准同意以协议方式出让的土地使用权，土地使用权出让金低于订立合同时当地政府按照国家规定确定的最低价的，应当认定土地使用权出让合同约定的价格条款无效。关于出让金的支付方式，根据城镇国有土地使用权出让和转让暂行条例的规定，土地使用者应当在签订出让合同后60日内，支付全部土地使用权出让金。不过，目前对于采取拍卖、招标等公开竞价方式设立的建设用地使用权，其出让金的支付方式可以采取一次性支付或者分期支付的办法。逾期未全部支付的，出让人有权解除合同，并可请求违约赔偿。

7. 解决争议的方法。因履行建设用地使用权合同发生争议的，出让人和建设用地使用权人可以双方协商解决，协商不成的，提交双方当事人指定的仲裁委员会仲裁，或者依法向人民法院起诉。

> **第三百四十九条** 设立建设用地使用权的，应当向登记机构申请建设用地使用权登记。建设用地使用权自登记时设立。登记机构应当向建设用地使用权人发放权属证书。

【条文主旨】

本条是关于建设用地使用权登记的规定。

【条文释义】

建设用地使用权登记是指县级以上人民政府将土地的权属、用途、面积等基本情况登记在登记簿上，并向建设用地使用权人颁发使用权证书。设立建设用地使用权，建设用地使用权人应当向登记机构申请建设用地使用权登记。登记机构应当向建设用地使用权人发放权属证书。建设用地使用权适用登记生效的原则，经登记生效。

以划拨方式设立建设用地使用权的，根据目前的规定当事人不需要签订合同，而是通过"国有土地划拨决定书"的形式，将建设用地使用权交给建设用地使用权人使用。划拨土地应当按照以下规定办理登记手续：新开工的大中型建设项目使用划拨国有土地的，建设用地使用权人应当在接到县级以上人民政府发给的建设用地批准书之日起30日内，持建设用地批准书申请土地预告登记，建设项目竣工验收后，建设单位应当在该建设项目竣工验收之日起30日内，持建设项目竣工验收报告和其他有关文件申请建设用地使用权登记；其他项目使用划拨国有土地的，建设用地使用权人应当在接到县级以上人民政府批准用地文件之日起30日内，持批准用地文件申请建设用地使用权登记。

目前，我国的土地登记是以宗地为基本单元。使用2宗以上建设用地的建设用地使用权人应当分宗申请登记。2个以上建设用地使用权人共同使用一宗建设用地的，应当分别申请登记。跨县级行政区使用土地的，应当分别向建设用地所在地县级以上地方人民政府土地管理部门申请登记。

> **第三百五十条** 建设用地使用权人应当合理利用土地，不得改变土地用途；需要改变土地用途的，应当依法经有关行政主管部门批准。

【条文主旨】

本条是关于土地用途的规定。

【条文释义】

土地资源的重要性和稀缺性要求建设用地使用权人必须合理地利用土地。加强对土地用途的管制，是我国土地管理的重要内容。现行有关土地管理的法律、法规以及规范性文件，对土地用途有相关的规定。加强对土地用途的管制，也一直是我国土地行政主管部门对土地市场进行整治的内容之一。

我国法律对以划拨方式使用建设用地的用途有明确的规定，建设用地使用权人应当严格依照土地用途使用土地。以出让方式设立的建设用地使用权，不同的土地用途其出让金是不同的。建设用地使用权出让合同中对土地用途需要作出明确的规定，擅自改变约定的土地用途不仅是一种违约行为，而且也是违法行为。

建设用地使用权人以无偿或者有偿方式取得建设用地使用权后，确需改变土地用途的，应当向土地行政主管部门提出申请。土地行政主管部门经过审查后，认为改变的土地用途仍符合规划，同意对土地用途作出调整的，根据目前的规定，还需要报县、市人民政府批准，然后出让人和建设用地使用权人应当重新签订建设用地使用权出让合同或者变更合同相应的条款，并按照规定补交不同用途和容积率的土地差价。如果是将以划拨方式取得的建设用地使用权改为有偿使用方式的，在改变土地用途后，建设用地使用权人还应当补缴出让金。以变更合同条款的形式改变土地用途的，要依法到登记机构办理变更登记；签订新的建设用地使用权合同的，应办理登记手续。

> **第三百五十一条** 建设用地使用权人应当依照法律规定以及合同约定支付出让金等费用。

【条文主旨】

本条是关于建设用地使用权人支付出让金等费用的义务的规定。

【条文释义】

我国实行土地公有制，建设用地使用权人使用国家所有的土地，国家收取土地出让金等费用，是国家所有权在经济上的体现。

一、应当支付土地出让金等费用的情形

1. 在取得建设用地使用权时，采用出让等有偿使用方式的，应当支付出让金等费用。土地管理法第 2 条第 5 款规定："国家依法实行国有土地有偿使用制度。但是，国家在法律规定的范围内划拨国有土地使用权的除外。"第 55 条第 1 款规定："以出让等有偿使用方式取得国有土地使用权的建设单位，按照国务院规定的标准和办法，缴纳土地使用权出让金等土地有偿使用费和其他费用后，方可使用土地。"根据有关规定，划拨取得建设用地使用权的，在取得使用权时

国家不收取出让金。

2. 在建设用地使用权转让时，通过划拨取得的建设用地使用权应当补缴出让金。城市房地产管理法第 39 条规定："以划拨方式取得土地使用权的，转让房地产时，应当按照国务院规定，报有批准权的人民政府审批。有批准权的人民政府准予转让的，应当由受让方办理土地使用权出让手续，并依照国家有关规定缴纳土地使用权出让金。""以划拨方式取得土地使用权的，转让房地产报批时，有批准权的人民政府按照国务院规定决定可以不办理土地使用权出让手续的，转让方应当按照国务院规定将转让房地产所获收益中的土地收益上缴国家或者作其他处理。"此外，城市房地产管理法第 51 条规定："设定房地产抵押权的土地使用权是以划拨方式取得的，依法拍卖该房地产后，应当从拍卖所得的价款中缴纳相当于应缴纳的土地使用权出让金的款额后，抵押权人方可优先受偿。"

二、支付土地出让金等费用的意义

出让金等费用的本质是应当归国家所有的土地收益。这一本质是由我国的土地有偿使用制度决定的。在过去很长一段时期内，国有土地是由国家以行政手段无偿交给用地单位使用的。这种土地使用制度有很多弊端：（1）土地资源配置效益差，利用效率低，土地资源浪费严重，国家却缺乏调节余缺的机制。（2）国有土地收益大量流失，土地收益留在了用地者的手中，国家的土地所有权虚置。（3）市场机制缺失，土地作为生产力要素其价值得不到正常体现，导致市场主体实际上的不平等地位。由于不同企业都从政府无偿得到不同位置和数量的土地，拥有较多土地且位置优越的企业，与缺乏土地、位置较差的企业，实际上处于不平等的竞争地位。

旧体制严重的弊端，使实行国有土地有偿使用制度，收取出让金等费用具有了重要意义。（1）土地公有制是社会主义公有制的重要组成部分，在市场经济条件下，实行国有土地有偿使用制度，通过收取出让金等费用取得土地收益，才能使国家对土地的所有权在经济上得到实现，才能真正保障社会主义公有制的主体地位。（2）土地是巨大的社会财富，而且会随着经济和社会的发展不断增值。国家掌握了国有土地的收益，就有足够的财力组织社会化大生产，更好地实现社会主义国家的经济职能。（3）土地是基本的生产要素，通过收取或者补交出让金使土地使用权进入市场，有助于形成包括消费品市场、生产资料市场和资金、劳动力、土地等生产要素市场的完整的社会主义市场体系。通过充分发挥市场调节的作用，合理配置土地资源，可以实现最大的土地利用效益，进而推进社会主义市场经济的健康发展。

三、不交纳出让金等费用的法律责任

正是因为交纳出让金等费用对国家和社会意义重大，法律、行政法规对不交纳出让金等费用的行为规定了相应的法律责任。例如，城市房地产管理法第67条规定，违反城市房地产管理法第40条第1款的规定转让房地产的，由县级以上人民政府土地管理部门责令缴纳土地使用权出让金，没收违法所得，可以并处罚款。在有出让合同的情况下，不支付出让金的行为同时还是一种违约行为。因此，除行政法上的责任外，法律、行政法规还规定了相应的违约责任。例如，城市房地产管理法第16条规定："土地使用者必须按照出让合同约定，支付土地使用权出让金；未按照出让合同约定支付土地使用权出让金的，土地管理部门有权解除合同，并可以请求违约赔偿。"城镇国有土地使用权出让和转让暂行条例第14条规定："土地使用者应当在签订土地使用权出让合同后六十日内，支付全部土地使用权出让金。逾期未全部支付的，出让方有权解除合同，并可请求违约赔偿。"

总之，通过支付出让金等费用，向国家上缴土地收益，是国家土地有偿使用制度的重要内容，也是土地管理法、城市房地产管理法等有关法律、行政法规中规定的法定义务。本法第348条已经将出让金等费用及其支付方式列为建设用地使用权出让合同的条款之一，按时、足额支付出让金，更是建设用地使用权人的合同义务，应当秉持诚实信用原则，认真履行。

> **第三百五十二条　建设用地使用权人建造的建筑物、构筑物及其附属设施的所有权属于建设用地使用权人，但是有相反证据证明的除外。**

〖条文主旨〗

本条是关于建设用地使用权人建造的建筑物、构筑物及其附属设施权属的规定。

〖条文释义〗

关于建筑物、构筑物及其附属设施的归属，土地私有制的国家一般通过土地权利吸收地上物权利的原则来解决。例如，在德国，在地上权范围内建造的建筑物、构筑物及其附属设施被视为地上权的组成部分，在地上权消灭时，满足法定条件，建筑物、构筑物及其附属设施作为土地的添附，转归土地所有权人。我国是社会主义公有制国家，建筑物、构筑物及其附属设施的所有权具有相对独立性。建设用地使用权人依法取得国有土地的使用权后，就有权利用该土地建造建筑物、构筑物及其附属设施。根据本法第231条的规定，合法建造房屋的，自事实行为成就时取得建筑物的所有权。在多数情况下，建设用地使用权人建造的建筑物、构筑物及其附属设施的所有权属于建设用地使用权人。

建设用地使用权人建造的建筑物、构筑物及其附属设施由建设用地使用权人所有作为通常情况，但仍然存在以下例外：目前，一部分市政公共设施，是开发商和有关部门约定，由开发商在房地产项目开发中配套建设的，但是所有权归国家。这部分设施，其性质属于市政公用，其归属就应当按照有充分的证据证明的事先约定来确定，而不是当然地归建设用地使用权人。后续通过房地产交易成为建设用地使用权人的权利人也应当尊重这种权属划分。

掌握本条规定还应当注意，这里规定的建筑物、构筑物及其附属设施必须是合法建造产生的。对于非法占地、违规搭建，土地管理法第 74 条、第 77 条、第 83 条以及其他法律法规的有关规定都明确规定了制裁措施，这种违章建筑会被没收和强制拆除，更不会产生合法的所有权，因此，并不在本条的调整范围内。

> **第三百五十三条　建设用地使用权人有权将建设用地使用权转让、互换、出资、赠与或者抵押，但是法律另有规定的除外。**

【条文主旨】

本条是关于建设用地使用权流转方式的规定。

【条文释义】

一、关于建设用地使用权流转的法律依据

同支付出让金等费用一样，建设用地使用权的依法流转，也是我国土地有偿使用制度的重要内容。有关法律、行政法规对此已经有了明确的规定，例如，土地管理法第 2 条第 3 款规定："任何单位和个人不得侵占、买卖或者以其他形式非法转让土地。土地的使用权可以依法转让。"城市房地产管理法第 37 条规定："房地产转让，是指房地产权利人通过买卖、赠与或者其他合法方式将其房地产转移给他人的行为。"第 48 条规定："依法取得的房屋所有权连同该房屋占用范围内的土地使用权，可以设定抵押权。""以出让方式取得的土地使用权，可以设定抵押权。"城镇国有土地使用权出让和转让暂行条例第 4 条规定："依照本条例的规定取得土地使用权的土地使用者，其使用权在使用年限内可以转让、出租、抵押或者用于其他经济活动。合法权益受国家法律保护。"第 19 条第 1 款规定："土地使用权转让是指土地使用者将土地使用权再转移的行为，包

括出售、交换和赠与。"

根据这些法律、行政法规的规定，建设用地使用权可以依法转让、互换、出资、赠与或者抵押。

二、关于对建设用地使用权流转的限制

法律、行政法规还规定了对建设用地使用权流转的限制。对于划拨取得的建设用地使用权，其流转受到一定限制。本条规定的除外条款所指的就是这些限制性规定。

1. 关于划拨取得的建设用地的流转。根据法律、行政法规的规定，对于划拨取得的建设用地，其流转要通过行政审批，并缴纳相应土地出让金或者土地收益。例如，城市房地产管理法第 40 条规定："以划拨方式取得土地使用权的，转让房地产时，应当按照国务院规定，报有批准权的人民政府审批。有批准权的人民政府准予转让的，应当由受让方办理土地使用权出让手续，并依照国家有关规定缴纳土地使用权出让金。""以划拨方式取得土地使用权的，转让房地产报批时，有批准权的人民政府按照国务院规定决定可以不办理土地使用权出让手续的，转让方应当按照国务院规定将转让房地产所获收益中的土地收益上缴国家或者作其他处理。"第 51 条规定："设定房地产抵押权的土地使用权是以划拨方式取得的，依法拍卖该房地产后，应当从拍卖所得的价款中缴纳相当于应缴纳的土地使用权出让金的款额后，抵押权人方可优先受偿。"此外，城镇国有土地使用权出让和转让暂行条例中也有相应的规定。

2. 关于以出让方式取得的建设用地使用权流转的限制。根据法律和行政法规的规定，即便是以出让方式取得的建设用地使用权，在有些情况下也是不能直接进入流转的。例如，城市房地产管理法第 38 条规定："下列房地产，不得转让：（一）以出让方式取得土地使用权的，不符合本法第三十九条规定的条件的；（二）司法机关和行政机关依法裁定、决定查封或者以其他形式限制房地产权利的；（三）依法收回土地使用权的；（四）共有房地产，未经其他共有人书面同意的；（五）权属有争议的；（六）未依法登记领取权属证书的；（七）法律、行政法规规定禁止转让的其他情形。"第 39 条规定："以出让方式取得土地使用权的，转让房地产时，应当符合下列条件：（一）按照出让合同约定已经支付全部土地使用权出让金，并取得土地使用权证书；（二）按照出让合同约定进行投资开发，属于房屋建设工程的，完成开发投资总额的百分之二十五以上，属于成片开发土地的，形成工业用地或者其他建设用地条件。""转让房地产时房屋已经建成的，还应当持有房屋所有权证书。"城镇国有土地使用权出让和转让暂行条例第 19 条第 2 款规定："未按土地使用权出让合同规定的期限和条件投资开发、利用土地的，土地使用权不得转让。"总之，建设用地使用权的流转及其限制，在有关法律、行政法规中已经有了比较完备的规定。在本条的贯彻和执行中要注意吸取已有规定在贯彻实施中的成果和经验，使建设用地使用权的流转更为有序，实现地尽其利。

> **第三百五十四条** 建设用地使用权转让、互换、出资、赠与或者抵押的，当事人应当采用书面形式订立相应的合同。使用期限由当事人约定，但是不得超过建设用地使用权的剩余期限。

【条文主旨】

本条是关于建设用地使用权人处分建设用地使用权的合同形式和期限的规定。

【条文释义】

一、建设用地使用权的流转应当采用书面形式

城市房地产管理法第 15 条第 1 款规定，土地使用权出让，应当签订书面出让合同。根据城市房地产管理法第 15 条以及有关法律法规的规定，土地使用权出让应当采用书面合同。本条规定，建设用地使用权转让、互换、出资、赠与或者抵押的，当事人应当采用书面形式订立相应的合同。

在合同法理论上，必须采取书面形式的合同属于一种要式合同，要式合同一般适用于交易复杂、涉及利益巨大的情形。建设用地使用权流转之所以必须采用书面形式的要式合同，是因为建设用地使用权涉及对土地这种重要自然资源的利用，关系到国家、社会和用地人的重大利益，采用书面形式可以有效地明确权利、义务，避免潜在争议。不仅我国现有法律作了这样的规定，其他国家和地区关于土地等不动产的交易也都要求采用书面形式。本条规定不但与我国的现有规定是一致的，也符合国际通行做法。

二、建设用地使用权流转的使用期限不得超过建设用地使用权的剩余期限

这也是符合现有法律规定的。城市房地产管理法第 43 条规定："以出让方式取得土地使用权的，转让房地产后，其土地使用权的使用年限为原土地使用权出让合同约定的使用年限减去原土地使用者已经使用年限后的剩余年限。"其他国家关于地上权的规定中也有类似的时间限制。之所以作出这样的限制，是因为，建设用地使用权本身就是一种有时限的权利，从理论上说，建设用地使用权人不能超出自己的权利范围流转权利。现实中也不允许用益物权人这样扩张权利，侵害作为所有权人的国家的利益。所以在建设用地使用权期间确定的

情况下，建设用地使用权的流转必须受到该时限的限制。

> **第三百五十五条　建设用地使用权转让、互换、出资或者赠与的，应当向登记机构申请变更登记。**

【条文主旨】

本条是关于建设用地使用权流转后变更登记的规定。

【条文释义】

本法第 214 条规定："不动产物权的设立、变更、转让和消灭，依照法律规定应当登记的，自记载于不动产登记簿时发生效力。"建设用地使用权作为重要的用益物权，不但其取得需要登记，其流转也需要及时变更登记。否则该流转行为就无法发生法律效力，权利人的利益就得不到充分保障。

《土地登记规则》第 34 条至第 47 条针对国有土地使用权变更的不同情况对变更登记作了规定，主要包括以下内容：

1. 国有土地使用权的转让。有下列情形之一的，土地使用权转让双方当事人应当在转让合同或者协议签订后 30 日内，涉及房产变更的，在房产变更登记发证后 15 日内，申请变更登记：（1）依法转让土地使用权的；（2）因买卖、转让地上建筑物、附着物等一并转移土地使用权的。房屋所有权变更而使土地使用权变更的，在申请变更登记时，应当提交变更后的房屋所有权证书。

2. 划拨改出让。划拨土地使用权依法办理土地使用权出让手续的，土地使用者应当在缴纳土地使用权出让金后 30 日内，申请变更登记。

3. 企业入股。企业将通过出让或者国家入股等形式取得的国有土地使用权，再以入股方式转让的，转让双方当事人应当在入股合同签订之日起 30 日内，申请变更登记。

4. 单位合并、分立。因单位合并、分立、企业兼并等原因引起土地使用权变更的，有关各方应当在合同签订后 30 日内或者在接到上级主管部门的批准文件后 30 日内，申请变更登记。

5. 交换、调整。因交换、调整土地而发生土地使用权、所有权变更的，交换、调整土地的各方应当在接到交换、调整协议批准文件后 30 日内，申请变更登记。

6. 因抵押而取得土地使用权。因处分抵押财产而取得土地使用权的，取得土地使用权的权利人和原抵押人应当在抵押财产处分后 30 日内，申请变更登记。

7. 因购买房改房而获得国有土地使用权。出售公有住房，售房单位与购房职工应当在县级以上地方人民政府房产管理部门登记房屋所有权之日起 30 日内，申请变更登记。

8. 抵押合同变更，主要是合同主体变更，而使抵押的土地使用权发生变化。土地使用权抵押期间，抵押合同发生变更的，抵押当事人应当在抵押合同发生变更后 15 日内，申请变更登记。

9. 土地使用权出租合同的变更。土地使用权出租期间，租赁合同发生变更的，出租人和承租人应当在租赁合同发生变更后 15 日内，申请变更登记。

10. 因继承而获得土地使用权或者土地他项权利。依法继承土地使用权和土地他项权利的，继承人应当在办理继承手续后 30 日内，申请变更登记。

11. 其他。其他形式的土地使用权和土地他项权利变更，当事人应当在发生变更之日起 30 日内，申请变更登记。

2014 年，国务院颁布《不动产登记暂行条例》，对不动产登记作出具体规定，进一步完善建设用地使用权流转后变更登记的规定。

> **第三百五十六条　建设用地使用权转让、互换、出资或者赠与的，附着于该土地上的建筑物、构筑物及其附属设施一并处分。**

【条文主旨】

本条是关于建筑物、构筑物及其附属设施随建设用地使用权的流转而一并处分的规定。

【条文释义】

根据法律、行政法规的规定，建设用地使用权流转时，其地上建筑物和其他附着物同时流转。城市房地产管理法第 32 条规定："房地产转让、抵押时，房屋的所有权和该房屋占用范围内的土地使用权同时转让、抵押。"城镇国有土地使用权出让和转让暂行条例第 23 条规定："土地使用权转让时，其地上建筑物、其他附着物所有权随之转让。"

在我国，建筑物、其他附着物的归属虽然具有相对独立性，但在转让中必须实行"房地一致"原则，以避免出现"空中楼阁"的尴尬局面。实行"房随地走"，作为实现房地一致的方式之一，已经在法律实践和社会生活中得到普遍接受。本条规定与已有法律制度是一致的，也符合社会生活实际。

> **第三百五十七条** 建筑物、构筑物及其附属设施转让、互换、出资或者赠与的，该建筑物、构筑物及其附属设施占用范围内的建设用地使用权一并处分。

【条文主旨】

本条是关于建设用地使用权随建筑物、构筑物及其附属设施的流转而一并处分的规定。

【条文释义】

根据法律和行政法规的规定，地上建筑物和其他附着物所有权流转时，其使用范围内的建设用地使用权随之流转。本法第397条第1款规定："以建筑物抵押的，该建筑物占用范围内的建设用地使用权一并抵押。以建设用地使用权抵押的，该土地上的建筑物一并抵押。"第398条规定："乡镇、村企业的建设用地使用权不得单独抵押。以乡镇、村企业的厂房等建筑物抵押的，其占用范围内的建设用地使用权一并抵押。"城镇国有土地使用权出让和转让暂行条例第24条规定："地上建筑物、其他附着物的所有人或者共有人，享有该建筑物、附着物使用范围内的土地使用权。""土地使用者转让地上建筑物、其他附着物所有权时，其使用范围内的土地使用权随之转让，但地上建筑物、其他附着物作为动产转让的除外。"第33条第2款规定："地上建筑物、其他附着物抵押时，其使用范围内的土地使用权随之抵押。"

本条规定了实现"房地一致"的另一种方式"地随房走"，这也已被法律实践和社会生活普遍接受。在理解和适用本条规定时，要特别注意和第356条的衔接，这两条实际上作为一个整体，只要建设用地使用权和地上房屋有一个发生了转让，另外一个就要相应转让。从法律后果上说，不可能也不允许，把"房"和"地"分别转让给不同的主体。此外，本条中所讲的附属设施占用范围内的建设用地使用权有可能是一宗单独的建设用地使用权，也有可能是共同享有的建设用地使用权中的份额，特别是在建筑物区分所有的情况下。转让占用范围内的建设用地使用权不可能也不应该导致对业主共同享有的建设用地使用权的分割。在这种情况下，除了本条外，还要依据业主的建筑物区分所有权的有关规定，才能全面确定当事人的权利义务。

> **第三百五十八条** 建设用地使用权期限届满前，因公共利益需要提前收回该土地的，应当依据本法第二百四十三条的规定对该土地上的房屋以及其他不动产给予补偿，并退还相应的出让金。

【条文主旨】

本条是建设用地使用权提前收回及其补偿的规定。

【条文释义】

以出让方式设立的建设用地使用权都有期限。建设用地使用权期限届满前，出让人能否收回建设用地使用权？根据土地管理法第58条的规定，为了公共利益需要使用土地的，由有关政府自然资源主管部门报经原批准用地的人民政府或者有批准权的人民政府批准，可以收回国有土地使用权，并应当对土地使用权人给予适当补偿。实践中，当事人一般也在建设用地使用权出让合同中对提前收回的情况作出约定。原国土资源部和原国家工商局制定的出让合同示范文本（已失效）就有提前收回建设用地的内容："根据社会公共利益需要提前收回土地使用权的，出让人应当依照法定程序报批，并根据收回时地上建筑物、其他附着物的价值和剩余年期土地使用权价格给予受让人相应的补偿。"本条对提前收回的补偿标准作了更细致的规定。首先，对于建设用地上的房屋及其他不动产，应当依据征收的规定给予补偿。本法第243条第1款规定："为了公共利益的需要，依照法律规定的权限和程序可以征收集体所有的土地和组织、个人的房屋以及其他不动产。"第3款规定，"征收组织、个人的房屋以及其他不动产，应当依法给予征收补偿，维护被征收人的合法权益；征收个人住宅的，还应当保障被征收人的居住条件。"因此，有关征收的规定是补偿的依据。其次，对于房屋所占用的建设用地，不适用征收的规定。征收是国家把集体所有的土地和组织、个人的不动产变为国有的财产，是一种改变所有权的法律行为。我国城市的土地属于国家所有，建设用地使用权人取得的是对土地使用的权利，国家收回本来就属于自己的建设用地，不适用有关征收的规定。但是，为了公共利益的需要，国家可以提前收回建设用地使用权。由于建设用地使用权人是按照建设用地的使用期限缴纳出让金的，因此，提前收回建设用地使用权的，出让人还应当向建设用地使用权人退还相应的出让金。比如，某商场的建设用地使用权期限是40年，该商场30年后被征收，那么对于该商场需要根据征收的规定给予补偿，同时，还应当退还该商场所有权人10年的出让金。

> 第三百五十九条　住宅建设用地使用权期限届满的，自动续期。续期费用的缴纳或者减免，依照法律、行政法规的规定办理。
>
> 非住宅建设用地使用权期限届满后的续期，依照法律规定办理。该土地上的房屋以及其他不动产的归属，有约定的，按照约定；没有约定或者约定不明确的，依照法律、行政法规的规定办理。

【条文主旨】

本条是建设用地使用权续期及土地上的房屋及其他不动产归属的规定。

【条文释义】

国家通过出让的方式，使建设用地使用权人获得一定期限内利用土地的权利。根据城镇国有土地使用权出让和转让暂行条例的规定，土地使用权出让的最高年限为：居住用地70年；工业用地50年；教育、科技、文化、卫生、体育用地50年；商业、旅游、娱乐用地40年；综合或者其他用50年。因此，建设用地使用权期限届满后，面临建设用地使用权如何续期的问题。城市房地产管理法第22条规定："土地使用权出让合同约定的使用年限届满，土地使用者需要继续使用土地的，应当至迟于届满前一年申请续期，除根据社会公共利益需要收回该幅土地的，应当予以批准。经批准准予续期的，应当重新签订土地使用权出让合同，依照规定支付土地使用权出让金。"2007年制定物权法草案时，曾经根据当时法律的规定，对建设用地使用权的续期作出了规定。但是，物权法草案向全社会征求意见后，一些部门和群众对建设用地使用权续期的规定提出了不同的意见。有人提出，一幢公寓多户居住，建设用地使用权期间届满，是由住户个人申请续期还是业主委员会统一申请续期，意见不一致时怎么办，需要明确。建设用地使用权续期的问题，确实和老百姓的利益息息相关，应当保障老百姓安居乐业，使有恒产者有恒心。如果规定住宅建设用地需要申请续期，要求成千上万的住户办理续期手续，不仅难以操作，加重了老百姓的负担，也增加了行政管理的成本，不利于社会的安定。在听取各方面的意见后，物权法草案对住宅建设用地使用权和非住宅建设用地使用权的续期分别作出了规定，明确规定住宅建设用地使用权期间届满的，自动续期。续期的期限、土地使用费支付的标准和办法，由国务院规定。"住宅建设用地使用权自动续期"的规定得到了普遍的赞成。同时，有人提出，住户买房时已经支付了土地出让金，续期后不应再交费。有的认为，续期的应交少量的土地使用费。考虑到住宅建设用地使用权续期后是否支付土地使用费，关系到广大群众切身利益。绝大多数住宅建设用地使用权的期限为 70 年，如何科学地规定建设用地使用权人届时应当承担的义务，目前还缺少足够的科学依据，应当对此慎重研究，物权法以不作规定为宜。而且，物权法不作规定，也不影响国务院根据实际情况作出相关规定。因此，2007 年制定的物权法对建设用地使用权期间届满后是否支付土地使用费的问题未作规定。

有人担心，住宅建设用地使用权自动续期会影响城市规划和建设。物权法第 148 条规定，建设用地使用期间届满前，因公共利益需要提前收回该土地的，应当依照有关征收的规定对该土地上的房屋及其他不动产给予补偿。在建设用地使用权续期后，因为公共利益需要收回的，也可以适用同样的原则。

2018 年 8 月，十三届全国人大常委会五次会议《关于〈民法典各分编（草案)〉的说明》中提到：关于住宅建设用地使用权期间届满续期问题。2016 年11 月，《中共中央、国务院关于完善产权保护制度依法保护产权的意见》提出，要研究住宅建设用地等土地使用权到期后续期的法律安排，推动形成全社会对公民财产长久受保护的良好和稳定预期。根据党中央批准的有关工作安排，该项工作由国务院有关部门研究，提出方案后，国务院提出法律修改议案，修改城市房地产管理法或者物权法。目前，国务院有关部门尚未正式提出方案和修法议案。物权编草案根据现行物权法第 149 条、城市房地产管理法第 22 条规定，对此先作出一个原则性规定，即：住宅建设用地使用权期限届满的，自动续期。续期费用的缴纳或者减免，依照法律、行政法规的规定。国务院正式提出修改有关法律的议案后，再进一步做好衔接。之后，对本款作了个别文字修改。

为什么非住宅建设用地使用权没有采取自动续期的规定？这是因为非住宅建设用地和住宅建设用地有较大的区别。非住宅建设用地的使用期限相对比较短，使用用途也各不相同。有的建设用地使用权人仅需要在特定的期限内使用建设用地，过了该期限，就没有使用该土地的必要。因此，不宜将自动续期作为非住宅建设用地使用权适用的一般原则，是否续期应当由建设用地使用权人自己决定。根据本条的规定，非住宅建设用地使用权的续期，按照法律规定办理，即建设用地使用权可以在建设用地使用权期限届满前一年申请续期。只要建设用地使用权人提出续期的要求，出让人就应当同意，只有在公共利益需要使用该建设用地的情况下，出让人才有权拒绝建设用地使用权人续期的要求，收回该土地。

> **第三百六十条　建设用地使用权消灭的，出让人应当及时办理注销登记。登记机构应当收回权属证书。**

【条文主旨】

本条是对建设用地使用权注销登记的规定。

【条文释义】

建设用地使用权消灭的情况主要包括：建设用地使用权期限届满、建设用地使用权提前收回以及因自然灾害等原因造成建设用地使用权灭失等情形。建设用地使用权消灭后，出让人应当及时办理注销登记。《土地登记规则》第 54 条规定：县级以上人民政府依法收回国有土地使用权的，土地管理部门在收回土地使用权的同时，办理国有土地使用权注销登记，注销土地证书。第 55 条规定，国有土地使用权出让或者租赁期满，未申请续期或者续期申请未获批准的，原土地使用者应当在期满之日前 15 日内，持原土地证书申请国有土地使用权注销登记。第 56 条规定，因自然灾害等造成土地权利灭失的，原土地使用者或者土地所有者应当持原土地证书及有关证明材料，申请土地使用权或者土地所有权注销登记。

考虑到出让人全面掌握建设用地使用权消灭的情形，所以，本条规定，注销登记由出让人及时办理。建设用地使用权注销后，登记机构应当收回权属证书。

> **第三百六十一条** 集体所有的土地作为建设用地的，应当依照土地管理的法律规定办理。

【条文主旨】

本条是对集体所有的土地作为建设用地法律适用的规定。

【条文释义】

我国 2004 年修正的土地管理法规定，农民集体所有的土地的使用权不得出让、转让或者出租用于非农业建设。除耕地外，农民集体所有的土地只能用于乡镇村企业、乡镇村公共设施和公益事业以及农民住宅建设。因此，2019 年修改土地管理法前，农民集体还不能直接出让自己的土地使用权，使集体所有的土地使用权直接进入土地一级市场。农民集体所有的土地必须经过征收才能变为建设用地。随着我国土地制度改革不断深化，国务院先后出台了一系列涉及农村集体建设用地的规定。《国务院关于 2005 年深化经济体制改革的意见》中明确指出，进一步研究探索农村集体建设用地使用权进入市场。土地行政主管部门一直将加快集体建设用地使用制度改革作为工作的重点，在对集体建设用地进行严格管理的同时，也允许一些地区可以开展集体建设用地流转方面的试点。

2007 年制定物权法时，考虑到我国土地制度改革正在深化，各地的情况差异较大，土地行政主管部门正在进行土地制度试点和研究，尚待总结实践经验，并在此基础上规范和完善。而且，集体建设用地制度如何改革，还需要通过修改土地管理法等法律从根本上解决这个问题，目前物权法对此作出规定的时机还不成熟。但是，作为民事基本法律的物权法，还是有必要作出原则且灵活的规定。因此，本条对建设用地使用集体所有的土地的情况仅作了原则性规定，明确集体所有的土地作为建设用地的，应当按照土地管理的法律规定办理。

2019 年土地管理法修改，增加了集体经营性建设用地的相关规定。该法第 23 条规定，各级人民政府应当加强土地利用计划管理，实行建设用地总量控制。土地利用年度计划，根据国民经济和社会发展计划、国家产业政策、土地利用总体规划以及建设用地和土地利用的实际状况编制。土地利用年度计划应当对土地管理法第 63 条规定的集体经营性建设用地作出合理安排。土地利用年度计划的编制审批程序与土地利用总体规划的编制审批程序相同，一经审批下达，必须严格执行。第 63 条规定，土地利用总体规划、城乡规划确定为工业、商业等经营性用途，并经依法登记的集体经营性建设用地，土地所有权人可以通过出让、出租等方式交由单位或者个人使用，并应当签订书面合同，载明土地界址、面积、动工期限、使用期限、土地用途、规划条件和双方其他权利义务。前款规定的集体经营性建设用地出让、出租等，应当经本集体经济组织成员的村民会议 2/3 以上成员或者 2/3 以上村民代表的同意。通过出让等方式取得的集体经营性建设用地使用权可以转让、互换、出资、赠与或者抵押，但法律、行政法规另有规定或者土地所有权人、土地使用权人签订的书面合同另有约定的除外。集体经营性建设用地的出租，集体建设用地使用权的出让及其最高年限、转让、互换、出资、赠与、抵押等，参照同类用途的国有建设用地执行。具体办法由国务院制定。

第十三章　宅基地使用权

本章共四条，规定了宅基地使用权的权利内容，宅基地使用权的取得、行使和转让以及宅基地灭失后的重新分配等事项。

第三百六十二条　宅基地使用权人依法对集体所有的土地享有占有和使用的权利，有权依法利用该土地建造住宅及其附属设施。

【条文主旨】

本条是关于宅基地使用权的权利内容的规定。

【条文释义】

一、宅基地归集体所有

这是宅基地使用权能够成为用益物权的前提。根据宪法第 10 条第 2 款的规定，宅基地和自留地、自留山一样，属于集体所有。土地管理法第 9 条规定，城市市区的土地属于国家所有。农村和城市郊区的土地，除由法律规定属于国家所有的以外，属于农民集体所有；宅基地和自留地、自留山，属于农民集体所有。因此，农民使用宅基地是对集体所有的土地的使用。

二、宅基地的用途是建造住宅及其附属设施

根据土地管理法和国家的有关规定，土地的利用必须符合国家对土地的用途管制。我国人多地少，只有严格地管制土地用途，控制建设用地总量，保护耕地，才能有效地保护资源，实现优化配置。因此，农民取得宅基地，必须依法办理有关手续，不得超量多占，也不得违反有关规划，改变土地用途。对于有的地方存在的多占宅基地，造成土地浪费的情况应当予以纠正。

三、宅基地使用权是一种带有社会福利性质的权利，是农民的安身之本

宅基地使用权和土地承包经营权一样，由作为集体成员的农民无偿取得，无偿使用。宅基地使用权是农民基于集体成员的身份而享有的福利保障。在我国社会保障体系尚无法覆盖广大农村的现实下，土地承包经营权解决了农民的基本衣食来源，宅基地使用权解决了农民的基本居住问题。这两项制度以其鲜明的福利色彩成为维护农业、农村稳定的重要制度。正是因为保障功能依然是宅基地使用权制度的首要功能，关于宅基地使用权取得、行使和转让的规定，必须尊重这一现实，以利于保护农民利益，构建和谐社会。

> **第三百六十三条　宅基地使用权的取得、行使和转让，适用土地管理的法律和国家有关规定。**

【条文主旨】

本条是关于宅基地使用权的取得、行使和转让适用法律的衔接性规定。

【条文释义】

一、有关宅基地使用权取得、行使和转让的规定

土地管理法对宅基地使用权作了规定。根据土地管理法第62条的规定，农村村民一户只能拥有一处宅基地，其宅基地的面积不得超过省、自治区、直辖市规定的标准。人均土地少、不能保障一户拥有一处宅基地的地区，县级人民政府在充分尊重农村村民意愿的基础上，可以采取措施，按照省、自治区、直辖市规定的标准保障农村村民实现户有所居。农村村民建住宅，应当符合乡（镇）土地利用总体规划、村庄规划，不得占用永久基本农田，并尽量使用原有的宅基地和村内空闲地。编制乡（镇）土地利用总体规划、村庄规划应当统筹并合理安排宅基地用地，改善农村村民居住环境和条件。农村村民住宅用地，由乡（镇）人民政府审核批准；其中，涉及占用农用地的，依照土地管理法第44条的规定办理审批手续。农村村民出卖、出租、赠与住宅后，再申请宅基地的，不予批准。国家允许进城落户的农村村民依法自愿有偿退出宅基地，鼓励农村集体经济组织及其成员盘活利用闲置宅基地和闲置住宅。国务院农业农村主管部门负责全国农村宅基地改革和管理有关工作。

此外，中共中央、国务院通过有关文件，多次强调农村居民建住宅要严格按照所在的省、自治区、直辖市规定的标准，依法取得宅基地。农村居民每户只能有一处不超过标准的宅基地，多出的宅基地，要依法收归集体所有。同时禁止城镇居民在农村购置宅基地。

二、2007 年物权法本条规定的主要考虑

为准确体现国家土地管理制度的有关内容，2007年制定的物权法关于宅基地使用权的取得和行使的规定经过了反复研究，多次修改，立法考虑主要是：

（一）关于宅基地使用权的取得

宅基地使用权的取得主要涉及国家土地管理制度。土地管理法以及有关法规中已经对宅基地使用权的取得及其必要限制作出了明确规定。实际中遇到的问题应当依照这些规定处理。有关法律法规实施中出现的问题，可以通过国家土地管理制度的进一步发展完善，逐步解决。物权法作为调整平等主体间财产关系的民事法律，对国家土地管理制度的具体内容可以不作重复规定，只作出必要的衔接性规定即可。

（二）关于宅基地使用权的转让和抵押

我国地少人多，必须实行最严格的土地管理制度。目前，我国农村社会保障体系尚未全面建立，宅基地使用权是农民基本生活保障和安身立命之本。从全国范围看，放开宅基地使用权转让和抵押的条件尚不成熟。特别是农民一户

只有一处宅基地，这一点与城市居民是不同的。农民一旦失去住房及其宅基地，将丧失基本生存条件，影响社会稳定。为了维护现行法律和现阶段国家有关农村土地政策，也为今后修改有关法律或者调整有关政策留有余地，本法的规定应当与土地管理的法律规定保持一致。

我国的土地管理制度正在改革，有关法律法规也正在完善。对于宅基地使用权的转让和抵押问题，为适应未来发展的需要，给进一步深化改革留有空间，2007 年物权法对宅基地使用权的转让和抵押问题作出衔接性的规定是必要的。本次民法典编纂对本条仅作了个别文字修改。

> **第三百六十四条　宅基地因自然灾害等原因灭失的，宅基地使用权消灭。对失去宅基地的村民，应当依法重新分配宅基地。**

【条文主旨】

本条是关于宅基地灭失后重新分配问题的规定。

【条文释义】

一、重新分配宅基地的客观原因是自然灾害导致宅基地的灭失

虽然从物理属性上讲，土地是不可能消灭的，但是从用途角度上说，自然灾害等原因可能使土地不再适用某种用途。例如，由于河流改道，原来的住宅和宅基地有可能完全被淹没；又如，由于山体滑坡，原来住宅所在的土地不能再建房居住。在发生这类自然灾害，原有宅基地不可能再用于建设住宅的情况下，就必须对丧失居住条件的集体的成员提供新的宅基地以维持生计。

二、可以享受重新分配宅基地的权利人应当是因此而丧失宅基地的集体的成员

宅基地使用权是基于集体成员身份享有的一种保障性的权利。作为基本保障，宅基地使用权不应当流转到集体之外，也不应当无限扩大，变相侵占集体土地，特别是耕地。因此，因自然灾害等原因重新分配宅基地时，应当按照规定的标准分配给仍然属于本集体且丧失基本居住条件的村民。对于多占的宅基地的情况，要予以纠正，不应当把失去多占的宅基地的村民也纳入需要重新分配宅基地的村民中。

三、重新分配宅基地应当按照国家有关规定，注意节约利用和保护耕地

根据土地管理法第 62 条和国家的有关规定，宅基地应当符合乡（镇）土地利用总体规划，尽可能利用原有的宅基地和村内空闲地。尽量珍惜每一寸土地，

特别是要严格限制对耕地的占用。在重新分配宅基地的情况下，也要按照国家规定的原则，统筹安排，厉行节约，尽可能保证将适宜耕作的土地用于农业生产，严格遵守国家关于土地用途管制和耕地保护的有关规定。

> **第三百六十五条　已经登记的宅基地使用权转让或者消灭的，应当及时办理变更登记或者注销登记。**

【条文主旨】

本条是关于宅基地使用权的变更登记和注销登记的规定。

【条文释义】

宅基地使用权涉及国家对土地资源的管理，更是一种重要的用益物权。从长远发展上看，对宅基地使用权的设立、变更和消灭进行登记，既有利于加强土地管理，又有利于表彰物权的状态，从而减少争端。目前，有的地方的宅基地使用权的登记制度不够完善，有的宅基地使用权还没有登记。这一现状尽管还没有引发大的矛盾和纠纷，然而在宅基地使用权发生变动时有可能带来风险。本条考虑到我国广大农村的实际情况以及登记制度的现状，虽然没有明确要求所有宅基地使用权一旦发生变更一律登记，但是对于已经登记的宅基地使用权转让或者消灭的，则明确规定了应当及时办理变更或者注销登记。本条规定既切合了我国物权制度发展的大方向，也有利于从实际出发，未雨绸缪，防患于未然。

目前，关于宅基地使用权变更登记与注销登记的规定，主要见于《土地登记规则》中。《土地登记规则》第37条规定："有下列情形之一的，土地使用权转让双方当事人应当在转让合同或者协议签订后三十日内，涉及房产变更的，在房产变更登记发证后十五日内，持转让合同或者协议、土地税费缴纳证明文件和原土地证书等申请变更登记：（一）依法转让土地使用权的；（二）因买卖、转让地上建筑物、附着物等一并转移土地使用权的；房屋所有权变更而使土地使用权变更的，在申请变更登记时，应当提交变更后的房屋所有权证书。"第39条规定："因交换、调整土地而发生土地使用权、所有权变更的，交换、调整土地的各方应当在接到交换、调整协议批准文件后三十日内，持协议、批准文件和原土地证书共同申请变更登记。"第56条规定："因自然灾害等造成土地权利灭失的，原土地使用者或者土地所有者应当持原土地证书及有关证明材料，申请土地使用权或者土地所有权注销登记。"第58条规定："土地使用者、所有者和土地他项权利者未按照本规则规定申请注销登记的，土地管理部门可以依照规定直接办理注销土地登记，注销土地证书。"

本条对宅基地使用权的取得、行使和转让作了与其他法律和国家有关规定的衔接性规定，已经为未来宅基地使用权制度的发展完善留下了空间。本条对宅基地使用权变更登记和注销登记的规定，将随着我国的土地使用制度和宅基地使用权制度的发展完善，逐渐发挥其应有作用。

第十四章　居住权

本章规定了居住权制度，共六条。居住权是指居住权人对他人所有住宅的全部或者部分及其附属设施，享有占有、使用的权利。本章主要对居住权概念、居住权合同内容、居住权的设立、居住权的限制、居住权的消灭和以遗嘱方式设立居住权等作了规定。

> **第三百六十六条　居住权人有权按照合同约定，对他人的住宅享有占有、使用的用益物权，以满足生活居住的需要。**

【条文主旨】

本条是关于居住权概念的规定。

【条文释义】

居住权是大陆法系传统的物权形态，是指居住权人对他人住宅的全部或者部分及其附属设施，享有占有、使用的权利。

一、居住权制度的起源

居住权制度起源于罗马法，最早产生于古罗马的婚姻家庭关系中，作为人役权的一种形式，其产生与当时罗马社会家庭状况及概括继承制有密切联系，是社会发展到一定阶段的产物。该制度的设立初衷，是解决家庭成员的居住和供养。

二、居住权的含义和法律特征

本条规定，居住权人有权按照合同约定，对他人的住宅享有占有、使用的用益物权，以满足生活居住的需要。根据本条的规定，居住权有以下法律特征：

（一）居住权是在他人住宅上设立的物权

居住权是在他人所有的住宅上设立的物权。设立居住权是住宅所有权人处分自己财产的一种方式，住宅所有权人根据自己的意思自由在自己所有的住宅的全部或者部分为他人设立居住权。此外，根据本条的规定，居住权只能在他人所有的住宅上设立，其他类型的房屋上不能设立居住权。

（二）居住权是一种用益物权

用益物权是以支配标的物的使用价值为内容的物权。我国的用益物权主要包括土地承包经营权、建设用地使用权、宅基地使用权、居住权和地役权等。根据本法的规定，居住权是一种用益物权，是指居住权人对他人所有的住宅的全部或者部分及其附属设施享有占有、使用的权利，以满足生活居住的需要。特别应注意的是，并非所有居住他人住宅的权利均是本条规定的居住权。如果当事人之间存在抚养、扶养、赡养、租赁、借用等关系，也同样可能享有居住他人住宅的权利。但由此而享有的权利不具有物权的排他效力，不是本条所规定的居住权，不能适用本章的规定。

此外，2018年8月，十三届全国人大常委会五次会议审议的民法典各分编草案第159条第1款规定，居住权人有权按照合同约定，对他人的住宅享有占有、使用的权利，以满足生活居住的需要。在立法过程中，有的意见提出，居住权是一种新的用益物权，虽然作为用益物权的一种规定在用益物权部分，但大多数人对居住权不熟悉，居住权与其他居住的权利的区别不明显。为强调居住权是一种用益物权，2019年4月，十三届全国人大常委会十次会议审议的民法典物权编草案二次审议稿第159条将"对他人的住宅享有占有、使用的权利"修改为"对他人的住宅享有占有、使用的用益物权"。

（三）居住权是为特定自然人设定的

居住权是住宅所有人为特定自然人的利益在自己所有的住宅上设定的权利，法人或其他组织不能享有居住权。享有居住权的主体范围具有有限性，居住权人以外的人一般不能享有居住权，但有的国家允许居住权人的家庭成员居住，并详细规定了可以居住的自然人的范围。

（四）居住权是为特定自然人生活居住的需要而设定的权利

居住权人只能将享有居住权的住宅用于满足其生活居住的需要，一般情况下，居住权人不能将其享有居住权的住宅出租，但是当事人另有约定的除外。根据本法第369条的规定，居住权不得转让、继承。

（五）居住权人按照合同约定对他人的住宅享有占有、使用的权利

一般情况下，当事人通过订立居住权合同并对居住权进行登记后设立居住权。居住权人对他人的住宅享有的占有、使用的具体权利义务，根据所有权人和居住权人之间订立的居住权合同确定。居住权人为充分地使用其居住的住宅，对住宅的各种附属设施亦有使用权。

> **第三百六十七条** 设立居住权，当事人应当采用书面形式订立居住权合同。
>
> 居住权合同一般包括下列条款：
> （一）当事人的姓名或者名称和住所；
> （二）住宅的位置；
> （三）居住的条件和要求；
> （四）居住权期限；
> （五）解决争议的方法。

〖条文主旨〗

本条是对居住权合同形式和内容的规定。

〖条文释义〗

一、居住权合同的形式

本条是对通过居住权合同设立居住权的合同形式和内容的规定。根据本条第 1 款的规定，设立居住权，当事人应当采用书面形式订立居住权合同。住宅所有权人为满足他人生活居住的需要想在自己所有的住宅上为他人设立居住权的，途径之一就是通过住宅所有权人与他人订立居住权合同，再按照订立的居住权合同向登记机构申请居住权登记。因设立居住权需明确一些具体的权利义务，本条规定，设立居住权的，当事人应当采用书面形式订立居住权合同。

二、居住权合同的内容

本条第 2 款规定是 2019 年 4 月民法典物权编草案二次审议稿增加规定的内容。2019 年 12 月民法典草案在二次审议稿的基础上又作了修改完善。根据本条第 2 款的规定，居住权合同一般包括下列条款：

（一）当事人的姓名或者名称和住所

当事人的姓名或者名称和住所，是合同中最基本的要件。如果不写明当事人，合同由谁履行就不明确，当事人的权利和义务更无从谈起。居住权合同的当事人一般为住宅的所有权人和居住权人。2019 年 4 月审议的民法典物权编草案二次审议稿本项规定的是"当事人的姓名和住所"，有的意见提出，存在有的老年人以房养老，可能将住宅出售给法人或者非法人组织，购买住宅的法人或者非法人组织在住宅上给老年人设立居住权的情况，建议增加当事人的名称的规定，2019 年 12 月审议的民法典草案将本项修改为"当事人的姓名或者名称和住所"。

（二）住宅的位置

居住权合同中应当明确住宅的具体位置，以确定当事人设立居住权的住宅。一般情况下，合同中明确的住宅的位置应与住宅房屋产权证上的位置一致。

（三）居住的条件和要求

居住权合同中可以约定居住的条件和要求，主要包括当事人的权利义务。设立居住权的合同应当尽可能清晰地确定当事人之间的权利义务关系，避免纠纷的发生，或者在发生纠纷时有明确的规则可供遵循。在权利方面，当事人可以协商约定居住权人占有使用的具体权利，如是否可以与其家属共同居住，是否可以让其所雇佣的保姆等为其生活所需的服务、护理人员居住。在义务方面，当事人可以协商约定双方的义务，如不得改变房屋的结构、用途，保管房屋的义务，承担房屋的日常负担及返还房屋等。

（四）居住权期限

民法典物权编草案二次审议稿未规定本项，这是 2019 年 12 月审议的民法典草案增加规定的内容。有的意见提出，为扩大居住权的适用范围，应该允许当事人对居住权期限进行约定。居住权制度创设初始，为达到保护居住权人的目的，赋予居住权长期性的特点，一般持续至居住权人终生。为保障当事人设立居住权的意思自由，扩大居住权制度的适用性，根据本法的规定，当事人可以就居住权的存续期限作出约定。当事人可以根据不同情况、不同需求在居住权合同中约定居住权的期限。例如，给未成年人设立居住权的，可以约定居住权期限存续至未成年人成年之时。如果当事人未对居住权期限作出约定，根据本法的规定，居住权人死亡的，居住权消灭。

（五）解决争议的方法

居住权合同可以就合同履行发生争议的解决方法作出约定。因履行居住权合同发生争议的，所有权人和居住权人可以双方协商解决，协商不成的，提交双方当事人指定的仲裁委员会仲裁，或者依法向人民法院起诉。

需要注意的是，本条第 2 款所规定的内容并非全部都是居住权合同必须约定的内容。当事人应当对第 1 项"当事人的姓名或者名称和住所"、第 2 项"住宅的位置"作出明确约定，如果欠缺这两项内容将导致居住权的主体和客体不明，不可能设立居住权。其他各项均非合同必须约定的内容，如果当事人未作约定，不影响居住权的设立。

> **第三百六十八条** 居住权无偿设立，但是当事人另有约定的除外。设立居住权的，应当向登记机构申请居住权登记。居住权自登记时设立。

【条文主旨】

本条是关于居住权设立的规定。

【条文释义】

本条是关于居住权设立的规定，本条规定在立法过程中不断修改完善。2018年8月审议的民法典各分编草案仅规定了一款，即"设立居住权的，应当向登记机构申请居住权登记。居住权自登记时设立"。在征求意见过程中，有的地方、法学教学研究机构和社会公众建议进一步完善居住权制度的相关规定，明确居住权是无偿设立的用益物权，并对居住权合同的内容进行规范。2019年4月审议的民法典物权编草案二次审议稿将该款单列一条，并在下一条中增加规定"居住权无偿设立"。有的意见提出，居住权应以无偿设立为原则，但应允许当事人作例外约定。2019年12月审议的民法典草案将"居住权无偿设立"移至本条并修改为"居住权无偿设立，但是当事人另有约定的除外"。根据本条规定：

一、居住权一般情况下无偿设立

居住权制度产生初始，是房屋所有权人为与其有特定人身关系的人设立，无偿性是居住权制度的特征之一。设立居住权一般情况下带有扶助、友善、帮助的性质。按照本条的规定，居住权无偿设立，即居住权人无需向房屋的所有人支付对价。

居住权是用益物权的一种，一般情况下具有无偿性，其与房屋租赁存在本质区别。主要表现在：一是保护方式存在区别。居住权是一种支配权，租赁权是一种请求权。居住权为一种独立的用益物权，具有物权的所有特征：对世性、绝对性、直接支配性等。租赁法律关系属于债权，具有相对性，租赁权人只能对抗特定的债务人。尽管房屋租赁权的效力强化后，租赁权人也具有对抗第三人的效力，但与作为物权的居住权对抗效力和对抗范围存在区别。二是设立方式存在区别。居住权需要经过登记才发生物权的效力，租赁权只需要双方的合意就发生法律效力，其设立不以登记为条件。三是期限存在区别。租赁权的租期由合同双方当事人约定，但不得超过20年，超过20年的部分无效，如果双方未约定租期，为不定期租赁，对于不定期租赁，任何一方当事人都可以随时解除合同。居住权的期限具有长期性的特点，除当事人另有约定外，通常至居住权人死亡时居住权消灭。四是取得权利支付的对价存在区别。取得居住权一般是无偿的，带有扶助、友善、帮助的性质。居住权人即便在特殊情况下需要向房屋的所有人支付费用，费用也是很少的。而租赁合同则是一种双务、有偿合同，取得租赁权，以支付租金为条件。

但是，本条规定，居住权无偿设立，但是当事人另有约定的除外。根据本条的规定，居住权以无偿设立为原则，当事人可以就是否无偿设立作出约定。

二、设立居住权的，应当向登记机构申请居住权登记

我国物权制度有"登记生效"与"登记对抗"两种物权变动模式。对居住权的设立，采用登记生效的物权变动模式。不动产登记簿是确定居住权的根本依据。居住权的设立登记，是指将设立居住权的事实依法记载于不动产登记簿的行为。本条规定，设立居住权的，应当向登记机构申请居住权登记。居住权自登记时设立。根据本条的规定，当事人签订居住权合同后，居住权并未设立，当事人需持居住权合同到不动产登记机构申请居住权登记。不动产登记机构将设立居住权的情况登记在不动产登记簿上，居住权自登记时设立。如果仅就住宅的部分设立居住权，应当在居住权合同中予以明确，并在不动产登记簿上予以明确。

> **第三百六十九条** 居住权不得转让、继承。设立居住权的住宅不得出租，但是当事人另有约定的除外。

【条文主旨】

本条是关于居住权限制的规定。

【条文释义】

居住权一般为满足特定自然人生活居住的需要设立，通常只具有占有、使用的权能，一般情况下居住权人不得利用房屋进行收益。居住权不得转让、继承，设立居住权的住宅不能出租是居住权的权利特征之一。因此，本条规定，居住权不得转让、继承。设立居住权的住宅不得出租，但是当事人另有约定的除外。

一是居住权不得转让。居住权人对他人的住宅享有占有、使用的权利，但只能由居住权人本人享有，居住权人不得将其享有的居住权转让。

二是居住权不得继承。居住权人死亡的，居住权消灭，居住权人的继承人不能继承居住权人对住宅享有的居住权。

三是设立居住权的住宅不得出租。居住权是占有、使用他人住宅的权利，其目的是满足权利人生活居住的需要。因此，一般情况下，居住权人对设立居住权的住宅不享有收益权。本条规定，设立居住权的住宅不得出租，但是当事人另有约定的除外。一般情形下，居住权人不能将住宅出租给他人以收取租金，但如果当事人根据需要达成协议，也可以将设立居住权的住宅出租。

> **第三百七十条** 居住权期限届满或者居住权人死亡的，居住权消灭。居住权消灭的，应当及时办理注销登记。

【条文主旨】

本条是关于居住权消灭的规定。

【条文释义】

由于居住权制度设计的目的是保障居住权人的生活居住的需要，其期限一般具有长期性、终生性。本条规定，居住权期限届满或者居住权人死亡的，居住权消灭。

根据本条规定，居住权消灭主要包括两种情形：

一是居住权期限届满。当事人可以根据自己的意思自由在居住权合同中约定居住权期限，居住权期限届满的，居住权消灭。例如，住宅所有权人给未成年人设立居住权的，可以约定居住权至居住权人成年时消灭，作出如此约定的，居住权人成年时，居住权即消灭。再如，当事人可以约定自合同签订之日起20年，居住权消灭，作出如此约定的，约定期限届满的，居住权消灭。居住权因期限届满消灭的，居住权人有返还房屋的义务。

2018年8月的民法典各分编草案和2019年4月审议的民法典物权编草案二次审议稿未规定"居住权期限届满"。物权编草案二次审议后征求意见过程中，有的常委委员、社会公众建议对居住权合同的内容、居住权的设立和期间等规定予以进一步完善，以使这一制度在实践中发挥更大的作用。2019年12月审议的民法典草案在居住权合同条款中增加规定"居住权期间"，同时在本条中增加规定"居住权期间届满的，居住权消灭"，当事人可以根据意思自由约定居住权期间。后文字统一为"居住权期限"。

二是居住权人死亡。当事人可以根据意思自由约定居住权期限，如果没有约定，居住权一般至居住权人死亡时消灭。

根据本条的规定，居住权消灭的，当事人应当及时到不动产登记机构办理注销登记，将登记于不动产登记簿的居住权信息注销。

> **第三百七十一条　以遗嘱方式设立居住权的，参照适用本章的有关规定。**

【条文主旨】

本条是关于以遗嘱方式设立居住权的规定。

【条文释义】

一、关于居住权的设立方式

根据本法的规定，设立居住权，有以下几种方式，不同的设立方式，居住权设立的时间不同。

一是合同。当事人订立居住权合同是设立居住权最主要的形式。通过订立居住权合同设立居住权的，必须到登记机构申请居住权登记，居住权自登记时设立。

二是遗嘱。住宅所有权人可以以遗嘱的方式为他人设立居住权，即住宅所有权人在自己的遗嘱里明确为他人设立居住权。

三是法院判决。除本章规定的以合同和遗嘱方式设立居住权外，居住权还可以通过法院判决的形式设立。本法第229条规定，因人民法院、仲裁机构的法律文书或者人民政府的征收决定等，导致物权设立、变更、转让或者消灭的，自法律文书或者征收决定等生效时发生效力。《最高人民法院关于适用〈中华人民共和国婚姻法〉若干问题的解释（一）》第27条第3款规定，离婚时，一方以个人财产中的住房对生活困难者进行帮助的形式，可以是房屋的居住权或者房屋的所有权。司法实践中，如离婚判决时，法官可以依法将居住权判给一些有特殊需要的人，这也是依法律规定设定居住权的一种方式。

二、以遗嘱方式设立居住权的，参照适用本章的有关规定

本章第366条至370条对居住权概念、居住权合同内容、居住权的设立、居住权的限制、居住权的消灭作了规定。当事人以遗嘱方式设立居住权的，本章的相关规定如居住权的限制和消灭等都参照适用。

第十五章　地役权

本章共十四条。对地役权的概念、设立地役权的形式及内容、地役权人和

供役地权利人的权利义务、地役权的消灭等作出了规定。

> **第三百七十二条** 地役权人有权按照合同约定，利用他人的不动产，以提高自己的不动产的效益。
>
> 前款所称他人的不动产为供役地，自己的不动产为需役地。

【条文主旨】

本条是关于地役权定义的规定。

【条文释义】

地役权是传统民法用益物权中的一项重要权利，是按照合同约定利用他人的不动产，以提高自己不动产效益的权利。例如，甲乙两工厂相邻，甲工厂原有东门，甲为了解决本厂职工上下班通行方便，想开一个西门，但必须借用乙工厂的道路通行。于是，甲乙两工厂约定，甲向乙支付使用费，乙工厂允许甲工厂的员工通行，为此双方达成书面协议，在乙工厂的土地上设立了通行地役权。此时，乙地称为供役地，甲地称为需役地。地役权具有以下特点：

第一，地役权的主体为不动产的权利人。地役权人是为了提高自己不动产的效益而设立地役权。供役地人就是在自己的不动产上设置地役权而便利他人行使不动产权利。因此，二者都是不动产的权利人，既可以是不动产的所有权人，如集体土地所有权人、建筑物的所有权人，也可以是不动产的使用权人，如土地承包经营权人、建设用地使用权人、宅基地使用权人。

第二，地役权是按照合同设立的。地役权合同是地役权人和供役地权利人之间达成的以设立地役权为目的和内容的合同。设立地役权，当事人应当采取书面形式订立地役权合同。根据法律规定，地役权合同一般包括下列条款：（1）当事人的姓名或者名称和住所；（2）供役地和需役地的位置；（3）利用目的和方法；（4）地役权期限；（5）费用及其支付方式；（6）解决争议的方法。

第三，地役权是利用他人的不动产。在地役权关系中，需役地和供役地属于不同的土地所有权人或者土地使用权人。利用他人的不动产来提高自己不动产的效益，是地役权设立的主要目的。所谓利用他人的不动产并不以实际占有他人不动产为要件，而是对他人的不动产设置一定的负担。这种负担主要表现在：一是容忍义务。如允许他人通行于自己的土地，以使自己行使土地的权利受到某种限制。二是不妨害地役权人行使权利的义务。在某些情况下，地役权人为了使用供役地便利，需要在供役地上修建必要的附属设施，如为实现排水地役权，而要在供役地建筑一个水泵。这时，供役地权利人就不得妨害地役权人行使其权利。

第四，地役权是为了提高自己不动产的效益。地役权的设立，必须是以增加需役地的利用价值和提高其效益为前提。此种"效益"既包括生活上得到的便利，也包括经营上获得的效益，如为需役地的便利而在供役地上设立的排水、通行、铺设管线等，也包括非财产的利益，即具有精神上或者感情上的效益，如为需役地上的视野宽广而设定的眺望地役权等。

第五，地役权具有从属性。地役权虽然是独立的一种用益物权，但是与其他用益物权相比，地役权从属于需役地，其目的是提高需役地的效益，必须与需役地相结合而存在。这种从属性主要体现在地役权的存续以需役地的存在为前提，与需役地的所有权或者其他物权相伴相随。本章中的许多相关规定都充分体现了地役权的从属性，比如一般而言，地役权不得单独转让，土地承包经营权、建设用地使用权等转让的，地役权一并转让。

> **第三百七十三条**　设立地役权，当事人应当采用书面形式订立地役权合同。
>
> 地役权合同一般包括下列条款：
>
> （一）当事人的姓名或者名称和住所；
>
> （二）供役地和需役地的位置；
>
> （三）利用目的和方法；
>
> （四）地役权期限；
>
> （五）费用及其支付方式；
>
> （六）解决争议的方法。

〖条文主旨〗

本条是关于地役权合同的规定。

〖条文释义〗

本法总则编第 135 条规定，民事法律行为可以采用书面形式、口头形式或者其他形式；法律、行政法规规定或者当事人约定采用特定形式的，应当采用特定形式。一般而言，法律对民事法律行为的形式不会有严格的要求，但在特殊情形下，会专门作出要求。如《瑞士民法典》第 732 条规定，关于设定地役权的契约，须用书面形式，始生效力。本条第 1 款作了同样的规定，明确设立地役权，当事人应当采用书面形式订立地役权合同。因此，根据本款规定，设立地役权的民事法律行为属于要式法律行为，必须采用书面方式这一特定形式。考虑到设立地役权事关不动产权利的行使，关系重大，为避免因权利义务内容不明确而生纠纷，法律规定地役权设立应当以合同书的形式。

本条第 2 款对于地役权合同的主要条款作了详细规定。根据第 2 款的规定，地役权合同一般包括以下条款：

1. 当事人的姓名或者名称和住所。当事人是合同的主体，如果不写明当事人，就无法确定权利的享有者和义务的承担者，发生纠纷也难以解决。按照我国的土地制度，地役权合同的双方当事人可以是土地所有人、建设用地使用权人、宅基地使用权人和土地承包经营权人等权利人。在订立地役权合同时，要尽量写清楚双方当事人的有关信息。自然人应当写明自然人的姓名、住址、身份证号码，法人应当写明法人的名称和住所，以及法定代表人的姓名等。当然，关于合同主体，还可以补充更为详尽的信息，比如双方的联系方式，法人的联络人等。

2. 供役地和需役地的位置。标的是合同当事人的权利义务指向的对象，标的是合同成立的必要条件，是所有合同的必备条款。没有标的，合同不能成立，合同关系无法建立。合同标的物应当明确，地役权合同所指向的标的物都是不动产，即供役地和需役地。签订地役权合同，应当标明供役地和需役地的具体位置，包括如地块名称、地块编码、面积、东南西北四至等内容。地块位置可以按照不动产权属证书所记载的内容写明，在条件具备的情况下，也可以用现代定位技术明确所涉地块的精确位置，并附上测绘图纸，这样就能更准确地表明地役权合同标的物所在。

3. 利用目的和方法。地役权的内容表现为对供役地设定一定的负担。这种负担可以是积极的，即地役权人可以在供役地上为一定的行为，如通行、取水、排水、铺设管线等。这种负担也可以是消极的，即供役人在供役地上不得为一定的行为，如不得在自己的地块上盖建高楼影响需役地的采光、眺望等。地役权合同当事人应当在合同中约定所设立地役权的目的为何。如需役地一方是为了通行目的，则应在合同中明确地役权为通行而设；如需役地是为了排水而需借用领地铺设管道，则应在合同中明确为排水所设。除在合同中明确设立地役权的目的外，实现此目的的具体方法也应当明确，因为不同的方法对供役地的影响是不同的。比如，为了通行目的而设立的地役权，实现的方法是铺设行人过道，还是铺设汽车马路；如为了铺设管线设立的地役权，是将管线架立在供役地的空中，还是铺设在供役地的地下，铺设在地表还是地下深层。

4. 地役权期限。地役权作为一种他物权，属于有期限物权。因此，有必要明确地役权的存续期限，即利用供役地的具体起止时间。地役权的期限是地役权存续的依据，应有明确的约定。在地役权合同中，应当将地役权期限尽量明确，如从某年某月某日至某年某月某日。当然这种期限也可以是不确定的，比如为通行目的设立的地役权，双方约定地役权至需役地上所建大厦竣工之日；如为铺设管线设立的地役权，可以约定地役权期限至管线报废之日。地役权合同如果没有约定或者约定不明确的，地役权人可以随时终止合同。

5. 费用及其支付方式。地役权设立可以是有偿的，也可以是无偿的，均由双方当事人约定。对于有偿设立的地役权，地役权人与供役地权利人在合同中，应当明确约定费用及其支付方式。具体而言，应当约定地役权的费用金额、币种，是分期支付还是一次性支付；分期支付的话，应当明确各期费用金额，支付的具体时间或者期限。支付方式是以现金支付，还是通过银行转账支付，还是通过支票或者其他方式支付。通过转账支付的，还应当明确收款方的账户名称、账号。代收费用的，还应当明确代收人的名称或者姓名、账户等内容。

6. 解决争议的方法。解决争议的方法指合同争议的解决途径和方式。双方当事人可以通过和解、调解、仲裁、诉讼等途径解决争议。在签订地役权合同时，当事人双方应当选择一种双方都接受的争议解决方法。需要注意的是，根据我国相关法律规定，仲裁和诉讼只能选择其中的一种方式，不能同时选择。如果当事人选择仲裁方式，应当明确所选择的仲裁机构，并按照仲裁机构的要求拟定仲裁条款。如果选择诉讼方式，应当明确管辖法院。

当事人签订合同的目的，是以在特定需役地和供役地上设立具体内容的地役权。因此，合同的条款是否齐备、准确，决定了合同能否顺利地履行、实现订立合同的目的。这里规定的地役权内容，只是一般地役权合同应当包括的条款，但不限于这些内容，并不是说合同中缺了其中任何一项就会导致合同不成立或者无效。有关合同主要条款的规定只起到提示性与示范性的作用。

地役权是由双方当事人通过约定设立的。对于地役权的内容法律不作严格限制，只要双方约定的内容不违反法律的强制性规定，就尊重当事人的约定。但地役权也是受限制的，如果地役权人滥用自己的权利，那么，供役地权利人有权解除地役权。对此，物权编还规定，地役权人违反法律规定或者合同约定，滥用地役权的，以及有偿利用供役地，约定的付款期限届满后在合理期限内经两次催告未支付费用的，供役地权利人都有权解除地役权合同，地役权消灭。

> **第三百七十四条** 地役权自地役权合同生效时设立。当事人要求登记的，可以向登记机构申请地役权登记；未经登记，不得对抗善意第三人。

【条文主旨】

本条是关于地役权的设立与登记的规定。

【条文释义】

一、地役权的设立

根据上条规定，设立地役权必须签订书面地役权合同。根据本条规定，地役权自地役权合同生效时设立。要判断地役权何时设立，必须知道地役权合同合何时生效。

本法总则编第 136 条第 1 款规定，民事法律行为自成立时生效，但是法律另有规定或者当事人另有约定的除外。合同编第 490 条第 1 款规定，当事人采用合同书形式订立合同的，自当事人均签名、盖章或者按指印时合同成立。在签名、盖章或者按指印之前，当事人一方已经履行主要义务，对方接受时，该合同成立。第 502 条第 1 款规定，依法成立的合同，自成立时生效，但是法律另有规定或者当事人另有约定的除外。

根据上述规定，一般而言，地役权合同的成立以双方当事人均签名、盖章或者按指印之时为准，如果一方先签名另一方后签名的，应以后签名的时间为成立之时。通常而言，合同成立之时即为生效之时。但是合同成立后要生效，还得具备合同生效的要件，且应排除合同无效事由的存在。因此，一般而言，地役权合同成立之时就生效，地役权即告设立。当然，当事人可以在地役权合同中附生效条件或者附生效期限。比如双方约定，地役权合同自需役地一方当事人支付价款后方生效。在当事人有约定生效时间或者生效条件时，只有到了约定的时间或者满足了生效的条件时，地役权合同方能生效。这就是本条规定的当事人另有约定的情形。

二、地役权的登记

关于地役权登记的效力，立法过程中对于是否必须登记，有不同意见。一种意见认为，地役权应当登记，如果该权利不通过登记予以公示，必然会损害第三人的利益。例如，地役权人和供役地权利人达成协议设立了地役权，这实际上是在供役地上设立了负担，供役地的价值将因此而减少。如果供役地权利人将其土地的使用权转让给第三人，第三人在受让该土地时，不知道该土地上已设立了地役权，仍然以没有负担的土地的价值购买，必然会蒙受损失。另一种意见认为，应将地役权登记生效作为基本原则，登记对抗作为例外。

一般而言，不动产物权以登记为要件。考虑到我国的实际情况，随着我国人口的增长和工业化的发展，土地资源越来越缺乏，为了解决土地资源的有限性与人类日益增长的需要之间的矛盾，需要通过确认土地之上的各种物权实现土地的高效率利用。在我国农村，地役权 80% ~ 90% 都是不登记的。为了方便群众，减少成本，物权法对地役权实行登记对抗主义。

所谓登记对抗主义，主要指不登记不得对抗不知道也不应知道土地设有地役权，而受让了该土地使用权的第三人。例如，甲房地产开发公司从他人手中取得位于市中心广场附近一块土地使用权，以"观景"为理念设计并建造了高层观景商品住宅楼。该地前边有一所学校乙，为了防止乙今后建造高楼挡住自己的观景视野，甲以每年向乙支付 10 万元补偿费为对价，与乙约定：乙在 30 年内不得在校址兴建高层建筑。合同签订后，双方没有办理地役权登记。一年后学校乙迁址，将房屋全部转让给房地产商丙，但乙未向丙提及自己与甲之间的约定。丙购得该学校后就建起了高层住宅。甲要求丙立即停止兴建，遭到丙的拒绝后，甲便向法院提起诉讼。按照本条的规定，法院不能支持甲的主张，因为本案中甲乙双方虽然订立了地役权合同，但没有登记，乙转让土地又没有告知丙该土地上设有地役权，因此，丙的合法权益应受保护，甲房地产开发公司只能基于合同，要求学校乙承担违约责任，而无权要求丙房地产商停止兴建高楼和承担责任。因此，为了更好地维护自己的地役权，地役权最好进行登记。

需要注意的是，地役权不登记，并非意味着地役权就不能对抗第三人，未登记的地役权，仅仅是不得对抗善意第三人。地役权属于用益物权，与债权不同（债权为相对权，不具有排他性），物权为绝对权。因此，地役权一经设立即具有对世效力。虽然地役权未经登记，但作为物权，仍可以对抗侵权行为人，如果他人非法侵害当事人的地役权，未登记的地役权人仍可以请求排除妨碍、赔偿损失。此外，未登记的地役权还可以对抗恶意第三人，所谓恶意第三人包括以不公正手段获得地役权登记的人，或者明知该地役权已经存在的第三人。

第三百七十五条 供役地权利人应当按照合同约定，允许地役权人利用其不动产，不得妨害地役权人行使权利。

【条文主旨】

本条是关于供役地权利人义务的规定。

【条文释义】

地役权作为一种用益物权，是地役权人对他人物权所享有的一种权利。要实现地役权的用益目的，提高需役地的效用，就会对供役地形成某种限制。这也就是供役地权利人的核心义务。地役权并非法定物权，法律并没有强制规定其权利的具体内容。因此，地役权的具体内容需要借助当事人之间所签订的地役权合同确定。第373条第2款第3项规定，地役权合同应当包括利用目的和方法的条款。此项内容为地役权合同的核心条款，双方当事人应该按照合同约定各自的义务，行使各自的权利。本条规定的就是供役地权利人的两方面的主要义务。

一、允许地役权人利用其土地

供役地权利人承担的首要义务就是允许地役权人利用其土地。在地役权人利用供役地时，多多少少会给供役地权利人带来不便。对于供役地权利人来说，必须按照合同的约定，向地役权人提供所涉土地，并要容忍供役地上的负担。在供役地上设定的负担可能有不同的类型：（1）允许他人利用自己土地。比如允许地役权人在自己的土地上挖沟排水，或者铺设管线，或者铺路等。（2）对自己行使土地的权利进行某种限制。比如甲乙双方设立地役权，需役地权利人乙需在甲所有的土地上架设高压电线，双方约定甲不得在供役地上种植树木，仅能种植水稻等低矮粮食作物。地役权设立后，甲必须按照合同约定，限制自己所有权的行使方式，不能随意种植作物。（3）放弃部分使用自己土地的权利。比如设定通行的地役权，地役权人在供役地上铺设道路通行，供役地权利人就需要放弃利用该部分土地的权利。（4）容忍对供役地造成某种程度上的损害。只要地役权人按照合同约定的目的和方法行使地役权，即便在一定程度上对供役地造成损害，供役地权利人也得允许。

二、不得妨害地役权人行使权利

供役地权利人一方面得容忍地役权人使用其土地，另一方面，在地役权人利用其土地时，也不得妨害。妨害地役权人行使地役权有不同的表现形式。可能是妨害地役权人行使主要权利，如供役地权利人甲与需役地权利人乙为了排水目的设立地役权，双方签订地役权合同后，为了实现此目的，乙必须在甲的土地上铺设水管，而甲却阻止乙铺设水管，此时甲就侵害了乙的地役权。妨碍地役权也可能是妨碍附属性的权利。地役权人为利用供役地，实现地役权的内容，在权利行使的必要范围内，有权在供役地上修建必要的附属设施或者从事某项必要的附属行为。这时，供役地权利人就不得妨害地役权人行使这些权利。这种妨碍可能是以积极作为的方式进行，也可能是以消极不作为的方式进行。比如，供役地权利人甲与需役地权利人乙就采光便利设定地役权，如果甲放任供役地上的林木自由生长，势必将影响地役权人的采光权。为了实现地役权，甲有义务对林木生长予以控制。

合同编第509条第1款规定，当事人应当按照约定全面履行自己的义务。因此，除上述义务外，供役地权利人还应当按照约定全面履行自己的其他合同义务。比如甲乙双方设定地役权，约定需役地权利人乙可以在甲所有的土地上架设输电线路，同时约定甲应当每半年定期修葺供役地上的林木杂草，确保输电线路安全。此时，甲就应当按照合同约定履行保障输电线路安全的义务。此外，该条第2款规定，当事人应当遵循诚信原则，根据合同的性质、目的和交易习惯履行通知、协助、保密等义务。故当事人之间除应约定合同的主要义务之外，还应当履行相关的附随义务。

对于合同特别是有偿合同的当事人而言，一方的权利往往是另一方的义务，一方的义务也就是另一方的权利，权利义务都是对等的。因此，对供役地权利人的诸多约束行为，都是事先在合同中作了约定的。供役地权利人在负有容忍或者不作为义务的同时，也获得了一定的补偿。供役地权利人之所以允许地役权人利用自己的土地，在很大程度上也是为了获取一定的费用。

还需要说明的是，如果供役地权利人未按照合同约定履行自己的义务，妨害地役权人行使地役权。此时地役权人应当如何主张自己的权利呢？总则编第186条规定，因当事人一方的违约行为，损害对方人身权益、财产权益的，受害方有权选择请求其承担违约责任或者侵权责任。因此，在供役地权利人违反合同约定，阻挠、妨害地役权人行使地役权时，其行为形成违约责任与侵权责任的竞合，地役权人既可以选择根据合同请求供役地权利人承担违约责任，作为用益物权人也可以选择要求对方承担侵害地役权侵权责任。

第三百七十六条　地役权人应当按照合同约定的利用目的和方法利用供役地，尽量减少对供役地权利人物权的限制。

【条文主旨】

本条是关于地役权人权利义务的规定。

【条文释义】

地役权这一用益物权，与其他用益物权有很大的不同，其他用益物权的权利内容大多由法律明确规定，物权权利人能做什么，其他人不能做什么，都很明确具体。而地役权则不同，地役权的核心内容都是由地役权合同设定，地役权的具体内容、地役权的行使目的和方法都是由双方当事人约定。地役权人作为用益物权的权利人，同时又是地役权合同的当事人，其行使地役权既要按照法律规定行使，同时也得按照合同约定行使权利，履行约定的义务。

本条概括规定了地役权人行使地役权的权利和义务。

一、按照合同约定的利用目的和方法利用供役地

地役权人的主要权利就是利用供役地，以提高自己土地的效益。地役权人利用供役地的目的和方法都必须按照合同约定。一般而言，地役权的利用目的和方法有以下几类：

1. 通行目的。需役地交通不便，需要借助供役地提供交通便利，方能实现需役地的经济价值。当事人双方就通行目的设立地役权。至于通行的具体方法，则需要由合同具体约定：可以是行人通行，即开设便道由人员通过；或者车辆通行，可以是铺设简易马路由小客车通行，也可以是铺设硬化道路由大货车通行；或者是火车通行，即需要铺设轨道供火车通过。当事人在订立地役权合同时约定明确，地役权人在行使地役权时，就应当根据合同所约定的方法通行。

2. 通过目的。需役地因利用之需，必须从远处输入电力、燃气等能源或者有线电视信号、网络数据等，需要利用供役地实现铺设管线的目的。比如乙开设工厂，需要以天然气为动力能源，因而需要从天然气公司输入，需要借助甲的土地埋设输气管道，双方即可就天然气通过的目的设立地役权。通过的方法也是由双方合同约定，可以是从空中地表安置管道，可以是从地下铺设管线，也可以是在空中架设管网。地役权人必须严格按照合同约定行使地役权，双方约定的实现方法为在空中架设管网，地役权人则不能在地表安置管线；双方约定的实现方法为在地下铺设涵管，地役权人就不能在空中架设管线。

3. 排水目的。需役地因生产或者生活排水的目的，得借助供役地挖设沟渠或者铺设管道，确保所排出的水流安全通过。实现排水目的的方法也有多种多样，比如可以埋设排水管道，可以开挖排水沟，可以加设水泵管道，可以修建涵洞等。

4. 通风目的。需役地权利人要求供役地权利人在一定范围，不得修建建筑物或其他障碍物，以实现需役地权利人的土地或建筑物顺畅通风的目的。实现通风的目的，当事人可以约定不同的方法，比如约定供役地不盖高楼，供役地不种植超高树木，或者供役地必须保持现状等。

5. 采光目的。需役地权利人为了确保自己土地光照充足，要求供役地人限制供役地的利用。实现采光的目的，可以有不同的方法，比如要求供役地权利人在一定范围内不得修建建筑物或其他障碍物，供役地上修建建筑物应当使用透明材料，供役地上不得修建超过多高的建筑物等。

6. 取水目的。需役地权利人为了生活或者生产之需，必须在供役地上的水源取水。取水的方法，可以是地役权人在需要时，每次到供役地的水源汲取；也可以是地役权人通过渠道、水管引水。双方当事人还应当在合同中明确约定取水的时间和取水量、取水顺序等事项。地役权人在实现取水目的时，必须按照合同约定的方法、数量和顺序取水。

7. 眺望目的。需役地权利人为了保持自己所有土地的开阔视野，要求供役地权利人不得在一定范围内修建建筑物或其他障碍物。实现此目的，当事人也可以在合同中约定不同的方法，比如维持现状，不种植高大乔木等。

地役权人在行使地役权的时候，必须按照合同约定的目的和方法行使，不得超越合同约定的范围。比如，双方仅约定需役地权利人可以在供役地上铺设管线，并未约定通行目的。此时，地役权人则不得通行。当然，地役权人除行使合同约定的主要权利外，还可以实施必要的附随行为。比如对于通过目的的地役权，供役地权利人应当允许地役权人为了铺设管线需要，临时占用供役地通行、架设管线。

二、尽量减少对供役地权利人物权的限制

地役权的实现，是供役地权利人为了需役地的便利而承受的负担。因此，地役权人按照合同约定的利用目的和方法利用供役地时，应当采取对供役地损害最小的方法为之，在利用供役地的同时，不要过分损害其利益。在某些情况下，为了实现地役权设定的目的，地役权人在供役地上需要修筑一些必要的附属设施，比如为了取水权的实现，在供役地上修建水泵；或者为了通行权的实现，在供役地上设置路灯而修筑电线杆等。地役权人从事这些行为必须是必要的、不得已的，不修建附属设施，地役权就不能有效实现。尽管必要，但也要求地役权人要采取适当的方法，尽量选择对供役地损害最少的方法行之，尽可能减少对供役地权利人物权的限制。

地役权人在行使地役权的同时，还应当履行合同约定的其他义务，比如交纳使用费用等。此外，地役权人还应当履行其他相关义务，比如架设燃气管道、高压电线等设施后，地役权人应当确保所架设管道、电线安全，并履行维护、维修义务，确保不危及供役地权利人和第三人的安全。

> 第三百七十七条　地役权期限由当事人约定；但是，不得超过土地承包经营权、建设用地使用权等用益物权的剩余期限。

【条文主旨】

本条是关于地役权期限的规定。

【条文释义】

地役权作为用益物权，属于他物权的一种。他物权与所有权的一个区别就是，所有权属于永久物权，他物权一般而言都属于有期限物权。地役权也是如此，地役权属于有期限的他物权。

一、约定期限

本条首先规定，地役权期限由当事人约定。因此，双方当事人应当在签订地役权合同时协商确定地役权的期限。物权编第 373 条第 2 款第 4 项也明确规定，地役权合同一般包括地役权期限条款。当事人协商确定的地役权期限，应当写入书面合同中。根据本条规定，当事人只要协商一致，即可以设定地役权的期限。如甲乙两村相邻，乙村为在本村集体土地上开办企业，需要借用甲村集体所有之土地架设高压电线，双方就高压线通过目的设立地役权，并在地役权合同中约定，地役权自某年某月某日开始，至乙村企业停办之日为止。此约定并不违反法律的相关规定，应为有效。

在地役权合同中，当事人应当尽量将地役权期限条款写得明确具体。当事人因结合地役权设立的具体需要，视情况作出规定：（1）对于为一次性、临时性目的设立的地役权，当事人应当尽量明确地役权行使的具体日期、时间点或者时间段。比如甲乙双方为了临时通行目的设立的地役权，应明确需役地权利人乙于何年何月何日几时将从甲的供役地上通过；（2）对于长期性的地役权，当事人则应当写明地役权行使的期限，从何时开始到何时终止；（3）对于附解除条件的地役权，所附条件不仅要合法有效，还须具体明确；（4）对于附终止期限的地役权，也应明确约定所附期限，否则将徒增纠纷。当然，当事人在合同中对地役权的期限没有约定或者约定不明确的，可以事后作出补充协议。

二、地役权期限的限制

本条同时规定，地役权期限不得超过土地承包经营权、建设用地使用权等用益物权的剩余期限。这是对涉及特殊类型用益物权的地役权期限作出的特别规定。用益物权属于他物权，属于有期限物权。地役权具有从属性，地役权必须依附于所涉不动产权利。比如供役地属于用益物权，所设定的地役权不能脱离该用益物权，供役地的用益物权消灭的，在其上所设的地役权自然消灭。同样，如果需役地权利人对土地所享有的并非所有权，那么需役地权利人所享有的权利到期终止后，为该权利所设立的地役权也就失去意义，固然应当终止。

根据我国宪法，我国的土地要么属于国家所有，要么属于集体所有。对于一般民事主体而言，只能获得土地使用权。集体经济组织的农户可以通过承包集体土地获得土地承包经营权，对于城镇居民而言，可以通过出让获得国有土地使用权。而这两种用益物权都是有期限的。因此，在有期限的用益物权上设定的地役权期限都是受到限制的。

实践中，可能发生需役地的土地使用权与供役地的土地使用权期限不一致的情况，比如供役地的土地使用权的剩余年限为 20 年，而需役地的土地使用权有 30 年，此种情况下地役权的期限最长为 20 年。又比如，甲公司通过出让方式获得了某住宅用地地块的国有土地使用权，根据规定，其所享有的国有土地使用权为 70 年。该地块与郊区乙村集体土地相邻。甲公司基于开发房地产所需，需要通过乙村集体所有土地埋设燃气管道。此时，甲公司与乙村签订地役权合同，由乙村为甲公司铺设燃气管道提供供役地。因乙村的集体土地所有权属于无期限物权，而甲公司享有的国有土地使用权为有期限物权，此时，地役权的期限不得超过甲公司对该国有土地使用权的剩余期限。

> **第三百七十八条** 土地所有权人享有地役权或者负担地役权的，设立土地承包经营权、宅基地使用权等用益物权时，该用益物权人继续享有或者负担已经设立的地役权。

【条文主旨】

本条是关于在享有和负担地役权的土地上设立承包经营权、宅基地使用权的规定。

【条文释义】

根据我国宪法和有关法律规定，我国农村的土地属于农民集体所有。在农村，由于实行农村土地承包经营制度和宅基地制度，从集体所有的农业用地上可以派生出土地承包经营权这一用益物权，从集体所有的建设用地上可以派生出宅基地使用权这一用益物权。因此，由于集体所有的土地可能会依法提供给集体成员使用，此时，对涉及集体所有土地的地役权如何处理，需要立法予以明确。本条针对这种情况专门作出了规定，土地所有权人享有地役权或者负担地役权的，设立土地承包经营权、宅基地使用权等用益物权时，该用益物权人继续享有或者负担已设立的地役权。

一、集体所有土地为需役地

土地所有人享有地役权，就是该土地作为需役地，在他人土地上设立了地役权。如 A 地块和 B 地块分别属于甲乙两村集体所有，且两地相邻，均为农业用地，因地理位置的不同，A 地缺水干涸，B 地上有一片湖泽。甲村为了给本村 A 地进行浇灌，与乙村在 B 地上设立期限为 20 年的取水地役权，两村签订书面合同并进行了登记，约定在 B 地上挖较宽的河道引水，并每年支付一定的费用。10 年后甲村将 A 地块承包给了村民丙，丙获得 A 地块的土地承包经营权。根据本条规定，设立土地承包经营权等用益物权时，该用益物权人可以继续享有地役权。丙作为 A 地块的用益物权人，可以继续享有地役权，丙仍可以从 B 地块取水。如果丙的土地承包经营权期限为 30 年。根据甲村与乙村所签订的地役权合同，地役权期限为 20 年。丙承包 A 地块时已过 10 年，因此，丙只能再继续享有剩余 10 年的地役权。再过 10 年，如果丙想继续设立地役权，则需与乙村再行签订地役权合同。

集体所有的建设用地可以设立宅基地使用权。根据本条规定，集体所有的土地享有地役权。如果在该集体土地上设立宅基地使用权，宅基地使用权人作为用益物权人，也可以继续享有该地役权。如甲村地块 A，交通不便，为通行目的，与乙村签订地役权合同，在乙村集体所有的 B 地块铺路通行，期限为 60 年。后甲村村民丙依法取得 A 地块的宅基地使用权，丙欲在 A 地块上盖房。丙是否可以经过 B 地块往 A 宅基地上运输建筑材料呢？根据本条规定，是可以的。因为丙作为宅基地使用权人，可以继续享有在集体土地上享有的地役权。

二、集体所有土地为供役地

集体所有土地为供役地，就是在集体所有土地上添加了地役权负担。土地所有人负担地役权的，设立用益物权时，用益物权人需要继续负担已设立的地役权。

集体所有的农业用地在设立土地承包经营权时，已设立的地役权需要由土地承包经营人继续负担。集体所有的建设用地在设立宅基地使用权时，已设立的地役权需要由宅基地使用权人继续负担。如甲村所有的 A 地块农业用地和乙村所有的 B 地块建设用地相邻，因 A 地缺水，需要从 B 地块铺设水管，故甲村与乙村签订地役权合同，约定在 B 地块上设立地役权，供甲村取水之用。同时，因信息化建设需要，乙村需要在 A 地块上架设光缆，故乙村与甲村签订了地役权合同，约定乙村享有地役权，可以在 A 地块上架设通讯光缆。后甲村村民丙承包了 A 地块，取得了土地承包经营权。乙村村民丁经审批获得了 B 地块上的宅基地使用权。根据本条规定，丙和丁需要继续负担已经设立的地役权，即丙仍应允许乙村在其所承包的农业用地上架设光缆，而丁则仍应继续允许甲村在 B 地块上铺设取水管道。

> **第三百七十九条**　土地上已经设立土地承包经营权、建设用地使用权、宅基地使用权等用益物权的，未经用益物权人同意，土地所有权人不得设立地役权。

【条文主旨】

本条是关于在已设立用益物权的土地上，土地所有权人设立地役权的规定。

【条文释义】

用益物权是一种他物权，用益物权人对他人所有的不动产或者动产，依照法律享有占有、使用和收益的权利。用益物权是一种独立的物权，用益物权一旦设立，用益物权人便独立地对标的物享有占有、使用和收益的权利。用益物权人不仅对所用益的标的物享有支配的权利，而且可以排除包括土地所有权人在内的一切人的干涉，这是用益物权的本质特征之一。根据物权编的规定，用益物权包括土地承包经营权、建设用地使用权、宅基地使用权等。

本条规定，土地上已设立土地承包经营权、建设用地使用权、宅基地使用权等用益物权的，未经用益物权人同意，土地所有权人不得设立地役权。根据本条规定，用益物权具有一定的优先效力，这种效力还可以对抗所有权人的所有权。第一，用益物权设立在先。土地所有人此前已经为他人设立了用益物权。比如国有建设用地已经出让给他人，或者集体所有的农业用地已经发包给村民，或者集体所有的建设用地已经划定给村民作为宅基地使用。此时，他人在先取得用益物权。用益物权人对所涉土地即享有占有、使用、收益的权利。这种占有是排他性的占有，包括排除所有权人。第二，未经在先用益物权人同意，所有权人不得设立地役权。根据本条规定，如果用益物权在先设立，土地所有权人应当尊重用益物权人的权利。如果所有权人想以所涉地块为供役地为他人设立地役权，必须征得用益物权人的同意。不论所有人想设立哪种地役权，这种地役权对在先用益物权影响或大或小，都必须取得用益物权人的同意。所有权人不能因为所设立的用益物权影响不大，而不征得用益物权人的同意。比如在农田上架设通信光缆的通过权，虽然对承包者的农业生产不会造成太大的影响，仍应获得该承包地的土地承包经营权人的同意方可设立。

> **第三百八十条** 地役权不得单独转让。土地承包经营权、建设用地使用权等转让的，地役权一并转让，但是合同另有约定的除外。

【条文主旨】

本条是关于地役权不得与需役地分离而单独转让的规定。

【条文释义】

用益物权为独立物权。用益物权一旦设立，用益物权人便独立地享有对标的物的使用权、收益权，亦即该权利是独立存在的，依当事人之间设立用益物权的行为或者法律的直接规定而发生。用益物权是一种主权利，而不是从属于其他物权的权利。因此，作为用益物权的土地承包经营权、建设用地使用权都是一种独立的权利，不从属于其他权利。而地役权作为一种为了需役地的便利而产生的用益物权，与需役地的关系极为密切，由此发生了主从权利的关系，即地役权从属于需役地的使用权。地役权不能与需役地分离而单独转让，它必须随着需役地的使用权转移而一同转移。当需役地的使用权发生转让时，地役权也应当随之发生转让。

一、地役权不得单独转让

由于地役权的成立必须有需役地与供役地同时存在，因此在法律属性上地役权与其他物权不同。地役权虽然是一种独立的用益物权，但它仍然应当与需役地的所有权或者使用权共命运，必须与需役地所有权或者使用权一同移转，不得与需役地分离而单独让与，这就是地役权的从属性，主要表现在三种情形：

第一，地役权人不得自己保留需役地的所有权或者用益物权，单独将地役权转让。如需役地权利人甲与供役地权利人乙为通行目的签订地役权合同，约定甲可以经乙所有土地的通行。丙系甲邻居，丙也想借乙所有的地块通行，遂与甲商量，由甲将甲对乙享有的地役权转让给丙。乙是否可以拒绝丙通行？根据本条规定，地役权不得单独转让。因此，乙有权拒绝丙的通行。

第二，地役权人不得自己保留地役权，而单独将需役地的使用权转让。甲享有 A、B 两个地块的土地承包经营权。由于 B 地块为旱地，遂与乙签订地役权合同，约定甲可以从乙的 C 地块上取水灌溉供 B 地块使用。后甲将 B 地块的土地承包经营权转让给同村村民丙。甲的 A 地块因地理环境发生变化也需取水灌溉，此时甲是否可以从 C 地取水呢？由于地役权从属性，甲不能单独转让 B 地块的土地承包经营权，保留对 C 地块的地役权。故甲不得基于此前因 B 地块享有的地役权而从 C 地取水。

第三，地役权人也不得将需役地的使用权与地役权分别让与不同的人。这也是地役权从属性的表现之一。如同村村民甲乙丙分别享有 A、B、C 三地块的土地承包经营权。由于 B 地块交通不便，故乙与甲协商，在 A 地块上设立以通行为目的的地役权，乙可以从 A 地通过。后乙将 B 地的土地承包经营权转让给甲。因 C 地交通亦变得不便，故丙与乙商量，将乙对 A 地享有的地役权转让给自己，因乙不再承包经营 B 地块，乙遂同意，双方签订地役权转让合同。此时，丙是否可以经 A 地通行呢？根据本条规定，因乙将其土地承包经营权及所设地役权分别转让给不同的主体，这种转让是不允许的。因此，并不能取得该地役权。

二、地役权随需役地上的权利一并转让

本条规定，土地承包经营权、建设用地使用权等转让的，地役权一并转让，但是合同另有约定的除外。首先，当设立了地役权的土地承包经营权、建设用地使用权转让时，以该等土地承包经营权、建设用地使用权的土地为需役地的地役权须一并转让。比如，甲对 A 地块享有土地承包经营权，甲与乙签订地役权合同，约定甲可以在乙的 B 地块上架设水管。后甲将 A 地块的土地承包经营权转让给丙，此时甲对 B 地块享有的地役权一并转让给丙，故丙也可以继续在 B 地块上架设水管。

其次，当事人在合同中有不同约定的，地役权并不必然一并转让。如果当事人在设立地役权合同时，明确约定地役权仅为特定权利主体设立，如果需役地的所有权或者使用权转移时，地役权消灭。法律尊重当事人的意思自治。此时，如果需役地的所有权或者使用权转移，并不会导致地役权的转移。

> **第三百八十一条** 地役权不得单独抵押。土地经营权、建设用地使用权等抵押的，在实现抵押权时，地役权一并转让。

【条文主旨】

本条是关于地役权不得单独抵押的规定。

【条文释义】

地役权是一种财产权利，但与其他财产权不同的是，地役权不得与土地承包经营权、建设用地使用权等用益物权分离单独存在。地役权是为了提高土地利用的便利设立的，脱离建设用地使用权、土地承包经营权等用益物权，地役权也就失去了存在的意义。对于受让地役权的主体来说，没有取得土地承包经营权和建设用地使用权，地役权也就无从发挥作用。地役权作为土地使用权的物上权利或者物上负担，与土地使用权紧紧联系在一起，因此应一并转让，否则受让的土地价值就会降低或者丧失。

一、地役权不得单独抵押

地役权具有从属性，是为了提升需役地的使用价值而设定的，脱离需役地，地役权一般情况下无独立价值，地役权单独抵押没有现实意义。本条规定，地役权不得单独抵押。在特殊情形下，有些地役权对于特定当事人而言有一定的经济价值。比如甲乙丙三公司分别享有国有土地使用权的 A、B、C 三地块毗邻。B 地块交通方便，A、C 两地块的交通受限。甲公司与乙公司商量，就经 B 地块通行设立地役权。此地役权对于交通不便的丙公司即具经济效用。如甲公司因向丙公司融资欲以该地役权抵押，丙公司愿意接受地役权抵押作为担保，甲公司是否可以将该地役权抵押给丙公司呢？根据本条规定，是不允许的。

需要注意的是，本条与物权法相比，仅将物权法中"土地承包经营权"修改为"土地经营权"。作此修改主要是与农村土地承包法相衔接。农村土地承包法第 47 条第 1 款规定，承包方可以用承包地的土地经营权向金融机构融资担保，并向发包方备案。受让方通过流转取得的土地经营权，经承包方书面同意并向发包方备案，可以向金融机构融资担保。根据此规定，能够提供担保的仅限于土地经营权，土地承包经营权不再能够用于担保。土地经营权融资担保包括两种情况：一种是承包方利用其所承包的承包地的土地经营权向金融机构融资担保；另一种是承包方将承包地的土地经营权流转后，土地经营权人利用土地经营权向金融机构融资担保。

二、抵押权实现时地役权一并转让

本条还规定，土地经营权、建设用地使用权等抵押的，在实现抵押权时，地役权一并转让。可以从两个方面来理解此规定：第一，需役地的相关权利抵押时，不需单独再就地役权设定抵押权。如对 A 地块享有国有土地使用权的甲公司与乙公司签订了地役权合同，约定甲公司可以在乙公司享有国有土地使用权的 B 地块上铺设燃气管道。甲公司因为融资需要将 A 地块的国有土地使用权抵押给丙银行，故甲公司与丙银行签订国有土地使用权抵押合同。双方在抵押合同中无需就甲公司对 B 地块享有的地役权作出特别约定。第二，抵押权实现时，地役权一并转让。上述案例中，如果甲公司到期未能偿还丙银行的债务，需要处置其抵押的 A 地块的国有土地使用权。丙银行遂申请法院拍卖 A 地块的国有土地使用权，丁公司取得了该地块的国有土地使用权。此时，根据本条的规定，甲公司对 B 地块享有的地役权应当一并转让给丁公司。

> **第三百八十二条** 需役地以及需役地上的土地承包经营权、建设用地使用权等部分转让时，转让部分涉及地役权的，受让人同时享有地役权。

【条文主旨】

本条是关于需役地及其用益物权等部分转让的规定。

【条文释义】

地役权具有不可分性，地役权的享有和存在都及于需役地和供役地的全部，不能分割为数个不同部分或者仅仅以一部分而存在。即使供役地或者需役地被分割，地役权在被实际分割后的需役地和供役地的各个部分上仍然存在。地役权的不可分性体现在两个不同方面：需役地部分转让时，地役权的权利不变；供役地部分转让时，地役权约束也不受影响。

本条规定的是第一种情况，即需役地以及需役地上的土地承包经营权、建设用地使用权等部分转让时，转让部分涉及地役权的，受让人同时享有地役权。需役地以及需役地上的土地承包经营权、建设用地使用权部分转让，产生了分属不同权利人的两个或者多个用益物权时，地役权在部分转让后的需役地的各个部分上依然存续。这是因为地役权是为整个需役地提供便利，如果土地的用益物权已经部分转让为各个部分，这种为需役地的便利而使用供役地的需要与权利，也应当继续存在于已经被部分转让的需役地上。所以，地役权也应当在需役地被部分转让后的各个部分继续存在。

理解本条规定，需要注意以下几个方面：

一是部分转让的标的。本条规定的部分转让包括两种情况：第一种是需役地部分转让。所谓需役地部分转让，就是需役地的所有权部分转让。由于我国的土地所有权属于国家所有或者集体所有。因此，土地所有权的转让应该包括集体所有的土地变为国家所有（也就是国家通过征收方式取得土地所有权），或者不同集体之间土地所有权的转让。如甲村与乙村相邻，因甲村部分土地耕种不便，遂与乙村协商，在乙村所有的 A 地块上设立以通行为目的的地役权，期限为 50 年。10 年后，甲村的部分土地 B 地块被依法征收，该部分土地出让给了开发商丙公司。丙公司在开发建设过程中，欲继续从 A 地块通行。乙村认为开发商丙公司并未与其签订有效地役权合同，也未支付费用，遂拒绝丙公司通行。丙公司是否有权通行呢？根据本条规定，甲村的 B 地块所有权由甲村转让给当地政府所代表的国家，当地政府作为受让人，可以继续享有甲村与乙村在 A 地块上所设立的地役权。在 B 地块出让后，根据第 378 条的规定，丙公司作为土地用益物权人，有权继续享有该地块上已设立的地役权。因此，丙公司仍可以从 A 地块通行。第二种是需役地上的土地承包经营权、建设用地使用权等的部分转让。这种情况主要是在国有土地上设定了建设用地使用权，或者在集体土地上设定了土地承包经营权、宅基地使用权、土地经营权等用益物权。这些需役地上的用益物权部分转让时也涉及地役权的效力问题。例如，土地承包经营权人甲为取水方便，在乙的承包地上设定了以取水为目的的地役权，后甲将自己的承包地一分为二，将土地承包经营权分别转让给了丙、丁，并办理了登记。丙、丁到乙的承包地取水，遭到阻拦。根据本条规定，甲的土地承包经营权部分转让了，因地役权的不可分性，作为受让人的丙、丁仍然可以在乙的承包地上行使取水地役权；乙不得阻止丙、丁行使取水地役权。

二是转让部分需涉及地役权。不论是土地所有权的转让，还是用益物权的转让，只有在转让部分涉及地役权时，才涉及地役权的效力问题。如果所转让的部分不涉及地役权，则不得享有地役权。例如，甲公司所有的 A、B 两座办公楼，其中 A 座与乙村所有的 C 地块相邻，甲公司为了观海便利，即与乙村签订了以眺望为目的的地役权，要求乙村不得在 C 地块上修建高层建筑。后来，甲公司将 A 座办公楼转让给了丙公司，B 座办公楼转让给了丁公司。由于甲公司与乙村所设立的眺望权只与 A 座有关，而与 B 座无关，此时，根据本条规定，应由受让人丙公司继续享有 C 地块上的地役权。

三是受让人的权利。根据本条规定，受让人同时享有地役权。所谓同时，即只要受让人所受让的土地使用权、用益物权与地役权有关，即可以享有该地役权。受让人享有地役权是基于法律的规定享有的，并不需要当事人就此再另行签订协议。如甲公司对 A 地块享有国有土地使用权，为了开发建设该地块，与相邻 B 地块的国有土地使用权人乙公司签订地役权合同，甲公司可以经 B 地通过，并办理了地役权登记。后甲公司将 A 地块中的一部分转让给了丙公司。

根据本条规定，丙公司能够与甲公司同时享有 B 地块上所设的地役权，而无需与乙公司另行签订协议。

> **第三百八十三条** 供役地以及供役地上的土地承包经营权、建设用地使用权等部分转让时，转让部分涉及地役权的，地役权对受让人具有法律约束力。

〖条文主旨〗

本条是关于供役地及其用益物权等部分转让的规定。

〖条文释义〗

地役权的不可分性的第二个方面就体现在供役地及其权利部分变动时，地役权约束也不受影响。本条规定，供役地以及供役地上的土地承包经营权、建设用地使用权等部分转让时，转让部分涉及地役权的，地役权对受让人具有法律约束力。与需役地部分转让时，地役权可以由受让方享有一样，供役地部分转让的，地役权的约束力对受让方也有约束力。原因就在于，地役权为整个供役地的负担，而不仅仅只是为部分供役地的负担。也就是说供役地部分的变化不应影响地役权的存在。

供役地的所有权部分转让时，转让部分涉及地役权的，地役权对受让人具有法律约束力。如甲所有的某地块与乙村的 A 地块相邻，因灌溉需要，遂与乙村签订以取水为目的的地役权合同，约定甲村可以在 A 地块埋设供水管道，期限为 50 年。20 年后，乙村将其所有的 A 地块部分转让给了丙村，丙村欲在该地块上建筑厂房，故要求甲村拆除该地块上的供水管道。根据本条规定，虽然乙村将供役地 A 地块的部分所有权转让了，此时，受让方仍需受地役权的约束，故丙村不得要求甲村拆除供水管道。

供役地上的土地承包经营权、国有土地使用权等部分转让时，地役权对受让人有约束力。供役地上的国有土地使用权等用益物权部分转让时，如果所转让部分涉及地役权的，因地役权的不可分性，受让人仍需要负担地役权的义务。如甲乙两公司享有国有土地使用权的两地块相邻，甲公司为供电需要，在乙公司的地块上设立了地役权，乙公司允许甲公司架设高压电线，并办理了地役权登记。后乙公司将设立了地役权的部分地块的国有土地使用权转让给了丙公司。根据本条规定，丙公司仍应允许甲公司的高压线在该地块上通过。

供役地以及供役地上的用益物权部分转让时，转让部分不涉及地役权的，地役权对受让人不再具有约束力。如甲承包了村里 100 亩的农业用地，其中包括 20 亩养殖水塘。乙也是该村承包户，因乙所承包的土地缺水，遂与甲约定，乙可以定期到甲的水塘取水灌溉，并向甲支付费用，双方签订了地役权合同并办理了登记。后甲将养殖水塘之外的 80 亩承包地的土地承包经营权转让给丙。因丙受让的承包地与甲乙双方就取水设定的地役权并无关系，故丙不受此地役权约束。

> **第三百八十四条** 地役权人有下列情形之一的，供役地权利人有权解除地役权合同，地役权消灭：
> （一）违反法律规定或者合同约定，滥用地役权；
> （二）有偿利用供役地，约定的付款期限届满后在合理期限内经两次催告未支付费用。

【条文主旨】

本条是关于地役权消灭的规定。

【条文释义】

地役权消灭就是地役权因法定事由而归灭失。地役权与其他物权相比的一个重要区别就是地役权的权利内容是由双方当事人通过合同约定。地役权合同是地役权的基础，双方当事人可以在合同中就地役权的设立、存续、消灭等作出约定。本条针对地役权合同中供役地权利人单方解除权作了特别规定，在出现法定事由时，供役地权利人有权依法行使单方解除权，使地役权归于消灭。根据本条规定，供役地权利人行使单方解除权的法定事由包括：

第一，地役权人违反法律规定或者合同约定，滥用地役权。认定地役权人是否滥用地役权，可以从两个方面进行判断。其一是根据合同约定判断。一般而言，地役权合同会就供役地和需役地的位置、地役权的利用目的和方法等作出约定，如果地役权人违反合同约定的目的、方法等行使地役权，即可以认定为构成滥用地役权，此时供役地权利人可以单方解除地役权合同。比如，甲对一水塘享有土地承包经营权，乙承包了一片菜地。乙由于需取水浇菜，故与甲协商，双方就从甲承包的水塘取水设立地役权，合同明确约定乙每天最多只能取水 20 吨，以确保甲的水塘所养之鱼有足够的水源。双方在签订地役权合同后，依法办理了地役权登记。后乙因扩大种植面积，需要更多的灌溉用水，故每日偷偷从甲的水塘中取用超过合同约定最大取水量数倍的水，导致甲的水塘面临枯水，鱼塘中所养之鱼大量死亡。乙的行为明显违反合同约定的方法取水，故可以认定为滥用地役权，此时根据本条规定，甲有权行使单方解除权，使地役权归于消灭。其二是根据法律规定判断。根据法律判断地役权人是否滥用地役权，所依据的法律既包括民法典，也包括其他与行使地役权相关的法律。比如，甲公司与乙村所有的集体土地相邻，甲公司因生产需要排放废水，故与乙村协商，欲通过乙村的土地排放废水，双方签订了以排水为目的的地役权合同，并办理了地役权登记。后甲公司违反水污染防治法的规定，大量排放超过地方规定的水污染物排放标准的水污染物，造成乙村土地被严重污染。在此情况下，由于甲公司违反了水污染防治法排放污水，构成滥用地役权。故乙村可以依法单方解除地役权合同。

第二，有偿利用供役地的，地役权人在约定的付款期限届满后在合理期限内经两次催告仍未支付费用。地役权合同是否有偿，由地役权人和供役地权利人约定。如果地役权为有偿，那么，地役权人必须按照合同的约定履行付款义务。如果地役权人无正当理由，在合同约定的付款期限届满后，仍没有按照合同约定支付供役地权利人费用的，而且在一个合理期限内经两次催告，地役权人仍不履行付款义务的，表明地役权人没有履行合同的诚意，或者根本不可能再履行合同，供役地权利人可以解除地役权合同。否则，不仅对供役地权利人不公平，而且还会给其造成更大的损失。供役地权利人解除地役权合同的，地役权消灭。

本条规定的地役权消灭的两项法定事由，是专门为供役地权利人设立的权利。当然，供役地权利人除可以根据本条规定的法定解除事由解除地役权合同外，还可以基于当事人的约定行使解除权。合同编第 562 条规定，当事人协商一致，可以解除合同。当事人可以约定一方解除合同的事由。解除合同的事由发生时，解除权人可以解除合同。根据合同编的此规定，地役权合同同样可以因发生约定解除事由而解除。约定解除事由既可以是在订立合同时双方约定的解除事由，也可以在地役权履行过程中，双方协商一致解除。比如，需役地权利人与供役地权利人约定，供役地权利人在特定情形下，可以行使单方解除权，解除地役权合同。如果在地役权合同履行过程中，发生了约定的特定情形，此时，供役地权利人就可以根据约定行使单方解除权。

地役权除因当事人行使法定解除权或者约定解除权，解除地役权合同导致消灭外，还存在其他消灭事由：第一，地役权合同消灭。比如地役权合同存在无效、可撤销事由的，地役权合同被撤销或者宣告无效后，地役权即应消灭；第二，地役权期限届满。地役权合同的一般条款包括地役权期限。当事人双方在地役权合同中约定的地役权期限届满时，地役权存在的基础没有了，当然应归于消灭；第三，地役权合同中所附地役权终止期限到来。当事人可以在地役权合同中附终止期限，约定的终止期限到来时，地役权亦告消灭；第四，地役权合同中所附终止条件成就。如果地役权合同中约定附条件终止，则所附条件成就时，根据合同约定，此时地役权合同终止，地役权亦应告消灭；第五，混同。如果供役地的权利人与需役地权利人同为一人时，地役权会因混同而消灭。比如甲乙分别承包了 A、B 两个不同地块，甲为了灌溉之需，双方协商后约定甲可以从乙承包的 B 地取水，双方签订了地役权合同并进行了登记。后乙将 B 地的土地承包经营权转让给了甲，此时需役地 A 地块的土地承包经营权人与供役地 B 地块的土地承包经营权人同为甲，地役权因混同而无存在无必要，即应消灭。

> **第三百八十五条** 已经登记的地役权变更、转让或者消灭的，应当及时办理变更登记或者注销登记。

【条文主旨】

本条是关于地役权变动后登记的规定。

【条文释义】

不动产物权由于某种原因发生变动时，应当将其变更、转让或者消灭的情形记载于不动产登记簿上，以防止纠纷的发生。公示对于市场经济秩序的建立和维护具有十分重要的意义。登记制度是市场经济社会国家维护秩序，保障交易安全的重要法律手段。地役权变更、转让或者消灭都是物权变动的内容。如果地役权虽然已经发生了变动，但没有办理变更登记或者注销登记，则在法律上并没有真正完成物权的变动。从法律效果上来看，只要作为公示内容的物权现状没有变动，便可以视为物权变动没有发生过。例如，当地役权人取得供役地的用益物权，因混同而导致地役权消灭时，就应当及时办理地役权的注销登记，使供役地负担的变化情况及时向公众公示。之所以要求当事人及时办理变更登记或者注销登记，是因为该供役地的用益物权很可能会转让给第三人，有负担的不动产和没有负担的不动产在价值上是完全不同的。对受让人而言，受让了具有负担的不动产之后，将会使受让人的权利行使受到一定的限制，这样对受让人是不公平的。因此，为了维护登记簿的公示力、公信力，必须在地役权人办理变更、转让或者注销该地役权登记后，地役权变动才能生效，否则地役权仍然存在。同时，向公众公开不动产负担的情况，对保护受让人的利益、防止纠纷都具有十分重要的作用。

本条规定，已经登记的地役权变更、转让或者消灭的，应当及时办理变更登记或者注销登记。可以从以下几个方面理解本条：

第一，需要办理变动登记的地役权范围。物权编第374条规定，地役权设立不以登记为要件，登记仅具有对抗善意第三人的效力。因此，并非所有的地役权都会办理登记。没有办理登记的地役权，即使变更、消灭之后，也不可能再去办理变更、注销登记。只有当事人自己申请办理了登记的地役权，为了确保地役权的公示公信力，便于第三人知晓物权状态，才有必要去办理变更、注销登记。

第二，变动登记的类型。本条规定，两种情况需要办理地役权变动登记：其一是变更登记。地役权变更、转让的，应当办理变更登记。地役权的内容变更，比如地役权的期限、利用目的、利用方法发生了变更，应当办理变更登记。地役权的主体变更，也就是地役权发生了转让，也需要办理变更登记。其二是注销登记。地役权消灭的，应当办理注销登记。地役权消灭可能因为地役权合同约定的期限届满，可能是由于供役地权利人行使单方解除权消灭，也可能是因为当事人双方达成解除地役权合同的协议，还可能是因混同而消灭，等等。只要地役权消灭的，都应当依法办理地役权注销登记。

第三，办理地役权变动登记的主体。办理地役权变动登记，应当由地役权合同的双方当事人共同办理。办理地役权登记的机构负责地役权变更和注销登记。

第四，办理地役权变动登记的程序。已经设定地役权的土地使用权转移后，供役地权利人和需役地权利人应当持变更后的地役权合同及土地权利证书等相关证明材料，办理地役权变更登记。已经登记的地役权终止的，当事人应当办理地役权注销登记。

第五，地役权变动登记的法律效果。根据本法第374条规定，地役权登记具有对抗善意第三人的效力。因此，如果地役权变更、转让未办理变更登记，地役权消灭时未办理注销登记的，当事人不得对抗善意第三人。

第四分编　担保物权

第十六章　一般规定

本章共八条，对担保物权的含义、担保物权的适用范围及反担保、主债权债务合同与担保物权合同的关系、担保物权的担保范围、担保物权的物上代位性、担保物权与保证的关系、担保物权的消灭原因等共同规则作了规定。

> **第三百八十六条** 担保物权人在债务人不履行到期债务或者发生当事人约定的实现担保物权的情形，依法享有就担保财产优先受偿的权利，但是法律另有规定的除外。

【条文主旨】

本条是关于担保物权含义的规定。

【条文释义】

担保物权是以直接支配特定财产的交换价值为内容，以确保债权实现为目的而设定的物权。担保物权制度是现代民法的一项重要制度，在社会经济生活中发挥着以下重要作用：

第一，确保债权的实现。债权是债权人请求债务人履行一定给付行为的请求权，而债务人是否履行给付行为，取决于债务人的信用。如果债务人的信用较差，债权人实现债权就会面临较大风险；如果债权人没有足够的手段规避这种风险，债权人就只好放弃某种民事活动。因此，如何规避交易风险，强化债权效力，确保债权实现是现代民商事立法的重要任务。现代立法为此设计了两种制度：一种是债的担保方式（如保证）；另一种是物的担保方式（即担保物权）。这两种担保方式各有优点。担保物权制度极大地强化了债权效力，减少了交易风险，可以有效确保债权实现。

第二，有利于促进社会的融资。由于商业风险的存在，贷款者可能因担心贷款不能得到偿还而拒绝贷款或者少贷款，这将导致融资活动的减少，也会降低经营者发展生产的能力。对贷款者来说，担保物权制度可以减少其忧虑；对借款者来说，在其信用建立之前，通过提供担保可以补充其信用状况，增强融资的能力。担保物权制度有利于社会融资活动的进行。商业银行法规定，商业银行贷款，借款人应当提供担保。商业银行应当对保证人的偿还能力，抵押物、质物的权属和价值以及实现抵押权、质权的可行性进行严格审查。这里的"抵押权和质权"就属于担保物权。

担保物权具有以下特征：

第一，担保物权以确保债权人的债权得到完全清偿为目的。这是担保物权与其他物权的最大区别。担保物权人与所有权人、用益物权人相比，对特定财产一般没有直接的使用、收益和处分的权利，只有对特定财产交换价值的支配权。之所以有这些不同，最根本原因是担保物权旨在确保债务的清偿，是为确保债务的清偿而设立的。因此，在担保物权设立时，要有被担保债权的存在，这是担保物权的一个重要属性：从属性，从属于所担保的债权。担保物权的从属性不但体现在担保物权的设立上，还体现在担保物权的转让、消灭等方面，本分编的多个条文体现了担保物权的从属性，例如，依据本法第388条，设立担保物权，应当依照本法和其他法律的规定订立担保合同，担保合同是主债权债务合同的从合同。主债权债务合同无效的，担保合同无效，但是法律另有规定的除外。第393条第1项规定，主债权消灭的，担保物权消灭。第407条规定，抵押权不得与债权分离而单独转让或者作为其他债权的担保。债权转让的，担保该债权的抵押权一并转让，但是法律另有规定或者当事人另有约定的除外。债权人在其债权无法获得清偿时，便可以要求实现担保物权。担保法规定，只有债务人不履行到期债务时，担保物权人可以实现担保物权。为保护担保物权人的利益，同时也充分尊重当事人对实现担保物权的条件的安排，物权法增加了担保物权的实现条件。民法典物权编延续了物权法的规定，担保物权人在两种情况下可以实现担保物权：一是债务履行期届满时，债务人不履行债务的；二是发生当事人约定的可以实现担保物权的情形的。

第二，担保物权具有优先受偿的效力。优先受偿性是担保物权的最主要效力。优先受偿是指在债务人到期不清偿债务或者出现当事人约定的实现担保物权的情形时，债权人可以对担保财产进行折价或者拍卖、变卖担保财产，以所得的价款优先实现自己的债权。担保物权的优先受偿性主要体现在两个方面：一是优先于其他不享有担保物权的普通债权；二是有可能优先于其他物权，如后顺位的担保物权。需要注意的是，担保物权的优先受偿性并不是绝对的，如果本法或者其他法律有特别的规定，担保物权的优先受偿效力会受到影响。例如，海商法明确规定，船舶优先权人优先于担保物权人受偿。因此，本条结尾的"但是法律另有规定的除外"就是指这些特殊情形。

第三，担保物权是在债务人或者第三人的财产上设立的权利。债务人既可以以自己的财产，也可以第三人的财产为债权设立担保物权。根据本法的规定，可以用于担保的财产范围比较广，既包括现在的财产，也包括将来的财产；既包括不动产，也包括动产。在特定情形下还可以用权利进行担保，如本法规定的权利质权。

第四，担保物权具有物上代位性。债权人设立担保物权并不以使用担保财产为目的，而是以取得该财产的交换价值为目的，因此，担保财产即使毁损、灭失，但代替该财产的交换价值还存在，担保物权的效力仍存在，但此时担保物权的效力转移到了该代替物上。这就是担保物权的物上代位性。对此，本法第 390 条明确规定，担保期间，担保财产毁损、灭失或者被征收等，担保物权人可以就获得的保险金、赔偿金或者补偿金等优先受偿。被担保债权的履行期限未届满的，也可以提存该保险金、赔偿金或者补偿金等。

> **第三百八十七条** 债权人在借贷、买卖等民事活动中，为保障实现其债权，需要担保的，可以依照本法和其他法律的规定设立担保物权。
>
> 第三人为债务人向债权人提供担保的，可以要求债务人提供反担保。反担保适用本法和其他法律的规定。

【条文主旨】

本条是关于担保物权适用范围及反担保的规定。

【条文释义】

担保物权的适用范围是指担保物权可以适用的领域。反担保是指替债务人提供担保的第三人，无论该第三人是提供人的担保还是物的担保，为了保证自己的追偿权得到实现，可以要求债务人为自己追偿权的实现提供担保。

对本条第 1 款的理解，应注意以下几点：第一，担保物权适用于民事活动，不适用于国家行政行为、司法行为等不平等主体之间产生的关系。担保物权是平等民事主体之间为确保债权的实现而设定的。第二，为了引导当事人设定担保物权，本法列举了借贷、买卖两种典型的可以设定担保物权的民事活动，但可以设定担保物权的民事活动很广泛，并不仅限于这两种民事活动。第三，因侵权行为产生的债权不能用事先设定担保物权的方式加以保障，但是因侵权行为已产生的债权，属于普通债权，可以用设定担保物权的方式确保该债权实现。第四，本条第 1 款中的"其他法律"主要指海商法、农村土地承包法等对船舶抵押、土地经营权抵押作了规定，也为今后相关特别法规定担保物权留下接口。

本条第 2 款对反担保作了规定。在由第三人提供担保物权的债权债务关系中，在债务人未清偿到期债务或者出现当事人约定的可以实现担保物权的情形时，提供担保财产的第三人应当承担担保责任，债权人可以就第三人提供的担保财产实现自己的债权。第三人基于担保合同以及替代债务人清偿债务这一法律事实，有权向债务人追偿。第三人为保障自己追偿权的实现，可以要求债务人向自己提供担保，这里的担保可以是债务人或者其他人提供的担保物权，也可以是其他人提供的保证。反担保的法律性质、具体规则适用等方面与设立担保物权一样，因此，本款规定，反担保适用本法和其他法律的规定。

> 　　**第三百八十八条**　设立担保物权，应当依照本法和其他法律的规定订立担保合同。担保合同包括抵押合同、质押合同和其他具有担保功能的合同。担保合同是主债权债务合同的从合同。主债权债务合同无效的，担保合同无效，但是法律另有规定的除外。
> 　　担保合同被确认无效后，债务人、担保人、债权人有过错的，应当根据其过错各自承担相应的民事责任。

【条文主旨】

本条是关于担保合同从属性以及担保合同无效后法律责任的规定。

【条文释义】

我国的法律和司法实践，对于意定担保物权的设立均要求采用书面形式订立合同。本条规定，设立担保物权，应当依照本法和其他法律的规定订立担保合同。担保合同属于民事合同的一种，其成立和生效应当符合合同编的有关规定。担保合同除了包括本法规定的抵押合同、质押合同以外，还包括其他具有担保功能的合同。

担保物权的一个重要特点就是其附随于主债权债务关系，没有主债权债务关系的存在，担保关系也就没有了存在以及实现的可能和价值。体现主债权债务关系的主要是主债权债务合同，体现担保关系的主要是担保合同。担保关系必须以主债权债务关系的存在为前提。从这个意义讲，担保合同是主债权债务合同的从合同。对于担保物权的附随性，物权法规定，担保合同是主债权债务合同的从合同。民法典物权编继承了物权法的规定。

根据本法第155条的规定，无效的民事法律行为自始没有法律约束力，当事人在合同中约定的权利义务关系自然就归于无效。在担保物权中，主债权债务关系无效后，其约定的权利义务关系就不存在了。根据担保关系的附随性，作为从合同的担保合同自然也归于无效。本条第1款规定，担保合同是主债权债务合同的从合同。主债权债务合同无效，担保合同无效，但是法律另有规定的除外。需要指出的是，担保合同随主债权债务合同的无效而无效只是一般规则，并不是绝对的，在法律另有规定的情况下，担保合同可以作为独立合同存在，不受主债权债务合同效力的影响。例如，本法规定的最高额抵押合同就具有相对的独立性。在连续的交易关系中，其中一笔债权债务无效，并不影响整个最高额抵押合同的效力。基于此，本条第 1 款专门规定"但是法律另有规定的除外"。

在主债权债务合同无效导致担保合同无效时，虽然不存在履行担保义务的问题，但债务人、担保人或者债权人并非不承担任何法律后果。根据本法第 157 条的规定，民事法律行为无效后，行为人因该行为取得的财产，应当予以返还；不能返还或者没有必要返还的，应当折价补偿。有过错的一方应当赔偿对方由此所受到的损失；各方都有过错的，应当各自承担相应的责任。法律另有规定的，依照其规定。同样的道理，在主债权债务合同无效，担保合同也无效的情况下，如果债务人、担保人或者债权人对合同的无效有过错的，应当根据其过错各自承担相应的民事责任。这里的"相应的民事责任"指当事人只承担与其过错程度相当的民事责任。例如，担保合同无效完全是由于主债权债务合同违背公序良俗导致无效的，则过错完全在债务人与债权人，责任应完全由债务人和债权人自己承担。

需要强调的是，导致担保合同无效的原因很多，主债权债务合同无效导致担保合同无效只是原因之一。在主债权债务合同有效的情况下，担保合同也可能无效。例如，担保合同因违反法律、行政法规的强制性规定而无效，因担保人为无民事行为能力人而无效，等等。也就是说，判断担保合同是否有效，不能仅以主债权债务合同是否有效为标准，还要看担保合同本身是否有本法规定的合同无效情形。在主债权债务合同有效，担保合同无效的情形下，债务人、担保人或者债权人对担保合同无效有过错的，也应当各自承担相应的民事责任。在这种情况下，如果是债务人为担保人，主债权债务合同仍然有效，只是主债权失去担保，其对担保合同无效有过错的，应当对债权人承担过错责任；如果第三人为担保人的，担保人不再承担责任，但是担保人对担保合同无效有过错的，其对债务未能履行的部分，承担相应的过错责任。

> **第三百八十九条** 担保物权的担保范围包括主债权及其利息、违约金、损害赔偿金、保管担保财产和实现担保物权的费用。当事人另有约定的，按照其约定。

【条文主旨】

本条是关于担保物权的担保范围的规定。

【条文释义】

担保物权的担保范围是指担保人所承担的担保责任范围。根据本条规定，担保物权的担保范围包括：

一、主债权

主债权指债权人与债务人之间因债的法律关系所发生的原本债权，例如，金钱债权、交付货物的债权或者提供劳务的债权。主债权是相对于利息和其他附随债权而言，不包括利息以及其他因主债权而产生的附随债权。

二、利息

利息指实现担保物权时主债权所应产生的一切收益。一般来说，金钱债权都有利息，因此其当然也在担保范围内。利息可以按照法律规定确定，也可以由当事人自己约定，但当事人不能违反法律规定约定过高的利息，否则超过部分的利息无效。

三、违约金

违约金指按照当事人的约定，一方当事人违约时，应当根据违约情况向另一方支付的一定数额的金钱。在担保行为中，只有因债务人的违约行为导致产生支付违约金的义务时，违约金才可以纳入担保物权的担保范围。此外，当事人约定了违约金，一方违约时，应当按照该约定支付违约金。如果约定的违约金低于或者高于造成的损失时，当事人可以请求人民法院或者仲裁机构予以调整，此时在计算担保范围时，应当以人民法院或者仲裁机构最终确定的违约金数额为准。

四、损害赔偿金

损害赔偿金指一方当事人因违反合同或者因其他行为给债权人造成的财产、人身损失而给付的赔偿额。损害赔偿金的范围可以由法律直接规定，或由双方当事人约定，在法律没有特别规定或者当事人没有约定的情况下，应按照完全赔偿原则确定具体赔偿数额。赔偿全部损失，既包括赔偿直接损失，也包括赔偿可得利益损失。直接损失指财产上的现实减少，可得利益损失指失去的可以预期取得的利益。可得利益损失的确定需要坚持客观的原则。

五、保管担保财产的费用

保管担保财产的费用指债权人在占有担保财产期间因履行善良保管义务而支付的各种费用。在担保期间，质权人和留置权人有妥善保管担保财产的义务。但这并不意味着保管的费用由质权人或者留置权人负担，相反，债务人或者第三人将担保财产交由债权人占有的目的是为了向债权人担保履行债务，保管费用应当由债务人或者提供担保的第三人承担，否则不利于担保活动的进行，也不利于确保债权的实现。

六、实现担保物权的费用

实现担保物权的费用指担保物权人在实现担保物权过程中所花费的各种实

际费用，如对担保财产的评估费用、拍卖或者变卖担保财产的费用、向人民法院申请强制变卖或者拍卖的费用等。

对担保物权所担保的债权范围，当事人可以依照自己的意思进行约定。本条规定的"担保物权的担保范围包括主债权及其利息、违约金、损害赔偿金、保管担保财产和实现担保物权的费用"属于担保物权的法定担保范围，当事人约定的效力优先于本条规定的担保物权法定担保范围，当事人约定的担保物权的担保范围可以与本条第 1 款规定的范围不同。

> **第三百九十条** 担保期间，担保财产毁损、灭失或者被征收等，担保物权人可以就获得的保险金、赔偿金或者补偿金等优先受偿。被担保债权的履行期限未届满的，也可以提存该保险金、赔偿金或者补偿金等。

【条文主旨】

本条是关于担保物权物上代位性的规定。

【条文释义】

担保物权的物上代位性指担保物权的效力及于担保财产因毁损、灭失所得的赔偿金等代位物上，是担保物权的重要特征。由于担保物权人设立担保物权并不以占有和使用担保财产为目的，而是以支配担保财产的交换价值为目的，所以，即使担保财产本身已经毁损、灭失，只要该担保财产交换价值的替代物还存在，该担保物权的效力就自动转移到了该替代物上。这种效力不但在抵押权上存在，在质权、留置权上也存在。

根据本条规定，担保财产的代位物包括：第一，赔偿金。担保财产因第三人的侵权行为或者其他原因毁损、灭失时，担保人所获得的损害赔偿金可以作为担保财产的代位物。但是，如果担保财产是由于债权人的原因导致担保财产毁损、灭失的，例如，质权人、留置权人因保管不善致使质押或者留置财产毁损、灭失的，应当承担赔偿责任，质权人、留置权人向出质人或者债务人支付的损害赔偿金不能作为担保财产的代位物。第二，保险金。担保人为担保财产投保的，因保险事故发生而致使担保财产毁损、灭失时，担保人可以请求保险人支付保险金。该保险金可以作为代位物。第三，补偿金。这里的补偿金主要指担保财产被国家征收时，担保人从国家得到的补偿金。

担保期间，担保财产毁损、灭失或者被征收等产生的法律后果就是担保物权人可以就担保人所得的损害赔偿金、保险金或者补偿金等优先受偿，并且担保物权的受偿顺位不受影响，各担保物权人依照其对担保财产的受偿顺位对代位物行使权利。在因担保财产毁损、灭失或者被征收产生代位物的时候，可能会出现两种情况：一种情况是担保物权人的债权已经到期或者出现当事人约定的可以实现担保物权的情形。此时，担保物权人可以立即在代位物上实现自己的优先受偿权；另一种情况是担保物权人的债权还没有到期。在这种情况下，代位物虽然说是特定的，但是毕竟已经货币化，担保物权人对其控制的可能性降低，其到期实现债权的可能性也会降低，为保障担保物权人的债权得以实现，担保物权人可以提前在代位物上实现自己的债权；如果担保物权人还希望保留自己的期限利益，也可以不立即在代位物上实现担保物权，而等到债权履行期限届满或者出现当事人约定的可以实现担保物权的情形，再在代位物上优先受偿。担保人可以自己或者应担保物权人的要求向提存机构提存该保险金、赔偿金或者补偿金等。

> **第三百九十一条** 第三人提供担保，未经其书面同意，债权人允许债务人转移全部或者部分债务的，担保人不再承担相应的担保责任。

【条文主旨】

本条是关于债权人未经担保人同意允许债务人转移债务的法律后果的规定。

【条文释义】

债务人将债务的全部或者部分转移给第三人的，应当经债权人同意。在有第三人提供担保的债权债务关系中，涉及的主体有债权人、债务人和担保人，债务人转移债务的，还应当经担保人书面同意。第三人提供担保一般是基于其与债务人之间的信任关系或者对债务人的资产、信誉有所了解。在担保关系中，一旦未经担保人同意，债务人擅自转移债务的，将给担保人带来较大风险，因为担保人对新的债务人可能一无所知。设立担保物权虽然主要是为保障债权的实现，但是也要照顾担保人利益，特别是担保人是债务人以外的第三人时，如何平衡担保人、担保权人和债务人三者的利益就很重要。

正确理解本条应当注意以下几点：一是本条只适用于第三人提供担保财产的情况，如果担保财产是由债务人自己提供的，除非债权人明确放弃担保物权或者债务的受让人明确表示愿意代为提供新的担保，否则债权人同意债务人转移债务的行为并不意味着债务人担保责任的免除。二是债权人允许债务人转移债务必须要经提供担保的第三人的书面同意。设立担保需要书面形式，担保人如果继续为新的债务人担保，这种变更也应当秉承书面的原则，否则视为不存在担保人的同意。三是本条规定的债务转移不但包括债务人将债务全部转移给他人，也包括将部分债务转移给他人。债权人许可债务人部分转移的，原债务人并不退出债务关系，只是其所应承担的债务额减少，新债务人与原债务人共同向债权人承担债务。部分转移债务的也必须经担保人同意，否则担保人对转移出去的部分债务不承担担保责任。四是未经担保人书面同意，债权人许可债务人转移全部债务的，可以免除担保人全部担保责任；债权人许可债务人转移部分债务的，可以免除担保人部分的担保责任，担保人还要对债务人未转移的债务承担担保责任。

> **第三百九十二条** 被担保的债权既有物的担保又有人的担保的，债务人不履行到期债务或者发生当事人约定的实现担保物权的情形，债权人应当按照约定实现债权；没有约定或者约定不明确，债务人自己提供物的担保的，债权人应当先就该物的担保实现债权；第三人提供物的担保的，债权人可以就物的担保实现债权，也可以请求保证人承担保证责任。提供担保的第三人承担担保责任后，有权向债务人追偿。

【条文主旨】

本条是关于物的担保与人的担保的关系的规定。

【条文释义】

物的担保是以物担保债务的履行，包括本编规定的抵押权、质权和留置权；人的担保是以人的信誉担保债务的履行，指本法合同编规定的保证。对于被担保的债权上既有物的担保又有人的担保的情况下，应如何处理物的担保与人的担保的关系问题，物权法第176条区分三种情况对物的担保与人的担保的关系作了规定，本条沿用了该规定：

1. 在当事人对物的担保和人的担保的关系有约定的情况下，应当尊重当事人的意思，按约定实现，这充分尊重了当事人的意思自治。

2. 在没有约定或者约定不明确，债务人自己提供物的担保的情况下，应当先就物的担保实现担保物权。因为，如果债权人先行使保证人提供的人的担保，保证人在履行保证责任后，还需要向最终的义务人——债务人进行追索。如果担保权人先行使债务人提供的物的担保，就可以免去保证人日后再向债务人行使追索权的烦琐，减少债权实现的成本和费用。在债务人自己提供物的担保的情况下，请求保证人先承担担保责任，对保证人也是不公平的。

3. 在没有约定或者约定不明确，第三人提供物的担保，又有人的担保的情况下，应当允许当事人进行选择。这样规定主要是基于以下考虑：在没有约定或者约定不明确，第三人提供物的担保，又有人的担保的情况下，提供物保的第三人与保证人处于担保人的平等地位，都不是偿还债务的最终义务人，债务人才是最终义务人。因此，债权人无论是先实现物的担保还是先实现人的担保，物的担保人或者保证人都存在向债务人追索的问题。为保障债权人的债权得以充分实现，法律应当尊重债权人的意愿，允许担保权人享有选择权。

> **第三百九十三条　有下列情形之一的，担保物权消灭：**
> **（一）主债权消灭；**
> **（二）担保物权实现；**
> **（三）债权人放弃担保物权；**
> **（四）法律规定担保物权消灭的其他情形。**

〖条文主旨〗

本条是关于担保物权消灭原因的规定。

〖条文释义〗

根据本条，在下列情形下担保物权消灭：

第一，因主债权的消灭而消灭。担保物权是从属于主债权的权利，主债权消灭的，担保物权也随之消灭。这里的"主债权消灭"是指主债权的全部消灭，根据担保物权的不可分性，主债权的部分消灭，担保物权仍然存在，担保财产仍然担保剩余的债权，直到债务人履行全部债务时为止。此外，这里的"主债权消灭"指客观效果，与因谁的清偿而导致"主债权消灭"无关。债务人自己清偿债务或者第三人代债务人清偿债务导致主债权消灭的，担保物权均消灭。

第二，担保物权实现导致担保物权消灭。"担保物权实现"是指债务人到期不履行债务时，债权人与担保人约定以担保财产折价或者拍卖、变卖担保财产，以拍卖、变卖担保财产所得的价款优先受偿。担保物权是为担保债权而设定的，担保物权实现就意味着担保物权人权利的实现，担保物权自然就归于消灭。但是需要强调的是，担保物权一旦实现，无论其所担保的债权是否全部清偿，担保物权都消灭。

第三，债权人放弃担保物权导致担保物权消灭。这里的"放弃"是指债权人的明示放弃，明示放弃主要包括两种情形：一是债权人用书面的形式明确表示放弃担保物权。二是债权人以行为放弃。例如，因债权人自己的行为导致担保财产毁损、灭失的，视为债权人放弃担保物权。

第四，法律规定的其他导致担保物权消灭的情形。这是一个兜底性条款，主要是指本法或者其他法律规定的担保物权消灭的特殊情形，例如，留置权人对留置财产丧失占有或者留置权人接受债务人另行提供担保的，留置权消灭。这是留置权消灭的特殊原因。

第十七章　抵押权

本章分两节，共三十一条，规定了一般抵押权和最高额抵押权。第一节对抵押权基本概念、可以抵押的财产以及禁止抵押的财产、抵押合同、流押条款的效力、抵押权的设立、抵押权与其他权利的关系、抵押权的实现、抵押财产的转让及保全、抵押权人放弃抵押权、抵押权顺位以及变更抵押权、抵押权存续期间等作出了规定。第二节对最高额抵押权的概念、最高额抵押权的转让、最高额抵押权有关内容的变更、最高额抵押权所担保债权的确定事由、最高额抵押权的适用条款等作了规定。

第一节　一般抵押权

> 第三百九十四条　为担保债务的履行，债务人或者第三人不转移财产的占有，将该财产抵押给债权人的，债务人不履行到期债务或者发生当事人约定的实现抵押权的情形，债权人有权就该财产优先受偿。
>
> 前款规定的债务人或者第三人为抵押人，债权人为抵押权人，提供担保的财产为抵押财产。

【条文主旨】

本条是关于抵押权基本概念的规定。

【条文释义】

抵押权是指为担保债务的履行，债务人或者第三人不转移财产的占有，将该财产抵押给债权人的，债务人不履行到期债务或者发生当事人约定的实现抵押权的情形，债权人有权就该财产优先受偿。

抵押法律关系的当事人为抵押人和抵押权人，客体为抵押财产。抵押人指为担保债务的履行而提供抵押财产的债务人或者第三人。抵押权人指接受抵押担保的债权人。抵押财产指抵押人提供的用于担保债务履行的特定的物。

抵押权具有以下几个特征：

其一，抵押权是担保物权。抵押权以抵押财产作为债权的担保，抵押权人对抵押财产享有的权利，可以对抗物的所有人以及第三人。这主要体现在抵押权人对抵押财产有追及、支配的权利。所谓追及权，表现在抵押权设定后，抵押财产转让的，抵押权不受影响，抵押权仍存在于该抵押财产上。所谓支配权，表现在抵押权人在抵押财产担保的债权已届清偿期而未受清偿，或者发生当事人约定的实现抵押权的情形时，有权依照法律规定，以抵押财产折价或者以拍卖、变卖抵押财产的价款优先受偿。

其二，抵押权是债务人或者第三人以其所有的或者有权处分的特定的财产设定的物权。作为抵押权客体的财产，必须是债务人或者第三人所有的或者依法有权处分的财产，对自己无所有权或者无处分权的财产不得设定抵押权。此外，债权人自己所有的财产也不得作为抵押权的客体。用于抵押的财产还应当是特定的。所谓特定的财产，可以是不动产，也可以是动产。抵押的财产不论是不动产还是动产，都必须是确定的或者是有具体指向的，比如，某栋房屋、某宗土地、某企业现有的及将有的产品等。传统民法学理论认为，作为抵押权客体的物只能是不动产，而动产只能作为质权的客体。但是，随着经济的发展，作为担保物权客体的一些动产，不转移占有比转移占有更有利于经济活动的进行。因此，一些国家和地区立法，规定了动产抵押担保。物权法规定的用于抵押的财产既可以是不动产，也可以是动产，民法典物权编沿用了这些规定。

其三，抵押权是不转移标的物占有的物权。抵押权设定后，抵押人不必将抵押财产转移于抵押权人占有，抵押人仍享有对抵押财产的占有、使用、收益和处分的权利，这是抵押权区别于质权、留置权的特征。抵押权无需转移抵押财产的占有有下列优势：一是设定抵押权后，抵押人仍能占有抵押财产而进行使用、收益和处分，这有利于抵押人；二是抵押权人无需承担保管抵押财产的义务，但能获得完全的抵押权，这有利于抵押权人；三是由于抵押财产仍然保存在抵押人处，抵押人可以对其抵押财产进行保值增值，资源可以有效利用，充分发挥物的使用价值。

其四，抵押权人有权就抵押财产优先受偿。优先受偿，指当债务人有多个债权人，其财产不足清偿全部债权时，有抵押权的债权人，可以优先于其他无抵押权的债权人而受到清偿。

实现抵押权应当具备以下条件之一：一是债务清偿期限届满，债务人不履行义务。清偿期限未届满，抵押权人无权就抵押财产优先受偿。二是发生当事人约定的实现抵押权的情形。比如，债权人与债务人约定，贷款只能用于教学大楼的建设，改变贷款用途的，双方的借贷法律关系终止，债务人须即刻归还已贷出款项，不能归还的，债权人可以拍卖债务人的抵押财产，就拍卖取得的价款优先受偿。当双方约定的实现抵押权的条件成就，即使债务清偿期限没有届满，抵押权人也有权就拍卖、变卖抵押财产的价款优先受偿。

> **第三百九十五条　债务人或者第三人有权处分的下列财产可以抵押：**
> （一）建筑物和其他土地附着物；
> （二）建设用地使用权；
> （三）海域使用权；
> （四）生产设备、原材料、半成品、产品；
> （五）正在建造的建筑物、船舶、航空器；
> （六）交通运输工具；
> （七）法律、行政法规未禁止抵押的其他财产。
> **抵押人可以将前款所列财产一并抵押。**

【条文主旨】

本条是关于抵押财产范围的规定。

【条文释义】

根据本条规定，财产抵押必须符合两个条件：第一，债务人或者第三人对抵押财产有处分权；第二，是本条规定的可以抵押的财产。

债务人或者第三人对抵押财产有处分权包括：（1）债务人或者第三人是抵押财产的所有权人。（2）债务人或者第三人对抵押财产享有用益物权，法律规定该用益物权可以抵押。比如城市房地产管理法第48条规定，依法取得的房屋所有权连同该房屋占用范围内的土地使用权，可以设定抵押权。以出让方式取得的土地使用权，可以设定抵押权。（3）债务人或者第三人根据法律、行政法规的规定，或者经过政府主管部门批准，可以将其占有、使用的财产抵押。比如《全民所有制工业企业转换经营机制条例》第15条规定，企业根据生产经营的需要，对一般固定资产，可以自主决定出租、抵押或者有偿转让。对关键设备、成套设备或者重要建筑物，经政府主管部门批准，也可以抵押、有偿转让。

本条规定的可以抵押的财产包括：

一、建筑物和其他土地附着物

建筑物包括住宅、体育馆等，但并非所有的建筑物都可以抵押，只有抵押人有权处分的建筑物才可以抵押。城市房地产管理法第48条规定，依法取得的房屋所有权可以设定抵押权。按照这一规定，私人建造或者购买的住宅、商业用房；集体所有的乡镇企业厂房；企事业单位自建和购买的工商业用房、职工住房等，只要取得了所有权，就可以抵押。对于产权属于全民所有的房屋，包括国家确定给国家机关、全民所有制企事业单位、军队等使用的全民所有的房屋，未经依法批准，使用单位不得抵押。

其他土地附着物，指附着于土地之上的除房屋以外的不动产。包括桥梁、隧道、大坝、道路等构筑物，以及林木、庄稼等，比如，房前屋后属于公民个人所有的树木，公民个人在自留山、自留地和荒山、荒地、荒坡上种植的林木、农作物，集体所有的用材林、经济林、防护林、炭薪林等。

二、建设用地使用权

建设用地使用权是权利主体依法对国家所有的土地享有的占有、使用和收益的权利。按照现行法律规定，取得建设用地使用权主要有以下几种方式：(1) 通过无偿划拨取得。即国家将国有土地依法确定给全民所有制单位、集体所有制单位或者个人使用。(2) 通过出让取得。即国家将国有土地使用权在一定年限内出让给土地使用者，由土地使用者向国家支付土地使用权出让金。目前，出让国有土地使用权主要采取协议、招标、拍卖方式。(3) 通过有偿转让取得。即土地使用者，将以出让方式获得的国有土地使用权，依法办理有关手续后，转移给他人使用。建设用地使用权取得的方式不同，权利人享有的处分权也不同，建设用地使用权可否抵押，取决于法律是否赋予权利人处分的权利，对此，一些法律作了规定，比如，城市房地产管理法第48条规定，依法取得的房屋占用范围内的土地使用权，以及以出让方式取得的土地使用权，可以设定抵押权。对于法律不允许抵押的建设用地使用权，不可以作为抵押标的物。

三、海域使用权

海域属于国家所有，国家是海域所有权的唯一主体。单位和个人使用海域，必须依法取得海域使用权。海域使用权是一种用益物权，本法规定，依法取得的海域使用权受法律保护。根据海域使用管理法，海域使用权取得的方式主要有三种：一是单位和个人向海洋行政主管部门申请；二是招标；三是拍卖。海域作为国家重要的自然资源实行有偿使用制度。单位和个人使用海域，应当按照国务院的规定缴纳海域使用金。海域使用权作为一项重要的财产权利，可以依法转让、继承。对于海域使用权能否抵押，海域使用管理法没有作出规定，物权法关于可以抵押的财产范围中也没有明确列出海域使用权。

我国海域辽阔，海域资源丰富，充分发挥海域使用权的使用价值及交换价值有利于大力发展海洋经济，进一步提高海洋经济的质量和效益。《国务院关于全民所有自然资源资产有偿使用制度改革的指导意见》中提出"完善海域有偿使用分级、分类管理制度，适应经济社会发展多元化需求，完善海域使用权出让、转让、抵押、出租、作价出资（入股）等权能"。目前，《海域使用权管理规定》、《不动产登记暂行条例》及其实施细则也就海域使用权的抵押登记作了具体规定。物权编在吸收相关意见的基础上在抵押财产的范围中增加规定了海域使用权。

四、生产设备、原材料、半成品、产品

生产设备包括：工业企业的各种机床、计算机、化学实验设备、仪器仪表设备、通讯设备，海港、码头、车站的装卸机械，拖拉机、收割机等农用机械等。

原材料指用于制造产品的原料和材料，比如用于炼钢的铁矿石，用于造纸的纸浆，用于生产家具的木料，用于建设工程的砖、瓦、沙、石等。

半成品指尚未全部生产完成的产品，比如尚未组装完成的汽车，尚未缝制纽扣的服装。

产品指生产出来的物，比如汽车、轮船等交通工具，仪表、仪器、机床等生产设备，电视机、电冰箱等生活用品。

五、正在建造的建筑物、船舶、航空器

实践中，建设工程往往周期长、资金缺口大，以正在建造的建筑物、船舶、航空器作为贷款的担保，对于解决建设者融资难，保证在建工程顺利完工具有重要作用，为此物权法规定了在建的建筑物、船舶、航空器可以抵押，民法典物权编也保留了该规定。

六、交通运输工具

交通运输工具包括：飞机、船舶、火车、各种机动车辆等。

七、法律、行政法规未禁止抵押的其他财产

这是一项兜底性规定，以适应不断变化的经济生活需要。这项规定表明，以前6项规定以外的财产抵押，必须同时具备两个条件：（1）不是法律、行政法规规定禁止抵押的财产；（2）债务人或者第三人对该财产有处分权。

本条第2款规定，抵押人可以将前款所列财产一并抵押。这是关于企业财产集合抵押的规定。根据该款规定，企业可以将企业的动产、不动产及其某些权利作为一个整体进行担保，比如，将厂房、机器设备、库存产成品、工业产

权等财产作为总资产向银行抵押贷款。但是，企业将财产一并抵押时，各项财产的名称、数量等情况应当是明确的。

> 第三百九十六条 企业、个体工商户、农业生产经营者可以将现有的以及将有的生产设备、原材料、半成品、产品抵押，债务人不履行到期债务或者发生当事人约定的实现抵押权的情形，债权人有权就抵押财产确定时的动产优先受偿。

【条文主旨】

本条是关于浮动抵押的规定。

【条文释义】

浮动抵押指权利人以现有的和将有的全部财产或者部分财产为其债务提供抵押担保。债务人不履行到期债务或者发生当事人约定的实现抵押权的情形，债权人有权就抵押财产确定时的动产优先受偿。比如企业以现有的以及未来可能买进的机器设备、库存产成品、生产原材料等动产担保债务的履行。抵押权设定后，抵押人可以将抵押的原材料投入产品生产，可以买入新的机器设备，也可以卖出产品，抵押财产处于一种浮动的状态。然而，抵押权人实现抵押权时，抵押财产应当是确定的，抵押财产需要从之前浮动的状态变为固定的状态。根据本法第411条的规定，当发生债务履行期限届满债权未实现、抵押人被宣告破产或者解散、当事人约定的实现抵押权的情形成就或者出现严重影响债权实现的其他情形时，抵押财产确定，也就是说此时抵押人有什么财产，这些财产就是抵押财产。抵押财产确定前，抵押权人对于抵押人处分的财产不能追及，抵押人新增的财产要作为抵押财产；抵押财产确定后，对于抵押人转出的抵押财产，抵押权不受影响，仍对这些财产具有追及效力，而对于抵押人新增的财产，抵押权人不享有担保物权。抵押人以其全部财产设定浮动抵押的，只需要在登记时注明以全部财产抵押，即对抵押财产作概括性描述，不必详列抵押财产清单。以部分财产抵押的，则需要列明抵押的财产类别。

浮动抵押具有不同于固定抵押的两个特征：第一，浮动抵押设定后，抵押的财产不断发生变化，直到约定或者法定的事由发生，抵押财产才确定。第二，浮动抵押期间，抵押人处分抵押财产的，抵押权人对抵押财产无追及的权利，只能就约定或者法定事由发生后确定的财产优先受偿。

浮动抵押具有以下优点：（1）有利于企业融资，促进经济发展。企业可以用现有的和将有的财产抵押，大大拓展了企业的融资能力，特别是对于一些发展前景较好的中小企业，用作融资担保的不动产有限，浮动抵押制度可以为它们创造有利的发展条件。（2）有利于简化抵押手续，降低抵押成本。设定浮动抵押时，不需要对抵押财产的名称、数量、质量、状况制作详细目录表，只需要对抵押的财产进行概括性描述；抵押期间，企业可以在经营过程中处分抵押财产，新增财产不需要办理任何手续即成为抵押财产。（3）有利于企业正常经营。浮动抵押设定后，如果没有约定或者法定事由，抵押人可以对抵押财产行使占有、使用、收益和处分的权利，抵押权人不得对企业正常的经营活动进行干涉。（4）可以补充传统抵押的不足。传统抵押强调担保财产的特定性、担保财产的价值可预测性和保全性，但灵活性和融资性功能不足，而浮动抵押解决了这一问题。（5）符合国际通行做法。现在有相当多的国家实行了浮动抵押，经济全球化的大趋势，应当与国际做法相一致。（6）实践的需要。很多公司运用浮动抵押制度融资，特别在国际项目融资中，浮动抵押制度得到了广泛应用。

按照本条以及相关规定，设立浮动抵押应当符合下列条件：

第一，设立浮动抵押的主体限于企业、个体工商户、农业生产经营者。考虑到我国设立浮动抵押，主要是为了解决中小企业和农民贷款难的问题，促进中小企业以及农村经济发展，因此，本法将设定浮动抵押的主体规定为企业、个体工商户和农业生产经营者。企业可以是国有独资企业、合伙企业、个人独资企业、公司制企业等，只要注册登记为企业的组织都可以设定浮动抵押。个体工商户是以个人或者家庭经营为主的经济单位，注册登记为个体工商户的，也都可以设立浮动抵押。农业生产经营者，主要指农村承包经营户，也可以是其他从事农业生产的人。除了上述三项主体，非营利的法人和非法人组织、特别法人以及非从事生产经营的自然人等不可以设立浮动抵押。

第二，设立浮动抵押的财产限于生产设备、原材料、半成品、产品。对除此以外的动产不得设立浮动抵押，对不动产也不得设立浮动抵押。

第三，实现抵押权的条件是不履行到期债务或者发生当事人约定的实现抵押权的事由。

第四，浮动抵押优先受偿的效力范围为抵押财产确定时的动产。物权法第181条规定，当实现浮动抵押权的条件成就时，"债权人有权就实现抵押权时的动产优先受偿"。有的意见提出，"实现抵押权时"可能会被理解为当事人协议以折价、拍卖、变卖的方式实现抵押权或者请求法院拍卖、变卖抵押财产时，然而浮动抵押优先受偿的效力范围应当为浮动抵押转化为固定抵押时所及的财产范围，即浮动抵押确定时的财产范围，抵押财产确定时的财产范围与实现抵押权时的财产范围很有可能不一致。为了避免产生歧义，本法将物权法中的

"实现抵押权时"修改为"抵押财产确定时"。抵押财产如何确定，本法第411条作了明确规定，即在债务履行期限届满债权未实现、抵押人被宣告破产或者解散、出现当事人约定的实现抵押权的情形以及出现严重影响债权实现的其他情形时，抵押财产确定，抵押权人以该财产优先受偿。

动产浮动抵押是特殊的动产抵押，尽管与一般的动产抵押相比具有抵押财产在确定前具有浮动性、浮动抵押期间处分的财产不受追及等特征，但是在其他方面也适用动产抵押的一般规则。如在抵押财产的范围、抵押合同、抵押权的设立与对抗效力、抵押权的优先受偿顺位等方面都适用动产抵押的一般规则。

需要注意的是，与物权法相比，本条删除了"经当事人书面协议"的规定，这主要是因为本法第400条已明确规定，设立抵押权，当事人应当采用书面形式订立抵押合同。为了避免重复，本条删去了要求书面协议的规定。但是设立浮动抵押仍要用书面形式订立抵押合同，该合同一般包括担保债权的种类和数额、债务履行期间、抵押财产的范围、实现抵押权的条件等。这里所说的抵押财产的范围并不要求详细列明，比如以全部财产抵押的，可以写"以现有的或者将有的全部动产抵押"；以部分财产抵押的，可以写"以现有的和将有的鱼产品、蔬菜、水果抵押"。本法不承认以口头形式订立的浮动抵押合同。

> **第三百九十七条**　以建筑物抵押的，该建筑物占用范围内的建设用地使用权一并抵押。以建设用地使用权抵押的，该土地上的建筑物一并抵押。
>
> 抵押人未依据前款规定一并抵押的，未抵押的财产视为一并抵押。

【条文主旨】

本条是关于建筑物与其占用范围内的建设用地使用权抵押关系的规定。

【条文释义】

建筑物所有权和建筑物占用范围内的建设用地使用权各为独立的不动产权利。由于房屋具有依附土地存在的天然特性，房屋所有权依法转让，必然产生建设用地使用权是否一并转让的问题；同样，建设用地使用权依法转让，也会产生该土地上的建筑物所有权是否一并转让的问题。由于房地产的不可分性，我国在处理房地产关系时的一个重要原则就是"地随房走或者房随地走"。所谓"地随房走"就是转让房屋的所有权时，建设用地使用权同时转让。所谓"房随地走"，就是转让建设用地使用权时，该土地上的房屋所有权也应一并转让。这一原则也同样适用于抵押，在设定抵押权时，房屋的所有权和建设用地使用权应当一并抵押，只有这样，才能保证实现抵押权时，房屋所有权和建设用地使用权同时转让。

对于实践出现的一些将房屋抵押，但不抵押建设用地使用权，或者抵押建设用地使用权，但不抵押房屋所有权的情况，本条第2款规定："抵押人未依据前款规定一并抵押的，未抵押的财产视为一并抵押。"也就是说，即使抵押人只办理了房屋所有权抵押登记，没有办理建设用地使用权抵押登记，实现房屋抵押权时，建设用地使用权也一并作为抵押财产。同样，只办理了建设用地使用权抵押登记，没有办理房屋所有权抵押登记的，实现建设用地使用权的抵押权时，房屋所有权也一并作为抵押财产。如果将房屋所有权和建设用地使用权分别抵押给不同的债权人，根据本条规定，前者的抵押效力及于建设用地使用权，后者的抵押效力及于房屋所有权，债权人在实现抵押权时，要以抵押登记的先后顺序确定优先受偿顺序。

> **第三百九十八条** 乡镇、村企业的建设用地使用权不得单独抵押。以乡镇、村企业的厂房等建筑物抵押的，其占用范围内的建设用地使用权一并抵押。

【条文主旨】

本条是关于乡镇、村企业的建筑物和建设用地使用权抵押的规定。

【条文释义】

乡镇、村企业的建设用地使用权为集体所有的土地上设立的土地使用权，本法第361条规定，集体所有的土地作为建设用地的，应当依照土地管理的法律规定办理。我国对耕地实行特殊保护，严格限制农用地转化为建设用地。在2019年土地管理法修改之前，除兴办乡镇、村企业和村民建设住宅经依法批准使用本农民集体所有的土地，或者乡镇、村公共设施和公益事业建设经依法批准使用农民集体所有的土地的以外，任何组织和个人进行建设，需要使用土地的，必须依法申请使用国有土地。2019年土地管理法修改时，在集体经营性建设用地方面，创新性地改变了过去农村土地必须征为国有土地才能进入市场的问题，允许土地利用总体规划、城乡规划确定为工业、商业等经营性用途并经依法登记的集体经营性建设用地，通过出让、出租等方式交由单位或者个人使用、建设。除法律另有规定或者当事人另有约定外，通过出让等方式取得的集体经营性建设用地使用权可以转让、互换、出资、赠与或者抵押，集体经营性建设用地使用权的出租、出让及其转让、互换、出资、赠与、抵押的，参照同类用途的国有建设用地执行。集体建设用地的使用者应当严格按照土地利用总体规划、城乡规划确定的用途使用土地。

乡镇、村企业的建设用地与入市的集体经营性建设用地在使用主体、审批程序等方面有不同。将乡镇、村企业的建设用地使用权抵押的，抵押权的实现可能会带来建设用地使用权出让的效果，即入市的效果。由于集体经营性建设用地入市有严格的要求，如必须符合规划、符合用途管制、经依法登记确权、通过集体的决议程序等，如果对乡镇、村企业的建设用地使用权抵押不作任何限制，可能出现规避法律，以抵押为名，使不符合入市要求的集体所有的土地流入市场。为此本条规定："乡镇、村企业的建设用地使用权不得单独抵押。以乡镇、村企业的厂房等建筑物抵押的，其占用范围内的建设用地使用权一并抵押。"也就是说，乡镇、村企业不能仅以集体所有的建设用地使用权抵押，但可以将乡镇、村企业的厂房等建筑物抵押，以厂房等建筑物抵押的，根据本法第397条，其占用范围内的建设用地使用权一并抵押。法律虽然允许乡镇、村企业的建设用地使用权随厂房等建筑物一并抵押，但对实现抵押权后土地的性质和用途作了限制性规定。本法第418条规定，以集体所有土地的使用权依法抵押的，实现抵押权后，未经法定程序，不得改变土地所有权的性质和土地用途。也就是说，即使乡镇、村企业的建设用地使用权随其厂房等建筑物被拍卖、变卖了，受让的土地仍然属于农村集体所有，如果该土地原为工业用途，买受人应当严格按照该用途使用土地，未经有关部门批准，买受人不能将该土地用于商业、旅游和住宅建设。

> **第三百九十九条** 下列财产不得抵押：
>
> （一）土地所有权；
>
> （二）宅基地、自留地、自留山等集体所有土地的使用权，但是法律规定可以抵押的除外；
>
> （三）学校、幼儿园、医疗机构等为公益目的成立的非营利法人的教育设施、医疗卫生设施和其他公益设施；
>
> （四）所有权、使用权不明或者有争议的财产；
>
> （五）依法被查封、扣押、监管的财产；
>
> （六）法律、行政法规规定不得抵押的其他财产。

【条文主旨】

本条是关于禁止抵押的财产的规定。

【条文释义】

根据本条规定，下列财产不得抵押：

一、土地所有权

土地所有权包括国有土地的所有权，也包括集体所有土地的所有权。目前，我国法律没有规定国有和集体所有的土地所有权可以抵押。如果允许土地所有权抵押，实现抵押权后，必然带来土地所有权归属的改变，从而违反宪法和法律关于我国土地只能归国家或者集体所有的规定，因此，土地所有权不得抵押。

二、宅基地、自留地、自留山等集体所有土地的使用权

近些年来，我国农村土地制度改革不断深化，对于集体所有土地的使用权能否抵押的问题，法律和国家有关农村土地的政策经历了一系列变化。

物权法规定：耕地、宅基地、自留地、自留山等集体所有的土地使用权不得抵押，但法律规定可以抵押的除外；乡镇、村企业的建设用地使用权不得单独抵押，以乡镇、村企业的厂房等建筑物抵押的，其占用范围内的建设用地使用权一并抵押；以招标、拍卖、公开协商等方式取得的荒地等土地承包经营权可以抵押。

根据物权法，集体所有土地的使用权中以招标、拍卖、公开协商等方式取得的荒地等土地承包经营权以及乡镇、村企业的建设用地使用权可以抵押。其他类型的集体所有土地的使用权有的与农民的人身属性联系密切、有的具有基本生活保障的功能，有的属于耕地涉及农业生产安全，为了避免集体土地的公有制性质被改变、耕地红线被突破、农民利益受到损害，基于当时的社会发展状况，物权法对耕地、宅基地、自留地、自留山等集体所有的土地使用权的抵押作了禁止性的规定。

由于社会实践的发展，特别是由于我国当前处于由传统农业向现代农业转变的关键时期，禁止集体所有的土地使用权的抵押不利于盘活农民土地财产、不利于破解农村金融缺血和农民贷款难等问题。然而，集体所有的土地使用权又是农民最重要的土地财产权利，事关农民衣食所依和家人所居，对相关权利进行抵押可能会面临农民陷入失地困境的风险，因此相关改革必须慎重稳妥。

为了落实农村土地的用益物权，赋予农民更多财产权利，深化农村金融改革创新，有效盘活农村资源、资金、资产，为稳步推进农村土地制度改革提供经验和模式，十二届全国人大常委会十八次会议授权在部分试点地区分别暂时调整实施物权法、担保法关于集体所有的耕地使用权、集体所有的宅基地使用权不得抵押的规定。十二届全国人大常委会三十一次会议又将上述授权决定的期限延长了 1 年。

经过 3 年试点，对于集体所有的耕地使用权的抵押，农村承包土地的经营权抵押已经取得显著成效，适时修改农村土地承包法，将承包土地的经营权抵押通过立法加以确认，已经时机成熟。十三届全国人大常委会七次会议表决通过了关于修改《中华人民共和国农村土地承包法》的决定，落实了中央关于承包地"三权分置"的改革要求，对于以家庭承包方式取得的承包地，农村土地承包法在第 47 条规定："承包方可以用承包地的土地经营权向金融机构融资担保，并向发包方备案。受让方通过流转取得的土地经营权，经承包方书面同意并向发包方备案，可以向金融机构融资担保"。与此相衔接，物权法中有关耕地使用权不得抵押的规定在此次民法典编纂过程中作出了相应修改，民法典物权编删除了物权法中关于耕地使用权不得抵押的规定。

对于集体所有的宅基地使用权的抵押，从试点情况看出，目前我国宅基地使用权的抵押条件尚不成熟，宅基地是农民生活的必需和赖以生存的所在，特别是农民一户只有一处宅基地，农村居民出卖、出租住房后再申请宅基地的不予批准，这一点与城市居民是不同的。农民一旦失去住房及其宅基地，将会丧失基本生存条件，影响社会稳定。为了维护现行法律和现阶段国家有关农村土地政策，民法典物权编沿袭了物权法的相关规定，禁止以宅基地使用权抵押。

自留地、自留山是农民作为生活保障的基本生产资料，带有社会保障性质，从保护广大农民根本利益出发，民法典物权编沿袭了物权法的相关规定，禁止以自留地、自留山的使用权抵押。

虽然宅基地、自留地、自留山等集体所有土地的使用权不得抵押，但也有一些集体所有的土地的使用权依法可以抵押，如本法以及农村土地承包法规定的以家庭承包方式取得的承包地的土地经营权，以招标、拍卖、公开协商等方式承包农村土地的土地经营权，土地管理法规定的通过出让等方式取得的集体经营性建设用地使用权等，为此本条第 2 项规定"但是法律规定可以抵押的除外"。

三、学校、幼儿园、医疗机构等为公益目的成立的非营利法人的教育设施、医疗卫生设施和其他公益设施

物权法第 184 条规定，学校、幼儿园、医院等以公益为目的的事业单位、社会团体的教育设施、医疗卫生设施和其他社会公益设施不得抵押。民法典物权编的立法过程中，对这一规定曾有不同意见。有的认为，随着教育体制和医疗体制的改革，出现了越来越多的民办学校和医疗机构，这类主体国家投资少、融资需求大，又没有教育设施、医疗卫生设施以外的其他财产作为融资的担保，仅靠捐助或者投资人的继续投入等方式筹资，难以满足要求。因此，应当将学校、幼儿园、医疗机构分为公办或者民办，允许民办学校、医疗机构的教育设施、医疗卫生设施和其他公益设施抵押。有的建议规定，学校、幼儿园、医疗机构的教育设施、医疗卫生设施和其他公益设施可以抵押，但实现抵押权时，不得改变学校、医疗机构等的性质和用途。

经对上述意见反复研究，考虑到民办学校、民办医院等已经进行了分类管理改革，结合本法总则编关于法人分类的规定，本法对物权法的上述规定作了相应修改。即对于属于非营利法人的学校、幼儿园、医疗机构等的教育设施、医疗卫生设施和其他公益设施不得抵押，主要理由为：属于非营利法人的学校、幼儿园、医疗机构等不论是公办的，还是民办的，都是为社会公益目的而设立的。如果允许以学校的教育设施抵押，一旦实现抵押权，不仅办学目的难以达到，严重的可能造成学生失学，影响社会安定。医疗机构是为了保证公众健康而设立的，也是一种公益事业，医疗机构在设置的区域布局、服务人口的数量、等级配置等方面都有统筹安排和考虑，尤其是农村，一个区域甚至只有一所医院，如果允许以医疗卫生设施抵押，一旦医疗机构无法偿还贷款，抵押权人要求拍卖医疗卫生设施用以清偿债务，就会影响公众看病就医，不利于保障人民的健康。需要说明的是，本条禁止抵押的，只是学校等非营利法人的教育设施和医疗卫生设施。而对于属于营利法人的民办学校、民办医疗机构等，其教育设施、医疗卫生设施等可以依法抵押。

除学校、幼儿园、医疗机构以外，其他以公益为目的成立的非营利法人的社会公益设施也不得抵押，比如，不得将公共图书馆、科学技术馆、博物馆、少年宫、敬老院、残疾人福利基金会等用于社会公益目的的设施抵押。

四、所有权、使用权不明或者有争议的财产

财产所有权是权利主体依法对自己的财产占有、使用、收益和处分的权利。财产使用权是依法对财产占有、使用、收益的权利。如果一项财产的所有权或者使用权不明确，甚至是有争议的，将其抵押不仅可能侵犯所有权人或者使用权人的合法权利，而且可能引起矛盾和争议，危害交易安全。因此，所有权、使用权不明或者有争议的财产不得抵押。

五、依法被查封、扣押、监管的财产

依法查封、扣押财产，指人民法院或者行政机关采取强制措施将财产就地贴上封条或者运到另外的处所，不准任何人占有、使用或者处分。依法监管的财产，指行政机关依照法律规定监督、管理的财产。比如海关依照有关法律、法规，监管进出境的运输工具、货物、行李物品、邮递物品和其他物品，对违反海关法和其他有关法律、法规规定的进出境货物、物品予以扣留。依法被查封、扣押、监管的财产，其合法性处于不确定状态，国家法律不能予以确认和保护。因此禁止以依法被查封、扣押、监管的财产抵押。

六、法律、行政法规规定不得抵押的其他财产

这是一项兜底性规定。除本条前5项所列不得抵押的财产外，在设定抵押权时，还要看其他法律、行政法规有无禁止抵押的规定。

> **第四百条　设立抵押权，当事人应当采用书面形式订立抵押合同。**
> 抵押合同一般包括下列条款：
> （一）被担保债权的种类和数额；
> （二）债务人履行债务的期限；
> （三）抵押财产的名称、数量等情况；
> （四）担保的范围。

【条文主旨】

本条是关于订立抵押合同的规定。

【条文释义】

设立抵押权不仅要求当事人双方意思表示一致，还要求通过一定的法律形式表现出来，该种法律形式就是合同。合同有口头和书面之分，对于比较重大、容易发生纠纷或者需经一段时间才能终结的民事法律行为，应当采用书面形式。抵押涉及的财产数额较大，法律关系比较复杂，而且要在一段时间内为债权担保，因此，本条要求采用书面形式订立抵押合同。

本条对于合同内容的要求是指导性的，而不是强制性的。根据本条规定，抵押合同一般包括以下内容：

一、被担保债权的种类和数额

被担保债权的种类，主要指主债权是财物之债，还是劳务之债。被担保债权的数额，指主债权的财物金额，或者对劳动者支付的工资、劳务费的金额。

二、债务人履行债务的期限

履行债务的期限，指债务人履行债务的最终日期。超过债务履行期限债务人未履行债务的，就产生以抵押财产折价或者拍卖、变卖抵押财产偿还债务的法律后果。由于履行债务的期限是抵押权人可以实现抵押权的起算点，因此，抵押合同对此应有明确规定。

三、抵押财产的名称、数量等情况

抵押财产的名称，指抵押的是何种标的物。数量，指抵押财产有多少。物权法规定抵押合同的条款包括"抵押财产的名称、数量、质量、状况、所在地、所有权归属或者使用权归属"。在民法典的立法过程中，有的意见提出，为进一步改善营商环境，赋予当事人更大自主权，建议允许担保合同对担保财产作概括性的描述。据此，本条简化规定了抵押合同的一般条款，将该项修改为"抵押财产的名称、数量等情况"。

四、担保的范围

抵押财产担保的范围包括主债权及其利息、违约金、损害赔偿金和实现抵押权的费用。当事人可以在合同中约定抵押担保的范围只包括上述一项或者几项，也可以约定对上述各项都承担担保责任。担保范围依当事人的约定而确定；当事人对担保的范围没有约定的，抵押人应当对主债权及其利息、违约金、损害赔偿金和实现担保物权的费用承担担保责任。

抵押合同除包括上述 4 项内容外，当事人之间可能还有其他认为需要约定的事项，这些内容也可以在协商一致的情况下在抵押合同中进行约定。

> **第四百零一条** 抵押权人在债务履行期限届满前，与抵押人约定债务人不履行到期债务时抵押财产归债权人所有的，只能依法就抵押财产优先受偿。

【条文主旨】

本条是关于流押条款效力的规定。

【条文释义】

流押条款，指债权人在订立抵押合同时与抵押人约定，债务人不履行债务时抵押财产归债权人所有。担保法以及物权法均禁止当事人约定流押条款，主要考虑：（1）在设立抵押权时，抵押人处于资金需求者的地位，一些抵押人出于紧急需要，可能不惜以自己价值很高的抵押财产去为价值远低于该抵押财产的债权担保，这不仅不利于保护抵押人的合法权益，也与民法规定的平等、公平的原则相悖。（2）禁止流押的规定也要保证对抵押权人公平，如果流押条款订立后，因抵押财产价值缩减导致债权无法满足，对债权人也是不公平的。抵押权的设立不是风险投资，需要公平地保障债权人和抵押人的合法权益。

（3）流押条款可能损害抵押人的其他债权人的利益。（4）流押条款订立后，当事人双方是否依照约定履行了合同，不履行的原因是什么，可能相当复杂，如果因抵押权人的原因造成债务不履行，抵押权人又可以将抵押财产直接转为自己所有，可能会引发更大的麻烦，带来当事人双方特别是债务人的更高的成本。（5）流押条款看起来实现成本比较低，但是如果低成本不能带来公平的、高质量的经济社会效益，也会产生很多负面影响。

在民法典物权编的编纂过程中，一些意见提出，物权法规定当事人在债务履行期限届满前，不得约定债务人不履行到期债务时抵押财产归债权人所有，但是没有明确规定如果进行了这样的约定该约定的效力如何。一些意见认为，应当明确规定流押条款无效，这才符合禁止流押的宗旨。另一些意见认为，如果当事人约定了流押条款，那么当事人之间抵押担保的法律关系的效力如何须进一步明确。可以在允许抵押权人取得抵押财产所有权的前提下，强制性地对抵押权人课以清算义务，即对于抵押财产价值超过债权部分应当返还抵押人，不足清偿担保债权的部分，仍由债务人清偿。

我们研究认为，抵押权性质上属于担保物权，抵押权人设立抵押权的目的在于支配抵押财产的交换价值而使债权获得清偿，而不是取得抵押财产的所有权。如果承认流押条款的效力，债务人届期不履行债务时，债权人不经过任何清算程序即可获得抵押财产所有权，有违抵押权的担保物权本质，应当否认抵押权人可以取得抵押财产所有权的事先约定的效力。然而，当事人之间订立流押条款时，存在为债权进行担保的意思表示，如果否认该抵押权的效力会使债权人的债权变成完全无担保的普通债权，这既不符合债权人与抵押人之间的意思自治，也会造成债权人的利益失衡。在对物权编草案进行二次审议以及向社会各界征求意见时，有的意见提出，为进一步优化营商环境，建议完善草案中有关流押条款、流质条款的效力，明确当事人事先作出此类约定的，仍享有担保权益，但是只能依法就抵押财产或者质押财产优先受偿。民法典物权编对物权法的规定进行了修改，明确了流押条款的效力，规定：抵押权人在债务履行期限届满前，与抵押人约定债务人不履行到期债务时抵押财产归债权人所有的，只能依法就抵押财产优先受偿。这表明当事人订立流押条款的，发生实现抵押权的情形时，抵押财产不能直接归债权人所有，而是应当根据本法规定的实现抵押权的方式就抵押财产优先受偿。

需要注意的是，当事人之间订有流押条款的，债权人依法就抵押财产优先受偿，需要满足抵押权设立的前提条件，即不动产抵押权经登记设立；动产抵押权经抵押合同生效设立，未登记的不得对抗善意第三人。

> **第四百零二条** 以本法第三百九十五条第一款第一项至第三项规定的财产或者第五项规定的正在建造的建筑物抵押的，应当办理抵押登记。抵押权自登记时设立。

【条文主旨】

本条是关于不动产抵押登记的规定。

【条文释义】

财产抵押是重要的民事法律行为，法律除要求设立抵押权要订立书面合同以外，还要求对某些财产办理抵押登记，不经抵押登记，抵押权不发生法律效力。这类财产主要是不动产，本法规定，不动产物权的设立、变更、转让和消灭，经依法登记，发生效力；未经登记，不发生效力，但是法律另有规定的除外。根据本条规定，需要进行抵押登记的财产为：（1）建筑物和其他土地附着物；（2）建设用地使用权；（3）海域使用权；（4）正在建造的建筑物。抵押登记，便于债权人查看抵押财产的权属关系以及是否负担其他的用益物权、担保物权等权利，以决定是否接受该财产抵押担保；可以使得实现抵押权的顺序清楚、明确，防止纠纷的发生；可以产生对抗第三人的效果，有利于保护债权人的合法权益，有利于经济活动的正常进行。

对于抵押登记的效力，担保法第41条规定："当事人以本法第四十二条规定的财产抵押的，应当办理抵押物登记，抵押合同自登记之日起生效。"物权法第187条将担保法上述条文中的"抵押合同自登记之日起生效"修改为"抵押权自登记时设立"，主要考虑到抵押合同的订立是发生物权变动的原因行为，属于债权关系范畴，其成立、生效应当依据合同法确定。抵押权的效力，除了要求抵押合同合法有效这一要件以外，还必须符合物权法的公示原则。将抵押合同的效力和抵押权的效力混为一谈，不利于保护抵押合同当事人的合法权益。比如某甲与某乙订立了房屋抵押合同，但是某甲拖着不为某乙办理抵押登记，随后某甲又将该房屋抵押给了某丙，与某丙办理了抵押登记。根据物权法的规定，当某甲不履行债务时，由于某丙办理了抵押登记享有抵押权，可以优先受偿，而某乙没有办理抵押登记，不享有抵押权。如果认为不办理抵押登记则抵押合同不发生效力，那么，某乙不仅不能享有抵押权，连追究某甲合同违约责任的权利都丧失了，这不仅对某乙不公平，也会助长恶意损害他人权益的行为，不利于社会经济秩序的维护。因此，物权法区分了抵押合同效力和物权变动效力。民法典物权编沿袭了物权法第 187 条的规定，对于以本条规定的不动产设立抵押的，应当办理抵押登记，抵押权自登记时设立。

> **第四百零三条** 以动产抵押的，抵押权自抵押合同生效时设立；未经登记，不得对抗善意第三人。

【条文主旨】

本条是关于动产抵押效力的规定。

【条文释义】

根据本法第 395 条的规定，生产设备、原材料、半成品、产品，正在建造的船舶、航空器，交通运输工具等动产都可以成为抵押的客体。根据本法第 396 条的规定，企业、个体工商户、农业生产经营者还可以以现有的以及将有的生产设备、原材料、半成品、产品抵押。对于动产抵押的效力，本条规定，以动产抵押的，抵押权自抵押合同生效时设立；未经登记，不得对抗善意第三人。需要说明的是，本条既适用于一般的动产抵押，也适用于浮动抵押。

抵押登记，可以使抵押财产的潜在买受人明晰财产的物上负担，以避免交易风险，可以使债权人查看抵押财产的权属关系以及曾否抵押过，以决定是否接受该财产抵押担保，也可使得实现抵押权的顺序清楚明确，预防纠纷发生，对于保护债权人和善意第三人的合法权益和经济活动的正常进行具有重要意义。对于动产抵押，抵押权不以登记为生效要件，登记仅具有对抗效力，主要原因在于：第一，对于某些交通运输工具的抵押，我国有关法律都采用了登记对抗制度。比如民用航空法、海商法规定，设定民用航空器抵押权、船舶抵押权，应当办理抵押权登记，未经登记，不得对抗第三人。对于其他价值相对较小的动产设定抵押权，更没有必要实行登记生效主义。第二，当事人采用对动产不转移占有的抵押方式担保债权的实现往往是基于双方的信任，如果对这些动产抵押也要求抵押登记才能生效，可能会对当事人造成不方便，也会增加抵押人的交易成本，特别是浮动抵押主要是解决中小企业、个体工商户、农业生产经营者贷款难，他们本身缺乏资金，一些主体又处于比较偏远的地区，办理抵押登记会有一定困难。此外，由于动产便于移动，具有流动性强的特点，即使办理了抵押登记，也不能保证所有权人不将已抵押的动产转让给他人。因此，本条对以动产抵押的没有采用登记生效制度，当事人以这些动产抵押的，可以办理抵押登记，也可以不办理抵押登记，抵押权不以登记为生效条件，而是自抵押合同生效时设立。合同生效后，即使当事人没有办理登记，债务人不履行债务时，抵押权人仍然可以就实现抵押权的价款优先受偿。

但是，办理与不办理抵押登记的法律后果是不同的，未办理抵押登记的，不得对抗善意第三人。善意第三人，指不知道也不应当知道该财产已经被抵押的事实的人。所谓不得对抗善意第三人，包括两方面含义：一是合同签订后，如果抵押人将抵押财产转让，对于善意取得该财产的第三人，抵押权人无权追偿，抵押权人将失去在该财产上的抵押权，只能要求抵押人重新提供新的担保，或者要求债务人及时偿还债务。二是抵押合同签订后，如果抵押人以该财产再次设定抵押或者质押，而后位抵押权人进行了抵押登记或者后位质权人因交付取得了对该动产的实际占有，那么，实现抵押权时，后位抵押权人以及后位质权人可以优先于前位未进行抵押登记的抵押权人受偿。办理抵押登记的，抵押权具有对抗第三人的法律效力，也就是说，抵押财产登记后，不论抵押财产转移到谁手中，只要债务履行期限届满债务人没有履行债务，抵押权就具有追及效力，抵押权人可以就该抵押财产实现抵押权。同时在受偿顺序上，已登记的抵押权优先于未登记的抵押权、后设立的抵押权以及质权受偿。由此可见，为了切实保障自己债权的实现，抵押权人最好进行抵押登记。

> **第四百零四条** 以动产抵押的，不得对抗正常经营活动中已经支付合理价款并取得抵押财产的买受人。

【条文主旨】

本条是关于动产抵押不得对抗正常经营活动中的买受人的规定。

【条文释义】

对于正常经营活动中的买受人的保护，物权法在第 189 条规定，企业、个体工商户、农业生产经营者以现有的以及将有的生产设备、原材料、半成品、产品抵押的，不得对抗正常经营活动中已支付合理价款并取得抵押财产的买受人。物权法规定的正常经营活动中的买受人的保护只限于在浮动抵押的情形，之所以这样规定，主要因为：浮动抵押是现有的和将有的财产设定担保，抵押期间抵押人可以占有、使用、处分抵押财产，如果以全部或者部分动产抵押，又不让抵押人处分该财产，抵押人的经营活动就无法进行了。特别是浮动抵押的标的物通常是原材料、库存产成品，这些动产经常处于流动过程中，既然法律允许浮动抵押人在抵押期间处分抵押财产，且不必通知抵押权人，那么对于浮动抵押财产的买受人就应当给予一定的保护。否则，所有动产的买受人为避免买受的货物被在先设立的抵押权所追及，在每次交易前都必须查阅登记资料来看该货物上是否设有浮动抵押，这样将使动产交易活动变得极其滞重，也让动产以占有作为权利外观的一般规则受到冲击，不能适应现代商业的需要。为此，物权法在浮动抵押的情形中对正常经营活动中的买受人确立了特别保护规则，即无论浮动抵押是否登记，只要抵押财产的买受人为正常经营活动中已支付合理价款并取得抵押财产的买受人，其买受的财产不受抵押权的追及。

在民法典物权编的编纂过程中，有些意见提出，物权法中正常经营活动中的买受人的保护规则仅适用于浮动抵押的情形，一般的动产抵押没有类似的规定。但是依据物权法第 180 条第 1 款第 4 项的规定，在原材料、半成品、产品上也可以设定一般的动产抵押权，而这些财产在性质上属于存货，常常在正常经营活动中被卖出，如果正常经营活动中的买受人的保护规则不适用于一般的动产抵押的情形，那么一般的动产抵押权人可以对抗正常经营活动中该抵押财产的买受人，这意味着以后所有正常经营活动中的买受人在交易之前都需要查阅所要购买的物品上是否存在抵押以及该抵押是一般的动产抵押还是浮动抵押，这既不合交易习惯，也会降低交易效率。建议将正常经营活动中的买受人的保护规则的适用范围扩大至一般的动产抵押。在民法典物权编的立法过程中，吸收了上述意见，规定："以动产抵押的，不得对抗正常经营活动中已支付合理价款并取得抵押财产的买受人。"将物权法中适用于动产浮动抵押的正常交易活动中的买受人的保护规则上升为动产抵押权的一般规则，适用于一般的动产抵押以及浮动抵押情形。

按照本条规定，受到保护的买受人必须符合以下条件：第一，买受人是在正常经营活动中买受了抵押财产，即出卖人出卖抵押财产是其正常的经营活动，而买受人既可以是在存货融资中，买受出卖人在正常经营过程中出售的已设定担保的存货的人，也可以是市场交易中的消费者。买受人取得的标的物应当是出卖人通常销售的动产，而出卖人也一般以销售该类动产为业。第二，买受人必须已经支付合理价款。在判断买受人支付价款是否合理时，应当根据转让标的物的性质、数量以及付款方式等具体情况，参考转让时交易地市场价格以及交易习惯等因素综合认定。第三，买受人已取得抵押财产，即抵押财产的所有权已通过交付转让给买受人。具备这三个条件，无论该动产抵押是否登记，抵押财产的买受人可以对抗抵押权人，即买受人可以取得买受的抵押财产的所有权并且不受抵押权人的追及。

> **第四百零五条** 抵押权设立前，抵押财产已经出租并转移占有的，原租赁关系不受该抵押权的影响。

【条文主旨】

本条是关于抵押权和租赁权关系的规定。

【条文释义】

以房屋等财产抵押的，在设定抵押权之前，有时该财产上已存在租赁法律关系，这种在抵押权设立之前事先存在的租赁关系是否继续有效呢？从理论上讲，财产租赁属于债权的范畴，根据物权优先于债权的原则，财产所有权人将已出租的财产转让给第三人的，第三人取得财产的所有权的同时，承租人的租赁关系即归于消灭。承租人可以要求出租人承担债务不履行的违约责任，但是不能向租赁物的买受人要求继续履行租赁合同，因为承租人与买受人不存在租赁合同关系。但是，随着社会经济的发展，为了保护承租人尤其是不动产承租人的利益，维护社会稳定，现代各国民法都逐渐采取了增强租赁权效力的做法，将"买卖击破租赁"规则转为"买卖不破租赁"规则，即租赁关系成立后，即使出租人将租赁物转卖给第三人，该原已存在的租赁关系仍然对买受人有效，承租人仍然可以向受让人主张租赁权，受让人取得的是一项有租赁关系负担的财产所有权。本法第 725 条也规定："租赁物在承租人按照租赁合同占有期限内发生所有权变动的，不影响租赁合同的效力。"买卖等处分行为可以使租赁物的所有权发生变动，设定抵押也属于处分行为，在实现抵押权时会导致租赁物所有权的变动，可能影响到事先存在的租赁关系，为了保障承租人的权利，切实落实"买卖不破租赁"原则的精神，物权法第 190 条规定，订立抵押合同前抵押财产已出租的，原租赁关系不受该抵押权的影响。即，因实现抵押权而将抵押财产转让时，抵押人与承租人之间原有的租赁关系不当然终止，承租人可以在租赁合同的有效期内继续享有承租的权利。

在民法典物权编的编纂过程中，有些意见提出，仅凭订立抵押合同的时间与订立租赁合同的时间来认定抵押权和租赁关系的先后，容易滋生道德风险。在实践中存在一些当事人恶意串通，通过虚构租赁关系或者倒签租赁合同的方式，侵害抵押权人的利益，为抵押权人实现抵押权制造障碍。同样，当事人之间也有可能虚构抵押关系或者倒签抵押合同，侵害承租人的利益。建议在认定抵押权和租赁关系的先后顺序时规定较为严格的条件。民法典物权编吸收了以上意见，将物权法中的"订立抵押合同前"修改为"抵押权设立前"，将"抵押财产已出租的"修改为"抵押财产已出租并转移占有的"。即在判断租赁关系受不受抵押权的影响时，要看在抵押权设立前抵押财产是否已出租并转移占有。不动产抵押权在登记时设立，动产抵押权在订立抵押合同时设立，认定抵押权设立的时间分别以登记和订立合同的时间为准。要求已出租的抵押财产须在抵押权设立前转移占有，主要是考虑到保护承租人的权利要以承租人对租赁物有一定的支配利益为前提，如果承租人尚未取得对租赁物的占有，在设定抵押时债权人没有理由知道该租赁关系的存在，此时如果主张在先订立的租赁关系不受抵押权的影响则对抵押权人不公平。

> 　　**第四百零六条　抵押期间，抵押人可以转让抵押财产。当事人另有约定的，按照其约定。抵押财产转让的，抵押权不受影响。**
> 　　**抵押人转让抵押财产的，应当及时通知抵押权人。抵押权人能够证明抵押财产转让可能损害抵押权的，可以请求抵押人将转让所得的价款向抵押权人提前清偿债务或者提存。转让的价款超过债权数额的部分归抵押人所有，不足部分由债务人清偿。**

〖条文主旨〗

本条是关于抵押期间转让抵押财产的规定。

〖条文释义〗

抵押权是不转移财产占有的物权。传统理论认为，抵押期间，抵押人不丧失对物的占有、使用、收益和处分的权利。抵押人转让抵押财产的，抵押权人对转让的抵押财产具有物上追及的法律效力。比如，甲向乙借款时，为担保借款的偿还将房屋抵押给了乙，之后又将该房屋卖给了丙，如果债务履行期限届满甲没有向乙归还借款，乙有权拍卖或者变卖丙所购买的房屋，并就拍卖或者变卖所得的价款优先受偿。上述理论和做法有利于加速经济流转，更好地发挥物的效用，但也使抵押权人和抵押财产的买受人承担了一定的风险。比如，抵押人转让已抵押但没有办理抵押登记的汽车，买受人根据善意取得的规定取得该汽车所有权的同时，抵押权消灭，抵押权就无法实现了。又比如，转让负有抵押权的财产，抵押权人有权就受让人买受的抵押财产实现抵押权，就可能出现买受人因抵押权的实现而丧失买受的抵押财产，又无法从抵押人处取回已支付的转让价款的情况。因此，在设计抵押期间抵押财产的转让规则时，既需要考虑发挥物的效用，又要维护抵押权人和抵押财产的买受人的合法权益，作出符合我国实践情况的规定。我国民事法律中关于抵押期间抵押财产的转让规则经历了以下变化：

一、物权法的有关规定

物权法在第 191 条规定："抵押期间，抵押人经抵押权人同意转让抵押财产的，应当将转让所得的价款向抵押权人提前清偿债务或者提存。转让的价款超过债权数额的部分归抵押人所有，不足部分由债务人清偿。""抵押期间，抵押人未经抵押权人同意，不得转让抵押财产，但受让人代为清偿债务消灭抵押权的除外。"

物权法的上述规定表明：其一，抵押期间，抵押人转让抵押财产的，应当经抵押权人同意，同时，要将转让所得的价款向抵押权人提前清偿债权或者提存。其二，抵押期间，未经抵押权人同意，不得转让抵押财产。除非受让人替抵押人向抵押权人偿还了债务消灭了抵押权。按照该条的制度设计，转让抵押财产，必须消除该财产上的抵押权。既然买受人取得的是没有物上负担的财产，也就不再有物上追及的问题。物权法这样规定的主要理由是：第一，财产抵押实际是以物的交换价值担保，抵押财产转让，交换价值已经实现。以交换所得的价款偿还债务，消灭抵押权，可以减少抵押财产流转过程中的风险，避免抵押人利用制度设计的漏洞取得不当利益，更好地保护抵押权人和买受人的合法权益。第二，抵押财产的价值是随着市场价格波动的，与其为抵押权的实现留下不确定因素，不如在转让抵押财产时，就将转让所得的价款向抵押权人提前清偿或者提存。第三，转让抵押财产前就取得抵押权同意，可以防止以后出现的一系列麻烦，节省经济运行的成本，减少纠纷。

二、民法典物权编对抵押期间抵押财产转让规则的修改

物权法没有规定抵押财产转让时抵押权的物上追及效力，而是要求将转让价款向抵押权人提前清偿债务或者提存。在民法典物权编的立法过程中，有的意见提出，物权法的规定存在以下问题：一是抵押权是存在于抵押财产上的权利，是属于权利人的绝对权，抵押权对抵押财产具有追及效力是其物权属性的体现，应当予以明确规定；二是要求抵押人将转让抵押财产的价款提前清偿债务，违背了抵押权作为担保物权具有的或然性特征，设定抵押不是债务承担或者债务替代，提前清偿债务损害抵押人的期限利益，在第三人作为抵押人的情形中尤其不公正，立法只需考虑抵押人处分抵押财产时是否会损害抵押权，再赋予抵押权人相应的救济手段；三是转让抵押财产，必须消除该财产上的抵押权，影响了交易实践的发展，尤其是在房屋按揭买卖中，需要先由买受人支付部分款项，以供出卖人提前清偿按揭贷款从而涂销抵押权，再由买受人与银行签订抵押贷款合同，重新办理抵押登记，增加了交易成本。建议规定抵押期间抵押人转让抵押财产的，抵押权不受影响，只有在转让行为有可能损害抵押权时，抵押权人可以要求抵押人提前清偿债务或者将转让价款提存。

对于上述立法建议，有的部门和单位认为，允许抵押财产不经抵押权人同意而转让可能有以下不利影响：一是增加了债务人的道德风险，在不清偿债务或提存的情况下，允许抵押人转让抵押财产，转让后的财产所有人与债务人无直接关联，将削弱因财产担保对债务人产生的约束，进而影响到债务的偿还。二是影响抵押权的实现，虽然该建议明确了抵押权的追及效力，但是抵押权人对因抵押财产转让给第三人而导致的抵押财产处置困难的情况缺乏控制力，可能增加抵押权人的权利行使成本。

我们研究认为，如果当事人设立抵押权时进行了登记，受让人可以知悉财产上是否负担抵押权，受让人知道或者应当知道该财产上设有抵押权仍受让的，应当承受相应的风险；如果当事人设立抵押权时没有进行登记，则不能对抗善意的受让人，受让人将获得没有抵押负担的财产所有权。随着我国不动产统一登记制度的建立以及动产抵押登记制度的完善，抵押人转让抵押财产时抵押权人和抵押财产的买受人可能承担的风险大大降低，为了充分发挥物的效用，促进交易便捷，应当允许抵押人在抵押期间转让抵押财产并承认抵押权的追及效力。同时，应当允许当事人对抵押期间能否转让抵押财产另行约定，以平衡抵押人与抵押权人之间的利益，保护抵押权人为行使抵押权而作的预先安排，尊重当事人之间的意思自治。为此，民法典各分编草案一审稿第197条曾规定："抵押期间，抵押人转让抵押财产的，应当通知抵押权人。当事人另有约定的，按照其约定。""抵押财产转让的，抵押权不受影响。抵押权人能够证明抵押财产转让可能损害抵押权的，可以请求抵押人将转让所得的价款向抵押权人提前清偿债务或者提存。转让的价款超过债权数额的部分归抵押人所有，不足部分由债务人清偿。"

在民法典物权编经全国人大常委会审议以及公开征求意见的过程中，一些意见提出，草案修改了物权法中抵押期间抵押财产转让的相关规则，承认了抵押权的追及效力，删除了未经抵押权人同意不得转让抵押财产的规定，值得肯定。但是该条文第1款规定的"抵押人转让抵押财产的，应当通知抵押权人"，通知抵押权人到底有何实际作用，是否影响抵押财产转让的效力，值得考虑。依追及效力规则，不管通知与否，抵押权的效力均不受影响，那么通知便没有太大意义。第1款还规定"当事人另有约定的，按照其约定"，该约定是指可以不通知，还是约定抵押财产不得转让，也存在疑问。经研究，提交十三届全国人大常委会十五次会议审议的民法典草案为避免产生歧义，将抵押期间抵押财产的转让规则作了修改完善，在草案第406条规定："抵押期间，抵押人可以转让抵押财产。当事人另有约定的，按照其约定。抵押财产转让的，抵押权不受影响。""抵押人转让抵押财产的，应当及时通知抵押权人。抵押权人能够证明抵押财产转让可能损害抵押权的，可以请求抵押人将转让所得的价款向抵押权人提前清偿债务或者提存。转让的价款超过债权数额的部分归抵押人所有，不足部分由债务人清偿。"该条文最终成为了民法典物权编的条文。

根据本条规定，抵押人对其所有的抵押财产享有占有、使用、收益、处分的权利，抵押期间抵押人可以转让抵押财产，而不需要经过其他人的同意。如果抵押权人与抵押人在设立抵押权时约定抵押人在抵押期间不得转让抵押财产，那么抵押人不能转让抵押财产，但是该约定不得对抗善意受让人。抵押财产转让的，抵押权不受影响，即无论抵押财产转让到哪里，也无论抵押财产的受让人是谁，抵押权人对该抵押财产享有抵押权，在实现抵押权的条件成就时，可以追及该抵押财产并就抵押财产进行变价和优先受偿。

由于抵押权人并不占有、控制抵押财产，因此对于抵押财产的状态和权属状况不可能随时知悉，因此本条对抵押人规定了在转让抵押财产时及时通知抵押权人的义务。抵押人如果在转让抵押财产时未及时通知抵押权人，虽然不影响抵押权的效力，但是如果因未及时通知造成抵押权人损害的，应当承担赔偿责任。抵押人转让抵押财产的，抵押权人虽然对该财产具有追及效力，但是在一些情况下抵押财产的转让有可能损害抵押权人的利益，例如，某甲将其日常生活所用的汽车抵押给某乙并进行了登记，后来又将该汽车转让给某丙用于营业用途，由于汽车用途的改变会加大汽车的损耗，汽车的价值也会相应降低，尽管汽车转让后某乙对该汽车仍享有抵押权，但是在其实现抵押权时，汽车的价值可能已经贬损到不能完全清偿其债权。在这种情况下本条规定，抵押权人能够证明抵押财产转让可能损害抵押权的，可以请求抵押人将转让所得价款提前清偿债务或者提存。

> **第四百零七条** 抵押权不得与债权分离而单独转让或者作为其他债权的担保。债权转让的，担保该债权的抵押权一并转让，但是法律另有规定或者当事人另有约定的除外。

【条文主旨】

本条是关于抵押权转让或者作为其他债权担保的规定。

【条文释义】

担保物权的一个重要特点就是其附随于主债权债务关系，没有主债权债务关系的存在，担保关系也就没有了存在以及实现的可能性和价值。作为担保物权的一种，抵押权以其所担保的债权存在为前提。由于抵押权不具有独立存在的特性，因此本条中规定："抵押权不得与债权分离而单独转让或者作为其他债权的担保。"这一规定延续了我国担保法、物权法的规定。根据这一规定，抵押权的转让或者以抵押权为其他债权设定担保，应当与抵押权所担保的债权一同进行。抵押权人转让抵押权的，抵押权应当与其所担保的债权一同转让；抵押权人以抵押权向他人提供担保的，抵押权应当与其所担保的债权一同向他人提供担保。单独转让抵押权或者单独以抵押权作为其他债权的担保的行为无效。这里所讲的抵押权不得与债权分离而单独转让，是指抵押权人不得将抵押权单独让与他人而自己保留债权。抵押权人也不得单独将抵押权作为其他债权的担保而自己保留债权，抵押权只有在与其所担保的债权一同作为其他债权的担保时才有意义。

由于抵押权具有附随性，被担保的债权转让的，抵押权应当随被担保债权的转让而移转于受让人，因此本条规定："债权转让的，担保该债权的抵押权一并转让。"需要注意的是，关于这一规定，本条还有一项但书规定："但是法律另有规定或者当事人另有约定的除外。""法律另有规定"是指法律规定在一些情况下，债权转让的，抵押权不一并转让，例如，本法规定，最高额抵押担保的债权确定前，部分债权转让的，最高额抵押权不得转让。"当事人另有约定"，既可以是抵押权人在转让债权时，与受让人约定，只转让债权而不转让担保该债权的抵押权，这种情形大多发生在债权的部分转让时；也可以是第三人专为特定的债权人设定抵押的，该第三人与债权人约定，被担保债权的转让未经其同意的，抵押权因债权的转让而消灭。在上述情形下，债权转让的，担保该债权的抵押权不一并转让。

> 第四百零八条　抵押人的行为足以使抵押财产价值减少的，抵押权人有权请求抵押人停止其行为；抵押财产价值减少的，抵押权人有权请求恢复抵押财产的价值，或者提供与减少的价值相应的担保。抵押人不恢复抵押财产的价值，也不提供担保的，抵押权人有权请求债务人提前清偿债务。

【条文主旨】

本条是关于抵押财产价值减少时如何处理的规定。

【条文释义】

抵押权设立后，抵押权人并不实际占有抵押财产，抵押财产仍由抵押人占有、使用、收益和处分，在抵押期间，有可能由于抵押人的行为致使抵押财产价值减少，损害抵押权人的利益。抵押人使抵押财产价值减少的行为主要包括两个方面：一是抵押人采取积极的行为致使抵押财产价值减少，如砍伐抵押的林木、拆除抵押的房屋等；二是抵押人消极的不作为致使抵押财产价值减少，如对抵押的危旧房屋不作修缮、对抵押的机动车不进行定期的维修保养等。抵押权是为抵押权人的利益设定的，抵押权人的目的在于支配抵押财产的交换价值而使债权获得清偿，当抵押人的行为使抵押财产价值减少从而侵害抵押权人的利益时，应当给予抵押权人保全抵押财产价值、维护抵押担保效力的权利。因此，本条规定：抵押人的行为足以使抵押财产价值减少的，抵押权人有权请求抵押人停止其行为。如果抵押人对抵押权人的请求不予理睬、不停止其行为的，抵押权人可以请求人民法院强制抵押人停止其侵害行为。

实践中，很多时候即使抵押人停止其行为，也已经造成抵押财产价值减少，使抵押权人的利益受到损害，对此，抵押权人有权请求抵押人恢复抵押财产的价值，如将破旧的房屋修缮好，将损坏的车辆修理好。抵押财产的价值难以恢复或者恢复的成本过高的，抵押权人也可以请求抵押人提供与减少的价值相应的担保。经抵押权人请求，抵押人既不恢复抵押财产的价值也不提供担保的，抵押权人为保护自己的利益，防止抵押财产的价值进一步减少，有权请求债务人提前清偿债务。

需要注意的是，本条规定的抵押财产价值减少，均是由于抵押人的行为造成的，即只有在抵押人对抵押财产价值减少有过错的，才按照本条的规定处理。对于抵押人对抵押财产价值减少无过错时如何处理的问题，本条没有作出规定。那么，在抵押人无过错的情况下，如因地震、水灾等自然灾害，因失火、被窃等第三人的原因致使抵押财产价值减少的，如何保护抵押权人的利益呢？对于非可归责于抵押人的原因致使抵押财产价值减少的，如果请求抵押人恢复抵押财产的原价值或者提供与减少的价值相当的担保，对抵押人有失公正。如果抵押人因抵押财产的毁损、灭失获得了赔偿金、保险金等，根据本法第390条的规定，抵押权人可以就获得的保险金、赔偿金等优先受偿，被担保债权的履行期限未届满的，也可以提存该保险金、赔偿金等。赋予抵押权人对因担保财产毁损灭失而获得的保险金、赔偿金等享有直接优先受偿或者提存的权利，更有效地保护抵押权人的利益。当然，此时原抵押财产仍应当作为债权的担保。对于非因抵押人的过错致使抵押财产价值减少，抵押人又不能获得保险金、赔偿金的情形，例如，因市场的变化使得抵押的房地产价值减少的，抵押权人不能请求抵押人恢复抵押财产的价值或者提供与减少的价值相应的担保，更不能请求债务人提前清偿债务，还是应当以原抵押财产作为债权的担保。债权人在实现抵押权时抵押财产的价值不足以偿还全部债务的，可以请求债务人清偿不足部分，如果该部分债权没有其他的担保，则变为普通债权。

> 第四百零九条　抵押权人可以放弃抵押权或者抵押权的顺位。抵押权人与抵押人可以协议变更抵押权顺位以及被担保的债权数额等内容。但是，抵押权的变更未经其他抵押权人书面同意的，不得对其他抵押权人产生不利影响。
>
> 债务人以自己的财产设定抵押，抵押权人放弃该抵押权、抵押权顺位或者变更抵押权的，其他担保人在抵押权人丧失优先受偿权益的范围内免除担保责任，但是其他担保人承诺仍然提供担保的除外。

【条文主旨】

本条是关于抵押权人放弃抵押权、抵押权的顺位以及变更抵押权的规定。

【条文释义】

抵押权作为抵押权人享有的一项权利，抵押权人可以放弃抵押权从而放弃其债权就抵押财产优先受偿的权利。抵押权人不行使抵押权或者怠于行使抵押权的，不得推定抵押权人放弃抵押权。抵押权人放弃抵押权，不必经过抵押人的同意。抵押权人放弃抵押权的，抵押权消灭。

抵押权的顺位是抵押权人优先受偿的顺序。抵押权的顺位作为抵押权人享有的一项利益，抵押权人可以放弃其顺位，即放弃优先受偿的次序利益。抵押权人放弃抵押权顺位的，该抵押权人将处于最后顺位，所有后顺位抵押权人的顺位依次递进。但是在抵押权人放弃抵押权顺位之后新设定的抵押权不受该放弃的影响，其顺位仍应在该抵押权人的抵押权顺位之后。

本条规定，抵押权人与抵押人可以协议变更抵押权的顺位以及被担保的债权数额等内容。所谓抵押权顺位的变更，是指将同一抵押财产上的数个抵押权的清偿顺序调换。抵押权的顺位变更后，各抵押权人只能在其变更后的顺位上行使优先受偿权。对抵押权顺位以及被担保的债权数额等内容的变更，如果在同一抵押财产上还有其他抵押权人的，可能对这些抵押权人产生不利的影响。为了保护同一财产上其他抵押权人的合法利益，本条特别规定："抵押权的变更未经其他抵押权人书面同意的，不得对其他抵押权人产生不利影响。"未经其他抵押权人书面同意变更抵押权，对其他抵押权人产生不利影响的，变更无效。如果抵押权的变更，对其他抵押权人不会产生不利影响，那么即使未经后顺位的抵押权人的书面同意，该变更有效。

本条第 2 款规定，债务人以自己的财产设定抵押，抵押权人放弃该抵押权、抵押权顺位或者变更抵押权的，其他担保人在抵押权人丧失优先受偿权益的范围内免除担保责任，但是其他担保人承诺仍然提供担保的除外。这一规定是针对被担保的债权既有以债务人自己的财产作抵押的抵押担保又有其他担保的情形而作出的特别规定。这里的"其他担保人"既包括为债务人担保的保证人，也包括提供抵押、质押担保的第三人。

现以同一债权既有以债务人自己的财产作抵押的抵押担保又有第三人提供保证担保的情形为例，对本款的规定作一说明：本法第 392 条规定，被担保的债权既有物的担保又有人的担保的，债务人不履行到期债务或者发生当事人约定的实现担保物权的情形，债务人自己提供物的担保的，如果没有特别的约定，债权人应当先就债务人的物实现债权。根据这一规定，只要是债务人以自己的财产设定抵押的，无论该抵押是担保主债权的全部还是部分，如果当事人之间没有特别的约定，都要首先就该财产行使抵押权来实现债权。如果因行使抵押权而实现了全部债权，那么保证人就不用承担保证责任了；如果行使了抵押权却只实现了部分债权，那么保证人就只对未实现的那部分债权承担保证责任。也就是说，在这种情形下，保证人是就债权人行使抵押权优先受偿而仍不能受偿的债权余额承担保证责任。如果抵押权人放弃该抵押权、抵押权的顺位或者变更抵押权而使自己失去优先受偿的权利或者减少优先受偿的范围，那么因债权人丧失优先受偿的权益而未能受偿的债权，就要由保证人来承担保证责任，这就会加大保证人的保证责任。这种因抵押权人的行为而加重保证人保证责任的现象，是不合理的。为了保护保证人等其他担保人的合法利益，本法特别规定，其他担保人在抵押权人丧失优先受偿权益的范围内免除担保责任。但是如果其他担保人承诺仍然提供担保的，应当尊重当事人自愿的意思表示，为此本条规定"但是其他担保人承诺仍然提供担保的除外"。

第四百一十条 债务人不履行到期债务或者发生当事人约定的实现抵押权的情形，抵押权人可以与抵押人协议以抵押财产折价或者以拍卖、变卖该抵押财产所得的价款优先受偿。协议损害其他债权人利益的，其他债权人可以请求人民法院撤销该协议。

抵押权人与抵押人未就抵押权实现方式达成协议的，抵押权人可以请求人民法院拍卖、变卖抵押财产。

抵押财产折价或者变卖的，应当参照市场价格。

【条文主旨】

本条是关于抵押权实现的条件、方式和程序的规定。

【条文释义】

本条第 1 款对抵押权人实现抵押权的条件作出了规定：一是债务履行期限届满，债务人不履行债务；二是发生了当事人约定的实现抵押权的情形。允许抵押权人与抵押人约定提前实现抵押权的条件，抵押权人就可以在抵押合同中对抵押人的某些行为进行约束，一旦抵押人违反约定从事了这些行为，满足了约定的实现抵押权的条件，抵押权人就可以提前实现抵押权，以保障自己的债权得到清偿。满足上述任一条件，抵押权人就可以依照本条规定的方式和程序处理抵押财产以实现其债权。

债务人不履行到期债务或者发生当事人约定的实现抵押权的情形的，抵押权人可以与抵押人就如何处理抵押财产进行协商，如果双方达成协议，就可以按照协议的方式实现抵押权。本条提供了三种抵押财产的处理方式供抵押权人与抵押人协议时选择：

一、折价方式

在实现抵押权的条件成就时，抵押权人可以与抵押人协议，以折价的方式实现抵押权。折价的方式也就是抵押权人与抵押人协议，参照市场价格确定一定的价款将抵押财产的所有权转移给抵押权人，以实现债权。本法第 401 条规定："抵押权人在债务履行期限届满前，与抵押人约定债务人不履行到期债务时抵押财产归债权人所有的，只能依法就抵押财产优先受偿。"这样规定是为了避免债务履行期限届满前，抵押权人利用其优势地位与抵押人约定，在债务人到期不能履行债务时，将价值高于被担保债权的抵押财产直接转归抵押权人所有，以充抵债权，从而对抵押人造成不公平。上述条文所限制的只是在债务履行期限届满前作出这种将来转移所有权的协议，在需要实现抵押权的时候，已不存在可能给抵押人造成不利的情势了，这时双方可以协议以折价的方式来清偿抵押权人的债权。而且，如果双方确定的抵押财产的价款高于被担保的债权时，依照本法规定，超出的部分要归抵押人所有，这样抵押权人与抵押人双方的权益就都得到了保护。

二、拍卖方式

拍卖是抵押权实现的最为普通的一种方式。拍卖也称为竞卖，是指以公开竞争的方法将标的物卖给出价最高的买者。拍卖又分为自愿拍卖和强制拍卖两种，自愿拍卖是出卖人与拍卖机构订立委托合同，委托拍卖机构拍卖，拍卖机构一般为拍卖行；强制拍卖是债务人的财产基于某些法定的原因由司法机关如人民法院强制性拍卖。抵押权人与抵押人协议以抵押财产拍卖来实现债权的方式属于第一种方式，双方达成一致意见，即可选择拍卖机构进行拍卖。以拍卖的方式实现抵押权有很大的优点，因为拍卖是以公开竞价的方式出卖标的物，拍卖的价款能够最大限度地体现拍卖财产的价值，从而充分发挥抵押财产对债权的担保作用。

三、变卖方式

除前述两种方式外，本条规定双方还可以协议以变卖的方式实现抵押权。采用变卖的方式就是以拍卖以外的生活中一般的买卖形式出让抵押财产，以变卖抵押财产的价款来实现债权的方式。为了保障变卖的价格公允，变卖抵押财产应当参照市场价格。

抵押权人与抵押人协议处理抵押财产时，可能涉及抵押人的其他债权人的利益，如果抵押财产折价过低或者拍卖、变卖的价格远低于市场价格，在该抵押权人就变价款优先受偿后，可供后顺位的抵押权人以及其他债权人实现其债权的数额就会大大减少，从而损害他们的利益。为保障其他债权人的利益，本条规定，协议损害其他债权人利益的，其他债权人可以请求人民法院撤销该协议。

上面讲的是抵押权人与抵押人达成协议而实现抵押权的情况，如果双方未达成协议，那么应当如何实现抵押权呢？在物权法的立法过程中，考虑到抵押权人与抵押人未就实现抵押权达成协议，主要有两种情形：一是双方就债务履行期限届满债权未受清偿的事实没有异议，只是就采用何种方式来处理抵押财产的问题达不成一致意见；二是双方在债务是否已经履行以及抵押权本身的问题上存在争议，如双方对抵押合同的有关条款或者抵押权的效力问题存在争议，这些问题实际上是实现抵押权的前提条件，双方对此发生争议的，也就根本谈不上协议以何种方式实现抵押权了。对于第一种情形，即抵押权人与抵押人仅就抵押权实现方式未达成协议的，为了简便抵押权的实现程序，物权法规定，抵押权人可以直接请求人民法院拍卖、变卖抵押财产。对于第二种情形，抵押权人仍应当采取向人民法院提起诉讼的方式解决。本法保留了物权法的规定，本条规定，抵押权人与抵押人未就抵押权实现方式达成协议的，抵押权人可以请求人民法院拍卖、变卖抵押财产。

> **第四百一十一条** 依据本法第三百九十六条规定设定抵押的，抵押财产自下列情形之一发生时确定：
>
> （一）债务履行期限届满，债权未实现；
>
> （二）抵押人被宣告破产或者解散；
>
> （三）当事人约定的实现抵押权的情形；
>
> （四）严重影响债权实现的其他情形。

【条文主旨】

本条是关于在浮动抵押中抵押财产确定的情形的规定。

【条文释义】

本条是专门针对浮动抵押的规定。根据本法第 396 条的规定，当事人除可以在特定的财产上设定抵押即固定抵押外，企业、个体工商户、农业生产经营者还可以将现有的以及将有的生产设备、原材料、半成品和产品抵押，即在上述动产上设定浮动抵押，当债务人不履行到期债务或者发生当事人约定的实现抵押权的情形时，债权人有权就抵押财产确定时的动产优先受偿。浮动抵押区别于固定抵押的一个重要特征就是抵押财产的范围不确定，浮动抵押设定后，抵押人仍然有权继续占有、经营管理并自由处分其财产，这样就使抵押财产不固定，在抵押期间不断发生变化。但是，当抵押权人需要行使抵押权时，抵押财产应当是确定的；只有抵押财产被确定，抵押权人才能将抵押财产折价或者拍卖、变卖以实现抵押权。因此，抵押财产的确定是抵押权实现的前提条件。当然，一般情况下也只有在需要实现抵押权时，才有必要确定抵押财产。抵押财产的确定是实现浮动抵押权中的一个重要问题。

那么，在什么情形下抵押财产能被确定呢？依照本条的规定，抵押财产确定的情形有以下四种：

第一，债务履行期限届满，债权未实现的，抵押财产确定。这种情况下，无论抵押权人是否向抵押人提出实现抵押权的要求，抵押财产均应确定，自债务履行期限届满之日起，抵押人不得再处分抵押财产。

第二，抵押人被宣告破产或者解散的，抵押财产确定。这一规定主要适用于抵押人为法人或者非法人组织的情形。物权法第 196 条规定了浮动抵押中抵押财产确定的情形，其中第 2 项为"抵押人被宣告破产或者被撤销"。抵押人被宣告破产或者被撤销，即意味着抵押人停止营业，进入清算程序，由于抵押人的财产将不再发生变动，抵押财产随之确定，抵押权人对确定下来的抵押财产享有优先受偿的权利。然而，根据本法总则编的规定，法人和非法人组织终止的原因并不仅限于被宣告破产或者被撤销。因法人解散或者法人被宣告破产并依法完成清算、注销登记的，法人终止。而法人解散的原因有多种，本法第69条规定："有下列情形之一的，法人解散：（一）法人章程规定的存续期间届满或者法人章程规定的其他解散事由出现；（二）法人的权力机构决议解散；（三）因法人合并或者分立需要解散；（四）法人依法被吊销营业执照、登记证书，被责令关闭或者被撤销；（五）法律规定的其他情形。"对于非法人组织来说，本法第106条规定："有下列情形之一的，非法人组织解散：（一）章程规定的存续期间届满或者章程规定的其他解散事由出现；（二）出资人或者设立人决定解散；（三）法律规定的其他情形。"可见，抵押人被撤销仅是抵押人解散的一种情形，在抵押人依照章程解散、决议解散、因合并分立解散、被吊销营业执照、被责令关闭等情形中，抵押人也需要依法进行清算，最终终止。抵押人在终止之前，相关的权利义务关系应当确定下来并予以处理，此时应当将设定浮动抵押的抵押财产确定下来。为此，民法典物权编将物权法的"抵押人被宣告破产或者被撤销"修改为"抵押人被宣告破产或者解散"，以涵盖更多情形。

第三，发生当事人约定的实现抵押权的情形的，抵押财产确定。抵押权人为保障自己的债权得到清偿，可以与抵押人约定提前实现抵押权的情形。当事人约定了实现抵押权的情形的，一旦发生了该情形，抵押财产即被确定，抵押权人可以要求实现抵押权。

第四，发生严重影响债权实现的其他情形的，抵押财产确定。严重影响债权实现的情形，范围比较广泛，既可以是因经营不善导致抵押人经营状况恶化或者严重亏损；也可以是因抵押人放弃其债权、无偿转让财产、以明显不合理的低价转让财产或者以明显不合理的高价受让他人财产等，致使其设立浮动抵押的财产价值明显减少；还可以是抵押人为逃避债务而隐匿、转移财产。抵押人有上述行为，严重影响债权实现的，抵押权人为保全抵押财产达到一定的数额，以起到担保其债权优先受偿的作用，可以向抵押人要求确定抵押财产，以实现抵押权。抵押人对抵押权人的要求有异议的，抵押权人可以向人民法院请求确定抵押财产。需要说明的是，如果抵押人有放弃其债权、无偿转让财产、以明显不合理的低价转让财产或者以明显不合理的高价受让他人财产等行为，严重影响抵押权人债权实现的，抵押权人除可以依照本条规定要求确定抵押财产外，还可以依据本法第408条的规定，有权请求抵押人停止其行为，请求恢复抵押财产的价值，或者提供与减少的价值相应的担保。如果债务人自己为抵押人的，抵押权人还可以依照合同编的有关规定向人民法院请求撤销债务人的行为。因抵押权人行使撤销权而追回的财产，如果原本就属于浮动抵押财产的范围，抵押财产确定后，仍属于抵押财产。

本条规定的四种情形为抵押财产确定的法定情形，发生其中任一情形的，自该情形发生时浮动抵押即转化为固定抵押，抵押财产确定，抵押人不得再处分抵押财产，抵押权人可以依法实现抵押权。

> **第四百一十二条** 债务人不履行到期债务或者发生当事人约定的实现抵押权的情形，致使抵押财产被人民法院依法扣押的，自扣押之日起，抵押权人有权收取该抵押财产的天然孳息或者法定孳息，但是抵押权人未通知应当清偿法定孳息义务人的除外。
>
> 前款规定的孳息应当先充抵收取孳息的费用。

【条文主旨】

本条是关于抵押财产孳息的规定。

【条文释义】

抵押财产的孳息，是指由抵押财产而产生的收益。孳息分为天然孳息和法定孳息，天然孳息指物依照自然属性产生的收益，如土地上生长的庄稼、树木结的果实、牲畜产的幼畜；法定孳息指依照法律关系产生的收益，如出租人依合同收取的租金、贷款人依法所得的利息。抵押权设立后，抵押财产的占有权、使用权、收益权和处分权仍由抵押人行使，因抵押财产的使用而产生的孳息应当归抵押人所有，抵押权的效力不及于该孳息。

但是，债务人不履行到期债务或者发生当事人约定的实现抵押权的情形，因抵押权人行使抵押权致使抵押财产被人民法院依法扣押的，如果抵押财产的孳息仍为抵押人收取，则会使抵押人为收取孳息而拖延处理抵押财产，不利于保护抵押权人的利益。此时剥夺抵押人对抵押财产孳息的收取权，有利于抵押权人顺利实现抵押权，也能够充分发挥抵押财产担保债权受偿的功能。因此，本条规定，抵押财产被人民法院扣押的，抵押权的效力及于抵押财产的孳息，自扣押之日起抵押权人有权收取该抵押财产的天然孳息和法定孳息。需要说明的是，抵押权的效力及于抵押财产的孳息必须具备两个条件：（1）必须是抵押财产被扣押后，抵押权人才能收取其孳息；（2）抵押财产被扣押后，抵押权人已经通知应当给付法定孳息的义务人。因为法定孳息如租金的取得，取决于义务人的给付行为，通常情况下义务人负有向抵押人给付孳息的义务，如果抵押权人未将扣押事实通知义务人，义务人就无法将孳息交付给抵押权人，抵押权的效力也就无法及于该孳息，因此本条规定"但是抵押权人未通知应当清偿法定孳息义务人的除外"。

由于收取孳息可能要付出一些费用，如收取果实的劳务费等，这些费用应当首先得到满足，也就是说，孳息应当先充抵收取孳息的费用，再用于清偿抵押权人的债权。

> **第四百一十三条** 抵押财产折价或者拍卖、变卖后，其价款超过债权数额的部分归抵押人所有，不足部分由债务人清偿。

【条文主旨】

本条是关于抵押财产变价款归属原则的规定。

【条文释义】

抵押权设定的目的在于确保债权获得清偿。当抵押所担保的债权在履行期限届满或者发生当事人约定的实现抵押权的情形时而未受清偿，抵押权人可以就抵押财产的变价款优先受偿。抵押权的实现是抵押权的根本效力所在，也是抵押权人最重要的权利。

抵押权的实现就是将抵押财产的交换价值兑现，抵押权人以变价款优先受偿。抵押财产价值的最初估算与最终的变价款可能并不一致，这与当事人在设定抵押权时对抵押财产价值的估值是否准确以及市场价格不断变化有关。因此，抵押财产按照本法规定的方式和程序折价或者拍卖、变卖后，其价款可能超出其所担保的债权数额或者不足清偿债权。但是，无论抵押财产的变价款如何，设定抵押权时的主债权是清楚的，实现抵押权应当以清偿抵押担保范围的债权为界。抵押财产作为债权的担保，仅以最终实现债权为目的，抵押财产折价或者拍卖、变卖所得的价款如果超过债权数额，由于债权已经得到清偿，超过部分应当归抵押财产的原所有人即抵押人所有。如果抵押财产的变价款不足以清偿债权，抵押权人也只能以该变价款优先受偿，不能要求抵押人恢复抵押财产的价值或者提供与减少的价值相应的担保，除非抵押财产的价值减少是由抵押人的行为造成的。在抵押权人实现抵押权后，抵押人已就其抵押财产承担了担保责任，抵押权因实现而消灭，但是未清偿的部分债权，仍然在债权人与债务人之间存在，只是不再是抵押权担保的债权，债务人仍然负有清偿债务的义务，如果债务人与抵押人不是同一人时，抵押财产的变价款不足清偿的债务由债务人承担，抵押人不再承担责任。

> 第四百一十四条　同一财产向两个以上债权人抵押的，拍卖、变卖抵押财产所得的价款依照下列规定清偿：
> （一）抵押权已经登记的，按照登记的时间先后确定清偿顺序；
> （二）抵押权已经登记的先于未登记的受偿；
> （三）抵押权未登记的，按照债权比例清偿。
> 其他可以登记的担保物权，清偿顺序参照适用前款规定。

【条文主旨】

本条是关于同一财产上的多个抵押权及其他可以登记的担保物权的清偿顺序的规定。

【条文释义】

担保物权的设定以确保债权的实现为目的，其注重的是对担保财产交换价值的支配，而不是对担保财产的使用和收益，因此这使得同一担保财产上可能存在为多个债权设定的不同的担保物权。抵押权作为担保物权的一种，同一个抵押财产上可以同时设定多个抵押权，但是我国民事法律对于多个抵押权存在形式的认可经历了一个演变的过程。

担保法第 35 条规定："抵押人所担保的债权不得超出其抵押物的价值。财产抵押后，该财产的价值大于所担保债权的余额部分，可以再次抵押，但不得超出其余额部分。"根据这一规定，只有在抵押财产的价值大于所担保的债权时，抵押人才可以就同一抵押财产向其他的债权人再次抵押，而且向数个债权人抵押担保的债权总额不得超出该抵押财产的价值。

随着我国社会主义市场经济的不断发展和完善，该规定也显示出了一些局限性，主要有：（1）限制了抵押财产的充分利用，没有充分发挥抵押财产的融资作用和担保效益，不利于市场经济条件下债务人对融资的需求。（2）要求被担保债权不超出抵押财产的价值，限制了当事人设定抵押的意愿。债权人是否接受抵押担保，并不完全取决于抵押财产的价值是否大于或者与被担保债权数额相当，债权人还要综合考虑债务人的偿还能力、信用状况以及是否还存在其他担保形式等诸多因素。在某些条件下，即使抵押财产的价值小于被担保债权的数额，债权人仍然愿意接受该抵押担保。（3）在当时的实践中，登记部门往往以担保法规定的"抵押人所担保的债权不得超出其抵押财产的价值"为由，在办理抵押登记时，强制要求对抵押财产进行评估，有的甚至要求一年评估一次，借评估高收费。强制评估致使很多当事人不去办理抵押登记。

在物权法的起草过程中，多数意见认为物权法应当将担保法的这一规定删去。鉴于上述情况，物权法没有保留该规定，也就是说，物权法不再限制同一财产的重复抵押行为。以同一财产向同一债权人或者不同债权人多次抵押的，抵押人所担保的债权可以超出其抵押财产的价值，数个抵押权依照法律规定的顺序清偿。是否在同一财产上设定数个抵押，由当事人根据实际情况判断和决定。民法典物权编也沿袭了物权法的做法，没有对重复抵押作出限制。

法律允许对同一财产设定多个抵押权，就需要厘清各个抵押权之间的清偿顺序，以维护交易秩序，起到定分止争的作用。关于同一财产上设定的多个抵押权的清偿顺序，物权法第199条规定："同一财产向两个以上债权人抵押的，拍卖、变卖抵押财产所得的价款依照下列规定清偿：（一）抵押权已登记的，按照登记的先后顺序清偿；顺序相同的，按照债权比例清偿；（二）抵押权已登记的先于未登记的受偿；（三）抵押权未登记的，按照债权比例清偿。"

民法典物权编在规定同一财产上多个抵押权的清偿顺序时在物权法第199条规定的基础上作了一些修改，主要有以下两个方面：

一是将物权法第199条第1项"抵押权已登记的，按照登记的先后顺序清偿；顺序相同的，按照债权比例清偿"修改为"抵押权已经登记的，按照登记的时间先后确定清偿顺序"，删去了抵押权登记顺序相同的按照债权比例清偿的规定。在物权法的制定过程中，不动产登记还处于分散登记的状态，因此有可能产生当事人同一天在不同的法定登记部门办理抵押财产登记的情形。例如，债务人甲将其房屋抵押给乙并在房产管理部门办理了抵押登记，同一天又将该房屋占用范围内的土地使用权抵押给丙并在土地管理部门办理了抵押登记，由于房地一体抵押原则，乙和丙在同一天取得了债务人甲的房屋及房屋占用范围内的土地使用权上的抵押权，同一天在不同的登记部门进行抵押登记很难判断登记的先后顺序，因此实践中认为这属于抵押权的登记顺序相同的情形。随着不动产统一登记制度的全面实行，不动产权利都经由不动产登记机构在统一的不动产登记簿上办理登记，同一个不动产上设立的多个抵押权都登记在一个登记簿上，可以对各个抵押权登记的先后顺序作出判断。对于动产而言，当前我国的现状是不同种类的动产抵押由不同的行政管理部门登记，在同一动产上设定多个抵押时要根据动产类别在同一个登记部门办理抵押登记，也可以区分各个抵押权之间的先后顺序。2019年10月国务院颁布的《优化营商环境条例》

规定，国家推动建立统一的动产和权利担保登记公示系统，逐步实现市场主体在一个平台上办理动产和权利担保登记。根据该规定，今后如果实现了统一的动产和权利担保登记公示系统，同一个动产上的多个抵押权不大可能出现登记顺序相同的情形。为此，本法删除了物权法中多个抵押权登记的顺序相同时按照债权比例清偿的规定。

二是增加了一款规定"其他可以登记的担保物权，清偿顺序参照适用前款规定"。在民法典物权编的立法过程中，一些意见提出，明确竟存的各个担保物权的清偿顺序，有利于增加担保交易的确定性，保护市场交易主体的预期，维护市场交易的秩序，物权法仅规定了多个抵押权之间以及抵押权或者质权与留置权之间的清偿顺序，应当补充规定其他担保物权的清偿顺序。我们研究认为，权利质权有的在交付权利凭证时设立，有的在办理出质登记时设立，以登记为公示方法的权利质权，就同一权利上多个质权之间的清偿顺序，可以参照适用同一财产上多个抵押权之间清偿顺序的规则。为此，本条增加了一款准用条款，为以登记为公示方法的担保物权之间的清偿顺序提供了法律依据。

根据本条规定，同一财产向两个以上债权人抵押的，拍卖、变卖抵押财产所得的价款按照以下原则清偿：

首先，抵押权已登记的，按照登记的时间先后确定清偿顺序。关于抵押权生效的原则，本法区分不动产和动产抵押，作了不同规定。根据本法的规定，以不动产抵押的，应当办理抵押登记，抵押权自登记时发生效力。以动产抵押的，抵押权自抵押合同生效时发生效力；未经登记，不得对抗善意第三人。本条规定的按照抵押权登记的时间先后确定清偿顺序的原则，既适用于以登记为抵押权生效要件的不动产抵押，也适用于以登记为抵押权对抗要件的动产抵押，即无论是不动产抵押还是动产抵押，数个抵押权都已登记的，都按照登记的先后顺序清偿。以抵押权登记的先后顺序为标准清偿抵押担保的债权是世界各国抵押担保制度中的一般规则。确定抵押权登记的先后，以登记部门记载的登记时间为准。作为第一顺序抵押登记的被担保债权，就拍卖、变卖抵押财产的价款优先受偿，处于第二顺序的抵押权只能就变价款的剩余部分受偿，依此类准。

其次，抵押权已登记的先于未登记的受偿。这一原则是针对动产抵押而言的。因为在不动产抵押中，未办理抵押登记的，不发生抵押权的效力，也就不会发生未登记的抵押权与已登记的抵押权之间清偿顺序的问题。根据本法的规定，当事人以动产抵押的，可以自愿办理抵押登记，而不要求必须办理登记。动产抵押权无论是否办理抵押登记都自抵押合同生效时发生效力。但是，当事人是否办理抵押登记，在法律效力上还是有差别的，办理抵押登记的，抵押权人可以对抗第三人。这样规定主要是因为办理抵押登记的，其他债权人就可以通过查阅登记资料知道该财产已经设定抵押的情况，公示性较强；而没有办理抵押登记的，其他债权人一般很难知道该财产是否已经设定了抵押，所以法律给予已登记的抵押权以特别的保护。在清偿顺序的问题上，本法作出抵押权已登记的先于未登记的受偿的规定。

最后，抵押权未登记的，按照债权比例清偿。这一原则也是针对动产抵押而言的。动产所有人有权在同一动产上多次设定抵押，在同一抵押财产上设定数个抵押权时，各抵押权人互为第三人，为保障其清偿顺位应当及时进行登记。如果每一个抵押权都没有办理登记，那么无论各抵押权设立先后，其相互间均不得对抗。因此，各抵押权人对抵押财产拍卖、变卖所得的价款应当享有同等的权利，按照各自的债权的比例受清偿。

> **第四百一十五条** 同一财产既设立抵押权又设立质权的，拍卖、变卖该财产所得的价款按照登记、交付的时间先后确定清偿顺序。

【条文主旨】

本条是关于同一财产上既有抵押权又有质权时清偿顺序的规定。

【条文释义】

抵押权可以在不动产和动产上设立，质权可以在动产和权利上设立，动产既可以成为抵押权的标的也可以成为质权的标的。关于动产抵押权，本法规定，以动产抵押的，抵押权自抵押合同生效时设立，未经登记，不得对抗善意第三人。关于动产质权，本法规定，质权自出质人交付质押财产时设立。由于动产抵押权不需要转移标的物的占有，且在抵押合同生效时设立，与动产质权的设立要件不同，因此同一动产上可能既设有抵押权又设有质权。

同一财产上存在数个不同类型的担保物权，可以使市场交易主体通过担保的方式获得生产经营所需要的资金，充分发挥财产的交换价值，实现物尽其用，但在另一方面，同一财产上设立了两个以上不同类型的担保物权时，就需要确立担保物权优先次序所应遵循的原则，理顺担保物权竞合时的清偿顺序。民法典物权编规定对于同一财产既设立抵押权又设立质权的，拍卖、变卖该财产所得的价款按照登记、交付的时间先后确定清偿顺序，即以权利公示的时间先后决定清偿顺序。本条在具体适用时，主要有以下几种情况：

一、先质押后抵押的情形

在动产上先设立质权后设立抵押权的，例如，甲将其所有的汽车出质给质权人乙，后来甲又将该汽车抵押给抵押权人丙，由于质权以动产的交付作为生效要件，并且交付具有公示效力，因此先设立的乙的质权应当优先受偿。后设立的丙的抵押权无论是否登记都不影响在先设立的乙的质权的优先受偿顺序。在动产质权和动产抵押权中，交付和登记都是公示方式，本身并不存在效力的强弱之分，都具有对抗后面产生的权利的效力。动产抵押权虽然进行了登记，但是其登记对抗效力仅能向后发生，不能影响成立在先的质权。在本案例中，乙的质权因交付行为设立并取得对抗效力，丙的抵押权因抵押合同生效设立，如果进行登记则取得对抗效力，由于质权的公示时间即动产交付的时间早于丙的抵押权的设立时间，根据本条规定乙的质权优先于丙的抵押权受偿。

二、先抵押后质押的情形

在动产上先设立抵押权后设立质权的，例如，甲将其所有的汽车抵押给乙，签订了抵押合同，由于动产抵押权不需要转移抵押财产的占有，甲又将该汽车继续出质给丙，在这种情况下，乙的抵押权和丙的质权的清偿顺序会因先设立的抵押权是否登记而有所不同。

1. 已登记的动产抵押权与动产质权。在上例中，如果乙在签订了抵押合同后进行了抵押登记，该抵押权便具有了对抗第三人的效力，并且为设立在先的权利，而丙的质权是设立在后的权利，虽然动产的交付也具有公示效力，但该质权不能对抗设立在先的具有对抗效力的抵押权人。乙的抵押权的登记时间在前，丙的质权的交付时间在后，根据本条规定，乙的抵押权优先于丙的质权受偿。

2. 未登记的动产抵押权与动产质权。在上例中，如果乙在签订了抵押合同后没有进行抵押登记，之后丙在该汽车上取得质权，由于同一个财产上并存的抵押权和质权的清偿顺序取决于权利公示的时间先后，乙的抵押权没有登记即没有公示，丙的质权因交付行为而设立并取得公示效力，丙的质权优先于乙的抵押权受偿。抵押权人在取得动产抵押权后应当及时进行登记，否则可能会失去优先清偿的顺位。

> **第四百一十六条**　动产抵押担保的主债权是抵押物的价款，标的物交付后十日内办理抵押登记的，该抵押权人优先于抵押物买受人的其他担保物权人受偿，但是留置权人除外。

〖条文主旨〗

本条是关于买卖价款抵押权的规定。

【 条文释义 】

现代商业社会中，以赊购或者贷款方式购买生产设备、原材料、半成品、产品等动产的商业活动非常普遍，这种方式对于增加生产、促进资金融通和经济发展有巨大作用。为了保障在上述买卖活动中提供融资的出卖人或者贷款人的债权，特别是平衡该类债权人与债务人的其他担保物权人之间的优先受偿顺位，本法参考借鉴国外的相关制度，规定了买卖价款抵押权制度。买卖价款抵押权是指，为了担保债务人买入动产时对出卖人或者贷款人支付价款的债务的履行，在买入的该动产上为出卖人或者贷款人设定的，经依法登记取得法律规定的优先受偿权的抵押权。由于买卖价款抵押权人可以优先于债务人在该动产上的除留置权人以外的其他担保物权人受偿，因此在国外的相关制度以及学术理论中被称为"超级优先权"。

一、买卖价款抵押权的设立

根据本条规定，买卖价款抵押权的设立需要符合下列条件：

一是买卖价款抵押权所担保的主债权是抵押财产的价款。担保物权的设立，需要有一个主债权债务关系和担保关系，在买卖价款抵押权的设立过程中，主债权为债务人买入动产时需要支付的价款，即本条规定的"主债权是抵押财产的价款"。根据债权人主体的不同，主债权可以分为两类：一类是动产出卖人请求动产买受人支付价款的债权；另一类是贷款人请求动产买受人返还其发放的用于支付动产价款的贷款债权，在这一类债权关系中涉及三方当事人，即动产买受人、动产出卖人和贷款人，买受人与贷款人协商，约定以贷款人发放的贷款向出卖人支付部分或者全部价款，买受人为担保贷款人的债权，在买受的动产上为该债权设定抵押。可见，买卖价款抵押权所担保的债权有其特殊性，必须是债务人应当支付的买受动产的价款。

二是买卖价款抵押权的客体是买受的动产。在买卖价款抵押权的设立过程中，必须以债务人买受的动产作为抵押财产，以担保买受该动产所应支付的价款，作为抵押财产的动产要与所担保的价款债权具有对应关系。例如，甲向乙购买了一批机器设备，约定甲享有该批机器的所有权，为了确保甲能够偿还购买机器的价款，甲为乙设定了抵押权，如果乙想拥有本条规定的买卖价款抵押权，必须在该批机器上设定抵押权，而不是在甲或他人的其他财产上。在债权人为贷款人的情形下，买卖价款抵押权也必须在用该笔贷款购买的动产上设立。如果债务人以其固有的老设备等为贷款人设定抵押权来取得融资，并用该笔贷款购买新设备等，那么贷款人所享有的抵押权只是一般抵押权，并不是本条规定的买卖价款抵押权。

三是买卖价款抵押权的标的物所有权须转移给买受人。抵押权是在债务人或者第三人的财产上设立的担保物权，在买卖价款抵押权的设立过程中，只有买受的标的物的所有权转移于买受人即债务人时，抵押权才能有效设立。根据本法第224条的规定，动产物权的设立和转让，自交付时发生效力，但是法律另有规定的除外，因此，本条规定了买受的标的物须经交付的要求。

四是买卖价款抵押权须办理抵押登记。由于买卖价款抵押权人对抵押财产具有优先于债务人在该动产上的除留置权人以外的其他担保物权人受偿的效力，为了向相关交易主体公示存在这样一种超级优先权，保障交易的安全性与稳定性，本条明确了其在规定的期限内进行抵押登记的要求，如果未在动产交付后10日内办理抵押登记，该抵押权仅构成一般的动产抵押权，不具有本条规定的优先受偿的效力，其优先受偿顺序将按照本法第414条、第415条确定。本条规定，买卖价款抵押权的登记必须在标的物交付后10日内办理，对抵押权的登记设置了10日的宽限期。宽限期的设置主要是尊重商业实践的需要，实践中融资交易频繁，在买卖价款抵押权的设立过程中，要求债务人和债权人签订抵押合同之后立即进行登记不现实，也不符合交易习惯。

二、买卖价款抵押权的优先受偿效力

对于买卖价款抵押权的优先受偿效力，本条规定"该抵押权人优先于抵押物买受人的其他担保物权人受偿"。根据本法第414条、第415条的规定，买卖价款抵押权优先于在其登记之后设立的担保物权。而根据本条规定，买卖价款抵押权具有的特殊优先受偿效力还体现在其优先于在先设立的担保物权。在债务人买受的动产上存在比买卖价款抵押权设立在先的担保物权，主要指债务人先前为他人设定了浮动抵押的情形。本法第396条规定了浮动抵押制度，设定浮动抵押以后，浮动抵押权人对于抵押人现有的及将有的动产享有抵押权，抵押人嗣后取得的动产，将自动成为抵押财产的一部分。这时就产生了在先设立的浮动抵押权与在后设立的买卖价款抵押权竞存的情形。例如，甲是一名机器销售商，乙是一名机器生产商，丙是银行，2020年1月1日甲为取得融资以现有的及将有的机器为丙设定浮动抵押，并于当日办理抵押登记。同年3月1日，甲向乙购买机器，但是甲没有资金支付机器的价款，甲乙签订协议约定，甲拥有机器的所有权，甲在该批机器上为乙设立抵押权用以担保购买机器的价款，该批机器于当日交付并于3月7日办理了抵押登记。根据本条规定，3月7日登记的乙的买卖价款抵押权优先于1月1日设立的丙的动产浮动抵押权，而不适用本法第414条规定的按照登记的时间先后确定清偿顺序。

赋予买卖价款抵押权特殊的优先受偿效力，主要是基于以下考虑：从抵押人（债务人）的角度来说，在先设立并登记的浮动抵押可能会减弱其他贷款人的贷款意愿，如果买卖价款抵押权能够优先受偿，便能解决浮动抵押的存在给抵押人后续经营带来的融资困境，从而为债务人扩展再融资渠道，保障其生产经营的正常进行。从买卖价款抵押权人的角度来说，买卖价款抵押权优先受偿，有力地保护了买卖价款抵押权人的利益，出卖人、贷款人不需要事先调查债务人的财产上是否存在浮动抵押，降低了交易成本，促进了货物的销售及资金的融通。从浮动抵押权人的角度来说，浮动抵押制度的特征在于赋予抵押人在正常经营活动中自由处分财产的权利，从而以抵押人在经营过程中取得的收益偿还债权。抵押人出于生产经营的需要，以买卖价款抵押权的形式获得融资，有利于生产经营的顺利进行，为浮动抵押权人实现债权提供有力保障，并且买卖价款抵押权的优先受偿效力仅及于买受的新动产，并不会妨碍浮动抵押权人在抵押人的其他财产上设立的浮动抵押权的优先顺位。出于对交易公平和效率的综合考量，本条赋予了买卖价款抵押权人优先于抵押财产买受人的除留置权人以外的其他担保物权人受偿的效力。

三、买卖价款抵押权优先受偿效力的限制

买卖价款抵押权虽然被称为"超级优先权"，但是并不代表其在任何情况下都具有最优先受偿的效力，本条规定买卖价款抵押权人优先于抵押财产买受人的其他担保物权人受偿，但是留置权人除外。留置权是指当债务人不履行到期债务，债权人可以留置已经合法占有的债务人的动产，并有权就该动产优先受偿的一种法定担保物权。本法第456条也规定，同一动产上已经设立抵押权或者质权，该动产又被留置的，留置权人优先受偿。从理论上讲，留置权属于法定担保物权，其直接依据法律规定而产生，而抵押权与质权均为意定担保物权，法定担保物权优先于意定担保物权为公认的物权法原则。因此，在同一个动产上同时存在买卖价款抵押权和留置权时，留置权优先受偿。

> **第四百一十七条** 建设用地使用权抵押后，该土地上新增的建筑物不属于抵押财产。该建设用地使用权实现抵押权时，应当将该土地上新增的建筑物与建设用地使用权一并处分。但是，新增建筑物所得的价款，抵押权人无权优先受偿。

【条文主旨】

本条是关于建设用地使用权抵押后新增建筑物的规定。

【条文释义】

依照本法第 395 条和第 397 条的规定，债务人或者第三人有权处分的建设用地使用权可以抵押。以建设用地使用权抵押的，该土地上现有的建筑物一并抵押；抵押人未一并抵押的，未抵押的建筑物视为一并抵押。建设用地使用权抵押，是指抵押人以其依法取得的建设用地使用权不转移占有的方式向抵押权人提供债务履行担保的行为；当债务人到期不履行债务时，抵押权人有权以处分该建设用地使用权所得的价款优先受偿。建设用地使用权抵押后，抵押人仍然有权依法对该土地进行开发，建造建筑物。对于该土地上新增的建筑物，由于其不在抵押合同约定的抵押财产的范围内，因此不属于抵押财产。

为了实现抵押权，需要处分抵押的建设用地使用权时，如果该土地上已存在建筑物，一般来讲，只有将建筑物与建设用地使用权一并处分，才能实现建设用地使用权的使用价值和交换价值，这就是为什么我们在实践中要遵循"房随地走"的原则。因此，本条规定，处分抵押的建设用地使用权实现抵押权时，虽然新增的建筑物不属于抵押财产，仍可以将其与建设用地使用权一并处分。但处分后，由于新增的建筑物不属于抵押财产，处分新增建筑物所得的价款，抵押权人没有优先受偿的权利，只能以处分建设用地使用权所得的价款优先受偿。

> **第四百一十八条** 以集体所有土地的使用权依法抵押的，实现抵押权后，未经法定程序，不得改变土地所有权的性质和土地用途。

【条文主旨】

本条是关于以集体所有土地的使用权抵押的，其抵押权实现的特别规定。

【条文释义】

根据我国法律的规定，可以依法抵押的集体所有土地的使用权有农村土地的土地经营权，乡镇、村企业的建设用地使用权，集体经营性建设用地使用权。对于以家庭承包方式取得的承包地的土地经营权，农村土地承包法第 47 条第 1 款规定，承包方可以用承包地的土地经营权向金融机构融资担保，并向发包方备案。受让方通过流转取得的土地经营权，经承包方书面同意并向发包方备案，可以向金融机构融资担保。对于通过招标、拍卖、公开协商等方式承包而取得的"四荒地"的土地经营权，农村土地承包法第 53 条规定，通过招标、拍卖、公开协商等方式承包农村土地，经依法登记取得权属证书的，可以依法采取出租、入股、抵押或者其他方式流转土地经营权。对于乡镇、村企业的建设用地使用权，本法第398条规定，乡镇、村企业的建设用地使用权不得单独抵押。以乡镇、村企业的厂房等建筑物抵押的，其占用范围内的建设用地使用权一并抵押。对于集体经营性建设用地使用权，土地管理法第63条第3款规定，通过出让等方式取得的集体经营性建设用地使用权可以转让、互换、出资、赠与或者抵押，但法律、行政法规另有规定或者土地所有权人、土地使用权人签订的书面合同另有约定的除外。

以家庭承包或者其他方式承包的农村土地，属于农民集体所有或者国家所有依法由农民集体使用，乡镇、村企业的建设用地、集体经营性建设用地属于农民集体所有。为了保护我国农村集体土地，防止农业用地的流失，促进农村经济的发展，集体所有土地的使用权的流转应当坚持土地所有权的性质和土地用途不变的原则。以集体所有土地的使用权抵押的，实现抵押权后，未经法定程序，土地的所有权不得转移，仍归国家所有或者集体所有，也不得擅自改变土地的原有用途，即对农村土地的土地经营权实现抵押权时，未经依法批准不得将承包地用于非农建设；对依照法律可以抵押的集体建设用地使用权实现抵押权时，不得改变土地利用总体规划、城乡规划确定的土地用途。

> **第四百一十九条　抵押权人应当在主债权诉讼时效期间行使抵押权；未行使的，人民法院不予保护。**

〖条文主旨〗

本条是关于抵押权存续期间的规定。

〖条文释义〗

根据本法第393条的规定，在主债权消灭、抵押权实现、债权人放弃抵押权以及法律规定抵押权消灭的其他情形下，抵押权消灭。那么，在上述任何一种情形都没有发生的情况下，抵押权应当一直存续下去还是应当有一定的存续期间呢？这是本条规定要解决的问题。

在民法典颁布之前，对于这一问题，担保法没有作出规定。《最高人民法院关于适用〈中华人民共和国担保法〉若干问题的解释》第12条第2款规定，担保物权所担保的债权的诉讼时效结束后，担保权人在诉讼时效结束后的2年内行使担保物权的，人民法院应当予以支持。物权法第202条规定，抵押权人应当在主债权诉讼时效期间行使抵押权；未行使的，人民法院不予保护。民法典物权编对抵押权存续期间的问题，保留了物权法第202条规定，没有作出修改。

尽管本法沿用了物权法的规定，但在民法典物权编的立法过程中，对如何规定抵押权存续期间的问题，存在不同意见。

第一种意见认为，抵押权所担保的债权的诉讼时效期间届满后，抵押权人在2年内不行使抵押权的，抵押权应当消灭。其理由是：主债权的诉讼时效期间届满后，主债权并没有消灭，而只是债权人失去了胜诉权，由于主债权的存在，其抵押权也附随存在。但如果抵押权一直存在，可能会由于抵押权人长期怠于行使抵押权，而不利于发挥抵押财产的经济效用，阻碍经济的发展。因此再给抵押权人2年的行使期间，2年内不行使的，抵押权消灭，是比较合理的。最高人民法院就担保法有关问题制定的司法解释也是这样规定的。有的认为2年期间较短，不利于保护抵押权人的利益，建议改为5年。

第二种意见认为，抵押权人未在主债权诉讼时效期间行使抵押权的，抵押权应当消灭。主要理由是：抵押权所担保的债权因诉讼时效期间届满而成为自然之债，债务人享有抗辩权，法院不能强制债务人履行，然而对于未在主债务诉讼时效期间行使的抵押权来说，因法律未明确规定抵押权消灭，已登记的抵押权仍处于登记状态，会对抵押财产的流转产生障碍，不利于物的充分利用，这在抵押人为第三人时对抵押人不公平。建议明确规定抵押权未在主债权诉讼时效期间行使的，会导致抵押权的消灭，为主债权超过诉讼时效期间的抵押权的涂销登记提供法律依据。

第三种意见认为，应当在担保物权一般规定一章中规定，主债权诉讼时效期间届满未行使担保物权的，担保物权消灭。这样规定可以将抵押权、质权和留置权的存续期间都包含进去。

对于以上三种意见，经研究，都各有一些不妥之处，分析如下：

第一种意见提出的主债权的诉讼时效期间届满后，抵押权还有2年的存续期间，是否妥当，值得研究。在抵押人为第三人的情况下，抵押人在这2年期间内承担了担保责任后，应当有权向债务人追偿。但由于主债权已过诉讼时效，债务人对抵押权人清偿债务的请求享有抗辩权，这种抗辩权能否对抗抵押人的追偿权？如果不能对抗，诉讼时效对债务人来说就失去了意义，债务人实际上还要履行债务；如果能够对抗，抵押人的追偿权就无法得到保障。

第二种意见为主债权的诉讼时效期间届满后，抵押权消灭。该意见有以下几个方面的问题：一是主债权在诉讼时效期间届满后，尽管债务人取得了拒绝履行义务的抗辩权，但是债权人的债权并不消灭。担保物权具有从属于所担保的债权的特征，本法第 393 条第 1 项规定，主债权消灭的，担保物权消灭。如果主债权的诉讼时效期间届满后，主债权没有消灭而抵押权消灭的，与抵押权的从属性特征不符。二是在主债权的诉讼时效期间届满后，抵押人承担了担保责任，能否反悔请求债权人返还？如果规定主债权的诉讼时效期间届满则抵押权消灭，抵押人可以主张抵押权已消灭要求债权人返还，但是这种做法不符合诚实信用原则。第二种意见的出发点主要在于如果不规定抵押权消灭，则会对抵押财产的流转产生障碍，但是本法对抵押财产的转让规则已经从物权法中的未经抵押权人同意不得转让抵押财产、未消除抵押权不得转让抵押财产转变为抵押财产原则上可以转让、抵押权对抵押财产有追及效力，尽管抵押权未消灭，但是不影响抵押财产的转让。

第三种意见为质权和留置权也设定了存续期间。根据这一意见，主债权诉讼时效期间届满质权人、留置权人未行使质权、留置权的，质权、留置权消灭，质权人、留置权人应当向出质人、债务人返还质押财产、留置财产，这对已经实际占有质押财产、留置财产的质权人、留置权人是不公平的。关于质权、留置权的问题，本法根据各自权利的特点单独作了规定。对于质权，本法规定，出质人可以请求质权人在债务履行期限届满后及时行使质权；质权人不行使的，出质人可以请求人民法院拍卖、变卖质押财产。对于留置权，本法规定，债务人可以请求留置权人在债务履行期限届满后行使留置权；留置权人不行使的，债务人可以请求人民法院拍卖、变卖留置财产。

本法规定抵押权人未在主债权诉讼时效期间行使抵押权的，人民法院不予保护。这样规定的主要考虑是，随着市场经济的快速运转，如果允许抵押权一直存续，可能会使抵押权人怠于行使抵押权，不利于发挥抵押财产的经济效用，制约经济的发展。因此，规定抵押权的存续期间，能够促使抵押权人积极行使权利，促进经济的发展。由于抵押权是主债权的从权利，因此一些国家民法和地区将抵押权的存续期间与主债权的消灭时效或者诉讼时效挂钩的做法，值得借鉴。需要注意的是，本条规定的是抵押权人在主债权诉讼时效期间内未行使抵押权的，人民法院不予保护。也就是说，过了主债权诉讼时效期间后，抵押权人丧失的是抵押权受人民法院保护的权利即获得司法强制执行的权利，而抵押权本身并没有消灭，如果抵押人自愿履行担保义务的，抵押权人仍可以行使抵押权。

第二节　最高额抵押权

> 第四百二十条　为担保债务的履行，债务人或者第三人对一定期间内将要连续发生的债权提供担保财产的，债务人不履行到期债务或者发生当事人约定的实现抵押权的情形，抵押权人有权在最高债权额限度内就该担保财产优先受偿。
>
> 最高额抵押权设立前已经存在的债权，经当事人同意，可以转入最高额抵押担保的债权范围。

【条文主旨】

本条是关于最高额抵押权的概念的规定。

【条文释义】

根据本条规定，最高额抵押权是指为担保债务的履行，债务人或者第三人对一定期间内将要连续发生的债权提供抵押担保，债务人不履行到期债务或者发生当事人约定的实现抵押权的情形的，抵押权人有权在最高债权额限度内就该担保财产优先受偿。

最高额抵押权具有以下特征：

首先，最高额抵押权是限额抵押权。设定抵押时，抵押人与抵押权人协议约定抵押财产担保的最高债权限额，无论将来实际发生的债权如何增减变动，抵押权人只能在最高债权额范围内对抵押财产享有优先受偿权。实际发生的债权超过最高限额的，以抵押权设定时约定的最高债权额为限优先受偿；不及最高限额的，以实际发生的债权额为限优先受偿。

其次，最高额抵押权是为将来发生的债权提供担保。最高额抵押权设定时，不以主债权的存在为前提，是典型的担保将来债权的抵押权。这里的"将来债权"，是指设定抵押时尚未发生，在抵押期间将要发生的债权。

再次，最高额抵押权所担保的最高债权额是确定的，但实际发生额不确定。设定最高额抵押权时，债权尚未发生，为担保将来债权的履行，抵押人和抵押权人协议确定担保的最高数额，在此额度内对债权担保。

最后，最高额抵押权是对一定期间内连续发生的债权作担保。这里讲的一定期间，不仅指债权发生的期间，而是指抵押权担保的期间，如对 2020 年 1 月 1 日至 12 月 31 日间发生的债权提供担保。连续发生的债权，是指所发生的债权次数不确定，且接连发生的债权。这里讲的对一定期间内连续发生的债权作担保，是指在担保的最高债权额限度内，对某一确定期间内连续多次发生的债权做担保，如最高债权额为 300 万元，担保期间为 1 年，那么，在 1 年之内，无论发生多少次债权，只要债权总额不超过 300 万元，这些债权都可以就抵押财产优先受偿。

最高额抵押是随着商品经济发展而产生的一项重要的抵押担保制度，我国担保法、物权法适应社会主义市场经济发展的需要，也确立了这一制度，民法典物权编在担保法、物权法的基础上对最高额抵押制度作了完善。最高额抵押与一般抵押相比具有一定的优越性。例如，甲向乙连续多次借款，如果采用一般财产抵押的办法，那么每次借款都要设定一个抵押担保，签订一次抵押合同，进行一次抵押登记，手续十分烦琐；而在借款之前设定一个最高额抵押，无论将来债权发生几次，只要签订一个抵押合同、作一次抵押登记就可以了，这样做既省时、省力，还可以加速资金的融通，促进经济发展。

关于最高额抵押的适用范围，担保法第 60 条规定，借款合同可以附最高额抵押合同；债权人与债务人就某项商品在一定期间内连续发生交易而签订的合同，可以附最高额抵押合同。随着市场经济的不断发展，经济往来日益频繁，经济交往形式日益多样，在现实经济生活中，不仅当事人之间的借贷关系、商品交易关系可以利用最高额抵押的形式，其他交易关系也可能需要以最高额抵押作担保，如票据关系、商业服务关系。因此，物权法未对最高额抵押的适用范围进行限制，为实践发展留出空间，民法典物权编沿袭了物权法的规定。

根据本条规定，最高额抵押是对将要发生的债权提供担保，那么，最高额抵押权设立前已经存在的债权，能否被转入最高额抵押担保的债权范围内呢？对这一问题，多数意见认为，最高额抵押权的本质特征不在于其所担保的债权为将来的债权，而在于所担保的债权为不特定债权，且具有最高限额。因此，只要最终实际发生的债权总额不超过双方约定的最高债权额，即使该债权发生在最高额抵押权设立前，也应当被允许增补到最高额抵押所担保的债权范围内。而且是否将已经存在的债权转入最高额抵押担保的债权范围，是当事人自己的权利，只要双方协商同意，法律应当允许。为此，本条第 2 款规定，最高额抵押权设立前已经存在的债权，经当事人同意，可以转入最高额抵押担保的债权范围。

第四百二十一条　最高额抵押担保的债权确定前，部分债权转让的，最高额抵押权不得转让，但是当事人另有约定的除外。

【条文主旨】

本条是关于最高额抵押所担保的债权以及最高额抵押权转让的规定。

【条文释义】

关于最高额抵押所担保的债权能否转让的问题,担保法第61条规定:"最高额抵押的主合同债权不得转让。"这样规定的主要考虑是,最高额抵押是对一定期间内连续发生的债权作担保,而不是单独对其中的某一项债权作担保;最高额抵押所担保的债权在担保期间内经常变更,处于不稳定状态。如果允许主合同债权转让,就要考虑最高额抵押权是否转让、如何转让,以及如果几个债权分别转让给不同的第三人时,最高额抵押权由谁行使、如何行使等问题。在当时我国市场机制尚未完善的情况下,为了防止经济生活出现混乱局面,保障信贷和交易安全,担保法作出最高额抵押的主合同债权不得转让的特别规定,是必要的。但随着我国市场经济的不断发展和市场机制的不断完善,最高额抵押担保的债权的转让与否,应当按照当事人意思自治的原则,由债权人自己决定。德国、日本等一些国家的民法也规定,最高额抵押所担保的债权可以依照债权转让的一般规定进行转让。因此,物权法不再保留担保法的上述规定,最高额抵押所担保的债权是可以转让的。本法沿袭了物权法的精神,没有对最高额抵押所担保的债权的转让作出限制。

关于最高额抵押权是否随其所担保的债权的转让而转让的问题,应当区别不同情况分别对待。最高额抵押所担保的债权确定后,债权在约定的最高限额内就抵押财产优先受偿,此时最高额抵押与一般抵押没有什么区别。因此,根据一般抵押权随债权的转让而转让的原则,债权转让的,最高额抵押权一并转让。那么,最高额抵押担保的债权确定前,最高额抵押权是否随部分债权的转让而转让呢?对此,本条主要考虑的是因为最高额抵押是对一定期间内连续发生的所有债权作担保,而不是单独对其中的某一个债权作担保。因此,最高额抵押权并不从属于特定债权,而是从属于主合同关系。部分债权转让的,只是使这部分债权脱离了最高额抵押权的担保范围,对最高额抵押权并不发生影响,最高额抵押权还要在最高债权额限度内,对已经发生的债权和尚未发生而将来可能发生的债权作担保。因此,最高额抵押担保的债权确定前,部分债权转让的,最高额抵押权并不随之转让,除非当事人另有约定。

根据本条但书的规定,当事人可以约定在最高额抵押担保的债权确定前,最高额抵押权随部分债权的转让而转让。当事人的约定主要有以下两种情形:(1)部分债权转让的,抵押权也部分转让,原最高额抵押所担保的债权额随之相应减少。在这种情况下，转让的抵押权需要重新做抵押登记，原最高额抵押权需要做变更登记。（2）部分债权转让的，全部抵押权随之转让，未转让的部分债权成为无担保债权。

> **第四百二十二条**　最高额抵押担保的债权确定前，抵押权人与抵押人可以通过协议变更债权确定的期间、债权范围以及最高债权额。但是，变更的内容不得对其他抵押权人产生不利影响。

【条文主旨】

本条是关于抵押权人与抵押人协议变更最高额抵押有关内容的规定。

【条文释义】

最高额抵押担保的债权确定前，抵押权人与抵押人可以通过协议变更最高额抵押的有关内容。当事人可以协议变更的内容主要包括：

一是债权确定的期间。抵押权人与抵押人一般会在最高额抵押合同中约定债权确定的期间。最高额抵押担保的债权确定前，当事人可以协议延长最高额抵押合同中约定的确定债权的期间，也可以协议缩短该期间。

二是债权范围。当事人可以协议变更最高额抵押权担保的债权范围。例如，某家电经销商与某家电制造商签订一份最高额抵押合同，对一定期间内连续购进该家电制造商生产的电视机所要支付的货款提供担保。抵押期间，双方可以约定在最高额抵押担保范围内，同时为家电制造商的电冰箱的货款提供担保。

三是最高债权额。当事人可以协议提高或者降低抵押财产担保的最高债权额。

是否变更债权确定的期间、债权范围以及最高债权额，取决于当事人的协商一致；但是在同一抵押财产上还有其他抵押权人特别是后顺位的抵押权人时，变更的内容可能对他们产生一定的影响，甚至损害他们的合法权益。例如，最高额抵押合同中约定的债权确定的最后日期在后顺位抵押权的债务履行期限届满之前，如果最高额抵押权人与抵押人协议延长债权确定的期间，将债权确定的最后日期延长至该后顺位抵押权的债务履行期限届满之后，就会对后顺位抵押权人实现其抵押权产生不利的影响。为防止抵押权人与抵押人的变更损害其他抵押权人的利益，本条以但书的形式特别规定：变更的内容不得对其他抵押权人产生不利影响。根据这一规定，抵押权人与抵押人的变更对其他抵押权人产生不利影响的，该变更无效。

> 第四百二十三条 有下列情形之一的，抵押权人的债权确定：
>
> （一）约定的债权确定期间届满；
>
> （二）没有约定债权确定期间或者约定不明确，抵押权人或者抵押人自最高额抵押权设立之日起满二年后请求确定债权；
>
> （三）新的债权不可能发生；
>
> （四）抵押权人知道或者应当知道抵押财产被查封、扣押；
>
> （五）债务人、抵押人被宣告破产或者解散；
>
> （六）法律规定债权确定的其他情形。

【条文主旨】

本条是关于最高额抵押权所担保的债权的确定事由的规定。

【条文释义】

最高额抵押权所担保的债权的确定是指最高额抵押权所担保的债权因一定事由而归于固定。最高额抵押权的实现除了需要债务人不履行到期债务或者发生当事人约定的实现抵押权的情形外，还须具备其担保债权额的确定。最高额抵押权担保的债权额之所以需要确定：一是根据本法第 420 条的规定，最高额抵押权是对一定期间内将要连续发生的债权提供抵押担保。最高额抵押权所担保的最高债权额是确定的，但实际发生的债权额在抵押期间具有不确定性和变动性。但债权终需要清偿，在清偿的条件出现时，债务人具体应清偿多少债权，应有一个确定的数额。二是最高额抵押权仍属于抵押权的一种，抵押权人在实现优先受偿权时，具体优先受偿的范围为多大，应当有一个定额。担保法对最高额抵押权所担保债权的确定事由没有作具体规定，物权法对最高额抵押权所担保债权的确定事由作了详细规定。本法在吸收法院审判实践经验及借鉴国外立法例的基础上，在物权法规定的基础上作了一些完善。

本条规定，具有下列情形之一的，最高额抵押权所担保的债权确定：

一、约定的债权确定期间届满

债权确定的期间是指确定最高额抵押权所担保的债权实际数额的时间。实践中，最高额抵押权人为了防止抵押人任意行使确定债权额的请求权而使自己处于不利地位，抵押人为了防止自己的抵押财产所担保的债权长期处于不稳定的状态，一般都愿意在最高额抵押合同中对债权确定的期间进行约定。所以，对债权确定的期间进行约定是最高额抵押合同的重要内容。当事人约定的债权确定期间届满，最高额抵押权所担保的债权额即自行确定。

二、没有约定债权确定期间或者约定不明确，抵押权人或者抵押人自最高额抵押权设立之日起满 2 年后请求确定债权

实践中，当事人可能没有约定债权确定的期间，或者即使有约定，但约定的期间不明确。在这种情况下，如何决定最高额抵押所担保债权的确定时间？对这个问题，国外主要有两种做法：一是规定抵押权人或者抵押人可以随时要求确定最高额抵押权所担保的债权额；二是规定一个确定债权额的法定期间。本法采纳了第二种做法，明确规定，没有约定债权确定期间或者约定不明确，抵押权人或者抵押人自最高额抵押权设立之日起满 2 年后请求确定债权。这样规定主要基于两点考虑：一是设立最高额抵押权的目的主要是为了对连续性的交易提供担保，连续性交易一般会持续一段时间，如果允许当事人随时要求确定最高额抵押权所担保的债权额，就意味着一方当事人特别是抵押人有可能在很短时间内就要求确定债权额，这无疑与设立最高额抵押权的目的不相符合；二是在当事人对确定债权额的期间没有约定或者约定不清楚的情况下，规定一个法定的确定债权额的期间，可以使最高额抵押权的地位因法定期间的存在而较为安稳，抵押权人不必时时顾虑抵押人行使债权确定请求权。这对于稳定最高额抵押关系是有好处的。本条规定的"二年"是一个固定期间，不存在中止、中断的问题，其起算点是最高额抵押权设立之日。

三、新的债权不可能发生

在新的债权不可能发生的情况下，最高额抵押权所担保的债权额也是确定的。这里的"新的债权不可能发生"主要包括两种情形：一是连续交易的终止。如果最高额抵押是对连续交易提供担保，则连续交易的结束日期就是债权额的确定时间，即使当事人约定的债权确定期间或者本条第 2 项规定的法定确定期间还没有届至。二是最高额抵押关系的基础法律关系消灭而导致新的债权不可能发生。比如在连续的借款交易中，借款人的严重违约致使借款合同依照合同约定或者法律规定被解除，新的借款行为自然不再发生。在这种情况下，债权额的确定时间也不受当事人约定的或者法定确定期间的影响。

四、抵押权人知道或者应当知道抵押财产被查封、扣押

在最高额抵押权存续期间，抵押财产被法院查封、扣押的，其有可能被拍卖或者变卖。抵押财产被拍卖、变卖的价格直接影响到最高额抵押权人债权利益的实现。为确保自己的利益，在抵押财产被查封、扣押时，最高额抵押权人一般都希望被担保的债权额尽早确定。此外，查封、扣押抵押财产实际上隔断了抵押财产与担保债权的关系，也脱离了最高额抵押人和最高额抵押权人对抵押财产的影响和控制。因此，无论是从保护最高额抵押权人、其他债权人利益的角度，还是从稳定担保关系的角度，都应当确定最高额抵押所担保的债权额。为此，物权法第 206 条对最高额抵押权所担保债权的确定事由作了规定，其中第 4 项为："抵押财产被查封、扣押"。在民法典物权编的立法过程中，司法实务界反映对此项理解存在两种观点：一是主观说，认为只有在抵押权人收到查封通知或者知道查封事实时，债权才能确定；二是客观说，认为人民法院一旦完成查封手续，债权即确定。经研究，主观说更为合理，理由如下：一是采纳主观说有利于保护当事人利益，由于查封、扣押财产完全取决于执行申请人及法院单方面的行为，若以法院完成查封手续作为最高额抵押权所担保债权的确定时点，将导致最高额抵押权人因对查封事实不知情而放的款得不到抵押权的保护。二是采纳主观说有利于合理分配义务，就抵押财产被查封、扣押信息的获取而言，法院、抵押人的通知比起抵押权人的查询成本更低、效率更高，施以法院、抵押人通知义务比施以抵押权人审查义务更加合理。三是采纳主观说有利于节约交易成本，抵押权人不必在每次放款前都查询抵押财产的状态，便利了当事人的连续交易，简化了手续。然而，物权法规定的"抵押财产被查封、扣押"，对抵押权人债权的确定，并没有附加抵押权人收到通知或者知情等条件。为此，民法典物权编在本条第 4 项规定最高额抵押所担保的债权的确定事由为"抵押权人知道或者应当知道抵押财产被查封、扣押"。

五、债务人、抵押人被宣告破产或者解散

在最高额抵押权存续期间，债务人、抵押人有可能被宣告破产或者解散。债务人、抵押人被宣告破产或者解散所产生的直接法律后果就是债务人、抵押人依法进行清算程序、完成注销登记后终止。由于债务人或者抵押人的主体将要终止，有必要在主体终止前将最高额抵押所担保的债权额确定下来，从而依法进入相关的清算程序，通过清偿了结权利义务关系。因此，本条规定抵押人、债务人被宣告破产或者解散也是最高额抵押权所担保的债权的确定事由。需要提出的是，物权法第 206 条第 5 项规定债务人、抵押人被宣告破产或者被撤销为最高额抵押所担保的债权的确定事由，本条第 5 项根据总则编的规定，将最高额抵押权所担保的债权的确定事由修改为债务人、抵押人被宣告破产或者解散，扩大了债权确定事由的范围，将导致债务人、抵押人主体终止的原因作为了最高额抵押权所担保的债权的确定事由。

六、法律规定债权确定的其他情形

本项为保底性条款。除了本条第 1 项至第 5 项所规定的可以确定债权额的法定事由外，在本法其他条款或者其他法律中也有可能规定确定债权的其他情形。如根据本法第 420 条的规定，发生当事人约定的实现最高额抵押权的事由时，最高额抵押权人有权在最高债权额限度内就该担保财产优先受偿，而最高

额抵押权人行使最高额抵押权的基础就是担保债权额的确定，所以出现当事人约定的实现最高额抵押权的事由就意味着担保债权额的确定。

最高额抵押权所担保债权额的确定将产生以下法律效力：一是最高额抵押权转变为普通抵押权。在债务人到期不履行债务或者出现当事人约定的实现抵押权的情形时，抵押权人可以依照普通抵押权的规定行使其抵押权。二是确定被担保债权的范围。被担保债权额确定时存在的主债权，不论其是否已到清偿期或者是否附有条件，均属于最高额抵押权担保的范围。被担保债权确定时存在的被担保主债权的利息、违约金、赔偿金等，不论在确定时是否已经发生，也属于被担保债权的范围。但是在最高额抵押权担保的债权确定后才发生的主债权不属于被担保债权的范围。三是最高额抵押权所担保的债权确定后，一旦债权到期或者出现当事人约定的可以实现抵押权的情形，抵押权人可以就抵押财产优先受偿，但优先受偿的额度不得超过双方当事人约定的最高担保额。抵押权人实现最高额抵押权时，如果实际发生的债权额高于最高限额的，以最高额为限，超过部分不具有优先受偿的效力；如果实际发生的债权额低于最高限额的，以实际发生的债权额为限对抵押财产优先受偿。

> **第四百二十四条　最高额抵押权除适用本节规定外，适用本章第一节的有关规定。**

【条文主旨】

本条是关于最高额抵押权适用一般抵押权有关条款的规定。

【条文释义】

本章第一节为一般抵押权，与一般抵押权相比，最高额抵押权具有特殊性：一是最高额抵押权具有一定的独立性。在一般抵押权中，抵押权完全从属于主债权，随主债权的设立、转让和消灭而设立、转让和消灭。但是最高额抵押权的设立、转让和消灭在一定程度上独立于主债权。在设立上，没有债权存在，不能设立一般抵押权；但最高额抵押权却往往为将来的债权而设，不需要依附于现成的债权。在转让上，一般抵押权要求债权转让的，抵押权也随之转让；但在最高额抵押权中，除当事人另有约定外，最高额抵押权担保的债权确定前，部分债权转让的，最高额抵押权不得转让。在消灭上，一般抵押权要求主债权消灭的，抵押权也消灭；但是在最高额抵押权中，只要产生最高额抵押权的基础关系还存在，部分债权的消灭不影响最高额抵押权的存在。二是最高额抵押权所担保的债权在设立时具有不确定性。在一般抵押权设立时，其所担保的债权在设立时就是特定的，所担保的债权额是明确的；但是最高额抵押权设立时，其所担保的债权额是不确定的，一直到本法规定的确定债权额的事由出现时，其所担保的债权额才确定。三是在最高额抵押权中，当事人必须约定抵押权人得以优先受偿的最高债权数额。当事人约定的享有担保的最高债权数额并非最高额抵押权所担保的实际债权额，因为实际债权额到底是多少，只有根据本法第 423 条的规定进行确定后才清楚。当实际发生的债权额超过最高限额时，以最高限额为准实现抵押权，超过的部分不具有优先受偿的效力；实际发生的债权额低于最高限额的，以实际发生的数额为准实现抵押权。在一般抵押权中，当事人并不需要约定优先受偿的最高债权数额。以上三点是一般抵押权与最高额抵押权的主要区别。但是从性质上讲，最高额抵押权仍属于抵押权的一种，与一般抵押权具有许多共性。除本节规定的条文外，本法关于一般抵押权的许多规定都可以适用于最高额抵押权。为了避免内容重复，本条规定，最高额抵押权除适用本节规定外，适用本法第二编第十七章第一节一般抵押权的有关规定。

最高额抵押权可以适用物权编第十七章第一节一般抵押权的规定主要有：一是关于抵押权设立的规定。关于最高额抵押权设立的当事人、设立的程序、可用于抵押的财产等内容与一般抵押权基本相同。本法第 395 条、第 397 条、第 398 条、第 399 条的规定均可适用于最高额抵押权。二是关于抵押权登记与生效时间的规定。最高额抵押权的登记和生效时间适用本法第 402 条、第 403 条的规定。三是关于抵押权与其他权利的关系的规定。本法第 405 条对抵押权与租赁权的关系、第 414 条对同一财产上多个抵押权的清偿顺序、第 415 条对同一财产上抵押权与质权的清偿顺序作了规定。这些规定也可用于处理最高额抵押权与租赁权或者其他担保物权的关系。四是关于最高额抵押权的实现。最高额抵押权的实现程序和方式均可适用一般抵押权的实现程序和方式。本法第 410 条、第 412 条、第 413 条、第 417 条等条义对此作了规定。五是关于抵押财产保全的规定。本法第 406 条、第 408 条关于抵押财产保全的规定可以适用于最高额抵押权。此外第 409 条关于抵押权人放弃抵押权或者抵押权顺位的规定、第 419 条关于抵押权存续期间的规定也可适用于最高额抵押权。

第十八章 质 权

本章分两节，共二十二条，规定了动产质权和权利质权。

第一节对动产质权基本权利、禁止出质的动产、质押合同、流质条款效力、动产质权设立、孳息收取权、对质押财产处分使用的限制、质押财产的保管、质押财产保全、转质、质权的放弃、质押财产返还及质权实现、行使质权的请求权、质押财产变价款归属原则及最高额质权等作了规定。第二节对可以出质的权利范围、不同客体的权利质权的设立、出质人处分权利质权客体的限制、权利质权的适用条款等作了规定。

第一节　动产质权

> **第四百二十五条**　为担保债务的履行，债务人或者第三人将其动产出质给债权人占有的，债务人不履行到期债务或者发生当事人约定的实现质权的情形，债权人有权就该动产优先受偿。
>
> 前款规定的债务人或者第三人为出质人，债权人为质权人，交付的动产为质押财产。

【条文主旨】

本条是关于动产质权基本权利的规定。

【条文释义】

债务人或者第三人将其动产移转给债权人占有作为债权的担保，当债务人不履行到期债务或者当事人约定的实现质权的情形出现时，债权人享有以该动产折价或者就拍卖、变卖该动产的价款优先受偿的权利。

质押法律关系的当事人为质押人和出质人，客体为质押财产。出质人指为担保债务的履行而提供质押财产的债务人或者第三人。质权人指接受质押担保的债权人。质押财产指出质人提供的用于担保债务履行的特定的动产。

质权具有以下法律特征：

一是动产质权是担保物权。债务人或者第三人将质押财产交由债权人占有，是为了担保债权的实现。质权人占有质押财产实际上是取得了质押财产上的交换价值。在一般情况下，其只能占有质押财产，而不能使用、收益。因此，质权人的标的不是物的使用价值，而是物的交换价值，是为了保证特定债权的实现而设定，质权附随于债权而存在。

二是动产质权是在他人的财产上设立的物权。动产质权是在债务人或者第三人的动产上设定的担保物权，因此属于他物权。质权的标的可以是债务人自己的财产，也可以是第三人的财产，债权人没有必要在自己所有的财产上为担保自己的债权设定质权。

三是动产质权由债权人占有质押财产为生效条件。质权是以质权人占有质押财产为条件的，质权人只有占有质押财产才享有质权，移转质押财产的占有是质权与抵押权的根本区别。因此，出质人须将质押财产交付质权人占有，质权人才能取得质权。

四是动产质权是就质押财产价值优先受偿的权利。由于动产质权的设定是以担保特定债权的实现为目的，因此，当债务履行期限届满而债务人不履行债务或者出现债务人与债权人约定的实现质权的情形时，质权人有权就质押财产折价或者以拍卖、变卖该质押财产的价款优先受偿。

"当事人约定的实现质权的情形"是指当事人双方在订立的合同中约定的实现质权的一些事由，例如，当事人一般会在担保合同中约定债务人履行债务的义务方式等，如果债务人不按合同约定的方式等履行债务，则可能构成实现质权的情形。

> **第四百二十六条　法律、行政法规禁止转让的动产不得出质。**

【条文主旨】

本条是关于禁止出质的动产的规定。

【条文释义】

对于可以出质的动产的范围，本法没有作出逐一规定，但是这并不意味着任何动产均可以出质。可以出质的动产除了需要符合一般的物的特征外，还必须是依法可以流通和让与的动产，如果以法律、行政法规禁止转让的动产出质的，则该设立质权的民事法律行为无效。

一、依法可以转让的动产均可以设定动产质权

哪些财产可以作为质权标的物，各国规定不尽相同。有的国家规定，各种财产上均可以设立质权；有的国家规定，质权的标的限于动产；对于哪些动产可以设定质权，则大多不作列举。根据民法的法理，法律不禁止的，都应当是允许的；而法律未明确规定禁止转让的动产，都可以作为设定质权的标的物。

合法拥有的并且依法可以转让的动产可以设定质权。因此，可以设定质权的动产应当是十分宽泛的，如车辆、古董字画、珠宝首饰。但是，法律、行政法规规定禁止流通的动产不得设定质权，如毒品、管制枪支。

二、规定禁止转让的动产的依据应当是法律、行政法规

设定动产质权是一种民事权利，对于禁止性的限定应当是十分严格的。规定禁止转让的动产的依据只能是全国人大及其常委会制定的法律、国务院制定的行政法规。其他规范性文件，不能作为规定禁止转让动产的依据。

> **第四百二十七条** 设立质权，当事人应当采用书面形式订立质押合同。
>
> 质押合同一般包括下列条款：
>
> （一）被担保债权的种类和数额；
>
> （二）债务人履行债务的期限；
>
> （三）质押财产的名称、数量等情况；
>
> （四）担保的范围；
>
> （五）质押财产交付的时间、方式。

【条文主旨】

本条是关于质押合同的规定。

【条文释义】

质权是依照当事人的真实意思而创设的权利。当事人设定质权的行为是一种双方的民事法律行为，应当通过订立质押合同来进行。

一、订立质押合同应当采用书面形式

设定质权的行为为要式行为，应当采用书面的形式进行。要式行为即法律、行政法规规定的要求当事人在民事法律行为中应当采用的形式或者方式。

关于动产质权的合同形式，虽然口头合同简单、易行，但一旦发生争议，不易证明其存在及具体内容，不利于事实的查明和纠纷的解决，为了便于确定当事人的权利义务、民事责任等法律关系，促使当事人谨慎行使担保物权，减少纠纷的发生，规范设定质权的行为，法律规定应当采用书面形式订立质押合同。

对于设立动产质押合同未采用书面形式的，依据本法第490条第2款的规定，法律、行政法规规定或者当事人约定合同应当采用书面形式订立，当事人未采用书面形式但是一方已经履行主要义务，对方接受时，该合同成立。

二、质押合同的一般内容

动产质押合同是明确质权人与出质人权利义务的协议，也是将来处理当事人之间纠纷的重要依据。因此，当事人在订立质押合同时，对当事人之间的权利义务应尽可能约定清楚、明确。本条关于合同内容的规定，是提示性、指导性的、非要式的。合同的内容是当事人双方真实意思的表示，应当由当事人自己确定，如果双方签订的质押合同包括的条款与本条规定不一致，不会必然导致该质押合同无效。根据本条规定，动产质押合同一般包括的内容主要有：

1. 被担保债权的种类和数额。被担保债权，通常被称为主债权。担保合同是为主债权的实现而订立的。主债权的种类，有金钱债权、特定物给付债权、种类物给付债权以及以作为或不作为为标的的债权等。数额是指主债权是以金钱来衡量的数量；不属于金钱债权的，可以明确债权标的额的数量、价款等。被担保债权的种类和数额，是确定质权发生的依据，也是质权人实现质权时优先受偿的范围的确定基础。

2. 债务人履行债务的期限。债务人履行债务的期限是指债务人偿付债务的时间。质押合同订立后，在主债权清偿期限届满前，质权人享有的只是占有质押财产的权利。其优先受清偿的权利虽然已经成立，但此间质权人实际享有的只是与主债权价值相当的优先受偿的期待权。质权人对质押财产的变价受偿必须要等到债务履行期限届满且债务人没有履行债务，或者出现了当事人在合同中约定的实现质权的情形实际发生，才能进行。质押合同规定债务人履行债务的期限，可以准确确定债务人清偿债务的时间，明确质权人实现质权的时间，保证债权人及时实现质权。

3. 质押财产的名称、数量等情况。质押财产是设立动产质权的关键所在。没有质押财产，则不可能产生质权。动产质押合同，是为担保质权人的债权而在债务人自己的或者第三人的财产上设定质权的担保合同，质权最终要以质押财产的变价来实现。所以在动产质押合同中要对质押财产的相关情况有所描述，包括质押财产的名称、数量等情况，以确定质押财产为何种物以及价值量。需要提出的是，在民法典物权编的立法过程中，有的意见提出，为进一步改善营商环境，赋予当事人更大的自主权，建议允许担保合同对担保财产只作概括性的描述。为此，出于简化质押合同的一般条款，减少对质押财产具体描述的要求，本法将物权法规定的质押合同包括"质押财产的名称、数量、质量、状况"修改为"质押财产的名称、数量等情况"。

4. 担保的范围。动产质权担保的范围，是指质权人实现质权时可以优先受偿的范围。质权担保的范围应当由当事人协商确定。但是当事人对担保范围未作约定或者约定不明确时，质权的担保范围包括主债权及其利息、违约金、损害赔偿金、保管担保财产和实现担保物权的费用。

5. 质押财产交付的时间、方式。质押财产交付的时间是质押合同中的重要内容，质押财产的交付直接关系到质权的生效。当事人在质押合同中约定质押财产的交付时间，就可以明确出质人应当在何时将质押财产移转给质权人，质权人在何时接受质押财产，以确定质权的效力。质押财产交付的方式除了现实交付以外，还有简易交付、指示交付等方式，约定质押财产的交付方式可以明确质押合同的履行方式，有利于保障质权人债权的实现，维护交易安全，减少纠纷。

> **第四百二十八条** 质权人在债务履行期限届满前，与出质人约定债务人不履行到期债务时质押财产归债权人所有的，只能依法就质押财产优先受偿。

【条文主旨】

本条是关于流质条款的效力的规定。

【条文释义】

流质条款，指债权人在订立质押合同时与出质人约定，债务人到期不履行债务时质押财产归债权人所有。担保法、物权法均禁止当事人约定流质条款。这样规定，主要考虑是债务人举债时往往处于急窘之境，债权人可以利用债务人的这种不利境地和自己的强势地位，迫使债务人与其签订流质条款，以价值高的质押财产担保较小的债权额，在债务人到期不能清偿债务时，取得质押财产的所有权，从而牟取不当利益。为了保障出质人的合法利益，法律规定禁止流质条款。当然，从现实生活与经济发展看，债务人借债，并非都是处于弱势地位，借债并进行质权担保的发生原因是多样化的。但从总体上说，为了保证担保活动的平等、自愿、公平和诚实信用，规定禁止流质条款还是十分有必要的。大多数国家和地区的立法例也一般均禁止出质人与质权人以流质条款处分质押标的物，以保证质押合同当事人之间的公平。

在民法典物权编的编纂过程中，一些意见提出，物权法规定当事人在债务履行期届满前，不得约定债务人不履行到期债务时质押财产归债权人所有，但是没有明确规定如果进行了这样的约定该约定的效力如何。一些意见认为，应当明确规定流质条款无效，这才符合禁止流质的宗旨。另一些意见认为，如果规定当事人约定了流质条款，那么当事人之间质押担保的法律关系的效力如何须进一步明确。我们研究认为，质权性质上属于担保物权，质权人设立质权的目的在于支配质押财产的交换价值而使债权获得清偿，而不是取得质押财产的所有权。如果承认流质条款的效力，债务人届期不履行债务时，债权人不经过任何清算程序即可获得质押财产的所有权，有违权的担保物权本质，应当否认质权人可以取得质押财产所有权的事先约定的效力。然而，当事人之间订立流质条款时，存在为债权进行担保的意思表示，如果否认该质权的效力会使债权人的债权变成完全无担保的普通债权，这既不符合债权人与出质人之间的意思自治，也会造成债权人的利益失衡。为此，民法典物权编对物权法的规定进行了修改，明确了流质条款的效力，规定：质权人在债务履行期限届满前，与出质人约定债务人不履行到期债务时质押财产归债权人所有的，只能依法就质押财产优先受偿。这表明当事人订立流质条款的，当债务履行期限届满时，不发生质押财产所有权转移的效力，而是应当根据本法规定的实现质权的方式就质押财产优先受偿。需要注意的是，当事人之间订有流质条款的，债权人依法就质押财产优先受偿，需要满足质权设立的前提条件，即存在合法有效的质押合同，并且通过交付或者登记设立了质权。如果质权没有有效设立，质权人不能对质押财产享有优先受偿权。

> **第四百二十九条　质权自出质人交付质押财产时设立。**

【条文主旨】

本条是关于动产质权设立的规定。

【条文释义】

一、交付质押财产是质权的生效要件

动产质权的标的是动产。动产具有易于转移、难以控制的特点。为了保障动产质权的实现，也为了保护善意第三人的合法权益，本条规定动产质权的设立以交付质押财产为生效要件。

二、质权自出质人交付质押财产时设立

出质人与质权人订立动产质押合同，该合同自成立时生效。但是在移转质押财产的占有之前，并不发生担保物权的效力；出质人只有将质押财产通过交付的形式实际移转给质权人占有时，质权才发生效力。根据本条的规定，质押财产是否移转是质权是否生效的判断标准：当事人没有移转质押财产，质权无效。其质押合同是否有效要根据本法合同编的有关规定判断，质权无效并不当然导致合同无效，不应将质权有效与否与质押合同的效力合二为一混同判断。

> **第四百三十条** 质权人有权收取质押财产的孳息，但是合同另有约定的除外。
>
> 前款规定的孳息应当先充抵收取孳息的费用。

【条文主旨】

本条是关于质权人孳息收取权的规定。

【条文释义】

根据本条的规定，除合同另有约定外，质权人有权收取质押财产所产生的孳息，质权的效力及于孳息。

一、质权人孳息收取权的依据

关于质权的效力是否当然及于孳息，各国立法并不相同。质权有占有质权与收益质权之分：占有质权是指质权人仅占有质押财产而没有使用收益的权利的质权；收益质权是指质权人对质押财产占有并有使用收益的权利的质权。本法对质权并未作如此的划分。较有共识的意见是，由于质权人占有质押财产，因此由其收取质押财产所产生的孳息最为简便可行；同时，收取的孳息用于清偿债务，对于出质人也无损害。

根据本条的规定，质权人能否收取孳息有两种情况：其一，如果当事人在合同中明确约定质权人无权收取质押财产所产生的孳息，则质权人不能收取质押财产的孳息作为债权的担保；其二，如果当事人对质权人能否收取孳息没有约定或者约定不明的，质权人有权依照本条的规定收取质押财产所产生的孳息。

二、孳息的种类

质押财产所产生的孳息包括自然孳息和法定孳息。质押财产所产生的自然孳息是指质押财产因自然原因由自身分离出来的利益，如从羊身上剪下的羊毛、母畜生的幼畜；法定孳息，指依照法律规定由质押财产所产生的利益，如根据合同产生的租金、利息。

质权人依法收取孳息时，并不当然取得所有权，而是取得对孳息的质权，孳息成为质权的标的。如果孳息是金钱，质权人可以直接用于清偿；如果孳息是物，可以由质权人与出质人协议以该孳息折价或者拍卖、变卖，以所得价款优先受偿。

三、孳息的充抵顺序

依法收取的孳息首先应当充抵收取孳息的费用，然后充抵主债权的利息和主债权。例如，以母牛作为质押财产的，如果母牛产幼畜，债务清偿期限届满，债务人没有清偿债务，那么质权人可以将幼畜折价或者拍卖、变卖，所得价款先充抵幼畜的接生费用等。

> **第四百三十一条　质权人在质权存续期间，未经出质人同意，擅自使用、处分质押财产，造成出质人损害的，应当承担赔偿责任。**

【条文主旨】

本条是关于质权人对质押财产使用处分的限制及法律责任的规定。

【条文释义】

非经出质人同意，质权人在质权存续期间不得擅自使用、处分质押财产；质权人违反本条规定，擅自使用或者处分质押财产的，应当承担赔偿责任。禁止质权人擅自使用、处分质押财产的规定体现了动产质权的设定目的及其特征。

质权人不得擅自使用、处分质押财产的理由主要有：首先，当事人设定动产质权的目的在于担保质权人的债权能够得到清偿，质权人占有质押财产，使质押财产脱离出质人而为质权人所掌控，使质权人的担保物权得以保障。其次，质权从其性质上看是担保物权而非用益物权。动产质权与抵押权相比，其根本区别在于担保物的移转与否：设定抵押不移转抵押财产，仍由抵押人占有、使用；而动产质权移转质押财产的占有，将属于出质人占有的质押财产转至质权人的控制之下。这是由于用于抵押的物大多是不动产，而用于质押的是容易移转的动产。质权人占有质押财产的作用在于控制质押财产，保证债权实现。最后，无论是抵押还是质押，物的担保在于其交换价值而非使用价值。从这个意义上说，质权人取得质押财产、控制质押财产是为了质押财产不被出质人随意处分而使担保落空，质权人使用、处分质押财产显然不是设定质权的目的。因此，质权人非经出质人同意不得擅自使用、处分质押财产。

质权人未经出质人同意，擅自使用质押财产、处分质押财产，一旦造成质押财产毁损、灭失给出质人造成损害的，质权人要根据法律规定承担民事责任。

> **第四百三十二条　质权人负有妥善保管质押财产的义务；因保管不善致使质押财产毁损、灭失的，应当承担赔偿责任。**
> **质权人的行为可能使质押财产毁损、灭失的，出质人可以请求质权人将质押财产提存，或者请求提前清偿债务并返还质押财产。**

【条文主旨】

本条是关于质权人妥善保管质押财产义务的规定。

【条文释义】

质权人在占有质押财产的同时即产生妥善保管质押财产的义务。质权人该项义务的承担，一是因为质押财产虽然依动产质押合同移归质权人占有，但是其所有权仍是出质人的，在质权人占有质押财产期间，因质权人未尽妥善保管义务致使质押财产灭失或者毁损，是对出质人的质押财产所有权的侵害；二是因为质权人占有质押财产是为了自己债权的实现，如果质押财产毁损、灭失，不仅侵害出质人的利益，同时影响了自己的权益。

所谓妥善保管，即以善良管理人的注意义务加以保管。善良管理人的注意义务，是指依照一般交易上的观念，认为有相当的知识经验及诚意的人所应负的注意义务，即以一种善良的心和应当具备的知识来保管质押财产。例如，对于字画的保管应当注意防潮、防虫蛀、防灰尘等。如果达不到应当注意的保管标准的，就不是妥善保管。

质权人违反保管义务造成质押财产毁损、灭失的，应当承担赔偿责任，该项赔偿责任是基于出质人的所有权而产生的请求权。对质权人的民事责任承担应当采用过错推定原则，即出质人只要证明质押财产遭受毁损、灭失的事实即可。质权人应当举证证明自己已经尽了妥善保管的义务，否则就应当承担赔偿责任。

如果出质人认为质权人的行为可能使质押财产毁损、灭失的，出质人可以请求质权人将质押财产提存，或者请求提前清偿债务并返还质押财产。本条第2款的这一规定，是为了更好地保护质押财产，以保护出质人与质权人双方的利益不受损失。"可能"即也许、或许，而不是已经发生。这种可能性是否产生，不能仅凭出质人的想象，要有一定的事实发生。如字画出质后，出质人发现质权人存放字画的房屋漏雨，可能危及字画。"提存"就是将质押财产放到出质人与质权人约定的第三人处存放。目前，我国主要是公证机构在做此类业务。提存费用应当由质权人承担。出质人提前清偿债权的，质权人应当返还质押财产。

> **第四百三十三条** 因不可归责于质权人的事由可能使质押财产毁损或者价值明显减少，足以危害质权人权利的，质权人有权请求出质人提供相应的担保；出质人不提供的，质权人可以拍卖、变卖质押财产，并与出质人协议将拍卖、变卖所得的价款提前清偿债务或者提存。

【条文主旨】

本条是关于质押财产保全的规定。

【条文释义】

一、质押财产毁损或者价值减少的事由

因不能归责于质权人的事由可能使质押财产毁损或者价值明显减少，是指质押财产可能毁损或者价值明显减少产生的原因不是由于质权人的保管不善所导致的，而是由于自然原因等导致的。这种可能使质押财产毁损和价值明显减少的事由应当是已经发生的事实。价值减少的状态应当是明显的，因为一般的物都存在价值减少的可能性，尤其是随着市场变化及其他原因导致价值减少都是很正常的事情，正常的价值减少，应当在质权人的预想之内。

二、替代担保

当质押财产可能存在损坏或者价值明显减少的事实足以危害质权人的利益时，质权人为保全其质权不受损害，可以要求出质人提供相应的担保，此为质权人的替代担保请求权，也有称质权人的物上代位请求权。规定质押财产的替代担保，主要是由于质押担保是以质押财产所具有的交换价值确保债权的实现。如果质押财产的价值可能明显减少或者质押财产毁损，将直接危害到质权人的质权，法律应当赋予质权人维护其担保利益的救济手段，允许质权人要求出质人提供相应的担保。"相应的担保"是指与可能毁损或者价值明显减少的数额相当的担保。

三、提前清偿债务或者提存

当质押财产有可能损坏或者价值明显减少的情况出现时，质权人请求出质人提供相应的担保，但出质人不提供的，质权人可以拍卖或者变卖质押财产，并与出质人通过协议将拍卖或者变卖所得的价款提前清偿债权，也可以将处分质押财产的价款提存。此时质权人拍卖、变卖质押财产无需经过出质人同意。拍卖、变卖所得的价款，性质上属于质押财产的替代物，质权人不当然取得价款的所有权，出质人可以用该价款提前向质权人清偿债务；如果以该价款提存的，则要等债务履行期限届满，以提存的价款清偿债务。无论是提前清偿债权，还是提存后届时清偿，其价款超出所担保债权的部分，应当直接归还出质人。

> **第四百三十四条　质权人在质权存续期间，未经出质人同意转质，造成质押财产毁损、灭失的，应当承担赔偿责任。**

【条文主旨】

本条是关于转质权的规定。

【条文释义】

质权人为担保自己或者他人的债务，在占有的质押财产上再次设定质权的行为称为转质，所成立的质权为转质权。因转质而取得质权的人为转质权人。转质既可以适用于动产质权，也可以适用于权利质权。在立法过程中对是否允许转质有不同意见。有的认为，应当允许转质。转质具有融通资金和保全债权的双重功能，质权人因质权的设定而投入的融资，有通过转质再度流动的可能性，转质具有促进金融流通的经济机能。动产质权在现代社会中本身就存在着不利于发挥物的使用价值的缺陷，如果承认转质，就可以使物再次发挥交换价值和使用价值，有助于促使物的价值实现最大化。就转质本身而言，对债务人、质权人和转质权人并无任何不利；有的认为，转质引起的权利义务关系较为复杂，容易产生纠纷，允许转质则可能损害出质人的利益。

本法不提倡转质，也没有禁止转质。为了保护出质人的利益，本条规定的原则是，未经出质人同意不允许转质，质权人擅自转质造成质押财产毁损、灭失的要承担赔偿责任。

> 第四百三十五条 质权人可以放弃质权。债务人以自己的财产出质，质权人放弃该质权的，其他担保人在质权人丧失优先受偿权益的范围内免除担保责任，但是其他担保人承诺仍然提供担保的除外。

【条文主旨】

本条是关于质权放弃及其他担保人责任承担原则的规定。

【条文释义】

放弃质权是质权人对自己的权利进行处分的一种形态，其有权放弃质权。质权人放弃质权的，会对其他担保人的权益造成影响，因此本条对质权人放弃质权情形下其他担保人担保责任的承担作了规定。

一、质权的放弃

质权人放弃质权，是指质权人放弃其因享有质权而就质押财产优先于普通债权人受清偿的权利的行为。质权人有权处分自己的质权。当质权人以放弃质权的方式处分质权时，应当符合法律的规定。质权人放弃质权应当明示作出意思表示。质权人不行使质权或者怠于行使质权的，不能推定为质权人放弃质权。质权人放弃质权，原因可能是多方面的。如果是质权人单方的意思表示，无需取得出质人的同意。质权因质权人的放弃而消灭。

二、其他担保人责任承担原则

质权人放弃质权，不得有损于其他利害关系人的利益。有时，在同一债权上既有质权担保又有其他担保。在这种情况下，质权人放弃质权时，则直接影响其他担保人的利益。为了确保其他担保人的利益不因质权人放弃质权的行为而受到影响，本条规定，在质权人放弃质权时，如果是债务人以自己的财产出质的，其他担保人在质权优先受偿的范围内，不再承担担保责任；但是其他担保人承诺仍然承担担保责任的，法律并不干涉。例如，某项债权既有以债务人自己的财产质押担保，又有第三人保证的，质权人放弃质权，必然会对保证人造成影响。根据本法第 392 条的规定，被担保的债权既有物的担保又有人的担保的，在没有约定或者约定不明确的情况下，债务人自己提供物的担保的，债权人应当先就该物的担保实现债权，再请求保证人承担保证责任。在债务人不履行债务的情形下，如果质权人放弃了在债务人的财产上设定的质权，担保责任则将由保证人全部承担，加重了保证人的负担。本着公平的原则，在质权担保主债权的全部时，质权人放弃质权的，保证人免除全部保证责任；在质权担保的是主债权的部分责任时，质权人放弃质权的，保证人在质权所担保的债权范围内免除担保责任。在质权人放弃在债务人的财产上设定的质权的情形下，如果其他担保人承诺仍然提供保证的，应当尊重当事人自愿的意思表示，其他担保人的担保责任不予免除。

> **第四百三十六条** 债务人履行债务或者出质人提前清偿所担保的债权的，质权人应当返还质押财产。
>
> 债务人不履行到期债务或者发生当事人约定的实现质权的情形，质权人可以与出质人协议以质押财产折价，也可以就拍卖、变卖质押财产所得的价款优先受偿。
>
> 质押财产折价或者变卖的，应当参照市场价格。

【条文主旨】

本条是关于质押财产返还及质权实现的规定。

【条文释义 】

债务履行期限届满，将产生两种情况：一是质权因其所担保的债权受清偿或者其他原因的发生而消灭；二是债务未受清偿。根据这两种不同情况本条规定了两种不同的法律后果，即质押财产返还或者质权的实现。

一、质押财产返还

债务人于债务履行期限届满时履行了债务或者出质人提前清偿了所担保的债权，质权消灭，质权人对其占有的质押财产负有返还给出质人的义务。质权人依质押合同有权占有质押财产，但是在质权消灭时，质权人就丧失了继续占有质押财产的依据，应当将质押财产返还出质人。出质人因清偿债务，将质押财产上存在的担保物权负担消灭，出质人可以依法请求质权人返还质押财产；质权人拒不返还的，应当承担民事责任。

质权人返还质押财产的对象为出质人，因为出质人可以是债务人，也可以是第三人。当出质人不是债务人而是第三人时，债务人虽然清偿了债务，但是由于用于担保的质押财产的所有权是第三人的，所以应当返还给第三人而非债务人。

二、质权的实现

质权人实现质权，是指质权人在债权已届清偿期而债务人不履行债务或者发生当事人约定的实现质权的情形时，处分占有的质押财产并优先受偿的行为。质权人实现质权的前提条件是债务履行期限届满债务未受清偿或者发生当事人约定的实现质权的情形。

质押担保的目的在于确保债权的清偿。当债务人不履行债务或者违约时，质权人有权将占有的质押财产以折价、拍卖、变卖等方式变价后优先受偿。

折价是指债务人在履行期限届满未履行其债务时，经出质人与质权人协议，按照质押财产的品质，参考市场价格等因素，把质押财产的所有权由出质人转移给质权人，从而实现质权的一种方式。折价必须由出质人与质权人协商一致，否则只能拍卖或变卖。折价与流质不同：折价是发生在债务履行期限届满，债务人不履行债务，质权人实现质权时；流质是债权人在债务履行期间届满前与出质人约定，债务人届期不履行债务时，质押财产归债权人所有以抵销债务。

拍卖是指按照拍卖程序，以公开竞价的方式将质押财产卖给出价最高者的买卖。变卖是指直接将质押财产变价卖出的行为，变卖没有公开竞价等形式与程序上的限制，方便、快捷、变价成本小。质押财产的拍卖、变卖规则与抵押财产的拍卖、变卖规则有所不同。对于抵押权的实现，本法规定要求以抵押财产折价或者拍卖、变卖抵押财产需要协议，未达成协议的可以请求人民法院拍卖、变卖抵押财产。本条规定实现质权时，仅要求质押财产折价时双方当事人达成协议，没有要求拍卖、变卖质押财产需要协议，也没有对拍卖、变卖质押财产的主体作出限定。在债务人不履行到期债务或者发生当事人约定的实现质权的情形时，质权人可以自行拍卖、变卖其占有的质押财产。

与拍卖财产相比，对财产进行折价或者变卖由于没有公开的竞价模式，很可能会与财产的实际价值偏离较大。为了保护出质人的利益，避免出质人的财产以较低价格折价或者变卖，本法规定对质押财产折价或者变卖的，应当参照市场价格。

> **第四百三十七条**　出质人可以请求质权人在债务履行期限届满后及时行使质权；质权人不行使的，出质人可以请求人民法院拍卖、变卖质押财产。
>
> 　　出质人请求质权人及时行使质权，因质权人怠于行使权利造成出质人损害的，由质权人承担赔偿责任。

【条文主旨】

本条是关于及时行使质权请求权及怠于行使质权的责任的规定。

【条文释义】

为了督促担保物权人及时行使权利，稳定交易秩序，本法对抵押权规定了存续期间，即抵押权人应当在主债权诉讼时效期间行使抵押权；未行使的，人民法院不予保护。质权同样存在主债权到期而及时行使质权的问题。但质权与抵押权不同：一是抵押权并不移转抵押财产，抵押财产始终在抵押人手里控制和使用；质权移转质押财产，质权设立后，质押财产由质权人占有。二是主债权期限届满债务人不履行债务的情况出现后，抵押权人由于不占有抵押财产，往往积极行使抵押权，以保证债权的实现；而质权人由于手中控制着质押财产，往往并不急于行使质权。对于是否与抵押权一样规定动产质权的存续期间，有意见提出，规定抵押权未在主债权诉讼时效期间行使则法院不予保护并无不妥；而如果规定质权超过主债权诉讼时效期间未行使则法院不予保护则有失公允，因为质押财产在质权人处占有，债务人不还债，过了主债权的诉讼时效期间依仗法律的规定，强行把质押财产从质权人手中要回，对质权人不公。

根据抵押权与质权的不同，本法未规定质权的存续期间，但是为了避免质权人滥用权利、怠于行使权利，本条赋予了出质人针对质权人的质权行使请求权以及质权人怠于行使质权的责任。

一、质权行使请求权

出质人在债务履行期限届满，债务人不能偿还债务时，有权请求质权人及时行使质权；如果质权人经出质人请求后仍不行使的，出质人有权径行到人民法院要求拍卖、变卖质押财产，以清偿债务。

二、质权人怠于行使质权的责任

质押财产存在着意外毁损、灭失以及随着市场风险的变化价值下跌的风险。因此，一旦债务履行期限届满，而债务人未清偿债务的，质权人应当及时行使质权，以免给出质人造成损失，出质人也有权请求质权人行使权利。质权人怠于行使权利可能会致使质押财产价格下跌，或者发生其他毁损、灭失等情形，质押财产无法获得与原有价值相当的变价款。在此情形下，质权人对于出质人的损失要承担赔偿责任。需要注意的是，根据本款的规定，出质人首先要有请求质权人及时行使质权的行为；其次要有证据证明造成损害是由于质权人怠于行使质权造成的，损害的事实应当与质权人怠于行使质权有直接的因果关系。

> **第四百三十八条** 质押财产折价或者拍卖、变卖后，其价款超过债权数额的部分归出质人所有，不足部分由债务人清偿。

【条文主旨】

本条是关于质押财产变价款归属原则的规定。

【条文释义】

质权设定的目的在于确保债务的清偿。当质押所担保的债权于履行期限届满而未受清偿时，质权人可以就质押财产的变价款优先受偿。质权的实现是质权的根本效力所在，也是质权人最重要的权利。

质权实现就是将质押财产的交换价值兑现，质权人以变价款优先受偿。质押财产价值的最初估算值与最终的变价值可能并不一致，这与当事人在设定质权时对质押财产的估算是否准确以及市场价格不断变化有关。但是，无论质押财产的变价款如何，设定质权时的主债权是清楚的。因此，实现质权应当以清偿质押担保范围的债权为界，质押财产折价、拍卖、变卖后，超过所担保的债权数额的，变价款超出部分归出质人所有；不足的部分由债务人清偿。

根据本条规定的质押财产变价款归属原则，质权人在实现质权时，应当注意以下几种情况：

首先，如果数个可分的质押财产为同一债权担保时，各个质押财产都担保债权的全部，但在实现质权时，如果质权人折价、拍卖或者变卖部分质押财产的价款足以清偿质押担保范围的债权，则应停止折价、拍卖或者变卖其余的质押财产。因为质押财产的所有权归出质人，出质人只是以质押财产担保质权人的债权，一旦债权受清偿，质权也就消灭了，剩余的质押财产应当归还出质人。

其次，如果以一个质押财产作为债权担保的，质押财产的变价款超出所担保的债权的，应当将剩余价款还给出质人，因为出质人是质押财产的所有权人。

最后，如果质押财产的变价款不足以清偿所担保的债权的，出质人以全部变价款交给质权人后，质权消灭，因为质权的标的是质押财产，质押财产因用于清偿担保债权而消灭，质权也随之消灭。担保债权未清偿的部分，仍然在债权人与债务人之间存在，只是不再是质权担保的债权，而是无质权担保的普通债权，债务人仍然负有清偿债务的义务。如果债务人和出质人不是同一人时，未偿还的债务由债务人承担，出质人不再承担责任。

> **第四百三十九条** 出质人与质权人可以协议设立最高额质权。
> 最高额质权除适用本节有关规定外，参照适用本编第十七章第二节的有关规定。

〖条文主旨〗

本条是关于最高额质权的规定。

〖条文释义〗

最高额质权是指为担保债务的履行，债务人或者第三人对一定期间内将要连续发生的债权提供质押财产担保的，债务人不履行到期债务或者发生当事人约定的实现质权的情形，质权人有权在最高债权额限度内就该质押财产优先受偿。最高额质权制度对于配合继续性交易的发展，扩大担保融资，促进社会经济的繁荣，发挥了重要的作用。规定最高额质权的目的是为了简化设立担保的手续，方便当事人，促进资金融通，更好地发挥质押担保的功能。

与动产质权相比，最高额质权有自己的特征；但就根本属性而言，其仍属于质权，本节关于动产质权的许多规定可以适用于最高额质权。比如最高额质权的设立、最高额质权的实现、质押财产的保全等内容都可以适用本节关于动产质权的相关规定。

最高额质权与最高额抵押权具有许多相同之处，主要体现在：一是两者在设立、转移和消灭上均在一定程度独立于主债权；二是两者担保的债权都是不特定债权；三是两者均有最高担保额的限制；四是在实现担保物权时，均需要对担保的债权进行确定。基于以上相同点，本条规定，最高额质权可以参照适用本编第十七章第二节的有关规定，即最高额抵押权的有关规定。最高额质权所担保债权的转让、最高额质权的变更以及最高额质权所担保债权的确定可以参照本法第 421 条、第 422 条和第 423 条的规定。此外，根据本法第 420 条第 2 款的规定，最高额抵押权设立前已经存在的债权，经当事人同意，可以转入最高额抵押担保的债权范围。同理，最高额质权设立前已经存在的债权，经当事人同意，可以转入最高额质押担保的债权范围。基于此，本条第 2 款规定，最高额质权除适用本节有关规定外，参照适用本编第十七章第二节的有关规定。这里之所以强调最高额质权"参照"本法关于最高额抵押权的规定，主要是考虑到最高额质权与最高额抵押权性质不同：最高额质权需要质权人占有担保财产，其本质属于质权的一种；最高额抵押权不需要抵押权人占有担保财产，其本质属于抵押权的一种。因此，只宜"参照"，不宜直接适用。

第二节　权利质权

> **第四百四十条**　债务人或者第三人有权处分的下列权利可以出质：
> （一）汇票、本票、支票；
> （二）债券、存款单；
> （三）仓单、提单；
> （四）可以转让的基金份额、股权；
> （五）可以转让的注册商标专用权、专利权、著作权等知识产权中的财产权；
> （六）现有的以及将有的应收账款；
> （七）法律、行政法规规定可以出质的其他财产权利。

【条文主旨】

本条是关于可以出质的权利范围的规定。

【条文释义】

一、权利质权的概念

权利质权是指以出质人提供的财产权利为标的而设定的质权。权利质权具有与动产质权相同的一些特征，都是以担保债务履行和债权实现为目的，性质都是价值权、担保权。但是，由于标的物不同，权利质权与动产质权相比又具有一定的特殊性。本节的内容主要就是关于权利质权的一些特殊规定；本节没有规定的，则适用动产质权一节的有关规定。

随着经济高度发展，商品交易越加频繁，商品和货币流通的手段也应需要而不断发展，以票据、有价证券及其他财产凭证替代有形财产和货币流通越加广泛。充分利用这些财产凭证所体现的无形财产权，对促进资金融通和商品流通、发展经济有着重要作用。设立权利质权的目的和意义即在于此。

二、权利质权标的的要件

权利质权的标的是出质人提供的作为债权担保的权利。但并不是所有的权利都可以作为权利质权的标的，其必须满足下列条件：

1. 必须是财产权。财产权，是指物权、债权、无体财产权等以财产为内容，可以以金钱估价的权利。因其具有经济价值，质权人可以从其价值中受偿。而人身权，无论是人格权如生命权、身体权、健康权、名誉权等，还是身份权如亲属权、监护权等，由于不直接具有经济价值，都不得作为权利质权的标的。

2. 必须具有让与性。权利质权为价值权，在债务人不履行到期债务时，质权人可以以出质权利的价值优先受偿。因此，其标的应有变价的可能，须具有让与性。不具有让与性的财产权，不能成为权利质权的标的。比如，一些与特定权利主体密不可分的财产权，如继承权、亲属间的扶养请求权、抚恤金领取请求权，都不得作为权利质权的标的。

3. 必须是适于设定质权的权利。有些财产权虽然具有可让与性，但是不适于设定质权，也不得作为权利质权的标的。关于何种权利适于设定质权，何种权利不适于设定质权，各个国家和地区的规定不同。在我国，在不动产物权上设定的权利一般认定为是抵押权，因此，不动产物权不能作为权利质权的标的。至于抵押权、质权和留置权等担保物权，由于不能与其所担保的主债权分离，因此，也不能成为权利质权的标的。

三、权利质权标的的种类

本条对哪些权利可以出质，采取了列举的方式；除这些权利以外，其他权利均不得出质。按照本条的规定，可以出质的权利包括：

1. 汇票、本票、支票。汇票是指出票人签发的，委托付款人在见票时或者在指定日期无条件支付确定的金额给收款人或者持票人的票据。汇票分为银行汇票和商业汇票。本票是指出票人签发的，承诺自己在见票时无条件支付确定的金额给收款人或者持票人的票据。支票是指出票人签发的，委托办理支票存款业务的银行或者其他金融机构在见票时无条件支付确定的金额给收款人或者持票人的票据。

2. 债券、存款单。债券是指由政府、金融机构或者企业为了筹措资金而依照法定程序向社会发行的，约定在一定期限内还本付息的有价证券，包括政府债券、金融债券和企业债券。存款单，也称存单，是指存款人在银行或者储蓄机构存了一定数额的款项后，由银行或者储蓄机构开具的到期还本付息的债权凭证。

3. 仓单、提单。仓单是指仓储保管人应存货人的请求而填发的提取仓储物的凭证。根据本法合同编的规定，存货人交付仓储物的，保管人应当给付仓单。保管人应当在仓单上签字或者盖章。仓单是提取仓储物的凭证。存货人或者仓单持有人在仓单上背书并经保管人签字或者盖章的，可以转让提取仓储物的权利。提单是指用以证明海上货物运输合同和货物已经由承运人接收或者装船，以及承运人保证据以交付货物的单证。根据海商法的规定，提单中载明的向记名人交付货物、按照指示人的指示交付货物或者向提单持有人交付货物的条款，构成承运人据以交付货物的保证。货物由承运人接收或者装船后，应托运人的要求，承运人应当签发提单。提单可以由承运人授权的人签发，提单由载货船舶的船长签发的视为代表承运人签发。提单分为记名提单、指示提单和不记名提单。记名提单不得转让；指示提单经过记名背书或者空白背书可以转让；不记名提单无需背书即可转让。

4. 可以转让的基金份额、股权。基金份额是指向投资者发行的，表示持有人按其所持份额对基金财产享有收益分配权、清算后剩余财产取得权和其他相关权利，并承担相应义务的凭证。这里所称的基金，仅指证券投资基金法中规定的证券投资基金，即通过公开或者非公开募集资金设立证券投资基金，由基金管理人管理，基金托管人托管，为基金份额持有人的利益，以资产组合方式进行证券投资活动的信托契约型基金。股权是指股东因向公司直接投资而享有的权利。在我国，公司包括有限责任公司和股份有限公司。有限责任公司股东的股权是通过公司签发的出资证明书来体现的，股份有限公司股东的股权是通过公司签发的股票来体现的。出资证明书，是指证明投资人已经依法履行缴付出资义务，成为有限责任公司股东的法律文件。根据公司法的规定，有限责任公司成立后，应当向股东签发出资证明书。股票是指股份有限公司签发的证明股东所持股份的凭证。根据公司法的规定，股票采用纸面形式或者国务院证券监督管理机构规定的其他形式。出资证明书和股票就是股东享有股权的法定凭证，股东凭此证券就可以享有相应的股权。

只有可以转让的基金份额和股权才可以作为权利质权的标的；有的基金份额和股权依法不得转让，则不能出质。比如，根据公司法的规定，发起人持有的本公司股份，自公司成立之日起 1 年内不得转让。公司公开发行股份前已发行的股份，自公司股票在证券交易所上市交易之日起 1 年内不得转让。根据证券投资基金法的规定，非公开募集基金，不得向合格投资者之外的单位和个人转让，在转让时也不得超出法律规定的投资者人数的限制。因此，这类有转让限制的股票和基金份额在出质时也需要遵守相应的限制。

5. 可以转让的注册商标专用权、专利权、著作权等知识产权中的财产权。知识产权，是指人们对于自己的创造性智力活动成果和经营管理中的标记所依法享有的权利，包括注册商标专用权、专利权和著作权等。知识产权主要是一种财产权利；但某些知识产权如著作权既具有人身性又具有财产性，可以将其中的权利划分为人身权部分和财产权部分，只有财产权部分才能作为权利质权的标的。注册商标专用权是指注册商标所有人依法对注册商标享有的独占使用权。根据商标法的规定，转让注册商标的，转让人和受让人应当签订转让协议，并共同向商标局提出申请。转让注册商标经核准后，予以公告。受让人自公告之日起享有商标专用权。商标注册人可以通过签订商标使用许可合同，许可他人使用其注册商标。因此，注册商标所有人享有注册商标转让权和注册商标许可权。这两者都是注册商标专用权中的财产权，都可以作为权利质权的标的。专利权是指由国家专利主管机关授予专利申请人或其继受人在一定期限内实施其发明创造的专有权，包括发明专利权、实用新型专利权及外观设计专利权。根据专利法的规定，转让专利申请权或者专利权的，当事人应当订立书面合同，并向国务院专利行政部门登记，由国务院专利行政部门予以公告。任何单位或者个人实施他人专利的，应当与专利权人订立书面实施许可合同，向专利权人支付专利使用费。因此，专利权人享有专利转让权和专利实施许可权。这两者都是专利权中的财产权，都可以作为权利质权的标的。著作权是指文学、艺术和科学作品的创作者对其创作完成的作品所享有的权利。根据著作权法的规定，著作权可分为人身权和财产权两部分。人身权包括发表权、署名权、修改权和保护作品完整权。财产权是指著作权人对作品的使用权和获得报酬权。其中，使用权指以各种方式使用作品的权利，是著作权人的一项主要财产权利，包括复制权、发行权、出租权、展览权、表演权、放映权、广播权、信息网络传播权、摄制权、改编权、翻译权、汇编权和应当由著作权人享有的其他权利等；获得报酬权指转让使用权或者许可他人使用而获得报酬的权利。著作权中的人身权和著作权人有密切关系，具有人身属性，只能专属于著作权人，不得让与，也不得出质；只有著作权中的财产权才可以作为权利质权的标的。

6. 现有的以及将有的应收账款。物权法在第 223 条规定了可以出质的权利范围，其中第 6 项为应收账款。应收账款实质上属于一般债权，包括尚未产生的将来的债权，但是仅限于金钱债权。需要注意的是，物权法中应收账款的概念包括了"公路、桥梁等收费权"。在物权法颁布以前，《最高人民法院在关于适用〈中华人民共和国担保法〉若干问题的解释》中专门规定，公路桥梁、公路隧道或者公路渡口等不动产收益权可以质押。物权法曾在征求意见稿中对可以出质的权利单独列出"公路、桥梁等收费权"一项。在征求意见时和常委会审议过程中，有的意见认为，收费权指权利人对将来可能产生的收益所享有的请求权，实质上是一种预期债权，可以纳入应收账款。物权法采纳了这一意见，将"公路、桥梁等收费权"的概念纳入"应收账款"的概念中。

在物权法颁布以后，中国人民银行根据物权法的规定，制定了《应收账款质押登记办法》，对应收账款的质押登记作了规范。根据 2019 年 11 月发布的《应收账款质押登记办法》第 2 条的规定，该办法所称的应收账款是指权利人因提供一定的货物、服务或设施而获得的要求义务人付款的权利以及依法享有的其他付款请求权，包括现有的和未来的金钱债权，但不包括因票据或其他有价证券而产生的付款请求权，以及法律、行政法规禁止转让的付款请求权。该办法所称的应收账款包括下列权利：（1）销售、出租产生的债权，包括销售货物，供应水、电、气、暖，知识产权的许可使用，出租动产或不动产等；（2）提供医疗、教育、旅游等服务或劳务产生的债权；（3）能源、交通运输、水利、环境保护、市政工程等基础设施和公用事业项目收益权；（4）提供贷款或其他信用活动产生的债权；（5）其他以合同为基础的具有金钱给付内容的债权。

在民法典物权编的立法过程中，一些意见提出，尽管一些部门规章对应收账款的定义和范围作了规定，但是在实践中对应收账款还是有不同的理解，如在会计实务操作领域，应收账款仅指已经实际发生的债权，而不包含将来尚未发生的债权，建议对"应收账款"的表述作相应修改。还有一些建议提出，物权法关于浮动担保的条文规定，企业等主体可以将现有的以及将有的生产设备等动产抵押，法律也应当明确规定可以以现有的以及将有的债权质押。经对上述意见的研究，本法将物权法第 223 条第 6 项"应收账款"修改为"现有的以及将有的应收账款"，以明确将来发生的债权可以作为质押的客体。

7. 法律、行政法规规定的可以出质的其他财产权利。这是对可以出质的权利作的保底性规定。随着经济社会的发展和融资需求的扩大，在平衡风险和利益的前提下，可用于担保的财产范围也会发生变化。立法在确定某一权利是否可以质押时，需要考虑该权利是否具备可转让性，是否具有可行的担保公示方式，以及以这些权利作担保有什么风险等因素。本条前 6 项规定的可以出质的权利并不能涵盖所有可以出质的权利范围，为此本条作了一个授权性的规定，根据现实需要、权利质押的可行性、市场风险等因素，法律、行政法规可以规定其他权利可以出质；只要在法律、行政法规中明确规定可以出质的，也适用本节权利质权的有关规定。

> **第四百四十一条** 以汇票、本票、支票、债券、存款单、仓单、提单出质的，质权自权利凭证交付质权人时设立；没有权利凭证的，质权自办理出质登记时设立。法律另有规定的，依照其规定。

【条文主旨】

本条是关于以汇票、本票、支票、债券、存款单、仓单、提单出质的权利质权设立的规定。

【条文释义】

本编第 427 条规定，设立质权，当事人应当采用书面形式订立质押合同。以汇票、本票、支票、债券、存款单、仓单、提单出质的，双方当事人应当订立书面质押合同。合同内容一般包括被担保债权的种类和数额，债务人履行债务的期限，出质权利的名称、数额，担保的范围等。合同订立后，质权并不当然设立。以汇票、本票、支票、债券、存款单、仓单、提单出质的，其质权设立的情形可以分为两种：

首先，有权利凭证的，质权自权利凭证交付质权人时设立。

权利凭证是指记载权利内容的象征性的证书，通常采用书面形式，如汇票、本票、支票、存款单、仓单、提单和一部分实物债券等都有权利凭证。此时出质人需要将该权利凭证交付给质权人，质权自交付时设立。

其次，没有权利凭证的，质权自有关部门办理出质登记时设立。

在我国，部分债券如记账式国库券和在证券交易所上市交易的公司债券等都已经实现无纸化，这些债券没有权利凭证，如果要出质，就必须到法律、法规规定的有关登记部门办理出质登记，质权自登记时设立。债券质押登记，基于不同的债券品种，以及交易所债券市场和银行间债券市场的区分等，分别到中国证券登记结算机构、中央国债登记结算有限公司、上海清算所等登记。

在十三届全国人大三次会议审议民法典草案的过程中，有的代表提出，票据法对汇票质押等有专门规定，建议与之相衔接。宪法和法律委员会经研究，建议采纳这一意见，在本条中增加规定：法律另有规定的，依照其规定。为此，其他法律对于以汇票、本票、支票等出质的权利质权的设立有特别规定的，依照其规定。

> 第四百四十二条　汇票、本票、支票、债券、存款单、仓单、提单的兑现日期或者提货日期先于主债权到期的，质权人可以兑现或者提货，并与出质人协议将兑现的价款或者提取的货物提前清偿债务或者提存。

【条文主旨】

本条是关于以汇票、本票、支票、债券、存款单、仓单、提单出质的权利质权人行使权利的特别规定。

【条文释义】

载明兑现日期或者提货日期的汇票、本票、支票、债券、存款单、仓单、提单的兑现日期或者提货日期届至时，原则上必须兑现或者提货，以免除第三债务人的债务。如果不按时兑现或者提货，有可能会给债务人自身带来损失，最终影响所担保的主债权的实现。因此，本条规定，汇票、本票、支票、债券、存款单、仓单、提单的兑现日期或者提货日期先于主债权到期的，质权人可以不经过出质人同意，有权将汇票、本票、支票、债券或者存款单上所载款项兑现，有权将仓单或者提单上所载货物提货。但是质权人兑现款项或者提取货物后不能据为己有，必须通知出质人，并与出质人协商，或者用兑现的款项或提取的货物提前清偿债权，或者将兑现的款项或提取的货物提存。提前清偿债权的，质权消灭；提存的，质权继续存在于提存的款项或者货物上，在主债权到期时可以以该提存的款项或者货物优先受偿。出质人只能在提前清偿债权和提存中选择，不能既不同意提前清偿债权也不同意提存。

> 第四百四十三条　以基金份额、股权出质的，质权自办理出质登记时设立。
> 基金份额、股权出质后，不得转让，但是出质人与质权人协商同意的除外。出质人转让基金份额、股权所得的价款，应当向质权人提前清偿债务或者提存。

【条文主旨】

本条是关于以基金份额、股权出质的权利质权设立和出质人处分基金份额、股权的限制的规定。

【条文释义】

根据本编第 427 条规定，设立质权，当事人应当采用书面形式订立质押合同。以基金份额、股权出质的，双方当事人应当订立书面质押合同。合同内容一般包括被担保债权的种类和数额，债务人履行债务的期限，基金份额、股权的相关信息，担保的范围等。

以基金份额、股权出质的，在订立质押合同后，质权并不当然设立。以基金份额、股权出质的，应当到有关部门办理出质登记，质权自登记时设立。

在目前的实践操作中，基金份额、股权质押登记差异较大、情况复杂，分别由多个登记机构进行相应的权利质押登记。以基金份额出质的，如果是证券登记结算机构登记的基金份额出质，在证券登记结算机构登记；未在证券登记结算机构登记的基金份额出质，在其他基金份额登记机构登记。以股权出质的，上市公司的股权、在全国中小企业股份转让系统转让股权的股份公司以及退市公司的股权的质押登记，在证券登记结算机构办理；有限责任公司的股权和未在证券登记结算机构登记的股份有限公司的股权的质押登记，在市场监管机构办理。

物权法第 226 条规定，以基金份额、证券登记结算机构登记的股权出质的，质权自证券登记结算机构办理出质登记时设立；以其他股权出质的，质权自工商行政管理部门办理出质登记时设立。在民法典物权编的立法过程中，一些意见建议在民法典物权编中规定动产和权利担保统一登记制度。考虑到动产和权利担保涉及的财产种类众多、情况复杂，且涉及国务院各部门的工作职能，具体规则宜由国务院规定，民法典物权编未对动产和权利担保统一登记制度作出规定，但是为了回应相关意见，民法典物权编删除了物权法中动产抵押、权利质押有关具体登记机构的规定，为以后建立统一的动产和权利担保登记制度留下空间。为此本条规定删除了物权法的上述规定，在本法 441 条、第 444 条、第 445 条相应删除了有关登记机关的规定。

本条第 2 款规定的是对出质人处分基金份额和股权的限制。基金份额和股权出质后，原则上不能转让。一方面，出质人的基金份额和股权虽然被出质了，但是其仍为基金份额持有人或者股东，转让基金份额和股权是对基金份额和股权的处分，是基金份额持有人和股东的权利，质权人无权转让作为债权担保的基金份额和股权，否则构成对基金份额持有人和股东权利的侵害。另一方面，基金份额和股权虽然为出质人所有，但是其作为债权的担保，是有负担的权利，如果随意转让可能会损害质权人的利益，不利于担保债权的实现。所以，原则上基金份额和股权出质后，不能转让；但如果出质人与质权人协商一致，都同意转让已出质的基金份额和股权，这属于双方当事人对自己权利的自由处分，法律自然允许。但是转让基金份额和股权所得的价款，并不当然用于清偿所担保的债权；因为此时债务清偿期限尚未届至，出质人应当与质权人协商，将所得的价款提前清偿所担保的债权或者提存。提前清偿债权的，质权消灭。提存的，质权继续存在于提存的价款上，在债务履行期限届满时，质权人可以对该价款优先受偿。出质人只能在提前清偿债权和提存中选择，不能既不同意提前清偿债权，也不同意提存。

> **第四百四十四条** 以注册商标专用权、专利权、著作权等知识产权中的财产权出质的，质权自办理出质登记时设立。
>
> 知识产权中的财产权出质后，出质人不得转让或者许可他人使用，但是出质人与质权人协商同意的除外。出质人转让或者许可他人使用出质的知识产权中的财产权所得的价款，应当向质权人提前清偿债务或者提存。

〖条文主旨〗

本条是关于以知识产权中的财产权出质的权利质权的设立和出质人处分知识产权的限制的规定。

〖条文释义〗

根据本编第 427 条规定，设立质权，当事人应当采用书面形式订立质押合同。以注册商标专用权、专利权、著作权等知识产权中的财产权出质的，双方当事人应当订立书面质押合同。合同内容一般包括被担保债权的种类和数额，债务人履行债务的期限，知识产权的相关信息如注册商标专用权人及其注册商标和注册号、专利权人及其专利号和专利权中的财产权、著作权人的姓名或者名称及其著作权中的财产权，担保的范围等。

以注册商标专用权、专利权、著作权等知识产权中的财产权出质的，订立质押合同后，质权并不当然设立，须办理出质登记时才能设立。这主要是因为知识产权是一种无形财产权，无法以占有的方式来公示，所以知识产权出质必须以登记的方式来公示。从目前的实践操作来看，以知识产权中的财产权出质的需要到有关部门办理质押登记，具体来说，著作权质押登记在国家版权局委托的中国版权保护中心办理，专利权和注册商标专用权的质押登记在国家知识产权局办理。

本条第 2 款规定的是对出质人处分知识产权的限制。以注册商标专用权、专利权、著作权等知识产权中的财产权出质的，权利虽然仍属于知识产权人，但由于该知识产权是有负担的权利，因此，出质人不能自由转让或者许可他人使用。如果允许出质人自由转让或者许可他人使用其注册商标专用权、专利权、著作权等知识产权中的财产权，则无论是有偿转让还是无偿转让，也无论是许可他人有偿使用还是许可他人无偿使用，都将损害质权人的利益。因为一方面转让的费用和许可他人使用的费用都要归出质人收取，另一方面出质人有权无限制地转让其注册商标专用权、专利权、著作权等知识产权中的财产权，必然导致该注册商标专用权、专利权、著作权等知识产权中的财产权价值的下降，最终的结果必然损害质权人的利益，不利于担保债权的实现。但是如果经出质人与质权人协商同意，可以转让或者许可他人使用出质的注册商标专用权、专利权、著作权等知识产权中的财产权。因为此时转让，是经过质权人同意的，是否会损害质权人的利益由质权人自己判断，法律不加干涉。

按照本条第 2 款的规定，转让或者许可他人使用出质的注册商标专用权、专利权、著作权等知识产权中的财产权所得的价款，不当然用于清偿所担保的债权。因为此时债务清偿期限尚未届至，出质人应当与质权人协商，将所得的价款提前清偿所担保的债权或者提存。提前清偿债权的，质权消灭。提存的，质权继续存在于提存的价款上，在债务履行期限届满时，质权人可以对该价款优先受偿。出质人只能在提前清偿债权和提存中选择；不能既不同意提前清偿债权，也不同意提存。

> **第四百四十五条**　以应收账款出质的，质权自办理出质登记时设立。
>
> 应收账款出质后，不得转让，但是出质人与质权人协商同意的除外。出质人转让应收账款所得的价款，应当向质权人提前清偿债务或者提存。

【条文主旨】

本条是关于以应收账款出质的权利质权设立和出质人转让应收账款的限制的规定。

【条文释义】

根据本编第 427 条规定，设立质权，当事人应当采用书面形式订立质押合同。以应收账款出质的，双方当事人应当订立书面质押合同。合同内容一般包括被担保债权的种类和数额，债务人履行债务的期限，应收账款的名称、数额，担保的范围等。

以应收账款出质的，在订立质押合同后，质权并不当然设立，双方当事人还须到有关部门办理出质登记后质权才设立。物权法规定了信贷征信机构为应收账款出质的登记机构。根据物权法的授权，征信中心建成了应收账款质押登记公示系统，面向全社会提供应收账款质押、转让的登记与查询服务；中国人民银行发布的《应收账款质押登记办法》，对应收账款质押登记与查询行为进行规范。目前我国应收账款的质押登记在中国人民银行征信中心的应收账款质押登记公示系统办理。为了给以后建立统一的动产抵押和权利质押登记制度留出空间，本法删除了具体登记机构的规定。

本条第 2 款规定的是应收账款出质后对出质人权利的限制，即出质人不得随意转让应收账款。这主要是为了保护质权人的利益，防止出质人随意处置应收账款，保证其所担保的债权的实现。出质人只有在取得质权人同意的情况下才能转让应收账款。与前几条的规定的内容类似，转让应收账款所得的价款，并不当然用于清偿所担保的债权。因为此时债务清偿期限尚未届至，出质人应当与质权人协商，将所得的价款提前清偿所担保的债权或者提存。提前清偿债权的，质权消灭。提存的，质权继续存在于提存的价款上，在债务履行期限届满时，质权人可以对该价款优先受偿。出质人只能在提前清偿债权和提存中选择；不能既不同意提前清偿债权，也不同意提存。

> **第四百四十六条　权利质权除适用本节规定外，适用本章第一节的有关规定。**

【条文主旨】

本条是关于权利质权适用动产质权有关规定的规定。

【条文释义】

权利质权与动产质权都是以其客体的交换价值的取得为目的的担保物权，具有由客体直接取得一定价值的权能；并不因其客体是有体物还是无体物而性质不同，两者共同构成质权的组成部分，在很多内容上是相同的。但是权利质权的标的物为权利，而动产质权的标的物为动产，因此两者在某些具体方面如权利的生效上还存在一定的区别。因此，本章第一节对动产质权是作为质权的一般形式加以规定的，本节对权利质权仅在某些内容上作了特殊规定，其他没有规定的内容可以适用动产质权的规定，如本章第一节关于质押合同的订立以及质押合同的一般条款、流质条款的效力、质权人的权利和义务、质权的保全、质权的放弃、质权的实现方式和最高额质权等。

第十九章　留置权

本章共十一条，对留置权的一般规定、留置财产与债权的关系、留置权的适用范围、留置权人的权利与义务、留置权的实现以及留置权与抵押权、质权的竞合和留置权消灭的特殊情形等内容作了规定。

> **第四百四十七条　债务人不履行到期债务，债权人可以留置已经合法占有的债务人的动产，并有权就该动产优先受偿。**
>
> **前款规定的债权人为留置权人，占有的动产为留置财产。**

【条文主旨】

本条是有关留置权的一般规定。

【条文释义】

一、留置权的定义

留置权是指在债务人不履行到期债务时，债权人有权依照法律规定留置已经合法占有的债务人的动产，并就该动产优先受偿的权利。这时，债权人便为留置权人，占有的动产便为留置财产。

留置权是经济生活中较为普遍存在的一种担保形式。留置权设定的目的在于维护公平原则，督促债务人及时履行义务。物权法制定之前我国的一些法律就对留置权作了规定，如民法通则第89条规定，按照合同约定一方占有对方的财产，对方不按照合同给付应付款项超过约定期限的，占有人有权留置该财产，依照法律的规定以留置财产折价或者以变卖该财产的价款优先得到偿还。担保法则专设"留置"一章，共七条。合同法也分别规定了承揽合同、运输合同和保管合同中债权人享有的留置权。

二、留置权成立的要件

第一，债权人已经合法占有债务人的动产。债权人要行使留置权，必须已经合法占有债务人的动产。此要件包含三层意思：其一，必须是动产。留置权的标的物只能是动产，债权人占有的不动产上不能成立留置权。其二，必须债权人占有动产。债权人的这种占有可以是直接占有，也可以是间接占有。但单纯的持有不能成立留置权。如占有辅助人虽持有动产，却并非占有人，因此不得享有留置权。其三，必须合法占有动产。债权人必须基于合法原因而占有债务人动产，如基于承揽、运输、保管合同的约定而取得动产的占有。如果不是合法占有债务人的动产，不得留置，如债权人以侵权行为占有债务人的动产。

第二，债权人占有的动产，应当与债权属于同一法律关系，但企业之间留置的除外。除了企业之间留置的以外，留置财产必须与债权的发生处于同一法律关系中。比如，保管合同中寄存人不按期交付保管费，保管人可以留置保管物，此时留置权成立。如果保管人对寄存人享有的是保管合同之外的其他债权而留置保管物，或者保管人留置的是债务人的其他财产，则该留置权不能成立。

第三，债务人不履行到期债务。债权人对已经合法占有的动产，并不能当然成立留置权，留置权的成立还须以债权已届清偿期而债务人未全部履行为要件。如果债权未到期，那么债务人仍处于自觉履行的状态中，还不能判断债务人到期能否履行债务，这时留置权还不能成立。只有在债务履行期限届满，债务人仍不履行债务时，债权人才可以将其合法占有的债务人的动产留置。

> **第四百四十八条　债权人留置的动产，应当与债权属于同一法律关系，但是企业之间留置的除外。**

【条文主旨】

本条是有关留置财产与债权的关系的规定。

【条文释义】

一、留置财产的范围

本条首先明确，债权人留置的动产，应当与债权属于同一法律关系。因此，一般而言，留置财产的范围仅限于与债权属于同一法律关系的动产。所谓同一法律关系，就是留置财产应当债权所形成的债权债务关系属于同一个民事法律关系。根据债法的基本原理，债通常包括合同之债，还包括侵权之债，以及不当得利、无因管理之债。同一法律关系最为常见的就是因合同产生的债权债务关系。如甲将手表交由乙修理，手表修理好后，甲拒绝支付修理费，乙依法可以留置该手表。此时，因定作人甲与承揽人乙之间形成了承揽合同关系，基于此承揽关系乙占有了甲交付的动产即手表，甲未支付的修理费也是基于双方的承揽关系产生的报酬，乙留置的动产与乙享有的债权（即甲所欠报酬）就属于同一承揽合同关系。同一法律关系还可以是因侵权形成的同一债权债务关系。

如甲开着货车运输货物，途中由于货物捆绑不严，其中一箱货物遗落将乙砸伤，甲未向甲支付合理的医疗费用，乙遂将该箱货物留置，要求甲支付医疗费用方肯返还。此时，乙要求支付医疗费用的侵权债权，与甲遗落的货物（造成侵权的原因），即属于同一侵权法律关系。

二、留置财产范围的例外

本条还有但书的例外规定，即"但是企业之间留置的除外"。根据本条但书的内容，在一般民事主体之间留置财产与债权应属于同一法律关系，而在企业之间行使留置权，留置财产与债权则没有此限制，这意味着企业之间，只要债权人合法占有债务人的动产，债务人不履行债务，债权人即可留置其动产，而不论该动产是基于何种法律关系占有。这么规定，主要是考虑到，在商业实践中，企业之间相互交易频繁，追求交易效率，讲究商业信用，如果严格要求留置财产必须与债权的发生具有同一法律关系，则有悖交易迅捷和交易安全原则。比如，甲运输公司与乙贸易公司经常有业务往来，因乙公司欠了甲公司一笔运费。后丙公司支付运费后委托甲公司将一批货物运给乙公司，甲公司为了实现催要运费的目的，遂将该批货物扣留，要求乙公司支付此前所欠运费方肯交货。在此种情况下，虽然甲公司所承运的货物与乙公司所欠的运费之前并不属于同一法律关系，根据本条但书的规定，甲公司仍有权行使留置权。

> **第四百四十九条　法律规定或者当事人约定不得留置的动产，不得留置。**

【条文主旨】

本条是关于留置权适用范围的限制性规定。

【条文释义】

一、关于留置权的适用范围

关于留置权的适用范围，我国立法有一个逐渐变化的过程。担保法将留置权的适用范围限于特定合同法律关系，该法第 84 条规定："因保管合同、运输合同、加工承揽合同发生的债权，债务人不履行债务的，债权人有留置权。法律规定可以留置的其他合同，适用前款规定。当事人可以在合同中约定不得留置的物。"根据担保法的此规定，留置权仅限适用于保管合同、运输合同、加工承揽合同等法律有明确规定的合同类型中，在其他债权债务关系中，则不得行使留置权。

在物权法起草过程中，对是否保留担保法的此规定，存在不同意见。有的意见认为，为避免滥用留置权的情况发生，应该维持担保法的规定，即只有因保管合同、运输合同、加工承揽合同和法律规定可以留置的其他合同发生的债权，才能适用留置权。有的意见认为，担保法规定的留置权的适用范围过窄，不符合经济实践需要，不利于保护债权人的利益，应当扩大范围。在制定物权法的时，在总结担保法规定的立法经验基础上，考虑到随着市场经济的发展，相关市场规则和法律制度的完善，将留置权的适用范围扩大到因无因管理、仓储合同及其他服务合同发生的债权中是必要和合适的。且境外留置权立法，也未逐一列举留置权的适用范围。因此，物权法没有明文列举留置权的适用范围，而只是对留置权的适用范围作出限制，规定了不得留置的情形。只要不属于不得留置的两种情形，又符合留置权成立的条件，均可以成立留置权。

物权编保留了物权法的立法模式，在上一条中规定了留置权可以行使的财产范围，同时在本条中规定不得留置的范围，即法律规定或者当事人约定不得留置的动产，不得留置。

二、法律规定不得留置的动产

本条规定，法律规定不得留置的动产，不得留置。总则编第 8 条规定，民事主体从事民事活动，不得违反法律，不得违背公序良俗。根据本条和总则编的此规定，民事主体从事任何民事活动，包括行使留置权，都不能违反法律规定，也不得违背公序良俗。首先，如果法律明确有规定，对特定动产，任何人不得留置。民事主体从事民事活动时，就有义务遵守法律的此类规定，不得对此类动产行使留置权。如居民身份证法第 15 条第 3 款规定，任何组织或者个人不得扣押居民身份证。如甲委托乙办理工商执照申领手续，故将自己的身份证交给乙，甲未及时将委托费用支付给乙，乙遂扣留甲的身份证。根据居民身份证法的规定，乙不得行使留置权，故乙必须返还甲的身份证。其次，行使留置权，也不能违反公序良俗。比如，因当地发生重大传染病疫情，甲公司遂紧急从外地采购大量医疗物资用于本公司办公场所防治疫情，并委托乙运输公司将该等医疗物资运回，尚未支付运费。医疗物资运抵后，乙公司欲留置所承运的医疗物资。由于甲公司采购的医疗物资属于防治传染病疫情所急需的物资，如果乙公司留置该等物资，势必影响公共卫生秩序，危及公共卫生安全，有悖公序良俗，故乙公司不得行使留置权。又比如，甲在长江中游泳，不慎溺水身亡，甲父遂委托乙帮忙打捞甲之遗体，口头约定打捞成功支付乙报酬1000 元。成功打捞后，乙要求甲父立即支付报酬，否则不交付甲的遗体。在此种情形下，乙行使留置遗体的行为，违背了善良风俗，也属于本条规定的不得留置的情况。

三、当事人约定不得留置的动产

留置权属于法定担保物权。法律之所以规定留置权，主要是基于公平原则，为了保护债权人的利益，确保债权人债权的实现，并不涉及公共利益或者其他第三人的利益。如果债权人基于意思自治而自愿放弃这种法律规定的民事权利，法律自然不会予以干涉。因此，本条同时规定，当事人约定不得留置的动产，不得留置。根据此规定，当事人已经明确约定不得留置的动产，都不能成立留置权。比如，承揽合同当事人事先在合同中约定排除留置权，则在定作人未向承揽人支付报酬或者材料费等价款时，承揽人也不得留置完成的工作成果，而应当依债权本身的效力提起追索价款及违约金的诉讼。当事人约定的方式，既可以在订立合同之时约定，并写入合同条款，也可以在合同履行过程中达成协议。既可以是以书面方式约定，也可以是口头约定。当然，从利于举证的角度而言，当事人约定限制留置权的行使条款，最好以书面方式在相关合同中明确规定。

> **第四百五十条 留置财产为可分物的，留置财产的价值应当相当于债务的金额。**

〖条文主旨〗

本条是关于可分物作为留置财产的特殊规定。

〖条文释义〗

根据法律的基本原理，留置权具有不可分性，此种不可分性表现在两个方面：一方面，留置权所担保的是债权的全部，而不是部分，即担保的债权具有不可分性。另一方面，留置权的效力具有不可分性，留置权及于债权人所留置的全部留置财产，留置权人可以对留置财产的全部行使留置权，而不是部分。因此，从理论上而言，只要债权人基于同一法律关系占有了债务人的动产，就可以行使留置权，而不论留置财产价值与债权数额是否相当。但是，如果将留置权的不可分性绝对化，则可能造成立法上的不公平。

留置权的立法目的是督促债务人及时履行债务，确保债权人能够实现自己的债权。因此，只要留置财产的价值相当于债务金额，就能够保证其债权得到实现，没有必要留置过多的财产。过分强调留置权的不可分性，对债务人不公平，有损其合法权益，也不利于物尽其用。因此，从公平合理地设计当事人之间的权利义务而言，在立法上有必要对留置权的不可分性作一定程度的缓和。

故本条规定，留置财产为可分物的，留置财产的价值应当相当于债务的金额。但留置物为可分者，仅得依其债权与留置物价值之比例行使之。

理解本条需要从以下三个方面把握：

一、可分物与不可分物的划分

这是从物的分割是否影响其价值或效用的角度对物进行的划分。不可分物就是将其分割的话将影响其价值或者失去其效用的物。如一块手表，如果将手表拆分成零件，将失去手表作为计时器的功能。可分物是指经分割而不损害其经济用途或者失去其价值的物。如一袋大米，将其分割成数小袋，大米经济价值和作为粮食的效用并不会受到影响。正是因为可分物和不可分物在是否可以分割属性上的差异，在行使留置权时，有必要加以区分，针对物的不同属性，设计更为合理的权利义务结果，确保留置权的行使更加公平合理。

二、对可分物行使留置权

根据本条规定，留置财产为可分物的，留置财产的价值应当相当于债务的金额。因此，如果涉案动产为可分物。债权人在行使留置权时，就需要受到本条的限制，即行使留置权时，仅能留置与债务金额相当价值的财产，而不得超越此范围行使留置权，否则构成权利滥用。

如何判断留置财产的价值是否相当于债务金额。各种物品的价值差别较大，通常应当根据留置财产的正常市场价格进行判断。所谓价值相当，不是说必须完全等值，而是留置财产的价值不能明显超过债权金额。

三、对不可分物行使留置权

如果留置财产为不可分物，由于该物的分割会减损其价值，因此不适用本条的规定，留置权人可以留置整个物。比如，甲公司提供原材料，委托乙公司定作特制锅炉一台，约定定作费用50万元。该台锅炉制作完成后，市场价值约1000万元。因甲公司未向乙公司支付报酬，故欲留置该锅炉。虽然加工承揽合同的标的物价值远远超出甲公司所欠费用，乙公司仍有权留置该锅炉。因为锅炉属于不可分物，如果分割将失去其应有的效用、价值也将大大减损，因此不能适用本条的规定。对于不可分物，债权人可以将其全部留置。

> **第四百五十一条　留置权人负有妥善保管留置财产的义务；因保管不善致使留置财产毁损、灭失的，应当承担赔偿责任。**

【条文主旨】

本条是关于留置权人保管义务的规定。

【条文释义】

一、留置权人的保管义务

行使留置权的前提是债权人合法占有债务人的不动产。因此，留置财产此时已经脱离了债务人的控制，而由债权人合法控制。民事主体享有权利的同时，也应当履行法律规定或者合同约定的义务。债权人在行使留置权的同时，也是如此。留置权人占有、控制着债务人的动产。由于留置财产的所有权仍属于债务人，作为所有权人，债务人对留置财产享有利益。因此，法律有必要为留置权人设定义务，避免留置财产陷于灭失风险之中，危及债务人的所有权。如果留置财产毁损或者灭失，不仅损害了债权人的所有权，也不利于实现留置权。因此，本条首先规定，留置权人负有妥善保管留置财产的义务。

妥善保管留置财产，是一种消极性义务，不需要留置权人有积极的作为，留置权人对留置财产并不负有保值增值的义务。比如，留置财产为受市场影响很大的动产，即便在价格变动剧烈的情况下，留置权人也不能因行情变动而任意处分变现。留置权人只要使留置财产维持原状或者保持其正常状态，确保不受到侵害、毁损或者灭失即可。同样，留置权人占有留置财产时，原则上未经债务人同意，不得使用、出租留置财产或者擅自把留置财产作为其他债权的担保物。但是，留置权人出于保管的需要，为使留置财产不因闲置而生损害，在必要的范围内有适当使用留置财产的权利。比如，甲的汽车损坏了，委托乙修理厂进行修理，约定修理费用1万元，后甲一直未付修理费。乙修理厂遂留置了甲的车辆。长达近一年，甲一直未履行债务。乙修理厂为了避免所留置的汽车长期不用导致故障，即可以适当启动使用该汽车，确保该车处于正常状态。

二、留置权人的赔偿责任

为了使留置权人能够履行其妥善保管留置财产的义务，本条还规定，留置权人因保管不善致使留置财产毁损、灭失的，应当承担赔偿责任。根据此规定，如果留置权人未保管好留置财产，是需要承担赔偿责任的。比如，甲公司从某市购买了一批粮食，委托乙运输公司运输，由于甲公司未按约定支付运费，乙公司遂留置了部分承运的粮食，并将留置的粮食存放在该公司仓库。由于乙公司的仓库并非专业粮仓，导致所留置的粮食全部发霉变质，无法再行销售。乙公司作为专业的运输公司，知道储存粮食应具有相应的条件，未按照粮食的通常储存方式存放所留置的粮食，不能说是尽到了妥善保管的义务。因此，乙公司应当赔偿甲公司的损失。当然，如果留置权人尽到了妥善保管义务，因保管不善之外的其他原因造成留置财产的损失的，则不应承担赔偿责任。如，甲公司由于生产需要，购买了一台重要的生产设备备用，由于甲公司自身的仓库无法存放，遂将该设备交付某仓储公司保管。由于甲公司未按时支付仓储费，乙公司遂留置了该设备，继续存放在仓库中。期间，因台风来袭，乙公司仓库遭受重创，导致乙公司所留置的设备损坏。乙公司按照正常方式保管该设备，尽到了妥善管理义务，留置财产系因台风这一不可抗力造成损失的，故乙公司不需要承担赔偿责任。

> **第四百五十二条** 留置权人有权收取留置财产的孳息。
> 前款规定的孳息应当先充抵收取孳息的费用。

【条文主旨】

本条是关于留置权人收取孳息的权利的规定。

【条文释义】

留置财产属于动产，有些动产由于其自然属性或者基于特定法律关系会产生额外的收益，这就是物的孳息。留置权人留置的物为原物，有些留置财产会产生孳息。孳息包括两类：一类是天然孳息，就是因物自身的自然属性或者自身变化规律即可以取得收益。比如，苹果树上结出的苹果。另一类是法定孳息，就是原物由于特定的法律关系所产生的利益。比如甲的房屋因出租，因此能获得房租收入。这种房租收入就是由于房屋的租赁法律关系而获得收益。虽然有的留置财产会产生孳息，但是这种孳息需要有人收取，不然就可能造成孳息无法获得。如果园中果树的果子，如果无人收取，果子可能成熟后掉落而腐烂，造成损失。因留置财产孳息的收取可能需要承担一定的费用，法律应当合理规定留置财产孳息的收取，才能平衡好各方的权利义务。本条第 1 款规定，留置权人有权收取留置财产的孳息。第 2 款规定，前款规定的孳息应当先充抵收取孳息的费用。

一、留置财产孳息的收取

根据本条第 1 款的规定，留置权人有权收取留置财产的孳息。之所以规定留置权人有权收取留置财产孳息，主要是考虑到留置财产由债权人控制，留置财产的孳息由其收取更为便利，更为可行。且根据法律规定，留置权人有义务妥善保管留置财产，规定由留置权人收取，也是恰当的。

首先，收取留置财产的孳息属于留置权人的权利。既然是留置权人的权利，那么留置权人既可以行使，也可以放弃。只有在留置权人放弃不行使时，债务人才可以自行收取留置财产的孳息。在特殊情形下，妥善收取孳息也是留置权人保管义务的内容。比如，甲留置乙所有的受孕母牛一头，后母牛将生产小牛。为了避免母牛因生产感染致死，留置权人家应当妥善安置母牛，确保小牛顺利生产下来。

其次，留置权人收取的孳息仅限于留置财产的孳息，不能超出此范围收取。留置权人既可以授权留置财产的法定孳息，也可以收取留置财产的天然孳息。但留置权人不能收取债务人其他财物的孳息。比如，甲村民帮助乙村民修理拖拉机，因乙未支付修理费，故留置了乙的拖拉机。后甲发现乙家中的母牛在野外产仔，遂将母牛所产小牛带回。甲的行为即不属于本条规定收取孳息的权利，因为此小牛并非留置财产的天然孳息。

最后，留置权人的权利仅仅是收取孳息，并非直接能获得孳息的所有权。所谓收取，就是通过事实行为或者法律行为获得并控制留置财产的孳息。收取之后，留置财产的孳息所有权归属需要根据法律的规定或者当事人约定判断。一般而言，各国物权法会对物的孳息的归属作出规定。物权编也对孳息的归属作了规定，第 321 条第 1 款规定，天然孳息，由所有权人取得；既有所有权人又有用益物权人的，由用益物权人取得。当事人另有约定的，按照其约定。第 2 款规定，法定孳息，当事人有约定的，按照约定取得；没有约定或者约定不明确的，按照交易习惯取得。因此，除非法律另有规定或者当事人有约定外，留置财产的孳息的所有权归属应该根据物权编的此规定确定。如果债务人和留置权人并未就留置财产的孳息的归属作出明确约定，孳息的所有权应当属于债务人。

虽然留置权人不能取得留置财产孳息的所有权，但是由于留置权具有不可分性，留置权的法律效力自然及于孳息。留置权人在收取孳息后，有权控制、占有孳息，且此种权利可以对抗作为所有人的债务人，债务人在未履行债务之前不能要求留置权人返还留置财产的孳息。

二、留置财产孳息收取费用的负担

本条第 2 款规定，前款规定的孳息应当先充抵收取孳息的费用。因此，如果债务人在收取留置财产时，支付了费用，此种费用应当以孳息冲抵。比如，牧民甲由于人手紧张，遂请牧民乙帮忙放牧部分羊群，双方约定甲将支付乙劳务费 3000 元。因甲未按时支付劳务费，在甲要求返还羊群时，乙遂留置了 10 只羊，其中母羊若干只。期间，因数只母羊怀孕，即将生产，为了确保母羊顺利产仔，乙便请兽医丙前来帮忙照顾，并向丙支付医药费 500 元。后来因甲一直未向乙支付所欠费用，乙便将所留置的羊出售，其中羊羔出售后获利 700 元。根据本款规定，此 700 元应当先用于冲抵乙所支付给丙的医药费。

第四百五十三条　留置权人与债务人应当约定留置财产后的债务履行期限；没有约定或者约定不明确的，留置权人应当给债务人六十日以上履行债务的期限，但是鲜活易腐等不易保管的动产除外。债务人逾期未履行的，留置权人可以与债务人协议以留置财产折价，也可以就拍卖、变卖留置财产所得的价款优先受偿。

留置财产折价或者变卖的，应当参照市场价格。

【条文主旨】

本条是关于实现留置权的一般规定。

【条文释义】

留置权的实现是指留置权人对留置财产进行处分，以优先受偿其债权的行为。

一、留置权实现的条件

根据本条的规定，留置权人实现留置权必须具备两个条件：

第一，留置权人须给予债务人以履行债务的宽限期。债权已届清偿期债务人仍不履行债务，留置权人并不能立即实现留置权，而必须经过一定的期间后才能实现留置权。这个一定的期间，称为宽限期。宽限期多长，涉及债权人与债务人利益的平衡问题。期限过长，不利于留置权人实现债权；期限过短，不利于债务人筹集资金，履行义务。根据实践经验和公平原则，本条规定，留置权人与债务人应当约定留置财产后的债务履行期间；没有约定或者约定不明确的，留置权人应当给债务人60日以上履行债务的期间，但鲜活易腐等不易保管的动产除外。

首先，债务履行的宽限期可以约定。债权人和债务人约定宽限期，可以是在签订主债权债务合同通过留置权条款约定，也可以是在留置权人行使留置权、已经占有留置财产后，与债务人自由协商一定的债务履行期限。当事人之间约定的宽限期可长可短，由双方自由协商，法律并无规定必须为多长。只要这个宽限期是双方当事人自主协商的，法律尊重当事人的意思自治。当然，如果一方当事人利用对方当事人的危困状态，约定了宽限期很短，则可能构成显失公平而被撤销。

其次，留置权人与债务人对于宽限期限没有约定或者约定不明确的，根据本条规定，留置权人可自行确定宽限期限，但一般不得少于2个月。在双方当事人没有约定或者约定不明时，留置权人对于宽限期有最终的决定权，但是这种权利受到法律的限制，即应当给予债务人 2 个月以上的宽限期，让债务人有合理的履行债务。这里的没有约定，也包括双方当事人就宽限期无法达成一致的情形。

最后，如果留置财产为不易保管的动产，宽限期可以短于 2 个月。考虑到，留置财产有特殊属性，即属于鲜活易腐等不易保管的动产，如果宽限期过长，留置权财产在此期限可能已经腐败，失去经济价值，这样将无法实现留置权的担保功能。因此，本条但书规定，留置财产属于不易保管之物时，宽限期可以短于 60 日。所谓鲜活易腐等不宜保管的动产，包括诸如海鲜、新鲜水果和蔬菜等，但不包括易保管但价格波动很大的动产。此类留置财产的宽限期长短，则应当根据所留置的动产具体情况判断，或长或短均可。

第二，债务人于宽限期内仍不履行义务。债务人在宽限期内履行了义务，留置权归于消灭，留置权人当然不能再实现留置权。如果债务人仍不履行义务，留置权人便可以按法律规定的方法实现留置权。债务人未履行债务，包括债务人不完全履行债务。比如债务人本应偿还 100 万元，其仅偿还 80 万元。

二、留置权实现的方法

根据本条的规定，留置权实现的方法包括折价、拍卖和变卖。留置权人可以与债务人协商采取哪种方法实现留置权。一般情况下，双方当事人可以先协议将留置财产折价以实现其债权；如果无法达成协议，留置权人可以依法拍卖或者变卖留置财产，并以拍卖或者变卖所得的价款优先受偿其债权。

第一种是折价。折价是指留置权人与债务人协议确定留置财产的价格，留置权人取得留置财产的所有权以抵销其所担保的债权。这种方法比较简单，但必须双方当事人协商一致，否则就应当采取拍卖或者变卖的方法。

第二种是拍卖。拍卖是指依照拍卖法规定的拍卖程序，于特定场所以公开竞价的方式出卖留置财产的方式。拍卖的公开性和透明度都比较高，但同时费用也较高。

第三种是变卖。变卖是指以一般的买卖形式出卖留置财产的方式。由于拍卖的费用较高，有的双方当事人不愿意负担这一费用，因此采取费用较为低廉的变卖方式。

本条第 2 款还规定，如果采取折价或者变卖方式处置留置财产的，应当参照市场价格，而不能随意降低该留置财产的价格。

> **第四百五十四条** 债务人可以请求留置权人在债务履行期限届满后行使留置权；留置权人不行使的，债务人可以请求人民法院拍卖、变卖留置财产。

【条文主旨】

本条是关于债务人可以请求留置权人行使留置权的规定。

【条文释义】

债务人在债务履行宽限期不履行债务的，留置权人有权处置留置财产以实现自己的债权。留置权为物权，其不受所担保的债权的诉讼时效的限制。因此，留置权人在其所担保的债权的诉讼时效完成后，仍可以对留置财产行使留置权。理论上说，留置权可以长期不灭，其行使并无时间限制。但是，如果留置权人长期持续占有留置财产而不实现，不符合"物尽其用"的原则，也会对社会、经济生活产生不利影响。而且，在有的情况下，留置财产会有自然损耗或者贬值的可能，如果长期不实现留置权，留置财产的价值会受影响，对债务人不利。因此，为避免留置权人无限期地占有、控制留置财产而不行使留置权，有必要适当限制留置权人的权利。故本条规定，债务人可以请求留置权人在债务履行期限届满后行使留置权；留置权人不行使的，债务人可以请求人民法院拍卖、变卖留置财产。

根据本条规定，债务人首先有权请求留置权人行使留置权。法律赋予债务人的此项权利，也是基于对债务人对留置财产享有所有权的保护。因为留置财产的所有权仍归属于债务人，如果留置权人一直不行使留置权，对债务人的所有权构成威胁。比如，甲因为乙未按时支付修理费，留置了乙所有的贵重设备。该设备的价值远远高于应支付的修理费。乙公司已陷入经营困难，无法支付修理费。乙公司所有的设备在市场上很畅销，如果甲不及时处置所留置的设备，可能造成该设备贬值，大大影响乙公司利用该设备变现的能力，从而导致乙公司资金损失。当然，债务人请求留置权人行使留置权必须是债务履行宽限期届满后。因为在债务履行宽限期，留置权人尚无法判断债务人是否能够履行其债务。债务人请求留置权人行使留置权后，留置权人应当在合理期间行使留置权，而不能仍迟迟不作为，损害债务人利益。

为了防止留置权人怠于行使留置权。本条进一步规定，留置权人不行使的，债务人可以请求人民法院拍卖、变卖留置财产。因此，如果留置权人不及时行使留置权，债务人可以依法请求法院实现债权人的留置权，法院即可以依法拍卖或者变卖留置财产。

> **第四百五十五条**　留置财产折价或者拍卖、变卖后，其价款超过债权数额的部分归债务人所有，不足部分由债务人清偿。

【条文主旨】

本条是关于留置权实现的规定。

【条文释义】

债权人留置债务人的动产，根本目的就是要实现自己的债权。根据物权编第453条的规定，债务人逾期未履行债务的，留置权人可以与债务人协议以留置财产折价，也可以就拍卖、变卖留置财产所得的价款优先受偿。根据物权编第454条的规定，债务人可以请求留置权人在债务履行期限届满后行使留置权；留置权人不行使的，债务人也可以请求人民法院拍卖、变卖留置财产。因此，留置权人实现留置权的目的就是通过拍卖、变卖留置财产取得对价以冲抵自己的债权，或者以折价的方式换算出相应的金额，以实现自己的债权。但是留置财产毕竟是动产，并非是现金，留置财产的价值是变动的，在留置财产被折价或者拍卖、变卖后，可能出现三种情况：

第一种情况是，留置财产的价值与债权金额相等，即留置财产折价或者被拍卖、变卖所得的价款刚好满足留置权人的债权，留置权的债权完全得以实现，债务人的留置权财产也因为折价或者拍卖、变卖而被处分，不存在剩余价款返还的问题。两者的债权债务关系以及担保关系均告消灭。比如，甲委托乙运输货物，约定运费1000元，因甲未向乙支付应付的运费，乙即留置了部分货物。后甲一直未付运费，乙遂要求甲在70天内支付运费。70天后，甲仍不愿意支付运费，并且与乙协商，以所留置的货物折价1000元抵偿运费，乙表示同意。此时，甲无需再向乙支付运费了，双方的运输合同关系消灭，同时，由于乙行使了留置权，乙的留置权消灭，双方的留置法律关系亦终止。

第二种情况是，留置财产的价值高于债权金额，即留置财产折价或者被拍卖、变卖所得的价款超过了留置权人的债权数额，超过的部分应当归债务人所有。如果是留置权人处分留置财产的，留置权人在扣除自己应得部分后，应当将剩余部分返还给债务人，不得占为己有，否则就构成不当得利。如果是人民法院根据本编第454条的规定对留置财产进行拍卖、变卖的，人民法院在扣除留置权人的债权额后，应当将剩余部分及时返还给债务人。

第三种情况是，留置财产的价值低于债权金额，即留置财产折价或者被拍卖、变卖所得的价款不足以清偿留置权人的债权。由于留置财产不能完全满足留置权人的债权，所以留置权人与债务人之间的债权债务关系并不因实现留置权而完全消灭，留置权人仍可以就留置财产不足以清偿的部分要求债务人偿还。只不过剩余债权就变成了无担保物权的普通债权，留置权人也成了普通债权人，留置权人可以普通债权人的身份要求债务人偿还剩余债务；债务人拒绝偿还的，其可以向人民法院起诉。

> **第四百五十六条** 同一动产上已经设立抵押权或者质权，该动产又被留置的，留置权人优先受偿。

【条文主旨】

本条是关于留置权与抵押权或者质权关系的规定。

【条文释义】

留置权行使的对象为动产。动产由于其可以移动性，且根据我国法律规定，动产的很多物权公示不以登记为要件。因此，难免存在同一动产上设定了相互冲突的物权。在同一动产上，可能同时存在不同性质的担保物权，在权利相互冲突时，需要法律规则明确不同权利之间的效力关系。比如，同一动产上已设立了抵押权或者质权，该动产又被留置的，应当如何处理留置权与抵押权或者质权的关系？根据本条规定，同一动产上已设立抵押权或者质权，该动产又被留置的，留置权人优先受偿。因此，同一动产同时存在留置权与抵押权或者质权的，留置权的效力优先于抵押权或者质权。这样规定，主要是基于以下考虑：首先，总结了我国立法经验和司法实践经验。我国的一些法律已明确规定，同一标的物上同时存在抵押权与留置权的，留置权优先于抵押权。例如，我国海商法第25条规定，船舶优先权先于船舶留置权受偿，船舶抵押权后于船舶留置权受偿。前款所称船舶留置权，是指造船人、修船人在合同另一方未履行合同时，可以留置所占有的船舶，以保证造船费用或者修船费用得以偿还的权利。人民法院的审判实践也承认了留置权优先于抵押权这一原则。《最高人民法院关于适用〈中华人民共和国担保法〉若干问题的解释》中规定，同一财产上抵押权与留置权并存时，留置权人优先于抵押权人受偿。其次，从法理上讲，留置权属于法定担保物权，其直接依据法律规定而产生，而抵押权与质权均为约定担保物权。法定担保物权优先于约定担保物权为公认的物权法原则。

可以从以下两个方面理解本条：

一是留置权的效力绝对优先。在同一动产上，无论留置权是产生于抵押权或者质权之前，还是产生于抵押权或者质权之后，留置权的效力都优先于抵押权或者质权。也就是说，留置权对抵押权或者质权的优先效力不受其产生时间的影响。

二是留置权对抵押权或者质权的优先效力不受留置权人在留置动产时是善意还是恶意的影响。理论上，有的观点认为，为了防止当事人利用留置权的优先效力，恶意在已设有抵押权的动产上行使留置权，妨碍或者排除动产上抵押权的行使，提出应当明确规定，同一动产上留置权产生于抵押权或者质权之后的，只有留置权人属于善意时，留置权效力才优先于已存在的抵押权或者质权。需要指出的是，这里的"善意"指留置权人对同一动产已存在的抵押权或者质权不知情；与之相对应的"恶意"指留置权人对同一动产上已存在的抵押权或者质权知情，而并非恶意串通的意思。留置权产生的基础是公平原则，在适用留置权规则的许多情况下，留置权人一般都使被留置动产的价值得到保全，且留置权人的债权与被留置动产的价值相比往往是微不足道的。在这种情况下，仅仅以留置权人知道或者应当知道该动产上存在抵押权或者质权就否定其优先效力，对留置权人是不公平的。实践中，留置权人留置某一动产时往往知道该动产上存在抵押权或者质权。例如，某一汽车所有人将该汽车送到某一修理厂修理，修理厂可能对该汽车上存在抵押权是知情的，但这并不妨碍修理厂在汽车所有人不支付修理费的情况下留置该汽车且以该留置权对抗存在的抵押权或者质权。基于以上考虑，本条并没有强调留置权优先于抵押权或者质权的效力以留置权人善意作为前提。当然，如果留置权人与债务人恶意串通成立留置权，其目的就是为了排除在动产上的抵押权或者质权的，这已经超出了"恶意和善意"的范畴，属于严重违反诚实信用原则的恶意串通行为。在这种情况下，不但留置权不能优先于抵押权或者质权，该留置权也应当视为不存在。

第四百五十七条　留置权人对留置财产丧失占有或者留置权人接受债务人另行提供担保的，留置权消灭。

〖条文主旨〗

本条是关于留置权消灭原因的规定。

〖条文释义〗

留置权作为一种物权，其消灭的原因是多样的：可因物权消灭的共同原因而消灭，如因留置标的物的灭失、被征收等原因而消灭；也可因担保物权消灭的共同原因而消灭，如因被担保债权的消灭、留置权的行使以及留置权被抛弃等原因而消灭。

留置权行使的前提就是债权人合法占有了债务人的财产，如果留置权人因某种原因丧失了这种占有，留置权是否还存在呢？同时留置权作为法定的担保物权，当事人是否可以自己的意思表示使其消灭呢？这些问题都涉及留置权的特殊消灭事由。本条规定，留置权人对留置财产丧失占有或者留置权人接受债务人另行提供担保的，留置权消灭。

一、因留置权人对留置财产丧失占有而消灭

留置权人对留置财产丧失占有的，留置权消灭。立法这么规定，首先符合法理。因为留置权产生的前提条件是债权人对债务人财产的合法占有。留置权人的这种占有应当为持续不间断的占有，如果丧失占有，留置权人对留置财产不再控制则不宜再享有此权利。其次，符合我国的立法经验和司法实践。我国海商法第25条第2款规定，船舶留置权在造船人、修船人不再占有所造或者所修的船舶时消灭。我国的司法实践也承认，留置权人对留置财产丧失占有时，留置权消灭。最后，此种做法也与不少域外立法例相似。如《日本民法典》第302条规定："（因丧失占有的留置权消灭）留置权因丧失对留置物的占有而消灭。但依照第二百九十八条第二项的规定已经将留置物出租或者作为质押的标的时，不在此限。"

理解此规定，需注意的是，若留置权人非依自己的意愿暂时丧失对留置财产占有的，留置权消灭；但这种消灭并不是终局性的消灭，留置权人可以依占有的返还原物之诉要求非法占有人返还留置物而重新获得留置权。比如，甲留置了乙的财产，但丙非法占有了留置财产。根据占有保护的规定，甲有返回占有的权利，此时甲并不丧失留置权。

二、因留置权人接受债务人另行提供担保而消灭

留置权作为一种法定担保物权，其功能主要是通过留置权人留置合法占有债务人的动产，促使债务人尽快偿还债务。如果债务人为清偿债务另行提供了相当的担保，该担保就构成了留置权的替代，债权人的债权受偿得到了充分的保障，原留置财产上的留置权理应消灭。而且，在债务人提供相当担保的情况下，如果留置财产上的留置权仍然存在，就对债务人的利益限制过多，妨碍了债务人对留置财产的利用，不符合诚实信用原则和公平原则。因此，本条同时规定，留置权人接受债务人另行提供担保的，留置权消灭。

根据本条的规定，债务人另行提供担保导致留置权消灭的，应当满足以下条件：一是债务人另行提供的担保应当被债权人接受；若债权人不接受新担保的，留置权不消灭。二是债务人另行提供的担保所能担保的债权应当与债权人的债权额相当。由于留置权是以先行占有的与债权有同一法律关系的动产为标的物，留置物的价值有可能高于被担保的债权额，但债务人另行提供的担保所能担保的债权不以留置物的价值为标准，一般应与被担保的债权额相当。当然在双方当事人协商一致的情况下，债务人另行提供的担保所能担保的债权也可以低于或者高于债权人的债权额。

第五分编　占　　有

第二十章　占　　有

本章共五条，主要规定了占有的调整范围、无权占有情形下的损害赔偿责任、原物及孳息的返还以及占有保护等。占有，指对不动产或者动产事实上的控制与支配。它分为有权占有和无权占有：前者指占有人与占有返还请求人之间，有寄托、租赁或有其他正当法律关系时占有人对不动产或者动产的占有；后者指占有人对不动产或者动产的占有无正当的法律关系或者原法律关系被撤销或无效时占有人对不动产或者动产的占有。无权占有又分善意占有和恶意占有，其法律责任及法律后果存在差别。本章的最后对占有的保护作了规定，使得在占有物被侵夺时，占有人可以采取请求返还原物、排除妨害、消除危险或者损害赔偿等方式保护自己的占有。

> **第四百五十八条**　基于合同关系等产生的占有，有关不动产或者动产的使用、收益、违约责任等，按照合同约定；合同没有约定或者约定不明确的，依照有关法律规定。

【条文主旨】

本条是关于有权占有法律适用的规定。

【条文释义】

占有是对物的一种事实上的控制与支配。根据占有是否具法律上的原因，可以分为有权占有和无权占有。有权占有，主要指基于合同等债的关系而产生的占有，如根据运输或者保管合同，承运人或者保管人对托运或者寄存货物发生的占有；无权占有，主要发生在占有人对不动产或者动产的占有无正当法律关系，或者原法律关系被撤销或无效时占有人对占有物的占有，包括误将他人之物认为己有或者借用他人之物到期不还等。

两种占有发生的原因虽然各不相同，但法律后果的处理不外乎两类情形：其一是在占有过程中，被占有的不动产或者动产的使用、收益以及损害赔偿责任该如何确定；其二是当被占有的不动产或者动产遭到第三方侵夺或者妨害时，占有人能够行使哪些权利保护自己对不动产或者动产的占有。

第一个问题是，占有过程中，被占有的不动产或者动产的使用、收益以及损害赔偿责任该如何确定。对此，因有权占有和无权占有的区别而存在差别。对于因合同等债的关系而产生的占有，本条明确规定，有关被占有的不动产或者动产的使用、收益、违约责任等，按照合同约定；合同没有约定或者约定不明确的，依照合同法等有关法律的规定。比如，甲承租乙的商业房产用于经营，交付后，甲即有权占有乙所有的房产。对于甲在经营过程中，如何使用此房产、如何获得收益，由双方当事人根据租赁合同约定即可。当事人如果没有约定的，则可以根据法律规定确定。如合同编第720条规定，在租赁期限内因占有、使用租赁物获得的收益，归承租人所有，但是当事人另有约定的除外。关于无权占有情形下，有关不动产或者动产的使用、收益及损害赔偿责任等，本编第459条至第461条作了具体规定，无权占有是本编规定的重点。

第二个问题是，被占有的不动产或者动产被侵夺的，该如何处理？对此，不因有权占有和无权占有的区别而有不同，它们都可适用本编第462条的规定，即占有的不动产或者动产被侵占的，占有人有权请求返还原物；对妨害占有的行为，占有人有权请求排除妨害或者消除危险；因侵夺或者妨害造成损害的，占有人还有权请求损害赔偿。

> **第四百五十九条　占有人因使用占有的不动产或者动产，致使该不动产或者动产受到损害的，恶意占有人应当承担赔偿责任。**

【条文主旨】

本条是关于无权占有不动产或者动产致其损害，恶意占有人应当承担赔偿责任的规定。

【条文释义】

占有人占有动产或者不动产，在使用过程中比如会发生损耗或者损害，这种风险需要在当事人之间合理分配。

一、有权占有时的责任分担

在有权占有的情况下，如基于租赁或者借用等正当法律关系而占有他人的不动产或者动产时，当事人双方多会对因使用而导致不动产或者动产的损害责任作出约定。大多数情况下，对于因正常使用而导致不动产或者动产的损耗、折旧等，往往由所有权人负担，因为有权占有人所支付的对价就是对不动产或者动产因正常使用而发生损耗的补偿。例如，甲公司将其小轿车出租给乙公司使用，乙公司每月支付给甲公司5000元钱使用费，半年后该车必然会因使用而发生损耗折旧。此时，一般情况下甲公司不能向乙公司要求额外的损害赔偿，因为乙公司每月所支付的租用费即是对轿车使用价值的补偿。当然，如果乙公司采取破坏性方式使用该车，致使该车提前报废，如果双方对此有事前约定，那么按其约定处理。

实践中，在有权占有情况下，被占有的不动产或者动产因使用而产生损害，其责任确定和解决方法并不棘手。按照一般的惯例，如果要把自己的不动产或者动产租给他人使用，应当先收取一定的押金，作为不动产或者动产被他人损坏后的担保。此外，相关的法律也会对特定情形下占有物损害的责任作出规定。如合同编第784条规定，承揽人应妥善保管定作人提供的材料以及完成的工作成果，因保管不善造成毁损、灭失的，应当承担赔偿责任。又如合同编第832条规定，承运人对运输过程中货物的毁损、灭失承担赔偿责任；但是，承运人证明货物的毁损、灭失是因不可抗力、货物本身的自然性质或者合理损耗以及托运人、收货人的过错造成的，不承担赔偿责任。

二、无权占有时的责任承担

对于无权占有时，无权占有人需要承担何种责任，就需要根据无权占有的具体情况判断。根据占有人的主观状态，可以分为善意占有和恶意占有。所谓善意占有就是占有人在主观上认为自己有权占有标的物。所谓恶意占有，指明知或者因重大过失不知自己为无权占有而仍然进行的占有。

善意占有人使用占有物致使物遭受损害的，各国立法例一般都规定无需承担责任，背后的立法逻辑就是，法律对于占有赋予了几种法律效力，其一就是权利的推定效力，占有人于占有物上行使的权利，推定其适法有此权利，而善意占有人在使用占有物时即被法律推定为物的权利人，具有占有使用的权利。因此，对于使用被占有的物而导致的物的损害，不应负赔偿责任。

对于恶意占有则不同，各国立法一般都明确规定，恶意占有人应当承担赔偿责任。物权法和本条都作了相同规定，即占有人因使用占有的不动产或者动产，致使该不动产或者动产受到损害的，恶意占有人应当承担赔偿责任。

> 第四百六十条 不动产或者动产被占有人占有的，权利人可以请求
> 返还原物及其孳息；但是，应当支付善意占有人因维护该不动产或者动
> 产支出的必要费用。

【条文主旨】

本条是关于无权占有人应向权利人返还原物及其孳息并且善意占有人享有必要费用返还请求权的规定。

【条文释义】

一、权利人有权请求返还原物及其孳息

本条规定，不动产或者动产被占有人占有的，权利人可以请求返还原物及其孳息。根据此规定：首先，不论被侵占的标的物是动产还是不动产，权利人都有权请求返还。其次，有返还请求权的人是权利人。这里的权利人既可以是所有权人，也可以是依法对标的物享有占有使用权的人。比如，留置权人占有留置物，后被他人非法侵占，此时，抵押权人有权要求其返还。再次，无论善意占有人还是恶意占有人，都有义务返还。最后，应当返还的既包括原物，也包括孳息。

关于请求占有人返还的标的物除原物之外，是否应当包括孳息。对于恶意占有人，理应包括孳息。而对于善意占有人而言，是否应包括孳息，各国立法有所不同。

考虑到，既然善意占有人被法律推定为适法享有权利的人，善意占有人对占有物的使用及收益得到法律的承认，对于占有物的收益，善意占有人有权保留。同时考虑到，国外关于善意占有可以保留孳息的规定，是同必要费用返还请求权相关的。如果保留孳息，则善意占有人不得向权利人请求返还其为维护该动产或者不动产而支出的必要费用。因此，本条明确规定，权利人可以请求返还原物及其孳息，但应当支付善意占有人因维护该不动产或者动产支出的必要费用。

二、善意占有人的费用返还请求权

根据本条规定，占有人返还原物及其孳息之后，善意占有人因维护该不动产或者动产而支出的必要费用，有权请求权利人支付。首先，有权请求权利人支付费用的仅限于善意占有人，如果占有人为恶意的，则不能要求权利人支付任何费用。再次，返还的费用限于因维护该不动产后者动产所支出。所谓维护，就是确保该标的物处于良好的状态或者正常使用状态。如占有的房屋漏水了，请维修工人予以加固防漏，因此支付的修理费。最后，有权要求支付的费用也

是必要的，此等费用的金额应该是合理的，而不能明显超出正常水平。如甲合法占有了乙的机动车，因该机动车部分零件损耗，需要更换方能正常使用。甲遂委托汽车修理厂维修，并指示修理厂作全面检修，更换了很多本来属于正常的零部件，支付了大量修理费。根据本条规定，甲只能要求乙支付必要的费用，即维护该车正常运行所必要的维修费用。

> **第四百六十一条** 占有的不动产或者动产毁损、灭失，该不动产或者动产的权利人请求赔偿的，占有人应当将因毁损、灭失取得的保险金、赔偿金或者补偿金等返还给权利人；权利人的损害未得到足够弥补的，恶意占有人还应当赔偿损失。

【条文主旨】

本条是关于被占有的不动产或者动产毁损、灭失时占有人责任的规定。

【条文释义】

当占有的不动产或者动产毁损、灭失时，如果占有人和占有返还请求权人之间，有寄托、租赁等关系或者有其他正当的法律关系时（即有权占有的情形），占有人就被占有的不动产或者动产所负的责任等，均各依其基础法律关系去解决；但如果不具备寄托、租赁等此种正当法律关系或者外形上虽有此类关系但实为无效或者被撤销时，则占有人同占有返还请求权人间的责任义务如何确定，不免发生问题。虽然关于这一情形，可以适用有关侵权行为或者不当得利的规定，但仅仅有此不足以充分解决问题。所以本条规定此种情形下，占有人应当将因毁损、灭失取得的保险金、赔偿金或者补偿金等返还给权利人；权利人的损害未得到足够弥补的，恶意占有人还应当赔偿损失。

可以从以下三个方面理解本条规定。

一、毁损、灭失的含义

毁损的含义易于理解，它使得被占有的不动产或者动产的使用价值或者交换价值降低。而所谓灭失，指被占有的不动产或者动产对于占有人来说，不复存在，这包括物的实体消灭和丧失下落，或者被第三人善意取得而不能返还。例如，甲的自行车被乙借用到期不还，乙在自行车链条掉脱的情形下仍执意骑行导致自行车链条断裂，即为毁损行为；如乙疏忽大意将自行车停放河滩处未采取任何固定措施，河滩涨水将自行车冲向下游无法找回；或者乙疏忽大意疏于保管致使自行车被盗无法找寻等，都称之为灭失。

二、善意占有人对占有物毁损、灭失的责任

善意占有人在占有物上所行使的权利，被推定为其合法享有，其对被占有物的使用被规定为占有人的权利。但该物毕竟在法律上不属于占有人所有，如果造成占有物毁损、灭失的，占有人还应当对物的真正权利人承担赔偿责任。但法律还应当考虑减轻善意占有人的责任，以贯彻法律对善意占有人的保护。因此，在确定善意占有人的责任时，应当依照不当得利的返还原则，即只有善意占有人因物的毁损、灭失而获得利益时，才对物的权利人承担赔偿责任；如果未获得利益，则不必赔偿。所谓因物的毁损、灭失而获得利益，指占有人所受积极利益，如当物的毁损灭失由第三人造成时，占有人取得的赔偿金或者替代物；而消极利益，指占有人因物的毁损灭失而减少支出的费用，则不在此列。例如，甲误将乙家的小羊认为己有，而村人丙打猎误射小羊，事后丙赔偿甲500元钱或者一只牛犊，乙可以依据本条向甲要求返还丙所赔付的500元钱或者牛犊；但如果丙未对甲进行赔偿，乙不能以小羊已亡甲节省了每日饲养费用为由，要求甲返还所省费用。

三、恶意占有人对占有物毁损、灭失的责任

恶意占有是占有人明知或者因重大过失不知自己为无权占有而仍然进行的占有。是否为恶意占有，依占有人取得占有时的具体情况而进行判断。取得时为善意，而后得知自己为无权占有的，自其知道之时起，变为恶意占有人。恶意占有人明知自己无权而仍然占有他人之物，其占有不仅缺乏法律上的正当根据，道德上也乏善可陈，因此各国立法均对恶意占有人苟以较重的责任。

恶意占有人通常系由侵权行为取得占有，因此在决定恶意占有人责任时，应参考侵权损害赔偿的原则，损失多少赔多少，除去占有物的价值外，还包括物的权利人所失的利益。此外，占有物的价值，以物的实际价值为准；恶意占有人取得占有时的价值与物的权利人请求返还时的价值不同的，以较高价值的为准。

还需要说明的是，权利人（回复请求权人）因被占有物的毁损、灭失所受的损害，因权利种类的不同而有差别。当权利人为所有权人时，赔偿范围应为物的价额；当权利人为运送人、质权人或者租赁人时，对于占有物仅有限定的利益，其赔偿应以其限定的利益为限。例如，因占有物的灭失而不能回复所生之损害，质权人只能请求赔偿质权的价额，运送人只能请求赔偿与其运费相当的金额，其残余之额应为所有权人保留。

第四百六十二条　占有的不动产或者动产被侵占的，占有人有权请求返还原物；对妨害占有的行为，占有人有权请求排除妨害或者消除危险；因侵占或者妨害造成损害的，占有人有权依法请求损害赔偿。

占有人返还原物的请求权，自侵占发生之日起一年内未行使的，该请求权消灭。

【条文主旨】

本条是关于占有保护的规定。

【条文释义】

占有人对于他方侵占或者妨害自己占有的行为，可以行使法律赋予的占有保护请求权，如返还原物、排除妨害或者消除危险。占有保护的理由在于，已经成立的事实状态，不应受私力而为的扰乱，而只能通过合法的方式排除，这是一般公共利益的要求。例如，甲借用乙的自行车，到期不还构成无权占有，乙即使作为自行车的物主也不可采取暴力抢夺的方式令甲归还原物；而对于其他第三方的侵夺占有或者妨害占有的行为等，甲当然可以依据本条的规定行使占有的保护。因此可以看出，占有人无论是有权占有还是无权占有，其占有受他人侵害，即可行使法律赋予的占有保护请求权；而侵害人只要实施了本条所禁止的侵害行为，即应承担相应的责任，法律不问其是否具有过失，也不问其对被占有的不动产或者动产是否享有权利。

一、占有保护请求权的种类

占有保护请求权以排除对占有的侵害为目的，因而属于一种物权的请求权。根据占有受侵害的不同情形，分别发生占有物返还请求权、占有妨害排除请求权和占有危险消除请求权。

1. 占有物返还请求权。占有物返还请求权发生于占有物被侵夺的情形。此种侵夺占有而构成的侵占，是指非基于占有人的意思，采取违法的行为使其丧失对物的控制与支配。需要注意的是，非因他人的侵夺而丧失占有的，如因受欺诈或者胁迫而交付的，不享有占有物返还请求权。此种情形下，原占有人要回复占有，必须依法律行为的规定，主张撤销已经成立的法律关系等去解决。此外，还需说明一点，即本条所规定占有物返还请求权的要件之一为侵占人的行为必须是造成占有人丧失占有的直接原因，否则不发生依据本条规定而产生的占有物返还请求权。例如，遗失物之拾得人，虽然拾得人未将遗失物交送有关机关而据为己有，但此种侵占非本条所规定的情形。拾得人将遗失物据为己有的行为，并非是失主丧失占有的直接原因（失主最初丧失对物的占有，可能是由于疏忽大意遗忘物品等），因此失主对于拾得人不得依占有物返还请求权为据提起诉讼，而应依其所有权人的地位提请行使返还原物请求权。

2. 排除妨害请求权。占有被他人妨害时，占有人得请求妨害人除去妨害。妨害除去请求权的相对人，为妨害占有的人。数人相继为妨害的，以现为妨害的人为请求权的相对人；继续妨害的，占有人可请求相对人停止妨害；一次妨害的，占有人可请求相对人除去妨害。排除妨害的费用应由妨害人负担。占有人自行除去妨害的，其费用可依无因管理的规定向相对人请求偿还。

3. 消除危险请求权。消除危险请求权中的危险，应为具体的事实的危险；对于一般抽象的危险，法律不加以保护。具体的事实的危险，指其所用的方法，使外界感知对占有的妨害。例如，违反建筑规则建设高危建筑、接近邻地开掘地窖等，而产生对邻地的危险。需要说明的是：首先，危险消除请求权中的危险，必须持续存在；请求权行使之时危险已经消失的，不得请求防止。其次，必须有客观的产生危险的事实；被请求人有无故意或者过失，法律在所不问。

占有虽非一种权利，但也属法律所保护的一种财产利益，不受他人非法的任意侵害。侵害占有的，应负侵权的损害赔偿责任。侵害占有可能发生的损害主要有：（1）使用收益的损害，即占有人不能使用收益占有物而生的损害；（2）支出费用的损害，即占有人对占有物支出费用，本可向物的权利人请求偿还，却因该物被侵夺而毁损灭失不能求偿；（3）责任损害，即占有人因占有物被第三人侵夺而发生毁损灭失后，从而产生对物的权利人的损害赔偿责任。

二、占有人返还原物请求权的行使期间

本条最后规定了占有保护请求权中的返还原物请求权，自侵占发生之日起1年内未行使的，该请求权消灭。这里需要说明两个问题。

首先，占有保护请求权中的排除妨害请求权和消除危险请求权，原则上同妨害或者危险的持续状态紧密相连。如果妨害已经消失或者危险已经不存在，自然没有排除妨害或者消除危险请求权提请的必要；如果此种妨害或者危险造成了实际的损害，占有人当然可以提起损害赔偿请求权，而此项损害赔偿请求权应当受3年普通诉讼时效的限制；如果妨害或者危险持续发生，那么此项排除妨害或者消除危险的请求权自然没有受时效限制的道理。

其次，占有人返还原物请求权可因一定期间内不行使而消灭。此项期间各国立法如德国、瑞士、日本民法大多规定为1年。该期间有的国家明定为消灭时效，有的规定为除斥期间。但是从占有保护制度的设立目的和实际功能上讲，此项期间设为除斥期间更妥。其理由在于消灭时效可因事实而中断或者中止，而且它以受侵害人知道或者应当知道受侵害之时开始起算，如果按照消灭时效来规定，此项期间可能远比1年要长，那么将使权利处于长期不稳定的状态。并且通常情况下，占有物返还请求权因除斥期间经过而未行使的，占有人如果对物享有其他实体权利（如所有权），自然可以依照其实体权利提出返还请求，因此也没有必要在本条中规定更长的期间进行保护。

中华人民共和国民法典
释义及适用指南

黄　薇◎主编

中册

ZHONG HUA REN MIN GONG HE GUO
MIN FA DIAN SHI YI JI SHI YONG ZHI NAN

中国民主法制出版社

CONTENTS

本书总目

CONTENTS

本册细目

第三编　合　　同

　　合同制度是社会主义市场经济的基本法律制度。1999 年九届全国人大二次会议通过了合同法。合同法的实施对保护当事人合法权益、促进商品和要素自由流动、实现公平交易和维护经济秩序发挥了重要作用。贯彻全面深化改革的精神，使市场在资源配置中起决定性作用，必须坚持维护契约、平等交换、公平竞争，完善社会主义市场经济法律制度。合同编设三个分编，共二十九章，共为五百二十六条。合同编规定了合同的调整范围、合同解释等一般性规定，修改完善了合同的订立、效力、履行、保全、变更和转让以及违约责任等合同基本制度；在合同法规定的十五类典型合同的基础上，增加了保证合同、保理合同、物业服务合同、合伙合同四类典型合同，共规定了十九类典型合同；对无因管理和不当得利的一般性规则作了规定。值得注意的是，民法典实施后，担保法将不再适用，担保法中关于担保物权的规定已被民法典物权编所取代，而担保法关于定金和保证的规定为民法典合同编所吸收，其中定金规则吸收进合同编第八章违约责任中，保证规则吸收进合同编第十三章保证合同中。

第一分编　通　　则

　　合同编通则共八章，共为一百三十二条，对一般规定、合同的订立、合同的效力、合同的履行、合同的保全、合同的变更和转让、合同的权利义务终止、违约责任等合同基本制度作了全面、系统的规定。合同编通则认真总结和吸收合同法实施 20 年来的司法实践经验，以问题为导向，在合同法总则的基础上，对体例结构、具体规则等都作了进一步修改完善。尤其需要注意的是，民法典不设债法总则，为了使合同编通则在一定程度上发挥债法总则的作用，合同编通则一是明确了非合同之债的法律适用规则，即合同编第 468 条规定："非因合同产生的债权债务关系，适用有关该债权债务关系的法律规定；没有规定的，适用本编通则的有关规定，但是根据其性质不能适用的除外。"二是合同编通则中还加入了不少债法的一般性规则，例如合同编第 515 条至第 521 条对选择之债、按份之债、连带之债的基本规则作了规定，合同编第 552 条对债务加入规则作了原则性规定等。

第一章　一般规定

本章是关于合同编的一般性规定，共六个条文，分别对合同编的调整范围、合同的定义和身份关系协议的法律适用规则、合同相对性原则、合同解释规则、非典型合同及特定涉外合同的法律适用规则、非合同之债的法律适用规则等作了规定。

> **第四百六十三条　本编调整因合同产生的民事关系。**

【条文主旨】

本条是关于合同编调整范围的规定。

【条文释义】

合同是民事主体之间设立、变更、终止民事法律关系的协议。合同编的调整范围是因合同产生的民事关系。合同编第一分编"通则"从合同各方享有的民事权利、承担的民事义务或者责任的角度，分别对合同的订立与效力、合同的履行、合同的保全、合同的变更和转让、合同的权利义务终止、违约责任等内容作了总括性、系统性规定。合同编第二分编"典型合同"，则针对十九类典型合同的各自特点，对这些典型合同各方主体享有的民事权利、承担的民事义务或者责任作具体规定。至于合同编第三分编"准合同"，则主要是从民法典整体体例结构考虑，民法典不设债法总则，而将无因管理和不当得利这些属于债法主要规则的内容放到合同编予以规定。

根据本条规定，可以从以下方面理解合同编调整范围：

一是合同编的调整范围涵盖了所有平等民事主体之间设立、变更、终止民事权利义务关系的协议。根据合同法第 2 条规定，合同是平等主体的自然人、法人、其他组织之间设立、变更、终止民事权利义务关系的协议。民法典合同编的调整范围延续了合同法的规定，但作了一定的技术处理，即合同编的调整范围是由第 463 条和第 464 条第 1 款结合起来作出规定的，即先由本条明确合同编调整因合同产生的民事关系，再由第 464 条第 1 款规定，合同是民事主体之间设立、变更、终止民事法律关系的协议。合同编的调整范围与 1999 年合同法的规定是一致的，即合同编调整平等主体的自然人、法人、其他组织之间设立、变更、终止民事法律关系的协议。合同编本条规定还有体例结构的考虑，即与民法典物权编、人格权编、婚姻家庭编、继承编、侵权责任编相协调，采用了较为一致性的表述，开篇简要点明该编调整范围。比如，第二编物权编第205条规定，本编调整因物的归属和利用产生的民事关系。

二是合同编属于民法典的一个分编，调整的是民事关系，不属于民事关系的其他活动，不适用合同编。（1）政府对经济的管理活动，属于行政管理关系，不适用合同法。例如，贷款、租赁、买卖等民事关系，适用合同编；而财政拨款、征用等，是政府行使行政管理职权，属于行政关系，适用有关行政法，不适用合同编。（2）企业、单位内部的管理关系，是管理与被管理的关系，不是平等主体之间的关系，也不适用合同法。例如，加工承揽是民事关系，适用合同编；而工厂车间内的生产责任制，是企业的一种管理措施，不适用合同编。

> **第四百六十四条　合同是民事主体之间设立、变更、终止民事法律关系的协议。**
>
> **婚姻、收养、监护等有关身份关系的协议，适用有关该身份关系的法律规定；没有规定的，可以根据其性质参照适用本编规定。**

【条文主旨】

本条是关于合同定义和身份关系协议法律适用的规定。

【条文释义】

本条第1款是关于合同定义的规定，是在合同法第2条第1款基础上修改而来。本条第1款主要是对合同法第2条第1款作了两处修改：

一是将"平等主体的自然人、法人、其他组织"修改为"民事主体"。这样修改是基于本法总则编第2条已经对民法的调整范围作了总括性规定。总则编第2条规定："民法调整平等主体的自然人、法人和非法人组织之间的人身关系和财产关系。"合同编本条没有必要再重复规定"平等主体的自然人、法人和非法人组织"，直接以"民事主体"概括即可。

二是将"民事权利义务关系"修改为"民事法律关系"，这样修改也是为了与本法总则编第5条的表述相统一。总则编第5条即采用了"设立、变更、终止民事法律关系"的表述。总则编第5条规定："民事主体从事民事活动，应当遵循自愿原则，按照自己的意思设立、变更、终止民事法律关系。"

合同编所规定的"合同"是民事主体之间的协议，即平等主体的自然人、法人和非法人组织之间的协议。首先，"平等主体"是民事关系的核心特征。

从行政管理的角度，行政机关与行政相对人之间系不平等主体；从企业管理角度，企业与职工也系不平等主体，这些都不属于"民事主体"。其次，民事主体包括自然人、法人和非法人组织三类。"自然人"就是通常意义上的人，民法上使用这个概念，主要是与法人相区别。自然人不仅包括中国公民，还包括我国领域内的外国人和无国籍人。"法人"是一种社会组织，法律基于社会现实的需要，赋了符合一定条件的组织法人资格，便于这些组织独立从事民事活动。总则编第57条规定："法人是具有民事权利能力和民事行为能力，依法独立享有民事权利和承担民事义务的组织。"对于自然人、法人之外的个人独资企业、合伙企业等其他组织，是否可以作为一类独立的民事主体，一直以来存在着争议。在民法总则制定过程中，基于社会实践和多数意见，考虑到赋予个人独资企业、合伙企业等不具有法人资格的组织民事主体地位，有利于其开展民事活动，促进经济社会发展，民法总则明确将个人独资企业、合伙企业、不具有法人资格的专业服务机构等作为第三类民事主体"非法人组织"。本法将民法总则纳入作为总则编，延续了关于非法人组织的规定。

本条第2款是关于身份关系协议参照适用合同编的规定。合同编主要调整财产关系，婚姻、收养、监护等有关身份关系的协议有其特殊性，相关法律对这些身份关系作出规定的，适用该相关法律规定；如果对这些身份关系没有相关法律规定，可以根据婚姻、收养、监护这类身份关系协议的性质，参照适用合同编的相关规定。本款是对身份关系协议特定情况下可以参照适用合同编所作的原则性规定，对某一具体的身份关系协议是否可以以及如何参照适用合同编的相关规定，法律无法作统一性规定，只能根据该身份关系协议的性质，具体情况具体判断。

> **第四百六十五条** 依法成立的合同，受法律保护。
>
> 依法成立的合同，仅对当事人具有法律约束力，但是法律另有规定的除外。

【条文主旨】

本条是关于依法成立的合同受法律保护以及合同相对性原则的规定。

【条文释义】

本条第1款是关于依法成立的合同受法律保护的规定。合同制度是社会主义市场经济的基本法律制度，党的十八届四中全会是把编纂民法典的重大立法任务作为加强市场法律制度建设的重要内容提出的。社会财富的创造和生成离不开一个个的合同，贯彻全面深化改革的精神，使市场在资源配置中起决定性作用，必须坚持维护契约、平等交换、公平竞争。对当事人依法成立的合同予以法律保护，有利于维护契约精神，鼓励交易，是加强市场法律制度建设的重要内容，是使市场在资源配置中起决定性作用的需要。

依法成立的合同受法律保护，包含两个层面的意思：

一是对当事人而言，合同依法成立后，不管是否实际生效，均对当事人产生法律约束力。合同的成立时间和合同生效时间原则上是一致的。根据总则编第136条第1款规定，民事法律行为自成立时生效，但是法律另有规定或者当事人另有约定的除外。根据合同编第502条第1款规定，依法成立的合同，自成立时生效，但是法律另有规定或者当事人另有约定的除外。已成立并生效的合同对当事人具有法律约束力体现在当事人必须尊重该合同，并通过自己的行为全面履行合同所设定的义务。当事人一方不履行合同义务或者履行合同义务不符合约定的，对方当事人有权请求其承担继续履行、采取补救措施或者赔偿损失等违约责任。除非当事人另有约定或者法律另有规定，不允许任何一方当事人擅自解除或者变更合同。这时的法律约束力对当事人来说既包括全面积极地履行合同所设定的义务，也包括负有不擅自解除或者变更合同的不作为义务。对于合同依法成立，但还不具备生效要件的合同，在生效要件尚不具备前，除非当事人另有约定或者法律另有规定，任意一方当事人也不得擅自变更或者解除民事法律行为。例如，对于附条件的民事法律行为，在条件未成就前，其虽还没有生效，但任何一方当事人也不得擅自解除或者变更，也不得为自己的利益不正当地阻止条件成就。这时的法律约束力主要体现在当事人的这种不作为义务上。但在特定情况下，这并不妨碍要求当事人履行约定的使合同生效的义务，例如依照合同编第502条第2款规定，对于依法成立但应当办理批准等手续才能生效的合同，合同虽因当事人未办理批准手续而不生效，但不影响合同中履行报批等义务条款以及相关条款的效力。应当办理申请批准等手续的当事人未履行义务的，对方可以请求其承担违反该义务的责任。合同编第502条第2款的规定充分体现了对"依法成立的合同受法律保护"这一规定的落实。

二是对当事人之外的第三人而言，合同依法成立后，当事人之外的任何组织或者个人均不得非法干预合同，例如非法阻止合同的正常履行、强迫当事人变更或者解除合同等。

本条第2款可以从合同相对性及其例外两个方面来理解：

1. 关于合同相对性原则。本条第2款规定，依法成立的合同，仅对当事人具有法律约束力，该规定明确确立了合同相对性原则。合同相对性原则是指合同项下的权利与义务只由合同当事人享有或者承担，合同仅对当事人具有法律约束力，对合同当事人之外的第三人不具有法律约束力。具体而言，对于依法成立的合同，只能由合同当事人享有合同上的权利，当事人之外的任何第三人不能向合同债务人主张合同上的权利；合同义务由合同当事人承担，合同债权人不得要求当事人之外的第三人承担合同义务，当事人之外的第三人也不得代为履行合同义务；合同债务人不履行合同义务或者履行合同义务不符合约定的，应当向债权人承担违约责任，而非向当事人之外的第三人承担违约责任。实践中，当事人基于交易的实际情况，自愿选择订立合同的对方当事人、自愿约定合同的内容，对交易具有明确预期。法律设定合同相对性原则，使合同仅对当事人产生法律约束力，是对民法自愿原则即意思自治原则的体现和保障，有利于保护并实现合同当事人的交易预期，进而达到鼓励交易的目的。若没有合同相对性原则，交易将处于一种不确定的状态，极大地阻碍交易发展。

合同相对性原则在整个合同制度中具有重要的基础地位，合同编将合同相对性原则在第一章"一般规定"中予以明确，确立了合同相对性原则在合同编中的基础地位，并在相关制度中得到具体体现。例如，合同编第 522 条第 1 款关于不真正第三人利益合同的规定即体现了合同相对性原则。该款规定，当事人约定由债务人向第三人履行债务，债务人未向第三人履行债务或者履行债务不符合约定的，应当由债务人向债权人，而不是向第三人承担违约责任。再如，合同编第 523 条关于由第三人履行合同的规定也体现了合同相对性原则。该条规定，当事人约定由第三人向债权人履行债务，第三人不履行债务或者履行债务不符合约定的，由债务人向债权人承担违约责任，而不是由第三人向债权人承担违约责任。

2. 合同相对性原则的例外。依据本条第 2 款的规定，合同相对性原则只有一个例外，即"法律另有规定"。民事活动纷繁复杂，当事人之间订立的合同，不可避免地与第三人产生各种联系，合同当事人与第三人存在各式各样的利益关系，在法律确立合同相对性原则的前提下，也有必要针对个别情形作出例外规定，允许在这些特定情形下突破合同相对性原则。目前，法律对合同相对性原则的例外规定主要有以下几种：一是合同的保全。在现实经济生活中，一些债务人怠于行使自己的债权或者无偿、低价处分自己的财产权益等，影响债权人的债权实现，损害了债权人的利益。如果严守合同相对性原则，债权人无权干涉债务人不当减少自身责任财产的行为，对债权人是很不公平的。为了保护债权人的利益，合同编专门规定了合同保全制度，赋予债权人代位权和撤销权，债权人可以在符合法定条件时介入当事人之间的合同，代位行使债务人对相对人的债权或者与该债权有关的从权利，撤销债务人积极减少责任财产的有关行为。二是真正的利益第三人合同制度。为了在特定情形下促进合同目的的实现，保护第三人利益，合同编增加了真正的利益第三人合同制度。根据合同编第 522 条第 2 款的规定，法律规定或者当事人约定第三人可以直接请求债务人向其履行债务，第三人未在合理期限内明确拒绝的，第三人不仅对债务人取得债务履行请求权，还可以在债务人不履行债务或者履行债务不符合约定时，请求债务人承担违约责任。三是规定了当事人之外的第三人对履行债务具有合法利益情形时的代为履行制度。根据合同编第 524 条规定，债务人不履行债务，第三人对履行该债务具有合法利益的，第三人有权向债权人代为履行；但是，根据债务性质、按照当事人约定或者依照法律规定只能由债务人履行的除外。四是"买卖不破租赁"制度。为了保护处于弱势地位的承租人利益，许多国家或者地区都规定了"买卖不破租赁"制度。我国合同编对此也作了规定。合同编第 725 条规定，租赁物在承租人按照租赁合同占有期限内发生所有权变动的，不影响租赁合同的效力，即租赁合同对新的所有权人仍然具有法律约束力。

> **第四百六十六条** 当事人对合同条款的理解有争议的，应当依据本法第一百四十二条第一款的规定，确定争议条款的含义。
>
> 合同文本采用两种以上文字订立并约定具有同等效力的，对各文本使用的词句推定具有相同含义。各文本使用的词句不一致的，应当根据合同的相关条款、性质、目的以及诚信原则等予以解释。

【条文主旨】

本条是关于合同解释的规定。

【条文释义】

本条第 1 款是关于合同争议条款解释的规定。

合同条款是基于合同当事人意思表示一致而订立的，但在实践中由于种种原因，当事人可能会对合同某些条款的理解发生争议。对争议条款含义的确定，应当探究当事人双方（或者多方）订立合同时真实的意思表示。合同法第 125 条第 1 款对合同争议条款的解释作了专门规定，即当事人对合同条款的理解有争议的，应当按照合同所使用的词句、合同的有关条款、合同的目的、交易习惯以及诚实信用原则，确定该条款的真实意思。合同法第 125 条第 1 款的规定已经被吸收进本法总则编第 142 条第 1 款关于有相对人的意思表示的解释规定中。当事人对合同条款的理解有争议的，可以直接适用总则编第 142 条第 1 款确定争议条款的含义，合同编没有必要再作重复性规定，仅是予以指引。根据总则编第 142 条第 1 款规定，有相对人的意思表示的解释，应当按照所使用的词句，结合相关条款、行为的性质和目的、习惯以及诚信原则，确定意思表示的含义。

本条第 2 款是不同文字文本解释的规定。依据本款规定，合同文本采用两种以上文字订立并约定具有同等效力的情况下，应当对各文本使用的词句推定具有相同的含义。但在各文本使用的词句不一致的情况下，如何对合同文本进行解释？根据合同法第 125 条第 2 款规定，该种情况下，应当根据合同目的予以解释，即根据当事人订立合同的目的予以解释。在民法典合同编起草过程中，有的意见提出，诚信原则作为民法的基本原则，在不同文字的合同文本解释中也应当遵循，甚至对合同目的本身的解释，也要遵循诚信原则；合同的性质也可能直接影响到对合同文本的理解。此外，合同条款之间有着密切联系，因此在不同文字的合同文本解释中也要结合合同相关条款进行分析判断，整体考虑合同的上下文来进行解释。因此，建议在不同文字合同文本的解释中增加根据"合同的相关条款"、"合同的性质"以及"诚信原则"予以解释。经研究，本条第 2 款采纳了该意见，规定不同文字各文本使用的词句不一致的，应当根据合同的相关条款、性质、目的以及诚信原则等予以解释。

> **第四百六十七条** 本法或者其他法律没有明文规定的合同，适用本编通则的规定，并可以参照适用本编或者其他法律最相类似合同的规定。
>
> 在中华人民共和国境内履行的中外合资经营企业合同、中外合作经营企业合同、中外合作勘探开发自然资源合同，适用中华人民共和国法律。

【条文主旨】

本条是关于非典型合同及特定涉外合同法律适用的规定。

【条文释义】

本条第 1 款是关于非典型合同法律适用规则的规定。民事活动纷繁复杂，合同交易类型多种多样。民法典只能将一些现实生活普遍发生并且规则较为成熟的合同类型在合同编中加以规定。合同编在第二分编"典型合同"中规定了 19 类典型合同。其他一些单行法律也针对某一合同类型作出专门规定，例如保险法专章规定了保险合同，对保险合同的定义、合同的订立、合同主体、合同主体之间的权利义务、合同的履行、合同的变更与转让、合同的解除等作了较为全面、细致的规定;再如,旅游法专章规定了旅游服务合同,对旅游服务合同的订立、合同主体之间的权利义务、合同的解除、违约责任等作了明确的规定。对保险合同、旅游服务合同等这些相关单行法律作出专门规定的合同,可以直接适用这些专门规定。但现实经济社会生活中,大量合同类型既没有在合同编中予以规定,其他相关法律也没有明文规定,对这些非典型合同如何适用现有法律进行约束和指导,是十分重要的。合同编通则的规定是针对所有合同的共性规定。因此,非典型合同应当适用合同编通则的规定,合同编通则对合同的订立、合同的效力、合同的履行、合同的保全、合同的变更和转让、合同的权利义务终止、违约责任等所作的规定均适用于各类非典型合同。合同编第二分编规定的典型合同,虽然是对某类合同的专门性规定,但其他合同可能会与合同编规定的典型合同存在着共同之处或者相近之处。例如,买卖合同是典型的有偿合同,非典型合同中也有许多有偿合同,这些有偿合同可以参照适用买卖合同的有关规定。基于合同编关于买卖合同的规定在有偿类合同中的指引、示范作用较强,合同编第 646 条还对此专门作了规定,即法律对其他有偿合同有规定的,依照其规定;没有规定的,参照适用买卖合同的有关规定。同样的道理,其他非典型合同也可以参照适用本编或者其他法律最相类似合同的规定,本条对此予以明确。

本条第 2 款还对特定涉外合同的法律适用作了规定,即在中华人民共和国境内履行的中外合资经营企业合同、中外合作经营企业合同、中外合作勘探开发自然资源合同,适用中华人民共和国法律。

> **第四百六十八条** 非因合同产生的债权债务关系,适用有关该债权债务关系的法律规定;没有规定的,适用本编通则的有关规定,但是根据其性质不能适用的除外。

【条文主旨】

本条是关于非因合同产生的债权债务关系法律适用的规定。

【条文释义】

民法典不设债法总则编,为更好地规范各类债权债务关系,合同编通则在合同法总则基础上作了相关调整,使合同编通则能够充分发挥债法总则的作用。本条规定即是为了使合同编通则发挥债法总则作用所作的调整之一,属于指引性规定，对非因合同产生的债权债务关系可以适用合同编通则的有关规定予以指引。对本条的规定，可以从以下三个方面理解：

1. 非因合同产生的债权债务关系，首先适用有关该债权债务关系的法律规定。本法总则编第五章"民事权利"从债权发生原因的角度，对"债权"的概念作了界定。根据总则编第 118 条规定，债权是因合同、侵权行为、无因管理、不当得利以及法律的其他规定，权利人请求特定义务人为或者不为一定行为的权利。由此，非因合同产生的债权债务关系，包括侵权之债、无因管理之债、不当得利之债以及因法律的其他规定产生的债权债务关系。对这些非因合同产生的债权债务关系，首先适用有关该债权债务关系的法律规定。具体来说，对于侵权之债，本法侵权责任编对侵权之债作了较为系统的规定，其他法律例如产品质量法、消费者权益保护法、民用航空法等，对相关领域的侵权之债也作出了相关规定。对于因侵权产生的债权债务关系首先适用本法侵权责任编和其他有关法律对侵权责任所作的规定。合同编第三分编"准合同"对无因管理和不当得利的一般性规则作了规定，对因无因管理和不当得利产生的债权债务关系，首先适用合同编第三分编"准合同"的有关规定。对于因法律的其他规定，例如上面列举的因婚姻家庭有关的法律规定所产生的给付抚养费或者赡养费的债权债务关系，首先适用这些法律的有关规定。

2. 对于非因合同产生的债权债务关系，有关该债权债务关系的法律规定没有对相关内容作出特别规定的，直接适用合同编通则的有关规定。值得注意的是，本条规定的是"适用"本编通则的有关规定，而不是"参照适用"，这主要是基于合同编通则的规定，除了合同的订立与效力、合同的解除等规则仅适用于合同外，关于合同的履行、合同的保全、合同的变更和转让、合同的权利义务终止的大量规则，甚至违约责任中的有关规则，都可以直接适用于侵权之债、无因管理之债和不当得利之债等其他债权债务关系，而不是再由"裁判者"斟酌具体情况"参照适用"。具体而言，合同编第四章"合同的履行"中相当一些规则可适用于非合同之债，例如，第 514 条所规定的以支付金钱为内容的债，除法律另有规定或者当事人另有约定外，债权人可以请求债务人以实际履行地的法定货币履行。例如，第 517 条至第 521 条关于按份之债与连带之债的规定，均可适用于非合同之债，等等。第五章"合同的保全"是对债权人行使代位权和撤销权的规定，也适用于非合同之债的债权人。第六章中关于合同的变更和转让的大部分规则也可适用于非合同之债。第七章"合同的权利义务终止"中除合同的解除仅适用于合同外，债务清偿抵充规则、抵销等规则可适用于所有债的类型。第八章"违约责任"中也有相关规则可以适用于非合同之债，例如关于替代履行的规定，根据合同编第 581 条规定，当事人一方不履行债务或者履行债务不符合约定，根据债务的性质不得强制履行的，对方可以请求其负担由第三人替代履行的费用。该规定既可适用于合同之债，也可适用于侵权之债等其他债权债务关系。

3. 将合同编通则适用于非因合同产生的债权债务时，还应当考虑该债权债务关系的性质，因此本条还规定"根据其性质不能适用的除外"。作为意定之债，合同之债的产生与内容均由当事人双方自主自愿决定，贯彻了民法的自愿原则。而侵权之债、无因管理之债、不当得利之债等法定之债的产生与内容，都是由法律予以规定。合同编通则总体上是以合同之债为中心构建的规则，合同之债是合同编通则的基准规范。在判断合同编通则的某一法律规定是否适用于非因合同产生的债权债务关系时，要注意把握意定之债与法定之债在性质上的不同，结合该法律规定所规范的内容，根据该债权债务关系的性质作具体判断。例如，根据法定之债的性质，关于合同订立、合同解除的有关规则就不能适用于这些法定之债。再如，合同编通则关于违约金的规定，也不适用于法定之债。

第二章　合同的订立

本章共三十三条，对合同的形式、合同的内容、要约与承诺、合同成立时间、根据国家订货任务或者指令性任务订立合同、预约合同、格式条款、悬赏广告、缔约过失责任等作了规定。

> 第四百六十九条　当事人订立合同，可以采用书面形式、口头形式或者其他形式。
>
> 书面形式是合同书、信件、电报、电传、传真等可以有形地表现所载内容的形式。
>
> 以电子数据交换、电子邮件等方式能够有形地表现所载内容，并可以随时调取查用的数据电文，视为书面形式。

【条文主旨】

本条是关于合同形式的规定。

【条文释义】

本条第 1 款对合同形式作了原则性规定。合同基于当事人双方意思表示一致而成立，是双方民事法律行为。本条关于合同形式的规定，与本法总则编关于民事法律行为形式的规定保持一致，即当事人订立合同，可以采用书面形式、口头形式或者其他形式。同时，本法总则编135条对民事法律行为特定形式的要求，即法律、行政法规规定或者当事人约定采用特定形式的，应当采用特定形式，也是适用于合同的。

本条第2款对书面形式的定义作了界定。依据本条第1款规定，书面形式的核心特征是可以有形地表现所载内容。合同书、信件、电报、电传、传真是"可以有形地表现所载内容的形式"，但也不限于这几类。合同的书面形式有多种，凡是"可以有形地表现所载内容的形式"都可以作为合同的书面形式。合同的书面形式最典型的方式是合同书或者书面合同，其是当事人双方对合同有关内容进行协商订立的并由双方签名、盖章或者按指印的合同文本。通常合同书中明确地记载合同的双方当事人的权利义务、解决争议的方法等具体内容。因此，发生争议可以按照合同的规定进行处理，比较容易解决纠纷，摆脱了"口说无凭"的状况。所以，最好采用签订合同书的形式。合同书有多种多样，有行业协会等制定的示范性合同文本，国际上也有通行的某种行业的标准文本，也有营业者提供的由营业者制订的格式合同文本，大量的还有双方当事人自己签订的合同文本。一般来说，作为合同书应当符合如下条件：（1）必须以某种文字、符号书写。（2）必须有双方当事人的签名、盖章或者按指印。（3）必须规定当事人的权利义务。合同也可以信件订立，也就是平时我们所说的书信。书信有平信、邮政快件、挂号信以及特快专递等多种形式。电报、电传、传真也是以有形的形式表现所载内容，也归为书面形式。

本条第3款对符合书面形式的数据电文作了规定。依据该款规定，数据电文要符合书面形式，必须满足两个条件：一是能够有形地表现所载内容；二是可以随时调取查用。第一个条件是书面形式的本质特征，不管采用哪种方式订立合同，都要符合这一条件；第二个条件是针对数据电文所作的专门要求。如果采取的数据电文形式不能保存下来，以供随时调取查用，就丧失了书面形式所具备的易于取证、易于分清责任的优点，也就不宜作为书面形式。将"可以随时调取查用"作为数据电文具备书面形式的要求，也符合国际上的做法。根据《联合国国际贸易法委员会电子商务示范法》第6条规定，假若一项数据电文所含信息可以调取以备日后查用，即满足了法律对"书面形式"的要求。我国电子签名法对此也作了规定。电子签名法第4条规定："能够有形地表现所载内容，并可以随时调取查用的数据电文，视为符合法律、法规要求的书面形式。"依据合同编本条第3款规定，不管是以电子数据交换方式，还是以电子邮件或者其他方式，如果该数据电文能够有形地表现所载内容，并且可以随时调取查用，均可以视为书面形式。

> **第四百七十条** 合同的内容由当事人约定，一般包括下列条款：
> （一）当事人的姓名或者名称和住所；
> （二）标的；
> （三）数量；
> （四）质量；
> （五）价款或者报酬；
> （六）履行期限、地点和方式；
> （七）违约责任；
> （八）解决争议的方法。
> 当事人可以参照各类合同的示范文本订立合同。

【条文主旨】

本条是关于合同内容的规定。

【条文释义】

第 1 款是关于合同主要条款的规定。

合同的内容是由当事人约定的，体现为一系列合同条款。合同条款是合同中经双方当事人协商一致、规定双方当事人权利义务的具体条文。合同的权利义务，除法律规定的以外，主要由合同的条款确定。合同的条款是否齐备、准确，决定了合同能否成立以及能否顺利地履行、实现订立合同的目的。合同的条款非常重要，但并不是说当事人签订的合同中缺了其中任何一项就会导致合同的不成立或者无效。主要条款的规定只具有提示性与示范性。合同的主要条款由当事人约定，一般包括当事人的姓名或者名称和住所、标的、数量、质量、价款或者报酬、履行期限、履行地点和方式、违约责任、解决争议的方法，但不限于这些条款。不同的合同，由其类型与性质决定，其主要条款或者必备条款可能是不同的。比如，买卖合同中有价格条款，而在无偿合同如赠与合同中就没有此项。

在订立合同的过程中，如果一方当事人坚持合同的订立以对特定事项达成协议为条件，则在这些特定事项未达成协议前，合同不成立。如果当事人各方在订立合同时，有意将一项合同的内容留待进一步商定，则尽管这一项条款没有确定，也不妨碍合同的成立。

现将本条第 1 款规定的 8 项内容简述如下：

（1）当事人的名称或者姓名和住所。这是每一个合同必须具备的条款，当事人是合同的主体。合同中如果不写明当事人，谁与谁做交易都搞不清楚，就无法确定权利的享有和义务的承担，发生纠纷也难以解决。

（2）标的。标的是合同当事人的权利义务指向的对象。标的是合同成立的必要条件，是一切合同的必备条款。没有标的，合同不能成立，合同关系无法建立。

（3）数量。在大多数的合同中，数量是必备条款，没有数量，合同是不能成立的。许多合同，只要有了标的和数量，即使对其他内容没有规定，也不妨碍合同的成立与生效。因此，数量是合同的重要条款。

（4）质量。质量指标准、技术要求，包括性能、效用、工艺等，一般以品种、型号、规格、等级等体现出来。质量条款的重要性是毋庸讳言的，许许多多的合同纠纷由此引起。合同中应当对质量问题尽可能地规定细致、准确和清楚。

（5）价款或者报酬。价款或者报酬，是一方当事人向对方当事人所付代价的货币支付。有些合同比较复杂，货款、运费、保险费、保管费、装卸费、报关费以及一切其他可能支出的费用，由谁支付都要规定清楚。

（6）履行期限、地点和方式。履行期限是指合同中规定的当事人履行自己的义务如交付标的物、价款或者报酬，履行劳务、完成工作的时间界限。履行地点是指当事人履行合同义务和对方当事人接受履行的地点。履行地点有时是确定运费由谁负担、风险由谁承担以及所有权是否转移、何时转移的依据。履行地点也是在发生纠纷后确定由哪一地法院管辖的依据。因此，履行地点在合同中应当规定得明确、具体。履行方式是指当事人履行合同义务的具体做法。不同的合同类型，决定了其履行方式的差异。履行方式与当事人的利益密切相关，应当从方便、快捷等方面考虑采取最为适当的履行方式，并且在合同中应当明确规定。

（7）违约责任。违约责任是促使当事人履行合同义务，使对方免受或少受损失的法律措施，也是保证合同履行的主要条款。

（8）解决争议的方法。解决争议的方法是指合同争议的解决途径以及法律适用问题等。解决争议的途径主要有：一是双方通过协商和解；二是由第三人进行调解；三是通过仲裁解决；四是通过诉讼解决。当事人可以约定解决争议的方法，如果意图通过诉讼解决争议是不用进行约定的，通过其他途径解决都要事先或者事后约定。依照仲裁法的规定，如果选择适用仲裁解决争议，除非当事人的约定无效，是排除法院对其争议进行管辖的。当然，如果当事人有证据证明仲裁裁决具有违反法律规定的情形的，可以依法申请法院撤销仲裁裁决或者申请法院不予执行。当事人选择和解、调解方式解决争议，都不能排除法院的管辖，当事人可以提起诉讼。

此外，本条规定的 8 项合同条款仅是列举规定，并不能涵盖所有的合同条款。当事人在合同中特别约定的条款，虽然超出本条规定的 8 项内容，也可以作为合同的主要条款。

第 2 款是关于合同示范文本的规定。

实践中，经济贸易活动具有多样性，合同的示范文本对于提示当事人在订立合同时更好地明确各自的权利义务起到了积极作用。因此，本条第 2 款规定订立合同可以参照各类合同的示范文本，其目的与第 1 款一样，就是使当事人订立合同更加认真、更加规范，尽量减少合同规定缺款少项、容易引起纠纷的情况。示范文本只是作为当事人订立合同时的参考，并不是要强制当事人采用。

> **第四百七十一条　当事人订立合同，可以采取要约、承诺方式或者其他方式。**

【条文主旨】

本条是关于合同订立方式的规定。

【条文释义】

合同是当事人之间设立、变更、终止民事法律关系的协议。合同本质上是一种合意。使合同得以成立的合意是指当事人对合同必备条款达成一致意见。合同订立方式，就是当事人达成合意的方式。依照本条规定，合同订立方式，可以采取要约、承诺方式，也可以采取其他方式。

一、关于要约、承诺方式

要约、承诺方式是最为典型的合同订立方式。当事人合议的过程，是对合同内容协商一致的过程，很多都是经过要约、承诺完成的。向对方提出合同条件作出签订合同的意思表示称为"要约"，而另一方如果表示接受就称为"承诺"。一般而言，一方发出要约，另一方作出承诺，合同就成立了。但是，有时要约和承诺往往难以区分。许多合同是经过了一次又一次的讨价还价、反复协商才得以达成。

二、关于合同订立的其他方式

除了要约、承诺方式之外，传统上还存在以下几种合同订立方式：一是交又要约；二是同时表示；三是意思实现。

1. 交叉要约。交叉要约是指合同当事人各自采取非直接对话的方式，同时作出了为订立同一内容合同的要约。如甲对乙作出为订立合同的要约，而乙对甲也作出了同样内容的要约。此时双方的意思表示的内容完全一致，而且双方均有订立合同的意思表示，并且发出要约的时间也几乎在同时。既然双方有相同的意思表示，法律即可推定其必互有承诺的结果，所以认定合同成立。合同成立的时间以后一个要约到达对方当事人时为准。由于此种情况下难以认定谁是要约人谁是承诺人，因此传统上将此种特别方式作为合同成立的方式之一。

2. 同时表示。同时表示与交叉要约本质上相同，交叉要约是在非直接对话的方式的情况下发生的，而同时表示是在对话方式的情况下发生的，指对话的当事人双方毫无先后之别，同时向对方为同一内容的要约的意思表示。例如，买卖的条件适合当事人双方之意时双方同时拍手，或对于第三人所作成的合同方案，当事人同时表示同意。与交叉要约一样，传统上也将同时表示作为合同成立的特别方式之一。

3. 意思实现。意思实现是指按照习惯或事件的性质不需要承诺通知，或者要约人预先声明承诺无须通知，要约人在相当时间内如有可以推断受要约人有承诺意思的客观事实，则可以据此成立合同。按照习惯或事件的性质不需要承诺通知的，比如订旅馆房间、订饭店席位等，不需要表明承诺，如不承诺则需要告知。推断受要约人有承诺的客观事实，一般是指受要约人不进行口头或书面承诺但按照要约人的要求履行合同义务，如受委托开始处理委托事务、将要约人欲购的货物进行发送等。

对这三种方式，我国理论上比较多的意见认为，交叉要约、同时表示与要约、承诺方式有所不同，可以作为一种特殊缔约方式，而意思实现则可以归入要约、承诺方式的体系中。但也有意见认为，交叉要约、同时表示也可以归入要约、承诺方式的体系中，双方是互为要约人，互为承诺人。但从交易实践来看，传统意义上的交叉要约和同时表示较为少见。

在本法合同编起草过程中，有的意见提出，除了要约、承诺这一典型的合同订立方式外，法律应当对实践中存在的其他缔约方式予以认可，不能排除在外。例如证券场内交易，每一瞬间都有大量的买方和卖方的报价发出，交易系统按照价格优先、时间优先的规则由电脑自动撮合、逐笔不断成交，这种缔约方式就有别于要约、承诺方式。经研究，对于合同订立方式，本条在合同法规定的"要约、承诺方式"基础上增加"其他方式"，为实践情况及其发展留下空间。

第四百七十二条　要约是希望与他人订立合同的意思表示，该意思表示应当符合下列条件：
（一）内容具体确定；
（二）表明经受要约人承诺，要约人即受该意思表示约束。

【条文主旨】

本条是关于要约条件的规定。

【条文释义】

要约在不同的情况下可以称为"发盘""发价"等，发出要约的人称为"要约人"，接收要约的人称为"受要约人"。本条采取的是最通常和最简单的定义方式：要约是希望与他人订立合同的意思表示。

一项订约的意思表示要成为一个要约，要取得法律效力，必须具备一定的条件。如不具备这些条件，作为要约在法律上就不能成立。根据本条规定，要约应当符合下列条件：

一是要约的内容具体确定。要约的内容必须具备足以使合同成立的主要条件，这要求要约的内容必须是具体的和确定的，必须明确清楚，不能模棱两可、产生歧义。要约的效力在于，一经受要约人承诺，合同即可成立。因此，如果一个订约的意思表示含糊不清、内容不具备一个合同的最根本的要素，是不能构成一个要约的。即使受要约人作出承诺，也会因缺乏合同的主要条件而使合同无法成立。一项要约的内容可以很详细，也可以较为简明，一般法律对此并无强制性要求。只要其内容具备使合同成立的基本条件，就可以作为一项要约。但究竟怎样才算具备了使合同成立的基本条件，如果法律有类似规定的要依据规定进行判断，最重要的是要根据具体情况进行判断。

二是要约必须表明经受要约人承诺，要约人即受该意思表示拘束。这一点很重要，很多类似订约意思表示的表达实际上并不表示如果对方接受就成立了一个合同，如"我打算5000元把我的钢琴卖掉"，尽管是特定当事人对特定当事人的陈述，也不构成一个要约。能否构成一个要约要看这种意思表示是否表达了与受要约人订立合同的意愿。这要根据特定情况和当事人所使用的语言表达来判断。当事人在合同中一般不会采用诸如"如果承诺，合同就成立"这样明确的词语来表示，所谓"表明"并不是要有明确的词语进行说明，而是整个要约的内容表明了这一点。

此外，要约人要能够特定，也属于要约成立的内在要求，也在本条规范的内在含义中。发出要约的目的在于订立合同，要约人必须使接收要约的相对方能够明白是谁发出了要约以便作出承诺。因此，发出要约的人要能够确定，要能够特定化。不论是自然人还是法人、非法人组织，都可以作为要约人。如果是代理人，必须取得本人的授权，还必须说明谁是被代理人。作为要约人只要能够特定即可，并不一定需要说明要约人的具体情况。一个要约，如果处于能够被承诺的状态就可以，不需要一切情况都清清楚楚。如自动售货机，消费者不需要了解究竟是哪家公司安置，谁是真正的要约人。只要投入货币，作出承诺，合同即成立并完成交易。

> **第四百七十三条** 要约邀请是希望他人向自己发出要约的表示。拍卖公告、招标公告、招股说明书、债券募集办法、基金招募说明书、商业广告和宣传、寄送的价目表等为要约邀请。
> 商业广告和宣传的内容符合要约条件的，构成要约。

【条文主旨】

本条是关于要约邀请的规定。

【条文释义】

本条第1款对要约邀请的定义作了规定，并列举了实践中比较典型的要约邀请类型。

要约邀请又称要约引诱，是邀请或者引诱他人向自己发出要约的表示，可以是向特定人发出的，也可以是向不特定的人发出的。合同法将要约邀请界定为一种"意思表示"。合同法第15条第1款规定，要约邀请是希望他人向自己发出要约的"意思表示"。经过多年来理论和实践的发展，对要约邀请的性质和意思表示的含义有了更深入的认识，也普遍达成了共识，即要约邀请不宜归属于意思表示。意思表示是指行为人为了产生一定民法上的效果而将其内心意思通过一定方式表达于外部的行为。意思表示中的"意思"是指设立、变更、终止民事法律关系的内心意图，"表示"是指将内心意思以适当方式向适当对象表现出来的行为。意思表示具有如下法律特征：一是意思表示的表意人具有使民事法律关系发生变动的意图；二是意思表示是一个将意思由内向外表示的过程；三是意思表示可以产生一定的法律效果。例如要约作为一种意思表示，一经对方承诺，合同即成立。而要约邀请只是邀请他人向自己发出要约，自己再视情予以承诺。要约邀请处于合同的准备阶段，虽然也是一种表示行为，但本身不具有使民事法律关系发生变动的内心意图，也不产生民法上的效果，没有法律约束力。从性质上来说，要约邀请可以归属于事实行为。基于此，本条修改了合同法的规定，不再将要约邀请界定为"意思表示"，将合同法规定"要约邀请是希望他人向自己发出要约的意思表示"中的"意思表示"修改为"表示"。但要约邀请也并不是单纯的建议他人与自己进行有关合同的讨论，而是明确提出订立合同的建议，只不过没有提出合同的具体内容。虽然在理论上，要约邀请与作为意思表示的要约有很大区别，例如要约具有内容具体确定、受要约人的承诺对要约人具有拘束力等特点，但事实上在很多情况下二者往往很难区分。当事人可能原意是发出要约，但由于内容不确定只能被看作是一个要约邀请。当事人可能原意是发出要约邀请，但由于符合了要约的条件而会被认定为是一个要约。

本条列举了几种比较典型的要约邀请类型：

1. 拍卖公告。拍卖是一种特殊买卖方式。一般认为，在拍卖活动中，竞买人的出价为要约，拍卖人击槌（或者以其他方式）拍定为承诺。拍卖人在拍卖前刊登或者以其他形式发出拍卖公告，对拍卖物及其价格进行宣传介绍等，属于要约邀请。

2. 招标公告。招标投标是一种特殊的签订合同的方式，广泛应用于货物买卖、建设工程、土地使用权出让与转让、技术转让等领域。这种方式的好处是，能够在最接近公平、合理的价格上达成交易、签订合同。对于招标公告或者招标通知，一般都认为属于要约邀请，不是要约。而投标是要约，招标人选定中标人，为承诺。

3. 招股说明书、债券募集办法和基金招募说明书。招股说明书是股份有限公司发起人向社会公开募集股份时或者公司经批准向社会公开发行新股时，向社会公众公开的说明文书。按照我国公司法的规定，发起人向社会公开募集股份，必须公告招股说明书，并制作认股书。法律规定要制定招股说明书并向社会公告，其目的是让社会公众了解发起人或者公司的情况和认股人所享有的权利和承担的义务。招股说明书是向社会发出的要约邀请，邀请公众向公司发出要约，购买公司的股份。认股人认购股份，为要约，公司卖出股份，为承诺。但是，如果发起人逾期未募足股份的情况下，则依法失去承诺的权利，认股人撤回所认购的股份。

债券募集办法与基金招募说明书是应实践需求在合同法基础上新增加的要约邀请类型。公司发行公司债券，应当按照规定公告公司债券募集办法，对投资者作出投资决策有重大影响的信息予以记载并披露。投资者根据债券募集办法记载的情况决定是否购买债券。基金招募说明书是基金发起人公开发售基金时，为基金投资者提供的对基金情况进行说明的文件。投资者根据基金招募说明书载明的情况判断是否申购基金。

债券募集办法和基金招募说明书，在性质上与招股说明书类似，都是具有法律意义的说明性文件，归属于要约邀请。

4. 商业广告和宣传。商业广告是指商品经营者或者服务提供者通过一定媒介和形式直接或者间接地介绍自己所推销的商品或者服务的广告。实践中，商品经营者或者服务提供者除通过商业广告外，还通过其他一些形式对商品或者服务进行宣传。商业广告和宣传的目的在于宣传商品或者服务的优点，并以此引诱顾客购买商品或者接受服务，为要约邀请。但法律并不排除商业广告和宣传如果符合要约的条件也可以成为要约。

5. 寄送的价目表。寄送商品价目表是商品生产者或者销售者推销商品的一种方式。这种方式当然表达行为人希望订立合同的意思，但并不表明他人表示承诺就立即达成一个合同。根据对要约条件的分析，寄送的价目表仅指明什么商品、什么价格，并没有指明数量，对方不能以"是"、"对"或者"同意"等肯定词语答复成立合同，自然不符合要约的条件，只能视作要约邀请。

本条第 2 款规定，商业广告和宣传的内容符合要约条件的，构成要约。一般的商业广告和宣传并不能构成一个要约，但也不排除有些内容确定的商业广告和宣传构成要约。依照合同编第 472 条规定，一项意思表示构成要约应当符合下列条件：一是内容具体确定；二是表明经受要约人承诺，要约人即受该意思表示约束。认定一项商业广告或者商业宣传是否符合要约的条件，需要根据实际情况进行判断。例如一项商业广告称："我公司现有某型号的水泥 1000 吨，每吨价格 200 元，在 10 月 1 日前保证现货供应，欲购从速。"该商业广告的内容具体确定，"在 10 月 1 日前保证现货供应"的内容可能会被认定为其表明了一经承诺即受拘束的意思，从而被视为要约。

> **第四百七十四条　要约生效的时间适用本法第一百三十七条的规定。**

【条文主旨】

本条是关于要约生效时间的规定。

【条文释义】

本法总则编第 137 条对有相对人的意思表示的生效时间作了专门规定。要约属于有相对人的意思表示，要约生效的时间自然应当适用总则编第 137 条规定。总则编第 137 条区分以对话方式作出的意思表示与非对话方式作出的意思表示，对其生效时间分别作出规定，并对以非对话方式作出的采用数据电文形式的意思表示时间作了专门规定。依照总则编第 137 条的规定，要约生效的时间可以从以下几个方面理解：

一是以对话方式发出的要约。所谓以对话方式发出的要约，是指要约人采取使相对方可以同步受领的方式进行意思表示，如面对面交谈、电话等方式。在以这种方式进行的意思表示中，要约人作出意思表示和相对人受领意思表示是同步进行的，没有时间差。因此，要约人作出意思表示，相对人知道其内容时，要约生效。

二是以非对话方式发出的要约。对于以非对话方式发出的要约，要约人作出意思表示的时间与相对人受领意思表示的时间不同步，二者之间存在时间差。非对话的意思表示在现实生活中存在的形式多样，如传真、信函等。根据合同法第 16 条第 1 款规定，要约到达受要约人时生效。总则编第 137 条延续了合同法的做法，规定以非对话方式作出的意思表示，到达相对人时生效。要约也属于一种意思表示，那么以非对话方式发出的要约，自然是到达相对人时生效。需要强调的是，这里"到达"并不意味着相对人必须亲自收到，只要进入相对人通常的地址、住所或者能够控制的地方（如信箱）即可视为到达，意思表示被相对人的代理人收到也可以视为"到达"。送达相对人时生效还意味着即使在意思表示送达相对人前相对人已经知道该意思表示内容的，该意思表示也不生效。

三是以非对话方式作出的采用数据电文形式的要约。依照本法总则编第 137 条第 2 款规定，可以分三个层次对以数据电文形式发出的要约的生效时间予以理解：

第一，对以非对话方式发出的采用数据电文形式的要约，相对人指定特定系统接收数据电文的，该数据电文进入该特定系统时生效。

第二，未指定特定系统的，相对人知道或者应当知道该数据电文进入其系统时生效。这一规定与合同法的规定不完全相同。在这种情况下，合同法规定，该数据电文进入收件人的任何系统的首次时间，为生效时间，而不问相对人是否知道或者应当知道该数据电文进入其系统。鉴于我国新加入的《联合国国际合同使用电子通信公约》明确规定，在这种情况下，以相对人了解到该数据电文已发送到相对人的任何系统的时间为生效时间。总则编第 137 条第 2 款按照公约的规定对合同法的规定作了相应修改。依照该规定，未指定特定系统的，相对人知道或者应当知道该数据电文进入其系统时，要约生效。

第三，当事人对采用数据电文形式发出的要约的生效时间另有约定的，按照其约定。这是对总则编第 5 条自愿原则的贯彻落实，体现了民事活动对当事人意愿的尊重。

> **第四百七十五条　要约可以撤回。要约的撤回适用本法第一百四十一条的规定。**

〖条文主旨〗

本条是关于要约撤回的规定。

〖条文释义〗

要约的撤回，是指在要约发出之后但在要约生效以前，要约人欲使该要约不发生法律效力而作出的意思表示。要约之所以可以撤回，是因为要约尚未发生法律效力，不会对受要约人产生任何影响，也不会危害交易秩序。因此，在此阶段，应当允许要约人撤回要约，使尚未生效的要约不产生预期的效力，这也是对行为人意愿的充分尊重。基于此，本条规定，要约可以撤回。

行为人可以撤回意思表示，但不是在任何情况下都可以撤回其意思表示，而是有条件的。合同法第 17 条对要约的撤回条件作了规定，即撤回要约的通知应当在要约到达受要约人之前或者与要约同时到达受要约人。本法总则编第 141 条对意思表示撤回条件的规定与合同法第 17 条的规定是一致的。本法总则编第 141 条规定，撤回意思表示的通知应当在意思表示到达相对人前或者与意思表示同时到达相对人。要约属于有相对人的意思表示，在本法总则编第 141 条对意思表示的撤回已经作了规定的前提下，合同编没有必要再作重复性规定，要约的撤回直接适用总则编第 141 条的规定即可。据此，撤回要约的条件是撤回要约的通知在要约到达受要约人之前或者同时到达受要约人。如果撤回要约的通知在要约到达受要约人以后到达，则要约已经生效，是否能够使要约失效，就要看是否符合撤销的条件。因此，要约人如欲撤回要约，必须选择以快于要约的方式向受要约人发出撤回的通知，使之能在要约到达之前或者同时到达受要约人。

理解本条需要注意两点：

一是根据合同编第 474 条和总则编第 137 条的规定，以对话方式作出的要约，受要约人知道其内容时生效。以非对话方式作出的要约，到达受要约人时生效。也就是说，对于以对话方式作出的要约，因为受要约人知道其内容时就生效，相当于即时生效，要约人很难作出撤回的通知，这种情况下适用撤回的规定空间比较小。以非对话方式作出的要约，是到达受要约人时生效，则要约人发出撤回要约的通知，且该通知在要约到达受要约人之前或者同时到达受要约人的，可以适用本条撤回的规定。

二是要约的撤回与要约的撤销是不同的。根据本条和总则编第 141 条的规定，要约的撤回是在要约未生效前使其不发生效力；而要约的撤销是指在要约作出并生效之后，要约人又作出取消其意思表示的表示。要约的撤回是使一个未发生法律效力的要约不发生法律效力，要约的撤销是使一个已经发生法律效力的要约失去法律效力。要约撤回中仅考虑保护要约人对其意思表示的自由处分权利，因此要约撤回的通知只要在要约到达之前或与要约同时到达就发生效力。而对于要约的撤销，由于要约在到达后已经生效，受要约人已知悉了要约的内容，甚至可能已经对该要约产生了合理的信赖，因此要约人能否在要约生效后撤销其意思表示，需要考虑保障受要约人合理信赖的问题，要平衡要约人和受要约人的利益，不宜泛泛规定要约人可以撤销要约。要约撤销是否发生效力取决于该要约撤销的意思表示是否在受要约人作出承诺之前到达受要约人或者为受要约人所知道，并且在法律规定的特定情形下，要约是不可撤销的。

> **第四百七十六条** 要约可以撤销，但是有下列情形之一的除外：
> （一）要约人以确定承诺期限或者其他形式明示要约不可撤销；
> （二）受要约人有理由认为要约是不可撤销的，并已经为履行合同做了合理准备工作。

【条文主旨】

本条是关于要约不得撤销情形的规定。

【条文释义】

要约的撤销，是指要约人在要约发生法律效力之后而受要约人作出承诺之前，欲使该要约失去法律效力的意思表示。联合国国际贸易法委员会 1980 年通过的《联合国国际货物销售合同公约》第 16 条规定，在未订立合同之前，发价得予撤销，如果撤销通知于被发价人发出接受通知之前送达被发价人。但在两种情况下发价不得撤销：（1）发价写明接受发价的期限或以其他方式表示发价是不可撤销的；（2）被发价人有理由信赖该项发价是不可撤销的，而且被发价人已本着对该项发价的信赖行事。可见在是否可以撤销的问题上，基本上采纳了英美法系的做法，但是对撤销的条件作了较为严格的限制。这种做法也是两大法系相互妥协的产物。《国际商事合同通则》第 2.1.4 条作了与《联合国国际货物销售合同公约》同样的规定。根据《国际商事合同通则》第 2.1.4 条规定，在合同订立之前，要约得予撤销，如果撤销通知在受要约人发出承诺之前送达受要约人。但是，在下列情况下，要约不得撤销：（1）要约写明承诺的期限，或以其他方式表明要约是不可撤销的；（2）受要约人有理由信赖该项要约是不可撤销的，且受要约人已依赖该要约行事。

合同法第 19 条借鉴了《联合国国际货物销售合同公约》与《国际商事合同通则》的做法，规定了不可撤销的两种例外情形：一是要约人确定了承诺期限或者以其他形式明示要约不可撤销；二是受要约人有理由认为要约是不可撤销的，并已经为履行合同作了准备工作。就第 1 项例外情形，要约人确定了承诺期限，是不是就等同于要约不可撤销的明示，我国理论和实践中有一些争议。一般来说，确定承诺期限可以视为要约不可撤销的明示，但在一些情况下，例如要约人可能既确定了承诺期限，又在要约中明确指出要约也是可以撤销的，此时就不宜直接以要约确定了承诺期限为由认为要约不得撤销。因此，即使要约人确定了承诺期限，也宜根据具体情况判断要约人确定承诺期限是不是就表明要约不可撤销。为了更为符合实践情况，本条将合同法第 19 条规定的第 1 项例外情形"要约人确定了承诺期限或者以其他形式明示要约不可撤销"修改为"要约人以确定承诺期限或者其他形式明示要约不可撤销"。对于合同法第 19 条规定的第 2 项例外情形，受要约人所作的"准备工作"也有程度差别，为了更好平衡要约人与受要约人之间的利益，本条将合同法中的"作了准备工作"修改为"做了合理准备工作"。《国际商事合同通则》对第 2.1.4 条的注释可作为理解本条的参考。

一、要约中不可撤销的表示

《国际商事合同通则》在注释中提出，不可撤销的意思表示可以用不同的方式作出，最直接和最清楚的方式是由要约人在要约中作一个明确的声明，如"这是一个确定的要约""我们坚持我们的要约直到收到贵方的回复"等。另外，还可以从要约人的其他表示或者行为中作出此种推断。表明确定的承诺期限本身可以（但并非必然）构成要约不可撤销的默示表示。这应当结合个案对要约的条款进行适当的解释，进而作出判断。《国际商事合同通则》在注释中举了例子说明这个问题。一家旅行社在其发送的小册子中通知游客将组织新年度假旅游，并敦促游客在通知后 3 天内预订，否则过期将可能没有剩余名额。这个声明本身不应视为在这 3 天内该要约不可撤销的表示。

二、受要约人有理由认为要约不可撤销并已依其信赖行事

《国际商事合同通则》在注释中提出，这一例外规定是通则规定的禁止不一致行为原则的体现。受要约人的合理信赖可源于要约人的行为，比如受要约人对要约人有所了解，或者以前在商业上就有来往等，因此相信要约人的要约不可撤销。受要约人的信赖也可源于要约本身的性质，如对某一项要约作出承诺前需要受要约人进行广泛的、费用昂贵的调查，或者某一要约的发出意在允许受要约人进而可以向第三方发出要约。受要约人基于对要约不可撤销的信赖所做的行为，可以是为生产所做的准备、购买或者租用材料设备、负担费用，等等。只要这些行为在有关的贸易中被视为是正常的，或者应是要约人所能预见或者知悉的行为。《国际商事合同通则》在注释中举了两个例子说明这个问题。第一个例子是，甲是古董商，要求乙在 3 个月内修复 10 幅画，价格不超过一具体金额。乙告知甲，为了决定是否承诺，有必要先对一幅画进行修复，然后在 5 天内给出一个明确的答复。甲同意。基于对甲的要约的信赖，乙马上开始工作。甲在 5 天内不得撤销要约。第二个例子是，乙就合作参与一个在规定的期限内定标的项目，向甲发出要约。对于乙发出的要约，甲在计算投标价格时予以了信赖。在规定的期限届满前且甲已投标后，乙通知甲不愿意再遵守其要约。因为甲在投标时信赖了乙的要约，因此该要约在规定的期限届满前是不可撤销的。

> 　　**第四百七十七条** 　撤销要约的意思表示以对话方式作出的，该意思表示的内容应当在受要约人作出承诺之前为受要约人所知道；撤销要约的意思表示以非对话方式作出的，应当在受要约人作出承诺之前到达受要约人。

【条文主旨】

本条是关于撤销要约的条件的规定。

【条文释义】

要约生效后，受要约人已经知悉了要约的内容，甚至可能已经基于对要约的信赖作出了某些行为。为了保障受要约人的合理信赖利益，要约人应当在受要约人作出承诺之前撤销要约。如果受要约人已经作出承诺的，要约人不得撤销要约。对本条规定，可以从以下两个方面理解：

一是本条区分撤销要约的意思表示是以对话方式作出的还是非对话方式作出的，对撤销要约的条件分别规定。本条规定对合同法第 18 条关于要约撤销条件的规定作了一定修改，主要是考虑到与总则编第 137 条的协调。合同法第 18

条规定，撤销要约的通知应当在受要约人发出承诺通知之前到达受要约人，没有区分撤销要约的意思表示是以对话方式作出的还是以非对话方式作出的。撤销要约的目的在于使已经生效的要约丧失法律效力，撤销要约本身也属于一种意思表示。撤销要约的意思表示的生效时间自然适用总则编第137条的规定。总则编第137条对意思表示的生效时间区分意思表示是以对话方式作出的还是以非对话方式作出的分别规定，即以对话方式作出的意思表示，相对人知道其内容时生效；以非对话方式作出的意思表示，到达相对人时生效。根据该规定，撤销要约的意思表示的生效时间分别为：撤销要约的意思表示以对话方式作出的，受要约人知道该意思表示的内容时生效；撤销要约的意思表示以非对话方式作出的，该意思表示到达受要约人时生效。为了保障受要约人的合理信赖利益，要约人应当在受要约人作出承诺之前撤销要约，也即要约人撤销要约的意思表示的生效时间应当是在受要约人作出承诺之前。因此，本条规定，撤销要约的意思表示以对话方式作出的，该意思表示的内容应当在受要约人作出承诺之前为受要约人所知道；撤销要约的意思表示以非对话方式作出的，应当在受要约人作出承诺之前到达受要约人。

二是要约人应当在"受要约人作出承诺之前"撤销要约。根据合同法第18条规定，要约人应当在"受要约人发出承诺通知之前"撤销要约。本条将合同法第18条规定的"受要约人发出承诺通知之前"修改为"受要约人作出承诺之前"，主要是考虑到与合同编第480条规定相协调。依照合同编第480条的规定，承诺应当以通知的方式作出，但是根据交易习惯或者要约表明可以通过行为作出承诺的除外。合同编第480条是认可特定情形下受要约人通过行为作出承诺的。基于此，本条将合同法第18条规定的"受要约人发出承诺通知之前"修改为"受要约人作出承诺之前"。"受要约人作出承诺之前"既包括受要约人发出承诺通知之前，也包括受要约人根据交易习惯或者要约的要求作出承诺的行为之前。

> **第四百七十八条** 有下列情形之一的，要约失效：
> （一）要约被拒绝；
> （二）要约被依法撤销；
> （三）承诺期限届满，受要约人未作出承诺；
> （四）受要约人对要约的内容作出实质性变更。

【条文主旨】

本条是关于要约失效的规定。

【条文释义】

要约的失效，也可以称为要约的消灭或者要约的终止，指要约丧失法律效力，要约人与受要约人均不再受其约束。要约人不再承担接受承诺的义务，受要约人亦不再享有通过承诺使合同得以成立的权利。本条规定了要约失效的几种情形，分述如下：

1. 要约被拒绝。受要约人接到要约后，通知要约人不同意与之签订合同，则拒绝了要约。要约被拒绝的，该要约即失去法律效力。但是，受要约人的通知中，如果明确地说明拒绝要约，这当然没有疑问。但有的通知中，既没有说明接受要约，也没有明确拒绝要约，也没有明确提出反要约。这时，要根据该通知的具体内容进行判断，搞清楚受要约人究竟是什么意思。比如，回复中仅仅是询问价格有没有降低的可能？是否能提前几天交货等，这种答复不足以证明受要约人拒绝了要约。

如果受要约人的回复没有作出承诺，但提出了一些条件，受要约人在规定期限内仍不作答复，可以视为拒绝要约。按照《国际商事合同通则》的解释，这种情形视为"默示拒绝"。《国际商事合同通则》在对第 2.1.5 条的注释中对默示拒绝还举了一例予以说明：甲收到了乙发出的要约，其中规定该要约 2 周内是不可撤销的。甲通过邮件回复提出了部分不同的条件，对此乙不予接受。尽管离期限届满还有几天时间，但甲可能不再承诺原来的要约，因为通过发出反要约，甲实际上默示地拒绝了原要约。

实践中也有这种情况，受要约人拒绝了要约，但又反悔，这时受要约人可以撤回拒绝的通知，但撤回拒绝的通知也应像撤回要约一样，必须在拒绝的通知到达要约人之前或者同时到达要约人。

2. 要约被依法撤销。要约被依法撤销，当然使要约失效。要约被依法撤销，指的是要符合撤销要约的条件。本编第 477 条对撤销要约的条件作了具体规定，即撤销要约的意思表示以对话方式作出的，该意思表示的内容应当在受要约人作出承诺之前为受要约人所知道；撤销要约的意思表示以非对话方式作出的，应当在受要约人作出承诺之前到达受要约人。如果不符合要约撤销的条件，不发生要约被撤销的效力。此外，如果属于合同编第 476 条规定的要约不可撤销的情形，即要约人以确定承诺期限或者其他形式明示要约不可撤销，或者受要约人有理由认为要约是不可撤销的，并已经为履行合同做了合理准备工作的，要约不可被撤销，即使要约人作出了撤销要约的意思表示，也不发生要约被撤销的效力。

3. 承诺期限届满，受要约人未作出承诺。要约中确定了承诺期限的，表明要约人规定了要约发生法律效力的期限，受要约人超过这个期限不承诺，要约的效力当然归于消灭。实践中也有这样的情形，要约中没有规定承诺期限，受要约人也不对要约作答复，要约什么时候失效？这种情况下，应当按照合同编第481条的规定进行处理，一是要约没有确定承诺期限，要约以对话方式作出的，受要约人应当即时作出承诺，没有即时作出承诺的，要约失效。二是要约没有确定承诺期限，要约以非对话方式作出的，承诺应当在合理期限内到达要约人。要约人发出要约后一段合理期限内没有收到承诺，则要约失效。

4. 受要约人对要约的内容作出实质性变更。受要约人对一项要约的内容作出实质性变更的，为新要约。新要约使原要约失去效力，要约人即不受原要约的拘束。

> **第四百七十九条　承诺是受要约人同意要约的意思表示。**

【条文主旨】

本条是关于承诺定义的规定。

【条文释义】

所谓承诺，是指受要约人同意接受要约的全部条件以缔结合同的意思表示。从性质上来说，承诺与要约一样，都属于意思表示。意思表示是指行为人为了产生一定民法上的效果而将其内心意思通过一定方式表达于外部的行为，是实现当事人意思自治的工具。承诺的表意人即受要约人具有使合同得以成立的意图。承诺应当以通知或者其他适当的方式作出，并在承诺期限内到达要约人。符合生效要件的承诺可以发生受要约人预期的法律效果，使合同得以成立。在商业交易中，与要约称作"发盘""发价"相对称，承诺称作"接受"。对承诺的定义，可以从以下几个方面理解：

一是承诺须由受要约人作出。要约是要约人向受要约人发出的，受要约人是要约人选定的交易相对方，只有受要约人才具有作出承诺的资格，受要约人以外的第三人不具有承诺的资格。因此，第三人进行承诺不是承诺，只能视作对要约人发出了要约。如果订约的意思表示是向不特定人发出的，并且该订约的意思表示符合要约条件构成要约的，则不特定人中的任何人均可以作出承诺，其一旦作出承诺，受要约人即为特定。

二是承诺须向要约人作出。承诺是对要约的同意，受要约人意在与要约人订立合同，当然要向要约人作出。如果承诺不是向要约人作出，则作出的承诺意思表示不视为承诺，不能达到与要约人订立合同的目的。

三是承诺的内容须与要约的内容保持一致。这是承诺最核心的要件，承诺必须是对要约完全的、单纯的同意。因为受要约人如想与要约人订立合同，必须在内容上与要约的内容保持一致，否则要约人就可能拒绝受要约人而使合同不能成立。如果受要约人在承诺中对要约的内容加以扩张、限制或者变更，便不能构成承诺，并可能构成一项新的要约。判断承诺的内容是否与要约的内容一致并非易事，受要约人对要约简单地回答同意并不多见，因此，必须对受要约人的承诺进行分析。如果仅仅是表述的形式不同，而不是实质的不一致，则不应当否定承诺的效力。如果承诺中提出了一些新的条件，就要分析这些新的条件是否从实质上改变了要约的内容。如果没有从实质上改变要约的内容，则应当认为是对要约的承诺。如果从实质上改变了要约的内容，则不应认为是一项承诺，而构成了一项新要约。

> **第四百八十条　承诺应当以通知的方式作出；但是，根据交易习惯或者要约表明可以通过行为作出承诺的除外。**

【条文主旨】

本条是关于承诺方式的规定。

【条文释义】

承诺属于一种意思表示。意思表示是一个将意思由内到外表示的过程，一个人内心可能有很多的主观意思，但为了让他人知晓，使内心意思产生外在的法律效果，就应当通过适当的方式表示出来。承诺方式是指受要约人将其承诺的意思表示传达给要约人所采用的方式。对一项要约作出承诺即可使合同成立，因此承诺以何种方式作出是很重要的事情。

一般说来，法律并不对承诺必须采取的方式作限定，而只是一般规定承诺应当以明示或者默示的方式作出。所谓明示的方式，一般依通知。以通知的方式作出承诺可以是口头通知，也可以是书面通知。一般说来，如果法律或要约中没有规定必须以书面形式表示承诺，当事人就可以口头形式表示承诺。所谓默示的方式，一般按照交易的习惯或者当事人之间的约定，受要约人尽管没有通过书面或者口头方式明确表达其意思，但是通过实施一定的行为和其他形式作出了承诺。

根据合同编本条规定，承诺应当以通知的方式作出，根据交易习惯或者要约表明也可以通过行为作出承诺。本条中"通知的方式"是典型的明示方式。"通过行为作出承诺"属于默示的方式，这里的"行为"通常是指履行行为，比如预付价款、装运货物或在工地上开始施工等。以通知方式作出承诺具有直接、明确、不易产生纠纷的特点，因此承诺一般应以通知的方式作出。但是商业实践中往往还存在一些交易习惯，根据这些交易习惯，承诺也可以通过行为作出。这些交易习惯一般为从事该项交易的当事人所知晓，"通过行为作出承诺"的方式在要约人的预期之内，不会损害要约人的利益，因此本条对此予以认可。除了交易习惯外，如果要约人在要约中表明了可以通过行为作出承诺，那么受要约人通过行为作出承诺的，符合要约人的意愿，自然也应当予以认可。

值得注意的是，合同编本条规定是对承诺方式的一般性规定，原则上承诺需要以通知的方式或者通过行为作出，但并没有排除沉默方式的承诺。沉默是一种既无语言表示也无行为表示的纯粹的缄默，完全不作任何表示，是一种完全的不作为。受要约人的沉默原则上不得推断受要约人同意要约。根据总则编第 140 条第 2 款规定，沉默只有在有法律规定、当事人约定或者符合当事人之间的交易习惯时，才可以视为意思表示。据此，沉默视为承诺的条件非常严格，如果没有要约人与受要约人事先的约定，也没有要约人与受要约人之间交易的习惯做法，在没有法律特别规定的情况下，仅仅由要约人在要约中表明如果不答复就视为承诺是不行的。《国际商事合同通则》在对第 2.1.6 条关于这个问题的解释上举了两个例子，很能说明这个问题。其一：甲和乙之间的供酒合同将于 12 月 31 日到期，甲要求乙提出续展合同的条件。乙在其要约中规定"最晚在 11 月底以前，如果我方未收到你方的答复，我方将推定你方同意按上述条件续展合同"。甲发现乙所提议的条件完全不可接受，因此未予答复。这样，当事人间未能达成新的合同，先前的合同到期失效。其二：在一项长期供酒协议中，乙惯常不经明确表示承诺而直接履行甲的订单。11 月 15 日，甲为准备新年向乙订一大批货。乙既没有答复，也没有按要求的时间供货。此时乙构成违约，因为根据当事人间业已建立的习惯做法，乙的缄默视同对甲的订单的承诺。

对于承诺的特定方式问题，有的国家的法律作了规定，如《意大利民法典》第 1326 条规定："当要约人对承诺要求特定形式时，如果承诺以不同于要求的形式发出，则该承诺无效。"有些国家的法律没有特别规定，但一般可从其对意思表示的要求中推断出来。如果要约人在要约中规定承诺需用特定方式的，承诺人作出承诺时，必须符合要约人规定的承诺方式。即使是这种要求的方式在一般人看来是很特别的，只要不为法律所禁止或者不属于在客观上根本不可能，受要约人都必须遵守。例如，要约人限定承诺应以电报回答，则受要约人纵以书面回答，不生承诺的效力。但如果要约人仅仅是希望以电报回复，受要约人则不必一定用电报回答。如果某些交易习惯上对承诺的方法有限定的，则一般应遵守交易习惯的要求，但如果要约人明确反对或者规定特定方式的，受要约人应当尊重要约人的意思，并按照要约人的要求的方式作出承诺。如果要约规定了一种承诺方式，但并没有规定这是唯一的承诺方式，则一般来说，受要约人可以用比要约规定的方式更为迅捷的方式作出承诺。反之，受要约人如果使用比要约的规定更为迟缓的方式，则可能为无效。

> **第四百八十一条** 承诺应当在要约确定的期限内到达要约人。
> 要约没有确定承诺期限的，承诺应当依照下列规定到达：
> （一）要约以对话方式作出的，应当即时作出承诺；
> （二）要约以非对话方式作出的，承诺应当在合理期限内到达。

【条文主旨】

本条是关于承诺到达时间的规定。

【条文释义】

本条区分要约是否确定了承诺期限，对承诺的到达时间分别作了规定。要约确定了承诺期限的，受要约人自然应当尊重要约人的意愿，承诺应当在该承诺期限内到达要约人。要约没有确定承诺期限的，根据要约是以对话方式作出还是非对话方式作出，承诺到达时间又有所不同：

一是关于要约以对话方式作出的。所谓以对话方式作出的要约，是指采取使受要约方可以同步受领的方式作出的要约，如面对面交谈、电话等方式。在以这种方式作出的要约中，要约人作出要约和受要约人受领要约是同步进行的，没有时间差，受要约人可以即时决定是否接受。依据本条规定，对于以这种方式作出的要约，如果要约本身没有确定承诺期限，受要约人应当即时作出承诺，对话结束后再作出的承诺对要约人不具有拘束力。根据合同法第 23 条第 2 款第1 项规定，要约以对话方式作出的，应当即时作出承诺，但当事人另有约定的除外。"当事人另有约定"不仅指要约人在要约中规定了承诺期限，也指事先约定好的情况。本条删去了合同法的"但当事人另有约定的除外"，意在使条文表述更为简洁，如果当事人另有约定的，自然应当尊重当事人约定，无须特别强调。即使本条删去了合同法的"但当事人另有约定的除外"，但条文规范的内涵没变，如果要约人在要约中规定了承诺期限，或者双方事先有约定的情况，自然应当尊重当事人意愿。

二是关于要约以非对话方式作出的。要约本身没有确定承诺期限，如果要约以非对话方式作出，则承诺应当在"合理期限内"到达要约人。史尚宽先生对于"依通常情形可期待承诺达到时期"有过解释，可以作为参考。他解释说，相当的期间，可分为三段：第一，要约到达于受要约人的期间；第二，为承诺所必要的期间；第三，承诺的通知达到要约人所必要的期间。第一段与第三段的期间，依通讯方式确定，如依邮寄或电报为要约或回答通常所必要的期间。如果要约及承诺的通知，途中有非常事变（火车障碍、暴风雨等）的迟延，要约人如果知道该情况的发生，应当斟酌以定其达到所必要的期间。此承诺达到所必要的期间，依其通知的方法而有不同。要约人如特别限定其承诺通知的方法，须以其方法为承诺。否则得依通常交易上所用的方法。以电报为要约时，是否必须以电报作为回答，应依要约的性质及特别的情势确定。第二段的期间，是自要约达到时以至发送承诺通知的期间，是受要约人审查考虑是否承诺所必要的时间。这个时间可以通常人为标准确定，但依要约的内容不同有所差异，内容复杂，审查考虑的时间就长，如果还要经过法定代表人或者董事会的批准，可能时间还会更长。此三段期间为"依通常情形可期待承诺达到时期"，也就是"合理期间"。

本条关于承诺到达时间的规定，可以结合合同编第486条与第487条作一体理解，这三个条文结合起来，从承诺作出的时间层面，对承诺的效力作出了完整的规定。本条可以说是从正面对一项有效承诺应当具备的时间要件作出原则性规定，即一般而言，承诺在承诺期限内到达要约人的，才是一项有效的承诺。合同编第486条和第487条是从反面对未在承诺期限内到达要约人的承诺的效力作出规定。依据合同编第486条和第487条的规定，未在承诺期限内到达要约人的承诺原则上对要约人不具有拘束力，视为新要约，但是要约人可以及时通知受要约人该承诺有效；有的承诺虽然未在承诺期限内到达要约人，但如果该承诺是受要约人在承诺期限内发出的，按照通常情形能够及时到达要约人，但是因其他原因迟到的，该承诺原则上仍然有效，但是要约人可以及时通知受要约人因承诺迟到而不接受该承诺。

> **第四百八十二条** 要约以信件或者电报作出的，承诺期限自信件载明的日期或者电报交发之日开始计算。信件未载明日期的，自投寄该信件的邮戳日期开始计算。要约以电话、传真、电子邮件等快速通讯方式作出的，承诺期限自要约到达受要约人时开始计算。

【条文主旨】

本条是关于承诺期限起算点的规定。

【条文释义】

如何确定承诺期限的起算点，对受要约人是否作出承诺、何时作出承诺、以何种方式作出承诺，以及作出的承诺是否有效等具有重要意义。因此，法律有必要对承诺期限的起算点确定一个统一的标准，以尽量减少可能发生的争议。

本条区分要约的作出方式，分别规定了承诺期限起算点的不同标准。一是要约以信件或者电报作出的，承诺期限自信件载明的日期或者电报交发之日开始计算。如果信件未载明日期，自投寄该信件的邮戳日期开始计算。二是要约以电话、传真、电子邮件等快速通讯方式作出的，承诺期限自要约到达受要约人时开始计算。

> **第四百八十三条　承诺生效时合同成立，但是法律另有规定或者当事人另有约定的除外。**

【条文主旨】

本条是关于采用要约、承诺方式所订合同成立时间的规定。

【条文释义】

合同是当事人之间设立、变更、终止民事法律关系的协议，本质上是当事人之间的合意。根据总则编第 134 条规定，民事法律行为可以基于双方意思表示一致成立。采用要约、承诺方式订立的合同属于典型的双方民事法律行为。要约人发出要约，受要约人作出承诺；承诺生效之时，要约人与受要约人之间的意思表示达成一致。所以，原则上承诺生效时，就是合同成立之时。因此，本条规定，承诺生效时合同成立，原则上将"承诺生效时"作为采用要约、承诺方式所订合同的成立时间。

民事活动应当充分尊重当事人之间的意愿。总则编第 5 条将自愿原则作为民法的基本原则之一。根据总则编第 5 条规定，民事主体从事民事活动，应当遵循自愿原则，按照自己的意思设立、变更、终止民事法律关系。据此，合同成立时间也应当允许当事人双方另行约定。本条在原则上将"承诺生效时"作为合同成立时间的同时，还作了但书规定"法律另有规定或者当事人另有规定的除外"。这样，既为法律另行规定留下空间，也有利于当事人根据实际情况对合同成立另行约定。比如依照法律规定，实践性合同自实际交付标的物时成立。根据合同编第 586 条第 1 款规定，定金合同自实际交付定金时成立。根据第 679 条规定，自然人之间的借款合同，自贷款人提供借款时成立。根据第 905 条规定，仓储合同自保管人和存货人意思表示一致时成立。此外，要约人与受要约人也可能会对合同成立时间作出另行约定。例如，要约人与受要约人约定，承诺生效后还要制作专门的合同书，只有当事人均签名、盖章时合同始成立。那么在这种情况下，就不能将承诺生效时间直接作为合同成立时间，而是应当尊重当事人之间的约定，以当事人均签名、盖章时作为合同成立时间。

> **第四百八十四条** 以通知方式作出的承诺，生效的时间适用本法第一百三十七条的规定。
>
> 承诺不需要通知的，根据交易习惯或者要约的要求作出承诺的行为时生效。

【条文主旨】

本条是关于承诺生效时间的规定。

【条文释义】

承诺生效的时间即为合同成立的时间，合同一成立即对当事人双方都产生法律约束力。承诺何时生效还直接影响承诺生效地点的确定。根据合同编第 492 条第 1 款规定，承诺生效的地点为合同成立的地点。因此，承诺何时生效与合同成立的地点也密切相关，与管辖法院的确定以及法律的选择适用都有密切联系。确定承诺生效的时间非常重要。本条区分以通知方式作出的承诺与通过行为作出的承诺，对承诺的生效时间分别作了规定。

一、以通知方式作出的承诺的生效时间

根据合同法第 26 条第 1 款规定，承诺通知到达要约人时生效。本法总则编第 137 条对有相对人的意思表示的生效时间与合同法的规定略有不同。承诺是一种有相对人的意思表示，以通知方式作出的承诺自然应当适用总则编第 137 条的规定。总则编第 137 条规定区分意思表示是以对话方式作出的还是非对话方式作出的，分别对意思表示的生效时间作了规定。据此，对于以通知方式作出的承诺的生效时间，也应当区分承诺是以对话方式作出的还是以非对话方式作出的，分别对待。

1. 承诺是以对话方式作出的，即受要约人通过面对面交谈、电话等方式向要约人作出承诺的，受要约人作出承诺和要约人受领承诺是同步进行的，没有时间差。受要约人作出承诺并使要约人知道时即发生效力。

2. 承诺是以非对话方式作出的，比如受要约人通过信函、传真、电子邮件等方式向要约人作出承诺的，受要约人作出承诺的时间与要约人受领承诺的时间不同步，二者之间存在时间差。参照总则编第 137 条规定。

二、通过行为作出承诺的生效时间

根据本条规定，承诺不需要通知的，根据交易习惯或者要约的要求作出承诺的行为时，承诺生效。该规定与《联合国国际货物销售合同公约》《国际商事合同通则》的规定基本一致。根据《联合国国际货物销售合同公约》第 18 条第 3 款规定，如果根据该项发价或依照当事人之间确立的习惯做法和惯例，被发价人可以作出某种行为，例如与发运货物或支付价款有关的行为，来表示同意，而无须向发价人发出通知，则接受于该项行为作出时生效，但该项行为必须在上一款所规定的期间内（发价人所规定的时间；如未规定时间，在一段合理的时间内）作出。根据《国际商事合同通则》第 2.1.6 条第 3 款规定，如果根据要约本身，或依照当事人之间建立的习惯做法，或依照惯例，受要约人可以通过作出某种行为来表示同意，而无须向要约人发出通知，则承诺于作出该行为时生效。《国际商事合同通则》在注释中予以举例说明：为建立一个数据库，甲要求乙编写一套专门的程序。在未给甲发出承诺通知的情况下，乙开始编写程序，并在完成后要求甲根据要约中所开列的条件付款。这种情况下，乙无权要求付款，因为乙从未通知甲，乙对要约的所谓承诺没有生效。但如果甲在其要约中通知乙随后的 2 周甲不在，如果乙有意承诺该要约，为节省时间，应立即着手编写程序。这种情况下，一旦乙开始编写工作，合同即告成立，即便乙未将承诺立即通知甲或在以后阶段通知甲。

> **第四百八十五条 承诺可以撤回。承诺的撤回适用本法第一百四十一条的规定。**

〖条文主旨〗

本条是关于承诺撤回的规定。

〖条文释义〗

承诺的撤回是指受要约人阻止承诺发生法律效力的意思表示。承诺是一种能够产生法律效果的意思表示，承诺作出后如果要撤回必须满足一定的条件。

根据合同法第 27 条规定，撤回承诺的通知应当在承诺通知到达要约人之前或者与承诺通知同时到达要约人。本条关于承诺的撤回条件的规定，只是基于体例的考虑，作了转引性规定，但在实质内容上与合同法相比没有变化。本法总则编第 141 条对意思表示的撤回条件作了规定，即撤回意思表示的通知应当在意思表示到达相对人前或者与意思表示同时到达相对人。承诺是一种意思表示，承诺的撤回条件应当适用总则编第 141 条关于意思表示撤回条件的规定。据此，承诺的撤回条件可以概括为，撤回承诺的通知应当在承诺通知到达要约人之前或者与承诺通知同时到达要约人。如果撤回承诺的通知晚于承诺通知到达要约人，则承诺已经生效，合同已经成立，受要约人撤回承诺的通知不发生效力。

> **第四百八十六条** 受要约人超过承诺期限发出承诺，或者在承诺期限内发出承诺，按照通常情形不能及时到达要约人的，为新要约；但是，要约人及时通知受要约人该承诺有效的除外。

〖条文主旨〗

本条是关于逾期承诺的法律效果的规定。

〖条文释义〗

本条与本编第 481 条规定关联较为密切。本编第 481 条是从正面对有效承诺的时间要件作出规定，即要约确定了承诺期限的，承诺应在该承诺期限内到达要约人；要约没有确定承诺期限的，承诺应当在合理的期限内到达要约人。本条从反面对逾期承诺，即承诺到达要约人时超过承诺期限的情形予以规定，明确了逾期承诺的法律效果。

本条是在合同法第 28 条基础上修改而来。合同法第 28 条对于逾期承诺的规定并不完整。合同法第 28 条规定，受要约人超过承诺期限发出承诺的，除要约人及时通知受要约人该承诺有效的以外，为新要约。该规定仅对受要约人超过承诺期限发出的承诺的法律效果作了规定。实践中，逾期承诺还包括一类情形，即受要约人在承诺期限内发出承诺，按照通常情形不能及时到达要约人，并且确实也没有在承诺期限内到达要约人的，这种承诺原则上也应视为新要约。合同编本条规定在合同法第 28 条规定的基础上，将该类逾期承诺的情形纳入。

对本条的规定可以从以下两个层面理解：

一是逾期承诺视为新要约。本条的"承诺期限"不但指要约人在要约中确定的承诺期限，也指要约人未确定承诺期限，而根据实际情况推断的合理期限。逾期承诺包括两类情形：第一类情形是，受要约人超过承诺期限发出承诺。这种情况下，承诺到达要约人时肯定也已经超过承诺期限。第二类情形是，承诺虽然是在承诺期限内发出的，按照通常情形不能及时到达要约人，并且也确实没有在承诺期限内到达要约人。合同法第 28 条仅对逾期承诺的第一类情形作了明确规定，即受要约人超过承诺期限发出承诺的，除要约人及时通知受要约人该承诺有效的以外，为新要约。当然也有的观点认为，从解释学的角度，合同法第 28 条也可以理解为包含第二类情形。为了统一理解，更有利于实践运用，本条明确将第二类情形纳入逾期承诺予以规定。根据本条规定，在以上两类情形下，承诺到达要约人时，要约的承诺期限已过，受要约人发出的承诺对要约人不产生拘束力，此承诺已不能作为一项有效承诺，只能作为一项新的要约。对该项新要约，原受要约人成为新要约的要约人，原要约人成为新要约的受要约人，双方位置互换，可以按照要约、承诺规则作新的处理。

二是虽然承诺已经迟延到达要约人，但是如果要约人及时通知受要约人该承诺有效的，该承诺仍为有效。这体现了对要约人意愿的尊重，也符合受要约人的利益，有利于促进交易。何谓"及时"，要根据交易的实际情况予以判断。

> **第四百八十七条**　受要约人在承诺期限内发出承诺，按照通常情形能够及时到达要约人，但是因其他原因致使承诺到达要约人时超过承诺期限的，除要约人及时通知受要约人因承诺超过期限不接受该承诺外，该承诺有效。

【条文主旨】

本条是关于因传递迟延造成的逾期承诺法律效果的规定。

【条文释义】

本条针对的是在承诺期限内发出并且依通常情形可于承诺期限内到达要约人，但因传递过程中的原因造成承诺到达要约人时超过承诺期限。本条规定的情形再加上本编第 487 条规定的逾期承诺的一般情形，在逻辑上涵盖了承诺超过承诺期限到达要约人的所有情形，与本编第 481 条规定可以说是正反面的关系。本编第 481 条是从正面对有效承诺的时间要件作出规定，第 487 条是关于逾期承诺的法律效果的一般性规定，本条是对因传递迟延造成逾期承诺的法律效果的特别规定。

合同编本条对于未迟发而逾期的承诺，按照通常情形能够及时到达要约人，只是因其他原因造成承诺逾期，受要约人对承诺能够及时到达要约人的预期和信赖有必要予以保护，在法律效果上应当与本编第481条规定的逾期承诺的一般情形区别对待。依照本条规定，受要约人在承诺期限内发出承诺，按照通常情形能够及时到达要约人，但是因其他原因致使承诺到达要约人时超过承诺期限的，该承诺有效。同时为了保护要约人的利益，本条对此作了除外规定，允许要约人及时否定该承诺的效力，即如果要约人及时通知受要约人因承诺超过期限不接受该承诺的，则该承诺对要约人不产生拘束力。如果要约人没有及时通知受要约人不接受该承诺的，则该承诺有效、合同成立。

> **第四百八十八条** 承诺的内容应当与要约的内容一致。受要约人对要约的内容作出实质性变更的，为新要约。有关合同标的、数量、质量、价款或者报酬、履行期限、履行地点和方式、违约责任和解决争议方法等的变更，是对要约内容的实质性变更。

【条文主旨】

本条是关于承诺对要约内容作出实质性变更的规定。

【条文释义】

承诺的内容必须与要约的内容一致，不得作更改，是英美法与大陆法两大法系一致的原则，否则，视为新的要约。但在解释上，也并非铁板一块。因为现实中的承诺往往不是简单地回答"是"或者"同意"，承诺是否与要约一致，也是需要进行判断的。在形式上承诺虽然对要约内容有变更，但实质上并没有变更的，仍然可以认为与要约一致，承诺仍为有效。比如就要约的主要内容意思一致，仅就要约的附随事项附以条件或者为其他非实质变更，承诺仍为有效。

要求承诺与要约的内容绝对一致，不利于合同的成立，不利于鼓励交易。补充条款对合同作了实质性改变不构成合同的组成部分。因此，可以认为，承诺对要约的内容并非绝对不可以改变，对非实质内容可以变更，改变实质内容则是一个新要约。问题在于，什么样的内容是实质性或者非实质性的？

本条对实质性条款作了列举，有关合同标的、数量、质量、价款或者报酬、履行期限、履行地点和方式、违约责任和解决争议方法，为实质性条款。但是，实质性条款不限于所列这些项目，例如对合同所适用的法律的选择一般也可以归为实质性条款。本条对于实质性条款项目的开列具有提示性质，在实际交易的具体合同中，哪些条款内容的变更构成实质性变更，还需要就个案进行具体分析。

> 　　**第四百八十九条** 　承诺对要约的内容作出非实质性变更的，除要约人及时表示反对或者要约表明承诺不得对要约的内容作出任何变更外，该承诺有效，合同的内容以承诺的内容为准。

【条文主旨】

本条是关于承诺对要约内容作非实质性变更的规定。

【条文释义】

对于要约的内容作非实质性变更的承诺是否有效，根据本条规定，如果承诺对要约的内容作出非实质性变更的，该承诺有效，合同的内容以承诺的内容为准。但是如果要约人及时表示反对或者要约表明承诺不得对要约的内容作出任何变更的，承诺对要约人不产生拘束力；如果要约人没有及时表示反对，要约也没有表明承诺不得对要约的内容作出任何变更的，则该承诺仍为有效承诺，合同的内容以承诺的内容为准。

> 　　**第四百九十条** 　当事人采用合同书形式订立合同的，自当事人均签名、盖章或者按指印时合同成立。在签名、盖章或者按指印之前，当事人一方已经履行主要义务，对方接受时，该合同成立。
> 　　法律、行政法规规定或者当事人约定合同应当采用书面形式订立，当事人未采用书面形式但是一方已经履行主要义务，对方接受时，该合同成立。

【条文主旨】

本条是关于采用书面形式订立的合同成立时间的规定。

【条文释义】

书面形式是当事人订立合同的形式之一，具体包括合同书、信件、数据电文等形式。采用合同书形式订立合同，为民事主体之间订立合同所经常采用。合同书记载着全部内容，当事人的姓名或者名称和住所、当事人各方的权利义务等都在合同书中作出明确约定。采用合同书形式订立的合同，一般来说，合同的内容比较复杂，合同条款也比较多。为了保护交易安全，有利于预防和解决纠纷，本条第1款对采用合同书形式所订立合同的特别成立要件作了规定。

本条第1款规定，当事人采用合同书形式订立合同的，自当事人均签名、盖章或者按指印时合同成立。在合同书中当事人的签名、盖章或者按指印是十分重要的，没有各方当事人的签名、盖章或者按指印，就不能最终确认当事人对合同的内容协商一致，也就不能认定合同成立。经过各方当事人签名、盖章或者按指印的合同，其证据效力是最强的，在当事人发生纠纷时，合同书是判断当事人各方权利义务、责任的最基础证据。除法律、行政法规要求必须签订合同书外，当事人要求签订合同书的，应当在承诺生效之前提出。因为在承诺生效时，合同即成立，之后再提出签订合同书的，合同书只是作为合同成立的证明，合同并非从签名、盖章或者按指印时成立。

总则编第5条将自愿原则作为民法的基本原则。合同成立的核心要素是双方当事人意思表示一致。如果一个以合同书形式订立的合同已经履行，而仅仅是没有签名、盖章或者按指印，就认定合同不成立，违背了当事人的真实意愿。当事人既然已经履行主要义务，对方也接受的，合同当然成立。依照本条第1款规定，当事人采用合同书形式订立合同的，在签名、盖章或者按指印之前，当事人一方已经履行主要义务，对方接受时，应视为合同成立符合双方当事人的共同意愿，该合同成立。

法律、行政法规规定或者当事人约定合同应当采用书面形式订立，一般来说，主要是考虑到有些合同类型各方权利义务关系比较复杂，采用书面形式订立合同对明确各方当事人的权利义务、责任至关重要，对促进合同履行、预防和处理纠纷都具有重要意义。如果法律、行政法规规定或者当事人约定合同应当采用书面形式订立，当事人就应当采用书面形式订立合同。但是，并不能反推说，当事人未采用书面形式的，合同一定不成立。本条第2款规定就属于当事人未按照规定或者约定采用书面形式但合同仍成立的一种情形。即使合同没有按照法律、行政法规规定或者当事人约定采用书面形式订立，但是一方已经履行主要义务，对方接受时，应视为合同成立符合双方当事人的共同意愿，该合同成立。

第四百九十一条 当事人采用信件、数据电文等形式订立合同要求签订确认书的，签订确认书时合同成立。

当事人一方通过互联网等信息网络发布的商品或者服务信息符合要约条件的，对方选择该商品或者服务并提交订单成功时合同成立，但是当事人另有约定的除外。

【条文主旨】

本条是关于签订确认书的合同及电子合同成立时间的规定。

【条文释义】

本条第 1 款对当事人要求签订确认书情形下合同的成立时间作了规定。该款规定在合同法第 33 条规定的基础上稍作文字修改，条文含义没变。合同法第 33 条规定，当事人采用信件、数据电文等形式订立合同的，可以在合同成立之前要求签订确认书。签订确认书时合同成立。合同法第 33 条的规定又来源于原涉外经济合同法的规定。原涉外经济合同法第 7 条第 1 款规定，当事人就合同条款以书面形式达成协议并签字，即为合同成立。通过信件、电报、电传达成协议，一方当事人要求签订确认书的，签订确认书时，方为合同成立。原涉外经济合同法第 7 条主要是针对当时我国对外贸易企业的习惯做法所作规定。按照当时我国对外贸易企业的习惯做法，双方以函电方式达成协议后，中方企业往往还要提出一式两份的销售确认书，邮寄对方交换签字后，才作为合同正式成立的依据。这种销售确认书实质上是一份简单的书面合同。当然，合同编本条第 1 款规定不局限于对外贸易领域，而是适用于所有采用信件、数据电文等形式订立合同要求签订确认书的情形。

依照本条第 1 款规定，当事人采用信件、数据电文等形式订立合同要求签订确认书的，签订确认书时合同成立。这一规定虽然没有明确何时可以提出签订确认书的要求，但不能理解为允许当事人在承诺生效后再提出签订确认书的要求，因为按照本编规定的要约、承诺规则，承诺生效后合同即已成立。在合同成立后，如果一方当事人提出签订确认书的要求，对合同的成立不产生任何影响。

本条第 2 款对电子合同的成立时间作了规定。近年来信息网络技术及其应用发展迅速，当事人通过信息网络销售商品或者提供服务已经较为普遍，"线上交易"成为合同交易中的重要类型。为了回应信息网络技术的发展，适应实践需要，本条第 2 款吸收了电子商务法的规定，对电子合同的成立时间作了规定。根据本条规定，电子合同的成立需要具备两个基本条件：

一是当事人一方通过互联网等信息网络发布的商品或者服务信息符合要约条件。对于传统交易，当事人往往会通过商店橱窗展示货物及其价格，也可能会通过商业广告和宣传、寄送价目表等形式发布商品或者服务信息，当事人的这些行为一般视为要约邀请，目的在于希望他人向自己发出要约，展示或者发布信息的人不受约束。欲与发布信息的该当事人订立合同，要先向发布信息的该当事人发出要约。而对于"线上交易",当事人发布商品或者服务信息的信息网络系统,往往具有互动性,相对方不仅可以浏览商品或者服务的价格、规格等具体信息,还可以在网上直接选择交易标的、提交订单,这种情况下当事人通过信息网络发布商品或者服务信息的行为就不能简单地认为是要约邀请,该行为符合要约条件的,应当作为要约对待。符合要约条件是指符合合同编第472条规定的要约条件。根据合同编第472条规定,要约是希望与他人订立合同的意思表示,该意思表示应当符合下列条件:(1)内容具体确定;(2)表明经受要约人承诺,要约人即受该意思表示约束。"内容具体确定"是指当事人通过信息网络发布的商品或者服务信息要达到内容具体确定的程度,比如对商品的名称、数量、质量、规格、价格、运费等都作了明确表述。"表明经受要约人承诺,要约人即受该意思表示约束"这一要约条件需要根据实践中的具体情况进行判断,一般来说可以从相对方是否能够直接选择商品或者服务并提交订单等情况进行综合判断。

二是相对方选择该商品或者服务并提交订单成功。当事人通过信息网络发布的商品或者服务信息符合要约条件的,相对方可以直接作出承诺达成交易。相对方选择该商品或者服务并成功提交订单,即属于作出承诺。订单一旦提交成功,合同即成立,订单提交成功的时间即为合同成立的时间。合同成立后,对双方当事人均产生了法律约束力,发布商品或者服务信息的当事人应当按时交付商品或者提供服务。

以上是电子合同成立的一般规则。合同法奉行合同自愿原则,允许当事人对此作出另外约定。实践中,通过信息网络发布商品或者服务信息的当事人往往是通过设置格式条款的方式作出特别的意思表示,相对方必须勾选同意该格式条款方能提交订单。该格式条款不得违反法律关于格式条款规制的规定,这些规定散布在合同编、消费者权益保护法、电子商务法等法律之中。合同编第496条对格式条款提供方的提示、说明义务及其法律后果作了规定。合同编第496条第2款规定,采用格式条款订立合同的,提供格式条款的一方应当遵循公平原则确定当事人之间的权利和义务,并采取合理的方式提示对方注意免除或者减轻其责任等与对方有重大利害关系的条款,按照对方的要求,对该条款予以说明。提供格式条款的一方未履行提示或者说明义务,致使对方没有注意或者理解与其有重大利害关系的条款的,对方可以主张该条款不成为合同的内容。根据合同编第497条规定,提供格式条款的一方不合理地免除或者减轻其责任、加重对方责任、限制对方主要权利,或者排除对方主要权利的,该格式条款无效。根据消费者权益保护法第26条第2款、第3款规定,经营者不得以格式条款作出排除或者限制消费者权利、减轻或者免除经营者责任、加重消费者责任等对消费者不公平、不合理的规定，不得利用格式条款并借助技术手段强制交易；格式条款含有该内容的，其内容无效。此外，电子商务法还专门对电子商务经营者提供的格式条款的效力问题作了规定。根据电子商务法第 49 条第 2 款规定，电子商务经营者不得以格式条款等方式约定消费者支付价款后合同不成立；格式条款等含有该内容的，其内容无效。

通过信息网络发布商品或者服务信息的当事人提供的格式条款是否成立、是否有效，要根据以上法律关于格式条款规制的规定，结合具体情况进行判断。

> **第四百九十二条**　承诺生效的地点为合同成立的地点。
> 采用数据电文形式订立合同的，收件人的主营业地为合同成立的地点；没有主营业地的，其住所地为合同成立的地点。当事人另有约定的，按照其约定。

【条文主旨】

本条是关于合同成立地点的规定。

【条文释义】

本条第 1 款是关于合同成立地点的一般规定。

承诺生效时合同成立，而承诺生效地点为合同成立地点是国际上普遍认可的规则。大陆法系与英美法系因采取不同的承诺生效规则而使合同的成立时间及地点有所不同。在以信件与电报订立合同的情况下，英美法系由于承诺生效采取发信主义，因而承诺生效的地点为发信人所在地，承诺生效的地点又是合同成立的地点，因而合同成立的地点为发信人所在地。而大陆法系由于承诺生效采用送达主义，承诺生效的地点为收件人所在地，因而合同成立的地点为收件人所在地。

一般来说，承诺生效时合同成立，承诺生效的地点为合同成立的地点。而当事人采用特定形式订立合同的，特定形式完成地点为合同成立的地点。例如，根据本编第 493 条规定，当事人采用合同书形式订立合同的，一般来说，当事人最后签名、盖章或者按指印的地点为合同成立的地点。此外，本条虽然没有明确规定，但基于民法的自愿原则，合同成立的地点也可以由双方当事人自行约定。

本条第 2 款是关于以数据电文形式订立的合同成立地点的规定。

对于以数据电文形式订立的合同成立地点，难以按照承诺生效的地点为合同成立地点的一般规则予以认定。合同法关于采用数据电文形式订立合同的成立地点的规定参考了《联合国国际贸易法委员会电子商务示范法》。合同法第34条第2款规定，采用数据电文形式订立合同的，收件人的主营业地为合同成立的地点；没有主营业地的，其经常居住地为合同成立的地点。当事人另有约定的，按照其约定。合同编本条第2款规定基本延续了合同法的规定，但作了一处修改，将收件人没有营业地情形下合同成立的地点由"其经常居住地"修改为"其住所地"。这主要是为了与民法典规定的自然人、法人住所制度相协调。民法典中对民事主体已经不再使用"经常居住地"的概念，而是明确规定了自然人、法人的住所制度。根据总则编第25条规定，自然人以户籍登记或者其他有效身份登记记载的居所为住所；经常居所与住所不一致的，经常居所视为住所。根据总则编第63条规定，法人以其主要办事机构所在地为住所。

根据本条第2款规定，采用数据电文形式订立的合同，原则上以收件人的主营业地为合同成立的地点。这里的收件人是指要约人，即收到承诺的人。如果收件人没有主营业地，其住所地为合同成立的地点，即收件人是自然人的，合同成立的地点以自然人的住所地为准；收件人是法人的，合同成立的地点以法人的主要办事机构所在地为准。本条规定的"数据电文形式"与总则编第137条第2款规定的"数据电文"应作同一理解，指经由电子手段、电磁手段、光学手段或类似手段生成、发送、接收或存储的信息，这些手段包括但不限于电子数据交换、电子邮件、电报、电传或传真。此外，合同成立地点的确定应当尊重当事人的意愿，对于采用数据电文形式订立的合同，也应当允许当事人对合同成立地点作另外约定。当事人作出另外约定的，按照其约定确定合同成立地点。

> **第四百九十三条** 当事人采用合同书形式订立合同的，最后签名、盖章或者按指印的地点为合同成立的地点，但是当事人另有约定的除外。

〖条文主旨〗

本条是关于采用合同书形式订立的合同成立地点的规定。

〖条文释义〗

非要式的合同，一般以承诺生效的地点为合同成立的地点。要式合同，以要式达成的地点为合同成立的地点。当事人采用合同书形式订立合同的，以签名、盖章或者按指印的地点为合同成立的地点；如果各方当事人签名、盖章或者按指印的时间不同步，则以最后签名、盖章或者按指印的地点为合同成立的地点。当然，如果当事人对合同成立的地点另有约定的，则应当尊重当事人的意愿，以当事人之间的约定确定合同成立的地点。如果当事人以要约与承诺达成合意后又协商签订合同书的，除非当事人另有约定，合同已于承诺生效时成立，承诺生效的地点为合同订立的地点，不适用本条的规定。

> **第四百九十四条**　国家根据抢险救灾、疫情防控或者其他需要下达国家订货任务、指令性任务的，有关民事主体之间应当依照有关法律、行政法规规定的权利和义务订立合同。
>
> 依照法律、行政法规的规定负有发出要约义务的当事人，应当及时发出合理的要约。
>
> 依照法律、行政法规的规定负有作出承诺义务的当事人，不得拒绝对方合理的订立合同要求。

【条文主旨】

本条是关于强制缔约义务的规定。

【条文释义】

根据民法的自愿原则，民事主体可以自己决定要不要订立合同、与谁订立合同，可以自主决定合同内容。但民法上的自愿原则并不是无限制的，为了维护国家利益、社会公共利益或者照顾弱势一方利益等政策考量，有必要在特定情形下对民法自愿原则予以适当限制。民事主体的强制缔约义务即属于对民法自愿原则的限制，在特定情形下，民事主体具有与相对人订立相关合同的义务，不得以自愿原则为由拒绝订立合同。世界各个国家或者地区普遍在立法中对民事主体的强制缔约义务予以规定，只不过基于不同的国情，对强制缔约义务的适用情形、适用条件等规定有所不同。我国也有强制缔约义务的规定，这些规定分散在不同的规范性法律文件中。在不同情形下，强制缔约义务的设立需要考量的因素也不同。民法典将强制缔约义务作为一项基本民事制度作总括性规定，有利于使具体情形下强制缔约义务的设定有民法上的依据，强化法律制度之间的衔接，也有利于促使民事主体在特定情形下积极履行缔约义务。

本条第 1 款是关于按照国家订货任务、指令性任务订立合同的规定。过去，我国实行计划经济体制，随着改革开放的深入和扩大，建立了社会主义市场经济体制，国家指令性计划管理的范围逐步缩小，数量逐步减少，作用逐渐减弱，市场对资源配置的作用逐渐增强。我国从1992年起开始试行国家订货，其目的是在我国经济体制改革不断深入，国家指令性计划的范围和品种数量大幅度缩小的情况下，维护全国经济和市场的稳定，保证国防军工、重点建设以及国家战略储备等需要，对于国家还必须掌握的一些重要物资，将以国家订货方式逐步取代重要物资分配的指令性计划管理。从当时有关部门的设想来看，国家订货与原有的国家指令性计划管理的区别主要是，订货的价格比过去进一步放开，同时国家也不再保证生产企业的生产条件，但可以作协调工作。

从实践情况来看，国家根据抢险救灾或者疫情防控的需要也可能会下达订货任务或者指令性任务。国家根据抢险救灾、疫情防控或者保证国防军工、重点建设以及国家战略储备等需要，下达国家订货任务、指令性任务的，必须予以充分保障，有关民事主体不得以合同自愿为借口而不落实国家下达的订货任务、指令性任务。因此，第1款规定，国家根据抢险救灾、疫情防控或者其他需要下达国家订货任务、指令性任务的，有关民事主体之间应当依照有关法律、行政法规规定的权利和义务订立合同。

本条第2款是关于强制发出要约义务的规定。民事主体在特定情形下负有发出要约的义务，是强制缔约义务的一种类型。要约人发出要约是具有民法上法律效果的行为。要约是希望与他人订立合同的意思表示，一经受要约人承诺，即对要约人产生法律约束力，承诺生效时，合同即成立。一般情况下，民事主体可以自行决定是否发出要约、向谁发出要约、何时发出要约，自行决定要约内容等，但在特定情形下，要约人必须发出要约，并且发出要约的时间、相对人、内容等还要受到一定限制。这种限制是对民事主体自愿从事民事活动的重大干预，直接影响到民法自愿原则的落实，因此本款规定了施加此种限制的法律效力位阶，即"法律、行政法规"。此处的"法律"是指狭义的法律，即全国人民代表大会及其常务委员会制定的法律；"行政法规"是由国务院制定的。根据本款规定，对于负有发出要约义务的当事人来说，一是发出要约是其义务，不得拒绝；二是发出要约要"及时"；三是发出的要约内容要"合理"。至于何谓"及时""合理"，要根据法律、行政法规的规定视具体情况进行判断。目前我国法律、行政法规中，对发出要约义务作出规定的主要是证券法。证券法第65条至第70条、第73条对强制投资者、收购人向上市公司所有股东发出收购要约作了具体规定。其中，证券法第65条第1款和证券法第73条对强制要约收购的适用情形作了规定。根据证券法第65条第1款规定，通过证券交易所的证券交易，投资者持有或者通过协议、其他安排与他人共同持有一个上市公司已发行的有表决权股份达到30%时，继续进行收购的，应当依法向该上市公司所有股东发出收购上市公司全部或者部分股份的要约。根据证券法第73条第1

款规定，采取协议收购方式的，收购人收购或者通过协议、其他安排与他人共同收购一个上市公司已发行的有表决权股份达到30%时，继续进行收购的，应当依法向该上市公司所有股东发出收购上市公司全部或者部分股份的要约；但是，按照国务院证券监督管理机构的规定免除发出要约的除外。证券法第65条第2款、第66条至第70条还对强制要约收购中要约内容、收购期限、不得撤销要约、收购条件等作了具体规定。证券法设立强制要约收购制度，是对投资者、收购人从事上市公司股份收购交易的重大限制，有其特殊的政策考量，即保证收购的公平性，保护上市公司、广大中小股东在公司并购过程中的利益，避免中小股东因持有股份份额较小、获取的信息不对称等原因而利益受损，使中小股东也可以分享上市公司因控制权转移而获得的股份溢价，为中小股东提供一个以合理价格退出上市公司的选择。

本条第3款是关于强制作出承诺义务的规定。强制作出承诺义务，是强制缔约义务中的典型类型。根据民法自愿原则，民事主体对他人发出的要约或者提出的订立合同的要求，有权自主决定是接受还是拒绝。但在特定情形下，例如，基于保护社会公共利益的需要，民事主体这种自主决定的权利有必要受到限制。前已述及，这种限制是对民事主体自愿从事民事活动的重大干预，与前款规定一样，本款也规定了施加此种限制的法律效力位阶，即"法律、行政法规"。根据本款规定，负有作出承诺义务的当事人，对于对方提出的合理的订立合同要求不得拒绝。本款一方面明确了负有作出承诺义务的当事人不得拒绝作出承诺，另一方面也规定了对方提出的订立合同的要求应当是"合理的"。何谓"合理的"，要根据法律、行政法规的规定视具体情况进行判断。目前我国法律、行政法规中，对作出承诺义务的规定主要集中于具有公共服务属性的行业，这些行业与社会公众利益密切相关。例如，电力法、本法合同编对供电人、从事公共运输的承运人作出承诺的义务作出规定。对于供电行业，根据电力法第26条第1款规定，供电营业区内的供电营业机构，对本营业区内的用户有按照国家规定供电的义务，不得违反国家规定对其营业区内申请用电的单位和个人拒绝供电；根据合同编第648条第2款规定，向社会公众供电的供电人，不得拒绝用电人合理的订立合同要求。对于公共运输行业，合同编第810条规定，从事公共运输的承运人不得拒绝旅客、托运人通常、合理的运输要求。此外，有些情形下强制缔约义务的设立是为了促进行政管理制度的落实，维护社会公共利益。例如，根据《机动车交通事故责任强制保险条例》第10条第1款规定，投保人在投保时应当选择从事机动车交通事故责任强制保险业务的保险公司，被选择的保险公司不得拒绝或者拖延承保。

> **第四百九十五条** 当事人约定在将来一定期限内订立合同的认购书、订购书、预订书等，构成预约合同。
>
> 当事人一方不履行预约合同约定的订立合同义务的，对方可以请求其承担预约合同的违约责任。

〖条文主旨〗

本条是关于预约合同的规定。

〖条文释义〗

随着经济社会的发展，预约合同在实践中的适用越来越广泛。最高人民法院相关司法解释在买卖合同领域中对预约合同已经作了一定的探索。为了应对实践需求，本条是在吸收有关司法解释规定的基础上，明确将预约合同作为一项基本的民事制度予以规定，适用于各种交易活动。本条界定了预约合同的定义，并对预约合同的违约责任作了原则性规定。

一、关于预约合同的定义

本条第1款对预约合同的定义作了界定。预约合同最本质的内涵是约定将来一定期限内订立合同。当事人就将来一定期限内订立合同达成合意，即可构成预约合同。将来应当订立的合同可以称为本约或者本约合同，约定订立本约的合同称为预约或者预约合同。预约合同在实践中经常表现为认购书、订购书、预订书等，当然不仅仅表现为这三种形式。对本条第1款可以从以下几个方面予以理解：

1. 预约合同是独立的合同。在理论上，对于预约合同的法律性质，有一些不同的学说和理解，例如前契约说、从合同说、附停止条件本约说和独立契约说等。本条将预约合同作为一项独立的合同予以规定。预约合同的标的为将来一定期限内订立本约，当事人就此项标的达成合意，预约合同即成立。对此，应当着重把握三点：一是预约合同的成立，必须是双方当事人达成了合意，对双方当事人均具有约束力。例如，甲、乙约定，甲将于2个月期满后，把自己的房子以市场价格优先卖给乙，乙届时应当购买。该约定不仅对甲具有约束力，对乙也有约束力，甲、乙之间的约定构成预约合同。此外，预约合同也可能是多方当事人达成的，例如，甲乙二人拟合伙经营某一共同事业，还想再邀请丙加入，为确保将来合伙合同能够成立，该甲乙二人可以先与丙订立预约合同，约定将来一定期限内订立合伙合同。二是预约合同当事人合意的内容是将来订立本约，就将来订立本约的意思表示达成一致。如果当事人只是就将来达成某一交易进行磋商甚至已经就部分条款达成初步合意，但没有将来订立本约的意思表示，仍然不成立预约合同。三是将来订立本约应当是确定的。本条规定的"在将来一定期限内订立合同"，指当事人在约定的期限内确定要订立合同。如果是否订立本约并不确定，例如当事人约定2个月期满后再"考虑"订立本约，此种情形下将来订立本约并没有成为当事人的一项确定性义务，也就不构成预约合同。

2. 预约合同与本约合同有所区别。是否要另行订立合同，是预约合同与本约合同最显著的区别。预约合同的目的在于订立本约合同，预约合同当事人的义务就是在一定期限内订立本约合同，订立本约合同是预约合同得到履行的结果。本约合同当事人可直接履行各自义务（例如一方交付货物、另一方支付货款），实现合同目的，无须再另行订立合同。

3. 预约合同的本质内涵与表现形式的关系。本条第1款规定了预约合同的常见表现形式，例如认购书、订购书、预订书等。当事人签订的认购书、订购书、预订书并不是确定无疑一定构成预约合同，其是否构成预约合同，关键还是要看当事人是否对将来一定期限内订立本约合同达成合意。如果认购书、订购书、预订书等不符合预约合同的这一本质内涵，就不能构成预约合同。另外，即使属于本条没有列举的其他形式，例如有的意向书，只要符合预约合同的这一本质内涵，也属于预约合同。本法合同编制定过程中，在本条关于预约合同的表现形式中也曾经列举"意向书"，但一些意见提出，实践中很多情况下"意向书"并不能构成预约合同，列举了"意向书"反倒不利于引导人们对预约合同作正常理解。本条最终删去了"意向书"，只是不把其作为预约合同的典型表现形式，但并没有否定"意向书"也有构成预约合同的可能。

二、关于预约合同的违约责任

预约合同既然是一项以订立本约为目的的独立合同，当事人违反约定，不履行订立本约的义务，也应当承担违约责任。但违反订立本约的义务与违反本约义务毕竟不同，预约合同的违约责任与本约合同的违约责任也有所差别。基于此，本条采用了"预约合同的违约责任"的表述，第2款规定，当事人一方不履行预约合同约定的订立合同义务的，对方可以请求其承担预约合同的违约责任。当然，如果一方违约，符合合同编规定的解除合同条件的，非违约方也可以请求解除预约合同。依据合同编第八章关于"违约责任"的规定，违约责任的形式主要有违约金责任、定金责任、继续履行和赔偿损失等。预约合同的违约责任原则上也可以包括以上几种责任形式。当事人就预约合同约定违约金或者定金的，当事人违反预约合同义务的，可以适用违约金责任或者定金责任，理论和实务中已经形成共识，不存在问题。但对于是否可以请求违约方继续履行以及损害赔偿的范围仍然存在一定争议。

一是关于继续履行。预约合同中当事人的义务就是订立本约合同。当事人违反合同约定，不履行订立本约义务的，非违约方是否可以请求继续履行呢？换言之，就是是否可以要求违约方配合订立本约呢？

反对的理由主要有：（1）依据民法自愿原则，当事人对是否订立本约有完全的自由，不受他人的强迫。强迫当事人订立本约违反民法自愿原则。（2）订立本约需要双方配合，需要双方都作出意思表示并达成一致，但如果违约方不配合，法院也无法强迫当事人配合订立本约，因为法院无法对人的意志进行强迫，无法强迫当事人作出意思表示。根据合同法第110条（现在合同编第580条第1款）有三种违约方可以拒绝履行的情形：法律上或者事实上不能履行；债务标的不适于强制履行或者履行费用过高；债权人在合理期限内未请求履行。要求违约方配合订立本约，即属于"法律上或者事实上不能履行"的情形。（3）这种情况下，要求违约方赔偿损失即可，不必强制要求订立本约。

支持的理由主要有：（1）预约合同本身就是落实民法自愿原则而成立的，是双方当事人自愿签订的，基于自己决定、自己负责的法理，诚信地兑现自己的承诺，本身就是为了落实其真实意愿。（2）从境外一些国家的做法来看，也是支持继续履行的。德国对于预约合同，法院可以命令违约方作出订立本约的意思表示，债务人不作出意思表示的，视同自判决确定时已为意思表示。本约合同成立后，本约合同的债权人即有请求给付的权利，基于诉讼经济原则，债权人可以合并请求订立本约及履行本约。在日本，违反预约合同义务的效果与通常的违约问题相同，一方当事人不履行订立本约的义务时，另一方可以要求强制履行，具体而言就是请求法院代替当事人作出意思表示。根据2017年修改前的《日本民法典》第414条第2款规定，以法律行为为标的之债务，可以通过诉讼代替债务人作出意思表示。2017年修改后的《日本民法典》对此只是在表达上作了调整，将通过诉讼代替债务人作出意思表示归为强制履行中的间接强制，实质上未作修改。境外这些国家的做法均认可了预约合同当事人可以请求继续履行。（3）"继续履行"在不借助违约方配合的情况下也是可以实现的，比如根据预约合同的内容，本约合同的当事人、标的、数量等必要条款均已具备的情况下，法院是可以据此直接认定本约合同成立的；即使必要条款并不完全具备，也可以根据诚信原则及漏洞填补规则予以补充。（4）对于有些预约合同，违约方赔偿损失并不一定符合非违约方的利益，并不能取代继续履行、订立本约的责任形式。如果可以订立本约，并且履行本约义务对非违约方更为有利的，也有必要支持非违约方。并且，如果可以要求继续履行，使本约得以成立并对本约合同中当事人的具体权利义务予以确定，将更有利于计算具体的损失赔偿额。

二是关于违约损害赔偿范围。预约合同当事人不履行订立本约的义务，非违约方是可以请求违约方赔偿损失的，但违约损害赔偿的范围问题较为复杂。总体来说，比较有共识的是，预约合同的损害赔偿范围不等同于本约合同的损害赔偿范围。理由是，预约合同约定的义务是订立本约合同，而本约合同成立与本约合同履行是两个不同的阶段，因此预约合同的履行利益与本约合同的履行利益是不同的。那么，预约合同的违约损害赔偿范围怎么计算呢？一种观点认为，预约是相对于本约而言的，预约合同所处的阶段，实际上是本约合同的缔约阶段，所以预约合同的违约责任范围大致相当于本约合同的缔约过失责任范围，即相当于赔偿本约合同的信赖利益。也有的观点认为，预约与本约具有内在的联系，当事人的最终目的不在于预约合同的履行，而在于本约合同的订立及履行，因此预约合同违约损害赔偿范围可以以本约合同的履行利益为参照，通过减轻损害、损益相抵等规则予以限缩，结果肯定要小于本约合同的违约损害赔偿范围。还有的观点认为，相对于本约而言，违反预约合同的行为既是预约合同违约行为，也可视为本约合同的缔约过失行为，此时发生缔约过失责任和违反预约合同违约责任的竞合，不管采用哪种方式计算，损害赔偿结果应当是一致的，并且以不超过履行利益为限。

本条是在合同编通则中予以规定，广泛适用于买卖、租赁等各种市场交易。涉及的交易形态多种多样，即使同一交易形态，涉及的具体情况也可能差异较大，因此本条第 2 款仅是原则性规定违约方应当承担预约合同的违约责任，使制度设计保持一定的灵活性，以便为实践留下空间。从关于预约合同违约责任各种不同的观点和争议中，我们也可以有所启发，对于预约与本约的理解，应当放在整个的交易链条中予以考虑，预约虽然是独立的合同，但与本约存在着紧密的内在联系，应将预约放在从预约订立到本约得到履行的整个交易链条中予以考虑。如果当事人在预约阶段就对整个交易的主要内容通过谈判达成一致，本约的内容不需要再作过多协商，那么对于预约合同，要求当事人承担"继续履行"的违约责任，即订立本约的责任也就有实现的空间。在此基础上更进一步，如果预约合同阶段在整个交易环节中的位置非常重要，预约合同的订立及预约合同的履行（预约合同的履行即本约合同的订立）就完成了整个交易的绝大部分，使整个交易达到比较高的成熟度，本约合同义务的履行在整个交易环节中只是占有非常小的分量，非常容易实现，那么对预约合同的违约损害赔偿范围就可以很接近于本约合同的违约损害赔偿范围。预约合同阶段在整个交易环节中的位置，预约合同的订立及履行使整个交易所达到的成熟度，都应当在计算预约合同违约损害赔偿范围中予以体现，不能僵化适用某一种解决思路。

> **第四百九十六条** 格式条款是当事人为了重复使用而预先拟定，并在订立合同时未与对方协商的条款。
>
> 采用格式条款订立合同的，提供格式条款的一方应当遵循公平原则确定当事人之间的权利和义务，并采取合理的方式提示对方注意免除或者减轻其责任等与对方有重大利害关系的条款，按照对方的要求，对该条款予以说明。提供格式条款的一方未履行提示或者说明义务，致使对方没有注意或者理解与其有重大利害关系的条款的，对方可以主张该条款不成为合同的内容。

【条文主旨】

本条是关于格式条款的规定。

【条文释义】

格式条款是自 19 世纪以来发展起来的，是某些行业在进行频繁的、重复性的交易过程中为了简化合同订立的程序而形成的。这些行业的主体一般是发展较大且具有一定规模的企业，往往具有垄断性，如水、电、热力、燃气、邮电、电信、保险、铁路、航空、公路、海运等行业。既有公用事业，也有一般的大企业。格式条款一般具有以下特点：（1）交易对象具有广泛性，往往都是面向社会公众发出。（2）条款具有持久性。格式条款一般是经过认真研究拟定的，在一个相当长的时期内不会改变。（3）条款具体细致。格式条款往往内容繁复，条款甚多，具体细致。（4）由占有优势的一方提出。不论是由占有优势的一方自行拟定或由某行业协会拟定，无论以何种形式表现，可以合同书形式、票证形式或者其他形式，甚至其条款并不在书面形式上记载，但往往是由占有优势的一方提出。

使用格式条款的好处是，简捷、省时、方便、降低交易成本，但其弊端在于，一方往往利用其优势地位，制定有利于自己而不利于交易对方的条款，这一点在消费者作为合同相对方时特别突出。因此，有必要在立法上予以限制。

此外，还需要注意两点：一是我国当前采用的是民商合一的立法体制，合同编就交易制度所作的基本规定，是民商事领域共同的基础性法律制度。合同编本条以及第 497 条、第 498 条这三个条文对格式条款的基本规则作了规定，这些规定不仅适用于普通的民事活动，也适用于商事交易。但商事交易与普通的民事活动毕竟存在一定差异，因此对这三个条文关于格式条款的规定应当根据交易具体情况作合理的理解。二是处理好合同编与消费者权益保护法之间的关系。就格式条款来说，合同编的规定与消费者权益保护法的规定是一般法与特别法的关系。合同编对格式条款所作的规定，也适用于经营者与消费者之间的合同，但是消费者权益保护法有特别规定的，要适用消费者权益保护法的规定。例如，消费者权益保护法对格式条款无效情形作了特别规定，就要适用该规定。对于格式条款的定义，消费者权益保护法没有特别规定，还是要适用合同编的规定。消费者权益保护法只是规定经营者对与消费者具有重大利害关系的内容负有提示、说明义务，但是没有规定经营者未尽到提示、说明义务的法律后果，这就是要适用合同编的规定，对方即消费者可以主张这些与消费者具有重大利害关系的条款不成为合同的内容。

一、格式条款的定义

本条第 1 款规定了格式条款的定义。格式条款最实质的特征在于"未与对方协商"。按照自愿原则，当事人有权自主选择与谁订立合同、自主决定合同的内容。但格式条款的提供方为了追求交易便捷、高效等，利用自己的优势地位，事先拟定合同，相对方往往只能选择接受或者拒绝，不能实质上影响合同内容。相对方虽然在合同上签字予以确认，但并一定是真正的内心意愿表达。"未与对方协商"是指格式条款提供方没有就条款内容与相对方进行实质上的磋商，相对方对条款内容并没有进行实际修改的余地。本条对格式条款的定义还用了"为了重复使用"，从格式条款的通常外在形貌予以描述。格式条款的提供方通常是基于重复使用进而提高交易效率的目的拟定格式条款。正是因为要重复使用，相对方往往对格式条款内容没有进行实质磋商并修改的余地。在本法合同编制定过程中，有的意见提出，"为了重复使用"只是格式条款的通常表现形式，并不是其本质特征，格式条款的本质特征在于"未与对方协商"，因此即使不是"为了重复使用"，只要相对方无法对合同条款施加影响、没有对合同条款进行修改的余地，都可以称为"格式条款"。基于此，提交全国人大常委会审议的合同编草案一审稿、二审稿、三审稿在格式条款的定义中删去了"为了重复使用"。对此，又有不同意见提出，合同法关于格式条款的定义中，将"为了重复使用"与"未与对方协商"并用，有利于将其实质特征与外在表现较好地统一起来，判断标准明确、易于操作。实践中很多合同，都是一方提供、另一方签字确认，如果删去"为了重复使用"，就会使如何认定"未与对方协商"变得标准模糊、不易掌握。并且，如果仅是过于强调相对方对条款内容没有修改余地，还可能使格式条款制度与总则编关于民事法律行为成立的显失公平制度之间的关系不易厘清。经反复研究考虑，本条对格式条款的定义最终又恢复到了合同法的表述，保留了"为了重复使用"的表达。但此处的"为了重复使用"，不能作僵化理解，不是要当事人去证明真正实际重复使用了多次，只要格式条款提供方具有重复使用的目的，不论使用的次数多少，都可认为是"为了重复使用"。

二、关于格式条款提供方的提示、说明义务

本条第 2 款规定了格式条款提供方的提示、说明义务，并明确了违反该义务的法律效果。格式条款是优势一方当事人单方提供的，并没有经过与相对方的充分磋商。民事活动应当遵循公平原则，为了防止格式条款提供方利用单方拟定格式条款的机会，设计不公平的条款内容，本条明确规定，提供格式条款的一方应当遵循公平原则确定当事人之间的权利和义务。

因为格式条款未与相对方进行实际磋商，相对方对条款的内容并不充分了解，对与自己有重大利害关系的条款并不一定能注意到，即使注意到了，也不一定真正理解。为了让相对人在缔约时，能够充分注意并理解格式条款的内容，从而对合同订立的效果作出合理的判断，本条规定了格式条款提供方对与对方有重大利害关系条款的提示、说明义务。依照本条规定，格式条款提供方应当采取"合理的方式"提示对方注意免除或者减轻其责任等与对方"有重大利害关系的条款"，还要按照对方的要求，对该条款予以说明、解释，使相对方真正理解该条款的含义。采用"合理的方式"，目的在于使相对方充分注意。例如实践中一些格式条款采用特别的字体予以提示。对于采取"合理的方式"具体指采用什么方式，要视具体情况而定，要能引起相对方的注意。"有重大利害关系的条款"，一般来说主要包括但不限于格式条款提供方免除或者减轻其责任、加重对方责任、限制或者排除对方主要权利等。"有重大利害关系的条款"的认定要视格式条款的具体情况而定。

对于格式条款提供方未履行提示或者说明义务，致使对方没有注意或者理解与其有重大利害关系的条款的，会产生什么样的法律效果，合同法未作规定，理论和实践中存在一定的分歧，主要有三种观点：第一种观点是，这种情况下该格式条款无效；第二种观点是，对方可以申请撤销该格式条款；第三种观点是，对方可以主张该格式条款视为未订入合同。如何设定格式条款提供方未履行提示或者说明义务的法律效果，至少要符合以下两个要求：

一是从实际效果上要更有利于保护相对方。因为相对方并未实际参与格式条款的实际磋商，有必要予以倾斜性保护。对于前述第一种观点，有的意见认为，如果规定该格式条款无效，就会出现反倒不利于相对方的情况，比如格式条款签订时是不利于相对方的，但随着情况变化，可能会不利于格式条款提供方而有利于相对方，此时格式条款提供方以未尽到提示义务为由主张格式条款无效，就违背了制度设计的初衷，而如果改进一下，规定只能由相对方主张合同无效，又不符合本法关于双方当事人原则上均可主张合同无效的整体制度设计。对于第二种观点，即相对方申请撤销格式条款，有的意见认为，民事法律行为的撤销有除斥期间的限制，一般要在当事人知道或者应当知道撤销事由之日起1年内提出，1年的期限较短，不利于保护相对方。对于第三种观点，也有一些改进意见，建议直接表述为该格式条款"不成为合同的内容"即可，相对于"视为未订入合同"，意思更为清楚、易懂。

二是从逻辑上要更符合整个制度体系。如何设计格式条款提供方未履行提示或者说明义务的法律效果，涉及制度范畴的归属问题。有的意见认为，格式条款提供方未履行提示或者说明义务，即使对方对合同已经签字确认，但基于对方没有注意或者理解，仍然可以视为当事人双方就这些条款并没有真正达成意思表示一致，因此将格式条款提供方未履行提示或者说明义务的法律效果问题归属于合同订立的制度范畴中比较合适。

经综合考虑、反复研究，对格式条款提供方未履行提示或者说明义务的法律效果，本条第2款规定为"对方可以主张该条款不成为合同的内容"，总体上将该制度归属于合同订立的范畴。这也是本条第2款与合同编第497条相区别之处。合同编第497条规定的格式条款无效情形，属于合同成立后的效力评价层面，归属于合同效力制度。还需要强调一点，本条第2款规定的"该条款不成为合同的内容"，只能由相对方主张，格式条款提供方无权主张，这也是从制度设计上对相对方所作的倾斜性保护。

> **第四百九十七条** 有下列情形之一的，该格式条款无效：
>
> （一）具有本法第一编第六章第三节和本法第五百零六条规定的无效情形；
>
> （二）提供格式条款一方不合理地免除或者减轻其责任、加重对方责任、限制对方主要权利；
>
> （三）提供格式条款一方排除对方主要权利。

【条文主旨】

本条是关于格式条款无效的规定。

【条文释义】

格式条款无效情形，属于合同成立后的效力评价层面。格式条款在哪些情形下无效，法律有必要予以规定。本条总括性地规定了格式条款无效的情形：

一是与其他民事法律行为通用的无效情形，即具有总则编第六章第三节和合同编第506条规定的无效情形。总则编第六章第三节对民事法律行为的无效情形作了总括性规定，包括无民事行为能力人实施的民事法律行为，限制民事行为能力人超出其年龄、智力、精神健康状况实施的民事法律行为，以虚假意思表示实施的民事法律行为，违反法律、行政法规的强制性规定的民事法律行为，违背公序良俗的民事法律行为等。如果格式条款具有总则编第六章第三节规定的民事法律行为的无效情形，该格式条款也是无效的。合同编第506条是对合同中免责条款无效情形的规定，如果合同中有免除"造成对方人身伤害的"或者"因故意或者重大过失造成对方财产损失的"责任的条款，则该条款无效。如果格式条款具有第506条规定的情形，当然也是无效的。

二是格式条款特有的无效情形。格式条款是单方提供，对方并没有就条款进行实际磋商的机会，格式条款提供方可能会恣意追求自己的单方利益，违背公平原则，不合理地分配合同交易中的风险和负担。其中，本条第2项规定的"不合理地免除或者减轻其责任、加重对方责任、限制对方主要权利"，以及第3项规定的"提供格式条款一方排除对方主要权利"，均属于违背公平原则的情形。格式条款具有这些情形的，该格式条款无效。该规定是在合同法的基础上修改而来。根据合同法第40条规定，提供格式条款一方免除其责任、加重对方责任、排除对方主要权利的，该条款无效。本条规定根据实践需求，在增加"减轻其责任""限制对方主要权利"的同时，还对这些无效情形作了区分性规定，主要考虑是：本条规定的格式条款适用范围较为广泛，具体情况也较为复杂。实践中也存在这样的格式条款，即综合交易的性质以及双方当事人承担的交易风险和负担等各方面情况来看，虽然存在"免除或者减轻其责任、加重对方责任、限制对方主要权利"的内容，但没有超出合理的范围，没有违背公平原则，这种情况下就不宜认定格式条款无效。因此本条第2项对于"免除或者减轻其责任、加重对方责任、限制对方主要权利"的情形加上了限定词"不合理地"。但提供格式条款一方"排除对方主要权利"的情形，本身就严重违背了公平原则，可以直接认定格式条款无效。

前已述及，民法典与消费者权益保护法是一般法和特别法的关系。消费者权益保护法对格式条款有特别规定的，适用该特别规定。对于格式条款无效情形，根据消费者权益保护法第26条第2款、第3款规定，经营者不得以格式条款作出排除或者限制消费者权利、减轻或者免除经营者责任、加重消费者责任等对消费者不公平、不合理的规定；格式条款含有这些内容的，其内容无效。消费者权益保护法第26条基于有利于保护消费者的考虑，对格式条款无效情形作了特别规定，这些特别规定相对于合同编的规定优先适用，即格式条款中存在的"排除或者限制消费者权利、减轻或者免除经营者责任、加重消费者责任"的内容，可以直接认为是不合理、不公平的，应当认定无效。

总则编第 156 条规定，民事法律行为部分无效，不影响其他部分效力的，其他部分仍然有效。该规定也适用于格式条款无效的情形，即格式条款无效，并不意味着含有格式条款的合同整体无效，如果格式条款无效不影响合同其他部分效力的，其他部分仍然有效。

> **第四百九十八条** 对格式条款的理解发生争议的，应当按照通常理解予以解释。对格式条款有两种以上解释的，应当作出不利于提供格式条款一方的解释。格式条款和非格式条款不一致的，应当采用非格式条款。

【条文主旨】

本条是关于格式条款解释的规定。

【条文释义】

当事人双方对格式条款的理解发生争议时，就需要对格式条款进行合理的解释，以平衡双方利益。格式条款具有为了重复使用、单方事先拟定、对方未参与协商等特点，相对于一般合同条款有其特殊性。本条针对格式条款的特点，对格式条款规定了专门的解释规则。

一是按照通常理解予以解释。格式条款是为了重复使用而拟定的，因此对格式条款也应当按照通常理解予以解释，即既不按照提供格式条款一方的理解予以解释，也不按照个别的相对方的理解予以解释，而是按照可能订立该格式条款的一般人的理解予以解释，这对保护相对方的利益是公平的。

二是不利解释规则。对格式条款有两种以上解释的，应当如何处理？格式条款提供方往往处于优势地位，相对方不能实际参与格式条款内容的拟定与磋商，无法对格式条款内容施加影响，因此在对格式条款内容有两种以上解释时，有必要给予相对方倾斜性的保护，即作出不利于提供格式条款一方的解释。

合同既有格式条款，也有非格式条款的，如果格式条款和非格式条款不一致，应当如何处理？非格式条款优先采信规则已经成为国际上普遍采用的规则。格式条款是单方拟定并提供给相对方使用、相对方未实际参与协商，不能充分体现相对方的真实意愿。而非格式条款是双方当事人自由协商的结果，与格式条款相比，更能体现双方当事人的真实意愿。优先采用非格式条款更符合民法上的自愿原则，对当事人也更为公平。据此，本条规定，格式条款和非格式条款不一致的，应当采用非格式条款。

第四百九十九条 悬赏人以公开方式声明对完成特定行为的人支付报酬的，完成该行为的人可以请求其支付。

【条文主旨】

本条是关于悬赏广告的规定。

【条文释义】

悬赏广告在经济社会中较为常见，各个国家或者地区的民法典普遍对悬赏广告制度作了规定。我国司法实践对于悬赏广告也作了一定探索。根据最高人民法院 2009 年发布的《最高人民法院关于适用〈中华人民共和国合同法〉若干问题的解释（二）》第 3 条规定，悬赏人以公开方式声明对完成一定行为的人支付报酬，完成特定行为的人请求悬赏人支付报酬的，人民法院依法予以支持。合同编在吸收司法实践经验的基础上，对悬赏广告制度的基本规则作了规定，为规范悬赏广告行为、处理悬赏广告纠纷提供了基本依据，并为悬赏广告制度的丰富和发展奠定了民事基本法上的基础。依据本条规定，悬赏广告的构成要满足以下几个条件：一是要以公开的方式作出声明。公开的具体方式，可以是通过广播电视、报纸期刊或者互联网等媒介发布，也可以是在公众场所发传单、在公开的宣传栏张贴广告等。二是悬赏人在声明中提出明确的要求，即要完成特定行为。声明对于该要求，要有具体、明确的表达，不能含糊不清。三是悬赏人具有支付报酬的意思表示，即对完成特定行为的人给付一定报酬。悬赏人应当对报酬的形式、给付方式等作出明确的表达；如果报酬是给付金钱，应当明确金钱的币种、数额等。对于满足以上条件的悬赏广告，完成该特定行为的人可以请求悬赏人支付报酬，悬赏人不得拒绝。

第五百条 当事人在订立合同过程中有下列情形之一，造成对方损失的，应当承担赔偿责任：

（一）假借订立合同，恶意进行磋商；

（二）故意隐瞒与订立合同有关的重要事实或者提供虚假情况；

（三）有其他违背诚信原则的行为。

【条文主旨】

本条是关于缔约过失责任的规定。

【条文释义】

缔约过失责任是指当事人在订立合同过程中，因违背诚信原则而给对方造成损失的赔偿责任。缔约过失责任是以诚信原则为基础的民事责任。诚信原则贯穿合同交易的各个环节，当事人在订立合同过程中进行协商、谈判也要遵循诚信原则，当事人负有相互协助、照顾、保护以及重要情况的告知义务等。在这个阶段，合同尚未成立，但一方对另一方在协商、谈判中实施的行为已经产生了合理信赖。如果当事人在这个阶段实施了违背诚信原则的行为，例如隐瞒了重要事实和情况等，使对方的信赖利益受损，缔约过失责任即成立。

根据本条规定，有下列情况之一，给对方当事人造成损失的，应当承担缔约过失责任：

一是假借订立合同，恶意进行磋商。指根本没有与对方订立合同的目的，与对方进行谈判协商只是个借口，目的是损害对方或者第三人的利益。例如，甲知道乙有转让餐馆的意图，甲并不想购买该餐馆，但为了阻止乙将餐馆卖给竞争对手丙，却假意与乙进行了长时间的谈判。当丙买了另一家餐馆后，甲中断了谈判，导致乙只能以比丙出价更低的价格将餐馆予以转让。

二是故意隐瞒与订立合同有关的重要事实或者提供虚假情况。这也是合同订立过程中比较典型的违背诚信原则的行为。根据诚信原则的要求，当事人在订立合同过程中，对有关的重要事实和情况负有告知义务。当事人故意隐瞒重要事实和情况，造成对方损失的，应当承担缔约过失责任。

三是其他违背诚信原则的行为。在合同订立过程中，当事人依照诚信原则进行谈判，有谈成的，有谈不成的，中途停止谈判也是正常的。但如果当事人违反了诚信原则要求的互相协助、照顾、保护、通知等义务，实施了违背诚信原则的行为，造成对方损失的，就要承担缔约过失责任。比如，甲向乙保证，如果乙努力取得经验并准备投资 15 万美元，则向乙授予专营许可。在此后的 2 年间，乙为订立该专营许可合同做了大量工作，且一直深信将会得到甲的专营许可。当订立合同的一切准备工作就绪时，甲通知乙必须投资更多的金额。乙拒绝了这种要求，同时乙有权要求甲补偿其为准备订立合同所发生的费用。

在合同订立过程中，当事人基于对对方的信赖，为合同的成立做了一些前期准备工作，对方当事人违背诚信原则的行为损害了当事人的信赖利益，应当予以赔偿。缔约过失责任的赔偿范围以受损害的当事人的信赖利益的损失为限，包括直接利益的减少，如谈判中发生的费用，还包括受损害的当事人因此失去与第三人订立合同机会的损失。具体的损失额根据案件实际情况进行计算，但不得超过合同履行利益即合同成立并得到履行后所获得的利益。

> **第五百零一条** 当事人在订立合同过程中知悉的商业秘密或者其他应当保密的信息，无论合同是否成立，不得泄露或者不正当地使用；泄露、不正当地使用该商业秘密或者信息，造成对方损失的，应当承担赔偿责任。

【条文主旨】

本条是关于合同订立过程中当事人保密义务的规定。

【条文释义】

当事人在合同订立过程中，可能会知悉对方的商业秘密或者其他应当保密的信息，对此当事人负有保密义务。当事人在订立合同过程中的保密义务是基于诚信原则。本条根据诚信原则，将当事人在订立合同过程中的保密义务明确予以法定化，将其作为当事人的一项法定义务，无论合同是否成立，当事人均不得泄露或者不正当地使用应当保密的信息。

根据我国反不正当竞争法第9条第4款规定，商业秘密是指不为公众所知悉、具有商业价值并经权利人采取相应保密措施的技术信息、经营信息等商业信息。商业秘密中的技术信息涉及有关技术数据、技术知识，表现为产品配方、工艺流程、设计图纸等，可以给权利人带来很大的经济利益。商业秘密中的经营信息涵盖广泛，包括管理方法、销售策略、发展规划、客户名单等，对其经营活动意义重大，往往是其立足市场、保持竞争力的重要基础。当事人为达成协议，可能会将自身掌握的商业秘密告知对方，但一般也会提请对方不得泄露、使用。在这种情况下，对方当事人负有不予泄露的义务，也不能不正当使用。在有些情况下，虽然一方当事人没有明确告知对方当事人有关信息是商业秘密，但基于此种信息的特殊性质，按照一般的常识，对方当事人也不得泄露或者不正当地使用，否则有悖诚信原则。比如，乙与丙是两个主要的轿车生产商。甲有意与乙或者丙达成一合资企业协议。在与乙的谈判过程中，甲收到了乙关于新型车设计方案的详细资料。尽管乙没有明确要求甲将该信息作为商业秘密予以保密，但因为这是一种新车的设计方案，甲负有不向丙披露的义务，也不能将该设计方案用于自己的生产程序。

此外，还有其他一些信息虽然不构成商业秘密，但也对当事人的经营活动具有重大意义，也属于应当保密的信息。根据诚信原则，当事人在订立合同过程中知悉这些信息的，无论合同是否成立，也不得泄露或者不正当地使用。当然有些情况下，当事人双方在合同谈判的过程中交换的信息可能很有用，也很有价值，但也不一定都属于应当保密的信息。比如当事人要购买一种机器，可以向很多生产或者出售这种机器的商家发出要约邀请，邀请他们发出要约，介绍所生产或者出售的机器的价格、性能、技术指标等基本信息。在这个过程中，当事人会了解到这些基本信息，这些基本信息对于更好地选择商家订立合同很有价值，但一些情况下也可能不属于应当保密的信息。

根据本条规定，当事人泄露、不正当地使用该商业秘密或者其他应当保密的信息造成对方损失的，应当承担赔偿责任。违法泄露或者不正当地使用商业秘密的，不仅限于承担民事赔偿责任，还有可能承担行政责任甚至刑事责任。例如，反不正当竞争法第21条规定，经营者以及其他自然人、法人和非法人组织违反本法规定侵犯商业秘密的，由监督检查部门责令停止违法行为，没收违法所得，处10万元以上100万元以下的罚款；情节严重的，处50万元以上500万元以下的罚款。刑法专门规定了侵犯商业秘密罪，对严重侵犯商业秘密的行为追究刑事责任。

第三章　合同的效力

本章是关于合同效力的规定，共七条。本法总则编第六章、第七章对民事法律行为和代理作了较为全面、系统的规定，这些规定也适用于合同领域，基于此，本章在合同法的基础上，删去了附生效条件和附生效期限的合同、效力待定合同、无效合同、可撤销合同、无权代理和表见代理等与总则编相重复的内容。本章分别对合同的生效时间、未办理影响合同生效的批准等手续的法律后果、无权代理的追认、超越权限所订立合同的法律效果、超越经营范围所订立合同的效力、免责条款、争议解决条款效力的独立性等作了规定。

> **第五百零二条**　依法成立的合同，自成立时生效，但是法律另有规定或者当事人另有约定的除外。
>
> 依照法律、行政法规的规定，合同应当办理批准等手续的，依照其规定。未办理批准等手续影响合同生效的，不影响合同中履行报批等义务条款以及相关条款的效力。应当办理申请批准等手续的当事人未履行义务的，对方可以请求其承担违反该义务的责任。
>
> 依照法律、行政法规的规定，合同的变更、转让、解除等情形应当办理批准等手续的，适用前款规定。

【条文主旨】

本条是关于合同生效时间以及未办理影响合同生效的批准等手续的法律后果的规定。

【条文释义】

本条第 1 款是关于合同生效时间的一般规定。

合同依法成立后，对内而言即在当事人之间产生法律约束力，非依法律规定或者经当事人同意，任何一方当事人均不得擅自变更或者解除合同；对外而言，其他任何组织和个人均不得非法干预合同，侵犯合同当事人的权益。合同生效也具有这样的对内与对外效果。合同生效与合同成立的区别在于，合同生效后，当事人才可以请求对方履行合同主要义务，而合同成立但未生效的，当事人不得请求对方履行合同主要义务。

本条第 1 款对合同的生效时间作了规定。该规定是本法总则编第 136 条第 1 款关于民事法律行为生效时间在合同领域的体现。总则编第 136 条规定，民事法律行为自成立时生效，但是法律另有规定或者当事人另有约定的除外。本条第 1 款与总则编第 136 条规定保持一致，包括两个层面的含义：

一是依法成立的合同，自成立时生效。也就是说，原则上，合同的生效时间与合同的成立时间是一致的，合同依法成立的同时即生效。合同编对合同的成立时间作了明确规定。合同编第 483 条规定，承诺生效时合同成立，但是法律另有规定或者当事人另有约定的除外。合同编第 490 条对采用合同书等形式订立合同的时间作了规定，第 491 条对采用信件、数据电文等形式所订立的合同、电子合同的成立时间作了规定。合同编还对实践性合同，包括定金合同、自然人之间的借款合同、保管合同的成立时间作了专门规定。原则上，这些合同的成立时间，也是合同的生效时间。

二是对合同生效时间，法律另有规定或者当事人另有约定的，依照法律规定或者当事人约定。例如，对于附生效条件和附生效期限的合同，在合同成立时并不立即生效，只有在条件成就时或者期限届至时才生效。再如，有些合同应当依照法律、行政法规的规定办理批准等手续。依照本条第 2 款规定，对于未办理批准等手续影响合同生效的情形，当事人如果未办理该批准等手续，合同虽然成立，但并不生效。

本条第 2 款是关于未办理批准等手续影响合同生效情形的法律效果的规定。

1. 关于未办理批准等手续影响合同生效的情形。法律、行政法规对合同规定了批准等手续的，当事人应当依法办理批准等手续。法律、行政法规对相当一些合同规定了批准等手续，但不是所有的批准等手续都能影响合同的生效。本条第2款专门对未办理批准等手续影响合同生效的情形作了规定。"未办理批准等手续影响合同生效"是指只有办理了批准等手续，合同才能生效；反之，未办理批准等手续，合同不生效。目前来看，规定合同应当办理批准等手续的法律、行政法规较多，但明确规定必须办理批准等手续合同才生效的，只有国务院于1998年颁布的行政法规《探矿权采矿权转让管理办法》。根据《探矿权采矿权转让管理办法》第10条规定，审批管理机关批准当事人转让探矿权、采矿权的，转让合同自批准之日起生效。除该规定之外，其他的法律、行政法规仅是规定一些合同应当办理批准等手续，但没有明确未办理批准等手续影响合同生效。法律、行政法规要求某些合同应当办理批准等手续，是国家基于社会管理的需要，对特定的合同交易活动进行管理和控制的一种手段。当事人未办理批准等手续是否影响合同生效，涉及法律、行政法规设定有关批准等手续进行社会管理的性质、目的判断问题，需要结合具体情况，在设定批准等手续的社会管理政策与合同法保障意思自治、鼓励交易之间作平衡性判断。

依照合同法的规定，除了批准手续外，有些登记手续的办理也会对合同生效产生影响。合同法第44条第2款规定，法律、行政法规规定应当办理批准、登记等手续生效的，依照其规定。本条第2款删去了合同法第44条规定中的"登记"。合同法颁布时，还存在须经登记才能生效的合同，例如依照1995年颁布实施的原担保法规定，房地产等抵押合同自登记之日起才能生效。但此后，2007年颁布实施的原物权法将合同的生效与物权变动相区分，不再将物权登记作为合同的特殊生效要件。原物权法第15条规定，当事人之间订立有关设立、变更、转让和消灭不动产物权的合同，除法律另有规定或者合同另有约定外，自合同成立时生效；未办理物权登记的，不影响合同效力。目前来看，现行法律、行政法规已经不存在关于合同须经登记才能生效的规定，因此本条第2款删去了合同法规定的"登记"，但在"批准"后保留了"等"字，规定"未办理批准等手续"，这样既尊重了当前的实际情况，又为将来的发展留下适用空间。

2. 未办理批准等手续影响合同生效情形的法律效果。对于未办理批准等手续影响合同生效的情形，如果当事人未办理批准等手续，该合同不生效。但此类合同中往往存在履行报批等义务条款及相关条款，这些条款对报批等义务的履行甚至违反报批义务的责任等作了专门约定。这类报批条款的履行是整个合同生效的前提和基础，合同生效后，才能进入合同的履行环节，当事人一方才能请求对方履行合同义务。据此，因本条规定的此类合同因未办理批准等手续整体来说不生效，当事人就无法请求相对方履行合同义务，当然也不能请求对方按照合同约定履行报批义务。这显然不符合当事人的真实意愿，也违背合同法鼓励交易的立法目的。本条在总结司法实践经验的基础上，明确将履行报批等义务条款以及相关条款作为一种特殊的条款予以独立对待，即使合同整体因未办理批准等手续不生效，也不影响合同中履行报批等义务条款以及相关条款的效力。也即合同中履行报批等义务条款以及相关条款的效力不受合同整体不生效的影响。

既然合同中履行报批等义务条款以及相关条款独立生效，负有报批义务的一方当事人未履行义务的，对方也就可以单独就违反报批义务要求其承担责任。基于此，第2款规定，应当办理申请批准等手续的当事人未履行义务的，对方可以请求其承担违反该义务的责任。从责任形式上来说，本条"违反该义务的责任"可以参照合同违约责任，可以包括继续履行、赔偿损失等责任形式。

一是就继续履行来说，应当办理申请批准等手续的当事人未履行义务的，对方仍然可以请求其继续办理申请批准等手续。

二是就赔偿损失来说，如果当事人对履行报批等义务专门约定了违约金的，该违约金条款也独立生效，当事人可以要求按照约定支付违约金。如果当事人对于履行报批等义务没有专门约定损害赔偿责任的，损害赔偿额如何确定呢？对此存在不同的观点。有的观点认为，当事人拒不履行报批等义务致使合同不生效，主观归责性明显，损害赔偿额可以参照违反合同的违约责任予以确定。也有的观点认为，虽然履行报批义务条款相对于合同的其他条款具有独立性，但报批义务对于已经成立但不生效的合同整体而言，只应属于先合同义务，应按照整体合同的缔约过失责任确定违反报批义务的损害赔偿额。还有的观点认为，违反报批义务的责任也可以视为整体合同的缔约过失责任与违反报批义务独立条款的违约责任的竞合，采用这两种方式的哪一种进行计算都可以，损害赔偿额应当是一致的。

总体来说，根据办理批准等手续才能生效的合同的具体情况不同，违反报批义务的损害赔偿额也会有所不同。在确定损害赔偿额时，要将报批义务放到交易整体中予以考虑，综合考量办理报批手续在整个交易中的重要性、报批后批准的难易度、报批义务履行后整个交易的完成度和成熟度等因素。如果办理报批手续是整个交易最关键的环节，并且报批后予以批准的可能性非常高，报批义务履行后当事人之间就完成了整个交易的绝大部分，整个交易就能达到很高的完成度和成熟度，那么违反报批义务的损害赔偿额就应当更高甚至可以很接近于整体合同的履行利益，但不能超过整体合同的履行利益。

根据本条第3款规定，依照法律、行政法规的规定，合同的变更、转让、解除等情形应当办理批准等手续的，适用第 2 款规定。

> **第五百零三条** 无权代理人以被代理人的名义订立合同，被代理人已经开始履行合同义务或者接受相对人履行的，视为对合同的追认。

【条文主旨】

本条是关于被代理人以默示方式追认无权代理行为的规定。

【条文释义】

代理权的存在是代理法律关系产生的前提，行为人只有基于代理权才能以被代理人的名义从事代理行为。但实践中情况复杂，无权代理也并不少见。总则编对包括无权代理在内的代理制度作了较为全面、系统的规定，这些规定也当然适用于合同领域中的代理行为。本条在总结司法实践经验的基础上，在总则编所规定的代理制度的框架下，针对无权代理在合同领域中反映出来的问题，对被代理人以默示方式追认无权代理行为作出了具体规定。

一、关于无权代理人以被代理人的名义订立合同

总则编第 171 条对无权代理的三种典型表现形式作了明确规定。总则编第 171 条规定，行为人没有代理权、超越代理权或者代理权终止后，仍然实施代理行为，未经被代理人追认的，对被代理人不发生效力。合同编本条所规定的"无权代理人以被代理人的名义订立合同"即是指行为人没有代理权、超越代理权或者代理权终止后，仍然以被代理人的名义与他人订立合同的情形。

二、关于被代理人以默示的方式追认无权代理行为

无权代理行为发生后，被代理人有追认和拒绝的权利。这里的"追认"，是指被代理人对无权代理行为事后予以承认的一种单方意思表示。总则编第 140 条第 1 款规定，行为人可以明示或者默示作出意思表示。第 2 款规定，沉默只有在有法律规定、当事人约定或者符合当事人之间的交易习惯时，才可以视为意思表示。一般情况下，被代理人实际进行追认的，都是以口头或者书面等明示的方式作出追认的意思表示。但在一些情况下，被代理人没有以明示的方式作出追认或者拒绝的意思表示，但已经开始履行合同义务或者接受相对人履行。被代理人开始履行合同义务或者接受相对人履行的行为，是对无权代理行为的正面反馈，属于一种积极的作为，从意思表示的类型来说，不属于沉默。本条在总结司法实践经验的基础上，将被代理人开始履行合同义务或者接受相对人履行的行为，归属于以默示的方式对无权代理行为作出追认的意思表示，对此作出明确规定，即被代理人已经开始履行合同义务或者接受相对人履行的，视为对合同的追认。

> **第五百零四条** 法人的法定代表人或者非法人组织的负责人超越权限订立的合同，除相对人知道或者应当知道其超越权限外，该代表行为有效，订立的合同对法人或者非法人组织发生效力。

【条文主旨】

本条是关于法定代表人或者负责人超越权限订立的合同法律效果的规定。

【条文释义】

在日常经济社会生活中，法人或者非法人组织的民事活动是经过其法定代表人、负责人进行的，法定代表人、负责人代表法人或者非法人组织进行谈判、签订合同等。法律对此也予以认可。根据总则编第 61 条第 1 款规定，法人的法定代表人是指依照法律或者法人章程的规定，代表法人从事民事活动的负责人。但法人的法定代表人、非法人组织的负责人的权限不是无限制的。法人的法定代表人应当在法律规定或者法人的章程规定的权限范围内对外从事民事活动，法人的权力机构也可能会对法定代表人的权限作一些限制。非法人组织也可能会对其负责人的权限作一定限制。但是在现实经济社会生活中，却存在一些法定代表人、负责人超越权限订立合同的情形，如何对待此类合同的效力？法人的法定代表人或者其他组织的负责人是代表法人或者其他组织行使职权的，一般说来，法人的法定代表人或者其他组织的负责人本身就是法人或者其他组织的组成部分，法定代表人的行为或者其他组织负责人的行为就是法人或者其他组织的行为，因此，他们执行职务的行为所产生的法律后果都应当由法人或者其他组织承受。对此，总则编第 61 条第 2 款作了明确规定，法定代表人以法人名义从事的民事活动，其法律后果由法人承受。法人的法定代表人或者非法人组织的负责人以法人或者其他组织的名义与相对人订立合同的，相对人一般认为法定代表人或者其他组织的负责人就是代表法人或者其他组织，相对人往往并不知道也难以知道、一般也没有义务知道法定代表人或者其他组织负责人的权限到底有多大，法人或者其他组织的内部管理规定也不应对合同的相对人形成约束力。如果法人的法定代表人或者其他组织的负责人超越权限而订立合同的，代表行为无效，所订立的合同对法人或者非法人组织不发生效力，将会严重损害合同相对人的利益，不利于保护交易的安全，也会助长一些法人或者其他组织借此逃避责任，谋取不当利益。因此，本条规定法人的法定代表人或者其他组织的负责人超越权限订立合同的，一般情况下代表行为有效，所订立的合同对法人或者非法人组织发生效力。如果合同的相对人在订立合同时知道或者应当知道法人的法定代表人或者其他组织的负责人的行为是超越权限的，而仍与之订立合同，则具有恶意，此时没有对合同的相对人加以保护的必要。本条立足于维护交易安全，应当保护的是善意相对人的利益。因此，本条在规定法定代表人、负责人超越权限订立的合同一般对法人或者非法人组织发生效力的同时，排除了相对人知道或者应当知道其超越权限的情形。

本条是在合同法第50条基础上修改而来。合同法第50条规定，法人或者其他组织的法定代表人、负责人超越权限订立的合同，除相对人知道或者应当知道其超越权限的以外，该代表行为有效。本条在合同法第50条规定的基础上增加"该合同对法人或者非法人组织发生效力"。对于法定代表人、负责人超越权限订立合同的，不仅要解决代表行为的效力问题，更应当进一步明确所订立的合同的法律效果归属问题，即合同权利和义务是否由法人、非法人组织承受。因此本条增加"该合同对法人或者非法人组织发生效力"，能够更贴切、明确地表达合同法律效果归属问题。

本条规定与总则编第61条第3款规定存在一定的关联。总则编第61条第3款规定，法人章程或者法人权力机构对法定代表人代表权的限制，不得对抗善意相对人。本条规定与总则编第61条第3款规定都是为了维护交易安全，保护善意相对人的利益，在立法精神上是一致的，在内在逻辑上是相互支撑和牵连的，在一定程度上可以说，总则编第61条第3款规定是本条规定的逻辑前提，本条是总则编第61条第3款规定的逻辑结果。但本条规定与总则编第61条第3款规定毕竟不能等同，不能互相取代。一是二者规范的角度不同。总则编第61条第3款规定是从对内管理的角度进行规范，本条是从对外从事民事法律行为的角度进行规范。二是严格来说，二者规范的范围也不一致。总则编第61条第3款规范是法人章程或者法人权力机构对法定代表人代表权所作的限制，而本条规定的法定代表人超越权限的范围更为广泛，不限于超越法人章程、法人权力机构对法定代表人职权的限制，还包括超越法律对法定代表人职权的限制。三是总则编第61条第3款仅针对法人的法定代表人代表权限制问题，而本条既规范法人的法定代表人超越权限问题，也规范非法人组织的负责人超越权限问题。

第五百零五条 当事人超越经营范围订立的合同的效力，应当依照本法第一编第六章第三节和本编的有关规定确定，不得仅以超越经营范围确认合同无效。

【条文主旨】

本条是关于超越经营范围订立的合同效力的规定。

【条文释义】

经营范围是市场主体从事经营活动的业务范围。我国在相当一段时间内对市场主体经营范围的管控还是比较严格的。根据1986年公布、1987年施行的民法通则第42条规定，企业法人应当在核准登记的经营范围内从事经营。根据第49条规定，企业法人超出登记机关核准登记的经营范围从事非法经营的，除法人承担责任外，对法定代表人可以给予行政处分、罚款，构成犯罪的，依法追究刑事责任。根据1993年颁布的公司法第11条第3款规定，公司应当在登记的经营范围内从事经营活动，对经营范围的管理仍然比较严格。相应地，超越经营范围而订立的合同往往会被认定为无效合同。随着我国社会主义市场经济的快速发展，这种做法越来越不能适应实践需求，不利于保障交易安全，不利于促进市场交易和激发市场活力。1999年合同法颁布后，司法实践对超出经营范围订立的合同的效力作了进一步探索。1999年公布施行的《最高人民法院关于适用〈中华人民共和国合同法〉若干问题的解释（一）》第10条规定："当事人超越经营范围订立合同，人民法院不因此认定合同无效。但违反国家限制经营、特许经营以及法律、行政法规禁止经营规定的除外。"该规定原则上确立了当事人超越经营范围订立合同一般不影响合同效力。2005年全面修订后的公司法第12条第1款规定，公司的经营范围由公司章程规定，并依法登记；公司可以修改公司章程，改变经营范围，但是应当办理变更登记。至此，我国对于公司法人的经营范围已经基本放开。理论和实务中对于超越经营范围订立的合同的效力也取得了趋于一致的认识，即合同效力一般不因超越经营范围而受到影响。本条在总结司法实践经验的基础上，对当事人超越经营范围订立的合同的效力问题予以明确。

本法总则编第六章第三节和本编对合同的效力问题作了全面、系统的规定。对当事人超越经营范围订立的合同效力的判断，应当依照这些规定确定，例如要看是否有违反法律、行政法规强制性规定的情形等，而不得仅以超越经营范围确认合同无效。

第五百零六条　合同中的下列免责条款无效：
（一）造成对方人身损害的；
（二）因故意或者重大过失造成对方财产损失的。

【条文主旨】

本条是关于免责条款效力的规定。

【条文释义】

合同中的免责条款是指合同中的双方当事人在合同中约定的免除或者限制一方或者双方当事人责任的条款。在现代合同发展中免责条款大量出现，免责条款一般具有以下特征：

一是免责条款具有约定性。免责条款是当事人双方协商同意的合同的组成部分。这是与法律规定的因不可抗力致使合同不能履行情形下免除责任是不同的。当事人可以依据意思自治的原则在合同中约定免责的内容或者范围，比如当事人可以约定"限制赔偿数额""免除某种事故发生的责任"等。

二是免责条款的提出应当是以明示的方式作出，以默示的方式作出的免责通常是无效的。

三是合同中的免责条款具有免责性。免责条款的目的，就是排除或者限制当事人的民事责任。当然这种免责可以是部分免责（限制），也可以是全部免责（排除）。

各个国家或者地区的法律一般都规定，对于一方拟定的免责条款，应给予对方以充分注意的机会，比如免责条款印刷的方式和位置，要使对方充分注意到，或者给对方以充分的提示等。特别是在现代社会格式合同流行的情况下，对于格式合同中不合理、不公平的免责条款，出于保护弱者的考虑，法律一般都规定该条款无效。

对于免责条款的效力，各个国家或者地区的法律视不同情况采取了不同的态度。一般来说，当事人经过充分协商确定的免责条款，只要是完全建立在当事人自愿的基础上，免责条款又不违反社会公共利益，法律承认免责条款的效力。但是对于严重违反诚信原则和社会公共利益的免责条款，法律是禁止的，否则不但将造成免责条款的滥用，而且还会严重损害一方当事人的利益，也不利于保护正常的合同交易。本条规定了以下两种免责条款无效：

一是造成对方人身伤害的条款无效。对于人身的健康和生命安全，法律是给予特殊保护的。如果允许免除一方当事人对另一方当事人人身伤害的责任，那么就无异于纵容当事人利用合同形式对另一方当事人的生命健康进行摧残，这与保护公民的人身权利的宪法原则是相违背的。在实践当中，这种免责条款一般也都是与另一方当事人的真实意思相违背的。所以本条对于这类免责条款加以禁止。

二是因故意或者重大过失给对方造成财产损失的免责条款。之所以将免除因故意或者重大过失造成对方财产损失的条款确认无效，是因为这种条款严重违反了诚信原则，如果允许这类条款的存在，就意味着允许一方当事人利用这种条款不公平对待对方当事人，损害对方当事人的权益，这是与合同制度的设立目的相违背的。对于本项规定需要注意的有两点：（1）对于免除因一般过失而给对方当事人造成财产损失责任的条款，可以认定为有效。（2）必须是免除因故意或者重大过失给对方当事人造成财产损失的条款无效。也就是说，对于因故意或者重大过失造成的损失限于财产损失。如果是免除造成对方人身伤害的条款，不管当事人是否有故意或者重大过失，只要是免除对人身伤害责任的条款，都应当依据本条第1项的规定确认无效。

> **第五百零七条** 合同不生效、无效、被撤销或者终止的，不影响合同中有关解决争议方法的条款的效力。

【条文主旨】

本条是关于解决争议方法条款效力独立性的规定。

【条文释义】

合同不生效、无效、被撤销或者终止，虽不能产生当事人所预期的法律效果，但并不是不产生任何法律后果。根据总则编第157条规定，民事法律行为无效、被撤销或者确定不发生效力后，行为人因该行为取得的财产，应当予以返还；不能返还或者没有必要返还的，应当折价补偿。有过错的一方应当赔偿对方由此所受到的损失；各方都有过错的，应当各自承担相应的责任。在合同终止的情况下，双方当事人之间也有民事责任的存在。对于如何解决双方之间的民事争议，双方当事人在合同中往往订有解决争议的条款，当事人希望用约定的解决争议的方法来解决双方之间的争议。这些条款的效力是独立于合同的效力的，合同的生效与否、有效与否或者终止与否都不影响解决争议条款的效力。

"合同不生效"是相对于合同法新增加的，典型的情形包括两种：一是依照本法第502条规定须办理批准等手续生效的合同，当事人未办理批准等手续，虽然报批等义务条款以及相关条款独立生效，但合同整体不生效；二是附生效条件的合同，所附条件确定无法具备，合同确定不发生效力。合同不生效的情形也面临着确定责任承担、解决争议的问题。

还有一点应该注意，对于未办理批准等手续影响合同生效情形的法律效果，有的观点称之为"该合同未生效"。"合同未生效"通常是指合同虽已成立，但生效条件尚未具备而不能生效的情况。附生效期限的合同也会因期限未届至而未生效。"合同未生效"的概念侧重于"合同尚未生效"，需要等待条件具备后生效。而对于合同编第 502 条规定的须办理批准等手续才能生效的合同，当事人未办理批准等手续的，需要解决的是法律效果或者责任承担问题，而不单是等待继续报批使合同生效的问题，当事人可能会请求报批义务方继续办理报批手续，但也很可能直接要求赔偿损失，不再要求继续履行。相对于"合同未生效"，这种情况下使用"合同不生效"的概念能更准确地表达条旨。附生效条件的合同，如果所附条件确定无法具备，合同确定不发生效力，也是归为"合同不生效"更为合适。

本条所说的有关解决争议方法的条款包括以下几种形式：

1. 仲裁条款。仲裁条款是仲裁协议的一种表现形式，是当事人在合同中约定的用仲裁方式解决双方争议的条款。我国对合同争议采取或仲裁或诉讼的制度，仲裁条款有排除诉讼管辖的效力。如果当事人在合同中订有仲裁条款，则当事人在发生争议时，不能向人民法院提出诉讼。根据仲裁法第 19 条第 1 款规定，仲裁协议独立存在，合同的变更、解除、终止或者无效，不影响仲裁协议的效力。

2. 选择受诉法院的条款。我国民事诉讼法第 34 条规定，合同或者其他财产权益纠纷的当事人可以书面协议选择被告住所地、合同履行地、合同签订地、原告住所地、标的物所在地等与争议有实际联系的地点的人民法院管辖，但不得违反本法对级别管辖和专属管辖的规定。当事人选择受诉人民法院的条款，不受合同效力的影响。

3. 选择检验、鉴定机构的条款。当事人可以在合同中约定，若对标的物质量或技术的品种发生争议，在提交仲裁或者诉讼前，应当将标的物送交双方认可的机构或科研单位检验或鉴定，这种解决争议方法的约定出于双方自愿，不涉及合同的实体权利和义务，应当承认其效力。

4. 法律适用条款。依照我国涉外民事关系法律适用法第 41 条规定，对于具有涉外因素的合同争议，当事人可以协议选择合同适用的法律。当然，外国法律的适用将损害我国社会公共利益的，应当适用我国法律。当事人就法律适用条款所达成的协议的效力具有独立性，不受合同效力的影响。

第五百零八条　本编对合同的效力没有规定的，适用本法第一编第六章的有关规定。

【条文主旨】

本条是关于合同效力适用指引的规定。

【条文释义】

本法第一编总则第六章对民事法律行为的效力作了全面、系统的规定，包括民事法律行为的有效要件、无民事行为能力人和限制民事行为能力人实施的民事法律行为的效力、以虚假意思表示实施的民事法律行为的效力、基于重大误解实施的民事法律行为的效力、以欺诈手段实施的民事法律行为的效力、以胁迫手段实施的民事法律行为的效力、显失公平的民事法律行为的效力、撤销权除斥期间的规定、违反法律、行政法规的强制性规定及违背公序良俗的民事法律行为的效力、恶意串通的民事法律行为的效力、无效或者被撤销的民事法律行为自始无效、民事法律行为部分无效、民事法律行为无效、被撤销及确定不发生效力的后果，还包括附条件和附期限民事法律行为的生效与失效规定等。合同属于双方或者多方民事法律行为，本编即合同编没有规定的，自然应当适用总则编第六章的有关规定。

第四章　合同的履行

本章共二十六条，主要规定了合同履行原则、约定不明时合同内容的确定、电子合同的履行规则、利益第三人合同、由第三人履行的合同、同时履行抗辩权、后履行抗辩权、不安抗辩权、提前履行、部分履行、情势变更规则、对当事人利用合同实施危害国家利益、社会公共利益行为进行监督处理等内容，同时在合同法基础上增加了债法的一般性规则，包括选择之债、按份之债与连带之债、具有合法利益的第三人代为履行规则，使合同编通则能够发挥债法总则的作用。

> 第五百零九条　当事人应当按照约定全面履行自己的义务。
>
> 当事人应当遵循诚信原则，根据合同的性质、目的和交易习惯履行通知、协助、保密等义务。
>
> 当事人在履行合同过程中，应当避免浪费资源、污染环境和破坏生态。

【条文主旨】

本条是关于合同履行原则的规定。

【 条文释义 】

本条分三款分别对全面履行原则、诚信履行原则、合同履行中的绿色原则作出规定。

一、关于全面履行原则

本条第 1 款是关于全面履行原则的规定。当事人在合同中都会对合同义务作出约定。依照本款规定，当事人履行合同义务，应当以全面履行为原则，即应当按照约定全面履行自己的义务。例如，买卖合同的出卖人应当按照约定的履行期限、履行地点和方式，将符合约定的数量、质量要求的标的物的所有权转移于买受人，买受人应当按照约定的价款金额、结算方式支付价款。

按照全面履行原则的要求，当事人应当履行的义务不限于合同的主要义务，对于当事人约定的其他义务，当事人也应当按照约定履行。例如，房产买卖合同中，出卖人不但要履行转移房产所有权于买受人这一合同主要义务，还要按照约定与买受人办理物业交割手续等。二手车买卖合同中，出卖人不但要履行转移车辆所有权于买受人这一主要义务，还要按照约定向买受人提供车辆行驶证等必要资料文件。

二、关于诚信履行的原则

本条第 2 款是关于诚信履行的原则。诚信原则被称为民法的"帝王条款"，是各个国家或者地区民法公认的基本原则。我国民法典也明确将诚信原则作为民法的基本原则。总则编第 7 条规定，民事主体从事民事活动，应当遵循诚信原则，秉持诚实，恪守承诺。合同履行也应当遵循诚信原则，当事人应当按照诚信原则行使合同权利，履行合同义务。诚信履行原则，又导出履行的附随义务。当事人除应当按照合同约定履行自己的义务外，也要履行合同未作约定但依照诚信原则应当履行的通知、协助、保密等义务。本款就附随义务列举了通知、协助、保密这三项比较典型的义务，但附带义务的范围不局限于此。在某一合同的履行中，当事人应当履行哪些附随义务，应当依照诚信原则，根据该合同的性质、目的和交易习惯作具体判断。

三、关于绿色原则

总则编第 9 条规定了绿色原则。总则编第 9 条规定，民事主体从事民事活动，应当有利于节约资源、保护生态环境。绿色原则是落实党中央关于建设生态文明、实现可持续发展理念的要求，是贯彻宪法关于保护环境的要求。总则编将绿色原则上升至民法基本原则的地位，全面开启了环境资源保护的民法通道，有利于构建人与自然的新型关系。本条第 3 款规定是绿色原则在合同履行中的体现。依照本款规定，当事人在履行合同过程中，应当避免浪费资源，避免污染环境和破坏生态。

> **第五百一十条** 合同生效后，当事人就质量、价款或者报酬、履行地点等内容没有约定或者约定不明确的，可以协议补充；不能达成补充协议的，按照合同相关条款或者交易习惯确定。

【条文主旨】

本条是关于约定不明时合同内容确定的有关规定。

【条文释义】

合同内容一般包括合同主体即当事人的姓名或者名称和住所、标的、数量、质量、价款或者报酬、履行期限、履行地点和方式等。一般来说，合同的标的、数量是合同的必备条款，须由当事人明确约定。当事人对合同的标的、数量没有约定或者约定不明确的，合同内容无法确定，合同不成立。但当事人就质量、价款或者报酬、履行期限、履行地点和方式等没有约定或者约定不明，一般并不影响合同成立，可以就这些内容进行补充。这也体现了合同法应当尽可能鼓励交易、促成交易达成的立法目的。

本条关于合同内容补充规定适用的前提是合同已经依法成立并生效。如果合同尚未成立、生效，此时合同没有进入履行阶段，自然没有进行内容补充的必要。对本条规定，可以从以下两个方面予以理解：

一是当事人协议补充。按照民法自愿原则，当事人有权自主决定合同内容。在当事人就合同有关内容没有约定或者约定不明确时，由当事人通过协商的方式达成补充协议，是对民法自愿原则的体现和落实，也是最有效地补充合同内容、保障合同得以履行的方式。

二是按照合同有关条款或者交易习惯确定。如果当事人就有关内容不能达成补充协议，则按照合同有关条款或者交易习惯确定。合同各条款都是当事人协商一致的结果，体现了当事人的真实意愿。合同条款与条款之间在表达上往往存在着一定的关联，在合同欠缺有关内容或者对有关内容约定不明确时，可以结合相关条款探寻当事人真实的意图，进而补充所欠缺的内容或者将不明确的内容予以明确。交易习惯在一定范围内被普遍接受和采用，或者在特定当事人之间经常使用。在合同欠缺有关内容或者对有关内容约定不明确时，交易习惯也可以用来对合同内容进行补充。

第五百一十一条　当事人就有关合同内容约定不明确，依据前条规定仍不能确定的，适用下列规定：

（一）质量要求不明确的，按照强制性国家标准履行；没有强制性国家标准的，按照推荐性国家标准履行；没有推荐性国家标准的，按照行业标准履行；没有国家标准、行业标准的，按照通常标准或者符合合同目的的特定标准履行。

（二）价款或者报酬不明确的，按照订立合同时履行地的市场价格履行；依法应当执行政府定价或者政府指导价的，依照规定履行。

（三）履行地点不明确，给付货币的，在接受货币一方所在地履行；交付不动产的，在不动产所在地履行；其他标的，在履行义务一方所在地履行。

（四）履行期限不明确的，债务人可以随时履行，债权人也可以随时请求履行，但是应当给对方必要的准备时间。

（五）履行方式不明确的，按照有利于实现合同目的的方式履行。

（六）履行费用的负担不明确的，由履行义务一方负担；因债权人原因增加的履行费用，由债权人负担。

【条文主旨】

本条是关于确定合同中质量、价款、履行地点等内容的规定。

【条文释义】

当事人在合同中对质量、价款或者报酬、履行地点、履行期限、履行方式、履行费用没有约定或者约定不明确，既不能通过协商达成补充协议，又不能按照合同的有关条款或者交易习惯确定的，适用本条规定确定合同相关内容。

1. 质量要求不明确的。根据标准化法第 2 条的规定，标准是指农业、工业、服务业以及社会事业等领域需要统一的技术要求；标准包括国家标准、行业标准等；国家标准分为强制性国家标准和推荐性国家标准，行业标准属于推荐性标准；强制性国家标准必须执行，国家鼓励采用推荐性标准。根据标准化法第 10 条至第 12 条规定，对保障人身健康和生命财产安全、国家安全、生态环境安全以及满足经济社会管理基本需要的技术要求，应当制定强制性国家标准；对满足基础通用、与强制性国家标准配套、对各有关行业起引领作用等需要的技术要求，可以制定推荐性国家标准；对没有推荐性国家标准、需要在全国某个行业范围内统一的技术要求，可以制定行业标准。根据标准化法第 21 条规定，推荐性国家标准、行业标准的技术要求不得低于强制性国家标准的相关技术要求。一般来说，推荐性国家标准、行业标准的技术要求都是高于强制性国家标准的。国家标准、行业标准均由相关部门根据严格的程序制定，具有标准要求明确、认知度高、权威性的特点。根据本条规定，在当事人对作为合同重要内容的质量要求不明确，通过合同相关条款或者交易习惯均不能确定的情况下，优先按照国家标准、行业标准履行。对于国家标准、行业标准，优先按照强制性国家标准履行；没有强制性国家标准的，按照推荐性国家标准履行；没有推荐性国家标准的，按照行业标准履行。没有国家标准、行业标准的，再按照同类产品或者服务的市场通常质量标准或者符合合同目的的特定标准履行。这里讲的通常标准，一般指的是同一价格的中等质量标准。

2. 价款或者报酬不明确的。除依法应当执行政府定价、政府指导价的以外，按照同类产品或者同类服务订立合同时履行地的市场价格履行。

3. 履行地点不明确的。如果是给付货币，在接受给付一方的所在地履行。交付不动产的，在不动产所在地履行。其他标的，在履行义务一方所在地履行。

4. 履行期限不明确的。债务人可以随时向债权人履行义务，债权人也可以随时请求债务人履行义务，但都要给对方必要的准备时间。

5. 履行方式不明确的。对于不同的合同，履行方式多种多样、差别较大，很难确定一般性的标准。合同目的是当事人双方订立合同所共同追求的，履行方式不明确的，就按照有利于实现合同目的的方式履行。

6. 履行费用的负担不明确的。根据合同法规定，履行费用的负担不明确的，由履行义务一方负担履行费用。为了公平平衡债权人与债务人之间的利益，合同编在确立由履行义务一方负担履行费用为原则的基础上，增加规定，因债权人原因增加的履行费用，由债权人负担。

第五百一十二条　通过互联网等信息网络订立的电子合同的标的为交付商品并采用快递物流方式交付的，收货人的签收时间为交付时间。电子合同的标的为提供服务的，生成的电子凭证或者实物凭证中载明的时间为提供服务时间；前述凭证没有载明时间或者载明时间与实际提供服务时间不一致的，以实际提供服务的时间为准。

电子合同的标的物为采用在线传输方式交付的，合同标的物进入对方当事人指定的特定系统且能够检索识别的时间为交付时间。

电子合同当事人对交付商品或者提供服务的方式、时间另有约定的，按照其约定。

【条文主旨】

本条是关于电子合同交付商品或者提供服务的方式、时间的规定。

【条文释义】

电子合同成立并生效后，即进入了合同履行阶段。本条根据电子合同履行中的实践情况，吸收电子商务法的有关规定，区分电子合同的标的为交付商品或者提供服务分别作出规定，并有针对性地对采用在线传输方式交付标的物的情形作出专门规定。

一、电子合同标的为交付商品的情形

商品的交付时间具有重要的法律意义。商品的交付时间是判断动产所有权是否转移的依据。物权编第 224 条规定，动产物权的设立和转让，自交付时发生效力，但是法律另有规定的除外。商品的交付时间也是判断标的物毁损、灭失的风险由哪一方当事人承担的依据。合同编第 604 条规定，标的物毁损、灭失的风险，在标的物交付之前由出卖人承担，交付之后由买受人承担，但是法律另有规定或者当事人另有约定的除外。

通过互联网等信息网络订立的电子合同生效后，当事人负有交付商品的义务。实践中，交付方式主要有两种：一是门店自取；二是采用快递物流方式交付。其中，采用快递物流方式更为常见。门店自取的方式交付商品，属于面对面交付，交付时间不会产生纠纷。采用快递物流方式交付商品的，如果电子合同商品销售方自备物流服务，以收货人签收时间作为交付时间也没有争议。但是，如果电子合同商品销售方将物品交给第三方快递物流公司，再由第三方快递物流公司将商品交给购买方，商品交付时间是以销售方将物品交给第三方快递物流公司的时间为准，还是以第三方快递物流公司将商品送到、收货人签收时间为准，存在着一定的争议。电子商务法第 51 条采用了收货人签收时间为交付时间的标准。本条吸收了电子商务法的规定，明确电子合同标的为交付商品并采用快递物流方式交付的，收货人的签收时间为交付时间。

二、电子合同的标的为提供服务的情形

实践中，电子合同的标的为提供服务的情况也比较常见，涉及教育培训、文化娱乐、交通出行等各个领域。对此，本条规定，电子合同的标的为提供服务的，原则上生成的电子凭证或者实物凭证中载明的时间为提供服务时间。但是，实践中有的生成的电子凭证或者实物凭证没有载明时间，也有的电子凭证或者实物凭证载明的时间与实际提供服务时间不一致，这些情况下，以实际提供服务的时间为准。

三、采用在线传输方式交付标的物的情形

电子合同的有些标的物，例如一些数字产品，通常采用在线传输方式交付。采用在线传输方式交付标的物的交付时间在实践中容易产生争议，法律有必要对交付时间的判断标准予以明确。电子商务法对采用在线传输方式交付标的物的情形，将合同标的物进入对方当事人指定的特定系统且能够检索识别的时间规定为交付时间。本条作出了与电子商务法一致的规定。总则编、电子签名法对数据电文的接收问题作了规定。数据电文的接收与采用在线传输方式交付数字产品等标的物具有高度相似性，在规则的设置上也应当基本一致。总则编将"数据电文进入相对人指定的特定系统的时间"作为采用数据电文形式的意思表示的到达时间，也即意思表示的生效时间。根据总则编第137条第2款规定，以非对话方式作出的采用数据电文形式的意思表示，相对人指定特定系统接收数据电文的，该数据电文进入该特定系统时生效。根据电子签名法第11条第2款规定，收件人指定特定系统接收数据电文的，数据电文进入该特定系统的时间，视为该数据电文的接收时间。从表述上看，本条关于交付时间的规定不但要求合同标的物"进入对方当事人指定的特定系统"，还要求"能够检索识别"，与总则编、电子签名法的规定相比，增加了"能够检索识别"，目的在于使交付时间的判断标准更明确具体，更有利于保护相对方利益，避免纠纷。如果进入相对方指定的特定系统的电子合同标的物本身不能够检索识别，例如，当事人发送的是已经感染病毒的标的物，则不能直接将标的物进入相对方指定的特定系统的时间作为交付时间，应当由负有交付义务的当事人承担不利的法律后果。

本法总则编明确将自愿原则作为民法的基本原则。本条第1款和第2款规定是电子合同当事人交付商品、提供服务的方式与时间的一般规则，当事人可以对交付商品或者提供服务的方式、时间另行约定。如果当事人作出另外约定的，按照其约定。

> **第五百一十三条** 执行政府定价或者政府指导价的，在合同约定的交付期限内政府价格调整时，按照交付时的价格计价。逾期交付标的物的，遇价格上涨时，按照原价格执行；价格下降时，按照新价格执行。逾期提取标的物或者逾期付款的，遇价格上涨时，按照新价格执行；价格下降时，按照原价格执行。

【条文主旨】

本条是关于执行政府定价、政府指导价的规定。

【条文释义】

价格是决定价金的重要因素，我国实行宏观经济调控下主要由市场形成价格的机制，价格分为市场调节价和政府指导价、政府定价。市场调节价，是指由经营者自主制定，通过市场竞争形成的价格。政府指导价，是指由政府价格主管部门或者其他有关部门按照定价权限和范围规定基准价及其浮动幅度，指导经营者定价的价格。政府定价，是指由政府价格主管部门或者其他有关部门按照定价权限和范围制定的价格。合同交易中，价格通常按照市场调节价由当事人共同商定。国家对合同交易规定有政府指导价的，当事人应当在指导价的幅度内商定价格。国家对合同交易规定了政府定价的，当事人均应当遵守，一方违反价格管理规定的，另一方可以请求其退还多收的价金。

合同执行政府定价、政府指导价的，如果合同约定的履行期间政府定价、政府指导价调整，则按标的物交付时的价格计价。逾期交付的，遇价格上涨时，按原价格执行；价格下降时，按新价格执行。逾期提取标的物或者逾期付款的，遇价格上涨时，按新价格执行；价格下降时，按原价格执行。

> **第五百一十四条** 以支付金钱为内容的债，除法律另有规定或者当事人另有约定外，债权人可以请求债务人以实际履行地的法定货币履行。

【条文主旨】

本条是关于以实际履行地的法定货币履行金钱债务的规定。

【条文释义】

法定货币依靠国家规定成为一定地域内合法流通的货币。根据中国人民银行法第16条规定，中华人民共和国的法定货币是人民币。我国香港、澳门特别行政区法定货币分别为港币、澳门币。美国法定货币为美元、英国法定货币为英镑等。正是基于法定货币的特殊地位，本条规定，在合同交易中，对于以支付金钱为内容的债务，除法律另有规定或者当事人另有约定外，债权人可以请求债务人以实际履行地的法定货币履行。

> **第五百一十五条** 标的有多项而债务人只需履行其中一项的，债务人享有选择权；但是，法律另有规定、当事人另有约定或者另有交易习惯的除外。
>
> 享有选择权的当事人在约定期限内或者履行期限届满未作选择，经催告后在合理期限内仍未选择的，选择权转移至对方。

【条文主旨】

本条是关于选择之债中选择权归属的规定。

【条文释义】

基于本法不设债法总则编，需要将债法的一般性规则纳入合同编，使合同编通则在一定程度上发挥债法总则的作用。各个国家或者地区的民法典普遍将选择之债作为债法总则的内容予以规定。合同编借鉴境外立法例，立足我国国情，对选择之债的基本内容作了规定，包括选择权归属主体、选择之债的标的确定等作了规定。选择之债的这些规定虽然是在合同编中予以规定，但其不仅仅适用于合同之债，可以作为债法的一般性规则。根据合同编第468条的规定，非因合同产生的债权债务，包括侵权之债、不当得利之债、无因管理之债等，首先适用有关该债权债务关系的法律规定；没有规定的，适用合同编通则的有关规定，但根据其性质不能适用的除外。

一、关于选择权归属的一般原则

本条第1款确立了选择权归属的一般原则。选择之债的标的有多项，而债务人只需要履行其中一项，选择之债首先要解决的问题就是哪一方当事人享有选择权。本条采用了一般原则加除外规定的方式，对选择权的归属主体作出规定。依照本条规定，标的有多项而债务人只需要履行其中一项的，原则上选择权归属于债务人。将选择权赋予债务人，有利于债务人根据自身情况作出最适宜债务履行的选择，能够更大程度地确保交易实现。同时，本条规定了法律另有规定、当事人另有约定或者另有交易习惯三种例外。一是法律对选择权的归属主体另有规定的，应当按照该规定确定享有选择权的主体。二是民事活动应当遵循自愿原则，在当事人对选择权的归属主体作出特别约定的情况下，应当尊重当事人的选择，按照当事人的约定确定选择权的归属主体。三是交易习惯在某一地域、某一领域、某一行业等范围内被普遍接受和采用，或者在特定当事人之间经常使用。适用交易习惯确定选择权的归属主体符合当事人的预期，有利于公平、合理地平衡当事人之间的利益。对于选择之债中选择权的归属主体，在法律没有特别规定、当事人没有约定的情况下，如果有相关交易习惯存在，即适用该交易习惯确定选择权的归属主体。

二、关于选择权转移

本条第 2 款是关于选择权转移的规定。债的标的之确定，有赖于享有选择权的当事人行使选择权。享有选择权的当事人不行使选择权，债的标的就无法确定。具体来说，如果享有选择权的当事人是债权人，债权人不行使选择权，因债的标的不能确定，债务人也就无法履行债务；如果享有选择权的当事人是债务人，债务人不行使选择权，因债的标的不能确定，债权人主张权利也会受到妨碍。在享有选择权的当事人不行使选择权的情况下，法律有必要通过制度设计，使债的标的得以确定，债务的履行步入正常轨道，促进交易的完成。

依照第 2 款规定，享有选择权的当事人应当在约定期限内作出选择；当事人未对选择权行使约定期限的，应当在履行期限届满前作出选择。同时，考虑到选择权的行使直接关系债的标的的确定，选择权转移对当事人影响重大，因此本条在行使选择权的约定期限和履行期限届满后，又设定了一个催告期间以作缓冲，使不及时行使选择权的一方予以充分注意。依照第 2 款规定，享有选择权的当事人在约定期限内或者履行期限届满未作选择的，相对方可以催告其在合理期限内作出选择。这就意味着，即使当事人对选择权的行使期限作了约定，在约定期限届满未作选择的，相对方都要先进行催告。只有当有选择权的当事人在催告后的合理期限内仍未选择的，选择权才转移至对方。

> **第五百一十六条** 当事人行使选择权应当及时通知对方，通知到达对方时，标的确定。标的确定后不得变更，但是经对方同意的除外。
>
> 可选择的标的发生不能履行情形的，享有选择权的当事人不得选择不能履行的标的，但是该不能履行的情形是由对方造成的除外。

〖条文主旨〗

本条是关于选择权行使的规定。

〖条文释义〗

本条第 1 款是关于选择权的行使方式和法律效果的规定。

选择之债的选择权属于形成权的一种。选择权一旦经当事人行使，将直接导致民事权利义务关系的变动，债的标的得以确定，债务人应当按照确定后的标的履行义务，债权人有权按照确定后的标的请求债务人履行义务。

依照第 1 款规定，有选择权的当事人行使选择权应当采用通知的方式，通知到达对方时，标的即确定，不需要经过相对方同意。标的一旦确定，对双方当事人均产生拘束力。除非经过相对方同意，享有选择权的当事人也不得再自行变更标的。

本条第 2 款是关于标的不能履行情形选择权行使的规定。

如果选择之债可选择的多项标的中有不能履行的情形，选择权是否受到影响，当事人如何选择标的，有必要通过立法予以明确。第 2 款从尽可能促成债务履行的角度出发，规定可选择的标的之中发生不能履行情形的，享有选择权的当事人不得选择不能履行的标的，即只能从剩余的标的中选择。同时为了公平、合理平衡当事人双方之间的利益，作了除外规定即"但是该不能履行的情形是由对方造成的除外"。意思就是，如果该不能履行的情形是由相对方即无选择权的当事人造成的，享有选择权的当事人既可以在剩余标的中选择，也可以选择该不能履行的标的进而主张相应的法律效果。例如，在一项合同交易中约定了多项可选择的标的，如果债权人享有选择权，标的不能履行是由债务人造成的，那么债权人也可以选择该不能履行的标的，进而依法主张解除合同或者要求债务人承担违约责任。

> **第五百一十七条** 债权人为二人以上，标的可分，按照份额各自享有债权的，为按份债权；债务人为二人以上，标的可分，按照份额各自负担债务的，为按份债务。
> 按份债权人或者按份债务人的份额难以确定的，视为份额相同。

〖条文主旨〗

本条是关于按份债权和按份债务定义的规定。

〖条文释义〗

境外民法典普遍在债法总则中对按份之债和连带之债作了规定，这些规定不仅适用于合同之债，还适用于非因合同产生的债权债务，包括侵权之债、不当得利之债、无因管理之债等。我国民法典不设债法总则编，为了使合同编通则在一定程度上发挥债法总则的作用以满足实践需求，合同编第 517 条至第 521 条共五个条文对按份之债和连带之债的基本规则作了规定。

按份之债是相对于连带之债而言的，按份之债和连带之债都属于复数主体债权债务，即债权人或者债务人为 2 人以上。按份债权和连带债权是债权人为 2 人以上，按份债务和连带债务是债务人为 2 人以上。

民法通则对按份债权与按份债务作了规定。民法通则第 86 条规定，债权人为 2 人以上的，按照确定的份额分享权利。债权人为 2 人以上的，按照确定的份额分担义务。

本条第 1 款在总结我国立法和司法实践经验的基础上，对按份债权和按份债务的定义作了界定。依照本条第 1 款规定，按份债权和按份债务的标的都是可分的，标的不可分不能成立按份债权或者按份债务。当然标的可分的债权并不都是按份债权，标的可分的债务并不都是按份债务，标的可分的债权或者债务也可依照法律规定或者当事人约定成立连带债权或者连带债务。依照第 1 款规定，按份债权的债权人为 2 人以上，按照份额各自享有债权，每个债权人只能就自己的份额向债务人主张债权，不得超过自己份额行使债权。按份债务的债务人为 2 人以上，按照份额各自负担债务，每个债务人只就自己应当承担的份额向债权人履行债务，对超过自己份额的债务有权拒绝。由此可以看出，第 1 款对按份债权和按份债务的定义所作的界定，同时包含了按份债权和按份债务的内外部效力，即各债权人之间对内按照份额分享权利，对外按照各自份额行使权利；各债务人之间对内按照份额分担债务，对外按照各自份额履行债务。

本条第 2 款还对份额难以确定的情形作了规定。按份债权人的份额或者按份债务人的份额，法律有规定或者当事人有约定的，依照法律规定或者当事人约定。如果法律没有规定，当事人也没有约定或者约定不明确，难以确定按份债权人或者按份债务人的份额的，视为份额相同，每个债权人平均分享债权，每个债务人平均分担债务。

> **第五百一十八条** 债权人为二人以上，部分或者全部债权人均可以请求债务人履行债务的，为连带债权；债务人为二人以上，债权人可以请求部分或者全部债务人履行全部债务的，为连带债务。
>
> 连带债权或者连带债务，由法律规定或者当事人约定。

【条文主旨】

本条是关于连带债权和连带债务定义的规定。

【条文释义】

连带之债是相对于按份之债而言的，与按份之债同属于复数主体债权债务。

但相对于按份之债，连带之债的内外部关系更为复杂，境外民法典也普遍对连带之债作了重点规定。连带之债具体又分为连带债权与连带债务。连带债务设立的目的是最大程度地保障债权人的利益，每一个债务人对全部债务均负有履行义务，实际上相当于以全体债务人的全部财产担保债务履行。就连带债权而言，每一个债权人均可以请求债务人履行全部债务，这就会存在某一债权人受领全部给付后并没有按照内部份额返还其他债权人的情况，其他债权人的利益有受到损害的风险。由此可见，连带债权对债权人而言并不有利。实践中，连带债务比连带债权也更为常见。境外立法例普遍更着重对连带债务予以规范，对连带债权的规范较为简略，但也必不可少。

我国民法通则也对连带债权和连带债务的内容作了规定。根据民法通则第87条规定，债权人或者债务人一方人数为2人以上的，依照法律的规定或者当事人的约定，享有连带权利的每个债权人，都有权要求债务人履行义务；负有连带义务的每个债务人，都负有清偿全部债务的义务。

本条第1款延续了民法通则的规定，对连带债权和连带债务的基本内涵作了界定。连带债权的债权人为2人以上，部分或者全部债权人均可以请求债务人履行债务。连带债务的债务人为2人以上，不管债务人之间的内部份额如何划分，债权人既可以请求全部债务人履行全部债务或者部分债务，也可以请求部分债务人履行全部债务或者部分债务。全部或者部分债务人履行一部分债务的，未履行的债务部分仍然是各债务人的连带债务，债权人有权请求全部债务人或者部分债务人履行。

本条第2款对连带之债的成立作了规定。连带债务的成立对债权人相当有利，但对各债务人影响重大，对其成立有必要作严格的限制。因此本条第2款规定，连带债务由法律规定或者当事人约定。既没有法律规定，也没有当事人约定，不可成立连带债务。连带债权的各债权人共享同一债权，但可以由某一债权人单独行使该债权，这种情况也要有法律的明确规定或者当事人之间的特别约定。

> 　　**第五百一十九条**　连带债务人之间的份额难以确定的，视为份额相同。
>
> 　　实际承担债务超过自己份额的连带债务人，有权就超出部分在其他连带债务人未履行的份额范围内向其追偿，并相应地享有债权人的权利，但是不得损害债权人的利益。其他连带债务人对债权人的抗辩，可以向该债务人主张。
>
> 　　被追偿的连带债务人不能履行其应分担份额的，其他连带债务人应当在相应范围内按比例分担。

【条文主旨】

本条是关于连带债务人之间份额确定以及追偿的规定。

【条文释义】

本条第 1 款是关于连带债务人之间份额确定的规定。

债权人有权要求任一连带债务人履行全部债务，这是就各连带债务人与债权人之间的关系而言的。至于在连带债务人内部关系中如何确定各自应当承担的债务份额，有法律规定或者当事人约定的，按照法律规定或者当事人约定；如果既没有法律规定，也没有当事人约定，难以确定各连带债务人的债务份额的，依照本条第 1 款规定，视为份额相同，即由各连带债务人平均分担债务。

本条第 2 款、第 3 款是关于连带债务人追偿的规定。

1. 追偿权的成立条件和范围。连带债务人的追偿权是指一个连带债务人因履行债务、抵销债务等使连带债务人对债权人的债务在一定范围内消灭的，该连带债务人享有向其他连带债务人追偿的权利。大陆法系国家和地区的民法典普遍规定了连带债务人的追偿权，但在连带债务人行使追偿权的条件设置方面，做法不一，其中差别比较大的就是连带债务人行使追偿权是否要以实际承担债务超过自己的债务份额为条件。主要有以下三种不同立法例：第一种立法例，规定连带债务人实际承担的债务须超过自己的债务份额，才能向其他连带债务人行使追偿权。第二种立法例，连带债务人行使追偿权不需要以实际承担的债务超过自己的债务份额为条件，只要债务人以自己的财产使各连带债务人共同免责，不管数额多少，均可以向其他连带债务人追偿。第三种立法例，规定连带债务人须清偿全部债务，才能向其他连带债务人行使追偿权。

我国民法通则第 87 条对连带债务人的追偿权作了规定，即负有连带义务的每个债务人，都负有清偿全部债务的义务，履行了义务的人，有权要求其他负有连带义务的人偿付他应当承担的份额。本法总则编第 178 条第 2 款对连带责任人的追偿权作了规定，即实际承担责任超过自己责任份额的连带责任人，有权向其他连带责任人追偿。

本条在总结我国立法和司法实践经验的基础上，对连带债务人追偿权的成立条件采用了上述第一种做法，即连带债务人实际承担的债务须超过自己的债务份额，才能向其他连带债务人行使追偿权，并且行使追偿权的范围限于实际承担债务超过自己份额的部分。连带债务人向债权人履行债务后，债权相应消灭，连带债务人与债权人之间的外部关系转化为该连带债务人与其他连带债务人之间的内部关系。连带债务在外部关系上表现为各债务人对债权人均负有全部清偿的义务,但在内部关系上表现为各债务人按照各自的份额分担债务。基于此,本条规定,该连带债务人就超出部分在其他连带债务人未履行的份额范围内行使追偿权,即只能主张其他连带债务人各自应当承担的债务份额内未履行的部分,而不是就该超出部分要求其他债务人承担连带债务。例如,债权人甲对连带债务人乙、丙、丁享有 150 万元的债权,乙、丙、丁约定平均分担该笔债务,即就内部关系而言每人的债务份额为 50 万元。现乙向甲清偿了全部债务,乙就超过自己份额的部分即 100 万元有权向丙、丁追偿,就这 100 万元丙、丁并不对乙承担连带债务,而是每人只承担各自份额 50 万元,乙也无权要求丙或者丁各自承担超过 50 万元的债务部分。

2. 行使追偿权的连带债务人享有债权人的权利。本条赋予行使追偿权的连带债务人享有债权人的权利。依照第 2 款规定,连带债务人有权就超过部分在其他连带债务人未履行的份额范围内向其追偿,并相应地享有债权人的权利。连带债务人所享有的债权人的权利,比较典型的是债权所附的担保等从权利。连带债务人之一通过清偿债务使债权人对连带债务人的债权消灭的,由作出清偿的连带债务人在一定范围内取得原债权人的地位,取得原债权人所享有的担保权等权利。同时考虑到连带债务规则设立的目的主要是保护债权人,合理平衡债权人与享有追偿权的连带债务人之间的利益,本条还规定,实际承担债务的连带债务人享有债权人的权利,但是不得损害债权人的利益。举一例予以说明:某一债权人对连带债务人 A、B、C 享有 100 万元债权,连带债务人 A、B、C 内部约定了各自份额,A 承担 50 万元、B 承担 30 万元、C 承担 20 万元,D 还就自己的财产为债务人 B 就连带债务向债权人设定了抵押。现 A 向债权人清偿了 70 万元债务,B、C 未向债权人清偿。依照本条规定,A 不仅享有追偿权,还享有债权人的权利,即 A 就超过自己份额的部分 20 万元有权向 B、C 追偿,同时还取得了债权人对 D 提供的抵押财产所享有的抵押权。但是,本案中债权人还有 30 万元未获清偿,依照本条规定,连带债务人享有债权人的权利不得损害债权人的利益,那么债权人就未获清偿的 30 万元债务对 D 提供的抵押财产所享有的抵押权,在顺位上要优先于 A 就抵押财产所取得的抵押权。

此外,为了合理平衡享有追偿权的连带债务人与其他连带债务人之间的利益,本条还规定,其他连带债务人对债权人的抗辩,可以向该债务人主张。比如,其他连带债务人对债权人的债权数额有异议的,本可以向债权人提出抗辩,现就可以向享有追偿权的连带债务人提出抗辩。再如,实际承担债务的连带债务人甲向其他连带债务人乙追偿,并行使债权人对连带债务人乙所享有的抵押权时,为债权人设定抵押的连带债务人乙认为抵押权未依法设立、已经变更或者消灭的,本可以向债权人提出抗辩,现就可以向进行追偿的连带债务人主张抗辩。

3. 特定情形下连带债务人之间的债务份额二次分担规则。实际承担债务超过自己份额的连带债务人在向其他连带债务人进行追偿时，只能要求其他连带债务人在各自未履行的份额范围内分担债务。如果其他连带债务人之一发生了破产等情形致使不能履行其应当分担的份额的，实际承担债务的连带债务人的追偿权就难以全部实现。本条第 3 款基于公平考虑，规定被追偿的连带债务人不能履行其应分担份额的，其他连带债务人应当在相应范围内按比例分担。该规定中的"其他连带债务人"是指除不能履行其应分担份额的连带债务人之外的所有连带债务人，包括实际承担债务后行使追偿权的连带债务人。举例如下：连带债务人 A、B、C、D 对债权人 E 负 200 万元债务，连带债务人内部平均分担债务，即每个连带债务人的内部分担份额为 50 万元。A 向 E 清偿了 200 万元债务，使连带债务人对债权人的债务全部消灭，A 就自己实际承担的债务超出自己份额的部分即 150 万元享有向 B、C、D 的追偿权，B、C、D 各自向 A 分担 50 万元。现 B 破产，A 向 B 只追偿到 20 万元，B 应分担的另外 30 万元份额已经不能履行。此时，依照本条规定，B 不能履行的 30 万元份额，由 A、C、D 三个连带债务人按照比例（50∶50∶50）分担，每人分担 10 万元份额，即 A 就 B 不能履行的 30 万元债务，自己承担 10 万元，可以向 C、D 每人主张 10 万元。

> **第五百二十条** 部分连带债务人履行、抵销债务或者提存标的物的，其他债务人对债权人的债务在相应范围内消灭；该债务人可以依据前条规定向其他债务人追偿。
>
> 部分连带债务人的债务被债权人免除的，在该连带债务人应当承担的份额范围内，其他债务人对债权人的债务消灭。
>
> 部分连带债务人的债务与债权人的债权同归于一人的，在扣除该债务人应当承担的份额后，债权人对其他债务人的债权继续存在。
>
> 债权人对部分连带债务人的给付受领迟延的，对其他连带债务人发生效力。

〖条文主旨〗

本条是关于部分连带债务人与债权人之间发生的事项对其他连带债务人的效力的规定。

〖条文释义〗

一个连带债务人与债权人之间发生的事项是否对其他连带债务人发生效力

是连带债务中的基本问题。在理论上,如果一个连带债务人与债权人之间发生的事项对其他连带债务人也发生效力,被称为连带债务的绝对效力;如果一个连带债务人与债权人之间发生的事项仅对该连带债务人发生效力,不对其他连带债务人发生效力,被称为连带债务的相对效力。关于一个连带债务人与债权人之间发生的哪些事项具有绝对效力、哪些事项具有相对效力,世界上各个国家或者地区的立法存在一定差异,但总体上都认为,各个连带债务人对债权人所承担的债务具有相对独立性,一个连带债务人与债权人之间发生的事项原则上仅具有相对效力,只有在例外情形下才具有绝对效力。本条参考境外立法例,立足中国国情和实际,对部分连带债务人与债权人之间可能发生的典型事项对其他债务人的效力问题作了规定。

一、关于履行、抵销债务或者提存

本条第 1 款是关于部分连带债务人履行、抵销债务或者提存标的物对其他连带债务人发生效力的规定。部分连带债务人向债权人履行债务,或者以债权人对自己所负债务与连带债务人对债权人所负债务相抵销,或者提存标的物,均可使债权人的债权全部或者部分得到满足,其他债务人对债权人的债务也就在相应范围内消灭,即部分连带债务人履行、抵销债务或者提存具有绝对效力。

二、关于免除债务

本条第 2 款是关于部分连带债务人的债务被债权人免除对其他债务人发生效力的规定。债权人向全体连带债务人表示免除连带债务的,自然发生连带债务消灭的效果,这种情形较为简单、明确,法律无须单独规定。但是,如果债权人仅免除部分连带债务人的债务,对其他债务人产生什么效力,法律有必要予以明确规定。从理论上,这种情形可能产生三种效力:一是相对效力,即债权人免除一个连带债务人的债务,仅产生债权人不向该连带债务人请求履行的效果,对其他债务人不生效力,债权人仍可向其他连带债务人请求履行全部债务。二是绝对效力,即债权人免除一个连带债务人的债务,其他债务人的债务也消灭。这种做法对其他债务人有利,但会违背债权人的意思,损害债权人利益。三是限制绝对效力,即债权人免除一个连带债务人的债务,只是在该连带债务人应当承担的内部份额范围内,其他债务人对债权人的债务消灭。限制绝对效力的做法兼顾了尊重债权人意愿与保护连带债务人利益。

本条对债权人免除部分连带债务人债务的法律效果采用了限制绝对效力的做法。根据本条规定,债权人免除其中一个或者部分连带债务人的债务的,债权人仍可向其他债务人请求履行,但是其他债务人承担的连带债务数额要扣除被免除的连带债务人应当承担的内部份额。例如,债权人对连带债务人甲、乙、丙享有 100 万元债权,就连带债务人内部而言,甲承担 20 万元、乙承担 30 万元、丙承担 50 万元。现债权人表示免除甲的债务。此时，债权人仍可向乙、丙主张债权，但是要扣除甲承担的份额 20 万元，即乙、丙对债权人只承担 80 万元连带债务。

三、关于混同

在发生混同时，即部分连带债务人的债务与债权人的债权同归于一人的，对其他债务人产生什么效力，在立法例上主要有三种做法：第一种是产生相对效力，第二种是产生绝对效力，第三种是产生限制绝对效力。试举一例对以上三种立法例予以说明。债权人甲对连带债务人 A、B、C 享有债权 300 万元，A、B、C 内部每人平均分担 100 万元债务，现 A 与甲发生混同。按照第一种立法例，混同对其他连带债务人产生相对效力，混同后甲（或者 A）仍然可以债权人的地位向 B、C 请求履行连带债务 300 万元。假如 B 向甲（或者 A）履行了 300 万元债务，那么 B 就可以再向 A（或者甲）、C 进行追偿，要求各承担 100 万元债务。这种立法例对发生混同的连带债务人（或者债权人）较为有利，但在处理程序上相对复杂，容易产生循环求偿的问题。按照第二种立法例，产生绝对效力，甲与 A 混同后，A、B、C 对甲所负的连带债务 300 万元消灭。此时 A（或者甲）再以使连带债务消灭的债务人的身份向 B、C 追偿，要求 B、C 各承担 100 万元债务。这种立法例对发生混同的债权人（或者连带债务人）较为不利，使其他债务人对债权人所负的连带债务变成了连带债务人之间进行追偿的按份债务，减弱了对债权实现的保障力度，降低了债权人的地位。按照第三种立法例，产生限制的绝对效力。甲与 A 混同后，扣除 A 所应当承担的内部份额 100 万元，B、C 对甲（或者 A）所负的连带债务数额变为 200 万元。这种立法例将问题作简化处理，避免了循环求偿问题，也有利于在债权人利益与连带债务人利益之间作合理平衡。

本条立足中国国情，参考境外立法例，采取了限制绝对效力的做法。根据本款规定，部分连带债务人的债务与债权人的债权同归于一人的，混同后的债权人（或者发生混同的连带债务人）仍然可以债权人的地位，向其他连带债务人请求承担连带债务，但是连带债务的数额要扣除发生混同的连带债务人应当承担的内部份额。

四、关于债权人迟延受领

债权人迟延受领是指债权人无正当理由对于债务人的给付未及时受领。债权人迟延受领的，会产生一定的法律效果。例如，依照合同编第 589 条规定，债权人拒绝受领的，债务人可以请求债权人赔偿增加的费用；在债权人受领迟延期间，债务人无须支付利息。依照合同编第 605 条规定，因买受人的原因致使标的物未按照约定的期限交付的，买受人应当自违反约定时起承担标的物毁损、灭失的风险。本条第 4 款规定，债权人对部分连带债务人的给付受领迟延的，对其他连带债务人发生效力。例如，对于债权人受领迟延期间的利息，作出给付行为的连带债务人有权拒绝，其他连带债务人根据本款规定也有权拒绝。

> **第五百二十一条** 连带债权人之间的份额难以确定的，视为份额相同。
>
> 实际受领债权的连带债权人，应当按比例向其他连带债权人返还。
>
> 连带债权参照适用本章连带债务的有关规定。

【条文主旨】

本条是关于连带债权内外部关系的规定。

【条文释义】

本条第 1 款是关于连带债权人之间份额确定的规定。在连带债权内部关系中，如何确定各连带债权人的份额，有法律规定或者当事人约定的，按照法律规定或者当事人约定；如果既没有法律规定，也没有当事人约定，难以确定各连带债权人的份额的，依照本条第 1 款规定，视为份额相同，即由各连带债权人平均分享债权。

本条第 2 款是关于实际接受给付的连带债权人向其他连带债权人进行返还的规定。依照本款规定，实际受领债权的连带债权人应当向其他连带债权人返还，返还的数额按照连带债权人的份额比例计算。在合同编制定过程中，本款规定经历了一个变化的过程。合同编草案一审稿至三审稿对此均规定，实际受领超过自己份额的连带债权人，应当按比例向其他连带债权人返还。对此，有的意见提出，连带债权人只有在实际受领超过自己份额时，才向其他连带债权人返还，对其他连带债权人是不公平的，例如，连带债权人甲、乙、丙对债务人享有 300 万元连带债权，按照连带债权人甲、乙、丙内部份额比例 5∶2∶3，甲的债权份额为 150 万元。如果债务人发生破产，作为连带债权人之一的甲对债务人主张债权，只取得了 100 万元债权，按照合同编草案一审稿至三审稿的规定，因为甲实际受领的债权额（100 万元）没有超过自己的份额（150 万元），则甲无须向同为连带债权人的乙、丙返还，而债务人已经破产，乙、丙已无法从债务人处取得债权，这样的结果对乙、丙是不公平的。经研究，为了合理平衡连带债权人之间的利益，合同编对此作了进一步修改，规定实际受领债权的连带债权人，不管受领债权的数额多少，不管实际受领是否超过自己份额，都应当按照比例向其他连带债权人返还。还是上面的例子，按照合同编最终规定，实际受领 100 万元债权的甲，即使受领数额没有超过自己的份额 150 万元，也应当按照比例 5∶2∶3 向连带债权人乙、丙返还，即向乙返还 20 万元，向丙返还 30 万元。

本条第 3 款是关于连带债权参照适用连带债务的规定。本款的"参照适用"主要是就外部关系而言，就部分连带债权人与债务人之间发生的事项对其他连带债权人产生的效力，参照适用合同编第 520 条的规定。例如，就债务人向部分连带债权人履行、抵销债务或者提存标的物对其他连带债权人产生什么效力呢？对此，参照适用合同编第 520 条第 1 款规定，可以得出这样的法律效果，即债务人向部分连带债权人履行债务、债务人将自己对连带债权人所负债务与部分连带债权人对自己所负债务相抵销或者债务人依法提存标的物，均可使连带债权全部或者部分得到满足，其他连带债权人对债务人的债权在相应范围内消灭。

> **第五百二十二条** 当事人约定由债务人向第三人履行债务，债务人未向第三人履行债务或者履行债务不符合约定的，应当向债权人承担违约责任。
>
> 法律规定或者当事人约定第三人可以直接请求债务人向其履行债务，第三人未在合理期限内明确拒绝，债务人未向第三人履行债务或者履行债务不符合约定的，第三人可以请求债务人承担违约责任；债务人对债权人的抗辩，可以向第三人主张。

【条文主旨】

本条是关于利益第三人合同的规定。

【条文释义】

为了适应复杂的交易实践需求，现代民法对涉他合同予以认可。涉他合同，又称为涉及第三人的合同，包括利益第三人合同和由第三人履行的合同。本条规定的是利益第三人合同，本编第 523 条规定的是由第三人履行的合同。本条第 1 款是关于不真正利益第三人合同的规定，该规定延续了合同法第 64 条的规定，未作修改。依照该规定，当事人约定由债务人向第三人履行债务的，债务人未向第三人履行债务或者履行债务不符合约定的，债务人应当向债权人承担违约责任。但对于第三人是否对债务人享有履行请求权，理论上存在着一定的争议。一种观点认为，合同法第 64 条是将向第三人履行作为债务履行的一种方式，合同的效力仍然限制在合同当事人之间。另一种观点则从比较法和有利于实践适用的角度认为，合同法第 64 条肯定了第三人对债务人的履行请求权。

实践中涉及第三人利益的合同不断增多，为了更好地实现合同缔结方意愿，加强对第三人利益的保护，本条参考境外立法例，在保留合同法第 64 条作为本条第 1 款的基础上，增加规定了第 2 款，明确了第三人对债务人的履行请求权。这对于满足实践需求和消除理解分歧都具有重要意义。我们可以将本条第 1 款称之为不真正的利益第三人合同，将第 2 款称之为真正的利益第三人合同。不真正的利益第三人合同与真正的利益第三人合同的重要区别就是，真正的利益第三人合同的第三人取得对债务人的履行请求权，而不真正的利益第三人合同的第三人仅可以接受债务人的履行，不享有对债务人的履行请求权。

一、不真正的利益第三人合同

本条第 1 款是关于不真正的利益第三人合同的规定。本款规定坚守了合同相对性原则。所谓合同相对性原则是指合同项下的权利与义务只由合同当事人享有或者承担，合同仅对当事人具有法律约束力，对合同当事人之外的第三人不具有法律约束力。合同相对性原则在整个合同制度中具有重要的基础地位，本编第 465 条第 2 款对合同相对性原则作了规定，即依法成立的合同，仅对当事人具有法律约束力，但是法律另有规定的除外。对于本款规定的不真正的利益第三人合同，由债务人向第三人履行债务，是债权人与债务人之间所作的约定，该约定不对第三人产生法律约束力。第三人不享有请求债务人履行的权利，履行请求权仍然属于作为合同当事人的债权人。债务人未向第三人履行债务或者履行债务不符合约定的，债务人应当向债权人承担违约责任，而不是向第三人承担违约责任。第三人没有享受到预期利益的，第三人可以依据其与债权人之间的约定等另作处理。

二、关于真正的利益第三人合同

本条第 2 款是关于真正的利益第三人合同的规定，对真正利益第三人合同的中第三人取得履行请求权的条件及相关法律效果作了规定。

1. 第三人取得履行请求权的条件。首先，第三人取得履行请求权要有法律规定或者当事人约定。依照本条规定，只有在法律规定或者当事人约定第三人可以直接请求债务人向其履行债务的，才构成真正的利益第三人合同，第三人才能取得履行请求权。根据合同相对性原则，合同项下的权利与义务只由合同当事人享有或者承担，履行请求权只归债权人享有。而真正的利益第三人合同赋予合同当事人之外的第三人履行请求权，这是对合同相对性原则的突破，自应当严格掌握，要以有法律规定或者当事人约定为前提。有的法律对特定的合同直接赋予第三人履行请求权，例如依据保险法的规定，对于投保人与保险人订立的保险合同，被保险人或者受益人即使不是投保人，在保险事故发生后，也享有向保险人请求赔偿或者给付保险金的权利。除了法律规定，更多情形下的真正的利益第三人合同是合同当事人双方以合意的形式赋予第三人履行请求权。本条规定以当事人约定的方式设立真正的利益第三人合同，赋予第三人履行请求权，体现了民法的自愿原则，是对当事人双方意愿的尊重。真正的利益第三人合同结构是基本合同加第三人约款。在第三人约款中，债权人与债务人特别约定，债务由债务人向第三人履行，第三人可以直接请求债务人向其履行。如果合同当事人仅是约定由债务人向第三人履行债务，没有赋予第三人履行请求权的，不属于本款规定的真正的利益第三人合同，可以按照本条第 1 款规定的不真正利益第三人合同处理。举例如下，发货人用货车将一批货物发送第三人，发货人与运输公司订立的货运合同为基本合同，运输公司将货物运至第三人、第三人享有履行请求权为第三人约款。运输公司之所以将货物运至第三人，是由于发货人支付了运费。发货人使运输公司将货物运至第三人，多是因发货人与第三人有对价关系，例如发货人与第三人订立了买卖合同，发货人从第三人处取得了货物对价。

其次，利益第三人合同是为第三人的利益而设置，按照民法的自愿原则，即使是为他人赋予利益，他人也有权拒绝。因此，本条对利益第三人合同还规定了第三人的拒绝权，第三人在合理期限内可以拒绝，未在合理期限内明确拒绝的，第三人就取得了直接请求债务人履行的权利，可以直接请求债务人向其履行。

2. 真正的利益第三人合同的法律效果。债务人未向第三人履行债务或者履行债务不符合约定的，第三人可以请求债务人承担继续履行、赔偿损失等违约责任。一般认为，第三人对债务人虽取得履行请求权，但由于其不是合同当事人，合同本身的权利，如解除权、撤销权等，第三人不得行使。

3. 债务人的抗辩。债务人基于债务人地位对债权人所享有的抗辩，不应因向第三人履行而受到影响。因此，本条规定，债务人对债权人的抗辩，可以向第三人主张。

> **第五百二十三条** 当事人约定由第三人向债权人履行债务，第三人不履行债务或者履行债务不符合约定的，债务人应当向债权人承担违约责任。

【条文主旨】

本条是关于由第三人履行合同的规定。

【条文释义】

由第三人履行的合同，又称第三人负担的合同，是指双方当事人约定债务由第三人履行的合同。例如，甲乙约定，甲欠乙的钱由丙偿付，即是由第三人履行的合同；再如，某一产品的经销商与买受人订立买卖合同，双方约定由该产品的生产商直接向买受人交付产品，也属于比较典型的由第三人履行合同。实践中，第三人之所以向债权人履行债务，多是因为债务人与第三人之间存在着其他法律关系，例如，第三人对债务人负有债务，第三人与债务人对此约定，第三人向债权人履行即可消灭第三人对债务人所负的债务等。由第三人履行的合同，往往具有减少交易环节，提高交易效率的功能。

本条根据实践需求，对由第三人履行的合同作了规定。根据本条规定，由第三人履行的合同，具有几个特点：

一是合同是在债权人与债务人之间订立，以债权人、债务人为合同双方当事人，第三人不是合同当事人。第三人向债权人履行债务的原因，可能基于第三人与债务人之间存在的法律关系（例如，第三人与债务人存在交易、委托等合同关系），也可能基于非法律关系（例如，第三人基于与债务人之间的情谊，自愿向债权人履行债务）等。第三人向债权人履行债务是基于什么原因，不属于由第三人履行合同的问题，不影响由第三人履行合同的成立和生效。

二是合同标的是第三人向债权人的履行行为。由第三人履行的合同，不是由债务人直接向债权人履行债务，而是由第三人向债权人履行债务。根据合同相对性原则，合同仅对合同当事人产生法律约束力。对于由第三人履行的合同，虽然合同债权人与债务人约定由第三人向债权人履行债务，但是由于第三人不是合同当事人，合同对该第三人并没有法律约束力。第三人不向债权人履行债务的，可能会向债务人承担责任，但这是基于债务人与第三人的约定，而不是基于由第三人履行的合同。

三是第三人不履行债务的违约责任，由债务人承担，而不是由第三人承担。债务人是合同当事人，而不是第三人的代理人。第三人不履行债务或者履行债务不符合约定的，由债务人向债权人承担违约责任。

由第三人履行的合同与保证合同具有一定的相似性，都是可基于他人不履行债务的行为而承担一定的责任。由第三人履行合同的债务人因第三人不履行债务的行为承担责任，保证合同的保证人可因主债务人不履行债务而承担责任。

但二者存在着本质的不同。保证合同是主债权债务的从合同，一般保证的保证人享有先诉抗辩权，在就债务人的财产依法强制执行仍不能履行债务前，有权拒绝承担保证责任；连带责任的保证人和债务人对债务承担连带责任。而由第三人履行的合同，是一种独立的合同，债务人对于第三人不向债权人履行债务的行为，独立向债权人承担违约责任；第三人不是债务人，其只实施履行行为，不对债权人承担违约责任。

此外，对于本条规定的由第三人履行的合同，还需要注意的是，由第三人履行的合同没有突破合同相对性，不解决债权人是否具有直接请求第三人履行的问题。债权人是否享有直接请求第三人履行的权利，属于真正利益第三人合同的范畴，要看债务人与第三人之间是否订有以债权人为受益人的真正利益第三人合同。例如，某一产品的经销商甲与买受人乙订立买卖合同，甲乙之间约定由该产品的生产商丙直接向买受人乙交付产品，甲乙之间的该约定属于由第三人（丙）履行的合同，乙不能依据由第三人履行的合同请求丙直接向其履行。但同时，经销商甲又与生产商丙订立了真正利益第三人合同，约定买受人乙可以直接请求丙向其履行的，乙取得了直接请求丙向其履行的权利，丙不履行或者履行不符合约定的，乙可以依法要求丙承担违约责任。

> **第五百二十四条**　债务人不履行债务，第三人对履行该债务具有合法利益的，第三人有权向债权人代为履行；但是，根据债务性质、按照当事人约定或者依照法律规定只能由债务人履行的除外。
>
> 债权人接受第三人履行后，其对债务人的债权转让给第三人，但是债务人和第三人另有约定的除外。

【条文主旨】

本条是关于具有合法利益的第三人代为履行的规定。

【条文释义】

债具有相对性，债务本应由债务人履行，但实践中基于各种原因，第三人履行债务的情况也比较多见。第三人履行债务，有的出于债权人与债务人的事先约定，有的基于其他原因。

第三人履行债务及其法律效果属于债法的一般性规则内容。从境外立法例来看，第三人履行债务大体上可以分为两种情况：就债务履行有合法利益的第三人和非就债务履行有合法利益的第三人。总体上，非就债务履行有合法利益的第三人履行债务，不得违反债务人的意思和债权人的意思，这也是由债的相对性原则所决定的。在法律效果上，境外立法例一般都认可就债务履行有合法利益的第三人代为履行后，债权人的债权即移转至该第三人。

我国民法典不设债法总则编，为了使合同编通则发挥债法总则的作用，有必要补充债法的一般性规则。本条参考境外立法例，就第三人对履行该债务具有合法利益而履行债务及其法律效果作了规定。为了保护就债务履行有合法利益的第三人，本条规定打破了债的相对性，赋予该第三人代为履行的权利。该第三人代为履行债务，不需要考虑是否违反债务人的意思，债权人也不得拒绝。何谓"对债务履行具有合法利益的第三人"，本条未作具体规定，需要根据实践情况的需要和发展进行判断并归纳总结。考虑到本条就对债务履行具有合法利益的第三人履行债务后的法律效果规定为法定的债权移转，对第三人的利益保护较强，在具体认定是否属于"对债务履行具有合法利益的第三人"时，也要注意考量各方利益的平衡问题。举例来说，本条规定可能适用于租赁合同的转租情形。合同编第719条的规定可以视为本条第三人代为履行制度的一个具体体现。承租人拖欠租金的，次承租人具有稳定租赁关系、继续占有和使用租赁物的需要，属于对支付租金具有合法利益的第三人，享有代承租人向出租人支付租金的权利，可以代承租人支付其欠付的租金和违约金。同时为了合理平衡出租人和次承租人的利益，第719条还作了但书规定，即如果转租合同对出租人不具有法律约束力，那么次承租人就不属于"对债务履行具有合法利益的第三人"，次承租人代为支付租金的，出租人有权拒绝。

当然，具有合法利益的第三人并不是在所有情况下都享有代为履行的权利，本条对此作了除外规定，即根据债务性质、按照当事人约定或者依照法律规定只能由债务人履行的，则第三人即使具有合法利益，也不能代为履行。何谓"根据债务性质"，要根据具体情况进行判断。例如，对于育儿保姆提供的劳务，一般来说就属于根据债务性质只能由债务人履行的情况，第三人不得代为履行。此外，自愿原则是民法的基本原则，如果债权人与债务人特别约定只能由债务人履行的，应当尊重该特别规定，排除第三人的履行。法律对此作出特别规定的，依照法律规定。

本条第2款对有合法利益的第三人代为履行的法律效果作了规定，将其作为一种法定的债权移转。有合法利益的第三人代为履行后，债权人的债权得以实现，债权人与债务人之间的债权债务关系终止。对于第三人与债务人之间的关系，根据本条规定，债权人接受第三人履行后，其对债务人的债权转让给第三人。

> **第五百二十五条** 当事人互负债务，没有先后履行顺序的，应当同时履行。一方在对方履行之前有权拒绝其履行请求。一方在对方履行债务不符合约定时，有权拒绝其相应的履行请求。

【条文主旨】

本条是关于同时履行抗辩权的规定。

【条文释义】

一是关于同时履行抗辩权的制度功能。同时履行抗辩权是指在没有先后履行顺序的双务合同中，一方当事人在对方当事人未为履行或者履行不符合约定的情况下，享有拒绝对待给付的权利。同时履行抗辩权针对的是当事人互负债务，但是没有先后履行顺序的情况。从公平角度考虑，这种情况下当事人应当同时履行，当事人可以同时履行抗辩权对抗对方当事人的履行请求权。同时履行抗辩权制度并非追求双方当事人债务的同时履行，并不是非要促成当事人按照"一手交钱、一手交货"的简单交易方式履行债务。同时履行抗辩权是一种防御性权利，从制度设计上来说，"防御"不是目的，目的在于打破僵局，促使债务履行。

二是关于同时履行抗辩权的成立要件。根据本条规定，同时履行抗辩权的成立，要具备以下几个要件：（1）须基于同一双务合同互负债务，在履行上存在关联性。例如，买卖合同中，卖方负有交付货物的义务，买方负有交付货款的义务。租赁合同中，出租人负有提供租赁物的义务，承租人负有交付租金的义务。单务合同仅一方负有债务，另一方享有权利，自然不适用同时履行抗辩权。（2）当事人的债务没有先后履行顺序。如果当事人互负债务，但是依照当事人约定等能够确定先后履行顺序的，自无同时履行抗辩权的适用余地，可能会适用的是后履行抗辩权和不安抗辩权制度。（3）须双方所负的债务均已届履行期。如果一方当事人的债务尚未到期，在对方当事人请求履行时，该当事人可以主张债务履行期尚未届至的抗辩，无须适用同时履行抗辩权制度。（4）对方当事人未履行自己所负的债务或者履行债务不符合约定仍然提出履行请求。履行债务不符合约定的情况，包括部分履行、瑕疵履行等。例如，10000吨大米的买卖合同，卖方交付了8000吨大米，尚缺2000吨，抑或卖方交付的10000吨大米的质量不符合约定，但卖方仍然要求买方支付全部货款。再如，房屋租赁合同的出租人提供的房屋，存在屋顶漏水等严重问题，仍然请求承租人支付全部租金。

三是关于同时履行抗辩权的效力。对于同时履行抗辩权的效力，本条规定，对于对方不履行债务的，当事人在对方履行之前有权拒绝其履行请求。对于对方履行债务不符合约定的，当事人有权拒绝其相应的履行请求。例如，前面举的例子，10000 吨大米的买卖合同，卖方交付了 8000 吨大米，尚缺2000 吨，买方可以只支付 8000 吨大米的货款，有权拒绝支付尚缺的 2000 吨大米的货款。

同时履行抗辩权属延期的抗辩权，只是暂时阻止对方当事人请求权的行使，非永久的抗辩权。对方当事人完全履行了合同义务，同时履行抗辩权消灭，当事人应当履行自己的义务。当事人行使同时履行抗辩权致使合同迟延履行的，该当事人不承担违约责任。

> **第五百二十六条** 当事人互负债务，有先后履行顺序，应当先履行债务一方未履行的，后履行一方有权拒绝其履行请求。先履行一方履行债务不符合约定的，后履行一方有权拒绝其相应的履行请求。

【条文主旨】

本条是关于后履行抗辩权的规定。

【条文释义】

一是关于后履行抗辩权的制度定位。后履行抗辩权，是指在双务合同中应当先履行的一方当事人未履行或者履行债务不符合约定的，后履行的一方当事人享有拒绝对方履行请求或者拒绝对方相应履行请求的权利。合同法制定过程中，就对是否规定后履行抗辩权存在不同意见。有的意见认为应当规定后履行抗辩权，因我国司法实践中存在一方当事人因应该先履行的另一方当事人不履行而没有履行，被法院认为违约的情况。也有的意见认为，后履行抗辩权可以包括在同时履行抗辩权制度范畴内。还有的意见认为，后履行抗辩权与同时履行抗辩权可以细分出来，可以有针对性地规定。合同法最终参考《国际商事合同通则》，在规定了同时履行抗辩权的同时，又规定了后履行抗辩权。在本法制定过程中，也有的意见认为，大陆法系传统民法有同时履行抗辩权和不安抗辩权，没有后履行抗辩权。后履行抗辩权制度没有单独规定的必要。也有的意见认为，同时履行抗辩权和后履行抗辩权二者合在一起，大致相当于德国等一些国家和地区的民法典的不履行合同抗辩权制度，但既然合同法选择了同时履行抗辩权和后履行抗辩权分开的模式，并且它已被司法实践广为接受，没有必要再作大的修改而删除后履行抗辩权制度。经研究，合同编对此未作改动，仍然保留后履行抗辩权制度。

二是关于后履行抗辩权的成立要件。后履行抗辩权的成立，需要具备以下要件：（1）需要基于同一双务合同。双方当事人因同一合同互负债务，在履行上存在关联性。后履行抗辩权不适用于单务合同。（2）当事人的债务有先后履行顺序。当事人互负债务，并且能够确定先后履行顺序。这种履行顺序的确立，或依法律规定，或按当事人约定，或按交易习惯。一些法律对双务合同的履行顺序作了规定。当事人在双务合同中也可以约定履行顺序，谁先履行，谁后履行。在法律未有规定、合同未有约定的情况下，双务合同的履行顺序可依交易习惯确立。例如，在饭馆用餐，先吃饭后交钱。旅店住宿，先住宿后结账。乘飞机、火车，先购票后乘坐。合同也可采用其他一些方法确立谁先履行。例如，在一项买卖合同中，谁也不愿先履行，卖方不愿先交货，怕买方收货不交钱。在这种情况下，当事人可以约定由银行协助双方履行，买方先将货款打入银行，由银行监管此款，卖方即行发货，买方验收后，银行将款项拨付卖方。合同按此顺序履行。（3）应当先履行的当事人不履行债务或者履行债务不符合约定。例如，对于应先交付租赁物再付租金的租赁合同，出租方不按时交付租赁物或者交付的租赁物不符合约定。再如，对于先供货再付款的买卖合同，供货方不交付商品或者交付的商品不符合约定。（4）后履行一方当事人的债务已届履行期。如果后履行一方当事人的债务尚未到期，在对方当事人请求履行时，后履行一方当事人可以主张债务履行期尚未届至的抗辩，无须适用后履行抗辩权制度。

符合上述条件，后履行的一方当事人可以行使后履行抗辩权，对抗应先履行债务的对方当事人的履行请求。应先履行债务的当事人不能行使后履行抗辩权。

三是关于后履行抗辩权的效力。后履行抗辩权属延期的抗辩权，只是暂时阻止对方当事人请求权的行使，非永久的抗辩权。对方当事人履行了合同义务，后履行抗辩权消灭，当事人应当履行自己的义务。后履行一方当事人行使后履行抗辩权致使合同迟延履行的，该当事人不承担违约责任，迟延履行的责任由对方承担。后履行一方当事人行使后履行抗辩权，不影响追究应当先履行一方当事人的违约责任。

第五百二十七条 应当先履行债务的当事人，有确切证据证明对方有下列情形之一的，可以中止履行：

（一）经营状况严重恶化；

（二）转移财产、抽逃资金，以逃避债务；

（三）丧失商业信誉；

（四）有丧失或者可能丧失履行债务能力的其他情形。

当事人没有确切证据中止履行的，应当承担违约责任。

【条文主旨】

本条是关于不安抗辩权的规定。

【条文释义】

不安抗辩权是指双务合同成立后，应当先履行的当事人有确切证据证明对方不能履行义务，或者不履行合同义务的可能性较高时，在对方恢复履行能力或者提供担保之前，有权中止履行合同义务。双务合同中，在后履行债务一方丧失或者可能丧失债务履行能力的情况下，仍然要求应先履行债务一方先作出给付，有悖公平，因此法律设立不安抗辩权制度，赋予应先履行债务一方在这些情况下中止履行债务的权利。

依照本条规定，不安抗辩权的成立，应具备以下要件：

一是当事人需基于同一双务合同互负债务。这也是合同编规定的三大抗辩权，即同时履行抗辩权、后履行抗辩权和不安抗辩权共同的成立要件。三大抗辩权均不适用于单务合同。

二是当事人互负的债务有先后履行顺序。这也是不安抗辩权和后履行抗辩权共同的成立要件，只是不安抗辩权由应当先履行债务的一方当事人享有，后履行抗辩权由后履行债务的一方当事人享有。当事人互负的债务没有先后履行顺序的，属于同时履行抗辩权的成立要件。

三是后履行的当事人发生了丧失或者可能丧失债务履行能力的情形。这些情形包括经营状况严重恶化，转移财产、抽逃资金以逃避债务，丧失商业信誉和其他丧失或者可能丧失履行债务能力的情形。例如，某商业银行根据其与某企业之间的借款合同发放贷款前，由于市场骤然变化致使该企业产品难以销售，很可能导致无力还贷，商业银行有权行使不安抗辩权，中止发放贷款。又如，某娱乐文化公司邀请一明星歌手演唱，约定先付演出费若干，因歌手生病住院可能难以如期演唱，娱乐文化公司即可以行使不安抗辩权，不向歌手预付约定的演出费。

尤其需要注意的是，对于后履行的当事人发生了丧失或者可能丧失债务履行能力的情形，应当先履行债务的当事人必须要有确切的证据证明。如果有确切的证据证明，则属于正当行使不安抗辩权，可以中止履行顺序在先的债务；如果没有确切的证据证明而中止履行的，则属于违约行为，应当先履行债务的当事人要承担违约责任。由此可以看出，有无确切的证据证明是非常关键的因素，直接决定中止履行行为是正当行使不安抗辩权，还是属于违约行为。"有无确切的证据证明"，不是由先履行债务的当事人单方决定的。如果事后双方当事人对"有无确切的证据证明"产生争议，应当由应先履行债务的一方当事人承担举证责任，由仲裁机构或者法院作出最终裁断。因此，应先履行债务的当事人要根据自己掌握的对方丧失或者可能丧失债务履行能力的证据情况谨慎为之，慎重行使不安抗辩权，不能凭空推测或凭借主观臆想而断定对方丧失或者可能丧失债务履行能力，没有确切证据证明而单方中止履行合同的，应当承担违约责任。

在合同编制定过程中，有的意见提出，本条第1项"经营状况严重恶化"和第3项"丧失商业信誉"属于典型的不安抗辩权的适用情形，而第2项"转移财产、抽逃资金，以逃避债务"则应归属于预期违约，建议删去第2项。经研究认为，不安抗辩权和预期违约具有不同的制度功能，不安抗辩权具有中止履行的效果，而预期违约的法律后果是解除合同、要求承担违约责任。如果发生后履行一方当事人"转移财产、抽逃资金，以逃避债务"的情形，是适用不安抗辩权还是预期违约，可以交由当事人选择对自己最有利的主张。如果应先履行债务的当事人还想保留继续交易的机会，给对方当事人一个恢复履行能力或者提供担保的机会，就可以选择行使不安抗辩权，中止履行。另外，不安抗辩权和预期违约在适用条件上的落脚点毕竟不同，不安抗辩权落脚在"丧失或者可能丧失债务履行能力"，而预期违约，此处主要涉及的是默示预期违约，落脚在"以自己的行为表明不履行主要债务"。发生"转移财产、抽逃资金，以逃避债务"的情形，能否直接构成默示预期违约，也要视具体情况进行判断。基于此，本条保留了第2项的表述，未作删除或者修改。

> **第五百二十八条**　当事人依据前条规定中止履行的，应当及时通知对方。对方提供适当担保的，应当恢复履行。中止履行后，对方在合理期限内未恢复履行能力且未提供适当担保的，视为以自己的行为表明不履行主要债务，中止履行的一方可以解除合同并可以请求对方承担违约责任。

【条文主旨】

本条是关于不安抗辩权效力的规定。

【条文释义】

不安抗辩权的行使，对对方当事人影响重大，应当让对方及时知晓，以便作出相应安排。从诚信原则出发，法律有必要规定应先履行债务一方的通知义务。依照本条规定，应先履行的一方当事人行使不安抗辩权，中止履行后，应当及时通知对方当事人。

不安抗辩权具有两个层次的效力。在第一层次上，符合不安抗辩权成立要件的，应当先履行债务的当事人可以中止履行。但不安抗辩权属延期抗辩权，中止履行只是一个暂时的状态。在第二层次上，当事人行使不安抗辩权中止履行后，从境外立法例来看，往往会给对方当事人一个"补救"机会，即要求对方当事人在一定期限内提供担保。对方未提供担保的，应当先履行债务一方可以解除合同；对方提供担保的，应当先履行债务一方恢复履行。

本条对不安抗辩权第二层次的效力予以规定。本条根据对方是否提供担保规定了不同的法律效果。

一是应先履行一方行使不安抗辩权，中止履行并及时通知对方后，如果对方提供了适当担保的，消除了影响先履行债务一方当事人债权实现的情形，先履行债务一方自然应当恢复履行。何谓"适当担保"，只能在具体案件中作具体判断，法律无法划定统一的标准。

二是如果对方在合理期限内未恢复履行能力并且未提供适当担保的，发生什么法律效果？合同法参考其他立法例，规定的是"中止履行的一方可以解除合同"。在合同法颁布实施后，理论和实践中发现，不安抗辩权和预期违约制度的关系如何协调，合同法并没有规定清楚。不安抗辩权的第二层次的法律效力是"中止履行的一方可以解除合同"。合同法第 94 条（现合同编第 563 条）是关于法定解除制度的总括性规定。一些意见提出，不安抗辩权的第二层次的法律效力是"中止履行的一方可以解除合同"，该规定与法定解除制度的关系如何协调？合同法第 94 条第 1 款第 2 项规定对默示预期违约情形下的合同解除作了规定，即在履行期限届满之前，当事人一方以自己的行为表明不履行主要债务的，当事人可以解除合同。不安抗辩权第二层次的效力是否可以通过与默示预期违约制度相衔接纳入法定解除制度？此外，预期违约的法律效果，除了解除合同外，还有要求违约方承担违约责任。根据合同法第 108 条（现合同编第 578 条）规定，当事人一方以自己的行为表明不履行合同义务的，对方可以在履行期限届满之前请求其承担违约责任。不安抗辩权第二层次的效力，即发生对方在合理期限内未恢复履行能力并且未提供适当担保的情形，除了解除合同外，是否可以要求对方承担违约责任？

在合同编制定过程中，对以上这些问题进行了认真研究。不安抗辩权是大陆法系民法中的制度，预期违约是英美法系中的制度。预期违约又分为两类，一类是明示的预期违约，即在履行期间届满前，当事人一方明确表示将不履行主要债务；另一类是默示的预期违约，即在履行期间届满前，当事人以自己的行为表明不履行主要债务。在制度适用上，与不安抗辩权存在一定联系的主要是默示的预期违约。合同法借鉴两大法系，同时对不安抗辩权和预期违约制度作了规定，这是合同法的一大创造。实践证明，这一创造是成功的，不安抗辩权和预期违约制度对保护当事人权益、稳定交易秩序都发挥出了各自的作用。基于此，合同编仍然延续了合同法的做法，对不安抗辩权和预期违约制度分别作了规定。同时，为了协调不安抗辩权与法定解除制度、预期违约制度之间的关系，本条将不安抗辩权第二层次的效力与预期违约制度相衔接，将不安抗辩权中"对方在合理期限内未恢复履行能力并且未提供适当担保的行为"，视为默示预期违约行为，并可以主张默示预期违约的法律效果。依照本条规定，当事人行使不安抗辩权、中止履行后，对方在合理期限内未恢复履行能力并且未提供适当担保的，视为以自己的行为表明不履行主要债务。中止履行的一方，即行使不安抗辩权的一方不但可以解除合同，还可以请求对方承担赔偿损失等违约责任。需要注意的是，本条只是将不安抗辩权第二层次的效力与预期违约制度相衔接，在不安抗辩权的成立及中止履行的第一层次效力上，两个制度仍然独立适用，当事人根据具体情况选择适用不安抗辩权制度或者预期违约制度。

> **第五百二十九条** 债权人分立、合并或者变更住所没有通知债务人，致使履行债务发生困难的，债务人可以中止履行或者将标的物提存。

【条文主旨】

本条是关于债权人变更住所等致使债务履行困难时中止履行的规定。

【条文释义】

法人分立包括存续分立和新设分立。存续分立指法人分出一部分财产设立新法人，原法人不因分出财产而终止。新设分立是指一个法人分成几个法人，原法人终止。法人合并包括新设合并和吸收合并。新设合并是指几个法人合为一个新法人，原法人终止。吸收合并是指一个法人将其财产移交给另一个法人，移交出财产的法人终止。

债权人分立、合并或者变更住所应当及时通知债务人，以便债务人履行债务。如果没有通知债务人，致使债务人履行债务发生困难的，此时债务人可以中止履行或者将标的物提存。这种情形下债务人中止履行或者将标的物提存，不能算作是债务人违约。当然，如果债权人分立、合并或者变更住所没有通知债务人，但并不会使债务履行发生困难的，此时债务人不得以此为由中止履行或者将标的物提存，否则属于债务人违约。

> **第五百三十条** 债权人可以拒绝债务人提前履行债务，但是提前履行不损害债权人利益的除外。
>
> 债务人提前履行债务给债权人增加的费用，由债务人负担。

〖 条文主旨 〗

本条是关于提前履行债务的规定。

〖 条文释义 〗

合同编将全面履行作为合同履行的原则。合同编第509条第1款规定，当事人应当按照约定全面履行自己的义务。当事人全面履行自己的义务就包括按照约定的履行期限履行债务。履行期限是债权人和债务人双方根据自身经济活动的情况和需要而作出的约定，属于合同的重要内容。债务人提前履行债务，属于违反合同约定的行为，可能会给债权人带来不便，甚至会损害债权人利益。例如，甲订购了乙家具公司的沙发、桌椅用于新购住房，并约定了送货日，现乙家具公司要提前送货，而此时甲新购住房仍然在装修中，乙家具公司提前履行债务的行为就会损害债权人利益。《国际商事合同通则》对提前履行债务的规则作了规定。《国际商事合同通则》第6.1.5条第1款规定，债权人可拒绝提前履行，除非债权人这样做无合法利益。该规定确立了债权人有权拒绝提前履行的一般原则，并在注释中举例如下：A同意在10月15日对B的办公楼里所有的电梯进行年检。A的雇员在10月14日到达B处，而当天该办公楼正在举行有许多客人参加的重要会议。在这种情况下，B有权拒绝A的提前履行，因为这会对B造成明显的不便。

从贯彻合同全面履行的原则和保护债权人利益考虑，本条第1款规定，债权人可以拒绝债务人提前履行债务。提前履行债务，是相对于合同约定的履行期限而言的。例如，合同约定6月6日履行，债务人6月5日履行即为提前履行。但如果合同约定6月履行，没有具体到6月的哪一天履行，则债务人在6月的任何一天履行都不算提前履行。

如果债务人提前履行不损害债权人的利益，基于诚信原则，债权人应当接受债务人提前履行债务。《国际商事合同通则》在对第6.1.5条的注释中也提出，在某些情况下，债权人对于按时履行的合法利益并不明显，并且债权人接受提前履行也不会对其造成任何明显的损害；如果请求提前履行的一方当事人能够证明存在这一点，则另一方当事人不能拒绝提前履行。

　　基于此，本条第 1 款在确立债权人可以拒绝债务人提前履行债务作为一般原则的同时，还作出了但书规定"但是提前履行不损害债权人利益的除外"。提前履行不损害债权人利益的举证责任应当由请求提前履行的债务人一方承担。

　　在双务合同情形下，债权人接受了债务人提前履行，债权人是否也应当提前履行自己债务？对此，本条未作规定。依照《国际商事合同通则》第 6.1.5 条第 2 款规定，双方的履行时间不相关联的情况下，一方当事人接受提前履行并不影响该当事人履行自己义务的时间。例如，甲与乙在合同中约定，由乙于 3 月 15 日交付货物，甲于 4 月 15 日支付货款，双方的履行时间都已经确定，互不影响。如果乙希望 3 月 8 日交付货物，甲接受乙提前履行，并不影响甲支付货款的时间，甲仍可于 4 月 15 日支付货款。但是如果双方的履行时间相互关联，一方当事人接受提前履行是否会影响其履行自己义务的时间？《国际商事合同通则》对此也未作规定，但在对第 6.1.5 条的注释中提出，双方的履行时间相互关联的情况本身可能就说明了债权人对于拒绝提前履行具有合法利益。如果因而拒绝提前履行，则债权人的履行时间不受影响。如果提前履行对债权人来说是可以接受的，他可能同时要决定是否接受对于自身义务的影响。这就意味着，债权人接受提前履行的同时，可以自主决定是否也提前履行自身债务。例如，甲与乙在合同中约定，乙于 5 月 15 日向甲交付货物，甲收到货物时应立即付款。如果乙于 5 月 10 日交付货物，则甲可以视情况以未做好付款准备为由拒绝接受该提前履行，也可以接受货物但坚持按原定的最后期限（即 5 月 15 日）支付货款，当然也可以接受货物并立即支付货款。《国际商事合同通则》第 6.1.5 条第 2 款的规定及注释，可以作为处理双务合同情形下，债权人接受提前履行是否会影响其履行自己义务的时间的参考。

　　债务人提前履行可能会给债权人增加额外的费用，例如仓储费用等。依照本条规定，债务人提前履行债务给债权人增加的费用，由债务人负担。例如，甲与乙约定，由乙于 3 月 15 日向甲交付货物，但乙于 3 月 10 日提前向甲交付货物，提前交付货物除了导致甲要支付额外的储存费用外并不会损害甲的利益，甲接受了乙 3 月 10 日交付货物，那么甲因乙提前交货而额外支付的 5 天储存费用，要由乙承担。

> **第五百三十一条**　债权人可以拒绝债务人部分履行债务，但是部分履行不损害债权人利益的除外。
>
> 　　债务人部分履行债务给债权人增加的费用，由债务人负担。

【条文主旨】

本条是关于部分履行债务的规定。

【条文释义】

本条规定的部分履行债务不同于分期履行。分期履行是合同约定的，由债务人分期给付，每期的给付虽然也属于债务整体的一部分，但不属于本条所规定的部分履行。本条所规定的部分履行是指债务的履行期限届满时，债务人只履行其中一部分债务，既可以是就整个债务部分履行，也可以是就分期履行中的某一期部分履行。例如，甲与乙订立大豆买卖合同，约定由乙于9月15日向甲供应100吨大豆，乙请求9月15日先向甲供应50吨大豆，余下的50吨1个月后再供应给甲。乙向甲供应50吨大豆就属于本条规定的部分履行。再如，甲与乙订立借款合同，乙向甲借款100万元，并约定乙自4月1日起每月1日向甲还款10万元。9月1日还款日届至，乙请求先只向甲还款5万元，当期款项的其余5万元在9月15日前还清。乙于9月1日只还款5万元也属于本条规定的部分履行。

《国际商事合同通则》对部分履行债务的规则作了规定。根据《国际商事合同通则》第6.1.3条第1款规定，履行期限到来时，债权人可拒绝任何部分履行的请求，无论该请求是否附有对未履行部分的担保，除非债权人这样做无合法利益。该规定确立了债权人有权拒绝部分履行的一般原则，并作了例外规定"除非债权人这样做无合法利益"。

合同编将全面履行作为合同履行的原则。合同编第509条规定，当事人应当按照约定全面履行自己的义务。当事人全面履行自己的义务就包括按照约定履行全部债务。债务人履行部分债务，属于违反合同约定的行为，原则上属于违约行为，债权人当然可以拒绝并请求债务人承担违约责任。债权人也可以接受债务人部分履行的请求，并保留请求债务人承担违约责任的权利。当然，债权人也可以无保留接受债务人部分履行的请求，此时债务人的部分履行不再被当作违约对待。例如，上面例子中，甲与乙的大豆买卖合同，乙请求9月15日先向甲供应50吨大豆，那么甲既可以完全拒绝，也可以先接受这50吨大豆并保留向乙追究违约责任的权利，当然也可以无保留接受这50吨大豆，不将债务人的部分履行当作违约对待。

如果债务人部分履行不损害债权人的利益，基于诚信原则，债权人应当接受债务人部分履行债务，不得拒绝。《国际商事合同通则》在第6.1.3条的注释中所举的例子可以作为判断部分履行是否损害债权人利益的参考：一家航空公司承诺在某一确定日期一次性地将 10 辆汽车从意大利运往巴西。履行期限到来时，某些情况使得该航空公司很难（尽管不是不可能）在一次航班中找到足够的舱位。航空公司提议在 1 周内连续 2 次将这批汽车运走。有证据表明，航空公司这样做并不会对汽车购买人造成不方便，因为在下个月之前并不需要实际使用这些汽车。在这种情况下，债权人拒绝部分履行没有合法利益。

债权人接受债务人部分履行，可能会额外增加一些费用，这些费用由债务人负担。例如《国际商事合同通则》中所举的上述例子中，汽车购买人分 2 次到机场提货承担的额外费用，应当由航空公司承担。

> **第五百三十二条** 合同生效后，当事人不得因姓名、名称的变更或者法定代表人、负责人、承办人的变动而不履行合同义务。

【条文主旨】

本条是关于当事人不得因姓名、名称变更等不履行合同义务的规定。

【条文释义】

合同生效后，当事人的姓名变更、法人或者非法人组织的名称变更，并没有实质上改变合同主体。法人或者非法人组织的法定代表人、负责人、承办人代表法人或者非法人组织从事民事活动，合同的权利义务由法人或者非法人组织承受，合同一方当事人是法人或者非法人组织，而不是其法定代表人、负责人、承办人。基于此，本条明确规定，合同生效后，当事人不得因姓名、名称的变更或者法定代表人、负责人、承办人的变动而不履行合同义务。

> **第五百三十三条** 合同成立后，合同的基础条件发生了当事人在订立合同时无法预见的、不属于商业风险的重大变化，继续履行合同对于当事人一方明显不公平的，受不利影响的当事人可以与对方重新协商；在合理期限内协商不成的，当事人可以请求人民法院或者仲裁机构变更或者解除合同。
>
> 人民法院或者仲裁机构应当结合案件的实际情况，根据公平原则变更或者解除合同。

【条文主旨】

本条是关于情势变更制度的规定。

【条文释义】

在本法合同编草案起草过程中，对是否规定情势变更制度也有一些争论，但总体来看，多数意见认为有必要规定情势变更制度。本条在总结我国司法实践经验的基础上，明确规定了情势变更制度，对情势变更制度的适用条件及法律效果作了规定。

一、情势变更制度的适用条件

依照本条规定，情势变更制度的适用需要满足以下基本条件：

一是合同成立后，合同的基础条件发生了重大变化。（1）这种重大变化是一种客观情况，要达到足以动摇合同基础的程度。哪些客观情况能称之为该"重大变化"，要根据客观情况本身及其对合同基础的影响等进行具体判断。（2）这种重大变化应发生在合同成立后至履行完毕前的期间内。如果这种重大变化发生在履行完毕后，合同权利义务因履行完毕而终止，自然没有调整合同权利义务的必要和可能。（3）这种重大变化应当是当事人在订立合同时无法预见的。如果当事人在订立合同时能够预见或者应当预见但没有预见到，或者虽然预见到但没有反映到合同权利义务关系的设定上，由此产生的不利后果均由该当事人自己承受，不能适用情势变更制度对合同关系进行调整。（4）这种重大变化不能属于商业风险。对于合同履行过程中的商业风险，按照独立决定、独立负责的原则，遭受不利的当事人应当自行承担不利后果。某一客观情况的变化是属于正常的商业风险，还是属于可引起情势变更制度适用的"重大变化"，法律无法划定统一的标准，只能在具体个案中综合各方面情况作具体判断，不能单纯以价格涨跌幅度大小、合同履行难易等作简单判断。

二是继续履行合同对于当事人一方明显不公平。意思自治是合同法的基石，当事人之间的合同是双方当事人意思自治的产物，应当得到双方当事人严格遵守。情势变更制度是为了实现合同正义，对当事人意思自治所作的调整，但这种调整必须限制在非常必要的情形内。合同严守是原则，情势变更制度只能是例外。只有在继续履行合同对于一方当事人明显不公平时，才可能适用情势变更制度，对当事人之间的权利义务关系进行干预和调整。

二、情势变更制度的法律效果

满足以上情势变更制度适用条件的，可以产生以下法律效果：

一是受不利影响的当事人有权请求与对方重新协商。对于因情势变更造成的双方权利义务严重失衡的状态，受不利影响的当事人请求与对方协商的，对方应当积极回应，参与协商。双方当事人应依诚信、公平原则，重新调整权利义务关系，变更或者解除合同。

二是双方当事人在协商过程中，就合同的变更或者解除达不成一致意见，协商不成的，当事人可以请求法院或者仲裁机构作最终裁断。人民法院或者仲裁机构应当结合案件的实际情况，判断是否符合情势变更制度的适用条件，对此人民法院或者仲裁机构应当严格掌握，避免当事人以情势变更制度作为逃避履行合同的借口，损害合同的效力和权威，破坏正常的交易秩序。符合情势变更制度适用条件的，人民法院应当根据公平原则，就变更合同还是解除合同，如何变更合同、解除合同后的法律后果等作出裁断。尤其需要注意的是，适用情势变更制度变更或者解除合同，与当事人依照合同编第 563 条和第 564 条规定主张解除合同，存在实质不同。当事人依照合同编第 563 条和第 564 条规定分别享有的是法定解除权和约定解除权，是当事人本身所享有的民事实体权利。当事人行使合同解除权，可以直接通知对方解除，通知到达对方时，合同解除；当事人依法提起诉讼主张解除合同的，法院判决解除合同是对当事人本身所享有的合同解除权的确认，系确认之诉。而情势变更制度是对当事人权利义务显著失衡状态所作的必要调整，当事人本身并不享有实体法意义上的合同解除权或者变更权，当事人仅在程序上可以向法院或者仲裁机构提出请求，仅是对变更或者解除合同存有一种可能性，最终是否变更或者解除合同，是否有必要对当事人的权利义务进行调整，如何调整，由人民法院或者仲裁机构审酌判定。

> **第五百三十四条** 对当事人利用合同实施危害国家利益、社会公共利益行为的，市场监督管理和其他有关行政主管部门依照法律、行政法规的规定负责监督处理。

【条文主旨】

本条是关于对利用合同实施危害国家利益、社会公共利益行为进行监督处理的规定。

【条文释义】

本条是从行政监督管理的角度，对当事人利用合同实施危害国家利益、社会公共利益行为进行监督处理。依本条规定，市场监督管理部门和其他有关行政主管部门的监督处理，应当符合下列条件：第一，监督处理的对象是当事人利用合同实施危害国家利益、社会公共利益的违法行为，不得干涉当事人依法享有的合同权利。第二，应当依照法律、行政法规规定负责监督处理。法律、行政法规对需要监督处理事项作出明确的规定，同时也对有关部门实施监督处理的具体权限和程序作出规定。有关部门应当依法行政，不得超越法定权限，不得违反法定程序。

第五章　合同的保全

本章共八条，对债权人代位权和撤销权制度作了系统规定。保全，又称责任财产的保全，指债权人行使代位权和撤销权，防止债务人的责任财产不当减少，以确保无特别担保的一般债权得以清偿。从保全责任财产的角度，保全属于一般担保的手段。保全责任财产，最终使债权得以保障，从这个意义上来说，保全又为债权的保全。本章名为"合同"的保全，而不是"债权"的保全，主要是结构上的考虑，与其他各章在标题上保持连贯性，但实质内容是债权的保全，属于债法的一般性规则，而不局限于合同领域。

> 第五百三十五条　因债务人怠于行使其债权或者与该债权有关的从权利，影响债权人的到期债权实现的，债权人可以向人民法院请求以自己的名义代位行使债务人对相对人的权利，但是该权利专属于债务人自身的除外。
>
> 代位权的行使范围以债权人的到期债权为限。债权人行使代位权的必要费用，由债务人负担。
>
> 相对人对债务人的抗辩，可以向债权人主张。

【条文主旨】

本条是关于代位权行使要件的规定。

【条文释义】

代位权指债务人怠于行使权利，债权人为保全债权，以自己的名义代位行使债务人对相对人的权利。代位权虽有代位诉权、间接诉权之称，但其仍属债权人的实体权利。1999 年制定的合同法立足中国实际需要，规定了代位权制度。债权人可以通过提起代位权诉讼避免自己的债权受到损害。当然，债权人也可以不行使代位权，直接向债务人提起诉讼再申请对债务人的债权进行执行。具体通过这两种途径的哪一种来保护自己的债权，给了当事人选择的自由，由债权人视具体情况而定。本法合同编对代位权制度基本上延续了合同法的规定，同时根据实践发展作了一定修改。较重要的修改主要有两点：

一是修改了代位权的客体。合同法将代位权的客体限定为"债务人的到期债权",即债权人只能就债务人的到期债权行使代位权,不能就债务人所享有的其他权利行使代位权,比如债务人所享有的合同解除权、因意思表示瑕疵所产生的合同撤销权等,债权人均不能代位行使。如何确定代位权的客体,在本法编纂过程中,也经历了一个变化过程。一些意见提出,第一,将代位权的客体限定为"债务人的债权",范围过于狭窄,不利于保护债权人的债权。例如,债务人怠于行使为其债权设定的担保权利(包括担保物权和保证),影响债权实现的,也应当纳入代位权适用范围。第二,从规定代位权制度的境外立法例来看,无论是法国、日本、意大利等国家的民法典,还是我国台湾地区"民法",都没有将代位权的客体限定为"债务人的债权",只要债务人怠于行使影响其责任财产的权利,一般都可以由债权人代位行使,建议扩大我国代位权客体的范围。本法合同编草案一审稿和二审稿吸收了这些意见,将代位权的客体规定为"债务人的权利",即将代位权行使要件之一规定为"债务人怠于行使其权利"。在对合同编草案二审稿征求意见的过程中,又有一些意见提出,将代位权的客体规定为"债务人的权利",使债权人对债务人的经济活动干预过大。尤其是债务人享有合同解除权、因意思表示瑕疵所产生的合同撤销权等权利时,究竟是解除或者撤销合同对债务人的整体责任财产更为有利,还是不解除或者不撤销合同更为有利,情况比较复杂,债权人不宜直接取代债务人作出决定,建议限缩代位权的客体。当前,实践需求最为迫切的就是将为债务人的债权所设定的担保权利纳入代位权的客体,而对合同法规定的代位权客体"债务人的债权"是否包括作为债权从权利的担保权利,认识并不一致,本法建议予以明确。经认真研究,综合考量,合同编本条最终将代位权的客体规定为"债权或者与该债权有关的从权利","与该债权有关的从权利"主要是指担保权利(包括担保物权和保证)。例如,债权人 A 对债务人 B 享有债权,债务人 B 对相对人 C 享有债权,D 为 B 对 C 的债权设定了抵押,也即债务人 B 对抵押人 D 享有抵押权。如果相对人 C 没有债务清偿能力,但债务人 B 怠于行使对抵押人 D 的抵押权,影响债权人 A 的债权实现的,A 依照本条规定可以代位行使 B 对 D 的抵押权。此外,还有一点需要注意,本条中的"代位行使债务人对相对人的权利",用的是"相对人"而不是"次债务人",主要也是与扩大代位权的客体范围有关。因为"次债务人"指的是债务人的债务人,而不能包括为债务人的债权提供担保的抵押人、质押人、保证人等担保人,而使用"相对人"的概念则涵盖范围可以更广。

二是将代位权的行使要件"对债权人造成损害的"修改为"影响债权人的到期债权实现的",除了将"造成损害"修改为"影响债权实现"使表述更为精准之外，更为实质的修改是明确了应当影响"到期债权"实现。依照合同法规定，因债务人怠于行使其到期债权，对债权人造成损害的，债权人可以行使代位权。"对债权人造成损害"是否包括"未到期债权"的实现受到影响，理论和实践中存在一定争议。有的意见认为，一般情况下指的是影响到期债权实现，但在特定情况下也可以包括未到期债权的实现受到影响的情况，例如债权人的债权到期前，存在债务人的债权诉讼时效期间即将届满、债务人的相对人破产等情况，此时为了保护债权人利益，也应当允许债权人代位行使债务人的权利，作出中断诉讼时效、申报债权等必要的行为，该行为在理论上称之为"保存行为"。也有的意见认为，本条规定的是通过向法院提起诉讼行使代位权，而保存行为例如申报债权，并不是提起诉讼，为了中断诉讼时效也不一定要向法院提起诉讼，也可以直接向债务人的相对人提出请求，因此将保存行为纳入本条并不合适。经认真研究，将债权人的债权未到期情形下的"保存行为"单列一条予以规定，即合同编第536条，而将本条的行使要件明确限定为影响债权人"到期债权"的实现，这两个条文合起来组成完整的代位权适用范围。

依照本条规定，债权人行使代位权应当符合以下条件：

一是债务人享有对外的债权。这是代位权存在的基础。倘若债务人没有对外的债权，就无所谓代位权。

二是债务人怠于行使其债权或者与该债权有关的从权利。"怠于行使"是指债务人应当行使其权利，且能够行使而不行使。如果债务人已经行使了权利，不管行使权利的实际效果如何，债权人都不能行使代位权。代位权的客体，即债务人怠于行使的权利，不能是专属于债务人自身的权利。专属于债务人自身的权利，例如基于扶养关系所产生的抚养费、赡养费、扶养费请求权只能由债务人自己行使，债权人不能代位行使。

三是债务人怠于行使自己的权利，已影响债权人的到期债权实现。债务人怠于行使权利若不影响债权人的到期债权实现，则不发生代位权。例如，虽然债务人怠于行使某一债权，但债务人的其他资产充足，足以清偿对债权人所负的债务，在这种情况下，债权人不得代位行使债务人的债权。

四是债务已陷于迟延履行。债务人的债务履行期限未届满的，债权人不能行使代位权。债务履行期限已届满，债务陷于迟延履行，债权人方可行使代位权。

具备上述条件，债权人即可代位行使债务人对相对人的债权或者与该债权有关的从权利。债权人行使代位权的范围，以债务人的债权额和债权人的债权额为限，超越此范围，债权人不能行使。例如，债权人对债务人的债权额为

200 万元，债务人对相对人的债权额为 100 万元，债权人只能请求债务人的相对人向债权人清偿 100 万元，而不能请求偿还 200 万元。又如，债权人对债务人的债权额为 60 万元，债务人对相对人的债权额为 100 万元，债权人行使代位权的请求数额只能是 60 万元，而不能请求偿还 100 万元。

债权人行使代位权，债务人的相对人的地位不应受到影响，债务人的相对人对债务人的抗辩（不限于抗辩权），如同时履行抗辩权、后履行抗辩、时效届满的抗辩、虚假表示可撤销的抗辩等，同样可以对抗债权人。对此，本条专门增加规定"相对人对债务人的抗辩，可以向债权人主张"。

债权人行使代位权会支出一定的费用，本条第 3 款规定，债权人行使代位权的必要费用，由债务人负担。

> **第五百三十六条** 债权人的债权到期前，债务人的债权或者与该债权有关的从权利存在诉讼时效期间即将届满或者未及时申报破产债权等情形，影响债权人的债权实现的，债权人可以代位向债务人的相对人请求其向债务人履行、向破产管理人申报或者作出其他必要的行为。

〖条文主旨〗

本条是关于保存行为的规定。

〖条文释义〗

债权人的债权到期的，债务人怠于行使其权利，影响债权人的债权实现的，债权人可以直接向法院提起代位权诉讼。但是债权人的债权未到期的，债务人怠于行使权利的行为也可能会影响债权人的债权将来实现，例如债务人的债权诉讼时效期间即将届满而债务人仍不积极主张权利、债务人的相对人破产而债务人怠于申报破产债权等。为了保护债权人的利益，即使债权人的债权未到期，也应当允许债权人代位行使债务人的权利，作出中断诉讼时效、申报债权等必要的行为，该行为在理论上称之为"保存行为"。

本条根据我国的实践需求，对保存行为作了规定。本条列举规定了保存行为的两种典型类型，一是债权人可以代位债务人作出中断诉讼时效的行为。针对的是债权人的债权到期前，债务人的债权或者与债权有关的从权利存在诉讼时效期间即将届满的情况。例如，债权人甲对债务人乙享有债权，债务人乙对丙享有债权，保证人丁为乙对丙的债权提供了保证担保，丙自身无财产，现债务人乙对保证人丁所享有的保证债权的诉讼时效期间即将届满仍不积极主张权利，影响甲对乙的债权将来实现的，甲可以依照本条规定，代位向丁主张保证债权，请求丁向乙履行保证债务。二是债权人可以代位向破产管理人申报破产债权。针对的是债务人的相对人破产，债务人不积极申报破产债权，影响债权人的债权将来实现的，债权人可以代位向债务人的相对人的破产管理人申报破产债权。保存行为不限于以上两种类型，本条在"未及时申报破产债权"后还有一个"等"字，并规定了"作出其他必要的行为"，以适应实践发展需求。

> **第五百三十七条** 人民法院认定代位权成立的，由债务人的相对人向债权人履行义务，债权人接受履行后，债权人与债务人、债务人与相对人之间相应的权利义务终止。债务人对相对人的债权或者与该债权有关的从权利被采取保全、执行措施，或者债务人破产的，依照相关法律的规定处理。

【条文主旨】

本条是关于代位权行使效果的规定。

【条文释义】

债权人行使代位权，对债务人、债务人的相对人和债权人都会产生一定的法律效果。行使代位权的债权人可否优先于其他债权人受偿，在理论和实践中存在着一定争议。传统民法坚持"入库规则"，即从债的平等性原则出发，债权人行使代位权应当把代位权所取得的财产"入库"，即归属于债务人，然后所有债权人再从债务人处平等受偿。但"入库规则"在实践中也产生了打击债权人行使代位权积极性，不利于发挥制度功能等问题，因此很多意见建议要改变传统的"入库规则"。在本法编纂过程中，对于代位权的行使效果是采取"入库规则"，还是采取"直接受偿规则"，产生了较大的争议。

支持"入库规则"的观点认为，债权人行使代位权只是代位行使债务人的权利，目的在于保全债务人的责任财产，充实债务人一般担保的实力，债务人的相对人偿还的财产为全体债权人的共同担保物，故行使代位权的债权人不能因此先受偿，而应当与其他债权人处于同等地位受偿。如果实行"直接受偿规则"，使行使代位权的债权人先于其他债权人接受清偿，有违债的平等性原则。

支持"直接受偿规则"的观点认为，一是债的平等性原则只是从抽象意义上来说的，并不排斥"先到先得"，就像执行程序，哪个债权人先取得执行名义并先申请执行，就可以先取得债务人的财产。代位权诉讼属于个案的普通诉讼，毕竟不是债务人清算程序或者破产程序，不需要集中一并处理所有债权人的债权问题，由提起代位权诉讼的债权人直接受偿，不违背债的平等性原则。二是债权人提起代位权诉讼，既需要证明债权人对债务人享有债权的事实，还需要证明债务人对相对人享有债权并怠于行使该权利，需要花费大量的金钱、时间和精力。如果实行"入库规则"，将代位权诉讼取得的财产利益归属于债务人，再由所有的债权人平等受偿，这样既不具有可操作性，也会使债权人丧失提起代位权诉讼的积极性，各债权人都希望他人提起代位权诉讼而自己"搭便车"，不利于代位权制度发挥其作用。三是如果坚持"入库规则"，代位权诉讼取得的财产先归属于债务人，债务人也可能仍然拒绝清偿对债权人所负的债务，此时债权人再以债务人为被告提起诉讼，徒增当事人的诉累，浪费司法资源，不符合诉讼经济原则，甚至还可能会产生人民法院对另行提起的诉讼和代位权诉讼作出不同判决的情形。

通过总结我国司法实践经验，经过认真研究，反复权衡，为了有利于调动债权人行使债权的积极性，强化对债权实现的保护力度，本条对于代位权的行使效果采纳了"直接受偿规则"，使代位权制度既具有防止债务人责任财产减少的保全功能，又能在一定程度上达到促成债权人的债权实现的效果。根据本条规定，债权人提起代位权诉讼，人民法院认定代位权成立的，由债务人的相对人向债权人履行义务，债权人接受履行后，债权人与债务人、债务人与相对人之间相应的权利义务终止。需要注意的是，本条规定的是"相应的"权利义务终止，即债权人与债务人、债务人与相对人之间权利义务只是就相对人向债权人履行债务的这一数额部分终止。试举一例予以说明。债权人甲对债务人乙享有100万元到期债权，债务人乙对相对人丙享有80万元债权，债务人乙怠于行使对丙的债权，影响债务人乙对债权人甲的债权实现。甲依法对丙提起代位权诉讼，法院认定代位权成立，由丙向甲履行80万元债务后，乙与丙之间的债权债务终止，但甲与乙之间的债权债务并没有全部终止，只是80万元部分的债权债务终止。在代位权诉讼后，甲仍可向乙另行提起诉讼，要求乙清偿剩余的20万元债务。

实践中，在债务人有多个债权人的情形下，可能有的债权人提起代位权之诉，而有的债权人直接起诉债务人并申请对债务人的债权（或与该债权有关的从权利）采取了保全措施，或者也有的债权人直接起诉债务人并取得了生效判决，已经进入执行程序，债务人的债权已经被采取了查封等执行措施。关于如何处理代位权之诉与债权保全、债权执行之间的关系问题，存在着一些观点，认为我国的代位权行使的法律效果既然采取了"直接受偿规则"，允许债务人的相对人直接向债权人履行债务，就实际上赋予了行使代位权的债权人优先受偿权的性质，因此即使债务人的相对人对债务人的债权采取了保全、执行措施，行使代位权的债权人的债权仍然处于优先地位。

这种观点实际上是对代位权行使效果的误解。代位权行使的效果采取"直接受偿规则"，规定由债务人的相对人直接向债权人履行债务，只是产生了使行使代位权的债权人先于其他债权人受清偿的实际效果，目的并不是要赋予行使代位权的债权人一种类似担保物权、建设工程价款优先受偿权这样的优先权。债务人破产的，也存在着一些误解，认为提起代位权诉讼的债权人的债权可以排除适用企业破产法的有关规定。

为了避免这些误解，本条明确规定，债务人对相对人的债权或者与该债权有关的从权利被采取保全、执行措施，或者债务人破产的，依照相关法律的规定处理。

1. 关于债务人对相对人的债权（或者与该债权有关的从权利）被采取保全、执行措施。代位权行使的"直接受偿规则"秉持先到先得，谁先提起代位权诉讼，谁就可以直接接受相对人的履行，先实现债权，而担保物权、建设工程价款优先权不论行使权利的时间先后，都优先于其他债权受偿。再进一步讲，代位权行使的"直接受偿规则"使代位权制度不仅具有保全的功能，还具有了一定的债权实现功能，在这种意义上，代位权诉讼也可以理解为实现债权的一种途径。除了这种途径之外，一些债权人可能会选择直接起诉债务人再申请强制执行债务人的债权的途径，在直接起诉债务人的同时，也可能会对债务人的债权申请采取保全措施。债权人提起代位权诉讼与直接起诉债务人，这两种途径并不存在优先顺位问题，不能认为提起代位权诉讼的债权人要优先于直接起诉债务人的债权人受偿。债权人提起代位权诉讼，不影响其他债权人直接起诉债务人。即使债权人已经提起代位权诉讼，其他债权人直接起诉债务人的，仍然可以按照民事诉讼法的规定，对债务人的债权采取保全措施；直接起诉债务人的债权人拿到生效判决的，可以执行债务人对相对人的债权。代位权诉讼胜诉，人民法院判决由债务人的相对人向债权人履行债务的，提起代位权诉讼的债权人也可以申请强制执行。提起代位权诉讼的债权人与直接起诉债务人的债权人，在执行程序中平等对待，按照有关强制执行的法律规定确定各债权人的债权受偿问题。试举一例予以说明：债权人甲和债权人乙分别对债务人丙享有100万元债权，债务人丙对丁享有100万元债权。债权人甲通过代位权诉讼取得了对丁的胜诉判决，判决丁向甲履行100万元债务，现已进入执行程序。债权人乙直接起诉债务人丙，也取得了胜诉判决，现也进入执行程序。在执行程序中，甲的债权不能因为胜诉判决是通过代位权诉讼取得的，就优先于乙的债权受清偿。甲、乙的债权在执行程序中平等对待，按照有关执行程序的法律规定处理。

2. 关于债务人破产。债务人破产情形的主要误解是，在人民法院受理破产申请前6个月内，债务人的相对人已经按照代位权诉讼判决向提起代位权诉讼的债权人履行债务的，排除适用企业破产法第32条规定，管理人不得请求撤销。根据企业破产法第32条规定，人民法院受理破产申请前6个月内，债务人有本法第2条第1款规定的情形，仍对个别债权人进行清偿的，管理人有权请求人民法院予以撤销。根据企业破产法第2条第1款规定，企业法人不能清偿到期债务，并且资产不足以清偿全部债务或者明显缺乏清偿能力的，依照本法规定清理债务。依照合同编本条规定，债权人提起代位权诉讼，债务人的相对人向债权人履行债务，债权人接受履行后，债权人的债权得到事实上的清偿，虽然并不是由债务人直接向债权人履行债务使债权得到清偿，但并不能排除企业破产法第32条的适用；符合企业破产法第32条规定情形的，管理人仍然可以请求人民法院撤销债务人的相对人对债权人的清偿。

> **第五百三十八条** 债务人以放弃其债权、放弃债权担保、无偿转让财产等方式无偿处分财产权益，或者恶意延长其到期债权的履行期限，影响债权人的债权实现的，债权人可以请求人民法院撤销债务人的行为。

【条文主旨】

本条是关于撤销债务人无偿行为的规定。

【条文释义】

撤销权亦称废罢诉权，指债务人有积极减少责任财产，影响债权实现的行为，债权人享有撤销该行为的权利。债权人撤销权与代位权都具有保全债务人责任财产的功能，但又有所差异。债权人行使代位权是防止债务人消极行使权利而听任责任财产不当减少，债权人行使撤销权是通过撤销债务人积极减少责任财产的不当行为来达到债权保全的目的。本章将债务人积极减少责任财产的不当行为区分为两种类型，分别对债权人撤销权的成立要件予以规定。本条规定的是撤销权第一种类型，主要是针对债务人无偿处分财产的行为。另一种类型，主要是针对债务人有偿处分财产的行为，本编第539条对此予以规定。

一、债务人无偿处分财产情形下撤销权的成立要件

根据本条规定，债务人无偿处分财产行为的，撤销权的成立要具备以下要件：

一是债务人要有无偿处分财产的行为。本条对几种比较典型的无偿处分财产的行为予以列举，包括债务人放弃其债权、放弃债权担保、无偿转让财产等。此处的"放弃其债权""放弃债权担保"与怠于行使债权或者怠于行使担保权不同。"放弃其债权""放弃债权担保"一般要通过民事法律行为的形式作出，并且该债务人的债权可能已届清偿期，也可能未届清偿期，债权人都可以通过撤销权制度予以撤销。对于怠于行使债权或者怠于行使担保权，既然称之为"怠于"，那么该债务人的债权应当已届清偿期，该担保权也具备了行使条件。如果债务人没有放弃债权、放弃债权担保的民事法律行为，仅是怠于行使债权或者担保权，债权人通过代位权制度保全债务人责任财产即可，无须提起撤销权诉讼。无偿转让财产的行为，既包括无偿转让动产或者不动产等有形财产的行为，也包括无偿转让股权、债权、知识产权、网络虚拟财产等财产权益的行为；既可以是双方民事法律行为，例如债务人通过赠与合同处分财产，也可以是单方民事法律行为。除了以上几种比较典型的无偿处分财产行为外，本条还用了一个"等"字用以涵盖其他各种无偿处分财产的行为。对于无偿处分财产的行为，不问债务人的主观动机如何，均可予以撤销。无偿处分财产的行为主要是民事法律行为，当然对于债务人作出的无效民事法律行为直接主张无效即可，无须撤销。对于事实行为，如债务人毁损责任财产，则无从撤销。对于债务人的身份行为，如结婚、离婚、收养等，也可能会影响到债务人的财产状况，但不能成为撤销权行使的对象，否则就构成了对债务人人身权利的不当限制。此外，本条还借鉴吸收司法实践经验，规定债权人也可以撤销债务人恶意延长其到期债权的履行期限的行为。"恶意"是指债务人知道其延长到期债权履行期限的行为会影响债权人的债权实现仍然实施。如果债务人的债权履行期限届满后，债务人的相对人暂无力履行债务而与债务人就履行期限问题重新协商，债务人付出适当代价以换取履行期限延长的，则不属于本条撤销权行使的对象。

二是债务人的行为要影响债权人债权的实现。债务人无偿处分财产等行为，要影响到债权人债权的实现，方有予以撤销的必要。本条并不要求债务人必须要有损害债权的主观过错，从强化对债权实现的保护力度出发，只要是债务人的行为在客观上影响到债权人债权的实现，就可以行使撤销权。一般来说，债务人的不当行为要发生在债权人的债权设立后；如果债务人的不当行为发生在先、债权成立在后的，一般很难说是债务人的不当行为与影响债权人债权实现之间存在联系。当然也不排除个别情况下，债务人知道债权即将设立，为了损害将来的债权提前故意作出不当行为。本条规定的是债务人的行为是无偿情形下撤销权的成立要件，也不要求利益受到影响的债务人的相对人主观上存在过错，不管债务人的相对人对于其与债务人之间的行为影响债权人的债权实现是否知情，都不影响撤销权的成立。这一点与债务人的行为是有偿情形下撤销权的成立有所不同。至于如何认定"影响债权人的债权实现"要结合债权人的债权情况、债务人的责任财产状况等在个案中予以具体判断，不可僵化理解，既要防止对债务人行为的不当、过分干预，也要防止设定过于严苛的条件损害撤销权的正常行使。撤销权与代位权同为保全债务人责任财产的手段，但在"债务人的行为影响债权人债权的实现"这个要件上有所不同。依照本编第 535 条的规定，代位权的成立，以债务人怠于行使权利的行为"影响债权人的到期债权实现"为条件，即债权人的债权未到期的，除了第 536 条规定的中断诉讼时效等保存行为外，债权人不得行使代位权。而对于撤销权，不管债务人的不当行为是影响债权人的到期债权实现还是影响债权人的未到期债权将来实现的，债权人均可以行使撤销权，对此不作限制，当然在具体认定标准的把握上可能会有所不同。

二、关于撤销权的行使

撤销权的行使主体是指因债务人的行为影响其债权实现的债权人。债权人有多个的，每个债权人都享有撤销权，但多个债权人都提起撤销权诉讼的，法院一般合并审理。债权人的撤销权不同于合同解除等普通的形成权。享有解除权的当事人可以通知的方式解除合同，通知一般自到达对方时解除。债权人的撤销权在学理上被称为"形成诉权"，即只能以提起诉讼的方式行使。本条要求只能以诉讼的方式行使撤销权，原因在于撤销权是对债务人行为自由的干预，打破了合同相对性原则，直接影响到第三人的利益，由法院对撤销权的行使予以审查，有利于防止撤销权的不当使用，并有利于使各方的法律关系及时得以明确，使被打破的秩序及时稳定下来。债权人行使撤销权也不能通过仲裁的方式行使。

> **第五百三十九条**　债务人以明显不合理的低价转让财产、以明显不合理的高价受让他人财产或者为他人的债务提供担保，影响债权人的债权实现，债务人的相对人知道或者应当知道该情形的，债权人可以请求人民法院撤销债务人的行为。

【条文主旨】

本条是关于撤销债务人有偿行为的规定。

【条文释义】

若债务人的行为是有偿行为，债务人的相对人取得利益也付出了代价，与债务人的行为是无偿行为相比，在设计撤销权成立要件时，需要更重视对交易安全因素的考量，需要更加严格适用。根据本条规定，债务人的行为是有偿行为情形下撤销权的成立要件包括：

一是要有以明显不合理的低价转让财产、以明显不合理的高价受让他人财产或者为他人的债务提供担保的行为。债务人以明显不合理的低价转让财产、以明显不合理的高价受让他人财产的，虽然债务人的相对人也付出了一定代价，但因其明显不合理，实际上减少了债务人的责任财产，可以成为撤销权的行使对象。至于何谓"明显不合理的低价""明显不合理的高价"，需要结合具体交易情况，在个案中作具体判断。"为他人的债务提供担保的行为"是在合同法基础上增加的。"为他人的债务提供担保的行为"，既包括为他人的债务担任保证人，也包括为他人的债务以自己的财产设定抵押、质押等，这些行为也会对债权人的债权实现造成重大影响，因此本条将其纳入撤销权的行使对象。

二是债务人的行为影响债权人的债权实现。债务人以明显不合理的低价转让财产、以明显不合理的高价受让他人财产或者为他人的债务提供担保的行为，要在客观上影响债权人债权的实现，方能撤销。至于如何认定"影响债权人债权的实现"，要结合债权人的债权情况、债务人的责任财产状况等在个案中予以具体判断。此外，不管债务人的行为是影响债权人的到期债权实现还是影响债权人的未到期债权将来实现的，债权人均可以行使撤销权。

三是债务人的相对人主观上存在恶意。这一要件是与债务人的行为是无偿行为时行使撤销权所不同之处。对于债务人以明显不合理的低价转让财产或者以明显不合理的高价受让他人财产，债务人的相对人毕竟付出了代价，如果仅以价格明显不合理为由撤销债务人的行为，将会严重损害交易安全。因此，本条将债务人的相对人主观上存在恶意作为该情形下撤销权的成立要件。对于债务人为他人的债务提供担保，他人债务的债权人即担保权人往往正是因为有该项担保，而与该"他人"从事某项交易。例如，债务人甲的责任财产已不够清偿现有债权，但甲仍然为他人（乙）的债务提供担保，以自己的财产为乙的债权人丙设定了抵押，担保乙对丙所负100万元借款债务的履行。这种情形下，从保护交易安全来说，要对债务人为他人的债务提供担保的行为（即所举例子中甲为乙的借款债务向丙提供担保的行为）行使撤销权，需要债务人的相对人，即该他人债务的债权人（丙）在主观上存在恶意。

债务人的相对人在主观上存在恶意，指债务人的相对人知道或者应当知道债务人的行为影响债权人的债权实现，该要件的举证责任由行使撤销权的债权人承担。如果债务人的相对人在主观上并不存在恶意，对债务人的有偿行为或者债务人提供担保的行为影响债权人的债权实现的情况并不知情，那么债权人也不得撤销债务人的行为。

> **第五百四十条** 撤销权的行使范围以债权人的债权为限。债权人行使撤销权的必要费用，由债务人负担。

【条文主旨】

本条是关于撤销权行使范围的规定。

【条文释义】

债权人向人民法院提起诉讼，行使撤销权的目的在于恢复债务人的责任财产而保全债权，这在一定程度上限制了债务人自由处分财产的权利，突破了合同相对性原则，也会对债务人的相对人的利益产生一定影响。因此，债权人行使撤销权的范围不宜过宽，应以自己的债权为限。例如，债权人对债务人享有50万元的金钱债权，债务人无偿或者低价处分财产的行为有多项，既将自己价值50万元的汽车赠与他人，又将房产以低于市价50万元的价格出售于他人，那么债权人应当在债务人减少责任财产50万元的额度范围内请求撤销债务人的行为，可以选择撤销债务人的汽车赠与行为或者低价出售房产的行为之一，但不得请求将汽车赠与行为和低价出售房产行为这两项行为一并撤销。当然，如果债务人的行为无法分割的，即使债务人减少责任财产的数额超过了债权人的债权额，债权人也可以撤销。例如，债权人对债务人享有50万元的金钱债权，债务人将房产以低于市价100万元的价格出售于他人，此时债权人可以就整个低价处分房产的行为予以撤销，而不限制在只撤销低于市价50万元的部分。两个或者两个以上债权人同时提起撤销权诉讼，请求撤销债务人的行为的，人民法院可以合并审理，以各债权人为原告，债务人为被告，此时撤销权的行使范围以作为原告的各债权人的债权额总和为限。如果债权人人数众多，也可以通过代表人诉讼的形式行使撤销权。

债权人行使撤销权会支付一定的费用。依照本条规定，债权人行使撤销权的必要费用，由债务人负担。

> **第五百四十一条** 撤销权自债权人知道或者应当知道撤销事由之日起一年内行使。自债务人的行为发生之日起五年内没有行使撤销权的，该撤销权消灭。

【条文主旨】

本条是关于撤销权行使期间的规定。

【条文释义】

债权人行使撤销权，是对债务人行为的限制，债务人影响债权人的债权实现的行为被撤销的，自始没有法律约束力。因此，债权人撤销权的行使足以改变既存秩序，也会对交易安全制度带来一定的挑战。为了保持社会秩序的相对稳定，应当对撤销权的行使期间作一定的限制。

依照本条规定，撤销权的行使期间为除斥期间。撤销权原则上应在债权人知道或者应当知道撤销事由之日起 1 年内行使，但自债务人的行为发生之日起 5 年内没有行使的，该撤销权消灭。将撤销权行使期间起算点规定为"债权人知道或者应当知道撤销事由之日起"有利于保护债权人的利益，防止其因不知撤销事由存在而错失撤销权的行使机会。同时规定自债务人的行为发生之日起 5 年的客观期间，有助于稳定民事法律关系，维护交易秩序。

第五百四十二条　债务人影响债权人的债权实现的行为被撤销的，自始没有法律约束力。

【条文主旨】

本条是关于债务人行为被撤销的法律效果的规定。

【条文释义】

依照本条规定，债权人的撤销权成立，债务人的行为被人民法院撤销的，债务人的行为自始没有法律约束力。债务人放弃其债权、放弃债权担保的行为被撤销后，债务人的相对人仍对债务人负有债务、担保人仍对债务人负有担保责任。债务人无偿或者低价转让财产的行为、高价受让财产的行为被撤销后，债务人尚未给付的，不得再向相对人给付，相对人也不再享有请求债务人给付的权利；债务人已经向相对人给付的或者已经互相给付的，债务人、债务人的相对人负有返还财产、恢复原状的义务，不能返还的应当折价补偿。债务人为他人的债务提供担保的行为被撤销后，债务人不再负有担保责任；债务人已经承担担保责任的，担保权人对债务人负有返还义务。

第六章　合同的变更和转让

本章共十四条，是关于合同的变更和转让的规定。本章主要对合同变更、债权转让、债务转移、债务加入、合同权利和义务的一并转让等作出了规定。在合同法规定的基础上，本章更为明确了债务加入的规则，完善了债权禁止转让特约、债务人在债权转让中的抵销权等规则。

> **第五百四十三条　当事人协商一致，可以变更合同。**

【条文主旨】

本条是关于当事人变更合同的规定。

【条文释义】

合同的变更是指合同成立后，当事人对合同的内容进行修改或者补充。本条规定的合同变更，不包括合同当事人或者合同主体的改变，债权人和债务人的改变，是通过本章债权转让、债务转移等制度调整的。

合同是当事人经协商一致达成的，合同成立后，就对当事人具有法律约束力，任何一方未经对方同意，都不得改变合同的内容。但是，当事人在订立合同时，有时无法对涉及合同的所有问题都作出明确的约定；合同订立后，也会出现一些新的情况变化，导致合同内容需要调整。因此，当事人可以本着协商的原则，依据合同成立的规定，确定是否就变更事项达成协议。如果双方当事人就变更事项达成了一致意见，变更后的内容就取代了原合同的内容，当事人就应当按照变更后的内容履行合同。

合同变更，首先要求存在已成立的有效合同关系。其次要求对合同的内容进行了变更。这些内容包括但不限于数量、履行地点、履行方式、违约责任等内容。最后要求当事人就变更事项协商一致。当事人的协商一致，可能是事先协商约定一定条件下的变更权，也可能是事后协商。

如果双方当事人就变更事项达成了一致意见，变更后的内容就取代了原合同的内容，当事人就应当按照变更后的内容履行合同，合同没有发生变更的部分对当事人仍具有法律约束力。同时，当事人之间的合同变更，未经第三人同意，不得对该第三人产生不利影响，否则对第三人不发生效力。

应当注意的是，合同变更与合同更新不同。所谓合同更新，又被称为合同更改，是消灭旧的权利义务，设定新的权利义务。其与合同变更的区别在于，合同变更没有使得合同丧失同一性，合同更新则使得合同丧失了同一性。故在合同变更中，合同债权所附着的担保、抗辩等利益和瑕疵继续存在，而合同更新中，这些利益和瑕疵归于消灭。学说上一般认为，区分变更和更新的关键是当事人的意思表示和订立合同的目的，以及客观上是债的要素变更还是非要素变更，在当事人意思表示不明的情形下，标的物的重大变化和合同性质的重大改变等原则上被推定为合同更新，而标的物数量的少量增减、履行地点的改变、履行期限的顺延等原则上被推定为合同变更。合同更新仍然以当事人之间的协议为基础，法律并不禁止。

【案例分析】

2004 年第 6 期《中华人民共和国最高人民法院公报》刊登的"吉林冶金设备厂诉烟台冶金研究所加工承揽合同纠纷案"【最高人民法院（2002）民二提字第 16 号民事判决书】认为，协议经双方当事人协商签订后，一方当事人在盖章时对部分条款作了修改，另一方当事人对此没有提出书面异议的，应认定同意修改后的协议，相关裁判摘要如下：1988 年 12 月 2 日，双方经协商签订的补充协议，吉林设备厂在盖章过程中将部分条款作了修改后，寄回了烟台冶金所，烟台冶金所接受了修改后的补充协议，没有提出书面异议，因此亦应认定该补充协议有效。再审判决作出的该协议在盖章过程中，吉林设备厂进行了单方修改，不是双方当事人的真实意思表示，因此无效，但在调整设备价格上无争议，应予支持的认定，将补充协议分成两部分，前半部分认定有效，后半部分认定无效，属认定事实不当，应予纠正。

> **第五百四十四条** 当事人对合同变更的内容约定不明确的，推定为未变更。

【条文主旨】

本条是关于合同变更的内容约定不明确的规定。

【条文释义】

合同变更的过程，就是当事人协商一致的过程。因此，本法中关于要约、承诺的规定也适用于合同变更的情况。当事人在变更合同的过程中，可能出现对需要变更的内容达不成完全一致意见的情况。合同变更会改变当事人之间的权利义务，直接关系到当事人的利益，为了减少在合同变更时可能发生的纠纷，本条规定，当事人对于合同变更的内容约定不明确的，推定为未变更。即使当事人对变更形成合意，但是，在对变更的内容约定不明确的情况下，推定为未变更，除非当事人可以举证推翻该推定。此时，当事人只需要按照原有合同的规定履行即可，任何一方不得要求对方履行变更中约定不明确的内容。如果当事人在约定合同变更时，对部分条款的变更的约定是明确的，但另一部分条款的变更约定是不明确的，如果这两类条款在内容上可以分开，则约定明确的部分有效，而约定不明确的部分推定为未变更；但如果这两类条款在内容上是不可分割的，则应当认为，整个合同条款的变更约定不明确，应当推定为未变更。

【案例分析】

2002 年第 1 期《中华人民共和国最高人民法院公报》刊登的"新疆维吾尔自治区建筑木材加工总厂与中国民主同盟新疆实业发展总公司房屋租赁纠纷上诉案"【最高人民法院（2000）民终字第 115 号民事判决书】，对当事人就合同付款时间变更约定不明进行了分析，相关裁判摘要如下：1993 年 3 月，木材加工总厂与交流站签订的《协议书》将木材加工总厂为实业公司贷款提供担保与实业公司向木材加工总厂提前支付 80 万元联系起来，但未约定提前付款时间，参照《中华人民共和国合同法》第 78 条规定，当事人对合同变更的内容约定不明确的，推定为未变更，据此应推定原合同的履行方式未因签订该协议而变更。

> **第五百四十五条** 债权人可以将债权的全部或者部分转让给第三人，但是有下列情形之一的除外：
> （一）根据债权性质不得转让；
> （二）按照当事人约定不得转让；
> （三）依照法律规定不得转让。
> 当事人约定非金钱债权不得转让的，不得对抗善意第三人。当事人约定金钱债权不得转让的，不得对抗第三人。

【条文主旨】

本条是关于债权转让的规定。

【条文释义】

债权转让是指不改变债权的内容，由债权人通过合同将债权转让给第三人。

从鼓励交易、促进市场经济发展的目的看，法律应当允许债权人的转让行为，承认债权的经济价值，使得债权具有流通性，实现担保融资、托收、贴现、保理、资产证券化等多种交易模式的构建可能。因此，债权原则上具有可转让性，债权人可以转让其债权，无论是现有的还是将有的债权，只要债权可以被特定化。

但是，为了维护社会公共利益或者特定主体的私人利益，法律又对债权的可转让性进行了一定限制。为此，一些国家和地区的民法典都对不得转让的权利作出了规定，在吸取有关国家和地区的立法经验和总结我国实践经验的基础上，本条明确有以下情形之一的，债权人不得转让其权利：

1. 根据债权性质不得转让的权利。根据债权性质不得转让的权利，主要包括以下类型：（1）当事人基于信任关系订立的委托合同、赠与合同等产生的债权。（2）债权人的变动必然导致债权内容的实质性变更，例如要求医院进行手术或者要求律师提供咨询的债权。（3）债权人的变动会危害债务人基于基础关系所享有的利益，实质性地增加了债务人的负担或风险，或实质性地损害了债务人的利益。

在债权的部分转让中，不可分的债权根据债权性质不得被部分转让。同时，债权部分转让如果实质性地增加了债务人的负担或者风险的，也不得被部分转让。

2. 按照当事人约定不得转让的权利。当事人可以对债权的转让作出特别约定，禁止债权人将权利转让给第三人。这种约定只要是有效的，债权人就应当遵守该约定不得再将权利转让给他人，否则其行为构成违约，造成债务人利益损害的，债权人应当承担违约责任。

3. 依照法律规定不得转让的权利。我国一些法律中对某些权利的转让作出了禁止性规定。对于这些规定，当事人应当严格遵守，不得违反法律的规定，擅自转让法律禁止转让的权利。

按照当事人约定不得转让的权利中，债权人违反约定未经债务人同意而转让债权的，应当依法对债务人承担违约责任。但是，受让人能否取得债权，对此存在不同观点和立法例。一种观点是受让人不能取得债权，还有观点认为债务人可以主张债权转让合同无效，也有观点认为善意受让人能够取得债权。立法过程中，有意见提出，应当对此予以明确，以统一实践。经研究，考虑到债务人利益保护和债权流通性之间的平衡，在通过民事法律行为转让该类债权时，如果被转让的债权是非金钱债权，区分受让人的善恶意予以不同处理。在受让人为善意时，受让人取得债权，债务人不能对受让人主张债权禁止转让的抗辩，以保护善意的受让人并保障债权的流通价值；在受让人为恶意时，受让人仍然取得债权，但债务人有权向受让人主张债权禁止转让的抗辩。如果被转让的债权是金钱债权，金钱债权的转让对债务人所造成的影响较小，而金钱债权的流通性价值在实践中却非常重要，其与融资之间的关系更为密切，实践中的债权转让也主要是金钱债权的转让。此时，受让人无论善意还是恶意，都能取得债权，债务人不能对受让人主张债权禁止转让的抗辩，债务人因此所遭受的损失，有权请求让与人承担违约损害赔偿责任。据此，本条增加了第 2 款。

【案例分析】

2010 年第 5 期《中华人民共和国最高人民法院公报》刊登的"沈阳银胜天成投资管理有限公司与中国华融资产管理公司沈阳办事处债权转让合同纠纷案"【最高人民法院（2009）民提字第 125 号民事判决书】对不良金融债权与一般民事主体之间的债权转让的不同之处进行了分析，相关裁判摘要如下：金融资产管理公司收购和处置银行不良金融债权，事关国家金融安全，具有较强的政策性，本案所涉债权转让协议，不能完全等同于一般民事主体之间的债权让与行为，具有高风险、高收益，与等价交换的市场规律有较为明显区别；不良债权交易的实物资产，不是一般资产买卖关系，而主要是一种风险与收益的转移。

> **第五百四十六条** 债权人转让债权，未通知债务人的，该转让对债务人不发生效力。
> 债权转让的通知不得撤销，但是经受让人同意的除外。

【条文主旨】

本条是关于债权转让通知的规定。

【条文释义】

债权人转让债权有利于债权的流通性，发挥债权的经济价值。但是，债权人转让债权的行为会给债务人的利益造成一定的影响，因此，为了保护债务人的利益，本条规定了债权转让的通知。

关于债权人转让权利，不同国家的法律规定有所区别。考虑到债权流通性和债务人利益保护之间的平衡，本法在债权转让的问题上确立了债权转让只需要通知债务人的原则。

合同法第 80 条第 1 款规定："债权人转让权利的，应当通知债务人。未经通知，该转让对债务人不发生效力。"立法过程中，有的意见认为，债权转让通知的效力并不清晰，债权转让通知是否是受让人取得债权的条件，应当予以明确。经研究认为，债权转让通知的目的是保护债务人，据此，是否通知债务人不影响受让人对转让债权的取得。因此，本条对合同法上述条文进行了修改，在让与人和受让人之间的关系上，受让人取得转让债权不以通知债务人作为条件，债权转让合同效力不因未通知债务人而受影响。但是，为保护债务人，债权转让未通知债务人，该转让对债务人不发生效力，即使受让人取得了债权，债务人有权拒绝受让人的履行请求；债务人向让与人履行债务的，债权消灭。如果债权转让通知了债务人，则债权转让对债务人发生效力，此时债务人即对受让人负有履行义务，并且有权以此拒绝让与人的履行请求；如果债务人仍然向让与人履行，则不发生债权消灭的效力。

债权转让通知债务人后，按照有效的债权转让合同，为保护受让人的利益，让与人对受让人负有不得撤销转让通知的义务。如果让与人在转让通知后有权随意单方撤销转让通知，则债务人即有权拒绝受让人的履行请求，在债务人向让与人作出履行后，债务人的债务消灭，此时受让人仅能向让与人请求，会因此而遭受讼累、承受让与人的破产风险等不利益，不利于受让人地位的保障和债权的流通。因此，原债权人无权撤销转让权利的通知，只有在受让人同意的情况下，债权人才能撤销其转让权利的通知。

【案例分析】

2006 年第 12 期《中华人民共和国最高人民法院公报》刊登的"大连远东房屋开发有限公司与辽宁金利房屋实业公司、辽宁澳金利房地产开发有限公司国有土地使用权转让合同纠纷案"【最高人民法院（2005）民一终字第 95 号民事裁定书】，对债权转让无须征得债务人的同意以及转让后的法律效果，作出了如下分析：依据已查明的案件事实，2002 年，金利公司和澳金利公司向远东公司送达《催收欠款通知书》，明确表示债权主体只有澳金利公司且此通知可作为权利转让之用，说明金利公司已经将其基于《联合开发协议》享有的要求远东公司还本付息的权利转移给了澳金利公司。按照《中华人民共和国合同法》第 79 条、第 80 条之规定，债权人可以将合同权利全部或者部分转让给第三人，转让只需要通知到债务人即可而无须征得债务人的同意。

> 第五百四十七条 债权人转让债权的，受让人取得与债权有关的从权利，但是该从权利专属于债权人自身的除外。
> 受让人取得从权利不因该从权利未办理转移登记手续或者未转移占有而受到影响。

【条文主旨】

本条是关于受让人取得转让债权的从权利的规定。

【条文释义】

从权利是指附随于主权利的权利。抵押权、质权、保证等担保权利以及附属于主债权的利息等孳息请求权，都属于主权利的从权利。由于从权利是从主权利派生出来的，从权利从属于主权利，这也包括转让上的从属性。

根据本条第 1 款规定，债权人转让主权利时应当将从权利一并转让，受让人在取得主权利的同时，也取得与债权有关的从权利。

考虑到有的从权利的设置是针对债权人自身的，与债权人有不可分离的关系，本条第 1 款在确立从权利随主权利转让原则的同时，规定专属于债权人自身的从权利不随主权利的转让而转让。

抵押权、质权等从权利随着主债权转让而转让，但受让人对这些从权利的取得是否以办理转移登记手续或者转移占有为前提。对此，存在不同观点，一种观点是认为未办理转移登记手续或者转移占有，受让人就不能取得这些从权利，否则违反物权变动公示公信的原则；另一种观点认为无须办理转移登记手续或者转移占有，受让人即取得从权利。合同法对此未予明确规定，立法过程中，有意见提出，应当对此予以明确。经研究，本条在合同法的基础上增设第 2 款，并采取了后一种观点，债权受让人取得这些从权利是基于法律的规定，并非是基于法律行为的物权变动，并且有利于保障主债权顺利实现。在债权转让前，这些从属性的担保权利已经进行了公示，公示公信的效果已经达成，因此没有进一步地保护第三人进而维护交易安全的必要。此时，在物权权利担保的顺位上，仍是以设定担保的公示时间为依据而确定顺位。

【案例分析】

"湖南绿兴源糖业有限公司、丁兴耀等与湖南绿兴源糖业有限公司、丁兴耀等借款合同纠纷案"【最高人民法院（2015）民申字第 2040 号民事裁定书】，肯定了抵押权作为从权利应随债权转让而转让，不因受让人未及时办理抵押权变更登记手续而消灭，相关裁判摘要如下：物权法第 192 条规定："抵押权不得与债权分离而单独转让或者作为其他债权的担保。债权转让的，担保该债权的抵押权一并转让，但法律另有规定或者当事人另有约定的除外。"本条系关于抵押权处分从属性的规定，抵押权作为从权利应随债权转让而转让。债权受让人取得的抵押权系基于法律的明确规定，并非基于新的抵押合同重新设定抵押权，故不因受让人未及时办理抵押权变更登记手续而消灭。

> **第五百四十八条 债务人接到债权转让通知后，债务人对让与人的抗辩，可以向受让人主张。**

【条文主旨】

本条是关于债权转让中债务人抗辩的规定。

【条文释义】

债权人转让债权，不需要经债务人同意，因此债务人的利益不应因债权人转让权利的行为而遭受损害，受让人所享有的权利也不应优于让与人曾经享有的权利，而是享有和让与人同样的权利；同时，受让人较之债务人也更有能力控制由此所产生的风险。

根据本条规定，债务人接到债权转让通知后，债务人对让与人的抗辩，可以向受让人主张。首先是债务人在接到债权转让通知后，可以向受让人主张债务人对让与人的抗辩。关于该抗辩产生的时间点，存在不同的立法例。有的将该抗辩限制在债务人接到转让通知时可以向让与人主张的抗辩；有的不限制抗辩产生的时间点，只要是债务人可以对让与人主张的抗辩都可以对受让人主张。经研究认为，如果采取前一种观点，则可能会产生不合理的结果，例如，甲作为卖方与乙签订买卖合同，约定甲先交货乙再付钱，在交货期限届满之前，甲将对乙的价金债权转让给丙并通知了乙，在丙向乙主张债权时，乙可否对丙主张因甲未交货所产生的抗辩。如果严格采取第一种方式，则因为此抗辩的产生时间是在乙接到转让通知之后，所以不能向丙主张，这显然是不合理的。因此，这些立法例通常认为，并非抗辩在债务人接到债权转让通知后才发生，但只要在此之前已经存在抗辩发生的法律基础或者依据即可。这与另一种立法例区别已经不大了，因此本条采取了第二种观点。

其次是债务人可以向受让人主张其对让与人的抗辩。债务人接到债权转让通知后，可以行使抗辩来保护自己的利益，债务人的抗辩并不随债权的转让而消灭，所以，在债权转让的情况下，债务人可以向作为新债权人的受让人行使该抗辩。这些抗辩包括阻止或者排斥债权的成立、存续或者行使的所有事由所产生的一切实体抗辩以及程序抗辩，包括：诉讼时效完成的抗辩，债权不发生的抗辩，债权因清偿、提存、免除、抵销等而消灭的抗辩，基于双务合同产生的同时履行抗辩权、不安抗辩权和先履行抗辩权，先诉抗辩权以及程序上的抗辩等。债权让与后，债务人还可能因某项事实产生新的抗辩，比如，附解除条件的合同权利转让后，合同规定的解除条件成就时，债务人可以向受让人提出终止合同的抗辩。

应当指出的是，本条规定是为了保护债务人利益，从鼓励交易的角度出发，应当允许债务人放弃相关的抗辩，而不向受让人主张该抗辩。

【案例分析】

"星皓娱乐有限公司与广州市星际影业有限公司合同纠纷管辖权异议案"【广东省高级人民法院（2016）粤民辖终312号民事裁定书】对债务人抗辩范围进行了认定，相关裁判摘要如下：由于广州市星际影业有限公司系受让广州市星际艺术传播有限公司在《合约书》中约定的项目收益权而成为债权人，故根据《中华人民共和国合同法》第82条债务人接到债权转让通知后，债务人对让与人的抗辩，可以向受让人主张的规定，星皓娱乐有限公司可向广州市星际影业有限公司主张其基于《合约书》对广州市星际艺术传播有限公司享有的抗辩权，包括实体上的抗辩和程序上的抗辩，即广州市星际影业有限公司应受《合约书》的约束。因此，《合约书》中协议管辖条款的效力应及于广州市星际影业有限公司。

> **第五百四十九条** 有下列情形之一的，债务人可以向受让人主张抵销：
>
> （一）债务人接到债权转让通知时，债务人对让与人享有债权，且债务人的债权先于转让的债权到期或者同时到期；
>
> （二）债务人的债权与转让的债权是基于同一合同产生。

【条文主旨】

本条是关于债权转让中债务人抵销权的规定。

【条文释义】

债权人转让权利不需要经债务人同意，因此债务人的利益不应因债权人转让权利的行为而遭受损害。如果债务人对债权人也享有债权，那么，在这种情况下，债务人可以依照法律的规定向受让人行使抵销权。

一些国家和地区的法律对债务人行使的抵销权作出了规定，但构成的条件有所不同。经过研究，本法在合同法规定的基础上区分两种情形分别予以规定。

根据本条第1项规定，债务人对受让人主张抵销权的条件如下。首先，债务人必须对让与人享有债权，且标的物种类、品质相同。其次，债务人对让与人享有债权的法律原因必须在债务人接到债权转让通知时已经存在。再次，债务人对让与人的债权先于转让的债权到期或者同时到期。

根据本条第 2 项规定，债务人对受让人主张抵销权的条件如下。首先，债务人必须对让与人享有债权，且标的物种类、品质相同。其次，债务人对让与人的债权与转让债权是基于同一合同产生的。由于这两个债权是基于同一合同产生的，因此具有密切的联系，受让人就应当认识到债务人对让与人可能基于该合同享有债权，因此受让人能够在订立债权转让合同时对这种抵销可能性进行预先的安排。

应当注意的是，如果债务人在接到债权转让通知时，债务人的抵销权依照法律规定已经产生，其可以行使抵销权但尚未行使，即使在债权转让后，债务人原本可以主张抵销的利益此时也应加以保护，因此在债务人接到转让通知后，仍可以向受让人主张该抵销。

【案例分析】

"江九阳、江苏金厦置业有限公司债权转让合同纠纷案"【最高人民法院（2018）最高法民申 2969 号民事裁定书】认为，债务人抵销权的行使时间不受双方结算时间的限制，相关裁判摘要如下：本院认为，《中华人民共和国合同法》第 83 条规定："债务人接到债权转让通知时，债务人对让与人享有债权，并且债务人的债权先于转让的债权到期或者同时到期的，债务人可以向受让人主张抵销。"该条文并未规定抵销权须在何时行使，而是强调债务人对债权让与人享有的抵销权，亦可向债权受让人主张。根据法律规定，双方互负债务，符合法定抵销条件或协商一致的，即可进行抵销。具体到本案中，金厦公司根据2013 年与殷兆平账目明细核对结果，在原审主张对双方互负的到期金钱之债进行抵销，符合法律规定，亦无违反诚实信用、禁止反言原则之处，原审予以支持并无不当，江九阳的主张缺乏依据，不能成立。

> **第五百五十条　因债权转让增加的履行费用，由让与人负担。**

【条文主旨】

本条是关于因债权转让增加的履行费用负担的规定。

【条文释义】

立法过程中，有意见提出，债权转让可能会增加债务人履行债务的费用，为了保护债务人利益，应当规定增加的履行费用由让与人最终负担。经研究，债权转让后，债务人履行债务的费用可能会有所增加，本条明确规定了因债权转让增加的履行费用，由让与人负担。具体而言，因债权转让而额外增加的债务人的履行费用，有约定的按约定处理；无约定的，基于保护债务人利益的考虑，当然不应由债务人自行负担，债务人有权在受让人要求履行时相应地依法主张抵销或者行使履行抗辩权。债务人或者受让人先负担了增加的履行费用的，除另有约定外，可以要求让与人最终负担该增加的履行费用。

> **第五百五十一条** 债务人将债务的全部或者部分转移给第三人的，应当经债权人同意。
>
> 债务人或者第三人可以催告债权人在合理期限内予以同意，债权人未作表示的，视为不同意。

【条文主旨】

本条是关于债务转移的规定。

【条文释义】

债务转移是指不改变债务的内容，债务人将债务全部或者部分地转移给第三人。正如债权人可以全部或者部分转让债权一样，债务人也可以依照法律规定将债务全部或者部分转移给第三人。债务转移分为以下情况：一种情况是债务的全部转移，在这种情况下，新的债务人完全取代了原债务人，新的债务人负责全面地履行债务；另一种情况是债务的部分转移，即原债务人和新债务人负有按份债务。

但是，尤其是在债务中最为主要的合同债务中，债权人和债务人的合同关系是产生在相互了解的基础上，在订立合同时，债权人一般要对债务人的资信情况和偿还能力进行了解，而对于取代债务人或者加入债务人中的第三人的资信情况及履行债务的能力，债权人不可能完全清楚。所以，如果债务人不经债权人的同意就将债务转让给了第三人，那么，对于债权人来说显然是不公平的，不利于保障债权人合法利益的实现。债务人不论转移的是全部债务还是部分债务，都需要征得债权人同意。未经债权人同意，债务人转移债务的行为对债权人不发生效力。转移债务要经过债权人的同意，这也是债务转移制度与债权转让制度最主要的区别。

应当指出的是，债务人转移义务有别于约定由第三人履行债务。两者最大的区别在于，在债务人转移义务时，第三人作为新的债务人相应地取代债务人，因此第三人不履行债务或者履行债务不符合约定的，应当由第三人向债权人承担责任；但在由第三人履行债务的合同中，债务人和债权人的关系继续存在，第三人和债权人之间不存在直接的关系，因此第三人不履行债务或者履行债务不符合约定的，由债务人向债权人承担责任。

同时，债务转移也与第三人代为履行不同。两者的区别主要有以下几方面：（1）在债务人转移义务时，债务人应当征得债权人的同意。在第三人代为履行债务的情况下，符合法律规定时，第三人单方表示代替债务人清偿债务或者与债务人达成代替其清偿债务的协议，不必经债权人的同意；第三人对履行该债务具有合法利益的，债权人甚至无权拒绝。（2）在债务人转移义务的情况下，第三人作为新的债务人相应地取代债务人。第三人代为履行时，不涉及债务人的变化，第三人只是履行主体而不是债务人，债权人不能把第三人作为债务人要求第三人履行债务。（3）在债务人转移义务后，第三人相应地作为债务人，如果第三人未能履行债务，债权人可以直接请求第三人履行，而不能再要求原债务人履行。在第三人代为履行的情况下，第三人不履行或者不完全履行，债权人只能要求债务人承担责任，而不能要求第三人承担责任。

在债务转移中，首先，要求存在债务。债务原则上具有可转移性，但根据债务的性质、当事人的约定或者法律规定也存在不得被转移的情形。例如，著名画家作画的义务。其次，要求有效的债务转移合同。最为常见是的债务人和第三人之间签订债务转移合同，该债务转移合同适用民事法律行为和合同的一般规定。如果法律、行政法规规定应当办理批准等手续生效的，应依法办理这些手续。再次，按照本条第1款的规定，该债务转移需要经过债权人的同意。如果债务人与第三人订立的债务转移合同未征得债权人同意，则此时可以认为是由第三人代为履行债务而非债务转移，债务人仍负有向债权人履行的义务，债权人仍有权向债务人请求履行债务，但不能请求第三人履行债务。在债务转移经过债权人同意后，第三人向债权人履行债务时，债权人不能拒绝受领。债务人、第三人可以和债权人三方共同签订债务转移合同。债权人的同意也可以事先作出，此时债务转移仅需要通知债权人即可对债权人发生效力。债权人的同意可以采取明示或默示的方式，例如债权人未明确表示同意，但他已经将第三人作为其债务人并请求其履行，可以认为债权人已经同意债务转移。同时，有意见提出，为了保护债权人的利益，对于债权人的单纯沉默应当作出特别规定。经研究，本条在合同法规定的基础上增加了第2款。

【案例分析】

2012 年第 5 期《中华人民共和国最高人民法院公报》刊登的"广东达宝物业管理有限公司与广东中岱企业集团有限公司、广东中岱电讯产业有限公司、广州市中册实业有限公司股权转让合作纠纷案"【最高人民法院（2010）民提字第 153 号民事判决书】对债务转移与债务加入作出了区分，相关裁判摘要如下：合同外的第三人向合同中的债权人承诺承担债务人义务的，如果没有充分的证据证明债权人同意债务转移给该第三人或者债务人退出合同关系，不宜轻易认定构成债务转移，一般应认定为债务加入。第三人向债权人表明债务加入的意思后，即使债权人未明确表示同意，但只要其未明确表示反对或未以行为表示反对，仍应当认定为债务加入成立，债权人可以依照债务加入关系向该第三人主张权利。

> 第五百五十二条 第三人与债务人约定加入债务并通知债权人，或者第三人向债权人表示愿意加入债务，债权人未在合理期限内明确拒绝的，债权人可以请求第三人在其愿意承担的债务范围内和债务人承担连带债务。

【条文主旨】

本条是关于债务加入的规定。

【条文释义】

债务加入，即第三人加入债务中，作为新债务人和原债务人一起向债权人负有连带债务。债务加入与债务转移之间的区别在于，债务转移中，原则上原债务人不再作为债务人，而由第三人作为债务人，因此债务转移又被称为免责的债务转移；但债务加入中，第三人和原债务人一起对债权人负有连带债务，因此债务加入也被称为并存的债务转移。可以看出，较之债务转移，债务加入对债权人更为有利。在究竟是债务转移还是债务加入意思不清晰时，考虑到债权人对债务人资力和履行能力的信赖，基于保护债权人利益的价值，债务人不应轻易地从债务中摆脱，可以推定为债务加入。

同样应当区分的是债务加入和连带保证。两者均增加了担保债权实现的责任财产，但不同在于：第一，保证债务是债务人不履行债务时，保证人承担保证责任的从属性债务，而债务加入时第三人作为连带债务人，没有主从关系；

第二，连带保证具有保证期间和诉讼时效的限制，而债务加入后产生的连带债务仅具有诉讼时效的限制；第三，连带保证人承担保证责任后，可以向债务人追偿，而债务加入人作为连带债务人履行债务后，是否对债务人有追偿权，取决于其与债务人之间的约定。

在立法过程中，关于是否应当规定债务加入存在不同意见。分歧在于债务移转是否包含了债务加入。经研究认为，债务加入与免责的债务转移存在构成要件、法律效果等多方面的不同，对债务加入予以明确规定，有利于明确两者的不同，有利于法律适用的清晰，有利于债权人权利的实现，也在一定程度上减轻了其他债务人的负担。

在债务加入中，同样首先要求存在债务。其次要求存在债务加入合同。该债务加入合同可以是第三人和债务人约定，也可以是第三人直接向债权人表示愿意加入。是否需要债权人的同意，不同立法例存在不同观点：有的规定同样需要债权人的同意；有的规定无须债权人的同意；有的规定无须债权人同意，但债权人有权拒绝。考虑到债务加入一般对债权人不会造成损失，但是，任何人均有权拒绝获利，且在例外情形中也可能对债权人增加不便，因此本条规定，债权人有权在合理期限内对此予以明确拒绝。

构成债务加入后，除另有约定外，第三人和债务人负有同一内容的债务，但债务人并不因此而免负债务，而是与第三人一起对债权人负有连带债务，当然，连带债务的范围应当限制在第三人愿意承担的债务范围内。此时，本法关于连带债务的规定应当在债务加入中被适用。应当指出的是，当事人也可以通过约定作出不同于连带债务的其他选择。

【案例分析】

"信达公司石家庄办事处与中阿公司等借款担保合同纠纷案"【最高人民法院（2005）民二终字第200号民事判决书】对保证和债务加入进行了区分，相关裁判摘要如下：判断一个行为究竟是保证还是并存的债务承担，应根据具体情况确定。如承担人承担债务的意思表示中有较为明显的保证含义，可以认定为保证；如果没有，则应当从保护债权人利益的立法目的出发，认定为并存的债务承担。

> **第五百五十三条** 债务人转移债务的，新债务人可以主张原债务人对债权人的抗辩；原债务人对债权人享有债权的，新债务人不得向债权人主张抵销。

【条文主旨】

本条是关于债务转移中新债务人抗辩和抵销的规定。

【条文释义】

债务人转移债务的，新的债务人取代了原债务人的地位，承担其履行义务的责任。这意味着新债务人和原债务人具有相同的法律地位，因此原债务人享有的对债权人的抗辩，不因债务的转移而消灭，新债务人可以继续向债权人主张。

这些抗辩只要是基于债权人和原债务人之间的法律关系所产生的，阻止或者排斥债权的成立、存续或者行使的所有事由所产生的一切实体抗辩和程序抗辩，均可由新债务人向债权人主张。

在立法过程中，有意见提出，在债务转移中，因债权人对原债务人承担的债务而产生的抵销权，新债务人不能行使，否则无异于承认新债务人可以处分债务人的权利。故本条新增加规定了"原债务人对债权人享有债权的，新债务人不得向债权人主张抵销"，以凸显债权转让与债务转移之间在抵销问题上的不同。

【案例分析】

"吴晋明诉王茂广等债务转移合同纠纷案"【山东省东营市广饶县人民法院(2008)广民三初字第95号民事判决书】认为，债务转移中，新债务人不可向债权人主张其对原债务人的抗辩，相关裁判摘要如下：关于新债务人对协议买房者是原债务人，而实际的开发商是山东金田阳光投资有限公司，原债务人作为建筑承包方，无权处分开发商的房子，事后也未取得金田公司的追认的抗辩，在合同债务转移行为中，新债务人所享有的抗辩权利仅为原债务人对与原告买卖材料行为的抗辩。至于新债务人与原债务人房屋买卖行为与本案不属同一法律关系，故新债务人的抗辩理由不能成立。

> **第五百五十四条** 债务人转移债务的，新债务人应当承担与主债务有关的从债务，但是该从债务专属于原债务人自身的除外。

【条文主旨】

本条是关于债务转移中新债务人承担从债务的规定。

【条文释义】

债务人转移主债务的，与主债务有关的从债务随着主债务的转移而转移，新债务人应当承担与主债务有关的从债务。所谓从债务，是指附随于主债务的债务。从债务与主债务密切联系在一起，不能与主债务相互分离而单独存在。所以当主债务发生移转以后，从债务也要发生转移，新债务人应当承担与主债务有关的从债务，如附随于主债务的未发生的利息债务等。但是，有的从债务是专属于债务人本身的，这些从债务不随主债务的转移而转移。例如，债务人应向债权人提供服务，以抵充利息。

应当注意的是，本条仅规定了新债务人应当承担与主债务有关的从债务，并未规定新债务人当然享有与主债务有关的从权利。

【案例分析】

"河北易兴建筑安装工程有限公司、天津市昌亿达钢铁贸易有限公司与河北易兴建筑安装工程有限公司、海南中水龙建设工程有限公司天津分公司等买卖合同纠纷案"【最高人民法院（2015）民申字第1752号民事裁定书】，对债务转移中新债务人承担从债务进行了认定，相关裁判摘要如下：《付款协议》的性质为债务转移协议，中水龙天津分公司将其基于《钢筋买卖合同》应对昌亿达公司承担的货款清偿义务转移给易兴公司。易兴公司作为案涉工程的总包方以及昌亿达公司所供钢材的实际使用人，自愿承担该笔债务，昌亿达公司作为债权人对此表示认可。根据《中华人民共和国合同法》第86条关于债务人转移义务的规定，新债务人应当承担与主债务有关的从债务，但该从债务专属于原债务人自身的除外的规定，货款利息的给付义务一并转移至易兴公司。故易兴公司关于不应承担案涉货款给付义务的再审申请理由，以及昌亿达公司关于应由中水龙天津分公司连带清偿货款利息的再审申请理由，均不能成立。

> **第五百五十五条** 当事人一方经对方同意，可以将自己在合同中的权利和义务一并转让给第三人。

【条文主旨】

本条是关于合同权利义务一并转让的规定。

【条文释义】

合同权利义务的一并转让，又被称为概括转让或者合同地位转让，是指合同关系的一方当事人将其合同权利义务一并转移给第三人，由第三人全部地承受这些权利义务。合同权利义务的一并转让不同于债权转让、债务转移的是，它是一方当事人对其当事人地位的转让，其转让的内容实际上包括但不限于债权转让和债务转移，并非债权转让和债务转移的简单组合，而是第三人成为新的当事人，与当事人地位联系在一起的撤销权、解除权等权利，也均转移给第三人。合同权利义务的一并转让主要发生于双务合同，只有双务合同中的当事人一方才可以转让此种权利和义务。在单务合同中，由于一方当事人可能仅享有权利或仅承担义务，因此不能出让全部的权利义务，故单务合同一般不发生合同权利义务的一并转让。

在立法过程中，有观点认为本条规定不应限于合同权利义务，而应包括所有的债权债务，故应当将"合同中的权利和义务"修改为"债权和债务"。经研究，债权债务除了合同权利义务之外，确实还包括其他法定的债权债务。但是，合同权利义务通过约定一并转让，涉及形成与当事人地位联系在一起的撤销权、解除权等权利也随之转让，因此有必要作出特别规定。而法定的债权债务虽然也可能通过约定而被一并转让，但一般不会涉及撤销权、解除权等权利的随之转让，因此可以被认为是债权转让和债务转移的结合，并无像合同权利义务通过约定一并转让那样强的特殊性。因此，本条仍然保留了合同法之前的规定。

根据本法规定，债权人转让债权应当通知债务人；债务人转移债务必须经债权人的同意。合同权利义务的一并转让既包括了债权的转让，又包括了债务的转移，这可能会对对方当事人产生不利，因此，当事人一方将合同权利义务一并转让时，应当经过对方当事人的同意。

合同权利义务的一并转让，除当事人另有约定外，原则上转让的当事人一方退出合同关系，其当事人地位被第三人所取代，第三人成为新的当事人，享有当事人的所有权利，承担当事人的所有义务。

〖案例分析〗

"浙江淘宝网络有限公司诉李磊买卖合同纠纷案"〖上海市第一中级人民法院（2015）沪一中民一（民）终字第 4045 号民事判决书〗认为，网络店铺的转让须经网络平台经营者同意方可发生法律效力，相关裁判摘要如下：姚俊旻通过与淘宝公司签订服务协议并经实名认证，取得系争淘宝店铺之经营权。服务协议内容经双方认可，且不存在违反法律行政法规强制性规定、损害社会公共利益等情形，故双方间形成合法有效的合同关系。经营多年后，姚俊旻通过签署《淘宝网店转让合同》，将系争议淘宝店铺转让给李磊，尽管双方之间的转让合同还涉及库存货物、客户资料等其他内容，但实际上系姚俊旻将其与淘宝公司间合同关系项下的权利义务一并转让给李磊。根据《中华人民共和国合同法》之规定，当事人一方将自己在合同中的权利和义务一并转让给第三方的，须经对方当事人的同意。现姚俊旻与李磊未征得淘宝公司同意，私自转让争议淘宝店铺，该转让行为不发生法律效力。

> **第五百五十六条** 合同的权利和义务一并转让的，适用债权转让、债务转移的有关规定。

【条文主旨】

本条是关于合同权利和义务一并转让应当适用有关条款的规定。

【条文释义】

合同权利义务一并转让时，应当遵守本法有关债权转让和债务转移的其他规定。具体而言，在涉及债权转让的范围内，适用以下规定：

1. 不得转让的债权的规定。（第545条）
2. 债权受让人取得与债权有关的从权利的规定。（第547条）
3. 债务人对让与人的抗辩可以继续向受让人主张的规定。（第548条）
4. 债务人对受让人主张抵销的规定。（第549条）
5. 债权转让增加的履行费用的负担的规定。（第550条）
6. 债权转让批准的规定。（第502条第3款）

在涉及债务转移的范围内，适用以下规定：

1. 新债务人的抗辩和抵销的规定。（第553条）
2. 新债务人承担与主债务有关的从债务的规定。（第554条）
3. 债务转移批准的规定。（第502条第3款）

第七章　合同的权利义务终止

本章共二十条，是关于合同的权利义务终止的规定。合同是平等主体的自然人、法人、其他组织之间设立、变更、终止民事权利义务关系的协议。本章规定了债权债务和合同权利义务关系终止的一般事由和后果，清偿抵充，解除合同的条件、程序及解除合同后责任的承担，抵销的条件、程序，提存的条件、程序、后果，债务的免除，债权债务的混同等。当然，除解除规则外，其他规则也能适用于所有的债权债务，而非仅能适用于合同权利义务。在合同法的基础上，本章增加规定了债务清偿抵充规则，完善了合同解除、抵销、提存、免除等具体规则。

> **第五百五十七条　有下列情形之一的，债权债务终止：**
> **（一）债务已经履行；**
> **（二）债务相互抵销；**
> **（三）债务人依法将标的物提存；**
> **（四）债权人免除债务；**
> **（五）债权债务同归于一人；**
> **（六）法律规定或者当事人约定终止的其他情形。**
> **合同解除的，该合同的权利义务关系终止。**

【条文主旨】

本条是关于债权债务终止情形的规定。

【条文释义】

债的性质，决定了债是有期限的民事法律关系，不可能永恒存在，有着从设立到终止的过程。债权债务终止，是指有效的债权债务因具备法定情形和当事人约定的情形，使得债权、债务归于消灭，债权人不再享有债权，债务人也不必再履行债务。按照本条第 1 款规定，有下列情形之一的，债权债务终止。

一、债务已经履行

债务已经履行，是指债务人按照债的标的、质量、数量、价款或者报酬、履行期限、履行地点和方式正确地、适当地全面履行了债务。

以下情况也属于债务的全面履行：（1）第三人按照债权人和债务人之间的约定或者依照法律规定履行；（2）债务人按照约定或者依照法律规定向第三人履行；（3）债权人和债务人协商一致以他种给付代替原定给付。

实践中，也经常会出现以房抵债的情形，债务人乙欠债权人甲借款，现乙在债务履行期届满后无力偿还，因此与甲协商一致，以价值相当的乙所有的房屋抵债，在乙将房屋交付并将房屋所有权移转给甲之后，债务消灭。甲和乙约定不明时，为保护债权人甲的利益，不宜认定为是合同的更新，而应认为是增加了一种给付，否则，原债消灭，在乙不履行之后的以物抵债协议时，债权人甲就无法请求债务人乙履行原债务。如果乙不履行之后的以物抵债协议，则债权人与债务人之间的旧债务并未消灭，旧债务和新债务处于衔接并存的状态；在新债务合法有效并得以履行完毕后，旧债务和新债务都归于消灭。有时代物履行可能会有差价，按照当事人的约定支付差价后，也产生债务消灭的后果。

二、债务相互抵销

债务相互抵销，是指当事人互负债务、互享债权，以自己的到期债权充抵对方的债权，使自己的债务与对方的债务在等额内消灭。

抵销制度，一方面免除了当事人双方实际履行的行为，方便了当事人，节省了履行费用。另一方面当互负债务的当事人一方财产状况恶化，不能履行所负债务时，通过抵销，起到了债的担保的作用；特别是当一方当事人破产时，对方已作出的履行将作为破产财产，而未被清偿的债权却要与破产人的其他各债权人就破产财产平均受偿，显然不利于对方当事人，而通过抵销，可以使对方当事人的债权迅速获得满足。

三、债务人依法将标的物提存

提存，是指由于法律规定的原因，债务人无法向债权人交付合同标的物时，债务人将该标的物交给提存部门而消灭债务的制度。

债务的履行往往需要债权人的协助，如果债权人无正当理由而拒绝受领或者不能受领，债权人虽应承担受领迟延的责任，但债务人的债务却不能消灭，债务人仍得随时准备履行，这显然有失公平。本法明确将提存作为债权债务终止的法定原因之一，在第 570 条至第 574 条规定了提存的条件、程序和法律效力。

四、债权人免除债务

债权人免除债务，是指债权人放弃自己的债权。债权人可以免除债务的部分，也可以免除债务的全部。免除部分债务的，债权债务部分终止，免除全部债务的，债权债务全部终止。本法第 575 条对免除进行了具体规定。

五、债权债务同归于一人

债权和债务同归于一人，是指由于某种事实的发生，使原本由一方当事人享有的债权，而由另一方当事人负担的债务，统归于一方当事人，使得该当事人既是债权人，又是债务人。本法第 576 条具体规定了此种终止事由。

六、法律规定或者当事人约定终止的其他情形

除了前述债权债务终止的情形，出现了法律规定的终止的其他情形的，合同的权利义务也可以终止。比如，根据本法第 934 条的规定；当事人也可以约定债权债务终止的情形。再比如，当事人订立的附解除条件的合同，当解除条件成就时，债权债务关系消灭，合同的权利义务终止。

本条第 2 款规定了合同解除导致该合同的权利义务关系终止。合同的解除，是指合同成立对当事人具有法律约束力后，当具备法律规定的或者当事人约定

的合同解除事由时，或者当事人协商一致时，因当事人一方或双方的意思表示
而使整体的合同关系终止。解除导致合同整体权利义务关系的终止，而非合同
关系中单个债权债务的终止，并且在合同权利义务终止后，还涉及解除后的各
种权利义务关系。同时，解除仅能适用于合同的权利义务关系，而不能适用于
其他法定的债权债务关系。据此，本条在合同法规定的基础上将解除单独作为
一款。合同的解除适用于已经具有法律约束力的合同。合同只有在具有法律约
束力以后，才存在解除，不具有法律约束力的合同不发生解除。依法成立的合
同，对当事人具有法律约束力，当事人不得随意解除合同，只有当出现当事人
约定的或者法律规定的解除合同的事由时，或者当事人协商一致时，才可以解
除合同。本法第 562 至第 566 条对合同解除作出了具体的规定。

> **第五百五十八条** 债权债务终止后，当事人应当遵循诚信等原则，
> 根据交易习惯履行通知、协助、保密、旧物回收等义务。

〖条文主旨〗

本条是关于后合同义务的规定。

〖条文释义〗

后合同义务，是指合同的权利义务终止后，当事人依照法律的规定，遵循
诚信等原则，根据交易习惯履行的各项义务。后合同义务对于在交易中强化诚
信观念、维护交易的正常秩序具有重要作用。因此，债权债务终止后，除了债
权人应当将证明债权债务的负债字据返还、向债务人出具债务消灭的收据之外，
双方当事人还负有后合同义务。

后合同义务具有以下特点：

1. 后合同义务是合同的权利义务终止后产生的义务，合同成立前，当事人
承担的是先合同义务；合同的权利义务未终止，当事人履行的是合同义务。

2. 后合同义务主要是法律规定的义务。如果当事人在合同中约定履行某项
义务，该义务为合同义务，不履行该义务，承担违反合同的责任。后合同义务
主要是法定义务，违反后合同义务要承担损害赔偿责任。

3. 后合同义务是诚信等原则派生的义务。诚信原则要求民事活动的当事人
具有诚实、守信、善意的心理状况，不损人利己，不规避法律，秉持诚实，恪
守承诺，在民事活动中维持双方的利益平衡，以及当事人利益与社会利益的平
衡。合同的权利义务终止后，当事人应当履行哪些义务，并没有一定之规，依

诚信原则应履行的义务，均应为后合同义务的范围。当事人主观方面的要求也可以根据诚信等原则予以确定。

4. 后合同义务的内容根据交易习惯确定。合同的内容不同，后合同义务也不同，法律不可能针对个案确定后合同义务的内容，但按照交易习惯，某类合同终止后，当事人通常的行为准则，应作为后合同义务。所谓交易习惯，一方面指一般的民商事活动应遵循的习惯，另一方面指当事人双方长期交易关系中形成的习惯。

立法过程中，有意见提出，这些义务不仅在合同的权利义务终止后会发生，在其他法定之债的债权债务终止后，也应当存在这些义务。经研究，因无因管理等发生的法定之债中，在债权债务终止后，也同样可能发生协助、保密等义务，因此，将合同法中的"合同的权利义务"修改为"债权债务"。

遵循诚信等原则，根据交易习惯，债权债务终止后的义务通常有以下几方面：

1. 通知的义务。合同权利义务终止后，一方当事人应当将有关情况及时通知另一方当事人。比如，在租赁合同终止后，出租人应及时通知承租人取回物品。

2. 协助的义务。合同的权利义务终止后，当事人应当协助对方处理与原合同有关的事务。比如，合同解除后，需要恢复原状的，对于恢复原状给予必要的协助。

3. 保密的义务。保密是指保守国家秘密、商业秘密和合同约定不得泄露的事项。国家秘密，是指关系国家的安全和利益，依照法定程序确定，在一定时间内只限于一定范围的人员知悉的事项。商业秘密，是指不为公众所知悉，能为权利人带来经济利益，具有实用性，并经权利人采取保密措施的技术信息和经营信息。除了国家秘密和商业秘密，当事人在合同中约定保密的特定事项，合同的权利义务终止后，当事人也不得泄露。

4. 旧物回收的义务。在立法过程中，有意见认为，为促进生态文明建设，应当进一步扩充后合同义务的范围。经研究，为进一步落实绿色原则的要求，当事人在债权债务终止后，还依法负有旧物回收的义务，本条予以增补，并根据本法第一编中第一章的有关民法原则的规定，将原合同中的"诚实信用原则"修改为"诚信等原则"。

【案例分析】

"张晓先诉南通宏丰公司房屋买卖合同纠纷案"【江苏省南通市中级人民法院（2005）通中民一终字第0760号民事判决书】认为，房屋买卖合同中的卖房人违反了特定的后合同义务，应当承担责任，相关裁判摘要如下：本案中上诉人与被上诉人在 2001 年 3 月签订房屋买卖合同后，双方均已按约履行了义务。但案涉房屋为商业用房，公安部门的消防意见书明确了案涉房屋须有消防通道并保持畅通，同时赋予了上诉人相应的义务，即租、售案涉相邻房屋时应保证其中的消防通道始终畅通。因此，上诉人售出的 202 室房屋，实质上存在隐患瑕疵，其在销售 201 室时，应事先安排好消防通道或在 201 室的售房合同中与购房人约定确保 202 室消防安全门和两室的消防通道畅通事宜，否则 202 室的隐患瑕疵将成为现实的瑕疵。上述义务应为 202 室房屋买卖合同的后合同义务。现上诉人尽管已经履行了 202 室售房合同中的约定义务，但依据合同法第 92 条的规定，其应在收到消防意见书的数月后，于销售 201 室时亦履行上述后合同义务。

第五百五十九条　债权债务终止时，债权的从权利同时消灭，但是法律另有规定或者当事人另有约定的除外。

【条文主旨】

本条是关于从权利随主权利消灭而消灭的规定。

【条文释义】

从权利是指附随于主权利的权利。抵押权、质权、保证等权利都属于主权利的从权利。由于从权利是从主权利派生出来的，从权利从属于主权利，这也包括消灭上的从属性。当主债权债务终止时，从权利一般也就没有了存在的价值，同时随之消灭。

但是，法律可能作出不同的规定。例如，主债权部分消灭的，作为从权利之一的担保物权并不在相应范围内部分消灭，而是根据担保物权的不可分性，主债权部分消灭，担保物权仍然存在，担保财产仍然担保剩余的债权，直到债务人履行全部债务时为止。

第五百六十条　债务人对同一债权人负担的数项债务种类相同，债务人的给付不足以清偿全部债务的，除当事人另有约定外，由债务人在清偿时指定其履行的债务。

债务人未作指定的，应当优先履行已经到期的债务；数项债务均到期的，优先履行对债权人缺乏担保或者担保最少的债务；均无担保或者担保相等的，优先履行债务人负担较重的债务；负担相同的，按照债务到期的先后顺序履行；到期时间相同的，按照债务比例履行。

【条文主旨】

本条是关于数个债务的清偿抵充顺序的规定。

【条文释义】

清偿抵充，指的是债务人对同一债权人负担的数项债务种类相同，债务人的给付不足以清偿全部债务时，确定该给付抵充这些债务中某项或者某几项债务；或者债务人在履行主债务外还应当支付利息和实现债权的有关费用，其给付不足以清偿全部债务的，确定该给付抵充该项债务中的某个或者某几个部分。立法过程中，有意见提出，应当增加规定关于清偿抵充的规则。经研究，清偿抵充的顺序对于当事人的利害关系非常重要，比较法上，很多国家和地区均对此加以规定，这有利于解决当事人之间的争议。因此，本条和下一条规定了清偿抵充顺序。应当注意的是，在抵销中，也涉及抵销抵充，此时也应参照本条和下一条规定的清偿抵充顺序予以确定。

本条规定了清偿抵充的第一种情形，即数项债务的清偿抵充。本条的适用，首先要求债务人对同一债权人负担数项债务。如果多个债务人分别负担债务，则应当分别清偿，从而不发生抵充问题。其次要求债务人负担的数项债务的种类相同。如果数项债务给付的种类不同，应当以给付的种类确定该给付清偿的是何项债务，没必要发生抵充问题。再次要求债务人的给付不足以清偿全部债务。如果债务人的给付可能清偿全部债务，也没有必要确立清偿的顺序，因为所有的债务都可以得到清偿。如果债务人的给付不足以清偿数项债务中的某一项，则可以将本条规定和下一条规定结合适用，通过下一条确定该项债务中费用、利息和主债务履行的顺序。

此时，确定清偿抵充顺序的基本原则是：有约定从约定，无约定从指定，无指定从法定。如果当事人就抵充的顺序协商一致，这是意思自治的表现，此时，该约定应当优先。抵充既可以在清偿前或者清偿时约定；在清偿后约定抵充或者变更原抵充约定的，在当事人之间仍然发生效力，但不能影响担保人等有利害关系的第三人利益。

在当事人对抵充顺序没有约定时，则由债务人指定其履行的债务，但债务人的指定应在清偿时作出，其生效适用本法第137条的一般规则。债务人在清偿时未指定，清偿后不可指定，否则在有争议的时候，债务人可以立即指定，之后的法定抵充顺序就没有任何意义。

在当事人对抵充顺序没有约定且债务人在清偿时未指定的，则直接依据法定的顺序。在本条第1款已经承认了债务人指定权的情况下，法定的抵充顺序应更多地考量债权人的利益，采取债权人利益优先、兼顾债务人利益的原则确定顺序。依据本条第 2 款规定，依次依据下列方式确定抵充顺序：

1. 已到期债务。如果到期的债务和未到期的债务并存，应当先抵充已到期的债务。

2. 缺乏担保或者担保最少的债务。如果某债务有担保，另一债务无担保或者缺乏担保，则优先履行缺乏担保的债务。在债务均存在担保的情形下，优先履行担保最少的债务。应当注意的是，此处的"担保最少"并非担保的绝对数额最少，而是对债权人而言担保利益最少或者担保状况最低的，否则某些情况下容易导致和本规定目的相违背的情形。比如，50 万元的债务存在担保 50 万元，同时另外一个 100 万元的债务存在同样类型的担保 60 万元，债务人支付 50 万元，优先清偿哪一个债务？此时，后一项债务的担保比例较少，因此优先抵充后一项债务中的未担保债务，这对债权人最为有利。同时，除了上述担保的比例之外，在判断担保的多少时，还可以考虑担保的类型、担保人的信用等因素予以综合判断。

3. 债务人负担较重的债务。该规定旨在保护债务人的利益，优先清偿负担较重的债务，使得债务人因清偿而获益最多。比如，无利息的债务对比有利息的债务，前者显然对债务人的负担较轻。

4. 先到期的债务。此时，并非抵充最先成立的债务，而是抵充最先到期的债务。

5. 债务比例。

【案例分析】

"苏孙钳、西安特力亚空调工程有限公司民间借贷纠纷案"【最高人民法院（2019）最高法民申 5625 号民事裁定书】对法定抵充顺序进行了说明，相关裁判摘要如下：合同法司法解释（二）第 20 条规定："债务人的给付不足以清偿其对同一债权人所负的数笔相同种类的全部债务，应当优先抵充已到期的债务；几项债务均到期的，优先抵充对债权人缺乏担保或者担保数额最少的债务；担保数额相同的，优先抵充债务负担较重的债务；负担相同的，按照债务到期的先后顺序抵充；到期时间相同的，按比例抵充。但是，债权人与债务人对清偿的债务或者清偿抵充顺序有约定的除外。"经审查，本案中苏孙钳与刘耀辉之间发生过多笔借款，刘耀辉旧贷未清偿又发生新贷，出现偿还旧贷与偿还新贷在时间上存在交叉重叠的情形。首先，苏孙钳未提交充分证据证明其与刘耀辉之间对刘耀辉每一笔还款所清偿的债务或者清偿抵充顺序已经进行约定。其次，刘耀辉在一审代理意见中提出，即使刘耀辉主张的苏孙钳履行 2014 年 10 月 11

日《借款合同》所支付的借款本金不能成立，按照法定清偿顺序，该《借款合同》的债务已经偿还完毕。据此，不能认定刘耀辉与苏孙钳之间对债务清偿顺序进行了约定。另外，本案系为了解决苏孙钳与刘耀辉之间的民间借贷纠纷，至于刘耀辉未能归还部分《借款合同》约定款项的原因与本案待证事实无关。且即便刘耀辉是因银行贷款未能审批通过或银行放款金额低于借款金额而未足额归还合同约定的款项，亦不能证明双方对债务清偿顺序进行了约定。故原审判决依据上述规定，结合本案事实，认定2014年10月11日《借款合同》、2014年11月4日《借款合同》项下借款已还清并无不当。

> **第五百六十一条** 债务人在履行主债务外还应当支付利息和实现债权的有关费用，其给付不足以清偿全部债务的，除当事人另有约定外，应当按照下列顺序履行：
>
> （一）实现债权的有关费用；
>
> （二）利息；
>
> （三）主债务。

【条文主旨】

本条是关于费用、利息和主债务的清偿抵充顺序的规定。

【条文释义】

本条的适用，首先要求债务人在履行主债务外还应当支付利息和实现债权的有关费用。其次要求债务人的给付不足以清偿主债务、利息和实现费用。此时确定清偿抵充顺序的基本原则是：有约定按约定，无约定按法定。如果当事人就抵充的顺序协商一致，这是合同自由的表现，此时，该约定应当优先。

在当事人对抵充顺序没有约定时，各个立法例与本条的规定基本一致，采取有利于债权人的立场，依次按照下列顺序抵充：

1. 实现债权的有关费用。包括保管费用、诉讼费用、执行费用等。

2. 利息。利息是债权人预期应有的收益，是资金占有的成本，应当先于主债务或者本金而抵充。

3. 主债务。

应当注意的是，本条规定更为着重于债权人利益的保护，与前条规定不同，本条排除了债务人指定的权利，否则与本条的债权人利益保护立场相违背。因此，债务人不能指定先抵充主债务，再抵充利息，以避免给债权人带来损害。

【案例分析】

"成都石油总公司、成都交投能源发展有限公司买卖合同纠纷案"【最高人民法院（2019）最高法民申 5894 民事裁定书】对费用、利息和主债务的清偿抵充顺序进行了说明，相关裁判摘要如下：关于已支付款项优先冲抵本金还是利息的问题。成都交投公司向成都石油总公司出具的收据载明，其收到成都石油总公司的款项分别为"油品贸易欠款"和"商业承兑汇票款"，但并未明确载明其收到的是本金还是利息。根据《最高人民法院关于适用〈中华人民共和国合同法〉若干问题的解释（二）》第21条关于"债务人除主债务之外还应当支付利息和费用，当其给付不足以清偿全部债务时，并且当事人没有约定的，人民法院应当按照下列顺序抵充：（一）实现债权的有关费用；（二）利息；（三）主债务"之规定，在当事人没有明确约定债务人支付的款项系偿还本金还是利息的情形下，债务人清偿的部分欠款应优先冲抵利息。故成都石油总公司关于其于 2018 年 8 月 28 日和 2019 年 3 月 18 日支付的两笔款项应当优先抵充本金的主张于法无据，本院不予支持。

> **第五百六十二条** 当事人协商一致，可以解除合同。
> 当事人可以约定一方解除合同的事由。解除合同的事由发生时，解除权人可以解除合同。

【条文主旨】

本条是关于协商解除合同和约定解除权的规定。

【条文释义】

合同解除是对当事人进行救济的方式之一。通过合同解除，能够使得当事人在其合同目的不能实现的情形中摆脱现有合同权利义务关系的约束，重新获得交易的自由。合同解除包括了当事人协商解除、行使约定解除权和行使法定解除权。本条规定了当事人协商解除合同和约定解除权。

需要注意的是，关于是否应当区分合同解除与合同终止，存在不同的观点。有些观点区分了是否具有溯及力，没有溯及力的称为终止，有溯及力的称为解除。本法采取了广义的终止的概念，"解除"仅是"终止"的原因之一，同时在解除的效果上区分有溯及力和没有溯及力的解除，其中没有溯及力的解除就相当于狭义上的"终止"。

根据自愿原则，当事人在法律规定范围内享有自愿解除合同的权利。当事人约定解除合同包括三种情况：

1. 协商解除。协商解除，是指合同产生法律约束力后，当事人以解除合同为目的，经协商一致，订立一个解除原来合同的协议。当事人可以根据自愿原则，决定协商解除的具体效力，比如可以在协议中明确放弃违约损害赔偿请求权。

2. 约定解除权。约定解除权，是指当事人约定，合同履行过程中出现某种情况，当事人一方或者双方有解除合同的权利。解除权可以在订立合同时约定，也可以在履行合同的过程中约定；可以约定一方享有解除合同的权利，也可以约定双方享有解除合同的权利。当约定解除合同的条件出现时，享有解除权的当事人可以行使解除权解除合同，而不必再与对方当事人协商。约定解除权的功能体现在对法定解除权的要件和行使效果进行修正、缓和和补充，并使当事人在观念上对此明确化。

协商解除和约定解除权，虽然都是基于当事人双方的合意，但二者有区别，表现在：（1）协商解除是当事人双方根据已经发生的情况，达成解除原合同的协议；而约定解除权是约定将来发生某种情况时，一方或双方享有解除权。（2）协商解除不是约定解除权，而是解除现存的合同关系，并可以对解除合同后的责任分担、损失分配达成共识；而约定解除权本身不导致合同的解除，只有在约定的解除事由发生时，通过行使解除权方可使合同归于消灭。

同时，约定解除权和附解除条件的合同不同。两者有区别，表现在：附解除条件的合同，条件成就时合同自然失效，不需要当事人再有另外的意思表示；而在约定解除权的情况下，双方约定以一定的事由作为解除权的产生原因，约定的事由发生时仅产生了解除权，合同并不是自动解除，必须由解除权人主动行使解除权，才能导致合同解除。根据合同法第93条第2款规定，解除合同的条件成就时，解除权人可以解除合同，为了更清晰地显示出约定解除权和附解除条件的不同，本条将之修改为"解除合同的事由发生时，解除权人可以解除合同"。

【案例分析】

"桂林市全兴房地产开发有限公司、中国银行股份有限公司桂林分行与桂林市全兴房地产开发有限公司、中国银行股份有限公司桂林分行房屋买卖合同纠纷案"【最高人民法院（2016）最高法民申213号民事裁定书】对协议解除的要件进行了说明，相关裁判摘要如下：解除合同协议的有效成立，也必须满足合同成立的一般要件。即，一是在合同的订立方式上，要通过要约和承诺的方式订立；二是在合同的内容上要具体确定，合同中不仅要有消灭既存合同关系的内容，也要包括已经履行部分是否返还、责任如何分担等结算和清理内容。本案虽然中行桂林分行诉请解除《房屋合作开发协议书》，全兴公司在诉讼中表示同意解除，但对于合同解除后的结算和清理事项并未形成一致的意思表示，故双方当事人协商解除合同的合意并未有效成立。

> **第五百六十三条** 有下列情形之一的，当事人可以解除合同：
>
> （一）因不可抗力致使不能实现合同目的；
>
> （二）在履行期限届满前，当事人一方明确表示或者以自己的行为表明不履行主要债务；
>
> （三）当事人一方迟延履行主要债务，经催告后在合理期限内仍未履行；
>
> （四）当事人一方迟延履行债务或者有其他违约行为致使不能实现合同目的；
>
> （五）法律规定的其他情形。
>
> 以持续履行的债务为内容的不定期合同，当事人可以随时解除合同，但是应当在合理期限之前通知对方。

【条文主旨】

本条是关于法定解除事由的规定。

【条文释义】

法定解除，是指合同具有法律约束力后，当事人在法律规定的解除事由出现时，行使解除权而使合同权利义务关系终止。法定解除权的产生事由与约定解除权的产生事由既有区别又有联系。其区别表现在：法定解除事由是法律直接规定的；而约定解除事由是双方通过合同约定的。其联系表现在：约定解除事由主要是对法定解除事由和解除效果进行修正、缓和和补充，比如，可以约定违反合同中的某项规定，不论程度如何，均可解除合同。

本条第1款规定的解除合同的事由有：

一、因不可抗力致使不能实现合同的目的

所谓不可抗力，本法第180条第2款设有明文规定，一般说来，以下情况被认为属于不可抗力：（1）自然灾害。（2）战争。（3）社会异常事件，主要指一些偶发的阻碍合同履行的事件，罢工、骚乱。（4）政府行为，主要指合同订立后，政府颁布新的政策、法律，采取行政措施导致合同不能履行，如禁运、交通封锁、人员隔离、进出境限制、停工停产等。

不可抗力事件的发生，对履行合同的影响可能有大有小，有时只是暂时影响到合同的履行，可以通过延期履行实现合同的目的，对此不能行使法定解除权。只有不可抗力致使合同目的不能实现时，当事人才可以解除合同。

应当注意的是，因不可抗力致使不能实现合同的目的的，究竟是采取合同自动终止的方式，还是采取产生法定解除权的方式，不同的立法例并不相同。经研究，本法采取了后一种方式，这有利于当事人之间的互通情况和互相配合，并积极采取救济措施。根据此目的，应当认为此种情况下，双方当事人都有权解除合同。

同时，本法第533条规定了情势变更规则，在发生不可抗力事件时，根据对合同履行的影响，可以分别适用情势变更和法定解除。如果不可抗力事件致使继续履行合同对于一方当事人明显不公平的，可以适用本法第533条规定；不可抗力事件的发生，致使合同目的不能实现的，可以适用本条规定。

二、在履行期限届满之前，当事人一方明确表示或者以自己的行为表明不履行主要债务

在合同履行期限届满之前，当事人一方明确表示或者以自己的行为表明不履行主要债务的，对方当事人可以解除合同。预期违约分为明示违约和默示违约。所谓明示违约，是指合同履行期到来之前，一方当事人明确肯定地向另一方当事人表示他将不履行主要债务。所谓默示违约，是指合同履行期限到来前，一方当事人有确凿的证据证明另一方当事人在履行期限到来时明显将不履行主要债务。

应当注意的是，该规定与不安抗辩权的相互衔接。对此，本法第528条设有明文规定。

三、当事人一方迟延履行主要债务，经催告后在合理期限内仍未履行

当事人一方迟延履行主要债务，经催告后在合理期限内仍未履行的，对方当事人可以解除合同。这有助于降低对方当事人证明迟延履行致使不能实现合同目的的难度。迟延履行只有符合以下条件，才可以解除合同：

1. 迟延履行主要债务。所谓主要债务，应当依照合同的个案进行判断，一般说来，影响合同目的实现的债务，应为主要债务。如买卖合同，在履行期限内交付的标的物只占合同约定的很少一部分，不能满足债权人的要求，应认为迟延履行主要债务。

2. 经催告后债务人仍然不履行债务。债务人迟延履行主要债务的，债权人一般应当催告债务人履行。合同的解除将导致合同权利义务关系的终止，一旦解除将会消灭一项交易，如果允许债权人在债务人任何迟延履行主要债务的情况下都可以直接解除合同，会造成财产的不必要的损失和浪费，因此，债权人一般应当进行催告，并且指定一个确定的合理期间。

四、迟延履行债务或者有其他违约行为致使不能实现合同目的

迟延履行债务致使不能实现合同目的，是指履行期限对于债权的实现至关重要，超过了合同约定的期限履行合同，合同目的就将落空。如果迟延履行致使合同目的不能实现，则不需要经过催告，而可以直接解除合同。通常以下情况可以认为构成根本违约的迟延履行：（1）当事人在合同中明确约定超过期限履行合同，债权人将不接受履行，而债务人履行迟延。（2）履行期限构成合同的必要因素，超过期限履行将严重影响订立合同所期望的经济利益。比如季节性、时效性较强的标的物，像中秋月饼，过了中秋节交付，就没有了销路。（3）继续履行不能得到合同利益。比如由于债务人迟延时间过长，市场行情发生重大变化，继续履行将使债权人蒙受重大损失，应允许解除合同。

致使不能实现合同目的的其他违约行为，主要指违反的义务对合同目的的实现十分重要，如一方不履行这种义务，将剥夺另一方当事人根据合同有权期待的利益。该种违约行为主要包括：（1）不能履行主要债务。（2）拒绝履行，即债务人拒绝履行合同义务，包括债务人在履行期限届满前明示或者默示地拒绝履行非主要债务致使不能实现合同目的，或者履行期限届满后拒绝履行主要债务或拒绝履行其他合同义务致使不能实现合同目的。（3）履行质量与约定严重不符，无法通过修理、替换、降价的方法予以补救，致使不能实现合同目的。（4）履行主要债务之外的其他合同义务不适当，致使不能实现合同目的。

这些违约行为导致法定解除权产生的前提是违约行为致使不能实现合同目的，理论上将这些违约称为"根本违约"。违反合同义务，致使合同目的不能实现的，为根本违约。

判断合同目的是否不能实现，首先需要区分合同目的和合同动机。其次可以考虑以下情况：第一，违约是否实质上剥夺了另一方当事人根据合同有权期待的利益，除非另一方当事人并未预见而且也不可能合理地预见到此结果。第二，对被违反义务的严格遵守是否是合同的实质性约定。第三，违反义务是否导致不能信赖其将来的履行，如果一方当事人分期履行义务，并且在某一次先履行中出现瑕疵，很明显将要在整个履行中重复，尽管先期履行中的瑕疵本身并不构成解除合同的依据，另一方当事人仍然可以解除合同；当然，如果违反义务即使是故意但却是微不足道的，仍然不能解除。第四，合同解除是否导致违反义务人因已经作出的准备或者履行而遭受不相称的损失。

五、法律规定的其他解除情形

除了上述四种情形外，本法还规定了其他产生法定解除权的情形。比如，因行使不安抗辩权而中止履行合同，对方在合理期限内未恢复履行能力，也未提供适当担保的，中止履行的一方可以请求解除合同。除了本法外，其他法律也规定了一些合同的法定解除权事由。例如，旅游法第66条第1款、保险法第15条等。

本条第2款规定了以持续履行的债务为内容的不定期合同中当事人的解除权。这首先要求合同必须以持续履行的债务为内容的合同。其次要求是不定期的合同。

根据本款规定，以持续履行的债务为内容的不定期合同，当事人在合理期限之前通知对方后可以解除。首先是双方当事人都有解除权，而非仅当事人一方享有解除权。其次是应当在合理期限之前通知对方。这是为了给予对方必要的准备时间，合理期间的确定可以考虑当事人之间合作时间和合同关系已经持续时间的长短、另一方当事人为履行合同所付出的努力和投资、寻找新的合同对方所可能需要的时间、双方履行之间的时间间隔，等等。当事人没有在合理期限之前通知对方的，并非解除通知无效，而是不影响合同解除的效力，但要赔偿因未在合理期限前通知对方从而给对方造成的损失，或者解除通知延至合理期限之后才发生效力。

【案例分析】

2018年第2期《中华人民共和国最高人民法院公报》刊登的"汾州裕源土特产品有限公司与陕西天宝大豆食品技术研究所技术合同纠纷案"【最高人民法院（2016）最高法民再251号民事判决书】认为，是否致使合同目的落空是能否行使合同法定解除权的判断标准，相关裁判摘要如下：明确是否致使合同目的落空是能否行使合同法定解除权的判断标准。我国合同法中，法定解除的认定标准是违约后果是否足够严重而非所违反的条款本身是否重要。虽然上述二者之间可能存在逻辑关联，但强调以违约结果的严重性作为法定解除认定标准的落脚点，本身就是对合同法定解除权的限制。故在判断违约行为是否足以导致合同法定解除时，不能简单地由所违反条款的性质推断根本违约，而必须讨论这一违约是否会产生合同目的落空的结果。

第五百六十四条 法律规定或者当事人约定解除权行使期限，期限届满当事人不行使的，该权利消灭。

法律没有规定或者当事人没有约定解除权行使期限，自解除权人知道或者应当知道解除事由之日起一年内不行使，或者经对方催告后在合理期限内不行使的，该权利消灭。

【条文主旨】

本条是关于解除权行使期限的规定。

【条文释义】

无论是约定解除权，还是法定解除权，解除权的行使，是法律赋予当事人的保护自己合法权益的手段，但该权利的行使不能毫无限制。解除权作为形成权，应当在一定期间内行使，以促使法律关系尽早确定为目标。该期间是解除权的行使期限、存续期间或者除斥期间。按照本条规定，行使解除权的期限分为两种情况：

1. 按照法律规定或者当事人约定的解除权的行使期限行使。法律规定或者当事人约定解除权行使期限的，期限届满当事人不行使的，该权利消灭。

2. 在对方当事人催告后的合理期限内行使。法律没有规定或者当事人没有约定解除权行使期限的，对方当事人为明确自己义务是否还需要履行，可以催告享有解除权的当事人行使解除权，享有解除权的当事人超过合理期限不行使解除权的，解除权消灭，合同关系仍然存在，当事人仍要按照合同约定履行义务。

3. 自解除权人知道或者应当知道解除事由之日起1年内不行使。法律没有规定或者当事人没有约定解除权行使期限的，另一方当事人未催告的，或者另一方当事人在很长时间之后才进行催告的，如果解除权长期存在，就可能在很长时间之后仍然行使解除权，这不利于合同关系的尽快确定和稳定。合同法对此未作规定，实践中做法不一。立法过程中，有意见提出，为实现确定性，应由法律对此明确规定。经研究，考虑到其他形成权的一般除斥期间，本条明确规定，自解除权人知道或者应当知道解除事由之日起1年内不行使的，解除权消灭。该期间的起算期间并非解除权发生之日，而是自解除权人知道或者应当知道解除事由之日起计算，这也与本法第199条的规定保持了一致。但是，如果解除权人有权解除合同，但是选择请求对方当事人在合理期限内采取修理、重作、更换等补救措施，而对方当事人置之不理的，该期间应当从补救的合理期限届满时起算。

另外，解除权消灭的事由除了行使期限届满，还包括当事人知道解除事由后明确表示或者以自己的行为表明放弃解除权。

【案例分析】

2013 年第 10 期《中华人民共和国最高人民法院公报》刊登的"天津市滨海商贸大世界有限公司与天津市天益工贸有限公司、王锡锋财产权属纠纷案"【最高人民法院（2012）民再中字第 310 号民事裁定书】就商品房买卖合同之外的房屋买卖合同中的解除权行使期限应当确定的问题进行了分析，相关裁判摘要如下：根据《中华人民共和国合同法》第 95 条第 2 款的规定，法律没有规定或者当事人没有约定解除权行使期限，经对方催告后在合理期限内不行使的，该权利消灭。对房屋买卖合同的解除权行使期限，法律没有规定，本案当事人在合同中亦未约定，何为合理期限，应当由人民法院结合具体案情予以认定。

> 第五百六十五条　当事人一方依法主张解除合同的，应当通知对方。合同自通知到达对方时解除；通知载明债务人在一定期限内不履行债务则合同自动解除，债务人在该期限内未履行债务的，合同自通知载明的期限届满时解除。对方对解除合同有异议的，任何一方当事人均可以请求人民法院或者仲裁机构确认解除行为的效力。
>
> 当事人一方未通知对方，直接以提起诉讼或者申请仲裁的方式依法主张解除合同，人民法院或者仲裁机构确认该主张的，合同自起诉状副本或者仲裁申请书副本送达对方时解除。

【条文主旨】

本条是关于解除权行使的规定。

【条文释义】

当事人一方依照本法 562 条第 2 款、第 563 条规定行使解除权而解除合同，应当遵守下列规定：

1. 必须享有解除权。本法第 562 条第 2 款和第 563 条对约定解除权和法定解除权作了规定。不符合上述规定，当事人即不享有解除权，自然不能行使解除权而单方解除合同，即使解除通知到达对方，对方未提出异议，也不发生合同解除的效果。

2. 行使解除权应当通知对方当事人。当事人一方行使解除合同的权利，必然引起合同的权利义务的终止。但是，解除权产生之后，并不导致合同自动解除，解除权人必须行使解除权才能使得合同解除。本条规定，当事人根据约定解除权和法定解除权主张解除合同的，应当通知对方。

同时，自解除通知到达对方当事人时，合同解除。

在实践中，解除权产生后，解除权人为了给对方一个纠正自己违约的机会，可能会向对方发出催告，载明要求对方履行，并且在合理期限内对方仍不履行的话，合同就自动解除。因此，本条第1款中在合同法规定的基础上增加此项规定。

如果一方当事人向对方当事人发出了解除通知，对方对解除合同有异议，认为解除通知的发出人不享有解除权的，为防止随意解除合同导致对方利益受损，避免进一步争议的发生，对方自然可以请求人民法院或者仲裁机构确认解除合同的效力。解除通知发出人为了使得争议最终确定，也可以在向对方发出解除通知之后，再请求人民法院或者仲裁机构确认解除行为的效力，由人民法院或者仲裁机构判断发出人是否享有解除权，如果认为发出人享有解除权，则人民法院或者仲裁机构确认合同自解除通知到达对方时解除。在一方当事人向对方当事人发出解除通知之后，对方对解除表示了异议，认为解除通知的发出人不享有解除权的，但对方不向人民法院或者仲裁机构确认解除合同效力的，此时，为了使得当事人之间的法律关系确定，解除通知的发出人也可以在收到对方的异议后，请求人民法院或者仲裁机构确认解除行为的效力。本条第1款对此明确规定。首先，双方都有请求人民法院或者仲裁机构确认解除行为效力的权利；其次，对方的异议与向请求人民法院或者仲裁机构确认解除行为的效力并不等同，对方提出异议不见得必须要以请求人民法院或者仲裁机构确认解除行为的效力这种方式提出，而可以更为简便地提出。

当然，解除权人也可以在解除权产生后，不向对方发出解除通知，而直接以提起诉讼或者申请仲裁的方式依法主张解除合同。如果人民法院或者仲裁机构确认解除权人享有解除权，则解除权人提起诉讼或者申请仲裁是解除权人意思表示的一种表达方式，只不过不是解除权人直接通知对方解除合同，而是通过法院或者仲裁机构向对方送达载明解除合同的意思表示的法律文书，均应产生合同解除的法律效果。因此，当事人一方未通知对方，而是直接以提起诉讼或者申请仲裁的方式依法主张解除合同，人民法院或者仲裁机构确认该主张的，合同自起诉状副本或者仲裁申请书副本送达对方时解除。

【案例分析】

"赵国富与天台县新兴经济适用房建设有限公司房屋买卖合同纠纷案"【浙江省天台县人民法院（2019）浙1023民初1479号民事判决书】肯定了解除权人可以向对方发出催告，载明要求对方履行，并且在合理期限内对方仍不履行的话，合同就自动解除，相关裁判摘要如下：因双方未明确约定房屋交付时间和地点，被告在《天台报》上公告房屋交接以及办理产权证的时间和地点后，原告应当及时前去办理相应手续，但是原告之后并未前去办理相应手续，应当视为其以自己的行为表明不履行合同主要义务，被告依法享有合同的法定解除权。后被告的主管部门在时隔近大半年之后再次在天台报登报公告相应的房屋交接手续的最后时间和地点并告知逾期后果（逾期不办的，视为自动放弃购房资格，房源不予保留，另作安排，所付房款予以退还，利率按同期银行贷款基准利率计算），被告对此并无意见，应视为被告向原告发出附条件的解除合同通知，如原告逾期不办相关手续，双方的合同自动解除。

> **第五百六十六条** 合同解除后，尚未履行的，终止履行；已经履行的，根据履行情况和合同性质，当事人可以请求恢复原状或者采取其他补救措施，并有权请求赔偿损失。
>
> 合同因违约解除的，解除权人可以请求违约方承担违约责任，但是当事人另有约定的除外。
>
> 主合同解除后，担保人对债务人应当承担的民事责任仍应当承担担保责任，但是担保合同另有约定的除外。

〖条文主旨〗

本条是关于合同解除后法律后果的规定。

〖条文释义〗

合同解除后债权债务如何处理？我国法学界有不同认识。本法第 1 款从实际出发，借鉴国外经验，遵循经济活动高效的原则，对合同解除的效力作了比较灵活的规定。首先是针对尚未履行的部分，由于解除终止了合同权利义务关系，因此本条第 1 款规定，尚未履行的，终止履行。

针对已经履行的部分，本条第 1 款规定，根据履行情况和合同性质，当事人可以要求恢复原状、采取其他补救措施，并有权要求赔偿损失。如果当事人互负恢复原状或者采取其他补救措施的义务，可以行使同时履行抗辩权。

所谓根据履行情况，是指根据履行部分对债权的影响。如果债权人的利益不是必须通过恢复原状才能得到保护，不一定采用恢复原状。当然如果债务人已经履行的部分，对债权人根本无意义，可以请求恢复原状。

所谓根据合同性质，是指根据合同标的的属性。根据合同的属性不可能或者不容易恢复原状的，不必恢复原状。这类情况主要包括：（1）以持续履行的债务为内容的合同。（2）涉及第三人利益或者交易秩序的合同。

所谓恢复原状，是指恢复到订约前的状态。恢复原状时，因合同而取得的财产应当返还，财产不存在的，如果原物是种类物，可以用同一种类物返还。恢复原状还包括：（1）返还财产所产生的利息和其他孳息；（2）返还财产方在财产占有期间为保存或者维护该财产所花费的必要费用；（3）因返还财产所支出的必要费用。

所谓采取其他补救措施，主要指的是财产因不可归责于债务人的原因而发生毁损、灭失、添附或者其他事由，导致不能恢复原状的，或者受领的标的为劳务或者物的使用而无法恢复原状的，或者虽然能够恢复原状但因为成本过高等原因而没有必要恢复原状的，应当折价补偿。

合同解除后还能否请求损害赔偿？对此存在不同的观点，我国法律承认合同解除与损害赔偿并存。本条第1款规定，合同解除后，有权要求赔偿损失。这样规定的理由是：（1）合同解除不溯及既往的，如果只是使未履行的合同不再履行，不得请求赔偿损害，那么一方当事人因另一方当事人不履行合同或者履行不符合约定受到的损害就无法补救。（2）合同解除溯及既往的，如果只是恢复原状，那么非违约方因为对方违约所遭受的损失就无法获得救济。（3）在协议解除合同的情况下，一方当事人因解除合同受了损失，如果获利的一方不赔偿对方当事人因解除合同受到的损害，不符合公平原则。（4）在因第三人的原因致使合同不能履行而解除的情况下，债权人一般不能直接向第三人主张权利，如果债务人不承担解除合同的赔偿责任，他要么不向第三人主张权利以弥补债权人的损失，要么自己独享主张权利后而取得的利益，使债权人的利益得不到保障。因此，合同解除后，违约方仍然要承担赔偿责任。

本条第2款在合同法规定的基础上进一步明确，合同因违约解除的，解除权人可以请求违约方承担违约责任，但是当事人另有约定的除外。本款适用的前提是合同因违约而被解除。除当事人另有约定外，解除权人可以请求违约方承担违约责任。这里的违约责任并不包括继续履行、修理、重作、更换，解除与这些违约责任形式是互斥的责任形式。但是，合同因违约而解除后，解除权人可以请求违约方承担退货、减少价款或者报酬、赔偿损失等违约责任。

在当事人约定了一定数额的违约金、因违约产生的损失赔偿额的计算方法、定金等这些违约责任条款时，合同解除后是否能够主张这些条款，也存在不同观点。经研究，本款规定，在合同因违约而解除的情况下，合同解除后适用这些约定条款，不仅可以体现当事人意志，而且能够减轻当事人诉累，提高司法效率，节约诉讼成本。这也与国际上的立法和实践趋势相吻合。但是，约定的违约金过分高于因合同解除造成的损失的，应当适用本法第585条第2款规定的违约金调整规则。

本条第3款在合同法规定的基础上明确规定，主合同解除后，担保人对债务人应当承担的民事责任仍应当承担担保责任，但是担保合同另有约定的除外。主合同解除后，债务人对于已经履行的债务应当恢复原状或者采取其他补救措施，对债权人利益的损失应当予以赔偿，此时债权人对债务人仍然享有请求权。担保本来就为保障主债务的履行而设立，在合同因主债务未履行而被解除的，合同解除后所产生的债务人的责任也同样是因主债务未履行而导致的，因此担保人对债务人应当承担的民事责任仍应当承担担保责任，这也并不违反担保人的通常意思。担保合同中约定保证责任随主合同的解除而免除或者变更的，基于自愿原则，应承认此种约定的效力。

【案例分析】

"李金喜、刘忠山民间借贷纠纷案"【最高人民法院（2016）最高法民终435号民事判决书】认为在因违约解除合同后，仍然可以请求违约损害赔偿，相关裁判摘要如下：本院认为，首先，根据《中华人民共和国合同法》第97条的规定，在违约解除的情况下，守约方在解除合同后有权要求赔偿损失，这里的赔偿损失，在性质上系违约方应承担的违约责任。在此前提下，《最高人民法院关于审理买卖合同纠纷案件适用法律问题的解释》第26条的规定，就应当理解为，合同因一方违约而被解除后，不仅仅适用赔偿损失的违约责任，在当事人约定违约金条款的情况下，违约金责任亦应适用。该规定显然不仅能够适用于买卖合同，同时亦应适用于借款合同或者其他合同。其次，即使将上述司法解释的规定解释为仅适用于买卖合同并且按照李金喜在本案中所主张的将案涉合同认定为股权转让合同，在性质上与买卖合同相同，前述规定亦应适用。因此，一审法院以前述司法解释的规定作为裁判依据，适用法律正确，本院予以维持。

> **第五百六十七条　合同的权利义务关系终止，不影响合同中结算和清理条款的效力。**

【条文主旨】

本条是关于结算和清理条款不受合同终止影响的规定。

【条文释义】

合同权利义务关系的终止，也就是合同权利义务条款的效力也终止，但是，如果当事人事先约定了有关合同终止后的结算和清理条款，因为这些条款本身就涉及对合同终止后事务的处理，故应当尊重当事人的此种约定。本条即规定，合同的权利义务关系终止，不影响合同中结算和清理条款的效力。

结算是经济活动中的货币给付行为，结算的方式主要有：（1）银行汇票结算。（2）商业汇票结算。（3）银行本票结算。（4）支票结算。（5）汇兑。（6）委托收款。如果当事人在合同中约定了结算方式，合同终止后，应当按照约定的方式结算。

清理指对债权债务进行清点、估价和处理。

关于违约责任的违约金和定金的约定也可以被认为是结算和清理条款。

应当注意的是，与解决争议方法有关的仲裁、选择适用法律、选择管辖等条款，根据本法第507条，合同不生效、无效、被撤销或者终止的，不影响合同中有关解决争议方法的条款的效力。

【案例分析】

"孙某某与上海某某投资咨询有限公司委托理财合同纠纷案"【上海市嘉定区人民法院（2010）嘉民二（商）初字第813号民事判决书】认为，合同终止后，双方应按照合同约定进行结算，被告违约，应承担相应的民事责任。相关裁判摘要如下：本院认为，原、被告之间的委托理财协议系双方真实意思表示，合法有效，双方均应按照约定履行各自义务。合同终止后，双方应按照合同约定进行结算。被告未与原告盘点结算，显属不当。根据原告提供的证据，可以确认至合同终止日原告证券账户的亏损情况，被告理应根据合同的约定承担50%的亏损。现被告仅支付原告3万元，其余亏损未承担，显属违约，应承担相应的民事责任。原告诉请，合法有据，本院予以支持。

> **第五百六十八条**　当事人互负债务，该债务的标的物种类、品质相同的，任何一方可以将自己的债务与对方的到期债务抵销；但是，根据债务性质、按照当事人约定或者依照法律规定不得抵销的除外。
>
> 当事人主张抵销的，应当通知对方。通知自到达对方时生效。抵销不得附条件或者附期限。

【条文主旨】

本条是关于法定抵销的规定。

【条文释义】

抵销，是指当事人双方互负债务，各以其债权充抵债务的履行，双方各自的债权和对应债务在对等额内消灭。抵销因其产生的根据不同，可分为法定抵销和约定抵销。法定抵销，是指法律规定抵销的条件，具备条件时依当事人一方的意思表示即发生抵销的效力。抵销使得债权人无须诉讼、判决或者强制执行，即可实现债权；在未履行的情况下，当事人不必相互履行，节省双方互相履行所发生的费用，消灭债权债务；同时也具有担保的功能，如当事人一方只行使自己的债权，不履行自己的债务，那么，对方当事人就不能确保自己债权的实现，特别是在一方当事人财产状况恶化不能履行债务时，对方当事人行使抵销权就能够确保自己的债权相应实现。比如，某人在银行存款，又在同一银行借款，这两项债务都到期以后，如果该借款人信用不佳，则将有可能发生信用风险，此时，如果赋予银行抵销权，就可以担保其债权的实现，及时地化解风险。

法定抵销应当具备以下条件：

1. 当事人双方互负有效的债务、互享有效的债权。抵销发生的基础在于当事人双方既互负有效的债务，又互享有效的债权，只有债务而无债权或者只有债权而无债务，均不发生抵销。其中，提出抵销的一方所享有的债权，称为主动债权；被抵销的债权，称为被动债权。当事人应当对用以抵销的债权具有处分权。同时，附有抗辩权的债权，也不得将之作为主动债权用以抵销，否则即为剥夺相对人的抗辩权。

2. 被抵销一方的债务已经到期。抵销具有相互清偿的作用，因此只有在提出抵销的一方所享有的主动债权的履行期限届至时，才可以主张抵销；否则，等于强制债务人提前履行债务，牺牲其期限利益。在符合其他条件的情况下，如果双方的债务均已经到期，则双方均可主张抵销，合同法第99条第1款即规定了"当事人互负到期债务"。在立法过程中，有意见提出，如果主动债权对应的债务履行期限届至，而被动债权对应的债务履行期限未届至，应当也允许主动债权人主张抵销。经研究，主动债权人此时应当也可以主张抵销，这实际上是其放弃了期限利益而提前履行，只要主动债权一方提前履行不损害另一方当事人的利益，这也是根据本法第530条得出的结论。为明确这一点，本条第1款对合同法第99条第1款的规定予以修改。但在特殊情况下，未届履行期债权可以视为到期债权，依法抵销。对此，企业破产法第46条设有明文规定。

3. 债务的标的物种类、品质相同。种类相同，是指合同标的物本身的性质和特点一致。品质相同，是指标的物的质量、规格、等级无差别。债务种类品质不相同，原则上不允许抵销，除非法律另有规定。债务的标的物种类品质相同还表明，用以抵销的债务的标的应当是物而非行为，因为行为具有特定的人身性质，不具有可比性，很难使双方债权在对等额内消灭。履行地点不属于种类和品质的范畴，因此履行地点不同的同种类同品质的债务，也可以抵销，但主张抵销的债务人应当赔偿相对人因抵销而遭受的损失。

当事人互负债务，该债务的标的物种类、品质相同的，任何一方可以将自己的债务与对方的到期债务抵销，但下列情况除外：

1. 根据债务性质不得抵销的。根据债务性质不得抵销的情形主要有：（1）必须履行的债务不得抵销。如应当支付给下岗工人的生活保障金，不得用以抵销工人欠企业的债务。（2）具有特定人身性质或者依赖特定技能完成的债务，以及相互提供劳务的债务，不得相互抵销。（3）不作为债务不得相互抵销，此种债务不经过相互实际履行，就无法实现债权的目的。（4）故意侵权所产生的债务，作为债务人的侵权人不得主张抵销，避免债权人任意侵犯债务人的人身和财产权利，如果允许抵销，有违公序良俗，且会诱发故意的侵权行为。（5）约定应当向第三人履行的债务，债务人不得以自己对于对方当事人享有的债权而主张抵销。（6）相互出资的义务不得抵销，即使仅存在两个出资人。

2. 按照当事人约定不得抵销的。合同法第99条第1款并未规定此种例外，立法过程中，有意见提出，当事人约定不得抵销的，也应当不得抵销，司法实践中已对此明确承认。经研究，当事人之间特别约定不得抵销的，基于自愿原则，应当承认此种约定的效力，当事人不得主张抵销，因此本条第1款明确增加规定了按照当事人约定不得抵销的例外。但是，如果当事人之一将其债权转让给第三人的，此种不得抵销的特约不得对抗善意的受让人，以保护债权善意受让人的利益。

3. 依照法律规定不得抵销的。法律规定不得抵销的债务，当事人不得主张抵销。比如，民事诉讼法第243条、信托法第18条、证券投资基金法第6条、企业破产法第40条的规定等。

在当事人双方债权债务互为相等的情况下，抵销产生债权债务消灭的法律后果，但如果债务的数额大于抵销额，抵销不能全部消灭债务，而只是在抵销范围内使得债务部分消灭。

【案例分析】

2011第11期《中华人民共和国最高人民法院公报》刊登的"长治市达洋

电器有限公司诉博西家用电器（中国）有限公司买卖合同纠纷案"的判决认为，持票人在丧失票据权利后，依然有权依据作为票据基础关系的合同行使抵销权，相关裁判摘要如下：人民法院就票据作出的除权判决系对权利的重新确认，票据自除权判决公告之日起即丧失效力，持票人即丧失票据权利，使原来结合于票据中的权利人从票据中分离出来，公示催告申请人即有权依据除权判决请求票据付款人付款。但是，持票人丧失票据权利，并不意味着基础民事权利丧失，其仍有权依据基础合同主张民事权利，行使基础合同履行中的债务抵销权，并不损害基础合同相对方的合法权益。

> **第五百六十九条　当事人互负债务，标的物种类、品质不相同的，经协商一致，也可以抵销。**

【条文主旨】

本条是关于约定抵销的规定。

【条文释义】

约定抵销，是指当事人双方协商一致，使自己的债务与对方的债务在对等额内消灭。

法定抵销与约定抵销都是将双方的债务在对等额内消灭。但两者有不同，主要表现在：

1. 抵销的根据不同。法定抵销是基于法律规定，只要具备法定条件，任何一方可将自己的债务与对方的债务抵销，无须对方当事人的同意；约定抵销，双方必须协商一致，不能由单方决定抵销。

2. 对抵销的债务的要求不同。法定抵销要求标的物的种类、品质相同；约定抵销标的物的种类、品质可以不同。如可以约定以煤炭抵销运输费，以二级大米抵销一级大米。

3. 对抵销的债务的期限要求不同。法定抵销要求提出抵销的当事人一方所享有的债权也即对方的债务已经到期；约定抵销，双方互负的债务即使没有到期，只要双方当事人协商一致，愿意在履行期到来前将互负的债务抵销，也可以抵销。

4. 程序要求不同。法定抵销，当事人主张抵销的应当通知对方，通知未到达对方，抵销不生效；约定抵销，双方达成抵销协议时，除双方另有约定外，即发生抵销的法律效力，不必履行通知义务。

【案例分析】

"北京中亿创一科技发展有限公司与信达投资有限公司等房屋买卖合同纠纷案"【最高人民法院（2014）民一终字第58号民事判决书】认为，约定抵销不以双方互负债务均已到期为必要，只要双方协商一致，愿意在履行期到来之前将互负债务抵销，应尊重当事人的意思自治，相关裁判摘要如下：信达投资公司辩称北大青鸟公司对其享有债权为附条件、附期限的或有债权，债权成立条件不具备不能抵销难以成立。首先，《北京天桥北大青鸟科技股份有限公司2008年年度报告》载明，2008年5月19日，中国证券登记结算有限责任公司上海分公司出具《过户登记确认书》6000万股股份已过户至信达投资公司，截至2009年3月26日，公司与北大青鸟公司间的资产出售对价（177536900元）已全部收到，负债转移工作全部完成，并已按照重组协议进行账务处理，仅剩部分出售资产（占全部出售资产交易价格的7.50%）的变更手续正在办理中。其次，根据《资产转让协议》5.2条约定，应视为在信达投资公司解除合同后，信达投资公司与北大青鸟公司债权抵销协商一致、达成合意。再次，就性质而言，信达投资公司债权与北大青鸟公司依据《协议》第1条对信达投资公司债权因《资产转让协议》5.2条的合意，属于约定抵销，根据合同法第100条之规定，当事人互负债务，标的物种类、品质不相同的，经双方协商一致，也可以抵销。约定抵销不宜双方互负债务均以到期为必要，只要双方协商一致，愿意在履行期到来之前将互负债务抵销，应尊重当事人的意思自治。

> **第五百七十条** 有下列情形之一，难以履行债务的，债务人可以将标的物提存：
>
> （一）债权人无正当理由拒绝受领；
>
> （二）债权人下落不明；
>
> （三）债权人死亡未确定继承人、遗产管理人，或者丧失民事行为能力未确定监护人；
>
> （四）法律规定的其他情形。
>
> 标的物不适于提存或者提存费用过高的，债务人依法可以拍卖或者变卖标的物，提存所得的价款。

【条文主旨】

本条是关于提存条件的规定。

【条文释义】

提存，是指由于法律规定的原因导致债务人难以向债权人履行债务时，债务人将标的物交给提存部门而消灭债务的制度。本条至第 574 条的规定仅适用于清偿提存。

债务的履行往往需要债权人的协助，债务人已经按照约定履行债务，应当产生债务消灭的法律效力，但债权人拒绝受领或者不能受领，在此情形下虽然因债权人受领迟延可以减轻债务人的责任，但债务不能消灭。让债务人无期限地等待履行，并且要随时准备履行，对物予以保管，同时为履行提供的担保也不能消灭，承担债权人不受领的后果，显失公平。为此，本法将提存作为一种履行的替代，构成债权债务终止的原因之一，对提存制度作了规定。

根据本条规定，有下列情形之一，难以履行债务的，债务人可以将标的物提存：

1. 债权人无正当理由拒绝受领。债权人无正当理由拒绝受领，是指在债务履行期届至后，债务的履行需要债权人受领时，债务人提出了履行债务的请求，债权人能够接受履行，却无正当理由地不予受领。构成拒绝受领的正当理由可以是：（1）债权人受到了不可抗力的影响。（2）债权人遇到了难以克服的意外情况，无法受领。如得了传染病入院治疗，又无可代为受领人。（3）债务人交付的标的物存在严重质量问题，甚至与合同约定根本不符。（4）债务人迟延交付致使不能实现合同目的。（5）合同被解除、被确认无效，等等。如果债权人拒绝受领提出了正当理由，债务人不能将标的物提存。

2. 债权人下落不明。债权人下落不明，是指当事人离开自己的住所、不知去向，或因为债权人地址不详等原因无法查找。债权人下落不明，即使未被宣告失踪，债务人也无法履行，为消灭债权债务关系，债务人可以将标的物提存。债权人下落不明也包括债权人的代理人下落不明，如果债权人下落不明但其代理人确定，此时债务人可以向其代理人履行以清偿债务，不得将标的物提存。本法也明确规定了一些具体情形。

3. 债权人死亡未确定继承人、遗产管理人或者丧失民事行为能力未确定监护人。债权人死亡或者丧失民事行为能力，并不必然导致债务人债务的消灭。当债权人死亡时，由于该债权人的继承人可以继承其债权，因此，债务人应当向债权人的继承人、遗产管理人履行债务。如果债权人死亡以后其继承人、遗产管理人未确定，造成债务人无法履行其债务的，债务人可以将标的物提存。如果债权人因为丧失民事行为能力导致其在法律上不能受领，应由其监护人代理。如果债权人的监护人未确定，造成债务人无法履行其债务的，债务人也可以将标的物提存。

4. 法律规定的其他情形。除了上述三种由于债权人的原因导致难以履行债务的事由之外，还存在法律规定的其他事由。这主要指债务人非因过失而无法确切地知道谁是债权人，也即债权人不明的其他情形。比如，债权人和债权人的受让人之间就债权转让发生争议，此时债务人无法明确谁是真正的债权人，债务人就可以提存。

具备提存的上述情形之一的，除法律另有规定外，必须是导致债务人难以履行债务的才可以提存。所谓难以履行，是指债权人不能受领给付的情形不是暂时的、无法解决的，而是不易克服的。以下情况不能认为是难以履行：（1）债权人虽然迟延受领但迟延时间很短。（2）下落不明的债权人有财产代管人可以代为接受履行。（3）债权人的继承人、遗产管理人或者监护人很快可以确定。

提存的标的物主要是货币、有价证券、票据、提单、权利证书、贵重物品等适宜提存的标的物。标的物不适于提存或者提存费用过高的，债务人依法可以拍卖或者变卖标的物，提存所得的价款。所谓标的物不适于提存，是指标的物不适于长期保管或者长期保管将损害价值的，如易腐、易烂、易燃、易爆等物品等。所谓标的物提存费用过高，一般指提存费与所提存的标的的价额不成比例，如需要特殊设备或者人工照顾的动物。标的物不适于提存或者提存费用过高有悖设立提存制度的目的，但不提存债务人又达不到使得债务消灭的目的，为此，可以依照我国拍卖法等有关法律规定，拍卖或者变卖标的物，提存所得的价款。

【案例分析】

"江苏兴亚建设工程有限公司、阜宁县人民法院建设工程施工合同纠纷案"【江苏省盐城市中级人民法院（2019）苏 09 民终 862 号民事判决书】中认为，债权人无正当理由拒绝受领时，债务人可以将标的物提存，相关裁判摘要如下：根据《中华人民共和国合同法》第 101 条第 1 款规定，债权人无正当理由拒绝受领难以履行债务的，债务人可以将标的物提存。根据合同法第 91 条规定，债务人依法将标的物提存的，合同的权利义务终止。本案中，阜宁法院并未将未付工程款进行提存，双方之间就工程款的债权债务并未消灭，阜宁法院对兴亚公司负有支付工程款的义务，故其仍须继续承担逾期付款的责任。

> **第五百七十一条　债务人将标的物或者将标的物依法拍卖、变卖所得价款交付提存部门时，提存成立。**
> **提存成立的，视为债务人在其提存范围内已经交付标的物。**

〖条文主旨〗

本条是关于提存成立的规定。

〖条文释义〗

立法过程中，有观点提出，合同法并未对提存成立的时间和效力作出一般性规定，应当予以弥补。经研究，提存成立的时间和效力对确定风险转移和孳息归属的时间、债务人是否承担违约责任、债权人领取提存物权利的存续期间等都具有重要意义，故结合比较立法例和我国司法实践中的既有做法，本条对此予以明确规定。

按照提存的一般程序，债务人应当填写申请书、提交法定的材料，提存部门在收到申请后作出受理或者不受理的决定。如果提存申请被受理的，经过法律规定的程序，例如依法制作谈话笔录、审查等，符合法律规定条件的，应当予以提存。债务人将标的物或者将标的物依法拍卖、变卖所得价款交付提存部门，提存部门应当依法验收提存标的物并登记存档。根据本条第 1 款规定，债务人将标的物或者将标的物依法拍卖、变卖所得价款交付提存部门时，提存就成立。这有助于确定提存的成立时间，同时也与本法第 890 条的规定保持一致。具体而言：（1）提存货币的，以现金、支票交付提存部门的日期或提存款划入提存部门提存账户的日期为提存成立的日期。（2）提存的物品需要验收的，以提存部门验收合格的日期为提存成立的日期。（3）提存的有价证券、提单、权利证书或无须验收的物品，以实际交付提存部门的日期为提存成立的日期。

〖案例分析〗

"周顺荣、吴安平林业承包合同纠纷案"【浙江省湖州市中级人民法院(2019)浙 05 民终 469 号民事判决书】对当事人提存成立时间进行了认定，相关裁判摘要如下：《最高人民法院关于适用〈中华人民共和国合同法〉若干问题的解释（二）》第 25 条规定，"依照合同法第一百零一条的规定，债务人将合同标的物或者标的物拍卖、变卖所得价款交付提存部门时，人民法院应当认定提存成立。提存成立的，视为债务人在其提存范围内已经履行债务"。本案中，吴安平已于 2016 年 9 月 8 日将 10000 元茶山承包金打入公证处提存账户，应视为其已经于当日履行了缴纳案涉茶山后 10 年共 10000 元承包金的义务。

> **第五百七十二条** 标的物提存后，债务人应当及时通知债权人或者债权人的继承人、遗产管理人、监护人、财产代管人。

【条文主旨】

本条是关于提存通知的规定。

【条文释义】

标的物提存成立后，视为债务人在其提存范围内已经交付标的物，但债权人还未现实地获得其债权利益。为了便于债权人领取提存物，债务人应当将提存的事实及时通知债权人或者债权人的继承人、遗产管理人、监护人、财产代管人。

通知应当告知提存的标的、提存的地点、领取提存物的时间和方法等有关提存的事项，并且应当及时通知。合同法将"债权人下落不明"作为免除债务人及时通知义务的事由。在立法过程中，有意见提出，在债权人下落不明从而无法向其通知时，债务人仍然应当申请提存部门作出公告通知债权人，故应当删除这一例外事由。经研究，在债权人下落不明时，如果债权人已经被宣告失踪并被确定财产代管人的，则债务人可以向财产代管人履行，无须提存。如果没有确定财产代管人，债务人可以提存，在确定财产代管人之后通知财产代管人，在确定财产代管人之前债务人也可以申请提存部门采取公告等方式通知。因此，本条删除了"债权人下落不明"的例外事由。

提存通知的义务，是法律规定的义务，债务人必须履行，如怠于通知造成债权人损害，债务人应负有赔偿责任。

> **第五百七十三条** 标的物提存后，毁损、灭失的风险由债权人承担。提存期间，标的物的孳息归债权人所有。提存费用由债权人负担。

【条文主旨】

本条是关于提存期间风险、孳息和提存费用的规定。

【条文释义】

标的物提存后，不论债权人是否领取，都视为债务人在其提存范围内已经交付标的物。根据本法第 604 条的规定，既然标的物提存后，即视为债务人在其提存范围内已经交付标的物，因此，标的物毁损、灭失的风险就由债权人承担。本法第 605 条规定，因买受人的原因致使标的物未按照约定的期限交付的，买受人应当自违反约定时起承担标的物毁损、灭失的风险；第 608 条规定，出卖人按照约定或者依据本法第603条第2款第2项的规定将标的物置于交付地点，买受人违反约定没有收取的，标的物毁损、灭失的风险自违反约定时起由买受人承担。本条适用于上述两条规定情形之外的其他情形。标的物提存后，因不可抗力、标的物的自然变化、第三人的原因或者提存人保管不当，都可能引起标的物的毁坏、损失，甚至标的物不复存在。标的物毁损、灭失的风险由债权人承担，一方面由债权人承担因不可抗力、标的物自身性质而产生的毁损、灭失的后果。另一方面债权人有权对造成标的物毁损、灭失责任的第三人或者提存部门索赔，比如，提存期间，提存标的物因为提存部门未履行保管职责造成毁损、灭失的，提存部门负有赔偿责任，由债权人向提存部门索赔。

标的物的孳息，是指由标的物产生的收益，包括自然孳息和法定孳息。自然孳息，是指依物的用法所产生的作为独立物的收益。法定孳息，是指依法律关系产生的收益，比如金钱所产生的利息，有价证券产生的股息、红利。债权人对提存物享有收益的权利，提存期间，标的物的孳息归债权人所有。在提存期间，提存部门负责提存的收取。

提存费用由债权人负担。提存费用并非债务人履行债务所必要的费用，故应由债权人负担，除非债权人和债务人另有约定。提存费用包括：提存公证费、公告费、邮电费、保管费、评估鉴定费、代管费、拍卖变卖费、保险费，以及为保管、处理、运输提存标的物所支出的其他费用。

> **第五百七十四条** 债权人可以随时领取提存物。但是，债权人对债务人负有到期债务的，在债权人未履行债务或者提供担保之前，提存部门根据债务人的要求应当拒绝其领取提存物。
>
> 债权人领取提存物的权利，自提存之日起五年内不行使而消灭，提存物扣除提存费用后归国家所有。但是，债权人未履行对债务人的到期债务，或者债权人向提存部门书面表示放弃领取提存物权利的，债务人负担提存费用后有权取回提存物。

【条文主旨】

本条是关于债权人领取提存物的权利和债务人取回提存物的权利的规定。

【条文释义】

标的物提存后，视为债务人在其提存范围内已经交付标的物。但是，债权人基于债权有权取得该标的物，此时提存可以被认为是为债权人利益的保管，债权人有权随时领取提存物。债权人领取提存标的物时，应当提供身份证明、提存通知书或公告，以及有关债权的证明，并承担因提存所支出的费用。

如果债权人对债务人也负有对待给付的义务，则当事人双方均需要履行各自的义务，债务人虽然依法将标的物提存，但与其互负到期债务的债权人并未履行对待给付的义务。为避免先行履行可能发生的风险，保证债务人债权的实现，债务人针对债权人所享有的债权可以行使的抗辩，也可以针对债权人领取提存物的权利行使。因此，债务人申办提存时，可以列明提存物给付的条件，对提存部门给付提存物的行为附条件，即只有在债权人履行了对债务人的对待债务，或者为履行提供相应的担保后，才能领取提存物。提存部门应根据债务人的要求，按提存人所附条件给付提存标的物。债权人未履行债务或者提供担保而不符合所附条件的，提存部门应当拒绝债权人领取提存物。如果提存部门未按列明的给付条件而直接向债权人给付提存标的物，造成当事人造成损失的，提存部门负有赔偿责任。

债权人虽然可以随时领取提存物，但该权利长期不行使，不仅使权利长期处于不稳定状态，也会给提存部门增加负担，同时也不符合物的有效利用的原则。因此，本条第 2 款中规定了领取提存物的权利的存续期间，即债权人领取提存物的权利，自提存之日起 5 年内不行使而消灭。但是，即使债权人领取提存物的权利因期间届满已经消灭，但债务人依据本款规定行使取回权的，不适用该款前句规定。

合同法第 104 条并未规定债务人取回提存物的权利。在立法过程中，有意见提出，为维护债权人和债务人利益的平衡，应规定债务人一定条件下的取回权。经研究，完全不承认债务人的取回权，则在对债权人利益并无损害却可能损害债务人利益的情形中，可能使得债务人无法摆脱提存关系的约束而取回提存物，不利于实现债权人和债务人利益的平衡，因此，本条第 2 款增加规定了债务人取回提存物的权利，同时明确规定了具体的条件，以避免损害债权人的利益。

根据本条第 2 款中的规定，债务人行使取回提存物权利的前提是符合以下两种情形之一：（1）债权人未履行对债务人的到期债务，债务人取回提存物。（2）债权人领取提存物的权利也可能因为债权人向提存部门书面放弃领取提存物权利而消灭，此时，债务人享有取回提存物的权利。符合上述条件，债务人行使取回提存物的权利，取回提存物的，视为未提存。因此产生的费用由债务人承担。同时，提存物的孳息也归债务人所有。

第五百七十五条　债权人免除债务人部分或者全部债务的，债权债务部分或者全部终止，但是债务人在合理期限内拒绝的除外。

【条文主旨】

本条是关于免除债务的规定。

【条文释义】

免除，是指债权人抛弃债权，从而全部或者部分消灭债权债务。关于免除的性质有不同的观点，一种观点认为，免除是合同。另一种观点认为，免除是债权人抛弃债权的单方行为。经过研究，免除多对债务人有利，债务人一般不会反对，如果认为免除必须双方当事人的明确同意才可，这可能是不效率的；但是，基于自愿原则，债务人在合理期限内明确拒绝的，应当尊重债务人拒绝的意思，尤其是免除在一些情况下还会影响到债务人的利益。比如，债务人和投资人约定，如果债务人保持在一定的资产负债率的情况下，资产负债率不能太高也不能太低，但是债权人的免除可能影响到债务人的资产负债率，进而影响到债务人获得投资的利益。因此，在合同法第 105 条的基础上，本条规定，债权人免除债务人债务的，无须债务人明确同意，即可发生免除效力，但增加了但书规定"但是债务人在合理期限内拒绝的除外"，即如果债务人在合理期限内拒绝的，免除效力自始不发生。这反映了一项最基本的考虑，即给予他人好处的，无须他人同意，但他人可以拒绝。本法第 522 条第 2 款所规定的真正的利益第三人合同、第 552 条规定的债务加入都体现了此种考虑。债权人和债务人当然也可以订立免除协议，免除债务人的义务。

免除使得债权债务消灭。债权人免除部分债务的，债权债务部分消灭；免除全部债务的，债权债务全部消灭。债权人免除全部债务，如服装加工部向服装定作人表明不收取服装加工费。免除全部债务的，全部债务不必再履行，债权债务因此终止。在债务被全部免除的情况下，有债权证书的，债务人可以请求返还。

> **第五百七十六条** 债权和债务同归于一人的，债权债务终止，但是损害第三人利益的除外。

【条文主旨】

本条是关于债权债务混同的规定。

【条文释义】

债权债务的混同，是指债权人和债务人同归于一人，致使债权债务终止。

广义的混同，是指不能并立的两种法律关系同归于一人而使其权利义务归于消灭的现象。包括：（1）所有权与他物权同归于一人；（2）债权与债务同归于一人；（3）主债务与保证债务同归于一人。狭义的混同，也即债权债务的混同，仅指债权与债务同归于一人的情况。本条仅规定了债权债务的混同，混同是一种法律规定的事件，即因某些客观事实发生而产生的债权债务同归一人，不必由当事人为意思表示。

混同发生的原因主要有：

1. 概括承受。概括承受是发生混同的主要原因。主要有以下几个方面：（1）合并，合并前的两个组织之间的债权债务因同归于合并后的组织而消灭。（2）债权人继承债务人。（3）债务人继承债权人。（4）第三人继承债权人和债务人。

2. 特定承受。特定承受主要包括：（1）债务人受让债权人的债权。（2）债权人承受债务人的债务。

债权债务的存在，必须有债权人和债务人，债权人和债务人双方混同，债权债务失去存在基础，自然应当终止。

但是，如果债权消灭损害第三人利益的，例如当债权是他人权利的标的时，为保护第三人的利益，债权不能因混同而消灭。比如，甲将其对乙的债权出质给丙，此后甲乙之间的债权债务即使混同，为了保护质权人丙的利益，作为权利质权标的的债权不消灭。

【案例分析】

"徐爱龙与刘建国房屋租赁合同纠纷案"【大连市中山区人民法院（2019）辽 0202 民初 8779 号民事判决书】认为，出租人为抵债将房屋过户给承租人，则房屋租赁合同的债权债务由于出租人和承租人同归一人而消灭。相关裁判摘要如下：本院认为，原告徐爱龙与被告刘建国签订租赁合同时，原告徐爱龙系案涉大连市中山区××两套房屋的所有权人，庭审中，原告未提供证据证明案涉租赁合同已实际履行。从双方提交的证据及大连市沙河口区人民法院的执行卷宗看，被告刘建国辩称案涉租赁合同签订的目的系抵顶债务和保障刘建国优先购买权符合本案实际，具有可信性。2019 年 5 月 6 日，被告刘建国已取得大连市中山区××两套房屋的所有权，成为新的所有权人，案涉租赁合同因债权和债务同归于一人而致合同权利义务终止。

第八章 违约责任

本章共十八条，对承担违约责任的方式、预期违约、继续履行、采取补救措施、法定的赔偿损失、违约金、定金、受领迟延、违约责任的减责和免责事由以及特殊的合同请求权诉讼时效等内容作出了规定。在合同法规定的基础上，本章补充了定金规则，完善了继续履行规则，增加了受领迟延、非违约方有过错情形下的损害减轻规则等。

> **第五百七十七条** 当事人一方不履行合同义务或者履行合同义务不符合约定的，应当承担继续履行、采取补救措施或者赔偿损失等违约责任。

【条文主旨】

本条是关于违约责任基本规则的规定。

【条文释义】

一、违约责任是违反合同义务的民事责任

违约责任，即违反合同的民事责任，也就是合同当事人因违反合同义务所承担的责任。本法将履行抗辩权规定在合同的履行之中，将解除规定在合同的权利义务终止之中，将违约责任单独作为一章予以规定，以体现违约责任作为民事责任的一种，较之债务不履行的其他救济措施，所具有的特殊性。

违约责任，首先要求合同义务的有效存在。不以合同义务的存在为前提所产生的民事责任，不是违约责任，这使得违约责任与侵权责任、缔约过失责任区分开，后两者都不是以合同义务的存在为必要前提。其次，要求债务人不履行合同义务或者履行合同义务不符合约定。这包括了履行不能、履行迟延和不完全履行等，还包括瑕疵担保、违反附随义务和债权人受领迟延等可能与合同不履行发生关联的制度。

合同义务的违反，可以从被违反的义务角度区分为违反主给付义务、从给付义务、附随义务和不真正义务。主给付义务，是指债的关系中所固有、必备，并以之决定债之类型的基本义务。从给付义务，是指补助主给付义务以确保债权人利益能获得最大满足的义务。附随义务，是指根据诚信原则产生的顾及对方当事人法益和利益的义务。不真正义务，是指债权人的受领义务或者采取适当措施防止损害扩大的义务。例如，通过网络交易购买一台空调，卖方交付空调并转移空调所有权是主给付义务；卖方交付质保书、发票的义务是从给付义务；卖方不得将其所获知的买方的个人信息泄露是附随义务。买方在空调出现问题而漏水时尽量采取措施减少损失扩大是不真正义务。

本条按照违约行为的具体形态，将违约行为区分为不履行合同义务和履行合同义务不符合约定。不履行合同义务，即债务人不为当为之事，包括履行不能和履行拒绝。例如，履行拒绝，即债务人能够履行合同义务却无正当理由拒绝履行，拒绝可以是明示的，也可以是默示的。

履行合同义务不符合约定，即债务人为不当为之事，也就是债务人虽然履行了债务，但其履行不符合约定，包括一般的瑕疵履行和加害履行。

本条以不区分债务不履行的各种类型为起点，统一采取不履行合同义务或者履行合同义务不符合约定这种合同义务违反的救济进路予以规定，在本条之后的条文中，对合同义务违反的不同效果，如继续履行、采取补救措施或者赔偿损失，予以分别规定，而仅在具体规定中再区分债务不履行的上述各种类型。

二、违约责任的归责原则

所谓归责，就是将责任归属于某人；所谓归责原则，就是将责任归属于某人的正当理由。如果将责任归属于某人的正当理由是该人具有过错，需要证明该人具有过错，这就是过错归责原则。如果将责任归属某人无须证明该人具有过错，但该人可以通过证明自己没有过错而免责，这就是过错推定。如果将责任归属于某人不以该人具有过错为前提，即使该人证明自己没有过错仍然要承担责任，除非其能够证明自己具有法定的免责事由，这就是无过错归责原则。可以看出，过错、过错推定和无过错，对于受害人越来越有利，对于行为人越来越不利。

本条借鉴了国际上的这种发展趋势，在违约责任的一般构成中不考虑过错，非违约方只需要证明违约方的违约行为即可，不因为违约方的无过错而免除违约方的违约责任，这有利于减轻非违约方举证负担，保护非违约方的利益，方便裁判，增强当事人的守约意识。

但是，为了妥当地平衡行为人的行为自由和受害人的法益，保护这两个价值，避免有违约方绝对承担违约责任所导致的风险不合理分配，本法规定了一些相关的规则：

1. 违约责任的免除和减轻。比如，本法第 590 条第 1 款、第 591 条第 1 款、第 592 条的规定。同时，本法在具体的典型合同中也规定了免责或者减责事由。比如第 823 条第 1 款、第 832 条、第 893 条的规定等。

2. 具体合同类型中的特殊归责和免责事由。本法在具体的一些典型合同中规定了特殊的归责事由。比如，第 662 条第 2 款、第 824 条第 1 款、第 841 条、第 897 条、第 917 条、第 929 条第 1 款、第 930 条的规定等。

3. 允许当事人约定免责或限制责任。根据自愿原则，本法承认当事人之间自愿协商一致的免责或者限责条款的效力，仅在特殊情况下限制这些条款的效力。比如，本法第 506 条规定和第 618 条设有明文规定。

三、违约责任的形式

本条规定了违约责任的形式包括继续履行、采取补救措施或者赔偿损失等。具体而言，包括了：（1）继续履行；（2）修理、重作、更换；（3）采取其他补救措施，包括退货、减少价款或者报酬等；（4）赔偿损失，包括法定的赔偿损失和违约金、定金等约定的赔偿损失。本章对此进行了详细的规定。本法第 179 条第 2 款、第 3 款规定："法律规定惩罚性赔偿的，依照其规定。""本条规定的承担民事责任的方式，可以单独适用，也可以合并适用。"

【案例分析】

2012 年第 10 期《中华人民共和国最高人民法院公报》刊登的"刘超捷诉中国移动徐州分公司电信服务合同纠纷案"的判决对电信服务合同中，电信企业如何承担继续履行合同的违约责任作出了分析，相关裁判摘要如下：由于被告既未在电信服务合同中约定有效期内容，亦未提供证据证实在签订合同时已将预付话费的有效期限制明确告知原告并释明，所以被告不得在合同履行中以预付话费超过有效期为由对用户进行通话限制。被告以预付费过期为由对原告暂停服务、收回号码的行为构成违约，应当承担继续履行等违约责任。因此，原告主张"取消被告对原告的话费有效期的限制，继续履行合同"的诉讼请求，符合法律规定，法院依法予以支持。

> **第五百七十八条** 当事人一方明确表示或者以自己的行为表明不履行合同义务的，对方可以在履行期限届满前请求其承担违约责任。

【条文主旨】

本条是关于预期违约责任的规定。

【条文释义】

按照违约行为发生的时间，可分为预期违约和届期违约。违约行为发生于合同履行期限届满之前的，为预期违约，又称为先期违约。在履行期限届满之前，当事人一方明确表示或者以自己的行为表明不履行合同债务，当然要求其不享有履行抗辩权等正当理由的，才构成预期违约。预期违约包括明示预期违约和默示预期违约。应当注意的是，本条规定的预期违约的违约责任，不同于本法第 563 条第 1 款第 2 项所规定的预期违约的解除，在预期违约的解除中，当事人一方明确表示或者以自己行为表明其不履行的是主要债务，一般只有主要债务的不履行才会致使不能实现合同目的，此时当事人才有法定解除权。但是，本条规定的预期违约包括当事人一方明确表示或者以自己行为表明其不履行合同义务，无论该合同义务是否是主要义务，即使是从给付义务或者附随义务等，对方都有权请求其承担违约责任。

应当注意的是，该规定与不安抗辩权的相互衔接。本法第 528 条规定了以自己的行为表明不履行合同义务的一种特殊情形。

预期违约降低了另一方享有的合同权利的价值，构成对债权人权利的侵害和对合同关系的破坏，必将影响交易的正常进行。如果在一方当事人预期违约的情况下，仍然要求另一方当事人在履行期限届满后才能请求违约责任，将给另一方造成损失。因此，当事人一方明确表示或者以自己的行为表明不履行合同义务的，即使在履行期限届满前，对方也可以请求其承担违约责任，而无须等到履行期限届满后，这有利于保护守约方的合法权益。

【案例分析】

2003 年第 4 期《中华人民共和国最高人民法院公报》刊登的"沛时投资公司诉天津市金属工具公司中外合资合同纠纷上诉案"【最高人民法院（2002）民四终字第 3 号民事判决书】就预期违约行为的认定进行了分析，相关裁判摘要如下：工具公司已将作为出资的设备和房产交合资公司实际使用，只有少部分房产未办理过户手续，其履行了主要债务而不是不履行主要债务，因此，也不符合合同法第 94 条对预期违约的规定。故投资公司上诉提出其不按约投入第四期、第五期资金是一种预期违约，属行使不安抗辩，因而可以免责的理由不能成立，本院不予支持。

> **第五百七十九条** 当事人一方未支付价款、报酬、租金、利息，或者不履行其他金钱债务的，对方可以请求其支付。

【条文主旨】

本条是关于金钱债务继续履行的规定。

【条文释义】

所谓金钱债务，是指以债务人给付一定货币作为内容的债务，包括以支付价款、报酬、租金、利息，或者以履行其他金钱债务为内容的债务。当然，这里所说的报酬指的是金钱报酬，而不包括其他形式的报酬。本条在合同法规定的基础上进一步明确适用前提是金钱债务，以与下一条相对应。

当事人一方未按照合同约定履行金钱债务的，对方可以请求其履行。货币具有高度流通性和可替代性，一般不会出现法律上或者事实上不能履行，或者不适于强制履行、履行费用过高的情形，一般也不会出现因为不可抗力而完全不能继续履行的情形，因此违约方应当继续履行，对方可以请求其支付。本条要求金钱债务的继续履行，这有利于强化诚信观念，防止交易当事人以各种不正当理由拒绝继续履行金钱债务。

【案例分析】

"江苏金洋造船有限公司与上海崇明港务建设投资管理有限公司船舶建造合同纠纷案"【上海海事法院（2013）沪海法商初字第1080号】对逾期付款所造成利息损失的确定进行了分析，相关裁判摘要如下：关于逾期付款的利息计算标准，原告主张参照《中国人民银行关于人民币贷款利率有关问题的通知》和《最高人民法院关于审理买卖合同纠纷案件适用法律问题的解释》的相关规定，按照贷款利率的1.5倍来计算被告逾期付款所造成的利息损失。本院认为，被告崇明港建公司就船舶建造款项确实存在延期支付的情形，原告的利息主张系被告逾期支付工程款的孳息损失，可予支持，但本案纠纷既非因金融机构借贷而产生的纠纷，亦非买卖合同纠纷，不符合《中国人民银行关于人民币贷款利率有关问题的通知》和《最高人民法院关于审理买卖合同纠纷案件适用法律问题的解释》的适用条件，且原告金洋公司未能提供其向银行贷款的证据，故相应利息损失应按双方共同确定的活期存款利息标准进行计算。

> **第五百八十条** 当事人一方不履行非金钱债务或者履行非金钱债务不符合约定的，对方可以请求履行，但是有下列情形之一的除外：
> （一）法律上或者事实上不能履行；
> （二）债务的标的不适于强制履行或者履行费用过高；
> （三）债权人在合理期限内未请求履行。
> 有前款规定的除外情形之一，致使不能实现合同目的的，人民法院或者仲裁机构可以根据当事人的请求终止合同权利义务关系，但是不影响违约责任的承担。

【条文主旨】

本条是关于非金钱债务继续履行的规定。

【条文释义】

继续履行是违约责任的一种形式，具有国家强制性，不是单纯的合同义务的履行。继续履行能够使得债权人尽可能实现其利益，避免了赔偿损失计算的困难，强调了合同的法律约束力。

如果当事人一方不履行非金钱债务或者履行非金钱债务不符合约定，且非金钱债务能够继续履行，守约方可以请求违约方继续履行，除此之外，还可以请求违约方承担赔偿损失等其他民事责任。继续履行和其他责任形式之间的关系，在不同的立法例中是不同的，英美法系以赔偿损失为原则，继续履行为例外；大陆法系则以继续履行为原则，赔偿损失为例外。本法未对继续履行进行严格限制，只要当事人一方违约，对方一般就可请求继续履行。因此，在当事人一方违约时，一般情况下，守约方可以选择请求继续履行，同时请求赔偿损失；也可以选择不请求继续履行，而仅请求赔偿损失。人民法院或者仲裁机构根据守约方的选择予以裁判或者裁决，除非存在本条规定的例外情形。

债权人请求继续履行，必须以非金钱债务能够继续履行为前提，如果非金钱债务不能继续履行，对方就不能请求继续履行，或者其提出继续履行的请求，债务人能够依据本条第1款提出抗辩。不能请求继续履行具体包括以下情形：

1. 法律上或者事实上不能履行。所谓法律上不能履行，指的是基于法律规定而不能履行，或者履行将违反法律的强制性规定。比如，甲将其房屋卖给乙，但未交付和办理移转登记，之后甲又将同一个房屋卖给丙，并将房屋交付给丙，并且办理了移转登记，此时由于甲已经丧失了所有权，因此在法律上无处分权，无法履行甲对乙所负有的移转房屋所有权的合同义务，这即属于法律上不能履行，乙此时不能请求甲继续履行，而只能请求甲赔偿损失。所谓事实上不能履行，是指依据自然法则已经不能履行。比如，合同标的物是特定物，该特定物已经毁损、灭失。人民法院或者仲裁机构应当对是否存在法律上或者事实上不能履行的情形进行审查。

2. 债务的标的不适于强制履行或者履行费用过高。债务的标的不适于强制履行，是指依据债务的性质不适合强制履行，或者执行费用过高。比如：（1）基于高度的人身依赖关系而产生的合同，如委托合同、合伙合同等，如果是因高度信任对方的特殊技能、业务水平、忠诚等所产生的，并且强制债务人履行义务会破坏此种高度的人身依赖关系，则不得请求继续履行。（2）对于许多提供服务、劳务或者不作为的合同来说，如果强制履行会危害到债务人的人身自由和人格尊严，或者完全属于人身性质，比如需要艺术性或者科学性的个人技能。

履行费用过高，指履行仍然可能，但确会导致履行方负担过重，产生不合理的过大的负担或者过高的费用。比如，一艘油轮沉入海中，尽管将该油轮打捞出来是可能的，但油轮所有人因此支出的费用大大超过了所运石油的价值，托运人不能请求其继续履行。在判断履行费用是否过高时，需要对比履行的费用和债权人通过履行所可能获得的利益、履行的费用和采取其他补救措施的费用，还需要考量守约方从其他渠道获得履行进行替代交易的合理性和可能性。

3. 债权人在合理期限内未请求履行。履行合同义务需要债务人进行特定的准备和努力，如果履行期限已过，并且债权人未在合理期限内请求债务人继续履行，债务人则可能会推定债权人不再坚持继续履行。债权人在很长时间之后才请求继续履行，如果支持债权人的继续履行请求，会使得债务人长期处于不确定状态之中，随时准备履行，且会诱使债权人的投机行为。因此，如果债权人在合理期限内未请求继续履行的，不能再请求继续履行。

合理期限首先可以由当事人事先约定；如果没有约定或者约定不明确，当事人可以协议补充；也无法协议补充的，按照合同有关条款或者交易习惯确定，这需要在个案中结合合同种类、性质、目的和交易习惯等因素予以具体判断。

在债务人违约但符合本条第1款规定的情形之一，因此债权人不能请求继续履行的情况下，合同状况如何？例如，在特定物买卖中，特定物非因意外或者不可归责于双方的原因而毁损、灭失，债务人对债权人的履行义务和债权人对债务人的履行义务是否消灭？在一些继续性合同，比如租赁合同，合同权利义务是否终止？立法过程中，有观点提出，在无法请求继续履行时，应当允许司法终止合同，以终止合同权利义务关系，使得无意义的合同无须存续。也有观点认为，此时债务人对债权人的履行义务消灭，基于双务合同履行义务之间的对待性，债权人对债务人的对待给付义务也随之消灭，合同自动终止，无须司法解除。在实践中也会出现一些疑难问题，尤其在债权人未履行自己对债务人的义务，而债务人已经部分履行的情况下，债权人可能会不行使解除权而坚持请求继续履行，如果合同不终止或者不部分终止，即使债务人愿意承担违约赔偿责任，但其是否能够在承担赔偿责任的前提下摆脱合同权利义务的约束，或者在非继续性合同中请求返还已作出的部分给付或者就已作出的部分给付要求债权人履行对债务人的义务。例如，甲从乙那里购买两个特定的古董花瓶，约定待两个花瓶都交付并转移所有权之后甲付款，乙交付了一个花瓶并转移其所有权后，因为自己的过错导致另一个花瓶破碎，甲不行使解除权而主张继续履行，但此时也符合本条第1款规定的事实上不能履行，此时如何处理？

经认真研究，反复斟酌，在债权人无法请求债务人继续履行主要债务，致使不能实现合同目的时，债权人拒绝解除合同而主张继续履行，由于债权人已经无法请求债务人继续履行，合同继续存在并无实质意义。当事人均可以申请人民法院或者仲裁机构终止合同，最终由人民法院或者仲裁机构结合案件的实际情况根据公平原则决定终止合同的权利义务关系，在保障债权人合理利益的前提下，有利于使得双方当事人重新获得交易的自由，提高整体的经济效益。从比较法上而言，《德国民法典》第 275 条第 1 款和第 326 条第 1 款明确规定了，此时给付义务可以被排除且对待给付消灭；《法国民法典》第 1218 条第 2 款也规定了永久不能履行时合同自动终止。合同自动终止后，债务人可被免除原给付义务，无须进行原给付，债权人的对待给付也发生消灭。但是，这可能导致合同终止的时间并不确定，这尤其在履行费用过高或者债权人在合理期限内未请求履行导致不能请求继续履行的情形中最为明显，并且也不利于双方互通情况。当然，如果对方当事人行使解除权，则合同终止时间会确定，但可能会出现对方当事人不行使解除权的情形。司法终止则能够避免上述两个问题。据此，本条新增第 2 款规定。当然，本款规定不影响对方当事人依据法律规定或者约定所享有的法定解除权和约定解除权，对方当事人仍然可以行使解除权解除合同。

本款适用的前提，首先是对方当事人不能请求违约方继续履行。其次是致使不能实现合同目的。这意味着如果不能请求继续履行的仅仅是非主要的债务，则不履行一般不会导致不能实现合同目的，则无论是哪一方当事人都不能申请终止。守约方既不享有法定解除权，也不能依据本款请求人民法院或者仲裁机构申请终止；违约方本来就不享有解除权，同样也不能依据本款请求人民法院或者仲裁机构申请终止。再次是当事人提出请求。双方当事人均有权请求人民法院或者仲裁机构终止合同。如果当事人未提出请求，人民法院或者仲裁机构不宜依职权主动终止合同。

本款适用的法律后果如下：第一，人民法院或者仲裁机构可以终止合同权利义务关系。应当注意的是，并非当事人提出请求后，人民法院或者仲裁机构就必须终止合同，在当事人提出终止合同的请求后，由人民法院或者仲裁机构依法判决是否终止合同。因此，当事人根据本款所享有的仅仅是申请司法终止合同的权利，而非终止合同的权利，本款并未规定当事人的终止权或者形成诉权，而是司法的终止权。人民法院或者仲裁机构有权结合案件的实际情况，根据诚信和公平原则决定是否终止合同。此时，可以考虑债务人是否已经进行了部分履行、债务人是否是恶意违约、不能继续履行的原因、债务人是否因合同不终止而遭受了严重损失、债权人是否能够以成本较低的方式获得替代履行、债务人是否对他人有赔偿请求权、债权人拒绝解除合同是否是为获得不相当的利益而违反诚信原则、合同不终止是否会导致双方的权利义务或者利益关系明显失衡等因素。例如，要考虑不能继续履行的原因，在甲乙双方的古董花瓶和名画的互易合同中，甲在交付古董花瓶前，因乙的过错行为而导致古董花瓶毁损，虽然此时也构成了不能请求继续履行的情形，但因为该不能继续履行的原因是乙的行为，此时不宜因乙的申请而终止合同，进而免除乙交付名画并移转名画所有权的义务。这类似于两个相互关联的合同情形中的部分终止、部分不终止。在人民法院或者仲裁机构终止合同后，法律后果可以依据本法第566条和第567条的规定予以确定。

第二，不影响违约方承担除继续履行之外的其他违约责任。合同被终止后，违约方自然无须继续履行，但其仍然要依法承担除继续履行之外的其他违约责任，尤其是赔偿损失的责任，以保障对方当事人的利益。

【案例分析】

2006年第6期《中华人民共和国最高人民法院公报》刊登的"新宇公司诉冯玉梅商铺买卖合同纠纷案"判决认为，当违约方继续履约所需的财力、物力超过合同双方基于合同履行所能获得的利益时，构成"履行费用过高"，应该允许违约方解除合同，用赔偿损失来代替继续履行。相关裁判摘要如下：合同法第107条规定"当事人一方不履行合同义务或者履行合同义务不符合约定的，应当承担继续履行、采取补救措施或者赔偿损失等违约责任"。从这条规定看，当违约情况发生时，继续履行是令违约方承担责任的首选方式。法律之所以这样规定，是由于继续履行比采取补救措施、赔偿损失或者支付违约金，更有利于实现合同目的。但是，当继续履行也不能实现合同目的时，就不应再将其作为判令违约方承担责任的方式。合同法第110条规定："当事人一方不履行非金钱债务或者履行非金钱债务不符合约定的，对方可以要求履行，但有下列情形之一的除外：（一）法律上或者事实上不能履行；（二）债务的标的不适于强制履行或者履行费用过高；（三）债权人在合理期限内未要求履行。"此条规定了不适用继续履行的几种情形，其中第2项规定的"履行费用过高"，可以根据履约成本是否超过各方所获利益来进行判断。当违约方继续履约所需的财力、物力超过合同双方基于合同履行所能获得的利益时，应该允许违约方解除合同，用赔偿损失来代替继续履行。在本案中，如果让新宇公司继续履行合同，则新宇公司必须以其6万余平方米的建筑面积来为冯玉梅的22.50平方米商铺提供服务，支付的履行费用过高；而在6万余平方米已失去经商环境和氛围的建筑中经营22.50平方米的商铺，事实上也达不到冯玉梅要求继续履行合同的目的。一审衡平双方当事人利益，判决解除商铺买卖合同，符合法律规定，是正确的。冯玉梅关于继续履行合同的上诉理由，不能成立。

> **第五百八十一条** 当事人一方不履行债务或者履行债务不符合约定，根据债务的性质不得强制履行的，对方可以请求其负担由第三人替代履行的费用。

【条文主旨】

本条是关于替代履行费用的规定。

【条文释义】

本条适用的前提是，当事人一方不履行债务或者履行债务不符合约定，并且该债务根据债务的性质不得强制履行。此时，债权人可以请求债务人负担由第三人替代履行的费用。如果该债务是以作为标的的债务，则债权人可以请求债务人负担由第三人替代履行的费用。对此，本法第 713 条第 1 款设有明文规定。

该请求权是实体法上的请求权，且以根据债务的性质不得强制履行为前提，同时不以进入执行程序为前提，因此，与民事诉讼法规定的执行措施不同。同时，也并非第三人先替代履行，之后才可以请求债务人负担费用，债权人可以直接请求债务人负担由第三人之后替代履行的费用。同时，本条的规定不妨碍债权人就其他损失请求债务人赔偿。

另外，对以服务、劳务等行为为标的的债务，债务人不履行的，民事诉讼法第 252 条规定了替代执行措施。

同时，民事诉讼法还规定了一些间接强制的措施，以对债务人施加压力促使其继续履行债务，这适用于所有类型的债务。比如，民事诉讼法第 253 条、第 255 条规定设有明文规定。

【案例分析】

2014 年第 8 期《中华人民共和国最高人民法院公报》刊登的"江苏南通二建集团有限公司与吴江恒森房地产开发有限公司建设工程施工合同纠纷案"判决认为，在双方当事人已失去合作信任的情况下，可以由发包人自行委托第三方参照修复设计方案对工程质量予以整改，并由法院判决所需费用由承包人承担。相关裁判摘要如下：鉴于恒森公司几经局部维修仍不能彻底解决屋面渗漏，双方当事人亦失去信任的合作基础，为彻底解决双方矛盾，原审法院按照司法鉴定意见认定按全面设计方案修复，并判决由恒森公司自行委托第三方参照全面设计方案对屋面渗漏予以整改,南通二建承担与改建相应责任有事实和法律依据,亦属必要。故二审法院判决南通二建赔偿恒森公司屋面修复费用2877372.30元。

> **第五百八十二条** 履行不符合约定的,应当按照当事人的约定承担违约责任。对违约责任没有约定或者约定不明确,依据本法第五百一十条的规定仍不能确定的,受损害方根据标的的性质以及损失的大小,可以合理选择请求对方承担修理、重作、更换、退货、减少价款或者报酬等违约责任。

【条文主旨】

本条是关于履行不符合约定的补救措施的规定。

【条文释义】

债务人履行合同义务不符合约定的,主要是品质、数量等不符合约定,可以考虑一些补救措施,主要包括修理、重作、更换以及退货、减少价款或者报酬。这有利于尽量维持当事人之间的合同关系。合同法第111条适用的前提是"质量不符合约定的",但可能无法涵盖采取补救措施的所有情形,故本法将之扩展为"当事人一方履行合同义务不符合约定的"。

如果债务人和债权人事先对此有约定的,应当按照当事人的约定承担违约责任。如果当事人对违约责任没有约定,或者虽有约定但约定不明确的,此时就当依据本法第510条的规定予以确定。

如果当事人对此既无约定,也无法依据本法第510条的规定予以确定的,则受损害方根据标的的性质以及损失的大小,可以合理选择请求对方承担修理、重作、更换、退货、减少价款或者报酬等违约责任。这些方式有助于尽量维持当事人之间的合同关系。修理包括对产品、工作成果等标的物质量瑕疵的修补,也包括对服务质量瑕疵的改善,这是最为普遍的补救方式。在存在严重的质量瑕疵,以致不能通过修理达到约定的或者法定的质量情形下,受损害方可以选择更换或者重作的补救方式。

本条规定,受损害方根据标的的性质以及损失的大小,可以合理选择请求修理、重作、更换、退货、减少价款或者报酬。修理、重作、更换同样也适用本法第580条第1款的规定。履行瑕疵是细微和无关紧要的,而修理、重作或者更换的费用过高,则不能请求修理、重作或者更换。比如,买卖合同中,卖方交付的标的物不符合约定的原因存在设计缺陷，导致更换并无意义，修理也无法消除此种缺陷，此时债权人就不能请求修理或者更换。也有可能由于债权人时间紧迫，无法等待修理、重作或者更换，而必须尽快寻找到适合的替代物，此时要求债权人必须先请求修理、重作或者更换就是不合理的。修理、重作、更换是不可能、不合理或者没有效果的，或者债务人拒绝或在合理期间内仍不履行的，债权人可以请求退货、减少价款或者报酬。如果债务人在履行不符合约定后，立即提出在合理期限内自己承担费用予以修理、重作或者更换，则债权人应当允许，除非该瑕疵履行已经致使合同目的不能实现，或者债权人有理由相信，债务人不可能在合理期限内、并在不给债权人造成显著不便或者不给债权人的合法利益造成其他损害的前提下，实施有效的修理、重作或者更换。

债务人修理的，应当自行承担修理费用和因修理产生的运输费用等合理费用。如果债务人未按要求予以修理或者因情况紧急，债权人自行或者通过第三人修理标的物后，有权主张债务人负担因此发生的合理费用。在更换或者重作的情况下，债务人有权要求债权人退回标的物，但债务人应当负担取回的必要费用。

修理、重作、更换是不可能、不合理或者没有效果的，或者债务人拒绝或在合理期间内仍不履行的，债权人可以请求退货、减少价款或者报酬。

减少价款或者报酬，可以简称为"减价"，即债权人接受了债务人的履行，但主张相应减少价款或者报酬，其目的在于通过调整价款或者报酬使得合同重新恢复到均衡的等价关系上。价款或者报酬未支付的，债权人可以主张减少其应支付的价款或者报酬；价款或者报酬已经支付的，债权人可以主张返还减价后多出部分的价款或者报酬。

债权人主张减价，债务人对减价与否或者减价数额均认可的，按照当事人协商一致的意思表示处理；债务人对减价与否或者减价数额有异议的，可以由人民法院或者仲裁机构予以确定。当事人双方有不同意见时，减价的标准就非常重要。不同的立法例对此有不同的规定。一种是绝对差额式；另一种是比例式。第一种方式更为简便，第二种方式更为公平，各有道理；同时，在非标准化商品时，上述两种计算方式都较难适用。因此，本条对减价的标准未作明确规定，留给实践和司法予以发展。

【案例分析】

2010 年第 11 期《中华人民共和国最高人民法院公报》刊登的"杨珺诉东台市东盛房地产开发有限公司商品房销售合同纠纷案"判决认为，房屋质量不符合要求时，出卖人应当承担修复义务。相关裁判摘要如下：上诉人东盛房地产公司与被上诉人杨珺签订房屋买卖合同，其应当保证出卖的房屋符合法律规定或者合同约定的质量，现上诉人交付给被上诉人的房屋出现墙体裂缝及渗漏问题，经专业部门鉴定，其主要原因系温度变化时结构材料不均匀收缩所致，而屋面未作保温层和墙体砌筑质量较差导致顶部楼层温度裂缝明显。对此，上诉人作为房屋的出卖人，对其出售房屋存在的质量缺陷，依法应当承担相应的修复义务，一审判决并无不当。

> **第五百八十三条** 当事人一方不履行合同义务或者履行合同义务不符合约定的，在履行义务或者采取补救措施后，对方还有其他损失的，应当赔偿损失。

【条文主旨】

本条是关于履行义务或者采取补救措施后赔偿损失的规定。

【条文释义】

当事人一方不履行合同义务或者履行合同义务不符合约定，因此而承担继续履行或者采取补救措施的违约责任的，在其履行完毕前，债权人有权拒绝其相应的履行请求。债务人未能在约定期间或者合理期间内继续履行的，或者不能采取有效的补救措施的，债权人可以采取任何救济措施。尽管债务人在约定期间或者合理期间内已经继续履行或者采取了有效的补救措施，债权人还有其他损失的，债权人仍然可以请求债务人依法赔偿。这些损失主要包括：（1）债务人最初的不履行合同义务或者履行合同义务不符合约定给债权人造成的损失；（2）嗣后的不继续履行或者继续履行不符合约定给债权人造成的损失；（3）债务人继续履行或者采取补救措施完毕前期间的迟延履行给债权人造成的损失；（4）补救措施本身给债权人造成的损失；（5）补救措施仍然无法弥补的债权人的损失。

> **第五百八十四条** 当事人一方不履行合同义务或者履行合同义务不符合约定，造成对方损失的，损失赔偿额应当相当于因违约所造成的损失，包括合同履行后可以获得的利益；但是，不得超过违约一方订立合同时预见到或者应当预见到的因违约可能造成的损失。

【条文主旨】

本条是关于法定的违约赔偿损失的规定。

【条文释义】

一、一般原则

违约赔偿损失，是指行为人违反合同约定造成对方损失时，行为人向受害人支付一定数额的金钱以弥补其损失，是运用较为广泛的一种责任方式。赔偿的目的，最基本的是补偿损害，使受到损害的权利得到救济，使受害人能恢复到未受到损害前的状态。违约赔偿损失是合同债务的转化，与合同债务具有同一性，因此在对相应合同债权的担保等方面，在违约赔偿损失请求权上继续存在，除非当事人另有约定。同时，违约的赔偿损失包括法定的赔偿损失和约定的赔偿损失，本条规定的是法定的违约赔偿损失。

承担违约赔偿损失责任的构成要件包括：一是有违约行为。二是违约行为造成了对方的损失。三是违约行为与对方损失之间有因果关系。四是无免责事由。

本条所规定的赔偿损失，是指金钱赔偿，与恢复原状的责任方式是不同的。

违约赔偿损失的范围可由法律直接规定，或由双方约定。当事人可以事先约定免除责任和限制责任的条款，在不违反法律规定的前提下，该免责或者限制责任条款是有效的。在法律没有特别规定和当事人没有另行约定的情况下，应按完全赔偿原则，即因违约方的违约使受害人遭受的全部损失都应当由违约方承担赔偿责任。

完全赔偿意味着：第一，在因违约造成受害人损失的情况下，应当以受害人的损失作为确定赔偿范围的标准。第二，赔偿不能超过受害人的损失，受害人不能因此而获利。赔偿的范围包括受害人可以获得的利益，而为了获得这些利益必须付出缔约成本，因此赔偿了可以获得的利益的同时一般就不得请求缔约成本的赔偿。第三，在赔偿时，一般不应根据违约方的过错程度来确定责任的范围。

二、赔偿的种类

按照完全赔偿原则，违约损失赔偿额应当相当于因违约所造成的损失，包括对实际损失和可得利益的赔偿。实际损失，即所受损害，是指因违约而导致现有利益的减少，是现实利益的损失，又被称为积极损失。例如，货物在运输过程中遭受到了10000元的损害，该损失即是实际损失。可得利益，即所失利益，受害人在合同履行后本可以获得的，但因违约而无法获得的利益，是未来的、期待的利益的损失，又被称为消极损失。例如，建筑公司承建一商厦迟延10日交付，商厦10日的营业纯利润额即为可得利益。

较之可得利益，实际损失一般比较容易确定。实际损失包括：（1）信赖利益的损失，包括费用的支出、丧失其他交易机会的损失以及因对方违约导致自己对第三人承担违约赔偿的损失等。（2）固有利益的损失，这体现在债务人违反保护义务的情形中，例如，债务人交付了病鸡，导致债权人现有养鸡场的鸡也生病，此时，债务人不仅应当赔偿债权人费用的支出，还应当赔偿债权人现有的鸡生病造成的损失。在违约赔偿中，由于证明可得利益的困难性，债权人可以选择请求债务人赔偿信赖利益。但是，信赖利益的赔偿一般不得大于履行利益，因为，如果信赖利益大于可得利益，表明债权人订立的合同是亏本的，如果债务人按照约定履行了合同，反而会给债权人造成更大的损失，此时允许债权人请求赔偿大于可得利益的信赖利益，无异于债权人将自己的亏损转嫁给债务人。但是，对于固有利益的赔偿可以大于可得利益。

可得利益是合同履行后债权人所能获得的纯利润。可得利益也可能与信赖利益中的丧失其他交易机会的损失存在重合。根据交易的性质、合同的目的等因素，可得利益损失主要分为生产利润损失、经营利润损失和转售利润损失等类型。

三、违约赔偿数额的限制

按照本条规定，违约赔偿的数额不得超过违反合同一方订立合同时预见到或者应当预见到的因违反合同可能造成的损失，这不仅适用于对可得利益的限制，也适用于对实际损失的限制。

对于债务人在订立合同时无法预见到的损失，其就不可能实现采取足够的预防措施，通过可预见性限制赔偿数额，有助于双方沟通信息，并以此为基础评估风险采取预防措施，避免损失的发生。

根据本条规定，可预见性规则的适用应当注意以下问题。第一，预见的主体是违约方，而不是非违约方。第二，预见的标准是客观的理性人标准，是一个正常勤勉的人处在违约方的位置所能合理预见到的。此时，可以考虑当事人的身份或者业务能力、预期利益的告知或知晓、合同主要内容、是否是超过社会一般期待的投资行为等因素。第三，预见的时间点是订立合同之时，而不是违约之时。第四，预见的内容是损失的类型或者种类，而无须预见到损失的具体范围。

应当注意的是，对违约赔偿数额的限制，除了可预见性规则之外，还包括其他规则。对此，本法第591条第1款和第592条第2款设有明文规定。可以扣除的利益包括：中间利息、因违约实际减少的受害人的某些税负、商业保险金、社会保险金、以新替旧中的差额、毁损物件的残余价值、原应支付却因损害事故而免于支付的费用、原本无法获得却因损害事故的发生而获得的利益等。因此，对于可得利益而言，可得利益的法定损失赔偿额 = 可得利益损失总额 −

不可预见的损失－扩大的损失－受害方自己过错造成的损失－受害方因违约获得的利益－必要的成本。

四、赔偿数额的计算

在不同立法例和理论中，赔偿数额计算有主观计算方法与客观计算方法两种方法。主观计算方法又称具体计算方法，它是指根据受害人具体遭受的损失、支出的费用来计算损害额；客观的计算方法又称抽象计算方法，指按照当时社会的一般情况来确定损害额，而不考虑受害人的特定情况。这两种计算方法的主要区别是是否将受害方的主观因素加以考虑，在计算方法上以客观方法为主，有助于计算的便利，也避免当事人因赔偿数额而对交易的过分抑制，但也要适当考虑主观方法。

在客观计算时，首先可以考虑替代交易。其次可以考虑市场价格。当然，对于计算的时点究竟是订立合同时、违约时、裁判时还是一审口头辩论终结时，由司法和实践进一步发展。再次，对于金钱债务的到期不履行，债权人有权要求支付自该笔债务到期时起至支付时止的利息。最后，还可以考虑债权人因债务人违反合同义务而导致的债权人对其他第三人所承担的违约赔偿数额。

在主观计算时，如果合同的标的物是具有人身意义的特定物，例如具有特殊意义的照片，该标的物在普通的市场价格之外，还有精神因素和感情色彩因素，计算赔偿数额时可以予以考虑。这也与本法第1183条第2款的规定精神相一致。对于以精神上满足为目的特殊类型的合同，例如与婚礼、葬礼、旅游等事务相关的合同，精神损害具有可预见性，计算违约赔偿数额时，也可以对这些合同的特性予以考虑。

【案例分析】

2016年第12期《中华人民共和国最高人民法院公报》刊登的"李明柏诉南京金陵置业发展有限公司商品房预售合同纠纷案"的判决认为，房屋买卖合同中因出卖人所售房屋存在质量问题致购房人无法对房屋正常使用、收益且当事人对损失如何计算未作明确约定时，可以房屋同期租金作为标准计算购房人的实际损失。相关裁判摘要如下：关于损失计算标准问题，李明柏提交的房屋租赁协议虽证明涉案小区有业主出租房屋租金可达到每月21000元以上，但该租金价格并不具有普遍性，而江苏省高级人民法院向南京市住建局调取的同区域别墅租金清册载明的价格，系综合多方因素得出的平均租金价格，更具有普遍性，再审一审法院在双方均不申请对案涉房屋装修前后出租价格进行评估的基础上，结合案涉房屋的具体情况，参考该租金清册所确定的租金价格并无不当。李明柏要求至少按每月21000元标准进行补偿，不予支持。

> **第五百八十五条** 当事人可以约定一方违约时应当根据违约情况向对方支付一定数额的违约金，也可以约定因违约产生的损失赔偿额的计算方法。
>
> 约定的违约金低于造成的损失的，人民法院或者仲裁机构可以根据当事人的请求予以增加；约定的违约金过分高于造成的损失的，人民法院或者仲裁机构可以根据当事人的请求予以适当减少。
>
> 当事人就迟延履行约定违约金的，违约方支付违约金后，还应当履行债务。

【条文主旨】

本条是关于约定违约金的规定。

【条文释义】

一、一般界定

违约金是当事人在合同中约定的或者由法律直接规定的一方违反合同时应向对方支付一定数额的金钱，这是违反合同可以采用的承担民事责任的方式，只适用于当事人有违约金约定或者法律规定违反合同应支付违约金的情形。违约金的标的物通常是金钱，但是当事人也可以约定违约金标的物为金钱以外的其他财产。违约金依据产生的根据，可以分为法定违约金和约定违约金。本条仅规定了约定的违约金。约定违约金主要适用于合同之债，但法定之债也不妨约定违约金。

约定违约金可能表现为不同的形式，可以约定向对方支付一定数额的违约金，也可以约定因违约产生的损失赔偿额的计算方法。

根据约定违约金的目的，可以区分为赔偿性的违约金、惩罚性的违约金和责任限制性违约金。当事人约定违约金，一方面是为了事先确定违约后的赔偿数额，以降低法定损失的举证成本，另一方面也可能是为了向对方施加履约压力、督促对方守约而约定高额的违约金，还可能是为了避免责任过重而约定低额的违约金。当事人的这些意图可能兼而有之，因此，不同性质的违约金可能在功能上有交叉和重合。本条规定的违约金以赔偿性的违约金为原则，当事人无约定或者约定不明时，推定为赔偿性的违约金。

二、约定违约金的调整

1. 司法酌增。本规定中的"人民法院或者仲裁机构可以根据当事人的请求予以增加"，对比合同法第114条中的"当事人可以请求人民法院或者仲裁机构予以增加"，更为明确了本规定确立的是司法酌增规则。本法并未采取原经济合同法第35条将违约金作为违约赔偿最低额的预定，因此，如果违约金数额低于损失数额，则人民法院或者仲裁机构可以予以增加，而非允许当事人在违约金之外另行请求法定的赔偿损失，增加违约金之后，债权人无权请求对方赔偿损失。

司法酌增适用的前提是：（1）约定的违约金低于造成的损失。此处并未如同下一分句中的司法酌减规则一样使用了"过分"一词，以体现对债权人或者守约方的更强保护，因此，至少酌增的标准不应比酌减的标准更为严苛。（2）债权人提出申请，并应当对违约金低于造成的损失予以举证。

此时，人民法院或者仲裁机构可以增加，但并非应当增加，一般而言，增加后的违约金数额不应超过对债权人造成的损失。人民法院或者仲裁机构在判断是否予以增加以及增加的幅度时，可以综合斟酌考虑一些因素，例如当事人是否具有明确的限制责任的意图、债权人是普通民事主体还是商事主体、当事人的过错程度、合同的履行情况、预期的利益等。

2. 司法酌减。本规定中的"人民法院或者仲裁机构可以根据当事人的请求予以适当减少"，对比合同法第114条中的当事人可以请求人民法院或者仲裁机构予以适当减少，更为明确了本规定确立的是司法酌减规则。根据自愿原则，当事人有权约定违约金，但是，如果任由当事人约定过高的违约金，在有些情况下，无异于鼓励当事人获得不公平的暴利，也可能促使一方为取得高额违约金而故意引诱对方违约。因此，本款规定了司法酌减规则，以在意思自治、形式自由的基础上协调实质正义、个案公平，平衡自愿原则和公平、诚信原则之间的关系。

司法酌减的前提是：（1）约定的违约金过分高于造成的损失的。约定的违约金必须"过分"高于造成的损失。这意味着，如果约定的违约金虽然高于造成的损失，但并未"过分"高于，就不应当适用司法酌减。（2）债务人提出申请，并就约定的违约金高于造成的损失予以举证。

此时，人民法院或者仲裁机构可以适当减少违约金数额，但并非应当适当减少。在判断约定违约金是否过高以及调低的幅度时，一般应当以对债权人造成的损失为基准。司法实践中对此掌握的标准一般是，当事人约定的违约金超过造成损失的30%的，一般认定为"过分高于造成的损失"，但对此不应当机械主义，避免导致实质上的不公平。此时，可以综合考虑辩论终结前出现的以下因素：（1）合同履行情况。如果部分履行对债权人意义甚微，则应审慎酌减违约金。（2）当事人过错程度。债务人主观过错程度较小或者债权人也有过错时，可以适当调整违约金的数额。在违约方属于恶意违约的场合，卖方违约将货物卖给别人而不卖给原已签订合同的买方，违约金的调整应当体现出对恶意违约的惩罚。在违约方违约但非违约方也有过失的场合，违约金的调整就不应过多体现惩罚色彩。（3）预期利益。预期利益实现的可能性较大时，酌减违约金应当更为审慎。此时，应考虑债权人的一切合法利益，而不仅仅是财产上的利益。（4）当事人的主体身份。如果债务人是商事主体，其对违约风险的预见和控制能力更强。（5）其他因素。例如，债务人给付约定违约金达到了可能严重影响债务人的生存的程度；债务人因违约而获利的，也可以予以考虑。

人民法院或者仲裁机构应当根据公平原则和诚实信用原则，对上述因素予以综合权衡，避免简单地采用固定比例等"一刀切"的做法，防止机械司法而可能造成的实质不公平。

应当注意的是，当事人关于定金的约定，适用定金罚则后也可能会出现过分高于造成的损失的情形，此时可以参照适用本款规定，从而人民法院或者仲裁机构可以根据当事人的请求予以适当减少。

三、迟延履行违约金和继续履行之间的关系

本条第3款规定，当事人就迟延履行约定违约金的，违约方支付违约金后，还应当履行债务。当事人可以就迟延履行这种特定的违约行为约定违约金。

如果当事人专门就迟延履行约定违约金的，除另有约定外，该种违约金仅针对违约方对其迟延履行所承担的赔偿责任，违约方支付违约金后还应当继续履行义务。但请求继续履行应当是针对迟延后履行尚属可能且对债权人有意义的情形，如果继续履行因对债权人无意义而被拒绝，或者在履行迟延后陷于履行不能，债权人可转而要求替代给付的赔偿，该替代给付的赔偿数额一般大于迟延履行的赔偿数额，其作为继续履行的转化形态，可与迟延履行违约金并行主张。

本款规定，违约方支付迟延履行违约金后，还应当履行债务，对此不应反面解释认为如果债权人先主张继续履行或先行受领了继续履行，即不得请求迟延履行违约金或者视为放弃迟延履行违约金。债权人受领了债务人迟延后的继续履行，仍可并行主张迟延履行违约金，此并行主张不以受领给付时作特别保留为必要。

【案例分析】

2008年第7期《中华人民共和国最高人民法院公报》刊登的"史文培与甘肃皇台酿造（集团）有限责任公司、北京皇台商贸有限责任公司互易合同纠纷案"【最高人民法院（2007）民二终字第139号民事判决书】就违约金的性质以及如何认定约定的违约金过高，作出了如下分析：至于约定的违约金是否过高问题，合同法第114条规定的违约金制度已经确定违约金具有"补偿和惩罚"双重性质，合同法该条第2款明确规定，约定的违约金过分高于造成损失的，当事人可以请求人民法院或者仲裁机构予以适当减少，据此应当解释为只有在"过分高于造成损失"的情形下方能适当调整违约金，而一般高于的情形并无必要调整。鉴于甘肃皇台在本案中已经构成违约，且存在恶意拖延乃至拒绝履约的嫌疑，加之没有证据能够证明日4‰的违约金属于过高情形，因此《易货协议》约定的日4‰的违约金不能被认为过高，甘肃皇台关于其不构成违约不应支付违约金以及违约金过高而应予减少的主张无理，本院予以驳回。

> **第五百八十六条** 当事人可以约定一方向对方给付定金作为债权的担保。定金合同自实际交付定金时成立。
>
> 定金的数额由当事人约定；但是，不得超过主合同标的额的百分之二十，超过部分不产生定金的效力。实际交付的定金数额多于或者少于约定数额的，视为变更约定的定金数额。

【条文主旨】

本条是关于违约定金的规定。

【条文释义】

所谓定金，就是指当事人约定的，为保证债权的实现，由一方在履行前预先向对方给付的一定数量的货币或者其他代替物。原担保法对定金作出了规定，考虑到本法生效后，担保法被废止，因此本法吸收了担保法有关定金的规定。

定金是担保的一种，由于定金是预先交付的，定金惩罚的数额在事先也是明确的，因此通过定金罚则的运用可以督促双方自觉履行，起到担保作用。定金与预付款不同，定金具有担保作用，不履行债务或者履行债务不符合约定，致使不能实现合同目的的，适用定金罚则；但预付款仅仅是在标的物正常交付或者服务正常提供的情况下预付的款项，如有不足，交付预付款的一方再补交剩余的价款即可，在交付标的物或者提供服务的一方违约时，如果交付预付款的一方解除合同，有权请求返还预付款。定金与押金也不同，一般而言，押金的数额没有定金数额的限制，而且没有定金罚则的适用。

实践中定金的种类也非常多。最为常见的是违约定金，即在接受定金以后，一方当事人不履行债务或者履行债务不符合约定，致使不能实现合同目的的，应按照定金罚则予以处理。除了违约定金之外，常见的还有立约定金、成约定金、证约定金、解约定金。

定金合同是民事法律行为的一种，适用民事法律行为的一般规则，可以在合同的主文中载明，也可以单独设立。但是，按照本条第 1 款的规定，定金合同是实践性合同，自实际交付定金时才成立，当然定金交付的时间由双方当事人约定。当事人订立定金合同后，不履行交付定金的约定，不承担违约责任。同时，定金合同是一种从合同，应参照适用本法第 682 条第 1 款和第 566 条第 2 款的规定。

按照本条第 2 款规定，定金的数额由当事人约定。但是，在能够确定主合同标的额的前提下，约定的数额不得超过主合同标的额的 20%。如果超过，则超过的部分不产生定金的效力，应当予以返还或者按照约定抵作价款，但未超过的部分仍然产生定金效力。

【案例分析】

"陈鸿志与保利（成都）实业有限公司商品房预售合同定金纠纷上诉案"【四川省成都市中级人民法院（2009）成民终字第 1905 号民事判决书】对定金合同的成立进行了认定，相关裁判摘要如下：本案二审争议的争点是：陈鸿志交纳的 20000 元"诚意金"是否转为立约定金，保利公司是否应当退还该 20000 元。本案中，陈鸿志与保利公司于 2008 年 10 月 4 日签订的《保利？公园 198 认购书》第 1 条"付款办法"中"定金＿＿万元"栏被划掉，对划掉该定金条款的原因双方当事人各执一词。保利公司在陈鸿志交纳的"诚意金"收据上加盖"已转定金不予退还"的条章，保利公司无证据证明陈鸿志认可该盖章行为。结合《中华人民共和国担保法》第 90 条"定金应当以书面形式约定"的规定，本院认为陈鸿志与保利公司双方并未就定金事宜达成一致意思表示，故本案中关于定金的条款并未成立。保利公司与陈鸿志订立正式商品房买卖合同前，以"诚意金"形式向陈鸿志收取的费用，收取后陈鸿志改变购买意愿的，保利公司应当全额退还该 20000 元。

> **第五百八十七条** 债务人履行债务的，定金应当抵作价款或者收回。给付定金的一方不履行债务或者履行债务不符合约定，致使不能实现合同目的的，无权请求返还定金；收受定金的一方不履行债务或者履行债务不符合约定，致使不能实现合同目的的，应当双倍返还定金。

【条文主旨】

本条是关于违约定金效力的规定。

【条文释义】

按照本条规定，债务人按照合同约定履行债务的，定金应当抵作价款或者收回。但如果债务人不履行债务或者履行债务不符合约定，致使不能实现合同目的的，违约定金最为重要的效力是定金罚则，即定金合同约定的条件成就时，进行双倍返还定金或者扣收。

适用定金罚则的前提条件首先是按照当事人的约定和法律的规定，当法律对定金有特别规定时，应当适用特别规定；当事人另有约定时，根据自愿原则，应尊重当事人的特别约定。在不存在法律另有规定或者当事人另有约定的情形中，适用定金罚则的前提条件是，当事人一方不履行债务或者履行债务不符合约定，并且该违约行为要达到致使合同目的不能实现，即根本违约的程度。

适用定金罚则的效果是，给付定金的一方无权请求返还定金，收受定金的一方应当双倍返还定金。

【案例分析】

"内蒙古乾坤金银精炼股份有限公司与中国农业银行个人业务部代销合同纠纷上诉案"【最高人民法院（2006）民二终字第 226 号民事判决书】认为定金罚则也适用于部分不履行的情况，且丧失定金的比率按照未履行的比率计算，相关裁判摘要如下：《中华人民共和国担保法》第 89 条规定："当事人可以约定一方向对方给付定金作为债权的担保。债务人履行债务后，定金应当抵作价款或者收回。给付定金的一方不履行约定的债务的，无权要求返还定金；收受定金的一方不履行约定的债务的，应当双倍返还定金。"该条款关于定金罚则的规定适用于不履行也适用于不完全履行。对担保的对象，乾坤公司与农业银行在《金杯代销合同》中没有明确约定，但根据该合同条款的内容，结合农业银行给乾坤公司出具的三份应收账款证明所作出的意思表示，应当认定定金担保的对象是农业银行销售全部代销商品，即农行承诺以合同定金担保销售全部 9999 个金杯。但至合同终止日，农行只销售金杯 2655 个，其应承担部分不履行的担保责任，农行无权要求乾坤公司全部返还定金 999.9 万元。农业银行未履行部分占应履行部分的比率为 73.45%，故其丧失定金的比率亦为 73.45%，即农行丧失定金返还请求权的数额为 734.4266 万元，余款 265.4734 万元，连同前述作为预付款处理的 500.1 万元，共计 765.5734 万元，冲抵已售金杯货款。

因农业银行已支付销售款 5.3 万元，故农业银行尚欠乾坤公司的货款总计为：0.5 万元 ×2655（个）−5.3 万元 −765.5734 万元 =556.6266 万元。

> **第五百八十八条** 当事人既约定违约金，又约定定金的，一方违约时，对方可以选择适用违约金或者定金条款。
>
> 定金不足以弥补一方违约造成的损失的，对方可以请求赔偿超过定金数额的损失。

【条文主旨】

本条是关于定金与违约金、法定赔偿损失之间适用关系的规定。

【条文释义】

本条第 1 款规定了定金和违约金之间的适用关系，合同当事人既约定了违约金，又约定了定金，在当事人不存在明确的特别约定的情况下，如果一方违约，对方当事人可以选择适用违约金或者定金条款，即对方当事人享有选择权，可以选择适用违约金条款，也可以选择适用定金条款，但二者不能并用。当然，不能并用的前提是针对同一违约行为，如果违约金和定金是针对不同的违约行为，在这些违约行为都存在的前提下，仍然存在并用的可能性，但无论如何不应超过违约行为所造成的损失总额。

本条第 2 款规定了定金和法定赔偿损失之间的适用关系。与违约金不同，定金的数额不得超过主合同标的额的 20%，但是，违约行为造成的损失可能会超过适用定金罚则之后的数额；并且，对于违约金，本法 585 条第 2 款规定了司法酌增的规则，而对于定金并未明确规定类似规则。因此，本款规定，定金不足以弥补一方违约造成的损失的，对方可以请求赔偿超过定金数额的损失。据此，约定的定金不足以弥补一方违约造成的损失的，守约方既可以请求定金，同时也可以就超过定金数额的部分请求法定的赔偿损失，此时，定金和损失赔偿的数额总和不会高于因违约造成的损失。这既有助于对守约方利益的充分保护，但又避免了守约方获得超过其损失的利益。

【案例分析】

"上海躬盛网络科技有限公司、上海斐讯数据通信技术有限公司股权转让纠纷案"【最高人民法院（2019）最高法民终 456 号民事判决书】对当事人既请求适用定金罚则，又请求违约金的情况不予支持，相关裁判摘要如下：《中华人民共和国合同法》第116条规定，当事人既约定违约金，又约定定金的，一方违约时，对方可以选择适用违约金或者定金条款。本案中，躬盛公司既主张适用定金罚则，同时又要求顾国平偿付违约金11亿元，经原审法院多次释明，躬盛公司仍坚持同时适用定金罚则与违约金，对此，依法不予准许。鉴于躬盛公司主张的违约金数额缺乏计算依据，且已支持适用定金罚则，故对躬盛公司违约金请求，不予支持。

> **第五百八十九条** 债务人按照约定履行债务，债权人无正当理由拒绝受领的，债务人可以请求债权人赔偿增加的费用。
>
> 在债权人受领迟延期间，债务人无须支付利息。

【条文主旨】

本条是关于债权人无正当理由拒绝受领的法律后果的规定。

【条文释义】

债权人无正当理由拒绝受领，是指债务人按照约定履行了债务或者提出了履行债务的请求，债权人无理由地不予受领或者协助。立法过程中，有意见提出，债权人无正当理由拒绝受领，会给债务人增加不利，应当对此明确规定。经研究，为了保护债务人利益，参考比较立法例，增加了本条规定。债权人无正当理由拒绝受领，构成的要件包括：（1）债务人按照约定现实履行了债务，或者提出了履行债务的请求，即债务人已经现实提出或者言辞提出。（2）债务内容的实现以债权人的受领给付或者其他协助为必要。（3）债权人拒绝受领，这里的拒绝受领是广义的，即不受领，包括了迟延受领或者明确或者以自己的行为表明拒绝受领等情形。（4）债权人无正当理由。债权人拒绝的正当理由，例如，债务人交付的标的物存在严重质量问题，致使不能实现合同目的。

债权人无正当理由拒绝受领，不影响债务人的给付义务，并不会使得债务人的给付义务消灭。但是，债权人受领债务人的履行，既是受领人的权利，但其无正当理由不受领，会导致债务人的利益受损，因此其也是债权人的义务，但是该义务的违反一般不会导致债权人的违约责任，而一般导致减轻债务人的负担或者责任，或者使得债权人负担增加的费用等相应的不利后果，可被认为是不真正义务，除非法律另有规定或者当事人另有约定。本条第1款即规定，债权人无正当理由拒绝受领的，对于由此给债务人增加的费用，债务人可以请求债权人赔偿。所谓给债务人增加的费用，包括：（1）债务人提出给付的费用，例如，货物往返运送的费用、履行债务所支付的交通费用、通知费用等；（2）保管给付物的必要费用；（3）其他费用，例如对不宜保存的标的物的处理费用。同时，本条第2款规定，在债权人受领迟延期间，债务人无须支付利息。

【案例分析】

"青海明创光电实业有限公司与西宁永信电力设备有限公司买卖合同纠纷案"【青海省西宁市城中区人民法院（2019）青0103民初2842号民事判决书】对受领迟延进行了分析，相关裁判摘要如下：本院认为，关于合同违约的问题。原、被告签订《采购合同》系双方自愿，内容合法，依法应认定有效，故上述合同对原、被告双方均产生约束力，原、被告双方应按约履行各自义务。合同约定了交付时间、交付地点以及合同履行的顺序及付款条件。出卖人应当按照约定的地点交付标的物。出卖人交付的完成，以买受人的受领或积极协助为必要条件。2019年8月起原告青海明创光电实业有限公司才要求被告送货，显然远远超过合同约定的交付时间，表明原告确有受领迟延的行为，且双方未对变更履行期限具体时间作出明确约定。被告西宁永信电力设备有限公司作为合同约定先履行义务方，负有先履行义务，特别是在合同履行期限变更时处于变更内容约定不明确的情形下，应待符合交货条件时积极履行先履行义务，被告在本案中履行期限不明确的情形下本可采用随时要求履行，且如遇到原告拒绝受领货物时法律也赋予了被告采用提存等救济途径，2019年8月接到原告要求验货通知后，被告未积极交付货物，故被告存在怠于履行的违约情形。而本案纠纷根源在于原告在合同履行期内要求被告迟延交付货物，原告作为合同履行期限变更的要约方，合同履行期限变更发出之时应当明确履行期限，如无明确导致了合同履行期限变更时处于变更内容约定不明确的状态，原告应承担受领迟延的违约责任。故双方在履行合同过程中互负过程，互有违约。鉴于发包方已对工程项目进行更改，不再需要安装箱变。箱变系种类物，亦不存在定制，采购合同的目的已无法实现，没有继续履行的必要，应予解除。原告要求解除合同的诉讼请求，本院予以支持。

> **第五百九十条** 当事人一方因不可抗力不能履行合同的，根据不可抗力的影响，部分或者全部免除责任，但是法律另有规定的除外。因不可抗力不能履行合同的，应当及时通知对方，以减轻可能给对方造成的损失，并应当在合理期限内提供证明。
> 当事人迟延履行后发生不可抗力的，不免除其违约责任。

【条文主旨】

本条是关于不可抗力后果的规定。

【条文释义】

不可抗力是独立于人的行为之外，不受当事人意志所支配的现象，是人力所不可抗拒的力量。行为人完全因为不可抗力不能履行合同，如果让行为人对自己无法控制的情形承担责任，对行为人来说是不公平的。因此，很多国家和地区、国际性合同文件都将不可抗力作为免除行为人违约责任的事由予以规定。据此，本条第 1 款首先规定了当事人一方因不可抗力不能履行合同的，根据不可抗力的影响，部分或者全部免除责任，但是法律另有规定的除外。这与本法第 180 条第 1 款的规定是相同的。

据此，存在以下要求：（1）发生了不可抗力的事件。（2）债务人因不可抗力事件的发生不能履行合同。

在符合上述两个条件下，所产生的法律后果上，要根据不可抗力的影响，部分或者全部免除债务人的责任。首先要注意的是，应当根据不可抗力对合同履行的具体影响，判断免责的范围和程度。在有些情况下，不可抗力会导致债务根本无法履行；但有时，不可抗力仅仅会导致迟延履行。

最后，要注意法律的特别规定。通常情况下，因不可抗力不能履行民事合同的，根据不可抗力的影响，部分或者全部免除责任。但法律规定因不可抗力不能履行合同，也要承担责任的，则需要依法承担责任。故本条第 1 款规定了"但是法律另有规定的除外"。具体什么情况下应承担民事责任、承担责任的程度等要依照法律的规定确定。例如，邮政法第 48 条和民用航空法第 124 条对此设有明文规定。

本条第 1 款第 2 句规定，因不可抗力不能履行合同的，应当及时通知对方，以减轻可能给对方造成的损失，并应当在合理期限内提供证明。这意味着，根据诚信原则，债务人有义务在合理的期间内就不可抗力的发生以及对债务履行的影响，通知债权人，以使得债权人能够采取措施减轻债权人可能遭受的损失。

本条第 2 款规定，当事人迟延履行后发生不可抗力的，不免除其违约责任。如果债务人没有迟延履行，则不可抗力的发生就不会导致债务的不能履行进而发生损害，因此债务人的迟延履行与债权人的损害之间具有因果关系，债务人应当就不可抗力负责。但是，如果债务人能够证明，即使其不迟延履行，仍不免发生债务的不能履行进而发生损害的，则债务人应当能够免责，此时债务人的迟延履行和债务的不能履行进而发生损害之间不存在因果关系。

【案例分析】

"中国人民财产保险股份有限公司泉州市分公司、海口港集装箱码头有限公司港口货物保管合同纠纷案"【最高人民法院（2017）最高法民申 3253 号民事裁定书】认为，在判断不可抗力的"不可预见性"时，先前已发生的类似偶发事件一般不能阻却之后发生事件的不可预见性，否则不可预见的条件就很难得到满足，不可抗力的制度价值即可能落空。相关裁判摘要如下：首先，关于案涉台风"海鸥"是否构成不可抗力的问题。根据《中华人民共和国民法通则》第 153 条的规定，"不可抗力"是指不能预见、不能避免并不能克服的客观情况。通常依据现有技术水平和一般人的认知而不可能预知为不能预见。对于台风而言，根据现有技术手段，人类可能在一定程度上提前预知，但是无法准确、及时预见其发生的确切时间、地点、延续时间、影响范围等。预见的范围包括客观情况的发生和影响范围、影响程度，而本案中的损害结果正是由于未能准确预见的台风影响范围所造成的。虽然在台风"海鸥"发生前，海南省以及海口市新闻媒体对台风"海鸥"登陆时间和最大风力进行了预报，泉州人保公司申请再审认为，通过国家海洋预报台预报的风暴潮最大增水和《潮汐表》中的天文大潮潮高可以计算出预计将会出现的最大潮高，但是上述信息仅为一种预测，并非将要发生的台风实际情况的准确反映，而且作为货物损失最直接的原因——海水倒灌并未在预报中有所体现。泉州人保公司还认为，刚刚发生的台风"威马逊"与本案台风非常相近，海口集装箱公司应当对此类台风以及台风造成的后果有更为准确的预见。本院认为，属于不可抗力造成的损害总有重复发生，如果先前已发生的类似偶发事件可以阻却之后发生事件的不可预见性，则不可预见的条件就很难得到满足，不可抗力的制度价值即可能落空。综上，原审判决认定本案台风的发生及其影响为当事人所不能预见，并无不当。

> 第五百九十一条　当事人一方违约后，对方应当采取适当措施防止损失的扩大；没有采取适当措施致使损失扩大的，不得就扩大的损失请求赔偿。
>
> 当事人因防止损失扩大而支出的合理费用，由违约方负担。

【条文主旨】

本条是关于债权人防止损失扩大的减损义务的规定。

【条文释义】

债务人违约的，债权人不能无动于衷，任凭损失的扩大，而应当积极采取适当的措施，防止损失的扩大，这样有助于激励债权人采取措施减少损失，有助于增进整体效益。据此，本条第 1 款对此予以明确规定。但是，债权人负有的减损义务是一种强度较低的义务，学说上称之为不真正义务，债权人违反减损义务的，债务人不得请求债权人承担责任，而仅仅发生债权人利益的减损，即其不得就因违反减损义务而扩大的损失请求债务人赔偿。

本条第 1 款进一步规定，没有采取适当措施致使损失扩大的，不得就扩大的损失请求赔偿。适用的前提包括：（1）债务人违反义务导致损失的发生；（2）债权人没有采取适当措施，以限制损失的程度或者避免损失的增加；（3）发生的损失扩大；（4）债权人未采取适当措施与损失的扩大具有因果关系。关键就是债权人是否采取了防止损失扩大的适当措施。措施是否适当，主要考虑债权人是否按照诚信原则的要求尽自己的努力采取措施避免损失扩大，如果采取的措施将严重损害债权人自身的利益，或者有悖于商业道德，或者所支付的代价过高，不应认为债权人未采取适当的措施。措施适当还要考虑采取措施的期限是否合理。债权人所采取的适当措施根据具体的情形可能有不同的措施，例如：（1）债权人停止进一步履行。（2）合理的替代交易。（3）接受债务人变更合同的合理要约。

本条第 2 款规定，当事人因防止损失扩大而支出的合理费用，由违约方负担。需要注意的是，违约方负担该费用的前提是，该费用是债权人因为防止损失扩大而支出的，并且根据当时情况是合理的。

【案例分析】

2013 年第 1 期《中华人民共和国最高人民法院公报》刊登的"河南省偃师市鑫龙建安工程有限公司与洛阳理工学院、河南省第六建筑工程公司索赔及工程欠款纠纷案"【最高人民法院（2011）民提字第 292 号民事判决书】对当事人在合同履行过程中出现纠纷后，应当及时履行减损义务，不得放任损失的扩大进行了分析。相关裁判摘要如下：在 1999 年 4 月 20 日成教楼工程停工后，鑫龙公司与六建公司就停工撤场还是复工问题一直存在争议。对此，各方当事人应当本着诚实信用的原则加以协商处理，暂时难以达成一致的，发包方对于停工、撤场应当有明确的意见，并应承担合理的停工损失；承包方、分包方也不应盲目等待而放任停工损失的扩大，而应当采取适当措施如及时将有关停工事宜告知有关各方、自行做好人员和机械的撤离等，以减少自身的损失。而本案中，成教楼工程停工后，理工学院作为工程的发包方没有就停工、撤场以及是否复工作出明确的指令，六建公司对工程是否还由鑫龙公司继续施工等问题的解决组织协调不力，并且没有采取有效措施避免鑫龙公司的停工损失，理工学院和六建公司对此应承担一定责任。与此同时，鑫龙公司也未积极采取适当措施要求理工学院和六建公司明确停工时间以及是否需要撤出全部人员和机械，而是盲目等待近 2 年时间，从而放任了停工损失的扩大。因此，本院认为，虽然成教楼工程实际处于停工状态近 2 年，但对于计算停工损失的停工时间则应当综合案件事实加以合理确定。

> **第五百九十二条** 当事人都违反合同的，应当各自承担相应的责任。
> 当事人一方违约造成对方损失，对方对损失的发生有过错的，可以减少相应的损失赔偿额。

〖条文主旨〗

本条是关于双方违约和与有过错的规定。

〖条文释义〗

本条第 1 款规定了双方违约。违约可以区分为单方违约和双方违约。仅当事人一方违约的，称为单方违约；双方当事人都违约的，称为双方违约。在双务合同中，有些合同义务是彼此独立的，不具有牵连性和对价性，因此，双方违反这些相互独立的合同义务是可能的，并且不成立双务合同的履行抗辩权。在双方各自违反了相互独立的合同义务时，实际上是两个独立的违约行为，因此各自都要向对方承担相应的违约责任。据此，本条第 1 款规定，当事人都违反合同的，应当各自承担相应的责任。

本条第 2 款规定了与有过错。与有过错，又称为过错相抵、混合过错，指受损害一方对于损害结果的发生存在过错的，在计算损失赔偿额时应当予以相应减少。例如，甲从乙那里购买了一辆汽车，之后甲驾驶汽车运载超重货物，由于钢圈破碎导致翻车。交通事故处理部分认定汽车质量不合格是导致事故的主要原因，但甲超重行驶也是造成事故的原因之一。此时，根据本款，就可以减少乙对甲的损失赔偿数额。

有观点认为，我国违约责任采取无过错归责原则，规定与有过错将与无过错的归责原则相矛盾。经研究认为，违约责任采取无过错归责原则，仅仅是不依据违约方是否具有过错使得违约方承担违约责任，但与有过错解决的是对方的过错导致损失发生时，是否能够减少违约方的损失赔偿额，与无过错归责原则之间并不矛盾。

与有过错与双方违约不同，与有过错中，仅发生一个损害，只是对该损害的发生，债权人也有过错；而在双方违约的情形，双方都违反了相互独立的合同义务，故存在两个违约行为，由此发生两个损害。与有过错与本法第 591 条规定的减损义务也有不同。理论中，有的将减损义务作为与有过错的一种，有的将两者分开。本法分别规定了与有过错和减损义务，其区分是根据时间阶段，与有过错解决的是损失发生的阶段，而减损规则解决的是损失扩大的阶段，因此两者发挥作用的场合是不同的。

与有过错适用的前提是：（1）债权人因债务人违约遭受损失。（2）债务人的违约行为导致了损失的发生，但是，债权人的过错也是导致损失发生的原因。（3）债权人具有过错。此处的并非固有意义上的过错，而是属于"自己对自己的过错"，这可能是因债权人自身的行为部分导致了损害的发生。与有过错适用的法律后果是，扣减债务人相应的损失赔偿额。具体扣减的数额要结合考虑当事人的过错程度、原因力的强弱等因素。

【案例分析】

2015 年第 5 期《中华人民共和国最高人民法院公报》刊登的"兰州滩尖子永昶商贸有限责任公司等与爱之泰房地产开发有限公司合作开发房地产合同纠纷案"【最高人民法院（2012）民一终字第 126 号民事判决书】对双务合同的当事人均存在违约行为的情况下是否应当解除合同进行了分析，相关裁判摘要如下：在双务合同中，双方均存在违约的情况下，应根据合同义务分配情况、合同履行程度以及各方违约大小等综合考虑合同当事人是否享有解除权。综合全案情况看，爱之泰公司承担了联建项目中的主要工作，并已经履行了大部分合同义务，案涉项目主体工程已经完工，在各方均存在违约的情况下，认定永昶商贸公司和农垦机电公司享有法定解除权，无事实和法律依据，并导致合同双方利益的显著失衡。原判决解除合同不妥，本院予以纠正。

> **第五百九十三条　当事人一方因第三人的原因造成违约的，应当依法向对方承担违约责任。当事人一方和第三人之间的纠纷，依照法律规定或者按照约定处理。**

【条文主旨】

本条是关于因第三人原因造成违约的规定。

【 条文释义 】

违约是由第三人造成的，即因第三人原因造成的违约，例如第三人迟延交货造成一方当事人迟延履行。

但是，本法对违约责任实行无过错责任原则，如果只要是当事人一方因第三人的原因造成违约的，不管第三人原因的具体情况，都应当向对方承担违约责任，则由于实践中当事人一方因第三人原因造成违约的情况较为复杂，一概要求当事人一方承担违约责任，可能对其过于严苛。例如，演员甲按照约定赶赴剧场演出途中，被第三人驾车撞成重伤而无法演出，经事故认定，该第三人负全责，此时让甲承担责任似乎是不妥当的。因此，在合同法规则的基础上，本法对因第三人原因造成违约所应承担的违约责任作了适当限缩，给司法实践留下空间，将合同法第121条中"应当向对方承担违约责任"修改为"应当依法向对方承担违约责任"。

所谓"依法"，是指依据本法第577条的规定。据此，债务人因第三人的原因违约而向债权人承担违约责任的前提是债务人因第三人的原因违反了合同义务而构成违约。一般而言，因第三人的原因造成债务人违约而应当由债务人向债权人承担违约责任的，主要包括但并不限于以下第三人：（1）履行辅助人。履行辅助人，即法定代理人和根据债务人的意思事实上从事债务履行的使用人。使用人包括委托代理人或者意定代理人，以及债务人为履行债务而与之订立合同的第三人。债务人的法定代表人并非履行辅助人，他的行为就是债务人自身的行为。（2）与债务人有其他合同关系的第三人。该类第三人主要包括原材料供应人、配件供应人、产品制造人、产品上游供应商、次承租人等。（3）债务人一方的上级机关。民法通则第116条规定，当事人一方由于上级机关的原因，不能履行合同义务的，应当按照合同约定向另一方赔偿损失或者采取其他补救措施，再由上级机关对它因此受到的损失负责处理。虽然民法通则随着本法的生效而被废止，但这一规则背后的考量也可以纳入本条的适用之中。

依据本条，债务人因第三人的原因造成违约时，债务人应当依法向债权人承担违约责任。但法律有特别规定第三人也应对债权人承担责任的，或者特别规定债务人不承担责任的，依照该特别规定。例如，本法第791条第2款、第834条，旅游法第71条第2款，消费者权益保护法第40条第2款的规定等。

还应当指出的是，本条与本法第1198条第2款关于安全保障义务的规定之间，应当在适用时予以协调。一般而言，这两个规定中的"第三人"有所不同。本条规定的"第三人"主要如上述，而安全保障义务之中的第三人则主要指与安全保障义务人并无关系的第三人。

【案例分析】

"瑞金市天元食品公司诉瑞金闽兴水务公司供用水合同纠纷案"【江西省赣州市中级人民法院（2012）赣中民二终字第 38 号民事判决书】认为，供水公司因第三人原因未能供水的，应承担违约责任。相关裁判摘要如下：违约责任是违反合同的民事责任的简称，是指合同当事人一方不履行合同义务或履行合同义务不符合合同约定所应承担的民事责任。根据合同法第 107 条规定，我国合同法对违约责任采用的是无过错原则或严格责任原则，即无论违约方是否存在过错，均应对违约行为承担违约责任，除非存在法定的免责事由。根据合同法第 121 条规定，当事人一方因第三人的原因造成违约的，应当向对方承担违约责任。本案中，供水公司因第三方的原因未在公告公示的期间内恢复供水，导致用户因为停水而不能正常营业，虽然供水公司无过错，其也应对用户因停水造成的合理损失承担赔偿责任。

> **第五百九十四条**　因国际货物买卖合同和技术进出口合同争议提起诉讼或者申请仲裁的时效期间为四年。

【条文主旨】

本条是关于国际货物买卖合同和技术进出口合同争议的时效期间的规定。

【条文释义】

由于国际货物买卖合同和技术进出口合同发生的争议一般都比较复杂、涉及的标的额也较大、主张权利也更为困难，为了更有效地保护当事人的合法权益，本法对这类合同发生争议提起诉讼或者申请仲裁的时效期间规定为 4 年，相比国内同类案件提起诉讼或者申请仲裁的期间要长。本条规定的提起诉讼或者仲裁的 4 年时效期间，只适用于因国际货物买卖合同和技术进出口合同发生的争议。其他合同争议提起诉讼或者申请仲裁的期限，不适用本条规定。

本条仅规定了特别的时效期间，关于时效期间的起算、届满后的效力、时效的中止、时效的中断等，在法律无其他特别规定的情况下，适用本法第 188 条关于诉讼时效的一般规定。

第二分编　典型合同

本分编共十九章，对十九种典型合同作了规定。

一、命名典型合同的考虑

本分编命名为"典型合同",原为合同法中的分则,即规定具体的合同类型。将本分编称为"典型合同",主要有三个考虑:一是"有名合同"的称谓并不十分精确。有名合同通常是指法律上对其类型、内容都作出了明确规定的合同,与其相对应的叫无名合同。无名合同是指法律上尚未确定其名称与规则的合同,但客观上其是有名称的。比如借用合同,虽然在我国的合同法中没有规定,但是其客观上是有名称的。二是"典型合同"的称谓更具合理性和包容性。在法律上作具体规定的合同为典型合同,未作规定的为非典型合同,这与人们的直觉相符;尽管域外民法典规定的具体合同有别,但由于生活方式和交易模式的不同,典型合同的类型存在差异是在所难免的,不会给人们的认知带来麻烦。三是不同于域外通常将本部分称为"各种债务关系"、"债法分则"或者"各种之债",本分编并无规定无因管理和不当得利等法定之债的内容,纯粹规定具体的合同类型,另由第三分编"准合同"规定无因管理和不当得利的具体内容。

二、增加典型合同的理由

在民法典的编纂过程中,不少意见要求增加规定典型合同的类型,主要有保证合同、保理合同、物业服务合同、合伙合同、旅游合同、保险合同、劳务合同、互联网合同、服务合同、特许经营合同、快递合同、信用卡合同等。经研究,相比较于合同法规定的典型合同类型,最终增加了四类合同,分别为保证合同、保理合同、物业服务合同和合伙合同,加上原有的十五类合同,典型合同分编共规定了十九类典型合同。之所以增加上述四类合同,主要基于四个理由:一是问题导向性;二是编纂衔接性;三是适用普遍性;四是规则的可抽象性。所谓问题导向性,是指问题突出紧迫、规则特殊复杂,没有办法被其他典型合同的规则所涵盖,亟须法律作出规定,比如增加的保理合同就是这种情况。所谓编纂衔接性,意指典型合同的增加必须与相关规定和法律相协调,比如之所以加上保证合同和合伙合同,是因为民法典施行后担保法和民法通则将被废止,保证合同和个人合伙的相关问题若不作规定,将会处于无法可依的状态;而之所以不加旅游合同和保险合同,是因为旅游法和保险法已经对该两类合同作出规定,没有必要重复立法。所谓适用普遍性,主要是指在人们的日常生活中普遍适用,具有相当的典型性,作出规定可以在相当大的范围内,既可提供行为规则又可提供裁判规则,物业服务合同就符合这个特征。所谓规则的可抽象性,是指在立法过程中能够概括出特殊的规则,不能够泛泛而谈,比如互联网合同,由于涉及各种类型的合同,在其中无法抽取出抽象的共同规则,无法作为一个具体合同作出规定。

第九章 买卖合同

本章共五十三条，系典型合同中条文最多的合同，对买卖合同标的物所有权的转移、标的物的交付和风险承担、买受人检验标的物的期限和效力、分期付款买卖、凭样品买卖、试用买卖等问题作了规定。

> **第五百九十五条　买卖合同是出卖人转移标的物的所有权于买受人，买受人支付价款的合同。**

〖条文主旨〗

本条是关于买卖合同概念的规定。

〖条文释义〗

买卖合同是出卖人转移买卖标的的所有权于买受人，买受人支付价款的合同。买卖关系的主体是出卖人和买受人。转移买卖标的物的一方为出卖人，也就是卖方；受领买卖标的，支付价款的一方是买受人，也就是买方。买卖合同是最重要的合同之一，其重要之处在于：一是买卖合同为市场经济活动中市场主体经常运用的商品交换的基本和普遍的形式；二是买卖合同是典型的有偿合同，对其他有偿合同具有补充指导作用，当其他有偿合同没有法律规范时，规范买卖合同的法律规范可以参照适用。

1. 买卖合同的法律特征。（1）买卖合同是典型合同。买卖合同是合同法分则中明确规定的合同，因而属于典型合同，即通常所谓的有名合同。买卖合同是最基本的典型合同。（2）买卖合同是卖方转移财产所有权，买方支付价款的合同。首先，买卖合同是卖方转移财产所有权的合同。卖方不仅要将标的物交付给买方，而且要将标的物的所有权转移给买方。转移所有权，这使买卖合同与同样要交付标的物的其他合同，如租赁合同、借用合同、保管合同等区分开来。其次，买卖合同是买方应支付价款的合同，并且价款是取得标的物所有权的对价。这又使买卖合同与其他转移财产所有权的合同，如易货交易合同、赠与合同区别开来。（3）买卖合同是双务合同。出卖人与买受人互为给付，双方都享有一定的权利，又都负有相应的义务。卖方负有交付标的物并转移其所有权于买方的义务，买方也同时负有向卖方支付价款的义务。一方的义务也正是对方的权利。因此，买卖合同是一种典型的双务合同。（4）买卖合同是有偿合同。出卖人与买受人有对价关系，卖方取得价款是以转移标的物的所有权为代价的，买方取得标的物的所有权是以给付价款为代价的。买卖合同的任何一方从对方取得物质利益，都须向对方付出相应的物质利益。因此，买卖合同是典型的有偿合同。(5) 买卖合同多是诺成合同。一般当事人就买卖达成合意，买卖合同即成立，而不以标的物或者价款的现实交付为成立的要件。但是，买卖合同当事人也可以在合同中作出这样的约定，标的物或者价款交付时，买卖合同始为成立。此时的买卖合同即为实践合同或者称要物合同。(6) 买卖合同为要式或者不要式合同，从法律对合同形式的要求区分，既可有要式合同，又可有不要式合同，如房屋买卖须采用书面形式，是要式合同；即时清结买卖为不要式合同，法律对合同的形式一般不作要求。

2. 买卖合同的种类。买卖合同除可按合同一般标准分类外，依其特点，还可有多种分类。

(1) 一般买卖和特种买卖。按照买卖有无特殊的方式，可分为一般买卖和特种买卖。试用买卖、分期付款买卖、凭样品买卖、买回买卖、拍卖、招标投标买卖等通过特殊方式的买卖为特种买卖，除此之外并非通过特殊方式的买卖为一般买卖。

(2) 特定物买卖与种类物买卖。按照买卖标的物是特定物还是种类物，可分为特定物买卖和种类物买卖。买卖标的物是特定物的，为特定物买卖。买卖标的物是种类物的，为种类物买卖。特定物买卖有瑕疵的，无法更换；种类物买卖有瑕疵的，可以更换。

(3) 批发买卖与零售买卖。按照销售的数量多少可分为批发买卖和零售买卖。批发买卖简称批发，指批量销售。批发可以是批发商将货物销售给另一批发商或者零售商，也可以是批发商或者零售商将货物批量销售给个人或者单位。零售买卖简称零售，指零散销售，是零售商将货物单个、少量销售给个人或者单位。

(4) 即时买卖和非即时买卖。按照买卖能否即时清结，可分为即时买卖和非即时买卖。即时买卖是指当事人在买卖合同生效时即将买卖标的物与价款对交，即时清结。非即时买卖是指当事人在买卖合同生效时非即时清结，待日后履行。非即时买卖又有预约买卖、赊欠买卖等多种划分。预约买卖是指买卖成立时买受人先支付预付款，出卖人日后交付货物的买卖。这种买卖从出卖人角度称预售，从买受人角度称订购。预约买卖同买卖预约不同。预约买卖的买卖关系业已成立，而买卖预约仅是一种预约，买卖合同并未成立，买受人没有支付价款。赊欠买卖是指买卖成立时出卖人先交付买卖标的物，买受人日后一次支付价款的买卖。赊欠买卖从出卖人角度称赊售，从买受人角度称赊购。

（5）一时买卖与连续交易买卖。根据当事人双方的买卖是否以一次完结为标准，可分为一时买卖与连续交易买卖。一时买卖是指当事人双方仅进行一次交易即结束双方之间的买卖关系的买卖，即使双方之间有多次交易，每次交易也都是单独的，而无连续性。连续交易买卖是指当事人双方于一定的期限内，卖方定期或者不定期地供给买方某种物品，买方按照一定标准支付价款的买卖，双方之间的每次交易都是有关联的。

（6）自由买卖与竞价买卖。按照是否采用竞争的方法进行买卖，可分为自由买卖和竞价买卖。未采用竞争方法买卖的，为自由买卖。采用竞争方法买卖的，为竞价买卖，如拍卖。

（7）动产买卖与不动产买卖。根据买卖标的物是动产还是不动产，可以区分为动产买卖和不动产买卖。动产是可以移动或者移动不影响其价值的物；不动产是动产以外的其他实物财产。动产与不动产买卖的主要区别有二：一是所有权移转的方式不同，前者主要通过交付方式，后者通常以登记为移转要件；二是合同的形式要件不同，前者原则上无形式要求，后者依法应采用书面形式。

（8）国内货物买卖与国际货物买卖。根据买卖合同的当事人、标的物所有权是否在不同国家之间转移等的不同，可以区分为国内货物买卖和国际货物买卖。随着我国"一带一路"倡议的不断深入和经济实力的增长，这种分类将更突显其价值。两种买卖在是否具有涉外因素、适用的法律依据、时效等方面均存在明显差异。

> **第五百九十六条** 买卖合同的内容一般包括标的物的名称、数量、质量、价款、履行期限、履行地点和方式、包装方式、检验标准和方法、结算方式、合同使用的文字及其效力等条款。

〖条文主旨〗

本条是关于买卖合同条款的规定。

〖条文释义〗

在本法编纂过程中，对于合同编中典型合同有条中条规定或者列项规定的情形，均进行统一化处理。比如本条，合同法的规定模式为引述了合同编通则部分第 470 条的规定，现在进行具体化的列举规定，不仅有利于合同编相应条文的一致性，也有利于学习了解买卖合同的主要内容。

本条规定的含义是，在买卖合同中，当事人可以根据具体合同的实际情况，约定标的物名称、数量、质量、价款、履行期限、履行地点和方式、包装方式、检验标准、检验方法、结算方式、合同使用的文字及其效力等条款。该条只是起到一种提示性的作用，不具有强制约束力，对于买卖合同的成立及效力，对于买卖合同当事人的具体权利义务等并无实质性的影响。

买卖合同当事人在订立买卖合同时，通常应包括以下条款内容：

1. 标的物的名称。标的物是买卖合同当事人权利义务指向的对象，作为对象的具体的不动产或者动产即为标的物的名称，是买卖合同不可或缺的内容。依据本法第595条的规定，买卖合同的标的物应限于有体物，即具有一定的物质形体且能够为人们所感知的物。在买卖合同中如果没有标的物，就无法确定合同当事人的权利义务关系。

2. 标的物的数量。数量是对买卖合同标的物的计量要求，包括计量单位和计量方法。标的物的数量是指当事人约定的买卖标的物的数目，例如千克、吨、米等。数量需要由当事人事先作出约定，否则将无法确定交易的对象。

3. 标的物的质量。质量是对买卖合同标的物标准和技术方面的要求。标的物的质量也是买卖合同中的重要条款，为了准确表示，当事人应当就标的物的品种、规格、品质等级、型号、级别等作出明确约定。没有明确约定标的物质量的，应当适用本法第510条以及第511条第1项的规定。

4. 标的物的价款。标的物的价款又称价金，是指买卖合同中买受人为了得到标的物向出卖人支付的货币。关于价款，国家法律有强制性规定的，应当执行强制性的规定；没有强制性规定的，由当事人自己约定。

5. 履行期限。履行期限是指买卖合同的当事人所约定的履行合同义务的时间界限，包括交货时间和付款时间。

6. 履行地点和方式。履行地点是指买卖合同的当事人所约定的履行合同义务的具体地点，比如合同的提货地点、付款地点等。履行方式是指买卖合同当事人履行合同义务的具体方式，比如在交付标的物方式上是送货式、自提式还是代办托运式等。

7. 包装方式。标的物的包装，有两种含义：一种是指盛标的物的容器，通常称为包装用品或者包装物；另一种是指包装标的物的操作过程。因此，包装方式既可以指包装物的材料，又可以指包装的操作方式。包装又分为运输包装和销售包装两类。运输包装在我国一般有国家标准或者行业标准。

8. 检验标准和方法。标的物的检验是指买受人收到出卖人交付的标的物时，对其等级、质量、重量、包装、规格等情况的查验、测试或者鉴定。至于检验标准，如果当事人没有特殊要求的，可以依据国家标准或者行业标准进行检验；如果有特殊要求的，则应在合同中作出明确的约定，以防止出现纠纷。

关于检验的方法，有国家标准或者行业标准的，应当执行该标准；没有标准或者特殊要求的，应当作出约定，以防止在合同履行过程中产生纠纷。

9. 结算方式。合同的结算是当事人之间因履行合同发生款项往来而进行的清算和了结。主要有两种方式：一是现金结算；二是转账结算。法人之间款项往来的结算，除依法可以使用现金结算的情形以外，原则上应通过银行转账结算。至于现金结算，无论是法人之间的现金结算，或者是法人与个体工商户、农村承包经营户之间的合同，不能违反国家现金管理的有关额度的相应规定。随着我国社会主义市场经济的不断完善和经济体制改革的逐步深化，合同的结算方式将可本着合同当事人自愿的原则，根据实际情况加以选择。

10. 合同使用的文字及其效力。合同使用的文字及其效力条款主要涉及涉外合同。涉外合同常用中外文两种文字书写，且两种文本具有同样的效力。鉴于文字一字多义的情况普遍，且两种文本的表述方法也容易发生理解中的争议。若合同在中国履行，最好明确规定"两种文本在解释上有争议时，以中文文本为准"；在外国履行的合同可考虑接受以外文文本为准。这样既公平合理又可减少争议。

> **第五百九十七条** 因出卖人未取得处分权致使标的物所有权不能转移的，买受人可以解除合同并请求出卖人承担违约责任。
>
> 法律、行政法规禁止或者限制转让的标的物，依照其规定。

【条文主旨】

本条是关于出卖人无权处分行为的法律后果以及标的物本身要求的规定。

【条文释义】

无权处分是指没有处分权而处分他人财产，无权处分行为是现代社会生活中的常见现象，在买卖交易关系中尤为普遍。依据买卖合同的定义，出卖人负有交付买卖标的物并移转所有权的义务，因此，出卖人为保证买卖合同的履行，应当对买卖标的物具有处分权。当出卖人对买卖合同的标的物不具有处分权时，意味着买受人无法获得标的物的所有权，也就是不能实现合同的目的，根据本法第 563 条和第 566 条的规定，买受人可以解除其与出卖人之间订立的买卖合同并要求出卖人承担违约责任。

1. 本条第 1 款规定的来源。本条第 1 款规定的内容，源自对合同法第 51 条、第 132 条第 1 款以及最高人民法院关于买卖合同司法解释第 3 条的修改、综合、完善。首先，合同法第 51 条在理论和实践中就权利人未追认及出卖人未取得处分权时合同效力的状态产生了三种观点：合同无效、合同有效以及效力待定。基于这种争论，导致司法实践中极少依据该条规定进行裁判。其次，合同法第 132 条第 1 款规定不符合市场中大量存在的未来产品的交易实践，故在实践中大多将该条作为倡导性规定来对待。再次，原物权法第 15 条明确不动产物权效力的有无，不影响合同的效力。因此，针对上述规定，最高人民法院关于买卖合同司法解释第 3 条在司法实践层面认可了当事人无处分权不影响合同效力。

在本法编纂过程中，不少意见建议吸收司法解释的上述规定，删除合同法第 51 条和第 132 条第 1 款的规定。我们经研究认为：第一，规定的内容在理论和实践中产生了不少争议，在一定程度上导致了法律适用的不统一。第二，规定的内容与市场交易的实际情况不相吻合，尤其是就未来产品的交易方面。买卖标的可以是现实存在的物，也可以是将来产生的物。第三，规定的内容与司法实践的处理不一致，且司法实践依据司法解释来处理的结果较为理想。第四，删除两个条款不会使善意取得制度无处衔接，善意取得制度仍按其独立的规范体系进行判断适用。第五，规定的内容与域外的通行规定不符，不利于对外贸易往来。最终采纳这一意见，删去合同法第 51 条和第 132 条第 1 款的规定，同时在合同编第 597 条中增加一款新的规定：因出卖人未取得处分权致使标的物所有权不能转移的，买受人可以解除合同并请求出卖人承担违约责任。这样修改的结果既确保了物权人对标的物的所有权，也保护了善意买受人的权益，彰显了合同对当事人的约束力，有利于倡导诚信价值并维护交易安全。

2. 处分他人之物所订立合同的效力。尽管在本条中没有明确出卖人处分他人之物所订立的合同是否为有效合同，实质上我们对此是持肯定态度的，主要理由有：第一，买卖当事人订立的合同只要不违反法律、行政法规的强制性规定以及不违背公序良俗，原则上均属有效，有利于交易的正常开展。第二，为保护善意买受人的利益，也应当认定处分他人之物所订立的合同有效，从而有利于交易的安全。从善意的受让人角度而言，认定合同有效，其可以追究相对人的违约责任，若不认定有效，则只能主张缔约过失责任，不符合公平原则。第三，司法实践中已普遍认为，处分他人之物所订立的合同原则上为有效，且行之有效，故立法不应当与实际情况相违背。第四，物权编第 215 条从另一侧面显示出卖人对标的物没有所有权或者处分权时所订立的合同，原则上从合同的成立时生效。第五，域外规定通常认为处分他人之物所订立的合同有效。

3. 与善意取得制度的衔接。在本法编纂过程中，有意见提出，认可无处分权所订立合同的效力，可能引发不诚信或者导致犯罪行为得不到有力追究。经研究认为，首先，对于实践中可能出现的盗卖、骗卖和误卖等情形，构成犯罪的，应当通过刑事追赃处理，即善意取得的前提不得构成犯罪，若构成犯罪，则不能适用善意取得制度；其次，对于无权处分人的行为不构成犯罪的，依据本条第 1 款以及物权编第 311 条善意取得制度的规定，就无权处分标的物的行为，即使合同有效，标的物原所有权人和善意买受人的权利仍然可以依法受到保护：（1）买受人善意取得标的物所有权的，原权利人有权请求无权处分人承担违约责任或者侵权责任；（2）买受人不能依据善意取得制度取得标的物所有权的，原权利人则依法取回标的物所有权，买受人可以根据实际情况，因履行不能无法达到合同目的，请求解除买卖合同，进而要求无权处分人承担违约责任，或者直接要求无权处分人承担违约责任。

4. 其他合同的参照适用。在本法编纂过程中，有意见提出将处分他人之物所订立的合同有效仅仅规定在买卖合同，不适用于处分他人债权或者赠与他人财产以及无权出资等情形的问题。解决思路是，依据本法第 646 条的规定："法律对其他有偿合同有规定的，依照其规定；没有规定的，参照适用买卖合同的有关规定。"因此，其他情形是可以参照本条进行适用的。

法律禁止流通的物不得作为买卖标的物，如淫秽书刊。法律限制流通的物，只能在限定的领域流通，如枪支的买卖。国家对枪支的买卖实行特别许可制度，未经许可，任何单位和个人不得买卖枪支。购买民用枪支，须持公安部门核发的民用枪支配购证件。出售民用枪支，应当核对配购证件，按照配购证件载明的品种、型号、数量配售。

> **第五百九十八条** 出卖人应当履行向买受人交付标的物或者交付提取标的物的单证，并转移标的物所有权的义务。

〖条文主旨〗

本条是关于出卖人基本义务的规定。

〖条文释义〗

买卖合同的买受人的目的就是取得标的物的所有权，所以交付标的物并转移标的物所有权是出卖人最基本的义务。这在各国或者地区的民法中都是一致的。

交付是指标的物占有的转移。民法理论将标的物的交付分为现实的交付和拟制的交付两种。

现实的交付即指出卖人将标的物的占有直接转移于买受人，使标的物处于买受人的实际控制之下。如将出卖的商品直接交给买受人，将出卖房屋的钥匙交给买受人等，都是现实交付。拟制的交付是指出卖人将对标的物占有的权利转移于买受人，以替代现实的交付。本条规定的出卖人应当履行向买受人交付"提取标的物的单证"的义务，就是一种拟制交付。这种拟制交付可以称为指示交付，在本法物权编第 227 条有具体规定，它是指在标的物由第三人占有时，出卖人将对于第三人的请求提取标的物的权利让与买受人，以代替标的物的实际交付。最常见的指示交付是将仓单、提单交给买受人。交付必须是依出卖人的意思而作出的，如未经出卖人的同意，买受人自行将标的物或者提取标的物单证从出卖人处取走，则不构成交付，而是非法侵占的行为。除指示交付外，拟制交付还有另外两种形式：简易交付和占有改定。所谓简易交付，是指出卖人在转让动产物权之前，买受人已经通过委托、租赁、使用借贷等方式而实际占有了该动产，则从移转标的物所有权的合同生效之时起，视为交付。所谓占有改定，是指在动产物权转让时，如果出卖人希望继续占有该动产，买卖当事人可以订立合同，特别约定由出卖人继续占有该动产，而买受人因此取得对标的物的间接占有以代替标的物的实际交付。本法物权编第 228 条就占有改定作了具体规定。

买卖合同中买受人的目的是取得标的物的所有权，不言而喻，将标的物的所有权转移给买受人，同样是出卖人的基本义务。标的物所有权的转移方法，依法律的规定而定。动产以占有为权利的公示方法，因此，除法律另有特别规定或者当事人另有约定以外，动产所有权依交付而转移。不动产以登记为权利公示的方法，因此，其所有权的转移须由所有权人办理转让登记。无论合同是否作出约定，出卖人都应当协助买受人办理所有权的转让登记手续，并将有关的产权证明文书交付买受人。前面提到的在买卖合同成立时出卖人尚未取得标的物所有权的情况下，出卖人就应当在合同订立后取得该标的物的所有权，以将其转移给买受人。

> **第五百九十九条** 出卖人应当按照约定或者交易习惯向买受人交付提取标的物单证以外的有关单证和资料。

〖条文主旨〗

本条是关于出卖人交付有关单证和资料义务的规定。

〖条文释义〗

前条规定，出卖人应当交付标的物或者交付提取标的物单证。提取标的物的单证，主要是提单、仓单，是对标的物占有的权利的体现，可以由出卖人交付给买受人作为拟制的交付以代替实际的交付。这种拟制的交付不需要合同作出专门的约定。

除了标的物的仓单、提单这些用于提取标的物的单证外，现实生活中关于买卖的标的物，尤其是国际贸易中的货物，还有其他一些单证和资料，比如商业发票、产品合格证、质量保证书、使用说明书、产品检疫书、产地证明、保修单、装箱单等。对于这些单证和资料，如果买卖合同中明确约定了出卖人交付的义务，或者按照交易的习惯出卖人应当交付，则出卖人就有义务在履行交付标的物的义务以外，向买受人交付这些单证和资料。

结合我国的实际情况，对于何为"提取标的物单证以外的有关单证和资料"，最高人民法院关于买卖合同的司法解释第 7 条对此作了明确，主要应当包括：保险单、保修单、普通发票、增值税专用发票、产品合格证、质量保证书、质量鉴定书、品质检验证书、产品进出口检疫书、原产地证明书、使用说明书、装箱单等，实践中应当据此理解执行。

从另一角度而言，出卖人向买受人交付提取标的物单证以外的有关单证和资料，有一个前提条件，即应该有合同的约定或者交易习惯的要求。也就是说，如果合同没有约定或者交易习惯没有要求，出卖人可以不履行这项义务。需要进一步说明的是，只要合同作了约定或者交易习惯有具体要求，出卖人就不能拒绝履行，否则就属于违约行为，应当承担违约责任。

至于出卖人向买受人交付提取标的物单证以外的有关单证和资料是不是具有普遍约束力的问题，如果仅是基于约定才需要交付的，则不具有普遍约束力。但如果是基于交易习惯，即通常是当事人之间因长期交易而形成的习惯做法，或者是被地区、行业公认的不言而喻的习惯做法，抑或是国际贸易中国际惯例，均是合同履行过程中诚信原则的要求，依据总则编第 10 条以及本编第 509 条第 2 款的规定，则具有普遍约束力，出卖人不能抗辩为交易习惯而拒绝履行。

> **第六百条　出卖具有知识产权的标的物的，除法律另有规定或者当事人另有约定外，该标的物的知识产权不属于买受人。**

〖条文主旨〗

本条是关于具有知识产权的标的物买卖中知识产权归属的规定。

〖条文释义〗

通常而言，知识产权具有下述特征：（1）知识产权是一种专有性的民事权利。（2）知识产权具有严格的地域性，原则上没有域外效力。（3）知识产权的客体是知识产品。（4）知识产权的内容具有双重性，既具有人身权属性，又具有财产权属性。（5）知识产权具有一定的期限。

在买卖合同中，有些标的物本身可能是知识产权的载体，如计算机软件等。本条规定的意旨在于说明作为知识产权的载体的买卖与知识产权转让的不同。知识产权的转让是权利买卖的一种。涉及权利主体转变的合同法律关系，在有关法律中一般称为权利的转让。专利权的转让，是指专利权人作为转让方，将其发明创造专利的所有权或者持有权转移给受让方，受让方支付约定的价款。除了这种权利转让的合同，我国有关法律还规定了一种权利客体的许可使用合同。如专利法第12条规定了专利实施许可合同，它是指专利权人作为许可方许可被许可方在约定的范围内实施其所有或者持有的专利技术，被许可方按照约定支付使用费的合同。这种合同与专利权转让合同的区别在于，后者是以专利所有权的转移为目的的，而前者是以转让技术使用权为目的的，所以也可理解为专利技术使用权的转让合同，转让人并不因专利技术使用权的转让而丧失专利所有权。

在权利买卖中，当事人所追求的合同目的与一般的货物买卖是不同的。尽管从根本上说，一般货物买卖也是权利，即货物所有权的转移，但是，货物的所有权是建立在现实的、可见的实物之上，其所有权是一个法律上的抽象概念，当事人所追求的是物的实用性。而权利的买卖或者转让则不同，当事人所追求的是权利本身所体现的利益。作为买卖对象的权利，尽管也有一定的载体，但买卖当事人看重的显然不是该载体本身，而是通过它表现的一定技术以及对这一技术享有支配的权利而能带来的利益。因此，如果一个买卖合同的标的物本身体现着一定的知识产权，除非当事人明确表明，或者法律有相关规定（如著作权法规定美术作品的展览权随作品原件转移），买卖可以影响知识产权，那么，该标的物所体现的知识产权就不转移于买受人。另举一例来说，某人购买了一台计算机，其中计算机内包括了各种软件，作为买受人来讲，只是对计算机这一物体享有了所有权，但是对于计算机内所包括的作为软件的知识产权不属于买受人，买受人只有使用权，没有权利处分该计算机中所包含的知识产权。

在本法的编纂过程中，有意见提出，合同法第137条（即本条的原条文），出卖具有知识产权的计算机软件等标的物的，除法律另有规定或者当事人另有约定的以外，该标的物的知识产权不属于买受人中的"计算机软件等"为多余表述，影响了条文本身的逻辑，建议删除。我们经研究认为，"计算机软件等"的表述本意为举例说明，随着我国计算机使用的大众化以及我国知识产权保护水平的不断提高，已经没有必要特别说明；同时，删去"计算机软件等"后的条文逻辑更加清晰明了。因此接受建议，删去了原条文的"计算机软件等"内容。

第六百零一条 出卖人应当按照约定的时间交付标的物。约定交付期限的，出卖人可以在该交付期限内的任何时间交付。

【条文主旨】

本条是关于买卖合同出卖人交付期限的规定。

【条文释义】

这里出卖人具体交付标的物的时间，可以区分两种情况：

1. 合同约定在某确定时间交付。除非对交付的时间有精确要求的合同外，一般落实到日即是合理的，出卖人应当按照约定的时间履行标的物交付义务。迟于此时间，即为迟延交付，属于违约；早于此时间，即为提前履行，严格意义上也是一种违约。按照合同编通则部分的规定，买受人可以拒绝出卖人提前履行债务，但提前履行不损害买受人利益的除外。出卖人提前履行债务给债权人增加的费用，由出卖人承担。

2. 现实生活中大量的合同是约定了一个交付的期限。交付期限通常指的是一个时间段。具体的合同纷繁复杂，这一时间段是某几年、某几月或者某几天都有可能。这种情况下，依照本条规定，出卖人就可以在该交付期限内的任何时间交付，这也是符合当事人意图的。

需要补充说明的是，出卖人按照约定的期限交付标的物，是出卖人的一项义务，期限包括具体的日期和期间。约定有具体的交付日期的，应当按照约定的具体日期交付；没有约定具体日期而约定了交付期限的，出卖人可以在该交付期限内的任何时间交付。由于按照约定期限交付是出卖人的义务，不履行或者不正确履行这一义务须承担违约责任。不按照合同约定的期限履行义务包括两种情况：一是出卖人提前交付标的物，买受人接货后，仍可按合同约定的交货时间付款；合同约定自提的，买受人可以拒绝提货。二是出卖人逾期交付标的物，应在发货前与买受人协商，买受人仍需要的，出卖人应当照数补交，并负逾期交货责任；买受人不再需要的，应当依法办理解除合同手续。

第六百零二条 当事人没有约定标的物的交付期限或者约定不明确的，适用本法第五百一十条、第五百一十一条第四项的规定。

【条文主旨】

本条是关于买卖合同未约定标的物交付期限或者约定不明确如何处理的规定。

【 条文释义 】

依据第 510 条的规定，合同生效后，当事人就标的物的交付期限没有约定或者约定不明确时，当事人可以重新协商达成补充协议；不能达成补充协议的，按照合同相关条款或者交易习惯确定。如果这样仍然不能确定，按照第 511 条第 4 项的规定，出卖人就可以随时履行，买受人也可以随时要求出卖人履行，但应当给出卖人必要的准备时间。为了使买受人有一个合理的准备接收标的物的时间，如准备仓库等，出卖人应当在交付之前通知买受人。即使法律对此不作规定，这也是出卖人按照诚信原则应当履行的义务，因为通知一下对出卖人来说并不是多大的负担，却可以使买受人免受可能的损害。至于这段准备时间应当多长，则应当根据具体的情况合理的确定，难以一概而论。需要特别说明的是，前条规定的交付期限，是从出卖人一方的角度而言的；本条所规定的未约定或者未明确交付期限时的确定规则，是从出卖人和买受人双方的角度来讲，两条不能按照一个逻辑来理解。

如果买卖合同当事人没有约定交付时间，根据我国的司法实践，通常可以依据下列情形进行判断，具有一定的参考价值：第一种情形，如果约定由买受人自提货物的，以出卖人通知买受人提货时间为交付时间。但是，出卖人的通知一般应当采用书面形式，而且应当给买受人留有必要的准备时间。第二种情形，如果合同约定由出卖人送货的，出卖人在交货地点将标的物交付买受人实际占有并点收完毕，即视为交付。但是，如果买受人对货物的质量或者数量等提出异议而拒绝接受的，则不能视为交付。第三种情形，出卖人因买受人无正当理由拒绝接受而将标的物提存的，提存时间即为交付时间。第四种情形，出卖人提前交付而买受人接受的，以买受人实际接受的时间为交付时间。第五种情形，当事人约定由出卖人代办托运或者邮寄货物的，出卖人将货物交给第一承运人或者邮局的时间为交付时间。

> 第六百零三条　出卖人应当按照约定的地点交付标的物。
> 当事人没有约定交付地点或者约定不明确，依据本法第五百一十条的规定仍不能确定的，适用下列规定：
> （一）标的物需要运输的，出卖人应当将标的物交付给第一承运人以运交给买受人；
> （二）标的物不需要运输，出卖人和买受人订立合同时知道标的物在某一地点的，出卖人应当在该地点交付标的物；不知道标的物在某一地点的，应当在出卖人订立合同时的营业地交付标的物。

【条文主旨】

本条是关于出卖人交付标的物的地点的规定。

【条文释义】

买卖合同对标的物的交付地点有约定的，出卖人应当按照约定履行交付的义务。本条所要解决的问题主要是合同对交付地点没有约定或者约定不明确时法律应当确定怎样的规则。

与交付期限没有约定或者约定不明确的情形一样，合同如果没有约定交付地点或者约定不明确的，首先仍然要适用本法第510条的规定，即合同生效后，当事人可以重新协商达成补充协议，不能达成补充协议的，按照合同相关条款或者交易习惯确定交付地点。

与确定交付期限不同的是，如果这样仍然不能确定交付地点，不是适用本法第511条的规定，即第511条第3项所规定的，履行地点不明确，给付货币的，在接受货币一方所在地履行；交付不动产的，在不动产所在地履行；其他标的，在履行义务一方所在地履行。而是适用本条的规定，适用于买卖合同的特别规则。这些特别的规则与第511条第3项的规定是不同的，对于买卖合同，首先要适用本条的规则。但不是说本条与第511条第3项是根本上冲突的，如本条也有在债务人所在地履行的内容。并且，对于本条所未规定的情形，由于第511条第3项属于合同编通则的内容，所以仍要适用通则这项条款的规定，如"交付不动产的，在不动产所在地履行"这一规定也适用于买卖合同。也就是说，就买卖合同的交付地点没有约定或者约定不明确时，首先应当适用本条第2款的规定；在本条第2款无法适用或者没有规定时，才适用本法第511条第3项的规定。

本条所确定的规则可以从以下三个层次把握：

1. 如果买卖合同标的物需要运输，无论运输以及运输工具是出卖人安排联系的，还是买受人安排联系的，出卖人的交付义务就是将标的物交付给第一承运人。即使在一批货物需要经过两个以上的承运人才能运到买方，出卖人也只需把货物交给第一承运人。这时即认为出卖人已经履行了交付义务。因此，出卖人交付的地点应当是将标的物交付给第一承运人的地点。

这里需要注意的是，不管第一承运人是由出卖人或者买受人安排联系的，该承运人必须是独立于买卖双方的运输业经营者，而不应当是出卖人或者买受人自己的运输工具，否则将和本条第2款第2项规定的情形重复。最高人民法院关于买卖合同司法解释第11条也对此作出了明确规定。

另外需要注意的是，在有的国际货物买卖中，合同虽然也涉及了货物的运输问题，但当事人采用了某种贸易术语，而该术语本身就涵盖了交货的地点，此时就不属于本条规定的情况。例如，当事人在合同中约定交货的条件是"FOB 上海"，即使货物需要从郑州用火车运到上海再由上海海运到西雅图，出卖人的义务应当是把货物交付到上海的指定船舶上，而不是把货物交到郑州开往上海的火车上就算完成了交付。

2. 如果标的物不需要运输，即合同中没有涉及运输的事宜，这时如果出卖人和买受人订立合同时知道标的物在某一地点的，出卖人应当在该地点交付标的物。双方当事人知道标的物在某一地点，一般在以下情况中较为常见：买卖合同的标的物是特定物；标的物是从某批特定存货中提取的货物，例如指定存放在某地的小麦仓库中提取若干吨小麦作为交付的货物；尚待加工生产或者制造的未经特定化的货物，如买卖的指定货物将在某地某家工厂加工制造。

3. 在不属于以上两种情况的其他情况下，出卖人的义务是在其订立合同时的营业地把标的物交付给买受人。出卖人应当采取一切必要的行动，让买受人能够取得标的物，如做好交付前的准备工作，将标的物适当包装，刷上必要的标志，并向买受人发出通知让其提货等。至于本条第 2 款第 2 项中的"营业地"该如何理解，实践中也并非没有争议，因为出卖人有多个"营业地"也属正常。对此问题，根据《联合国国际货物销售合同公约》第 10 条就"营业地的认定"的规定，（1）如果一方当事人有一个以上的营业地，则应该将那个与合同、合同的履行具有最密切联系的营业地视为其营业地；在确定最密切联系营业地时，应考虑到双方当事人在订立合同前任何时候或订立合同时所知道或所考虑的情况；（2）如果一方当事人没有营业地，则以其惯常居住地为准。我们经研究认为，该规定具有合理性，可以作为认定"营业地"的依据。

> **第六百零四条** 标的物毁损、灭失的风险，在标的物交付之前由出卖人承担，交付之后由买受人承担，但是法律另有规定或者当事人另有约定的除外。

【条文主旨】

本条是关于买卖标的物毁损、灭失风险承担的基本规则的规定。

【条文释义】

本条也是买卖合同章最重要的条文之一。风险承担是指买卖的标的物在合同生效后因不可归责于当事人双方的事由，如地震、火灾、飓风等致使发生毁损、灭失时，该损失应当由哪方当事人承担。风险承担制度具有三个主要特点：一是风险承担发生在双务合同之中，单务合同没有对待给付问题，即使可能存在标的物毁损灭失风险，但不存在价金风险的问题。二是风险承担是因为标的物的毁损灭失而引起，不是因当事人的违约行为而引起。三是风险承担是因为不可归责于双方当事人的事由而产生的损失的分配制度，风险的发生具有极大的不可预测性。风险承担的关键是风险转移的问题，也就是说如何确定风险转移的时间。转移的时间确定了，风险由谁来承担也就清楚了。由于它涉及买卖双方当事人最根本的利益，所以从来都是各国、各地区有关买卖合同法律规范中要解决的一个重要问题。

通常来讲，标的物风险转移的时间可以由双方当事人在合同中作出约定。当事人在这方面行使合同自愿的权利，法律是没有理由干预的。这在各国法律规定中都是一致的，即在风险承担的问题上尊重当事人的意思自治。然而，法律必须要确定一个规则，以解决合同当事人对此问题未作约定或者约定不明确时，标的物的风险从何时起转移。各个国家的法律一般对此都有具体规定，但各国的规定不尽一致，主要可以分为三种情况：

1. 风险自合同订立时转移。风险自合同订立转移模式，是指非因买卖当事人的原因而导致标的物毁损灭失的不利后果，自合同订立时起移转于买受人，即所谓的"合同订立原则"。目前，采用该模式的主要有瑞士等国。

2. 风险随所有权转移。风险随所有权转移模式，是指标的物风险转移的时间应当与所有权转移的时间一致，即所谓的"物主承担风险原则"或者"所有权原则"。这一模式最早为罗马法所采纳，目前的英国和法国就属于此类。

3. 风险随交付转移。风险随交付转移的模式，是指把风险转移与所有权转移区分开来，以物的实际交付时间为标的物风险转移的确定标志，不论标的物所有权是否已经转移，均由标的物实际占有者承担风险。即所谓的"交付原则"，最早为《德国民法典》所采纳。目前，美国、德国以及《联合国国际货物销售合同公约》等都是采取这种模式。

1999年合同法起草过程中参考比较了上述三种模式，最终确定采纳第三种模式作为我国处理这一问题的办法。理由是风险转移是一个很现实的问题，而所有权的转移则是抽象的，因而以所有权的转移来确定风险转移的做法不可取。标的物的交付是一个事实问题，易于判断，清楚明了，以它作为标准有利于明确风险的转移。因此，本条规定，标的物毁损、灭失的风险，交付前由出卖人承担，交付后由买受人承担。这里要注意一个问题，除法律另有规定或者当事人另有约定以外，本法物权编第224条规定了"动产物权的设立和转让，自交付时发生效力"的内容，而本条又规定"标的物的风险自交付时起转移"，似乎区分风险承担的所有权原则与交付原则没有意义，这种看法是不对的。因为，物权编第224条规定的所有权自交付时起转移是在法律没有另外规定或者当事人没有相关约定的情况下才发生效力的。比如，如果当事人约定自合同成立或者自标的物价款支付完毕时起所有权转移，那么所有权的转移就依当事人的约定；而对于标的物风险，如果当事人没有专门约定，则要自交付时起转移。对于法律规定须办理一定手续标的物所有权才能转移的情况，与此道理相同。

另外需要说明的是，本条确立的规则属于买卖合同风险承担的一般性规则，如果特别法或者本法另有特别的规定，则应当适用该特别规定。

> **第六百零五条**　因买受人的原因致使标的物未按照约定的期限交付的，买受人应当自违反约定时起承担标的物毁损、灭失的风险。

【条文主旨】

本条是关于买卖标的物因买受人原因致使交付迟延的情况下风险转移的规定，也是买卖合同标的物以交付划分风险承担原则的例外规定。

【条文释义】

依据前条规定，标的物的风险自交付时起，由出卖人转移至买受人。在合同履行中发生交付迟延的情况下，就要考虑按此规则处理是否会导致对当事人各方的不公平。如果有，就需要作出相应的补充规定。在标的物迟延交付是由买受人原因造成的情况下，如果仍然坚持标的物的风险自交付时起转移，则显然对出卖人是不公平的。因为他已经为标的物的交付做好了准备，标的物已处于可交付的状态，而买受人则违反了及时接收标的物的合同义务。因此，本条规定由于买受人的原因致使出卖人不能按约定时间交付，买卖标的物自买受人违反约定时起发生风险转移，是合情合理的，同域外的通行做法也是一致的。

对于由于买受人原因致使出卖人不能交付标的物发生与交付一样的效果，即买受人承担标的物毁损、灭失的风险责任的条件，简单可以概括为四个方面：一是买受人须有原因。这里的原因，一般来讲是指买受人的过错，该过错应该包括故意和过失两种情况。二是须有出卖人不能按照约定的期限交付标的物的事实存在。如果没有这一事实的存在，也不会出现本条的情况。三是出卖人不能按照约定的期限交付标的物的事实是由于买受人引起的。也就是说，必须有因果关系。四是买受人承担风险的期限为自约定交付之日至实际交付之时。

> **第六百零六条** 出卖人出卖交由承运人运输的在途标的物，除当事人另有约定外，毁损、灭失的风险自合同成立时起由买受人承担。

〖条文主旨〗

本条是关于路货买卖中的标的物风险转移的规定。

〖条文释义〗

路货买卖是指标的物已在运输途中，出卖人寻找买主，出卖在途中的标的物。它可以是出卖人先把标的物装上开往某个目的地的运输工具（一般是船舶）上，然后再寻找适当的买主订立买卖合同，也可以是一个买卖合同的买受人未实际收取标的物前，再把处于运输途中的标的物转卖给另一个买受人。实践中，路货买卖以后一种形式为多，往往是在 CIF 条件下买方取得卖方交付的有关提取货物的单证后转卖货物。事实上，本条规定的情形是第 604 条规定的特殊情况，而第 604 条规定的风险转移时间点为"交付时"，本条规定的风险转移时间点为"合同成立时"，这是因为路货买卖的双方当事人均无实际控制货物，只能根据双方当事人已经确定的合同关系来确定，即以"合同成立时"来确定最为合理。这里需要指出的是，本条规定的情形主要发生于国际货物买卖合同之中，因此《联合国国际货物销售合同公约》第 68 条也有具体规定，对于已处在运输途中销售的货物，风险自合同订立之时起移转至买方。但是，如果情况表明：风险应该自货物交付给签发包括运输合同在内的单据的承运人之时起转移至买方，风险便于该时起由买方承担。尽管如此，如果卖方在订立合同时已知道或理应知道货物已经损失或损坏，而他又不将这一事实告知买方，则这种遗失或损坏的风险应由卖方承担。另外，美国以及德国等国的民法典也都就路货买卖的风险承担问题作出了类似公约的规定。

出卖在运输途中的货物，一般在合同订立时，出卖人就应当将有关货物所有权的凭证或者提取货物的单证等交付买方，货物也就处在了买方的支配之下。根据上述分析，从订立合同时起转移货物的风险承担也是合理的。但实际问题是，以合同订立之时来划分路货买卖的风险承担有时是比较困难的。因为在订立买卖合同时，货物已经装在运输工具上处于运输的途中，在收集不到确切证据的情况下，买卖双方都难以搞清风险的发生到底是发生在运输途中的哪一段，是在合同订立之前还是在之后。所以公约作出了这样的规定，即如果情况表明有此需要，从货物交付给签发载有运输合同单据的承运人时起，风险就由买方承担。这就把风险转移的时间提到了货物交付承运人之时，也就是说从货物交付运输之时起，货物风险就由买受人承担了。之所以这么处理是因为在路货买卖中一般出卖人要转移货物有关单证给买受人，而货物的保险单一般也是同时转让的，当货物发生风险时，买受人就可以凭保险单向保险公司索赔。这样就不会因此规定造成对买受人的不公平。所以，在适用"如果情况表明有此需要"的条件时，就要综合考虑上述的情况，即是否难以确定风险发生的时间，以及买受人是否享有保险利益等。根据我国保险法第49条第1款规定："保险标的转让的，保险标的的受让人承继被保险人的权利和义务。"第2款规定："保险标的转让的，被保险人或者受让人应当及时通知保险人，但货物运输保险合同和另有约定的合同除外。"如果买卖标的物在运输途中发生保险事故，作为买受人享有保险利益是没有问题的。

另外需要说明的是，本条的适用范围：一是出卖人出卖的标的物为"运输途中的标的物"，不是"运输途中的标的物"不适用本条的规定；二是当事人没有对运输途中的标的物毁损、灭失的风险作出特别的约定，如果有特别的约定，则应适用特别的约定，不能适用本条的规定。

还有一个问题，就路货买卖中的标的物，如果出卖人在订立合同时已经知道或者应当知道货物已经灭失或者损坏，而他又向买受人隐瞒这一事实，根据公平和诚信的原则，这种灭失或者损坏的责任应当由出卖人负担，这是很合理的。最高人民法院关于买卖合同司法解释第13条就此情形规定："出卖人出卖交由承运人运输的在途标的物，在合同成立时知道或者应当知道标的物已经毁损、灭失却未告知买受人，买受人主张出卖人负担标的物毁损、灭失的风险的，人民法院应予支持。"这样的处理方式应当予以肯定。

> **第六百零七条** 出卖人按照约定将标的物运送至买受人指定地点并交付给承运人后，标的物毁损、灭失的风险由买受人承担。
>
> 当事人没有约定交付地点或者约定不明确，依据本法第六百零三条第二款第一项的规定标的物需要运输的，出卖人将标的物交付给第一承运人后，标的物毁损、灭失的风险由买受人承担。

【条文主旨】

本条是关于出卖人将标的物交付给第一承运人即为履行交付义务的情况下，标的物风险转移的规定。

【条文释义】

本条规定是要解决标的物在运输中的风险由谁承担的问题。本法第604条只是一个原则性的规定，核心是交付确定风险承担。但是，实际情况中有些问题难以确定"交付"界线，本条就是典型例子。为预防和减少纠纷，本条针对经常出现的运输途中货物的风险承担划分问题作出了规定，确定了法定的交付界线。

根据本法第 603 条第 2 款第 1 项规定，当事人未约定交付地点或者约定不明确，依照本法第 510 条的规定又不能确定时，如果是标的物需要运输的，出卖人应当将标的物交付给第一承运人以运交给买受人。这项规定实际上确定了在这种情况下，出卖人将标的物交付给第一承运人就是履行了合同的交付义务。根据上述分析，本条规定在这种情况下出卖人将标的物交付给第一承运人后，标的物的风险由买受人承担是符合逻辑的。

大量的买卖合同，尤其是国际贸易都涉及货物的运输，而在运输过程中又容易发生各种风险导致标的物的毁损、灭失。所以确定货物运输中的风险由谁承担是一个非常重要并且十分现实的问题，规定其风险由买方承担的理由是买方所处的地位使他能在目的地及时检验货物，在发现货物受损时便于采取必要的措施，包括减轻损失，及时向有责任的承运人请求赔偿以及向保险人索赔等。一些国际贸易惯例也确定了这样的原则，如采取 FOB、CIF 和 CFR 条件订立买卖合同时，都是由买方承担货物在运输过程中的风险。

在本法编纂过程中，由于合同法第 145 条只规定了本条第 2 款的内容，并无第 1 款的内容。这样一来，当出现买卖合同双方约定出卖人应当将货物交付到买受人指定的地点再交由承运人运输的情形时，风险如何分担就会出现无法可依的情况。基于此，有意见提出，最高人民法院关于买卖合同司法解释第 12 条出卖人根据合同约定将标的物运送至买受人指定地点并交付给承运人后，标的物毁损、灭失的风险由买受人负担，但当事人另有约定的除外的规定，正好可以填补合同法的立法缺漏。我们经研究认为，该条司法解释规定公平合理，有助于解决实际中的问题，且与本条第 2 款在逻辑上衔接，故对该司法解释规定作适当文字修改后吸收为本条的第 1 款。

> **第六百零八条** 出卖人按照约定或者依据本法第六百零三条第二款第二项的规定将标的物置于交付地点，买受人违反约定没有收取的，标的物毁损、灭失的风险自违反约定时起由买受人承担。

【条文主旨】

本条是关于买受人不履行接收标的物义务情况下，标的物毁损、灭失风险承担的规定。

〖条文释义〗

本条规定同上一条不一样，是要解决标的物在非运输途中的风险由谁承担的问题。同时，本条也是细化第 604 条规定，针对货物的风险承担划分问题作出具体规定，确定法定的交付界线。

根据本法第 603 条第 2 款第 2 项规定，当事人未约定交付地点或者约定不明确，依照本法第 510 条的规定仍不能确定的，如果标的物不需要运输，出卖人和买受人订立合同时知道标的物在某一地点，那么出卖人应当在该地点交付标的物；不知道标的物在某一地点的，应当在出卖人订立合同时的营业地交付标的物。总之，这种情况就是出卖人有义务在某一地点将标的物交付给买受人。在合同约定的交付期限届至时，如果标的物已经特定于合同项下的特定地点而且出卖人已经完成了必要的交付准备工作，让买受人能够取得标的物，如将标的物适当包装，刷上必要的标志，并向买受人发出通知让其提货等，标的物就处在了可以交付买受人处置的状态，亦即出卖人已经完成了一部分的交付行为。如果这时买受人违反合同的约定没有接收标的物，那么按照本条的规定，买受人就从违反约定之日起承担标的物毁损、灭失的风险。

这里需要说明的一个问题是，第 605 条和本条规定的法律后果均是买受人应当自违反约定时起承担标的物毁损、灭失的风险，但是两者却存在四点不同之处，实践中需要正确把握：一是两者承担风险的适用原则不同。前者是交付转移风险原则的例外，而本条适用交付转移风险原则。二是买受人的主观原因不同。前者要求买受人存在故意或者过失的原因，而本条就不管买受人是否存在故意或者过失的原因。三是出卖人履行交付义务的状态不同。前者出卖人没有也无法履行交付义务，而本条的出卖人已经履行了部分交付行为。四是买受人开始承担风险责任的时间点不同。前者的时间点是出卖人交付标的物之前，本条的时间点是出卖人履行部分交付标的物的行为之后。

> **第六百零九条　出卖人按照约定未交付有关标的物的单证和资料的，不影响标的物毁损、灭失风险的转移。**

〖条文主旨〗

本条是关于出卖人交付有关标的物的单证和资料的义务与标的物毁损、灭失风险承担的关系的规定。

【条文释义】

本条的内容主要包括两个方面：一个方面的内容是，出卖人已经将标的物交付给买受人并由买受人占有，只是按照约定没有履行交付有关标的物的单证和资料的义务。另一个方面的内容是，没有交付有关单证和资料，不影响标的物毁损、灭失风险的转移，即此时的风险由买受人承担。需要说明的是，本条中所称的"有关标的物的单证和资料"，既可能是提取标的物的单证，也可能是提取标的物单证以外的有关单证和资料。

依据本法第 641 条第 1 款的规定，当事人可以在买卖合同中约定出卖人交付标的物后保留标的物所有权的内容，该内容可以是买受人未履行支付价款或者其他义务。在买卖标的物交付过程中，出卖人不向买受人移交有关标的物的单证或者资料，其性质可以由当事人在合同中约定，当事人可以约定这就是出卖人保留标的物所有权的表示。在合同对此没有约定时，各国解决的办法不尽一致。如，依据英国法律可能就认为这表明卖方保留了所有权，而依据《美国统一商法典》则认为这对卖方只是作为买方支付价款的担保，但并不影响标的物所有权的转移。然而，依据本法第 604 条的规定，标的物风险转移的原则是以标的物的交付作为标准，而不与标的物的所有权相联系。为什么交付标的物就转移风险，这主要是因为占有人已经占有了标的物，有能力维护标的物的安全和防范标的物的风险。出卖人没有按照约定交付有关标的物的单证和资料，并没有影响到标的物的交付占有。

因此，无论出卖人不交付标的物的单证是否意味着所有权的保留，都不影响标的物的风险从交付时起由出卖人转移给买受人。这与《联合国国际货物销售合同公约》第 67 条规定的卖方有权保留控制货物处置权的单据，并不影响风险的转移相一致。

> **第六百一十条**　因标的物不符合质量要求，致使不能实现合同目的的，买受人可以拒绝接受标的物或者解除合同。买受人拒绝接受标的物或者解除合同的，标的物毁损、灭失的风险由出卖人承担。

【条文主旨】

本条是关于出卖人根本违约的情况下，风险承担的规定。

【条文释义】

对于买卖合同交付的标的物质量不合格而导致标的物毁损、灭失的风险由

出卖人承担,应当具备以下三个条件:

1. 出卖人交付的标的物质量不符合质量要求。比如,出卖人交付的产品不符合质量标准,或者不具备产品应当具备的使用性能等。如果当事人虽然就标的物质量发生了争议,但是并不能确定交付的产品不符合要求,则不适用本条规定。

2. 因标的物质量不合格致使不能实现合同目的。比如出卖人向买受人交付了 1000 公斤香蕉,其中有 10 公斤变质,此时的出卖人已经构成违约,但这种违约程度是轻微的,并没有达到不能实现合同目的的程度,买受人不能因此主张解除合同。但是,如果交付的 1000 公斤香蕉中有 900 公斤发生变质而无法食用,那么就可以称之为不能实现合同目的,在这种情况下,买受人当然可以拒收或者在接收后依据本法第 563 条第 4 项的规定解除合同,由此导致风险的发生,才引发风险的分担问题。出卖人的履行不合格构成根本违约,表明出卖人的交付不构成真正的交付,由此产生的标的物毁损、灭失的风险应由出卖人承担。

3. 买受人拒绝接受标的物或者解除合同。尽管出卖人交付的标的物不符合质量要求且已经导致买受人无法实现合同目的,也不一定会产生标的物的风险负担问题。因为买受人可能会接受标的物而要求出卖人承担违约责任,此时标的物毁损、灭失的风险应当由买受人承担。但是,如果在出卖人交付的标的物质量不合格且导致买受人订立合同目的落空时,买受人拒绝接受标的物或者解除合同,则应当视为标的物没有交付,在此情况下所产生的标的物毁损、灭失的风险自然应当由出卖人承担。这里需要进一步说明的是,因出卖人交付的标的物质量无法实现合同目的,买受人拒绝接受,或者买受人接受后向出卖人发出解除合同的通知,这段期间标的物客观上由买受人临时代为照管,该期间的风险如何承担可能会产生争议。我们的意见是,由于代为保管并没有构成真正的交付,因而也不能发生风险的转移,出卖人仍然应当承担风险。

另外需要指出的是,本条关于风险负担的规则属于任意性规范,当事人可以通过协议加以改变;如果当事人之间没有特别约定的话,则应当适用本条的规定。

> **第六百一十一条** 标的物毁损、灭失的风险由买受人承担的,不影响因出卖人履行义务不符合约定,买受人请求其承担违约责任的权利。

【条文主旨】

本条是关于买受人承担风险与出卖人违约责任关系的规定。

【条文释义】

本条的规定表明,在出卖人违约的情况下,买受人虽然按照本法的规定承担了标的物风险，但并不影响因出卖人的违约行为，买受人请求其承担违约责任的权利，如请求损害赔偿。主要的理由在于：标的物毁损、灭失的风险由买受人承担的根据是买受人已经收到了出卖人交付的标的物，但并不表明买受人已经认可出卖人已经完全履行了债务，也不表明出卖人没有违约行为；如果出卖人存在违约行为，买受人自然可以要求出卖人承担违约责任。

需要特别说明的是，本条规定确实可能与前条的规定存在交叉。比如，在出卖人向买受人交付的标的物质量不符合质量要求，致使不能实现合同目的的情况下，买受人可以依据前条的规定主张权利。即买受人既可以通过拒收标的物或者解除合同而不承担标的物毁损、灭失风险，同时也可以进一步要求出卖人承担相应的违约责任。

> **第六百一十二条** 出卖人就交付的标的物，负有保证第三人对该标的物不享有任何权利的义务，但是法律另有规定的除外。

【条文主旨】

本条是关于出卖人权利担保义务的规定。

【条文释义】

买卖合同中出卖人对标的物的权利担保义务指的是出卖人应当保证对标的物享有合法的权利，没有侵犯任何第三人的权利，并且任何第三人就该标的物不享有任何权利。买卖合同根本上就是标的物所有权的转让，因此，出卖人的这项义务是他的一项最基本的义务。本条所规定的义务是买卖合同中出卖人的一项法定义务，即使合同中对其未作约定，出卖人也必须履行。

具体到本条的规定而言，出卖人的权利担保义务包括：（1）出卖人对出卖的标的物享有合法的权利，其须对标的物具有所有权或者处分权。出卖人作为代理人替货主出售货物，即是出卖人具有处分权的情形。而出卖人将其合法占有或者非法占有的他人财产作为出卖的标的物，或者出卖自己只有部分权利的标的物，如与他人共有的财产等都是对本项义务的违反。（2）出卖人应当保证标的物上不存在他人实际享有的权利，如抵押权、租赁权等。（3）出卖人应当保证标的物没有侵犯他人的知识产权。确定出卖人的这项义务比较复杂，需要结合有关知识产权的法律作出判断。

出卖人未能履行权利担保义务，使得合同订立后标的物上的权利缺陷没有去除，属于出卖人不履行债务的一种情况，出卖人应当承担相应的法律责任。

首先，买受人可以依照合同编第八章违约责任的有关规定，请求出卖人承担违约责任。其次，在标的物的部分权利属于他人的情况下，也可以认为出卖人的行为构成根本违约，即严重影响了买受人订立合同的目的，买受人可以单方解除合同。如果买受人不想解除合同，则可以请求出卖人减少标的物的价款。

至于本条所规定的"但是法律另有规定的除外"，这里的法律另有规定，主要包括以下三个方面：（1）如果有关专门立法对有权利缺陷标的物的买卖作出特别规定，则首先要依照其规定。例如本法第431条规定："质权人在质权存续期间，未经出质人同意，擅自使用、处分质押财产，造成出质人损害的，应当承担赔偿责任。"因此，在这种情况下，即使有关质押物的买卖合同有效，作为出卖人的质权人应当向出质人承担违约责任。（2）如果有关涉及知识产权的立法就出卖人的权利有特殊规定的，应当按该特殊规定处理。例如本法第600条规定："出卖具有知识产权的标的物的，除法律另有规定或者当事人另有约定外，该标的物的知识产权不属于买受人。"据此，买受人就不能主张享有标的物的知识产权。（3）如果买受人明知第三人对标的物享有权利的，应当受其约束。例如本法第613条规定："买受人订立合同时知道或者应当知道第三人对买卖的标的物享有权利的，出卖人不承担前条规定的义务。"

需要指出的是，本章规定的权利担保义务的这些条文的目的只是明确在买卖合同中当事人的权利义务关系，而不解决买卖合同对货物所有权所产生的影响问题。因此，如果出卖人将其根本没有所有权或者处分权的财产拿来出售，而买方并不知情出钱购买之后，一旦财产的真正所有人向买方提出索回财产时，该善意（即不知情）的买受人能否在法律上得到保护，能否取得财产的所有权而不返还给原所有人，这个问题属于物权编第311条规定的善意取得制度调整的范畴，具体请参考有关该条的规定及条文释义。

> **第六百一十三条** 买受人订立合同时知道或者应当知道第三人对买卖的标的物享有权利的，出卖人不承担前条规定的义务。

【条文主旨】

本条是关于出卖人权利担保义务免除的规定。

【条文释义】

依照前条规定，买卖合同的出卖人对于买受人应当承担权利担保义务。但是，在订立合同时，如果买受人已知或者应知标的物在权利上存在缺陷，除合同没有约定相反的意思，就应当认为买受人抛弃了对出卖人的担保权。因为买受人在订立合同时明知这种情况就等于表示愿意购买有权利缺陷的标的物。这同买受人明知货物有质量上的瑕疵而仍愿意购买的道理是一样的。

根据本条规定，出卖人不承担权利担保义务须具备两个条件：（1）买受人需了解情况。对于"买受人知道或者应当知道第三人对买卖的标的物享有权利"的规定，买受人需要了解三点：一是买受人知道或者应当知道。也就是说，买受人订立合同时知道或者应当知道存在权利瑕疵。二是第三人应当是买卖合同当事人以外的人。三是这里的权利包括所有权及其与所有权有关的其他权利，比如抵押权、质权和租赁权等。（2）买受人了解情况应为订立合同时。买受人知道或者应当知道第三人对买卖的标的物享有权利，这种知道应当在订立合同时，包括订立合同过程中和合同签字之时。如果在合同订立后，则不属于本条所规定的情况。

另外需要注意的是，（1）如果就买受人是否知情发生争议，出卖人如果主张买受人在订立合同时明知标的物的权利缺陷，则对此举证的责任在出卖人，而非买受人。（2）出卖人不承担权利担保义务，意味着买受人无权请求出卖人就其不能取得完整的标的物所有权承担违约责任。（3）本条规定只是一个原则性的规定，并没有否定当事人以协议的方式排除这一规定。也就是说，买卖合同当事人如果在合同中约定应当由出卖人承担权利瑕疵担保责任的，出卖人就应当承担权利瑕疵担保责任。

> **第六百一十四条** 买受人有确切证据证明第三人对标的物享有权利的，可以中止支付相应的价款，但是出卖人提供适当担保的除外。

【条文主旨】

本条是关于买受人就标的物的权利缺陷行使中止支付价款权的规定。

【条文释义】

本条规定的买受人可以中止支付相应价款的权利，是指暂时不支付还没有支付的价款，等到权利瑕疵不存在时再予以支付，比如本条规定的"出卖人提供适当担保"时就可以支付。这种情况下，买受人的权利不会受到损害。由于中止支付相应价款是买受人的权利，所以规定，在出现本案情况时，"可以"中止支付相应价款。也就是说，这项权利属于买受人的一项选择权，当事人可以选择这项权利，也可以不选择这项权利。

本条规定赋予买受人中止支付价款权，目的在于对买受人提供一种积极的保护。为什么要赋予买受人这一权利？这主要是考虑到在买卖合同中买受人支付价款的直接对价就是取得标的物的所有权，如果标的物存在第三人享有相应权利的瑕疵，则有可能使其不能取得或者不能取得完整的所有权，此时买受人则不能取得支付价款的对价。这就需要以法律的形式即中止支付相应价款的权利来保护买受人的权利。

依据本条的规定，买受人中止支付相应价款必须符合如下条件：第一，买受人必须有确切证据，这就是说，买受人不能凭猜疑认为第三人对标的物享有权利，就中止支付价款。这里所说的证据包括买卖标的物的所有权凭证、他项权证、租赁合同书等。第二，买受人有丧失标的物部分权利的可能，这就是说，第三人所提供的证据或者买受人自己查到的证据，均表明第三人对标的物享有权利。合同法第152条规定："买受人有确切证据证明第三人可能就标的物主张权利的，可以中止支付相应的价款，但出卖人提供适当担保的除外。"该条规定的第三人"可能主张权利"很可能就是恶作剧，即第三人可能不是真正的权利人，如此前提下就允许买受人中止支付相应价款，对出卖人明显不公，因此我们经研究对本条作了修改完善。第三，中止支付与受影响的标的物之间具有牵连性，这就是说，买受人中止支付的，应当是标的物的"相应"价款，并非一定是全部价款，具体要看证据所能反映的第三人就标的物享有的权利大小而定。第四，出卖人未提供适当担保，这就是说，如果出卖人提供了相应的担保，足以消除买受人的疑虑，那么买受人自然不能再中止价款的支付。实践操作中，在买受人要求提供担保之后，出卖人拒绝提供的，买受人方可中止支付价款。至于适当担保的程度判断，则要依据交易的具体情形而定。

> **第六百一十五条** 出卖人应当按照约定的质量要求交付标的物。出卖人提供有关标的物质量说明的，交付的标的物应当符合该说明的质量要求。

【条文主旨】

本条是关于买卖标的物应当符合约定质量要求的规定。

【条文释义】

1. 出卖人应当按照约定的质量要求交付标的物。按照约定的质量要求交付标的物，是出卖人的一项基本义务。需要说明的是，本条规定是一个原则性的规定，究竟何为按照要求履行了义务，还需要看当事人的具体约定。只有当事人具体而又明确的约定，方能利于出卖人交付符合要求的标的物，利于买受人收到符合自己所需要的标的物。为减少纠纷及方便合同的履行，建议双方当事人在缔约过程中就标的物的质量要求作出约定。

2. 交付的标的物应当符合标的物说明的质量要求。出卖人提供有关标的物质量说明的，交付的标的物应当符合该说明的质量要求。这一规定是按约定的质量要求交付标的物的进一步规定，属于该义务的范畴。质量说明是对标的物质量的具体说明，包括规格、等级、所含主要成分的名称和含量、有效使用期等。这里需要强调说明的有两点：第一，要求交付质量说明的，当事人应当交付质量说明并符合要求。具体分为两种情形：一种情形是法律规定的商品必须有质量说明的，其标的物必须有标的物质量说明，交付标的物时也须有标的物质量说明；另一种情形是法律没有要求有质量说明，当事人约定需要有质量说明的，交付标的物时也需要有质量说明。对上述两种情形，当事人交付的标的物，应当符合质量说明；不符合质量说明的，属于违约行为。但是，需要指出的是，这一要求是符合合同要求的基础上的一个附加的要求，不等于符合了质量说明的要求，就可以不符合合同的具体要求，其还必须符合合同的具体要求。第二，没有要求交付质量说明的，当事人可以不交付质量说明。这是指没有法律规定和没有约定的情形，在这种情形下，当事人可以不交付标的物质量说明。但是交付的标的物的质量，必须符合合同的具体要求。

> **第六百一十六条** 当事人对标的物的质量要求没有约定或者约定不明确，依据本法第五百一十条的规定仍不能确定的，适用本法第五百一十一条第一项的规定。

【条文主旨】

本条是关于买卖合同标的物法定质量担保义务的规定。

【条文释义】

本条解决的中心问题是买卖双方如果在合同中对标的物的质量要求问题没有约定或者约定不明确时怎么办。与合同的其他条款一样，首先要依照本法第510 条的规定予以确定。确定不了的，接着适用本法第511 条第1 项的有关一般性规定。即质量要求不明确的，按照强制性国家标准履行；没有强制性国家标准的，按照推荐性国家标准履行；没有推荐性国家标准的，按照行业标准履行；

没有国家标准、行业标准的，按照通常标准或者符合合同目的的特定标准履行。这是买卖合同中必须解决的问题，大陆法系有关的制度称为瑕疵担保制度，英美法系则称为默示担保制度。本条借鉴了以上两种制度的合理规定，主要是以英美法系的默示担保制度作为参考。

本条规定的出卖人法定质量担保义务是质量要求不明确的按照强制性国家标准履行；没有强制性国家标准的，按照推荐性国家标准履行；没有推荐性国家标准的，按照行业标准履行；没有国家标准、行业标准的，按照通常标准或者符合合同目的的特定标准履行。应当讲，这是一种比较原则的表述。然而，由于实际生活中买卖合同的情况纷繁复杂，涉及的标的物以及合同标的额千差万别，试图在法律中作出具体明确的规定不仅很难做到并反而不利于调整具体的合同关系。对本条的理解，可以参考国际公约的有关规定，在实践中的适用则要结合所遇到的个案进行具体的分析，以确定"通常标准"或者"特定标准"的内容，即在具体问题的处理过程中体现出法律规定的原则和精神。

> **第六百一十七条　出卖人交付的标的物不符合质量要求的，买受人可以依据本法第五百八十二条至第五百八十四条的规定请求承担违约责任。**

【条文主旨】

本条是关于标的物质量不符合要求时，买受人权利的规定。

【条文释义】

1. 出卖人承担标的物质量不符合要求责任的构成要件。从理论上来讲，本条系出卖人交付标的物质量不符合要求应当承担违约责任的条款，其构成应当具备以下四个构成要件：一是交付的标的物有瑕疵。认定物的瑕疵通常原则为：合同关于标的物质量有约定的，从其约定；没有约定的，补充协商；协商不成的，依据本法第511条第1项的规定确定。有个例外，如果当事人约定的质量要求低于法定的强制性标准的，其约定无效，应以法定要求为准。二是标的物瑕疵在标的物风险转移时存在。只要标的物在交付给买受人之时存在瑕疵，出卖人即应承担责任，因为买受人在受领标的物时才有检查的可能，而出卖人在标的物交付之前有机会除去瑕疵。三是买受人为善意且无重大过失。如果买受人在与出卖人达成合意时主观明知瑕疵的存在或者当事人特定约定免除出卖人的瑕疵担保责任，则表明出卖人的履行行为是符合约定的，不属于不适当履行。

同时，除出卖人故意隐瞒瑕疵外，如果买受人因为重大过失而忽略了对自己利益的保护，同样不受标的物瑕疵担保责任制度的保护。四是买受人须在异议期间内履行瑕疵的通知义务。买受人在合理期间或者法定期间未通知出卖人存在标的物瑕疵的，视为标的物不存在瑕疵。

2. 买受人有权请求出卖人对交付的不符合质量要求的标的物承担违约责任。本条是为了保护买受人的合同权益而作出的规定，系买受人的一项权利。这里需要说明的是，买受人行使这一权利须注意以下四点：第一，前提是买卖合同为有效合同。依据本法的有关规定，依法成立并生效的合同，对当事人具有法律约束力，受法律保护，当事人方可要求违约方承担违约责任。如果合同为无效合同，则不存在违约责任的问题。第二，出卖人交付的标的物不符合质量要求。标的物不符合质量要求具体包括两种情况，一种情况是不符合第615条规定的情况，即出卖人交付的标的物不符合合同约定的质量要求；另一种情况是不符合第616条规定的情况，即在没有约定标的物质量要求的情况下，不符合标的物的法定质量要求，具体可表现为不符合国家强制性标准、行业强制性标准、通常标准或者合同目的的特定标准等。第三，买受人应当及时向出卖人提出。相应的具体法律依据有本法第620条和第621条规定的买受人及时通知义务，这就是说，买受人依据该两条规定没有及时向出卖人提出的，不能行使本条所规定的权利。即使行使，法律也不保护买受人的权利，这样的处理方式才较为公平合理地解决了平等保护双方当事人合法权益的立法目的。第四，买受人没有处置或者使用该标的物。买受人收到标的物后，发现问题应依法及时提出质量异议，不能随意使用或者处置该标的物。如果随意使用该标的物或者处置该标的物，表明其对该标的物的认可，责任应由买受人自己负担。此种情况下，如果再追究出卖人的违约责任是不公平的。

3. 出卖人承担违约责任的方式。合同法第155条规定："出卖人交付的标的物不符合质量要求的，买受人可以依照本法第一百一十一条的规定要求承担违约责任。"即赋予买受人的权利只有"可以合理选择请求修理、重作、更换、退货、减少价款或者报酬"，没有明确表明买受人可以请求赔偿损失。因此，在本法编纂过程中，有意见提出应当补充上买受人有权要求出卖人承担赔偿损失的责任，这样的规定才称得上完整。该意见合情合理也合法，因此我们采纳了该意见，即买受人可以依据违约责任章第582条至第584条三个条文的规定要求出卖人承担违约责任，而不是之前的买受人只能依据一个条文要求出卖人承担违约责任。

依据本条目前的规定，出卖人交付的标的物不符合质量要求应承担本法第582条至第584条规定的违约责任。根据第582条的规定："履行不符合约定的，应当按照当事人的约定承担违约责任。对违约责任没有约定或者约定不明确，依据本法第五百一十条的规定仍不能确定的，受损害方根据标的的性质以及损失的大小，可以合理选择请求对方承担修理、重作、更换、退货、减少价款或者报酬等违约责任。"根据第 583 条的规定："当事人一方不履行合同义务或者履行合同义务不符合约定的，在履行义务或者采取补救措施后，对方还有其他损失的，应当赔偿损失。"根据第 584 条的规定："当事人一方不履行合同义务或者履行合同义务不符合约定，造成对方损失的，损失赔偿额应当相当于因违约所造成的损失，包括合同履行后可以获得的利益；但是，不得超过违约一方订立合同时预见到或者应当预见到的因违约可能造成的损失。"这就是说，出卖人交付的标的物不符合质量要求时，承担违约责任的方式有两种：一种是当事人约定的方式。当事人可以根据本合同情况和本法关于违约责任的规定，约定出具体的违约责任。另一种情况是法定方式。即没有约定或者重新约定不成功的情况下，按照法定的方式承担违约责任。即买受人依据规定可以要求出卖人承担以下一种或者几种违约责任：修理、重作、更换、退货、减少价款或者报酬、赔偿损失。需要说明的是，第 584 条并非承担违约责任的具体方式，它是"赔偿损失"责任的计算范围和方式，对于实践中确定违约责任的大小非常重要。

> **第六百一十八条** 当事人约定减轻或者免除出卖人对标的物瑕疵承担的责任，因出卖人故意或者重大过失不告知买受人标的物瑕疵的，出卖人无权主张减轻或者免除责任。

【条文主旨】

本条是关于出卖人对标的物瑕疵担保责任减免特约效力的规定。

【条文释义】

在买卖合同订立及履行过程中，如果出卖人和买受人作出约定，减轻或者免除出卖人对标的物瑕疵的担保责任。按照本法第 5 条规定的自愿原则，应当尊重当事人的意思自治，即应当尊重出卖人和买受人作出的约定。但是出卖人因故意或重大过失未告知买受人标的物瑕疵时，属于隐瞒事实真相的欺诈行为，有悖诚信原则，所以不少国家或地区大多都倾向于保护买受人的利益，不支持出卖人根据免约特则减轻或者免除责任。至于出卖人是否有欺诈的目的，买受人是否因出卖人未告知标的物瑕疵而订立合同，在所不问。我国合同法对此并无规定，在本法编纂过程中，基于此规则的重要性，参照最高人民法院关于买卖合同司法解释，特作出本条规定。

一、特约可以减免瑕疵担保责任的原因分析

在买卖合同中，出卖人原则上具有对标的物瑕疵的担保义务，依据合同自愿原则，合同义务来自于当事人之间的约定，瑕疵担保义务也不例外。无论是质量瑕疵担保义务还是权利瑕疵担保义务，其产生根源都在于买卖双方缔结了购买与出售标的物的合意，出卖人的合同目的是获得标的物的价款，买受人的合同目的是获得完整可用可处分的标的物，任何一方未能达到目的，都应视为对方违反合同义务。即使合同对此没有作出约定，依据本法第 610 条的规定，因标的物不符合质量要求，致使不能实现合同目的的，买受人可以拒绝接受标的物或者解除合同。买受人拒绝接受标的物或者解除合同的，标的物毁损、灭失的风险由出卖人承担。据此表明出卖人具有质量瑕疵担保义务。依据本法第 612 条的规定，出卖人就交付的标的物，负有保证第三人对该标的物不享有任何权利的义务，但是法律另有规定的除外。据此表明出卖人有权利瑕疵担保义务。尽管如此，既然瑕疵担保是合同义务，那么便可以通过约定排除，否则将有悖于合同自愿原则，这是特约可以减免瑕疵担保责任的第一个原因。

同时，尽管买卖合同的双方当事人在订立合同时是平等的，但是双方的缔约能力可能存在差别。按照通常理解，出卖人在订立合同时对于合同标的物的权利归属以及质量状况应有充分了解，但是在某些特殊情况下，出卖人限于外界条件或者标的物自身的特殊性质，可能难以充分全面地认识到标的物的现状，如果买受人对此表示理解，并且买受人愿意承担标的物可能存在的瑕疵风险，那么便可依双方的约定处理。在意思自治的前提下，买卖双方基于各自的利益考量，通过特约免除标的物的瑕疵担保责任，对双方来讲，既符合公平原则，也符合诚信原则，因此相关的约定对双方均具有法律约束力。这是特约可以减免瑕疵担保责任的第二个原因。

二、出卖人过错导致的特约减免例外

在买卖合同的订立和履行过程中，买卖双方可以约定免除出卖人对标的物的瑕疵担保责任。但在一些特殊情况下，出卖人存在主观过错，导致买受人对标的物的瑕疵状况不了解，最终致使买受人收到的标的物存在瑕疵。在这种情况下，买卖合同双方订立合同的基础有失公平，损害了买受人的权利，依据诚信原则以及本法第 506 条第 2 项"因故意或者重大过失造成对方财产损失的"合同中的免责条款无效的规定，对出卖人主张减轻或者免除责任的请求，不应予以支持。

本条中的出卖人的过错包括故意或者重大过失两类。出卖人故意不告知买受人标的物存在瑕疵，意味着出卖人明知标的物存在瑕疵。例如：出卖人销售的是伪劣产品，但却告知买受人产品符合质量标准，显然构成故意隐瞒标的物质量瑕疵。再如：出卖人将标的物一物二卖，又不告知第二个买受人实际情况，显然构成故意隐瞒标的物权利瑕疵。在这种情形下，不免除出卖人的违约责任当无争议。而在特约免除瑕疵担保责任的出卖人重大过失场合，其并无故意致使买受人受损的目的，但客观上造成了买受人利益的损害，该约定是否无效确实存有争议。例如：出卖人委托拍卖公司拍卖一块土地，由于疏忽导致拍卖公告中载明的土地面积大于实际面积，同时约定该土地以现状拍卖，出卖人不担保标的物的实际状况及瑕疵。在买受人拍得土地后发现土地面积不对，因此就出卖人是否可以免除瑕疵担保责任发生争议。在这种情况下，如果允许出卖人免除瑕疵担保责任，将使得拍卖人无须调查了解拍卖物的任何情形，竞买人只能自行了解标的物，其结果不但破坏了市场的诚信，也大大增加了市场的交易成本，结合本法第506条第2项的规定，对于出卖人存在重大过失的免责约定的效力，应当持否定评价。

另外需要指出的是，在适用本条的过程中，主张出卖人存在故意或者重大过失的情形，应当由买受人承担举证责任。而对于特约免除瑕疵担保责任的形式，由于该约定对双方的权利义务都存在重大影响，因此无论采取什么形式约定，都应当以明示的方式作出，而不能以默示的方式作出。

> **第六百一十九条** 出卖人应当按照约定的包装方式交付标的物。对包装方式没有约定或者约定不明确，依据本法第五百一十条的规定仍不能确定的，应当按照通用的方式包装；没有通用方式的，应当采取足以保护标的物且有利于节约资源、保护生态环境的包装方式。

【条文主旨】

本条是关于出卖人的标的物包装义务的规定。

【条文释义】

1. 包装方式的含义。标的物的包装方式包括包装材料的具体要求和包装的具体操作方式。包装材料和具体的操作方式，一般根据标的物的性质和运输的方式来确定。比如，就包装的具体操作方式来讲，包括运输包装方式和商品的销售包装方式。包装方式是否在合同中进行约定，应当根据买卖合同的具体情况来确定。需要约定包装方式的，当事人应以条款的形式对此作出下述具体明确的约定：包装的规格、包装的材料、包装费用、包装的标识、包装的具体方式等。

2. 包装方式为买卖合同的条款之一。在买卖合同中，就一些易腐、易碎、易爆、易燃、易潮以及化学物品等标的物来讲，包装方式对于标的物品质的保护具有重要的意义。对有些标的物来说，质量标准的一部分可能就是通过包装本身来表现。因此，本章特设一条对标的物的包装方式予以规定。

3. 出卖人不按约定的包装方式交付标的物为违约。出卖人应当按照约定的包装方式交付标的物，这是本条规定的出卖人的义务，如果出卖人不履行或者不正确履行这一义务，则属于违约行为，应当依法承担违约责任。

4. 包装方式没有约定或者约定不明确时的处理方式。对于包装方式，合同中没有约定或者约定不明确时如何履行义务，本条规定了两种解决方案：一是按照本法第 510 条的规定确定。即由当事人协商解决重新订立包装条款或者按照交易习惯确定包装方式，一经重新协商确定，则应照此执行。二是依据本条规定直接确定。依据本法第 510 条的规定不能确定的，本条直接规定了解决方案：应当采用通用的方式包装，没有通用的包装方式的，应当采取足以保护标的物且有利于节约资源、保护生态环境的包装方式。至于何为"通用的包装方式"，一般理解为，有国家强制性标准、推荐性国家标准、行业标准的，这些标准应当理解为"通用的包装方式"。至于何为"足以保护标的物的包装方式"，则需要根据具体的买卖合同标的物作出判断。至于为何加上"节约资源、保护生态环境"的内容，主要是基于我国电子商务蓬勃发展的实际情况，有大量的包装物需要得到科学处理，为贯彻民法总则编的绿色原则，特地加上了该内容，以指引人们培养可持续发展的生活方式。

> **第六百二十条** 买受人收到标的物时应当在约定的检验期限内检验。没有约定检验期限的，应当及时检验。

【条文主旨】

本条是关于买受人对标的物的检验义务的规定。

【条文释义】

买卖合同的履行过程中，在出卖人交付标的物后，接着的一个重要问题就是买受人对标的物的检验。检验的目的是查明出卖人交付的标的物是否与合同的约定相符，因此它密切关系着买受人的合同利益，各国法律都赋予买受人检验标的物的权利。

在国际贸易中，大都采用交单付款方式。买方通常都是在卖方移交提单时支付货款，等货物运达目的地后再进行检验。在这种情况下，买方虽已按合同约定支付了货款，但并不构成对货物的接受，也不影响买方检验的权利以及对卖方违约采取各种法律补救措施的权利。

同时，对标的物的及时检验，可以尽快地确定标的物的质量状况，明确责任，及时解决纠纷，有利于加速商品的流转。否则，就会使合同当事人之间的法律关系长期处于不稳定的状态，不利于维护健康正常的交易秩序。所以，本条要求买受人收到标的物后应当及时进行检验。此处的"及时"，通常应当理解为：有法定时间的依据法定时间进行检验；没有法定时间的应在收货时或者收货后合理时间内进行检验。

为何规定买受人的及时检验和异议通知义务，主要基于以下三点理由。第一，保护善意出卖人的利益。即使出卖人交货有瑕疵，但是和根本没有履行合同或者拒绝履行合同有相当区别。因为不符合约定的交货，也表明出卖人已经交货，只不过是交付货物不符而已，相比拒绝履行或迟延履行而言，违约程度相对较轻，多数情形甚至属于善意。尤其是现代社会货物交易频繁，有可能出卖人在交付货物时根本就没机会亲自或者委托他人检查其供应商所提供货物是否存在瑕疵，是否在数量、质量或者规格上存在和合同约定不符的情形。因此，立法在着重保护买受人利益的同时，也有必要适当给予出卖人相应保护。这一保护机制为买受人应当对出卖人所交付的货物在约定期限或者合理期限内进行检验，并在发现货物不符约定时及时通知出卖人，否则丧失宣称货物不符合约定的权利。第二，便于出卖人及时采取补救措施。一旦出卖人交付货物不符约定，如买受人及时通知出卖人，出卖人还可以及时采取修理、更换等补救措施。否则，在不少情况下，善意的出卖人根本无从知晓其交付的货物存在瑕疵而产生善意合理信赖，认为其已经按照合同约定和依照法律规定全面履行了义务，并据此实施后续行为，事后再突然被通知货物不符，将使得出卖人无法采取经济可行的补救措施。第三，便于双方当事人及时保存证据。因为在买卖合同中，出卖人仅须确保在风险转移时其交付的标的物符合合同规定，如标的物在风险转移时并无瑕疵，则出卖人无须负责。所以，买受人有必要在收到货物后从速检查其受领之物，确定货物是否存在瑕疵，并及时通知出卖人。如果出卖人对货物是否不符存在疑问，尚可对标的物进行检查。从而，及时通知可以有效避免合同当事人发生无谓的纠纷。

为使买受人能够正常地对标的物进行检验，出卖人有提供技术资料的义务。本法第599条规定："出卖人应当按照约定或者交易习惯向买受人交付提取标的物单证以外的有关单证和资料。"其中的产品合格证、质量保证书、质量鉴定书、品质检验证书、产品进出口检疫书、原产地证明书、使用说明书等，是出卖人应当向买受人提交的主要技术资料。至于具体的检验方法，原则上应当在合同中作出具体的约定，没有约定的应当依据国家有关规定进行。一般来讲，产品数量的计量方法，按国家或者主管部门的计量方法执行；没有规定的，则由供需双方约定。对某些产品，必要时应当在合同中写明有关主管部门颁发的交货数量的正负尾差、合理磅差和在途自然减（增）量规定及计算方法。对机电设备，必要时应当在合同中明确规定随主机的辅机、附件、配套的产品、易损耗备品、配件和安装修理工具等。对成套供应的产品，应当明确成套供应的范围，并提出成套供应清单。凡原装、原封、原标记完好无异状，包装内的产品品种、型号、规格、花色，由生产企业或者封装单位负责；需要确定负责期限的，由当事人根据不同产品的不同情况商定。凡原装、原封、原标记完好无异状，在当事人商定的期限内，该产品的质量由生产企业或者封装单位负责。

> 第六百二十一条 当事人约定检验期限的，买受人应当在检验期限内将标的物的数量或者质量不符合约定的情形通知出卖人。买受人怠于通知的，视为标的物的数量或者质量符合约定。
>
> 当事人没有约定检验期限的，买受人应当在发现或者应当发现标的物的数量或者质量不符合约定的合理期限内通知出卖人。买受人在合理期限内未通知或者自收到标的物之日起二年内未通知出卖人的，视为标的物的数量或者质量符合约定；但是，对标的物有质量保证期的，适用质量保证期，不适用该二年的规定。
>
> 出卖人知道或者应当知道提供的标的物不符合约定的，买受人不受前两款规定的通知时间的限制。

【条文主旨】

本条是关于买受人检验标的物的异议通知的规定。

【条文释义】

1. 通知义务的立法目的。买受人通过对标的物的检验，如果发现标的物的数量、品种、型号、规格、花色和质量不符合合同约定，应当一面对标的物妥为保管，一面向出卖人发出异议通知。赋予买受人通知义务，主要目的有二：一是及时确立交易关系，促进商品的高速流转；二是确保出卖人的合法权益。

2. 检验通知的立法比较及基本考虑。关于提出异议的时间以及不在规定的时间提出异议的法律后果，1999 年起草合同法的过程中，参考借鉴了国外的有关规定，同时也对我国法律法规中一些有益的规定进行了合理的吸收修改。

3. 约定通知期限的通知义务。当事人如果约定检验期限，买受人就应当在检验期限内将标的物的数量或者质量不符合约定的情形通知出卖人。买受人怠于通知的，视为标的物的数量或者质量符合约定，即法律认可标的物的数量或者质量符合约定。这就是说，在"视为标的物的数量或者质量符合约定"的情况下，即使标的物实际上不符合合同约定，出卖人也不用承担违约责任，其不利后果由买受人承担。该结论的主要的理由是：买受人没有履行通知义务，属于违约行为。

4. 没有约定通知期限的通知义务。对于没有约定检验期限的情况，法律不去对质量违约的情形进行分类并相应地规定出买受人提出异议的期限，而是规定了买受人收取标的物开始检验之后发现或者应当发现标的物的质量或者数量不符合约定之日起的合理期限。这个时间段，需要根据商业习惯和具体的标的物来确定，法律不可能也不应当具体地规定出来，而是要针对不同的买卖合同，不同的标的物，不同的质量违约情形进行个案的分析确定。买受人如果在发现或者应当发现标的物的质量或者数量不符合约定时起的合理期限内没有向出卖人发出异议通知，依照法律规定，就视为标的物的质量或者数量符合约定，即从法律上认为买受人认可了标的物。

5. 买受人的最长异议通知期限。本条规定了买受人的 2 年最长异议通知时间。前面所讲的是买受人在发现或者应当发现标的物的质量或者数量不符合约定时起的合理期限内通知，"买受人发现或者应当发现"可能是在收到标的物的当时，也可能是在之后的几天，甚至可能是之后的几年。而在市场经济条件下为便捷和加快商品的流转要求当事人之间的法律关系不应当长时间地处于不稳定的状态。正是从这种考虑出发，本条规定，买受人自标的物收到之日起 2 年内未通知出卖人的，视为标的物的质量或者数量符合约定。也就是说，在 2 年内，无论买受人是否发现或者应当发现标的物不符合约定，只要未向出卖人提出异议，就都视为他认可接受了标的物。2 年的时间基本上是可以适用于绝大多数的买卖合同的。如果合同对标的物的质量保证期作了约定，如某啤酒在标识中注明保质期 180 天，就应当认为，这构成了当事人对最长的异议通知时间的约定。这时就不适用本条 2 年法定期限的规定。

6. 买受人的异议通知义务豁免。本条规定，"出卖人知道或者应当知道提供的标的物不符合约定的，买受人不受前两款规定的通知时间的限制"。目的是促进和加速商品交易，但客观上是有利于出卖人的。出卖人故意提供不符合约定的标的物属于一种欺诈的行为，对于从事欺诈的人，不应当让他享有这种法律规定的利益，实际上是对出卖人欺诈行为的一种惩罚，是民法的公平原则和诚信原则在买卖合同履行中的具体体现。

> **第六百二十二条** 当事人约定的检验期限过短，根据标的物的性质和交易习惯，买受人在检验期限内难以完成全面检验的，该期限仅视为买受人对标的物的外观瑕疵提出异议的期限。
>
> 约定的检验期限或者质量保证期短于法律、行政法规规定期限的，应当以法律、行政法规规定的期限为准。

【条文主旨】

本条是关于约定的检验期限或者质量保证期过短情形的规定。

【条文释义】

前条规定的买受人通知义务，没有区分消费合同和商事合同，导致实践中，在买卖合同当事人一方为普通消费者时，经营者以格式条款方式约定了较短的检验期限，消费者无法在该期限内对商品质量是否合格作出判断，比如含有三聚氰胺奶粉等情形，消费者压根没有能力在短时间内对奶粉质量作出检查鉴定。在这种情况下，如果仍然适用前条的规定，以约定的检验期间或者合理期间已经过去为由，认定标的物质量符合约定，显然违背了公序良俗。因此本条规定的目的是弥补前条规定的不足。

1. 约定的过短检验期限视为外观瑕疵检验期限。瑕疵具体包括外观瑕疵和隐蔽瑕疵。外观瑕疵的检验相对容易，而隐蔽瑕疵的检验则需要借助于专业的知识和设备。据此逻辑，隐蔽瑕疵的检验期限会长于外观瑕疵。所以根据本条第1款规定，买受人根据标的物性质和交易习惯在约定检验期限内难以完成检验的，视为对外观瑕疵的异议期限，是符合交易常态的实事求是的选择。

2. 排除适用约定检验期限应当具备法定条件。判断当事人约定的检验期限是否过短，我们认为应主要从三个方面加以考虑：一是应当根据标的物的性质和交易习惯，在综合考虑的情况下，判断约定的检验期限对于隐蔽瑕疵的检验是否过短；二是买受人是否存在怠于通知的行为。如果买受人在约定检验期限发现隐蔽瑕疵却没有及时通知出卖人的，应当视为标的物质量符合约定；三是买受人对不能及时检验隐蔽瑕疵是否存在过失。买受人依法应当在收货后及时检验标的物，但是其没有采取适当的措施发现隐蔽瑕疵的存在的，则不能认定检验期限过短。

3. 当事人约定的检验期限和质量保证期短于法定期限时的法律适用。在实践中，对于检验期限和质量保证期，除了当事人的约定之外，还可能存在法律、行政法规或者部门规章等对此作出规定。在当事人约定的检验期限或者质量保证期短于法律、行政法规规定期限时，究竟以哪种期限为准，现行合同法并无规定，导致实践中就应当采用约定期限还是法定期限产生争议。通俗来讲，质量检验期限所解决的是标的物在交付时是否存在质量瑕疵的问题，而质量保证期限所要解决的是标的物按照正常质量要求可以使用多长时间的问题。例如根据《建设工程质量管理条例》第40条第1款规定，在正常使用条件下，屋面防水工程、有防水要求的卫生间、房间和外墙面的防渗漏的最低保修期限为5年。因为涉及社会公共利益，行政法规对质量检验期限采取强制性的要求，一旦违反，必将承担相应的法律后果。据此，该法定要求应当予以遵守，不能通过约定进行降低。因此，当事人约定的检验期限或者质量保证期短于法律、行政法规规定的期限时，应当以法定期限为准。从另一角度看，如果约定的检验期限或者质量保证期长于法律、行政法规规定的期限，这是出卖人自愿加重义务，且不违反法律或者行政法规的规定，故应当尊重约定的期限。

另外，在当事人没有约定质量检验期限但有约定或者法定质量保证期时，我们认为可以将质量保证期作为约定检验期限来对待。而当约定的检验期限和质量保证期不一致时，应当以较长的期限来作为检验期限对待，更加符合公平和诚信原则。

> **第六百二十三条** 当事人对检验期限未作约定，买受人签收的送货单、确认单等载明标的物数量、型号、规格的，推定买受人已经对数量和外观瑕疵进行检验，但是有相关证据足以推翻的除外。

【条文主旨】

本条是关于标的物数量和外观瑕疵检验的规定。

【条文释义】

本条规定以问题为导向，着重为交易过程中经常发生的纠纷提供解决方案。在实践中，因标的物数量引发的纠纷，主要包括消费者通过网购、邮购等方式进行的小额买卖，以及在中、小型建筑工程上零星采购钢材、水泥、砂石等建材这两种情况。在这两种情况下，如果当事人签收的送货单、确认单等单据上载明数量的，根据日常生活经验法则，应当认定买受人在签收时对数量进行了核点。对于合同当事人用肉眼观察等通常方法即可发现的标的物外观瑕疵，比如标的物的数量、型号、规格等属于当事人尽到一般合理注意义务即可发现的瑕疵，如果当事人签收的送货单、确认单等单据上对此没有提出异议的，应当认定买受人收到的标的物没有外观瑕疵。当然，如果买受人另外提供证据推翻送货单、确认单载明的内容的，则应当以证据证实的内容为准。

1. 当事人未约定检验期限的，签收载明数量、型号、规格的收货单据即推定对数量和外观瑕疵进行了检验。当事人虽未对检验期限进行约定，但这并非意味着买受人对收到的物品不履行验收义务。实践中，由于数量和外观瑕疵的检验无须借助物理、化学、生物等专门的学科知识，仅凭当事人的自身能力即可实现，且从日常生活经验出发，买受人在签收时一般都会对标的物的数量和外观进行核查。当前，现实生活中的买卖交易大多采用买方预付定金或者部分货款，货到后结清余款的方式进行，但买受人在收到货物后往往不能及时支付剩余款项。在出卖人请求支付时，买受人往往以质量存在瑕疵进行抗辩，迫使出卖人降低价款，或者在诉讼中对没有质量瑕疵或者轻微瑕疵以反诉的方式恶意拖延诉讼，以达到迟延支付价款的目的。在此种情况发生时，诉讼效率将会受到很大影响，且会形成恶意诉讼之风；但若简单地以诉讼效率为由拒绝受理反诉，可能导致诉讼资源的浪费且不能有效保护出卖人的合法权益。针对这一情况，本条规定签收及推定为检验合格的一般原则，可以避免实践中发生一些没有实际意义的抗辩或者反诉。

2. 有相反证据足以证明当事人没有对数量和外观瑕疵进行检验的除外。由于电子商务在我国的迅猛发展，促进了物流业的更新换代和迅猛发展。新型物流在方便群众生活的同时，也出现了新的问题，其中电子商务中快递公司送货的"先签后验"还是"先验后签"之争最为典型。网络卖家要求消费者先拆开包装检验货物后再签收，而快递公司要求消费者必须先签收才能拆开包装验收，两者的要求相互冲突，进而导致消费者处于两难的境地。作为民法典的立法，对于"先签后验"还是"先验后签"的问题，无法做到尽善尽美的方案，从原则上引导并认可"先验后签"，同时容许通过反证来否定。至于详细方案，留待以后的司法解释逐步完善。

另外，需要明确以下几点：一是为实现敦促买卖双方尽快结算的宗旨，买受人负有的异议和通知义务原则上不受交付数量和约定偏离程度的影响；二是出卖人明知或者应知实际交付的标的物数量与约定不符的，买受人则不负有异议和通知义务；三是买受人对出卖人的部分履行行为可以接受或者拒绝，但是并不影响买受人可以追究出卖人的违约责任的权利。

> **第六百二十四条** 出卖人依照买受人的指示向第三人交付标的物，出卖人和买受人约定的检验标准与买受人和第三人约定的检验标准不一致的，以出卖人和买受人约定的检验标准为准。

【条文主旨】

本条是关于出卖人向第三人履行的情形下检验标准的规定。

【条文释义】

在市场交易实践过程中，行使检验义务的验货人并非限于买受人及其代理人，在出卖人直接向买卖合同当事人以外的第三人履行的场合，如果合同没有明确约定买受人是唯一的验货人，且买受人和第三人之间可能存在特殊约定，就会面临双重检验标准的问题，需要在立法上加以明确。对此，本条规定应当以出卖人和买受人之间约定的检验标准为准。

债权贯彻相对性原则，具体到合同领域中的涉他合同，其中向第三人履行的合同，相对于普通合同而言，内容中附加了一项"第三人约款"。也就是说，在缔结向第三人履行的合同时，必然存在两个法律行为：一是基本行为（原因行为），二是第三人约款（向第三人给付之契约）。例如，当事人在买卖合同中约定将标的物交与买受人以外的第三人，或将价款付给出卖人以外的第三人时，买卖合同就是基本行为，而向第三人给付的约定，则为第三人约款。在学理上，根据第三人在合同中的地位，即第三人是否有权直接享有履行请求权的不同，向第三人履行的合同可以分为纯正的向第三人履行合同和不纯正的向第三人履行合同。前者是指在第三人约款中含有合同权利直接归属于第三人的合同，又称为向第三人给付之契约；后者是指合同当事人仅约定向第三人给付，而不使第三人对于债务人取得直接请求给付的权利，又称为经由所谓被指令人而为给付。

本法第 522 条第 1 款规定，当事人约定由债务人向第三人履行债务，债务人未向第三人履行债务或者履行债务不符合约定的，应当向债权人承担违约责任。第 2 款规定，法律规定或者当事人约定第三人可以直接请求债务人向其履行债务，第三人未在合理期限内明确拒绝，债务人未向第三人履行债务或者履行债务不符合约定的，第三人可以请求债务人承担违约责任；债务人对债权人的抗辩，可以向第三人主张。根据上述分析，第 1 款属于不纯正的向第三人履行合同，第 2 款属于纯正的向第三人履行合同，而第 2 款是民法编纂过程中新增加的内容，以适应实践发展的客观需要。

本条规定的内容，根据上述的分析，属于经由被指令人而为交付的情形，属于合同履行的一种常见的特殊形式，即买受人应出卖人的要求，将合同标的物向第三人交付。对于交付的标的物质量的判断标准，有主观标准和客观标准两种。主观标准是指标的物的质量应符合当事人双方约定的标准，如不符合则视为标的物具有瑕疵。客观标准是指标的物应符合该物所应具备的通常性质及客观上应有之特性，如不符合则视为标的物具有瑕疵。民法典采用的判断标准，与各国民法典大致相同，即以主观标准为主，客观标准为辅的判断标准。以买卖合同当事人之间关于标的物质量的约定作为质量判断的首要标准，是出于对当事人意思自治的尊重。结合本法第 510 条、第 511 条、第 615 条以及第 616 条的具体规定，为当事人确立了六个层次的质量判断标准：一看当事人约定的标的物质量标准；二看样品或者有关质量说明；三看协商一致的标的物质量标准；四看有关条款或交易习惯所确定的标准；五看国家或者行业标准；六看通常标准或符合合同目的的特定质量标准。

结合合同履行的实际情况，需要指出的是，在经由被指令人而为交付的场合，特别是转手买卖或连环购销的情况下，由于存在两个合同，一是出卖人与买受人之间的买卖合同，二是买受人与第三人之间的买卖合同，如果因两份合同约定的检验标准不一致而引发争议，则会形成同一产品的质量纠纷，买受人和第三人会分别提起诉讼，可能发生不同的裁判结果。就此问题，本条规定给出了明确答案：一是严守合同相对性，如果两份合同约定的质量标准不一致，应根据主观标准优先的原则，以出卖人和买受人之间合同约定的质量标准为依据，判断质量标准；二是在合同就合同约定的质量标准不明确时，应当借助于其他五个层次的判断标准，正确确定标的物是否存在质量问题。在此前提下，将能够确保审判尺度保持统一，对于当事人权利的保护和司法秩序的维护，都有着相当重要的意义。

> **第六百二十五条**　依照法律、行政法规的规定或者按照当事人的约定，标的物在有效使用年限届满后应予回收的，出卖人负有自行或者委托第三人对标的物予以回收的义务。

【条文主旨】

本条是关于出卖人回收义务的规定。

【条文释义】

本法总则编第 9 条规定了绿色原则。本条规定是该原则在买卖合同中的具体体现。出卖人对于买卖标的物在有效使用年限后的回收义务，需要基于法律、行政法规的规定和当事人的约定。本条的规定，首先是出于法律的引领作用，对普通民众的行为规范进行指引，以实践绿色的发展理念。其次，对于违反本条的回收义务，除当事人有明确约定外，法律、行政法规规定的回收义务，不能一概认为是民法上的义务，也有可能是公法上的义务。是否一律承担违约责任以及如何承担违约责任，都应基于法律的具体规定和当事人的具体约定而定，即具体情况具体分析。随着绿色发展理念的不断拓展和深入人心，此类规范当会越来越多，也会越来越具体明确。

> **第六百二十六条** 买受人应当按照约定的数额和支付方式支付价款。对价款的数额和支付方式没有约定或者约定不明确的，适用本法第五百一十条、第五百一十一条第二项和第五项的规定。

【条文主旨】

本条是关于买受人支付价款及其支付方式的一般规定。

【条文释义】

1. 支付价款及其支付方式的含义。支付价款是买卖合同中买受人的最基本义务，是出卖人交付标的物并转移其所有权的代价条件。这在各国法律规定上都是一致的。买卖合同对标的物的价款作出约定的，买受人应当依照约定履行义务，这是没有疑问的。有时合同可能并未直接约定价款的数目，而是约定了一个如何计算价款的方法，如果该方法清晰明确，同样属于对价款有约定的情形。而支付方式，是指买受人完成履行价款支付义务的具体方法，与买卖双方的权益有密切关系。支付方式不符合约定的，亦须承担相应的违约责任。在实践中，尤其是国际贸易中，支付方式主要有付现（通常指买方需要在卖方交货前若干天付清全部货款）、交货付款（通常指买方在卖方交货时付款）、交单付款（通常指买方在收到卖方交付合格的提取货物凭证时付款）三种方式，细分下来还有一次总付、分期支付；现金、转账、信用证、票据等方式。基于价金支付方式的重要性，现实中买卖双方通常会在合同中作出约定。

2. 未约定支付价款时的处理规则。买卖合同当事人未就价款作出约定或者约定不明确，并不导致合同不成立，但需要法律规定出解决的原则。合同中未约定价款的情况在实践中也是时有发生的。比如，买方以电报向卖方订购某种型号的机床若干台，要求立即装运，但没有提价格或计价方法。卖方收到电报后，即按其要求将机床装运给买方。像这样的情况如果认定合同未成立，对买卖双方来说就失去了一次交易的机会，扩展到整个市场交易行为，无疑阻碍了商品流转，同时也违背了交易主体的意愿。所以，就要让这样的合同成立，然后，就价款的问题协议补充。不能达成补充协议的，按照合同有关条款或者交易习惯确定。比如标的物的型号、质量等状况就是决定价格多少的重要参照。如果此时仍然不能确定价款怎么办？国外法律在处理上存在一定的差异。如德国规定如果未约定价款则依市场价格确定，市场价格为清偿时清偿地的市场价格。英美等国的法律也规定应当按照交货时的合理价格来确定。而根据《联合国国际货物销售合同公约》，如果合同已有效地订立，但没有明示或暗示地规定价格或规定如何确定价格，在没有任何相反表示的情况下，双方当事人应视为已默示地引用"订立合同时"此种货物在有关贸易的类似情况下销售的通常价格。本条规定是借鉴公约的规定作出的，即本法第 511 条第 2 项的规定。由法律确定价款是为了弥补当事人的订立合同时考虑的不足，而依订立合同时的市场价格确定是合理地反映当事人的心理状态办法。

3. 未约定支付方式时的处理规则。买卖合同当事人未就价款的支付方式作出约定或者约定不明确，这在实践中是经常发生的，但是通常不会发生纠纷，因为当事人之间的补充协议或者交易惯例可以解决这类纠纷。如果交易惯例解决不了，则需要法律规定出解决的原则，以便维护交易的秩序和提高交易的效率。这与本法第 511 条第 5 项"履行方式不明确的，按照有利于实现合同目的的方式履行"的规定的内涵相一致，也与本法第 628 条的规定相协调。

> **第六百二十七条**　买受人应当按照约定的地点支付价款。对支付地点没有约定或者约定不明确，依据本法第五百一十条的规定仍不能确定的，买受人应当在出卖人的营业地支付；但是，约定支付价款以交付标的物或者交付提取标的物单证为条件的，在交付标的物或者交付提取标的物单证的所在地支付。

〖条文主旨〗

本条是关于买受人支付标的物价款的地点的规定。

〖条文释义〗

买受人应按约定的地点支付价款。按照约定地点支付价款，是买受人的一项具体义务，这义务是买受人支付价款义务中的一项内容，该内容在支付价款的义务中是必不可少的。支付地点一般分为约定的地点和约定地点以外的法律规定的地点。为避免发生纠纷，合同当事人应当对买受人的支付价款地点作出具体约定。

没有约定支付价款地点或者约定不明确时依本法原则确定。尽管支付价款的地点很重要，需要合同当事人作出具体的约定，但由于种种原因，当事人没有作出具体约定或者虽有约定但约定的不明确，这种情况实践中常有发生。为减少纠纷，确保买卖合同的正常履行，本条规定了两种为当事人可以操作的具体原则：第一种原则，依据本法第510条的规定确定。依据该规定，当事人重新订立补充条款或者买受人按照合同的有关条款、交易习惯自行确定。这一规定实际上是基于当事人的自愿原则，是自愿原则在支付价款义务中的具体体现。第二种原则，直接依据本条规定确定。在依据第510条规定不能确定支付地点的前提下，本条规定了两种情况：一是买受人应当在出卖人的营业地支付，这与本法第511条第3项规定的给付货币的，在接受货币一方所在地履行是一致的；二是如果约定支付价款以交付标的物或者交付提取标的物单证为条件，那么买受人应当在交付标的物或者交付提取标的物单证的所在地支付。

在国际货物买卖中，如采用 CIF、CFR、FOB 等条件成交时，通常都是凭卖方提交装运单据支付货款。无论采用信用证还是跟单托收的付款方式，都是以卖方提交装运单据作为买方付款的必要条件。所以，交单的地点就是付款的地点。按照国际贸易的通行做法，采用不同的货款支付方式，交单的地点也是不同的。例如，采用跟单托收的支付方式，卖方应当通过托收银行在买方的营业地点向买方交单并凭单收取货款。而采用信用证付款，则卖方是向设在出口地，一般为卖方营业地的议付银行提交有关的单据，并由议付银行凭单付款。

> **第六百二十八条　买受人应当按照约定的时间支付价款。对支付时间没有约定或者约定不明确，依据本法第五百一十条的规定仍不能确定的，买受人应当在收到标的物或者提取标的物单证的同时支付。**

【条文主旨】

本条是关于买受人支付标的物价款的时间的规定。

【条文释义】

买受人应当按照约定的时间支付价款。按照约定时间支付价款，是买受人的一项具体义务，这义务是买受人支付价款义务中的一项内容，该内容在支付价款的义务中是必不可少的。支付时间一般分为合同约定的时间和约定时间以外的法律规定的时间。为避免发生纠纷，合同当事人应当对买受人的支付价款时间作出具体约定。当然，如果买受人不按时支付价款的，属于违约行为，应当承担相应的违约责任。

没有约定支付价款时间或者约定不明确时依本法原则确定。尽管支付价款的时间很重要，需要合同当事人作出具体的约定，但由于种种原因，当事人没有作出具体约定或者虽有约定但约定的不明确，这种情况实践中常有发生。为减少纠纷，确保买卖合同的正常履行，本条规定了两种为当事人可以操作的具体原则：第一种原则，依据本法第510条的规定确定。依据该规定，当事人重新订立补充条款或者买受人按照合同的有关条款、交易习惯自行确定。根据目前的规定，买受人可以随时支付价款；出卖人也可以随时请求买受人支付，但是应当给买受人一定的准备时间。第二种原则，直接依据本条规定确定。在依据第510条规定不能确定支付时间的前提下，本条规定了买受人应当在收到标的物或者提取标的物单证的同时支付，也就是平常所说的"一手交钱一手交货"。

> **第六百二十九条**　出卖人多交标的物的，买受人可以接收或者拒绝接收多交的部分。买受人接收多交部分的，按照约定的价格支付价款；买受人拒绝接收多交部分的，应当及时通知出卖人。

〖条文主旨〗

本条是关于出卖人多交标的物如何处理的规定。

〖条文释义〗

出卖人多交标的物，在实际生活中并不鲜见。对于出卖人多交标的物的情况，在当事人有约定具体处理方法外，本条规定了两种法定处理方法：一种方法是买受人接收多交的部分。出卖人多交，买受人接收，在一定程度而言系在原买卖合同的基础上，就产品的数量达成了事实的补充条款。也就是说，在执行原合同其他条款的基础上，可以收取多交的部分。由于买受人接收了多交的部分，又对多收部分价款没有提出异议，等于同意以原价格购买该部分标的物。另一种方法是拒绝接收。对于拒绝接收的，买受人应当履行通知和保管的义务，至于通知的具体方式，可以是书面的，也可以是非书面的，比如电话通知等。如果不通知则可能会产生买受人接收的假象。因此，为了避免发生纠纷，买受人负有通知的义务。

对于出卖人多交付标的物是否属于违约的问题，我们的看法是，按照约定数量交付标的物是出卖人的一项义务，出卖人应当严格履行。不履行这一义务，出卖人应当承担相应的违约责任。需要说明的是，这种情况是针对出卖人少交付标的物来讲的。至于出卖人多交付标的物是否属于违约，该承担什么责任，法律不作规定，由当事人协商来解决。现实中造成出卖人多交付标的物的原因复杂，需要具体问题具体分析。

> **第六百三十条** 标的物在交付之前产生的孳息，归出卖人所有；交付之后产生的孳息，归买受人所有。但是，当事人另有约定的除外。

〖条文主旨〗

本条是关于买卖合同标的物孳息归属的规定。

〖条文主旨〗

孳息是"原物"的对称，是由物或者权利而产生的收益，分为"天然孳息"和"法定孳息"。天然孳息是指物依自然规律产生的收益，如土地生长的稻麦、树木的果实、牲畜的幼畜、挤出的牛乳、剪下的羊毛等。法定孳息是指依民事法律关系产生的收益，如有利息的借贷或租赁，出借人有权收取的利息，出租人有权收取的租金等。买卖合同中标的物涉及的孳息，一般为天然孳息。但如果买卖的不是一般的货物，则也有可能涉及法定孳息，如买卖正被出租的房屋即是。

在买卖合同中，标的物孳息的归属是合同的一个很重要的问题，一般在法律上会有一个确定归属的原则。对此立法上有两种主张：一种主张认为，标的物所产生的孳息属于所有权人。即标的物所有权转移，其孳息就转移；标的物的所有权没有转移，其孳息也就没有转移。也就是说，孳息是和所有权联系在一起的。这种主张的理论基础是所有权理论。另一种主张认为，标的物所产生的孳息根据标的物交付占有来确定。即标的物转移或者交付给对方，其孳息就转移给对方；标的物没有转移或者交付给对方，其孳息也就没有转移给对方。也就是说，标的物的孳息属于占有方，所有权不是判断孳息归属的根据。这种主张的理论基础是和风险的归属联系在一起的，也就是风险和利益共担。

本条规定采取的是风险和利益共担的原则。本条规定是和本法第604条标的物毁损、灭失的风险，在标的物交付之前由出卖人承担，交付之后由买受人承担的规定相联系的。第604条的规定是交付划分风险的原则，根据这一原则，本条也将孳息和风险联系在一起，因此规定"标的物在交付之前产生的孳息，归出卖人所有；交付之后产生的孳息，归买受人所有"。从另一个角度而言，孳息之产生与原物占有人的照料大有关系，故很多国家的买卖合同都规定孳息收益人的确定与标的物的交付相联系。这里需要说明的是，本条规定的交付确定孳息归属是一个原则性的规定，如果当事人另有约定，根据民事权利可以依法自由处分的原则，应当按照约定执行。因此，在本法编纂过程中，根据有关方面的意见和建议，在合同法第163条规定的基础上，加上了"但是，当事人另有约定的除外"的内容，最终形成了本条现在的规定。

> **第六百三十一条** 因标的物的主物不符合约定而解除合同的，解除合同的效力及于从物。因标的物的从物不符合约定被解除的，解除的效力不及于主物。

【条文主旨】

本条是关于作为标的物的主物与从物在解除合同时的效力的规定。

【条文释义】

1. 物。民法上的物是指人们可以支配和利用的物质财富，一般和物权联系在一起。物根据其性质，有不同的分类标准：根据移动是否会影响其价值，可以分为不动产和动产；根据物的主从关系，可以分为主物和从物。主物是"从物"的对称，是指独立存在，与同属于一人的它物合并使用而起主要经济效用的物。如汽车对于附带的必需的维修工具、自划游船对于船桨、保险箱对于钥匙都为主物。反之从物也是"主物"的对称，是指独立存在，与同属于一人的他物合并使用而起辅助经济效用的物。除有特别情况外，从物的归属依主物的归属而定，主物所有权转移，从物所有权也随其转移。也就是说，主物能够决定从物的命运，而从物一般不能决定主物的命运。

2. 主物和从物在解除合同时的效力的相互影响力。本条的规定分为两个方面：一方面规定，因标的物的主物不符合约定而解除合同的，解除合同的效力及于从物。也就是说，因主物不符合约定而解除的合同，涉及从物的合同，自然也就解除，当事人不必要在从物问题上再作明确的意思表示，除非当事人和法律另有约定或者规定。这就是主物决定从物理论的具体体现。另一方面规定，因标的物的从物不符合约定被解除的，解除的效力不及于主物。也就是说，当合同标的物中涉及从物的合同被解除时，并不影响涉及主物的合同，涉及主物的合同仍然具有法律效力，当事人不能因为涉及从物不符合合同要求的合同解除，而提出解除涉及主物的合同。这就是从物不能决定主物理论的具体体现。

在本法的编纂过程中，有意见提出，从物不符合约定而被解除的，究竟是解除哪个合同？我们的看法是，主物和从物的买卖属于一个总的买卖合同，涉及从物买卖的部分，当属于主物买卖合同的组成部分，即使因从物不符合约定被解除，通常也不会达到不能实现合同目的的程度，因此涉及从物的解除应当只是买卖合同的部分解除。

> **第六百三十二条　标的物为数物，其中一物不符合约定的，买受人可以就该物解除。但是，该物与他物分离使标的物的价值显受损害的，买受人可以就数物解除合同。**

【条文主旨】

本条是关于标的物为数物中的一物时买受人解除合同的规定。

【条文释义】

1. 数物。本条所讲的"数物"，是指主从物以外的其他相互独立存在的物。不同的标的物中的"数物"一般是独立存在的，和其他独立存在的物并不互相制约。一般来讲，一个物的不能使用，并不能影响其他物的使用。

2. 买受人的合同解除权。本条规定的买受人有权解除合同分为两种情形：一种情形是，买受人解除一物不影响数物的解除。在标的物为数物的买卖合同中，出卖人交付的标的物中的一物不符合约定不被买受人接受，而出卖人交付的作为标的物的其他"物"符合要求又被买受人所接受时，买受人可以仅仅就不符合约定的"物"解除合同，但不影响到符合要求的其他"物"的解除。例如，买受人向出卖人购买大米和面粉，买卖大米 50 袋，价款 500 元；面粉 50 袋，价款 500 元。如果买受人发现面粉质量不符合约定，可以就面粉部分解除合同，而只买受大米。如果大米与面粉是以总价款 1000 元购买的，买受人只能请求减少与面粉相当的价款，而不能解除全部合同。另一种情形是，买受人解除一物影响到数物的解除。买受人购买了数物，其中一物的质量不符合约定，而该物又不宜与数物中的其他物分离，否则将明显受到损害，那么买受人可以要求就数物解除合同，即解除合同的全部。例如，买卖标的物是古对联一副，其中一联不符合约定的标准，显然该副对联就失去了悬挂的价值。这种情况下，买受人有权就整副对联行使解除权。

3. 本条规定的解除权由买受人选择决定。本条作为买受人的一项权利，所以使用了"可以"二字，出现依法可以解除合同的情形时，完全是由买受人自己决定。合同法第165条"但该物与他物分离使标的物的价值显受损害的，当事人可以就数物解除合同"的规定，实践中，对于"当事人"是否包括违约方有争议。有的提出，赋予了出卖人对于合同全部的解除权，即赋予了违约方解除权，与本法第563条规定的只有守约方才享有合同解除权的规定不符。为了避免这种争议，在本法编纂的过程中，将"当事人"改为了"买受人"，这样才更加符合民法的公平原则。从另一角度而言，即使出现一物不符合约定影响数物价值的情形，拿上面的对联为例，如果买受人出于某种考虑不愿意解除整副对联的合同，那么出卖人也就无权解除合同。综合上述考虑，本条规定的合同解除权只能是由买受人选择决定。

> **第六百三十三条** 出卖人分批交付标的物的，出卖人对其中一批标的物不交付或者交付不符合约定，致使该批标的物不能实现合同目的的，买受人可以就该批标的物解除。
>
> 出卖人不交付其中一批标的物或者交付不符合约定，致使之后其他各批标的物的交付不能实现合同目的的，买受人可以就该批以及之后其他各批标的物解除。
>
> 买受人如果就其中一批标的物解除，该批标的物与其他各批标的物相互依存的，可以就已经交付和未交付的各批标的物解除。

〖条文主旨〗

本条是对长期供货合同分批交付标的物的情况下解除合同的规定。

〖条文释义〗

出卖人不适当履行长期供货合同的三个层次。对于长期供货合同分批交付标的物的情况，如果出现出卖人不适当履行的情况，买受人要求解除合同的，应当受本条规定调整，表现为以下三个层次：

第一，一般情况下，出卖人不适当履行某一批标的物的交付，买受人可以针对该批标的物不适当履行的情况，要求出卖人承担违约责任。如果出卖人对该批的不适当履行构成了根本违约，即达到了本条所规定的"出卖人对其中一批标的物不交付或者交付不符合约定，致使该批标的物不能实现合同目的的"，买受人有权以该批标的物的交付违约为由，解除长期供货合同的该部分内容。

例如买受人为酿酒与出卖人约定了 10 年期的稻谷供应合同，在执行到第 5 个年头时，出卖人提供的稻谷由于某种原因不能达到酿酒的品质要求，导致无法达到买受人该年购买稻谷的合同目的，因此，买受人有权解除第 5 年的稻谷买卖合同。

第二，出卖人就某批标的物的交付构成根本违约，即交付的结果将导致该批以及之后其他各批标的物的交付不能实现合同目的的，买受人有权以该批标的物的交付违约为由，解除长期供货合同该部分及之后应当交付部分的内容。法律并未明确说明属于这类情形的具体情况，因为合同实践是复杂的，立法只能作出一个原则性的规定，具体适用的尺度把握应当具体问题具体分析。但是需要明确指出的是，某批标的物交付的根本违约，将致使今后各批的交付也构成根本违约的情况必须是十分明显的，才能适用这一规定。

第三，某批标的物的交付与整个长期供货合同的其他各批标的物的交付可能是相互依存的，或者说是不可分的，否则整个合同的履行将不可能或者没有意义，即某批标的物的不适当履行导致整个合同无法实现合同目的。在这种情况下，买受人如果依法可以对该批标的物解除，那么他就有权解除整个长期供货合同。例如买卖双方约定了成套机械设备买卖合同，分三批交付。在交付第二批设备后，买受人发现该批设备存在严重的质量问题，结果必将导致成套机械设备的买卖无法实现设定的合同目的。因此，买受人有权就包括已经交付和未交付的机械设备在内，全部要求解除合同。

> **第六百三十四条** 分期付款的买受人未支付到期价款的数额达到全部价款的五分之一，经催告后在合理期限内仍未支付到期价款的，出卖人可以请求买受人支付全部价款或者解除合同。
>
> 出卖人解除合同的，可以向买受人请求支付该标的物的使用费。

【条文主旨】

本条是关于分期付款买卖的规定。

【条文释义】

分期付款买卖，是指由出卖人先向买受人交付标的物，买受人将应付的总价款，在一定期限内分次向出卖人支付的买卖合同。分期付款买卖也是一种特殊买卖，其根本特征在于买受人在接受标的物后不是一次性支付全部价款，而是将全部价款分成若干份，分不同日期支付。分期付款买卖在某种意义上也属于一种赊购，但买受人在接受标的物之后，不是在一定期限内一次性地支付价款，而是在一定期限内分批次地支付。分期付款买卖中，当事人双方可以自由约定付款的期限和次数，也可以约定买受人在接受标的物前先支付或者先分期支付若干价款，但在出卖人交付标的物后买受人原则上至少应当再分两次向出卖人支付价款，否则就不属于分期付款的买卖。分期付款买卖一般在买卖标的物价金较高，买受人一次性筹款支付有困难时适用。由于价金是陆续支付，会使买受人在心理上、履行上不感到有过重的负担，因此分期付款买卖能促进商品房、高档汽车等昂贵品的消费。

一、法律对分期付款出卖人避免风险的特别约定的限制

分期付款买卖使买受人未支付全部价金即取得买卖标的物，出卖人未得到全部价金即须移转买卖标的物，出卖人存在不能取得全部价金的风险。因此，在分期付款买卖合同中出卖人为规避风险，往往提出一些有利于自己的合同条款。一般来说这也是合理的，是合同自愿原则的体现。然而，分期付款的买受人往往是弱者，其利益容易受到损害。因此，法律为了防止出卖人提出的这些条款过于苛刻，就应当作出一定的限制，以保证买卖当事人之间利益的平衡。

出卖人在分期付款买卖中采取的规避风险的各种措施中，最重要的就是解除合同或者请求支付全部价款的特约。

为保证及时收取价款，出卖人可以在合同中提出这样的条款，即买受人不按期支付价金，出卖人有权请求买受人一并支付未到期的价金。这种条款可以称为期限利益丧失条款。由于分期付款买卖中的期限利益属于买受人，为防止因特别约定致使买受人一有迟延付款的行为即丧失期限利益的不公平现象，一些国家或者地区的法律往往对因买受人迟延付款而丧失期限利益的特别约定加以限制，买受人如不按期付款达到一定程度的违约时，出卖人才能请求其加速支付未到期价金。本条借鉴这些有益的制度，规定分期付款的出卖人只有在买受人未支付到期价款的金额达到全部价款的1/5，且经催告后买受人在合理期限内仍未支付到期价款的，出卖人才可以请求买受人支付到期以及未到期的全部价款或者解除合同。

法律对出卖人请求支付全部价款的特别约定的上述限制，属于法律强制性规定。当事人在合同中不得限制、排除或者违反这些限制，否则是无效的。但需要指出的是，并非只要当事人的约定与上述规定不一致就导致无效。法律作出这样的规定，目的在于保护买受人的利益，如果当事人在合同中的约定对保护买受人的利益更加有利，则是不违反法律规定的。例如，当事人的特别约定是，出卖人只有在买受人连续三次未支付价款，并且未支付到期价款的金额达到全部价款的1/4的，才可以请求买受人支付到期以及未到期的全部价款或者解除合同，那么，这样的约定就是有效的。

除了上面讲的设立期限利益丧失的特别约定以外，出卖人在分期付款买卖中还可以提出设立一些其他的特别约定，以规避其风险。其中，比较重要的就是剩余价款的抵押担保约定和所有权保留的特别约定。前者在本法第416条规定，后者在本法第641条规定，这些特别约定属于合同自愿范畴，各国法律对此一般少有限制。

二、有关分期付款买卖合同解除的特别规定

本编在通则部分规定了对于所有合同均适用的关于合同解除的制度。包括当事人可以在合同中约定解除合同的条件，解除合同的条件成就时，合同解除。当事人也可以事后经协商一致解除合同。当事人一方迟延履行主要债务，经催告后在合理期限内仍未履行的，对方可以解除合同。当事人一方迟延履行债务或者有其他违约行为致使不能实现合同目的的，对方可以不经催告解除合同。这些是合同解除的一般性规则，合同编典型合同部分如果针对具体合同规定了一些特殊性的规则，那么就应适用特殊优于一般的原则。本条有关分期付款买卖合同解除的规定就是对通则有关规定的具体化。

首先，合同当事人可以在合同订立前或者订立后，协商设立合同解除的条件。而根据本条的规定，上面讲到的对期限利益丧失特别约定的限制，同样适用于合同的协议解除，合同的有关约定不得低于法律规定的对保护买受人有利的标准。

其次，达到法定的条件时，合同一方当事人有权单方解除合同。通则规定的这些条件中，违约行为"致使不能实现合同目的"，乃是一个核心和关键。但通则这一规定只是一般性的原则表述，至于什么是不能实现合同目的，需要根据不同种类的合同以及具体的个案来判断。按照本条的规定，在分期付款买卖合同中，买受人未支付到期价款的金额已经达到全部价款的1/5，且经催告后在合理期限内仍未支付到期价款的，即法律规定的具体适用"致使不能实现合同目的"的标准。也就是说，只有达到了这样的条件，分期付款买卖的出卖人才有权行使合同的单方解除权。

三、分期付款买卖合同解除的法律后果

在合同解除后，买卖当事人应当将从对方取得的财产进行返还，违约的一方并应当赔偿对方因此而受到的损失。因此，有时出卖人也会考虑提出对解除合同后损害赔偿进行特别约定的方式来追求自己的最大利益。因为分期付款买卖的标的物是已经交付了买受人的，所以在因买受人原因而由出卖人解除合同时，买受人在占有标的物期间的利益也就是出卖人的损失。出卖人可能提出自己因买受人的违约而解除合同时有权抵扣已收取的价款，或者请求买受人支付一定金额的赔偿款。如果这种约定过于苛刻，就会对买受人不利。为了维持当事人之间利益的均衡，法律应当进行适当限制。除已有的违约金过高可以请求适当减少的规定外，本条第 2 款规定，出卖人解除合同的，可以向买受人请求支付该标的物的使用费。也就是说，一般情况下，出卖人因买受人的原因解除合同时，出卖人向买受人请求支付或者抵扣的金额，不得超过相当于该标的物的使用费的金额。如果标的物有毁损，那么出卖人当然还可以请求相应的赔偿。

需要特别指出的是，由于本条没有对合同解除后买受人已经交付的价款如何处理作出规定，买卖当事人以在合同中对此问题作出约定为宜，以防止发生不必要的纠纷。若没有约定的，原则上应当适用合同编通则关于合同解除后果的相关规定。

> **第六百三十五条**　凭样品买卖的当事人应当封存样品，并可以对样品质量予以说明。出卖人交付的标的物应当与样品及其说明的质量相同。

〖条文主旨〗

本条是关于凭样品买卖中样品和交付的标的物要求的规定。

〖条文释义〗

一、凭样品买卖合同的含义

凭样品买卖合同，又称货样买卖，是指买卖双方根据货物样品而订立的由出卖人按照样品交付标的物的合同。凭样品买卖合同属于一种特殊的买卖合同，其特殊性主要表现在三个方面：一是合同标的物的质量、属性等是根据样品确定的，并且该样品应当是订立合同时存在的样品。二是当事人基于对样品的信赖而订约。三是交付的标的物以样品来衡量，即当事人在合同中明确规定以样品来确定标的物品质。需要特别说明的是，如果出卖人先向买受人提示样品，而后双方订立合同时未明确表明进行的是凭样品买卖，则双方不成立凭样品买卖。所以，按照商店中摆列商品购物不属于货样买卖。

二、凭样品买卖合同的样品要求

本条对样品的要求有两个：一个是凭样品买卖的当事人应当封存样品；另一个是可以对样品质量予以说明。

1. 封存样品要求。样品是凭样品买卖的核心问题。这对于双方当事人来讲均很重要，需要高度重视，不然的话，容易引起不必要的纠纷。为此，本条规定"当事人应当封存样品"。这一规定包括三层意思：一是样品必须是订立合同时的样品；二是样品的封存必须为双方所认可，包括对封存地点、数量、时间以及保存人的认可等；三是双方当事人应当对封存的样品盖章或者签字。至于封存的具体方法，当事人可以根据自己的具体情况作出具体的约定。

2. 对样品质量予以说明的要求。这是为了进一步保证样品的质量、减少纠纷而作出的一项具体的规定，对双方当事人均具有约束力，双方当事人同样需要给予高度重视。这一规定同样包括三层意思：一是对样品的质量的说明应为双方当事人所认可；二是对质量的说明应当根据样品具体情况来确定，一般包括外观、型号、技术要求等；三是对样品质量国家有强制性规定的，须遵守强制性规定，不得违反，比如国家有关安全卫生的强制性的要求就必须遵守。

3. 封存样品和对样品质量的说明对当事人均有益处。本条规定是一项保护双方当事人合法权益的义务性规定，双方当事人均应执行这一规定。现实中，由于双方当事人不注意这一问题，产生的纠纷很多，以致有理难以讲清楚。对双方当事人来讲，封存了样品，能对样品质量进行说明，如发生了纠纷，也容易分清责任，可以减少争执，有利于纠纷的解决，对保护双方当事人的合法权益均有益处。不然的话，双方当事人对这一问题均负有责任。

三、出卖人应当以符合样品的质量交货

凭样品买卖合同的一个基本特点就是加强出卖人的责任，视为出卖人担保交付的买卖标的物与样品具有同一品质。因此，本条规定出卖人交付的标的物应当与样品及其说明的质量相同。这是对出卖人的一项义务性的规定，出卖人必须履行这一义务。实践过程中，为了检验买卖标的物是否与货样品质相同，通常采取封存货样的办法，以待验证；同时由出卖人对样品质量予以说明。进而确保出卖人交付的标的物与样品及其说明的质量相同。如果出卖人未履行这项义务，会出现下列法律后果：一是出卖人应承担违约责任；二是因出卖人的交付行为不能使买受人实现合同目的，使得买受人有权解除合同。另外需要说明的是，根据第 636 条规定："凭样品买卖的买受人不知道样品有隐蔽瑕疵的，即使交付的标的物与样品相同，出卖人交付的标的物的质量仍然应当符合同种物的通常标准。"据此可以看出，本条规定只适用于非隐蔽瑕疵即表面瑕疵的情况。

> **第六百三十六条** 凭样品买卖的买受人不知道样品有隐蔽瑕疵的，即使交付的标的物与样品相同，出卖人交付的标的物的质量仍然应当符合同种物的通常标准。

〖条文主旨〗

本条是关于凭样品买卖的出卖人应对样品隐蔽瑕疵负责的规定。

【条文释义】

一、瑕疵

瑕疵分为质量瑕疵和权利瑕疵。本条指的是质量瑕疵，即出卖人交付的标的物存在不符合规定或者通用质量要求的缺陷，或者影响使用效果等方面的情况。质量瑕疵又可再分为表面瑕疵和隐蔽瑕疵。表面瑕疵是指存在于标的物表面凭一般买受人的经验就可以发现的无须经过专门检验的质量缺陷。隐蔽瑕疵则是指存在于标的物内部凭一般买受人的经验难以发现的必须经过专门检验的质量缺陷。由于表面瑕疵凭一般买受人的经验就能发现，而隐蔽瑕疵凭一般买受人的经验难以发现，所以本条专门针对隐蔽瑕疵作出了特别规定。

二、样品存在隐蔽瑕疵属于质量要求不明确

出卖人交付的标的物质量存在隐蔽瑕疵，而隐蔽瑕疵不为当事人所知道，因此可以理解为当事人约定的质量要求不明确。依据本法第 616 条的规定："当事人对标的物的质量要求没有约定或者约定不明确，依据本法第五百一十一条的规定仍不能确定的，适用本法第五百一十一条第一项的规定。"即首先应当重新协商或者依照合同的条款、交易习惯确定标的物的质量要求，仍不能确定的，则应当适用本法第 511 条第 1 项的规定。也就是说，在不能明确标的物质量要求的情况下，出卖人应当担保标的物没有质量瑕疵。

三、凭样品买卖的样品存在隐蔽瑕疵应负的责任属于加重责任

在凭样品买卖中，出卖人交付的标的物应当与样品的质量相同。那么是否在样品存在隐蔽瑕疵的情况下，也可以适用前条的这一规定呢？答案显然是否定的。因为在标的物存在隐蔽瑕疵情况下，出卖人存在违约行为，将可能影响到买受人无法享受购买该标的物应有的使用价值，若以出卖人交付的标的物与样品相符而可以免责，必将违背公平和诚信原则，因此本条的规定就是为了保护买受人的利益，针对前条的规定作出的特别规定，即加重出卖人对标的物的质量担保责任。这里需要特别指出两点：一是为了减少纠纷，合同中应当将买受人了解样品的程序作出规定，特别是对于买受人所了解到的样品存在的隐蔽瑕疵的情况规定清楚；如果合同中没有规定，则需要由出卖人提供证据证明买受人知道该情况。二是本条所讲的"同种物的通常标准"，不同于本法第 616 条的规定，首先是省去了重新协商或者依照合同的条款、交易习惯确定标的物质量要求的程序；其次是"同种物的通常标准"应理解为同种物的强制性国家标准、推荐性国家标准、行业标准履行或者同种物的通常标准、符合合同目的的特定标准履行，若出现这几类标准竞合的情况，原则上应适用对标的物质量要求更高的标准。

另外需要说明的是，对于样品的隐蔽瑕疵，如果出卖人明知该瑕疵而故意隐瞒，则可认为对买受人的欺诈，买受人依法可以撤销合同。从另一角度来看，对于样品的隐蔽瑕疵，如果买受人知道样品存在瑕疵的，则买受人不享有本条规定的权利。

> **第六百三十七条** 试用买卖的当事人可以约定标的物的试用期限。对试用期限没有约定或者约定不明确，依据本法第五百一十条的规定仍不能确定的，由出卖人确定。

【条文主旨】

本条是关于试用买卖合同中试用期限的规定。

【条文释义】

所谓试用买卖合同，也称试验买卖合同，是指出卖人和买受人约定，由买受人对标的物进行试用，并由买受人决定是否购买标的物的一种特殊的买卖合同。在试用买卖中，买卖当事人双方约定由买受人使用或者试验标的物，以买受人经过一段时间后认可标的物为合同生效条件。因此，标的物的试用期限是试用买卖合同中的重要条款，基于合同的自愿原则，合同当事人可以就标的物的试用期限进行约定。所以，本条首先规定试用买卖的当事人可以约定标的物的试用期限。如果当事人在试用买卖合同中对试用期限没有约定或者约定不明确，自然应当依据本法第 510 条的规定，通过重新协商或者根据合同的条款、交易习惯来确定。也就是说，当事人双方可以协议补充；双方不能达成补充协议的，按照试用买卖合同中的有关条款进行确定；仍然无法确定的，按照交易习惯确定。如果此时还不能确定，则由出卖人来确定试用的期限，以避免试用期限一直处于不确定的状态。

试用买卖作为买卖的一种，故在试用买卖除法律另有规定外，应当适用一般买卖的有关规定。但是，试用买卖作为一种特殊的买卖，与一般买卖相比，其特点主要在于：

1. 试用买卖约定由买受人试用或者检验标的物。对于一般买卖，出卖人并无义务让买受人试用标的物。而在试用买卖合同中，出卖人有义务在买卖合同成立前将标的物交付给买受人试用或者检验。如将标的物交给买受人试用或者试穿等。出卖人许可买受人试用或者检验标的物，是成立试用买卖合同的一个基本条件，出卖人不按约定让买受人试用或者检验标的物的，买受人可以请求出卖人交付标的物由其试用或者检验，也可以解除合同。

2. 试用买卖以买受人认可标的物为生效条件的买卖。试用买卖合同经当事人双方意思表示一致而成立。但该种合同对买卖权利义务关系的发生附有买受人认可标的物的生效条件，也就是说，买卖合同在买受人认可标的物时才生效。若买受人经试用或者检验对标的物不认可，则买卖合同不发生法律效力。可见，买受人认可标的物，为条件成就，买卖合同生效；买受人不认可标的物，则为条件不成就，买卖合同不生效。买受人的认可，完全取决于自己的意愿，而不受其他条件的限制。如果当事人在合同中约定标的物非经试用或者检验符合一定的标准或者要求，买卖合同不生效，那么这种合同就只是一般意义上的附条件买卖合同，而非本法所规定的试用买卖合同。

3. 买受人享有决定是否购买标的物的权利。在试用买卖中，买受人试用之后，即便其认可标的物，也可以选择不购买。在试用阶段，买受人可以随时退还标的物。从这个意义上说，试用买卖赋予了买受人决定是否购买标的物的选择权。这是试用买卖不同于一般买卖之处，买受人拒绝购买的，属于其行使合同约定的权利。

4. 标的物所有权在试用期限内并没有发生转移。在一般买卖中，适用交付移转所有权的规则，一旦交付，标的物所有权就发生转移。而在试用买卖中，标的物的交付只是使买受人享有占有和使用的权利，而不是所有权。在试用期限内，标的物的所有权仍然属于出卖人。一旦试用期届满，买受人同意购买，就发生简易交付，即从同意购买时起所有权发生移转。正是基于这一原因，如果当事人没有特别约定，买受人也不需要向出卖人支付试用期限内标的物的使用费。

这里需要指出的是，由于试用期限对买受人具有约束力，买受人在大多情况下实际占有着标的物，为结束不确定状态，应当尽快依约向出卖人作出是否同意购买的意思表示。对买受人而言，基本的要求是，买受人应当在约定的试用期间内作出是否同意购买标的物的意思表示。

> **第六百三十八条**　试用买卖的买受人在试用期内可以购买标的物，也可以拒绝购买。试用期限届满，买受人对是否购买标的物未作表示的，视为购买。
>
> 试用买卖的买受人在试用期内已经支付部分价款或者对标的物实施出卖、出租、设立担保物权等行为的，视为同意购买。

【条文主旨】

本条是关于试用买卖合同中买受人享有选择权以及认可标的物的规定。

【条文释义】

一、试用期内买受人对是否购买标的物享有选择权

本条规定试用买卖的买受人在试用期内可以同意购买标的物，也可以拒绝购买标的物，是为了明确试用买卖合同中买受人享有选择权。买受人对标的物的认可，完全取决于自己的意愿，而不受其他任何人的意志的干预。这里需要说明的是，在试用买卖合同中，标的物的质量问题不完全是买受人作出决定的根据，买受人对于标的物符合合同要求的，只要是在合同约定的试用期限内也可以拒绝购买。在试用期限内，买受人是否决定购买，应当向出卖人作出意思表示，如果合同中对于意思表示有要求的，则应按照要求办理；如果对于意思表示没有要求的，买受人可以以口头的形式作出，也可以以书面等形式作出。

二、超出试用期限买受人不作决定时，应当购买标的物

买受人对试用买卖合同的标的物是否认可，应当及时作出表示，以免当事人之间的法律关系过久地处于不稳定的状态。因此，本条规定，试用期限届满，买受人对是否购买标的物未作表示的，视为购买。具体到实际生活，例如，出卖人规定电视机试看3天，3天后买受人既未通知出卖人接受标的物，也未通知拒绝认可标的物，并且未将电视机退还出卖人，则视为买受人认可标的物。

买受人试用标的物，可以是买受人在一定期限内一直占有标的物，也可以是在出卖人占有的情况下由买受人试用或者检验。对于出卖人未将标的物转移于买受人占有的情形，买受人经试用或者检验后未在约定的期限或者出卖人规定的期限内作出是否购买的表示时，是否也视为接受，存在不同的意见。一种意见认为，不论标的物是否交给买受人占有，只要买受人未在期限内作出意思表示，即视为决定购买。另一种意见认为，标的物未交给买受人占有情况下，买受人试用或者检验后未在期限内作出表示的，应当视为拒绝。其理由是，标的物未交给买受人占有情况下，买受人试用后拒绝认可标的物的，不发生返还标的物的问题。而决定购买标的物的，则发生出卖人应当交付标的物的问题。因此，这种情况下，在对买受人试用后未在期限内作出表示的情形进行法律推定时，如果视为买受人以沉默的方式拒绝购买标的物，是比较经济而适当的办法。

三、试用期内买受人的处分行为，应当视为同意购买标的物

试用买卖自买受人试用或者检验标的物后表示认可时，条件才成就，合同才发生法律效力，买受人才因此支付价款。但在实际生活中，时常发生买受人在试用或者检验后虽未表示认可或者拒绝，但却作出了一些类似认可的行为，比如买受人在试用期内支付了部分价款，按照日常生活经验法则，自然可以认

为买受人以支付部分价款的形式来表示对标的物认可。在另外一些情形下，买受人虽未支付价金，但对标的物从事了试用或者检验以外的一些行为，比如在试用期内对标的物实施出卖、出租、设立担保物权等行为，因为买受人在试用期间对标的物并无处置的权利，其从事试用以外的出卖、出租等行为，显然是将标的物视为自己之物，自然也可以视为其对标的物表示了认可。因此，在本法编纂过程中，增加了本条第 2 款的规定既弥补了合同法第 171 条的缺漏，也以利于实践中统一法律的适用尺度。

> **第六百三十九条** 试用买卖的当事人对标的物使用费没有约定或者约定不明确的，出卖人无权请求买受人支付。

【条文主旨】

本条是关于试用买卖使用费的规定。

【条文释义】

本条规定是在司法解释的基础上，参考《美国统一商法典》的规定而作出的。本条的基本含义是，对于试用买卖标的物使用费的支付与否，如果买卖双方作出明确约定的，应当按照约定处理；如果买卖双方没有作出约定或者约定不明确的，出卖人无权要求买受人支付标的物的使用费。

试用买卖的买受人在试用期限内明确表示拒绝购买标的物的，双方之间不发生买卖合同的权利义务关系。但是，在买受人明确拒绝购买之前，买受人确实使用了标的物。使用了标的物却不必支付使用费，这其中的原因究竟为何，需要从试用买卖合同的法律关系的性质说起。

前面第 637 条的条文释义已经提到，试用买卖以买受人认可标的物为生效条件的买卖，买受人认可标的物，为条件成就，买卖合同生效；买受人不认可标的物，则为条件不成就，买卖合同不生效。即我们认为，试用买卖是附生效条件的合同，即学理上的附生效条件说。通常来讲，附生效条件的合同只有在条件成就之日起合同才生效，在此之前当事人之间不存在任何的权利义务关系。但是在试用买卖过程中，尽管只有待买受人决定购买标的物时合同才生效，而之前的试用过程，也可以称之为正式买卖合同的缔约过程中，出卖人基于其特定的经营目的考虑，自愿承担将标的物交付买受人试用或者检验的义务，同时同意买受人不承担支付相应使用费的责任，以便于促成双方之间正式买卖合同的订立。在此前提下，出卖人将标的物交付给买受人使用，买受人使用标的物自然不必支付使用费，是出卖人自愿承担的附加义务，对出卖人自身具有约束力。在买受人同意购买后，即试用买卖合同生效后，试用期间的法律关系被合同生效后的法律关系所取代或者吸收，不会发生争议，买卖双方按照合同的约定履行，便是双方的真实意思表示。

在此需要特别指出的是，即使出卖人无权向买受人要求支付使用费，但是，如果买受人在试用期限内没有尽到一般注意义务，未能按照规定的用途或者标的物通常性能进行试用，导致标的物发生毁损、灭失的，由于试用买卖采用的是附生效条件理论，当事人在试用期间并不存在权利义务关系，因此，出卖人无法向买受人主张违约责任。但是，出卖人可以依据本法侵权责任编的相关规定，在买受人的行为符合侵权责任构成要件的前提下，可以要求买受人承担赔偿损失等侵权责任。

> **第六百四十条　标的物在试用期内毁损、灭失的风险由出卖人承担。**

【条文主旨】

本条是关于试用期间由出卖人承担标的物风险的规定。

【条文释义】

在试用买卖合同履行过程中，试用期内的标的物是否实际交付给买受人，存在两种情况：一种情况是标的物不实际交付给买受人，但是由买受人进行试用。这种情形的标的物发生意外毁损灭失时，由于标的物未经交付，该风险由出卖人负担是不言而喻的，实践中也不会引发争议。另一种情况是标的物已经实际交付给买受人试用，依据本条的规定，在试用过程中标的物发生意外毁损灭失的，该风险也由出卖人负担，似乎与本法第604条规定的标的物风险负担适用交付主义原则不符，因此在实践中常常引发争议。例如：汽车销售公司甲与自然人乙签订了汽车试用买卖合同，在甲将一辆汽车交付乙试用期间，乙在开车上班过程中遇到下冰雹，结果导致车辆发生毁损，由于甲乙双方未对该毁损的承担进行约定，双方都认为车辆毁损的后果应该由对方承担，因此发生了很大的争议。

本条之所以规定试用买卖标的物在试用期内发生毁损、灭失的风险由出卖人负担，主要是出于以下几点考虑：一是由试用买卖合同的目的决定的。因为所谓的试用买卖，是出卖人基于其特定的经营目的考虑，自愿且主动地将标的物交付给买受人试用或者检验，同时买受人也无须承担标的物使用费，即出卖人是放弃自身的某些利益而为了达到订立买卖合同的最终目的，其中放弃要求由买受人承担试用期内的风险责任，当是试用买卖合同的应有之义。二是由试用买卖合同中买受人的优势地位决定的。结合市场实践，在采用试用买卖合同的场合，大多是买方市场，即卖方急着卖而买方不急于买。倘若试用买卖合同的试用期内由买方来承担标的物意外毁损灭失的风险，那么这个合同将很难达成。三是由出卖人所实施的"交付"性质所决定的。第604条规定的风险随交付时转移，原则上是指当事人按照合同约定的义务而进行的交付，因而标的物的风险随交付转移。而本条中的交付，并非出卖人基于合同约定义务的交付，而是出卖人自愿承担的附加义务，对方无须支付相应对价。因此，试用买卖合同中的标的物交付不应适用本法第604条规定的风险负担的交付主义原则。综合上述三方面因素，本条最终规定，标的物在试用期内毁损、灭失的风险由出卖人承担。

在此需要特别指出的是，本条的规定是原则性的规定，允许存在例外。如果买卖双方约定标的物在试用期内毁损、灭失的风险由出卖人和买受人共同承担，自然应当得到尊重。至于在本条规定的前提下，标的物的风险负担何时发生转移，我们的意见是，在买受人向出卖人作出同意购买标的物的意思表示时，标的物的风险才发生转移。

> **第六百四十一条** 当事人可以在买卖合同中约定买受人未履行支付价款或者其他义务的，标的物的所有权属于出卖人。
>
> 出卖人对标的物保留的所有权，未经登记，不得对抗善意第三人。

【条文主旨】

本条是关于买卖合同中标的物所有权保留条款的规定。

【条文释义】

1. 买卖合同的标的物所有权可以保留。通常来讲，买卖合同标的物的所有权自标的物交付时起转移，但法律另有规定或者当事人另有约定的，则应当依照法律规定或者当事人的约定确定所有权转移的时间。本条的规定即体现了当事人另外约定的一种情形。因此，本条实际上是一个提示性的条款，当事人可以根据实际情况运用这样的约定确定相互的权利义务关系，而这种约定是当事人根据合同自愿原则确定合同内容的表现，是受法律保护的。

买卖合同中的所有权保留条款，是标的物所有权转移问题中的重要内容。

各国法律都允许当事人通过约定这样的条款来明确标的物所有权转移的时间，而且在合同实务中，尤其是在国际贸易中，这种条款也是很多见的。所有权保留条款是有利于出卖人的条款。它的主要功能是可以使出卖人躲避不能取得标的物价款的风险。在买受人未履行支付价款或者其他出卖人认为重要的义务以前，出卖人仍然享有标的物的所有权。这样就可以免去在出卖人已交付标的物而买受人不履行其主要义务时，因所有权已转移可能给自己造成的损害。

2. 登记的保留的所有权。所有权保留买卖制度是一项古老的担保制度，通过在所有权移转效力上附加生效条件（付清价款或者其他义务）的方式，实现担保标的物价款债权的效果。早期观点一般将保留的所有权当成真正的所有权看待，然而随着实践和理论的发展，人们逐步认识到被保留的所有权并非一个真正的所有权，在各个属性上与担保物权越来越接近。据此，在本法编纂过程中，增加了本条第 2 款的规定。之所以作出这一修改，是由于整个民法典所期望实现的目标之一是消灭隐形担保。按照合同法第 134 条的规定，出卖人对买卖标的物虽然享有名义上的所有权，但是这个名义上的所有权并不对外公示，但却可以行使真正所有权人的权利，甚至在破产中享有取回权。这种做法使得这种没有公示的权利取得了一个最强大的效力，必然会给交易安全造成巨大的影响，尤其是在同一标的物上可能同时存在动产抵押、浮动抵押、融资租赁、所有权保留、动产质押等各种竞存的担保物权情形时。当发生以上权利冲突时，按照合同法第 134 条的规定，出卖人借助于未公示的所有权即可享有一个最强大最完整的权利，这样就会使得其他按照现有法律规范进行真正公示的权利的当事人反而得不到保障。上述做法有违现代担保交易的基本原理，同时也会给交易中的商人产生巨额的调查成本，对交易安全造成较大损害。

自 2020 年 1 月 1 日起施行的《优化营商环境条例》第 47 条第 2 款规定："国家推动建立统一的动产和权利担保登记公示系统，逐步实现市场主体在一个平台上办理动产和权利担保登记。纳入统一登记公示系统的动产和权利范围另行规定。"目前，已经由中国人民银行牵头在北京市和上海市开展动产担保统一登记试点。同时，为了配合民法典和《优化营商环境条例》的颁布实施，中国人民银行也相应修改了《应收账款质押登记办法》，该办法第 35 条规定："权利人在登记公示系统办理其他动产和权利担保登记的，参照本办法的规定执行。本办法所称动产和权利担保包括当事人通过约定在动产和权利上设定的、为偿付债务或以其他方式履行债务提供的、具有担保性质的各类交易形式，包括但不限于融资租赁、保证金质押、存货和仓单质押等，法律法规另有规定的除外。"上述行政法规和部门规章的颁布实施为逐步建立全国统一的动产与权利担保登记系统奠定了基础。

所以，基于实现优化营商环境、消灭隐形担保的总目标，本条规定出卖人对标的物享有的所有权未经登记不得对抗善意第三人，明确了必须登记了才能取得对抗第三人的效力。除了上述总目标的实现以外，由于民法典已经在所有权保留买卖制度中引入了登记，所以从功能上讲，保留的所有权实质上属于"可以登记的担保权"。基于此，所有权保留同样可以适用本法物权编第414条的规定。

需要特别指出的是，最高人民法院有关买卖合同的司法解释规定，本条关于所有权保留的内容不适于不动产，这是因为：第一，是否允许不动产所有权保留很大程度上取决于不动产物权变动模式，本法物权编确立了债权形式主义的不动产物权变动模式，即不动产物权的变动除了需要买卖双方达成合意外，还需要进行转移所有权的变更登记，只有变更登记完成后所有权才发生转移。在这种模式下，原则上无不动产所有权保留之必要。第二，不动产所有权保留的制度功能可以被预告登记、不动产物权变更登记等制度所取代，没有必要多此一举。第三，从实践层面来看，不动产主要是指土地和房屋，我国土地所有权属于公有，私人间不存在土地所有权买卖，所以就土地所有权买卖设定所有权保留的空间较小；而房屋买卖中，通常采用的方式是买受人从银行按揭贷款，银行对房屋享有抵押权，这一制度运作顺畅，也没有必要创设房屋所有权保留的方式来保障银行利益。综上，我们认为司法解释的规定具有合理性，应当继续得到贯彻。

> **第六百四十二条** 当事人约定出卖人保留合同标的物的所有权，在标的物所有权转移前，买受人有下列情形之一，造成出卖人损害的，除当事人另有约定外，出卖人有权取回标的物：
>
> （一）未按照约定支付价款，经催告后在合理期限内仍未支付；
>
> （二）未按照约定完成特定条件；
>
> （三）将标的物出卖、出质或者作出其他不当处分。
>
> 出卖人可以与买受人协商取回标的物；协商不成的，可以参照适用担保物权的实现程序。

【条文主旨】

本条是所有权保留出卖人取回权的有关规定。

【条文释义】

本条是参照最高人民法院买卖合同司法解释作出的规定。所谓出卖人取回权，是指在所有权保留买卖合同中，当买受人出现违约的情形时，出卖人享有取回标的物的权利。例如，买受人甲和出卖人乙订立一辆大众汽车买卖合同，双方约定了所有权保留条款，但甲在取走汽车以后，一直不支付购车款，那么乙有权向甲取回该辆大众汽车。依据本条第 1 款的规定，出卖人取回权的主要内涵为：在所有权保留买卖中，标的物进行实际交付以后，标的物所有权移转于买受人之前，因买受人未按照约定支付价款、未按照约定完成特定条件、或者将标的物作出卖或者出质等不当处分的，出卖人有权取回标的物。据此表明，出卖人若取回标的物，除当事人另有约定外，必须符合本条规定的条件才可以行使。之所以明确出卖人的取回权，是因为在所有权保留买卖中，由于买受人占有、使用标的物，出卖人以保留的所有权来担保其价金债权的实现，这就造成了所有权人和标的物相分离，一旦买受人不依约支付价款，或者对标的物进行处分进而使得标的物的价值降低或状态改变，都将危害到出卖人的利益。在此前提下，当买受人未履行支付价金义务或未尽善良管理人应尽的注意义务时，出卖人应当享有一定的救济权利，取回标的物无疑是最好的手段。对于出卖人可以行使取回权的具体条件，现分述如下：

第一，买受人未按照约定支付价款。通常情况下，出卖人在买受人未支付价款达到何种程度可以取回标的物，应当由合同约定。如果合同没有约定，出卖人在买受人未支付价款达到何种程度可以取回，《瑞士附条件买卖法》第 226 条规定，只有在买受人连续拖欠两期付款，且欠款达到货款总额的 1/10 时，或者欠款达到货款总额 1/4 时，或者拖欠最后一期付款时，出卖人才有权行使取回权。最高人民法院买卖合同司法解释第 36 条第 1 款规定，买受人已经支付标的物总价款的 75% 以上，出卖人主张取回标的物的，人民法院不予支持。意味着如果买受人已经支付的价款达到总价款的 75% 时，出卖人无论如何不可以行使取回权。但是，该出卖人不能行使取回权所涉及的买受人已支付的法定价款比例，在已经违反当事人约定的情况下，其合理性并不充分，也和本法第 416 条的规定不相吻合。因此在本法编纂过程中，我们没有采纳上述司法解释的内容，而是在买受人未按照约定支付价款的同时增加规定出卖人的催告程序，即出卖人在决定行使对标的物的取回权时，应当先向买受人催告，在催告期满后买受人仍不支付价款的，出卖人才可以实施取回权，以保障当事人之间的利益平衡。

第二，买受人未按照约定完成特定条件。如果汽车买卖当事人约定买受人应当在购买车辆 1 个月内更换刹车系统并购买车辆交强险及商业险，否则出卖人有权取回汽车。这个约定是公平合理的，因为涉及作为保留所有权的出卖人的权益，不完成该特定条件，可能使出卖人承担不利后果。所以，如果在车辆交付买受人后 2 个月时出卖人仍然没有完成上述事宜，那么出卖人便依法享有取回汽车的权利。

第三，买受人在占有标的物期间擅自处分标的物且标的物未被第三人善意取得。在买卖双方未就出卖人何时可以取回标的物作出约定时，买受人就标的物实施了转卖、出质等行为的，将严重侵害出卖人的所有权，故出卖人依法有权行使取回权。但是，如果第三人依据本法第 311 条的规定已经善意取得标的物所有权或者其他物权的，出卖人无权取回标的物，否则将严重损害交易的安全和交易的秩序。司法实践中，根据最高人民法院买卖合同司法解释第 36 条第 2 款也规定，在第三人基于善意取得制度取得所有权的情况，出卖人是无权行使取回权的，结果只能是由出卖人向买受人请求赔偿损失。

在符合上述出卖人可以行使取回权条件的前提下，出卖人应当以何种程序取回，将影响到出卖人取回标的物的效率。因此，本条第 2 款规定，出卖人可以与买受人协商取回标的物；协商不成的，可以参照适用担保物权的实现程序。表明取回的程序首先尊重当事人之间的协商结果，在协商不成的前提下，为提高出卖人行使取回权的效率，出卖人也不必必须循诉讼途径，而是可以参照民事诉讼法第十五章特别程序第七节 "实现担保物权案件" 的规定行使取回权，其中第 196 条规定，申请实现担保物权，由担保物权人以及其他有权请求实现担保物权的人依照物权法等法律，向担保财产所在地或者担保物权登记地基层人民法院提出。第 197 条规定，人民法院受理申请后，经审查，符合法律规定的，裁定拍卖、变卖担保财产，当事人依据该裁定可以向人民法院申请执行；不符合法律规定的，裁定驳回申请，当事人可以向人民法院提起诉讼。实践中照此操作，出卖人可以省去诉讼环节，直接向法院申请执行，达到降低交易成本提高效率的目的。

> **第六百四十三条** 出卖人依据前条第一款的规定取回标的物后，买受人在双方约定或者出卖人指定的合理回赎期限内，消除出卖人取回标的物的事由的，可以请求回赎标的物。
>
> 买受人在回赎期限内没有回赎标的物，出卖人可以以合理价格将标的物出卖给第三人，出卖所得价款扣除买受人未支付的价款以及必要费用后仍有剩余的，应当返还买受人；不足部分由买受人清偿。

【条文主旨】

本条是关于买受人回赎权及出卖人再出卖权的规定。

【条文释义】

本条是参照最高人民法院买卖合同司法解释作出的规定。所谓买受人回赎权，是指所有权保留买卖中出卖人对标的物行使取回权后，在一定期间内，买受人可以通过履行支付价金义务或者完成其他条件后享有的重新占有标的物的权利。一般来讲，出卖人行使取回权后，应当赋予买受人一定的回赎期限，而不能立即处分标的物。这是因为，出卖人取回标的物，只是导致买受人占有的丧失，并不是立即解除当事人之间的买卖合同，否则有违鼓励交易原则，也不利于保护买受人的合法权益。例如，出卖人甲公司在买受人乙公司没有按期支付价款时取回了之前交付的电缆设备，在双方约定的 2 个月回赎期内，乙公司筹集资金补交了欠付的货款，那么乙公司就自然回赎了该批电缆设备。依据本条第 1 款的规定，出卖人取回标的物后，在回赎期内，只要买受人消除了出卖人取回标的物的事由，就可以请求回赎标的物。其中"买受人消除了出卖人取回标的物的事由"，是指前一条所规定的出卖人可以取回标的物三种情形已通过买受人的努力得以解决，即未按照约定支付价款、未按照约定完成特定条件以及不当处分标的物的情形已不复存在，那么买受人自然有权向出卖人行使回赎权。回赎制度的目的是尽力维护买受人的期待利益，使买受人有机会重新获得对标的物的占有，所以，买受人应根据自身的实际情况作出选择：不选择回赎，应当尽快向出卖人作出意思表示；选择回赎，同样应当在合理期限内向出卖人作出意思表示。然而，买受人的回赎权应当受到回赎期的限制，当然，这个回赎期必须是约定的或者是合理的，现就回赎期作如下特别说明：

回赎期是出卖人可以行使回赎权的期间，一般包括法定期间和意定期间。法定期间由法律明确规定。意定期间是当事人确定的期间，包括买卖双方约定的期间和出卖人指定的期间，双方约定的期间属于当事人的自由意思表示，应当予以准许；而出卖人单方指定的期间，并未事先与买受人协商，若出卖人指定买受人应在几十分钟或者几个小时内完成回赎，通常情况下，显然有悖于公平和诚信原则，不能用来约束买受人。因此，本条规定出卖人单方指定的回赎期限必须是合理期限，即主要根据标的物性质来确定期限，应当具体情况具体分析，如果出卖人取回的标的物是即将发生腐败变质的物品，那么出卖人指定几十分钟的回赎期，也是具有合理性的。另外需要指出的是，本条第 1 款并未规定回赎的法定期间，我们的主要考虑是：第一，所有权保留制度是属于当事人可以自由选择的制度，具体到出卖人回赎期，也应当尊重当事人的自由意思，在立法上应赋予当事人最大的自治空间。第二，买受人回赎期的长短问题，只是影响当事人的权益，一般不会涉及或者影响第三人利益或者社会公共利益，因此法律不应主动干预。第三，从域外国家和地区的立法经验来看，在买受人回赎期这个问题上，大多属于当事人可以自由选择的制度。

如果买受人在双方约定的回赎期限内或者出卖人指定的回赎期间内没有履行相应义务而丧失回赎期的，出卖人就取得了对标的物的再出卖权，可以再次出卖标的物。至于出卖人如何行使再出卖权，本条就出卖人的再出卖权规定，出卖人可以以合理价格出卖标的物，出卖所得价款扣除买受人未支付的价款以及必要费用后仍有剩余的，应当返还买受人；不足部分由买受人清偿。意味着出卖人可以再次出卖标的物，但必须以合理的价格卖出；卖出后所得价款在满足出卖人自身应得价款及所需费用后，剩余的部分应当返还买受人；出卖后所得价款无法满足出卖人自身应得价款及所需费用的，出卖人有权继续向买受人主张。

> **第六百四十四条　招标投标买卖的当事人的权利和义务以及招标投标程序等，依照有关法律、行政法规的规定。**

【条文主旨】

本条是关于招标投标买卖的规定。

【条文释义】

招标投标买卖是指招标人公布买卖标的物的出卖条件，投标人参加投标竞买，招标人选定中标人的买卖方式。作为招标投标买卖法律关系主体的出卖人，又可称为招标人和竞买人；作为招标投标买卖法律关系主体的买受人，又可称为投标人和中标人。招标投标除可作为一种特种买卖形式外，还适用于承揽、建设工程、运输、服务等合同的订立。在涉及招投标的合同时，招标投标法有具体规定的，首先适用该法的规定；该法没有规定的，才适用本法的相关规定。

> **第六百四十五条　拍卖的当事人的权利和义务以及拍卖程序等，依照有关法律、行政法规的规定。**

【条文主旨】

本条是关于拍卖的规定。

【条文释义】

拍卖是指以公开竞价的形式，将特定物品或者财产权利转让给最高应价者的买卖方式。拍卖的类别，按拍卖性质可分为强制拍卖和任意拍卖。强制拍卖是依据法律规定而必须发生的拍卖，是由国家机关通过强制执行程序所进行的拍卖；而任意拍卖则是根据委托人的意愿来决定，而不是通过强制执行程序进行的拍卖。在涉及拍卖时，拍卖法有具体规定的拍卖人资格、竞价及拍定等，首先适用该法的规定；该法没有规定的，才适用本法的相关规定。

> **第六百四十六条　法律对其他有偿合同有规定的，依照其规定；没有规定的，参照适用买卖合同的有关规定。**

【条文主旨】

本条是关于买卖合同准用于有偿合同的规定。

【条文释义】

一、有偿合同的基本含义

以当事人享有合同权利是否需要偿付代价为标准，可以把合同分为有偿合同和无偿合同。当事人享有合同权利时必须向对方支付一定代价的合同，称为有偿合同。大多数合同都是有偿合同。如买卖合同、租赁合同、承揽合同等。当事人享有合同权利而不必向对方偿付代价的合同，称为无偿合同。赠与合同是典型的无偿合同，在此合同中，受赠人取得赠与物无须向赠与人支付任何代价。有些合同，既可以是有偿合同，又可以是无偿合同，全在于合同当事人之间是否有偿付代价的约定。如委托合同、保管合同、自然人之间的借贷合同等。

二、买卖合同外有偿合同的法律适用

依据本条的规定，买卖合同外其他有偿合同的法律适用，分为两种情况：第一种情况是，法律对其他有偿合同有规定的，依照其规定。本条所讲的法律，包括本法以及本法以外的法律。对于其他有偿合同，本法和其他法律有特别规定的，适用本法和其他法律的特别规定，而不适用买卖合同章的规定。这是特别法优先适用原则在法律适用中的具体体现。第二种情况是，法律对其他有偿合同没有规定的，参照适用买卖合同的有关规定。由于买卖合同是属于最为典型的有偿合同，买卖合同的一些原则基本上能够适用其他有偿合同；同时，由于市场交易活动的纷繁复杂，各种类型的有偿合同无穷无尽，合同编的典型合同部分不可能都作出规定，也无法都作出规定。因此，规定其他有偿合同参照适用买卖合同的规定，在立法技术上既是科学也是可行的。合同编典型合同分编的买卖合同一章，条文结构最为完整详细，其中的一些规定属于有偿合同的

共通性规则。为避免重复立法，有关条款就不再规定于其他各有偿合同的相关章节之中，而按照本条的规定，直接可以参照适用关于买卖合同的相应内容。所以本条规定，其他有偿合同"没有规定的，参照适用买卖合同的有关规定"。

> **第六百四十七条　当事人约定易货交易，转移标的物的所有权的，参照适用买卖合同的有关规定。**

【条文主旨】

本条是关于易货交易合同的法律适用的规定。

【条文释义】

一、易货交易合同的概念和种类

易货交易合同又称互易合同，一般是指当事人相互交换货币以外的标的物，转移标的物所有权的合同。互易人包括自然人、法人或者非法人组织，互易人各自享有取得对方互易标的物的权利，负有将本人的标的物转移交付对方的义务。因此，互易是双务、有偿合同。易货交易合同的当事人可以是双方，也可以是三方以上的当事人，如三角互换。易货交易合同的当事人互为互易人。

根据当事人交换的财产是否等价，可以将易货交易合同分为单纯易货交易合同和混合易货交易合同。简单来说，单纯易货是甲乙双方以一物换一物，彼此无须再另外交付其他东西；而混合易货则是甲乙双方以一物换一物外，甲另须向乙支付一定金额的款项才算完成交易。据此表明，所谓单纯易货交易合同，是指当事人之间完全以物换取物不附加支付金钱条件的合同；所谓混合易货交易合同，是指当事人之间在互相交付标的物的基础上，有一方还需要支付一定金钱的合同。因此，混合易货交易合同是一种单纯易货交易合同和买卖合同相结合的合同。

二、易货交易合同和买卖合同的区别

易货交易合同属于转让标的物所有权的合同，与买卖合同相似，具有买卖合同的一般特征，比如该合同属于诺成合同、双务合同、有偿合同。同时，易货交易合同和买卖合同又具有四点明显区别：（1）易货交易合同以给付物为对价，而买卖合同则是以给付金钱为对价。（2）易货交易合同是一方将自己的标的物给付对方并转移所有权，另一方也同时将自己的标的物给付对方并转移所有权；而买卖合同则是出卖人单方转移标的物的所有权给买受人。（3）易货交易合同交换的标的物不一定是完全的等价，交易过程中，当事人不仅仅考虑对

方标的物的价格问题，还要考虑到自己的需要程度来最终确定是否达成交易；而买卖合同的买卖双方则需要是等价交易，否则就无法订立合同。（4）除混合易货交易合同外，其他易货交易合同的当事人负有相互对等的权利义务，且该权利义务性质相同；而买卖合同当事人的权利义务则相互对立，买方的权利为卖方的义务，买方的义务为卖方的权利。

三、易货交易合同的法律适用

易货交易合同是以物易物早期商品交换的合同形态，货币产生后，买卖合同渐居统治地位，易货交易合同越来越少。但是，即使在当今社会易货交易仍有存在空间，所以一般各国立法都给易货交易合同留有一席之地。由于易货交易合同与买卖合同最为相似，因此易货交易合同原则上参照适用买卖合同的有关规定。

第十章 供用电、水、气、热力合同

本章共九条，对供用电合同的概念、内容和履行地点、供用电双方的权利义务、违约责任以及供用水、气、热力合同参照适用等内容作出了规定。

> **第六百四十八条** 供用电合同是供电人向用电人供电，用电人支付电费的合同。
>
> 向社会公众供电的供电人，不得拒绝用电人合理的订立合同要求。

【条文主旨】

本条是关于供用电合同概念以及供电人强制缔约义务的规定。

【条文释义】

一、供用电合同的概念和种类

供用电合同是供电人与用电人订立的，由供电人供应电力、用电人使用该电力并支付电费的合同。供用电合同是一种常见的民事合同。合同的标的，是一种特殊的商品"电"，由于其具有客观物质性并能为人们所使用，因而属于民法上"物"的一种。供电人将自己所有的电力供应给用电人使用，用电人支付一定数额的价款，双方当事人之间的关系实际上是一种买卖关系，故供用电合同本质上属于一种特殊类型的买卖合同。基于这一原因，供用电合同的适用可以依据本法第646条的规定："法律对其他有偿合同有规定的，依照其规定；

没有规定的，参照适用买卖合同的有关规定。"但同时必须明确，供用电合同与买卖合同存在三点明显区别：一是供用电合同的标的物具有特殊性，即为无形的电，而买卖合同的标的物是有体物；二是供用电合同具有一定的社会公益性，而买卖合同原则上不涉及社会公共利益；三是供用电合同是持续性的合同，而买卖合同大多并不如此。由于电力供应的连续性，合同的履行方式呈持续状态，供电人在发、供电系统正常的情况下，负有连续向用电人供电的义务；用电人在合同约定的时间内，享有连续用电的权利。因此，供用电合同作为特殊的合同类型，不能够直接适用有关买卖合同的内容，而必须优先适用关于供用电合同的规则。

二、供用电合同的法律特征

在社会主义市场经济条件下，供用电双方签订供用电合同，明确双方的权利义务关系，按照合同的约定并根据市场规律供应与使用电力，是十分必要的。通常来讲，供用电合同具有以下法律特征：

1. 合同的主体是供电人和用电人。供电人，是指供电企业，其他任何单位和个人都不得作为供电人。依据电力法第25条的规定，供电企业在批准的供电营业区内向用户供电。供电营业区的划分，应当考虑电网的结构和供电合理性等因素。一个供电营业区内只设立一个供电营业机构。供电营业区的设立、变更，由供电企业提出申请，电力管理部门依据职责和管理权限，会同同级有关部门审查批准后，发给《电力业务许可证》。供电营业区设立、变更的具体办法，由国务院电力管理部门制定。用电人的范围非常广泛，自然人、法人以及非法人组织等，都有资格成为供用电合同的用电人，订立供用电合同。

2. 合同的标的是一种无形物质——电力，虽然客观存在，却看不见，只有在连续使用的过程中才能表现出来。

3. 供用电合同属于持续供给合同。由于电力的供应与使用是连续的，因而合同的履行方式处于一种持续状态。供电人在发电、供电系统正常的情况下，应当连续向用电人供电，不得中断；用电人在合同约定的时间内，享有连续用电的权利。

4. 供用电合同一般按照格式条款订立。电力事业是具有社会公益性的公用事业，关系整个社会的公共安全，电力这种特殊商品本身又具有网络性和天然垄断性，这就使供电企业对电力的供应及电网的管理具有一定的垄断性。供电企业为了与不特定的多个用电人订立合同而预先拟定格式条款，双方当事人按照格式条款订立合同。用电人对该格式条款仅有同意或不同意的权利，而不能更改其内容。对供用电方式有特殊要求的用电人，可采用非格式条款订立合同。

5. 电力的价格实行统一定价原则。电力法第35条第2款规定："电价实行统一政策，统一定价原则，分级管理。"第36条规定："制定电价，应当合理补偿成本，合理确定收益，依法计入税金，坚持公平负担，促进电力建设。"供电企业向用电人供应的电价，由电网经营企业提出方案，报国家有关物价行政主管部门核准。任何单位不得超越电价管理权限制定电价。供电企业应当按照国家核准的电价和用电计量装置的记录，向用电人收取电费。供电企业不得擅自变更电价。这样，就有效地避免了供电企业利用其对电力供应的垄断地位，向用电人收取过高的电价，保护处于弱者地位的用电人的合法权益。

6. 供用电合同为诺成、双务、有偿合同。供用电合同自双方当事人达成协议时起成立并生效，而不以电力的实际供应为合同的生效要件，因而供用电合同属于诺成性合同。供用电双方都享有一定权利，负担一定义务，双方的权利义务具有对应性，所以供用电合同为双务合同。用电人使用电力须支付电费，供电人取得电费须供应电力，因此供用电合同为有偿合同。

三、供用电合同供电人的强制缔约义务

供用电合同涉及千家万户，关系基本民生，供用电合同不仅关系当事人的利益，而且关系社会公共利益。如果作为供电人的供电企业拒绝向某个当事人提供供电服务，则用电人将很可能无法得到这些服务，进而影响到最基本的生产和生活，需要法律对此类合同作出特别规定，对供电人的自由进行适当限制。因此，法律上有必要规定强制缔约义务。

所谓强制缔约，是指只要一方提出订立合同的要求，负有强制缔约义务的人依法不得拒绝，必须与之订立合同。根据我国电力法第26条第1款规定，供电营业区内的供电营业机构，对本营业区内的用户有按照国家规定供电的义务；不得违反国家规定对其营业区内申请用电的单位和个人拒绝供电。这就是供电人的强制缔约义务。在本法编纂过程中，考虑到用电的普遍性和对民众生活的必需性，经研究认为，有必要在电力法的基础上，进一步在民法典中对供用电合同当事人的强制缔约义务作出规定，以在更广范围指引社会、经济生活。

本章从现实出发，本着合同自愿订立的原则，把供用电双方作为平等的民事主体，着重从当事人合同关系的角度，对供用电合同的有关内容、供用电双方的权利义务及违约责任等作出规定，以适应社会主义市场经济体制发展和完善的需要。

第六百四十九条 供用电合同的内容一般包括供电的方式、质量、时间，用电容量、地址、性质，计量方式，电价、电费的结算方式，供用电设施的维护责任等条款。

【条文主旨】

本条是关于供用电合同内容的规定。

【条文释义】

供用电合同是供电人与用电人就电力的供应与使用以及电费的支付订立的协议。当事人订立供用电合同，应当约定哪些内容是一个十分重要的问题。为指导当事人订立供用电合同，国家有关部门还制定了供用电合同示范文本，为当事人订立合同应当约定哪些内容，作了详细的规范。至于供用电合同应当包括的具体内容，除本法第470条规定合同内容一般应当包括的条款外，本条根据供用电合同的特点，规定供用电合同还应当包括的内容是：

1. 供电的方式、质量和时间。供电方式，是指供电人以何种方式向用电人供电，包括主供电源、备用电源、保安电源的供电方式以及委托转供电等内容。供电质量，是指供电频率、电压和供电可靠性三项指标。供电时间，是指供电人供电的起止时间。

2. 用电容量、地址和性质。用电容量，是指供电人认定的用电人受电设备的总容量，以千瓦（千伏安）表示。用电地址，是指用电人使用电力的地址。用电性质包括用电人行业分类和用电分类。

3. 计量方式和电价、电费的结算方式。计量方式，是指供电人如何计算用电人使用的电量。电价即电网销售电价，是指供电企业向用电人供应电力的价格。电费是电力资源实现商品交换的货币形式。供电企业应当按照国家核准的电价和用电计量装置的记录，向用电人计收电费；用户应当按照国家核准的电价和用电计量装置的记录，按时交纳电费。

4. 供用电设施的维护责任。在供用电合同中，双方应当协商确认供电设施运行管理责任的分界点，分界点电源侧供电设施属于供电人，由供电人负责运行维护管理，分界点负荷侧供电设施属于用电人，由用电人负责运行维护管理。供电人、用电人分管的供电设施，除另有约定外，未经对方同意，不得操作或改动。

供用电合同是双方法律行为，除前四项合同应当具备的条款外，当事人还可以在协商一致的情况下在合同中约定其他认为需要的事项，如合同的有效期限、违约责任等条款。

> **第六百五十条**　供用电合同的履行地点，按照当事人约定；当事人没有约定或者约定不明确的，供电设施的产权分界处为履行地点。

【条文主旨】

本条是关于供用电合同履行地点的规定。

【条文释义】

合同的履行地点，是合同的主要条款之一，是指当事人双方行使其权利、履行其义务的地点。履行地点往往是确定验收地点的依据，是确定运输费用由谁负担、风险由谁承受的依据，也是确定标的物所有权是否转移的依据。本条中的"供用电合同的履行地点"，具体是指供电人将电力的所有权转移于用电人的转移点。根据合同自愿的原则，供用电双方可以在供用电合同中约定该履行地点，供用电合同约定了履行地点的，供电人应当按照该约定履行供电义务。

如果供用电双方对履行地点没有约定或者约定不明确，根据本法第510条的规定如果仍不能确定履行地点的，应当适用本法第511条第3项的规定确定。但是，由于电力系统具有网络性，供电人与用电人由网络相联结，电力的生产、供应与使用同时完成，且具有连续性，这就使供用电合同的履行地点具有一定的特殊性，很难适用本法第511条的规定。基于电力市场的实际情况，在电力供应与使用过程中，由于用电人参与电力设施的投资建设，电力设施投资多元化已呈发展趋势，供用电双方根据这一特殊性，在实践中形成并确定了以供电设施的产权分界处作为合同的履行地点。据此，本条规定"当事人没有约定或者约定不明确的，供电设施的产权分界处为履行地点"。供电设施的产权分界处是划分供电设施所有权归属的分界点，分界点电源侧的供电设施归供电人所有，分界点负荷侧的供电设施归用电人所有。在用电人为单位时，供电设施的产权分界处通常为该单位变电设备的第一个磁瓶或开关；在用电人为散用户时，供电设施的产权分界处通常为进户墙的第一个接收点。上述供电设施的产权分界处为供用电合同的履行地点。

以供电设施的产权分界处作为供用电合同的履行地点，对于履行供用电合同、确定供电设施的维护管理责任，具有重要的作用。供用电双方应当根据供电设施的产权归属，承担供电设施的安装、维护、检修和管理责任。

> **第六百五十一条** 供电人应当按照国家规定的供电质量标准和约定安全供电。供电人未按照国家规定的供电质量标准和约定安全供电，造成用电人损失的，应当承担赔偿责任。

【条文主旨】

本条是关于供电人的安全供电义务及其违约责任的规定。

【条文释义】

1. 供电人按照国家规定的供电质量标准安全供电。本条强调供电人应当正确地履行供用电合同约定的义务，按照国家规定的供电质量标准和合同的约定安全供电。《供电营业规则》对供电质量标准作了规定，供电人只有按照国家规定的供电质量标准供电，才能保证供电的安全，维护用电人的合法权益。这里的"安全供电"，是指按照国家有关安全供电的规章制度供应电力，电压要稳定，频率要达到标准，输电线路要安全畅通等。

2. 供电人按照供用电合同的约定安全供电。在供用电合同中，按照约定供电，具体是指按照供用电合同约定的数量、质量、时间和方式等要求供电。

3. 供电人违反安全供电义务的违约责任。只要供电人没有按照国家规定的供电质量标准和约定安全供电，并造成用电人损失，就应当承担损害赔偿责任。这里的"承担赔偿责任"，是指供电人就其违约行为赔偿给用电人所造成的损失，损失包括直接损失，也包括合同履行后可以获得的利益，但不得超过供电人订立合同时预见到或者应当预见到的因违约可能造成的损失。

> 第六百五十二条 供电人因供电设施计划检修、临时检修、依法限电或者用电人违法用电等原因，需要中断供电时，应当按照国家有关规定事先通知用电人；未事先通知用电人中断供电，造成用电人损失的，应当承担赔偿责任。

【条文主旨】

本条是关于供电人因故中断供电时的通知义务的规定。

【条文释义】

供用电合同是一种持续供给合同，供电人在发电、供电系统正常的情况下，应当连续向用电人供电，不得中断，否则应当承担违约责任。这是供电人连续供电的义务。但是在某些法定情形下，供电人可以中断供电，根据本条和电力法第29条的规定，这些情形主要包括：

1. "供电设施检修"。为了保障安全、及时供电，供电人应当加强对供电设施的检修，从公平合理角度来讲，检修供电设施自然可以中断供电。本条对"供电设施检修"未加法定限制条件，因此，不管是计划检修还是临时检修，只要依照规定事先通知了用电人，供电人都可以根据需要中断供电。

2. "依法限电"。是指依照有关法律、行政法规对一个地区中的一部分地区、部分用户、用电大户的部分用电设施中断供电，使其用电总量减少的一种措施行为。既然是依法进行的限电，供电人根据需要中断供电是应有之义。

3. "用电人违法用电"。具体包括违章用电、窃电、超计划用电、不安全用电以及其他违反法律、行政法规用电的行为。根据电力法第 32 条第 1 款规定，用户用电不得危害供电、用电安全和扰乱供电、用电秩序。其中的"危害供电、用电安全"是指用户违反供用电安全的有关规定，故意采取不正当手段，威胁供用电安全，或由于管理、使用不当，引发电气设施损坏事故、火灾事故、人身伤亡事故、停电事故等情况。"扰乱供电、用电秩序"则主要包括违章用电行为、窃电行为、超计划用电行为、故意冲击供电企业、变电设施所在地行为等。供电人在上述情形下中断供电，不承担违约责任，但前提是应当按照国家有关规定事先通知用电人。

因供电设施计划检修停电，供电企业应当提前 7 天通知用户或者进行公告；因供电设施临时检修停电，供电企业应当提前 24 小时通知重要用户；因发电、供电系统发生故障需要停电、限电时，供电企业应当按照事先确定的限电序位进行停电或者限电。但限电序位应事前公告用户。引起停电或者限电的原因消除后，供电企业应当尽快恢复供电。但是，如果因供电设施检修、依法限电或者用户违法用电等原因中断供电，供电企业没有按照国家有关规定事先通知用户，比如遇到计划检修时，没有提前 7 天通知用户或者进行公告，依法限电时，没有按照事先确定的限电序位进行限电，因此给用电人造成损失的，应当承担损害赔偿责任。

> **第六百五十三条** 因自然灾害等原因断电，供电人应当按照国家有关规定及时抢修；未及时抢修，造成用电人损失的，应当承担赔偿责任。

〖条文主旨〗

本条是关于因自然灾害等原因断电时供电人的抢修义务的规定。

〖条文释义〗

本条中的"自然灾害等原因"，主要是指不可抗力的原因。我国法律规定不可抗力为合同的免责事由。本法第180条第1款规定："因不可抗力不能履行民事义务的，不承担民事责任。法律另有规定的，依照其规定。"本法第590条第1款规定："当事人一方因不可抗力不能履行合同的，根据不可抗力的影响，部分或者全部免除责任，但是法律另有规定的除外。因不可抗力不能履行合同的，应当及时通知对方，以减轻可能给对方造成的损失，并应当在合理期限内提供证明。"不可抗力，是指不能预见、不能避免且不能克服的客观情况。不可抗力独立于人的行为之外、不受当事人的意志所支配。不可抗力包括某些自然现象（如地震、台风、洪水）和某些社会现象（如战争）。本条所指的自然灾害等原因，主要包括：（1）自然因素造成的事故损害，如风、雪、霜、雾、空气污染等造成的断电。（2）一些不能预见又不可避免的外力破坏，如鸟害。

虽然不可抗力是合同的免责事由，但在不可抗力发生以后，当事人仍应以诚实善意的态度去努力克服，最大限度地减少因不可抗力所造成的损失。这是合同诚信原则的要求。因此，因自然灾害等原因断电后，供电人应当按照国家有关规定及时抢修，尽早恢复供电，减少用电人因断电所造成的损失。如果供电人没有及时抢修，给用电人造成损失，供电人应当就没有及时抢修而给用电人造成的损失部分承担赔偿责任。

至于供电人是否尽到了及时抢修的义务，则应当结合实际情况，以国家的有关规定为标准进行认定。

> **第六百五十四条**　用电人应当按照国家有关规定和当事人的约定及时支付电费。用电人逾期不支付电费的，应当按照约定支付违约金。经催告用电人在合理期限内仍不支付电费和违约金的，供电人可以按照国家规定的程序中止供电。
>
> 供电人依据前款规定中止供电的，应当事先通知用电人。

【条文主旨】

本条是关于用电人支付电费的义务和逾期支付电费的违约责任的规定。

【条文释义】

供用电合同是供电人向用电人供给电力，用电人支付电费的合同。供用电合同实际上是一种特殊买卖合同，即用电人向供电人购买电力以供使用，同时向供电人支付该电力的价款，双方买卖的标的物是电力。在供用电合同中，支付价款是用电人的主要义务。电力的价款即电费，是电力资源实现其商品价值的货币形式，是供电人出卖电力的对价，用电人只有按照国家有关规定和双方当事人的约定履行支付电费的义务，才能实现电力的商品价值，完成一次电力资源的买卖过程。

用电人按照国家有关规定支付电费，主要是按照有关电力供应与使用的法律法规的规定履行交费的义务。电力法第 33 条第 3 款规定，用户应当按照国家核准的电价和用电计量装置的记录，按时交纳电费；对供电企业查电人员和抄表收费人员依法履行职责，应当提供方便。《电力供应与使用条例》第 27 条第 2 款规定，用户应当按照国家批准的电价，并按照规定的期限、方式或者合同约定的办法，交付电费。用电人按照约定交付电费，主要是按照约定的电费结算方式、交付期限等履行交费的义务。

用电人在合同约定的期限内未支付电费，应当承担迟延支付的违约责任。如果供用电双方就迟延交付电费约定了违约金，则用电人应当按照约定支付违约金。违约金作为一种违约责任形式，是指当事人在合同中约定的、在一方违约时生效的独立于履行行为之外的金钱给付，约定违约金主要在于补偿一方当事人因对方违约所造成的损失。有关电力供应与使用的行政法规和规章对迟延支付的违约金作出了规定。根据《电力供应与使用条例》第 39 条规定，用户逾期未交付电费的，供电企业可以从逾期之日起，每日按照电费总额的1‰至3‰加收违约金，具体比例由供用电双方在供用电合同中约定。《供电营业规则》第 98 条第 1 款规定，用户在供电企业规定的期限内未交清电费时，应承担电费滞纳的违约责任。电费违约金从逾期之日起计算至交纳日止。每日电费违约金按下列规定计算：

1. 居民用户每日按欠费总额的 1‰计算；

2. 其他用户：

（1）当年欠费部分，每日按欠费总额的 2‰计算；

（2）跨年度欠费部分，每日按欠费总额的 2‰计算。

通常情况下，供用电合同采用格式条款订立，供用电双方一般按照上述规定约定迟延支付的违约金。但是，如果供用电合同当事人没有预先约定违约金，在这种情况下，用电人逾期不交付电费的，应当承担逾期不交电费的违约责任，违约责任的大小应当根据本法第 584 条的规定确定，即违约责任的损失赔偿额应当相当于违约所造成的损失。

如果用电人没有依照国家有关规定和当事人的约定及时支付电费，逾期又不支付违约金，那么，供电人可以依据本条的规定催告用电人在合理的期限内支付电费和违约金。"合理期限"为多长时间，本条未作明确规定，供电人可以根据用电人的用电量、用电时间、用电方式、未支付电费的情形和影响，以及用电人支付电费需要的准备时间等予以确定。综上所述，本条规定的供电人中止供电应当符合下列四个条件：一是用电人未按照国家规定和当事人的约定支付电费；二是用电人逾期不按照约定支付违约金；三是经催告用电人在合理期限内仍不支付电费和违约金；四是按照国家有关规定履行批准和通知用电人的程序。上述四个条件同时具备时，供电人才可以停止供电。用电人支付电费和违约金后，供电人应当及时恢复供电。

需要特别指出的是，在本法编纂过程中，有意见提出现实生活中存在用电人未收通知而被停电的现象，给用电人造成了损失。经研究，特意增加第 2 款规定。这是对中止供电前通知程序的强化规定，具体如何通知，应当按照上文所述的"国家规定的程序"来进行。

> **第六百五十五条** 用电人应当按照国家有关规定和当事人的约定安全、节约和计划用电。用电人未按照国家有关规定和当事人的约定用电，造成供电人损失的，应当承担赔偿责任。

【条文主旨】

本条是关于用电人用电义务及其违约责任的规定。

【条文释义】

本条原来只是规定了用电人的安全用电义务。在本法编纂过程中，有意见提出，由于供用电合同适用广、影响大，建议把本法第 9 条规定的"民事主体从事民事活动，应当有利于节约资源、保护生态环境"，即绿色原则在供用电合同中展现出来。经研究，我们结合电力法第 24 条第 1 款"国家对电力供应和使用，实行安全用电、节约用电、计划用电的管理原则"的规定，以及第 34 条"供电企业和用户应当遵守国家有关规定，采取有效措施，做好安全用电、节约用电和计划用电工作"的规定，增加了用电人的节约用电义务和计划用电义务。

供用电合同一经成立，就对当事人产生法律效力，用电人应当按照国家有关规定和合同的约定安全用电、节约用电、计划用电。这是因为，虽然供用电合同是供用电双方就电力的供应与使用订立的买卖合同，但它与一般买卖合同不同，一般买卖合同在标的物交付后，买受人取得该标的物的所有权，可以对其任意处分，出卖人无权干涉，国家也没有必要对该物的使用作出规定。电力的供应与使用则不同，由于电力系统具有网络性，电力的生产、供应和使用由网络联结，相互影响，并且同时完成，任何一个用户能否安全、合理地使用电力，都将关系电力的运行安全，关系千千万万用户的用电安全，关系整个社会的公共安全，任何一种违章、违约用电行为，都可能造成人身和财产的重大损害。因此，不仅双方当事人有必要在供用电合同中对如何使用电力作出约定，而且应当按照国家的有关规定用电。

根据本条规定，用电人的安全用电、节约用电和计划用电主要表现在以下两个方面：

第一个方面，用电人应当依照国家有关规定用电。国家在这方面的规定主要是：（1）用电人应当安装用电计量装置。用电人使用的电力电量，以计量检定机构依法认可的用电计量装置的记录为准。（2）用电人应当按照国家核准的电价和电计量装置的记录，按时交纳电费；对供电企业查电人员和抄表收费人员依法履行职责，应当提供方便。（3）用电人受电装置的设计、施工安装和运行管理，应当符合国家标准或者电力行业标准。（4）用电人应当安全用电、节约用电和计划用电。（5）用电人用电不得危害供电、用电安全和扰乱供电、用电秩序。具体主要是指不得擅自改变用电类别，不得擅自超过合同约定的容量用电，不得擅自超过计划分配的用电指标，不得擅自使用已经在供电企业办理暂停使用手续或者已被查封的电力设备，不得擅自迁移，更动或者擅自操作供电企业的各类装置以及约定由供电企业调度的用户受电设备，不得擅自引入、供出电源或者将自备电源并网。（6）用电人不得窃电等。

第二个方面，用电人应当按照供用电合同的约定用电。通常主要包括：（1）用电人应当按照合同中约定的用电容量、用电地址、用电时间、用电质量、用电方式、用电类别和用电指标等约定用电。（2）用电人应当按照合同中约定的用电计量方式和电价、电费结算方式交纳电费。（3）用电人应当按照合同中约定的用电人一方对供用电设施的维护责任做好对供用电设施的维护工作。

用电人违章用电，应当承担一定的法律责任，有关电力供应与使用的法律法规对违章用电的法律责任作出了规定。根据电力法第65条规定，危害供电、用电安全或者扰乱供电、用电秩序的，由电力管理部门责令改正，给予警告；情节严重或者拒绝改正的，可以中止供电，可以并处5万元以下的罚款。根据《电力供应与使用条例》第40条规定，违章用电的，供电企业可以根据违章事实和造成的后果追缴电费，并按照国务院电力管理部门的规定加收电费和国家规定的其他费用；情节严重的，可以按照国家规定的程序停止供电。以上规定，多是从行政管理的角度出发，给予行政处罚。从合同关系考虑，违反国家有关规定和当事人的有关约定用电，属于违约用电行为，对此，应当承担违约责任。故本条规定，用电人未依照国家有关规定和当事人的约定用电，造成供电人损失的，应当承担赔偿责任。具体用电人承担哪种违约责任，承担多大的违约责任，均由当事人根据本编通则有关违约责任的规定加以确定。通常包括采取补救措施、支付违约金、供电人中止供电等，造成供电人损失的，应当给予赔偿。

> **第六百五十六条　供用水、供用气、供用热力合同，参照适用供用电合同的有关规定。**

【条文主旨】

本条是关于供用水、气、热力合同参照适用供用电合同的规定。

【条文释义】

供用水、供用气、供用热力合同，与供用电合同一样，是持续供给合同，且都是一种常见的民事合同。这些合同的标的，即水、气、热力，既是国民经济中的重要能源，也是一种特殊的商品。其合同都是供应人向使用人供应水、气或者热力，使用人支付价款的合同，双方当事人的关系都是一种买卖关系。因此，供用水、供用气、供用热力合同在本质上都属于特殊类型的买卖合同。它们与供用电合同具有以下共同点：

1. 供应方是特殊主体，只能是依法取得特定营业资格的供应企业，该类企业一般为公用事业，其他任何组织或者个人都不得作为供应方。如供应水合同的供应方只能是自来水公司。

2. 属于持续供给合同。由于电、水、气、热力的供应与使用均是连续的，因此合同的履行方式都处于一种持续状态。供应方在正常情况下，应当连续向使用方供应，不得中断；使用方在合同约定的期限内，享有连续使用的权利。

3. 合同一般按照格式条款订立。供用电、水、气、热力都是具有社会公益性的公用事业，关系千千万万使用者的日常生活。供应方为了适应大量交易的需要，预先拟定格式条款，双方当事人按照格式条款订立合同，这样既有利于降低交易成本，又有利于供应方集中精力提高供应质量。但同时也存在如何限制供应方利用其垄断地位产生的不公平问题。对供用方式有特殊要求的使用方，也可以采用非格式条款订立合同。

4. 对用户的责任都有特殊要求。由于电、水、气、热力系统都具有网络性，其生产、供应与使用都由网络连接，相互影响，任何一个用户的使用，都可能关系整个系统的运行，关系其他用户的利益，如一个用户的暖气管道发生泄漏，可能影响相邻用户的正常供暖。因此，要求用户按照有关规定和约定安全、合理地使用供应的电、水、气、热力，并承担相应的法律责任。

鉴于供用水、气、热力合同与供用电合同有许多共同点，因此本条规定："供用水、供用气、供用热力合同，参照适用供用电合同的有关规定。"例如，供用水合同中供水方的责任，就可以参照本法第 651 条的规定，供水方应当按照国家规定的供水质量标准和约定供水。如果供应的水没有达到国家规定的质量标准，给用户的健康造成损害的，供水方应当承担赔偿责任。同时，供用水、供用气、供用热力合同，又各有其特性，与供用电合同并不完全相同。比如，供热与供水、供电、供气存在一个明显区别，即供热不达标或者报停仍须交纳基础费用，而供水、供电和供气不存在这个问题。因此，本条规定的是"参照供用电合同的有关规定"，而不是完全适用。至于如何进一步体现供用水、气、热力合同的特殊性，还有待于相关立法的不断细化和完善。

第十一章　赠与合同

本章共十条，对赠与合同的概念、赠与合同的成立、当事人的权利义务、瑕疵担保责任、赠与的任意撤销和法定撤销、违约责任等作了规定。

> **第六百五十七条**　赠与合同是赠与人将自己的财产无偿给予受赠人，受赠人表示接受赠与的合同。

【条文主旨】

本条是关于赠与合同概念的规定。

【条文释义】

赠与合同，是指赠与人将自己的财产无偿给予受赠人，受赠人愿意接受赠与的合同。我们可以从赠与合同的概念中看出如下内涵：

1. 赠与是一种合意，是双方的法律行为。赠与合同虽为单务、无偿合同，也需有当事人双方一致的意思表示才能成立。如果一方有赠与意愿，而另一方无意接受该赠与的，赠与合同不能成立。在现实生活中，也会出现一方出于某种考虑而不愿接受对方赠与的情形，如遇此情况，赠与合同即不成立。

2. 赠与合同是转移财产所有权的合同。赠与合同是以赠与人将自己的财产给予受赠人为内容的合同，是赠与人转移财产所有权于受赠人的合同。这是赠与合同与借用合同的主要区别。

3. 赠与合同为无偿合同。所谓"无偿合同"，是指仅由当事人一方为给付，另一方不必向对方偿付相应代价的合同。在赠与合同中，仅由赠与人无偿地将自己的财产给予受赠人，而受赠人取得赠与的财产，不需向赠与人偿付相应的代价。这是赠与合同与买卖等有偿合同的主要区别。

4. 赠与合同是单务合同。所谓"单务合同"，是指仅由当事人一方负债务，另一方不负债务，或者另一方虽负有债务但无对价关系的合同。在一般情况下，赠与合同仅由赠与人负有将自己的财产给予受赠人的义务，而受赠人并不负有义务。在附义务的赠与中，赠与人负有将其财产给予受赠人的义务，受赠人按照合同约定负担某种义务，但受赠人所负担的义务并非赠与人所负义务的对价，受赠人的义务通常远远小于赠与人的义务，其间的义务并不是相互对应的，因此赠与合同为单务合同。

5. 赠与合同为诺成合同。赠与合同是实践合同还是诺成合同，与赠与合同自何时成立直接相关。赠与合同是否以交付标的物为成立要件，国外立法例上有不同规定，我国法学界也有不同认识。所谓"实践合同"，又称"要物合同"，是指除当事人之间的意思表示一致以外，还须交付标的物才能成立的合同。它以当事人的合意和交付标的物为成立要件。所谓"诺成合同"，又称"非要物合同"，是指当事人之间意思表示一致，即能成立的合同。它以当事人的合意为成立要件。

1999 年合同法的规定表明赠与合同为诺成合同，当事人意思表示一致时即成立，而无论其是以口头形式还是书面形式订立的，也无论赠与的财产是否交付。同时考虑到赠与合同中，难免有赠与人因一时冲动而为之的情况，因此合同法还对赠与合同任意撤销的适用问题作了规定。合同法施行后的 20 年间，赠与合同的诺成性得到了实践的检验，因此在本法的编纂过程中，对此未作修改。

6. 赠与合同为不要式合同。赠与合同是要式合同还是不要式合同，与赠与合同是否成立也有关联。所谓"要式合同"，是指法律要求必须采用一定的形式的合同。所谓"不要式合同"，是指法律没有要求必须具备特定的形式的合同。不要式合同不排斥合同采用书面、公证等形式，只是合同的形式不影响合同的成立。依照本章的规定，赠与合同为不要式合同。赠与合同既可采用口头形式，又可采用书面形式或者在合同订立后办理公证证明。无论采用何种形式，也无论是否经过公证，都不影响赠与合同的成立。

第六百五十八条　赠与人在赠与财产的权利转移之前可以撤销赠与。

经过公证的赠与合同或者依法不得撤销的具有救灾、扶贫、助残等公益、道德义务性质的赠与合同，不适用前款规定。

【条文主旨】

本条是关于赠与的任意撤销及其限制的规定。

【条文释义】

一、赠与的任意撤销

赠与的任意撤销，是指赠与合同成立后，赠与财产的权利转移之前，赠与人可以根据自己的意思不再为赠与行为。法律规定赠与的任意撤销，源于赠与是无偿行为。即便赠与合同已经成立，也还可以允许赠与人因自身的某种事由撤销赠与，这也是赠与合同与其他有偿合同的显著区别。尤其是有的赠与合同的订立，是因一时情感因素而欠于考虑，如果绝对不允许赠与人撤销，则对赠与人太过苛刻，也有失公允。因此本条第1款规定："赠与人在赠与财产的权利转移之前可以撤销赠与。"这里需要特别说明的是，该款用来表述赠与财产可撤销的时间点是"权利转移"而不是"交付"。这是因为，"交付"仅指实物的实际交付并归受赠人占有，赠与物的所有权并不一定随交付发生转移，即受赠人不一定享有对赠与物的处分权。而"权利转移"则是不管赠与物是否已实际交付，但其所有权已移转于受赠人，即受赠人已享有对赠与物的处分权。两相比较，受赠人显然享有"权利转移"较之"交付"的涵盖性要宽，且更为确切，因此条文中"权利转移"表述。举个例子说明：赠与人甲计划将某一房屋赠给乙，并已将房屋交付给乙实际居住，但是并未办理房屋产权过户登记手续，甲在这个时候反悔，由于房屋的所有权没有发生转移，甲依照本款规定可以任意撤销房屋赠与合同。

二、任意撤销赠与的限制

尽管原则上允许赠与人任意撤销赠与，但如果对任意性不加限制，则等同于赠与合同无任何约束力，既对受赠人不公平，也违背诚信原则，对公序良俗也是一种冲击。因此，对赠与的任意撤销应有适当限制，故本条第2款对赠与的任意撤销作了如下限制：

1. 赠与合同订立后经公证证明的，赠与人不得任意撤销。换句话说，可以任意撤销的赠与合同原则上限于未经公证的赠与合同。而赠与合同订立后，当事人交由公证部门公证，表明其赠与意愿的表达已十分慎重，因此经过公证证明的赠与合同，赠与人不得任意撤销。

2. 具有公益、道德义务性质的赠与合同，不论当事人以何种形式订立，不论是否经过公证，也不问赠与的财产是否已转移其权利，赠与人均不得任意撤销。具有公益性质的赠与，主要是指为了救灾、扶贫、助残、助学等目的或为了资助公共设施建设、环境保护等公共事业所为的赠与。此类赠与的公益性和社会性，决定了赠与人不得任意撤销赠与，否则将与赠与的目的和宗旨相悖。履行道德义务的赠与，由于当事人之间有着道义上的因素，如果允许赠与人任意撤销，则与道义不符。因此，此类的赠与也不得由赠与人任意撤销。

3. 依法不得任意撤销的其他情形。我国慈善法第 41 条第 1 款规定："捐赠人应当按照捐赠协议履行捐赠义务。捐赠人违反捐赠协议逾期未交付捐赠财产，有下列情形之一的，慈善组织或者其他接受捐赠的人可以要求交付；捐赠人拒不交付的，慈善组织和其他接受捐赠的人可以依法向人民法院申请支付令或者提起诉讼：（一）捐赠人通过广播、电视、报刊、互联网等媒体公开承诺捐赠的；（二）捐赠财产用于本法第三条第一项至第三项规定的慈善活动，并签订书面捐赠协议的。"该法第 3 条规定："本法所称慈善活动，是指自然人、法人和其他组织以捐赠财产或者提供服务等方式，自愿开展的下列公益活动：（一）扶贫、济困；（二）扶老、救孤、恤病、助残、优抚；（三）救助自然灾害、事故灾难和公共卫生事件等突发事件造成的损害；（四）促进教育、科学、文化、卫生、体育等事业的发展；（五）防治污染和其他公害，保护和改善生态环境；（六）符合本法规定的其他公益活动。"从慈善法的规定可以看出，不得任意撤销的规定有别于前两项特殊之处在于，只要是"捐赠人通过广播、电视、报刊、互联网等媒体公开承诺捐赠的"，即通过媒体公开承诺捐赠的，不得任意撤销。对于此种赠与，在本法编纂过程中，通过立法表述形式的改变，加以吸纳，即将本条第 2 款的表述由原来的"具有救灾、扶贫等社会公益、道德义务性质的赠与合同或者经过公证的赠与合同，不适用前款规定"修改为"经过公证的赠与合同或者依法不得撤销的具有救灾、扶贫、助残等公益、道德义务性质的赠与合同，不适用前款规定"，以包含目前以及将来立法发展的各种不同情况。

另外需要指出的是，如果赠与的财产的权利已被转移的，赠与人自然不得任意撤销赠与。如果赠与的财产一部分已交付并已转移其权利，任意撤销赠与仅限于未交付并未转移其权利的部分，以维护赠与合同当事人权利义务关系的稳定。

> **第六百五十九条** 赠与的财产依法需要办理登记或者其他手续的，应当办理有关手续。

〖条文主旨〗

本条是关于赠与的财产需要办理有关法律手续的规定。

【条文释义】

赠与合同中，赠与财产的交付有的比较简单，如赠与金钱可以将现金或者支票交付给受赠人即可。但是，有些赠与财产的交付除了直接交由受赠人占有外，还须依法办理登记等有关手续，如房屋、汽车、股权等作为赠与财产，需要到相应的部门办理有关手续。合同当事人只有在办理完登记等有关手续后，受赠人的受赠财产才能受到法律的充分保护。因此本条规定，赠与的财产依法需要办理登记或者其他手续的，应当办理有关手续。需要办理登记等手续的规定，主要是针对特殊的赠与财产规定的，如房屋、汽车和股权等。

> **第六百六十条** 经过公证的赠与合同或者依法不得撤销的具有救灾、扶贫、助残等公益、道德义务性质的赠与合同，赠与人不交付赠与财产的，受赠人可以请求交付。
>
> 依据前款规定应当交付的赠与财产因赠与人故意或者重大过失致使毁损、灭失的，赠与人应当承担赔偿责任。

【条文主旨】

本条是关于法定不得撤销赠与的赠与人不交付赠与财产的责任的规定。

【条文释义】

将赠与的财产按照赠与合同约定交付受赠人并转移其所有权，是赠与人的义务。赠与人不交付赠与财产是否构成违约行为，并承担违约责任，应当依照赠与合同的性质来区分。如果是任意撤销赠与，依据第658条第1款的规定，赠与人不交付赠与财产不构成违约，因为赠与人在转移赠与财产的权利之前可以撤销赠与。所以，对这类赠与合同，赠与人不给付赠与财产的，受赠人也就不能请求赠与人给付赠与的财产，赠与人不承担违约责任。如果是法定不得撤销赠与，依据第658条第2款的规定，赠与人不交付赠与财产的，构成违约，如果受赠人要求这类赠与人交付赠与财产，赠与人就应当交付，否则将依法应当承担违约责任。结合本条第1款的规定，经过公证的赠与合同或者依法不得撤销的具有救灾、扶贫、助残等公益、道德义务性质的赠与合同，法律规定赠与人不得任意撤销赠与，这是因为任意撤销有悖于诚信原则，也违背了公序良俗，更与社会主义核心价值观不符。在赠与人迟延履行或者不履行给付赠与财产的义务时，即为违约行为，应当承担违约责任。承担责任的具体方式是，在受赠人要求赠与人给付赠与的财产，赠与人仍不给付的，受赠人可以向人民法院起诉要求其履行赠与义务，人民法院依法将支持受赠人的诉讼请求。

结合日常生活，众所周知，在发生各种灾情之后，民政部门会组织募捐活动，社会各界会通过各种形式捐赠款物，其中有通过电话口头认捐的，有通过捐赠活动现场口头确认捐赠，也有以盖有公章的认捐书形式表示捐赠的。认捐后是否实际兑现，通常会成为争议的话题。实践中通常有两种观点，一种观点认为，捐赠属于赠与行为，赠与人可任意撤销，只有捐赠方将钱物交付后，该捐赠才有意义。在款物交付之前，认捐方反悔的，最多面对道德谴责，而不必承担法律责任。另一种观点认为，在公开场合认捐，对某些企业来说，是扩大其知名度的一种手段。在召开新闻发布会、举牌子、打字幕之前，认捐单位与受赠单位多订有捐赠协议或由认捐单位出具认捐函，其意思表示不可谓不慎重。捐赠方认捐后不兑现，有的是有能力履行却故意拖延；有的是其经营状况本来就不好，还欠着很多债，为的是借此宣传自己。对订有捐赠协议、出具了认捐书或者向社会公示表示捐赠的，如果不实际捐赠，既是对社会公众的欺骗，从法律上讲也违背了诚信原则。对此，在 1999 年制定合同法的过程中，就明确规定，具有救灾等公益、道德义务性质的赠与合同，赠与人不交付赠与财产的，受赠人可以要求交付。但从另一角度而言，赠与合同为单务合同，仅由赠与人单方承担义务，当赠与人不履行交付赠与财产的义务时，其责任也应当有所限制，而不像双务合同那样，在履行给付义务时还应当支付迟延利息或者赔偿其他损失。本条规定的赠与人不交付赠与的财产的，受赠人可以请求交付，但是不包括迟延利息和其他损害赔偿，而仅限于赠与财产本身。

需要特别指出的是，在本法编纂过程中，有意见提出在助残活动，时常出现虚假助残的现象，需要对此进行纠正和规范。经研究，助残活动属于公益性质，作出承诺理当履行，因此在"救灾、扶贫"之后增加了"助残"类型，目的在于规范和引领赠与人的助残行为。另有意见提出，合同法第 189 条规定："因赠与人故意或者重大过失致使赠与的财产毁损、灭失的，赠与人应当承担损害赔偿责任。"这和通常的赠与人在赠与物权利移转之前可以任意撤销的规定存在冲突，应当仅限于法定不得任意撤销的情形。经研究认为，合同法第 189 条的本意应当是适用于具有公益和道德义务性质的赠与合同，但是单独一条规定在立法本意上显得不清晰，故决定将合同法第 189 条作为本条的第 2 款，并修改为，依据前款规定应当交付的赠与财产因赠与人故意或者重大过失致使毁损、灭失的，赠与人应当承担赔偿责任。意味着具有救灾、扶贫、助残等公益、道德义务性质的赠与合同，在赠与财产的权利移转给受赠人之前，由于赠与人的故意或者重大过失致使赠与财产发生毁损、灭失，因而无法实际交付赠与财产的，赠与人应当向受赠人赔偿因其故意或者重大过失所造成的损失。

> **第六百六十一条　赠与可以附义务。**
>
> **赠与附义务的，受赠人应当按照约定履行义务。**

〖条文主旨〗

本条是关于附义务赠与的规定。

〖条文释义〗

一、附义务赠与的概念及其特征

附义务的赠与，也称附负担的赠与，是指以受赠人对赠与人或者第三人为一定给付为条件的赠与，也即使受赠人接受赠与后负担一定义务的赠与。例如，某企业家向某大学捐款，要求所捐款项用于修建图书馆和体育场馆。附义务的赠与不同于一般的赠与，而属一种特殊的赠与。其特殊性在于：（1）一般的赠与，受赠人仅享有取得赠与财产的权利，不承担任何义务。而附义务的赠与，赠与人对其赠与附加一定的条件，使受赠人承担一定的义务。（2）附义务的赠与，其所附义务不是赠与的对价，即所附义务不能大于或者等于受赠人所获得的利益，通常是低于赠与财产的价值。（3）除当事人另有约定外，通常情况下，在赠与人履行了赠与义务后，才发生受赠人义务的履行问题。例如，某捐款人应当先将捐款实际交付某大学，该大学拿到捐款后才开始动工建造捐款人希望建造的图书馆和体育场馆。（4）赠与所附义务，可以约定向赠与人履行，也可以约定向第三人履行，还可以约定向不特定的多数人履行。例如，甲出国前将其房屋赠给乙，要求乙帮忙妥善保管室内的物品，受益人是赠与人甲本人；如果甲要求乙照顾某孤寡老人，受益人则是第三人；如果甲要求乙将赠给乙的房屋作为中学的阅览室，受益人则是不特定的多数人。（5）履行赠与所负的义务，依照当事人的约定，可以是作为，也可以是不作为。例如，甲将出租给丙的房屋赠给乙，但约定乙不得解除与丙的租赁合同，受赠人乙应履行的义务就是不作为义务。如果甲将自己的房屋在出国前赠给乙，要求乙在甲出国期间妥善保管该房屋内的物品，那么乙应履行的义务就是作为义务。（6）赠与所附义务，是赠与合同的组成部分，而不是另外的独立合同。（7）附义务的赠与，其义务不能违反法律或者违背公序良俗，如赠与人提出受赠人只能用赠款去还赌债，这个附义务的赠与就是不合法的，因为赌债是不合法的债务。

二、附义务赠与的效力

1. 受赠人应当按照合同约定履行义务。赠与人向受赠人给付赠与财产后，受赠人应依约履行其义务。受赠人不履行的，赠与人有权要求受赠人履行义务或者撤销赠与。赠与人撤销赠与的，受赠人应将取得的赠与财产返还赠与人。

2. 受赠人仅在赠与财产的价值限度内有履行其义务的责任。赠与本为无偿合同，其目的在于使受赠人获益。所附义务如果超出赠与财产的价值，则使受赠人蒙受不利，也与赠与的本旨不相符合。因而如果赠与的财产不足以抵偿其所附义务的，受赠人仅就赠与财产的价值限度内，有履行其义务的责任。换句话说，如果赠与所附义务超过赠与财产的价值，受赠人对超过赠与财产价值部分的义务没有履行的责任。

3. 在附义务的赠与中，赠与的财产如有瑕疵，赠与人在赠与所附义务的限度内，应当承担与出卖人相同的瑕疵担保责任（详见下一条叙述）。

> **第六百六十二条** 赠与的财产有瑕疵的，赠与人不承担责任。附义务的赠与，赠与的财产有瑕疵的，赠与人在附义务的限度内承担与出卖人相同的责任。
>
> 赠与人故意不告知瑕疵或者保证无瑕疵，造成受赠人损失的，应当承担赔偿责任。

〖条文主旨〗

本条是关于赠与人对赠与财产的瑕疵担保责任的规定。

〖条文释义〗

由于赠与合同为无偿合同，赠与是为了受赠人的利益而为的行为，因而赠与人对赠与财产的瑕疵担保责任，与有偿合同有所不同。本条的内涵有三个方面：

第一个方面，赠与的财产有瑕疵的，赠与人原则上不承担责任。这是因为在赠与合同中，受赠人是纯获利益的，赠与人与受赠人双方当事人之间不是双务合同的对待给付关系，因而赠与人对赠与财产的瑕疵，原则上不承担赠与财产物的瑕疵和权利瑕疵的担保责任。例如，甲送给乙一台笔记本电脑，该电脑的键盘反应不是很灵敏，对此，甲对该笔记本电脑没有维修的义务，也不负担修理费等其他责任。

第二个方面，在附义务的赠与中，赠与的财产如有瑕疵，赠与人需在受赠人所附义务的限度内承担与出卖人相同的责任。就一般的赠与而言，赠与人原则上不承担瑕疵担保责任。但对于附义务的赠与，受赠人虽受有利益，但又需要履行约定的义务。如赠与的财产有瑕疵，必然导致受赠人所受利益有所减损，这便与赠与合同约定的权利与义务不相对应，使受赠人遭受损失。为保护受赠人的利益，并求公允，应由赠与人承担瑕疵担保责任。就受赠人履行的义务而言，有如买卖合同中买受人的地位，因此，赠与人应在受赠人所附义务的限度内，承担与买卖合同中的出卖人同一的瑕疵担保责任。至于出卖人在买卖合同中的瑕疵担保责任，具体请见本法第612条至第619条的相关规定。

第三个方面，赠与人故意不告知瑕疵或者保证无瑕疵，并且造成受赠人损失的，应当承担损害赔偿责任。赠与人故意不告知赠与的财产有瑕疵的，是有主观上的恶意，也有违诚信原则。因赠与财产的瑕疵给受赠人造成其他财产损失或者人身伤害的，应负赔偿责任。如果赠与人故意不告知瑕疵，但没有给受赠人造成损失，则不承担赔偿责任。赠与人保证赠与物无瑕疵，给受赠人造成损失的，也应承担赔偿责任。

> **第六百六十三条** 受赠人有下列情形之一的，赠与人可以撤销赠与：
> （一）严重侵害赠与人或者赠与人近亲属的合法权益；
> （二）对赠与人有扶养义务而不履行；
> （三）不履行赠与合同约定的义务。
> 赠与人的撤销权，自知道或者应当知道撤销事由之日起一年内行使。

【条文主旨】

本条是关于赠与人的法定撤销情形及撤销权行使期间的规定。

【条文释义】

赠与合同的法定撤销，是指赠与合同成立后，在具备法律规定的情形时，撤销权人可以撤销赠与。赠与的法定撤销与任意撤销的不同之处在于：第一，撤销赠与须依法律规定的事由；第二，只要具备法定事由，不论赠与合同以何种形式订立以至经过公证证明，不论赠与的财产是否已经交付或已发生权利转移，也不论赠与是否属于社会公益或者道德义务性质，享有撤销权的赠与人均可以撤销赠与。

赠与本是使受赠人取得利益的行为，如果受赠人对赠与人有加害行为或者其他忘恩负义行为的，法律应赋予赠与人有撤销赠与的权利，这样才符合本法的公平和诚信原则，也有利于弘扬社会主义核心价值观。赠与合同的法定撤销情形，均为受赠人的违法行为或者违反赠与合同约定的行为。赠与人依法撤销赠与的权利，是法律对赠与人加以保护的重要内容。

依本条规定，赠与人可以撤销赠与的应当是具有以下三种法定情形之一：

第一种情形，受赠人严重侵害赠与人或者赠与人的近亲属。其要点：一是受赠人实施的是严重侵害行为，而不是轻微的、一般的侵害行为。二是受赠人侵害的是赠与人本人或其近亲属，近亲属的范围应当适用本法第 1045 条第 2 款"配偶、父母、子女、兄弟姐妹、祖父母、外祖父母、孙子女、外孙子女为近亲属"的规定，如果侵害的是其他亲友则不在此列。

至于受赠人的侵害行为是否必须出于故意，是否须达到构成犯罪的程度，依据本条的规定，我们认为，只要受赠人严重侵害了赠与人或者赠与人的近亲属，赠与人即可撤销赠与，即主要考虑受赠人侵害行为的结果，而不是主要考虑受赠人故意或者过失的主观状态。

第二种情形，受赠人对赠与人有扶养义务而不履行。其要点在于：一是受赠人对赠与人有扶养义务；二是受赠人对赠与人有扶养能力，而不履行对赠与人的扶养义务。如果受赠人没有扶养义务或者丧失了扶养能力的，则不产生赠与人撤销赠与的权利。需要特别指出的是，这里的"扶养"应当作广义解释，不应当仅仅理解为本法第 1059 条规定的"夫妻有相互扶养的义务"等同辈之间的照顾义务，也包括对长辈的"赡养"以及对晚辈的"抚养"等关系的照顾义务。

第三种情形，受赠人不履行赠与合同约定的义务。其要点在于：一是赠与合同约定了受赠人负有一定的义务。二是赠与人已将赠与的财产交付于受赠人。三是受赠人不履行赠与合同约定的义务。在附义务的赠与中，受赠人应当依约定履行其所负义务。在赠与人向受赠人交付了赠与的财产后，受赠人如果不依约履行其义务，赠与人可以撤销赠与。

赠与人的法定撤销权属于形成权，撤销权一经赠与人行使即发生效力，双方当事人的赠与关系即归于消灭。为了维护社会关系的稳定，尽快确定赠与的法律关系，撤销权人应当依法及时行使撤销权。赠与人行使撤销权的期间为 1 年，自知道或者应当知道撤销原因之日起计算。这一期间属于除斥期间，即法律对某种权利所预定的行使期间，不存在中止、中断和延长的问题。撤销权人如在法律规定的期间内不行使撤销权的，其撤销权即归于消灭。当然，依据本法第 152 条第 2 款的规定："当事人自民事法律行为发生之日起五年内没有行使撤销权的，撤销权消灭。"因此，赠与人的法定撤销权应受该 5 年期间的限制。

第六百六十四条 因受赠人的违法行为致使赠与人死亡或者丧失民事行为能力的，赠与人的继承人或者法定代理人可以撤销赠与。

赠与人的继承人或者法定代理人的撤销权，自知道或者应当知道撤销事由之日起六个月内行使。

【条文主旨】

本条是关于赠与人的继承人或者法定代理人的法定撤销情形及撤销权行使期间的规定。

【条文释义】

赠与的撤销权本应属于赠与人，但因受赠人的违法行为致赠与人死亡或使其丧失民事行为能力时，赠与人的撤销权事实上已无法行使。而由赠与人的继承人或法定代理人行使撤销权，才能实现赠与人撤销赠与的权利与意愿。同时，也只有在赠与人不能行使其撤销权时，赠与人的继承人或法定代理人才有撤销赠与的权利。因而赠与人的继承人或法定代理人撤销赠与必须基于赠与人因受赠人的违法行为而致死亡或者丧失民事行为能力这一法定情形。

赠与人的继承人或法定代理人行使撤销权的期间为 6 个月，自知道或者应当知道撤销原因之日起计算。其主要目的是维护社会关系的稳定，相对于赠与人本人的撤销权而言，需要更快地确定赠与法律关系，故撤销权人应当依法及时行使撤销权。当然，依据本法第 152 条第 2 款的规定："当事人自民事法律行为发生之日起五年内没有行使撤销权的，撤销权消灭。"因此，赠与人的继承人或者法定代理人的法定撤销权应受该 5 年期间的限制。

> **第六百六十五条　撤销权人撤销赠与的，可以向受赠人请求返还赠与的财产。**

【条文主旨】

本条是关于撤销权的行使效力的规定。

【条文释义】

赠与的法定撤销权应为形成权，一经撤销权人依据前两条的规定行使撤销权即发生效力，使赠与人与受赠人的赠与关系自始解除。赠与的法定撤销权的效力主要表现在以下几种情形：

第一种情形，赠与的财产未交付给受赠人，也未转移财产所有权之前撤销赠与的，赠与一经撤销即自始无效，赠与人不再负有赠与的义务。第二种情形，赠与的财产已经交付给受赠人，但并未转移财产所有权时撤销赠与的。第三种情形，赠与的财产已经交付给受赠人，并且已经转移财产所有权于受赠人时撤销赠与的。

本条所规定的是指后两种情形，赠与财产的所有权或者赠与财产的实物已经转移到受赠人，而赠与被撤销后，赠与合同便自始没有法律效力，受赠人取得的赠与财产便失去合法依据。因此，本条规定，撤销权人撤销赠与的，可以向受赠人请求返还赠与的财产。这实质是依据本法第122条和本编第二十九章"不当得利"的法律规定，请求受赠人返还赠与人的财产。同时，本条的规定与本法第157条和第566条规定的逻辑结果是相同的。

> **第六百六十六条** 赠与人的经济状况显著恶化，严重影响其生产经营或者家庭生活的，可以不再履行赠与义务。

【条文主旨】

本条是关于赠与人可以不再履行赠与义务的法定情形的规定。

【条文释义】

本条在理论上称为"穷困抗辩权"，其是指在赠与合同成立后，因赠与人的经济状况严重恶化，如果继续履行赠与合同将造成赠与人生产经营或家庭生活受到严重的影响，赠与人因此享有拒绝履行赠与义务的权利。本条的规定表明，在赠与合同订立后或者赠与人已经部分履行赠与义务后，赠与人的经济状况显著恶化，严重影响其生产经营或者家庭生活的，赠与人可以不再履行赠与合同约定的赠与义务或者不再履行赠与合同约定的但尚未履行的部分赠与义务。该规定与我国慈善法的有关内容相似，彼此规定之间相互衔接。

根据本条的规定，赠与人不再履行赠与义务，应当符合三个条件：一是赠与合同已经成立，但是赠与财产的权利尚未完全转移。赠与合同没有成立的，对赠与人没有约束力，自然无须履行任何赠与义务；本条规定的"可以不再履行赠与义务"，表明合同已经成立并已部分履行，只是没有全部履行。如果赠与人已经转移了赠与物的全部权利，则赠与行为已经完成，赠与人也就无法反悔自己的行为，否则会严重影响到受赠人的生产生活，也不利于社会财产关系的稳定。二是赠与人的经济状况显著恶化。所谓显著恶化，是指在赠与合同成立之后，赠与人的经济状况出现明显恶化的状态。状态恶化的时间应当是在赠与合同成立之后，而不是成立之前。如果自身的经济状况本已十分不好，仍向他人表示赠与意思，实际上其赠与的意思表示多无诚意，赠与合同也无履行基础。三是经济状况显著恶化达到严重影响其生产经营或者家庭生活的程度。比如，经济状况恶化致使严重影响赠与人企业的生产经营，若强制履行赠与义务，将无法继续正常经营；或者经济状况显著恶化使赠与人的家庭生活发生困难，不能维持自己的正常生计，不能履行扶养义务等。符合上述条件的，不论赠与合同以何种方式订立，不论赠与的目的性质如何，赠与人可以不再履行尚未履行的赠与义务。

与本条规定相关，现实生活中出现的突出问题是，在救灾、扶贫等社会公益活动中，某些企业在公开场合明确表示或以认捐书的形式认捐后，又以企业经营状况不好为由，拒绝兑现认捐的款物。对此，有关企业是否可以不再履行赠与义务？如果该企业在认捐之后其经济状况才发生显著恶化，并严重影响其生产经营的，可以不再履行赠与义务，否则应当继续履行其赠与义务。而对于那些本无经济能力捐赠，甚至濒临破产的企业，纯粹为了商业目的宣传自身形象，认捐后又称企业经济状况不好不能履行赠与义务的，我们认为，不能简单地适用"可以不再履行赠与义务"的规定，如果给受赠人造成损失，应当承担损害赔偿责任，赔偿给受赠方造成的损失。

第十二章　借款合同

本章共十四条，主要调整金融机构与自然人、法人、非法人组织，以及法人、非法人、自然人相互之间的借款合同关系。对借款合同的概念、形式及内容、合同的担保、贷款人和借款人双方的权利义务以及当事人违反合同的责任等内容作出规定。

> **第六百六十七条　借款合同是借款人向贷款人借款，到期返还借款并支付利息的合同。**

【条文主旨】

本条是关于借款合同定义的规定。

【条文释义】

一、借款合同相关概念的定义及分类

借款合同，是指贷款人向借款人提供借款，借款人到期返还借款，并向贷款人支付利息的合同。

借款合同和传统民法借贷合同的概念有所区别。借贷合同是贷与人交付金

钱或者其他种类物并转移其所有权供借用人消耗使用，借用人向贷与人返还种类、质量、数量相同的种类物的合同，一般分为使用借贷和消费借贷。其中，使用借贷是指当事人约定，当事人一方将物品借给对方使用，对方无偿使用后将物品返还的合同，又称为借用合同。消费借贷是指当事人约定，当事人一方有偿地将金钱或其他代替物的所有权转移给对方，对方以相同物品返还的合同。本法并无对使用借贷作出规定，本章的借款合同，仅指消费借贷中的金钱借贷的内容。

为什么不对使用借贷作出规定，这是因为实际生活中的使用借贷（即借用合同）一般是当事人关系不错，相互之间较为信任而订立的合同，实践中多为口头合同，并且由于是无偿性的合同，实践中问题不多，即使出现问题，合同编通则部分也足够能解决，故对使用借贷没有作出规定。至于为什么没有就消费借贷中的物品借贷作出规定，主要基于三点考虑：一是由于1982年开始施行的经济合同法就只规定了借款合同，没有对物品借贷作出规定，多年的实践说明，只规定借款合同是可行够用的；二是借款之外的物品借贷在实践中很少产生问题，即使产生问题，也可以参照借款合同的有关规定予以解决；三是借款合同一词使用多年，已被广大群众普遍接受，目前没有充分的理由再引入"消费借贷"这个新的合同概念，也不宜于大家掌握使用。因此，在本章中以借款合同为名就金钱借贷作出规定。

二、借款合同的适用范围

本章借款合同适用的范围较之于合同法有所扩大。合同法借款合同仅适用于金融借款合同和自然人之间的借款合同；目前本章的借款合同适用于金融机构与自然人、法人、非法人组织之间的借款，也适用于自然人、法人、非法人组织相互之间的借款。因此，目前借款合同主要调整两部分内容：一部分是金融机构与自然人、法人和非法人组织的金融借款合同关系；另一部分是指自然人、法人、非法人组织相互之间的借款合同关系。以金融机构与自然人、法人和非法人组织之间的合同关系为主。

三、借款合同的法律特征

1. 借款合同的主体是贷款人和借款人。贷款人也称出借人，是指将金钱贷与借款人的人，借款人是指接受贷款人贷款的人。贷款人包括两类：一类是在中国境内设立的经营贷款业务的金融机构，包括政策性银行、商业银行、农村信用合作银行和外资银行等，原则上必须经人民银行或者银监部门批准经营贷款业务，持《金融机构法人许可证》或《金融机构营业许可证》，并经市场监管部门核准登记；二类是以自有资金出借但并非以出借款项为业的自然人、法人或者非法人组织。借款合同的借款人可以是自然人、法人或者非法人组织。

2. 借款合同的标的是货币，包括可流通的各种货币。由于货币是种类物，因此，借款人在合同到期后返还相同数额的货币并支付约定的利息即可。

3. 借款合同是转移标的物所有权的合同。货币一经借出，所有权即转移于借款人。借款合同订立的目的，在于以货币供对方消费，任何消费都意味着原物的不再存在。例如借出的纸币，一经消费，原物便不可复得，也没有必要复得。所以借款合同的履行，必然会发生所有权转移的法律后果。

4. 借款合同可以是单务、无偿合同，也可以是双务、有偿合同。在借款合同中，如果当事人之间没有约定利息或者自然人之间约定的利息不清晰，那么就是没有利息，即借款人无须向贷款人支付利息，故此类借款合同是单务、无偿合同。如果借款合同当事人之间明确约定了支付利息，那么支付利息便是借款人向贷款人贷款的对价，双方当事人在合同中都享有一定的权利，又都负有相应的义务，故该类借款合同是双务、有偿合同。

5. 借款合同可以是诺成合同，也可以是实践合同。所谓诺成合同，是指当事人意思表示一致即成立的合同。所谓实践合同，是指除当事人之间的意思表示一致外，还须实际交付标的物才能成立的合同。根据本法第 679 条的规定："自然人之间的借款合同，自贷款人提供借款时成立。"意味着，自然人之间成立借款合同，不仅要当事人意思表示一致，还必须由贷款人实际向借款人交付借款，因此自然人之间的借款合同是实践合同。此外，本章规定的其他当事人之间的借款合同，无须以借款的实际交付为成立要件，故为诺成合同。

6. 借款合同可以是要式合同，也可以是不要式合同。所谓要式合同，是指法律对合同订立的形式有一定的要求，法律规定符合特定方式才能成立的合同，为要式合同；无须以特定方式合同即可成立的，为不要式合同。本法第 668 条规定第 1 款规定："借款合同应当采用书面形式，但是自然人之间借款另有约定的除外。"据此表明，采用书面形式的借款合同为要式合同，自然人之间的借款如果未采用书面形式的，为不要式合同。

在本法编纂过程中，有意见提出将本章的借款合同分为金融借款合同和民间借贷合同，或者分为生活性借款合同和营利性借款合同。经研究认为，尽管金融借款合同和民间借贷合同在放贷主体、监管、利率等方面存在明显区别，但该区别主要还是存在于行政监管领域，而在民事权利义务的立法内容方面，两者之间不应当有明显区别，否则将有悖于平等原则；同时，民间借贷与政策联系紧密，政策变动性强，与民法典要求的稳定性不符。因此本章未区分金融借款合同和民间借贷合同。另外，因生活性借款和营利性借款在实践中很难区分，区分的意义也不是很明确，同样，本章未区分生活性借款和营利性借款。

> **第六百六十八条** 借款合同应当采用书面形式，但是自然人之间借款另有约定的除外。
>
> 借款合同的内容一般包括借款种类、币种、用途、数额、利率、期限和还款方式等条款。

〖条文主旨〗

本条是关于借款合同形式和内容的规定。

〖条文释义〗

一、借款合同的形式

合同的形式，是指合同当事人之间确定相互权利义务关系的表现方式。主要包括口头合同和书面合同两种形式。口头合同简便易行，但容易发生误解和遗忘，发生纠纷后难以取证。书面合同内容明确、责任清楚，有利于合同的履行，便于检查，发生纠纷后容易举证。在实践中，金融借款合同通常采用书面形式，既有利于合同的履行，避免当事人之间发生纠纷，也便于发生合同纠纷后容易举证，及时解决纠纷。而对于实践中时常出现自然人之间的小额短期借款，大多当事人之间较为熟悉，没有必要强制采用书面形式订立合同。因此，本条第 1 款规定，借款合同应当采用书面形式，但是自然人之间借款另有约定的除外。该款系针对借款合同实际情况作出的实事求是的规定。

对于金融借款合同，我国的商业银行法第 37 条规定："商业银行贷款，应当与借款人订立书面合同。合同应当约定贷款种类、借款用途、金额、利率、还款期限、还款方式、违约责任和双方认为需要约定的其他事项。"据此表明，订立借款合同已成为金融机构贷款业务的必经程序。其目的是明确金融机构与借款人的权利和义务，保障金融机构信贷资金的安全。对于自然人之间的借款合同，既可以采用书面形式，也可以采用口头形式，当事人可以根据合同是否有偿等具体情况选择订立合同的形式。从立法的本意考虑，自然人之间的借款合同虽然可以采取口头形式，但是为了规范合同的订立，便于当事人履行合同，减少纠纷，故主要还是提倡当事人最好采用书面形式订立合同。

二、借款合同的内容

当事人订立借款合同，应当约定哪些内容是一个十分重要的问题。因为订立合同就是要设立、变更、终止民事权利义务关系，涉及各方当事人享有哪些权利，应当履行哪些义务等对当事人切身利益相关的问题。本法第 470 条第 1

款规定:"合同的内容由当事人约定,一般包括下列条款:(一)当事人的姓名或者名称和住所;(二)标的;(三)数量;(四)质量;(五)价款或者报酬;(六)履行期限、地点和方式;(七)违约责任;(八)解决争议的方法。"这些内容是借款合同的当然主要内容,考虑到借款合同的特殊性质,主要内容还应当包括以下几个方面:

1. 借款种类。借款种类是指金融机构作为贷款人的情况下,根据国家有关规定和资金市场的需求创设的货币商品种类。借款人可以根据自己的需要向贷款人申请某种特定形式的贷款。贷款根据不同的标准可分为不同的种类。根据贷款的性质可分为自营贷款、委托贷款和特定贷款。根据贷款期限的不同,可将贷款分为短期贷款、中期贷款和长期贷款。根据贷款的风险不同,可将贷款分为信用贷款、担保贷款和票据贴现贷款。根据资金的投向和用途可将贷款分为流动资金贷款、固定资金贷款和农业贷款。根据贷款的币种不同可将贷款分为人民币贷款和外汇贷款。

2. 币种。币种是指借款合同标的是哪一种货币,是人民币还是其他国家或地区的货币。

3. 用途。用途是指借款使用的目的和范围。为了落实国家产业政策,保证信贷资金的安全,国家和各金融机构根据不同种类的贷款,规定了不同的条件和监督措施,借款人可以根据不同的用途申请不同种类的贷款。贷款人根据贷款用途来确定贷与不贷,贷多贷少,并选定贷款期限和利率。我国商业银行法第 35 条规定:"商业银行贷款,应当对借款人的借款用途、偿还能力、还款方式等情况进行严格审查。""商业银行贷款,应当实行审贷分离、分级审批的制度。"据此表明,金融借款应当专款专用。在借款合同中明确借款用途,有利于国家产业政策的落实,有利于借款合同的履行,有利于金融机构信贷资金的安全,以保证借款在金融机构的监督下及时收回。

4. 数额。数额是指借款数量的多少。数额是借款合同的重要内容,是确定资金的拨付和计算利息的依据,是借贷双方当事人权利义务的重要标志。在订立借款合同时,没有数额或者数额不清,合同便不能成立。因此,当事人应当在合同中明确借款的总金额以及在分批支付借款时,每一次支付借款的金额,以便于合同的具体履行。

5. 利率。利率是指借款人和贷款人约定的应当收的利息的数额与所借出资金的比率。利率的高低直接决定利息金额的大小。按照不同的标准,利率可以分为:年利率、月利率和日利率;法定利率和市场利率;短期利率和中长期利率;固定利率和浮动利率;名义利率和实际利率。在我国,国务院批准和授权中国人民银行制定的各种利率为法定利率,法定利率具有法定效力,其他任何单位和个人均无权制定和变动，法定利率的公布、实施由中国人民银行总行负责。中国人民银行是利率管理的主管机关，代表国家统一行使利率管理权，其他任何单位和个人不得干预中国人民银行的利率管理工作。

6. 期限。期限是指借款人在合同中约定能使用借款的时间。当事人一般根据借款人的生产经营周期、还款能力和贷款人的资金供给能力等，约定借款期限。根据中国人民银行 1996 年颁布的《贷款通则》的规定，自营贷款期限最长一般不超过 10 年，超过 10 年的应当报中国人民银行备案。票据贴现期限最长不得超过 6 个月，贴现期限为从贴现之日起到承兑票据到期日止。非金融借款合同的期限由当事人自行约定。

7. 还款方式。还款方式是指贷款人和借款人约定以什么结算方式偿还借款给贷款人。例如，是到期一次还本付息还是分期返还；是逐期先还息到期一次还本，还是以其他方式还本付息等。

以上所列举的合同内容是具有借款合同明显特点的条款，除以上七项内容外，借款合同的当事人还可以对其他内容作出约定。在此需要特别说明的是，借款的担保也是合同的重要内容，合同法第 198 条规定："订立借款合同，贷款人可以要求借款人提供担保。担保依照《中华人民共和国担保法》的规定。"在本法编纂过程中，由于担保法的内容全部纳入本法物权编和合同编的规定，该条内容已经在相关条文中体现，比如本法第 387 条等，因此合同法的该条内容没有必要再作规定，故在编纂过程中删去。

> **第六百六十九条** 订立借款合同，借款人应当按照贷款人的要求提供与借款有关的业务活动和财务状况的真实情况。

〖条文主旨〗

本条是关于借款人应当提供真实情况义务的规定。

〖条文释义〗

依据本条规定，借款人在提出借款申请的同时，应当按照借款人的要求如实提供以下三个方面资料：

一是与借款人资格有关的基本情况。比如，作为法人、非法人组织和个体工商户的借款人是否经工商行政管理机关核准登记；借款人是自然人的，是否具有完全民事行为能力等。对于贷款人所要求提供的用于贷款审查的有关情况，借款人应当全面提供，并且应当保证所提供资料的合法性、真实性和有效性。

二是与借款有关的业务活动的真实情况。比如金融机构作为贷款人时，借款人应当提供有关近期生产经营状况，生产经营的效益，产品的产、供、销情况，内部经营管理和生产条件的情况，以及与借款用途直接相关的经济效益的情况等。如果借款用于固定资产，应当提供固定资产投资项目建议书和可行性研究报告等。通过了解这些情况，以便于贷款人确定借款人生产的产品是否具有市场、生产经营是否有效益，能否做到不挪用所借资金等。

三是借款人财务状况的真实情况。借款人应当按照贷款人的要求，如实提供所有的开户行、账号及存贷款余额情况，使贷款人全面充分地了解借款人实际账面资金的运作情况，以便贷款人能判断借款人偿还借款的能力。借款人还应当提供财政部门或会计师事务所核准的上年度财务报告，使贷款人了解即期的生产经营情况和财务状况，从而在总体上把握借款人的经营和资信状况，保障借款的安全。

需要说明的是，对于非金融机构的法人、非法人组织和自然人之间的借款合同，借款人应当向贷款人提供哪些情况，由当事人协商确定，不一定必须提供本条所规定的"与借款有关的业务活动和财产状况的真实情况"。

> **第六百七十条** 借款的利息不得预先在本金中扣除。利息预先在本金中扣除的，应当按照实际借款数额返还借款并计算利息。

【条文主旨】

本条是关于借款利息不得预先扣除的规定。

【条文释义】

支付借款利息，是借款人获取、使用借款的对价，也是贷款人将钱款借给借款人的重要目的之一。因此，借款的数额和利息是借款合同需要规定的主要内容，当事人在订立借款合同时一般要对借款数额和利息的多少及支付期限作出明确的约定。一般来说，借款利息是在借款期限届满时或者合同履行期间按照约定分批偿付给贷款人。但是，现实中有的贷款人为了确保利息的收回，在提供借款时就将利息从本金中扣除，造成借款人借到的本金实质上为扣除利息后的数额。比如，借款人向贷款人借款200万元，借期1年，年利率为5%，到期应当向贷款人支付的利息为10万元，贷款人在提供借款时就直接将利息扣除，仅向借款人支付190万元借款，这实际上是将200万元视为出借本金，并按年利率5%收取了利息。这种做法一方面使贷款人的利息提前收回，减少了借款的风险；另一方面却损害了借款人的合法利益，使借款人实际上得到的借款少于合同约定的借款数额，影响其资金的正常使用，加重了借款人的负担，也容易引起借款合同双方当事人的纠纷。为了解决借款实践中经常出现的问题，体现合同当事人的公平原则，防止贷款人利用优势地位确定不平等的合同内容，本条明确规定，贷款人在提供借款时不得预先将利息从本金中扣除。如果贷款人违反法律规定，仍在提供借款时将利息从本金中扣除的，那么，借款人只需要按照实际借款数额返还借款并计算利息。比如，上面例子中的借款人实际只得到了 190 万元的借款，那么，其借款数额即为 190 万元，借款人只需要在借款期限届满时，向贷款人返还本金 190 万元并支付按照年利率5%计算利息，即贷款人应当向借款人返还本金 190 万元，支付利息 190×5% ＝9.5 万元，合共 190＋9.5＝199.5 万元。

就本条规定，在司法实践中，贷款人持有的借款人向其出具的借据等证据，通常没有反映贷款人在出借款项时就已收取了利息，使得在发生纠纷时，借款人通常处于不利境地。针对此情况，《最高人民法院关于审理民间借贷案件适用法律若干问题的规定》第 27 条规定，借据、收据、欠条等债权凭证载明的借款金额，一般认定为本金。预先在本金中扣除利息的，人民法院应当将实际出借的金额认定为本金。据此，在借款人对贷款人在出借款项时即已收取利息的事实提出证据后，法院便不会以借据等证据载明的借款金额为本金，而会以该本金减去贷款人已收取的利息后的数额为本金。作为借款人，在这一类事情发生中，最需要切记的，便是在向贷款人预先支付利息时，获得贷款人签名加日期的利息收条。

> 第六百七十一条　贷款人未按照约定的日期、数额提供借款，造成借款人损失的，应当赔偿损失。
>
> 借款人未按照约定的日期、数额收取借款的，应当按照约定的日期、数额支付利息。

〖条文主旨〗

本条是关于贷款人未按照约定提供借款及借款人未按照约定支取借款责任的规定。

〖条文释义〗

借款合同依法成立后，即对当事人具有法律约束力。贷款人和借款人都应当全面、正确、及时履行合同约定的义务，任何一方不得擅自变更或者解除合同。借贷双方订立借款合同，建立信贷关系的目的是满足各自生产、经营的需要，实现各自的经济目标。因此，只有合同当事人按照约定履行义务，才能实现各自订立合同的目的。如果有一方当事人不履行或者不正确履行合同义务，就会影响另一方当事人正常的资金周转和生产经营活动，既不能实现当事人订立借款合同的目的，也给社会经济活动造成不利的影响。因此，借贷双方当事人在合同订立后，应当切实履行合同约定的义务。

对于贷款人来说，自借款合同成立后，按照约定的日期、数额向借款人提供借款，是其主要的合同义务。但是，贷款人由于资金周转或者其他原因，可能不能按照约定的日期提供借款，或者不能按照约定的数额提供借款。贷款人的这种违约行为会造成两个方面的重大影响：首先，贷款人逾期放贷会直接影响借款人对借款的使用，损害借款人的合法利益，给借款人造成损失。因为，贷款人按照约定的期限提供借款的，借款人就能将所得的资金按照计划投入正常的生产或者经营中，保证资金得到正常运转。贷款人不能在约定的期间内提供借款的，就会打乱借款人的资金使用计划，直接影响到借款人的生产或者其他经营活动，甚至会出现因借款人资金不到位侵犯第三人的合法权益，引发三角债或者其他纠纷的发生，影响整个资金的良性周转和循环。其次，贷款人的逾期放贷行为也容易影响贷款人按期收回借款。由于借款人的借款期间往往就是其生产、经营活动对资金的正常需求时间，如果贷款人事先就违约，使借款人在约定的日期得不到借款，那么，借款人就容易出现在得到借款后拖延还款的情况，这样贷款人在合同约定的借款期间届满后就收不回借款。因此，贷款人的这种不按照合同约定的期间提供借款的行为，不仅损害了借款人的利益，而且也增加了自己经营的风险。所以本条第1款规定，贷款人未按照约定的日期、数额提供借款，造成借款人损失的，贷款人应当赔偿借款人的损失。这是在总结借款合同实践经验的基础上，对贷款人不按照合同约定发放贷款的违约责任作出明确规定，以督促贷款人遵守约定，及时放贷。根据该规定，贷款人的违约责任，可以在借款合同中约定；如果没有约定，贷款人又违约逾期放款造成借款人损失的，那么贷款人应当赔偿损失，损失赔偿额应当相当于因其违约所造成的损失，包括合同履行后可以获得的利益，但不得超过违反合同一方订立合同时预见到或者应当预见到的因违反合同可能造成的损失。

对于借款人来说，自借款合同成立后，应当按照约定的日期和数额收取借款，也是其主要的合同义务。借款人在订立借款合同后，生产经营可能会发生一些变化，或者借款人从其他渠道得到了所需的资金，因而借款人在合同约定的收取借款的日期，出现不需要或者暂时不需要借款或者合同约定的借款数额的情况。这种情况的发生主要是因为借款人在贷款人处没有开立账户，如果开立了账户，借款合同生效后，贷款人就会自动按照借款合同的约定，将借款人所借资金划入其账户。但是，当借款人没有在贷款人处开立账户时，贷款人为了履行合同约定的放贷义务，就要为借款人备足所借资金。那么，借款人不按合同约定的日期、数额收取借款，就会对贷款人的资金利用及资金使用的效率带来影响。因为贷款人主要是通过收取利息来营利的，所以，贷款人对自己的资金使用状况都有统一的安排和完整的计划，借款人如果未按约定的日期、数额收取借款的，必然会影响贷款人资金的安排、计划的执行以及资金的正常周转，损害贷款人的合法利益。基于贷款人所受到的损失主要就是利息的损失，因此，本条第 2 款明确规定，借款人未按照约定的日期、数额收取借款的，应当按照约定的日期、数额支付利息。这样一来，不论借款人是否按照约定的日期及数额收取借款，都必须按照合同约定向贷款人支付利息。有利于促使借款人按照约定收取借款，确保借款合同得到切实的履行。

需要特别指出的是，本条的规定，主要是针对金融机构作为贷款人的情况。由于自然人之间借款是以贷款人实际交付借款时，借款合同才成立，所以自然人之间借款的，不适用本条的规定。

> **第六百七十二条** 贷款人按照约定可以检查、监督借款的使用情况。借款人应当按照约定向贷款人定期提供有关财务会计报表或者其他资料。

【条文主旨】

本条是关于贷款人对借款使用情况的监督权利以及借款人应当协助贷款人监督的规定。

【条文释义】

为了保证贷款资金的合理使用和按期收回，减少甚至防止贷款资金的风险，借款人向贷款人申请贷款时，应当向贷款人提供与借款有关的业务活动和财务状况的资料，以便贷款人了解借款人的基本情况特别是资信情况，以判断借款人是否具有偿还借款能力，决定是否向借款人贷款。因此，本法第 669 条规定，订立借款合同，借款人应当按照贷款人的要求提供与借款有关的业务活动和财务状况的真实情况。但是，该规定是要求借款人订立合同时履行的义务，现实中，借款人的财务状况不可能总处于订立合同时的状态，其经营状况会随着市场供求、经济环境等因素不断变化，而这种变化又会直接影响到其财务状况的好坏。所以，为了保证贷款人按照合同约定收回借款，借款合同成立后，贷款人也需要对借款的使用情况行使一定的监督权。金融机构还需要对所提供的借款进行跟踪检查，以防止借款人出现违反合同的行为。因此，本条规定，贷款人和借款人可以在合同中约定，贷款人有权检查、监督贷款的使用情况。这样贷款人就能及时了解借款人的生产经营情况，确定其借款的使用是否盈利，偿还借款的能力是否受到影响，以保证借款的合理使用和良性循环。此外，贷款人还可以协助借款人发现借款使用中存在的问题，提高借款的使用效益。但是，贷款人对借款人贷款资金的使用情况进行监督、检查，应当严格在合同约定的范围内进行，不得干预借款人正常的生产经营活动，不得干涉借款人的内容经营管理等。

在贷款人按照合同约定主动对借款人进行检查、监督的同时，借款人应当按照约定向贷款人定期提供有关的财务会计报表等资料。在具体的实践过程中，借款人主动应当向贷款人提供的主要资料包括：资产负债表、损益表、财务状况变动表、现金流量表、附表及会计报表附注和财务状况说明书等。这些资料能真实地反映借款人现阶段的生产经营及财务资信状况，有助于贷款人正确、全面地了解贷出资金的使用情况，确定贷款的使用是否盈利，借款人偿还借款的能力是否受到影响，借贷的资金是否安全等，以利于保护自己的合法权益。

> **第六百七十三条　借款人未按照约定的借款用途使用借款的，贷款人可以停止发放借款、提前收回借款或者解除合同。**

【条文主旨】

本条是关于贷款人在借款人违约使用借款时享有相关权利的规定。

【条文释义】

借款用途是借款人使用借款的目的。虽然从表面上看，贷款人借款的最终目的是收取利息和收回本金，借款人的使用借款的用途似乎和贷款人的利益并无直接的关系，但是，借款用途一直作为借款合同当事人需要约定的重要内容，特别是金融机构作为贷款人的情况下，借款用途更是合同中不可缺少的条款。借款用途之所以是借款合同的主要内容，是因为借款用途与借款人能否按期偿还借款有很直接的关系。借款人擅自改变借款用途，就会使原先当事人共同预期的收益变得不确定，增加了贷款人的借款风险，最终导致借款难以收回。比如，借款人将取得的基本建设贷款用于炒股，严重改变了借款的用途，虽然也有获利的可能，但使得贷款人的贷款风险急剧加大，一旦发生股灾，很可能使贷款人蒙受重大损失。另外，金融机构作为贷款人的，有些借款还是依据国家的宏观经济政策、国家的信贷政策和产业政策发放的，其借款用途和国家的经济政策有着直接的关系。如果不按借款用途使用借款，还会造成资金的使用不符合国家政策的情况。因此，贷款人对借款除加强监督检查外，对于借款人违约使用借款的，应当采取相应的风险防范措施。

我国法律、行政法规中一直将借款用途作为金融机构借款合同的主要内容作出规定。本条再次明确借款人应当按照约定的用途使用借款，同时规定，借款人违反合同约定的借款用途使用借款的，贷款人可以采取以下三种措施：

1. 停止发放借款。即贷款人对尚未发出的贷款暂停发放。这主要是针对分期提供贷款或者资金使用进度提供贷款而采取的措施。如果借款合同约定贷款是分期贷出，或者是根据贷款资金使用进度提供贷款，贷款人一旦发现借款人未将先期已经贷出的款项用于合同约定的用途，就可以停止发放尚未发出的借款，实际上也就是停止履行合同中约定的尚未履行完毕的义务。

2. 提前收回借款。这种做法在贷款业务中称为"加速到期条款"，这是金融机构的通行做法。即贷款人将款项贷出后，发现借款人没有按照合同约定的用途使用借款，危及自己的合法权益时，可以将已经贷出的借款提前收回。也就是说，贷款人不必等到借款合同约定的还款日期，就有权要求借款人提前履行还款的义务。在本法编纂过程中，有意见提出本条的"提前收回借款"措施是"解除合同"的应有之义，已经包含在"解除合同"之中，建议删去"提前收回借款"。经研究，我们的意见是，没有按照约定的用途使用借款，不是任何时候都可以采取"解除合同"的措施，只有当违约情况严重致使借款合同不能实现合同目的时才可以采取。而"提前收回借款"的措施，只要存在没有按照约定用途使用借款的情况，不管程度如何，贷款人便可以采取。同时，单独保留"提前收回借款"的措施，可以增加贷款人选择的自由度，同时有利于合同的保持。因此，我们决定保留"提前收回借款"的规定。

3. 解除合同。借款人不按照合同约定的用途使用借款，构成违约；当违约情况严重，致使借款合同不能实现其目的时，则构成根本违约。根据本法第563条第1款第4项对根本违约的法律后果的规定是，当事人一方迟延履行债务或者有其他违约行为致使不能实现合同目的的，另一方当事人有权解除合同。因此，借款人不按照合同的约定使用借款，构成根本违约时，贷款人有权解除借款合同。本法第566条第1款规定："合同解除后，尚未履行的，终止履行；已经履行的，根据履行情况和合同性质，当事人可以请求恢复原状或者采取其他补救措施，并有权请求赔偿损失。"该条第2款规定："合同因违约解除的，解除权人可以请求违约方承担违约责任，但是当事人另有约定的除外。"据此，一旦解除借款合同，贷款人可以对尚未履行的贷款终止履行（即停止发放借款），对已经履行的贷款要求恢复原状（即收回已经贷出的借款），而且还可以要求借款人承担相应的违约责任。

另外，非金融借款合同的当事人，比如是自然人之间借款的，对借款用途作出约定的，借款人也应当按照约定的用途使用借款。因改变借款用途造成贷款人损失的，贷款人依法可以采取相应的措施来保护自己的权利。

> **第六百七十四条　借款人应当按照约定的期限支付利息。对支付利息的期限没有约定或者约定不明确，依据本法第五百一十条的规定仍不能确定，借款期间不满一年的，应当在返还借款时一并支付；借款期间一年以上的，应当在每届满一年时支付，剩余期间不满一年的，应当在返还借款时一并支付。**

【条文主旨】

本条是关于借款人支付利息期限的规定。

【条文释义】

借款合同到期后，贷款人收回贷款并按照合同约定的利率收取利息是贷款人的主要权利，也是贷款人与借款人订立借款合同的主要目的之一。借款人支付的利息是贷款人取得贷款的效益及利益所在，因此，向贷款人支付利息是借款人的主要义务，借款人不仅应当按照约定的数额支付利息，而且还应当在约定的期限向贷款人支付。支付利息期限的方式有多种，当事人既可以约定在借款期限届满时和本金一并支付，也可以约定在借款期间内分批向贷款人支付。为了避免就利息支付问题发生纠纷，建议在借款合同中就如何支付利息作出明确的约定。

如果当事人对支付利息的期限没有约定，或者虽然约定却约定得不明确，那么，借款人按照什么期限向贷款人支付利息呢？根据本条的规定，在当事人对支付利息的期限没有约定或者约定不明确的，首先应当依据本法第510条的规定来确定，即当事人可以就支付利息的期限进行协议补充；不能达成协议的，则依据合同其他条款或者双方当事人之间的交易习惯来确定。如果依据以上原则仍不能确定支付利息的期限，那么，借款人按照以下规定的期限向贷款人支付利息：（1）借款合同在1年以内的，在返还借款时一并支付，即利息在借款合同期限届满时和本金一并支付。比如，甲向乙借款100万元，借款期间为6

个月，未约定支付利息的期限。那么，甲向乙支付利息的时间为合同期间届满时和本金一起支付。（2）借款在 1 年以上的，在每届满 1 年时支付，剩余期间不满 1 年的，在返还借款时一并支付。比如，甲向乙借款 100 万元，借款期间为 2.5 年，未约定支付利息的期限。那么，甲应当分三批向乙支付利息，第一次支付利息的时间为借款期间 1 年届满时。第二次支付利息的时间为借款期间 2 年届满时。由于合同的履行期间剩下的时间不足 1 年，所以，第三次支付利息的时间为合同期间届满时和本金一起支付。

> **第六百七十五条** 借款人应当按照约定的期限返还借款。对借款期限没有约定或者约定不明确，依据本法第五百一十条的规定仍不能确定的，借款人可以随时返还；贷款人可以催告借款人在合理期限内返还。

〖条文主旨〗

本条是关于还款期限的规定。

〖条文释义〗

在借款合同中，按照合同的约定期限返还借款是借款人的主要义务，也是借款合同最主要的内容。贷款人之所以能够与借款人订立借款合同并将钱借给借款人，其中很重要的原因是信任借款人能够到期返还借款并支付利息，否则贷款人在通常情况下是不会将钱借给没有偿还能力或者不守信誉的人的。为了防范借款人到期不能返还借款的事情发生，在订立借款合同时，借贷双方都会将还款期限、还款方式等在合同中作出明确规定。

但是，在当事人对借款期限没有约定或者约定不明确的情况下，借款人何时返还借款，实践中容易发生纠纷。根据本条的规定，当事人未约定还款期限的，第一，应当依据本法第 510 条的规定来确定，即当事人可以就还款期限一事进行协商，达成补充协议，确定还款期限；第二，对于不能达成补充协议的，可以按照合同有关条款或者当事人之间的交易习惯来确定还款期限；第三，如果当事人既不能达成补充协议，也不能按照合同有关条款或者交易习惯确定还款期限，那么，依据本法第 511 条第 4 项的规定："履行期限不明确的，债务人可以随时履行，债权人也可以随时请求履行，但是应当给对方必要的准备时间。"借款人可以随时返还借款，贷款人也有权向借款人发出催告，要求其在合理期限内返还借款。本条对贷款人催告借款人还款的"合理期限"未作出明确的规定，主要的考虑是：金融机构和其他民事主体作为贷款人时，对借款的返还期限的要求是不同的，规定统一的还款期限不能适应不同的情况。因此，该合理期限由贷款人根据具体情况来确定。在发生纠纷时，司法机关亦可以根据具体的情况来判定该期限是否合理。

> **第六百七十六条　借款人未按照约定的期限返还借款的，应当按照约定或者国家有关规定支付逾期利息。**

【条文主旨】

本条是关于借款人未按照约定的期限返还借款责任的规定。

【条文释义】

借款人的主要义务就是还款付息，未按期返还借款的，是一种严重违约行为，会给债权人的合法权益造成严重损害。特别是金融机构作为贷款人的情况下，其出借资金的主要来源是存款，金融机构就是通过收回借款的本息来保证资金的正常周转的。如果借款人不按期返还借款，就会使贷款人无法保证存款的按期支付，造成存贷收支不平衡的局面，引发"三角债"等多种纠纷，影响国家经济的良性循环。因此，借款人应当对其违约行为承担相应的法律责任。

明确逾期借款的借款人的法律责任，是各个国家或者地区在借款合同中着重解决的问题。一些国家及国际金融机构都在其借款合同中明确规定，逾期还款的，贷款人可以加收利息。就金融借款的逾期利息问题，我国商业银行法第42条第1款规定，借款人应当按期归还贷款的本金和利息。第2款规定，借款人到期不归还担保贷款的，商业银行依法享有要求保证人归还贷款本金和利息或者就该担保物优先受偿的权利。商业银行因行使抵押权、质权而取得的不动产或者股权，应当自取得之日起2年内予以处分。第3款规定，借款人到期不归还信用贷款的，应当按照合同约定承担责任。2003年12月10日中国人民银行下发的《中国人民银行关于人民币贷款利率有关问题的通知》第3条第1款规定，关于罚息利率问题。逾期贷款（借款人未按合同约定日期还款的借款）罚息利率由现行按日2.1‰计收利息，改为在借款合同载明的贷款利率水平上加收30%—50%；借款人未按合同约定用途使用借款的罚息利率，由现行按日5‰计收利息，改为在借款合同载明的贷款利率水平上加收50%—100%。第2款规定，对逾期或未按合同约定用途使用借款的贷款，从逾期或未按合同约定用途使用贷款之日起，按罚息利率计收利息，直至清偿本息为止。对不能按时支付的利息，按罚息利率计收复利。就民间借贷的逾期利息问题，《最高人民法院关于审理民间借贷案件适用法律若干问题的规定》第 29 条第 1 款规定，借贷双方对逾期利率有约定的，从其约定，但以不超过年利率 24% 为限。第 2 款规定，未约定逾期利率或者约定不明的，人民法院可以区分不同情况处理：（1）既未约定借期内的利率，也未约定逾期利率，出借人主张借款人自逾期还款之日起按照年利率 6% 支付资金占用期间利息的，人民法院应予支持；（2）约定了借期内的利率但未约定逾期利率，出借人主张借款人自逾期还款之日起按照借期内的利率支付资金占用期间利息的，人民法院应予支持。该规定第 30 条规定，出借人与借款人既约定了逾期利率，又约定了违约金或者其他费用，出借人可以选择主张逾期利息、违约金或者其他费用，也可以一并主张，但总计超过年利率 24% 的部分，人民法院不予支持。最高人民法院司法解释规定的上述民间借贷逾期利率标准因中国人民银行的最新规定可能会发生变化。中国人民银行在 2019 年 8 月 17 日发布公告，决定改革完善贷款市场报价利率（LPR）形成机制，从 2019 年 8 月 20 日起，中国人民银行授权全国银行间同业拆借中心于每月 20 日 9 时 30 分公布贷款市场报价利率；之后于 2019 年 10 月 28 日，中国人民银行再发布公告，要求自 2020 年 1 月 1 日起，各金融机构不得签订参考贷款基准利率定价的浮动利率贷款合同。据了解，为与此利率改革政策相协调，最高人民法院正在进行修订民间借贷司法解释的有关工作，有的意见提出，建议将司法解释中的 24% 和 6% 分别修订为合同订立时 1 年期贷款市场报价利率的 4 倍（即 4LPR）和合同订立时 1 年期贷款市场报价利率。

考虑到实践中金融机构对逾期借款主要是通过加收利息的办法来追究借款人的违约责任的，本条规定借款人逾期返还借款的，应当按照约定或者国家规定支付逾期利息。根据该规定，当事人可以在合同中对逾期利息的问题作出约定，这种约定既可以是自然人之间对是否收取逾期利息或者逾期利率为多少的约定，也可以是金融机构与借款人在国家规定的幅度内对逾期利率的确定。如果金融机构借款时，没有对逾期利率作出约定的，那么，金融机构按照国家有关规定的利率向借款人收取逾期利息。

另外需要说明的是，借款人支付的逾期利息为何大于合同约定的借款期间的利息，就金融借款合同而言，主要是基于两方面原因：一是为了惩罚借款人的违约行为，维护金融秩序。二是贷款人为了摆脱借款人不能按期返还借款所造成的资金周转困难，通常需要进行同业拆借，以解决资金调度问题。而拆借市场上的拆息一般高于贷款利息，为此，贷款人要求借款人对逾期借款支付逾期利息大于借款期间的利息，是弥补其拆息成本的措施之一，既可以减少资金风险，又可以减少自己的损失。

> **第六百七十七条** 借款人提前返还借款的，除当事人另有约定外，应当按照实际借款的期间计算利息。

【条文主旨】

本条是关于借款人提前返还借款的规定。

【条文释义】

在借款合同中，一般对返还借款的时间都有明确的规定，这一期限是贷款人与借款人根据借款人的生产周期、还款能力和贷款人的资金供给能力等情况，由借贷双方共同商议后确定的，借款人应当按照合同约定的期限返还借款。但是在有的情况下，因生产经营状况或者其他情况发生了变化，借款人在合同履行期间不需要所借的资金，出现借款人提前返还借款的情况。

1999 年合同法起草时，针对提前还款是否经贷款人同意及利息如何计算这两个问题，出现了不同的意见：一种意见认为，我国当时借款人的返还能力较差，许多借款人到期不能返还借款，而借款的提前返还有利于将资金用于短缺的项目中，对于贷款人并无损害，也有利于国家的经济建设。同时，借款合同中的还款期限原本是为了借款人而设定的，借款人提前还款，实际上是借款人放弃了自己的期限利益，法律不能限制当事人放弃自己的利益，只要该放弃行为不损害公共利益和他人利益。所以，法律上应当作出鼓励借款人提前还款的规定，不应当再给提前还款的借款人增加过重的负担，提前还款可以不经贷款人的同意，利息按照实际借款的期间计算即可。另一种意见认为，提前还款实质上是一种不按照合同约定履行的违约行为。贷款人特别是金融机构对每一笔贷款的发放都有一定的安排，如果提前还款不需要经贷款人的同意并按照实际借款的期间计算利息，会打乱贷款人的资金安排计划，使本来应当收取的利息得不到收取，影响贷款人的经济效益和资金的流动。特别是在借款利率下调的情况下，会造成借款人利用提前还款的办法来逃避合同约定的利率，使贷款人合法利益受到损失。因此，提前还款应当经贷款人的同意，同时按原借款期限计算利息。还有意见认为，借款人提前还款，只要提前 10 天至 20 天通知贷款人，给贷款人一定的准备时间就可以，不必经贷款人的同意。

对借款人提前返还借款需要考虑的问题主要是，一方面，如果借款人提前还款可以不经贷款人同意，并按实际借款期间支付利息，那么，会使贷款人无法收到预期该收的利息，进而损害贷款人的合法权益。另一方面，贷款人为了保障能够盈利，对贷款的收回和再发放都有时间上的安排。如果借款人可以不经贷款人同意就提前还款，让贷款人自己承担因资金闲置造成的损失，既损害了贷款人的利益，对贷款人也不公平。如果规定借款人提前还款可以不经贷款人同意，并按实际借款期间支付利息，还与本法第 530 条规定的基本精神相违背。该条规定，债权人可以拒绝债务人提前履行债务，但是提前履行不损害债权人利益的除外。该条规定的基本含义是：债务人应当按照合同约定的期限履行债务，债务人提前履行债务损害债权人利益的，债权人可以拒绝债务人的履行。债务人提前履行债务不损害债权人利益的，债权人应当接受债务人的履行，而不应当拒绝债务人的履行。债务人提前履行债务未损害债权人利益但被拒绝的，债务人依法可以采取提存等方式履行。从另一角度来讲，如果借款人提前还款一律按原合同约定的期间计算利息，让借款人承担其不应当承担的义务，对借款人既不公平，也会打击借款人提前还款的积极性。

根据本条规定，对于提前还款应当按照以下原则确定双方的权利和义务：首先，当事人可以在借款合同中对提前还款问题作出约定，按照约定确定是否经贷款人同意及利息如何计算等问题。实际履行中发生提前还款的，按照约定执行。其次，当事人在合同中对提前还款没有约定的，提前还款不损害贷款人利益的，可以不经贷款人同意，利息按照实际借款期间计算；提前还款损害贷款人利益的，贷款人有权拒绝借款人提前还款的要求。贷款人同意提前还款的，等于贷款人同意变更合同的履行期，因此，借款人应当按照变更后的期间向贷款人支付利息。在此前提下，需要特别指出两点，第一，借款人的提前还款行为不属于违约行为。这是因为还款期限原则上属于借款人的利益，提前还款是借款人放弃自己部分利益的行为，应当予以肯定。第二，如果提前还款损害了贷款人的利益，该利益不应当仅仅是指剩余借款期间的利息，而主要是指对贷款人经营秩序破坏超过利息损失的内容。剩余借款期间的利息损失可以由提前还款的借款人进行适当赔偿，而赔偿利息的多少，可以由人民法院或者仲裁机构根据具体情况按照公平原则确定。

> **第六百七十八条**　借款人可以在还款期限届满前向贷款人申请展期；贷款人同意的，可以展期。

〖条文主旨〗

本条是关于借款展期的规定。

【条文释义】

在借款合同履行过程中，借款人的经营情况可能发生变化，导致不能按照合同约定的期限返还借款，这就产生了借款人是否可以延长借款期限的问题，即本条所称的借款展期问题。借款展期，是指借款人在合同约定的借款期限不能偿还借款，在征得贷款人同意的情况下，延长原借款的期限，使借款人能够继续使用借款。借款展期实际上是对原合同的履行期限的变更，因此，借款展期应当遵循合同变更的有关规定。

合同的变更是指合同成立后，当事人在原合同的基础上对合同的内容进行修改和补充。合同的变更可能是合同标的的变更，也可能是合同标的的数量、履行方式、履行地点、履行期限、违约责任等的变更。无论变更合同的哪一项内容，都必须由合同当事人协商一致确定。这是因为，合同是当事人通过要约、承诺的方式，经协商一致达成的。合同成立后，当事人应当按照合同的约定履行。任何一方未经对方同意，不得改变合同的内容。但是，当事人在订立合同时，有时不可能对涉及合同的所有问题都作出明确的约定；合同订立后，当事人在履行前或者履行过程中会出现一些新的情况，需要对双方的权利义务重新进行调整和约定。因此，需要当事人对合同内容重新修改或补充。由于合同是当事人协商一致的产物，所以，当事人在变更合同内容时，也应当本着协商一致的原则进行。如果双方当事人就变更事项达成了一致的意见，变更后的内容就取代了原合同的内容，当事人就应当按照变更后的内容履行合同。一方当事人未经对方当事人同意任意改变合同的内容，变更后的内容不仅对另一方当事人没有约束力，而且这种擅自改变合同的做法也是一种违约行为，当事人应当承担违约责任。因此，借款人延长借款期限必须与贷款人协商，经贷款人同意，才能迟于原合同约定的期限返还借款。

本条中的申请展期，是指借款人在借款合同约定的还款期限不能履行还款义务，向贷款人申请变更原合同约定的借款期限的行为。本条特别明确规定，借款人申请展期的，应当在还款期限届满之前向贷款人提出申请。因为贷款人尤其是金融机构作为贷款人，对每一笔贷款的发放都有一定的安排。如果借款人擅自延长还款期限，就会打乱贷款人的资金安排，影响资金流动和贷款人的效益。借款人在还款期限届满之前向贷款人申请展期，可以给贷款人作出是否同意展期决定留有充分准备和考虑的时间，以便贷款人根据申请，对借款人不能按期偿还借款的情况进行调查和了解，更改原有的资金安排。因此，本条没有强制规定贷款人必须同意展期申请，而是允许贷款人根据自己的情况，有权自行决定是否同意借款人延长借款期间。贷款人同意的，借款人才可以延期向贷款人返还借款。

在借款人有保证人提供担保的情况下，贷款人如果要求保证人继续承担保证责任，还应当征得保证人的同意。因为根据本法第695条第2款的规定："债权人和债务人变更主债权债务合同的履行期限，未经保证人书面同意的，保证期间不受影响。"由于借款展期使原合同的履行期间延长，因此只有经保证人同意，保证人才对展期后的借款承担保证责任。贷款人如果为了减少借款的风险，要求保证人继续承担保证责任的，就应当取得保证人的同意；否则，保证人可能对延期后的债务不再承担保证责任。

根据中国人民银行的有关规定，商业银行借款中的展期应当按照以下规定办理：短期借款的展期的期限累计不得超过原借款期限；中期借款展期的期限累计不得超过原借款期限的一半；长期借款展期的期限累计不得超过3年。国家另有规定的除外。借款人未申请展期或申请展期未得到批准，其贷款从到期日次日起，转入逾期贷款账户。金融机构借款时，应当按照以上规定确定展期后的合同期限。

> **第六百七十九条　自然人之间的借款合同，自贷款人提供借款时成立。**

【条文主旨】

本条是关于自然人之间的借款合同成立的规定。

【条文释义】

在实践中，自然人之间借款的情况经常出现。比如，某人因家中出现困难向同事借钱；某人因为要筹办一个公司向亲戚朋友筹备资金等，都属于自然人借款的情形。由于该情形的普遍性，需要法律对此作出相应的规定。

本条系将合同法第210条"自然人之间的借款合同，自贷款人提供借款时生效"中的"生效"修改为"成立"的结果。之所以作此修改，主要考虑为：一是避免产生自然人之间借款合同是实践合同还是诺成合同的争议。实践合同是指除当事人间的意思表示一致以外，还需要交付标的物才能成立的合同，它以当事人的合意和交付标的物为成立要件。而诺成合同是指当事人之间意思表示一致即能成立的合同，无须标的物的实际交付，它以当事人的合意为成立要件。由于立法的本意是将自然人之间的借款合同确定为实践合同，而合同法第210条中"生效"的表述，又容易使人产生系诺成合同的误解，故作出修改完善。二是与本法中定金合同和无偿保管合同条文的表述保持一致，统一表述为自实际交付时"成立"。三是可以给司法实践提供正确指引，即使均为自然人的贷款人与借款人签订了借款合同，借款人也无权申请强制执行，更不能要求对方承担违约责任。

在此需要特别说明的是，自然人之间的借款合同与金融机构作为主体的借款合同有所区别，其中最主要的一点就是金融借款合同是诺成合同，而自然人之间的借款合同为实践合同，主要理由有：（1）自然人之间的借款合同往往数额有限，内容也简单，而且当事人之间往往具有亲戚、同事、朋友等特别的关系；（2）自然人之间的借款合同也不存在金融借款合同中所必需的复杂程序；（3）自然人通常不是专业机构的人士，确立自然人之间的借款合同为实践性合同，可以给贷款人一定的思考时间，在实际提供借款之前，贷款人可以有反悔的机会；（4）自然人之间借款一般属于互助性质，无偿的情况也有不少，对合同的形式并不太注意，往往是一手交钱，一手写借条，应结合实际考虑当事人的真实意思表示，不宜给当事人赋予更重的责任。所以，本条规定，自然人之间借款的，自贷款人交付借款时成立。这样有利于确定当事人之间的权利和义务，进而预防或减少纠纷的发生。

另外需要指出的是，本条规定的是自然人之间的借款，是指借贷双方均为自然人的情况，如果有一方当事人并非自然人的，则不适用本条的规定。

> **第六百八十条** 禁止高利放贷，借款的利率不得违反国家有关规定。借款合同对支付利息没有约定的，视为没有利息。
>
> 借款合同对支付利息约定不明确，当事人不能达成补充协议的，按照当地或者当事人的交易方式、交易习惯、市场利率等因素确定利息；自然人之间借款的，视为没有利息。

【条文主旨】

本条是关于借款利率和利息的规定。

【条文释义】

一、本条的由来

本条的规定，系在合同法第 211 条规定的基础上修改而来，该条原规定："自然人之间的借款合同对支付利息没有约定或者约定不明确的，视为不支付利息。自然人之间的借款合同约定支付利息的，借款的利率不得违反国家有关限制借款利率的规定。"为解决民间借贷领域存在的突出问题，维护正常金融秩序，避免经济脱实向虚，本条第 1 款明确明确规定禁止高利放贷，借款的利率不得违反国家有关规定。

二、禁止高利放贷，借款的利率不得违反国家有关规定

法律能承认、法院能保护的借贷利息必须从严控制，不得违反国家有关规定。《中国人民银行关于取缔地下钱庄及打击高利贷行为的通知》第 2 条规定："严格规范民间借贷行为。民间个人借贷活动必须严格遵守国家法律、行政法规的有关规定，遵循自愿互助、诚实信用的原则。民间个人借贷中，出借人的资金必须是属于其合法收入的自有货币资金，禁止吸收他人资金转手放款。民间个人借贷利率由借贷双方协商确定，但双方协商的利率不得超过中国人民银行公布的金融机构同期、同档次贷款利率（不含浮动）的 4 倍。超过上述标准的，应界定为高利借贷行为。"

合同法第 204 条规定："办理贷款业务的金融机构贷款的利率，应当按照中国人民银行规定的贷款利率的上下限确定。"在 1999 年颁布施行合同法时，中国人民银行根据市场经济的发展及资金供求关系，一般在一定时期内对金融机构的贷款利率作出规定。根据中国人民银行的有关规定，国务院批准和国务院授权中国人民银行制定的各种利率为法定利率，其他任何单位和个人均无权变动。法定利率的公布、实施由中国人民银行总行负责。金融机构在中国人民银行总行规定的浮动幅度内，以法定利率为基础自行确定的利率为浮动利率。金融机构确定浮动利率后，须报辖区中国人民银行备案。金融机构可以对逾期贷款和被挤占挪用的贷款在原利率的基础上加收利息；对于加收利息的幅度、范围和条件，由中国人民银行总行确定。但是，由于目前中国人民银行正在推进利率市场化改革，所谓贷款利率的上限和下限，已经不复存在，该条已经没有实际价值，故在本法编纂过程中，删去了合同法第204 条的规定。

就"借款利率的国家规定"，依据《中华人民共和国中国人民银行法》第 5条第 1 款规定："中国人民银行就年度货币供应量、利率、汇率和国务院规定的其他重要事项作出的决定，报国务院批准后执行。"因此，利率标准的制定，原则上是中国人民银行的职责。实践中，中国人民银行制定的有关利率标准，均是与金融借款有关的利率，而与金融机构无关的借贷活动，中国人民银行并无相关规定。这样一来，最高人民法院每年审理的大量民间借贷纠纷案件，无法从中国人民银行制定的相关利率规定中找到裁量利率纷争的依据。为解决办理案件的实际需要，最高人民法院在 1991 年颁布了《关于人民法院审理借贷案件的若干意见》2015 年发布了《最高人民法院关于审理民间借贷案件适用法律若干问题的规定》，其中第 26 条规定了民间借贷利率的"两线三区"标准，作为近年来的裁判依据："借贷双方约定的利率未超过年利率 24%，出借人请求借款人按照约定的利率支付利息的，人民法院应予支持。""借贷双方约定的利率超过年利率 36%，超过部分的利息约定无效。借款人请求出借人返还已支付的超过年利率 36% 部分的利息的，人民法院应予支持。"目前，有不少意见提出该标准过高，建议最高人民法院修订该标准。

因此就目前的实际情况而言，金融借款领域执行的是中国人民银行公布的贷款市场报价利率标准，民间借贷领域执行的是司法解释规定的标准。在本法编纂过程中，不少意见提出在本条第 1 款直接规定最高利率的具体标准，比如不超过年利率 12%、16% 等，由于民法典作为基本法需要保持稳定性和兼容性，不适宜规定具体的利率标准。从借贷领域的规范角度而言，鉴于利率问题的重要性，应当由国家有关主管部门对借款的利率作出明确的规定。

三、借款合同未约定利息的处理规则

本条第 2 款规定，借款合同对支付利息没有约定的，视为没有利息。相对于合同法的规定而言，有了较大突破。合同法只是规定自然人之间没有约定利息的，视为没有利息；而目前将没有约定支付利息的借贷情形，拓展到了所有借贷领域，即所有类型或者当事人之间订立的借贷合同，只要没有约定支付利息，就一律视为没有利息。之所以作出这样规定，主要理由有：一是从日常生活经验来看，通常情况下利息的计付是借款合同的核心内容，当事人之间不会不对此进行协商，在此前提下，若合同没有约定支付利息，原则上可推理为当事人协商确定无须计付利息。二是从纠纷处理的角度来看，有的借款合同没有约定利息确实是当事人协商确定无须支付，有的借款合同没有约定利息可能真的未经协商，两种情形下，不仅纠纷的事实难以完全查清，而且可以参照的利率标准也难以确定，很难作出相对统一的裁决。故法律拟制规定为没有利息，不仅有利于指引当事人的行为，也有利于统一裁决结果，最终有利于维护社会和经济秩序。

四、借款合同利息约定不明时的处理规则

在借款合同实践中，支付利息约定不明确的问题，确实常有发生。究竟原因，一是由于当事人之间过于熟悉亲密，因而对利息的支付约定草草了事；二是由于当事人之间的专业素养的欠缺，对支付利息的相关内容不能作出精确的约定。因此，本条第 3 款规定，借款合同对支付利息约定不明确，当事人不能达成补充协议的，按照当地或者当事人的交易方式、交易习惯、市场利率等因素确定利息；自然人之间借款的，视为没有利息。

对于借款合同当事人就支付利息约定不明确时的处理规则，首先，应当允许当事人就支付利息问题进行重新协商，经重新协商能够达成补充协议的，当按补充协议的内容执行。其次，如果借款合同当事人就支付利息问题不能达成补充协议的，依据本法第142条第1款以及第510条的规定，应当根据借款合同所使用的词句，结合合同的相关条款确定利息约定不明条款的含义，如果通过合同的文义解释和整体解释能够确定利息的，可据此确定的利息标准执行。再者，如果通过上述两种方式均无法确定借款合同的利息标准，可以按照合同履行地或者当事人之间的交易方式、交易习惯补充确定利息。根据《最高人民法院关于适用〈中华人民共和国合同法〉若干问题的解释（二）》第7条的规定，下列情形，不违反法律、行政法规强制性规定的，人民法院可以认定为合同法所称"交易习惯"：（1）在交易行为当地或者某一领域、某一行业通常采用并为交易对方订立合同时所知道或者应当知道的做法；（2）当事人双方经常使用的习惯做法。对于交易习惯，由提出主张的一方当事人承担举证责任。广泛运用交易习惯确定当事人的真实意思表示，是合同规范的一个重要特色，可以在客观上达到当事人之间权利义务平衡的目的。但是，利用交易方式、交易习惯确定利息标准，必须接受四个限制：一是从客观条件而言，应为交易行为当地或者行业通常采用的做法；二是从主观条件而言，为交易对方知道或者应当知道，以加强对不了解当地习惯或者缺乏业内经验的相对人的保护；三是从交易习惯的时间节点来看，应为订立合同时知道或者应当知道的习惯做法；四是交易习惯本身不得违反法律、行政法规的强制性规定或者公序良俗，否则将影响借款合同本身的效力。最后，如果按照上述三种方法仍然无法确定利息标准的，应当依据本法第511条第2项的规定，价款或者报酬不明确的，按照订立合同时履行地的市场价格履行；依法应当执行政府定价或者政府指导价的，依照规定履行。最终确定借款合同的利息计付标准。实践中，法院或者仲裁机构在当事人就利息问题约定不明时，可以以订立借款合同时合同履行地的商业银行同期同类贷款利率计算利息。

至于自然人之间的借款，是否支付利息原则上系由当事人自愿协商约定，加上自然人之间的借款数额通常不大，且大多属于临时性借用，故很少约定利息或者约定不明确；若少数自然人之间进行大额借贷的，根据日常生活经验法则，原则上均会对支付利息作出明确约定。根据实践情况，因此在第3款中规定，"自然人之间借款的，视为没有利息"。

第十三章　保证合同

本章共二十二条，主要是对保证合同的概念及性质、保证人、保证合同的内容、保证的方式、保证责任的范围、保证期间、保证债务的诉讼时效、保证债务的变更、共同保证、保证人的权利等问题作出了规定。

第一节　一般规定

> **第六百八十一条**　保证合同是为保障债权的实现，保证人和债权人约定，当债务人不履行到期债务或者发生当事人约定的情形时，保证人履行债务或者承担责任的合同。

【条文主旨】

本条是关于保证合同概念的规定。

【条文释义】

1. 保证的界定。保证是指法人、非法人组织和公民以其信誉和不特定的财产为他们的债务提供担保，当债务人不履行其债务时，该第三人按照约定履行债务或者承担责任的担保方式。这里的第三人叫作保证人，保证人必须是主合同以外的第三人。债务人不得为自己的债务作保证，且保证人应当具有清偿债务的能力，必须具有足以承担保证责任的财产，具有代为清偿能力是保证人应当具备的条件。这里的债权人既是主合同等主债的债权人，又是保证合同中的债权人，"保证人履行债务或者承担合同"成立保证债务或保证责任。保证属于人的担保范畴，而不同于抵押、质押、留置等物的担保形式。保证不是用具体的财产提供担保，而是以保证人的信誉和不特定的财产为他人的债务提供担保。

2. 保证合同的概念分析。保证合同是单务合同、无偿合同、诺成合同、附从性合同。在保证合同中，只有保证人承担债务，债权人不负对待给付义务，故而保证合同为单务合同。在保证合同中，保证人对债权人承担保证债务，债权人对此不提供相应代价，所以保证合同为无偿合同。保证合同因保证人和债权人协商一致而成立，不需要另交标的物，所以它为诺成合同。除涉外的不可撤销的保函等独立保证以外，主合同有效成立或将要成立，保证合同才发生效力。所以，主合同无效，不论什么原因使然，保证合同均为无效，从而表现出附从性。正因为这种主从关系，保证合同无效，并不必然导致主合同无效，但当事人另有约定的，依其约定。

3. 保证合同的当事人。关于保证合同的当事人的界定主要有两种观点。一种观点认为，保证是保证人和债权人之间的合同关系。另一种观点则认为，保证是保证人、债权人和债务人之间的法律关系，是主合同、委托合同及保证合同三组关系的总和。此处采用通说观点，即第一种观点。理由在于，虽然保证一般是由主债务人委托保证人承保而产生的，但不能因此而改变保证关系的性质。主债务人和保证人之间的关系，一般属于委托合同关系，在个别情况下为无因管理关系，然而无论何者都不会是保证合同关系。主债务人和债权人是通过主合同相连接的，它们之间可能是买卖合同关系，也可能是借款合同关系等。主债务和保证债务之间的联系在于，主债务的不履行是保证债务履行的法律事实，但它们分属于不同的合同关系，属于不同的因果链条，不能依据这种联系就把主债务人视为保证合同的当事人。只不过债权人既是主合同的债务人，又是保证合同的债权人；主债务人既是主合同的债务人，又是委托合同的委托人，或是无因管理中的管理人。这种重叠和联系正反映了复杂的社会关系中人的角色的多重性，但多重性角色只能表明社会关系的复杂性，却证明不了几种合同关系变为一种合同关系。即证明不了主合同关系、委托合同关系变成保证合同关系。解决保证合同纠纷，应当适用保证合同规范，不应适用法律关于委托合同、无因管理等的规定。只有在处理保证人和主债务人之间的关系时，若有委托合同，才适用法律关于委托合同的规定；若无委托合同，则适用法律关于无因管理的规定，也可能适用本法侵权责任编的规定。

> **第六百八十二条** 保证合同是主债权债务合同的从合同。主债权债务合同无效的，保证合同无效，但是法律另有规定的除外。
>
> 保证合同被确认无效后，债务人、保证人、债权人有过错的，应当根据其过错各自承担相应的民事责任。

【条文主旨】

本条是对保证合同的附从性以及保证合同被确认无效后的民事责任分配的规定。

【条文释义】

1. 保证合同的附从性。保证合同是主债权债务合同的从合同，保证合同具有附从性。保证债务以主合同的存在或将来可能存在为前提，随主合同的消灭而消灭。其范围不得超过主合同中的债务，不得与主合同债务分离而移转，其具体表现在以下几个方面：

首先，成立上的附从性。保证合同以主合同的成立为前提。保证虽对于将来或者附条件的合同也可成立，但这并非附从性原则的例外。

其次，范围和强度上的附从性。由保证合同的目的决定，保证合同的范围和强度原则上与主合同债务相同，不得大于或强于主合同债务。保证债务与主合同债务分属于两个债务，范围和强度可以有差异，但保证债务的附从性决定其不得超过主合同债务的范围和强度，如有超过，应随着主合同债务额的降低而降低。

再次，移转上的附从性。在保证期间，债权人依法将主债权转让给第三人的，保证人在原保担保的范围内继续承担保证责任。保证合同另有约定的，按照约定。在保证期间，债权人许可债务人转让部分债务，保证人书面同意的，应当对此承担保证责任；未经保证人书面同意的，保证人对未经其同意转让的部分债务，不再承担保证责任。但保证人仍应对未转让部分的债务承担保证责任。

最后，变更、消灭上的附从性。在主合同债务消灭时，保证债务也随之消灭。例如，在主债务因主合同解除而消灭、因适当履行而消灭时，保证债务也随之消灭。在主合同变更时，保证债务一般随之变更，但不得增加其范围和强度。

2. 独立保证的相关问题。"主债权债务合同无效，保证合同无效"规定了保证合同的效力的从属性，"但是法律另有规定的除外"的但书条款涉及是否应当承认独立保证的立法争议问题。独立保证常在国际贸易中运用，又被称为"见索即付的保函""独立保函"等，其独立于主债关系，不因主债的不成立、无效、被撤销等而归于消灭，保证人不享有和无权行使债务人对债权人所拥有的抗辩权，债权人许可债务人转让债务，以及债权人和债务人修改主合同，不构成保证人不负保证责任的原因。

是否承认独立保证在学界和司法实践中争议较大。1998年最高人民法院在"（1998）经终字第184号上诉人湖南机械进出口（集团）公司、海南国际租赁公司与被上诉人宁波东方投资有限公司代理进出口合同纠纷"一案中表明"担保合同中虽然有本担保函不因委托人的原因导致代理进口协议无效而失去担保责任的约定，但在国内民事活动中不应采取此种独立保函方式，因此该约定无效"，这意味着当时最高人民法院对独立保证的态度是：区分国内和国际两种情形，承认独立保证在对外担保和外国银行、机构对国内机构担保上的效力，认为独立保证在国际上是当事人意思自治的领域，对于国内企业、银行之间的独立保证采取否定的态度，不承认当事人对独立保证的约定的法律效力。但 2016 年最高人民法院发布《最高人民法院关于审理独立保函纠纷案件若干问题的规定》改变了之前的规定，明确了在国内交易中也允许银行或非银行金融机构有资格开具独立保函。

　　在本法编纂过程中存在是否彻底放开独立保证的争议，即是否所有的民事主体都有资格出具独立保证。立法过程中基于以下考虑作出了维持现状的选择：第一，为了防止普通民事主体利用主债权债务合同无效但保证合同有效的法律空间来进行非法交易。实践中，主债权债务合同无效的原因往往是违反法律、行政法规的规定或违反公序良俗，如果彻底放开开具独立保证的资格，在主债权债务合同无效的情况下，保证合同仍然有效，则可能存在当事人可以通过独立保证的形式使得某些违法交易的利益固定化的风险。目前，仅允许银行和非银行金融机构具有出具独立保证的资格，是考虑到金融行业具有比较严格的金融监管秩序，金融机构一般不会为违法交易做背书，如果彻底放开则不得不考虑由此可能带来的风险。第二，为了尽可能避免国际交易中因各国法律规定不同导致当事人权利受损的情形。例如，在国际贸易中他国法律所允许的情形，但在我国法律中可能被规定为违法行为，故为了避免出现因对他国法律的不够了解使得某种交易无效，从而导致当事人的权利得不到保障的风险，同时也为了避免因法律体系不同带来的风险，国际交易中有必要存在着大量的独立保证以保障当事人权利的实现。此外，独立保证内部仍然可能存在欺诈，国际贸易中一项重要的风险防范就是防止独立保证中的各种商业欺诈，如果放开国内贸易中独立保证的开具主体会使得欺诈的风险大大增加，故这一问题仍然存在讨论空间。基于以上原因，本法最终选择了一个比较稳妥的方案，仍然没有彻底放开开具独立保证的主体资格，只在法律另有规定时除外。值得一提的是，此处的"法律"采广义理解，包含法律、行政法规、司法解释等，所以最高人民法院发布的《最高人民法院关于审理独立保函纠纷案件若干问题的规定》可以作为此处"法律另有规定除外"的"另有规定"的内容，从而保持我国现有的格局不变。对于是否有必要彻底放开独立保证的问题，可以根据未来形势的进一步变化再展开研究。

　　3. 保证合同无效后的民事责任分配。本条第 2 款是对保证合同无效后责任分配的规定。根据本款规定，保证合同被确认无效后，债务人、保证人、债权人有过错的，应当根据其过错各自承担相应的民事责任。关于各个主体应当承担责任的具体份额，可以参照《最高人民法院关于适用〈中华人民共和国担保法〉若干问题的解释》第 7 条至第 10 条的规定，债权人、担保人有过错的，担保人承担民事责任的部分，不应超过债务人不能清偿部分的 1/2；主合同无效而导致担保合同无效，担保人无过错的，担保人不承担民事责任；担保人有过错的，担保人承担民事责任的部分，不应超过债务人不能清偿部分的 1/3；担保人因无效担保合同向债权人承担赔偿责任后，可以向债务人追偿，或者在承担赔偿责任的范围内，要求有过错的反担保人承担赔偿责任。担保人可以根据承担赔偿责任的事实对债务人或者反担保人另行提起诉讼；主合同解除后，担保人对债务人应当承担的民事责任仍应承担担保责任。但是，担保合同另有约定的除外。

> **第六百八十三条** 机关法人不得为保证人，但是经国务院批准为使用外国政府或者国际经济组织贷款进行转贷的除外。
>
> 以公益为目的的非营利法人、非法人组织不得为保证人。

〖条文主旨〗

本条是保证人的资格的规定。

〖条文释义〗

总体而言，市场化主体才能成为保证人。机关法人等非以营利为目的的法人以及以公益为目的非营利法人并不是市场上的主体，不适合作为保证人，具体包括以下几点原因：

第一，国家机关主要从事国家活动（包括立法活动，行政活动、司法活动等），其财产和经费来源于国家财政和地方财政的拨款，并主要用于符合其设立宗旨的公务活动。虽然国家机关也进行一些民事活动，如购置办公用品、兴建或购买公务员住宅等，但仍以必要和可能为前提。因此，国家机关的财产和经费若用于清偿保证债务，则不仅与其活动宗旨不符，也会影响其职能的正常发挥。此外，国家机关对外代表国家从事管理活动，所欠债务由国家承担责任；以机关法人名义从事民事活动，以财政所拨预算经费为限，而预算经费为其担负的国家职能活动所必需，在经费紧张的今日，一般无剩余可言。故国家机关一般不具有代偿能力，由其作为保证人并不能保证债权的实现。国家机关不得为保证人，但经国务院批准为使用外国政府或者国际经济组织贷款进行转贷的除外。外国政府贷款和国际经济组织贷款一般由国家有关主管机关负责借入，然后按有关规定转贷给国内有关单位。在转贷时，一般要求国内借款单位提供还款担保，这种担保得由国家机关提供。如外国政府贷款的转贷，就要求借款单位提交省、直辖市、自治区或计划单列市的还款担保。故国际机关作保证人应当同时符合以下两个条件：首先，接受的贷款应当是外国政府或者国际经济组织提供。只有接受外国政府或者世界银行、亚洲银行、国际货币基金组织等国际经济组织贷款，在转贷过程中需要国家机关担保的，国家机关才能作保证人。对于商业银行对地方政府的贷款，包括外国银行的商业性贷款，国家机关仍然不得作保证人。其次，需要经国务院批准。只有经国务院批准后，国家机关才可以在转贷过程中作保证人。法律规定需经国务院批准，主要是为了严格控制国家机关作保证人的情况，防止地方政府或者有关部门擅自作保证。

第二，以公益为目的的事业单位、社会团体也不得作保证人。公益是不特定之多数人的利益，一般是非经济利益。如果允许上述机构为债权人提供担保，那么这极有可能减损其用于公益目的的财产，无疑有违公益法人的宗旨。因此，法律不允许它们作保证人。但应看到，在实践中，有些事业单位利用本单位所拥有的技术或知识，向社会提供有偿服务，取得了一定的报酬。这些单位除了国家或地方的财政拨款外，尚有自己的经济收入。有些事业单位实行了企业化管理，自负盈亏；还有些事业单位按照有关规定既从事国家核拨经费的工作，又从事经营活动。因而，对事业单位法人可否充任保证人，不可一概而论。对那些领取《企业法人营业执照》或国家政策允许从事经营活动的事业单位法人，应当认为其有从事保证活动的权利能力，可以充任保证人，如无其他导致保证合同无效的情况，所签订的保证合同应当认定为有效。

需要注意的是，在《中华人民共和国担保法》中规定了企业法人的分支机构、职能部门不得作为保证人的情形，但本法中删除了这一规定，其目的主要是与本法相衔接。本法总则编第 74 条规定："法人可以依法设立分支机构。法律、行政法规规定分支机构应当登记的，依照其规定。分支机构以自己的名义从事民事活动，产生的民事责任由法人承担；也可以先以该分支机构管理的财产承担，不足以承担的，由法人承担。"该条确立了法人的分支机构可以以自己的名义从事民事活动的规则，故法人的分支机构也可以以自己的名义担任保证人。但由于分支机构不是独立的法人主体，故不能独立承担责任，分支机构的责任最终仍由法人来承担。所以，没有必要依《中华人民共和国担保法》的规定使得法人的分支机构不能以自己的名义成为保证人。

> **第六百八十四条** 保证合同的内容一般包括被保证的主债权的种类、数额，债务人履行债务的期限，保证的方式、范围和期间等条款。

【条文主旨】

本条是对保证合同中的一般内容的规定。

【条文释义】

保证合同的内容是指保证人承担的保证债务（保证责任）和享有的抗辩权、债权人享有的请求保证人承担保证债务的债权。因为这些权利义务主要通过保证合同的条款来体现和固定（未通过合同条款体现的权利义务由法律规范直接规定或由法官补充），所以保证合同的内容也可指保证合同的条款。保证合同的内容或条款包含以下几点：

1. 保证的主债权种类和数额。被保证的主债权种类，如借款合同中的还本付息债权、买卖合同中的请求交付标的物或支付价款的债权等均属此类。此处还有专属性的问题需要讨论。与被担保债权相对应者为被担保的债务，对于该债务是否有非专属性的限制需要讨论。在我国法律中，连带责任保证虽然包括保证人与债务人承担连带债务和保证人就主债务承担连带民事责任两种形式，但最终均可归结为承担连带民事责任的方式。由于连带民事责任不存在专属性问题，在连带责任保证中，主债务既可以是非专属性的债务，也可以是专属性的债务。在一般保证方式中，我国法律未明确指出被担保的债务不得为专属性的债务。从《最高人民法院关于适用〈中华人民共和国担保法〉若干问题的解释》第13条关于"保证合同中约定保证人代为履行非金钱债务的，如果保证人不能实际代为履行，对债权人因此造成的损失，保证人应当承担赔偿责任"的规定来看，允许被担保的债务为专属性的债务。因债务人不履行专属性的债务可转化为赔偿责任，故保证人可承担该责任。

自然债务是否可以为保证的对象，应分两种情形而定：其一，在保证成立后主债务变为自然债务的，例如，在主债务因时效完成而变为自然债务时，保证虽不因此而失效，但保证人得主张主债务人的时效完成的抗辩，即使债务人放弃该抗辩权，保证人也有权主张；其二，对时效已经完成的自然债务进行保证，其保证仍为有效，对此情形不得主张主债务的时效已经完成的抗辩（《最高人民法院关于适用〈中华人民共和国担保法〉若干问题的解释》第35条）。但有学者认为，保证人不知时效完成的事实且无重大过失的，应有权抗辩。

被担保的债权，也可以是将来可能发生的债权。本法第690条第1款规定，保证人与债权人可以协商订立最高额保证合同，约定在最高债权额限度内就一定期间连续发生的债权提供保证。这就是所谓"最高额保证"。

保证担保的数额，保证合同有约定时依其约定，无约定时，本法第 691 条的规定有适用的余地，另外可以结合个案案情予以确定。

2. 债务人履行债务的期限。债务人履行债务的期限是衡量债务人是否违约的标准之一，也是保证人是否实际承担保证责任的因素之一，因为债务人在合同规定的履行期限内不能履行债务时，保证人依据保证方式的不同承担保证责任，因而应该明确规定。它有两种情形：一为期日，二为期间。

3. 保证的方式。保证的方式是保证人如何承担保证责任的重要问题，包括一般保证方式和连带责任保证方式。不同的保证方式对当事人的利益有较大影响，应予明确规定。当事人对保障等方式没有约定或者约定不明确的，保证人按照一般保证承担责任。

4. 保证担保的范围。保证担保的范围是指保证人对哪些债务承担保证责任。当事人可以在保证合同中的约定，无约定或约定不明确时，应当按照本法第 691 条的规定处理，即包括主债权及利息、违约金、损害赔偿金和实现债权的费用。

5. 保证期间。保证期间为保证人承担保证责任的期间，事关保证人和债权人之间的债权债务能否行使或履行，也是确定保证债务和诉讼时效关系的依据，保证合同应明确约定。无此约定或约定不明确的，应当按照本法第 692 条第 2 款的规定处理，债权人与保证人约定的保证期间早于主债务履行期限或者与主债务履行期限同时届满的，视为没有约定；没有约定或者约定不明确的，保证期间为主债务履行期限届满之日起 6 个月。最高额保证合同对保证期间没有约定或约定不明的，如最高额保证合同约定有保证人清偿债务期限的，由主从关系决定，此类约定大多无法律拘束力，于是，保证期间应当确定为自主债务履行期限届满之日起 6 个月。没有约定债务清偿期的，保证期间为自最高额保证终止之日或自债权人收到保证人终止保证合同的书面通知之日起 6 个月。

6. 双方认为需要约定的其他事项。保证合同中除了可以对被保证的主债务种类、数额，债务人履行债务的期限以及保证的方式、范围、期间等内容作出规定外，保证人和债权人还可以就双方认为需要约定的其他事项，作出约定，主要指赔偿损失的范围及计算方法、是否设立反担保等。

在一个具体的保证合同中，没有完全具备上述条款的，尚可补正，不影响保证合同的效力。保证人和债权人在保证合同订立后，可以根据具体情况协议增加有关内容，对订立保证合同时没有规定的内容加以补充。

第六百八十五条　保证合同可以是单独订立的书面合同，也可以是主债权债务合同中的保证条款。

第三人单方以书面形式向债权人作出保证，债权人接收且未提出异议的，保证合同成立。

【条文主旨】

本条是对保证合同订立的具体方式的规定。

【条文释义】

保证合同为要式合同。此要式为书面形式，即保证合同既可以是单独订立的书面合同，也可以是书面订立的主债权债务合同中的保证条款。而保证合同的成立方式也可以有所变通，债权人和保证人可以协议约定保证合同的成立方式和时间。但当第三人单方以书面形式向债权人作出保证时，只要债权人接收第三人的保证书或主债权债务中的保证条款且未提出异议的，保证合同也可成立，此时法律推定债权人默示同意，因为此时债权人无附加义务而增加了权利，对债权人只会有利。

值得注意的是，本法物权编第388条第1款对于"担保合同"的一般规定没有要求书面形式，设立担保物权，应当依照本法和其他法律的规定订立担保合同。担保合同包括抵押合同、质押合同和其他具有担保功能的合同。当然这并不代表着具有担保功能的合同都不要求书面形式。从物权编和合同编规定的各种担保物权以及具有担保功能的制度来看，抵押合同要求书面形式（第400条第1款），质押合同要求书面形式（第427条第1款），融资租赁合同要求书面形式（第736条第2款），法律明文规定的具有担保功能的制度中，只有所有权保留（第641条）没有强制要求书面形式。

第六百八十六条　保证的方式包括一般保证和连带责任保证。

当事人在保证合同中对保证方式没有约定或者约定不明确的，按照一般保证承担保证责任。

【条文主旨】

本条是对保证方式的规定。

【条文释义】

保证的方式被分为一般保证和连带责任保证。一般保证是指当事人在保证合同中约定，在债务人不能履行债务时，保证人承担保证责任的保证。连带责任保证是指当事人在保证合同中约定保证人与债务人对债务承担连带责任的保证。这两种保证之间最大的区别在于保证人是否享有先诉抗辩权。在一般保证的情况下，保证人享有先诉抗辩权，即一般保证的保证人在就债务人的财产依法强制执行仍不能履行债务前，对债权人可以拒绝承担保证责任。而在连带责任保证的情况下，保证人不享有先诉抗辩权，即连带责任保证的债务人在主合同规定的债务履行期届满没有履行债务的，债权人可以要求债务人履行债务，也可以要求保证人在其保证范围内承担保证责任。

上述情况表明，保证人在不同的保证方式中所处的地位不同，其利益受到法律保护的程度也有差异。一般而言，保证人在一般保证中的地位较为优越，往往并不实际承担任何责任，债务人是债务履行的第一顺序人，保证人则是债务履行的第二顺序人，保证人在债务人履行不能或者不能完全承担责任时，对债务承担补充责任。保证人在连带责任保证中的地位不太有利，只要连带责任保证的债务人在主合同规定的履行期届满没有履行债务的，债权人既可以要求债务人履行债务，也可以要求保证人在其保证范围内承担保证责任。于此情形，法律对保证人和债务人同等要求。既然如此，保证人承担何种方式的保证责任就显得十分重要，须认真对待，最好是在保证合同中明确约定。但当事人对保证方式没有约定或者约定不明确的，按照一般保证承担保证责任。

根据《中华人民共和国担保法》第19条规定，保证合同中对保证方式没有约定或者约定不明确的，按照连带责任保证承担保证责任的方式。本法彻底修改了这一规定，主要原因有二：第一，从比较法上来看，在承认一般保证和连带责任保证区分的立法例中，绝大部分国家均规定在没有约定或者约定不明确时，按照一般保证承担保证责任。即承认保证人有先诉抗辩权是常态，而优先选择连带责任保证的立法例较为少见。第二，没有约定或者约定不明确的按照连带责任保证承担保证责任的方式在司法实践中已经引发一定程度的混乱。实践中，尤其是在民间借贷的案件中，很多当事人是出于人情关系为他人的借款提供保证，但因为债权人实现自己的债权时首先考虑的是债务人还是保证人的财产更有利于执行的问题，所以很可能出现主债务人下落不明或有财产但不便执行时，债权人往往直接请求保证人履行保证责任而非请求债务人履行债务的情况，这样导致保证人本来只是基于人情关系为他人提供保证，但最终主债务人的财产未被执行而保证人的财产先被执行，这样使得保证人可能落入一个相当不利的境地。另外，当保证人承担保证责任之后，又需要保证人向主债务人追偿，很可能导致保证人与主债务人之间人情关系破裂。没有如此强的履行债务必要性的保证人履行了债务的主要部分，同时又恶化了保证人与主债务人之间的关系，引发了很多现实中的混乱。第三，连带责任是一种加重责任，对于承担连带保证责任的当事人较为严厉，对于这种加重责任，原则上应当由当事人约定或者基于极为特殊的考虑，否则动辄让当事人承担连带保证责任也是不公平的。第四，从现实情况看，推定为保证人承担连带责任，对于实体经济影响较大，实践中因推定连带保证责任，导致连环债，三角债较多，一家企业倒闭导致多家企业倒闭的现象不断现出，对企业正常的生产经营和整体经济造成了较大负面影响。

基于上述原因，本法最终选择回归民法传统，当事人之间没有特别约定或者约定不明时，以一般保证来处理。同时，本条是任意性规范，如果当事人选择加强对债权实现的保护时，可以特别约定保证人的保证方式为连带责任保证。连带责任保证需要特别约定，相当于是否承担连带责任保证需要经过保证人同意，避免保证人因不懂法律而使自己落入一个相当不利的境地；而精通法律的商事主体没有这一问题，如有需求，自然会约定为连带责任保证。

> **第六百八十七条** 当事人在保证合同中约定，债务人不能履行债务时，由保证人承担保证责任的，为一般保证。
>
> 一般保证的保证人在主合同纠纷未经审判或者仲裁，并就债务人财产依法强制执行仍不能履行债务前，有权拒绝向债权人承担保证责任，但是有下列情形之一的除外：
>
> （一）债务人下落不明，且无财产可供执行；
>
> （二）人民法院已经受理债务人破产案件；
>
> （三）债权人有证据证明债务人的财产不足以履行全部债务或者丧失履行债务能力；
>
> （四）保证人书面表示放弃本款规定的权利。

【条文主旨】

本条是对一般保证及先诉抗辩权的相关规定。

【条文释义】

一般保证是指当事人在保证合同中约定，在债务人不能履行债务时，保证人承担保证责任的保证。一般保证与连带责任保证之间最大的区别在于保证人是否享有先诉抗辩权。在一般保证的情况下，保证人享有先诉抗辩权，又称为检索抗辩权，是指一般保证的保证人在就债务人的财产依法强制执行仍不能履行债务前，对债权人可以拒绝承担保证责任的权利。如果保证人不行使先诉抗辩权，那么债权人可以对主债务人和保证人有效地行使两个请求权，并可以同时或先后请求其为全部履行或一部分履行。当然，在任何一方为一部分或全部清偿时，其债务（责任）因而缩减或消灭。

由于金钱债务没有不能履行，种类债务也大多不构成不能履行，所以在种类之债及金钱之债中，一般保证会名存实亡，先诉抗辩权变成无条件的、永不消失的权利，这违背立法目的，故此处的"不能履行"应当解释为就债务人财产依法强制执行无效果前，对债权人可以拒绝承担保证责任。所谓依法"强制执行无效果"，包括执行结果不能清偿债务或不足清偿债务等情形。例如，拍卖主债务人的财产无人应买，或拍卖所得价款仅能清偿一部分债务，或主债务人虽有财产却不知其所在等。不能清偿应指对债务人的存款、现金、有价证券、成品、半成品、原材料、交通工具等可以执行的动产和其他方便执行的财产执行完毕后，债务仍未能得到清偿的状态。

先诉抗辩权既可以通过诉讼方式行使，也可以在诉讼外行使。但按照本条第2款的规定，在下列四种情况下不得行使：第一，债务人下落不明，且无财产可供执行。债务人下落不明致债权人请求主债务人履行债务发生重大困难，而对于重大困难的判断，应综合诉讼及执行的难易程度、债务人的财产状况等客观情况进行。第二，人民法院受理债务人破产案件。债权人和债务人的纠纷经人民法院审理或者仲裁机构仲裁后，依法进入了执行程序。在执行期间，由于债务人不能清偿到期债务的，债权人或者债务人向人民法院申请债务人破产。人民法院受理了债务人的破产案件后，应当依法中止执行程序，在这种情况下，债务人的财产实际上处于冻结状况，债权人在此期间不能从主债务人处实现其债权，并将来也极有可能如此，只有保证人实际承担保证责任才会实现债权，故法律不允许保证人行使先诉抗辩权，如果破产的债务人有保证人提供保证的，债权人可以不向破产组织申报债权，而直接要求保证人承担保证责任。为了保护保证人的利益，保证人可以在债权人未向人民法院申报债权的情况下，向人民法院申报债权，直接参加破产财产的分配，预先行使追偿权。第三，债权人有证据证明债务人的财产不足以履行全部债务或者丧失履行债务能力。此情况下，债权人在一定期间内无法从主债务人处实现债权，故只能要求保证人承担保证责任。第四，保证人书面放弃本款规定的权利。既然保证人放弃权利，则法律没必要对其特别保护，故而不允许其再主张先诉抗辩权。先诉抗辩权的放弃应当以书面形式作出，主要是为了证明保证人确实放弃该权利，同时也可以防止债权人和保证人在先诉抗辩权是否放弃问题上发生争议。

> **第六百八十八条** 当事人在保证合同中约定保证人和债务人对债务承担连带责任的，为连带责任保证。
>
> 连带责任保证的债务人不履行到期债务或者发生当事人约定的情形时，债权人可以请求债务人履行债务，也可以请求保证人在其保证范围内承担保证责任。

【条文主旨】

本条是对连带责任保证的规定。

【条文释义】

连带责任保证是指当事人在保证合同中约定保证人与债务人对债务承担连带责任的保证。债务履行期届满债务人没有履行债务的，债权人既可以要求债务人履行债务，也可以要求保证人在其保证范围内履行债务。故在连带责任保证中，保证责任已届承担期，债权人请求保证人实际承担保证责任的，保证人没有先诉抗辩权，但有主债务已适当履行或相应责任已经承担的抗辩权。连带责任保证一方面对于保证人来说承担了较重的责任，另一方面有利于保护债权人的权益。

值得注意的是，本条的连带责任保证（理论上简称为"连带保证"）要与第 699 条规定的共同保证中的多个保证人之间承担连带责任的情形（理论上简称为"保证连带"）进行区分。本条解决的是保证人和债务人之间的关系是否是连带责任的问题；第 699 条解决的是多个保证人之间是否是连带责任的问题。因此，实际上在共同保证的情形，结合本条和第 699 条，可能会出现四种不同的责任形态的排列组合：按份共同一般保证、按份共同连带保证、连带共同一般保证、连带共同连带保证。共同保证时，本法出台前的默认规则是连带共同连带保证，本法出台后的默认规则是连带共同一般保证。

> **第六百八十九条** 保证人可以要求债务人提供反担保。

【条文主旨】

本条是关于保证人与债务人之间反担保的规定。

【 条文释义 】

所谓反担保，是指在商品贸易、工程承包和资金借贷等经济往来中，为了换取担保人提供保证、抵押或质押等担保方式，由债务人或第三人向该担保人新设担保，以担保该担保人在承担了担保责任后易于实现其追偿权的制度。除了此条关于保证中的反担保规定外，本法第 387 条第 2 款对反担保亦有规定。

关于反担保提供者的范围，无论是本条还是物权编第 387 条第 2 款，都仅仅规定债务人为反担保的提供者，忽视了债务人委托第三人向原担保人提供反担保的情形。按本条侧重保护原担保人的合法权益、换取原担保人立保的立法目的和基本思想衡量，法条文本涵盖的反担保提供者的范围过于狭窄，不足以贯彻其立法目的，构成法律漏洞。对该漏洞的弥补应采取目的性扩张解释方式，将第三人提供反担保的情形纳入本条的适用范围。《最高人民法院关于适用〈中华人民共和国担保法〉若干问题的解释》第 2 条第 1 款对反担保提供者作出了这样的规定："反担保人可以是债务人，也可以是债务人之外的其他人。"这一解释值得肯定。本法实施后，对于反担保提供者的范围，是否沿用原来的解释有待进一步研究。

关于反担保的方式，并不是所有担保常见的五种方式均可作为反担保的方式。首先，留置权不能为反担保方式。按本条规定，反担保产生于约定，而留置权却发生于法定。留置权在现行法上一律以动产为客体，价值相对较小，在主债额和原担保额均为巨大的场合，把留置权作为反担保的方式实在不足以保护原担保人的合法权益。其次，定金虽然在理论上可以作为反担保的方式，但是因为支付定金会进一步削弱债务人向债权人支付价款或酬金的能力，加之往往形成原担保和反担保不成比例的局面，所以在实践中极少采用。在实践中运用较多的反担保形式是保证、抵押权，然后是质权。不过，在债务人亲自向原担保人提供反担保的场合，保证就不得作为反担保的方式。因为这会形成债务人既向原担保人负偿付因履行原担保而生之必要费用的义务，又向原担保人承担保证债务，债务人和保证人合二而一的局面，起不到反担保的作用。只有债务人以其特定财产设立抵押权、质权，作为反担保的方式，才会实际起到保护原担保人的合法权益的作用。但反担保的担保方式是抵押或质押的话，抵押人或者质押人一般是第三人，若主债务人自己为担保人提供抵押或质押，是否会对遭到"既然债务人可以用自己的财产为担保人设定抵押或质押，为什么不直接就此向主债权人设定担保呢"这样的诘问？其实不会，因为被担保人认可的抵押或者质押未必就会被主债权人认可；还有，本担保设定时主债务人可能没有可供抵押的财产，尔后取得了一些财产，自然只能在本担保设立后再向担保人设立反担保了。

至于实际采用何种反担保的方式，取决于债务人和原担保人之间的约定。在第三人充任反担保人的场合，抵押权、质权、保证均可采用，究竟采取何者，取决于该第三人（反担保人）和原担保人之间的约定。

设立反担保的行为是法律行为，必须符合本法总则编关于民事法律行为有效条件的规定。而每种反担保的方式又各有其特定的成立条件，因此尚须符合本法物权编和合同编相应条款规定的特定成立要件。此外，依反担保设立的目的要求，反担保的实行，应于原担保实行之后。

> **第六百九十条** 保证人与债权人可以协商订立最高额保证的合同，约定在最高债权额限度内就一定期间连续发生的债权提供保证。
>
> 最高额保证除适用本章规定外，参照适用本法第二编最高额抵押权的有关规定。

【条文主旨】

本条是关于最高额保证的规定。

【条文释义】

最高额保证，是指保证人和债权人签订一个总的保证合同，为一定期限内连续发生的借款合同或同种类其他债权提供保证，只要债权人和债务人在保证合同约定的期限且债权额限度内进行交易，保证人则依法承担保证责任的保证行为。最高额保证基于保证人与债务人双方约定而产生，属于人的担保中保证的一种特殊形式，是在最高债权额限度内对一定期间连续发生的不特定同种类债权提供的保证，为现实经济活动中，特别是银行融资业务中一种较为常用的担保方式。

最高额保证的适用范围具有特定性，即可实行最高额保证担保的主债权较之普通保证具有一定的特殊性，这也是最高额保证区别于普通保证的重要特征之一。其特征具体体现为以下几个方面：

1. 不特定性。在普通保证中，被担保的主债务是现实存在的债务，且保证合同的成立，须以主债务的存在为前提。而对未来债权为保证可谓是最高额保证的基本特征之一，对于未来之债务，无须于保证债务发生时既已现实的发生，将来有发生之可能性即可。即最高额保证所担保的是尚未特定化的债权，不仅在保证合同成立之时尚未发生，而且在将来能否发生也不确定。从保证合同生效之时至被担保的债权确定时，该债权不断发生、消灭，因此具有变动性、代替性。因此，最高额保证担保的并非全部是尚未发生的债权，但至少有部分或全部是将来可能发生的债权，只要其所担保的债权在决算日前是不确定的即可。

2. 连续性。普通保证中，主债务的发生通常是基于一个合同，而最高额保证所担保的是连续发生的一系列债务。最高额保证所担保的主合同债权是由几个连续发生的合同债权组成，各个债权之间既具备内在的联系，又可以相互独立存在。

3. 期间性。根据债法基本原理，债务人承担债务的前提是债务的内容具有特定性。债务的内容由当事人协商确定，或者由法律规定。每一个具体的债务，都有具体和确定的标的及其质量、数量、履行期限等内容，使之特定化。由于最高额保证担保的主债务属于未来的、连续性债务，具有不确定性，基于保证债务的从属性，如果不限制主债务的发生期间，不仅无法使保证债务特定化，也使得保证人好比被套上无期限的"法锁"，无法预知何时方能解脱，既不利于债权人获得清偿，也对保证人不利。因而最高额保证所担保的债权，须为规定期间内发生。

4. 同质性。最高额保证担保的债权系列并非多个任意债权的组合，它们必须是同种类债权，产生于同一性质的法律关系，在该法律关系中债务人对债权人承担同一性质的给付义务。

值得注意的是最高额保证与最高额抵押权的区别。本法物权编第 420 条至第 424 条对最高额抵押权有具体的规定，最高额抵押是指为担保债务的履行，债务人或者第三人对一定期间内将要连续发生的债权提供担保财产的，债务人不履行到期债务或者发生当事人约定的实现抵押权的情形，抵押权人有权在最高债权额限度内就该担保财产优先受偿的情形。本条的第 2 款规定最高额保证合同除适用本章规定外，参照适用物权编最高额抵押权的有关规定，也就是说最高额保证的债权的范围、确定、转让等方面的规定与最高额抵押权保持一致。

第二节　保证责任

第六百九十一条　保证的范围包括主债权及其利息、违约金、损害赔偿金和实现债权的费用。当事人另有约定的，按照其约定。

【条文主旨】

本条是关于保证责任范围的规定。

【条文释义】

保证责任范围是指保证人所担保的债权范围，也是保证人承担保证责任的范围。本条内容包括以下两层含义：

1. 保证范围的一般界定（法定保证范围）。保证范围一般包括：主债权及其利息、违约金、损害赔偿金和实现债权的费用。主债权即主合同所确立的债权，这是保证范围的主要部分，当事人设立保证合同，就是为了担保主债权的实现。一方面，主债权首先属于保证人担保责任的范围，因此，在主债务人不履行债务的情况下，保证人首先应当代主债务人履行债务。但这并不意味着，保证责任仅限于代主债务人履行债务，在债务人不履行债务的情况下，由保证人代主债务人赔偿债权人全部期待利益的损失，足以代替实际履行，也可以达到代主债务人履行债务的目的。另一方面，将保证人的责任仅限于代主债务人履行债务，可能会过分加重保证人的负担，也可能会增加各种履行费用和不必要的开支，也不利于法院的执行。因此，保证人的责任是担保主债权的实现，而主债权的实现方式可以是多样的，除一些必须履行是必要的情况以外，不必强制要求保证人代主债务人实际履行债务。

利息即主债权所产生的利息，有法定利息和约定利息两种。法定利息是法律直接规定的利息，如迟延履行所生之利息，它由主债权所派生，当属保证范围之内；约定利息是当事人专门约定的利息，它也从属于主债权，并以主债权作为计息基础，当事人虽然可以自行约定利率，但是该利率必须符合法律规定，超过法律规定部分的利息无效，对于超出法定幅度的高利贷，法律不能予以保护，也不能成为保证的对象。

违约金是指由当事人通过协商预先确定的、在违约后一方向另一方支付一定数额的金钱。违约金具有从合同的性质，它以主合同的生效为前提条件，违约金是违反有效合同所产生的责任，在合同根本不存在的情况下，自然谈不上违约金的适用问题，也不应使保证人承担此种责任。通常而言，合同当事人都会对违约金作出约定，违约金纳入保证担保的范围之内，这也是普通保证人可以预见到的。所以，在没有约定违约金的情况下，也应当推定保证人要对违约金负责。但是，当事人亦可在保证合同中将其排除在保证责任的范围之外。

损害赔偿金是指一方违约时应当向另一方承担的损害赔偿责任。在担保关系中，担保的对象也包括损害赔偿金。因为损害赔偿金是在违约情况下对非违约方的重要补救方式，故而也应当将其纳入担保的范围。如果保证人是对侵权之债提供保证，则侵权损害赔偿金属于主债权的范畴，并不属于本条所规定的"损害赔偿金"。

实现债权的费用包括诉讼费用，申请扣押、执行等的费用。实现债权的费用与主债权之间存在密切联系，而且是实现主债权过程中通常会产生的必要支出，所以，要求保证人对该费用负责并不会对保证人造成过重的负担。

2. 保证合同对保证范围另有约定者，从其约定。保证范围是保证合同的一项内容，保证人可以随意约定保证范围，约定范围既可大于上述法定范围，也可等于或小于上述法定范围。约定范围与法定范围不一致的，适用约定范围，也即约定范围优于法定范围。

> 第六百九十二条　保证期间是确定保证人承担保证责任的期间，不发生中止、中断和延长。
>
> 债权人与保证人可以约定保证期间，但是约定的保证期间早于主债务履行期限或者与主债务履行期限同时届满的，视为没有约定；没有约定或者约定不明确的，保证期间为主债务履行期限届满之日起六个月。
>
> 债权人与债务人对主债务履行期限没有约定或者约定不明确的，保证期间自债权人请求债务人履行债务的宽限期届满之日起计算。

【条文主旨】

本条是关于保证期间的规定。

【条文释义】

保证期间为确定保证人承担保证责任的期间，事关保证人和债权人之间的债权债务能否行使或履行，也是确定保证债务和诉讼时效关系的依据。保证期间可以是法定期间，也可以是约定期间。如果债权人请求保证人承担保证责任超过该期间，则保证人无须再承担保证责任。如果当事人没有就保证期间作出特别约定，则可以适用法定期间。保证合同中之所以要规定保证期间，是因为保证期间可以起到督促债权人主张权利、限制保证人责任的作用。

保证期间具有如下特征：第一，保证期间是就保证责任的承担所设定的期间。从性质上说，保证期间是确定保证人承担保证责任的期间，它既非保证合同的有效期间，也非附期限合同中的期限，而仅仅是针对保证责任的承担所设定的期限。第二，保证期间由当事人约定或法律规定。保证期间可以由法律作出明确规定，也可以由当事人通过特别约定确定，在当事人没有约定或约定不明时，才适用法律规定的保证期间。保证期间设立的目的在于限制保证人的责任、保障保证人的利益，当事人可以就保证期间作出特别约定，按照私法自治的原则，此种约定应当有效。第三，保证期间是保证合同的组成部分。保证合同的当事人可以就保证期间作出约定，只要此种约定不违反法律的强制性规定，该约定就是有效的，其应当成为保证合同的重要组成部分。

关于保证期间的法律性质，理论界存在争议，目前存在诉讼时效期间说、除斥期间说、失权期间说、或有期间说。

主流学说意见认为保证期间不是诉讼时效期间，理由如下：（1）按照法律的规定，保证期间允许当事人约定，并且首先按约定，只有在当事人没有约定，或约定的保证期间早于或等于主债务的履行期限时，才采用法律规定的保证期间。而诉讼时效期间一律由法律规定，不允许当事人约定。（2）按照本条规定，保证期间不发生中止、中断和延长。而诉讼时效存在中止、中断的情形。（3）在保证期间内，债权人请求保证人承担保证责任，只要保证人无抗辩事由，保证期间就功成身退，让位于诉讼时效期间。这一现象本身就表明保证期间不是诉讼时效期间，因为如果它是诉讼时效期间，就不会存在前述现象。（4）保证合同约定有保证期间的，保证期间的起算点为当事人约定的开始时日。保证合同无此约定的，保证期间的起算点为主债务履行期届满的次日。而诉讼时效的起算则有所不同，按照本法规定，一般保证的债权人在保证期间届满前对债务人提起诉讼或者申请仲裁的，从保证人拒绝承担保证责任的权利消灭之日起，开始计算保证债务的诉讼时效。连带责任保证的债权人在保证期间届满前请求保证人承担保证责任的，从债权人请求保证人承担保证责任之日起，开始计算保证债务的诉讼时效。

同时，保证期间也不是除斥期间。第一，保证期间允许甚至倡导约定，而除斥期间是法定期间；第二，保证期间届满，消灭的是债权及其有关的从权利、从义务，而除斥期间届满，消灭的是形成权；第三，在保证期间内，债权人请求保证人承担保证债务的，如果保证人未行使抗辩权，保证期间就功成身退，诉讼时效期间取而代之，除斥期间不存在这个现象；第四，保证期间的起算点的确定如同上述，除斥期间的起算点则因立法者对不同类型的除斥期间持有不尽相同的价值取向和利益衡量而形形色色。

在否定了保证期间属于除斥期间或诉讼时效期间之后，有学者提出保证期间是不同于诉讼时效、除斥期间的期间，具有自己的独立地位和价值，因为它具有消灭债权本体的效力，可以称其为失权期间。亦有学者将其定性为或有期间，或有期间是决定当事人能否获得特定类型请求权的期间。一旦当事人在或有期间未依据法律的规定或者当事人之间的约定为一定行为，其即不能获得相应类型的请求权，我国法律现行民事立法中比较典型的或有期间为保证期间，或有期间最终限制了当事人特定类型的请求权，而且一旦当事人在或有期间内依据法律的规定或者当事人之间的约定为一定行为，从而取得了特定类型的债权请求权之后，该债权请求权就存在适用诉讼时效期间的问题。

在本法立法过程中，是否应当保留保证期间制度是一个争议问题。基于以下考虑，最终选择保留现有的保证期间制度：第一，保证期间可以限制保证人的责任。保证期间确定了保证人承担责任的期限，这不仅有利于明确保证人的责任范围，而且有助于合理限制保证人的责任，从而避免保证人无限期地承担责任。第二，督促主债权人行使权利。保证期间直接关系保证责任的承担，即保证人只需要在保证期间内负保证责任，而债权人也只能在保证期间内请求保证人承担保证责任。保证期间经过，则债权人无权向保证人提出请求，债权人没有在该期间主张权利，则保证人不再承担责任。

此外，根据《最高人民法院关于适用〈中华人民共和国担保法〉若干问题的解释》第32条的规定，保证合同约定的保证期间早于或者等于主债务履行期限的，视为没有约定，保证期间为主债务履行期届满之日起6个月。保证合同约定保证人承担保证责任直至主债务本息还清时为止等类似内容的，视为约定不明，保证期间为主债务履行期届满之日起2年。本法修正了这一规定，对于约定的保证期间早于主债务履行期限或者与主债务履行期限同时届满的"视为没有约定"情形与"约定不明确"的情形作了统一处理，两种情况下保证期间均为主债务履行期限届满之日起6个月。

本条第3款规定了主债务履行期限没有约定或约定不明的情况下保证期间的起算问题，此时保证期间自债权人请求债务人履行债务的宽限期届满之日起计算。

> **第六百九十三条** 一般保证的债权人未在保证期间对债务人提起诉讼或者申请仲裁的，保证人不再承担保证责任。
>
> 连带责任保证的债权人未在保证期间请求保证人承担保证责任的，保证人不再承担保证责任。

【条文主旨】

本条是关于保证期间届满的法律效果的规定。

【条文释义】

保证期间届满的法律效果是指在保证期间内，如果债权人没有向保证人或者主债务人主张权利，将导致保证责任消灭，债权人无权请求保证人承担保证责任。但保证期间届满要产生此种效果，其前提是债权人没有在该期间内请求保证人承担保证责任，在此需要区分一般保证和连带责任保证。

对于一般保证而言，由于保证人依法享有先诉抗辩权，因而法律将债权人在保证期间内要求债务人偿债（提起诉讼或者申请仲裁）作为要求保证人承担保证责任的法定方式。如果债权人在合同约定的保证期间内或没有约定及约定不明时在6个月内不向主债务人提起诉讼或者申请仲裁，则保证人的保证责任免除。

而对于连带责任保证而言，本条规定连带责任保证的债权人未在保证期间对保证人主张承担保证责任的，保证人不再承担保证责任。这是由于在连带责任保证中，在主债务履行期间届满后，债权人可以直接请求保证人承担保证责任，保证人也必须承担保证责任，因而在连带责任保证期间以内，债权人未对保证人提出请求，保证期间经过的，保证责任将发生消灭。

保证期间届满后，将导致保证责任消灭。在此情形下，尽管主债务依然存在，但债权人只能向主债务人请求清偿债务，而不能请求保证人承担保证责任。由此可见，保证期间和诉讼时效的区别在于，保证期间的届满会导致权利本身的消灭，不仅仅只是导致抗辩权的产生；而时效届满的后果仅仅是义务人可以据此提出抗辩。无论是一般保证或是连带责任保证，保证期间的经过都发生保证责任消灭的后果。

> **第六百九十四条** 一般保证的债权人在保证期间届满前对债务人提起诉讼或者申请仲裁的，从保证人拒绝承担保证责任的权利消灭之日起，开始计算保证债务的诉讼时效。
>
> 连带责任保证的债权人在保证期间届满前请求保证人承担保证责任的，从债权人请求保证人承担保证责任之日起，开始计算保证债务的诉讼时效。

【条文主旨】

本条是关于保证债务诉讼时效的规定。

【条文释义】

保证债务的诉讼时效是指当债权人请求保证人履行保证债务，经过法定的时效期间即丧失获得法院强制执行保证人承担保证责任的权利。该时效期间适用本法总则编关于诉讼时效的规定。在本条中确认保证债务的诉讼时效的意义在于：债权人在保证期间内向主债务人或保证人主张权利后，保证期间即失去意义，保证人不能主张保证期间的抗辩，但在此情况下，保证债务也不能一直存续，否则将使保证人承担过重的责任，因此，法律上确认保证债务可适用单独的诉讼时效。从法理上而言，保证期间是债权人选择是否要求保证人承担保证责任的期间，如果债权人要求保证人承担保证责任，则会导致保证之债的出现，保证之债与普通的债务无异，理应存在时效问题。

保证合同诉讼时效的设立，使保证人享有两种期限利益：一是保证期间利益；二是时效利益。如果债权人未在保证期间内向主债务人或保证人主张权利，保证人可以免责。如果债权人在保证期间内主张了权利，但在此后诉讼时效期间内未向保证人要求承担保证责任，则诉讼时效届满，保证人也可以行使保证合同时效抗辩权而无须承担责任。保证期间与保证合同诉讼时效虽然都是权利行使的期限，但两者之间存在以下区别：

第一，是否可以由当事人自由约定不同。保证期间既可以是约定的，也可以是法定的，如果当事人约定了保证期间，则该期间为约定期间，将优先于法定期间而适用；而诉讼时效是法定的，当事人不能另行约定。

第二，期限长短不同。诉讼时效期间一般是 3 年，而法定保证期间是 6 个月，当事人也可以自由约定保证期间。因为保证期间过长，对保证人也是极为不利的。保证期间短于时效期限，可以督促债权人向保证人及时主张权利，一旦债权人怠于行使权利，则保证人将被免责，这显然对保证人是有利的。

第三，期限是否可以变更不同。诉讼时效可能因为法定事由的存在而出现中止、中断的情形，而保证期间不发生中止、中断和延长。

第四，起算点不同。一般保证的债权人在保证期间届满前对债务人提起诉讼或者申请仲裁的，从保证人拒绝承担保证责任的权利消灭之日起起算保证债务的诉讼时效。连带责任保证的债权人在保证期间届满前请求保证人承担保证责任的，从债权人请求保证人承担保证责任之日起起算保证债务的诉讼时效。与保证之债诉讼时效的起算方式不同，法定保证期间自主债务履行期届满之日起计算，如果主债务履行期没有约定或约定不明的，保证期间自债权人请求债务人履行债务的宽限期届满之日起计算。

第五，期限届满的后果不同。保证期间届满，债权人未在该期间内主张权利，保证责任消灭；而诉讼时效届满，如果债权人向保证人提出承担保证责任的请求，保证人有权提出时效抗辩。

需要注意的是，本条第 1 款对《最高人民法院关于适用〈中华人民共和国担保法〉若干问题的解释》第 36 条进行修正，根据该条规定，一般保证中，主债务诉讼时效中断，保证债务诉讼时效中断，这一规定具有逻辑错误，在主债务诉讼时效中断的时候，保证债务的诉讼时效尚未计算，所以保证债务的诉讼时效中断一说无从谈起。

本条第 2 款是对连带责任保证的保证债务诉讼时效起算的规定。不同于一般保证，连带责任保证中债权人对债务人或保证人主张债权并无先后次序之分，债权人可以要求债务人履行主债务，也可以要求保证人履行其保证责任，保证人不能以债权人尚未对债务人主张债务而拒绝履行保证责任。所以在连带责任保证中，债权人在保证期间届满前要求保证人履行保证责任之时，才系保证责任的诉讼时效开始之日。但此处有两点值得注意：第一，债权人要求保证人履行保证责任的方式，并不仅限于诉讼与仲裁，还包括其他的非司法途径，比如口头催告、书面告知等，但实务中一般采用书面的方式请求保证人履行保证责任，因为书面的方式更加易于举证；第二，债权人需要向保证人要求履行保证责任，才构成保证债务诉讼时效的开始，而债权人向债务人要求履行债务，并不构成保证债务诉讼时效的开始。

> **第六百九十五条** 债权人和债务人未经保证人书面同意，协商变更主债权债务合同内容，减轻债务的，保证人仍对变更后的债务承担保证责任；加重债务的，保证人对加重的部分不承担保证责任。
>
> 债权人和债务人变更主债权债务合同的履行期限，未经保证人书面同意的，保证期间不受影响。

【条文主旨】

本条是关于主债权债务合同变更对保证人保证责任影响的规定。

【条文释义】

合同变更，是债的变更的主要形式，它有广义和狭义两种含义。广义的合同变更是指合同的内容和主体发生变化。合同内容的变更是指在合同的主体保持不变的情况下，合同的内容发生变更。具体来说，是指在合同成立以后，尚未履行或尚未完全履行之前，当事人就合同的内容达成修改和补充的协议，或者依据法律规定请求法院或者仲裁机构变更合同内容。本法所采纳的合同变更是狭义上的合同变更，即合同内容的变更。本法合同编第六章严格区分了合同的变更和转让，当事人的变更属于合同转让的范畴，而合同内容的变更属于合同的变更。合同内容的变更具有如下特点：

第一，合同的当事人不变，而合同内容发生了变化。合同的变更实质上是在原有合同的基础上进行修改、补充，变更后的关系与变更前的关系在性质上相同，学说上称为具有"同一性"。这就是说，合同的变更是指在保留原合同的实质内容的基础上使合同内容发生变化，它仅仅是在变更的范围内使原债权债务关系消灭，而变更内容之外的债权债务关系仍继续生效。从这个意义上讲，合同变更是使原合同关系相对消灭。合同的变更，也会产生新的债权债务内容。当事人在变更合同以后，需要增加新的内容或改变合同的某些内容。因此，合同变更以后应当按变更后的权利义务关系来履行。

第二，合同的变更必须是合同的非实质性变更。一般来说，以下几种情况属于合同的实质性变更：一是合同标的的改变，例如交付大米变更为交付钢材；承租甲屋改为承租乙屋；二是履行数量的巨大变化，例如交付 50 吨钢材改为交付 500 吨；三是价款的重大变化；四是合同性质的变更，例如承揽债务变更为支付一定货币的债务，买卖改为赠与。所谓非实质性的变更，是指对原合同关系的内容作某处修改和补充，而不是对合同内容的全部变更。例如标的数量增减，改变交货地点、时间、价款或结算方式，利息、违约金、担保等从给付的变更，履行期、履行地或履行方式的变更等，这些均属于合同的变更。如果合同内容已全部发生变化，则实际上已导致原合同关系的消灭，产生了一个新的合同。凡是未从根本上改变合同的内容和性质的，都可以称为非实质性的变更，标的物数量的变更等就属于此类。在非实质性变更的情况下，合同没有发生实质性的变化，变更后的合同关系与原有合同关系属于同一法律关系。

第三，合同的变更必须依据法院或者仲裁机构的裁决，或者当事人的约定。从实践来看，一般所说的合同变更都是指后一种变更，本法合同编所称的合同变更以及本条规定实际上均是指约定的变更。

主债权债务合同变更后，原由保证人承担的保证范围可能发生变化，由此可能加大保证人的责任，这于保证人而言是十分不利的。因此，法律要求债权人与债务人协议变更主债权债务合同时需要取得保证人的书面同意。保证人书面同意，意味着他愿意为变更后的合同内容提供保证。否则，在未取得保证人书面同意的情况下减轻债务的，保证人仍对变更后的债务承担保证责任，而加重债务的，保证人对加重的部分不承担保证责任。这改变了《中华人民共和国担保法》第 24 条协议变更主合同未经保证人书面同意的，保证人不再承担保证责任的规定，更加符合维护保证人利益的原则。

本条第 2 款规定亦是对于保证人利益的维护。根据本法第 692 条第 2 款的规定，保证期间与主债务履行期限密切相关。保证期间可以由当事人自主约定，但约定的保证期间如早于主债务履行期限或者与主债务履行期限同时届满的，视为没有约定；没有约定或者约定不明确的，保证期间为主债务履行期限届满之日起 6 个月。如果债权人和债务人在未经保证人书面同意的情况下变更主债权债务合同的履行期间，可能会对保证人的保证期间利益带来不利影响，因此作出了上述规定。但需要特别指出的是，未经保证人书面同意的主债权债务合同履行期限变更未必一定给保证人带来保证期间上的不利影响，但本款规定未像第 1 款规定作出有利变更则有效，不利变更则无效的规定。

> **第六百九十六条** 债权人转让全部或者部分债权，未通知保证人的，该转让对保证人不发生效力。
>
> 保证人与债权人约定禁止债权转让，债权人未经保证人书面同意转让债权的，保证人对受让人不再承担保证责任。

【条文主旨】

本条是关于债权转让对保证责任影响的规定。

【条文释义】

按照民法一般原理，合同当事人有权将合同的权利转让给第三人。合同的权利全部转让给第三人的，该第三人取代原当事人在合同中的法律地位。合同的权利部分转让给第三人的，该第三人相应取代原当事人在合同中的法律地位。

保证合同是主合同的从合同。保证人提供的保证是对主债权的担保。主合同当事人转让债权不因保证人提供保证而受影响。本法第 547 条第 1 款规定："债权人转让债权的，受让人取得与债权有关的从权利，但是该从权利专属于债权人自身的除外。"本条第 1 款规定债权人将全部或者部分债权转让给第三人，通知保证人后，保证人对受让人承担相应的保证责任。保证人对受让人所承担的保证责任，应该是在原保证范围内，除非保证人与受让人有另外的约定。这表明，债权人依法转让主债权的法律行为不影响保证人保证责任的承担。这是因为保证的法律效果是担保主债权的实现，而并非保证人专为特定主债权人作担保。原来的主债权人将债权转让给了第三人，虽然由该第三人全部或者部分地承受了原主债权人的法律地位，但是保证人所担保实现的主债权并未发生改变，债权的转让并不影响主债务人履行原有的债务，同时，保证人的保证责任也并未因此而加重。

但债权转让不影响保证责任的承担也并非没有限制。首先，主债权人向第三人转让债权的行为必须是在保证期间届满前作出的，否则，保证期间已经届满，保证人的保证责任也就归于消灭；其次，债权转让后，保证人是在原保证范围内继续承担保证责任。主债权转让时对主债权及其从属权利所作的改变，应遵守本法合同编第 695 条的规定；最后，参照本法合同编第 546 条第 1 款规定，债权人转让债权未通知债务人的，该转让对债务人不发生效力。债权人转让债权必须通知保证人，保证人接到转让通知后才能够向受让人承担保证责任。若未通知，保证人并不知道作为新的债权人的受让人的存在，对其当然不承担保证责任。

但本条规定并不排除保证合同当事人之间对此进行另外的约定，如本条的第2款即规定，保证人可以与债权人约定仅对特定的债权人承担保证责任或者禁止债权转让等。当保证人与债权人有这些约定时，债权人就要受到该意思自治的约束。"受意思自治的约束"并不意味着债权人不能转让主债权。债权人仍然可以将自己的债权转让给他人，只是这种行为违反了保证合同的约定，是对保证人的违约，若未能征得保证人的书面同意，其后果是保证人不再承担保证责任。本款同时也是本法第547条第1款，债权人转让债权的，受让人取得与债权有关的从权利，但是该从权利专属于债权人自身的除外中但书部分的具体化情形。

> **第六百九十七条**　债权人未经保证人书面同意，允许债务人转移全部或者部分债务，保证人对未经其同意转移的债务不再承担保证责任，但是债权人和保证人另有约定的除外。
>
> 第三人加入债务的，保证人的保证责任不受影响。

【条文主旨】

本条是关于债务承担对保证责任影响的规定。

【条文释义】

债务承担，是指在不改变债务内容的情况下移转债务，由第三人承担了原债务人的债务。债务承担可以分为免责的债务承担和并存的债务承担。一是免责的债务承担，即第三人代替原债务人成为新债务人，原债务人的债务消灭。二是并存的债务承担，即第三人成为连带债务人，与原债务人共同承担债务。两种债务承担都会对保证人的责任产生影响，本条第1款规定免责的债务承担对保证责任的影响，第2款规定并存的债务承担对保证责任的影响。

此条源自《中华人民共和国担保法》第23条规定："保证期间，债权人许可债务人转让债务的，应当取得保证人书面同意，保证人对未经其同意转让的债务，不再承担保证责任。"第三人提供担保财产一般是基于其与债务人之间的特殊信任关系或者对债务人的资产、信誉有所了解。所以，在担保关系中，一旦未经保证人同意，债务人擅自转移债务的，将给保证人带来较大风险，因为提供担保财产的第三人对新的债务人可能一无所知。设立担保物权虽主要是为保障债权的实现，但也要照顾到保证人的利益，特别是当保证人是债务人以外的第三人时，如何平衡保证人、担保物权人和债务人三者的利益就很重要。本条对债权人的权利行使进行了限制，明确规定，未经保证人书面同意，债权人允许债务人转移全部或者部分债务的，保证人对未经其同意转移的债务不再承担保证责任。这种限制不但是对保证人利益的保护，同时也是对债权人利益的保护。本规定较好地平衡了保证人、债务人和债权人的利益。

正确理解本条应当注意以下几点：一是债权人允许债务人转移债务必须要经保证人的书面同意。如果不是书面形式，而是其他形式，视为不存在保证人的同意。根据法律规定，书面形式是指合同书、信件和数据电文（包括电传、电报、传真、电子数据交换和电子邮件）等可以有形地表现所载内容的形式。二是本条规定的债务转移不但包括债务人将债务全部转移给他人，也包括将部分债务转移给他人。债权人许可债务人部分转移的，原债务人并不退出债务关系，只是其所应承担的债务额发生减少，新债务人与原债务人共同向债权人承担债务。部分转移债务的也必须经担保人同意，否则担保人对转移出去的部分债务不承担担保责任。三是未经担保人书面同意，债权人许可债务人转移全部债务的，可以免除担保人全部担保责任；债权人许可债务人转移部分债务的，可以免除担保人部分的担保责任，担保人不得要求免除全部担保责任。

不同于债权让与，在债权让与中只规定债务加重需要经过保证人书面同意，这是由于除了人身专属性的特别情形，对于保证人来说，对哪个债权人来承担保证责任，其实是没有那么重要的，因为债务人无法履行债务才是最关键的事情。但是在免责债务承担的情形下，债务转出的部分若要保证人继续承担保证责任需要经过保证人的书面同意，因为债务承担会影响保证人的权益，债务转让导致更换相应部分债务人，而债务人的偿债能力会影响保证人的权益。债务人的责任承担能力，对于保证人是否会承担保证责任以及最后的追偿权能否实现，都是极其重要的。

本条第 2 款应结合第 552 条进行解释，第三人加入债务，债务人的整体责任承担能力只会增加而不会有所减损，对保证人的权益不会有影响，只会更有利于保证人，因此不需要保证人书面同意，保证人按照原来的规定继续承担保证责任。

> **第六百九十八条** 一般保证的保证人在主债务履行期限届满后，向债权人提供债务人可供执行财产的真实情况，债权人放弃或者怠于行使权利致使该财产不能被执行的，保证人在其提供可供执行财产的价值范围内不再承担保证责任。

【条文主旨】

本条是关于保证人免责的相关规定。

【条文释义】

　　本条规定在保证人向债权人提供债务人可供执行财产的真实情况时，债权人放弃或怠于行使其债权，导致债务人财产无法执行时，保证人可以在相应范围内免责。此条是对保证人权利的重要保护，源自《最高人民法院关于适用〈中华人民共和国担保法〉若干问题的解释》第24条，该条规定，一般保证的保证人在主债权履行期间届满后，向债权人提供了债务人可供执行财产的真实情况的，债权人放弃或者怠于行使权利致使该财产不能被执行，保证人可以请求人民法院在其提供可供执行财产的实际价值范围内免除保证责任。

　　此条适用于一般保证的情形。所谓一般保证，是指当事人在保证合同中约定，在债务人不能履行债务时，保证人承担保证责任的保证。区别于连带保证，一般保证情况下保证人享有先诉抗辩权，即一般保证的保证人在主合同纠纷未经审判或者仲裁，并就债务人财产依法强制执行仍不能履行债务前，对债权人可以拒绝承担保证责任。

　　一般保证情形下，债权人需要在对债务人财产执行不能之后，才能主张保证人承担保证责任，也就是说债务人财产执行不能时，保证人有承担责任的义务。本条规定如果是因为债权人自己放弃或者怠于行使权利致使债务人相应财产执行不能时，此时由于是债权人自己的原因导致对债务人财产执行不能，因此保证人可以在相应范围免责。

　　连带保证是指当事人在保证合同中约定保证人与债务人对债务承担连带责任的保证。在连带保证中，由于债权人对债务人和保证人请求承担责任的主张没有先后顺序，债权人可自主决定请求债务人或是连带保证人承担全部或部分责任，因此本条规定不适用于连带保证的情形。

　　第六百九十九条　同一债务有两个以上保证人的，保证人应当按照保证合同约定的保证份额，承担保证责任；没有约定保证份额的，债权人可以请求任何一个保证人在其保证范围内承担保证责任。

【条文主旨】

　　本条是关于共同保证的规定。

【条文释义】

　　共同保证，是指两个或两个以上的保证人为同一债务而向债权人所提供的担保。共同保证是相对于一人保证而言的，它是指数人为一人担保。例如，甲乙丙三人共同为债务人的借款提供担保。由于在共同保证中，有多个保证人为主债权提供担保，因而能够为债权的实现提供更有力的保障。具体来说，其特点主要表现在：第一，数个保证人为主债务人提供担保。共同保证的主要特点是保证人为数人，共同为同一债务提供保证。第二，数个保证人必须为同一债务提供担保。一方面，共同保证所担保的债务必须具有同一性，如果数个保证人虽然为同一债务人作保，但保证的债务不同，则仍然属于分别的保证。另一方面，共同保证强调债务的同一性，就债务人而言，既可以是单个的债务人，也可以是数个债务人，但债务应当是同一债务。第三，共同保证人的责任可以是连带的，也可以是按份的。共同保证既可以是按份共同保证，也可以是连带共同保证。这两种保证的主要区别在于：在债务人不履行债务时，债权人的选择权是否受到限制。如果采取连带责任保证，则债权人既可以选择向债务人行使权利，也可以向各个保证人行使权利。

此条所规定的共同保证，不管是按份共同保证还是连带共同保证，和一般保证、连带责任保证是完全不同的概念。一般保证和连带责任保证定义的是保证人和主债务人之间的关系，而本条所涉及的共同保证是保证人之间的相互关系。一般保证的情形下，保证人享有先诉抗辩权，一般保证的保证人在主合同纠纷未经审判或者仲裁，并就债务人财产依法强制执行仍不能履行债务前，对债权人可以拒绝承担保证责任；连带责任保证情形下，保证人和主债务人是连带关系，债权人可以任意选择向主债务人或者保证人请求承担责任，保证人不享有先诉抗辩权。

此条所涉及的按份共同保证和连带共同保证定义的是多个保证人之间的关系，因此对于共同保证来说，多个保证人之间的关系有按份和连带两种可能。多个保证人之间的关系，结合保证人和主债务人之间的两种关系，首先会产生四种保证责任承担方式。

第一，连带共同连带保证。债务人和保证人之间的关系为连带责任保证，多个保证人之间也为连带共同保证，因此债务履行期限届满时，债权人既可以请求债务人承担全部或部分责任，也可以请求多个保证人中任何一个保证人承担全部或部分责任。

第二，连带共同一般保证。债务人和保证人之间为一般保证关系，保证人享有先诉抗辩权，因此债务履行期限届满时，债权人需要先请求债务人承担责任，在债务人财产执行不能时，可请求保证人承担责任，由于多个保证人之间的关系为连带共同保证，此时债权人可选择请求其中任意一个保证人承担全部或者部分责任。

第三，按份共同连带保证。债务人和保证人之间的关系为连带责任保证，多个保证人之间为按份共同保证，债务履行期限届满时，债权人可选择请求债务人或者保证人承担全部或者部分责任，但在请求多个保证人承担责任时，由于多个保证人之间为按份共同保证，债权人需要按照约定的份额请求保证人承担责任。

第四，按份共同一般保证。债务人和保证人之间为一般保证关系，保证人享有先诉抗辩权，多个保证人之间为按份共同保证。因此债务履行期限届满时，债权人需要先请求债务人承担责任，在债务人财产执行不能时，可请求保证人承担责任，且债权人需要按照约定的份额请求多个保证人按份额承担责任。

但是，连带共同保证的情形存在两种可能性，真正连带和不真正连带，两者区别在于多个保证人之间是否有相互追偿权，此处应和物权编关于混合共同担保相关规则作一体化解释。本法立法过程中，关于混合共同担保人之间是否有追偿权存在争议，也即提供物的担保的第三人和保证人之间是否有相互追偿权。比如一个担保人以房屋提供物的担保，另一个担保人提供人保，债权人请求其中任何一个担保人承担全部责任之后，提供物的担保的第三人是否可以向保证人追偿，反之亦然。物权法制定的时候，原则上就确定了混合共同担保人之间没有相互追偿权的规则。此次民法典编纂中曾经尝试在混合共同担保的多个保证人之间引入追偿权，但最终综合考虑，仍然延续了混合共同担保人之间没有相互追偿权的规则。

那么在此条所涉及的人的担保中，多个保证人之间有无相互追偿权应与混合共同担保作体系化解释，人保中的多个保证人之间也不应该有相互追偿权，除非当事人特别约定。如何界定当事人之间的特别约定，可以结合本法第519条关于多数人之债的规定，该条第1款、第2款规定："连带债务人之间的份额难以确定的，视为份额相同。实际承担债务超过自己份额的连带债务人，有权就超出部分在其他连带债务人未履行的份额范围内向其追偿，并相应地享有债权人的权利，但是不得损害债权人的利益。其他连带债务人对债权人的抗辩，可以向该债务人主张。"这样，在连带共同保证情形下，若多个保证人之间明确约定为连带共同保证的时候，可以参照适用第519条关于连带债务的规定，保证人相互之间有追偿权；若当事人之间没有约定，则按照第699条的规定，没有约定保证份额的，债权人可以请求任何一个保证人在其保证范围内承担保证责任，此时为不真正连带，保证人之间不可相互追偿。也即若当事人之间明确约定为连带共同保证，才能适用关于连带债务追偿权的规则，若当事人之间未特别约定成连带共同保证，此时由于是不真正连带，保证人相互之间就没有追偿权。如此规定的原因在于：若多个保证人之间没有特别的意思联络，意味着他们之间偶然性共同为债权人提供担保，在相互之间没有特别意思联络的情况下，保证人之间相互追偿缺乏法律上的请求权基础。

故多个保证人之间的关系，实际上是三种情形：明确约定为按份共同保证；明确约定为连带共同保证，此时为真正连带；没有约定保证份额，但适用第699条的不真正连带共同保证，债权人可以请求任何一个保证人要求其承担全部保证责任，保证人承担保证责任之后可以找债务人追偿，但是多个保证人之间没有相互追偿权。

> **第七百条** 保证人承担保证责任后，除当事人另有约定外，有权在其承担保证责任的范围内向债务人追偿，享有债权人对债务人的权利，但是不得损害债权人的利益。

【条文主旨】

本条是关于保证人对债务人追偿权及相关权利的规定。

【条文释义】

一、保证人追偿权的概念和要件

保证人的追偿权，又称保证人的求偿权，是指保证人在承担保证责任后，可以向主债务人请求偿还的权利。保证人承担保证责任，对债权人与保证人之间的关系来说，形式上属于清偿自己的债务，但对主债务人和保证人之间的关系而言，实质上仍然属于清偿他人（主债务人）的债务。于是，自然有保证人承担保证责任后向债务人追偿的必要。

保证人行使追偿权必须具备以下几项要件：

1. 必须是保证人已经对债权人承担了保证责任。所谓对债权人承担了保证责任，包括保证人代债务人向债权人为主债关系中的给付义务的清偿，或向债权人承担损害赔偿责任，保证人向债权人为代物清偿或以物抵债，或抵销，或提存。保证人的追偿，必须限于自己有所给付，致使有偿地消灭主债务人对于债权人的责任。假如自己毫无给付，仅因其尽力致使主债消灭，如说服债权人，使债权人免除主债务人的债务，则不得向主债务人追偿，

2. 必须是主债务人对债权人因保证而免责。如果主债务人的免责不是由保证人承担保证责任的行为引起的，那么保证人就没有追偿权。再者，在保证人的给付额高于主债务人的免责额时，如以价值超过主债务数额之物抵债或者代物清偿，保证人只能就免责额追偿，在保证人的给付额低于主债务人的免责额

时，保证人只能就给付额追偿。

3. 必须是保证人没有赠与的意思。这是保证人的追偿权的消极要件，保证人在行使追偿权时不必就此举证。

二、保证人追偿权的效力

1. 在保证人受主债务人的委托而为保证的效力。如果保证人系基于主债务人的委托而产生的，那么保证人和主债务人之间的关系属于委托合同关系，应适用委托合同规范处理。具体而言，保证人为受托人，他承担保证责任而使主债务人（委托人）免去对债权人的责任，属于处理委托事务。于是，保证人承担保证责任所支付的成本、利息和必要费用均可向主债务人追偿；保证人承担保证责任因不可归责于自己的事由，遭到损害的，可向主债务人请求损害赔偿。不过，保证人不得基于委托合同关系，请求主债务人预付承担保证责任所需必要费用，因为这与保证的目的不合。

保证人接受委托而为保证，基于受托人的地位，承担保证责任应当顾及主债务人的利益，故于其知悉主债务人有权利不发生、权利已经消灭或拒绝给付等各种抗辩或抗辩权时，自应对债权人行使；若不行使，而对债权人承担保证责任的，该项付出不构成委托合同中的必要费用，不得向主债务人追偿。至于保证人不知主债务人享有这些抗辩或抗辩权，向债权人承担保证责任的，仍可认为该项付出系因处理委托事务而支出的必要费用，保证人有权向债务人追偿。不过，保证人如因过失而不知主债务人享有上述抗辩或抗辩权的，以致向债权人承担保证责任的，则应对主债务人因此遭受的损失承担赔偿责任。再者，保证人在向债权人承担保证责任后，怠于通知主债务人，致主债务人因不知其情事而再向债权人为清偿的，应当解释为保证人丧失对主债务人的追偿权。

2. 保证人未受主债务人委托而保证。如果保证人和主债务人之间为无因管理关系，保证人承担保证责任符合法律规定、社会常理及主债务人的正确意见，那么，保证人就此支付的本金、利息和必要费用可请求主债务人偿还，如有损害尚可请求赔偿。加入保证人承担保证责任违反法律规定、社会常理、主债务人的正确意见，那么，保证人就此支付的本金、利息和必要费用虽可向债务人追偿，但也只能在主债务人获得利益的限度内主张。

三、"享有债权人对债务人的权利"的范围

"享有债权人对债务人的权利"的范围主要包括对债务人财产的抵押权等担保物权、迟延利息或者违约金。迟延利息或违约金可以作为保证人享有的债权人对债务人的权利进行主张。第一是因为"债权人对债务人享有的权利"中本身就包含迟延利息和违约金；第二是因为资金占有具有成本，保证人向债权人承担责任后，其资金成本被占用，在没有违反高利贷等强制性规定的情形下，保证人当然可以向债务人主张资金占用成本，也即迟延利息或违约金。

> **第七百零一条** 保证人可以主张债务人对债权人的抗辩。债务人放弃抗辩的，保证人仍有权向债权人主张抗辩。

【条文主旨】

本条是关于保证人享有债务人对债权人抗辩权的规定。

【条文释义】

保证人享有主债务人所享有的抗辩权，是指在主债权人请求保证人承担保证责任时，保证人有权主张主债务人对债权人享有的各项抗辩权，这也是保证从属性的重要体现。

依据本条规定，凡是主债务人所享有的抗辩权，保证人都能主张，这些抗辩包括：主合同未生效的抗辩、主合同无效的抗辩、主合同已经终止的抗辩、主合同已过诉讼时效的抗辩、抵销抗辩以及主债务人享有的各类抗辩权（包括同时履行抗辩权、不安抗辩权和先履行抗辩权）。例如，如果保证所担保的主合同的债权人与债务人之间符合法定的抵销条件，或者双方经过约定形成抵销的合意，则债务人对债权人享有抵销权。在发生抵销的情形时，保证人有权向主债权人主张仅就剩余的债权承担保证责任。

应当指出的是，即使主债务人放弃这些抗辩权，保证人仍然可以主张。这是因为，这些抗辩权既是主债务人享有的抗辩权，也是法律赋予保证人的抗辩权，主债务人放弃此类抗辩权不应当对保证人的抗辩权产生影响。同时，保证人只有通过行使债务人的抗辩权，才能依法保护自己的权益。

> **第七百零二条** 债务人对债权人享有抵销权或者撤销权的，保证人可以在相应范围内拒绝承担保证责任。

【条文主旨】

本条是关于保证人享有债务人对债权人的抵销权或撤销权的相关规定。

【条文释义】

债务人享有对债权人的抵销权或者撤销权，保证人也可以在相应范围内免责。这是保证人所享有的权利之一。本条应与第 701 条作体系解释，都是对保证人权利的具体规定。

保证合同是单务、无偿的合同，保证人对债权人不享有请求给付的权利，所享有的是抗辩权或其他防御性权利，包括如下几种类型：

1. 主张债务人权利的权利。保证具有附从性，因而主债务人对于债权人所有的抗辩或其他类似的权利，保证人均可以主张。（1）关于主债务人的抗辩权。该抗辩权主要有三类：第一，权利未发生的抗辩权。例如，主合同未成立，保证人对此不知情，于此场合，保证人可对债权人主张主债权未成立的抗辩。第二，权利已消灭的抗辩权。例如，主债权因适当履行而消灭。保证人可对债权人主张权利已消灭，拒绝债权人的履行请求。第三，拒绝履行的抗辩权。例如，时效完成的抗辩权、同时履行抗辩权、不安抗辩权、先履行抗辩权等。即使债务人放弃上述抗辩权，保证人也有权主张，因为保证人主张主债务人的抗辩权并非代为主张，而是基于保证人的地位而独立行使。（2）关于主债务人的其他类似权利。这里的其他类似权利包括撤销权和抵销权，在撤销权方面，例如，在主债务人对其主合同有抵销权时，保证人对债权人可以拒绝履行，也就是保证人可以把主债务人的撤销权作为自己抗辩的事由。

2. 基于保证人的地位而特有的抗辩权。基于保证人的地位而特有的抗辩权，在实体法上即先诉抗辩权，一般保证的保证人享有此权。在第 687 条部分对先诉抗辩权有详细阐释，此处不再赘述。

3. 基于一般债务人的地位应有的权利。在保证关系中，保证人是债务人，因而一般债务人应有的权利，保证人也应享有。例如，在保证债务已经单独消灭时，保证人有权主张；在保证债务未届清偿期，保证人有权抗辩；在保证合同不成立、无效或被撤销致使保证债务不存在时，保证人有权拒绝履行保证债务；在保证债务罹于诉讼时效时，保证人亦可拒绝负责。

第十四章 租赁合同

本章共三十二条，主要对租赁合同的概念、租赁合同的主要条款、租赁合同的期限、租赁合同的形式、出租人交付租赁物、对租赁物的维修以及对租赁物的质量和权利的瑕疵担保义务、承租人妥善保管租赁物、按时交纳租金的义务等问题作出了规定。

第七百零三条 租赁合同是出租人将租赁物交付承租人使用、收益，承租人支付租金的合同。

【条文主旨】

本条是关于租赁合同的概念的规定。

【条文释义】

本条规定，租赁合同是出租人将租赁物交付承租人使用、收益，承租人支付租金的合同。从这条规定中可以看出，租赁合同有以下特征：

1. 租赁合同是转移财产使用权的合同。租赁合同是一方当事人（出租人）将租赁物有限期地交给另一方当事人（承租人）使用，承租人按照约定使用该租赁物并获得收益。在租赁的有效期内，承租人可以对租赁物占有、使用、收益，而不能任意处分租赁物。当租赁合同期满，承租人要将租赁物返还出租人。因此，租赁合同只是将租赁物的使用权转让给承租人，而租赁物的所有权或处分权仍属于出租人。租赁合同的这一特征区别于买卖合同和赠与合同。买卖合同是出卖人转移标的物的所有权于买受人的合同。赠与合同是赠与人将自己的财产给予受赠人。这两类合同都是以转移财产的所有权为基本特征的。

2. 承租人取得租赁物的使用权是以支付租金为代价。承租人使用租赁物是为了满足自己的生产或生活需要的，出租人出租租赁物是为了使租赁物的价值得以实现，取得一定的收益。承租人要取得使用权不是无偿的，是要向出租人支付租金的。支付租金是租赁合同的本质特征。这一特征区别于借用合同，借用合同中虽然借用人取得了借用物的使用权，但是借用是无偿的，不须付出任何代价。同时这一特征也区别于借款合同，虽然两者都是有偿的，但借款合同支付的是利息。利息不同于租金，租金双方当事人可以约定，利息在很多情况下是法定的，当事人是不能约定的，即使是自然人之间的借款利息也有一个上限要求，不能放高利贷；租金可以不按租期的时间长短来计算，利息往往是根据借款时间的长短来计算。

3. 租赁合同的标的物是有体物、非消耗物。租赁物必须是有形的财产，这是租赁合同的特征之一。租赁可以是动产，如汽车、机械设备、计算机等，也可以是不动产，如房屋。但无论是动产还是不动产，它们都是有形的，都是能以一定的物质形式表现出来的。无形的财产不能作为租赁的标的物。这是与租赁合同中承租人占有、使用租赁物的特征紧密联系的。非消耗物是指能够多次使用而不改变其形态和基本价值的物。一次性使用的物品或很快就消耗掉的物品不能作为租赁物，如洗涤用品、粮食等，因为这些物品一经使用，就已丧失其自身的价值，甚至物本身已经消失了，根本不可能再要求出租人返还。因此，消耗物不能作为租赁合同的标的物。

4. 租赁合同是双务、有偿的合同。在租赁合同中，出租人和承租人均享有权利和承担义务，出租人须将租赁物交付承租人，并保证租赁物符合约定的使用状态。承租人负有妥善保管租赁物并按约定按期向出租人支付租金。任何一方当事人在享有权利的同时都是以履行一定义务为代价的。因此，租赁合同是双务有偿的合同。它区别于赠与合同，赠与合同在通常情况下一般是单务合同，赠与人向受赠人赠与财物并不以对方承担一定义务为条件。

5. 租赁合同具有临时性。租赁合同是出租人将其财产的使用、收益权能在一定期限内转让给承租人，因为不是所有权的转移，因此，承租人不可能对租赁物永久地使用，物的使用价值也是有一定期限的。各国法律一般都对租赁期限的最长时间有所限制。我国合同法规定，租赁期限最长不能超过 20 年。租赁合同根据租赁的不同可分为动产租赁和不动产租赁，不动产租赁在我国主要指房屋租赁。根据租赁合同是否约定期限可分为定期租赁和不定期租赁。定期租赁关系到租金的交付日期、租赁物返还的日期、合同终止的时间等问题。不定期租赁赋予合同当事人随时解除合同的权利。

租赁合同是在人们的经济生活和日常生活中经常使用的一种合同。它可以在自然人、法人之间调剂余缺，充分发挥物的使用功能，最大限度地使用其价值。通过租赁，承租人与出租人双方的利益可以同时得到满足，因此，租赁是现实经济生活中较为重要的一种经济形式。

目前在我国的经济生活中，有些交易行为，如土地使用权的出让和转让、农村的土地承包经营权、土地使用权的租赁、企业承包租赁经营等形式，是否用本法关于租赁合同的规定加以调整有不同意见。有的人认为，上述几种经营形式从实质上讲是租赁，应该由租赁合同调整；也有人认为要根据不同情况来分析，土地使用权的出让和转让，农村土地承包经营权更多的是对土地的使用权的取得，土地使用权的使用年限最高可达到 70 年，土地承包经营权 30 年不变，它是一种用益物权，各国一般都将这种土地使用权通过物权法来调整。本章规定不适用于土地使用权的出让、转让和农村土地承包经营权。对于国有土地使用权的出租问题，目前我国法律还没有具体规定，只是在少数地区进行试点，它是为了便于各级政府进一步盘活存量用地的一项措施，它还有待于在试行中不断总结经验。

企业的租赁经营合同与本章规定的租赁合同是不同的，表现在：一是企业租赁的当事人一方是企业的所有人或管理人，另一方则是本企业的职工，他们之间本来就有一个内部管理的关系；二是合同订立是以公开招标的形式进行的，有时还须由有关部门批准；三是租赁的标的是整个企业，而不是某一特定的财产，是人财物、产供销、资金、技术、经营等多种因素的综合体，承租人获得的不仅是对财产的使用权，而是一种经营权；四是承租人须以自己的财产向企业提供担保；五是按照合同的要求，合同终止时，企业的价值须大于租赁时的价值。从上述特征中可以看出，本章规定的租赁合同不适用于企业的租赁经营活动。

> **第七百零四条**　租赁合同的内容一般包括租赁物的名称、数量、用途、租赁期限、租金及其支付期限和方式、租赁物维修等条款。

【条文主旨】

本条是关于租赁合同的主要内容的规定。

【条文释义】

租赁合同的内容是指在租赁合同中应当约定哪些条款。由于租赁合同的标的物不同或者租赁期限、租赁方式不同，合同的内容可能也不同，但一些主要条款都是应该具备的。本条的规定是一个指导性条款，是指在一般情况下，租赁合同应当具备的主要条款，包括如下事项：

1. 有关租赁物的条款。租赁物是租赁合同的标的物。租赁合同的当事人订立租赁合同的目的就是要使用租赁物或从他人使用租赁物中获取一定的利益，因此，租赁物是租赁合同的主要条款。有关租赁物的条款涉及这样几个方面：

（1）租赁物的名称。租赁物应以明确的语言加以确定，如汽车，是小轿车还是货车，要约定清楚。对租赁物本身的要求，租赁物应是有体物，非消耗物；应是流通物而不是禁止流通物，禁止流通物不能作为租赁物。如枪支是禁止制造、买卖、销售的，也是不能出租的。租赁物可以是种类物，也可以是特定物，对于种类物，一旦承租人对其选择完毕就已特定化。例如，承租人要租赁一辆汽车，他在出租人处指定了一辆车号为 B93468 白色桑塔纳轿车，这时此辆轿车已特定化，出租人只能将该轿车向承租人交付。租赁物约定明确关系租赁物的交付、合同期限届满承租人返还租赁物、第三人对租赁物主张权利等问题。

（2）租赁物的数量。明确数量，出租人才能准确地履行交付租赁物的义务，它也是租赁期限届满时，承租人返还租赁物时的依据。

（3）租赁物的用途。租赁物的用途关系到承租人如何使用该租赁物，因为承租人负有按照约定使用租赁物的义务，租赁物的用途就必须约定清楚，否则当租赁物损坏时，出租人就难以行使其请求权。租赁物的用途应当根据租赁物本身的性质特征来确定。例如，用于载货的汽车不能用于载人，用于制造精密器件的车床不能用于制造一般的器件。约定租赁物的用途也可以明确承租人对租赁物使用过程中的消耗的责任归属问题。

2. 有关租赁期限的条款。租赁期限关系承租人使用租赁物的时间的长短、支付租金的时间、交还租赁物的时间等。如合同当事人对支付租金的期限没有约定时，可根据租赁期限来确定支付租金的期限。租赁期限的长短由当事人自行约定，但不能超过本章规定的最高期限。租赁期限可以年、月、日、小时计算，要根据承租人的需要来确定。如果当事人对租赁期限没有约定或者约定不明确的，可按照合同法的有关规定来确定。

3. 有关租金的条款。出租人出租租赁物的目的就是收取租金，租金同租赁物一样是租赁合同中必不可少的条款，支付租金是承租人的主要义务，收取租金是出租人的主要权利。租金的多少、租金支付的方式；是人民币支付还是以外汇支付；是现金支付还是支票支付；是直接支付还是邮寄支付；是按月支付还是按年支付；是一次支付，还是分次支付；是预先支付还是事后支付，这些问题都应当在订立合同时约定明确，以避免事后发生争议。同时，这些约定也是合同当事人履行义务和行使权利的依据。

4. 有关租赁物维修的条款。承租人租赁的目的是使用收益，这就要求租赁物的状态必须符合使用的目的，同时，在使用租赁物时必然会有正常的消耗，这就有一个对租赁物的维修问题。对租赁物的维修义务应当由出租人承担，这是出租人在租赁合同中的主要义务。但并不排除在有些租赁合同中承租人负有维修义务。一般有几种情况：一是有些租赁合同，法律就规定承租人负有维修义务。例如，海商法规定，光船租赁由承租人负责维修、保养。有时为了能够对租赁物及时、更好地进行维护，保持其正常的使用功能，合同双方可以约定，维修义务由承租人负责。二是根据商业习惯，租赁物的维修义务由承租人负责。例如，在汽车租赁中，一般都是由承租人负责汽车的维修。三是根据民间习俗，如在我国西南地区的房屋租赁中就有"大修为主，小修为客"的说法和习惯。

除了上述条款外，当事人还可以根据需要订立某些条款，如违约责任、解决争议的方式以及解除合同的条件等都是合同中的重要的条款。

> **第七百零五条** 租赁期限不得超过二十年。超过二十年的，超过部分无效。
>
> 租赁期限届满，当事人可以续订租赁合同；但是，约定的租赁期限自续订之日起不得超过二十年。

【条文主旨】

本条是关于租赁期限的最高限制的规定。

【条文释义】

租赁期限是租赁合同的存续期间，在性质上属于民事法律行为所附的终期。租赁期限一旦届满，租赁合同将失去效力。因此，租赁期限直接关系租赁物的使用和返还时间、租金的收取期限，对合同双方当事人意义重大。

租赁转让的是租赁物的使用权，承租人使用租赁物是为了满足自己生活或经营的需要。承租人一般来说并不想长期占用租赁物，因为这种使用权是以支付租金为代价的，当承租人达到使用收益的目的后，需要将租赁物返还出租人。这里就有个租赁期限的问题。租赁期限的长短由当事人根据其使用租赁物的目的和租赁物的性质自主决定。应当说租赁期太长并不利于当事人权利的实现。因为客观情况总是在不断变化的，特别是不动产，其价格可能会因一个国家的经济形势变化而大起大落。但对此在本法编纂过程中有不同观点认为，租赁期限的最高限制规定阻碍了商业实践的发展和长租交易的进行问题。但若对最长租赁期不加限制，可能会产生如下问题：其一，租赁时间太长，会阻碍对租赁物的改善，不利于资源的有效利用，也对公共利益产生不利影响；其二，超长期租赁容易对租赁物的返还状态问题产生争议，使租赁物使用价值完全丧失；其三，还可能产生租赁权的金融化问题。例如，在城市房地产领域，由于"买卖不破租赁""抵押不破租赁"制度的存在，租赁权被赋予了物权化的效力。超长期租赁关系某种程度上接近于买卖关系。通过这种超长期租赁可能会产生规避限购政策的行为，导致房源集中于大型中介企业，使得租赁市场金融化，不利于对普通承租人利益的保护。考虑到我国经济发展很快，变化也很快，为了更有效地保护租赁合同双方当事人的权益，对租赁期限的最高期限有所限制是有必要的。因此，本法作出了租赁合同的期限最长不得超过20年的规定。

通常情况下，当事人在确定租赁期限长短时，总是要根据租赁物的性质和承租人的使用目的来确定的。在动产租赁中，租赁期限是比较短的，一般都是临时使用。例如，租赁汽车，按照国家有关规定，汽车的使用寿命是10年，双方当事人不可能约定一个租赁期为20年的租赁合同。租赁期限较长的是不动产租赁即房屋租赁。在房屋租赁中，用于承租人居住需要和用于商业性租赁是不一样的。一般来讲，用于居住租赁的承租人希望租期长一些，使这种租赁关系相对稳定一些。商业租赁中，在订立合同时房屋的租价比较低的情况下，承租人就希望将租赁期限订得长一些，租金固定下来；在房屋的租价偏高的时候，出租人就希望租期订得长一些，这样就能保证其得到更多的租金。当双方当事人不能自己寻找一个公平的交点时，法律总是要在利益双方中找出平衡点的。这也是规定最高租赁期限的一个目的。

20 年实际上并不是一个绝对的最高限，因为如果租赁合同双方当事人在 20 年期满时，仍然希望保持租赁关系，可以采取两个办法：一是并不终止原租赁合同，承租人仍然使用租赁物，出租人也不提出任何异议。这时法律规定视为原租赁合同继续有效，但租赁期限为不定期，即双方当事人又形成了一个不定期租赁的关系，如果一方当事人想解除合同随时都可以为之，这种情况被称为合同的"法定更新"。二是双方当事人根据原合同确定的内容再续签一个租赁合同，如果需要较长的租期，当事人仍然可以再订一个租期为 20 年的合同，这种情况被称为"约定更新"。

需要指出的是，本法物权编中土地经营权的出租期限不受本条最长期限的限制，而应受剩余承包期的影响。对土地经营权进行出租流转在性质上与本条中的租赁有所不同。出租的对象并非是作为物的范畴内的土地，不是所有人对其所有物的处分行为，而是承包经营权人对其享有的部分权利的限期转让。由土地承包经营权人从集体所有的土地中获得土地的经营使用权，在此基础上出租行为的期限应当受到土地承包期限的约束。土地承包经营权的客体是耕地、林地、草地，其利用方式和特点决定了需要较长期限才能实现使用收益的目的。规模化经营也可以在更大程度上发挥土地资源的价值。本法第 332 条针对不同性质土地的承包经营权做了不同的最高期限限制，出租土地经营权的最长期限即应由该条规定的范围内剩余承包期来约束。若不加区别地按照 20 年来限制，没有考虑土地性质与利用的特性，将限制土地经营权发挥经济效益，也违背了制度设立的目的。此外，我国农村土地承包法也直接规定农村土地承包经营权可以依法出租，出租的最长期限为承包期的剩余期限，该剩余期限完全可能长于 20 年。依特别法优先于普通法的原则，农村土地承包经营权最长租赁期限也应受农村土地承包法的限制。

第七百零六条　当事人未依照法律、行政法规规定办理租赁合同登记备案手续的，不影响合同的效力。

【条文主旨】

本条是关于租赁合同登记对合同效力影响的规定。

【条文释义】

本条规定中的"法律、行政法规"是指全国人大及其常委会制定的法律和国务院制定的行政法规。对租赁合同进行登记的规定主要体现在房屋租赁关系中，即当事人订立、变更、终止房屋租赁合同，应当向房屋所在地直辖市、市、县人民政府建设（房地产）主管部门办理登记备案。房屋租赁登记的对象是租赁合同的内容及变动情况。

房屋租赁登记的效力影响如何在过去存在争议。城市房地产管理法中规定了房屋租赁需要进行登记备案的要求，但未明确登记的效力影响问题。城市房屋租赁管理办法，曾将"房屋租赁证"作为租赁行为合法有效凭证。但该法仅属于部门规章，且已随新法的出台而废止。《商品房屋租赁管理办法》进一步具体规定登记备案的时间、内容等具体要求及违反规定的相应责任，但仍未就登记对合同效力影响问题作明确规定。租赁权因当事人意思表示而产生，承租人只有请求使用房屋的权利，没有支配的权利，因而具有债权的性质。然而租赁权也具有某些物权特性。买卖、抵押不破租赁制度，赋予租赁权一定的对抗力；承租人在一定条件下可处分租赁权；基于租赁权请求排除妨碍、损害赔偿及承租人享有的优先购买权等。尽管房屋租赁权被赋予物权化的效力，但关于其性质界定问题，自罗马法以来即被认为属于债权。登记主要为不动产物权变动的公示制度，在我国采纳登记要件主义为原则，登记对抗主义为例外，因此登记在物权变动中或为变动的生效要件，或仅对抗第三人的效力。而债权一般是不需要登记的，在租赁合同中要求进行登记备案，其法理依据、制度目的及必要性有进一步明确的空间。

房屋租赁合同的登记制度是为了保障租赁权的稳定性、保护承租人的利益、赋予国家有关部门对房屋租赁行为实施的一种行政管理职能。其设立之初的目的是便于行政机关履行行政许可、行政征收职能，随着社会发展该制度的作用逐渐转变为进行社会管理的手段。除了满足对城市流动人口管理的需要，政府还可以通过租赁登记掌握租赁市场的状况。登记机关对合同的审查，主要是审查合同的主客体是否合法、合同内容是否合法、是否按规定缴纳了税费等。因此登记备案是行政机关的事后审查行为，为了维护公共利益，行政权力采取宏观干预、参与、调控等基本手段以引导民事关系的发展方向是极为必要的，但若将其作为合同生效的要件，则会导致实践中大量租赁合同无效，严重影响交易安全及经济效益。只要租赁合同满足法律规定的合同生效要件，即可产生租赁权。本条规定否认了登记备案作为租赁合同生效要件的观点，确认未登记不影响合同效力。这不仅出于对合同当事人意思自治的尊重，同时也与租赁权的债权性质保持一致。

最高人民法院相关司法解释中规定，法律、行政法规未规定合同登记后生效的，当事人未办理登记手续不影响合同效力。本条即是登记非要件观点在租赁合同范围的具体确认。我国没有将登记备案作为赋予租赁权对抗力的要件。

虽然未经登记对买卖不破租赁是会产生一定影响的，但买受人明知或应当知道承租人的存在时，这一规则仍然适用。这主要是因为我国当前关于租赁合同登记备案制度还不完善，为了保障社会弱势群体的基本居住权利，避免因疏于登记导致相对处于弱势一方承租人的租赁权处于不稳定状态。而在商事领域，承租人租赁房屋的目的不是居住而是经营，不存在保护居住权的问题，该领域内的租赁合同以登记为赋予对抗力的要件更具合理性。尽管在地区的司法实践中，有对登记备案的影响做扩大化规定的趋势，但依据本条法律规定，租赁权物权化的对抗力应当也不受未登记的影响。

然而规定登记备案不影响合同的效力也会造成一系列问题，造成制度实施困境，不利于制度设立目的实现。由于登记备案的行政许可作用消失，不合理的行政收费被取消，其行政监管目的本身已逐步减退。加上不对合同效力有实质影响，实践中当事人缺乏积极登记的动力，除了需要开具发票报销的情况，个人出租房屋进行备案的很少。即使承租人出于抵扣税费的目的要求出租人进行登记，出租人也可能会将其多付出的税费和成本通过租金转嫁于承租人，因此双方进行利益衡量，税费抵扣对促进登记备案的作用有限，行政征税难以起到预期效果。租赁合同的登记备案制度的实施仍存在困境。

> **第七百零七条　租赁期限六个月以上的，应当采用书面形式。当事人未采用书面形式，无法确定租赁期限的，视为不定期租赁。**

【条文主旨】

本条是关于租赁合同形式的规定。

【条文释义】

关于合同形式本法合同编通则部分已作出规定，即当事人订立合同有书面形式、口头形式和其他形式。法律并不特别要求合同当事人采用何种形式订立合同是有效的，但是法律、行政法规规定采用书面形式的，应当采用书面形式。这里的法律不仅指有关的专门的法律，而且也包括合同编分则中规定的对特定合同的特定的书面要求。书面形式可以是合同书、信件等有形表现所载内容的形式，也可以是能随时调查取用的数据电文，如电报、传真、电子邮件等形式。不定期租赁合同最主要指的是在没有约定租赁期限或者租赁期限约定不明，而且在事后也不能够确定租赁期限的租赁合同。不定期租赁应是对双方意思表示不明情形下纠纷解决的一种法律拟制。但此处在租赁合同中的规定，并非必须存在期限不明的情况，而是根据租赁合同的特点，附条件地承认当事人约定的租赁期限。

如前所述，租赁合同需要采取何种形式订立，租赁合同的基本特征是规定本条内容的依据。租赁合同是转让租赁物使用权的合同，出租人转让租赁物的使用权就负有将租赁物交付承租人使用的义务，同时承租人负有在租赁期限届满时返还租赁物的义务，返还的租赁物要符合原状。承租人在使用租赁物时应当按照约定使用，如果对租赁物造成损害要视不同情况承担相应的责任，这些权利义务关系应当明确、具体。在租赁合同中，采用口头形式订立合同有其一定的便利性，如在一些临时使用租赁物的交易中，一名天津的游客到北京临时租一辆自行车游玩，租一架照相机照相，在公园里租游船等，这种临时性使用时间很短，涉及的租金也较少，就不必非要采用书面形式订立合同。但是租赁合同毕竟是出租人所有的或可支配的财产交付于承租人手中，承租人对其占有使用，对出租人来说有丧失租赁物的风险，如果没有采用书面形式订立合同，一旦发生争议，口说无凭，当事人的权利很难得到保护。

本条所称的超过或低于6个月的租赁期限，应指当事人所约定的租赁期限。同一性质的租赁合同，出于当事人的不同目的和需求，订立的期限可能差异较大。若按照合同对象性质不同而进行划分，则一方面可能与当事人的意思相差甚远，造成过于刻板和僵化的判决，另一方面也无法穷尽各类租赁合同的具体情况。为了既便利交易又保证交易安全，本条对租赁合同的形式作了几个层次的规定：

第一，租赁期限不满6个月的租赁合同，可以采用口头形式也可以采用书面形式。这是因为租赁期限较短的合同一般来说租赁物价值不大（当然不排除大型的机械设备），租赁物使用后变化也不大，租金也较少，租赁关系结束的快，证据不易失散。一旦发生纠纷容易分清责任，因此，不必要求当事人非以书面形式订立合同。但对于房屋租赁合同即使租赁期限不满6个月，因房屋的价值较高、租金多，按照我国城市房地产管理法规定，房屋租赁，出租人和承租人应当签订书面租赁合同，并向房产管理部门登记备案。此项规定可以一定程度上弥补短期租赁涉及金额较大情况下形式要件对交易安全的保护问题。

第二，租赁期限在6个月以上的应当采用书面形式。以租赁期限长短来划分是否应当采用书面形式，是考虑到租期长短与合同当事人双方的利益有直接关系，因为租期长的合同往往是租赁物价值较高，租金较多，对租赁物的使用消耗也多一些，如果以书面形式将双方的权利义务规定清楚，在将来发生争议时就有据可查，易于解决纠纷，保护当事人的合法权益。

第三，租赁期限6个月以上的，当事人没有采用书面形式，并非导致合同无效，而是产生约定的期限不予承认的效果。一般规定形式要件的条款，是为了提醒当事人尽到审慎义务，重视合同的订立。因而在法律规定需要以书面形式订立的合同，未采用书面形式的，合同无效。但本条降低了书面形式作为生效要件的影响，无论合同成立后，双方是否履行了主要义务，都承认合同效力。但未采用书面形式的，双方可以随时解除合同。该条的立法的目的是解决长期租赁情形下对期限争议的问题，若否定非书面形式的长期租赁合同的效力，则违背立法初衷。以不定期租赁作为不采用书面形式的后果，促使欲保持交易的稳定性的当事人注重满足订立合同的形式要件。同时，对欲保持交易状态灵活性的当事人给予从合同中摆脱的可能性。

但租赁期6个月以上的合同，若能确定租赁期的应当视为定期合同。在本法制定前，并未规定"无法确定租赁期"的情形下才能视为不定期租赁，因而不采用书面形式的，法律是否应一律将其视为不定期租赁存在争议。对租赁期限的约定，应当由当事人协商。法律一般不应干涉当事人对期限的约定。定期租赁和不定期租赁，其合同的形式和效力等，其在法律规定上有所不同，若一律视为不定期租赁，则过于僵化，有违于合同自由的原则，也不符合民法的诚实信用原则和公平原则。因此，本法作出相应修改。在本条规定中，即使应采用书面形式而未采用，也有可以视为定期租赁的情况。其一，如果租赁合同虽未采用书面形式，但双方当事人对租赁期限无争议的，应为定期租赁。其二，即使双方当事人对租赁期限有争议，但一方如果能举证证明约定有确切的租赁期限的，应为定期租赁。其三，若双方对租赁期限有争议，可以参照510条确定租赁期限，也适用本法第730条关于租赁期限"没有约定或约定不明"情形下的规定。"无法确定"的表述意味着，不仅当事人自身可以对约定期限情况的进行举证证明，司法机关也可以依据法律规定的关于合同约定不明情况下，交易习惯、行业标准等规进行推定。体现了充分保障当事人意思自治，增加了认定为定期合同的可能性，维护交易的稳定性。

> **第七百零八条　出租人应当按照约定将租赁物交付承租人，并在租赁期限内保持租赁物符合约定的用途。**

【条文主旨】

本条是关于出租人交付租赁物的义务和对租赁物的瑕疵担保责任。

【条文释义】

本条规定的是出租人的两项义务：一是交付义务，二是对租赁物的瑕疵担保责任。这两项义务是出租人的重要义务。其他义务如维修义务、出卖租赁物的通知义务等是由这两个义务派生而来。

1. 出租人的交付义务。本条规定，出租人应当按照约定将租赁物交付承租人。所谓交付是将租赁物的转移占有至承租人。因为承租人要取得租赁物的使用权就必须对该租赁物占有，占有是能够使用的前提。因此，承租人有权要求出租人按照约定向其交付租赁物。所谓按照约定交付租赁物，包括按照约定的租赁物的名称、数量、交付方式、时间和地点向承租人交付租赁物。如果租赁物分主物和从物时，在交付主物的同时应将从物一并交付承租人。例如，交付的租赁物为汽车时，在交付汽车的同时应将汽车钥匙一并交给承租人。交付的地点可以是承租人所在地，也可以是出租人所在地。这由合同的履行地点来决定，如一建筑企业租赁塔吊，出租人可将塔吊送到建筑工地，也可以由承租人到出租人处将塔吊拉走。出租人交付的租赁物必须符合合同约定的使用目的。

在交付方式上，根据动产与不动产而有所不同。动产的交付方式包括现实交付与观念交付，若当事人以指示交付或占有改定的形式进行交付，实际上在完成交付时承租人并未取得实际的占有。因此根据立法目的以及租赁合同的特性，即以使用收益为主要目的，此处应做限缩解释，认为若未对交付方式做特别约定，应将动产的占有实际转移才算完成义务。从法条的协调性来看，其后规定瑕疵担保的责任，也是强调在承租人直接占有后可能发生问题的情形，故而不应承认间接占有完成即完成交付义务。但当事人若特别约定，同意出租人以观念交付的任意一种形式完成交付，则应尊重意思自治下当事人的选择。而不动产的交付，如租赁房屋的情形下，考虑到租赁合同的交付主要为满足承租人的使用收益需要，因此应当是出租人为承租人能进行入住所应完成的相应义务。如腾房、交付钥匙等系列行为。

2. 出租人对租赁物的瑕疵担保责任。瑕疵担保责任是买卖合同中的一个重要的法定责任，它是指出卖人就出卖的标的物的瑕疵应承担的责任。包括物的瑕疵担保和权利的瑕疵担保。租赁合同与买卖合同在性质上都属于有偿合同，其合同标的都是特定的物，存在一定的共性。依据本法第 646 条，法律对其他有偿合同没有规定的，可参照买卖合同的有关规定，因此租赁合同可适用买卖合同的相关规定，出租人就租赁标的物负有权利瑕疵担保义务和物的瑕疵担保义务。由于租赁合同转移的是租赁物的使用权，而承租人租赁财产是为了使用和收益，因此，在租赁合同中的物的瑕疵担保责任主要是物的效用的瑕疵担保，同样也存在租赁物存在权利瑕疵影响承租人权利的情形。且实务中将标的物受公法限制认定为物的瑕疵。如租赁房屋为办公之用，但其后得知该房只能用于居住需要，无法获得营业执照，即认为标的物存在瑕疵。

约定的用途，不仅包括租赁物本身的使用功能性用途，同时也应包含依据不同的合同具体目的，当事人所约定的租赁物功能性以外的其他用途。首先出租人应保证租赁物具备应有的使用价值。例如，电脑能够正常地设定程序、进行文字编辑和处理以及上网使用；电冰箱能够正常地制冷起到储藏作用等。其次，若双方约定了租赁物特殊使用目的下的用途，出租人也应尽到相应的瑕疵担保义务。如租赁房屋来存放珍贵艺术品，则若双方有相关约定，则出租人需要对房屋的储存条件如湿度等尽到维护义务。因此在标的物存在轻微瑕疵影响租赁物的使用功能时，可请求出租人进行维修补救等履行修缮义务。同时，由于标的物的用途与合同的订立目的紧密联系，因此对于保持租赁物符合约定用途的语义也未排除标的物，使得租赁物无法满足约定用途，以至于无法实现合同目的。在此种情形中，承租人可适用关于瑕疵担保责任的相关规定请求出租人承担违约责任。一般来讲，承租人订立合同时，知道租赁物有瑕疵的，出租人不负瑕疵担保责任，承租人无权要求出租人进行维修，减少租金或解除合同。我国司法实践中亦承认出租人应对租赁标的在功能上的特别限制负有告知的义务。在特殊情况下，即使承租人知道租赁物有瑕疵，出租人也要负有瑕疵担保责任。即本法第731条的规定，租赁物危及承租人的安全或者健康的，即使承租人订立合同时明知该租赁物质量不合格，承租人仍然可以随时解除合同。

本条规定出租人对租赁物的瑕疵担保责任在合同履行的两个阶段都有要求：一是在租赁物交付时保证交付的租赁物符合约定的用途，具有品质完整的使用价值，使承租人能够正常使用。二是在租赁期限内保持租赁物符合约定的用途。在租赁期限如果租赁物本身出现问题，承租人请求出租人进行维修时，出租人应对其进行及时的维修，以保证承租人的正常使用。出租人如不能及时予以维修，承租人可以自行维修，维修的费用应由出租人负担。因维修租赁物影响承租人使用时，承租人有权请求减少租金或延长租期。

> **第七百零九条** 承租人应当按照约定的方法使用租赁物。对租赁物的使用方法没有约定或者约定不明确，依据本法第五百一十条的规定仍不能确定的，应当根据租赁物的性质使用。

【条文主旨】

本条是关于承租人对租赁物进行使用的义务性规定。

【条文释义】

承租人按约定使用租赁物是承租人的一项义务。承租人租赁该物并占有其主要目的就是使用收益。使用租赁物是承租人在租赁合同中的一项基本权利，但由于承租人对租赁物只是获得使用权和收益权，而并没有所有权，最终还应当将租赁物返还给出租人。因而承租人就有保证租赁物自始至终符合其本身的品质和效用的义务。即该条款在一定程度上限制承租人对租赁物的过度和任意使用，降低出租人转让使用权可能对物造成的风险。由于在物的用途和使用方法上，出租人可以通过与承租人进行事前的商议加以约束，故而体现出所有权的处分效能和支配效能，虽然租赁合同会使所有权人暂时性转让其对所有物的部分权利，但其仍有可以在事前就他人对其物的利用的方式和程度加以限制，以保持所有物的功能效用，同时也体现对当事人的意思自治的尊重。然而租赁物经过使用会产生正常消耗，并且不断折旧，最后丧失其价值。且不同的物因其性质和使用方法的不同其折旧率也不同，因而需要规定承租人应当按照约定的方法或租赁物性质合理使用租赁物的义务。

承租人履行此项义务的条件是：第一，租赁物已由出租人按约定交付承租人，承租人对租赁物已实际占有，因此取得了对该租赁物的使用权。即该项义务产生的前提是承租人已经对租赁物享有实际控制权。第二，出租人交付的租赁物符合约定中的质量、数量、用途的要求，不存在瑕疵。如出租人交付的租赁物本身质量就有问题，即使承租人按照约定使用也会损坏该租赁物，就不能要求承租人对此负责。第三，双方当事人能够约定租赁物的使用方法或者根据租赁物的性质可以确定其方法。如果难以确定其使用方法，很难要求承租人履行此项义务。根据租赁物的性质不同，其使用方法的明确性也有较大差异。若租赁物没有较为稳定一致的使用方法，且无法推知当事人是否就利用方式用途有所约定，则承租人的该项义务落实较为困难。

按约定的方法使用租赁物，首先体现在如果约定租赁物用途的，必须按约定的用途使用租赁物。如合同约定租赁房屋为居住的，承租人就应自己和亲属居住，而不能将该房屋用于商业性使用，如开饭店、开商店。若承租人租赁的用途并非依据租赁物的通常使用性能，则应当在合同中加以约定。本条对约定用途没有范围上的限制，符合法定要求，不违背公序良俗之前提下，当事人如何使用该物属于意思自治的范围之内。如果合同对用途没有作出约定，承租人也不能任意使用。承租人应当同出租人对此再进行协商，如果仍然协商不成，按交易习惯仍不能确定的，就应当按照租赁物的性质使用。所谓租赁物的性质是指租赁物本身的属性，如汽车是用来交通运输的，就不能作为居住场所；挖掘机是用来挖土的，就不能作为交通工具进行客运。也就是该租赁物的核心和本质功能，为通常情形下理性第三人租赁该物可能的用途。物的用途具有多样性，不同的角度可产生不同的用途。具体可按照物的特点分物理特性、功能特性、外观特性等方面，因而具有不同的使用价值。租赁一把小提琴，从使用功能看可用来演奏，从外观特性看也可用于展示、用于画作的对象等。但一般而言，可以明确某一类型的物品最核心和主要的用途。然而此处对其利用性质的解释也不应过于狭窄，在结合核心用途的基础上，也应考虑该用途对租赁物的损耗及出租人的意愿来进行判断。

其次，约定使用方法，还应包含对具体利用方式的约束。也就是在按照约定的用途进行使用情形下，当事人还可就具体的利用方式、利用手段等作出约定限制。如房屋租赁中，承租人按照约定将房屋用于生活居住，但双方还可约定是否对入住人数加以限制、能否对房屋进行装饰装修、是否允许对房屋转租等利用方式的具体内容。租赁车床加工机器零件，就要按约定的使用方法进行。如果合同中没有约定使用方法，也没有约定租赁物的用途时，承租人不能擅自任意使用。承租人如果违反了按约定使用租赁物的义务就要承担相应的违约责任。如租赁物受到损害，就要对出租人赔偿损失，有约定违约金的应当支付违约金，出租人还有权解除合同。

> **第七百一十条**　承租人按照约定的方法或者根据租赁物的性质使用租赁物，致使租赁物受到损耗的，不承担赔偿责任。

【条文主旨】

本条是关于前条承租人义务的延伸规定。

【条文释义】

前条规定承租人应当按照约定的方法或者租赁物的性质使用租赁物，这就要求当事人在订立租赁合同时或者在合同成立后尽量将租赁物的使用方法明确下来，以规范承租人对租赁物的使用。如果承租人按照约定的方法或者租赁物的性质正常使用租赁物，租赁物因使用受到的损耗是一种合理的情况，因为任何物品随着它的使用，其价值都会逐渐变小，只要使用就会有一定的磨损和损耗。例如，一台彩电的显像管的寿命是1万个小时，就意味着只要一开电视，随着时间的运行，彩电的显像管的寿命就会逐渐缩短，直到全部丧失。出租人在出租他的物品时，应当知道其正常损耗的情况，在合同中订立了使用方法，就意味着出租人认可了这种正常的损耗，并且实际上，出租人已把这种折旧的价值打入了租金中，因此，只要承租人按照约定的方法使用租赁物，对租赁物的正常损耗、价值的减少是不承担责任的。

据此对租赁物的使用可能分两种不同具体情况：其一，双方约定的使用方法符合租赁物性质或依据租赁物性质使用租赁物，据此该租赁物的损耗乃正常使用不可避免。即该损耗不因承租人的不同而有所改变增减。这往往是租赁物本身功能性质所导致，即使是耐用品也会有使用寿命限制，因此造成的损耗不可归咎于承租人。其二，当事人约定的使用方法非依据租赁物性质的方法。由于尊重意思自治，则双方可以约定不依据租赁物的性质使用租赁物。尽管此种情况为少数例外，但允许根据当事人意思多样化利用租赁物乃是其物所有人的自由处分权，也是合同的应有之义。在该种情况下，可能会造成租赁物非按照通常使用方式下的额外损耗。但依据本条，应此种损耗依然是按照约定的方法进行所必然产生，则出租人已经允许以该种方式进行，就需要承担额外损耗的后果。

本条所称的"损耗"应当与"损失、损毁"相区分。从语义理解上，损耗应当不包括严重损毁以致毁灭的程度。因此该条与租赁物在租赁期内毁损灭失情形下责任承担与赔偿的问题应当有所区分。其一，租赁物毁损灭失的损害赔偿责任，重点在于因承租人原因造成较大程度的损毁，既包括使用功能的降低、灭失，也包括租赁物本身物理结构的破坏、毁灭。而本条中的消耗，更多强调的是功能价值的减弱、减小。即一般不会对租赁物的存在本身有严重威胁，对合同目的实现的影响也较小。且本条在原来合同法的表述中删去"损害"一词，更体现出本条所称的损耗不包含在损害的范围之内。其二，租赁物毁损灭失的损害赔偿责任往往为过错责任，是由于承租人未尽到妥善保管等注意义务造成的。这种情形下包括因第三人行为造成租赁为的损毁情况。而本条规定中造成租赁物损耗的原因应当是"使用行为"。即在使用租赁物过程中造成的价值减损并非因没尽到其他义务或其他行为导致的。其三，本条所称损耗更强调自然性、合理性。导致租赁物价值减损的情形除不具有程度上的严重性外，也一般不会有发生上的意外性。如果在按约定或依据租赁物性质使用时，发生意外情况导致的价值减损，不应适用本条来讨论是否存在赔偿的问题。

在存在过失造成毁损灭失的情况下，考虑承担赔偿责任的范围问题时，需要将本条所称的损耗予以排除。即由于租赁合同为持续性合同，其签订后往往要保持租赁物由承租人实际占有一段时间。若毁损灭失的发生时在合同签订后较长一段时间，则租赁物已经会产生积累合理损耗。此时，对于过失造成的毁损灭失进行赔偿，则自然合理损耗应当为出租人取得租金所应承担的合理损失，不应包含在赔偿范围内。但由于租赁物毁损、灭失后，租赁物最终停留在非正常损耗的状态之下，因此如何计算相应时间内的合理损耗，还需要结合租赁物的性质、交易习惯、合同约定的适用方式、合同目的等各方面因素予以确定。

第七百一十一条　承租人未按照约定的方法或者未根据租赁物的性质使用租赁物，致使租赁物受到损失的，出租人可以解除合同并请求赔偿损失。

【条文主旨】

本条是关于承租人没有履行按约定方法使用租赁物的义务的法律后果的规定。

【条文释义】

本条是与前条相反的规定，前条是承租人按照约定或者租赁物的性质使用租赁物致使租赁物受到正常损耗的，承租人不承担责任。本条所要解决的问题是，承租人违反约定的方法使用租赁物，使租赁物受到损失的承租人的责任。

未按照约定的方法，既包括合同有约定情形下，未按照租赁合同约定的用途使用租赁物、未按照双方约定的具体使用方式使用租赁物；也包括合同未约定，或约定不明的情形下，未按照依据本法510条确定的使用方法使用租赁物，及无法确定情形下未依据租赁物本身性质使用租赁物的情况。具备其中的情形，即认为承租人对租赁物的损失具有过错，对造成的损失负有赔偿损失的责任。

承租人没有按照约定或者租赁物的性质使用租赁物，使租赁物减少了价值，是一种损失，而不是损耗。损耗是合法的、正常的；损失是非正常的，是由于违约行为造成的。例如，承租人租赁了某一机械设备，按合同约定，该设备在使用了6个小时后，必须关机休息2小时，但承租人为了赶工程进度，或者为了谋取不正当的利益，在使用该设备时连续使用了10个小时，最后该机械设备因使用过度而损坏。这就是一种因违约行为造成的损失，而不是损耗。因为如果按照合同的约定使用6小时，该机械设备是不会发生损害后果的。本条规定的承租人的行为是一种违反义务的行为，由于其违约的行为造成的损害，承租人应当承担相应的赔偿责任。

承租人不按约定的方法使用租赁物，是一种根本违约的行为。按约定或依据租赁物性质进行使用是承租人的一项基本义务，同时对租赁物的使用又是承租人的一项基本权利，权利与义务是相对应的，当事人享权利的同时就相应承担一定的义务。承租人不仅对于自己的违约行为承担违约责任，而且对其允许的同居人和第三人的原因造成的租赁物的损失亦应当承担赔偿责任。因为在承租人未按照约定或依据性质使用租赁物的情形下，具备了承担责任的过错，第三人造成损害的这种情况下，承租人对损害的发生具有可归责的理由。此处的

"致使"损失发生,指的是未按约定或依据性质使用租赁物的行为对损失的产生具有因果关系。损失并非必须承租人直接行为导致的。如当事人约定不可转租,但承租人违反该关于使用方法的约定,转租给第三人,第三人造成了房屋的损失,则承租人对此承担损害赔偿责任。

此处的损失应当包括直接损失和间接损失。直接损失就是指承租人不按约定或未依据租赁物性质使用的行为造成租赁物本身价值减少、灭失或损毁,以及出租人因此所需要增加的支出。间接损失,是指因承租人的行为造成出租人就该租赁物既得利益的减少。承租人造成租赁物灭失的情况下不可逆,但租赁物毁损并非完全不可逆。造成毁损的方式和程度不同,也可能可以先履行一定的修缮义务进行补救。承租人在租赁期限未按照约定或依据租赁物性质使用租赁物,如果在租赁期满前,承租人及时修复,且未对出租人将租赁物正常对外出租造成影响的,出租人不存在租金损失的问题。但是,如果承租人在租赁期满后,仍然拒绝修复租赁物,影响出租人将租赁物正常对外出租的,承租人应当赔偿出租人对租赁物进行维修期间的租金损失。此外,出租人应当在承租人拒绝对租赁物进行修复后的合理期限内及时对租赁物进行修复,如果出租人未在合理期限内及时修复的,无权就因其自身原因导致扩大的租金损失要求承租人赔偿,即出租人的租金损失赔偿范围受到法律规定的减损规则的限制。

本条还规定了出租人对承租人违约行为的救济手段,即可以解除合同并请求赔偿损失。若承租人未履行善用义务,导致损害发生的情况下,根据造成损失的时间点不同,可采取不同救济方式。在租赁期限尚未届满时,出租人有权解除合同并要求承租人赔偿损失;在租赁期限届满时,出租人无须解除合同,可直接要求承租人赔偿损失。这里规定的是出租人可以行使解除权,赋予出租人自主决定的权利。如果出租人还愿意使该租赁合同继续下去,并且承租人的违约行为对租赁物造成的损失并不大,可以采取措施予以挽回,那么出租人可以先阻止承租人的违约行为,承租人予以及时改正的,又对损失进行了及时补救的,出租人也可以不解除合同。但已经造成的损失,承租人应当赔偿。如果承租人经出租人劝阻仍不加改正的,出租人可以单方解除合同,对承租人给出租人造成的损失,出租人可以请求其损害赔偿。

> **第七百一十二条** 出租人应当履行租赁物的维修义务,但是当事人另有约定的除外。

〖条文主旨〗

本条是关于出租人的维修义务的规定。

【条文释义】

出租人的维修义务是出租人对物的瑕疵担保责任中派生的义务。维修义务是指在租赁物出现不符合约定的使用状态时，出租人须对该租赁物进行修理和维护，以保证承租人能够正常使用该租赁物。维修义务也包括对租赁物的正常保养。从性质来看，维修义务既有义务属性也有权利属性。作为租赁物的所有人，尽管租赁期内并未直接占有，出租人对其所有物进行维修以保持其良好状态是应有的一项义务。同时，出租人负有按约定交付租赁物、维持租赁物用途的主给付义务。维修则是其派生的附随义务。但由于其并非主给付义务，所以产生该义务不必然意味着违约责任的产生。之所以原则上由出租人承担维修义务，主要是因为出租人负有使租赁物在租赁期限内保持其约定用途的主给付义务。当租赁物产生需要维修的情形时，承租人也可能主张损害赔偿或解除合同来寻求救济。

承租人使用租赁物就是要使租赁物发挥其效用，以满足自己的需要，这就要求租赁物本身应保持一个良好的状态，具备它本身的性能，发挥它本身的效能，当该租赁物出现妨碍使用的情况时，就要对其进行维修。法律将维修的义务加诸出租人是从租赁合同的特点出发的，一是租赁物的所有人在绝大多数情况下是出租人，出租人要对自己的财产负责，要延长租赁物的使用期，对租赁物进行正常的养护和维修，维护的是自己的利益；二是出租人出租租赁物是为了收取租金，承租人支付出租金是为了使用租赁物，如果租赁物不能使用了，承租人订立合同的目的就不能实现，再让他支付租金是不公平的。因此，各国法律都把对租赁物的维修义务归于出租人一方。出租人的维修义务并不是绝对的、无限的，应当满足如下要件：

其一，有维修的正当理由，即限于租赁物本身的缺陷造成，对承租人增添于租赁物的缺陷无维修的义务。出租人的维修义务一般是在承租人按约定正常使用租赁物的情况下出现的租赁物的损耗或者是由租赁物的性质所要求的对租赁物的正常的维护，如果是因为承租人的保管使用不善，造成租赁物损坏时，出租人不负有维修的义务。如承租人租赁一架塔吊，因自己安装不符合要求出现了问题，不能使用，就要由承租人自己负责重新进行安装。

其二，须租赁物有维修的必要。有维修的必要是指租赁物已出现影响正常使用、发挥效用的情况，不进行维修就不能使用，出租人应对租赁物进行及时的维修，以保证其正常使用。

其三，须租赁物有维修的可能。有维修的可能是指租赁物损坏后能够将其修好以恢复或达到损坏前的状态。维修不能，包括事实不能与经济不能。前者是指维修在技术上或物理上不可能，如承租人承租的房屋倒塌；后者是指维修在事实上虽然可能，但在经济上则耗费过大，致使维修几乎等同于重建或者无法期待出租人维修。经济不能最直观的表现就是，维修所获效果显然不足以弥补修缮费用。无论事实不能还是经济不能出租人皆无维修义务。此时出租人的维修义务就转化为承担一定的民事责任的义务，如减少租金等。

其四，当事人无相反的约定。基于租赁合同债权相对性，尊重当事人意思自治，允许当事人对维修义务的分配作出约定，即另有约定时也存在承租人承担维修义务的情况。

出租人的维修义务是需要承租人的协助来履行的。由于租赁期内，租赁物往往由承租人实际占有，其对租赁物的状况最为了解。当需要维修的情形出现，承租人需要将相关情形通知出租人。若承租人未进行通知，则出租人的维修义务难以实施。

法律虽然规定了在一般情况下出租人负有维修义务。但并非在所有的情况下维修的义务都由出租人承担。排除出租人维修义务的情况有几种：其一，法律、行政法规规定，由承租人承担维修义务的。如我国海商法规定，在光船租赁中，由承租人负责维修保养。有的国家的法律规定，在房屋租赁中，有些小的维修义务由承租人承担，如《法国民法典》就规定在房屋租赁中，承租人应当负担的修缮义务有：房间内的一部分破碎地砖的修补、窗户玻璃的修补、门锁的修缮等。《意大利民法典》规定，由房客负担的小修缮是属于因使用所引起的损坏。其二，双方约定维修义务由承租人负担。其三，依当地习惯或商业习惯。如在汽车租赁中对汽车的维修义务一般都由承租人负担。再如前面曾提到的在我国民间实行的房屋租赁"大修为主，小修为客"的习俗。

> **第七百一十三条** 承租人在租赁物需要维修时可以请求出租人在合理期限内维修。出租人未履行维修义务的，承租人可以自行维修，维修费用由出租人负担。因维修租赁物影响承租人使用的，应当相应减少租金或者延长租期。
>
> 因承租人的过错致使租赁物需要维修的，出租人不承担前款规定的维修义务。

【条文主旨】

本条是关于出租人维修义务的补充规定。

【条文释义】

出租人负有保持租赁物适于使用、收益状态的义务，在租赁物存在瑕疵或被毁损的情况下，出租人应当承担维修义务，但是当事人另有约定的除外。出租人履行维修义务，可以由出租人主动作出，也可以由承租人提出。承租人请求出租人履行维修义务的，以租赁物有维修的必要及维修的可能为要件。租赁物有维修的必要是指租赁物发生毁损等情事，如不维修将致使承租人对租赁物不能为使用、收益或不能圆满地为使用、收益，如出租的房屋因时日长久，遇雨渗漏，承租人无法居住等情形。并非一切与交付时不一致的状态都有维修的必要，租赁物虽有瑕疵，但不妨碍使用、收益的，则无维修的必要。租赁物是否具有维修的可能，不仅应以物理上或技术上是否可能作为判断标准，还应以社会一般观念或经济上的意义加以决定。因此，事实上不能维修；虽能维修，但维修已不能使租赁物恢复至适用于合同约定的使用、收益状态；虽能维修，但维修本身耗费过巨，而效果显然不足以弥补维修费用；维修无异于新造或重大改造等情形，均可视为维修不能。租赁物有维修的必要及可能时，承租人可以向出租人发出维修的请求，催告出租人在合理的期限内对租赁物进行维修。该合理期限应当根据租赁物的损坏程度、承租人需要维修的紧迫程度以及出租人的维修能力等具体情况确定。出租人应当在承租人提出的合理期限内履行对租赁物的维修义务，以满足承租人使用租赁物的需求。

出租人无正当理由在催告确定的合理期限内没有对租赁物进行维修的，构成不履行维修义务，承租人可以自行修理。由于维修租赁物是出租人的义务，出租人未尽其义务，由承租人代为履行的，由此支出的费用应当由出租人负担，承租人已经垫付的，有权要求出租人偿还，或要求抵扣租金。同时，出租人不履行维修义务，任凭租赁物部分或全部毁损、灭失，致使承租人无法实现合同目的，构成根本违约，承租人可依据本法的有关规定，解除合同并请求出租人承担违约责任。

> **第七百一十四条　承租人应当妥善保管租赁物，因保管不善造成租赁物毁损、灭失的，应当承担赔偿责任。**

〖条文主旨〗

本条是关于承租人妥善保管租赁物的义务的规定。

〖条文释义〗

妥善保管租赁物也是承租人的主要义务之一。保管的义务源自于承租人对租赁物享有的占有和使用权，租赁物的所有权并不归属于承租人，出租人的财产在承租人的占有、使用之下，由此产生了承租人的保管义务。一方面，妥善保管租赁物有利于承租人在租赁期限对租赁物的充分使用，另一方面，承租人在使用完毕后要将租赁物返还出租人，返还时的租赁物应当符合租赁物在使用前的状态或者性能。承租人的保管义务应包括以下几个内容：

1. 按照约定的方式或者租赁物的性质所要求的方法保管租赁物。如租的是机器设备，就应将其放置在厂房里，而不应露天摆放。租赁物是电脑的，在使用后关掉电源开关等。

2. 按照租赁物的使用状况进行正常的维护。很多租赁物需要对其经常进行保养维护，如果不进行经常的维护，就难以保证正常的运转。例如，汽车应当经常加机油，经常进行保养，才能保证正常使用。对于租赁物正常维护的费用有两类：一是为维护租赁物的使用收益能力所支付的费用，如机器设备上的润滑油，汽车使用的汽油、机油等，这部分费用一般应由承租人负担；二是为了维持租赁物使用收益状态所支出的费用，如房屋的维修费用、汽车换胎的费用、机器设备更换零部件的费用等，应当由出租人负担。

3. 通知和协助。租赁期限内，租赁物有瑕疵并影响承租人正常使用时，承租人应及时通知出租人，并采取积极措施防止损坏的扩大。有时租赁物发生故障来不及要求出租人维修，如果承租人有能力，也有可能先行对其进行维修，承租人应当先行维修，维修的费用由承租人先垫付，之后可向出租人追偿或者在租金里扣除。承租人绝不能因维修义务应由出租人负担，就对租赁物坐视不管，这样就没有尽到善良管理人的义务。

承租人如果没有对租赁物尽到上述妥善保管的义务，造成租赁物毁损、灭失的，应当承担损害赔偿责任。

与承租人共同生活或经承租人允许而对租赁物进行使用、收益的第三人，对租赁物同样应以善良管理人的注意承担保管义务，违反该项义务致使租赁物毁损、灭失的，应当承担侵权责任。不过，由于此类第三人使用、收益租赁物的行为是基于承租人的允许而进行，承租人对此应当负责，承担违约责任。从出租人的角度观察，此时构成人的请求权竞合；对承租人而言，此时承担不真正连带债务，损坏租赁物的第三人为终局责任人。承租人就第三人毁损、灭失租赁物而向出租人承担违约责任后，有权向该第三人追偿。

> **第七百一十五条** 承租人经出租人同意，可以对租赁物进行改善或者增设他物。
>
> 承租人未经出租人同意，对租赁物进行改善或者增设他物的，出租人可以请求承租人恢复原状或者赔偿损失。

【条文主旨】

本条是关于承租人对租赁物进行改善或增设他物的规定。

【条文释义】

所谓改善是指对租赁物并不改变其外观形状，而是对其性能进行改良。如租用的汽车由原来的化油器改装为电喷的，使汽车的性能更符合环保的要求。所谓增设他物，也叫添附，是指在原有的租赁物上又添加另外的物，如在汽车上安装音响设备、在房屋里安装空调等就是添附。

有时，承租人为了使租赁物充分有效地发挥作用，需要对租赁物进行改善或者添附，但承租人对租赁物只是享有占有、使用的权利，而不具有处分权，因此，他不能擅自在租赁物上进行拆改或者添附。承租人需要对租赁物进行改善或者添附时，须先同出租人协商，在征得出租人的同意后方能对租赁物进行改善或添附。如对租赁的房屋进行装修、为租用的汽车安装防盗器等。

承租人在征得出租人同意后对租赁物进行改善或者增设他物的，使其使用效用和本身的价值增加了，在租赁的有效期限内是不成问题的，但如果租赁期限届满，承租人须将租赁物返还出租人时就有一个与原租赁物的状况发生变化如何处理的问题，一般应遵循这样的规则：

1. 可以要求出租人偿还由于改善或增设他物使租赁物的价值增加的那部分费用。但仅限于合同终止时租赁物增加的价值额，而不能以承租人实际支付的数额为准。

2. 对于增设他物的，如果可以拆除并不影响租赁物的原状，承租人最好拆除，承租人也有权拆除。一般来说，出租人不希望承租人对租赁物进行添附，因为这种添附增加了价值，出租人是要有所付出的。因此，增设物能拆除的，承租人尽量拆除。例如，承租人在租赁房屋内安装的空调，就可以拆除，但拆除后应当将安装处修复至原来的状态。如果出租人对增加物表示可以不拆除并愿意支付增加的费用的，也可以不必拆除。

承租人未经出租人同意对租赁物进行改善、增设他物的，承租人不但不能要求出租人返还所支付的费用，反过来出租人可以要求承租人恢复原状或者赔偿损失。

> 第七百一十六条　承租人经出租人同意，可以将租赁物转租给第三人。承租人转租的，承租人与出租人之间的租赁合同继续有效；第三人造成租赁物损失的，承租人应当赔偿损失。
>
> 承租人未经出租人同意转租的，出租人可以解除合同。

【条文主旨】

本条是关于承租人对租赁物的转租的规定。

【条文释义】

转租，是指承租人将租赁物转让给第三人使用、收益，承租人与第三人形成新的租赁合同关系，而承租人与出租人的租赁关系继续合法有效的一种交易形式。承租人是否有对租赁物的转租的权利，大致有三种类型：第一种类型是未经出租人同意不得将租赁物转租给第三人。采取这种规定的理由是，租赁物的所有权不属于承租人，承租人无权处分租赁物，如果他要处分须经有处分权的人同意，这是交易的最基本的条件，也是为了保护交易安全。因为无处分权的民事行为是一种效力待定的行为，它的效力是不确定的，一旦有处分权人予以否认，该行为立即归于无效，因此，允许承租人随意转租，既不利于保护出租人的利益，也不利于保护第三人的利益。第二种类型是承租人能否转租，因区分动产租赁和不动产租赁而不同，动产租赁的转租须经出租人同意，不动产租赁则另有规定。采用这一规定的理由是，动产租赁中的转让须经出租人同意是因为动产有流动性，一旦转移于他人之处，出租人无法对其了解和控制。而不动产租赁中，不动产是不能移动的，能够在出租人的视线范围内，出租人可以根据次承租人对租赁物使用的状况进行监督，所以可以不经出租人同意。第三种类型是规定除了当事人有不得转租的权利，但租赁契约有禁止的约定者，不在此限。采用这种规定的理由是，租赁合同并不以转移标的物所有权为内容，也并不以出租人对租赁物有所有权为必要。所以承租人可以将租赁物转租他人，除非当事人事先约定不准转租。

本法采用的是第一种类型，这是因为在我国实践中，尤其是在房屋租赁市场，有人为了牟取暴利，将租来的房屋层层转租，致使住房的租金过高，侵害了房屋所有人的利益，也不符合习近平总书记在党的十九大报告中所强调的"房子是用来住的，不是用来炒的"这一定位。为了规范上述现象，本条规定，承租人将租赁物转租他人的，必须经出租人同意。

转租包括经出租人同意和未经出租人同意两种情况：

1. 经出租人同意的转租。经出租人同意的转租包括两种情形：一是在租赁合同订立时明确约定承租人有权出租租赁物；二是在租赁期限内承租人征得出租人同意将租赁物转租。根据本法第 718 条的规定，承租人事前未经出租人同意，事后出租人知道或者应当知道，但是在 6 个月内未提出异议的，也可以视为经出租人同意的转租。

经出租人同意的转租是有效的，但由于在同一租赁物上出现了三个当事人、两个合同关系，即出租人、承租人、第三人也可称为次承租人，这三人之间的法律关系必须明确。按照本条的规定经过转租的租赁合同关系当事人的关系应为：第一，出租人与承租人之间的关系不因转租而受影响，继续有效，承租人仍然应向出租人承担支付租金、在租赁期限届满时返还租赁物的义务。因次承租人的行为造成租赁物损失的，承租人仍然要对出租人负责。第二，虽然次承租人与出租人之间没有合同关系，次承租人可以直接向出租人支付租金，出租人不得拒绝。第三，在租赁合同终止或者被解除时，承租人与次承租人之间的租赁关系也随之终止。因为这个次承租合同的订立是以前一个租赁合同为基础的。

2. 未经出租人同意的转租。本条规定，未经出租人同意转租的，出租人可以解除合同。因为承租人未经出租人同意擅自将租赁物转租他人，直接破坏了出租人对承租人的信任，也直接损害了出租人对租赁物的所有权或处分权，同时造成多层次的对租赁物的占有关系，增加了出租人要求返还租赁物的困难或使出租物的毁损程度加重，所以出租人有权解除合同。

> **第七百一十七条**　承租人经出租人同意将租赁物转租给第三人，转租期限超过承租人剩余租赁期限的，超过部分的约定对出租人不具有法律约束力，但是出租人与承租人另有约定的除外。

〖条文主旨〗

本条是关于转租期限的规定。

〖条文释义〗

承租人经出租人同意将租赁物转租给第三人后，出租人与承租人的原租赁合同仍然有效，承租人同样需要承担原租赁合同中约定的权利义务；转租人（承租人）与次承租人之间的按照新租赁合同中的约定行使自己的权利义务。原则上，根据"一方不能把自己不享有的权利转给第三方"的法理，转租合同中对次承租人权利的约定不能超过原租赁合同中的承租人所享有的权利。

转租合同中，对于超过原租赁合同权利的部分是否有效，学界大致存在两种观点：绝对无效说和相对无效说。绝对无效说认为超过承租人所享有的权利进行违法转租的合同无效或部分无效，认为违法转租行为违背了出租人的利益，客观上加大了出租人的监督成本，因此在法律上规定违法转租的合同无效有利于实现对承租人的震慑和对出租人利益的保护。

本条规定采用相对无效说，规定转租合同中约定的转租期限超过承租人剩余租赁期限的，该约定只要不存在本法规定的无效事由即为有效，次承租人也因此取得相应权利，但该权利仅对出租人不产生法律约束力。原租赁合同期限届满后，出租人可以要求次承租人限期返还租赁物，次承租人则可依据转租合同的约定向承租人主张违约责任。

> **第七百一十八条** 出租人知道或者应当知道承租人转租，但是在六个月内未提出异议的，视为出租人同意转租。

【条文主旨】

本条是关于出租人同意转租的规定。

【条文释义】

出租人同意承租人转租后，将对出租人、承租人和次承租人都产生一定的法律后果，因此出租人将该同意的意思表示于外的行为，属于意思表示。根据本法第 140 条的规定，行为人可以明示或者默示作出意思表示。沉默只有在有法律规定、当事人约定或者符合当事人之间的交易习惯时，才可以视为意思表示。所谓明示的意思表示，就是行为人以作为的方式使得相对人能够直接了解到意思表示的内容。以明示方式作出的意思表示具有直接、明确、不易产生纠纷等特征。所以实践中，明示的意思表示是运用得最为广泛的一种形式。比较典型的是表意人采用口头、书面方式直接向相对人作出的意思表示。所谓默示的意思表示，是指行为人虽没有以语言或文字等明示方式作出意思表示，但以行为的方式作出了意思表示。这种方式虽不如明示方式那么直接表达出意思表示的内容，但通过其行为可以推定出其作出一定的意思表示。例如，某人向自动售货机投入货币的行为即可推断其作出了购买物品的意思表示。又比如某人乘坐无人售票的公交车时，其投币行为就可以视为其具有缔结运输合同的意思表示。意思表示原则上都需要以明示或者默示的方式作出。但是在现实生活中也会出现一种特殊情形，即行为人作出意思表示时既无语言等明示方式，也无行为等默示方式，在一定条件下仍可视为意思表示。这种情形就是以沉默的方式作出的意思表示。沉默是一种既无语言表示也无行为表示的纯粹的缄默，是一种完全的不作为，从法学理论上讲和比较法上来看，原则上纯粹的不作为不能视为当事人有意思表示，只有在有法律规定、当事人约定或者符合当事人之间的交易习惯时，才可以视为意思表示。本条规定的出租人明知承租人转租，但在 6 个月内不提出任何异议的不作为，就是一项法律关于沉默的意思表示的特殊规定。

在房屋租赁关系的基础是出租人对承租人的了解和信任。如果承租人擅自转租，不仅会破坏出租人对承租人的信任，而且还将减弱出租人对租赁物的控制，增加租赁物被毁损以及不能收取租金的风险，因此本法规定承租人转租应当经过出租人的同意或追认。但是，如果出租人明知承租人转租的事实，却不明确表示追认或提出异议，将使承租人和次承租人的利益长期陷入不稳定状态，不利于社会的和谐、稳定和发展。同时也要考虑到，租赁物在租赁期限内完全处于承租人的实际控制下，出租人往往难以及时发现租赁物被违法转租的事实。对于价值较高的租赁物，出租人往往还需要考察次承租人的资质、能力和背景等方能作出是否同意转租的决定。基于此，本条规定赋予了出租人一定的期限，即自知道或应当知道承租人转租的事实之日起 6 个月。在 6 个月内未提出异议的，视为出租人同意转租。

> **第七百一十九条**　承租人拖欠租金的，次承租人可以代承租人支付其欠付的租金和违约金，但是转租合同对出租人不具有法律约束力的除外。
>
> 次承租人代为支付的租金和违约金，可以充抵次承租人应当向承租人支付的租金；超出其应付的租金数额的，可以向承租人追偿。

〖条文主旨〗

本条是关于次承租人的代为清偿权的规定。

〖条文释义〗

承租人经出租人同意转租的，承租人与次承租人之间形成新的租赁关系，而出租人与承租人之间的原租赁关系不受影响，继续合法有效。根据严格的合同的相对性原则，承租人向出租人承担支付租金的义务，次承租人向承租人承担支付租金的义务。次承租人与出租人之间不存在合同关系，故而次承租人本不应向出租人支付租金。但是，本法第 524 条第 1 款规定："债务人不履行债务，第三人对履行该债务具有合法利益的，第三人有权向债权人代为履行；但是，根据债务性质、按照当事人约定或者法律规定只能由债务人履行的除外。"也就是说，第三人对债之履行有利害关系时，无须债务人或债权人的同意即可代为履行债务，债权人不得拒绝。这一规定是由债权的财产性决定的，债权人要满足其债权，没有必要必须限于债务人本人作出履行，只要给付可以满足债权的财产价值即可。

由于在承租人无正当理由未支付或者延迟支付租金时，出租人享有法定解除合同的权利，因此次承租人对租赁物的占有、使用和收益的权利是否能够得到保障完全取决于承租人对出租人义务的履行，此时次承租人承担着过大的风险。承租人是否向出租人履行支付租金的义务，直接关系着次承租人对租赁物的占有、使用和收益，出租人因承租人未支付租金而解除与承租人订立的租赁合同后，要求收回租赁房屋，这对次承租人于占有物的继续使用造成了障碍，也妨碍了合同目的的实现。出租人解除合同后收回租赁房屋对次承租人有权占有并使用该租赁房屋形成了利害关系，即次承租人对该债务的履行具有"合法利益"，应解释于第三人清偿范围内。并且租金属于金钱之债，不具有只能由承租人履行的性质，因此次承租人有权向出租人代为履行，出租人不得拒绝。因此，次承租人代为支付承租人拖欠的租金和违约金的行为，属于第三人清偿之债的具体类型。

实际上，法定解除权的设置主要在于维护出租人在租赁合同中的重大利益，即保障出租人能够如约收取租金，因而本条规定由完全具备支付能力的次承租人代为支付，不仅可以增加次承租人权利的稳定性，增强对出租人收取租金的权利的保障，还可以防止出租人和承租人恶意串通损害次承租人的利益。

根据本法第524条第2款的规定，债权人接受第三人履行后，其对债务人的债权转让给第三人，但是债务人和第三人另有约定的除外。次承租人代向出租人支付承租人拖欠租金和违约金后，依据债权转让规则，出租人对承租人的租金债权转让给次承租人，次承租人应当通知承租人，次承租人可以要求承租人减少租金、在承租人的剩余租赁期限内延长租期或要求承租人偿还该租金和违约金。

当然，未经出租人同意转租的，在租赁合同未解除的情况下，转租合同对出租人不具有法律约束力。第三人对租赁物的占有属于无权占有，作为所有权人的出租人有权随时要求该第三人返还租赁物，故该第三人对租赁物并不具有合法权利，对该租金债务的履行不具有"合法利益"，出租人有权拒绝其代为履行的请求。

> **第七百二十条** 在租赁期限内因占有、使用租赁物获得的收益，归承租人所有，但是当事人另有约定的除外。

【条文主旨】

本条是关于租赁物的收益归属的规定。

【条文释义】

本条中的收益是指承租人因占有、使用租赁物而获得的效益。收益包括两类：一类是因为占有租赁物而产生的收益；另一类是使用租赁物而产生的收益，如承租人从房屋租赁的转租中收取的超额租金，承租人租用汽车经营货物运输获得的收益等。除当事人在合同中另有约定外，租赁期限内承租人占有使用租赁物获得的收益归承租人所有。这样规定是由租赁合同的性质决定的。租赁合同是出租人将租赁物交付承租人使用、收益，承租人支付租金的合同，承租人不仅享有租赁物的使用权，还包括收益权。在有些情况下，承租人重视的是租赁物的使用价值，租赁本身并不产生收益，如承租人为居住而租赁房屋、家具等；但在有些情况下，承租人租赁的直接目的就在于收益，如为生产经营租赁机器设备、租赁房屋等。在意大利民法中专门规定了一类叫作产生孳息的物品租赁，即是以动产或不动产生孳息的物品为租赁的标的物的。承租人对租赁物的使用是以支付租金为代价的，所以就其租赁物的占有、使用而获得的收益，应当享有所有权。

> **第七百二十一条**　承租人应当按照约定的期限支付租金。对支付租金的期限没有约定或者约定不明确，依据本法第五百一十条的规定仍不能确定，租赁期限不满一年的，应当在租赁期限届满时支付；租赁期限一年以上的，应当在每届满一年时支付，剩余期限不满一年的，应当在租赁期限届满时支付。

【条文主旨】

本条是关于租金支付期限的规定。

【条文释义】

支付租金是承租人的主要义务。租金支付期限是出租人能够及时收取租金的依据。为避免合同履行中发生纠纷，一般租赁合同中应明确约定租金支付期限。租金的支付期限是合同的主要条款，关系租金支付的时间，当事人在合同中应当尽量约定明确。租金的支付期限可以按年、月、日计算，也可以按小时计算。租金的支付可以是一次支付，也可以是分期支付；一次支付可以是事前支付，也可以在租赁期限届满之后一次支付，这些都由双方当事人在合同中约定。当事人应当严格按照合同约定的期限支付租金。

在实际生活中，一些当事人在订立合同时由于种种原因，未约定租金支付期限或约定得不明确，给合同的履行带来了一定的困难，这就需要当事人进行进一步的协商，如果能够达成补充协议，承租人应当按照补充协议中约定的支付期限支付租金。如果不能达成补充协议，且依据合同的有关条款和交易习惯也不能确定的，按照本条的规定可依据下述方法确定支付期限：

1. 租赁期限不满 1 年的，租金应当在租赁期限届满时支付。如当事人在租赁合同中约定租期为 6 个月，则承租人应当在 6 个月届满时支付全部租金。

2. 租赁期限 1 年以上的，应当在每届满 1 年时支付，剩余期限不满 1 年的，应当在租赁期限届满时支付。如当事人在 2005 年 5 月订立了一个房屋租赁合同，租期为 4 年 6 个月，承租人就应在今后 4 年的每年 5 月向出租人支付租金，到 2009 年 5 月为第 4 年时，租期还有 6 个月，最后一次租金的支付时间应为 2009 年 11 月。

> **第七百二十二条** 承租人无正当理由未支付或者迟延支付租金的，出租人可以请求承租人在合理期限内支付；承租人逾期不支付的，出租人可以解除合同。

〖条文主旨〗

本条是关于承租人违反支付租金义务的法律后果的规定。

〖条文释义〗

承租人应当按照合同约定的时间、金额、方式向出租人支付租金，这是因为承租人取得租赁物的使用权是以支付租金为代价的。出租人出租租赁物的目的就是收取租金，承租人能按时足额支付租金，出租人通过让渡财产使用权而获得租金收入的合法权利才能得到保障。

本条规定，承租人在租赁期限内无正当理由不得拒付和迟延支付租金。所谓正当理由包括几种情况：一是不可抗力或意外事件，使租赁物部分或者全部毁损、灭失的，承租人已无法对租赁物使用、收益，承租人可以请求不支付租金；二是因出租人没有履行义务，如交付的租赁物不符合约定的使用要求；在租赁期限内租赁物出现质量问题，出租人不尽维修义务的；三是因承租人本身发生一些意外事件致使其暂时无力支付租金。例如，用于居住的房屋租赁的承租人因生重病住院，经济上出现暂时困难，无力支付到期租金。在这种情况下，可以请求出租人适当延缓交付。

承租人无正当理由未支付或迟延支付租金的是一种违约行为，当然要承担一定的违约责任。承租人不支付租金虽然是一种根本违约行为，但出租人并不一定要马上解除合同，为了保持合同的稳定性，可以给承租人对违约的补救机会。因此，本条规定，出租人通知承租人，要求其在合理的期限内支付。该合理期限应当根据到期租金的数额、承租人的支付能力以及出租人的经济状况等因素来确定。承租人经催告后在合理的期限内仍不支付租金的，出租人可以解除合同。对迟延交付租金的，各国法律一般都规定出租人的一个催告时间，在经催告后承租人仍不交付的，出租人可以解除合同。

租赁合同被解除后，租赁期限尚未届满的，合同终止履行，承租人应返还租赁物，承租人欠付的租金以及对出租人造成的损害，应当进行清算。

> **第七百二十三条**　因第三人主张权利，致使承租人不能对租赁物使用、收益的，承租人可以请求减少租金或者不支付租金。
>
> 第三人主张权利的，承租人应当及时通知出租人。

〖条文主旨〗

本条是关于出租人的权利瑕疵担保责任的规定。

〖条文释义〗

所谓出租人的权利瑕疵担保，是指出租人担保第三人不能就租赁物主张任何权利。权利瑕疵担保责任是指当第三人对租赁物主张权利时，出租人所应承担的责任。权利瑕疵担保责任的构成要件为：第一，权利瑕疵在合同成立时已存在；第二，相对人不知有权利瑕疵的存在，如果在订立合同时相对人明知行为人对该物无处分权而与之订立合同，相对人不能作为善意相对人而享受对对方权利的瑕疵担保的要求；第三，权利瑕疵在合同成立后仍未能排除，如果在合同成立时，虽有权利瑕疵，但在合同成立后，行为人取得了该物的处分权，则应视为权利瑕疵已经除去。

出租人承担权利瑕疵担保责任的条件为：

1. 因第三人向承租人主张权利。第三人主张权利可以是第三人作为租赁物的所有人主张出租人对租赁物无处分权，该租赁合同无效；也可以是作为租赁物的抵押权人，在义务人不履行义务，要求实现其抵押权。在这种情况下，势必影响承租人对租赁物的使用、收益。

2. 第三人主张权利妨碍承租人对租赁物的使用和收益。如第三人主张抵押权的实现时，因其涉及对租赁物实体的处置，则会妨碍承租人对租赁物的使用。

3. 承租人在订立合同时不知有权利瑕疵，如承租人在订立合同时明知出租人对该租赁物没有处分权，而自愿承担第三人主张权利的风险，出租人不负瑕疵担保责任。

在第三人主张权利时，除出租人已经知道第三人主张权利外，承租人应当及时通知出租人，如承租人怠于通知致使出租人能够救济而未能及时救济的，则出租人对承租人的损失不负赔偿责任。承租人及时通知出租人，出租人对第三人主张权利不能排除的，承租人事实上对租赁物已无法使用、收益，这时，承租人有权请求减少租金或不支付租金。

> **第七百二十四条** 有下列情形之一，非因承租人原因致使租赁物无法使用的，承租人可以解除合同：
> （一）租赁物被司法机关或者行政机关依法查封、扣押；
> （二）租赁物权属有争议；
> （三）租赁物具有违反法律、行政法规关于使用条件的强制性规定情形。

【条文主旨】

本条是关于非因承租人原因致使租赁物无法使用时承租人的请求权的规定。

【条文释义】

根据解除权行使主体不同分为承租人享有法定解除权和出租人享有法定解除权的情形，本条规定的是承租人享有法定解除权的情形。综合本法的相关规定，承租人享有法定解除的情形如下：一是因不可抗力致使不能实现合同目的的；二是出租人未按约定交付租赁物，经承租人催告在合理期限内仍拒不交付租赁物的；三是因不可归责于承租人的事由致使租赁物部分或全部毁损、灭失，致使合同目的不能实现的；四是不定期租赁，承租人有权随时解除合同；五是租赁物危及承租人安全或健康的，即使承租人订立合同时明知该租赁物质量不合格，承租人仍有权随时解除合同；六是司法机关或者行政机关依法查封租赁房屋导致承租人不能使用的；七是租赁物权属有争议导致承租人不能使用的；

八是不符合建筑法、消防法等法律关于房屋使用条件的强制性规定并导致承租人不能使用的；九是一物数租之有效合同不能实际履行的。

在出现租赁房屋被司法机关或者行政机关依法查封、权属有争议，或者具有违反法律、行政法规（主要包括违反建筑法、消防法等）关于房屋使用条件强制性规定情况任何一种情形时，承租人的合同解除权并非任意的，还须具备一个必要前提，即该情形的出现导致"租赁房屋无法使用"。所谓"无法使用"是指无法按照租赁房屋的约定用途使用，或者无法按照租赁房屋的性质使用。

当租赁物是房屋时，司法机关对房屋的查封，实务中有"活封"和"死封"之分，其中"死封"是指房屋被查封后不仅其处分权受到限制，而且丧失了使用、管理权，权利人只有妥善保管的义务；而"活封"则相反，房屋被查封后，权利人仍享有对房屋的使用、管理和收益权，仅处分权受限。实践中，租赁房屋被查封，如果是由于出租人的原因，承租人在要求解除合同的同时也可要求出租人赔偿损失；如果是由于承租人的原因，出租人因此遭受损失的，出租人除了可以提起反诉要求承租人赔偿损失以外，也可另行起诉要求承租人赔偿损失。当租赁物是动产时，查封、扣押动产的，人民法院可以直接控制该项财产。人民法院将查封、扣押的动产交付其他人控制的，应当在该动产上加贴封条或者采取其他足以公示查封、扣押的适当方式。

当租赁物的权属存在争议时，意味着出租人可能不是租赁物的所有权人，即使租赁合同可以拘束名义上的出租人，但是无法拘束真正的所有权人。尽管也存在可能出租人是真正的所有权人，但是也许承租人不想冒这个险，因此法律上应允许其合理规避风险，解除合同。

> **第七百二十五条** 租赁物在承租人按照租赁合同占有期限内发生所有权变动的，不影响租赁合同的效力。

〖条文主旨〗

本条是关于买卖不破租赁的规定。

〖条文释义〗

本条的规定体现了租赁权的物权化。所谓物权化，是指在承租人依据租赁合同占有租赁物期限内，承租人对租赁物的占有使用可以对抗第三人，即使是该租赁物所有权人或享有其他物权的人也不例外。

本条主要规定的是租赁物的所有权发生变动时，租赁合同的效力问题。在租赁合同中有一个基本的制度叫"买卖不破租赁"。买卖不破租赁，是指当出租人在租赁合同有效期内将租赁物的所有权转让给第三人时，租赁合同对新所有人有效。

合同法第 229 条中对买卖不破租赁作出规定："租赁物在租赁期间发生所有权变动的，不影响租赁合同的效力。"但该条规定存在一个重大问题，即租赁合同的真实签订时间难以确定，司法实践中出现了大量的倒签租赁合同去损害房屋买受人（所有权人）利益的情形，所以以以租赁合同签订的时间点来确认承租人和所有权人的权利何者优先会存在极大的道德风险，引发司法实践中的诸多问题。

所以为了避免这一问题的发生，本法对这一问题进行了修改，修改的核心在于使买卖不破租赁规则中租赁的时间点显形化，必须是一个有对外公示可能性的时间点。但在处理这一问题时候引发了争议，争议点在于租赁合同对外公示的时间点到底以何种规则确定，立法过程中存在两种观点：第一种方案是以承租人占有使用租赁物的时间点作为租赁合同对外公示的起算点，第二种方案是以我国正在推行中的房屋租赁备案登记为起算点。这两种方法都能解决前述问题，第二种方案更便于确认时间点，相比第一种方案来说登记的时点更易于确认。但假如采用第二种方案会使得我国司法实践面临难题，即现阶段我国绝大部分房屋租赁都未进行备案登记。如果在本法中直接采用第二种方案将会导致我国现阶段绝大部分承租人不再受"买卖不破租赁"规则的保护，如此则担心引发社会问题。虽然本法为了优化营商环境，在融资租赁、所有权保留等环节中都引入了登记，但那些环节中要求进行登记的主体都是商人，如果在"买卖不破租赁"规则中也引入登记，可能会对普通百姓造成过重的负担。经过平衡取舍后，选择了相对折中的方案，即前述第一种方案。

这一改动实际上也间接对房屋买受人提出了一个新的要求，即在签订买卖合同之前实地调查房屋的实际占有使用状况，否则其权利就有可能被在先占有适用的租赁期所限制。这一选择固然增加了买受人的调查成本，但也表现出房屋更强的住宅属性，而非金融属性，这和"房子是用来住的，不是用来炒的"的定位也是相符的。

买卖不破租赁并不限于出租人出售租赁物的行为，还应包括赠与以及遗赠、互易甚至将租赁物作为合伙投资等情况，上述情况都会涉及租赁物的所有权变动问题。本条规定中"不影响租赁合同的效力"是指承租人依据租赁合同占有期限内发生所有权变动后，其设定在该租赁物上的租赁权仍然存在，承租人与受让人之间无须另行订立租赁合同，受让人在受让该租赁物的所有权时就与承租人产生了租赁合同关系，成为一个新的出租人，继承原出租人的权利和义务，受让人要受该租赁合同的约束。如果出租人没有将所有权变动的事项通知承租人，承租人向原出租人支付的租金效力及于受让人。

特别需要指出的是，本条规定与物权编第 405 条"抵押不破租赁"规则形成呼应，两者按同一思路修改。

> 第七百二十六条 出租人出卖租赁房屋的，应当在出卖之前的合理期限内通知承租人，承租人享有以同等条件优先购买的权利；但是，房屋按份共有人行使优先购买权或者出租人将房屋出卖给近亲属的除外。
>
> 出租人履行通知义务后，承租人在十五日内未明确表示购买的，视为承租人放弃优先购买权。

〖条文主旨〗

本条是关于房屋租赁的承租人对租赁的房屋行使优先购买权的规定。

〖条文释义〗

优先购买权，是指民事主体在特定买卖的同等条件下，依法享有优先于他人购买财产的权利。实践中其主要包括以下几种类型，共有人的优先购买权、专利委托人及合作人的优先购买权、公司股东的优先购买权以及房屋承租人优先购买权等。由此可见，房屋承租人优先购买权是优先购买权中的一种。承租人的优先购买权则是指承租人在出租人出卖租赁物时，在同等条件下优先购买该租赁物的权利。根据本条规定，明确表明了房屋承租人优先购买权的权利主体是特定的人，即租赁了房屋的承租人，权利客体是承租人所租赁的房屋，行使权利的时间是在承租人知道出租人向外出售其所租赁的房屋之时。

优先购买权的基本特征是：第一，房屋承租人享有的优先购买权具有法定性。房屋承租人优先购买权是本条赋予房屋承租人在一定条件下通过主张该权利来实现在同等条件下优先购买该租赁房屋的利益，是一项法定的权利，由法律直接规定的。第二，它是承租人所享有的对出租人出卖房屋的请求权，因此，出租人出卖租赁的房屋时必须及时通知承租人。这种请求权是一种请求债权，不是直接对物享有权利，也不能直接对抗第三人，优先权行使前不影响出卖人与其他人进行协商。第三，其行使对象具有特定性：其一，房屋承租人只能针对其所租赁的房屋行使优先购买权，不延伸至出租人出租的其他房屋；其二，房屋承租人只能向房屋租赁关系中相对方，即房屋出租人主张该项权利，且不能对抗已经取得该租赁房屋所有权的善意第三人；其三，它是专属于承租人的权利，这种优先权不能通过转让或者继承转移至他人。第四，房屋承租人优先购买权是一种具有限制性的权利。在民事法律关系中，权利与义务两者对立统一、不可分离，在房屋租赁关系中亦不例外。优先购买权在赋予房屋承租人权利的同时，也给房屋出租人设定了义务，也即对其在同等条件下选择房屋买受人的自由进行了限制。另外，为了均衡保护房屋承租人的合法利益，房屋承租人须在同等条件下以及一定期限内行使优先购买权。

承租人优先购买权的适用条件包括以下几个方面：

1. 存在合法有效的房屋租赁合同关系。也即两者之间的房屋租赁合同依法成立并生效。根据本法对合同成立的相关规定，房屋租赁合同依法成立并生效一般需要满足以下几个条件：其一，房屋租赁合同签订时，房屋出租人与承租人均属于完全民事行为能力人；其二，房屋出租人有权出租该房屋，且该房屋不属于未经政府建设行政相关部门批准或未按照其批准范围所建设的临时建筑、不属于未取得建设工程规划许可证或未按照该许可证规划而建立的房屋，如果房屋出租人在法院一审庭审辩论之前能够补正上述批准、获得或者变更建设许可证，则仍然将该房屋视为可出租房屋；其三，房屋租赁合同的内容系房屋出租人及承租人真实的意思表示，且合同内容不属于本法规定的无效情形。在审查房屋租赁合同是否成立并有效时，除了对房屋租赁合同进行外观形式审查之外，还需要对双方当事人之间是否存在房屋租赁意思表示进行审查，双方当事人之间并不存在真实的房屋租赁意思表示，则双方之间不存在房屋租赁关系，此种情形下房屋租赁合同中的承租人并不当然享有在同等条件下对该租赁房屋的优先购买权。此外，实践中存在房屋出租人与多个承租人签订房屋租赁合同的"一房数签"情况。在此种情况下，只要不存在合同无效的情形，房屋出租人与承租人之间房屋租赁合同均有效。但并非所有承租人均享有出租人出售房屋时以同等条件优先购买的权利，承租人优先购买权应由实际房屋承租人享有，而不能取得租赁房屋的承租人要求房屋出租人按照租赁合同约定承担违约损害赔偿责任，而不得主张优先购买权。

2. 在同等条件下行使。所谓同等条件，是指承租人与其他购买人在买卖条件上等同，要综合考虑价格的多少、付款期限的长短、一次付清还是分期付款、有无担保等因素。在非同等条件下，承租人不能享有优先购买权。房屋承租人优先购买权制度的初衷是在不损害房屋出租人实质利益的情况下，维护承租人居住或生产经营的稳定。

3. 必须在一定期限内行使。如果出租人通知承租人将要出卖租赁的房屋，并提出了一定的期限，而承租人在合理期限内没有购买的意思表示，优先购买权丧失。这说明承租人并不想购买该房屋，也就没有保护的必要了。对承租人优先购买权的行使期限加以限制是基于促进经济正常运转、交易安全的同时，以保护出租人和承租人双方各自利益为考虑。

同时，本条也规定了房屋承租人优先购买权行使的限制情形：

1. 共有人的优先购买权与承租人优先购买权行使的竞合。共有分为按份共有和共同共有，在共同共有关系中，房屋出租人未经全体共有人同意不得出售该共有房屋，共同共有人无行使优先购买权的必要。而在按份共有关系中，若房屋出租人所占份额超过 2/3，则其有权决定出售该共有房屋，此时必然会对其他按份共有人的利益造成一定影响。同时，依据本法物权编第 305 条规定，按份共有人在同等条件下也享有优先购买权。从表面上看，似乎有可能出现同一标的物上承租人的优先购买权和按份共有人的优先购买权的冲突。但是仔细分析会发现，两种优先购买权针对的标的物是不同的。按份共有人的优先购买权针对的是其他共有人的共有份额；而承租人的优先购买权针对的是租赁标的物本身。所以实际上，二者并不会真正发生冲突。当涉及按份共有人的优先购买权时，此时讨论的是份额买卖问题，根本就不会触发承租人的优先购买权。当然，仅从结果上看，确实是按份共有人的优先购买权可以优先行使。本条将按份共有人行使优先购买权作为承租人行使优先购买权的例外，直接在条文文字层面点明此点，从而避免实践中引发不必要的争议。

2. 近亲属之间的房屋买卖具有浓厚的人情色彩，与纯粹的买卖关系有很大区别。我国是亲情和人情关系极为浓厚的熟人社会，在社会主义市场经济往来中，人们既注重经济效益，也注重人与人之间的情感关系，出租人将租赁房屋出售给近亲属时同样也会夹杂这种情感关系，其与纯粹意义上的买卖关系之间存在区别，主要体现在低于正常价格出售房屋、延长交易付款期限等，其无法作为承租人优先购买权行使的同等条件。故本条确认出租人将租赁房屋出卖给近亲属的，承租人不得主张优先购买权。

承租人享有优先购买权就要求出租人在出卖租赁房屋时应当在出卖之前的合理期限内通知承租人，给承租人考虑是否购买该房屋的时间。承租人在接到通知后应及时答复，若承租人接到通知后 15 日内未明确表示购买的，则自动丧失优先购买权，这是基于不动产交易秩序和交易安全所作的考虑。

> **第七百二十七条** 出租人委托拍卖人拍卖租赁房屋的，应当在拍卖五日前通知承租人。承租人未参加拍卖的，视为放弃优先购买权。

【条文主旨】

本条是关于承租人优先购买权程序性保障的规定。

【条文释义】

拍卖的特质导致其与承租人的优先购买权存在一定冲突，由于优先购买权，有一定的优先效力，在拍卖程序亦不例外。《最高人民法院关于人民法院民事执行中拍卖、变卖财产的规定》第16条第1款规定："拍卖过程中，有最高应价时，优先购买权人可以表示以该最高价买受，如无更高应价，则拍归优先购买权人；如有更高应价，而优先购买权人不作表示的，则拍归该应价最高的竞买人。"此所谓"跟价法"。

在拍卖负担有优先购买权的租赁房屋时一般遵循如下程序：

1. 拍卖通知，出租人在拍卖5日前以书面或者其他能够确认收悉的适当方式，通知优先购买权人于拍卖日到场。

2. 优先购买权人应按照拍卖通知或拍卖公告的要求，与其他竞买人一样进行竞买登记、缴纳竞买保证金，在拍卖日到场参加竞拍。

3. 举牌应价，若优先购买权人在出现最高应价时表示以该最高价买受，如无更高应价，则拍归优先购买权人；若优先购买权人未作出以该价格购买的意思表示，则拍卖房屋由最高应价人购买。

本条规定一方面对承租人优先购买权进行程序性保障，保证其在房屋拍卖的情况下正常行使优先购买权，同时又通过对承租人优先购买权的限制以避免因承租人怠于行使优先购买权而降低房屋交易的效率，同时能够减少或避免房价波动给出租人造成的损失。

> **第七百二十八条** 出租人未通知承租人或者有其他妨害承租人行使优先购买权情形的，承租人可以请求出租人承担赔偿责任。但是，出租人与第三人订立的房屋买卖合同的效力不受影响。

【条文主旨】

本条是关于出租人妨害承租人行使优先购买权的法律后果的规定。

【条文释义】

关于优先购买权性质的认定，理论上一直存在分歧。主要有以下四种观点：第一，附条件的形成权说。该说认为优先权就其性质来说属于形成权。优先购买权无论是法定还是约定的，性质上都属于形成权，权利人可以依单方之意思表示，形成与义务人将租赁房屋出卖给第三人的以同样条件为内容的合同，而无须义务人（出卖人）的承诺。但该项形成权附有停止条件，即只有在义务人出卖租赁房屋于第三人时，权利人才行使。第二，期待权说。该说认为，在出租人未出卖租赁房屋时，优先购买权人的权利尚未现实化，只处于期待权状态。但若出租人出卖租赁房屋于第三人时，优先购买权人可以行使权利，期待权即可获得实现。第三，请求权说。请求权说认为优先购买权是权利人对出卖人享有的买卖合同订立请求权。在权利人行使优先购买权时，买卖合同的成立尚须出卖人的承诺。有观点进一步将请求权说概括为附强制缔约义务的请求权。该说认为，在出卖人违反义务将租赁房屋出卖给第三人时，承租人可以诉请公权力介入，强迫该出卖人对其作出承诺的意思表示。换言之，出租人对于承租人购买租赁房屋的请求负有强制承诺的义务。第四，在德国民法理论上，部分学者主张将依优先购买权形成的合同解释为附双重条件的买卖合同。具体而言，第一个条件是出卖人与第三人缔结买卖合同；第二个条件是优先购买权人表示行使权利。还有学者认为，优先购买权行使是对起初内容并不确定的、长期并且附条件的买卖要约的承诺，换言之，优先购买权人借行使该权利，对出卖人的要约予以承诺。

本条采纳了请求权说的观点，理由在于：第一，承租人所享有的对抗第三人的效力是有限的，因为其毕竟不是物权，不能直接产生对抗第三人的效力。尤其是在第三人是善意的情况下，采形成权说对于第三人的保护极为不利。第二，如果认可其为形成权，则实际上给出卖人强加了一种就合同的内容必须作出承诺的义务，这和强制缔约没有本质差异。此种观点显然给出租人施加了不合理的义务，且与出租人所享有的所有权存在冲突，如此甚至将导致优先购买权具有优于所有权的效力。第三，从我国司法实践经验来看，并没有承认其为形成权，侵害优先购买权的后果只是赔偿损失，而不是要直接在出租人和承租人之间形成合同关系。所以，优先购买权的实质就是法律赋予承租人享有的、在出租人出卖房屋时优先于其他人定约的请求权。第四，承租人已经享有本法第725条赋予的"买卖不破租赁"的权利以及第734条优先承租权，此时若再设立一个物权性的优先购买权会导致出租人和承租人之间保护的失衡。

而在侵害优先购买权的情况下，究竟应当产生何种效力，理论上也存在两种不同的观点：一是无效说，此种观点认为，承租人可以请求转让合同无效，要求将已经转让出去的应有份额归于自己。根据《最高人民法院关于贯彻执行〈中华人民共和国民法通则〉若干问题的意见（试行）》第118条（已失效）规定："……出租人未按此规定出卖房屋的，承租人可以请求人民法院宣告该房屋买卖无效。"显然，该意见采纳无效说。二是损害赔偿说，此种观点认为，在优先购买权受到侵害的情况下，不应当确定转让合同无效，而应当由优先购买权人请求出租人承担损害赔偿责任。但关于优先购买权人请求赔偿的依据和范围，存在不同的看法。有人认为，应基于缔约过失责任，赔偿优先购买权人的费用损失。也有人认为，应当基于违约责任，赔偿优先购买权人的利润损失。

本条规定采纳了损害赔偿说，理由主要在于：一方面，无效说增加了交易成本。房屋所有人已经与第三人就房屋买卖达成了协议，并支出了交易成本，如果宣告合同无效，可能导致财富的浪费。另一方面，无效说不符合鼓励交易原则。如果认定买卖合同无效，就导致恢复原状等后果，不符合效率原则，也与合同法鼓励交易的宗旨不符。从房屋买卖市场看，只要承租人可以证明损失存在，通过赔偿其损失，就足以保障其权益，而不必使其获得特定的房屋。不过，如果承租人确有足够证据证明买受人与出租人恶意串通，则可以按照合同无效的相关规定主张合同无效。另外，此处所说的赔偿的范围是实际损失，即优先购买权人要获得类似房屋所多支出的价款损失，以及在购买房屋过程中支出的费用损失。这些损失都是因为出租人侵害承租人优先购买权而造成的，所以出租人应当赔偿。

> **第七百二十九条** 因不可归责于承租人的事由，致使租赁物部分或者全部毁损、灭失的，承租人可以请求减少租金或者不支付租金；因租赁物部分或者全部毁损、灭失，致使不能实现合同目的的，承租人可以解除合同。

〖条文主旨〗

本条是关于租赁物发生毁损、灭失时承租人的请求权的规定。

〖条文释义〗

本条规定的是在承租人已尽了善良管理人的义务的情况下，由于其他原因，造成租赁物的毁损、灭失的，承租人享有何种权利。

不可归责于承租人的事由有下列几种情况：

1. 因不可抗力的原因造成租赁物毁损、灭失的。不可抗力的条件是不能预见、不能避免，并且不能克服。如承租人租赁房屋的，由于发生洪水，大水冲进房屋，使屋内的墙皮脱落，这种损坏是承租人难以克服的。按照本法的规定，不可抗力是免责的事由，因此，在出现不可抗力时，租赁物毁损、灭失，承租人不承担责任。

2. 因意外事件造成租赁物毁损灭失的。例如，承租人租用汽车在路上正常行驶，被一辆违反交通规则的汽车撞坏，经过认定承租人本人无过错，汽车的损害是由于第三人的违反交通规则的行为造成的。

3. 因出租人不履行义务造成租赁物毁损灭失的。例如，承租人租赁的房屋，由于雨季下雨太多出现屋顶漏雨，承租人要求出租人进行维修，但出租人迟迟不予维修，最后导致房屋倒塌。倒塌的原因就是出租人没有对房屋进行及时的维修。

上述前两种情况，不可抗力和意外事件都是租赁合同双方当事人都无过错，既不可归责于承租人，也不可归责于出租人，而出现了租赁物毁损、灭失的情况。在这种情况下，应当维护哪一方当事人的利益，是法律所要解决的问题。按照民法上的一般原则，对物的风险责任是以谁享有所有权为标准的，即所有权人承担对物的毁损、灭失的风险。本法在买卖合同中规定了买卖合同标的物的风险责任交付后转移至买受人的一般原则。在租赁合同中，多数情况下，出租人是租赁物的所有人至少是可以支配租赁物的人，当发生不可归责于双方当事人的事由的情况，租赁物毁损、灭失，这个风险责任应当由出租人来承担。

在第三种情况下，由于出租人有过错，造成租赁物的毁损、灭失，当然应当由其承担损失的责任。

在上述三种情况下，由于承租人对租赁物已不能使用或使用的效能受到了影响，本条规定承租人可行使以下权利：

1. 要求减少租金或不支付租金。减少租金一般适用于租赁物部分毁损，但还能够使用，或者是承租人已经支付了部分租金，租赁物全部毁损、灭失，已支付的租金不再返还，未支付的租金不再支付。不支付租金一般是指租赁物虽然部分毁损，但已失去其效用或者租赁物全部毁损、灭失，承租人已不能使用该租赁物，当然可以要求不支付租金。不支付租金的法律后果实际上是合同已不可能履行，当承租人不支付租金时，如果出租人同意，合同实际上是协议解除，合同终止。

2. 解除合同。解除合同的条件是不能实现合同目的。这里规定的解除条件比本法第563条规定的"因不可抗力致使不能实现合同目的"的范围要宽。即使不是不可抗力，只要承租人没有过错，租赁物毁损、灭失，实际上已经不可能再履行合同了，这时承租人可以行使解除权。这种解除权不同于上面所说的协议解除，它是法定解除，也不是请求权，而是一种形成权，即承租人主张解除合同的，只要通知到达出租人，合同即行解除，如果出租人对此有异议，提请诉讼或仲裁，人民法院或者仲裁机构也只是对承租人行使解除权的效力进行确认。

> **第七百三十条** 当事人对租赁期限没有约定或者约定不明确，依据本法第五百一十条的规定仍不能确定的，视为不定期租赁；当事人可以随时解除合同，但是应当在合理期限之前通知对方。

【条文主旨】

本条是关于租赁期限没有约定或者约定不明确时的法律后果的规定。

【条文释义】

租赁合同是出租人与承租人之间定期或者不定期地转移租赁物的占有权、使用权的合同。从是否约定了租赁期限来看，租赁合同分为定期租赁合同和不定期租赁合同两种。定期租赁合同的当事人在合同中约定了租赁期限，合同于约定的租赁期限届满时终止。一般租赁合同都要明确规定租赁期限，以便确定租赁价值的回收、租金构成等问题。

租赁合同当事人也可以不约定期限，这就是不定期租赁合同。与约定有期限的租赁合同相比，未约定期限或者约定期限不明确的合同在履行时有一定困难，容易酿成纠纷。根据本条规定，当事人对租赁期限没有约定或者约定不明确时，应首先依照本法第510条的规定进行协议补充，即由出租人和承租人就租赁期限进行再磋商，如果能够达成协议，合同即按照补充协议的期限履行。仍不能达成补充协议的，则依照合同有关条款或者交易习惯加以确定。如果合同双方当事人既不能就租赁期限达成补充协议，又不能根据合同条款或者交易习惯加以确定，只要出租人没有收回租赁物的意思，同时也没有收回行为并且继续收取租金的，就表明租赁关系仍然存在，但这时的租赁视为不定期租赁，双方当事人可以随时解除合同。如果承租人在使用租赁物后已达到了其预期目的，同时履行了其义务，可以提出终止合同的履行；如果出租人对租赁物有客观原因需要利用，而非出于其他恶意，可以在保障承租人利益不受损害的情况下，收回租赁物。但出租人解除合同时，应依诚信原则，在一个合理期限之前通知承租人。

> **第七百三十一条** 租赁物危及承租人的安全或者健康的，即使承租人订立合同时明知该租赁物质量不合格，承租人仍然可以随时解除合同。

【条文主旨】

本条是关于租赁物质量不合格时承租人的解除权的规定。

【条文释义】

租赁合同为有偿合同，在各国法上一般都规定，对于租赁合同准用买卖合同的有关规定，租赁合同的出租人如同买卖合同的出卖人一样，对租赁物负有瑕疵担保责任。出租人的瑕疵担保责任包括物的瑕疵担保责任（也称质量瑕疵担保责任）和权利瑕疵担保责任。出租人的权利瑕疵担保，是指出租人应担保不因第三人对承租人主张权利而使承租人不能为使用收益。出租人的物的瑕疵担保是指出租人应担保所交付的租赁物能够为承租人依约正常使用收益。构成出租人的物的瑕疵担保责任的条件有两个：

1. 租赁物有瑕疵。租赁物有瑕疵亦即标的物的品质或者数量不符合约定的标准，或者不符合标的物的通常使用状态。租赁物无论是在交付前还是于交付后发生瑕疵的，出租人均负有瑕疵担保责任。

2. 承租人于合同订立时不知租赁物有瑕疵，也不存在可以免除出租人责任的情形。

但是，为保证承租人一方的人身安全或者健康，许多国家和地区的法律规定第 2 项条件不适用于房屋租赁。之所以这样规定，是因为房屋为重要的不动产，各国立法对不动产租赁都有特别规定。同时，由于房屋是一种非常特殊的商品，尤其是住房，它用于满足公民"住"这一基本生活需要。对于住房租赁予以特别的法律调整，有利于稳定社会秩序和安定人民生活。因此，在住房租赁中，出租人对于房屋的质量应负严格的产品责任，也就是说，只要房屋的质量不合格，危及承租人的人身安全或者健康时，无论承租人在订立合同时知道与否，承租人均有权随时解除合同。我国在制定合同法时，扩大了这一原则的适用范围。该原则不仅适用于房屋租赁，还适用于所有租赁物。根据本条规定，租赁物危及承租人的安全或者健康的，即使承租人订立合同时明知该租赁物质量不合格，承租人仍然可以随时解除合同。

> **第七百三十二条**　承租人在房屋租赁期限内死亡的，与其生前共同居住的人或者共同经营人可以按照原租赁合同租赁该房屋。

【条文主旨】

本条是关于房屋承租人死亡时的法律后果的规定。

【条文释义】

房屋租赁合同是以房屋为租赁物的租赁合同，是指出租人和承租人之间关于出租人将房屋交付承租人使用，承租人支付租金并于合同终止时将租用的房屋返还出租人的协议。

房屋为重要的不动产，它既可以作为生产资料，又可以作为生活资料。作为生活资料，房屋是满足公民"住"这一基本生活需要的物质条件，从而住房租赁也就成为解决公民居住条件的重要法律手段。"住"一般是以户为单位的，所以，虽然承租人为一人，也会有其他共同居住人的利益。因此在调整租赁关系时，不能不考虑承租人死亡后其他共同居住人的居住利益。在住房租赁中，承租人取得的只是房屋使用权，原则上其承租权不得继承。承租人死亡后，生前未与其共同生活的亲属或者法定继承人，如果确须继续租用住房的，享有优先承租权，可以与出租人另行签订房屋租赁合同。但是，在租赁期限内，与承租人共同居住的人有在租赁的房屋内居住的权利，出租人不得干涉。承租人死亡后，生前与承租人共同居住的人可以继续租赁原住房，但应与出租人办理续租手续，变更承租人。承租人死亡后无共同居住之人的，租赁关系终止。原共同居住之人另有住房的，也可以终止租赁关系。

> **第七百三十三条　租赁期限届满，承租人应当返还租赁物。返还的租赁物应当符合按照约定或者根据租赁物的性质使用后的状态。**

〖条文主旨〗

本条是关于租赁期限届满承租人返还租赁物的规定。

〖条文释义〗

租赁期限届满，承租人应向出租人返还租赁物，这是租赁合同中承租人的一项主要义务，它主要包括以下三方面的内容：

1. 承租人应于租赁关系终止时向出租人返还租赁物。租赁关系终止的原因多种多样。一般情况下，租赁期限届满，租赁关系即终止。但也可因当事人一方行使解除或者终止合同的权利，或者因其他原因而终止。在租赁关系终止时，只要租赁物还存在，承租人就应当返还原租赁物；只有当租赁物不存在时，承租人才不负返还义务。例如，在租赁物灭失的情况下，租赁关系也当然终止，但承租人无返还租赁物的义务。如果租赁物系承租人的原因而灭失的，承租人应负损害赔偿责任；租赁物非因承租人的原因灭失的，承租人不负责任。

2. 承租人返还的租赁物应当符合按照约定或者租赁物的性质使用后的状态。由于租赁合同是转让财产使用权的合同，标的物所有权并不发生转移，承租人于租赁期限届满须返还原租赁物，从本质上讲，承租人应在不消费租赁物的条件下达到使用目的，所以租赁物应当是有体物、非消费物。所谓有体物，一般是指有一定形状，能够为人们视觉、感觉所认知的物，而且应是不易腐烂、变质、消化、消灭其价值的非消费物。只有这样，才能体现其作为租赁物的价值，否则，看不见、摸不着或者一经使用就消失殆尽的物，将无以体现财产租赁合同的使用权转让属性。但在特殊情况下，消费物也可以成为租赁物，但以承租人以非消费方式使用租赁物为限，如租赁食品供展览之用。因此，原则上讲，只要承租人返还的租赁物符合合同约定状态，或者符合承租人正常使用收益后合理损耗的状态，其返还义务的履行就是适当的。承租人未经出租人同意对租赁物改建、改装或者增加附着物的，于返还租赁物时应当恢复原状；如果承租人的行为是经出租人同意的，承租人可以不恢复原状，并可以在现有增加价值的范围内向出租人请求偿还费用。

3. 租赁期限届满，承租人应当及时向出租人返还租赁物。合同期限届满，双方当事人的权利义务关系即告终止，承租人即无权再继续使用租赁物，故应及时返还租赁物。承租人不及时返还租赁物，应负违约责任，出租人既可以基于租赁关系要求承租人返还，也可以基于所有权要求承租人返还，因为租赁关系终止后，承租人已没有占有租赁物的合法依据。承租人不仅应当支付逾期返还租赁物的租金，偿还违约金或赔偿损失，还应承担租赁物逾期返还期间意外灭失的风险。

> **第七百三十四条** 租赁期限届满，承租人继续使用租赁物，出租人没有提出异议的，原租赁合同继续有效，但是租赁期限为不定期。
>
> 租赁期限届满，房屋承租人享有以同等条件优先承租的权利。

〖条文主旨〗

本条是关于租赁期限届满承租人继续使用租赁物以及优先承租权的相关规定。

〖条文释义〗

从是否约定了租赁期限看，租赁可分为定期租赁和不定期租赁。在不定期租赁中，当事人在合同中未约定租赁期限，因此任何一方当事人均可以随时解除合同。定期租赁合同的当事人在合同中约定了租赁期限，合同于租赁期限届满即告终止。但是当事人于合同约定的期限届满时也可以续订合同。续订合同又称为期限更新，它不同于一般合同中履行期限的变更。前者是两个合同关系，后者只是一个合同关系。租赁合同期限更新只能发生于租赁期限（约定或者法定的期限）届满之时。

租赁合同双方当事人更新期限续订合同有两种方式：约定更新和法定更新。约定更新，又称明示更新，是指合同当事人于租赁期限届满后另订一合同，约定延长租赁期限。法定更新又称默示更新，是指租赁期限届满后，合同当事人的行为表明其租赁关系继续存在。本条即是对法定更新的规定。根据本条规定，租赁期限届满，承租人仍继续对租赁物为使用收益，出租人亦不反对；承租人继续支付租金，而出租人也接受了。当事人有此行为即可以推定双方有继续租赁关系的意向，租赁期限视为更新。但在这种情况下，当事人之间的定期租赁更改为不定期租赁，任何一方当事人均可以随时解除合同。

本条第 2 款是关于承租人的优先承租权的规定。优先承租权是指承租人依法或者依约享有的，在租赁期届满后的同等条件下优先承租原租赁物的权利。对于优先承租权的性质，理论界观点主要有两种：一部分学者持"法定权利说"，认为法律应当直接规定承租人享有优先承租权，而不以当事人的约定为存在前提；而另一部分学者坚持"立法留白说"，认为优先承租权并非承租人的法定权利，承租人对优先承租权的享有及其行使，取决于出租人与承租人之间的约定，立法无须进行干涉。本条的优先承租权应该理解为一种形成权，是在保护弱势群体的理念之上对于承租人优先承租权利的强化，一般是指在租赁期届满之后，出租人未与承租人续租，却与第三人签订了租赁合同，那么在相同的条件下，承租人可以直接与出租人成立一个相同的租赁合同，要求出租人直接将房子继续出租给自己。优先承租权的确立，对承租人的权益进行了一定程度的保护，防止出租人随意变更租赁关系从而影响承租人的生活经营，有效防范纠纷的产生。长远来看，对于社会市场秩序的稳定发展，优先承租权制度具有一定积极意义。

法定优先承租权的行使条件包括以下几个要件：

1. 存在合法有效的租赁关系。租赁关系是优先承租权产生的前提，一方面，没有租赁关系或租赁合同并没有实际履行，则承租人无法就使用租赁房屋产生收益，通过优先承租权保护其利益也就无从谈起。另一方面，优先承租权是基于租赁权产生的权利，广义上属于租赁权的一部分，没有合法有效的租赁关系，则承租人不享有租赁权，也不能享有优先承租权。对于转租而言，基于合同的相对性，次承租人仅与承租人存在租赁关系，因此只能向承租人而非出租人主张优先承租权。

2. 出租人继续出租房屋。法定优先承租权的实质是法定的优先缔约权，即当出租人继续出租房屋时，承租人享有以同等条件优先缔结租赁协议以实现续租的权利，若出租人主观或客观上不继续出租房屋，如出租人收回房屋自用、房屋长时间无人承租等情况，出租人将不会与第三人缔结租赁协议，优先缔约权则无从谈起。另外，承租人享有的优先承租权不能损害出租人的权益，这只有在出租人继续出租房屋的情况下才能成立，若出租人需要自用房屋或自租赁期限届满后房屋已长期无人承租，承租人主张优先承租权将损害或过分限制出租人对房屋的物权。我国已有地方法规明确规定该条件为优先承租权的前提。但是，可以参考国外经验对出租人收回房屋自用、房屋长期无人承租等情况进行明确限制，以防止法定优先承租权制度形同虚设。

3. 满足同等条件。为了保障相对人的利益，优先权必须在同等条件下才能被行使，法定优先承租权也不例外。承租人行使该权利时续租的租赁条件应当与第三人的同等，这也是不影响出租人应有权益的保障。但对于"同等条件"涵盖的内容，有的学者认为，应当参照优先购买权的司法实践，将"同等条件"认定为"同等价格"，有学者认为"同等条件"除了租金还包括租赁期限和用途等。优先承租权与优先购买权在目标与结果上存在根本差异，不宜直接参照优先购买权的司法实践来定义优先承租权中的"同等条件"。"同等条件"作为承租人行使优先承租权的重要条件，需要对其进行明确规定，以保障优先承租权的有效适用。

4. 在合理期限内主张。法定优先承租权的行使理应存在时间限制，否则涉及租赁物的新的租赁法律关系将无法产生及确定，法律关系长期悬而未决会导致更多的法律纠纷，也侵害了出租人和第三人的合法权益，不符合法定优先承租权设立的前提，此外，为保障承租人在合理期限内能够主张权利，出租人应当承担通知义务。

第十五章　融资租赁合同

本章是关于融资租赁合同的规定，共二十六条。主要内容包括融资租赁合同的定义、融资租赁合同的内容、融资租赁合同中出租人的主要权利和义务、承租人的主要权利和义务、融资租赁交易中融资租赁合同与买卖合同的关系、融资租赁合同中租金的构成、租赁期限届满租赁物的归属等。

> **第七百三十五条**　融资租赁合同是出租人根据承租人对出卖人、租赁物的选择，向出卖人购买租赁物，提供给承租人使用，承租人支付租金的合同。

【条文主旨】

本条是关于融资租赁合同概念的规定。

【条文释义】

融资租赁这一名称是从英文 finance lease 翻译过来的。finance 一词意为财政、金融，也可译为筹集资金、提供资金。因此，finance lease 通常译为融资租赁，也有的译为金融租赁。融资租赁是一种新兴的租赁形式，自 20 世纪 50 年代首先在美国出现至今，已有 70 余年的发展历史。20 世纪 80 年代初，融资租赁在我国的经济生活中开始出现。1981 年，我国成立了第一批专业租赁公司，包括中国东方租赁有限公司和中国租赁有限公司等。

融资租赁是一种贸易与信贷相结合，融资与融物为一体的综合性交易。鉴于其复杂的法律关系，不同国家和地区对融资租赁有着不同的理解和定义。一般来说，融资租赁要有三方当事人（出租人、承租人和出卖人）参与，通常由两个合同（融资租赁合同、买卖合同）或者两个以上的合同构成，其内容是融资，表现形式是融物。我国在借鉴《国际融资租赁公约》和其他国家对融资租赁的定义的基础上，结合我国融资租赁界对融资租赁比较一致的看法后，对融资租赁作出规定。典型的融资租赁合同具有以下三方面的含义：

第一，出租人须根据承租人对出卖人和租赁物的选择出资购买租赁物。这是融资租赁合同不同于租赁合同的一个重要特点。租赁合同的出租人是以自己现有的财物出租，或者根据自己的意愿购买财物用于出租。而融资租赁合同是出租人按照承租人的要求，主要是对出卖人和租赁物的选择，出资购买出租的财物，使承租人不必付出租赁物的价值，即可取得租赁物的使用收益，从而达到融资的效果。正是从这一意义上，这种合同被冠以"融资"的称号。

第二，出租人须将购买的租赁物交付承租人使用收益。在融资租赁合同中，出租人虽然需向第三人购买标的物，但其购买的直接目的是交付承租人使用收益，而不是自己使用收益。这是融资租赁合同中出租人的买卖行为不同于买卖合同之处。

第三，承租人需向出租人支付租金。融资租赁合同的承租人对出租人购买租赁物为使用收益，并须支付租金。也正是在这种意义上，该种合同的名称中含有"租赁"一词。

比较法上的新趋势是将融资租赁视为保留所有权交易的一种，从而纳入动产担保体系之中。融资租赁交易在法律结构上虽与传统的所有权担保方式存在一些差异，但其经济作用与传统的所有权担保方式并无差别，属于所有权担保方式的现代形式，融资租赁中的标的物在相当程度上承担的是担保的功能。

> **第七百三十六条** 融资租赁合同的内容一般包括租赁物的名称、数量、规格、技术性能、检验方法，租赁期限，租金构成及其支付期限和方式、币种，租赁期限届满租赁物的归属等条款。
>
> 融资租赁合同应当采用书面形式。

【条文主旨】

本条是关于融资租赁合同内容的规定。

【条文释义】

典型的融资租赁交易涉及三方当事人（出租人、承租人、出卖人）和两个合同（融资租赁合同和买卖合同）。在签订合同时，通行的做法是：当某个企业需要某种设备又缺少所需资金时，可以向租赁公司提出，要求租赁公司出资购买并租给其使用，双方达成一个租赁意向。租赁公司根据承租人对设备和出卖人的要求，与出卖人签订一个买卖合同，由出卖人将设备直接送交承租人，由承租人验收。出租人凭承租人的验收合格通知书向出卖人支付货款。出租人付款前，与承租人正式签订一份融资租赁合同。由此可以看出，融资租赁交易行为所包含的融资租赁合同和买卖合同是相互联系、相互影响的，各自虽具有独立性，但又并不完全独立，而是在一定意义上以对方的存在为条件。

在实践中，由于租赁方式的不同，融资租赁合同的内容往往也不同，本条是对典型的融资租赁合同内容的规定，主要包括以下几方面内容：

1. 有关租赁物的条款。融资租赁合同的标的物是承租人要求出租人购买的设备，是合同当事人双方权利和义务指向的对象，因此，融资租赁合同首先应就租赁物作出明确约定。此条款应写明租赁物的名称、质量、数量、规格、型号、技术性能、检验方法等。由于关于租赁物的说明多涉及工程技术内容，专业性很强，而且繁杂具体，所以，一般只在合同正文中作简明规定，另附表详细说明，该附表为合同不可缺少的附件。

2. 有关租金的条款。租金是合同的主要内容之一。合同对租金的规定包括租金总额、租金构成、租金支付方式、支付地点和次数、租金支付期限、每期租金额、租金计算方法、租金币种等。

3. 有关租赁期限的条款。租赁期限一般根据租赁物的经济寿命、使用及利用设备所产生的效益，由双方当事人商定。此条款应当明确租赁起止日期。租赁期限对于明确租赁双方权利义务的存续期间具有非常重要的法律意义，由于融资租赁合同的一个很重要的特性就是合同的不可中途解约性，因此，此条款应当明确规定，在合同有效期内，当事人双方无正当、充分的理由，不得单方要求解约或退租。

4. 有关租赁期限届满租赁物的归属的条款。租赁期限届满，租赁物的所有权归出租人享有。租赁期限届满，承租人一般有三种选择权，即留购、续租或退租。在留购情况下，承租人取得租赁物的所有权。在续租和退租情况下，租赁物仍归出租人所有。

除上述条款外，融资租赁合同一般还应包括租赁物的交付、使用、保养、维修和保险、担保、违约责任、合同发生争议时的解决方法、合同签订日期和地点等条款。

融资租赁合同采用书面形式的原因在于：第一，当事人人数较多。在融资租赁合同中，一般会涉及三方当事人。第二，法律关系较为复杂。融资租赁合同是两个合同的结合，既有买卖，又有租赁，法律关系较为复杂，因此需要以书面形式订立合同来明确各方的权利义务关系。第三，履行期限较长。在履行期限届满后，涉及租赁物的归属问题，对当事人的权利义务影响重大，因此应以书面形式加以确定。第四，可能具有涉外因素。有些融资租赁合同可能涉及外国产品，有些可能涉及外方当事人，因此，融资租赁合同经常具有涉外因素，如果不采用书面形式，将难以明确各方的权利义务关系。

> **第七百三十七条　当事人以虚构租赁物方式订立的融资租赁合同无效。**

【条文主旨】

本条是关于融资租赁通谋虚伪表示的规定。

【条文释义】

该条款是总则编通谋虚伪表示规定的具体化，根据本法总则编第 146 条，行为人与相对人以虚假的意思表示实施的民事法律行为无效。以虚假的意思表示隐藏的民事法律行为的效力，依照有关法律规定处理。在交易实践中，当事人可能会为了逃脱金融监管，比如某些不符合金融放贷资质的金融机构以融资租赁的名义来进行金融放贷，或者贷款的利息违反了利率管制的要求，从而选择以虚构租赁物的形式进行贷款，所以这是以虚假的意思表示实施的民事法律行为。正确认识虚构租赁物之"融资租赁合同",应从法律关系定性、法律关系效力、担保效力、当事人权利义务关系四个角度进行分析。

第一,法律关系定性是指法院通过查明合同主要条款、履行情况、交易背景等案件事实,依法归纳案涉法律关系性质的司法裁判方法。虚构租赁物,不构成融资租赁法律关系,应定性为借款合同,因此融资租赁合同无效。

第二,法律关系定性与法律效力相互独立,定性不会影响效力。"名为融资租赁实为借贷"如无特别情形,不违反法律、行政法规强制性规定,一般属于有效的民事法律关系,涉及借贷等问题按照相应的法律法规处理。

第三,法律关系定性不会影响被担保债务的同一性。如有人为融资租赁的债权提供保证时,若无特别约定,保证人不能仅以法律关系另行定性为由,要求免除己方之保证责任。保证人缔约时不知道案涉法律关系性质的,除"融资租赁合同"当事人串通骗保、债务人欺诈、胁迫保证人且债权人明知该事实以及债权人欺诈、胁迫保证人外,保证人不能因此免除其责任。

第四,"名为融资租赁实为借贷"不能产生融资租赁的法律效果,法院应适用借款合同的相关法律规定,依法认定借款本金与利率。"名为融资租赁实为借贷"中约定收取保证金、首付款等的,如该款项不构成法定金钱质押的,应当在借款本金中扣除。在"名为融资租赁实为借贷"中,当事人对借款总额以及还款总额达成了一致的意思表示,法院应根据相关合同条款和法律规定,参考租赁利率或内部收益率等标准,结合案件的具体情况,判定借款利率。关于借款期限,应当平衡出借人的可得利益与借款人的期限利益,结合当事人的过错,综合予以认定。

> **第七百三十八条** 依照法律、行政法规的规定,对于租赁物的经营使用应当取得行政许可的,出租人未取得行政许可不影响融资租赁合同的效力。

【条文主旨】

本条是关于融资租赁承租人取得行政许可的规定。

【条文释义】

本条规定体现了融资租赁合同的融资性特点。融资租赁具有融资功能,在设立融资租赁时,出租人(通常是专业的融资租赁公司或者金融公司)支付了标的物的全额价款,应承租人的要求购买标的物。实际上,这相当于是出租人贷款给承租人，用以购买后者所需要的租赁物，出租人拥有租赁物的所有权事实上形成了一种担保。

在传统租赁中，对租赁物的经营使用需要取得行政许可的，应由出租人取得行政许可，即法律、法规要求的是租赁物的所有权人即出租人取得行政许可，方可进行相关经营使用行为。而在融资租赁中，租赁物的所有权和使用权几乎是永久性地分离，出租人表面上是租赁物的所有权人，实质上只是满足承租人融资的需要，只享有观念上的所有权，但对租赁物的支配色彩已经非常淡化，而承租人是租赁物的占有、使用、收益人，租赁物主要发挥的是担保功能。出租人实质上是为承租人购买租赁物提供资金，真正的经营使用者是承租人，因此，法律法规限制租赁物的经营使用活动的主体应该是承租人，承租人对于租赁物的经营使用应当依法获得行政许可。对于出租人来说，租赁物的经营使用与其没有直接关系，出租人只需要具备相应的融资租赁资质即可。只要承租人依法取得行政许可，就可以达到监管租赁物经营使用的目的。因此，出租人未取得行政许可不影响融资租赁合同的效力。

> **第七百三十九条** 出租人根据承租人对出卖人、租赁物的选择订立的买卖合同，出卖人应当按照约定向承租人交付标的物，承租人享有与受领标的物有关的买受人的权利。

【条文主旨】

本条是关于融资租赁标的物交付的规定。

【条文释义】

出卖人按照约定向承租人交付标的物，承租人享有与受领标的物有关的买受人的权利，是融资租赁与传统租赁的一个重要区别。在传统租赁中，出租人是将自己现有的物或者根据自己的意愿购买的物出租给承租人，承租人与出卖人之间不存在任何法律关系，出租人对租赁物负有瑕疵担保责任。而在融资租赁中，融资租赁合同的租赁物即是买卖合同的标的物。融资租赁合同最重要的法律特征就是融资与融物相结合，融资为融物服务。买卖合同是出租人根据承租人对出卖人和租赁物的选择订立的，作为买受人的出租人只负支付货款的义务，而承租人是租赁物的占有、使用、收益人，且了解租赁物。出租人实质上是为承租人购买租赁物提供资金，真正的买卖双方是承租人和出卖人，因此，出卖人应直接向承租人交付标的物。

出卖人不仅应向承租人直接交付标的物，而且应承担租赁物的瑕疵担保责任。这是因为之所以会有租赁物的质量问题，根本原因是出卖人没有按照合同约定的内容履行交付符合国家规定或者当事人约定的质量标准的标的物的义务。因此，在融资租赁合同中，出租人一般不负瑕疵担保责任，也不负迟延履行的责任。

承租人应当按照合同约定的时间、地点、验收方法接收标的物。接收标的物，既是承租人的权利，也是承租人的义务。作为义务，承租人无正当理由不接收的，构成受领迟延；作为权利，承租人有权接收标的物，出卖人不得拒绝将标的物交付给承租人。

> **第七百四十条**　出卖人违反向承租人交付标的物的义务，有下列情形之一的，承租人可以拒绝受领出卖人向其交付的标的物：
>
> （一）标的物严重不符合约定；
>
> （二）未按照约定交付标的物，经承租人或者出租人催告后在合理期限内仍未交付。
>
> 承租人拒绝受领标的物的，应当及时通知出租人。

〖条文主旨〗

本条是关于承租人的拒绝受领权的规定。

〖条文释义〗

承租人对于租赁物存在瑕疵或租赁物的交付存在瑕疵时拥有拒绝受领权。在融资租赁中，存在两个合同和三方当事人，即出卖人与出租人之间的买卖合同、出租人与承租人之间的融资租赁合同。在融资租赁合同中，承租人与出卖人之间并没有直接的法律关系。当租赁物出现严重不符合约定的情况或者租赁物未按约定交付的时候，依照合同相对性原则，由于出卖人与承租人之间并没有直接的合同关系，承租人只能按照合同请求出租人向出卖人行使拒绝受领的权利，而无权直接向出卖人拒绝受领租赁物。但由于融资租赁合同的特殊性，在买卖合同中，作为买受人的出租人的主要义务就是支付价款，而租赁物是由承租人指定购买的，对其性能和生产要求等，出租人往往缺乏了解，很难对出卖人提供的租赁物作检验和判断，同时，租赁物的用益权也属于承租人，为了保证租赁物符合要求，便于解决租赁物的使用中出现的问题，在实践中，出租人往往将选择由谁来提供何种品质、规格的租赁物的决定权赋予承租人，由承租人与出卖人之间就租赁物直接进行交流，由承租人负责收货验收。出租人往往关心的是如何以租金的形式收回全部投资并获得相应利润，并不想参与承租人与出卖人之间就租赁物产生的纠纷。因此，对由于租赁物的质量瑕疵或交付瑕疵，如租赁物质量不合格或者迟延供货的原因，需要对租赁物行使拒绝受领权的，由承租人行使更为合适。

因此，本条规定赋予承租人直接向出卖人拒绝受领瑕疵给付或者迟延给付的权利，使出卖人与承租人之间建立法律上的关系，故而本条规定突破了合同相对性的约束，属于本法第465条第2款所述的法律另有规定的情形。

承租人依照本条规定拒绝受领租赁物的，应当及时通知出租人。承租人迟延通知或无正当理由拒绝受领租赁物造成出租人损失的，出租人有权请求承租人承担损害赔偿责任。

> **第七百四十一条　出租人、出卖人、承租人可以约定，出卖人不履行买卖合同义务的，由承租人行使索赔的权利。承租人行使索赔权利的，出租人应当协助。**

【条文主旨】

本条是关于行使索赔权的规定。

【条文释义】

所谓索赔权，是指当义务人不履行义务而给权利人造成损失时，权利人依法享有向义务人索赔因此而造成的损失的权利。

法律作出此种规定的主要原因在于：第一，因承租人受领标的物，并对标的物进行验收，因此，承租人对于标的物是否符合合同约定的情况最为了解，应当由承租人行使索赔的权利；第二，因承租人对标的物进行实际使用，如果标的物存在瑕疵或功能上的缺陷，承租人持有第一手资料，只有其才能够提出不合格的证据，而出租人一般是融资租赁公司，对于标的物的具体性能、使用方法、操作规范等情况并不了解，因此出租人应当协助承租人行使索赔的权利；第三，有利于简化索赔权的行使程序。因为按照合同相对性规则，此种索赔的权利应当由出租人行使，如果不移转索赔权，则需要形成两个诉讼，即首先由承租人向出租人主张权利，然后再由出租人起诉出卖人。而如果法律直接允许承租人起诉出卖人，则极大地简化了索赔权的行使程序，节约了权利行使的成本。因此，出租人、出卖人、承租人三方可以在买卖合同和融资租赁合同中明确规定，出卖人不履行买卖合同义务的，由承租人行使索赔的权利，直接向出卖人索赔。承租人行使索赔权的，出租人应协助承租人索赔。

承租人直接向出卖人行使索赔权的内容主要有以下两种：

1. 出卖人交付的标的物质量不符合约定时，承租人可以要求：

（1）减少价金。如果出卖人交付的标的物虽不符合合同约定，但不影响使用，而承租人也愿意继续使用的，可以按质论价，要求出卖人减少价金。

（2）修理、调换。当出卖人交付的标的物不能利用时，根据标的物的具体情况，承租人可以请求出卖人负责修理或者另行交付无瑕疵的标的物，并承担因修理、调换而支付的实际费用。

（3）支付违约金。在出卖人交付的标的物不符合质量要求时，承租人可以请求出卖人支付约定的或者法定的违约金。在违约金不足以抵偿损失时，承租人还可以要求出卖人支付损害赔偿金。

（4）解除合同并赔偿损失。当出卖人交付的标的物由于质量问题无法使用时，承租人不仅可以要求解除合同，而且可以要求赔偿损失。

2. 出卖人未交付或者迟延交付标的物的，承租人可以请求出卖人继续履行交付义务，并请求因迟延履行导致的损害赔偿，构成本法第 563 条第 1 款的情形之一的，可以解除合同并请求替代履行的损害赔偿。

> **第七百四十二条** 承租人对出卖人行使索赔权利，不影响其履行支付租金的义务。但是，承租人依赖出租人的技能确定租赁物或者出租人干预选择租赁物的，承租人可以请求减免相应租金。

【条文主旨】

本条是关于承租人行使索赔权利时租金支付义务的规定。

【条文释义】

根据本法第 741 条的规定，出租人、出卖人、承租人可以约定，出卖人不履行买卖合同义务的，由承租人行使索赔的权利。承租人依据合同的约定对出卖人行使索赔权，不影响承租人向出租人承担支付租金的义务。这是因为，与一般的租赁不同，在融资租赁中，租金并非融物的对价而是融资的对价。在实践中，融资租赁的出租人对于出卖人和租赁物一般没有选择权，而是依赖于承租人自行选择，出租人主要承担提供资金的功能，因此不负租赁物的瑕疵担保义务，在承租人占有租赁物期限内，租赁物的毁损或者灭失的风险由承租人负担。既然风险应当由承租人负担，出租人有权要求承租人继续履行合同义务。也就是说，在租赁物存在瑕疵时，承租人可以依照约定向出卖人请求其承担瑕疵担保责任，但即使因租赁物有瑕疵致使承租人不能为使用、收益，也不影响承租人向出租人承担支付租金的义务，承租人仍应按照约定支付租金。因此，承租人对出卖人行使索赔权，并不影响其履行融资租赁合同项下支付租金的义务。

但是，在例外情形下，即承租人依赖出租人的技能确定租赁物或者出租人干预选择租赁物时，承租人有权主张减轻或者免除相应的租金支付义务。具体来说，在出租人存在以下情形时，承租人可以请求减免相应租金：

1. 在承租人选择出卖人、租赁物时，出租人利用自己的专业技能、经验判断对承租人提供帮助，并对租赁物的选定起决定作用的。

2. 出租人直接干预或要求承租人按照出租人意愿选择出卖人或者租赁物的。

3. 出租人擅自变更承租人已经选定的出卖人或者租赁物的。

在承租人依赖出租人的技能确定租赁物或出租人干预选择租赁物的情况下，租赁物不符合约定或不符合使用目的的，出租人承担瑕疵担保责任，因此承租人得请求减免相应租金。但是，出租人根据承租人的要求，提供与供应商、租赁物有关的信息，但未对相关信息进行筛选或未给承租人选定供应商、租赁物提供意见，承租人无权要求减免相应租金。

对于承租人依赖出租人的技能确定租赁物或出租人干预选择租赁物的事实，由承租人负举证责任。

> 第七百四十三条　出租人有下列情形之一，致使承租人对出卖人行使索赔权利失败的，承租人有权请求出租人承担相应的责任：
>
> （一）明知租赁物有质量瑕疵而不告知承租人；
>
> （二）承租人行使索赔权利时，未及时提供必要协助。
>
> 出租人怠于行使只能由其对出卖人行使的索赔权利，造成承租人损失的，承租人有权请求出租人承担赔偿责任。

【条文主旨】

本条是关于出租人影响索赔权行使时承担相应责任的规定。

【条文释义】

出租人有以下情形之一，致使承租人对出卖人行使索赔权利失败的，承租人有权请求出租人承担相应的责任：

1. 明知租赁物有质量瑕疵而不告知出租人。在融资租赁关系存续期间，承租人的权利的行使都有赖于出租人的协助，这实际上是基于诚实信用原则所产生的附随义务。依据本法第747条的规定，出租人原则上不承担租赁物的瑕疵担保责任，但是，如果出租人明知租赁物有质量瑕疵，而没有告知承租人，则违反了附随义务，因此致使承租人对出卖人行使索赔权利失败的，承租人有权请求出租人承担相应的责任。

2. 承租人行使索赔权利时，未及时提供必要协助。在融资租赁关系存续期间，如果承租人按照约定向出卖人行使索赔权，出租人应当协助，如出租人提供买卖合同的文本、提供出卖人的地址和联系方式等。本法第741条规定，出租人、出卖人、承租人可以约定，出卖人不履行买卖合同义务的，由承租人行使索赔的权利。承租人行使索赔权利的，出租人应当协助。依据这一规定，当事人之间可以通过约定的方式确定由承租人行使索赔的权利。为了保证承租人能够行使该项权利，承租人行使索赔权利的，出租人应当协助。此处的"协助"主要包括如下几个方面的内容：一是帮助寻找出卖人。在一些融资租赁中，出卖人是承租人指定的，承租人很容易找到；而在另一些融资租赁中，承租人只是确定了租赁物，而没有确定出卖人，由出租人具体确定出卖人，在发生争议后，出租人就应当帮助承租人寻找出卖人；二是帮助提供证据。在买卖合同的签约过程中，主要是出租人和出卖人之间磋商谈判，所以，出租人应当提供合同文本、订约资料等证据材料；三是诉讼过程中的协助义务，例如，出租人要出庭作证等。承租人行使索赔权时，出租人未及时提供必要的协助，导致承租人损失的，承租人有权请求出租人承担相应的责任。

3. 怠于行使融资租赁合同或买卖合同中约定的只能由出租人行使对出卖人的索赔权的。依据本法第741条的规定，对出卖人的索赔权可由承租人主张，但如果当事人未作出由承租人行使索赔权的约定，或约定相关的索赔权只能由出租人主张而出租人怠于主张索赔，则按照合同相对性原则，出卖人可以拒绝承租人主张的索赔权利，承租人因而无法直接向出卖人主张索赔权。规定出租人怠于行使只能由其行使的索赔权时应承担赔偿责任，可以促使出租人积极配合承租人主张基于租赁物的索赔权利，同时赋予承租人对出租人怠于行使索赔权利造成损害的求偿权。因此，本条第2款规定，出租人怠于行使只能由其对出卖人行使的索赔权利，造成承租人损失的，承租人有权请求出租人承担赔偿责任。

> **第七百四十四条**　出租人根据承租人对出卖人、租赁物的选择订立的买卖合同，未经承租人同意，出租人不得变更与承租人有关的合同内容。

【条文主旨】

本条是关于出租人不得擅自变更买卖合同内容的规定。

【条文释义】

融资租赁本身是由融资租赁合同与买卖合同两部分构成的，因此，为融资租赁而订立的融资租赁合同和买卖合同，均不同于传统的租赁合同与买卖合同。此处的融资租赁合同与买卖合同是融资租赁交易中相互联系、相互影响的两部分，各自具有独立性，但又不完全独立，而是在一定意义上以对方的存在为条件的。就租赁与买卖的关系而言，租赁合同自当事人双方签订合同之日起成立，但合同自承租人收到出卖人交付的标的物时起生效。因此，若买卖合同不成立、无效或者解除，则融资租赁合同也就因标的物的履行不能而解除。同时，买卖合同虽由出租人与出卖人订立，但关于买卖的条件却是由承租人指定的，买卖的标的物是出租人用于租赁的物，因此，买卖合同在标的物交付前，若租赁合同不成立、无效或者解除，买卖合同可以解除，但在当事人协议变更、解除买卖合同时，除合同另有约定外，须出租人、承租人及出卖人三方当事人同意。

在融资租赁交易中，先签订的买卖合同是租赁物的依据，后签订的融资租赁合同是买卖合同成立的前提。两者缺一不可，构成联立联动关系。出租人与承租人和出卖人均形成正式合同关系，出卖人与承租人之间形成准合同关系。买卖合同虽是由出租人与出卖人订立的，在买卖合同未履行或者未完全履行前，出租人与出卖人只要协商一致，就可以对合同进行修改、补充。但由于买卖合同与融资租赁合同关系密切，出租人订立买卖合同的目的是承租人，而且买卖合同的条款往往是经承租人确认的，出租人和出卖人在变更买卖合同时，不得损害承租人的利益。未经承租人同意，出租人不得擅自变更与承租人有关的买卖合同的内容。

与承租人有关的买卖合同的内容的变更主要涉及以下几个方面：

1. 主体的变更。买卖合同的主体是出租人与出卖人。由于出卖人是由承租人预先选择的，是承租人在融资租赁合同中指定的，因此，未经承租人同意，出租人不得擅自变更买卖合同的另一方当事人。

2. 标的物的变更。由于买卖合同的标的物是融资租赁合同的租赁物，两者是一致的，它也是由承租人预先选择并在融资租赁合同中约定的，它必须合于承租人指定的条件，因此，未经承租人同意，出租人不得擅自变更买卖合同的标的物。

3. 标的物的交付。由于买卖合同的标的物是由出卖人直接交付于承租人的，如果出租人与出卖人协商变更标的物的交付时间、地点和方式的，应当征得承租人的同意。如果因此而增加承租人的费用的，应由出租人和出卖人协商分担。

出租人按照承租人要求与出卖人订立的买卖合同，未经承租人同意擅自变更与承租人有关的合同内容的，即构成对承租人的违约，承租人首先可以要求出租人支付违约金。其次承租人还可以拒收租赁物，并通知出租人解除合同。如果因此给承租人造成损失的，承租人还有权要求出租人赔偿损失。

> **第七百四十五条　出租人对租赁物享有的所有权，未经登记，不得对抗善意第三人。**

〖条文主旨〗

本条是关于出租人对租赁物所有权的规定。

〖条文释义〗

本条规定是融资租赁合同一章在本法编纂过程中修订的重点条文。合同法第 242 条规定，出租人享有租赁物的所有权。承租人破产的，租赁物不属于破产财产。之所以对出租人对租赁物所有权的规定作出这一修改，是由于整个民法典所期望实现的目标之一是消灭隐形担保。融资租赁合同表面上是一个有关租赁的合同，但实际上承担着担保的功能。按照合同法第 242 条，出租人对租赁物虽然享有名义上的所有权，但是这个名义上的所有权却产生了一个真正所有权的效果，使得出租人在承租人破产的时候可以行使取回权。这种设计构造所引发一个最大的问题是，出租人对租赁物享有的所有权并不对外公示，但却可以行使真正所有权人的权利，甚至在破产中享有取回权。这种做法使得这种没有公示的权利取得了一个最强大的效力，必然会给交易安全造成巨大的影响，尤其是在同一标的物上可能同时存在动产抵押，浮动抵押，融资租赁，所有权保留，动产质押等各种竞存的担保物权情形时。当发生以上权利冲突时，按照合同法第 242 条的规定，出租人借助于未公示的所有权即可享有一个最强大最完整的权利，这样就会使得其他按照现有法律规范进行真正公示的权利的当事人反而得不到保障。上述做法有违现代担保交易的基本原理，同时也会给交易中的商人产生巨额的调查成本。

自 2020 年 1 月 1 日起施行的《优化营商环境条例》第 47 条第 2 款规定："国家推动建立统一的动产和权利担保登记公示系统，逐步实现市场主体在一个平台上办理动产和权利担保登记。纳入统一登记公示系统的动产和权利范围另行规定。"目前,已经由中国人民银行牵头在北京市和上海市开展动产担保统一登记试点。同时,为了配合本法和《优化营商环境条例》的颁布实施,中国人民银行也相应修改了《应收账款质押登记办法》,该办法第35条规定:"权利人在登记公示系统办理其他动产和权利担保登记的,参照本办法的规定执行。本办法所称的动产和权利担保包括当事人通过约定在动产和权利上设定的、为偿付债务或以其他方式履行债务提供的、具有担保性质的各类交易形式,包括但不限于融资租赁、保证金质押、存货和仓单质押等,法律法规另有规定的除外。"上述行政法规和部门规章的颁布实施为逐步建立全国统一的动产与权利担保登记系统奠定了基础。

所以,基于实现优化营商环境、消灭隐形担保的总目标,本条规定出租人对租赁物享有的所有权未经登记不得对抗善意第三人,明确了必须登记了才能取得对抗第三人的效力。除了上述总目标的实现以外,由于民法典已经确立了融资租赁中出租人的所有权本质上起到了担保的作用,事实上是担保的具体形式之一,所以,对于融资租赁同样也要适用本法物权编第414条规定,该条规定:"同一财产向两个以上债权人抵押的,拍卖、变卖抵押财产所得的价款依照下列规定清偿:(一)抵押权已登记的,按照登记的时间先后确定清偿顺序;(二)抵押权已登记的先于未登记的受偿;(三)抵押权未登记的,按照债权比例清偿。其他可以登记的担保物权,清偿顺序参照适用前款规定。"故对于融资租赁而言,不论是同一标的物上存在多个融资租赁,或者出现融资租赁与抵押权的竞存,这些情形都要适用本法物权编第414条之规定处理清偿顺序问题。

> **第七百四十六条　融资租赁合同的租金,除当事人另有约定外,应当根据购买租赁物的大部分或者全部成本以及出租人的合理利润确定。**

【条文主旨】

本条是关于融资租赁合同租金构成的规定。

【条文释义】

租金是融资租赁合同中一项非常重要的内容。由于租赁双方均以营利为目的,而租金又直接影响到利润,所以租金的确定是融资租赁交易中至关重要的问题。

在融资租赁交易中,承租人负有支付租金的义务。但因其为"融资"租赁,所以承租人支付的代价并非是租赁物为使用收益的代价,而是融资的代价,因此，融资租赁合同中租金标准的确定，与租赁合同中租金的确定标准是不同的，它高于传统租赁中的租金。

与商品价格概念相对应，租金以出租人消耗在租赁物上的价值为基础，同时依据租赁物的供求关系而波动。通常情况下，出租人消耗在租赁物上的价值包括三部分，即租赁物的成本、为购买租赁物向银行贷款而支付的利息、为租赁业务而支付的营业费用。

1. 租赁物的成本。租赁物成本是构成租金的主要部分。出租人购买租赁物所支付的资金，将在租赁业务成交后，从租金中得以补偿。同时，在购置过程中，出租人所支付的运输费、保险费、调试安装费等也要计入租赁物成本中，一起从租金中分期收回。所以，租赁物成本包括租赁物购买价款及其运输费、保险费等，也称租赁物总成本。

2. 利息。出租人为购买租赁物向银行贷款而支付的利息，是租金构成的又一重要因素。利息按租赁业务成交时的银行贷款利率计算且一般以复利率来计算。

3. 营业费用。营业费用是指出租人经营租赁过程中所支出的费用，包括业务人员工资、办公费、差旅费和必要的盈利。

通常情况下，融资租赁合同的租金应根据购买租赁物的大部分或者全部成本以及出租人的合理利润来确定，但目前国际和国内融资租赁领域，除保留传统的固定租金方式外，已越来越多地采用灵活的、多形式的、非固定的租金支付方式，以适应日趋复杂的融资租赁关系和当事人双方的需要。在融资租赁交易中，当事人经常根据承租人对租赁物的使用或者通过使用租赁物所获得的收益来确定支付租金的大小和方式，也可以按承租人现金收益的情况确定一个计算公式来确定租金，或由当事人约定并在融资租赁合同中规定以其他方式来确定租金。

> **第七百四十七条** 租赁物不符合约定或者不符合使用目的的，出租人不承担责任。但是，承租人依赖出租人的技能确定租赁物或者出租人干预选择租赁物的除外。

【条文主旨】

本条是关于租赁物质量瑕疵担保责任的规定。

【条文释义】

租赁物瑕疵分为物的瑕疵（也称质量瑕疵）和权利瑕疵两种。对于租赁物质量瑕疵，确定其担保责任的承担主体是至关重要的，因为它直接关系融资租赁交易本质特征能否体现，关系融资租赁与传统租赁能否明确区分。在传统租赁中，出租人与买卖合同中的出卖人一样负有质量瑕疵担保责任，须使租赁物合于合同约定的使用收益的状态。而在融资租赁合同中，一般都明确规定，出卖人迟延交付租赁物或者租赁物的规格、式样、性能等不符合合同约定或者不符合使用目的的，出租人不承担责任，由承租人直接向出卖人索赔，并承担索赔不成时的损害后果。此即所谓出租人瑕疵担保的免责特约。这种约定既符合融资租赁交易的理论和实践，同时也不违背现行法律的规定。其理由如下：

1. 虽然根据传统的民法理论，所有权人应对其货物承担质量瑕疵担保责任，但民法对瑕疵担保责任的规定为任意性规范，允许合同双方当事人以特约予以变更。因此，出租人与承租人在合同中约定免除出租人的质量瑕疵担保责任是有效的。

2. 融资租赁的经济意义在于出租人以融物的方式向承租人提供融资，具有金融的性质。出租人的主要义务就是支付购买租赁物的货款，其权利是收取租金从而收回投资，并取得利润。除此之外，几乎所有关于购买租赁物的权利义务均应由承租人承受，出租人只拥有名义上的所有权，不承担包括质量瑕疵担保责任在内的任何实体义务和责任。

3. 在融资租赁合同中，通常情况下，承租人完全基于自己的知识和经验选定租赁物的制造商、租赁物的种类、数量、规格等，由出租人按照承租人的指定出资购买租赁物。承租人作为买卖合同标的物的选择权人，自然应对行使选择权的不利后果承担责任。

4. 作为出租人的租赁公司，其机能仅在向承租人提供融资购买租赁物，不可能对所有承租人选定的租赁物都有充分的了解。如果由出租人承担风险责任，必然导致出租人聘请专家检验，这就意味着增加费用。而所增加的费用最后必然通过租金的形式由承租人负担。而作为租赁物的最终用户，承租人对租赁物具有专门的知识。为避免增加成本，减少承租人的负担，应由承租人承担质量瑕疵责任。

5. 融资租赁合同一般在规定出租人瑕疵担保免责的同时，往往含有索赔权转让条款，即在租赁物实际使用中，如发生质量问题，承租人可以向出卖人提出赔偿请求。这就保证了出租人和承租人之间权利义务的平衡。也只有这样，融资租赁交易才是公平的。

当然，并不是在任何情况下，出租人都能免除其质量瑕疵担保责任。当承租人完全依赖出租人的技能和判断选择租赁物，或者出租人干预选择租赁物时，如出租人为承租人确定租赁物或者擅自变更承租人已选定的租赁物的，出租人应承担全部或者部分租赁物的质量瑕疵担保责任。此外，在以下几种特殊情况下，租赁物的质量瑕疵担保责任也应由出租人负担：

（1）出租人明知租赁物有瑕疵而未告知或者因重大过失不知有瑕疵的；

（2）出租人与出卖人有密切关系的；

（3）承租人无法或者不能直接向出卖人索赔的。

> **第七百四十八条　出租人应当保证承租人对租赁物的占有和使用。出租人有下列情形之一的，承租人有权请求其赔偿损失：**
>
> **（一）无正当理由收回租赁物；**
>
> **（二）无正当理由妨碍、干扰承租人对租赁物的占有和使用；**
>
> **（三）因出租人的原因致使第三人对租赁物主张权利；**
>
> **（四）不当影响承租人对租赁物占有和使用的其他情形。**

〖条文主旨〗

本条是关于出租人保证承租人占有和使用租赁物的规定。

〖条文释义〗

出租人负有保证承租人对租赁物的占有和使用的义务，此项义务也被称为保障承租人和平占有的义务。也就是说，在出卖人将租赁物交付给承租人后，出租人应当保障承租人能够持续、和平地占有和使用租赁物。具体而言，应当包括以下几个方面：

1. 出租人不得妨碍承租人依照融资租赁合同所拥有的承租权，也不得擅自变更原承租条件。

2. 承租人在租赁期限内，对租赁物拥有独占使用权。在融资租赁合同中，虽然承租人是通过租赁公司融通资金的，但承租人订立融资租赁合同的根本目的是要取得租赁物的使用权。所以、承租人在接受出卖人交付的标的物后，在租赁期限内，承租人对租赁物享有独占使用权，对使用租赁物所取得的收益可以独立处分。从买卖的角度看，出租人为买受人，出卖人虽将标的物直接交付给承租人，但标的物的所有权属于出租人，承租人则取得标的物的占有权、使用权和收益权。

3. 出租人应保证承租人在租赁期限内对租赁物的占有和使用，不受第三人的干扰。例如，出租人转让租赁物所有权的，融资租赁合同对新的所有权人继续有效，新所有权人不得解除合同，取回租赁物。此即所谓"买卖不破租赁"原则。出租人将租赁物设定抵押时，出租人的抵押行为不得影响承租人的使用收益权。承租人的使用收益权可以对抗抵押权人的抵押权。

当然，如果在融资租赁合同期间出现本条第 2 款列举的因出租人原因不当影响承租人对租赁物占有和使用的情形，承租人有权请求出租人赔偿损失。

> **第七百四十九条** 承租人占有租赁物期间，租赁物造成第三人人身损害或者财产损失的，出租人不承担责任。

【条文主旨】

本条是关于出租人不负租赁物使用对第三人侵权责任的规定。

【条文释义】

依据本条规定，承租人应当承担租赁物造成第三人损害的赔偿责任。其构成要件包括以下几个方面：

第一，租赁物造成了第三人的损害。这种损害既包括人身损害，也包括财产损害。严格地说，租赁物造成的损害包括两类情况：一是租赁物在正常使用过程中对第三人造成了损害，例如，承租人租赁汽车，因为交通事故造成他人损害，在此种情况下应当由承租人承担责任。二是租赁物自身固有的缺陷造成了第三人的损害，在此情况下，如果租赁物的缺陷是制造者造成的，那么承租人在承担责任后还可以向制造者追偿。对租赁物属于高度危险作业设备而导致第三人损害的情形，出租人不负损害赔偿责任。无论是何种情形，都属于本条中所说的租赁物造成第三人的损害。

第二，租赁物造成损害发生于承租人占有租赁物期间。通常来说，它是指租赁物自交付承租人之日起至租赁期限届满租赁物被返还给出租人之日止。承租人的占有既包括直接占有，也包括间接占有。

第三，租赁物造成第三人损害，此种损害包括人身或财产损害两种类型，但如果租赁物是因为第三人原因造成损害（如有人擅自将承租人的汽车开走撞伤他人），则应由第三人负责。

> **第七百五十条** 承租人应当妥善保管、使用租赁物。
> 承租人应当履行占有租赁物期间的维修义务。

【条文主旨】

本条是关于承租人对租赁物所负保管、维修义务的规定。

【条文释义】

本条第 1 款是关于承租人妥善保管和使用义务的规定。作出此种规定的原因是：承租人不享有标的物的所有权，而只是享有占有和使用租赁物的权利，在租赁期届满以后，其原则上应当返还租赁物。所以，承租人应当妥善保管和合理使用标的物，避免因保管不善而损害承租人的权益。所谓"妥善"保管，是指应当根据善良管理人的标准来进行保管，它要求比处理自己的事务更为谨慎。例如，承租人没有按照惯例将其租赁的船舶停靠在港口进行必要的维护，就是没有尽到其妥善保管的义务。所谓合理使用，是指承租人应当按照租赁物的性质和通常方法进行使用。例如，租赁他人的载人小轿车，不能用于货物运输。如果标的物在租赁期限内毁损、灭失，应当由承租人承担损失，且不能免除其支付租金的义务。

本条第 2 款是关于承租人维修义务的规定。在一般的租赁合同中，出租人负有维修的义务，应当负有保证承租人对租赁物使用的义务。但是，在融资租赁合同之中，出租人并不负有维修义务，而应当由承租人承担该义务。法律上作出此种规定的原因在于：一方面，融资租赁中承租人享有实质意义上的所有人权益，与此相适应，其也应当负有维修租赁物的义务。另一方面，承租人对标的物和出卖人进行了选择，而且具有专业技术，因此承租人才最有能力对标的物进行维修。此外，由承租人负担此种义务，有利于促使其妥善保管和使用标的物，从而更能达到融资租赁合同的缔约目的。依据上述规定，承租人的维修义务限于占有租赁物期间，这就意味着，只有在占有租赁物期间，承租人才负有此种义务，而在租赁物交付之前以及租赁物返还给出租人之后，承租人不负有此种义务。而且，如果在租赁期限内，租赁物被出租人取回或因其他原因而丧失占有，承租人也不再负有维修义务。

> **第七百五十一条** 承租人占有租赁物期间，租赁物毁损、灭失的，出租人有权请求承租人继续支付租金，但是法律另有规定或者当事人另有约定的除外。

【条文主旨】

本条是关于融资租赁中的风险负担规则的规定。

【条文释义】

所谓融资租赁中的风险负担，是指租赁物意外毁损、灭失的风险应当由何人承担的问题。对这一问题，首先应当考虑当事人是否通过合同作出约定，如果作出了约定，就应当尊重当事人的约定。在当事人没有约定，而在租赁期限内发生租赁物意外毁损、灭失的情况下，承租人仍然负有继续支付租金的义务。

法律作出此种考虑的主要理由在于：第一，出租人享有的所有权主要具有担保功能，不能因此要求其承受标的物毁损、灭失的风险。融资租赁合同具有融资的功能，出租人所享有的所有权主要具有担保功能，因此，不能简单地认为，出租人享有所有权，其就应当负担标的物毁损、灭失的风险。在这一点上，融资租赁合同与租赁合同是不同的，不能类推适用租赁合同的一般规则。

第二，承租人占有标的物，并对其进行了实际控制。在融资租赁关系存续期间，标的物置于承租人的占有、控制和管领之下，承租人更容易知悉标的物所面临的风险，以及如何消除此种危险。由承租人负担风险规则，从效率的角度来看，有利于减少事故预防的成本，例如，承租人可以通过投保防范风险。此外，由承租人负担标的物毁损、灭失的风险，也有利于避免和防范承租人的道德风险。如果承租人占有、使用标的物，却又不必负担标的物毁损、灭失的风险，则极易引发承租人恶意导致标的物毁损、灭失的道德风险。

第三，虽然从原则上说，物的风险由所有人负担，但是在融资租赁的情形，承租人实际上享有了相对于所有人的权益，仅仅是缺少名义上的所有权。因此，要求承租人承担风险，符合权利义务对等的原则。

既然风险应当由承租人负担，那么，在承租人占有租赁物期间，租赁物毁损或者灭失，出租人有权要求承租人继续履行合同义务。也就是说，在租赁期限内，租赁物毁损或者灭失的风险应由承租人承担。租赁物毁损或者灭失的，不影响承租人按照融资租赁合同承担应承担的义务，即其仍然应当继续支付租金。

> **第七百五十二条** 承租人应当按照约定支付租金。承租人经催告后在合理期限内仍不支付租金的，出租人可以请求支付全部租金；也可以解除合同，收回租赁物。

【条文主旨】

本条是关于承租人支付租金义务的规定。

【条文释义】

在租赁期限内，承租人应当按照合同约定向出租人支付租金，这是承租人的基本义务。由于融资租赁合同中的租金并非租赁物的对价，而是融资的对价，所以当租赁物存在瑕疵时，承租人不得以此为理由拒付租金。

承租人未按照约定支付租金时，出租人可以规定一个合理期限，要求承租人支付。经出租人催告，承租人在规定的期限内仍不支付租金的，即构成违约，出租人可以采取以下两种救济措施：

1. 要求承租人支付全部租金。所谓全部租金，是指融资租赁合同中所规定的全部已到期而承租人未支付的租金，以及其他依约定未到期的租金。在融资租赁合同规定的每期租金支付期限到期之前，出租人无权请求承租人支付。但在融资租赁合同中往往规定，承租人不支付租金或者有其他违约行为时，出租人有权要求承租人付清全部租金。此即所谓期限利益丧失约款。出租人之所以要在合同中规定期限利益丧失约款，是因为在融资租赁合同中，租赁物是为了承租人的特殊需要，由承租人选定，出租人出资购买的，此类租赁物专用性较强，在承租人不支付租金时，出租人即使收回租赁物，也难以通过重新转让或出租收回所投资金。同时，在融资租赁交易中，出租人与承租人互负的义务并非是同时履行的，而是有先后层次的，出租人支付租赁物价款的义务履行在先，承租人支付租金的义务履行在后，出租人的利益缺乏一种相互制衡或者保障。由于一般情况下，承租人在迟延支付一期租金时，很有可能也无力支付剩余未到期的租金，所以此时出租人如果不能一次性主张全部租金或者不能收回租赁物，将使自己处于漠视损失扩大却无能为力的被动局面。因此，在承租人违约不支付租金时，出租人有权要求承租人支付全部租金，这有利于保护出租人的利益，同时，承租人丧失了期限利益，也是对承租人违约行为的一种惩罚，有利于促使承租人更好地履行自己的义务。

2. 解除合同，收回租赁物，并请求赔偿损失。出租人不选择要求承租人支付全部租金的，可以解除合同，收回租赁物。因为出租人对租赁物享有所有权，这一所有权具有担保其租金债权的功能，所以当承租人违约，出租人解除合同时，出租人可以收回租赁物。

> **第七百五十三条** 承租人未经出租人同意，将租赁物转让、抵押、质押、投资入股或者以其他方式处分的，出租人可以解除融资租赁合同。

【条文主旨】

本条是关于承租人违约出租人可以解除融资租赁合同的规定。

【条文释义】

本条规定出租人一方可以解除融资租赁合同的情形，以承租人违约作为解约的前提条件，针对承租人擅自处分租赁物的行为，这类行为对出租人的租赁物所有权和租金债权的实现均构成严重威胁，属于承租人的严重违约。

出租人对租赁物名义上享有所有权，而本质上这种所有权起到的是担保作用。在出租人与承租人的内部关系上，中途不可解约性是融资租赁合同的一个重要特征。由于租赁物系承租人选定或为承租人定制，如果允许承租人中途解约，即使将租赁物返还给出租人，一般也难以再次转让并弥补出租人的损失；而租赁物一般价值较大，系承租人长期使用的资产，如允许出租人任意解约，也将给承租人的生产经营带来不利影响，因此，各国一般均规定融资租赁合同不得中途解约。同时，由于融资租赁合同这一特殊性，在合同条款中通常也会明确规定在合同有效期内，当事人双方无正当、充分的理由，不得单方要求解约或退租；而融资租赁的交易形式又使得承租人通常具有权利外观，因此承租人无权处分租赁物的风险始终存在。融资租赁合同租赁期限届满之前租赁物由承租人占有、使用，并且实践中为了便于承租人账务处理或获得一定的税收优惠，出租人购买租赁物时往往让出卖人出具以承租人为购买人的税务发票，或将一些融资租赁资产登记在承租人名下。在此情况下，承租人可能凭借其对租赁物的实际控制和相关证明材料，在未经出租人同意的情况下，将租赁物转让、转租、抵押、质押、投资入股或者以其他方式处分。由于融资租赁合同租赁期限届满之前，租赁物归出租人所有，承租人的上述行为显然构成无权处分。

承租人未经出租人同意，将租赁物转让、抵押、质押、投资入股或者以其他方式处分的，侵犯了出租人对租赁物的所有权，符合本法第563条第1款第4项"有其他违约行为致使不能实现合同目的"当事人可以解除合同的规定，出租人有权解除合同。

而在对外关系上，为了消灭隐形担保物权，优化营商环境。依照本法第745条，出租人对租赁物享有的所有权，未经登记，不得对抗善意第三人。即在融资租赁合同下，承租人无权处分租赁物的应当依照本法第414条关于担保领域权利竞合的清偿顺序的规定依次实现权利：首先，租赁物上已登记的所有权及其他担保物权，按照登记的时间先后确定清偿顺序；其次，租赁物上已登记的所有权及其他担保物权优先于未登记的受偿；再次，租赁物上的所有权及其他担保物权未登记的，按照债权比例清偿。

> **第七百五十四条** 有下列情形之一的，出租人或者承租人可以解除融资租赁合同：
>
> （一）出租人与出卖人订立的买卖合同解除、被确认无效或者被撤销，且未能重新订立买卖合同；
>
> （二）租赁物因不可归责于当事人的原因毁损、灭失，且不能修复或者确定替代物；
>
> （三）因出卖人的原因致使融资租赁合同的目的不能实现。

【条文主旨】

本条是关于出租人和承租人均可解除融资租赁合同的情形的规定。

【条文释义】

本法第 562 条和第 563 条分别规定了合同约定解除和合同法定解除的一般情形，本条是基于第 563 条法定解除的情形针对融资租赁合同作出的特别规定。

与一般租赁合同一样，融资租赁合同也得基于特定的原因解除。但基于交易模式的特殊性，融资租赁合同的一个很重要的特性就是合同的不可中途解约性，因此，合同条款通常约定当事人双方无正当、充分的理由，不得单方要求解约或退租。作为合同双方均可解约的情形，本条规定并未考虑出租人或承租人是否存在违约行为或主观上的过错，而是以融资租赁合同客观上的履行不能作为解除的前提。第 1 项、第 2 项情形均以承租人无法继续占有、使用租赁物作为合同解除的条件，至于合同解除后的返还及赔偿责任则可以依双方的过错由人民法院作出裁决。第 3 项是将出卖人的原因纳入双方均可解约的情形，理由有两个：一是融资租赁的合同目的无法实现，客观履行不能；二是在因出卖人的原因导致融资租赁合同无法继续履行时，给承租人以解除融资租赁合同的方式进行救济的权利，避免因出租人不解除买卖合同，导致承租人非因自身过错仍要持续负担融资租赁合同义务的情形。以上三种情形具体分析如下：

1. 出租人与出卖人订立的买卖合同解除、被确认无效或者被撤销，且未能重新订立买卖合同。一般来说，融资租赁要有三方当事人（出租人、承租人和出卖人）参与，通常由两个合同（融资租赁合同、买卖合同）或者两个以上的合同构成。由此产生了融资租赁交易中因买卖合同中产生的诉争及损失是否可以通过融资租赁合同予以救济，以及如何救济的问题。融资租赁合同和买卖合同是相互联系、相互影响的，各自虽具有独立性，但又并不完全独立，而是在一定意义上以对方的存在为条件。在典型的融资租赁交易中，买卖合同系为融资租赁合同而订立，融资租赁合同是买卖合同订立的前提，因此，买卖合同与融资租赁合同的效力、履行与解除必然互相影响。一方面，融资租赁交易中涉及买卖合同的诉争应当依据本法买卖合同章及买卖合同司法解释的规定予以解决。另一方面，若出租人与出卖人订立的买卖合同被解除、确认无效或者被撤销，承租人与出租人间的融资租赁合同可能即因此丧失履行的基础和意义，因此，出租人与承租人均可解除融资租赁合同。

2. 租赁物因不可归责于当事人的原因毁损、灭失，且不能修复或者确定替代物。在融资租赁中，融资租赁合同的租赁物即是买卖合同的标的物。融资租赁合同最重要的法律特征就是融资与融物相结合，目的为融资，形式为融物，融资为融物服务。因此，当租赁物毁损、灭失，且不能修复或者确定替代物时，融资租赁合同不再具有履行的可能性及意义；在上述毁损、灭失不可归责于当事人时，承租人及出租人均可解除融资租赁合同。

不可归责于当事人的事由有下列几种情况：第一，因不可抗力的原因造成租赁物毁损、灭失的。不可抗力的条件是不能预见、不能避免，并且不能克服。如承租人租赁生产设备的，由于发生洪水，大水冲进设备致使设备损坏，这种损坏是当事人双方难以克服的。第二，因意外事件造成租赁物毁损灭失的。例如，承租人租赁飞机正常航行，被一飞鸟撞毁，经过认定承租人本人无过错，飞机的损害是由飞鸟撞击的意外事件造成的。

3. 因出卖人的原因致使融资租赁合同的目的不能实现。因出卖人的原因致使融资租赁合同的目的不能实现，与不可归责于融资租赁合同当事人的不可抗力、意外事件致使不能实现合同目的的合同解除事由系依照相似事务相同处理的原则进行规定。一方面，出卖人因其过失或其他原因导致提供的租赁物不符合融资租赁合同的要求或者无法实现融资租赁合同目的，而融资租赁合同最重要的法律特征就是融资与融物相结合，目的为融资，形式为融物，融资为融物服务；另一方面，对于融资租赁合同而言，出卖人的原因属于不能归责于融资租赁合同双方当事人的事由。因此出租人和承租人均可解除融资租赁合同。

> 第七百五十五条 融资租赁合同因买卖合同解除、被确认无效或者被撤销而解除，出卖人、租赁物系由承租人选择的，出租人有权请求承租人赔偿相应损失；但是，因出租人原因致使买卖合同解除、被确认无效或者被撤销的除外。
>
> 出租人的损失已经在买卖合同解除、被确认无效或者被撤销时获得赔偿的，承租人不再承担相应的赔偿责任。

【条文主旨】

本条是对融资租赁合同因买卖合同解除、被确认无效或者被撤销而解除后的损失赔偿问题的规定。

【条文释义】

融资租赁合同因买卖合同解除、被确认无效或者被撤销而解除的，属于因融资租赁合同当事人以外的原因导致合同解除，承租人虽无违约行为，但如果买卖合同的出卖人、租赁物系由承租人选择，承租人亦应当对选择的后果负责，即对由此而给出租人造成的损失承担赔偿责任。需要注意的是，买卖合同如因出租人的过错而被解除、被撤销或被确认无效的，承租人对融资租赁合同的解除不承担损失赔偿责任，出租人应自担其责。

由于融资租赁合同解除对出租人造成的损失与买卖合同被解除、被撤销或被确认无效对出租人造成的损失往往存在一定的交叉和重合，为保护承租人的合法权益，避免出租人通过在不同法律关系中分别求偿而获得双重利益，本条规定出租人在买卖合同中已经获得赔偿的，应在融资租赁合同的索赔中相应予以扣减。

本条在适用过程中应当注意以下问题：第一，出租人求偿的适用条件。出租人主张损失赔偿的前提是其对买卖合同的无效、被撤销或被解除均不具有可归责事由，否则，如出租人因其行为或过错导致买卖合同存在瑕疵并进而导致融资租赁合同被解除，其不享有求偿权。实践当中，出租人存在可归责事由的情形包括：出租人不履行价款支付义务，导致买卖合同被解除的；因出租人单独或与出卖人的共同过错，导致买卖合同无效或被撤销的；出租人干预选择出卖人、租赁物，或承租人依赖出租人的技能确定租赁物，等等。上述情形下，出租人或者对买卖合同的缔结施加了影响，或者对买卖合同的无效、被撤销、被解除存在过错，自然应承担由此产生的不利后果，而不应再转嫁风险，向承租人主张赔偿。

第二，出租人赔偿损失的抵扣。出租人作为买卖合同的买受人，如其因买卖合同导致的损失已经通过买卖合同的救济得到补偿，则此部分受偿金额应当在其以此为由再向承租人主张时予以抵减，以免造成出租人因同一损失而双重赔偿。

第七百五十六条 融资租赁合同因租赁物交付承租人后意外毁损、灭失等不可归责于当事人的原因解除的，出租人可以请求承租人按照租赁物折旧情况给予补偿。

【条文主旨】

本条规定了因租赁物意外毁损、灭失导致融资租赁合同解除时的法律后果。

【条文释义】

本法第 751 条规定了租赁物意外毁损、灭失时的风险负担规则，同时又在第 754 条规定了租赁物意外毁损、灭失时的合同解除权，从体例上看，这延续了我国合同法时期关于风险负担规则和合同解除的二元立法体例，因此，同样会产生风险负担与合同解除竞合的问题。当二者竞合时，是依据风险负担规则进行处理，由承租人继续向出租人支付租金，还是根据合同解除制度对合同关系进行处理？

租赁物意外毁损、灭失，当事人均不具有可归责性，不存在违约损失赔偿问题，故风险负担规则与合同解除相竞合时，需要平衡和协调的关键问题是租赁物的所有者——出租人可以获得多大范围的利益补偿：按风险负担的一般原则，融资租赁合同中的风险由承租人负担，出租人可以主张全部租金利益（包括了租赁物本身的价值和利润）；但若解除合同，则只能根据本法第566条的规定，对合同解除的后果进行清理。因融资租赁合同为持续性合同，合同解除不具有溯及力，故当事人已经履行的不再返还和恢复原状，但尚未履行的可以终止履行。对出租人而言，尚未支付的租金可以不再支付，相应地，承租人对租赁物也无权继续占有，应返还给出租人。因租赁物已经毁损、灭失，造成了客观上的返还不能，所以承租人应承担代物返还义务，将租赁物折价后的价值金额返还给出租人，即此时出租人能够获得的仅为租赁物自身的价值。由此可见，适用风险负担规则还是合同解除制度，主要差异在于对出租人的利润损失是否予以补偿。

对于出租人的利益补偿标准的差异，法律应如何取舍始终存在两种理论意见：一种观点认为融资租赁合同中的风险即为租金风险，既然风险由承租人负担，则承租人应对出租人的全部损失予以补偿，包括租金在内的可得利益损失均属补偿范围，这是风险负担原则的应有之义。这种观点实际上是主张二者竞合时应适用风险负担制度；第二种观点认为，承租人对租赁物损毁、灭失并无过错，让承租人承担出租人的全部租金损失，相当于使承租人负担了与严重违约而解除合同时相同的损失赔偿法律后果，这样既不利于公平分配双方损失，也不利于引导当事人诚信守约。因此，两者竞合时应按照合同解除的后果进行处理，承租人仅需补偿出租人的实际损失即可。

经权衡研究，最终采纳了第二种意见，根据利益平衡原则，对规范竞合时的法律适用和出租人利益如何补偿问题作出了规定，以其统一司法尺度。作出此种选择的主要考虑是：（1）风险负担和合同解除竞合时，如何选择和适用规则，涉及价值衡量问题，需要考量在融资租赁这种特殊的交易形式下，适用哪一项制度更有利于保障和实现公平。从规则设立的初衷考察，风险负担规则和合同解除制度无疑都体现了公平的价值，都具有制度上的合理性，但在具体适用于融资租赁交易时，二者确实存在程度上的差异。风险负担规则体现的是风险与利益相一致原则，但在出租人和承租人双方均无归责事由的情况下，如无特殊约定，让承租人承担全部租金风险，则其不但要承受租赁物自身的损失，而且还要负担出租人的利润损失，而出租人却不承担租赁物意外损毁、灭失的任何不利后果，这对承租人不免过于严苛，负担过重。如果适用合同解除制度，承租人承担的是返还原物义务，因返还不能而代之以折价补偿，利润损失则由出租人合理分担，兼顾平衡了双方的利益，避免了风险负担规则下，对出租人完全保护、承租人完全负担损失的极端处理方式。因此，二者相比，适用合同解除制度更能体现公平原则。(2) 租赁物意外毁损、灭失而导致合同目的落空时，如果采用风险负担规则，由承租人承担租金损失，实际上是支持了出租人的全部可得利益，这与承租人违约而解除合同时，承租人应承担的可得利益损失赔偿范围完全一致，即无论承租人是否违约、是否具有可归责事由，其承担的损失后果却是完全相同的，这显然不利于引导人们诚实守信，因而不合理、不公平。故对于融资租赁合同而言，两者竞合时，按照合同解除制度进行处理更具有合理性。

综上，通盘考虑本法相关规定可知，当租赁物意外毁损、灭失时，融资租赁合同可以解除时，法律赋予当事人可以自由选择的两种处理方式：如果当事人不行使解除权，则按风险负担规则处理，承租人应当继续支付租金，实际上是承担了租金的风险，但却可以避免合同解除后一次性补偿出租人的资金压力，从而获得分期支付的期限利益；如果当事人行使解除权，则风险负担规则不再适用，而代之以合同解除制度的登场，承租人应承担返还租赁物的义务，并承担返还不能时的代物清偿义务，即按租赁物的价值对出租人给予补偿。

合同解除时，承租人补偿出租人的租赁物价值中包含了剩余租赁期限内租赁物的价值和租赁期届满后租赁物的残值两部分，如果融资租赁合同事先约定租赁期满后租赁物的残值属于承租人所有，则承租人可以在支付的补偿金额中扣除应属于自己的残值部分。

> **第七百五十七条** 出租人和承租人可以约定租赁期限届满租赁物的归属；对租赁物的归属没有约定或者约定不明确，依据本法第五百一十条的规定仍不能确定的，租赁物的所有权归出租人。

【条文主旨】

本条是关于租赁期限届满租赁物归属的一般规定。

【条文释义】

在传统租赁中，承租人的一项主要义务就是于租赁期限届满时，将租赁物返还给出租人。而在融资租赁中，租赁期限届满，承租人一般可以有三种选择权：留购、续租或退租。留购是指租期届满，承租人支付给出租人一笔双方商定的设备残值（名义货价），取得租赁物的所有权。续租是指租期届满，承租人与出租人更新合同，继续承租租赁物，承租人按新合同支付租金；或者承租人未退回租赁物，出租人同意合同继续有效至承租人退回租赁物或者留购租赁物，承租人按原合同支付租金，直至合同终止。退租是指租期届满，承租人负责将处于良好工作状态的租赁物按出租人要求的运输方式运至出租人指定的地点。由此而产生的一切支出，如包装、运输、途中保险等费用均由承租人承担。在这三种租赁物的处理方式中，出租人更愿意选择留购这一处理方式。实践中，出租人关心的是如何收回其投入以及盈利，而对租赁物的使用价值没有多大兴趣，大多数融资租赁交易均把承租人留购租赁物作为交易的必要条件。如果选择另外两种方式处理租赁物，仍面临着租赁物的最终处理问题，出租人并不希望保留租赁设备。

如果当事人双方对于租赁物的归属没有约定或者约定不明确时，可以依照本法第510条的规定协议补充；不能达补充协议时，应依照合同有关条款或者交易习惯加以确定。如果合同双方当事人既不能就租赁物的归属达成补充协议，又不能根据合同有关条款或者交易习惯确定时，租赁物的所有权归出租人享有。这是因为，融资租赁与传统租赁一样，在租赁期限内，租赁物的所有权归出租人。租赁期限届满时，如果承租人未支付名义货价，即使名义货价只值1分钱，承租人也不能取得租赁物所有权，租赁物所有权仍归出租人享有。

> **第七百五十八条** 当事人约定租赁期限届满租赁物归承租人所有，承租人已经支付大部分租金，但是无力支付剩余租金，出租人因此解除合同收回租赁物，收回的租赁物的价值超过承租人欠付的租金以及其他费用的，承租人可以请求相应返还。
>
> 当事人约定租赁期限届满租赁物归出租人所有，因租赁物毁损、灭失或者附合、混合于他物致使承租人不能返还的，出租人有权请求承租人给予合理补偿。

【条文主旨】

本条是关于承租人请求部分返还租赁物价值的规定。

【条文释义】

根据本法第752条的规定，承租人不支付租金时，出租人有权解除合同，收回租赁物，这是由出租人享有的租赁物所有权所决定的。但是出租人所有权是一项受其租金债权严格制约的权利，在融资租赁交易中，与租赁物所有权有关的风险与收益实质上都转移给承租人了，出租人的所有权仅具担保的意义。因此，当承租人违约时，出租人有权解除合同，收回租赁物，并要求承租人赔偿损失。即在融资租赁实践与担保相同，融资租赁中租金的本质为还本付息，进而赎回租赁物实现担保物权，因此禁止流质流押情形的发生。但鉴于出租人对租赁人物享有的权利实质为担保物权，仅在形式上表现为所有权，出租人于承租人不能支付租金的情形下，解除融资租赁合同收回租赁物无须经过人民法院同意，但应当进行强制清算。租赁物的价值超过剩余欠款的，出租人应当予以返还。因为在融资租赁实践中，损害赔偿金是以相当于残存租金额或者以残存租金额减去中间利息计算的。这样出租人不仅收回了租赁物，而且可以获得一笔相当于残存租金额的损害赔偿金。而在融资租赁合同完全履行时，出租人仅可取得全部租金及期满后取得租赁物的残余价值。由此可以看出，如果不进行强制清算，出租人中途解约取得的利益，比合同全部履行本应得到的利益还要多。这不仅不公平，而且由于利益驱动，会使出租人尽量使用解除合同的办法，不利于融资租赁合同关系的稳定。

为了解决上述问题，本条规定，当事人约定租赁期限届满租赁物归承租人所有，承租人已经支付大部分租金，但无力支付剩余租金，出租人因此解除合同收回租赁物的，收回的租赁物的价值超过承租人欠付的租金以及其他费用的，承租人可以请求部分返还。也就是说，出租人因收回租赁物而所得，无论按所评估的公允价值，还是按公开拍卖的实际所得，都不直接归出租人所有。这一所得必须与出租人这时的租金债权，即承租人尚未付清的租金及其他费用作比较。只有出租人收回租赁物的所得等于出租人的租金债权的部分时，才归出租人所有，超出租金债权部分，是出租人多得的利益，应返还给承租人，或者充作承租人支付的损害赔偿金，不足部分仍应由承租人清偿。

当事人约定了租期届满租赁物归属于出租人的，租赁物在承租人处因毁损、灭失或者附合、混合于他物致使承租人不能返还的，因为风险应该由承租人负担，所以承租人应该向出租人补偿租赁物的残值。

> **第七百五十九条** 当事人约定租赁期限届满，承租人仅需向出租人支付象征性价款的，视为约定的租金义务履行完毕后租赁物的所有权归承租人。

〖条文主旨〗

本条是关于支付象征性价款时租赁物归属的规定。

【条文释义】

在传统租赁中，承租人的一项主要义务就是于租赁期限届满时，将租赁物返还给出租人。而在融资租赁中，鉴于租赁物对于出租人和承租人的价值不同，合同双方通常会约定租赁期限届满租赁物的归属。合同双方未约定的，承租人一般可以有三种选择权：留购、续租或退租。其中留购即指租期届满，承租人支付给出租人象征性价款，于租赁义务履行完毕后取得租赁物的所有权。一方面，在上述三种租赁物的处理方式中，出租人更愿意选择留购这一处理方式。实践中，出租人关心的是如何收回其投入以及盈利，而对租赁物的使用价值兴趣不大，大多数融资租赁交易均把承租人留购租赁物作为交易的必要条件。如果选择另外两种方式处理租赁物，仍面临着租赁物的最终处理问题，出租人并不希望保留租赁设备；另一方面，融资租赁的域外实践中，通常采取约定支付象征性价款的方式确定租赁期限届满租赁物归属的方式。在我国融资租赁业务发展的初期对此有所借鉴，也因此保留、发展成为实践中融资租赁合同的通常条款。所以，这种租赁期限届满，承租人仅须向出租人支付象征性价款的约定，实际上使得在租赁物归属约定不明的情形下，在依照本法第 757 条规定判断顺序之前，承租人即通过支付象征性价款的方式于租金义务履行完毕后取得租赁物的所有权。因此，本条兼顾法律逻辑与融资租赁实际业态作出明确规定。

> **第七百六十条　融资租赁合同无效，当事人就该情形下租赁物的归属有约定的，按照其约定；没有约定或者约定不明确的，租赁物应当返还出租人。但是，因承租人原因致使合同无效，出租人不请求返还或者返还后会显著降低租赁物效用的，租赁物的所有权归承租人，由承租人给予出租人合理补偿。**

【条文主旨】

本条是融资租赁合同无效时租赁物归属的规定。

【条文释义】

合同法规范在本质上属于任意性、补充性的规范，合同法也更多地体现出了约定优先的指导思想。商人是自身利益的最好判断者，融资租赁合同是平等市场主体之间签订的合同，合同条款的约定本身就包含了出租人和承租人双方对履约成本、履约收益和履约风险的判断。因此，鼓励融资租赁双方当事人以市场化的方式对合同的履行和解除、租赁物的风险负担、租赁物清算等问题作出约定，以减少诉讼风险和损失的不确定性。融资租赁合同无效的，应当依照当事人间就租赁物归属的约定履行。当事人没有约定或约定不明的，出租人作为租赁物的所有权人应当收回租赁物。但是实践中，租赁物通常为承租人所选，且为承租人生产经营所需，租赁物在出租人手中不能发挥其效用，不利于租赁物价值的实现和承租人、出租人利益的最大化。因此，在融资租赁合同无效的事由系承租人导致的情形下，可以由承租人取得租赁物的所有权，并由承租人根据合同履行情况和租金支付情况就租赁物向出租人作出经济补偿。

第十六章 保理合同

保理合同是应收账款的债权人将应收账款转让给保理人，保理人提供资金支持以及应收账款管理、催收、付款担保等服务的合同。在立法过程中，有的意见认为，保理业务可以为实体企业提供综合性金融服务，特别是可以为中小型企业拓宽融资渠道。当前我国保理业务发展迅猛、体量庞大，保理合同纠纷在司法实践中亦处于增长态势。但也存在一些问题，时常发生纠纷，亟须立法加以规范。有的意见则认为，保理业务虽然重要，但民法典应当从法理逻辑和法典体系出发，不应仅仅着眼于具体问题的解决。保理业务在交易实践和司法实践中，最为急需的规则不是保理合同的特殊规则，而是债权转让的一般规则，而保理所涉及的资金融通、应收账款管理和催收、付款担保等服务均有对应的或者类似的合同类型。因此，无须增设保理合同作为典型合同，而应解决债权转让的一般规则。

经研究，保理业务作为企业融资的一种手段，在权利义务设置、对外效力等方面具有典型性。对保理合同作出明确规定，提供清晰的交易规则和司法裁判规则，一方面针对保理合同的特殊问题予以规定，另一方面补充债权转让的一般性规则。这有利于促进保理业务的发展，缓解中小企业融资难、融资贵的问题，也有利于对保理业务进行规范，规制保理业务当前出现的一些问题，使得保理业务能够健康地、有序地发展，进而促进我国实体经济发展。在具体规定中，规定的重点是债权转让一般规则的补充。保理所涉及的资金融通、应收账款管理和催收、付款担保等均有对应的或者类似的合同类型，足以供保理合同参照适用。

本章共九条，对保理合同的概念、内容和形式、虚构应收账款的保理、保理人发出转让通知、保理后变更或者终止基础交易合同、有追索权保理、无追索权保理和多重保理等作了规定。

> **第七百六十一条　保理合同是应收账款债权人将现有的或者将有的应收账款转让给保理人，保理人提供资金融通、应收账款管理或者催收、应收账款债务人付款担保等服务的合同。**

【条文主旨】

本条是关于保理合同概念的规定。

【条文释义】

保理合同，是以债权人转让其应收账款为前提，集资金融通、应收账款催收或者管理、付款担保等服务于一体的综合性金融服务合同。保理目前在我国区分为银行业保理和商业保理。

保理法律关系，涉及保理商与债权人、保理商与债务人之间不同的法律关系，债权人与债务人之间的基础交易合同是成立保理的前提，而债权人与保理商之间的应收账款债权转让则是保理关系的核心。这与单纯的借款合同有显著区别，故不应将保理合同简单视为借款合同。

按照本条规定，保理合同必须具备的要素是应收账款债权的转让，没有应收账款的转让就不能构成保理合同。所谓应收账款，是指权利人因提供一定的货物、服务或设施而获得的要求债务人付款的权利以及依法享有的其他付款请求权，包括现有的和未来的金钱债权，但不包括因票据或其他有价证券而产生的付款请求权以及法律、行政法规禁止转让的付款请求权。

除了必须具备的应收账款转让之外，保理合同还需要保理人提供资金融通、应收账款管理或者催收、应收账款债务人付款担保等服务。资金融通，是指保理人应债权人的申请，在债权人将应收账款转让给保理人后，为债权人提供的资金融通，包括贷款和应收账款转让预付款。应收账款催收，是指保理人根据应收账款账期，主动或应债权人要求，采取电话、函件、上门等方式直至运用法律手段等对债务人进行催收。应收账款管理，又称为销售分户账管理，是指保理人根据债权人的要求，定期或不定期向其提供关于应收账款的回收情况、逾期账款情况、对账单等财务和统计报表，协助其进行应收账款管理。付款担保，是指保理人与债权人签订保理合同后，为债务人核定信用额度，并在核准额度内，对债权人无商业纠纷的应收账款，提供约定的付款担保。除了这些服务之外，保理合同中，保理人提供的服务通常还包括资信调查与评估、信用风险控制等其他可认定为保理性质的金融服务。这些服务均有对应的或者类似的合同类型供参照适用，例如，如果保理人提供应收账款债权的管理和催收服务，则保理人负有相当于一般委托合同受托人或者信托合同受托人的义务，在管理和催收债权时应当尽到注意义务，如应当及时催收诉讼时效期间即将届满的债权；就付款担保而言，提供担保的保理人居于担保人的地位，可参照担保的一般规则处理。

保理合同必备的要素是应收账款转让，除此之外，构成保理合同，还要保理人提供资金融通、应收账款管理或者催收、应收账款债务人付款担保等服务，但是保理人并非必须提供上述所有各项的服务，仅要求提供一项即可。无论如何，无应收账款转让的，不构成保理合同；但是，仅仅只是应收账款转让的，也同样不构成保理合同。保理人提供哪些服务，取决于保理人和应收账款债权人之间的约定。

【案例分析】

"航天科工哈尔滨风华有限公司、平安银行股份有限公司天津分行合同纠纷案"【最高人民法院（2019）最高法民申848号民事裁定书】对当事人成立保理法律关系进行了认定。相关裁判摘要如下：本院经审查认为，根据原审查明事实，平安银行与金能量公司签订的《保理合同》《贷款合同》均系双方当事人的真实意思表示，合法有效。依据上述合同，金能量公司将其在相关基础合同项下对风华公司享有的应收账款债权转让给平安银行，并向平安银行申请保理融资，且风华公司向平安银行出具《应收账款转让通知确认书》表示知悉并同意应收账款转让事项和应收账款到期日，确认对该应收账款无异议，平安银行与金能量公司就前述应收账款转让事项在人民银行进行了应收账款转让登记，故平安银行与金能量公司、风华公司间形成保理法律关系。根据《保理合同》约定，金能量公司向平安银行提供保理融资的方式为单笔保理授信，具体授信方式包括贷款，并约定回款账户为金能量公司保理回款专户，且《贷款合同》中约定的回款账户也与《保理合同》项下的保理专户一致。随后，平安银行依约发放两笔保理融资款。因此，风华公司关于本案中两笔贷款不是保理贷款而是普通贷款，本案案由不是保理合同纠纷的主张，与在案证据证明的事实不符，本院不予支持。

> 第七百六十二条　保理合同的内容一般包括业务类型、服务范围、服务期限、基础交易合同情况、应收账款信息、保理融资款或者服务报酬及其支付方式等条款。
> 保理合同应当采用书面形式。

【条文主旨】

本条是关于保理合同内容和形式的规定。

【条文释义】

本条第1款规定了保理合同中所一般包含的内容。保理合同的内容一般包括业务类型、服务范围、服务期限、基础交易合同情况、应收账款信息、保理融资款或者服务报酬及其支付方式等条款。保理合同的具体内容由保理人和应收账款债权人具体约定，本款仅仅是倡导性的规定，仅是对保理合同通常所包含内容的总结。

需要具体说明的是其中的业务类型。保理业务按照不同的标准可以被区分为不同的类型。按照保理人在债务人破产、无理拖欠或无法偿付应收账款时，是否可以向债权人反转让应收账款，或者要求债权人回购应收账款、归还融资，可以区分为有追索权保理和无追索权保理。该分类是保理业务的基础性分类，本法第766条和第767条分别规定了有追索权保理和无追索权保理。按照是否将应收账款转让的事实通知债务人，可分为公开型保理和隐蔽型保理。按照基础交易的性质和债权人、债务人所在地，保理可分为国际保理和国内保理。

另外还需要说明的是基础交易合同。基础交易合同，是应收账款债权人与债务人签订的据以产生应收账款的有关销售货物、提供服务或出租资产等的交易合同及其全部补充或者修改文件。基础交易合同的存在是保理合同订立的前提，虽然两者有关权利义务关系的约定存有牵连，但两者并非主从合同关系，而是相对独立的两个合同。

本条第2款明确规定了保理合同应当采用书面形式。由于口头形式没有凭证，容易发生争议，发生争议后，难以取证，不易分清责任，而保理合同较为复杂，出于保护交易安全、避免纠纷的需要，保理合同应当采用书面形式。

> **第七百六十三条** 应收账款债权人与债务人虚构应收账款作为转让标的，与保理人订立保理合同的，应收账款债务人不得以应收账款不存在为由对抗保理人，但是保理人明知虚构的除外。

【条文主旨】

本条是关于保理中虚构应收账款的规定。

【条文释义】

应收账款虚假，是保理实践中的突出问题。此时，债权转让合同或者保理合同并非因此当然无效，但保理人有权依法以欺诈为由请求撤销其与债权人之间的合同，同时依据本法第 157 条的规定，有权请求债权人承担撤销后的返还财产、赔偿损失责任。但是，债务人是否以及如何向保理人承担责任，在实践中争议较大，因此本条对此予以明确规定。当然，这个问题不仅在保理中存在，在其他债权转让中也同样存在，在其他债权转让中如果出现类似的问题，可以参照适用本条予以处理。

针对此种情形，其他各国家和地区的法律存在不同的规定方式。无论采取哪一种立法方式，共识是此种情形中，债务人应当向受让人（保理人）承担责任，区别在于所承担的责任是债务人不得以债权不存在为由对受让人提出抗辩，而必须履行本不存在的债权所对应的债务，还是对受让人承担侵权赔偿责任，但是最终的结果并无实质区别。经研究，对此种情形明确予以规定，并采取债务人不得以债权不存在为由对受让人提出抗辩的方式，有助于实践中债务人承担责任的数额的确定，能够对受让人（保理人）的利益予以充分保护。

本条适用的前提，首先是作为转让标的的应收账款不存在。其次是应收账款不存在是因为应收账款债权人与债务人虚构。虚构的方式是多样的，可能是：（1）应收账款债权人与债务人通谋以虚假的意思表示制造了虚假应收账款的外观。（2）债务人向保理人确认应收账款的真实性，制造了虚假应收账款的外观。虽然债权一般不具有权利外观，原则上不适用善意取得，但是，在本条所针对的情形中，债权在例外情况下具有一定的权利外观，对据此产生信赖的债权受让人（保理人）应当予以保护。最后是保理人因此对应收账款存在产生了合理的信赖，从而签订了保理合同。保理人必须因应收账款债权人与债务人的虚构对应收账款存在产生了合理的信赖，在受让人未对此有所信赖的情形，受让人并未因信赖而蒙受不利益。同时，保理人的信赖必须是合理的。本条中的应收账款不包括因票据或其他有价证券而产生的付款请求权，而仅仅是普通的债权。普通债权与票据等证券化债权不同，保理人本来就没有充分理由仅依据债权存在的外观而信赖债权的真实存在，而负有必要的调查核实的义务。保理人调查核实债权真实性有时成本较高，例如在债权打包转让的情形中，涉及大量债权，保理人单独对涉及这些债权的发票或者合同逐一核实，审查难度较大。因此，在实践中，保理人通常会向债务人调查核实。如果债务人确认了债权的真实性，虽然不应因此而完全免除保理人的调查核实义务，但此时，保理人一般能够相信债务人不存在债权真实性的抗辩，这会使得保理人对债权真实性的审核义务降低，保理人的合理信赖更容易构成。因此，本条规定了在保理人明知债权不存在的情形下，保理人就不存在合理信赖，不能适用本条予以保护。这一方面，考虑到了在债务人确认的情形中，受让人对债权真实性的审核义务较低，仅限于保理人"明知"债权不存在的情形中才不适用本条规定，这有助于避免过分增加受让人的审核义务。另一方面，保理人也不能因为债务人的确认而完全不对债权进行任何的调查核实，在保理人完全可以通过成本较低的审核措施就能够发现债权不存在的情形中，就有理由认为保理人对债权不存在是明知的。

本条适用的法律后果是，应收账款债务人不得以应收账款不存在为由对抗保理人。这意味着，在债务人虚构或者确认债权的范围内，保理人仍有权请求债务人履行如同债权存在时相对应的债务，债务人不得以应收账款实际上不存在为由对保理人提出抗辩。

【案例分析】

"中国江苏国际经济技术合作集团有限公司、中国建设银行股份有限公司上海杨浦支行合同纠纷案"【最高人民法院（2019）最高法民申 2994 号民事裁定书】认为应收账款虚假时，在保理人不知情的情况下，债务人不得以此对抗保理人，相关裁判摘要如下：本院经审查认为，保理为基于应收账款债权让与的综合性金融服务，案涉《保理合同》为包含金融借贷、债权让与在内的混合合同。邦丰实业与中江集团间的基础合同虽系虚假，但无证据证明建行杨浦支行明知基础合同为虚假而与邦丰实业签订案涉《保理合同》，故在案涉《保理合同》未经撤销的情况下，仍具有法律拘束力。在应收账款债权让与过程中，中江集团明知基础合同为虚假，仍向建行杨浦支行出具系列《付款承诺书》及回执，注明应付账款的数额、到期时间，以书面形式确认应收账款债权的真实性和有效性，并在《付款承诺书》中承诺不以任何包括上述商务合同执行中的争议等为理由向建行杨浦支行拒付。因此，中江集团不得以案涉基础合同无效对抗不知情的建行杨浦支行，其仍应依照《保理合同》、系列《付款承诺书》及回执，以所确认的债务金额为限向建行杨浦支行承担付款责任。

> **第七百六十四条　保理人向应收账款债务人发出应收账款转让通知的，应当表明保理人身份并附有必要凭证。**

【条文主旨】

本条是关于保理人发出转让通知的规定。

【条文释义】

保理合同的核心是应收账款债权转让，在此应当适用本法关于债权转让的一般规则，即债权人转让债权，未通知债务人的，该转让对债务人不发生效力。

但是，问题是保理人是否有权单独向债务人发出转让通知。在一般的债权转让中，转让通知的发出主体，不同的立法例有不同的规定。经研究，不同立法例存在的共识是，让与人可以发出转让通知，因为此时债务人无须对债权是否转让予以审核，不会增加债务人的负担；而受让人发出转让通知的，债务人并无充分理由予以相信。因此，允许受让人发出转让通知的观点和立法例，往往同时认为此时应当提出受让人已经取得债权的必要凭证。但真正的问题在于何为必要凭证以及债务人对这些凭证的审核义务程度。对于债务人而言，过高或者过低的审核义务都会导致价值权衡上的进退维谷无法避免。因此，在一般的债权转让中，发出转让通知的主体原则上应当仅限于让与人。

在保理合同中，实践中的大多数情形都是保理人发出通知，因为其对此具有重大利益，以避免债务人在转让发生后仍向债权人履行债务，故保理人更有动力主动发出通知。因此，本条规定，保理人向应收账款债务人发出应收账款转让通知的，应当表明保理人身份并附有必要凭证。基于前述避免增加债务人审核负担的考虑，此时最为重要的是对必要凭证的认定，对此应当采取较为严格的认定方式。

【案例分析】

"中国工商银行股份有限公司上海市青浦支行与上海康虹纺织品有限公司、上海大润发有限公司、施某某、杨乙、杨甲合同纠纷上诉案"【上海市第二中级人民法院（2012）沪二中民六（商）终字第 147 号民事判决书】认为，应收账款转让登记不能免除应收账款转让通知义务。相关裁判摘要如下：关于债权转让登记于央行登记系统是否可以免除债权转让通知义务的问题，本院认为：首先，央行登记系统根据《中华人民共和国物权法》等规范性法律文件，为应收账款质押登记而设。《中华人民共和国物权法》第 228 条第 1 款规定："以应收账款出质的，当事人应当订立书面合同。质权自信贷征信机构办理出质登记时设立。"根据中国人民银行《应收账款质押登记办法》第 4 条规定，中国人民银行征信中心是应收账款质押的登记机构。征信中心建立应收账款质押登记公示系统，办理应收账款质押登记，并为社会公众提供查询服务。上述规定明确了央行登记系统对应收账款质押登记的法律效力。其次，保理业务中债权转让登记无法律法规赋予其法律效力。唯一可参照的依据是《中国人民银行征信中心应收账款质押登记操作规则》附则的规定。根据附则部分规定，登记系统为保理业务中的应收账款转让提供权利公示服务。从表述看，央行登记系统对债权转让登记的定位为"公示服务"，且央行登记系统对债权转让登记并不作实质性审查，故与应收账款质押登记不同，债权转让登记于央行登记系统不发生强制性排他对抗效力。最后，合同法明确规定债权转让对债务人发生法律效力的前提是通知，法律、司法解释或相关规范性法律文件未赋权任何形式的登记以债权转让通知的法律效力。因此，即便债权转让在系争登记系统中进行了登记，也不能免除合同法确定的债权转让通知义务。

> **第七百六十五条** 应收账款债务人接到应收账款转让通知后，应收账款债权人与债务人无正当理由协商变更或者终止基础交易合同，对保理人产生不利影响的，对保理人不发生效力。

〖条文主旨〗

本条是关于基础交易合同协商变更或者终止对保理人效力的规定。

〖条文释义〗

依据保理合同，为保障保理人地位，应收账款债权人负有不减损该应收账款债权价值的义务，因此，债权人不能通过与债务人协商，作出任何使得转让的应收账款债权价值落空或者减损的行为，债权人违反该义务时，保理人有权依法解除保理合同并请求债权人承担违约责任。但问题是，这些行为是否对保理人发生效力。为保护保理人的利益，借鉴国外立法例，本条对此作出明确规定。

本条适用的前提首先是应收账款债权人和债务人协商作出了有关转让债权的民事法律行为。该民事法律行为必须是关于转让债权的，如果不涉及转让债权，不会对保理人发生影响，就不适用本条。其次，该民事法律行为对保理人产生不利影响。这里意味着债权人和债务人通过协商使得应收账款债权的价值落空或者减损，而对保理人产生不利影响。再次，该民事法律行为发生在债务人接到债权转让通知后。债务人接到债权转让通知前，由于债权转让对债务人不发生效力，债务人有权主张债权人仍然对债权有处分权，此时债权人和债务人协商一致作出的民事法律行为，即使导致保理人利益受损，该行为仍然对保理人发生效力，保理人所取得的债权发生相应变动，保理人仅能依法解除保理合同并请求债权人承担违约责任。最后，对保理人产生不利影响的民事法律行为无正当理由。这里所谓的正当理由，一是指经过了保理人的同意。二是指该民事法律行为符合诚信原则且保理人并无合理理由反对的情形，具体可能包括：（1）基础交易合同已约定可变更或者终止的情形。（2）政府合同和复杂的合同安排中，尤其对于数额尚未最终确定的债权。例如，建筑商将对业主的付款请求权转让给保理人并且通知之后，建筑商和业主变更约定业主向建筑商预付款项，以使得建筑商有能力支付工资、购买原料等，从而继续进行建筑工程，如果此种预付是必要的，建筑商可能就会资金链断裂，这就会涉及更换建筑商，交易无法进行，而业主也会拒绝付款，对转让债权的实现最终也会发生不利影响，则应当允许如此变更；如果涉及无法合理预料的工程量增减，也同样应当允许变更。当然，即使该等行为对保理人发生效力，也不影响债权人依照法律规定或者按照约定对保理人承担违约责任。

本条的法律后果是，该民事法律行为对保理人不发生效力。这意味着，保理人仍然可以根据该民事法律行为成立之前的债权状况请求债务人履行支付应收债款的债务。

应当注意的是，在其他债权转让中出现类似的问题，也可以参照适用本条予以处理。

【案例分析】

"烽火通信科技股份有限公司、深圳市华嵘商业保理有限公司合同纠纷案"【湖北省高级人民法院（2017）鄂民终 3301 号民事判决书】认为，基础合同变更对保理人未产生不利影响的，该变更可以对抗保理人。相关裁判摘要如下：折让未获华嵘保理公司同意，能否对抗华嵘保理公司。折让协议系对基础合同项下单笔阶段性待付货款的金额及期限进行协商变更，本质系基础合同双方协商变更合同。从鼓励交易角度，在不损害第三人利益的前提下当然应允许当事人自愿协商修改合同。在保理业务所涉债权转让关系背景下，基础合同双方协商变更合同，还须考虑平衡保理商、债权人、债务人间利益问题，尤其需要平衡无直接合同关系的保理商和债务人间的利益，故应对基础合同双方协商变更合同限定一定的前提和条件。本院认为，为平衡保理商对受让债权原状的信赖利益和债务人对基础合同协商变更或履行变更权益，并适应包括转让未来债权在内的多种保理业务类型，协商变更基础合同应遵循如下限定条件：（1）原则上，转让通知到达债务人后的基础合同变更不对保理商产生约束力；（2）如基础合同的变更不会从根本上影响保理合同目的实现，保理商因基础合同修改所受损失有向债权人的求偿权，该变更亦不属于债权人与债务人恶意串通损害保理商利益的情况，则该变更可对抗保理商。本案中，折让协议的签订目的在于中天信公司以付出银行承兑汇票贴现利息的成本获得货款提前回款利益，减让的折扣即为由银行承兑汇票付款变更为现金付款所获得的贴息补偿，故该折让优惠符合比例合理、等价有偿的交易原则。折让协议不涉及变更账款回款账户，且烽火通信公司折后款项均早于原付款时间汇入保理合同指定专户。依上述事实，折让协议对基础合同履行作出的修改，既未从根本影响保理合同目的的实现，亦不存在双方恶意串通损害华嵘保理公司利益的情况，相反有利于应收账款的提前回款，也有利于此后供货及保理业务的顺利持续开展。故该变更有效，可产生减少相应应付款额的法律后果。

> **第七百六十六条** 当事人约定有追索权保理的，保理人可以向应收账款债权人主张返还保理融资款本息或者回购应收账款债权，也可以向应收账款债务人主张应收账款债权。保理人向应收账款债务人主张应收账款债权，在扣除保理融资款本息和相关费用后有剩余的，剩余部分应当返还给应收账款债权人。

【条文主旨】

本条是关于有追索权保理的规定。

【条文释义】

有追索权保理，是指保理人不承担为债务人核定信用额度和提供坏账担保的义务，仅提供包括融资在内的其他金融服务，有追索权保理在应收账款到期无法从债务人处收回时，保理人可以向债权人反转让应收账款，或要求债权人回购应收账款或归还融资，又称为回购型保理。

基于保理业务的通常实践，避免当事人通过约定排除法定规则的交易成本，以及对保理人负担越大者越需要保理人的明确同意这种解释原则，同时基于基础交易合同关系和保理合同关系的关联性，便于查明事实，减轻当事人讼累，提高审判效率，在保理人和债权人无特别约定或者约定不明确时，本条规定，保理人可以向应收账款债权人主张返还保理融资款本息或者回购应收账款债权，也可以向应收账款债务人主张应收账款债权。

按照本条规定，在追索权保理中，在当事人无特别约定或者约定不明确时，保理人有权选择向应收账款债权人主张返还保理融资款本息或者回购应收账款债权，或者向应收账款债务人主张应收账款债权。

同时，在有追索权保理中，保理人向应收账款债务人主张应收账款债权的，在获得债务人的履行后，首先应当扣除保理融资款本息和相关费用，具体包括：

保理融资款本息、保理商未受清偿的应收账款融资额度承诺费、保理手续费、保理首付款使用费以及其他债权人到期未付款等。在扣除后仍有剩余的这部分保理余款，应当返还给应收账款债权人。

【案例分析】

"中国华融资产管理股份有限公司河南省分公司、马俊伟金融借款合同纠纷案"【最高人民法院（2018）最高法民再192号民事判决书】认为，关于保理类型，金鹰公司与中行新区支行签订的《国内商业发票贴现协议》第22条约定："如已贴现融资的应收账款至发票到期日后30天仍无法收回，保理商有权立即收回融资本息，并有权从卖方账户主动扣款或采取其他办法主动收款，直至收回融资本息。"金鹰公司向中行新区支行出具的《国内商业发票贴现融资申请书》第6条第3款约定："……贵行保留一切必要措施向我司追索融资本息的权利……"据此应当认为，本案属于有追索权的保理。对于有追索权的保理，保理商在债权未获清偿的情况下，不仅有权请求基础合同的债务人向其清偿债务，同时有权向基础合同应收账款债权的让与人追索。本案中，中行新区支行即是同时向金鹰公司主张了追索权，又向天惠公司、华乐公司主张了应收账款债权。虽然中行新区支行基于不同的法律关系分别向多个债务人同时主张，但均在保理法律关系范围之内，目的只有一个，即追回向金鹰公司提供的保理融资款项。因此，本案应当合并审理，并根据各方法律关系认定各债务人的责任顺序和范围。二审法院在一审已经全案审理的情况下，以借款担保合同纠纷与债权转让纠纷并非基于同一法律事实、同一法律关系，不能合并审理为由，驳回中行新区支行对于天惠公司、华乐公司的起诉、华乐公司对中行新区支行的反诉，该处理不符合保理法律关系特征，割裂了多种法律关系之间的内在联系，增加了当事人的诉累，不利于纠纷一体化解决，本院予以纠正。

> **第七百六十七条　当事人约定无追索权保理的，保理人应当向应收账款债务人主张应收账款债权，保理人取得超过保理融资款本息和相关费用的部分，无需向应收账款债权人返还。**

【条文主旨】

本条是关于无追索权保理的规定。

【条文释义】

无追索权保理，指保理人根据债权人提供的债务人核准信用额度，在信用额度内承购债权人对债务人的应收账款并提供坏账担保责任，债务人因发生信用风险未按基础合同约定按时足额支付应收账款时，保理人不能向债权人追索，又称为买断型保理。无追索权保理在性质上属于应收账款债权买卖，保理人受让债权并享有债权的全部清偿利益、负担债权不能受偿的风险，作为债权转让对价的融资款实际上是通过买卖取得债权的价款。

按照本条规定，当事人约定无追索权保理的，保理人应当向应收账款债务人主张应收账款债权，而不能向应收账款债权人主张返还保理融资款本息或者回购应收账款债权。这适用于债务人发生了信用风险的情形，即债务人未按照基础交易合同约定履行债务或者履行债务不符合约定，包括债务人破产、无正当理由不按照约定履行债务等。应当注意的是，无追索权保理并非意味着在任何情形下保理人对债权人均无追索权，一旦发生债务人未及时全额付款，保理人需要根据债务人违约的具体原因来判断追索对象，保理人不再追索应收账款债权人是具有一定前提的，即债务人未及时全额付款系源于其自身信用风险，而非其他原因。如果债务人因不可抗力而无法支付，或者债务人依法主张基础交易合同所产生的抗辩、抵销权或者依法解除基础交易合同而拒绝付款，则保理人仍有权对债权人追索，向应收账款债权人主张返还保理融资款本息或者回购应收账款债权。例如，债权人和债务人签订了货物买卖合同，债权人就其对债务人的应收账款债权与保理人签订了保理合同，在保理人向债务人主张应收账款债权时，债务人因债权人出卖的货物有严重的质量瑕疵而依法解除货物买卖合同，并拒绝保理人的履行请求，此时，由于这并非债务人的信用风险，因此，保理人仍然有权按照约定向应收账款债权人主张返还保理融资款本息或者回购应收账款债权。在实践中，针对非债务人信用风险的情形，保理人和债权人可以约定特定情形下的反转让权。这种约定与无追索权保理作为债权买卖并不冲突，其性质可以认为是卖回权，是债权买卖中特别约定的条款，这种条款在其他买卖中也可以约定。这种特别约定正是无追索权保理有别于一般债权买卖之处，也是保理交易的特色。

同时，在无追索权保理中，保理人向应收账款债务人主张应收账款债权，在获得债务人的履行后，对保理人的超过保理融资款本息和相关费用的这部分保理余款的归属，首先由保理人和债权人在保理合同中约定；保理合同对此无约定或者约定不明确时，基于无追索权保理在性质上属于应收账款债权买卖，因此与有追索权保理不同，本条规定了另外的默认规则，即这部分保理余款应当归属于保理人，无须向应收账款债权人返还。该默认规则符合无追索权保理的特性，且在无追索权保理中，较之有追索权保理，保理人的风险更高，因此将这部分保理余款归属于保理人，也符合风险与收益相一致的基本原理。

【案例分析】

"中国工商银行股份有限公司大连青泥洼桥支行与大连阿尔滨集团有限公司、中国融资租赁有限公司合同纠纷案"【辽宁省大连市中级人民法院（2016）辽 02 民终 6057 号民事判决书】对无追索权保理中当事人责任承担问题进行了认定。相关裁判摘要如下：关于第二个焦点，上诉人与被上诉人融资租赁公司之间的保理业务系无追索权保理业务，根据应收租赁款保理业务协议，无追索权保理业务是指若阿尔滨集团因资信原因在约定期限内不能足额偿付应收租赁款，上诉人无权向融资租赁公司追索未偿融资款。由于应收租赁款保理业务协议的履行过程中，被上诉人融资租赁公司不存在违约行为，被上诉人融资租赁公司并不对上诉人负有给付案涉款项的义务。对于上诉人主张依据被上诉人融资租赁公司向其出具的函件，故被上诉人融资租赁公司应承担共同还款责任一节，首先该函件的内容并不存在被上诉人融资租赁公司表示以案涉租赁物承担共同还款责任的内容；其次，根据融资租赁合同，被上诉人融资租赁公司系案涉租赁物的所有权人，庭审中被上诉人阿尔滨集团对此亦予以认可，根据 2015 年 7 月 1 日被上诉人融资租赁公司向上诉人出具函的内容，可以说明被上诉人融资租赁公司已向上诉人表达了将案涉租赁物的处分权转让给上诉人的意思表示，上诉人亦接受了该函件，庭审中融资租赁公司又明确其已经将案涉租赁物转让给了上诉人，该转让行为在本案的审理过程中阿尔滨集团也已经获知，因案涉租赁物实际由被上诉人阿尔滨集团占有，在此情况下，根据《中华人民共和国物权法》第 26 条的规定"动产物权设立和转让前，第三人依法占有该动产的，负有交付义务的人可以通过转让请求第三人返还原物的权利代替交付"，故案涉租赁物已经通过上述法律规定的形式完成向上诉人的交付，上诉人在此情况下要求被上诉人融资租赁公司就案涉租赁物对本案债务承担共同还款责任既无实际意义，也缺乏事实及法律依据，一审法院对上诉人此项诉讼请求不予支持，并无不当。

> **第七百六十八条** 应收账款债权人就同一应收账款订立多个保理合同，致使多个保理人主张权利的，已经登记的先于未登记的取得应收账款；均已经登记的，按照登记时间的先后顺序取得应收账款；均未登记的，由最先到达应收账款债务人的转让通知中载明的保理人取得应收账款；既未登记也未通知的，按照保理融资款或者服务报酬的比例取得应收账款。

【条文主旨】

本条是关于保理中应收账款债权重复转让的规定。

【条文释义】

在实践中，经常会出现应收账款债权人就同一应收账款订立多个保理合同，致使多个保理人主张应收账款主张债权的情形。经研究，以何种方式确定多个保理人之间的优先顺位，取决于哪种方式能够使得债权交易的公示成本、事先的调查成本、事中的监督防范成本、事后的债权实现的执行成本等各种成本更低，对第三人和社会整体的外部成本也更低。

在上述三种方式中，采取登记在先的方式，保理人调查成本、监督防范成本、实现债权的执行成本都是最低的，并且有助于防止债权人和其他人串通损害保理人的道德风险，提高债权的流通和担保价值，最终降低债权人的融资成本。同时，同一债权向多个保理人多重转让的情形，在利益衡量上类似于同一财产向两个以上债权人抵押的情形，对后一种情形，本法第414条第1款第1项、第2项规定，抵押权已经登记的，按照登记的时间先后确定清偿顺序；抵押权已经登记的先于未登记的受偿。同时在第2款中规定，其他可以登记的担保物权，清偿顺序参照适用前款规定。因此，为了提升营商环境，保护交易安全，便利融资，在利益结构相似的情形中保持规则的一致，提高裁判的统一性，本条首先采取了登记在先的方式确定多个保理人之间的优先顺位。

对于保理人都未进行债权转让登记的情形，考虑到通知在先虽然较之登记在先社会成本要高，但较之合同成立时间仍然成本要低，因此，此时采取通知在先的顺位确定方式，最先到达债务人的转让通知中载明的受让人顺位在先。

对于保理人既未登记也未通知债务人的情形，有些立法例采取了以合同成立时间的先后确定优先顺位，本条则规定，既未登记也未通知的，按照保理融资款或者服务报酬的比例取得应收账款。这与本法第414条第2款第3项在最后采取的按照所担保的债权比例清偿的方式一致，同时区分了担保性的保理和非担保性的其他服务性保理。在担保性的保理中，涉及保理融资款，此时按照保理融资款的比例取得应收账款；而在服务性的保理中，并不涉及保理融资款，此时按照服务报酬的比例取得应收账款。

【案例分析】

"中国建设银行股份有限公司南京大行宫支行（以下简称建行大行宫支行）与邓自强、南通建工集团股份有限公司债权转让合同纠纷案"【江苏省南京市中级人民法院（2015）宁商终字第 636 号民事判决书】认为，应收账款重复转让的，在多份转让合同均有效的前提下，先通知债务人债权转让事实的受让人可优先于后通知的受让人从债务人处获得清偿。相关裁判摘要如下：如前所述，在案涉债权转让均有效的条件下，争议债权归属于邓自强还是建行大行宫支行，取决于各债权让与通知，谁先到达债务人南通建工集团。首先，从现有证据看，2013 年 1 月 7 日的受让人为建行大行宫支行的债权转让通知，经公证以邮寄方式向债务人南通建工集团送达，而受让人为邓自强的债权转让通知于 2013 年 2 月 1 日以邮寄方式送达，后者晚于前者。受让人为建行大行宫支行的债权转让通知先于受让人为邓自强的债权转让通知，到达债务人南通建工集团，且建行大行宫支行送达债权转让的通知属经公证的书证，具有较高的证明力，属优势证据，故本院应予采信。其次，南通建工集团二审中虽称邓自强曾于 2012 年 12 月口头通知其债权受让事宜，以及其未收到 2013 年 1 月 7 日的债权转让通知，但在此前其他案件中，建工集团曾书面向法院确认案涉争议债权属于建行大行宫支行，并于 2012 年 1 月 7 日收到建行大行宫支行为受让人的债权转让通知，该前后不一致的陈述，有悖当事人在诉讼活动中应诚实守信，如实陈述的相关规定。根据民事诉讼法"人民法院对当事人陈述，应当结合本案的其他证据，审查确定能否作为认定事实的根据"的规定，邓自强及南通建工集团关于口头通知债权让与的陈述，在缺乏其他补强证据的情况下，尚不能作为认定本案待证事实的依据。据此，本院认定争议债权应归属于建行大行宫支行，南通建工集团应向其清偿债务。

> **第七百六十九条** 本章没有规定的，适用本编第六章债权转让的有关规定。

【条文主旨】

本条是关于保理适用债权转让规则的规定。

【条文释义】

保理必须具备的要素是应收账款债权的转让，没有应收账款的转让就不能构成保理合同，而应收账款是债权的一种，应收账款债权转让属于债权转让，应收账款债权人就是债权转让中的让与人，保理人就是债权转让中的受让人，应收账款债务人就是债权转让中的债务人。因此，在本章没有特别规定的情形中，应当适用本法合同编第六章关于债权转让的一般规定。具体而言，在涉及债权转让的范围内，适用以下规定：（1）不得转让的债权的规定。（2）关于债权转让通知的效力和撤销的规定。（3）债权受让人取得与债权有关的从权利的规定。（4）债务人对让与人的抗辩可以继续向受让人主张的规定。（5）债务人对受让人主张抵销权的规定。（6）债权转让增加的履行费用的负担的规定。

当然，本编第六章债权转让中未规定，而在本法其他地方对债权转让有规定的，也要在保理中予以适用，例如，本法第502条第3款中关于债权转让批准的规定。

应当注意的是，在非因保理合同发生的债权转让的情形中，按照本法第467条，本法或者其他法律没有明文规定的合同，适用本编通则的规定，并可以参照适用本编或者其他法律最相类似合同的规定。因此，对于非因保理合同发生的债权转让，首先，适用本法或者其他法律中明确的特别规定；其次，适用本法合同编通则第六章关于债权转让的一般规定，同时参照适用最相类似的合同。因此，在对这些债权转让没有明确规定时，本章涉及保理中的应收账款债权转让的规则，可以参照适用于非因保理合同发生的债权转让。所涉及的本章规则主要包括：（1）允许将有债权转让的规定。（2）虚构转让债权的法律后果的规定。（3）受让人发出转让通知的限制性条件的规定。（4）让与人和债务人实施协商一致影响转让债权价值的行为对受让人效力的规定。（5）债权多重转让时优先顺位的规定。

第十七章　承揽合同

本章共十八条，对承揽合同的方式、材料的提供、履行期限、支付报酬、保管责任、留置权等承揽人与定作人之间的权利义务等作了规定。

> **第七百七十条　承揽合同是承揽人按照定作人的要求完成工作，交付工作成果，定作人支付报酬的合同。**
> **承揽包括加工、定作、修理、复制、测试、检验等工作。**

【条文主旨】

本条规定了承揽合同的定义和承揽合同的主要种类。

【条文释义】

承揽合同是承揽人按照定作人的要求完成一定的工作，并将工作成果交付给定作人，定作人接受该工作成果并按照约定向承揽人支付报酬的合同。承揽合同的主体是承揽人和定作人。承揽人就是按照定作人指示完成特定工作并向定作人交付该工作成果的人；定作人是要求承揽人完成承揽工作并接受承揽工作成果、支付报酬的人。承揽人和定作人可以是法人或者非法人组织，也可以是自然人。承揽合同的客体是完成特定的工作。承揽合同的对象为承揽标的，承揽标的是有体物的，合同的标的物又可以称为承揽物或者定作物。承揽工作具有特定性，如修理汽车、裁剪制作衣服等。承揽人完成的承揽工作需有承揽工作成果，该工作成果可以是有形的，如加工的零部件、印刷的图书、录制的磁带、检验的结论，也可以是无形的，如测试仪器的运行。

本条规定的承揽合同具有下列特征：第一，承揽合同以完成一定工作为目的。承揽合同中的承揽人必须按照定作人的要求完成一定的工作，定作人订立合同的目的是取得承揽人完成的一定工作成果。在承揽合同中，定作人所需要的不是承揽人的单纯劳务，而是其物化的劳务成果。也就是说，承揽人完成工作的劳务只有体现在其完成的工作成果上，只有与工作成果相结合，才能满足定作人的需要。第二，承揽合同的标的具有特定性。承揽合同的标的是定作人所要求的，由承揽人所完成的工作成果。该工作成果既可以是体力劳动成果，也可以是脑力劳动成果；可以是物，也可以是其他财产。但其必须具有特定性，是按照定作人特定要求，只能由承揽人为满足定作人特殊需求通过自己与众不同的劳动技能而完成的。第三，承揽合同的承揽人应以自己的风险独立完成工作。承揽合同的定作人需要的是具有特定性的标的物。这种特定的标的物只能通过承揽人完成的工作来取得。因此，定作人是根据承揽人的条件认定承揽人能够完成工作来选择承揽人的，定作人注重的是特定承揽人的工作条件和技能，承揽人应当以自己的劳力、设备和技术，独立完成承揽工作，经定作人同意将承揽工作的一部分转由第三人完成的，承揽人对第三人的工作向定作人承担责任。承揽人应承担取得工作成果的风险，对工作成果的完成负全部责任。承揽人不能完成工作而取得定作人所指定的工作成果，就不能向定作人要求报酬。

承揽合同是一大类合同的总称，传统民法中承揽合同包括加工承揽合同和建设工程合同两大类。由于建设工程合同在发展中形成了许多独特的行业特点，经济合同法将建设工程合同独立于加工承揽合同加以规定，因此本章所指的承揽合同主要是指加工承揽合同而不包括建设工程合同。根据本条第 2 款的规定，承揽合同的形式包括加工、定作、修理、复制、测试、检验等多种形式。（1）加工。所谓加工就是指承揽人以自己的技能、设备和劳力，按照定作人的要求，将定作人提供的原材料加工为成品，定作人接受该成品并支付报酬的合同。加工合同是实践中大量存在的合同，它既有生产性，比如一个企业将另一个企业提供的材料加工成特定的设备；也有生活性，如服装店用顾客提供的布料为其裁缝衣服。还可能具有一些艺术性，如画廊为他人装裱图画等。在国际经济活动中，来料加工是一种重要的外贸形式。（2）定作。定作就是承揽人根据定作人的要求，以自己的技能、设备和劳力，用自己的材料为定作人制作成品，定作人接受该特别制作的成品并支付报酬的合同。定作合同在日常生活中也很常见，如家具厂为顾客定作家具，服装厂为某学校定作校服等。定作与加工的区别在于定作中承揽人需自备材料，而不是由定作人提供的。（3）修理。修理既包括承揽人为定作人修复损坏的动产，如修理汽车、修理手表、修理电器、修理自行车、修理鞋等；也包括对不动产的修缮，如检修房屋屋顶的防水层。（4）复制。复制是指承揽人按照定作人的要求，根据定作人提供的样品，重新制作类似的成品，定作人接受复制品并支付报酬的合同。复制包括复印文稿，也包括复制其他物品，如文物部门要求承揽人复制一文物用以展览。（5）测试。测试是指承揽人根据定作人的要求，利用自己的技术和设备为定作人完成某一项目的性能测试，定作人接受测试成果并支付报酬的合同。（6）检验。检验是指承揽人以自己的技术和仪器、设备等为定作人提供的特定事物的性能、问题、质量等进行检查化验，定作人接受检验成果，并支付报酬的合同。

> **第七百七十一条 承揽合同的内容一般包括承揽的标的、数量、质量、报酬，承揽方式，材料的提供，履行期限，验收标准和方法等条款。**

【条文主旨】

本条规定了承揽合同一般包含的主要条款。

【条文释义】

本条规定的是承揽合同中一般所包含的条款，也就是说，承揽合同不是一定要具备这些条款，当事人可以根据合同性质和双方的需要对本条规定的条款进行增减。这些内容包括承揽标的、数量、质量、报酬、承揽方式、材料提供、履行期限、验收标准和方法等。

所谓承揽的标的，是指承揽合同权利义务所指向的对象，也就是承揽人按照定作人要求所应进行的承揽工作。如甲与乙服装厂签约定作一套礼服合同，合同的标的就是制作完成甲所要求的礼服。承揽合同双方当事人必须在合同中明确标的的名称，以使标的特定化，明确双方当事人权利义务的对象。承揽合同的标的是合同的必要条款，合同不规定标的，就会失去目的，因此，双方当事人未约定承揽标的或者约定不明确，承揽合同不成立。

数量与质量是确定合同标的的具体条件，是该合同标的区别于同类另一标的的具体特征。当事人应当明确规定标的的数量，选择好双方共同接受的计算单位，确定双方认可的计算方法，还可以规定合理的磅差或者尾差。数量是承揽合同的必备条件之一，当事人未明确标的数量的，承揽合同不成立。标的质量需订得详细具体，如标的的技术指标、质量要求、规格、型号等都要明确。一般来说标的质量包括五个方面：一是标的的物理和化学成分。如定作服装就要明确面料的种类，制作家具需明确材料的质地等。二是标的的规格，通常是用度、量、衡来确定标的物的质量，例如定作一书桌时，就应当明确书桌的高度、长度、宽度等规格。这种规格就反映了标的质量。三是标的的性能，如强度、硬度、弹性、延度、抗蚀性、耐水性、耐热性、传导性、牢固性等。四是标的的款式，主要是指标的的色泽、图案、式样、时尚等特性。五是标的感觉要素，主要指标的的味道、触感、音质、新鲜度等。当事人在签订合同时，应当详尽写明质量要求，其可以以样货标准确定，可以以标准市货确定，可以约定特定标准，可以以货物平均品质为根据确定，可以以说明书的标准确定。

报酬主要是指定作人应当支付承揽人进行承揽工作所付出的技能、劳务的酬金。报酬是承揽合同中的主要条款，当事人在订立合同时应当明确报酬。当事人可以约定报酬的具体数额，也可以约定报酬的计算方法。如果在合同生效后，当事人就报酬没有约定或者约定不明确的，当事人可以协议补充；不能达成补充协议的，按照合同有关条款、合同性质、合同目的或者交易习惯确定；仍不能确定的，按照订立合同时履行地的市场价格履行；依法应当执行政府定价或者政府指导价的，依照规定履行。除报酬外，承揽人提供材料的，定作人应当根据承揽人提供的发票向承揽人支付材料费，没有发票的，按订立合同时的市场价格确定。当事人可以约定材料费支付的时间，未约定或者约定不明确的，应当在支付报酬的同时支付。

材料是指完成承揽工作所需的原料。当事人应当约定由哪一方提供材料，并且应当明确提供材料的时间、地点、材料的数量和质量等。如果当事人未约定由哪一方提供材料或者约定不明的，当事人可以补充协议；不能达成补充协议的，按照合同有关条款、合同性质、合同目的或者交易习惯确定，仍不能确定的，一般由承揽人提供，承揽人根据定作人对工作的要求和合同性质，合理地按质按量选用材料，定作人应当支付材料费。在确定材料提供方的基础上，如果未明确材料提供的时间，由承揽人提供材料的，承揽人根据履行期限合理地准备材料；如果由定作人提供材料的，承揽人可以根据履行期限，要求定作人及时提供。交付材料地点不明确的，一般在承揽人工作地点交付。材料数量不明确的，由当事人根据承揽工作的要求合理提供。材料质量不明确的，由当事人根据承揽工作的性质确定。

承揽合同中的履行期限主要是指双方当事人履行义务的时间，对承揽人而言，是指承揽人完成工作，交付工作成果的时间；对定作人而言，是指定作人支付报酬或者其他价款的时间。如果当事人在合同生效后未约定工作成果交付时间或者约定不明确的，当事人可以协议补充，不能达成补充协议的，应当按照合同有关条款、合同性质、合同目的或者交易习惯确定承揽人交付工作成果的时间。根据承揽工作的性质，不需要特别交付的，如粉刷墙壁，以完成工作成果的时间为交付时间。如果当事人在合同生效后未约定定作人支付报酬的时间或者约定不明确的，当事人可以补充协议；达不成协议的，应当按照合同有关条款、合同性质、合同目的或者交易习惯确定；根据合同有关条款、合同性质、合同目的或者交易习惯仍不能确定支付期限的，承揽人交付工作成果的时间为定作人支付报酬的时间。由定作人支付材料费或者其他费用的期限，当事人未约定或者约定不明确的，以支付报酬的时间为支付材料费或者其他费用的时间。

当事人在承揽合同中可以约定验收标准和方法。验收的标准是指检验材料、承揽工作质量的标准。验收标准未约定或者约定不明确的，当事人可以协议补充确定。不能达成补充协议的，可以按照合同有关条款、合同性质、合同目的或者交易习惯确定。既不能通过协商达成补充协议，又不能按照合同有关条款、合同性质、合同目的或者交易习惯确定的，按照同类产品或者同类服务的市场通常质量标准验收。

> **第七百七十二条** 承揽人应当以自己的设备、技术和劳力，完成主要工作，但是当事人另有约定的除外。
>
> 承揽人将其承揽的主要工作交由第三人完成的，应当就该第三人完成的工作成果向定作人负责；未经定作人同意的，定作人也可以解除合同。

【条文主旨】

本条是关于承揽人独立完成主要工作的规定。

【条文释义】

承揽合同的标的是定作人所要求的、由承揽人所完成的工作成果。该工作成果既可以是体力劳动成果，也可以是脑力劳动成果；可以是物，也可以是其他财产。但其必须具有特定性，是按照定作人的特定要求，只能由承揽人为满足定作人特殊需求通过自己与众不同的劳动技能而完成的。如果定作人所需的标的能够从市场上任意买到，定作人就不必通过订立承揽合同要求承揽人来完成。因此，承揽合同的本质特点决定了该合同是建立在对承揽人的工作能力信任的基础上的，承揽人应当以自己的设备、技术和劳力完成承揽的主要工作。原经济合同法第 19 条规定，除合同另有规定的以外，承揽方必须以自己的设备、技术和劳力，完成加工、定作、修缮任务的主要部分，不经定作方同意，不得把接受的任务转让给第三方。本条坚持了经济合同法的规定，并确立了一个原则，承揽人应当完成承揽工作的主要部分，不仅仅只是加工、定作，其他承揽工作都应当遵循这个原则。

承揽人设备、技术和劳力是决定其工作能力的重要因素，也是定作人选择该承揽人完成工作的决定性因素。所谓的设备，是指承揽人进行工作所使用的工具。所谓的技术是承揽人进行工作所需的技能，包括专业知识、经验等。所谓的劳力指承揽人完成工作所付出的劳动力。这里的"主要工作"，一般是指对工作成果的质量起决定性作用的工作，也可以说是技术要求高的那部分工作；如订制服装，量体裁剪和整体裁制是其主要工作。主要工作的质量、数量将决定工作成果是否符合定作人的要求，因此，承揽人作为定作人选择的对象，应当以自己的设备、技术和劳力完成主要工作，否则会影响定作人订立合同的目的。

从尊重当事人意思自治原则出发，当事人如果约定，承揽人必须完成所有的承揽工作的，承揽人不仅应当亲自完成主要工作，其他工作也要由承揽人本人完成。如果当事人约定或经定作人同意，承揽人可以将工作的主要部分交由第三人完成的，承揽人可以将所承揽的工作交由第三人完成，但承揽人应当对第三人的工作对定作人负责。如甲向船舶工业公司定作一艘万吨邮轮，船舶工业公司作为专业的外贸公司，本身不从事造船工作，因此可以在合同中约定该型号的邮轮由船舶工业公司选择造船厂制造，船舶工业公司对该邮轮的质量负责。

承揽合同是基于定作人对承揽人有特别的人身信任，如果该承揽人不亲自履行合同，就无法实现定作人订约的目的，承揽人应当以自己的设备、技术和劳力完成主要的承揽工作。合同中约定，承揽人必须亲自完成工作的，承揽人未经定作人同意，不得将承揽人工作的主要部分交由第三人完成。承揽人擅自将工作交由第三人完成的，将构成根本违约，此时，定作人可以选择两种方式要求承揽人承担合同责任。一种是定作人要求承揽人对第三人完成的工作成果向定作人负责。比如，定作人对承揽人设备、技术和劳力无特别要求，只要求工作成果按时按量完成的情况下，承揽人擅自将承揽工作交由第三人完成，定作人认为工作成果的质量、数量、交付时间等能够接受，可以不解除合同。定作人不解除合同的，第三人完成工作的，由承揽人对第三人的工作向定作人负责。当工作成果质量不符合合同约定的质量要求的，定作人有权要求承揽人承担重作、修理、更换和赔偿损失等违约责任。工作成果数量不符合约定的，定作人有权要求承揽人在合理的期限内补齐，造成定作人损失的，承揽人承担损害赔偿责任。工作成果交付迟延的，承揽人应当承担迟延交付的违约责任，并赔偿定作人的损失。另一种是通知承揽人解除合同。因解除合同给定作人造成损失的，定作人可以要求承揽人承担损害赔偿责任。如甲到著名的乙服装公司定作一批西装，乙公司将该批服装交由其他服装公司制作，虽然服装的质量上与乙的产品无太大差别，但名气无法与乙公司相比，在这种情况下，甲就可以解除合同。

> **第七百七十三条** 承揽人可以将其承揽的辅助工作交由第三人完成。承揽人将其承揽的辅助工作交由第三人完成的，应当就该第三人完成的工作成果向定作人负责。

〖条文主旨〗

本条是关于承揽人对辅助性工作的责任。

〖条文释义〗

根据本法第772条的规定，承揽合同中，承揽人应当以自己的设备、技术和劳力完成承揽工作的主要部分，如果将主要工作交由第三人完成的，必须经过定作人的同意，否则，承揽人应当承担违约责任。根据本条规定，与承揽的主要工作不同，承揽人可以将承揽的辅助工作交由第三人完成，并且可以不经定作人同意。但是，如果承揽人将承揽的辅助工作交由第三人完成，那么必须就第三人完成的工作成果向定作人负责。

本条中的"辅助工作"，是指承揽工作中主要工作之外的部分，是相对于"主要工作"而言的。"主要工作"一般是指对工作成果的质量起决定性作用的工作，也可以说是技术要求高的那部分工作。主要工作之外的工作就可以理解为辅助性工作。如订制服装合同，量体裁剪和整体缝制是承揽人的主要工作，缝扣子、熨烫是其辅助性工作。对于辅助工作，承揽人是可以交由第三人完成而不必经过定作人的同意，承揽人的这种行为实际上是将其部分工作义务转由第三人完成，根据合同编通则关于合同的变更和转让的规定，债务人转移债务的，原则上应当经债权人同意。但在承揽工作中，考虑到辅助工作对工作成果的整体质量没有太大的影响，因此承揽人将辅助工作交由第三人完成的，可以不经定作人同意，这样规定符合承揽工作的交易习惯，也有助于提升承揽工作的效率。同时，尽管承揽人可以根据工作需要，自行决定将辅助工作交由第三人完成，但是承揽人应当根据诚实信用原则，认真考察第三人的工作能力，合理地选择第三人。确定第三人后，如果第三人同意完成该部分工作的，承揽人应当将定作人对工作的要求或者是合同中的质量、数量、交付期限的约定如实告知第三人，第三人应当根据承揽人提供的情况，按质按量，按时完成工作。承揽人应当保证第三人完成的工作成果符合定作人的要求。

根据承揽合同的性质，承揽人应当在约定的期限内提供符合定作人要求的工作成果，也就是说，承揽人对工作的完成承担全部的责任，即使承揽人根据本条规定将辅助性工作交由第三人完成，也要对整个的工作负责，如果第三人完成的工作不符合定作人的要求，承揽人应当向定作人承担违约责任。这一点，也是承揽人与定作人之间承揽合同相对性的要求。实践中，第三人的工作不符合要求主要表现为未及时完成承揽人交给的辅助性工作、完成的质量和数量不符合定作人的要求或者合同的约定。第三人未及时完成工作致使工作成果迟延交付的，承揽人应当承担迟延交付的违约责任；第三人完成的工作质量不符合要求的，承揽人应当负责重作、修理、退换，并赔偿因此给定作人造成的损失；第三人完成的工作数量不足的，由承揽人负责补齐，并赔偿因此给定作人造成的损失；由于第三人的工作给定作人造成其他损失的，由承揽人承担损害赔偿责任。

从尊重当事人的意思自治出发，合同编允许承揽合同的当事人对辅助工作的完成作出与本条不同的约定。具体说来，关于辅助性工作的责任，当事人的约定一般有三种情况：一是如果当事人有约定，承揽工作必须全部由承揽人独自完成的，承揽人不得将工作转由第三人完成，即使辅助工作也不例外，承揽人违反约定将辅助工作交由第三人完成的，承揽人应当承担违约责任，赔偿定作人损失。二是如果承揽合同中约定，承揽人将辅助性工作交由第三人完成的，承揽人仅对其完成的主要工作负责，第三人对其完成的辅助工作负责。在此情况下，如果承揽人将辅助性工作交由第三人完成的，应当通知定作人并取得定作人同意。第三人工作不符合约定的，定作人只能要求第三人承担责任，承揽人根据约定对此不承担责任。三是承揽合同中约定，承揽人将辅助性工作交由第三人完成的，承揽人与第三人对由第三人完成的辅助工作向定作人承担连带责任。承揽人将辅助工作交由第三人完成的，应当与第三人约定，就该辅助工作向定作人承担连带责任。承揽人与第三人未作此约定的，仍由承揽人对第三人的工作向定作人承担责任。

第七百七十四条　承揽人提供材料的，应当按照约定选用材料，并接受定作人检验。

【条文主旨】

本条规定了承揽人提供材料时的主要义务。

【条文释义】

承揽合同的本质在于承揽人根据定作人要求提供工作成果，定作人支付报酬。在双方关系中，定作人通过支付报酬，取得让自己满意的工作成果；承揽人则按照定作人对工作成果的要求，最终提供出这一成果，从而获得报酬。因此，承揽人的劳务自始至终都应符合定作人的要求，在承揽人提供材料的情形下，必须按照合同的事先约定或者双方事后达成的补充协议提供材料。

根据本条规定，如果当事人在承揽合同中约定由承揽人提供材料，并约定了提供材料的时间、材料的数量和质量的，承揽人应当按照约定准备材料。如果合同中未明确由哪一方提供材料的，但根据合同条款或者通过补充协议、交易习惯等方式确定应当由承揽人提供材料的，合同中如果约定了材料提供的时间、数量和质量的，承揽人应当按照约定提供材料。承揽人准备材料时，还应当备齐有关的资料，如发票、质量说明书等说明文件。

如果明确由承揽人提供材料，但是合同中未约定材料提供的时间、数量和质量的，事后又未就此达成补充协议的，承揽人应当根据承揽工作的性质和定作人对交付工作成果的要求，及时准备材料。数量不明确的，承揽人应当根据通常情况下完成该类工作成果所需的工作量，合理地确定材料的数量。质量不明确的，承揽人应当根据定作人对工作成果的质量要求，合理选用适合该工作成果的材料，定作人对工作成果的质量未有特别要求的，承揽人应当根据价款数额的大小以及工作性质，合理确定质量标准，合理选用材料。根据以上条件仍不能确定材料质量的，承揽人应当按照通常标准准备材料。

承揽人准备好材料后，应当及时通知定作人检验，并如实提供发票以及数量和质量的说明文件。定作人接到通知后，应当及时检验该材料，认真查看承揽人提供的材料以及有关文件。定作人认为承揽人选用的材料符合约定的，应当告知承揽人，或者根据承揽人的要求以书面形式确认。经检验，定作人发现材料数量缺少的，应当及时通知承揽人补齐；数量超出的，应当及时通知承揽人超出的数额。定作人发现材料质量不符合约定的，应当及时通知承揽人更换，因此发生的费用，由承揽人承担。如果合同中未约定材料数量、质量的，如果定作人检验后，表示认可的，应当告知承揽人，或者根据承揽人的要求以书面形式确认。如果定作人认为材料不适合的，应当通知承揽人，并且还应当通知承揽人其对材料数量、质量的要求。承揽人接到通知后，应当及时选用符合定作人要求的材料。

经定作人检验后，承揽人应当以定作人确认后的材料完成工作。承揽人以次充好或者故意隐瞒材料瑕疵而造成工作成果质量不符合约定的，定作人有权要求重作、修理、减少价款或者解除合同。定作人未及时检验的，应当顺延工期，并赔偿承揽人因此受到的损失。定作人在接到检验通知后，在合理期限内，未作检验的，视为承揽人提供的材料符合要求，定作人不得再对该材料提出质量异议。

> **第七百七十五条**　定作人提供材料的，应当按照约定提供材料。承揽人对定作人提供的材料应当及时检验，发现不符合约定时，应当及时通知定作人更换、补齐或者采取其他补救措施。
>
> 承揽人不得擅自更换定作人提供的材料，不得更换不需要修理的零部件。

〖条文主旨〗

本条规定了由定作人提供材料时，双方当事人的义务。

〖条文释义〗

承揽合同中，根据承揽工作性质或者交易习惯，双方当事人可以约定由定作人提供材料，并且应当约定提供材料的时间、数量和质量。定作人应当按合同约定的时间向承揽人提供符合约定数量和质量的材料。该材料主要指承揽工作所必需的原材料，如制作家具的木材，制作衣服的面料等。承揽工作的对象（亦称为工作基底），如修理电视合同中的电视，印刷合同中的原稿等，也属于材料范围。

根据本条规定，当定作人按约定提供原材料后，承揽人应当立即检验原材料。检验的内容主要包括原材料的数量是否符合合同约定，原材料的质量是否达到合同约定的质量要求。如果经承揽人检验，定作人提供的原材料符合约定，承揽人应当确认并通知定作人；如果经检验，定作人提供的原材料不足的，承揽人应当通知定作人补齐；定作人提供的原材料质量不符合约定的，承揽人应当及时通知定作人更换以达到合同要求。因承揽人原因，未及时通知定作人原材料不符合约定，进而影响完成工作时间的，承揽人应当承担违约责任。承揽人发现定作人提供的原材料不符合约定而未通知定作人的，视为原材料符合约定，因该原材料数量、质量原因造成承揽工作不符合约定的，由承揽人承担违约责任，定作人有权要求承揽人修理、更换、减少报酬或者解除合同，造成定作人损失的，承揽人应当赔偿损失。这里需要特别强调的是，承揽人所负的检验及通知义务必须及时履行，这样可以最大程度地提高承揽合同的履行效率，节约履约成本，符合合同双方当事人的利益。

承揽人经对定作人提供的材料检验之后，如果发现材料不符合约定，应当及时通知定作人。定作人在接到原材料不符合约定的通知后，应当及时采取措施，补齐或者更换原材料使其达到合同约定的要求。因定作人迟延补齐、更换的，工期顺延；定作人未采取措施补齐、更换的，承揽人有权解除合同，因此造成承揽人损失的，由定作人承担损害赔偿责任。如果经承揽人检验，定作人提供的原材料符合约定的，承揽人应当妥善保管该原材料，因承揽人保管不善，造成原材料损失的，由承揽人承担赔偿责任。

根据本条第2款规定，定作人提供的原材料符合约定的，承揽人在工作中应当以该原材料完成工作，不得擅自更换原材料。如因承揽人擅自更换材料致使工作成果不符合约定质量的，定作人有权要求承揽人修理、更换、减少报酬或者解除合同；造成定作人损失的，承揽人承担赔偿责任。承揽人使用定作人提供的原材料应当符合合同中约定的或者合理的损耗量，由于承揽人的原因造成材料浪费的，承揽人应当进行赔偿；造成材料短缺的，由承揽人负责补齐。如果完成承揽工作后，定作人提供的材料有剩余的，承揽人应当返还给定作人。此外，对于由定作人提供工作基底的，承揽人应当妥善保管。在修理合同中，承揽人应当按照约定修理物品损坏的部分，并保持其他部分的完整性，不得更换不需要修理部分的零部件。如定作人将损坏的进口照相机交承揽人修理，承揽人经检查后，发现是一个齿轮磨损的，承揽人应当更换该磨损的齿轮而不得以次充好，更换其余的齿轮。承揽人更换应修理以外的零部件，承揽人应当恢复原状并承担赔偿责任。

> **第七百七十六条** 承揽人发现定作人提供的图纸或者技术要求不合理的，应当及时通知定作人。因定作人怠于答复等原因造成承揽人损失的，应当赔偿损失。

【条文主旨】

本条规定了定作人要求不合理时双方当事人的义务。

【条文释义】

承揽工作的性质就是承揽人按照定作人的要求进行工作，定作人一般通过提供图纸或者技术要求的方式对承揽人的工作提出要求。承揽人应当严格按照定作人的要求进行工作。如果承揽人在工作之前或者工作之中发现定作人提供的图纸或者技术要求不合理，即按此图纸或者技术要求难以产生符合合同约定的工作成果，在此情况下，承揽人应当及时将该情况通知定作人。承揽人未及时通知定作人的，怠于通知期间的误工损失由承揽人自己承担，造成工期拖延、给定作人造成损失的，承揽人应当赔偿定作人损失。如果承揽人发现定作人提供的图纸或者技术要求不合理而未通知定作人，仍然按照原图纸或者技术要求进行工作致使工作成果不符合合同约定的，由承揽人承担违约责任，定作人有权要求承揽人修理、更换、减少价款或者解除合同。造成定作人损失的，承揽人应当赔偿损失。

根据本条规定，定作人在接到承揽人关于图纸或者技术要求不合理的通知后，应当立即采取措施，修改图纸和技术要求。修改完成后，定作人应当及时答复承揽人，并提出修改意见。在承揽人发出通知至收到定作人答复期间，承揽人可以停止工作，工期顺延，定作人还应当赔偿承揽人在此期间的误工以及其他损失。如果定作人在接到通知后，未能及时答复承揽人并提出修改意见的，承揽人有权要求定作人赔偿其误工等损失；定作人怠于答复的，承揽人可以催告定作人在合理期限内予以答复并提出修改意见，在合理期限内承揽人仍未收到定作人答复的，承揽人有权解除合同，并通知定作人，因此造成的损失，由定作人赔偿。

> **第七百七十七条** 定作人中途变更承揽工作的要求，造成承揽人损失的，应当赔偿损失。

【条文主旨】

本条规定了定作人中途变更工作要求的法律责任。

【条文释义】

承揽工作的性质是承揽人按照定作人的要求进行工作，提供符合定作人特殊需要的工作成果。定作人对承揽工作的要求通过提供图纸、技术要求或者通过对承揽工作数量、质量的特别约定，在合同中体现自己对承揽工作的要求。

承揽人只有严格按照合同约定的工作要求完成工作，才能满足定作人订立合同的目的。如果定作人在承揽人工作期间认为按照原先的要求，不能满足自己的需要，可以中途变更承揽工作的要求。这也是承揽工作的性质决定的，承揽工作的目的就是满足定作人的特殊需要，如果承揽工作的成果不能满足定作人的需要，承揽合同就不会实现定作人订立合同时所期望的利益，因此，定作人可以根据自己的需要，随时变更对合同的要求。这里的变更与一般合同的变更不同，一般情况下，合同的变更需经当事人双方协商一致，一方提出变更要求，如果对方不同意，则不发生变更，当事人仍然按照原合同履行。在承揽合同中，承揽人应当按照定作人的要求进行工作，如果定作人中途变更对承揽工作的要求的，如修改设计图纸，提出新的质量要求等，承揽人应当按照定作人的新要求工作。承揽人认为定作人提出的新要求不合理的，应当及时通知定作人，定作人接到通知后，应当及时答复承揽人并提出修改意见。定作人不予修改的，承揽人不应当按照原要求履行，否则会导致损失的扩大，在此情况下，承揽人可以解除合同。

根据本条规定，定作人可以中途变更承揽工作的要求，但根据公平原则，定作人中途变更对承揽工作的要求，造成承揽人损失的，应当赔偿承揽人的损失。承揽人按照原要求完成部分工作的，定作人应当支付该部分工作的报酬。由承揽人提供材料的，定作人应当支付完成该部分工作所耗费的材料的价款和保管费。按照新要求，需增加材料的，由定作人负担费用。新要求使原承揽工作质量、难度提高的，定作人应当相应增加报酬。因定作人中途变更合同，使工期顺延，因此造成承揽人误工损失的，由定作人赔偿损失。

> **第七百七十八条** 承揽工作需要定作人协助的，定作人有协助的义务。定作人不履行协助义务致使承揽工作不能完成的，承揽人可以催告定作人在合理期限内履行义务，并可以顺延履行期限；定作人逾期不履行的，承揽人可以解除合同。

【条文主旨】

本条是关于定作人协助义务的规定。

【条文释义】

依据承揽工作的性质、交易习惯或者诚实信用原则，定作人有协助义务的，定作人应当协助承揽人完成工作。例如，应当由定作人提供工作场所的，定作人应当及时提供适于工作的工作场所；应当由定作人提供承揽人完成工作所需生活条件和工作环境的，定作人应当及时提供符合完成工作所要求的生活条件和工作环境。定作人的协助，是承揽合同适当履行的保障。在有的情形之下，定作人不协助承揽人进行工作，承揽合同将不能顺利履行，甚至无法履行，双方当事人订立合同的目的难以实现。因此，如果承揽合同需要定作人协助的，即使合同未明确规定定作人协助的，定作人也应当履行协助义务。

根据本条规定，如果定作人的协助义务是完成承揽合同的前提条件，定作人不履行的，承揽人应当催告定作人在合理期限内履行，并可以顺延完成工作的期限。如果在合理期限内定作人仍未履行协助义务，将构成本条所称的逾期不履行，定作人的逾期不履行将导致合同不能继续履行，承揽工作无法按约完成，合同目的无法实现，此时，承揽人可以解除合同。承揽人解除合同的，应当通知定作人，通知到达定作人时，解除生效。解除合同能恢复原状的，双方当事人应当恢复原状。当然，合同的解除并不能免除定作人不履行协助义务的责任，由此给承揽人造成损失的，定作人应当赔偿损失。

> **第七百七十九条**　承揽人在工作期间，应当接受定作人必要的监督检验。定作人不得因监督检验妨碍承揽人的正常工作。

【条文主旨】

本条是关于定作人监督检验承揽工作的规定。

【条文释义】

根据承揽工作的性质，承揽人是按照定作人的特定要求完成一定工作的，因此，定作人有权在工作期间对承揽的工作进行必要的监督检验，这也是保证工作质量，预防工作成果瑕疵的必要措施。监督检验主要是针对进度、材料的使用、技术要求等方面是否符合合同约定和定作人的要求。

根据本条规定，定作人在承揽人工作期间享有监督检验权，但定作人行使这一权利需符合以下两个条件：一是，定作人的监督检验必须是必要的。这里"必要"的含义是指，如果合同中已经约定定作人监督检验的范围的，定作人应当按照约定的内容按时进行检验；如果合同中未约定监督检验范围的，定作人应当根据承揽工作的性质，对承揽工作质量进行检验，如承揽人是否使用符合约定的材料、承揽人是否按照定作人提供的图纸或者技术要求工作等。如果定作人发现承揽人的工作不符合约定，可以要求承揽人返工、修理或者更换。二是，定作人的监督检验行为不得妨碍承揽人的正常工作。定作人有权对承揽工作进行监督检验，但根据公平原则，定作人的监督检验行为不得给承揽人带来不合理的负担，不得影响承揽人正常的工作秩序。具体而言，承揽合同中约定监督检验时间的，定作人应当按照约定的时间进行检验；合同中未约定监督检验的，定作人在监督检验承揽工作前应当与承揽人协商确定监督检验的方式、时间和内容；未达成协议的，定作人在检验前，应当通知承揽人监督检验的时间和内容，以便于承揽人对自身工作作出适当的安排。定作人的监督检验行为妨碍承揽人正常工作的，承揽人可以拒绝定作人的监督检验；定作人的监督检验行为给承揽人造成损失的，应当承担损害赔偿责任。

考虑到承揽合同独特的合同性质与特点，本条专门规定了承揽人接受定作人监督检验的法定义务。承揽人不得以合同对此未作约定而予以拒绝。承揽人应当为定作人的监督检验提供方便和条件，并应当如实地向定作人反映工作情况，不得故意隐瞒工作中存在的问题。对于定作人在监督检验过程中提出的合理建议和指示，承揽人应当及时采纳，以改进自己的工作，更好实现合同目的。

第七百八十条　承揽人完成工作的，应当向定作人交付工作成果，并提交必要的技术资料和有关质量证明。定作人应当验收该工作成果。

【条文主旨】

本条是关于工作成果交付的规定。

【条文释义】

在承揽合同中，承揽人一般有两个主要义务，即按照定作人的要求完成一定工作，并且在工作完成时将工作成果交付给定作人。工作成果的所有权属于定作人，而事实上往往在工作完成时，承揽人实际占有工作成果，只有将工作成果转移于定作人占有，才能保证定作人对工作成果行使所有权，实现定作人订立承揽合同的经济目的。此时，定作人应当对工作成果进行验收。

根据本条规定，承揽人交付工作成果包括两方面内容：一是将工作成果交给定作人；二是向定作人提交必要的技术资料和有关质量证明。承揽人按照合同约定的时间完成工作后，应当按照合同约定的时间、地点和方式将工作成果交给定作人占有。合同约定由定作人自提的，承揽人应当在工作完成后，通知定作人提货，在工作完成的地点或者定作人指定的地点，将工作成果交给定作人占有，承揽人完成工作的地点或者定作人指定的地点为交付地点，承揽人通知定作人提货的日期为交付日期，但承揽人在发出提取工作成果的通知中，应当给定作人留下必要的准备时间和在途时间；合同约定由承揽人送交的，承揽人在工作完成后，自备运输工具，将工作成果送到定作人指定的地点并通知定作人验收。定作人指定的地点为交付地点，定作人实际接受的日期为交付日期；约定由运输部门或者邮政部门代为运送的，承揽人应当在工作完成后，将工作成果交到运输部门或者邮政部门，办理运输手续。运输部门或者邮政部门收货的地点为交付地点，运输部门或者邮政部门接受工作成果的日期为交付日期。如果合同中未约定交付的时间、地点和方式的，承揽人可以与定作人协议补充；不能达成补充协议的，承揽人按照合同有关条款、合同性质、合同目的或者交易习惯交付。按照合同有关条款、合同性质、合同目的或者交易习惯仍不能确定交付时间、地点、方式的，承揽人应当在工作完成时，通知定作人取货。承揽人通知取货的地点为交付地点，承揽人确定的合理取货时间为交付时间。根据承揽合同性质，承揽工作无须特别交付的，例如粉刷一面墙，承揽人完成工作即为交付，完成工作的时间为交付时间。如果承揽人履行交付义务时，定作人迟延验收的、定作人下落不明的或者定作人死亡或者丧失行为能力而未确定继承人或者监护人时，承揽人可以依法将工作成果提存，定作人未支付报酬、材料费等费用的，承揽人可以留置该工作成果。工作成果附有所有权凭证的，承揽人应当在交付工作成果时，一同交付所有权凭证。

根据本条规定，为了便于定作人的验收和检验，承揽人在交付工作成果的同时，还应当提交必要的技术资料和有关质量证明。技术资料主要包括使用说明书、结构图纸、有关技术数据。质量证明包括有关部门出具的质量合格证书以及其他能够证明工作成果质量的数据、鉴定证明等。承揽人在交付工作成果、必要的技术资料和质量证明外，还应当交付工作成果的附从物，如工作成果必备的备件、配件、特殊的维护工具等。如果定作人提供的材料尚有剩余，承揽人也应当退还定作人。

承揽人交付工作成果的，定作人应当积极配合，由承揽人运送工作成果的，定作人应为承揽人的交付创造条件，提供方便。需要定作人自提的，定作人应当按照合同的约定和承揽人的通知，及时提取工作成果。根据工作性质无须承揽人实际交付的，定作人应当对承揽人完成的工作作出承认。定作人无正当理由拒绝接收工作成果的，承揽人可以催告定作人接收工作成果并进行验收。定作人超过合理期限受领工作成果的，承揽人可以按照本法的规定提存或者留置工作成果，并有权要求定作人支付未付的报酬、材料费以及保管费等费用，并可以要求其承担违约责任。定作人拒绝受领后，应当承担工作成果毁损、灭失的风险。

根据本条规定，定作人在接收承揽人交付，也就是在定作人实际收到工作成果时，应当对工作成果及时进行验收。验收的目的主要是检验工作成果的质量、数量是否符合合同约定或者定作人的要求。验收往往是双方当事人进行结算、定作人支付报酬等费用的前提条件，因此，根据公平和诚实信用原则，定作人在接到工作成果时，应当及时进行验收。验收一般包括三个步骤：一是确认交付时间和地点；二是查点工作成果的数量；三是查验工作成果的质量以及有关技术资料和质量证明。经验收，定作人认为承揽人交付的工作成果合格的，定作人应当接受工作成果，并按照合同的约定或者交易习惯支付报酬以及其他应付费用。如果经检验，工作成果有质量问题或者数量短缺的，定作人应当取得有关部门出具的证明。经检验，工作成果有严重的质量缺陷的，定作人可以拒收并通知承揽人。定作人在检验中发现定作物的数量或者质量不符合要求的，应当在合同约定的期限内通知承揽人，没有约定或者约定不明确的，定作人在发现数量或者质量不符合要求时，应当在合理期间内通知承揽人。验收时，如果双方当事人对工作成果的质量或者数量等发生争议，可由国家法定的检验机构进行鉴定。定作人未及时检验，或者在检验发现问题后怠于通知，或者在收到工作成果之日起 2 年内未通知承揽人的，视为工作成果的数量或者质量符合要求。

> **第七百八十一条** 承揽人交付的工作成果不符合质量要求的，定作人可以合理选择请求承揽人承担修理、重作、减少报酬、赔偿损失等违约责任。

【条文主旨】

本条是关于承揽人因工作成果质量不符合要求所承担违约责任的规定。

【条文释义】

承揽合同中，承揽人的主要义务之一就是遵守合同约定和定作人的要求，按质按量地完成工作成果。也就是说，承揽人应当保证其完成的工作成果符合合同约定，在质量上要达到合同约定的标准。承揽人所交付的工作成果不符合质量标准的，承揽人应当对工作成果负瑕疵担保责任，定作人有权要求承揽人承担相应的违约责任。

根据本条规定以及本章的有关规定，承揽人承担瑕疵担保责任，应具备两个条件：

一是承揽人交付的工作成果不符合质量要求。承揽合同中当事人约定了质量标准和要求的，承揽人交付的工作成果质量不符合该约定的，即可认定工作成果不符合质量要求。如果当事人未约定质量标准或者约定不明确的，则工作成果应当符合根据合同有关条款、合同性质、合同目的或者交易习惯所确定的质量标准；不符合的，则可认定工作成果不符合质量要求。如果根据合同有关条款、合同性质、合同目的或者交易习惯难以确定质量标准的，工作成果应当具备通常使用的效用；如果不具备，则可认定工作成果不符合质量要求。导致工作成果不符合质量要求的原因可以来自多个方面，如可能是承揽人偷工减料，以次充好，不按照合同约定的图纸、技术要求或者技术条件进行工作，或者违反国家法律规定的技术工作规程进行工作等；也可能是材料瑕疵的原因，比如在承揽人提供材料的情况下，承揽人故意隐瞒瑕疵；也可能是定作人提供的材料不符合约定时，承揽人未检验或者检验后未通知定作人调换；还可能是定作人提供的图纸、技术要求不合理，承揽人发现后未通知定作人更改等。无论出于何种原因，由于承揽合同中按照约定完成工作并交付工作成果是承揽人的法定义务，承揽人有义务为工作成果的品质负责，保证工作成果的质量符合要求，否则承揽人就应当承担违约责任。

二是定作人在合理的期限内提出质量异议。承揽人交付工作成果后，定作人应当及时进行验收，检验工作成果是否符合质量要求。如经验收发现工作成果不符合约定，定作人应当在约定的期限内通知承揽人；当事人未约定异议期限的，定作人应当在收到工作成果后的合理期间内将工作成果不符合质量要求的情况及时通知承揽人。定作人未及时检验，或者在检验发现问题后怠于通知，或者在收到工作成果之日起 2 年内未通知承揽人的，视为工作成果的数量或者质量符合要求，即使事实上工作成果不符合质量要求，定作人也无权向承揽人主张违约责任。

承揽人提供的工作成果不符合质量要求，定作人在合理期限内提出质量异议的，定作人可以请求承揽人承担违约责任。违约责任的类型主要包括：（1）修理。工作成果有轻微瑕疵的，定作人可以要求承揽人进行修整、修补，使工作成果符合质量标准。因修理造成工作成果迟延交付的，承揽人仍应承担逾期交付的违约责任。（2）重作。工作成果有严重瑕疵的，定作人可以拒收，要求承揽人返工重新制作或者调换。因重作造成工作成果迟延交付的，承揽人仍应承担逾期交付的违约责任。（3）减少报酬。工作成果有瑕疵，而定作人同意利用的，可以按质论价，相应地减少所应付的报酬。（4）赔偿损失。由于工作成果不符合质量标准，给定作人造成人身伤害或者财产损失的，定作人有权要求承揽人赔偿因此造成的损失。除上述四种类型的违约责任外，定作人可以根据合同约定要求承揽人承担其他类型的违约责任。如合同中约定违约金的，承揽人应当向定作人支付违约金；承揽人按约向定作人支付定金的，工作成果不符合质量标准的，定作人有权不返还定金；定作人向承揽人支付定金的，工作成果不符合质量标准的，定作人有权要求承揽人双倍返还所付的定金等。

> **第七百八十二条** 定作人应当按照约定的期限支付报酬。对支付报酬的期限没有约定或者约定不明确，依据本法第五百一十条的规定仍不能确定的，定作人应当在承揽人交付工作成果时支付；工作成果部分交付的，定作人应当相应支付。

【条文主旨】

本条是关于定作人支付报酬期限的规定。

【条文释义】

承揽人从事工作，其主要目的在于获取报酬。这里的"报酬"是指定作人通过承揽合同获得承揽人技术、劳务所应当支付的对价，一般指金钱。向承揽人支付报酬是定作人最基本的义务。定作人支付报酬的前提是承揽人交付的工作成果符合合同约定的质量和数量，不符合质量、数量要求的，定作人可以不支付报酬或者相应减少报酬。定作人应当按照合同约定的期限，以合同约定的币种、数额，向承揽人支付报酬。

根据本条规定，如果承揽合同对支付报酬的期限没有约定或者约定不明确的，依照本法第510条的规定，当事人可以协议补充约定报酬支付期限，定作人按照补充约定的期限向承揽人支付报酬。当事人不能达成补充协议的，定作人按照合同有关条款、合同性质、合同目的或者交易习惯确定的支付期限，向承揽人支付报酬。如果合同对报酬支付期限未作约定，根据本法第510条仍不能确定的，定作人应当在承揽人交付工作成果的同时支付，也就是承揽人将其完成的工作成果交给定作人占有的时间，为定作人支付报酬的时间。合同约定由定作人自提的，承揽人应当在工作完成后，通知定作人提货，在工作完成的地点或者定作人指定的地点，将工作成果交给定作人占有，承揽人通知定作人提货的日期为交付日期，定作人应当在该日期支付报酬。合同约定由承揽人送交的，承揽人在工作完成后，自备运输工具，将工作成果送到定作人指定的地点并通知定作人验收。定作人实际接受的日期为交付日期，定作人在接受工作成果时支付报酬。约定由运输部门或者邮政部门代为运送的，承揽人应当在工作完成后，将工作成果交到运输部门或者邮政部门，办理运输手续。运输部门或者邮政部门接受工作成果的日期为交付日期。承揽人将运输部门或者邮政部门收运的日期通知定作人，定作人在收到该通知时，支付报酬。

如果合同中未约定交付内容，承揽人可以与定作人协议补充；不能达成补充协议的，承揽人按照合同有关条款、合同性质、合同目的或者交易习惯交付。按照合同有关条款、合同性质、合同目的或者交易习惯仍不能确定交付时间的，承揽人应当在工作完成时，通知定作人取货。承揽人确定的合理取货时间为交付时间，定作人应当在收到取货通知时支付报酬。根据承揽合同性质，承揽工作无须特别交付的，例如粉刷一面墙，承揽人完成工作即为交付，完成工作的时间为交付时间，定作人在承揽人完成工作时，支付报酬。

根据本条规定，如果工作成果部分交付的，定作人验收该部分工作成果，并根据已交付部分的工作，向承揽人支付报酬。如甲与乙约定，由乙为甲制作三套沙发，总价 900 元。乙每完成一套沙发，就交付一套。甲每验收一套，则应当向承揽人支付 300 元。此外，如果承揽人提供材料的，定作人应当向承揽人支付材料费。定作人支付材料费，也适用本条的规定。定作人支付报酬以及材料费等费用时，承揽人下落不明、承揽人死亡或者丧失行为能力而未确定继承人或者监护人的，定作人可以将报酬等价款提存。

> **第七百八十三条** 定作人未向承揽人支付报酬或者材料费等价款的，承揽人对完成的工作成果享有留置权或者有权拒绝交付，但是当事人另有约定的除外。

【条文主旨】

本条是关于承揽人留置权及同时履行抗辩权的规定。

【条文释义】

定作人应当按照约定支付报酬，这是承揽合同中定作人的一项基本义务。如果由承揽人提供材料完成工作成果的，定作人还应当向承揽人支付材料费。在报酬及材料费之外，承揽人为完成工作而垫付的其他费用，定作人同样应当偿还。如果定作人无正当理由不履行支付报酬、材料费等价款义务的，承揽人对完成的工作成果享有留置权或者有权拒绝交付。

根据本条规定，定作人未向承揽人支付报酬或者材料费等价款的，承揽人首先可以对工作成果享有留置权。所谓留置权，根据本法第 447 条的规定，是指债务人不履行到期债务时，债权人可以留置已经合法占有的债务人的动产，并就该动产优先受偿的权利。留置权具有以下几个特征：第一，留置权以担保债权实现为目的；第二，留置权人有权从留置的债务人的财产的价值中优先受偿；第三，留置权是一种法定担保方式，它依法律规定而发生，非依当事人之间的协议成立。付款期限届满时，定作人未向承揽人支付报酬或者材料等价款的，承揽人有权留置工作成果，并通知定作人在不少于2个月的期限内支付报酬以及其他应付价款，定作人逾期仍不履行的，承揽人可以与债务人协议将留置的工作成果折价，也可以依法拍卖、变卖该工作成果，以所得价款优先受偿。受偿的范围包括定作人未付的报酬及利息、承揽人提供材料的费用、工作成果的保管费、合同中约定的违约金以及承揽人的其他损失，等等。工作成果折价或者拍卖、变卖后，其价款超过定作人应付款项数额的，归定作人所有，不足部分由定作人清偿。

根据本条以及本法关于留置权的规定，承揽人行使留置权应当符合以下两个前提条件：第一，定作人无正当理由不履行支付报酬、材料费等费用。支付报酬是定作人的基本义务。由承揽人提供材料的，定作人在支付报酬外还应当向承揽人支付材料费。虽然承揽人享有工作成果的留置权，但只有在支付期限届满时，定作人仍未支付报酬、材料费等费用的，承揽人才能留置工作成果。承揽合同约定支付期限的，定作人应当在合同约定的期限内向承揽人支付报酬以及材料费等其他费用。合同未约定支付期限的，如果承揽合同对支付报酬的期限没有约定或者约定不明确的，当事人可以协议补充约定报酬支付期限，定作人按照补充约定的期限向承揽人支付报酬。当事人不能达成补充协议的，定作人按照合同有关条款、合同性质、合同目的或者交易习惯确定的支付期限，向承揽人支付报酬。如果合同对报酬支付期限未约定，按照合同有关条款、合同性质、合同目的或者交易习惯仍不能确定的，定作人应当在承揽人交付工作成果的同时支付，也就是承揽人将其完成的工作成果交给定作人占有的时间，为定作人支付报酬的时间。根据承揽合同性质，承揽工作无须特别交付的，例如粉刷一面墙，承揽人完成工作即为交付，完成工作的时间为交付时间，定作人在承揽人完成工作时，支付报酬。在上述期限内，定作人未履行支付报酬、材料费等费用的，承揽人可以留置该工作成果。第二，承揽人合法占有本承揽合同的工作成果。根据本法关于留置权的规定，留置的财产是债权人合法占有的债务人的动产。因此，承揽人留置的工作成果应当是根据本承揽合同而合法占有的定作人的动产。如果承揽人已经将工作成果交付给定作人，也就是说，该工作成果已由定作人占有，承揽人就无法实现留置权；如果工作成果不是动产，承揽人也无法实现留置权；如果定作人同承揽人订有数个承揽合同，定作人未支付其中一个合同的报酬的，承揽人只能留置定作人未付报酬的那个合同的工作成果。如甲与乙服装店约定，由乙服装店为甲制作一套西装，之后甲又与乙约定，由乙再为甲制作一件风衣。如果甲支付了制作风衣的报酬而未支付乙制作西装的报酬的，乙只能留置该西装而不能留置风衣。如果乙已经将西装交付给甲的，乙只能要求甲支付报酬而不能留置风衣。如果承揽人占有定作人的其他财产，当定作人无正当理由不支付报酬、材料费等费用的，承揽人不能留置该其他财产。如甲配件厂租用乙公司的汽车，乙和甲约定，由甲为乙加工一批汽车配件。如果乙未按照约定支付甲加工配件的报酬，甲只能留置汽车配件而不能留置汽车。此外，根据当事人的意思自治原则，如果当事人约定承揽人不能留置工作成果的，承揽人不得留置工作成果，工作完成后，承揽人应当按照约定向定作人交付工作成果。如果定作人未能按照约定支付报酬或者材料费的，承揽人只能要求定作人支付报酬或者材料费以及承担约定的违约责任。

需要说明的是，本条与合同法的规定相比，增加了承揽人对完成的工作成果"有权拒绝交付"的规定。之所以增加这一规定，主要基于两点考虑：其一，在承揽人提供所有工作材料完成工作成果的情况下，由于工作材料及在此基础上完成的工作成果在交付前很难作为"定作人的动产"由承揽人占有，因此在这种情况下，严格来说并不符合行使留置权的条件。此时，为保证承揽人的合法权益，本条增加规定了定作人未支付报酬或者材料费等价款的，承揽人可以拒绝交付工作成果。其二，增加这一规定，意味着承揽人在定作人到期未支付报酬或者材料费等价款时，享有同时履行抗辩权。根据本法第525条规定，当事人互负债务，没有先后履行顺序的，应当同时履行。一方在对方履行之前有权拒绝其履行请求。定作人未依约履行支付报酬或者材料费等价款时，承揽人享有拒绝交付工作成果的权利，这是同时履行抗辩权在承揽合同中的体现。

> **第七百八十四条**　承揽人应当妥善保管定作人提供的材料以及完成的工作成果，因保管不善造成毁损、灭失的，应当承担赔偿责任。

【条文主旨】

本条是关于承揽人对材料和工作成果保管责任的规定。

【条文释义】

承揽合同约定由定作人提供材料的，定作人应当按照约定的质量和数量提供。定作人按照约定提供材料后，该材料处在承揽人的占有之下，因此承揽人有义务妥善保管定作人提供的材料，保持材料的质量状态，防止材料非正常损耗，从而保证工作成果的质量。

本条所谓的"妥善保管"，是指承揽人在没有特别约定的情况下，须按照本行业的一般要求，根据物品的性质选择合理的场地、采用适当的保管方式加以保管，防止物品毁损和灭失。在具体的保管方式上，承揽人可以自己保管材料，也可以将材料交由第三人保管。承揽人将材料交由第三人保管的，不得给定作人增加不合理的费用。由于承揽人未尽妥善保管义务，致使材料毁损、灭失的，承揽人应当承担赔偿责任，自负费用补齐、更换与定作人提供材料同质同量的材料，因此造成定作人损失的，应当赔偿损失；造成迟延交付的，应当承担违约责任。如果材料属于不可替代物，由于承揽人的原因致使材料毁损、灭失的，承揽人应当赔偿定作人材料损失，并承担违约责任；材料交给第三人保管的，承揽人对第三人的保管行为向定作人负责；材料因自身性质产生自然损耗的，承揽人如果已尽妥善保管责任的，不承担损害赔偿责任。定作人隐瞒材料瑕疵的，承揽人在尽妥善保管义务的前提下，对材料的毁损、灭失以及因材料产生的工作成果的瑕疵不承担责任；材料因为不可抗力而发生毁损、灭失的，承揽人已尽妥善保管责任的，承揽人不承担损害赔偿责任。

根据本条规定，承揽人妥善保管的对象除定作人提供的材料外，还包括已经完成的工作成果。在承揽合同中，承揽人的主要义务是完成并交付工作成果。在交付前，工作成果处于承揽人的占有之下，承揽人应当妥善保管工作成果，保证工作成果如期交付。工作成果须实际交付的，交付前，承揽人应当妥善保管工作成果。如果承揽人未尽妥善保管义务，造成工作成果毁损、灭失的，承揽人应当自负费用准备材料，重新完成工作并交付工作成果；因重作而迟延交付的，承揽人应当承担迟延履行的违约责任并赔偿因此给定作人造成的损失。如果工作完成后，承揽人按照约定交付工作成果而定作人迟延受领的，定作人承担迟延受领期间工作成果毁损、灭失的风险，即在承揽人交付至定作人实际受领期间，工作成果发生毁损、灭失的，定作人仍有义务按照约定向承揽人支付报酬及其他费用。

需要强调的是，本条规范的是承揽人对于定作人提供材料以及所完成工作成果的妥善保管义务。这主要是考虑到定作人向承揽人交付材料以及承揽人根据材料完成工作成果后，承揽人实际占有控制材料及工作成果，处于保管财产的最佳地位。无论从合同的诚信原则还是从节约资源、避免浪费的角度出发，承揽人都应对材料及工作成果妥善保管。如果没有尽到妥善保管义务，即承揽人在保管过程中未以善良管理人的标准要求自己，造成了材料及工作成果的毁损、灭失的，承揽人需要承担相应的赔偿责任。反之，如果承揽人已经尽了妥善保管材料及工作成果的义务，就不能根据本条要求承揽人承担责任。此时，如果导致材料及工作成果毁损、灭失的结果系由于意外或者不可抗力所致，则应根据本编有关合同风险负担的规则予以处理，这不属于本条的调整范围，承揽人也不构成违约。

> **第七百八十五条**　承揽人应当按照定作人的要求保守秘密，未经定作人许可，不得留存复制品或者技术资料。

〖条文主旨〗

本条是关于承揽人保密的规定。

〖条文释义〗

根据本条的规定，承揽人有保密的义务。承揽人的保密义务体现在不同方面，比如，承揽人在订立合同过程中知悉的定作人的商业秘密，定作人要求保密的，承揽人应当保密，不得泄露或者不正当地使用。这一点本法已经作了规定。本法第 501 条规定，当事人在订立合同过程中知悉的商业秘密或者其他应当保密的信息，无论合同是否成立，不得泄露或者不正当地使用。泄露、不正当地使用该商业秘密或者信息造成对方损失的，应当承担赔偿责任。再如，承揽合同成立后，定作人要求承揽人对承揽工作保密的，承揽人应当在进行承揽工作中保守秘密；在工作完成后，应当将涉密的图纸、技术资料等一并返还定作人。未经定作人的许可，承揽人不得留存复制品或者技术资料。关于缔约过程中的保密义务，本法第 501 条已经作了规定，本条的规定主要侧重于在承揽合同成立后，承揽人在工作中以及工作完成后的保密义务。

承揽合同成立后，承揽人的主要义务就是按照定作人的要求完成工作。定作人可以要求承揽人对承揽的工作保密。定作人保密的要求可以通过合同约定，也可以在合同履行期间，要求承揽人保守秘密。定作人应当明确承揽人保密的内容、期限。保密的内容包括技术秘密也包括商业秘密，如具有创造性的图纸、技术数据，或者是专利技术的工作成果，也包括其他定作人不愿他人知晓的信息，如定作人的名称、工作成果的名称等。保密的期限不限于承揽合同履行期间，在承揽合同终止后的一段期间内，承揽人仍应当保守有关秘密。

承揽人在工作中，应当妥善保管有关图纸、技术资料及其他应保密的信息，不得将秘密泄露给他人，也不得不正当地利用保密信息，如承揽人在履行合同中知悉技术秘密的，不得擅自将该技术秘密以自己的名义申请专利。定作人提供图纸、技术资料、样品的情况下，承揽人未经定作人许可不得擅自复制工作成果。如定作人与承揽人订立加工承揽合同，要求承揽人根据图纸加工出一台定作人设计的新型汽车发动机的样机，承揽人不得根据图纸多加工几台以便研究或者投放市场。此外，非经定作人许可，承揽人不得保留技术资料和复制品。承揽工作完成后，承揽人在交付工作成果的同时，也应当把定作人提供的图纸、技术资料返还定作人。如果承揽人根据定作人的要求，在工作中自己制作出的图纸、技术资料、模具等，是否可以留存，有约定，按照约定；无约定，则视情况而定。如定作人要求承揽人生产某一型号车床，该车床型号公开的，并且属于承揽人产品系列，这种情况下，承揽合同类似于买卖，承揽人可以留存该车床的生产技术资料而不必承担保密义务。如果定作人要求承揽人生产一特大车床，该车床以前没有生产过，承揽人根据定作人提出的要求设计、生产，其费用由定作人负责的，承揽人就应当在完成工作后，将图纸及有关技术资料交给定作人，并不得留存复制品。

承揽人未尽保密义务，泄露秘密，给定作人造成损失的，承揽人承担损害赔偿责任。如果定作人已经公开秘密，承揽人可以不再承担保密义务，但不能不正当地利用已公开的秘密。如定作人将其工作成果申请专利的，承揽人不得未经定作人许可，擅自生产与工作成果同样的产品。

第七百八十六条　共同承揽人对定作人承担连带责任，但是当事人另有约定的除外。

【条文主旨】

本条是关于共同承揽人连带责任的规定。

【条文释义】

共同承揽是指由2个或者2个以上的人共同完成承揽工作的合同。共同完成承揽工作的人称共同承揽人。共同承揽可以由共同承揽人与定作人共同订立承揽合同，也可以根据承揽人的约定由其中一个承揽人代表所有共同承揽人与定作人订立承揽合同。立法需要对共同承揽行为作出规定。

根据共同承揽的性质，本条规定共同承揽人对定作人承担连带责任。共同承揽人应当按照约定完成工作，将工作成果交付给定作人。每一个共同承揽人都应当对承揽的全部工作向定作人负责。如果交付的工作成果不符合要求，定作人可以要求共同承揽中的任何一个承揽人承担违约责任，任何一个共同承揽人都应当无条件承担违约责任。承担责任的共同承揽人，可以向其他共同承揽人追偿超出其实际应承担的责任份额，也就是说，任何一个共同承揽人向定作人承担责任后，共同承揽人再根据约定或者过错大小承担相应责任。例如，甲、乙二人共同与丙订立一个大型船舶建造合同，约定由甲、乙共同完成，2 年后交货，并约定迟延交付的，每天向定作人交纳违约金 1000 美元。如果由于甲的工作迟延致使交付比约定晚了 30 天，丙可以要求甲或乙承担迟延交付的违约责任，如果丙要求乙支付 3 万美元违约金的，乙应当向丙如数支付，支付后再向甲追偿。

根据权利义务相对等的原则，共同承揽人对定作人承担连带责任，也意味着共同承揽人对定作人也享有连带权利，任何一个共同承揽人都可以根据法律规定或者合同约定向定作人主张权利，再根据约定或者工作比例分享。例如甲与乙共同承揽制作一部大型车床，如果定作人未按照约定支付报酬和材料费，甲或乙都有权留置该车床，以折价或者变卖、拍卖获取价款，取得价款后，再根据约定或者各自工作份额优先受偿。

本条从尊重当事人意思自治出发，规定了当事人可以约定共同承揽的责任承担。如定作人与共同承揽人约定，共同承揽人各自承担责任；也可以约定，指定其中一个承揽人承担合同责任。有当事人约定，共同承揽人根据约定向定作人承担责任；无约定或者约定不明确的，共同承揽人承担连带责任。

准确理解和适用本条，还需要注意以下两点：其一，共同承揽与转承揽不同。转承揽是承揽人将自己承揽的部分工作交由第三人完成。虽然共同承揽与转承揽都是由多个人完成工作，但共同承揽人都是承揽合同的当事人，就是说参与工作的都是承揽人，都是合同当事人，而转承揽中的第三人虽然参与完成工作，但不是承揽合同的当事人，只是转承揽合同中的当事人。共同承揽人对定作人承担连带责任，即每一个共同承揽人都对全部工作向定作人负责，定作人可以要求任何一个参与工作的人承担合同责任。转承揽中，参与完成工作的第三人向承揽人负责，承揽人向定作人承担全部工作责任。当工作成果不符合约定时，即使是第三人工作造成的，承揽人也要向定作人承担违约责任，这是合同相对性的体现。其二，本条规定共同承揽人对定作人承担连带责任，这属于法定责任，但是当事人可以通过约定排除。根据本法总则编第 178 条的规定，连带责任应当由法律规定或者当事人约定。本条有关连带责任须法定的规定与总则编的规定保持了一致。当然，从尊重当事人意思自治的角度出发，定作人可以约定不对共同承揽人主张连带责任，这属于定作人自己对其权利的处分，应当得到认可。

第七百八十七条　定作人在承揽人完成工作前可以随时解除合同，造成承揽人损失的，应当赔偿损失。

【条文主旨】

本条是关于定作人任意解除权的规定。

【条文释义】

根据本条规定，定作人在承揽人完成工作前可以随时解除合同。解除合同是指在合同成立后，因当事人一方或者双方的意思表示而使合同关系消灭的行为。根据本法合同编的有关规定，双方当事人可以协商解除合同；当事人一方解除合同的，只限于两种情况：一是发生不可抗力致使合同目的无法实现；二是对方当事人严重违约，包括在履行期限届满之前，当事人一方明确表示或者以自己的行为表明不履行其主要债务；当事人一方迟延履行主要债务，经催告后在合理期限内仍未履行的；对方当事人迟延履行债务或者有其他违约行为致使不能实现合同目的等。除这些法定解除权外，当事人擅自解除合同的，应当承担违约责任。但在承揽合同中，定作人除了享有合同编所规定的合同解除权外，还享有在承揽人完成工作前随时解除合同的权利，这是承揽合同的一大特点，也是由承揽合同的性质所决定的。承揽合同是定作人为了满足其特殊需求而订立的，承揽人根据定作人的指示进行工作，如果定作人于合同成立后由于各种原因不再需要承揽人完成工作，则应当允许定作人解除合同。

根据本条规定，定作人解除合同的前提是赔偿承揽人的损失。这样处理，既可以避免给定作人造成更大的浪费，也不会给承揽人造成不利。定作人依据本条行使随时解除权的，应当符合以下要求：第一，定作人应当在承揽人完成工作前提出解除合同。与合同法的规定相比，本条对于定作人的任意解除权增加了"在承揽人完成工作前"的限制。即虽然本条规定的是定作人的任意解除权，定作人可以随时解除合同，但"随时"实际是指合同成立生效后，承揽人完成工作前的任何时间。之所以增加这一规定，主要是考虑到承揽合同往往具有较强的专属性，承揽人工作的展开及成果的交付都需要按照定作人的要求进行。如果允许定作人在承揽人完成工作以后仍然可以解除合同，则很可能由于定作成果的专属性而造成浪费，承揽人很难再将原本为定作人完成的工作成果进行处置，这与民法典所倡导的绿色原则、充分发挥物的效用的理念都不相符。因此，通过将定作人解除合同的时点限制在"承揽人完成工作前"，可以在定作人的任意解除权与避免资源浪费、践行绿色原则之间取得平衡，是较为妥当的做法。第二，定作人根据本条解除合同的，应当通知承揽人。解除通知到达承揽人时，解除生效，合同终止，承揽人可以不再进行承揽工作。这也与本法

第 565 条有关合同解除须通知对方的规定保持一致。第三，定作人根据本条解除承揽合同造成承揽人损失的，应当赔偿损失。这些损失主要包括承揽人已完成的工作部分所应当获得的报酬、承揽人为完成这部分工作所支出的材料费以及承揽人因合同解除而受到的其他损失。

合同解除后，承揽人应当将已完成的部分工作交付定作人。定作人提供材料的，如有剩余，也应当返还定作人。定作人预先支付报酬的，在扣除已完成部分的报酬外，承揽人也应当将剩余价款返还定作人。

第十八章　建设工程合同

本章共二十一条，对建设工程合同的定义、订立、禁止违法分包与转包、建设工程合同的内容、竣工验收、支付价款，以及发包人与承包人的其他权利义务作了规定。

> 第七百八十八条　建设工程合同是承包人进行工程建设，发包人支付价款的合同。
> 建设工程合同包括工程勘察、设计、施工合同。

【条文主旨】

本条是关于建设工程合同定义和种类的规定。

【条文释义】

建设工程合同是指承包人进行工程建设，发包人支付价款的合同。建设工程合同的客体是工程。这里的工程是指土木建筑工程和建筑业范围内的线路、管道、设备安装工程的新建、扩建、改建及大型的建筑装修装饰活动，主要包括房屋、铁路、公路、机场、港口、桥梁、矿井、水库、电站、通讯线路等。建设工程的主体是发包人和承包人。发包人，一般为建设工程的建设单位，即投资建设该项工程的单位，通常也称作"业主"。建设工程实行总承包的，总承包单位经发包人同意，在法律规定的范围内对部分工程项目进行分包的，工程总承包单位即成为分包工程的发包人。建设工程的承包人，即实施建设工程的勘察、设计、施工等业务的单位，包括对建设工程实行总承包的单位、勘察承包单位、设计承包单位、施工承包单位和承包分包工程的单位。

本条第 1 款规定的建设工程合同的定义，体现了合同双方当事人即发包人和承包人的基本义务。承包人的基本义务就是按质按期地进行工程建设，包括工程勘察、设计和施工。发包人的基本义务就是按照约定支付价款。

本条第 2 款规定了建设工程合同的主要类别。一项工程一般包括勘察、设计和施工等一系列过程，因此建设工程合同通常包括工程勘察、设计、施工合同。

勘察合同，是指发包人与勘察人就完成建设工程地理、地质状况的调查研究工作而达成的协议。建设工程勘察，通常需要根据建设工程的要求，查明、分析、评价建设场地的地质地理环境特征和岩土工程条件，并编制建设工程勘察文件。勘察合同就是反映并调整发包人与受托地质工程单位之间权利义务关系的依据。

设计合同，是指发包人与设计人就完成建设工程设计工作而达成的协议。建设工程设计，通常需要根据建设工程的要求，对建设工程所需的技术、经济、资源、环境等条件进行综合分析、论证，并编制建设工程设计文件。建设工程设计一般涉及方案设计、初步设计以及施工图设计，它们之间还具有一定的关联性。按照国务院《建设工程勘察设计管理条例》的规定，编制的方案设计文件，应当满足编制初步设计文件和控制概算的需要。编制的初步设计文件，应当满足编制施工招标文件、主要设备材料订货和编制施工图设计文件的需要。编制的施工图设计文件，应当满足设备材料采购、非标准设备制作和施工的需要，并注明建设工程合理使用年限。

施工合同，是指发包人与施工单位就完成建设工程的一定施工活动而达成协议。施工合同主要包括建筑和安装两方面内容，这里的建筑是指对工程进行营造的行为，安装主要是指与工程有关的线路、管道、设备等设施的装配。建设工程施工合同是工程建设质量控制、进度控制、投资控制的主要依据。

工程勘察、设计、施工是专业性很强的工作，所以一般应当由专门的具有相应资质的工程单位来完成。按照建筑法的规定，施工企业、勘察单位、设计单位按照其各自拥有的注册资本、专业技术人员、技术装备和已完成的建筑工程业绩等资质条件，划分为不同的资质等级，经资质审查合格，取得相应等级的资质证书，并应在其资质等级许可的范围内从事工程勘察、设计、施工活动。

第七百八十九条　建设工程合同应当采用书面形式。

【条文主旨】

本条是关于建设工程合同形式的规定。

【条文释义】

依据本条的规定，建设工程合同除双方当事人意思表示达成一致外，还应当采用书面形式明确双方的权利义务。

合同按照其订立方式可分为口头合同、书面合同以及采用其他方式订立的合同。凡当事人的意思表示采用口头形式而订立的合同，称为口头合同；凡当事人的意思表示采用书面形式而订立的合同，称为书面合同。书面形式的合同对当事人之间约定的权利义务有明确的文字记载，能够提示当事人适时地正确地履行合同义务，当发生合同纠纷时，也便于分清责任，正确、及时地解决纠纷。建设工程合同一般具有合同标的额大，合同内容复杂、履行期较长等特点，为慎重起见，更应当采用书面形式。此外，建设工程的质量涉及社会上不特定第三人的人身和财产安全，采用书面形式，也便于建设工程相关监督管理工作的开展。为此本条明确规定建设工程合同应当采用书面形式。

依照本法规定，书面形式是合同书、信件等可以有形地表现所载内容的形式。在实践中，较大的工程建设一般采用合同书的形式订立合同。

> **第七百九十条　建设工程的招标投标活动，应当依照有关法律的规定公开、公平、公正进行。**

【条文主旨】

本条是关于工程招标投标要求的规定。

【条文释义】

招标投标是市场经济条件下进行大宗货物买卖或者建设工程发包与承包时通常采用的竞争交易方式。采用招标投标方式进行建设工程的发包与承包，其最显著的特征是将竞争机制引入建设工程的发包与承包活动之中，与采用"一对一"谈判的办法进行的建设工程的发包与承包相比，具有明显的优越性，这主要表现在以下两点：第一，招标方通过对各投标竞争者的报价和其他条件进行综合比较，从中选择报价低、技术力量强、质量保障体系可靠、具有良好信誉的承包人作为中标者，与之签订建设工程合同，这显然有利于保证工程质量、缩短工期、降低工程造价、提高投资效益；第二，招标投标活动要求依照法定程序公开进行，有利于堵住建设工程发包与承包活动中行贿受贿等腐败和不正当竞争行为的"黑洞"。正因为招标投标具有明显的优越性，符合市场竞争的要求，也就成为我国建设工程发包与承包活动中大力推广的主要方式，尤其是对于使用国有资金建设的工程项目。

我国建筑法规定建筑工程应当依法实行招标发包，对不适于招标发包的才可以直接发包。因而，依据建筑法和其他法律、行政法规的规定，工程建设需要采取招标投标的方式订立合同的，当事人必须采用招标投标方式订立合同。法律没有规定的，发包人可以采取招标投标方式进行发包，也可以直接发包。依据我国招标投标法的规定，需要进行招标的项目主要包括：（1）大型基础设施、公用事业等关系社会公共利益、公众安全的项目；（2）全部或者部分使用国有资金投资或者国家融资的项目；（3）使用国际组织或者外国政府贷款、援助资金的项目；（4）法律或者国务院规定的其他必须招标的项目。招标投标法及其实施条例还对可以不进行招标的特殊情形进行了规定。必须进行招标的是工程建设项目的勘察、设计、施工、监理以及与工程建设有关的重要设备、材料等的采购等都必须进行招标。

招标分为公开招标和邀请招标。公开招标，是指招标人以招标公告的方式邀请不特定的法人或者非法人组织投标。邀请招标，是指招标人以投标邀请书的方式邀请特定的法人或者非法人组织投标。法律、行政法规规定必须进行公开招标的项目还必须进行公开招标。

依据本条的规定，建设工程的招标投标应当按照公开、公平和公正的原则进行。所谓的公开，是指进行招标投标活动的有关信息要公开，招标方应当通过在新闻媒体上刊发广告或者以其他适当形式，发布建设工程招标信息，并在公开提供的招标文件中，载明招标工程的主要技术要求以及投标人的资格要求等内容，使所有符合条件的承包商都能有机会参与投标竞争。同时，招标投标的程序要公开，包括领取招标文件的时间、地点，投标的截止日期，开标的时间、地点以及评标与定标的标准、方法等，都应当公开透明，以便各方面监督，不允许进行"暗箱操作"。所谓的公平，就是指招标方要平等地对待每一份投标，投标方也要以正当手段进行竞争，不得有向投标方及其工作人员行贿、提供回扣等不正当竞争行为，以保证竞争的平等。所谓的公正，是指招标方在招标过程中要严格按照公开的招标文件和程序办事，严格按照既定的评标标准评标和定标，公平地对待每一个投标者，不得厚此薄彼、远近亲疏。

第七百九十一条 发包人可以与总承包人订立建设工程合同，也可以分别与勘察人、设计人、施工人订立勘察、设计、施工承包合同。发包人不得将应当由一个承包人完成的建设工程支解成若干部分发包给数个承包人。

总承包人或者勘察、设计、施工承包人经发包人同意，可以将自己承包的部分工作交由第三人完成。第三人就其完成的工作成果与总承包人或者勘察、设计、施工承包人向发包人承担连带责任。承包人不得将其承包的全部建设工程转包给第三人或者将其承包的全部建设工程支解以后以分包的名义分别转包给第三人。

禁止承包人将工程分包给不具备相应资质条件的单位。禁止分包单位将其承包的工程再分包。建设工程主体结构的施工必须由承包人自行完成。

〖条文主旨〗

本条是关于建设工程合同发包、承包和分包的规定。

〖条文释义〗

建设工程合同发包承包根据订约双方的不同，可以分为直接承包和分包两大类。直接承包是指发包人直接将工程承包给承包人，包括工程总承包和单项工程承包两种方式。分包是指总承包人、勘察、设计、施工承包人经发包人同意，可以将自己承包的部分工作交由第三人完成。

建设工程的总承包，又称为"交钥匙承包"，是指建设工程任务的总承包，即发包人将建设工程的勘察、设计、施工等工程建设的全部任务一并发包给一个具备相应的总承包资质条件的承包人，由该承包人负责工程的全部建设工作，直至工程竣工，向发包人交付经验收合格符合发包人要求的建设工程的发包承包方式。

与总承包方式相对应的，是单项任务的承包，即发包人将建设工程中的勘察、设计、施工等不同工作任务，分别发包给勘察人、设计人、施工人，与其签订相应的承包合同。

建设工程的发包承包是采取总承包方式还是单项工程承包方式，可以由发包人根据实际情况自行确定。但是不论发包人采取何种方式与承包人签订合同，都应当遵守本条的规定，不得将建设工程支解发包，即不得将应当由一个承包人完成的建设工程支解成若干部分发包给数个承包人。至于如何确定是否应当由一个承包人完成的建设工程，需要由国务院有关主管部门根据实际情况作出具体规定。如对一幢房屋的供水管线的安装，发包人就不应将其分成若干部分发包给几个承包单位。如对一幢房屋中的供水管线和空调设备的安装，尽管都属于同一建筑的设备安装，但因各有较强的专业性，发包人可以将其分别发包给不同的承包人。

所谓建设工程的分包，是指工程总承包人、勘察承包人、设计承包人、施工承包人承包建设工程后，将其承包的某一部分工程或某几部分工程，再发包给其他承包人，与其签订承包合同项下的分包合同的发包承包方式。总承包人、勘察、设计、施工承包人在分包合同中即成为分包合同的发包人。总承包人、勘察、设计、施工承包人分包建设工程的，应当符合以下条件：（1）总承包人、勘察、设计、施工承包人只能将部分工程分包给具有相应资质条件的分包人；（2）为防止总承包人、勘察、设计、施工承包人擅自将应当由自己完成的工程分包出去或者将工程分包给发包人所不信任的第三人，分包工程的，必须经过发包人的同意。

在承包与分包相结合的承包形式中，存在承包合同与分包合同两个不同的合同关系。承包合同是发包人与总承包人或者勘察人、设计人、施工人之间订立的合同，总承包人、勘察、设计、施工承包人应当就承包合同的履行向发包人承担全部的责任，即使总承包人、勘察、设计、施工承包人根据合同约定或者经发包人的同意将承包合同范围内的部分建设项目分包给他人，总承包人、勘察、设计、施工承包人也得对分包的工程向发包人负责。分包合同是承包合同中的总承包人或者勘察、设计、施工承包人与分包人之间订立的合同，通常来说，分包人仅就分包合同的履行向总承包人、勘察、设计、施工承包人负责，并不直接向发包人承担责任，但为了维护发包人的利益，保证工程的质量，本条适当地加重了分包人的责任，即第三人（分包人）就其完成的工作成果与总承包人或者勘察、设计、施工承包人向发包人承担连带责任。分包的工程出现问题，发包人既可以要求总承包人、勘察、设计、施工承包人承担责任，也可以直接要求分包人承担责任。

所谓转包，是指建设工程的承包人将其承包的建设工程倒手转让给第三人，使该第三人实际上成为该建设工程新的承包人的行为。转包与分包的根本区别在于：转包行为中，原承包人将其工程全部倒手转给他人，自己并不实际履行合同约定的义务；而在分包行为中，承包人只是将其承包工程的某一部分或几部分再分包给其他承包人，承包人仍然要就承包合同约定的全部义务的履行向发包人负责。依照本法和其他法律规定，承包人经发包人同意将其部分工程分包给他人的行为是允许的，但承包人的转包行为是禁止的。本条明确规定承包人不得将其承包的全部建设工程转包给第三人或者将其承包的全部建设工程支解以后以分包的名义分别转包给第三人。

为了保证工程的质量，防止某些承包单位在拿到工程项目后以分包的名义倒手转包，损害发包人的利益，破坏建筑市场秩序，本条第 3 款规定，禁止承包人将工程分包给不具备相应资质条件的单位。禁止分包单位将其承包的工程再分包。依据本款规定，工程的分包人必须具备相应的资质条件。依照我国有关法律的规定，从事建设活动的勘察人、设计人和施工人必须具备以下资质条件：(1) 有符合国家规定的注册资本；(2) 有与其从事的建设活动相适应的具有法定执业资格的专业技术人员；(3) 有从事相关建设活动所应有的技术装备；(4) 法律、行政法规规定的其他条件。从事工程建设活动的勘察人、设计人和施工人，按照其拥有的注册资本、专业技术人员、技术装备和已完成的建设工程业绩等资质条件，划分为不同的资质等级，经资质审查合格，取得相应等级的资质证书后，方可在其资质等级许可的范围内从事建设活动。承包人在将工程分包时，应当审查分包人是否具备承包该部分工程建设的资质条件。承包人将工程分包给不具备相应资质条件的分包人的，该分包合同无效。为避免因层层分包造成责任不清以及因中间环节过多造成实际用于工程的费用减少的问题，依据本款的规定，分包人不得将其承包的工程再分包，即对工程建设项目只能实行一次分包。实行施工承包的，建设工程的主体结构必须由承包人自行完成，不得分包，即承包人承包工程全部施工任务的，该工程的主体结构必须由承包人自行完成，即使经发包人同意，也不得将主体工程的施工再分包给第三人，承包人违反本款规定，将工程主体部分的施工任务分包给第三人的，该分包合同无效。

> **第七百九十二条** 国家重大建设工程合同，应当按照国家规定的程序和国家批准的投资计划、可行性研究报告等文件订立。

【条文主旨】

本条是关于国家重大建设工程合同订立程序的规定。

【条文释义】

为了规范国家重大工程的建设，保证国家投资计划得以实现，保证质量，避免资源浪费，保证投资效益，减少投资风险，本条对国家重大建设工程合同的订立提出了更严格的依据，即国家重大建设工程合同，应当按照国家规定的程序和国家批准的投资计划、可行性研究报告等文件订立。

哪些建设工程属于国家重大建设工程，法律并没有具体规定，在实践中，并不是政府投资的项目都属于国家重大建设工程，一般列入国家重点投资计划而且投资额巨大，建设周期特别长，由中央政府全部投资或者参与投资的工程，往往属于国家重大建设工程，如三峡工程。有些虽然未列入国家重点投资计划，投资额不算巨大，但影响很大的工程项目，也属于国家重大建设工程项目，如国家大剧院工程。也有些工程，虽然属于地方政府投资，但投资巨大、影响广泛的工程项目，也属于国家重大建设工程项目。例如，亚运工程建设项目，虽然是主要由北京市政府投资的工程项目，但是其投资计划是经过国家批准，也属于国家重大建设工程项目。

依据本条规定，国家重大建设工程合同，应当按照国家规定的程序和国家批准的投资计划、可行性研究报告等文件订立。一般在实践中，国家重大建设工程在事先应当进行可行性研究，对工程的投资规模、建设效益进行论证分析，并编制可行性研究报告，然后到申请立项。立项批准后，再根据立项制定投资计划并报国家有关主管部门批准，投资计划批准后，有关建设单位根据工程的可行性研究报告和国家批准的投资计划，遵照国家规定的程序进行发包，与承包人订立建设工程合同。这里规定的国家规定的程序是指建筑法等有关法律、法规规定的重大工程建设项目订立的程序。国家重大建设工程合同一般必须实行公开招标发包，必须进行公开招标的，发包人应当按照法定的程序和方式进行招标。国家重大工程建设项目一般都属于国家强制监理的建设工程，发包人应当委托具有相应资质条件的工程监理单位对工程建设进行监理。

> **第七百九十三条** 建设工程施工合同无效，但是建设工程经验收合格的，可以参照合同关于工程价款的约定折价补偿承包人。
>
> 建设工程施工合同无效，且建设工程经验收不合格的，按照以下情形处理：
>
> （一）修复后的建设工程经验收合格的，发包人可以请求承包人承担修复费用；
>
> （二）修复后的建设工程经验收不合格的，承包人无权请求参照合同关于工程价款的约定折价补偿。
>
> 发包人对因建设工程不合格造成的损失有过错的，应当承担相应的责任。

【条文主旨】

本条是关于建设工程施工合同无效时对承包人的补偿的相关规定。

【条文释义】

建设工程施工合同具有投资数额大、建设周期长、建设完工后不宜轻易恢复原状等特点，加之，特定情形下还涉及农民工等弱势群体利益保护。因而，有必要结合建设工程施工合同的特点，在一般合同无效的处理规则之外，对建设工程施工合同无效时的特殊处理规则进行细化规定。

本法第 157 条规定，民事法律行为无效、被撤销或者确定不发生效力后，行为人因该行为取得的财产，应当予以返还；不能返还或者没有必要返还的，应当折价补偿。有过错的一方应当赔偿对方由此所受到的损失；各方都有过错的，应当各自承担相应的责任。法律另有规定的，依照其规定。依据该规定，合同无效后，对于因该行为取得的财产应当返还或折价补偿，因自己的过错给对方造成损失的，应当赔偿由此给对方所造成的损失。这是合同无效时的一般处理规则，在建设工程施工合同领域也应当适用。但是，建设工程施工合同的履行过程就是承包人将劳务及建筑材料物化到建设工程的过程，建设工程施工过程完成会有建筑物等不动产的产生。基于这一特殊性，合同无效时，发包人既无法向承包人返还建设工程，也无法向承包人返还已经付出的劳务和使用的建筑材料，因此，只能折价补偿。

折价补偿的前提是建设工程本身具有价值。本法第 799 条规定，建设工程竣工经验收合格后，方可交付使用；未经验收或者验收不合格的，不得交付使用。建筑法第 61 条也有类似规定。建设工程质量是建设工程的生命。建设工程质量不合格便无使用价值，甚至会危害人民群众生命安全。对发包人来说建设工程质量不合格不仅没有价值，甚至可能还有危害，需要拆除重建，给发包人带来损失。因此，建设工程施工合同无效后，对承包人进行折价补偿的前提是建设工程经验收合格。对于经验收不合格，但是具有修复可能的建设工程，基于节约社会资源原则和当事人之间的公平，应当在确保工程质量安全的前提下，充分科学评估建设工程在技术上和经济上是否具有修复可能或者修复必要。如果可以通过修复使建设工程重新达到验收合格的，应当提倡进行修复，并由承包人承担修复费用，不宜一概要求恢复原状推倒重建，造成社会资源的浪费。如果从技术和经济上判断确属没有可能修复或修复成本明显过高，进行修复显著不经济、不合理的，则没有必要要求必须进行修复，徒增不合理的负担和成本。因此，本条第 2 款规定，建设工程施工合同无效，且建设工程经验收不合格，修复后经验收合格的，发包人可以请求承包人承担修复费用。修复后仍不能验收合格的，则无须对承包人进行折价补偿。本条内容来自我国司法实践经验的积累，在以往司法实践中各种观点和做法很不统一。一种观点认为，按照合同法、建筑法的规定，建设工程必须经竣工验收合格方能交付使用，否则便不能使用，因此，合同无效，建设工程经竣工验收不合格或者未经竣工验收，承包人要求支付工程款的，人民法院应依据原合同法等法律关于建设工程必须经竣工验收合格方能交付使用的规定，驳回承包人的请求。另一种观点认为，按照合同法规定的合同无效处理的一般规则，合同无效，无论工程是否竣工，是否经验收合格，建设工程都要归发包人，因此，发包人应对承包人予以折价补偿。对于第一种观点，反对的意见认为，如按第一种观点处理，将会导致发包人不用支付对价即可接受建设工程，如果建设工程具有利用价值，发包人将依据无效合同取得利益，而承包人则不能依据其投入得到相应报酬，双方利益不平衡，不符合民法公平原则，案件审理的社会效果不好。对于第二种观点，反对的意见认为，无论建设工程是否经验收合格，均要求建设工程归发包人，并要求发包人就接受的建设工程支付承包人工程款，如果建设工程确属无法修复，没有实际使用价值的情况，则会导致合同无效时建设工程不合格的风险和损失完全由发包人承担，这不符合公平原则。因此，最高人民法院结合我国建筑市场实际，从统一司法裁判标准和提高案件处理社会效果出发，最终在《最高人民法院关于审理建设工程施工合同纠纷案件适用法律问题的解释》中规定，以经竣工验收合格作为承包人请求折价补偿的前提条件，经修复后验收合格的，承包人可以请求折价补偿工程款，但发包人可以请求承包人承担修复费用，否则，承包人请求折价补偿工程款的，人民法院不予支付。这一规定在司法实践中已经适用 10 余年，具有一定的实践基础，基于确保建设工程质量安全、合同当事人之间公平和节约社会资源等价值考量，本条规定吸收了司法实践的成果。

关于折价的标准。在我国以往的司法实践中存在不同的观点。第一种意见认为，建设工程施工合同无效，建设工程经竣工验收合格的，发包人应当向承包人返还建设工程的造价成本。造价成本与合同价款的差额为损失，按照过错责任原则承担责任。第二种意见认为，建设工程施工合同无效，建设工程经竣工验收合格，承包人可以请求参照合同约定支付工程款。对于发包人应当向承包人返还建设工程的造价成本的观点，司法实践认为，该观点存在造价成本计算的难题。对造价成本的计算也有不同的观点。一种观点认为，造价成本应按照建筑行政主管部门颁布的当年适用的工程定额标准由鉴定机构计算；一种观点认为，建筑行政主管部门颁布的工程定额标准跟不上市场价格变化，造价成本应按照建筑行政主管部门发布的市场价格信息计算；还有观点认为，造价成本为合同约定的工程款中的直接费与间接费，不包含利润与税金。对于以上三种关于造价成本计算的观点，司法实践认为，在我国建筑市场属于发包人市场的背景下，发包人在签订合同时往往会把工程款压得很低，常常低于当年适用的工程定额标准和政府公布的市场价格信息标准，如果合同无效时按照当年适用的工程定额标准和政府公布的市场价格信息计算，可能会出现最终计算出的折价数额超出合同约定的价款的不合理结果，使承包人不合理地获得超出合同有效时应得的利益，给承包人带来负面激励。同时，采用当年适用的工程定额标准和政府公布的市场价格信息标准，还需要进行鉴定，会增加鉴定成本，导致诉讼时间和费用成本增加，因此，不宜采用这两种计算造价成本的方式进行计算。对于按照合同约定的直接费和间接费计算造价成本的观点，司法实践认为，承包人将不能主张利润与税金，该计算方式在最终结果上也可能会出现从整个建设过程和最终清算结果来看发包人获得了不当利益的现象，这也不符合当事人不应从无效合同中获得不当利益的精神。因而，司法实践结合建筑市场的实际情况，总结司法实践经验，采用了第二种意见，即建设工程施工合同无效，建设工程经竣工验收合格的，承包人可以请求参照合同约定支付工程款。司法实践认为，第二种意见有利于保证工程质量，符合当事人真实意思，平衡了当事人双方之间的利益，且可以适当简化程序，减少当事人讼累，便于法院掌握施行，从实践经验来看取得了良好的社会效果。建设工程施工具有一定的周期性和复杂性，当事人双方在合同中的约定一定程度上代表了当事人双方对于合同签订和履行的合理预期以及对于相关合同风险的预先安排，在建设工程施工合同无效，没有更加科学、合理、简便有效的折价补偿标准的情况下，参照建设工程合同关于工程价款的约定折价补偿承包人具有一定的合理性。此种确定折价补偿的方式可以在保证建设工程质量的前提下，确保双方当事人均不能从无效合同中获得超出合同有效时的利益，符合当事人预期和我国建筑市场实际，且有助于提升案件的社会效果。结合各方面意见以及我国建筑市场的实际情况，考虑到建设工程施工合同无效时，折价补偿问题的复杂性，本条规定吸收了司法实践的成果。但是，同时也需要指出的是，本条规定的建设工程施工合同无效，建设工程经验收合格的，可以参照建设工程合同关于工程价款的约定折价补偿承包人的规定，只是规定了一种相对易于掌握和施行的折价补偿参照标准，即参照合同关于工程价款的约定折价补偿。对于工程建设中大规模改变设计，施工合同的约定却未进行相应变更等无法参照建设工程合同关于工程价款的约定进行折价补偿的情况，仍需要法院根据实际情况来认定。此外，需要强调的是，建设工程施工合同无效，虽然依据本条规定可以对承包人参照建设工程合同关于工程价款的约定折价补偿，但是，折价补偿并不影响承包人承担违反法律的行政法律责任和其他法律责任。

法律行为无效后，对于因该行为取得的财产应当返还或折价补偿，因自己的过错给对方造成损失的，应当赔偿由此给对方所造成的损失。建设工程施工合同无效时，当事人有过错的也应赔偿因此给对方造成的损失。建设工程施工合同无效，建设工程经验收不合格，修复后，建设工程经验收仍不合格的，承包人不能请求参照合同关于工程价款的约定补偿，但是，发包人对因建设工程不合格造成的损失也有过错的，也应根据其过错承担相应的责任。例如发包人提供有瑕疵的设计、提供不合格的材料等，在具体案件中人民法院应当根据发包人的过错程度判定其责任承担。

> **第七百九十四条** 勘察、设计合同的内容一般包括提交有关基础资料和概预算等文件的期限、质量要求、费用以及其他协作条件等条款。

【条文主旨】

本条是关于勘察、设计合同主要内容的规定。

【条文释义】

勘察、设计合同是指勘察人、设计人完成工程勘察、设计任务，发包人支付勘察、设计费的协议。勘察、设计合同明确了发包人与勘察、设计人之间的权利义务关系。为了规范勘察、设计合同，本条规定了勘察、设计合同的主要内容。

提交有关勘察或者设计基础资料和文件是发包人的义务，勘察或者设计的基础资料是指勘察人、设计人进行勘察、设计工作所依据的基础文件和情况。勘察基础资料包括可行性报告，工程需要勘察的地点、内容，勘察技术要求及附图等。设计的基础资料包括工程的选址报告等勘察资料以及原料（或者经过批准的资源报告），燃料、水、电、运输等方面的协议文件，需要经过科研取得的技术资料等。为了保证勘察、设计工作的顺利进行，合同中应当明确提交有关基础资料的期限。

提交勘察、设计文件（包括概预算）是勘察、设计人的基本义务。勘察文件一般包括对工程选址的测量数据、地质数据和水文数据等。勘察文件往往是进行工程设计的基础资料，勘察文件的交付进度能够影响设计工作的进度，因此，当事人应当在勘察合同中明确勘察文件的交付期限。设计文件的期限是指设计人完成设计工作，交付设计文件的期限。设计文件主要包括建设设计图纸及说明，材料设备清单和工程的概预算等。设计文件是工程建设的依据，工程必须按照设计文件进行施工，因此，设计文件的交付期限会直接影响工程建设的期限。当事人在设计合同中应当明确设计文件的交付期限。

这里的质量要求主要是指发包人对勘察、设计工作提出的标准。勘察人和设计人应当按照确定的质量要求进行勘察、设计，按时提交符合质量要求的勘察、设计文件。勘察、设计质量要求条款明确了勘察、设计成果的质量，也是确定勘察人、设计人工作责任的重要依据。

这里的费用是指勘察人、设计人完成勘察、设计工作的报酬。支付勘察、设计费是发包人在勘察、设计合同中的主要义务，因此，在勘察、设计费用条款中应当明确勘察、设计费用的数额或者计算方法，勘察、设计费用的支付方式、地点、期限等内容。

其他协作条件是指双方当事人为了保证勘察、设计工作顺利完成所应当履行的相互协助的义务。发包人的主要协作义务是在勘察、设计人员入场工作时，为勘察、设计人员提供必要的工作条件和生活条件，以保证其正常开展工作。勘察、设计人的主要协作义务是配合工程建设的施工，进行设计交底，解决施工中的有关设计问题，负责设计变更和修改预算，参加试车考核和工程验收等。对于大中型工业项目和复杂的民用工程应当派现场设计，并参加隐蔽工程的验收等。

当然，勘察、设计合同不只是包括这些条款，当事人的名称或者姓名和住所、履行地点和方式、勘察、设计工作的范围与进度、违约责任、解决争议的方法等条款，也是勘察、设计合同所应当具备的条款。此外，根据合同的性质和具体情况，当事人还可以协商确定其他必要的条款。本条规定的内容是建议性的，本条规定只是根据勘察、设计合同的性质作出的一般性规定，当事人签订的勘察、设计合同中不具备上述内容的，并不因本条规定导致该合同的无效。

> **第七百九十五条** 施工合同的内容一般包括工程范围、建设工期、中间交工工程的开工和竣工时间、工程质量、工程造价、技术资料交付时间、材料和设备供应责任、拨款和结算、竣工验收、质量保修范围和质量保证期、相互协作等条款。

【条文主旨】

本条是关于施工合同主要内容的规定。

【条文释义】

施工主要是指工程的建筑与安装。施工合同主要是指施工人完成工程的建筑、安装工作，发包人验收后，接收该工程并支付价款的合同。本条为了规范施工合同，根据工程施工的一般特点，规定了施工合同中一些主要内容。

工程范围是指施工的界区，是施工人进行施工的工作范围。工程范围是施工合同的必备条款。

建设工期是指施工人完成施工任务的期限。每个工程根据性质的不同，所需要的建设工期也各不相同。建设工期能否合理确定往往会影响到工程质量的好坏。实践中，有的发包人由于种种原因，常常要求缩短工期，施工人为了赶进度，只好偷工减料，仓促施工，结果导致出现严重的工程质量问题。为了保证工程质量，双方当事人应当在施工合同中确定合理的建设工期。

中间交工工程是指施工过程中的阶段性工程。为了保证工程各阶段的交接，顺利完成工程建设，当事人应当明确中间交工工程的开工和竣工时间。

工程质量是指工程的等级要求，是施工合同中的核心内容。工程质量往往通过设计图纸和施工说明书、施工技术标准加以确定。工程质量条款是明确对施工人的施工要求，确定施工人责任的依据，是施工合同的必备条款。工程质量必须符合国家有关建设工程安全标准的要求，发包人不得以任何理由，要求施工人在施工中违反法律、行政法规以及建设工程质量、安全的标准，降低工程质量。

工程造价是指施工建设该工程所需的费用，包括材料费、施工成本等费用。当事人应根据工程质量要求，根据工程的概预算，合理地确定工程造价。实践中，有的发包人为了获得更多的利益，往往会压低工程造价，施工人为了盈利，则不得不偷工减料，以次充好，结果导致出现工程质量不合格的现象，甚至还会导致严重的工程质量事故的发生。因此，为了保证工程质量，双方当事人应当合理地确定工程造价。

技术资料主要是指勘察、设计文件以及其他施工人据以施工所必需的基础资料。技术资料的交付是否及时往往会影响到施工的进度，因此，当事人应当在施工合同中明确技术资料的交付时间。

材料和设备供应责任是指由哪一方当事人提供工程建设所必需的原材料以及设备。材料一般包括水泥、砖瓦石料、钢筋、木料、玻璃等建筑材料和构配件。设备一般包括供水、供电管线和设备、消防设施、空调设备等。在实践中，材料和设备有的由发包人负责提供，有的则由施工人负责采购。材料和设备的供应责任由双方当事人在合同中作出明确约定。合同中如果约定由承包人（施工人）负责采购建筑材料、构配件和设备，则施工人完成采购任务，既是施工人应当履行的义务，也是施工人应当享有的权利。发包人有权对施工人提供的材料和设备进行检验，发现材料或设备不合格的，有权要求施工人调换或者补齐。但是，发包人不得利用自己有利的合同地位，指定施工人购入建筑材料、构配件或设备，包括不得要求施工人必须向其指定的生产厂家或供应商购买建筑材料、构配件或设备。因为，由发包人指定供应厂商，容易导致发包人与供应厂商之间出现腐败行为，此外，在建设工程造价固定的情况下，发包人如指定施工人购买高价的建筑材料、构配件或设备，也会损害到施工人的利益。

拨款是指工程款的拨付。结算是指工程交工后，计算工程的实际造价以及其与已拨付工程款之间的差额。拨款和结算条款是施工人请求发包人支付工程款和报酬的依据。一般来说，除"交钥匙工程"外，施工人只负责建筑、安装等施工工作，由发包人提供工程进度所需款项，保证施工顺利进行。现实中，发包人往往利用自己在合同中的有利地位，要求施工人垫款施工。施工人垫款完成施工任务后，发包人却常常不及时进行结算，拖延支付工程款以及施工人所垫付的款项，这是实践中欠付工程款中常见的现象，因此，当事人在合同中应明确相应的拨款和结算条件，并避免在合同中约定垫款施工。

竣工验收是工程交付使用前的必经程序，也是发包人支付价款的前提。竣工验收条款一般包括验收的范围和内容、验收的标准和依据、验收人员的组成、验收方式和日期等内容。建设工程竣工后，发包人应当根据施工图纸及说明书、国家颁布的施工验收规范和质量检验标准及时进行验收。

建设工程的保修范围通常包括地基基础工程、主体结构工程、屋面防水工程和其他工程，以及电气管线、上下水管线的安装工程，供热、供冷工程等项目。质量保证期是指工程各部分正常使用的期限，在实践中也称质量保修期。质量保证期应当与工程的性质相适应。当事人应当按照保证工程在合理寿命年限内的正常使用，维护使用者合法权益的原则确定质量保证期，但是，当事人确定的质量保证期不得低于国家规定的最低保证期限。

双方相互协作条款一般包括双方当事人在施工前以及施工过程中应当相互提供的必要协助。双方当事人的协作是施工过程的重要组成部分，是工程顺利施工的重要保证。

> **第七百九十六条** 建设工程实行监理的，发包人应当与监理人采用书面形式订立委托监理合同。发包人与监理人的权利和义务以及法律责任，应当依照本编委托合同以及其他有关法律、行政法规的规定。

【条文主旨】

本条是关于建设工程监理的规定。

【 条文释义 】

本条所称的建设工程监理，是指由具有法定资质条件的工程监理单位，根据发包人的委托，依照法律、行政法规以及有关的建设工程技术标准、设计文件和建设工程合同，代表发包人对工程建设过程实施监督的专门活动。工程监理单位通常需要代表发包人对承包人在施工质量、建设工期和建设资金使用等方面进行监督。

建设工程监理是建设项目的发包人为了保证工程质量、控制工程造价和工期，维护自身利益而采取的监督措施，因此，对建设工程是否实行监理，原则上应由发包人自行决定。但是，为了加强对项目建设的监督，保证投资效益，维护国家利益和公共利益，国家对于特定的项目规定了强制监理，明确了强制监理的范围。例如，按照国务院 2000 年颁布的《建设工程质量管理条例》的规定，国家重点建设工程、大中型公用事业工程、成片开发建设的住宅小区工程、利用外国政府或者国际组织贷款、援助资金的工程以及其他国家规定必须实行监理的工程必须实行监理。属于实行强制监理的工程，发包人必须依法委托工程监理单位实施监理，对于其他建设工程，发包人则可自行决定是否实行工程监理。对需要实行工程监理的，发包人应当委托具有相应资质条件的工程监理单位进行监理。受委托的监理单位应在其资质等级许可的监理范围内，承担工程监理业务。发包人与其委托的工程监理人应当订立书面委托监理合同。监理合同是工程监理人对工程建设实施监督的依据。发包人与工程监理人之间的关系在性质上是平等主体之间的委托合同关系，工程监理人是代表发包人，在发包人授予的监理权限范围内行使监理职责，因此，发包人与监理人的权利和义务关系以及法律责任，应当依照委托合同以及建筑法等其他法律、行政法规的有关规定确定。

实施工程监理的，在进行工程监理前，发包人应当将委托的监理人的名称、资质等级、监理人员、监理内容及监理权限，书面通知被监理的建设工程的承包人。建设工程监理人应当依照法律、行政法规及有关的技术标准、设计文件和建设工程合同，对承包人在工程建设质量、建设工期和建设资金使用等方面，代表发包人对工程建设进行监督。工程监理人员发现工程设计不符合建设工程质量标准或者合同约定的质量要求的，应当报告发包人要求设计人改正；工程监理人员认为工程施工不符合工程设计要求、施工技术标准和合同约定的，有权要求施工人改正。工程监理人在监理过程中，应当遵守客观、公正的执业准则，不得与承包人串通，为承包人谋取非法利益。工程监理单位与被监理工程的承包单位或与建筑材料、建筑构配件和设备的供应单位不得有隶属关系或者其他利害关系。

工程监理人不按照委托监理合同的约定履行监理义务，对应当监督检查的项目不检查或者不按照法律、行政法规和有关技术标准、设计文件和建设工程合同规定的要求和检查方法规定进行检查，给发包人造成损失的，应当承担相应的赔偿责任。工程建设质量不合格，通常既与承包人不按照要求施工有关，也与监理人不按照合同约定履行监理义务有关，在这种情况下，如造成发包人损失的，承包人与监理人都应当承担各自的赔偿责任。至于如何确定监理人相应的赔偿责任，应当由人民法院或者仲裁机构根据案件具体情况予以确定。工程监理人与承包人串通，为承包人谋取非法利益，给发包人造成损失的，应当与承包人承担连带赔偿责任。

> **第七百九十七条　　发包人在不妨碍承包人正常作业的情况下，可以随时对作业进度、质量进行检查。**

〖条文主旨〗

本条是关于发包人检查权的规定。

〖条文释义〗

为了提高工程的建设水平，保证施工进度和质量，充分发挥投资效益，保障建设工程承包合同的履行，保护发包人的利益，本条规定了发包人可以随时对工程作业的进度和质量进行检查。

发包人对工程作业的检查一般通过两种方式。一种是委派具体管理人员作为工地代表。另一种是发包人委托监理人实施对工程建设过程的检查。国家规定强制监理的工程，发包人应当委托监理人对工程实施监理。除此之外，发包人也可以自愿委托监理人对工程进行监理。

依据本条的规定，发包人可以随时对工程作业的进度和质量进行检查。工地代表、监理人在检查过程中发现工程设计不符合建设工程质量要求的，应当报告发包人要求设计人改正。如果发现工程的施工不符合工程设计要求、施工技术标准和合同约定的，工地代表和监理人有权要求承包人改正。承包人应当接受发包人的检查，为工地代表和监理人的工作提供方便和协助，并应发包人的要求，及时向发包人提供月份作业计划、月份施工统计报表、施工进度报告表、工程事故报告等文件。如果承包人的勘察、设计、施工等工作不符合工程质量的要求，当发包人或工地代表、监理人提出改正要求时，承包人应当立即改正，不得拒绝。

发包人有权对承包人的工程作业进行检查，但是，另一方面发包人的检查行为要合理，不能因此妨碍承包人的正常作业。因此，本条规定了"发包人在不妨碍承包人正常作业的情况下"这个前提。如果，因为发包人或者工地代表、监理人的不当行为致使承包人无法进行正常作业，承包人有权要求顺延工期，造成承包人停工、返工、窝工等损失的，承包人还有权要求发包人承担损害赔偿责任。

> **第七百九十八条** 隐蔽工程在隐蔽以前，承包人应当通知发包人检查。发包人没有及时检查的，承包人可以顺延工程日期，并有权请求赔偿停工、窝工等损失。

【条文主旨】

本条是关于隐蔽工程的规定。

【条文释义】

隐蔽工程是指地基、电气管线、供水、供热管线等需要覆盖、掩盖的工程。由于隐蔽工程在隐蔽后，如果发生质量问题，还得重新覆盖和掩盖，会造成返工等非常大的损失，为了避免资源的浪费和当事人双方的损失，保证工程的质量和工程顺利完成，本条规定了承包人在隐蔽工程隐蔽以前，应当通知发包人检查，发包人检查合格的，方可进行隐蔽工程。实践中，当工程具备覆盖、掩盖条件时，承包人应当先进行自检，自检合格后，在隐蔽工程进行隐蔽前及时通知发包人或发包人派驻的工地代表对隐蔽工程的条件进行检查并参加隐蔽工程的作业。通知包括承包人的自检记录、隐蔽的内容、检查时间和地点。发包人或其派驻的工地代表接到通知后，应当在要求的时间内到达隐蔽现场，对隐蔽工程的条件进行检查，检查合格的，发包人或者其派驻的工地代表在检查记录上签字，经检查合格后，承包人方可进行隐蔽施工。发包人检查发现隐蔽工程条件不合格的，有权要求承包人在一定期限内完善工程条件。隐蔽工程条件符合规范要求，发包人检查合格后，发包人或者其派驻工地代表拒绝在检查记录上签字的，在实践中可视为发包人已经批准，承包人可以进行隐蔽工程施工。

发包人不进行检查，承包人就无法进行隐蔽施工，因此，工程具备覆盖、掩盖条件，承包人通知发包人检查，而发包人未能及时进行检查的，承包人有权暂停施工，承包人可以顺延工期，并要求发包人赔偿因此造成的停工、窝工、材料和构件积压等损失。

如果承包人未通知发包人检查而自行隐蔽工程的，事后，发包人有权要求对已隐蔽的工程进行检查，承包人应当按照要求进行剥露，并在检查后重新隐蔽，需要修复的，在修复后重新隐蔽。如果经检查隐蔽工程不符合要求的，承包人应当返工，并于返工经验收合格后重新进行隐蔽。在这种情况下，检查隐蔽工程所发生的费用，如检查费用、返工费用、材料费用等费用应由承包人负担，承包人还应承担因此出现的工期延误的违约责任。

> **第七百九十九条** 建设工程竣工后，发包人应当根据施工图纸及说明书、国家颁发的施工验收规范和质量检验标准及时进行验收。验收合格的，发包人应当按照约定支付价款，并接收该建设工程。
>
> 建设工程竣工经验收合格后，方可交付使用；未经验收或者验收不合格的，不得交付使用。

【条文主旨】

本条是关于竣工验收的规定。

【条文释义】

建设工程的竣工验收，是指建设工程已按照设计要求完成全部工作任务，准备交付给发包人投入使用前，由发包人或者有关主管部门依照国家关于建设工程竣工验收制度的规定，对该项工程是否合乎设计要求和工程质量标准所进行的检查、考核工作。建设工程的竣工验收是工程建设全过程的最后一道程序，是对工程质量实行控制的最后一个重要环节。

实践中，建设工程竣工后，承包人应当按照国家工程竣工验收有关规定，向发包人提供完整的竣工资料和竣工验收报告，并按照合同约定的日期和份数向发包人提交竣工图。

发包人接到竣工验收报告后，应当根据施工图纸及说明书、国家颁发的施工验收规范和质量检验标准及时组织有关部门对工程进行验收。验收的内容主要是：第一，工程是否符合规定的建设工程质量标准。建设工程的质量标准包括依照法律、行政法规的有关规定制定的保证建设工程质量和安全的强制性国家标准和行业标准以及国家颁发的施工验收规范，建设工程合同中约定的对该项建设工程特殊的质量要求，以及为体现法律、行政法规规定的质量标准和建设工程合同约定的质量要求而在工程设计文件、施工图纸和说明书中提出的有关工程质量的具体指标和技术要求。按照国务院 2000 年颁布的《建设工程质量管理条例》的规定，质量验收合格的，还应当有勘察、设计、施工、工程监理等单位分别签署的质量合格文件。第二，承包人是否提供了完整的工程技术经济资料。这里的工程技术经济资料，一般应包括建设工程合同、建设用地的批准文件、工程的设计图纸及其他有关设计文件、工程所用主要建筑材料、建筑构配件和设备的进场试验报告，申请竣工验收的报告书及有关工程建设的技术档案，完整的施工管理资料等。第三，承包人是否有建设工程质量检验书等凭证。工程竣工交付使用后，承包人应当对其施工的建设工程质量在一定期限内承担保修责任，以维护使用者的合法权益。为此，承包人应当按规定提供建设工程质量保修证书，作为其向用户承诺承担质量保修责任的书面凭证。第四，工程是否具备国家规定的其他竣工条件。例如，按照国务院建设行政主管部门的规定，城市住宅小区竣工综合验收，还应做到住宅及公共配套设施、市政公用基础设施等单项工程全部验收合格，验收资料齐全；各类建筑物的平面位置、立面造型、装饰色调等符合批准的规划设计要求；施工工具、暂设工程、建筑残土、剩余构件全部拆除运走，达到场清地平；有绿化要求的已按绿化设计全部完成，达到树活草青等。

发包人应在验收后及时批准或者提出修改意见。承包人应当按照发包人提出的修改意见进行相应修理或者改建，并承担因自身原因增加的修理、改建费用。为防止发包人为了拖延支付工程款而迟延进行验收，在实践中，如发包人在收到承包人送交的竣工验收报告后，无正当理由不组织验收，或者在验收后的合理期间内既不批准又不提出修改意见的，应视为发包人已批准竣工验收报告，承包人可以要求发包人办理结算手续，支付工程款。这只是为了防止发包人为了拖延支付工程款而迟延进行验收，虽然承包人在这种情况下可以要求发包人办理结算手续，但是，这并不能免除工程质量存在问题时承包人应当承担的责任。发包人未能按照合同约定的期限对工程进行验收的，应从合同约定的期限的最后一天的次日起承担保管费用。

竣工验收合格后，发包人应当按照约定支付价款。在工程建设实践中，竣工报告批准后，承包人应当按照国家有关规定或合同约定的时间、方式向发包人提出结算报告，办理竣工结算。发包人在收到结算报告后，应当及时给予批准或者提出修改意见，在合同约定的时间内将拨款通知送经办银行，由经办银行支付工程款，并将副本送承包人。承包人在收到工程款后将竣工的工程交付发包人，发包人接收该工程。现实中有的发包人为了拖延支付工程款，在验收后迟迟不进行工程结算。发包人无正当理由在收到结算报告后迟延办理结算的，应当承担相应的违约责任。

建设工程必须竣工经验收合格后，方可交付使用；没有经过竣工验收或者经过竣工验收确定为不合格的建设工程的，不得交付使用。建设工程质量不仅是关系发包人和承包人双方利益的事情，还关系到不特定第三人的利益和安全，因而，建设工程必须竣工经验收合格后，方可交付使用。建设工程施工质量原则上应由承包人负责，但是，如果发包人在竣工验收前，擅自使用工程，发生质量问题的，发包人也应承担相应的责任。此外，除了民事责任，按照国务院2000年颁布的《建设工程质量管理条例》的规定，未组织竣工验收，擅自交付使用、验收不合格，擅自交付使用、对不合格的建设工程按照合格工程验收的，建设单位还会受到相应行政处罚。

> **第八百条** 勘察、设计的质量不符合要求或者未按照期限提交勘察、设计文件拖延工期，造成发包人损失的，勘察人、设计人应当继续完善勘察、设计，减收或者免收勘察、设计费并赔偿损失。

〖 条文主旨 〗

本条是关于勘察、设计人对勘察、设计质量责任的规定。

〖 条文释义 〗

建设工程的勘察，担负着为工程建设提供地质资料的任务，建设工程的勘察人应当按照现行的标准、规范、规程和技术条例，开展工程测量、勘测工程地质和水文地质等工作，并按照合同约定的进度及时提交符合质量要求的勘察成果。建设工程的设计，是直接为工程施工提供据以遵循的技术依据的工作。建设工程的设计人应当根据设计技术经济协议文件、设计标准、技术规范、规程、定额等提出勘察技术要求和进行设计，并按照合同约定的进度及时提交符合质量要求的设计文件（包括概预算文件、材料设备清单）。

勘察、设计的质量是整个建设工程质量的基础，如果勘察、设计的质量存在问题，整个建设工程质量也就没有保障，因此，工程的勘察、设计必须符合质量要求。依据本法及其他有关法律的规定，建设工程的勘察人、设计人必须对其勘察、设计的质量负责，其所提交的建设工程的勘察、设计文件应当符合以下要求：

1. 符合有关法律、行政法规的规定。这里讲的符合法律、行政法规的规定，既包括要符合本法的规定，也包括要符合建筑法、城市规划法、土地管理法、环境保护法以及其他相关的法律、行政法规的规定。

2. 符合建设工程质量、安全标准。这里的建设工程质量、安全标准是指依照标准化法及有关行政法规的规定制定的保证建设工程质量和安全的技术标准。按照标准化法的规定，对保障人身健康和生命财产安全、国家安全、生态环境安全以及满足经济社会管理基本需要的技术要求，应当制定强制性国家标准。强制性国家标准必须执行。建设工程涉及保障人身、财产的安全、生态环境安全，勘察人、设计人的勘察、设计必须符合国家有关建设工程安全标准的要求，保证其勘察、设计的质量。国务院 2000 年颁布的《建设工程质量管理条例》第 19 条第 1 款规定："勘察、设计单位必须按照工程建设强制性标准进行勘察、设计，并对其勘察、设计的质量负责。"第 22 条第 1 款规定："设计单位在设计文件中选用的建筑材料、建筑构配件和设备，应当注明规格、型号、性能等技术指标，其质量要求必须符合国家规定的标准。"

3. 符合建设工程勘察、设计的技术规范。建设工程勘察、设计的技术规范，通常是以标准的形式制定、发布的。对有关建设工程勘察、设计规范的强制性标准，勘察、设计人必须遵照执行。建设工程的勘察文件应当反映工程的地质、地形地貌、水文地质状况，符合规范、规程，做到勘察方案合理、评价准确、数据可靠。建设工程设计文件的深度应当满足相应设计阶段的技术要求，施工图应当配套，细节点应当交待清楚，标注说明应当清晰、完整。

4. 符合合同的约定。勘察、设计文件在符合法律、行政法规的规定和有关质量、安全标准的前提下，还应当符合勘察、设计合同约定的特殊质量要求。

勘察人、设计人提交的勘察、设计文件不符合上述要求的，根据本条的规定，发包人可以请求勘察人、设计人承担以下违约责任：继续完善勘察、设计，减收或者免收勘察、设计费，赔偿损失。需要指出的是，如果勘察、设计质量只有轻微的质量瑕疵，则发包人可以请求勘察人、设计人继续完善勘察、设计。如果勘察人、设计人不具备完成符合要求的勘察、设计工作的能力或者提交的勘察、设计质量严重不符合约定的，则发包人可以解除合同，重新委托其他勘察人、设计人完成勘察、设计工作。如果勘察、设计不符合约定导致出现工程质量问题或者给发包人造成其他损失的，勘察人、设计人还应当承担相应的赔偿责任。

勘察人、设计人未按照合同约定的期限提交勘察、设计文件的，发包人可以催告勘察人、设计人尽快提交勘察、设计文件。如果勘察、设计文件的迟延致使工期拖延给发包人造成了损失，发包人可以请求勘察人、设计人赔偿损失。如果勘察人、设计人在催告后的合理期限内仍未能提交勘察、设计文件，严重影响工程进度的，发包人可以解除合同，并委托其他勘察人、设计人完成勘察、设计工作。

本条是关于勘察、设计人责任的规定。主要是规定因勘察、设计人的原因导致勘察、设计的质量不符合要求或者未按照期限提交勘察、设计文件导致工期延误产生的责任。当然,勘察、设计合同的履行也离不开建设单位相应的协助和配合,如果是因为建设单位未及时提供与建设工程相关的原始资料或其他相应应提供的协作条件而影响勘察、设计工作的进行,勘察、设计人可以相应顺延期限,并要求发包人承担相应责任。本法第805条对发包人的相关责任进行了规定。

> **第八百零一条** 因施工人的原因致使建设工程质量不符合约定的,发包人有权请求施工人在合理期限内无偿修理或者返工、改建。经过修理或者返工、改建后,造成逾期交付的,施工人应当承担违约责任。

【条文主旨】

本条是关于施工人的建设工程质量责任的规定。

【条文释义】

建设工程的施工是指根据工程的设计文件和施工图纸的要求,通过施工作业最终形成建设工程实体的建设活动。在建设勘察、设计的质量没有问题的情况下,整个建设工程的质量状况最终取决于施工质量。这里所说的施工质量既包括各类工程中土建工程的质量,也包括与其配套的线路、管道和设备安装工程的质量。依据本条规定,建设工程的施工人对工程的施工质量负责。在现实中,不少建设工程的质量问题都与建设工程的施工有关。小的施工问题,如屋面漏水、墙面开裂、管道阻塞,会给用户带来很大的生活不便;大的质量问题,则可能还会导致恶性事故的发生,造成人身伤亡和重大财产损失。因此,建设工程的施工人必须以对国家和人民人身、财产安全高度负责的态度,严格按照工程设计文件和技术标准进行施工,严把质量关,做好工程施工的各项质量控制与管理工作。

建设工程的施工人为保证工程的施工质量,必须做到严格按照工程设计图纸和施工技术标准施工,不得偷工减料。工程设计图纸是建设设计单位根据工程的功能、质量等方面的要求所完成的设计工作的最终成果,其中的施工图是对建设工程的建筑物、设备、管线等工程对象的尺寸、布置、选用材料、构造、相互关系、施工及安装质量要求的详细图纸和说明,是指导施工的直接依据。进行建设工程的各项施工活动,包括土建工程的施工、给排水系统的施工、供热、供暖系统的施工等，都必须按照相应的施工图纸的要求进行。工程设计的修改应由原设计单位负责，建筑施工企业不得擅自修改工程设计。施工单位在施工过程中发现设计文件和图纸有差错的，应当及时提出意见和建议。建设工程施工人除必须严格按照工程设计图纸施工外，还必须按照建设工程施工的技术标准的要求进行施工。施工技术标准是施工作业人员进行每一项施工操作的技术依据，包括对各项施工准备、施工操作工艺流程和应达到的质量要求的规定。施工人除需严格按照工程设计图纸和施工技术标准施工外，在施工中还不得偷工减料。按照我国相关法律规定，建筑施工企业必须按照工程设计要求、施工技术标准和合同的约定，对建筑材料、建筑构配件和设备进行检验，不合格的不得使用。建设单位不得明示或者暗示施工单位使用不合格的建筑材料、建筑构配件和设备。对于建设单位提出的违反法律、行政法规和建筑工程质量、安全标准，降低工程质量的要求，建设工程施工企业应当予以拒绝。

凡是因施工原因造成的工程质量问题，都要由施工人承担责任。这些责任包括由施工人对存在质量问题的工程进行修理、返工或改建并承担赔偿损失责任等民事责任；由有关行政机关对违法施工人依法给予行政处罚的行政法律责任；以及对造成重大质量事故、构成犯罪的，由司法机关依照刑法的规定追究刑事责任的刑事法律责任。本条则是规定了施工人因施工质量不符合约定所应承担的民事责任。如果因施工人的原因导致工程质量不符合约定的，发包人可以请求施工人在合理期限内无偿对工程进行修理或者返工、改建以使工程达到约定的质量要求。如果经过修理或者返工、改建，工程迟延交付的，施工人应当承担逾期交付的违约责任。这里的违约责任包括发包人可以要求承包人赔偿因逾期交付所受到的损失，要求按照约定支付违约金，要求减少价款，要求执行定金罚则等。发包人可以根据施工人的违约程度和自己的损失大小，按照合同约定及法律规定合理选择请求施工人承担相应的违约责任。

> **第八百零二条** 因承包人的原因致使建设工程在合理使用期限内造成人身损害和财产损失的，承包人应当承担赔偿责任。

【条文主旨】

本条是关于承包人在建设工程合理使用期限内的质量保证责任的规定。

【条文释义】

根据本章的规定，承包人对整个工程质量负责，当然也应当对建设工程在合理使用期限内的质量安全承担责任。根据本条的规定，承包人承担损害赔偿责任应当具备以下条件：

1. 因承包人的原因引起的建设工程对他人人身、财产的损害。建设工程的承包人应当按照法律的规定认真履行工程质量保证义务。建设工程的勘察人应当为建设工程提供准确的有关工程的地质资料；建设工程的设计人应当按照有关保证工程质量安全的法律、法规和设计规范的规定进行设计，保证建设工程的设计安全可靠；建设工程的施工人必须严格按照工程设计和施工技术标准进行施工，不得使用不合格的建筑材料，不得有任何偷工减料的行为。不履行法定质量保证义务，造成工程质量安全问题的，承包人应当承担法律责任。如果不属于承包人的原因，例如，是因用户使用不当等原因造成人身、财产损害的，承包人不承担责任。现实中，有的发包人违法发包，如非法压价、收受回扣选择不具备相应资质的承包人，如因此引起的质量事故，造成他人人身、财产损害的，发包人也应当承担相应的责任。

2. 人身、财产损害是发生在建设工程合理使用期限内。建设工程，一旦建成，一般都将长期使用，这就要求在建设工程合理使用期限内，不能有危及使用安全的质量问题，否则，将会对使用人等的人身和财产安全构成威胁，在合理使用期限内造成人身和财产损害的，承包人应当承担损害赔偿责任。为此，首先需要确定"合理使用期限"即建设工程的承包人对其建设产品承担质量责任的责任期限。该合理期限一般自交付发包人时起算。关于合理使用期限是多少，本法未作具体规定。这需要根据各类建设工程的不同情况，如建筑物结构、使用功能、所处的自然环境等因素，由有关技术部门作出判断。按照国务院有关主管部门制定的标准进行认定。如果该建设工程已过合理使用期限的，原则上不允许继续使用，用户继续使用后，因该建设工程造成人身、财产损害的，承包人不承担损害赔偿责任。

3. 造成人身和财产损害。这里的受损害方不仅指建设工程合同的对方当事人即发包人，也包括建设工程的最终用户以及因该建设工程而受到损害的其他人。

依据本条规定，在合理使用期限内，因承包人原因发生建设工程质量事故，造成人身、财产损害的，承包人应当承担赔偿责任。如果是造成发包人的人身或者财产损害的，发包人可以选择请求承包人承担违约责任或者侵权责任。

第八百零三条 发包人未按照约定的时间和要求提供原材料、设备、场地、资金、技术资料的，承包人可以顺延工程日期，并有权请求赔偿停工、窝工等损失。

【条文主旨】

本条是关于发包人未按约定的时间和要求提供原材料、设备、场地、资金、技术资料的违约责任的规定。

【条文释义】

如果工程承包合同中约定由发包人提供原材料、设备的，发包人应当按照约定的原材料、设备的种类、规格、数量、单价、质量等级和提供的时间、地点的要求，向承包人提供建设所需的原材料、设备及其产品合格证明。承包人与发包人一起对原材料、设备进行检验、验收后，由承包人妥善保管，发包人支付相应的保管费用。对于必须经过试验才能使用的材料，承包人应当按照约定进行测燃等测试。不具备测试条件的，可以委托专业机构进行测试，费用由发包人承担。如果经检验发包人提供的原材料、设备的种类、规格、型号、质量等级与约定不符，承包人有权拒绝接收，并可以要求发包人运出施工现场予以更换。如果发包人未按照约定时间提供原材料、设备的，承包人可以中止施工并顺延工期，因此造成承包人停工、窝工损失的，由发包人承担赔偿责任。

由发包人提供场地的，发包人应当按照合同约定向承包人提供承包人施工、操作、运输、堆放材料设备的场地以及建设工作涉及的周围场地（包括一切通道）。具体工作包括：（1）发包人应当在承包人工作前及时办理有关批件、证件和临时用地等的申报手续，包括工程地址和临时设施范围内的土地征用、租用，申请施工许可证和占道、爆破及临时铁道专用岔线许可证。（2）确定建设工程及有关道路、线路、上下水道的定位标桩、水准点和坐标控制点。（3）发包人在提供场地前，应当清除施工现场内一切影响承包人施工的障碍，并向承包人提供施工所需水、电、热力、电讯等管道线路，保证承包人施工期间的需要。发包人未能提供符合约定、适合工作的场地致使承包人无法开展工作的，承包人有权要求发包人排除障碍、顺延工期，并可以暂停工作，因此造成承包人停工、窝工损失的，承包人可以要求发包人承担赔偿责任。

由发包人提供工程建设所需资金的，发包人应当按照约定的时间和数额向承包人支付（这里的资金一般是指工程款）。在现实中，由发包人提供的工程款包括预付工程款和按工程进度支付的工程款两种，具体可由双方当事人在建设工程合同中约定。如果建设工程合同约定由发包人预付工程款的，发包人应当按照约定的时间和数额向承包人预付工程款，开工后按合同约定的时间和比例逐次扣回。发包人未按照合同约定预付工程款的，承包人可以向发包人发出预付工程款的通知，发包人在收到通知后仍不按照约定预付工程款的，承包人可以停止工作并顺延工期，发包人应当从应付之日起向承包人支付应付款的利息，并赔偿因此给承包人造成的停工、窝工损失。如果建设工程合同约定发包人按工程进度付款的，发包人应当按照合同约定的进度支付工程款。实践中，完成约定的工程部分后，由发包人确认工程量，以构成合同价款相应项目的单价和取费标准计算出工程价款，经发包人签字后支付。发包人在计算结果签字后的合理期限内不按照约定支付工程款的，承包人可以向发包人发出支付工程款的通知，发包人在收到通知后仍不按照约定支付工程款的，承包人可以停止工作并顺延工期，发包人应当从应付之日起向承包人支付应付价款的利息，并赔偿因此给承包人造成的停工、窝工损失。

由发包人提供有关工程建设的技术资料的，发包人应当按照合同约定的时间和份数向承包人提供符合约定要求的技术资料。这里的技术资料主要包括勘察数据、设计文件、施工图纸以及说明书等。因为根据法律、行政法规的规定，承包人必须按照国家规定的质量标准、技术规程和设计图纸、施工图等技术资料进行施工，如果发包人未能按照约定提供技术资料，承包人就不能正常进行工作，在这种情况下，承包人可以要求发包人在合理期限内提供建设工作所必需的技术资料并有权暂停工作，顺延工期，因此给承包人造成损失的，承包人还有权要求发包人承担因停工、窝工所造成的损失。

> **第八百零四条** 因发包人的原因致使工程中途停建、缓建的，发包人应当采取措施弥补或者减少损失，赔偿承包人因此造成的停工、窝工、倒运、机械设备调迁、材料和构件积压等损失和实际费用。

【条文主旨】

本条是关于因发包人原因造成工程停建、缓建所应承担的责任的规定。

【条文释义】

在工程建设过程中，发包人应当按照合同约定履行自己的义务，为承包人的建设工作提供必要的条件，保证工程建设顺利进行。如果因发包人的原因致使工程建设无法按照约定的进度进行，承包人可以停建或者缓建。这里的"因为发包人的原因"在实践中一般指下列情况：（1）发包人变更工程量；（2）发包人提供的设计文件等技术资料有错误或者因发包人原因变更设计文件；

（3）发包人未能按照约定及时提供建筑材料、设备或者工程进度款；（4）发包人未能及时进行中间工程和隐蔽工程条件的验收并办理有关交工手续；（5）发包人不能按照合同的约定保障建设工作所需的工作条件致使建设工作无法正常进行，等等。在发生上述原因，致使工程建设无法正常进行的情况下，承包人可以停建、缓建、顺延工期，并及时通知发包人。承包人在停建、缓建期间应当采取合理措施减少和避免损失，妥善保护好已完成工程和做好已购材料、设备的保护和移交工作，将自有机械和人员撤出施工现场，发包人应当为承包人的撤出提供必要的条件。承包人应当就停建、缓建过程中发生的经济支出和实际发生的其他费用向发包人提出报告。

发包人因自身原因致使工程停建、缓建的，发包人应当承担违约责任。首先，发包人应当采取必要措施，弥补或者减少损失，同时应当排除障碍，使承包人尽快恢复建设工作。如承包人在施工中发现设计有错误和不合理之处，应当及时通知发包人，发包人在接到通知后，应当及时同设计人等有关单位研究确定修改意见或者变更设计，并及时将修订后的设计文件送交承包人。其次，发包人还应当赔偿因停建、缓建给承包人造成的损失，包括停工、窝工、倒运、机械设备调迁、材料和构件积压所造成的损失和实际发生的费用。

> **第八百零五条** 因发包人变更计划，提供的资料不准确，或者未按照期限提供必需的勘察、设计工作条件而造成勘察、设计的返工、停工或者修改设计，发包人应当按照勘察人、设计人实际消耗的工作量增付费用。

【条文主旨】

本条是关于因发包人原因造成勘察、设计的返工、停工或者修改设计的责任的规定。

【条文释义】

在工程勘察、设计合同中，发包人应当按照合同约定向勘察人、设计人提供开展勘察、设计工作所需要的基础资料、技术要求并对提供的时间、进度和资料的可靠性负责。

委托勘察的，在勘察工作开展前，发包人应当向勘察人明确技术要求和勘察阶段，按时提供勘察工作所需的勘察基础资料和附图并满足勘察人编写纲要和编制工程预算的基本要求。在勘察前，发包人应当根据勘察人提出的用料计划，按时准备好各种材料，并承担费用。发包人应当为勘察人开展工作提供必要的条件，包括派员协助勘察人与有关部门的工作联系。及时为勘察人创造勘察现场所需的条件并排除存在的障碍，如征购土地、拆除障碍物、平整施工现场、修好通行道路、接通电源、水源等，并承担其费用。按照合同为勘察人员准备好食宿、办公等生活工作条件等。

委托设计的，发包人应当按照合同的约定向设计人提供设计的基础资料、设计的技术要求。在初步设计前，发包人应当向设计人提供经过批准的可行性研究报告、选址报告以及原料（或经过批准的资源报告）、燃料、水、电、运输等方面的协议文件和能满足初步设计要求的勘察资料、需要经过科研取得的技术资料等；在施工设计前，发包人应当提供经过批准的初步设计文件和能满足施工图设计要求的勘察资料、施工条件以及有关设备的技术资料等。同时，发包人在设计人员入场工作时，还应当为其提供必要的工作条件和生活条件，以保证其正常开展工作。

发包人向勘察人、设计人提供有关技术资料的，发包人应当对该技术资料的质量和准确性负责。

发包人变更勘察、设计项目、规模、条件需要重新进行勘察、设计的，应当及时通知勘察人、设计人，勘察人、设计人在接到通知后，应当返工或者修改设计，并有权顺延工期。发包人应当按照勘察人、设计人返工或修改设计后实际消耗的工作量增加支付勘察费、设计费。

勘察人、设计人在工作中发现发包人提供的技术资料不准确的，勘察人、设计人应当通知发包人修改技术资料，在合理期限内提供准确的技术资料。如果该技术资料有严重错误致使勘察、设计工作无法正常进行的，在发包人重新提供技术资料前，勘察人、设计人有权停工、顺延工期，停工的损失应当由发包人承担。发包人重新提供的技术资料有重大修改，需要勘察人、设计人返工、修改设计的，勘察人、设计人应当按照新的技术资料进行勘察、设计工作，发包人应当按照勘察人、设计人实际消耗的工作量相应增加支付勘察费、设计费。

发包人未能按照合同约定提供勘察、设计工作所需的工作条件的，勘察人、设计人应当通知发包人在合理期限内提供，如果发包人未提供必要的工作条件致使勘察、设计工作无法正常进行，勘察人、设计人有权停工、顺延工期，并要求发包人承担勘察人、设计人停工期间的损失。

> **第八百零六条** 承包人将建设工程转包、违法分包的，发包人可以解除合同。
>
> 发包人提供的主要建筑材料、建筑构配件和设备不符合强制性标准或者不履行协助义务，致使承包人无法施工，经催告后在合理期限内仍未履行相应义务的，承包人可以解除合同。
>
> 合同解除后，已经完成的建设工程质量合格的，发包人应当按照约定支付相应的工程价款；已经完成的建设工程质量不合格的，参照本法第七百九十三条的规定处理。

【条文主旨】

本条是关于建设工程合同法定解除的规定。

【条文释义】

建设工程合同一般具有标的额大、交易安排复杂、权利义务关系复杂等特点，甚至还会涉及建筑工人等弱势群体权利的保护，维护交易的稳定性显得更为重要。因此，本条对特定情况下建设工程合同的法定解除进行了细化规定，以期在给予建设工程合同守约方当事人必要救济，赋予当事人必要的合同解除权的同时，尽力维护建设工程合同法律关系的稳定性。

本法第791条第2款规定，承包人不得将其承包的全部建设工程转包给第三人或者将其承包的全部建设工程支解以后以分包的名义分别转包给第三人。第3款规定，禁止承包人将工程分包给不具备相应资质条件的单位。禁止分包单位将其承包的工程再分包。建设工程主体结构的施工必须由承包人自行完成。建筑法也禁止承包人将建设工程转包、违法分包。建设工程转包、违法分包不仅违反了法律的禁止性规定，影响承包人与接受转包方和接受违法分包方的利益，也违反了发包人与承包人之间的合同，损害发包人利益，承包人对发包人构成重大违约。发包人将建设工程发包给承包人，一般是基于对承包人技术和能力的信赖，承包人应当自行履行建设工程合同约定的义务。承包人转包和违法分包，不仅使当事人之间的信赖丧失，而且，还有可能会影响建设工程的质量，使建设工程合同的目的落空。因此，承包人转包、违法分包的，有必要赋予发包人法定解除权，允许发包人解除合同。

根据我国建筑法的规定，建筑施工企业对工程的施工质量负责。建设单位不得以任何理由，要求建筑设计单位或者建筑施工企业在工程设计或者施工工作业中，违反法律、行政法规和建筑工程质量、安全标准，降低工程质量。建筑设计单位和建筑施工企业对建设单位违反前款规定提出的降低工程质量的要求，应当予以拒绝。建筑施工企业必须按照工程设计要求、施工技术标准和合同的约定，对建筑材料、建筑构配件和设备进行检验，不合格的不得使用。如果合同约定由发包人提供建设工程所需的建筑材料、建筑构配件和设备，而发包人提供的主要建筑材料、建筑构配件和设备不符合强制性标准的，承包人将无法使用，影响工程施工的正常进行。在建设工程施工合同中，根据合同约定及建设工程施工本身的需要，施工人进行施工有时需要发包人进行协助，例如，需要发包人办理临时停水、停电、爆破作业、临时占用规划批准范围以外的场地等的审批手续，需要发包人提供所需的相关资料、图纸等，发包人不履行协助义务，将影响承包人施工的正常开展。如果发包人提供的主要建筑材料、建筑构配件和设备不符合强制性标准或者不履行协助义务，致使承包人无法施工，经承包人催告，在合理期限内发包人仍未履行相应义务，无法施工的状态将一直持续。虽然，此时承包人可以要求顺延工期，主张因此造成的停工、窝工损失，但是，在已经给予发包人合理宽限期后，继续强制要求承包人维持履行无望的合同关系，不能从已无履行可能的合同中解脱出来，对承包人过于苛刻，因此，本条规定赋予了承包人在此情形下的合同解除权。

根据本法第566条规定，合同解除后，尚未履行的，终止履行；已经履行的，根据履行情况和合同性质，当事人可以请求恢复原状或者采取其他补救措施，并有权请求赔偿损失。合同因违约解除的，解除权人可以请求违约方承担违约责任，但是当事人另有约定的除外。建设工程施工合同解除后，尚未履行的，双方终止履行。对于已经履行的，前面第793条已经述及，建设工程由于其特殊性，在有使用价值的情况下，一概要求恢复原状，一方面将导致已经完成的建设工程被推倒重建，造成巨大的人力、物力、财力等社会资源的浪费；另一方面，还会带来各种复杂的责任认定和赔偿计算问题，因此，基于建设工程施工合同的特殊性以及物尽其用、节约社会资源的原则和价值导向，本条第3款特别作出规定，合同解除后，已经完成的建设工程质量合格的，发包人应当按照约定支付相应的工程价款。已经完成的建设工程质量不合格的，包括经修复后可以达到质量合格以及经修复后仍不能达到质量合格两种情况，相应地参照本法第793条的规定处理。这是法律基于建设工程施工合同的特殊性，就建设工程合同解除时建设工程的处理作出的特殊规定。除本条第3款明确规定的特殊情况外，本条第3款对于建设工程合同解除的法律后果没有规定的，仍应根据其性质适用一般合同解除的相关规定。

第八百零七条　发包人未按照约定支付价款的，承包人可以催告发包人在合理期限内支付价款。发包人逾期不支付的，除根据建设工程的性质不宜折价、拍卖外，承包人可以与发包人协议将该工程折价，也可以请求人民法院将该工程依法拍卖。建设工程的价款就该工程折价或者拍卖的价款优先受偿。

【条文主旨】

本条是关于发包人未支付工程价款的责任的规定。

【条文释义】

发包人在工程建设完成后，对竣工验收合格的工程应当按照合同约定的方式和期限进行工程决算，支付价款，在向承包人支付价款后接收工程。发包人未按照约定支付价款的，承包人可以催告发包人在合理期限内支付价款并承担逾期付款的违约责任。

从 20 世纪 90 年代初到现在，随着固定资产投资规模的增长，拖欠工程款的现象一直存在，并成为广受关注的社会问题。不少地区的工程款拖欠数额庞大，有的工程拖欠付款期限很长，问题相当突出，不仅严重地影响建设企业的生产经营，制约了建设企业的发展，也影响了工程建设进度，制约了投资效益的提高。为了切实解决拖欠工程款的问题，保障承包人价款债权的实现，本条规定了发包人未按照约定支付价款的，承包人可以催告发包人在合理期限内支付价款。发包人逾期不支付的，除根据建设工程的性质不宜折价、拍卖外，承包人可以与发包人协议将该工程折价，也可以请求人民法院将该工程依法拍卖。建设工程的价款就该工程折价或者拍卖的价款优先受偿。承包人按照本条规定行使优先受偿权，应当注意以下几点：

1. 应当达到付款条件。本条适用的前提是，按照合同约定已经达到付款条件。如果是出现了建设工程质量不合格或者其他承包人违约的情形，发包人依法主张抗辩不进行付款或者有其他未达到合同约定的付款条件的情况的，则发包人本身即无立即付款的义务，更不可能有优先受偿权的存在空间。

2. 发包人不支付价款的，承包人不能立即将该工程折价、拍卖，而是应当催告发包人在合理期限内支付价款。如果在该期限内，发包人已经支付了价款，则承包人只能要求发包人承担支付约定的违约金或者支付逾期的利息、赔偿其他损失等违约责任。如果在催告后的合理期限内，发包人仍不支付价款的，承包人才能与发包人协商将该工程折价或者请求人民法院将该建设工程拍卖以优先受偿。

3. 承包人对工程依法折价或者拍卖的，应当遵循一定的程序。承包人对工程折价的，应当与发包人达成协议，参照市场价格确定一定的价款把该工程的所有权由发包人转移给承包人，从而使承包人的价款债权得以实现。承包人因与发包人达不成折价协议而采取拍卖方式的，应当请求人民法院依法将该工程予以拍卖。承包人不得委托拍卖公司或者自行将建设工程予以拍卖。

4. 建设工程折价或者拍卖后所得的价款如果超出发包人应付的价款数额的，该超过的部分应当归发包人所有；如果折价或者拍卖所得的价款还不足以清偿承包人的价款债权的，承包人可以请求发包人支付不足部分。在确定优先受偿时，应注意区分建设工程处置的价款与建设用地使用权处置的价款。虽然按照我国法律规定，建设用地使用权应当与建筑物一并处置，但是在处置后建设工程价款和建设用地使用权处置价款仍应区分开来。承包人有权就折价、拍卖的建设工程处置价款优先受偿，但却不应及于建设用地使用权一并处置的价款部分。否则，将损及发包人其他债权人的利益。

5. 根据本条规定，按照工程的性质不宜折价、拍卖的，承包人不能将该工程折价或者拍卖。如国家重点工程、具有特定用途的工程等不宜折价或者拍卖。应当拆除的违章建筑，无法折价或者拍卖。建设工程价款的优先受偿权本质上是一种变价的优先受偿权，所以，建设工程折价、拍卖的前提是按照法律规定和建设工程性质，其本身可以转让。

我国建筑市场具有特殊性，建设工程合同纠纷涉及复杂的利益关系，建设工程具有不宜恢复原状的特点，建设工程合同纠纷处理中还存在着价款计算等一系列具体操作难题，这些因素交织在一起导致建设工程合同领域的许多问题仍存在较大争议。基于慎重考虑，此次立法未对相关争议问题作出简单规定。相关问题还需要理论的继续深入研究和司法实践经验的积累。目前争议较多的问题主要有：

1. 建设工程价款优先受偿权的性质。一种观点认为，建设工程价款的优先受偿权为留置权。该观点认为，承包人为工程建设投入了人力、物力、财力，在发包人未按照约定支付工程款时，建设工程承包人通常会拒绝交付工程，并实际控制建筑物，这与承揽合同中承揽人对工作成果的留置权类似，因此，建设工程价款的优先受偿权为类似留置权的权利。建设工程合同在传统民法上属于承揽合同，在我国法律的规定中建设工程合同虽然从承揽合同中分离出来，但在建设工程价款的优先受偿上，其优先受偿权的性质与承揽人的留置权性质仍类似。该观点因不符合留置权不适用于不动产的法律制度精神而受到批评。

一种观点认为，建设工程价款的优先受偿权是一种法定抵押权。该观点认为，德国、日本、我国台湾地区的法律制度或司法实践均倾向于认定建设工程价款优先受偿权是一种法定抵押权。发包人未按照约定支付价款的，承包人可以与发包人协议将该工程折价，也可以请求人民法院将该工程依法拍卖。建设工程的价款就该工程折价或者拍卖的价款优先受偿。这符合不动产抵押权的特性，因而，建设工程价款的优先受偿权是一种法定抵押权。反对的观点认为，在我国物权制度中只存在当事人按照约定设立的抵押权，不存在法定抵押权这一抵押权类型，不动产物权需要以登记为公示要件，建设工程价款的优先受偿权并未进行公示，不符合抵押权这一权利特征。日本、我国台湾地区建设工程价款的优先受偿均强调应进行登记，在本法制定过程中，也曾研究过对建设工程价款优先受偿权的登记进行规定，但因未能达成共识，而未作出规定。一种观点认为，建设工程价款的优先受偿权是一种法定优先权。该观点认为，建设工程价款的优先受偿权类似于船舶优先权、航空器优先权，是特殊主体基于法定原因在建设工程上的优先权，是法律规定的一种优先权，可以不经登记公示，优先于其他担保物权和债权受偿。反对的观点认为，与船舶优先权、航空器优先权等在实践中已经获得广泛认可不同，许多人并不认可其是一种与船舶优先权、航空器优先权类似的在建筑工程上的优先权，这只是一种理论上的类比。

2. 建设工程价款优先受偿权的主体。监理合同属于委托合同，不属于建设工程合同，因此，监理人对其报酬无优先受偿权没有疑问。建设工程的承包人包括建设工程勘察人、设计人、施工人。施工人又分为总承包人、分包人。在建设工程违法分包、转包时，还可能存在实际从事工程建设，却与发包人不存在合同关系的施工人。对于哪些主体可以主张优先受偿权，实践中仍存在分歧。就勘察人、设计人而言，一种观点认为，在有些情况下建设工程的价款往往包括勘察、设计费用，尤其是在工程总承包中，合同约定的设计费等已包含在工程款中，与一般意义的施工工程款同时结算、同时支付，在出现纠纷时强行分离计算既不符合市场逻辑，也存在分离计算的难题，既不合理，又不经济，因此，勘察费、设计费也应当可以优先受偿。另一种观点认为，勘察、设计的成果是勘察文件、设计文件，勘察、设计只产生文件，报告不产生建设工程，只有施工才产生建设工程，因而，勘察人、设计人不能通过主张其报酬属于建设工程价款而享有优先受偿的权利。同时，勘察、设计通常发生在建设工程施工之前，至少是发生在建设工程完工之前，其与建设工程施工款相比数额较小，而且勘察人、设计人完全可以以不交付工作成果的方式对抗发包人，其并不是需要法律进行倾斜保护的弱势群体，无须特殊保护。就施工人而言，通常认为基于合同的相对性原理只有与建设工程发包人直接签署合同的承包人才能享有建设工程价款的优先受偿权。违法分包人、转包后实际从事工程建设的实际施工人等主体因与建设工程发包人无合同关系，不能依据建设工程合同向发包人直接主张建设工程价款，因而，他们不应当享有建设工程价款的优先受偿权。反对的观点认为，严格固守合同相对性原理，可能对建筑工人等弱势群体的利益保护不周。

3. 优先受偿的范围。首先，关于建设工程价款的优先受偿权是仅及于价款还是也及于利息、违约金、损害赔偿金以及实现建设工程价款优先受偿权的费用，存在不同的观点。一种观点认为，担保物权的担保范围包括主债权及其利息、违约金、损害赔偿金、保管担保财产和实现担保物权的费用，建设工程价款的优先受偿权是一种法定抵押权，因此，优先受偿的范围应当及于利息、违约金、损害赔偿金和实现建设工程价款优先受偿权的费用。反对的观点认为，建设工程价款的优先受偿权，不是抵押权，而是法律规定的特殊倾斜保护，法律为了保护建筑工人等弱势群体的特殊利益已经对建设工程价款进行了优先保护，已经属于倾斜保护，不宜再使其优先保护的范围过分扩大，否则，对发包人的其他债权人将不够公平。其次，对于建设工程价款的哪些部分可以优先受偿也存在不同观点。有观点认为，建设工程价款的优先受偿权保护的是建筑工人的利益，优先受偿的范围应限于工人的劳务成本，而建设工程价款中的利润等与其他债权相比并无特殊性，没有特殊保护的必要。也有观点认为，承认建设工程价款的优先受偿权，是因为承包人的投入已经不可逆转的形成了建设工程，这一建设工程是因承包人的建设才产生，因此，承包人应当获得优先保护，除了劳务成本，原材料也应当予以优先保护。不优先保护原材料费用、机械使用费等成本，会危及建筑企业的生存，进而最终危及建筑工人的利益。也有观点认为，建设工程价款的优先受偿权保护的应当是扣除利润之后的建设工程价款，价款中除利润之外都是承包人在工程建设中需要投入的成本。还有观点认为，建设工程价款优先受偿权是对建筑工人的间接保护，通过保护建设工程价款来保护建筑工人利益，建筑行业属于薄利行业，建筑行业吸纳了大量城乡剩余劳动力，对于促进社会稳定和发展发挥了重要作用，而且，在实践中从工程价款中扣除利润也存在计算上的困难，因此，认为建设工程价款的优先受偿权范围应当是包括利润的整个价款。再次，对于垫资款是否应当优先受偿也存在不同观点。有观点认为，垫资是我国建筑市场客观存在的特殊现象，承包人在工程承包中处于弱势地位，不垫资可能就无法承揽到工程，垫资与其他成本一样，也投入到了工程建设中，不对垫资进行优先受偿保护对承包人不公平，而且，不优先保护垫资款可能会导致承包人资金链断裂，危害建筑行业发展，因此，应当对垫资款进行优先受偿保护。反对的观点认为，垫资建设曾被我国行政主管部门明令禁止，不宜鼓励此类行为，应避免形成不良社会导向，因此，不宜对垫资款进行优先受偿保护。最后，建设工程价款的优先受偿的范围是否应当以登记为准。有观点认为，虽然农民工等建筑工人的利益应当予以优先保护，但是，建设工程价款在已经获得优先受偿顺位的前提下却不进行登记，对于发包人的其他债权人来说存在不确定性风险，不利于发包人融资，不利于发包人和其债权人事先进行交易安排以降低交易风险，也不利于交易的安全和其他债权人的保护，因此，应当对建设工程价款优先受偿的数额进行登记。反对的观点认为，虽然登记对第三人的预期和交易安全保护较为有利，但是登记之后建设工程因实际情况发生变化当事人未进行变更登记或者出现在登记前发包人的其他抵押权人实现抵押权等情形时，承包人的工程价款优先受偿权将会落空，不符合优先保护建筑工人利益的目的，因而并不可行。此外，也有观点明确提出，应当对建设工程价款优先受偿的范围进行进一步严格限制，不应使优先受偿的范围过宽，以平衡保护建筑工人和发包人的其他债权人的利益。

4. 未竣工工程价款的优先受偿权。工程竣工经验收合格后，发包人未按照约定支付工程价款，承包人享有工程价款优先受偿权，没有疑问。司法实践中有疑问的是，未经竣工验收的工程的工程价款是否应当享有优先受偿的权利。赞同的观点认为，未完工的工程在许多情形下已经具备一定的价值，甚至有些已经可以作为在建工程进行抵押，建设工程的价值已经显现，承包人的投入应当获得承认。工程未竣工的原因复杂，既可能为承包人的原因，也有可能为发包人的原因，如发包人因资金链断裂导致工程"烂尾"，在这类情形中，如因为工程未经竣工验收便否认承包人的建设工程价款优先受偿权，对承包人不公平且不符合保护建筑工人利益的初衷。因此，即便工程未经竣工验收，也应当承认承包人的工程价款优先受偿权。此观点中，根据承包人对未竣工验收是否有过错又分为两种观点。一种观点认为，因承包人过错导致工程未竣工验收的，承包人不享有建设工程价款优先受偿的权利。一种观点认为，无论承包人对工程未竣工验收是否存在过错，只要未竣工验收工程的质量合格承包人就可享有建设工程价款优先受偿权。在赞同的观点中，关于何时承包人可以主张建设工程价款的优先受偿权，也没有一致的意见，有的观点认为，只有待后续建设的单位在实现建设工程价款优先受偿时，原承包人才能就其建设的部分主张优先受偿权，有些观点则认为，只有待工程建设完工后，原承包人才能就其建设的建设工程部分主张建设工程价款优先受偿权，也有观点认为，只要承包人与发包人之间关于该工程建设的合作终局的终止，承包人即可主张建设工程价款的优先受偿权。反对未经竣工验收情形下承包人的建设工程价款优先受偿权的观点认为，只有在建设工程竣工经验收合格后，工程质量才真正符合要求，发包人的发包目的才能实现，承包人才完成合同义务，发包人才有支付工程价款的义务，承包人才能享有建设工程价款优先受偿的权利。在工程未竣工验收时，工程是否符合要求处于不确定状态，承包人并未交付合格的工作成果，承包人不应享有建设工程价款的优先受偿权利。同时，在工程未完工情况下主张建设工程价款优先受偿权还存在主张权利的时间点不好确定等问题，笼统规定并无可操作性。

5. 优先受偿的权利顺位。建设工程价款的优先受偿权在实现时，可能会影响到其他权利主体的权利，如何合理地平衡各类主体之间的权利保护涉及权利的顺位问题。有的观点认为，建设工程价款具有优先受偿的特性，当事人之间设定的抵押权也具有优先受偿的特性，应当明确二者之间的权利顺位。建筑工人、商品房买受人、拆迁安置户等均属于需要特殊保护的主体，也有必要明确各自的权利顺位。最高人民法院2002年6月出台的《最高人民法院关于建设工程价款优先受偿权问题的批复》规定："人民法院在审理房地产纠纷案件和办理执行案件中，应当依照《中华人民共和国合同法》第二百八十六条的规定，认定建筑工程的承包人的优受偿权优于抵押权和其他债权。""消费者交付购买商品房的全部或者大部分款项后，承包人就该商品房享有的工程价款优先受偿权不得对抗买受人。"关于建设工程价款优先受偿的权利优先于抵押权，批评的观点认为，未登记的建设工程价款优先受偿权优先于抵押权和其他债权受偿，会损害交易安全和第三人的交易预期，应当以登记作为权利顺位的确定原则。关于建设工程价款的优先受偿权不得对抗房屋买受人，批评的观点认为，购房人的权利虽然应当得到保护，但是，可能其他弱势债权人也值得保护，如要保护，不应单独保护购房人，购房人的权利是一种债权，优先于顺位在属于物权的抵押权之前的建设工程价款优先受偿，存在债权优先于物权性权利的问题，没有依据。如优先保护，应当对购房人的权利也进行预告登记，以登记为准确定顺位。对于以登记确定权利顺位问题，有观点也提出，建设工程价款的数额确定时间具有不确定性，在确定建设工程价款数额后进行登记，可能存在建设工程价款登记晚于抵押权等登记的问题，使其优先保护落空，进行预定数额的预先登记，又存在实际数额超出预定数额时不能得到保护的问题，也有一定的问题，对以登记作为权利保护顺位的确定依据问题应当进一步研究。

6. 优先受偿权的预先放弃或限制。法律规定了建设工程价款的优先受偿权，实践中出现了当事人通过约定预先放弃建设工程价款优先受偿权或者限制建设工程价款的优先受偿权的现象。对于建设工程价款优先受偿权是否可以预先放弃或者限制存在不同的观点。主张可以放弃或限制的观点认为，建设工程价款的优先受偿权是一种民事权利，而且是一种财产权，应当允许当事人自由处分，只有如此，才符合其财产性权利的特征。同时，只有允许对其预先放弃或者限制，当事人双方才能够真正按照自己的真实意愿去进行协商，作出真正符合市场状况的选择。反对的观点认为，在建筑市场上，承包人通常处于弱势地位，承包人有可能为了承包到工程被迫放弃优先受偿权，发包方可能通过在格式合同中约定相关放弃或者限制建设工程价款优先受权的条款的方式，或者以将放弃或者限制建设工程价款优先受偿权作为谈判条件的方式迫使承包人就范，最终使承包人的建设工程价款优先受偿权形同虚设。这是一种形式上的自由处分，实质上的不对等谈判。因而，在双方市场地位严重不对等的情况下，不应由当事人双方对法律规定的优先受偿权进行处分。同时，建设工程价款的优先受偿权，一定程度上是为了保护建筑工人等弱势群体的利益而设，在既没有对建筑工人的利益提供有效的保护措施，也不是由建筑工人自己作出放弃决定的情况下，由承包方做出放弃或限制的选择，也不符合建设工程价款优先受偿权制度的设立初衷。因而，不应当允许发包人与承包人对建设工程价款优先受偿权进行处分。

7. 优先受偿权的行使期限。实践中，有观点认为，建设工程价款的优先受偿权涉及抵押权人等第三人利益，而且无须以登记等方式进行公示，权利人长期不行使权利将使抵押权人以及其他权利人的权利受到影响，使大量社会关系处于长期不确定状态，危害第三人利益及交易安全，因此，应当对其权利存续规定固定的期限，例如6个月或者1年，在该期限内权利人不行使权利，则权利灭失。反对的观点认为，优先受偿权是法律对弱势群体利益的倾斜保护，建设工程价款的优先受偿权又是对建筑工人利益的间接保护、反射保护，建筑工人自己无法积极行使，需要依赖于承包人去行使权利，设定特定的权利行使期限，将会出现建设工程价款优先受偿权动辄落空的现象，对建筑工人的利益可能保护不周。此外，规定建设工程价款优先受偿权的行使期限，必然会涉及权利行使的起算点问题，此问题在实践中一向复杂，在相关实践经验成熟前，不宜在立法上"一刀切"地简单作出规定。

8. 建设工程价款优先受偿权存在的必要性。在立法过程中，多数观点对建设工程价款优先受偿权持支持的态度，并提出了相应的完善建议。但是，也有观点主张，应当删除关于建设工程价款优先受偿权的规定。该观点认为，建设工程价款优先受偿权对建筑工人利益的保护是一种间接保护、反射保护，其保护作用并不直接，完全可以通过加强行政监管、设立建筑工人工资专用账户等更为直接有效的方式实现对建筑工人利益的保护。建设工程价款优先受偿权是一种对弱势群体利益的倾斜保护，但是，其间接保护的特征，又使其在实践中为了实现倾斜保护的目的在优先保护的范围上有被不断扩大适用的倾向，可能会带来过分不当地限制抵押权人和发包人其他债权人的权利的问题。此外，该制度还因没有公示不利于交易安全、在具体适用上存在各种复杂问题等受到诟病，该制度的保护作用小于其带来的问题。因而，认为，如果能够通过其他方式实现对建筑工人利益的直接保护，则应删除关于建设工程价款优先受偿权的规定。

> **第八百零八条　本章没有规定的，适用承揽合同的有关规定。**

〖条文主旨〗

本条是关于适用承揽合同的规定。

〖条文释义〗

建设工程合同在性质上属于完成工作的合同。完成工作的合同是在传统民法的承揽合同的基础上发展起来的一大类合同，一般包括承揽合同、技术服务和技术开发合同。传统的承揽合同一般包括承揽和建设工程合同，一些国家的民法典中都专章规定了承揽，并把建设工程纳入规范。我国原经济合同法第18条和第19条分别规定了建设工程承包合同、加工承揽合同。在合同法起草时，考虑到经济合同法、涉外经济合同法和技术合同法三法合一，经济合同法中规定的有名合同应当保留并专章予以规定，我国原经济合同法已将建设工程合同作为不同于承揽合同的一类新的合同。同时又考虑到建设工程不同于其他工作的完成，具有与一般承揽合同不同的一些特点。因此，在合同法第十五章规定了承揽合同，在第十六章规定了建设工程合同。在本法起草时，继续保留了合同法的这种区分，第十七章规定了承揽合同，第十八章规定了建设工程合同。按照本法的规定，承揽合同是承揽人按照定作人的要求完成工作，交付工作成果，定作人支付报酬的合同。承揽包括加工、定作、修理、复制、测试、检验等工作。建设工程合同是承包人进行工程建设，发包人支付价款的合同。建设工程合同的主体是发包人和承包人。建设工程合同的客体是建设工程，包括建设房屋、公路、铁路、桥梁、隧洞、水库等工程。建设工程合同原为承揽合同中的一种，属于承揽完成不动产工程项目的合同。建设工程合同也具有一些与一般承揽合同相同的特征：如都是诺成合同、双务合同、有偿合同，都以完成一定工作为目的，标的都具有特定性。因此，本条规定，本章没有规定而承揽合同一章有规定的，可以根据建设工程合同的性质适用承揽合同中的有关规定。

本条规定在适用时，首先，应当注意的是，只有在本章无规定时才可适用承揽合同的有关规定。其次，还应注意，只有在根据建设工程合同的性质可以适用承揽合同的相关规定时，才可适用承揽合同的相关规定。本法第796条规定："建设工程实行监理的，发包人应当与监理人采用书面形式订立委托监理合同。发包人与监理人的权利和义务以及法律责任，应当依照本编委托合同以及其他有关法律、行政法规的规定。"第796条是关于监理合同的特殊规定，其已经明确规定发包人与监理人的权利和义务以及法律责任，应当依照本编委托合同以及其他有关法律、行政法规的规定，便不能依据本条规定援引适用承揽合同的相关规定。

第十九章　运输合同

　　本章共四节，共三十四条。在综合各专门运输法的规定和借鉴国际公约、各国运输合同立法中的有益经验的基础上，规定了本章的运输合同。本章共分为四节：第一节一般规定。主要规定了运输合同的一般规则。第二节客运合同，主要规定了客运合同的主要内容。第三节货运合同，主要规定了货运合同的主要内容。第四节多式联运合同，主要规定了多式联运合同的特殊内容。

第一节　一般规定

> **第八百零九条**　运输合同是承运人将旅客或者货物从起运地点运输到约定地点，旅客、托运人或者收货人支付票款或者运输费用的合同。

【条文主旨】

　　本条是关于运输合同定义的规定。

【条文释义】

　　运输合同又称运送合同，本条规定是对运输合同所作的定义。在合同法之前，其他特别法对于运输或者运输合同有的作了规定，比如海商法第41条规定，海上货物运输合同，是指承运人收取运费，负责将托运人托运的货物经海路由一港运至另一港的合同；铁路法第11条第1款规定，铁路运输合同是明确铁路运输企业与旅客、托运人之间权利义务关系的协议。

　　根据本条规定，运输合同的定义包含了以下几方面的内容：

　　1. 运输合同的主体是承运人和旅客、托运人。运输合同主体是运输合同权利义务的承担者，即运输合同的当事人。根据运输合同是双务合同的特性，当事人一方是享受收取运费或者票款权利承担运送义务的承运人，另一方是享受运送权利并支付运费的旅客和托运人，双方当事人的数目视具体合同关系而定。在运输合同中，承运人作为一方当事人，可以是一人或者为数人，如在相继运输中承运人可分为缔约承运人和实际承运人，在多式联运合同中有多式联运经营人和各区段承运人。承运人多为法人或者组织，但也可以是个人。托运人是指与承运人订立货物运输合同的一方当事人。在旅客运输合同中，旅客具有双重身份，其既是运输合同的一方当事人，又是运输合同权利义务所指向的对象。

2. 运输合同中的托运人有时就是收货人，但在多数情况下，另有收货人，此时，收货人不是运输合同的一方当事人。外国法和国际公约一般都规定，货物送达目的地后，承运人有通知收货人的义务，经收货人请求交付后，取得托运人因运输合同所产生的权利。在存在收货人的情况下，托运人与承运人订立运输合同是为了收货人的利益，承运人应当依照运输合同向收货人交付，但收货人的权利产生于请求交付之时，而非运输合同订立时，收货人是运输合同的第三人，也是运输合同中重要的关系人。

3. 运输合同的主要内容是承运人将旅客或者货物运输到约定地点。由此可见，运输合同的客体是承运人的运送行为，不是货物和旅客。

4. 在运输合同中，承运人的义务是将旅客或者货物运输到约定地点，权利是收取票款或者运费；而旅客、托运人的权利和义务与其对应，权利是要求承运人将其运输到约定地点，义务是向承运人支付票款或者运费。这里的票款是指在旅客运输合同中，旅客向承运人支付的报酬；这里的运费是指在货物运输合同中，托运人向承运人支付的报酬。

运输合同种类很多，根据不同的标准可以作出不同的分类：

1. 客运合同和货运合同。以运输合同的标的划分，可以分为客运合同和货运合同。客运合同是指将旅客送达目的地，旅客支付票款的合同。货运合同是指将特定的货物运送至约定地点，由托运人或者收货人支付费用的合同。这种分类基本概括了运输合同的两种类型，也是本法采纳的分类方法。

2. 单一承运人的运输合同和联运合同。从承运人人数划分，可以分为单一承运人的运输合同和联运合同。单一承运人的运输合同，是指仅由单一的承运人负担运输义务的合同。联运合同，是指两个以上的承运人采用相同或者不同的运输工具进行运输的合同，又可以划分为单式联运合同和多式联运合同。单式联运合同，是指有多个承运人，托运人与第一承运人订立运输合同后，由第一承运人与其他承运人以相同运输方式完成同一货物运输的合同。多式联运合同，是指由两个或者两个以上不同运输方式的承运人结为承运人一方，与托运人订立的合同。

3. 铁路、公路、水上、航空运输合同。根据不同的运输工具，可以分为铁路运输合同、公路运输合同、水上运输合同和航空运输合同。

> **第八百一十条　从事公共运输的承运人不得拒绝旅客、托运人通常、合理的运输要求。**

【条文主旨】

本条是关于从事公共运输的承运人强制缔约义务的规定。

【条文释义】

公共运输，是指面向社会公众的，由取得营运资格的营运人所从事的商业运输的行为，主要包括班轮、班机和班车运输，还包括其他以对外公布的固定路线、固定时间、固定价格进行商业性运输的运输行为。公共运输一般具有以下特征：

1. 公共运输的服务对象具有不特定性。公共运输的服务对象并不是特定的某些人，而是社会公众。因此，公共运输直接关系到人民的日常工作和生活，具有公益性的一面。

2. 公共运输的承运人要有专门的运输许可。根据相关法律规定，我国对从事公共运输的经营人要求取得特许资格，否则，不得从事公共运输业务。

3. 从事公共运输的承运人一般都制定了固定的路线、固定的时间、固定的价格，这是公共运输最为显著的特征。从法律的意义上讲，从事公共运输的承运人与旅客或者托运人之间的合同的内容确定化了。这种合同的基本内容不是由具体合同当事人双方协商确定的，而是由公共运输的承运人单方制定的，当然公共运输的承运人对外公布的固定的价格不是随便制定的，而是在遵守有关法律如价格法、铁路法、民用航空法等的前提下，考虑到我国的实际收入状况而制定的，并且还要经过有关主管部门的同意。

4. 从事公共运输的承运人与旅客或者托运人之间的运输合同的形式一般都是格式化的。公共运输合同的格式化产生的原因是由于公共运输的承运人一般都具有垄断性质，以及运输事务的频繁发生。这就决定了具体合同双方协商在事实上的不可能。但是只有公平合理的，并且依照法律的具体规定而产生的格式化合同才更符合旅客或者托运人的利益。为了防止公共运输合同内容的不平等，保护和促进运输经济的发展，公共运输合同一般都要经过国家运输主管部门的审查批准。所以一般来说对于从事公共运输的承运人，我国的国务院或者行政主管部门都制定了行政法规或者行政规章等加以规范。

合同自由是合同法上的基本原则，本来不允许强制缔约，但是，由于公共运输的特殊性，本条规定明确了从事公共运输的承运人的强制缔约义务，即从事公共运输的承运人不得拒绝旅客、托运人通常、合理的运输要求。本条强调的是不得拒绝旅客或者托运人"通常、合理"的运输要求，对这里的"通常、合理"要有一个正确的理解，首先，在不同情况下，其内涵是不同的，如在海上旅客运输中，旅客坐的是头等舱，旅客要求提供空调服务就是"通常、合理"，而对散舱的旅客来说，要求提供空调就不是"通常、合理"的；其次，判断是否为"通常、合理"，不是依单个旅客或者托运人的判断，而是依一般旅客或者托运人的判断；最后，这里的"通常、合理"意味着从事公共运输的承运人不得对旅客或者托运人实行差别待遇，如同为乘坐普通舱位的旅客，承运人就不能对其中的一些旅客提供免费餐，而对另一些旅客不提供。

如果旅客、托运人的运输要求不是"通常、合理"的，则承运人有权拒绝。如果从事公共运输的承运人有正当理由的，也可以免除其强制缔约义务，比如，在运输工具已满载的情况下，从事公共运输的承运人可以拒绝旅客的乘坐要求；又如，由于不可抗力导致不能正常运输的情况下，从事公共运输的承运人也可以拒绝旅客或者托运人要求按时到达目的地的要求。

第八百一十一条　承运人应当在约定期限或者合理期限内将旅客、货物安全运输到约定地点。

【条文主旨】

本条是关于承运人及时安全送达义务的规定。

【条文释义】

按照约定时间进行安全运输是承运人的一项主要义务。运输合同是承运人与旅客或者托运人就运输事宜所作的一致的意思表示，一般都会对运输时间、到达地点和运输的安全等作出约定，承运人据此进行运输，否则就要承担违约责任。本条所规定的承运人及时安全送达义务主要包含了以下三层意思：

1. 承运人应当在约定的期限内或者合理的期限内进行运输。如果合同对运输期限有明确规定的，应当在合同约定的期限内进行运输；如果合同没有规定明确期限，则应当在合理期限内进行运输。承运人应当在约定期限或者合理期限内，将旅客或者托运人托运的货物运到目的地。如果由于承运人的原因造成旅客或者货物不能按时到达目的地的，承运人就要承担运输迟延的违约责任。

2. 承运人在运输过程中，应当保证旅客或者货物的安全。运输行为是一项带有危险性的活动，特别是航空运输更是高风险的行业，它直接关系到人民的生命和财产的安全，因此强调运输活动的安全性是运输行业的一项基本原则，也是运输合同立法的基本原则。安全运输就是承运人要确保被运输的旅客和货物以及所使用的运输设备完好无损。有关法律对此也都有专门规定，如铁路法第 10 条等。

3. 承运人应当将旅客或者货物运到约定的地点。正如前面所述，运输合同实质上是旅客或者货物从一个地点到另一个地点的位移，旅客或者托运人与承运人订立合同的目的就是希望承运人把旅客或者货物运到约定地点。如果承运人不按合同约定的地点运输，将旅客或者货物错运到另一个地点，如运输合同中约定承运人应当将旅客或者货物运到上海，承运人却将旅客或者货物运到了南京，承运人就应当承担违约责任。

> **第八百一十二条　承运人应当按照约定的或者通常的运输路线将旅客、货物运输到约定地点。**

【条文主旨】

本条是关于承运人按照约定或者通常运输路线运输的义务的规定。

【条文释义】

运输是从起运地点到目的地的位移，所以承运人运输时都要按照约定的或者通常的运输路线进行运输，这也是承运人的一项义务。其他特别法对此也有类似规定，比如海商法第 49 条第 1 款规定，承运人应当按照约定的或者习惯的或者地理上的航线将货物运往卸货港。

根据本条规定，在运输中，承运人首先应当按照合同约定的运输路线进行运输。约定的运输路线，是指运输合同当事人在合同中明确约定的运输路线。只要是双方约定好的路线，即使是舍近求远的路线，承运人也应当按照这一路线进行运输，否则就要承担违约责任。如果当事人没有约定运输路线的，承运人应当按通常的运输路线进行运输，不得无故绕行。通常的运输路线，是指一般的、惯常运输的路线。之所以要规定承运人要按照通常的运输路线进行运输，主要是为了规避一些危险。我们知道通常的运输路线一般都是经过多次运输行为的检验，并被证明是很安全的，如果不按通常的运输路线进行运输，就有可能给运输活动带来危险，对旅客或者货物带来危害。例如，在民用航空运输中，航空运输路线一般都是经过精心测航的，选择的路线一般都是比较安全的（如少风暴、少强气流等恶劣天气出现），在国际民用航空运输中，通常的运输一般还要经过航线所经国家的特别准许，如果民用航空运输承运人不按通常的运输路线运输，就有可能对旅客的生命安全造成危害。

在有的情况下，承运人不按通常的运输路线运输，进行合理的绕行也是准许的，一般不按违约处理。这主要包括以下几种情况：一是由于运输合同中列明的一些具体的事由出现而发生的绕行。例如合同中明确约定，在出现风暴的情况下，航空承运人可以绕行。二是法律规定的情形下，承运人也可以绕行。例如，海商法第49条第2款规定，船舶在海上为救助或者企图救助人命或财产而发生的绕航或者其他合理绕航，不属于违反前款规定的行为。三是在运输中遇到危险，为了运输工具、旅客或者货物的安全，承运人也可不按通常的运输路线进行运输，可以进行绕行。即使这种危险是运输前承运人没有做到谨慎处理使运输工具处于适运的状态所致，承运人运输必须绕行，这种绕行也是合理的。四是因不可抗力的原因致使承运人不能按照通常的运输路线进行运输的，承运人也可以合理绕行。

承运人如果不按照本条规定履行其义务，应当依法承担违约责任。根据本法第813条规定，承运人未按照约定路线或者通常路线运输增加票款或者运输费用的，旅客、托运人或者收货人可以拒绝支付增加部分的票款或者运输费用。

> **第八百一十三条** 旅客、托运人或者收货人应当支付票款或者运输费用。承运人未按照约定路线或者通常路线运输增加票款或者运输费用的，旅客、托运人或者收货人可以拒绝支付增加部分的票款或者运输费用。

【条文主旨】

本条是关于旅客、托运人或者收货人支付票款或者运输费用的义务的规定。

【条文释义】

支付票款或者运费是旅客、托运人或者收货人的主要义务。承运人履行完成运输行为的义务，相应地，旅客、托运人或者收货人应当完成相应的支付票款或者运输费用的义务。在客运合同中，旅客支付票款的义务一般是在购买旅客运输票证时履行，旅客没有支付票款一般是不能取得运输票证的。在货运合同中，一般由托运人支付运输费用，如果是由收货人支付运费的，则应当在运输单证上载明，比如，海商法第69条就明确规定："托运人应当按照约定向承运人支付运费。托运人与承运人可以约定运费由收货人支付；但是，此项约定应当在运输单证中载明。"如果在运输单证中没有载明应由收货人支付运费，收货人一般可以拒绝支付运费。

在货运合同中，按运费的支付时间可以分为"运费预付"和"运费到付"两种。"运费预付"是指承运人在签发单据之前就已经收到运费。这种支付方式是受承运人欢迎的，因为他们无须承担运费的风险，但不可抗力灭失的除外。"运费到付"就是在货物到达目的地后，承运人才能收到运费。这种支付方式对于承运人来讲，承担的风险比较大，但是这种支付方式在运输中时常出现，例如海上的国际货物运输中，在FOB价格条件下，买方才是真正的托运人，所以就有可能采用运费到付的方式，但此时，应当在运输单证中注明，运费由收货人支付。

本条规定旅客、托运人或者收货人有向承运人支付票款或者运费的义务，同时也规定，承运人未按照约定路线或者合理路线运输而增加票款或者运费的，旅客、托运人或者收货人可以拒绝支付增加部分的票款或者运费。本法第812条明确规定："承运人应当按照约定的或者通常的运输路线将旅客、货物运输到约定地点。"但在日常的生活和经济活动中，常常出现这样一些情况，承运人不按照运输合同中约定的运输路线或者合理的运输路线进行运输，向旅客要求增加票款，向货物的托运人或者收货人要求增加运费。承运人没有正当理由不按照约定的路线或者合理的路线进行运输，是其自己的过错，旅客、托运人或者收货人没有任何过错，因此在此种情况下，旅客、托运人或者收货人可以拒绝支付增加部分的票款或者运费。

第二节　客运合同

> **第八百一十四条**　客运合同自承运人向旅客出具客票时成立，但是当事人另有约定或者另有交易习惯的除外。

【条文主旨】

本条是关于客运合同成立时间的规定。

【条文释义】

　　客运合同是指将旅客送达目的地，旅客支付票款的合同。客运合同和货运合同是运输合同最主要的分类，两者之间的区别主要在于运输对象的不同。在客运合同中，承运人运输的通常是旅客本身。而在货运合同中，承运人运输的对象则是托运人所交付的货物。由于客运合同运输对象的特殊性，涉及旅客生命健康安全，所以在具体规则适用上与货运合同存在很大的不同。比如本法第822条明确规定："承运人在运输过程中，应当尽力救助患有急病、分娩、遇险的旅客。"而货运合同对于承运人就没有这样的要求。

　　客运合同的成立时间和地点，涉及合同当事人受合同约束的开始时间和案件管辖问题，而国际客运合同的成立往往还涉及法律适用问题。客运合同的成立时间与普通民事合同不同，本条明确规定："客运合同自承运人向旅客出具客票时成立，但是当事人另有约定或者另有交易习惯的除外。"在普通情况下，客票是客运合同成立的凭据，也就是说，承运人向旅客签发的客票证明承运人和旅客之间订立了合同。所以客运合同的成立时间一般是旅客客票的取得时间，即承运人向旅客交付客票时成立。合同法第293条就是这样规定的。但随着互联网技术的发展，传统的购票方式发生了很大变化，客票的无纸化成为普遍趋势。旅客在客运合同订立过程中，可以通过网上购票的方式与承运人达成出行日期、票价等事项的合意，一旦意思表示一致，承运人出具电子票据合同即宣告成立，有时甚至旅客都不需要接收电子票据，出示身份证件即可乘坐。因此，本条将合同法规定的"交付客票时成立"修改为"出具客票时成立"。

　　但是，在运输合同的当事人另有约定的情况下，旅客运输合同的成立时间可以不是在承运人出具客票时成立，例如，在航空运输中，旅客与承运人约定航空运输合同从旅客登上飞机时成立，则该航空运输合同的成立时间即为旅客登上飞机那一刻。本条还规定，在另有交易习惯的情况下，客运合同的成立时间也可以不在出具客票时成立，例如在出租车运输中，客票的交付时间一般在运输行为完成后，按出租车运输的交易习惯，该运输合同在旅客登上出租车时就成立。

　　第八百一十五条　旅客应当按照有效客票记载的时间、班次和座位号乘坐。旅客无票乘坐、超程乘坐、越级乘坐或者持不符合减价条件的优惠客票乘坐的，应当补交票款，承运人可以按照规定加收票款；旅客不支付票款的，承运人可以拒绝运输。

　　实名制客运合同的旅客丢失客票的，可以请求承运人挂失补办，承运人不得再次收取票款和其他不合理费用。

【条文主旨】

本条是关于旅客按有效客票记载内容乘坐义务的规定。

【条文释义】

客票是客运合同的证明，旅客持有的客票一般也就意味着其与承运人之间有运输关系的存在，旅客凭客票就可以要求承运人履行运输的义务，但是由于客票具有流通性和一次性的特点，如铁路运输中的火车票，所以旅客也必须履行持有效的客票进行乘运的义务。因此，合同法第294条曾对此作了明确规定，即旅客应当持有效客票乘运。近年来，客运合同领域出现不少新问题，旅客"霸座"频频在各种媒体上曝光，引发社会各界广泛关注。针对这一问题，本条专门规定："旅客应当按照有效客票记载的时间、班次和座位号乘坐。"

在旅客运输中还常常出现旅客无票进行乘坐、越级乘坐、超程乘坐或者持不符合减价条件的优惠客票进行乘坐的现象。所谓越级乘运就是指旅客自行乘坐超过客票指定的等级席位，如在海上旅客运输合同中，旅客买的是四等舱的客票，但他在船上自行占了三等舱的席位。所谓超程乘运就是旅客自行乘运的到达地超过了客票指定的目的地，例如在铁路运输中，旅客购买的客票上的目的地是长沙，而该旅客却持该客票坐到了广州。持不符合减价条件的优惠客票乘运是指旅客不符合国家规定或者承运人确定的可以以优惠价格购买客票的减价条件，仍持该客票乘运。比如旅客已经不是学生，仍借用别人的学生证或者持已过期的学生证购买学生票。

对于旅客无票乘坐、超程乘坐、越级乘坐或者持不符合减价条件的优惠客票乘坐的行为，应当如何处理？铁路法第14条规定，旅客乘车应当持有效车票。对无票乘车或者持失效车票乘车的，应当补收票款，并按照规定加收票款；拒不交付的，铁路运输企业可以责令下车。海商法第112条规定，旅客无票乘船、越级乘船或者超程乘船，应当按照规定补足票款，承运人可以按照规定加收票款；拒不交付的，船长有权在适当地点令其离船，承运人有权向其追偿。参考这些立法例和实际情况，本条第1款规定，承运人对旅客这种行为的处理可以分为两个层次。首先，旅客无票乘坐、超程乘坐、越级乘坐或者持不符合减价条件的优惠客票乘坐的，应当向承运人补交票款。同时根据本条的规定承运人或者有关主管部门有权颁布规定，旅客无票乘运、超程乘运、越级乘运或者持不符合减价条件的优惠客票乘运的，承运人可以按规定加收票款。补足票款是乘客的义务，所以本条用了"应当"，至于是否按规定向乘客加收票款，则由承运人自己酌情处理，所以用了"可以"二字。其次，旅客不支付票款的，承运人可以拒绝运输。这里的拒绝运输是指承运人有权在适当的地点令其离开运输工具。当然在旅客拒不支付票款，承运人在适当地点令其离开运输工具后，承运人仍有权向旅客追偿。

这次民法典编纂过程中，有一些意见还提出，实践中客运合同很多已经实行了实名制，这些购买了实名制客票的旅客由于一些原因丢失客票的，申请挂失补办客票时，有的承运人却再次收取票款或者要求缴纳高额手续费等不合理费用，建议民法典对此作出明确规定，维护旅客合法权益。基于此，本条第2款新增规定："实名制客运合同的旅客丢失客票的，可以请求承运人挂失补办，承运人不得再次收取票款和其他不合理费用。"根据这一规定，客运合同如果是实名制的，旅客丢失客票时，凭自己的有关身份证件可以向承运人申请挂失补办，承运人在确认旅客的真实身份后，也应当为其办理挂失补办手续，在办理这些手续时，不得乘机再次收取票款或者高额手续费等不合理费用。

> **第八百一十六条** 旅客因自己的原因不能按照客票记载的时间乘坐的，应当在约定的期限内办理退票或者变更手续；逾期办理的，承运人可以不退票款，并不再承担运输义务。

【条文主旨】

本条是关于旅客办理退票或者变更乘运手续的规定。

【条文释义】

客票是旅客运输合同的凭证，在客票上通常都载明了班次、运输开始的时间、客位的等级和座位号、票价等内容。承运人应当按照客票记载的时间进行乘运，并且要保证旅客在载明的时间内到达目的地。但是旅客自己也应当在客票载明的时间内乘坐。如果旅客因自己的原因不能按照客票记载的时间进行乘坐的，一般都允许旅客在一定的时间内退票或者变更客票。本条就是对旅客办理退票或者变更乘运手续的规定。

根据本条规定，客运合同成立后，旅客可以办理退票或者变更手续。所谓退票，是指旅客解除客运合同；所谓变更，是指旅客变更合同的内容，如由坐席改为卧铺，由公务舱改为经济舱，或者由上午9点的票改为下午3点的票等。在客票载明的乘坐时间前，承运人或者有关部门规定一般都给予了旅客单方解除运输合同或者单方变更运输合同的权利。但要注意的是，本条规定的旅客可以办理退票或者变更手续的适用是有条件的：第一，必须是旅客因自己的原因不能按照客票记载的时间乘坐。"因自己的原因"是指旅客因自身的健康状况、计划变动等原因造成的不能按照约定时间乘坐，是旅客自己主动终止或者变更运输合同。如果旅客不能按照客票的时间乘坐的原因是由于承运人造成的，则应当适用本法第820条的规定，即承运人应当及时告知和提醒旅客，采取必要的安置措施，并根据旅客的要求安排改乘其他班次或者退票；由此造成旅客损失的，承运人应当承担赔偿责任，但是不可归责于承运人的除外。第二，必须在约定的时间内办理。旅客办理退票或者变更手续的这种权利是有时间限制的，如果旅客在约定的时间内不办理退票或者变更手续，则超过该时间后，承运人可以不退票款，并且也不再承担运输旅客的义务。实践中，一般在客运合同中对于办理退票或者变更手续的时间都有明确规定，而且，在不同的时间办理退票或者变更手续所需要支付的手续费等也是不一样的。

> **第八百一十七条** 旅客随身携带行李应当符合约定的限量和品类要求；超过限量或者违反品类要求携带行李的，应当办理托运手续。

【条文主旨】

本条是关于旅客携带行李的规定。

【条文释义】

旅客运输合同中，承运人的主要义务是将旅客从起运地运到目的地，而不是为了专门运输行李。但一般情况下，旅客有权携带必备的行李。为了旅客乘运途中的方便，承运人或者有关部门一般也允许旅客随身携带一定品种、数量、质量和重量的行李。至于旅客在乘运过程中可以随身携带多少数量以及重量、何种品类的行李，旅客与承运人一般在运输合同中都有约定。如果旅客所携带的行李超过合同约定的，则会加重承运人的运输负担，对承运人履行运输合同造成一定的不便。对旅客随身携带的行李进行限制，并不违背客运合同的目的。因此，本条明确规定，旅客随身携带行李应当符合约定的限量和品类要求。例如，在航空旅客运输中，航空承运人一般规定每位旅客随身携带的行李数量不得超过几件、重量不得超过多少公斤等。不同的运输方式、不同的承运人，乃至不同等级的客票，所能携带的行李要求都可能不一样。对于旅客超过限量或者违反品类要求携带行李怎么处理，本条明确规定应当办理托运手续。如果旅客拒不办理托运手续，一定要随身携带的，承运人可以拒绝运输。

要注意的是，对于旅客随身携带的行李和托运的行李，承运人所应承担的责任是有所区别的，本法第 824 条对此有明确规定："在运输过程中旅客随身携带物品毁损、灭失，承运人有过错的，应当承担赔偿责任。旅客托运的行李毁损、灭失的，适用货物运输的有关规定。"

> **第八百一十八条** 旅客不得随身携带或者在行李中夹带易燃、易爆、有毒、有腐蚀性、有放射性以及可能危及运输工具上人身和财产安全的危险物品或者违禁物品。
>
> 旅客违反前款规定的，承运人可以将危险物品或者违禁物品卸下、销毁或者送交有关部门。旅客坚持携带或者夹带危险物品或者违禁物品的，承运人应当拒绝运输。

【条文主旨】

本条是关于旅客不得携带危险物品或者违禁物品的规定。

【条文释义】

安全对于旅客运输有着特别重要的意义。在旅客运送过程中，承运人对于旅客的生命财产安全负有义务；同时，旅客在旅行过程中自身亦负有安全注意义务，最典型的就是本条规定的不得携带危险物品或者违禁物品的义务。在旅客运输活动中，因为旅客随身携带或者在行李中夹带违禁物品或者易燃、易爆、有毒、有腐蚀性等危险品而导致出现严重后果的例子并不少见。特别是在铁路运输中，由于旅客随身携带危险物品而造成人身伤害和财产损害的事件屡屡出现。这里所指的危险物品是指危及人身安全和财产安全的物品，具体所指的就是本条提到的易燃、易爆、有毒等物品，如烟花爆竹、炸药等。这里所指的违禁物品就是指有可能对国家利益和整个社会的利益造成影响的物品，如枪支、毒品等。承运人所进行的客运多具有公共运输的性质，旅客携带危险物品或者违禁物品不仅会对旅客自身的生命健康安全造成威胁，还会对承运人的运输安全以及其他旅客的生命健康安全造成威胁。因此，本条规定所设立的这一义务是对旅客规定的强制性义务，是旅客不得违反的法定义务。其他特别法对此也有明确规定，比如，铁路法第 28 条规定，托运、承运货物、包裹、行李，必须遵守国家关于禁止或者限制运输物品的规定。

在旅客运输中，旅客在登上运输工具之前，承运人一般都要对旅客进行安全检查，以防止旅客把危险物品或者违禁物品带上运输工具。但是在有的情况下，还是有旅客违反本条第 1 款的规定把危险物品或者违禁物品带上了运输工具，对于此种情况应当如何处理？根据本条第 2 款的规定，旅客违反前款规定的，承运人可以将危险物品或者违禁物品卸下、销毁或者送交有关部门。例如，在海上旅客运输中，旅客随身携带烟花爆竹上船，在航行途中被承运人发现，为了航行的安全，承运人有权将烟花爆竹抛弃投入海中。在承运人将危险物品或者违禁物品卸下、销毁或者送交有关部门的情况下，承运人可以不负赔偿责任。同时如果旅客由于违反本条第 1 款的规定对其他旅客的人身和财产或者对承运人的财产造成损害的，旅客还应当负赔偿责任。本条第 2 款还规定，如果旅客坚持要携带或者夹带危险物品或者违禁物品的，承运人应当拒绝运输。这里用的是"应当"二字，与本法第 828 条的货物运输安全的规定不一样，这主要是由于在旅客运输中，对人身安全的保护要采取更为严格的措施。

> **第八百一十九条** 承运人应当严格履行安全运输义务，及时告知旅客安全运输应当注意的事项。旅客对承运人为安全运输所作的合理安排应当积极协助和配合。

【条文主旨】

本条是关于承运人告知义务和旅客协助配合义务的规定。

【条文释义】

承运人在运输过程中，应当保证旅客的安全。运输行为是一项带有危险性的活动，特别是航空运输更是高风险的行业，它直接关系到人民的生命和财产的安全，因此强调运输活动的安全性是运输行业的一项基本原则，也是运输合同立法的基本原则。在客运合同中，安全运输就是承运人要确保被运输的旅客完好无损，本条再次强调承运人应当严格履行安全运输义务。为更好地履行安全运输义务，承运人在运输过程中很重要的一项义务就是告知义务，即及时告知旅客安全运输应当注意的事项。

如前所述运输活动是一项比较危险的活动，保证运输的安全是承运人最大的义务。旅客作为一个个体，对于运输当中的安全乘运知识可能了解不多，为了让旅客安全乘坐，安全到达目的地，作为具有这方面专业知识的承运人就应当向旅客及时告知安全运输应当注意的事项。例如，在民用航空运输中，航空承运人就应当在起飞前向乘客告知系上安全带、如何保持正确的乘姿、在发生紧急情况下如何使用氧气袋和安全舷梯等知识。如果由于承运人的过错没有告知旅客安全运输应当注意的事项，造成旅客的人身或者财产损害的，承运人应当负赔偿责任。

还需要注意的是，承运人应当"及时"告知旅客安全运输应当注意的事项。这里的"及时"是一个弹性要求，应当视具体情况来判断承运人的告知是否及时，例如在前面所举的民用航空运输中，航空承运人在起飞前告知乘客有关安全运输应当注意的情况就为"及时"；如果在起飞后，才告知这些情况就为不及时。

近年来，客运合同领域出现不少新问题，不时发生一些强抢方向盘、不配合承运人采取安全运输措施等严重干扰运输秩序和危害运输安全的恶劣行为，不少意见建议对此作出有针对性的规定。这次编纂民法典，特意在本条明确了旅客的协助配合义务，即"旅客对承运人为安全运输所作的合理安排应当积极协助和配合"。承运人为了安全运输会根据有关规定和实际情况作出一些合理安排，旅客对于这些合理安排应当积极协助和配合，否则要依照有关法律规定予以处理，直至对其予以行政处罚乃至追究其刑事责任。

> **第八百二十条**　承运人应当按照有效客票记载的时间、班次和座位号运输旅客。承运人迟延运输或者有其他不能正常运输情形的，应当及时告知和提醒旅客，采取必要的安置措施，并根据旅客的要求安排改乘其他班次或者退票；由此造成旅客损失的，承运人应当承担赔偿责任，但是不可归责于承运人的除外。

〖条文主旨〗

本条是关于承运人迟延运输或者有其他不能正常运输情形的规定。

〖条文释义〗

客票是承运人与旅客之间订立运输合同的凭证，同时客票上也对合同的很多内容作了记载，如运输时间、运输班次等，旅客购买了客票后，旅客运输合同也就成立。承运人按照有效客票记载的时间、班次和座位号对旅客进行运输是其义务，否则就是对运输合同的违反。比如，铁路法第12条规定，铁路运输企业应当保证旅客按车票载明的日期、车次乘车，并到达目的站。因铁路运输企业的责任造成旅客不能按照车票载明的日期、车次乘车的，铁路运输企业应当按照旅客的要求，退还全部票款或者安排改乘到达相同目的站的其他列车。

迟延运输或者出现不能正常运输的情形是旅客运输中的一个较为普遍的现象。在旅客运输中，常常会出现一些异常情况导致运输行为不能正常进行，例如，发生不可抗力致使承运人不能将旅客按时运到目的地；还比如在运输途中，运输工具突然发生故障，致使运输行为不能进行等。在这些造成迟延运输或者不能正常运输的重要事由中，有的是承运人过错造成的，有的则不是承运人过错造成的，而是由于不可抗力、意外事件或者第三人的原因造成的。不可抗力等原因虽然不是承运人造成的，但考虑到旅客在突然降临的自然灾害等原因面前被迫停止乘运，承运人应履行一定的责任。对于这种现象，本条明确规定，承运人迟延运输或者有其他不能正常运输情形的，应当及时告知和提醒旅客，采取必要的安置措施，并根据旅客的要求安排改乘其他班次或者退票；由此造成旅客损失的，承运人应当承担赔偿责任，但是不可归责于承运人的除外。根据这一规定，承运人应当履行以下义务：

1. 告知和提醒。一旦迟延运输或者有其他不能正常运输的情形发生，承运人首先都应当向旅客告知有关具体事宜，提醒旅客作出出行准备或者修改出行方案等。

2. 采取必要的安置措施。比如，由于天气、突发事件、空中交通管制、安检以及旅客等原因，造成航班延误或者取消的，承运人应当采取各种必要的安置措施，包括协助旅客安排餐食和住宿等。

3. 根据旅客的要求安排改乘其他班次或者退票。在承运人迟延运输的情况下，如何处理的选择权在旅客手中。旅客可以要求退票，同时，如果旅客还要求继续乘坐运输工具的，承运人应当根据旅客的要求安排旅客改乘其他班次以到达目的地。

4. 由此造成旅客损失的，承运人应当承担赔偿责任，但是不可归责于承运人的除外。如果由于承运人迟延运输，造成旅客损失的，承运人应当依法承担相应的赔偿责任。当然，如果造成迟延运输的原因不能归责于承运人的，比如由于地震等不可抗力造成的，那么承运人可以不承担赔偿责任。

> **第八百二十一条** 承运人擅自降低服务标准的，应当根据旅客的请求退票或者减收票款；提高服务标准的，不得加收票款。

【条文主旨】

本条是关于承运人变更服务标准的规定。

【条文释义】

在旅客运输中，承运人应当按照客运合同中约定的服务标准来提供服务。实践中最典型的就是擅自变更运输工具进行运输。比如，在汽车运输中，承运人在运输合同中承诺用豪华公共汽车运输旅客，但在实际运输中却用一般公共汽车进行运输；还例如承运人将旅客运到中途，却要求旅客换乘到另一辆公共汽车上。承运人这种擅自降低服务标准的行为，没有经过旅客的同意，违背了旅客的意志，是对运输合同的违反，有时会对旅客的利益造成损害。承运人擅自降低服务标准的行为实质上是对旅客要求按合同的约定获得相应服务权利的侵害，所以在这种情况下，应当尊重旅客的选择权，旅客要求退票的，承运人应当退还旅客的全部票款；旅客要求减收票款的，承运人应当按照旅客的要求减收票款。但在有的情况下，承运人提高了对旅客的服务标准，例如，在汽车运输中，承运人在合同中承诺用一般的公共汽车进行运输，但在实际运输中，却用豪华客车进行了运输，这无疑提高了对旅客的服务标准。在这种情况下，虽然承运人提高了旅客的服务标准，但是没有经过旅客的同意，所以即使提高了服务标准，承运人也不应当加收旅客的票款。

> **第八百二十二条　　承运人在运输过程中，应当尽力救助患有急病、分娩、遇险的旅客。**

【条文主旨】

本条是关于承运人尽力救助义务的规定。

【条文释义】

在承运人与旅客的运输合同中，运送是承运人的主要义务，承运人应当将旅客安全运输到约定地点。在此之外，承运人还负有衍生于诚信原则的一些附随义务，本条规定的尽力救助的义务就是其中之一。根据本条规定，在运输过程中，对于患有急病、分娩、遇险的旅客，承运人应当尽力救助。对于患有急病、分娩、遇险的旅客，其生命健康受到威胁，迫切需要得到救助，作为承运人，很多情况下具有提供必要救助服务的条件，如果其有能力对旅客的急病、分娩、遇险等情况进行救助，而对旅客的安危采取不闻不问的态度，这是有悖于一般的善良道德风俗的，也是与合同的基本原则——诚信原则相违背。所以本条规定，承运人在运输过程中，应当对患有急病、分娩、遇险的旅客尽力采取措施救助。这是承运人在运输过程所应承担的道德义务，也是法律规定的法定义务。如果未尽此义务，要承担责任。

当然，承运人需要负担的是"尽力"救助的义务，所谓"尽力"，是指承运人尽到自己最大的努力，采取各种合理措施，以帮助、照顾旅客或者对旅客进行救援等。承运人的救助义务并不是无限的，而是在自己的最大能力范围内来救助旅客，超出承运人的能力范围，承运人可以免责。

> **第八百二十三条** 承运人应当对运输过程中旅客的伤亡承担赔偿责任；但是，伤亡是旅客自身健康原因造成的或者承运人证明伤亡是旅客故意、重大过失造成的除外。
>
> 前款规定适用于按照规定免票、持优待票或者经承运人许可搭乘的无票旅客。

【条文主旨】

本条是关于承运人对旅客伤亡应负赔偿责任的规定。

【条文释义】

运输行为的需求在于高速和安全，当代运输虽然安全程度越来越高，但社会经济发展要求的速度越来越高，在速度和安全之间，存在对立统一的关系。现代任何一种运输生产活动都存在与其他社会经济活动不同的风险，保障旅客在运输途中的安全也就成了承运人最大的义务。承运人未尽到对旅客的安全运输义务造成旅客伤亡的，就应当承担相应的赔偿责任。本条就是关于承运人对旅客伤亡的赔偿责任的规定。理解本条规定，要注意以下三方面的内容：

一、归责原则

在客运合同中，造成旅客人身伤亡的，对承运人的赔偿责任应当采取什么样的归责原则，有一定的争议。有的认为应当实行过错责任制度，即承运人只有在具有过错造成旅客人身伤亡的情况下，才承担损害赔偿责任。但根据本条规定，在旅客运输活动中实行无过错责任制度，即承运人即使在没有过错的情况下，也应当承担损害赔偿责任。这是基于以下几点原因：

1. 在整个旅客运输活动中，旅客所受到的大多数损害，一般都与承运人的运输行为有关，或者由承运人的作为或不作为造成，或者由承运人未尽管理职责而间接造成。在有些情况下，并不因是承运人违约或者侵权而造成旅客伤害，如旅客乘火车旅行途中被车外人掷石头击伤。此时承运人仍应当承担赔偿责任，这是法律为保护旅客人身安全利益而赋予承运人的一项责任或义务。

2. 在旅客运输中，应当强调对旅客人身生命的特别保护，对承运人实行无过错责任制度。这样，可以有效地保护旅客的人身安全，促使承运人采取各种措施去保护旅客的安全。

3. 在现代运输业中，运输活动的公用性和独占特点以及国家的全面干预，要求承运人实行无过错责任制度。同时由于运输保险业的发展，运输风险大为分散，这就为承运人实行无过错责任制度奠定了基础。

4. 各国运输法对承运人责任制度的规定各不相同，但在现代经济条件下，无过错责任制度已成为旅客运输合同中的基本取向。究其原因，仍在于前面所述的国家对旅客运输行为的严格管理，承运人的独占性和公用性以及由此产生的国家对旅客的严加保护。就是我国的运输立法也在向无过错责任制度靠拢。我国民用航空法第124条规定，因发生在民用航空器上或者在旅客上、下民用航空器过程中的事件，造成旅客人身伤亡的，承运人应当承担责任；但是，旅客的人身伤亡完全是由于旅客本人的健康状况造成的，承运人不承担责任。可见航空旅客运输中也是实行无过错责任原则。

二、免责事由

法律在对旅客实行严格保护的同时，也明确规定了承运人的免责事由。根据本条规定，在两种情况下承运人可以免除责任：

1. 旅客自身健康原因造成的伤亡。如旅客在运输途中突发重病而死亡的。

2. 承运人证明伤亡是旅客故意、重大过失造成的。如旅客自寻短见从火车上跳车自杀的，承运人就不承担赔偿责任。需要注意的是，只有旅客有重大过失的情况下，承运人才可以免责。如果旅客对伤亡的造成只有一般过失，承运人仍应当承担赔偿责任。

在上述两种情形下，承运人对于旅客的伤亡不承担赔偿责任。

三、本条规定的适用范围

持有有效客票的旅客在运输过程中伤亡的，承运人当然须依法承担赔偿责任，但实践中还存在一些特殊情况，为了避免争议，本条第2款明确规定："前款规定适用于按照规定免票、持优待票或者经承运人许可搭乘的无票旅客。"即这三类旅客享有与普通旅客相同的权利，其在运输过程中伤亡的，承运人应当承担赔偿责任。

要特别注意的是，由于运输方式的不同，风险的程度也不一样，所以各专门法对旅客运输中承运人的免责事由的规定有所不同。根据特别法优于普通法的原则，特别法有不同的规定时，应当适用特别法的规定。例如，民用航空法第124条规定的免责事由只有旅客的健康原因。同样，各专门运输法对承运人的赔偿数额基本上都作了限制性规定，如海商法第117条规定了旅客人身伤亡的，除法定情形外，每名旅客的赔偿责任限额不超过46666计算单位，承运人和旅客可以书面约定高于这一赔偿责任限额。

> **第八百二十四条** 在运输过程中旅客随身携带物品毁损、灭失，承运人有过错的，应当承担赔偿责任。
>
> 旅客托运的行李毁损、灭失的，适用货物运输的有关规定。

【条文主旨】

本条是关于承运人对旅客随身携带物品和托运的行李毁损、灭失应负赔偿责任的规定。

【条文释义】

在旅客运输中，旅客一般都会有行李，分为随身携带物品和托运行李两类。对于这些行李，承运人都负有妥善保管、注意其安全的义务，行李毁损、灭失的，承运人依法负有赔偿责任。根据本条规定，这种赔偿责任因为携带物品和托运行李的不同而有所区别：

根据本条第1款规定，对于旅客随身携带物品，如果其毁损、灭失，承运人有过错的，应当承担赔偿责任。这对承运人实行的是过错责任原则，也就是说，在发生旅客自带物品毁损、灭失的情况下，承运人对物品的毁损、灭失有过错时，才承担赔偿责任。这主要是因为旅客随身携带物品处于旅客的直接控制之下，而不是处于承运人的保管之下，旅客也应对其随身携带的物品负有一定的保管责任，其也应当尽足够的注意保护这些物品，因而承运人对旅客随身携带物品负有相对较轻的注意保管义务。

根据本条第2款规定，对于旅客托运的行李，其毁损、灭失的，适用货物运输的有关规定。主要是适用本法第832条的规定："承运人对运输过程中货物的毁损、灭失承担赔偿责任。但是，承运人证明货物的毁损、灭失是因不可抗力、货物本身的自然性质或者合理损耗以及托运人、收货人的过错造成的，不承担赔偿责任。"对承运人实行的是无过错责任原则。这是因为托运的行李不是旅客随身携带的，其从实质上讲，是货物运输合同，所以应当适用货物运输的有关规定，对承运人的要求要高于旅客随身携带物品。

第三节 货运合同

> **第八百二十五条** 托运人办理货物运输，应当向承运人准确表明收货人的姓名、名称或者凭指示的收货人，货物的名称、性质、重量、数量，收货地点等有关货物运输的必要情况。

因托运人申报不实或者遗漏重要情况，造成承运人损失的，托运人应当承担赔偿责任。

【条文主旨】

本条是关于托运人如实申报情况义务的规定。

【条文释义】

货运合同是指将特定的货物运送至约定地点，由托运人或者收货人支付费用的合同。货运合同与客运合同的最大区别在于运输对象的不同，其效力与客运合同有很大差异。

在承运人托运货物之前，往往需要托运人在办理货物运输之时向承运人准确地表明一些运输当中必要的情况，以便于承运人准确、安全地进行运输。在货物运输业务中，一般都是采用由托运人填写运单的方式来进行申报的，而承运人一般也是凭借托运人填写的内容来了解货物的情况，并且采取相应的措施对货物进行运输中的保护；同时承运人也是根据运单上填写的收货人的名称或者地址，向收货人交货。如果托运人不向承运人准确、全面地表明这些运输必要的情况，就有可能造成承运人无法正确地进行运输，甚至有可能对承运人造成损失。为了避免这种情况的出现，本条强调了托运人在办理货物运输时，应当准确地向承运人表明有关货物运输的必要情况。在民用航空法等专门法中，对托运人的这项义务也作了规定。

根据本条第1款的规定，托运人办理货物运输，一般应当向承运人准确表明以下内容：（1）收货人的姓名、名称或者凭指示的收货人。这在货物运输合同中是很重要的，因为在运输合同中签订合同的一方托运人很多时候不是货物的接收方，接收方往往是与承运人并不相识的第三方，为了便于承运人及时交货，就需要托运人在运输开始之前向承运人在运单上或者以其他方式表明收货人的姓名或者名称。本条还规定，托运人在有的情况下，还应当向承运人表明"凭指示的收货人"的意思。这主要是针对在海上货物运输的情况下，托运人在交付货物进行运输时，还没有确定货物给谁时，就在提单上写明"凭指示交付"的字样，也就是承运人凭托运人的指示交付或者提单持有人的指示交付货物。

（2）货物的名称、性质、重量、数量等内容。这些因素都涉及货物本身的情况。一方面，托运人必须向承运人告知货物的具体情况，才能使承运人采取适当的措施，确保货物在运输过程中不发生意外。另一方面，承运人收取运费、装卸货物的方式等都依赖于托运人所表明的货物的具体情况。

（3）收货地点。这对承运人的正确运输也是非常重要的，如果承运人不知道收货人的收货地点，也就无法在某个确定的地点进行交付货物，也就无法完成运输任务。

（4）有关货物运输的其他必要情况。除了上面列举的几种情况外，托运人还应当向承运人准确提供货物运输必要的其他情况，如货物的表面情况、包装情况等。

托运人应当向承运人准确表明以上内容。如果托运人申报不实，（即托运人所提供的情况与实际情况不符合），或者托运人遗漏重要的情况，（即托运人应当向承运人提供一些有关运输的重要情况，却没有提供），往往会造成两种结果：

一是因为托运人申报不实或者遗漏重要情况，致使承运人按照托运人申报的情况进行运输，结果给托运人造成损失。对于这种情况，应当如何处理？向承运人准确、全面地表明运输必要的情况是托运人的义务，如果因为托运人不履行这项义务或者履行这项义务不符合合同的约定给自己造成损失的，证明托运人对损失的产生是有过错的，所以理应由托运人自己承担损失，承运人可以不负任何责任。

二是因为托运人的申报不实或者遗漏重要情况给承运人造成损失的，对于这种情况，本条第2款明确规定，因托运人申报不实或者遗漏重要情况，造成承运人损失的，托运人应当承担损害赔偿责任。比如，托运人把5吨重的货物误报为3吨，承运人的起重机负荷仅为3吨，造成机毁货损，损及承运人船舶，对此，托运人应当承担损害赔偿责任。

> **第八百二十六条** 货物运输需要办理审批、检验等手续的，托运人应当将办理完有关手续的文件提交承运人。

【条文主旨】

本条是关于托运人办理审批、检验等手续的义务的规定。

【条文释义】

货物的运输往往会涉及各种手续，如国际货物运输合同，就必须向海关办理出口货物的报关，同时还必须为出口的货物办妥检疫、检验等手续；有些货物的运输还必须经过有关政府主管部门审批和同意。货物运输中所涉及的各种手续是运输所必需的，如果没有这些手续，承运人不能进行正常运输。所以在运输前，承运人一般都要求托运人办理这些手续，并且应当将办理完这些手续的文件提交给承运人，以便于承运人运输。我国的各专门法基本上都强调了托运人的这项义务，比如民用航空法第 123 条第 1 款规定，托运人应当提供必要的资料和文件，以便在货物交付收货人前完成法律、行政法规规定的有关手续；因没有此种资料、文件，或者此种资料、文件不充足或者不符合规定造成的损失，除由于承运人或者其受雇人、代理人的过错造成的外，托运人应当对承运人承担责任。

本条对托运人应当办理的手续列举了审批、检验两种，但是托运人在货物运输前应当办理的手续不限于这两种，一般还包括检疫、港口准入等，在进行危险品的运输时，还包括危险品运输的许可手续。托运人一般应当在承运人进行货物运输前向承运人及时提供这些手续，如果不及时向承运人提供这些手续，就有可能造成运输的迟延，或者对承运人造成损失。对于托运人没有向承运人提供这些手续或者提供的手续不完备或者没有及时提供这些手续，给承运人造成损失的，托运人应当赔偿损失。

> **第八百二十七条** 托运人应当按照约定的方式包装货物。对包装方式没有约定或者约定不明确的，适用本法第六百一十九条的规定。
>
> 托运人违反前款规定的，承运人可以拒绝运输。

【条文主旨】

本条是关于托运人包装货物义务的规定。

【条文释义】

在货物运输中，对货物进行包装是很重要的，我们知道，货物的运输实际上就是货物在两地之间的位移，其一般都要经过长时间的移动，而移动的过程中可能遇到各种地形、气候以及运输工具本身的影响，而这种影响可能对货物的安全构成威胁。例如，对于易腐烂变质的货物，如不对其进行包装，在运输过程中就可能腐烂变质。当然并不是说，任何货物的运输都必须进行包装，货物是否需要包装要根据货物本身的特性、运输路程的情况以及所使用的运输工具来决定。如果，运输的货物是硬货，并且运输的路程很短，不包装对货物的安全不构成任何问题，此时不包装也是可以的。提出货物包装要求的一般是承运人或者主管运输的部门，运输合同的当事人一般在运输合同中对包装的方式也会作出约定。

运输合同的当事人对货物的包装标准可以进行约定，但是当事人对包装的约定不得违反国家对包装标准的强制性规定。在当事人对包装约定的标准不违反国家规定的强制性标准的情况下，托运人应当按照约定的包装标准对货物进行包装。但是在有的情况下，托运人与承运人对包装的方式并没有进行约定或者虽有约定，但约定得不清楚，在这种情况下，本条第 1 款规定，对包装方式没有约定或者约定不明确的，适用本法第 619 条的规定。本法第 619 条规定："出卖人应当按照约定的包装方式交付标的物。对包装方式没有约定或者约定不明确，依据本法第五百一十条的规定仍不能确定的，应当按照通用的方式包装；没有通用方式的，应当采取足以保护标的物且有利于节约资源、保护生态环境的包装方式。"该条中的足以保护标的物的包装方式，在运输合同中是指托运人根据货物的性质、重量、运输方式、运输距离、气候条件及运输工具的装载条件，使用符合运输要求，便于装卸和保证货物安全的包装。

根据本条第 2 款的规定，如果按照规定货物需要包装，而托运人违反本条第 1 款的规定没有进行包装或者包装不符合约定或者运输安全需要的，承运人可以拒绝运输。这是因为包装托运货物是托运人的义务，如果其不愿包装或者包装不符合约定，就是托运人不愿履行自己的义务，承运人当然有拒绝履行运输义务的权利。对于因此给托运人造成的损失，承运人不负赔偿责任；对于因此给承运人造成损失的，托运人应当向承运人赔偿损失。

> 第八百二十八条　托运人托运易燃、易爆、有毒、有腐蚀性、有放射性等危险物品的，应当按照国家有关危险物品运输的规定对危险物品妥善包装，做出危险物品标志和标签，并将有关危险物品的名称、性质和防范措施的书面材料提交承运人。
>
> 托运人违反前款规定的，承运人可以拒绝运输，也可以采取相应措施以避免损失的发生，因此产生的费用由托运人负担。

【条文主旨】

本条是关于托运人托运危险物品应履行义务的规定。

【条文释义】

在货物运输中，托运人往往会托运一些易燃、易爆、有毒、有腐蚀性、有放射性等危险物品。在运输这些危险物品时往往涉及安全问题，如果在运输过程中对这些危险物品不进行妥善处理，就有可能对货物、运输工具等财产或者人身安全造成极大的威胁，所以对危险物品的安全运输作出强制性规定就显得极为重要。也正因为这样，各专门运输法律对危险物品的运输基本上都作了特别规定。本条正是在借鉴各专门运输法律规定的基础上对危险货物的运输作出的规定，在本条第 1 款的规定中，对托运人规定了三项义务：

（1）对危险物品进行妥善包装。这里的妥善包装应当按照有关危险物品运输的规定进行，这些规定在国务院的行政法规或者运输主管部门的规章中都有规定，例如国务院制定的《铁路货物运输合同实施细则》《水路货物运输合同实施细则》等。海上危险货物运输的包装则应符合联合国国际海事组织所颁布的危险品运输规则的有关规定。

（2）托运人应当在危险物品上做出标志和标签。例如，在易爆的物品上标上"危险物品，请注意"的标签；在易燃的物品上贴上"火"的标志。在危险物品上做出标志和标签的目的是便于人们识别、提请人们加强警惕，防止发生安全事故。

（3）托运人还应当将有关危险物品的名称、性质和防范措施的书面材料提交承运人。要求托运人提供这些材料的目的是便于承运人采取措施进行安全运输，同时也是为了让承运人了解危险物品后，决定是否进行运输。托运人不得将危险物品报成非危险物品，否则就要承担责任。

根据本条第 2 款规定，如果托运人没有对危险物品妥善进行包装或者没有对危险物品做出标志和标签，或者没有将有关危险物品的名称、性质和防范措施的书面材料及时提交承运人的，承运人可以拒绝进行运输；如果是在运输过程中发现了托运人托运的是危险物品的，承运人也可以采取各种措施避免损失的发生，这些措施包括承运人可以在任何地点、任何时间根据情况将货物卸下、销毁或者使之不能为害。如果因为承运人采取的措施对托运人造成损失的，承运人可以不负赔偿责任。但如果因此而给承运人造成损失的，托运人应当向承运人负赔偿责任，同时承运人因为采取措施而产生的各种费用也应当由托运人承担。这里需要强调的是，即使托运人没有违反本条第 1 款规定的义务，承运人也知道危险物品的性质并且同意运输的，但在运输过程中该危险货物对于运输工具、人员的安全和其他货物造成危险时，承运人仍可以采取各种相应的措施以避免损失的发生。在这种情况下，即使给托运人造成损失，承运人也可以不承担损害赔偿责任。

> **第八百二十九条** 在承运人将货物交付收货人之前，托运人可以要求承运人中止运输、返还货物、变更到达地或者将货物交给其他收货人，但是应当赔偿承运人因此受到的损失。

〖条文主旨〗

本条是关于托运人变更或者解除运输合同权利的规定。

【条文释义】

所谓托运人的变更或者解除权，就是运输合同成立后，托运人有权变更或者解除合同，这种变更或者解除可以不经过承运人同意，承运人无权过问对方变更和解除合同的原因，只要托运人提出变更或者解除合同，均应予以变更或者解除。其他专门法对此也有明确规定。

根据本条规定，在承运人将货物交付收货人之前，托运人享有如下权利：（1）中止运输、返还货物。中止运输，是指托运人要求承运人立即停止运输托运的货物；返还货物，是指托运人要求承运人将已经办理托运手续的货物返还给托运人或者提货凭证持有人。这实际上就是解除货运合同。（2）变更到达地。变更到达地，是指托运人在货物交付给收货人之前，改变原来约定的到达地，承运人不得拒绝变更。（3）将货物交给其他收货人。这实际上就是变更收货人。在承运人将货物交付收货人之前，托运人享有以上权利，承运人不得拒绝变更后的运输义务，应当按照托运人的要求中止运输、返还货物，或者按照托运人变更后的要求将货物安全、及时地运送至新的到达地或者交给新的收货人。当然，如果因为托运人单方变更或者解除合同给承运人造成损失的，应当赔偿其损失，包括承担因变更或者解除合同而产生的各种费用等。

但是这里需要注意的是，在提单运输中（主要在海上货物运输中），由于提单具有物权凭证、可以转让的性质，托运人的权利义务等全部内容一并转移到了提单持有人。所以在提单运输中，在货物已经起运后，托运人如果已经转让了提单，托运人就没有权利单方变更或者解除合同。但是在这种情况下，提单持有者可以单方变更或者解除合同。

理解本条还需要注意以下几点：（1）如果托运人或者提单持有人的指示不能执行的，承运人应当立即通知托运人或者提单持有人。（2）托运人或者提单持有人的这种单方变更或者解除权只能在货物交付收货人之前行使，如果货物已经交付给收货人，则托运人或者提单持有人的这种变更或者解除合同的权利就即告终止。但是收货人拒绝接受货物的，或者承运人无法同收货人联系的，托运人或者提单持有人可以恢复行使这种权利。（3）本条的单方变更或者解除权只能由托运人或者提单持有人享有，承运人在运输合同成立后，不得单方变更或者解除合同，除非对方严重违约或者发生不可抗力。

> **第八百三十条** 货物运输到达后，承运人知道收货人的，应当及时通知收货人，收货人应当及时提货。收货人逾期提货的，应当向承运人支付保管费等费用。

【条文主旨】

本条是关于提货的规定。

【条文释义】

承运人将货物安全运到目的地后，并没有完成所有的运输义务，其还应当按照约定将货物交付收货人。这是承运人的一项主要义务。承运人将货物安全运到目的地后，如果知道收货人的，应当及时通知收货人，以便于收货人及时提货。但是在有的情况下，货物到达目的地后，承运人并不知道收货人是谁，而托运人又没有及时告知承运人，在此时，承运人就没有及时通知收货人的义务。例如，在海上货物运输中，托运人并没有告诉承运人收货人是谁，而只是在单证上写明"凭提示交付货物"，则承运人将货物运到目的地后，就可能不知道收货人是谁。所以本条才强调"承运人知道收货人的，应当及时通知收货人"。在货物到达目的地后，如果承运人不知道收货人是谁时，承运人应当通知托运人在合理期限内就运输的货物的处分作出指示。

一旦收货人接到承运人的通知，应当及时提货。这是收货人的主要义务。如果收货人在收到承运人的提货通知后的规定时间内或者没有规定时间而在合理时间内没有提取货物，逾期提货的，应当向承运人支付逾期的保管费用；如果因为逾期提货给承运人造成损失的，收货人应当承担损失。如果在逾期期间，货物因发生不可抗力而毁损灭失的，承运人不负赔偿责任。收货人提货时，应当将提单或者其他提货凭证交还承运人，承运人一般也只有在收货人出示了提货凭证后，才能向收货人交付货物。如果按照运输合同的规定或者提货凭证的规定，应当由收货人交付全部或者部分运费的，收货人还应当向承运人履行交付运费的义务后，才有权提取货物。

> **第八百三十一条** 收货人提货时应当按照约定的期限检验货物。对检验货物的期限没有约定或者约定不明确，依据本法第五百一十条的规定仍不能确定的，应当在合理期限内检验货物。收货人在约定的期限或者合理期限内对货物的数量、毁损等未提出异议的，视为承运人已经按照运输单证的记载交付的初步证据。

【条文主旨】

本条是关于收货人检验货物的规定。

【条文释义】

在货物运输合同中，承运人交付货物，收货人提货时，一个重要的问题就是收货人对货物的检验。货物经过运输后，其质量和数量很有可能发生变化，检验的目的是查明承运人交付的货物是否完好，是否与合同的约定相符合，因此对货物进行检验密切关系着收货人的利益。同时对货物进行检验，可以尽快地确定货物的质量状况和数量情况，明确责任，及时解决纠纷，有利于加速商品的流转。否则就会使当事人的法律关系长期处于不稳定的状态，不利于维护健康正常的合同秩序。所以本条强调收货人在提货时应当及时对货物进行检验。这是收货人的权利也是其义务。

对于收货人的检验时间，如果运输合同对检验时间有约定的，根据本条的规定，收货人应当在约定的期限内对货物进行检验。如果对检验货物的时间没有约定或者约定不明确的，应当依据本法第 510 条的规定来确定，即："合同生效后，当事人就质量、价款或者报酬、履行地点等内容没有约定或者约定不明确的，可以协议补充；不能达成补充协议的，按照合同相关条款或者交易习惯确定。"如果依据第 510 条的规定仍不能确定的，则应当在合理期限内检验货物。这里的"合理期限"是一个弹性规定，应当视实际情况确定具体的时间。例如，如果货物是易腐烂变质的，收货人就应当在极短的时间内对货物进行检验。

如果收货人未在约定的期限内或者未在合理的期限内对货物的数量、毁损等未提出异议时，其法律后果为何，制定合同法时曾有两种不同的意见：一种意见认为，收货人未在约定的期限内或未在合理的期限内对货物的数量、毁损等提出异议的，应当视为承运人交付的货物与运输单证上记载的完全一样，承运人就不承担责任。另一种意见认为，收货人未在约定的期限内或者合理的期限内对货物的毁损、数量等提出异议的，只能视为承运人已经按照运输单证的记载交付的初步证据。最终合同法基本上是采纳了第二种意见，民法典继续维持这一规定未变。其他专门法对此也有类似规定，比如民用航空法第 134 条中规定，旅客或者收货人收受托运行李或者货物而未提出异议，为托运行李或者货物已经完好交付并与运输凭证相符的初步证据。海商法第 81 条第 1 款规定，收货人未将货物灭失或者损坏的情况书面通知承运人的，此项交付视为承运人已经按照运输单证的记载交付以及货物状况良好的初步证据。根据这一规定，收货人即使未在约定或者合理的期间内提出异议，但以后他仍可以提出据以异议和索赔的相反的证据，一旦有证据证明货物的毁损、灭失是发生在运输期间的，承运人仍应当赔偿。

第八百三十二条 承运人对运输过程中货物的毁损、灭失承担赔偿责任。但是，承运人证明货物的毁损、灭失是因不可抗力、货物本身的自然性质或者合理损耗以及托运人、收货人的过错造成的，不承担赔偿责任。

〖条文主旨〗

本条是关于承运人对于货损的赔偿责任的规定。

〖条文释义〗

在货物运输中，承运人应当将货物安全运输到目的地，因此，承运人应当对自接受货物时起至交付货物时止所发生的货物的毁损、灭失承担损害赔偿责任。这里的"毁损"是指运输过程中的货物因损坏而价值减少；"灭失"是指承运人无法将货物交付给收货人，既包括货物物质上的灭失，也包括占有的更新丧失及法律上不能回复占有的各种情形。本条明确规定，承运人对运输过程中货物的毁损、灭失承担赔偿责任。根据这一规定，承运人应当对运输过程中货物的毁损、灭失承担无过错的赔偿责任，即该赔偿责任的成立，不以承运人在运输过程中存在过错为前提条件。

运输行为是风险作业，同时在运输过程中损害的发生原因也是极其复杂的，法律在强调对托运人或者收货人利益保护的同时，也必须对承运人的利益作适当的保护，以体现公平的原则。法律对承运人的保护就体现在免责事由上。

根据本条规定，承运人可以免除赔偿责任的三种情况是：

1. 不可抗力。根据本法第 180 条的规定，不可抗力是指当事人不能预见、不能避免且不能克服的客观情况，包括地震、台风、洪水等自然灾害，也包括战争等社会现象。如果货物的毁损、灭失是因不可抗力造成的，承运人不承担赔偿责任。

2. 货物本身的自然性质或者合理损耗。货物本身的自然性质，主要是指货物的物理属性和化学属性，例如运输的货物是气体，而气体的自然属性就是易挥发。如果由于挥发造成的损失，承运人就不承担损失。货物的合理损耗，主要是指一些货物在长时间的运输过程中，必然会有一部分损失，对于这一部分损失，承运人也不负赔偿责任。

3. 托运人、收货人的过错。这主要是指由于托运人或者收货人自身的原因造成的货物损失。根据本章的规定，包括以下几种情况：（1）由于托运人对货物包装的缺陷，而承运人在验收货物时又无从发现的；（2）托运人自己装上运输工具的货物，加固材料不符合规定的条件或者违反装载规定，交付货物时，承运人无法从外部发现的；（3）押运人应当采取保证货物安全措施而未采取的；（4）收货人负责卸货造成的；（5）托运人应当如实申报，而没有如实申报造成损失，导致承运人没有采取相应的保护措施造成的；等等。

承运人要求免除赔偿责任的，其应当负举证责任。如果承运人自己不能证明有不可抗力、货物本身的自然性质或者合理损耗以及托运人、收货人的过错的情形存在，其就要承担损害赔偿责任。

> **第八百三十三条** 货物的毁损、灭失的赔偿额，当事人有约定的，按照其约定；没有约定或者约定不明确，依据本法第五百一十条的规定仍不能确定的，按照交付或者应当交付时货物到达地的市场价格计算。法律、行政法规对赔偿额的计算方法和赔偿限额另有规定的，依照其规定。

【条文主旨】

本条是关于如何确定货物赔偿额的规定。

【条文释义】

在货物发生毁损、灭失的情况下，对于如何确定货物的赔偿额，本条作了明确规定。具体说来，应当根据以下规则来确定货物的损害赔偿额：

1. 当事人对货物毁损、灭失的赔偿额有约定的，应当按约定数额进行赔偿。当事人在合同中可能规定了一个总的赔偿数额，也有可能规定了一个赔偿额的计算方法。但有的情况下，当事人办理了保价运输，实际上这也是对赔偿额的一种约定。但是，要注意在保价运输的情况下，货物受损的赔偿。所谓保价运输就是承运人处理托运人、收货人提出赔偿要求的一种方式，即托运人在办理托运货物的手续时或者与承运人签订合同时，向承运人要求进行保价运输，声明货物的价格，并支付保价费。这实际上是当事人之间对货物损害赔偿额的一种约定。一般情况下，保价额相当于货物的价值。托运人办理保价运输的，承运人应当按照实际损失进行赔偿，但最高不得超过保价额。实际损失低于保价额的，按照实际损失进行赔偿。比如，铁路法第17条对货物的保价运输进行了规定，该条规定，铁路运输企业应当对承运的货物、包裹、行李自接受承运时起到交付时止发生的灭失、短少、变质、污染或者损坏，承担赔偿责任；托运人或者旅客根据自愿申请输保价运输的，按照实际损失赔偿，但最高不超过保价额。

2. 当事人对赔偿额没有约定或者约定不明确的，则承运人赔偿的数额应当依照本法第510条的规定进行确定。本法第510条规定："合同生效后，当事人就质量、价款或者报酬、履行地点等内容没有约定或者约定不明确的，可以协议补充；不能达成补充协议的，按照合同相关条款或者交易习惯确定。"

3. 如果依照本法第510条的规定仍不能确定的，则按照交付或者应当交付时货物到达地的市场价格计算。本条之所以要规定此时以交付时或者应当交付时货物到达地的市场价格来计算货物的赔偿额，目的在于使托运人或者收货人获得与货物安全及时到达并按合同交付时所应获得的利益，有利于保护托运人或者收货人的利益。这里的"交付时"是指货物按时到达了目的地，但是货物有毁损的情况下，计算市场价格的起算时间；"应当交付时"是指货物没有按时到达，而货物有毁损的或者货物根本就灭失，不存在了的情况下，市场价格的起算时间。

4. 法律、行政法规对赔偿额的计算方法和赔偿限额另有规定的，应当依照其规定进行赔偿。我国各专门法对承运人的赔偿责任范围基本上都作了规定，如铁路法第17条第1款第2项规定，未按保价运输承运的，按照实际损失赔偿，但最高不超过国务院铁路主管部门规定的赔偿限额。民用航空法第129条第2款规定，对托运行李或者货物的赔偿责任限额，每公斤为17计算单位。海商法第56条规定，承运人对货物的灭失或者损坏的赔偿限额，按照货物件数或者其他货运单位计算，每件或者每个其他货运单位为666.67计算单位，或者按照货物毛重计算，每公斤为2计算单位，以二者中赔偿限额较高的为准。对于法律、行政法规的这些规定，应当在计算承运人的赔偿额时予以遵守。

对于本条需要注意的是，如果托运人在托运货物时自愿办理了货物运输保险的，在发生货物的毁损、灭失等保险事故时，根据保险合同向保险人索赔。但保险人给付保险赔偿金后取得对承运人的赔偿金的代位求偿权。

> **第八百三十四条** 两个以上承运人以同一运输方式联运的，与托运人订立合同的承运人应当对全程运输承担责任；损失发生在某一运输区段的，与托运人订立合同的承运人和该区段的承运人承担连带责任。

【条文主旨】

本条是关于相继运输责任承担的规定。

【条文释义】

所谓相继运输，又称"连续运输"，就是多个承运人以同一种运输方式共同完成货物运输的一种运输方式。在相继运输中，托运人只与数个承运人中的某一个承运人签订运输合同。在实践中，主要是与第一承运人签订运输合同。相继运输中，一方面，同一运输方式的运输路线分为不同的运输区段，而完成这一运输过程必须经过若干运输区段，由不同运输区段的承运人完成；另一方面，运输关系要求特定的货物运输从起点到终点具有连续性、不能中断、不可分割的特性。在运输活动中，普遍存在的转车、转机、转船就是典型的相继运输，其主要特征就是"一票到底"，利用人只要与第一承运人签订运输合同，就可以享受全程所有区段的运输。

相继运输所发生的特殊的运输合同关系，我国的海商法和民用航空法都作了详细规定。比如，民用航空法第136条规定："由几个航空承运人办理的连续运输，接受旅客、行李或者货物的每一个承运人应当受本法规定的约束，并就其根据合同办理的运输区段作为运输合同的订约一方。对前款规定的连续运输，除合同明文约定第一承运人应当对全程运输承担责任外，旅客或者其继承人只能对发生事故或者延误的运输区段的承运人提起诉讼。托运行李或者货物的毁灭、遗失、损坏或者延误，旅客或者托运人有权对第一承运人提起诉讼，旅客或者收货人有权对最后承运人提起诉讼，旅客、托运人和收货人均可以对发生毁灭、遗失、损坏或者延误的运输区段的承运人提起诉讼。上述承运人应当对旅客、托运人或者收货人承担连带责任。"

相继运输中，承运人的责任制度是立法中的一个难点，也是一个重点。有的认为，应当规定在相继运输中，各承运人应当承担连带责任。有的认为，应当规定由签订运输合同的第一承运人对运输的全程负责。我们认为，在签订合同时，除非承运人明确与托运人约定，各承运人是一个合伙关系，否则托运人无从知道各承运人之间的关系，一旦发生责任，托运人一般只找与之签订运输合同的承运人，由签订运输合同的承运人承担责任，有运输合同作为依据，可以便于索赔。从这个角度来讲，规定由与托运人签订合同的承运人应当对全程运输承担责任较为合理。签订合同的承运人对托运人承担责任后，其可以向其他承运人追偿。

> **第八百三十五条** 货物在运输过程中因不可抗力灭失，未收取运费的，承运人不得请求支付运费；已经收取运费的，托运人可以请求返还。法律另有规定的，依照其规定。

【条文主旨】

本条是关于货物因不可抗力而灭失时运费如何处理的规定。

【条文释义】

在运输活动中，常常出现这样一种情况，即托运的货物在运输过程中因不可抗力灭失了，货物的这种灭失不是因为承运人的原因造成的，也不是因为托运人、收货人的过错造成的。在这种情况下，对于货物灭失的风险根据本法第832条的规定，承运人不承担货物的损害赔偿责任，但是对于运费的支付风险应当如何处理呢？对此，我国海商法第90条规定："船舶在装货港开航前，因不可抗力或者其他不能归责于承运人和托运人的原因致使合同不能履行的，双方均可以解除合同，并互相不负赔偿责任。除合同另有约定外，运费已经支付的，承运人应当将运费退还给托运人；货物已经装船的，托运人应当承担装卸费用……"我国台湾地区"民法"第645条规定："运送物于运送途中因不可抗力而丧失者，运送人不得请求运费。其因运送而已受领之数额，应返还之。"本条的规定是在参考海商法的规定和借鉴我国台湾地区"民法"规定的基础上作出的。

根据本条规定，运费的风险应当由承运人负担。即货物在运输过程中因不可抗力灭失，未收取运费的，承运人不得请求支付运费；已收取运费的，托运人可以请求返还。在立法过程中，对此曾有一定争议，有的认为，已经收取运费的，由于承运人已经运输了一段时间，所以承运人可以不返还运费。我们认为，托运人已经因货物的灭失而遭受了极大的损失，如果其还要负担运费，就意味着要承担双重损失，从公平和诚实信用的角度来讲，法律应当允许托运人请求承运人返还已支付的运费，使风险得以合理分担。所以本条规定，已收取的运费，托运人可以请求返还。当然，如果其他法律对于运费的处理另有特别规定的，依照其规定处理。

第八百三十六条 托运人或者收货人不支付运费、保管费或者其他费用的，承运人对相应的运输货物享有留置权，但是当事人另有约定的除外。

【条文主旨】

本条是关于承运人留置权的规定。

【条文释义】

收取运费、保管费以及其他运输费用（如承运人为托运人或者收货人垫付的报关费等）是承运人的主要权利。但是在托运人或者收货人不交付运费、保管费以及其他运输费用时，承运人可以采取什么措施保护自己的权利呢？对此本条明确规定，托运人或者收货人不支付运费、保管费或者其他费用的，承运人对相应的运输货物享有留置权。

承运人在行使留置权时，应当注意下列事项：

1. 除法律另有规定外，承运人可以自行留置货物，不必通过法定程序留置货物。

2. 本条所指的对"相应的运输货物"有留置权包括两层含义：（1）对于可分的货物，承运人留置的货物应当合理和适当，其价值应包括未支付的运费、保管费或者其他运输费用加上可能因诉讼产生的费用，而不能留置过多的货物。当然如果承运人根本就没有获得任何费用，他也可以对全部货物行使留置权。（2）对于不可分的货物，承运人可以对全部货物进行留置，即使承运人已取得了大部分运费、保管费以及其他运输费用。

3. 本条还规定"但是当事人另有约定的除外"，此句包含了两层意思：第一是指当事人如果在合同中约定即使在运费、保管费以及其他运输费用没有付清的情况下，承运人也不能留置货物的，承运人就不能留置货物。第二是指如果托运人或者收货人提供了适当的担保，则承运人也不能留置货物。

> **第八百三十七条　收货人不明或者收货人无正当理由拒绝受领货物的，承运人依法可以提存货物。**

【条文主旨】

本条是关于收货人不明或者收货人无正当理由拒绝受领货物的情况下，如何处理的规定。

【条文释义】

在实际运输业务中，常因贸易合同纠纷或者其他原因，造成承运人将货物运输到目的地后，无法向收货人交货的情况，在这时应当如何处理？其他专门法对此有规定，比如铁路法第22条第1款规定，自铁路运输企业发出领取货物通知之日起满30日仍无人领取的货物，或者收货人书面通知铁路运输企业拒绝领取的货物，铁路运输企业应当通知托运人，托运人自接到通知之日起满 30 日未作答复的，由铁路运输企业变卖；所得价款在扣除保管等费用后尚有余款的，应当退还托运人，无法退还、自变卖之日起 180 日内托运人又未领回的，上缴国库。铁路法是把此货物当作无主物来处理的。海商法第 86 条规定，在卸货港无人提取货物或者收货人迟延、拒绝提取货物的，船长可以将货物卸在仓库或者其他适当场所，由此产生的费用和风险由收货人承担。参考这些立法例，本条规定："收货人不明或者收货人无正当理由拒绝受领货物的，承运人依法可以提存货物。"本条中的"收货人不明"既包括收货人下落不明，还包括在货物运输终止时，托运人并没有向承运人指明收货人是谁，承运人向托运人通知请求其作出指示，而托运人逾期没有作出指示的情况，例如在海上货物运输中，托运人有时在提单上注明"凭指示交付"的字样，而没有具体写明收货人是谁。

对于本条应当注意以下几点：（1）如果运输的货物不适于提存或者提存费用过高的，承运人可以依法拍卖或者变卖货物，然后提存所得的价款。例如货物是易于腐烂的食品，承运人就不能直接提存该食品。（2）在货物被提存后，承运人应当及时通知托运人，在收货人明确的情况下，应当及时通知收货人。（3）如果货物在提存后毁损、灭失的，则承运人不承担该货物毁损、灭失的风险。（4）如果承运人应得的运费、保管费以及其他费用加上提存的费用没有付清的，承运人可以依照规定留置该货物，以该货物拍卖或者折价后，从中扣除运费和其他各种费用后，再提存剩余的价款或者没有被留置的相应货物。

第四节　多式联运合同

随着国际贸易中越来越多地使用集装箱运送货物，出现了一种新的运输方式——货物的多式联运。多式联运是以至少以两种不同的运输方式将货物从接管的地点运至指定地点交付。与传统的单一运输方式相比，多式联运，特别是在成组运输的情况下，大大简化和加速了货物的装卸、搬运程序，运输服务以过去的港到港一直延伸到了门至门，减少了货损货差，减少了成本和费用，为贸易提供了一个更为理想、畅通、安全、经济、便利的运输方式。

以多式联运方式进行货物的运输在我国的贸易实践中已经大量出现，并且随着社会主义市场的发展，以多式联运的方式进行运输的行为会越来越普遍。这就需要有关多式联运合同方面的法律来对多式联运行为进行规范，海商法第四章第八节对多式联运合同虽然作了规定，但其在第 102 条明确规定，该法有关多式联运合同的规定只针对其中一种必须是海上运输方式的多式联运合同，对其他不涉及海上运输方式的多式联运合同并不适用。同时多式联运合同与其他一般运输合同相比有着许多特殊之处。为了适应运输贸易发展的需要和规范多式联运合同关系，本法在运输合同一章专门设置了本节——多式联运合同。

> **第八百三十八条** 多式联运经营人负责履行或者组织履行多式联运合同，对全程运输享有承运人的权利，承担承运人的义务。

【条文主旨】

本条是关于多式联运经营人应当负责履行或者组织履行合同的规定。

【条文释义】

本法所称的多式联运合同，是指多式联运经营人以两种以上的不同运输方式，负责将货物从接收地运至目的地交付收货人，并收取全程运费的合同。可见以两种以上的不同运输方式进行运输是多式联运合同区别于传统运输合同的最大特征。

在多式联运合同中，多式联运经营人处于一个比较特殊的位置。本条所指的多式联运经营人，是指本人或者委托他人以本人名义与托运人订立多式联运合同的人。他是事主，而不是托运人的代理人或者代表人，也不是参加多式联运的各承运人的代理人或者代表人。从本条的规定可知，多式联运经营人要根据多式联运合同履行运输义务或者组织承运人履行运输义务。多式联运经营人可分为两种类型：第一种就是多式联运经营人自己拥有运输工具，并且直接参加了运输合同的履行。第二种就是多式联运经营人自己不拥有运输工具或者不经营运输工具，也不直接从事运输活动，而是在签订多式联运合同后，通过双边合同与各运输方式承运人又单独签订各区段运输合同，组织其他承运人进行运输。但是不管多式联运经营人是属于哪一种情形，根据本条的规定，多式联运经营人都要对与之签订合同的托运人或者收货人承担全程运输的义务，同时根据本章的规定，多式联运经营人要承担全程运输所发生的责任和风险。当然，他也享有作为全程运输承运人的权利，例如有向托运人或者收货人要求运输费用的权利等。

> **第八百三十九条** 多式联运经营人可以与参加多式联运的各区段承运人就多式联运合同的各区段运输约定相互之间的责任；但是，该约定不影响多式联运经营人对全程运输承担的义务。

【条文主旨】

本条是关于多式联运经营人责任承担的规定。

【条文释义】

多式联运应当规定什么样的责任制度？一种意见认为，在多式联运中，应当实行分散责任制度，也就是说，多式联运经营人无须对全程运输负责，有关责任由发生责任的区段上的实际承运人负责并适用该区段的相应法律。另一种意见认为，多式联运运输中应当实行统一责任制度，即多式联运经营人对全程运输负责，多式联运经营人与实际承运人之间可另以合同约定相互之间的责任。分散责任制度不利于保护托运人或者收货人的利益，不利于托运人或者收货人索赔。同时托运人只与多式联运经营人签订合同，其一般不知道也不须知道货物的运输会由其他承运人来进行，从承担责任的依据上讲，在多式联运运输中实行统一责任制度更合理。海商法第 104 条第 2 款就规定，多式联运经营人与参加多式联运的各区段承运人，可以就多式联运合同的各区段运输，另以合同约定相互之间的责任。但是，此项合同不得影响多式联运经营人对全程运输所承担的责任。《联合国国际货物多式联运公约》第 14 条规定，本公约规定的多式联运经营人对于货物的责任期间，自其接管货物之时起到交付货物时为止。参考以上立法例，本条规定，多式联运经营人可以与参加多式联运的各区段承运人就多式联运合同的各区段运输约定相互之间的责任；但是，该约定不影响多式联运经营人对全程运输承担的义务。也就是说，多式联运经营人对全程运输中所发生的责任，对托运人或者收货人负全责，但是多式联运经营人可以与参加多式联运的各区段运输约定相互之间的责任，例如在一个海陆空的多式联运合同中，多式联运经营人与海上运输区段的承运人、陆路运输区段的承运人、航空运输区段的承运人分别对每一段的运输责任约定，在多式联运经营人对托运人或者收货人负全程的运输责任后，可以依据其与每一区段的运输承运人签订的合同，向其他承运人追偿。

> **第八百四十条** 多式联运经营人收到托运人交付的货物时，应当签发多式联运单据。按照托运人的要求，多式联运单据可以是可转让单据，也可以是不可转让单据。

【条文主旨】

本条是关于多式联运单据的规定。

【条文释义】

在多式联运中，当多式联运经营人收到托运人交付的货物时，应当向托运人签发多式联运单据。所谓多式联运单据就是证明多式联运合同存在及多式联运经营人接管货物并按合同条款提交货物的证据。多式联运单据应当由多式联运经营人或者经他授权的人签字，这种签字可以是手签、盖章，符号或者用任何其他机械或者电子仪器打出。

多式联运单据一般包括以下十五项内容：（1）货物品类、标志、危险特征的声明、包数或者件数、重量；（2）货物的外表状况；（3）多式联运经营人的名称与主要营业地；（4）托运人名称；（5）收货人的名称；（6）多式联运经营人接管货物的时间、地点；（7）交货地点；（8）交货日期或者期间；（9）多式联运单据可转让或者不可转让的声明；（10）多式联运单据签发的时间、地点；（11）多式联运经营人或其授权人的签字；（12）每种运输方式的运费、用于支付的货币、运费由收货人支付的声明等；（13）航线、运输方式和转运地点；（14）关于多式联运遵守本公约的规定的声明；（15）双方商定的其他事项。但是以上一项或者多项内容的缺乏，不影响单据作为多式联运单据的性质。如果多式联运经营人知道或者有合理的根据怀疑多式联运单据所列的货物品类、标志、包数或者数量、重量等没有准确地表明实际接管货物的状况，或者无适当方法进行核对的，多式联运经营人应在多式联运单据上作出保留，注明不符合之处及怀疑根据或无适当核对方法。如果不加批注，则应视为已在多式联运单据上注明货物外表状况的良好。

根据本条的规定，多式联运单据依托运人的要求，可以是可转让的单据，也可以是不可转让的单据。在实践中，只有单据的签发人（即多式联运经营人）承担全程责任时，多式联运单据才有可能作成为可转让的单据。此时，多式联运单据具有物权凭证的性质和作用。在做成可转让的多式联运单据时，应当列明按指示或者向持票人交付。如果是凭指示交付货物的单据，则该单据经背书才可转让；如果是向持票人交付的单据，则该单据无须背书即可以转让。当签发一份以上可转让多式联运单据正本时，应当注明正本份数，收货人只有提交可转让多式联运单据时才能提取货物，多式联运经营人按其中一份正本交货后，即履行了交货人的义务；如果签发副本，则应当注明"不可转让副本"字样。如果多式联运经营人按托运人的要求签发了不可转让多式联运单据，则应当指明记名的收货人，多式联运承运人将货物交给不可转让单据所指明的记名收货人才算履行了交货的义务。

> **第八百四十一条** 因托运人托运货物时的过错造成多式联运经营人损失的，即使托运人已经转让多式联运单据，托运人仍然应当承担赔偿责任。

【条文主旨】

本条是关于托运人应当向承运人承担过错责任的规定。

【条文释义】

在多式联运中，托运人一般应当承担以下三方面的责任：

1. 保证责任。即在多式联运经营人接管货物时，发货人应视为已经向多式联运经营人保证他在多式联运单据中所提供的货物品类、标志、件数、重量、数量及危险特性的陈述的准确无误，并应对违反这项保证造成的损失负赔偿责任。

2. 对凡是因为托运人或者其受雇人或者代理人在受雇范围内行事时的过失或者大意而给多式联运经营人造成损失的，托运人应当向多式联运经营人赔偿责任。

3. 运送危险物品的特殊责任。托运人将危险品交多式联运经营人时，应当告知多式联运经营人危险物品的危险特性，必要时应告之应采取的预防措施。否则其要对多式联运经营人因运送这类货物所遭受的损失负赔偿责任。

在多式联运中，即使托运人已经转让多式联运单据，但如果托运人因自己的过错给多式联运经营人造成损失的，托运人仍然应当承担损害赔偿责任。也就是说，托运人赔偿多式联运经营人的损失不受多式联运单据是否转让的影响，只要因托运人的过错造成多式联运经营人损失，不管多式联运单据在谁手中，多式联运经营人都可向托运人要求赔偿，而不能向持票人或者收货人要求赔偿。

第八百四十二条　货物的毁损、灭失发生于多式联运的某一运输区段的，多式联运经营人的赔偿责任和责任限额，适用调整该区段运输方式的有关法律规定；货物毁损、灭失发生的运输区段不能确定的，依照本章规定承担赔偿责任。

【条文主旨】

本条是关于多式联运经营人承担赔偿责任所适用法律的规定。

【条文释义】

在传统的单一运输方式中，对于承运人的赔偿问题基本上都有专门的运输法或者行政法规作了规定。但在多式联运中，由于其最大的特点就是用不同的运输方式进行运输，而我国的各专门运输法或者行政法规对不同的运输方式中的赔偿责任和赔偿限额的规定是不相同的，所以就存在一个问题，即一旦货物发生毁损、灭失的，多式联运经营人根据什么法律或者行政法规承担赔偿责任和确定赔偿限额？

本条规定就此确立了两个规则：

1. 如果货物发生毁损灭失的区段是确定的，多式联运经营人的赔偿责任和责任限额，适用调整该区段运输方式的有关法律的规定。该原则体现了目前国际通行的多式联运经营人的"网状责任制"。例如，托运人与多式联运经营人签订了一份从北京至纽约的多式联运合同。全程运输分为三个区段，首先是从北京至天津的公路运输，其次是天津到旧金山的国际海运，最后是从旧金山到纽约的铁路运输，如果货物的毁损、灭失能够确定发生在中国的公路运输区段，则多式联运经营人的赔偿责任和责任限额就按中国的公路运输方面的法律或者行政法规进行办理；如果发生在国际海运区段则按我国海商法的有关规定进行赔偿；如果发生在美国的铁路运输区段，就应按照美国的铁路法的规定进行办理。本条规定的网状制度的主要缺点是责任制度不确定，随发生损失的区段而定，事先难以把握。它的优点是多式联运经营人承担的赔偿责任与发生损坏区段承运人所负责任相同，使组织多式联运的经营人不承担不同责任的风险，便利了多式联运的组织工作和多式联运的发展。这也是国际上通行此项责任制度的主要原因。

2. 对于货物发生毁损、灭失的运输区段不能确定的，多式联运经营人应当依照本章的规定承担损害赔偿责任。在多式联运中，货损发生的运输区段有时不易查清，网状责任制通常用"隐蔽损害一般原则"规定多式联运经营人的责任，即对这一类货损采用某项统一的规定的办法确定经营人的责任。本条规定，对于隐蔽货损，即货损发生区段不能确定时，多式联运经营人应当按照本章关于承运人赔偿责任和责任限额的规定负赔偿责任。

本条没有规定涉及多式联运经营人如何向各区段承运人追偿此项赔偿金额问题。在货损区段能够确定时，多式联运经营人可以向其承运人追偿。如果是隐蔽货损，除合同另有约定外，多式联运经营人是无法向任何人追偿的。因此，如果多式联运经营人要摆脱这种损失，唯一的办法就是通过与参加多式联运的各区段承运人之间订立的运输合同得到适当解决。对此本法第839条作了规定，即多式联运经营人可以与参加多式联运的各区段承运人约定相互之间的责任。

第二十章　技术合同

本章分为四节，共四十五条。主要规定了技术合同的概念，订立技术合同应当遵循的基本原则和目的，技术合同的内容，技术合同的价款、报酬和使用费支付方式，职务技术成果及职务技术成果财产权归属，非职务技术成果财产权归属，技术成果人身权，技术合同的无效，技术开发合同、技术转让合同、技术许可合同、技术咨询合同和技术服务合同的概念，合同当事人的权利义务，合同的履行，违约责任等内容。

第一节　一般规定

> **第八百四十三条　技术合同是当事人就技术开发、转让、许可、咨询或者服务订立的确立相互之间权利和义务的合同。**

【条文主旨】

本条是关于技术合同定义的规定。

【条文释义】

根据本条规定，技术合同是当事人就技术开发、转让、许可、咨询或者服务订立确立相互之间权利和义务的合同。根据本条规定，技术合同具有以下特征：

1. 技术合同属于民法典规定的一种有名合同，具有合同的一般特征。

2. 技术合同的主体是平等主体的自然人、法人、非法人组织。技术合同是上述主体之间设立、变更、终止民事权利义务关系的合同。

3. 技术合同的标的是技术开发、技术转让、技术许可、技术咨询、技术服务。技术合同的标的是凝聚着人类智慧的创造性的劳动成果，或者是利用劳动成果为社会提供的服务。技术合同的标的是既可以是物，也可以是行为。

4. 技术合同的内容是当事人就技术开发、技术转让、技术许可、技术咨询、技术服务所确立的相互之间权利和义务关系。这种权利义务关系，有自己的特殊性，比如，技术合同履行过程中常常出现相关权利（发明权、专利权、非专利权使用权等）的归属问题；又如，技术合同的标的多数是无形的，特别是技术转让合同的一方当事人允许他方使用自己的技术多数是无形的；还有，使用技术合同标的的主体可以是一个主体，也可以是多个主体；而在我们实际生活中，合同的标的多为有形物，标的为多个主体同时占有使用的也很少。另外，由于技术是一种知识性的商品，该产品的价款没有统一的、现成的标准，技术商品如何计价就突显其复杂性。

5. 技术合同是双务、有偿合同。在技术合同中，当事人双方都承担着自己相应的义务和所享有的权利，一方当事人权利的取得，需要以履行自己的义务为代价。

6. 技术合同是技术商品生产和消费之间的一个媒介。技术成果不被运用难以体现其自身的价值，技术成果的持有者只有与需求方联合才可以将技术成果转化为现实的生产力，而这种联合往往是通过技术合同这种形式实现的。

在民法典编纂征求意见时，许多意见提出，现实生活中，对技术的使用不仅仅是开发、转让、咨询或者提供技术服务，更多的是许可他人使用技术。合同法第322条对技术合同的定义中没有规定技术许可合同，导致实践中当事人就技术许可订立合同没有法律依据，产生的纠纷不好解决，建议补充这一内容。持这一意见的还提出，现行许多法律特别涉及知识产权的法律已明确规定当事人对自己拥有的技术、或者享有的知识产权的智力成果可以许可他人使用。考虑到技术许可与技术转让具有不同的法律含义，立法部门决定将技术许可的内容在技术合同一章单独作出规定，对此，本条也在保留合同法第322条内容的基础上，增加技术合同包括当事人就技术许可确立相互之间权利和义务的合同这一内容。

第八百四十四条　订立技术合同，应当有利于知识产权的保护和科学技术的进步，促进科学技术成果的研发、转化、应用和推广。

【条文主旨】

本条是关于订立技术合同应当遵循的原则的规定。

【条文释义】

科学技术是第一生产力，是经济和社会发展的首要推动力量，是国家强盛的决定性因素。当今世界蓬勃发展的新科技革命，使科学技术空前广泛地渗透到人类社会的各个领域，不仅促使社会生产力的巨大飞跃，而且引起世界格局的深刻变化。各国经济和社会的发展对科技进步的依赖程度越来越高。基础研究、应用研究与技术开发之间出了叠合和交叉，技术成果转化为商品生产的周期不断缩短，科技、教育和生产之间的联系更加密切。由于科学技术具有上述巨大作用，我们必须充分利用科学技术，而科学技术利用的媒介之一就是要通过订立技术合同来完成，为此本条规定了订立技术合同应当遵循的原则。

1. 遵循有利于知识产权保护的原则。知识产权是指人们就其智力劳动成果所依法享有的专有权利，通常国家赋予创造者对其智力成果在一定时期内享有的专有权或独占。知识产权制度是国家以法定程序和条件授予智力成果完成人在一定期间内拥有一定的独占权，并以法律手段保障这一权利不受侵犯的法律制度。知识产权制度通过对智力成果完成人民事权利的保护，体现了国家发展科技、鼓励创新、促进产业发展，保持国家竞争力的政策意志和战略目标。随着当代科学技术日新月异，高新技术及其产业迅猛发展，世界范围内的经济竞争呈现信息化、知识化趋势，知识产权保护在国家经济、社会发展和科技进步中的战略地位进一步增强，成为国家技术创新体系的重要组成部分，故本次编纂民法典将订立技术合同，应当有利于保护知识产权作出明确规定，以适应加强知识产权保护的需要。

2. 遵循有利于科学技术的进步，促进科学技术成果的研发、转化、应用和推广的原则。技术合同是技术成果商品化的法律形式，实行技术合同的目的，是将技术成果推向市场，创造更大的经济效益和社会效益。因此，当事人在订立技术合同时，应当从推动科学技术进步，促进科技与经济发展出发，确定权利义务，努力研究开发新技术、新产品、新工艺、新材料及其系统，促进先进适用的科技成果在生产实践中获得应用，使科学技术更好地为社会主义现代化建设服务。规定这一原则的目的，在于鼓励和引导当事人正确运用技术合同这一有效的法律形式，在科研和生产之间架起一座桥梁，促使技术成果尽快向生产领域转移，形成新的生产力。

> 　　第八百四十五条　技术合同的内容一般包括项目的名称，标的的内容、范围和要求，履行的计划、地点和方式，技术信息和资料的保密，技术成果的归属和收益的分配办法，验收标准和方法，名词和术语的解释等条款。
>
> 　　与履行合同有关的技术背景资料、可行性论证和技术评价报告、项目任务书和计划书、技术标准、技术规范、原始设计和工艺文件，以及其他技术文档，按照当事人的约定可以作为合同的组成部分。
>
> 　　技术合同涉及专利的，应当注明发明创造的名称、专利申请人和专利权人、申请日期、申请号、专利号以及专利权的有效期限。

〖条文主旨〗

本条是关于技术合同条款的内容的规定。

〖条文释义〗

订立技术合同的当事人应当在平等、自愿的基础上，协商确定合同内容。

技术合同的内容即合同条款是当事人权利和义务的体现，也是当事人履行合同、判明违约责任的主要依据。技术合同条款一般由合同双方当事人协商约定，不需要由法律作出具体规定。但是，考虑到我国法律知识尚不普及，技术合同的内容比较复杂，有必要在法律中作一些规定，以指导当事人订立技术合同。

通常来说，技术合同的一般包括以下内容：

1. 项目名称。一般指技术合同标的涉及项目的名称，当事人应当准确约定。

2. 标的的内容、范围和要求。合同标的，是合同法律关系的客体，是合同当事人双方权利和义务共同指向的对象。不同的技术合同标的，有着不同的技术范围和技术指标要求。因此，当事人在订立技术合同时，不仅要明确技术合同标的，而且还要根据不同标的的要求，明确该标的的技术范围和技术指标要求。

3. 履行的计划、进度、期限、地点、地域和方式。履行的地点是指合同的履行地。履行地域是指履行技术合同所涉及的区域范围。如利用受让的技术生产商品销售的范围。履行方式是指当事人采用什么样的方式和手段履行合同规定的义务。履行方式根据合同的内容不同而有所不同。对履行方式的具体要求应当在合同中明确规定。

4. 技术情报和资料的保密。有些技术合同的内容涉及国家安全或者当事人的重大利益，需要对技术情报和资料加以保密，对此，双方当事人应当在合同中对保密事项、保密范围、保密期限以及违反保密责任等加以规定。

5. 风险责任的承担。技术合同中约定的内容可能得不到完全实现，甚至完全不能实现，这就是风险。特别是技术开发合同作为一种探索未知的创造性活动，既有成功的可能，也存在失败的风险。因此，技术合同应当约定风险条款，明确当事人所应承担的风险责任。

6. 技术成果的归属和收益的分成办法。技术合同履行的结果可能创造出一项或几项技术成果，当事人应当在合同中约定其所有权和使用权的归属、分享以及由此产生的利益分成办法。

7. 验收标准和方法。技术合同的履行是否符合合同的约定，需要验收后予以确定。因此，当事人应当在合同中约定技术合同的验收项目、验收标准及验收办法。

8. 价款、报酬或者使用费及其支付方式。技术合同的价款、报酬和使用费，由当事人根据技术成果的经济效益和社会效益、研究开发技术的成本、技术成果的工业化开发程度、当事人享有的权益和承担的责任，协商议定。价款、报酬和使用费的支付方式由当事人约定，可以采取一次总付、分期支付，或者提成支付等方式。

9. 违约金或者损失赔偿的计算方法。违约金是合同一方当事人违反合同约定，向另一方当事人支付的金钱。技术合同的当事人有可能违反合同的约定，给另一方当事人造成损失。因此，当事人应当在合同中约定违约金、违反合同的损害赔偿的计算办法以及违约金与损害赔偿的关系。

10. 解决争议的方法。当事人双方应当约定合同发生争议时的解决方式，如采取仲裁方式解决，就需要在合同中订明仲裁条款或者签订仲裁协议。

11. 名词和术语的解释。技术合同的内容具有很强的专业性，在合同文本中要使用一些专业名词术语和简化符号，为防止因理解不同而发生争议，对关键性术语和简化符号，需经双方协商作出明确无疑义的解释。

上述技术合同的内容是指导性条款，不要求订立技术合同的当事人必须采用，也不限制当事人在合同中约定其他权利义务，如当事人可以约定对技术合同的担保等。与履行合同有关的技术背景资料、可行性论证和技术评价报告、项目任务书和计划书、技术标准、技术规范、原始设计和工艺文件，以及其他技术文档，按照当事人的约定可以作为合同的组成部分。这里的技术文档，是指与履行技术合同相关的自然语言或者形式化语言所编写的文字资料和图表、照片，用来描述程序的内容、组成、设计、功能规格、开发情况、测试结果及使用方法，如程序设计说明书、流程图、用户手册等。

技术合同涉及专利的，还应当遵守专利法的有关规定，合同中应当注明发明创造的名称、专利申请人和专利权人、申请日期、申请号、专利号以及专利权的有效期限。本条第 3 款的规定是一个义务性规定，对双方当事人具有一定的约束力，如果当事人订立技术合同时，合同标的涉及专利的，就应当按照本款的规定执行。

第八百四十六条 技术合同价款、报酬或者使用费的支付方式由当事人约定，可以采取一次总算、一次总付或者一次总算、分期支付，也可以采取提成支付或者提成支付附加预付入门费的方式。

约定提成支付的，可以按照产品价格、实施专利和使用技术秘密后新增的产值、利润或者产品销售额的一定比例提成，也可以按照约定的其他方式计算。提成支付的比例可以采取固定比例、逐年递增比例或者逐年递减比例。

约定提成支付的，当事人可以约定查阅有关会计账目的办法。

【条文主旨】

本条是关于技术合同价款、报酬和使用费支付方式的规定。

【条文释义】

价款、报酬和使用费是技术作为技术合同标的的价金，也是一方当事人获取、使用技术所应支付的代价。通常这种代价，在技术转让合同中称为价款，在技术开发合同、技术服务合同中为称为报酬，在技术转让合同（如专利技术转让合同）中，称为使用费。价款、报酬和使用费是技术作为知识形态的商品价值的货币表现形式，也是技术作为商品进行等价交换的结果。

由于技术在形成过程中所耗费的人类劳动、使用的资金、运用的科技知识、信息、经验、技能和研究方法的不同，以及技术产生的经济效益和社会效益的不同，技术没有统一的市场价格，也不能由国家根据经济理论和价格政策确定，所以技术合同的价款、报酬和使用费由当事人协商确定。当事人应当根据技术成果的经济效益和社会效益、研究开发技术的成本、技术成果的工业化开发程度、当事人享有的权益和承担的责任等，在订立合同时协商议定。当事人除在合同中约定技术合同价款、报酬或者使用费外还应当约定技术合同价款、报酬或者使用费的支付方式。

一、技术合同价款、报酬和使用费的支付方式

本条第 1 款规定，技术合同价款、报酬或者使用费的支付方式由当事人约定，可以采取一次总算、一次总付或者一次总算、分期支付，也可以采取提成支付或者提成支付附加预付入门费的方式。具体如下：

1. 一次总算、一次总付。这种方式是技术合同的一方当事人在合同成立后，将合同约定的全部价款、报酬或者使用费向另一方当事人一次付清。

2. 一次总算、分期支付。这种方式是技术合同的当事人将技术合同的价款、报酬、使用费在合同中一次算清，一方当事人在合同成立后，分几次付清合同约定的价款、报酬或者使用费。

3. 提成支付。这种方式是技术合同的一方当事人在接受技术成果或者其他智力劳动成果后，从付诸实施的技术成果或者技术服务后所获得的收益中，按照约定的比例提取部分收入交付另一方当事人作为技术合同的价款、报酬或者使用费。这种方式的价款、报酬、使用费取决于实施方实际取得的收益，较为科学合理，在实践中较为普遍适用。

4. 提成支付附加预付入门费。这种方式是指接受技术的技术合同的一方当事人在合同成立后或者在取得技术成果后先向另一方当事人支付部分价款、报酬或者使用费（称为入门费或初付费），其余部分按照合同约定的比例提成，并按照合同约定的时间支付。这笔入门费将来抵作技术合同的价款、报酬或者使用费的一部分。实践中这笔入门费通常占技术合同的价款、报酬或者使用费

的 10% 到 20% 。

二、提成支付的计算方式

本条第 2 款规定，当事人约定提成支付的，可以按照产品价格、实施专利和使用技术秘密后新增的产值、利润或者产品销售额的一定比例提成，也可以按照约定的其他方式计算。具体如下：

1. 按照产品的价格提成。是指按照已经利用的技术成果或者技术服务生产的产品的售价的一定比例作为技术合同的价款、报酬或者使用费。

2. 按照新增产值提成。是指按照已经利用的技术成果或者技术服务后新增加的产值的一定比例作为技术合同的价款、报酬或者使用费。

3. 按照新增利润提成。是指按照已经利用的技术成果或者技术服务后新增加的利润的一定比例作为技术合同的价款、报酬或者使用费。

4. 按照产品销售额提成。是指按照已经利用的技术成果或者技术服务后产生的销售额的一定比例作为技术合同的价款、报酬或者使用费。

5. 按照其他方式提成。例如，最低提成费，即支付方每年支付的提成不得低于某一个固定的金额。

提成支付的比例可以采取固定比例，也可采取逐年递增比例或者逐年递减比例确定。

三、提成支付时，接受价款、报酬或者使用费的一方当事人有权查阅账目

当事人约定提成支付的，由于这种支付方式存在计算、监督、检查复杂等问题，因此，本条第 3 款规定，约定提成支付的，当事人可以约定查阅有关会计账目的办法。这一规定是为了保护提成支付方式中接受价款、报酬或者使用费一方当事人的合法权益而作出的规定。这一规定对于接受价款、报酬或者使用费一方当事人是一项权利，对于支付价款、报酬或者使用费一方当事人是一项义务。

> **第八百四十七条**　职务技术成果的使用权、转让权属于法人或者非法人组织的，法人或者非法人组织可以就该项职务技术成果订立技术合同。法人或者非法人组织订立技术合同转让职务技术成果时，职务技术成果的完成人享有以同等条件优先受让的权利。
>
> 职务技术成果是执行法人或者非法人组织的工作任务，或者主要是利用法人或者非法人组织的物质技术条件所完成的技术成果。

〖条文主旨〗

本条是关于职务技术成果及职务技术成果财产权归属的规定。

〖条文释义〗

技术成果，是指利用科学技术知识、信息和经验作出的产品、工艺、材料及其改进等技术方案。包括专利、专利申请、技术秘密、计算机软件、集成电路布图设计、植物新品种等。因技术成果所产生的权益属于知识产权。知识产权包括人身权和财产权。人身权，是指与人身相联系或者密不可分的没有直接财产内容的权利。财产权是人身权的对称，指具有经济利益的权利。

技术成果的财产权，即使用和转让技术成果的权利。技术成果财产权的归属要根据技术成果是职务技术成果还是非职务技术成果来决定。

一项技术成果，根据完成技术成果个人的研究开发活动与岗位职责及法人或者非法人组织的物质技术投入的关系，可以划分为职务技术成果和非职务技术成果。

职务技术成果是执行法人或者非法人组织的工作任务或者主要是利用法人或者非法人组织的物质技术条件所完成的技术成果。依据这一规定，确认职务技术成果的标准有两条：一是执行法人或者非法人组织的工作任务；二是主要是利用法人或者非法人组织的物质技术条件。

执行法人或者非法人组织的任务，主要是指承担法人或者非法人组织的科学研究和技术开发课题或者履行本岗位的职责。利用法人或者非法人组织的物质技术条件，是指法人或其非法人组织提供的资金、设备、器材、未公开的技术情报和资料。但是利用法人或者非法人组织提供的物质技术条件，按照事先约定，返还资金或交纳使用费的不在此限。调动工作的人员既执行了原法人或者非法人组织的任务，又利用了所在法人或者非法人组织的物质技术条件所完成的技术成果，由其原法人或者非法人组织和所在法人或者非法人组织合理分享。确认技术成果是否是职务技术成果，并不要求同时具备上述两个条件，只要具备一个条件就可以认定是职务技术成果。

职务技术成果的使用权、转让权属于法人或者非法人组织，法人或者非法人组织可以就该项职务技术成果订立技术合同。个人未经法人或者非法人组织同意，擅自以生产经营为目的使用、转让法人或者非法人组织的职务技术成果，是侵犯法人或者非法人组织技术权益的侵权行为。

> **第八百四十八条** 非职务技术成果的使用权、转让权属于完成技术成果的个人，完成技术成果的个人可以就该项非职务技术成果订立技术合同。

【条文主旨】

本条是关于非职务技术成果财产权归属的规定。

【条文释义】

未执行法人或者非法人组织的工作任务，也未利用法人或非法人组织的物质技术条件所完成的技术成果，是非职务技术成果。

非职务技术成果的财产权即非职务技术成果的使用权、转让权属于完成技术成果的个人。完成技术成果的个人有权就该项非职务技术订立技术合同，转让或者许可他人使用非职务技术成果，有权获得因使用或者转让该项技术成果所取得的收益。本条规定对非职务技术成果的完成人订立合同使用、转让技术成果的权利给予充分的法律保护，对于调动人们从事科学技术的研发、转化、运用和推广的积极性，促进科学技术的进步，具有重要意义。非职务技术成果如何使用、或者如何转让完全由完成该项非职务技术成果的个人依法自行支配，法人或者非法人组织不得干涉。

法人或者非法人组织擅自以生产经营目的使用或者转让属于个人的非职务技术成果，是侵犯个人合法权益的行为。

第八百四十九条　完成技术成果的个人享有在有关技术成果文件上写明自己是技术成果完成者的权利和取得荣誉证书、奖励的权利。

【条文主旨】

本条是关于技术成果人身权的规定。

【条文释义】

技术成果的人身权，即在有关技术成果文件上署名以及取得国家荣誉证书、奖章和其他奖励的权利。这一权利与完成技术成果的完成者人身紧密相连，因此，这一权利应当属于对完成技术成果作出了创造性贡献的个人。因技术成果产生的人身权利专属于完成该项技术成果的个人，其他任何人无权分享。故本条规定完成技术成果的个人享有在有关技术成果文件上写明自己是技术成果完成者的权利和取得荣誉证书、奖励的权利。例如，专利法第17条规定，发明人或者设计人有在专利文件中写明自己是发明人或者设计人的权利。专利权人有权在其专利产品或者该产品的包装上标明专利标识。

第八百五十条　非法垄断技术或者侵害他人技术成果的技术合同无效。

【条文主旨】

本条是关于技术合同无效情形的规定。

【条文释义】

合同的无效，是指合同虽然已经成立，但因其违反法律、行政法规或社会公共利益而被确认为不具有法律效力。订立合同是当事人的一种民事法律行为。民法典在总则第六章民事法律行为第三节对民事法律行为的效力和合同编第三章对合同的效力都作了详细规定，当事人在订立技术合同时当然也应当遵循这些规定，以避免所签订的技术合同无效。

除外之外，本条根据技术合同的特点明确了技术合同无效的两种情形，即非法垄断技术或者侵害他人技术成果的技术合同无效。

非法垄断技术，是指合同的一方当事人通过合同条款限制另一方当事人在合同标的技术的基础上进行新的研究开发，限制另一方当事人从其他渠道吸收技术，或者阻碍另一方根据市场的需求，按照合理的方式充分实施专利和使用技术秘密。非法垄断技术条款与正常的合同中约定限制对方当事人不得为某些行为的条款不同，在符合法律规定的情况下，当事人可以约定技术情报资料的保密义务，约定实施专利或者使用非专利技术的范围，也可以采取限定的几种许可形式实施技术。

第二节　技术开发合同

第八百五十一条　技术开发合同是当事人之间就新技术、新产品、新工艺、新品种或者新材料及其系统的研究开发所订立的合同。

技术开发合同包括委托开发合同和合作开发合同。

技术开发合同应当采用书面形式。

当事人之间就具有实用价值的科技成果实施转化订立的合同，参照适用技术开发合同的有关规定。

【条文主旨】

本条是关于技术开发合同定义和种类的规定。

【条文释义】

一、技术开发合同的概念和特点

技术开发合同是当事人之间就新技术、新产品、新工艺、新品种或者新材料及其系统的研究开发所订立的合同。技术开发合同具有以下特点：

1. 技术开发合同通常是双务合同、有偿合同。在技术开发合同中双方当事人均有义务，同时一方当事人在取得权利的同时必须向另一方支付一定的费用，付出相应的义务。

2. 技术开发合同是一种要式合同，与其他合同相比，技术开发合同的内容较多，如研究开发经费及利用研究开发经费购置的财产及权属、技术成果的归属等；技术开发合同是一项探索性活动，履行期长，涉及风险责任的承担；技术开发合同标的比较复杂，涉及研究开发行为及研究开发行为的对象，因此，本条第3款规定当事人订立技术开发合同应当采用书面形式，便于将多且复杂的合同内容固定下来，有利于合同当事人认真遵循，履行好合同。

3. 技术开发合同的标的（新技术、新产品、新工艺、新品种或者新材料）应有相对新的特点。新技术、新产品、新工艺、新产品或者新材料及其系统，一般是指当事人在订立技术合同时尚未掌握的产品、工艺、品种、材料及其系统等技术方案，但是在技术上没有创新的现有产品改型、工艺变更、品种更新、材料配方调整以及技术成果的检验、测试和使用的除外。本条中所讲的新技术、新产品、新工艺、新材料及其系统，依据《最高人民法院关于审理技术合同纠纷案件适用法律若干问题的解释》第17条的规定，包括当事人在订立技术合同时尚未掌握的产品、工艺、材料及其系统等技术方案，但对技术上没有创新的现有产品的改型、工艺变更、材料配方调整以及对技术成果的验证、测试和使用除外。这次编纂民法典为鼓励推出技术新品种，研究开发新品种，增加"新品种"为技术开发合同的标的。

4. 技术开发合同风险性较大。由于技术开发是一项探索未知的活动，受各方面条件的限制，可能双方尽了很大的努力，也难以达到订立合同的目的，因此订立技术开发合同必须依据本法的有关规定，明确合同各方的责任和所承担的风险。订立技术开发合同，应当有必要的研究开发经费、基础设施、技术情报资料等条件。当事人在订立合同前应当进行必要的、全面细致的可行性论证，广泛收集有关的技术信息，选择适当的研究开发方案，尽量避免重复研究和开发。就列入国家计划的科技项目订立技术开发合同，必须符合计划和项目任务书的要求；就其他项目订立的技术开发合同，应当符合有关技术政策。

二、技术开发合同的种类

根据本条第2款的规定，技术开发合同包括委托开发合同和合作开发合同。

委托开发合同，是指当事人一方委托另一方进行研究开发所订立的合同。即委托人向研究开发人提供研究开发经费和报酬，研究开发人完成研究开发工作并向委托人交付研究成果。委托开发合同的特征是研究开发人以自己的名义、技术和劳务独立完成研究开发工作，委托人不得非法干涉。

合作开发合同，是指当事人各方就共同进行研究开发所订立的合同。即当事人各方共同投资、共同参与研究开发活动、共同承担研究开发风险、共享研究开发成果。合作开发合同的各方以共同参加研究开发中的工作为前提，可以共同进行全部研究开发工作，也可以约定分工，分别承担相应的部分。当事人一方仅提供资金、设备、材料等物质条件或者承担辅助协作事项，由另一方进行研究开发工作的合同，是委托开发合同。

三、技术开发合同的内容

技术开发合同的内容由双方当事人在平等、自愿的基础上协商确定。合同的内容一般应当具备下列条款：（1）项目名称；（2）标的技术的内容、形式和要求；（3）研究开发计划；（4）研究开发经费或者项目投资的数额及其支付、结算方式；（5）利用研究开发经费购置的设备、器材、资料的财产权属；（6）履行的期限、地点和方式；（7）风险责任的承担；（8）技术成果的归属和分享；（9）验收的标准和方法；（10）报酬的计算和支付方式；（11）违约金或者损失赔偿额的计算方法；（12）技术协作和技术指导的内容；（13）争议的解决办法；（14）名词和术语的解释。列入国家计划的科技项目订立的合同，应当附具计划书、任务书以及主管机关的批准文件。与其他合同相比，技术开发合同的内容较多，如研究开发经费及利用研究开发经费购置的财产及权属、技术成果的归属等；技术开发合同是一项探索性活动，履行期长，涉及风险责任的承担；技术开发合同标的比较复杂，涉及研究开发行为及研究开发行为的对象，因此，本条第3款规定当事人订立技术开发合同应当采用书面形式。

四、科技成果实施转化合同参照适用技术开发合同

当事人之间就具有实用价值的科技成果实施转化订立的合同，是指当事人之间就具有实用价值但尚未实现工业化应用的科技成果包括阶段性技术成果，以实现该科技成果工业化应用为目标，约定后续试验、开发和应用等内容的合同。实践中，当事人就科技成果实施转化订立的合同逐渐增多，为适应技术创新和科技产业化的需要，本条第4款规定这些合同参照适用技术开发合同的有关规定。

第八百五十二条 委托开发合同的委托人应当按照约定支付研究开发经费和报酬，提供技术资料，提出研究开发要求，完成协作事项，接受研究开发成果。

【条文主旨】

本条是关于委托开发合同的委托人的主要义务的规定。

【条文释义】

根据本条规定，委托开发合同的委托人主要义务有：

一、支付研究开发经费和报酬

研究开发经费，是指完成研究开发工作所需要的成本。除合同另有约定，委托人应当提供全部研究开发工作所需要的经费，包括购买研究必需的设备仪器、研究资料、试验材料、能源、试制、安装以及情报资料等费用。研究开发经费是委托开发合同履行所必需的费用，一般应当在合同成立后，研究工作开始前支付，也可以根据研究的进度分期支付，但不得影响研究开发工作的正常进行。当事人应当在合同中约定研究开发经费的结算办法。合同约定按照实际支付的，研究开发经费不足时，委托人应当补充支付；研究开发经费剩余时，研究开发人应当如数返还。如果合同中约定研究开发经费包干使用，那么结余经费应当归研究开发人所有，不足的经费由研究开发人自行解决。如果合同中没有约定研究开发经费结算方式，可以按照包干使用的方式，处理使用研究开发经费。

委托人向研究开发人支付的报酬，是指研究开发成果的使用费和研究开发人员的科研补贴。与研究开发经费不同，它是研究开发人获得的劳动收入。合同约定研究开发经费的一定比例作为使用费和科研补贴的，可以不单列报酬。

二、提供技术资料

委托开发工作是研究开发人根据委托人的要求进行的，只有委托人提供完备的技术资料以及研究开发人所要求的必要的技术背景资料，研究开发人的研究开发才能更好地满足其要求、研究开发工作才能顺利地进行。因此，合同成立后，委托人负有按照合同约定提供研究开发工作必要的技术资料的义务。在研究开发过程中，委托人还应当及时应研究开发人的要求，补充必要的背景资料，但应以研究开发人为履行合同所需要的范围为限。

三、提出研究开发要求

委托开发合同，是委托人有研发新技术、新产品、新工艺、新品种、新材料的要求，委托给开发人进行研究开发。开发人必须按照委托的要求，开展研究开发工作，只有这样完成的开发工作成果才能符合委托人的预期。因此，委托开发合同的委托人应当明确具体地提出研究开发要求，提出对研究开发的具体愿望是什么，目标是什么，希望研究开发工作成果是什么样子，达到什么的标准，符合什么条件等，技术要求、时间要求、质量要求等是什么。委托人提出的研究开发要求要有可操作性。

四、完成协作事项

委托开发合同是研究开发方按照委托人的要求进行研究开发工作的，为了保证研究开发工作的顺利进行，取得预期的成果，委托方除了按照合同的约定支付研究开发经费和报酬，提供技术资料外，还必须配合委托方的研究开发工作，做好必要的协助工作，即委托人负有完成委托开发合同的协作义务。但是，委托人完成协作事项，只是为研究开发工作提供的辅助性劳动，不能因此认为是参加了开发研究，将委托开发合同变为合作开发合同。研究开发人需要委托人提供哪些协作、辅助事项，最好在委托开发合同中作出明确的约定，合同一旦约定，委托人必须履行。

五、接受研究开发成果

委托开发合同履行后，委托人享有接受该项研究开发成果的权利。这也是委托人的义务。委托人应当按期接受这一成果。当事人可以在合同中约定委托人接受研究开发成果的方式、时间或者期限，便于合同及时履行。

技术开发成果通常体现在一定的载体上，技术合同认定规则规定申请认定登记的技术合同，当事人约定提交有关技术成果的载体，不得超出合理的数量范围。

> **第八百五十三条** 委托开发合同的研究开发人应当按照约定制定和实施研究开发计划，合理使用研究开发经费，按期完成研究开发工作，交付研究开发成果，提供有关的技术资料和必要的技术指导，帮助委托人掌握研究开发成果。

【条文主旨】

本条是关于委托开发合同的研究开发人主要义务的规定。

【条文释义】

根据本条规定，委托开发合同的研究开发人的主要义务有：
一、制定和实施研究开发计划
委托开发合同是委托人委托研究开发人进行研究开发的一种合同。为保证研究开发成果符合委托人的要求，研究开发人应当按照委托人的要求、合同的约定制定和实施研究开发计划。研究开发计划是委托开发合同的研究开发人就合同标的的研究开发而事先拟定的需要经过委托人同意的研究开发工作的具体步骤、具体内容、具体程序等，是指导研究开发工作的基本文件，是完成开发工作的前提，对保证研究开发工作的顺利完成具有根本性的作用。研究开发计划一般包括研究开发的基本目标、研究开发的方法与方案、研究开发的速度、研究开发的试验方法等。为保证研究开发成果符合委托人的要求，研究开发人应当进行必要的可行性论证，在此前提下，双方当事人应当对研究开发计划的内容根据委托开发合同的情况进行具体的约定，并根据合同的要求，选择适当的研究开发方案，制定切实可行的计划，并积极组织实施。当事人还应当约定提交研究开发计划的期限、接受对实施研究开发计划的监督等内容。研究开发计划制定后，研究开发方应当积极组织实施执行，接受委托人的监督。在研究开发过程中，如有变化，应当及时与委托人研究协商变更研究开发计划。

二、合理使用研究开发经费

研究开发经费是委托人支付给研究开发人专为研究开发工作使用的、用于研究开发合同标的所需要的费用。该费用通常是在委托开发合同中约定使用范围的。因此，研究开发人应当按照合同的约定，本着专款专用的原则，根据开发项目的实际需要，合理有效地使用委托人支付的研究开发经费，不应浪费，不得擅自挪作他用。委托人有权检查研究开发经费的使用情况，但不能妨碍研究开发人的正常工作。当事人可以在合同中约定研究开发经费使用、检查等有关事项。

三、按期完成研究开发工作，交付研究开发成果

交付研究开发成果，是订立委托开发合同的根本目的，也是研究开发人最基本的义务。因此，研究开发人应当按照合同的约定，按期完成研究开发工作，并及时将研究开发成果交付委托人。

四、提供有关的技术资料和必要的技术指导，帮助委托人掌握研究开发成果

研究开发人按照合同约定，完成研究开发工作并交付工作成果时，还应当向委托人提供有关的技术资料，并给予必要的技术指导，帮助委托人掌握该技术成果，使之尽快在生产实践中应用。为了减少纠纷，当事人双方应当在合同中约定技术资料和技术指导的范围。如果合同中没有约定或者约定不明确，则应当按照同行业一般专业技术人员能够掌握研究开发成果所需要的技术资料和技术服务履行。

> **第八百五十四条　委托开发合同的当事人违反约定造成研究开发工作停滞、延误或者失败的，应当承担违约责任。**

〖条文主旨〗

本条是关于委托开发合同的当事人违约责任的规定。

〖条文释义〗

本条源自合同法第 333 条、第 334 条的规定。合同法用两个法律条文，分别规定了委托人、研究开发人违反委托开发合同的约定应当承担违约责任。此次编纂民法典将这两条规定合并为一条，统一规定委托开发合同的当事人违反委托开发合同应当承担违约责任。

一、委托人违反委托开发合同的违约责任

委托人违反约定造成研究开发工作停滞、延误或者失败的，应当承担违约责任：

委托人迟延支付研究开发经费，造成研究开发工作停滞、延误的，研究开发人不承担责任。委托人逾期不支付研究开发经费或者报酬的，研究开发人有权解除合同，返还技术资料；委托人应当补交应付的报酬，赔偿因此给研究开发人造成的损失。

委托人按照合同约定提供技术资料和协作事项或者所提供的技术资料和协作事项有重大缺陷，导致研究开发工作停滞、延误、失败的，委托人应当承担责任，委托人逾期不提供技术资料和协作事项的，研究开发人有权解除合同，委托人应当赔偿因此给研究开发人造成的损失。

委托人逾期不接受研究开发成果的，研究开发人有权处分研究开发成果。所获得的收益在扣除约定的报酬、违约金和保管费后，退还委托人。所得收益不足以抵偿有关报酬、违约金和保管费的，有权请求委托人赔偿损失。

二、研究开发人违反委托开发合同的违约责任

研究开发人违反约定，造成研究开发工作停滞、延误或者失败的，应当承担违约责任：

研究开发人未按计划实施研究开发工作的，委托人有权要求其实施研究开发计划并采取补救措施。研究开发人逾期不实施研究开发计划的，委托人有权解除合同。研究开发人应当返还研究开发经费，赔偿因此给委托人造成的损失。

研究开发人将研究开发经费用于履行合同以外的目的的，委托人有权制止并要求其退还相应的经费用于研究开发工作。因此，造成研究开发工作停滞、延误或者失败的，研究开发人应当支付违约金或者赔偿损失。经委托人催告后，研究开发人逾期未退还经费用于研究开发工作的，委托人有权解除合同。研究开发人应当返还研究开发经费，赔偿因此给委托人造成的损失。

由于研究开发人的过错，造成研究开发成果不符合合同约定条件的，研究开发人应当支付违约金或者赔偿损失；造成研究开发工作失败的，研究开发人应当返还部分或者全部研究开发经费，支付违约金或者赔偿损失。

> **第八百五十五条** 合作开发合同的当事人应当按照约定进行投资，包括以技术进行投资，分工参与研究开发工作，协作配合研究开发工作。

【条文主旨】

本条是关于合作开发合同当事人主要义务的规定。

【条文释义】

根据本条规定，在合作开发合同中，当事人各方的主要义务是：

一、进行投资，包括以技术进行投资

共同投资是合作开发合同的重要特征，也是合作开发合同各方当事人的主要义务。合同当事人各方应当依照合同的约定投资。这里的投资，是指合作开发合同当事人以资金、设备、材料、场地、试验条件、技术情报资料、专利权、技术秘密成果等方式对研究开发项目所作的投入。采取资金以外的形式进行投资的，应当折算成相应的金额，明确当事人在投资中所占的比例。双方当事人应当在合同中约定投资的具体形式，并将投资比例约定清楚。

二、分工参与研究开发工作

合作开发合同的各方当事人虽然都要出钱，进行投资，但各方还必须出人直接参与研究开发工作。所以按照合同约定的分工参与研究开发工作是合作开发合同的特征。参与研究开发工作，包括按照约定的计划和分工共同进行或者分别承担设计、工艺、试验、试制等研究开发工作。双方当事人如何分工参与研究开发工作应当在合同中规定清楚。

三、协作配合研究开发工作

合作开发是以双方的共同投资和共同劳动为基础的，各方在合作研究中的配合是取得研究开发成果的关键。因此，合作各方可以在合同中约定成立由双方代表组成的指导机构，对研究开发工作中的重大问题进行决策、协调和组织研究开发活动，保证研究开发工作的顺利进行。

> **第八百五十六条** 合作开发合同的当事人违反约定造成研究开发工作停滞、延误或者失败的，应当承担违约责任。

【条文主旨】

本条是关于合作开发合同当事人违约责任的规定。

【条文释义】

一、违反约定的情形

本条中所讲"合作开发合同的当事人违反约定"的情形，主要是指违反本法第855条所约定的情形，即不按照约定进行投资，包括不以技术进行投资；不按照约定分工参与研究开发工作；不按照约定协作配合研究开发工作。除此之外，还包括当事人违反合作开发合同中约定的其他情形，例如，当事人在合同中约定，合作开发合同的委托方应当按照合同确定的时间和要求，提供符合国家要求的技术开发成果的验收标准，委托方未按照合同约定提供验收标准，致使技术开发合同不继续进行下去。

二、承担违反约定责任的前提条件

依据本条的规定，合作开发合同的当事人违反约定承担违约责任的条件有二：第一个是合作开发合同的当事人存在违约行为；第二个是由于违约行为造成研究开发工作停滞、延误或者失败。研究开发工作停滞，主要是指由于当事人的违约行为使研究开发工作受到阻碍，不能顺利地进行或继续下去。研究开发工作延误，是指由于当事人的违约行为使研究开发工作缓慢前行或行动，不能按照预料的进度、时间进行，或使预料的工作停下有可能不能完成。研究开发工作失败：是指由于当事人的违约行为使研究开发工作根本不能继续开展下去，研究开发工作没有达到预期的目的

三、承担违约责任的方式

本条规定，合作开发合同的当事人违反约定造成研究开发工作停滞、延误或者失败的，应当承担违约责任。那么违约方承担什么样的违约责任，承担几种违约责任，本条没有明确的规定。通常当事人应当在订立合同时约定违约责任及其违约责任的承担方式，本法也有相关规定。

> **第八百五十七条** 作为技术开发合同标的的技术已经由他人公开，致使技术开发合同的履行没有意义的，当事人可以解除合同。

【条文主旨】

本条是关于解除技术开发合同条件的规定。

【条文释义】

合同的解除，是指合同有效成立后，当具备合同解除条件时，因当事人一方或者双方的意思表示而使合同关系消灭的一种行为。合同的解除分为约定解除和法定解除。本法合同编第七章合同的权利义务终止中对合同解除作了较为详细具体的规定。根据技术开发合同的特点，民法典合同编又在本条规定了技术开发合同可以解除的另一种情形，即作为技术开发合同标的的技术已经由他人公开，致使履行技术开发合同没有意义，当事人可以解除合同。

在法律起草时，许多科研部门及有关同志提出，技术开发合同的标的虽然已经公开，但合同订立后，技术研究开发人已经有所投入并付出了一定的劳动，在这种情况下，合同可以解除，但应当明确规定赔偿技术研究开发人已经付出的有关费用。还有的同志建议，从实际情况出发，对合同订立后，技术开发合同的标的已经由他人公开的两种不同情况分别规定赔偿责任。第一，合同订立后立即发现技术开发合同的标的已经公开；对此，合同的另一方当事人可以不赔或者少赔研究开发人的损失。第二，技术开发人在实施技术开发工作过程中，技术开发合同的标的被公开，对此，合同的另一方当事人应当根据研究开发人的实际损失进行赔偿。考虑到合同解除后产生的不仅仅是赔偿问题，还有解除权的行使等问题，本法合同编对合同解除后产生的问题已有明确规定，故对此不再在技术合同一章中重复规定。

第八百五十八条　技术开发合同履行过程中，因出现无法克服的技术困难，致使研究开发失败或者部分失败的，该风险由当事人约定；没有约定或者约定不明确，依据本法第五百一十条的规定仍不能确定的，风险由当事人合理分担。

当事人一方发现前款规定的可能致使研究开发失败或者部分失败的情形时，应当及时通知另一方并采取适当措施减少损失；没有及时通知并采取适当措施，致使损失扩大的，应当就扩大的损失承担责任。

【条文主旨】

本条是关于技术开发合同风险责任的规定。

【条文释义】

技术开发是一项探索性活动，蕴藏着开发不出来的风险。在技术研究开发过程中，如果当事人一方或者双方已尽了最大努力，仍然由于现有的科技知识、知识水平、技术水平或者试验条件等客观因素的限制，出现无法克服的技术困难，导致研究开发全部或者部分失败，未能实现合同约定的预期目的，即为技术开发合同的风险。

由于技术开发存在风险，风险一旦出现，将使技术开发合同无法履行，给当事人造成损失。因此，当事人应当在订立合同时明确约定风险责任的承担。合同标的的质量、价款或者报酬、履行地点、风险责任的分担等通常是合同的主要内容，当事人在订立合同时应当对合同的这些内容作出明确的约定。但是有的时候，当事人在订立合同时没有对合同中的主要内容进行约定或者约定不明确，风险承担不明，责任不清，导致合同的履行发生困难。如果当事人对风险责任的承担等合同的主要内容在订立合同时没有约定或者约定不明确，那么在合同生效后甚至在合同履行开始后可以依据本法第510条的规定，确定风险责任。按照本法第510条的规定，当事人首先应当在原有合同约定的基础上进行协商，作出补充规定，也可以废除原有合同的约定重新作出约定。当事人在合同生效后或者在合同履行开始后达成的补充协议，与原合同条款具有同等的效力，当事人应当遵守履行。如果在合同生效后或者在合同履行开始后通过协商仍不能达成补充协议，那么依据本法第510条的规定，可以按照合同相关条款或者交易习惯确定风险责任。

为避免技术开发风险出现后损失的扩大，本条第2款规定了防止损失扩大的义务，即当事人一方发现可能导致研究开发失败或者部分失败的情况时，应当及时通知另一方并采取适当措施减少损失。有的国家将这一义务称为减轻损失的义务。这一款的规定确定了技术开发合同的一方当事人的义务有二：一是通知的义务。即一方当事人发现有可能导致研究开发失败或者部分失败的情况时，应当立即通知对方，通知可以是口头形式的，也可以是书面形式的，为减少纠纷宜以书面形式通知为佳。二是采取适当措施减少损失的义务。具体是什么措施，如果当事人在合同中已经有约定，就按照合同中约定的措施实施，例如当事人在合同中约定，如果出现本条第2款规定的风险情形，可以立即停止试验。如果合同中没有事先约定减少风险损失的措施，则由当事人一方视具体情况决定采取减少损失的措施。如果一方当事人未能及时通知对方当事人，也未能及时采取措施，制止损失的扩大或者减少损失，那么应当就扩大的损失承担责任。这里需要注意的是，一方当事人采取减少损失的措施应当是适当的和合理的。不能采取耗费过高费用和过多时间的措施。如果采取的措施所耗费的费用超过了可以减轻的损失，则此种措施就是无益的，不可取的。规定本款的目的是，防止技术合同的一方当事人发现有可能致使研究开发失败或者部分失败的情形时，消极等待，而不去采取积极措施，以避免或减少本来可以避免或者减少的损失。

> **第八百五十九条** 委托开发完成的发明创造，除法律另有规定或者当事人另有约定外，申请专利的权利属于研究开发人。研究开发人取得专利权的，委托人可以依法实施该专利。
>
> 研究开发人转让专利申请权的，委托人享有以同等条件优先受让的权利。

〖条文主旨〗

本条是关于履行委托开发合同完成的发明创造的归属和分享的规定。

〖条文释义〗

本条对委托开发完成的发明创造的技术成果的归属与分享作了明确规定：

1. 法律没有规定或者当事人没有约定时，发明创造的专利申请权属于研究开发人。本条所讲的属于研究开发人，是指在没有法律另有规定或者当事人另外约定的情况下，委托开发完成的发明创造只有研究开发人才有申请专利的权利。这一规定与专利法的规定也是一致的。专利法第 8 条规定，两个以上单位或者个人合作完成的发明创造、一个单位或者个人接受其他单位或者个人委托所完成的发明创造，除另有协议的以外，申请专利的权利属于完成或者共同完成的单位或者个人。在这种情况下，根据公平原则，研究开发人取得专利权后应当对委托人实行以下两项优惠：一项是研究开发人取得专利权的，委托人可以依法实施该专利；另一项是研究开发人转让专利申请权的，委托人享有以同等条件优先受让的权利。据此，本条在第 2 款中规定，研究开发人可以转让专利申请权。转让后，受让人成为新的专利申请权人，继受取得原专利申请权人的全部权利和义务。这里需要说明的是，后一项优惠有一个前提条件，即同等条件，如果条件不同即低于其他人的条件，委托人则没有优先受让的权利。

2. 另有约定时，委托开发完成的发明创造的专利申请权依照约定履行。也就是说，双方当事人可以约定专利申请权不属于研究开发人，比如，可以约定专利申请权属于委托人或者委托人与研究开发人共有。

3. 法律另有规定的，专利申请权依照法律规定履行。比如，专利法第 6 条第 3 款规定，利用本单位的物质技术条件所完成的发明创造，单位与发明人或者设计人订有合同，对申请专利的权利和专利权的归属作出约定的，从其约定。

> **第八百六十条** 合作开发完成的发明创造，申请专利的权利属于合作开发的当事人共有；当事人一方转让其共有的专利申请权的，其他各方享有以同等条件优先受让的权利。但是，当事人另有约定的除外。
>
> 合作开发的当事人一方声明放弃其共有的专利申请权的，除当事人另有约定外，可以由另一方单独申请或者由其他各方共同申请。申请人取得专利权的，放弃专利申请权的一方可以免费实施该专利。
>
> 合作开发的当事人一方不同意申请专利的，另一方或者其他各方不得申请专利。

【条文主旨】

本条是关于履行合作开发合同完成的发明创造专利申请权的归属和分享的规定。

【条文释义】

一、合作开发完成的发明创造专利申请权原则上属于合作开发合同的各方当事人共有

在技术开发过程中技术成果的取得，是合作各方当事人共同进行研究开发的结果，合作各方都为技术的完成付出了自己的努力，因此，本条规定合作开发完成的发明创造，除当事人另有约定外，申请专利的权利属于合作开发的当事人共有。

二、对共有的申请专利权的处分原则

根据公平原则，本条在规定合作开发完成的发明创造申请专利的权利属于合作开发的当事人共有的情况下，还规定了三项处分原则：

1. 当事人一方转让其共有的专利申请权的，其他各方享有以同等条件优先受让的权利。通常情况下，当事人一方转让其共有的专利申请权的，无须得到其他共有人的同意，但是该转让不得损害其他共有人的利益。当事人一方转让其共有的专利申请权的，其他各方享有以同等条件优先受让的权利。

2. 合作开发的当事人一方声明放弃其共有的专利申请权的，可以由另一方单独申请或者由其他各方共同申请。申请人取得专利权的，放弃专利申请权的一方可以免费实施该专利。

3. 合作开发的当事人一方不同意申请专利的，另一方或者其他各方不得申请专利。

三、当事人可以约定合作开发完成的发明创造的专利申请权的归属与享有

也就是说，合作开发的双方当事人可以在合同中约定合作开发完成的发明创造的专利申请权不属于当事人共有，约定只属于合同的一方当事人所有。如果当事人在合同明确约定完成发明创造的专利申请权只归一方所有，那么当事人就要按照约定履行，不能再援用本条共有的规定。如果当事人在合同中没有约定或者约定不明确，那么，合作开发完成的发明创造，申请专利的权利属于合作开发的当事人共有。本条第 2 款还规定，合作开发的当事人可以约定放弃其共有的专利申请权等内容。

> **第八百六十一条** 委托开发或者合作开发完成的技术秘密成果的使用权、转让权以及收益的分配办法，由当事人约定；没有约定或者约定不明确，依据本法第五百一十条的规定仍不能确定的，在没有相同技术方案被授予专利权前，当事人均有使用和转让的权利。但是，委托开发的研究开发人不得在向委托人交付研究开发成果之前，将研究开发成果转让给第三人。

〖条文主旨〗

本条是关于技术秘密成果的使用权、转让权以及利益的分配办法的规定。

〖条文释义〗

一、技术秘密成果的使用权、转让权以及利益的分配办法

本条规定了如下三种分配办法：

1. 当事人自行约定解决。委托开发合同的当事人或者合作开发合同的当事人自行协商，在合同中明确约定技术秘密成果的使用权、转让权以及利益的分配办法。这是最基本、最行之有效、矛盾最少的分配法。当事人自行确定技术秘密成果的使用权、转让权以及利益的分配办法，避免以后产生不必要的纠纷。

2. 依据本法第 510 条的规定解决。这种解决办法是当事人对技术秘密成果的使用权、转让权以及利益的分配办法没有约定或者约定不明确的情况下的解决办法，即本条中规定的，没有确定或者约定不明确，依据本法第 510 条的规定确定。按照本法第 510 条的规定，当事人首先应当在原有合同约定的基础上进行协商，作出补充规定，也可以废除原有合同的约定重新作出约定。当事人在合同生效后或者在合同履行开始后达成的补充协议，与原合同条款具有同等的效力，当事人应当遵守履行。如果在合同生效后或者在合同履行开始后通过协商仍不能达成补充协议，那么依据本法第510条的规定，可以按照合同有关条款或者交易习惯确定技术秘密成果的使用权、转让权以及利益的分配办法。

3. 依据本条确定的原则解决。这种解决办法是当事人对技术秘密成果的使用权、转让权以及利益的分配办法没有约定或者约定不明确，依据本法第510条的规定仍不能确定的情况下的一种解决方式。即本条规定的，在没有相同技术方案被授予专利前当事人均有使用和转让技术秘密成果的权利，包括当事人均有不经对方同意而自己使用或者以普通使用许可的方式许可他人使用技术秘密，并独占由此所获利益的权利。当事人一方将技术秘密成果的转让权让与他人，或者以独占或者排他使用许可的方式许可他人使用技术秘密，未经对方当事人同意或者追认的，应当认定该让与或者许可行为无效。

二、对委托开发完成的技术秘密成果转让的特别规定

在委托开发中，由于技术秘密的成果是由委托人出资委托研究开发人开发的，所以本条规定，委托开发的研究开发人不得在向委托人交付研究开发成果之前，将研究开发成果转让给第三人。也就是说，研究开发人如果转让委托人委托开发的技术秘密成果，必须是在向委托人交付该项成果之后进行。

第三节　技术转让合同和技术许可合同

第八百六十二条　技术转让合同是合法拥有技术的权利人，将现有特定的专利、专利申请、技术秘密的相关权利让与他人所订立的合同。

技术许可合同是合法拥有技术的权利人，将现有特定的专利、技术秘密的相关权利许可他人实施、使用所订立的合同。

技术转让合同和技术许可合同中关于提供实施技术的专用设备、原材料或者提供有关的技术咨询、技术服务的约定，属于合同的组成部分。

【条文主旨】

关于技术转让合同和技术许可合同定义的规定。

【条文释义】

本条是这次编纂民法典时新增加的条文。

根据本条规定，技术转让合同是合法拥有技术的权利人，将现有特定的专利、专利申请、技术秘密的相关权利让与他人所订立的合同。技术许可合同，是合法拥有技术的权利人，将现有特定的专利、技术秘密的相关权利许可他人实施、使用所订立的合同。

技术转让合同和技术许可合同具有如下特点：

1. 标的的特点。一是必须是特定的完整的技术内容。该内容构成一项产品、工艺、材料及其系统等技术方案；该方案须有特定的名称、技术指标、功能和适用范围。如果标的仅为一般的商业秘密和数据，不构成一项完整的技术方案，或者标的为依靠个人技能和经验掌握的技术诀窍，无法认定其内容的，不属于技术合同转让和许可的标的。二是转让和许可的标的应当是当事人已经掌握的、特定的、现有的技术成果，包括专利权、专利申请权、技术秘密使用权和转让权，不包括尚待研究开发的技术成果或者不涉及专利或者技术秘密的知识、技术、经验和信息。

2. 当事人应当对转让和许可标的拥有权属。技术的转让和许可是技术权利的转让和许可，转让人和许可人应当保证自己是所提供的技术的合法拥有者，否则该技术不属于技术转让和许可合同可以转让的标的。例如，当事人享有的专利权已经终止，则不能转让了。

3. 技术商品不同于一般的商品，可以多次转让和许可。编纂民法典应当遵循的指导思想和基本原则是，既要坚持问题导向，着力解决社会生活中纷繁复杂的问题，又要着重立法规律，讲法理、讲体系；既要尊重民事立法的历史的延续性，又要适应当前经济发展的客观要求。在分编编纂过程中，要深入分析现行民事法律的实施情况，系统梳理、科学整理现行民事法律规范，对实践证明正确、可行的民事规范，能保留的尽量保留，可适用的继续适用。本着这一立法指导思想，本条第3款将《最高人民法院关于审理技术合同纠纷案件适用法律若干问题的解释》第22条第2款的内容，吸收进本法，上升为法律，规定"技术转让合同和技术许可合同中关于提供实施技术的专用设备、原材料或者提供有关的技术咨询、技术服务的约定，属于合同的组成部分"。

> **第八百六十三条** 技术转让合同包括专利权转让、专利申请权转让、技术秘密转让等合同。
>
> 技术许可合同包括专利实施许可、技术秘密使用许可等合同。
>
> 技术转让合同和技术许可合同应当采用书面形式。

【条文主旨】

本条是关于技术转让合同与技术许可合同种类及合同要件的规定。

【条文释义】

一、技术转让合同的种类

本条第 1 款规定，技术转让合同包括专利权转让、专利申请权转让、技术秘密转让等合同：

1. 专利权转让合同，是指专利权人作为让与人将其发明创造专利的所有权或者持有权移交受让人，受让人支付约定价款所订立的合同。

2. 专利申请权转让合同，是指让与人将其就特定的发明创造申请专利的权利移交给受让人，受让人支付约定价款所订立的合同。

3. 技术秘密转让合同，是指让与人将拥有的技术秘密成果提供给受让人，明确相互之间技术秘密成果使用权、转让权，受让人支付约定使用费所订立的合同。

二、技术许可合同的种类

本条第 2 款规定，技术许可合同包括专利实施许可、技术秘密使用许可等合同。

1. 专利实施许可合同，是指专利权人或者其授权的人作为让与人许可受让人在约定的范围内实施专利，受让人支付约定使用费所订立的合同。

2. 技术秘密使用许可合同，是指让与人将拥有的技术秘密成果提供给受让人，明确相互之间技术秘密成果使用权、转让权，受让人支付约定使用费所订立的合同。

三、技术转让合同与技术许可合同的形式要件

技术转让合同、技术许可合同的内容复杂，涉及转让技术、许可技术的范围，转让、许可的对象，受让人与许可使用人使用转让、许可技术的范围和方式，技术的保密，使用费、转让费的支付，以及对使用技术产生的新的技术成果的归属等，技术转让合同、技术许可合同涉及专利的，还要明确专利申请日、申请号、专利号和专利权的有效期限。因此，本条第 3 款规定，技术转让合同和技术许可合同应当采用书面形式。据此当事人订立技术转让合同、技术许可合同必须采用书面形式。

> **第八百六十四条　技术转让合同和技术许可合同可以约定实施专利或者使用技术秘密的范围，但是不得限制技术竞争和技术发展。**

【条文主旨】

本条是关于技术转让和技术许可合同限制性条款的规定。

【条文释义】

依据本条的规定，技术转让合同和技术许可合同可以约定让与人和受让人实施专利或者使用技术秘密的范围。实施专利或者使用技术秘密的范围，是指实施专利的期限、实施专利或者技术秘密的地区和方式。根据《最高人民法院关于审理技术合同纠纷案件适用法律若干问题的解释》第 28 条规定，实施专利或者使用技术秘密的范围，包括实施专利或者使用技术秘密的期限、地域、方式以及接触技术秘密的人员等。当事人对实施专利或者使用技术秘密的期限没有约定或者约定不明确的，受让人实施专利或者使用技术秘密不受期限限制。

在允许当事人约定实施专利或者使用技术秘密范围的同时，本条还对这种约定作了限制规定，即不得限制技术竞争和技术发展。技术转让合同的当事人不得以合同条款限制技术竞争和技术发展，主要包括：（1）不得通过合同条款限制另一方在合同标的技术的基础上进行新的研究开发；（2）不得通过合同条款限制另一方从其他渠道吸收技术，或者阻碍另一方根据市场的需求，按照合同的方式充分实施专利和使用技术秘密。这一规定是强制性规定，当事人订立技术转让合同时必须遵守这一规定，如不遵守这一规定，在合同中约定了这些内容，也属于无效条款，不发生法律效力。同样技术许可合同也应当遵循这一规定，不得在合同中约定限制技术竞争和技术发展的条款。

> **第八百六十五条　专利实施许可合同仅在该专利权的存续期限内有效。专利权有效期限届满或者专利权被宣告无效的，专利权人不得就该专利与他人订立专利实施许可合同。**

【条文主旨】

本条是关于专利实施许可合同有效期限的规定。

【条文释义】

专利权是指依法取得的在法律规定的有效期限内享有的独占利益的权利。专利权的有效期间是指法律规定的保护该专利权的期间。专利权只有在法定的期间内才能获得法律的保护。超过法定期间，或者因法定情形失去专利权后，法律就不予保护，专利权人就失去了法律所保护的独占利益的权利。该技术也就成为公开的任何人均可以免费使用的技术。专利实施许可合同也只在该项专利权的存续期间内有效。根据专利法的规定，发明专利权的期限为 20 年，实用新型专利权和外观设计专利权的期限为 10 年，均自申请之日起计算。在专利权有效期限终止或者专利权宣布无效后，专利权人不得就该项专利与他人订立专利实施许可合同。

由于专利实施许可合同的标的是专利，该标的有效，由此订立的合同自然受到法律的保护；该标的无效，由此订立的合同自然也会失去效力，不能受到法律的保护。专利权有效期届满或者专利权被宣告无效时，专利权就不受法律保护了，因此本条规定：专利权人不得就该专利与他人订立专利实施许可合同。这一规定属于强制性规定，订立专利实施许可合同的当事人必须执行。如果专利权人违反这一规定，给他人造成损失的，应当承担相应的法律责任。

专利实施许可合同的让与人应当在合同有效期内维持专利的有效性。在合同有效期内，专利权被终止的，合同同时终止，让与人应当支付违约金或者赔偿损失。专利权被宣布无效的，让与人应当赔偿由此给受让人造成的损失。

第八百六十六条　专利实施许可合同的许可人应当按照约定许可被许可人实施专利，交付实施专利有关的技术资料，提供必要的技术指导。

【条文主旨】

本条是关于专利实施许可合同许可人主要义务的规定。

【条文释义】

专利实施许可合同的许可人应当允许被许可人根据合同约定的期限、地域、条件和方式实施专利技术，许可人必须遵守合同的约定，不得干涉被许可人使用该专利，不得侵害被许可人的专利实施权。因此，专利实施许可合同许可人的主要义务是：

1. 保证自己是所提供的专利技术的合法拥有人，并且保证所提供的专利技术完整、无误、有效，能够达到合同约定的目的。

2. 按照合同的约定，许可被许可人实施专利，交付实施专利有关的技术资料，提供必要的技术指导，使被许可人的专业人员能够掌握、实施该专利技术。

3. 排他实施许可合同的许可人不得在已经许可被许可人实施专利的范围内，就同一专利与第三人订立专利实施许可合同。独占实施许可合同的许可人不得在已经许可被许可人实施专利的范围内实施该专利。独占实施许可，即许可人将在一定地域或期限内实施专利技术的权利授予被许可人后，自己不再享有在该范围、该期限内实施专利技术的权利，不再享有向第三人发放实施许可该项专利技术的权利。排他实施许可，即许可人在授予被许可人实施专利技术的范围、期限内，同时保留自己实施该项专利技术的权利。

4. 依法缴纳专利年费和应对他人提出宣告专利权无效的请求。《最高人民法院关于审理技术合同纠纷案件适用法律若干问题的解释》第 26 条规定，专利实施许可合同让与人负有在合同有效期内维持专利权有效的义务，包括依法缴纳专利年费和积极应对他人提出宣告专利权无效的请求，但当事人另有约定的除外。

> **第八百六十七条　专利实施许可合同的被许可人应当按照约定实施专利，不得许可约定以外的第三人实施该专利，并按照约定支付使用费。**

〖条文主旨〗

本条是关于专利实施许可合同被许可人主要义务的规定。

〖条文释义〗

根据本条和有关规定，专利实施许可合同被许可人的主要义务是：

1. 按照约定实施专利。即专利实施许可合同的被许可人应当按照约定的范围、方式、期限等实施专利技术，并按照约定支付使用费。

2. 按照合同的约定，不得许可合同约定以外的第三人实施该项专利技术。这里所讲的，不得许可合同约定以外的第三人实施该项专利技术，是指被许可人无权允许合同以外的第三人实施该专利技术，例如，如果合同没有约定被许可人的子公司可以实施该项专利技术，被许可人则无权将该专利技术交给自己的子公司实施使用。如果被许可人需要将该项专利技术交给合同以外的第三人实施，则必须经过专利实施许可合同的许可人同意，未经许可人同意，将合同约定的专利技术许可给第三人使用，要承担违约责任。

3. 按照合同的约定，支付使用费。即被许可人按照合同约定的数额、期限、支付方式、支付地点等支付实施专利的使用费。

4. 承担合同约定的其他义务以及民法典合同编规定的法律义务。如本法第509 条规定，当事人应当按照约定全面履行自己的义务。当事人应当遵循诚信原则，根据合同的性质、目的和交易习惯履行通知、协助、保密等义务。当事人在履行合同过程中，应当避免浪费资源、污染环境和破坏生态。

第八百六十八条 技术秘密转让合同的让与人和技术秘密使用许可合同的许可人应当按照约定提供技术资料，进行技术指导，保证技术的实用性、可靠性，承担保密义务。

前款规定的保密义务，不限制许可人申请专利，但是当事人另有约定的除外。

【条文主旨】

本条是关于技术秘密让与人和许可人主要义务的规定。

【条文释义】

根据本条的规定，技术秘密转让合同的让与人和技术秘密使用许可合同的许可人的主要义务是：（1）保证自己是所提供技术的合法拥有者，并且保证所提供的技术完整、无误、有效，能够达到合同约定的目标；（2）按照合同的约定，提供技术资料，进行技术指导，保证技术的实用性、可靠性；（3）承担保密义务；（4）承担受让人按照约定使用技术秘密侵害他人合法权益的责任；（5）使用技术秘密不得超出约定的范围；（6）不得擅自许可第三人使用该项技术秘密。

第八百六十九条 技术秘密转让合同的受让人和技术秘密使用许可合同的被许可人应当按照约定使用技术，支付转让费、使用费，承担保密义务。

【条文主旨】

本条是关于技术秘密转让合同受让人和技术秘密使用许可合同的被许可人主要义务的规定。

【条文释义】

根据本条的规定，技术秘密转让合同受让人的主要义务是：（1）按照合同的约定使用技术，即按照合同约定的期限、约定的时间、约定的方式、约定的方法、约定的条件等实施、使用技术秘密。（2）按照合同的约定支付使用费，即按照合同约定的期限、约定的时间、约定的支付方式、约定的币种，约定的支付次数等支付技术秘密的使用费。（3）承担保密义务。保密是指不得将技术秘密中的技术资料、数据、样品、相关文件等泄露给第三人。（4）使用技术秘密不得超越合同约定的范围。（5）未经让与人同意，不得擅自许可第三人使用该项技术秘密。

技术秘密使用许可合同的被许可人的主要义务是：（1）按照合同的约定使用技术，即按照合同约定的期限、约定的时间、约定的方式、约定的方法、约定的条件等实施技术秘密。（2）按照合同的约定支付使用费，即按照合同约定的期限、约定的时间、约定的支付方式、约定的币种，约定的支付次数等支付技术秘密的使用费。（3）承担保密义务。保密是指不得将技术秘密中的技术资料、数据、样品、相关文件等泄露给第三人。（4）使用技术秘密不得超越合同约定的范围。（5）未经让与人同意，不得擅自许可第三人使用该项技术秘密。

> **第八百七十条** 技术转让合同的让与人和技术许可合同的许可人应当保证自己是所提供的技术的合法拥有者，并保证所提供的技术完整、无误、有效，能够达到约定的目标。

【条文主旨】

本条是关于技术转让合同让与人和技术许可合同的许可人保证义务的规定。

【条文释义】

根据本条的规定，技术转让合同让与人的保证义务主要是：

一、保证自己是所提供的技术的合法拥有者

技术转让合同的基本特征之一是，技术转让合同让与人通过订立技术转让合同转让技术，收取报酬。向受让人转让技术是技术转让合同让与人的基本义务。这种转让导致技术权属在让与人和受让人之间变动，而这种变动必须是以让与人对技术的合法拥有为前提，也就是说，只有是对技术合法的所有人或者持有人才有权转让技术，因此，让与人转让的技术必须是自己合法拥有的，也就是说，让与人应当保证自己是所提供技术的合法拥有者，或者保证自己有权转让或者有权许可、使用、实施该项技术。否则为非法转让，属于无效行为。由此订立的合同也是无效合同，为保证受让人得到合法的技术，本条规定技术转让合同的让与人应当保证自己是所提供的技术的合法拥有者。还需要注意的是，让与人转让的技术也不能是剽窃、冒充、仿造的。

二、保证所提供的技术完整、无误、有效

订立技术转让合同的目的就是受让人能够得到可应用的技术，为此本条规定，技术转让合同的让与人应当保证所提供的技术完整、无误、有效，能够达到约定的目标。这里讲的技术完整，是指一个产品、工艺、材料及其系统或者改进的技术的一整套方案或者一整套文件资料。这里讲的技术无误，是转让给受让方一个产品、工艺、材料及其系统或者改进的技术应当准确，没有误差。这里讲的技术有效，是转让给受让方一个产品、工艺、材料及其系统或者改进的技术不存在争议，受让方可以依据合同进行操作，能够解决受让方的技术问题，能够达到订立合同预期的目标。

受让人使用让与人转让或者许可的技术生产或者销售产品，如果被第三人指控侵权，应当由受让人应诉；并承担责任。如果被第三人指控的侵权成立，受让人的经济损失由让与人负责赔偿。

民法典草案在征求意见时，有意见反映，技术许可合同的许可人也应当承担保证义务。考虑到技术许可合同许可人的保证义务与技术转让合同的让与人的保证义务是一致的，故本条在合同法第349条规定的基础上增加了技术许可合同许可人保证义务的规定。

> **第八百七十一条** 技术转让合同的受让人和技术许可合同的被许可人应当按照约定的范围和期限，对让与人、许可人提供的技术中尚未公开的秘密部分，承担保密义务。

【条文主旨】

本条是关于技术转让合同受让人和技术许可合同的被许可人保密义务的规定。

【条文释义】

技术转让合同的让与人对受让人转让的技术，有的是处于保密状态的技术，有的技术虽已公开，但是相关的背景材料、技术参数等未曾公开，这些技术及相关材料有可能涉及国家利益或者让与人的重大经济利益。因此，受让人对让与人提供或者传授的技术和有关技术资料，应当按照合同约定的范围和期限承担保密义务。对超过合同约定范围和期限仍需保密的技术，受让人应当遵循诚实信用的原则，履行合同保密的附随义务。

民法典草案在征求意见时，有意见反映，技术许可合同的被许可人也应当承担保密义务。考虑到技术许可合同被许可人的保密义务与技术转让合同的让与人的保密义务是一致的，故本条在合同法第350条规定的基础上增加了技术许可合同被许可人保密义务的规定。

第八百七十二条 许可人未按照约定许可技术的，应当返还部分或者全部使用费，并应当承担违约责任；实施专利或者使用技术秘密超越约定的范围的，违反约定擅自许可第三人实施该项专利或者使用该项技术秘密的，应当停止违约行为，承担违约责任；违反约定的保密义务的，应当承担违约责任。

让与人承担违约责任，参照适用前款规定。

【条文主旨】

本条是关于技术许可合同的许可人与技术转让合同的让与人违约责任的规定。

【条文释义】

根据本条规定，技术许可合同中许可人的违约责任主要是：

1. 违反专利权许可合同的责任。许可人不履行合同义务，迟延办理专利权移交手续，未提供有关的技术资料，许可的专利不是许可人合法拥有的专利或者违反保密义务的，应当返还部分或者全部使用费，并且应当承担违约责任。

2. 违反专利申请权许可合同的责任。许可人不履行合同，迟延提供技术情报和资料的，或者所提供的技术情报和资料没有达到使该领域一般专业技术人员能够实施发明创造的程度的，应当承担违约责任。违反保密义务的，应当承担违约责任。

3. 违反专利实施许可合同的责任。许可人未按照约定许可实施专利技术，应当返还部分或者全部使用费，并且承担违约责任；使用专利技术超越约定的范围，违反约定擅自许可第三人使用该项专利技术，应当停止违约行为，承担违约责任；违反保密义务的，承担违约责任；承担被许可人按照约定使用专利技术侵害他人合法权益的责任。

4. 违反技术秘密许可合同的责任。许可人未按照合同约定许可人他使用技术秘密的，应当返还部分或者全部使用费，并且承担违约责任；使用技术秘密超越合同约定的范围，违反约定擅自许可第三人使用该项技术秘密，应当停止违约行为，承担违约责任；技术秘密成果达不到合同约定的技术指标，承担违约责任。违反保密义务，泄露技术秘密，使被许可人遭受损失的，承担违约责任。承担被许可人按照约定使用技术秘密侵害他人合法权益的责任。

技术让与合同让与人的违约责任，参照适用本条第 1 款技术许可合同许可人违约责任的规定。

> **第八百七十三条** 被许可人未按照约定支付使用费的，应当补交使用费并按照约定支付违约金；不补交使用费或者支付违约金的，应当停止实施专利或者使用技术秘密，交还技术资料，承担违约责任；实施专利或者使用技术秘密超越约定的范围的，未经许可人同意擅自许可第三人实施该专利或者使用该技术秘密的，应当停止违约行为，承担违约责任；违反约定的保密义务的，应当承担违约责任。
>
> 受让人承担违约责任，参照适用前款规定。

【条文主旨】

本条是关于技术许可合同的被许可人和技术转让合同的受让人违约责任的规定。

【条文释义】

根据本条规定，技术许可合同被许可人违约责任主要是：

1. 违反专利权许可合同的责任。被许可人未按照约定支付价款，应当补交并按照约定支付违约金，不补交价款或者支付违约金的，应当停止实施专利，交还技术资料，承担违约责任；违反保密义务的，承担违约责任。

2. 违反专利申请权许可合同的责任。被许可人不履行合同，迟延支付价款的，承担违约责任。未按照约定支付价款，应当补交并承担违约责任；不补交价款或者不支付违约金的，应当返还专利申请权，交还技术资料，并承担违约责任。违反保密义务的，承担违约责任。

3. 违反专利实施许可合同的责任。被许可人未按照约定支付使用费，应当补交使用费并按照约定支付违约金；不补交使用费或者支付违约金的，应当停止使用专利技术，交还技术资料，承担违约责任；使用专利技术超出约定范围，未经许可人同意擅自许可第三人使用该专利技术的，应当停止违约行为，承担违约责任；违反保密义务的，应当承担违约责任。

4. 违反技术秘密许可合同的责任。被许可人不按照合同约定支付使用费的，应当补交使用费并按照约定支付违约金；不补交使用费或者支付违约金的，应当停止使用技术秘密，交还技术资料，承担违约责任；使用技术秘密超越约定的范围，未经许可人同意擅自许可第三人实施使用该技术秘密的，应当停止违约行为，承担违约责任；违反保密义务，泄露技术秘密，给许可人造成损失的，应当承担违约责任。

技术转让合同中受让人的违约责任，参照适用本条第 1 款技术许可合同中被许可人违约责任的规定。

> **第八百七十四条** 受让人或者被许可人按照约定实施专利、使用技术秘密侵害他人合法权益的，由让与人或者许可人承担责任，但是当事人另有约定的除外。

【条文主旨】

本条是关于实施专利、使用技术秘密侵害他人合法权益责任承担的规定。

【条文释义】

技术转让合同的实质是科学技术知识、信息和生产实践经验在不同法律关系主体之间的传递和扩展。这种传递和扩展同时也是技术权益的转移，即采用合同形式把专利权、专利申请权、专利使用权和技术秘密的使用权转移给受让人或者许可给被许可人。让与人转让的或者许可人许可的是某一项技术成果，不是利用公知的技术知识为对方提供咨询服务，因此，转让人或者许可人有义务保证受让人或者被许可人按照合同约定实施专利、使用技术秘密不会侵害他人的合法权益。如果受让人或者被许可人按照合同约定实施专利、使用技术秘密引起侵害他人合法权益的，该侵权责任则应当由让与人或者许可人承担，但是合同当事人另有约定的除外。本条之所以规定由让与人或者许可人承担侵权责任，是因为让与人让与或者许可人许可受让人或者被许可人使用的专利、技术秘密具有不合法性，而受让人、被许可人并不了解此情况，就一般的知识及通常掌握的技能也不能判断其所接受的专利、技术秘密具有不合法性，为善意受让人、善意被许可人。此时由让与人或者许可人承担侵权责任是合情、合法、合理的。需要说明的是，根据本条的规定，如果当事人作出了由受让人、被许可人承担责任或者由受让人与出让人、被许可人与许可人共同承担责任的约定，那么，在受让人或者被许可人按照约定实施专利、使用技术秘密侵害他人合法权益的情况下，侵权责任的承担则要按照当事人的约定。即当事人的约定优于法律规定。

> **第八百七十五条** 当事人可以按照互利的原则，在合同中约定实施专利、使用技术秘密后续改进的技术成果的分享办法；没有约定或者约定不明确，依据本法第五百一十条的规定仍不能确定的，一方后续改进的技术成果，其他各方无权分享。

【条文主旨】

本条是关于技术转让合同、技术许可合同中后续改进技术成果分享办法的规定。

【条文释义】

一、技术成果的后续改进

本条中所讲的后续改进，是指在技术转让合同、技术许可合同的有效期内，一方或双方对作为合同标的的专利技术或者技术秘密成果所作的革新和改良。技术转让合同或者技术许可合同的订立和履行，不仅实现了现有技术的转移、推广和应用，而且也是当事人进行改良、革新和进行新的研究开发的基础。合同订立后，当事人一方或者双方在技术转让合同标的技术或者技术许可合同标的技术基础上作出创新和改良是常见的现象。这种创新和改良推动了科学技术迅速发展。

二、后续改进的技术成果的分享原则

后续改进的技术成果的分享原则为互利的原则，这一原则表明当事人可以在合同中约定实施专利、使用技术秘密后续改进的技术成果的分享办法及其归属，但是这一约定应当对双方当事人是有利的，一方利益的取得不得以损害对方利益为代价，双方当事人在约定中必须注意这一原则。例如，可以约定彼此免费有偿提供后续改进的技术成果的情报、资料和信息，按优惠条件或者最优惠的价格许可或者转让给另一方实施或者使用等。

三、后续改进的技术成果的分享方式

1. 在合同中约定。依据本条的规定，技术转让合同的当事人或者技术许可合同的当事人双方可以按照互利的原则，在合同中约定实施专利、使用技术秘密后续改进的技术成果的分享办法。可以约定双方当事人共同享有所有权，也可以约定由合同的一方当事人享有所有权。

2. 协商研究、补充确定。如果技术转让合同的当事人或者技术许可合同的当事人没有在合同中约定实施专利、使用技术秘密后续改进的技术成果的分享办法，那么依据本条的规定，可以按照本法第510条的规定确定后续改进的技术成果的权属与分享办法。

3. 法律明确规定权属。如果当事人没有按照互利的原则，在合同中约定实施专利、使用技术秘密后续改进的技术成果的权属与分享办法，或者约定不明，在合同生效或者合同履行后，依据本法第510条的规定通过协商，或依据合同有关条款、交易习惯确定仍不能确定的，对此本条则明确规定，实施专利、使

用技术秘密后续改进的技术成果，归完成该项后续改进技术成果的一方，其他各方无权分享。

> **第八百七十六条** 集成电路布图设计专有权、植物新品种权、计算机软件著作权等其他知识产权的转让和许可，参照适用本节的有关规定。

【条文主旨】

其他知识产权的转让和许可的规定。

【条文释义】

本条是这次编纂民法典新增加的新条文。

民法典草案技术合同一章对技术成果中的专利、专利申请、技术秘密的转让与许可作了专节规定，但对计算机软件、集成电路布图设计、植物新品种的转让与许可没有作出规定。对此，在民法典编纂草案征求意见中，社会公众、一些部门提出意见认为，2017年公布实施的民法总则第123条规定："民事主体依法享有知识产权。知识产权是权利人依法就下列客体享有的专有的权利：（一）作品；（二）发明、实用新型、外观设计；（三）商标；（四）地理标志；（五）商业秘密；（六）集成电路布图设计；（七）植物新品种；（八）法律规定的其他客体。"民法总则已经明确规定了民事主体对一些新出现的知识产权如集成电路布图设计、植物新品种等享有知识产权。专利、专利申请、技术秘密是知识产权，技术合同一章对专利、专利申请、技术秘密的转让与许可作了规范，计算机软件、集成电路布图设计、植物新品种也是知识产权，随着科学技术的发展，这些新类型的知识产权会越来越多，技术合同一章也应当对计算机软件、集成电路布图设计、植物新品种等的转让与许可作出规定，以促进科学技术成果的研发、转化、应用和推广，促进科学技术的进步，保护知识产权。司法实践部门的同志也反映，在实际生活中，签订计算机软件、集成电路布图设计、植物新品种的转让与许可的合同日益增多，由此引发的纠纷也明显增多，对此情形法律不作明文规定，不利于人民法院或者仲裁机构审理裁判这类纠纷，也不利于知识产权的保护，建议在技术合同一章对计算机软件、集成电路布图设计、植物新品种等的转让与许可作出规定，或者在法律中作原则指引性规定，以便于对人民法院、仲裁机构适用法律提供明确的指导。立法部门经过深入的调查研究，广泛听取了各方面的意见，在本条中规定，集成电路布图设计专有权、植物新品种权、计算机软件著作权等其他知识产权的转让和许可，参照适用本节的有关规定。

> **第八百七十七条　法律、行政法规对技术进出口合同或者专利、专利申请合同另有规定的，依照其规定。**

【条文主旨】

本条是关于技术进出口合同或者专利、专利申请合同的特殊规定。

【条文释义】

一、技术进出口合同

我国境内的自然人、法人或者非法人组织从国外引进或者向国外输出技术与技术输出国或者技术引进国的当事人订立的合同，称为技术进出口合同。

近几年，随着我国对外科学技术交流的发展，我国的自然人、法人或者非法人组织不仅从国外引进技术，也向国外输出技术。其所借助的法律形式是订立技术进出口合同。因此，在法律起草中，有的人提出，随着改革开放的不断深入，技术进出口越来越多，为了适应这一形势的需要，国家有关部门制定了技术引进合同管理条例等规定，这次编纂民法典合同编，应当把技术进出口合同作为技术转让合同的内容加以规定。对此，草案曾将技术进出口合同的内容作出规定，在对草案广泛征求意见后，许多部门和同志认为，技术进出口的情况比较复杂。订立技术进出口合同，虽然是市场主体的自主行为，但对涉及产业发展或者国计民生的重大技术进出口合同，还要经有关主管部门审批。须由国家有关部门制定相关的法律法规对此加以规范。技术进出口实质上是技术转让，当事人在订立技术进出口合同时，对涉及技术转让的问题，可以依据民法典合同编中技术转让合同的有关规定办理，对涉及技术进出口的管理问题，可以依据其他法律或者行政法规的规定。因此，本条规定法律、行政法规对技术进出口合同另有规定的，依照其规定。

二、专利、专利申请合同

专利权转让、专利申请权转让涉及专利问题，因此，当事人订立专利权转让合同或者专利申请权转让合同，不仅要遵守本章的有关规定，还要遵守专利法等其他法律、法规的规定。例如，专利法第 10 条规定，专利申请权和专利权可以转让。中国单位或者个人向外国人、外国企业或者外国其他组织转让专利申请权或者专利权的，应当依照有关法律、行政法规的规定办理。转让专利申请权或者专利权的，当事人应当订立书面合同，并向国务院专利行政部门登记，由国务院专利行政部门予以公告。专利申请权或者专利权的转让自登记之日起生效。因此，本条规定法律、行政法规对专利、专利申请合同另有规定的，依照其规定。

第四节　技术咨询合同和技术服务合同

第八百七十八条　技术咨询合同是当事人一方以技术知识为对方就特定技术项目提供可行性论证、技术预测、专题技术调查、分析评价报告等所订立的合同。

技术服务合同是当事人一方以技术知识为对方解决特定技术问题所订立的合同，不包括承揽合同和建设工程合同。

〖条文主旨〗

本条是关于技术咨询合同和技术服务合同定义的规定。

〖条文释义〗

一、技术咨询合同

技术咨询合同，是指一方当事人通常是科技人员作为受托人运用自己的技术知识，对委托人提出的特定技术项目进行可行性论证、技术预测、专题技术调查、分析评价等所订立的合同。技术咨询合同的基本特点有：

1. 技术咨询合同的一方当事人即受托人必须拥有一定的技术知识。受托人要具有一定的技术知识是这次民法典编纂时新增加的内容，目的是强调提供技术咨询的一方应当有一定资质。

2. 技术咨询合同的标的是对技术项目的咨询。这里所讲的咨询，是指对技术项目的可行性论证、技术预测、专题技术调查、分析评价报告。可行性论证，是指对特定技术项目的经济效果、技术效果和社会效果所进行的综合分析和研究的工作。技术预测，是指对特定技术项目实施后的发展前景及其生命力所进行的判断。专题技术调查，包括技术难题、技术障碍和技术事故的咨询，是指根据委托人的要求所进行的资料、数据的考察收集工作。分析评价报告，包括工程技术项目的可行性论证，科学技术规划的可行性论证和知识产权战略实施的可行性论证，是指通过对特定技术项目的分析、比较得出的书面报告。

3. 技术咨询的范围是与技术有关的项目。这里的项目较为广泛，主要分三类：（1）有关科学技术与经济、社会协调发展的软科学研究项目。（2）促进科技进步和管理现代化，提高经济效益和社会效益的技术项目。（3）其他专业性技术项目。

4. 技术咨询合同履行的结果是由提供咨询的一方（受托方）向委托方提供尚待实践检验的报告或者意见。这一报告或者意见不是其他技术合同所要求的某一技术成果。需要注意的是，当事人一方委托另一方就解决特定技术问题提出实施方案、进行实施指导所订立的合同，是技术服务合同，不适用有关技术咨询合同的规定。

5. 技术咨询合同风险责任的承担有其特殊性。对这种合同，除合同另有约定外，因委托人实施咨询报告或者意见而造成的风险，受托方不承担风险。这与技术开发、技术转让合同的风险责任的承担有所不同。

二、技术服务合同

技术服务合同，是指当事人一方以技术知识为另一方解决特定技术问题所订立的合同，不包括建设工程合同和承揽合同。这里所讲的特定技术问题，是指需要运用科学技术知识解决专业技术工作中有关改进产品结构、改良工艺流程、提高产品质量、降低产品成本、节约资源能耗、保护资源环境、实现安全操作、提高经济效益和社会效益等问题。

本条规定技术服务合同不包括承揽合同和建设工程合同。这就是说，建设工程的勘察、设计、施工合同和以常规手段或者为生产经营目的进行一般加工、定作、修理、修缮、广告、印刷、测绘、标准化测试等订立的加工承揽合同，不属于技术服务合同。但是以非常规技术手段解决复杂、特殊技术问题而单独订立的合同除外。本法之所以将承揽合同和建设工程合同排除在技术服务合同之外，是为了划清它们的界线，避免在法律适用上的冲突。

> **第八百七十九条　技术咨询合同的委托人应当按照约定阐明咨询的问题，提供技术背景材料及有关技术资料，接受受托人的工作成果，支付报酬。**

【条文主旨】

本条是关于技术咨询合同的委托人主要义务的规定。

【条文释义】

技术咨询合同的委托人应当全面履行合同约定的各项义务：

一、阐明咨询问题

这项义务是保证受托人完成咨询任务的条件之一。本条所讲的阐明咨询问题，是指委托人按照合同的约定向受托人讲清所要咨询的技术问题的基本要求、基本要点等。

二、提供技术背景材料及有关技术资料

这项义务也是保证受托人完成咨询任务必不可少的条件。本条所讲的提供技术背景材料及有关技术资料，是指受托人完成咨询任务所需要的合同中约定的有关技术背景、技术材料、技术资料等，还包括应受托人的要求在咨询过程中及时补充的有关材料、资料等。

三、接受受托人的工作成果

取得工作成果是委托人的权利，接受工作成果是委托人义务。本条中所讲的工作成果，是指受托人根据委托人的要求完成的咨询报告或者意见。

四、支付报酬

这是为顺利完成咨询合同，委托人必须履行的最基本的义务，也是受托人完成咨询合同的主要目的。本条中所讲的支付报酬，是指委托人按照合同约定的报酬的计算方法、支付方式、支付期间、支付地点、支付币种等。给付受托人履行完咨询合同的劳动对价。

> **第八百八十条** 技术咨询合同的受托人应当按照约定的期限完成咨询报告或者解答问题，提出的咨询报告应当达到约定的要求。

【条文主旨】

本条是关于技术咨询合同的受托人主要义务的规定。

【条文释义】

技术咨询合同的受托人应当全面履行合同约定的各项义务，主要有：

一、按照约定的期限完成咨询报告或者解答问题

受托人订立技术咨询合同后，应当利用自己的技术知识、技术手段和人才优势，按照合同的约定完成咨询报告或者解答问题。按照约定的期限完成委托任务，这是技术咨询合同中受托人应当履行好的最基本的最主要的义务。这里所讲的"完成"，实际上是一个交付义务。即受托人利用自己的专业知识、技术技能、技术手段、人才优势等按照合同约定的时间完成咨询报告或者提供咨询意见或者解答问题等，并交给委托人。

二、提出的咨询报告应当达到约定的要求

这一义务的核心是咨询报告要达到要求。即保证咨询报告和意见符合合同约定的要求。这里所讲的要求，实际上是质量要求。该质量要求应当是属于合同所约定的、并被受托人所接受的、先进的、具有可操作性、具有极大的参考价值的咨询报告或者对问题的解答。

> **第八百八十一条** 技术咨询合同的委托人未按照约定提供必要的资料，影响工作进度和质量，不接受或者逾期接受工作成果的，支付的报酬不得追回，未支付的报酬应当支付。
>
> 技术咨询合同的受托人未按期提出咨询报告或者提出的咨询报告不符合约定的，应当承担减收或者免收报酬等违约责任。
>
> 技术咨询合同的委托人按照受托人符合约定要求的咨询报告和意见作出决策所造成的损失，由委托人承担，但是当事人另有约定的除外。

【条文主旨】

本条是关于技术咨询合同当事人违约责任和涉及决策风险责任的规定。

【条文释义】

一、违约责任

技术咨询合同的当事人违反合同约定，应当依照合同约定的违约条款以及民法典合同编有关违约责任的规定，承担违约责任。

其一，委托人违反技术咨询合同。

1. 委托人违反技术咨询合同的违约行为。本条规定了委托人的两种违约行为：（1）未按照合同约定提供必要的资料。这一违约行为包括以下几种情况，一是委托人根本没有提供必要的资料；二是委托人迟延提供必要的资料；三是委托人提供的必要资料不足；四是委托人提供的必要资料有严重缺陷等。委托人未按照合同约定提供必要的资料，应当导致影响了受托人的技术咨询，影响了工作进度和质量。（2）不接受或者逾期接受工作成果。不接受工作成果，是指受托人按照合同的约定提出咨询报告、咨询意见或者对问题进行了解答，对此，委托人在没有符合法律规定的理由下拒绝接受；逾期接受工作成果，是指委托人超过合同约定的时间接受受托人交付的咨询报告、咨询意见或者对问题作出的解答。

2. 委托人违反技术咨询合同的违约责任。委托人未按期支付报酬的，应当补交报酬，并承担违约责任；未按照约定提供必要的资料，或者所提供的资料有严重缺陷，影响工作进度和质量的，已支付的报酬不得追回，未支付的报酬应当支付。给受托人造成损失的，应当承担违约责任。委托人逾期不提供或者不补充有关技术资料和工作条件，导致受托人无法开展工作的，受托人有权解除合同，委托人承担违约责任。但合同另有约定的除外。委托人不接受或者逾期不接受工作成果的，向受托人支付的报酬不得追回，未支付的报酬应当支付，并且还应当支付受托人因保管工作成果所支出的费用。

其二，受托人违反技术咨询合同。

1. 受托人违反技术咨询合同的违约行为。根据本条规定，受托人违反技术咨询合同的违约行为有二：（1）未按照合同约定的期限提出咨询报告。受托人订立技术咨询合同后，应当利用自己的技术知识、技术手段和人才优势，按照合同约定的期限完成咨询报告或者解答问题。按照期限完成委托任务，这是技术咨询合同中受托人应当履行好的最基本的最主要的义务。（2）提出的咨询报告不符合合同约定。受托人提出的咨询报告、咨询意见或者对问题的解答应当符合合同的约定。这是受托人在技术咨询合同中必须承担的核心义务，是对受托人的最基本的要求。如果受托人提出的咨询报告和意见不符合合同约定的要求，则为典型的违约行为。

2. 受托人违反技术咨询合同的违约责任。受托人迟延提交咨询报告和意见的，应当减收或者免收报酬，并承担违约责任；提供的咨询报告和意见不符合合同约定条件的，应当减收或者免收报酬，并承担违约责任；不提交咨询报告和意见，或者所提交的咨询报告和意见水平低劣，无参考价值的，应当免收报酬，并承担违约责任；受托人在接到委托人提交的技术资料和数据后，不进行调查论证，委托人有权解除合同，受托人应当返还委托人已付的报酬，并承担违约责任，但是合同另有约定的除外。

二、技术咨询合同涉及的决策风险责任

当事人可以在技术咨询合同中约定对咨询报告和意见的验收或者评价办法。合同没有约定的，按照合乎实用的一般要求组织鉴定。咨询报告和意见经验收合格后，合同即告终止。委托人是否采纳以及如何采纳受托人作出的咨询报告或者意见，由委托人自行决策。受托人对委托人实施咨询报告或意见所受到的损失，不负赔偿责任，除非合同另有约定。这就是技术咨询合同涉及的决策风险责任。

本条关于技术咨询合同涉及的决策责任的规定，目的是鼓励受托人积极向委托人提供咨询意见，但是受托人不能因此对委托人委托的技术项目不作调查研究，对咨询报告和意见不负责。如果受托人提供的咨询报告和意见没有科学依据，或者有明显的缺陷甚至错误，应当承担违约责任。

> **第八百八十二条** 技术服务合同的委托人应当按照约定提供工作条件，完成配合事项，接受工作成果并支付报酬。

【条文主旨】

本条是关于技术服务合同的委托人主要义务的规定。

【条文释义】

技术服务合同的委托人应当全面履行合同约定的义务，主要有：

一、按照合同的约定提供工作条件，完成配合事项

本条之所以规定，技术服务合同的委托人应当按照约定提供工作条件，完成配合事项，是因为技术服务合同的受托人解决的是委托人要求的特定的技术问题，而这一特定的技术问题是由委托人根据自己的特定情况提出的，委托人本身了解一些情况，因此需要委托人根据其所了解的情况，为受托人提供工作条件，只有双方互相配合，才能保证合同的顺利完成。本条所讲的提供工作条件，不仅仅是通常、大众所理解的物质条件，还应当包括提供下述具体条件或者具体事项：相关数据、图纸、资料；样品、场地等，以及技术进展或者已经完成的情况，这些条件都应当根据履行合同的需要在合同中约定清楚。合同一经约定，委托人就应当积极配合受托人完成。

二、接受工作成果

受托人完成的工作成果是根据委托人的要求作出的，因此，在合同履行过程中，受托人当然有义务接受受托方已经完成的部分工作成果，在合同全部履行完毕后，接受全部所有的工作成果。如果委托人不接受工作成果，在一定程度上会加重受托人的保管义务。故本条特别规定了委托人的接受工作成果这一义务。

三、支付报酬

受托人接受委托人委托的主要目的是，通过自己的劳动获得相应的报酬。这是市场经济条件下商品交换的基本规律，是从事市场经济活动的基本准则。为此本条规定，委托人应当按照约定支付报酬。本条中所讲的支付报酬，是指委托人按照合同约定的报酬的计算方法、支付方式、支付期间、支付地点、支付币种等，给付受托人履行完合同的劳动对价。

> **第八百八十三条** 技术服务合同的受托人应当按照约定完成服务项目，解决技术问题，保证工作质量，并传授解决技术问题的知识。

【条文主旨】

本条是关于技术服务合同的受托人主要义务的规定。

【条文释义】

技术服务合同的受托人应当全面履行合同约定的义务，主要有：

一、按照约定完成服务项目，解决技术问题，保证工作质量

受托人应当向委托人提供真正解决问题的技术。什么是真正解决问题的技术，这就需要双方当事人在合同中作出明确的约定。合同一经约定，受托人就应当按照合同约定的时间、数量、质量等要求完成委托人交付的工作，使委托人的技术问题得以解决。

二、传授解决技术问题的知识

委托人订立合同的目的是要得到技术，而这一技术是运用科学技术知识完成的特定的技术工作，这一工作的成果，有的表现为数据、图纸、软件、光盘等可以体现在一定载体上的信息，有的则表现为一种特殊的技能，需要口传心述，委托人才能掌握运用，如果没有受托人的传授，委托人难以掌握、应用。因此，本条规定受托人应当按照约定完成服务项目，并传授解决技术问题的知识。什么是传授？如何传授？为避免不必要的纠纷，也便于合同的履行，当事人应当在合同中作出具体、详细的约定。

> **第八百八十四条** 技术服务合同的委托人不履行合同义务或者履行合同义务不符合约定，影响工作进度和质量，不接受或者逾期接受工作成果的，支付的报酬不得追回，未支付的报酬应当支付。
>
> 技术服务合同的受托人未按照约定完成服务工作的，应当承担免收报酬等违约责任。

【条文主旨】

本条是关于技术服务合同的当事人违约责任的规定。

【条文释义】

技术服务合同的当事人违反合同约定，应当承担违约责任。

一、委托人的违约责任

委托人不履行合同义务或者履行合同义务不符合约定，影响工作进度和质量，不接受或者逾期接受工作成果的，支付的报酬不得追回，未支付的报酬应当支付。具体讲：

委托人未按照合同约定提供有关技术资料、数据、样品和工作条件，影响工作质量和进度的，应当如实支付报酬。委托人逾期不提供约定的物质技术条件的，受托人有权解除合同，委托人应当支付违约金或者赔偿由此给受托人造成的损失。

委托人逾期不支付报酬或者违约金的，应当交还工作成果，补交报酬，支付违约金或者赔偿损失。

委托人迟延接受工作成果的，应当支付违约金和保管费。委托人逾期不领取工作成果的，受托人有权处分工作成果，从所获得的收益中扣除报酬、违约金和保管费后剩余部分返还委托人，所获得的收益不足以抵偿报酬、违约金和保管费的，有权请求委托人赔偿损失。

此外，委托人还应当承担在接到受托人关于提供的技术资料、数据、样品、材料或者工作条件不符合合同约定的通知后，未能在约定的期限内补充、修改、更换或者不按期作出答复的责任；承担在履行合同期间，接到受托人因发现继续工作将会对材料、样品或者设备等有发生损坏危险而中止工作或者处理建议的通知后，未在约定的期限内作出答复的责任；承担违反保密义务，泄露受托人完成的需要保密的工作成果的责任。

二、受托人的违约责任

技术服务合同的受托人未按照合同约定完成服务工作的，应当承担免收报酬等违约责任。具体讲：

受托人迟延交付工作成果的，应当支付违约金。受托人逾期不交付工作成果的，委托人有权解除合同，受托人应当交还技术资料和样品，返还委托人已付的报酬，支付违约金或者赔偿损失。

受托人的工作成果、服务质量有缺陷，委托人同意利用的，受托人应当减收报酬并采取适当补救措施；工作成果、服务质量有严重缺陷，没有解决合同约定的技术问题的，受托人应当免收报酬，支付违约金或者赔偿损失。

受托人对委托人交付的样品、技术资料保管不善，造成灭失、缺少、变质、污染或者损坏的，应当支付违约金或者赔偿损失。

此外，受托人还应当承担发现委托人提供的技术资料、数据、样品、材料或者工作条件不符合合同约定，未能及时通知委托人的相应责任；承担在履行合同期间，发现继续工作会对材料、样品或者设备等有损坏危险而中止工作后，不及时通知委托人并未采取适当措施的相应责任；承担违反保密义务，泄露委托人提供的需要保密的技术资料、数据、样品的相应责任。

> **第八百八十五条** 技术咨询合同、技术服务合同履行过程中，受托人利用委托人提供的技术资料和工作条件完成的新的技术成果，属于受托人。委托人利用受托人的工作成果完成的新的技术成果，属于委托人。当事人另有约定的，按照其约定。

【条文主旨】

本条是关于技术咨询、技术服务合同履行过程中产生的技术成果的归属和分享的规定。

【条文释义】

技术咨询合同履行过程中，受托人在对委托人提供的数据、资料和背景材料进行研究分析、论证时，可能会产生新的技术成果；委托人根据受托人提供的咨询报告，在分析、论证的基础上，也可能会开发出新的技术成果。同样，技术服务合同的受托人有时会基于委托人提供的有关背景材料、技术资料、数据、样品和工作条件等派生出新的技术成果。委托人也可能在取得受托人的技术服务成果后，进行后续研究开发，利用所掌握的知识，创造出新的技术成果。

新的技术成果，是指技术咨询合同或者技术服务合同的当事人在履行合同义务之外派生完成的或者后续发展的技术成果。新的技术成果中不仅包含着受托人的技术知识，技术技能，智慧智力、劳动心血等，也包含着委托人提供的一些数据、资料、样品、背景材料、支付的费用，有的还可能提供了一些场地、建议、观点等，由此产生的新的技术成果，可以讲双方当事人都有贡献，为此，如果对新的技术成果没有约定或者约定不明确，就会产生权属纠纷。为了减少纠纷，本条对技术咨询、技术服务合同履行过程中产生的技术成果的归属和分享作了明确的规定。

处理这类技术成果的归属和分享的基本原则是：第一，谁完成谁拥有；第二，允许当事人作特别约定。故本条规定，技术咨询合同、技术服务合同履行过程中，受托人利用委托人提供的技术资料和工作条件完成的新的技术成果，属于受托人。委托人利用受托人的工作成果完成的新的技术成果，属于委托人。当事人另有约定的，按照其约定。

依据这一规定，当事人可以在技术咨询合同或者技术服务中约定这种可能产生的技术成果的归属和分享办法。当事人对履行技术咨询合同、技术服务合同所产生的新的技术成果的归属和分享办法的特别约定，优于法律的一般原则规定。如果当事人在合同中对新产生的技术成果的归属和分享办法没有约定，或者约定不明确，那么，受托人利用委托人提供的技术资料和工作条件完成的新的技术成果，属于受托人。委托人利用受托人的工作成果完成的新的技术成果，属于委托人。另一方无权参与分享新的技术成果。

> **第八百八十六条** 技术咨询合同和技术服务合同对受托人正常开展工作所需费用的负担没有约定或者约定不明确的，由受托人负担。

【条文主旨】

本条是对技术咨询合同和技术服务合同中受托人履行合同费用负担的规定。

【条文释义】

民法典对当事人订立技术合同特别是技术咨询合同和技术服务合同，当事人需要在合同中约定的事项已经作出了明确的规定和指引。在民法典合同编草案征求意见中，许多意见反映，特别是司法实务部门的同志反映，在实际生活中，当事人在签订技术咨询合同或者技术服务合同时，往往遗漏约定受托人开展正常工作所需要的费用由谁负担的问题，这类纠纷还很多，为解决这一问题，对人民法院适用法律提供明确的指导，《最高人民法院关于审理技术合同纠纷案件适用法律若干问题的解释》对此作了规定，该解释第31第1款规定，当事人对技术咨询合同受托人进行调查研究、分析论证、试验测定等所需费用的负担没有约定或者约定不明确的，由受托人承担。第35条第1款规定，当事人对技术服务合同受托人提供服务所需费用的负担没有约定或者约定不明确的，由受托人承担。建议立法部门将最高人民法院的这一司法解释规定，上升为法律作出规定。立法部门采纳了这一建议在本条规定，技术咨询合同和技术服务合同对受托人正常开展工作所需费用的负担没有约定或者约定不明确的，由受托人负担。

> **第八百八十七条** 法律、行政法规对技术中介合同、技术培训合同另有规定的，依照其规定。

【条文主旨】

本条是关于技术中介合同和技术培训合同法律适用的规定。

【条文释义】

技术中介合同，是指当事人一方以知识、技术、经验和信息为另一方与第三方订立技术合同进行联系、介绍、组织工业化开发并对履行合同提供服务所订立的合同。技术培训合同，是指当事人一方委托另一方对指定的专业技术人员进行特定项目的技术指导和专业训练所订立的合同，不包括职业培训、文化学习和按照行业、单位的计划进行的职工业余教育。

考虑到技术培训合同、技术中介合同与技术服务合同的内容大体相似，对技术培训合同与技术中介合同的特殊性问题还需进一步研究，故本条规定，法律、行政法规对技术中介合同、技术培训合同另有规定的，依照其规定。这一规定包括两个含义，一是本法之外的法律、行政法规对技术中介合同、技术培训合同另外有规定的，应当优先适应该规定。二是本法之外的其他法律、行政法规对技术中介合同、技术培训合同没有作出规定的，适用本章的有关规定。

第二十一章　保管合同

本章共十六条，对保管合同的定义、视为保管的情形、保管合同的成立、有偿与无偿、保管凭证、保管人的权利义务、寄存人的权利义务、贵重物品的寄存以及消费保管等作了规定。

> **第八百八十八条**　保管合同是保管人保管寄存人交付的保管物，并返还该物的合同。
>
> 　　寄存人到保管人处从事购物、就餐、住宿等活动，将物品存放在指定场所的，视为保管，但是当事人另有约定或者另有交易习惯的除外。

〖条文主旨〗

本条是关于保管合同定义的规定。

〖条文释义〗

保管合同又称寄托合同或者寄存合同，是指双方当事人约定一方将物交付他方保管，尔后他方返还保管物的合同。保管物品的一方称为保管人，或者称为受寄人，其所保管的物品称为保管物，或者称为寄托物，交付物品保管的一方称为寄存人，或者称为寄托人。

保管合同是一种重要的典型合同，在比较法上，大多数国家的民法典中都规定了保管合同。保管合同始于罗马法，在罗马法上被称为寄托。罗马法把寄托分为通常寄托与变例寄托。通常寄托，是指受寄人应于合同期满后将受托保管的原物返还寄托人，而变例寄托是指受寄人得返还同种类、品质、数量之物，包括金钱寄托、讼争物寄托及危难寄托。苏联民法不称寄托而称保管，其第422条规定："依照保管合同，一方应当保管另一方交给他的财产，并完好地返还该财产。"

保管合同的标的物，即保管合同所指向的对象。保管物是否限于动产，总体上来说有以下几种立法例：第一，以德国、意大利为代表的，在民法典中明确规定寄托物以动产为限。如《德国民法典》第688条规定："因寄托合同，受寄人有义务保管由寄托人交付给自己的动产。"《意大利民法典》第1760条对寄托下的定义为："寄托是一方接受他方的某个动产，负责保管并返还的契约。"《瑞士债务法》第472条、《比利时民法典》第1918条也有类似规定。《欧洲合同法原则》也规定，保管合同的标的物是动产或者有体物；无形财产如果没有载体，则不能采用保管合同；对有价证券采用特殊规则。第二，以日本和我国台湾地区为代表的，在对寄托下的定义中，不明确寄托物为动产或为不动产。如《日本民法典》第657条规定："寄托，因当事人一方约定为相对人保管而受取某物，而发生效力。"郭明瑞、王轶所著的《合同法新论·分则》中认为，"日本民法一般寄托中的标的物即包括动产也包括不动产，这是日本法的一个特点"。又例如我国台湾地区"民法"第589条规定："称寄托者，谓当事人一方以物交付他方，他方允为保管之契约。"我国台湾地区刘发鋆著的《民法债编分则实用》中对寄托标的物所作的解释是，"寄托标的物以物为限，无论为动产或不动产，为代替物或不代替物，均无不可"。可见我国台湾地区"民法"与日本民法对此规定是一脉相承的。第三，以我国澳门特区为代表的，在法律对寄托的定义中明确寄托物包括动产和不动产。澳门民法典第1111条规定，"寄托系指一方将动产或不动产交付他方保管，而他方于被要求返还时将之返还之合同"。

我国合同法第365条对保管合同下的定义中，也没有规定保管物以动产为限，民法典第888条关于保管合同定义沿用了合同法的规定。现实中保管不动产的例子是很多的，房屋、果园、池塘等都可以成为保管的对象。随着城镇化的不断发展，现在农村的很多年轻人都到城镇发展，自己在农村的房屋很多都空置着，为了防止自己的房屋遭到破坏，并得到必要的修缮维护，很多人都将房屋等交给自己的亲戚朋友进行保管。因此，法律有必要调整因委托他人保管不动产而形成的权利义务关系。

在理论上和实践中，对在购物中心、饭店、宾馆存放车辆等物品的法律性质以及这些物品丢失的赔偿责任，有不同的看法，分歧的焦点集中在购物中心、饭店、宾馆的购物、就餐、住宿中对存放的车辆是否有管护义务，以及这种管护义务的性质是什么上。主要的有以下几种看法：

第一种意见认为，消费者存放物品就与购物中心、饭店和宾馆成立了保管合同关系，双方为合同的当事人。如果支付费用就是有偿保管，没有支付费用就是无偿保管。对于发生的争议，应当按照合同的约定处理；没有明确约定的，则应当按照民法典合同编中关于保管合同的规定处理。

第二种意见认为，该管护义务为消费服务合同的义务。有的认为该管护义务本身就是购物、就餐、住店的消费服务合同的具体内容，属于从给付义务的范畴，为合同条款的重要组成部分；也有的认为是基于该消费服务合同而产生的附随义务。存放的物品丢失，属于购物中心、饭店、宾馆一方未尽合同义务，构成违约，应当承担违约责任。

第三种意见认为，该管护义务属于依照消费者权益保护法产生的法定管护义务。依照这种法定义务，购物中心、饭店、宾馆有责任为客人管护寄存物品，发生丢失，即为违反法定义务，构成侵权，应当按照侵权责任予以损害赔偿。

第四种意见认为，应当根据具体情况来确定购物中心、饭店、宾馆对车辆等物品的管护是有义务或者无义务，负有的义务是什么义务，是否应当赔偿以及怎样赔偿。例如，如果是购物中心、饭店、宾馆自己的停车场，客人的车辆停在这种内部停车场，而且支付了一定的费用，就是成立了单独的保管合同，应当按照保管合同处理。不属于内部停车场、没有交纳费用的，不产生保管责任，不应当予以赔偿。

相对于合同法而言，对此问题本条增加了第2款规定："寄存人到保管人处从事购物、就餐、住宿等活动，将物品存放在指定场所的，视为保管，但是当事人另有约定或者另有交易习惯的除外。"相比于德国和法国的规定，我国民法典将这种保管义务扩大到以购物、就餐和住宿等活动为业的经营者。现实生活中，保管合同主要是社会成员之间相互提供帮助，或者服务部门、公共场所向社会提供服务的一种方式，比如商场、车站、饭店、宾馆等场所，都设置了供人们寄存物品的特定场所，现在已经非常普遍。在这些场合，当事人之间往往没有达成书面的甚至是口头的合同，如果没有当事人特别约定或者存在交易习惯，一般认为当事人之间订立了保管合同。

此处规定的视为保管的情形需要具备两个条件：一是需要到购物中心、饭店、宾馆等场所从事购物、就餐、住宿等活动。二是需要将物品存放在指定的场所。购物中心、饭店、宾馆等，对于存放车辆或者其他物品，往往都设置了专门的停车场、寄存柜等设施，只有将车停放在其指定的停车场，或者将物品寄存在指定的寄存柜中，才能构成保管合同。如果擅自存放在其他区域，例如，饭店有内部停车场供就餐人员停车，亦要求来就餐的人员将车辆停放在该停车场，该停车场仍有停车位供客户使用时，客人未将车辆停放在该停车场内，而是为图方便停在饭店门口，此种情形下，双方之间不成立保管合同，即使车辆丢失，车辆所有人不能以双方存在保管合同为由主张饭店承担赔偿责任。

保管合同的主要法律特征有：

1. 保管合同为有偿合同或者无偿合同。根据本法第889条的规定，保管合同可以是有偿合同，也可以是无偿合同，由保管人和寄存人自行约定。当寄存人和保管人没有就是否支付报酬作出约定，或者约定不明确的，双方可以协议补充；不能达成补充协议的，按照合同相关条款或者交易习惯确定。

2. 保管合同为单务合同或者双务合同。关于保管合同究竟是单务合同还是双务合同，过去存在一定争议。有的认为应是单务合同，保管合同原则上为无偿合同，保管人负有保管义务，而寄存人不承担对应的义务。有的认为保管合同是双务合同，寄存人和保管人的权利义务是对应的，即使是无偿的保管合同，寄存人也有支付必要费用的义务。第三种观点认为，无偿的保管合同为单务合同，有偿的保管合同为双务合同。因为双务合同是指双方当事人互负具有对价意义的债务的合同，即双方当事人均负有一定义务，且双方的义务形成对待给付义务。无偿的保管合同中，寄存人向保管人支付保管所支出的必要费用，并非向保管人支付报酬，不构成对待给付，故应为单务合同。

3. 保管合同为要物合同。本法第890条规定："保管合同自保管物交付时成立，但是当事人另有约定的除外。"根据该规定，保管合同原则上为要物合同。

4. 保管合同为不要式合同。·本章并未对保管合同的订立形式作出规定，并不要求当事人必须以何种形式订立合同。订立保管合同可以是口头形式，也可以是书面形式，为不要式合同。

5. 保管合同为继续性合同。继续性合同，是指合同的内容，并非一次性给付可以完结，而是继续地实现。在保管合同中，保管人要持续地履行其保管义务，并不是一次履行即告完结，具有继续性的特点。作为继续性合同的保管合同解除的效果不同于非继续性合同，保管合同的解除仅向将来发生效力。

第八百八十九条 寄存人应当按照约定向保管人支付保管费。

当事人对保管费没有约定或者约定不明确，依据本法第五百一十条的规定仍不能确定的，视为无偿保管。

【条文主旨】

本条是关于保管合同的报酬的规定。

【条文释义】

保管合同可以是有偿合同，也可以是无偿合同。寄存人和保管人可以约定保管是有偿的，也可以约定保管是无偿的。如果约定保管是有偿的，寄存人应当按照约定的数额、期限、地点向保管人支付报酬，否则承担违约责任。有偿保管中，保管费是保管人所提供的保管服务的对价，支付保管费是寄存人的主要义务。在无偿保管合同中，寄存人不负有支付保管费的义务。

寄存人和保管人没有就是否支付报酬作出约定，或者约定不明确的，双方可以协议补充；不能达成补充协议的，按照合同相关条款或者交易习惯确定。所谓没有约定，是指在合同中完全没有提及保管费事宜。所谓约定不明确，是指虽然在保管合同中对保管费的问题有所涉及，但是并没有确定费用的具体数额或者计算方法等内容，导致无法确定具体的费用。所谓按照合同相关条款或者交易习惯确定，要考虑的问题主要有以下几点：一是当事人之间是否存在交易习惯或者惯例。例如，甲每个月都要出差一次，担心出差期间心爱的摩托车被盗，都要将其摩托车托付给邻居乙保管，乙表示需要收取一定的报酬。一年中，1月至11月双方都口头约定由甲向乙支付100元报酬并实际按此约定执行，而在12月双方并未作出支付保管费的约定，甲又将其摩托车交给乙保管，此时可以依据双方之间的交易习惯推定甲应向乙支付保管费，乙可以根据以往的交易习惯向其主张100元的报酬。二是根据保管人是否从事保管这个职业。如果双方没有约定报酬或者约定不明确，但是能够确定保管人就是从事保管这个职业的，如保管人是小件寄存的业主，依此应当推定该合同是有偿合同。三是依其他情形应当推定保管是有偿的。如就保管物的性质、保管的时间、地点和方式而言，一般人的判断都是有偿的，则应推定保管是有偿的。如果推定保管是有偿的，寄存人应当向保管人支付报酬。

当事人可以在合同中明确约定保管是无偿的。除此之外，在当事人未约定保管费的情况下，依照本法第510条的规定仍不能确定是有偿的，则保管是无偿的。即当事人未约定保管是有偿的或者是无偿的，按照合同相关条款或者交易习惯不能确定保管是有偿的情况下，就应推定是无偿的。确定保管合同的有偿与无偿，是保管合同的重要问题。我国民法典处理这个问题的基本原则就是依双方当事人意思自治。即双方当事人可以在合同中明确约定保管是有偿的或者是无偿的，在没有约定保管是否支付报酬的情况下，允许双方当事人协议补充，这也是当事人意思自治原则的体现。在不能达成补充协议的情况下，即双方当事人在履行合同时就此问题发生纠纷，人民法院或者仲裁机构可以依据合同中的相关条款或者交易习惯确定。确定的结果有两个：一是有偿的，二是无偿的。例如，甲在火车站将行李寄存在乙开的小件寄存处，双方就是否支付保管费发生争议，按乙是以此为业这个情形，甲应当向乙支付报酬。再如，甲到某超市购物，进入市场前将随身携带的挎包存放在超市的寄存处。甲购物后去提取挎包时，寄存处管理人员要求甲支付保管费，甲拒绝支付。在此案中，法院应当支持甲的主张，因为按照一般交易习惯，超市的寄存处是不应当收费的。有的保管合同中也可以约定有条件地收取保管费。例如，有的停车场规定，车辆进入该停车场停放的前10分钟是无偿的，超过10分钟开始收费。如果车辆只是临时停放，没有超过10分钟即开走，那么寄存人无需支付保管费；如果停放时间超过了10分钟，则寄存人需要按照约定支付保管费。

从传统上看，罗马法将保管合同规定为无偿合同。罗马法认为，受寄人如收取报酬，可以理解为受雇人收取报酬而为他人提供保管的劳务，将成为劳务租赁合同。在近现代西方国家的民事立法上一般也规定保管合同以无偿为原则，以有偿为补充。例如，《法国民法典》第1917条规定，"本义上的寄托本质上是一种无偿契约"。《日本民法典》第1917条亦规定，"通常寄存，本质上为无偿契约"。除西方国家外，我国台湾地区"民法"第589条第2款也规定，"受寄人除契约另有订定，或依情形，非受报酬……"这样规定的理由主要是：保管合同主要是社会成员之间相互提供帮助或服务部门向社会提供服务的一种方式，在现实生活中多是无偿的。我国强调的是保管合同是否有偿由当事人约定，在没有约定的情况下，依合同有关条款或者交易习惯不能确定是有偿的，则推定保管合同是无偿的。

> **第八百九十条** 保管合同自保管物交付时成立，但是当事人另有约定的除外。

【条文主旨】

本条是关于保管合同何时成立的规定。

【条文释义】

保管合同原则上为要物合同，即实践合同。保管合同的成立，不仅须有当事人双方意思表示一致，而且须有寄存人将保管物交付给保管人，即寄存人交付保管物是保管合同成立的要件。因此，保管合同是实践合同而非诺成合同。

从我国合同法第367条规定来看，我国保管合同的成立以保管物的交付为要件，即保管合同自保管物交付时成立。保管合同与仓储合同的性质基本上是一样的，但二者也有许多重要的区别，区别之一就是保管合同为实践合同，而仓储合同为诺成合同。因为仓储合同是专门从事保管业务的保管人（仓库）与存货人订立的合同，双方为实现各自的经济利益，基于诚实信用的原则，要求双方订立的合同为诺成合同，即从双方意思表示一致时起，合同成立，双方即受合同约束。而保管合同多为无偿，多数国家更以保管合同以无偿为原则在立法中予以体现，从符合社会传统和社会习惯的要求来看，应当规定保管合同为实践合同。例如甲和乙系邻居，甲和乙口头订立一合同，甲将一辆自行车委托乙代为保管，在甲未交付自行车给乙保管前，合同不成立。假如在这个阶段，甲决定不再把自行车交给乙保管，乙也不能追究甲的违约责任，反之，如果乙拒绝为甲保管自行车，也无需承担违约责任。

近几十年来，对在法律上是否应当规定实践合同，一直存在争议。一些学者认为，实践合同是法制史上的残留物，不具有实质意义，且要物性的要求不利于鼓励交易，因此，现代合同法不应当规定实践合同。另外，对实践合同而言，一方当事人在作出意思表示后却要待履行后才能发生效力，因此，在双方达成合意后至履行前一方毁约的，因为合同尚未生效，并不能追究其违约责任，只能通过缔约过失责任加以补救，这既不利于对善意一方当事人的保护，也不利于促使当事人履行诺言。

保管合同原则上是实践合同，其成立既要有双方为保管的要约和承诺，还要求寄存人有实际交付保管物的行为。在罗马法中，实践合同也被称为要物合同。将保管作为实践合同是与其所具有的无偿性联系在一起的。在 19 世纪和 20 世纪的立法中，这种制度仍然被保留，在这一时期，保管合同仍然被称为"物的合同"。

我国合同法第 367 条规定："保管合同自保管物交付时成立，但当事人另有约定的除外。"民法典延续了合同法的规定，根据本条规定，保管合同原则上属于要物合同，当事人意思表示一致，合同也不能成立，必须交付标的物保管合同才能成立。具体来说，第一，双方当事人达成合意，但还没有交付保管物，此时仍处于缔约阶段。所以，在形成合意之后，如果一方当事人反悔，并不承担违约责任，仅可能承担缔约过失责任。第二，寄存人将保管物交付给保管人。此处说的交付应当限于现实交付，而且应当交付给保管人。保管物的交付属于合同成立的要件，如果没有交付，应当认定合同不成立。第三，如果当事人有特别约定，自双方当事人达成合意时合同成立并生效，则该合同可以成为诺成合同。此时，保管物的交付就成为合同规定的义务。

保管合同尽管以保管物的交付为成立要件，但当事人另有约定的除外。例如当事人在合同中明确约定"自双方在合同上签名时合同成立""自合同签名之日起即生效力"，如果有这样的约定，则双方当事人自合同签名之日起即受合同约束，双方应当按照合同的约定履行自己的义务，不得擅自变更或者解除合同，否则承担违约责任。双方当事人在合同中作这样的约定，多是由于保管是有偿的，特别是保管人为了实现获得保管费的目的而订立的。当寄存人不交付保管物时，保管人就可以依法追究寄存人的违约责任。

> **第八百九十一条** 寄存人向保管人交付保管物的，保管人应当出具保管凭证，但是另有交易习惯的除外。

【条文主旨】

本条是关于保管人向寄存人出具保管凭证的义务的规定。

【条文释义】

寄存人向保管人交付保管物后，保管合同成立。保管人应当向寄存人出具保管凭证。出具保管凭证不是保管合同成立的形式要件，如果当事人另有约定或者依交易习惯无须出具保管凭证的，也可以不出具保管凭证，不影响保管合同的成立。

关于保管凭证与保管合同的关系，有的学者主张，在有保管凭证的保管中，保管人出具保管凭证后，保管合同始为成立。在无保管凭证的保管中，保管合同自寄存人交付保管物时起成立。这种观点的前提还是承认保管合同是实践合同，只是在有保管凭证的保管合同成立的时间上提出了不同的主张。这种观点没有解决在有保管凭证的保管合同中，在寄存人交付保管物后，一旦保管人应当出具而未出具保管凭证，合同是否成立的问题。所以不能把出具保管凭证作为合同成立的形式要件，而是以寄存人交付保管物作为合同成立的形式要件，只要寄存人交付了保管物，即使保管人应当出具保管凭证而未出具，也应当认定保管合同成立，否则极不利于保护寄存人的利益。

从原则上讲，寄存人向保管人交付保管物后，保管人就应当出具保管凭证，但当事人另有约定或者依交易习惯无须出具的除外。例如，在车站、码头等设立的小件寄存处，一般的交易习惯是出具保管凭证。而在某些商场外的停车场，按照交易习惯就不出具保管凭证，只要有车位就可以停车，只是出来时需付款，保管人出具付款凭证。

现实生活中，人们为了互相协助而发生的保管行为，多是无须出具保管凭证的，因为这是基于寄存人与保管人之间互相信任。但是出具保管凭证在现实社会生活和经济生活中具有重要意义。保管合同为不要式合同，多数情况下只有口头形式没有书面形式，因此保管凭证对确定保管人与寄存人、保管物的性质和数量、保管的时间和地点等具有重要作用。一旦双方发生纠纷，保管凭证将是最重要的证据。

> **第八百九十二条** 保管人应当妥善保管保管物。
>
> 当事人可以约定保管场所或者方法。除紧急情况或者为维护寄存人利益外，不得擅自改变保管场所或者方法。

【条文主旨】

本条是关于保管人对保管物尽妥善保管义务的规定。

【条文释义】

保管人负有返还保管物的义务，即保管合同只是转移物的占有而不转移物的所有权。保管合同的目的是为寄存人保管保管物，即维持保管物的现状并予以返还。因此，保管人为返还保管物并实现合同目的，应当妥善保管保管物，这是保管人应负的主要义务之一。

所谓"妥善保管"，是指保管人应当按照法律规定和当事人约定，并根据保管物的性质，提供适当的保管场所，采取适当的保管方法，使保管物处于完好状态。具体来说，"妥善保管"应当包括以下几个方面的内容：（1）提供适当的保管场所。这就是说，保管人所提供的场地，应当符合当事人的约定。如果合同没有约定，保管人应当根据保管物的性质，提供适于保管该物品的场所。如果保管物具有特殊的性质，保管人应当提供相应的保管条件。例如，保管人保管冰冻的海鲜产品，应当提供能够达到冷冻所要求的低温之冷库，用于存放该海鲜产品。（2）采取适当的保管方法。在保管过程中，保管人要根据保管物的性质、特点等，采取适当的保管方法。而且，保管人应当掌握相关的保管技术，从而实现妥善保管。例如，寄存人所寄存的是鲜活的鱼虾等海鲜，那么保管人不仅需要提供相应的场所，还需要掌握相关技术，采取适当方法，使鱼虾等海鲜得以存活，实现保管之目的。（3）除紧急情况或者为了维护寄存人利益外，不得擅自改变保管场所或者方法。在保管合同中，当事人为了实现保管的目的通常会就保管场所或者方法进行约定，除了出现紧急情况，或者为了维护寄存人的利益之外，保管人不得擅自变更合同约定的保管场所或者方法。而且，即使是在紧急情况下或者为了维护寄存人之利益而改变保管场所或者方法的，也应当及时通知寄存人。例如，因地震导致仓库即将坍塌的，保管人可以将保管物转移至安全地带。（4）保管人应当采取合理的预防措施，防止保管物的毁损、灭失。保管人要按合同约定的要求、保管物的性质等，采取积极妥当的措施，维护保管物的良好状态。因保管不善导致保管物毁损、灭失的，保管人应承担赔偿责任。例如，寄存的保管物为烟花爆竹等易燃易爆物品的，应当避免高温、明火环境，还应当设置明显标识，提示该保管物为易燃易爆物品，并严禁烟火，以防止发生爆炸。（5）当出现不利于保管物之保管的情事，可能导致合同目的不能实现时，应当采取必要合理之措施，避免保管物受到损害，或者将损害降低到最低限度。例如，当保管人发现存放保管物的仓库着火时，应当第一时间予以扑灭；当发现存放易燃易爆物品的仓库中有人吸烟时，应当立即进行制止。

依据本条第 2 款的规定，当事人可以约定保管场所或者保管方法。当事人已经约定的，应当从其约定；当事人无约定的，保管人应当依保管物的性质、合同目的以及诚实信用原则，妥善保管保管物。当事人约定了保管场所或者保管方法的，除紧急情况或者为了维护寄存人利益的以外，不得擅自改变保管场所或者方法。所谓紧急情况，如保管物因第三人的原因或者因自然原因，可能发生毁损、灭失的危险时，保管人除应当及时通知寄存人外，为了维护寄存人的利益，可以改变原来约定的保管场所或者保管方法。

寄存人寄存金钱、有价证券、珠宝或者其他贵重物品的，保管人应当按照贵重物品保管要求保管寄存的贵重物品。例如，将寄存的贵重物品存放到保险箱中，以防止丢失或者被盗。

> **第八百九十三条** 寄存人交付的保管物有瑕疵或者根据保管物的性质需要采取特殊保管措施的，寄存人应当将有关情况告知保管人。寄存人未告知，致使保管物受损失的，保管人不承担赔偿责任；保管人因此受损失的，除保管人知道或者应当知道且未采取补救措施外，寄存人应当承担赔偿责任。

〖条文主旨〗

本条是关于寄存人的告知义务的规定。

〖条文释义〗

寄存人对保管人负有告知的义务，包括以下两种情况：（1）如果保管物有瑕疵的，应当将真实情况如实告知保管人。此处所说的瑕疵，不同于买卖合同中的瑕疵，主要是指保管物自身存在的、可能造成保管物自身或者其他物品毁损、灭失的缺陷。由于保管物自身存在的缺陷，需要采取必要措施，否则既可能导致保管物自身的损害，也可能导致其他的损害。例如，寄存人发现存放的食用油等液体包装有瑕疵，可能导致泄露，造成保管物损失及其他物品污损的，应当及时告知保管人，采取重新包装或者改善包装等必要措施，以免造成保管物或者其他物品的损害。

（2）按照保管物的性质需要采取特殊保管措施的，寄存人应当告知保管人。所谓"保管物的性质"，如保管物属于易燃、易爆、有毒、有腐蚀性、有放射性等危险物品或者易变质物品。例如，存放某种容易腐坏变质的食物，如果不及时采取冷藏或者冷冻等措施，不仅可能导致该食物自身腐坏变质，而且还可能损害其他物品。之所以要对这类物品进行特殊保管，一方面，是因为这些保管物的性质决定了必须对其进行特殊的保管，否则将会造成这些保管物自身受损甚至灭失。例如，对于需要保持干燥的物品，就必须进行防潮防湿处理，保存在干燥的环境中。另一方面，对于这些物品的特殊保管，也是为了避免这些物品因保管不善造成其他物品的损害。例如，对于烟花爆竹等易燃易爆危险物品的保管，必须避免高温和明火。对于此类危险物品的保管，如果因为没有事先告知而未采取适当的保管方式，不仅可能导致保管物或者其他物品的损害，甚至可能导致保管人的生命安全或者健康受到损害。

寄存人违反前两项义务，使保管物本身遭受损失的，保管人不承担赔偿责任，即寄存人未履行相应的告知义务的，将使保管人免责。此处所说的免责，仅指因为寄存人未履行告知义务而造成保管财产自身损毁、灭失的，保管人对此免于承担赔偿责任。例如，对于易挥发的物品，由于寄存人未告知其特性，保管人未将该物品密封保存，导致保管物挥发殆尽，则保管人在没有其他过错的情况下，对此损失不承担赔偿责任。

寄存人违反前两项义务，使保管人的人身、财产遭受损失的，寄存人应当承担赔偿责任。例如，寄存人寄存易燃易爆危险物品未告知保管人，导致该保管物在保管过程中发生爆炸，造成保管人人身及财产损失的，寄存人应当对保管人承担相应的赔偿责任。但保管人知道或者应当知道并且未采取补救措施的，寄存人不承担赔偿责任。所谓"知道或者应当知道"，是指对保管物存在瑕疵或者需要采取特殊保管措施的情况，寄存人已事先明确告知，或者寄存人虽未明确告知，但在保管物上以明显的警示标识等显著方式提示保管人，又或者保管人根据双方的交易惯例以及以往的经验来看应当知道，等等。例如，寄存人寄存物品为玻璃酒杯，虽未明确告知保管人，但是在包装盒上已标注所装物品为玻璃酒杯，且在包装盒上设置了"易碎物品，轻拿轻放"的明显标识，则可推定保管人应当知道保管物为易碎物品的情况。所谓"保管人知道或者应当知道并且不采取补救措施"，是指保管人在接受寄存人交付的保管物时或者在保管期间，尽管寄存人违反了告知义务而没有告知，但保管人已经发现了保管物存在瑕疵、不合理的危险或者易变质等情况，没有将发现的情况及时通知寄存人并要求寄存人取回，或者主动采取一些特殊的保管措施，以避免损失的发生或扩大。法律规定在这种情况下保管人无权要求寄存人承担赔偿责任。例如在上述案例中，如果寄存人寄存易燃易爆危险物品，且已事先将该情况告知保管人，但是保管人没有采取适当的保管措施，如将该危险物品存放于高温场所，或者发现危险后未及时采取必要措施，如发现其工作人员在该危险物品存放的仓库抽烟未及时制止，导致危险物品发生爆炸，造成保管人人身、财产损失的，保管人不得请求寄存人承担赔偿责任。

> **第八百九十四条** 保管人不得将保管物转交第三人保管，但是当事人另有约定的除外。
>
> 保管人违反前款规定，将保管物转交第三人保管，造成保管物损失的，应当承担赔偿责任。

【条文主旨】

本条是关于保管人负有亲自保管保管物的义务的规定。

【条文释义】

在合同没有特别约定的情况下，保管人都应当亲自保管保管物。在保管合同的履行过程中，按照诚实信用的原则和本法第 551 条的规定，保管人在未征得寄存人同意的前提下，不得将保管物转交第三人保管，即应当亲自保管保管物。当事人另有约定的，不在此限。例如，双方当事人约定，当保管人因患病而不能亲自保管时，可以不经寄存人同意而将保管物转交第三人保管。

法律要求保管人亲自保管，对社会生活及交易的安全、稳定具有重要意义。对于为什么应当由保管人亲自保管，学界一般认为有以下几个原因：第一，在自然人之间因为相互协助而订立的保管合同，基本上是基于彼此之间相互信任的关系而订立的。正是基于此种信任，寄存人才将保管物交给保管人进行保管。保管人如果擅自将保管物交给第三人保管，就破坏了这种信任关系。或者说，保管合同是基于双方当事人之间的信赖关系成立的，这就决定了其具有一定的人身属性。例如，甲委托乙保管一个存折，主要是基于甲对乙的信任。甲如果对乙不信任，不会轻易将存折交给乙保管。正是由于甲对乙的信任，即甲确信他的存折由乙保管即安全、可靠，又能如期归还，所以才将存折交给乙保管。如果乙擅自将存折转交第三人保管，就辜负了甲对他的信任，并且可能给甲带来损失。第二，保管人常常可能有特殊的条件，具有可以妥善保管特定物品的技术或者设施等，从而能够实现保管合同的目的。这也是寄存人选择保管人的重要原因。如果保管物被交给第三人，可能因为缺乏相应的技术、设施等等，无法妥善保管标的物。例如，寄存人需要寄存的物品是需要冷冻保存的食物，那么其必然要选取具备相应冷冻条件的保管人来订立保管合同。如果保管人擅自将该保管物交给第三人保管，则寄存人无法确定该第三人是否具备相应的保管条件，由第三人保管可能会损害该保管物，给寄存人带来损失。第三，寄存人可能需要知道保管物实际上是由谁来保管。例如，在即时供货中，寄存人需要迅速将保管物取回，从而实现即时销售货物的目的。如果保管人未经寄存人同意，将保管物交给第三人保管，寄存人可能无法知道其货物的实际保管人，以至于无法及时提取货物并进行销售。此外，寄存人的保险费之中可能并不包括转保管。所以，从维护寄存人利益的角度考虑，保管人应当负有亲自保管的义务。

亲自保管义务包括两个方面的内容：一方面，保管人应当按照合同的约定，为实现合同目的而亲自保管保管物。亲自保管不仅包括保管人自己保管，也包括保管人使用辅助人进行保管。当然，保管人要对其选择的辅助人向寄存人负责，即如果因辅助人的行为导致没有实现保管的目的，保管人亦应当对此负责。

另一方面，未经寄存人的同意，保管人不得将保管物交给第三人保管。保管人将保管物交由第三人保管，在学说上一般称为"转保管"，该第三人可称为"次保管人"。在比较法上，许多国家的法律都禁止转保管。本条规定，"保管人不得将保管物转交第三人保管，但是当事人另有约定的除外"。从字面意思理解，只有经过寄存人同意，保管人才能转保管。对此，有的学者提出，应当作出例外规定。因为在紧急情况下，为了寄存人的利益需要转保管，但又无法与寄存人取得联系，应当允许保管人将保管物交给第三人保管。例如，保管人发现货物腐烂、变质，其并不具备必要的保管条件，此时又无法及时与寄存人取得联系的，应当允许保管人转保管。此观点不无道理。根据保管合同双方当事人之间的信任关系，原则上确实不允许保管人擅自进行转保管，主要是考虑擅自转保管可能损害寄存人的利益，如果保管人随意转保管，自己从中渔利，那么次保管人所获得之报酬自然低于寄存人支付保管人之报酬，可能降低保管的条件，使其不能妥善保管该保管物，导致保管物的毁损、灭失，造成寄存人的损失。但是，在理解本条规定时，还应当结合其他条款以及保管合同之性质、目的来理解。本法第 892 条规定，保管人应当妥善保管保管物。当事人可以约定保管场所或者方法。除紧急情况或者为维护寄存人利益外，不得擅自改变保管场所或者方法。根据该规定，保管人有妥善保管的义务，保管人有义务尽其能力促成保管合同目的之实现。在紧急情况下，如不转保管将导致保管物毁损、灭失，又无法及时联系寄存人征得其同意的，此时，为了维护寄存人之利益，实现保管合同之目的，保管人将保管物交给具有相应保管能力和条件的次保管人代为保管，不仅是履行其妥善保管义务的要求，符合合同目的，亦符合诚信原则和公平原则之要求。

保管人违反该义务，擅自将保管物转交第三人保管，使保管物因此造成损害，保管人应当承担赔偿责任。对保管物造成的损害强调的是基于保管人转保管的过错造成的损害。即如果保管人不将保管物转交第三人保管，而是自己亲自保管，就不会发生这种损害。在没有征得寄存人同意的情况下，第三人也即次保管人只是与保管人之间形成了合同关系，如果因次保管人的过错造成了保管物毁损、灭失，次保管人应当对保管人负责，而保管人应当对寄存人负责。责任的根据主要是违约，即没有取得寄存人的同意而进行转保管，应当由保管人承担违约责任。本条规定并未要求保管人或者次保管人在承担责任时必须具有过错。不论保管人是否经寄存人同意而进行转保管，亦不论保管人或者次保管人是否具有过错，只要没有实现合同之目的而出现违约，保管人都要承担相应的赔偿责任。

> **第八百九十五条** 保管人不得使用或者许可第三人使用保管物，但是当事人另有约定的除外。

【条文主旨】

本条是关于保管人不得使用或者许可第三人使用保管物义务的规定。

【条文释义】

保管合同，寄存人只转移保管物的占有给保管人，而不转移使用权和收益权，更不转移处分权，即保管人只有权占有保管物，而不能利用保管过程中占有之便，擅自使用保管物。这是保管合同的一般原则。特殊保管合同，即消费保管则另当别论（消费保管是保管人保管货币或者其他可替代物，保管人在接受货币或者其他可替代物后，依双方的约定，该货币或者其他可替代物的所有权移转给保管人，保管人当然享有对该物的使用权、收益权和处分权，而只需以同种类、品质、数量的物返还即可。消费保管是一种特殊的保管，与普通保管具有诸多区别，普通保管的某些规则对消费保管来说不一定适用。对消费保管将在本法第901条中详细论述）。

本条规定，保管人不得使用或者许可第三人使用保管物，但是当事人另有约定的除外。保管人不得使用或者许可他人使用保管物的规定，为任意性规定，当事人可以通过约定排除其适用。此规定有利于保护寄存人的利益。保管合同的目的是为寄存人保管保管物，一般要求是维持保管物的现状，保管人虽然没有使保管物升值的义务，但负有尽量避免减损其价值的义务。如果允许保管人随意使用保管物，则容易造成保管物的折旧甚至毁损、灭失，从而损害寄存人的利益。因此，法律规定禁止保管人使用或者许可第三人使用保管物。当事人另有约定的不在此限。例如，甲、乙系邻居，甲要出国很长时间，于是委托乙保管电视机。双方约定，为避免电视机长期闲置而造成损坏，乙可以对电视机适当使用。以上事例还是出于保管的目的。如果甲、乙双方约定，乙可以任意使用，也无须向甲支付报酬，这实际和借用合同无异，而不再是保管合同。因为保管合同的目的还是使保管物保持原状并予以返还。在某些特殊情况下，如果保管人是为寄存人的利益或者妥善保管保管物的需要，未来得及征得寄存人同意，或者因为特殊原因不能及时与寄存人取得联系的，可以不经寄存人同意而使用保管物。例如在上述案例中，甲委托乙保管电视机，未约定乙可以使用，但是甲出国时间很长，如果长期不使用，电视机将会受到损坏。而甲到了国外后与乙失去联系，在这种情况下，为了避免该电视机因长期不使用而受损坏，乙可以偶尔打开电视机进行使用。这种情况下保管人未经委托人而使用保管物，不仅是为了寄存人的利益，也是保管人履行妥善保管保管物的义务的体现。

当事人没有在合同中预先约定保管人可以使用保管物，或者保管人未经寄存人同意而擅自使用或者许可第三人使用保管物，造成保管物损坏的，保管人应当承担赔偿责任。有些国家还规定，即使没有造成保管物损坏的，也应当按照保管物的使用之价值，对寄存人给付相当之报酬补偿。

> **第八百九十六条** 第三人对保管物主张权利的，除依法对保管物采取保全或者执行措施外，保管人应当履行向寄存人返还保管物的义务。
> 第三人对保管人提起诉讼或者对保管物申请扣押的，保管人应当及时通知寄存人。

【条文主旨】

本条是关于保管人返还保管物的义务及危险通知义务的规定。

【条文释义】

保管人返还保管物是保管人的一项基本义务。依据本法第899条规定，无论当事人是否约定保管期间，寄存人均享有随时领取保管物的权利，保管人需应寄存人的请求随时负有返还保管物的义务。

保管人保管货币的，应当返还相同种类、数量的货币。保管其他可替代物的，应当按照约定返还相同种类、品质、数量的物品。

保管人负有返还保管物的义务，但由于第三人的原因而使履行返还义务发生危险时，保管人应当及时通知寄存人。按照本条第2款之规定，第三人对保管物主张权利而对保管人提起诉讼或者对保管物申请扣押的，保管人应当及时通知寄存人。这是法律规定在此种情形之下保管人的通知义务，有的学者将其称为保管人的危险通知义务。通知的目的在于使寄存人及时参加诉讼，以维护自己的合法权益。保管人可以请求法院更换寄存人为被告，因为保管人根本不是所有权人，这是第三人与寄存人之间的争议。如果第三人向法院申请对保管物采取财产保全措施，例如第三人在诉讼前向法院申请财产保全，请求扣押保管物，法院在扣押保管物后，保管人应当及时通知寄存人，以便寄存人及时向法院交涉，或者提供担保以解除保全措施。

法律之所以规定保管人的危险通知义务，主要是因为：一方面，保管人的危险通知义务是与其返还义务相关的，因为危险的发生可能会导致保管人不能返还保管物。另一方面，要求保管人进行危险通知，也有利于维护寄存人的利益。在第三人对保管物提起诉讼或者对保管物申请扣押时，寄存人并不实际占有该保管物，其可能不知晓或者无法知晓该情况，如果保管人及时通知寄存人，则可以使寄存人及时采取相应的措施维护自身的合法利益，使其免受损害。如果保管人没有及时通知寄存人，造成寄存人损失的，应当承担相应责任。

第三人对保管物主张权利，除保管物已经被法院采取财产保全措施或者已经被法院强制执行而不能返还的以外，保管人仍应当履行向寄存人返还保管物的义务。这一规定明确了在第三人对保管物主张权利时，保管人应当将保管物返还给寄存人而不是第三人。

"第三人对保管物主张权利"，是指第三人主张保管物并非属于寄存人所有等可能引发保管物的权属争议的情形，包括第三人认为该保管物是属于他所有而被他人非法占有时，向人民法院起诉，请求法院依法强令不法占有人返还原物。财产保全，是指人民法院在案件受理前或者诉讼过程中，为保证将来生效判决的顺利执行，对当事人的财产或者争议的标的物采取的强制措施。我国民事诉讼法第 100 条和第 101 条对诉讼财产保全和诉前财产保全规定了应当具备的条件。财产保全限于给付之诉，目的是防止因当事人一方的不当行为（如出卖、转移、隐匿、毁损争议标的物等行为）使判决不能执行或者难以执行。财产保全的措施有查封、扣押、冻结或法律规定的其他方法。执行，是指人民法院的执行组织依照法律规定的程序，对发生法律效力的法律文书确定的给付内容，运用国家的强制力依法采取执行措施，强制义务人履行义务的行为。执行的措施就保管合同的保管物而言，主要是强令交付，即强令将保管物交付所有权人，或者先由法院采取扣押的措施，再转交给所有权人。例如甲非法占有乙的财物，乙起诉到法院要求甲返还，法院判决甲向乙返还原物。但甲为对抗法院的判决，而将该财物存放在丙处，由丙保管。这时法院即可对由丙保管的财物采取执行措施，强令丙将财物返还给乙。此后丙当然不再负有向甲返还保管物的义务。

> **第八百九十七条** 保管期内，因保管人保管不善造成保管物毁损、灭失的，保管人应当承担赔偿责任。但是，无偿保管人证明自己没有故意或者重大过失的，不承担赔偿责任。

【条文主旨】

本条是关于保管物在毁损、灭失的情况下，保管人责任的规定。

【条文释义】

保管人应当对保管物尽到妥善保管的义务。保管期间，因保管人保管不善造成保管物毁损、灭失的，原则上保管人都应当承担赔偿责任。保管在有偿与无偿的情况下，保管人责任的大小（或者轻重）应有所区别。

通过区分有偿和无偿的保管合同，分别确定保管人不同的注意义务是合理的，符合权利义务对等的原则，也符合一般的生活常识。据此，本条规定亦区分了无偿保管和有偿保管中保管人的责任承担。

根据本条规定，保管是有偿的，保管人应当对保管期间保管物的毁损、灭失承担赔偿责任，但是保管人能够证明自己没有过错的除外。所谓"保管人能够证明自己没有过错"，是指保管人能够证明已经尽到了妥善保管义务。此外，保管物的毁损、灭失是由于保管物自身的性质或者包装不符合约定造成的，保管人也不承担责任。例如，因寄存人的过错，对保管物包装不良，致使寄存的汽油挥发的，保管人不承担赔偿责任。

保管是无偿的，保管人仅对其故意或者重大过失造成保管物毁损、灭失的情形承担赔偿责任。保管人故意造成保管物毁损、灭失的，尽管保管是无偿的，保管人承担赔偿责任也是理所应当的。此外，在保管是无偿的情况下，保管人对因重大过失造成保管物毁损、灭失的后果也应当承担赔偿责任。所谓"重大过失"，是指保管人对保管物明知可能造成毁损、灭失而轻率地作为或者不作为。没有故意或者重大过失的举证责任在于保管人一方。如其能证明自己无故意或者重大过失的，即可认为已尽到妥善保管之义务，对保管物之损失可以免责。

总的来说，无偿保管与有偿保管的区别是：在有偿的情况下，无论保管人是故意还是过失，保管人都应对保管物的毁损、灭失负责；在无偿的情况下，保管人只对故意或者重大过失造成保管物毁损、灭失的后果负责，一般轻微过失不负责。二者的相同点是：凡是因不可归责于保管人的事由造成保管物毁损、灭失的，保管人都不承担赔偿责任。

> **第八百九十八条　寄存人寄存货币、有价证券或者其他贵重物品的，应当向保管人声明，由保管人验收或者封存；寄存人未声明的，该物品毁损、灭失后，保管人可以按照一般物品予以赔偿。**

【条文主旨】

本条是关于寄存贵重物品的规定。

【条文释义】

寄存人对货币等贵重物品的寄存应当负有声明义务。实践中，人们寄存的物品品类各异、价值不一，一般而言，寄存人不必将其寄存的物品一一向保管人进行告知，不仅费时费事，保管人可能也并不关心寄存物品的具体内容。然而，当寄存人寄存的是贵重物品时，寄存人负有向保管人声明的义务。寄存人单就货币、有价证券或者如珠宝等贵重物品进行寄存的，应当向保管人声明，声明的内容是保管物的性质及数量，保管人在验收后进行保管，或者以封存的方式进行保管。这主要是因为：第一，对寄存贵重物品收取的保管费可能不同。对不同物品的寄存，保管人可能会收取不同的保管费。如果寄存的是贵重物品，保管人将承担更高的风险，不仅要采取更加严密的保管措施，而且还需要更加谨慎的态度，承担更高的注意义务，因此也理应获得更高的收益。如果寄存人不声明保管物是贵重物品，则保管人对此并不知情，可能仅按照一般保管物来收取保管费。第二，保管人对其承担的风险和责任有合理预期。保管的贵重物品一旦遗失或者受损，保管人需要承担巨额的赔偿责任。如果寄存人不声明贵重保管物品的性质，则保管人对于保管物品的保管风险以及赔偿责任等，难以产生相应的预期，而此时让其承担高额的赔偿责任显然是不公平的。第三，妥当保管贵重物品的需要。声明了保管财产的性质之后，对于贵重物品，保管人要进行验收或者封存，并且采取合适的方式进行保管。保管人会对贵重物品这类特殊的保管物尽到特别的注意，以更好地履行保管义务。如果寄存人没有声明，则保管人不知情而只能按一般保管物进行保管，采用的保管方式可能不妥当。例如，如果寄存人声明所寄存的物品为贵重的珠宝首饰，则保管人可能需要使用保险柜来进行保管。

本条规定的保管需要明确两个问题：第一，本条规定的寄存货币不属于消费保管，而是要求保管人返还原物的合同。如客人将金钱交由旅店保管，旅店之主人验收后予以封存，并负返还原物的义务。第二，寄存货币、有价证券、珠宝等贵重物品而形成的保管合同与商业银行的保管箱业务或者饭店提供的保险箱服务不同。

如果寄存人履行了这种声明义务，寄存的贵重物品损毁、灭失的，保管人应当承担全部赔偿责任；如果寄存人违反了寄存贵重物品的声明义务，保管人可以只按照一般物品予以赔偿。寄存人将货币、有价证券或者其他贵重物品夹杂于其他物品之中，按一般物品寄存，且在寄存时未声明其中有贵重物品并经保管人验收或者封存的，如果货币、有价证券或者其他贵重物品与一般物品一并毁损、灭失，保管人不承担货币、有价证券或者其他贵重物品损、灭失的赔偿责任，只按照一般物品予以赔偿。此处所说的"一般物品"，应当结合具体案情进行考虑，如考虑当事人的实际情况、保管的场所等因素。

> **第八百九十九条** 寄存人可以随时领取保管物。
> 当事人对保管期限没有约定或者约定不明确的，保管人可以随时请求寄存人领取保管物；约定保管期限的，保管人无特别事由，不得请求寄存人提前领取保管物。

【条文主旨】

本条是关于寄存人领取保管物的规定。

【 条文释义 】

保管合同未约定保管期限的，寄存人可以随时领取保管物；保管合同约定了保管期限的，寄存人也可以随时领取保管物。这是寄存人的权利，同时又是保管人的义务，即保管人得应寄存人的请求，随时返还保管物。这样规定的理由是：保管的目的是为寄存人保管财物，当寄存人认为保管的目的已经实现时，尽管约定的保管期间还未届满，为了寄存人的利益，寄存人可以提前领取保管物。而且寄存人随时领取保管物，也不问保管为有偿或无偿。保管是无偿的，寄存人提前领取保管物，可以提早解除保管人的义务，对保管人实为有利；保管是有偿的，只要寄存人认为已实现保管目的而要求提前领取的，保管人也无阻碍之理。

在这一点上，保管合同与仓储合同不同。在仓储合同中，只有在对仓储期限没有约定或者约定不明确的情况下，寄存人才能随时提取。对于保管合同而言，则不存在这种限制。但这并不意味着期限的规定毫无意义。期限的主要意义在于：一方面，保管期限对保管人具有约束力，在保管期限届满前，保管人无特别事由，不得违反期限的约定，要求寄存人提前领取保管物。但是如果保管合同对保管期间没有约定或者约定不明确的，保管人可以随时要求寄存人提取保管物。另一方面，超过约定的保管期限后，保管人有权要求寄存人提取保管物。如果没有规定期限，保管人可以随时要求寄存人提取保管物。如果寄存人不及时领取，需要支付额外的费用。此外，在保管合同规定了保管期间的情况下，如果寄存人提前领取保管物的，则应当支付相应的费用，这种费用的计算要考虑到保管人需要支付的人力、物力等成本。

当事人未约定保管期限的，根据本法第 511 条的规定，当事人不能达成补充协议，且按照合同相关条款或者交易习惯仍不能确定的，保管合同自然可以随时终止。不但寄存人可以随时领取保管物而终止合同，保管人也可以随时请求寄存人领取保管物而终止合同，但是保管人应当给予寄存人必要的准备时间。

当事人约定保管期限的，保管人在保管期间届满后，应当按时返还保管物。寄存人如未及时领取保管物的，保管人应当通知寄存人领取。领取时间依合同约定，领取地点一般为保管物所在地。保管期限主要是为了寄存人的利益而设立的，而且有偿保管的保管人收取了与保管期限相应的保管费，即便是无偿保管的保管人，基于诚信原则，如果保管人没有特别事由，亦不得请求寄存人提前领取保管物。所谓"特别事由"，主要是指因不可抗力，或者保管人的原因，导致其难以继续履行保管义务，如因地震导致保管库房部分坍塌，不再具备相应的保管条件，或者保管人患病、丧失行为能力等。

第九百条　保管期限届满或者寄存人提前领取保管物的，保管人应当将原物及其孳息归还寄存人。

【条文主旨】

本条是关于保管人返还保管物及其孳息的规定。

【条文释义】

保管期间届满保管人返还保管物，或者应寄存人的要求随时返还保管物，是保管人的一项基本义务。在一般的保管合同中，保管人并不取得保管物的所有权，因此，在保管期限届满或者寄存人提前领取保管物时，保管人应当将保管物予以返还。保管人返还保管物的原则是使保管物维持其交付时的状态，另外在返还原物的同时要返还孳息。

就保管人返还原物的义务而言，主要针对的是一般保管合同。在一般保管合同中，保管物具有特定性，保管人所返还的应当是寄存人所交付的原物，而不应是相同种类、数量、品质的物。但是，在特殊保管合同即消费保管中，则不要求保管人必须返还原物，对消费保管将在本法第 901 条中详细论述。

但是保管人还应当将保管物的孳息一并返还寄存人。孳息是指原物产生的额外利益，包括天然孳息和法定孳息。天然孳息是原物根据自然规律产生的物，如幼畜。法定孳息是原物根据法律规定产生的物，如存款利息、股利、租金等。根据物权的一般原则，除法律或合同另有约定外，孳息归原物所有人所有。在保管合同中，保管物仅是转移了占有，保管人并不享有保管物的所有权，所有权仍归寄存人享有，保管期间保管物所生孳息的所有权亦归属于寄存人。因此，保管人除返还保管物外，如果保管物有孳息的，还应一并返还孳息。例如，甲为乙保管一头母牛，如果在保管期间母牛产出小牛的，保管人甲应当将母牛及其幼畜一并返还寄存人乙。当然，本条规定是任意性规定，如果当事人对保管期间保管物孳息的归属另有约定的，应当按照其约定。如在上述案例中，甲乙约定小牛作为保管的报酬归甲所有，这样保管人甲就不在承担返还孳息的义务。

第九百零一条　保管人保管货币的，可以返还相同种类、数量的货币；保管其他可替代物的，可以按照约定返还相同种类、品质、数量的物品。

【条文主旨】

本条是关于消费保管的规定。

【条文释义】

消费保管也称为不规则保管，是指保管物为可替代物时，如约定将保管物的所有权移转于保管人，保管期间届满由保管人以同种类、品质、数量的物返还的保管而言。

消费保管合同与一般保管合同有以下几点不同：

1. 消费保管合同的保管物必须为可替代物，即种类物。种类物是相对于特定物而言的，是指以品种、质量、规格或度量衡确定，不需具体指定的转让物，如标号相同的水泥，相同品牌、规格的电视机等。货币是一种特殊的种类物。消费保管合同的保管物只能是种类物，而不能是特定物。特定物是指具有独立特征或被权利人指定，不能以他物替代的转让物，包括独一无二的物和从一类物中指定而特定化的物，如齐白石的画、从一批解放牌汽车中挑选出来的某一辆。寄存人就特定物寄存，保管人只能返还原物。

2. 并不是所有种类物的寄存都属于消费保管合同。例如本法第 898 条规定的寄存货币的情形，就属于需返还原货币的一般保管合同，而不属于消费保管合同。消费保管合同必须是当事人约定将保管物的所有权移转于保管人，保管人在接受保管物后享有占有、使用、收益和处分的权利。不过，在保管物为货币的情况下，则不需要特别约定将货币所有权转移给保管人，因为货币作为特殊种类物，具有高度可替代性，一般适用"占有即所有"的原则。寄存人将货币交付给保管人，货币的所有权也就自然转移给保管人。而一般的保管合同，保管人只是在保管期间占有保管物，原则上不转移保管物所有权，保管人也不能使用保管物，这是消费保管与一般保管的重要区别之一。对于种类物的寄存，寄存人与保管人可以选择一般保管或者消费保管。如果寄存人和保管人特别约定转移保管物的所有权，则属于消费保管，保管人取得保管物所有权，返还相同种类、品质、数量的物品即可。寄存人也可能并不希望保管人进行使用、收益，而且寄存的种类物价格也在不断变化，保管人能否按期如数返还，也难以确定。所以寄存人可能不会订立消费保管合同而选择一般保管。在没有特别约定的情况下，应当认为货币的保管为消费保管，其他可替代物的保管则是普通保管。

3. 既然保管物的所有权转移至保管人，因此从寄存人交付时起，保管人就享有该物的利益，并承担该物的风险。在一般保管中，保管物的所有权不发生转移，该物的利益如孳息由寄存人享有，风险由寄存人承担，即保管物在保管期间因意外发生损毁、灭失的风险由寄存人承担。

4. 消费保管的保管人仅须以同种类、品质、数量的物返还即可。而一般保管的保管人须返还原保管物。当保管人不履行返还义务时，一般保管的寄存人可以行使返还原物请求权，而消费保管的寄存人则只能请求保管人承担违约责任。

寄存货币的消费保管合同与储蓄合同非常相似。这两种合同的标的物都是货币这种种类物，无论是消费保管还是借款合同，在标的物交付之后，都发生所有权的转移。因此有些学者认为储蓄合同就是消费保管合同。但是二者是不同的。寄存货币的消费保管合同的目的侧重于为寄存人保管货币，一般不向寄存人支付利息。而储蓄合同中的存款人的目的除有保管货币的目的外，还有获取利息的目的。在我国，储蓄合同实际上是一种借款合同，借款合同是独立的有名合同，因此将储蓄合同归入消费保管合同实无必要，而且不利于保护存款人的利益和金融业务的需要。

寄存货币的消费保管合同与民间借贷有着本质上的区别。民间借贷合同是从借款人借款的角度来规定双方的权利义务关系，而寄存货币的消费保管主要是从寄存人寄存货币的角度来规定双方的权利义务关系。当事人订立民间借贷合同的目的是借贷，当事人之间形成债权债务关系，贷款人享有的是金钱债权，借款人的义务主要是按期偿还所借款项和利息，在合同期限届满时，不仅要返还所借贷的本金，还要支付约定的利息。而当事人订立货币的消费保管合同的目的是对保管物的保管，当事人之间形成保管合同关系，寄存人享有请求返还相同种类、数量的货币的权利，保管人只需返还相同种类、数量的货币即可，不用返还孳息或者支付利息。而且保管合同的寄存人可以随时领取保管物，在民间借贷等借款合同中，借款人应按约定的期限返还，即便是对借款期限没有约定或者约定不明确，依据本法第 510 条的规定仍不能确定的，贷款人也只能催告借款人在合理期限内返还，借款合同的贷款人不能随时要求借款人返还借款。所以，二者有许多不同之处，不能用同一种法律规范来调整。

> **第九百零二条** 有偿的保管合同，寄存人应当按照约定的期限向保管人支付保管费。
>
> 当事人对支付期限没有约定或者约定不明确，依据本法第五百一十条的规定仍不能确定的，应当在领取保管物的同时支付。

【条文主旨】

本条是关于保管费支付期限的规定。

【条文释义】

在有偿的保管合同中，支付保管费是寄存人的基本义务，寄存人应当按照约定的期限向保管人支付保管费。有关保管费的支付标准、支付时间、支付地点等都应当遵守合同的约定。合同约定了保管费的具体数额，寄存人就应当按照合同约定进行支付。合同约定一次性支付，就不能分期支付。例如仓储合同中可以约定，存货人在提取仓储物后 5 日内支付仓储费。但是在一般的保管合同中，寄存人一般应于保管关系终止时支付保管费。无论寄存人是在保管期间届满领取保管物，还是提前领取保管物而终止保管合同，寄存人都应当在领取保管物的同时支付保管费。

当事人订立的分期保管的保管合同，寄存人应当按照约定的期限向保管人支付保管费。例如，甲与其住宅区的存车处签订了 1 年存放自行车的合同，即属于分期保管的合同。分期保管合同，就是约定了明确的保管期间，在此期间内，寄存人可以多次提取和存放保管物。而一次性的保管合同，寄存人提取保管物后，保管合同即可终止。这是分期保管合同与一般保管合同的根本区别。甲在与存车处的合同中约定，保管费每月 5 元，于每月的 1—4 日内到存车处交付。甲即需按照合同约定的期限按时交付存车费。

仓储合同或者分期保管合同中对支付期限没有约定或者约定不明确的，当事人可以协议补充，不能达成补充协议的，按照合同相关条款或者交易习惯确定。例如甲与存车处的合同中没有约定保管费的支付期限，但是按照存车处与其他寄存人的合同约定的支付期限都是每月的 1—4 日，这就是交易习惯，甲也应在每月的 1—4 日内交费。

如果依据本法第 510 条的规定仍然无法确定保管费支付的期限，则应当在领取保管物的同时支付。因为在一般情况下，保管人都是先提供服务，寄存人后支付保管费。在这点上，保管和买卖存在区别。从比较法上来看，大多认为应当在保管到期时支付保管费。当然，当事人可以就保管费用支付的时间作出特别约定。

> **第九百零三条** 寄存人未按照约定支付保管费或者其他费用的，保管人对保管物享有留置权，但是当事人另有约定的除外。

【条文主旨】

本条是关于保管人留置权的规定。

【条文释义】

依据本法第 889 条的规定，当事人可以在合同中约定寄存人向保管人给付报酬，以及给付报酬的数额、方式、地点等。当事人有此约定的，寄存人应当按照约定向保管人支付报酬，即保管费。

所谓"其他费用"，是指保管人为保管保管物而实际支出的必要费用。必要费用，是保管人为了实现物的保管目的，以维持保管物之原状而支出的费用。必要费用不同于保管费，保管费是指寄存人应当支付给保管人的报酬，只存在于有偿保管中；而必要费用则指保管人为实现保管合同的目的，在保管过程中所支付的必要的花销，如保管人支付的电费、场地费用、交通运输费用等。这些费用即便是在无偿保管的过程中也会产生。

法律没有明确规定必要费用的负担者，首先应当尊重当事人的意思自治，有约定的从其约定。具体来说，对必要费用的处理应当区分有偿保管和无偿保管，主要有以下几种情况：第一，当事人约定是有偿保管，保管人为保管保管物而实际支出的费用往往已经包含于报酬（保管费）之内，当然当事人也可以约定在支付保管费之外，另行支付必要费用；第二，当事人约定是无偿保管，但可以约定寄存人应当支付为保管而支出的实际费用。如有此约定，寄存人应依约定行事。即使无此约定，按照公平原则，寄存人也应当支付为保管而支出的实际费用。在此情形下，当寄存人不支付必要费用时，无偿保管的保管人亦可以请求寄存人承担违约责任。

寄存人违反约定不支付保管费或者其他费用的，保管人对保管物享有留置权，即以该财产折价或者以拍卖、变卖该财产的价款优先受偿的权利。但需要注意的是，依照本法物权编第十九章留置权中的规定，保管人在留置保管物后，应当与债务人约定留置财产后债务履行期限，没有约定或者约定不明确的，应当给予寄存人不少于 2 个月的期限履行债务，鲜活易腐等不易保管的动产除外。如果寄存人逾期仍不履行债务，保管人才可以处理留置的财产。而且在这段时间内，保管人仍负有妥善保管留置物的义务，如果保管不善致使留置物毁、灭失的，保管人应当承担相应的民事责任。当事人另有约定的，也可以不行使留置权。因保管合同发生的债权，债权人享有的留置权虽然是法定的留置权，但是当事人可以约定不行使留置权。例如寄存人寄存的手表是寄存人祖传的，对寄存人具有特殊意义，可以与保管人在合同中约定，即使寄存人未按照约定支付保管费，保管人也不得对该手表进行留置。

依据本条规定，在寄存人没有按期支付保管费或者其他费用的情况下，保管人对保管物享有留置权，以此作为因保管产生的保管费和其他费用的担保。

保管人享有留置权必须符合如下要件：（1）寄存人到期未支付保管费及其他费用。根据本法第 902 条的规定，寄存人应当按照约定的期限支付保管费，没有约定或者约定不明确，依据本法第 510 条的规定仍不能确定保管费支付期限的，应当在领取保管物的同时支付。如果在这些期限届满时，寄存人未支付保管费，则保管人有权留置保管物。（2）保管人占有保管物。留置权的发生要求权利人合法占有留置物，因此，在保管合同中，如果保管人将保管物交付给寄存人，则无法取得对保管物的留置权。（3）寄存人与保管人没有事先约定不得留置保管物。保管人的留置权虽然是法定的担保物权，但是当事人仍然可以通过合同约定排除可以留置的财产。本法第 449 条亦规定："法律规定或者当事人约定不得留置的动产，不得留置。"本条关于保管人留置权的规定属于任意性规定，当事人可以通过约定排除其适用。保管人对保管物的留置权，亦适用本法第二编物权编第十九章关于留置权的规定。

第二十二章　仓储合同

　　本章共十五条，对仓储合同的定义、成立、危险物品的储存、仓储物的验收、仓单的性质和作用以及存货人和保管人的权利义务等作了规定。

> **第九百零四条**　仓储合同是保管人储存存货人交付的仓储物，存货人支付仓储费的合同。

【条文主旨】

　　本条是关于仓储合同定义的规定。

【条文释义】

　　仓储合同，是指当事人双方约定由保管人（又称仓管人或仓库营业人）为存货人保管储存的货物，存货人支付仓储费的合同。仓储合同具有以下特征：

　　1. 保管人必须是具有仓库营业资质的人，即具有仓储设施、仓储设备，专事仓储保管业务的人。这是仓储合同主体上的重要特征。主要是考虑到仓储往往涉及特种标的物的保管，例如，易燃、易爆、具有腐蚀性或者放射性的、需要进行冷藏或者冷冻保存的货物等，都对保管人的资质具有特殊的要求，一般的民事主体不能完成这种仓储工作。而保管合同的主体可以为一般民事主体，因此法律对保管合同的保管人没有资质上的特别要求。

2. 仓储合同的对象仅为动产，不动产不可能成为仓储合同的对象。因为仓储人主要是利用自己的仓库为存货人储存货物，不动产无法储存到仓库中。保管合同的标的物包括动产和不动产。与保管合同相比，存货人储存的仓储物一般为大宗商品，储存量比较大，而保管物则可大可小。

3. 仓储合同为诺成合同。仓储合同自保管人和存货人意思表示一致时成立。保管合同是实践合同，也称为要物合同。保管合同除双方当事人达成合意外，还必须有寄存人交付保管物，合同从保管物交付时起成立。这是仓储合同与保管合同的重要区别之一。

4. 仓储合同为不要式合同，可以是书面形式，也可以是口头形式。保管合同对合同订立的形式也没有特别要求，同样是不要式合同。

5. 仓储合同为双务、有偿合同。保管人提供储存、保管的义务，存货人承担支付仓储费的义务。保管合同可以为双务、有偿合同，也可以是单务、无偿合同。

6. 仓单是仓储合同的重要特征。

仓储合同的定义确定了保管人和存货人的主要义务。保管人的主要义务是储存存货人交付的仓储物，而存货人的主要义务是支付仓储费。

储存存货人交付的仓储物是保管人的主要义务，换言之，就是要妥善保管仓储物。这种义务主要包括以下几个方面的内容：（1）保管人应当具备储存仓储物的相应资质，并能提供符合约定的保管条件。本法第 906 条第 3 款规定："保管人储存易燃、易爆、有毒、有腐蚀性、有放射性等危险物品的，应当具备相应的保管条件。"（2）保管人应当亲自保管，不得擅自转交他人保管。存货人之所以选择特定的保管人进行保管，是基于对保管人的设备、技能和专业经验的信赖，如果保管人将仓储物交由他人保管，也会使存货人的这种信赖落空，从而有损存货人的利益。仓储合同的保管人资质可能有特别的要求，如果允许保管人委托他人保管，受托人可能不具备相应的保管资质。将仓储物交由第三人保管，可能会加大仓储物毁损、灭失的风险，同时也可能导致保险公司拒绝赔付，这就不利于维护存货人的利益。（3）保管人应当尽到善良管理人的义务。保管人对仓储物有妥善保管的义务，保管人应当按照有关规定和保管合同中约定的保管条件和保管要求妥善进行保管。仓储合同的保管人应当采取一定的措施，防止仓储物的毁损、灭失或者贬值。对于危险物品和易变质物品等，必须按照有关规定和合同约定进行保管。保管人应当经常对储存设施和储存设备进行维修和保养。还应当经常对仓储物进行巡视和检查，注意防火防盗。此外，为了存货人的利益，保管人在符合约定的保管条件和保管要求的情况下，发现仓储物变质、损坏，或者有变质、损坏的危险时，及时通知存货人或者仓单持有人，这其中包括对临近失效期的仓储物，如果仓储物的变质或者损坏可能危及其他仓储物的安全和正常保管，还应当及时通知存货人或者仓单持有人作出必要处置。在仓储物遭受损害之后，无论损害是由保管人还是第三人造成的，保管人都应当尽量避免损害的扩大，采取合理措施避免和减少不必要的损失。

支付仓储费是存货人的主要义务。本章虽然没有对仓储费的支付时间进行明确规定，根据本法第918条的规定，可以适用前一章"保管合同"的有关规定，即本法第902条的规定。也就是说，存货人应当按照约定的期限向保管人支付仓储费。当事人对支付期限没有约定或者约定不明确，依据本法第510条的规定仍不能确定的，应当在提取仓储物的同时支付。如果存货人拒绝支付仓储费，则保管人有权留置仓储物。本法第903条规定："寄存人未按照约定支付保管费或者其他费用的，保管人对保管物享有留置权，但是当事人另有约定的除外。"该规定也适用于仓储合同，故当存货人未按时支付仓储费时，保管人亦有权留置存货人的仓储物。

> **第九百零五条　仓储合同自保管人和存货人意思表示一致时成立。**

【条文主旨】

本条是关于仓储合同何时成立的规定。

【条文释义】

合同法第382条规定："仓储合同自成立时生效。"该条规定了仓储合同生效的时间，至于仓储合同何时成立，没有作出明确规定。学界对仓储合同是实践合同还是诺成合同一直存在争议。有的学者主张仓储合同为实践合同。这种主张不利于交易的安全和稳定。因为仓储合同是双务有偿合同。无论是存货人还是保管人都有商业营利的需要，特别是保管人就是以替他人储存、保管货物为业的。保管人接受仓储物予以储存，存货人支付仓储费，双方就是一种交易行为，如果规定仓储合同为实践合同，则不利于这种交易的安全和稳定。多数学者则认为仓储合同是诺成合同。

本条规定明确了仓储合同是诺成合同。诺成合同，又称为不要物合同，即双方当事人意思表示一致就可成立、生效的合同。而保管合同是实践合同，或称为要物合同。保管合同除双方当事人达成合意外，寄存人还应当交付保管物，合同从保管物交付时起成立。这是仓储合同与保管合同的重要区别之一。

仓储合同为诺成合同，有利于保护保管人的利益。因为在仓储合同订立后，存货人交付仓储物前，保管人往往要做很多的准备工作，例如采购相应的设施设备，准备可供储存相应仓储物的仓库，搜集仓储物相关资料，招聘特定的保管人员以及对保管人员进行技术培训等，需要付出大量的人力物力财力。如果仓储合同订立后，存货人在交付仓储物前反悔，保管人无法就前期准备工作的费用向存货人主张，可能遭受较大的损失。这种损失不仅包括前期准备工作的费用，还包括因为与存货人订立仓储合同而放弃或者丧失与其他人订立合同的机会。如果存货人在订立仓储合同后交付仓储物前可以随时反悔使合同不成立，对于保管人显然是不公平的，也不符合诚信原则的要求。而仓储合同为诺成合同，也有利于保护存货人的利益。在仓储合同中，存货人存放的一般都是大宗商品。在交付时，如果保管人反悔，或者不能提供足够的储存场所，可能使存货人的货物因无处存放而毁损、灭失，给存货人造成巨大损失。如果仓储合同为实践合同，则存货人交付货物前合同尚未成立。只有在保管人实际接收了货物以后，仓储合同才成立，保管人才要对存货人负责，对于其反悔或者不能提供足够储存场所，导致货物不能入库发生毁损、灭失，造成存货人的损失，保管人无须承担责任，这对于存货人来说显然也是不公平的。如果仓储合同为诺成合同，一方面，保管人在仓储合同签订后，可以安心地为履约开展各种准备工作，以保证能够提供足够的储存场所，提供相应的保管条件，无需担心存货人届时不交付货物。如果保管人已经做好充分准备，而存货人却不交付货物，即构成违约，保管人可以就其损失向存货人主张赔偿。另一方面，存货人也无需担心在合同签订后、交付货物前，担心保管人是否开始做好充分准备，以在交付时能够提供足够的储存场所和相应的保管条件，是否有能力对其货物进行妥善保管。如果交付货物时保管人不能提供必要的储存场所，或者提供的场所等条件不符合约定，给存货人造成损失，存货人可以请求保管人承担违约责任。可见，仓储合同为诺成合同，不仅有利于保护存货人和保管人的合法权益，也有利于维护交易安全和稳定。在民法典编纂过程中，有的意见提出，应当明确规定仓储合同为诺成合同。经认真研究，采纳了这一建议。因此本条规定："仓储合同自保管人和存货人意思表示一致时成立。"仓储合同只需要双方当事人意思表示一致即可成立，不以存货人交付货物为要件。

第九百零六条　储存易燃、易爆、有毒、有腐蚀性、有放射性等危险物品或者易变质物品的，存货人应当说明该物品的性质，提供有关资料。

存货人违反前款规定的，保管人可以拒收仓储物，也可以采取相应措施以避免损失的发生，因此产生的费用由存货人负担。

保管人储存易燃、易爆、有毒、有腐蚀性、有放射性等危险物品的，应当具备相应的保管条件。

【条文主旨】

本条是关于储存危险物品和易变质物品的规定。

【条文释义】

存货人储存易燃、易爆、有毒、有腐蚀性、有放射性等危险物品或者易变质物品，负有向保管人说明的义务，即应当向保管人说明该物的性质。所谓"说明"，应当是在合同订立时予以说明，并在合同中注明。这是诚实信用原则的必然要求。如果存货人在订立合同后或者在交付仓储物时才予以说明，那么保管人根据自身的保管条件和技术能力，如果不能保管的，则可以拒收仓储物或者解除合同。无论当事人是否在合同中约定，存货人都负有这种说明义务。主要是考虑到仓储物如果是易燃易爆等危险物品或者易变质物品，如果不采取特殊的保管措施，提供相应的保管条件，不仅会造成仓储物本身的损害，而且其具有的巨大危险性可能还会导致人身伤亡或者重大财产损害等严重的后果。因此在比较法上，大多数国家都规定了存货人负有这种说明义务，应当向保管人说明仓储物的特殊性质。

存货人除应当对需要储存的危险物品及易变质物品的性质作出说明外，还应当提供有关资料，以便保管人进一步了解该危险物品的性质，为储存该危险物品作必要的准备。提供的资料主要是关于仓储物本身的性质特点，以及保管该仓储物的注意事项。

存货人没有说明所储存的货物是危险物品或易变质物品，也没有提供有关资料，保管人在入库验收时，发现是危险物品或易变质物品的，保管人可以拒收仓储物。保管人在接收仓储物后发现是危险物品或易变质物品的，除及时通知存货人外，也可以采取相应措施，以避免损害的发生，因此产生的费用由存货人承担，例如将危险物品搬出仓库转移至安全地带。如果存货人没有对仓储物的性质作出说明并提供有关资料，导致仓储物毁损、灭失的，保管人不承担赔偿责任。而如果存货人没有对危险物品的性质作出说明并提供有关资料，从而给保管人的财产或者其他存货人的货物造成损害的，存货人还应当承担赔偿责任。例如，存货人未向保管人说明其交付的仓储物是易燃易爆物品并提供相关材料，导致仓储物发生爆炸，造成保管人仓库及其他仓储物受到损害的，存货人应当承担赔偿责任。

保管人储存易燃、易爆、有毒、有腐蚀性、有放射性等危险物品的，应当具备相应的保管条件。如果保管人不具备相应的保管条件，就对上述危险物品予以储存，对自身造成的损害，存货人不负赔偿责任。

> **第九百零七条** 保管人应当按照约定对入库仓储物进行验收。保管人验收时发现入库仓储物与约定不符合的，应当及时通知存货人。保管人验收后，发生仓储物的品种、数量、质量不符合约定的，保管人应当承担赔偿责任。

【条文主旨】

本条是关于仓储物验收的规定。

【条文释义】

本条确立了保管人入库验收的义务。验收就是指保管人对仓储物的数量、规格、品质等进行检验，以确定是否属于合同约定的仓储物。保管人验收仓储物有利于其妥善保管仓储物，还具有保存证据的作用。验收是接收的前提，只有在验收之后，保管人才能决定是否接收仓储物。保管人验收之后，同意接收货物的，保管人就应当开始对仓储物进行妥善保管。

保管人和存货人应当在合同中对入库货物的验收问题作出约定。验收问题的主要内容有三项：一是验收项目；二是验收方法；三是验收期限。

1. 保管人的正常验收项目为：货物的品名、规格、数量、外包装状况，以及无须开箱拆捆直观可见可辨的质量情况。包装内的货物品名、规格、数量，以外包装或货物上的标记为准；外包装或货物上无标记的，以供货方提供的验收资料为准。散装货物按国家有关规定或合同规定验收。

2. 验收方法为：全部验收和按比例验收。

3. 验收期限：验收期限自货物和验收资料全部送达保管人之日起，至验收报告送出之日止。

保管人应当按照合同约定的验收项目、验收方法和验收期限进行验收。保管人验收时发现入库的仓储物与约定不符的，如发现入库的仓储物的品名、规格、数量、外包装状况与合同中的约定不一致的，应当及时通知存货人。由存货人作出解释，或者修改合同，或者将不符合约定的货物予以退回。

保管人验收后发生仓储物的品种、数量、质量不符合约定的，保管人应当承担赔偿责任。验收之后，保管人接收货物，已经实际占有仓储物，开始承担保管义务。如果发生仓储物的品种、数量、质量不符合约定的情况，则可以推定保管人未尽到妥善保管义务，由其承担相应的赔偿责任。在理解本条保管人的赔偿责任时，品种、数量不符合约定，应当承担赔偿责任较为明确；质量问题的赔偿责任，要注意以下两点：（1）这里讲的是质量不符合约定。对不同条件、不同性质的仓储物的质量，可以按照交易习惯和当事人的特别约定来确定。（2）如果约定不明确，发生质量问题是否由保管人承担赔偿责任，依照本法第917条的规定，因仓储物的性质、包装不符合约定等造成变质、损坏的，保管人不负赔偿责任。

> **第九百零八条　存货人交付仓储物的，保管人应当出具仓单、入库单等凭证。**

【条文主旨】

本条是关于保管人出具仓单、入库单等凭证的义务的规定。

【条文释义】

仓单或者入库单是保管人收到仓储物后给存货人开具的表示其收到仓储物的凭证，也是存货人提取仓储物的凭证。保管人在验收完毕之后，应当及时向存货人出具仓单或者入库单等凭证。保管人向存货人出具仓单或者入库单等凭证，就表明其已经接收了货物。如果保管人在检验货物时发现与合同约定不符合的，应当及时通知存货人。

仓单、入库单等凭证的作用表现在以下几点：

1. 仓单、入库单等凭证可以证明保管人已收到仓储物，以及保管人和存货人之间仓储关系的存在。

2. 仓单、入库单等是提取仓储物的凭证。存货人或者仓单持有人应当凭仓单、入库单等凭证提取仓储物。

此外，仓单还是有价证券的一种，其性质为记名的物权证券。物权证券是以物权为证券权利内容的证券。仓单是提取仓储物的凭证，也是存货人对仓储物享有所有权的凭证。仓单发生转移，仓储物的所有权也发生转移。存货人在仓单上背书并经保管人签名或者盖章，可以转让提取仓储物的权利。仓单作为一种有价证券、权利凭证，根据本法第440条的规定，仓单可以出质。仓单持有人既可以通过背书转让仓单项下货物的所有权，也可以将仓单出质。而入库单没有背书转让或者出质的功能。这是仓单和入库单等其他凭证的重要区别。

关于仓单与仓储合同的关系：仓单不能代替仓储合同。无论当事人采用书面形式还是采用口头形式，当事人订立合同后即受合同约束。存货人交付仓储物是履行合同，而保管人出具仓单也是履行合同。尽管仓单中记载了仓储合同中的主要内容，但仓单不是仓储合同，只是作为仓储合同的凭证。仓单与仓储合同的关系如同提单与海上货物运输合同的关系一样，依据我国海商法第44条规定，提单是作为海上货物运输合同的凭证。

仓单作为一种有价证券，有的国家的立法采两券主义，即保管人在收到仓储物后应同时填发两张仓单：一为提取仓单，作为提取仓储物和通过背书转让仓储物之用；另一为出质仓单，以供仓储物出质之用。我国民法典合同编采一券主义，即保管人只填发一张仓单，该仓单除作为已收取仓储物的凭证和提取仓储物的凭证外，既可以通过背书转让仓单项下货物的所有权，也可以用于出质。本法第910条规定，仓单是提取仓储物的凭证。存货人或者仓单持有人在仓单上背书并经保管人签名或者盖章的，可以转让提取仓储物的权利。本法第440条明确规定，仓单可以出质。第441条中规定，以仓单出质的，质权自仓单交付质权人时设立。

> **第九百零九条** 保管人应当在仓单上签名或者盖章。仓单包括下列事项：
>
> （一）存货人的姓名或者名称和住所；
>
> （二）仓储物的品种、数量、质量、包装及其件数和标记；
>
> （三）仓储物的损耗标准；
>
> （四）储存场所；
>
> （五）储存期限；
>
> （六）仓储费；
>
> （七）仓储物已经办理保险的，其保险金额、期间以及保险人的名称；
>
> （八）填发人、填发地和填发日期。

【条文主旨】

本条是关于仓单应记载事项的规定。

【条文释义】

仓单是收取仓储物的凭证和提取仓储物的凭证，仓单还可以通过背书转让或出质，因此仓单应当具备一定的形式。

无论仓单是转让还是出质，受让人和质权人并不了解存货人和保管人之间的合同的具体内容，因此法律规定了仓单应当记载的事项，以便受让人或质权人明确自己的权利和行使自己的权利。

1. 仓单上必须有保管人的签名或者盖章，否则不生仓单应有之效力。保管人的签名或者盖章，是仓单发生效力的必备条件，其签名和盖章才能表明保管人认可存货人已经交付了仓储物的事实，也表明其已经验收并接收了符合约定的仓储物。这有利于保证仓单的真实性，保护保管人的合法权益。

2. 仓单是记名证券，因此仓单上应当记载存货人的名称或者姓名及住所，否则不符合记名证券的本质特征。

3. 仓单可经背书而产生物权移转之效力，因此对仓储物详细情况的记载是必须的，仓单上应明确记载仓储物的品种、数量、质量、包装、件数和标记。

4. 仓单上应记载仓储物的损耗标准。仓储物可能在储存的过程中发生自然损耗，确定自然损耗的标准可以区分于因保管人保管不善所导致的仓储物的损失。这对提取仓储物和转让仓储物是至关重要的，可以避免很多纠纷的发生。

5. 仓单上应记载储存场所，如果仓单经背书转让，则仓单持有人就可以明确仓储物的储存场所。储存场所不仅是保管人实际储存仓储物的地点，也是存货人或者仓单持有人提取仓储物的地点，对于确定合同履行地具有重要意义。

6. 仓单上应记载储存期间。储存期间届满时，存货人或者仓单持有人应当提取仓储物。如果仓单经背书转让，则仓单持有人就可以明确应在多长时间内提取仓储物。当事人对储存期间没有约定或者约定不明确，并不会影响仓储合同和仓单的效力，只是存货人或者仓单持有人可以随时提取仓储物，保管人也可以随时请求存货人或者仓单持有人提取仓储物。

7. 仓单上应记载仓储费。支付仓储费是存货人的主要义务。如果当事人约定提取仓储物时支付仓储费，仓单经背书而转让，则仓单持有人在提取仓储物时应支付仓储费。

8. 仓储物已经办理保险的，其保险金额、期间以及保险公司的名称应在仓单上注明。仓储物已经办理保险的，如果存货人转让仓储物，则保险费可以计入成本。转让以后，受让人享受保险利益，一旦发生保险合同中约定的保险事故，受让人可以找保险公司索赔。因此仓单上记载上述事项是非常必要的。

9. 仓单上应记载填发人、填发地和填发日期。这是任何物权证券的基本要求，提单也是如此。

> **第九百一十条** 仓单是提取仓储物的凭证。存货人或者仓单持有人在仓单上背书并经保管人签名或者盖章的，可以转让提取仓储物的权利。

【条文主旨】

本条是关于仓单转让和出质的规定。

【条文释义】

我国民法典对仓单采一券主义，仓单既可以依法转让，也可以依法出质。

仓单作为有价证券，所以可以流通。流通的形式有两种：一是转让仓单，即转让仓单项下仓储物的所有权；二是以仓单出质，质权人即享有提取仓单项下仓储物的权利，仓单转让的，仓单持有人即成为所有权人，可以依法提取仓储物。以仓单出质的，适用民法典物权编中关于质权的规定。依据本法第442条规定，仓单上载明提货日期的，如果提货日期先于债务履行期到期的，质权人可以在债务履行期届满前提货，并与出质人协议将提取的货物用于提前清偿所担保的债权或者向与出质人约定的第三人提存。

无论是仓单转让还是仓单出质，都应当通过法定的形式才能生效。仓单的转让或者出质，必须由存货人或者仓单持有人在仓单上背书。所谓"背书"，是指存货人在仓单的背面或者粘单上记载被背书人（受让人）的名称或姓名、住所等有关事项的行为。因为仓单是有价证券，其转让应当符合有价证券转让的一般要求，即需要进行背书。而且，多次转让仓单的，背书还要有连续性。背书的连续性主要是为了保证每个背书人都是有权转让仓单项下权利的人。有权利提取仓储物的权利人是最后一个被背书人即最终的受让人或者质权人。

存货人转让仓单不仅需要在仓单上背书，还要经保管人签名或者盖章始生效力。如果只在仓单上背书但未经保管人签名或者盖章，即使交付了仓单，转让行为也不发生效力。为什么要经保管人签名或者盖章呢？因为保管人是仓储物的合法占有人，而仓储物的所有权仍归存货人，为保护存货人的所有权，防止其他人以不法途径获得仓单，从而损害存货人的利益，也使保管人自己免予承担不应有的责任，因此存货人转让仓单的，除存货人应当在仓单上背书外，还应当由保管人在仓单上签名或者盖章，仓单转让的行为才发生效力。

存货人以仓单出质的，应当与质权人签订质押合同，在仓单上背书并经保管人签名或者盖章，并将仓单交付质权人，质权才能设立。因为一旦债务人不能在债务履行期间届满前履行债务，质权人就享有提取仓储物的权利。因此，如果没有存货人（出质人）在仓单上背书和保管人在仓单上签名或者盖章，质权人就不能提取仓储物，同样，也只有存货人（出质人）在仓单上背书和保管人的签名或者盖章，才有助于保护存货人的所有权和保管人的合法占有。

> **第九百一十一条　保管人根据存货人或者仓单持有人的要求，应当同意其检查仓储物或者提取样品。**

【条文主旨】

本条是关于仓单持有人有权检查仓储物或者提取样品的规定。

【条文释义】

存货人将货物存置于仓库，存货人为了了解仓库堆藏及保管的安全程度与保管行为，保管人因存货人的请求，应允许其进入仓库检查仓储物或者提取样品。存货人或者仓单持有人提出检查仓储物或者提取样品的要求，应当在必要的限度和适当的时间内进行，不应不当地增加保管人的管理成本。

由于仓单是物权证券，存货人可以转让仓单项下仓储物的所有权，也可以对仓单项下的仓储物设定担保物权，即出质。仓单经背书并经保管人签名或者盖章而转让或出质的，仓单受让人或质权人即成为仓单持有人。无论是转让仓单还是出质仓单，仓单持有人与存货人一样，都有检查仓储物或者提取样品的权利。

> **第九百一十二条　保管人发现入库仓储物有变质或者其他损坏的，应当及时通知存货人或者仓单持有人。**

【条文主旨】

本条是关于保管人在仓储物变质或者其他损坏情况下的通知义务的规定。

【条文释义】

保管人对仓储物有妥善保管的义务，保管人应当按照保管合同中约定的保管条件和保管要求妥善进行保管。保管人因保管不善造成仓储物变质或者其他损坏的，应当承担赔偿责任。例如，保管条件已不符合原来的约定，如合同约定用冷藏库储存水果，但冷藏库的制冷设施发生故障，保管人不采取及时修理等补救措施，致使水果腐烂变质的，保管人应承担赔偿责任。

保管人在符合合同约定的保管条件和保管要求进行保管的情况下，因仓储物的性质、包装不符合约定或者超过有效储存期，造成仓储物变质、损坏的，尽管保管人不承担责任，但是保管人应当及时将此种情况通知存货人或者仓单持有人。即使仓储物没有变质或其他损坏，但有发生变质或其他损坏的危险时，存货人也应当及时通知存货人或者仓单持有人。这是对保管人的更进一步要求。

本法第 509 条第 1 款和第 2 款规定："当事人应当按照约定全面履行自己的义务。当事人应当遵循诚信原则，根据合同的性质、目的和交易习惯履行通知、协助、保密等义务。"也就是说，当事人除按合同约定履行自己的义务以外，还应当按照诚信原则及合同的性质、目的和交易习惯履行合同中没有约定的通知、协助、保密等义务。本条的规定就是本法第 509 条规定的精神的具体化。保管人应当按照诚信原则，根据仓储合同的性质、目的及交易习惯，在仓储物有变质、损坏或者有变质、损坏的危险时，及时通知存货人或者仓单持有人。

保管人在储存仓储物的过程中，发现仓储物有变质或者其他损坏，或者有发生变质、损坏的危险时，应当及时通知存货人或者仓单持有人，使其尽快采取相应措施，避免发生更大的损失。如果仓储物的变质、损坏或者可能导致仓储物变质、损坏的危险是由于保管人未尽到妥善保管之义务，则其不仅要承担相应的赔偿责任，还应当及时采取必要合理的补救措施防止损失的扩大。即便仓储物的变质、损坏或者可能导致仓储物变质、损坏的危险并非由于可归责于保管人的原因，例如是由于仓储物的性质、包装不符合约定，保管人发现仓储物的变质、损坏或者可能导致仓储物变质、损坏的危险时，基于善良管理人之义务，亦应当及时通知存货人或者仓单持有人，并采取必要措施以防止损失的扩大。

此种通知义务，主要适用于保管人发现仓储物有变质或者其他损坏时，亦可以包括发现仓储物有变质或者其他损坏的危险时，如保管人发现货物包装破损可能造成仓储物的变质或者其他损坏。

> **第九百一十三条** 保管人发现入库仓储物有变质或者其他损坏，危及其他仓储物的安全和正常保管的，应当催告存货人或者仓单持有人作出必要的处置。因情况紧急，保管人可以作出必要的处置；但是，事后应当将该情况及时通知存货人或者仓单持有人。

【条文主旨】

本条是关于保管人对有变质或者其他损坏的仓储物如何处理的规定。

【条文释义】

依据本法第 912 条的规定，保管人对入库仓储物发现有变质或者其他损坏，不论是否可归责于保管人，保管人均应及时通知存货人或者仓单持有人。保管人发现入库仓储物有变质或者其他损坏，这种变质或损坏是非可归责于保管人的原因造成的，例如是因仓储物的性质、包装不符合约定造成仓储物本身的变质或损坏，保管人除及时通知存货人或者仓单持有人外，如果该仓储物已经危及其他仓储物的安全和正常保管的，那就不只是通知的问题了，还应当催告存货人或者仓单持有人作出必要的处置。因情况紧急，保管人可以做出必要的处置，但事后应当将该情况及时通知存货人或者仓单持有人。保管人承担催告义务的条件，一是保管人发现入库仓储物有变质或者其他损坏；二是仓储物的变质或者其他损坏已经危及其他仓储物的安全和正常保管。如果只是轻微的变质或者损坏，保管人可以自行处理，也就无须通知存货人或者仓单持有人。如果仓储物的变质或者损坏比较严重，可能危及到其他仓储物的安全和正常保管时，就必须及时催告存货人或者仓单持有人作出必要处置，以避免给其他仓储物或者保管人造成损失。催告必须是针对存货人或者仓单持有人，催告的内容是要求存货人或者仓单持有人对仓储物作出必要的处置。

存货人或者仓单持有人在接到保管人的通知或催告后，应当及时对变质的仓储物进行处置，这是存货人应尽的义务。因为变质或损坏的仓储物已经危及其他仓储物的安全和正常保管。如果存货人不尽此义务，由此给其他仓储物或者保管人的财产造成损害的，存货人应当承担赔偿责任。

保管人发现入库仓储物有变质或者其他损坏，危及其他仓储物的安全和正常保管的，一般都应当先催告存货人或者仓单持有人作出必要的处置。但是如果情况紧急，保管人来不及催告存货人或者仓单持有人进行处置的，保管人可以作出必要的处置，事后还是应当将该情况及时通知存货人或者仓单持有人。

保管人对变质货物的这种紧急处置权，类似于对危险货物的紧急处置权。存货人储存危险货物没有向保管人说明并提供有关资料，保管人在接收后发现的，可以对该仓储物进行紧急处置，由此产生的费用由存货人承担。因此，保管人紧急处置变质或者其他损坏的仓储物，由此产生的费用也应该由存货人承担。无论是危险货物还是变质货物，都是在危及其他仓储物的安全和正常保管，保管人已来不及通知存货人或者仓单持有人进行处置的情况下，或者存货人对保管人的通知置之不理的情况下，保管人才可以对该仓储物进行紧急处置。并且在事后应当将该情况及时通知存货人或者仓单持有人。因此保管人的紧急处置权不是随意行使的，而是为了其他仓储物的安全和正常的保管秩序，在不得已的情况下才能行使。

> 第九百一十四条 当事人对储存期限没有约定或者约定不明确的，存货人或者仓单持有人可以随时提取仓储物，保管人也可以随时请求存货人或者仓单持有人提取仓储物，但是应当给予必要的准备时间。

【条文主旨】

本条是关于储存期间约定不明确时如何提取仓储物的规定。

【条文释义】

当事人对储存期间没约定或者约定不明确的，存货人或者仓单持有人可以随时提取仓储物。在这种情况下，存货人或者仓单持有人可以根据自己的意愿确定提取仓储物的时间。保管人根据自己的储存能力和业务需要，也可以随时要求存货人或者仓单持有人提取仓储物，但应当给予必要的准备时间。所谓"给予必要的准备时间"，是指保管人预先通知提货，然后确定一个合理的期限，以给存货人或者仓单持有人留出必要的准备时间，在期限届至前提货即可，并不是在通知的当时就必须提取仓储物。因为仓储物往往为大宗货物，存货人或者仓单持有人提取后需要相应的场所来进行存放，或者找买家将仓储物进行处分，这都需要一定的时间。例如，保管人甲和存货人乙没有约定储存期间，但约定每天收取仓储费 100 元。在这种情况下，乙可以随时提取仓储物，仓储费按实际的储存日期确定。甲也可以随时请求乙提取仓储物，但应当给乙必要的准备时间，仓储费也是按实际的储存日期计算。

> 第九百一十五条 储存期限届满，存货人或者仓单持有人应当凭仓单、入库单等提取仓储物。存货人或者仓单持有人逾期提取的，应当加收仓储费；提前提取的，不减收仓储费。

【条文主旨】

本条是关于储存期限有明确约定时如何提取仓储物，以及逾期提取仓储物或者提前提取仓储物时如何收取仓储费的规定。

【条文释义】

如前所述，仓单、入库单等的主要特征或重要职能之一就是作为提取仓储物的凭证。因此存货人或者仓单持有人应当凭仓单或者入库单等凭证提取仓储物。

当事人在合同中约定储存期间的，存货人或者仓单持有人应当在储存期间届满凭仓单、入库单等凭证提取仓储物，并按约定支付仓储费；存货人或者仓单持有人也可以提前提取仓储物，但是不减收仓储费；存货人或者仓单持有人逾期提取仓储物的，应当加收仓储费。当事人约定储存期间的，在储存期间内，如果存货人或者仓单持有人要求提前提取仓储物，一般不会造成保管人的损失，可以允许其提前提取。但是保管人已经做好了约定的储存期间的准备，提前提取不仅不符合当事人之间的约定，还有可能打乱保管人的经营计划，还可能因此丧失其他交易机会，因此存货人或者仓单持有人提前提取仓储物的，不减收仓储费。如果存货人或者仓单持有人逾期不提取，将会增加保管人的保管成本，甚至因为该仓储物挤占保管人的仓储空间，打乱保管人正常的经营计划，所以保管人对于逾期不提取仓储物的存货人或者仓单持有人，有权加收仓储费。

当事人在仓储合同中明确约定储存期间的，在储存期间届满前，保管人不得要求存货人或者仓单持有人提取仓储物，法律另有规定或者当事人另有约定的除外。例如，依据本法第906条的规定，存货人存放危险品而未将危险品的性质如实告知保管人并提供有关材料的，保管人可以拒收仓储物，也可以在储存期间届满前要求存货人提取仓储物，而终止合同。

> **第九百一十六条**　储存期限届满，存货人或者仓单持有人不提取仓储物的，保管人可以催告其在合理期限内提取；逾期不提取的，保管人可以提存仓储物。

【条文主旨】

本条是关于仓单持有人不提取仓储物时如何处理的规定。

【条文释义】

储存期间届满，存货人或者仓单持有人提取仓储物，既是存货人或者仓单持有人的权利，也是存货人或者仓单持有人的义务。如果在储存期间届满，存货人或者仓单持有人不能或者拒绝提取仓储物，保管人可以确定一个合理的期限，催告存货人或者仓单持有人在此期限内提取。如果逾期仍不提取的，保管人可以依照本法第570条的规定将仓储物提存。保管人将仓储物提存后，如果存货人或者仓单持有人未支付仓储费的，依照本法第577条的规定，可以请求其支付仓储费。存货人或者仓单持有人迟延给付的，还可以按照约定要求存货人或者仓单持有人给付违约金。没有约定违约金的，可以要求支付迟延给付的逾期利息。

在存货人或者仓单持有人逾期未提取仓储物的情况下，保管人有权提存仓储物，终止仓储合同，这有利于督促存货人或者仓单持有人及时提取仓储物。保管人将仓储物提存应当具备较为严格的条件。一是储存期间届满。只有在仓储合同期间届满后，存货人才负有提取仓储物的义务。储存期间届满前，保管人不得要求存货人提取仓储物，更不能提存仓储物。二是储存期间届满存货人或者仓单持有人不提取仓储物。三是保管人催告存货人或者仓单持有人在一定期限内提取。一般来说，保管人在提存仓储物前都要催告存货人，再给予一定时间进行提取，因为存货人或者仓单持有人不及时提取可能出于某种原因，可能是由于不可抗力，也可能只是疏忽忘记提取。四是催告的期限届满后存货人或者仓单持有人仍不提取仓储物。如果在保管人催告的期限届满，存货人或者仓单持有人还是不提取，此时保管人就可以将仓储物提存。

> **第九百一十七条** 储存期内，因保管不善造成仓储物毁损、灭失的，保管人应当承担赔偿责任。因仓储物本身的自然性质、包装不符合约定或者超过有效储存期造成仓储物变质、损坏的，保管人不承担赔偿责任。

〖条文主旨〗

本条是关于保管人赔偿责任的规定。

〖条文释义〗

储存期间，保管人负有妥善保管仓储物的义务。所谓"妥善保管"，主要应当是按照仓储合同中约定的保管条件和保管要求进行保管。保管条件和保管要求是双方约定的，大多数情况下是存货人根据货物的性质、状况提出保管的条件和要求。只要是双方约定的，保管人就应当按照约定的保管条件和保管要求进行保管。没有按照约定的保管条件和保管要求进行保管，造成仓储物毁损、灭失的，保管人应当承担赔偿责任。一些法律法规还对危险物品等特殊仓储物的保管作出了规定，保管人也应当遵守法律法规的相关规定。例如，在防火防盗方面，保管人必须依据相关法律法规的规定，准备有关的设备设施。

保管人对仓储物有妥善保管的义务，应当按照有关规定和保管合同中约定的保管条件和保管要求妥善进行保管。保管人因保管不善造成仓储物变质或者其他损坏的，应当承担赔偿责任。例如，保管条件已不符合原来的约定，如合同约定用冷藏库储存水果，但冷藏库的制冷设施发生故障，保管人不采取及时修理等补救措施，致使水果腐烂变质的，保管人应承担赔偿责任。

保管人除应当按照约定的保管条件和保管要求进行保管外，还应当尽到善良管理人的义务。在一般保管合同中，区分有偿保管和无偿保管的注意义务，对有偿保管合同，保管人应当尽到善良管理人的注意义务。仓储合同是特殊的有偿保管合同，其保管人亦应当尽善良管理人的义务。甚至有的观点认为，仓储合同中的保管人所从事的保管活动具有专业性、营利性，仓储合同的存货人要支付仓储费，且仓储费的标准往往高于一般保管的保管费，因此仓储合同的保管人应尽的注意义务应当高于有偿保管合同中保管人的注意义务。

仓储合同的保管人应当采取一定的措施，防止仓储物的毁损、灭失或者贬值。对于危险物品和易变质物品等，必须按照有关规定和合同约定进行保管。保管人应当经常对储存设施和储存设备进行维修和保养。还应当经常对仓储物进行巡视和检查，注意防火防盗。此外，为了存货人的利益，保管人在符合约定的保管条件和保管要求的情况下，发现仓储物变质、损坏，或者有变质、损坏的危险时，及时通知存货人或者仓单持有人，这其中包括对临近失效期的仓储物，也应当及时通知存货人或者仓单持有人作出处置。在仓储物遭受损害之后，无论损害是由保管人还是第三人造成的，保管人都应当尽量避免损害的扩大，采取合理措施避免和减少不必要的损失，如果保管人未采取必要措施防止损害扩大的，应当对扩大的损失承担赔偿责任。这是诚实信用原则的要求。

仓储物在毁损、灭失的情况下，如果是保管人保管不善的原因，保管人就应当承担赔偿责任。所谓"保管不善"，就是指保管人没有尽到上述的妥善保管义务，没有按照有关规定和当事人约定，提供相应的保管条件和设备，没有采取相应的保管措施，没有尽到善良管理人的义务。保管人保管不善的行为导致了仓储物的毁损、灭失，二者之间需要存在因果关系，保管人才应承担赔偿责任。如果保管人能够证明仓储物的毁损、灭失是因仓储物本身性质、包装不符合约定、仓储物超过有效储存期造成的，保管人不承担赔偿责任。也就是说，对于非可归责于保管人的原因导致仓储物毁损、灭失，可以免责。另外，保管人还可以基于法定的免责事由或者合同约定的其他免责事由而免除责任。如因地震、台风等不可抗力造成仓储物毁损、灭失，或者因存货人的行为导致仓储物的毁损、灭失，等等。

保管人在符合合同约定的保管条件和保管要求进行保管的情况下，因仓储物的性质、包装不符合约定或者超过有效储存期，造成仓储物变质、损坏的，尽管保管人不承担责任，但是根据本法第912条的规定，保管人应当及时将此种情况通知存货人或者仓单持有人。即使仓储物没有变质或其他损坏，但有发生变质或其他损坏的危险时，存货人也应当及时通知存货人或者仓单持有人。

> **第九百一十八条　本章没有规定的，适用保管合同的有关规定。**

【条文主旨】

本条是关于适用保管合同的规定。

【条文释义】

尽管仓储合同与保管合同有几项重要区别，如保管合同是实践合同，而仓储合同为诺成合同；保管合同是否有偿由当事人约定，而仓储合同均为有偿契约等。但仓储合同与保管合同的本质是一样的，即都是为他人保管财物。有些学者认为，仓储合同就是特殊的保管合同。因此，在本章中没有特别规定的，适用保管合同的有关规定。

例如，仓储合同的保管人负有亲自保管的义务。在一般的保管合同中，要求保管人应当亲自保管，不得擅自将保管物交给第三人。仓储合同同样要求保管人亲自保管。因为一方面，将仓储物交由第三人保管，可能会加大仓储物毁损、灭失的风险，同时也可能导致保险公司拒绝赔付，这就不利于维护存货人的利益。另一方面，仓储合同的保管人资质可能有特别的要求，如果允许保管人委托他人保管，受托人可能不具备相应的保管资质。此外，存货人之所以选择特定的保管人进行保管，是基于对保管人的设备、技能和专业经验的信赖，如果保管人将仓储物交由他人保管，也会使存货人的这种信赖落空，从而有损存货人的利益。因此，未经存货人的同意，保管人不得将仓储物转交他人保管。

第二十三章　委托合同

本章共十八条，主要内容包括：委托合同的概念，特别委托与概括委托，受托人的报告义务，受托人亲自处理事务的义务，受托人的报酬请求权，委托人支付报酬的义务，请求赔偿的权利，贸易代理、委托合同解除的规定等。

> **第九百一十九条　委托合同是委托人和受托人约定，由受托人处理委托人事务的合同。**

【条文主旨】

本条是关于委托合同概念的规定。

【条文释义】

委托合同又称委任合同，是指当事人双方约定一方委托他人处理事务，他人同意为其处理事务的协议。在委托合同关系中，委托他人为自己处理事务的人称委托人，接受委托的人称受托人。

一、委托合同的特征

1. 委托合同的标的是劳务。委托人和受托人订立委托合同的目的，在于通过受托人办理委托事务来实现委托人追求的结果，因此，该合同的客体是受托人处理委托事务的行为。委托事务的范围十分广泛，凡是与人们生活有关的事务，除依法不得委托他人处理的事务外，都可以委托他人处理。

2. 委托合同是诺成、非要式合同。委托人与受托人在订立委托合同时不仅要有委托人的委托意思表示，而且还要有受托人接受委托的承诺，即承诺与否决定着委托合同是否成立。委托合同自承诺之时起成立，无须以履行合同的行为或者物的交付作为委托合同成立的条件。换言之，委托合同自当事人意思表示一致时成立。

委托合同是非要式合同，法律并未对委托合同的形式提出特别要求，即口头、书面等方式都可以。

3. 委托合同可以是有偿的，也可以是无偿的。委托合同是建立在双方当事人彼此信任的基础上。委托人之所以选择特定的受托人处理其事务，是基于对受托人的能力、资格、品行等方面的信任。委托合同是否有偿，应当尊重当事人的意愿，由当事人双方根据委托事务的性质与难易程度协商决定，因此我国民法典对此不作强制规定，即委托合同可以是有偿的，也可以是无偿的。

4. 委托合同可以是双务合同，也可以是单务合同。委托合同经要约承诺后成立，无论合同是否有偿，委托人与受托人都要承担相应的义务。一方面，对受托人来说，有向委托人报告委托事务、亲自处理委托事务、转交委托事务所取得财产等义务。另一方面，对委托人来说，如果是无偿委托，委托人无需支付受托人报酬，甚至可能并不涉及向受托人支付处理委托事务的费用（委托事务不产生相关费用），这种情况下的无偿委托合同自然属于单务合同。例如，甲委托乙向丙赠与一些生活用品。即便委托人有向受托人支付处理委托事务费用的义务，但是委托人的这种义务与受托人的义务并不构成对待给付义务。所以在无偿委托合同中，委托人可能要向受托人支付处理委托事务的相关费用，但是一般仍属于单务合同。例如，甲委托乙到楼下便利店帮其购买一包香烟，类似例子在生活中极为常见，尽管甲要向乙支付香烟的费用，但是一般情况下乙接受其委托是无偿的，甲与乙之间的委托合同就属于单务合同。而当委托合同为有偿合同时，委托人还负有支付受托人报酬的义务，受托人有请求获得报酬的权利。委托人支付报酬的义务与受托人处理委托事务等义务构成对待给付，属于双务合同。因此，委托合同可以是双务合同，也可以是单务合同。

二、关于委托事务的范围

委托合同的目的在于受托人处理委托人的事务。本条虽然未对受托人办理事务的内容作具体解释，但只要能够产生民事权利义务关系的任何事务，委托人均可请受托人办理，既包括实体法规定的买卖、租赁等事项，也包括程序法规定的办理登记、批准等事项，还包括代理诉讼等活动。但委托人所委托的事务不得违反法律的有关规定，如委托他人代为销售、运输毒品、淫秽物品等，或者按照事务的性质不能委托他人代理的事务，如与人身密切联系的婚姻登记、立遗嘱、收养子女等。

三、受托人以谁的名义处理委托事务

在合同法起草过程中，对于委托合同是否要以委托人的名义处理委托事务，有不同的看法。一种观点认为，委托合同应当规定受托人以委托人而非自己的名义进行活动，这样，也能够划清和行纪合同的关系。另一种观点认为，委托合同不应规定受托人以谁的名义处理委托事务。委托只涉及委托人与受托人之间的法律关系，不涉及第三人；代理则涉及代理人、被代理人及第三人三方的法律关系。委托是产生一切委托事务的基础，如代理、行纪、居间等均由委托而产生。委托合同是一基础合同，法律应予专门规定。合同法基本采纳了后一种观点，侧重解决委托人和受托人之间的权利义务问题。在民法典的编纂过程中，对这一问题没有争议，故本条没有作出修改。依据本法第 925 条和第 926 条的规定可知，受托人也可以以自己的名义处理委托事务。

四、处理委托事务是受托人的主要合同义务

根据委托合同的定义，受托人要按照约定处理委托事务，这是受托人的主要义务。委托人和受托人应当在合同中明确约定委托事项，委托人还应当就委托事务中应该注意的问题向受托人告知说明。受托人处理委托事务过程中，也有很多需要尽到的义务。受托人应当按照合同约定和委托人的指示处理委托事务，需要变更委托人指示的，应当经委托人同意。受托人应当亲自处理委托事务，须经委托人同意才可以进行转委托，不得擅自将委托事务转委托给第三人。受托人应当按照委托人的要求报告委托事务的处理情况，在委托合同终止时向委托人报告委托事务的结果。受托人处理委托事务取得的财产，应当转交给委托人。受托人处理委托事务不得超越权限，超越权限造成委托人损失的应当进行赔偿。受托人在处理委托事务过程中，还应当尽到一定的注意义务，例如在需要变更委托人指示，又因情况紧急难以和委托人取得联系的，应当妥善处理

委托事务，事后再将该情况及时向委托人报告。

> **第九百二十条　委托人可以特别委托受托人处理一项或者数项事务，也可以概括委托受托人处理一切事务。**

【条文主旨】

本条是关于委托权限的规定。

【条文释义】

受托人在处理委托事务时，应以委托人指示的委托事务范围为准。以受托人处理委托事务的范围为标准把委托划分为两大类，即特别委托和概括委托，前者是指仅将一项或者数项事务委托给受托人，后者则指将所有事务一并委托给受托人来处理。

划分特别委托与概括委托的意义在于，使受托人能够明确自己可以从事哪些活动，也使第三人知道受托人的身份和权限，使之有目的、有选择地订立民事合同，以防止因委托权限不明确而引起不必要的纠纷，如果发生了纠纷，也便于根据委托权限确定当事人之间的相互责任。委托人可以根据自己的需要选择特别委托还是概括委托。委托人选择特别委托来委托他人处理一项或者数项事务，更有针对性，也可以防止受托人权限过大而损害委托人利益。委托人也可以选择概括委托他人处理其一切事务。

特别委托是指双方当事人约定受托人为委托人处理一项或者数项事务的委托。特别委托一般有以下几种情况：（1）不动产出售、出租或者就不动产设定抵押权。（2）赠与。由于赠与属于无偿行为，所以需要有委托人的特别授权。（3）和解。在发生纠纷后，有关人员在处理问题时需要双方当事人彼此作出一定的妥协与让步，以终止争执或者防止争执的扩大，它包括民法上的和解或者诉讼法上的和解，以及破产法上的和解。（4）诉讼。当事人就有关事宜向法院提起诉讼，请求法院依照法定程序进行审判的行为。（5）仲裁。仲裁是指当事人发生争执时，不诉请法院判决，而是提请仲裁机构裁判，其效力同法院的判决一样。受托人接受特别委托时，对于委托事务的处理，可以采取一切为维护委托人的合法权益而必要的合法行为。

概括委托是指双方当事人约定受托人为委托人处理某个方面或者范围内的一切事务的合同。例如，委托人委托受托人处理其买卖业务或租赁业务的所有事宜，即概括委托。

第九百二十一条　委托人应当预付处理委托事务的费用。受托人为处理委托事务垫付的必要费用，委托人应当偿还该费用并支付利息。

〖条文主旨〗

本条是关于委托人应当预付费用及偿还费用、支付利息的规定。

〖条文释义〗

受托人在处理事务过程中往往需要花费一定的费用，如交通费、通讯费等，无论委托合同是否有偿，委托人都有义务事先提供处理委托事务的费用和补偿受托人为处理委托事务所垫付的必要的费用。委托人要么先预付处理委托事务的费用，要么在受托人垫付有关费用后再予以偿还费用及利息，也就是说，如果没有特别约定，委托人负有支付处理委托事务之费用的义务。而且，不论委托事务是否完成，因处理委托事务而支出的费用，委托人都应当支付。

1. 委托人预付费用的义务。由于委托合同的特点是受托人用委托人的费用处理委托事务，因此，受托人对于费用没有垫付的义务，预付费用可以说是委托人的义务。受托人处理委托事务，如委托律师向法院提起诉讼，就应当先预付诉讼费。因为费用是为了委托人的利益而需要支出的，它与合同约定的报酬不是一个概念。如果委托人未预付处理委托事务的费用，受托人要先垫付相关费用，当委托人无力偿还这些费用时，受托人的利益可能难以得到保障。

2. 委托人偿还受托人支出必要费用的义务。由于受托人处理委托事务应当由委托人事先预付费用，受托人就没有垫付费用的义务，当然受托人可以自愿为委托人垫付相关费用，或者在委托人预付的费用不足以处理委托事务时先垫付不足的部分。如果受托人垫付了，则有请求偿还的权利，即受托人为处理委托事务所垫付费用，委托人应当偿还。应当把委托人支付报酬与偿还处理委托事务所应负担的费用相区别。偿还处理委托事务的费用不是对价关系，与受托人履行处理委托事务的义务不构成对待给付。所谓必要费用，是指完成委托事务必须支付的费用，如差旅费用、有关财产的运输费、仓储费、交通费、邮费等。受托人处理事务所支出的费用，不仅会有金钱支出，有时也会有物的消耗。至于判断费用的支出是否必须，应当依据所委托事务的性质及处理时的具体情况来定。何为"必要"？其标准是什么？我们认为，支出费用的合理原则应从以下三个方面考虑：其一，直接性原则。受托人支出的费用应与所处理的事务有直接联系。其二，有益性原则。受托人支出的必要费用应有利于委托人，目的是让委托人受益。其三，经济性原则。受托人在直接支出费用时，应尽善良管理人的义务，采用尽量节约、适当的方法处理事务。也就是说，必须是客观上确有必要，才可以请求偿还，以防其滥用。不能以受托人主观上是否认为支出为必要为标准，而应以受托人实施行为时的客观状态作为标准。

3. 委托人偿还利息的义务。偿还费用还应包括自受托人暂付费用之日起的利息。如果双方当事人在订立合同时对利率有约定的，事后就应按其约定，如果对利率没有约定或者约定的不明确时，就应当依照法定利率计算。例如，甲因出国数年将自己的房屋委托乙看管并出租。数年后甲回国，乙应将房屋及其历年的房屋出租费交付给甲，但甲应当将乙为管理该房屋支出的维修等必要费用，连同自乙支付时起的利息，偿还给乙。对于委托人偿还利息的理论基础，学界主要有两种观点。一种是借款说，认为受托人垫付的必要费用相当于委托人向受托人的借款，因此委托人应当返还借款的本金及利息。另一种是不当得利说，认为受托人垫付的费用对于委托人来说属于不当得利，委托人不仅需要返还受托人垫付的费用，还需要返还相应的利息。不论基于何种理论，委托人偿还的范围，应当包括相应的利息。因为该费用本应由委托人预付，而受托人为委托人的利益先行垫付，受托人为此将损失垫付费用可以产生的利息，对此委托人应当予以补偿。

> **第九百二十二条** 受托人应当按照委托人的指示处理委托事务。需要变更委托人指示的，应当经委托人同意；因情况紧急，难以和委托人取得联系的，受托人应当妥善处理委托事务，但是事后应当将该情况及时报告委托人。

【条文主旨】

本条是关于受托人应当按照委托人的指示处理委托事务的规定。

【条文释义】

受托人按照委托人的指示处理委托事务，这是受托人首要的义务。委托合同是受托人接受委托人的委托而订立的，因此，受托人应当一丝不苟地按照委托人的指示，在委托人授权的范围内认真维护委托人的合法权益，想方设法完成委托事务。委托人的指示主要是委托人就委托事务的处理方式方法或者欲达到的效果等提出的具体要求。委托合同订立的目的是为委托人的利益，委托人选择受托人是基于对受托人的信任。在委托事务的处理过程中，具体应当如何处理，取得何种结果才最符合委托人的利益，委托人有权决定，自然也有权对受托人发出相关指示。例如委托人委托受托人销售家电，有权指示受托人以特定的价格出售家电。受托人原则上不得变更委托人的指示，如果受托人在处理委托事务的过程中，因客观情况发生变化，为了维护委托人的利益而需要变更委托人的指示时，法律规定应当经委托人同意。这样可以防止受托人得到授权后任意行事，损害委托人的利益。如当委托人指示受托人以特定价格出售家电时，受托人不得擅自改变商品价格。如果该类家电的市场价格出现上涨或者下跌，受托人不能擅自做主进行涨价或降价出售，需经委托人的同意才可以为之。即使受托人认为委托人的指示明显不符合委托人之利益时，原则上亦不得不经委托人同意而擅自变更委托人的指示。

受托人只有在具备以下条件的情况下才可以不按这些指示办事：（1）因情况紧急，需要立即采取新的措施；（2）由于客观上的原因，难以和委托人取得联系；（3）依据情况这样办是为了委托人的利益所必须。例如，甲委托乙为其出售股票，明确指示了某日以后再抛出，但突然股票价格骤跌，如果等到甲指示的某日再出售，股票价格将低落不堪；委托人又外出办事，短时间难以取得联系。在这种情况下，乙推定如果委托人知道此情况，也会变更其指示，受托人就有变更指示的权利，应当机立断妥善处理。如果受托人在不应该变更指示的时候变更了，就应当负赔偿责任。再如，甲在市场售卖鲜活鱼虾，因临时有事委托旁边摊位卖菜的商户乙进行售卖，并指示乙以特定价格出售。乙发现很多鱼虾已奄奄一息，若不降价促销，将导致大量鱼虾死亡，给甲造成重大损失，而此时又难以和甲取得联系，乙推定这种情况下甲会采取降价的方式促销，则可以立即采取降价方式将鱼虾出售，以将委托人甲的损失降到最低限度，事后应当将该情况及时向甲报告。受托人乙在紧急情况下，为了委托人甲的利益而采取了降价措施出售鱼虾，无须承担变更委托人指示的责任。在紧急情况下，受托人难以和委托人取得联系，为了委托人的利益，受托人立即采取妥善处理委托事务的相应措施的，事后也应当及时向委托人报告相关情况。

> **第九百二十三条** 受托人应当亲自处理委托事务。经委托人同意，受托人可以转委托。转委托经同意或者追认的，委托人可以就委托事务直接指示转委托的第三人，受托人仅就第三人的选任及其对第三人的指示承担责任。转委托未经同意或者追认的，受托人应当对转委托的第三人的行为承担责任；但是，在紧急情况下受托人为了维护委托人的利益需要转委托第三人的除外。

【条文主旨】

本条是关于受托人有义务亲自处理委托事务的规定。

【条文释义】

委托合同的订立和履行是以当事人双方之间的相互信任为基础，委托人选择受托人是以对其能力（业务能力、专门知识）和信誉的信赖为前提，该合同的订立，既体现了委托人对于受托人的办事能力和信誉的信任，也表明受托人了解委托人和愿意为其办理委托事务的意志。这种彼此信任是委托合同赖以订立和存续的基础。受托人往往具有处理委托事务所需要的能力，或者有一定的资质要求，尤其是受托人为从事某方面事务的专业人士时，更需要受托人亲自处理委托事务。若受托人擅自转委托给第三人，第三人可能并不具有处理委托事务的相应资质或者能力，从而导致委托事务不能完成或者影响委托事务的完成质量、效果，损害委托人的利益。例如，当事人甲了解到律师乙是婚姻家庭法方面的博士，具有扎实的婚姻家庭法知识，且从事20年的离婚诉讼案件代理工作，具有丰富的实践经验，于是委托乙作为其离婚诉讼的代理人，并支付了高额的律师费，这种情况下乙不能擅自将该案件转委托给刚拿到律师执业证入所的年轻律师丙，否则将损害委托人甲的利益。因此，委托合同强调当事人的人身属性。这就要求受托人应当亲自办理委托事务，不得擅自将自己受托的事务转托他人处理。

但是在特殊情况下受托人还是可以进行转委托，如受托人经过委托人的同意转委托，或者在紧急情况下，为了维护委托人的利益而进行的转委托。实践中，受托人可能由于各种情况的变化，或者发现自己缺乏处理委托事务的能力，不能完成委托事务，此时，为了保护委托人的利益，经过委托人的同意，受托人将委托事务转委托给合适的第三人来处理，也不失为一个好的选择。例如，当事人甲委托律师乙代理某一个案件，而乙因为家中老父亲病逝，要回老家，不能继续代理该案件，遂和甲商议将该案件转委托给在这方面案件具有丰富经验的律师丙，甲同意后，由丙继续接手处理该案件，可以较好地维护甲的利益。

民法典对于转委托的情况作了如下规定：第一，转委托须事先取得委托人的同意。法律上之所以不许任意转委托，是为防止损害委托人的利益。但如果委托人同意转委托时，则法律就没有禁止的必要，因为合同是以双方当事人自愿为原则，当事人意思表示一致，受托人才可以再委托第三人代为处理委托事务。委托人同意转委托，是基于其认为转委托是符合其利益才作出的决定，对于委托事务的处理自然是有利的。委托人对于转委托的同意也包括追认，追认具有与事先同意一样的法律效果。第二，在紧急情况下受托人为了维护委托人的利益，也可以进行转委托。例如，委托人临时患急病，不能前去处理，又不能及时与委托人取得联系，由于情况紧急，如果不立即转托第三人代为处理，就会使委托人受到很大的损失。

受托人将委托事务转委托是否经过委托人的同意或者追认，其法律效果以及受托人所负担的义务和承担的责任是不一样的。转委托经委托人同意或者追认的，委托人可以就委托事务直接指示转委托的第三人，受托人只要就第三人的选任及其对第三人的指示承担责任。也就是说，委托人可以跳过受托人，直接对接受转委托的第三人（学理上又称为"次受托人"）下达指示。受托人如果在选任接受转委托的第三人上没有过错，选择了具有处理委托事务相应能力的第三人，且对第三人的指示也都是恰当合适的，那么受托人对第三人的行为造成委托人的损失，不承担赔偿责任。

转委托未经委托人同意或者追认的，受托人应当对转委托的第三人的行为承担责任。也就是说，如果转委托未经同意或者追认，尽管受托人就转委托的第三人之选任，以及对第三人下达的指示，都是合理恰当的，也要对第三人的所有行为负责。但是有一种例外情况，即在紧急情况下，受托人为了委托人的利益而进行的转委托。需要注意的是，这种情况下，受托人可以不经委托人同意而转委托，但是仍然要对转委托的第三人之选任，以及对第三人的指示向委托人负责，如果因选任或者指示不当造成委托人损失的，依然要承担相应责任。

> **第九百二十四条**　受托人应当按照委托人的要求，报告委托事务的处理情况。委托合同终止时，受托人应当报告委托事务的结果。

【条文主旨】

本条是关于受托人负有报告义务的规定。

【条文释义】

委托合同是委托人委托受托人处理委托事务的合同，受托人处理委托事务是为了委托人的利益，因此委托人有权了解委托事务的处理情况，而受托人则负有向委托人报告有关事项的义务。受托人在办理委托事务的过程中，应当根据委托人的要求，向委托人报告事务处理的进展情况、存在的问题和应对措施等，以使委托人及时了解事务的状况。如果委托合同约定了报告的时间，受托人应按时进行报告。受托人在办理委托事务的过程中向委托人报告处理情况，委托人才能了解委托事务的具体情况，并根据最新的具体情况调整原来的指示、作出新的指示。

委托合同终止，不论委托事务是否完成，委托合同的目的是否实现，委托人都有权全面了解有关委托合同的所有情况，不论委托人是否提出受托人进行报告的要求，受托人都负有报告的义务。委托合同终止时，受托人应就办理委托事务的情况，向委托人全面报告办理经过和结果，如处理委托事务的始末、各种账目、收支计算等，并要提交必要的书面材料和证明文件。

> 第九百二十五条　受托人以自己的名义，在委托人的授权范围内与第三人订立的合同，第三人在订立合同时知道受托人与委托人之间的代理关系的，该合同直接约束委托人和第三人；但是，有确切证据证明该合同只约束受托人和第三人的除外。

【条文主旨】

本条是关于受托人以自己的名义和第三人订立合同，第三人知道代理关系的，该合同直接约束委托人与第三人的规定。

【条文释义】

代理与委托合同关系十分密切，主要表现在：一方面，本法第 163 条规定，代理包括委托代理和法定代理。委托代理人按照被代理人的委托行使代理权。法定代理人依照法律的规定行使代理权。在委托代理中，被代理人常常通过委托合同授予代理人以代理权。通过委托合同，当事人之间可以形成代理关系、行纪关系等，实现民事主体假手他人以从事民事活动。也就是说，委托合同是基础合同，委托合同可以产生代理关系。本法第 173 条还规定了被代理人取消代理或者代理人辞去委托，则委托代理关系终止。委托合同还可以产生行纪关系。属于大陆法系的有的国家或者地区，一般在民法的债编中对行纪合同作出规定，行纪人接受委托后以自己的名义从事活动，活动的直接后果由行纪人承担，并按照行纪合同解决行纪人与委托人之间的权利义务问题。另一方面，在代理中，代理人在代理权限范围内，以被代理人的名义从事行为，由此产生的法律效果，直接由被代理人承担。而在委托合同中，受托人根据委托人的授权，与第三人进行的民事活动，其后果最终也是由委托人承担。从这个角度上看，代理人和受托人都只是扮演了中间人的角色。根据本条规定，如果受托人以自己的名义，在委托人的授权范围内与第三人订立合同，第三人在订立合同时知道受托人与委托人的代理关系的，则该委托合同直接约束委托人和第三人。根据本法第926条规定，受托人以自己的名义与第三人订立合同，第三人不知道受托人与委托人之间的代理关系，受托人因第三人的原因不履行义务的，委托人可以行使介入权，即行使受托人对第三人的权利；或者受托人因委托人的原因不履行义务，第三人可以选择委托人作为相对人，直接向委托人主张其权利。受托人以自己名义处理委托事务，在这些情况下，和直接代理产生的效果是一样的。

虽然委托合同和代理关系密切，但是两者之间还是存在区别。在区分代理和委托的国家，如大陆法系的一些国家，有关代理的规定一般是在民法总则中作出的，而委托合同则往往规定在民法债编或者商法中。我国民法典总则编第七章是关于代理的规定，包括委托代理和法定代理，该章仅规定了学说上的直接代理即显名代理。有的观点认为，本条和民法典第926条的规定设立了间接代理。代理和委托合同的区别主要体现在以下几个方面：第一，委托只涉及委托人与受托人之间的法律关系，不涉及第三人；代理则涉及代理人、被代理人及第三人三方的法律关系。委托是产生一切委托事务的基础，如代理、行纪、居间等均由委托而产生。委托合同是代理关系发生的一种基础合同，但是并不等同于代理关系。第二，代理包括委托代理和法定代理。代理权的产生可以基于当事人约定，也可以基于法律的规定。委托合同是一基础合同，委托合同可以产生代理关系。但是代理关系的产生，除了基于委托合同外，还可以基于劳动合同、合伙合同、身份关系等。简单地说，委托合同并不必然产生代理关系，代理关系的产生也不一定基于委托合同。第三，在代理关系中，代理人须以被代理人的名义处理代理事务，否则不构成直接代理。而委托合同的受托人，既可以以委托人的名义，也可以以受托人的名义处理委托事务。受托人无论是以委托人还是受托人的名义处理委托事务，均不影响委托合同的性质。另外，有的学者认为，代理和委托合同还有一个区别在于代理事务和委托事务的范围不同。根据本法第161条的规定，代理的范围限于民事法律行为，即民事主体通过意思表示设立、变更、终止民事法律关系的行为。而委托合同中的委托人委托受托人处理的事务，既可以是民事法律行为，也可以是事实行为。

行纪合同的有关规定可以适用经济贸易中的特殊情况，但不能适用受托人以自己的名义从事活动的所有情况。英美法系有关间接代理的规定，以及大陆法系有关商事代理的规定，都允许在一定的条件下，受托人以自己的名义从事的活动，其活动后果直接由委托人承担。我国在对外开放过程中，因外贸经营权以及其他原因，也出现受托人以自己的名义从事贸易代理活动。根据代理制度的原理，适应经济贸易中有关代理的不同要求，兼顾委托人、受托人以及第三人的合法权益，我国合同法借鉴《国际货物销售代理公约》等有关规定，对间接代理以及委托人的介入权、第三人的选择权作出了规定。民法典沿袭了合同法的规定。

依照本条的规定，在下列条件下，受托人以自己的名义与第三人订立的合同，该合同不是直接约束受托人和第三人，而是直接约束委托人和第三人：第一，委托人和受托人之间应当存在代理关系，这是前提。从代理的角度看，受托人是委托人的代理人，则受托人基于代理权与第三人订立的合同，法律效果直接由委托人承担。第二，受托人与第三人订立合同，必须在委托人的授权范围内。例如，甲委托乙购买 100 台洗衣机，丙亦知晓此事，尽管丙知道甲和乙之间存在代理关系，但是如果乙向丙购买 100 台电视机，并表示其受甲之委托购买该批电视机，丙与乙订立电视机的买卖合同，因为超越了乙的代理权限，该买卖合同不能直接约束甲和丙。第三，第三人清楚地知道受托人与委托人之间的代理关系，也就是说第三人知道受托人是委托人的代理人，也知道委托人即被代理人具体是谁。这是受托人与第三人订立的合同可以产生直接约束委托人与第三人之法律效力、突破合同相对性原则的关键。本法第 465 条第 2 款规定，"依法成立的合同，仅对当事人具有法律约束力，但是法律另有规定的除外"。第三人知道委托人与受托人之代理关系，仍然选择与受托人订立合同，表明其实际上亦认可与委托人缔约。第四，第三人"知道"应当以订立合同时间为准，即第三人是在订立合同时就知道受托人与委托人之间的代理关系，如果是订立合同的当时不知道，而是事后知道，不适用本条的规定。例如，甲委托乙向丙购买 100 台洗衣机，乙在和丙签订的合同中已注明"乙受甲之委托购买100 台洗衣机"，则丙在订立合同时就知道了委托人和受托人之间的代理关系。在订立合同时，第三人就知道委托人与受托人之间的代理关系，表明其实际上接受了以委托人为合同相对人，而不是受托人，所以第三人与受托人签订的合同才能直接约束委托人和第三人。第五，如果有确切证据证明该合同只约束受托人与第三人的，则不能适用本条的一般规定。这里讲的有证据证明该合同只约束受托人与第三人的情形，比如，受托人与第三人明确约定该合同只约束第三人与受托人，不涉及其他人；受托人与第三人虽未明确约定该合同只约束受托人与第三人，但是根据合同解释规则明显可以得到这种结论的；有交易习惯表明该合同只约束受托人与第三人，如行纪合同；有证据证明如果委托人作为该合同的当事人，第三人就不会订立该合同等。

本条规定的"该合同直接约束委托人和第三人"，主要是指委托人介入受托人与第三人的合同关系，取代受托人在该合同中的地位，委托人可以直接向第三人行使（受托人对第三人的）权利，第三人也可以直接向委托人行使（第三人对受托人的）权利。

第九百二十六条 受托人以自己的名义与第三人订立合同时，第三人不知道受托人与委托人之间的代理关系的，受托人因第三人的原因对委托人不履行义务，受托人应当向委托人披露第三人，委托人因此可以行使受托人对第三人的权利。但是，第三人与受托人订立合同时如果知道该委托人就不会订立合同的除外。

受托人因委托人的原因对第三人不履行义务，受托人应当向第三人披露委托人，第三人因此可以选择受托人或者委托人作为相对人主张其权利，但是第三人不得变更选定的相对人。

委托人行使受托人对第三人的权利的，第三人可以向委托人主张其对受托人的抗辩。第三人选定委托人作为其相对人的，委托人可以向第三人主张其对受托人的抗辩以及受托人对第三人的抗辩。

【条文主旨】

本条是关于委托人的介入权、第三人的选择权的规定。

【条文释义】

委托人的介入权指的是在受托人与第三人的合同关系中，委托人取代受托人的地位，介入原本是受托人与第三人的合同关系中。委托人行使介入权的条件是：第一，受托人以自己的名义与第三人订立合同。如果受托人以委托人的名义与第三人订立合同，则该合同本来就直接约束委托人与第三人，不适用本条规定。第二，第三人不知道受托人与委托人之间的代理关系，也就是说受托人与第三人是该合同的当事人，该合同对受托人与第三人具有约束力。如果第三人知道受托人与委托人之间的代理关系，则适用本法第925条的规定，合同可以直接约束委托人和第三人。第三，当第三人不履行合同义务，导致受托人也不能履行完成委托事务的义务，间接影响到委托人的利益，这时受托人应当向委托人披露第三人。受托人对委托人不履行义务是因为第三人不按约定履行义务。如果是因为受托人自身的原因对委托人不履行义务，则委托人只能向受托人主张权利，而不能向第三人主张。第四，因受托人的披露，委托人可以行使介入权。委托人行使介入权的，应当通知受托人与第三人。第三人接到通知后，除第三人与受托人订立合同时如果知道该委托人就不会订立合同的以外，委托人取代受托人的地位，该合同对委托人与第三人具有约束力。实践中，可能存在第三人与受托人订立合同时如果知道该委托人就不会订立合同的情况，例如，甲与丙一直关系交恶，甲明知丙不会和自己订立合同，遂委托乙与丙订立合同，并叮嘱乙不告知丙他们之间存在代理关系。如果乙因为丙的原因对甲不履行义务，向甲披露第三人为丙（事实上甲已知道该第三人）且因丙的原因导致其不履行义务，此时甲也不能行使乙对丙的权利，因为甲和丙心里都很清楚，如果丙与乙订立合同时，知道甲为乙的委托人，则不会与乙订立该合同。另外，因受托人的披露，委托人也可以选择不行使介入权，仍然由受托人处理因第三人违约而产生的问题，此时，委托人只能向受托人主张权利，而不能直接向第三人主张权利。

第三人的选择权指的是在受托人与第三人的合同关系中，因委托人的原因造成受托人不履行义务，受托人应当向第三人披露委托人，第三人因此可以选择受托人或者委托人作为相对人主张其权利，即第三人可以选择请求委托人承担违约责任，也可以请求仍然由受托人承担违约责任。但第三人只能选择其一，而且选定后不得变更。第三人行使选择权的条件有：第一，受托人以自己的名义与第三人订立合同。第二，第三人不知道受托人与委托人之间的代理关系。第三，受托人对第三人不履行合同义务，是基于委托人的原因，此时受托人应当向第三人披露委托人。如果是因为受托人自身的原因对第三人不履行义务，则第三人只能向受托人主张权利，而不能向委托人主张权利。第四，受托人向第三人披露后，第三人可以行使选择权。如果受托人不向第三人披露委托人，第三人只能向受托人主张其权利。受托人披露委托人后，第三人作出选择的，应当作出明确表示，并通知受托人与委托人。第三人既可以选择向受托人主张权利，也可以选择向委托人主张权利，但是二者只能选其一，选定后被选择的委托人或者受托人就是第三人的相对人，第三人不得变更，即使该相对人无力承担责任，第三人亦不得变更其选择。

规定委托人的介入权、第三人的选择权，有利于更好地保护委托人或者第三人的合法权益，有利于解决因代理产生的合同纠纷，有利于贸易代理制度更好地为经济建设服务，但委托人的介入权、第三人的选择权是有条件的，不能滥用。

委托人行使介入权或者第三人行使选择权后，权利义务的相对人发生变化，也就会产生相应的法律效果。委托人行使介入权的，委托人取代受托人的地位，成为第三人的相对人，产生的效果除了委托人可以行使受托人对第三人的权利外，第三人自然也可以向委托人主张其对受托人的抗辩。第三人行使选择权，选择委托人作为其相对人的，委托人取代受托人的地位，则第三人可以向委托人主张权利，而委托人也可以向第三人主张其对受托人的抗辩以及受托人对第三人的抗辩。委托人对受托人的抗辩权，是基于双方之间的委托合同；受托人对第三人的抗辩，是基于受托人与第三人之间的合同关系。

> **第九百二十七条** 受托人处理委托事务取得的财产，应当转交给委托人。

【条文主旨】

本条是关于受托人转移利益的规定。

【条文释义】

受托人应当将自己因处理委托事务而取得的各种利益及时转交给委托人。这是受托人的义务。这里所说的"取得的财产"，包括取得的金钱、实物、金钱与实物所生的孳息，以及其他财产权利。例如，受托人因出售委托人的物品而取得的价金，或为委托人出租房屋所取得的租金等。因为受托人在处理委托事务的过程中，不论其是否以自己的名义从事活动取得的财产，权利人都是委托人，受托人应当将该财产转交给委托人。受托人转移利益的义务，不仅适用于受托人，还适用于转委托的第三人。

> **第九百二十八条** 受托人完成委托事务的，委托人应当按照约定向其支付报酬。
>
> 因不可归责于受托人的事由，委托合同解除或者委托事务不能完成的，委托人应当向受托人支付相应的报酬。当事人另有约定的，按照其约定。

【条文主旨】

本条是关于委托人支付报酬的规定。

【条文释义】

委托合同可以是有偿合同，也可以是无偿合同。如果当事人在合同中约定了处理委托事务的报酬，在委托事务完成后，委托人应当按照约定向受托人支付报酬。即使是委托合同中并没有约定报酬的，但依据习惯或者依据委托事务的性质应该由委托人给付报酬的，委托人仍然有支付受托人报酬的义务。在有偿委托中，按照约定向受托人支付报酬，是委托人的主要义务。在所有关于有偿合同的立法例中，委托人都负有此种义务。

一般处理事务完毕，委托关系才终止。但在委托事务未全部完毕之前合同提前终止的情况也很多，可能是因为委托人的原因，也可能因为受托人的原因，还有可能因为不可抗力等不可归责于任何一方的原因。因不可归责于受托人的事由导致委托合同解除或者委托事务不能完成，其原因主要来自以下两个方面：第一，是因委托人的原因，如委托人有本法第 563 条规定的情形，受托人依法解除合同的；或者委托人不给付处理事务的费用，致使事务无法进行的。第二，由于客观原因，如发生不可抗力，或者委托人死亡、破产，委托合同终止的，或者受托人死亡、丧失行为能力无法使委托事务完成的等。

上述事由都不是因受托人的过错造成的，不能归责于受托人，委托人应当履行向受托人支付报酬的义务。本条第 2 款中规定，"因不可归责于受托人的事由，委托合同解除或者委托事务不能完成的，委托人应当向受托人支付相应的报酬"，根据该规定，在这种情况下，委托人并不需要向受托人支付约定的所有报酬，而只需要支付"相应的报酬"，具体来说就是根据受托人处理委托事务所付出的工作时间的长短或者所处理事务的大小及完成情况，向受托人支付相应的报酬。不过上述规定是任意性规定，当事人可以另行约定这种情况下受托人的报酬请求权，如当事人可以约定，因不可归责于受托人的原因，委托合同解除或者委托事务不能完成的，委托人依然向受托人支付事先约定的所有报酬。但是，如果是因可归责于受托人的原因导致委托合同解除或者委托事务不能完成的，受托人可能丧失报酬请求权。因此造成委托人损失的，受托人甚至还可能要承担相应的赔偿责任。

> **第九百二十九条** 有偿的委托合同，因受托人的过错造成委托人损失的，委托人可以请求赔偿损失。无偿的委托合同，因受托人的故意或者重大过失造成委托人损失的，委托人可以请求赔偿损失。
> 受托人超越权限造成委托人损失的，应当赔偿损失。

【条文主旨】

本条是关于受托人过错致委托人损失的责任的规定。

【条文释义】

受托人在处理委托事务的过程中，要尽到必要的注意义务，否则可能需要承担相应的责任。受托人的注意义务，还因为委托合同是有偿还是无偿而有所不同，在无偿委托合同中，受托人仅负有一般的注意义务。而在有偿合同中，受托人可以从委托人处获取一定的报酬，按照权利义务对等原则，其所负有的注意义务要比一般注意义务高，有的学者认为有偿合同的受托人应尽到善良管理人的义务。对有偿委托和无偿委托中受托人注意义务的区分，类似于有偿保管和无偿保管中保管人的注意义务。

在有偿的委托合同中，受托人负有较高的注意义务，受托人在处理委托事务时只要有过错，即存在故意、重大过失或者一般过失，并给委托人造成损失，就要承担赔偿责任。在无偿的委托合同中，受托人在一般过失下并不承担赔偿责任，只有在故意和重大过失的情况下，才对损害承担赔偿责任。所谓故意是指受托人明知或者应当知道损失可能发生，并主动促使或者放纵损失的发生。所谓重大过失是指一般人对该行为所产生的损害后果都能预见到，而行为人却因疏忽大意没有预见到，致使损害后果发生。由于无偿委托合同中受托人没有报酬，因此，其承担责任相比有偿委托合同要轻一些。

受托人享有处理委托人之委托事务的权利，这种权利来自委托人的授权，也是为了委托人的利益。所以，受托人必须按照委托人的指示处理委托事务，在委托人的委托范围内处理事务，不得擅自超越权限。所谓"超越权限"包括没有相应的权限、超出委托人的授权以及权限终止后继续处理委托事务。受托人超越权限给委托人造成损失的，无论委托合同是否有偿，都应当赔偿损失。

> **第九百三十条** 受托人处理委托事务时，因不可归责于自己的事由受到损失的，可以向委托人请求赔偿损失。

【条文主旨】

本条是关于委托人对受托人的损失承担责任的规定。

【条文释义】

受托人在委托权限范围内认真处理委托事务，在自己毫无过错和过失的情况下，使自己的财产或者人身造成损害的，有向委托人请求赔偿的权利。

受托人在处理委托事务过程中因不可归责于自己的事由遭受损害的情况有很多，例如，委托人在受托人无过错的情况下，解除委托合同的；委托人未经受托人同意，又委托第三人处理同一事务致使受托人报酬减少的等。

本条规定的受托人的损失，不仅包括上述可归责于委托人的事由，还应当包括因为意外事故等不可规则于受托人的原因而导致受托人受到损害的情形。因为委托人在享受委托事务所带来的利益的同时，也应当承担相应的风险。受托人是为委托人处理事务，受托人的损失是在处理委托事务的过程中造成的，与处理委托事务具有关联性，按照利益风险一致的原则，应当由委托人承担相应责任。而且，如果委托人并未委托受托人处理事务，而是亲自处理委托事务，受到损失的可能就是委托人自己。

受托人向委托人请求赔偿其损失，需要具备以下条件：一是受托人受到损失。受托人在按照委托人指示处理委托事务时遭受了损害，包括人身损害和财产损害。例如，律师代理当事人出庭应诉，在去法庭的路上遇到山体滑坡，导致律师身体受伤、车辆受损。二是受托人的损失基于不可归责于受托人的原因。不可归责于受托人主要是指受托人对于损失的发生没有过错，不存在主观上的故意或者过失。如果损失的发生是由于可归责于受托人的事由，则受托人不享有向委托人主张赔偿的权利。例如，律师代理当事人出庭应诉，在去法庭的过程中，该律师不遵守交通规则，闯红灯造成交通事故，负交通事故的全部责任的，对于律师在交通事故中受到的人身和财产损失，委托人均无须赔偿。三是受托人的损失发生在处理委托事务的过程中。因为在处理委托事务时，受托人才按照委托人的指示进行活动，才实际以"受托人"之身份行事，与委托事务及委托人产生直接关联。所以受托人的赔偿请求权是以其损失发生在处理委托事务过程中为要件。如果受托人受到损失，并非发生在处理委托事务的过程中，也并非由于可归责于委托人的事由，则与委托人无关，受托人无权向委托人请求赔偿。例如当事人的代理律师，并非在出庭应诉当事人之案件的路上，而是在去超市购买生活用品的路上遇到山体滑坡，造成人身和财产的损害，则不能向委托人请求赔偿。

第九百三十一条　委托人经受托人同意，可以在受托人之外委托第三人处理委托事务。因此造成受托人损失的，受托人可以向委托人请求赔偿损失。

【条文主旨】

本条是关于委托人另行委托他人处理事务的规定。

【条文释义】

相互信任是委托合同双方当事人订立合同的基础，它具有严格的人身属性，委托合同订立后，受托人就已经开始着手处理委托事务，为此付出人力物力财力，如果委托人擅自委托他人，不仅可能增加受托人处理委托事务的成本，甚至可能给受托人造成损失。因此，委托人如果要把委托事务再委托他人处理，需要征得受托人的同意。如果受托人不同意，委托人或者受托人都可以解除合同，因解除合同给对方造成损失的需要承担相应的赔偿责任。当然，如果委托人未经受托人同意，擅自将委托事务重复委托给第三人，不仅需要向受托人支付全部报酬，如果给受托人造成损失的，受托人亦可以向委托人请求赔偿。

需要注意的是，本条规定的委托人在受托人之外委托第三人处理的委托事务，应当与受托人处理的委托事务内容相同，也就是委托人将同一事项先后委托两个受托人，存在两个委托合同。有的学者将这种情况称为"重复委托"。如果受托人和第三人处理的委托事务不同，则委托人委托第三人处理事务，与受托人并无直接关系，无须经过受托人的同意。例如，甲委托乙在某商场销售电视机，后来又委托丙在该商场销售洗衣机，两项委托事务并不相同，则甲对丙的委托无须经乙同意。

重复委托不同于本法第 932 条规定的共同委托。共同委托是委托人将委托事务同时委托给两个以上的受托人，由受托人共同处理委托事务，委托人和受托人之间只有一个委托合同。而重复委托则是委托人将相同的委托事务先后委托给不同的受托人，各受托人分别处理委托事务，存在两个以上的委托合同。

委托人另行委托第三人处理委托事务，可能给受托人造成损失，如报酬减少。委托人重复委托造成受托人损失的，受托人可以向委托人请求赔偿损失。

> **第九百三十二条　两个以上的受托人共同处理委托事务的，对委托人承担连带责任。**

【条文主旨】

本条是关于共同委托的规定。

【条文释义】

共同委托是指委托人委托两个以上的受托人共同行使代理权处理事务。但是，如果委托人为两个以上，而受托人只有一个人时，则不是共同委托。因为有的委托事务，一个受托人可能无法处理或者不能较好地完成，为了提高委托事务的处理效率，提高委托事务的完成质量，有时就需要委托给两个以上的受托人。例如有的复杂疑难案件，当事人可能委托给两个以上的律师甚至是一个律师团队来进行处理。

共同委托的特点：

1. 共同委托的代理权必须是由数个受托人共同行使的。所谓共同行使，是指数个受托人享有共同的权利义务，即平等享有、共同享有的代理权，处理事务时只有经过全体受托人的共同同意，才能行使代理权。并不是一个委托人同时委托了两个以上受托人，都产生共同委托的问题，如委托人在受托人之外另行委托他人处理委托事务的情况。又如，有时受托人虽然为数人，却不能认定是共同委托。只有委托人同时委托两个以上的受托人，共同处理同一项或者数项委托事务，才构成共同委托。

2. 受托人承担连带责任。共同委托中的一个受托人与其他受托人协商后或者数个受托人共同协商后，单独或者共同实施的委托行为，其实施的委托行为应该被认为是全体受托人的共同行为，由此造成损失的，若干个受托人依法应当对委托合同的履行承担连带责任。如果共同受托人中的一个受托人或者数个受托人没有经过协商而擅自单独行使代理权的，由此造成的损失，各受托人仍然承担连带责任。当然，委托人与各受托人事先约定了按份责任的除外，即合同中无特别规定，他们应对委托人承担连带责任。也就是说，不论委托人的损失是出于哪个受托人的过错，也不论各个受托人内部是否约定了对委托事务的处理权限和责任承担，除委托人与受托人有特别约定外，所有受托人都应当对委托人承担连带责任。各受托人在承担连带责任后，可以按照受托人之间的约定、各受托人的过错来处理内部关系。

> **第九百三十三条** 委托人或者受托人可以随时解除委托合同。因解除合同造成对方损失的，除不可归责于该当事人的事由外，无偿委托合同的解除方应当赔偿因解除时间不当造成的直接损失，有偿委托合同的解除方应当赔偿对方的直接损失和合同履行后可以获得的利益。

【条文主旨】

本条是关于解除委托合同的规定。

【条文释义】

本条规定赋予了委托人和受托人对委托合同的任意解除权，以及因解除合同给对方造成损失的责任承担。

委托合同是以双方信任为存在的条件，如果一方不守信用，失信于另一方，继续履行合同已无必要，法律赋予了双方当事人的权利，即只要一方想终止合同，就可以随时解除合同，而且无需任何的理由。

1. 委托人可以随时撤销委托。如果互相没有信任或者已不再需要办理委托的事项，委托人即可单方解除委托合同，无须征得受托人的同意即可发生效力。但是受托人可以就其损失要求委托人承担相应的赔偿责任。

2. 受托人可以随时辞去委托。委托合同的成立既需要委托人对受托人的了解和信任，也需要受托人对委托人的信任。如果受托人不愿意办理受委托的事务，受托人无需表明任何理由，即可解除合同。

委托合同的一方当事人在不利于对方当事人的时期解除委托合同而造成对方损失的，应当承担赔偿责任。这是对任意解除权的一种限制。如果当事人可以任意解除委托而无需赔偿对方损失，显然是不公平的。所谓不利于对方当事人的时期，就不利于委托人方面而言，当受托人在未完成委托事务的情况下解除合同时，委托人自己不可能亲自处理该项事务，而且又不能及时找到合适的受托人代他处理该委托事务而发生损害的情形；就不利于受托人方面而言，是指由于委托人在受托人处理委托事务尚未完成前解除了合同，使受托人因不能继续履行义务而少获的报酬。委托人除对受托人已履行的部分给付报酬外，对在不可归责于受托人的情况下，因解除委托合同给委托人造成的报酬减少承担赔偿责任。

但是受托人未尽注意义务，怠于委托事务的处理，委托人无奈而解除委托合同，虽会给受托人造成一定损失，但因解除合同事由不可归责于委托人或者不能完全归责于委托人，委托人对受托人因合同终止而遭受的损失不予赔偿或者只赔偿其部分损失。

我国合同法第 410 条规定了委托合同的任意解除权，即委托人或者受托人可以随时解除合同。关于委托合同的任意解除权，争议较大的有两个问题：

其一，是否对委托合同的任意解除权作适当限制。有的意见提出，委托合同的任意解除权在司法实践中存在被滥用的情况，损害合同相对方的利益，建议区分有偿委托合同与无偿委托合同作不同的规定，对于无偿委托合同，可以随时解除合同，而对于有偿委托合同则允许当事人通过约定排除任意解除权的适用。但是这与委托合同的基础不相符合。委托合同的基础在于合同一方对相对方的信任，如果信任基础丧失，就应当允许解除合同。因此民法典延续了合同法的规定，对委托合同的任意解除权没有作限制。

其二，如何合理确定合同一方行使任意解除权后的赔偿范围。合同法第

410 条只是笼统规定，合同一方行使任意解除权的，除不可归责于当事人的事由外，应当赔偿对方损失。一方当事人任意解除委托合同，给对方造成的直接损失，解除方应当进行赔偿，这点应无疑义。但是，对于任意解除委托合同给对方造成的间接损失即合同履行后可以获得的利益，解除方是否应当赔偿，学界还有争议。有的学者认为，不论是有偿委托还是无偿委托，因为一方任意解除给对方造成损失的，都应当对其直接损失和间接损失进行赔偿。在编纂民法典的过程中，有的意见提出，应当区分有偿委托和无偿委托中，一方当事人任意解除委托合同给对方造成损失的赔偿责任。在有些委托合同尤其是在有偿的商事委托合同中，如果委托人在受托人处理事务快完毕时，行使任意解除权，受托人起诉要求委托人赔偿时，法院往往依据合同法第 410 条判决委托人仅赔偿受托人处理事务的费用，不足以弥补受托人损失。有偿委托大多是商事委托，受托人一般都是专门从事委托事务的人，受托人处理委托事务可以得到一定的报酬。如果一方当事人可以随意解除委托合同，可能给对方造成较大的损失，也不利于合同的稳定性。无偿委托往往都是基于个人之间的信任以及帮助，委托他人处理的一般也都是较小的事务，一方当事人任意解除合同给对方造成的损失也比较小。所以，有偿委托的当事人随意地解除委托合同，给对方造成损失的，应该承担更加严苛的责任。

据此，民法典对合同法的有关规定作出了修改完善，区分无偿委托合同与有偿委托合同，对赔偿范围作出不同的规定。本条规定，"无偿委托合同的解除方应当赔偿因解除时间不当造成的直接损失，有偿委托合同的解除方应当赔偿对方的直接损失和合同履行后可以获得的利益"。一方当事人在行使任意解除权时，给对方造成损失的，除不可归责于解除一方的事由外，所要承担的赔偿责任范围，在有偿委托和无偿委托中是不同的。在无偿委托中，解除方的责任范围仅限于直接损失，而在有偿委托中，解除方的责任范围不仅包括直接损失，还包括间接损失，即可以获得的利益。一般来说，可以获得的利益，不得超过解除方可以预见到或者应当预见到的因解除合同可能造成的损失。例如，甲和乙订立委托合同，甲委托乙在 1 个月内购买某种生产设备，向乙支付了相关费用以及报酬，计划于 1 个月后即投入生产，并在订立合同时明确将其生产经营计划写入委托合同中。乙在即将满 1 个月的最后 1 天，没有不可归责于乙的事由，通知甲解除委托合同。在这种情况下，乙应向甲赔偿的损失，不仅包括直接损失，如乙已经花费的部分委托费用等，还应当包括甲的间接损失，如因为乙解除合同导致甲未能在计划时间安装好生产设备并投入正常生产期间内可以获得的经济利益。因为在订立委托合同时，甲已经将其拿到委托乙购入的生产设备后立即投入生产使用的计划明确告知乙，乙仍然选择与甲订立合同，乙可以预见也应当预见到其在最后期限突然行使任意解除权解除委托合同，将导致甲无法按时开展生产经营活动，进而丧失进行生产经营可以获得的利益。

> **第九百三十四条**　委托人死亡、终止或者受托人死亡、丧失民事行为能力、终止的，委托合同终止；但是，当事人另有约定或者根据委托事务的性质不宜终止的除外。

【条文主旨】

本条是关于委托合同终止的规定。

【条文释义】

委托合同的成立，是以双方信任为基础，如果当事人一方死亡、丧失行为能力或者终止，其继承人、遗产管理人、法定代理人或者清算人与合同的另一方当事人能否取得互相的信任还是未知数，为了避免不必要的纠纷出现，法律规定在这些情况下，委托合同可以终止。"死亡""丧失民事行为能力"是对自然人而言，"终止"则是对法人和非法人组织而言。

本条将合同法第411条中的委托人或者受托人"破产"改为"终止"，因为破产只是法人或者非法人组织终止的原因之一，法人或者非法人组织终止的原因还有解散等。而且，委托人或者受托人进入解散清算或者破产清算阶段，并不必然导致委托合同终止。而当委托人或者受托人终止的，委托合同原则上应当终止。

本条规定的委托合同终止的原因从当事人的角度可以分为两类：第一，委托人死亡或者终止。与合同法第411条相比，删除了委托人"丧失民事行为能力"的情形。第二，受托人死亡、丧失民事行为能力或者终止。之所以对委托人和受托人作出不同规定，是因为受托人一旦死亡、丧失民事行为能力或者终止，就无法再继续处理委托事项，委托关系只能终止。如果受托人的继承人或者法定代理人等愿意也有能力继续处理该委托事项，可以与委托人协商，双方订立新的委托合同。而委托人丧失民事行为能力，一般情况下并不影响受托人继续处理委托事务，受托人依然可以完成委托事务。而且，依据本法第173条的规定，委托代理因代理人丧失民事行为能力而终止，并不因被代理人丧失民事行为能力而当然终止。

根据本条规定，委托人死亡、终止或者受托人死亡、丧失民事行为能力、终止这几种法定事由发生时合同应当终止，但也有例外情况：

1. 合同另有约定时除外。当事人可以另行约定即使有委托人死亡、终止或者受托人死亡、丧失行为能力、终止的情况发生，委托关系仍不消灭，有此约定的，当然依照其约定。

2. 因委托事务的性质不宜终止的。在一些特殊的委托合同中，根据委托事务的性质，不能因以上事由之发生而终止，受托人或者其继承人、遗产管理人、法定代理人应当继续处理委托事务。例如，甲委托乙企业生产医疗物资，用于某地抗击新冠肺炎疫情，情况十分紧急。如果此时委托人甲因感染新冠肺炎不幸逝世，由于委托事务是生产抗击疫情急需的医疗物资，性质十分特殊，在这种情况下，这批医疗物资不能停止生产，委托合同不能因委托人甲的死亡而终止。

委托合同终止后，可能也会因为特殊事由，要求受托人或者其继承人等履行继续处理委托事务或者采取必要措施的义务。本法第 935 条和第 936 条对此作出了相应规定。

> **第九百三十五条** 因委托人死亡或者被宣告破产、解散，致使委托合同终止将损害委托人利益的，在委托人的继承人、遗产管理人或者清算人承受委托事务之前，受托人应当继续处理委托事务。

【条文主旨】

本条是关于因委托人死亡或者被宣告破产、解散致使委托合同终止，受托人负有继续处理委托义务的规定。

【条文释义】

委托人发生死亡或者被宣告破产、解散的事由时，一般来说，委托关系终止。但是，如果出现了本条规定的情况，即发生上述法定事由，致使委托合同终止将损害到委托人的利益时，委托合同不能终止，受托人还应当负有继续处理委托事务的义务，应当采取必要的措施保护对方当事人的利益，直至委托人的继承人、遗产管理人或者清算人承受了委托事务为止。

相比合同法第 412 条的规定，本条增加了"遗产管理人"。因为在委托人死亡后，可能先由遗产管理人暂时承受被继承人的权利义务。遗产管理人的职责包括清理遗产、处理被继承人的债权债务等与管理遗产有关的行为。

受托人继续处理事务，如果委托合同是有偿的，则受托人仍得向委托人的继承人、遗产管理人或者清算人请求报酬。因此，对委托人来说，并未增加负担，对受托人的利益则起到防止损害发生的作用。

受托人负有继续处理委托事务的义务，但是，继续处理委托事务应到何时为止？一般认为，应继续到委托人的继承人、遗产管理人、清算人能接受时为止。例如，委托人死亡，委托人的继承人有时因远在外国，一时不能赶回来，如果受托人不继续处理其事务，势必使委托人的继承人发生损害。受托人应继续处理至委托人的继承人能够接受时为止。

第九百三十六条　因受托人死亡、丧失民事行为能力或者被宣告破产、解散，致使委托合同终止的，受托人的继承人、遗产管理人、法定代理人或者清算人应当及时通知委托人。因委托合同终止将损害委托人利益的，在委托人作出善后处理之前，受托人的继承人、遗产管理人、法定代理人或者清算人应当采取必要措施。

【条文主旨】

本条是关于因受托人死亡等原因致使委托合同终止，其继承人等负有通知和采取必要措施义务的规定。

【条文释义】

因受托人死亡、丧失民事行为能力或者被宣告破产、解散，致使委托合同终止的，受托人的继承人、遗产管理人、法定代理人或者清算人负有两项义务：一是及时通知委托人的义务。因受托人死亡、丧失民事行为能力或者被宣告破产、解散，导致委托合同终止的，委托人可能对委托终止的事由并不知情，如果不将该情况及时告知委托人，可能给委托人造成损失。二是在委托合同终止将损害委托人利益的情况下，受托人的继承人、遗产管理人、法定代理人或者清算人不仅应当及时告知委托人，还应当采取必要的措施保护委托人的利益。例如，保存好委托事务有关的单证和资料；保管好委托事务的财产，以便交付给委托人。需要注意的是，本条规定的"采取必要措施"与本法第935条规定的"继续处理委托事务"不同，只是采取必要的措施以维护委托人的利益，减少委托人因委托合同终止产生的损失，实际上委托已经终止，受托人的继承人等没有义务继续处理委托事务。法律规定受托人的继承人、遗产管理人、法定代理人或者清算人承担上述通知义务和采取必要措施的义务，是因为受托人死亡后，继承人有继承其财产的权利，在遗产分割前由遗产管理人接管相关财产、处理被继承人的债权债务；受托人丧失民事行为能力后，由法定代理人代理其民事活动；法人被宣告破产或者解散后，由清算人接管，对财产清理、保管、估价、处理和分配，清算人可以进行必要的民事活动。继承人、遗产管理人、法定代理人、清算人，在承受受托人遗产或者处理受托人事务时，应当遵循诚实信用的原则，将受托人的有关事宜妥善处理。

采取必要措施的义务应到何时为止？一直处理到委托人作出善后处理时为止。委托人在知道受托人死亡、丧失民事行为能力或者被宣告破产、解散，需要有一段时间进行善后处理，如需要找新的受托人代替前一受托人的工作，寻找的过程需要时间等，在委托人处理好以前，受托人的继承人、遗产管理人、法定代理人或者清算人有义务采取必要的、有效的措施，以维护委托人的利益。

第二十四章　物业服务合同

本章共十四条，主要规定了物业服务合同的定义、主体、内容，前期物业服务合同的效力，前期物业服务合同的终止，物业服务事项的转委托和不得一并转委托，物业服务人的主要义务、重要事项的公开及报告义务，业主的主要义务及告知义务，物业服务合同的解除和续订，物业服务合同终止后物业服务人的交接义务和交接期间的物业费请求权等。

相比合同法，本章是新增的一章。近年来，我国城市建设和房地产业高速发展，物业服务行业也迅速发展壮大，一方面加速了住宅小区服务、管理方式的专业化和现代化，另一方面也由此引发了一些纠纷。为规范物业服务行业的健康发展，指导司法实践对物业服务纠纷进行处理，民法典将物业服务合同规定为一章。目前，其他国家和地区的法律没有将物业服务合同明确作为有名合同加以规定，设立专章规定物业服务合同可以说是我国民法典的创新之举。

> 第九百三十七条　物业服务合同是物业服务人在物业服务区域内，为业主提供建筑物及其附属设施的维修养护、环境卫生和相关秩序的管理维护等物业服务，业主支付物业费的合同。
> 物业服务人包括物业服务企业和其他管理人。

【条文主旨】

本条是关于物业服务合同的定义和主体的规定。

【条文释义】

一、关于物业服务合同的定义

学界上对物业服务合同的定义有广义和狭义之分。广义的物业服务合同，主要可以分成两类，即前期由建设单位与物业服务人订立的前期物业服务合同，以及后期业主通过业主委员会或者业主大会与物业服务人订立的物业服务合同。狭义的物业服务合同仅指后者，也可称为普通物业服务合同。所谓前期物业服务合同，是指在物业服务区域内的业主、业主大会选聘物业服务人之前，由房地产建设单位与物业服务人签订的，由物业服务人提供物业服务的合同。普通物业服务合同，是指在业主与物业服务人之间签订的物业服务合同。《物业管理条例》第 2 条规定："本条例所称物业管理，是指业主通过选聘物业服务企业，由业主和物业服务企业按照物业服务合同约定，对房屋及配套的设施设备和相关场地进行维修、养护、管理，维护物业管理区域内的环境卫生和相关秩序的活动。"该条所规定的物业服务合同就是狭义上的物业服务合同。本条规定的物业服务合同是指广义上的物业服务合同，本章的规定一般也都适用于前期物业服务合同。

民法典通过以前，关于物业服务（物业管理）领域的规定，主要集中于行政法规、部门规章及司法解释中，物权法中也有所涉及。为了规范物业管理活动，维护业主和物业服务企业的合法权益，改善人民群众的生活和工作环境，国务院于 2003 年制定了《物业管理条例》，该条例于 2007 年物权法通过后作出修改，并于 2016 年和 2018 年分别进行再次修改。2004 年，建设部发布了《物业管理企业资质管理办法》，目的是"为了加强对物业管理活动的监督管理，规范物业管理市场秩序，提高物业管理服务水平"，该办法于 2007 年更名为《物业服务企业资质管理办法》并作修改，此后进行多次修改，并最终于 2018 年被住建部废止。2007 年，十届全国人大五次会议通过了《中华人民共和国物权法》，但并没有专门规定物业服务（合同），只是在其第六章"业主的建筑物区分所有权"对物业服务（合同）有所涉及。2009 年，最高人民法院通过了《最高人民法院关于审理物业服务纠纷案件具体应用法律若干问题的解释》（以下简称《物业服务纠纷司法解释》），以指导司法实践中出现的物业服务纠纷案件的处理，维护当事人的合法权益。

长期以来，"物业服务（合同）"一直被称为"物业管理（合同）"。2003 年出台的《物业管理条例》中虽然采用了"物业服务合同"，但是合同主体还是用"物业管理企业"的名称，其提供的服务为"物业管理服务"。2007 年颁布的物权法不再使用"物业管理企业"，而采用了"物业服务企业"的概念，也不再使用"物业管理"一词。物权法通过后，国务院也对《物业管理条例》进行了相应修改，将"物业管理企业"修改为"物业服务企业"。很多学者认为，从"物业管理（合同）"到"物业服务（合同）"的转变，不仅让此类合同回归了服务性合同而非管理性合同的本质，也体现了物业服务理念的转变和业主权利意识的提高。

传统合同法理论中并没有物业服务合同这种合同类型，我国合同法也没有对该合同作出规定。虽然我国合同法未规定物业服务合同，但是有的观点认为，物权法、《物业管理条例》和物业服务纠纷司法解释等有关法律、行政法规、司法解释都规定了物业服务合同，因而它已经是特别法所规定的有名合同。也有观点认为，物业服务合同属于委托合同、劳务合同，或者是混合合同，并非独立的有名合同。民法典合同编将物业服务合同明确规定为一种典型合同。

二、关于物业服务合同的性质

关于物业服务合同的性质，学界观点各异，能够达成共识的问题不多，这与我国房地产市场的起步、发展较晚，规范化、现代化的物业服务业刚刚开始，关于物业服务纠纷近年来才开始大量出现，实践中缺乏足够实例供研究和佐证等因素不无关系。因此，有人认为，物业服务企业在本建筑区划内对小区享有的是管理权，业主无权干涉和监督，这种观点使得物业服务人以主人身份从事管理行为，侵害了业主的权利。

物业服务合同的性质到底是什么，学理上的看法很多，概括起来主要有如下观点：

1. 委托合同说。目前，委托合同说比较受欢迎，认为物业服务合同的客体与委托合同相同，都是提供劳务。物业服务人接受业主的委托，办理物业服务事务，主要是为业主提供劳务，是实现合同目的的必要手段。物业服务合同是有偿合同，而民事委托以无偿为原则，以有偿为例外，商事委托以有偿为原则。物业服务合同以营利为目的，为商事合同，属于有偿的委托合同。因此，物业服务合同是一种委托合同。

2. 服务合同说。该观点认为，作为物业服务合同当事人的业主、业主委员会和物业服务人，在法律地位上是平等的，因此双方所签合同的性质，应当定位于服务合同而非委托合同。

3. 混合合同说。该观点认为，物业服务合同不是单纯的某类有名合同，而是复合性的，其包含了委托合同、代理合同、承揽合同、服务合同等多种合同类型的特征，或者叫"复合性合同"。业主群体把其共有部分、共用设施设备管理、安全秩序维持以及清洁、园林绿化等事务交给物业服务人完成，具有委托的性质；物业服务人把部分专项服务事项交给专业性服务组织承担，具有承揽的性质；而物业服务人在履行合同的过程中，很大程度上是以劳务付出或者提供服务的形式进行的，因而具有劳务性质和服务性质。物业服务给付具有综合性，整个物业服务的过程具有整体、连续的特征，单一服务之提供都不能被称为物业服务合同。

4. 独立合同说。该观点认为，物业服务提供的是一种复杂的综合性服务，与传统合同类型的客体都有所不同，所以物业服务合同不属于合同法所规定的任何一种合同类型，是一种独立的合同。

除了以上几种主要观点，还有雇佣合同说、承揽合同说等。雇佣合同说认为，物业服务合同是业主出钱雇佣物业服务人对物业服务区域内的相关事务进行管理，类似于过去的"管家"角色，应当属于雇佣合同。承揽合同说认为，物业服务合同中，物业服务人是按照业主的要求完成工作，在物业服务商达到了业主要求，给小区居民提供了一个优美安逸的生活环境，可以说是交付承揽的劳动成果。

物业服务合同具有其自己的特征无法完全归入某种类型的合同而适用其规定。据此，我国民法典将物业服务合同作为一种新的有名合同，设立专章对其加以规定，以更好地规范物业服务行业的发展，更好地解决实践中出现的物业服务纠纷。

三、关于物业服务合同的特征

物业服务合同的主要特征有：

1. 是平等主体之间的民事合同。物业服务合同是一种民事合同，毫无疑义，这本无需强调。但是，"物业服务合同"的前身为"物业管理合同"，在我国长期被称为"物业管理合同"，具有强烈的行政管理色彩。"物业服务"含义区别于"物业管理"，物业管理是我国计划经济时代行政管理的称谓的延续，其理念强调是物业公司按照类似行政命令的方式对物业进行管理，显然不符合现代物业服务合同主体的平等理念。从"物业管理"到"物业服务"，体现了物业管理理念的转变，强调的是物业服务人与业主之间是平等的关系。物业服务合同回归了"服务"的本质，体现了合同主体之间是平等地位，突出了物业服务合同的服务性而非管理性。

业主聘用物业服务人的目的是为了获取其提供的物业服务，而不是对自己进行管理。实践中，物业服务人可能会根据法律的规定或者接受社区居委会或街道办事处的委托从事一定的管理活动。本法第285条第2款规定，物业服务企业或者其他管理人应当执行政府依法实施的应急处置措施和其他管理措施，积极配合开展相关工作。例如，在新冠肺炎疫情期间，各小区都要按照疫情防控的有关规定和要求，对进出小区的人员进行管控，测量体温等，小区物业服务人应当配合街道、社区实施各种防控措施。再如，现在全国很多地方都开始进行垃圾分类，物业服务人也需要配合当地政府做好小区内的垃圾分类工作。本法第942条第2款还规定，对物业服务区域内有关治安、环保、消防等法律法规的行为，物业服务人应当及时采取合理措施制止、向有关行政主管部门报告并协助处理。但是，物业服务人的这些管理活动实质上并非基于物业服务合同对业主进行管理，而是基于法律的规定或者社区的委托，在某些特殊情况或者特定场合对政府予以配合，但其本质依然是向业主提供物业服务。

而物业服务人的服务对象是业主，物业服务人是基于与业主之间的约定，对物业服务区域内的建筑物和附属设施等进行管理。物业服务合同与委托合同等提供服务的合同具有相似性，业主和物业服务人之间是平等的主体关系。物业服务人"管理"的对象为物业，而非业主。即使物业服务人对物业的管理，包括对小区或者建筑物内的人员进行管理，本质上也是一种提供服务的行为，双方当事人处于平等地位，这与一般民事合同没有本质区别。

2. 合同主体具有特殊性。物业服务合同的当事人为业主和物业服务人。根据本条第 2 款的规定，物业服务人又包括物业服务企业和其他物业管理人。

对于物业服务合同的另一方当事人，学界一直存在争议。有的认为是业主大会，有的认为是业主委员会，还有的认为是单个业主。业主大会说认为，业主大会是代表和维护全体业主合法权益的自治组织，业主委员会只是业主大会的执行机构，应当由业主大会代表全体业主签订物业服务合同。业主委员会说认为，根据司法实践和物业服务纠纷司法解释的规定，业主委员会具有诉讼主体资格，可以参与物业服务合同纠纷案件的诉讼。业主委员会也可以与业主大会依法选聘的物业服务人订立物业服务合同。因此，业主委员会应当为物业服务合同的当事人。单个业主说则认为，虽然单个的业主并没有直接与物业服务人签订物业服务合同，但是每个业主都是实质上的合同当事人，因为每个业主都实际享有合同权利并承担合同义务，每个业主都是物业服务人的服务对象，都需要向物业服务人缴纳物业费。

就业主大会而言，它不具有民事主体资格，也不具有诉讼主体资格。业主大会不是常设的机构或者组织，亦没有财产，不能对外独立承担责任，不能成为合同当事人而享有权利承担义务。所以，业主大会不是物业服务合同的主体。业主委员会虽然常常直接与物业服务人签订合同，且在实践中具有诉讼主体的资格，但是业主委员会并非独立的民事主体，没有自己的财产，不能独立对外承担责任，不具有民事权利能力，不能享有权利承担义务，也不能成为合同当事人。业主委员会只是接受业主大会的授权，与业主大会依法选聘的物业服务人签订物业服务合同，其代表的是全体业主的利益。

物业服务合同的主体应当是业主，而且是全体业主。虽然与物业服务人签订物业服务合同的可能是业主，也可能是业主委员会甚至是建设单位，但是物业服务合同的当事人是全体业主，由全体业主享有物业服务合同的权利，承担合同义务。当独门独栋的业主自己聘请物业服务人时，业主直接与物业服务人签订物业服务合同，这是极少数的。但是，现在的住宅小区往往不止一栋楼房，而且每栋楼房里面又有很多住户，整个小区业主人数众多，具有集合性的特点。

3. 客体是物业服务人提供的物业服务行为。物业服务合同的客体是物业服务人提供的物业服务，物业服务合同与委托合同、行纪合同、中介合同等类似，所给付的内容都不是具体的标的物，而是行为，而且提供服务的行为还具有持续性和重复性的特点，比如检修建筑物内的电梯，做好小区保洁工作维护环境卫生等。物业服务合同注重彼此之间的人身信任关系，一旦此种信任关系不存在，合同的履行将会面临困难，这也可能成为当事人解除合同的法定事由。

4. 服务内容的综合性和专业性。相比于一般的民事合同，物业服务人提供物业服务的内容较为复杂，物业服务人既要管理物业服务区域内的建筑物及其附属设施等物，也要管理进出小区以及建筑物内的人员。物业服务的内容十分庞杂，既包括物的管理，也包括人的管理。物业服务的具体内容视小区具体情况不同而有所差异，但是都势必包括卫生、环保、安全、消防等方方面面，具有综合性和全面性。根据本法第 937 条和第 942 条的规定，物业服务人是业主提供建筑物及其附属设施的维修养护、环境卫生和相关秩序的管理维护等物业服务，具体来说，包括妥善维修、养护、清洁、绿化和经营管理物业服务区域内的业主共有部分，维护物业服务区域内的基本秩序，采取合理措施保护业主的人身、财产安全，等等。而就物业服务的每项具体内容来说，又都具有一定的专业性。例如，电梯检修需要专业的技术人员才能进行，供暖设备的维修工作也只能由专业人员才能实施。

5. 订立程序的特殊性。如前所述，物业服务合同的一方当事人为全体业主，具有集合性的特点。如果由物业服务人与业主逐一签订合同，不仅效率极低，而且无法实现。为了提高订约效率、避免发生纠纷，在物业服务合同的订立方面，需要设置一定的程序性要求，也就是物业服务合同的订立需要遵循法定的程序，业主需要通过一定的方式来作出决定。根据本法物权编第 278 条的规定，选聘和解聘物业服务企业或者其他管理人时，应当由专有部分面积占比 2/3 以上的业主且人数占比 2/3 以上的业主参与表决，并且经参与表决专有部分面积过半数的业主且参与表决人数过半数的业主同意；同时，经过业主大会的选聘之后，由业主委员会代表全体业主与物业服务人签订物业服务合同。

6. 属于双务、有偿、要式、继续性合同。物业服务人的主要义务是按照物业服务合同之约定向全体业主提供物业服务，而全体业主的主要义务是向物业服务人支付报酬，双方所负义务属于给付与对待给付的关系，因此物业服务合同是一种双务合同。

根据物业服务合同的定义，业主负有向物业服务人支付报酬的义务。物业服务人一般都是专门从事物业服务的物业服务企业，是为了获取报酬才为业主提供专业的服务，因此物业服务合同是有偿合同。

物业服务合同是要式合同。本法第 938 条第 3 款规定，物业服务合同应当采用书面形式。之所以规定物业服务合同应当采用书面形式，主要是因为物业服务合同的内容往往十分复杂，为了明确物业服务人与业主之间的具体权利义务关系，同时也有利于避免纠纷的发生，需要以书面的形式来确定当事人的权利义务。

物业服务人应当按照物业服务合同的要求，向全体业主提供物业服务。通常情况下，物业服务并不是一次性完成的，而需要持续一定的时间，物业服务人应当在合同约定的期间内不间断地提供物业服务。因此，物业服务合同是继续性合同。

> 第九百三十八条 物业服务合同的内容一般包括服务事项、服务质量、服务费用的标准和收取办法、维修资金的使用、服务用房的管理和使用、服务期限、服务交接等条款。
>
> 物业服务人公开作出的有利于业主的服务承诺，为物业服务合同的组成部分。
>
> 物业服务合同应当采用书面形式。

【条文主旨】

本条是关于物业服务合同的内容和形式的规定。

【条文释义】

一、物业服务合同的内容

合同的内容从形式上看是合同的条款，其实质则是当事人之间的权利义务。物业服务合同来源于当事人约定、法律规定以及交易习惯等，主要来源是当事人的约定。当事人的约定只要不违反法律法规的强制性规定，不违背公序良俗，就为有效的约定，双方当事人都要遵守约定，享有合同权利，履行合同义务。

（一）物业服务合同的主要条款

为了规范物业服务合同，对当事人订立物业服务合同提供指引，本条规定了物业服务合同一般包括的条款，以供当事人订立合同时参考。本条第 1 款规定，"物业服务合同的内容一般包括服务事项、服务质量、服务费用的标准和收取办法、维修资金的使用、服务用房的管理和使用、服务期限、服务交接等条款。"物业服务合同的主要条款包括：

1. 物业服务事项。本法第 942 条规定，"物业服务人应当按照约定和物业的使用性质，妥善维修、养护、清洁、绿化和经营管理物业服务区域内的业主共有部分，维护物业服务区域内的基本秩序，采取合理措施保护业主的人身、财产安全。对物业服务区域内违反有关治安、环保、消防等法律法规的行为，物业服务人应当及时采取合理措施制止、向有关行政主管部门报告并协助处理。"该条规定仅列举了一些主要的、基本的物业服务事项，当事人可以在合同中对这些事项作出更为具体、细化的约定，例如每半年或者一年对小区住宅楼内的电梯进行检修维护、小区内保安每天至少巡逻三次等。而且，当事人可以在物业服务合同中明确约定的具体物业服务事项，不限于上述列举的服务事项，例如当事人可以约定由物业服务人对区分建筑物的业主专有部分进行维修和管理（如约定物业服务人应当负责维修业主家中的电灯）。此外，业主甚至可以委托物业服务人提供一般物业服务事项以外的服务项目，服务报酬由双方约定。不过，如果只是单个业主委托物业服务人提供额外服务，并不能成为物业服务合同的内容，而是该业主与物业服务人之间成立了委托合同等关系。例如，业主可以与物业服务人约定由物业服务人向业主有偿提供代收代寄快递服务等。

2. 服务质量。服务质量的标准因人而异，人们可能会有不同的理解和要求，法律难以作出明确界定，一般都是由当事人在合同中作出特别约定。服务质量的标准往往还因不同的服务费用标准而有所区别，高档小区收取高额物业费，自然对其服务质量也提出了高于一般小区的要求。服务质量比较抽象，当事人应当对物业服务事项的质量进行具体约定，有利于明确双方的权利义务，避免产生不必要的纠纷。有些服务事项的质量可以通过量化来确定标准，例如，合同约定物业服务人每年须对小区内的电梯进行一次检修，小区门口必须每天24 小时有两名以上保安值守，等等。

3. 服务费用的标准和收取办法。服务费用也称物业费，是业主对物业服务人提供服务所支付的报酬。物业费一般由物业服务的成本和利润两部分构成。物业服务的成本一般包括管理服务人员的工资、社会保险，物业服务区域内的建筑物及其附属设施日常运行、维护费用，物业服务区域的清洁卫生费用、绿化养护费用、秩序维护费用，等等。物业费的收取主要有两种方式，即包干制和酬金制。包干制指业主向物业服务人支付固定费用，物业服务人自负盈亏，具体缴费标准一般由业主和物业服务人根据政府指导价自行约定。物业服务人为专门提供物业服务的专业机构或者人员，以物业服务为业，以经济利益为目的，对成本会进行预估，一般来说不至于出现亏损。而酬金制指物业服务人会在预收的物业服务资金中按约定比例或者约定数额提取酬金，其余部分则用于物业服务合同约定的支出，多退少补。物业服务人不得违反法律、法规和部门规章的规定，擅自提高收费标准或者重复收费，否则都构成违规收费。

4. 维修资金的使用。维修资金，也可称为"公共维修资金"或者"专项维修资金"，是指由业主缴纳的，专项用于物业服务区域内建筑物的共用部分、共用设施设备保修期满后的维修和更新、改造的资金，如电梯、单元门等共有部分的维修费用。维修资金是由业主共同出资形成的，属于业主共有，且只能用于特定的目的，不能用于物业服务过程中的其他各项支出。业主委员会与物业服务人订立物业服务合同时，可以就专项维修资金申请使用的具体事项作出约定。实践中，专项维修资金一般登记在以业主或者业主委员会名义开设的专用账户下，通常由有关部门指导、监督其使用。维修资金是全体业主的共同财产，关系到业主们的切身利益，所以维修资金的筹集和使用都要具备严格的条件，应当由业主按照法定的程序共同决定。物业服务人还应当定期向业主大会、业主委员会报告维修资金的使用情况。民法典物权编中有关于维修资金的专门规定。

5. 服务用房的管理和使用。物业服务用房，是指物业服务人为业主提供物业服务而使用的房屋。物业服务用房是向小区提供物业服务所必需的。没有物业服务用房，物业服务人就无法为业主提供必要的物业服务。依据本法第274条的规定，物业服务用房属于业主共有。在物业服务人开始为业主提供物业服务时，就可以使用物业服务用房。但是，物业服务用房的用途是特定的，物业服务人不得擅自改变用途。《物业管理条例》第37条规定："物业管理用房的所有权依法属于业主。未经业主大会同意，物业服务企业不得改变物业管理用房的用途。"物业服务用房只限用于物业服务，不得擅自改变其用途，如出租给商户用于开设餐馆等，但是经过业主大会同意的除外。

6. 服务期限。服务期限，是指双方当事人在物业服务合同中约定的由物业服务人提供物业服务的期限。业主与物业服务人应当在合同中约定确定的物业服务期限，或者约定为不定期合同。如果对服务期限没有约定或者约定不明确的，双方当事人可以协议补充；不能达成补充协议的，应当视为不定期合同，当事人可以随时解除该合同，但在解除合同前应当给对方必要的准备时间。服务期限届满后，物业服务合同终止，物业服务人应当在一定期限内退出物业服务区域，并做好有关交接工作。但在新物业服务人或者业主自己接管前，物业服务人还是应当继续处理物业服务事项。合同期限届满后，如果当事人没有续约，也没有选聘其他物业服务人，物业服务人继续提供物业服务的，应当视为物业服务合同继续有效，但是服务期限变为不定期。

7. 服务交接。因为物业服务合同涉及的服务事项较多，是继续性合同，一般服务期限较长，原物业服务人不仅长期占有物业服务用房，而且还掌握了小区内相关设施、物业服务的很多相关资料，这些物业服务用房及相关资料应当交还给业主委员会、决定自行管理的业主或者其指定的人；如果已经选定了新物业服务人，原物业服务人还应当配合新物业服务人做好交接工作，如实告知物业的使用和管理情况。具体如何进行交接，双方可以在物业服务合同中进行约定。

（二）物业服务人公开作出的有利于业主的服务承诺为物业服务合同的组成部分

物业服务承诺，是指物业服务人为保证物业服务的质量和效益，向全体业主公开作出的有关物业服务内容和标准的单方意思表示。实践中，物业服务人会在其宣传中公开作出某种服务承诺，以吸引业主选聘其作为物业服务人，或者在提供物业服务的过程中作出某种承诺，以提高服务质量和业主满意度，这事实上经常成为业主选聘物业服务人的重要依据。为了规范物业服务人的行为，充分保护业主的利益，本条第 2 款将"物业服务人公开作出的有利于业主的服务承诺"作为物业服务合同的组成部分，即也属于物业服务合同的内容。这是对物业服务人义务范围的合理扩充，对实践中处理好此类纠纷案件具有重要的指导意义。

（三）其他内容

物业服务合同的内容，除了物业服务合同中明确约定的内容，以及物业服务人公开作出的有利于业主的服务承诺，还应当包括如下几个方面的内容：第一，法律法规的规定。一些法律、行政法规对物业服务人和业主的权利义务作出了规定。例如，根据本法第 282 条的规定，物业服务人利用业主的共有部分产生的收入，在扣除合理成本之后，属于业主共有，物业服务人就应当在扣除成本后将剩余部分转交给业主。根据本法第 285 条的规定，业主有权监督物业服务企业，即使当事人没有在合同中约定该监督权，业主的监督权也应当成为合同的内容。再如，《物业管理条例》第 49 条第 1 款规定，物业管理区域内按照规划建设的公共建筑和共用设施，不得改变用途。第 50 条第 1 款规定，业主、物业服务企业不得擅自占用、挖掘物业管理区域内的道路、场地，损害业主的共同利益。第二，地方性规定。有的地方性法规、地方政府规章等对物业服务人及业主的权利义务作出了规定。第三，物业服务人的服务细则。有的观点认为，物业服务人的服务细则也应成为合同的组成部分。服务细则是指物业服务人依据《物业管理条例》等规定单方面制定的用于指导物业服务活动的细则，是否可以作为合同内容的组成部分，还应当视细则中规定的具体内容而定，一般来说，服务细则中违反法律法规、政府规章的规定无效，例如规定在小区内吸烟或者乱丢垃圾的罚款 500 元；通过服务细则擅自改变物业服务合同约定、加重业主的义务或者责任的规定无效，例如物业服务合同约定每年年底一次性缴纳物业费，或者每月最后一天缴纳当月物业费，服务细则却规定每月物业服务费用的具体缴纳时间为当月第一天。服务细则中如有有利于业主的物业服务承诺的规定，可以成为物业服务合同的内容。

三、物业服务合同是要式合同

本条第 3 款规定："物业服务合同应当采用书面形式。"之所以规定物业服务合同应当采用书面形式，主要是为了明确物业服务人与业主之间的具体权利义务关系，同时也有利于避免纠纷的发生，因为物业服务合同为双务有偿合同，涉及物业费的收取范围、标准和办法，而且合同内容较为复杂，服务事项和服务质量等都需要当事人作出明确约定。

> **第九百三十九条** 建设单位依法与物业服务人订立的前期物业服务合同，以及业主委员会与业主大会依法选聘的物业服务人订立的物业服务合同，对业主具有法律约束力。

【条文主旨】

本条是关于建设单位与物业服务人订立的前期物业服务合同、业主委员会与物业服务人订立的物业服务合同对业主具有法律约束力的规定。

【条文释义】

广义的物业服务合同，包括建设单位与物业服务人订立的前期物业服务合同，也包括业主或者业主委员会与物业服务人订立的物业服务合同。

前期物业服务合同与普通物业服务合同有如下区别：第一，合同签订主体不同。前期物业服务合同不是业主与物业服务人签订的，而是由建设单位与物业服务人签订的。因为在只有少数业主入住时，业主大会及业主委员会尚未成立，此时也需要物业服务人来提供服务，只能由房地产建设单位与物业服务人签订合同。而普通物业服务合同的签订主体则是业主或者业主委员会与物业服务人。第二，合同签订时间不同。一般而言，前期物业服务合同是在物业开发过程中或者房屋建好后但是只有少数业主入住时签订的，而普通物业服务合同一般是在房屋已经建好、大部分业主已经入住并且能够召开业主大会的情况下签订的。第三，合同的内容不同。前期物业服务合同的内容受限制，主要侧重于对建筑物建成初期的养护、安全保障以及配合建设单位为未来入住的业主提供服务等，普通物业服务合同侧重于对建筑规划内建筑物的维护、环境及居住条件的保障等，目的系为业主正常的日常生活提供服务。第四，服务期限不同。前期物业服务合同具有过渡性质，其期限较短，通常只是从合同订立到普通物业服务合同生效之时。本法第940条规定："建设单位依法与物业服务人订立的前期物业服务合同约定的服务期限届满前，业主委员会或者业主与新物业服务人订立的物业服务合同生效的，前期物业服务合同终止。"据此，前期物业服务合同终止的原因包括：一是双方当事人约定的服务期限届满；二是前期物业服务合同的服务期限尚未届满，但是全体业主通过召开业主大会，选聘新的物业服务人并订立新的物业服务合同，该合同生效时前期物业服务合同终止。普通物业服务合同的服务期限可由合同签订双方进行具体约定，如果没有发生业主按照法定程序决定解聘物业服务人解除物业服务合同的情形，通常是在服务期限届满之后，合同效力才终止。

一、关于建设单位依法与物业服务人订立的前期物业服务合同

前期物业服务合同，是指在物业区域内的业主或者业主大会选聘物业服务人之前，由房地产开发建设单位与物业服务人之间订立的，双方约定由物业服务人提供物业服务，对前期的物业服务事项进行处理的合同。从建设单位开发建设好房屋及其附属设施、开始销售商品房，到召开业主大会选聘物业服务人，需要一段时间。在这段时间内，入住的业主人数较少，还不能召开业主大会并进而成立业主委员会，因而只能先由建设单位与物业服务人订立前期物业服务合同，以满足业主的生活需要，保护全体业主的利益。在物业开发建设完成后，开发建设单位将房屋销售给业主，逐步地将物业交给业主和物业服务人，自己则退出该物业服务区域。

前期物业服务合同是由建设单位与物业服务人签订的，在业主入住之前，建设单位作为合同的一方当事人，应当受到合同的约束。在业主入住之前，建设单位按照前期物业服务合同的约定享有合同权利，也应当履行相应的义务，特别是支付物业费的义务。但是在一部分业主入住，房屋交付给业主后，物业费由谁负担，仍有争议。一般认为，房屋出售且交付给业主后，业主就应当负担相应的物业费，未交付房屋的物业费，仍由建设单位负担。而物业服务人是前期物业服务合同的一方当事人，毫无疑问其应当受到合同的约束。物业服务人有权依据前期物业服务合同主张权利，并履行相应义务。物业服务人在履行义务的同时，也享有按照约定收取物业费的权利。物业服务人应当依据前期物业服务合同对业主提供物业服务，不得违规收费，也不得任意解除合同。前期物业服务合同约定的服务期限届满，业主经过合法程序继续选聘前期物业服务人与其订立物业服务合同的，物业服务人应当继续为业主提供物业服务；如果业主决定选聘其他物业服务人的，原物业服务人应当与新物业服务人进行交接。在前期物业服务合同约定的服务期限届满前，业主委员会或者业主与新物业服务人订立的物业服务合同生效的，前期物业服务合同终止，前期物业服务人则应当退出物业服务区域，并按照约定和有关规定完成交接工作。

根据本条规定，建设单位依法与物业服务人订立的前期物业服务合同，对业主具有法律约束力。虽然前期物业服务合同是由建设单位与建设单位所选定的物业服务人订立的合同，业主并不能选择物业服务人，也无法决定物业服务合同的内容，但是前期物业服务合同对业主也具有法律约束力，业主不得以其未参加合同的订立或者未认可为由而否定合同的效力。所谓"对业主具有法律约束力"，是指业主享有合同权利，并承担合同义务。不论是订立前期物业服务合同时已经入住的业主，还是在前期物业服务合同订立后、业主或者业主委员会与物业服务人订立物业服务合同前入住的业主，都应当受到前期物业服务合同的约束。

合法有效的前期物业服务合同，对业主具有法律约束力。这主要是因为，业主与建设单位之间有关于受前期物业服务合同约束的合意。从形式上看，前期物业服务合同签订主体是建设单位与物业服务人，业主并不是合同主体。从合同的相对性原理出发，建设单位同物业服务人签订的合同不能对业主产生法律约束力。如果由建设单位承担物业费，而业主只享受前期物业服务合同中的相应权利，对建设单位来说显然是不公平的。按照权利义务相一致的原则，在业主成为物业所有人后，开始享受物业服务人提供的物业服务，就应当履行相对的义务，主要是支付相应的物业费。

二、关于业主委员会与业主大会依法选聘的物业服务人订立的物业服务合同

实践中，通常是由业主委员会与物业服务人订立物业服务合同。但是，业主委员会并不是合同当事人，只是因为业主无法一一与物业服务人订立合同而代表全体业主订立物业服务合同而已。就业主委员会而言，其不应成为物业服务合同的当事人。

物业服务合同的当事人是物业服务人和业主。而物业服务合同中的"业主"往往是以"全体业主"的形式出现的。全体业主作为合同主体的主要理由在于：第一，物业服务合同的内容涉及全体业主的共同利益。物业服务合同订立的目的就是为业主提供物业服务，为的是全体业主的共同利益。物业服务人所处理的事务是全体业主的事务，物业服务人管理的财产是全体业主的共同财产。第二，全体业主是物业服务合同实质上的权利享有者和义务承担者。业主依据物业服务合同享有权利并承担义务。实践中，业主委员会具有诉讼主体的资格，可以成为诉讼的原告或者被告，但是诉讼的结果依然是由全体业主来承担。第三，承认全体业主的当事人地位，全体业主便可以享有合同约定的权利，同时须履行合同约定的义务，这样才能保证物业服务合同的履行。物业服务人所提供的服务涉及全体业主的共有部分和共同利益。单个业主不能够代表全体业主与物业服务人订立物业服务合同，也无法完全履行整个物业服务合同中全体业主的义务。

虽然物业服务合同是业主委员会与物业服务人签订的，合同的当事人往往表现为"全体业主"，但是这并不妨碍每个业主也都是物业服务合同的当事人。换言之，物业服务合同的当事人，既可以是全体业主，也可以是单个业主。业主委员会与物业服务人订立的物业服务合同，对全体业主具有法律约束力，即对每个业主都具有法律约束力。因为归根结底，"全体业主"是一个抽象的集合的概念，最终还是由每个业主来享有合同权利，履行合同义务，并承担违约产生的责任。

基于上述理由，本条规定，业主委员会与业主大会依法选聘的物业服务人订立的物业服务合同，对业主具有法律约束力。为什么业主委员会根据业主大会依法作出的决定，与物业服务人订立物业服务合同，业主并没有实际参与物业服务合同的签订，却要受到合同的约束？这是由业主大会和业主委员会作为业主自治的权力机关和执行机关的法律地位所决定的。根据本法第278条的规定，业主大会有权决定选聘物业服务人。业主委员会代表业主与业主大会依法选聘的物业服务人签订物业服务合同，是业主自治权行使的结果，全体业主都应当遵守。本法第280条对业主大会、业主委员会决定的效力问题作出明确规定，即业主大会或者业主委员会的决定对业主具有法律约束力。

三、关于物业服务合同对业主具有法律约束力的具体表现

不论是前期物业服务合同还是普通物业服务合同，都对业主具有法律约束力，这种法律约束力主要体现在，业主基于物业服务合同享有合同中约定的相关权利，同时也要履行合同约定的相关义务。业主享有的主要合同权利是享受物业服务人提供的物业服务，并对物业服务人提供的服务进行监督。

物业服务合同对业主具有法律约束力，业主就不能以不是合同当事人为由提出抗辩，也不能仅以未享受或者无需接受相关物业服务作为拒绝缴纳物业费的抗辩理由。在实践中，有些业主以不是合同当事人为由，不愿接受物业服务合同的约束，拒绝接受物业服务人的服务和管理，并拒绝履行相应义务，从而引发物业服务纠纷。业主虽非物业服务合同形式上的当事人，但业主是物业服务合同项下的权利享有者和义务承担者，是物业服务合同的实质上的当事人。因此，业主不得以其并非合同当事人为由，拒绝履行其合同义务。当业主违约

时，物业服务人有权直接向违约的业主提出请求权。

> 第九百四十条　建设单位依法与物业服务人订立的前期物业服务合同约定的服务期限届满前，业主委员会或者业主与新物业服务人订立的物业服务合同生效的，前期物业服务合同终止。

【条文主旨】

本条是关于前期物业服务合同因物业服务合同生效而终止的规定。

【条文释义】

为了便于物业服务企业统筹安排工作，降低交易成本，防范经营风险，维护物业管理秩序，前期物业服务合同可以约定期限。但是，前期物业服务合同具有过渡性质，一般来说约定的服务期限较短。前期物业服务合同约定的服务期限届满后，如果双方当事人没有订立新的物业服务合同或者通过约定延长物业服务合同的服务期限，则前期物业服务合同终止，物业服务人应当退出物业服务区域，并和新的物业服务人或者决定自行管理的业主进行交接。

有的学者认为，前期物业服务合同是一种附终止条件的合同，即以物业服务合同生效为其停止条件的合同。虽然前期物业服务合同期限未满，一旦业主选聘新物业服务人，或者业主组成业主大会，并按照法定程序选聘了物业服务人，进入了正常的物业服务阶段，前期物业服务合同就没有存在的必要，自动终止。

前期物业服务合同终止的原因包括：一是双方当事人约定的服务期限届满；二是前期物业服务合同的服务期限虽然未届满，但是全体业主通过召开业主大会，选聘新的物业服务人并订立新的物业服务合同，该合同生效时前期物业服务合同终止。

> 第九百四十一条　物业服务人将物业服务区域内的部分专项服务事项委托给专业性服务组织或者其他第三人的，应当就该部分专项服务事项向业主负责。
>
> 物业服务人不得将其应当提供的全部物业服务转委托给第三人，或者将全部物业服务支解后分别转委托给第三人。

【条文主旨】

本条是关于物业服务转委托的规定。

【条文释义】

本条规定物业服务人可以将物业服务区域内的部分专项服务事项委托给专业性服务组织或者其他第三人。物业服务区域内的建筑物及其附属设施的正常有效运转，离不开良好的物业服务。物业服务涉及每个业主的切身利益，关系到业主居住环境的安宁与和谐。基于物业服务内容的综合性和专业性，物业服务人难以应对如此庞大、复杂而又专业的工作，所有服务事项难以都由物业服务人自己亲自完成，而且也无法保障物业服务的质量。此时，物业服务人将某些服务事项，交给其他更具专业性的机构或者人员来进行服务，也是为了维护业主的利益，本质上受益的是业主。实践中，物业服务人为了保证服务质量，也经常会结合自己的人员配备情况，酌情将部分服务事项转委托给更为专业的机构或者人员来完成。

但是，物业服务人将物业服务区域内的部分专项服务事项委托给专业性服务组织或者其他第三人的，应当就该部分专项服务事项向业主负责。依法成立并生效的物业服务合同对物业服务人具有法律约束力，物业服务人应当按照约定履行义务。物业服务人应当按照物业服务合同的约定，向业主提供物业服务。物业服务人将部分专项物业服务事项转委托第三人，由于第三人的原因导致物业服务人违反物业服务合同之约定的，物业服务人依然要向业主承担违约责任。物业服务合同的当事人依然为业主与物业服务人，而且根据合同相对性的原则，物业服务人与第三人之间订立的转委托合同，对业主没有法律约束力，业主与第三人之间没有直接的法律关系。即便物业服务人与第三人约定，因第三人之原因导致物业服务人未能履行物业服务合同义务而违约的，应当由第三人向业主赔偿，该约定亦对业主不发生效力。当物业服务人因转委托的第三人的原因违约时，业主可以向物业服务人主张违约责任，物业服务人再向第三人请求赔偿。

物业服务人可以将管理区域内的专项服务事项委托给第三人，但不得将全部物业服务转委托给第三人，或者支解后分别转委托给第三人。之所以如此规定，主要目的是保护业主的合法权益，并促进物业服务行业的健康发展。允许对部分专项服务服务转委托，是基于上述考虑，禁止全部转委托，也是由于此原因。这类似于建设工程合同中，为禁止承包方违法转包给第三人从中牟取非法利益，法律规定承包人不得将其承包的全部建设工程转包给第三人，或者将其承包的全部建设工程肢解以后以分包的名义分别转包给第三人。通过转包非法渔利的合同，在司法实践中通常被认定为无效合同。

而规定物业服务人不得将全部物业服务支解后分别转委托给第三人，也是考虑到如果物业服务人只为从中谋取利益，自己不亲自处理任何事务，将导致业主对物业服务人的信任落空，无法保障物业服务质量，最终损害全体业主的共同利益，不能实现物业服务合同的目的和初衷。

如果物业服务人擅自将全部物业服务转委托给第三人，或者将全部物业服务支解后分别转委托给第三人，业主可以依照法定程序解聘物业服务人，解除物业服务合同。物业服务人因此给业主造成损失的，业主可以请求物业服务人承担违约责任。

> **第九百四十二条** 物业服务人应当按照约定和物业的使用性质，妥善维修、养护、清洁、绿化和经营管理物业服务区域内的业主共有部分，维护物业服务区域内的基本秩序，采取合理措施保护业主的人身、财产安全。
>
> 对物业服务区域内违反有关治安、环保、消防等法律法规的行为，物业服务人应当及时采取合理措施制止、向有关行政主管部门报告并协助处理。

【条文主旨】

本条是关于物业服务人主要义务的规定。

【条文释义】

物业服务人的主要义务，即物业服务人按照合同的约定、法律法规的规定和物业的使用性质，为业主提供物业服务。具体来说物业服务人的主要义务包括以下内容：

1. 对业主共有部分的管理和维护。物业服务人的义务首先就是对物业服务区域内的建筑物及其附属设施等共有财产进行管理和维护，这是物业服务人最重要的合同义务之一，也是保障业主正常生活、改善业主生活品质的重要基础。学界常把物业服务人的服务管理区分为对物的管理和对人的管理。物业服务人的此项义务主要涉及对物的管理，即管理物业服务区域内的业主的共有财产，主要包括小区内的道路、绿地、广场等公共场所，电梯、消防设施、公共照明设施和共有的车位车库等公共设施，以及物业服务用房等。

2. 维护物业服务区域内的基本秩序。物业服务区域内的基本秩序，是业主正常生活的重要方面。物业服务人应当负有维护小区内共同生活秩序的义务，该项义务主要涉及对人的管理。例如，对外来人员的管理、对小区内停车位使用的管理等。为了维护物业服务区域内的基本秩序，可能会对业主的权利进行一定的限制，业主有义务配合物业服务人的管理。而当业主损害其他业主的利益时，物业服务人还应当对其行为进行制止。

3. 保护业主的人身、财产安全。保护业主的人身和财产安全，是物业服务合同对物业服务人的基本要求，可以说是最为重要的内容。具体来说，此项义务主要包括两个方面的内容：一是物业服务人应当采取合理措施保护业主的人身及财产安全，消除安全隐患，预防损害的发生。例如，以醒目的方式告知业主24小时有保安在岗的值班室以及附近派出所的联系电话，在重要部位如地下停车场、单元楼门口等安装监控探头，按照约定和有关规定对电梯进行安全检修，等等。二是如果出现可能危害或者已经危害到业主人身、财产安全的情形时，物业服务人应当及时制止相关行为，并且视情况采取必要措施以尽量保障业主的人身、财产安全。例如，发现小区单元楼发生高空抛物的行为，或者有人划伤在小区内停放的车辆时，物业服务人应当及时制止；发现小区内窨井盖破损时，物业服务人应当及时维修、更换，以免业主掉落窨井，导致人身、财产受到损害。

如果物业服务人没有尽到其安全保障义务，导致业主的人身、财产安全受到侵害的，物业服务人应当承担相应的违约责任。当物业服务人的行为符合侵权责任之要件时，亦构成侵权，物业服务人须承担相应的侵权责任，此时发生违约责任与侵权责任之竞合，受到损害的业主可以向物业服务人请求其承担违约责任或者侵权责任。

4. 对违法行为的制止、报告义务。本条第2款规定，对物业服务区域内违反有关治安、环保、消防等法律法规的行为，物业服务人应当及时采取合理措施制止、向有关行政主管部门报告并协助处理。作出该规定主要还是为了更好地为业主提供物业服务，履行前述的几项基本义务，妥善管理、维护物业服务区域内的相关设施，维护物业服务区域内的基本秩序，保护业主的人身、财产安全。

> **第九百四十三条** 物业服务人应当定期将服务的事项、负责人员、质量要求、收费项目、收费标准、履行情况，以及维修资金使用情况、业主共有部分的经营与收益情况等以合理方式向业主公开并向业主大会、业主委员会报告。

【条文主旨】

本条是关于物业服务人关于重要事项的公开及报告义务的规定。

【条文释义】

物业服务人应当将与物业服务有关的服务事项等情况定期向业主公开，并向业主大会、业主委员会报告，这些情况主要包括服务的事项、负责人员、质量要求、收费项目、收费标准、履行情况，以及维修资金使用情况、业主共有部分的经营与收益情况等。

有关物业服务人公开及报告的具体内容、范围、方式、时间等，当事人可以在物业服务合同中加以约定。业主要对常规事项进行定期公开，向业主大会或者业主委员会进行报告，并接受业主的监督，特别是有关维修资金的使用情况、业主共有部分的经营与收益等财务情况，应当定期公布。本法第282条规定，建设单位、物业服务企业或者其他管理人等利用业主的共有部分产生的收入，在扣除合理成本之后，属于业主共有。然而在实践中，业主往往无从知晓这些情况，而物业服务人常常擅自利用业主共有部分来进行谋利，如在电梯张贴商业广告或者安装广告显示屏，或者将车位对外出租等，损害业主的利益，对此，应当要求物业服务人公开、报告相关情况。除了对常规事项定期公开，涉及业主共同财产或者共同利益的重要情况，物业服务人也应当及时向业主公开，向业主大会或者业主委员会报告，依法应当由业主决定的，由业主按照法定程序作出决定。例如，物业服务人打算利用物业服务区域内部分空地规划建设停车位，需要及时向业主进行公示，并向业主大会或者业主委员会报告，这涉及改变共有部分的用途，依据本法第278条的规定，应当由业主共同决定。另外，根据本法第285条的规定，物业服务人应当接受业主的监督，并及时答复业主对物业服务情况提出的询问。因此，业主也有权就上述事项向物业服务人提出询问，物业服务人应当及时予以答复。物业服务人违反上述公开及报告义务，给业主造成损失的，应当承担相应的违约责任。

> **第九百四十四条** 业主应当按照约定向物业服务人支付物业费。物业服务人已经按照约定和有关规定提供服务的，业主不得以未接受或者无需接受相关物业服务为由拒绝支付物业费。
>
> 业主违反约定逾期不支付物业费的，物业服务人可以催告其在合理期限内支付；合理期限届满仍不支付的，物业服务人可以提起诉讼或者申请仲裁。
>
> 物业服务人不得采取停止供电、供水、供热、供燃气等方式催交物业费。

【条文主旨】

本条是关于业主支付物业费的义务的规定。

【条文释义】

一、关于业主应当按照约定支付物业费的义务

物业费，即物业服务费用，是指物业服务人按照物业服务合同的约定，对物业服务区域内的建筑物及其附属设施、相关场地进行维修、养护、管理，维护相关区域内的环境卫生和秩序，而向业主收取的报酬。物业服务合同是有偿合同，业主与物业服务人应当在物业服务合同中对业主支付物业费作出约定。业主应当按照物业服务合同的约定向物业服务人支付物业费，是其最基本也最核心的合同义务。业主违反该义务的，应当承担相应的法律责任。

物业费的缴纳和收取需要注意以下几点，这些同时也是实践中比较容易产生物业费纠纷的问题。

1. 物业费的缴纳主体。对于前期物业服务合同，物业费的缴纳义务人应当是建设单位或者业主。对于普通物业服务合同，物业费的缴纳义务人是业主。一般认为，不论是前期物业服务合同还是普通物业服务合同，都应当以房屋交付作为业主开始承担物业费的时间点。

2. 物业费收取的范围、标准和办法。物业费的收费范围、收费标准和收取办法通常应当在物业服务合同中作出约定。收费范围，也即物业费中所包含的收费项目，一般包括建筑物及其附属设施的维修养护、小区环境的清洁绿化等有关费用，如电梯使用费、车辆管理费、垃圾清运费等。收费标准，即应当缴纳的物业费数额的计算标准。根据本法第283条的规定，建筑物及其附属设施的费用分摊、收益分配等事项，有约定的，按照约定；没有约定或者约定不明确的，按照业主专有部分面积所占比例确定。实践中，物业费的收取往往也是按业主房屋的建筑面积计算的，如按建筑面积收取每平方米30元的物业费。物业费的收取办法，也即物业费的缴纳方式，具体包括物业费的支付时间、付款方式等，可以约定一次性缴纳，也可以约定分期缴纳。

3. 物业服务人不得违规收费。物业服务人有权依据合同约定收取物业服务费用，但物业服务人不仅应当按照合同约定收取物业费，还应当符合法律法规、部门规章的规定。当事人应当在物业服务合同中对物业服务收费范围、收取标准和收取办法作出明确约定。物业费的收取范围、标准必须合理，物业服务人不得擅自单方不合理定价。物业服务人违规收费的行为包括：（1）擅自扩大收费范围，即物业服务人违反合同约定、法律法规的规定收取额外费用。（2）擅

自提高收费标准，即物业服务人违反法律、行政法规、部门规章等关于物业费收取的有关规定或者行业标准收取高额物业费。（3）重复收费，即物业服务人收取的物业费中原本就已经包含了有关项目的费用，但物业服务人又针对该项目向业主另行收费。

4. 物业服务合同终止后物业费的缴纳。由于种种原因，物业服务期限届满后，或者物业服务合同被解除，导致物业服务合同终止的，物业服务人可能还继续为业主提供物业服务。此时，物业服务人是否有权主张业主缴纳物业费，应当根据具体情况来进行判断。如果物业服务合同终止后，物业服务人应当退出物业服务区域而拒绝退出的，按照本法第949条的规定，物业服务人不得请求物业服务合同终止后的物业费，而且如果物业服务人给业主造成损失的，还应当赔偿业主的损失。根据本法第950条的规定，在物业服务合同终止后，在业主或者业主大会选聘的新物业服务人或者决定自行管理的业主接管之前，物业服务人继续提供物业服务的，业主也继续接受物业服务的，即使当事人在此期间没有订立正式的物业服务合同，业主仍有义务支付相应的报酬。就其法理基础，有的观点认为，此时双方当事人实际上形成一种事实合同关系；也有观点认为，物业服务人继续服务的行为构成无因管理；还有观点认为，双方当事人是以默示的方式变更了物业服务合同，延长了物业服务期限。

二、业主违反约定逾期不支付物业费的违约责任

业主应当按照合同约定缴纳物业费，业主无正当理由逾期不支付物业费构成违约的，应当承担相应的违约责任。实践中，业主拖欠物业费的现象较为普遍。业主拖欠物业费的行为构成违约的要件主要有：第一，业主逾期没有支付物业费。第二，业主欠缺正当理由。

但是，业主不得以未接受或者无需接受相关物业服务为抗辩的理由拒绝向物业服务人支付物业费。（1）业主不得以"未接受"为理由提出抗辩。如前所述，从房屋交付业主的时间起，业主就应当承担缴纳物业费的义务。即使在房屋交付后，业主未实际入住房屋的，依然应当缴纳物业费。房屋交付后，业主实际占有，不论其是否入住，物业服务人都要按照约定提供服务，业主不能以自己未实际入住作为拒绝缴纳物业费的理由。实践中，一人同时为多套房屋之业主的情况也较为多见，并不能因为其房屋空置而免除其缴纳物业费的义务。（2）业主不得以无需相关物业服务为抗辩理由。业主不能放弃基于区分所有权产生的共有关系，不能以不需要物业服务人提供的全部或者某项服务为由，拒绝缴纳相应的物业费。例如，业主不能以其不产生生活垃圾，或者将生活垃圾带离小区后丢弃到小区外马路旁边的垃圾桶为由，拒绝缴纳物业服务合同约定的物业费中所包含的垃圾清运费。业主对物业服务合同中约定的物业服务事项以及相应的费用，并没有选择的余地。只要物业服务人为全体业主提供了相应的服务，业主就应当支付相应的物业费。

业主不能以无需接受相关物业服务为由拒绝支付物业费，主要理由在于，建筑物区分所有权具有整体性，不同于普通的所有权，建筑物区分所有权包括专有权、共有权和成员权三个方面的内容，并不是单个业主的绝对支配权。共有部分的利用和管理，与每个业主的利益息息相关，应当由全体业主共同作出决定，而非单个业主可以决定。本法第278条也规定，选聘和解聘物业服务企业或者其他管理人由业主共同决定。第280条规定，业主大会或者业主委员会的决定，对业主具有法律约束力。根据我国区分所有权制度的安排，全体业主通过业主大会作出决定，由业主委员会来执行。业主委员会与业主大会依法选聘的物业服务人订立的物业服务合同，对业主具有法律约束力，业主应当按照合同约定履行义务。因此，只要物业服务合同是由业主委员会根据业主大会依法通过的决议，与物业服务人签订的，即对所有业主具有法律约束力，这在上述第939条的释义中已经阐明。物业服务人对业主共有部分进行管理，就是在为全部业主提供物业服务，每个业主都可以实际享受相应的利益，并不因业主主观上是否需要而受影响。如果允许业主以"无需接受相关物业服务"为由拒绝支付物业费，恐怕支付物业费的业主将寥寥无几，甚至无人再支付物业费，这将使得物业服务人无法正常提供物业服务，无法实现物业服务合同的目的，反而损害了全体业主的共同利益。

第三，物业服务人进行了催告。业主违反约定逾期不支付物业费的，物业服务人可以催告其在合理期限内支付。一般情况下，在业主逾期未支付物业费时，物业服务人都要先进行催告，而不是直接起诉业主。实践中，业主可能基于种种理由而没有按照合同约定的期限缴纳物业费。例如，业主因为疫情原因正在隔离而无法缴纳，或者忘记缴纳物业费的期限，等等。物业服务人进行催告，给予业主合理的宽限期，可以提醒督促业主及时缴纳，提高效率，降低成本。如果直接进行诉讼，不仅可能需要投入大量的时间和精力，造成效率低下，而且还会导致司法资源的浪费。物业服务人进行催告，可以单独向单个业主作出。当拖欠物业费的业主较多时，物业服务人也可以采取在小区进行公告的形式，向全体拖欠物业费的业主作出催告。

在物业服务人催告的合理期限届满后，业主仍不支付物业费的，物业服务人可以通过诉讼或者仲裁的方式，请求业主支付物业费。业主应当按照合同约定承担逾期缴纳物业费的违约责任；如果合同对此没有作出约定，业主须承担违约责任的范围，不仅包括其所拖欠的物业费，还应当包括相应的迟延支付利息。

三、物业服务人不得采取停止供电、供水、供热、供燃气等方式催交物业费

在审议民法典的过程中，有的代表提出，实践中，有的物业服务人采取断水、断电等方式催交物业费，对业主的基本生活造成严重影响，建议予以规范。为了规范物业服务人的行为，保护业主的合法权益，本条第3款规定，物业服务人不得采取停止供电、供水、供热、供燃气等方式催交物业费。业主逾期不支付物业费的，物业服务人可以通过诉讼或者仲裁等合法途径主张权利，但是无权采取停止供电、供水等措施。如果物业服务人为催交物业费，采取停止向业主供电、供水、供热、供燃气等措施，造成业主损失的，应当承担相应的赔偿责任。

> **第九百四十五条** 业主装饰装修房屋的，应当事先告知物业服务人，遵守物业服务人提示的合理注意事项，并配合其进行必要的现场检查。
>
> 业主转让、出租物业专有部分、设立居住权或者依法改变共有部分用途的，应当及时将相关情况告知物业服务人。

〖条文主旨〗

本条是关于业主负有就有关重要事项告知物业服务人的义务的规定。

〖条文释义〗

业主作为区分所有权人，对其专有部分享有专有权，可以行使对其专有部分的占有、使用、收益和处分的权利，自然就包括对自己房屋进行装饰装修的权利，他人无权干涉。但是由于业主的专有部分与其他业主的专有部分以及全体业主的共有部分紧密结合或者相邻，业主在进行装饰装修的过程中，会影响到其他业主的利益甚至是全体业主的共同利益。因为对房屋进行装饰装修，往往可能会发出噪音，产生大量的装修垃圾，造成管道堵塞、地面渗水等情况，可能改变建筑物的主体结构或者承重结构，甚至造成房屋倒塌等严重后果，影响全体业主的人身和财产安全。因此，本条规定，业主装修装修房屋的，应当事先告知物业服务人。

业主装饰装修房屋，不仅应当在动工前告知物业服务人，而且应当遵守物业服务人提示的合理注意事项，并配合其进行必要的现场检查。这主要是因为物业服务人比较了解物业的实际情况，可能向业主提供必要的信息，并提示合理的注意事项，以免业主在装饰装修的过程中对建筑物尤其是建筑物的共有部

分造成损害，造成其他业主的损失，且在损害发生时，物业服务人能够第一时间掌握相关情况并采取措施进行补救。例如，在需要进行装饰装修的业主事先告知物业服务人后，物业服务人可以将物业的相关信息告知业主，比如建筑物的承重墙、管道及电线线路等，以免业主因不知情错把承重墙拆除，破坏建筑物结构，或者破坏管道线路等，引起一定的安全隐患，影响全体业主正常的生产、生活秩序，造成其他业主的损失。当损害发生时，如破坏自来水管道导致业主不能正常用水时，物业服务人能够第一时间发现并安排人员进行抢修，将损失降低到最小。

业主装饰装修房屋，除了应当遵守合同有关约定，还应当遵守法律、行政法规、部门规章等有关规定。根据建设部 2002 年出台的《住宅室内装饰装修管理办法》，住宅室内装饰装修活动，禁止下列行为：（1）未经原设计单位或者具有相应资质等级的设计单位提出设计方案，变动建筑主体和承重结构；（2）将没有防水要求的房间或者阳台改为卫生间、厨房间；（3）扩大承重墙上原有的门窗尺寸，拆除连接阳台的砖、混凝土墙体；（4）损害房屋原有节能设施，降低节能效果；（5）其他影响建筑结构和使用安全的行为。装修人从事住宅室内装饰装修行为，未经批准，不得有下列行为：（1）搭建建筑物、构筑物；（2）改变住宅外立面，在非承重外墙上开门、窗；（3）拆改供暖管道和设施；（4）拆改燃气管道和设施。

业主转让、出租物业专有部分，设立居住权或者依法改变共有部分用途的，也应当及时将相关情况告知物业服务人。业主转让其房屋的，原业主将退出物业服务合同，由新业主替代原业主成为物业服务合同的当事人，享受合同权利，履行合同义务。如果原业主不将转让的情况告知物业服务人，将导致物业服务人不知新业主为新的合同相对人，不了解房屋的权利归属，不便于物业服务人的服务和管理，也可能使物业费的收取难以进行，损害全体业主的利益。而业主将其物业专有部分出租、设立居住权的，将导致物业使用人和物业所有人不一致的情况，会导致物业服务人不了解物业使用情况，给物业服务人的服务和管理带来不便。如果物业所有人与物业使用人约定由物业使用人缴纳物业费，物业使用人没有按时缴纳的情况下，将使物业服务人收取物业费变得更加困难，因为物业所有人并不在小区居住，而物业使用人与物业服务人之间又没有直接的合同关系，不能直接向物业使用人请求支付物业费。业主改变共有部分的用途，应当由全体业主依照法律规定的程序共同作出决定，并及时将情况告知物业服务人。这主要还是为了便于物业服务人及时掌握物业服务区域内的情况，便于物业服务人对小区的服务和管理，维护全体业主的共同利益。例如，业主依法共同决定将小区内一块空地改做停车场的，应当及时通知物业服务人，方便物业服务人对停车场及小区内车辆进行管理。

> **第九百四十六条** 业主依照法定程序共同决定解聘物业服务人的，可以解除物业服务合同。决定解聘的，应当提前六十日书面通知物业服务人，但是合同对通知期限另有约定的除外。
>
> 依据前款规定解除合同造成物业服务人损失的，除不可归责于业主的事由外，业主应当赔偿损失。

【条文主旨】

本条是关于业主可以依法共同决定解除物业服务合同的规定。

【条文释义】

任意解除权并不是所有民事合同当事人都享有的，必须在有法律明确规定或者当事人特别约定的情况下，合同当事人才能享有任意解除权。物业服务合同的当事人是否应当享有任意解除权，各个国家和地区的法律规定差异较大，学界也存在不同观点。

对于业主是否可以随时解除物业服务合同，学界有两种观点。第一种观点认为，应当赋予业主对物业服务合同的任意解除权。第二种观点认为，不应当规定业主对物业服务合同的任意解除权。

在编纂民法典的过程中，对于是否规定业主的任意解除权，起初也有不同意见。有的意见认为，应当优先保护业主的利益，仅将任意解除权赋予业主，不允许物业服务人任意解除合同；有的意见认为，如果允许业主任意解除物业服务合同，对物业服务人不公平，也可能会反过来损害业主的整体利益。为了保护业主的合法权益，构建和谐物业服务关系，民法典作出本条规定，赋予业主一方任意解除权。

所谓业主一方的任意解除权，此处的"业主"并非单个业主，而是指全体业主。单个业主是不能行使这种任意解除权的，必须由全体业主"依照法定程序共同决定解聘物业服务人"，才能解除物业服务合同。根据本法第278条的规定，解聘物业服务企业或者其他管理人由业主共同决定。而该"法定程序"，也就是通过业主大会的形式，而且对参与表决和同意的业主数量有所要求，即应当由专有部分面积占比2/3以上的业主且人数占比2/3以上的业主参与表决，经参与表决专有部分面积过半数的业主且参与表决人数过半数的业主同意。

此外，业主最终决定解聘的，还应当提前60日书面通知物业服务人，但是合同对通知期限另有约定的除外。因为在业主决定解聘物业服务人后，物业服务人退出物业服务用房、交接物业及其相关资料都需要一定的时间，应当给予其一定的合理期限，做好退出、交接工作。

不过，业主行使任意解除权解除合同造成物业服务人损失的，除不可归责于业主的事由外，应当赔偿物业服务人的损失。物业服务合同成立之后，物业服务人为了提供约定的物业服务，通常要进行大量的准备工作，投入大量的人力、财力、物力，而且可能和其他主体订立一系列涉及物业服务的合同。业主行使任意解除权，可能会给物业服务人造成较大损失。如果不对受到损失的物业服务人进行赔偿，则有失公允。当然，如该损失之发生是因为不可归责于业主的事由，例如是因为不可抗力，或者物业服务人自己违约导致合同被解除，则业主不需要赔偿该损失。

此外，还有观点认为，也应当赋予物业服务人任意解除权。从比较法上看，多数国家都只规定业主一方的任意解除权，没有规定物业服务人的任意解除权。物业服务人作为专门提供物业服务的经营者，掌握信息优势，处于合同的有利地位，在服务期限届满前，都应当尽到善良管理人之职责，按照约定为业主提供物业服务。因此，民法典未赋予物业服务人任意解除权。

> **第九百四十七条** 物业服务期限届满前，业主依法共同决定续聘的，应当与原物业服务人在合同期限届满前续订物业服务合同。
>
> 物业服务期限届满前，物业服务人不同意续聘的，应当在合同期限届满前九十日书面通知业主或者业主委员会，但是合同对通知期限另有约定的除外。

【条文主旨】

本条是关于业主续聘物业服务人的规定。

【条文释义】

物业服务期限届满前，业主将面临一个选择，即续聘物业服务人，或者重新选聘其他物业服务人。物业服务期限届满前，如果业主选择续聘物业服务人的，应当与其续订物业服务合同。需要注意的是，续聘也应当由业主依法共同决定，即根据本法第 278 条的规定，由专有部分面积占比 2/3 以上的业主且人数占比 2/3 以上的业主参与表决，还应当经参与表决专有部分面积过半数的业主且参与表决人数过半数的业主同意。另外，业主与物业服务人应当在合同期限届满前进行续订，这样续订的物业服务合同可以与原物业服务合同衔接，不会出现物业服务的真空期，以免产生不必要的纠纷，损害业主或者物业服务人的合法权益。如果物业服务期限届满后，业主没有依法作出续聘或者另聘物业服务人的决定，物业服务人继续提供物业服务的，依据本法第948条的规定，原物业服务合同继续有效，但是服务期限为不定期。

当然，在物业服务期限届满前，物业服务人同样也面临两个选择，即同意业主的续聘或者不同意续聘。如果物业服务人愿意接受续聘，业主也依法共同决定续聘的，双方应当在合同期限届满前续订物业服务合同；业主在物业服务期限届满前没有依法作出续聘决定，或者选聘其他物业服务人的，物业服务期限届满时，物业服务合同即终止。如果物业服务人不同意业主续聘的，应当合同期限届满前90日书面通知业主或者业主委员会。之所以这样规定，主要是因为如果物业服务人不同意续聘，业主就需要重新选聘新的物业服务人。物业服务人的选择关系到全体业主的共同利益，业主需要多方考察对比，选择值得信任、服务到位、收费合理的物业服务人，而且还要通过法定的程序作出选聘的决定，这往往需要较长的一段时间。因此，原物业服务人如果不愿意接受续聘，就应当在服务期限届满前给予业主充分的时间重新选择新的物业服务人。本条规定物业服务人应当在合同期限届满前90日内通知业主或者业主委员会，而且应当以书面的形式明确告知。

> 　　**第九百四十八条　物业服务期限届满后，业主没有依法作出续聘或者另聘物业服务人的决定，物业服务人继续提供物业服务的，原物业服务合同继续有效，但是服务期限为不定期。**
>
> 　　**当事人可以随时解除不定期物业服务合同，但是应当提前六十日书面通知对方。**

【条文主旨】

本条是关于物业服务期限届满后，业主没有依法作出续聘或者另聘物业服务人的决定，物业服务人继续提供物业服务的，原物业服务合同继续有效的规定。

【条文释义】

物业服务合同约定的服务期限届满后，如果当事人没有订立新的物业服务合同或者通过约定延长原物业服务合同的服务期限，该物业服务合同终止。但是，如果业主没有依法作出续聘或者另聘物业服务人的决定，那么小区的物业将处于无人管理的状态，将影响到全体业主的正常生活，损害全体业主的共同利益，此时物业服务人基于诚信原则，从保护全体业主共同利益的角度出发，继续为业主提供物业服务的，原物业服务合同继续有效，只是服务期限变为不定期。此时，双方当事人都可以随时解除物业服务合同，只要需要提前60日书面通知对方。业主在此期间解除合同的，提前60日告知对方，可以让物业服务人有足够的时间做好退出的准备；物业服务人决定解除合同的，提前60日告知对方，可以让业主利用这段时间去重新寻找合适的其他物业服务人。所以规定在此期间当事人解除不定期物业服务合同须提前60日通知对方是很有必要的。

> **第九百四十九条**　物业服务合同终止的，原物业服务人应当在约定期限或者合理期限内退出物业服务区域，将物业服务用房、相关设施、物业服务所必需的相关资料等交还给业主委员会、决定自行管理的业主或者其指定的人，配合新物业服务人做好交接工作，并如实告知物业的使用和管理状况。
>
> 　原物业服务人违反前款规定的，不得请求业主支付物业服务合同终止后的物业费；造成业主损失的，应当赔偿损失。

【条文主旨】

本条是关于物业服务合同终止后物业服务人负有退出物业服务区域等义务的规定。

【条文释义】

物业服务合同终止后，物业服务人没有继续留在物业服务区域进行服务和管理的正当理由的，就应当及时退出物业服务区域。但是在实践中，物业服务合同终止后，物业服务人无正当理由，拒绝退出物业服务区域，拒绝移交物业服务用房等相关设施设备以及物业服务所必需的相关资料，或者不配合新物业服务人做好交接工作的现象也时有发生，导致新物业服务人无法进场或者决定自行管理的业主无法接管，不仅影响业主的正常生产生活，损害业主的共同利益，严重的甚至可能引发群体性事件。物业服务人之所以拒绝退出或者拒绝配合移交和交接，可能是因为业主对物业服务人提供的物业服务不满意，依法共同决定解聘物业服务人，提前解除物业服务合同；也可能是因为物业服务合同期限届满，业主没有续聘物业服务人，而是选聘新的物业服务人；还有可能是因为仍有部分业主拖欠物业费。

物业服务合同终止后，当事人仍然负有一定的后合同义务。所谓后合同义务，属于附随义务的一种，是指在合同关系终止后，当事人依据法律法规的规定，以及诚实信用原则的要求对另一方负有保密、协助等义务。本法第558条规定："债权债务终止后，当事人应当遵循诚信等原则，根据交易习惯履行通知、协助、保密、旧物回收等义务。"因为物业服务合同涉及的内容方方面面，十分复杂，物业服务人对该物业服务区域内的业主情况、物业使用和管理情况都了解和掌握，基于诚实信用原则，为了保护全体业主的共同利益，实现物业的顺利交接，本条规定了物业服务人的一些后合同义务。物业服务人在合同终止后所应承担的后合同义务主要包括以下内容：第一，在约定期限或者合理期限内退出物业服务区域。第二，妥善交接义务，包括移交物业服务用房和相关设施，以及物业服务所必需的相关资料，配合新物业服务人做好交接工作。第三，如实告知物业的使用和管理状况。

物业服务人违反上述义务，不仅不得请求业主支付物业服务合同终止后的物业费；造成业主损失的，还应当赔偿损失。需要特别说明的是，此处规定的"物业服务合同终止后的物业费"，并非其履行上述后合同义务的额外报酬，应是在他人接管相关物业前，原物业服务人继续为全体业主提供物业服务期间所应收取的物业费。本法第950条规定："物业服务合同终止后，在业主或者业主大会选聘的新物业服务人或者决定自行管理的业主接管之前，原物业服务人应当继续处理物业服务事项，并可以请求业主支付该期间的物业费。"物业服务合同终止后，物业服务人仍占用物业服务用房及相关设施，拒绝向业主委员会选聘的新物业服务人移交物业服务所必需的相关资料，导致新物业服务人不能入场为业主提供物业服务的，即使其仍在继续提供物业服务，也是对业主权利的侵犯，不仅不能请求物业服务合同终止后继续服务期间的物业费，如果给业主造成损失，还要赔偿相应的损失。例如，物业服务合同终止后，由于物业服务人拒不退出物业服务区域，不配合新物业服务人交接，导致小区处于无人服务和管理的状态，如果小区内电梯出现故障导致业主人身受到伤害，此时虽然物业服务人与业主的权利义务关系已经终止，但是对于该业主的损失，物业服务人依然要予以赔偿。

第九百五十条 物业服务合同终止后，在业主或者业主大会选聘的新物业服务人或者决定自行管理的业主接管之前，原物业服务人应当继续处理物业服务事项，并可以请求业主支付该期间的物业费。

【条文主旨】

本条是关于物业服务合同终止后、他人接管物业前，原物业服务人应当继续提供物业服务并可以请求业主支付相应物业费的规定。

【条文释义】

在物业服务合同期限届满或者被解除，物业服务合同终止后，在业主或者业主大会选聘的新物业服务人或者决定自行管理的业主接管之前，应当继续为业主提供物业服务。之所以作出该规定，主要有以下几个理由：一是出于保护业主利益的考虑。物业服务合同终止后，如果在业主或者业主大会选聘的新物业服务人或者决定自行管理的业主接管之前，原物业服务人就已完全退出，这将导致该物业服务区域陷入无人服务和管理的境地，如小区内无人进行保洁工作使得垃圾成山，影响全体业主的日常生活，损害全体业主的共同利益。二是基于诚信原则。物业服务人与业主之间存在合同关系，由物业服务人为业主提供物业服务，当合同终止后，他人接管之前，物业服务人也应当按照诚信原则的要求，继续为业主处理物业服务事项，这属于物业服务人的后合同义务。三是符合公平与效率。在物业服务合同终止后，物业服务人交给他人接管前，显然由物业服务人继续为业主提供服务是最为简便快捷的做法，而且物业服务人可以请求业主支付相应的报酬，也符合公平的原则。

在这种情况下，物业服务人可以请求业主支付在其继续为业主提供物业服务期间的物业费。在物业服务人继续处理物业服务事项，业主实际接受物业服务人所提供的服务的情形下，即使当事人没有订立正式的书面的物业服务合同，业主应当向物业服务人支付相应的报酬。物业服务人之所以可以请求该期间的报酬，主要有以下几种观点：第一种观点认为此时双方当事人之间成立事实上的物业服务合同关系。物业服务合同终止后，如果物业服务人继续提供物业服务，而业主也继续接受物业服务的，双方实际上存在一种事实合同关系，应当按照原物业服务合同约定的标准支付物业费。虽然依据法律规定，物业服务合同属于法定的书面合同，但是依据本法第490条的规定，物业服务人已经履行其主要义务，业主接受时，物业服务合同就已经成立。不过，因为当事人没有对服务期限作出约定，所以该物业服务合同已经转变为不定期合同，双方可以随时终止该合同。第二种观点认为，物业服务人继续处理物业服务事项的行为构成无因管理，物业服务人可以基于无因管理请求业主支付必要的费用。第三种观点认为，双方当事人是以默示的方式变更了物业服务合同，延长了物业服务期限，使得原物业服务合同继续有效，但是服务期限为不定期，因此物业服务人可以请求业主支付该期间的物业费。对于第一种观点，物业服务人继续提供服务、业主继续接受其服务的时间较短，根据双方的事实合同关系，物业服务人可以请求该期间的物业费，对物业服务人和业主来说都是公平的。对于第二种观点，物业服务人继续为业主提供服务，并非完全没有法定或者约定的义务，是基于物业服务人与业主之间原来存在的物业服务合同关系，而且如果将物业服务人的行为认定为无因管理，物业服务人就只能请求业主偿还因管理事务而支出的必要费用，也就是其提供物业服务的成本，对物业服务人来说是不公平的。对于第三种观点，如果物业服务人与业主是以默示的方式延长了物业服务期限，将物业服务合同变更为不定期合同，那么双方将需要通过行使解除权来终止合同，而且需要在合理期限内通知对方以解除合同。如果是业主行使解除权，还需要依照法定程序作出决定。

第二十五章　行纪合同

本章共十条，主要内容有：行纪合同的概念，行纪人享有介入权、处置权、留置权，以及承担自负费用的义务、妥善保管的义务，委托人享有指示权及承担支付报酬、及时受领的义务等。

> **第九百五十一条**　行纪合同是行纪人以自己的名义为委托人从事贸易活动，委托人支付报酬的合同。

【条文主旨】

本条是关于行纪合同概念的规定。

【条文释义】

行纪合同是指行纪人接受委托人的委托，以自己的名义，为委托人从事贸易活动，委托人支付报酬的合同。接受委托的一方为行纪人，另一方则为委托人。例如，某配件厂（甲方）委托某销售公司（乙方）代销产品，乙接受甲的委托并以自己的名义代甲销售，代销价款归甲方，乙方收取代销费。在这个关系中，甲为委托人，乙为行纪人。

改革开放前我国受计划经济的限制，行纪业很不发达，只有一些国营和集体的信托商店、旧货寄售商店和贸易货栈等，主要是公民的寄售业务。改革开放后，全国各地相继恢复和新建许多贸易信托、行纪等机构，包括房地产中介机构独家销售公司等。行纪人往往在一定领域内从事专门性行纪活动，比较了解行情，熟悉业务和供求关系，且手段简便、灵活，可以为委托人提供有效的服务，对扩大商品流通、促进贸易发展起着重要的作用。

行纪合同具有以下特征：

1. 行纪人从事贸易行为。根据行纪合同的定义，行纪人从事的活动限于贸易行为，这是行纪合同和委托合同的重要区别。就行纪合同的适用范围来说，如何界定"贸易行为"是关键。传统的"贸易"主要是指商品买卖、交易。有的观点认为，贸易的客体应当是商品，不包括不动产，也不包括知识产权等无形财产。新中国成立以来，尤其是改革开放以来，我国经济迅速发展。随着经济社会的不断发展，贸易的范围或者客体也在不断扩大。现代社会的贸易已经不再限于动产的商品交易，行纪活动也不应当再限于传统的商品贸易，而是可以包括更多财产权益的管理、处分，例如房地产买卖、证券交易、期货交易和信托等。

2. 行纪人应当具有相应的资质。在现代社会，行纪被广泛运用于各种商业活动中，行纪人从事的某种贸易行为具有专业性的特点，往往需要具备相应的资质。行纪人一般专门从事贸易活动，其开业和经营往往需要经过国家有关部门的审批或者登记，并不是所有民事主体都可以无条件地成为行纪人从事行纪业务。例如，从事证券资产管理业务的证券公司，必须符合条件并依法设立。2019 年新修订的证券法第 118 条规定了设立证券公司应当具备的条件，并经国务院证券监督管理机构批准。未经国务院证券监督管理机构批准，任何单位和个人不得以证券公司名义开展证券业务活动。

3. 行纪人的行为是以自己的名义。根据行纪的定义，行纪人必须以自己的名义为委托人从事贸易行为，而非委托人的名义。这也是行纪人和受托人、代理人的重要区别。受托人可以委托人的名义进行民事活动，也可以自己的名义。代理人则只能以被代理人的名义进行民事法律行为，其在代理权限内从事的代理行为的法律后果直接由被代理人承担。行纪人从事的贸易行为法律效果由行纪人承担，委托人可能不知道行纪人的相对人是谁，相对人也可能不知道委托人是谁，委托人和行纪人的相对人之间并不发生直接的法律关系。在行纪中一般存在两个法律关系，即委托人和行纪人之间的行纪关系，以及行纪人与第三人之间的合同关系。

4. 行纪合同为诺成合同、不要式合同、有偿合同、双务合同。行纪合同是诺成合同，只要委托人和行纪人意思表示一致即可成立；是不要式合同，可以采用口头形式、书面形式或者其他形式；是有偿合同，委托人负有向行纪人支付报酬的义务；也是双务合同，行纪人受委托人之委托从事贸易行为，委托人需要向行纪人支付相应的报酬。

根据行纪合同的定义可知，行纪人的主要义务是以自己的名义为委托人的利益从事贸易活动，行纪人与第三人订立合同，行纪人是当事人即权利义务主体，委托人与第三人不发生直接的法律关系。委托人的主要义务则是向行纪人支付报酬。

> **第九百五十二条　行纪人处理委托事务支出的费用，由行纪人负担，但是当事人另有约定的除外。**

【条文主旨】

本条是关于行纪人的费用负担的义务。

【条文释义】

本条确定了行纪人负有承担行纪费用的义务。行纪人是专门经营行纪业务的人，既然是经营，就必然会有商业风险。就行纪合同来说，所谓风险反映在行纪人在为委托人处理委托事务，不仅需要尽职尽力，而且行纪的活动经费还需要行纪人自己负担，如交通费、差旅费等。行纪人所支出的这些费用，应该说是处理委托事务的成本。只有当行纪合同履行完毕，才能由委托人支付报酬，报酬包括成本与利润。行纪人作为从事为委托人处理委托事务的专业机构或者人员，是可以预估处理委托事务所需费用的。所以一般来说，双方约定由委托人支付的报酬肯定是超过行纪人处理委托事务支出的费用也就是成本的，只有这样行纪人才有为委托人进行贸易活动的动力。另外，规定由行纪人负担处理委托事务的费用，还可以促使行纪人节省费用，降低成本，以提高自己在行纪活动中可以获得的利润。如果行纪人没有处理好委托事务，他所付出的代价，即支出的成本费用，也就算商业风险，由其自己负担了。但是也有例外情形，如委托人与行纪人事先有约定，不论事情成功与否，行纪人为此支出的活动费用，都由委托人偿还。行纪人处理委托事务的费用由行纪人自己负担也是行纪合同与委托合同的不同之处。

> **第九百五十三条　行纪人占有委托物的，应当妥善保管委托物。**

【条文主旨】

本条是关于行纪人保管义务的规定。

【条文释义】

在行纪中，有的委托人自行保管委托物，也有的委托人将委托物交由行纪人保管。行纪合同的性质决定了其为有偿合同，行纪人妥善保管自己占有的为委托人购进或者出售的物品等委托物，应当是行纪人的一项重要义务。占有委托物是行纪人负有妥善保管义务的前提，只有行纪人实际占有委托物，行纪人才负有该项义务。本条规定的"委托物"不仅包括一般意义上的物，还应当包括委托人交付给行纪人的金钱和权利凭证等。行纪人应选择对委托人最有利的条件，采取最有利于委托物的措施，并应当尽到善良管理人的注意义务来进行保管。例如，行纪人接受委托进行理财的，对委托人的财产一般都要求设立独立的账户进行管理，以和自己的财产严格区分，不得随意挪用委托人的财产，而且应当以善良管理人的标准来尽力管理、处分委托人的财产。

寄售商品通常以积压商品、旧物品等居多，由此行纪人有义务尽心尽力尽职地妥善保管好这些物品，如果因保管不善造成物品损坏灭失、缺少、变质、污染，造成委托物的价值贬损，甚至导致委托物无法出售的，行纪人应承担赔偿责任。除非行纪人能证明已经尽了善良管理人的注意。对于灭失、毁损的财物，如果是由于不可抗力或物品本身的自然损耗等不可归责于行纪人的事由造成损失，行纪人可以免除责任，由委托人自己承担损失。如果委托人对财物的管理有特别指示，如委托人支付投保费，请行纪人代委托人投保财物保险，行纪人没有投保保险的，损失的责任理应由行纪人承担。但行纪人在既无约定又无指示的情况下，对其占有的财物投保保险，如果投保是为了委托人的利益且不违反委托人明示或可推定的意思，有权请求委托人支付保险费及自支出时起的利息。

> **第九百五十四条** 委托物交付给行纪人时有瑕疵或者容易腐烂、变质的，经委托人同意，行纪人可以处分该物；不能与委托人及时取得联系的，行纪人可以合理处分。

【条文主旨】

本条是关于行纪人处置委托物义务的规定。

【条文释义】

行纪人是为了满足委托人所追求的经济利益而为其处理事务的，所以行纪人应当按照委托人的指示，从维护委托人利益的角度出发，选择最有利于委托人的条件完成行纪事务。行纪合同的目的决定了行纪人应当遵从委托人指示的义务。委托人指示行纪人处分委托物的，行纪人应当及时处分；如果委托人没有作出处分委托物的指示，则行纪人不得擅自处分。在行纪合同的履行过程中，委托出卖的物品，在委托人交付给行纪人的时候，行纪人应当对委托物进行检查，已表现出瑕疵或者根据物品的性质是属于容易腐烂、变质的，行纪人为了保护委托人的利益，有义务及时通知委托人，在征得委托人同意的前提下，行纪人可以按照委托人的指示对委托物进行处置，如拍卖、变卖。如果行纪人发现委托物有瑕疵或者容易腐烂、变质，未经委托人同意就自行处置，其决定可能违背委托人的意志，给委托人造成损失，引起纠纷。例如，在交付委托物时行纪人发现委托物有瑕疵，但是可能并不影响委托物出售，如果行纪人此时未经委托人同意即擅自决定低价处理，则会给委托人造成损失。

一般情况下，行纪人不得擅自改变委托人的指示办理行纪事务。但是在紧急情况下，如果委托物在交付时有瑕疵将造成委托物毁损、灭失，或者快要腐烂、变质了，行纪人又无法与委托人取得联络，如通讯中断、委托人远行等，致使行纪人不可能征得委托人的同意。在这种时候，如果不及时合理处置，就会使委托人的利益遭受更大的损失。紧急情况下行纪人进行合理处分需要具备几个要件：第一，发现委托物有瑕疵，或者容易腐烂、变质的。委托物的瑕疵应该是可能影响委托物价值，或者将导致委托物毁损、灭失的瑕疵。第二，应当是委托物交付给行纪人时就存在的瑕疵，或者委托物容易腐烂、变质，而不是在交付后出现的情况。第三，行纪人欲通知委托人作出指示，但是不能及时和委托人取得联系。在这种情况下，为了保护委托人的利益，法律赋予行纪人以合理的方式来处置委托物的权利。所谓"合理"，即应以善良管理人的标准来衡量，根据委托物的实际情况决定处分的价格和方式等，尽量减少委托人的损失，维护委托人的利益，而不能随意处分。

> **第九百五十五条** 行纪人低于委托人指定的价格卖出或者高于委托人指定的价格买入的，应当经委托人同意；未经委托人同意，行纪人补偿其差额的，该买卖对委托人发生效力。
>
> 行纪人高于委托人指定的价格卖出或者低于委托人指定的价格买入的，可以按照约定增加报酬；没有约定或者约定不明确，依据本法第五百一十条的规定仍不能确定的，该利益属于委托人。
>
> 委托人对价格有特别指示的，行纪人不得违背该指示卖出或者买入。

【条文主旨】

本条是关于行纪人按照委托人指定价格买卖的规定。

【条文释义】

行纪人应当遵照委托人的指示从事行纪活动，尤其是按照委托人的指示买入或者卖出委托物。行纪人接受委托人的委托，为委托人的利益从事贸易活动，不论行纪活动是买入还是卖出，都应当按照委托人的指示进行交易。行纪人应当依照委托人已明确指定的价格操作，行纪人违反委托人指示的交易而进行买卖的，委托人可以拒绝承受，因此而造成的损害，由行纪人赔偿。

行纪人不按指示价格处理事务无非有以下两种情况：

1. 行纪人以低于指示价格卖出或者以高于指示价格买入。商场如战场，风云变化莫测，价格此一时彼一时，行情不利于委托人时，行纪人为了避免损失的进一步扩大，以劣于委托人的指示从事行纪活动的，即以低于委托人指定的价格卖出或者高于指定的价格买入时，将会减少委托人的利润甚至造成亏损，或者提高委托人购买委托物的成本，给委托人造成损失，应当及时取得委托人的同意；在没有征得委托人同意的情况下，行纪人擅自做主变更指示而作为的，行纪人卖出或者买入委托物的行为对委托人不发生效力，对于违背委托人利益而带来的后果，委托人有权拒绝接受对其不利的法律后果，并有权要求行纪人赔偿损失。但是未经委托人同意而以低于指示价格卖出或者以高于指示价格买入的行为也并不都是无效的。行纪人把损失的差额部分补足时，应认为行纪人的行为对委托人发生法律效力，委托人不得以违反指示为由拒绝接受。因为当行纪人把差额补足时，委托人并未因行纪人擅自改变价格卖出或者买入而受有损失，相当于行纪人已经按委托人指示的价格买入或者卖出，委托人应当予以接受。

2. 当执行委托任务的结果比合同规定的条件更为优越时，即行纪人以高于委托人的指示卖出或者以低于指定价格买入，使委托人增加了收入或者节约了开支，其增加的利益（高价卖出多出的价款或低价买入结余的价款），应当归属于委托人，但行纪人可以按照约定要求增加报酬。行纪合同没有约定或者约定不清楚的，双方可以协商解决；如果还不能达成补充协议，按照合同有关条款、合同性质或者按照商业交易的习惯确定，还不能确定的，利益归委托人，行纪人不能取得额外报酬。

一般情况下，行纪人低于委托人指定的价格卖出或者高于委托人指定的价格买入的，将给委托人带来损失，委托人不会同意。而如果行纪人以高于委托人指定的价格卖出或者低于委托人指定的价格买入，如无特别约定，额外获得的利益归属于委托人，委托人自然愿意接受。但是，在委托人对价格有特别指示时，行纪人就不得违背委托人的指示卖出或者买入。

> **第九百五十六条　行纪人卖出或者买入具有市场定价的商品，除委托人有相反的意思表示外，行纪人自己可以作为买受人或者出卖人。**
> **行纪人有前款规定情形的，仍然可以请求委托人支付报酬。**

【条文主旨】

本条是关于行纪人介入权的规定。

【条文释义】

行纪人可以作为出卖人或者买受人，卖出或者购买委托人的委托物。这就是通常说的行纪人的介入权，即行纪人按照委托人的指示实施行纪行为时，有权以自己作为买受人或者出卖人与委托人进行交易活动。行纪人的介入权由商业习惯发展而来，最早出现于德国商法，此后，日本商法等纷纷效仿。

行纪人行使介入权，实际上就是行纪人自己作为买受人或出卖人与委托人之间直接订立买卖合同。买卖合同的双方当事人是委托人和行纪人。一般认为介入是实施行纪行为的一种特殊方法，行纪人虽然实施介入到买卖合同中来，但依然是行纪人。此时存在两个独立的合同关系，委托人同时也是出卖人或者买受人，与之对应，行纪人同时也是买受人或者出卖人。

行纪合同的委托物必须是有市场价格的商品，这是介入权构成的要件。这一要件既是行纪人产生介入权的要件，又是判定行纪人是否在对委托人不利时实施介入以及行纪人实施介入对委托人不利时赔偿的标准。行纪人所依据的价格应当明确，以便能公平地行使介入权。

既然行纪人仍然是行纪合同的一方当事人，委托人就应当按照行纪合同约定的报酬支付给行纪人，而不能以行纪人是买卖合同的买受人或者出卖人为由，拒绝支付报酬。因为这是买卖合同和行纪合同两个合同关系，就应当分别由这两个合同关系的法律调整，不能混合。例如，甲委托乙购买一部汽车。乙正好有一辆车是同型号同质量的新车，便按照委托人指定的价格，自己以出卖人的身份把该辆汽车卖给甲。这时乙既是买卖合同的出卖人，又是行纪合同的行纪人。甲不仅要向乙支付买车的价款，还应向乙支付行纪合同所约定的报酬。

但是，如果在订立行纪合同或者行纪人在履行义务时告之委托人自己想作为买受人或者出卖人时，委托人明确表示不同意的，行纪人便不能实施该行为。

自己是否可以作为交易的相对人，是行纪人和代理人的区别之一。本法第168条第1款规定，代理人不得以被代理人的名义与自己实施民事法律行为，但是被代理人同意或者追认的除外。法律禁止自己代理，如果不经被代理人同意或者追认，代理人不能以自己作为合同相对人。而在行纪合同中，除了委托人明确表示反对外，行纪人自己可以作为买受人或者出卖人。

> 第九百五十七条　行纪人按照约定买入委托物，委托人应当及时受领。经行纪人催告，委托人无正当理由拒绝受领的，行纪人依法可以提存委托物。
> 委托物不能卖出或者委托人撤回出卖，经行纪人催告，委托人不取回或者不处分该物的，行纪人依法可以提存委托物。

【条文主旨】

本条是关于委托人受领、取回义务和行纪人提存的规定。

【条文释义】

一、委托人无正当理由拒绝受领买入商品时，行纪人的提存权

行纪人按照委托人的指示和要求为其购买的委托物，委托人应当及时受领，并支付报酬，从而终止委托合同。如果委托人不及时受领，将会加重行纪人保管委托物的负担，不论是其自行保管需要增加的成本，还是交给他人保管要支付相应的保管费，甚至还可能导致委托物毁损、灭失，如发生腐烂、变质等，造成委托人的损失。因此一旦行纪人按照约定或者委托人的指示买入了委托物，委托人就应当及时受领。委托人在受领委托物时，应当对委托物进行检查验收，以免日后因委托物不符合双方约定而发生纠纷。

行纪人行使提存权的条件是：第一，行纪人应当催告委托人在一定期限内受领，催告期应当与委托人进行约定，或者行纪人根据委托物的性质决定催告期的时间，如为易腐烂、变质的委托物，应当催告委托人在较短的时间内受领。催告是提存的前置程序，如果没有进行催告，不得直接将委托物提存。因为委托人没有及时受领可能存在很多种的原因，例如在外地一时无法赶回，或者发生不可抗力的事由，或者委托人一时疏忽忘记。第二，委托人无正当理由逾期仍拒绝受领买入物的。如果行纪人没有按照约定买入委托物，违反委托人的指

示，买入的委托物不符合约定的，委托人可以拒绝受领。如果委托人有正当理由一时无法受领，比如身在国外一时无法回国，或者发生地震、台风等不可抗力的事由，则可以与行纪人协商受领的期限，受领前由行纪人暂时代为保管，不论行纪人自行保管还是交给他人保管，相关费用都应当由委托人负担。第三，行纪人应当依法提存买入物，主要是按照本法合同编通则中关于提存的规定行使提存权。例如，委托人委托行纪人购入一批水果，行纪人按照委托人的指示购入后，委托人拒绝受领，经行纪人催告后仍不受领，行纪人担心该批水果将腐烂、变质，可以依照法律规定予以提存，将该批水果交给有关部门进行提存以妥善保管。行纪人提存委托物的，提存费用由委托人负担。

二、委托人不处分、不取回不能出卖的委托物时，行纪人的提存权

不能卖出，主要是指因委托人定价过高、市场供过于求等因素导致委托物在约定时间内没有卖出。在行纪人卖出委托物之前，委托人有权随时作出新的指示撤回出卖委托物。在不能卖出或者撤回出卖的情况下，委托人负有取回委托物的义务，或者对委托物另行处分。委托行纪人出卖的委托物，如果不能卖出或者委托人撤回出卖委托物，行纪人应当通知委托人取回，行纪人虽然可以暂时代为保管，但行纪人没有继续保管委托物的义务。行纪人代为保管期间产生的相关费用应当由委托人负担。委托人取回委托物，可以减轻行纪人的保管负担，委托人自己也可以继续利用委托物，或者对委托物作出其他处分。经过行纪人的催告，在合理期限内委托人逾期仍不取回或者不处分委托物的，行纪人可以依法行使提存权。

三、行纪人享有拍卖权

拍卖权是指委托人无故拒绝受领或者不取回出卖物时，法律赋予行纪人依照法定程序将委托物予以拍卖的权利，并可以优先受偿，即就拍卖后的价款中扣除委托人应付的报酬、偿付的费用以及赔偿金等，如果还有剩余，行纪人应当交给有关部门进行提存。

> **第九百五十八条** 行纪人与第三人订立合同的，行纪人对该合同直接享有权利、承担义务。
>
> 第三人不履行义务致使委托人受到损害的，行纪人应当承担赔偿责任，但是行纪人与委托人另有约定的除外。

【条文主旨】

本条是关于行纪人的直接履行义务的规定。

【条文释义】

行纪合同的法律关系较之其他要复杂一些，这当中有两层法律关系，既有行纪人与委托人之间的行纪合同关系，又有行纪人与第三人之间的买卖合同关系；同时涉及三方主体，即委托人和行纪人与第三人之间的法律关系。而在行纪人与第三人订立的买卖合同中，行纪人是作为合同一方的当事人为委托人的利益而与第三人订立的合同。既然行纪人是合同的当事人，就必须自己直接对合同享有权利承担义务。在从事买卖事务时，不论行纪人是否告诉第三人自己是行纪人的身份，或者第三人是否知道委托人的姓名，都不影响行纪人以自己的名义参与的买卖合同的法律效力。由于委托人与第三人之间不产生直接的法律关系，委托人无权对行纪人与第三人之间的买卖关系提出自己的异议。

行纪人是为委托人的利益，受委托人的委托以自己的名义与第三人订立合同，委托人与第三人并不发生直接的法律关系。如果第三人不履行义务，将导致行纪人不能完成委托事务，违背行纪人与委托人订立的行纪合同；而委托人不履行行纪合同的义务，如不按约定交付委托物，也会导致行纪人不能履行与第三人的买卖合同的义务。在因委托人的原因发生合同违约行为、追究违约责任时，第三人不得直接对委托人主张赔偿请求权，而只能向行纪人主张权利，行纪人也不得以自己没有过错为由而拒绝承担违约责任，行纪人只能先承担责任后，再向委托人行使追偿权。同样的，如果第三人违约，委托人不得直接对第三人行使请求权，而只能向行纪人主张权利，行纪人此时也不得以自己无过错为由而拒绝承担自己的责任。行纪人承担责任向委托人履行后，再行使向第三人的追偿权。

> **第九百五十九条** 行纪人完成或者部分完成委托事务的，委托人应当向其支付相应的报酬。委托人逾期不支付报酬的，行纪人对委托物享有留置权，但是当事人另有约定的除外。

【条文主旨】

本条是关于委托人支付报酬的义务以及行纪人对委托物享有留置权的规定。

【条文释义】

一、请求报酬的权利

行纪合同是双务有偿合同，行纪人负有完成委托事务的义务，与之相对应，委托人则负有向行纪人支付相应报酬的义务。行纪人就自己处理委托事务的不同情况，可以按照合同的约定请求委托人支付报酬。一般而言，有以下几种情况：（1）行纪人按照委托人的指示和要求履行了全部合同的义务，有权请求全部报酬；（2）因委托人的过错使得合同义务部分或者全部不能履行而使委托合同提前终止的，行纪人可以请求支付全部报酬；（3）行纪人部分完成委托事务的，可以就已履行的部分的比例请求给付报酬。委托人和行纪人也可以另行约定，比如双方约定，只要因非可归责于行纪人的原因导致委托事务不能完成的，委托人都应当支付全部报酬。

报酬数额以及支付报酬的时间和方式，一般由合同双方事先约定，如有国家规定，则应当按照国家规定执行。原则上委托人应当于委托事务完成之后支付报酬，但是完成委托事务后支付报酬的规定属于任意性规定，当事人可以另行约定报酬的支付时间和方式。当事人约定预先支付或分期支付的也可以按约定执行，如果寄售物品获得比原约定更高的价金，或者代购物品所付费用比原约定低，也可以约定按比例增加报酬。

二、行纪人享有留置权

委托人不按照约定支付报酬时，行纪人对其占有的委托物可以行使留置权。留置期届满后，以留置物折价或者从变卖留置物所得价款中优先受偿。行纪人留置委托物需具备以下几个条件：

1. 已合法占有委托物。行纪人行使留置权，必须是行纪人已经合法占有委托物，非法占有委托物的不得行使留置权。

2. 委托人无正当理由拒绝支付报酬。行纪人行使留置权，必须具有委托人不能按照约定支付报酬的事实存在。

3. 委托合同中没有事先约定不得留置的条款。如果委托人与行纪人在行纪合同订立时已经约定，不得将委托物进行留置的，行纪人就不得留置委托物，但是，行纪人可以要求委托人提供其他担保。

委托人向行纪人支付报酬超过了合同约定的履行期限的，应当承担逾期不支付报酬的责任，此时行纪人对占有委托物品享有留置权。

> **第九百六十条　本章没有规定的，参照适用委托合同的有关规定。**

【条文主旨】

本条是关于参照适用委托合同的规定。

【条文释义】

行纪合同与委托合同有许多共同点，行纪关系中委托人与行纪人的关系就是委托关系，只不过委托的事项特殊固定，但是，如前所述，行纪合同与委托合同又有诸多不同之处，在本章没有规定的情况下，也不能一概直接适用委托合同的有关规定，应视具体情况而定。所以，本条规定，本章没有规定的，参照适用委托合同的有关规定。

例如，行纪人应当按照委托人的指示处理委托事务。行纪合同可以参照本法第922条的规定，在行纪合同中，行纪人也应当按照委托人的指示处理委托事务。需要变更委托人指示的，行纪人应当经过委托人的同意。如果因为情况紧急，行纪人难以和委托人取得联系的，行纪人应当妥善处理委托事务，而且在事后还应当将所有情况及时向委托人报告。行纪人应当按照委托人指定的价格卖出或者买入委托物，不得擅自改变价格卖出或者买入，损害委托人的利益。

第二十六章 中介合同

本章共六条，规定了中介合同的概念、中介人的报告义务、委托人支付报酬的义务、中介费用的负担和委托人绕开中介直接订立合同应当向中介人支付报酬等内容。

合同法第二十三章规定了"居间合同"。为便于人民群众理解，民法典将"居间合同"的名称改为"中介合同"。

> **第九百六十一条** 中介合同是中介人向委托人报告订立合同的机会或者提供订立合同的媒介服务，委托人支付报酬的合同。

【条文主旨】

本条是关于中介合同概念的规定。

【条文释义】

一、中介合同的概念

中介合同，传统理论一般将其称为居间合同，是指当事人双方约定一方接受他方的委托，并按照他方的指示要求，为他方报告订立合同的机会或者为订约提供媒介服务，委托人给付报酬的合同。在中介合同中，接受委托报告订立合同机会或者提供交易媒介的一方为中介人，也称为居间人，给付报酬的一方为委托人。在中介合同中，中介人的主要义务就是提供中介服务以促成委托人和第三人订立合同，包括提供订约信息、据实报告的义务等；而委托人的主要义务是在其与第三人的合同因中介人提供的中介服务而成立后向中介人支付约定的报酬。

中介的宗旨是中介人把同一商品的买卖双方联系在一起，以促成交易后取得合理佣金的服务。无论何种中介，中介人都不是委托人的代理人，而只是居于交易双方当事人之间起介绍、协助作用的中间人。中介人是独立的民事主体，是完全民事行为能力人，可以自己作出意思表示，实施民事法律行为，中介人可以与委托人订立中介合同，成为中介合同的当事人。但是在中介人促成的交易中，中介人不是合同的当事人，也不是任何一方的代理人，不代表任何一方向对方作出意思表示或者实施民事法律行为，只是为委托人提供订约的机会，或者在双方之间进行周旋，为他们提供媒介服务，努力促成双方的交易。

中介合同的主体是委托人和中介人（居间人）。委托人可以是任何自然人、法人或者非法人组织。关于居间人的主体资格有无限制，我国学者有不同的看法。我国民法典并没有对居间人的资格进行限制，自然人也可以进行中介服务，但是中介合同较多地运用在商业交易中，一般都是专业的中介服务机构作为中介人。但是对特定行业的居间活动，可能由特别法、行政法规或者部门规章作出详细规定。对于商业上的中介服务，法律、行政法规或者部门规章可能会作出特别规定，要求中介机构或者中介人员具有从事某种中介业务的资质，经过有关部门的审批或者登记，并具有相应的专业能力和知识等。例如，根据保险法的规定，保险经纪人是基于投保人的利益，为投保人与保险人订立保险合同提供中介服务，并依法收取佣金的机构。保险法还详细规定了保险经纪人、保险经纪人的经纪从业人员应当具备的资格条件，如保险法第 119 条、第 121 条和第 122 条等。在比较法上，居间也多是用于商业经营中，从事某种专业的中介服务工作，具有很强的专业性。

中介业务根据中介人所接受委托内容的不同，既可以是只为委托人提供订约机会的报告中介，也可以是为促成委托人与第三人订立合同进行介绍或提供机会的媒介中介，也还可以是报告中介与媒介中介兼而有之的中介活动。

关于居间的定义，不同国家和地区从不同的角度进行了规定，综合起来主要有两种：一种是从契约的角度进行规定，也就是把居间活动视为一种合同关系，如我国台湾地区"民法"第 565 条规定："称居间者，谓当事人约定，一方为他方报告订约之机会，或为订约之媒介，他方给付报酬之契约。"《瑞士债法典》第 412 条规定："居间合同是指居间人为委托人提供订立合同的机会或者为订立合同之媒介，并取得佣金的协议。"这些都属于从合同关系的角度来定义。另一种是从主体的角度进行规范，即把居间人视为商主体的一种，例如《意大利民法典》第 1754 条规定："为缔约事宜将两个或两个以上的当事人联系在一起，同时又与当事人中的任何一方没有合作、隶属或代理关系的是居间人。"《日本商法典》第543条规定："居间人，是指以充任他人之间商行为的媒介为业的人。"我国1999年制定的合同法也设立了专章对居间合同进行了规定。我国合同法关于中介合同定义的规定属于第一种，是从契约的角度来进行阐述的。民法典基本延续了合同法的规定，并在合同法规定的基础上，增加了两条内容，另外将"居间合同"修改为"中介合同"。在本章内容中，"中介"与"居间"、"中介合同"与"居间合同"、"中介人"与"居间人"为同义词。

二、中介合同的法律特征

1. 中介合同以促成委托人与第三人订立合同为目的。在中介合同中，中介人是为委托人提供服务的，这种服务表现为报告订约的机会或为订约的媒介。中介合同的标的是中介人进行中介活动的结果，其目的在于通过中介活动获取报酬。不论报告中介还是媒介中介，其目的都是促成委托人和第三人订立合同。中介人的活动只有促成委托人与第三人之间建立起有效的合同关系才有意义。

2. 中介人在合同关系中处于介绍人的地位。中介合同的客体是中介人依照合同的约定实施中介服务的行为。无论何种中介，中介人都不是委托人的代理人或当事人一方，中介人只是按照委托人的指示，为委托人报告有关可以与委托人订立合同的第三人，给委托人提供订立合同的机会，或者在当事人之间充当"牵线搭桥"的媒介作用，并不参加委托人与第三人之间具体的订立合同的过程，他的角色只是一个中介服务人，只是在交易双方当事人之间起介绍、协助作用。

3. 中介合同具有诺成性、双务性和不要式性。中介合同的诺成性，是指只要委托人与中介人意思表示一致，中介人就负有依委托人的指示进行中介的义务，而一旦中介人的活动取得结果，委托人就应支付报酬，合同即成立，而无须以实物的交付作为合同成立的要件。

中介合同的双务性，是指中介合同一经成立，当事人双方均需承担一定的义务，而且双方承担的义务具有对待给付性。就中介人而言，中介人有提供中介服务以促成委托人和第三人订立合同的义务，包括提供订约信息、据实报告的义务等；对委托人而言，合同因中介而成立后他有支付报酬的义务。

中介合同的不要式性，是指当事人可以采取口头或者书面形式等合同形式，中介合同的成立无须采用特定的形式。如果约定不明确，应当遵循交易惯例。以提供中介服务为业的中介服务机构或者人员，往往都会有相应的格式合同，为委托人提供更加专业、高效、便捷的服务。

4. 中介合同具有有偿性。中介人以收取报酬为业，中介人促成合同成立后，委托人当然要向中介人支付报酬，作为对中介人活动的报偿。不要报酬促进他人订立合同的行为，不是中介合同，而是一种服务性活动，行为人不承担中介合同中的权利义务。

> **第九百六十二条** 中介人应当就有关订立合同的事项向委托人如实报告。
>
> 中介人故意隐瞒与订立合同有关的重要事实或者提供虚假情况，损害委托人利益的，不得请求支付报酬并应当承担赔偿责任。

【条文主旨】

本条是关于中介人报告义务的规定。

【条文释义】

一、关于中介人的报告义务

中介人的报告义务是中介人在中介合同中承担的主要义务，中介人应依诚实信用原则履行此项义务。

订立合同的有关事项，包括相对人的资信状况、生产能力、产品质量以及履约能力等与订立合同有关事项。订立合同的有关事项根据不同的合同还有许多不同的事项。对居间人来说，不可能具体了解，只需就其所知道的情况如实报告委托人就可以了。但居间人应当尽可能掌握更多的情况，提供给委托人，以供其选择。依德国的有关判例和学说，依照诚实信用原则，居间人就一般对订约有影响的事项虽不负有积极的调查义务，然就所知事项负有报告于委托人的义务。此意思与我国民法典的规定是一致的。当然，委托人可以与中介人就报告义务作出特别约定要求中介人报告特别的事项，例如双方约定中介人应当按照委托人的指示，调查了解潜在交易对象的某方面情况，如潜在交易对象的为人品行，或者近期与哪些人订立过合同，以及这些合同的履约情况等，并向委托人如实报告。

所谓"如实报告"，就是中介人所报告的情况应当是客观真实的。这就要求中介人尽可能了解更多的情况，必要时可能还要进行深入的调查，对了解到的信息进行核实，再将掌握的实际情况向委托人进行报告，以便委托人作出判断是否订立合同。所谓中介人提供的情况应当是"有关订立合同的事项"，也就是提供的信息要与委托人将订立的合同具有一定的关联性，可能影响到委托人合同的订立以及履行的情况，如相对人的资信状况、生产能力、产品质量以及履约能力等。

中介人报告义务的履行对象是委托人。不论是报告中介还是媒介中介，中介人都负有如实报告的义务。如果是媒介中介，中介人在委托人和第三人之间斡旋，除了要向委托人报告第三人的情况，可能还需要向第三人报告有关情况。如果委托人不止一人，中介人应当向每个委托人都进行报告。中介人还可能同时接受交易双方的委托提供中介服务，以促成双方订立合同，此时，两个委托人互为相对人，中介人应当就交易的具体类型向双方如实报告对方与订立合同有关的情况。例如，在房屋租赁市场，房屋中介往往既接受房主的委托寻找租客，也接受租客的委托寻找合适的房屋，房屋中介就双方的条件和提出的要求，促成房屋租赁合同的订立，并从出租人和承租人处获得一定的报酬。在这个过程中，房屋中介既要向房主如实报告承租人的情况，如租赁房屋的用途、计划居住人数等，也要向承租人如实报告房屋及房主的有关情况，如房屋的具体位置、面积、户型等。

二、故意隐瞒有关事实或者提供虚假情况的后果

居间人有如实报告的义务，如果居间人故意隐瞒与订立合同有关的重要事实或者提供虚假情况，损害委托人利益的，不得要求支付报酬并应当承担相应的赔偿责任。本条第 2 款规定应当从以下几个方面理解：第一，居间人主观上具有故意。就是居间人明知与订立合同有关的重要事实或者其他真实情况，但是有意进行隐瞒或者提供虚假情况。至于因为居间人的过失给委托人造成损失的，并不适用本条规定，居间人是否需要承担责任，可以适用民法典合同编通则部分的规定进行判断，如果居间人的行为构成侵权的，委托人还可以基于居间人的侵权行为向居间人主张赔偿。第二，居间人客观上没有将与订立合同有关的重要事实向委托人报告，或者提供了虚假的情况。并非与订立合同有关的所有事项都是重要的，所谓"重要事实"就是能够直接影响委托人作出是否订立合同之决定的事实，这种事实因订立合同类型的不同而不同。例如，委托人想购买一套房屋用于自住，委托房产中介寻找合适的房屋，该房产中介向委托人提供了房屋的具体位置等相关信息，卖家明确告知房产中介该房屋为凶宅，如果委托人知晓该房屋为凶宅，是不可能与之订立房屋买卖合同的。但是房屋中介却故意隐瞒该重要事实，或者当委托人询问是否为凶宅时提供虚假情况，告知委托人该房屋不是凶宅。第三，居间人隐瞒重要事实或者提供虚假情况的行为损害了委托人的利益，给委托人造成了损失。第四，居间人违反如实报告义务，损害委托人利益的，会产生两个法律后果，一是居间人丧失居间的报酬请求权；二是居间人应当就委托人的损失承担相应的赔偿责任。上述案例中，如果委托人与房主订立了房屋买卖合同，并实际入住，已经向居间人支付了居间行为的报酬，其利益受到损害，不仅可以请求返还支付给居间人的报酬，还可以向居间人主张赔偿损失。

> 　　**第九百六十三条**　　中介人促成合同成立的，委托人应当按照约定支付报酬。对中介人的报酬没有约定或者约定不明确，依据本法第五百一十条的规定仍不能确定的，根据中介人的劳务合理确定。因中介人提供订立合同的媒介服务而促成合同成立的，由该合同的当事人平均负担中介人的报酬。
> 　　中介人促成合同成立的，中介活动的费用，由中介人负担。

【条文主旨】

本条是关于中介人的报酬的规定。

【条文释义】

在中介合同中，向中介人支付报酬是委托人的主要义务。中介人的报酬，通常也被称为"佣金"或者"居间费"，是中介人完成中介服务后委托人向中介人支付的酬劳。中介合同是有偿合同，中介人是以提供中介服务赚取报酬为业的营业者，其为委托人提供订约机会或者媒介服务的目的就是获取报酬。所以，委托人和中介人应当在中介合同中约定报酬的数额和支付方式等。当中介人促成委托人与第三人之间的合同成立，委托人就应当按照约定向中介人支付报酬。

在以提供服务或者劳务为内容的各种合同中，一般都规定了当事人的报酬请求权，例如承揽合同的承揽人、委托合同的受托人、行纪合同的行纪人等，均有权请求按照合同约定支付报酬，但是都是在完成一定事项后才有权请求报酬。中介合同的特殊性在于，中介合同中委托人的给付义务是附条件的。给付义务，有的是针对给付行为，有的是针对给付效果（结果）。在中介合同中，中介人的给付内容是给付效果，即促成委托人与第三人合同缔结，而委托人给付义务的主要内容是支付报酬，该义务的履行以中介人促成交易为前提，是附条件的。

由于居间是以报告订约机会或提供订立合同的媒介服务为内容，所以居间人是否促成委托人与他人之间成立交易，就是委托人支付报酬与否的明确标准。可见居间人是就其"劳务的结果"而非"劳务的给付"而享受报酬请求权。这是居间合同与其他劳务合同的不同之处。中介人取得报酬必须具备三个要件：

第一，所介绍的合同必须成立；第二，合同的成立与居间人的介绍有因果关系，是由中介人的中介活动促成的；第三，居间人促成的契约必须与居间合同中的约定具有同一性。只有三者同时具备，委托人才负有支付报酬的义务。如果委托人与第三人没有订立合同，或者合同并非因中介人的活动而成立，或者中介人最终促成的合同并非中介合同约定之合同，中介人都不能请求委托人支付报酬。

一、关于居间人的报酬

1. 报酬支付的前提，须是居间人促成委托人与第三人的合同成立。委托人支付报酬是以居间人已为委托人提供了订约机会或经介绍完成了居间活动，并促成了合同的成立为前提条件。对此，应该从以下几个方面去理解：第一，委托人与第三人之间的合同成立，是指合同合法、有效成立，如果所促成的合同属无效合同，或者属于可撤销的合同而被撤销的，不能视为促成合同成立，居间人仍不能请求支付报酬。第二，委托人与第三人之间合同成立，是由中介人促成的，也就是与中介人的中介服务具有因果关系。第三，居间人得以主张报酬请求权，还需要具备一个要件，居间人促成的契约必须与居间合同中的约定具有同一性，也就是说，居间人委托人与第三人最终订立的合同，应当是委托人委托中介人时欲订立的合同。

委托人是否给付居间人报酬及其支付数额，原则上应按照居间合同约定。这里合同的约定，可以是以书面形式或者口头形式明确的。居间人的报酬数额由当事人自主约定，虽然符合合同自由原则，但是在有些情况下可能会导致显失公平的结果，因此有的国家和地区规定了"报酬数额酌减制度"。例如，《德国民法典》第655条和我国台湾地区"民法"第572条中都规定了，在当事人约定的居间报酬过高的情况下，可以因报酬支付义务人的申请而酌减居间报酬的数额。但是如果报酬已经给付的，不得要求返还。我国民法典没有在居间报酬数额中规定"数额的酌减"，基于合同自由原则，对居间报酬的数额法律一般不应干涉。但是如果报酬数额畸高，存在可撤销的情形时，委托人可以依据民法典总则编的规定申请撤销。

如果委托人和中介人对报酬没有约定，或者约定不明确的，中介人是否享有报酬请求权，存在两种立法例，一是当事人没有约定或者约定不明确的，在符合法律规定的条件下，中介人可以取得报酬请求权。例如，《德国民法典》第653条第1款规定，"根据情事，只能期待仅凭着受报酬才履行托付给居间人的给付的，视为已默示地约定居间佣金。"二是当事人没有约定或者约定不明确，只要中介人促成合同成立的，就可以向委托人请求支付报酬。《意大利民法典》和我国民法典（以及合同法）都属于这种立法例。根据我国民法典的规定，只要中介人促成合同成立，原则上就可以向委托人请求支付报酬。如果居间合同中对居间人的报酬没有约定或者约定的不明确，委托人和居间人可以协议补充；如果仍然达不成补充协议的，应当按照合同的相关条款或者商业交易习惯来确定；如果还是解决不了，可以根据居间人的劳务合理确定，所谓合理应考虑诸多原因，如居间人所付出的时间、精力、人力、财力、物力、居间事务的难易程度以及居间人的行为对于合同成立所起到的作用等因素，根据公平原则来合理确定。

2. 受益的当事人平均负担报酬的义务。支付报酬以居间事务的不同而有不同的标准。报告居间，因居间人仅向委托人报告订约机会，中介人不与委托人的相对人发生关系，因此，居间人的报酬应当由委托人给付。在媒介居间合同中，居间人不仅向委托人提供报告订约机会，而且还要找第三人促成合同订立。由于有了居间人的中介活动，使得委托人与第三人双方发生了法律关系，委托人与第三人都因此而受益，因此，一般情况下，除合同另有约定或另有交易习惯外，居间人的报酬原则上应由因媒介居间而订立合同的委托人与第三人双方平均负担。实践中，房屋中介在其提供的房屋买卖或者房屋租赁的中介服务中，一般都是从出卖人和买受人、出租人和承租人双方收取佣金的，双方各担一半。

二、关于居间活动的费用

中介活动的费用，主要是指中介人为从事中介行为而支出的一些费用，如交通费、住宿费等。居间人促成合同成立的，居间活动的费用由居间人负担。中介人促成合同成立的，可以向委托人请求支付报酬，中介人的报酬中就包括了成本和利润。因为中介活动的费用已作为成本计算在报酬之内，所以居间人不得再另外请求委托人负担费用。和行纪人一样，中介人一般都是专门从事中介业务的经营者，作为专业机构或者人员，是可以预估从事中介行为所需费用的。所以一般来说，双方约定由委托人支付的报酬肯定是超过中介活动的费用也就是成本的，这也是中介人从事中介业务的根本动力。而且，规定由中介人负担中介活动的费用，还可以促使中介人节省费用，降低成本，以提高自己可以获得的利润。

中介人未促成合同成立的，则可以按照约定请求委托人支付从事中介活动支出的必要费用。如果没有特别约定，则由中介人自行负担从事中介活动的费用。

> **第九百六十四条** 中介人未促成合同成立的，不得请求支付报酬；但是，可以按照约定请求委托人支付从事中介活动支出的必要费用。

【条文主旨】

本条是关于居间人的居间费用的规定。

【条文释义】

本法第 963 条第 2 款对中介人促成合同成立时中介活动的费用负担作出了规定,沿用了合同法第 426 条的规定。对于中介人未促成合同成立时,中介活动的费用由谁负担,合同法第 427 条规定:"居间人未促成合同成立的,不得要求支付报酬,但可以要求委托人支付从事居间活动支出的必要费用。"居间活动费用是居间人在促使合同成立的活动中支出的必要费用,与报酬不是一个概念。因此,有时居间人虽然为促成合同成立付出了劳务和费用,但合同未促成,仍不能请求支付报酬,但是依据合同法第 427 条的规定,中介人可以请求委托人支付从事居间活动支出的必要费用,如居间活动中支出的交通费等。也就是说,中介人未促成合同成立,委托人虽然不承担支付报酬的义务,但是应当承担返还或者偿还中介人为中介活动支出的必要费用的义务。

相比合同法第 427 条的规定,本条规定增加了"按照约定"。所谓"按照约定",就是在合同未成立的情况下,中介人向委托人请求支付从事居间活动的必要费用,须以中介人和委托人之间存在合同未成立中介人亦享有费用请求权的约定为前提。反过来理解,在委托人与中介人没有约定委托人与第三人合同未成立而中介人仍可以主张返还从事中介活动的必要费用的情况下,中介人无权向委托人请求返还,委托人也没有义务向中介人支付该费用。结合本条规定和本法第 963 条第 2 款的规定可知,中介活动的费用原则上由中介人自己负担。在没有特别约定的情况下,不论中介人是否促成合同成立,中介人都要自己负担从事中介活动的费用。这和行纪合同由行纪人负担处理委托事务的费用是相似的。因为中介人和行纪人都是以营利为目的的经营者,中介人是专门从事提供中介服务的人。既然是经营,就必然会有商业风险。就中介合同来说,只有当中介人促成合同成立的,才能向委托人请求支付报酬。如果中介人没有促成交易,不得请求报酬,他所付出的代价,即支出的成本费用,也就算商业风险,由其自己负担了。

> **第九百六十五条** 委托人在接受中介人的服务后,利用中介人提供的交易机会或者媒介服务,绕开中介人直接订立合同的,应当向中介人支付报酬。

【条文主旨】

本条是关于委托人接受中介人的服务后，绕开中介人直接订立合同应当向中介人支付报酬的规定。

【条文释义】

本条规定的是委托人实施"跳单"行为须承担向中介人支付报酬的法律后果。本条规定的"跳单"，是指委托人接受中介人的服务后，利用居间人提供的订约信息或者媒介服务，绕开中介人直接与第三人签订合同的行为，其目的是规避向中介人支付报酬义务。学界对中介合同的研究也多集中在"跳单"行为，但是学界所探讨的"跳单"不仅包括本条规定的行为，还包括委托人接受中介人服务后，绕过中介人，另行委托他人提供中介服务的行为。有的学者将"跳单"分为可归责的"跳单"和不可归责的"跳单"。在编纂民法典的过程中，有的意见建议，明确规定禁止"跳单"以及"跳单"行为的法律后果。实践中，"跳单"现象频繁发生，已经成为居间合同纠纷案件中的一种常见纠纷类型。"跳单"行为违背诚信和公平原则，严重损害中介人的利益，扰乱市场秩序，阻碍中介行业的健康发展。经过认真研究，采纳了这一建议，在民法典中增加了本条规定。"跳单"行为中，委托人实质上利用了中介人提供的订约信息或者机会，但是在订立合同时却避开中介人，自行与第三人订立合同，以此来逃避向中介人支付报酬的义务。对于"跳单"行为，司法实践一般认为，委托人与第三人订立合同，只要委托人实质上利用了中介人提供的劳动，即中介人通过中介行为向委托人提供的订约信息或者媒介服务，就应当认定该交易是由中介人促成的，委托人就应当向中介人支付约定的报酬。如果委托人并未利用中介人提供的订约信息或者机会，则中介人无权主张报酬请求权。

委托人的行为构成本条规定的"跳单"应当具备以下要件：第一，委托人接受了中介服务。中介人接受委托后，履行了向委托人报告订约机会或者提供媒介服务的义务，委托人接受了中介人提供的服务，这是中介人获取报酬的权利来源。中介合同是双务有偿合同，委托人支付报酬须以中介人提供约定的、有价值的中介服务为对价。第二，委托人绕开中介人直接与第三人订立合同。委托人与第三人私下订立合同，并未通过中介人，或者委托人在中介人之外，又委托其他人从事中介服务，通过其他中介人与第三人订立了合同。也就是说，客观上，委托人实施了"跳"过中介人的行为。"跳"的形式有两种，一是委托人直接与第三人私下订立合同，二是委托人通过其他中介人与第三人订立合同。第三，委托人与第三人合同的订立，主要是由于委托人利用了中介人提供的交易机会或者媒介服务，或者说合同订立与中介人的中介服务具有因果关系。这是判断委托人的行为构成"跳单"并应当向中介人支付报酬的关键。不论委托人是私下与第三人直接订立合同，还是通过其他中介人与第三人订立合同，只要委托人利用了中介人提供的交易机会或者媒介服务，就构成"跳单"，是否存在其他中介人并不是关键因素。一般而言，只要委托人实际接受了中介人的中介服务，又与第三人订立了合同，就可以推定该合同之成立与中介人提供的服务有因果关系。如果委托人认为其没有利用中介人的交易机会或者媒介服务，应当承担举证责任。实践中，委托人可能自己事先也通过各种渠道搜集了一些信息，知晓第三人的情况，而中介人又向委托人重复报告了该第三人的情况，例如中介人提供的信息是公开的、委托人可以轻易获得的信息，中介人的报告对委托人来说可能是毫无价值的，委托人与第三人订立合同，就不能认为利用了中介人提供的交易机会或者媒介服务。但是，委托人要对其在中介人提供订约信息前就已知晓第三人有关情况，并未利用中介人提供的交易机会或者媒介服务承担举证责任。

实践中还存在一种情况，委托人委托多个中介人从事中介活动，多个中介人为其提供交易信息或者媒介服务，委托人最后选择其中一个中介人，通过其与第三人订立合同。此时对其他中介人来说，并不构成"跳单"，因为委托人具有选择最满意、最合适的中介人的优质服务并通过其与第三人订立合同的权利。这就和买东西一样，消费者有自主选择的权利，很多时候都是货比三家之后才决定在哪一家商店购买。这也需要委托人证明，其与第三人订立合同，并非利用中介人提供的交易机会或者媒介服务，而是通过其他中介人提供的服务使得合同得以成立。

> **第九百六十六条** 本章没有规定的，参照适用委托合同的有关规定。

【条文主旨】

本条是关于参照适用委托合同的规定。

【条文释义】

中介合同与委托合同都属于服务合同，都是当事人接受委托人委托从事一定事务的合同，只不过中介合同委托的事项特殊固定。中介合同和委托合同有很多共同之处。有的观点认为，中介合同就是一种特殊的委托合同。在本章没有规定的情况下，可以参照适用委托合同的有关规定。例如，中介人应当亲自处理中介事务，不得擅自将中介事务交给他人处理；两个以上的中介人共同处理委托事务的，对委托人承担连带责任等。

需要特别说明的是，中介合同可以参照适用委托合同任意解除权的规定，但并不是完全适用。中介合同的委托人享有任意解除权，应无疑义。一般认为，委托合同中委托人的任意解除权，其法理基础在于委托合同是基于特殊信赖而成立的合同。另外，就委托人一方来说，委托事项可能随时发生变化，这就产生了随时解除的需求。以上观点也可应用于中介合同。类似于委托合同，中介合同的委托人委托中介人从事一定的中介事务，在中介事务完成之前，情况发生变化，委托人又不再需要中介人的中介服务的，可以随时解除中介合同。居间合同委托人的任意解除权还有更多的理由。如前所述，类似于消费者，中介合同的委托人有权选择更优的服务，这同时也避免了依附现象的弊端。而且，委托人没有与第三人缔约的义务，委托人不缔约的实际效果，与行使任意解除权是相同的。而行使任意解除权，反而使中介人得到了通知，能避免其进一步为完成中介事务继续付出人力、财力和物力，还能向委托人请求相应的赔偿。报告居间的任意解除，是在委托人获得信息之前，之后就没有解除的必要了。媒介居间的任意解除，是在委托人与第三人的合同成立之前。如果委托人与第三人之间成立的合同是附生效条件（停止条件）的合同，在条件成就之前，居间人不得请求报酬，但在合同成立之时，委托人的任意解除权终止。中介合同中委托人的任意解除权更接近于承揽合同中定作人的随时解除权。本法第787条规定："定作人在承揽人完成工作前可以随时解除合同，造成承揽人损失的，应当赔偿损失。"中介合同是有偿合同，委托人解除合同给中介人造成损失的，除不可归责于委托人的事由外，委托人还是应当赔偿中介人的损失。至于中介人是否应当享有任意解除权，学界还存在不同认识。

中介合同有许多区别于委托合同的特点，所以委托合同的规定，有的也不适用于中介合同。例如，本法第931条规定，委托人经受托人同意，可以在受托人之外委托第三人处理委托事务。因此造成受托人损失的，受托人可以向委托人请求赔偿损失。一般认为，委托人在中介人之外又委托第三人处理中介事务的，无须经过中介人的同意。实践中，很多打算出售房屋的房主，都是委托多个房屋中介机构来寻找买家的，哪个房屋中介机构能够实际促成交易，房主就向其支付中介的报酬。委托人和中介人订立中介合同后，委托人再委托他人如果须经过中介人同意，中介人基于自己的利益考虑，都想成为独家中介，一般而言是不会同意的，这样委托人就丧失了自由选择的权利，对委托人来说是不公平的，委托人的利益将受到损害。

第二十七章　合伙合同

本章共十二条，主要内容有：合伙合同的定义，合伙人的出资义务，合伙财产，合伙事务的执行，执行合伙事务不得请求报酬，合伙的利润分配和亏损分担，合伙人的连带责任，合伙人对外转让财产，合伙人的债权人之代位权的行使，合伙期限，合伙合同的终止及终止后的处理等。

相对于合同法，本章是新增的一章。在民法典编纂过程中，不少意见提出，我国1997年通过并于2006年修订的合伙企业法规定了商事合伙，1999年制定的合同法没有规定合伙合同的内容，而民法典总则编删去了民法通则中规定的个人合伙有关内容，合同编有必要将合伙合同作为独立的合同类型。经研究，采纳了这一建议，将合伙合同作为一种典型合同单独成章，规定在民法典合同编中。

> **第九百六十七条　合伙合同是两个以上合伙人为了共同的事业目的，订立的共享利益、共担风险的协议。**

〖条文主旨〗

本条是关于合伙合同的定义的规定。

〖条文释义〗

一、发展过程

早在罗马法时期，合伙契约就已经是一种重要的契约形式。在现代社会，合伙合同也是各国规定的重要的典型合同，大陆法系各国或者地区的民法典（或者商法典）中都对合伙合同作出了规定。在民法典通过以前，我国的法律中没有对合伙合同作出专门规定。1986年制定的民法通则从民事主体的角度，在第二章第五节对公民（自然人）之间的"个人合伙"和第三章第四节对企业之间或者企业、事业单位之间联营（其中民法通则第52条规定了合伙型联营）作了简单规定。1997年制定合伙企业法，对合伙企业作出了专门规定。合伙企业法旨在规范以合伙协议为基础成立的合伙企业，属于典型的商事主体法，在适用范围上受到严格限制。各个民事主体之间为持续的或者临时的共同事业而未成立企业的合伙，则被排除在合伙企业法之外。在制定合同法时，试拟稿、征求意见稿均规定了合伙合同，但合同法草案以合伙企业法对合伙组织体及合伙协议都作了比较详细的规定为由删除了合伙合同类型，最终通过的合同法中没有规定合伙合同的内容。2017年制定民法总则时，删除了民法通则关于"个人合伙"和"联营"的内容，主要是考虑作为商事主体的合伙企业由合伙企业法进行调整，而未成立合伙企业的民事合伙，则可以由民法典合同编进行规定。实践中，大量存在当事人签订合伙合同而成立的、没有设立合伙企业的合伙，需要通过法律的规定来进行规范，以保护合伙人的合法权益，促进经济社会的发展。因此，民法典合同编设立专章规定了"合伙合同"，确立合伙合同的基本规则，使得我国关于合伙的法律规定更加科学和完善。

二、合伙合同的定义

合伙合同，是指两个以上合伙人为了共同的事业目的，订立的共享利益、共担风险的协议。合伙合同，是以共同出资为基础，以共同事业为目的，以共享利益、共担风险为本质的协议。

三、合伙合同的特征

作为一种新增的典型合同，合伙合同与其他类型的合同有很多不同之处。合伙合同主要有以下几个特征：

1. 对合伙人有所限制。根据合伙合同的定义，合伙合同的主体为两个以上的合伙人。合伙人的数量要求两个以上，只有一个则无法成立合伙。当因合伙人死亡、丧失民事行为能力、终止等原因，合伙人数量减少到一个时，合伙合同终止。作为合伙合同主体的合伙人，可以是自然人、法人或者非法人组织。但是，合伙人并不是没有完全限制，不是所有民事主体都可以成为合伙人。合伙企业法第3条规定，"国有独资公司、国有企业、上市公司以及公益性的事业单位、社会团体不得成为普通合伙人。"普通合伙人是对合伙企业债务承担无限连带责任的合伙人。而合伙合同中的合伙人，对合伙债务承担无限连带责任。国有独资公司、国有企业、上市公司如果成为合伙人，就要以其全部财产对合伙债务承担责任，这不利于保护国有资产和上市公司股东的利益。从事公益性活动的事业单位、社会团体，因其从事的活动涉及公共利益，其自身财产也不宜对外承担无限连带责任。因此，国有独资公司、国有企业、上市公司以及公益性的事业单位、社会团体不得成为合伙企业的普通合伙人，原则上也不得与他人订立合伙合同成为合伙人。

2. 为了共同目的或者共同利益。合伙人订立合伙合同是为了达到共同的事业目的，实现共同的利益，这是合伙合同最重要的特征，也是合伙合同与其他类型的合同最重要的区别之一。所谓"共同的事业目的"，可以是营利性的目的，也可以是非营利性的目的，如公益目的。"共同的利益"，可以是物质上、经济上的利益，也可以是其他方面的利益。就一般的合同而言，虽然合同的双方或者多方当事人总体目标是一致的，都是为了实现合同目的，例如买卖合同中的出卖人和买受人都希望交易达成。但是，从当事人的角度出发，他们的目的或者权利义务又可能是不一致甚至是完全相对的。出卖人的目的是以标的物的所有权换取相应的价款，其权利是获取买受人支付的价款，义务是交付标的物转移所有权；而买受人的目的是以一定的价款换取标的物的所有权，权利是取得标的物所有权，义务是支付标的物的价款。双方的目的或者权利义务是相对的关系，当事人之间处于对立或者竞争的关系。而合伙合同中，所有合伙人的目的具有一致性，权利义务的内容或者说方向也具有一致性，都是为了实现共同的事业目的，原则上都享有表决权、执行权、监督权等权利，都负有出资等义务，都要对合伙债务承担连带责任，完全是一种合作关系而非对立关系。通俗地说，一般合同当事人之间的权利义务是"此消彼长"的关系，而合伙合同的所有合伙人之间则是"共消共长"的关系。

3. 共享利益、共担风险。如前所述，合伙合同的所有合伙人之间具有共同的事业目的，是合作共赢的关系。因此，所有合伙人就应当共享合伙经营之利益，共担合伙经营之风险。可以说，合伙合同中的全体合伙人是"一荣俱荣，一损俱损"的关系。目的的共同性决定了所有合伙人共享利益、共担风险，不能只由部分合伙人享受利益或者承担风险，否则有违合伙合同之目的。

4. 合伙具有较强的人合性和一定的组织性。合伙合同的成立是基于合伙人之间的互相信任，合伙人之间可以互为代理人，且全体合伙人对合伙债务承担连带责任。合伙人具有共同的事业目的，共享利益，共担风险。因此，合伙具有较强的人合性。这决定了合伙人不得擅自处分自己在合伙财产中的份额，以及合伙人的债权人不得代位行使合伙人对合伙的权利等。

基于本章规定的合伙合同形成的合伙，具有一定的组织性，但又不是完全独立的组织体，不具有民事主体资格。这是基于本章规定的合伙合同成立的合伙与合伙企业的重要区别。合伙企业具有民事主体资格，属于民法典总则编中规定的非法人组织，具有民事权利能力和民事行为能力，可以依法享有民事权利和承担民事义务。合伙企业包括依照合伙企业法在中国境内设立的普通合伙企业和有限合伙企业，有普通合伙人和有限合伙人之分。合伙企业是完全独立的、组织严密的组织体。合伙企业有自己的财产，合伙企业对其债务应先以其全部财产进行清偿；当合伙企业的财产不足以清偿到期债务时，再由合伙人承担无限连带责任。而本章规定的契约型合伙，具有一定的组织性，但是其组织性相对于合伙企业来说较为松散，即使基于合伙人的出资和合伙事务可以形成合伙财产，也并不是必须先由合伙财产承担合伙债务，合伙的债权人可以对所有合伙人的所有财产（包括合伙财产以内和以外的财产）提出请求权。一些学者将合伙企业称为"企业型合伙"或者"组织型合伙",将基于合伙合同成立的未形成组织的合伙称为"契约型合伙"或者"协议型合伙"。

5. 不要式合同、继续性合同。民法典对合伙合同的订立形式没有作出特别要求,可以是口头形式,也可以是书面形式或者其他形式。合伙合同为不要式合同。

合伙合同是继续性合同。不论合伙合同的共同事业目的是持续性的还是临时性的,都不影响合伙合同为继续性合同。合伙人履行义务的行为不是一次性的,只要共同目的仍未实现,所有合伙人都应持续履行其义务。作为继续性合同,合伙合同在解除等方面也与非继续性合同有所不同,例如合同的解除不具有溯及力,仅向将来发生效力。

> **第九百六十八条** 合伙人应当按照约定的出资方式、数额和缴付期限,履行出资义务。

【条文主旨】

本条是关于合伙人应当按照约定履行出资义务的规定。

【条文释义】

合伙人的出资是指合伙人基于合伙合同,为了实现共同事业目的而进行投资。合伙人的出资是合伙得以形成和正常经营的基础。

合伙合同应当对合伙人的出资方式、数额和缴付期限等作出约定。所有合伙人都应当按照合同的约定履行出资义务。按约定履行出资义务是指合伙人按照合伙合同约定的出资方式、数额与缴付期限进行出资。出资义务是合伙人的根本义务,也是合伙得以成立的前提。

一、出资方式

合伙人的出资方式是合伙人向合伙投入资本的具体形式,合伙人的出资可以是货币形式,也可以是非货币形式。非货币形式包括除货币外的各种有形财产和无形财产,如实物、股权、土地使用权、知识产权等,还可以包括劳务。具体来说,合伙人的出资方式主要包括以下几类:(1)货币;(2)实物;(3)知识产权,主要包括商标权、专利权、著作权(版权)以及技术秘密等;(4)土地使用权;(5)劳务;(6)其他出资方式。

二、出资数额

出资数额,即用以出资的财产的价值额,以非货币资产出资的要按商定的或者法定评估机构进行评估的价值来计算并约定数额。各合伙人的出资数额，由所有合伙人进行协商决定。合伙人的出资数额决定了合伙人之间的出资比例，合伙人之间的出资比例往往决定了合伙的利润分配和亏损分担。所以，合伙人的出资数额和出资比例，应当由所有合伙人自行约定。一般来说，这是合伙合同最重要的事项之一，合伙合同应当作出规定。

三、缴付期限

缴付期限，即合伙人对用于出资的资产进行缴付的期限。对于合伙的出资，并不要求必须一次性完全缴付。合伙人可以采取实际缴付或者认缴的方式进行缴付。所谓认缴，就是合伙人承诺向合伙进行的出资。法律允许出资人对其出资实行承诺制，分期缴付，分批到位，通过协议明确各类出资的期限。合伙合同应当对合伙人出资的缴付期限作出规定，所有合伙人都应当按照合伙合同中约定的缴付期限进行缴付。

四、不按约定履行出资义务的责任

合伙人不按合伙合同的约定履行出资义务的，首先应当按照合同的约定承担责任，合同对此没有约定的，再依照法律的规定承担相应的违约责任。未按约定履行出资义务的合伙人，应当赔偿其给其他合伙人造成的损失，该损失可以包括合伙人迟延缴付的利息。

> **第九百六十九条** 合伙人的出资、因合伙事务依法取得的收益和其他财产，属于合伙财产。
>
> 合伙合同终止前，合伙人不得请求分割合伙财产。

〖条文主旨〗

本条是对合伙财产的规定。

〖条文释义〗

一、合伙财产的范围

合伙财产包括两个部分：一是合伙人对合伙的出资，也就是合伙的原始财产；二是所有因合伙事务依法取得的收益和其他财产，例如合伙经营的收入、债权、因他人违约或者侵权向合伙作出的赔偿或者补偿等。

二、合伙财产的归属

合伙财产是合伙赖以存在和发展的基础。契约型合伙具有一定的组织性，但是不具有独立的民事主体资格，不能成为合伙财产的所有权人。因此，合伙财产的所有权人应当为全体合伙人，需要登记的合伙财产应当登记在全体合伙人名下。这与合伙企业不同。依法成立的合伙企业，属于民法典总则编中规定的非法人组织，具有民事主体资格，可以独立地享有民事权利、承担民事义务，当然也就可以成为合伙企业财产的所有权人。成立合伙企业后，合伙人的出资等财产都归合伙企业所有，需要登记的财产，应当登记在合伙企业名下。

合伙财产应当归全体合伙人共有，对此应无疑义。各国法律一般都规定合伙财产归全体合伙人共有。对合伙财产的所有权应当区分内部关系和外部关系分析。于内部关系而言，对于合伙财产，全体合伙人之间是共同共有关系，还是按份共有关系？对此学界存在不同观点。有的认为应当是共同共有，有的认为是按份共有。合伙合同的订立是为了共同的事业目的，全体合伙人共享利益、共担风险，且对合伙债务承担连带责任。合伙具有高度的人合性，合伙人之间互相信任才使合伙得以成立。全体合伙人共同经营，共同管理合伙财产，共同对所有合伙财产享有占有、使用、收益和处分的权利。对于合伙财产的处分，应当按照合伙合同的约定，或者全体合伙人的共同决定，才能得以进行。因此，全体合伙人对合伙财产享有共同共有权。

从外部关系来看，合伙财产由全体合伙人共有，只有根据合伙合同的约定或者所有合伙人同意才可以对合伙财产进行处分。但是合伙人之间对处分合伙财产的内部约定不能对抗善意第三人。合伙财产中的某个具体财产可能实际为某个合伙人占有，或者仅登记在某个合伙人名下。此时如果该合伙人将该财产转让给并不知晓该财产为合伙财产的善意第三人，第三人可以依据本法第311条的规定取得财产的所有权。

三、合伙财产在合伙终止前不得分割

合伙财产是合伙得以成立和存续、发展的重要条件，因此必须保证合伙财产的稳定性。契约型合伙虽然不是独立的民事主体，但是也具有一定的组织性，财产一旦进入合伙财产的范围，就与合伙人相对分离，归全体合伙人共同共有。在共有关系终止前，合伙人不得分割合伙财产。合伙人一旦按照约定缴付了出资，就不得随意予以抽回。任何一个合伙人抽走或分割其财产份额，都会直接导致合伙财产数量的减少，给正常进行的生产经营活动造成消极影响；以合伙名义取得的收益和依法取得的其他财产，也具有同样的性质。合伙人在合伙合同终止前分割合伙财产，往往会影响到合伙的正常经营，甚至可能导致共同目的的落空。为避免这种现象的发生，维护合伙的正常经营和全体合伙人的利益，本条第2款规定，"合伙合同终止前，合伙人不得请求分割合伙财产"。

此外，任何合伙人不得私自转移或者处分合伙财产。在合伙经营中，由于每一个合伙人都有执行合伙事务、对外代表合伙的权利。在代表合伙对外从事活动的过程中，当合伙人占有的合伙财产中的动产或者合伙财产中的不动产、机动车等登记在合伙人名下时，各合伙人都有独自处分某些财产的机会，不排除该合伙人为了自己的私利私自转移或处分合伙财产的情况，如私自出售经营设备，将定购的原材料、设备移转他处或将出售产品的收入占为己有等。发生此类情况，合伙不得以此对抗善意第三人，主要是为了保护善意第三人的利益，维护正常的交易的安全。

合伙人执行合伙事务将应当归合伙的利益据为己有的，或者采取其他手段侵占合伙财产的，应当将该利益和财产退还合伙；给合伙或者其他合伙人造成损失的，应当依法承担赔偿责任。合伙人私自转移或者处分合伙财产的，一是应将转移财产的收入收归合伙，如转移财产行为尚未实际执行，可与第三人协商解除合同，由此造成的损失由该合伙人承担；二是由于转移或处分财产的行为给其他合伙人造成损失的，由该合伙人赔偿。

> **第九百七十条**　合伙人就合伙事务作出决定的，除合伙合同另有约定外，应当经全体合伙人一致同意。
>
> 合伙事务由全体合伙人共同执行。按照合伙合同的约定或者全体合伙人的决定，可以委托一个或者数个合伙人执行合伙事务；其他合伙人不再执行合伙事务，但是有权监督执行情况。
>
> 合伙人分别执行合伙事务的，执行事务合伙人可以对其他合伙人执行的事务提出异议；提出异议后，其他合伙人应当暂停该项事务的执行。

【条文主旨】

本条是关于合伙事务的决定和执行，以及合伙人的监督权和异议权的规定。

【条文释义】

一、关于合伙事务的决定

本条第 1 款规定，合伙人就合伙事务作出决定的，除合伙合同另有约定外，应当经全体合伙人一致同意。由于合伙事务关系到全体合伙人的共同利益，原则上应当由全体合伙人共同决定，尤其是关于合伙事务或者合伙财产的重要事项，例如，改变合伙的事业目的或者经营范围，转让、处分合伙财产中的不动产等，必须由全体合伙人一致同意才能进行，不能由部分合伙人或者执行事务合伙人自行决定，也不能适用少数服从多数的原则。

当然，合伙合同可以对此作出特别约定。合伙人之间存在相互信任关系，合伙事务的表决应当更多地体现合伙人意思自治的原则和协商原则。合伙合同相当于合伙的章程，所有合伙人都应当按照合伙合同的约定享有权利，承担义务。一般而言，所有合伙人应当在合伙合同中对合伙事务的决定进行约定，对不同的合伙事务可以约定不同的参与和表决程序，例如，对合伙事务中的重要事项约定由所有合伙人参与表决并一致同意，对一般事项仅须半数以上合伙人同意即可。全体合伙人在订立合伙合同时，应尽可能细地就合伙事务的表决方式，包括是按出资份额，还是按合伙人人数，或是两者相结合的表决方式，以及就表决决定的计票办法等作出明确规定。

实践中，关于合伙事务的一切事项都由所有合伙人共同决定且一致同意，可能难以实现，对一般事项而言也实在没有必要。而且，随着市场经济的发展，商业机会的时效性强，要求合伙的决策应更加及时、快速。为了提高合伙的决策经营效率，应当允许合伙合同对合伙事务的决定作出更加灵活的规定，如规定某些事项可以采用普通多数决或特别多数决的办法作出决定。

二、关于合伙事务的执行

合伙不仅由各合伙人共同出资而设立，还通常由合伙人共同进行经营和管理。合伙人通常人数较少，相互十分信任，其从事经营活动具有法律上的相互代理关系，因此无须和公司法人一样设立严密的组织管理机构。灵活性是合伙的优点之一，可以在很大程度上提高合伙的决策效率和经营效率。合伙人对执行合伙事务享有同等的权利，即每一个合伙人对企业的经营管理和其他事务的执行不但有参与权，而且权利平等。无论出资多少，出资方式是否相同，都不影响这一法定权利，不影响各合伙人在执行合伙事务时的平等资格。据此，本条第2款规定，合伙事务由全体合伙人共同执行。

需要注意的是，一般的法人和非法人组织也可以成为合伙人，由于法人和非法人组织不是自然人，有自己的组织机构，所以作为合伙人的法人和非法人组织应当由其委派的代表，即特定的自然人执行合伙事务。

但是，如果所有合伙事务都由全体合伙人共同执行，则程序将变得十分繁琐，容易导致经营效率低下，不利于合伙事务的执行、处理。因此，合伙人可以在合伙合同中约定，或者在订立合伙合同后由全体合伙人共同决定，委托一个或者数个合伙人来执行合伙事务。合伙人分工协作，不仅有利于发挥各个合伙人的专长，也有利于提高合伙的决策和经营效率，促进合伙经营的发展。合伙事务重要程度不同，一般来说，合伙合同应当对合伙事务的决定作出具体约定，比如涉及重要事务必须由全体合伙人一致同意，合伙人在执行合伙事务时必须按照合伙人一致同意的决定行事。执行合伙事务既可以由全体合伙人共同执行，也可以按照合同约定或者全体合伙人的决定，委托个别合伙人单独执行。

全体合伙人共同执行合伙事务是指根据合伙合同的约定，各合伙人都可以对内负责管理事务，对外分别代表合伙，以合伙的名义从事经营活动。由于谁来执行合伙事务对内关系到合伙生产经营的安排，对外涉及谁来代表合伙对外发生联系，对维护交易安全有一定的影响。因此，法律要求委托部分合伙人执行合伙事务须由全体合伙人共同决定。据此，本条第 2 款中规定，按照合伙合同的约定或者全体合伙人的决定，可以委托一个或者数个合伙人执行合伙事务。

在合伙合同约定或者全体合伙人共同决定了执行事务合伙人的情况下，其他合伙人是否可以代表合伙对外开展活动？一般来说，在确定了执行事务合伙人的情况下，就应当由执行事务合伙人来代表合伙进行经营活动。但是在实际经营活动中，有时也会需要不执行事务的合伙人就某一事项对外代表合伙，这种特殊情况应有合伙合同的约定或全体合伙人的授权。没有按照约定或者未经合伙人授权擅自对外代表合伙的，其行为对外不能对抗不知情的善意相对人，对内则应当赔偿给其他合伙人造成的损失。

三、关于非执行事务合伙人的监督权

不执行合伙事务的合伙人虽然不直接参与合伙日常事务的经营管理，但是仍然享有对合伙重大事务的参与权和决定权，如参加合伙人会议，对重大事务行使表决权等。

合伙事务执行权委托给一个或者数个合伙人代为行使后，其他合伙人因不负责事务执行，难以了解合伙的经营情况。但是作为合伙的投资者和受益者，他们应当享有了解所投资金的运用情况、合伙财产的具体情况以及合伙的经营效益的基本权利。同时，如果没有必要的监督和制约，执行事务合伙人可能会滥用权力，损害合伙及其他合伙人的合法权益。因此，本条第 2 款还赋予了非执行事务合伙人对合伙事务执行人执行合伙事务的监督权。该监督权的内容主要包括：执行事务的合伙人要向不执行事务的合伙人报告业务经营情况；必要时不执行事务合伙人有权查阅企业的有关会计账册，查看合伙财产的实际状况；等等。

四、关于合伙人对其他合伙人执行事务的异议权

合伙人分别执行合伙事务，使合伙生产经营活动变得灵活而有效，但不可避免地会发生执行事务合伙人考虑问题不周，执行事务不当的情况，还可能出现个别合伙人不尽忠诚义务和勤勉义务，甚至损害其他合伙人的利益，牟取自身利益的情况。对这些行为，不执行合伙事务的合伙人难以在经营过程中随时发现并予纠正，而由执行事务合伙人互相监督，是保证合伙正常经营、防止权利滥用的较好的方式。从这个角度上来说，各执行事务合伙人既是事务执行人，也是他人执行事务的监督人。他们都既有义务认真尽职地将自己负责的业务执

行好，也有权利和义务对他人执行企业事务中的情况进行监督。如果执行事务合伙人的行为有损合伙的利益、不当或有错误，其他执行事务的合伙人可以提出异议。一旦提出异议，就应暂停该项事务的执行。

执行事务合伙人受全体合伙人委托执行合伙事务，根据代理法律关系，执行事务合伙人必须按照合伙协议或全体合伙人的决定执合伙事务，不得超越规定的权限执行合伙事务，不得利用执行合伙事务的便利损害合伙或其他合伙人的利益，否则，属于不按合伙合同或者全体合伙人的决定执行事务的行为，对此，其他合伙人可以决定撤销该委托。如果因此造成其他合伙人损失的，该执行事务合伙人还应当进行赔偿。

第九百七十一条　合伙人不得因执行合伙事务而请求支付报酬，但是合伙合同另有约定的除外。

【条文主旨】

本条是关于合伙人不得请求执行合伙事务之报酬的规定。

【条文释义】

合伙事务的执行，是指合伙的经营管理及对内对外关系中的事务处理等活动。按照合伙合同的约定或者全体合伙人的决定，可以委托一个或者数个合伙人执行合伙事务，其他合伙人不再执行合伙事务。合伙人执行合伙事务，既是其权利，也是其义务。合伙人既是合伙的投资者也是经营者，有权参与合伙事务的执行。合伙人应当共同执行合伙事务，处理合伙事务也是其作为合伙人应尽的义务。合伙人执行合伙事务也就是在处理自己的事务，因此，原则上合伙人不得以执行合伙事务为由请求支付报酬。

但是，在合伙事务委托给一个或者数个合伙人执行的情况下，有的合伙人可以不直接参与合伙的经营管理。执行合伙事务不仅需要付出大量的时间、精力，还需要一些专业技能和管理才能等。如果不对执行事务合伙人的付出进行补偿或者奖励，可能是不公平的，这也将影响其执行事务的积极性，可能影响合伙经营的效率和质量，进而损害全体合伙人的共同利益，不利于合伙共同事业目的的实现。为了体现公平原则，保护对合伙作出更多贡献的合伙人的积极性及合法权益，应当允许其从合伙经营利润中获得补偿。合伙合同可以约定在委托部分合伙人执行合伙事务的情况下，对执行事务合伙人的报酬或者奖励办法，这种报酬或者奖励通常应与其劳务提供量、业绩和难易程度挂钩。对执行事务合伙人的报酬或者奖励，也可以由全体合伙人共同作出决定。如果合伙合同对此没有规定，也没有全体合伙人的决定，则合伙人无权以合伙事务的执行为由而要求报酬。

> **第九百七十二条** 合伙的利润分配和亏损分担，按照合伙合同的约定办理；合伙合同没有约定或者约定不明确的，由合伙人协商决定；协商不成的，由合伙人按照实缴出资比例分配、分担；无法确定出资比例的，由合伙人平均分配、分担。

【条文主旨】

本条是对合伙的利润分配与亏损分担的规定。

【条文释义】

合伙的利润分配，指合伙的生产经营获得的收入，在扣除成本后所得的利润，在各合伙人之间进行的分配。合伙的亏损分担，是指合伙经营过程中发生的在一定时期内各种收入减去各项费用后出现负差额即发生亏损时，就这种亏损在各合伙人之间进行的分别承担。合伙经营既可能为投资者带来收益，也可能因经营等多方面原因而产生亏损。

本条规定了合伙的利润分配和亏损分担的方法，具体来说是：首先，合伙的利润分配、亏损分担，应当按照合伙合同的约定办理。合伙合同是合伙的章程，是合伙从事经营活动的准则和合伙人据以享受权利、承担义务的重要依据。而合伙的利润分配和亏损分担是合伙人重要的权利义务，理应由合伙合同作出约定，因此，本条确认了合伙合同约定优先的原则。其次，合伙合同对此没有约定或者约定不明确时，还是应当尊重合伙人的意思，尽量由合伙人共同协商作出决定，充分体现意思自治原则。再次，如果合伙人经过协商仍未能作出决定的，则应当按照各合伙人的实缴出资比例进行分配、分担。需要注意的是，这里的出资比例应当是实缴出资的比例，合伙人承诺出资或者应当出资而未实际缴付的，以实际缴付的出资为准。最后，合伙人之间的出资比例也无法确定的，只能由各合伙人平均分配和分担。这里需要指出的是，前两种程序是合伙人之间协议、协商解决，后两种程序是由法律直接规定的一般原则。

在未约定损益分配比例的情况下，以合伙人的出资比例来确定利益分配和亏损分担，符合人们对于合伙经营、对于投资的期待，符合常理，也符合公平原则。据此，本条也规定在合伙人没有约定且协商不成时，以出资比例来确定利润分配和亏损分担的比例。

确定合伙的利益分配和亏损分担办法，最重要的是应当体现公平。合伙的一个重要特征是合伙人共享收益，共担风险。每一个合伙人无论出资多少，以何种方式出资，都有分配利润的权利，也有分担亏损的义务。虽然合伙合同可以自行约定利润分配和亏损分担的办法，自主调节相互间的利益关系，但行使这一权利必须遵循公平的原则，不能明显有失公允。因此，一般来说，合伙的利润分配和亏损分担，应当由全体合伙人共同决定，但是合伙合同不得约定将全部利润分配给部分合伙人或者由部分合伙人承担全部亏损。对此，一些国家的法律明确禁止剥夺部分合伙人权利或者向其强加义务等不公平的"狮子合伙"。

> **第九百七十三条** 合伙人对合伙债务承担连带责任。清偿合伙债务超过自己应当承担份额的合伙人，有权向其他合伙人追偿。

【条文主旨】

本条是关于合伙人对合伙债务承担连带责任，合伙人承担的责任超过应承担的份额后有权向其他合伙人进行追偿的规定。

【条文释义】

合伙从事生产经营，对外从事民事活动，与他人发生权利义务关系，就会产生各种债权债务。合伙债务，是指合伙事业经营过程中产生的应当由合伙承担的债务。合伙的债务不同于合伙人的债务，合伙财产由全体合伙人所有，合伙债务也应当由合伙人共同承担。

本条规定，合伙人对合伙债务承担连带责任。这是对合伙人的外部关系作出的规定。合伙人对合伙债务承担连带责任，是指全体合伙人以自己的所有财产向债权人承担连带责任，债权人可以请求任何一个或者数个合伙人清偿所有合伙债务。之所以如此规定，主要是由合伙合同的性质和目的所决定的。合伙合同的订立是为了实现共同事业目的，共享利益、共担风险。对合伙人来说，合伙具有很强的人合性，合伙人之间互相信任，共同投资，共同经营管理，对合伙财产共同共有。规定合伙人的连带责任虽然增大了合伙人的风险，但同时也增加了合伙的对外信誉，使合伙获得了更强的偿债能力。合伙虽然具有一定的组织性，但是并不具有民事主体资格，合伙人之间可以互为代理人，这对债权人来说意味着较大的交易风险，而规定合伙人承担连带责任，可以扩大合伙人对合伙债务的履行担保，有利于实现债权人的债权，保护债权人的利益。因此由合伙人对合伙债务承担连带责任，对合伙人和债权人来说都是公平合理的。

关于合伙财产和合伙人的个人财产清偿合伙债务的顺序，本条规定的合伙与合伙企业是不同的。合伙企业法第 38 条规定，合伙企业对其债务，应先以其全部财产进行清偿。第 39 条规定，合伙企业不能清偿到期债务的，合伙人承担无限连带责任。由此可见，合伙企业中的合伙人，对合伙企业的债务承担"无限"连带责任。也就是说，合伙企业必须先以合伙企业的财产清偿合伙企业债务，当合伙企业的财产不足以清偿到期债务时，再由合伙人以其所有的其他财产来进行清偿。无限连带责任，实际是无限责任与连带责任的结合。所谓无限责任即在合伙财产不足以清偿债务时，合伙人要以自己的其他财产偿付自己承担的债务份额，直到清偿完毕为止；所谓连带责任即指当债权人追究各合伙人的无限责任，某一合伙人无力承担这种责任时，其他合伙人有连带承担其偿付债务的义务。因此，当合伙企业财产不足以清偿债务时，债权人即可向任何一个普通合伙人主张权利，要求其偿付债务。该合伙人负有代合伙企业偿付债务的责任，这种责任既包括他自己应承担的债务份额，也包括其他合伙人应承担部分。而本章规定的契约型合伙，虽然具有一定的组织性，却是松散型的合伙，并不具有独立的民事主体资格，其财产还是由全体合伙人共有，合伙财产与合伙人的其他财产难以厘清，因此，并不要求对合伙债务先以合伙财产进行清偿，债权人可以直接请求所有合伙人以包括合伙财产在内的所有财产来履行合伙债务。这是契约型合伙与企业型合伙的重要区别之一。

对于经营利润的分配和亏损的分担，本法第 972 条已明确规定，这是对合伙人内部责任划分的依据。合伙债务在合伙人之间的划分应当按照亏损分担的方法。如果合伙合同约定了具体的亏损分担或者债务承担办法，或者全体合伙人协商确定的，应当按照合伙合同的约定或者合伙人协商确定的办法承担合伙债务。如果未约定且协商不成的，应当按实缴出资比例分担债务，将所有合伙债务按出资比例分成若干份额，各合伙人按其比例所分担的份额以其合伙财产中的份额以及其他个人财产偿付债务。如果连出资比例也无法确定的，应将合伙债务按合伙人人数平均分为若干份额，每个合伙人分别承担自己的债务份额。简单地说，合伙人对合伙债务的承担应由合伙合同约定，或者按出资比例分担或者平均分担。无论按何种方式，合伙人所承担的都只是全部债务的一部分。需要注意的是，合伙人之间对合伙债务承担、亏损分担的内部约定，不能对抗债权人，对合伙的债权人不具有法律约束力，全体合伙人对外还是应当承担连带责任。

各合伙人因各自的经济实力不同，承担债务的能力也有区别。在合伙人按一定比例分担合伙债务的情况下，就可能发生有的合伙人因财力所限，一时难以承担债务偿付份额的情况。对此情况，任何合伙人都要对合伙债务承担连带责任，即除对自己分担的债务份额承担责任外，还应对其他合伙人应承担而无力承担的部分进行清偿。当合伙人实际偿付的合伙债务超过其应承担的份额时，就该超过部分，应当允许其向其他合伙人进行追偿。据此，本条规定，清偿合伙债务超过自己应当承担份额的合伙人，有权向其他合伙人追偿。

> **第九百七十四条** 除合伙合同另有约定外，合伙人向合伙人以外的人转让其全部或者部分财产份额的，须经其他合伙人一致同意。

〖条文主旨〗

本条是对合伙人转让其财产份额的规定。

〖条文释义〗

合伙财产属于全体合伙人共同共有，对合伙财产的处分应当按照合伙合同约定，或者经过全体合伙人同意。而不论是对所有合伙财产，还是对合伙财产中每个具体的财产，从内部关系上看，每个合伙人都占有一定的份额。

实践中由于各种原因，合伙人可能需要将其投在合伙中的财产份额变现。为此，合伙人有权将其持有的合伙财产份额转让。该转让包括向合伙内部的其他合伙人转让和向合伙人以外的人转让。但是合伙人转让其财产份额并不可以任意为之。合伙具有很强的人合性，是基于合伙人之间的相互信任才得以成立的。合伙人的数量一般不多，而且彼此间互相信任和了解，每个合伙人都有对外代表合伙的权利，各合伙人之间可以互相代理。这种合伙的人合性决定了合伙人的加入和退出都必须受到严格的限制。合伙人将其合伙财产中的全部或者部分份额向合伙人以外的人转让，实际上就相当于合伙人的地位全部或者部分被合伙人以外的人所取代，发生该财产份额的受让者加入合伙成为新的合伙人的效果。而且，基于共同共有的理论，合伙人转让共同共有的合伙财产中的份额，自然也需经过其他共有人的同意。因此，一般来说，合伙财产份额的转让必须经其他合伙人一致同意。

不过，合伙人可以向其他合伙人转让自己的财产份额，也就是合伙人可以将自己持有的合伙财产份额，部分或全部转让给合伙中的一个或数个其他合伙人。由于这种转让属内部关系，只关联到各合伙人财产份额的变化，既没有新的合伙人加入，也不影响合伙财产总额的变化，因此一般来说，不需征得其他合伙人的同意，也没有其他事前程序，只需通知他们知晓即可。

需要注意的是，本条中所说的合伙人转让其合伙财产中的份额，并不等同于转让合伙财产中具体的某个财产，而是将所有合伙财产看成一个抽象的整体，合伙人将其所占的份额全部或者部分转让给他人。如果是转让给合伙人以外的人，受让人就得以加入该合伙。如果合伙人将其全部财产份额转让给他人，那么该合伙人就退出合伙。当然，任何合伙人都不得私自转移或者处分合伙财产，但是合伙人处分合伙财产的，不能对抗善意相对人，这在前文第969条释义中已经有所阐述。如果没有特别约定，合伙人将其全部或者部分合伙财产份额转让给合伙人以外的人，必须经过其他合伙人一致同意，并不存在善意相对人可以善意取得的问题。

> **第九百七十五条** 合伙人的债权人不得代位行使合伙人依照本章规定和合伙合同享有的权利，但是合伙人享有的利益分配请求权除外。

【条文主旨】

本条是关于合伙人债权人代位行使权利的限制的规定。

【条文释义】

合伙人在合伙以外以自己名义，为自己的目的所从事的经营或交易等民事活动产生的有关债务，属于其个人债务，与合伙无关，应由合伙人自行偿还。如前所述，合伙具有很强的人合性，是基于合伙人之间的相互信任才得以成立的。合伙人的数量一般不多，彼此间互相信任和了解，每个合伙人都有对外代表合伙的权利，各合伙人之间可以互相代理。这种合伙的人合性也决定了合伙人不得随意将合伙的权利转让给合伙人以外的人，合伙人的债权人一般不得主张合伙人对合伙或者合伙财产的权利。例如，《日本民法典》第677条规定，合伙人的债权人不得对合伙财产行使其权利。但是，对合伙人自身的债权人来说，其债权应予实现，债务也需清偿，在合伙人自身无其他财产可供清偿债务的情况下，可以要求该合伙人依法转让其合伙财产的份额，也可以等待合伙人取得合伙收益后清偿，还可以申请法院强制执行该合伙人在合伙中的财产份额。

那么，合伙人的债权人是否可以代位行使合伙人对合伙的权利？代位权，是指债权人以自己的名义依法代替债务人行使债务人之权利的权利。代位权是保全债权的方法之一。当债务人享有对第三人的权利而怠于行使，使债务人的收益或财产遭受损失，从而损害债权人利益时，债权人便可代位行使债务人应行使的权利，以保护债权的实现。依据本法第 535 条的规定，代位权的行使应当符合以下条件：债权人享有对债务人的到期债权；债务人须享有对第三人的财产权利，包括但不限于债权；债务人怠于行使该权利；债务人迟延履行其债务；等等。

合伙人在合伙中不仅享有财产性质的利益分配请求权，还包括其在合伙中的表决权等身份权及合伙事务执行权、监督权等其他权利。合伙人的债权人要求合伙人偿还债务，只能通过与合伙人签订合同或通过诉讼的方式，获得对合伙人在合伙中利益分配的请求权或者分割其在合伙财产中的份额以实现债权，而对合伙人的其他具有人身属性的权利，如合伙事务执行权、重大事务表决权、对合伙的监督权等均没有请求权。此外，合伙还具有一定的组织性，合伙人一旦出资就成为合伙财产，合伙人的出资和其他因合伙取得的财产都是合伙财产，属于所有合伙人共同共有。基于共同共有的理论，在合伙合同终止前，合伙人不得请求分割合伙财产，也不得随意处分合伙财产以及合伙人在合伙财产中的份额。如果允许合伙人的债权人代位行使合伙人对合伙的权利，那就相当于变相分割或者处分了合伙财产。基于以上理由，本条规定合伙人的债权人原则上不得代位行使合伙人在合伙中的权利。

但是，当合伙人的自有财产不足清偿其债务时，还是可以以基于合伙产生的其他财产性权利来进行清偿。合伙财产是由合伙人投入合伙的原始出资、出资收益及其他财产收益形成的。合伙人将其出资投入合伙即变成合伙财产，是合伙经营的必要条件，如允许合伙人以这部分财产清偿自身债务就意味着要对这种财产进行处分，势必要求对合伙财产进行分割，并按份额予以减出，其结果必然对合伙经营造成负面影响，因此不允许合伙人直接以其在合伙财产中的份额清偿自身债务。合伙人对合伙享有的权利，既包括具有人身属性的权利，也包括财产权利，如利益分配请求权。为了既维护合伙的利益，又考虑到合伙人的债权人实现债权的要求，本条规定允许合伙人的债权人代位行使该合伙人基于合伙享有的利益分配请求权。债权人行使合伙人的利益分配请求权，并不影响合伙的人合性和组织性，也不减少合伙财产，对合伙经营来说并无害处，应当允许。

另外，需要注意的是，当合伙人的债权人同时是合伙的债务人时，这两个债是否可以通过某种方式抵销呢？在现实生活中，合伙人自身债务的债权人除与该合伙人具有债权债务关系外，可能与合伙也进行过交易而产生债权债务关系。当其作为合伙人自身的债权人时，可能又是合伙的债务人，由于合伙与合伙人的经济联系，使其很容易产生错误认识，主张将其对合伙人自身的债权与其对合伙所负债务相抵销。合伙具有一定的组织性，合伙人存在于合伙的财产份额，已经形成合伙财产，合伙人只能以从合伙分红等方式取得后再转而偿付债权人。本法第 568 条规定，当事人互负债务，该债务的标的物种类、品质相同的，任何一方可以将自己的债务与对方的到期债务抵销；但是，根据债务性质、按照当事人约定或者依照法律规定不得抵销的除外。第 569 条规定，当事人互负债务，标的物种类、品质不相同的，经协商一致，也可以抵销。根据合同编通则中这两条关于抵销权的规定，可知当事人享有和行使抵销权的前提是"当事人互负债务"，也即互负债务的当事人必须只有两个主体，且两个主体之间互为债权人和债务人。合伙人的债权人仅对该合伙人享有债权，而该债权人同时又是合伙的债务人，也就是全体合伙人对该第三人享有连带债权，而不是该负有债务的合伙人享有全部债权，因此不符合"当事人互负债务"的条件，不能行使抵销权。故合伙人的债权人不得以其债权抵销其对合伙的债务。

> **第九百七十六条** 合伙人对合伙期限没有约定或者约定不明确，依据本法第五百一十条的规定仍不能确定的，视为不定期合伙。
>
> 合伙期限届满，合伙人继续执行合伙事务，其他合伙人没有提出异议的，原合伙合同继续有效，但是合伙期限为不定期。
>
> 合伙人可以随时解除不定期合伙合同，但是应当在合理期限之前通知其他合伙人。

【条文主旨】

本条是对合伙协议未约定合伙期限时合伙人自愿退伙情形的规定。

【条文释义】

合伙期限，即合伙合同的存续期限。合伙合同应当对合伙期限作出约定，例如约定合伙期限为 3 年、5 年，或者约定为不定期合伙。合伙期限届满后，合伙合同也就终止了。

实践中，基于各种原因，合伙合同可能对合伙期限并没有作出约定或者约定不明确。对于这种情况，合伙人可以补充协议；不能达成补充协议的，则按照合同相关条款或者交易习惯确定。例如，合伙人之间已经连续多次签订合伙期限为 2 年的合伙合同，最后一次订立合伙合同时，没有对合伙期限作出约定。在这种情况下，即便合伙合同对合伙期限没有作出约定，也可以推定该合伙合同的合伙期限仍是 2 年。按照合同相关条款或者交易习惯仍无法确定的，视为不定期合伙。

本条第 2 款规定，合伙期限届满，合伙人继续执行合伙事务，其他合伙人没有提出异议的，原合伙合同继续有效，但是合伙期限为不定期。一般来说，合伙期限届满，合伙合同即告终止。但是，如果合伙人在合伙期限届满后，仍继续执行合伙事务，且其他合伙人也没有提出异议的，可以推定全体合伙人均具有使合伙继续存续的意思，因此法律规定这种情况下视为原合伙合同继续有效。但是由于约定的合伙期限已经届满，合伙人都没有约定新的合伙期限或者延长的期限，此时合伙合同的期限变为不定期。

合伙合同是继续性合同，对于不定期的合伙合同，合伙人均有任意解除权。本法第 563 条第 2 款规定："以持续履行的债务为内容的不定期合同，当事人可以随时解除合同，但是应当在合理期限之前通知对方。"与不定期的物业服务合同一样，不定期合伙的合伙人也有任意解除权。但是，合伙人解除合同，应当尽量不损害合伙及其他合伙人的利益，给予其他合伙人必要的准备时间，以便对合伙事务及时作出安排和调整。据此，本条第 3 款规定，合伙人可以随时解除不定期合伙合同，但是应当在合理期限之前通知其他合伙人。合伙人解除合伙合同后，合伙关系终止。合伙合同为继续性合同，其解除仅向将来发生效力。

本条规定与合伙企业法的规定有所不同。合伙企业法第 46 条规定，"合伙协议未约定合伙期限的，合伙人在不给合伙企业事务执行造成不利影响的情况下，可以退伙，但应当提前三十日通知其他合伙人。"合伙企业是独立的民事主体，对于不定期限的合伙企业，一般也不宜随意终止，但是可以允许合伙人在不影响合伙企业事务执行的情况下自行退伙。而本章规定的契约型合伙，本身就是松散型的合伙，如果是不定期合伙，应当允许合伙人行使任意解除权解除合伙合同。当然，合伙合同终止后，如果其他合伙人仍有意继续原合伙事业的，可以继续订立新的合伙合同。

> **第九百七十七条** 合伙人死亡、丧失民事行为能力或者终止的，合伙合同终止；但是，合伙合同另有约定或者根据合伙事务的性质不宜终止的除外。

【条文主旨】

本条是关于因合伙人死亡、丧失民事行为能力或者终止导致合伙合同终止的规定。

【条文释义】

合伙合同的当事人可以是自然人、法人或者非法人组织等民事主体。一般来说，作为合伙人的自然人，应当具有完全民事行为能力。因为合伙合同的成立是为了共同的事业目的，对于合伙事务合伙人应当共同决定、共同执行，因此合伙人应当具有符合进行合伙经营之要求的相应能力。合伙具有很强的人合性，全体合伙人共享利益、共担风险，对合伙债务承担连带责任，这就要求合伙人具有一定的财产或者偿债能力。

本条规定也与合伙企业法不同。因为合伙企业是独立的民事主体，是组织型合伙，属于依法成立的非法人组织，成立和终止都应当具备较为严格的条件，不到迫不得已不宜随意终止。因此法律对合伙企业区分了退伙和终止的规定，当某合伙人出现死亡、丧失民事行为能力等事由时，仅发生该合伙人退出合伙企业的法律效果，合伙企业则继续存续。根据合伙企业法第48条的规定，作为合伙人的自然人死亡或者作为合伙人的法人、其他组织由于依法被吊销营业执照、责令关闭、撤销，或者被宣告破产等原因终止的，该合伙人退伙。如果合伙人被依法认定为无民事行为能力人或者限制民事行为能力人，经其他合伙人一致同意，可以依法转为有限合伙人，普通合伙企业依法转为有限合伙企业；其他合伙人未能一致同意的，该无民事行为能力或者限制民事行为能力的合伙人退伙。与合伙企业不同，契约型合伙不具有独立的民事主体资格，是松散型的合伙，具有很强的人合性，全体合伙人都要对合伙债务承担连带责任，因此对契约型合伙则不区分退伙和终止。当作为自然人的合伙人死亡、丧失民事行为能力，或者作为合伙人的法人、非法人终止的，合伙合同也应当终止。据此，本条规定，合伙人死亡、丧失民事行为能力或者终止的，合伙合同终止。当然，如果其他合伙人仍有意继续合伙事业，也可以订立新的合伙合同。

需要说明的是，合伙合同对此有所约定的，应当按照约定。例如，合伙合同可以特别约定此种情况下不终止合伙合同，而是由承受死亡、丧失民事行为能力或者终止的合伙人权利义务的民事主体，如继承人、法定代理人等，作为新的合伙人，也可以约定该合伙人退出合伙关系，其他合伙人之间的合伙关系继续存续。此外，如果根据合伙事务的性质不宜终止的，发生合伙人死亡、丧失民事行为能力或者终止时，合伙也并不当然终止，这类似于本法第934条关于委托合同的规定。

当合伙人死亡、丧失民事行为能力或者出现被宣告破产、解散等法定终止原因时，为了最大程度地保护全体合伙人的利益，合伙人的继承人、遗产管理人、法定代理人或者清算人应当及时通知其他合伙人，如果合伙事务的执行不宜停止，或者停止将给合伙人造成不可弥补之损失，在通知后或者一时无法通知其他合伙人的情况下，还应当继续执行原合伙人未完成的有关事务。

合伙合同的终止原因，除合伙人死亡、丧失民事行为能力或者终止以外，还包括以下几种原因：一是合伙期限届满。合伙合同确定的合伙期限届满，合伙合同自然终止。二是合伙合同约定的终止事由发生。三是全体合伙人的同意。全体合伙人一致同意终止合伙的，合伙合同终止。四是合伙人依法解除合伙合同。如不定期合伙的合伙人行使任意解除权解除合伙合同。五是合伙的共同事业目的已经实现或者不可能实现。

当发生合伙合同终止的原因时，合伙合同是否立即终止？一般认为，原则上合伙合同立即终止，但是由于某些特殊原因也可能还需要暂时维持合伙关系，如为了全体合伙人的利益而暂时不得终止的情形。此外，在终止原因发生后清算结束前，或者执行事务合伙人在并不知晓的情况下继续执行合伙事务时，合伙还可以在必要的范围内存续。

> **第九百七十八条** 合伙合同终止后，合伙财产在支付因终止而产生的费用以及清偿合伙债务后有剩余的，依据本法第九百七十二条的规定进行分配。

〖条文主旨〗

本条是对合伙财产支付因终止而产生的费用和清偿合伙债务后剩余财产分配的规定。

〖条文释义〗

合伙合同因各种原因终止后，应当对合伙财产以及因合伙产生的所有债权债务进行结算，先是清偿各项费用和合伙债务，清偿后有剩余财产的才能分配给合伙人。而如果合伙财产不足以清偿有关费用和合伙债务，合伙人应当对不足部分承担连带责任，以所有合伙人的个人财产进行清偿。

本条规定，合伙合同终止后，合伙财产在支付因终止而产生的费用以及清偿合伙债务后有剩余的，依据本法第972条的规定进行分配。合伙合同终止，不论合伙财产有多少，是否足以清偿有关费用和合伙债务，应当按照以下顺序处理：一是支付因终止产生的费用。因终止产生的费用，包括合伙财产的评估、保管、变卖等所需要的费用，以及有关的律师费用、诉讼费用、仲裁费用等。二是清偿合伙债务。在支付完因终止产生的费用后，应当对合伙债务进行清偿，以保护合伙的债权人的利益。

支付因终止产生的费用和清偿合伙债务后，如果有剩余财产，才能在全体合伙人之间进行分配。合伙的一切债权都应当优先于合伙人的分配财产请求权，只有上述所有债权都得到清偿后，才可以分配剩余的合伙财产。虽然合伙人要对合伙债务承担连带责任，但是，如果合伙人在清偿合伙债务之前分配合伙财产，再由合伙的债权人向合伙人请求偿还，不仅不符合效率原则，而且可能使债权人的债权难以实现。从实际情况来看，如允许合伙人先分配合伙财产，更便利了合伙人分配完合伙财产后潜逃或者转移、隐匿财产，使债权人无从追索。因此，本条规定了"先偿债，后分配"的原则。

对于剩余财产，应按照本法第972条的规定的利益分配规则进行分配，即首先按照合伙合同的约定办理；合伙合同没有约定或者约定不明确的，由合伙人协商决定；协商不成的，由合伙人按照实缴出资比例分配；无法确定出资比例的，由合伙人平均分配。

需要注意的是，合伙人将自己的财产交由全体合伙人共同使用，并非作为实物出资的，在支付因终止而产生的费用和清偿合伙债务之前，合伙人有权取回。因为该财产并不属于合伙财产，合伙人可以基于所有权要求返还。

本条规定也与合伙企业法不同。合伙企业法第89条规定："合伙企业财产在支付清算费用和职工工资、社会保险费用、法定补偿金以及缴纳所欠税款、清偿债务后的剩余财产，依照本法第三十三条第一款的规定进行分配。"合伙企业通过清理合伙企业财产、编制资产负债表和财产清单后，确认合伙企业现有的财产大于合伙企业所欠的债务，并能够清偿全部债务的时候，应当按照以下顺序进行清偿：（1）支付清算费用。（2）支付职工工资、劳动保险费用和法定补偿金。（3）缴纳税款。（4）偿还合伙企业的其他债务。以上各项都清偿完毕之后，才能将合伙企业的剩余财产分配给合伙人。本章规定的契约型合伙，没有专门的清算程序，但是因合伙合同终止而产生的费用，和合伙企业的清算费用具有相同的性质，应当优先支付。合伙人一般人数不多，也不一定雇佣他人，因此没有规定支付职工的工资等。契约型合伙不具有独立的民事主体资格，不是独立的纳税主体，而是由各合伙人自己分别纳税，故不存在由合伙缴纳税款的问题。

第三分编 准合同

本法总则编第121条、第122条分别对无因管理和不当得利制度作了原则性规定。但是无因管理、不当得利之债的具体规则较为复杂，现实生活中关于无因管理、不当得利的纠纷也越来越多，仅有总则编的两条原则性规定是远远不够的，需要对无因管理和不当得利制度作出更为详细具体的规定。但在不设置单独的债权编，以合同编通则代行债权编功能，且侵权行为之债主要纳入民法典侵权责任编的前提下，就需要考虑无因管理和不当得利这两种债的具体规则如何安放的问题。对于这个问题，不少意见提出，无因管理和不当得利虽与侵权行为同为债的产生原因，但不宜纳入民法典的侵权责任编，一方面，侵权行为是法律所否定的行为，但无因管理之债，其本质上是法律所鼓励的行为，将其规定在侵权责任编，可能产生价值上的冲突。即便就不当得利而言，虽然也可能因侵权而产生，但侵权型不当得利只是不当得利的一小部分，大量的不当得利是因合同而产生，难以完全参照适用侵权责任规则。另一方面，与合同编相比，侵权责任编的规则与无因管理、不当得利之债的关系差异更大，如侵权责任的归责原则、免责事由等，具有较强的特殊性。从比较法角度看，不设置债法总则编的国家大都将其他债的关系规定在合同编之中，称为"准合同"。在不设置单独的债权编的情况下，可以借鉴法国等部分大陆法系国家和英美法系国家将无因管理和不当得利作为准合同对待的经验，将无因管理和不当得利制度作为准合同规定于合同编较为合适的。本法在编纂过程中，考虑到不设置单独的债编，又要解决无因管理和不当得利之债的具体规则问题，借鉴国外的立法例，特在合同编中设置了单独的准合同分编，规定无因管理和不当得利制度的具体规则。需要强调的是，将无因管理和不当得利作为准合同对待，除了立法技术的考虑，还因为无因管理和不当得利制度与合同制度都具有密切联系，例如适当的无因管理需要管理人具有管理他人事务的意思，且还须符合于本人的真实意思，这两种意思并存于适当的无因管理制度中，事实上具有合同之基础，但因两人的意思并非通过本编通则规定的要约和承诺的过程达成的一致，而是由法律拟制而成，可以作为准合同关系对待。还例如多数的不当得利都是因为合同无效、被撤销、不成立而产生，或者因非债清偿而产生，这些不当得利与合同也关有相当大的关联，纳入"准合同"这一分编也是可行的。

第二十八章　无因管理

本章共六条，对无因管理的概念、管理人的权利、不真正的无因管理以及管理人的适当管理义务、通知义务、报告义务等内容作了规定。

> **第九百七十九条**　管理人没有法定的或者约定的义务，为避免他人利益受损失而管理他人事务的，可以请求受益人偿还因管理事务而支出的必要费用；管理人因管理事务受到损失的，可以请求受益人给予适当补偿。
>
> 管理事务不符合受益人真实意思的，管理人不享有前款规定的权利；但是，受益人的真实意思违反法律或者违背公序良俗的除外。

【条文主旨】

本条是关于无因管理构成要件及管理人主要权利的规定。

【条文释义】

无因管理制度作为债的主要发生原因之一，是一种重要的民事制度。该制度的历史渊源流长，早在古罗马法中就规定了该制度。设立该制度的主要目的，一是鼓励人们见义勇为、互助互帮，促进社会中助人为乐的传统道德观念；二是为合法干涉他人事务的行为确立评价标准，明确管理人与本人之间的权利义务关系，有利于维护和保障良好社会关系的形成，有利于维护社会公平与正义。所以，无因管理制度是立法为了鼓励助人为乐、危难相助和见义勇为行为的产物，它厘清了管理人的哪些行为属于合法的无因管理，哪些属于侵权行为或者不当得利。正是因为无因管理制度所具有的独特功能和价值，不少国家和地区的民法典都规定了该制度，将其作为债的重要发生原因。我国 1986 年的民法通则就明确规定了无因得制度，民法通则第 93 条规定，没有法定的或者约定的义务，为避免他人利益受损失进行管理或者服务的，可以要求本人偿付因此支付的必要费用。2017 年通过的民法总则继承了民法通则的规定。考虑到无因管理制度所具有的功能和价值符合社会主义核心价值观，对于形成良好的社会道德风尚具有重要意义，本法总则编延续了民法总则的规定，本法第 121 条明确规定，没有法定的或者约定的义务，为避免他人利益受损失进行管理的人，可有权请求受益人偿还因此支出的必要费用。本章关于无因管理的规定是对总则编规定的进一步具体化，确立了我国无因管理制度的基本规则。本章中的"管理他人事务"既包括对他人事项的管理，也包括为了他人利益为其提供服务的管理；管理事务的当事人被称为管理人，事务被管理的一方当事人被称为本人，因本人一般从管理事务中受益，所以本章中本人又被称为受益人。

无因管理虽是法律所鼓励的合法行为，但毕竟具有干涉他人事务的特征，为了避免被滥用，应当对其构成要件作出明确规定，让其在社会观念许可的限度和范围内发挥积极作用。根据本条的规定，无因管理应当满足以下要件：

首先，管理人对所管理的事务没有法定或者约定的义务。管理人对管理他人事务是否有法定或者约定义务，是认定是否构成无因管理的前提条件。这里的法定义务是指法律法规直接规定的义务，不限于本法规定的义务，例如婚姻家庭编规定的抚养义务，还包括其他法律行政法规规定的义务。约定的义务是指因当事人之间约定而产生的义务，例如合同编中的委托合同、运输合同、保管合同等典型合同中约定的义务。管理人管理事务不论是履行法定义务，还是履行约定义务,均不构成无因管理。无因管理制度是一种民事制度,只调整平等民事主体之间的关系,不调整公法上的义务,对于行政机关履行行政法等公法上的义务,例如公安机关救人就是履行公法上的义务,虽客观上是管理他人事务,但不构成无因管理行为。管理人在进行管理时没有法定或者约定义务,既包括在开始管理时没有任何法定或者约定义务,也包括在管理过程中没有法定或者约定义务。例如在开始管理前无义务的,则可成立无因管理。在开始管理时有义务,但根据义务进行管理中义务消失的,则从义务消失时开始构成无因管理。需要特别强调的是,本条中的"管理人没有法定的或者约定的义务"是指管理人既没有法定的义务,也没有约定的义务,而非二者居其一。也就是说,管理人没有约定义务,但依据法定义务应管理他人事务的不构成无因管理;管理人没有法定义务,但依据约定义务应管理他人事务的也不构成无因管理;只有在既没有法定义务,也没有约定义务的情况下对他人事务进行的管理才构成本法所规定的无因管理。

其次,管理人管理他人的事务。这里的他人事务是指有关人们生活利益并能成为债务目的一切事项,既可是涉及他人经济利益的事项,也可是涉及他人非经济利益的事项,既可以是管理财产的事项,也可以是提供服务的事项。对于管理属于自己的事务或者不适宜由他人管理的事务,不得为无因管理的事项。一般情况下,下列事项不宜作为无因管理的事项:一是违法行为,如为他人销赃等;二是必须经本人授权、同意或者必须由本人亲为的行为,如股东的投票权,演员亲自表演节目等;三是违反公序良俗的行为;四是单纯属于管理人自己的事项。本规定中的"管理"是指处理事务的行为,是广义的,既包括对财产的保管、利用、改良或者处分行为,也包括提供劳务服务等行为。至于管理他人事务的目的是否最终达到,不影响无因管理的成立。也就是说,即使本人未因管理人的管理行为而获得利益,或者甚至因此还受到损失,也不影响无因管理的成立。这里的"事务"应当是他人事务。如果不是为他人事务或者误信为他人事务,则不构成真正的无因管理,但管理人在管理他人事务中可以同时兼顾自己的利益。在合同无效、被撤销或者不成立的情形下,双方当事人之前互为的行为因都自认为是履行约定的义务,而非为管理他人事务,所以不构成无因管理,但属于不当得利的,双方当事人可以根据不当得利制度处理各自的权利义务关系。好意施恩惠的行为虽表面具有管理他人事务的行为,但因管理人没有受约束的意思,例如实践中的好意同乘行为、代某人投信等行为,属于社会应酬行为,原则上受道德规范,不纳入无因管理范围。

最后,管理人具有管理他人事务的意思,即管理人有为他人谋取利益的意思或者有使管理行为所生的利益归于他人的意思。无因管理制度中的管理人客观上干涉了他人事务，若其主观上没有为他人利益进行管理的意思，必将损害他人权益，管理人也有可能从中获得利益，这违背了无因管理制度的设立目的，所以管理人有无管理意思是区分无因管理与侵权行为、不当得利的重要标准。管理人的这种意思无须明确表示出来，只要其认识到所管理的事务属于他人事务，并且没有将其作为自己事务进行管理的想法和意思，就可以认定为具有管理他人事务的意思。管理人是否具有管理意思，可以从管理人是否具有"为避免本人利益受损害"的目的、效果等因素综合判断。管理人要具有管理他人事务的意思，并不意味着要明确知道他人具体是谁，即使不知道他人具体是谁，也不影响无因管理的成立。但是，若管理人与本人就是否具有管理意思产生争议时，原则上应当由管理人承担举证责任。

根据本条第 1 款的规定，是否符合本人的意愿虽不影响无因管理的构成，但是自愿原则是民法的基本原则，根据该原则，应当充分尊重民事主体处分自己权利的意愿，只要该处分行为不损害公共利益或者第三人利益。无因管理本质是为他人谋利的行为，但若管理行为完全违背了本人的意愿，例如违背本人的意愿替本人偿还自然债务等，则损害了本人处理自己事务的自由和权利，构成对本人事务的不当干预，若认可其正当性，将会给任何人提供任意干涉他人事务的理由和借口，对民法的自愿原则造成冲击，故不少国家和地区的立法例都不认可管理人有要求本人偿还费用和赔偿的权利。所以，虽然管理人的管理行为构成前述三个要件，但如果管理行为违背了本人的真实意思，且管理人知道或者应当知道本人的真实意愿的，则其管理行为就构成不适当的无因管理，其不享有向本人请求偿还必要费用和请求损害补偿的权利。本人的真实意愿可以是明示的，这种明示可以向管理人直接作出，也可以不是直接向管理人作出，但管理人可以通过其他途径了解或者知道这种意思即可。本人的真实意愿也可以是默示的，即可以推定的意思，就是依据一般社会观念或者根据一般人处于同样的情形都可以判断出管理行为是符合本人意愿或者有利于保护本人利益的。需要注意的是，管理人的行为虽违背本人的意愿，但其管理的事务是为本人履行公益性或者法定义务的，即使不符合本人的意愿，仍享有请求本人偿还管理事务所支付的必要费用的权利；因管理事务受到损失的，也可以请求受益人给予适当补偿。因此，本条第 2 款规定，管理事务不符合受益人真实意愿的，管理人不享有本条第 1 款规定的权利，但是受益人的真实意愿违反法律或者违背公序良俗的除外。需要强调的是，管理人管理事务的行为虽不符合受益人的真实意思，其虽不享有向本人请求偿还必要费用和请求损害补偿的权利，但是根据本法第 980 条的规定，本人最终享有管理利益的，则其应当在获得的利益范围内向管理人承担偿还必要费用和补偿损失的义务。所以，对本款的含义，不应孤立进行理解，而应结合本条第 1 款和本章的其他条款整体进行理解。

根据本条的规定，对于满足前述条件的适当的无因管理，管理人享有以下权利：一是请求本人偿还必要费用的权利。管理人为管理本人事务支出的必要费用及其利息，有权请求本人偿还。这里所谓的必要费用是指一个理性的管理人在完成管理事务时所支出的合理费用。对于管理事务无益的支出费用，管理人无权请求本人偿还。本人偿还必要费用及其利息，并不以本人是否获得管理利益为前提条件，即使本人没有因管理人的管理事务而获得管理收益，但只要管理人为管理其事务尽到了合理义务，且没有违背本人真实意愿的，本人也应当向管理人偿还必要的费用支出。如果管理人在管理事务过程中，因管理事务的必要而对外所欠债务，也可以请求本人偿还。这种费用支出可以是管理人以自己名义对外所负担的，也可以是以本人名义对外所负担的。在以本人名义对外所负担的情况下，其可以要求债权人直接请求本人偿还，但这时可能面临无因管理制度与无权代理或者表见代理制度之间的竞合，这时可依无权代理或者表见代理制度处理本人与第三人之间的关系，依无因管理制度处理本人与管理人之间的关系。二是补偿管理人因此所受到的损失。管理人为管理本人事务而受到损害的，如损害的发生与其管理行为之间具有因果关系，管理人有权向本人请求给予赔偿。管理人对损害的发生有过错的，应当适当减轻本人的赔偿责任，这就要求管理人在管理他人事务时要衡量自己的状况和能力，量力而行。但这种赔偿是完全赔偿还是补偿有不同意见，通说认为应当是补偿。本条采纳了通说的观点，也即本人对管理人的损害赔偿不以过错为要件，即使本人对损害的发生没有过错，也要承担补偿性的赔偿责任。这主要是因为管理人是为了本人的利益而受到的损害，于情于理，本人都应当承担一定的赔偿义务。只要管理人管理行为的过程和方法是适当的，管理人就享这种损害补偿请求权，至于是否给本人带来实际的效果和利益则在所不问。但需要注意的是，管理人在管理事务过程中因第三人的原因受到损害的，管理人原则上得向第三人请求损害赔偿，只有在第三人逃逸或者无力承担责任，受害人请求补偿的，受益人才应当给予适当补偿。本法总则编第 183 条规定，因保护他人民事权益而使自己受到损害的，由侵权人承担责任受益人可以给予适当补偿。没有侵权人、侵权人逃逸或者无力承担民事责任，受害人请求补偿的，受益人应当给予适当补偿。理论界和实务界对于无因管理的管理人能否向本人请求报酬有争议，但主流观点认为，无因管理是社会善良行为，法律规定无因管理制度的目的是鼓励大家互帮互助，有利于弘扬社会主义核心价值观，但若鼓励管理人通过无因管理为自己谋取报酬，就与设置无因管理的目的相违背。

> **第九百八十条** 管理人管理事务不属于前条规定的情形，但是受益人享有管理利益的，受益人应当在其获得的利益范围内向管理人承担前条第一款规定的义务。

【条文主旨】

本条是关于不适当无因管理制度的规定。

【条文释义】

根据管理人的管理行为是否符合本人的真实意愿，本章所规定的无因管理可以分为适当的无因管理和不适当的无因管理两类。所谓适当的无因管理就是管理人没有法定的或者约定的义务，为避免他人利益受损失而管理他人事务，并且符合受益人真实意思的管理行为。根据本法第979条的规定，适当的无因管理的管理人享有请求受益人偿还必要费用和补偿损失的权利。所谓不适当的无因管理就是管理人没有法定的或者约定的义务，为避免他人利益受损失而管理他人事务，但不符合受益人真实意思的管理行为。例如某自然人代朋友保管一古董花瓶，其朋友明确告之该花瓶为传家宝，属于非卖品，但该自然人在保管期间发现该花瓶在古董市场的价格有可能下跌，为了朋友的利益不受损，将花瓶及时卖掉。对于不适当无因管理的后果，根据本法第979条第2款的规定，除受益人的真实意愿违反法律或者违背公序良俗的外，不适当无因管理的管理人原则上不享有请求受益人偿还必要费用和补偿损失的权利。然而，现实生活是复杂的，实践中，不适当无因管理的管理行为虽不符合本人的真实意思，但是本人事实上却享有了管理人在管理过程中所获得的管理利益。从公平的角度讲，考虑到这种管理的管理人仍有为本人利益进行管理的意愿，本人在享受管理利益的同时也有义务偿还管理人在管理事务中所支付的必要费用；管理人因管理事务受到损失的，也可以请求本人给予适当补偿。但是，受益人向管理人偿还的费用和补偿的损失不超过其在管理中获得的利益，对超出所得利益范围的费用和损失，其不承担偿还和补偿责任。基于此，本条规定："管理人管理事务不属于前条规定的情形，但是受益人享有管理利益的，受益人应当在其获得的利益范围内向管理人承担前条第一款规定的义务。"

> **第九百八十一条** 管理人管理他人事务，应当采取有利于受益人的方法。中断管理对受益人不利的，无正当理由不得中断。

【条文主旨】

本条是关于管理人在管理事务中履行善意或者适当管理义务的规定。

【条文释义】

管理人在管理他人事务时，应当履行一定的义务，其中最主要的是按照善良管理人的注意义务管理他人事务，这主要体现在两个方面：一是管理人依本人明示的或者可推知的意思进行管理。这里的明示的或者可推知的意思表示并非对管理人的意思，而是对如何管理事务的意思。实践中，通常是依平常人或者一般人的经验得以推知本人的意思。二是管理人应当以利于本人的方法进行管理。是否有利于本人应当以客观上能否避免本人利益受损为标准，一般都认为管理人应当以像管理自己的事务一样进行管理。管理人未以善良管理人的身份尽到恰当管理义务造成本人损害的，原则上要承担过错的损害赔偿责任，但是若管理人为本人管理的是公共利益上的事务或者紧急事务的，仅就其故意或者重大过失管理行为承担损害赔偿责任，例如为本人履行法定抚养义务；还例如为了使本人的财产免受紧迫的损害而进行的管理行为等。因为管理人管理事务是为了公共利益或者紧急事务，所以其管理人需要履行的注意义务要低于管理一般事务需要履行的注意义务，否则不利于鼓励人们从事这类有利于公共利益的无因管理行为，或者有可能贻误时机不利于保护本人的利益。本法总则编第184条也特别规定，因自愿实施紧急救助行为造成受助人损害的，救助人不承担民事责任。三是管理人还应当履行继续管理义务。根据本法第980条的规定，无因管理应当符合受益人的意愿，如果受益人可以自己管理其事务时，管理人仍继续管理他人事务，将很有可能与受益人的意愿相冲突。因此，原则上讲，管理人在受益人自己能进行管理时，可以停止管理行为，并将管理事务移交给受益人，但是管理人在开始管理后，如其中途停止管理行为较不管理对本人更为不利的，若放任管理人中止管理事务，既与设立无因管理制度的目的不符，也不符合本法总则编规定的诚信原则，所以在这种情况下，管理人不得中断对事务的管理，应当继续管理事务。管理人违反该义务的导致受益人的利益受到损害的，管理人应当承担损害赔偿责任。

> 第九百八十二条　管理人管理他人事务，能够通知受益人的，应当及时通知受益人。管理的事务不需要紧急处理的，应当等待受益人的指示。

【条文主旨】

本条是关于管理人在管理事务时履行通知义务的规定。

【条文释义】

根据本条的规定，管理人在管理事务时对受益人有通知的义务。之所以规定管理人的通知义务，一方面是考虑到管理人如果不将管理的事实通知本人，有可能漠视本人的存在，对于履行善良管理人的义务是不利的；另一方面是考虑到如果管理人不通知受益人，受益人就很有可能不知道自己的事务被管理人管理的事实，也就很有可能造成管理人管理事务不符合受益人的本意。因此，为了促使管理人更好地履行管理中的义务，更好地保护受益人的利益，管理人在开始管理时，若有可能和必要的情况下应当通知本人。在实践中，通知是认定管理人有为他人管理事务意思的重要方式。在可能和必要的情况下，管理人没有履行通知义务的，有可能承担过错损害赔偿责任。但如果管理人因客观原因没有可能或者没有必要通知的，则管理人没有通知义务，例如管理人虽为他人管理事务，但并不知道他人具体是谁，或者根据不知道他人的具体地址和联系方式的，管理人可以不履行通知义务；还例如本人在已经知道管理人管理其事务的情况下，管理人就没有必要通知本人。管理人通知的事项主要是开始管理的事实，通知的方式既可以是书面方式，也可以是口头或者其他方式。

管理人发出通知后应当中止管理行为，等待受益人的指示。本人指示同意管理人管理其事务的，管理人可以继续管理；管理人没有指示或者虽有指示但拒绝其管理的，管理人不得再继续管理。但是如果管理人管理的事务属于紧急事务，例如管理人管理的事务是处置受益人所有的即将变质的海鲜食品，若不继续管理可能对受益人的利益造成现实的重大损害，因此，管理人可在收到受益人指示前继续管理事务。

第九百八十三条　管理结束后，管理人应当向受益人报告管理事务的情况。管理人管理事务取得的财产，应当及时转交给受益人。

【条文主旨】

本条是关于管理人履行报告及移交财产义务的规定。

【条文释义】

管理人在管理事务结束后，如果不将管理事务的结果或者状况告知本人，本人将无法知道管理人是否履行了管理中应当履行的各项义务，无法知道管理人管理的结果如何。对于管理人来说，如果其不向本人报告管理的后果和状况，其也无法向本人请求必要费用的偿还，也无法请求本人补偿其在管理事务中受到的损失。因此，为了更好地保护本人及管理人自己的利益，避免发生不必要的争议，管理人应当在管理事务结束后向本人报告管理情况，并向本人提供涉及管理的相关资料。

根据本条的规定，管理人报告管理事务情况的时间原则上是在管理事务结束后，但在管理人中断管理事务或者本人提出请求时，也应当将中断前管理事务的情况报告给本人。管理人向本人报告管理事务时，可以采用书面形式，也可以采用口头形式或者其他方式。报告的内容原则上应当包括管理的过程、结果等，且报告的内容应当真实，不得欺瞒本人，否则管理人应当承担责任。此外，管理人在履行报告义务时，还应当将其持有的与管理事务相关的所有资料交付给本人，以确保本人全面了解管理的过程和结果。对于管理人因履行报告义务而产生的必要费用，属于管理人有权请求本人偿还的必要费用的组成部分，本人应当偿还。管理人履行报告义务的前提是管理人可以确定受益人的情况，管理不知道受益人具体是谁或者不知道受益人的联系方式的，管理人可以暂不履行该义务，而将因管理他人事务而获得的收益予以提存。一旦知道了具体受益人及其联系方式，管理人仍应向受益人报告管理情况。

无因管理制度的设立目的就是鼓励民事主体为他人利益而从事，因此，管理人不得因无因管理而获取利益，而应将因管理事务而获得的利益返还给他人。因此，在管理事务结束后，管理人除了要履行报告义务外，还应当将因管理事务所收取的金钱、物品及其慈息等财产，返还给受益人；管理人以自己的名义为本人所取得的权利，也应当转移给受益人。管理人在为本人管理事务期间，第三人所给付的所有财产，包括物、权利、金钱等，只要应当归属于本人的，管理人都应当移交给本人。管理人拒绝移交的，本人可以根据本法第29条规定的不当得利制度要求管理人返还；管理人因拒绝移交给本人造成损害的，应当承担损害赔偿责任。如果管理人在管理事务期间为了自己的利益使用了应交付于本人的金钱的，应当自使用之日起支付利息，如果有损害的还应当赔偿损失。基于此，本条明确规定，管理人管理事务取得的财产，应当及时转交给受益人。

第九百八十四条 管理人管理事务经受益人事后追认的，从管理事务开始时起，适用委托合同的有关规定，但是管理人另有意思表示的除外。

【条文主旨】

本条是关于本人对管理事务进行追认的规定。

【条文释义】

在管理人进行管理的过程中，本人可以通过追认方式对管理人管理自己的事务予以追认。这种追认原则上应当以明示方式进行，在一定情况下也可以用默示方式进行，但本人请求管理人返还因管理所获得利益的行为本身不构成追认。对于适当的无因管理行为而言，本人通过追认行为，不但表明了其认可管理人的管理行为符合自己的意愿，而且通过追认，事实上授权管理人对自己的事务继续进行管理。对于不适当的无因管理行为而言，本人通过追认，补正了管理人的行为不符合本人真实意愿这个不足，使不适当的无因管理成为了适当的无因管理；同时，通过追认也事实上正式授权管理人对自己的事务继续进行管理。不真正的无因管理本质上不属于本章调整的无因管理的范围，本人追认与否及效果如何不适用本章的规定，应当适用于本法的其他相关规定。

对于追认的范围是限于管理行为，还是包括管理结果，各国和地区的规定也是不相同的，有的国家认为追认是对管理行为的追认，不是对管理结果的追认，若管理人的管理对本人造成损害，本人仍可以要求管理人赔偿；有的国家则认为追认既是对管理行为的追认，也是对管理结果的追认，因此，对管理人采取的管理方法不适当造成的损害，本人追认后就无权要求管理人承担损害赔偿责任。学者对这一问题也是见仁见智。经研究认为，本人的追认是对管理人管理行为的追认，这一点应无疑问，但是否当然包括对管理结果的追认则不能一概而论，应根据具体情形来进行判断。在本人追认时有特别声明的，则要按声明中意思来确定追认的范围。在本人追认时没有特别声明的情况下，则要看管理人管理结果的严重程度和过错程度来判断追认的范围，若损害结果是管理人故意或者重大过失行为导致的，则不宜当然将本人的追认视为对这种管理结果的承认。

至于本人对管理人的管理事务进行追认后产生什么样的效力，根据本条的规定，适用委托合同的有关规定。也就是说，管理人管理事务开始后，一旦本人追认，管理人与本人之间的权利义务法律关系就由无因管理制度调整为由委托合同制度来调整，双方均应按本编委托合同的规定履行各自的义务，享受各自的权利。本人的追认具有溯及既往的效力，即一旦本人事后对管理人的管理事务进行追认，从管理人开始管理事务时起，双方当事人就应当按照委托合同的规定行事。所以本条规定，管理人管理事务经受益人事后追认的，从管理事务开始时起，适用委托合同的有关规定。但是根据本编委托合同的规定，受托人履行的注意义务程度要高于无因管理制度中管理人的注意义务程度，受托人的损害赔偿责任要高于无因管理制度中管理人的损害赔偿责任，一旦追认后按委托合同调整本人与管理人的关系，会让管理人处于更为不利的地位，因此，管理人有可能并不愿意本人追认后依照委托合同处理其与本人的关系。在这种情况下，应当尊重管理人的意愿。基于此，本条还规定，管理人另有意思表示的除外。也就是说，本人事后对管理人的管理事务进行了追认，但管理人用书面或者口头等方式表明自己不愿意按照委托合同调整其与本人的权利义务关系时，仍应当按照无因管理制度调整二者之间的关系。

第二十九章　不当得利

本章共四条，主要对不当得利的效力、不得请求返还的不当得利、善意受领人的返还责任、恶意受领人的返还责任以及第三人的返还义务作出了规定。

> **第九百八十五条**　得利人没有法律根据取得不当利益的，受损失的人可以请求得利人返还取得的利益，但是有下列情形之一的除外：
> （一）为履行道德义务进行的给付；
> （二）债务到期之前的清偿；
> （三）明知无给付义务而进行的债务清偿。

【条文主旨】

本条是关于不当得利效力及不得请求返还的不当得利的规定。

【条文释义】

不当得利，是指没有法律根据，取得不当利益，造成他人损失的情形。不当得利制度对民事主体之间的财产流转关系有调节作用，目的在于恢复民事主体之间在特定情形下所发生的非正常的利益变动。因不当得利产生的债称为不当得利之债。本条规定，因得利人没有法律根据，取得不当利益，受损失的人有权请求其返还不当利益。关于不当得利的类型存在不同的认识，理论上一般区分为给付型不当得利和非给付型不当得利。虽然这两种不当得利在构成要件的表述上没有区别，请求权基础都是相同的法条，但是在构成要件的解释上存在差异。

1. 给付型不当得利，是指基于给付而产生的不当得利。构成给付型不当得利，有以下几个要件：

一是基于给付而取得利益。所谓给付，是指有意识地基于一定目的而增加他人的财产。如果一方当事人取得利益并非出于他人的意思，不构成给付不当得利，可能成立非给付不当得利。例如，甲误将乙的房屋作为自己的而修缮，因无增加乙的财产的意思，所以甲不能根据给付不当得利请求返还，只能基于非给付不当得利请求返还。基于给付而取得的利益表现为以下形态：（1）财产权的取得。具有财产价值的权利，可成为给付不当得利的客体，如所有权、定限物权、知识产权、债权、期待权、票据上的请求权、担保物权的顺位。（2）占有或登记。占有、登记具有财产价值，也可以成为不当得利的客体。例如，乙无权占有了甲的自行车，甲既可以向乙主张物的返还请求权，也可以基于占有的不当得利请求返还该自行车，因为乙对该自行车占有的本身即构成利益。（3）债务消灭。债务免除，对于债务人来说显然受有利益。第三人清偿，债务人所负的债务因之消灭，同样受有利益。（4）劳务的提供。劳务的提供，使相对人受益。在合同无效或被撤销等场合，劳务的提供者无法基于合同请求相对人支付酬金，可依据不当得利请求受益人返还该项利益。（5）物的使用。使用物而取得利益，在该使用丧失合同依据时，该利益可构成不当得利中的获益。

在对利益进行个别具体的判断时，可不必在任何情况下都固守"利益"必须是个别具体财产利益的理论，在一定情况下承认就受领人整个财产状态抽象计算的观点，承认在一个债的关系中两种给付的差额即为利益，可按利益变形理论，成立不当得利。例如，在合同解除无溯及力的场合，受领人取得给付物的所有权具有合法根据，那就是解除生效之前的合同关系及其债权，但他因未为对待给付或未为完全的对待给付而取得的利益，没有法律根据，构成不当得利。

二是他方当事人受有损失。在损害赔偿制度中，损失（损害）是指权利或利益受到侵害时所发生的不利益，即行为发生前的财产状态和行为发生后的财产状态两相比较，受害人所受的不利益，即为损失（损害）之所在。此类损失（损害）有积极损失（损害）和消极损失（损害）所失利益和所受损害的问题。与此有别，不当得利制度的目的及功能，不在于填补损害，而在于使受领人返还没有合法根据而取得的利益，所以，构成不当得利的受损失，不具有损害赔偿制度上的损失（损害）的意义，而是另有所指。它不以积极损失（损害）和消极损失（损害）为要件。在给付不当得利类型中，一方当事人因他方当事人为给付而取得利益，就是他方当事人的损失。例如，甲出售 A 车给乙，并依约交付了，乙所取得的利益，是甲的给付，即 A 车的所有权。

三是具有因果关系。构成不当得利，需要一方当事人取得的利益与他方当事人受到的损失之间具有因果关系，以决定谁向谁主张不当得利。构成不当得利所需要的因果关系，在学说上有直接因果关系说和非直接因果关系说的分歧。德国的传统见解为了适当限制不当得利当事人请求权的范围，使受害人不得对于间接获利的第三人请求返还其所受的利益，而采取直接因果关系说，主张构成不当得利所需要的因果关系必须是直接的。该因果关系是否直接存在，应当以受益的原因事实与受损的原因事实是否同一为判断。我国台湾地区的通说和判例也予以接受。

在给付不当得利中，因果关系的要件已由给付关系取而代之，即以给付人为不当得利的请求权人（债权人），以受领人为债务人。给付人无权处分第三人的物品场合，也是如此认定。例如，甲擅自将乙借阅的 A 书出卖给善意的丙，并依交付而移转了所有权。在该买卖合同无效的场合，应由甲（给付人）对丙（受领人）请求返还 A 书。在丙将 A 书所有权移转返还给甲时，该书的所有权当然复归于乙。直接因果关系的类型包括双重瑕疵、间接代理、处分基于合同受领的给付三种类型。属于双重瑕疵类型的，如甲出售 A 车给乙，乙将之转售于丙，并依约定交付了。在甲和乙之间、乙和丙之间的买卖合同均不成立、无效或被撤销的情况下，甲不得向丙主张不当得利请求权，因甲已将 A 车所有权移转给乙了，丙取得 A 车所有权的利益，来自乙的财产及其交付，与甲所受损失没有直接的因果关系。属于间接代理类型的，如丙委托乙，以乙的名义向甲购书，乙取得该书所有权后，再移转给丙。在买卖合同不成立、无效或者被撤销的情况下，甲也不得向丙主张不当得利的返还，因甲已将该书的所有权移转给乙了，丙所受有该书所有权的利益，来自乙的财产，与甲的受损失并无直接因果关系。属于处分基于合同受领的给付类型的，如乙向甲购买水泥修缮丙的房屋，在乙无力支付价款时，甲仍不得向丙主张不当得利的返还，因为甲已将水泥的所有权移转给乙了，丙所受利益来自乙的财产，与甲所受损失并无直接因果关系。

非直接因果关系说认为，一方当事人若无法律上的原因而受利益，致他方因之受有损失，则对于因果关系存在与否的判断，也应当基于公平理念，依社会上的一般观念加以决定。如损益之间有第三人行为介入，若该财产价值的移动，依社会观念认为不当时，应当适用不当得利的规定，使之返还。例如，甲从乙处骗取 1000 元，用以向丙为非债清偿。若依直接因果关系说，则乙只能向甲主张不当得利返还，而不能向丙直接行使不当得利返还请求权，亦即丙对乙无返还其利益的义务。若果真如此，在甲逃亡时，乙就徒受损失，而丙却坐享其利益，显失公平。如果采取非直接因果关系说，则会使丙承担返还不当得利的义务，方为合理。对给付不当得利是否应适用直接因果关系的问题，理论探讨不多，究竟是固守直接因果关系说，还是兼采非直接因果关系说，需要继续研究。在个别类型中采取非直接因果关系说可能有助于问题的适当解决。

四是没有法律根据。即欠缺给付目的，其内容即给付目的的内容，为给付所关联的债的关系及其缘由。此处所谓缘由，是指给付人和欲将其给付与哪个债的关系发生关联的缘由，主要指履行目的。该履行目的，乃由给付人的目的表示一方确定，明示的或默示的均可，但须彰显给付所欲履行的债的关系。给付目的的内容，一般说来，除给付人主观上的目的以外，尚须客观上为一定的表示，才发生法律上的效力。给付目的主要有两类：（1）清偿债务。此处所谓债务，或为法定债务，如因侵权行为而产生的损害赔偿；或为因基础行为而产生的债务，如基于买卖合同所产生的交付买卖物的债务。（2）直接创立一种债的关系。例如，没有约定的或法定的义务而为他人修缮房屋，以成立无因管理。给付目的通常基于当事人的合意，但在单独行为的场合，可由给付人一方为意思表示为之。当事人一方本于一定目的而为给付时，其目的在客观上即为给付行为的原因，从而给付如欠缺其原因时，他方当事人受领给付即无法律上的原因，应成立不当得利。

给付行为欠缺目的，分为自始无给付目的、给付目的嗣后不存在和给付目的不达三种，相应地，给付行为因欠缺目的而构成的不当得利也分为三类。

（1）自始无给付目的。给付自始欠缺给付目的的不当得利，主要有两种：一是狭义的非债清偿，如不知所欠之债业已清偿仍为履行；二是作为给付的原因行为未成立无效或被撤销，如买卖交付买卖物，但买卖合同却未成立。

（2）给付目的嗣后不存在。其一，合同所附解除条件成就，该合同消灭，基于该合同所为的给付可构成不当得利。例如，甲赠 A 车给乙，约定乙移民他国时，赠与合同失其效力。如今，乙已经移民加拿大，所受 A 车的原因即失其效力。于此场合，在德国民法和我国台湾地区的"民法"上，构成利益为 A 车所有权的不当得利，也成立利益为占有 A 车的不当得利；在我国大陆的民法上，只能成立利益为占有 A 车的不当得利，以及所有物返还请求权。其二，合同所附终期届至，该合同消灭，基于该合同所为的给付，可构成不当得利。其道理如同合同所附解除条件成就，不再赘述。其三，依当事人一方的意思表示，撤销或不追认合同，基于该合同所为的给付，可构成不当得利。例如，某国土资源管理部门将 A 宗建设用地使用权出让给甲，并办理完毕过户登记（变更登记），后依欺诈或重大误解等理由将该出让合同撤销。于此场合，该建设用地使用权的登记即为不当得利构成要件中的利益，该国土资源管理部门可基于不当得利制度请求甲注销该项登记。其四，合同解除，基于该合同所为的给付，可构成不当得利。在合同解除无溯及力的场合，受领人取得给付物的所有权具有合法根据，那就是解除生效之前的合同关系及其债权，在德国民法和我国台湾地区的"民法"中，受领人所受领的给付具有法律上的原因，不成立不当得利。但是，这在不成立违约责任的情况下，显失公平，不如改采如下的观点：他因未为对待给付或未为完全的对待给付而取得的利益，没有合法根据，构成不当得利。其五，为证明债务而交付证书，其后债务因清偿或其他事由而消灭，导致失去证明目的。于此场合，成立利益表现为占有的不当得利。

（3）给付目的不达。拟实现将来某种目的而为给付，但日后并未达成其目的，属于给付目的不达。例如，附停止条件的债务，预期条件能够成就而先行交付标的物，结果是条件并未成就。在德国民法和我国台湾地区的"民法"上，认为成立不当得利，但给付人若违反诚实信用原则而妨碍目的达成的，不得依不当得利的规定请求返还。在我国大陆民法上，可成立占有的不当得利请求权，也产生所有物返还请求权，给付人可选择其一而行使。

2. 非给付型不当得利是因给付以外的事由而发生的类型。其事由包括受益人的行为，受害人的行为，第三人的行为，自然事件以及法律的直接规定。

一是基于受益人的行为而生的不当得利。有以下几个要件：

（1）因侵害他人的权益而取得利益。基于受益人的行为而生的不当得利，以侵害他人的权益而取得利益为基本要件。无权出卖他人之物而取得价款，出租他人之物而收取租金，占用消费他人之物等为其典型表现。

（2）使他人受损失。基于受益人的行为而生的不当得利，其构成所要求的"使他人受损失"，只要因侵害应归属于他人的权益而取得利益，就可认为基于同一原因事实"使他人受损失"，不以财产移转为必要。例如，甲擅自在乙的屋顶设置广告牌时，因使用乙的屋顶而取得利益，使乙受到损失，至于乙有无使用计划或其屋顶是否受到毁坏，在所不问。甲和乙之间虽无财产的移动，但不影响不当得利的成立。

（3）没有法律根据。在德国，侵害应归属于他人的权益范畴而取得利益，使他人受损失，欠缺正当性，就构成无法律上的原因；在我国民法上，应构成没有法律根据。

二是基于受害人的行为而生的不当得利。基于受害人的行为而生的不当得利，有的是给付型不当得利，有的是非给付型不当得利，究竟如何，需要根据个案予以确定。这种类型的不当得利主要有如下两种类型。

（1）支出费用的不当得利。例如，甲误将乙的奶牛认为是自己的而饲养，甲可向乙请求返还不当得利。在这种类型的不当得利领域，可能发生"强迫得利"，即对他人之物支出费用，增加其价值，但违反受益人的意思，不符合其计划的情形。例如，不知他人的围墙即将拆除而加以装修。解决强迫得利，存在着不同意见。主观说认为，就受益人的整个财产，依其经济上的计划认定应偿还的价值额。例如，油漆他人即将拆除的围墙，其应偿还的价值额为零，不必返还。反对说则主张，不宜为解决这种特殊问题而将价值额的计算主观化。强迫得利应如何返还，属于所受利益是否存在的问题。就油漆围墙而言，因该围墙预定拆除，在整个财产上并无存留的利益，善意的受领人免负返还或偿还价值额的责任。

（2）因清偿他人的债务而发生的所谓"求偿不当得利请求权"。例如，甲向乙购买 A 车，分期付款，约定在价款付清前由乙保留对 A 车的所有权。在履行过程中，甲的债权人丙对 A 车请求强制执行，是为自己的利益而代甲清偿后几期的价款，消灭 A 车买卖合同关系。于此场合，丙对甲可主张"求偿不当得利请求权"。

三是基于第三人的行为而生的不当得利。基于第三人的行为而生的不当得利，是指受益人因第三人的行为取得应当归属于他人（受害人）的利益，而成立的不当得利。其主要类型有：（1）第三人以受害人的饲料饲养受益人的家禽；（2）债务人善意地向收据持有人为清偿，导致债权人丧失其债权；（3）债务人善意地向准占有人（如负债字据的持有人）为清偿；（4）法院在拍卖程序中将价款分配于无权利接受分配的人；（5）债务人在收到债权让与通知之前向债权人为给付，其清偿有效，致使债权消灭，债权受让人因此遭受损失；（6）登记部门在办理登记时，误将抵押权的顺序颠倒，致使后顺序的抵押权所担保的债权优先取得清偿。

四是基于法律规定而生的不当得利。基于法律的直接规定而生的不当得利，其中的法律规定应从广义上理解，指法律秩序，包括法院的判决和行政处分。如果法律规定的目的是在使受益人终局地实质地保有利益，以维护财产状态的新秩序为目的，则不成立不当得利；反之，该法律规定的目的仅仅在技术上谋取方便，形式上使该项利益归属于某人，实质上并不使其终局地保有该项利益时，则可成立不当得利。基于法律规定而生的不当得利，主要发生在添附、善意取得等场合：

（1）添附与不当得利。在添附制度中，法律使原物的所有权人中的一人取得因添附而发生新物的所有权，是为避免社会经济的不利，保全物的使用价值，以及防止共有的不便，于是，一方面使该新物取得人终局地取得所有权，另一方面不允许新物取得人终局地、实质地保有其价值利益，使因添附丧失所有权而受损失的动产所有权人，可基于不当得利请求新物所有权人予以返还。

（2）善意取得与不当得利。甲将乙的 A 车擅自出卖与丙，丙善意取得 A 车，甲对乙负有不当得利返还车款的义务，或承担损害赔偿责任。至于丙是否承担不当得利返还的义务，在德国民法和我国台湾地区"民法"中，一种理论认为，丙善意取得 A 车系基于甲的给付，具有法律上的原因，不构成不当得利；换个角度说，善意取得制度为保护交易安全而设，有使受让人终局地保有其取得的权利，因此，丙取得 A 车不成立不当得利。在我国民法上，丙善意取得场合，他（它）和甲之间的买卖合同有效，不成立不当得利；在该买卖合同无效时，丙仍负不当得利返还的义务，只是返还的利益是 A 车的所有权或占有，还是差价款，存在争议。如果彻底贯彻善意取得制度使受让人终局地保有其取得的权利这种立法目的，则不应使丙返还 A 车，而应返还差价款，即采用差额说返还不当得利；假如沿袭德国关于给付不当得利的规则，丙就必须依不当得利制度返还 A 车，甲向丙返还（全部或部分的）车款。前者更加合理。

（3）终局确定判决与不当得利。债权人基于法院的确定判决，请求对债务人的财产为强制执行，取得了钱款，该确定判决如未经其后的确定判决予以废弃，纵使该确定判决的内容不当，亦非无法律上的原因而取得利益。不过，在该确定判决被其后的确定判决撤销时，则债权人依据该确定判决取得的该笔钱款丧失法律根据，债务人可基于不当得利请求债权人予以返还。

五是基于自然事件而生的不当得利。取得利益出于自然事件的结果，可成立不当得利。例如，甲放养的羊群进入乙承包的牧场，乙取得占有利益，甲可基于占有的不当得利请求乙返还该羊群。当然，在甲能够证明哪些羊属于他所有的情况下，也可以基于物的返还请求权请求乙返还。

3. 给付型不当得利请求权与非给付型不当得利请求权的关系。

（1）排除非给付型不当得利。如果认定当事人之间存在给付关系，就概念而言，当然排除非给付关系。只有在当事人之间没有给付关系时，才发生非给付不当得利请求权。例如，甲受雇喂养乙的马，雇用合同无效时，甲对乙有给付不当得利请求权。如果甲和乙之间没有雇用关系，甲误认乙的马为自己的马而喂养，因无给付关系，应成立非给付型不当得利。

（2）非给付型不当得利的成立。需要注意的是，第三人介入损益变动过程而与受益人或受害人具有给付关系时，受益人和第三人之间的关系中可能欠缺法律上的原因（法律根据），该财产损益变动被赋予"不当性"的特征，因而成立非给付不当得利。例如，承揽人将其所盗油漆用于为定作人完成的工作物上，在该承揽合同关系中，承揽人对定作人的给付和定作人取得该工作物所有权的同时一并取得该油漆的所有权，均有法律上的原因（法律根据），无"不当性"可言。但另一方面，定作人取得油漆所有权的利益系直接出自该油漆原所有权人的财产，并且定作人对该油漆原所有权人而言，乃系违反法律上权益归属而取得油漆所有权的利益，因而，在定作人和该油漆原所有权人的关系中，定作人取得油漆所有权的利益即无法律上的原因（法律根据），构成不当得利。

（3）给付不当得利返还请求权原则上优先。第三人介入损益变动过程而与受益人或受害人具有给付关系时，基本上可以采取给付不当得利返还请求权优先性作为判断的出发点，即因给付而取得利益时，对第三人原则上不成立非给付型不当得利，给付关系不成立、无效或被撤销时，仅须对给付人负不当得利返还义务。此外，还应参酌各个法律规定的规范目的（如民法关于善意取得的规定），作为判断依据。

4. 不当得利请求权的客体。

（1）原物返还。不当得利的返还方法，以返还所受利益的原状（学说称作"原物返还"）为原则，以价值额偿还为例外。原物返还，包括所受利益，以及本于该利益更有所取得。

所受的利益，是指受领人因给付或非给付所取得的权利、物的占有、不动产的登记、债务免除等财产上的利益。关于返还的方法，对于权利，应按照各个权利的移转方法，将其权利移转于受害人（债权人）。例如，对于物的占有，应依交付的方法为之；对于不动产的登记，可请求移转登记（变更登记）的途径予以返还；经设立的物权（用益物权或担保物权）应予废止；经废止的物权应予复原。经成立的债权应予免除；经抛弃的债权应予回复。

本于该利益更有所取得，可分为三类：一是原物的用益，是指原物所得的孳息（天然孳息和法定孳息）和使用利益（如房屋的使用）；二是基于权利的所得，如原物为债权的，所受到的清偿；三是原物的代偿物，如原物因毁损而从第三人处取得的损害赔偿金或保险金。

（2）价值额偿还。取得的利益依其性质或其他情形不能返还的，应偿还其价值额。所谓依其性质，如取得的利益为劳务、物的使用或消费、免除他人的债务等。所谓其他情形，主要有取得利益本身（如花瓶）的灭失、被盗或遗失，受领人将受领的标的物出售、赠与或与他人之物互易而移转其所有权等。还有，受领之物部分毁损时，也属于不能返还原物，就其毁损部分也应以价值额偿还。对此类不能原物返还的情形，受领人有无过失，在所不问。受领的利益为代替物的，应予返还的，仍为价值额，而非其他代替物。

关于价值额的计算，客观说认为，所谓价值额，应依客观交易的价值予以确定。主观说则主张，所谓价值额，应就受益人的财产加以判断，在财产总额上有所增加的，皆应予以返还。例如，受领人的利益为 A 花瓶的所有权，市场价格为 5 万元，受益人将之出售于他人时，不能将 A 花瓶返还，应偿还其价值额。按照客观说，无论其价款多少，受领人应偿还的均为 5 万元；依主观说，受领人应偿还的为所得价款，若所得价款为 6 万元，应偿还 6 万元；若所得价款为 4 万元，应偿还 4 万元。客观说为通说。

在受领的利益为劳务时，所应偿还的，为取得该项劳务的相当报酬。消费他人之物时，所应偿还的，系该物的市场价格。在使用他人之物的情形，为"物的使用"本身。

在无权使用他人著作权、专利权等情况下，所获利益不能原物返还，应偿还其价值额。该项价值额应按照使用该项权利通常必须支付的报酬加以计算。问题在于，债权人可否进一步请求债务人返还超过该项客观价值额的获利？换句话说，债务人所应返还的，究竟为价值额还是取得的利益？这涉及不当得利制度的功能，侵权损害赔偿和无因管理制度的适用，系民法上一项重要的争论问题。通说认为，损失大于利益时，应以利益为准，利益大于损失时，则应以损失为准。所以，在侵害他人著作权或专利权时，仅应偿还其客观价值额，在无权处分他人之物时，亦然。其理由在于，若返还超过损失的利益，则受害人反而取得不当得利。不过，不法侵害他人权利，能有侵害的取得利益，不合事理，亦非妥当，于是，通说又主张受害人可类推适用无因管理的规定，向受益人请求返还不法管理他人事务所得的利益。

5. 不当得利请求权的排除。

该条第 2 款是关于不得请求返还的不当得利的规定。从前述理论构成看，主要针对的是给付型不当得利。

第 1 项排除事由不当给付是为履行道德上义务而为之。这一项规定在于调和法律与道德的关系，使法律规定符合一般道德观念。所谓道德上的义务应该以社会观念加以认定，例如：（1）对无抚养义务的亲属。比如侄子女对叔伯父，以为有抚养义务而进行抚养，但实际上没有抚养义务。这种抚养行为虽然导致叔伯父没有法律根据而获利，但是也不会构成不当得利，因为这是为了履行道德上的义务，这种行为我们应该加以鼓励。（2）对于救助其生命的无因管理人给予报酬，我们知道依据无因管理，本来是没有报酬请求权的，所以本来是不用对其给予报酬的，但是他为了履行道德上的义务而对他支付了报酬，那么管理人取得报酬，本身虽然欠缺法律上的原因，是对于此行为，我们也没有必要否认它的效力，因此这也成了排除不当得利的事由。

第 2 项排除事由是债务到期之前的清偿。债务到期之前的清偿，因为债务并非不存在，所以债权人受领给付，不能称之为缺乏法律上的原因。并且因为债务因清偿而消灭，所以债权人也没有什么得利可言。因此从本质上来说，该项并不是不当得利请求权的例外，而是不当得利请求权不发生的问题。但是为了避免实践中发生异议，所以此处特别规定此时也不能请求返还。

当然有争议的问题是，在有偿的借款合同当中，原本提前清偿和按期清偿之间应该会有一个利息差，但是假如债务人误以为到期而进行了提前清偿，并且支付了合同约定的全部利息，那么债权人多取得的那一部分利息是否属于不当得利应该返还呢？债权人取得了提前清偿，那么本来他不应该取得到期的全部利息，从这个意义上来说，多出来的这一部分利息缺乏法律根据的；但是从另一个角度来看，如果将这部分多出来的利息都认定为不当得利，那么也就意味着债务人可以通过单方面提前清偿的方式，迫使债权人放弃一部分利息，从而达到单方面变更合同的效果。正因如此，对此问题比较法上也无统一解决方案：日本法中以债务人的清偿系出于错误为限，债务人可以向债权人请求返还中间利息；但是德国民法则明定不能请求返还。此问题还值得未来解释论进一步研究。我国民法典第 677 条规定：借款人提前返还借款的，除当事人另有约定外，应当按照实际借款的期间计算利息。

第 3 项排除事由是明知无给付义务而进行的债务清偿。非债清偿属于典型的不当得利，本来是可以请求返还的，但是法律对于明知无债务而进行的清偿，特别设置了本项这个例外。这一例外的设置的理论根据在于禁反言原则，也就是说明知没有给付义务而进行的给付，再请求返还，则构成了前后矛盾，有违诚信原则，所以不允许。关于此项的构成，要件有三，以下详述：

（1）无债务存在。受领人和清偿人之间必须没有债务存在，如果有债务存在，则根本不可能构成非债期偿，也就没有不当得利的问题了。判断有无债务存在的时间点为给付的时候。值得注意的是，当债务具有撤销原因的时候，在撤销前债务存在，但一经撤销债务关系就溯及既往地失其效力，债务也就溯及既往地不存在。因此如果明知撤销原因的存在而继续进行的给付，也属于明知无债务而进行的清偿。这种情况下通常可以认为，承认了可以撤销的法律行为，所以丧失了撤销权。

（2）因清偿债务而进行了给付。需要注意的是，这里的给付必须是彻底的给付，如果债务人在进行给付的时候有所保留，那么，不当得利返还请求权并不因为本项而被排除。比如说，债务人虽然明知已经清偿了债务，本来这个时候没有清偿的义务，但是因为找不到收据，债权人又来催收，所以债务人不得已进行了给付，但是同时表示：如果我找到了清偿收据的时候那么这次的给付应该返还给我。在这一情况之下虽然债务人在清偿债务的时候是明知债务不存在的，但是因为他在清偿的时候做出了保留，明确说了如果找到收据的时候应该返还，于是就不适用本项，并不构成返还请求权的排除。

（3）给付时明知无给付义务。对于有无债务，如果属于心存怀疑而进行的给付，最后发现却无债务，原则上仍然应该允许其返还。此外需注意的是，这里的主观要件是明知，也就是说因过失而不知并不包含在内。这是一项非常严格的主观要件，也就是说只有明确违反禁反言原则的行为，才受此项的约束。实践中常见的汇错款的行为，即使汇款的人有重大的过失，也不能认为构成了此项的明知无给付义务而进行的给付。

> **第九百八十六条**　得利人不知道且不应当知道取得的利益没有法律根据，取得的利益已经不存在的，不承担返还该利益的义务。

【条文主旨】

本条是关于善意得利人的返还责任的规定。

【条文释义】

受领人为善意时，仅负返还现存利益的义务，如果该利益已不存在，则不必返还原物或偿还价值额。之所以如此，是因为法律使善意受领人的财产状态不致因发生不当得利而受不利的影响。这里的"善意"，是指受领人非因过失不知（不知且不应知）没有法律根据（无法律上的原因）。

特别需要说明的是，这里的"取得的利益"有无的判断，不同于不当得利中的个别判断标准，应抽象概括地就受领人的整个财产加以判断，以取得利益的过程而产生的现有财产总额与若无其事实应有财产的总额比较，而决定有无利益的存在。这种按照经济考察方法认定的利益概念，学说上称为差额说，不当得利过程中出现的利益（积极项目）与不利益（消极项目）均应纳入计算，以其结算的余额，作为应返还的利益。

关于利益不存在的认定，存在以下几种情形：

1. 受领标的本身不存在。就受领标的物而言，所谓利益不存在，可就若干典型案例加以说明：

（1）原来取得利益（如 A 车所有权）因毁损、灭失、被盗或其他事由不能返还时，取得相应的损害赔偿金、补偿金或保险金等补偿，属于因为该利益而取得的利益，应予返还；若未取得此类补偿，就构成利益不存在，受领人免负返还义务或偿还价值额的责任。

（2）受领人就取得的利益（如 A 车所有权）为法律行为上的交易，所取得的对价（如价款或互易物），属于原物不能返还，应负返还价值额的责任。例如，受领人将时值 10 万元的 A 车以 9 万元出卖，其财产总额的增加现在尚存的，为 9 万元，所以，善意受领人仅负 9 万元的返还责任。如果受领人将 A 车赠与他人，实际上所获财产并未增加，取得的利益不存在，免负返还义务或价值额偿还的责任。

（3）取得的利益为金钱时，因金钱具有高度的可代替性和普遍使用性，只要移入受领人的财产，就难以识别，原则上无法判断其存在与否。但受领人若能证明确实以该项金钱赠与他人，可主张取得的利益不存在。

（4）使用消费他人之物，如甲、乙二人同名同姓同日生同住于 A 宿舍，各有姓名相同的女友丙、丁。甲生日，其女友寄来蛋糕，乙误以为是其女友丁所送，举行庆祝会，与其他同学共同享受。设乙家境清贫，一向没有食用生日蛋糕的习惯和支出该项费用的计划，则其使用消费的利益并未曾留存于财产上，按照差额说，可主张取得的利益不存在。

2. 受领人其他财产上的损失。在差额说的理论架构中，通说强调，与取得利益的事实有因果关系的损失，均可列入扣除的范围；就该扣除的数额，受领人可主张利益不存在。其道理在于，受领人只能于受益的限度内将该利益还尽为止，不能因返还更受损失。同时应强调受领人可主张扣除的，限于其因信赖取得利益具有法律依据而遭受的损失。其理由有二：一是因果关系说过于广泛，应作适当限制；二是恶意受领人之所以应负加重责任，乃因其必须计及受领利益的返还，善意受领人之所以得减轻其责任，乃基于信赖其受利益具有法律上的原因，法律旨在保护善意受领人的信赖，从而他得主张扣除的，亦应以信赖损失为限。依此见解，受领人就其财产上损失可以主张扣除的，有如下几种：其一，因取得该利益所支出的费用，如运费、关税等；其二，对受领物所支出的必要费用和有益费用，如动物的饲料费用；其三，受领人的权利因该项利益的受领而消灭，或其价值减少所产生的损失，如第三人丙因其错误向债权人甲清偿乙的债务，甲误信该清偿为有效而受领，导致毁损了债权证书，抛弃担保时，其原有债权受损害，也可主张扣除。当然在此情形下，为了平衡丙的利益，应该由甲保留受领的给付，而以甲对乙的债权让与丙。

第九百八十七条　得利人知道或者应当知道取得的利益没有法律根据的，受损失的人可以请求得利人返还其取得的利益并依法赔偿损失。

【条文主旨】

本条是关于恶意得利人的返还责任的规定。

【条文释义】

此处所说的恶意，是指受领人明知没有法律根据（无法律上的原因），包括受领时明知和其后明知，以及因过失而不知晓的情形。由于认定是否知道或者应当知道有没有法律根据（欠缺法律原因的认识）较为困难，受领人依其对事实的认识和法律上的判断知晓或者应当知晓其欠缺保有所获利益的正当根据（依据常识判断即可）时，就足够了，不以确实了解或者应当了解整个法律关系为必要。受领人为法人机关时，该机关的明知或者应知即为法人的明知或者应知。代理人的明知或者应知，应归被代理人负责。受领人为限制行为能力人的，应依其法定代理人的明知或者应知加以认定。

一、自始恶意的受领人的返还责任

1. 加重的返还责任。恶意受领人应将受领时取得的利益，附加利息，一并返还。

一是受领时取得的利益。受领时取得的利益，不仅包括该利益的本体，还包括本于该利益更有所取得。受领时取得的利益依其性质或其他情形而不能返还时，应偿还其价值额。恶意受领人不得主张所取得的利益不存在而免负返还责任。

二是就取得的利益附加利息。受领的利益为金钱时，应附加利息。受领的利益为金钱以外的形态时，可转变为损害赔偿。

三是损害赔偿。恶意受领人返还取得的利益（含利息），若仍不能填补受害人的损失，就其不足部分，应另负损害赔偿责任。该种损害赔偿，请求权系不当得利制度上的制度，而非侵权责任法上的损害赔偿，不以受害人对损失的发生具有过错为要件。

2. 受领人的支出费用请求权。恶意受领人不得主张所取得的利益不存在，故因取得利益所支出的费用，如运费、税费等，不得主张扣除。

二、嗣后恶意的受领人的返还责任

受领人如果是嗣后知道或者应当知道欠缺法律上的根据，那么在知道或者应当知道欠缺法律上的根据之前，依据本法第 986 条的规定，仅就现存利益负返还义务，若所取得的利益不存在，亦可主张，不负返还责任；在知道或者应当知道欠缺法律上的根据之后，才开始承担本条的加重责任。

> **第九百八十八条** 得利人已经将取得的利益无偿转让给第三人的，受损失的人可以请求第三人在相应范围内承担返还义务。

【条文主旨】

本条是关于第三人的返还义务的规定。

【条文释义】

第三人所受利益，来自于得利人，并未导致受损人受损害，不成立985条所规定的不当得利。但是对当事人的利益加以衡量，一方面受领人免负返还义务，另一方面第三人无偿取得利益，不合情理且显失公平。为了达到保护债权人的利益的目的，该条规定得利人将所取得的利益无偿转让给第三人时，第三人于受领人免负返还义务的限度内，承担返还义务。

需要注意的是"受损失的人"的解释，如果请求权人已经依据本法第986条或者第987条规定取得了完全的不当得利返还，那么就不是这里的"受损失的人"；只有没有依据第986条或者第987条规定取得完全的不当得利返还（或者没有选择第986条或者第987条，这里允许请求权的选择），才属于这里"受损失的人"。也即是说"受损失"这一要件排除了不当得利请求权人多重获利的可能性。

关于"无偿转让给第三人"，应该注意：（1）须为无偿转让，如赠与或遗赠。只要是有偿转让，不论是否支付合理对价，都不能够要求第三人承担返还义务。在半卖半送的廉价买卖（混合赠与）中，赠与部分仍可要求第三人承担返还义务。（2）须为原受领人所应返还的赠与物，包括所受利益以及基于该利益更有所得者。例如，受领人占有的 A 物品被他人毁损，他人以 B 物品代偿，善意受领人将 B 物品赠与第三人时，第三人对受损人仍负有返还 B 物品的义务。

中华人民共和国民法典
释义及适用指南

黄 薇◎主编

下册

ZHONG HUA REN MIN GONG HE GUO
MIN FA DIAN SHI YI JI SHI YONG ZHI NAN

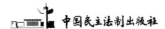

中国民主法制出版社

本书总目

CONTENTS

CONTENTS

本册细目

第四编　人　格　权

本编坚持以人民为中心，顺应人民群众对人格权保护的迫切需求，在现行有关法律法规和司法解释的基础上，对人格权的一般规定以及各种具体人格权作了较为详细的规定，为人格权保护奠定和提供了充分的规范基础。

在立法过程中，对民法典是否单独设立人格权编，一直有不同的争论观点。从总体情况看，各方面都赞成通过立法加强人格权的保护，但对立法形式有不同意见。绝大多数意见认为，人格权独立成编，既能够体现立法对人格权制度的高度重视，彰显人格权制度的重要性，也可以适应人格权制度的发展，回应社会对加强人格权保护的呼声，有利于解决人格权保护领域出现的新情况和新问题；采用独立成编的立法形式，既符合民法调整人身关系和财产关系这种体系结构的内在逻辑，也是对我国自民法通则以来的民事立法经验的继承和发展。但也有的意见认为，从国外的立法看，在民法典中专编规定人格权的国家和地区并不多，不赞成人格权独立成编，建议在第一编总则和第七编侵权责任中完善人格权制度。经认真研究后认为，人格权是民事主体对其特定的人格利益享有的权利，关系到每个人的人格尊严，是民事主体最基本、最重要的权利。保护人格权、维护人格尊严，是我国法治建设的重要任务。近年来，加强人格权保护的呼声和期待较多。为了贯彻党的十九大和十九届二中全会关于"保护人民人身权、财产权、人格权"的精神，落实宪法关于"公民的人格尊严不受侵犯"的要求，坚持以人民为中心，回应社会关切，顺应人民群众对人格权保护的迫切需要，满足人民日益增长的对人格权保护的需求，为司法实践提供较为明确的裁判依据，实现民法典的体系化，综合考虑各方面意见，在现行有关法律法规和司法解释基础上，总结我国现有人格权保护的实践经验，在民法典中增加人格权编是较为妥当、可取的。通过专编规定人格权，也有助于将本法总则编所规定的人格权予以细化，而且使得民法典的体系与其调整对象吻合，体例更完善，逻辑更严密。同时，可以使现行法律中关于人格权的分散规定集中展现，对不够具体的加以具体化，对社会生活中亟须规范而没有规范的予以明确，还可以将法规、规章、司法解释已作规定，并经实践检验行之有效，但尚未上升到法律的规定纳入民法典，这也与民法典编纂的时代性和对现行民事法律规范进行系统整合的立法目标相契合。通过专编规定人格权，对人格权予以具体详细的规定，有助于使得民事主体了解自己所享有的各项人格权，具有人格权宣示的作用，意义重大。民法通则也在民事权利这一章中专节规定了人身权，这是我国民事立法的重大成就，凸显了对人格权的尊重和保护，影响深远，本法应当继承这一做法。本编对于人格权的规定，主要是从民事法律规范的角度规定自然人和其他民事主体人格权的内容、边界和保护方式，不涉及公民政治、社会等方面权利。

本编分为六章，共五十一条，规定了自然人所享有的人格权和法人、非法人组织享有的人格权，包括人格权的一般规定（第一章）以及各项人格权的具体规定（第二章至第六章）。

第一章　一般规定

本章共十三条，对人格权编的调整范围、人格权的范围、人格权的许可使用、死者的人格保护、人格保护的动态考量因素、人格权的特殊保护方式等作出了规定。

> **第九百八十九条　本编调整因人格权的享有和保护产生的民事关系。**

〖条文主旨〗

本条是关于人格权编调整范围的规定。

〖条文释义〗

人格权的概念在民法中的确立经历了较长的过程。罗马法中并不存在现代的人格权概念，但其在"侵辱之诉"中包括了对身体、名誉和尊严的保护。近代的民法典也多以财产法为中心构建，对人格权的保护是不足的。但是，随着社会的发展和技术的创新，人格权保护领域出现了很多新情况、新问题，突出表现在以下几个方面：一是人格权的类型越来越多样。在传统的生命权、身体权、健康权、姓名权、名称权、肖像权、名誉权、荣誉权等具体人格权之外，出现了隐私权、个人信息等需要保护的新型人格权。二是人格权保护涉及的法律关系越来越复杂，对人格权的保护往往需要平衡不同利益主体的利益诉求。例如，对个人信息的保护需要明确个人信息的保护范围，处理者的具体义务，个人信息保护和数据资产化之间的关系等问题。三是侵害人格权的方式越来越多样，后果越来越严重。所有这些促使了人格权概念的形成和发展。

在我国，民法通则在民事权利这一章中专节规定了人身权，规定了生命健康权、姓名权、名称权、肖像权、名誉权、荣誉权、婚姻自主权等人格权。本法总则编延续了这一方式。第 109 条、第 110 条、第 111 条对于民事主体的人格权予以一般性规定。据此，本条明确规定，本编调整因人格权的享有和保护产生的民事关系。

首先，本编的调整范围与人格权有关。所谓人格权，一般认为，是指民事主体对其特定的人格利益所享有的排除他人侵害，以维护和实现人身自由、人格尊严为目的的权利。

应当注意的是，本编调整范围所涉及的是人格权而非人格。人格，是指民事主体享有民事权利、承担民事义务的法律资格。我国自民法通则以来，就严格区分了人格与人格权的概念，与人格相对应的概念是民事权利能力，而人格权是民事权利的一种。权利主体是具有民事权利能力的民事主体，不具有民事权利能力，就不享有人格权；但人格权所涉及的是人格利益而非作为民事权利能力的人格。

其次，本编所涉及的是人格权的享有和保护。人格权是与生俱来的，而法律对民事主体享有人格权予以确认，并对其予以保护，有助于通过法律手段加强对人格权的保障。本编所涉及的是人格权的享有和保护，并非意味着人格权的享有和保护仅能通过本编实现。本法总则编第 109 条至第 111 条和侵权责任编，也涉及人格权的保护。但是，人格权编与侵权责任编的功能和定位不同。人格权编主要规定了人格权的类型、权利内容、权利边界、与其他价值之间的协调、行为人的义务和特殊保护方式等规则，侵权责任编主要着眼于对人格权的事后救济。同时，鉴于侵权责任编对侵害民事权利的一般救济规则已作了较为详细的规定，人格权编只规定了保护人格权的特殊救济方式。因此，在体系上，人格权编与侵权责任编既各有分工，又能够相互衔接，共同实现对人格权的保护。

最后，本编调整的是因人格权的享有和保护产生的民事关系。这意味着：第一，民事关系是法律调整的对象，民事法律关系是法律调整之后的结果；第二，调整的是民事关系，而非其他关系。人格权的享有和保护涉及多个法律部门的共同调整，有宪法、民法、行政法、刑法等，本编仅涉及其中的民事关系。

应当注意的是，在人格权问题上的宪法和民法之间的关系。我国宪法确立了保障公民人身权利的原则。宪法第 33 条第 3 款、第 37 条、第 38 条、第 39 条和第 40 条对于人格权保护作了较为原则性的规定。

宪法的这些规定，首先，强调了国家对公民的这些基本权利的保障义务，国家要通过各种方式实现对这些基本权利的保障，通过立法予以保障是实现国家保障义务的重要方式之一，宪法的这些规定应当通过法律的具体规定予以落实。其次，宪法的规定不仅调整国家和公民之间的关系，其作为客观价值秩序，对于公民和公民之间的私法关系也发生重要的价值辐射作用。因此，本法人格权编的具体规定，体现了宪法这些规范的上述两种功能。据此，宪法规范具有根本的、最高的规范层级，是国家的根本大法，是其他法律制定的依据，宪法中的这些规范构成了本法人格权编具体规定的规范基础，为人格权制度提供了合法性来源以及发展和完善的动力。本法人格权编的具体规定是对宪法这些规定的落实和具体化，体现了宪法的精神，落实了宪法的要求。这也是本法第1条中所强调的"根据宪法"的含义。为了确保宪法规定能够落到实处，民事法律需要将宪法规定的人格尊严予以细化，使之具有可诉性和可操作性，为人民法院保护当事人的人格尊严提供裁判依据。同时，本法对人格权的具体规定，涉及人格权的类型、权利内容、权利边界、与其他价值之间的协调、行为人的义务和特殊保护方式等规则，有助于将宪法的要求具体化，充实宪法的各项具体规范要求，协调宪法多种价值和规范之间的关系，有助于全面推进依法治国。

因此，本法对于人格权的规定，将宪法规定的人格尊严在民事领域予以具体化，围绕民事主体所享有的生命权、身体权、健康权、姓名权、名称权、肖像权、名誉权、荣誉权、隐私权和个人信息等人格权益，以及所产生的民事法律关系作出规定，可以更好体现宪法精神，这对于确保公民的人格尊严不受侵犯，体现我国在人格权保护领域所取得的进步具有十分重要的意义，有助于宪法和民法之间交互影响和双向互动关系的良性发展。但是，本编对人格权的规定并不包含宪法所规定的公民的所有基本权利，而主要是公民所享有的关于人格的民事权利，是从民事法律规范的角度规定自然人和其他民事主体人格权的内容、边界和保护方式，不涉及公民政治、社会等方面的基本权利。

> **第九百九十条** 人格权是民事主体享有的生命权、身体权、健康权、姓名权、名称权、肖像权、名誉权、荣誉权、隐私权等权利。
>
> 除前款规定的人格权外，自然人享有基于人身自由、人格尊严产生的其他人格权益。

【条文主旨】

本条是关于人格权类型的规定。

【条文释义】

一、人格权具体类型的列举

本条第1款列举了民事主体所享有的人格权的具体类型。本法第110条规定，自然人享有生命权、身体权、健康权、姓名权、肖像权、名誉权、荣誉权、隐私权、婚姻自主权等权利。法人、非法人组织享有名称权、名誉权和荣誉权。据此，本款予以总结，规定了民事主体所享有的人格权的具体法定类型包括：

1. 生命权：指自然人享有的以生命安全和生命尊严为内容的权利。

2. 身体权：指自然人享有的以身体完整和行动自由为内容的权利。

3. 健康权：指自然人享有的以身心健康为内容的权利。

4. 姓名权：指自然人享有的依法决定、使用、变更或者许可他人使用自己姓名的权利。

5. 名称权：指法人和非法人组织享有的依法使用、变更、转让或者许可他人使用自己名称的权利。

6. 肖像权：指自然人享有的依法制作、使用、公开或者许可他人使用自己肖像的权利。

7. 名誉权：指自然人、法人和非法人组织就其品德、声望、才能、信用等所获得的社会评价，所享有的保有和维护的权利。

8. 荣誉权：指自然人、法人和非法人组织对其获得的荣誉及其利益所享有的保持、自主决定的权利。

9. 隐私权：指自然人享有的私人生活安宁与不愿为他人知晓的私密空间、私密活动、私密信息等依法受到保护，不受他人刺探、侵扰、泄露和公开的权利。

关于人格权的主体，自然人当然享有人格权，关于法人和非法人组织是否享有人格权，理论界存在不同观点。经研究，法人、非法人组织所享有的名称权、名誉权和荣誉权具有保护的现实必要性，民法通则也规定了其享有名称权、名誉权和荣誉权，本法第110条第2款作出了同样的规定。但是，应当注意的是，法人和非法人组织不能享有生命权、身体权、健康权等专属于自然人的权利；对自然人的人格权保护具有充分的伦理价值，而法人和非法人组织享有一定范围的人格权，更多是基于现实的法律技术的需要，更多涉及财产利益，或者间接地保护组织背后的自然人。人格权最为重要的目的是维护自然人的人身自由和人格尊严，是以自然人的人格权为规范的重心。

关于信用权，从实践情况来看，通过对名誉权的保护进而对信用进行保护，可以满足现实需要。基于此，本条没有明确规定信用权，而是将其置于名誉权中予以保护。

关于环境权，目前理论界和实务界对环境权是否属于人格权甚至民事权利存在很大争议。本条最终没有明确规定环境权。

二、人格权益的一般条款

本条第 1 款仅是对民事主体所享有的人格权利的具体类型进行了列举，而并未对人格权作出概括式的定义。理论界对人格权的概括式定义存在多种观点。就人格权的客体而言，存在不同的观点。经研究，不同的观点都指出了人格权的一个侧面，但都难免挂一漏万；同时，对人格权下定义是法学但并非立法的任务。因此，本条第 1 款未对人格权采取概括定义的方式，而仅仅是对人格权的具体类型进行了不全面的列举。

对于人格权类型的具体列举，通过法律明确人格权的类型、保护对象、内容等，有助于法律适用的统一和便利。但是，随着社会的发展，自然人的人格权保护需求必然会更为多元化，立法中难以穷尽，不断会有新的人格权益纳入法律的保护范围，具体的列举必然会导致人格权保护的漏洞，即使不断根据实践需求，将值得法律保护的新的人格权益，通过扩张，纳入已经明确列举的人格权的类型和内容中，仍然可能会不敷其用。

从比较法角度观察，即使不同规范前提下采取的法律技术不同，但不断扩张人格权益的保护范围这一点是比较法的共识和趋势。

本法第 3 条和第 126 条规定的目的都是避免法律保护可能出现的漏洞。据此，本条第 2 款规定，除前款规定的人格权外，自然人享有基于人身自由、人格尊严产生的其他人格权益。这能够回应社会发展所产生的新型人格权益的保护需求，避免具体列举人格权所产生的封闭性，有助于使得人格权益保护的体系更为健全，保护的范围也更为周延，适应社会的不断发展，发挥对人格权益进行兜底性保护的功能，保持人格权制度发展的开放性。

本条第 2 款适用的前提：首先，被侵犯的人格权益没有法律的明确规定，并且无法纳入具体列举的人格权的保护范围。该款规定是为了弥补法律规定和人格权的具体列举所出现的不足。因此，当法律对此有明确规定时，应当首先适用法律的明确规定；虽然法律没有明确规定，但可以适用具体列举的人格权予以保护时，则应当适用具体的规定。例如，本法第 1023 条第 2 款规定，对自然人声音的保护，参照适用肖像权保护的有关规定。

其次，被侵犯的人格权益是基于人身自由、人格尊严产生的，因此是需要法律保护的。人身自由，包括身体行动的自由和自主决定的自由，是自然人自主参加社会各项活动、参与各种社会关系、行使其他人身权和财产权的基本保障，是自然人行使其他一切权利的前提和基础。人格尊严，包括静态和消极的人格尊严，以及动态和积极的人格尊严也即人格形成和人格发展。人格尊严不受侵犯，是自然人作为人的基本条件之一，也是社会文明进步的一个基本标志。由于人身自由和人格尊严的含义非常广泛，所以也能够包含通常所说的人格独立和人格平等。所有的人格权都以人身自由和人格尊严为价值基础，是这两种价值的具体表现，是以维护和实现人身自由和人格尊严为目的。人身自由和人格尊严是人格权获得法律保护的价值依据，也是认定新型人格权益的根本标准。因此，对人格权益而言，人身自由和人格尊严具有权利创设、价值指引和兜底保护等多重功能。

当然，人身自由和人格尊严必须与其他价值相协调，因此，本款是框架性的、有待价值填充的、不确定的一般条款。被侵犯的人格权益在个案中是否值得保护，必须通过在个案中顾及所有情况，并通过以比例原则为导引的利益权衡予以确定。在此，本法第 998 条可以提供一般性的指引。

最后，只有自然人的人格权益才能通过本款予以保护，法人和非法人组织不能适用本款。

【案例分析】

2014 年第 9 期《中华人民共和国最高人民法院公报》刊登的"汪毓兰诉武汉汉福超市有限公司光谷分公司名誉权纠纷案"【湖北省武汉东湖新技术开发区人民法院（2012）鄂武东开民一初字第 00028 号民事判决书】认为，消费者购物时，被商家作为"窃嫌人员"而遭受人格侮辱并导致严重精神损害的，商家应承担精神损害赔偿责任。相关裁判摘要如下：受诉法院经审理认为，公民的人格尊严受法律保护。汉福公司最终认可 4 袋麦片为赠品，却在汪毓兰并不知情的情况下，在其签名的表格中认定其为秘密实施的偷窃行为，将其列入"窃嫌姓名"名单，注明"教育释放"，并将表格置于进入办公地点任何人可以随手翻看的地方。汉福公司的上述行为侵犯了汪毓兰的人格尊严，客观上造成一定范围内对汪毓兰社会评价的降低，损害了汪毓兰的名誉。对汪毓兰要求汉福公司书面赔礼道歉并在营业场所张贴道歉函的诉讼请求，该院予以支持。该院遂依法判决汉福公司向汪毓兰书面赔礼道歉，在其经营的家乐福光谷店内张贴向汪毓兰的道歉信，并向汪毓兰赔付精神抚慰金 5000 元。

> **第九百九十一条　民事主体的人格权受法律保护，任何组织或者个人不得侵害。**

【条文主旨】

本条是关于人格权受法律保护的规定。

【条文释义】

民事权利及其他合法权益受法律保护是民法的基本精神，是民事立法的出发点和落脚点。本法第3条对此予以明确规定。人格权作为民事权利及其他合法权益的一种，自然也是如此，因此，民事主体的人格权受法律保护。

不得侵犯就是任何组织或者个人不得非法侵害、限制、剥夺他人的人格权，也不得干涉他人合法行使人格权，否则就要依据本法承担民事责任。民事主体按照自己的意愿依法保护和行使人格权，不受干涉。当然，这并非意味着民事主体的人格权可以毫无限制，是绝对自由的。对人格权的限制，或者是基于法律的明确规定，或者是基于其他价值而在合理范围内予以限制，不得随意为之。例如，本法第130条至第132条对民事权利的行使进行了一般性规定。

第九百九十二条　人格权不得放弃、转让或者继承。

【条文主旨】

本条是关于人格权不得放弃、转让或者继承的规定。

【条文释义】

人格权只能为特定的权利人所享有，与权利主体不可分离。人格权，尤其是自然人所享有的人格权，是与生俱来的，因出生而当然发生，仅因死亡而当然消灭，因此，是一种固有权利。人格权具有人身专属性，是人格权与财产权的重要区别；财产权通常具有非人身专属性，可以与权利主体发生分离。

首先，人格权不得放弃。作为专属于权利人享有的权利，人格权始终由权利主体享有，禁止权利主体随意加以放弃。如果人格权被一般性地、概括地放弃，人格必然受损。对某项人格权的一般性放弃，例如，放弃生命权，意味着他人可以任意剥夺其生命，这也是违背公序良俗的。

其次，人格权不得转让。人格权作为整体必须由权利人享有，而不能转让给他人。人格权不得转让，需要与许可他人使用姓名、名称、肖像等相区分。许可他人使用自己的姓名、名称、肖像等，人格权仍然属于权利主体，被许可使用的也仅仅是自己的姓名、名称和肖像等特定的人格要素或者人格标识，而非人格权的整体转让。

最后，人格权不得继承。能够被继承的只能是个人的合法财产，而不能是人格权。本法第994条规定的死者人格利益保护，仅仅是死者的近亲属有权保护死者的姓名、肖像、名誉、荣誉、隐私、遗体等不被他人侵害，而并非人格权的继承。

> **第九百九十三条 民事主体可以将自己的姓名、名称、肖像等许可他人使用，但是依照法律规定或者根据其性质不得许可的除外。**

【条文主旨】

本条是关于姓名、名称、肖像等的许可使用的规定。

【条文释义】

人格权本质上是非财产权，但是，随着经济社会的发展、科技进步以及大众传媒、广告行业的兴起，一些人格权已经不只是消极防御性的权利，对民事主体的姓名、名称和肖像等的许可使用已经成为现实和可能，现实中也有大量需求。例如，肖像权人允许公司使用其肖像做广告，姓名权人允许公司以自己的姓名作为公司名称。此种许可使用的现象日益增多，产生的纠纷也越来越多。随着人格权制度的发展，对于此种社会现实，存在不同的观点。

经认真研究，本条对姓名、名称、肖像等的许可使用作出了明确规定，其目的在于回应社会发展需要、提升对人格尊严的保护水平和遏制对许可使用的不良现象，并且这一规定也符合比较法的共识和我国的司法实践经验。

在本条的适用中，首先要注意的是，许可他人使用，是许可他人在商品、商标或者服务等方面使用，因此，不包括他人正当使用别人的姓名等情形，姓名本身就是让他人使用的，否则无法发挥区别于他人的目的。同时，许可他人不仅仅限于以营利为目的的使用，也包括非以营利为目的的使用。是否以营利为目的，更多的是在赔偿损失的数额中予以考量；不仅仅限于重复性使用，也包括一次性使用等多种使用方式。

其次要注意的是，许可使用也是民事法律行为的一种，应当适用本法有关民事法律行为的一般性规定。

最后要注意的是，依照法律规定或者根据其性质不得许可使用的限制。本条基于人格尊严保护的要求，规定了对许可使用的限制，这为许可使用设置了界限，更有利于推进对人格尊严的保护，避免因许可使用而损害人格尊严。这些限制主要如下：（1）依照法律规定不得许可使用。例如，代孕所涉及的人体器官的许可使用就是不允许的。（2）根据其性质不得许可使用。这主要指的是人格尊严以及公序良俗的限制。许可使用的目的是更好地保护人格尊严，但是如果许可使用损及了人的存在，就背离了上述目的，不应当被允许，这主要指的是生命权、身体权和健康权等物质性的人格权，同时也包括名誉权等纯粹精神性的人格权。

【案例分析】

"管顺球与上海文化广播影视集团有限公司、真实传媒有限公司等名誉权纠纷案"【上海市第二中级人民法院（2016）沪02民终3972号民事判决书】对肖像许可使用协议的效力进行了认定。相关裁判摘要如下：关于管顺球就肖像权提出的诉讼请求，本院认为，文广集团公司、真实传媒公司、苏州传视公司提供了《肖像许可使用协议》，管顺球对其曾签订该《肖像许可使用协议》不持异议，但认为其签订后即反悔，因而要求收回该协议，并认定该协议无效，然管顺球作为具有完全民事行为能力的成年人，其应当知道签订《肖像许可使用协议》将产生相应的民事权利和义务，且本案中亦无证据证明存有合同无效的法定情形，管顺球之前亦未主张撤销《肖像许可使用协议》，故本院认为《肖像许可使用协议》系管顺球的真实意思表示、合法有效，管顺球认为系争纪录片擅自使用其肖像的诉称不能成立。

> **第九百九十四条** 死者的姓名、肖像、名誉、荣誉、隐私、遗体等受到侵害的，其配偶、子女、父母有权依法请求行为人承担民事责任；死者没有配偶、子女且父母已经死亡的，其他近亲属有权依法请求行为人承担民事责任。

【条文主旨】

本条是关于死者人格利益保护的规定。

【条文释义】

根据本法第13条的规定，自然人在死亡后就不再具有民事权利能力，自然也就不再享有人格权。但是，在现实生活中，侵犯死者人格利益的现象屡见不鲜，例如，故意冒用已故画家的姓名作画销售。司法实践中这类纠纷也层出不穷，对此人民法院有大量的案例，并公布了一系列司法解释，取得了良好的社会效果。虽然对死者人格利益保护的观点不同，但对死者人格利益应当予以保护是存在共识的。据此，经认真研究，为回应社会现实，本条借鉴既有的司法经验，参酌比较法，对死者的人格利益保护进行了明确规定。

本条适用的前提：第一，被侵害者已经死亡。如果被侵害者并未死亡，而是成为了丧失民事行为能力的人，就不应适用本条。因为他们仍然具有民事权利能力，有权依法请求侵权人承担民事责任，如果不具有民事行为能力，可以由监护人代理请求。第二，死者的姓名、肖像、名誉、荣誉、隐私、遗体等受到侵害。这包括但不限于以下情形：（1）未经许可而擅自使用死者的姓名、肖像等；（2）以侮辱、诽谤、贬损、丑化等方式，侵害死者的名誉、荣誉；（3）以非法披露、利用等方式侵害死者的隐私和个人信息；（4）以非法利用、损害等方式侵害死者的遗体等。

本条适用的法律后果：第一，有权提出请求的主体是近亲属。对于何为近亲属，第1045条第2款设有明文规定。如果对请求主体不加以限制，过于泛化，不利于社会关系的稳定。一般而言，近亲属与死者具有在共同生活中形成的感情、亲情或者特定的身份关系，最关心死者人格利益保护的问题，死者人格利益被侵害时受到的伤害最大，感到的痛苦最深，最需要慰藉和赔偿。因此，本条将请求主体限于近亲属。

第二，近亲属提出请求具有顺位限制。配偶、子女、父母是第一顺位，如果死者的配偶、子女或者父母存在的，则由配偶、子女和父母提出请求。在死者没有配偶、子女且父母已经死亡的情形中，其他近亲属有权提出请求。该请求顺位的规定与本法第1127条第1款所规定的法定继承顺位大致类似，区别仅在于本条所规定的第二请求顺位中还包括孙子女和外孙子女。

第三，近亲属依法请求行为人承担民事责任。首先，"依法"意味着本条并非完全规范，近亲属请求行为人承担民事责任要符合法律规定的责任构成要件和责任后果。例如，请求行为人赔偿财产损失的，一般要符合本法第1165条第1款的规定。其次，"民事责任"包括所有的民事责任。

应当注意的是，一些人格权益中可能包含有财产利益，例如姓名、名称、肖像等，未经许可而被他人使用。此时，就涉及这些财产利益可否由其继承人继承，受托人许可他人使用的问题，对此存在争议。但明确的是，在不存在受托人、遗嘱继承和遗赠等的情形中，本条规定仍然可以适用，以保护这些财产利益，避免近亲属遭受财产损失，而保护的期限也可以认为是所有近亲属的生存年限，除非法律另有规定。即使保护期限已过，对死者的姓名、名称、肖像等的使用，也不得违法和违背公序良俗。

【案例分析】

"周海婴诉梁华计算机网络域名侵权案"【北京市高级人民法院（2011）高民终字第76号民事判决书】认为，利用死者姓名注册域名并用于商业活动，以违反社会公共利益方式侵害死者姓名权的，死者近亲属可提侵权之诉。相关裁判摘要如下：鲁迅先生是中国著名文学家、思想家和革命家，在中国历史上具有重要地位。周海婴作为鲁迅近亲属有权维护基于鲁迅姓名所形成的人格利益。梁华将含有"鲁迅"的争议域名用于商业用途，以及将相关域名出售或出租列表的行为，属于以违反社会公共利益、社会公德的其他方式侵害死者姓名的行为，构成侵权。《最高人民法院关于审理涉及计算机网络域名民事纠纷案件适用法律若干问题的解释》第8条规定，人民法院认定域名注册、使用等行为构成侵权的，可以判令被告停止侵权、注销域名，或者依原告的请求判令由原告注册使用该域名；给权利人造成实际损害的，可以判令被告赔偿损失，故梁华应就其前述涉案行为承担相应的停止侵权、赔偿损失的民事法律责任。判决梁华立即停止使用诉争域名，并赔偿周海婴诉讼合理支出6000元。

> **第九百九十五条** 人格权受到侵害的，受害人有权依照本法和其他法律的规定请求行为人承担民事责任。受害人的停止侵害、排除妨碍、消除危险、消除影响、恢复名誉、赔礼道歉请求权，不适用诉讼时效的规定。

【条文主旨】

本条是关于人格权保护和损害赔偿请求权之外的其他请求权不适用诉讼时效的规定。

【条文释义】

本条第一句规定，人格权受到侵害的，受害人有权依照本法和其他法律的规定请求行为人承担民事责任。但是，具体的责任构成要件和责任后果由本法和其他法律规定。本法所规定的违约责任、侵权责任等都涉及对人格权的保护，当人格权受到侵害时，受害人有权依照本法的这些规定请求行为人承担相应的民事责任。

其他法律也对于侵犯人格权的具体责任构成要件和责任后果作出了明确规定。例如，道路交通安全法、铁路法、民用航空法对交通事故责任作了规定。

应当注意的是，人格权编主要规定了人格权的类型、权利内容、权利边界、与其他价值之间的协调、行为人的义务和特殊保护方式等规则，这些规则有助于确定合同义务的范围，进而确定违约责任的前提，有助于明确侵权责任中所侵犯权利的具体类型、具体内容以及行为人违反的具体义务。因此，本编中有一些规定应当和本法的其他规定、其他法律中的规定结合适用。这种结合适用是司法适用的常态，不仅在人格权受侵害时如此，在物权等其他权益受侵害时也是如此。例如，在侵害物权的情形中，也可能要将物权编的规定和侵权责任编的规定结合予以适用。

侵害人格权的民事责任具体承担方式，按照本法第 179 条第 1 款的规定，包括了多种，其中最主要的是恢复原状、赔偿损失和支付违约金等损害赔偿责任。为了进一步加强对人格权的保护，侵害人格权的民事责任承担方式还包括了停止侵害、排除妨碍、消除危险等防御性的责任方式。这些防御性的请求权与侵权损害赔偿请求权不同，目的存在差别，在构成上不要求过错和损害。

根据本条第二句的规定，受害人因人格权受侵害而提出的停止侵害、排除妨碍、消除危险、消除影响、恢复名誉、赔礼道歉请求权，不适用诉讼时效的规定。

本法总则编第九章规定了诉讼时效，在侵害人格权的情形中，损害赔偿请求权应当适用诉讼时效。但是，本法第 196 条第 1 项规定了请求停止侵害、排除妨碍、消除危险不适用诉讼时效的情况。侵害人格权、物权等权益所产生的这三类请求权，其构成都要求现实存在对权益的妨害和危险，行为或状态处于现实持续之中，对这种现实存在的妨害和危险无须考虑之前的事实状况。在侵害人格权的情形中，这三类请求权对于维持人格完整性至关重要，故本款据此进一步明确规定，因人格权受侵害而提出的停止侵害、排除妨碍、消除危险请求权，不适用诉讼时效的规定。关于消除影响、恢复名誉、赔礼道歉请求权，有很多意见认为不适用诉讼时效的规定，但也有意见认为应当适用诉讼时效的规定。经认真研究，吸收了多数人的意见，规定消除影响、恢复名誉、赔礼道歉请求权，也不适用诉讼时效的规定。对很长时间之前发生的侵害人格权行为，如受害人认为对自身仍然有影响，有消除影响和恢复名誉的必要，可以不受诉讼时效期间的限制提出消除影响、恢复名誉、赔礼道歉请求权，以加强对人格权的保护。

【案例分析】

"金华丽声网信网络科技有限公司、广州千清丝化妆品有限公司网络侵权责任纠纷案"【广东省广州市中级人民法院（2020）粤 01 民终 2868 号民事判决书】对赔礼道歉的责任承担方式予以肯定。相关裁判摘要如下：《最高人民法院关于审理名誉权案件若干问题的解答》第 10 条第 1、2、3 款规定："人民法院依照《中华人民共和国民法通则》第一百二十条和第一百三十四条的规定，可以责令侵权人停止侵害、恢复名誉、消除影响、赔礼道歉、赔偿损失。恢复名誉、消除影响、赔礼道歉可以书面或口头的方式进行，内容须事先经人民法院审查。恢复名誉、消除影响的范围，一般应与侵权所造成不良影响的范围相当。"《最高人民法院关于审理利用信息网络侵害人身权益民事纠纷案件适用法律若干问题的规定》第 16 条规定："人民法院判决侵权人承担赔礼道歉、消除影响或者恢复名誉等责任形式的，应当与侵权的具体方式和所造成的影响范围相当。侵权人拒不履行的，人民法院可以采取在网络上发布公告或者公布裁判文书等合理的方式执行，由此产生的费用由侵权人承担。"千清丝公司要求金华丽声公司删除标题为《阿道夫险被"山寨"，伪品牌已被工商局做出无效宣告和不予注册》的文章，因侵权内容已被删除，该项请求原审法院不再予以支持。千清丝公司要求金华丽声公司在网站"C2CC 传媒"公开向千清丝公司赔礼道歉，为千清丝公司消除影响、恢复名誉，依法有据，原审法院予以支持。结合本案实际，道歉文章保留时间不得少于 30 天，内容须经原审法院审查。

> **第九百九十六条** 因当事人一方的违约行为，损害对方人格权并造成严重精神损害，受损害方选择请求其承担违约责任的，不影响受损害方请求精神损害赔偿。

【条文主旨】

本条是关于损害人格权责任竞合情形下精神损害赔偿的规定。

【条文释义】

精神损害赔偿是受害人因人格利益或身份利益受到损害或者遭受精神痛苦而获得的金钱赔偿。侵害人格权的情形中，经常会产生违约责任和侵权责任的竞合，受害人因此遭受到严重的精神损害，这尤其经常发生在加害给付中。

合同义务中也包括了对当事人的人格权这种固有利益予以保护的义务，不履行此种合同义务，就应当承担对此的违约责任，但也可能会同时要承担侵权责任。本法第 186 条规定了违约和侵权竞合的处理原则。但对于精神损害，如果受损害方选择请求违约方承担违约责任，其无法请求精神损害赔偿；相反，如果受损害方选择请求违约方承担侵权责任，虽然可以请求精神损害赔偿，但受损害方必须放弃主张违约责任的种种实益，例如，违约金、定金条款的主张以及举证责任的便利等，不利于保护人格权受害人的利益。但是，损害赔偿的基本宗旨在于填补当事人遭受的损害，其中也包括精神损害，毕竟是同一行为导致了精神损害，受损害方不同的选择不应导致结果上的不同，并且这会导致受损害方必须要在对其都有所不利的请求权中选择，难以获得周全的救济，不利于受损害方的人格权保护。基于此，比较法上多承认受损害方在违约之诉中主张精神损害赔偿。

经认真研究，反复斟酌，在违约责任与侵权责任存在竞合的情形中，允许受损害方请求行为人承担违约责任时，可以在违约责任请求中请求精神损害赔偿，有利于为受害人提供不同救济渠道的选择，拓展在此类情形下精神损害的救济方法，符合加强人格权保护的比较法发展趋势，是一个重要的进步。

本条适用的前提：首先是损害人格权的违约责任和侵权责任的竞合。这要求当事人一方的违约行为同时构成了损害对方人格权的侵权行为。

其次是因当事人一方的违约行为损害对方自然人的人格权并造成严重精神损害。本条的适用要符合本法第 1183 条第 1 款的规定。

最后是受损害方选择请求违约方承担违约责任。责任竞合的情形中，依据本法第 186 条的规定，受损害方有权选择请求其承担违约责任或者侵权责任。只有在受损害方选择请求违约方承担违约责任时，才有本条的适用。如果受损害方选择请求违约方承担侵权责任，则可以直接依据本法第 1183 条第 1 款的规定，请求精神损害赔偿，无须适用本条。

适用本条的法律后果是不影响受损害方请求精神损害赔偿。这意味着受损害方请求行为人承担违约责任时，可以请求违约方承担精神损害赔偿责任。

> **第九百九十七条**　民事主体有证据证明行为人正在实施或者即将实施侵害其人格权的违法行为，不及时制止将使其合法权益受到难以弥补的损害的，有权依法向人民法院申请采取责令行为人停止有关行为的措施。

【条文主旨】

本条是关于申请人民法院责令行为人停止有关行为的规定。

【条文释义】

侵害人格权的一些行为，如果无法被及时制止，无法为权利人提供及时的救济，尤其是当前的网络时代，其损害后果不可逆转，甚至会造成难以弥补的损害。例如，一旦将自然人的裸照放到网上，单纯的损害赔偿就不足够了。比较法中，瑞士法对此作出了较为完善的规定。

在侵害知识产权的情形中，我国专利法第 66 条、商标法第 65 条、著作权法第 50 条已经规定了知识产权人符合法定条件的，可以在起诉前向人民法院申请采取责令停止有关行为的措施。民事诉讼法第 100 条也规定了伴随诉讼程序的行为保全，第 101 条规定了诉前的行为保全。反家庭暴力法在第四章中更是进一步规定了不必然伴随诉讼程序、独立于民事诉讼法所规定的行为保全之外的"人身安全保护令"。

本条适用的前提：首先是行为人正在实施或者即将实施侵害其人格权的违法行为。例如，法院可依法禁止侵害他人名誉权的文章刊载。

其次是不及时制止将使权利人的合法权益受到难以弥补的损害的。这主要是指不及时制止行为人正在实施或者即将实施侵害其人格权的行为，则权利人的合法权益受到的损害具有不可逆性，难以通过其他方式予以弥补，事后的恢复已经不可能或者极为困难。

再次是民事主体有证据证明。民事主体必须提出相关的证据，证明已经具备了申请责令停止有关行为的前提条件，即行为人正在实施或者即将实施侵害其人格权的行为，不及时制止将使其合法权益受到难以弥补的损害。

本条适用的法律效果是权利人有权依法向人民法院申请采取责令行为人停止有关行为的措施。首先，权利人必须是向人民法院提出申请，申请的内容也必须具体明确，包括明确的对方当事人、申请采取的具体措施等。其次，申请的程序要依照法律的规定。本条规定的是通过除请求人民法院判决之外的其他程序，申请人民法院采取责令行为人停止有关行为的措施，且仅规定了此种申请的实体法基础。如何通过程序而具体实现，其他法律对此有规定的，应当适用其他法律的规定。例如，民事诉讼法第 100 条、第 101 条的规定。

应当注意的是，人民法院采取的措施应当符合比例原则，即根据所要追求的合法目的，采取合理的措施。

> **第九百九十八条** 认定行为人承担侵害除生命权、身体权和健康权外的人格权的民事责任，应当考虑行为人和受害人的职业、影响范围、过错程度，以及行为的目的、方式、后果等因素。

〖条文主旨〗

本条是关于认定行为人承担责任时的考量因素的规定。

〖条文释义〗

保护人格权是尊重和保护人格尊严的要求。但是，如果对人格权的保护过于绝对和宽泛，则难免会产生与其他权利，如新闻报道权等的冲突。人格权保护的价值并非在所有情形中，总是一般性地、抽象地高于其他价值，而必须在个案和具体情形中对所有这些价值进行综合权衡。但是，即使承认个案中权衡的必要性，仍然会出现如何对个案权衡进行合理限制，以实现同等情况同等对待的裁判统一性的要求。

在人格权保护中，比较法多采取动态系统理论，即通过立法划出寻求合理解决方案时的相关考量因素，在个案适用时则需要对各个考量因素进行综合考量，具体结果取决于各个考量因素相比较后的综合权衡，此时，摆脱了僵硬的全有或者全无的方式，从而实现了弹性而非固定、开放而非封闭的方式。由此，既承认了个案的衡量，又能够顾及不同案件的不同情况，并适应社会发展。但又要通过立法者对考量因素的划定，实现对个案裁量的限制，个案衡量时要在立法者所划定的考量因素范围内进行论证和说明。

经研究，为更好平衡人格权保护和其他权利之间的关系，本条规定了认定行为人承担侵害人格权责任时的考量因素。具体而言：

首先，人格权的类型。生命权、身体权和健康权是自然人赖以生存的最基本的人格权，具有特殊性和最重要性，对这些权利应当进行最高程度的保护，据此，本条排除了在认定侵害生命权、身体权和健康权是否需要承担民事责任时的权衡，体现了对此类人格权的特殊保护。但是，对生命权、身体权和健康权之外的人格权的保护，有必要进行妥当的权衡。

其次，主体方面的因素。本条所规定的"行为人和受害人的职业、影响范围"就是关于主体方面因素的一些列举。在行为人方面，如果行为人从事新闻报道和舆论监督的职业，则必须协调新闻报道、舆论监督与人格权保护之间的关系，认定行为人构成侵害人格权，需要更为谨慎的权衡。如果行为人是具有较大社会影响力的人物，其行为应当比普通行为人更为谨慎一些。

受害人方面的因素，则更为复杂：（1）受害人是自然人还是法人或者非法人组织。（2）法人或者非法人组织的不同类型。对营利性、非营利性和特别法人类型以及每种类型内更具体的类型，要予以更为细致的考量。（3）是否是公众人物以及何种类型的公众人物。（4）特殊主体。例如，未成年人、残疾人这些特殊主体。

再次，主观的过错程度。主观过错程度越高，例如，故意或者重大过失，则越可能构成侵害人格权而承担民事责任。但在主观过错程度较低的情况下，要更为谨慎，例如，未经朋友同意将其电话号码发给特定人，导致朋友被诈骗，此时行为人的主观过错程度较低，认定时要更为谨慎。

最后，行为方面的因素。本条所规定的"行为的目的、方式、后果"是对行为方面因素的列举，这包括诸多可以被考量的因素。例如：（1）目的。行为的目的是新闻报道或者舆论监督，涉及公共性的议题，则应受到更多的保护。如果是以娱乐消遣为目的，追求轰动效应，吸引公众眼球，满足部分人的窥探欲望，无涉公共议题，则受到保护的程度要低一些，更为注重对人格权的保护。如果是商业目的性行为，较之非商业目的性行为，该行为受到保护的程度也可以适度降低。（2）方式。如果采取了较为恶劣的方式，例如，暴力侮辱、恶意跟踪等，构成侵权的可能性就更大。是自己创作还是转载，是主动提供新闻材料还是被动采访而提供新闻材料，是创作新闻作品、批评作品还是文学作品，在认定中都要采取不同的标准。行为人发表的言论是属于对特定事实的陈述，还是对个人意见的表达，认定时也要采取不同的标准。（3）后果。造成人格权受侵害的程度越高，人格权受保护的强度就越大。

在认定行为人承担侵害人格权的民事责任时，无论是关于责任构成，还是责任后果，都需要对上述因素进行综合考量，各个具体因素之间也会强度互补。例如，是否需要采取责令停止有关行为的措施，也要进行利益的权衡。这种考量不具有整体的确定性，不能脱离个案中的情形，要让相互冲突的价值都能发挥最佳的功效，通过充分对比冲突价值在具体情境中的各自权重，而使所有的价值都能获得最妥善的衡平。在此，需要考虑比例原则，考虑目的是否妥当、手段是否有助于实现目的、手段是否是最小限制、手段的效益是否大于成本，避免在运用时过分机械和僵化。本条的规定仍然是较为抽象的，需要在实践和个案中积累和提炼更为具体的基准和规则，但是，本条规定有助于实践之后的发展，为下一步的案例类型化和更具体的规则提供了规范基础。

为了在具体情形中进一步明确，本法也据此作出了一些更为具体的规定。例如，本法第1000条第1款、第1020条和第1026条的规定。此时，有具体规定的，应当首先适用具体的规定，避免绕开直接的法律规定进入背后的利益评价而导致适用的不确定。

【案例分析】

"济南曹博士美容整形医院有限公司与孟倩名誉权纠纷案"【江苏省苏州市中级人民法院（2020）苏05民终410号民事判决书】对承担责任时考量的因素进行了说明。相关裁判摘要如下：本院认为，当事人对自己提出的诉讼请求所依据的事实或者反驳对方诉讼请求所依据的事实有责任提供证据加以证明。没有证据或者证据不足以证明当事人的事实主张的，由负有举证责任的当事人承担不利后果。本案中，孟倩已提交其身份材料并在关联案件中到庭由法院核实身份，亦提交其新浪博客中的照片及利用搜狗识图进行搜索显示为孟茜的照片，该照片与案涉文章中使用的配图照片相同，故一审判决认定曹博士美容医院未经孟倩同意将孟倩的照片使用在其实际运营的网站的文章中，侵犯了孟倩的肖像权，于法有据。曹博士美容医院主张孟倩没有证据证明曹博士美容医院使用的照片是孟倩本人的照片，曹博士美容医院不应承担赔偿责任，没有事实及法律依据，本院不予采信。关于曹博士美容医院因侵犯孟倩肖像权应赔偿的损失数额。一审判决根据孟倩的知名度、曹博士美容医院的过错程度、侵权行为的时间、范围、影响等因素，结合孟倩维权可能支出的必要费用，酌定曹博士美容医院应当赔偿孟倩经济损失 60000 元，尚属合理范围，本院予以维持。

> **第九百九十九条** 为公共利益实施新闻报道、舆论监督等行为的，可以合理使用民事主体的姓名、名称、肖像、个人信息等；使用不合理侵害民事主体人格权的，应当依法承担民事责任。

【条文主旨】

本条是关于实施新闻报道、舆论监督等行为时使用民事主体特定人格利益的规定。

【条文释义】

宪法对新闻报道和舆论监督作出了明确的规定。这集中体现在宪法第 35 条、第 41 条第 1 款的规定中。新闻报道、舆论监督有助于保障人民的知情权，有助于自上而下的组织监督和自下而上的民主监督的贯通。

本条首先规定，为公共利益实施新闻报道、舆论监督等行为的，可以合理使用民事主体的姓名、名称、肖像、个人信息等。新闻报道是新闻单位对新近发生的事实的报道，包括有关政治、经济、军事、外交等社会公共事务的报道以及有关社会突发事件的报道。舆论监督是社会公众运用各种传播媒介对社会运行过程中出现的现象表达信念、意见和态度，从而进行监督的活动。舆论监督与新闻报道有密切的关系，但两者存在不同。新闻不一定是舆论，新闻报道只是传播意见进而形成舆论的工具；新闻单位通过报道进行的监督仅是舆论监督的一种，舆论只是借助于传播工具实现其监督的目的。在新闻报道和舆论监督中，为了保障人民的知情权、维护国家利益和社会公共利益，可以合理使用民事主体的姓名、名称、肖像、个人信息等，无须民事主体的同意。据此，本法也作出了一些具体的规定。例如，本法第 1020 条第 2 项、第 5 项和第 1036 条第 3 项的规定。

本条同时明确，实施新闻报道、舆论监督等行为的，对民事主体的姓名、名称、肖像、个人信息等使用不合理侵害民事主体人格权的，应当依法承担民事责任。虽然在新闻报道和舆论监督中，可以不经民事主体的同意，使用其姓名、名称、肖像、个人信息等，但是，为了保护民事主体的人格权，这种使用必须是合理的。此时，应当依据本法第998条的规定，综合考量权衡多种因素。如果经判断认为使用是不合理的，则应当依法承担民事责任。

【案例分析】

"王小英、王小亚一般人格权纠纷"【安徽省芜湖市中级人民法院（2019）皖02民终1045号民事判决书】对肖像权的合理使用进行了认定。相关裁判摘要如下：如上所述，死者的姓名权、肖像权受法律保护，对死者肖像的使用通常应经得对该肖像享有特定精神利益和财产利益的近亲属的同意，未经近亲属同意使用死者肖像，造成近亲属特定利益损害的，近亲属有权主张损害赔偿。然而，当存在某些可能被认为系对肖像的合理使用情形时，如因新闻报道、科学研究、文化教育等为社会公共利益或是为满足社会公众知情权而使用领袖人物、著名科学家、历史名人等死者肖像的，虽未经近亲属事先同意，亦因具备了某种违法性阻却事由而可以免责。本案中，吴琼创作该剧，事先已与王冠亚、王小英、王小亚沟通，并取得三人的同意，故王小英、王小亚主张吴琼侵害严凤英姓名权的诉讼请求不能成立。严凤英作为我国著名的黄梅戏艺术家，其肖像不仅是其个人所有，更具有社会公共价值，是公众了解和研究严凤英的重要资源。舞台剧《严凤英》创作初衷正是为弘扬严凤英，传播黄梅戏，故在该剧演出过程中使用严凤英的肖像应属于对其肖像的合理使用，王小英、王小亚提出的吴琼侵害严凤英肖像权的诉讼请求不能成立。

> **第一千条** 行为人因侵害人格权承担消除影响、恢复名誉、赔礼道歉等民事责任的，应当与行为的具体方式和造成的影响范围相当。
>
> 行为人拒不承担前款规定的民事责任的，人民法院可以采取在报刊、网络等媒体上发布公告或者公布生效裁判文书等方式执行，产生的费用由行为人负担。

【条文主旨】

本条是关于消除影响、恢复名誉、赔礼道歉责任方式的规定。

【条文释义】

侵害人格权也可能会通过消除影响、恢复名誉、赔礼道歉责任方式予以救济。消除影响、恢复名誉，这是指人民法院根据受害人的请求，责令行为人在一定范围内采取适当方式消除对受害人名誉的不利影响，以使其名誉得到恢复的一种责任方式。具体适用消除影响、恢复名誉，要根据侵害行为所造成的影响和受害人名誉受损的后果决定。处理的原则是行为人应当根据造成不良影响的大小，采取程度不同的措施给受害人消除不良影响，例如，在报刊上或者网络上发表文章损害他人名誉权的，就应当在该报刊或者网站上发表书面声明，对错误内容进行更正。消除影响、恢复名誉主要适用于侵害名誉权等情形，一般不适用侵犯隐私权的情形，因为消除影响、恢复名誉一般是公开进行的，如果适用于隐私权的保护，有可能进一步披露受害人的隐私，造成更大的影响。赔礼道歉，是指行为人通过口头、书面或者其他方式向受害人进行道歉，以取得谅解的一种责任方式。赔礼道歉主要适用于侵害名誉权、荣誉权、隐私权、姓名权、肖像权等人格权的情形。赔礼道歉可以是公开的，也可以私下进行；可以口头方式进行，也可以书面方式进行，具体采用什么形式由法院依据案件的具体情况决定。

比较法中，对此存在类似措施。经研究，消除影响、恢复名誉、赔礼道歉，能够防止财产损失、精神损害的扩大或者进一步发生，弥补受害人所遭受的精神痛苦，类似于精神上的恢复原状，符合我国的传统文化，连接了法律与道德。多年来，无论在立法上还是在司法实践中，均被证明是行之有效的针对人格权侵害的救济形式，实践中被广泛采用。

对此，本条第 1 款首先明确了行为人因侵害人格权承担消除影响、恢复名誉、赔礼道歉等民事责任的，应当与行为的具体方式和造成的影响范围相当。这意味着，首先，在是否适用这些民事责任时，应当考虑到侵害人格权行为的具体方式和造成的影响范围。同时，在考虑行为的具体方式和造成的影响范围时，还应当将被侵权人的心理感受及所受煎熬、痛苦的程度纳入考虑范围。其次，这些民事责任的具体方式也应当考量行为的具体方式和造成的影响范围。在通常情况下，如果是在特定单位内传播侵害人格权的信息的，应当在特定单位内予以消除影响、恢复名誉、赔礼道歉。如果是在特定网络媒体上传播侵权信息的，应当在该网络媒体上予以澄清事实。

但是，当人民法院作出判决后，行为人拒不消除影响、恢复名誉、赔礼道歉的，依然存在如何执行的问题。目前，对于消除影响和恢复名誉而言，执行并不是难题。民事诉讼法第 252 条和第 255 条对此规定了替代执行措施。

但是，赔礼道歉则与行为人的自由有着密切关系。赔礼道歉当然可以缓解人格权被侵犯主体的精神痛苦，具有弥补损害的功能。但应该看到，赔礼道歉包含认错并向对方表示歉意的内涵，这涉及行为人内在的精神自由，也涉及纯粹消极层面的不表达的自由。对于受害人或者法院以被告名义拟定道歉启事并予以公布这种道歉广告或者道歉启事方式是否符合比例原则存在不同观点。

就我国的司法实践而言，《最高人民法院关于审理名誉权案件若干问题的解答》和《最高人民法院关于审理利用信息网络侵害人身权益民事纠纷案件适用法律若干问题的规定》明确规定通过公布裁判文书这种方式达到赔礼道歉的效果。此时，并非采取受害人或者法院以被告名义拟定道歉启事并予以公布这种道歉广告或者道歉启事方式，而是采取在报刊、网络等媒体上发布公告或者公布生效裁判文书这种替代方式。这种替代方式将对行为人内在精神自由和不表达自由的限制转变为了对行为人财产权的限制，符合最小损害的比例原则精神，有助于实现消除影响、恢复名誉的客观效果。比较法中，德国和法国均有将判决书载报纸上进行全文或者摘要刊登的规定。据此，本条第 2 款予以明确规定。根据本款规定，首先，行为人拒不承担消除影响、恢复名誉、赔礼道歉的民事责任。其次，执行的方式是在报刊、网络等媒体上发布公告或者公布生效裁判文书等方式。最后，人民法院是"可以"而非"应当"采取。鉴于侵害人格权的情形较为复杂，有时发布公告或者公布裁判文书可能会导致后续的损害，因此赋予人民法院根据情况加以酌定处理的必要。如果人民法院经过审理认为，侵权行为已经停止，且相关侵权信息已经删除，此时人民法院再发布公告或者公布裁判文书，则有可能将侵权结果再次扩大。此时，人民法院可以征询被侵权人的意见，在被侵权人不同意的情况下，人民法院也可以不采取发布公告或者公布裁判文书的方式执行，而通过其他方式予以执行。

【案例分析】

"北京微梦创科网络技术有限公司、齐春雷网络侵权责任纠纷案"【江西省高级人民法院（2015）赣民申字第 288 号民事裁定书】对承担赔礼道歉、消除影响或者恢复名誉等责任形式的范围进行了分析。相关裁判摘要如下：关于一、二审判决微梦网络公司在新浪首页连续刊登道歉声明是否适当的问题。根据《最高人民法院关于审理利用信息网络侵害人身权益民事纠纷案件适用法律若干问题的规定》第 16 条之规定："人民法院判决侵权人承担赔礼道歉、消除影响或者恢复名誉等责任形式的，应当与侵权的具体方式和所造成的影响范围相当……"根据一、二审查明，齐春雷系上海越剧院的越剧表演专业二级演员，曾多次获得全国及省市级的各类奖项和荣誉称号。一、二审根据齐春雷在该领域所做贡献及其所享有的知名度，判令微梦网络公司在新浪首页刊登道歉声明具有事实及法律依据。

> **第一千零一条　对自然人因婚姻家庭关系等产生的身份权利的保护，适用本法第一编、第五编和其他法律的相关规定；没有规定的，可以根据其性质参照适用本编人格权保护的有关规定。**

【条文主旨】

本条是关于身份权利保护参照适用人格权保护规则的规定。

【条文释义】

因婚姻家庭关系等产生的身份权利，包括自然人因婚姻关系产生的身份权利和因家庭关系产生的身份权利。前者是夫妻之间的身份权利，后者是因家庭关系产生的身份权利，例如，父母对子女的亲权和履行监护职责产生的权利。

立法过程中，有观点提出，自然人因婚姻家庭关系产生的身份权利，与人格权在保护上具有一定相似性。对这些身份权利的保护，除了适用婚姻家庭编的规定外，还应当参照适用人格权保护的相关规定。经研究，身份权利和人格权利虽然不同，但是两者存在密切的关系。建立和维持与他人之间的身份关系，本身就是人格发展的必要条件，保护身份权利往往同时就是保护个人利益。两种权利都不可转让，具有极强的道德性等相似的属性。据此，为完善身份权利的保护，体现民法典编纂的体系性，本条规定，对自然人因婚姻家庭关系等产生的身份权利的保护，适用本法第一编、第五编和其他法律的相关规定；没有规定的，可以根据其性质参照适用本编人格权保护的有关规定。

对自然人因婚姻家庭关系等产生的身份权利的保护，首先，应当适用本法总则编、婚姻家庭编和其他法律的相关规定。

其次，没有特别规定的，本编人格权保护的有关规定可以被参照适用于身份权利的保护。在对身份权利的保护没有明确的特殊规定时，可以根据其性质参照适用人格权保护的规定以弥补保护的漏洞，这有助于通过人格权保护的规定补充完善身份权利的保护。例如，本法第990条第2款、第995条第2款、第996条、第997条、第998条和第1000条，在一定情形下都可以参照适用。

再次，能够被参照适用于身份权利保护的只能是本编人格权保护的有关规定。例如，本法第993条规定的人格权许可使用规则，在身份权利中，就不存在参照适用的可能性。

最后，人格权保护的规定是被参照适用于而非直接适用于身份权利的保护。

第二章　生命权、身体权和健康权

本章共十条，对生命权、身体权和健康权这些自然人赖以生存的最基本人格权作出了规定，包括生命权、身体权和健康权的基本规定和法定救助义务、人体捐献、人体临床试验、基因胚胎研究、性骚扰和行动自由等内容。

> **第一千零二条　自然人享有生命权。自然人的生命安全和生命尊严受法律保护。任何组织或者个人不得侵害他人的生命权。**

【条文主旨】

本条是关于生命权的规定。

【条文释义】

生命权，是指自然人享有的以维护生命安全和生命尊严为内容的权利。但是，因为生命权和健康权在权利内容上存在区别，并且生命的丧失不可逆转，因此侵权责任法第2条第2款已经将生命权和健康权区分为两种不同的民事权利予以规定。本法延续了侵权责任法的规定，区分规定生命权和健康权。

首先，本条明确自然人享有生命权。自然人只有享有生命权，才能作为一个主体在社会中生存并与他人交往，追求自己存在的价值。生命权是自然人最为重要的人格权，是其他人格权和其他权利的前提，是从事民事活动和其他一切活动的前提和基本要求。

其次，本条规定，生命权的内容是生命安全和生命尊严受法律保护。在自然人的生命权遭受侵害或者面临危险时，权利人可以依法采取相应的保护措施，以维护自己的生命安全。生命尊严受法律保护，是指自然人有权基于人格尊严，在消极意义上禁止他人侵害自己作为生命主体者的尊严，在积极意义上要求自己作为生命主体者的尊严获得应有的尊重，提升生命的尊严和品质。生命尊严使得生命权的保障在生命安全之外，扩展到生命过程中生命主体者的尊严获得应有的尊重。

基本医疗卫生与健康促进法第33条第1款也规定，公民接受医疗卫生服务，应当受到尊重。医疗卫生机构、医疗卫生人员应当关心爱护、平等对待患者，尊重患者人格尊严，保护患者隐私。有自我决定能力的自然人，可以积极地明确表达不同意采取某些特定的治疗手段的意思。如果自然人基于自己真实无误的个人意愿明确表达了此种拒绝，则此时应当尊重自然人的意愿，应该采取缓和的基础医疗服务。同时，对体外受精胚胎这种未来有发展成为生命的特殊存在物的具体处置，都要考虑到生命尊严的价值。

应当注意的是，本条所规定的生命权，仅是一种民事权利，不涉及政治权利。同时，本条仅规定了生命安全和生命尊严受法律保护，但并未承认决定自己生命的权利，任意地决定自己的生命是违背公序良俗的。

最后，本条从反面进一步规定了任何组织或者个人不得侵害他人的生命权。不能把自然人的生命作为实现其他目的的手段，任何人都不得非法剥夺他人的生命。

> **第一千零三条　自然人享有身体权。自然人的身体完整和行动自由受法律保护。任何组织或者个人不得侵害他人的身体权。**

〖条文主旨〗

本条是关于身体权的规定。

〖条文释义〗

身体权，是指自然人享有的以身体完整和行动自由受法律保护为内容的权利。本法总则编第110条第1款将身体权作为独立的人格权。身体权与生命权、健康权密切相关，侵害自然人的身体往往导致对自然人健康的损害，甚至剥夺自然人的生命。但生命权、健康权和身体权所保护的自然人的具体人格利益有区别，生命权以保护自然人生命的延续为内容之一，健康权以保护身体各组织及整体功能正常为内容之一，而身体权以保护身体组织的完整为内容之一。

依照本条规定，身体权的内容是身体完整和行动自由受法律保护。任何组织或者个人不得侵害他人的身体权。侵害身体权的行为是多样的。身体包括头颈、躯干、四肢、器官以及毛发指甲等各种人体细胞、人体组织、人体器官等，例如，剪掉头发或者眉毛，构成了对身体权的侵害。固定于身体成为身体组成部分，与其他组成部分结合一起发挥功能而不能自由卸取的人工附加部分，例如，假肢、义齿、义眼、心脏起搏器等，或者身体的某组成部分脱离身体后仍然要与身体结合的身体组成脱离部分，对这些部分的侵害，也可以被认为构成侵害身体权，造成严重精神损害的，可以依法请求精神损害赔偿。

应当注意的是，虽然自然人死亡之后就不再享有身体权，但是，自然人死亡后的遗体、遗骨和骨灰也应当受到尊重。

第一千零四条 自然人享有健康权。自然人的身心健康受法律保护。任何组织或者个人不得侵害他人的健康权。

【条文主旨】

本条是关于健康权的规定。

【条文释义】

健康权是自然人享有的以身心健康受法律保护为内容的权利。健康是维持人体正常生命活动的基础，健康权是自然人重要的人格权。本条规定的健康权是民事权利。国家对于公民健康，在公法意义上的保护义务是通过其他法律予以实现的。例如，基本医疗卫生与健康促进法第 4 条、第 5 条。

本条首先明确健康权的内容是身心健康受法律保护。身心健康包括身体健康和心理健康。健康，是指一个人在身体和心理等方面都处于良好的状态，相应地包括身体健康和心理健康，但不包括一个人在社会适应方面的良好状态以及道德健康等。作为身心统一体的人，身体和心理是紧密依存的两个方面，身体健康和心理健康具有密切的联系。

本条从反面进一步规定了任何组织或者个人不得侵害他人的健康权。因此，任何组织或者个人不得以殴打、推搡、撞击、撕咬、肉体折磨、威吓、精神折磨或者不作为等方式侵害他人的健康权。

第一千零五条 自然人的生命权、身体权、健康权受到侵害或者处于其他危难情形的，负有法定救助义务的组织或者个人应当及时施救。

【条文主旨】

本条是关于法定救助义务的规定。

【条文释义】

为了保护自然人的生命权、身体权和健康权，弘扬社会主义核心价值观，在自然人的生命权、身体权、健康权受到侵害或者处于其他危难情形中，法律应当鼓励和支持对自然人的适当救助。这种鼓励和支持体现在两个层面：第一，对不负有法定救助义务的救助人的保护。一方面，在救助人造成受助人损害情形下，救助人责任应予以限制或者免除，对此，本法第 184 条予以明确规定。

另一方面，救助人因救助而自己受到损害时享有请求权，对此本法第 183 条予以明确规定。同时，本法关于无因管理的条文也为救助者提供了一定的保护。第二，规定特定主体在特定情况下的积极的救助义务。本条即规定了在自然人的生命权、身体权、健康权受到侵害或者处于其他危难情形中特定主体的救助义务。

本条适用的前提：首先是自然人的生命权、身体权、健康权受到侵害或者处于其他危难情形的。

其次是特定的组织或者个人负有法定的救助义务。积极的救助义务，在比较法中规定的前提范围是不同的。

经认真研究，为避免道德义务和法律义务的混淆而提出过高的行为要求，本条将负有救助义务限定在法律规定的前提下。法律对救助义务的规定，包括两种：第一种是条文中明确规定了救助义务。例如，本法第 822 条、海商法第174 条、道路交通安全法第 70 条第 1 款的规定等。第二种是法律虽然没有明确规定救助义务，但规定中包含了救助义务。例如，本法第 942 条第 1 款、第1198 条等。

本条适用的法律效果是负有法定救助义务的组织或者个人应当及时施救。首先，应当是及时施救，不得以未付费等为由拒绝或者拖延救助。其次，施救的措施包括亲自救助或者通过联系国家机关、急救机构等方式。

> **第一千零六条**　完全民事行为能力人有权依法自主决定无偿捐献其人体细胞、人体组织、人体器官、遗体。任何组织或者个人不得强迫、欺骗、利诱其捐献。
>
> 完全民事行为能力人依据前款规定同意捐献的，应当采用书面形式，也可以订立遗嘱。
>
> 自然人生前未表示不同意捐献的，该自然人死亡后，其配偶、成年子女、父母可以共同决定捐献，决定捐献应当采用书面形式。

【条文主旨】

本条是关于人体捐献的规定。

【条文释义】

人体捐献包括人体细胞捐献、人体组织捐献、人体器官捐献、遗体捐献等。人体由有机质和无机质构成细胞，由细胞与细胞间质组成组织，由组织构成器官。人体细胞捐献，是指将身体内有活力的细胞群捐献出去，例如，造血干细胞、精子等的捐献。人体组织捐献,是指将身体的部分组织捐献出去,包括皮肤、角膜、骨骼、肌腱、血管、骨髓、神经等的捐献。人体器官捐献,是指将身体的某个仍然保持活力的器官捐献出去,包括心脏、肺脏、肝脏、肾脏或者胰腺等的捐献。

经研究,考虑到遗体捐献有利于医学研究和救治他人,应当予以鼓励。为了给人体捐献和移植提供一个有序的、符合伦理标准并且可接受的框架,规范人体捐献,保证医疗质量,保障人体健康,发扬人道主义精神,引导民众移风易俗,促进社会主义物质文明和精神文明建设,促进移植临床救治和医学的发展,为目前的有关规定提供效力层级较高的规范基础,在综合考虑多方面意见的基础上,本法吸收了人体器官移植条例的相关内容,借鉴比较法,对人体捐献予以规定,并设定了严格的条件。考虑到获得同意是所有医学干预措施的伦理和法律基石,也是人体捐献必须具备的前提,体现了自然人对人体捐献的自决权。因此,本法对人体捐献的规定,仅着眼于人体捐献应当获得的同意和对同意的限制,而不涉及其他更为细致的管理规定。

本条规定的主要内容如下:

第一,自然人享有捐献或者不捐献人体细胞、人体组织、人体器官和遗体的自主决定权。人体捐献与自然人的人格尊严密切相关,获得人体捐赠者的同意是人体捐赠最为重要的前提。

第二,人体捐献的意愿必须真实合法,任何组织或者个人不得强迫、欺骗、利诱捐献。人体捐献意愿必须是捐献人的真实意愿,捐献意愿不是因强迫、欺骗、利诱而作出的。同时,人体捐献的意愿也必须是合法的,不得违反法律规定和违背公序良俗。例如,基于医学伦理原则,捐献不得危及捐献人自身的生命或者严重损害捐献人自身的健康,以防止出现职业捐献者群体和变相的买卖,这是从维护捐献者的人格尊严和身体健康出发,对其捐献行为的限制。

第三,完全民事行为能力人才有权依法自主决定。人体捐赠者必须对捐赠行为具有充分的判断和辨认能力,这要求捐赠者必须具备完全的民事行为能力。对于未成年人以及不能完全辨认自己行为的成年人这些限制民事行为能力人和无民事行为能力人,不能作出人体捐献的有效同意。

第四,完全民事行为能力人依据前款规定同意捐献的,应当采用书面形式,也可以订立遗嘱。捐献可能对人体造成损害,涉及生命权、身体权、健康权等最基本的人格权利,同时要确定捐献的意愿是真实的,因此,应当对同意捐献的形式作严格限制。

第五,自然人生前未表示不同意捐献的,该自然人死亡后,其配偶、成年子女、父母可以共同决定捐献,决定捐献应当采用书面形式。关于死体捐献有两种方式：一种方式是明确同意方式，即死者必须在生前依法表示了同意捐献的意愿。另一种方式是推测同意方式，即只要死者没有在生前表示不同意捐献的意愿，其配偶、成年子女、父母就可以捐献。我国的人体器官捐赠条例采取了后一种方式，条例第8条第2款对此予以明确规定。经研究，死体捐献不会对捐献者的生命或者健康造成严重损害，且能够发扬人道主义精神，引导民众移风易俗，促进社会主义物质文明和精神文明建设，有利于移植临床救治和医学的发展，本条延续了现有的规定采取了推测同意方式。

据此，如果自然人生前表示了不同意捐献的意愿，应当尊重自然人的自主决定权，其他任何人（包括配偶、成年子女、父母）都不能在自然人死亡后同意捐献。但是，如果自然人生前未表示不同意捐献，该自然人死亡后，其配偶、成年子女、父母可以共同决定捐献。共同决定捐献需要满足的条件：（1）该自然人死亡后。在其死亡前，其仍有权决定是否捐献，其他人不能代为决定。（2）有权决定捐献的主体是死者的配偶、成年子女和父母。决定捐献者必须具备完全行为能力。同时，死者没有配偶、成年子女或者父母也已经死亡的，其他近亲属等都不能决定捐献。（3）死者的配偶、成年子女和父母共同决定。如果其中任何一个人反对捐献，捐献也无法继续进行。在实践中，即使死者生前同意捐献，通常也要征得近亲属的同意，在死者生前未表示不同意捐献的情形中就更是如此，死者的配偶、成年子女和父母中的任何一个人不同意捐献的，都不能捐献。（4）决定捐献应当采用书面形式。

应当注意的是，死体捐献和活体捐献在很多问题上都是不同的。活体捐献要受到严格的限制，死体捐献受到的限制相比较而言要少一些。

【案例分析】

"王某诉王某兄侵害人格权纠纷案"【北京二中院（2009）二民终字第13951号民事判决书】认为，在父母生前明确表示同意捐献的情况下，部分子女在其他子女未到场情况下按父母生前意愿捐献父母遗体，虽有不妥之处，但尚不构成对未到场子女侵权。相关裁判摘要如下：王某父生前领取了《志愿捐献遗体申请登记表》，亲自填写了申请人详细情况，并将捐献遗体意愿告知子女。根据王某父上述行为，并结合王某父生前所写字条内容，可认定捐献遗体系王某父真实意思表示。王某父去世后，王某兄将父亲遗体捐献给有关部门，该行为符合父亲生前意愿，其在办理遗体捐献手续时在申请表上代填父亲姓名，并不影响父亲捐献遗体意愿真实性。王某兄在王某未到场情况下捐献父亲遗体，虽有不妥之处，但属于处理家庭成员内部关系不当，尚不构成对王某人格权侵害。无偿捐献遗体系有益于社会公共利益的善举，亦无损社会公德和善良风俗，捐献者及其亲属均应得到全社会理解和支持。祭奠并非单纯对遗体的告别，更应是对死者精神追悼，王某认为王某兄侵犯了其祭奠等权利缺乏事实依据，判决驳回王某诉请。

> **第一千零七条** 禁止以任何形式买卖人体细胞、人体组织、人体器官、遗体。
> 违反前款规定的买卖行为无效。

【条文主旨】

本条是关于禁止买卖人体细胞、人体组织、人体器官、遗体的规定。

【条文释义】

基于人格尊严的理念，每一个自然人的身体应当受到尊重，避免仅仅将人体组成部分作为客体；同时，在实践中，人体的买卖很可能会不公平地利用最贫穷和最脆弱的群体，导致牟取暴利和贩卖人口。据此，本条也对禁止人体买卖作出规定。

本条首先明确，人体捐赠只能是无偿的，禁止以任何形式买卖人体细胞、人体组织、人体器官、遗体。买卖人体的形式在实践中多种多样，任何形式只要构成实质上的买卖，都应当被禁止。

本条进一步明确，违反前款规定的买卖行为无效。本法第153条规定，违反法律、行政法规的强制性规定的民事法律行为无效。但是，该强制性规定不导致该民事法律行为无效的除外。违背公序良俗的民事法律行为无效。据此，本条进一步明确，上述买卖行为是无效的，违反第1款的规定必然导致民事法律行为无效。如果买卖行为无效，买方无权请求卖方承担违约责任。如果买卖的人体组成部分已经被移植，此时就属于本法第157条中规定的不能返还的情形，这并不影响行为人依据法律的规定承担行政责任和刑事责任。

但是，应当注意的是，要将人体买卖和依据法律规定对捐赠人或者其近亲属的补偿或者救助、各种成本的补偿区分开。

> **第一千零八条** 为研制新药、医疗器械或者发展新的预防和治疗方法，需要进行临床试验的，应当依法经相关主管部门批准并经伦理委员会审查同意，向受试者或者受试者的监护人告知试验目的、用途和可能产生的风险等详细情况，并经其书面同意。
> 进行临床试验的，不得向受试者收取试验费用。

【条文主旨】

本条是关于人体临床试验的规定。

【条文释义】

人体临床试验，又称为人体试验，是指在病人或健康志愿者等受试者的人体上进行系统性研究，以了解新药、医疗器械或者发展新的预防和治疗方法的疗效与安全性。为研制新药、医疗器械或者发展新的预防和治疗方法，在研发阶段时，通常会先进行动物试验，动物试验通过之后进行人体试验。人体试验是确保其有效性和安全性必不可少的环节，对促进医疗科研事业的发展意义重大，因此，允许开展人体试验活动是必要的。但是，人体试验关系到受试者的生命健康，涉及其人格尊严，要符合伦理要求，有必要对此设定较为严格的条件。我国对此有相关的规范。例如，基本医疗卫生与健康促进法第 32 条第 3 款、疫苗管理法第 16 条至第 18 条、药品管理法第 18 条至第 23 条都对此作出了规定。

经研究，为了保护人的生命和健康，维护受试者的人格尊严，尊重和保护受试者的合法权益，促进人体临床试验的规范开展，在综合考虑多方面意见的基础上，本法吸收了相关规定内容，对人体试验予以规定。人体试验的伦理原则是公正、尊重人格、力求使受试者最大程度受益和尽可能避免伤害，具体包括知情同意、控制风险、免费和补偿、保护隐私、依法赔偿、特殊保护等，而其中的基础和首要前提是受试者的知情同意，体现了受试者对人体试验的自决权。

本条规定的主要内容如下：

第一，人体临床试验应当依法经相关主管部门批准并经伦理委员会审查同意。例如，疫苗管理法第 16 条第 1 款规定："开展疫苗临床试验，应当经国务院药品监督管理部门依法批准。"

第二，受试者享有是否参加试验的自主决定权。基于受试者的人格尊严，尊重和保护受试者的合法权益，应当尊重和保障受试者是否参加研究的自主决定权。

第三，受试者同意参加临床试验的意愿必须真实合法。这首先意味着任何组织或者个人不得使用欺骗、利诱、胁迫等手段使受试者同意参加研究。其次意味着，应当依法告知试验目的、用途和可能产生的风险等详细情况，以使得受试者充分了解后再表达同意的意愿。

第四，知情同意权由受试者或者其监护人依法行使。如果受试者是完全民事行为能力人，能够单独有效地行使知情同意权。但是，在受试者不具备完全的民事行为能力时，情况比较复杂，本法仅作出了原则性规定，具体由特别法进一步规定。

第五，知情同意必须是书面形式。这也是我国现行有关规范的共识。

第六，进行临床试验的，不得向受试者收取试验费用。这是总结了我国现行的相关规范而作出的规定。

【案例分析 】

"龙燕萍等与中国医学科学院阜外心血管病医院医疗损害责任纠纷案"【北京市西城区人民法院（2018）京 0102 民初 5790 号民事判决书】认为，在受试者明确签订临床试验知情同意书的情况下，意味着应当接受不能预判的风险，并放弃经典治疗方案的安全性，在此情况下，试验者对受试者死亡的责任不应过大。相关裁判摘要如下：一方面，对于患者及家属而言，采用先进的、创伤小的、愈后好的新技术治疗病情是其所期望，但 TAVR 并非传统治疗方案，而是处于临床试验阶段，其针对的患者是"老年重度主动脉瓣钙化性狭窄，心功能Ⅱ级以上且有外科手术高危或禁忌"等情况。换言之，TAVR 适应证的患者是心脏病情相当严重且无法耐受外科手术老年病患。无论采取外科手术或者介入治疗，发生并发症的风险均存在，甚至其几率几乎相同。中国逐渐步入老年社会，高龄人口的增加，老年人对于生活质量要求提高，而技术进步所对应的诊疗方案要有所突破。如果我们从更高的层次评估，TAVR 技术最终能在临床广泛应用，终将是更多数老年患者的福祉。循证医学就是不停试错的过程，在实践中积累数据，任何医疗决策应建立在最佳科学研究证据基础上得以完善。受试患者不存在已知禁忌症情况下，医方实施实验性治疗方案就在不断尝试和突破。中国人特有的 BAV 患者比例高于欧美受试者，意味着 TAVR 临床应用风险难以借助既往研究成果量化，所以临床研究需要采集更多的病例样本进行分析研究。患者参与该试验性治疗，意味着应当接受不能预判的风险，并放弃经典治疗方案的安全性。因此，临床试验阶段告知义务以及试验者的责任，并不等同于临床应用诊疗方案。特别是手术风险的原因以及应对方案，正是该阶段所要重点分析解决的。而对于失败病例的分析总结，则于技术进步更有价值。如果我们过于强调手术风险评估和绝对适应证，则失去了试验的价值和意义。司法鉴定认定医方承担共同因果关系的意见，过于加重临床试验者的责任。综上，本院调整责任分担，医方对于患者死亡存在告知不足，承担次要责任，责任比例为40%。

> **第一千零九条**　从事与人体基因、人体胚胎等有关的医学和科研活动，应当遵守法律、行政法规和国家有关规定，不得危害人体健康，不得违背伦理道德，不得损害公共利益。

【条文主旨】

本条是关于与人体基因、人体胚胎等有关的医学和科研活动的规定。

【条文释义】

与人体基因有关的医学和科研活动，包括基因鉴定、基因制药、基因诊断、基因治疗、基因编辑、基因克隆等。与人体胚胎有关的医学和科研活动，包括与人体胚胎干细胞等有关的治疗性研究和生殖性研究。与人体基因、人体胚胎等有关的医学和科研活动是生命科学研究的重要组成部分，将极大地改变人类生命和生活的面貌，为改善个人和全人类的健康状况开辟广阔的前景。但是，这些活动可能带来人体生命健康安全和伦理道德方面的风险，甚至对人类产生重大的潜在危险。

本条规定，从事与人体基因、人体胚胎等有关的医学和科研活动，应当遵守法律、行政法规和国家有关规定，不得危害人体健康，不得违背伦理道德，不得损害公共利益。主要包括了以下内容：

第一，尊重人格尊严。从事与人体基因、人体胚胎等有关的医学和科研活动，必须建立在尊重人格尊严的基础上，具体包括：一是禁止基于个人遗传特征的歧视；二是禁止对自然状态下的人类基因组或者胚胎进行商业化利用；三是要求人类基因数据等在使用时，不得用于意在侵犯或造成侵犯某一个人的人权、基本自由或人类尊严的歧视的目的或导致对某一个人、家庭、群体或社区造成任何侮辱的目的；四是强调个人的利益和福祉应高于单纯的科学利益或者社会利益等。

这同时意味着应当禁止违背人格尊严、生命保护的一切行为。从事与人体基因、人体胚胎等有关的医学和科研活动，应当以治疗疾病和提升人类福祉为目的，不得危及特定人员和全人类的健康利益。禁止生殖性克隆等违背人格尊严的遗传工程技术的研究和应用。禁止买卖人类遗传资源、配子、受精卵、胚胎或胎儿组织等行为。反对生殖性研究。禁止非医学需要的胎儿性别鉴定和选择性别的人工终止妊娠。

第二，尊重知情同意权。从事与人体基因、人体胚胎等有关的医学和科研活动，应当尊重人们在负责并尊重他人自主权的前提下自己作出决定的自主权，事先征得有关人员自愿、知情和明确表示的同意，向其提供清楚、公正、充分和适当的信息。对没有能力行使自主权的人应采取特殊措施保护他们的权益。当事人可以在任何时候、以任何理由撤销其同意。

第三，尊重当事人的隐私，保护相关的个人信息。从事相关活动时，应尊重当事人的隐私，对与个人有关的遗传信息应加以保密。

第四，正当程序等保障。只有为了维护公众安全，为了对刑事犯罪进行调查、侦查和提出起诉，为了保护公众健康或者保护其他人的权利和自由，在法律规定了特定权限和特定程序的情况下，才可对上述原则加以限制。

> **第一千零一十条**　违背他人意愿，以言语、文字、图像、肢体行为等方式对他人实施性骚扰的，受害人有权依法请求行为人承担民事责任。
>
> 机关、企业、学校等单位应当采取合理的预防、受理投诉、调查处置等措施，防止和制止利用职权、从属关系等实施性骚扰。

【条文主旨】

本条是关于性骚扰的规定。

【条文释义】

性骚扰行为会影响受骚扰者的学习、工作和生活，侵害人格尊严、自由，损害其形象和自尊，严重的性骚扰甚至会造成被骚扰者的恐惧、自闭和盲目依赖，还可能涉及社会中的性别歧视，引起社会的较大关注。各个国家和地区都对性骚扰予以规定。有些国家和地区制定了反性骚扰的特别立法；有的针对工作场合的性骚扰予以特别规定；有的在其他特别法中予以规定。在我国，妇女权益保障法第 40 条、治安管理处罚法第 42 条第 5 项和第 44 条、女职工劳动保护特别规定第 11 条也对此进行了相应的规定。最高人民法院也在 2018 年将"性骚扰责任纠纷"作为新增加的民事案件案由，在司法实践中提高受害人诉讼的可能性和力度。

经研究，对性骚扰行为，需要各个领域和各个层次的法律共同形成相互协调、相互补充的多层次综合治理机制。在民法典中进行规定能够为防止性骚扰奠定坚实的法律基础，为受害人提供民法上的救济。据此，本法在总结既有立法和司法实践经验的基础上，对性骚扰问题予以回应，明确了性骚扰的认定标准，并规定了相应单位的行为义务。

性骚扰行为可能采取触碰受害人身体私密部位的行为方式，这会涉及身体权；也可能采取言语、文字、图像等方式，影响受害人心理健康甚至身体健康，这会涉及健康权。立法过程中，对性骚扰行为侵害的是受害人的何种权利存在争论。但是，不同观点的共识在于性骚扰的侵害行为侵害了他人的人格尊严，构成了侵害人格权的行为。因此，本法是从性骚扰行为的角度予以规定。

首先，本条第 1 款规定了性骚扰的一般性构成。考虑到民法典是民事基本法，为了适应社会的发展变化，本款仅对性骚扰规定了一般性的构成要件，但未对何为性骚扰作具体的界定，这些可以留给特别法和司法实践处理。根据实践的情形，构成性骚扰一般包括以下条件：

1. 性骚扰中受害人是所有的自然人。实践中，性骚扰的受害人多为女性，妇女权益保障法第 40 条也仅规定了禁止对妇女实施性骚扰。但是，本款所规定的性骚扰不区分性别、年龄，无论是男性还是女性、成年人还是未成年人都可能成为性骚扰的受害人，也不区分行为人与受害人是同性还是异性。

2. 行为与性有关。行为人具有性意图，以获取性方面的生理或者心理满足为目的。一些国家和地区的性骚扰还涉及性别歧视。虽然很多性骚扰行为是基于性别歧视的观念作出的，但是，考虑到反对性别歧视属于宪法第 48 条所规定的男女平等以及本法所规定的人格尊严保护的内容，因此，本款的适用强调性骚扰行为与性有关。在实践中，具体的方式是多种多样的，包括言语、文字、图像、肢体行为等。

3. 性骚扰构成的核心是违背他人意愿。性骚扰与两厢情愿的调情、约会等区分，是因为此类行为违背了他人意愿。针对对受害人有职权控制关系的领导、上司、老师等的行为，受害人迫于某种压力往往采取隐忍或者以委婉的方式拒绝，甚至是屈从而在行为上表现为"自愿"，但主观上对该行为是不欢迎或者反感的，此时也可以认定为违背他人意愿。

4. 行为一般具有明确的针对性。性骚扰行为所针对的对象一般是具体的、明确的，此时才可能会承担民事责任。无论是长时间还是短时间的性骚扰，均是针对某个具体的对象。

5. 行为人主观上一般是故意的。因错写手机号码或者邮件地址，将包含两性内容的短信或邮件误发他人，不构成性骚扰。

其次，本条第 1 款同时规定，如果行为人实施性骚扰行为，受害人有权依法请求行为人承担民事责任。受害人有权依法请求行为人承担民事责任，这意味着如果本法和其他法律的规定对行为人承担民事责任，要求具备其他的责任构成要件，或者进一步对责任后果予以细致规定的，应当依照其规定。

本条第 1 款是对性骚扰的一般性规定。但是，在实践中，利用职权、从属关系的性骚扰的情形较多，此种性骚扰并非只能发生于工作场所，也可能发生在工作场所之外。行为方式也是多样的，比较典型的方式，例如，利用职务、从属关系以明示或者暗示方式对他人施加压力，向他人索取性服务，或者以录用、晋升、奖励等利益作为交换条件，诱使他人提供性方面的回报。因此，本条第2款针对此种情形，特别规定了机关、企业、学校等单位的义务。依照本款规定，这些单位负有为防止和制止利用职权、从属关系等实施性骚扰而采取措施的义务。

最后，这些单位应当采取合理的预防、受理投诉、调查处置等措施。这些措施涵盖了事前的预防、事中的受理投诉和事后的调查处置各个层面。

应当注意的是，单位除了应当负有采取合理措施防止和制止利用职权、从属关系等实施性骚扰而采取措施的义务，也负有采取合理措施防止和制止其他性骚扰的义务。例如，单位的客户到单位对单位的工作人员实施性骚扰，单位也负有采取合理措施的义务。

【案例分析】

"广东邦达实业有限公司与林顺沅劳动合同纠纷案"【广东省中山市中级人民法院（2015）中中法民六终字第235号民事判决书】对劳动场所的性骚扰行为进行了认定。相关裁判摘要如下：首先，林顺沅的行为是否认定为性骚扰行为的问题。《中华人民共和国妇女权益保障法》第40条规定："禁止对妇女实施性骚扰。受害妇女有权向单位和有关机关投诉。"而《广东省实施〈中华人民共和国妇女权益保障法〉办法》第29条第1款规定："禁止违反妇女意志以带有性内容或者与性有关的行为、语言、文字、图片、图像、电子信息等任何形式故意对其实施性骚扰。"上述法律条文明确禁止特别是在劳动场所进行性骚扰。本院认为，劳动场所的性骚扰行为一般包含三方面：一是此行为带性色彩；二是此行为对承受方而言是不受欢迎的，是有损于其人格和尊严的；三是这种行为可导致承受人在工作场所中产生一种胁迫、敌视、羞辱性的工作环境。本案中，林顺沅利用电脑软件在照片上添加对白文字和主题，该文字和主题以公司女同事为对象，带有明显的与性有关的文字故意对照片中的女同事实施上述行为，且从女同事向公司领导投诉和哭诉的事实能够确认林顺沅的行为造成行为对象的羞辱和不适，明显违背了女同事的意志，造成女同事精神上的压力，上述行为应认定为性骚扰行为。

> **第一千零一十一条** 以非法拘禁等方式剥夺、限制他人的行动自由，或者非法搜查他人身体的，受害人有权依法请求行为人承担民事责任。

【条文主旨】

本条是关于非法剥夺、限制他人行动自由和非法搜查他人身体的规定。

【条文释义】

为进一步落实宪法的规定和精神，加强对自然人人身自由的保护，协调与其他法律相关规定之间的关系，本条规定了非法剥夺、限制他人行动自由和非法搜查他人身体的，受害人有权依法请求行为人承担民事责任。

首先是非法剥夺、限制他人行动自由。本条所谓的行动自由，指的是身体行动的自由，不包括意志的自由或者精神活动的自由。非法剥夺、限制他人行动自由在实践中的方法多种多样，如非法拘禁、非法逮捕、拘留、非法强制住院治疗等。

其次是非法搜查他人身体。实践中，发生了超市、商场等非法搜查他人身体的行为，这些行为往往以限制行动自由为前提，同时涉及自然人对自己身体的权利，侵害了自然人的人格尊严。

本条进一步规定，以非法拘禁等方式剥夺、限制他人的行动自由，或者非法搜查他人身体的，受害人有权依法请求行为人承担民事责任。这意味着如果本法和其他法律的规定对行为人承担民事责任，要求具备其他的责任构成要件，或者进一步对责任后果予以细致规定的，应当依照其规定。

【案例分析】

"钱某诉某超市名誉权纠纷案"【上海市第二中级人民法院（1998）沪二中民终字第2300号民事判决书】认为，经营者将未实施偷窃行为的顾客扣留并进行搜身检查，构成对顾客人格权侵犯，应承担精神损害抚慰金赔偿责任。相关裁判摘要如下：超市将钱某滞留店中做检查，不仅时间长达近两小时，期间还出现钱某解扣脱裤接受检查事实。超市行为违反了宪法和民法通则有关规定，侵犯了钱某人格权，对此，应向钱某赔礼道歉。钱某要求超市对其精神损害进行赔偿，理由正当，应予支持。

第三章　姓名权和名称权

本章共六条，对自然人姓名权和法人、非法人组织名称权的内容，自然人取姓的规则，对姓名权和名称权的保护，对艺名、笔名、译名和商号的保护等内容作了规定。

> **第一千零一十二条** 自然人享有姓名权，有权依法决定、使用、变更或者许可他人使用自己的姓名，但是不得违背公序良俗。

【条文主旨】

本条是关于姓名权内容的规定。

【条文释义】

姓名是一个自然人在社会中区别于其他人的标志和符号。姓名的产生是与社会的形成密不可分的，人作为社会中的一员，需要与社会中的其他成员进行社会交往，产生各种各样的关系，进行社会交往就需要让成员之间能相互区别开来，姓名就是为了适应这种社会交往而产生的。

姓名对于社会中的自然人来说意义极为重大：一是社会生活的需要。在姓名出现前，人们在社会交往中要进行个体识别较为困难，而姓名的出现则解决了这一难题，方便了人们的交往。二是姓名具有一定身份定位的功能。姓名由姓氏和名字组成。姓氏在早期代表了某一自然人的血缘和家族的归属，现在仍是特定群体遗传关系的重要记号之一，而名字则既是家族成员辈份的体现，也是该自然人的个人符号。在早期，姓名的身份定位功能极强，例如，封建社会中帝王贵族的姓氏就是身份的象征，普通百姓不能随意使用这样的姓氏。随着封建社会的灭亡和社会的发展，姓名的这种具有极强身份属性的功能逐渐减弱。但是，姓名的身份定位功能在家族和亲属之间仍在一定程度上存在和体现。因此，从这个意义上讲，姓名是一个家族成员的共同纽带，有利于维护家族成员的精神情感和身份认同。三是具有重要的法律意义。从民法的角度看，一个自然人拥有姓名后以姓名为标记，使自己与社会中的其他成员相区别，享受权利、承担义务，使自己的尊严得到更好的彰显，个性得到更好的发展，个人的名誉得到更好的维护，等等。从公法的角度看，由于姓名具有极强的表征功能，每一个姓名就代表着一个自然人，因此，姓名的出现可以使国家对社会的管理更方便，现在户籍管理制度、身份证管理制度和人事档案制度等管理制度都是建立在姓名基础上的。

民法典在继承民法通则规定的基础上明确将姓名权作为一种重要的具体人格权纳入人格权编，并明确规定，自然人享有姓名权。该规定有以下几层含义：一是姓名权的主体只能是自然人。根据本法总则编的规定，我国的民事主体包括自然人、法人和非法人组织三类。法人或者非法人组织享有的是名称权，不享有姓名权，姓名权专属于自然人。二是任何一个自然人都享有姓名权。每个自然人自出生之时就享有这种权利，有权依法决定、使用、变更或者许可他人使用自己的姓名，任何组织和个人都无权剥夺自然人这种权利，也不得以干涉、盗用、假冒等方式侵害自然人这种姓名权。三是任何一个自然人都平等地享有姓名权。自然人对姓名权的享有不因民族、性别、年龄等因素的不同而有差别，也不因民族、性别、年龄等因素的不同而受到不同保护。

民法通则第 99 条第 1 款明确规定，公民享有姓名权，有权决定、使用和依照规定改变自己的姓名，禁止他人干涉、盗用、假冒。从实践情况看，这种定义方式符合我国的现实，也符合司法实践的需要。本次民法典编纂中继承和延续了这种方式，明确规定自然人有权依法决定、使用、变更或者许可他人使用自己的姓名。但是，与民法通则的规定相比，有两个变化：一是增加了一种姓名权的权能，即自然人有权依法许可他人使用自己的姓名。二是民法通则只强调了改变自己姓名需要依照规定，而本次编纂中考虑到本法第 1015 条的规定以及居民身份证法等法律法规对姓名的决定、使用、变更或者许可都有一定规范，所以本条强调，自然人虽然有权决定、使用、变更或者许可他人使用自己的姓名，但都应当依法进行。这里强调的"依法"决定、使用、变更或者许可主要针对正式姓名而言的，即国家居民身份证、户口登记、档案等法定文件或者记录中的姓名。对于非正式姓名，例如，笔名、艺名等非正式姓名则不需要遵循本法和其他法律法规所规定的强制性规则，例如，一个人的笔名不需要随父姓或者母姓，也不需要到户口登记机关进行登记。根据本条的规定，姓名权的内容主要包括四项权能：

1. 决定姓名的权能。一个自然人有权决定自己的姓名是姓名权最为基本的内容，是自然人人格发展和自我决定的重要表现形式，也是其变更、使用或者许可他人使用自己姓名的前提和基础，任何组织或者个人不得非法干预。需要强调的是，自然人有权决定自己的姓名，但这种决定权应当依法进行。"依法"体现在以下几个方面：一是对姓氏的选择应当依法进行。本法第 1015 条对姓氏的选取规则作了明确规定。根据该条规定，自然人应当随父姓或者母姓，但是有下列情形之一的，可以在父姓和母姓之外选取姓氏：（1）选取其他直系长辈血亲的姓氏；（2）因由法定扶养人以外的人扶养而选取扶养人姓氏；（3）有不违背公序良俗的其他正当理由。少数民族自然人的姓氏可以遵从本民族的文化传统和风俗习惯。二是姓名的选取应当遵循一定的程序。根据本法第 1016 条规定，自然人决定、变更自己的姓名的，应当依法向有关机关办理登记手续。根据我国户口登记条例的规定，婴儿出生后 1 个月以内，由户主、亲属、抚养人或者邻居向婴儿常住地户口登记机关申报出生登记。因此，婴儿的姓名决定权由其监护人行使。这并非对姓名决定权能的否定，而是考虑到婴儿为无民事行为能力人，其无法亲自行使这项权能，根据本法总则编的相关规定，婴儿等无民事行为能力人，由其法定代理人代为从事民事法律行为，婴儿的法定代理人是其父母等监护人。所以，婴儿的父母代为行使姓名决定权能是监护权和亲权的体现。

2. 使用姓名的权能。使用自己的姓名是自然人享有姓名权的重要内容，也是姓名权的本质特征。姓名权人有权按照自己意志决定自己的姓名如何使用，在何处使用自己的姓名，例如，可以允许商业公司以自己的姓名冠名某一场活动，或者冠名某一公司，任何组织或者个人不得干涉或者妨碍，也不得盗用或者假冒姓名权人的姓名。

3. 变更姓名的权能。自然人有权变更自己的姓名是其姓名权的应有之义。自然人出生后，由于其为无民事行为能力人，其姓名由监护人决定，本人在具备完全民事行为能力后，有权对自己的姓名进行变更。但是，自然人对姓名的变更权能不是任意行使的。一般情况下，权利人行使自己的权利只要不违反法律的强制性规定和违背社会的公序良俗即可。但是，自然人的姓名绝不仅仅是社会交往的符号，其与传统文化、婚姻形态、风俗习惯、价值观念、伦理道德等密切相关，还承载着代表个体、表明登记身份、规范婚姻和家庭秩序、文化传承、社会管理等诸多社会功能，自然人变更自己的姓名不但会影响自己的权利义务关系，也会对国家管理以及社会公共利益造成影响。正因为基于对公共利益的考虑，我国居民身份证法等法律法规都对自然人变更姓名作了一定限制，要求自然人变更姓名要遵循一定的程序；民法通则第99条也专门规定，变更姓名应当"依照规定"进行。根据本法第1016条规定，自然人决定、变更自己的姓名的，应当依法向有关机关办理登记手续。同行使姓名权的决定权能一样，变更姓氏同样需要遵循本法第1015条的规定，即自然人原则上应当随父姓或者母姓。从法律效力看，民事主体变更姓名、名称的，变更前实施的民事法律行为对其具有法律约束力。

4. 许可他人使用姓名的权能。本法第992条规定，人格权不得放弃、转让或者继承。姓名权作为一种重要的人格权，与自然人密不可分，它本身不具有直接的财产内容，其确实不得被转让、赠与或者继承。但是，随着社会的发展，姓名商业利用问题日益突出，一些自然人姓名中的财产利益凸显，例如，姚明作为著名的运动员，其姓名具有巨大的广告效应和商业价值。姓名权人在一定程度上可以对自己的姓名进行商业利用，允许他人使用自己的姓名并取得一定的经济收益，实践中这样的案件已有很多，例如，袁隆平作为著名的科学家，许可一家上市公司"隆平高科"使用自己的姓名作为公司名称的一部分。这里需要强调几点：一是姓名权人许可他人使用自己的姓名不是转让姓名权。姓名权作为一种人格权，本身与姓名权人不可分割，不可被转让。姓名权人许可他人使用的是姓名中的非人格利益。二是许可他人使用并不是指姓名在社会交往中的正常使用。对于人与人之间进行正常的社会交往使用他人的姓名，不需要取得姓名权人的许可就可以使用。例如，日常交往中称呼他人的姓名，会议举办方将与会人员的姓名打印成桌签等。法条中的姓名权人许可他人使用是指超出正常社会交往中的使用，例如，使用他人的姓名打广告、促销，借用他人的名义召开会议等。

自然人虽享有姓名权，有权依法决定、使用、变更或者许可他人使用自己的姓名，但是，自然人行使自己的姓名权不是绝对的，不是没有任何限制的。自然人在决定、变更、使用或者许可他人使用姓名的过程中，不得违反法律、行政法规的相关规定，不得违背公序良俗。

> **第一千零一十三条**　法人、非法人组织享有名称权，有权依法决定、使用、变更、转让或者许可他人使用自己的名称。

【条文主旨】

本条是关于法人、非法人组织名称权内容的规定。

【条文释义】

名称是法人或者非法人组织在社会活动中用以代表自己并区别于其他法人或者非法人组织的文字符号和标记。其功能与意义和自然人的姓名类似，是法人或者非法人组织区别于其他民事主体的重要标识，是法人或者非法人组织从事民事活动的前提和基础。任何合法设立的法人或者非法人组织都享有名称权。

本条规定，法人、非法人组织享有名称权，有权依法决定、使用、变更、转让或者许可他人使用自己的名称。根据该规定，名称权的内容包括五个方面：

一是决定名称的权能。法人、非法人组织对名称的权利首先体现为名称的决定权，即其有权决定本组织取什么样的名称。法人或者非法人组织通过决定名称对外表征其行业、组织形式等相关信息。但是，法人或者非法人组织决定名称的权利是否不受任何限制呢？对于这个问题，一般有两种不同的做法：一种是真实主义，即法人选定的名称必须与经营内容和业务范围相一致，否则不予承认；另一种是自由主义，即法人名称如何确定，完全由当事人自由选择，法律不加限制，即使名称与法人的营业内容和业务范围没有关系也是允许的。这两种做法各有利弊。从目前的规定看，我国原则上采纳的是真实主义模式。

例如，根据《基金会名称管理规定》的规定，基金会名称应当反映公益活动的业务范围。基金会的名称应当依次包括字号、公益活动的业务范围，并以"基金会"字样结束。公募基金会的名称可以不使用字号。根据《企业名称登记管理规定》的规定，企业应当根据其主营业务，依照国家行业分类标准划分的类别，在企业名称中标明所属行业或者经营特点。我国公司法、合伙企业法等法律对公司、合伙企业的名称设定也有相应的要求。即便如此，法人或者非法人组织在法律规定的范围内仍有较大的自由选择空间。

二是使用名称的权能。法人或者非法人组织对自己享有的名称享有独占使用的权利，任何组织或者个人都不得非法干涉其使用。与自然人对自己姓名的使用不完全相同。在同一地区，法律并不禁止自然人取与其他自然人相同的姓名，但在同一地区，法律原则上不允许法人或者非法人在同行业取相同的名称。需要强调的是，法人或者非法人组织对自己名称的独占使用，并不排除不同行业使用这一名称，但是使用时必须标明行业。

三是变更名称的权能。法人或者非法人组织在使用名称过程中，有权按照自己的意愿变更自己的名称，任何组织或者个人不得非法干预。但是，除了法律、行政法规另有规定外，变更名称必须依照法定程序进行变更登记。例如，我国公司登记管理条例规定，公司变更登记事项，应当向原公司登记机关申请变更登记。未经变更登记，公司不得擅自改变登记事项。名称属于公司的登记事项，公司变更名称的，应当办理变更登记。变更登记后，原名称就被依法撤销，法人或者非法人应当在从事各项民事活动中使用新的名称，不得再继续使用原名称从事民事活动。

四是转让名称的权能。法人或者非法人组织对其名称享有转让的权能，这是名称权与姓名权的重要区别。法人或者非法人组织可以将其对名称享有的权利全部转让给其他法人或者非法人组织，受让人成为该名称权的主体，转让人则对名称丧失名称权。需要指出的是，并非所有法人或者非法人组织的名称权都可以转让，原则上只有营利性法人或者营利性非法人组织的名称权可以转让。对于营利性法人或者营利性非法人组织而言，名称权具有较强的财产性，其可以通过转让名称权获得转让费。对于名称权的转让，由于在我国采取绝对转让主义，即法人或者非法人组织转让名称时得将营业一并转让，所以就会产生转让人的债权债务在名称转让后如何处理的问题。从理论上讲，受让人受让该名称时实际上同时也就成为了转让人营业的新主体，其在受让名称时，应当就转让人的债权债务与转让人进行约定处理，有约定的，依照其约定；没有约定的，受让人在受让名称时，也应当一并承受债权债务。即使在有约定的情况下，若没有以通知或者登记等方式告知于债权人，为了保护债权人的利益，债权人也可以请求受让人承担转让人的债务。

五是许可使用的权能。法人或者非法人组织享有在一定范围和期限内允许其他法人或者非法人组织使用自己名称的权利。法人或者非法人组织许可他人使用自己名称的同时，自己仍可以继续使用该名称，在没有特别约定的情况下，还可以允许多家主体使用该名称，这是许可使用名称与转让名称最大的区别。许可使用名称这种情形主要是针对营利性法人或者营利性非法人组织而言的。名称权人可以有偿许可他人使用，也可以无偿许可他人使用。法人或者非法人组织许可他人使用自己的名称一般都要签订名称使用合同，对使用的期限、范围、报酬等事项作出约定。

需要强调的是，我国现行法律、行政法规和部门规章对名称权的决定、使用、变更、转让或者许可他人使用都作了不少规定，且对于不同性质的法人和非法人组织其名称权的决定、使用、变更、转让或者许可他人使用的规则也不完全相同。例如，本法第1016条规定，法人、非法人组织决定、变更、转让名称的，应当依法向有关机关办理登记手续，但是法律另有规定的除外。民事主体变更名称的，变更前实施的民事法律行为对其具有法律约束力。名称权人决定、使用、变更、转让或者许可他人使用名称均不得违反这些规定。

> **第一千零一十四条　任何组织或者个人不得以干涉、盗用、假冒等方式侵害他人的姓名权或者名称权。**

【条文主旨】

本条是关于禁止以干涉、盗用、假冒等方式侵害他人的姓名权或者名称权的规定。

【条文释义】

自然人对自己的姓名享有姓名权，法人、非法人组织对自己的名称享有名称权。自然人享有的姓名权除了体现在对姓名有权依法决定、使用、变更或者许可他人使用方面外，学理上称之为姓名权的积极权能；还体现在任何组织或者个人不得以干涉、盗用、假冒等方式侵害自己的姓名权，学理上称之为姓名权的消极权能。同理，法人、非法人组织享有的名称权也体现在这两个方面。本章在前两条分别对姓名权和名称权的积极权能作了规定，为了更好地保护姓名权人和名称权人的权益，本条对姓名权和名称权的消极权能也作了规定，本规定延续了我国现行法律和司法解释的规定。民法通则第99条规定，禁止他人干涉、盗用、假冒公民的姓名权。《最高人民法院关于贯彻执行〈中华人民共和国民法通则〉若干问题的意见（试行）》第 141 条规定，盗用、假冒他人姓名、名称造成损害的，应当认定为侵犯姓名权、名称权的行为。

实践中，侵害姓名权、名称权的方式很多，本条列举了几种较为典型的侵害方式：

一是非法干涉，即无正当理由干涉他人对姓名的决定、使用、变更或者许可他人使用的权利，无正当理由干涉法人或者非法人组织对其名称的决定、使用、变更、转让或者许可他人使用的权利。例如，子女成年后，其父母没有正当理由不允许其变更姓名；养父母没有正当理由不允许养子女随其生父母的姓；等等。

二是盗用，即未经姓名权人、名称权人同意或者授权，擅自以姓名权人、名称权人的姓名或者名称实施有害于他人或者社会的行为。例如，打着经过某著名人士同意或者授权的幌子，以该著名人士的名义开办会所。这种侵害方式的核心是侵权人的行为让他人误以为姓名权人、名称权人同意或者授权侵权人以其名义从事民事活动，但并没有宣称其就是该姓名权人或者名称权人。

三是假冒，即侵权人假冒姓名权人或者名称权人之名进行活动，表现为民事主体从事民事活动时不用自己的姓名或者名称而使用他人姓名或者名称。实践中，已出现了不少假冒他人姓名或者名称的冒名顶替案。需要注意的是，实践中存在同名同姓的情况，这是国家法律法规允许的，仅仅因为登记的姓名与他人相同，不构成假冒侵权行为。但是，某民事主体的行为足以使他人误认或者混淆的，则有可能构成侵权。例如，某人与篮球界的姚明同名同姓，都叫"姚明"，若其在正常生活中使用"姚明"，不构成假冒，但若其对外宣称自己是篮球界的姚明，并以此从事各种民事活动，就很可能构成假冒侵权。

以上三种是实践中较为典型的侵害姓名权或者名称权的行为，但侵害姓名权或者名称权的行为不仅限于这三种，例如，将他人的姓名作为商品名称或者作为某一动物的名称等不正当使用姓名的行为。正是基于此，本条在非法干涉、盗用、假冒外加上了"等方式"。

> **第一千零一十五条** 自然人应当随父姓或者母姓，但是有下列情形之一的，可以在父姓和母姓之外选取姓氏：
> （一）选取其他直系长辈血亲的姓氏；
> （二）因由法定扶养人以外的人扶养而选取扶养人姓氏；
> （三）有不违背公序良俗的其他正当理由。
> 少数民族自然人的姓氏可以遵从本民族的文化传统和风俗习惯。

【条文主旨】

本条是关于自然人姓氏选取规则的规定。

【条文释义】

关于子女姓氏如何选取的问题，1980 年婚姻法第 16 条规定，"子女可以随父姓，也可以随母姓"。2001 年修改婚姻法时删去了该条中的"也"字。这是为了进一步贯彻男女平等和夫妻家庭地位平等的原则，避免因"也"字表达的语气对条文内容产生影响。关于姓名权，民法通则第 99 条第 1 款规定："公民享有姓名权，有权决定、使用和依照规定改变自己的姓名，禁止他人干涉、盗用、假冒。"根据上述规定，公民有权决定自己的姓名，但改变姓名需要"依照规定"进行。根据户口登记条例第 18 条规定，公民变更姓名，依照下列规定办理：（1）未满 18 周岁的人需要变更姓名的时候，由本人或者父母、收养人向户口登记机关申请变更登记；（2）18 周岁以上的人需要变更姓名的时候，由本人向户口登记机关申请变更登记。该条例对公民改变姓名时的申请程序作了规定，未对公民改变姓名进行限制。

近年来，司法机关、有关行政部门和一些社会公众反映，民法通则和婚姻法的上述规定较为原则，对于公民能否在父姓和母姓之外选取姓氏，实践中有关部门和当事人存在理解不一致的情况；且相关法律制定较早，不能有效应对当前公民创姓、改姓等新情况、新问题。同时，鉴于姓氏选取问题不仅涉及现代社会的公民私权与国家公权、个人自由与社会秩序，还关乎中华民族的文化传统、伦理观念和社会主义核心价值观，问题重大，有必要作出专门的规定，以指导实践。为此，2014 年十二届全国人大常委会十一次会议通过《全国人民代表大会常务委员会关于〈中华人民共和国民法通则〉第九十九条第一款、〈中华人民共和国婚姻法〉第二十二条的解释》。该立法解释明确规定，公民原则上应当随父姓或者母姓。有下列情形之一的，可以在父姓和母姓之外选取姓氏：（1）选取其他直系长辈血亲的姓氏；（2）因由法定扶养人以外的人扶养而选取扶养人姓氏；（3）有不违反公序良俗的其他正当理由。少数民族公民的姓氏可以从本民族的文化传统和风俗习惯。该立法解释这样规定的主要理由是：姓氏文化是中华传统文化的重要组成部分。中华文明源远流长，姓氏文化在中华五千多年连绵不断的文明史中占有重要地位。世界上的很多国家都通过立法明确子女应当从父姓或者母姓。通过立法解释，明确公民原则上应当在父姓或者母姓中选取姓氏，对于维护中华民族的文化传统、伦理观念和社会主义核心价值观至关重要。从婚姻法当初的立法本意看，婚姻法第 22 条的规定主要为了突出父母对子女姓氏决定权的平等，进一步体现男女平等和夫妻家庭地位平等的原则，不涉及公民是否可以在父姓、母姓之外选取其他姓氏的问题。社会各方面普遍认为，子女承父姓、母姓在我国有深厚的传统文化伦理基础，社会普遍遵循。现实生活中，随意取姓的现象比较少见，老百姓一般也难以接受。姓氏选取不能毫无限制，应当依照规定。同时，鉴于社会生活和民事活动的复杂性以及各民族因历史文化传统、民族习惯和宗教信仰等体现的姓氏文化差异性，法律应当考虑一些公民在父姓和母姓之外选取姓氏的合理需求以及不同民族的风俗习惯，力求找到最佳平衡点，作出既符合多数人利益，又能兼顾少数人利益的解决方案，使法律规则既保持稳定性，又富有灵活性。自该立法解释正式实施以来，从实践情况看，较好地平衡了尊重自然人的自由决定或者变更姓名权利与尊重中国优秀传统文化以及伦理道德之间的关系，也得到了多数人的认同，有利于解决现实中的争议。基于此，本法完全继承和吸收了该立法解释的规定。

> 　　第一千零一十六条　自然人决定、变更姓名，或者法人、非法人组织决定、变更、转让名称的，应当依法向有关机关办理登记手续，但是法律另有规定的除外。
> 　　民事主体变更姓名、名称的，变更前实施的民事法律行为对其具有法律约束力。

【条文主旨】

本条是关于民事主体决定、变更姓名、名称或者转让自己名称应当遵守的法定程序以及产生的法律效力。

【条文释义】

根据本法第 1012 条、第 1013 条的规定，自然人有权决定、变更自己的姓名，法人或者非法人组织有权决定、变更或者转让自己的名称。这两条规定的姓名和名称都是指法定姓名或者名称，是自然人或者法人、非法人组织法定人格和身份的体现，对内对外都会产生一定的法律效果，因此其决定、变更等都必须依法进行。

自然人的姓名的决定关系到该自然人参与社会经济生活，特别是涉及从事民事法律行为的问题，因此自然人决定姓名除了需要以有民事行为能力为前提外，还需要遵循法定的程序，办理法定的手续。根据户口登记条例第 7 条第 1

款的规定，婴儿出生后 1 个月以内，由户主、亲属、抚养人或者邻居向婴儿常住地户口登记机关申报出生登记。自然人在确定姓名后，可能出于各种原因而需要变更自己的姓名。但由于其已经使用原姓名进行了各种民事活动，参加了不同的民事法律关系，其改变自己的姓名必然会影响到他人的利益和社会公共利益，因此自然人变更姓名也必须遵守相关法律法规规定，遵循法定程序进行，不得擅自变更。根据户口登记条例的规定，公民变更自己的姓名必须到户口登记机关申请变更登记。当然这里的姓名指的是法定姓名（即正式姓名）的决定或者变更，并不包括本法第 1017 条规定的笔名、艺名等的决定或者变更，笔名、艺名等非法定姓名的决定或者变更并不需要进行登记。

考虑到法人或者非法人组织对社会的影响较大，任何一个国家都会对法人或者非法人组织进行管理。为了维护正常的社会秩序和健康的市场经济秩序，我国法律法规以及规章对法人、非法人组织的设定、变更或者转让也作了不少规定，设定了一定的程序，特别是登记程序。原则上法人或者非法人组织变更自己的名称或者转让自己的名称权都需要进行变更或者转让登记。需要指出的是，根据我国相关法律法规的规定，并非所有法人或者非法人组织变更或者转让自己的名称都需要登记，例如，本法总则编规定的机关法人的决定或者变更就不需要办理登记手续。因此，本条特别规定"但是法律另有规定的除外"。

自然人的姓名，法人、非法人组织的名称，是民事主体的外在标识，姓名权人或者名称权人以其参与各种民事活动，为自己设定权利义务，对自己、对他人都有重大影响。自然人变更自己的姓名，法人、非法人变更自己的名称，都是其外在标识改变，其实质并没有发生改变，其权利义务的归属也不应发生改变，否则会对他人甚至社会公共利益产生重大影响。而现实生活中，却不时发生债务人通过变更姓名或者名称的方式逃避债务的现象，损害了社会经济秩序。为了防止这种"新人不理旧账"的现象出现，保护原法律关系的相对方的权益，本条第 2 款特别规定，民事主体变更姓名、名称的，变更前实施的民事法律行为对其具有法律约束力。

> **第一千零一十七条**　具有一定社会知名度，被他人使用足以造成公众混淆的笔名、艺名、网名、译名、字号、姓名和名称的简称等，参照适用姓名权和名称权保护的有关规定。

【条文主旨】

本条是关于保护笔名、艺名、网名、字号等的规定。

【条文释义】

广义上的姓名和名称除了包括正式姓名和正式名称外，还包括姓名和名称的简称、笔名、艺名、网名、字号等。一些文学家、艺术家常常用笔名、艺名代替本名，这些笔名、艺名甚至比其本名更为社会和公众所熟知，例如，著名作家莫言的本名叫管谟业，莫言只是其笔名，但多数读者只知其笔名莫言，并不知道其本名。除笔名、艺名外，根据我国的传统，一些自然人还喜欢给自己起"字"或者"号"，例如，唐代大诗人李白，字太白，号青莲居士，现在仍有一些人继承了这一传统。随着现代网络社会的发展，不少自然人在网络世界里给自己起了网名，在网络世界里很多情况下网民之间只知道网名，并不知道其真实的本名。还有的外国人在中国，或者中国人在外国都会面临译名是否保护的问题。对于法人或者非法人组织来说，也存在类似的情况，例如，在日常的民事活动中，除了使用在登记机关登记的正式名称外，有时也会使用名称的简称或者字号，例如，阿里巴巴（中国）网络技术有限公司是登记的名称，其简称为阿里巴巴或者阿里巴巴集团。在本法编纂过程中，对于是否保护姓名和名称简称、笔名、网名、艺名、译名、字号等有不同意见。有的意见认为，只宜保护经过登记的正式姓名和名称，不宜保护姓名和名称简称、笔名、网名、艺名、译名、字号等，否则有可能限制他人的行为自由。经研究认为，姓名和名称简称、笔名、网名、艺名、译名、字号等虽没有经过法定机关登记，不属于正式的姓名或者名称，但是在不少情况下，这些姓名和名称简称、笔名、网名、艺名、译名、字号等也能够起到确定和代表某一自然人或者法人、非法人组织的作用，能够体现民事主体的人格特征。这些姓名和名称简称、笔名、网名、艺名、字号等若被他人滥用或者导致他人混淆，也会对该民事主体造成重大损害。因此，保护姓名和名称简称、笔名、网名、艺名、译名、字号等，有利于更好地保护民事主体的人格利益。但是，姓名和名称简称、笔名、网名、艺名、译名、字号等毕竟不是登记的正式姓名或者名称，并非任何姓名和名称简称、笔名、网名、艺名、字号等都应当受到保护，只有满足一定条件的姓名和名称的简称、笔名、艺名、网名、译名、字号等才受法律保护：一是具有一定社会知名度或者为相关公众所知悉；二是被他人使用足以致使公众混淆的。基于此，本条规定，具有一定社会知名度，被他人使用足以造成公众混淆的笔名、艺名、网名、译名、字号、姓名和名称的简称等，参照适用姓名权和名称权保护的有关规定。

与对正式姓名或者名称的保护相比，对姓名和名称的简称、笔名、艺名、网名、字号等的保护既有相同点，也具有不同点。相同点：一是二者都不得违反法律、行政法规的强制性规定，不得违背公序良俗。二是任何组织或者个人都不得以非法干涉、盗用或者假冒等方式侵害。不同点：一是对正式姓名或者名称的保护，不需要具有一定社会知名度、为相关公众所知悉、被他人使用足以致使公众混淆等条件的限制，也就是说，自然人或者法人、非法人组织经过登记的正式姓名或者名称都受法律保护，任何组织或者个人都不得非法干涉、盗用或者假冒。对姓名和名称的简称、笔名、艺名、网名、字号等的保护，则需要受具有一定社会知名度、为相关公众所知悉、被他人使用足以致使公众混淆等条件的限制。二是自然人决定、变更正式姓名，法人或者非法人组织变更、转让名称，都需要登记；而自然人决定、变更自己的笔名、艺名、网名等，法人或者非法人组织变更名称，原则上不需要经过登记。正因为姓名和名称的简称、笔名、艺名、网名、译名、字号等，与正式姓名、名称有上述区别，对其的保护就不能完全依照正式姓名、名称的规则进行，所以本条规定，对姓名和名称的简称、笔名、艺名、网名、字号等的保护是"参照"适用姓名、名称的保护规定。

第四章　肖像权

本章共六条，对肖像的定义和肖像权的权能、禁止侵害肖像权、合理使用肖像权的情形、肖像许可使用合同、声音的保护等内容作了规定。

> **第一千零一十八条　自然人享有肖像权，有权依法制作、使用、公开或者许可他人使用自己的肖像。**
>
> **肖像是通过影像、雕塑、绘画等方式在一定载体上所反映的特定自然人可以被识别的外部形象。**

【条文主旨】

本条是关于肖像权的权能和肖像概念的规定。

【条文释义】

肖像与姓名和名称一样，都是民事主体的外在表征，彰显民事主体的社会存在。从理论上划分，肖像权与姓名权和名称权也一样，都属于标表型人格权，是民事主体不可缺少的一种具体人格权。随着社会的发展和科学技术的进步，特别是手机摄影技术、传播技术和名人现象的发展，肖像越来越容易被获取，其具有的商业价值也越来越巨大（特别是公众人物的肖像就更是如此），肖像被他人以非法利用等手段进行侵害的情形越来越多，因此而产生的纠纷也越来越多。因此，进一步加强对肖像权保护的立法也越来越迫切。近现代以来，不少国家和地区的法律都对肖像权作了规定。我国自20世纪80年代开始就高度重视对肖像权的保护。1986年的民法通则第100条规定，公民享有肖像权，未经本人同意，不得以营利为目的使用公民的肖像。妇女权益保障法第42条第1款规定，妇女的名誉权、荣誉权、隐私权、肖像权等人格权受法律保护。侵权责任法和民法总则更是明确将肖像权作为一种重要的民事权利加以明确规定。根据司法实践的需要，最高人民法院还出台了一系列与肖像权保护有关的司法解释。为了更好地保护自然人的肖像权，人格权编在我国现有法律和司法解释的基础上，借鉴国外立法经验，专设本章对肖像权的内容和保护作了规定。

本条第1款规定，自然人享有肖像权，有权依法制作、使用、公开或者许可他人使用自己的肖像。根据该规定，任何自然人都享有肖像权，肖像权的内容包括四个方面：

一是依法制作自己肖像的权能。制作肖像权能又称形象再现权能，即自然人有权自己或者许可他人通过造型艺术形式或者其他形式再现自己的外部形象。这项权能是肖像权的基本权能，也是肖像权中的其他权能的基础和前提。根据本条第2款的规定，肖像只有再现在一定载体上才具有法律意义。但是否制作自己的肖像是肖像权人的权利，肖像权人有权根据自己的需要或者他人的需要，自己或者许可他人通过影像、雕塑、绘画等方式制作自己的肖像，任何组织或者个人都不得干涉或者侵犯。这里需要注意两点：（1）本条只强调有权制作自己的肖像是肖像权人的权利，但如果该权利人从未制作过自己的肖像，只是表明其从未行使过这项权能，并不影响其享有这项权能，其在以后任何时候都可以行使这项权能。（2）根据本条第2款的规定，肖像需要以一定的物质载体体现出来，但肖像本身并不等同于该物质载体。

二是依法使用肖像的权能。肖像权人有权利用自己的肖像用于任何合法的目的，这种目的既可以是精神上的愉悦，也可以是获得一定的财产利益。肖像权人使用肖像的方式可以是多样的，既可以用复制、展示的方式使用，也可以以销售的方式使用。需要强调的是，肖像权虽然是一种重要的具体人格权，但其肖像使用权能体现了一定的财产利益并可以与肖像权人相分离。根据本条的规定，他人利用肖像权人的肖像应当获得肖像权人的同意或者许可。

三是依法公开肖像的权能。肖像权人对于已经制作的肖像，可以自己对外公开或者许可他人公开，禁止他人擅自公开。例如，将自己拍摄或者他人拍摄的照片公开等。需要注意的是，从实质上讲，公开肖像应当属于广义上的使用权能的内容。但是考虑到公开肖像这种形式对于肖像权的重要性，肖像公开与否对肖像权人的影响是极大的，所以本条特别将其从广义上的使用权能中分离出来加以单独规定。

四是许可他人使用肖像的权能。正如前所述，肖像权人对于自己的肖像是否使用、如何使用享有完全的权利，其可以通过授权或者同意等方式许可他人使用自己的肖像。这是肖像权人对自己肖像的自主决定权的重要体现。这种许可使用可以是有偿的，也可以是无偿的。但其他人无论是有偿使用还是无偿使用肖像权人的肖像，都必须经过肖像权人的许可同意，任何组织或者个人未经肖像权人的许可擅自使用其肖像都构成侵权。

何为肖像？这是规定肖像权的首要问题。在本法编纂过程中，各方对如何界定肖像，认识是不完全一致的。经研究认为，首先，肖像的范围不应限于自然人的面部特征。肖像是一个自然人形象的标志，除面部特征外，任何足以反映或者可以识别特定自然人的外部形象若不纳入肖像权的保护范围，都很有可能对该自然人的人格尊严造成威胁。肖像的范围过小，不利于保护肖像权的利益。例如，著名篮球运动员姚明的形象极具特色，其虽未露出面部，但整体形象具有极强的识别性，多数人不看其面部，就可以识别其是姚明；某一模特的手具有极强的识别性，很多人都可识别出，则该模特的手部形象也可以纳入肖像的范围。其次，肖像是指通过一定载体所能够客观真实地反映出的自然人外部形象，这种载体可以是艺术作品，艺术作品是典型的形式，但并不限于艺术作品，任何可以反映自然人外部形象的物质手段都可以纳入这种载体，可以体现为图片、照片、绘画、雕塑等任何形式。最后，肖像应当具有较为清晰的可识别性。法律保护自然人肖像的目的是保护其外部形象不被他人混淆从而贬损或者滥用，因此，通过一定载体所呈现出的外部形象应当具有较为清晰的指向性和识别性，如果通过载体呈现出的外部形象无法指向或者识别出特定自然人则不应纳入肖像的范围。也就是说，肖像由自然人外部形象、外部形象载体和可识别性三个要件构成。基于此，本条第2款规定，本法所称肖像是通过影像、雕塑、绘画等方式在一定载体上所反映的特定自然人可以被识别的外部形象。

> **第一千零一十九条**　任何组织或者个人不得以丑化、污损，或者利用信息技术手段伪造等方式侵害他人的肖像权。未经肖像权人同意，不得制作、使用、公开肖像权人的肖像，但是法律另有规定的除外。
>
> 未经肖像权人同意，肖像作品权利人不得以发表、复制、发行、出租、展览等方式使用或者公开肖像权人的肖像。

【条文主旨】

本条是关于禁止任何组织或个人侵犯他人肖像权的规定。

【条文释义】

肖像权作为自然人享有的一种重要人格权,其具有人格权共有的绝对性、专属性、排他性等特征,肖像权人对其肖像既享有依法制作、使用、公开或者许可他人使用的权利,也享有排除他人侵害的权利。任何组织或者个人都不得以任何形式侵害肖像权人的肖像权。本条从三个方面对禁止任何组织或者个人侵犯他人肖像权的情形作了规定:

一是明确规定,任何组织或者个人不得以丑化、污损,或者利用信息技术手段伪造等方式侵害他人的肖像权。肖像权涉及肖像权人的人格尊严,是具有极强精神属性的权利,以丑化、污损,或者利用信息技术手段伪造等方式侵害他人的肖像权,都有可能对肖像权人的精神造成严重损害,必须禁止。这里的"丑化"指通过艺术加工或者改造的方法,对他人的肖像加以歪曲、诬蔑、贬低,例如,在他人的肖像上画上胡须等;"污损"是指将他人的肖像损害且搞脏,例如,往他人的照片上泼墨水或者焚烧、撕扯他人的照片等行为;"利用信息技术手段伪造"是指利用信息技术手段编造或者捏造他人肖像,以假乱真,以达到利用不存在的事物来谋取非法利益,例如,利用现在的人工智能技术将他人的肖像深度伪造到特定场景中或者移花接木到其他人的身体上以达到非法目的。本规定只列举了比较典型的、有可能会对肖像权人造成严重后果的几种侵害肖像权的情形,但现实生活中侵害肖像权的形式多种多样,远不止这几种,例如,倒挂他人的照片等。

二是明确规定,未经肖像权人同意,不得制作、使用、公开肖像权人的肖像,但是法律另有规定的除外。根据本法第 1018 条的规定,自然人享有肖像权,有权依法制作、使用、公开或者许可他人使用自己的肖像。也就是说,制作、使用、公开肖像是肖像权人的专属性权利,其他任何组织或者个人未经肖像权人的同意都不得擅自制作、使用、公开他人肖像。在立法过程中,有的意见提出,某一组织或者个人制作、使用、公开他人肖像,虽未经肖像权人同意,但并没有丑化、污损,或者利用信息技术手段伪造他人的肖像,因此,不构成侵害他人肖像。这种观点是不正确的。根据本条的规定,除了法律另有规定外,制作、使用、公开他人肖像都必须经过权利人同意。即使是经过肖像权人的同意,可以制作、使用、公开其肖像,但是构成丑化、污损,或者利用信息技术手段伪造肖像等情形的,同样构成侵害他人肖像权,也是本法所不允许的。本条还规定，在法律另有规定的情况，可以不经肖像权人同意，制作、使用、公开肖像权人的肖像。本条中的"法律另有规定"主要是指本法第1020条规定的几种可以合理使用的情形。

三是明确规定，未经肖像权人同意，肖像作品权利人不得以发表、复制、发行、出租、展览等方式使用或者公开肖像权人的肖像。正如前所述，肖像权人的肖像往往都是通过一定的载体表现出来的，这种载体在多数情况下都构成艺术作品，例如，为他人拍摄的艺术照，为模特画的艺术像等。从著作权的角度看，这些艺术作品也都构成著作权法上的肖像作品。在现实生活中，这些肖像作品的权利人有时与肖像权人是合一的，但有时却是不同的民事主体。若肖像权人与肖像作品权利人并非同一主体时，肖像作品权利人虽享有肖像作品的著作权，但未经肖像权人同意，也不得以发表、复制、发行、出租、展览等方式使用或者公开肖像权人的肖像。这样规定，既强化了对肖像权的保护，也明确了肖像权与肖像作品著作权的关系。

> **第一千零二十条**　合理实施下列行为的，可以不经肖像权人同意：
>
> （一）为个人学习、艺术欣赏、课堂教学或者科学研究，在必要范围内使用肖像权人已经公开的肖像；
>
> （二）为实施新闻报道，不可避免地制作、使用、公开肖像权人的肖像；
>
> （三）为依法履行职责，国家机关在必要范围内制作、使用、公开肖像权人的肖像；
>
> （四）为展示特定公共环境，不可避免地制作、使用、公开肖像权人的肖像；
>
> （五）为维护公共利益或者肖像权人合法权益，制作、使用、公开肖像权人的肖像的其他行为。

【条文主旨】

本条是关于合理使用肖像的情形的规定。

【条文释义】

肖像权是自然人享有的一项重要人格权。但同其他民事权利一样，这项人格权并非绝对的权利。肖像不仅对本人意义重大，对他人甚至对全社会都具有重大价值，一些正常的社会活动都离不开对他人肖像的合理使用，如果任何制作、使用、公开肖像的行为都需要经过权利人同意，会给正常的社会活动带来影响，甚至影响到公共利益。因此，法律应当在保护个人肖像权和保护社会公共利益间进行平衡和协调。本法在强调加强对肖像权保护的同时，也设置了肖像权保护的例外情形。在这些例外情形下，制作、使用、公开肖像权人的肖像并不会构成侵权。这些例外情形除了本法总则编民事责任一章和侵权责任编规定的正当防卫、紧急避险、自助行为、不可抗力、当事人同意等一般的免责事由外，还有本条规定的几类特殊免责事由，也可以说是合理使用情形。规定这几类合理使用情形，既是基于肖像权人本身利益的需要，也是基于保护社会公共利益的需要。根据本条的规定，实施以下几种行为的，不需要肖像权人的同意：

一是为个人学习、艺术欣赏、课堂教学或者科学研究，在必要范围内使用肖像权人已经公开的肖像。为了个人学习、艺术欣赏的目的使用他人已经公开的肖像，是个人从事的正常社会活动，且这种使用并不会对权利人的肖像权造成损害。若不允许民事主体在个人学习、艺术欣赏时使用他人已经公开的肖像，必然对个体的自由造成严重的妨碍，对于提升个人的文化修养水平也是很不利的。同理，课堂教学和科学研究对于促进社会进步和文化发展具有重大意义，特别是对于将我国建设成为一个文化强国、科技强国更是必不可少的。因此，为了课堂教学和科学研究合理使用他人的肖像是基于社会公共利益对肖像权所作的合理限制。例如，为了课堂教学的需要，在课堂上使用了某一著名科学家的肖像；为了科学研究的需要，对某一特定群体进行摄影录像。但是，需要强调的是，即便为个人学习、艺术欣赏、课堂教学或者科学研究目的使用肖像权人的肖像，也不得滥用。例如，不得以科学研究为幌子，对肖像权人的生活造成严重影响；更不得以从事艺术欣赏为名，将他人的肖像用于营利目的。基于此，本条第1项明确规定了两个限制条件：（1）为个人学习、艺术欣赏、课堂教学或者科学研究，只能在必要范围内使用他人肖像，超出必要范围使用的，也造成侵权。（2）为个人学习、艺术欣赏、课堂教学或者科学研究，只能使用他人已经公开的肖像；权利人尚未公开的肖像，即使使用人是出于个人学习、艺术欣赏、课堂教学或者科学研究的目的，且在必要范围内使用，也是不允许的。

二是为实施新闻报道，不可避免地制作、使用、公开肖像权人的肖像。实施新闻报道就是对新近发生的客观事实进行报道和传播。新闻报道的主要功能是报道新闻信息、反映和引导舆论，具有极强的社会公共利益性质，是一个社会文明发展和进步所必不可少的。基于此，本法第999条规定，为公共利益实施新闻报道、舆论监督等行为的，可以合理使用民事主体的姓名、名称、肖像、个人信息等；使用不合理侵害民事主体人格权的，应当承担民事责任。本项规定实际上是对该条规定的进一步落实和细化。从法理上讲，新闻报道的一般都是集会、庆典等公开性的活动和事件，而这些活动和事件一般都具有较强的新闻价值，自然人参加这类些活动或者参与到这些事件中，就应当意识到这些活动或者事件有可能被记载或者被公开报道，就意味着在一定程度上自愿处分了自己的肖像权，是用行为体现的一种默示同意，因此，这种新闻报道从本质上讲也没有违背肖像权人的真实意愿。当然，在现实中也存在肖像权人在公开场合被新闻报道"被动入镜"的情形，可能肖像权人本身并不愿意入镜，更不愿意被报道，但考虑到新闻报道本身的及时性和真实性，更为了社会公共利益的考虑，新闻报道者也可以不经肖像权人同意而制作、使用、公开肖像权人的肖像。这是多数国家和地区的普遍做法。但因新闻报道而制作、使用、公开肖像权人的肖像，必须是不可避免的，或者在新闻报道中完全可以避免使用、公开他人的肖像，就应当避免使用、公开他人的肖像，否则也有可能构成侵犯他人的肖像权。

三是为依法履行职责，国家机关在必要范围内制作、使用、公开肖像权人的肖像。国家机关依法履行职责属于行使公权力，履行公权力要么是为了维护社会秩序，要么是为了保护公众安全，要么是为了维护其他国家利益和社会公共利益，例如，为了调查具有高度传染性的传染病患者、通缉罪犯等行为。为了维护国家利益和社会公共利益，国家机关在依法履行职责的过程中，可以在必要范围内制作、使用、公开肖像权人的肖像。但是，国家机关也不得滥用这种权力，对肖像权的使用应当符合行政行为的比例原则。本项明确规定了两个限制条件：（1）国家机关必须是在依法履行职责时，若履行职责没有明确的法律依据，则不得制作、使用、公开肖像权人的肖像。（2）国家机关必须在必要范围内制作、使用、公开肖像权人的肖像，超出必要范围的，即使是依法履行职责，也构成对肖像权的侵犯。

四是为展示特定公共环境，不可避免地制作、使用、公开肖像权人的肖像。这种合理使用的情形较为特殊，但也是民事主体进行社会活动所必不可少的。这种情形要取得肖像权人的同意才可以制作、使用、公开其肖像，是不可行的，否则将限制人们的行动自由。例如，将某人在公共场所实施不文明的形象拍摄下来；某人在一个公开场所（如景点）照相时，刚好另一游客闯入其镜头；游客拍摄某一著名旅游景点的景色时，就有可能将一些游客摄入其中。这些情形都是为了展示特定公共环境，不可避免地制作、使用了肖像权人的肖像。但是，这种合理使用也有严格的条件限制。根据本条的规定：第一，制作、使用、公开肖像权人的肖像的目的是展示特定的公共环境。第二，即使是为了展示特定公共环境，也必须是"不可避免"地制作、使用、公开肖像权人的肖像，若在展示特定公共环境中可以避免制作、使用、公开肖像权人的肖像，则不构成合理使用。

五是为维护公共利益或者肖像权人的合法权益，制作、使用、公开肖像权人的肖像的其他行为。本项规定实际上是一个兜底条款。因为在现实中，涉及公共利益和肖像权人本人利益的事项有可能不仅限于前四种情形。例如，对先进人物的照片进行展览；当事人在诉讼过程中，确有必要为主张自己的权利或者证明案件的事实，而在举证中使用、公开他人的肖像；为了寻找下落不明的人而在寻人启事上使用其肖像；等等。本项规定为司法实践的发展留出了一定的空间。但需要特别强调的是，本项规定并不等于法院可以随意自由裁量，法院更不得滥用本项规定或者将本项规定泛化。根据本条规定，要适用本项规定的情形，应当符合以下条件：第一，必须是为了公共利益或者为了肖像权人本人的利益。第二，必须是在必要范围内使用、公开，例如，寻人启事上的肖像只得用于寻人之用，不得用于商业促销。

最后，还需要强调的是，即使构成本条规定的五种情形之一，也必须合理实施制作、使用、公开他人肖像的行为。因此，本条开宗明义就规定，合理实施下列行为的，才可以不经肖像权人同意。

> **第一千零二十一条** 当事人对肖像许可使用合同中关于肖像使用条款的理解有争议的，应当作出有利于肖像权人的解释。
>
> **第一千零二十二条** 当事人对肖像许可使用期限没有约定或者约定不明确的，任何一方当事人可以随时解除肖像许可使用合同，但是应当在合理期限之前通知对方。
>
> 当事人对肖像许可使用期限有明确约定，肖像权人有正当理由的，可以解除肖像许可使用合同，但是应当在合理期限之前通知对方。因解除合同造成对方损失的，除不可归责于肖像权人的事由外，应当赔偿损失。

【条文主旨】

这两条是关于肖像许可使用合同的规定。

【条文释义】

前述两条规定的都是肖像许可使用合同，但实际上都涉及对肖像的经济利用问题。在本法编纂过程中，对是否允许权利人许可他人对肖像权、姓名权、名称权等标表型人格权进行经济利用，有不同意见。有的意见认为，人格权不可以被经济利用，否则是对人格权保护的矮化。另一种意见则认为，对肖像权、姓名权、名称权等标表型人格权进行经济利用是现实发展的需要，也是新型人格权发展的需要，规定这些内容恰恰是为了更好地规范这个问题。本法采纳了第二种观点，之所以采纳第二种观点，主要基于以下几点考虑：一是现实的需要。实践中不少自然人特别是名人都在许可他人使用自己的肖像，例如，商家将明显的肖像用于广告促销，这不但产生了巨大的经济价值，而且这种使用也不违背公序良俗。二是立法的延续和传承。2009 年通过的侵权责任法第 20 条就明确规定，侵害他人人身权益造成财产损失的，按照被侵权人因此受到的损失赔偿；被侵权人的损失难以确定，侵权人因此获得利益的，按照其获得的利益赔偿；侵权人因此获得的利益难以确定，被侵权人和侵权人就赔偿数额协商不一致，向人民法院提起诉讼的，由人民法院根据实际情况确定赔偿数额。该规定实际上明确认可了肖像权等标表型人格权可以被许可使用产生经济收益。三是借鉴了国外的经验。近现代以来，无论是英美法系还是大陆法系，基本上都认可对肖像进行经济利用。大陆法系国家和地区采取了人格利益商品化的方法；英美法系中的美国则采用了"公开权"的模式认可了对肖像的经济利用。基于此，本法第 993 条规定，民事主体可以将自己的姓名、名称、肖像等许可他人使用，但是依照法律规定或者根据其性质不得许可的除外。本法第 1018 条第 1 款也明确规定，自然人享有肖像权，有权依法制作、使用、公开或者许可他人使用自己的肖像。肖像权人可以许可他人使用自己的肖像，是指肖像权这种人格权可以附带产生经济利益，并没有改变肖像权的人格权基本性质。本章关于肖像权许可合同的这两条规定就是建立在这个基础之上的。需要特别注意的是，许可使用合同中的"许可"，是许可他人在商品、商标或者服务等上面使用肖像，不包括以区别于他人的目的正当使用肖像。

肖像许可使用合同是肖像权人许可他人使用自己肖像的最为典型的同意方式，是指肖像权人与他人通过签订合同的方式约定他人在特定期限、特定范围以特定方式使用自己的肖像。这种合同可以是有偿的，也可以是无偿的。肖像许可使用合同作为一种合同，与本法合同编规定的其他合同具有不少共同点，也需要适用总则编和合同编规定的一些基本原则和基本规则，如合同自愿原则、公序良俗原则、诚信原则、民事法律行为无效情形等。例如，根据本法 153 条第 2 款的规定，违背公序良俗的民事法律行为无效。权利人如果签订合同许可他人将其肖像制成色情图片或者视频予以销售，则这种合同因违反公序良俗，应当无效。但是，与一般的合同相比，这种合同又具有一些特殊的地方，最为特殊的地方就是肖像许可使用合同涉及肖像权人的人格利益。因此，在许可使用中，就会涉及人格利益和财产利益的冲突，尤其在许可使用合同的解释、解除等问题上，合同编的既有体系无法完全容纳这些内容，人格权编有必要对此作出特殊规定，以更好地平衡人格利益和财产利益的冲突，加强对人格利益的保护。前述两条规定就是关于肖像许可使用合同特殊规则的规定。根据本法第1021条的规定，当事人对肖像许可使用合同中关于肖像使用条款的理解有争议的，应当作出有利于肖像权人的解释。这与一般合同的解释规则是不同的。根据本法第466条的规定，当事人对合同条款的理解有争议的，应当按照所使用的词句，结合相关条款、行为的性质和目的、习惯以及诚信原则，确定争议条款的含义。而根据本法第1021条的规定，对肖像许可使用条款的理解产生争议的，则不需要考虑本法第466条所规定的因素，原则上应当直接作出有利于肖像权人的解释，除非这种解释严重不公平。之所以这样规定，是为了加强对肖像权的保护。本条中规定的"关于肖像使用条款的理解有争议"是指因合同条款的内容模糊不清等原因导致双方理解不一、发生争议的情况，并非当然是指对肖像许可的范围、方式等约定不明确。相关内容没有约定或者约定不明确的情况下，只要双方当事人同意，仍可以适用本法第510条、第511条的规定确定相关内容，且根据本法第1022条第1款的规定，当事人对肖像许可使用期限没有约定或者约定不明确的，任何一方当事人可以随时解除肖像许可使用合同，但是应当在合理期限之前通知对方。

本法第1022条针对肖像许可使用合同的使用期限问题作了特别规定。根据该条第1款的规定，当事人对肖像许可使用期限没有约定或者约定不明确的，任何一方当事人可以随时解除肖像许可使用合同，但是应当在合理期限之前通知对方。这实际上赋予了双方当事人在肖像许可使用合同对许可使用期限没有约定或者约定不明确的情况下任意解除合同的权利，但任何一方当事人在行使这种任意解除权，应当在合理期限之前通知对方当事人，至于"合理期限"有多长，应当根据个案处理。这与一般合同的期限约定不明或者没有约定的情况下的处理规则不完全相同，根据本法第510条、第511条的规定，一般合同生效后，当事人就合同内容没有约定或者约定不明确的，可以协议补充；不能达成补充协议的，按照合同相关条款或者交易习惯确定。仍不能确定履行期限的，债务人可以随时履行，债权人也可以随时请求履行，但是应当给对方必要的准备时间。当然，本条只是赋予了双方当事人在没有约定期限或者约定不明的情况下享有任意解除权，但双方当事人并非一定要解除合同，若愿意放弃这种权利，继续履行合同的，仍可以依据本法第510条、第511条的规定对合同进行补充。

根据本法第 1022 条第 2 款的规定，当事人对肖像许可使用期限有明确约定，肖像权人有正当理由的，可以解除肖像许可使用合同。这实际上赋予了肖像权人在许可使用期限即使约定明确的情况下，也可以享有单方解除肖像许可使用合同的权利。赋予肖像权人单方解除权也是为了更好地保护肖像权人的人格利益。但肖像权人行使这种单方解除权是有条件限制的：一是要有正当理由，这种正当理由可以是本法合同编第 563 条规定的情形，也可以是第 563 条规定情形之外的其他正当理由，例如，被许可使用人的违约行为即使不构成第 563 条所需要的重大违约，只是一般违约，肖像权人也可以单方解除合同。二是肖像权人行使单方解除权应当在合理期限之前通知对方，以让对方当事人有一定的准备和缓冲时间。三是肖像权人因解除合同造成对方损失的，除不可归责于肖像权人的事由外，应当赔偿损失。

> **第一千零二十三条**　对姓名等的许可使用，参照适用肖像许可使用的有关规定。
> 　　对自然人声音的保护，参照适用肖像权保护的有关规定。

〖条文主旨〗

本条是关于姓名的许可使用和对声音保护的规定。

〖条文释义〗

姓名、名称与肖像一样都是民事主体的外在标识和特征，从理论上讲，都属于标表型人格权。这些标表型人格权的客体都具有一定的经济价值，可以被许可使用。近现代的不少国家和地区基本上都允许这几种标表型人格权的客体被许可使用。根据本法第 993 条的规定，民事主体可以将自己的姓名、名称、肖像等许可他人使用，但是依照法律规定或者根据其性质不得许可的除外。本法第 1012 条、第 1013 条更是明确规定，自然人有权依法许可他人使用自己的姓名；法人、非法人组织有权依法许可他人使用自己的名称。本编第三章"姓名权和名称权"并没有对姓名、名称被许可使用的规则作出具体规定，考虑到姓名、名称与肖像被许可使用的相似性，所以本条第 1 款规定，对姓名等的许可使用，参照适用肖像许可使用的有关规定。之所以在"姓名"后加个"等"，主要是考虑到还有名称等也可以被许可使用；之所以规定"参照"适用肖像许可使用的有关规定，而非直接适用肖像许可适用的有关规定，主要是考虑到姓名、名称与肖像虽都可以被许可使用，但毕竟是不同的人格权，还存在不同之处。例如，姓名具有较强的伦理和身份性，但肖像却不具有这些特征，因此，还不能完全适用肖像许可使用的相关规定，只能"参照"适用。从本章的规定看，姓名等的许可使用，可以参照适用的肖像许可使用规则主要是指本法第1021条和第1022条的规定，即肖像许可使用合同中关于肖像使用条款的理解有争议的，应当作出有利于肖像权人的解释。当事人对肖像许可使用期限没有约定或者约定不明确的，任何一方当事人可以随时解除肖像许可使用合同，但是应当在合理期限之前通知对方。当事人对肖像许可使用期限有明确约定，肖像权人有正当理由的，可以解除肖像许可使用合同，但是应当在合理期限之前通知对方。因解除合同造成对方损失的，除不可归责于肖像权人的事由外，应当赔偿损失。

在本编的编纂过程中，对于是否将肖像权的保护延伸到对声音的保护有不同意见。有的认为，声音的识别性不是很明显，还不足以构成一种具体人格权的客体，不宜将肖像权的保护延伸到声音上，否则容易被滥用，对他人的行动自由和表达自由产生影响。但不少意见认为，声音表示一个自然人的人格特征，特别是对于一些声音特殊的配音演员、播音员等自然人来说，声音更是彰显了其人格特征，如播音员赵忠祥、评书表演艺术家单田芳的声音等。对这些具有一定识别性的声音若不加以保护，就有可能对该自然人的人格尊严造成损害。经研究认为，声音虽还不足以构成一种具体的人格权，但若对声音一概不予保护，任由他人随意复制、模仿、伪造特定自然人的声音，确有可能对该自然人的人格尊严造成较大的损害，特别是随着人工智能技术和大数据技术的发展，利用信息技术手段"深度伪造"他人声音的情形不但会严重损害该自然人的人格尊严，而且还具有极大的社会危害性。基于此，本条第2款规定，对自然人声音的保护，参照适用肖像权保护的有关规定。根据该规定，对自然人的声音应当加以保护，但受到保护的声音应当足以识别到特定自然人，且考虑到声音毕竟还不能构成一种具体人格权，所以只能参照适用肖像的保护规则，不能完全适用肖像的保护规则。单纯模仿他人的声音并不构成侵权，例如，现在不少电视节目举办的声音"模仿秀"原则上就不构成侵权，不宜适用肖像的保护规则，否则会对一般人的行为自由和表达意愿带来严重的限制。但是，若以侮辱性或者其他违背公序良俗的方式模仿或者伪造他人的声音的，则可以适用肖像权保护的相关规定，予以禁止。

第五章　名誉权和荣誉权

本章共八条，对名誉的定义、如何处理好新闻报道与名誉权保护的关系、判断新闻媒体是否履行审核义务应当考虑的因素、作品真实性例外规则、名誉权人的更正请求权、信用评价、荣誉权的保护等内容作了规定。

> **第一千零二十四条　民事主体享有名誉权。任何组织或者个人不得以侮辱、诽谤等方式侵害他人的名誉权。**
>
> **名誉是对民事主体的品德、声望、才能、信用等的社会评价。**

【条文主旨】

本条是关于名誉权的内容及名誉定义的规定。

【条文释义】

名誉权是民事主体所享有的一种重要人格权，其关系到一个民事主体在社会经济生活中所处的地位以及应受到的信赖和受到尊重的程度，是民事主体进行民事活动，乃至其他社会活动的基本条件。对于自然人而言，名誉权更是关乎其人格尊严；对于法人、非法人组织而言，名誉权关乎其社会信誉，这种信誉是法人、非法人组织在比较长的时间内，在它的整个活动中逐步形成的，特别是企业法人、非法人组织的名誉，反映了社会对它在生产经营等方面表现的总的评价，往往会对其生产经营和经济效益产生重大的影响。因此，对于民事主体而言，名誉权的地位极为重要。自改革开放以来，我国就相当重视名誉权的保护，宪法第 38 条规定，中华人民共和国公民的人格尊严不受侵犯。禁止用任何方法对公民进行侮辱、诽谤和诬告陷害。这为保护名誉权提供了宪法依据。1986 年的民法通则第 101 条规定，公民、法人享有名誉权，公民的人格尊严受到法律保护，禁止用侮辱、诽谤等方式损害公民、法人的名誉。2009 年的侵权责任法第 2 条更是强调了名誉权作为一种重要民事权利的地位。2017 年的民法总则第 110 条则明确了名誉权的人格权地位。此外，我国还有不少的单行法律对名誉权的保护作了规定，例如，根据妇女权益保障法第 42 条规定，妇女的名誉权等人格权受法律保护。禁止用侮辱、诽谤等方式损害妇女的人格尊严。本条第 1 款在吸收和借鉴我国现行法律规定以及借鉴国外立法经验的基础上，明确规定民事主体享有名誉权。任何组织或者个人不得以侮辱、诽谤等方式侵害他人的名誉权。

实践中，侵害名誉权的行为主要表现为侮辱、诽谤行为。侮辱行为是指公然以暴力、谩骂等方式公开贬损他人名誉的行为。侮辱行为既包括行为方式，例如，强令受害人吃自己的粪便；也包括语言方式，例如，以口头语言对他人进行嘲笑；还包括文字方式，例如，以文字或者图画形式辱骂他人。诽谤行为是指以散布捏造或者夸大的事实故意损害他人名誉的行为。诽谤既可以是口头诽谤，也可以是文字诽谤。侮辱、诽谤是比较典型且较恶劣的侵害名誉权的行为，但实践中侵害名誉权的行为并不限于这两种，例如，过失地误将他人视为罪犯并将该信息予以公开等。基于此，本条第1款规定，任何组织或者个人不得以侮辱、诽谤等方式侵害他人的名誉权。在判断某一行为是否构成侵害名誉权时，需要注意几点：一是受害人的社会评价是否降低。没有受害人社会评价的降低就不存在名誉权受损害的问题。受害人社会评价是否降低应当以社会一般人的评价为标准进行判断，不能仅以受害人自己的主观感受为标准。本条所强调的"任何组织或者个人不得以侮辱、诽谤等方式侵害他人的名誉权"，其目的就是保护自然人的名誉不受他人贬损，社会评价不被降低。只有当其社会评价降低时才能通过名誉权制度获得救济。二是如果行为人发布的信息或者所作的陈述真实客观，且没有包含侮辱性的内容，即使受害人认为自己的名誉受到了损害，也不构成名誉权侵权。三是行为人侵害他人名誉权的行为需要受害人以外的人知悉。正如本条第2款所规定，名誉是对民事主体的社会评价，也就是社会公众对民事主体的评价。如果行为人的侵害行为没有被受害人以外的人所知悉，其社会评价就不存在降低或者受损的问题，自然也就不存在名誉权受损害的问题。需要注意的是，传播了虚假的事实，造成受害人的社会评价降低是构成名誉权侵权必须具备的两个要件。否则，虽然传播了虚假事实，并未因此导致社会评价降低的，不构成侵害名誉权的侵权行为。四是行为人的行为具有过错。名誉权侵权属于一般侵权行为，因此，行为人的过错也是其侵权的构成要件，这种过错既表现为故意，也表现为过失。最后，需要强调的是，在判断是否构成名誉权侵权以及承担损害赔偿责任的程度时，除了要考虑前述要件外，还需要考虑多种因素。根据本法第998条的规定，认定行为人承担侵害除生命权、身体权和健康权外的人格权的民事责任，应当考虑行为人和受害人的职业、影响范围、过错程度，以及行为的目的、方式、后果等因素。如果行为人采取了较为恶劣的方式，例如，暴力侮辱等方式，构成名誉权侵权的可能性就更大。再如，行为人检举、控告，导致他人名誉贬损的，一般不构成侵害名誉权，但是借检举、控告之名侮辱、诽谤他人，造成他人名誉贬损的，可能会构成侵害名誉权。

确定名誉的内涵是保护名誉权的前提和基础。本条第2款明确规定，名誉是对民事主体的品德、声望、才能、信用等的社会评价。根据本款规定，自然人的名誉感是一种内心的主观感受，不属于社会评价，不纳入名誉权的保护范围。如果自然人认为自己的名誉感受到了他人的侵害，且有证据证明他人的行为有过错、过错行为与自己名誉感受损之间存在因果关系的，可以以自己的人格尊严受到侵害为由，要求对方承担民事责任。

> **第一千零二十五条** 行为人为公共利益实施新闻报道、舆论监督等行为，影响他人名誉的，不承担民事责任，但是有下列情形之一的除外：
> （一）捏造、歪曲事实；
> （二）对他人提供的严重失实内容未尽到合理核实义务；
> （三）使用侮辱性言辞等贬损他人名誉。

【条文主旨】

本条是关于如何处理好实施新闻报道、舆论监督等行为与保护名誉权关系问题的规定。

【条文释义】

新闻报道是指报纸、刊物、广播、电视等大众传媒及时将新闻事实予以公开和传播的行为，其是新闻单位对新近发生的事实的报道，这些事实包括有关政治、经济、军事、外交等社会公共事务以及有关社会突发事件。舆论监督是指社会公众运用各种传播媒介对社会运行过程中出现的现象表达信念、意见和态度，对各种违法违纪行为所进行的揭露、报道、评论或者抨击的行为。实施新闻报道、舆论监督等行为，是保障媒体监督权、公民知情权和维护社会公平正义的重要手段和方式，对于公民参政议政、推进我国的民主法治建设以及推进国家治理体系和治理能力现代化具有重要意义。现代社会和现代国家均强调新闻报道、舆论监督的重要性，并从立法的角度加以保障。我国宪法也对此作了明确规定，根据宪法第 35 条规定，中华人民共和国公民有言论、出版等自由。根据宪法第 41 条规定，公民对于国家机关及其工作人员有批评监督权。但是，行为人在实施新闻报道、舆论监督等行为时，常常不可避免地会影响到他人的名誉。在人格权编的立法中，特别是在本章的立法中，如何处理好实施新闻报道、舆论监督等行为与保护名誉权的关系是一个重点难点问题。经过反复研究，本条规定，行为人为公共利益实施新闻报道、舆论监督等行为，影响他人名誉的，不承担民事责任。也就是说，行为人实施新闻报道、舆论监督等行为，影响他人名誉的，原则上不承担民事责任。之所以这样规定，主要考虑是：新闻报道涉及社会利益与公众利益，关系到党和国家新闻事业、新闻媒体社会责任以及新闻工作者的权利，关系到言论自由等宪法权利，还关系到人民的知情权。并且新闻报道具有激浊扬清、针砭时弊等非常重要的社会功能。国家对新闻报道的要求、法律对新闻报道的要求，就是内容的真实性和客观性。党和国家一向强调，要把党内监督、法律监督和群众监督结合起来，发挥舆论监督的作用。因此，对新闻报道、舆论监督侵害名誉权案件，不能按照一般的侵权案件处理，除了应当在权衡加害人与被害人的权益之外，还须特别考虑到新闻报道、舆论监督等行为是促进和保护公共利益的行为，对于维护一个社会的公正正义，保障公民知情权必不可少，若动辄让从事新闻报道、舆论监督等行为的行为人承担民事责任，有可能产生"寒蝉效应"，对国家和社会的发展和进步是极为不利的。

需要特别强调的是，本条虽对实施新闻报道、舆论监督等行为规定了特别保护条款，但是实施新闻报道、舆论监督等行为并非在任何情况下都不承担民事责任。根据本条的规定，有下列情形之一的，实施新闻报道、舆论监督等行为的行为人仍应当承担民事责任：

一是捏造、歪曲事实。客观真实是对新闻报道、舆论监督最基本的要求，行为人在从事新闻报道、舆论监督中应当力求所报道的情况，所反映或者检举控告的情况客观真实。但是，若行为人在新闻报道、舆论监督中捏造或者歪曲事实，不但是对新闻报道、舆论监督最基本要求的违反，而且为假借新闻报道、舆论监督之名行诬告、陷害之实打开了方便之门，会对他人的名誉造成损害，实际上是滥用新闻报道、舆论监督的行为。对于捏造、歪曲事实这种主观恶意大，后果一般都较为严重的侵权行为，法律必须禁止，行为人也必须承担法律责任。

二是对他人提供的严重失实内容未尽到合理核实义务。理论上将言论分为对事实的描述和对意见的陈述。对事实的陈述是对客观发生的事实进行的具体描述，其判断的标准是"真实性"；对意见的陈述是对已经发生事实的性质、价值、意义等方面的主观评论，其无所谓真实不真实，原则上不会构成侵权。对于从事新闻报道、舆论监督等行为的行为人而言，对于事实的报道和反映应当通过实地采访或者充分核实等方式力求客观真实。对于他人提供的情况，特别是二手材料，更应当进行核实，绝不能道听途说，否则行为人就应当对因严重错误或者失实的报道损害他人名誉的行为承担民事责任。基于此，本条规定，实施新闻报道、舆论监督等行为的行为人，对他人提供的严重失实内容未尽到合理审查义务损害他人名誉的，应当承担民事责任。

三是使用侮辱性言辞等贬损他人名誉。如前所言，新闻报道、舆论监督的内容应当尽量真实，评论也应当尽量客观公正，原则上满足了这个要求，行为人就不构成侵权。但是，在现实生活中，行为人从事新闻报道、舆论监督时，报道或者反映的情况虽然都是真实的，但是在陈述该事实时却使用了侮辱性的言语。例如，某媒体在报道某女明星作为第三者破坏他人婚姻这一事实时，对该女明星用了"荡妇""破鞋"等具有侮辱性的言辞，报道的事实虽是真实的，但所用言辞贬损了该女明星的名誉，该媒体也应当承担民事责任。

> **第一千零二十六条**　认定行为人是否尽到前条第二项规定的合理核实义务，应当考虑下列因素：
> （一）内容来源的可信度；
> （二）对明显可能引发争议的内容是否进行了必要的调查；
> （三）内容的时限性；
> （四）内容与公序良俗的关联性；
> （五）受害人名誉受贬损的可能性；
> （六）核实能力和核实成本。

【条文主旨】

本条是关于如何判断行为人是否履行了合理审核义务的规定。

【条文释义】

根据前条的规定，行为人实施新闻报道、舆论监督等行为时，对他人提供的基本内容应当履行合理核实义务；若对他人提供的严重失实内容未尽到合理核实义务，则可能会承担民事责任。可见，对他人提供的信息尽合理核实义务是从事新闻报道等行为的行为人的职业道德和法定义务。从司法实践看，新闻报道、舆论监督的内容严重失实基本上都是因为行为人未尽到合理审核义务导致的。例如，新闻媒体的工作人员单方信任他人提供的信息，未对该信息内容作必要的审核，使得报道的基本内容脱离实际或者完全与事实相背离，从而造成名誉权侵权。但是在实践中如何判断行为人是否履行了合理审核义务却是一个难点，为了有利于实务操作，本条借鉴国外的立法经验，规定了判断行为人是否履行合理审核义务可以考虑的若干因素。根据本条规定，可以考虑以下因素：

一是内容来源的可信度。若提供信息内容的来源可信度高，行为人审核的义务就低；若提供信息内容的来源可信度低，行为人审核的义务就高。例如，若信息内容来源于国家机关依职权制作的公开文书和实施的公开职权行为，则新闻媒体对这些信息内容履行的审核义务就很低，因为国家机关依职权制作的公开文书和实施的公开职权行为具有较高的公信力，新闻媒体不需要再履行很高的审核义务；但若信息内容由社会上的一个普通人或者与信息内容有关的利害关系人所提供，则新闻媒体在报告这些内容前应当慎重，应当进行反复核实。

二是对明显可能引发争议的内容是否进行了必要的调查。从事新闻报道的媒体或者从事舆论监督的行为人接收到他人提供的信息后，应当对该信息内容进行分析判断，若发现该内容明显可能引发争议时，就应当进行必要的调查以核实该内容是否属实。若明知该内容很可能引发争议却不进行必要的调查就进行报道，就可认定该行为人未尽到合理审核义务。例如，新闻媒体收到他人提供的关于某学者学术造假的信息内容，该内容明显可能引发争议，新闻媒体在正式报道前应当对此进行必要的调查，如亲自采访相关人员，或者对提供的信息内容亲自进行核对等。

三是内容的时限性。新闻报道一般都讲究时效性。如果他人提供的信息内容需要及时予以报道，来不及亲自实地采访或者核实情况，行为人的审核义务就较低。在新闻报道中，时效性越强，对事实的核实义务就越低。例如，对公众人物的人格权的限制，也要考虑时间因素，如果经过长久的时间，所涉及的公共事件不再受公众关注，此时对他们人格权的保护，就应当恢复到一般人的水平。报道已经判决过的案件和正在审理中的案件，也会存在不同的要求。例如，对于突发性的公共安全事件的报道，由于时效性相当强，媒体在根据他人提供的信息内容进行报道时审核义务就相对低些。

四是内容与公序良俗的关联性。若他人提供的信息内容与公序良俗密切相关，则新闻媒体等行为人承担的核实义务就低一些；若与公序良俗不相关，则新闻媒体等行为人承担的核实义务就相对高一些。

五是受害人名誉受贬损的可能性。若他人提供的信息内容对第三人的名誉造成损害的可能性很大，新闻媒体等行为人就要承担相对较高的核实义务；反之，承担的核实义务就相对较低。例如，他人提供的信息涉及某学者学术造假，这些信息内容涉及学者的重大声誉，对该学者的名誉造成贬损的可能性较高，新闻媒体对该信息内容应当承担较高的核实义务。

六是核实能力和核实成本。不同的行为人对他人提供的信息内容进行核实的能力是不同的，所花的核实成本也是不同的。例如，新闻媒体的核实能力就明显高于个体，对于信息内容进行核实的成本也要明显低于个体进行核实的成本。因核实能力和核实成本的不同，不同行为人承担的核实义务也不完全相同。

对如何判断行为人是否履行了合理核实义务，本条列举了前述六项应当考虑的因素，但在实践中进行判断时并非要考虑所有因素，至于到底要考虑几项因素以及哪几项因素，应当根据具体情况来决定。此外，本条规定的因素仍然是较为抽象的，需要在个案中结合具体情况进行判断，同时，本条规定的六项因素也为实践中的案例类型化和司法实践提炼更具体的规则提供了依据和基础。

> 　　**第一千零二十七条**　行为人发表的文学、艺术作品以真人真事或者特定人为描述对象，含有侮辱、诽谤内容，侵害他人名誉权的，受害人有权依法请求该行为人承担民事责任。
>
> 　　行为人发表的文学、艺术作品不以特定人为描述对象，仅其中的情节与该特定人的情况相似的，不承担民事责任。

【条文主旨】

本条是关于文学、艺术作品创作可能产生的名誉侵权问题的规定。

【条文释义】

文学艺术创作对于提高人民文化水平，繁荣我国文化，坚定文化自信具有重要意义。从事文学艺术创作是公民的一项权利，我国宪法第47条规定，中华人民共和国公民有进行科学研究、文学艺术创作和其他文化活动的自由。国家对于从事教育、科学、技术、文学、艺术和其他文化事业的公民的有益于人民的创造性工作，给以鼓励和帮助。文学艺术作品来源于生活，依托于现实，但往往又高于生活，具有一定的虚构性。例如，文学作品的种类多样，包括小说、纪实文学、报告文学等多种形式。纪实文学作品往往是以事实为基础的，虚构性的成分较少；报告文学一般介于虚和实之间，既有现实的内容也有虚构的内容；小说则基本上以虚构为主。正是由于文学艺术作品这种来源于生活同时又具有虚构性的特征，作者创作的文学艺术作品就有可能会对他人名誉造成侵害。在实践中，因文学艺术创作而产生的名誉权侵权纠纷日益增多。作者的创作自由需要保护，但这种自由不能被滥用，特别是不能放任这种自由严重损害他人的名誉权。因此，如何在保护作者创作自由和名誉权保护之间划定一个界限是本编立法需要面对的问题。本条区分两种情况作了规定：

一是行为人发表的文学、艺术作品以真人真事或者特定人为描述对象的情形。这主要是针对依赖于原型人物和现有事实创作出来的纪实类作品。由于这类作品是以真人真事或者特定人为描述对象，所以只要作品的描述以事实为基础，原则上不会构成名誉权侵权，但是，若行为人发表的文学、艺术作品虽以真人真事或者特定人为描述对象，使用的也是被描述对象的真实姓名、真实地址，却以谣言和捏造的事实为基础，对被描述对象进行侮辱、诽谤，从而造成其社会评价降低的，行为人也应当依法承担民事责任。基于此，本条第1款规定，行为人发表的文学、艺术作品以真人真事或者特定人为描述对象，含有侮辱、诽谤内容，侵害他人名誉权的，受害人有权依法请求该行为人承担民事责任。这里需要强调的是，行为人发表的文学、艺术作品虽以真人真事或者特定人为描述对象，但并未向第三人公开该作品的情形下，由于该作品无法为第三人所知悉，所以即使该作品含有侮辱、诽谤内容，也不会降低被描述对象的社会评价，自然也不会损害其名誉权。所以适用本条第 1 款规定的前提条件是该作品已被公开。

二是行为人发表的文学、艺术作品不以特定人为描述对象。这主要是针对行为人创作的以想象虚构为主的小说等文学艺术类作品。由于这类作品是以想象虚构的内容为基础创作的，没有使用真人真姓，并不是以特定人为描述对象，所以就很难对某人的名誉权造成侵害，即使是该作品中的情节与某特定人的情况相似，也不构成侵害名誉权。也就是说，行为人发表的文学、艺术作品不以特定人为描述对象，仅是其中的情节与某人相似的情况下，不宜"对号入座"，不构成名誉权侵害。基于此，本条第 2 款规定，行为人发表的文学、艺术作品不以特定人为描述对象，仅其中的情节与该特定人的情况相似的，不承担民事责任。现实生活是复杂多样的，作品创作也是如此，有的作品虽没有指名道姓，但一般读者通过阅读不可避免地会将作品中的人物与现实中的某一特定人"对号入座"的，此时就不构成本款所规定的"不以特定人为描述对象"条件，这种情形不应适用本款的规定，而应适用本条第 1 款的规定。因此，判断某一作品是否不以特定人为描述对象，关键不在于该作品是否指名道姓，而要从实质上认定该作品所描述的对象是否合理地指向现实中的真实人物。

> **第一千零二十八条** 民事主体有证据证明报刊、网络等媒体报道的内容失实，侵害其名誉权的，有权请求该媒体及时采取更正或者删除等必要措施。

【条文主旨】

本条是关于名誉权人所享有的更正权的规定。

【条文释义】

报刊、网络等媒体的报道具有传播速度快、传播范围广、影响传播大等特点，再加上报刊、网络等媒体进行新闻报道时往往又要追求时效性、爆炸性等效果，因此，其报道的内容一旦失实，造成的后果将是十分严重的，对涉及的民事主体的名誉影响也是十分巨大的。因此，发现报刊、网络等媒体的报道失实后，采取措施及时切断这些失实报道内容的传播就极为必要。实践中，报刊、网络等媒体自己发现报道内容失实，自己及时采取措施进行更正当然是天经地义的，若自己发现报道失实后，还不采取措施更正的，就是明知报道失实还继续报道，构成了恶意，对他人名誉造成损害的，应当承担侵权责任。此时，报刊、网络等媒体不可再援引本法第 1025 条的规定进行抗辩。若名誉权人发现报刊、网络等媒体报道的内容失实，能否直接要求报刊、网络等媒体更正呢？对于这个问题，从国外的立法看，瑞士等一些国家明确规定，名誉权人发现报刊、网络等媒体报道的内容失实的，有权要求媒体予以更正。我国的《出版管理条例》第 27 条规定，出版物的内容不真实或者不公正，致使公民、法人或者其他组织的合法权益受到侵害的，其出版单位应当公开更正，消除影响，并依法承担其他民事责任。报纸、期刊发表的作品内容不真实或者不公正，致使公民、法人或者其他组织的合法权益受到侵害的，当事人有权要求有关出版单位更正或者答辩，有关出版单位应当在其近期出版的报纸、期刊上予以发表；拒绝发表的，当事人可以向人民法院提起诉讼。在立法过程中，不少意见也提出，考虑到媒体报道本身具有的特点，在不实报道发生后，如果赋予受害人请求媒体及时更正的权利，将在最大程度减少损害，具有很强的可操作性。因此，建议借鉴国外立法经验和我国《出版管理条例》的规定，明确赋予名誉权人的更正权。本法采纳了这一意见，明确规定民事主体有证据证明报刊、网络等媒体报道的内容失实，侵害其名誉权的，有权请求该媒体及时采取更正或者删除等必要措施。

根据本条的规定，名誉权人有权请求媒体对不实报道内容进行更正，但前提是其有证据证明该媒体报道的内容是失实的。若名誉权人没有确切的证据证明媒体的报道失实，其无权要求媒体进行更正。之所以强调这一点，是因为更正权是名誉权人未经过法院的诉讼程序直接向媒体提出的一种权利，若允许其没有确切证据就可以行使这一权利，将对报刊、网络等媒体的正常报道行为造成严重干扰，影响媒体正常功能的发挥。名誉权人向媒体提供了确切证据足以证明媒体的报道不实的，媒体应当及时予以更正。媒体仍拒不采取更正措施的，就是明知报道失实还继续报道，构成了恶意，对他人名誉造成损害的，应当承担侵权责任。此时，媒体无权再援引本法第 1025 条的规定进行抗辩。对于名誉权人而言，其有确切证据证明媒体的报道失实，要求媒体更正，但媒体拒不更正的，其还有权请求人民法院责令该媒体限期更正。需要注意的是，名誉权人要求媒体更正并非其请求人民法院责令该媒体限期更正的前置程序。名誉权人在有确切证据证明媒体报道失实的情况下，也可以直接请求人民法院责令该媒体限期更正。所以，本条规定实际上也是本法第 997 条规定的特别禁令制度在本章的具体化。

> **第一千零二十九条**　民事主体可以依法查询自己的信用评价；发现信用评价不当的，有权提出异议并请求采取更正、删除等必要措施。信用评价人应当及时核查，经核查属实的，应当及时采取必要措施。

〖条文主旨〗

本条是关于信用评价的规定。

〖条文释义〗

信用是指对一个民事主体履行义务能力，特别是经济能力的一种社会评价。根据本法第 1024 条的规定，信用是名誉的重要组成部分。市场经济既是法治经济，也是信用经济。只有在诚信的基础上，市场主体才能坦诚地进行交易，交易安全才有保障，才有利于促进商品流通，推动经济和社会的发展进步。建立良好的信用环境和信用制度，对于促进我国社会主义市场经济健康有序发展极为重要。我国当前的社会信用环境还存在不少问题，例如，信用意识不强，信用失范现象时有发生等，亟须建立和完善相关的信用制度。信用评估制度就是提高信用环境的一种重要制度。所谓信用评估是银行等信用评估机构对借款人等民事主体的信用情况进行评估的一种活动。例如，银行贷款的最基本条件是信用，信用好就容易取得银行贷款支持，信用差就难以取得银行贷款支持。而借款人信用是由多种因素构成的，包括借款人资产负债状况、经营管理水平、产品经济效益及市场发展趋势等。为了对借款人信用状况有一个统一的、基本的、正确的估量，以便正确发放银行贷款，就必须对借款人信用状况进行评估。在信用评估中，依法成立的信用评估机构，收集有关民事主体的偿债能力、责任财产、过往还债记录和市场声誉的资料，按照规定的信用评级制度，对相关民事主体的信用情况评级，并为进行投资和交易等民事活动的民事主体提供信用报告、公布信用等级。如果信用评估机构对被评估对象的信用状况作出了消极评价，则该被评估对象从事民事活动特别是从事经济活动就会受到极大制约，例如，出行受限、消费受限、借款受限等。有时信用评估甚至可以决定一个市场主体的经济命运，例如，一个企业信用级别的高低，不但影响其融资渠道、规模和成本，更反映了企业在社会上的形象和生存与发展的机会，是企业综合经济实力的反映，是企业在经济活动中的"身份证"。正因为信用评估对一个民事主体的名誉影响巨大，信用评估机构在进行信用评估时应当履行高度的注意义务，审慎、尽责、客观、公正地进行信用评估，否则就应当对民事主体的名誉权造成损害承担民事责任。信用评估机构在评估中尽到了高度注意义务的，则可以免责。

正因为信用评估会对一个民事主体的名誉造成重大影响，因此，信用评估机构只能依照法律、行政法规规定或者经信用评估结果涉及的民事主体同意，才能向其他机构和部门出示信用评估结果。民事主体也有权依法查询自己的信用评价结果，信用评估机构不得拒绝该民事主体查询自己的信用评估结果的要求。民事主体通过自己查询等方法发现信用评价与事实不符或者明显不当的，有权向信用评估机构提出异议并要求采取更正、删除等必要措施。当然，民事主体请求信用主体机构采取更正、删除等必要措施时，应当提供相应的证据证明该信用评估结果与事实不符或者明显不当。信用评估机构接到民事主体的异议和更正、删除等请求后，信用评价人应当及时对民事主体提供的证据进行核查，经核查属实的，应当及时采取更正、删除等必要措施。若信用评估机构接到民事主体的请求后，不进行核查，或者经核查属实后并未采取更正、删除等必要措施的，就构成过错，应当对民事主体承担侵害名誉权的民事责任。对于信用评估机构采取更正、删除等必要措施前对民事主体造成的名誉权损害，其是否承担民事责任，关键是看信用评估机构对形成与事实不符或者得出明显不当的信用评估是否有过错，原则上讲，信用评估机构有过错的，其就应当对损害后果承担民事责任。

需要说明的是，并非任何组织或者个人都可以对民事主体的信用状况进行评估，本条中的信用评估人必须是依法成立的机构。目前，我国的信用评估人主要是依法成立的征信机构，根据《征信业管理条例》的规定，征信机构是指依法设立，主要经营征信业务的机构。

> **第一千零三十条** 民事主体与征信机构等信用信息处理者之间的关系，适用本编有关个人信息保护的规定和其他法律、行政法规的有关规定。

【条文主旨】

本条是关于处理信用信息所应遵循的规则的规定。

【条文释义】

正如前条所言，名誉权人的信用是社会公众对其经济能力的评价和信赖，其对于名誉权人的影响极为重大。正因为如此，信用评估应当具有客观性和公正性，不应带有任何偏见。要确保信用评估的客观性和公正性，信用评估就必须建立在真实的信用信息基础上。因此，信用评估人在对某民事主体进行信用评估前应当尽量全面准确地掌握该民事主体的资产状况、还债记录等信用信息，这是进行信用评估的前提和基础。

信用信息属于民事主体的个人信息。考虑到个人信息在现代社会对于个人的重要性和易受侵害性，我国加强了对个人信息的保护，本编第六章和网络安全法、消费者权益保护法、电子商务法、《征信业管理条例》等多部法律法规对个人信息的保护问题作了规定。征信机构等信用信息处理者在处理信用信息时，也应当遵守这些规则。基于此，本条规定，民事主体与征信机构等信用信息处理者之间的关系，适用本编有关个人信息的规定和其他法律、行政法规的有关规定。

> **第一千零三十一条** 民事主体享有荣誉权。任何组织或者个人不得非法剥夺他人的荣誉称号，不得诋毁、贬损他人的荣誉。
>
> 获得的荣誉称号应当记载而没有记载的，民事主体可以请求记载；获得的荣誉称号记载错误的，民事主体可以请求更正。

【条文主旨】

本条是关于荣誉权的规定。

【条文释义】

荣誉是国家和社会对在社会生产生活中作出突出贡献或者有突出表现的民事主体所给予的积极的正式评价。荣誉的外在表现形式可以是物质奖励，如奖金、奖杯、奖牌等；也可以是精神奖励，如光荣称号等。授予荣誉的主体可以是政府，也可以是单位，还可以是社会组织。荣誉权就是民事主体对自己所获得的荣誉及其利益所享有的保持、支配的权利。

实践中，侵犯荣誉权的形式多种多样，最为典型的是非法剥夺他人的荣誉称号或者诋毁、贬损他人的荣誉。正如前所言，荣誉是政府、单位或者社会组织依据一定程序授予民事主体的一种正式评价，若没有正当理由且没有通过严格的程序，这种正式评价不能被随意剥夺。任何组织或者个人若对某民事主体所获得的荣誉有异议，都应当通过一定程序向荣誉授予机关提出，由授予机关通过严格程序作出是否撤销或者剥夺该民事主体所获荣誉的决定。除此之外，任何组织或者个人都不得非法剥夺他人的荣誉称号。任何组织或者个人诋毁、贬损他人荣誉的，应当依法承担民事责任。此外，荣誉权不仅包括精神利益，还附随着一定的物质利益，如奖金、奖品等。民事主体有权获得因其荣誉所产生的物质利益，禁止任何组织或者个人非法剥夺民事主体因其荣誉产生的物质利益。此外，实践中，还存在两种损害民事主体荣誉权的特殊情形：一是民事主体获得的荣誉称号应当记载而没有记载的情形。荣誉称号是民事主体享有荣誉权的主要表现形式和载体。荣誉称号应当被相关单位记载入民事主体的档案等正式材料中，这是对民事主体荣誉的承认，对其荣誉权的尊重。但是，实践中，民事主体的荣誉称号常有没有被记载的情形发生，这实际上变相剥夺了民事主体的荣誉称号，实质上损害了民事主体的荣誉权。基于此，本条第 2 款特别强调，民事主体获得的荣誉应当记载而没有记载的，其有权请求记载。二是民事主体获得的荣誉称号被记载错误的情形。正如前所述，荣誉称号是荣誉权的重要体现，若被错误记载，将对荣誉权的荣誉造成贬损，损害民事主体的荣誉权。因此，相关单位有义务准确记载民事主体的荣誉称号。荣誉权人发现自己的荣誉称号被错误记载的，其也有权请求义务人予以更正。

第六章　隐私权和个人信息保护

本章共八条，对隐私权的内容、隐私的定义、禁止侵害隐私的典型行为等内容作了规定，还对个人信息的定义，收集、处理个人信息所应遵循的规则，信息主体对自己的个人信息所享有的权利，收集、处理个人信息的免责情形等内容作了规定。

> **第一千零三十二条**　自然人享有隐私权。任何组织或者个人不得以刺探、侵扰、泄露、公开等方式侵害他人的隐私权。
> 　　隐私是自然人的私人生活安宁和不愿为他人知晓的私密空间、私密活动、私密信息。

【条文主旨】

本条是关于隐私权内容以及隐私定义的规定。

【条文释义】

隐私权是一种重要的人格权。隐私的观念从人类产生之日起便存在，它根源于人天生的羞耻本能，从用树叶、兽皮蔽体到穿衣服遮身，再到将卧室设置在房中最隐秘的位置，这种因羞耻本能而产生的行为说明对隐私保护的渴望是人的本能和社会交往的需要。但隐私权真正成为一种民事权利则是随着近代传媒业的发展才产生。隐私权的概念最早于 1890 年在美国提出。自该概念被正式提出后，隐私权保护就在美国蓬勃发展起来，在世界各国也呈同样的发展趋势。隐私权制度之所以受到各国的高度重视，主要基于两方面的原因：一是隐私权制度本身具有的功能和价值。理论界普遍认为，隐私权制度具有维护人格尊严、维护个人安宁、提高个人安全感、保护个人自由等功能和作用。隐私权制度所具有的这些功能和价值，对于促进人的全面发展，促进社会的和谐稳定具有重要意义。二是现实方面的需要。在现代社会，一方面，随着人类文明的发展，个人意识在不断加强，个人主义也在加强，人们通过加强隐私保护来保护个人自由的意识也在不断加强；另一方面，随着科技的发展、大众传媒的发展、公共权力的膨胀以及消费主义的盛行，人们的隐私受到侵犯的风险越来越大，以至于有的学者提出，在现代社会，我们每个人都是一个"透明人"，"无私可隐"。现实状况进一步凸显了加强隐私权保护的重要性。隐私权制度在我国出现比较晚，直到 2005 年修改后的妇女权益保障法才正式承认了隐私权制度，2009年侵权责任法才首次将隐私权作为一种民事权利加以规定，但是司法实践很早就开始将隐私纳入名誉的范围内，以名誉权的名义加以保护。例如，1988 年《最高人民法院关于贯彻执行〈中华人民共和国民法通则〉若干问题的意见（试行）》就明确规定，以书面、口头等形式宣扬他人的隐私，或者捏造事实公然丑化他人人格，以及用侮辱、诽谤等方式损害他人名誉，造成一定影响的，应当认定为侵害公民名誉权的行为。1993 年《最高人民法院关于审理名誉权案件若干问题的解答》规定，对未经他人同意，擅自公布他人的隐私材料或以书面、口头形式宣扬他人隐私，致使他人名誉受到损害的，按照侵害他人名誉权处理。本条在现行法律和司法解释的基础上，借鉴国外立法经验，明确规定自然人享有隐私权。任何组织或者个人不得以刺探、侵扰、泄露、公开等方式侵害他人的隐私权。

本条从两个层面对隐私权作了规定。第 1 款明确确认了任何一个自然人均享有隐私权。自然人对隐私的权利，主要体现在以下几个方面：一是隐私享有权，即自然人有权对自己的私密信息、私密活动和私密空间进行隐匿，有权享有生活安宁状态，有权保护自己的隐私不受他人的非法披露和公开，禁止任何个人和组织非法披露、公开。当然，这种隐私享有权会受到公共利益的限制。例如，公安机关为侦查犯罪的需要，可以根据法律的明确授权对犯罪嫌疑人的活动进行跟踪或者监听。二是隐私维护权，即自然人维护自己的隐私不受侵犯的权利。在自己的隐私权受到侵害后，有权直接请求行为人停止侵害、排除妨碍，也有权请求司法机关予以保护。三是隐私公开权，即自然人在法律和公序良俗所允许的范围内有权公开自己的隐私。公开的方式可以是亲自公开，也可以允许他人公开，但需要强调的是，根据本法第1033条的规定，他人公开自然人的隐私，必须经权利人明确同意。对于是否允许对隐私进行商业化利用，在立法过程中，各方对此有不同意见，但主流观点认为，隐私权不完全同于肖像权、姓名权等标表型人格权，其具有相当的伦理性和情感性，不宜鼓励自然人将自己的隐私用于商业目的。本法基本赞同这一观点。

本条第2款对隐私的定义进行了界定。界定隐私是规定隐私权的前提和基础。本条第2款规定，隐私是自然人的私人生活安宁和不愿为他人知晓的私密空间、私密活动、私密信息。根据这一规定，隐私包括四部分内容：

一是私人生活安宁。私人生活的安定宁静是个人获得自尊心和安全感的前提和基础，自然人有权排除他人对其正常生活的骚扰。将私人生活安宁纳入隐私的范围，对于保护自然人的人格尊严极为重要。有的学者将侵扰私人生活安宁的范围界定得很宽，将侵入他人住宅、窃听私人电话、拆阅他人信件、跟踪他人、偷窥他人行动等一切足以干扰他人的行为都纳入其中。考虑到语言习惯和多数人的普遍认知，从立法技术和易于理解的角度，本条所规定的侵扰私人生活安宁并非这种宽泛意义上的概念，而是将私人生活安宁与不愿为他人所知的私密空间、私密活动和私密信息并列规定，所以本法所规定的私人生活安宁是狭义概念，侵犯私人生活安宁的行为主要指本法第1033条规定的"以短信、电话、即时通讯工具、电子邮件、传单等方式侵扰他人的私人生活安宁"的行为。例如，向他人发送垃圾邮件、垃圾微信或者进行电话骚扰；在民事主体明确拒绝的情况下，还反复向他人发送小广告、散发传单等。

二是私密空间。私密空间是指个人的隐秘范围，包括个人居所、私家车、日记、个人邮箱、个人的衣服口袋、身体的隐私部位以及旅客居住的宾馆客房等。自然人有权排除他人对自己私密空间的侵入。私人住宅是最为典型的私密空间，有的学者将之称为每个人的"城堡"，根据我国宪法第39条的规定，中华人民共和国公民的住宅不受侵犯。禁止非法搜查或者非法侵入公民的住宅。本条规定将宪法的规定以隐私权的方式予以落实，不但强调了公民的住宅作为一种物权应当受到保护，更强调了对公民住宅的保护是对自然人人格权的保护。这里需要强调的是本条所规定的"私密空间"不仅包括住宅等物理意义上的特定空间，还包括电子邮箱等虚拟空间。根据本法第1033条的规定，除经权利人同意外，任何组织或者个人不得进入、拍摄、窥视他人的住宅、宾馆房间等私密空间；不得拍摄、窥视他人身体的私密部位。

三是私密活动。私密活动是指自然人所进行的与公共利益无关的个人活动，如日常生活、家庭活动、婚姻活动、男女之间的性生活等活动。每个自然人都享有私密活动不受他人侵扰的权利。自然人的私密活动是一种动态隐私，具有一个产生发展和变化的过程，有的私密活动随着时间的发展可能会变成非隐私，有的非隐私活动也有可能随着时间的发展成为私密活动。自然人的私密活动受法律保护，根据本法第 1033 条的规定，除经权利人同意外，任何组织或者个人不得拍摄、窥视、窃听、公开他人的私密活动。婚外恋和婚外性生活，从道德上应当受到谴责，也可能受到党纪政纪的处分，但除了法律另有规定或者当事人同意外，也属于私密活动，不得向社会公布。

四是私密信息。私密信息是指通过特定形式体现出来的有关自然人的病历、财产状况、身体缺陷、遗传特征、档案材料、生理识别信息、行踪信息等个人情况。这些个人情况是自然人不愿为他人所知晓的信息。自然人的私密信息受法律保护，根据本法第 1033 条的规定，除经权利人同意外，任何组织或者个人不得处理他人的私密信息。私密信息与本法第 1034 条规定的个人信息有区别也有联系，联系是私密信息对特定自然人具有极强的识别性，所以私密信息也属于个人信息；区别是个人信息既包括私密信息，也包括非私密信息，范围大于私密信息。此外，私密信息与本条中的私密活动也有一定联系。私密活动是种动态的隐私，但若其以静态的形式体现出来，则变成了私密信息。例如，记录某一自然人在某宾馆房间与另一人约会是私密活动，但若其用手机将约会的过程记录留存下来，则手机上留存的记录就变成了私密信息，而非私密活动；某人的通信行为为私密活动，但通信记录则为私密信息。

> **第一千零三十三条** 除法律另有规定或者权利人明确同意外，任何组织或者个人不得实施下列行为：
>
> （一）以电话、短信、即时通讯工具、电子邮件、传单等方式侵扰他人的私人生活安宁；
>
> （二）进入、拍摄、窥视他人的住宅、宾馆房间等私密空间；
>
> （三）拍摄、窥视、窃听、公开他人的私密活动；
>
> （四）拍摄、窥视他人身体的私密部位；
>
> （五）处理他人的私密信息；
>
> （六）以其他方式侵害他人的隐私权。

【条文主旨】

本条是关于禁止从事的侵害他人隐私权的主要行为的规定。

【条文释义】

隐私权是一种重要的人格权，根据本法第 1032 条的规定，自然人享有隐私权，任何组织或者个人不得以刺探、侵扰、泄露、公开等方式侵害他人的隐私权。本条在前条规定的基础上，为了进一步加强对隐私权的保护，明确规定除法律另有规定或者权利人明确同意外，任何组织或者个人不得实施下列行为：

一是以电话、短信、即时通讯工具、电子邮件、传单等方式侵扰他人的生活安宁。这是对前条所规定的隐私中私人生活安宁的保护。实践中，对自然人生活安宁的侵扰主要是以短信、电话、即时通讯工具、电子邮件、传单等方式进行的，如向他人发送垃圾短信、垃圾微信、垃圾邮件，散发传单等。这里的即时通讯工具主要是微信、微博等社交媒体工具。这些侵扰方式看似普通，但实际上有可能会对一个人的生活造成极大的滋扰，让权利人不胜其烦。若一个人长期被垃圾电话、微信等侵扰，还有可能导致此人精神崩溃等严重后果，这种案例在现实生活中已多次出现。

二是进入、拍摄、窥视他人的住宅、宾馆房间等私密空间。住宅、宾馆房间等私密空间是自然人隐私的核心部分。实践中，进入、窥视、拍摄他人的住宅、宾馆房间等私密空间是三种最为典型的侵犯隐私的行为。这里的"进入"是指未经权利人同意或者没有法律授权擅自闯入他人住宅或者他人居住的宾馆房间。这里的"窥视"是指非法暗中观察、偷看他人的住宅或者宾馆房间。这里的"拍摄"是指非法通过手机、相机或者通过在住宅或者宾馆房间安装摄像头等设备将他人住宅或者他人所居住的宾馆内的人、物、布局、摆设等记录下来。非法进入、窥视、拍摄他人的住宅、宾馆房间等私密空间，会对自然人的隐私权造成较为严重的侵害，也会对社会秩序造成较大破坏。

三是拍摄、窥视、窃听、公开他人的私密活动。在现实生活中，每个人每天都会从事各种各样的社会活动，其中不少社会活动都是其不愿为他人所知晓的私密活动，特别是有的私密活动一旦被他人窥视、窃听，其将处于恐惧当中，个人人格尊严也将受到严重侵害。所以在现代社会，每一个人都有权依法进行各种各样的社会活动，国家也有责任保证每个公民的私密活动不受非法侵扰，这既是个人自由权的体现，也是现代文明的标志。基于此，本条明确规定任何组织或者个人都不得非法拍摄、窥视、窃听、公开他人的私密活动。

四是拍摄、窥视他人身体的私密部位。自然人身体的私密部位属于其私密空间的范围，身体的私密部位对于自然人来讲都是极为敏感，一旦被暴露于外，将是对自然人的极大羞辱。隐私的观念根源于人天生的羞耻本能，而这种羞耻本能又来自于对身体私密部位的保护，人类在发展过程中要从用树叶、兽皮蔽体到穿衣服遮身，对自然人身体私密部位的保护就是人类的这种"知羞耻、掩外阴"观念发展起来的。恶意拍摄、窥视自然人身体的私密部位，是一种严重侵犯他人隐私权的行为，所以本条明确规定任何组织或者个人都不得拍摄、窥视他人身体的私密部位。

五是处理他人的私密信息。每个自然人都拥有不少私密信息，这些私密信息可能涉及该自然人的财产状况、社交状况、生理状况、身世经历等。这些私密信息都是自然人不愿公开或者不愿为他人所知晓的信息。违背当事人意愿处理其私密信息构成对隐私权的侵犯，如擅自公开患者的病历、擅自收集他人的聊天记录等都是对权利人隐私权的侵犯。所以，本条规定任何组织或者个人都不得非法处理他人的私密信息。这里"处理"与第1035条中的"处理"含义相同，包括对私密信息的收集、存储、使用、加工、传输、提供、公开等行为。与对个人信息的保护相比，处理他人的私密信息要想获得合法性，除了法律的明确授权外，必须要经过权利人明确同意，而处理非私密个人信息则可以是默示同意，而不一定需要明示同意。

六是以其他方式侵害他人的隐私权。本条规定的前述五项情形只是可能侵犯自然人隐私权的典型方式，现实生活中，可能侵犯隐私权的方式多种多样，远不止这五种情形。特别是随着现代科技的发展，不少新型的侵犯隐私权的方式不断出现，如利用定位软件对他人的行踪进行跟踪，又如利用高精度、高分辨率的仪器对人体的私密部位进行扫描等。为了避免挂一漏万，本条规定了这一兜底条款。

最后还需要强调一点，除了权利人明确同意外，经过法律的明确授权，也可以对自然人的隐私权作一定限制。例如，公安机关根据刑法、刑事诉讼法等相关法律的规定，可以对犯罪嫌疑人的行踪进行跟踪，也可以对犯罪嫌疑人的住宅进行搜查等，医院根据传染病防治法等相关法律的规定，可以处理相关患者的医疗信息等。

> **第一千零三十四条** 自然人的个人信息受法律保护。
>
> 个人信息是以电子或者其他方式记录的能够单独或者与其他信息结合识别特定自然人的各种信息，包括自然人的姓名、出生日期、身份证件号码、生物识别信息、住址、电话号码、电子邮箱、健康信息、行踪信息等。
>
> 个人信息中的私密信息，适用有关隐私权的规定；没有规定的，适用有关个人信息保护的规定。

【条文主旨】

本条是关于个人信息的规定。

【条文释义】

信息社会，人的存在不仅涉及生物体征方面的信息（如身高、性别等），也涉及人作为社会成员的基本社会文化信息（如姓名、职业、宗教信仰、消费倾向、生活习惯等）。有的专家提出，几乎所有的人类活动都具有信息形式的记录，当个人信息累积到一定程度，就构成与实际人格相似的"信息人格"或者"数据人格"。近年来，网络技术、信息技术的发展和经济全球化的趋势一定程度上改变了传统的营销方式和消费方式。传统条件下，由于信息搜集技术的限制，经营者无法有效获取消费者有关消费需求、消费倾向等方面的信息，其商品或者服务的提供带有很大的盲目性。而在当前信息技术发达、个人信息流通便捷的情况下，经营者可以低成本、高效率地利用各种信息搜集方式获取并分析消费者的消费习惯、消费倾向，从而有效为特定消费者提供个性化服务，进而取得市场竞争优势。例如，某公司推行的最典型的个性化服务方式是直邮，即收集明确同意接收公司营销信息的消费者名单，向其邮寄优惠券和产品样品，这类方式也被称为目标广告。这种个性化服务方式不仅避免了盲目投放广告带来的资源浪费，而且为经营者发展更多忠诚的消费者群体进而大幅提升其销售额提供了可能。个人信息在金融领域发挥的作用更为巨大。通过掌握个人信用信息，使用个人信用评分技术，银行业可以更加有的放矢地发放贷款。对个人信息的有效利用，不仅给经营者带来了利益，对消费者也带来了诸多便利：消费倾向和消费兴趣被商家掌握的消费者，在选择商品和服务时可以节省更多搜索成本；经营者对消费信息的有效掌握可以使其不再向没有该类消费倾向的消费者滥发邮件，减少众多消费者收到垃圾邮件的数量；有良好信用记录的消费者可以更方便取得贷款。个人信息的利用节约社会发展成本，固然能为经济社会带来巨大的利益，但如果对其不作任何限制，利用技术手段滥用个人信息侵犯个人利益的事件必然增多。

近年来，我国高度重视个人信息相关立法，从民事、行政、刑事各方面，加强个人信息保护，保障个人信息安全。2012 年全国人大常委会通过的关于加强网络信息保护的决定、2013 修正的消费者权益保护法、2016 年通过的网络安全法和 2018 通过的电子商务法等法律，确立了个人信息保护的规则及网络运营者保障个人信息安全的义务与责任，明确了个人对其信息收集、使用的知情权、删除权、更正权。2017 年通过的民法总则，将个人信息受法律保护作为民事权利的重要内容予以规定，并对数据作为财产权的客体作出原则性规定。关于个人信息的刑事保护，刑法第 285 条规定了非法获取计算机信息系统数据罪、非法控制计算机信息系统罪，第 253 条之一规定了侵犯公民个人信息罪，总的来看，刑法现有规定能够满足打击获取数据犯罪行为的实践需要。制定个人信息保护法也已列入十三届全国人大常委会立法规划和 2020 年度立法工作计划。立法机关正在抓紧开展个人信息保护法的研究起草工作。此外，一些司法解释和规范性文件对个人信息保护问题作了规定。在本法编纂过程中，各方提出，随着信息技术的快速发展，非法获取、非法公开或者非法向他人提供个人信息的违法行为泛滥，社会危害严重，加强对个人信息的保护对于保护公民的人格尊严，使公民免受非法侵扰，维护正常的社会秩序具有重要的现实意义。建议在人格权编中确立个人信息民事保护的基本规则，以进一步加强对个人信息的保护。经研究认为，个人信息权利是自然人在现代信息中的重要权益，明确对个人信息的保护对于保护自然人的人格尊严，使自然人免受非法滋扰，维护社会的正常秩序意义重大。基于此，在我国现有规定的基础上，借鉴国际上的立法经验，本法总则编第 111 条对个人信息保护作了原则性规定。本章在总则编规定的基础上确立了个人信息保护的基本原则和规则。本条第 1 款即开宗明义地规定，自然人的个人信息受法律保护。就民法典与单行立法在个人信息保护上的关系问题而言，既要有分工，又要有衔接协调。民法典人格权编本章关于个人信息保护的规定是立足于现行法律法规所进行的修改完善。同时，考虑到将来还有专门的个人信息保护法，所以就民法典这一长期稳定适用的民事基本立法而言，不能作出太多细致具体的规定，而只需要作出基础性、原则性的规定。这样一来，既可以对其他的立法有所指引，又为将来的发展留有空间。

本法采用了"个人信息"的表述，主要是基于以下几点考虑：一是与已有的立法保持一致。无论是我国的网络安全法、电子商务法、消费者权益保护法、刑法等相关法律，还是国务院的行政法规、部门规章以及司法解释，基本都使用"个人信息"的表述。二是"个人信息"的表述更为准确。个人数据只是个人信息内容的载体，就个人信息保护的实质而言，法律保护的并非数据这个载体，而是载体所承载的内容，用"个人信息"的表述更能准确反映个人信息保护的本质。虽然欧盟以及一些国家使用了"个人数据"的表述，但是从欧盟及这些国家的相关规定看，其实质保护的是个人数据的内容，即个人信息，并非数据这个载体。

本条第 2 款规定，个人信息是以电子或者其他方式记录的能够单独或者与其他信息结合识别特定自然人的各种信息，包括自然人的姓名、出生日期、身份证件号码、生物识别信息、住址、电话号码、电子邮箱、健康信息、行踪信息等。根据本款的规定，构成个人信息要满足三个要件：一是具有识别性，这是核心要件。所谓识别就是通过该信息可以直接或者间接地将某一自然人"认出来"。识别包括直接识别和间接识别。所谓直接识别，是指通过该信息可以直接确认某一自然人的身份，无须其他信息的辅助，如某人的身份证号、基因信息等；所谓间接识别，是指通过该信息虽不能直接确定某人的身份，但可以借助其他信息确定某人的身份。任何可以直接或者间接识别特定自然人的信息都是个人信息。二是要有一定的载体，这是个人信息的形式要件。个人信息必须要以电子或者其他方式记录下来。没有以一定载体记录的信息不是个人信息。三是个人信息的主体只能是自然人，法人或者非法人组织不是个人信息的主体。个人信息类型众多，包括但不限于自然人的身份信息、生理信息、社会信息、财产信息等，本款列举的具体个人信息只是最为典型也最为常见的类型，现实生活中的具体个人信息远不止列举的类型。与网络安全法列举的个人信息的情形相比，本条增加了电子邮箱、行踪信息等类型，这是为了让个人信息的定义能够更加适应互联网时代和大数据时代的发展需要。对于判断某一类本款没有列举到的信息是否为个人信息时，可以根据前述三个要件进行判断。

在立法过程中，有的意见提出，隐私比个人信息范围更宽，包括隐私信息、隐私活动和隐私空间，建议以隐私权的保护涵盖对个人信息的保护。经反复研究认为，个人信息与隐私确实有紧密联系，如隐私中的私密信息就属于个人信息。侵犯个人信息和侵犯隐私权的最主要方式都是非法泄露或者公开，也正是因为隐私与个人信息的联系较为紧密，本编将二者放在同一章加以规定。但是，二者的区别也非常明显，尤其是考虑到民法典作为民事基本法律，既需要保护个人信息中体现的人格利益，又要促进信息作为信息社会一种重要资源的合理流通，因此，本法并未采取传统民法以姓名权、肖像权及隐私权为框架的保护个人信息的方式，而是明确将个人信息保护的权利在隐私权等具体人格权外单独加以规定，主要基于以下几点考虑：第一，二者的构成要件不同，隐私强调私密性，而个人信息强调识别性。第二，"隐私"与"个人信息"二者的范围有重合（重合部分可以称为隐私信息，即权利主体不愿为他人知晓的个人信息，如病史、犯罪记录等），但"个人信息"不仅包括不愿为外人知晓的"隐私信息"，还包括可以公开的"非隐私信息"（如姓名、性别等）。并且，"隐私"带有主观色彩，如身高、住址、电话号码等个人信息，有些人视为隐私，有些人视为可公开信息。我国现有法律制度中涉及的"隐私权"，是与"生命权、健康权、姓名权、名誉权、荣誉权、肖像权"等并列的概念，范围比美国法规定的范围窄得多。美国法中的"隐私权"范围极广，几乎囊括了私人活动的各个领域，而不仅局限于私生活秘密，有学者认为该权利在美国已经发展为一般人格权。但是，在我国现有法律制度中的隐私权，范围要窄得多。一些侵犯个人信息的行为，未必构成侵犯"隐私"：如自然人的"姓名"，当然属于个人信息，但却不是"隐私权"的保护客体；如肖像也属于个人信息，但不当利用他人肖像，构成对"肖像权"而非"隐私权"的侵害；如不当删除、不完整记录或者错误记录他人信息，或者根据不实信息对他人信用作出错误评级等，这些都属于侵犯他人个人信息的行为，但一般不涉及侵犯隐私。第三，法律既要保护自然人对其个人信息享有的人格权益，又要兼顾社会对个人信息的合理利用。鉴于信息自由流通具有的巨大社会效益和经济效益，民法典对个人信息权利的规定，应当兼顾自然人个人信息权益和信息资源有效利用的双重目的。而隐私权的保护，一般多着眼于权利主体的人格权益，更倾向于限制个人信息的搜集与利用。因此，"个人信息"比"隐私"更适宜现代信息社会民法所要调整的法律关系。第四，从权利内容和救济方式而言，隐私权作为一种私生活受尊重的权利，多表现为消极被动和防御性的特点，它以侵害行为或侵害可能为前提，以维护人格尊严为目的，一般不具有财产利益。而个人信息得到保护的权利，从世界主要国家的立法来看，表现为一种积极主动的请求权，不仅包括个人信息不受非法处理的内容，还包括权利主体对其个人信息的积极控制：如权利人有权决定其个人信息能否被他人收集、处理和利用以及如何利用，有权要求信息处理者修改不正确、不完整的个人信息以保证信息质量，有权针对商业目的的个人信息利用获取报酬等。从德国、日本等主要国家在有关个人信息保护立法方面的发展趋势来看，"个人信息得到保护的权利"兼顾权利人的人格尊严与信息资源的有效利用，比"隐私权"更符合现代信息社会的发展需求。第五，是对二者的保护程度不同。对隐私权的保护程度要高于对个人信息的保护程度。基于此，本章虽将个人信息保护与隐私权放在同一章，但仍将二者作为两种不同的制度加以规定。需要注意的是，私密信息既是隐私的重要组成部分，也是个人信息的重要组成部分，个人信息保护与隐私权等的保护范围具有一定的重合之处。个人信息受保护的权利并非要替代隐私权对私密信息的保护，而是对其保护的补充。原则上，若个人信息可以为隐私权、名誉权、姓名权、肖像权等具体权所保护时，可以优先适用这些人格权的规则；这些具体人格权没有规定的情况下，可以适用个人信息的相关规定。但隐私权中的私密信息与信息主体的人格尊严联系更为紧密，所以本法对隐私权的保护更高一些，对私密信息的处理要求更高一些，根据本法第1033条的规定，处理他人的私密信息需要获得隐私权人的明确同意。基于此，本条第3款规定，个人信息中的私密信息，适用有关隐私权的规定；没有规定的，适用有关个人信息保护的规定。

> 第一千零三十五条　处理个人信息的，应当遵循合法、正当、必要原则，不得过度处理，并符合下列条件：
>
> （一）征得该自然人或者其监护人同意，但是法律、行政法规另有规定的除外；
>
> （二）公开处理信息的规则；
>
> （三）明示处理信息的目的、方式和范围；
>
> （四）不违反法律、行政法规的规定和双方的约定。
>
> 个人信息的处理包括个人信息的收集、存储、使用、加工、传输、提供、公开等。

【条文主旨】

本条是关于处理个人信息应当遵循的原则的规定。

【条文释义】

对于个人信息的处理直接关系到信息主体的人格尊严，本法第 1034 条明确规定，自然人的个人信息受法律保护。"自然人的个人信息受法律保护"主要体现在两个方面：一方面，自然人对自己的个人信息享有一系列权能，如本章规定的知情同意权、查阅复制权、更正删除权等；另一方面，处理他人个人信息的主体应当履行相应的义务，遵循一些基本原则和规则。对于处理个人信息应当遵循的基本原则和应当满足的条件，我国网络安全法第 41 条规定，网络运营者收集、使用个人信息，应当遵循合法、正当、必要的原则，公开收集、使用规则，明示收集、使用信息的目的、方式和范围，并经被收集者同意。网络运营者不得收集与其提供的服务无关的个人信息，不得违反法律、行政法规的规定和双方的约定收集、使用个人信息，并应当依照法律、行政法规的规定和与用户的约定，处理其保存的个人信息。消费者权益保护法和我国的一些司法解释和规范性文件也对处理个人信息应当遵循的原则和条件作了一些规定。本条在我国现行有关法律法规和个人信息保护实践的基础上，借鉴吸收国际上的通行规定，对处理个人信息应当遵循的基本原则并应当满足的条件作了规定。本条规定是关于个人信息保护的核心内容。根据本条规定，处理个人信息应当遵循以下原则：

一是合法原则，即信息处理者处理个人信息必须要有合法的依据，且处理的方法应当符合法律的规定。合法的依据主要来自两个方面：第一，法律法规的明确规定。除本章的相关规定，目前我国还有网络安全法、消费者权益保护法、电子商务法等多部法律和行政法规，都对处理个人信息作了相关规定。相关主管部门也依法制定了一些部门规章，例如，工业和信息化部制定的《电信和互联网用户个人信息保护规定》。信息收集者、信息控制者应当严格遵守这些规定，不得违反。立法机关正在起草的个人信息保护法也将对此作出规定。所以，本条第 1 款第 4 项明确规定，处理个人信息不得违反法律、行政法规的规定和双方的约定。该项规定是对合法原则的具体化。对于处理个人信息，法律法规未作规定的事项，信息处理者还应当遵守相关行业规范，目前一些行业组织已制定了相关的个人信息保护自律规范。第二，信息主体的同意。收集、处理个人信息取得信息主体的同意是个人信息保护的核心原则。根据本条第 1 款第 1 项的规定，除法律、行政法规另有规定外，收集、处理个人信息原则上应当征得该自然人或者其监护人同意。本项规定将自然人或者其监护人的知情同意作为合法处理个人信息的主要合法性前提，充分体现了信息主体在个人信息处理中的主导地位，可以有效保障信息主体对自身个人信息的控制。本项中的"其监护人同意"是指自然人因年龄、精神等原因为无民事行为能力或者限制民事行为能力人时，由其监护人决定是否同意他人处理其个人信息。这突出强调了对未成年人等行为能力欠缺者的特别保护。信息主体同意的方式多样，可以是通过与信息处理者签订协议的方式，也可以是单方授权的方式，还可以是其他方式。但是，针对个人信息敏感度的不同，对同意的要求程度不同，处理某些个人信息应当取得信息主体明示同意。例如，对于信息主体敏感度较高的信息或者隐私信息，根据本法第 1033 条第 5 项的规定，任何组织或者个人未取得权利人明确同意，不得处理他人的私密信息。本条第 1 款第 1 项中的"但是法律、行政法规另有规定的除外"是指收集、处理个人信息可以不取得信息主体同意的例外情形，但这些例外情形必须由法律、行政法规作出明确规定。例如，本法第 1037 条规定的情形既是处理他人个人信息可以免除民事责任的情形，实际上也是处理他人个人信息无须取得信息主体同意的情形。此外，我国正在制定中的个人信息保护法也可以对处理个人信息无须取得信息主体同意的具体情形作出更为详细的规定。

二是正当原则。所谓正当原则是指处理个人信息除了要遵循合法原则外，信息处理的目的和手段还要正当，应当尊重公序良俗和遵守诚实信用原则，并且要尽量满足透明的要求，以便当事人能够充分了解情况，自主行使自己的权利。这就要求信息处理者对处理个人信息的行为进行自我管理，确保处理个人信息行为的正当性。特别是在收集、处理个人信息过程中不得强迫用户授权，或者以捆绑服务、强制停止使用等不正当手段变相诱导、胁迫用户提供个人信息，更不得欺骗、窃取或者以其他非法手段处理他人的个人信息。实践中的"大数据杀熟"就是一种典型的违反正当原则的行为。

三是必要原则。所谓必要原则是指处理个人信息的目的应当特定，处理应当受限制。处理个人信息应当有特定目的，并且应当依据该特定的、明确的目的进行，通常不得超出目的范围处理个人信息，与实现所涉目的无关的个人信息不得处理。例如，医疗机构收集患者的疾病信息目的是用于分析患者病情或者分析疾病之用，不得将其用于非医疗目的；电商承诺只将收集到的消费者个人信息用于研究分析消费发展趋势目的的，就不得将其用于其他目的。此外，必要原则还包括即使按照特定目的收集、处理个人信息，也应当按照对信息主体影响最小的方式进行，应当在必要的限度内进行。这就要求信息处理者在收集信息时不应当收集对提供服务没有必要的个人信息，只有那些对开展相关服务而言非收集不可或者不收集就无法满足用户服务需要的信息，才可被收集。在处理个人信息时，处理的内容和范围不应过于宽泛，只有在不得不处理时才可以处理个人信息。不得过度处理个人信息本应是必要原则的应有之义，但是在立法过程中，不少意见提出，针对实践中不少网络服务提供商，特别是一些手机软件应用服务提供商过度收集处理个人信息的现象比较普遍，严重损害了信息主体的权益，建议明确规定，不得过度处理个人信息。本条采纳了这一意见，特别强调不得"过度处理"个人信息。这一规定针对性是较强的。

四是公开透明原则。所谓公开透明原则是指信息处理者在处理个人信息时应当公开处理信息的规则，并明示处理信息的目的、方式和范围，确保信息主体享有知情权。公开透明原则极为重要，其是确保信息主体知情同意的前提。只有让信息主体充分知悉和了解处理个人信息的规则、目的、方式和范围，了解个人信息被处理的后果和可能的影响，才可以保护信息主体的意思判断是自主、真实和合理的。这里的公开透明并非指个人信息内容公开，而是指处理个人信息的过程和规则应当公开。这就要求信息处理者在处理个人信息时要主动增强透明度，用通俗易懂、简洁明了的语言说明处理个人信息的目的、方式和范围，并将处理个人信息的规则予以公开。由于这些规则是由个人信息处理者单方制定的，属于格式条款，因此，应当受本法合同编和其他相关法律关于格式条款规定的规范。

需要说明的是，本章中的个人信息处理内涵极为丰富，并不限于使用行为，还包括个人信息的收集、存储、使用、加工、传输、提供、公开等行为。本条第2款之所以这样规定，主要是为了表述上的方便，与国际上通行的做法也能基本保持一致。

第一千零三十六条 处理个人信息，有下列情形之一的，行为人不承担民事责任：

（一）在该自然人或者其监护人同意的范围内合理实施的行为；

（二）合理处理该自然人自行公开的或者其他已经合法公开的信息，但是该自然人明确拒绝或者处理该信息侵害其重大利益的除外；

（三）为维护公共利益或者该自然人合法权益，合理实施的其他行为。

【条文主旨】

本条是关于处理个人信息可以免责情形的规定。

【条文释义】

任何权利的行使都是有其界限的，自然人对个人信息所享有的权益也不例外，特别是在信息时代，信息的自由流通十分重要。信息时代给人类社会所创造的巨大价值就是建立在信息的自由流通基础上的。如果信息处理者对于任何信息进行任何处理都要花费不合理的成本来确定是否侵害他人的个人信息权益，或者允许信息主体频频打断信息的流通和传播，将严重阻碍信息产业的发展，整个社会也将会付出高昂的代价。因此，在个人信息保护立法中，一定要处理好保护个人信息与促进信息自由流通之间的关系，在进一步加强对个人信息保护的同时，也要高度重视信息的自由流通问题。为了处理好这二者之间的关系，本条明确规定了行为人处理个人信息无须承担民事责任的三种情形：

一是在该自然人或者其监护人同意的范围内合理实施的行为。自然人或者其监护人同意是处理个人信息行为获得合法性的重要依据，也是自然人处分自己个人信息权益的重要方式。自然人或者其监护人的同意，实际上就是允许他人处理自己的个人信息。因此，行为人在自然人或者其监护人同意的范围内实施的行为即使对该自然人的权益造成了影响，也是符合信息主体意愿的，行为人无须承担民事责任。但是，行为人在自然人或者其监护人同意的范围内实施的行为应当合理。例如，消费者允许电商处理自己的消费记录并向自己发送精准广告，但电商在处理该消费者的消费记录后，却频频向该消费者推送各种商品广告，对其生活造成了极大干扰，这种行为虽是在该消费者同意的范围内实施的行为，但不合理，并不能完全免除电商的民事责任。

二是合理处理该自然人自行公开的或者其他已经合法公开的信息，但是该自然人明确拒绝或者处理该信息侵害其重大利益的除外。"自然人自行公开"自己的个人信息就是自然人主动将自己的某些个人信息向社会公开。例如，患者主动向社会公开自己的生病经历；某人主动向社会公开自己的性取向或者宗教信仰。自然人自行公开自己的个人信息意味着其在一定程度上同意他人对这些个人信息的处理。"其他已经合法公开"的个人信息是指除自然人自行公开的以外，以其他合法形式公开的个人信息。例如，媒体在新闻报道中依法公开的个人信息；国家机关依法公开的个人信息。合理处理这些已经公开的个人信息，即使对某自然人造成了影响，行为人原则上也不承担民事责任。但是有两种例外情形：第一，该自然人明确拒绝他人处理自己公开的个人信息。个人信息虽然是自然人自己主动公开或者被以其他方式合法公开，但若该自然人明确表示拒绝他人处理这些个人信息的，应当尊重该自然人的意愿，行为人不得擅自处理，除非有明确的法律法规授权。第二，处理该信息侵害自然人重大利益的。在有的情况下，自然人的个人信息虽然是自己主动公开或者是通过其他合法方式公开的，但若处理这些个人信息的行为损害该自然人重大利益的，行为人仍不能免除责任。例如，某人对外公开了自己的电话号码，但行为人却利用这些电话号码频频向某人发送垃圾短信或者拨打垃圾电话，严重滋扰了某人的生活安宁，此时，行为人仍应承担民事责任。本项的"但书"规定是公开使用的例外情形，保证了信息主体的最终决定权，并体现了权利行使的比例原则。

三是为维护公共利益或者该自然人的合法权益，合理实施的其他行为。这是一个兜底性的规定。公共利益涉及国家利益和不特定多数人的利益，任何国家和地区一般都规定，基于公共利益，可以对权利的行使进行限制。自然人对个人信息享有的权益也不例外。我国宪法第51条规定，中华人民共和国公民在行使自由和权利的时候，不得损害国家的、社会的、集体的利益和其他公民的合法的自由和权利。基于此，本条规定，行为人为了维护公共利益，在必要范围内可以合理处理自然人的个人信息。但由于公共利益是一个弹性极大的概念，为避免被滥用，应当严格适用，如为了公众的健康安全或者为了追查犯罪行为可以作为公共利益。此外，为了该自然人自己的合法权益，也可以在必要范围内处理其个人信息，如在患者处于病重昏迷状态时，医院为了该患者的生命安全，处理该患者的个人健康信息。需要强调一点，无论是为了维护公共利益还是为了维护自然人的合法权益，行为人在必要范围内实施的收集、处理个人信息行为都应当是合理的，不能借维护公共利益之名，行侵害自然人合法权益之实，否则仍不能免除侵权责任。

> 第一千零三十七条 自然人可以依法向信息处理者查阅或者复制其个人信息；发现信息有错误的，有权提出异议并请求及时采取更正等必要措施。
>
> 自然人发现信息处理者违反法律、行政法规的规定或者双方的约定处理其个人信息的，有权请求信息处理者及时删除。

【条文主旨】

本条是关于信息主体查阅复制权和更正删除权的规定。

【条文释义】

个人信息涉及自然人的人格尊严，根据本章的规定，自然人的个人信息受法律保护。自然人对自己的个人信息享有一系列权能，包括知情同意权、查阅复制权、更正删除权、受保护权等内容。本法第 1035 条规定了自然人的知情同意权，第 1038 条规定了自然人的受保护权，本条则对自然人的查阅复制权和更正删除权作了规定。

自然人对个人信息的查阅复制权是指信息主体有权查阅其个人信息被处理的情况，并有权对处理的个人信息进行复制的权利。查阅复制权在个人信息保护体系中的地位很重要。自然人要行使自己对个人信息的其他权利，必须首先了解自己的哪些个人信息被处理，以及被处理的情况如何，特别是要能了解在此过程中其个人信息是否完整准确。只有这样，才能判断信息处理者的处理活动是否符合信息主体的预期，信息主体也才能够决定是否有必要对相关信息进行更正、删除。所以，信息查阅复制权是确保自然人能够实现这些权利的重要内容，任何组织或者个人都不得非法剥夺。基于此，本条第 1 款规定，自然人可以依法向信息处理者查阅或者复制其个人信息。

个人信息更正权，简称更正权，是指信息主体有权请求信息处理主体对不正确、不全面的个人信息进行改正与补充的权利。更正权具体包括：个人信息错误更正权，即对于错误的个人信息本人有更正的权利；个人信息补充权，即对于遗漏或新发生的个人信息，本人有补充的权利；个人信息更新权，是本人要求对于过时的个人信息及时更新的权利。确保个人信息的准确性、完整性和及时更新，信息处理者才能确保提供服务的质量，才能有效维护信息主体的合法权益。赋予信息主体更正权是国际上的通行做法，我国网络安全法第 43 条规定，个人发现网络运营者收集、存储的其个人信息有错误的，有权要求网络运营者予以更正。网络运营者应当采取措施予以删除或者更正。因此，本条规定，自然人发现信息有错误的，有权提出异议并要求及时采取更正等必要措施。

个人信息删除权，简称删除权，是指信息主体在法定或约定的事由出现时，有权请求信息控制者删除其个人信息的权利。我国网络安全法第 43 条规定，个人发现网络运营者违反法律、行政法规的规定或者双方的约定收集、使用其个人信息的，有权要求网络运营者删除其个人信息。本条在网络安全法规定的基础上规定，自然人发现信息处理者违反法律、行政法规的规定或者双方的约定处理其个人信息的，有权请求信息持有者及时删除。根据本条的规定，信息主体一般在下列情形下可以请求删除个人信息：一是处理个人信息的行为不合法。例如，信息处理者处理个人信息未取得信息主体的同意，并且也没有法律法规的明确授权；信息处理者的处理行为超出了法定或者约定的范围。二是信息处理者处理个人信息的目的已不存在，其没有必要再保存个人信息。三是信息主体与信息处理者约定的处理个人信息的期限已届满，根据约定，信息主体有权要求删除。需要强调的是，本条规定的个人信息删除权并非欧盟《一般数据保护条例》规定的所谓"个人信息被遗忘权"。目前各方对是否规定"个人信息被遗忘权"争议极大，对这一问题宜继续研究，因此，本法对此未作规定。

> **第一千零三十八条** 信息处理者不得泄露或者篡改其收集、存储的个人信息；未经自然人同意，不得向他人非法提供其个人信息，但是经过加工无法识别特定个人且不能复原的除外。
>
> 信息处理者应当采取技术措施和其他必要措施，确保其收集、存储的个人信息安全，防止信息泄露、篡改、丢失；发生或者可能发生个人信息泄露、篡改、丢失的，应当及时采取补救措施，按照规定告知自然人并向有关主管部门报告。

【条文主旨】

本条是关于信息处理者对个人信息安全保护义务的规定。

【条文释义】

信息处理者对处理的个人信息负有安全保护义务是确保个人信息安全的重要保障。随着人工智能、大数据技术、拍照技术等科学技术的快速发展，个人信息被泄露、被复制、被窃取的风险越来越大，特别是随着互联网应用的普及和人们对互联网的依赖，互联网的安全问题也日益凸显。黑客攻击和大规模的个人信息窃取案件频发，大量网民因个人信息被窃取导致的人身财产损害后果严重。此外，目前网站攻击与技术窃取个人信息的行为正在向批量化、规模化方向发展，用户个人信息权益遭到侵害，特别是一些重要数据信息甚至流向他国，信息安全威胁已经上升至国家安全层面。实践中，因信息处理者未履行对个人信息的安全义务，导致自然人的个人信息被大规模泄露的事件时有发生，如美国脸书公司泄露众多客户个人信息案。如果信息处理者不采取有力措施保护个人信息，会对个人信息主体造成严重滋扰，严重损害其人格尊严，对社会秩序也会造成严重冲击。因此，明确信息处理者对个人信息的安全义务对于个人信息保护至关重要。世界各国和相关地区的个人信息保护立法均强调信息处理者对个人信息负有安全保护义务。例如，欧盟《一般数据保护条例》规定，数据处理应当采用适当的技术措施和组织措施，确保数据安全。我国网络安全法、电子商务法、消费权益保护法等法律和多部行政法规均对个人信息的安全保护义务作了规定。本条在现行法律法规的基础上，从三个方面对信息处理者应当履行的安全保护义务作了规定：

一是信息处理者不得泄露或者篡改其收集、存储的个人信息；未经自然人同意，不得向他人非法提供其个人信息，但是经过加工无法识别特定个人且不能复原的除外。这是对信息处理者自身不得泄露、篡改、非法提供个人信息的要求。信息处理者自己主动泄露、篡改或者非法提供个人信息的行为是极为严重地违反安全保护义务的行为，也是一种故意侵犯个人信息权益的行为，不但要承担民事责任，造成严重后果的，还有可能承担刑事责任。本法第1035条明确规定，除法律、行政法规另有规定外，处理个人信息的，应当征得该自然人或者其监护人同意。根据这一规定的逻辑，信息处理者未经信息主体的同意就向他人提供个人信息，就属于泄露个人信息的具体情形。根据本法第1035条第2款的规定，本章中的"处理"包括向他人提供个人信息的行为，因此，信息处理者向他人提供个人信息必须经信息主体同意，否则将承担侵权责任。当然，本条同时也规定，个人信息经过加工无法识别特定个人且不能复原的，信息处理者可以不经信息主体同意向他人提供。经过加工无法识别特定个人且不能复原的信息就是经过匿名化处理的信息。随着大数据时代、人工智能时代的到来，海量的个人信息数据成为了具有重大价值的资产，若对这些信息资产利用得当，必将产生巨大的社会效益，必将有力地推动经济的发展。而通过匿名化技术消除个人信息的信息主体身份特征后加以利用，成为利用这些信息数据的重要手段。个人信息通过匿名化处理后，信息主体很难再被识别出来，对其人格尊严也就不会产生损害，此时的匿名化信息已失去了个人信息最本质的特征，已不再属于个人信息，因此，也就不需要适用个人信息保护的相关规则，信息处理者自然也就可以不经信息主体同意就向他人提供这些匿名化的信息。由于本法属于民事基本法，对于判断"无法识别特定个人且不能复原的"信息的具体规则和要求，本法并未作规定，这可以由将来的个人信息保护法等特别法或者专门的行政法规、部门规章作出规定。

二是信息处理者应当采取技术措施和其他必要措施，确保其收集、存储的个人信息安全，防止信息泄露、篡改、丢失。信息收集者、控制者除了自己不得主动不得泄露、篡改、非法提供其收集、存储的个人信息外，还要积极采取措施确保其收集、存储的个人信息安全。这要求信息处理者要为个人信息的储存提供必要的安全环境。虽然本条并没有将这些具体措施作具体化的规定，但原则上要求信息处理者在合理限度内采取必要措施保证信息安全。这些措施主要是技术手段，如设置多重密码、设置防火墙以防止病毒入侵等。在确定具体采取哪些必要措施时，可以结合安全措施的成本和个人信息的性质内容来决定和判断。

三是发生或者可能发生个人信息泄露、篡改、丢失的，应当及时采取补救措施，按照规定告知自然人并向有关主管部门报告。如果信息处理者没有采取措施或者采取的措施不力，导致发生或者可能发生个人信息泄露、毁损、丢失的情况的，其既有及时采取补救措施的义务，同时还有按照规定告知自然人并向有关主管部门报告的义务，以防止个人信息进一步被泄露、篡改、丢失，避免损害的进一步扩大。判断是否构成本款规定的"及时"，要结合个人信息被处理和传播的速度，是否能使损害最小化。本款规定的补救措施，可以是本法侵权责任编关于防止网络侵权的删除、断开连接、屏蔽措施，还包括其他可以减少损害的所有合理措施。本款所规定的"告知"和"报告"义务，必须是将相关的危险情况以可以理解的方式，清晰、明确、全面地告知当事人。

> **第一千零三十九条**　　国家机关、承担行政职能的法定机构及其工作人员对于履行职责过程中知悉的自然人的隐私和个人信息，应当予以保密，不得泄露或者向他人非法提供。

【条文主旨】

本条是关于国家机关、承担行政职能的法定机构及其工作人员对个人信息的保密义务的规定。

【条文释义】

国家机关、承担行政职能的法定机构及其工作人员在依法履行职责的过程中常常会接触到自然人的隐私和个人信息，这可以体现在两个方面：一是根据法律、行政法规的授权，国家机关、承担行政职能的法定机构及其工作人员主动处理他人的个人信息，或者进入、搜查、监视他人的私密场所，跟踪他人的私密活动等，如公安机关对犯罪嫌疑人进行监视或者跟踪等。二是国家机关及其工作人员在履行职责过程中被动地、不可避免地知悉或者了解到他人的隐私和个人信息，如公安机关在对犯罪嫌疑人进行监视或者跟踪时会不可避免地知悉或者了解到与犯罪嫌疑人相关的其他自然人的一些隐私和个人信息。无论是根据法律、行政法规授权主动知悉的隐私和个人信息，还是在履行职责过程中被动知悉的隐私和个人信息，国家机关及其工作人员都必须予以保密，这是其应遵守的基本法定义务。之所以强调这一点：一是从现实情况看，国家机关及其工作人员在履行职责过程中知悉的隐私和个人信息量多面广。据统计，国家机关知悉或者掌握的自然人隐私和个人信息量远超一般的企业等商事主体。二是国家机关、承担行政职能的法定机构及其工作人员在履行职责过程中知悉或者掌握的自然人隐私和个人信息一般都是私密程度较高或者敏感度较大。若国家机关、承担行政职能的法定机构及其工作人员没有强烈的保密意识，导致这些隐私和个人信息被泄露或者公开，有可能对相关自然人的权益造成极大的损害，社会后果也是极为严重的。基于此，本条明确规定，国家机关、承担行政职能的法定机构及其工作人员对于履行职责过程中知悉的自然人的隐私和个人信息，应当予以保密，不得泄露或者向他人非法提供。这就要求国家机关、承担行政职能的法定机构及其工作人员对履行职责中知悉的隐私和个人信息不但要有强烈的保密意识，自己不主动泄露、公开或者非法提供这些隐私和个人信息，还要采取有力的措施确保这些隐私和个人信息不被泄露、不被公开。除了本条规定，我国的一些单行法对此已作了相关规定，例如，我国监察法第18条第2款规定了监察机关及其工作人员对履行职责过程中掌握的信息负有保密义务。

这里需要说明的是，民法典主要调整的是作为平等主体的自然人、法人、非法人组织之间的人身关系和财产关系。人格权编作为民法典的一部分主要调整的也是平等主体之间因人格权的享有和保护产生的民事关系。本章对于个人信息保护的规范也主要限于平等主体之间。所以，从严格意义上讲，本条关于国家机关、承担行政职能的法定机构及其工作人员在履行职责过程中承担对自然人的隐私或者个人信息保密义务的规定不属于民法典规定的内容。但由于国家机关、承担行政职能的法定机构及其工作人员在履行职责过程中掌握了大量个人的隐私和个人信息，且多数为敏感重要的个人信息，一旦被泄露，将对个人造成严重损害，后果也将极为严重。所以，这个问题对于个人信息的保护极为重要，本章从强调的角度对此作了规定。若国家机关、承担行政职能的法定机构或者其工作人员在履行职责过程中违反保密义务，侵害了自然人的权益，权利人可以根据国家赔偿法或者其他相关法律的规定要求国家机关、承担行政职能的法定机构承担法律责任。

第五编　婚姻家庭

　　家庭生活关系在民法上称作婚姻家庭关系或亲属关系，调整婚姻家庭关系或亲属关系的民法规范称作婚姻家庭法或亲属法，属于身份法。婚姻家庭法或亲属法规范的婚姻家庭关系是基于两性关系、血缘关系和扶养关系而形成的人与人之间的关系。血缘关系也包括法律拟制血缘关系，这是家庭生活中自然血缘关系的必要补充。

　　我国的婚姻家庭制度是具有中国特色的社会主义婚姻家庭制度。婚姻家庭立法作为规范婚姻家庭关系的基本准则，涉及家家户户的利益。新中国成立以后，1950 年中央人民政府委员会第七次会议通过婚姻法，1980 年五届全国人大三次会议通过新的婚姻法，2001 年作了修改。1991 年全国人大常委会通过了收养法，1998 年作了修改。婚姻法、收养法实施以来，对于维护平等、和睦、文明的婚姻家庭关系，保护合法的收养关系发挥了重要作用。

　　随着经济社会文化的发展，社会主要矛盾的变化，我国进入新的历史时期，婚姻观念、家庭关系也发生了很大变化，婚姻家庭领域也出现了一些新情况。为进一步弘扬夫妻互敬、孝老爱亲、家庭和睦的中华民族传统美德，体现社会主义核心价值观，促进婚姻家庭关系和谐稳定，婚姻家庭编以婚姻法和收养法为基础，在坚持婚姻自由、男女平等、一夫一妻等基本原则和特别保护妇女、未成年人和老年人权益的前提下，结合社会发展的需要，修改了部分规定，并增加了一些新规定。婚姻家庭编共五章、七十九条。

第一章　一般规定

　　本章为"一般规定"，亦为本编的总则篇。本章共六条，对婚姻家庭编的调整范围、婚姻家庭关系基本原则、婚姻家庭中禁止行为、婚姻家庭道德规范的规定、收养原则以及亲属、近亲属、家庭成员等作了规定。

> **第一千零四十条　本编调整因婚姻家庭产生的民事关系。**

【条文主旨】

本条是关于婚姻家庭编调整范围的规定。

【条文释义】

婚姻家庭法，或称亲属法，是调整婚姻、亲属间权利义务关系的法律。它主要规定婚姻、亲属间身份关系的产生、变更和消灭，以及基于这种关系而产生的民事权利和义务。婚姻家庭法涉及家家户户，关系每一位公民的切身利益。

婚姻是男女两性的结合，这种结合形成当时社会制度所确认的夫妻关系。婚姻从不同角度，有多种分类。例如，依婚姻史，分为乱婚、群婚、对偶婚和一夫一妻制婚。依结婚是否为要式行为，分为法律婚、宗教婚和事实婚。依结婚是否出于当事人的意愿，分为自主婚和买卖婚、包办婚、胁迫婚、抢夺婚。依男娶女嫁还是男到女家，分为聘娶婚和赘婚。依婚姻当事人之间有无亲属关系，分为中表婚、远亲婚和非亲婚。依当事人结婚时的年龄，分为童婚、早婚和晚婚。依结婚的次数，分为初婚和再婚。依当事人是否同时具有数个婚姻关系，分为单婚和重婚。依婚姻是否具有法律效力，分为有效婚和无效婚。依婚姻是否为男女异性间的行为，分为两性婚和同性婚。

家庭，或可称家，为以永久共同生活为目的而同居的亲属团体。在氏族社会，个人和家族无独立人格，只有氏族才具有人格，氏族是以共同祖先而结合的血缘团体。进入阶级国家时代，氏族消失代之以宗族，进入宗法时代。宗族的特征是父系父权父治、族外婚、长子继承制。虽然宗族内也有家族，但家族无人格，只是消费团体。封建崩溃，宗法时代结束，宗族渐变为大家族制度。大家族制度，家族为独立经济主体，家长统家政。大家族制度之下，农户虽依附家族，但独立为户，有编户制度。随着经济社会的发展，大家族制崩溃，进入小家族制，农户通常已不再依附于家族而成为独立家庭。在封建时代，中西方普遍存在家长制。进入资本主义时代之后，社会生活和家庭结构发生重大变化，家长制逐渐消失，在大陆法系国家旧民法中仍有家长制的相关规定，现在的新民法基本上已没有相关规定。

现代家庭多是以父母子女为中心的"核心家庭"。家长制已不存在。现代家庭男女平等、夫妻平等，"家长"一词通常是指小孩子的父母。每户有"户主"，通常只用于户口登记。过去的四世同堂、五世同堂的大家庭现在已很少有。"家"与"家庭"概念的异同在现代汉语已与过去不同。"家"通常与居所户籍相连，一人亦可成家。"家庭"则是指家庭成员的团体。通常来说，婚姻是家庭成立的基础前提，因此，"家庭"也称"婚姻家庭"。因婚姻产生"婚姻关系"，因家庭产生"家庭关系"，合称"婚姻家庭关系"。"婚姻家庭关系"是民事关系，受民法调整。本条表述为："本编调整因婚姻家庭产生的民事关系。"家庭成员之间是亲属，所以"婚姻家庭关系"也可称为"亲属关系"，为夫妻关系、父母子女关系和其他亲属关系。

> **第一千零四十一条　婚姻家庭受国家保护。**
> **实行婚姻自由、一夫一妻、男女平等的婚姻制度。**
> **保护妇女、未成年人、老年人、残疾人的合法权益。**

【条文主旨】

本条是关于婚姻家庭关系基本原则的规定。

【条文释义】

本条规定了婚姻家庭关系的几个基本原则，包括婚姻家庭受国家保护的原则、婚姻自由原则、一夫一妻制原则、男女平等原则和保护妇女、未成年人、老年人、残疾人合法权益的原则。

一、婚姻家庭受国家保护的原则

婚姻家庭受国家保护，首先是一项宪法原则。我国宪法第 49 条第 1 款规定："婚姻、家庭、母亲和儿童受国家的保护。"民法要落实这一宪法原则。民法通则第 104 条第 1 款规定："婚姻、家庭、老人、母亲和儿童受法律保护。"民法总则第 112 条规定："自然人因婚姻、家庭关系等产生的人身权利受法律保护。"这些规定都是宪法原则的具体化表述。我国的婚姻法是婚姻家庭的专门立法，更是宪法原则的具体化。婚姻法第 2 条第 2 款规定："保护妇女、儿童和老人的合法权益。"不少意见认为，婚姻法应当更为明确地规定体现宪法保护婚姻家庭的原则。这次民法典的制定过程中，有些代表提出，民法典草案物权编、合同编、人格权编、继承编都在"一般规定"一章中规定了物权、合同、人格权、继承权受国家或者法律保护的内容，建议在婚姻家庭编的"一般规定"一章也增加类似规定，既有利于体现国家对婚姻家庭的重视和保护，也有利于各编体例的统一。经研究采纳这一意见，依据宪法的规定，在本条中增加一款作为第 1 款规定："婚姻家庭受国家保护。"

二、婚姻自由原则

婚姻自由又称婚姻自主，是指婚姻当事人享有自主地决定自己的婚姻的权利。婚姻当事人按照法律规定，有权基于本人的意志，自主自愿地决定自己的婚姻问题，不受他人的干涉和强制。

婚姻自由包括结婚自由和离婚自由。结婚自由，就是结婚须男女双方本人完全自愿，禁止任何一方对他方加以强迫，禁止任何组织或者个人加以干涉。保障婚姻自由，是为使男女双方能够依照婚姻家庭编的规定，基于自己的意愿结成共同生活的伴侣，建立幸福美满的家庭。所谓离婚自由，是指婚姻当事人有权自主地处理离婚问题。双方自愿离婚的，可以协商离婚。一方要求离婚的，可以诉至法院解决。保障离婚自由，是为使无法维持的婚姻关系得以解除，当事人免受婚姻名存实亡的痛苦。结婚自由和离婚自由是统一的，二者相互结合缺一不可。

婚姻自由既与包办、买卖婚姻相对立，又与轻率地对待婚事毫无共同之处。实行婚姻自由，并不是一个人在自己的婚姻问题上可以随心所欲，放任自流，想结就结，想离就离，而是必须依照法律的规定处理婚姻大事。每一个自然人都应当在法律规定的范畴内正确行使婚姻自由的权利。

三、一夫一妻制原则

一夫一妻制是一男一女结为夫妻的婚姻制度。也就是说，一个男人只能娶一个妻子，一个女人只能嫁一个丈夫，不能同时与两个以上的人缔结婚姻。一夫一妻制是社会主义婚姻制度的基本原则，是在婚姻关系上实现男女平等的必要条件，也是男女真心相爱、建立美满婚姻的要求。

婚姻为男女的结合。在婚姻家庭编征求意见的过程中，有意见提出在婚姻家庭编中规定同性婚姻。我国实行的一夫一妻制是一男一女结合为夫妻的婚姻制度，这是整个婚姻制度的基石，是千百年来传承下来的，是符合我国文化传统和现实国情的。同性婚姻难以被广大社会公众接受和认可。目前世界上绝大多数国家都不承认同性婚姻的合法性。因此，本编维持婚姻法一夫一妻制的规定。

四、男女平等原则

男女平等，是指妇女在政治、经济、文化、社会和家庭生活各个方面，有同男子平等的权利和义务。男女平等是婚姻家庭编的一项基本原则，根据这个原则，男女两性在婚姻关系和家庭生活的各个方面，均平等享有权利，平等承担义务。婚姻家庭编中男女平等原则在内容上很广泛，它包括：男女双方在结婚、离婚问题上的权利义务是平等的，夫妻双方在家庭中的地位是平等的，其他男女家庭成员之间的权利义务也是平等的。夫妻间、其他家庭成员间的平等关系，是我国男女两性法律地位平等在婚姻家庭领域中的体现，它是建立美满的婚姻关系和发展和睦的家庭生活的重要保障。

五、保护妇女、未成年人、老年人、残疾人合法权益的原则

保护妇女、未成年人、老年人、残疾人的合法权益，是婚姻家庭编的一项重要原则。

保护妇女的合法权益和实行男女平等是一致的。社会主义制度使妇女获得了同男子平等的权利，但重男轻女的旧习俗不可能在短时期内完全消除。因此，法律不仅要规定男女平等，还要根据生活的实际情况，对妇女的合法权益给予特殊的保护。本编中规定保护妇女的内容十分广泛。如本编特别规定"女方在怀孕期间、分娩后一年内或者终止妊娠后六个月内，男方不得提出离婚"。特别保护妇女合法权益，对于促进妇女的彻底解放，发挥她们在现代化建设中的"半边天"作用，有着重要意义。

保护未成年人，就是保护国家的未来。为了孩子们的健康成长，本法规定：父母对未成年子女负有抚养、教育和保护的义务。离婚后，父母对于子女仍有抚养、教育和保护的义务。保障婚生子女、非婚生子女、养子女、继子女的权益，禁止溺婴、弃婴和其他残害婴儿的行为。禁止借收养名义买卖未成年人。总则编为未成年人设立监护制度。这些都是对未成年人的法律保护。抚育子女，是父母不可推诿的天职。父母要关心子女的身心健康，履行抚养职责，使子女在德智体美诸方面全面发展。民法典还规定了对未成年人的特别保护。本编规定，收养应当遵循最有利于被收养人的原则。还规定，对离婚后子女的抚养，父母双方协议不成的，由人民法院按照最有利于未成年子女的原则判决。这些规定体现了未成年人利益最大化原则。

保护老年人的合法权益，是社会主义家庭的重要任务。赡养老年人，是我国人民的美德。父母为了子女的健康成长，长期付出了辛勤的劳动，尽了自己的职责。当他们年老多病，丧失劳动能力或生活困难的时候，子女就要承担起赡养的义务。社会主义社会的赡养与封建的孝道，有着本质的不同。在社会主义制度下，对老年人的生活照顾，首先是由国家、集体承担的，但国家、集体的物质帮助，不能取代家庭成员对老年人的赡养责任。作为子女要自觉履行赡养义务，尊老养老，使老年人安度晚年。

这次编纂民法典，特别增加规定了保护残疾人的原则。保护残疾人历来是我国宪法、法律的一个基本原则。宪法第 45 条第 1 款、第 3 款规定："中华人民共和国公民在年老、疾病或者丧失劳动能力的情况下，有从国家和社会获得物质帮助的权利。国家发展为公民享受这些权利所需要的社会保险、社会救济和医疗卫生事业。""国家和社会帮助安排盲、聋、哑和其他有残疾的公民的劳动、生活和教育。"残疾人保障法第 3 条第 1 款规定："残疾人在政治、经济、文化、社会和家庭生活等方面享有同其他公民平等的权利。"第 9 条规定："残

疾人的扶养人必须对残疾人履行扶养义务。残疾人的监护人必须履行监护职责，尊重被监护人的意愿，维护被监护人的合法权益。残疾人的亲属、监护人应当鼓励和帮助残疾人增强自立能力。禁止对残疾人实施家庭暴力，禁止虐待、遗弃残疾人。"我国有四五十部法律在相关条款中规定了保护残疾人权益的内容。保护残疾人也是民事法律的一个基本原则。民法通则第 104 条第 2 款规定："残疾人的合法权益受法律保护。"民法典总则编规定了适用于对残疾人保护的监护制度，第 128 条还特别规定："法律对未成年人、老年人、残疾人、妇女、消费者等的民事权利保护有特别规定的，依照其规定。"民法典婚姻家庭编作为家庭生活的基本规范，也应当突出对残疾人权益的特别保护。保护残疾人权益符合婚姻家庭规范的特点和立法目的，体现了婚姻家庭的功能。保护残疾人婚姻家庭权益，能够促进家庭和谐安定，也体现了公平和正义。家庭是人的主要生活场所，是人生的避风港，更是残疾人的主要生活场所和避风港。家庭对残疾人的关爱、关照和保护是一切社会福利政策不能取代的。因此，本条增加规定特殊保护残疾人的合法权益。

> **第一千零四十二条　禁止包办、买卖婚姻和其他干涉婚姻自由的行为。禁止借婚姻索取财物。**
>
> **禁止重婚。禁止有配偶者与他人同居。**
>
> **禁止家庭暴力。禁止家庭成员间的虐待和遗弃。**

【条文主旨】

本条是关于婚姻家庭中禁止行为的规定。

【条文释义】

本条规定明确禁止婚姻家庭中的下列行为：

一、禁止包办、买卖婚姻和其他干涉婚姻自由的行为，禁止借婚姻索取财物

坚持婚姻自由原则，就要反对包办婚姻和买卖婚姻等，禁止借婚姻索取财物。

包办婚姻，是指第三人违反婚姻自主的原则，包办强迫他人婚姻的违法行为。买卖婚姻，是指第三人以索取大量财物为目的，强迫他人婚姻的违法行为。买卖婚姻往往表现为第三人向男方要嫁女的身价以及贩卖妇女与人为妻。借婚姻索取财物，是指除买卖婚姻以外的其他以索取对方财物为结婚条件的违法行为。

包办婚姻和买卖婚姻都是违反婚姻自由的原则、强迫他人婚姻的行为。它们的区别在于是否以索取钱财为目的。包办婚姻、买卖婚姻是和社会主义婚姻制度根本不相容的，必须坚决禁止。其他干涉婚姻自由的行为也在法律禁止之列。对于以暴力干涉他人婚姻自由的人和拐卖妇女的人贩子，要严加惩办。

买卖婚姻和借婚姻索取财物都是以索取一定数量的财物为结婚的条件，二者的区别是：买卖婚姻是把妇女的人身当做商品，索取嫁女的身价或者贩卖妇女，包办强迫他人的婚姻；借婚姻索取财物，则不存在包办强迫他人婚姻的问题。借婚姻索取财物有多种表现，譬如，双方婚事基本上是自愿的，但女方认为不要彩礼就降低了"身价"，于是就向男方要许多东西。又如，有的女方父母向男方索取一定财物，作为同意女儿出嫁的条件。借婚姻索取财物的行为往往给当事人的婚姻和婚后生活带来困难，也腐蚀了人们的思想，败坏了社会风气，故亦为婚姻法所禁止。至于父母、亲友或者男女双方出于自愿的帮助、赠与，则不能认为是买卖婚姻和借婚姻索取财物的行为，因为这种赠与不是婚姻成立的条件。

二、禁止重婚

实行一夫一妻制就必须反对重婚。刑法第 258 条规定："有配偶而重婚的，或者明知他人有配偶而与之结婚的，处二年以下有期徒刑或者拘役。"所谓重婚，是指有配偶的人又与他人结婚的违法行为，或者明知他人有配偶而与他人登记结婚的违法行为。有配偶的人，未办理离婚手续又与他人登记结婚，即是重婚；虽未登记结婚，但事实上与他人以夫妻名义而公开同居生活的，亦构成重婚。明知他人有配偶而与之登记结婚，或者虽未登记结婚，但事实上与他人以夫妻名义同居生活，也构成重婚。不以夫妻名义共同生活的姘居关系，不能认为是重婚。法律明令禁止重婚，对于重婚的，不仅要解除其重婚关系，还应追究犯罪者的刑事责任。

三、禁止有配偶者与他人同居

除重婚外，其他有配偶者与他人同居的行为也在禁止之列。其他有配偶者与他人同居的行为指有配偶者与第三人未以夫妻名义共同生活，如姘居关系。在有些地方"包二奶"、养情人现象呈增多趋势，已严重破坏一夫一妻的婚姻制度，严重违背社会主义道德风尚，败坏社会风气，导致家庭破裂，甚至发生情杀、仇杀、自杀事件，严重影响社会安定。2001 年修改婚姻法时，增加规定禁止有配偶者与他人同居，同时增加规定有配偶者与他人同居导致离婚的，无过错方有权请求损害赔偿。对于其他违反一夫一妻制的行为，由于情况比较复杂，还应当通过党纪、政纪、道德、教育等多种手段、多种渠道予以解决。这样规定，有利于加大对上述现象的遏制力度，更好地保护受害人的合法权益，切实维护一夫一妻的婚姻制度。

四、禁止家庭暴力、禁止家庭成员间的虐待和遗弃

建立和维护平等、和睦、文明的婚姻家庭关系，就必须禁止家庭成员间的虐待和遗弃，禁止一切形式的家庭暴力。

家庭成员间的虐待，是指用打骂、冻饿、有病不给治疗等方法摧残、折磨家庭成员，使他们在肉体上、精神上遭受痛苦的行为。虐待家庭成员，破坏了家庭的和睦生活，违背了社会主义道德准则，亦为法律所不容。虐待家庭成员，情节恶劣的，即构成虐待罪，要受刑法所制裁。

除禁止家庭成员的虐待外，也要禁止其他形式的家庭暴力。将家庭暴力含于虐待中禁止，还是禁止一切形式的家庭暴力，曾是立法过程中有争议的问题。考虑到虐待和家庭暴力虽有重合之处，但虐待不能包括所有的家庭暴力行为，如夫妻之间吵架，丈夫一怒之下失手打死妻子，像这种行为，属于家庭暴力，但不属于虐待，在刑法上适用过失杀人罪，不适用虐待罪。因此，单独规定禁止家庭暴力。

家庭成员间的遗弃，是指对于年老、年幼、患病或其他没有独立生活能力的人，负有赡养、抚养或扶养义务的人不履行其义务的行为。家庭成员间的遗弃，主要包括子女不履行赡养义务而遗弃老人，父母不履行抚养义务而遗弃子女，丈夫不履行扶养义务而遗弃妻子或者妻子不履行扶养义务而遗弃丈夫等行为。遗弃家庭成员是极端个人主义思想的反映，是违反社会公德的可耻行为。遗弃家庭成员情节恶劣构成遗弃罪的，要依法承担刑事责任。

> **第一千零四十三条**　家庭应当树立优良家风，弘扬家庭美德，重视家庭文明建设。
>
> 　　夫妻应当互相忠实，互相尊重，互相关爱；家庭成员应当敬老爱幼，互相帮助，维护平等、和睦、文明的婚姻家庭关系。

【条文主旨】

本条是关于婚姻家庭道德规范的规定。

【条文释义】

本法总则编第1条规定了"弘扬社会主义核心价值观"。这是社会主义核心价值观与现代民法精神相辅相成、相得益彰的重要体现，也是新时代推进"德法共治"建设的具体举措。在民法领域一要贯彻法治，二要贯彻德治。在婚姻家庭领域，调整婚姻家庭关系，要特别强调弘扬社会主义核心价值观，特别强调法治和德治的结合，两者相辅相成、相互促进、缺一不可。

婚姻家庭关系十分复杂，涉及保障自然人人身权、财产权，维护社会主义秩序等问题应当依靠法治的权威性和强制性手段来规范人们的行为；涉及思想品行、生活习俗等问题应当依靠德治的感召力和劝导力提高人们的思想认识和道德觉悟来解决。树立正确的世界观、人生观、价值观，实行继承优良传统与弘扬时代精神相结合，遵行社会主义核心价值观。尊重个人合法权益与承担社会责任相统一，努力形成健康和谐、积极向上的思想道德规范。大力倡导树立优良家风，弘扬家庭美德，加强家庭文明建设，如倡导尊老爱幼、男女平等、夫妻和睦、勤俭持家、邻里团结等优良家风和家庭美德，建立文明家庭。这些对于建立和维护平等、和睦、文明的婚姻家庭关系是至关重要的，也是法治所不能包办代替的。因此，婚姻家庭编必须弘扬社会主义核心价值观，坚持法治和德治相结合。

编纂民法典婚姻家庭编，就要把弘扬社会主义核心价值观融入其中。民法典婚姻家庭编作为调整因婚姻家庭产生的民事关系的专编，必须大力弘扬社会主义核心价值观，大力弘扬夫妻互敬、孝老爱亲、家庭和睦的中华民族传统家庭美德，建立和维护平等、和睦、文明的婚姻家庭关系。在立法过程中，也有很多意见认为，为更好地贯彻落实习近平总书记关于加强家庭文明建设的讲话精神，更好地体现社会主义核心价值观，应当增加有关树立良好家风、弘扬家庭美德和建设文明家庭的规定。所以本条第1款规定："家庭应当树立优良家风，弘扬家庭美德，重视家庭文明建设。"

家风作为一个家庭的风气、风格与风尚，为家庭成员树立了无形的却又无处不在的价值准则。优良的家风支撑着家庭的和谐与平安，塑造着家庭成员的高尚品格和良好行为。传承和弘扬中华民族传统家庭美德，为家庭文明建设注入新的时代精神。家风同样是社会风气的重要组成部分，家风正则民风淳，好家风促进社会好风气。近年来，不少被查处领导干部的违纪违法问题都是因为不重视家风建设，对配偶子女失管失教。所以，家风建设意义重大。作为调整婚姻家庭关系的民法典婚姻家庭编，就要旗帜鲜明地倡导优良家风建设、文明家庭建设，使婚姻家庭道德规范法律化。

婚姻法第4条规定："夫妻应当互相忠实，互相尊重；家庭成员应当敬老爱幼，互相帮助，维护平等、和睦、文明的婚姻家庭关系。"有的意见认为，夫妻之间除应互相忠实、互相尊重外，还应当互相关爱。经研究，采纳了这一意见，在表述中增加"互相关爱"，作为本条第2款，修改为："夫妻应当互相忠实，互相尊重，互相关爱；家庭成员应当敬老爱幼，互相帮助，维护平等、和睦、文明的婚姻家庭关系。"树立优良家风，弘扬家庭美德，重视家庭文明建设，不是一句空话，夫妻之间，家庭成员之间都必须遵守我国的基本道德规范，坚持社会主义核心价值观。这一规定对于树立优良家风，弘扬家庭美德，建立和维护平等、和睦、文明的婚姻家庭关系具有强有力的推动作用。婚姻以夫妻共同生活为目的，夫妻双方应当互相忠实，互相尊重，互相关爱。家庭成员之间应当敬老爱幼，互相帮助。家庭是社会的细胞，家庭和睦是社会安定的重要基础。要提倡文明婚俗，勤俭持家，互爱互助，邻里团结，共同建立和维护平等、和睦、文明的婚姻家庭关系。

> **第一千零四十四条　收养应当遵循最有利于被收养人的原则，保障被收养人和收养人的合法权益。**
>
> **禁止借收养名义买卖未成年人。**

【条文主旨】

本条是关于收养原则的规定。

【条文释义】

我国收养法强调被收养的未成年人的权利，收养法规定"收养应当有利于被收养的未成年人的抚养、成长"，本条规定"收养应当遵循最有利于被收养人的原则"。这一原则是贯穿于整个收养规定之中的。如本法第 1093 条规定丧失父母的孤儿、查找不到生父母的未成年人（包括弃婴）和生父母有特殊困难无力抚养的子女这三种未成年人可以被收养，这些儿童若不被收养，可能影响他们的健康成长。又如本法第 1100 条规定，收养孤儿、残疾未成年人或者儿童福利机构抚养的查找不到生父母的未成年人，不受收养人"无子女或者只有一名子女"条件的限制。本法第 1107 条规定："孤儿或者生父母无力抚养的子女，可以由生父母的亲属、朋友抚养；抚养人与被抚养人的关系不适用本章规定。"这是以法律形式对我国扶助幼孤的优良传统予以肯定，以适应社会上多种情形的需要。孩子的父母双亡，或者父母有特殊困难无力抚养子女，父母的亲属、朋友就可以抚养这些孩子，使他们得到家的温暖。这种抚养关系不产生收养关系的权利义务。抚养人与被抚养人的关系称谓不变，不产生父母子女间的权利义务关系。

婚姻家庭编的收养规定在突出保护被收养的未成年人的同时，也兼顾保护收养人的利益。所以本条规定"保障被收养人和收养人的合法权益"。收养关系的当事人主要包括收养人、被收养人。除保护被收养人外，收养人的权利也要维护。国家设立收养制度，可以使某些无父无母的孤儿，以及出于某种原因不能随父母生活的儿童，得到家的温暖，在养父母的抚育下健康成长。同时，也满足某些无子女的人希望得到子女的合理愿望，他们通过收养子女，得到生活上的安慰，并在年老时有所依靠。被收养人和收养人的权利义务是统一的，收养人抚育被收养人，使之幼有所育；收养人年迈时，被收养人就应当尽赡养义务，使之老有所养。收养法维护被收养人和收养人双方的利益，但重在保护被收养人的权利。最有利于被收养的未成年人的原则与有利于收养人的原则在收养关系中并不是并行的，前者为主，后者为辅。

被收养的儿童不是商品，不容买卖。借收养名义买卖儿童，实质是买卖而不是收养，必须旗帜鲜明地反对并予以禁止。所以本条第 2 款规定："禁止借收养名义买卖未成年人。"收养法第 31 条第 3 款中还规定："出卖亲生子女的，由公安部门没收非法所得，并处以罚款；构成犯罪的，依法追究刑事责任。"买卖儿童的行为是严重的犯罪行为，不是民事行为，我国已有相关刑事法律的规定，可依这些法律予以制裁。民事法律不宜重复规定刑事规范，收养法第 31 条的上述内容本编没有规定。

> **第一千零四十五条** 亲属包括配偶、血亲和姻亲。
> 配偶、父母、子女、兄弟姐妹、祖父母、外祖父母、孙子女、外孙子女为近亲属。
> 配偶、父母、子女和其他共同生活的近亲属为家庭成员。

【条文主旨】

本条是关于亲属、近亲属及家庭成员的规定。

【条文释义】

一、亲属及其种类

亲属为有血缘关系或者婚姻关系的人。血缘关系中包括法律拟制的血缘关系，如收养形成的父母子女关系。在有些国家，如德国、瑞士、意大利，"亲属"一词不包括配偶，仅指血亲和姻亲，配偶是单独一种。如德国民法在"婚姻"一章规定配偶，在"亲属"一章规定其他亲属。在学术上，亲属有广义和狭义之分。我国与日本、韩国等国家和地区一致，都采取广义的亲属概念，包括配偶、血亲和姻亲。但在对配偶的分类上，学术上有分歧，其中一种意见认为，配偶不能成为亲属的单独一类，配偶应属于姻亲。研究认为，现代亲属法以男女平等为原则，男女结婚后人格独立，平等享有权利、承担义务。配偶在亲属关系中处于核心地位，位居首位。因此，配偶应作为单独一类而且作为首位与血亲、姻亲并列。本条第 1 款明确规定："亲属包括配偶、血亲和姻亲。"

1. 配偶。男女因结婚互称配偶。配偶，亦即夫妻，是男女因结婚而形成的亲属关系。配偶在亲属关系中具有重要的特殊地位。与血亲、姻亲相比，配偶之间无亲系、亲等之说。没有男女结婚及夫妻生育的事实，便不能形成血亲关系。没有婚姻的中介，也不能形成姻亲关系。配偶是产生血亲和姻亲的基础，是亲属的独立类型。结婚是发生配偶关系的法律事实。结婚必须是一男一女结婚，同性之间不能结婚。

2. 血亲。血亲是指因自然的血缘关系而产生的亲属关系，也包括因法律拟制而产生的血亲关系。有自然血缘联系的亲属，称为自然血亲；因法律拟制的抚养关系而形成的亲属，称为拟制血亲。

亲生父母子女、祖孙、曾祖孙等之间，为直系血亲。养父母子女、有抚养关系的继父母子女之间，为拟制直系血亲。

同胞、半同胞兄弟姐妹，堂、表兄弟姐妹，伯、叔、姑、舅、姨与侄、甥之间为旁系血亲。拟制直系血亲关系的一方与对方的旁系血亲之间，为拟制旁系血亲。

自然血亲关系因出生而发生，因死亡而终止。拟制血亲关系因收养或者继父母与继子女形成抚养关系而发生，因一方死亡或者养父母子女关系、继父母子女关系依法解除而终止。"直系""旁系"的"系"指亲系，亲系指亲属间的联系脉络。除配偶外，在血亲和姻亲之间都有一定的亲系可循。姻亲的亲系准用配偶一方与其血亲的亲系。亲属法根据亲属血缘联系的直接与否，将血亲的亲第分为直系血亲和旁系血亲。直系血亲，是指彼此之间有着直接血缘联系的血亲，己身所出和己身所从出的亲属，即生育自己和自己所生育的上下各代亲属，如父母子女、祖父母与孙子女、外祖父母与外孙子女。旁系血亲，是指与自己有着共同血缘，但彼此之间没有直接生育关系的血亲，如同胞兄弟姐妹之间、堂表兄弟姐妹之间、伯叔姑与侄之间、舅姨与甥之间。血亲是根据自然生殖，以出生的事实引起的存在遗传上的血缘关系的亲属。但法律意义上的血亲，还包括拟制血亲。拟制血亲指养父母子女关系、有抚养关系的继父母子女关系，以及非亲生子女与父母其他血亲的关系。拟制血亲是社会的需要，其与自然血亲的社会关系属性几无差别，所以需要法律的认可与规范。

3. 姻亲。姻亲是因婚姻为中介形成的亲属，但不包括己身的配偶。一类是配偶的血亲，如岳父母、公婆。另一类是血亲的配偶，如儿媳、女婿、嫂、弟媳、姐夫、妹夫。姻亲也有亲等计算问题。己身与配偶的血亲的亲等，依己身从配偶与其血亲的亲等；己身与血亲的配偶的亲等，依己身与血亲的亲等。换句话说，配偶的血亲的亲等与配偶同，血亲的配偶的亲等与血亲同。如父母与子女是一亲等的直系血亲，儿媳、女婿是一亲等的直系姻亲。兄弟姐妹是二亲等的旁系血亲，嫂、弟媳、姐夫、妹夫是二亲等的旁系姻亲。

姻亲关系因婚姻而产生，亦因婚姻关系的解除而终止。离婚和婚姻被撤销，是姻亲关系终止原因。在这个问题上有两种主义：一是消灭主义；二是不消灭主义。我国存在丧偶儿媳、女婿继续赡养公婆、岳父母，为其养老送终的情况，也存在儿媳"离婚不离家"，离婚后继续伺候公婆并为其养老送终的情况。我国继承法第 12 条和本法第 1129 条都规定了丧偶儿媳对公婆、丧偶女婿对岳父母尽了赡养义务，作为继承人继承财产的规定。可以肯定，在我国，婚姻当事人一方死亡，则姻亲关系不终止。离婚或婚姻被撤销，姻亲关系终止。对于儿媳"离婚不离家"的情况，应从保护妇女利益出发，从权利义务相一致和公平的角度，特殊情况特殊处理。

二、近亲属

我国许多法律都使用"近亲属"的概念。如在刑事类法律中规定，刑事自诉案件的自诉人可以委托其近亲属为代理人参加诉讼，在致人死亡的人身侵权损害赔偿案件中，其近亲属有权要求赔偿。在诉讼回避制度中，近亲属关系可以成为诉讼中回避的理由等。法院的司法解释也经常使用近亲属的概念。但不同的法律或者司法解释对其范围界定宽窄不同。所以，有必要界定其范围。本条规定，配偶、父母、子女、兄弟姐妹、祖父母、外祖父母、孙子女、外孙子女为近亲属。

近亲属的范围在立法过程中是有争议的。配偶作为近亲属没有争议。直系血亲划到哪个范围，就有争议。有的建议不划范围，凡直系血亲即属近亲属，有的认为应当划定在四亲等，即在高祖父母与玄孙的范围。旁系血亲划到哪个范围，也有争议。有的建议划定在二亲等，即兄弟姐妹；有的建议划到四亲等，即堂表兄弟姐妹。本条确定的范围，彼此间是有权利义务关系的。这个范围内的亲属属于近亲属，大家都是认同的。其他国家和地区规定近亲属的不多，但从有的规定看，基本上也是本条规定的这个范围。

三、家庭成员

"家庭成员"在日常生活中使用广泛，我国的法律法规经常出现这一概念，但对家庭成员的范围却没有统一认识。因此，许多意见建议在婚姻家庭编确定家庭成员范围。但是，家庭成员的范围究竟包括哪些亲属，有不同的意见。有的建议规定家庭成员为共同生活的近亲属。有的建议规定配偶、子女和其他共同生活的近亲属为家庭成员。有的认为，家庭成员除了配偶、父母、子女还应当包括兄弟姐妹、祖父母、外祖父母。有的认为还应当包括伯、叔、姑、舅、姨与侄、甥。其他国家和地区的立法例较少，有的规定的范围较窄，有的规定的范围较宽。

经过认真研究，本条规定，配偶、父母、子女和其他共同生活的近亲属为家庭成员。家庭成员应是近亲属。有的近亲属如配偶、父母、子女，当然是家庭成员，即使已经不再在一起共同生活，仍是家庭成员。比如，自己成家后不再与父母一起生活，但与父母的权利义务关系不断，赡养父母的义务不断，所以仍应是家庭成员。自己与子女也是这个道理，所以自己的子女也应是家庭成员。其他近亲属，如兄弟姐妹、祖父母、外祖父母、孙子女、外孙子女，如在一个家庭中共同生活，应当属于家庭成员；如不在一起共同生活，就不属于家庭成员。这个"共同生活"，应是长久同居在一起的共同生活，而不是短期的、临时性的共同生活。

第二章　结　婚

本章共九条，对结婚自愿、法定结婚年龄、禁止结婚的情形、结婚程序、男女结婚后组成家庭、无效婚姻、因胁迫的可撤销婚姻、因隐瞒重大疾病的可撤销婚姻、无效或者被撤销婚姻法律后果等作了规定。

> **第一千零四十六条**　结婚应当男女双方完全自愿，禁止任何一方对另一方加以强迫，禁止任何组织或者个人加以干涉。

〖条文主旨〗

本条是关于结婚自愿的规定。

〖条文释义〗

婚姻是男女双方以永久共同生活为目的，以夫妻的权利义务为内容的结合。

婚姻关系是一种身份关系，夫妻双方在财产上的权利义务是附随于人身上的权利义务的。创设夫妻关系的婚姻行为是身份法上的行为。男女须有结婚的合意，但婚姻的成立条件与程序，婚姻的效力及解除都是法定的，而不是当事人意定的。因此，将婚姻视为合同是不相宜的。婚姻行为是民事法律行为，与其他民事法律行为具有共同点，但各种民事法律行为又有各自不同的本质属性，婚姻行为与合同行为中虽都要求有合意，但婚姻行为却不能也无法适用合同行为规则。

根据本条规定，结婚应当男女双方完全自愿，这是婚姻自由原则在结婚上的具体体现。该规定的核心是，男女双方是否结婚、与谁结婚，应当由当事者本人决定。它包括两层含义：第一，应当是双方自愿，而不是一厢情愿。婚姻应以互爱为前提，任何一方都不得强迫对方成婚。第二，应当是当事人自愿，而不是父母等第三人采用包办、买卖等方式强迫男女双方结为夫妻。任何组织和个人都不得强迫当事人结婚或者不结婚。结婚是男女之间以建立家庭、互为配偶为目的的两性结合，这种结合从本质上讲，是以爱情为基础的，而爱情只能产生于当事人自身，其他人决定男女情感的命运是违背婚姻本质的。当然，法律要求本人自愿，并不排斥男女双方就个人的婚事征求父母、亲友的意见，也不排斥父母、亲友等第三人出于对当事人的关心和爱护对他们的婚姻提出看法和建议。

> **第一千零四十七条　结婚年龄，男不得早于二十二周岁，女不得早于二十周岁。**

【条文主旨】

本条是关于法定结婚年龄的规定。

【条文释义】

婚姻的自然属性和社会属性要求，结婚只有达到一定的年龄，才能具备适合的生理条件和心理条件，也才能履行夫妻义务，承担家庭和社会的责任。所以，尽管我国法律赋予每个公民结婚的权利能力，但并非所有公民都可以成为婚姻法律关系的主体，只有达到法律规定的结婚年龄的人，才享有结婚的权利。

法定婚龄的确定，一方面要考虑自然因素，即人的身体发育和智力成熟情况，另一方面要考虑社会因素，即政治、经济、文化及人口发展等情况。因此，各国关于法定婚龄的规定有所不同。根据学者对 193 个国家和地区的法定结婚年龄的统计分析，明确规定男性结婚年龄的国家和地区有 187 个。男性法定结婚年龄最高的为 22 岁，多数国家和地区处于 18 岁至 22 岁之间。其中，采用 18 岁标准的有 130 个，占 69.5%。明确规定女性结婚年龄的国家和地区有 185 个。女性法定结婚年龄最高的为 21 岁，多数国家和地区处于 18 岁至 21 岁之间。其中，采用 18 岁标准的有 121 个，占 65.4%。

我国 1950 年婚姻法规定的法定婚龄为男 20 岁，女 18 岁。这与当时的政治、经济、文化发展水平以及人民群众的接受能力是相适应的。1980 年修改婚姻法时，一方面考虑适当提高法定婚龄有利于广大青年的身心健康、工作和学习，以及计划生育工作；另一方面也注意到法定婚龄过高，不符合自然规律的要求，也脱离群众、脱离农村实际。因此，规定"男不得早于二十二周岁，女不得早于二十周岁"。2001 年修改婚姻法时，有的意见建议将男女的结婚年龄统一为一个标准，或均为 22 周岁，或均为 20 周岁。也有意见建议降低法定婚龄。考虑到 1980 年确定的婚龄执行情况基本是可行的，因此没有作出修改。在这次编纂婚姻家庭编征求意见的过程中，多数意见同意维持婚姻法规定的法定婚龄，也有少数意见认为应统一结婚年龄、适当降低法定婚龄。立法部门就此问题专门征求了有关部门意见，同时还委托国家统计局对公民结婚意向年龄开展了调查。从调查情况看，我国老百姓的实际平均结婚年龄和意向结婚年龄都高于法定婚龄。在上述工作的基础上，进行了认真研究，综合考虑各方面因素，仍维持婚姻法规定的法定婚龄不变。

本法关于婚龄的规定，不是必婚年龄，也不是最佳婚龄，而是结婚的最低年龄，是划分违法婚姻与合法婚姻的年龄界限，只有达到了法定婚龄才能结婚，否则就是违法。法定婚龄不妨碍男女在自愿基础上，根据本人情况确定结婚时间。本法规定的婚龄具有普遍适用性，但特殊情况下，法律也允许对婚龄作例外规定。比如，考虑到我国多民族的特点，婚姻法第 50 条中规定："民族自治地方的人民代表大会有权结合当地民族婚姻家庭的具体情况，制定变通规定……"这一条本编没有规定，因为立法法第 75 条统一规定了民族自治地方对法律和行政法规的变通规定问题，本法不需要再作规定。目前，我国一些民族自治地方的立法机关对婚姻法中的法定婚龄作了变通规定。比如，新疆、内蒙古、西藏等自治区和一些自治州、自治县，均以男 20 周岁，女 18 周岁作为本地区的最低婚龄。但这些变通规定仅适用于少数民族，不适用于生活在该地区的汉族。

第一千零四十八条　直系血亲或者三代以内的旁系血亲禁止结婚。

【条文主旨】

本条是关于禁止结婚的情形的规定。

【条文释义】

血亲主要指出于同一祖先，有血缘关系的亲属，即自然血亲；也包括法律拟制的血亲，即虽无血缘联系，但法律确认其与自然血亲有同等的权利义务的亲属，比如，养父母与养子女，继父母与受其抚养教育的继子女。

禁止血亲结婚是优生的要求。人类两性关系的发展证明，血缘过近的亲属间通婚，容易把双方生理上的缺陷遗传给后代，影响家庭幸福，危害民族健康。而没有血缘亲属关系的氏族之间的婚姻，能创造出在体质上和智力上都更加强健的人种。因此，各国法律都禁止一定范围内的血亲结婚。新中国成立后，1950 年婚姻法除禁止直系血亲、同胞兄弟姊妹，同父异母或同母异父兄弟姊妹结婚外，对其他五代以内的旁系血亲间禁止结婚的问题，作了从习惯的规定。1980 年婚姻法即修改为现在的规定：直系血亲和三代以内的旁系血亲禁止结婚。禁止结婚的血亲有两类：

1. 直系血亲。包括父母子女间，祖父母、外祖父母与孙子女、外孙子女间。即父亲不能娶女儿为妻，母亲不能嫁给儿子。爷爷（姥爷）不能与孙女（外孙女）婚配，奶奶（姥姥）不能与孙子（外孙子）结合。

2. 三代以内的旁系血亲。包括：（1）同源于父母的兄弟姊妹（含同父异母、同母异父的兄弟姊妹）。即同一父母的子女之间不能结婚。（2）不同辈的叔、伯、姑、舅、姨与侄（女）、甥（女）。即叔叔（伯伯）不能和兄（弟）的女儿结婚；姑姑不能和兄弟的儿子结婚；舅舅不能和姊妹的女儿结婚；姨妈不能和姊妹的儿子结婚。

> **第一千零四十九条** 要求结婚的男女双方应当亲自到婚姻登记机关申请结婚登记。符合本法规定的，予以登记，发给结婚证。完成结婚登记，即确立婚姻关系。未办理结婚登记的，应当补办登记。

【条文主旨】

本条是关于结婚程序的规定。

【条文释义】

结婚除必须符合法律规定的条件外，还必须履行法定的程序。根据本条规定，结婚登记是结婚的必经程序。

结婚登记是国家对婚姻关系的建立进行监督和管理的制度。登记制度，可以保障婚姻自由、一夫一妻原则的贯彻实施，避免违法婚姻，预防婚姻家庭纠纷的发生，同时也是在婚姻问题上进行法制宣传的重要环节。认真执行关于结婚登记的各项规定，对于巩固和发展社会主义婚姻家庭制度具有重要意义。

一、婚姻登记机关

根据《婚姻登记条例》的规定，内地居民办理婚姻登记的机关是县级人民政府民政部门或者乡（镇）人民政府，省、自治区、直辖市人民政府可以按照便民原则确定农村居民办理婚姻登记的具体机关。中国公民同外国人，内地居民同香港特别行政区居民（以下简称香港居民）、澳门特别行政区居民（以下简称澳门居民）、台湾地区居民（以下简称台湾居民）、华侨办理婚姻登记的机关是省、自治区、直辖市人民政府民政部门或者省、自治区、直辖市人民政府民政部门确定的机关。中国公民同外国人在中国内地结婚的，内地居民同香港居民、澳门居民、台湾居民、华侨在中国内地结婚的，男女双方应当共同到内地居民常住户口所在地的婚姻登记机关办理结婚登记。

《婚姻登记条例》第19条规定："中华人民共和国驻外使（领）馆可以依照本条例的有关规定，为男女双方均居住于驻在国的中国公民办理婚姻登记。"

二、结婚登记程序

结婚登记大致可分为申请、审查和登记三个环节。

（一）申请

1. 中国公民在中国境内申请结婚。内地居民结婚，男女双方应当共同到一方当事人常住户口所在地的婚姻登记机关办理结婚登记。办理结婚登记的内地居民应当出具下列证件和证明材料：（1）本人的户口簿、身份证。（2）本人无配偶以及与对方当事人没有直系血亲和三代以内旁系血亲关系的签字声明。

离过婚的，还应当持离婚证。离婚的当事人恢复夫妻关系的，必须双方亲自到一方户口所在地的婚姻登记机关申请复婚登记。

2. 香港居民、澳门居民、台湾居民在中国境内申请结婚。办理结婚登记的香港居民、澳门居民、台湾居民应当出具下列证件和证明材料：（1）本人的有效通行证、身份证。（2）经居住地公证机构公证的本人无配偶以及与对方当事人没有直系血亲和三代以内旁系血亲关系的声明。

3. 华侨在中国境内申请结婚。办理结婚登记的华侨应当出具下列证件和证明材料：（1）本人的有效护照。（2）居住国公证机构或者有权机关出具的、经中华人民共和国驻该国使（领）馆认证的本人无配偶以及与对方当事人没有直系血亲和三代以内旁系血亲关系的证明，或者中华人民共和国驻该国使（领）馆出具的本人无配偶以及与对方当事人没有直系血亲和三代以内旁系血亲关系的证明。

4. 外国人在中国境内申请结婚。办理结婚登记的外国人应当出具下列证件和证明材料：（1）本人的有效护照或者其他有效的国际旅行证件。（2）所在国公证机构或者有权机关出具的、经中华人民共和国驻该国使（领）馆认证或者该国驻华使（领）馆认证的本人无配偶的证明，或者所在国驻华使（领）馆出具的本人无配偶的证明。

申请婚姻登记的当事人，应当如实向婚姻登记机关提供规定的有关证件和证明，不得隐瞒真实情况。

（二）审查

婚姻登记机关应当对结婚登记当事人出具的证件、证明材料进行审查并询问相关情况。对当事人符合结婚条件的，应当当场予以登记，发给结婚证；对当事人不符合结婚条件不予登记的，应当向当事人说明理由。

（三）登记

1. 予以登记。婚姻登记机关对符合结婚条件的，应当即时予以登记，发给结婚证；对离过婚的，应注销其离婚证。

2. 不予登记。申请人有下列情形之一的，婚姻登记机关不予登记：（1）未到法定结婚年龄的；（2）非自愿的；（3）已有配偶的；（4）属于直系血亲或者三代以内旁系血亲的。

婚姻登记机关对当事人的婚姻登记申请不予登记的，应当以书面的形式说明理由。当事人认为符合婚姻登记条件而婚姻登记机关不予登记的，可以依法申请行政复议，对复议不服的，可以依法提起行政诉讼，也可以直接提起行政诉讼。

三、事实婚姻问题

事实婚姻，指没有配偶的男女，未进行结婚登记，便以夫妻关系同居生活，群众也认为是夫妻关系的两性结合。

事实婚在我国长期大量存在，在广大农村特别是边远地区，事实婚甚至占当地婚姻总数的百分之六七十。造成这一状况的原因主要有：（1）传统习俗的影响。我国民间流行仪式婚，许多人认为，只要举行了婚礼，亲朋好友认可，就是夫妻了，没有必要再履行法律手续。（2）婚姻登记不方便。根据《婚姻登记条例》的规定，婚姻登记管理机关在城市是街道办事处或者市辖区、不设区的市人民政府的民政部门，在农村是乡、民族乡、镇人民政府。而我国幅员辽阔，对于地理位置偏远、交通不便的地区，进行结婚登记有一定困难。（3）登记制度不健全。比如，有的当事人到了婚姻登记机关，因办事人员不在等原因不能登记。有的擅自提高法定婚龄，使当事人的合法权利不能得到实现。（4）婚姻登记搭车收费。比如，有的要收户口迁移保证金等。（5）法制宣传不够。人们的法制观念淡薄，对婚姻登记的重要性缺乏认识。有的人不具备法律规定的结婚条件，为逃避国家对婚姻的管理和监督，故意不登记，造成事实婚姻状态。

事实婚姻的效力，历来是法学界争论的重要问题。有的人认为，承认事实婚，必然破坏婚姻登记制度，因此，凡不登记结婚的，应一律明确规定为无效婚姻。最高人民法院颁布的《关于人民法院审理未办结婚登记而以夫妻名义同居生活案件的若干意见》规定："1986 年 3 月 15 日《婚姻登记办法》施行之前，未办结婚登记手续即以夫妻名义同居生活，群众也认为是夫妻关系的，一方向人民法院起诉'离婚'，如起诉时双方均符合结婚的法定条件，可认定为事实婚姻关系；如起诉时一方或者双方不符合结婚的法定条件，应认定非法同居关系。""自民政部新的婚姻登记管理条例施行之日起，未办结婚登记即以夫妻名义同居生活，按非法同居关系对待。"不登记"结婚"的人不少，未办理登记的原因很复杂，有的是不符合结婚条件，更多的是符合结婚条件，因收费过高或登记不便利造成的。对没有进行结婚登记的，应区别情况分别处理。对违反结婚实质条件的，本法已规定为无效婚姻；对符合结婚实质要件，只是没有办理登记手续的，一律简单宣布为无效婚姻，对保护妇女的权益不利，应当通过加强法制宣传和完善登记制度等工作，采取补办登记等办法解决。因此，本条规定，"符合本法规定的""未办理结婚登记的，应当补办登记"。这一规定从积极角度重申了办理结婚登记的必要性，那些符合本法规定的结婚条件，举行了结婚仪式或已经以夫妻名义共同生活，但未办理结婚登记的男女，应尽早补办登记，以使自己的婚姻行为合法化。

> **第一千零五十条　登记结婚后，按照男女双方约定，女方可以成为男方家庭的成员，男方可以成为女方家庭的成员。**

〖条文主旨〗

本条是关于男女结婚后组成家庭的规定。

〖条文释义〗

通常，结婚登记后，举办了婚礼，男女双方就开始了共同生活。根据双方的约定，男女可以到自己的住所，建立小家庭；或者一方到另一方家庭中去，成为其家庭成员。即女方可以到男方家去落户，男方也可以到女方家去落户。

在旧中国的婚姻制度下，一般是男娶女嫁，女到男家，男方虽然也有到女家的，但往往受到歧视，称男到女家为入赘，男方被社会看不起，上门赘婚往往还立有"小子无能，自愿入赘，改名换姓，一切听从"的字据，死后墓碑上常有"赵本王""李本杨"等字样，本上之姓乃妻家姓。新中国男女平等，男到女家不应受到歧视，应改变旧风俗。因此，1980年婚姻法规定："登记结婚后，根据男女双方约定，女方可以成为男方家庭的成员，男方也可以成为女方家庭的成员。"这一规定体现了男女平等的原则，是对旧的婚姻习俗的改革，其立法精神是提倡男到女家落户的婚姻。这条的规定，对破除封建思想和旧习俗，十分有利。2001年婚姻法修改时，根据有的常委委员的审议意见，删去了1980年婚姻法规定的"男方也可以成为女方家庭的成员"中的"也"字，进一步体现男女平等的婚姻家庭原则。这次编纂民法典，保持原规定不变。

> **第一千零五十一条** 有下列情形之一的，婚姻无效：
> （一）重婚；
> （二）有禁止结婚的亲属关系；
> （三）未到法定婚龄。

【条文主旨】

本条是关于无效婚姻的规定。

【条文释义】

无效婚姻，是指欠缺婚姻成立的法定条件而不发生法律效力的男女两性的结合。

一、为什么要确立无效婚姻制度

结婚应当符合一定的条件，如结婚必须男女双方完全自愿；结婚年龄，男不得早于22周岁，女不得早于20周岁；直系血亲和三代以内旁系血亲不得结婚等。

但现实生活中，由于当事人弄虚作假、欺骗婚姻登记机关或者婚姻登记机关不依法履行职责等原因，使某些不符合结婚条件的男女当事人也经婚姻登记机关办理了结婚登记手续成为夫妻。对这些不符合本法规定的婚姻，当然不能承认其具有法律上的婚姻效力。因此，从完备我国婚姻家庭法律制度的角度出发，婚姻家庭编对无效婚姻作出明确规定。

二、无效婚姻的情形

本条规定，有下列情形之一的，婚姻无效：一是重婚；二是有禁止结婚的亲属关系；三是未到法定婚龄。

1. 重婚。我国实行一夫一妻的婚姻制度。因此，一夫一妻制是我国婚姻家庭的基本制度。一夫一妻制是一男一女结为夫妻的婚姻制度。也就是说，一个男人只能娶一个妻子，一个女人只能嫁一个丈夫。一个人不能同时与两个或两个以上的人缔结婚姻。换句话说，任何人都只能有一个配偶，不能同时有两个或更多的配偶。一夫一妻制是社会主义婚姻家庭制度的基本原则，是在婚姻关系上实现男女平等的必要条件，也是男女真心相爱、建立美满婚姻的要求。实行一夫一妻制就必须反对重婚。

所谓重婚，是指有配偶的人又与他人登记结婚的违法行为，或者明知他人有配偶而与他人登记结婚的违法行为。由于重婚违反了我国一夫一妻的婚姻家庭制度，严重违背了社会主义道德风尚，影响家庭稳定和社会安定，导致腐败，败坏党风，因此，本条明确规定重婚（即指重婚者的第二个婚姻）是无效婚姻。

2. 有禁止结婚的亲属关系。禁止近亲结婚，是人类长期生活经验的结晶，是人类婚姻的总结。男女近亲结婚，很容易把双方精神上和肉体上的弱点和缺点集中起来，遗传给下一代，有损于下一代的健康，不仅不利于下一代在社会中生活，也给国家、民族的兴旺和社会的发展带来不利的后果。因此，禁止近亲结婚是古今中外法律的通例。

近亲结婚对社会具有一定的危害性。因此，将有禁止结婚的亲属关系的婚姻规定为无效婚姻。本条中规定的"有禁止结婚的亲属关系"，是指有本法第1048条第规定的禁止结婚的情形，即结婚的男女双方是直系血亲或者是三代以内的旁系血亲。

3. 未到法定婚龄。本法第1047条规定："结婚年龄，男不得早于二十二周岁，女不得早于二十周岁。"男22周岁，女20周岁，是男女可以结婚的法定年龄。法定结婚年龄是指法律规定的男女双方可以结婚的最低年龄，也就是说，男女双方不到这个年龄就不能结婚，只有达到或高于这个年龄才能结婚。男女当事人结婚，未达到法定结婚年龄，违反了法定结婚年龄的规定，因此，将其规定为无效婚姻。

> **第一千零五十二条** 因胁迫结婚的，受胁迫的一方可以向人民法院请求撤销婚姻。
>
> 请求撤销婚姻的，应当自胁迫行为终止之日起一年内提出。
>
> 被非法限制人身自由的当事人请求撤销婚姻的，应当自恢复人身自由之日起一年内提出。

【条文主旨】

本条是关于因胁迫的可撤销婚姻的规定。

【条文释义】

可撤销婚姻，是指当事人因意思表示不真实而成立的婚姻，或者当事人成立的婚姻在结婚的要件上有欠缺，通过有撤销权的当事人行使撤销权，使已经发生法律效力的婚姻关系失去法律效力。

在2001年婚姻法修改时，对不符合婚姻法规定的结婚条件的婚姻，是都规定为无效婚姻，还是分别规定为无效婚姻、可撤销的婚姻，存在很大分歧。有一种意见认为，不宜将不符合结婚条件的婚姻分为无效婚姻和可撤销婚姻两种情形，应当统一规定为无效婚姻。主要理由是：（1）我国实行的是结婚登记制度，要求结婚的男女在符合婚姻法规定的结婚应当具备的实质条件的情况下，还应当到婚姻登记机关履行结婚登记手续，婚姻登记管理机关对当事人要求结婚的申请进行审查，符合婚姻法规定的，予以登记，发给结婚证。取得结婚证，才确立了夫妻关系。即使因结婚的男女当事人弄虚作假、欺骗婚姻登记机关或者婚姻登记机关不依法履行职责等，使某些欠缺结婚实质要件的男女当事人经婚姻登记机关办理了结婚登记手续，成为夫妻，那么，否认或者撤销这种婚姻关系的法律效力，必须由国家行使。因此，对不符合法定结婚条件的婚姻只有规定为无效婚姻，国家才能有权干预。（2）可撤销婚姻与法理相悖。和谁恋爱结婚是当事人的私事，而结婚登记则是一种行政法律行为，行政行为没有民事行为中那种无效与可撤销的区分，不能套用民事法律行为的规则。

经研究认为，结婚虽须国家认可，但结婚的行为是民事行为，当然适用民事行为的规则。结婚中的违法行为很复杂，需要根据不同的情形作出不同的处理。违法行为虽然复杂，但大致可以分为两类：一类是必须认定其无效的；还有一类是撤销与否可交当事人处理的。将侵犯当事人利益行为的撤销权交与当事人，是许多国家地区的通行做法。无效婚姻与可撤销婚姻是有区别的。无效婚姻多是违反公序良俗的，对此种婚姻，国家应当主动干预。可撤销婚姻多是违反私人利益的，对此只有当事人和法律规定的有请求权的特定人才能请求撤销婚姻关系。因此，上述决定了这两类行为在处理方式上有许多不同点。比如，申请的当事人不同。可撤销婚姻必须由具有撤销权的当事人提出；无效婚姻除了当事人可以提出婚姻无效的申请外，国家有关部门或利害关系人也可以依职权或者依据法律的规定，提出某一婚姻关系为无效婚姻的申请。再如，申请的时间也不同。可撤销婚姻当事人提出撤销婚姻效力的申请必须在法律赋予其行使撤销权的期间内提出，超过该期间，撤销权消灭；提出婚姻无效的申请，往往以客观是否存在着法定无效婚姻的情形为准。本条规定的因胁迫而结婚的情形，有的当事人在婚后建立了感情，家庭和睦。是否撤销，宜由当事人决定，所以属于可撤销的婚姻。因此，2001 年婚姻法规定了无效婚姻，也规定了可撤销婚姻。民法典维持了这一做法。

因胁迫而结婚，主要是指婚姻关系中的一方当事人或者婚姻关系之外的第三人，对婚姻关系中的另一方当事人，予以威胁或者强迫，使婚姻中的另一方当事人违背自己的意愿而缔结婚姻关系的婚姻。胁迫婚姻违反了结婚须男女双方完全自愿的原则，是违法婚姻，考虑到被胁迫的一方，在结婚时，虽然是违背了自己的意愿与他人缔结了婚姻关系，但在和他人结婚后，组建了家庭，经过一段时间生活，有可能与对方建立了一定的感情，婚姻关系还不错，特别是在有了孩子的情况下，与对方、与孩子更有一种难以割舍的关系，在这种情况下，法律明确规定胁迫婚姻为无效婚姻，不一定适当，所以将因胁迫而缔结的婚姻，规定为可撤销婚姻，把是否否认其婚姻效力的申请请求权交给受胁迫方。如果受胁迫方不想维持因胁迫而缔结的婚姻，可以向人民法院请求撤销该婚姻，法院经审查核实，宣告该婚姻没有法律效力；如果当事人最初受胁迫，但后来愿意共同生活，则可以放弃申请撤销婚姻效力的请求权，人民法院不能主动撤销当事人的婚姻关系。

本条对提出请求撤销婚姻效力的申请规定如下：

1. 提出撤销婚姻效力的请求权人。有权提出撤销婚姻效力的申请人只能是因胁迫结婚的被胁迫人。这是由于因胁迫而缔结的婚姻，受胁迫方在缔结婚姻关系时，不能真实表达自己的意愿，婚姻关系违背受胁迫方的意志。为了贯彻执行婚姻自由的基本原则，保护当事人的合法权益，让受胁迫方能充分地表达自己的婚姻意志，本法规定尽管胁迫的婚姻已经成立，但是受胁迫方仍可以在胁迫的婚姻成立后向人民法院提出撤销其婚姻效力的申请。由于胁迫婚姻的另一方当事人在缔结婚姻关系时，并没有违背自己真实的婚姻意思，换句话说，当事人一方在结婚时已经明确知道自己将与被胁迫方结婚，且愿意与其结婚，因此，胁迫婚姻的这方当事人在婚姻关系成立后，没有提出撤销婚姻效力的请求权。

2. 提出撤销婚姻效力申请的时间。因胁迫而结婚的，受胁迫方虽然具有撤销该婚姻效力的请求权，但是，这一请求权的行使不是没有任何限制的。本条规定，受胁迫的一方撤销婚姻的请求，应当自胁迫行为终止之日起一年内提出。被非法限制人身自由的当事人请求撤销婚姻的，应当自恢复人身自由之日起一年内提出。这个规定表明，受胁迫方必须在法律规定的时间内行使撤销其婚姻效力的请求权。这是因为，因胁迫而缔结的婚姻往往是受胁迫方违背了自己的意愿而缔结的婚姻，如果结婚后受胁迫方自愿接受了已经成立的婚姻关系，那么法律就会让这个婚姻关系继续有效。如果结婚后受胁迫方不愿维持已经成立的婚姻关系，就可以请求人民法院撤销其婚姻效力，使已经缔结的婚姻关系失效。然而，如果受胁迫方长期不行使这个权利，不主张撤销婚姻的效力，就会使得这一婚姻关系长期处于一种不稳定的状态，不利于保护婚姻双方当事人的合法权益，特别是双方当事人所生子女的利益，也不利于家庭、社会的稳定。同时，还可能使人民法院在判断是否撤销当事人婚姻效力时，由于时间太长而无法作出准确的判断。因此，规定受胁迫方提出撤销婚姻效力的请求权必须在法律规定的时间内行使，如果超过了法律规定的期限还不行使，受胁迫方就失去了请求撤销婚姻效力的权利，其所缔结的婚姻为合法有效的婚姻，受胁迫方不得再以相同的理由申请撤销该婚姻。

依据本条的规定，受胁迫方行使请求撤销婚姻效力的请求权的期限是一年，也就是说在这一年期限内，受胁迫方必须决定是否提出请求撤销婚姻效力的申请，否则，受胁迫方就失去了提出申请撤销婚姻效力的权利。那么，这一年的期限从何时起算呢？本条规定的这一年期限的起算时间有两种情形：第一，自受胁迫方胁迫行为终止之日起算，即受胁迫方应当在胁迫行为终止之日起一年内决定是否申请撤销其婚姻的效力。这里需要说明的是，婚姻法第11条规定的是"自结婚登记之日起一年内提出"，本条修改为"自胁迫行为终止之日起一年内提出"。因为胁迫行为可能延续到结婚登记后一年之后，由"结婚登记之日起"改作"胁迫行为终止之日起"更为合理。第二，自受胁迫方恢复人身自由之日起算，即受胁迫方自恢复人身自由之日起一年内决定是否申请撤销其婚姻的效力。这种情况主要考虑到在胁迫的婚姻中，有的受胁迫方是被非法限制人身自由的，如被绑架、拐卖的妇女被迫与他人缔结婚姻关系，这些妇女在被他人限制人身自由，有关部门未解救前，是无法提出撤销婚姻效力的申请的，故被非法限制人身自由的受胁迫方提出撤销婚姻效力的申请时间必须待其恢复人身自由之日起算。

3. 有权撤销婚姻效力的机关。根据本条规定，有权撤销婚姻关系的机关为人民法院，这与婚姻法的规定不同。根据婚姻法第 11 条规定，因胁迫结婚的，受胁迫的一方可以向婚姻登记机关或者人民法院请求撤销该婚姻。这次编纂民法典，只保留了向人民法院请求撤销婚姻的规定，删除了向婚姻登记机关请求撤销婚姻的规定。这是因为，因受胁迫撤销婚姻的问题非常复杂，是否存在胁迫，撤销婚姻后如何处理双方的财产关系和可能的子女抚养问题，都是需要经过审理才能弄清楚和作出合理裁判的。这个工作由婚姻登记机关进行不合适，应当由人民法院处理。在立法过程中，许多学者和一些地方、单位提出，可撤销婚姻应当由人民法院处理，而不应再由婚姻登记机关处理。有关主管部门也提出，行政部门处理可撤销婚姻难度很大，特别是如果涉及财产关系处理和子女抚养，双方很难达成协议，最后还得由人民法院处理，所以不应再规定可撤销婚姻由婚姻登记机关处理，而应只规定由人民法院处理。从国外的情况看，可撤销婚姻基本上也是由法院处理。因此，经过认真研究，决定删除有关受胁迫一方向婚姻登记机关请求撤销婚姻的规定，此类可撤销婚姻的纠纷由人民法院处理。

> **第一千零五十三条** 一方患有重大疾病的，应当在结婚登记前如实告知另一方；不如实告知的，另一方可以向人民法院请求撤销婚姻。
>
> 请求撤销婚姻的，应当自知道或者应当知道撤销事由之日起一年内提出。

【条文主旨】

本条是关于因隐瞒重大疾病的可撤销婚姻的规定。

【条文释义】

本条修改自规定禁婚条件的婚姻法第 7 条。婚姻法第 7 条规定的禁止结婚的情形第 2 项是"患有医学上认为不应当结婚的疾病"。这次编纂民法典婚姻家庭编没有保留此项禁止结婚的条件，将"隐瞒重大疾病"作为撤销婚姻的条件作了专门规定。

男女结婚组成家庭后，不仅开始了两个人的共同生活，夫妻互相依存、互相帮助、互相扶养，而且还承担着养育子女的义务。如果婚前患有医学上认为不应当结婚的疾病，结婚后则可能传染给对方或者传染、遗传给下一代，不利于家庭的和睦、幸福。因此，为了配偶和子女的身体健康，如果婚前患有重大疾病，就不能隐瞒，应当在结婚登记前如实告知另一方；结婚登记前不如实告知的，结婚登记后另一方可以向人民法院请求撤销婚姻。

本条规定，请求撤销婚姻的，应当自知道或者应当知道撤销事由之日起一年内向人民法院提出。所谓"知道"，是指有直接和充分的证据证明当事人知道对方患病。"应当知道"，是指虽然没有直接和充分的证据证明当事人知道，但是根据生活经验、相关事实和证据，按照一般人的普遍认知能力，运用逻辑推理可以推断当事人知道对方患病。如果不能在知道或者应当知道撤销事由之日起一年内提出，就只能通过协议离婚或者诉讼离婚的程序解除婚姻关系。

构成"隐瞒重大疾病"：在主观方面，结婚时关于疾病的事项，如不因被隐瞒而发生错误认知，如果知道疾病事项，就一定不会结婚。即从隐瞒到错误认识再到结婚是一连串的因果关系。如果没有隐瞒就没有结婚。隐瞒的疾病事项对婚姻有着决定性影响。在客观方面，也必须相当重大或重要。有的解释为涉及"婚姻要素"，有的解释为涉及"婚姻本质"。如本条规定的"重大疾病"，《瑞士民法典》规定的"严重危害其或其后代的健康的疾病"，而不是一般的感冒发烧等小病症。当然，主观方面和客观方面是相联系的。

在立法过程中，有的意见认为，应当明确规定隐瞒了哪些重大疾病才作为撤销婚姻的事由。1950年婚姻法规定了"花柳病""精神失常未经治愈""患麻风"为禁婚条件。1980年婚姻法规定"麻风病"为禁婚条件。2001年婚姻法规定的禁婚条件没有具体列举疾病名称。母婴保健法规定了婚前医学检查的"严重遗传性疾病""指定传染病""有关精神病"三类疾病。本条没有具体列明哪些疾病属于"重大疾病"，主要是考虑到技术在进步，医疗水平在提高。在不同的历史时期，认定的重大疾病完全可能是不同的。重大疾病具体是什么病，或者某种疾病是不是重大疾病，需要司法机关和有关的部门、单位在司法实践中进行认定。

> 第一千零五十四条　无效的或者被撤销的婚姻自始没有法律约束力，当事人不具有夫妻的权利和义务。同居期间所得的财产，由当事人协议处理；协议不成的，由人民法院根据照顾无过错方的原则判决。对重婚导致的无效婚姻的财产处理，不得侵害合法婚姻当事人的财产权益。当事人所生的子女，适用本法关于父母子女的规定。
>
> 婚姻无效或者被撤销的，无过错方有权请求损害赔偿。

【条文主旨】

本条是关于无效或者被撤销婚姻法律后果的规定。

【 条文释义 】

本条对无效或者被撤销的婚姻的法律后果作了规定，即无效或者被撤销的婚姻，自始没有法律约束力。子女和财产处理规则相同。无效婚姻和可撤销婚姻虽然在法律后果上是一致的，但无效婚姻和可撤销婚姻还是有些不同点：（1）无效婚姻是违反禁止结婚条件的，当事人或是已有配偶，或是有不能结婚的亲属关系，或是不到法定年龄。可撤销婚姻是因为胁迫，本不自愿，或者因为受隐瞒重大疾病使认识错误，如果知道就不会结婚。（2）对于无效婚姻，当事人、利害关系人和相关组织都可以申请无效，人民法院可依法宣告无效。受胁迫和受隐瞒重大疾病的两类可撤销婚姻，只有当事人可以申请撤销，人民法院必须依当事人的申请撤销。（3）无效婚姻的宣告没有时间上的限制，人民法院根据实际情况裁判是否宣告无效。可撤销婚姻必须由当事人在规定的时间内提出，超出规定的时间则不能再提出撤销申请，如要解除婚姻关系只能走离婚的程序。

按照本条规定，无效或者被撤销的婚姻，婚姻关系自始不发生法律约束力。即从当事人结婚之时，婚姻就没有法律效力。即使当事人骗取婚姻登记，该婚姻也是自始无效，而不是从人民法院宣告之时起婚姻才没有法律效力。这种婚姻关系不论结婚的事实是否发生，结婚时间是否长久，婚姻关系被法律确认自始不存在，不受法律保护。

无效或者被撤销的婚姻，当事人之间不具有夫妻的权利和义务。本法规定，夫妻有互相扶养的义务。一方不履行扶养义务时，需要扶养的一方，有要求对方给付扶养费的权利。夫妻有相互继承遗产的权利。夫妻一方因抚育子女、照料老人、协助另一方工作等负担较多义务的，离婚时有权向另一方请求补偿。另一方应当给予补偿。离婚时，如一方生活困难，有负担能力的另一方应当给予适当帮助。因一方重婚或者与他人同居、实施家庭暴力、虐待、遗弃家庭成员或者其他重大过错而导致离婚的，无过错方有权请求损害赔偿。本法有关夫妻权利义务的规定，前提是合法婚姻，是有效婚姻。由于无效婚姻、可撤销婚姻欠缺婚姻成立的法定条件，是不合法婚姻，有关夫妻权利义务的规定对无效婚姻、被撤销婚姻的当事人都不适用。

无效或者被撤销的婚姻，当事人所生子女的权利义务关系适用本法有关父母子女间的权利义务的规定。无效婚姻、可撤销婚姻不具有法律效力，但由于男女当事人的同居关系，可能产生生儿育女的事实，随之而来的是对无效婚姻、可撤销婚姻所生子女法律地位的确定。从逻辑上讲，由于无效婚姻、可撤销婚姻的男女双方没有合法的夫妻关系，他们在共同生活期间所生的子女应为非婚生子女，但从世界各国的立法规定及司法实践看，许多国家都从保护子女利益出发，对无效婚姻、可撤销婚姻当事人共同生活期间所生的子女，采取保护的原则，承认其子女的合法地位。我国婚姻家庭编确立的基本原则之一是保护妇女、未成年人、老年人、残疾人的合法权益。本法第 1071 条第 1 款规定，非婚生子女享有与婚生子女同等的权利，任何组织或者个人不得加以危害和歧视。因此，在规定无效婚姻、可撤销婚姻当事人所生子女的法律地位时，坚持并贯彻了这一基本原则，规定无效或者被撤销的婚姻当事人所生子女的权利义务，与合法婚姻当事人所生子女的权利义务一样。如父母对未成年子女有抚养、教育和保护的义务，成年子女对父母有赡养、扶助和保护的义务。父母不履行抚养义务的，未成年子女或者不能独立生活的成年子女，有要求父母给付抚养费的权利。成年子女不履行赡养义务的，缺乏劳动能力或者生活困难的父母，有要求成年子女给付赡养费的权利。父母有教育、保护未成年子女的权利和义务，未成年子女造成他人损害的，父母应当依法承担民事责任。婚姻关系被确认为无效或者被撤销后，父母对子女仍有抚养和教育的权利和义务，一方抚养子女，另一方应负担部分或者全部抚养费。不直接抚养子女的父或母，有探望子女的权利，另一方有协助的义务。

无效或者被撤销的婚姻，当事人同居期间所得的财产，由当事人协议处理；协议不成的，由人民法院根据照顾无过错方的原则判决。对重婚导致的无效婚姻的财产处理，不得侵害合法婚姻当事人的财产权益。

在 2001 年婚姻法修改过程中，对如何规定无效婚姻、可撤销婚姻当事人同居期间所得财产的处理原则，存在着不同的看法。一种意见认为，无效婚姻、可撤销婚姻是违法婚姻，在解除其违法婚姻关系时，对当事人同居期间所得财产的处理应当与解除合法婚姻关系时财产处理的原则有所区别。处理无效或者被撤销婚姻当事人同居期间所得财产的原则应当是：（1）双方当事人同居期间各自的收入，认定为个人财产。双方各自继承和受赠的财产，按照个人财产对待。无效婚姻、可撤销婚姻被解除时，当事人一方个人的财产归个人所有。（2）同居期间当事人双方共同所得的收入和购置的财产，按照按份共有处理。婚姻被确认为无效或婚姻关系被撤销后，双方当事人都有权请求从共有财产中分割出属于自己的份额。（3）对同居期间为共同生产、生活而形成的债权、债务，债权按照按份共有处理，债务由双方协议偿还，协议不成时由人民法院依法判决，双方对债务互负连带责任。

另一种意见认为，无效婚姻、可撤销婚姻虽然不符合法定的结婚条件，当事人之间不是合法的夫妻关系，但是，对当事人同居期间所得财产的处理原则，不宜完全按照民法通则按份共有的原则分割。对于无效婚姻或者可撤销婚姻，当事人在同居期间，如果一方收入比另一方多，按照按份共有分割当事人同居期间所得的财产，那么，收入多的一方分得的财产必定比另一方多，而另一方虽然收入少，但在抚育子女、照料老人等家务上付出了大量的劳动，有的还协助另一方工作，并承担较多的义务。因此，在分割当事人同居期间所得财产时，不能按照按份共有的原则分割，否则不利于保护妇女、儿童、老年人、残疾人的合法权益。

在广泛听取各方面意见的基础上，经过认真研究，多次修改，婚姻法规定无效的或者被撤销的婚姻，当事人同居期间所得的财产，在婚姻被确认无效或者婚姻关系被依法撤销时，由当事人协议处理。如果无效婚姻或者可撤销婚姻当事人在同居期间对财产的归属有约定的，要依据当事人的约定分割当事人同居期间的财产。如果当事人对同居期间财产的归属没有约定，又达不成协议时，人民法院对当事人同居期间所得的财产，根据照顾无过错方的原则予以分割。即对无效婚姻或者可撤销婚姻的无过错一方当事人可以多分财产。但是，对因重婚导致婚姻无效的财产的处理，不得侵害合法婚姻当事人的财产权益，即多分重婚导致的无效婚姻当事人同居期间所得财产给无过错方，不得侵害重婚一方合法婚姻的配偶一方当事人的财产权益。例如，甲有配偶又与乙登记结婚，人民法院根据照顾无过错方的原则，分割甲乙在无效婚姻期间所得财产时，不能将本应是甲第一个合法婚姻的夫妻共同财产分给乙。民法典继续维持了这一规定。

在立法过程中，有的常委委员、地方、专家学者和社会公众提出，无效婚姻和可撤销婚姻给无过错的当事人带来极大伤害，仅规定根据照顾无过错方的原则分配财产是远远不够的。受到伤害就应有权请求赔偿，伤害他人就得承担赔偿责任。婚姻无效和被撤销的，还应当赋予无过错方请求损害赔偿的权利，这样有利于保护无过错方的权益。经研究采纳了这一意见。本条第 2 款规定："婚姻无效或者被撤销的，无过错方有权请求损害赔偿。"

第三章 家庭关系

本章分两节，共二十一条。第一节为夫妻关系，对夫妻地位、夫妻姓名权、夫妻人身自由权、对子女的权利义务、相互扶养义务、日常家事代理权、相互遗产继承权，以及夫妻共同财产、个人财产、共同债务的界定、约定财产制、婚内析产等作了规定；第二节为父母子女关系和其他近亲属关系，对父母与子女之间的权利和义务、非婚生子女、继父母与继子女、亲子关系异议之诉以及祖父母、外祖父母与孙子女、外孙子女之间抚养和赡养义务以及兄弟姐妹间扶养义务等作了规定。

第一节　夫妻关系

> **第一千零五十五条　夫妻在婚姻家庭中地位平等。**

【条文主旨】

本条是关于夫妻地位平等的规定。

【条文释义】

对本条规定，可以从以下几个方面理解：

第一，夫妻在婚姻家庭中地位平等的规定，是处理夫妻关系的指导原则，是确定夫妻之间各项权利义务的基础。夫妻地位平等意味着夫妻在共同生活中平等地行使法律规定的权利，平等地履行法律规定的义务，共同承担对婚姻、家庭和社会的责任。在家庭关系一章规定夫妻地位平等，也是婚姻家庭编总则一章中规定的男女平等原则在婚姻家庭关系中的具体体现。夫妻地位平等作为家庭关系一章的第1条，也是家庭关系一章其他各条的指导原则，家庭关系一章中其他各条都要贯彻这一原则。家庭关系一章共计只有二十一条，而现实生活是复杂的，涉及婚姻家庭关系会出现各种各样的情况，在司法实践中，要解决矛盾、解决纠纷，要依法作出裁判。在法律没有具体规定的情况下，对夫妻关系的处理，就要依据夫妻在婚姻家庭中地位平等这一规定作出判断。因此，本条规定也为司法实践中处理夫妻之间的权利义务纠纷提供了依据。

第二，规定夫妻在婚姻家庭中地位平等，主要意义在于强调夫妻在人格上的平等以及权利义务上的平等。夫妻双方应当互相尊重对方的人格独立，不得剥夺对方享有的权利，夫妻任何一方不得只享有权利不尽义务，只尽义务而不享有权利。特别是要强调保护妇女，保护妻子在家庭中的人格独立，禁止歧视妇女，禁止家庭暴力，禁止对妻子的虐待和遗弃。重点是要保护妇女在家庭中的各项权益。

第三，规定夫妻在婚姻家庭中地位平等，不是指夫妻的权利义务一一对等，更不是指夫妻要平均承担家庭劳务等。平等不是平均，权利义务可以合理分配和承担，家庭劳务也可以合理分担。对于婚姻家庭事务，夫妻双方均有权发表意见，应当协商作出决定，一方不应独断专行。

> **第一千零五十六条　夫妻双方都有各自使用自己姓名的权利。**

【条文主旨】

本条是关于夫妻姓名权的规定。

【条文释义】

一、姓名权

姓名权是指自然人依法享有的决定、使用、变更或者许可他人使用自己的姓名并排除他人干涉或者非法使用的权利。姓名权是自然人的一项重要人格权，是自然人独立人格的重要标志。

二、夫妻的姓名权

夫或者妻有无独立的姓名权是夫或者妻在婚姻家庭中有无独立人格的重要标志。在古代和资本主义社会初期，无论是中国还是西方，大都要求妇女从夫姓，这显然是夫权婚姻的产物。我国古代婚姻大多为男娶女嫁，结婚后女方要冠以夫姓，即将丈夫的姓放在自己的姓之前。有些妇女往往只有小名，有的甚至没有自己的名，如"张王氏"，谓姓王的嫁给姓张的做妻子。

新中国成立后，1950 年婚姻法第 11 条规定："夫妻有各用自己姓名的权利。"废除在姓名问题上歧视妇女的旧法，代之以夫妻在姓名权上完全平等的规定。1980 年和2001 年修改的婚姻法重申了这一规定。这次编纂民法典，对这一条仅作了文字上的修改，实质内容没有变化。根据本条规定，自然人的姓名权不受婚姻的影响，男女双方结婚后，其婚前姓名无须改变，妇女结婚后仍然有权使用自己的姓名。这对于保障已婚妇女的独立人格，促进夫妻在婚姻家庭关系中地位平等，具有积极意义。

> 第一千零五十七条　夫妻双方都有参加生产、工作、学习和社会活动的自由，一方不得对另一方加以限制或者干涉。

【条文主旨】

本条是关于夫妻人身自由权的规定。

【条文释义】

人身自由权是每个自然人最基本的权利，夫妻的人身自由权是自然人人身自由权的具体体现，是夫妻在婚姻家庭关系中地位平等的重要标志。夫妻的人身自由权是指夫妻双方从事社会职业、参加社会活动和进行社会交往的权利和自由，强调自然人的人身自由权不因结婚而受限制。这一权利对男女双方都适用，但实际上重点是保障妇女在婚后仍然享有独立人格、具有独立身份，能够按照自己的意愿从事社会职业、参加社会活动和进行社会交往，禁止丈夫或者其他人对妻子人身自由权利的干涉。

根据本条规定，夫妻人身自由权主要包括以下三个方面的内容：

一、夫妻双方都有参加生产、工作的权利

所谓生产、工作是指一切从事的社会职业和社会劳动。我国妇女参加生产、工作非常积极，国家与社会也提供了有力的保障，妇女权益保障法中对保护妇女的劳动权益作了详尽规定。妇女享有参加生产、工作的自由权而不受干涉，是妇女享有与丈夫平等地位的前提。

二、夫妻双方都有参加学习的权利

这里的学习，不仅包括正规的在校学习，也包括扫盲学习、职业培训以及其他各种形式的专业知识与专业技能的学习。保证妇女学习的自由权，对于提高妇女的文化素质、提高妇女的就业率，进而保障妇女在家庭中与丈夫的平等地位都是必不可少的。而且，保证妇女学习的自由权，对于子女的培养、对于全民族文化素质的提高，也具有重要意义。

三、夫妻双方都有参加社会活动的权利

所谓社会活动，包括参政、议政活动，科学、技术、文学、艺术和其他文化活动，各种群众组织、社会团体的活动，以及各种形式的公益活动等。参加社会活动的自由权来自于公民依法享有的民主权利，是社会主义条件下对夫妻关系的要求。婚姻法对夫妻参与社会活动自由权的规定主要是保护妇女的。旧中国妇女被排斥在社会生活之外，新中国成立以后，妇女全面参与国家和社会事务管理，在政治、经济、教育、科技、文化、体育、卫生等社会生活的各个方面都取得了令人瞩目的发展。明确妇女参与社会活动的自由，是夫妻人格独立，享有人身自由的重要体现。

但要注意的是，本条规定了夫妻的人身自由权，并不意味着夫妻可以不顾家庭、为所欲为。夫妻行使人身自由的权利，必须符合法律与社会主义道德的要求，不得滥用权利损害家庭和他人的合法权益。自然人婚前与婚后截然不同，对配偶、子女、家庭有不可推卸的义务和责任。夫妻任何一方在行使自己的人身自由权的同时，还必须履行自己对家庭应承担的义务和责任，两者应当协调统一起来。夫妻有参加社会活动的自由，但是夫妻也有相互扶养的义务，有抚养、教育子女的义务，有赡养老人的义务。如果夫妻一方对家庭、子女漠不关心，不顾一切地参加各种社会活动，与本条的立法精神是不相符合的。夫妻之间应当互相尊重、互谅互让、互相协商，处理好参加生产、

工作、学习和社会活动与尽到家庭责任之间的关系。只有这样，家庭才能幸福和睦。

> **第一千零五十八条　夫妻双方平等享有对未成年子女抚养、教育和保护的权利，共同承担对未成年子女抚养、教育和保护的义务。**

【条文主旨】

本条是关于夫妻双方平等享有和共同承担对未成年子女抚养、教育和保护的权利和义务的规定。

【条文释义】

本法总则编第 26 条第 1 款规定："父母对未成年子女负有抚养、教育和保护的义务。"抚养，是指父母抚育子女的成长，并为他们的生活、学习提供一定的物质条件。教育，是指父母要按照法律和道德要求，采取正确的方法，对其未成年子女进行教导，并对其行为进行必要的约束，其目的是保障未成年子女的身心健康。保护，是指父母应当保护其未成年子女的人身安全和合法权益，预防和排除来自外界的危害，使其未成年子女的身心处于安全状态。抚养、教育和保护子女既是父母应尽的义务，也是父母应有的权利。

要强调的是，父母对子女的抚养、教育和保护的权利和义务，由父母双方平等享有、共同承担，而非一方的单方权利和义务。这是现代各国几乎都确立的父母共同亲权原则。

共同亲权原则实际上是男女平等原则的体现。根据本条规定，对未成年子女抚养、教育和保护的权利由该子女的父母即夫妻双方平等享有，如何行使这一权利，夫妻双方应当共同决定，不允许任何一方剥夺对方的这一权利。同样，对未成年子女抚养、教育和保护的义务由夫妻双方共同承担，不允许任何一方不履行这一义务。

> **第一千零五十九条　夫妻有相互扶养的义务。**
> **需要扶养的一方，在另一方不履行扶养义务时，有要求其给付扶养费的权利。**

【条文主旨】

本条是关于夫妻相互扶养义务的规定。

【条文释义】

夫妻相互扶养义务是指夫妻之间相互供养和扶助的法定义务，对保障夫妻正常生活，维护婚姻家庭关系的稳定，具有重要意义。夫妻相互扶养义务与夫妻人身关系密不可分，夫妻之间接受对方扶养的权利和履行扶养对方的义务是基于夫妻间的配偶身份关系的产生而产生的，也会随着夫妻间的配偶身份关系的消灭而消灭。即这一义务始于婚姻关系确立之日，终止于婚姻关系解除之日。

夫妻之间的相互扶养既是权利又是义务，而且这种权利义务是相互对应和平等的，夫妻互为权利主体和义务主体。也就是说，丈夫有扶养其妻子的义务，妻子也有扶养其丈夫的义务；反之，夫妻任何一方均享有受对方扶养的权利。夫妻相互扶养义务与夫妻地位平等是相适应的。

夫妻互相扶养义务是法定义务，具有强制性，夫妻之间不得以约定形式改变这一法定义务。有扶养能力的一方，对于因失业、残疾、患病、年老等原因没有固定收入，缺乏生活来源的另一方，必须主动履行扶养义务。即使是根据本法第 1065 条规定，有的夫妻实行分别财产制，约定各自的工资或者收入归各自所有时，也不意味着夫或妻只负担各自的生活费用而不承担扶养对方的义务，如当一方患有重病时，另一方仍有义务尽力照顾，并提供有关治疗费用。目前，在我国的一些家庭中，夫妻双方的经济收入还有一定差距，往往是丈夫收入多于妻子，在扶养问题上，丈夫应多承担一些义务。在司法实践中，在处理夫妻互相扶养问题上，也更注重保护女方的合法权益。

但在实践生活中，有的人对于自己的配偶，在生活困难时不主动履行扶养义务，甚至无情地抛弃对方。因此，为了保障夫妻相互扶养义务的履行，本条第 2 款明确规定了对不履行扶养义务的一方，另一方有追索扶养费的请求权。当夫或妻一方不履行扶养义务时，需要扶养的一方可以根据本条第 2 款的规定，要求对方给付扶养费。应当给付扶养费的一方拒绝给付或者双方就扶养费数额、支付方式等具体内容产生争议的，需要扶养的另一方可以直接向人民法院提起诉讼，或者向人民调解组织提出调解申请，要求获得扶养费。如果夫或妻一方患病或者没有独立生活能力，有扶养义务的配偶拒绝扶养，情节恶劣，构成遗弃罪的，还应当承担刑事责任。

> **第一千零六十条** 夫妻一方因家庭日常生活需要而实施的民事法律行为，对夫妻双方发生效力，但是夫妻一方与相对人另有约定的除外。
> 夫妻之间对一方可以实施的民事法律行为范围的限制，不得对抗善意相对人。

【条文主旨】

本条是关于夫妻日常家事代理权的规定。

【条文释义】

夫妻日常家事代理权，是指夫妻一方因家庭日常生活需要而与第三方为一定民事法律行为时互为代理的权利。夫妻一方在日常家庭事务范围内，与第三方所实施的一定民事法律行为，视为依夫妻双方的意思表示所为的民事法律行为，另一方也应承担因此而产生的法律后果。

在日常生活中，夫妻需要处理的家庭事务很多，参与社会经济生活非常频繁，需要实施不少民事法律行为。这些民事法律行为由夫妻双方共同处理当然更能充分体现其共同意愿，但如果要求所有民事法律行为都必须由夫妻双方共同实施，必然加大婚姻生活成本，加大社会经济活动成本，客观上是不必要甚至是不可能的。为了方便经济交往和婚姻家庭生活，保护夫妻双方和相对人的合法权益，维护社会交易安全，有必要赋予夫妻双方日常家事代理权。

理解本条规定，需要注意以下几个方面的问题：

第一，夫妻日常家事代理权的权利主体。法律设立夫妻日常家事代理权这一权利的目的在于扩张夫妻双方的意思自治，使得夫妻双方在日常家庭事务的处理中无须事必躬亲，从而突破夫妻各自在时间、精力上的局限性，满足夫妻共同生活的需要。因此，夫妻日常家事代理权为夫妻双方同等享有，夫妻双方在处理日常家庭事务中互相为代理人，各自都可以行使夫妻日常家事代理权。

第二，夫妻日常家事代理权的存续期间。夫妻日常家事代理权由法律直接规定，以夫妻身份的存在为前提。因此，夫妻日常家事代理权只存在于具有合法婚姻关系的配偶之间，始于婚姻关系的确立，终于婚姻关系的解除。在婚姻关系存续期间，夫妻日常家事代理权始终存在。

第三，夫妻日常家事代理权的行使方式。夫妻日常家事代理权的行使方式与一般代理不同。本法总则编规定的代理包括委托代理和法定代理，代理人都必须以被代理人的名义实施民事法律行为。而对于夫妻日常家事代理权，夫妻任何一方在日常家事范围内与第三人为民事法律行为时，不必明确其代理权，可直接以自己名义、另一方名义或者双方名义为之。

第四，夫妻日常家事代理权的行使范围。夫妻日常家事代理权的行使范围仅限于"因家庭日常生活需要而实施的民事法律行为"，通说概括为"日常家庭事务"或者"日常家事"。日常家事，是指为满足正常夫妻共同生活和家庭生活所必需的，非属人身性的一切事务，比如，购买食物、衣服等生活用品，正常的娱乐、保健、医疗费用，通常的子女教育费用等。国家统计局有关统计资料显示，我国城镇居民家庭消费种类主要分为八大类，分别是食品、衣着、家庭设备用品及维修服务、医疗保健、交通通信、文娱教育及服务、居住、其他商品和服务。对"家庭日常生活需要"的范围，我们认为，可以参考上述八大类家庭消费的分类，根据夫妻共同生活的状态（如双方的职业、身份、资产、收入、兴趣、家庭人数等）和当地一般社会生活习惯予以认定。鉴于我国东、中、西部经济发展不平衡，城乡差异巨大，家庭日常生活需要的范围在不同地区、不同家庭有很大差异，目前还难以确定一个统一的具体标准。

需要强调的是，家庭日常生活需要的支出，是指通常情况下必要的家庭日常消费，主要包括正常的衣食消费、日用品购买、子女抚养教育、老人赡养等各项费用，是维系一个家庭正常生活所必需的开支，立足点在于"必要"。随着我国经济社会和人们家庭观念、家庭生活方式的不断发展变化，在认定是否属于家庭日常生活需要支出时，也要随着社会的发展变化而不断变化。

第五，夫妻日常家事代理权的行使限制。通常情况下，夫妻任何一方都可以在日常家事的范围内行使日常家事代理权。但在实际生活中，基于种种考虑，如一方时间、精力、知识、能力上的原因，一方滥用代理权的原因等，有时候夫妻双方会对一方可以实施的民事法律行为有所限制。这种限制在夫妻双方之间是有效的，法律无须加以规制，但为了保护正常交易安全，保护第三人的合法权益，法律明确规定这种限制不能对抗善意相对人。所谓"善意"，是指相对人不知道或者不应当知道夫妻之间对一方可以实施的民事法律行为的限制。比如，妻子与丈夫约定，丈夫不得购买一条以上的香烟，结果丈夫到小卖部购买了两条香烟，小卖部无从知晓夫妻双方对于购买香烟的约定，则该买卖行为是有效的。

第六，夫妻日常家事代理权的法律效力。夫妻任何一方行使夫妻日常家事代理权所实施的民事法律行为，对夫妻双方都发生效力，即该民事法律行为所产生的法律效果归属于夫妻双方。夫妻任何一方基于夫妻日常家事代理权所实施的民事法律行为所设立、变更、终止民事法律关系的一切结果都归属于夫妻双方，取得的权利由夫妻双方共同享有，产生的义务也由夫妻双方共同承担。但是，如果夫妻一方在行使夫妻日常家事代理权的同时，与相对人就该民事法律行为另有约定的，则法律效力依照该约定。比如，丈夫在购买家具时，与家具商约定，该家具购买合同只约束自己，不涉及妻子，则该家具合同所产生的债权债务关系仅在家具商与丈夫之间有效。

第一千零六十一条　夫妻有相互继承遗产的权利。

【条文主旨】

本条是关于夫妻相互遗产继承权的规定。

【条文释义】

夫妻互相享有遗产继承权，是夫妻双方在婚姻家庭关系中地位平等的一个重要标志。根据本法的规定，理解夫妻相互遗产继承权，应注意把握以下问题：

第一，夫妻相互遗产继承权以合法的夫妻关系为前提。夫妻间的继承权是基于婚姻的法律效力产生的，只有具备合法婚姻关系的夫妻双方，才能以配偶身份继承对方的遗产。如双方属于婚外姘居的，如"包二奶"的情况下，双方就不享有法定的相互遗产继承权。只有在婚姻关系确立之日起至婚姻关系解除之日止，配偶一方死亡，另一方才享有继承权。

第二，夫妻互为第一顺序的法定继承人。根据本法继承编第 1127 条的规定，第一顺序的法定继承人包括配偶、子女、父母。除了本法继承编第 1125 条规定的丧失继承权等情形外，不得以任何理由剥夺、限制或者干涉生存一方对死亡配偶所享有的继承权。

第三，要正确确定继承遗产的范围，不得侵害生存配偶的合法财产权。夫或妻一方死亡时，继承开始，首先要确定哪些财产属于被继承人的遗产。被继承人的财产一般包括在夫妻共同财产中的份额以及其个人财产。本法继承编第 1153 条第 1 款规定："夫妻共同所有的财产，除有约定的外，遗产分割时，应当先将共同所有的财产的一半分出为配偶所有，其余的为被继承人的遗产。"也就是说，对于婚姻关系存续期间所得的夫妻共同财产，除夫妻双方另有约定外，在配偶一方死亡时，应当先对夫妻共同财产进行认定和分割，并分出一半为生存配偶所有，一半作为死者遗产进行继承。要严格防止将夫妻共同财产都作为遗产继承，侵犯生存配偶的合法财产权益。被继承人的个人财产和共同财产的一半为其所有遗产，如果死者生前没有立遗嘱，其生存配偶与其他第一顺序的继承人，包括被继承人的子女、父母按照法定继承均分其遗产。

第四，注意保障生存配偶对分得遗产的所有权。夫妻一方死亡后，生存的另一方依法继承死者遗产后，就取得了该财产的所有权，有权根据自己的意愿和利益在法律允许的范围内占有、使用和处理该财产。如果再婚，有权带走或处分其继承的财产。实践中，有的寡妇因再婚离开原家庭时，将继承其亡夫的财产带走的，有时会受到个别近亲属的阻扰，引发各种纠纷。对此，本法继承编第 1157 条也作了明确规定："夫妻一方死亡后另一方再婚的，有权处分所继承的财产，任何组织或者个人不得干涉。"

> 第一千零六十二条 夫妻在婚姻关系存续期间所得的下列财产，为夫妻的共同财产，归夫妻共同所有：
>
> （一）工资、奖金、劳务报酬；
>
> （二）生产、经营、投资的收益；
>
> （三）知识产权的收益；
>
> （四）继承或者受赠的财产，但是本法第一千零六十三条第三项规定的除外；
>
> （五）其他应当归共同所有的财产。
>
> 夫妻对共同财产，有平等的处理权。

【条文主旨】

本条是关于夫妻共同财产的规定。

【条文释义】

本条第 1 款规定，夫妻在婚姻关系存续期间所得的财产，如工资和奖金、从事生产、经营的收益等，为夫妻的共同财产，归夫妻共同所有。这一规定表明，我国的夫妻共同财产制采用的是婚后所得共同制，即在婚姻关系存续期间，除个人特有财产和夫妻另有约定外，夫妻双方或者一方所得的财产，均归夫妻共同所有，夫妻双方享有平等的占有、使用、收益和处分权的财产制度。这里的共同所有指的是共同共有，不是按份共有。

根据本条的规定，我国的夫妻共同财产具有以下特征：

1. 夫妻共同财产的主体，是具有婚姻关系的夫妻。未形成婚姻关系的男女两性，如未婚同居、婚外同居等，以及无效或者被撤销婚姻的男女双方，不能成为夫妻共同财产的主体。

2. 夫妻共同财产，是在婚姻关系存续期间取得的财产。夫妻任何一方的婚前财产不属于夫妻共同财产。婚姻关系存续期间，自合法婚姻缔结之日起，至夫妻一方死亡或者离婚生效之日止。

3. 夫妻共同财产的来源，为夫妻双方或者一方所得的财产，既包括夫妻通过劳动所得的财产，也包括其他非劳动所得的合法财产，当然，法律直接规定为个人特有财产的和夫妻约定为个人财产的除外。这里讲的"所得"，是指对财产权利的取得，而不要求对财产实际占有，如果一方在婚前获得某项财产（如稿费），但并未实际取得，而是在婚后出版社才支付稿费，此时这笔稿费不属于夫妻共同财产。同理，如果在婚后出版社答应支付一笔稿费，但直到婚姻关系终止前也没有得到这笔稿费，那么这笔稿费也属于夫妻共同财产。

4. 夫妻对共同财产享有平等的所有权，双方享有同等的权利，承担同等的义务。夫妻对共同所有的财产，有平等的处理权。特别是夫妻一方对共同财产的处分，除另有约定外，应当取得对方的同意。

关于夫妻共同财产的范围，本条第 1 款作了列举式的规定：

1. 工资、奖金、劳务报酬。即劳动者的劳动收入，既包括工资、奖金，也包括各种津贴、补贴等劳务报酬。

2. 生产、经营、投资的收益。这包括夫妻一方或者双方从事生产、经营所得的各种收入和投资所得的收入，如农村中的农业生产和城市里的工业生产以及第三产业等各行各业的生产经营投资收益，有劳动收入，也有资本收益，如股票债券收入、股份、股权等资本利得，亦是夫妻共同财产的一种形式。

3. 知识产权的收益。知识产权是一种智力成果权，它既是一种财产权，也是一种人身权，具有很强的人身性，与人身不可分离，婚后一方取得的知识产权权利本身归一方专有，权利也仅归权利人行使，比如，作者的配偶无权在其著作中署名，也不能决定作品是否发表。但是，由知识产权取得的经济利益，则属于夫妻共同财产，如因发表作品取得的稿费，因转让专利获得的转让费等，归夫妻共同所有。

4. 继承或者受赠的财产，但遗嘱或者赠与合同中确定只归一方的财产除外。夫妻任何一方继承或者受赠的财产属于夫妻共同财产，但如果遗嘱或者赠与合同中指明财产归夫妻一方所有的，是遗嘱人或者赠与人根据自己意愿处分财产的表现，基于意思自治，应当尊重其对财产的处分权，该财产归一方所有。

5. 其他应当归共同所有的财产。这项规定属于概括性规定。随着社会经济的发展和人们生活水平的提高，夫妻共同财产的范围在不断地扩大，共同财产的种类在不断地增加，目前，夫妻共同财产已由原来简单的生活用品发展到汽车、房产、股票、债券乃至整个公司、企业等，今后还将出现一些新的财产类型。上述四项只是列举了现已较为明确的共同财产的范围，但难以列举齐全，因此，作了这项概括性规定。

本条第 2 款规定："夫妻对共同财产，有平等的处理权。"这是关于夫妻如何对共同财产行使所有权的规定。如前所述，夫妻共同财产的性质是共同共有，不是按份共有，因此，夫妻对全部共同财产，应当不分份额地享有同等的权利，承担同等的义务。不能根据夫妻双方经济收入的多少来确定其享有共同财产所有权的多少。夫妻双方对共同财产享有平等的占有、使用、收益和处分的权利。夫妻一方对共同财产的使用、处分，除另有约定外，应当在取得对方的同意之后进行。尤其是重大财产问题，未经对方同意，任何一方不得擅自处分。夫妻一方在处分共同财产时，另一方明知其行为而不作否认表示的，视为同意，事后不得以自己未参加处分为由否认处分的法律效力。夫妻一方未经对方同意擅自处分共同财产的，对方有权请求宣告该处分行为无效，但不得对抗善意第三人，即如果第三人不知道也无从知道夫妻一方的行为属于擅自处分行为的，该处分行为有效，以保护第三人的利益，维护交易安全。

> **第一千零六十三条** 下列财产为夫妻一方的个人财产：
> （一）一方的婚前财产；
> （二）一方因受到人身损害获得的赔偿或者补偿；
> （三）遗嘱或者赠与合同中确定只归一方的财产；
> （四）一方专用的生活用品；
> （五）其他应当归一方的财产。

【条文主旨】

本条是关于夫妻个人财产的规定。

【条文释义】

所谓夫妻个人财产，又称夫妻特有财产、夫妻保留财产，是指夫妻在实行共同财产制的同时，依照法律规定或者夫妻约定，夫妻各自保留的一定范围的个人所有财产。根据产生的原因不同，个人财产可分为法定的个人财产和约定的个人财产。法定的个人财产，是指依照法律规定所确认的夫妻双方各自保留的个人财产，本条即属于法定个人财产的规定。

个人财产是夫妻在婚姻关系存续期间分别保留的独立于夫妻共同财产之外的财产，夫妻双方对各自的个人财产，享有独立的管理、使用、收益和处分权利，他人不得干涉。夫妻可以约定将各自的个人财产交由一方管理；夫妻一方也可以将自己的个人财产委托对方代为管理。对家庭生活费用的负担，在夫妻共同财产不足以负担家庭生活费用时，夫妻应当以各自的个人财产分担。

规定夫妻个人财产的意义在于，它弥补了共同财产制对个人权利和意愿关注不够的缺陷，防止共同财产范围的无限延伸，有利于保护个人财产权利。关于我国夫妻个人财产的范围，本条作了列举式的规定，下面逐一进行介绍：

1. 一方的婚前财产。婚前财产是指夫妻在结婚之前各自所有的财产，包括婚前个人劳动所得财产、继承或者受赠的财产以及其他合法财产。婚前财产归各自所有，不属于夫妻共同财产。

2. 一方因受到人身损害获得的赔偿或者补偿。这些财产是指与生命健康直接相关的财产，具有人身专属性，对于保护个人权利具有重要意义，因此，应当专属于个人所有，而不能成为共同财产。这样有利于维护受害人的合法权益，保证受害人的身体康复和生活需要。

3. 遗嘱或者赠与合同中确定只归一方的财产。根据本法第1062条第4项的规定，因继承或者受赠的财产，属于夫妻共同财产。但为了尊重遗嘱人或者赠与人的个人意愿，保护个人对其财产的自由处分权，如果遗嘱人或者赠与人在遗嘱或者赠与合同中明确指出，该财产只遗赠或者赠与夫妻一方，另一方无权享用，那么，该财产就属于夫妻个人财产，归一方个人所有。这样规定的另一个意义在于，防止夫妻另一方滥用遗产或者受赠的财产，如妻子的朋友赠送一笔钱资助孩子上学，而丈夫有酗酒恶习，如果这笔钱属于夫妻共同财产，丈夫就有可能利用它买酒，在这种情况下，赠与人可以在赠与时确定这笔现金只赠送给妻子，属于妻子个人所有，丈夫就无权将其用来酗酒了。

4. 一方专用的生活用品。一方专用的生活用品具有专属于个人使用的特点，如个人的衣服、鞋帽等，应当属于夫妻个人财产。我国司法实践中，在处理离婚财产分割时，一般也将个人专用的生活物品，作为个人财产处理。在编纂民法典过程中，有一种意见认为，用夫妻共同财产购买的且价值较大的生活用品，如贵重的首饰等，即使为一方专用，也应当属于夫妻共同财产。这一意见未被采纳。价值较大的生活用品，因其具有个人专用性，仍应当归个人所有，这也符合夫妻双方购买该物时的意愿。况且，夫妻对共同财产有平等的处理权，多数情况下，夫妻双方都有价值较大的生活用品。当然，不同经济状况的家庭，"价值较大"的含义不同。

5. 其他应当归一方的财产。这项规定属于概括性规定。夫妻个人财产除前四项的规定外，还包括其他一些财产和财产权利。随着社会经济的发展、新的财产类型的出现以及个人独立意识的增强，夫妻个人财产的范围也将有所增加。

　　第一千零六十四条　夫妻双方共同签名或者夫妻一方事后追认等共同意思表示所负的债务，以及夫妻一方在婚姻关系存续期间以个人名义为家庭日常生活需要所负的债务，属于夫妻共同债务。

　　夫妻一方在婚姻关系存续期间以个人名义超出家庭日常生活需要所负的债务，不属于夫妻共同债务；但是，债权人能够证明该债务用于夫妻共同生活、共同生产经营或者基于夫妻双方共同意思表示的除外。

【条文主旨】

本条是关于夫妻共同债务的规定。

【条文释义】

夫妻共同债务问题，事关夫妻双方特别是未举债一方和债权人合法权益的保护，事关婚姻家庭稳定和市场交易安全的维护，可以说是民法典编纂过程中各方面较为关注，争议也较大的问题。

本条分两款，规定了三类比较重要的夫妻共同债务，即基于共同意思表示所负的夫妻共同债务、为家庭日常生活需要所负的夫妻共同债务、债权人能够证明的夫妻共同债务。

一、基于共同意思表示所负的夫妻共同债务

本条第1款明确规定，"夫妻双方共同签名或者夫妻一方事后追认等共同意思表示所负的债务"，属于夫妻共同债务。这就是俗称的"共债共签""共签共债"。多个民事主体等基于共同签字等共同意思表示所形成的债务属于共同债务，这不存在任何争议，本条规定对这一内容加以强调意在引导债权人在形成债务尤其是大额债务时，为避免事后引发不必要的纷争，加强事前风险防范，尽可能要求夫妻共同签名。这种制度安排，一方面，有利于保障夫妻另一方的知情权和同意权，可以从债务形成源头上尽可能杜绝夫妻一方"被负债"现象发生；另一方面，也可以有效避免债权人因事后无法举证证明债务属于夫妻共同债务而遭受不必要的损失，对于保障交易安全和夫妻一方合法权益，具有积极意义。实践中，很多商业银行在办理贷款业务时，对已婚者一般都要求夫妻双方共同到场签名。一方确有特殊原因无法亲自到场，也必须提交经过公证的授权委托书，否则不予贷款，这种操作方式最大限度地降低了债务不能清偿的风险，保障了债权人的合法权益，也不会造成对夫妻一方权益的损害。

虽然要求夫妻"共债共签"可能会使交易效率受到一定影响，但在债权债务关系形成，增加一定交易成本和夫妻一方的知情权、同意权产生冲突时，因夫妻一方的知情权、同意权，关系到地位平等、意思自治等基本法律原则和公民基本财产权利、人格权利，故应优先考虑。事实上，适当增加交易成本不仅有利于保障交易安全，还可以减少事后纷争，从根本上提高交易效率。

二、为家庭日常生活需要所负的夫妻共同债务

本条第1款规定，"夫妻一方在婚姻关系存续期间以个人名义为家庭日常生活需要所负的债务"，属于夫妻共同债务。也就是基于夫妻日常家事代理权所生的债务属于夫妻共同债务。

夫妻日常家事代理权，是指夫妻一方因家庭日常生活需要而与第三方为一定民事法律行为时互为代理的权利。夫妻一方在日常家庭事务范围内，与第三方所实施的一定民事法律行为，视为依夫妻双方的意思表示所为的民事法律行为，另一方也应承担因此而产生的法律后果。本法第1060条明确规定："夫妻一方因家庭日常生活需要而实施的民事法律行为，对夫妻双方发生效力，但是夫妻一方与相对人另有约定的除外。夫妻之间对一方可以实施的民事法律行为范围的限制，不得对抗善意相对人。"根据这一规定，夫妻任何一方行使夫妻日常家事代理权所实施的民事法律行为，对夫妻双方都发生效力，即该民事法律行为所产生的法律效果归属于夫妻双方。夫妻任何一方基于夫妻日常家事代理权实施的民事法律行为所设立、变更、终止民事法律关系的一切结果都归属于夫妻双方，取得的权利由夫妻双方共同享有，产生的义务包括债务也由夫妻双方共同承担。当然，如果夫妻一方在行使夫妻日常家事代理权的同时，与相对人就该民事法律行为另有约定的，则法律效力依照该约定。

本条第1款规定"夫妻一方在婚姻关系存续期间以个人名义为家庭日常生活需要所负的债务"属于夫妻共同债务，实际上已经包括在本法第1060条规定的内容之中，这里是再次加以强调。如何认定为家庭日常生活需要等，可以参考前述条文的释义，这里不再赘述。

三、债权人能够证明的夫妻共同债务

本条第2款规定，夫妻一方在婚姻关系存续期间以个人名义超出家庭日常生活需要所负的债务，不属于夫妻共同债务；但是，债权人能够证明该债务用于夫妻共同生活、共同生产经营或者基于夫妻双方共同意思表示的除外。这一类夫妻共同债务情形最为复杂，实践中如何认定争议最大。

夫妻双方共同签名或者夫妻一方事后追认等共同意思表示所负的债务，以及夫妻一方在婚姻关系存续期间以个人名义为家庭日常生活需要所负的债务，属于夫妻共同债务。那如果不是基于夫妻共同意思表示、夫妻一方以个人名义所负的超出家庭日常生活需要所负的债务，是否就不属于夫妻共同债务呢？根据本条第2款规定，如果债权人能够证明该债务用于夫妻共同生活、共同生产经营的，那该债务也属于夫妻共同债务。

用于夫妻共同生活、共同生活经营的债务属于夫妻共同债务，这个争议不大，主要问题在于怎么认定，即由谁来举证证明。

随着我国经济社会的发展，城乡居民家庭财产结构、类型、数量、形态以及理财模式等发生了很大变化，人们的生活水平不断提高，生活消费日趋多元，很多夫妻的共同生活支出不再局限于以前传统的家庭日常生活消费开支，还包括大量超出家庭日常生活范围的支出。这些支出系夫妻双方共同消费支配，或

者用于形成夫妻共同财产，或者基于夫妻共同利益管理共同财产产生的支出，性质上均属于夫妻共同生活的范围。夫妻共同生活包括但不限于家庭日常生活，本条第2款所指的需要债权人举证证明的夫妻共同生活的范围，指的就是超出家庭日常生活需要的部分。

夫妻共同生产经营的情形非常复杂，主要是指由夫妻双方共同决定生产经营事项，或者虽由一方决定但另一方进行了授权的情形。判断生产经营活动是否属于夫妻共同生产经营，要根据经营活动的性质以及夫妻双方在其中的地位作用等综合认定。夫妻共同生产经营所负的债务一般包括双方共同从事工商业、共同投资以及购买生产资料等所负的债务。

夫妻一方在婚姻关系存续期间以个人名义超出家庭日常生活需要所负的债务，如果债权人能够证明该债务用于夫妻共同生活、共同生产经营或者基于夫妻双方共同意思表示的，就属于夫妻共同债务，否则，不属于夫妻共同债务，应当属于举债一方的个人债务。这里强调债权人的举证证明责任，能够促进债权人尽到谨慎注意义务，引导相关主体对于大额债权债务实行"共债共签"，体现从源头控制纠纷、更加注重交易安全的价值取向，也有利于强化公众的市场风险意识，从而平衡保护债权人和未举债夫妻一方的利益。

要注意的是，本条只规定了三类比较重要的夫妻共同债务，但在实践中还存在依据法律规定产生的其他种类的夫妻共同债务。比如，本法第1168条规定："二人以上共同实施侵权行为，造成他人损害的，应当承担连带责任。"因此，夫妻因共同侵权所负的债务也属于夫妻共同债务。本法第1188条第1款规定："无民事行为能力人、限制民事行为能力人造成他人损害的，由监护人承担侵权责任……"因此，夫妻因被监护人侵权所负的债务，也属于夫妻共同债务。

> **第一千零六十五条** 男女双方可以约定婚姻关系存续期间所得的财产以及婚前财产归各自所有、共同所有或者部分各自所有、部分共同所有。约定应当采用书面形式。没有约定或者约定不明确的，适用本法第一千零六十二条、第一千零六十三条的规定。
>
> 夫妻对婚姻关系存续期间所得的财产以及婚前财产的约定，对双方具有法律约束力。
>
> 夫妻对婚姻关系存续期间所得的财产约定归各自所有，夫或者妻一方对外所负的债务，相对人知道该约定的，以夫或者妻一方的个人财产清偿。

【条文主旨】

本条是关于夫妻约定财产制的规定。

【条文释义】

所谓约定财产制，是指法律允许夫妻用协议的方式，对夫妻在婚前和婚姻关系存续期间所得财产的所有权的归属、管理、使用、收益、处分以及对第三人债务的清偿、婚姻解除时财产的分割等事项作出约定，从而排除或者部分排除夫妻法定财产制适用的制度。约定财产制是相对于法定财产制而言的，它是夫妻以契约的方式依法选择适用的财产制，而法定财产制是依照法律直接规定而适用的财产制。约定财产制是法律对婚姻关系双方当事人就双方之间的财产关系进行约定的意思自治的尊重，约定财产制具有优先于法定财产制适用的效力，只有在当事人未就夫妻财产作出约定，或者所作约定不明确，或者所作约定无效时，才适用夫妻法定财产制。

约定财产制与法定财产制相比较而言，其灵活性更强，更能适应复杂多样的夫妻财产关系，更能适应现代社会丰富多样的生活方式，也更能体现当事人的真实意愿和个性化的需要。目前世界大多数国家和地区都在法律中明文规定，夫妻双方可以在婚前或者婚姻关系存续期间，约定采用某种财产制来支配他们之间的财产关系。

根据本条的规定，我国夫妻约定财产制的内容主要包括以下几个方面：

一、约定的条件

夫妻对财产关系进行约定是一种双方民事法律行为，它不仅要符合民事法律行为的一般要件，还要符合婚姻法的有关规定，因为该约定是基于配偶这一特殊身份发生的。夫妻对财产关系的约定需要符合下列要件：（1）缔约双方必须具有合法的夫妻身份，未婚同居、婚外同居者对他们之间财产关系的约定，不属于夫妻财产约定。（2）缔约双方必须具有完全民事行为能力。（3）约定必须双方自愿。夫妻对财产的约定必须出于真实的意思表示，以欺诈、胁迫等手段使对方在违背真实意思的情况下作出的约定，对方有权请求撤销。（4）约定的内容必须合法，不得违反法律、行政性法规的强制性规定，不得违背公序良俗，不得利用约定恶意串通、损害他人合法权益，约定的内容不得超出夫妻财产的范围，如不得将其他家庭成员的财产列入约定财产的范围，不得利用约定逃避对第三人的债务以及其他法定义务。

二、约定的方式

关于约定的方式，本条第1款明确规定"约定应当采用书面形式"。这样规定的目的，在于更好地维护夫妻双方的合法权益以及第三人的利益，维护交易安全，避免发生纠纷。当然如果夫妻以口头形式作出约定，事后对约定没有争议的，该约定也有效。夫妻以书面形式对其财产作出约定后，可以进行公证。

三、约定的时间

本条对约定的时间未作规定。根据我国的实际情况，对约定的时间不必作更多的限制。约定可以在婚前进行也可以在婚后进行。约定生效后，因夫妻一方或者双方的情况发生，只要双方合意，也可以随时变更或者撤销原约定。

四、约定的内容

关于约定的内容，本条第 1 款规定"男女双方可以约定婚姻关系存续期间所得的财产以及婚前财产归各自所有、共同所有或部分各自所有、部分共同所有"。这一规定的范围是比较宽的，根据这一规定，夫妻既可以对婚姻关系存续期间所得的财产进行约定，也可以对婚前财产进行约定；既可以对全部夫妻财产进行约定，也可以对部分夫妻财产进行约定；既可以概括地约定采用某种夫妻财产制，也可以具体地对某一项夫妻财产进行约定；既可以约定财产所有权的归属或者使用权、管理权、收益权、处分权的行使，也可以约定家庭生活费用的负担、债务清偿责任、婚姻关系终止时财产的分割等事项。关于当事人可以约定采用哪种夫妻财产制，本条未作规定，即没有对当事人可以选择的财产制进行限制。

五、约定的效力

约定的效力，分为优先效力、对内效力和对外效力。

1. 关于优先效力。约定财产制的优先效力，是指约定财产制的效力优先于法定财产制。本条第 1 款规定："没有约定或者约定不明确的，适用本法第一千零六十二条、第一千零六十三条的规定。"根据这一规定，约定财产制具有优先于法定财产制适用的效力，只有在当事人未就夫妻财产作出约定，或者所作约定不明确，或者所作约定无效时，才适用夫妻法定财产制。

2. 关于对内效力。约定财产制的对内效力，是指夫妻财产约定对婚姻关系当事人的效力。本条第 2 款规定："夫妻对婚姻关系存续期间所得的财产以及婚前财产的约定，对双方具有法律约束力。"夫妻对财产关系的约定，对双方具有法律约束力，双方按照约定享有财产所有权以及管理权等其他权利，并承担相应的义务。

3. 关于对外效力。约定财产制的对外效力，是指夫妻财产约定对婚姻关系当事人以外的第三人即相对人的效力。主要考虑的是在夫妻对财产进行约定，保护夫妻财产权的同时，要保障相对人的利益，维护交易安全。夫妻之间对财产关系的约定，如何对相对人产生效力？如前所述，目前我国没有建立夫妻财产登记制度，为了保障相对人的利益不因夫妻财产约定而受到损害，本条第3款规定："夫妻对婚姻关系存续期间所得的财产约定归各自所有，夫或者妻一方对外所负的债务，相对人知道该约定的，以夫或者妻一方的个人财产清偿。"

这一规定以"相对人知道该约定"为条件，即在相对人与夫妻一方发生债权债务关系时，如果相对人知道其夫妻财产已经约定归各自所有的，就以其一方的财产清偿；相对人不知道该约定的，该约定对相对人不生效力，夫妻一方对相对人所负的债务，按照在夫妻共同财产制下的清偿原则进行偿还。关于相对人如何知道该约定，既可以是夫妻一方或双方告知，也可以为相对人曾经是夫妻财产约定时的见证人或者知情人。如何判断相对人是否知道该约定，夫妻一方或者双方负有举证责任，夫妻应当证明在发生债权债务关系时，相对人确已知道该约定。本款中的"夫或者妻一方对外所负的债务"，是指夫妻一方以自己的名义与相对人之间产生的债务，至于是为夫妻共同生活所负的债务，还是个人债务，在所不问，即无论是为子女教育所负的债务，或者个人从事经营所负的债务，还是擅自资助个人亲友所负的债务，都适用本款的规定。

> **第一千零六十六条** 婚姻关系存续期间，有下列情形之一的，夫妻一方可以向人民法院请求分割共同财产：
>
> （一）一方有隐藏、转移、变卖、毁损、挥霍夫妻共同财产或者伪造夫妻共同债务等严重损害夫妻共同财产利益的行为；
>
> （二）一方负有法定扶养义务的人患重大疾病需要医治，另一方不同意支付相关医疗费用。

【条文主旨】

本条是关于婚姻关系存续期间分割夫妻共同财产的规定。

【条文释义】

民法典婚姻家庭编实行的是以法定财产制为主、约定财产制为辅的夫妻财产制度。约定财产制具有优先于法定财产制适用的效力。夫妻双方根据实际情况，可以在婚前或者婚姻存续任意时间约定婚姻关系存续期间所得的财产以及婚前财产归各自所有、共同所有或者部分各自所有、部分共同所有。只要双方合意，也可以随时变更或者撤销原约定。如果夫妻双方未就夫妻财产作出约定，或者所作约定不明确，或者所作约定无效时，就适用夫妻法定财产制。在夫妻法定财产制下，夫妻双方对于夫妻共同财产享有共同所有权，即对夫妻共同财产不分份额地共同享有权利并承担义务。

夫妻共同财产制有利于保障夫妻中经济能力较弱一方的权益，有利于实现真正的夫妻地位平等，符合我国文化传统和当前绝大多数人对夫妻财产制的要求，有利于维系更加平等、和睦的家庭关系。但在现实生活中，存在一些夫妻一方通过各种手段侵害另一方的共有财产权益的情况，这时，如果夫妻双方离婚，进而分割共同财产，彻底解决问题，当然是最好的。可由于种种原因，夫妻双方或者一方不愿意离婚，只是要求人民法院解决财产问题，此时应如何处理，是否允许夫妻分割共同财产，是这次编纂民法典婚姻家庭编中的一个争议较大的问题。

根据本条规定，婚姻关系存续期间，夫妻双方一般不得请求分割共同财产，只有在法定情形下，夫妻一方才可以向人民法院请求分割共同财产，法定情形有两项：

一种情形是一方有隐藏、转移、变卖、毁损、挥霍夫妻共同财产或者伪造夫妻共同债务等严重损害夫妻共同财产利益的行为。

夫妻共同财产主要指夫妻双方在婚姻关系存续期间所得的财产，根据本法第1062条的规定，夫妻共同财产包括工资、奖金和劳务报酬；生产、经营、投资的收益；知识产权的收益；继承或者受赠的财产，但是遗嘱或者赠与合同中确定只归一方的财产的除外；其他应当归共同所有的财产。夫妻共同财产从性质上说，属于共同共有。夫妻在婚姻关系存续期间，无论属于双方或者一方的收入，无论各自收入的数量多少，也无论其中一方有无收入，夫妻作为共同生活的伴侣，对共同财产享有平等的所有权。对共同财产，夫妻双方均有依法占有、使用、收益和处分的权利。本法第1062条就明确规定，夫妻对共同财产，有平等的处理权。夫妻在处分共同财产时，应当平等协商，取得一致意见，任何一方不得违背他方的意志，擅自处理。特别是对共有财产作较大的变动时，如出卖、赠与等，更应征得他方的同意，否则就侵犯了另一方对共有财产的所有权。实践中，比较典型的就是夫妻一方隐藏、转移、变卖、毁损、挥霍夫妻共同财产或者伪造夫妻共同债务等行为，这些都属于严重损害了夫妻共同财产利益的行为。隐藏，是指将财产藏匿起来，不让他人发现，使另一方无法获知财产的所在从而无法控制。转移，是指私自将财产移往他处，或者将资金取出移往其他账户，脱离另一方的掌握。变卖，是指将财产折价卖给他人。毁损，是指采用打碎、拆卸、涂抹等破坏性手段使物品失去原貌，失去或者部分失去原来具有的使用价值和价值。挥霍，是指超出合理范围任意处置、浪费夫妻共同财产。伪造夫妻共同债务，是指制造内容虚假的债务凭证，包括合同、欠条等，意图侵占另一方财产。上述违法行为，在主观上只能是故意，不包括过失行为，如因不慎将某些共同财产毁坏，只要没有故意，不属于本条规定之列。

　　另一种情形是一方负有法定扶养义务的人患重大疾病需要医治，另一方不同意支付相关医疗费用。

　　这里所指的扶养是广义上的扶养，即一定范围的亲属之间互相供养和扶助的法律关系。广义的扶养包括抚养、赡养和狭义的扶养。抚养是就长辈对晚辈而言，主要指父母对未成年子女，祖父母对孙子女，外祖父母对外孙子女的供养；赡养是就晚辈对长辈而言，主要指子女对父母，孙子女对祖父母、外孙子女对外祖父母的供养；扶养是就平辈而言，主要是夫妻之间和兄弟姐妹之间的供养。

　　扶养还可以分为法定扶养、协议扶养和遗嘱扶养。法定扶养是指基于法律强制性规定的扶养；协议扶养是指基于合同而产生的扶养；遗嘱扶养是指基于遗嘱产生的扶养。本条规定明确仅指法定扶养。本法对法定扶养义务作了明确规定。第 1059 条规定："夫妻有相互扶养的义务。需要扶养的一方，在另一方不履行扶养义务时，有要求其给付扶养费的权利。"第 1067 条规定："父母不履行抚养义务的，未成年子女或者不能独立生活的成年子女，有要求父母给付抚养费的权利。成年子女不履行赡养义务的，缺乏劳动能力或者生活困难的父母，有要求成年子女给付赡养费的权利。"第 1071 条第 2 款规定："不直接抚养非婚生子女的生父或者生母，应当负担未成年子女或者不能独立生活的成年子女的抚养费。"第 1072 条第 2 款规定："继父或者继母和受其抚养教育的继子女间的权利义务关系，适用本法关于父母子女关系的规定。"第 1074 条规定："有负担能力的祖父母、外祖父母，对于父母已经死亡或者父母无力抚养的未成年孙子女、外孙子女，有抚养的义务。有负担能力的孙子女、外孙子女，对于子女已经死亡或者子女无力赡养的祖父母、外祖父母，有赡养的义务。"第 1075 条规定："有负担能力的兄、姐，对于父母已经死亡或者父母无力抚养的未成年弟、妹，有扶养的义务。由兄、姐扶养长大的有负担能力的弟、妹，对于缺乏劳动能力又缺乏生活来源的兄、姐，有扶养的义务。"应当根据这些法律规定来确定夫妻一方是否负有法定扶养义务。

　　关于"重大疾病"，本条没有作出明确界定，疾病是否认定为重大，在司法实践中应当参照医学上的认定，借鉴保险行业中对重大疾病的划定范围，一般认为，某些需要长期治疗、花费较高的疾病，如糖尿病、肿瘤、脊髓灰质炎等，或者直接涉及生命安全的疾病属于重大疾病。"相关医疗费用"主要指为治疗疾病需要的必要、合理费用，不应包括营养、陪护等费用。

夫妻一方负有法定扶养义务的人患有重大疾病需要医治，如果另一方不同意支付相关医疗费用的，一方可以请求人民法院分割夫妻共同财产。

第二节　父母子女关系和其他近亲属关系

> **第一千零六十七条**　父母不履行抚养义务的，未成年子女或者不能独立生活的成年子女，有要求父母给付抚养费的权利。
>
> 成年子女不履行赡养义务的，缺乏劳动能力或者生活困难的父母，有要求成年子女给付赡养费的权利。

【条文主旨】

本条是关于父母与子女之间抚养和赡养义务的规定。

【条文释义】

父母对未成年子女的抚养、教育和保护义务，主要包括进行生活上的照料，保障未成年人接受义务教育，以适当的方式、方法管理和教育未成年人，保护未成年人的人身、财产不受到侵害，促进未成年人的身心健康发展等。成年子女对父母的赡养、扶助和保护义务，主要包括子女对丧失劳动能力或者生活困难的父母，要进行生活上的照料和经济上供养，从精神上慰藉父母，保护父母的人身、财产权益不受侵害。

本法总则编第 26 条是对父母子女之间法律义务的一般性规定。民法典婚姻家庭编以及未成年人保护法、老年人权益保障法等对此作出了更为具体的规定。本条规定就是对第 26 条中有关父母与子女之间抚养和赡养义务的细化规定。

一、父母对子女的抚养义务

抚养子女既是父母应尽的义务，也是子女应享有的权利。抚养是指父母抚育子女的成长，并为他们的生活、学习提供一定的物质条件。宪法第 49 条就明确规定，父母有抚养教育未成年子女的义务。父母对未成年子女的抚养是无条件的，在任何情况下都不能免除；即使父母已经离婚，对未成年的子女仍应依法履行抚养的义务。父母对成年子女的抚养是有条件的，在成年子女没有劳动能力或者出于某种原因不能独立生活时，父母也要根据需要和可能，负担其生活费用或者给予一定的帮助。对有独立生活能力的成年子女，父母自愿给予经济帮助，法律并不干预。

既是法定义务，父母作为义务人就应当积极主动履行此项义务。但实践中由于种种原因有的父母没有履行抚养义务，基于此，本条第 1 款明确规定："父母不履行抚养义务的，未成年子女或者不能独立生活的成年子女，有要求父母给付抚养费的权利。"因父母不履行抚养义务而引起的纠纷，可由有关部门调解或者向人民法院提出追索抚养费的诉讼。人民法院应根据子女的需要和父母的抚养能力，通过调解或者判决，确定抚养费的数额、给付的期限和方法。对拒不履行抚养义务，恶意遗弃未成年子女已构成犯罪的，还应当根据我国刑法的有关规定追究其刑事责任。

二、子女对父母的赡养义务

父母对子女有抚养的义务，同时子女对父母也有赡养的义务。赡养，是指子女在物质上和经济上为父母提供必要的生活条件。父母抚养教育了子女，也为社会创造了财富，为民族培养了后代，他们理应得到社会和家庭的尊敬和照顾。根据宪法第 45 条规定，中华人民共和国公民在年老的情况下，有从国家和社会获得物质帮助的权利。根据该规定，老年职工可以按照国家的规定领取退休金，没有亲属供养的老人可以享受国家和集体提供的福利。老年人权益保障法第 4 条第 2 款规定，国家和社会应当采取措施，健全保障老年人权益的各项制度，逐步改善保障老年人生活、健康、安全以及参与社会发展的条件，实现老有所养、老有所医、老有所为、老有所学、老有所乐。老年人有从国家和社会获得物质帮助的权利。但是，在我国发展的现阶段，赡养老人还是家庭的一项重要职能。国家和社会对老年人的物质帮助，还不能完全取代家庭在这方面的作用。子女对父母履行赡养扶助义务，是对家庭和社会应尽的责任。宪法第 49 条中明确规定，成年子女有赡养扶助父母的义务。老年人权益保障法第 13 条进一步规定，老年人养老以居家为基础，家庭成员应当尊重、关心和照料老年人。子女作为赡养人，应当履行对老年人经济上供养、生活上照料和精神上慰藉的义务，照顾老年人的特殊需要。儿子和女儿都有义务赡养父母，已婚妇女也有赡养其父母的义务和权利。

一切有经济能力的子女，对丧失劳动能力，无法维持生活的父母，都应予以赡养。对不在一起生活的父母，应根据父母的实际生活需要和子女的负担能力，给付一定的赡养费用。赡养费用一般不低于子女本人或者当地的普通生活水平，有两个以上子女的，可依据不同的经济条件，共同负担赡养费用。经济条件较好的子女应当自觉、主动地承担较大的责任。赡养人之间也可以就履行赡养义务签订协议，但不得违反法律的规定和老年人的意愿。基层群众性自治组织、老年人组织或者赡养人所在单位监督协议的履行。

如果子女不履行赡养义务，需要赡养的父母可以通过有关部门进行调解或者向人民法院提起诉讼。人民法院在处理赡养纠纷时，应当坚持保护老年人的合法权益的原则，通过调解或者判决使子女依法履行赡养义务。本条第 2 款就专门对赡养费作出规定："成年子女不履行赡养义务的，缺乏劳动能力或者生活困难的父母，有要求成年子女给付赡养费的权利。"对负有赡养义务而拒绝赡养，情节恶劣构成遗弃罪的，还应当承担刑事责任。

适用本条时，应当注意本条适用于婚生父母子女之间、非婚生父母子女之间、构成抚养教育关系的继父母子女之间和养父母子女之间的关系。

> **第一千零六十八条　父母有教育、保护未成年子女的权利和义务。未成年子女造成他人损害的，父母应当依法承担民事责任。**

【条文主旨】

本条是关于父母教育、保护未成年子女的权利和义务的规定。

【条文释义】

本法总则编第 26 条规定："父母对未成年子女负有抚养、教育和保护的义务。成年子女对父母负有赡养、扶助和保护的义务。"对未成年子女的教育和保护是父母的重要职责。

所谓教育，是指父母要按照法律和道德要求，采取正确的方法，对其未成年子女进行教导，并对其行为进行必要的约束，其目的是保障未成年子女的身心健康。未成年子女是未满 18 周岁的人，不论在生理上还是在心理上，都处在未完全成熟时期，他们的人生观、世界观也尚未完全形成，辨别是非的能力和控制自己行为的能力都很弱。在这个时期，他们极易接受外界的不良影响，养成不良习惯，实施不良行为。因此，父母应当加强对其未成年子女的教育，提高他们的心理素质，培养他们的良好品行，增强他们辨别是非的能力，保证他们的心理健康。对未成年子女的管教，应当从小抓起。儿童时期正是开始学知识、长见识的时期，也正是思想活跃，但是非观念模糊的时期，容易接受好的东西，也容易接受坏的东西。从这个时期开始对未成年子女进行理想、道德、法治、爱国主义、集体主义、社会主义教育，这样就可以用好的、美的、正确的思想观念，去充实他们的内心世界，保障他们身心健康地成长。当前，在社会上仍然存在不少妨害未成年人勤学向上、健康成长的消极因素。如一些企业和场所违法经营，渲染暴力、淫秽、色情内容的非法出版物屡禁不止，吸毒、卖淫等社会丑恶现象沉渣泛起等。这些丑恶社会现象，不仅严重地污染了社会风气，危害了未成年人的心理健康，也为未成年人误入歧途，走上犯罪道路，提供了不良土壤。父母应当就不良行为的性质、范围、危害等对未成年子女进行专门教育，使其树立防范意识；对于已有不良行为的未成年子女，则应当加强教育约束，制止和纠正其不良行为。对未成年子女的管教应当尊重其人格尊严，根据适应未成年人身心发展的特点，通过多种形式进行教育和管束。虽然在管教过程中，父母可以对未成年子女使用适当的惩戒手段，但不得对其使用暴力或以其他形式进行虐待。

父母对子女有教育义务。教育子女是家庭的一项重要职能，家庭教育对子女的成长有很大的影响。父母子女间的亲密关系，为教育子女提供了有利的条件。因此，教育好子女是父母双方在法律上应尽的义务，也是社会道德的必然要求。那种对子女只抚养不教育，或者只顾眼前利益让子女"弃学务农""弃学从商"的做法，是不符合民法典婚姻家庭编的精神的，同时也是违反义务教育法和未成年人保护法等法律规定，应当承担相应的法律责任。

所谓保护，是指父母应当保护其未成年子女的人身安全和合法权益，预防和排除来自外界的危害，使其未成年子女的身心处于安全状态。本法总则编第34条第1款规定："监护人的职责是代理被监护人实施民事法律行为，保护被监护人的人身权利、财产权利以及其他合法权益等。"根据该规定，父母对其未成年子女的保护主要包括人身保护和财产保护。对未成年子女的人身保护主要包括：照顾未成年子女的生活，保护其身体健康；保护未成年子女的人身不受侵害；为未成年子女提供住所等。对未成年子女的财产保护主要指为未成年子女的利益，管理和保护其财产权益，除为未成年子女的利益外，不得处理属于该未成年子女的财产。如果父母未履行监护职责或者侵害未成年子女合法权益，造成未成年子女损失的，应当赔偿损失。父母对未成年子女的保护还体现在，父母代理其未成年子女实施民事法律行为。当未成年子女的权益受到侵害时，其父母有权以法定代理人身份提起诉讼，维护未成年子女的合法权益。

需要注意的是，父母作为未成年子女的法定代理人和监护人，其对未成年子女的教育和保护既是权利又是义务，本法总则编第34条第2款就明确规定："监护人依法履行监护职责产生的权利，受法律保护。"

本条还明确规定："未成年子女造成他人损害的，父母应当依法承担民事责任。"这是为了充分保护受害一方的合法权益，增强父母对其未成年子女教育的责任感。至于承担民事责任的条件、方法等，应当适用相关法律规定。本法侵权责任编第1188条对此作了明确规定："无民事行为能力人、限制民事行为能力人造成他人损害的，由监护人承担侵权责任。监护人尽到监护职责的，可以减轻其侵权责任。有财产的无民事行为能力人、限制民事行为能力人造成他人损害的，从本人财产中支付赔偿费用；不足部分，由监护人赔偿。"第1189条规定："无民事行为能力人、限制民事行为能力人造成他人损害，监护人将监护职责委托给他人的，监护人应当承担侵权责任；受托人有过错的，承担相应的责任。"

> **第一千零六十九条** 子女应当尊重父母的婚姻权利，不得干涉父母离婚、再婚以及婚后的生活。子女对父母的赡养义务，不因父母的婚姻关系变化而终止。

【条文主旨】

本条是关于保障老年人婚姻权利的规定。

【条文释义】

本法第1041条规定的"婚姻自由"是我国婚姻家庭制度中的首要内容。婚姻自由既包含了年轻人的婚姻自由，自然也包括老年人的婚姻自由，这一内涵本来是不言而喻的。然而，现实生活中反映出的突出问题是，丧偶或者离异的老人不在少数，而老年人再婚是障碍多、麻烦大、难上难。因此，本条专门作出有针对性的规定，进一步使"婚姻自由"在老年人婚姻问题上有具体的体现，以达到保障老年人再婚自由的目的。

本条规定："子女应当尊重父母的婚姻权利，不得干涉父母离婚、再婚以及婚后的生活。子女对父母的赡养义务，不因父母的婚姻关系变化而终止。"从这一规定来看，主要强调了两个方面的内容：

第一，老年人的婚姻自由受法律保护，子女应当尊重父母的婚姻权利，包括离婚和再婚的自主权利，尤其是不得因一己私利和世俗偏见阻挠干涉父母再婚。父母是否再婚，与谁结婚应由其自主决定。父母再婚后，子女不得干涉父母婚后的生活，比如，子女不得干涉父母选择居所或者依法处分个人财产。

第二，子女对父母的赡养义务，不因父母的婚姻关系变化而终止。本法总则编第26条第2款规定，成年子女对父母负有赡养、扶助和保护的义务。本法第1067条规定，成年子女不履行赡养义务的，缺乏劳动能力或者生活困难的父母，有要求成年子女给付赡养费的权利。子女对父母的赡养义务，包括对老年人经济上的供养、生活上的照料和精神上的慰藉义务，并应当照顾老年人的特殊需要。比如，提供生活费或实物、体力上给予帮助和精神上予以尊敬、关怀等，对患病的老年人还应当提供医疗费用和进行护理。子女对父母的赡养义务是无期限的，只要父母需要赡养，子女就应当履行这一义务。父母婚姻关系的变化不导致子女赡养义务的解除，子女不能因父母再婚而对父母不闻不问，相互推诿，不尽赡养义务。在有赡养能力的子女不履行赡养义务时，没有劳动能力或生活困难的父母，有要求子女给付赡养费的权利。父母可以直接向子女索要赡养费，也可以请求有关组织，如子女所在单位、居民委员会、村民委员会调解，还可以直接向人民法院起诉要求给付赡养费。

> **第一千零七十条　父母和子女有相互继承遗产的权利。**

【条文主旨】

本条是关于父母子女之间相互遗产继承权的规定。

【条文释义】

根据本条的规定，子女可以继承其父母的遗产，父母可以继承其子女的遗产。也可以理解为，父母与子女之间相互有继承权。这种权利是以双方之间的身份为依据的。父母、子女都是被继承人的最近的直系血亲，他们之间有极为密切的人身关系和财产关系。根据本法继承编第1127条的规定，子女、父母都是第一顺序的继承人。

一、父母

这里享有继承权的父母，包括生父母、养父母和有抚养关系的继父母。被继承人的父和母，继承其死亡子女的财产的权利是平等的。

亲生父母与子女之间的关系，是自然血亲关系。亲生父母有对其子女的继承权。父母之间的婚姻的离异和变化，不影响亲生父母与子女之间的关系，父母即使离婚，也可以继承其亲生子女的财产。如父母有抚养能力和抚养条件，但未尽抚养子女的义务，在分配子女的遗产时，应当不分或者少分。

养父母，是指收养他人子女为自己子女的人。养父母与养子女虽不是己身所出的血亲，但基于收养关系的确立并对子女尽了抚养义务，是拟制血亲，与亲生父母处于同等的继承地位。养父母对养子女而言，只要他们之间的收养关系没有中断，权利义务依然存在。养父母离婚的，双方仍然对养子女进行抚养的，仍可以继承其养子女的财产。如果养父母离婚，养子女归一方抚养，未尽抚养义务的另一方不能继承养子女的财产。

继父母如果尽了抚养义务，与继子女之间产生一种特殊的拟制血亲。尽了抚养义务的继父母在继承上与亲生父母处于相同的法律地位。如果继父与生母离婚，继子女随生母生活，继父与继子女之间的抚养关系中断，继父与继子女之间的血亲关系消灭，继父不享有继子女的财产继承权。反之继母与生父离婚，继子女随生父生活，继母与继子女之间的抚养关系中断，继母与继子女之间的血亲关系消灭，继母不享有继子女的财产继承权。

二、子女

享有继承权的子女，包括亲生子女、养子女和有抚养关系的继子女。

亲生子女包括婚生子女和非婚生子女。不论婚生子女，还是非婚生子女，都有同等的继承权。成年子女有赡养能力和赡养条件，但未尽赡养义务，在分配父母遗产时，应当不分或者少分。

养子女，是指被收养的子女。收养他人子女为自己子女的人为养父母。收养关系一经确立，养子女取得与亲生子女同等的法律地位，同时养子女与生父母之间的权利义务关系消除。这样养子女可以继承养父母的财产，但不能继承其生父母的财产。如果抚养关系解除，养父母与养子女之间的抚养关系中断，原养子女就享有对生父母财产的继承权。

继子女是夫妻一方对另一方与其前夫或前妻所生子女而言。继子女与继父或者继母之间形成了抚养和赡养关系，继子女对继父或者继母的财产有继承权。如果继父与生母或继母与生父离婚，继父母不再抚养继子女，原继子女也不再赡养原继父母，原继子女不享有对原继父母财产的继承权。还有一点要注意，因为亲生父母子女之间的天然血亲关系不因父母离婚而消灭，因此，有抚养和赡养关系的继子女在继承继父母遗产的同时，仍然有权继承自己生父母的遗产。但是，如果有赡养能力和赡养条件的继子女对其生父或者生母未尽赡养义务，在遗产分割上，就应当少分或不分。

作为继承人的子女，不论性别，不论已婚还是未婚，都平等地享有继承权。在我国现实生活中，特别是在广大农村地区，女儿出嫁后，由于一些重男轻女的封建思想，如女儿不能传宗接代，出嫁后，不能在娘家顶门立户等，存在着忽视或取消已婚女儿继承权的现象。按照本条和本法继承编的有关规定，这种做法是错误的。法律保护已婚女儿合法的继承权利。如果女儿出嫁后，赡养其父母的义务主要由她的兄弟们承担。在这种情况下，已婚女儿往往就不提继承父母财产的要求了，这可以视为其放弃继承权。这种情况，既符合继承法中权利义务相一致的原则，也符合一般情况和不少地区的风俗习惯。

> **第一千零七十一条** 非婚生子女享有与婚生子女同等的权利，任何组织或者个人不得加以危害和歧视。
>
> 不直接抚养非婚生子女的生父或者生母，应当负担未成年子女或者不能独立生活的成年子女的抚养费。

【条文主旨】

本条是关于非婚生子女和父母的权利和义务的规定。

【条文释义】

非婚生子女，是指没有婚姻关系的男女所生的子女，包括未婚男女双方所生的子女或者已婚男女与婚外第三人发生两性关系所生的子女。对于无效婚姻或者被撤销婚姻的当事人所生子女，有的国家将其视为非婚生子女，有的国家则基于保护子女权益的需要仍然规定其为婚生子女。

根据本法的规定，对非婚生子女的保护主要有以下几个方面：

一、对非婚生子女不得加以歧视和危害

对于非婚生子女的歧视和危害主要有两个方面：一方面是来自家庭内部的歧视和危害。当非婚生子女的生母或者生父与第三方结婚，非婚生子女一般也会随父亲或者母亲来到新的家庭。由于非婚生子女的加入涉及家庭财产的分割等若干利益冲突，非婚生子女往往受到新家庭成员的歧视和虐待。另一方面是来自社会各方面的歧视和危害。虽然近些年来人们对非婚生子女的认识有了很大的改变，但仍然有一些人还是将对非婚生子女生父母行为的异议和鄙视，发泄在非婚生子女身上，致使一些非婚生子女的身心受到了极大的伤害。因此，对于非婚生子女而言，其所在的幼儿园、学校、工作单位及住所地对其成长都会产生很大的影响，各方面不仅不得歧视和迫害非婚生子女，还应当认识到非婚生子女是无辜的，他们的身份不是自己所选择的，社会各界应当对于当事人的隐私给予应有的尊重和保护，给非婚生子女更多的关爱，以弥补他们在家庭生活中的缺憾。总之，给非婚生子女一个健康的生存环境，应当成为社会文明程度的标志。

二、非婚生子女的生父、生母都应当负担子女的抚养费

1980年婚姻法仅规定非婚生子女的生父应当负担其子女生活费和教育费的一部分或全部。这主要是由于当时非婚生子女一般都是随生母生活，因此，法律上需要强调生父应当承担的责任。但是，社会生活中有不少非婚生子女随生父生活的情况，这就要求法律对这种情况作出规定，明确其生母在此情况下应当承担的责任，否则，会造成非婚生子女父母双方法律地位的不平等，无法充分保障非婚生子女的健康成长。因此，2001年修改婚姻法时对此问题作出了修改，明确只要不与非婚生子女生活在一起，未直接抚养非婚生子女的，不论是生父还是生母，都应当负担子女的生活费和教育费，直到该子女独立生活时为止。本次编纂民法典，对这一规定作了进一步的完善，明确不直接抚养非婚生

子女的生父或者生母，应当负担未成年子女或者不能独立生活的成年子女的抚养费。如果不与非婚生子女生活在一起的一方拒绝履行该抚养义务的，那么，非婚生子女有权向人民法院起诉要求其承担相应的义务。

三、非婚生子女与生父母间有相互继承遗产的权利

本法继承编第 1127 条规定："遗产按照下列顺序继承：（一）第一顺序：配偶、子女、父母；（二）第二顺序：兄弟姐妹、祖父母、外祖父母。继承开始后，由第一顺序继承人继承，第二顺序继承人不继承；没有第一顺序继承人继承的，由第二顺序继承人继承。本编所称子女，包括婚生子女、非婚生子女、养子女和有扶养关系的继子女。本编所称父母，包括生父母、养父母和有扶养关系的继父母。本编所称兄弟姐妹，包括同父母的兄弟姐妹、同父异母或者同母异父的兄弟姐妹、养兄弟姐妹、有扶养关系的继兄弟姐妹。"继承编的这一规定，使我国的非婚生子女在继承时与婚生子女完全享有相同的权利和义务，使非婚生子女不会因为其出生问题受到不公平的待遇，在继承财产时不分或者少分。同样，在非婚生子女的父母继承非婚生子女的财产时，他们之间的权利和义务也完全等同于父母子女之间的权利和义务。

> **第一千零七十二条　继父母与继子女间，不得虐待或者歧视。**
> **继父或者继母和受其抚养教育的继子女间的权利义务关系，适用本法关于父母子女关系的规定。**

〖条文主旨〗

本条是关于继父母与继子女的权利义务的规定。

〖条文释义〗

继父母，是指子女母亲或者父亲再婚的配偶；继子女，是指夫或者妻一方与前配偶所生的子女。继父母和继子女的关系是因子女的生父或者生母再婚而形成的，即生父母一方死亡，另一方再婚，或者生父母离婚，生父或者生母再婚。

我国法律对继父母子女关系一直给予了足够的重视。1950 年婚姻法第 16条规定，夫对于妻所抚养的与前夫所生的子女或妻对其夫所抚养的与前妻所生的子女，不得虐待和歧视。该条虽然没有使用"继子女"的概念，但在立法中第一次确定继子女的法律地位。1980 年婚姻法明确规定了继父母继子女的权利和义务，并且规定继父母和继子女之间不得虐待和歧视，继父或继母和受其抚养教育的继子女间的权利义务，适用法律中父母子女关系的有关规定。1985 年继承法明确规定，法定继承人范围中的子女包括有扶养关系的继子女、父母包括有扶养关系的继父母、兄弟姐妹包括有扶养关系的继兄弟姐妹。多年的实践证明，我国法律中有关继父母继子女的规定是行之有效的，所以，这次编纂民法典没有对现行法律中有关继父母和继子女的规定作出改动。

一、继父母和继子女之间不能相互虐待或者歧视

本条第 1 款明确规定："继父母与继子女间，不得虐待或者歧视。"由于我国长期处于封建社会，所以，继子女的社会地位一直很低下，他们受到家庭和社会的虐待和歧视的情况比比皆是。虽然新中国成立以来，对继子女权利的保护有了充分的法律依据，但封建残余思想仍影响着一些人。有的继父母不仅在生活上不给继子女提供应有的保障，而且还以种种理由剥夺了继子女受教育的权利；有的继父母对继子女采取打骂、体罚等手段从各方面来折磨和摧残继子女。而反过来，继子女长大后或者一些成年的继子女，出于报复等心理又对继父母进行打骂和虐待，使一些继父母晚年的生活极为不幸，得不到继子女的赡养。因此，一方面应当加大对继子女的保护力度，使他们不能因为父母婚姻状况的改变而受到不公正的待遇；另一方面也应当重视对继父母权利的保护，保障他们能老有所养。继父母和继子女之间不能相互虐待和歧视的条款，不仅适用于因生父母与继父母结婚而形成的单纯的姻亲关系，而且也包括已形成抚养关系的继父母与继子女。

二、继父母子女之间的权利义务关系

我国法律中的父母子女关系可分为婚生父母子女关系、非婚生父母子女关系、养父母子女关系和继父母子女关系四种。前三种父母子女关系都适用民法典关于父母子女关系权利义务的有关规定，只有继父母子女关系不能一概适用，而是有条件地适用父母子女关系权利义务的规定。

根据第 2 款的规定，继父母与接受其抚养教育的继子女之间，属于法律上的拟制血亲关系，产生父母子女间的权利义务关系，而未形成抚养关系的继父母和继子女之间则不发生父母子女的权利义务关系。但这种拟制血亲关系又和继父母收养继子女有所不同，它不以解除继子女与其生父母间的权利和义务关系为前提。继父或者继母和受其抚养教育的继子女间的权利义务关系，适用本法关于父母子女关系的有关规定，主要包括以下几层含义：一是继父母对继子女有抚养和教育的义务。继父母不仅要保证继子女的生活所需，而且要保证继子女能接受正常的教育。对于不履行抚养义务的继父母，未成年的继子女或者不能独立生活的继子女，有要求给付抚养费的权利。二是继子女对继父母有赡养和扶助的义务。在通常情况下，受继父母抚养成人并独立生活的继子女，应当承担赡养继父母的义务。继子女不履行赡养义务时，缺乏劳动能力或者生活困难的继父母，有要求继子女支付赡养费的权利。三是继父母和继子女之间有相互继承财产的权利。本法继承编第 1127 条规定："遗产按照下列顺序继承：（一）第一顺序：配偶、子女、父母；（二）第二顺序：兄弟姐妹、祖父母、外祖父母。……本编所称子女，包括婚生子女、非婚生子女、养子女和有扶养关系的继子女。本编所称父母，包括生父母、养父母和有扶养关系的继父母……"四是继父母有教育、保护未成年继子女的权利和义务。在未成年继子女造成他人损害的，继父母应当依法承担民事责任。

> **第一千零七十三条** 对亲子关系有异议且有正当理由的，父或者母可以向人民法院提起诉讼，请求确认或者否认亲子关系。
>
> 对亲子关系有异议且有正当理由的，成年子女可以向人民法院提起诉讼，请求确认亲子关系。

【条文主旨】

本条是关于亲子关系异议之诉的规定。

【条文释义】

亲子关系确立制度，是指有关子女与父母之间是否确立亲子关系的制度，传统的亲子关系确立制度包括亲子关系的推定、否认、认领和非婚生子女的准正等。不同国家和地区的亲子关系确立制度基于社会经济状况、文化传统、宗教道德、社会习惯等的不同而有一定的差异。在亲子关系确立制度上，各国都根据自己国家的国情等实际情况来构建具体制度。

本条规定分为两款，根据提起诉讼主体的不同，分别规定了父或者母作为提起诉讼主体的亲子关系异议之诉和成年子女作为提起诉讼主体的亲子关系异议之诉。

本条第 1 款规定："对亲子关系有异议且有正当理由的，父或者母可以向人民法院提起诉讼，请求确认或者否认亲子关系。"理解本款规定，注意以下几个问题：

第一，关于提起诉讼的主体。本款规定的提起诉讼的主体限于"父或者母"。

第二，关于诉讼请求。根据本款规定，父或者母向人民法院提起的诉讼请求为"确认或者否认亲子关系"。

第三，关于提起诉讼的条件。根据本款规定，父或者母向人民法院请求确认或者否认亲子关系的诉讼请求，必须满足"对亲子关系有异议且有正当理由"的条件。"对亲子关系有异议"是指父或者母认为现存的亲子关系是错误的，自己不是或者应是他人生物学意义上的父或者母。对亲子关系有异议，进而请求人民法院确认或者否认亲子关系，这是当然之义。亲子关系对婚姻家庭关系影响巨大，更可能涉及未成年人合法权益的保护，如果任凭当事人的怀疑或者猜测就允许其提起亲子关系之诉，不利于夫妻关系和社会秩序的稳定，不利于构建和谐社会的总体要求。父或者母对亲子关系有异议时，还需要举证证明其"有正当理由"，才能提起亲子关系之诉。如何认定"有正当理由"，本款没有作出具体界定，实践中应当由人民法院根据案件的具体情况来作出判断。比如，当事人应当提供初步证据证明其提出的确认或者否认亲子关系的主张，如丈夫提供的医院开具其无生殖能力的证明，又如有权机构开具的其与某人不存在亲子关系的亲子鉴定书等。人民法院根据当事人提供的初步证据，经审查符合"有正当理由"的条件的，对其提起的亲子关系异议之诉才能予以受理。

本条第2款规定："对亲子关系有异议且有正当理由的，成年子女可以向人民法院提起诉讼，请求确认亲子关系。"理解本款规定，注意以下几个问题：

第一，关于提起诉讼的主体。本款规定的提起诉讼的主体限于"成年子女"。这里的"子女"仅指生子女，即不包括养子女和继子女。

第二，关于诉讼请求。根据本款规定，成年子女向人民法院提起的诉讼请求为"确认亲子关系"。与第1款规定不同的是，成年子女不能请求人民法院否认亲子关系。这主要是因为在审议过程中，有的地方、部门和专家学者提出，允许成年子女提起亲子关系否认之诉，可能会导致其逃避对父母的赡养义务，建议对成年子女提起此种诉讼予以限制。从调研的情况来看，实践中，成年子女提起否认亲子关系之诉，主要的目的是逃避法律规定的对父母的赡养义务，即使被否认的"父母"已对其尽到抚养义务，这不符合社会主义核心价值观的要求，因此，本款规定对这种情形作了限制，不允许成年子女提起否认亲子关系之诉。

第三，关于提起诉讼的条件。根据本款规定，成年子女向人民法院请求确认亲子关系的诉讼请求，必须满足"对亲子关系有异议且有正当理由"的条件。这与第1款的规定相同，不再赘述。

> **第一千零七十四条**　有负担能力的祖父母、外祖父母，对于父母已经死亡或者父母无力抚养的未成年孙子女、外孙子女，有抚养的义务。
>
> 　　有负担能力的孙子女、外孙子女，对于子女已经死亡或者子女无力赡养的祖父母、外祖父母，有赡养的义务。

【条文主旨】

本条是关于祖父母、外祖父母与孙子女、外孙子女之间抚养和赡养义务的规定。

【条文释义】

祖父母、外祖父母与孙子女和外孙子女是隔代的直系血亲关系，他们之间在具备法律条件的情况下，可以形成抚养和赡养关系。就我国目前情况看，虽然三代同居家庭的数量在逐步减少，但由于我国人口基数较大，所以三代同居的家庭仍占着不小的比例。随着经济的发展，人的寿命在普遍延长，人口的老龄化已成为一个不容忽视的社会性问题。我国的社会保障体系虽然逐步完善，但仅靠社会的力量还不能完全承担对老年人的赡养。同样，对于父母已经死亡或者无力抚养的孙子女、外孙子女，社会福利机构也没有能力完全承担起抚养的义务。因此，隔代抚养可以说是我国在相当长的时间内将面临的一个问题，扶老育幼不仅是中华民族需要发扬光大的优良传统，而且也需要法律对此问题作出明确的规定。根据本条的规定，祖孙之间抚养或者赡养关系的形成应当具备以下条件：

一、被抚养、赡养人的父母、子女死亡或者无抚养、赡养能力

此条件主要包括两种情况：（1）子女在未成年时父母双亡，或者父母丧失抚养能力；（2）子女在成年后死亡或者丧失扶养能力，无法赡养其父母。

二、被抚养、赡养人确实有困难需要被抚养、赡养

祖孙之间抚养赡养关系的形成必须建立在一方确实有困难的基础上，如果被扶养人有一定的经济收入或者经济来源，完全能负担自身的生活所需，那么，就不能要求祖父母、外祖父母或者孙子女、外孙子女来承担其抚养或者赡养义务。当然，我国有着尊老爱幼的优良传统，如果祖孙之间完全基于亲情，在对方没有困难的情况下仍愿承担一定的抚养或者赡养义务，是一种值得发扬和提倡的美德。

三、承担抚养、赡养义务的人有一定的抚养、赡养能力

如果法律意义上的抚养、赡养义务人没有一定的抚养、赡养能力，那么就不能再要求其承担相应的法律责任。比如，一个8岁的女孩，其父母在一场车祸中丧生，只有奶奶在世，奶奶没有工作，一直靠社会福利金生活，那么，在这种情况下就不能要求女孩的奶奶承担抚养其孙女的义务。此外，如果抚养或者赡养义务人有多个人时，比如，被赡养人既有孙子又有外孙女，那么需要当事人协商决定其应当承担的义务。同样，如果抚养或者赡养权利人有多个人时，在抚养或者赡养义务人的经济能力不足以承担全部抚养或者赡养义务时，那么，对于经济状况和身体状况最差者应当优先被抚养或者被赡养。

关于抚养或者赡养的方式，民法典对此没有作出专门规定，只规定对不履行抚养或者赡养义务的人，权利人有要求其履行义务的权利。实践中抚养或者赡养的方式主要有以下两种，当事人可以根据自身的情况来选择：一是共同生活抚养或者赡养，即被抚养或者赡养人与抚养或者赡养义务人共同居住在一起，进行直接的抚养或者赡养；二是通过给付抚养或者赡养费、探视、扶助等方式完成扶养义务。

抚养或者赡养义务人在履行抚养或者赡养义务时，往往需要和被抚养或者赡养人就抚养或者赡养义务的程序、抚养或者赡养的具体方式等内容进行协商，达成对当事人均具有约束力的抚养或赡养协议。如果当事人之间达不成协议，那么，可以请求人民法院通过判决来确定权利和义务。

抚养或者赡养协议达成后或者人民法院的判决生效后，当事人的经济和生活状况往往会出现一些新的变化，如果仍然要求当事人按照原有的抚养或者赡养协议或者判决来执行，可能会使一方当事人利益受到损害，因此，当事人需要通过一定的途径来变更抚养或者赡养权。所谓变更抚养或者赡养权，是指抚养或者赡养义务人、抚养或者赡养权利人以及抚养或者赡养程序和方法的变更。在抚养或者赡养当事人一方或者双方在经济和生活状况发生变化时，抚养或者赡养权利人和抚养或者赡养义务人都有权要求变更原抚养或者赡养协议或者有关抚养或者赡养的判决。当事人首先可以在自愿、平等的基础上进行协商，协商不成时，可以向人民法院起诉，来重新确定双方的权利和义务。

> **第一千零七十五条**　有负担能力的兄、姐，对于父母已经死亡或者父母无力抚养的未成年弟、妹，有扶养的义务。
>
> 　　由兄、姐扶养长大的有负担能力的弟、妹，对于缺乏劳动能力又缺乏生活来源的兄、姐，有扶养的义务。

【条文主旨】

本条是关于兄弟姐妹间扶养义务的规定。

【条文释义】

一、兄弟姐妹间的扶养关系在法律规定上的发展变化

我国 1950 年婚姻法没有对兄弟姐妹间的扶养关系作出规定，但在实际生活

中，兄、姐扶养教育弟、妹却是常见的现象。1980 年的婚姻法第 23 条规定："有负担能力的兄、姊，对于父母已经死亡或父母无力抚养的未成年的弟、妹，有抚养的义务。"2001 年婚姻法把在实际生活中和司法实践中认为是可行的做法以法律形式加以规范，补充规定："由兄、姐扶养长大的有负担能力的弟、妹，对于缺乏劳动能力又缺乏生活来源的兄、姐，有扶养的义务。"这次编纂民法典，维持了 2001 年婚姻法的这一规定。

二、形成兄弟姐妹间扶养义务的条件

（一）负有扶养义务的兄弟姐妹的范围

兄弟姐妹包括同胞兄弟姐妹、同父异母或同母异父兄弟姐妹、养兄弟姐妹和继兄弟姐妹。在一般情况下，兄弟姐妹应由他们的父母抚养，因而他们相互之间不发生扶养与被扶养的权利义务关系。但是在特定条件和特定情况下，兄、姐与弟、妹之间会产生有条件的扶养义务。当然，法律对兄弟姐妹间扶养义务的规定，主要是从同胞兄弟姐妹之间的关系来确定的，因为他们是血缘关系最密切的旁系同辈血亲。对于半血缘的同父异母或者同母异父兄弟姐妹，以及没有血缘关系的养兄弟姐妹和继兄弟姐妹，如果符合法律规定的条件和情形，其相互之间也将产生扶养与被扶养的权利义务关系。

（二）兄弟姐妹形成扶养义务的条件

兄、姐扶养弟、妹，或者弟、妹扶养兄、姐不是必然发生的法定义务，而是有条件的。简而言之，就是应尽抚养或赡养或扶养义务的父母、子女或者配偶不能尽其抚养或赡养或扶养义务时，由有能力的兄弟姐妹来承担扶养义务。兄弟姐妹间的扶养义务是第二顺序的，具有递补性质。但兄弟姐妹间一旦形成扶养义务，那么该义务又是不可推卸的法定义务，义务人应当自觉履行。

1. 兄、姐扶养弟、妹需要具备的条件。产生兄、姐对弟、妹的扶养义务，应当同时具备下述三个条件：

第一，弟、妹须为未成年人，即不满 18 周岁。如果弟、妹已经成年，虽无独立生活能力，兄、姐亦无法定扶养义务。

第二，父母已经死亡或者父母无力抚养。这里包含了两种情况：一是父母均已经死亡，没有了父母这第一顺序的抚养义务人。如果父母一方尚在且有抚养能力，仍应由尚在的父或母承担抚养义务。二是父母均尚在或者一方尚在但都没有抚养能力，比如，父母在意外事故中致残没有了劳动能力和生活来源，便产生了由有负担能力的兄、姐扶养弟、妹的义务。

第三，兄、姐有负担能力。在前述两项条件具备时，兄、姐对弟、妹的扶养义务并不必然发生，只有兄、姐有负担能力时，才产生扶养弟、妹的义务。

2. 弟、妹扶养兄、姐需要具备的条件。产生弟、妹对兄、姐的扶养义务，亦应当具备下述三个条件：

第一，兄、姐缺乏劳动能力又缺乏生活来源。如果兄、姐虽缺乏劳动能力但并不缺少经济来源，比如，受到他人经济上的捐助或自己有可供生活的积蓄的，则不产生弟、妹的扶养义务。同时，如果兄、姐虽缺少生活来源，但有劳动能力，兄、姐可通过自己的劳动换取生活来源，在此情况下，弟、妹亦无扶养兄、姐的义务。

第二，兄、姐没有第一顺序的扶养义务人，或者第一顺序的扶养义务人没有扶养能力。比如，兄、姐没有配偶、子女，或兄、姐的配偶、子女已经死亡或者配偶、子女没有扶养能力。如果兄、姐的配偶尚在或者有子女且有扶养能力，应由这些第一顺序的扶养义务人承担扶养义务。

第三，弟、妹由兄、姐扶养长大且有负担能力。这里包含两个方面的因素：一是弟、妹是由兄、姐扶养长大的。这表明在弟、妹未成年时，父母已经死亡或父母无抚养能力，兄、姐对弟、妹的成长尽了扶养义务。按照权利义务对等原则，弟、妹应承担兄、姐的扶养责任。二是弟、妹有负担能力。若无负担能力则不负扶养义务。

第四章　离　　婚

本章共十七条，对协议离婚、判决离婚、婚姻关系解除时间、现役军人离婚特别规定、男方离婚请求权的限制、复婚、离婚对父母子女关系的影响、离婚后子女抚养及抚养费的负担、父母一方探望子女的权利、离婚时夫妻共同财产的分割、离婚经济补偿、夫妻共同债务清偿、离婚经济帮助、离婚损害赔偿、对夫妻一方擅自处分共同财产或伪造债务侵占他方财产的法律责任等作了明确规定。

> **第一千零七十六条　夫妻双方自愿离婚的，应当签订书面离婚协议，并亲自到婚姻登记机关申请离婚登记。**
>
> **离婚协议应当载明双方自愿离婚的意思表示和对子女抚养、财产以及债务处理等事项协商一致的意见。**

〖条文主旨〗

本条是关于协议离婚的规定。

【条文释义】

婚姻法对协议离婚只有一条规定，即第 31 条的规定："男女双方自愿离婚的，准予离婚。双方必须到婚姻登记机关申请离婚。婚姻登记机关查明双方确实是自愿并对子女和财产问题已有适当处理时，发给离婚证。"民法典婚姻家庭编，对协议离婚增加了两条规定，进一步完善了协议离婚制度，本条是对协议离婚的基本规定。

一、协议离婚制度的含义和意义

我国的离婚制度，分为协议离婚和诉讼离婚两种。由于婚姻关系当事人对离婚所持的态度不同，在处理程序上也不大相同。

协议离婚也叫"双方自愿离婚"，是指婚姻关系当事人达成离婚合意并通过婚姻登记程序解除婚姻关系的法律制度。其主要特征：一是当事人双方在离婚以及子女和财产问题上意愿一致，达成协议；二是按照婚姻登记程序办理离婚登记，取得离婚证，即解除婚姻关系。

二、协议离婚的条件

根据本条规定，只有符合下列条件的，才能协议离婚：

（一）协议离婚的当事人双方应当具有合法夫妻身份

以协议离婚方式办理离婚的，仅限于依法办理了结婚登记的婚姻关系当事人，不包括未婚同居和有配偶者与他人同居的男女双方，也不包括未办理结婚登记的"事实婚姻"中的男女双方。

（二）协议离婚的当事人双方均应当具有完全的民事行为能力

只有完全民事行为能力人才能独立自主地处理自己的婚姻问题。一方或者双方当事人为限制民事行为能力或者无民事行为能力的，例如，精神病患者、痴呆症患者，不适用协议离婚程序，只能适用诉讼程序处理离婚问题，以维护没有完全民事行为能力当事人的合法权益。

（三）协议离婚当事人双方必须具有离婚的共同意愿

"双方自愿"是协议离婚的基本条件，协议离婚的当事人应当有一致的离婚意愿。这一意愿必须是真实而非虚假的；必须是自主作出的而不是受对方或第三方欺诈、胁迫或因重大误解而形成的；必须是一致的而不是有分歧的。对此，本条规定"夫妻双方自愿离婚"，对于仅有一方要求离婚的申请，婚姻登记机关不予受理，当事人只能通过诉讼离婚解决争议。

（四）双方要签订书面离婚协议

根据《婚姻登记条例》第 12 条第 1 项规定，办理离婚登记的当事人未达成离婚协议的；婚姻登记机关不予受理。本条第 2 款对双方书面离婚协议的具体内容作了明确要求，即离婚协议应当载明双方自愿离婚的意思表示和对子女抚养、财产及债务处理等事项协商一致的意见。据此，离婚协议应当具有如下内容：

1. 有双方自愿离婚的意思表示。双方自愿离婚的意思必须要以文字的形式体现在离婚协议上。

2. 有对子女抚养、财产及债务处理等事项协商一致的意见。"对子女抚养、财产及债务处理等事项协商一致的意见"是协议离婚的必备内容。如果婚姻关系当事人不能对子女抚养、财产及债务处理等事项达成一致意见的话，则不能通过婚姻登记程序离婚，而只能通过诉讼程序离婚。

第一，子女抚养等事项。双方离婚后有关子女抚养、教育、探望等问题，在有利于保护子女合法权益的原则下应当作合理的、妥当的安排，包括子女由哪一方直接抚养，子女的抚养费和教育费如何负担、如何给付等。由于父母与子女的关系不因父母离婚而消除，协议中最好约定不直接抚育方对子女探望权利行使的内容，包括探望的方式、时间、地点等。

第二，财产及债务处理等事项。主要包括：（1）在不侵害任何一方合法权益的前提下，对夫妻共同财产作合理分割，对给予生活困难的另一方以经济帮助作妥善安排，特别是切实解决好双方离婚后的住房问题；（2）在不侵害他人利益的前提下，对共同债务的清偿作出清晰、明确、负责的处理。

（五）双方应当亲自到婚姻登记机关申请离婚

申请离婚的当事人双方，必须亲自到婚姻登记机关办理离婚登记手续，是我国的一贯做法。

符合以上协议离婚条件的，婚姻登记机关才受理当事人协议离婚的申请。这只是协议离婚的第一步，最终是否可以通过协议达到离婚的目的，还要看是否符合本法第 1077 条、第 1078 条的规定。

> **第一千零七十七条**　自婚姻登记机关收到离婚登记申请之日起三十日内，任何一方不愿意离婚的，可以向婚姻登记机关撤回离婚登记申请。
>
> 前款规定期限届满后三十日内，双方应当亲自到婚姻登记机关申请发给离婚证；未申请的，视为撤回离婚登记申请。

【条文主旨】

本条是关于离婚冷静期的规定。

【条文释义】

离婚冷静期是指夫妻协议离婚时，政府给要求离婚的双方当事人一段时间，强制当事人暂时搁置离婚纠纷，在法定期限内冷静思考离婚问题，考虑清楚后再行决定是否离婚。法律规定当事人冷静思考离婚问题的期限为离婚冷静期。

在编纂民法典过程中，有些意见反映，自2001年婚姻法修正案颁布实施以来，我国的协议离婚问题突出，主要表现有：一是离婚率呈持续上升趋势。二是协议离婚比例逐渐提高。三是离婚当事人婚龄短，冲动型、轻率、草率型离婚屡见不鲜，数量增加。2003年《婚姻登记条例》的修改，进一步简化了当事人在民政部门办理离婚登记的条件和审查程序，婚姻登记部门缺乏必要的调解和限制措施，导致冲动型、轻率、草率型离婚的数量增加，由此出现新中国成立以来第三次离婚高峰。

为防止轻率离婚，几届全国人大代表、全国政协委员纷纷提出议案、建议或者提案建议全国人大修改法律，对此问题予以解决。社会各界呼声也很高。对此全国人大立法部门十分重视，对此问题进行了深入的调查，开展了广泛的论证研究。在形成民法典婚姻家庭编征求意见稿时，就增加了离婚冷静期的规定。这一规定，在征求意见中得到了多数赞成。这一内容经过草案的几次修改更加完善。本条就是关于离婚冷静期的具体规定。

依据本条规定，申请协议离婚的当事人自向婚姻登记机关申请离婚之日起30日内，应当冷静、理智地对自己的婚姻状况和今后的生活进行充分的考虑，重新考虑是否以离婚方式解决夫妻矛盾，考虑离婚对自身、对子女、对双方家庭、对社会的利与弊，避免冲动行为。本条中规定的30日即为离婚冷静期，在此期间，任何一方或者双方不愿意离婚的，可以向婚姻登记机关撤回离婚登记申请。国外许多国家有离婚冷静期的规定，只是名称有所不同：英国叫离婚反省期；法国叫离婚考虑期；韩国叫离婚熟虑期；美国叫离婚等候期。其目的是对离婚进行干预，降低离婚率，这对婚姻的瓦解起到了一个缓冲的作用。在冷静期间，婚姻登记机关并不是坐视不理，可以为当事人提供心理咨询，谈心谈话，了解当事人的婚姻实际状况，判定是否为危急婚姻，哪方责任大，过错在谁等。通过积极调解，既可以促使双方当事人平息怨恨、减少敌对，珍惜自己与配偶的婚姻关系，也为以后审查当事人提交的离婚协议作了充分的准备。

依据本条规定，在30日离婚冷静期内，任何一方不愿意离婚的，应当在该期间内到婚姻登记机关撤回离婚申请。婚姻登记机关应当立即终止登记离婚程序。如果离婚冷静期届满，当事人仍坚持离婚，双方应当在离婚冷静期届满后的30日内，亲自到婚姻登记机关申请发给离婚证。婚姻登记机关查明双方确实是自愿离婚，并已对子女抚养、财产及债务处理等事项协商一致的，予以登记，发给离婚证。如果在离婚冷静期届满后的30日内，当事人双方没有亲自到婚姻登记机关申请发给离婚证，则视为撤回离婚申请。

> **第一千零七十八条　婚姻登记机关查明双方确实是自愿离婚，并已经对子女抚养、财产以及债务处理等事项协商一致的，予以登记，发给离婚证。**

【条文主旨】

本条是关于婚姻登记机关对协议离婚查明的规定。

【条文释义】

自愿离婚的夫妻双方向婚姻登记机关提交离婚协议后30日内，未向婚姻登记机关申请撤回离婚协议，并在提交离婚协议30日后的30日内，亲自到婚姻登记机关申请发给离婚证，对此，婚姻登记机关应当对当事人提交的离婚协议进行查明：

一是查明当事人双方是否是自愿离婚，是否是真实而非虚假的离婚，查明离婚是否存在被胁迫的情形；查明是否因重大误解而导致的离婚。

二是查明要求离婚的双方当事人是不是对子女抚养问题已协商一致。例如，审查双方对离婚后有关子女抚养、教育、探望等问题是如何规定的，包括子女由哪一方直接抚养，子女的抚养费和教育费如何负担、如何给付等；对不直接抚养子女一方对子女探望权利如何行使，探望的方式、时间、地点等是否协商确定等。

三是审查对财产及债务处理的事项是否协商一致。例如，审查当事人双方在不侵害任何一方合法权益的前提下，对夫妻共同财产是如何作出了合理分割的；对有生活困难的一方当事人另一方当事人是否给予了必要的经济帮助，是如何落实的；查明双方离婚后各自的住房等问题；对债务问题，则可以审查双方当事人是否在不损害他人利益的前提下，对共同债务的清偿作出清晰、明确、负责的处理。

经婚姻登记机关查明双方确实是自愿离婚，并已对子女抚养、财产及债务处理等事项协商一致的，应当进行离婚登记，发给离婚证。

> **第一千零七十九条　夫妻一方要求离婚的，可以由有关组织进行调解或者直接向人民法院提起离婚诉讼。**
>
> **人民法院审理离婚案件，应当进行调解；如果感情确已破裂，调解无效的，应当准予离婚。**

> 有下列情形之一，调解无效的，应当准予离婚：
>
> （一）重婚或者与他人同居；
>
> （二）实施家庭暴力或者虐待、遗弃家庭成员；
>
> （三）有赌博、吸毒等恶习屡教不改；
>
> （四）因感情不和分居满二年；
>
> （五）其他导致夫妻感情破裂的情形。
>
> 一方被宣告失踪，另一方提起离婚诉讼的，应当准予离婚。
>
> 经人民法院判决不准离婚后，双方又分居满一年，一方再次提起离婚诉讼的，应当准予离婚。

【条文主旨】

本条是关于诉讼离婚的规定。

【条文释义】

一、诉讼外调解

诉讼外调解，其依据来源于本条规定的"夫妻一方要求离婚的，可以由有关组织进行调解"。这种调解属于民间性质。"有关组织"在实践中一般是当事人所在单位、群众团体、基层调解组织等。由这些部门进行调解，符合当事人的非讼心理和社会生活中的传统习惯，易为被当事人认可和接受。调解人一般对当事人的情况比较了解，便于做好思想开导工作，缓解夫妻间的矛盾，有助于妥善、及时地化解离婚争议。

对于离婚纠纷，诉讼外调解并不是当事人要求离婚的必经程序，也不是诉讼前的必经程序。当事人可以直接向人民法院起诉，也可以在接受调解后随时退出调解。调解前不能"强拉硬拽"，调解中也不能"强加于人"。

二、诉讼离婚

（一）诉讼离婚的概念

诉讼离婚，是婚姻当事人向人民法院提出离婚请求，由人民法院调解或判决而解除其婚姻关系的一项离婚制度。诉讼离婚制度，适用于当事人双方对离婚有分歧的情况，包括一方要求离婚而另一方不同意离婚而发生的离婚纠纷；或者双方虽然同意离婚，但在子女抚养、财产及债务处理等事项不能达成一致意见、作出适当处理的情况。

（二）诉讼中的调解和判决

1. 诉讼中的调解。本条第 2 款中规定，"人民法院审理离婚案件，应当进行调解"。这表明调解是人民法院审理离婚案件的必经程序。适用调解程序，其目的在于防止当事人草率离婚，以及在双方当事人不能和解时，有助于平和、妥善地处理离婚所涉及的方方面面的问题。当然，通过调解达成协议，必须当事人双方自愿，不得强迫。调解也不是无原则的，而应当本着合法的原则进行，调解协议的内容不得违反法律规定。

2. 判决。调解不能久调不决，对于调解无效的案件，人民法院应当依法判决。判决应当根据当事人的婚姻状况，判决准予离婚或者判决不准离婚。

（三）诉讼离婚的条件

本条第 2 款中规定，"如果感情确已破裂，调解无效的，应当准予离婚"。根据这一规定，"感情确已破裂"成为诉讼离婚的基本条件和司法尺度，是准予或者不准予离婚的原则界限。夫妻感情是婚姻关系的基础，离婚争议的产生，归根到底是感情的变化。如果感情确已破裂，婚姻已经"名存实亡"，就应当依法予以解除。准予或不准予离婚，只能以夫妻的感情状况为客观依据。社会主义制度下夫妻间的婚姻是要以感情为基础的，如果夫妻感情确实已经难以弥合，那么，解除婚姻关系对于双方、对于社会都会成为一种幸事。感情确已破裂应准予离婚，是婚姻自由的重要内容，充分体现了当事人离婚自由的权利。如果用法律手段强行维持感情确已破裂的婚姻关系，与婚姻自由的原则不相符合。将感情确已破裂，作为准予离婚的法定条件，表明人民法院准予当事人离婚，并不以当事人有无违背夫妻义务或导致夫妻关系解体的特定过错为标准，而是看婚姻关系有无继续维系的可能。不能将不准离婚作为对过错一方的惩罚手段，而且以判决不准离婚来维持已破裂的婚姻，实际上使无过错方也付出了代价。

（四）调解无效，判决准予离婚的主要情形

根据本条规定，调解无效，判决准予离婚的主要情形具体是：

1. 重婚或者与他人同居。重婚是指有配偶者又与他人结婚的违法行为。其表现为法律上的重婚和事实上的重婚。前者是指有配偶又与他人登记结婚。后者是指有配偶者又与他人以夫妻名义同居生活。有配偶者与他人同居，也称姘居，是指有配偶的人与他人过着隐蔽的同居生活，不以夫妻名义，也无永久共同生活目的的行为。重婚和有配偶者与他人同居的行为，严重违反了我国一夫一妻制的婚姻制度，严重伤害夫妻感情，是导致离婚的情形之一。

2. 实施家庭暴力或者虐待、遗弃家庭成员。家庭暴力和虐待，是指发生在家庭成员之间，以殴打、捆绑、残害身体、禁闭、冻饿、凌辱人格、精神恐吓、性暴虐等手段，对家庭成员从肉体上、精神上进行伤害、摧残、折磨的行为。遗弃是指对于需要扶养的家庭成员，负有扶养义务而拒绝扶养的行为，表现为经济上不供养，生活上不照顾，使被扶养人的正常生活不能维持，甚至生命和健康得不到保障。近年来，因家庭暴力、虐待和遗弃家庭成员而导致离婚的案件增多，甚至发生毁容、杀夫杀妻等恶性案件。

人民法院处理因家庭暴力或者虐待、遗弃家庭成员而导致的离婚案件，应当查明夫妻及其他家庭成员之间的感情状况，实施暴力、虐待和遗弃行为的事实和情节。如平时感情不好，实施上述行为是经常的、一贯的、恶劣的，已严重伤害了夫妻感情，调解无效的，应准予离婚。如果平时感情尚好，上述行为是一时而为之且情节不严重的，应当责其改过并着重进行调解，化解纠纷。

3. 有赌博、吸毒等恶习屡教不改。因有赌博、吸毒等恶习而导致的离婚案件不在少数。沾染上这些恶习的人好逸恶劳，不务正业，不但不履行家庭义务，反而常常引发家庭暴力，消耗家庭的经济积蓄，使家庭的安宁、正常的生活难以为继。身染恶习，屡教不改，夫妻不堪同居生活。

对于这类案件，人民法院应当查明有赌博、吸毒等行为一方的一贯表现和事实情况。对情节较轻，有真诚悔改表现，对方也能谅解的，应着眼于调解和好。对于恶习难改，一贯不履行家庭义务，夫妻感情难以重建，夫妻难以共同生活的，经调解无效，应准予离婚。

4. 因感情不和分居满2年。夫妻因感情不和分居满2年，一般来说可以构成夫妻感情破裂的事实证明。"分居"是指夫妻间不再共同生活，不再互相履行夫妻义务，包括停止性生活，生活上不再互相关心、互相扶助等。具有分居2年的情形，说明夫妻关系已徒具形式，名存实亡。当事人以此事由诉请人民法院离婚的，如经调解无效，应准予当事人离婚。

5. 其他导致夫妻感情破裂的情形。导致夫妻感情破裂的原因复杂多样，比如，一方犯有强奸罪、奸淫幼女罪、侮辱妇女罪等罪行，严重伤害夫妻感情的。再比如，一方婚后患严重的精神疾病，久治不愈，夫妻生活无法维持的。这些情形在婚姻法中难以逐一列举，人民法院应当本着保障离婚自由、防止轻率离婚的原则，根据本法的立法精神和案件的具体情况，作出正确判定。

在此需要重申的是，上述所列举的准予离婚的几种主要情形，并非判决当事人诉讼离婚的必备条件、法定情形。婚姻当事人在婚姻生活中，如无以上情况发生，但有其他因素导致夫妻感情破裂、调解无效的，人民法院亦应判决准予离婚。当然，即使有上述情形发生，但未导致夫妻感情破裂，或虽给夫妻感情造成裂痕，但可以经过调解和好的，人民法院则不能判决解除婚姻关系。

（五）一方被宣告失踪的离婚

本条第 4 款规定："一方被宣告失踪，另一方提起离婚诉讼的，应当准予离婚。"

本法第 40 条规定："自然人下落不明满二年的，利害关系人可以向人民法院申请宣告该自然人为失踪人。"民事诉讼法第 183 条第 1 款规定："公民下落不明满二年，利害关系人申请宣告其失踪的，向下落不明人住所地基层人民法院提出。"按照本法和民事诉讼法的规定，自然人下落不明满 2 年的，即该自然人离开自己居住的地方，杳无音讯，已持续达到 2 年的，其配偶、父母、子女等利害关系人可以向下落不明人的住所地基层人民法院申请宣告他为失踪人。人民法院受理宣告失踪案件后，应当发出寻找下落不明人的公告，公告期间为3 个月。公告期间届满，宣告失踪的事实如果得到确认，人民法院应当作出宣告失踪的判决。在夫妻一方被宣告失踪的情形下，婚姻关系已名存实亡，当事人已经不能达到婚姻的目的，对此如果另一方提出离婚请求，人民法院即应判决准予离婚。

（六）判决不准离婚后又分居 1 年的离婚

在编纂民法典征求意见过程中，司法部门普遍反映，在审判实践中，经法院判决不准离婚后再次起诉离婚的现象比较普遍，建议将法院判决不准离婚后的分居情况作为认定可否离婚的依据之一在法律中作出规定。立法部门经过深入调研，反复论证，吸收了这一建议，在本条第 5 款规定：经人民法院判决不准离婚后，双方又分居满 1 年，一方再次提起离婚诉讼的，应当准予离婚。这一规定，可操作性比较强，有利于审判实践工作的展开，可以解决现实生活中久拖不决的离婚案件。

> **第一千零八十条　完成离婚登记，或者离婚判决书、调解书生效，即解除婚姻关系。**

【条文主旨】

本条是关于婚姻关系解除时间的规定。

【条文释义】

本法第 1049 条规定，完成结婚登记，即确立婚姻关系。那么，婚姻关系什么时候解除，婚姻法没有作出明确规定。这次编纂民法典，新增了本条规定：完成离婚登记，或者离婚判决书、调解书生效，即解除婚姻关系。根据本条的规定，解除婚姻关系的时间是：

第一，完成离婚登记时。登记离婚，又称协议离婚，是我国法定的一种离婚形式。即婚姻关系当事人达成离婚合意并通过婚姻登记程序解除婚姻关系。按照本法的有关规定，夫妻双方自愿离婚的，应当订立书面离婚协议，并亲自到婚姻登记机关申请离婚登记。离婚协议应当载明双方自愿离婚的意思表示和对子女抚养、财产及债务处理等事项协商一致的意见。自婚姻登记机关收到离婚登记申请之日起 30 日内，任何一方不愿意离婚的，可以向婚姻登记机关撤回离婚登记申请。该 30 日届满后，夫妻双方仍然坚持离婚的，应当在该期间届满后的 30 日内，双方亲自到婚姻登记机关申请发给离婚证。婚姻登记机关查明双方确实是自愿离婚，并已对子女抚养、财产及债务处理等事项协商一致的，予以登记，发给离婚证。完成离婚登记，取得离婚证的当事人基于配偶身份而产生的人身关系和财产关系即行终止。至此，离婚的一方当事人才可以重新选择对象登记结婚。如果双方当事人又想以婚姻的形式生活在一起，那么需要办理复婚登记。

第二，离婚调解书、判决书生效时。诉讼离婚是我国法定的另一种离婚形式。即婚姻关系当事人向人民法院提出离婚请求，由人民法院调解或判决而解除其婚姻关系的一种离婚方式。本法第 1079 条第 2 款规定，人民法院审理离婚案件，应当进行调解。这表明调解是人民法院审理离婚案件的必经程序。由法院进行调解，可以促使双方当事人平息怨恨、减少敌对，对自己的婚姻状况和今后的生活进行充分的考虑，珍惜自己与配偶的婚姻关系。人民法院的调解有可能促成双方和好。即使调解和好不成，双方还是坚持离婚的，也可以调解离婚。对调解离婚的，人民法院应当制作调解书。调解书应当写明诉讼请求、案件事实和调解结果。调解书由审判人员、书记员署名，加盖人民法院印章，送达双方当事人；经双方当事人签收后，即具有法律效力，男女双方的婚姻关系随即解除。

人民法院对审理的离婚案件，经调解无效的，应当依法作出判决。判决应当根据当事人的婚姻状况，判决准予离婚或者判决不准离婚。一审判决离婚的，当事人不服有权依法提出上诉。双方当事人在 15 天的上诉期内均不上诉的，判决书发生法律效力。当事人在一审判决发生法律效力前不得另行结婚。二审人民法院审理上诉案件可以进行调解。经调解双方达成协议的，自调解书送达时起原审判决即视为撤销。二审人民法院作出的判决是终审判决。诉讼离婚的当事人在接到发生法律效力的离婚判决书后，双方的婚姻关系随即解除。

登记离婚或者判决离婚生效后，当事人解除婚姻关系，双方基于配偶产生的身份关系消灭，基于配偶身份而产生的人身关系和财产关系即行终止。

本条规定的意义在于明确离婚在夫妻双方人身和财产方面的效力，有助于双方当事人依据法律规定，处理离婚后的人身关系和财产关系，进而维护当事人的合法权益。

> **第一千零八十一条　现役军人的配偶要求离婚，应当征得军人同意，但是军人一方有重大过错的除外。**

〖条文主旨〗

本条是关于现役军人离婚的特别规定。

〖条文释义〗

一、对军人婚姻特别保护的意义

军队是执行国家政治任务的武装集团，军人是从事军事工作的特殊人员，他（她）们担负着保卫社会主义革命和建设，保卫国家主权、领土完整，防御外来侵略和防止国家颠覆的艰巨任务，为了祖国和人民的安宁日夜战斗在国防岗位上。对军人婚姻实行特别保护是维护军队稳定的需要，有利于维护部队广大官兵的切身利益，有利于维护军队的稳定，符合我国的国情和军情，对于消除军人的后顾之忧，激发保家卫国的热情，增强部队战斗力起到了十分积极的作用。同时，也是拥军优属工作的一项重要内容。从1950年婚姻法的制定，到1980年、2001年的修改，我国的婚姻法都对现役军人的婚姻问题作了特殊规定。这种特别规定，体现了军人婚姻历来受到党和国家的高度重视和特别保护。

对军人婚姻实行特别保护并不违背婚姻自由的原则。实行婚姻自由，是我国婚姻法确立的一项基本原则。同时，由于军队担负的特殊任务和军人职业特点，国家对军人婚姻，又有一些特殊的法律规定和政策，它既体现在"现役军人配偶要求离婚，应当征得军人同意"，也体现在军人择偶必须遵守国家和军队的有关规定，军人配偶也享受国家和社会给予军婚家庭的优待和照顾。

二、适用本条规定应注意的问题

（一）本条适用的主体

本规定适用的主体是现役军人和现役军人的配偶。

1. 现役军人，指有军籍的人，包括在中国人民解放军服现役、具有军籍和军衔的军官、士兵。

2. 现役军人的配偶，指同现役军人履行了结婚登记手续，并领取结婚证的非军人一方，也是本条适用的主体。

（二）不适用本条规定的两类军人离婚案件

1. 如果双方都是现役军人，则不是该条调整的对象。本条的立法意图，是以一定方式限制军人配偶的离婚请求实现权，从而对军人一方的意愿予以特别支持。如果双方都是现役军人，不管由谁首先提出离婚诉讼，若要适用本条的规定，则必然会妨害另一方军人的利益。这与该条特殊保护军人婚姻的立法意图不相符。

2. 现役军人向非军人主动提出离婚的，不适用本条的规定，应按一般离婚纠纷处理。

（三）现役军人的配偶提出离婚，现役军人不同意的处理

如果婚姻基础和婚后感情都比较好，人民法院应配合现役军人所在单位对军人的配偶进行说服教育，劝其珍惜与军人的婚姻关系，正确对待婚姻问题，尽量调解和好或判决不予离婚。但是，如果感情确已破裂，确实无法继续维持夫妻关系，经调解无效，人民法院应当通过军人所在单位的政治机关，向军人做好工作，经其同意后，始得准予离婚。

（四）应当征得军人同意的例外情况

"但是军人一方有重大过错的除外"，是针对"应当征得军人同意"而说。"应当征得军人同意"不是绝对的，如果夫妻感情破裂是由于军人一方的重大过错造成的，非军人配偶一方也可以提出离婚，但过错限定在重大过错而非一般的过错。

三、本条规定与离婚法定理由的关系

本法第 1079 条第 2 款规定："……如果感情确已破裂，调解无效的，应当准予离婚。"这一规定的法律意义在于：夫妻感情是否确已破裂，是判决准予或不准予离婚的原则界限。法定离婚理由属于普通条款的范畴，这一原则界限广泛适用于一般的离婚案件，人民法院应准确地区分和认定夫妻感情是否确已破裂，从而在调解无效的情况下，通过判决的形式决定是否准予离婚。而本条是只适用于"现役军人的配偶要求离婚"案件的特别条款，是从维护军队稳定的大局出发，作出的对军人婚姻的特殊保护的规定，在处理非军人要求与军人离

婚的诉讼案件中，应首先适用本条的规定。

> **第一千零八十二条**　女方在怀孕期间、分娩后一年内或者终止妊娠后六个月内，男方不得提出离婚；但是，女方提出离婚或者人民法院认为确有必要受理男方离婚请求的除外。

〖条文主旨〗

本条是关于男方离婚请求权的限制性规定。

〖条文释义〗

本条规定是对保护妇女、儿童身心健康的特别规定，它在一定条件下限制了男方提出离婚的请求权。女方怀孕期间和分娩后 1 年内或者终止妊娠后 6 个月内，身心都处在康复、调理、休养期，为特殊时期，属于特殊情况。一方面胎儿或婴儿正处在发育阶段，正需要父母的合力抚育；另一方面妇女也需要身心的康复，如果此时男方提出离婚请求，对妇女的精神刺激过重，既影响妇女的身体健康，也不利于胎儿或婴儿的保育。在上述期间内禁止男方提出离婚，不仅出于事实上的需要，也是社会主义道德的要求。法律不仅要保护胎儿和婴儿，同时也要保护妇女的权益。为了保护胎儿、婴儿和妇女的身心健康、维护妇女和子女的正当利益，法律禁止男方在女方怀孕期间、分娩后 1 年内或者终止妊娠后 6 个月内提出离婚请求是完全必要的。故本条规定女方在怀孕期间、分娩后 1 年内或者终止妊娠后 6 个月内，男方不得提出离婚；但是，女方提出离婚或者人民法院认为确有必要受理男方离婚请求的除外。

本条规定限制的主体是男方，而不是女方；限制的是男方在一定期限内的起诉权，而不是否定和剥夺男方的起诉权，只是推迟了男方提出离婚的时间，并不涉及准予离婚与不准予离婚的实体性问题。也就是说，只是对男方离婚请求权暂时性的限制，超过法律规定的期限，不再适用此规定。但是，男方在此期间并不是绝对的没有离婚请求权，法律还有例外规定，即人民法院认为"确有必要"的，也可以根据具体情况受理男方的离婚请求。所谓"确有必要"，一般是指比本条特别保护利益更为重要的利益需要关注的情形。"确有必要"受理男方离婚请求的案例是非常少的，哪些情形"确有必要"受理，由人民法院认定。

在本条中，法律还规定了另一种例外情形，即在此期间，女方提出离婚的，不受此规定的限制。女方自愿放弃法律对其的特殊保护，说明其本人对离婚已有思想准备，对此，法院应当根据当事人婚姻的实际情况判定是否准予离婚。

> **第一千零八十三条** 离婚后，男女双方自愿恢复婚姻关系的，应当到婚姻登记机关重新进行结婚登记。

【条文主旨】

本条是关于复婚的规定。

【条文释义】

复婚，是指离了婚的男女重新和好，再次登记结婚，恢复婚姻关系。男女双方离婚后又自愿复婚，可以通过办理恢复结婚登记，重新恢复夫妻关系。《婚姻登记条例》第 14 条规定，离婚的男女双方自愿恢复夫妻关系的，应当到婚姻登记机关办理复婚登记。复婚登记适用本条例结婚登记的规定。即复婚登记手续与结婚登记手续一致，男女双方应当亲自到一方户籍所在地的婚姻登记机关申请复婚登记。在办理复婚登记时，应提交离婚证，以备婚姻登记机关审查。婚姻登记机关按照结婚登记程序办理复婚登记。在办理复婚登记时，应当收回双方当事人的离婚证后，重新发给结婚证。收回离婚证的目的，是防止当事人重婚。对于复婚的当事人一般不再要求进行婚前健康检查。

> **第一千零八十四条** 父母与子女间的关系，不因父母离婚而消除。离婚后，子女无论由父或者母直接抚养，仍是父母双方的子女。
>
> 离婚后，父母对于子女仍有抚养、教育、保护的权利和义务。
>
> 离婚后，不满两周岁的子女，以由母亲直接抚养为原则。已满两周岁的子女，父母双方对抚养问题协议不成的，由人民法院根据双方的具体情况，按照最有利于未成年子女的原则判决。子女已满八周岁的，应当尊重其真实意愿。

【条文主旨】

本条是关于离婚对父母子女关系的影响及离婚后的子女抚养的规定。

【条文释义】

一、离婚后父母与子女的关系

婚姻关系的解除，只是夫妻双方的基于婚姻而存在的人身关系和财产关系归于消灭，但父母与子女之间存有的血亲关系不因父母离婚而消除。为了子女的合法利益，不致因父母离婚而受到损害，本条第1款规定："父母与子女间的关系，不因父母离婚而消除。离婚后，子女无论由父或者母直接抚养，仍是父母双方的子女。"这是离婚后父母子女身份关系在法律上的基本界定。

夫妻关系和父母子女关系是两种不同性质的关系。夫妻关系是男女两性基于自愿而结成的婚姻关系，可依法律程序而成立，亦可依法律行为而消除；而父母子女关系是基于出生事实而形成的自然血亲关系，不能人为解除。离婚后，子女无论随父母哪一方生活，仍是父母双方的子女，本法关于父母子女权利义务的规定仍然适用，不能因父母离婚而受到影响。

二、离婚后父母对女子的权利义务

父母离婚后，父母与子女间的关系，不因父母离婚而消除，子女仍是父母双方的子女。那么，离婚后父母对女子有哪些权利与义务呢，对此本条第2款作了规定"离婚后，父母对于子女仍有抚养、教育、保护的权利和义务"。依据本款规定，离婚后父母对未成年子女有抚养、教育和保护的权利与义务，主要包括进行生活上的照料，保障未成年人接受义务教育，以适当的方式、方法管理和教育未成年人，保护未成年人的人身、财产不受到侵害，促进未成年人的身心健康发展等。实际生活中，父母还可以按照本法婚姻家庭编的有关规定、未成年人保护法等法律的有关规定行使对子女的抚养、教育、保护的权利，履行对抚养、教育、保护的义务。

三、离婚后父母对子女的直接抚养

离婚虽然不能消除父母与子女之间的关系，但父母对子女的抚养方式却会因离婚而发生变化，即由父母双方共同抚养子女变成由父或者母一方直接抚养子女。现实中，离婚时"争养"或"推养"子女抚养的纠纷比较多。有的夫或妻把子女当成"命根子"，非要直接抚养子女不可，并以此作为离婚的前提条件；有的则把直接抚养子女作为"包袱"或再婚的障碍，都不愿抚养，由此而闹得你死我活，甚至出现有的当事人把子女丢在法院或留在双方的单位、有关组织暂时代养等情况。为便于确定夫妻离婚后子女由哪方直接抚养，本条第3款规定："离婚后，不满两周岁的子女，以由母亲直接抚养为原则。已满两周岁的子女，父母双方对抚养问题协议不成的，由人民法院根据双方的具体情况，按照最有利于未成年子女的原则判决。子女已满八周岁的，应当尊重其真实意愿。"这一规定是从有利于保护未成年人权益、保障子女合法权益角度出发，有利于子女身心健康，结合父母双方的抚养能力和抚养条件，结合审判实践等具体情况，对离婚后的子女直接抚养问题作出的具体规定。

（一）确定子女直接抚养主体的基本考量

有利于子女身心健康，保障子女合法权益，儿童利益最大化的原则，是贯穿于本法的基本原则，也是处理离婚后子女直接抚养归属问题的出发点。在此前提下，再结合父母双方的抚养能力和抚养条件等具体情况妥善解决。对离婚后的子女直接抚养问题要考虑以下几个方面情况：

1. 应考虑父母双方的个人素质、对子女的责任感、家庭环境、父母与子女的感情等因素。

2. 应考虑不能生育和再婚有困难的父或母的合理要求。

3. 在双方的各种条件都基本相同的情况下，原则上由经济能力较强的一方抚养。

（二）确定子女抚养的具体办法

1. 对不满 2 周岁子女的抚养。本条规定，"离婚后，不满两周岁的子女，以由母亲直接抚养为原则"。这是因为不满 2 周岁的子女多数还在母乳喂养期。用母乳哺养，对婴儿的生长发育最为有利。从婴儿的生长发育的利益考虑，夫妻离婚后，凡是正处于用母乳喂养阶段的子女，应由母亲直接抚养。现实生活中，也有一些孩子出生后，是不用母乳喂养的；还有一些孩子由于各种原因很早就断了母乳喂养。对于这样的情况，当夫妻离婚时，如何判定孩子的抚养归属？司法实践中审判人员通常掌握的标准是以 2 周岁为界线。2 周岁以下的子女，一般裁决随母亲生活，由母亲直接抚养。因为 2 周岁以下的子女年纪太小，抚养起来较为复杂、麻烦，宜由细心、耐心的人直接抚养比较好；2 周岁以下的子女表达能力很差，而孩子是从母亲体内生出，母亲与孩子有着一种天然的联系与感觉，此时期孩子由母亲直接抚养为宜。立法部门在广泛听取了各方面意见的基础上，充分借鉴了司法实践的经验，作出了"离婚后，不满两周岁的子女，以由母亲直接抚养为原则"的规定。但是，这一原则也不是一成不变的，实际生活中如果母亲有下列情形之一的，也可以由父亲直接抚养：一是母亲患有久治不愈的传染性疾病或其他严重疾病，子女不宜与其共同生活的；二是母亲有抚养条件不尽抚养义务，而父亲要求子女随其生活，并对子女健康成长没有不利影响的；三是因其他原因，子女确无法随母方生活的，如母亲的经济能力及生活环境对抚养子女明显不利的，或母亲的品行不端不利于子女成长的，或因违法犯罪被判服刑不可能抚养子女的等。

2. 2 周岁以上未成年子女的抚养。本条规定，"已满两周岁的子女，父母双方对抚养问题协议不成的，由人民法院根据双方的具体情况，按照最有利于未成年子女的原则判决"。夫妻离婚后，对 2 周岁以上的未成年子女，由父亲还是母亲直接抚养，首先应由父母双方协议决定。当父母双方对由谁直接抚养未成年子女发生争议时，法院应当进行调解，尽可能争取当事人以协议方式解决。在当事人双方自愿、合法的前提下，协商决定：未成年子女由父亲直接抚养，或者由母方直接抚养，或者在有利于保护子女利益的前提下，由父母双方轮流抚养。对上述几种抚养方式，法院都是准许的。

如果当事人双方因子女抚养问题达不成协议时，法院应结合父母双方的抚养能力和抚养条件等具体情况，按照最有利于未成年子女的原则和最有利于子女健康成长的原则妥善地作出裁决。

3. 已满 8 周岁子女的抚养。本条规定："子女已满八周岁的，应当尊重其真实意愿。"联合国《儿童权利公约》规定了对儿童自主意识的尊重，其第 12 条第 1 款规定，缔约国应确保有主见能力的儿童有权对影响到其本人的一切事项自由发表自己的意见，对儿童的意见应按照其年龄和成熟程度给以适当的看待。未成年人保护法落实了《儿童权利公约》的这一原则。未成年人保护法第 14 条规定，父母或者其他监护人应当根据未成年人的年龄和智力发展状况，在作出与未成年人权益有关的决定时告知其本人，并听取他们的意见。本法总则编第 35 条第 2 款吸收了《儿童权利公约》和未成年人保护法规定的精神，将尊重未成年人的真实意愿作为监护人履行监护职责的基本原则之一。该款明确规定："未成年人的监护人履行监护职责，在作出与被监护人利益有关的决定时，应当根据被监护人的年龄和智力状况，尊重被监护人的真实意愿。"未成年人抚养权的确定，与其自身权益密切相关，在实践中确定由谁来抚养子女，更应当尊重子女的真实意愿，以更有利于未成年人的健康成长。已满 8 周岁的子女属于限制民事行为能力人，已有一定的自主意识和认知能力，因此，本条明确规定子女已满 8 周岁的，应当尊重其真实意愿。在离婚时，不管是父母协商确定由谁抚养，还是人民法院判决决定，都要事先听取 8 周岁以上子女的意见，在子女提出自己的意见后，再根据其年龄、社会经验、认知能力和判断能力等，探求、尊重其真实的意愿。

> **第一千零八十五条**　离婚后，子女由一方直接抚养的，另一方应当负担部分或者全部抚养费。负担费用的多少和期限的长短，由双方协议；协议不成的，由人民法院判决。
>
> 前款规定的协议或者判决，不妨碍子女在必要时向父母任何一方提出超过协议或者判决原定数额的合理要求。

【条文主旨】

本条是关于离婚后子女抚养费负担的规定。

【条文释义】

夫妻离婚后，父母与子女间的关系，不因父母离婚而消除，父母对于子女仍有抚养、教育的权利和义务。因此，离婚后的夫妻双方都有平等地负担子女生活费和教育费的经济责任。这是法律规定父母对未成年子女的抚养和抚养费负担的强制性的、无条件的、双方平等的义务，当事人都应当自觉遵照执行。至于其经济负担数额和期限等问题，应从子女的实际需要和父母双方所能负担的能力量力而定，合理解决。

一、抚养费的范围

抚养费应当包括：生活费、教育费和医疗费等。子女无论由母亲还是由父亲抚养，另一方都应负担必要的抚养费。《最高人民法院关于适用〈中华人民共和国婚姻法〉若干问题的解释（一）》第21条规定，抚养费包括子女生活费、教育费、医疗费等费用。

二、抚养费给付的一般原则

抚养费如何给付应当首先由父母双方协议，或者经人民法院调解，当事人达成协议的，按照协议确定。但人民法院对于父母双方协议约定子女随一方生活并由抚养方负担子女全部抚养费的，应当进行审查。如经查实，抚养方的抚养能力明显不能保障子女所需费用，可能影响子女健康成长的，应不予准许此项协议。现实中有的夫妻为了达成离婚的目的，有的为了争取子女由自己抚养，往往不惜在子女抚养费方面向对方作出让步。但是，父母承担子女的抚养费，这是父母的义务，是子女的权利。父母一方在子女抚养费问题上向另一方作出不适当让步，损害的是子女的合法权益。人民法院为保护子女的合法权益，对于此种损害子女合法权益的协议，自然不能准许。

离婚的夫妻对子女的抚养费数额达不成协议的，由法院判决，无论是协议还是判决，既要考虑子女的实际需要，也要考虑父或母给付的实际能力。至于实际需要的数额，一般应参照当地群众的生活水平，居住在城市的子女的抚养费，一般应比居住在农村的高一些。具体问题的解决，实践中应当掌握以下几个问题：

（一）抚养费的数额

子女抚养费的数额，可根据子女的实际需要、父母双方的负担能力和当地的实际生活水平确定。

（二）抚养费的给付方法

可依父母的职业情况而定，原则上应定期给付。通常，有工资收入的，应按月或定期给付现金，农民可按收益季度或年度给付现金、实物。有条件的也可以一次性给付，但对于一方要求一次性给付的要慎重处理，确有必要采取一次性给付的，要注意掌握条件。

（三）抚养费的给付期限

父母抚养费的给付截止到什么时间？是到孩子 18 周岁成人为止呢，还是到子女独立生活？独立生活的界限如何掌握？本法总则编中规定，18 周岁以上的自然人为成年人。成年人为完全民事行为能力人，可以独立实施民事法律行为。不满 18 周岁的自然人为未成年人。16 周岁以上未成年人，以自己的劳动收入为主要生活来源的，视为完全民事行为能力人。本法第 26 条第 1 款规定："父母对未成年子女负有抚养、教育和保护的义务。"第 1067 条第 1 款规定："父母不履行抚养义务的，未成年子女或者不能独立生活的成年子女，有要求父母给付抚养费的权利。"义务教育法规定，国家、社会、家长必须为未成年人完成九年义务教育负有责任，至于九年以后的教育，父母就没有必然的义务支付学费。《最高人民法院关于适用〈中华人民共和国婚姻法〉若干问题的解释（一）》第 20 条规定，不能独立生活的子女，是指尚在校接受高中及其以下学历教育，或者丧失或未完全丧失劳动能力等非主观原因而无法维持正常生活的成年子女。《最高人民法院关于人民法院审理离婚案件处理子女抚养问题的若干具体意见》还规定：（1）16 周岁以上不满 18 周岁，以其劳动收入为主要生活来源，并能维持当地一般生活水平的，父母可停止给付抚养费。（2）尚未独立生活的成年子女有下列情形之一，父母又有给付能力的，仍应负担必要的抚养费：①丧失劳动能力或虽未完全丧失劳动能力，但其收入不足以维持生活的；②尚在校就读的；③确无独立生活能力和条件的。

法律没有对抚养费的给付期限作硬性规定，实践中应根据具体情况个案处理。法院可依据上述法律和司法解释的规定酌情确定。

（四）抚养费的变更

无论是登记离婚还是判决离婚，其给付子女抚养费的数额，一般是根据父母离婚的当时，子女所需的必要费用和给付者的经济能力而确定的。但随着社会经济的发展以及人们的具体情况的不断变化，不仅每个人的经济状况有时会随着社会的变化而变化，而且，随着人们对物质生活要求的提高，以及消费水平的增长，子女在各方面的需求，使得原抚养费的数额也要随之有所变化。因此，法律赋予子女可根据实际情况向父母任何一方提出超过原定数额的要求，也就是抚养费数额在一定条件下是可以变更的。子女生活费和教育费无论是在协议离婚时达成的还是由法院判决的，都不妨碍子女在必要时向父母任何一方提出增加数额的合理要求。至于费用是否增加，增加多少，不能仅凭子女单方面的要求而确定，应经相应的程序予以解决。其程序可由子女与父母协议解决，协议不成的，可由法院依诉讼程序处理。对此，本条第 2 款作了明确规定，关于子女抚养费的协议或者判决，不妨碍子女在必要时向父母任何一方提出超过协议或者判决原定数额的合理要求。

> **第一千零八十六条** 离婚后，不直接抚养子女的父或者母，有探望子女的权利，另一方有协助的义务。
>
> 行使探望权利的方式、时间由当事人协议；协议不成的，由人民法院判决。
>
> 父或者母探望子女，不利于子女身心健康的，由人民法院依法中止探望；中止的事由消除后，应当恢复探望。

【条文主旨】

本条是关于离婚后不直接抚养子女的父母一方探望子女权利的规定。

【条文释义】

探望子女的权利是亲权的一项内容。婚姻家庭中的亲权是以主体间特定的亲属身份为发生依据的，父母婚姻关系的终结并不改变父母与子女的血缘身份关系。对此，本法第 1084 条规定："父母与子女间的关系，不因父母离婚而消除。离婚后，子女无论由父或者母直接抚养，仍是父母双方的子女。离婚后，父母对于子女仍有抚养、教育、保护的权利和义务。离婚后，不满两周岁的子女，以由母亲直接抚养为原则。已满两周岁的子女，父母双方对抚养问题协议不成的，由人民法院根据双方的具体情况，按照最有利于未成年子女的原则判决……"这一规定明确了父母与子女间的关系，不因父母离婚而消除。离婚后，子女无论由父或母直接抚养，仍是父母双方的子女。离婚后父母对于子女仍有抚养、教育和保护的权利和义务。

为了便于离婚后不直接抚养子女的父或者母行使对子女抚养、教育、保护的权利，履行对子女抚养、教育和保护的义务，本条第 1 款赋予了父或者母对子女探望的权利，即离婚后，不直接抚养子女的父或者母，有探望子女的权利。通常情况下，探望权在夫妻协议离婚或者诉讼离婚时一并解决确定。如果夫妻在离婚时对探望权未作明确约定，或者法院没有明确作出判决，那么，当事人可以就探望权问题单独提起诉讼。对此，《最高人民法院关于适用〈中华人民共和国婚姻法〉若干问题的解释（一）》第 24 条规定，人民法院作出的生效的离婚判决中未涉及探望权，当事人就探望权问题单独提起诉讼的，人民法院应予受理。为了保证不直接抚养子女的父或者母行使好探望子女的权利，本条第1款同时还规定另一方有协助的义务。例如，法院判决不直接抚养子女的一方每周六下午陪伴子女。那么，直接抚养子女的一方则有义务在规定的时间内，将子女安全地送到双方指定或者法院判决确定的地点，交由不直接抚养子女的一方照看半天，由此实现不直接抚养子女的一方对子女的探望。

行使探望权利的方式、时间、地点等通常宜由当事人协议确定。双方不应囿于夫妻离异后的冲突纷争，应从有利于子女健康成长的角度出发，对探望的时间、探望的方式、探望的地点、探望期间双方对子女的安排等作出协商。当双方无法就诸上事宜达成一致时，尤其在直接抚养子女的一方无故拒绝不直接抚养子女的一方探望子女时，享有探望权的一方可依民事诉讼法的有关规定提起诉讼，请求人民法院作出判决。对此，本条第2款规定行使探望权利的方式、时间由当事人协议；协议不成的，由人民法院判决。在草案征求意见中，有意见认为由人民法院对探望纠纷作出判决，在司法实践中难以执行；提出的建议是，如果直接抚养子女的一方不允许非直接抚养子女的一方探望子女，非直接抚养子女的一方可以申请法院变更抚养关系。反对意见认为，直接抚养子女的一方不允许非直接抚养子女的一方探望子女并不能当然导致直接抚养关系的变更。探望权的设立是兼顾了父母和子女双方的权利，直接抚养权的判决则主要考虑的是子女身心健康的发展和未成年人合法权益的保障，它强调的是父母的义务而非权利。如果不存在直接抚养子女的一方无力抚养子女，或判其直接抚养子女会不利于子女身心健康发展的情形，即使直接抚养子女的一方拒不履行协助义务令对方不能探望子女，法院也不能当然判决直接抚养关系的变更，因为直接抚养关系变更的出发点不是父母权利的满足而是子女合法权益的保障。对拒不执行探望子女等判决或裁定的如何处理，婚姻法第48条作出明确规定，对拒不执行有关扶养费、抚养费、赡养费、财产分割、遗产继承、探望子女等判决或裁定的，由人民法院依法强制执行。有关个人和单位应负协助执行的责任。编纂民法典时考虑这一内容主要涉及的是执行问题，是对民事判决的执行，不是婚姻家庭编调整的对象，属于程序法调整的内容，故在民法典中没有规定。

本条第3款规定了对探望权的限制。父或者母探望子女，不利于子女身心健康的，由人民法院依法中止探望。不直接抚养子女的父母一方的探望权，只有在特殊的情况下才能被加以限制。这种特殊情况主要是指探望有可能不利于子女的身心健康，如父母一方患精神疾病、传染性疾病，有吸毒等行为或对子女有暴力行为、骚扰行为等。当一方以探望子女为由，教唆、胁迫、引诱未成年子女实施不良行为则足以构成不利于子女身心健康的要件，可由人民法院依法中止其探望的权利。当不利于子女身心健康的情形消除后，非直接抚养子女的一方原享有的探望权利应可恢复。对此本条第 3 款规定，中止的事由消失后，应当恢复探望。无论是探望权利的中止或者恢复，都应由权利人主张，具体程序由人民法院根据民事诉讼法的相关规定处理。《最高人民法院关于适用〈中华人民共和国婚姻法〉若干问题的解释（一）》第 25 条规定，当事人在履行生效判决、裁定或者调解书的过程中，请求中止行使探望权的，人民法院在征询双方当事人意见后，认为需要中止行使探望权的，依法作出裁定。中止探望的情形消失后，人民法院应当根据当事人的申请通知其恢复探望权的行使。第 26 条规定，未成年子女、直接抚养子女的父或母及其他对未成年子女负担抚养、教育义务的法定监护人，有权向人民法院提出中止探望权的请求。

> **第一千零八十七条** 离婚时，夫妻的共同财产由双方协议处理；协议不成的，由人民法院根据财产的具体情况，按照照顾子女、女方和无过错方权益的原则判决。
>
> 对夫或者妻在家庭土地承包经营中享有的权益等，应当依法予以保护。

【条文主旨】

本条是有关离婚时对夫妻共同财产分割的规定。

【条文释义】

离婚时对夫妻的共同财产进行分割是离婚所产生的法律后果之一。法律允许夫妻双方在离婚时就财产问题自行协商处理。对于不能协商或者未达成协议的，本条规定由法院根据财产的具体情况，按照照顾子女、女方和无过错方权益的原则判决。法院按这一原则判决夫妻财产的前提是财产是夫妻共同所有的财产。如果财产分别是夫妻的个人财产，则不能用本条的规定进行分割，作出判决。不同财产制下共同财产的范围不同，在分割、判决前首先应对财产的性质作出界定。

在分清个人财产、夫妻共同财产的前提下，法院应根据财产的具体情况，按照照顾子女、女方和无过错方权益的原则，公平公正地分割夫妻共同财产。

在大多数情况下，夫妻离婚，家庭成员中未成年子女是不幸婚姻的最大受害者。因此，本条在规定分割夫妻共同财产时，特别强调了对子女权益的保障，将其作为分割夫妻共同财产时优先考虑的因素，将按照照顾子女权益的原则进行判决放在了首位。

在分割夫妻共同财产时，是否要考虑照顾无过错方的利益呢？《最高人民法院关于人民法院审理离婚案件处理财产分割问题的若干具体意见》中规定，人民法院审理离婚案件对夫妻共同财产的处理，应坚持照顾无过错方的原则。2001年修改婚姻法时，没有对分割夫妻共同财产按照照顾无过错方的原则进行判决作出规定。这主要是由于在2001年修改婚姻法时，为了保护婚姻关系中的无过错方，新增加了离婚损害赔偿制度，即婚姻法第46条的规定：有下列情形之一，导致离婚的，无过错方有权请求损害赔偿：（1）重婚的；（2）有配偶者与他人同居的；（3）实施家庭暴力的；（4）虐待、遗弃家庭成员。离婚过错赔偿方式通常分为两类：一是在夫妻共同财产分割中，向无过错方多分财产；二是在夫妻财产归各自所有，或共有财产不足以补偿的情况下，过错方以自己的财产向无过错方作出补偿。2001年修改婚姻法时，考虑到已经新增加了后一种离婚过错赔偿方式，加重了对婚姻中无过错方的保护，在分割夫妻共同财产时，可以暂先不考虑增加照顾无过错方利益的原则。

在民法典编纂征求意见中，有的意见提出，现实生活中因过错方导致的离婚情况较为突出。婚姻解体给家庭、子女、社会都带来不利的影响，建议加大对婚姻中过错方的惩罚力度，除规定离婚过错方的赔偿外，在判决分割夫妻共同财产时还应加大对无过错方的保护，这也是当前审判实践的做法。立法部门采纳了这一建议，将婚姻法规定的"离婚时，夫妻的共同财产由双方协议处理；协议不成时，由人民法院根据财产的具体情况，照顾子女和女方权益的原则判决"修改为"离婚时，夫妻的共同财产由双方协议处理；协议不成的，由人民法院根据财产的具体情况，按照照顾子女、女方和无过错方权益的原则判决"，增加了按照照顾无过错方权益的原则分割判决夫妻共同财产。

根据本条的规定，人民法院在分割夫妻共同财产时，既要考虑照顾子女权益和女方权益，也要兼顾照顾无过错方的权益，三者缺一不可。司法实践中，多数女方权益与无过错权益是一致的，但是也有不一致的情况，法官要具体问题具体分析判决。

在农村，夫妻共同财产的分割主要涉及房屋、承包的土地、果园等。妇女权益保障法第32条规定，妇女在农村土地承包经营、集体经济组织收益分配、土地征收或者征用补偿费使用以及宅基地使用等方面，享有与男子平等的权利。第33条第1款规定，任何组织和个人不得以妇女未婚、结婚、离婚、丧偶等为由，侵害妇女在农村集体经济组织中的各项权益。农村地区，土地、果园大部分实行家庭联产承包责任制，每个家庭承包的面积是根据家庭人口按本村人均面积分配的，因此，女方在土地承包上同样享有承包经营权。但是，中国的婚姻习俗多数是女方落户到男方，承包土地多数以男方为户主名义承包，双方一且离婚，女方的承包经营权难以保障。因此本条第 2 款规定，对夫或者妻在家庭土地承包经营中享有的权益等，应当依法予以保护。

> **第一千零八十八条　夫妻一方因抚育子女、照料老年人、协助另一方工作等负担较多义务的，离婚时有权向另一方请求补偿，另一方应当给予补偿。具体办法由双方协议；协议不成的，由人民法院判决。**

【条文主旨】

本条是对承担较多家务劳动的一方在离婚时享有经济补偿权利的规定。

【条文释义】

本条的规定实质上是对家务劳动价值的认可，使经济地位较弱而承担较多家务劳动的一方（大多为女性）在离婚时享有经济上的补偿。

本条规定是遵循权利和义务对等的原则作出的。只有在一方为婚姻共同体尽了较多义务，如抚养子女、照料老人、协助另一方工作的情况下才可向对方请求补偿。夫妻离婚时，一方对承担较多家务劳动的另一方给予经济补偿，首先应当由要求离婚的夫妻自行协商确定，这种协商可以是在协议离婚时确定，也可以在诉讼离婚中确定。如果在协议离婚时双方达成了一致的协议，则可以向婚姻登记部门提交。婚姻登记部门查明确属自愿，且不违反法律规定的，给予离婚登记，双方应自觉履行协议。在诉讼离婚中，双方对离婚补偿达成一致意见，交由法院以调解书或者判决书的形式予以确认。如果双方达不成协议，人民法院则依据本条的规定进行判决确定。

> **第一千零八十九条　离婚时，夫妻共同债务应当共同偿还。共同财产不足清偿或者财产归各自所有的，由双方协议清偿；协议不成的，由人民法院判决。**

【条文主旨】

本条是有关离婚时夫妻共同债务清偿的规定。

【条文释义】

本法第 1064 条对夫妻共同债务的认定作出了明确规定。夫妻共同债务属于连带债务，对外夫妻双方应当依法对债权人承担连带清偿责任，但在内部夫妻双方应当如何确定清偿责任，本条对此作了明确规定。

　　根据本条规定，首先婚姻关系终结时，夫妻共同债务清偿应当遵循的原则是共同债务共同清偿。依法属于夫妻共同债务的，夫妻应当以共同财产共同偿还，这是一个基本原则。但是，如果夫妻共同财产不足致使不能清偿的，或者双方约定财产归各自所有的没有共同财产清偿的，夫妻双方对共同债务如何偿还以及清偿比例等，可以由双方当事人协商确定。如果双方协商不能达成一致意见的，由人民法院考虑双方当事人的具体情况依法判决确定。需要注意的是，不论是双方当事人协商确定，还是人民法院判决确定的清偿方式、清偿比例等内容，仅在离婚的双方当事人之间有效，对债权人是没有法律效力的，债权人可以依照本法第178条第1款"二人以上依法承担连带责任的，权利人有权请求部分或者全部连带责任人承担责任"的规定来要求双方履行其债务。

> **第一千零九十条　离婚时，如果一方生活困难，有负担能力的另一方应当给予适当帮助。具体办法由双方协议；协议不成的，由人民法院判决。**

【条文主旨】

　　本条是有关离婚后，一方对生活困难的另一方给予适当经济帮助的规定。

【条文释义】

　　婚姻关系存续期间，夫妻双方有互相扶养的义务，一方不履行扶养义务时，需要扶养的一方有要求对方给付扶养费的权利。婚姻关系终结后，法律明确要求一方对生活困难的另一方从其个人财产中给予适当的帮助，实质是夫妻间扶养义务的延续。在传统的普通法制度中，结婚后，妻子在法律上的权利能力被剥夺而转移至丈夫身上，作为交换，丈夫有扶养和保护妻子的义务，妻子具有从事家务劳动以及为丈夫提供服务的义务。婚姻关系终结时，丈夫仍要对妻子尽扶养义务，这源于早期的普通法在离婚问题上采用过错原则，即离婚是由于一方犯了法律列举的异乎寻常的婚姻错误，要对无过错方进行法律救济，因此，妻子要求丈夫继续给付扶养费的条件是离婚是由丈夫的过错所致，且妻子为无过错一方。现代普通法制度中，多采用无过错离婚原则，扶养费的过错作用已经降低，是否给付扶养费考虑最多的不再是给付方的过错，而是接受方的需要和给付方的支付能力。在婚姻关系终结时，除去财产分割外，给予生活困难的一方以金钱或财物的帮助,是对前配偶一方的扶助或资助。现代的配偶扶养是双向的,丈夫在妻子生活困难时有帮助的义务,妻子在丈夫需要时同样也有给付的义务,但实际上由于妇女的经济能力大多低于男性,尤其在农村,这种差距更为明显,因此离婚时要求对方给予帮助的女性比例要远远大于男性。

当一个婚姻关系终结时(无论是协议离婚还是法院判决离婚),婚姻关系一经解除,丈夫和妻子在法律上相互扶助的权利义务已经消灭,双方没有互相扶养的义务,也没有共享婚姻财产的权利,除去可能因子女抚养而涉及子女生活费、教育费的给付以及探望权利的行使外,双方在法律上已无任何特殊的联系。但是,法律却规定在一方生活困难的情况下,有负担能力的另一方应当对另一方给予适当帮助,要求原本不承担义务的一方负担义务,原因何在呢?当一对男女结为合法夫妻,法律推定双方建立了一种相互信赖、相互扶助的特殊社会关系,夫妻关系存续期间,双方都为维持这个婚姻共同体作了努力,这其中包括个人的自我损失和自我牺牲;当婚姻关系终结时,若一方生活困难,法律则要求另一方尽到扶助的责任,将道德上的义务上升为法律,因为我们不能排除一方的生活困难可能是其在婚姻关系存续期间为了家庭利益而放弃个人发展机会所造成的。当然在这种情况下,离婚时,为家庭付出较多义务的一方可以依据本法第1088条的规定,请求另一方给予补偿。但是,离婚时的补偿与本条规定的困难帮助的内容有很大区别。离婚经济补偿只有当一方对婚姻承担了较多义务时,才有权提请。而本条关于困难帮助的适用条件则是无论夫妻哪一方是否对婚姻共同体尽了较多义务,作了较大贡献,只要在离婚时本人存在生活困难的情况,就可以向对方请求经济帮助。

当然,本条只是原则性规定,法院在判决时,还应考虑到以下几个问题:(1)生活困难的界定:一般认为,若一方离婚后分得的财产不足以维持其合理的生活需要,或者不能通过从事适当的工作维持其生活需要等,均可认为是生活困难的体现。(2)给予帮助的方式,法院应考虑双方的收入和财产,双方就业能力、子女抚养,婚姻期间的生活水平等因素,合理确定扶助的数额和方式。(3)需要说明的一点是,婚姻关系中的过错不应在考虑之列,意味着有过错的一方若存在生活困难的情形,也可要求无过错方给予适当经济帮助。《最高人民法院关于适用〈中华人民共和国婚姻法〉若干问题的解释(一)》第27条规定,婚姻法第42条所称"一方生活困难",是指依靠个人财产和离婚时分得的财产无法维持当地基本生活水平。一方离婚后没有住处的,属于生活困难。离婚时,一方以个人财产中的住房对生活困难者进行帮助的形式,可以是房屋的居住权或者房屋的所有权。

> **第一千零九十一条** 有下列情形之一，导致离婚的，无过错方有权请求损害赔偿：
>
> （一）重婚；
>
> （二）与他人同居；
>
> （三）实施家庭暴力；
>
> （四）虐待、遗弃家庭成员；
>
> （五）有其他重大过错。

【条文主旨】

本条是关于离婚时过错赔偿制度的规定。

【条文释义】

一、可以提起离婚损害赔偿的情形

因夫妻一方的过错致使婚姻关系破裂的，无过错方可以提起离婚损害赔偿的情形，婚姻法规定了四种情形：一是重婚；二是有配偶者与他人同居；三是实施家庭暴力；四是虐待、遗弃家庭成员。

在民法典婚姻家庭编征求意见时，有的意见提出，鉴于目前我国因过错方导致家庭破裂的离婚案件的增多，婚姻关系中的过错行为远不止上面所列举的几种情形，法律应当扩大离婚损害赔偿的情形，更好地发挥离婚损害赔偿制度的制裁、预防作用，促进婚姻关系的稳定；建议采取列举性规定与概括性规定相结合的立法方式规定离婚损害赔偿制度。对此，立法部门采纳了这一建议，在本条中增加了离婚损害赔偿的兜底条款，即第 5 项有其他重大过错的情形，将其他一些确实给对方造成严重损害的情形纳入损害赔偿范围，完善了离婚赔偿制度。

二、法院不能依职权判决离婚损害

本条虽然规定了离婚损害赔偿制度，但并不是说法院在审理离婚案件时必须审理及判决过错方对无过错方予以赔偿的。在离婚案件中无过错方对确实有过错的另一方是否行使赔偿请求权，由受损害的无过错方自行决定，法院不能主动判决离婚损害赔偿。

三、离婚损害赔偿的范围

离婚损害赔偿既应当包括过错方给无过错方造成的财产损害的赔偿，也应当包括过错方给无过错方造成的人身损害、精神损害的赔偿。人民法院应当根据过错方对无过错造成的损害程度以及婚姻当事人的经济状况等判定赔偿数额。《最高人民法院关于适用〈中华人民共和国婚姻法〉若干问题的解释（一）》第28条规定，婚姻法第46条规定的"损害赔偿"，包括物质损害赔偿和精神损害赔偿。涉及精神损害赔偿的，适用最高人民法院《关于确定民事侵权精神损害赔偿责任若干问题的解释》的有关规定。

> **第一千零九十二条** 夫妻一方隐藏、转移、变卖、毁损、挥霍夫妻共同财产，或者伪造夫妻共同债务企图侵占另一方财产的，在离婚分割夫妻共同财产时，对该方可以少分或者不分。离婚后，另一方发现有上述行为的，可以向人民法院提起诉讼，请求再次分割夫妻共同财产。

【条文主旨】

本条是对夫妻一方擅自处分共同财产或伪造债务侵占另一方财产的法律责任的规定。

【条文释义】

实践中，夫妻一方有的实施了侵害夫妻共同财产或者侵占另一方财产的违法行为，对于这些违法行为，法律严格加以禁止。为保护另一方的合法权益，本条规定对其法律后果作了明确规定。

根据本条规定，夫妻一方实施的违法行为主要是两类。

一、侵害夫妻共同财产

夫妻共同财产从性质上说，属于共同共有。夫妻在婚姻关系存续期间，无论属于双方或一方的收入，无论各自收入的数量多少，也无论其中一方有无收入，夫妻作为共同生活的伴侣，对共同财产享有平等的所有权。对共同财产，夫妻双方均有依法占有、使用、收益和处分的权利。例如，妇女权益保障法就规定，妇女对依照法律规定的夫妻共同财产享有与其配偶平等的占有、使用、收益和处分的权利，不受双方收入状况的影响。在共有关系消灭之前，财产权利是一个整体，只有在婚姻关系消灭（离婚或一方死亡）或双方有特别约定时，才能对共同财产进行分割。

处分权是所有权的最高表现，如果没有平等的处分权，平等的所有权就是一句空话。所以，本法第1062条第2款规定，夫妻对共同财产，有平等的处理权。所谓平等的处理权，依照民法关于共同共有的原理，是指夫妻在处分共同财产时，应当平等协商，取得一致意见，任何一方不得违背他方的意志，擅自处理。特别是对共有财产作较大的变动时，如出卖、赠与等，更应征得他方的同意，否则就侵犯了另一方对共有财产的所有权。根据有关司法解释的规定，在共同共有关系存续期间，部分共有人擅自处分共有财产的，一般认定无效。如果对其他共有人造成损失，由擅自处分共有财产的人赔偿。

隐藏、转移、变卖、毁损、挥霍夫妻共同财产是侵害夫妻共同财产的客观表现。隐藏，是指将财产藏匿起来，不让他人发现，使另一方无法获知财产的所在从而无法控制。转移，是指私自将财产移往他处，或将资金取出移往其他账户，脱离另一方的掌握。变卖，是指将财产折价卖给他人。毁损，是指采用打碎、拆卸、涂抹等破坏性手段使物品失去原貌，失去或者部分失去原来具有的使用价值和价值。挥霍，是指对夫妻共有的财产没有目的的，不符合常理的耗费致使其不存在或者价值减损。上述违法行为，在主观上只能是故意的，不包括过失行为，如因不慎将某些共同财产毁坏，只要没有故意，不属于本条规定之列。夫妻一方如果实施了上述行为，就属于对夫妻共同财产的侵害。

二、侵占另一方财产

夫妻一方对属于自己个人的财产享有占有、使用、支配的权利。在不违背法律规定的情况下，可以依据自己个人的意愿处分自己的财产。但是本法第1089条规定，离婚时，夫妻共同债务应当共同偿还。共同财产不足清偿或者财产归各自所有的，由双方协议清偿；协议不成的，由人民法院判决。这一规定，意味着夫妻在离婚时，如果共同财产不足以清偿共同债务时，有可能以夫妻一方的个人财产来承担夫妻共同债务，具体数额由人民法院判决确定。对此，有的夫妻一方就有可能利用这一法律规定，伪造夫妻共同债务，企图侵占另一方财产。伪造债务，是指制造内容虚假的债务凭证，包括合同、欠条等。伪造债务是违法行为的客观表现。在主观上是故意，不是过失行为，是以侵占夫妻另一方财产为目的。只要夫妻一方实施伪造夫妻共同债务的行为，就属于对另一方财产的侵害。

对通过实施隐藏、转移、变卖、毁损、挥霍手段侵害夫妻共同财产的违法行为，对伪造夫妻共同债务企图侵占另一方财产的违法行为，本条规定，在离婚分割夫妻共同财产时，对该方可以少分或者不分。本条所讲的在离婚分割夫妻共同财产时，是指在离婚诉讼期间。

夫妻共同财产属于夫妻共同共有，依照民法共同共有的理论，原则上，在共同体解体时，对共同共有的财产应当均等分割。但是，由于夫妻中的一方存在有以隐藏、转移、变卖、毁损、挥霍手段侵害夫妻共同财产的违法行为，存在有伪造夫妻共同债务企图侵占另一方财产的违法行为，所以本条规定对实施上述违法行为的一方，在分割夫妻共同财产时，可以少分或不分。对他们少分或不分夫妻共同财产，是违法行为实施者理应承担的法律责任。需要说明的是，本条对少分的具体份额或比例以及在何种情况下可以不分、少分，没有作出明确规定，只是规定了"可以"少分或者不分。法院在审判实践中，应当根据违法行为的情节和案件的具体情况作出处理。该规定同本法规定的在分割共同财产时按照照顾子女、女方和无过错方权益的原则判决是否矛盾呢？照顾子女和女方权益原则的确定，是由我国目前广大妇女的经济能力和男子仍有一定差距的国情决定的，同时也是宪法关于保护妇女、儿童合法权益原则和我国社会主义制度优越性在婚姻法上的具体体现。在婚姻家庭生活中，无过错一方遵守法律规定，对另一方配偶尊重、关爱、忠实，对家庭成员关心帮助，尊老爱幼，为维护平等、和睦、文明的婚姻家庭作出了自己的努力和贡献。对这种合法的民事法律行为的主体法律必须要给予保护。当然，在现实生活中，也不排除有女方、无过错方实施本条所列举的违法行为的可能；如果出现，也应当依照本法、本条的规定处理。两者没有矛盾，并行不悖。

本条还对离婚后，即离婚案件已审理终结，人民法院对离婚双方有关财产分割的调解书、判决书已发生法律效力后，又发现一方有隐藏、转移、变卖、毁损、挥霍夫妻共同财产或者伪造夫妻共同债务侵占另一方财产行为的处理作了规定。即离婚后，另一方发现夫妻一方有上述违法行为的，可以向人民法院提起诉讼，请求再次分割夫妻共同财产。在离婚案件审理过程中，这部分共同财产由于被一方隐藏、转移、变卖、毁损、挥霍，或伪造债务所侵占而未能发现，因而法院也未能将其作为夫妻共同财产予以分割。夫妻共同财产是共同共有财产，任何一方未经另一方同意而擅自予以隐藏、转移、变卖、毁损、挥霍，或通过伪造债务等非法手段据为己有的，都是对另一方财产所有权的侵害，是一种民事侵权行为。另一方可以依据本条规定，向人民法院起诉，请求对这一部分财产进行再次分割。在分割时，关于对隐藏、转移、变卖、毁损、挥霍夫妻共同财产或伪造夫妻共同债务侵占另一方财产的可以少分或者不分的原则仍应适用。

第五章 收 养

本章是关于收养的规定。收养是自然人依法领养他人子女为自己子女的法律行为。通过收养行为，原本没有父母子女关系的收养人与被收养人形成了法律上拟制的父母子女关系，被收养人与生父母及其亲属之间的关系则相应终止。收养作为形成父母子女关系的一种法律行为，本质上属于婚姻家庭制度的重要组成部分。但在本次民法典编纂之前，收养法一直以与婚姻法独立的单行法的形式存在着。现行收养法是 1991 年 12 月 29 日由七届全国人大常委会二十三次会议审议通过，并于 1992 年 4 月 1 日起施行的。1998 年 11 月 4 日，九届全国人大常委会五次会议对收养法作了修改。收养法施行以来，对于保护合法收养关系，维护收养关系当事人权利，保障被收养人的合法权益等发挥了重要作用。同时，随着收养实践的不断发展，收养法中的一些规定已经不能完全适应形势发展的要求，需要根据新情况、新问题对收养制度作出相应的修改完善。民法典编纂工作启动以来，根据法典编纂的统一要求，在婚姻法、收养法的基础上形成了婚姻家庭编，作为调整婚姻家庭关系的基本准则。编纂不是制定全新的法律，也不是简单的法律汇编，需要在现行法的基础上进行系统梳理，删除不合时宜的规定，根据实践发展的需要增加针对性的规定。因此，收养一章的主要内容仍以收养法为基础，但同时结合收养实践的发展需要，修改了部分规定，增加了一些新规定。主要的修改包括：进一步扩大了被收养人的范围；适当放宽了收养人条件及收养人数的要求；完善了无配偶者收养异性子女的年龄差限制等。这些修改体现了对收养发展趋势的回应，进一步彰显了遵循被收养人利益最大化的原则。与收养法六章、三十四条的体例、内容相比，婚姻家庭编收养一章保留了收养关系的成立、收养的效力及收养关系的解除三节，删除了总则、法律责任和附则三部分内容，条文数也调整为二十六条。尽管在条文数量上相比收养法有所减少，但在总条文数为七十九条的婚姻家庭编中，收养法的体量已颇为可观，其重要性不因条文的减少而下降。

第一节　收养关系的成立

> **第一千零九十三条　下列未成年人，可以被收养：**
> （一）丧失父母的孤儿；
> （二）查找不到生父母的未成年人；
> （三）生父母有特殊困难无力抚养的子女。

〖条文主旨〗

本条是关于被收养人条件的规定。

〖条文释义〗

收养是自然人领养他人子女为自己子女的一种法律行为，能够起到依法变更亲子关系、转移亲子间权利义务关系的法律效力。作为家庭制度的必要补充，养父母子女关系也属于亲子关系的重要类型之一。基于收养这一要式法律行为的独特特点及其能够产生的独特法律效力，各国立法均对收养关系的成立有着程序及实体上的明确要求。这其中，被收养人与收养人应当具备哪些条件，无疑是最为重要的收养成立要件之一。不符合条件的被收养人与收养人，会导致收养行为的无效。

本次民法典编纂，将收养制度整体纳入婚姻家庭编之中作专章规定，基本保留了收养法的框架结构及主要内容。在被收养人条件方面，与收养法相比，最大的变化来自于对其年龄的限制，即由原来的被收养人应当不满 14 周岁，修改为未满 18 周岁的未成年人，符合相应条件均可被收养。事实上，对于是否应当对被收养人的年龄施加限制，无论是比较法上，还是理论界和实务界，自收养法颁布以来就一直存在争议。反对的理由主要有：第一，从我国的实际情况来看，绝大多数 14 周岁到 18 周岁的未成年人客观上依然不具备独立生活的能力，也需要一定程度的抚养。如果将被收养人的年龄严格限制在 14 周岁以下，对于一些孤儿、弃儿，一旦其年满 14 周岁，则无法按照收养法律的规定被收养，就不能获得来自于稳定家庭环境之中的父母亲情的慰藉，而只能通过代养或者寄养的方式加以替代，这显然不利于收养目的的实现及被收养人利益的保护。第二，对被收养人年龄施加限制，也不利于实现特定人群的养老需求。随着老龄化社会的到来，养老作为一大社会问题日益凸显。一些人群因为不同原因失去子女，渴望通过收养子女甚至成年子女来保障其养老需求。如果被收养人的年龄只能在 14 周岁以下，则这些人群通过收养实现养老的目的就难以实现。

根据各方面意见，本条将被收养人的年龄限制由 14 周岁放宽到 18 周岁，即符合相关条件的未成年人都可以作为被收养人。主要理由是：第一，收养法施行以来，对于规范收养关系，保护收养人与被收养人合法权益发挥了重要作用。但收养实践中也不断出现因对被收养人年龄限制过严而导致部分有被收养需求的被收养人无法被收养的情况，这大大限制了收养制度功能的发挥。适当放宽被收养人的年龄限制，能够更好地实现收养目的，使更多符合相关条件的人可以被收养。第二，放宽被收养人的年龄限制，并不必然会影响家庭关系的稳定。第三，把握和遵循收养的本质目的，被收养人仍限于未成年人，不扩及成年人收养。

除年龄限制的变化之外，收养一章对于被收养人条件的规定基本沿袭了收养法的规定，未作大的修改。即包括了丧失父母的孤儿、查找不到生父母的未成年人以及生父母有特殊困难无力抚养的子女。（1）丧失父母的孤儿。此处的"丧失"应指被收养人的父母已经死亡或者被宣告死亡。"父母"不仅包括生父母，还包括养父母以及有扶养关系的继父母，从而尽可能扩大本项的适用范围。（2）查找不到生父母的未成年人。关于本项需要注意：①本项与收养法的规定相比，将收养法规定的"弃婴和儿童"修改为"未成年人"。国家一直高度重视被拐儿童解救安置工作，但在实践工作中，对于被拐儿童能否被收养各方面有不同意见。我们认为，收养法对于被收养主体范围的规定，没有将被拐儿童排除在外。收养法第4条第2项"查找不到生父母的弃婴和儿童"中的"儿童"应理解为既包括弃儿，也包括被拐儿童、走失儿童。这次编纂民法典，为避免实践中的误解，专门将"弃婴和儿童"修改为"未成年人"，明确拐卖被解救后无法找到生父母的未成年人也属于被收养人范围，以使他们能通过收养途径更好地得到安置。②本项规定的"查找不到"是指通过各种方式均无法找到。虽然本条未对"查找不到"附加时间上的限制，但从维护收养关系稳定的角度，在操作方面应当有一个合理期间的限制，个人或者有关机关经过一定期间仍查找不到的未成年人，可以作为被收养人。（3）生父母有特殊困难无力抚养的子女。与前两项相比，该项当中可作为被收养人的主体并非丧失父母或者父母查找不到，而是由于生父母自身不具备抚养子女的能力，从而产生被收养的需要。

> **第一千零九十四条　下列个人、组织可以作送养人：**
> **（一）孤儿的监护人；**
> **（二）儿童福利机构；**
> **（三）有特殊困难无力抚养子女的生父母。**

【条文主旨】

本条是关于送养人条件的规定。

【条文释义】

在收养法律关系中，何种主体可以作为送养人，是一个非常重要的问题。一般认为，送养人适格是收养法律关系成立的实质要件，即只有送养人符合相关条件，收养才能有效成立。总的来看，本条对于送养人条件的确定意义重大。首先，收养涉及送养人、收养人、被收养人等多方主体，收养关系的最终成立也导致不同主体间发生法律关系的根本变化。只有明确了送养人条件，收养关系的合法有效成立才成为可能。其次，有利于进一步规范收养法律关系。本条采用集中规定的方式明确了哪些主体可以作为送养人，只要送养人符合本条规定，在符合收养法律关系成立的其他条件下，相应的收养关系即受到法律保护。最后，送养人的条件确定后，围绕不同类型的送养主体制定具体规则便具备了可能。事实上，收养涉及多方主体，法律关系较为复杂。在宏观方面确定好送养人条件后，才可以在微观层面针对不同的送养主体制定具体规则。

本条与收养法的规定相比，实质内容没有变化，包括三项：（1）孤儿的监护人；（2）儿童福利机构；（3）有特殊困难无力抚养子女的生父母。

关于"孤儿的监护人"。所谓孤儿，根据1992年发布的《民政部关于在办理收养登记中严格区分孤儿与查找不到生父母的弃婴的通知》的规定，孤儿是指其父母死亡或人民法院宣告其父母死亡的不满14周岁的未成年人。但是，由于被收养人的年龄限制已经扩展到18周岁，与此相应，此处的"孤儿"，是指其父母死亡或人民法院宣告其父母死亡的未成年人。

关于"儿童福利机构"。收养法规定的第2项可以作送养人的主体是"社会福利机构"。所谓社会福利机构，是指国家设立的对于孤儿、弃儿等进行监管看护的机构。从实践情况看，我国的社会福利机构主要是指各地民政部门主管的收容、养育孤儿和查找不到生父母的未成年人的社会福利院。

关于"有特殊困难无力抚养子女的生父母"。本项是将特定情形下的生父母作为送养人的规定。生父母作为子女的法定监护人，在一般情况下都要履行作为父母的监护人职责，不得随意将应由自己承担的责任转由他人承担。但在特殊情况下，生父母因存在特殊困难无力承担这一责任时，从有利于未成年人健康成长的角度，可以由生父母将未成年人送养，从而为其创造更有利于成长的家庭环境，这也符合本次收养领域确立的最有利于被收养人的原则要求。

> **第一千零九十五条** 未成年人的父母均不具备完全民事行为能力且可能严重危害该未成年人的，该未成年人的监护人可以将其送养。

〖条文主旨〗

本条是关于未成年人的监护人可以送养的规定。

〖条文释义〗

根据本法总则编的规定，通常情况下，未成年人的父母是其法定监护人。但是，在父母已经死亡或者没有监护能力的情况下，为保护未成年子女的利益，需要由其他主体担任监护人，实现对未成年子女的监护，保护其人身和财产权益。这些主体包括祖父母、外祖父母、兄、姐以及其他愿意担任监护人的个人或者组织。那么，在这些主体担任监护人的情形下，是否一概有权决定送养未成年人呢？从收养法的规定看，未成年人在其父母均不具备完全民事行为能力时，即父母双方均为限制民事行为能力人或者无民事行为能力人时，原则上其监护人也不得将未成年人送养，除非父母对该未成年人存在严重危害可能。收养法之所以这样规定，主要是考虑到，子女对于无民事行为能力或者限制民事行为能力的父母往往具有更为重要的意义：一方面子女可以在精神上陪伴父母，在有的情况下这种陪伴和慰藉是其他方式所不可替代的；另一方面，子女如果不被送养，其与生父母的亲子关系仍然存在，在其成年后需要对生父母履行赡养义务，这有助于对无民事行为能力或者限制民事行为能力的父母的权益保护。当然，从收养法的规定看，也并没有完全禁止在此种情形下一概不得送养未成年人。如果未成年人的父母对子女存在严重危害可能，从保护未成年人的角度考虑，是允许监护人送养未成年人的。这样规定，可以在保护生父母与未成年子女的利益之间达到平衡。

与收养法的规定相比，本条关于监护人送养未成年人的表述发生了变化，规定为："未成年人的父母均不具备完全民事行为能力且可能严重危害该未成年人的，该未成年人的监护人可以将其送养。"理解本条需要把握以下几点：第一，本条的规范重点放在了"可以送养"，即重点强调未成年人的监护人在何种情况下可以送养该未成年人。民法典婚姻家庭编在一般规定中新增了"收养应当遵循最有利于被收养人"的原则，这实际上是收养法律关系中最为重要、最能体现收养制度价值与功能的原则。任何有关收养的规则设计，都应当体现这一原则。将本条的规范重点由"原则上不得送养"调整为"何种情况下可以送养"，尽管在最终的规范效果上没有实质变化，但传递出的理念变化是明确的，即首先要保障未成年人的利益。当未成年人父母均不具备完全民事行为能力且对可能严重危害该未成年人的，监护人就可以送养未成年人。第二，在父母尚存的情况下，对于监护人送养未成年人的条件要求是非常严格的。首先，要求未成年人的父母双方均不具备完全民事行为能力。根据本法总则编对民事行为能力的分类，自然人可以分为完全民事行为能力人、限制民事行为能力人以及无民事行为能力人。如果未成年人的父母任何一方属于完全民事行为能力人，一般情况下意味着其具有抚养、教育未成年人的能力，在这种情况下，监护人不得将未成年人送养。只有未成年人的父母双方均不具备完全民事行为能力，即其双方均为限制民事行为能力或者无民事行为能力人时，监护人才有可能被允许将未成年人送养。其次，未成年人的父母必须存在可能严重危害该未成年人的情形时，监护人才可将其送养。所谓可能严重危害该未成年人，主要是指其父母存在危害该未成年人的现实危险，且达到严重程度的情形，比如，父母双方均为严重的精神分裂症，存在暴力威胁甚至殴打未成年人的情形。在这种情况下，即使危害行为尚未实际发生，从保护未成年人利益的角度出发，也允许监护人将其送养。第三，此种情况下的送养主体，只能是该未成年人的监护人。根据本法第1094条的规定，可以担任送养人的主体原则上只包括三类，即孤儿的监护人、儿童福利机构以及有特殊困难无力抚养子女的生父母。而在未成年人的父母均不具备完全民事行为能力且可能严重危害该未成年人时，上述三类主体均无法成为适格的送养主体。此时，根据本条规定，能够成为送养主体的，是该未成年人的监护人。监护人作为实际承担监护职责的人，对于该未成年人的情况最为熟悉，由其担任送养人与收养人成立收养法律关系，较为合适。

> **第一千零九十六条** 监护人送养孤儿的，应当征得有抚养义务的人同意。有抚养义务的人不同意送养、监护人不愿意继续履行监护职责的，应当依照本法第一编的规定另行确定监护人。

【条文主旨】

本条是关于监护人送养孤儿的限制以及变更监护人的规定。

【条文释义】

根据本法第1094条的规定，监护人可以作为送养人对孤儿进行送养。孤儿因其父母死亡或者被宣告死亡，需要由其他法定主体担任监护人对其人身和财产权益进行保护。根据本法总则编第27条的规定，未成年人的父母已经死亡或者没有监护能力的，由下列有监护能力的人按顺序担任监护人：（1）祖父母、外祖父母；（2）兄、姐；（3）其他愿意担任监护人的个人或者组织，但是须经未成年人住所地的居民委员会、村民委员会或者民政部门同意。父母之外的其他主体担任监护人时，由于主客观方面的不同原因，可能会产生不想再履行监护职责并将被监护人送养的想法。比如，监护人承担监护职责一段时间后，生活发生变故，不想继续担任孤儿的监护人。此时，如果监护人送养未成年人，有何限制？

根据本条规定，监护人送养孤儿的，应当征得有抚养义务的人同意。这里的"有抚养义务的人"，是指孤儿的有负担能力的祖父母、外祖父母、兄、姐。本法第1074条第1款规定，有负担能力的祖父母、外祖父母，对于父母已经死亡或者父母无力抚养的未成年孙子女、外孙子女，有抚养的义务。本法第1075条第1款规定，有负担能力的兄、姐，对于父母已经死亡或者父母无力抚养的未成年弟、妹，有扶养的义务。如果上述主体不同意监护人对孤儿进行送养，而监护人又不愿意继续履行监护职责的，为使被监护人不致处于无人监护的状态，应当依照本法总则编的规定另行确定监护人。比如，父母都死亡后，成年的兄、姐是未成年弟、妹的法定监护人，作为监护人的哥哥不能违背姐姐的意愿而自己决定将被监护的弟妹送养。再如，有负担能力的祖父母、外祖父母对于父母均已死亡的未成年孙子女、外孙子女有抚养义务。当祖父母担任监护人时，其送养孙子女的行为应当征得外祖父母的同意，外祖父母不同意收养而祖父母又不愿意继续履行监护职责的，应当按照有关规定变更监护人，由外祖父母担任监护人。

> **第一千零九十七条　生父母送养子女，应当双方共同送养。生父母一方不明或者查找不到的，可以单方送养。**

【条文主旨】

本条是关于生父母送养子女的原则要求与例外规定。

【条文释义】

根据本法第 1094 条的规定，有特殊困难无力抚养子女的生父母可以作为送养人，送养其子女。一般而言，生父母作为未成年子女的法定监护人，不应轻易转嫁本应由其承担的监护职责。但在其确因特殊困难无力抚养子女时，允许其送养未成年子女，更有利于未成年子女在良好的家庭环境中健康成长，体现出对未成年子女利益的保护。生父母送养子女，原则上要求双方共同送养，只有在生父母一方不明或者查找不到的情形下，才可以由生父或者生母单方送养。无论国外多数国家立法例，还是我国收养法的规定，都将生父母送养子女时应双方共同送养作为原则。这主要是考虑到，收养关系一旦成立，虽然在客观上不能改变生父母与其子女的血亲关系，但是生父母却不能继续抚养子女。尤其是在我国只承认完全收养的制度背景下，收养关系成立后，生父母与其子女的亲子关系将因收养而消除。如果生父或者生母一方未经其配偶同意即送养子女，无异于剥夺了其配偶对于子女的亲权，显然对不知情的配偶一方是不公平的。当然，在生父母一方不明或者查找不到时，则允许另一方单方收养，这主要是为了更好地保护未成年子女的利益。

根据本条可知：第一，生父母送养子女应当双方共同送养，这是原则要求。基于父母双方对于抚养子女的平等地位，送养应当双方共同进行。在实践操作层面，可以双方共同表示送养的意思，也可以由一方表达出送养意愿，另一方表示同意。在后一种情况下，这种同意的表示应是明确的、具体的。第二，生父母送养子女可以单方送养，这是例外规定，应当严格限于法律规定的两种情形，即生父母一方不明或者查找不到。所谓生父母一方不明，是指不能确认被收养人的生父或者生母为谁的情况。比如，生母曾因自身的特殊经历，不知其所生子女的生父是谁。在这种情况下，如果生母无力抚养所生子女，应当允许其送养该子女，给子女提供一个更好的成长环境。所谓查找不到，是指经过一定期间，无法查找到生父或者生母的情况。例如，未成年子女的生母无故离家出走，经过有关机关在一定期间查找仍查找不到，此时，为尽快使未成年子女获得稳定、良好的成长环境，应当允许无力独自抚养子女的生父送养。

> **第一千零九十八条　收养人应当同时具备下列条件：**
> **（一）无子女或者只有一名子女；**
> **（二）有抚养、教育和保护被收养人的能力；**
> **（三）未患有在医学上认为不应当收养子女的疾病；**
> **（四）无不利于被收养人健康成长的违法犯罪记录；**
> **（五）年满三十周岁。**

【条文主旨】

本条是关于收养人条件的规定。

【条文释义】

收养是在收养人与被收养人之间建立拟制亲子关系的一种法律制度，其核心是为了更好地促使被收养人健康成长，同时也满足收养人的收养需求。由于收养制度的这一定位，使得保障被收养人利益成为收养制度需要遵循的首要原则。本法第1044条规定，收养应当遵循最有利于被收养人的原则，保障被收养人和收养人的合法权益。在这一原则的要求下，需要对收养人设定必要的条件要求，以确保收养制度功能的实现，保障被收养人的合法权益。本条即是对一般情况下收养人应当具备的条件的规定。

本条关于收养人年龄的规定与收养法第6条第4项规定保持一致，仍然要求收养人须年满30周岁。收养人只有达到一定年龄，才可能在经济能力、心智完善程度方面满足一定标准，从而具备承担抚养被收养人的义务，更好保障被收养人的利益。当然，此处关于收养人年龄的规定仅是收养人条件中的一项，其即使满足了这一要求，也并不意味着必然具备抚养、教育被收养人的能力，还需要同时满足本条关于收养人条件的其他要求，才可担任收养人。同时，本条仅是对于一般收养条件下收养人最低年龄的规定，对于特殊情形下的收养，则要视情况予以放宽这一限制或者增加其他年龄方面的限制等。比如，根据本法第1103条的规定，继父或者继母经继子女的生父母同意，可以收养继子女，其可以不受收养人须年满30周岁的限制。而根据本法第1102条的规定，无配偶者收养异性子女，收养人与被收养人的年龄还应当相差40周岁以上。

除须年满30周岁外，按照本条规定，收养人还须同时具备其他四项条件，即无子女或者只有一名子女；有抚养、教育和保护被收养人的能力；未患有在医学上认为不应当收养子女的疾病；无不利于被收养人健康成长的违法犯罪记录。

关于收养人无子女或者只有一名子女。本项与收养法的规定相比，将原来的"无子女"修改为"无子女或者只有一名子女"。收养法制定之时，根据我国宪法和婚姻法有关计划生育政策的规定，为防止一些收养人借收养之机达到多子女的目的，法律要求收养人必须无子女的，才可以收养。这与修改前的人口与计划生育法中"提倡一对夫妻生育一个子女"的规定精神是一致的。此处的"无子女"包括多种情况，主要是指夫妻双方或者一方因不愿生育或不能生育而无子女，或者因所生子女死亡而失去子女，或者指收养人因无配偶而没有子女的情况，即收养人没有亲生子女，同时也没有养子女及形成抚养教育关系的继子女。需要强调的是，这里的"无子女"不能简单地理解为没有生育能力，如果此前生育过子女，但子女因故死亡，也属于"无子女"。2015年10月，党的十八届五中全会召开，会议对我国人口和计划生育政策作出了重大调整。同年12月27日，十二届全国人大常委会十八次会议对人口与计划生育法作了修改，明确规定了"国家提倡一对夫妻生育两个子女"。与此相对应，本项关于收养人无子女的要求也相应作了调整，收养人不再需要受到"无子女"的严格限制，在收养人只有一名子女的情形下，依然可以作为收养人再收养其他子女。相应地，在收养人数的规定方面，本法第1100条也作了修改，即无子女的收养人可以收养两名子女；有子女的收养人只能收养一名子女。

关于有抚养、教育和保护被收养人的能力。收养人具备抚养、教育和保护被收养人的能力，这是收养人必须要有的基本条件。此处的"抚养、教育和保护被收养人的能力"，主要是指收养人应当具有完全民事行为能力，在身体、智力、经济、道德品行以及教育子女等各个方面均有能力实现对未成年子女的抚养、教育和保护，能够履行父母对子女应尽的义务。

关于未患有在医学上认为不应当收养子女的疾病。收养人不应患有相关疾病，这是对收养人在身体方面的特别要求。如果收养人患有这些疾病，将对被收养人的健康成长产生重大影响。在适用"未患有在医学上认为不应当收养子女的疾病"这一规定处理具体问题时，要特别注意须有充分科学的依据，必要时通过专门的医学鉴定加以确定，切不可随意适用该项条件拒绝特定主体的收养要求。一般而言，患有一些精神类疾病和传染性疾病可以被认为不适宜收养。例如，精神分裂症、躁狂抑郁型精神病、艾滋病、淋病、梅毒等。在判定某种疾病是否属于不应当收养子女的疾病时，除考虑疾病本身的严重性之外，重点还要考虑此种疾病对于收养关系的影响、对于被收养人可能存在的影响等，综合以上因素，谨慎认定。

关于无不利于被收养人健康成长的违法犯罪记录。这是本次编纂新增加的内容，收养法没有类似规定。近些年来，一些侵害未成年人的违法犯罪案件屡屡见诸报端，令人痛心又愤怒。这其中，也有相当数量的案件属于收养人借收养之名侵害被收养人人身、财产利益的情况。这些情况的出现，本质上是对收养目的的根本违背，严重损害了未成年人的利益。需要指出的是，并非有过任何违法犯罪记录的人都不能担任收养人，本项还是强调"无不利于被收养人健康成长的违法犯罪记录"，即收养人从事过与未成年人健康成长有关的违法犯罪的，才会因该违法犯罪记录而被限制收养。

> **第一千零九十九条** 收养三代以内旁系同辈血亲的子女，可以不受本法第一千零九十三条第三项、第一千零九十四条第三项和第一千一百零二条规定的限制。
>
> 华侨收养三代以内旁系同辈血亲的子女，还可以不受本法第一千零九十八条第一项规定的限制。

【条文主旨】

本条是对收养三代以内旁系同辈血亲的子女以及华侨收养三代以内旁系同辈血亲的子女的条件的放宽规定。

【条文释义】

本章一开始即对收养关系成立的基本条件作了规定，具体来说，第1093条是对被收养人条件的规定，第1094条是对送养人条件的规定，第1098条是对收养人条件的规定。这些有关收养关系成立基本条件的规定，均是对收养关系当事人所作的一般性规定，也就是说，如果收养关系要有效成立，各方当事人原则上需要具备这些基本条件。然而，收养关系涉及收养人、送养人、被收养人等多方当事人，法律关系较为复杂，而且收养涉及各方主体之间的情感联系及未成年人的利益保护，如果在任何情形下均严格适用收养的一般性条件来判定收养行为的效力，可能并不有利于收养制度功能的发挥。因此，有必要在收养的基本条件之外，针对特殊情形作出特别规定。基于此，本条针对收养三代以内旁系同辈血亲的子女以及华侨收养三代以内旁系同辈血亲的子女的条件作了特别规定，主要是在收养一般条件的基础上，作了放宽规定。

根据本款规定，如果收养三代以内旁系同辈血亲的子女，可以在收养基本条件的基础上，不受以下几项条件的限制：一是被收养人生父母有特殊困难无力抚养子女。根据本法第 1093 条的规定，除丧失父母的孤儿以及查找不到生父母的未成年人外，只有生父母有特殊困难无力抚养未成年子女时，该子女才能被纳入被收养人的范围。而根据本条规定，收养人如果收养的是三代以内旁系同辈血亲的子女，可以不受这一限制，即便被收养人的父母并未因特殊困难丧失抚养能力，其仍可以成为被收养的对象。二是有特殊困难无力抚养子女的生父母。根据本法第 1094 条规定，除孤儿的监护人、儿童福利机构外，未成年人的生父母只有在有特殊困难无力抚养子女时，才能成为送养人。而根据本条规定，收养三代以内旁系同辈血亲的子女，即使未成年人的生父母并未因特殊困难而丧失抚养能力，其仍可以成为适格的送养人，因此，成立的收养关系仍然有效。三是无配偶者收养异性子女的，收养人与被收养人的年龄应当相差 40 周岁以上。根据本法第 1102 条的规定，无配偶者收养异性子女的，需要受到收养人与被收养人 40 周岁年龄差的限制。而根据本条规定，收养三代以内旁系同辈血亲的子女，即使收养人与被收养人的年龄相差不到 40 周岁，依然可以成立有效的收养关系。当然，被收养人依然要受到收养关系一般条件的限制，即须为未满 18 周岁的未成年人。

本条第 2 款是对华侨收养三代以内旁系同辈血亲子女的条件规定，即在一般主体收养三代以内同辈血亲子女放宽条件的基础上，对于华侨收养，进一步放宽了关于收养人子女数量的限制。根据第 2 款规定，华侨收养三代以内旁系同辈血亲的子女，还可以不受本法第 1098 条第 1 项规定的限制。理解本款要注意以下两点：一是华侨收养三代以内旁系同辈血亲的子女，首先与一般主体收养三代以内旁系同辈血亲的子女的要求一致，即被收养人可以不受生父母有特殊困难无力抚养的子女限制、送养人可以不受有特殊困难无力抚养子女的限制以及无配偶者收养异性子女须与被收养人存在 40 周岁年龄差的限制。二是在上述基础上，对于华侨收养，本法进一步放宽限制，还可以不受收养人须无子女或者只有一名子女的限制。也就是说，对于已拥有两名及以上子女的华侨而言，其还可以通过收养这一方式形成与三代以内旁系同辈血亲的子女之间的亲子关系。

> **第一千一百条** 无子女的收养人可以收养两名子女；有子女的收养人只能收养一名子女。
>
> 收养孤儿、残疾未成年人或者儿童福利机构抚养的查找不到生父母的未成年人，可以不受前款和本法第一千零九十八条第一项规定的限制。

【条文主旨】

本条是关于收养人收养子女数量的规定。

【条文释义】

收养法第 8 条第 1 款规定，收养人只能收养一名子女。该规定对于收养人收养子女的数量作了限制性规定，即收养人原则上只能收养一名子女。收养法对于收养子女数量的限制，主要基于两方面考虑：一是从保障被收养人的利益出发，收养人收养的子女数量越多，其所能够提供的抚养条件就相对越差。因此，原则上允许收养人收养一名子女，可以更加确保被收养人的生活条件，有利于其成长。二是收养法制定之时，从计划生育的角度出发，规定收养人原则上只能收养一名子女也与计划生育的政策要求相一致。收养法第 3 条规定，收养不得违背计划生育的法律、法规。

本条规定与收养法的规定相比，在收养子女数量方面，作了重大修改。根据本条第 1 款规定，无子女的收养人可以收养两名子女；有子女的收养人只能收养一名子女。换言之，如果收养人无子女，其可以收养子女的数量已经不再限于一名，最多可以收养两名；对于已有子女的收养人而言，只能再收养一名子女。本条作出修改的主要理由，同收养人条件放宽对收养人子女数量的限制一样，也是基于我国人口生育政策的重大变化，即从"提倡一对夫妻生育一个子女"到"国家提倡一对夫妻生育两个子女"。这里的"无子女"包括自己没有生育子女、已生育但子女死亡等不同情况。这样一来，无论是无子女的收养人，还是已经有子女的收养人，都可以基于自身情况进行收养。

在上述原则规定的基础上，对于那些属于特殊群体的被收养人，是否可以不受收养人数的特定限制呢？本条第 2 款对此作了规定。根据本条第 2 款规定，收养孤儿、残疾未成年人或者儿童福利机构查找不到生父母的未成年人，可以不受前款和本法第 1098 条第 1 项规定的限制。根据本款规定，对于被收养人属于孤儿、残疾未成年人以及儿童福利机构抚养的查找不到生父母的未成年人这三类之一的被收养人：首先，可以不受第一款的限制，即"无子女的收养人可以收养两名子女；有子女的收养人只能收养一名子女"。也就是说，如果收养人收养的是孤儿、残疾未成年人或者儿童福利机构抚养的查找不到生父母的未成年人的，无子女的收养人可以收养两名以上，有子女的收养人可以收养一名以上。其次，收养这三类群体中的任何一类，还可以不受本法第 1098 条第 1 项规定的限制，即可以不受收养人无子女或者只有一名子女的限制。也就是说，如果收养人意图收养的对象是孤儿、残疾未成年人或者儿童福利机构抚养的查找不到生父母的未成年人，即使收养人自己有子女或者子女数量超过一名，依然可以进行有效的收养行为。由此可见，对于收养人收养三类特定群体的被收养人，本条从收养人子女数量、可以收养的被收养人数量两方面均作了放宽规定。之所以这样规定，主要是体现对于这三类群体的特别保护。首先是孤儿，所谓孤儿，是指父母均死亡或者被宣告死亡的未成年人。比如，在灾难事故中失去双亲的儿童。这类群体由于突然变故导致失去双亲，瞬间由正常家庭的孩子成为孤儿，通过放宽收养人子女数量条件及收养人数的限制，可以使其尽快回归正常家庭，重新得到家庭关爱。其次是残疾未成年人，这里的残疾，既包括身体的残疾，也包括精神方面的残疾，如患有精神分裂症的孩子等。无论是身体残疾，还是精神残疾，为鼓励对此类群体的收养，体现对残疾人群体的关爱，放宽相关收养条件的限制，也是很有必要的。最后是儿童福利机构抚养的查找不到生父母的未成年人。这类由儿童福利机构抚养的查找不到生父母的未成年人，来源不一，有的是因自身存在某些疾病而被生父母遗弃，后被儿童福利机构抚养；有的可能是因打拐被解救后查找不到生父母而由儿童福利机构抚养。无论何种情况，通过放宽收养条件使得此类未成年人群体尽快被收养，都是极为必要的，也符合未成年人利益最大化的要求。从近些年的收养实践看，那些身心健康的未成年人，从来都不需要担心无人收养，甚至其数量远远满足不了收养人的收养需求，而许多孤儿、残疾儿童等，则因为自身的特殊情况，很难通过收养手段重新回归家庭。本条对于一般收养关系中收养子女数量的规定以及特殊群体收养数量的放宽，能够体现在收养方面的倾斜保护，有助于此类群体权益的保护，更好发挥收养制度的功能。

> **第一千一百零一条　有配偶者收养子女，应当夫妻共同收养。**

【条文主旨】

本条是关于有配偶者收养子女应当共同收养的规定。

【条文释义】

收养在收养人与被收养人之间建立了法律拟制的父母子女关系。收养关系有效成立后，收养人与被收养人之间的亲子关系成立，被收养人与其生父母的亲子关系消除。由于收养所带来的这种亲子关系的根本变化，在收养人有配偶的情况下，收养是否需要取得配偶的同意而共同为收养行为，就成为立法必须回应的问题。

收养法第 10 条第 2 款规定，有配偶者收养子女，须夫妻共同收养。本条与收养法的规定相比，基本未作修改，即有配偶者收养子女，应当夫妻共同收养。从本条规定看，我国对于有配偶者收养所采取的原则，同世界上多数国家和地区的立法相似，即要求夫妻共同收养。这里的"共同收养"，既可以是夫妻双方共同为收养的意思表示，也可以是一方有收养子女的意思表示，另一方对此表示明确同意。这样规定，体现了双方对于收养行为共同的合意，在形成有效的收养关系后，也有助于共同履行抚养子女的义务，创造和睦、温暖的家庭环境，从而促进被收养人的健康成长。立法过程中，有的意见认为，本条在收养法规定的基础上，应当增加夫妻共同收养的除外情形，即在特定情形下，有配偶者也可以单方收养。比如，在配偶一方为无民事行为能力人或者查找不到时，应当允许另一方单独收养。我们经反复研究、慎重考虑后，没有在本条增加上述除外规定。理由是：第一，收养应当体现配偶双方合意，这是夫妻进行收养的基本原则。在配偶一方为无民事行为能力人的情况下，如果允许另一方单独为收养行为，亲子关系成立后，被收养人有可能在成年后承担较重的赡养义务，尤其是对于无民事行为能力的父或母的赡养义务，这显然对其不利。第二，在配偶一方查找不到的情况下，由于这种事实状态并不确定，如果允许另一方单独收养，配偶重新出现后可能对收养行为并不同意，这显然不利于被收养人的成长。因此，本条维持了收养法的规定，对于有配偶者收养子女的，仍然要求夫妻双方共同收养。

> **第一千一百零二条　无配偶者收养异性子女的，收养人与被收养人的年龄应当相差四十周岁以上。**

【条文主旨】

本条是关于无配偶者收养异性子女应当具备一定年龄差的规定。

【条文释义】

收养在收养人与被收养人之间成立了拟制的亲子关系。对于有配偶者，本法第 1101 条规定了应当夫妻共同收养。那么，对于无配偶者，是否允许其收养？如果允许，需要受到何种约束和限制？本条即是对无配偶者收养异性子女时，须与被收养人具备一定年龄差的规定。

收养法第 9 条规定，无配偶的男性收养女性的，收养人与被收养人的年龄应当相差 40 周岁以上。收养法作出这一规定，主要是考虑到，收养作为成立拟制血亲关系的一种方式，无配偶男性收养女性时，有可能出现在两性关系方面侵害被收养人的情况。也就是说，收养人实施收养的目的并非单纯出于抚育被收养人，而是借收养之名行侵害之实。在这种情况下，收养不仅不能发挥其原有的有利于未成年人健康成长的制度功能，反而可能沦为不法分子侵害未成年人权益的工具。因此，有必要对于无配偶男性收养女性规定一定的年龄差，以尽可能在客观上消除这种侵害情况的发生。据此，收养法规定了无配偶的男性收养女性的，收养人与被收养人的年龄应当相差 40 周岁以上。这里的"无配偶的男性"，既包括该男性一直未婚单身的情况，也包括离异、丧偶等导致没有配偶的情况。关于这一规定，在收养法实施多年以来，经常被提出的问题是：无配偶的女性收养男性时，二者的年龄差是否需要相差 40 周岁以上呢？有的意见认为，无配偶的女性收养男性的，二者的年龄差也应当在 40 周岁以上，否则有违男女平等原则，也不符合我国的实际情况，因为从实践来看，并没有证据表明被收养人在两性方面遭受无配偶的收养人侵犯只限于被收养人为女性、收养人为男性这一情形，因此，基于男女平等原则，应当对收养法的这一规定作出修改，将 40 周岁以上年龄差的限制扩展规定到一切无配偶者收养异性子女的情况。

根据本条规定，首先，在无配偶者收养子女的情况下，收养人与被收养人须有 40 周岁以上年龄差的限制已经不仅限于收养人为男性、被收养人为女性的情况。在收养人为无配偶女性、被收养人为男性的情况下，同样应当受到收养人与被收养人须年龄相差 40 周岁以上的限制。这一规定体现了男女平等的原则，也使得实践中可能出现的无配偶女性侵害被收养男性的情况得到遏制。其次，在年龄差方面，虽然有的意见认为，无配偶女性收养男性，是否需要与无配偶男性收养女性时的年龄差保持一致还值得研究，但本条从男女平等的角度出发，依然保持了 40 周岁的年龄差。最后，无论是无配偶男性收养女性，还是无配偶女性收养男性，40 周岁以上的年龄差是否合适？从本条的规范意旨看，主要是通过划定一定的年龄差，避免无配偶者收养异性子女时对子女的性侵害。从这个规范目的来看，40 周岁的年龄差是合适的。然而，在符合这一标准的前提下，收养人往往年龄也相对较大，能否很好地承担起对未成年子女的抚养、教育和保护义务，也值得考虑。假设被收养的子女 13 周岁，在符合 40 周岁年龄差的前提下，无配偶的收养人至少已经 53 周岁了，此时其能否独自一人负担起监护职责？尽管我们在收养人条件中规定了收养人必须具有抚养、教育和保护被收养人的能力，但不容否认的是，收养人年龄较大势必会在一定程度上影响其监护职责的承担。对于是否应当适当降低年龄差，在保护未成年人的合法权益与保证收养人的抚养教育能力之间，还应取得平衡与兼顾。本条尽管维持了收养法原来的规定，但其最终的效果如何，还要经受实践的检验。

> **第一千一百零三条** 继父或者继母经继子女的生父母同意，可以收养继子女，并可以不受本法第一千零九十三条第三项、第一千零九十四条第三项、第一千零九十八条和第一千一百条第一款规定的限制。

【条文主旨】

本条是关于继父或者继母与继子女收养条件的规定。

【条文释义】

在收养关系中，存在一类特殊主体之间的收养，即继父母对于继子女的收养。子女跟随生父或生母再婚时，即使没有经过收养程序，子女与生父或生母的再婚配偶之间，也会因为再婚事实的存在而可能形成抚养教育关系。在这种情况下，就既存在着子女与共同生活一方的生父或生母之间的父母子女关系，又存在着子女与共同生活一方的生父或生母的再婚配偶之间的继父母子女关系。当然，根据本法第 1084 条规定，父母与子女间的关系，不因父母离婚而消除。离婚后，子女无论由父或者母直接抚养，仍是父母双方的子女。因此，子女与未共同生活的生母或者生父之间的父母子女关系，也并未因生父母离婚的事实而消除。同时，根据本法第 1072 条第 2 款规定，继父或者继母和受其抚养教育的继子女间的权利义务关系，适用本法关于父母子女关系的规定。因此，如果继父或者继母与继子女间形成了抚养教育关系，也要适用本法关于父母子女关系的规定。在这种情况下，子女与继父或者继母以及与其自己的生父母间就会形成双重的父母子女关系，很容易在实践中因为这种双重权利义务的界限不明确而发生纠纷。在此前提下，继父或者继母则可以通过收养继子女，在双方之间形成养父母子女关系，同时因收养关系的成立，子女与生父母之间的亲子关系得以消除。这样一来，收养便使得继父或者继母与继子女之间的双重关系简单化，权利义务更为清晰。正是基于这方面考虑，立法对于继父母收养继子女，规定了较为宽松的收养条件。

　　根据本条规定，继父或者继母收养继子女的，应当满足以下条件：一是必须经过继子女的生父母同意。继父或者继母收养继子女的，一般而言，与继子女共同生活的生母或者生父会表示同意。因为无论最终收养是否成立，继子女与其共同生活的生母或者生父之间的父母子女关系是始终存在的。在这种情况下，与子女共同生活的生母或者生父如果同意其再婚配偶收养自己的子女，有利于在法律上尽快确定子女与其配偶之间的养父母子女关系，从而进一步稳定再婚后的家庭关系，使子女得到家庭关爱。相对而言，未与继子女共同生活的生父或者生母对于收养的意见更为重要，因为一旦继父或者继母与继子女之间的收养关系成立，就同时意味着子女与未共同生活的生父或者生母之间的父母子女关系消除，双方尽管在血缘上仍是亲子，但在法律上的父母子女关系将不复存在。因此，收养关系若要成立，必须首先得到生父母的同意。二是鉴于继父母收养继子女能够使亲子关系更为清晰，因此，立法对于这种情况下的收养，同其他类型的特殊收养一样，在许多方面放宽了收养条件的限制。包括：
（1）可以不受本法第1093条第3项的限制。即继父或者继母收养继子女的，继子女不必属于生父母有特殊困难无力抚养的子女。根据被收养人范围的一般要求，只有丧失父母的孤儿、查找不到生父母的未成年人以及生父母有特殊困难无力抚养的子女可以被收养，但在继父母收养继子女的情况下，继子女不必属于生父母有特殊困难无力抚养的子女。这相当于放宽了对于生父母经济或身体条件方面的要求，无论是否存在特殊困难，只要其主观上同意送养，都可以成立有效的收养关系。（2）可以不受本法第1094条第3项的限制。即生父母作为送养人时不必属于有特殊困难无力抚养子女的情形。同第1项放宽条件相似，本项限制的放宽是从送养人角度作出的规定。一般而言，担任送养人的主体包括三类，即孤儿的监护人、儿童福利机构以及有特殊困难无力抚养子女的生父母。在继父母收养继子女的情况下，生父母作为送养人，即使不属于有特殊困难无力抚养的情形，根据本项规定，依然可以送养子女，成立其与继父或者继母之间的收养关系。（3）可以不受第1098条规定的限制。本法第1098条是对收养人应当具备的条件的规定，包括子女数量、抚养能力、疾病情况、违法犯罪记录以及年龄等多个方面。在继父母收养继子女的情况下，可以不受这些条件的限制。客观而言，这一项条件的放宽的意义是非常重大的，但考虑到继父母收养继子女后，毕竟尚有生父或者生母一方与其共同生活，同时亦有未共同生活一方生母或者生父的同意，因此，这种条件的放宽，我们认为是可以接受的，也有助于鼓励更多的继父母与继子女间形成收养关系，尽快稳定家庭关系。（4）可以不受第1100条第1款规定的限制。本法第1100条第1款是对收养人收养子女数量的规定，即无子女的收养人可以收养两名子女；有子女的收养人只能收养一名子女。在继父母收养继子女的情况下，可以不受这种数量的限制。放宽收养子女数量的限制，有助于所有与生父或生母共同生活的子女同时被继母或者继父收养，使得这些子女同在一个家庭成长，更有助于其身心健康。

> **第一千一百零四条　收养人收养与送养人送养，应当双方自愿。收养八周岁以上未成年人的，应当征得被收养人的同意。**

【条文主旨】

本条是关于收养自愿以及须征得一定年龄被收养人同意的规定。

【条文释义】

收养是在收养人与被收养人之间成立拟制父母子女关系的法律制度，其牵涉送养人、收养人、被收养人等多方主体的权益。从本质上看，收养属于民事法律行为，需要体现当事人的意思自治，最大程度遵从当事人的自愿。根据本法有关收养制度的规定，这种意思自治须体现在送养人、收养人以及被收养人等各方主体是否同意收养的主观意志方面。本法第 1093 条、第 1094 条、第 1098 条分别对被收养人、送养人及收养人的范围或条件作了规定。这些主体在成立有效的收养关系时，必须真实、明确地表达收养意愿，如果这种意愿的表达并非出于内心真意，则会影响收养关系的效力。

本条与收养法的规定相比，仅在被收养人自己同意的年龄标准方面作了修改，其他未作实质修改。根据本条规定，收养人收养与送养人送养，应当双方自愿。收养 8 周岁以上未成年人的，应当征得被收养人的同意。理解本条，需要注意以下几点：一是成立有效的收养关系，首先需要收养人有真实、自愿的收养意思表示。关于这一点，应该是不言自明的道理。作为收养人而言，如果其没有作出收养的意思表示，就不会有后续行为的形成及生效。从本章关于收养程序的规定看，如果没有收养人最初的收养意愿，就不可能有这些程序的启动。这里需要强调的是，收养人收养意愿的作出必须是真实、自愿的，如果这种收养意思表示是受胁迫、欺诈等作出的，就不会产生有效的收养关系，也必将有损被收养人的合法权益。当然，如果有关主体借收养之名行牟利之实，是被严格禁止的，要依法承担相应的法律责任。二是成立有效的收养关系，还需要送养人同意送养的真实意愿。根据本法第 1094 条规定，可以担任送养人的个人和组织包括孤儿的监护人、儿童福利机构以及有特殊困难无力抚养子女的生父母。这些主体在依法送养未成年人时，必须要有同意送养的真实意思表示。以孤儿的监护人为例，即使孤儿的监护人丧失了监护能力，也不得强制其送养未成年人，此时可以通过变更监护人的方式实现对未成年人合法权益的保护。对于送养人同意送养意愿的强调，也再次彰显了对法律行为本质的尊重。三是如果被收养人属于 8 周岁以上的未成年人，还必须征得被收养人的同意才可收养。首先，本法总则编第 19 条规定，8 周岁以上的未成年人为限制民事行为能力人，实施民事法律行为由其法定代理人代理或者经其法定代理人同意、追认；但是，可以独立实施纯获利益的民事法律行为或者与其年龄、智力相适应的民事法律行为。本条根据总则的这一规定，修改了收养法"收养年满十周岁以上未成年人的，应当征得被收养人的同意"这一规定，将"同意"的年龄标准由 10 周岁修改为 8 周岁。其次，收养的未成年人如果在 8 周岁以上，则其同意是收养能够有效成立的前提条件。换言之，即使送养人与收养人达成了收养合意，如果被收养人不同意被收养，则不得进行收养。之所以对限制民事行为能力的未成年人收养附加"同意"要件，主要是考虑到这一年龄段的未成年人相较于无民事行为能力的未成年人而言，已经有了比较成熟的自我意识，尤其是在涉及人身关系的变动方面，能够表达自己的真实意愿，作出符合自己内心真实意思的判断，这也是收养应当最有利于被收养人利益原则的体现。

> **第一千一百零五条**　收养应当向县级以上人民政府民政部门登记。收养关系自登记之日起成立。
>
> 收养查找不到生父母的未成年人的，办理登记的民政部门应当在登记前予以公告。
>
> 收养关系当事人愿意签订收养协议的，可以签订收养协议。
>
> 收养关系当事人各方或者一方要求办理收养公证的，应当办理收养公证。
>
> 县级以上人民政府民政部门应当依法进行收养评估。

【条文主旨】

本条是关于收养登记、收养协议、收养公证以及收养评估的规定。

【条文释义】

所谓收养登记，是国家通过主管部门对申请建立收养关系的当事人，依照收养法规定的收养条件进行审查，对符合法定收养条件的准予登记，收养关系随之成立的一项制度。它是中国公民收养查找不到生父母的未成年人以及儿童福利机构抚养的孤儿和外国人收养中国儿童取得合法收养关系的必经程序。从这一规定看，收养登记属于一种行政确认行为，行政机关只负责对当事人遵循平等自愿原则所建立收养关系的合法性及其结果进行审查确认。国家建立收养登记制度意义重大，通过这一制度，国家能够对收养关系的建立进行监督，及时发现和纠正违反收养制度的行为，依法保护收养关系当事人尤其是被收养人的合法权益，促进家庭和睦和社会稳定。国家要求对收养关系进行登记，还体现了国家对公民收养子女的关心，通过收养登记，亦可对公民进行有关收养的法治宣传，防止违反收养法律规定的行为发生。

本条第 1 款首先对收养登记作出规定。根据本款规定，收养应当向县级以上人民政府民政部门登记。收养关系自登记之日起成立。负责代表国家进行收养登记的职能部门是民政部门，且在部门层级上必须是县级以上人民政府的民政部门。因此，办理收养登记的法定机关是县级以上人民政府的民政部门。由于被收养人的情况不一，针对不同类型的被收养人，承担具体登记职责的民政部门也有所不同。

本条第 2 款规定，收养查找不到生父母的未成年人的，办理登记的民政部门应当在登记前予以公告。本款是 1998 年修改收养法新增加的条款，是对于收养查找不到生父母的未成年人的登记程序的特殊要求。对于查找不到生父母的未成年人而言，尽管在送养人提交申请文件及材料环节已经要求其提交相关的原始记录、报案证明等，但为了在正式办理登记前再次确认该未成年人确属查找不到生父母的状况，本款对于办理登记的民政部门附加了应予公告的义务，其目的在于最大限度地查找未成年人的生父母，尽可能使未成年人回归原始家庭，以最大程度保护其合法权益。根据《中国公民收养子女登记办法》第 7 条第 2 款规定，收养查找不到生父母的弃婴、儿童的，收养登记机关应当在登记前公告查找其生父母；自公告之日起满 60 日，弃婴、儿童的生父母或者其他监护人未认领的，视为查找不到生父母的弃婴、儿童。公告期间不计算在登记办理期限内。因此，对于查找不到生父母的未成年人的收养程序的办理，除遵从一般的程序性要求外，还必须按要求进行公告。

本条第 3 款是关于收养协议的规定，即收养关系当事人愿意签订收养协议的，可以签订收养协议。与收养登记不同，本法对于收养协议的签订并非强制性规定，而是可以由当事人根据具体情况自愿选择是否签订。鉴于收养是变更身份的民事法律行为，如果当事人选择签订收养协议，必须由收养人与送养人双方亲自进行，不得由他人代理。收养协议中，无论是收养人、送养人还是被收养人，必须符合法律规定的条件要求，其内容也必须符合相关的规定。如果被收养人已年满 8 周岁，收养协议中还必须包含被收养人同意收养的意思表示。从形式上讲，收养协议应当采用书面形式，双方当事人各执一份，协议自双方当事人签字盖章之日起生效。

本条第 4 款是关于收养公证的规定，即收养关系当事人各方或者一方要求办理收养公证的，应当办理收养公证。从这一规定看，收养公证并非收养的必经程序，只有收养关系的各方当事人或者一方当事人提出办理收养公证的要求时，才依法予以办理。从办理顺序上看，公证一般应当在签订收养协议并且办理收养登记后进行；如果尚未办理收养登记，仅就收养协议进行公证，只能证明协议是真实合法的，并不能证明收养关系已经成立。根据《司法部关于贯彻执行〈中华人民共和国收养法〉若干问题的意见》的规定，新收养法施行后，收养关系的成立和协议解除收养关系以登记为准。公证机构办理收养协议或解除收养关系协议公证时，应告知当事人有关办理登记的法律规定并记录在卷，但已经登记的除外。因此，要牢牢把握收养关系成立以登记为准的原则，避免以收养公证代替收养登记来认定收养关系的成立。

本条第 5 款是关于收养评估的规定，即县级以上人民政府民政部门应当依法进行收养评估。本法第 1044 条确立了收养应当遵循最有利于被收养人的原则，第 1098 条规定了收养人应当具备的条件。通过收养评估，能够更加准确、客观地确定收养人所具备的抚养教育被收养未成年人的能力，使更符合条件、更具备能力的主体成为收养人，能够从程序和实体两方面保障被收养人的利益，体现最有利于被收养人的收养原则。从世界上其他国家和地区的立法看，美国、加拿大、西班牙、荷兰、法国、挪威等国家都有对收养人能力的调查了解程序，我国香港特别行政区、澳门特别行政区、台湾地区也均在收养工作中建立了收养能力评估机制。我国民政部已分两批启动开展了收养能力评估试点工作。从实践情况看，绝大多数试点地区均引入了专业社工力量，使用了社会工作方法，收养评估的内容包括收养动机、家庭状况、品德品行等方面，评估结果更具科学性和可行性。考虑到收养评估所具有的重要意义，结合各地已经较为成熟的试点经验情况，本款对收养评估作了规定。根据这一规定，收养评估由县级以上人民政府民政部门负责实施，且应当依法进行。关于收养评估的标准、程序、条件等，可由国务院有关部门根据本款的规定制定具体的实施办法。

第一千一百零六条　收养关系成立后，公安机关应当按照国家有关规定为被收养人办理户口登记。

【条文主旨】

本条是关于为被收养人办理户口登记的规定。

【条文释义】

收养关系成立后，收养人与被收养人之间就成立了拟制的父母子女关系，适用一切同父母子女关系有关的规定。从户籍管理的角度，既然在法律上被收养人已经成为收养人的子女，理应将被收养人纳入收养人的户籍之中。根据《中国公民收养子女登记办法》第8条的规定，收养关系成立后，需要为被收养人办理户口登记或者迁移手续的，由收养人持收养登记证到户口登记机关按照国家有关规定办理。

围绕本条，需要明确以下几点：第一，为被收养人办理户口登记的前提是必须成立收养关系。根据本法第1105条的规定，收养关系自登记之日起成立。只有通过合法的收养登记成立收养关系后，收养人才能申请公安机关为被收养人办理有关的户口登记。第二，办理登记的职能部门是公安机关。这一点是由我国的户籍管理体制所决定的，无须多言。第三，根据被收养人的不同情况，需要办理的户口登记类型既包括原始的户口登记，也包括户口迁移。比如，在为孤儿、生父母有特殊困难无力抚养的子女办理户口手续时，因其户籍原来可能已落在其生父母或者其他监护人处，因此，需要办理的是户口的迁移手续；而如果是为儿童福利机构抚养的查找不到生父母的未成年人办理户口手续，因本就无法查知其生父母原来的户籍所在地，此时需要为被收养人办理的就是原始的户籍登记手续。第四，为被收养人办理户口登记，需要依照国家有关规定进行。我国有不少关于户口登记的管理制度，这些制度对于规范公众的户口关系，提升户籍管理水平发挥了重要作用，为被收养人办理户口登记时，应当按照这些规定的要求，依法办理。尤其是随着近些年城镇化进程的加快，大城市"落户难"的情况日益突出。如果对于被收养人不加区别地一律准予在收养人所在地落户，可能会出现与收养人所在城市、省份户籍管理政策相抵牾的现象，不利于当地的人口管理。甚至在个别的一些地方，会出现借收养达到落户的目的等。在这种情况下，严格依照有关规定办理被收养人的户口登记，就显得尤为重要。

> **第一千一百零七条** 孤儿或者生父母无力抚养的子女，可以由生父母的亲属、朋友抚养；抚养人与被抚养人的关系不适用本章规定。

【条文主旨】

本条是关于生父母的亲属或者朋友抚养其子女不适用收养的规定。

【条文释义】

本法第 1093 条规定了被收养人的范围，包括丧失父母的孤儿、查找不到生父母的未成年人以及生父母有特殊困难无力抚养的子女。也就是说，这三类主体可以通过收养制度来实现权益保护的目的。那么，除了适用收养制度之外，是否还可以通过别的方式来对该类主体的权益保护呢？根据本条规定，通过抚养的方式，我们也可以实现对于孤儿以及生父母无力抚养的子女的照顾养育，只是抚养人与被抚养人之间的关系不适用本章关于收养的规定。

所谓抚养，是指无民事行为能力或者限制民事行为能力的未成年人的亲属或者其他主体对未成年人所承担的抚养、保护和教育的责任。一般来说，引起抚养权变更的原因大致包括以下几点：一是与未成年子女共同生活并负有抚养义务的一方患有严重疾病或因伤残等丧失继续抚养未成年子女的条件。二是与未成年子女共同生活的一方未尽到抚养义务或者在共同生活期间有虐待行为的发生，对未成年子女的身心健康产生了不利的影响。三是共同生活的未成年子女在满 8 周岁以后，要求并愿意与另一方生活的。根据本法规定，抚养包括的范围较广：首先，父母对子女有抚养的义务。本法总则编第 26 条规定，父母对未成年子女负有抚养、教育和保护的义务。其次，祖父母、外祖父母在一定情形下对孙子女、外孙子女也负有抚养义务。本法第 1074 条规定，有负担能力的祖父母、外祖父母，对于父母已经死亡或者父母无力抚养的未成年孙子女、外孙子女，有抚养的义务。最后，兄姐与弟妹在一定条件下，也相互负有扶养的义务。本法第 1075 条规定，有负担能力的兄、姐，对于父母已经死亡或者父母无力抚养的未成年弟、妹，有扶养的义务；由兄、姐扶养长大的有负担能力的弟、妹，对于缺乏劳动能力又缺乏生活来源的兄、姐，有扶养的义务。与抚养的适用范围较广不同，收养只能是在收养人与被收养人之间成立父母子女关系，且收养成立后，被收养人与其生父母及其近亲属之间的权利义务关系因收养的成立而消除。本条最主要的规范目的，即在于说明抚养关系与收养关系的不同以及抚养不能适用收养的有关规定。

根据本条规定，当孤儿或者生父母有特殊困难无力抚养的子女没有通过收养重新确立父母子女关系时，生父母的亲属、朋友可以通过抚养未成年人来实现对其权益的保护，其实质是未成年人的抚养权发生了变更。这不仅涉及未成年人今后的生活环境及成长条件的改变，而且关系到各方面关系人的抚养权问题。首先，抚养权的变更，受影响最为直接的是未成年人本人。基于未成年人利益最大化的原则，当原先的抚养人死亡或者丧失抚养条件时，变更抚养权能够有效维护未成年人良好的成长环境。其次，允许生父母的亲属、朋友在有抚养能力及抚养意愿时承担抚养未成年人的义务，充分考虑到了生父母与其亲属、朋友之间的情感联系，也在实现未成年人利益保护的同时，避免了有可能出现的法律冲突。最后，生父母的亲属、朋友抚养未成年人时，不受本章有关收养规定的限制。因此，本章有关收养条件、收养人数、收养登记等一系列规定，均不适用于生父母的亲属、朋友抚养未成年人的情形。当然，这里需要指出的是，如果生父母的亲属、朋友在承担了对未成年人的抚养义务之后，因为各种原因出现了无力承担抚养教育未成年人的情形时，从保护未成年人利益的角度考虑，应当及时、再次变更抚养权人，以确保未成年人的利益不致受到损害。

> **第一千一百零八条　配偶一方死亡，另一方送养未成年子女的，死亡一方的父母有优先抚养的权利。**

【条文主旨】

本条是关于祖父母、外祖父母优先抚养权的规定。

【条文释义】

根据本法第 1094 条的规定，生父母在因特殊困难无力抚养子女时，可以作为送养人，将子女送给他人收养。同时，本法第 1097 条对于生父母送养子女的原则性要求作了规定，即生父母送养子女的，应当双方共同送养。那么，在配偶一方死亡的情形之下，另一方可能因存在特殊困难无力抚养子女而有送养子女的需求，此时，这种送养行为是否应当受到一定限制呢？这里首先需要指出的是，对于监护人送养孤儿的，本法第 1096 条是作出了限制性规定的。根据该条，监护人送养孤儿的，应当征得有抚养义务的人同意。有抚养义务的人不同意送养、监护人不愿意继续履行监护职责的，应当依照有关规定另行确定监护人。那么，对于配偶一方死亡，另一方决定送养未成年子女的，会受到何种限制性要求呢？本条即对此作出了规定。

根据本条规定，配偶一方死亡，另一方送养未成年子女的，死亡一方的父母有优先抚养的权利。在我国的国情下，一般而言，祖父母、外祖父母对于自己的孙子女、外孙子女都疼爱有加，所谓"隔代亲"即指此义。尤其是当自己的子女死亡后，无论是基于对孙子女、外孙子女的疼爱，还是基于对自己子女情感的延续，祖父母、外祖父母一般都愿意承担起抚养孙子女、外孙子女的责任。在这一背景下，本条赋予他们在未成年人被送养时优先抚养的权利，这对于未成年人而言，无疑是有利的，也尊重了老人对自己子女、孙子女、外孙子女的情感需求。依据本条，如父亲死亡，母亲因特殊困难送养未成年子女的，祖父母可以不同意送养，而主张由自己抚养孙子女。同样，母亲死亡，父亲因特殊困难送养未成年子女的，外祖父母也可以不同意送养，表示由自己抚养外孙子女。本条赋予祖父母、外祖父母对于孙子女、外孙子女优先抚养的权利，能够使未成年人在充满关爱的熟悉环境中健康成长，有助于保护未成年人的利益。

> **第一千一百零九条　外国人依法可以在中华人民共和国收养子女。**
>
> 外国人在中华人民共和国收养子女，应当经其所在国主管机关依照该国法律审查同意。收养人应当提供由其所在国有权机构出具的有关其年龄、婚姻、职业、财产、健康、有无受过刑事处罚等状况的证明材料，并与送养人签订书面协议，亲自向省、自治区、直辖市人民政府民政部门登记。
>
> 前款规定的证明材料应当经收养人所在国外交机关或者外交机关授权的机构认证，并经中华人民共和国驻该国使领馆认证，但是国家另有规定的除外。

【条文主旨】

本条是关于外国人在中国收养子女的规定。

【条文释义】

本条第 1 款规定，外国人依法可以在中华人民共和国收养子女。这里的"依法"是指依照我国有关收养的法律法规进行收养行为。从这一表述看，外国人在我国为收养行为，在法律适用方面采取的是属地主义，即必须依照中国有关收养的法律法规进行。同时，该条第 2 款规定，外国人在中华人民共和国收养子女，应当经其所在国主管机关依照该国法律审查同意。这说明，除了遵守我国的法律之外，外国人在中国收养子女的，还需要遵守所在国的法律规定。按照本章有关被收养人、送养人以及收养人条件的规定，外国人在我国收养子女的，必须符合这些实质性条件的要求：（1）被收养人方面：丧失父母的孤儿、查找不到生父母的未成年人以及生父母有特殊困难无力抚养的子女这三类主体，均可以作为涉外收养的被收养人由外国人收养。当然，由于我国的收养仅限于未成年人收养，因此，成年人收养并不在涉外收养的范围之列。（2）送养人方面：根据本法第 1094 条规定，孤儿的监护人、儿童福利机构以及有特殊困难无力抚养子女的生父母，均可以作为送养人送养未成年人。（3）收养人条件方面：本法第 1098 条规定了收养人应当同时具备的条件，包括无子女或者只有一名子女，有抚养、教育和保护被收养人的能力，未患有在医学上认为不应当收养子女的疾病，无不利于被收养人健康成长的违法犯罪记录，年满 30 周岁等。当然，在有的情形下，个别条件允许适当放宽。比如，华侨收养三代以内旁系同辈血亲的子女，可以不受收养人无子女或者只有一名子女的限制；外国人原则上最多只能收养两名子女，但是，如果收养的是孤儿、残疾未成年人或者儿童福利机构抚养的查找不到生父母的未成年人，可以不受收养人数及收养人子女数量的限制。

本条第 2 款主要是对外国人收养的形式要件的规定。根据规定，收养人应当提供由其所在国有权机构出具的有关其年龄、婚姻、职业、财产、健康、有无受过刑事处罚等状况的证明材料，并与送养人订立书面协议，亲自向省、自治区、直辖市人民政府民政部门登记。截至目前，与我国建立收养合作关系的国家有 17 个，包括美国、加拿大、英国、法国、西班牙、意大利、荷兰、比利时、丹麦、挪威、瑞典、芬兰、冰岛、爱尔兰、澳大利亚、新西兰、新加坡。这些国家的公民在中国收养子女的基本程序如下：（1）递交申请。依照《外国人在中华人民共和国收养子女登记办法》规定，提交收养申请和证明文件，具体包括：①跨国收养申请书；②出生证明；③婚姻状况证明；④职业、经济收入和财产状况证明；⑤身体健康检查证明；⑥有无受过刑事处罚的证明；⑦收养人所在国主管机关同意其跨国收养子女的证明；⑧家庭情况报告，包括收养人的身份、收养的合格性和适当性、家庭状况和病史、收养动机以及适合于照顾儿童的特点等。上述 8 种证明文件，原则上需要由收养人所在国有权机构出具，经其所在国外交机关或者外交机关授权的机构认证，并经中华人民共和国驻该国使领馆认证。（2）受理登记。中国收养中心对申请进行登记，并通知相关外国中央机关或收养组织。（3）审核选配。根据外国收养人的条件和意愿并结合中国收养中心登记备案的儿童信息，为收养人选择合适的被收养儿童，同时通知外国中央机关或收养组织以征求收养人的意见。（4）签发通知。征得收养国中央机关和收养人同意后，中国收养中心签发《来华收养子女通知书》，并通知被收养人所在地的省级民政部门。（5）亲自来华。外国收养人接到《来华收养子女通知书》后，须持通知书原件亲自来华，到被收养人常住户口所在地的省级民政部门办理收养登记手续。（6）办理登记。省级民政部门对符合法律规定的收养关系当事人办理收养登记，颁发《收养登记证》，出具《跨国收养合格证明》，收养关系自登记之日起成立。从上述具体程序看，我国的涉外收养手续还是较为复杂的，这能够有力保障被收养儿童的合法权益。

根据本条第 3 款规定，上述证明材料应当经收养人所在国外交机关或者外交机关授权的机构认证，并经中华人民共和国驻该国使领馆认证，国家另有规定的除外。与收养法的规定相比，本条增加了"但是国家另有规定的除外"的规定。这主要是考虑到，目前我国正在认真考虑、积极推动加入《关于取消外国公文书认证的公约》，增加除外规定能够为将来加入该公约、履行条约义务留下空间。该公约主要目的是"愿意取消外国公文书需经外交或领事的认证"。

> **第一千一百一十条** 收养人、送养人要求保守收养秘密的，其他人应当尊重其意愿，不得泄露。

【条文主旨】

本条是关于保守收养秘密的规定。

【条文释义】

收养在收养人与被收养人之间成立了拟制的父母子女关系，涉及送养人、收养人、被收养人等多方主体。收养的成立，势必会对收养家庭、原生家庭以及被收养人本身产生影响。从当事人的角度考虑，在收养成立、家庭关系重新稳定之后，可能会希望保守有关收养的秘密。这里既包括被收养人被收养的事实应予保密，也包括收养家庭、原生家庭的情况的保密。相较于原生家庭父母子女之间的亲子关系，收养所形成的拟制父母子女关系更容易受到外界的影响。实践中，有很多原本相处和谐融洽的养父母与养子女，在收养事实被披露后，心生隔阂，关系淡化，甚至最终导致收养关系的解除。本条即对保守收养秘密作出了规定。

根据本条规定，在收养人、送养人要求保守收养秘密时，其他人应当尊重其意愿，不得泄露。对于被收养人而言，保守收养秘密有助于稳定收养关系，避免对其心理产生影响，从而有利于被收养人的健康成长；对于收养家庭而言，保守收养秘密可以使其免受原生家庭的干扰，维护收养家庭与被收养人之间和睦稳定的家庭关系；对于原生家庭而言，也有助于维护其隐私，使生父母彻底与过去告别，开始新生活，避免被收养人对生父母现有生活的打扰。

第二节　收养的效力

> **第一千一百一十一条**　自收养关系成立之日起，养父母与养子女间的权利义务关系，适用本法关于父母子女关系的规定；养子女与养父母的近亲属间的权利义务关系，适用本法关于子女与父母的近亲属关系的规定。
>
> 养子女与生父母以及其他近亲属间的权利义务关系，因收养关系的成立而消除。

【条文主旨】

本条是关于收养拟制效力的规定。

【条文释义】

收养在收养人与被收养人之间成立了拟制的父母子女关系。收养关系成立后，这种后天通过法律拟制形成的父母子女关系，是否与自然形成的父母子女关系同样适用法律？养子女与养父母的近亲属之间的权利义务关系，应当如何确定？收养关系成立后，养子女与生父母及其他近亲属之间的权利义务关系，是继续维持还是自此消除？这些属于本条的规范内容。

首先，关于养父母与养子女间的权利义务关系。根据本条规定，自收养关系成立之日起，养父母与养子女间的权利义务关系，适用本法关于父母子女关系的规定。本法关于父母子女关系的规定主要集中在总则编及婚姻家庭编。比如，本法总则编第 26 条规定，父母对未成年子女负有抚养、教育和保护的义务。本法第 1067 条规定，父母不履行抚养义务的，未成年子女或者不能独立生活的成年子女，有要求父母给付抚养费的权利。第 1070 条规定，父母和子女有相互继承遗产的权利。这些规范父母子女权利义务关系的规定，都可在收养关系成立后，适用于养父母子女之间。换言之，尽管收养形成的是拟制血亲，但在法律适用方面，其与自然血亲之间并无差别。

其次，关于养子女与养父母的近亲属间的权利义务关系。由于收养关系成立后，养父母子女之间同自然形成的父母子女关系并无二致，因此，在养子女与养父母近亲属关系方面，也同样适用本法关于子女与父母的近亲属之间关系的规定。比如，根据本法第 1074 条规定，有负担能力的祖父母、外祖父母，对于父母已经死亡或者父母无力抚养的未成年孙子女、外孙子女，有抚养的义务。

假如养父母与养子女形成收养关系后，养父母双双死亡或者丧失抚养能力，那么养父母的父母作为其近亲属，应当在有负担能力的情况下，承担起对于孙子女、外孙子女的抚养义务，尽管孙子女、外孙子女系其子女通过收养而来。

最后，本条第2款规定了收养关系成立后，养子女与生父母以及其他近亲属间的权利义务关系相应得以消除。收养关系成立后，养父母与养子女间形成了拟制的父母子女关系。此时，如果养子女与生父母的关系继续维持，则会出现双重的父母子女关系，这将使得亲子关系变得较为复杂，也与人们的普遍认知不符。因此，本条作了上述规定。只要收养关系成立，养子女与生父母及其他近亲属间的权利义务关系就得以消除。许多国家和地区的立法对此作了类似规定。关于本款，有的意见认为，应当参照有关国家的规定，增加继父母收养继子女时，对于该款所规定亲子关系解消效力的部分阻却效果。经研究，我们认为，在继父母收养继子女的情形下，即使不规定亲子关系解消效力的阻却效果，与子女共同生活的生父母与子女之间的关系亦会因收养关系的成立而继续适用本法有关父母子女关系的规定。从实质效果来看，规定阻却效果与否并不影响最终亲子关系的法律适用。因此，本条对此未作规定。

> **第一千一百一十二条　养子女可以随养父或者养母的姓氏，经当事人协商一致，也可以保留原姓氏。**

【条文主旨】

本条是关于养子女姓氏选取的规定。

【条文释义】

根据本法第1106条的规定，收养关系成立后，公安机关应当依照国家有关规定为被收养人办理户口登记。在办理登记的过程中，养子女的姓氏选取应当如何确定，是一个值得思考的问题。是沿用自己原来的姓氏，还是随养父或者养母的姓氏？是尊重当事人意愿，还是由国家作出统一规定？本条即对此问题作了规定。

本条对此确定的原则是，养子女可以随养父或者养母的姓氏，经当事人协商一致，也可以保留原姓氏。从这一规定看，在收养关系成立后养子女姓氏的选取方面，立法还是充分尊重了各方当事人的意愿。

本条规定养子女可以随养父或者养母的姓氏，这与本法人格权编有关子女姓氏选取的规定也是一致的。本法人格权编第1015条规定，自然人的姓氏应当随父姓或者母姓，但是有下列情形之一的，可以在父姓和母姓之外选取姓氏：（1）选取其他直系长辈血亲的姓氏；（2）因由法定扶养人以外的人扶养而选取扶养人姓氏；（3）有不违背公序良俗的其他正当理由。收养关系成立后，养父母与养子女间成立了法律拟制的父母子女关系，允许养子女选取养父或者养母的姓氏，既有助于增强养子女与养父或者养母之间相互的情感认同，便于其更好更快融入收养家庭，也有利于对他人保守收养秘密，维护当事人的隐私权。当然，从另一方面来说，送养人与收养人在收养关系成立时也可能早已约定好未成年子女的姓氏问题，如果双方协商一致，法律也并不禁止未成年人保留原姓氏。比如，在生父母因特殊困难无力抚养而送养子女时，基于情感方面的考虑，生父母可能希望子女在被他人收养之后仍保留原姓氏。此时，如果收养人对此不持异议，当然是允许的。这充分体现了对于收养关系当事人意思自治的尊重，在实践中也不会有操作上的困难。

> **第一千一百一十三条　有本法第一编关于民事法律行为无效规定情形或者违反本编规定的收养行为无效。**
> **无效的收养行为自始没有法律约束力。**

【条文主旨】

本条是关于收养行为无效的规定。

【条文释义】

收养关系成立之后，在一般情形下，是有效的收养。那么，在哪些情形下收养行为有可能被认定无效，实际上体现了公权力对于收养行为的干预。这其中的原因在于，尽管收养是一种具有人身性质的民事法律行为，其核心是当事人的合意，但作为民事法律行为，收养还必须受到民事法律行为效力判断一般原则的约束，同时也要接受国家在收养领域的一些强制性干预，以确保行为自身的合法性、正当性。本条基于以上考虑，对于无效收养行为作了规定，即有本法总则编关于民事法律行为无效规定情形或者违反本编规定的收养行为无效。

本条对于收养效力问题，采取了与收养法一致的做法，只规定了收养行为的无效。根据本条规定，在两种情形之下，收养行为将被认定为无效。第一，有本法总则编关于民事法律行为无效规定的情形。本法总则编第六章民事法律行为专设第三节规定了民事法律行为的效力。本法第 143 条首先从正面规定了民事法律行为有效应当具备的条件，包括行为人具有相应的民事行为能力、意思表示真实以及不违反法律、行政法规的强制性规定、不违背公序良俗。在此基础上，如果不具备或者不完全具备这些条件的民事法律行为，其效力将受到影响，具体可导致无效、可撤销、效力待定等多种效力形态。其中，属于无效民事法律行为的情形包括：（1）无民事行为能力人实施的民事法律行为无效。（2）行为人与相对人以虚假的意思表示实施的民事法律行为无效。（3）违反法律、行政法规的强制性规定的民事法律行为无效。但是，该强制性规定不导致该民事法律行为无效的除外。（4）违背公序良俗的民事法律行为无效。（5）行为人与相对人恶意串通，损害他人合法权益的民事法律行为无效。从总则编的规定看，这些无效情形涵盖了行为人行为能力欠缺、意思表示不真实、违法性等各个方面，是总则编对于民事法律行为效力否定性评价的主要依据。收养作为具有人身性质的民事法律行为，自然应当受到总则编有关民事法律行为效力评价规定的约束。如果送养人与收养人之间的收养行为具有上述情形的，则行为应属无效。第二，违反本编规定的收养行为无效。除具有总则编无效情形的收养行为应属无效收养之外，如果收养行为违反了婚姻家庭编的规定，也应属于无效的收养行为。例如，收养行为违反了有关被收养人、送养人、收养人的条件，以及收养人数的限制以及无配偶者收养异性子女的年龄限制等。又如，未依法向县级以上民政部门办理收养登记。再如，违反有关收养应当遵循最有利于被收养人的原则，保障被收养人和收养人的合法权益的规定，违反禁止借收养名义买卖未成年人的规定等，均为无效收养。

本条第2款规定，无效的收养行为自始没有法律约束力。根据本法总则编第155条规定，无效的民事法律行为自始没有法律约束力。收养作为具有人身性质的民事法律行为，也应遵循法律行为制度的基本原理，一旦被认定无效，也应当是从行为一开始便没有法律约束力。

第三节　收养关系的解除

第一千一百一十四条　收养人在被收养人成年以前，不得解除收养关系，但是收养人、送养人双方协议解除的除外。养子女八周岁以上的，应当征得本人同意。

收养人不履行抚养义务，有虐待、遗弃等侵害未成年养子女合法权益行为的，送养人有权要求解除养父母与养子女间的收养关系。送养人、收养人不能达成解除收养关系协议的，可以向人民法院提起诉讼。

【条文主旨】

本条是关于收养人、送养人协议解除及诉讼解除收养关系的规定。

【条文释义】

收养是在收养人、被收养人之间成立拟制父母子女关系的制度。收养关系自成立之日起，就需要遵循最有利于被收养人的原则，保障被收养人和收养人的合法权益。可以说，最有利于被收养人的原则，需要贯穿收养行为的始终。收养关系成立后，收养人与被收养人之间成立了父母子女关系，收养人作为养父母，应当依法承担起抚养、教育、保护未成年子女的义务，尽心竭力履行监护职责，为未成年子女的健康成长创造良好的条件。同时，这种职责的承担也使得收养人能够真正分享为人父母的快乐，符合收养的初衷。因此，从有利于未成年子女成长的角度考虑，本条确立了原则上在被收养人成年之前，收养人不得单方解除收养关系的规定。这主要是出于确保被收养人能够正常获得生活来源得以健康成长的考虑。如果允许收养人在被收养人成年之前随意解除收养关系，就有可能出现被收养人无人抚养的情形，势必会影响被收养人的生活及成长。当然，这种对收养关系解除的禁止也并非绝对，如果作为收养关系双方当事人的收养人与送养人能够就解除收养关系达成一致协议，被收养人就不会陷入无人抚养的境地，此时，是可以解除收养关系的。但对于被收养人达到8周岁以上的，还需要征得被收养人本人的同意。这里要求征得8周岁以上的被收养人同意，同样也是出于未成年人利益最大化的考虑。未成年的被收养人尽管不是订立收养协议的当事人，但是对于限制民事行为能力的被收养人而言，其已经具备了一定的认知能力，在决定是否解除收养关系的时候，要求征得被收养人的意见，充分体现了对于未成年子女利益的重视和尊重。

在有的情形下，收养人不履行抚养义务，甚至可能存在虐待、遗弃等损害未成年养子女合法权益的现象。在这种情况下，如果不允许解除收养关系，可能更不利于未成年子女的健康成长。同时，送养人作为送养主体，尽管在收养关系成立后就与被收养人不再具有抚养与被抚养的关系，但赋予送养人必要的"监督"职责，仍是必要的。送养人在收养人具有上述情形时，可以向收养人提出解除收养关系；如果送养人与收养人无法就解除收养关系达成协议，可以通过向法院提起诉讼的方式申请解除。

从本条第1款规定看，协议解除收养关系存在以下特点，需要准确把握：一是原则上，在被收养人成年以前，收养人不得单方解除收养关系。这一规定主要是出于对未成年利益的保护，防止因收养人推卸责任而致使未成年人无人抚养的状况出现。二是收养人与送养人经协商一致，可以解除收养关系。在收养人不得随意解除收养关系的原则要求之下，如果收养人与送养人能够协商一致，意味着对未成年人的抚养不会出现问题，从尊重双方当事人意思自治的角度出发，可以允许解除收养关系。三是养子女8周岁以上的，应当征得其同意。在送养人、收养人就解除收养关系达成一致的前提下，如果养子女属于8周岁以上的限制民事行为能力人，则还需要征得养子女的同意才可解除收养关系。这是因为收养关系的解除不能只考虑送养人、收养人的意愿。养子女8周岁以上的，能够基于被抚养经历及情感联系选择最有利于自己的成长环境，此时就需要征得其同意方可解除收养关系。四是收养人、送养人协商解除收养关系只能通过协议解除的方式，不能通过诉讼方式解除。

本条第2款是通过诉讼解除收养关系的规定。理解本款需要注意以下几点：一是适用本款规定的前提是被收养人尚未成年。二是本款适用的对象仅为送养人，不适用于收养人或者被收养人。其立法初衷在于，为保护被收养人的合法权益，赋予送养人在一定条件下提起解除收养关系之诉的权利。三是本款的适用情形有严格限制，即收养人不履行抚养义务，有虐待、遗弃等侵害未成年养子女合法权益的行为。如果收养人不存在这些行为，则送养人无权提起解除收养关系的诉讼。

> **第一千一百一十五条　养父母与成年养子女关系恶化、无法共同生活的，可以协议解除收养关系。不能达成协议的，可以向人民法院提起诉讼。**

【条文主旨】

本条是关于养父母与成年养子女解除收养关系的规定。

【条文释义】

本法第1114条规定了两种解除收养关系的形式：一种是收养人与送养人之间的协议解除；另一种是收养人有特定侵害被收养人利益的情形时，送养人通过诉讼解除收养关系。这两种收养关系的解除形式，均是从保障未成年养子女利益的角度出发所作的规定，对于有效保障未成年人利益、确保子女处于健康的成长环境，有重要意义。那么，除了上述两种情形之外，是否还存在其他通过协议或者诉讼解除收养关系的规定呢？本条即是在前条规定的基础上，针对养子女成年后与养父母关系恶化、无法共同生活所作的解除收养关系的规定，可以协议解除，协议不成的，也可以通过诉讼解除。

收养在收养人与被收养人之间成立了拟制的父母子女关系。收养关系成立后，收养人作为养父母承担起抚养、教育和保护未成年养子女的职责，能够为养子女提供温暖的家庭氛围及良好的成长环境，养子女在这样的氛围和环境中，获得了来自身体、心理各方面的抚慰和照顾，同时，收养人作为养父母也能够通过自己的付出，体会为人父母的幸福，感受天伦之乐。此外，不可否认的一点是，我国的收养制度还是养老制度的重要补充。许多养父母收养子女的初衷，除了为国家和社会减轻负担，自愿承担抚养、教育下一代的重任之外，也是为了今后自己能够老有所依、老有所养。然而，家庭生活是复杂的，所谓"家家有本难念的经"。收养关系成立后，尤其是在养父母含辛茹苦，付出巨大时间、金钱、精力将被收养人抚养成年后，被收养人却可能因为各种原因与养父母交恶，以致无法共同生活。原本养父母所抱有的被收养人成年后能够履行对自己的赡养、扶助义务的期待，也会因这种关系的恶化而化为泡影。在这种情形之下，收养就失去了其原本的意义。此时，允许双方协商解除收养关系，是对于彼此都有益的做法。如果经过协商，无法就解除收养关系达成协议，比如，一方坚决要求解除收养关系而对方不同意解除时，要求解除收养关系的一方可以向人民法院提起诉讼来解除收养关系。

正确理解和适用本条，需要注意以下几点：第一，本条解决的是养父母与成年养子女关系恶化、无法共同生活时收养关系的解除，不包括养子女为未成年人时的情形。根据本法第1114条的规定，收养人在养子女未成年时，原则上不得解除收养关系，除非收养人、送养人协议解除。如果收养人因无法解除收养关系而对未成年子女不履行抚养义务，甚至虐待、遗弃未成年子女的，送养人可以要求解除收养关系。第二，本条所规范的养父母与成年养子女之间收养关系的解除，既包括协议解除，也包括诉讼解除。当养父母与成年养子女双方关系恶化、无法共同生活时，可以由一方提出解除收养关系的意思表示，另一方如果同意，则双方就可以协议解除。如果一方提出解除，另一方不同意解除或者对解除收养关系的具体内容不认可，则可以通过向法院提起诉讼的方式解除收养关系。无论是养父母还是成年养子女，均享有诉权。第三，养父母与成年养子女解除收养关系的原因是双方关系恶化、无法共同生活，以至于引起关系恶化的具体原因在所不问。实践中，成年养子女既可能因为生活方式、价值理念的不同而与养父母关系恶化，也可能存在成年后为逃避赡养义务而故意与养父母交恶，无论出于何种原因，此时勉强维持收养关系都于双方无益，都应允许解除收养关系。对于解除收养关系后养父母的生活保障，本法第1118条作了规定，即经养父母抚养的成年养子女，对缺乏劳动能力又缺乏生活来源的养父母，应当给付生活费。

> **第一千一百一十六条　当事人协议解除收养关系的，应当到民政部门办理解除收养关系登记。**

【条文主旨】

本条是关于解除收养关系登记的规定。

【条文释义】

根据本法第 1105 条的规定，收养应当向县级以上人民政府民政部门登记，收养关系自登记之日起成立。作为一种在收养人与被收养人之间成立拟制父母子女关系的民事法律行为，收养需要经登记成立。那么，在收养关系解除后，作为一种民事法律行为的终止方式，也应当在程序上通过登记予以确认。根据《中国公民收养子女登记办法》第 9 条的规定，收养关系当事人协议解除收养关系的，应当持居民户口簿、居民身份证、收养登记证和解除收养关系的书面协议，共同到被收养人常住户口所在地的收养登记机关办理解除收养关系登记。该办法第 10 条还规定，收养登记机关收到解除收养关系登记申请书及有关材料后，应当自次日起 30 日内进行审查；对符合收养法规定的，为当事人办理解除收养关系的登记，收回收养登记证，发给解除收养关系证明。

理解本条需要注意以下几点：第一，本条的规范对象是协议解除收养关系。根据本法第 1114 条、第 1115 条的规定。协议解除收养关系包括以下几种情形：一是收养人与送养人协议解除收养关系。如果被收养人 8 周岁以上的，解除收养关系还须得到被收养人本人的同意。二是收养人不履行抚养义务，有虐待、遗弃等侵害未成年养子女合法权益行为的，送养人有权要求解除养父母与养子女之间的收养关系。此种情况下，送养人与收养人也可以通过协议的方式解除收养关系。三是养父母与成年养子女关系恶化、无法共同生活的，养父母与成年养子女可以通过协议的方式解除收养关系。因此，在上述三种情形下，如果双方达成了解除收养关系的协议，应当到民政部门办理解除收养关系登记。第二，按照有关程序要求，双方应携带必要的材料，共同到民政部门办理解除收养关系登记。同收养关系成立一样，收养关系的协议解除体现的也是双方的共同合意，只有双方同时到民政部门办理解除收养关系登记，才便于民政部门准确查明双方合意，正确办理登记。第三，民政部门查明双方的协议解除符合有关规定，依法办理登记，收养关系自登记之日起解除。民政部门在办理解除收养关系登记时，应当按照收养的有关规定进行审核，只有符合规定的，才可以办理解除登记。同时，与收养关系自登记之日起成立一样，收养关系的解除效力也应自解除收养关系登记之日起算。

> **第一千一百一十七条** 收养关系解除后，养子女与养父母以及其他近亲属间的权利义务关系即行消除，与生父母以及其他近亲属间的权利义务关系自行恢复。但是，成年养子女与生父母以及其他近亲属间的权利义务关系是否恢复，可以协商确定。

【条文主旨】

本条是关于收养关系解除法律后果的规定。

【条文释义】

收养关系解除后，面临的首要问题就是未成年的养子女抚养、教育和保护。因为收养关系一旦解除，收养人与被收养人之间拟制的父母子女关系即告消除。从收养人的角度来说，其不可能再自愿承担起对被收养人的抚养、教育和保护义务。即使法律作了强制性规定，也无法再像收养关系存在时那般尽心竭力。因此，为了保护收养关系解除后被收养人的抚养教育问题，立法需要作出规定。

一方面，考虑到生父母与被收养人之间始终存在无法割舍的血缘联系，在收养关系解除后，立法要求生父母承担起对于未成年子女的抚养教育责任，以确保未成年子女的利益不受侵犯。因此，本条规定了在收养关系解除后，养子女与养父母以及其他近亲属的权利义务关系即行消除，而与生父母以及其他近亲属的权利义务关系自行恢复，无须办理任何手续。同时，也不区分协议解除还是诉讼解除，均产生此种法律后果。这样一来，对于未成年被收养人的抚养、教育就不会出现真空，能够自动得以接续，未成年人可以继续在良好的环境下健康成长。另一方面，如果收养关系解除后，养子女已经成年，意味着该子女已经具备完全民事行为能力，具有独立的思考和认知能力，可以自主决定未来的生活安排，能够依据自己的所思所想规划未来，包括与谁确立亲子关系等。因此，立法有必要赋予成年养子女与生父母以及其他近亲属在收养关系解除后是否恢复权利义务关系的选择权，尊重双方的自由意志和选择。这既体现了对成年养子女及其生父母独立人格的尊重，也在一定程度上体现了权利义务相对等的原则：一方面，成年养子女会对生父母将自己送养别人而未尽抚养教育之责心有不满；另一方面，成年养子女长期与养父母共同生活，与生父母之间没有太多生活经历，双方很难建立深厚的情感。

我国在收养关系解除法律后果的规定方面，比较符合国际上的趋势，既把未成年人利益的保护放在突出和首要的位置，也尊重了生父母与成年养子女的人格独立与自由选择，具有合理性。

> **第一千一百一十八条**　收养关系解除后，经养父母抚养的成年养子女，对缺乏劳动能力又缺乏生活来源的养父母，应当给付生活费。因养子女成年后虐待、遗弃养父母而解除收养关系的，养父母可以要求养子女补偿收养期间支出的抚养费。
>
> 　生父母要求解除收养关系的，养父母可以要求生父母适当补偿收养期间支出的抚养费；但是，因养父母虐待、遗弃养子女而解除收养关系的除外。

【条文主旨】

本条是关于收养关系解除后生活费、抚养费支付的规定。

【条文释义】

收养关系存续期间，收养人除了付出时间和精力尽心照顾未成年子女之外，还要为子女的健康成长支出生活费、教育费、医疗费等各方面费用。在收养关系一直维持的情况下，收养人在精神和物质方面的付出可以通过将来养子女成年后履行赡养、扶助义务得到回报和补偿。但是，在收养关系解除后，收养人在收养关系存续期间所付出的各项费用便无法通过被收养人将来履行赡养义务的方式进行补偿。此时，从权利义务相对等的角度出发，立法需要对双方进行利益上的平衡。

本条第1款即是对此所作的针对性规定：收养关系解除后，经养父母抚养的成年养子女，对缺乏劳动能力又缺乏生活来源的养父母，应当给付生活费。因养子女成年后虐待、遗弃养父母而解除收养关系的，养父母可以要求养子女补偿收养期间支出的抚养费。作出这样的规定，主要是为了保护收养人的合法权益，妥善处理解除收养关系后的事宜。对于生父母要求解除收养关系的，本条第2款作出规定，养父母可以要求生父母适当补偿收养期间支出的抚养费；但是，因养父母虐待、遗弃养子女而解除收养关系的除外。正确理解和适用本条，需要注意以下几点：一是收养关系解除后，成年养子女应对抚养过自己的、缺乏劳动能力又缺乏生活来源的养父母给付生活费。这里不区分协议解除还是诉讼解除，只要养父母尽了对于养子女的抚养义务，养子女成年后，对于缺乏劳动能力又缺乏生活来源的养父母，都应当给付生活费。这里需要满足几项条件：（1）收养关系已经解除。既包括协议解除，也包括诉讼解除。（2）养父母须实际抚养过养子女。如果收养关系成立后，养父母并未对养子女尽抚养义务，则其无权在养子女成年后要求支付生活费。这里体现的仍然是权利义务相对等的原则。（3）养父母具有缺乏劳动能力又缺乏生活来源的情形。由于收养关系解除后，养父母与养子女间已经不再具有父母子女关系。此时，要求成年养子女向养父母给付生活费，更多是基于养父母之前的抚养事实。因此，这一情形应该加以限制，即只有在养父母既缺乏劳动能力又缺乏生活来源时，成年养子女才负有给付生活费的义务。二是根据本法第1115条规定，养父母与成年养子女关系恶化、无法共同生活的，既可以协议解除收养关系，也可以通过诉讼方式解除收养关系。此种情况下收养关系的解除，既可能确因双方生活观念不符所致，也可能是因成年养子女虐待、遗弃养父母而解除。在后一种情况下，尽管收养关系最终解除，但养父母可以要求养子女补偿收养期间支出的抚养费。这种补偿，一方面是考虑权利义务的对等，另一方面也是体现对养子女虐待、遗弃养父母行为的一种惩戒，是合理的。三是生父母提出解除收养关系要求的，养父母可以要求生父母适当补偿收养期间支出的抚养费。在生父母提出解除收养关系要求的情形下，考虑到养父母对于养子女的成长付出了经济、时间等各方面的巨大成本，赋予养父母对于生父母抚养费的补偿请求权是合适的，但这种请求权有两个方面限制：第一，养父母可以要求适当补偿抚养费支出。在长期的收养关系存续期间，养父母的具体支出是难以准确计算的。因此，养父母可以结合自己抚养教育养子女的具体情况，提出一个适当、大致的补偿标准。第二，解除收养关系的请求虽由生父母提出，但原因在于养父母虐待、遗弃养子女的，由于养父母自身存在过错，其无权提出补偿抚养费的请求。

第六编 继 承

继承制度是关于自然人死亡后财富传承的制度。1985 年六届全国人大三次会议通过了继承法。继承法制定实施以来，随着人民群众生活水平不断提高，个人和家庭拥有的财产日益增多，因继承引发的纠纷也越来越多。根据我国社会家庭结构、继承观念等方面的发展变化，继承编在继承法的基础上，修改完善了我国的继承制度，以满足人民群众处理遗产的现实需要。继承编共四章、四十五条，对法定继承、遗嘱继承和遗赠、遗产的处理等制度作了规定。

第一章 一般规定

第一章共七条，是有关继承制度的一般规定，内容包括继承编的调整范围、继承开始的时间、死亡推定、丧失继承权等。本章与继承法总则一章大致相同，根据实践发展的需要，作了进一步的修改完善，主要增加了有关死亡时间推定的规定，修改了遗产范围的规定，增加了宽恕制度，同时为了适应民法典的体系性要求，删除了继承法有关无民事行为能力人和限制民事行为能力人继承权代理的规定、继承纠纷诉讼时效的规定。

第一千一百一十九条 本编调整因继承产生的民事关系。

【条文主旨】

本条是关于继承编调整范围的规定。

【条文释义】

民法典总则编规定的是民事行为的普遍性、共通性规范。民法典其他各编所调整的都是特定领域的民事关系。继承编所调整的就是继承领域的民事关系，即因继承产生的民事关系。

继承是自然人死亡后，按照法律规定或者遗嘱处理分配其所遗留的个人财产的制度。继承编所调整的就是因继承产生的民事关系。因继承产生的民事关系就是继承关系。继承法律关系包括三个方面内容：一是继承法律关系的主体，即依法享有继承权利、承担相应义务的人，主要包括被继承人和继承人、受遗赠人。被继承人就是死亡时遗留财产的自然人。被继承人只能是自然人。因为法人、非法人组织解散或者破产后，需要按照法律规定清算以处理其财产。继承人就是继承遗产或者有权继承遗产的人。受遗赠人就是根据被继承人的遗嘱接受其赠与的人。二是继承法律关系的客体，就是遗产，即被继承人死亡时所遗留的个人合法财产。继承法律关系所指向的对象，就是被继承人的遗产。继承法律关系围绕遗产的分割与处分展开。三是继承法律关系的内容，就是继承法律关系当事人之间的权利义务关系。在继承法律关系中，继承人享有继承权，同时也承担着相应的法律义务，如在遗产分割前妥善保管存有的遗产，根据遗嘱的要求履行被继承人对继承所附加的义务等。

继承编调整继承关系，并不意味着其他各编或者其他民事法律就不调整继承关系。相反，有些法律还对特定领域的继承问题作了相应规定。在涉及这些领域的继承关系时，还需要适用特别法中的有关规定。比如，农村土地承包法第 32 条规定，承包人应得的承包收益，依照继承法的规定继承。林地承包的承包人死亡，其继承人可以在承包期内继续承包。公司法第 75 条规定，自然人股东死亡后，其合法继承人可以继承股东资格；但是，公司章程另有规定的除外。

> **第一千一百二十条　国家保护自然人的继承权。**

【条文主旨】

本条是关于保护继承权的规定。

【条文释义】

一、继承权

继承权是民事权利的一种，继承权是自然人依法享有继承被继承人死亡时遗留的遗产的权利。继承权的具体内容包括：一是接受与放弃继承的权利。继承权作为一种财产性权利，继承人有权接受继承，也有权放弃继承。任何人不能强迫继承人接受、放弃继承。根据继承编第 1124 条第 1 款的规定，继承开始后，继承人放弃继承的，应当在遗产处理前，以书面形式作出放弃继承的表示；没有表示的，视为接受继承。二是取得遗产的权利。继承人如果不放弃继承，即可依法取得被继承人所遗留的遗产。至于继承人取得遗产的份额多少，则需要根据法律规定或者遗嘱内容判断。三是继承权受到侵害时获得救济的权利。继承权作为财产权利，在受到不法侵害时，继承人当然有权依法寻求救济，理论上此种权利被称为继承恢复请求权。继承人根据继承恢复请求权可以要求法院确认自己依法享有继承权，并可以请求返还其依法应得的遗产。

继承权可以由自然人本人行使，也可以由其代理人行使。完全民事行为能力人可以独立从事民事法律行为，自然可以行使继承权。对于限制民事行为能力人和无民事行为能力人而言，由于不具有完全民事行为能力，故无法独立行使继承权。继承法规定："无行为能力人的继承权、受遗赠权，由他的法定代理人代为行使。限制行为能力人的继承权、受遗赠权，由他的法定代理人代为行使，或者征得法定代理人同意后行使。"总则编对于限制民事行为能力人和无民事行为能力人如何实施民事法律行为已经有了相关规定，即限制民事行为能力人实施民事法律行为由其法定代理人代理或者经其法定代理人同意、追认，无民事行为能力人由其法定代理人代理实施民事法律行为。因此，继承编删除了继承法的此条规定。

二、继承权的保护

本条规定，国家保护自然人的继承权。在继承编征求意见过程中，有的意见提出，本条内容与总则编第 124 条规定重复，建议删除。总则编第 124 条规定："自然人依法享有继承权。自然人合法的私有财产，可以依法继承。"需要注意的是，总则编第 124 条是从权利享有的角度规定，本条重点突出的继承权的保护，二者的立法目标不同。还有意见建议增加规定，"保护胎儿的继承权益"。鉴于总则编第 16 条已经明确规定"涉及遗产继承、接受赠与等胎儿利益保护的，胎儿视为具有民事权利能力"，因此没有必要重复规定。

保护自然人继承权不仅是民法典的重要内容，是民法典继承编的基本原则之一，同样也是我国宪法规定的公民基本权利之一。宪法第 13 条第 2 款规定，国家依照法律规定保护公民的私有财产权和继承权。民法典继承编保护继承权的规定是落实宪法规定的具体体现。

> **第一千一百二十一条　继承从被继承人死亡时开始。**
>
> 相互有继承关系的数人在同一事件中死亡，难以确定死亡时间的，推定没有其他继承人的人先死亡。都有其他继承人，辈份不同的，推定长辈先死亡；辈份相同的，推定同时死亡，相互不发生继承。

【条文主旨】

本条是关于继承开始时间和死亡时间推定的规定。

【条文释义】

一、继承的开始

本条第 1 款规定，继承从被继承人死亡时开始。继承的开始意味着继承法律关系的形成。继承从被继承人死亡时开始，继承开始的时间非常重要，继承开始的时间决定着以下重要问题：一是继承人、受遗赠人范围。继承人有哪些、受遗赠人是否能够获得遗赠，都需要根据继承开始时有关当事人的法律状态来判断。比如，被继承人死亡时，其配偶已离婚的，则其配偶就不再是法定继承人，因而不享有继承权。如果被继承人死亡时，遗嘱所确定的受遗赠人在此前已经死亡的，则遗嘱指定的受遗赠人不能享有受遗赠权。因此，一个民事主体是否享有继承权或者受遗赠权，需要根据被继承人死亡之时该民事主体的法律状态具体判断。二是遗产的范围。被继承人死亡的时间是确定被继承人所遗留遗产的时点。被继承人生前可以根据自己的意志自由处分其所有的财产，因此，财产状况是变化的，难以确定。而一旦被继承人死亡，此时，被继承人遗留财产的种类、数量、范围、债权债务等才能最终确定。三是遗产所有权的转移。被继承人死亡后，被继承人不再具有民事权利能力，也就不能成为民事权利的主体，其所遗留的财产的所有权即应转移给继承人。物权编第 230 条规定，因继承取得物权的，自继承开始时发生效力。因此，继承人死亡的时间就是遗产所有权移转的时间。四是遗嘱的效力。遗嘱订立后并不发生效力，只有在被继承人死亡时，遗嘱才生效。因此，继承开始的时间也就是遗嘱生效的时间。如果被继承人留有数份遗嘱，各遗嘱之间的内容有抵触的，根据继承编的有关规定，应当以被继承人生前所立最后的那份遗嘱为准。因此，一份遗嘱是否发生效力、是否有效，需要根据被继承人死亡时的具体情况判断。五是继承权的放弃。继承人有权放弃继承，但是根据继承编的规定，放弃继承必须在继承开始后遗产分割之前，继承人不能在继承开始之前表明放弃继承。因此，继承开始的时间决定着一个人所作的放弃继承的意思表示是否有效。

继承开始取决于被继承人死亡的时间。因此，如何确定被继承人死亡的时间至关重要。死亡从法律上而言，包括自然死亡与宣告死亡。总则编第 15 条对出生时间和死亡时间有明确的规定，自然人的出生时间和死亡时间，以出生证明、死亡证明记载的时间为准；没有出生证明、死亡证明的，以户籍登记或者其他有效身份登记记载的时间为准。有其他证据足以推翻以上记载时间的，以该证据证明的时间为准。因此，确定被继承人死亡的时间应当以死亡证明所记载的时间为准，没有死亡证明的，则应当以其他有效身份登记记载的时间为准。宣告死亡是自然人下落不明达到法定期限，经利害关系人申请，人民法院经过法定程序在法律上推定失踪人死亡的一项民事制度。宣告自然人死亡，是对自然人死亡在法律上的推定，这种推定将产生与生理死亡基本一样的法律效果。总则编对宣告死亡的时间也作了规定，第 48 条规定，被宣告死亡的人，人民法院宣告死亡的判决作出之日视为其死亡的日期；因意外事件下落不明宣告死亡的，意外事件发生之日视为其死亡的日期。因此，宣告死亡时死亡时间的确定需要根据具体情况判断：如果被宣告死亡者是由于意外事件失踪的，宣告死亡的时间以意外事件发生之日为死亡的日期；如果被宣告死亡是由于其他原因失踪的，则以人民法院宣告死亡判决作出之日为死亡时间。

二、死亡时间的推定

本条第 2 款规定，相互有继承关系的数人在同一事件中死亡，难以确定死亡时间的，推定没有其他继承人的人先死亡。都有其他继承人，辈份不同的，推定长辈先死亡；辈份相同的，推定同时死亡，相互不发生继承。之所以这么规定，是从有利于保护继承人的利益角度考虑的。相互有继承关系的数人在同一事件中死亡的，根据本款规定，确定死亡时间需要根据具体情况判断：首先，在同一事件中死亡的相互有继承关系的数人，他们的死亡时间如果可以确定的，应当根据客观证据来确定。其次，如果没有证据能证明他们的死亡时间的先后的，则需要根据各自的具体情况进一步作出推定：第一种情况，如果有人没有其他继承人，仅有的继承人都在同一事件中死亡的，推定此人先死亡。这样规定就可以使其遗产能够依法被继承，而不会造成因无人继承的状况。第二种情况，如果他们都有其他继承人的，就需要再进一步根据他们之间的辈份情况来推定，具体而言：其一，辈份不同的，推定长辈先死亡。例如，甲乙爷孙二人在同一事件中死亡，两人均有其他继承人，则推定爷爷甲先死亡，其孙子乙后死亡。其二，辈份相同的，推定同时死亡，相互之间不发生继承。例如，兄弟丙丁在同一事件中死亡，两人也都有其他继承人，则推定二人同时死亡，相互之间不继承对方的遗产。

> **第一千一百二十二条　遗产是自然人死亡时遗留的个人合法财产。依照法律规定或者根据其性质不得继承的遗产，不得继承。**

【条文主旨】

本条是关于遗产的规定。

【条文释义】

一、遗产的含义和范围

本条第 1 款规定，遗产是自然人死亡时遗留的个人合法财产。遗产是继承法律关系的客体，也是继承权的标的。

关于遗产的范围，有不同立法例。一是概括式，即通过概括遗产的特征明确遗产的定义，以抽象方式规定遗产的范围；二是列举式，就是通过一一列明的方式写明哪些财产属于遗产；三是概括式与列举式相结合，在概括规定遗产定义的同时列出遗产的范围。我国继承法第3条规定，遗产是公民死亡时遗留的个人合法财产，包括：（1）公民的收入；（2）公民的房屋、储蓄和生活用品；（3）公民的林木、牲畜和家禽；（4）公民的文物、图书资料；（5）法律允许公民所有的生产资料；（6）公民的著作权、专利权中的财产权利；（7）公民的其他合法财产。

在立法过程中，就如何规定遗产的范围，有不同意见。有的意见提出，概括式规定能更全面地涵盖遗产范围，更能适应市场经济的发展和社会生活的变化，也是世界各国的普遍做法。有的建议详细列明遗产的范围包括，动产、不动产、建设用地使用权、财产性债权、知识产权中的财产权益、有价证券、股权和其他投资性权利、网络虚拟财产以及其他合法财产和财产性权益。有的意见提出，明确农村宅基地使用权、土地承包经营权、城市公租房、死亡赔偿金、冷冻胚胎、债权债务等是否可以继承。

考虑到在继承法起草制定时，我国的市场经济尚未确立，人民群众拥有的财产有限，私人财产观念也不强，继承法列明遗产的范围在技术上易操作，也有利于提高人民群众的权利意识。随着社会主义市场经济的不断发展，经济生活中财产的种类丰富多样，新的财产类型不断出现，总则编也规定了各种财产权的种类，没有必要在继承编重复列明各种财产类型为遗产的范围。因此，本条概括规定了遗产的范围，即遗产是自然人死亡时遗留的个人合法财产。理解遗产的范围需要从三个方面把握：第一，遗产首先是财产或财产性权益，非财产性权利（人格权、人身权或相关权益）不得作为遗产继承；第二，遗产必须是合法的财产权，非法的财产权不属于遗产的范围；第三，遗产必须是被继承人个人的财产，非个人财产不属于遗产的范围。我国有些财产性权益属于家庭共有，而非属于个人。比如，土地承包经营权、宅基地使用权等，根据农村土地承包法、土地管理法的相关规定，获得土地承包经营权、宅基地使用权的主体是以户为单位，并不是属于某个家庭成员。

二、不得继承的遗产

本条在规定可以继承的遗产同时，还进一步明确不得继承的遗产范围。第2款规定，依照法律规定或者根据其性质不得继承的遗产，不得继承。原因在于，能被继承的遗产应当是能够转由他人承受的财产，有些个人财产性权益虽然合法，但由于法律上的特殊性质，不宜或者不能由他人承继，在这种情况下，法律有必要将其排除在可继承的遗产范围外。根据本款规定，主要有两类：第一类是根据其性质不得继承的遗产，这主要是与被继承人人身有关的专属性权利，如被继承人所签订的劳动合同上的权利义务，被继承人所签订的演出合同上的权利义务。第二类是根据法律规定不得继承的遗产。根据总则编第 8 条的规定，民事主体从事民事活动，不得违反法律，不得违背公序良俗。如果法律有明确规定某些财产不得继承，继承人自然不得继承。

> **第一千一百二十三条** 继承开始后，按照法定继承办理；有遗嘱的，按照遗嘱继承或者遗赠办理；有遗赠扶养协议的，按照协议办理。

【条文主旨】

本条是关于法定继承、遗嘱继承和遗赠、遗赠扶养协议间效力的规定。

【条文释义】

一、遗产的处理方式

作为所有权人，每个人都可以按照自己的意愿处分自己所有的财产。被继承人也同样如此，可以在生前对自己所有的财产提前做安排与处理。根据继承方式与被继承人的意思是否有关，继承可以分为遗嘱继承和法定继承。遗嘱继承就是根据被继承人生前所立合法有效的遗嘱指定特定继承人继承遗嘱。法定继承就是被继承人未立遗嘱或者所立遗嘱未处分的部分遗产，根据法律规定由特定范围的继承人按照法律规定的顺序、份额等继承。

当然，被继承人的遗产还可以因被继承人自己生前的意思而由继承人以外的人取得，有两种方式：第一种是遗赠，即被继承人在遗嘱中明确自己死后将遗产的全部或者部分赠与某人；第二种是遗赠扶养协议，遗赠扶养协议是我国特有的一种遗产处理方式，是自然人与继承人以外的组织或者个人签订协议，由该组织或者个人负责自然人的生养死葬，并在该自然人死后获赠其遗产。

因此，被继承人可以通过不同的方式处理自己的遗产，既可以在生前立遗嘱处分自己的遗产，也可以与他人签订协议处分自己的遗产，还可以不做任何意思表示而根据法律规定处理遗产。

二、法定继承、遗嘱继承或者遗赠、遗赠扶养协议间的效力

本条规定，继承开始后，按照法定继承办理；有遗嘱的，按照遗嘱继承或者遗赠办理；有遗赠扶养协议的，按照协议办理。

首先，继承开始后，按照法定继承办理。在通常情况下，如果被继承人生

前没有留有有效的遗嘱，继承开始后，就需要启动法定继承制度，根据继承编所规定的继承人范围、顺序、遗产分配方法等，确定各继承人之间所得遗产的数额。这是最为常见的继承方式。

其次，有遗嘱的，按照遗嘱继承或者遗赠办理。如果被继承人生前留下了合法有效的遗嘱，被继承人的财产就需要优先根据遗嘱的内容来分配。有遗嘱的包括两种情况：第一种就是遗嘱指定了特定的继承人继承，此时，就需要启动遗嘱继承程序，按照遗嘱的要求来分配遗产；第二种就是被继承人通过遗嘱将遗产赠与继承人以外的个人或者组织，处理遗产就必须尊重被继承人的意思。被继承人的遗嘱可能是处理了自己的所有遗产，也可能是处理了部分遗产。不管哪种情况，只要有遗嘱，就优先按照遗嘱的指示来分配所涉及的部分遗产。法定继承是在被继承人意思缺位时，立法按照男女平等、养老育幼、权利义务相一致等公平合理的规则分配被继承人的遗产。

最后，有遗赠扶养协议的，按照协议办理。遗赠扶养协议是自然人生前与继承人以外的个人或者组织签订的协议。当事人之间签订的协议，双方当事人都必须遵守。在遗赠扶养协议中，扶养人有负责被扶养人生养死葬的义务，同时享有获得遗赠的权利；被扶养人生前有权要求扶养人照顾自己，同时也有义务在死亡后将自己的遗产赠与扶养人。从法律性质上讲，遗赠扶养协议是一种双务合同。这种协议体现了被扶养人生前的自主意思，应当尊重，同时这种双务合同体现了双方当事人的意思，理应比仅体现一方意思的遗嘱效力优先。因此，在自然人生前与他人签订了遗赠扶养协议时，应当依遗赠扶养协议优先处理所涉遗产。由于双方当事人可以事先约定扶养人受遗赠的财产范围，超过此范围的遗产，如果被扶养人立有遗嘱，则应当按照遗嘱处理。如果没有遗嘱，则应当按照法定继承办理。需要注意的是，如果对于同一财产，遗赠扶养协议和遗赠都涉及时，应当优先按照遗赠扶养协议处理。

> **第一千一百二十四条** 继承开始后，继承人放弃继承的，应当在遗产处理前，以书面形式作出放弃继承的表示；没有表示的，视为接受继承。
>
> 受遗赠人应当在知道受遗赠后六十日内，作出接受或者放弃受遗赠的表示；到期没有表示的，视为放弃受遗赠。

【条文主旨】

本条是关于继承、受遗赠的接受与放弃的规定。

【条文释义】

一、继承的放弃与接受

向遗产管理人作出放弃继承就是继承人作出不接受继承、不参与遗产分割的意思表示。放弃继承的继承人既可以是遗嘱继承人，也可以是法定继承人。放弃继承的意思表示可以是继承人本人作出，也可以通过其代理人作出。继承权是继承人依法享有的一种权利，继承人可以放弃，也可以不放弃，应当尊重继承人的内心意思，任何人不得胁迫、欺诈他人放弃继承。

根据本条第 1 款的规定，放弃继承必须在特定时间作出，即继承开始后，遗产处理前。继承人放弃继承必须此时间段作出，既不能在继承尚未开始前放弃，也不能在遗产分割之后放弃。本法第 1121 条第 1 款规定，继承从被继承人死亡时开始。因此，放弃继承必须在被继承人死亡后放弃。如果继承人尚未死亡，被继承人就作出放弃继承的意思表示，这种放弃是无效的。放弃必须在遗产处理前作出，在遗产处理之后，遗产的所有权已经转移给继承人，此时继承人放弃的不是继承，而是所继承遗产的所有权。

继承人放弃继承，必须以书面方式作出。一方面，放弃继承意味着继承人不参与遗产分割，是对自己权利的重大处分，要求继承人以书面方式作出，也可以让继承人三思而行，谨慎作出。另一方面，放弃继承后，继承人不再参与遗产分割，其他继承人将可以获得更多的遗产份额，为了避免当事人之间就遗产分割发生争议，以书面方式作出，更有利于保留证据。继承人放弃继承的书面意思表示，可以向遗产管理人作出，也可以在涉遗产的诉讼中向人民法院作出，也可以向其他继承人作出。

放弃继承必须以明示方式作出，不得以默示方式作出。根据本款规定，继承人在继承开始后，遗产处理前，对是否接受继承没有表示的，视为接受继承。这与大多数国家的立法一样。

继承人放弃继承后，其即不参与遗产分配。如果是遗嘱继承的继承人放弃继承，根据第 1154 条第 1 项的规定，所涉遗产即按照法定继承办理；如果是法定继承人放弃继承，那么该继承人本应分得的遗产份额就应由其他继承人分割。继承人放弃继承，放弃的效力溯及继承开始之时。

二、受遗赠的接受与放弃

本条第 2 款规定，受遗赠人应当在知道受遗赠后 60 日内，作出接受或者放弃受遗赠的表示；到期没有表示的，视为放弃受遗赠。

作出接受或者放弃受遗赠的期限为 60 日，即从受遗赠人知道受遗赠后的 60 日内作出。在继承编起草审议过程中，有的意见提出，应适当延长期限，建议修改为 6 个月。考虑到受遗赠人为继承人以外的人，属于外人，如果给予过长的时间决定是否接受遗赠，会使得遗产长期处于不确定状态，且 60 日的期限是从受遗赠人知道之日起算，已经足够一个人理性人作出判断。因此，未对此期限作出修改。

接受遗赠必须以明示的方式作出意思表示，受遗赠人在法定期限不作出意思表示的视为放弃。在本编起草审议过程中，有的意见提出，受遗赠人作出接受与放弃的意思表示也应当以书面方式作出，不作出的视为接受遗赠。自然人以遗嘱方式作出遗赠虽然是单方行为。但从法律的本质上而言，遗赠行为在某种程度上应当视为一种双方法律行为，遗赠人作出赠与的意思表示，受遗赠人需要接受，双方意思达成一致方能成立，遗赠人不得将自己的意思强加给另一方。因此，如果受遗赠人在法定期限内不作任何意思表示，赠与的合意难以形成，法律不宜强迫当事人达成合意，故不宜规定受遗赠人不作出接受表示即视为接受。同时，考虑到接受遗赠属于行使权利的行为，不宜对当事人要求过高，在形式上法律不宜作硬性规定，只要受遗赠人作出意思表示即可，不必非得以书面方式作出。

> **第一千一百二十五条** 继承人有下列行为之一的，丧失继承权：
> （一）故意杀害被继承人；
> （二）为争夺遗产而杀害其他继承人；
> （三）遗弃被继承人，或者虐待被继承人情节严重；
> （四）伪造、篡改、隐匿或者销毁遗嘱，情节严重；
> （五）以欺诈、胁迫手段迫使或者妨碍被继承人设立、变更或者撤回遗嘱，情节严重。
> 继承人有前款第三项至第五项行为，确有悔改表现，被继承人表示宽恕或者事后在遗嘱中将其列为继承人的，该继承人不丧失继承权。
> 受遗赠人有本条第一款规定行为的，丧失受遗赠权。

【条文主旨】

本条是关于继承权丧失的规定。

【条文释义】

继承权丧失，是指继承人因对被继承人或者其他继承人实施了法律所禁止的行为，而依法被取消继承被继承人遗产的资格。继承权丧失意味着继承人不再享有获得被继承人遗产的权利，继承人在继承开始后可以自主决定放弃继承权，但继承权丧失是法律规定取消继承权的情形。

一、丧失继承权的法定事由

本条第 1 款规定，丧失继承权的法定事由包括以下五种：

一是故意杀害被继承人。所谓故意杀害就是故意剥夺他人生命。首先，在主观上，存在杀人的故意，但不包括过失犯罪，也不包括过失或者因正当防卫致被继承人死亡。犯罪动机上，不论继承人是否为了取得被继承人的遗产。其次，故意犯罪的对象必须是被继承人。最后，在客观上实施了杀害行为。只要继承人实施了故意杀害被继承人的犯罪行为，不论犯罪是既遂还是未遂，都将丧失继承权。

二是为争夺遗产而杀害其他继承人。首先，在主观上，继承人必须有杀害的故意，且动机为争夺遗产。其次，在客体上，所侵害的必须是其他继承人的生命。最后，在客观上，也是实施了杀害的行为，当然不论这种犯罪行为是否既遂，都构成丧失继承权的法定事由。

三是遗弃被继承人，或者虐待被继承人情节严重。本项包括两种情况：第一种是遗弃被继承人。需要注意的是，只要行为人实施了遗弃被继承人的行为，而不论这种行为是否严重，即依法失去继承权。遗弃被继承人的行为也可能构成犯罪。第二种是虐待被继承人。如果继承人虐待被继承人情节严重，则构成丧失继承权的法定事由。继承人虐待被继承人情节是否严重，可以从实施虐待行为的时间、手段、后果和社会影响等方面判断。需要注意的是，实施本项规定的两种行为的，只要实施了遗弃行为、虐待被继承人情节严重的，就可以认定丧失继承权，而不需要继承人必须达到构成遗弃罪和虐待罪的程度。

四是伪造、篡改、隐匿或者销毁遗嘱，情节严重。遗嘱是遗嘱人处分自己遗产的意思表示。自然人有处分自己财产的权利，有遗嘱自由。如果遗嘱被他人篡改、隐匿或者销毁，这歪曲了遗嘱人的真实意思，伪造遗嘱更是如此。因此，为尊重被继承人的遗愿，本项规定伪造、篡改、隐匿或者销毁遗嘱情节严重的，也构成丧失继承权的法定事由。所谓伪造，就是被继承人未立遗嘱，继承人无中生有地假冒被继承人所立遗嘱。所谓篡改，就是对被继承人所立的遗嘱的部分内容予以修改。所谓隐匿，就是将被继承人的遗嘱予以藏匿，不告知其他继承人或者遗产管理人。所谓销毁，就是将被继承人所立的合法有效的遗嘱予以损毁以致灭失。伪造、篡改、隐匿、销毁遗嘱的，都需要情节严重方可以成为丧失继承权的原因。所谓情节严重，可以是继承人通过伪造、篡改、隐匿或者销毁遗嘱的行为侵占了被继承人的巨额遗产，也可以是导致其他继承人未能参与遗产分割以致生活困难等。

五是以欺诈、胁迫手段迫使或者妨碍被继承人设立、变更或者撤回遗嘱，情节严重。所谓欺诈，是指继承人故意欺骗被继承人，使被继承人陷入错误判断，并基于此错误判断而立遗嘱、变更遗嘱内容或者撤回所立遗嘱。所谓胁迫，就是继承人通过威胁、恐吓等不法手段对被继承人思想上施加强制，由此使被继承人产生恐惧心理并基于恐惧心理而立下遗嘱、修改遗嘱内容或者撤回所立遗嘱。不论继承人是采取欺诈手段，还是通过胁迫手段，只要导致被继承人的真实意思歪曲，情节严重的，就构成丧失继承权的法定事由。

二、继承权的恢复

继承人虽然实施了某些丧失继承权的行为，但只要被继承人对其表示宽恕或者在遗嘱中仍将其列为继承人，其丧失的继承权即可以恢复。继承权恢复的前提条件是：

第一，继承人是因为实施了前款第 3 项至第 5 项的行为而丧失继承权，即继承人丧失继承权是因为遗弃被继承人，虐待被继承人情节严重，伪造、篡改、隐匿或者销毁遗嘱情节严重，或者以欺诈、胁迫手段迫使或者妨碍被继承人设立、变更或者撤回遗嘱情节严重。只有因为此三类事由丧失继承权的，方可以恢复。如果继承人因为故意杀害被继承人或者为争夺遗产杀害其他继承人而丧失继承权的，则不论如何是不能再恢复继承权的。

第二，继承人确有悔改。所谓确有悔改，就是继承人在实施上述行为后，从内心认识到自己的错误，并积极主动改正。比如，曾经遗弃被继承人，后醒悟认识自己的错误，即承担起养老育幼、相互扶助的义务，以实际行动赡养、扶养、抚养被继承人；或者继承人隐匿了遗嘱后，承认错误而交出遗嘱。认定继承人是否确有悔改，应该结合其行为及内心的主观认识来判断，不能仅仅从表面的行为分析，既要有悔改的外在行为，还要有内在的主观态度改正。

第三，被继承人作出了恢复继承权的意思表示。被继承人可以通过两种方式恢复继承人丧失的继承权。第一种就是被继承人表示宽恕，即被继承人原谅继承人所犯的错误，并予以饶恕。被继承人宽恕的意思表示既可以是以书面方式作出，也可以是口头的，只要其有此意思表示即可。宽恕的意思表示可以是向丧失继承权的继承人作出，也可以是向其他人作出。第二种就是被继承人在遗嘱中仍将丧失继承权的继承人列为继承人。遗嘱的形式不限，只要是合法有效的遗嘱即可。在遗嘱中列为继承人，不一定是指定其为遗嘱继承人，也可以是在遗嘱中确定继承人仍可以参与法定继承的遗产分割。宽恕制度的目的是尊重被继承人的真实意思。如果继承人实施了第 1 款后 3 项规定的行为，即便其确有悔改，如果被继承人未作出恢复继承权的意思表示，其继承权仍无法恢复。

三、丧失受遗赠权

本条第 3 款规定，受遗赠人有本条第 1 款规定行为的，丧失受遗赠权。赠与虽然是单方法律行为，受赠人无须有积极的作为义务，但是根据合同法原理，如果受赠人实施了某些不利于赠与人或赠与人近亲属的行为，赠与人是可以撤销赠与的。遗赠同样如此，根据本款规定，如果受遗赠人实施了第 1 款的行为的，受遗赠人将丧失受遗赠权。需要注意的是，丧失受遗赠权属于绝对丧失，受遗赠人一旦实施了第 1 款规定的行为，即永久丧失受遗赠权，不得再恢复。

第二章　法定继承

本章共七条，规定了继承权男女平等、法定继承人的范围以及顺序、代位继承、尽了主要赡养义务的丧偶儿媳或者丧偶女婿的继承地位、遗产份额的分配原则、酌给遗产制度、处理继承问题的精神以及遗产分割方式等内容。

> **第一千一百二十六条　继承权男女平等。**

〖条文主旨〗

本条是关于继承权男女平等原则的规定。

〖条文释义〗

新中国成立后，我国妇女地位得到了根本性改变，为实现继承权男女平等提供了有利的条件，也在客观上要求法律保护男女平等的继承权。新中国成立后相继颁布的法律也突出了对妇女权益的保护：1950 年颁布的婚姻法规定了男女权利平等，夫妻之间、父母子女之间有互相继承遗产的权利。1982 年通过的宪法规定，中华人民共和国妇女在政治的、经济的、文化的、社会的和家庭的生活等各方面享有同男子平等的权利。1985 年颁布的继承法规定，继承权男女平等。1986 年颁布的民法通则规定，妇女享有同男子平等的民事权利。1992 年颁布的妇女权益保障法规定，实行男女平等是国家的基本国策。国家采取必要措施，逐步完善保障妇女权益的各项制度，消除对妇女一切形式的歧视。

在民法典的编纂过程中，有的意见提出，继承法第 9 条"继承权男女平等"的规定仅具有宣示意义，建议删去。考虑到实践中可能还存在一些重男轻女现象，为了彰显立法平等保护男女权益的价值导向，发挥法律引导和规范现实生活和司法实践的作用，民法典继承编保留了继承法的规定。

"继承权男女平等"原则体现在以下几个方面：

1. 继承权的取得不因自然人的性别不同而不同。妇女同男子享有平等的继承权，不因妇女的婚姻、工作状况而有所差别。

2. 确定法定继承人的范围及继承顺序、继承份额不因自然人的性别不同而不同。继承编规定的法定继承人范围中，既有男性又有女性。继承顺序不因男女而有差别，在同一亲等内，适用于男性的继承顺序同样适用于女性。在继承份额上，如果没有法律规定的多分、少分或者不分遗产的情形，同一顺序的继承人继承遗产的份额一般应当均等，不能以性别不同作为划分遗产多少的依据。

3. 代位继承不因自然人的性别不同而不同。对于代位继承，凡适用于男性的继承，同样适用于女性；适用于父系的继承，也同样适用于母系。

4. 在夫妻财产继承中，夫妻继承地位平等，处分所继承的财产的权利平等。夫妻彼此是对方的第一顺位法定继承人。根据本编规定，夫妻共同所有的财产，除有约定的外，遗产分割时，应当先将共同所有的财产的一半分出为配偶所有，其余的为被继承人的遗产。即在没有另外约定时，夫妻共同财产的一半为被继承人的遗产，不因性别不同而有所差异。夫妻一方死亡后另一方再婚的，有权处分所继承的财产，任何组织或者个人不得干涉。

第一千一百二十七条 遗产按照下列顺序继承：

（一）第一顺序：配偶、子女、父母；

（二）第二顺序：兄弟姐妹、祖父母、外祖父母。

继承开始后，由第一顺序继承人继承，第二顺序继承人不继承；没有第一顺序继承人继承的，由第二顺序继承人继承。

本编所称子女，包括婚生子女、非婚生子女、养子女和有扶养关系的继子女。

本编所称父母，包括生父母、养父母和有扶养关系的继父母。

本编所称兄弟姐妹，包括同父母的兄弟姐妹、同父异母或者同母异父的兄弟姐妹、养兄弟姐妹、有扶养关系的继兄弟姐妹。

【条文主旨】

本条是关于法定继承人范围及继承顺序的规定。

【条文释义】

法定继承，是指继承人范围、继承顺序、继承份额等均由法律直接规定的继承方式。法定继承与遗嘱继承是继承制度中的两种继承方式，在没有遗赠扶养协议又没有遗嘱的情况下，被继承人的遗产按照法定继承处理。法定继承有以下特征：一是具有身份性，法定继承人的范围是基于一定的身份关系而确定，一般以血缘、婚姻关系为基础；二是具有法定性，法定继承中有关继承人的范围、继承顺序等的规定具有强行性，不得由当事人变更。法定继承人范围及继承顺序是法定继承的重要内容，本条基本保留了继承法第 10 条的规定，对法定继承人的范围和继承顺序作了规定。

一、关于法定继承人的范围

法定继承人的范围，是指应当赋予哪些人以法定继承权从而使其依法定继承方式继承被继承人的遗产。对于法定继承人的范围，各国一般都以婚姻和血缘关系为基础，但是具体范围宽窄不一。根据本条规定，我国法定继承人的范围包括：配偶、子女、父母、兄弟姐妹、祖父母、外祖父母，根据本法第 1129 条的规定，对公婆尽了主要赡养义务的丧偶儿媳和对岳父母尽了主要赡养义务的丧偶女婿也是法定继承人。

二、关于法定继承的顺序

法定继承的顺序，是指法律规定的法定继承人继承遗产的先后次序。由于法定继承人通常为多人，法律需要明确法定继承人之间应当优先取得继承的人选。一般而言，被继承人与继承人之间血缘关系的远近及共同生活关系的密切程度是各国法律确定法定继承顺序的主要依据。法定继承顺序具有优先性和排他性，只有在没有前一顺序的继承人继承时，后一顺序的继承人才能继承遗产。

根据本条规定，在继承开始后，由被继承人的配偶、子女、父母继承，只要被继承人的第一顺序继承人中有至少一人继承遗产的，第二顺序继承人就不能继承。在第一顺序继承人中，子女的继承还具有特殊性，如果子女先于被继承人死亡，根据代位继承制度，子女的直系晚辈血亲可以代位继承。在这种情况下，视为第一顺序继承人继承，第二顺序继承人不能继承。在没有第一顺序继承人继承时，由第二顺序继承人继承。"没有第一顺序继承人继承"包括第一顺序继承人不存在、死亡、丧失继承权、放弃继承等，且不存在适用代位继承的情形的，才由第二顺序继承人继承。

三、对子女、父母和兄弟姐妹的界定

婚姻家庭编从权利义务关系的角度对父母子女关系和其他近亲属关系作了规定。由于在法定继承需要明确哪些人可以继承遗产，因此，需要对子女、父母和兄弟姐妹的具体范围作出界定，继承编规定的子女、父母和兄弟姐妹的范围有其特殊性，因此，这些界定子女、父母和兄弟姐妹的范围的规定只适用于因继承产生的民事关系中。

1. 子女。本条第 3 款规定："本编所称子女，包括婚生子女、非婚生子女、养子女和有扶养关系的继子女。"

各国都规定子女为第一顺序继承人，但是各国对子女范围的界定有所不同。一般而言，子女既包括亲生子女，也包括非亲生子女。亲生子女包括婚生子女与非婚生子女，非亲生子女包括养子女和继子女。出于对子女权利平等原则的遵循，现代国家一般都规定了婚生子女、非婚生子女和养子女都享有平等的继承权。对于继子女而言，一些国家认为继子女与继父母之间互不享有继承权。

在我国，对于非婚生子女，婚姻家庭编规定，非婚生子女享有与婚生子女同等的权利，任何组织或者个人不得加以危害和歧视。对于养子女，婚姻家庭编规定，自收养关系成立之日起，养父母与养子女间的权利义务关系，适用本法关于父母子女关系的规定。对于继子女，婚姻家庭编规定，继父或者继母和受其抚养教育的继子女间的权利义务关系，适用本法关于父母子女关系的规定。根据婚姻家庭编的上述规定可以得出，非婚生子女与其生父母、养子女与其养父母、受继父或者继母抚养教育的继子女与其继父母的权利义务关系与婚生子女与其父母的权利义务关系没有区别，根据本法父母和子女有相互继承遗产的权利的规定，非婚生子女、养子女、受继父或者继母抚养教育的继子女可以继承其生父母、养父母和继父母的遗产。需要说明的是，继承编界定的子女的范围，要比婚姻家庭编的规定宽泛，因为继承编的规定为"有扶养关系的继子女"，这既包括继子女受继父母抚养的情形，也包括继子女赡养继父母的情形。如果一个继子女在未成年时期并未受其继父母的抚养，但是其对继父母进行了赡养，虽然按照婚姻家庭编的规定该继子女与继父母之间不适用父母子女之间的权利义务关系的规定，但是按照继承编的规定，该继子女可以被认定为其继父母的子女，具有第一顺序继承人的地位，这符合权利义务相一致的原则。

2. 父母。本条第 4 款规定："本编所称父母，包括生父母、养父母和有扶养关系的继父母。"

婚姻家庭编规定父母和子女有相互继承遗产的权利，子女有权继承父母的遗产，父母也有权继承子女的遗产。根据婚姻家庭编的规定，生父母与其非婚生子女、养父母与其养子女、继父母与受其抚养教育的继子女的权利义务关系适用父母子女关系的规定。需要说明的是，继承编界定的父母的范围，要比婚姻家庭编的规定宽泛，因为继承编的规定为"有扶养关系的继父母"，这既包括继父母抚养继子女的情形，也包括继父母被继子女赡养的情形。前一种情形根据婚姻家庭编可以适用父母子女关系的规定，后一种情形中如果继子女在未成年时期并未受到继父母的抚养，但其仍赡养继父母的，按照婚姻家庭编该继父母与继子女之间不适用父母子女之间的权利义务关系，但是按照继承编的规定，该继父母可以被认定为其继子女的父母，具有第一顺序继承人的地位。这主要是考虑到与被继承人形成扶养关系的继父母，彼此间有较多的感情和金钱投入，在被继承人死亡后，扶养将无法进行，留有一定的遗产继续对其继父母进行扶养也符合被继承人的意愿。

3. 兄弟姐妹。本条第 5 款规定："本编所称兄弟姐妹，包括同父母的兄弟姐妹、同父异母或者同母异父的兄弟姐妹、养兄弟姐妹、有扶养关系的继兄弟姐妹。"

兄弟姐妹是被继承人最近的旁系血亲。对于同父异母或者同母异父的兄弟姐妹，大多数国家规定其与同父母的兄弟姐妹继承顺序相同、继承份额也相同，但也有一些国家的立法例规定其继承顺序后于同父母的兄弟姐妹，或者是虽处于同一继承顺序，但继承份额与同父母的兄弟姐妹不同。对于养兄弟姐妹，因收养关系的成立产生法律拟制的血缘关系，亲生子女与养子女以及养子女之间，也是兄弟姐妹。对于继兄弟姐妹，现代国家大多不承认相互之间的继承权。本编承认"有扶养关系的继兄弟姐妹"享有继承权，这既包括受被继承人生前扶养的继兄弟姐妹，也包括扶养被继承人的继兄弟姐妹。

> **第一千一百二十八条** 被继承人的子女先于被继承人死亡的，由被继承人的子女的直系晚辈血亲代位继承。
>
> 被继承人的兄弟姐妹先于被继承人死亡的，由被继承人的兄弟姐妹的子女代位继承。
>
> 代位继承人一般只能继承被代位继承人有权继承的遗产份额。

【条文主旨】

本条是关于代位继承的规定。

【条文释义】

继承法第 11 条规定了代位继承制度，即被继承人的子女先于被继承人死亡的，由被继承人的子女的晚辈直系血亲代位继承。代位继承人一般只能继承他的父亲或者母亲有权继承的遗产份额。民法典继承编在继承法第 11 条的基础上作了修改完善。继承法规定的代位继承制度中，被代位继承人仅限于被继承人的子女，代位继承人仅限于被继承人子女的直系晚辈血亲。虽然该规定保障了遗产向被继承人的直系晚辈血亲流转，但是考虑到一些意见认为我国法定继承人的范围狭窄，不利于遗产的流转，容易导致遗产因无人继承而收归国家或者集体所有，因此，有必要扩大被代位继承人的范围。但是，也不能无限制地扩大被代位继承人的范围，否则容易使遗产过多地向较远的旁系扩散。一般来说，兄弟姐妹是被继承人血缘关系最近的旁系血亲，兄弟姐妹具有深厚的情感基础，在一定情况下还能尽扶养扶助义务，而兄弟姐妹的子女即被继承人的侄子女、甥子女，与被继承人在血缘和情感上有较为紧密的联系，让侄子女、甥子女继承遗产符合遗产向晚辈流传的原则，也符合民间传统上继承遗产的习惯。可以通过赋予侄子女、甥子女代位继承的权利间接起到扩大法定继承人范围的效果。为此，在编纂民法典继承编的过程中，扩大了被代位继承人的范围，被继承人的兄弟姐妹也可作为被代位继承人，在其先于被继承人死亡时，其子女可以代位继承。

代位继承制度是法定继承中的一项重要制度，对于保障遗产在各支系中合理分配、发挥遗产育幼功能等方面具有重大作用。代位继承也被称为"间接继承"，指具有法定继承权的人因主客观原因不能继承时，由其直系晚辈血亲按照该继承人的继承地位和顺序，继承被继承人遗产的制度。在代位继承中，具有法定继承权的人称为被代位继承人；按照被代位继承人的地位和顺序继承遗产的人称为代位继承人。关于代位继承的法律性质，存在两种学说：一种是代表权说，一种是固有权说。代表权说认为，代位继承是代位继承人代表被代位继承人参加继承，行使被代位继承人的权利，取得被代位继承人应当继承的遗产份额。因此，代位继承权是基于被代位继承人享有的继承权而派生的权利，在被代位继承人丧失或者放弃继承权的情况下，不能由他人代位继承。固有权说认为，代位继承权是法律赋予代位继承人的固有权利，并不是基于被代位继承人的继承权而继承。因此，只要被代位继承人不能继承，代位继承人就可以代位继承。

根据本条规定，我国的代位继承制度有以下主要特征：

一、代位继承的发生原因为被代位继承人先于被继承人死亡

本法规定的代位继承的发生原因为被代位继承人先于被继承人死亡，主要有两种情况：一种是被继承人的子女先于被继承人死亡；另一种是被继承人的兄弟姐妹先于被继承人死亡。在这里，死亡既包括自然死亡也包括宣告死亡。

对于代位继承的发生原因，主要有三种立法例：一是仅以被代位继承人先于被继承人死亡为代位继承发生的唯一原因；二是以被代位继承人先于被继承人死亡或者丧失继承权为发生代位继承的原因；三是以被代位继承人先于被继承人死亡、丧失继承权或者放弃继承为发生代位继承的原因。

在民法典继承编的编纂过程中，一些意见认为，继承法规定的代位继承的发生原因种类单一，建议增加继承人丧失继承权和放弃继承作为代位继承发生的原因。

我们研究认为，在确定代位继承的发生原因时，要综合考虑被继承人的意愿、遗产应发挥的功能、公序良俗等多方面的因素，允许继承人在丧失继承权时可以由其直系晚辈血亲代位继承，违背丧失继承权制度的目的，容易引发道德风险，也不符合公平正义。对于丧失继承权的继承人的直系晚辈血亲，可以通过酌分遗产请求权以及被继承人立遗嘱的方式，分给其一定的遗产。为此，继承编没有将继承人丧失继承权作为代位继承的发生原因。对于继承人放弃继承的，并不是客观上不能行使继承权，而是对自己权利的一种处分，法律应当尊重当事人的选择。如果允许代位继承，可能违背继承人的意愿，也容易产生纠纷。为此，本法也没有将继承人放弃继承作为代位继承发生的原因。

二、被代位继承人为被继承人的子女或者兄弟姐妹

本法规定的被代位继承人的范围为被继承人的子女或者兄弟姐妹。根据本法第 1127 条的规定，子女包括婚生子女、非婚生子女、养子女和有扶养关系的继子女，兄弟姐妹包括同父母的兄弟姐妹、同父异母或者同母异父的兄弟姐妹、养兄弟姐妹、有扶养关系的继兄弟姐妹。

三、代位继承人为被继承人的子女的直系晚辈血亲或者被继承人的兄弟姐妹的子女

本法规定的代位继承人的范围为被继承人的子女的直系晚辈血亲或者被继承人的兄弟姐妹的子女。需要注意的是：一是被继承人的子女的代位继承人与被继承人的兄弟姐妹的代位继承人的亲等限制有所不同。被继承人子女的代位继承人为其直系晚辈血亲，不受辈份的限制，但是在代位继承时以辈份大者优先。被继承人的兄弟姐妹的代位继承人仅限于其子女，这主要是由于兄弟姐妹属于旁系血亲，如果将旁系血亲的代位继承人的范围规定得过于宽泛，就会使与被继承人没有太多血缘以及情感联系的人取得遗产，因此，要对旁系血亲的代位继承人采取限制。二是代位继承人要根据被代位继承人的地位和顺序继承遗产。被继承人的子女为第一顺序继承人，因此，被继承人的子女的直系晚辈血亲在代位继承时是以第一顺序继承人的身份参与继承。被继承人的兄弟姐妹为第二顺序继承人，被继承人的兄弟姐妹的子女在代位继承时是以第二顺序继承人的身份参与继承，只有在没有第一顺序继承人继承，也没有被继承人的子女的直系晚辈血亲代位继承时，才能根据法律规定代位继承。

四、代位继承的份额一般为被代位继承人有权继承的遗产份额

代位继承的份额是指代位继承人通过代位继承的方式能够取得的遗产份额。

本法规定代位继承人一般只能继承被代位继承人有权继承的遗产份额，即被代位继承人如果健在时能继承多少份额，代位继承人也一般只能继承多少份额。代位继承人只能继承被代位继承人有权继承的遗产份额为一般原则，在存在法律规定的多分、少分或者不分等情形时，其继承遗产的份额可能会有所变化，因此本法规定"代位继承人一般只能继承被代位继承人有权继承的遗产份额"。

> **第一千一百二十九条** 丧偶儿媳对公婆，丧偶女婿对岳父母，尽了主要赡养义务的，作为第一顺序继承人。

【条文主旨】

本条是关于尽了主要赡养义务的丧偶儿媳、丧偶女婿的继承地位的规定。

【条文释义】

继承法第 12 条规定，丧偶儿媳对公、婆，丧偶女婿对岳父、岳母，尽了主要赡养义务的，作为第一顺序继承人。

在民法典继承编的编纂过程中，对于这一规定争议较大，主要有三种意见：

有的意见认为，应当取消这一规定。法定继承人一般为配偶和有血缘关系的亲属，儿媳与公婆、女婿与岳父母是姻亲关系，姻亲不应当属于法定继承人。并且无论丧偶与否，儿媳对公婆、女婿对岳父母在法律上都无赡养义务，通过立法来规范本属于道德范畴的问题不科学。在被继承人没有负有法定义务的赡养人时，被继承人生前的赡养可以通过遗赠扶养协议等途径解决。丧偶儿媳和丧偶女婿基于此条规定成为法定继承人，同时他们的子女可以根据代位继承的规定参与继承，这样，丧偶一方就可以取得两份遗产，对被继承人的其他子女有失公平。对丧偶儿媳、丧偶女婿，可以通过酌情分给适当遗产的方式解决。

有的意见认为，这一规定应当予以保留。继承法的这一规定在实践中效果很好，广受好评，不能因为其他国家没有规定就加以废弃。丧偶儿媳、丧偶女婿要成为法定继承人，是有严格的条件限制的，一是在时间上，要对公婆或者岳父母有长期性、经常性的赡养，直至其身故；二是在程度上，这种赡养是公婆或者岳父母的主要生活支柱。满足这两个要求的丧偶儿媳、丧偶女婿作为第一顺序继承人参加继承，完全合情合理。如果儿媳、女婿在丧偶的情况下不仅承担起养育子女的责任，还对被继承人尽了主要赡养义务，而被继承人的其他子女却只承担了次要赡养义务甚至不尽赡养义务，那么在财产继承时有所差别也符合公平原则。

有的意见认为，继承法的这一规定虽不尽合理，但为了达到赡养老人、淳化社会风俗的目的，又确有保留的必要，可以作一定修改，建议修改为：丧偶儿媳对公、婆，丧偶女婿对岳父、岳母，尽了主要赡养义务，没有代位继承人的，作为第一顺序继承人；有代位继承人的，可以分给他们适当的遗产。

我们研究认为，法定继承人一般与被继承人存在血亲、婚姻关系，继承法除了高度重视这两种关系外，还高度重视扶养关系在继承中所起的作用。尽了主要赡养义务的丧偶儿媳和丧偶女婿可以作为第一顺序继承人参与继承，这被认为是我国法定继承制度中的一个重要特色，符合社会主义核心价值观，符合中华民族传统家庭美德和公序良俗，有利于弘扬优良家风，促进家庭内部互助友爱、团结和睦，使老年人能够老有所养。同时，这一规定也充分符合权利义务相一致的原则。在相关的调研活动中，基层群众普遍认为这一规定在实践中效果很好，具有倡导性作用，应当坚持。为此，民法典继承编对继承法中关于尽了主要赡养义务的丧偶儿媳、丧偶女婿的继承地位的规定予以了保留。

根据本条规定，对公婆尽了主要赡养义务的丧偶儿媳和对岳父母尽了主要赡养义务的丧偶女婿，属于法定继承人，并且为第一顺序继承人。是否尽了主要赡养义务，需要结合相关因素判断：一是在时间上，要对公婆或者岳父母有长期性、经常性的赡养，直至其身故；二是在程度上，这种赡养是公婆或者岳父母的主要生活支柱。

> **第一千一百三十条** 同一顺序继承人继承遗产的份额，一般应当均等。
>
> 对生活有特殊困难又缺乏劳动能力的继承人，分配遗产时，应当予以照顾。
>
> 对被继承人尽了主要扶养义务或者与被继承人共同生活的继承人，分配遗产时，可以多分。
>
> 有扶养能力和有扶养条件的继承人，不尽扶养义务的，分配遗产时，应当不分或者少分。
>
> 继承人协商同意的，也可以不均等。

【条文主旨】

本条是关于法定继承中遗产份额的分配原则的规定。

【条文释义】

继承法在规定继承人应当取得的遗产份额时未区分血亲继承人和配偶继承

人，继承法第 13 条第 1 款规定："同一顺序继承人继承遗产的份额，一般应当均等。"第 13 条第 2 款至第 5 款规定了在某些特殊的情况下，同一顺序继承人继承遗产的份额可以不均等。

在民法典的编纂过程中，对于继承法规定的法定继承中遗产份额的分配原则大多持肯定意见，认为这一规定基于继承权平等的原则，规定继承份额原则上应当均等，同时在具体分配遗产时，考虑到那些特别需要遗产的人以及对被继承人所尽义务较多的人，防止了绝对平均主义，体现出真正的公平保护。坚持了原则性和灵活性的结合，既符合我国的实际情况，又符合被继承人的愿望，有利于发扬中华民族的优良传统，促进家庭和睦团结。为此，民法典继承编沿袭了继承法第 13 条关于法定继承中遗产份额的分配原则。

当继承遗产的法定继承人只有一人，就由该法定继承人继承全部遗产，不会发生遗产份额的分配问题。但是如果存在多个同一顺序的法定继承人，就应当确定多个法定继承人之间所应继承的遗产份额，这就涉及法定继承中遗产份额的分配问题，即法定应继份制度。法定应继份额，是指多个法定继承人在继承过程中依法分配遗产时，法律规定其应当取得的遗产份额。根据本条规定，对于法定继承中遗产份额的分配应当遵循以下原则：

一、一般情况下同一顺序继承人继承遗产的份额应当均等

本条第 1 款为法定继承中分配遗产份额应当遵循的一般原则，即遗产按照同一顺序继承人的人数平均分配，各继承人取得的遗产份额均等，不因其他因素而有所不同。同一顺序的继承人之间继承权是平等的，不应有所差异，继承遗产的份额均等是对继承权平等原则的体现。

二、特殊情况下同一顺序继承人继承遗产的份额可以不均等

本条第 2 款至第 5 款规定了在某些特殊的情况下，同一顺序继承人继承遗产的份额可以不均等，主要有以下四种情况：

1. 对生活有特殊困难的缺乏劳动能力的继承人，分配遗产时，应当予以照顾。这一规定体现出遗产在被继承人死亡后起到继续扶养继承人的功能，同时也体现了我国家庭成员之间团结互助的优良传统。应当予以照顾的继承人必须同时满足以下两个条件：一是生活有特殊困难，而不是有一般困难，例如，继承人生活上没有独立的经济来源或者经济收入难以维持当地最低生活水平而导致生活有特殊困难；二是缺乏劳动能力，根本无法通过参加劳动改变生活困难的局面。对于生活有特殊困难的缺乏劳动能力的继承人，在分配遗产时，本法规定"应当予以照顾"，这实际上也为其他继承人在分配遗产时施加了对该继承人予以照顾的义务。

2. 对被继承人尽了主要扶养义务或者与被继承人共同生活的继承人，分配遗产时，可以多分。对被继承人尽了主要扶养义务的继承人是指对被继承人在经济上提供主要来源或者在生活上给予主要照顾的继承人，在遗产分配时给予这类继承人适当倾斜，有利于鼓励尊老育幼，也符合权利义务相一致原则。与被继承人共同生活的继承人，相较其他继承人而言，与被继承人在经济上、生活上、情感上存在更为密切的关系，因此，也可以多分遗产，这一般也符合被继承人的意愿。

3. 有扶养能力和有扶养条件的继承人，不尽扶养义务的，分配遗产时，应当不分或者少分。对于这类继承人不分或者少分遗产必须符合以下两个条件：一是继承人有扶养能力和扶养条件。如果继承人自身无生活来源或者缺乏劳动能力等，根本不具备扶养被继承人的能力和条件，则不属于应当不分或者少分遗产的情形。二是继承人不尽扶养义务。继承人是否尽到了扶养义务一般是从客观上来判断，但是实践中也存在继承人有扶养能力和扶养条件，愿意尽扶养义务，但是被继承人因有固定收入和劳动能力，明确表示不要求其扶养的情形。在这种情况下，尽管继承人客观上并没有扶养被继承人，但是在分配遗产时，一般不应当以此为依据对该继承人不分或者少分遗产。如果被继承人生前需要继承人扶养，继承人有扶养能力和扶养条件却不尽扶养义务的，不仅违反公序良俗原则，而且还违反法律的规定，情节严重的甚至构成刑事犯罪，对这部分继承人，应当不分或者少分遗产，情节严重的还应当丧失继承权。

4. 继承人协商同意的，也可以不均等。法定继承人之间本着互谅互让、和睦团结的精神，可以协商分配被继承人的遗产。本法充分尊重当事人之间的意思自治。各法定继承人经协商一致，同意不均分遗产的，继承份额也可以不均等。

> **第一千一百三十一条**　对继承人以外的依靠被继承人扶养的人，或者继承人以外的对被继承人扶养较多的人，可以分给适当的遗产。

【条文主旨】

本条是关于对继承人以外的与被继承人之间具有扶养关系的人分给适当遗产的规定。

【条文释义】

法定继承制度具有身份性特征，一般将被继承人的遗产分配给与被继承人具有血缘关系、婚姻关系的人。然而，如果将继承活动仅仅限定在有一定的血缘关系、婚姻关系的人之间，有时可能会不公平，特别是如果与被继承人形成扶养关系的人并不属于继承人，即使其与被继承人有非常密切的经济、生活和情感上的联系，在被继承人没有订立遗嘱的情况下，不能继承任何遗产。为了避免上述不公平，一些国家的立法例规定了继承人之外的人，特别是与被继承人形成扶养关系的人可以在一定条件下分得适当的遗产。一些学者将这种制度称之为酌给遗产制度。

继承法第 14 条规定，对继承人以外的依靠被继承人扶养的缺乏劳动能力又没有生活来源的人，或者继承人以外的对被继承人扶养较多的人，可以分给他们适当的遗产。在民法典的编纂过程中，多数意见认为对继承人以外的与被继承人之间具有扶养关系的人分给适当遗产的制度具有重要的意义和价值，应当予以保留。为此，民法典继承编规定："对继承人以外的依靠被继承人扶养的人，或者继承人以外的对被继承人扶养较多的人，可以分给适当的遗产。"

在民法典的编纂过程中，有的意见提出，应当对扶养关系的程度作出规定，以在一定时间内持续性扶养作为判断是否具有扶养关系的标准。我们研究认为，实践中互相扶养的情况复杂，时间和程度也不一，无法进行量化，如果规定一个统一的时间作为判断是否具有扶养关系的标准，会造成司法的机械化，为此继承编没有对扶养关系的成立规定统一时限，而是交由个案具体判断。

还有一些意见提出，继承法对依靠被继承人扶养的继承人以外的人分给适当遗产条件严苛，要求既缺乏劳动能力又没有生活来源，这实质上排除了大部分受被继承人扶养的人分得适当遗产的机会。我们研究认为，继承法要求受被继承人扶养的继承人以外的人"缺乏劳动能力又没有生活来源"才可以分得适当遗产，"缺乏劳动能力"指因智力或者身体未发育完全、年老等不具有劳动能力，或者因疾病、伤残等完全丧失或者部分丧失劳动能力的情况，"没有生活来源"指没有收入或者经济来源。以我国目前的社会保障情况来看，完全没有生活来源的人已经很少出现。如果严格按照继承法规定的条件确定可以适当分得遗产的人，可能会使很多受被继承人扶养的继承人以外的人不能分得任何遗产，使一些虽然有劳动能力但因其他原因导致生活来源较少的被扶养人以及虽然有一些生活来源但无劳动能力的被扶养人在被继承人死亡后生活水平大幅下降，这也不符合被继承人的意愿。为此，民法典继承编删去了继承法规定的依靠被继承人扶养的继承人以外的人分得适当遗产须符合"缺乏劳动能力又没有生活来源"这一条件。对于继承人以外的扶养被继承人的人分给适当遗产的条件还是沿袭了继承法的规定，即须为"对被继承人扶养较多的人"。

对于本条，要从以下几个方面进行理解：

一、可以分给适当遗产的人为继承人以外的人

本条的宗旨即在于创造一种新的遗产取得方式，使继承人以外的其他人基于正义、扶助的理念获得一定数量的遗产，因此，可以分给适当遗产的人为继承人以外的人。

二、可以分给适当遗产的条件为继承人以外的人与被继承人之间具有扶养关系

不是继承人的人，只要其与被继承人之间具有扶养关系，可以依据本条分得适当的遗产。与被继承人之间具有扶养关系，既包括依靠被继承人扶养的情形，也包括对被继承人扶养较多的情形。在这里，"扶养"指经济来源的提供、劳务帮助等方面的扶助，包括扶养、抚养、赡养三种类型。

三、可以分给适当遗产的份额不具有确定性

本条规定，对于与被继承人之间具有扶养关系的继承人以外的人，可以分给适当的遗产，没有对可以分得遗产份额的数额作明确规定。这主要是考虑到实践中情况复杂，无法规定统一的标准，在分配遗产时，对于被继承人以外的人，可以综合考虑其与被继承人之间扶养关系的程度、遗产数额以及法定继承人的具体情况等因素，由当事人之间协商确定或者由法院确定适当的遗产份额。

四、可以分给适当遗产的适用情形为遗产按照法定继承办理时

本条规定在法定继承这章，因此，与被继承人有扶养关系的继承人以外的人仅在遗产按照法定继承办理时可以请求分给适当遗产。如果被继承人生前以有效的遗嘱或者遗赠扶养协议等处分了其全部遗产，而没有为与其有扶养关系的继承人以外的人保留遗产份额，则应尊重被继承人的意思表示，不能以本条取代被继承人已明示的有效的意思表示。如果被继承人立了遗嘱或者遗赠扶养协议，但是因存在本法第 1154 条规定的情形导致遗产中的有关部分按照法定继承办理的，对于这部分遗产可以适用本条规定。

> **第一千一百三十二条** 继承人应当本着互谅互让、和睦团结的精神，协商处理继承问题。遗产分割的时间、办法和份额，由继承人协商确定；协商不成的，可以由人民调解委员会调解或者向人民法院提起诉讼。

【条文主旨】

本条是关于处理继承问题的精神和遗产分割方式的规定。

【条文释义】

在法定继承中，如果继承人为二人以上，就需要在继承过程中平衡相互之间的利益关系。一般而言，法定继承人之间具有亲属关系，为了避免继承人之间因争夺遗产而伤了和气甚至反目成仇，影响家庭和睦与社会安定，本法规定继承人应当以互谅互让、和睦团结为指导原则协商处理继承相关的问题，这既是践行社会主义核心价值观的要求，也是法律的倡导性规范。

继承从被继承人死亡时开始，在法定继承中，法定继承人直接取得被继承人的遗产。当法定继承人为二人以上时，遗产属于各个继承人共同所有。各个继承人对遗产的共同所有是一种暂时性的共有关系，继承遗产的目的是将遗产的所有权分配并转移给各个继承人。在这一过程中，遗产分割发挥着重要作用。遗产分割是指继承开始后，依据法律或者按照遗嘱在各继承人之间进行遗产分配的民事法律行为。只有在遗产分割后，各个继承人才能对所分配的遗产享有实际的占有、使用、收益和处分的权利。对遗产进行分割时，主要涉及的问题为遗产分割的时间、办法和份额。

遗产分割的时间，一般由继承人之间协商确定，既可以在继承开始后请求分割，也可以约定在一定的期间后或者特定的条件成就时再分割遗产。

遗产分割的办法，主要有四种办法，即实物分割、变价分割、折价补偿分割、保留共有。实物分割，一般适用于可分物的遗产，即对作为遗产的原物直接进行分割并分配给各个继承人。变价分割，既可以用于不宜进行原物分割的遗产，也可以用于继承人均不愿意取得该种遗产的情况，此时可以将该遗产变卖后换取变价款，各个继承人按照应当继承遗产的份额比例对变价款进行分割。折价补偿分割，适用于继承人中有人愿意取得某项不宜进行原物分割的遗产的情况，由该继承人取得该项遗产的所有权，然后由取得遗产所有权的继承人按照其他继承人应当继承遗产的份额比例，分别向其他继承人补偿相应的价款。保留共有，适用于遗产不宜进行原物分割，继承人又均愿意取得遗产，或者各个继承人基于某种目的，愿意保持共有状态的情形，此时各个继承人可以根据其应当继承遗产的份额比例对遗产享有所有权。对于遗产进行分割时，无论选择哪种办法，都应当遵循本法规定的"遗产分割应当有利于生产和生活需要，不损害遗产的效用"的原则。

遗产分割的份额，应当以法律规定的或者当事人协商的各个继承人应当继承的遗产份额为依据。在分割遗产时，继承人应当以本法规定的分配遗产份额的原则为依据协商确定各自应当取得的遗产份额，并以此为基础分割遗产。

在分割遗产时，除了确定遗产分割的时间、办法和份额外，还需要注意其他问题，例如，在遗产分割时，应当先分出配偶或者他人的财产、应当保留胎儿的继承份额、应当清偿被继承人依法应当缴纳的税款和债务等。

在遗产分割时主要有两种方式：一种为继承人协商确定的方式；另一种为人民调解委员会调解或者法院裁判的方式。在分割遗产时，由于主要涉及继承人之间的利益关系，法律鼓励当事人通过协商的方式确定遗产分割的时间、办法和份额。如果继承人之间协商不成的，任一继承人都可以向人民调解委员会申请调解或者向人民法院提起诉讼，通过调解的方式或者裁判的方式，确定遗产分割的时间、办法和份额。

第三章　遗嘱继承和遗赠

本章共十二条，对遗嘱继承和遗赠的含义、自书遗嘱、代书遗嘱、打印遗嘱、录音录像遗嘱、口头遗嘱、公证遗嘱、不能作为遗嘱见证人的人员、必留份、遗嘱的撤回与变更、遗嘱的无效、附有义务的遗嘱继承和遗赠等作出了规定。

> 　　**第一千一百三十三条**　自然人可以依照本法规定立遗嘱处分个人财产，并可以指定遗嘱执行人。
> 　　自然人可以立遗嘱将个人财产指定由法定继承人中的一人或者数人继承。
> 　　自然人可以立遗嘱将个人财产赠与国家、集体或者法定继承人以外的组织、个人。
> 　　自然人可以依法设立遗嘱信托。

【条文主旨】

本条是关于自然人可以依法立遗嘱处分个人财产以及遗嘱继承和遗赠含义的规定。

【条文释义】

继承法第16条第1款规定，公民可以依照本法规定立遗嘱处分个人财产，并可以指定遗嘱执行人。本法沿袭了该条款，规定自然人可以依照本法规定立遗嘱处分个人财产，并可以指定遗嘱执行人，明确了自然人通过立遗嘱的方式处分个人财产的权利。

关于遗嘱继承和遗赠，继承法根据取得遗产的人的身份来区分二者：如果按照遗嘱的内容，取得遗产的人为法定继承人以内的人，则属于遗嘱继承；如果按照遗嘱的内容，取得遗产的人为法定继承人以外的人，则属于遗赠。大多数意见认为这种立法例在逻辑上不失严谨，较符合我国的实际情况，且已被民众所熟悉，因此，民法典继承编沿用了该标准，继续以取得遗产的人的身份来区分遗嘱继承和遗赠。

在十三届全国人大三次会议审议民法典草案时，有的意见提出，设立遗嘱信托是自然人生前对自己的财产进行安排和处理的一种重要制度，建议在本条增加规定遗嘱信托的内容。由于信托法对遗嘱信托已经作了规定，遗嘱信托应主要适用信托法进行规范，民法典作为民事领域基本法，可以对此作衔接性规定。据此，本条增加规定，自然人可以依法设立遗嘱信托。自然人立遗嘱处分个人财产，既可以指定某个法定继承人继承，也可以遗赠给继承人以外的组织、个人，还可以依法设立遗嘱信托。

立遗嘱是指自然人生前依照法律规定预先处分其个人财产，安排与此有关的事务，并于其死亡后发生效力的单方民事法律行为。自然人死亡后遗留的个人财产，既可以通过法定继承方式进行分配，也可以按照自然人所立的遗嘱内容进行分配，在自然人立有合法有效的遗嘱时，优先适用遗嘱分配遗产。相较于法定继承由法律直接规定继承人的范围和顺序、继承遗产的份额等，依遗嘱处分遗产，可以由自然人自主决定在其死后如何对其个人财产分配与处置，在分配的对象、方式、份额、条件等方面都具有较大的自由度和灵活性，充分体现了对自然人意思自治的尊重以及私有财产权利的保障。

立遗嘱的主体为自然人，遗嘱的内容为处分个人财产。自然人想要通过立遗嘱的方式实现财产在其死后的分配，所立的遗嘱必须合法有效。遗嘱作为民事法律行为，需要符合总则编民事法律行为有效的条件，还须符合继承编对其效力的特别规定，如在行为主体方面，无民事行为能力人或者限制民事行为能力人所立的遗嘱无效。在意思表示真实方面，遗嘱必须表示遗嘱人的真实意思，受欺诈、胁迫所立的遗嘱无效。遗嘱作为死因民事法律行为、单方民事法律行为，为了确保行为人意思表示的真实，法律还对遗嘱规定了较为严格的形式要件，即只能按照本法规定的自书遗嘱、代书遗嘱、打印遗嘱、录音录像遗嘱、口头遗嘱、公证遗嘱等类型立遗嘱，并且须符合相应的形式要求，否则会影响遗嘱的效力。此外，遗嘱还须为缺乏劳动能力又没有生活来源的继承人保留必要的遗产份额。

自然人可以在遗嘱中指定遗嘱执行人。遗嘱执行人是遗嘱人指定的负责实现遗嘱的财产处分内容的人，主要职责为遗产管理、处理遗嘱人的债权债务、按照遗嘱内容分割与交付遗产等。遗嘱执行人既可以是法定继承人，也可以是法定继承人以外的人。在继承开始后，遗嘱执行人即为遗产管理人，适用本法遗产管理人的相关规定。

对于遗嘱继承，本条第2款规定，自然人可以立遗嘱将个人财产指定由法定继承人中的一人或者数人继承。对于遗赠，本条第 3 款规定，自然人可以立遗嘱将个人财产赠与国家、集体或者法定继承人以外的组织、个人。需要注意的是，遗嘱可以对遗产取得人以及分配的份额、方式、条件等内容作出规定，这充分体现了遗嘱自由的原则。对于遗嘱信托，本条第 4 款规定，自然人可以依法设立遗嘱信托，遗嘱人设立遗嘱信托的，应当遵守本法以及信托法等其他法律的有关规定。

> **第一千一百三十四条　自书遗嘱由遗嘱人亲笔书写，签名，注明年、月、日。**

【条文主旨】

本条是关于自书遗嘱的规定。

【条文释义】

继承法在第 17 条规定了五种遗嘱的形式，即公证遗嘱、自书遗嘱、代书遗嘱、录音遗嘱和口头遗嘱。在民法典的立法过程中，一些意见提出，现阶段越来越多的公民选择通过立遗嘱的方式处理自己的个人财产，而随着信息技术的发展与普及，人们的书写、记录方式产生较多改变，应当在继承法的基础上增加新的遗嘱形式，为人们立遗嘱提供更多的形式选择。随着遗嘱形式的增加，只用一个条文已经难以容纳相关规则，建议对各种遗嘱形式分条加以规定。继承编吸收了上述意见，在本法第 1134 条至第 1139 条分条规定了自书遗嘱、代书遗嘱、打印遗嘱、录音录像遗嘱、口头遗嘱、公证遗嘱六种遗嘱的形式。

继承法在第 17 条第 2 款规定："自书遗嘱由遗嘱人亲笔书写，签名，注明年、月、日。"本条保留了继承法的规定。

在民法典的立法过程中，一些意见建议，应当允许遗嘱人在一些情况下用盖章或者捺指印的方式取代签名。我们研究认为，印章具有可复制性，并且可以被他人控制、支配。指印虽然具有身份识别上的唯一性，但是在遗嘱人无意识、死亡时存在被强按指印的可能性，也可能存在因遗嘱人的指纹样本没有留存而难以鉴定的情况。在遗嘱没有签名时，以盖章或者捺指印来确认遗嘱的真实性并不可靠。尤其自书遗嘱中，不要求见证人在场见证，如果允许以盖章或者捺指印的方式取代签名，可能会增加伪造遗嘱的风险。为此，继承编在遗嘱的形式要件中，没有采纳盖章和捺指印的方式。

还有一些意见提出，如果仅有一份遗嘱，即使没有注明年、月、日，也应当认为有效。也有一些意见认为，遗嘱上注明日期对于认定遗嘱的真实性和有效性具有重要作用，不宜开口子。基于在遗嘱上注明日期的重要性，本法坚持将遗嘱人在遗嘱上注明年、月、日作为遗嘱有效的形式要件，自书遗嘱中未注明日期或者所注明的日期不具体的，遗嘱不能生效。

遗嘱是自然人生前按照法律规定的方式对其个人财产进行预先处分的民事法律行为，遗嘱必须是遗嘱人真实意思的反映。遗嘱虽然是单方民事法律行为，但遗嘱人所立的遗嘱关系到谁可以取得遗产以及取得遗产的方式、条件、份额等问题，直接影响着遗嘱继承人、受遗赠人、法定继承人等的切身利益，因此，遗嘱必须清楚确切。然而，遗嘱又是死因行为，即只有在遗嘱人死亡时发生法律效力，当遗嘱的真实性和内容产生争议时，无法探知遗嘱人的真实意思。因此，为了保证遗嘱的真实性和可靠性，指导当事人正确审慎地设立遗嘱，尽量减少纠纷，各国法律基本都对遗嘱规定了严格的形式要件，强调遗嘱应当按照法律规定的方式设立，并分别对其形式要件作了规定。自然人立遗嘱时，可以任意选择法律规定的遗嘱形式，但是如果其所立的遗嘱不符合法律规定的形式要求，就不能发生法律效力。因此，尽管遗嘱的形式不影响遗嘱的内容，但是会影响遗嘱的效力，当事人在立遗嘱时应注重遗嘱形式方面的要求。

自书遗嘱，是指遗嘱人本人将处分遗产的意思表示亲自用手写出来的遗嘱。自书遗嘱由于是遗嘱人本人亲笔书写，意思表示真实、自由并且容易鉴别真伪，因此，形式要求较为简单，可以随时设立，不需要有见证人在场见证，设立过程私密，是最简便易行的遗嘱形式。自书遗嘱要有效成立，在形式上需要符合以下三个方面的要求：

1. 遗嘱人必须亲笔书写。自书遗嘱必须由遗嘱人亲笔书写遗嘱的全部内容。亲笔书写意味着不能由他人代写遗嘱，也不能用打印等其他方式，只能由遗嘱人本人亲自用笔将自己处分财产的意思表示记录下来。遗嘱的全部内容都必须由遗嘱人亲笔书写，如果有部分内容由他人书写，则不构成自书遗嘱。

2. 遗嘱人必须签名。自书遗嘱必须由遗嘱人签名，即亲笔书写其姓名。遗嘱人亲笔签名既可以将遗嘱与遗嘱人联系起来，表明遗嘱人的身份，又可以表示遗嘱人对遗嘱内容的确认。因此，任何形式的书面遗嘱都要求遗嘱人签名。由于人们在长时间的书写过程中会形成自己独特的书写习惯，而自书遗嘱是由遗嘱人亲笔手写全部遗嘱内容，可以通过笔迹鉴定的方式来认定遗嘱内容是否由遗嘱人书写，因此，自书遗嘱不要求遗嘱人在遗嘱每一页签名，也不要求有见证人在场见证。在自书遗嘱中，尽管遗嘱的内容可能确实是由遗嘱人亲笔书写，但是如果没有签名，无法判断遗嘱人只是书写了草稿还是作出了最终决定，因此，没有签名的自书遗嘱无效。

3. 遗嘱人必须注明年、月、日。遗嘱人在自书遗嘱中必须注明其设立遗嘱的具体时间，即必须注明年、月、日。遗嘱中必须注明年、月、日主要有以下作用：一是注明年、月、日可以确定遗嘱设立的时间，如果在遗嘱设立后遗嘱人撤回、变更了该遗嘱，或者遗嘱人实施了与该遗嘱内容相反的民事法律行为，那么该遗嘱的部分或者全部内容将不发生法律效力。二是在遗嘱人立有数份遗嘱时，如果遗嘱之间内容相抵触的，以最后的遗嘱为准。三是遗嘱中注明的年、月、日，还可以用来确定遗嘱人在立遗嘱时是否具有遗嘱能力，从而判断遗嘱人所立的遗嘱是否有效。

> **第一千一百三十五条** 代书遗嘱应当有两个以上见证人在场见证，由其中一人代书，并由遗嘱人、代书人和其他见证人签名，注明年、月、日。

【条文主旨】

本条是关于代书遗嘱的规定。

【条文释义】

代书遗嘱，是指根据遗嘱人表达的遗嘱内容，由他人代为书写的遗嘱。代书遗嘱通常适用于遗嘱人由于一些特殊的原因，不能亲笔书写遗嘱，故委托他人代为书写遗嘱的情形。代书遗嘱是我国法律规定的一种遗嘱形式，继承法第17条第3款规定："代书遗嘱应当有两个以上见证人在场见证，由其中一人代书，注明年、月、日，并由代书人、其他见证人和遗嘱人签名。"在民法典的立法过程中，多数意见认为，代书遗嘱形式能够满足我国民众特别是广大农村村民立遗嘱的需要，继续保留仍有必要。为此，本条对继承法的规定作了一些文字修改并予以保留。

根据继承的一般原理，遗嘱人应当亲自立遗嘱，遗嘱不适用代理制度，不能由他人代为设立。法律虽然允许遗嘱人在特殊情形下由他人代为书写遗嘱，但是代书遗嘱不是代书人代理遗嘱人设立遗嘱，遗嘱人虽然不能亲笔书写遗嘱，但是要亲自、独立作出处分个人财产的意思表示，而代书人的职责为如实地记录遗嘱人的意思表示，不能干涉遗嘱人的意思表示，也不能在记录的过程中扭曲、篡改遗嘱人的意思表示。

根据本条规定，代书遗嘱如果要有效成立，在形式上需要符合以下几个方面的要求：

1. 有两个以上见证人在场见证。见证人，是指证明遗嘱真实性的第三人。为了保证遗嘱的真实性、可靠性，各国继承法普遍规定对于一些特定形式的遗嘱必须有一定数量的见证人。与自书遗嘱相比，代书遗嘱除了书写人不同外，有关见证人的要求也和自书遗嘱具有显著区别。法律之所以认可遗嘱人在没有见证人的情况下亲笔书写的自书遗嘱的有效性，是由于每个人因教育程度、书写习惯等方面的独特性而使得其亲笔书写的遗嘱具有不可复制性，可以通过笔迹鉴定辨别真伪。代书遗嘱则是通过无利害关系的见证人来佐证遗嘱人的意思表示，以确保遗嘱人是在自愿状态下作出的真实意思表示，可以通过见证人来判断遗嘱的真实性与可靠性。

在代书遗嘱中，见证人需要符合一定的条件。首先，见证人需要符合一定的资格条件：一方面必须要有见证遗嘱真实性的能力；另一方面要有中立性，即与遗嘱的内容没有利害关系。本法规定，无民事行为能力人、限制民事行为能力人以及其他不具有见证能力的人，继承人、受遗赠人以及与继承人、受遗赠人有利害关系的人，不能作为见证人。其次，见证人还需要符合数量方面的要求，本法规定代书遗嘱、打印遗嘱、录音录像遗嘱、口头遗嘱都需要两个以上的见证人在场见证，"以上"包括本数，即这类遗嘱的见证人最少为两人。最后，符合资格、数量要求的见证人须在场见证，即必须在场全程参与立遗嘱的过程。因此，代书遗嘱如果不符合上述见证人的资格、数量、在场见证等方面的要求，则该遗嘱无效。

2. 由见证人中的一人代书。代书人为见证人中的一人，需要符合见证人的资格条件。代书人在代书遗嘱时，只能用亲笔手写的方式，不能运用打印等其他方式。代书人在书写遗嘱时要严格忠实于遗嘱人的意思表示，将遗嘱人表达的遗嘱内容准确无误地记录在代书遗嘱中。

3. 遗嘱人、代书人和其他见证人签名。代书人在书写完遗嘱后，应当交给遗嘱人和其他见证人核对，遗嘱人和其他见证人确认无误后，遗嘱人、代书人和其他见证人均须在遗嘱上亲笔书写姓名。遗嘱人、代书人和其他见证人签名，既表明了自己的身份，也表明了对遗嘱内容以及立遗嘱过程的确认。

4. 注明年、月、日。在代书遗嘱中必须注明立遗嘱的具体日期，即注明年、月、日。遗嘱上注明的日期对于认定遗嘱的真实性和有效性具有重要作用，代书遗嘱中未注明日期或者所注明的日期不具体的，遗嘱不能生效。

> **第一千一百三十六条**　打印遗嘱应当有两个以上见证人在场见证。遗嘱人和见证人应当在遗嘱每一页签名，注明年、月、日。

【条文主旨】

本条是关于打印遗嘱的规定。

【条文释义】

打印遗嘱，是指遗嘱的内容由打印机等机器设备打印而成的遗嘱。随着科学技术的发展以及信息技术的普及，个人电脑及电子产品以其便利性、人性化的特点，部分替代了传统的书写方式。近些年来，司法实践中出现了以打印的方式立遗嘱的情况，由于继承法没有对打印遗嘱作出规定，对打印遗嘱的效力产生了一些争议。

在民法典的编纂过程中，大多数意见认为法律应当允许通过打印的方式立遗嘱，但是在涉及如何具体规定的问题上，有不同的意见。一些意见认为应当将打印遗嘱规定为一种新的遗嘱形式，与自书遗嘱、代书遗嘱等其他的遗嘱形式并列。另一些意见认为，不应将打印遗嘱作为独立的遗嘱形式，可以扩大书写的含义使其包含打印的方式，允许自书遗嘱、代书遗嘱采用打印的方式。

我们研究认为，打印遗嘱有以下特征：一是打印遗嘱既可以由遗嘱人自己编辑、打印，也可以由他人代为编辑、打印，然而仅凭打印的遗嘱内容难以判断打印遗嘱的具体制作人。因此，对于打印遗嘱区分是遗嘱人自己打印还是他人代为打印意义不大。二是即使是遗嘱人自己编辑和打印的体现其真实意思表示的遗嘱，也可能被他人通过技术手段篡改。因此，打印遗嘱需要有严格的形式要件，例如，要求有一定数量的见证人在场见证、在遗嘱的每一页由遗嘱人和见证人签名等。如果不将打印遗嘱作为独立的遗嘱形式，允许自书遗嘱、代书遗嘱采用打印的方式，就要对自书遗嘱、代书遗嘱的条文分别增加符合打印遗嘱特点的形式要件，这会造成立法上的重复，还可能对已经被社会公众所熟悉的自书遗嘱、代书遗嘱的形式要件造成冲击。为此，继承编将打印遗嘱规定为新的一种遗嘱形式，并具体规定了打印遗嘱有效成立的要件，为当事人设立遗嘱提供了便利以及多元的选择。

打印遗嘱实质上是一种书面遗嘱，遗嘱内容以数据电文形式存储在计算机等设备上的不构成遗嘱，遗嘱人须将遗嘱内容从电子数据形式通过打印机等转换为书面形式。

根据本条规定，打印遗嘱有效成立须符合下列要件：一是打印遗嘱应当有两个以上见证人在场见证，见证人须符合本法规定的资格、数量、在场见证等方面的要求。二是遗嘱人和见证人应当在遗嘱每一页签名。当遗嘱有多页时，如果仅在一页签名，其他页的内容容易被篡改或者替换，为了保证遗嘱的真实性，遗嘱人和见证人应当对遗嘱的每一页仔细核对并签名。如果遗嘱人、见证人只在遗嘱最后一页签名，没有在每一页签名，则不能认定打印遗嘱全部内容的有效性。三是注明年、月、日，由于遗嘱的设立时间为判断遗嘱有效性的重要因素，因此，未注明年、月、日的打印遗嘱没有法律效力。

> **第一千一百三十七条** 以录音录像形式立的遗嘱，应当有两个以上见证人在场见证。遗嘱人和见证人应当在录音录像中记录其姓名或者肖像，以及年、月、日。

【条文主旨】

本条是关于录音录像遗嘱的规定。

【条文释义】

继承法第 17 条第 4 款规定，以录音形式立的遗嘱，应当有两个以上见证人在场见证。在民法典的立法过程中，有一些意见提出，随着科学技术的发展与普及应用，除了录音之外，录像以及其他电子形式都可以成为制作遗嘱的载体，有必要明确录像遗嘱这种形式。我们研究认为，用录像形式制作而成的音像资料，比起单纯的音频资料能够更加直观地表达所记录的内容。继承法规定的录音遗嘱的适用范围较为有限，不能满足科技发展与生活丰富化需求。为此，民法典继承编在保留录音遗嘱的同时，将继承法中的录音遗嘱修改为录音录像遗嘱，包含了以录像方式所立的遗嘱，从而增加了法定遗嘱的形式。

录音录像遗嘱分为录音遗嘱与录像遗嘱。录音遗嘱是遗嘱人口述遗嘱内容并用录音的方式记录而成的遗嘱。录像遗嘱是遗嘱人表达遗嘱内容并用录像的方式记录而成的遗嘱，遗嘱人在表达遗嘱内容时可以通过口述的方式从而同时记录其声音，在特殊情况下无法用口述方式的，例如，遗嘱人为聋哑人的，可以通过打手语的方式表达遗嘱内容。无论采用哪种形式，遗嘱人在录音录像遗嘱中都应该亲自表达遗嘱内容，不能由他人转述。

鉴于录音录像遗嘱容易被伪造或者篡改，本条对于录音录像遗嘱规定了一些形式要件：（1）录音录像遗嘱应当有两个以上的见证人在场见证，见证人须具备相应的见证能力，并且与遗嘱继承人、受遗赠人无利害关系。符合要求的见证人要到场见证，参加录音录像遗嘱制作的全过程。（2）遗嘱人和见证人应当在录音录像中记录其姓名或者肖像。由于录音录像遗嘱不是书面遗嘱，遗嘱人和见证人无法签名，因此，要用符合录音录像遗嘱形式特点的方式表明遗嘱人和见证人的身份、确认遗嘱内容以及表明在场见证。在录音遗嘱中，遗嘱人和见证人应当用口述的方式记录其姓名，表明遗嘱人与见证人的身份，并体现见证人在场见证。在录像遗嘱中，遗嘱人和见证人应当展示其肖像，在记录肖像的同时可以用口述或者其他方式表明其姓名，这样可以通过视频画面得知遗嘱人与见证人的身份、遗嘱人立遗嘱与见证人在场见证的过程。（3）遗嘱人和见证人应当在录音录像中记录年、月、日。由于遗嘱的设立时间是判断遗嘱的真实性与有效性的重要因素，因此，录音录像遗嘱也应当体现遗嘱的设立时间。在以录音录像的形式立遗嘱时，遗嘱人和见证人应当在录音录像的过程中用口述或者其他方式表明遗嘱设立的时间，否则录音录像遗嘱不能发生法律效力。

> **第一千一百三十八条　遗嘱人在危急情况下，可以立口头遗嘱。口头遗嘱应当有两个以上见证人在场见证。危急情况消除后，遗嘱人能够以书面或者录音录像形式立遗嘱的，所立的口头遗嘱无效。**

〖条文主旨〗

本条是关于口头遗嘱的规定。

〖条文释义〗

口头遗嘱，是指遗嘱人用口述的方式表达其处分遗产的意思表示的遗嘱形式。与其他形式的遗嘱相比，口头遗嘱简便易行，在一些危急情况下，遗嘱人来不及或者没有条件立其他形式的遗嘱时，口头遗嘱成为了满足遗嘱人立遗嘱愿望的可行的遗嘱形式。继承法第17条第5款规定了口头遗嘱："遗嘱人在危急情况下，可以立口头遗嘱。口头遗嘱应当有两个以上见证人在场见证。危急情况解除后，遗嘱人能够用书面或者录音形式立遗嘱的，所立的口头遗嘱无效。"本条在继承法的基础上，将该款中的"录音形式"修改为"录音录像"形式，并作了一些文字修改。

一、关于口头遗嘱的形式要件

第一，遗嘱人处在危急情况下。危急情况主要指遗嘱人生命垂危或者遇到了重大灾害或者意外等紧急情况，随时有生命危险而来不及或者没有条件立其他形式的遗嘱。遗嘱人处在危急情况下是立口头遗嘱的前提条件，在非危急情况下设立的口头遗嘱无效。

第二，口头遗嘱应当有两个以上见证人在场见证。遗嘱人在危急的情况下用口述的方式表达其处分遗产的意思表示，由于没有记录的载体，因此，需要由两个以上见证人在场见证。见证人须符合本法规定的资格、数量、在场见证等方面的要求。

在民法典的立法过程中，有的意见认为，继承法规定的口头遗嘱的形式不够完备，没有要求作成书面形式，完全依靠见证人记忆，实践中不同见证人的见证内容也会出现不完全一致的情形，影响遗嘱效力。建议增加规定见证人应当及时将其见证的遗嘱内容作成书面形式，签名并注明遗嘱设立的时间。我们研究认为，如果对口头遗嘱增加见证人作成书面形式的要求，就增加了口头遗嘱的效力要件，口头遗嘱是应对危急情况时可以采用的遗嘱形式，为了方便遗嘱人立遗嘱，口头遗嘱的形式要件相对简单。如果遗嘱人所立的口头遗嘱的效力还要取决于见证人是否将其口述的遗嘱内容作成书面形式、签名并注明时间，该遗嘱的效力直接受见证人行为的影响，在见证人因一些原因没有作成书面形式或者不符合签名、注明年、月、日等要求时，该遗嘱归于无效，这既影响遗嘱人愿望的实现，也不符合口头遗嘱对遗嘱的订立形式要求较为宽松的特征。为此，继承编对口头遗嘱没有增加规定见证人须将口头遗嘱的内容作成书面形式、签名并注明年、月、日的形式要求。

二、口头遗嘱的失效

遗嘱是死因民事法律行为，遗嘱在遗嘱人死亡时发生效力。处在危急情况中的遗嘱人在立口头遗嘱后死亡的，如果遗嘱符合口头遗嘱的形式要件，口头遗嘱即发生法律效力。如果危急情况解除后，遗嘱人没有死亡，口头遗嘱不发生法律效力，但是该口头遗嘱是否可以有效成立直到遗嘱人之后死亡时再发生效力呢？考虑到口头遗嘱的内容完全依靠见证人的表述证明，准确性与证明力低，容易发生纠纷，本条规定，危急情况消除后，遗嘱人能够以书面或者录音录像形式立遗嘱的，所立的口头遗嘱无效。也就是说，遗嘱人在危急情况下所立的口头遗嘱，在危急情况消除后，遗嘱人在世并且能够以其他形式立遗嘱的，该口头遗嘱失效。如果遗嘱人没有另立其他形式的遗嘱而死亡的，视为被继承人未立遗嘱，其遗产按法定继承的方式分配。

在民法典继承编的立法过程中，一些意见提出，继承法对口头遗嘱的失效期间规定得过于原则，容易产生争议，建议明确规定在遗嘱人能够采用其他方式订立遗嘱之日起一定期限内口头遗嘱失效。主要理由为：一是危急情况消除后，遗嘱人能够用其他形式立遗嘱却因一些原因没有立的，如果突然死亡，由于先前所立的口头遗嘱已无效，其财产只能按照法定继承分配，这可能不符合遗嘱人的意愿，对于刚脱离危急情况不久的遗嘱人也有些苛刻，在危急情况消除后，应当给予口头遗嘱一段有效期限，从而为遗嘱人另立其他形式的遗嘱留下准备时间。二是其他国家和地区的立法例中，大部分都规定口头遗嘱在危急情况消除后一定期限内仍然有效。为此，继承编一审稿曾规定："遗嘱人在危急情况下，可以立口头遗嘱。口头遗嘱应当有两个以上见证人在场见证。危急情况解除后，遗嘱人能够用书面或者录音录像形式立遗嘱的，所立的口头遗嘱经过三个月无效。"在十三届全国人大常委会五次会议对民法典各分编草案进行审议和民法典各分编草案征求意见过程中，有的意见提出，3个月期限的起算点不明确，且口头遗嘱仅在危急情况下才适用，危急情况消除后，遗嘱人已经能够用其他形式立遗嘱，所立口头遗嘱即应无效，不必规定3个月的期限。还有一些意见提出，口头遗嘱毕竟是遗嘱人在危急情况下作出的意思表示，遗嘱人可能就遗嘱中表述的相关事项缺乏足够周密的考虑。此外，口头遗嘱形式要件简单，既不需要经遗嘱人认可、签名，也不要求做成书面形式，容易被人遗忘、伪造或者篡改，规定危急情况消除后，遗嘱人能够以其他形式立遗嘱的，所立的口头遗嘱无效，可以促使遗嘱人积极立新遗嘱取代口头遗嘱，从而能够保障遗嘱的真实性，避免不必要的纠纷。经研究，继承编删除了一审稿中"经过三个月"的规定。遗嘱人在危急情况中所立的口头遗嘱，在危急情况消除后，且遗嘱人能够以其他形式立遗嘱时，该口头遗嘱失效。

> **第一千一百三十九条　公证遗嘱由遗嘱人经公证机构办理。**

【条文主旨】

本条是关于公证遗嘱的规定。

【条文释义】

公证遗嘱是遗嘱人经公证机构办理的遗嘱，多数国家的立法例都规定了公证遗嘱的遗嘱形式。继承法第17条第1款规定："公证遗嘱由遗嘱人经公证机关办理。"民法典继承编沿袭了继承法关于公证遗嘱的规定。

公证遗嘱的有效成立除了需要遵守本法关于遗嘱效力的规定以外，还需要遵守我国有关公证的法律的相关规定。对于公证遗嘱，公证法从规范公证活动、保障公证机构和公证员依法履行职责、预防纠纷以及保障民事主体的合法权益的角度作了规定；司法部颁布的《遗嘱公证细则》对设立公证遗嘱的程序作了具体规定。

根据上述法律法规的相关规定，公证遗嘱必须由遗嘱人本人亲自办理，不得委托他人办理公证。遗嘱人办理公证遗嘱时，应当亲自到住所地或者遗嘱行为发生地的公证处提出申请。遗嘱人亲自到公证处有困难的，可以书面或者口头形式请求有管辖权的公证处指派公证人员到其住所或者临时处所办理。公证遗嘱应当由两名公证人员共同办理，由其中一名公证员在公证书上署名。因特殊情况由一名公证员办理时，应当有一名见证人在场，见证人应当在遗嘱和笔录上签名。遗嘱人在办理公证遗嘱时，应当向公证机关提供书面遗嘱或者向公证机关表述遗嘱内容。公证人员在办理遗嘱公证时，要依法对遗嘱人立遗嘱行为的真实性、合法性予以审查，审查的内容包括：遗嘱人是否具有完全民事行为能力，遗嘱人的意思表示是否真实，遗嘱的内容是否完备、文字表述是否准确，遗嘱内容是否违反法律规定和社会公共利益，遗嘱的签名、制作日期是否齐全以及办理公证的程序是否符合规定等。经审查认为遗嘱人立遗嘱行为符合法律规定的条件的，公证处应当出具公证书。公证遗嘱采用打印形式。遗嘱人根据遗嘱原稿核对后，应当在打印的公证遗嘱上签名、盖章或者按手印。

> **第一千一百四十条** 下列人员不能作为遗嘱见证人：
> （一）无民事行为能力人、限制民事行为能力人以及其他不具有见证能力的人；
> （二）继承人、受遗赠人；
> （三）与继承人、受遗赠人有利害关系的人。

【条文主旨】

本条是关于不能作为遗嘱见证人的人员的规定。

【条文释义】

遗嘱见证人，是指在现场亲历遗嘱人立遗嘱的过程，能够证明遗嘱真实性的人。为了保障自然人利用遗嘱形式处分财产的权利，各个国家的法律规定了较多的遗嘱形式。但是在这些遗嘱形式中，有的不具有身份识别性，有的容易被篡改伪造，有的形式要件简单。为了保障遗嘱的真实性，法律要求一些形式的遗嘱必须要有一定数量的见证人在场见证。根据本法的规定，代书遗嘱、打印遗嘱、录音录像遗嘱、口头遗嘱均需要有两个以上见证人在场见证。对于公证遗嘱，司法部颁布的《遗嘱公证细则》规定，遗嘱公证应当由两名公证人员共同办理，因特殊情况由一名公证员办理时，应当有一名见证人在场。可见，遗嘱见证人是大多数遗嘱的形式要件。遗嘱是死因民事法律行为，即只有在遗嘱人死亡时才发生效力，在遗嘱人死亡时对于遗嘱真实性的认定要依靠见证人的证明，遗嘱见证人的证明直接关系到遗嘱的效力。为了确保遗嘱见证人在证明遗嘱的真实情况时是客观公正的，各国继承法除了对见证人的数量方面有要求以外，还对见证人的资格作了规定。各国继承法一般规定遗嘱见证人必须具备以下条件：一是见证人必须具有完全民事行为能力；二是见证人与遗嘱没有利害关系。继承法第18条规定，下列人员不能作为遗嘱见证人：（1）无民事行为能力人、限制民事行为能力人；（2）继承人、受遗赠人；（3）与继承人、受遗赠人有利害关系的人。民法典继承编在继承法的基础上，对遗嘱见证人的资格作了进一步完善。根据本条规定，以下人员不能作为遗嘱见证人：

1. 无民事行为能力人、限制民事行为能力人以及其他不具有见证能力的人。遗嘱见证人要在场见证遗嘱人立遗嘱的行为，并在事后对遗嘱的内容、订立情形等作出证明，遗嘱见证人的证明对遗嘱的效力具有重要影响，因此，见证人必须具有完全民事行为能力。根据本法规定，不具有完全民事行为能力的人有：不满18周岁的未成年人，但是16周岁以上以自己的劳动收入为主要生活来源的未成年人除外；不能辨认或者不能完全辨认自己行为的成年人。上述无民事行为能力人、限制民事行为能力人对事物缺乏足够的认识能力和判断能力，不能作为遗嘱见证人。

在民法典继承编的立法过程中，一些意见提出，在一些情况下遗嘱见证人虽然是完全民事行为能力人，但是可能不具有事实上的见证能力，例如，文盲以及对遗嘱所使用的语言掌握不充分的人，因身体缺陷而不具有知晓遗嘱内容的能力的人，这些人员对遗嘱的具体内容的识别与理解上存在一定的欠缺，如果承认此类见证人的资格，对遗嘱的真实性可能会产生一定的影响。经研究，民法典继承编在继承法第18条第1项的基础上增加规定，"其他不具有见证能力的人"也不得担任遗嘱见证人。遗嘱见证人除了为完全民事行为能力人外，还需要具有见证能力，而见证能力的有无要根据具体事实情况进行判断。

2. 继承人、受遗赠人。为了确保见证人能够公正、客观地对遗嘱的真实性作出证明，法律一般要求见证人与遗嘱内容没有利害关系。受遗赠人是遗赠人在遗嘱中指定的接受其遗赠的个人财产的法定继承人以外的人，是遗嘱的直接受益人，不能作为遗嘱见证人。对于继承人而言，遗嘱人通过立遗嘱处分个人财产的行为，会使继承人的利益受益或者受损。由继承人、受遗赠人担任见证人，可能会给遗嘱人造成影响，导致其作出的遗嘱并非出于真实意愿。此外，继承人、受遗赠人在知晓遗嘱内容后还可能为了自己的利益而作出不真实的证明，制造因素使遗嘱有效或者无效。因此，允许继承人、受遗赠人担任遗嘱见证人难以确保遗嘱内容的真实性。

3. 与继承人、受遗赠人有利害关系的人。与继承人、受遗赠人有利害关系的人虽然不是遗嘱继承法律关系或者遗赠法律关系中的当事人，但是由于其与继承人、受遗赠人有利害关系，可能会因遗嘱人对遗产的分配而间接地获得利益。与继承人、受遗赠人有利害关系的人有可能受利益驱动而作不真实的证明，因此，不宜担任遗嘱见证人。在民法典继承编的立法过程中，一些意见提出，与继承人、受遗赠人有利害关系的人范围宽泛，建议予以明确。我们研究认为，与继承人、受遗赠人有利害关系的人的情况比较复杂，其具体范围无法通过立法明确规定，应当具体情况具体分析，为此没有对与继承人、受遗赠人有利害关系的人的范围作出界定。

> **第一千一百四十一条　遗嘱应当为缺乏劳动能力又没有生活来源的继承人保留必要的遗产份额。**

〖条文主旨〗

本条是关于必留份的规定。

〖条文释义〗

遗嘱人立遗嘱，可以自主决定在其死后如何对其个人财产进行分配与处置，在分配的对象、方式、份额等方面都具有较大程度的自由。遗嘱自由原则是当事人意思自治原则以及保护私有财产原则在继承法领域的具体化，是各国继承法普遍确立的重要原则。但是遗嘱自由不是完全无限制的自由，由于继承制度还须发挥遗产的扶养功能和维护基本的家庭伦理的功能，因此，各国继承立法也普遍对遗嘱自由设有一定的限制。在我国，继承法第19条规定了必留份制度，即"遗嘱应当对缺乏劳动能力又没有生活来源的继承人保留必要的遗产份额"，对遗嘱人以遗嘱处分财产的权利进行了一定的限制。

一些大陆法系国家则通过特留份制度对遗嘱人自由处分个人财产的权利作了适当限制。特留份制度，是指遗嘱人立遗嘱处分个人财产时，必须给特定的法定继承人即特留份权利人保留的遗产份额。遗嘱人只能对特留份以外的个人财产进行自由处分。大多数国家规定的特留份权利人的范围一般都小于法定继承人的范围，仅限于与遗嘱人关系密切的家庭成员。特留份制度不是把遗产的全部或者绝大部分保留给遗嘱人的家庭成员，特留份权利人只是有权获得适当的遗产份额。对于特留份权利人能够获得的遗产份额，主要有两种立法例：一种是就遗嘱人的遗产总量规定一定的比例；另一种是就各个特留份权利人在法定继承情形下可以获得的应继份规定一定的比例。为了保障权利人的特留份，规定特留份制度的国家还详细规定了扣减制度。当遗嘱人的遗嘱处分行为或者生前赠与行为损害特留份时，特留份权利人可以请求扣减遗嘱继承、遗赠或者生前赠与的相应数额，以获得足额的特留份额。

特留份制度与我国的必留份制度相比，有以下区别：一是功能定位不同。特留份制度侧重于保护特定的法定继承人的最低限度的继承利益，协调特定的法定继承人之间的利益平衡，使遗产保留于家庭之中。必留份制度则侧重于保障有特殊困难的继承人的基本生活需要，使遗产发挥对弱势群体扶养的功能。二是权利主体不同。特留份权利人和必留份权利人虽然都是法定继承人，但是范围不同。特留份权利人的确定依据为血缘、婚姻等身份关系，大多为与遗嘱人关系最为密切、继承顺序靠前的法定继承人，而不考虑其是否有被扶养的需要。而必留份权利人的确定依据为身份关系以及受扶养的客观需要，如我国的必留份权利人为同时具备缺乏劳动能力和没有生活来源两个条件的法定继承人，该继承人既可以是第一顺序继承人，也可以是第二顺序继承人。三是具体份额不同。对于特留份的份额，无论是以遗嘱人的遗产总量为基数还是以特留份权利人的法定应继份为基数，特留份的计算一般都有具体的标准。我国法律则未对必留份规定具体的份额，在实践中要根据个案的具体情况而确定，以满足必留份权利人的生活需要。四是权利的优先性不同。大部分规定特留份制度的国家，在计算特留份份额时都是先从被继承人的遗产中扣除被继承人的债务，被继承人的债务优先于特留份。必留份则是法定继承人基本生活的保障，为此本法规定如有缺乏劳动能力又没有生活来源的继承人，在遗产不足清偿债务时，也应当为其保留必要的遗产。

在民法典继承编的立法过程中，一些意见认为，我国的必留份制度存在一定局限性：一是享有必留份的主体范围过窄；二是"保留必要的遗产份额"缺乏明确性，不易操作且标准较低。出于保障一定范围内近亲属的继承利益，平衡各继承人之间的利益，使遗产尽量保留在家庭内部，维护社会公德等目的，一些意见建议以特留份制度取代必留份制度。还有一些意见认为，特留份与必留份的功能不同，建议在保留必留份制度的同时，增加规定特留份制度。

也有一些意见反对引入特留份制度，主要理由为：（1）遗嘱自由在老龄化社会具有重要价值，而特留份制度使特定继承人仅凭身份便可取得部分遗产，会使晚辈对长辈的赡养义务重视不够。（2）特留份制度在适用上具有机械性的缺点，不考虑各个继承人之间实际需求的差别，可能使遗产过度分散，使真正需要遗产来扶养的人不能获得足够的遗产来保障生活。（3）继承规则应当尽量理顺关系、简单化，而特留份制度会使继承制度复杂化，为保障特留份权利而规定的扣减制度，可能引起更多的纠纷，影响交易安全。（4）实践中向法定继承人以外的第三人遗赠的情形最常见于祖孙之间，违反公序良俗原则向第三人遗赠全部财产的情形不多见，引入特留份制度的实际需求不大。（5）特留份与必留份并行的模式虽然意在同时兼顾两种制度的优点，但是在遗产总量不大的情况下，可能会不够分配，不能实现两种制度的价值目标，且对遗嘱自由的限制过大。

我们研究认为，遗嘱自由原则体现了继承法的私法本质，也是世界各国遗嘱立法的共性趋势，对遗嘱自由的限制应当以必要为限。继承法规定遗嘱应当对缺乏劳动能力又没有生活来源的继承人保留必要的遗产份额，既充分尊重了遗嘱人的财产处分权，又保障了有困难的继承人的扶养需求，还有助于弘扬人人自食其力的社会风气。由于继承制度的特殊性，法律规定的继承规则有的已经成为社会传统，对于一些新制度的引入要充分考虑与现有继承规则的协调、实践需求、社会接受度等因素，而目前对引入特留份制度还存在较多不同意见。为此，民法典继承编保留了必留份的规定，没有规定特留份制度。

> **第一千一百四十二条** 遗嘱人可以撤回、变更自己所立的遗嘱。
>
> 立遗嘱后，遗嘱人实施与遗嘱内容相反的民事法律行为的，视为对遗嘱相关内容的撤回。
>
> 立有数份遗嘱，内容相抵触的，以最后的遗嘱为准。

【条文主旨】

本条是关于遗嘱的撤回和变更的规定。

【条文释义】

遗嘱的撤回，是指遗嘱人在立遗嘱后又对该遗嘱加以取消。遗嘱的变更，是指遗嘱人在立遗嘱后又对该遗嘱作出修改。遗嘱的撤回和变更产生的法律后果为遗嘱中被撤回、被变更的内容不发生效力。遗嘱人从立遗嘱到遗嘱生效的这段期间，可能会因种种原因，改变其当初立遗嘱时的意愿。法律允许并保障遗嘱人撤回、变更自己所立的遗嘱，是遗嘱自由原则的必然要求，也是意思自治原则在继承领域的具体体现。继承法第 20 条规定："遗嘱人可以撤销、变更自己所立的遗嘱。立有数份遗嘱，内容相抵触的，以最后的遗嘱为准。自书、代书、录音、口头遗嘱，不得撤销、变更公证遗嘱。"

对于遗嘱的撤销和变更，民法典继承编在立法过程中，根据各方面的意见和建议，对继承法第 20 条作了以下三个方面的修改完善：

一、将遗嘱的"撤销"修改为"撤回"

根据意思表示的一般理论，民法上的"撤回"与"撤销"是不同的概念。"撤回"是对还未生效的意思表示予以撤回，使其不发生法律效力；而"撤销"是对已经生效的意思表示予以撤销，使其具有溯及力的消灭。遗嘱行为是死因民事法律行为，遗嘱在遗嘱人死亡时生效，遗嘱人只能在其死亡前即遗嘱生效前取消其意思表示，因此，用"撤回"遗嘱更加准确。

二、增加规定了遗嘱视为撤回的情形

在一些情况下，遗嘱人虽然没有以明示的意思表示撤回遗嘱，但是其行为已经表明撤回遗嘱时，应当承认遗嘱人具有撤回遗嘱的意思表示。《最高人民法院关于贯彻执行〈中华人民共和国继承法〉若干问题的意见》第 39 条规定，遗嘱人生前的行为与遗嘱的意思表示相反，而使遗嘱处分的财产在继承开始前灭失、部分灭失或所有权转移、部分转移的，遗嘱视为被撤销或部分被撤销。其他国家和地区的继承法律中也有相关规定。本法在借鉴国外立法例和吸收相关司法解释的基础上，增加规定了遗嘱视为撤回的情形，即"立遗嘱后，遗嘱人实施与遗嘱内容相反的民事法律行为的，视为对遗嘱相关内容的撤回"。需要注意的是，本款强调遗嘱人实施的行为是民事法律行为，即遗嘱人要有设立、变更和终止民事法律关系的意思表示，如果遗嘱人的行为并非出于自己的意愿，如因过失而导致其遗嘱处分的标的物灭失的，不构成对遗嘱的撤回。

三、删除了公证遗嘱优先效力的规定

继承法第 20 条第 3 款规定，自书、代书、录音、口头遗嘱，不得撤销、变更公证遗嘱，突出了公证遗嘱的优先效力。在民法典继承编的立法过程中，对于是否要继续赋予公证遗嘱优先效力有不同意见。有的意见认为，目前社会上还存在诚信缺失的现象，公证遗嘱能最大程度保证遗嘱的合法性和真实性，且具有法定证明力，暂不能以其他形式的遗嘱取代公证遗嘱的效力。否则，不仅会大幅提高司法成本，也增加确认遗嘱人真实意愿的难度。该规定实施多年已被社会大众接受，目前存量公证遗嘱很多，如果取消其最高效力，如何处理也是一大难题。另一些意见则认为，公证遗嘱效力优先规则极大地限制了遗嘱自由，并且增加了立遗嘱的成本，当事人立公证遗嘱后只能以公证遗嘱的形式撤回和变更前一公证遗嘱，在遗嘱人生命垂危难以办理公证遗嘱撤回或变更前一公证遗嘱时，限制了遗嘱人真实的意思表示。其他国家的立法例也未赋予公证遗嘱优先效力。我们研究认为，公证遗嘱与其他形式的遗嘱相比，具有证明力更强的特点，然而继承法赋予公证遗嘱在适用效力位阶上的优先性，不允许遗嘱人以其他形式的遗嘱撤回或者变更，存在使遗嘱人的最终意愿不能实现，不当限制遗嘱自由等弊端，有悖于遗嘱制度的宗旨。为切实保障遗嘱人的真实意愿，民法典继承编删除了继承法关于自书、代书等形式的遗嘱不得撤销、变更公证遗嘱的规定，保留了继承法"立有数份遗嘱，内容相抵触的，以最后的遗嘱为准"的规定，即对于遗嘱人所立的内容相抵触的数份遗嘱，以立遗嘱的时间作为认定遗嘱有效的判断标准，无论遗嘱形式如何，遗嘱人最后所立的遗嘱具有优先适用的效力。

> **第一千一百四十三条** 无民事行为能力人或者限制民事行为能力人所立的遗嘱无效。
>
> 遗嘱必须表示遗嘱人的真实意思，受欺诈、胁迫所立的遗嘱无效。
>
> 伪造的遗嘱无效。
>
> 遗嘱被篡改的，篡改的内容无效。

【条文主旨】

本条是关于遗嘱无效的规定。

【条文释义】

遗嘱除了需要符合法律规定的形式方面的要求以外，遗嘱的有效还需要具备民事法律行为有效的条件，这既包括总则编规定的一般条件，也包括继承编规定的特别条件。本法第 143 条规定，具备下列条件的民事法律行为有效：（1）行为人具有相应的民事行为能力；（2）意思表示真实；（3）不违反法律、行政法规的强制性规定，不违背公序良俗。本条沿袭了继承法第 22 条的规定，规定了在下列情形下遗嘱无效：

1. 遗嘱人不具有遗嘱能力。遗嘱能力，是指自然人依法享有的可以用遗嘱形式处分个人财产的能力或资格。大多数国家的继承法对遗嘱能力都有规定，遗嘱能力的确定主要是依据遗嘱人的年龄和精神健康状况两个因素。继承法以及本法没有对遗嘱人的遗嘱能力作出专门规定，主要是适用民事行为能力的规定，即只有具有完全民事行为能力的人才可以立遗嘱。没有遗嘱能力的人，即无民事行为能力人或者限制民事行为能力人所立的遗嘱无效。

2. 遗嘱并非遗嘱人真实的意思表示。为了保障遗嘱人的财产处分权以及遗嘱自由，维护合法的遗嘱继承人及受遗赠人的利益，法律要求遗嘱必须表示遗嘱人的真实意思，这就体现在两个方面：一是遗嘱必须出于遗嘱人的自愿，是其内心自由意志的体现，遗嘱人因受欺诈、胁迫所立的遗嘱无效；二是遗嘱的内容真实可靠，确实为遗嘱人的意思表示，伪造的遗嘱、遗嘱被篡改的部分无效。

欺诈、胁迫均构成对当事人意思表示自由的干涉，对于因受欺诈、胁迫而实施的民事法律行为，本法第148条、第150条规定，一方以欺诈、胁迫手段，使对方在违背真实意思的情况下实施的民事法律行为，受欺诈方、受胁迫方有权请求人民法院或者仲裁机构予以撤销。受欺诈方、受胁迫方需要在法律规定的期限内行使撤销权，否则撤销权消灭，因受欺诈、胁迫而实施的民事法律行为自此成为完全有效的民事法律行为。法律赋予受欺诈方、受胁迫方以撤销权，可以使其对自己实施的民事法律行为的效力作出选择，最大限度地尊重其意思自治、保护其合法权益。撤销权针对的是已经生效的民事法律行为，使其具有溯及力的消灭，立遗嘱的行为虽然也是一种民事法律行为，但是遗嘱自被继承人死亡时生效，已经死亡的遗嘱人无法撤销其有瑕疵的意思表示，为此，本法规定受欺诈、胁迫所立的遗嘱无效，区别于一般的因受欺诈、胁迫而实施的民事法律行为的效力。

伪造的遗嘱与遗嘱被篡改的内容属于虚假的遗嘱，遗嘱人并未作出相应的意思表示，因此无效。需要注意的是，伪造与篡改有所区别，伪造的遗嘱是整个遗嘱的意思表示都是假的，因此，遗嘱全部无效；而篡改是在真实遗嘱的基础上对遗嘱的部分内容进行改动，由于遗嘱的内容可能是多方面的，并且各项内容之间可以是互相独立的，因此，遗嘱被篡改的，只是篡改的内容无效，不必然导致整个遗嘱无效，遗嘱中未篡改的内容仍然有效，这也体现了对遗嘱人真实的意思表示尊重。

> **第一千一百四十四条**　遗嘱继承或者遗赠附有义务的，继承人或者受遗赠人应当履行义务。没有正当理由不履行义务的，经利害关系人或者有关组织请求，人民法院可以取消其接受附义务部分遗产的权利。

【条文主旨】

本条是关于附有义务的遗嘱继承或者遗赠的规定。

【条文释义】

附有义务的遗嘱继承或者遗赠，是指遗嘱继承人或者受遗赠人在继承遗嘱人的财产时需要履行遗嘱人对其附加的特定义务，否则其接受附义务部分遗产的权利可能被法院取消的遗嘱继承或者遗赠。

遗嘱人用遗嘱处分个人财产，将财产指定给他人继承时，可以要求继承其财产的人履行特定的义务，这种义务既可以是作为的义务，也可以是不作为的义务。只要遗嘱人附加的义务不违反法律的强制性规定以及不违背公序良俗，遗嘱人的这种安排是法律所允许的，这不仅能充分发挥遗嘱人财产的价值，还能让遗嘱人的遗愿得以实现，充分尊重遗嘱人的意思表示。继承法第 21 条规定，遗嘱继承或者遗赠附有义务的，继承人或者受遗赠人应当履行义务。没有正当理由不履行义务的，经有关单位或者个人请求，人民法院可以取消他接受遗产的权利。根据继承法的规定，附有义务的遗嘱既可以适用于遗嘱继承，也可以适用于遗赠。

民法典继承编对于附有义务的遗嘱继承和遗赠在继承法第 21 条的基础上作了修改完善。在理解本条规定时，需要注意以下几个方面：

一是遗嘱继承人或者受遗赠人履行遗嘱所附的义务的前提为接受继承或者遗赠。立遗嘱是单方民事法律行为，遗嘱人在遗嘱中为遗嘱继承人或者受遗赠人附加义务时，并不需要和遗嘱继承人或者受遗赠人达成合意。由于遗嘱所附的义务附随于遗嘱继承权或者受遗赠权，在遗嘱生效后，遗嘱继承人和受遗赠人可以通过接受或者放弃继承和受遗赠的方式选择是否履行遗嘱所附加的义务。遗嘱继承人或者受遗赠人如果接受继承或者受遗赠，则应当履行该义务；如果放弃继承或者受遗赠，则没有履行该义务的责任。

二是遗嘱继承人或者受遗赠人不履行遗嘱所附义务的法律后果为由法院取消其接受附义务部分遗产的权利。如果遗嘱人在遗嘱中为继承人或者受遗赠人接受遗产附加了义务，实际上为继承人或者受遗赠人取得遗产设置了条件，继承人或者受遗赠人只有履行了相关义务，才符合取得遗产的条件。如果继承人或者受遗赠人无正当理由不履行遗嘱所附义务的，就不符合取得遗产的条件，其取得遗产的行为违背了遗嘱人意愿，法律需要规定相应的救济措施。本法规定，对于没有正当理由不履行义务的遗嘱继承人或者受遗赠人，经相关主体申请，法院可以取消其接受附义务部分遗产的权利。继承法规定法院可以取消不履行义务的继承人或者受遗赠人"接受遗产的权利"，本法将其修改为"接受附义务部分遗产的权利"，将可以取消接受的遗产范围界定得更为明确。

三是可以向法院申请取消义务人接受遗产的权利的主体为利害关系人或者

有关组织。由于遗嘱生效时遗嘱人已经死亡，为了保障遗嘱中所附义务的履行和遗嘱人意愿的实现，就需要由相关主体监督义务人履行相应义务。本法规定如果遗嘱继承人或者受遗赠人不履行义务，利害关系人或者有关组织向法院申请取消义务人接受附义务部分遗产的权利。利害关系人或者有关组织可以为法定继承人、遗嘱执行人、因遗嘱所附义务的履行而受益的自然人和组织等。

第四章　遗产的处理

本章共十九条，规定了遗产处理的程序和规则，并在继承法的基础上，进一步完善了有关遗产处理的制度：一是增加遗产管理人制度，明确了遗产管理人的产生方式、职责和权利等内容。二是完善遗赠扶养协议制度，适当扩大扶养人的范围，明确继承人以外的组织或者个人均可以成为扶养人，以满足养老形式多样化需求。三是完善无人继承遗产的归属制度，明确归国家所有的无人继承遗产应当用于公益事业。

> **第一千一百四十五条**　继承开始后，遗嘱执行人为遗产管理人；没有遗嘱执行人的，继承人应当及时推选遗产管理人；继承人未推选的，由继承人共同担任遗产管理人；没有继承人或者继承人均放弃继承的，由被继承人生前住所地的民政部门或者村民委员会担任遗产管理人。

【条文主旨】

本条是关于遗产管理人选任的规定。

【条文释义】

遗产管理人是在继承开始后遗产分割前，负责处理涉及遗产有关事务的人。被继承人死亡后，如何处理遗产不仅涉及继承人之间的利益分配，还涉及被继承人生前的债权人的利益。因此，需要有人妥善保管遗产，并在不同主体之间分配好遗产。继承法未规定遗产管理人，随着我国经济的快速发展，人民群众的财富不断增加，自然人死亡后，留下的遗产也往往很多，很多被继承人在留下巨额遗产的同时，也还有很多债务需要偿还，因此，建立遗产管理人制度显得越来越有必要。

本条规定，继承开始后，遗嘱执行人为遗产管理人；没有遗嘱执行人的，继承人应当及时推选遗产管理人；继承人未推选的，由继承人共同担任遗产管理人；

没有继承人或者继承人均放弃继承的，由被继承人生前住所地的民政部门或者村民委员会担任遗产管理人。根据本条规定，可以由以下主体担任遗产管理人：

1. 由遗嘱执行人担任遗产管理人。遗嘱执行人是遗嘱人在遗嘱中指定的执行遗嘱事务的人。一般而言，遗嘱执行人都是被继承人信任之人，否则被继承人是不会在遗嘱中指定其为遗嘱执行人。被继承人在遗嘱中指定有遗嘱执行人的情况下，由遗嘱执行人担任遗产管理人更为合理：一方面，遗嘱执行人是被继承人信任的人，由其管理遗产更符合被继承人意愿。另一方面，遗嘱执行人执行遗嘱本来就需要处理遗产，由其担任遗产管理人也更为便利。

2. 由继承人推选出遗产管理人。并非所有自然人生前都会立遗嘱，即便立遗嘱也未必指定遗嘱执行人。没有遗嘱执行人还可能是因为遗嘱执行人死亡。被继承人对于由谁管理遗产并未作出任何意思表示。被继承人死亡后，一般而言，为了处理被继承人的后事，继承人之间都会推选出主事之人，负责处理被继承人的丧葬奠仪、遗产分割等善后事务。本条规定，没有遗嘱执行人时，由被继承人推选出遗产管理人，这也符合通常做法。所谓推选，就是全体继承人共同推举出其中一名或者数名继承人为遗产管理人。至于全体继承人之间按照何种规则推选，是按照少数服从多数的规则还是全体一致同意的规则，则由继承人之间协商确定。

3. 由继承人共同担任遗产管理人。如果继承人未推选遗产管理人，则由全体继承人共同担任遗产管理人。没有推选可能是由于以下两种情况之一：第一，继承人人数少，没必要推选遗产管理人，或者继承人达成一致由全体共同管理遗产；第二，继承人之间无法推选出一致认可的遗产管理人。在全体继承人担任遗产管理人时，就涉及全体继承人如何作出决策的问题，此时也需要由全体继承人协商达成一致。

4. 由民政部门或者村民委员会担任遗产管理人。被继承人死亡后，如果没有继承人或者继承人均放弃继承时，遗产就属于无人继承的遗产，根据继承编的规定，此种遗产的归属需要根据被继承人的身份作不同的处理：如果被继承人是集体所有制组织成员的，遗产归其生前所在的集体所有制组织所有；如果被继承人并非集体所有制组织成员的，则其遗产归国家所有并用于公益事业。因此，为了妥善保管并更好处理被继承人的遗产，城镇的无人继承遗产由民政部分担任遗产管理人更为妥当；农村居民生前作为集体所有制组织成员，享受了集体所有制组织的很多权益，遗产由其所在的村民委员会管理也是合理的。

第一千一百四十六条　对遗产管理人的确定有争议的，利害关系人可以向人民法院申请指定遗产管理人。

【条文主旨】

本条是关于法院指定遗产管理人的规定。

【条文释义】

上条规定了遗产管理人选任的规则，如果遗嘱执行人、继承人之间就遗嘱管理事务达成一致，按照法律规定的顺序选任遗产管理人即可。但是遗产管理毕竟涉及诸多人的利益，难免会因为选任谁担任遗产管理人而发生争议。因遗产管理人确定发生的争议，可能有三种：第一种就是遗嘱执行人不愿意参与遗产管理，或者多个遗嘱执行人之间因遗产管理发生纠纷；第二种就是继承人之间因为遗产管理发生纠纷；第三种就是其他利害关系人对遗产管理人的确定有异议。所谓其他利害关系人是指遗嘱执行人、继承人之外的与遗产有利害关系的当事人，如受遗赠人。

1. 管辖法院。民事诉讼法第 33 条第 3 项规定，因继承遗产纠纷提起的诉讼，由被继承人死亡时住所地或者主要遗产所在地人民法院管辖。根据该规定，涉及继承遗产的纠纷应当由特定法院专属管辖。确定遗产管理人的纠纷也属于因继承遗产引发的纠纷，故也应由被继承人死亡时的住所地或者主要遗产所在地法院管辖，由这两类法院管辖，主要是被继承人死亡时的住所地和主要遗产所在地的法院，与遗产存在密切联系，便于了解案情，能够更便利地审理此类纠纷。

2. 提起诉讼的主体。本条规定利害关系人如果就遗产管理人的确定有疑义，均可以请求人民法院指定。这里的利害关系人一般包括遗嘱执行人、继承人、被继承人生前住所地的民政部门或者村民委员会，以及受遗赠人等与遗产有利害关系的人。

3. 人民法院指定遗产管理人的范围。继承编第 1145 条规定遗产管理人选任的范围包括遗嘱执行人、继承人、民政部门或者村民委员会。因此，人民法院也可在这些主体中指定遗产管理人。如果是多个遗嘱执行人因为担任遗产管理人有争议，则可以指定一名或者数名遗嘱执行人为遗产管理人；如果是遗嘱执行人与继承人之间因遗产管理有纠纷，则可以在遗嘱执行人与继承人之间选择一人或者数人担任遗产管理人；如果是继承人之间因遗产管理人的确定发生纠纷，则应当在继承人之间指定合适的遗产管理人；如果是被继承人生前住所地的民政部门或者村民委员会之间因遗产管理人的确定发生纠纷，则需要在两者之间确定合适的机构担任遗产管理人。人民法院确定遗产管理人应当结合被继承人生前所立遗嘱等有关文件，尽量尊重被继承人的内心意愿，同时应当根据候选人的能力水平、与被继承人的关系亲疏程度、公信力等来确定。

> **第一千一百四十七条　遗产管理人应当履行下列职责：**
> （一）清理遗产并制作遗产清单；
> （二）向继承人报告遗产情况；
> （三）采取必要措施防止遗产毁损、灭失；
> （四）处理被继承人的债权债务；
> （五）按照遗嘱或者依照法律规定分割遗产；
> （六）实施与管理遗产有关的其他必要行为。

【条文主旨】

本条是关于遗产管理人职责的规定。

【条文释义】

遗产管理人选任之后，就要承担起管理遗产的职责。遗产管理人管理遗产就要实施各种管理遗产的行为，法律也就有必要明确遗产管理人职责的权限和范围。遗产管理人应当在法律规定的权限范围内实施管理遗产的行为。

根据本条规定，遗产管理人的职责包括以下几个方面：

一是清理遗产并制作遗产清单。遗产管理人要管理遗产，首先就必须掌握被继承人所遗留的遗产有哪些。因此，遗产管理人的首要职责就是清理遗产。清理遗产就是要清查整理所有的遗产，既要清理被继承人遗留的动产，也要清理不动产；既要清理有形财产，也要清理无形资产；既要清理债权，也要清理债务。清理遗产还包括应当将被继承人的个人财产与家庭共有财产予以区分，将个人财产与夫妻共同财产予以区分。遗产管理人在清理遗产时，就要实施清点遗产的必要行为。比如，向占有遗产的继承人、利害关系人了解情况，查询被继承人投资的公司的财务状况，向银行查询被继承人的存款情况等。其他相关主体应当予以配合，确保遗产管理人能够依法履行职责。遗产管理人在清理遗产后，应当制作书面的遗产清单，详细列明被继承人遗留的所有财产情况、债权债务情况等。

二是向继承人报告遗产情况。继承人是有权参与遗产分割的人，与遗产有密切的利害关系。遗产管理人清理遗产并制作遗产清单后，应当向继承人报告遗产情况。首先，遗产管理人应当向全体继承人报告，既包括遗嘱继承人，也包括法定继承人。虽然被继承人生前的债权人要通过遗产清偿实现自己的债权，受遗赠人也可以获得被继承人所赠与的财产，但本项并未规定遗产管理人必须向债权人、受遗赠人报告遗产情况。因此，遗产管理人报告的对象限于继承人，而不包括受遗赠人和被继承人的债权人。其次，报告的形式应当是书面形式，因为第1项规定遗产管理人有制作遗产清单的义务，遗产管理人制作遗产清单后，就应当以书面形式向继承人报告。最后，报告的内容。遗产管理人应当向继承人全面报告遗产情况，就是要把所有的遗产情况告知全体继承人，包括各种不同的遗产类型，以及被继承人的债权债务等。当然，如果被继承人在遗嘱中特别说明某项遗产应当秘密归属于某个特定的继承人，则不宜向全体继承人公布。

三是采取必要措施防止遗产毁损、灭失。遗产管理人不仅需要清点遗产，还需要承担起积极妥善保管遗产的职责。在发现遗产存在毁损、灭失的风险时，就要采取必要的措施防止遗产毁损、灭失。遗产管理人在接受遗产后，应当妥善保管遗产，这是遗产管理人最基本的职责。遗产的毁损、灭失包括两种情况：第一种就是物理上的毁损、灭失。比如，遗产中包括易腐烂的水果、海鲜等，此类遗产如果不及时采取措施处理，可能腐败变质失去价值。遗产管理人此时就应当将此类遗产予以出售变现，保留其现金价值。第二种就是法律上的毁损、灭失。比如，遗产中的部分动产遭受侵权威胁，或者被侵权人占有，甚至被犯罪分子盗窃等。遗产的完整权利受到威胁，此时遗产管理人也应当采取必要的法律措施，确保遗产不遭受非法侵害。需要注意的是，遗产管理人仅有防止遗产毁损、灭失的职责，而没有确保遗产增值的义务。比如，遗产中有上市公司股票若干，若正值股票市场动荡时期，股票价值波动很大，遗产管理人是否有必要根据市场价格情况将此股票出售，以防止股票贬值呢？遗产管理人对遗产不宜有太大的处分权，只要确保遗产处于正常状态，不至于毁损、灭失即可。当然，如果遗产管理人是由全体继承人共同担任，在全体继承人协商一致的情况下对遗产实行必要的处分，也是可以的。

四是处理被继承人的债权债务。遗产不仅包括各种动产、不动产，还包括被继承人所享有的各种债权。遗产管理人的职责之一就是处理被继承人的债权债务。首先是处理债权。遗产管理人在清理遗产时，发现被继承人生前有债权的，应当依法向债务人主张债权，这种债权既包括合同之债，也包括侵权之债，还包括不当得利和无因管理之债。只要债务人未偿还所欠被继承人的债务，遗产管理人就可以通过各种方式（包括诉讼方式）依法请求债务人偿还。其次是处理债务。在分割遗产之前，应当清偿被继承人生前债务。因此，遗产管理人如果发现被继承人生前负有债务的，也应当以遗产偿还此债务。当然，如果发现被继承人所遗留的债权债务仍处于诉讼程序之中，尚未最终确定，此时，遗产管理人就应当积极参与相关诉讼，依法维护遗产所涉及的权益，确保遗产利益最大化。遗产管理人处理完债权债务后，也应当将处理情况向继承人报告，以便继承人掌握遗产的实际情况。

五是按照遗嘱或者依照法律规定分割遗产。遗产管理人妥善保管遗产仅仅是暂时性职责，其最终任务就是分割遗产。遗产管理人分割遗产的依据包括：第一是遗嘱要求。如果被继承人生前留下了遗嘱，遗产管理人首先需要根据被继承人所立遗嘱处理遗产。如果遗嘱指定由特定继承人继承某些遗产，则应当将该等遗产分配给特定继承人；如果遗嘱中明确将某些遗产赠与特定的个人或者组织，遗产管理人应当遵从遗嘱的要求，将该遗产交由遗嘱指定的受遗赠人。第二是法律规定。如果被继承人生前没有留下遗嘱，遗产管理人需要按照法定继承的相关规则来分割遗产。此时，遗产管理人必须按照继承编第二章法定继承中所规定的继承人范围、顺序、分配原则等分割遗产。当然，如果被继承人生前签订了遗赠扶养协议，那么遗产管理人就应当优先按照遗赠扶养协议的约定来处理遗产。

六是实施与管理遗产有关的其他必要行为。遗产管理人除了实施前面5项管理遗产的必要行为之外，还应当实施其他与管理遗产有关的必要行为，比如，参与涉及遗产的有关事项，对遗产情况开展必要的调查等。本项为兜底性的规定，只要基于管理遗产的需要，遗产管理人就可以实施相关的行为，确保遗产得到妥善有效的管理。

> **第一千一百四十八条　遗产管理人应当依法履行职责，因故意或者重大过失造成继承人、受遗赠人、债权人损害的，应当承担民事责任。**

【条文主旨】

本条是关于遗产管理人责任的规定。

【条文释义】

一、遗产管理人应当依法履行职责

遗产管理人在管理遗产过程中，应当依法履行职责。遗产管理人在管理遗产时，首先，应当遵守继承编的相关规定，按照上条规定的权限实施管理遗产的各项行为，包括清理遗产、制作遗产清单、报告遗产情况、处理债权债务、分割遗产等。不管遗产管理人实施哪种行为，都应当尽职尽责，不得滥用管理权限。其次，遗产管理人在管理遗产时，不得违反法律，也不得违背公序良俗。

不得违反法律就是应当遵守有关法律的规定，比如，被继承人生前欠有税款，遗产管理人就应当依法缴纳所欠税款，而不得违法偷税漏税。此外，如果遗产所在地对处理特定遗产有特殊的风俗习惯，遗产管理人也应当尊重这些习俗。

二、遗产管理人的法律责任

遗产管理人如果未依法履行职责，根据本条规定，如果是因故意或者重大过失造成继承人、受遗赠人、债权人损害的，应当承担民事责任。因此，遗产管理人承担民事责任的构成要件包括：第一，遗产管理人在客观上实施了不当的遗产管理行为。遗产管理人必须是在实施遗产管理过程中给利害关系人造成了损害。如果不是因为遗产管理行为损害了继承人、受遗赠人、债权人的利益，则不属于本条规定的范畴，应当按照侵权责任编或者其他法律的规定承担责任。第二，遗产管理人在主观上有故意或者重大过失。所谓故意，就是明知会侵害他人权益而为之。所谓重大过失，就是违反一般正常管理者应尽的谨慎注意义务。第三，遗产管理人的行为给继承人、受遗赠人、债权人造成了损害，也就是遗产管理人的不当管理行为造成遗产的损失，进而损害了继承人、受遗赠人、债权人的利益。遗产管理人的前述行为造成继承人、受遗赠人、债权人损害的，需要承担民事责任，即需要承担赔偿损失等责任。

> **第一千一百四十九条　遗产管理人可以依照法律规定或者按照约定获得报酬。**

【条文主旨】

本条是关于遗产管理人获得报酬的规定。

【条文释义】

遗产管理人管理遗产必然需要耗费时间和精力，特别是对于巨额遗产的管理人而言，需要花费更多的精力。遗产管理人不仅要履行法律规定的职责，还需要承担因过错造成利害关系人损失的责任。权利应当与义务相匹配，赋予遗产管理人获得报酬的权利是有必要的，也是合理的。

本条规定，遗产管理人可以依照法律规定或者按照约定获得报酬。首先，遗产管理人可以获得报酬，也可以不收取报酬。是否获得报酬，需要视具体情况而定，遗产管理人可以要求获得报酬，也可以不要求有报酬。其次，如果法律规定遗产管理人有权获得报酬的，遗产管理人可以要求获得报酬；如果当事人之间约定遗产管理人可以获得报酬的，根据此约定，遗产管理人也可以获得报酬。最后，遗产管理人报酬的多少可以由当事人约定，如果是人民法院指定遗产管理人的，人民法院可以酌情确定遗产管理人的报酬。

> **第一千一百五十条** 继承开始后，知道被继承人死亡的继承人应当及时通知其他继承人和遗嘱执行人。继承人中无人知道被继承人死亡或者知道被继承人死亡而不能通知的，由被继承人生前所在单位或者住所地的居民委员会、村民委员会负责通知。

【条文主旨】

本条是关于继承开始通知的规定。

【条文释义】

一、继承开始通知的重要性

继承开始意味着继承人范围的确定、继承人和受遗赠人能够作出接受与放弃的意思表示等。继承开始的通知直接影响利害关系人权利的行使与放弃。首先，继承开始通知对于继承人而言，意味着继承人是否享有继承权，能否作出接受与放弃的意思表示。因为只有在继承开始后，继承人才能判断自己是否在继承人的范围内，是否享有继承权，能否作出接受与放弃继承的意思表示，如果继承人未收到继承开始的通知，将无法作出判断。其次，继承开始通知对遗嘱执行人也很重要，继承开始，意味着遗嘱生效，遗嘱执行人就需要开始执行遗嘱。如果遗嘱执行人没有收到继承开始通知，就无法判断遗嘱是否开始生效，是否需要执行遗嘱。再次，继承开始的通知对于受遗赠人而言同样重要，因为受遗赠人在知道受遗赠后，即接到继承开始通知并知悉受遗赠的事实，就必须在法定期限内作出是否接受遗赠的意思表示，如果没有作出的视为拒绝接受。如果受遗赠人未收到继承开始的通知，其无从知道是否受遗赠，作出是否接受遗赠的意思表示也就无从谈起。最后，继承通知对于遗赠扶养协议中的扶养人、债权人等其他利害关系人而言，也很重要。对于遗赠扶养协议一方的扶养人而言，在继承开始后，就可以根据协议约定取得受遗赠的财产。对于债权人而言，在收到继承开始的通知后，就可以向遗产管理人主张通过遗产实现债权。

二、继承开始通知的义务人

本条规定，继承开始后，知道被继承人死亡的继承人应当及时通知其他继承人和遗嘱执行人。首先，负有继承开始通知义务的人是继承人。通常来说，与被继承人共同生活的继承人最先知道被继承人死亡的事实。因此，继承人知道被继承人死亡时，有义务及时通知其他继承人和遗嘱执行人。

本条还规定，继承人中无人知道被继承人死亡或者知道被继承人死亡而不能通知的，由被继承人生前所在单位或者住所地的居民委员会、村民委员会负责通知。被继承人死亡时，可能没有继承人知道被继承人死亡的事实，或者因为继承人是无民事行为能力人而无法通知，在此情况下，法律规定被继承人生前所在单位或者住所地的居民委员会、村民委员会有通知义务。因此，负有继承开始通知义务的主体还包括被继承人生前所在单位、住所地的居民委员会或者村民委员会。被继承人生前所在单位就是被继承人生前最后工作的单位，可能是被继承人尚在服务的单位，也可能是被继承人退休的单位。由于很多企业的人员退休后，养老都转入社保部门，与单位不再有联系，所以被继承人生前所在单位也未必知道其死亡的事实，在这种情况下，就由被继承人住所地的居民委员会或者村民委员会负责通知。

当然，除了法律规定的通知义务人之外，其他知晓被继承人死亡事实的主体，也可以告知利害关系人被继承人死亡的事实。

三、继承开始通知的发出

本条规定，继承人应当及时通知其他继承人和遗嘱执行人。根据第1121条第1款规定，继承从被继承人死亡时开始。因此，从时间上而言，在继承人等通知义务人知悉被继承人死亡的事实后，应当及时通知其他继承人、遗嘱执行人。所谓及时通知就是立刻而不迟延地发出继承开始的通知。

发出继承开始通知的方式，既可以是口头通知，也可以是书面通知。随着现代信息技术的发展，通知方式可以灵活多样，可以是电话通知、短信通知或者借助其他互联网即时通讯工具发出通知。

> **第一千一百五十一条**　存有遗产的人，应当妥善保管遗产，任何组织或者个人不得侵吞或者争抢。

【条文主旨】

本条是关于遗产保管的规定。

【条文释义】

遗产是被继承人遗留的个人遗产，是被继承人生前享有所有权的财产。被继承人死亡后，遗产的所有权随之转移。被继承人生前可能占有控制着自己所有的财产，这些财产也可能被其他人占有控制。继承人死亡后，就涉及遗产的保管问题。

本条规定，存有遗产的人，应当妥善保管遗产，任何组织或者个人不得侵吞或者争抢。

一、妥善保管遗产

根据本条规定，只要是存有遗产的人，都有义务妥善保管遗产。一是负有保管义务的主体是存有遗产的人。不管什么人，只要存有遗产，都有保管义务。被继承人死亡后，有的遗产可能由继承人占有，有的遗产可能是银行存款，有的遗产可能是由他人承租的不动产，有的遗产可能被他人借用，有的遗产可能被被继承人所投资公司其他股东所控制，有的专利可能被其他许可人使用着。不论是什么人存有遗产，都有义务对这些遗产予以保管。即便继承人放弃了继承，如果继承人存有遗产，也有义务保管好直至其他继承人接手。二是必须妥善保管。存有遗产的人，必须像善良管理人一样保管好遗产，确保遗产不被损害、毁损或者灭失。妥善保管就是维持遗产的正常状态。这种保管仅仅是一种消极性的义务，保管人并没有义务确保遗产保值增值。比如，存有的遗产是有价证券，市场价值波动很大，保管人没有义务根据市场行情予以变现防止价值贬损。但是，如果存有的是易腐败的食品等遗产，保管人就有义务予以变卖、拍卖，防止遗产腐败丧失价值。如果存有遗产的人与被继承人没有合同或者其他法律关系，此时即构成无因管理关系，需要根据无因管理的法律规定承担义务，享有权利。

存有遗产的人如果不愿意保管遗产，在遗产管理人确定之后，就应当将遗产交给遗产管理人保管。

二、不得侵吞或者争抢遗产

本条还规定，任何组织和个人都不得侵吞或者争抢。存有遗产的人有妥善保管遗产的义务，而对于其他人而言，则不得侵害遗产。一方面，对于存有遗产的人来说，其必须妥善保管遗产，但不得侵吞遗产。所谓侵吞就是不能据为己有，不论谁存有遗产，都必须如实告知遗产管理人其存有遗产的事实，在其不愿意继续保管时，还应当将遗产交由遗产管理人保管。即便根据继承人所留下的遗嘱该遗产由其继承或者受遗赠，存有遗产的继承人或者受遗赠人也必须告知遗产管理人，遗产由其存有。比如，甲生前留有一份遗嘱，遗嘱中将其所有的名人字画一幅 A 指定由其孙子乙继承。乙由于办画展需要，曾向甲借用 A 字画，画展结束后未归还给甲而是继续留在自己家中。甲死亡后，乙得知遗嘱指定了 A 字画由其继承，此时，乙也应当将其存有 A 字画的事实告知其他继承人或者遗嘱执行人。另一方面，不论遗产由谁保管，其他任何组织和个人都不得争抢。虽然遗产最终都将由继承人分割，但只要遗产不是由继承人存有，任何继承人都不得争抢，继承人之外的人也不得争抢。不仅个人不得争抢，任何组织也不得争抢。当然，如果遗产被依法征收、征用的，需要由享有法定权限的机关按照法定程序实施，也必须依法给予补偿。

侵吞或者争抢遗产，都需要依法承担责任。不仅可能需要承担相应的民事责任，甚至可能因为其实施的行为构成犯罪而需要承担刑事责任。

当然，如果遗产管理人因为清理、管理遗产的需要，要求存有遗产的人交出遗产，存有遗产的人就应当将遗产交由遗产管理人统一管理，以便遗产管理人清理遗产、制作遗产清单并依法对遗产进行分割。

> **第一千一百五十二条　继承开始后，继承人于遗产分割前死亡，并没有放弃继承的，该继承人应当继承的遗产转给其继承人，但是遗嘱另有安排的除外。**

【条文主旨】

本条是关于转继承的规定。

【条文释义】

继承根据继承人是否本人实际继承，可以分为本继承、代位继承和转继承。本继承就是继承人自己在继承顺序之中直接继承被继承人财产。代位继承就是在继承顺位之中的继承人于被继承人死亡前死亡，而由其特定晚辈亲属代位继承。被代为继承的人称为被代位继承人，实际继承的人称为代位继承人。转继承就是继承人本人在遗产分割前死亡，其应得的遗产份额转由其继承人继承。被转为继承的人称为被转继承人，实际继承的人称为转继承人。

本条规定，继承开始后，继承人于遗产分割前死亡，并没有放弃继承的，该继承人应当继承的遗产转给其继承人，但是遗嘱另有安排的除外。根据本条规定，发生转继承的条件包括：一是被转继承人在被继承人死亡后，遗产分割前死亡。被转继承人只有在此特定的时段死亡才发生转继承的问题。如果在被继承人死亡前死亡，则可能发生代位继承的问题；如果在遗产分割之后死亡的，则是一个新的继承问题，不存在转继承。二是被转继承人未放弃继承。如果被继承人死亡后，继承人放弃继承的，继承人的继承权已经不复存在，所谓的转继承也就无从谈起。三是遗嘱没有其他安排。所谓遗嘱没有其他安排，就是被继承人在其遗嘱中，没有特别说明所留遗产仅限于给继承人本人，不得转继承给其他人。

转继承的法律后果是，继承人应当继承的遗产转给其继承人。所谓继承人应当继承的遗产，就是不管根据法定继承还是遗嘱继承，只要应由继承人继承的财产，都适用转继承。转给其继承人，就是被转继承人应得到的一切遗产都转由其继承人继承。如被继承人甲有两个儿子，大儿子乙和小儿子丙。甲死亡后，留有遗嘱指定将其中的一古董瓷瓶传给其长子乙，对于其他财产未作处理。在遗产分割前，乙也不幸死亡，生前未作任何放弃继承的意思表示。乙的继承人中仅有已出嫁的女儿丁。在分割遗产时，丁欲取走该瓷瓶。丙认为该古董系传家之宝，应当由其继承，故拒绝交给已经外嫁的丁。根据转继承的有关规定，由于甲在遗嘱中明确指定该古董由乙继承，虽然乙在遗产分割前死亡，但因其并未放弃继承，故其应得的遗产应通过转继承来继承。作为乙的继承人丁，有权经转继承取得该瓷瓶，丙不得拒绝。

代位继承与转继承有一定的相似之处，代位继承和转继承发生的前提都是继承人死亡，但二者也有诸多不同：一是基础事实不同。虽然代位继承与转继承中继承人死亡是基础，但代位继承中继承人是先于被继承人死亡，而转继承中继承人是后于被继承人死亡。二是继承人的范围不同。代位继承的代为继承的继承人范围限于特定晚辈血亲；转继承人包括所有法定继承人。三是适用范围不同。代位继承仅限于法定继承；转继承则既适用于法定继承，也适用于遗嘱继承。

> **第一千一百五十三条** 夫妻共同所有的财产，除有约定的外，遗产分割时，应当先将共同所有的财产的一半分出为配偶所有，其余的为被继承人的遗产。
> 遗产在家庭共有财产之中的，遗产分割时，应当先分出他人的财产。

【条文主旨】

本条是关于遗产确定的规定。

【条文释义】

遗产是被继承人死亡时遗留的个人合法财产。确定个人遗产时，对于所有权明确属于被继承人个人所有的财产，自然属于遗产范畴。比如，被继承人生前个人使用的珠宝等。但在大多数情况下，被继承人都不是独自生活的，而是与其他继承人共同生活，财产也往往是共同使用、共同所有。本条的规定就是针对被继承人与其他人共有财产时应当如何确定遗产的问题。

一、遗产从夫妻共同财产中划分

本条第 1 款规定，夫妻共同所有的财产，除有约定的外，遗产分割时，应当先将共同所有的财产的一半分出为配偶所有，其余的为被继承人的遗产。因此，对于共同生活的夫妻而言，首先需要区分个人财产与夫妻共同财产。这需要根据夫妻财产制来判断：如果夫妻实行分别财产制，由于夫妻双方约定财产归各自所有，任何一方的财产都比较好确定；如果实行的是夫妻共同财产制，那就需要根据财产的状况来判断属于共同财产还是个人财产。

婚姻家庭编第 1063 条规定了属于夫妻一方财产的情形，具体包括：（1）一方的婚前财产；（2）一方因受到人身损害获得的赔偿或者补偿；（3）遗嘱或者赠与合同中确定只归一方的财产；（4）一方专用的生活用品；（5）其他应当归一方的财产。根据该条规定，被继承人的婚前财产、明确指定受赠人为其个人的财产、专用生活用品等，这些都属于个人财产，因此，也就属于遗产的范畴。

第 1062 条规定了夫妻共同财产的范围，该条第 1 款规定："夫妻在婚姻关系存续期间所得的下列财产，为夫妻的共同财产，归夫妻共同所有：（一）工资、奖金、劳务报酬；（二）生产、经营、投资的收益；（三）知识产权的收益；（四）继承或者受赠的财产，但是本法第一千零六十三条第三项规定的除外；（五）其他应当归共同所有的财产。"对于这些夫妻共同财产，必须先予以分割，才能确定哪些属于被继承人的个人财产。根据本条第 1 款的规定，对于夫妻共同财产，除有约定的外，遗产分割时，应当先将共同所有的财产的一半分出为配偶所有，其余的为被继承人的遗产。因此，对于夫妻共同财产，除非被继承人与其配偶另有约定，应当按各分一半的原则予以分割，故需要将其中的一半分给其配偶，剩下的一半才属于被继承人的遗产。

二、遗产从家庭共同财产中划分

本条第 2 款规定，遗产在家庭共有财产之中的，遗产分割时，应当先分出他人的财产。被继承人与家庭成员共同生活，势必与其他家庭成员有家庭共同财产在分割遗产时，也必须将其个人的共有份额划分出来，确定为遗产。比如，在承包土地经营的农户中有一家庭成员死亡，由于土地承包经营是以家庭为单位，在分割遗产时，就需要根据农村土地承包法的规定予以分割。农村土地承包法第 32 条第 1 款规定："承包人应得的承包收益，依照继承法的规定继承。"因此，可以继承的仅为被继承人应得的承包收益，即开展承包经营获得的部分收益。再比如，甲一家四口在城市购买商品房一套，该房产的所有权属于按份共有产权，其中甲享有 70% 的所有权，其余三口人各占 10% 的所有权份额。甲死亡后，就应当将其所有的 70% 的产权划分出来，只有这 70% 的商品房的建筑物区分所有权属于遗产。

第一千一百五十四条　有下列情形之一的，遗产中的有关部分按照法定继承办理：

（一）遗嘱继承人放弃继承或者受遗赠人放弃受遗赠；

（二）遗嘱继承人丧失继承权或者受遗赠人丧失受遗赠权；

（三）遗嘱继承人、受遗赠人先于遗嘱人死亡或者终止；

（四）遗嘱无效部分所涉及的遗产；

（五）遗嘱未处分的遗产。

【条文主旨】

本条是关于按法定继承办理的规定。

【条文释义】

根据本法第1123条的规定，在涉及遗产处理的各种方式中，遗赠扶养协议最具优先效力，如果被继承人生前签订了遗赠扶养协议，应当先按遗赠扶养协议处理遗产；如果被继承人立了遗嘱，则应该再按照遗嘱的内容处理遗产；最后才是按照法定继承来处理遗产。但是遗赠扶养协议、遗嘱都可能因为种种原因而无法或者不用执行，这就涉及这些遗产应当如何处理的问题。

法定继承作为法律规定的继承方式，能够填补被继承人的遗愿空白。因此，在被继承人未就遗产作处分或者所作处分因特定原因而不实际发生效力时，就需要按照法定继承处理被继承人的遗产。根据本条规定，在以下几种情况下，应当按照法定继承处理被继承人的遗产：

一是遗嘱继承人放弃继承或者受遗赠人放弃受遗赠。根据本法1124条的规定，继承开始后，继承人可以放弃继承，受遗赠人可以放弃受遗赠。如果遗嘱继承人放弃遗嘱继承，那么遗嘱所涉及的部分遗产，就转为根据法定继承办理；同样，如果受遗赠人在知道受遗赠后明确表示放弃受遗赠的，或者在60日内未作出接受遗赠的意思表示的，就视为放弃受遗赠，被继承人遗赠的那部分遗产应按照法定继承办理。比如，甲在遗嘱中说明，将其所藏名人字画一幅赠与好友乙。甲死亡后，乙不愿意接受此名人字画，表示此字画还是留给甲的家人更为合适。乙作出了放弃受遗赠的意思表示，故此名人字画就应当由甲的继承人按照法定继承处理。

二是遗嘱继承人丧失继承权或者受遗赠人丧失受遗赠权。本法第1125条规定了继承人丧失继承权、受遗赠人丧失受遗赠权的法定事由。遗嘱继承人如果实施了法律规定的会导致丧失继承权的行为，丧失继承权后也未得到被继承人的宽恕，继承权未能恢复，本来根据遗嘱应由其继承的遗产，因其丧失继承权而转为按照法定继承办理。同样，如果受遗赠人实施了特定行为，丧失了受遗赠权，本应由其接受的遗产也需要法律明确应当如何处理。继承法未对丧失受遗赠权作出规定，继承编在第 1125 条第 3 款增加规定后，本项作了相应修改，明确受遗赠人丧失受遗赠权的，有关部分遗产也应按照法定继承办理。

三是遗嘱继承人、受遗赠人先于遗嘱人死亡或者终止。遗嘱继承人先于遗嘱人死亡的，遗嘱人可能并不知道这一事实，此时，遗嘱所指定的继承人已经死亡，丧失民事主体资格，也就无法获得遗嘱继承权。需要注意的是，在法定继承情况下，继承人先于被继承人死亡的，可能将会发生代位继承，继承人的特定晚辈亲属将因代位继承而获得遗产。受遗赠的自然人先于遗嘱人死亡的，受遗赠的组织先于遗嘱人死亡即已终止的话，在遗嘱人死亡后，因为受遗赠人已经死亡或者终止，不再具有民事主体资格，也就无法就是否接受遗赠作出意思表示，同样不能获得遗赠的遗产。此时，遗嘱人所遗赠的此部分遗产，同样需要按照法定继承办理。

四是遗嘱无效部分所涉及的遗产。遗嘱继承优先于法定继承，但遗嘱继承优先的前提是遗嘱合法有效，如果遗嘱无效，那么，遗嘱就不具有执行的法律效力，遗嘱继承也就无从谈起。本法第 1143 条规定了遗嘱无效的法定情形，包括无民事行为能力人和限制民事行为能力人所立的遗嘱，遗嘱人受欺诈所立遗嘱，遗嘱人受胁迫所立遗嘱，伪造的遗嘱，遗嘱被篡改的部分。不论遗嘱是因为哪种原因导致无效，那么遗嘱所涉及的那部分遗产都必须按照法定继承办理。比如，老年人甲因老年痴呆失去民事行为能力，甲享有一套房产的所有权，同时还有银行存款 30 万元。甲因患病住院，住院期间某护士乙为其提供了非常周到细致的照顾，甲遂立下遗嘱，写明将其银行存款赠与护士乙。甲因治疗无效逝世。对于甲在遗嘱中所写的银行存款的处理，因甲系无民事行为能力人，其所立遗嘱无效，故应按照法定继承处理。同样，因为遗嘱还存在部分无效的情形，此时，仅所涉部分遗产应按照法定继承办理。比如，丙有 A、B 两处房产的所有权，因丙的女儿丁非常孝顺，故丙在一份遗嘱中明确 A 处房产归其女儿丁继承。此后，不孝之子戊获悉此事，遂胁迫丙立遗嘱声明 B 房产归戊继承。丙死亡后，由于后一份遗嘱系戊胁迫丙所立，该遗嘱无效，故该遗嘱所涉及的 B 房产应按法定继承办理，而不能由戊单独继承。但因前一份遗嘱合法有效，故 A 房产仍应按照遗嘱继承办理，应当由丁继承。

五是遗嘱未处分的遗产。被继承人死亡时如果立了遗嘱，遗嘱可能会处分全部遗产，此时就应按遗嘱执行。如果遗嘱仍有部分未处分的遗产，对这部分遗产就应按照法定继承办理。

所谓按照法定继承办理，就是根据第二章法定继承所规定的继承人范围、顺序、份额等依法对遗产进行分割。

> **第一千一百五十五条** 遗产分割时，应当保留胎儿的继承份额。胎儿娩出时是死体的，保留的份额按照法定继承办理。

【条文主旨】

本条是关于保留胎儿继承份额的规定。

【条文释义】

总则编第 16 条规定，涉及遗产继承、接受赠与等胎儿利益保护的，胎儿视为具有民事权利能力。但是，胎儿娩出时为死体的，其民事权利能力自始不存在。因此，根据本条的规定，胎儿在遗产继承方面是具有民事权利能力的。

根据总则编第 16 条的规定，既然视胎儿具有继承方面的权利能力，也就意味着胎儿可以享有继承权。因此，只要受孕在身，作为具有权利能力的一分子，胎儿就拥有依法获得遗产的权利。但毕竟胎儿尚未出生，为了确保胎儿的继承权不受影响，本条专门进行规定。

首先，遗产分割时，应当保留胎儿的继承份额。胎儿享有继承权，但是毕竟胎儿尚未出生，无法确认胎儿是否能够正常出生。因此，本条规定在遗产分割的时候，需要保留胎儿的继承份额。所谓保留胎儿的继承份额，就是在计算参与遗产分割的人数时，应该将胎儿列入计算范围，作为参与分割的一分子，将其应得的遗产划分出来。需要注意的是，这里的继承份额既包括法定继承时的继承份额，也包括遗嘱继承时的份额。在法定继承时，如果胎儿在继承人范围和顺序之内，应当按照法定或者协商确定的分割原则、比例计算胎儿的应继承遗产份额。在遗嘱继承时，如果遗嘱中明确哪些遗产属于受孕之胎儿的，那么在分割遗产时，就应将此部分遗产予以保留，而不得以胎儿尚未出生为由予以瓜分。保留的是胎儿应得的遗产份额，就是将胎儿按照一个普通继承人计算所应获得的遗产。如果遗产是不动产，对不动产实行价值分割时，就要保留胎儿应得的那份价值；如果是对动产进行实物分割，就应保留胎儿应得的那部分实物。

其次，本条同时规定，胎儿娩出时是死体的，保留的份额按照法定继承办理。胎儿毕竟尚未出生，能否顺利分娩尚未可知。在分娩胎儿时可能有两种情况：第一种是顺利分娩，即顺利出生，胎儿即成为活的婴儿，也就成为独立的民事主体。这时，为胎儿所保留的遗产即成为出生之婴儿的财产。第二种情况就是分娩失败，娩出的胎儿为死体。根据总则编第 16 条规定，胎儿娩出时为死体的，其民事权利能力自始不存在。在这种情况下，胎儿的民事权利能力自始不存在，因此，包括继承的权利能力在内的所有权利能力都溯及地消灭。所保留的遗产自然无法为没有权利能力者取得。根据本条的规定，胎儿娩出时是死体的，为胎儿所保留的遗产份额就需要按照法定继承办理，即由被继承人的法定继承人继承。如被继承人甲死亡，留下价值 600 万元的房产一套。考虑到其妻子乙已怀胎，甲特地在遗嘱中明确将自己的存款 100 万元作为遗腹子的抚育资金，指定由遗腹子继承。甲的父母、妻子对该房产进行价值分割时，依法对乙腹中的胎儿保留了其中的一份 150 万元。由于乙生产不顺导致胎儿未能顺利出生，胎死腹中。此时，为乙腹中胎儿所保留的遗嘱继承中的银行存款 100 万元、法定继承中的房产价值分割 150 万元，都需要按照法定继承办理，即由甲的法定继承人（包括甲的配偶乙、甲的双亲）按照法定继承进行分割。

> **第一千一百五十六条**　遗产分割应当有利于生产和生活需要，不损害遗产的效用。
>
> 不宜分割的遗产，可以采取折价、适当补偿或者共有等方法处理。

【条文主旨】

本条是关于遗产分割的规定。

【条文释义】

继承人在大多数情况下都不是只有一人，所以遗产往往是数人参与继承。遗产的分割就是在共同参与继承的数个继承人之间，按照继承人应当继承的份额予以分配。遗产分割前由全体继承人共有，分割之后，各继承人所获得的遗产即转为其个人财产。正常情形下，遗产分割应该是继承的最后一个环节。继承从被继承人死亡后，即需要启动继承开始通知程序，确定继承人范围，选任遗产管理人，遗产管理人开始清点遗产、制作遗产清单、处理债权债务等，在清理完毕所有债权债务之后，最终剩下的遗产就是由继承人共同继承的遗产，各继承人要实现自己的继承权，最终就需要对遗产予以分割。

一、遗产分割的原则

本条首先规定，遗产分割应当有利于生产和生活需要，不损害遗产的效用。

遗产可能是动产、不动产，也可能是有价证券、银行存款，还可能是投资性资产。对于不同的遗产，在分割时，需要根据遗产的具体情况进行分割。但不管分割什么遗产，都要遵循这一原则，即有利于生产和生活、物尽其用。

首先，遗产分割要有利于生产。对生产资料型遗产的分割而言，在分割时，就应该按照有利于生产的原则进行。有利于生产可以从两个方面考虑：一方面，不能损害遗产本身的生产性用途，确保遗产分割后还能用于正常的生产经营。比如，农民甲死亡后，遗产包括耕地用的拖拉机一台。对于这台拖拉机，继承人在分割时，就需要根据其农业用途进行分割，而不宜将拖拉机拆解用于其他用途。另一方面，就是在分割遗产时，还要考虑继承人的能力、职业等因素，确保遗产分割后能得到继承人的合理充分利用。比如，对于前面所说甲遗留的拖拉机，如果甲的继承人中仅有乙在农村从事农业生产，其他继承人均在城市居住，从事非农业工作。在分割遗产时，即应尽量将该拖拉机分割给乙，这样乙就可以充分实现该遗产的使用价值。

其次，遗产分割要有利于生活。对于生活性用途的遗产，则应该考虑如何分割更便利于继承人的生活。比如，对于被继承人日常使用的电视机、洗衣机等生活物品，应将这些遗产尽量分割给予被继承人共同生活的继承人，这样便于继承人继续使用这些遗产。总之，继承人之间应当相互体谅，从有利于生产、生活的角度考虑各种遗产的分割。

最后，遗产分割要物尽其用。所谓物尽其用就是要根据物本身的属性、特征来分割，确保实现遗产的使用价值、经济价值最大化，充分实现遗产的效用。比如，被继承人死亡时遗留有明代古董家具一套，如果予以拆分，价值将明显减少，此时就应由一个继承人继承这一套家具更适宜，更能实现该遗产的经济价值。

二、遗产分割的方法

本条还规定，不宜分割的遗产，可以采取折价、适当补偿或者共有等方法处理。有些遗产可以直接分割，就需要按照遗产分割的原则进行分割。但是有些遗产不适宜分割，或者分割后会损害其效用，导致价值贬损，就需要采取其他方式予以分割。

一般而言，遗产分割的方式包括四种：一是实物分割。实物分割就是对遗产进行物理上的分离，继承人按照各自份额分别占有不同部分。比如，被继承人遗留有贵重首饰若干，即可以采取实物分割的方法，由每个继承人各分得若干件首饰。二是变价分割。有的遗产不适合进行实物分割，进行实物分割可能导致该遗产失去价值，或者所有继承人都不想取得该遗产的实物，就可以变卖该遗产取得价款，由继承人按照各自的继承份额对价款进行分割。比如，被继承人甲死亡后留有大型运输卡车一辆，由于继承人均不会开运输卡车，也不愿意利用该卡车进行运输经营。此时，就可以将该卡车予以出售变现，各继承人再对取得的价款进行分割。三是补偿分割。对于不宜进行实物分割的遗产，如果其中有继承人愿意取得该遗产，就可以由该继承人取得遗产的所有权。再由取得遗产所有权的继承人根据其他继承人对该遗产的价值所应取得的比例，支付相应的价金，对其他继承人予以补偿。四是保留共有。有的遗产不宜进行实物分割，所有继承人都愿意取得该遗产的，或者继承人基于某种生产或生活的目的，愿意继续维持遗产的共有状况，就可以由继承人对该遗产继续共有。这时的共有属于按份共有，即根据各继承人应继承的份额共同享有所有权。保留共有的可能是对家庭具有特殊纪念意义的物品。比如，甲死亡后遗留有传家古董一个，该古董无法进行实物分割，其继承人均不愿对该古董进行价值分割，各继承人都想继续让全家共有此古董，即可以达成共识，继续保持对该古董的共有状态。

> **第一千一百五十七条** 夫妻一方死亡后另一方再婚的，有权处分所继承的财产，任何组织或者个人不得干涉。

【条文主旨】

本条是关于配偶再婚时有权处分继承财产的规定。

【条文释义】

在遗产分割之后，继承人所分得的遗产就属于个人财产，即便是保留共有遗产，共有人之间也是按份共有。因此，从理论上而言，不论被继承人生前与继承人是何种法律关系，在被继承人死亡后，被继承人的民事权利能力消灭，民事主体资格丧失，其与继承人的法律关系即告消灭。同样，在遗产分割之后，继承人之间对遗产的共有关系发生变化，继承人通过遗产分割取得的遗产作为个人所有的财产，其对此当然依法享有处分权。即便继承人不再婚，也是可以自由处分自己所继承的财产。因此，在继承编起草审议过程中，有的意见提出，本条没有必要规定，可以删除。考虑到我国的特殊国情，在有的地方还有些落后习俗，"寡妇带产改嫁"仍受到一定的限制，保留本条规定还是有必要的。

本条规定，夫妻一方死亡后另一方再婚的，有权处分所继承的财产，任何组织或者个人不得干涉。首先需要说明的是，夫妻任何一方死亡，另一方均有再婚的权利。原因在于，首先，自然人死亡的，其民事主体资格消灭，其他人与其的身份关系也告终止。因此，夫妻关系随着一方的死亡也就消灭了，在世一方有权再婚，与其他人缔结新的婚姻关系。这种婚姻自主权是受到法律保护的。其次，在世的配偶一方不论是否再婚，都有权处分自己继承取得的财产。继承的遗产不管是动产，还是不动产，在法律上而言都是其个人所有的财产。根据法律的规定，所有人有权处分自己的财产。再次，如果在世配偶一方再婚，有权依法处分自己继承所获得的财产。这里的处分，既可以是转移占有、抛弃，也可以是赠与、出售，甚至销毁。总之，当事人可以按照自己的意志自由处分。最后，任何组织或者个人都不得干涉。不论是再婚者的子女、公婆或者岳父母、兄弟姐妹，还是妯娌或者其他姻亲、血亲，以及其他家族人员等，都不得干涉。所谓干涉就是施加影响力，包括阻止、破坏、阻扰。比如，被继承人甲死亡后，其妻子乙继承获得位于 A 村的房产一套。后乙与 B 村的丙再婚，因丙无房，故丙搬来 A 村与乙共同居住。甲的哥哥丁认为，乙所继承的房屋为其家族的祖屋，外人不得入住，遂欲阻止丙入住。丁的行为即违反了本条的规定，乙继承取得了房产后，有权与再婚配偶共同居住使用，丁的行为属于非法干涉乙对财产的处分权。

> **第一千一百五十八条**　自然人可以与继承人以外的组织或者个人签订遗赠扶养协议。按照协议，该组织或者个人承担该自然人生养死葬的义务，享有受遗赠的权利。

〖条文主旨〗

本条是关于遗赠扶养协议的规定。

〖条文释义〗

遗赠扶养制度是具有中国特色的一种法律制度。遗赠扶养协议制度源于我国农村地区的"五保户"制度。"五保户"就是在农村地区无劳动能力、无生活来源又无法定赡养、扶养义务人，或者其法定赡养、扶养义务人无赡养、扶养能力的，由集体经济组织负责其供养及死后的丧葬。继承法制定时，将此项制度予以法律化，规定了遗赠扶养协议制度。随着我国社会保障制度的不断完善，国家逐步完善了农村的养老保险等相关制度。同时，为了促进农村社会保障制度的发展，国务院还专门制定了《农村五保供养工作条例》，从职责分工、供养对象、供养内容、供养形式等方面予以规范。遗赠扶养协议在特定历史时期曾发挥着实现老有所养的功能。随着我国人口结构步入老龄化，人民群众的养老需求多样化，养老模式不断变化，养老产业不断发展。继承编适应我国养老形式多样化的需要，对继承法的遗赠扶养协议的规定进行了适当修改，扩大了供养人的范围，进一步完善了遗赠扶养协议制度。

一、遗赠扶养协议的特征

遗赠扶养协议就是自然人（遗赠人、受扶养人）与继承人以外的组织或者个人（扶养人）签订的，由扶养人负责受扶养人的生养死葬，并享有受遗赠权利的协议。

首先，遗赠扶养协议是一种协议。协议是一种双方法律行为，因此，需要双方当事人意思表示达成一致方能成立。这是遗赠扶养协议与遗赠、遗嘱的本质区别。遗赠、遗嘱都是单方法律行为，遗赠人、遗嘱人单方作出意思表示即可。遗赠扶养协议作为双方法律行为，一旦成立生效，对双方当事人都有法律约束力，双方必须严格遵守，否则将构成违约。遗赠扶养协议的双方当事人一方是受扶养人，另一方是扶养人。其次，遗赠扶养协议是双务有偿法律行为。不仅扶养人有扶养另一方的义务，受扶养人也需要按照约定将自己的遗产赠与对方。遗赠扶养协议是有偿的，双方都需要向对方支付对价。扶养人支付对价的方式就是负责受扶养人的生养死葬，受扶养人就是通过死后将遗产赠与扶养人的方式支付对价。最后，遗赠扶养协议为要式法律行为。遗赠扶养协议需要以书面方式作出。因为双方达成遗赠扶养协议后，协议的履行期限往往较长，且扶养人在受扶养人死亡后才能取得遗产，如果没有书面协议，受扶养人死亡后，将死无对证，无法确认双方是否存在真实的遗赠扶养关系。

根据本条规定，自然人可以与继承人以外的组织或者个人签订遗赠扶养协议。需要注意的是，遗赠扶养协议的双方当事人比较特殊：一方为自然人，即受扶养人。受扶养的自然人不论基于何种原因，只要其本人欲通过此种方式养老，即可以采取，而不论其是否有法定的扶养义务人。另一方必须为继承人以外的组织或者个人。因此，法定继承人是不能与被继承人签订遗赠扶养协议的。在继承编起草制定过程中，有的意见提出，应当允许继承人与被继承人签订继承协议。考虑到赡养老人是中华民族的传统美德，如果允许一部分继承人与另一部分继承人及被继承人签订协议，部分继承人放弃继承而不承担赡养义务，另一部分继承人赡养被继承人而继承遗产，这有悖于法律规定的赡养义务，也不符合传统美德。故本条规定，遗赠扶养协议必须是受扶养人与继承人之外的人签订。继承法规定扶养人只能是个人或者集体经济组织。本条规定扶养人除继承人之外的个人外，将集体经济组织扩大到各种组织。这里的组织既可以是法人，也可以是非法人组织。当然，应当是具备承担养老职能的组织。

二、遗赠扶养协议的主要内容

本条规定，遗赠扶养协议就是按照协议，作为扶养人的组织或者个人承担受扶养人生养死葬的义务，享有受遗赠的权利。根据合同法的一般原理，遗赠扶养协议应当包括以下主要内容：

一是协议双方当事人。协议应当载明受扶养人的姓名、身份证号码、住址等基本信息，以及扶养人个人的姓名、身份证号码、住址或者组织的名称、住所等基本信息。

二是扶养人的义务和受扶养人的权利。扶养的主要义务包括两个方面：一方面就是"生养"。在受扶养人生存期间，扶养人需要承担对受扶养人生活上的照料和扶助义务，特别是在受扶养人生病时应当提供的照护，在协议中应尽量写明照料的标准和水平。另一方面就是"死葬"。在受扶养人死亡后，扶养人应当负责办理受扶养人的丧事，包括按照受扶养人的遗愿办理遗体火化、埋葬等事宜。这些扶养人的义务，同时也是受扶养人的权利。

三是受扶养人的义务，也就是扶养人的权利。扶养人的权利主要就是根据协议取得受扶养人所赠与的遗产。因此，双方应当在协议中写明，受扶养人拟将哪些遗产赠与扶养人。同时还应约定受扶养人在世期间不得擅自处分协议所涉及的财产。

四是协议的解除。双方可以在协议中约定，如果一方违反约定，另一方有权要求解除遗赠扶养协议，并要求对方承担相应的补偿责任。比如，约定如果扶养人拒绝履行扶养义务，受扶养人有权解除合同，且不必向扶养人支付费用；还可以约定如果受扶养人擅自处分协议所涉及的财产，扶养人可以解除协议，并要求受扶养人支付相应的供养费用。

五是争议解决条款。双方可以在协议中约定一旦发生争议，可以通过哪些途径解决，通过仲裁，还是调解，还是诉讼方式。同时应尽量明确约定争议解决的具体机构。

三、遗赠扶养协议的效力

遗赠扶养协议与一般的财产性合同有较大差别，不仅在合同内容上有很大不同，在法律效力上也是如此。首先，在一般合同中，如果合同缔约一方当事人死亡，合同主体就消亡，合同因缺少主体而告终止。遗赠扶养协议则不同，在受扶养人死亡后，扶养人才开始根据协议获得受遗赠权，这种权利并不会因为对方死亡而消灭。其次，一般合同的效力都具有相对性，即合同通常仅对缔约的双方当事人具有法律约束力，对其他第三人没有法律效力。遗赠扶养协议则不同，不仅对签订遗赠扶养协议的双方具有法律约束力，对受扶养人的继承人、其他受遗赠人也有约束力。受扶养人的继承人不得根据法定继承排斥扶养人的受遗赠权。受扶养人的遗嘱不能与遗赠扶养协议内容相矛盾，如有相抵触的，应当执行遗赠扶养协议的内容。因此，遗赠扶养协议的效力优先于遗嘱，也优先于法定继承。

> **第一千一百五十九条** 分割遗产，应当清偿被继承人依法应当缴纳的税款和债务；但是，应当为缺乏劳动能力又没有生活来源的继承人保留必要的遗产。

【条文主旨】

本条是关于分割遗产应当缴纳税款、保留必要遗产的规定。

【条文释义】

遗产是被继承人遗留的合法财产，一般而言，被继承人在生前不仅会留有财产，有的被继承人还会留下债务或者其他义务。被继承人生前所负担的各种债务，理论上称为遗产债务。遗产债务是被继承人个人所欠的债务。这种债务可能完全是被继承人个人的债务，也可能是共同债务中被继承人应当分担的那部分债务。遗产债务是被继承人生前所欠的，被继承人死亡后因处理善后事务而发生的各种费用不属于遗产债务。遗产债务需要用遗产来偿还。遗产管理人的职责之一就是清理并处理被继承人的债权债务。故本条首先规定，分割遗产，应当清偿被继承人依法应当缴纳的税款和债务。

1. 清偿应缴纳的税款。我国宪法第56条规定："中华人民共和国公民有依照法律纳税的义务。"根据税收征收管理法第4条的规定，纳税人必须依照法律、行政法规的规定缴纳税款。税收具有强制性，依法纳税是公民的宪法义务，这种义务是强制性的；税收还具有无偿性，个人缴纳税款时并不能直接获得对价，但可以享受政府提供的公共服务。如果被继承人生前有未缴纳的税款，所欠的税款可以视为其对国家所欠的债务。被继承人死亡后，就需要用其遗产来清偿所欠税款。税款，可能是被继承人生前未缴纳的个人所得税，也可能是其出售不动产应缴纳的印花税、增值税，等等。只要是被继承人个人生前未缴纳的税款，并不会因为其死亡而消失，仍需要以其遗留的个人财产来支付。

2. 清偿债务。债务就是被继承人生前对其他民事主体所负的私法上的各种债务。债务包括合同之债，也包括侵权之债，还可以是不当得利或者无因管理之债；债务可能是主债务，也可能是因为提供保证、抵押、质押而形成的从债务；债务可能纯属个人债务，也可能是与他人形成的共同债务、连带债务。不论是哪种类型的债务，只要是被继承人生前所负，都需要以遗产清偿。

被继承人生前所欠税款和债务，应当是在分割遗产之前予以清偿。遗产管理人在清理被继承人的债权债务后，需要及时予以处理，该缴纳的税款应当缴纳，该清偿的债务必须及时清偿，在清理完债权债务之后，再按照遗嘱的内容处分剩余遗产，或赠与，或按照遗嘱继承，或按照法定继承分割遗产。如果在分割遗产之前，不知道被继承人存在遗产债务的，在遗产分割之后，仍需要依法以遗产予以清偿。

3. 保留必要的遗产。本条中的但书规定，清偿所欠税款和债务，应当为缺乏劳动能力又没有生活来源的继承人保留必要的遗产。根据此规定，不论是以遗产缴纳所欠税款还是偿还所负债务，需要注意的是，必须为缺乏劳动能力又没有生活来源的继承人保留必要的遗产。保留必要遗产需要从以下几个方面理解：首先，需要保留的前提是遗产可能不足以清偿债务和缴纳税款。如果遗产比较多，缴纳税款和偿还债务后仍绰绰有余，则没有必要专门予以保留。其次，保留遗产指向的对象是缺乏劳动能力又没有生活来源的继承人。作出保留必须同时满足三个条件：第一，获得保留遗产的人必须是继承人，继承人以外的人不能享有此权利。第二，继承人缺乏劳动能力。缺乏劳动能力就是因种种原因无法参与生产劳动而获得经济收入维持生计。缺乏劳动能力可能是因为年龄尚小而无劳动能力，也可能是因年龄太大或者因病残而丧失劳动能力。没有劳动能力必须是客观上造成的无法劳动，而不是继承人主观上不愿意就业造成的。第三，继承人没有生活来源。没有生活来源就是继承人无法通过自身劳动获取收入养活自己，或者没有其他经济收入用以维持生计。如果继承人虽然没有劳动能力，但是其在银行有巨额存款或者已经专门为其设立了生活基金，足以为其提供生活所需之费用，此时就不能说其没有生活来源。之所以要为这种继承人保留遗产份额，体现的就是一种人文关怀。最后，保留的是必要的遗产。就数量而言，为缺乏劳动能力又没有生活来源的继承人保留的是必要的遗产。必要遗产就是维持其正常生活所需的必要的遗产，而不是全部遗产或者要确保其过超出一般人正常生活的奢侈生活。

保留必要遗产具有优先于税款和债务的效力，只要被继承人的遗产可能不足以清偿所欠税款和债务，就必须予以保留。这也是我国很多立法所坚持的一贯立场。比如，民事诉讼法第243条第1款规定，被执行人未按执行通知履行法律文书确定的义务，人民法院有权扣留、提取被执行人应当履行义务部分的收入。但应当保留被执行人及其所扶养家属的生活必需费用。税收征收管理法第40条第3款规定，个人及其所扶养家属维持生活必需的住房和用品，不在强制执行措施的范围之内。税收征收管理法第42条规定，税务机关采取税收保全措施和强制执行措施必须依照法定权限和法定程序，不得查封、扣押纳税人个人及其所扶养家属维持生活必需的住房和用品。

> **第一千一百六十条** 无人继承又无人受遗赠的遗产，归国家所有，用于公益事业；死者生前是集体所有制组织成员的，归所在集体所有制组织所有。

【条文主旨】

本条是关于无人继承遗产的规定。

【条文释义】

一、无人继承遗产

无人继承遗产就是没有继承人或者受遗赠人接收遗产。被继承人的遗产无人接收，原因可能是多种多样的：第一，无人继承的遗产，可能客观上既没有继承人，也没有受遗赠人。没有法定继承人就是法律规定的第一顺序、第二顺序继承人都没有，被继承人也未留有遗嘱指定受遗赠人。第二，虽然被继承人有继承人或者通过遗嘱确定了受遗赠人，但是继承人全部放弃继承，受遗赠人也都放弃受遗赠。第三，被继承人死亡后，虽然有继承人，但继承人全部丧失继承权且未得以恢复。第四，被继承人死亡后，没有法定继承人或者法定继承人丧失继承权，仅在遗赠中处理了部分遗产，其余遗产也构成无人继承遗产。

不论基于何种原因，只要被继承人的遗产实际上无人受领，就会形成无人继承遗产，此种情况下，遗产不能任由他人先占取得。

二、无人继承遗产的归属

为了明确我国无人继承遗产的归属，本条规定，无人继承又无人受遗赠的遗产，归国家所有，用于公益事业；死者生前是集体所有制组织成员的，归所在集体所有制组织所有。根据此规定，在我国无人继承的遗产需要根据不同情况分别处理：如果死者生前是集体所有制组织成员的，其遗产归集体所有制组织所有；如果死者生前为其他人员的，则其遗产归国家所有，应用于公益事业。

1. 归国家所有，用于公益事业。一般情况下，如果死者为城镇居民而非农村居民，其遗留的无人继承遗产归国家所有。归国家所有就是收归国库，由政府有关部门负责处理。但政府主管部门处理无人继承遗产需要坚持一个原则，即将这些财产用于公益事业。这项要求是继承法没有的，在继承编起草过程中，考虑到无人继承遗产由国家无偿取得，为了充分发挥这部分财产的价值，更好地体现"取之于民用之于民"的宗旨，故明确必须用于公益事业。这里的公益事业可以是教育事业、医疗事业、慈善事业等。用于公益事业就不能用于非公益事业，比如，用于行政办公经费支出。至于具体用于何种公益事业，则由政府主管部门具体分配。

2. 归集体所有制组织所有。如果死者生前是集体所有制组织成员的，因其生前一般都会从集体所有制组织获得土地承包经营权、分红等经济利益，将其遗产确定归集体所有制组织也合情合理，且土地承包收益、宅基地上的房产等具有特殊性质的财产，规定由集体所有制组织所有，也便于集体所有制组织根据本集体的具体情况作出妥善处理。

> **第一千一百六十一条** 继承人以所得遗产实际价值为限清偿被继承人依法应当缴纳的税款和债务。超过遗产实际价值部分，继承人自愿偿还的不在此限。
>
> 继承人放弃继承的，对被继承人依法应当缴纳的税款和债务可以不负清偿责任。

【条文主旨】

本条是关于继承人对遗产债务的清偿责任的规定。

【条文释义】

一般来说，应当在遗产分割前偿还遗产债务。但是，也可能因为遗产分割之后，债权人才知道被继承人死亡的事实，由于此时遗产已经分割，债权人无法再直接从遗产中实现债权，这时就涉及如何偿还遗产债务的问题，是由全体继承人共同偿还，还是部分继承人偿还，继承人之间对遗产债务承担何种责任的问题。

关于继承人对遗产债务所承担的责任问题，各地区立法模式有所不同，主要有两种立法模式：一是限定继承，即继承人仅以遗产为限对被继承人的债务承担责任。继承人可以在承认继承时专门作出意思表示。二是无限继承，即继承人无条件继承被继承人的一切权利义务，继承人对被继承人债务承担无限责任。

一、继承人对遗产债务的清偿责任

本条首先规定，继承人以所得遗产实际价值为限清偿被继承人依法应当缴纳的税款和债务。超过遗产实际价值部分，继承人自愿偿还的不在此限。根据本条规定，我国的继承原则上属于限定继承，继承人对被继承人的遗产债务不负无限清偿责任，而仅以所继承遗产的实际价值为限负清偿责任。也就是说，继承人继承多少遗产，其偿还遗产债务的限额也就是多少。继承人并不会因为继承遗产而需要无限清偿被继承人的遗产债务。

限定继承是基本原则，但本条作了例外规定，即对超过遗产实际价值部分的债务，继承人自愿偿还的不在此限。也就是说，继承人继承的遗产不足以清偿被继承人的遗产债务时，如果继承人自愿替被继承人偿还其他债务，法律尊重当事人的这种自主选择。但这种选择必须是继承人自愿、自主作出的，债权人不可以强制要求继承人偿还超出所获得遗产部分的被继承人生前所欠债务。

二、继承人对遗产债务不负清偿责任的情形

本条还规定，继承人放弃继承的，对被继承人依法应当缴纳的税款和债务可以不负清偿责任。这里的放弃继承是指既放弃了遗嘱继承，也放弃了法定继承。因此，如果继承人放弃了继承，就无须对被继承人的债务承担偿还责任。原因在于，继承了遗产的继承人仅须对遗产债务承担有限清偿责任，如果继承人放弃了继承，并没有从被继承人的遗产中获得任何利益，要求其对被继承人的债务承担清偿责任，相当于将他人的民事责任强加于继承人，这有违民法的意思自治原则，显然不合适。

如果一部分继承人参与遗产分割获得了遗产，另外一部分继承人放弃了继承。在清偿被继承人的遗产债务时，则参与遗产分割的部分继承人负有清偿责任，需要以所得遗产的实际价值为限予以偿还；放弃了继承的继承人无须承担任何清偿责任。

> **第一千一百六十二条　执行遗赠不得妨碍清偿遗赠人依法应当缴纳的税款和债务。**

【条文主旨】

本条是关于遗赠与遗产债务清偿的规定。

【条文释义】

遗赠是遗赠人无偿赠与受遗赠人遗产的行为，虽然遗产属于遗赠人的个人财产，其有权处分，但这种无偿处分行为不应损害债权人的利益。根据合同编第538条的规定，债务人以无偿转让财产等方式无偿处分财产权益，影响债权人的债权实现的，债权人可以请求人民法院撤销债务人的行为。债务人无偿处分财产的行为不应危及债权人利益，如果法律允许债务人这么做，债务人将会借此逃债，不利于保护债权人利益。本条也作了类似规定，要求执行遗赠不得妨碍清偿遗赠人依法应当缴纳的税款和债务。遗赠人的遗赠行为也不能损害债权人利益。所谓执行遗赠不得妨碍清偿遗赠人依法应当缴纳的税款和债务，就是遗嘱执行人或者遗产管理人在执行遗赠时，不应使遗赠人的遗产债务无法得到偿还。在执行遗赠之前，应当先用遗产偿还遗赠人所欠税款和债务，清偿之后，如果遗产尚有剩余则再执行遗赠；同样，如果执行遗赠之后，债权人才知道遗赠人死亡、遗产被分割的事实，债权人有权要求受赠人将所得遗产用于偿还债务。

> **第一千一百六十三条** 既有法定继承又有遗嘱继承、遗赠的，由法定继承人清偿被继承人依法应当缴纳的税款和债务；超过法定继承遗产实际价值部分，由遗嘱继承人和受遗赠人按比例以所得遗产清偿。

【条文主旨】

本条是关于既有法定继承又有遗嘱继承、遗赠时债务清偿的规定。

【条文释义】

本法第1123条规定了遗赠扶养协议、遗嘱继承和法定继承之间的优先效力，遗赠扶养协议优先于遗嘱继承，遗嘱继承优先于法定继承。在遗产债务未得到有效清偿，遗产却已经分割时，就涉及如何用已经分割的遗产清偿债务的问题，遗产债务如何在受遗赠人、遗嘱继承人、法定继承人之间分配清偿。本条针对的就是这种情形。本条规定，由法定继承人清偿被继承人依法应当缴纳的税款和债务；超过法定继承遗产实际价值部分，由遗嘱继承人和受遗赠人按比例以所得遗产清偿。根据此规定，即遗产债务应先由法定继承人负责清偿，不足部分由遗嘱继承人、受遗赠人按比例清偿。

1. 法定继承人的清偿责任。本条首先规定，由法定继承人清偿被继承人依法应当缴纳的税款和债务。因此，如果遗产已经分割，清偿遗产债务需要先以法定继承人获得的遗产清偿。假如被继承人甲死亡后遗留有遗产100万元，负债60万元。甲在遗嘱中将其中的40万元指定由继承人乙继承，其余遗产未作安排。遗产分割时，乙根据遗嘱继承获得了40万元；其余遗产按照法定继承分割，继承人丙和丁各分得30万元。遗产分割之后，甲的债权人戊发现遗产已经被分割，遂向甲的继承人主张债权。此时，即应由丙和丁用经法定继承所获得的60万元遗产予以清偿。

2. 遗嘱继承人和受遗赠人的清偿责任。本条还规定，超过法定继承遗产实际价值部分，由遗嘱继承人和受遗赠人按比例以所得遗产清偿。所谓超过法定继承遗产实际价值部分，就是法定继承人所获得遗产的实际价值不足以偿还被继承人的遗产债务。遗嘱继承人和受遗赠人按比例清偿，是指由遗嘱继承人和受遗赠人按照所获得遗产的实际价值的比例来清偿。如果有多个遗嘱继承人，则由各遗嘱继承人之间按比例清偿；如果只有多个受遗赠人时，则由各受遗赠人按比例清偿。如甲死亡后留有价值500万元的遗产，在遗嘱中指定由继承人乙继承价值50万元的遗产；将其中150万元赠与好友丙。其余遗产未作处理。遗产分割时，将遗产中的150万元给了丙，乙按照遗嘱继承获得了50万元，其余300万元由继承人乙、丁各分得150万元。后来发现甲尚有400万元的债务未偿还。此时，就需要先由乙、丁用经法定继承取得的300万元偿还，其余100万元，则应由受遗赠人丙和遗嘱继承人乙按比例分担。因为乙按遗嘱继承了50万元，丙受遗赠金额为150万元，所以乙和丙需要按照1∶3的比例清偿剩余的100万元债务，即乙偿还其中的25万元，丙偿还其中的75万元。

第七编　侵权责任

侵权责任是民事主体侵害他人权益应当承担的法律后果。2009 年通过的侵权责任法实施以来，在保护民事主体合法权益、明确侵权责任、预防和制裁侵权行为方面发挥了重要作用。民法典侵权责任编在总结侵权责任法实践经验的基础上，针对侵权领域出现的新情况，回应社会关切，广泛听取和吸收各方面意见，借鉴司法解释的有益做法，体现法学理论研究的最新成果，对侵权责任制度作了必要的补充和完善。侵权责任编共十章、九十五条。

第一章　一般规定

本章共十五条，主要规定了侵权责任编的调整对象、过错责任和过错推定责任、无过错责任、侵权责任的承担方式、共同侵权及其责任承担、教唆帮助他人侵权的责任承担、共同危险行为及责任承担、无意思联络承担连带责任的分别侵权、无意思联络的分别侵权、过错相抵、受害人故意、第三人侵权、自甘风险、自力救济等。

> **第一千一百六十四条　本编调整因侵害民事权益产生的民事关系。**

【条文主旨】

本条是关于侵权责任编调整对象的规定。

【条文释义】

第一，侵权责任编的保护对象为"民事权益"。在民法典的编纂过程中，有的意见提出，侵权责任编首先应当明确法律保护什么权利和利益。侵权责任法第 2 条第 2 款的规定，清晰明确地指出了侵权责任编的保护对象，具有理论价值和实践价值，建议在民法典侵权责任编中保留这一规定。经研究认为，一是侵权责任法第 2 条第 2 款的规定，与民法典总则编关于民事权利权益的逻辑分类和表述不尽一致。如果保留侵权责任法的表述，则与总则编的表述存在矛盾，一部法律中不应如此；如果按照总则编的逻辑分类再表述一遍，则形成赘述，立法技术不高。二是对侵权责任编的保护对象，应当放在民法典的宏观角度看待和把握。总则编规定了民事权利权益，侵权责任编保护哪些民事权利权益可看总则编的规定，不需要再行规定。因此，民法典侵权责任编并未保留侵权责任法的相关规定。

从民法典总则编第五章"民事权利"的规定可以看出，民事主体享有的权益主要有：第110条规定自然人享有的生命权、身体权、健康权、姓名权、肖像权、名誉权、荣誉权、隐私权、婚姻自主权等权利；法人、非法人组织享有的名称权、名誉权和荣誉权。第111条规定自然人的个人信息。第112条规定自然人因婚姻家庭关系等产生的人身权利。第113条规定的财产权利。第114条规定的物权。第118条规定的债权。第123条规定的知识产权。第124条规定的继承权。第125条规定的股权和其他投资性权利。第126条规定的法律规定的其他民事权利和利益。第127条规定的数据、网络虚拟财产。

第二，在保护程度和侵权构成要件上，侵权责任编对民事权利和民事利益没有作区分。考虑实践中，权利和利益的界限较为模糊，很难清楚地加以划分；对于什么是权利，意见纷纭。从权利的形式上看，法律明确规定某某权的当然属于权利，但法律没有明文规定某某权而又需要保护的，不一定就不是权利。而且，权利和利益本身是可以相互转换的，有些利益随着社会发展纠纷增多，法院通过判例将原来认定为利益的转而认定为权利，即将利益"权利化"。所以，本条没有区分权利和利益，而是统一规定："本编调整因侵害民事权益产生的民事关系。"

第三，侵权责任编不调整违约责任问题。合同债权也是一种民事权益，但它原则上不属于侵权责任编的保护范围。本条规定"侵害民事权益"不涉及违约责任问题。对于第三人侵害债权是否受侵权责任编调整，没有形成共识，因此，仍没有明确规定。我们认为，如果第三人侵害债权的行为足够恶劣，有了过错，能够构成相应侵权行为的，可以适用本编规定。

> **第一千一百六十五条**　行为人因过错侵害他人民事权益造成损害的，应当承担侵权责任。
>
> 依照法律规定推定行为人有过错，其不能证明自己没有过错的，应当承担侵权责任。

【条文主旨】

本条是关于过错责任和过错推定责任归责原则的规定。

【条文释义】

我国于 1986 年颁布的民法通则确认了过错责任原则，2009 年颁布的侵权责任法重申过错责任原则是侵权责任法的基本归责原则。民法典侵权责任编编纂过程中，有的意见提出，侵权责任法对过错责任的规定，在构成要件上不完整，建议补充上关于行为后果的表述。民法典侵权责任编草案二审稿采纳了这一建议，将侵权责任法的规定修改为"行为人因过错侵害他人民事权益造成损害的"。2020 年 5 月民法典草案提请十三届全国人大三次会议审议过程中，有的提出，本条第 2 款用了两个"行为人"，略显重复。经研究，将第二个"行为人"修改为"其"。

根据本条第 1 款的规定，只要同时满足以下条件，行为人就应承担侵权责任：

一是行为人实施了某一行为。这里的行为包括作为和不作为。

二是行为人行为时有过错。过错是确定行为人是否承担侵权责任的核心要件。过错是行为人行为时的一种应受谴责的心理状态。正是由于这种应受谴责的心理状态，法律要对行为人所实施的行为作否定性评价，让其承担侵权责任。过错分为故意和过失。故意，是指行为人预见到自己的行为会导致某一损害后果而希望或者放任该后果发生的一种主观心理状态。过失，是指行为人因疏忽或者轻信而使自己未履行应有注意义务的一种心理状态。故意与过失的主要区别是：故意表现为行为人对损害后果的追求、放任心态，而过失表现为行为人不希望、不追求、不放任损害后果的心态。

三是受害人的民事权益受到损害，即要求有损害后果，这一点是民法典侵权责任编与以往立法相比的重大变化。损害，是指行为人的行为对受害人的民事权益造成的不利后果，通常表现为：财产减少、生命丧失、身体残疾、名誉受损、精神痛苦等。需要强调的一点是，这里的"损害"是一个范围比较广的概念，不但包括现实的已经存在的"现实损害"，还包括构成现实威胁的"不利后果"，如某人的房屋倾斜，如其不采取防范措施，导致房屋随时有可能倒塌损害他人的人身、财产安全。实践中，受害人大多数情况下受到的是现实损害，这种损害相对容易被认定和证明。在一些情况下，行为人的行为也可能对受害人的民事权益造成现实威胁，为防止其转化成现实损害，行为人也应当承担侵权责任，这有利于保护受害人，体现了侵权责任编预防侵权行为的立法目的，也是现代侵权责任法的发展趋势，本法第 1167 条规定的内容就包含了这层意思。根据该规定，侵权行为危及他人人身、财产安全的，被侵权人可以请求侵权人承担停止侵害、排除妨碍、消除危险等侵权责任。但是，必须明确，排除妨害、消除危险等侵权责任的承担方式，是基于物权、人格权等绝对权而产生的保护性请求权，不要求有损害结果。本法第 1165 条第 1 款中的过错针对的是损害赔偿来说的，因此要"造成损害"。

四是行为人的行为与受害人的损害之间有因果关系。因果关系是指行为人的行为作为原因，损害事实作为结果，在二者之间存在的前者导致后者发生的客观联系。因果关系是侵权责任的重要构成要件，在行为与损害事实之间确定存在因果关系的，就有可能构成侵权责任，没有因果关系就必然地不构成侵权责任。

在过错责任原则中，通常由受害人证明行为人是否有过错，但在一些情况下也适用过错推定。所谓过错推定，是指根据法律规定推定行为人有过错，行为人不能证明自己没有过错的，应当承担侵权责任。在传统的过错责任原则下，受害人向加害人行使请求权时必须证明加害人具有过错，但过错是行为人的一种主观心理状态，受害人证明起来比较困难。加之，进入现代社会后，各种机器设备大量出现，专业分工亦极为细密，碍于专业知识所限，受害人证明加害人的过错就更为困难。为了既能维持过错责任原则的地位不被动摇，又能有效保护和救济受害人，一些国家和地区发展出了减轻受害人举证责任的规则，我国在司法实践中采用了"过错推定"。过错推定实质就是从侵害事实中推定行为人有过错，免除了受害人对过错的举证责任，加重了行为人的证明责任，更有利于保护受害一方的利益，也可更有效地制裁侵权行为。对此，本条第 2 款明确规定了过错推定。过错推定包含在过错责任原则中，但与一般过错责任有较大的不同。近百年来，过错推定与无过错责任原则共同发展，从其他国家过错推定实施和发展的结果看，过错推定近似于无过错责任原则。因此，对行为人而言，这是一种较重的责任，不宜被滥用，需要由法律对适用范围作严格限定，否则就有可能限制人们的行动自由。本条第 2 款也强调，法律规定行为人有过错，行为人不能证明自己没有过错的，才应当承担侵权责任。法律没有规定过错推定的，仍应由受害一方承担过错的证明责任。

> **第一千一百六十六条　行为人造成他人民事权益损害，不论行为人有无过错，法律规定应当承担侵权责任的，依照其规定。**

【条文主旨】

本条是关于无过错责任归责原则的规定。

【条文释义】

无过错责任是指不以行为人的过错为要件，只要其活动或者所管理的人、物损害了他人的民事权益，除非有法定的免责事由，否则行为人就要承担侵权责任。在法律规定适用无过错责任原则的案件中，法官判断被告应否承担侵权责任时，不考虑被告有无过错，不要求原告证明被告有过错，也不允许被告主张自己无过错而请求免责。只要审理查明，被告的行为与原告损害之间存在因果关系，即可判决被告承担侵权责任。由于这种责任的承担，并不考虑行为人的主观意识状态，而只考虑损害结果和免责事由，故又被称为客观责任；与过错责任原则相比，这种责任在承担条件和责任后果上更为严格，故也被称为严格责任。适用无过错责任原则的意义在于加重行为人责任，及时救济受害人，使其损害赔偿请求权更容易实现。

我国 1986 年颁布的民法通则第 106 条第 3 款确立了无过错责任原则，具有重大实践意义和理论意义。侵权责任法第 7 条继承了民法通则的规定，并在此基础上进一步明确了无过错责任原则的内涵。在民法典侵权责任编的编纂过程中，有的意见提出，侵权责任法第 7 条中"行为人损害他人民事权益，不论行为人有无过错"的表述，用了两个"行为人"有赘语之嫌疑，建议删除一个。我们研究认为，这种观点在侵权责任法制定时就有，侵权责任法的这一表述是有明确用意的。无过错责任原则的精髓并不是行为人没有过错也要承担侵权责任，而是在确定行为人是否承担侵权责任时，不管其有无过错，受害一方也不用证明行为人是否有过错。这一条用了两个"行为人"，第一个"行为人"重在排除第三人侵权的情形；第二个"行为人"意在明确承担无过错责任不考虑行为人有无过错，只要法律明确规定应当承担侵权责任，就需要承担。该表述不仅准确体现了无过错责任原则的内涵，解决了对"无过错"的理解问题，也解决了无过错责任原则的责任构成要件问题。民法典侵权责任编基本继承了侵权责任法的规定，仅将"行为人损害他人民事权益"修改为"行为人造成他人民事权益损害"，以与过错责任的表述相一致。

根据本条规定，无过错责任的构成要件有四个：一是行为；二是受害人的损害；三是行为与损害之间具有因果关系；四是法律规定应当承担侵权责任，即不存在法定的免责任的情形。

在许多适用无过错责任原则的领域，法律使行为人承担无过错责任，并非因为其从事了法律禁止的活动，而恰恰相反，这些活动是社会经济发展所必需的，社会允许其存在。但是，由于这些活动有较高的危险风险，且多数是不可控制的，即使采取所有预防意外的措施，也不可能避免危险，如飞机遇到空中的飞鸟、突遇恶劣天气而坠机等，法律允许这些活动的条件是行为人必须对这种风险产生的后果负责。

这里需要强调以下几点：

一是设立无过错责任原则的主要政策目的，绝不是要使"没有过错"的人承担侵权责任，而主要是为了免除受害人证明行为人过错的举证责任，使受害人易于获得损害赔偿，使行为人不能逃脱侵权责任。事实上，从我国审判实践的情况看，适用无过错责任原则的大多数案件中，行为人基本上都是有过错的。

二是无过错责任并不是绝对责任，在适用无过错责任原则的案件中，行为人可以向法官主张法定的不承担责任或者减轻责任的事由。法律根据行为的危险程度，对适用无过错责任原则的不同侵权类型规定了不同的不承担责任或者减轻责任的事由。例如，在产品责任案件中，产品制造者可以证明产品投入流通时，引起损害的缺陷尚不存在而免除自己的侵权责任；在高度危险物致损案件中，高度危险作业人可以证明受害人故意造成损害而免除自己的责任，等等。

三是在适用无过错责任原则的侵权案件中，只是不考虑行为人过错，并非不考虑受害人过错。如果受害人对损害的发生也有过错的，在有的情况下可减轻，甚至免除行为人的侵权责任。

四是本条关于无过错责任原则的规定，是为了在一些特定领域排除过错责任原则的适用。本条的规定只是为了表明无过错责任原则在我国是与过错责任原则并列的归责原则，其并不直接具有作为裁判根据的意义。要对某一案件适用无过错责任，必须是民法典或者其他法律明确规定该类案件不以过错为承担责任的条件。适用无过错责任原则的案件，所适用的是本法或者其他法律关于无过错责任的具体规定。本法或者其他法律未明确规定适用无过错责任原则的案件，均属于过错责任原则的适用范围。法官不能在法律没有明确规定适用无过错责任原则的情况下，擅自适用该原则。强调这一点，主要是考虑到无过错责任是一种极为严格的责任，若由法官自由决定是否适用该原则，有可能妨碍人们的行为自由和社会进步。立法者在决定哪些领域应当适用无过错责任原则时比较慎重。侵权责任编明确规定了几种适用无过错责任原则的特殊侵权行为，如第四章的产品责任、第七章的环境污染和生态破坏责任以及第八章的高度危险责任。其他法律也可以根据实践发展和社会需要规定适用无过错责任原则的领域。这里需要注意的是，第八章规定的高度危险责任比较特殊，根据本法第1236条的规定，从事高度危险作业造成他人损害的，应当承担侵权责任。该规定没有限制高度危险责任的具体适用范围，是开放和动态的，只要从事高度危险作业的，就要承担无过错责任。高度危险作业的内涵和外延可以随着社会的发展而扩展。出现新的高度危险作业的，根据实践需要，可用司法解释或者立法解释的方式，也可用单行法的方式包含进来。该规定可以说为将来无过错责任原则的扩大适用留有余地。

五是适用无过错责任原则在赔偿数额上可能存在限制。许多适用无过错责任原则的活动是社会所需要的，法律允许这些活动的存在，但如果法律对这些领域发生的事故赔偿数额没有限制，就有可能过分加重行为人的负担，阻碍经济发展和企业壮大，且无过错责任原则往往与责任保险相连，责任保险可以确保无过错责任制度得以顺利实施，若赔偿额度过高，保险人的负担过于沉重，就可能放弃责任保险，不利于无过错责任制度的顺利实施。所以，在某些适用无过错责任原则的领域，对赔偿额度予以限制，是十分必要的。例如，根据本法第 1244 条规定，承担高度危险责任，法律规定赔偿限额的，依照其规定，但是行为人有故意或者重大过失的除外。我国的航空、海运等方面的特别法规，基于特定行业的风险性和保护该行业发展的需要，往往规定了最高赔偿数额。

第一千一百六十七条　侵权行为危及他人人身、财产安全的，被侵权人有权请求侵权人承担停止侵害、排除妨碍、消除危险等侵权责任。

【条文主旨】

本条是关于危及他人人身、财产安全责任承担方式的规定。

【条文释义】

侵权责任法律制度的作用，可从多个角度阐述，有保护被侵权人的作用，有减少侵权和纠纷的作用，还有预防侵权行为及侵权后果发生的作用。从保护被侵权人的角度看，本法第 120 条规定，民事权益受到侵害的，被侵权人有权请求侵权人承担侵权责任。这是关于侵权损害后果实际发生的救济，赋予被侵权人在其权利受到侵害时享有请求权，规定民事主体在权益受到侵害怎么办，例如，承担赔偿损失、消除影响、恢复名誉、赔礼道歉等具体的民事责任。在侵权行为的后果还没有出现时，赋予被侵权人一定的请求权以发挥预防性的功能，防止损害后果的扩大，维护被侵权人的合法权益，能够更加及时地、充分地发挥法律的功能，获得更好的社会和法律效果。

本条规定来源于侵权责任法第 21 条。因为本条也是对责任构成要件的规定，民法典侵权责任编编纂时，将本条移至"一般规定"中，体系上更为科学。

一、理解本条规定的"危及"应注意三点：

第一，侵权行为正在实施和持续而非已经结束。

第二，侵权行为已经危及被侵权人的人身、财产安全而非不可能危及。

第三，侵权行为系侵权人所为，而非自然原因造成。对正在危及他人的人身、财产安全的侵权行为发生的情况下，赋予被侵权人请求停止侵害、排除妨碍、消除危险等责任方式。

1. 停止侵害。当侵权人正在实施侵权行为人时，被侵权人可依法请求其停止侵害。停止侵害适用于各种正在进行的侵权行为，对于已经终止和尚未实施的侵权行为不适用停止侵害的民事责任方式。

2. 排除妨碍。是指侵权行为人实施某种行为妨害他人正常行使权利或者妨害他人合法利益的，被侵权人请求人民法院排除侵权人的侵权行为。

3. 消除危险。消除危险，是指在负有责任的人支配下的物对他人人身和财产安全构成威胁，或者存在侵害他人人身或者财产现实可能性的情况下，受到威胁的人有权请求法院责令对构成危险的责任人采取有效措施消除侵害他人人身或者财产的威胁和现实可能性的承担民事责任的方式。侵害虽未发生，但其人身、财产面临遭受侵害的可能，对于这种可能发生的侵害，可能被侵权的人有权请求相对人为一定行为或者不为一定行为。

二、本法第 1165 条、第 1166 条和第 1167 条的关系

本法第 1165 条规定了过错责任原则、第 1166 条规定了无过错责任原则，第 1167 条规定了危及他人人身、财产安全责任承担方式。三条内容相互衔接、相互补充、相互协调，组成了我国民事侵权责任的基本制度。

第 1165 条规定了过错责任原则是最常见的侵权责任归责原则，民法典侵权责任编在侵权责任法第二章"责任构成和责任方式"的基础上，修改为"损害赔偿"一章，这意味着在适用该条时，必须有造成损害的后果。相比之下，第 1166 条是无过错责任的规定，只有在法律有明确规定时，才能适用该条规定。第 1167 条是基于物权、人格权等绝对权而产生的保护性请求权，不要求有损害结果。

> **第一千一百六十八条　二人以上共同实施侵权行为，造成他人损害的，应当承担连带责任。**

【条文主旨】

本条是关于共同侵权制度的规定。

【条文释义】

共同侵权，是指数人共同不法侵害他人权益造成损害的行为。对共同侵权

行为,有的学者称为"共同致人损害";有的学者称为"共同过错";还有的学者称为"共同不法行为"。

我国于1986年颁布实施的民法通则第130条规定首次在立法上使用了"共同侵权"这一制度性概念。2003年颁布的《最高人民法院关于审理人身损害赔偿案件适用法律若干问题的解释》对这一规定进行了细化。2009年颁布的侵权责任法第8条规定:"二人以上共同实施侵权行为,造成他人损害的,应当承担连带责任。"民法典侵权责任编继承了侵权责任法的规定,未作修改。

在数人侵权情形下,如果构成一般侵权,数个行为人分别根据各自行为造成损害后果的可能性承担按份责任。如果构成共同侵权,数个行为人对受害人承担连带责任,受害人可以要求任一行为人承担全部侵权责任,法律后果更重。连带责任的重要意义在于增加责任主体的数量,加强对受害人请求权的保护,确保受害人获得赔偿。如果每个行为人都具有相应的清偿能力,要求数个行为人对受害人承担连带责任或者按份责任,最终结果都是一样的。但是,如果部分行为人不具有清偿能力,这就凸显出了连带责任在保护受害人方面的重要作用,但这也可能使对外承担全部责任的部分行为人无法从其他行为人处获得相应的清偿。

如果共同侵权制度的适用范围过于宽泛,会使行为人动辄与他人承担连带责任,哪怕其本身只需要承担一小部分的份额,他也必须首先对外承担全部责任,然后再向其他行为人追偿,不仅增加了诉讼成本,而且可能使具有清偿能力的人承担其本不应承担的份额,蒙受不公平,反而使本应承担更多份额的行为人得以逃脱。如果共同侵权制度的适用范围过于狭窄,将不利于充分发挥该制度迅捷救济受害人的设计初衷,受害人需要证明数个行为人的侵权行为在损害后果中所占的份额,增加了诉讼难度。也正因为此,在构建共同侵权制度时,需要在行为人与受害人之间寻找到一个合适的平衡点。

根据本条规定,构成共同侵权行为需要满足以下几个要件:

一是主体复数。共同侵权行为的主体必须是两人或者两人以上,行为人可以是自然人,也可以是法人。

二是共同实施侵权行为。这一要件中的"共同"主要包括三层含义:其一,共同故意。数个行为人基于共同故意侵害他人合法权益的,应当成立共同侵权行为。其二,共同过失。"共同过失"主要是数个行为人共同从事某种行为,基于共同的疏忽大意,造成他人损害。其三,故意行为与过失行为相结合。需要特别强调的是,上述三种形态均可以构成本条所说的"共同实施",不能狭义理解为,本条所指的共同实施只有共同故意实施。

三是侵权行为与损害后果之间具有因果关系。在共同侵权行为中,有时各个侵权行为对造成损害后果的比例有所不同，但必须存在法律上的因果关系，如果某个行为人的行为与损害后果之间没有因果关系，不应与其他行为人构成共同侵权。

四是受害人具有损害。这是受害人请求加害人承担侵权责任的一个基本要件。无损害，则无救济，如果没有损害，根本不可能成立侵权责任。

根据本条规定，一旦满足上述构成要件，成立共同侵权行为，数个行为人就必须对外承担连带责任，被侵权人有权请求部分或者全部行为人承担全部责任。

需要说明的是，在我国，共同侵权与连带责任的适用范围并不完全重合，两者并不是一一对应关系。根据本法第 178 条第 3 款的规定，连带责任由法律规定或者当事人约定。在法律规定方面，除了共同侵权行为外，还有其他情形的规定。例如，侵权责任编第五章规定的拼装或者已经达报废标准的机动车的转让人和受让人承担连带责任；第八章规定的高度危险物的所有人与管理人承担连带责任等。

> **第一千一百六十九条**　教唆、帮助他人实施侵权行为的，应当与行为人承担连带责任。
>
> 教唆、帮助无民事行为能力人、限制民事行为能力人实施侵权行为的，应当承担侵权责任；该无民事行为能力人、限制民事行为能力人的监护人未尽到监护职责的，应当承担相应的责任。

【条文主旨】

本条是关于教唆侵权和帮助侵权的规定。

【条文释义】

我国民法通则仅仅规定了共同侵权制度，没有对教唆、帮助侵权作出具体规定。《最高人民法院关于贯彻执行〈中华人民共和国民法通则〉若干问题的意见（试行）》弥补了这一空白，第 148 条规定："教唆、帮助他人实施侵权行为的人，为共同侵权人，应当承担连带民事责任。教唆、帮助无民事行为能力人实施侵权行为的人，为侵权人，应当承担民事责任。教唆、帮助限制民事行为能力人实施侵权行为的人，为共同侵权人，应当承担主要民事责任。"2009年颁布的侵权责任法第 9 条对教唆侵权和帮助侵权作了具体规定。民法典侵权责任编继承了侵权责任法的规定，未作变更。

教唆和帮助行为属于法定的共同侵权行为中的一种类型。

一、对本条第 1 款的理解及行为的构成要件

本条第 1 款中的"他人"指的是完全民事行为能力人。教唆、帮助完全民事行为能力人实施侵权行为需要满足以下构成要件：

一是教唆人、帮助人实施了教唆、帮助行为。教唆行为，是指对他人进行开导、说服，或通过刺激、利诱、怂恿等方法使该他人从事侵权行为。教唆行为只能以积极的作为方式作出，消极的不作为不能成立教唆行为，教唆行为可以通过口头、书面或其他形式加以表达，可以公开进行也可以秘密进行，可以当面教唆也可以通过别人传信的方式间接教唆。帮助行为，是指给予他人帮助，如提供工具或者指导方法，以便使该他人易于实施侵权行为。帮助行为通常是以积极的作为方式作出，但具有作为义务的人故意不作为时也可能构成帮助行为。帮助的内容可以是物质上的，也可以是精神上的，可以在行为人实施侵权行为前，也可以在实施过程中。一般认为，教唆行为与帮助行为的区别在于：教唆行为的特点是教唆人本人不亲自实施侵权行为，而是唆使他人产生侵权意图并实施侵权行为或危险行为；而帮助行为可能并不对加害行为起决定性作用，只是对加害行为起促进作用。

二是教唆人、帮助人具有教唆、帮助的主观意图。一般来说，教唆行为与帮助行为都是教唆人、帮助人故意作出的，教唆人、帮助人能够意识到其作出的教唆、帮助行为所可能造成的损害后果。在帮助侵权中，如果被帮助人不知道存在帮助行为，也并不影响帮助行为的成立。

三是被教唆人、被帮助人实施了相应的侵权行为。这一要件要求教唆行为、帮助行为与被教唆人、被帮助人实施的侵权行为之间具有内在的联系。如果被教唆人、被帮助人实施的侵权行为与教唆行为、帮助行为没有任何联系，而是行为人另外实施的，那么，就该行为所造成的损害不应要求教唆人、帮助人承担侵权责任。这一点与刑法中的教唆犯罪存在明显区别，在刑法中，即便被教唆人没有按照教唆人的意图实施犯罪行为，教唆人的教唆行为仍然可能构成教唆未遂的犯罪。

根据本款规定，教唆人、帮助人实施教唆、帮助行为的法律后果是，教唆人、帮助人与行为人承担连带责任。受害人可以请求教唆人、帮助人或者行为人中的一人或者数人赔偿全部损失。

二、对本条第 2 款的理解及行为的构成要件

本条第 2 款是针对被教唆、被帮助对象是无民事行为能力人或者限制民事行为能力人所作出的特别规定。相比第 1 款的规定，法律后果有所不同。

一是教唆人、帮助人明知被教唆人、被帮助人为无民事行为能力人或者限制民事行为能力人时，仍然实施教唆、帮助行为的，应当承担侵权责任。即便教唆人、帮助人主观上不知道被教唆人、被帮助人是无民事行为能力人或者限制民事行为能力人的，为了体现法律对教唆、帮助行为的否定性评价，也应当适用本款规定，由教唆人、帮助人承担侵权责任。

二是如果被教唆、被帮助的无民事行为能力人或者限制民事行为能力人的监护人未尽到监护责任的，应当承担相应的责任。监护，是为保护无民事行为能力人和限制民事行为能力人的人身和财产权利而由特定公民或组织对其予以监督、管理和保护的制度。如果监护人未尽到教育和照顾被监护人的职责，疏于履行监护责任，应当对被监护人给他人造成的损害承担侵权责任。

在侵权责任法起草过程和民法典编纂过程中，有意见提出，无论监护人是否尽到监护责任，都应当由监护人与教唆人或者帮助人承担连带责任。我们研究认为，在存在教唆人、帮助人的情形下，监护人承担连带责任过于严厉。还有意见提出，应当对教唆帮助无民事行为能力人实施侵权行为和教唆帮助限制民事行为能力人实施侵权行为的责任作出区分规定。教唆帮助无民事行为能力人实施侵权行为的，被教唆的无民事行为能力人实际被当成实施侵权的工具，应由教唆人、帮助人承担全部责任。与无民事行为能力人相比，限制民事行为能力人有一定程度的判断力，仍然由教唆人、帮助人承担侵权责任，有失妥当，应当根据各自过错和原因力，对内合理划分各方责任。我们研究认为，本款"教唆、帮助无民事行为能力人、限制民事行为能力人实施侵权行为的，应当承担侵权责任"是从侵权人与被侵权人相互关系的角度上作出规定的，即侧重外部关系。即使要考虑侵权人的内部关系，教唆人、帮助人的责任，不因其教唆或者帮助的对象不同，而体现出主观故意的区别。上述这些意见，虽然都有一定道理，但并未被立法采纳。

> **第一千一百七十条** 二人以上实施危及他人人身、财产安全的行为，其中一人或者数人的行为造成他人损害，能够确定具体侵权人的，由侵权人承担责任；不能确定具体侵权人的，行为人承担连带责任。

【条文主旨】

本条是关于共同危险行为的规定。

【条文释义】

学说上指的共同危险行为，是指数人的危险行为对他人的合法权益造成了某种危险，但是对于实际造成的损害无法查明是具体由何人所为，法律为保护被侵权人的利益，数个行为人视为侵权行为人。

我国民法通则没有对共同危险行为制度作出明确规定。《最高人民法院关于审理人身损害赔偿案件适用法律若干问题的解释》第4条规定："二人以上共同实施危及他人人身安全的行为并造成损害后果，不能确定实际侵害行为人的，应当依照民法通则第一百三十条规定承担连带责任。共同危险行为人能够证明损害后果不是由其行为造成的，不承担赔偿责任。"2009年颁布的侵权责任法第10条规定了共同危险行为。民法典侵权责任编继承了侵权责任法第10条的规定，未作变更。

根据本条规定，构成共同危险行为应当满足下列几个要件：

一是二人以上实施危及他人人身、财产安全的行为。行为主体是复数，这是最基本的条件，这才有可能不能确定谁是具体加害人。

在侵权责任法起草及民法典编纂过程中，均有意见提出，建议加上"共同"二字，即"二人以上共同实施侵权行为"。经研究，我们认为，在共同危险行为制度中，"共同"的含义要求数个行为人的行为必须是在同一时间、同一场所的行为，即"时空上的共同性"。如果数个行为人的行为在时间上、场所上发生了分离，就不属于"共同"危险。我国侵权责任制度共同侵权规定中的"共同"与上述的"共同"的含义是不一样，不要求时空上的共同性。例如，本法第1168条规定，二人以上共同实施侵权行为，造成他人损害的，应当承担连带责任。这一条中的"共同"不要求数个侵权人在同一时间、同一场所实施侵权行为。因此，为了防止在同一部法律中出现表述相同但含义不同的法律术语，本条没有采取"共同实施"的表述。

有的意见提出，共同危险行为人负连带责任的根据在于数个行为人具有共同过错，这种共同过错表现为共同过失。还有的意见认为，把行为人连接在一起的是共同过错，这种共同过错既非共同故意也非单独故意，而只能表现为共同过失，即共同地疏于对他人权利保护的注意义务。经研究，我们认为，我国法律上的共同危险行为制度是来源于最高人民法院的司法解释，该司法解释的初衷是防止因无法指认具体加害人而使受害人的请求权落空。本条的着眼点是每个行为人都实施了危及他人人身、财产安全的行为。

二是其中一人或者数人的行为造成他人损害。虽然实施危及他人人身、财产行为的是数人，但真正导致受害人损害后果发生的只是其中一个人或者几个人的行为。

三是不能确定具体加害人。一般而言，受害人只能请求加害人就其侵权行为所造成的损失予以赔偿，加害人也仅对其侵权行为所造成的损失进行赔偿。

但在共同危险行为制度中，数个行为人实施的危及行为存在偶合性，事实上只有部分行为人的行为造成了损害后果。但是，由于受害人无法掌握各个行为人的行为动机、行为方式等证据，无法准确判断哪个行为才是真正的加害行为，为了保护受害人的合法权益，降低受害人的举证难度，避免其因不能指认真正加害人而无法行使请求权，同时由于每个行为人都实施了危及行为，在道德上具有可责难性，所以规定由所有实施危及行为的人承担连带责任是合理的。如果受害人能够指认或者法院能够查明具体加害人，那就是普通的侵权责任，由具体加害人承担侵权责任。

根据本条规定，适用共同危险行为制度的法律后果是，数个行为人对受害人承担连带责任。共同危险行为不仅在一般过错责任中适用，在过错推定责任、无过错责任中也有适用余地。

对于是否规定部分行为人能通过证明其不可能是加害人或者其行为与损害后果之间不存在因果关系来免除责任，学术界历来都有两种主张：一种是肯定说。认为只要数人中有人能够证明自己根本没有加害他人的可能的，也就证明了自己没有实施危险行为，此时即便其他人中仍然不能确知谁为加害人，也应当将该人排除在共同危险人之外，使其免除责任。另一种是否定说。认为即便数人中的某人能够证明自己没有加害行为，也不能当然地免除其责任，因为其他人也如法炮制地证明自己没有加害行为，则势必会发生全体危险行为人逃脱责任的现象，受害人所受损害根本无法获得补救，因此，行为人能够证明自己并非加害人并不能免责。

关于本条应当采纳哪种主张，在起草过程中也曾有过不同意见。有的认为，为了保护受害人的利益，共同危险行为制度将部分不应承担责任的行为人作为责任人，应当给予这部分人免除责任的机会，如果必须指明谁是加害人，失之过严。还有的认为，相对受害人而言，行为人容易证明谁是加害人，如果允许行为人通过证明自己不可能是加害人来免责，可能导致法官过大的自由裁量权、行为人轻易从责任中逃逸，使受害人无法得到救济。这两种观点都有其合理性。本条最终规定，不能确定具体加害人的，由行为人承担连带责任。换言之，只有在确定具体加害人的情形下，其他行为人才可以免除责任。

> **第一千一百七十一条　二人以上分别实施侵权行为造成同一损害，每个人的侵权行为都足以造成全部损害的，行为人承担连带责任。**

【条文主旨】

本条是关于无意思联络分别实施侵权行为，但是都能造成全部损害时，承担连带责任的规定。

【条文释义】

适用本条规定需要符合以下构成要件：

一是二人以上分别实施侵权行为。行为主体的复数性是最基本的条件，每个人的行为都必须是侵权行为。相比本法第1168条规定的共同侵权行为，本条要求数个侵权行为之间相互独立。本条中的"分别"是指实施侵权行为的数个行为人之间不具有主观上的关联性，各个侵权行为都是相互独立的。每个行为人在实施侵权行为之前以及实施侵权行为过程中，没有与其他行为人有意思联络，也没有认识到还有其他人也在实施类似的侵权行为，这就是所谓的"无意思联络"。如果行为人主观具有关联性，存在共同故意或者共同过失，应当适用本法第1168条共同侵权行为的规定，而不能适用本条。

二是造成同一损害后果。"同一损害"指数个侵权行为所造成的损害的性质是相同的，都是身体伤害或者财产损失，并且损害内容具有关联性。如甲的侵权行为造成了丙左腿受伤，乙的侵权行为也造成了丙左腿受伤。如果乙的侵权行为造成了丙右腿受伤，那么，甲、乙两人的侵权行为造成的就不是同一损害，而是不同损害。本条强调损害的同一性。本条与共同侵权制度是有区别的。在共同侵权制度中，即便每个侵权行为所造成的损害后果不同，如甲的侵权行为造成了丙身体上的伤害，乙的侵权行为造成了丙的财产损失，只要数个行为人主观上具有关联性，同样构成共同侵权，由数个行为人对受害人的全部损失承担连带责任。此外，如果各个行为人对受害人所造成的损害是不同的，即便因偶然原因而同时发生在一个人身上，行为人也应当就各自所致的损害承担赔偿责任。

三是每个人的侵权行为都足以造成全部损害。判断每个侵权行为是否足以造成全部损害是适用本条的关键。本条中的"足以"并不是指每个侵权行为都实际上造成了全部损害，而是指在没有其他侵权行为的共同作用的情况下，独立的单个侵权行为也有可能造成全部损害。如甲、乙两人分别从不同方向向同一房屋放火，将该房屋烧毁，根据两个方向的火势判断，如果不存在另一把火，每把火都有可能将整栋房屋烧毁，但事实上两把火共同作用烧毁了该房屋，所以只能说每把火都"足以"烧毁整栋房屋。

根据本条规定，一旦满足本条规定的上述三个构成要件，数个行为人必须对造成的损害承担连带责任。

> **第一千一百七十二条　二人以上分别实施侵权行为造成同一损害，能够确定责任大小的，各自承担相应的责任；难以确定责任大小的，平均承担责任。**

【条文主旨】

本条是关于无意思联络的分别侵权行为承担按份责任的规定。

【条文释义】

一、我国规定的沿革与适用本条的构成要件

我国民法通则没有对无意思联络的分别侵权行为作出规定，《最高人民法院关于审理人身损害赔偿案件适用法律若干问题的解释》第 3 条第 1 款规定，二人以上没有共同故意或者共同过失，但其分别实施的数个行为间接结合发生同一损害后果的，应当根据过失大小或者原因力比例各自承担相应的赔偿责任。侵权责任法吸收了最高人民法院司法解释的规定，第 12 条规定了无意思联络的分别侵权行为承担按份责任的情形。民法典侵权责任编继承了侵权责任法的规定，对个别字词作了调整。

适用本条规定应当符合下列构成要件：

一是二人以上分别实施侵权行为。这一要件与本法第 1171 条中"二人以上分别实施侵权行为"的含义相同，要求数个侵权行为相互之间是独立的，不存在应当适用本法第 1168 条共同侵权制度的情形。

二是造成同一损害后果。这一要件与本法第 1171 条中"造成同一损害"的含义一样。如果数个侵权行为造成的损害后果不同，可以明显区分，应当适用本法第 1165 条或者第 1166 条的规定。本条与本法第 1171 条同属分别侵权制度，但在构成要件上有所不同，本法第 1171 条的构成要件更加严格，要求"每个人的侵权行为都足以造成全部损害"。

二、适用本条的法律后果

在法律后果上，本条数个行为人的责任与本法第 1171 条在法律后果上有本质区别，本法第 1171 条要求各个行为人承担连带责任，更为严厉。本条确定各个行为人应当承担的责任，分两个层次规定：

一是能够确定责任大小的。虽然数个侵权行为结合造成了同一损害，但是在大部分案件中，可以根据各个侵权行为对造成损害后果的可能性（盖然性）来确定责任份额。判断这种可能性，可以综合各个行为人的过错程度、各个侵

权行为与损害后果因果关系的紧密程度、公平原则以及政策考量等因素。有的学者将这种可能性称为"原因力",是指在构成损害结果的共同原因中,每一个原因对于损害结果发生或扩大所发挥的作用力。法律不可能脱离具体案件,事先抽象出各种确定责任份额的标准,只能由法官在具体案件中综合考虑各种因素来确定。

二是难以确定责任大小的。责任分配的尺度很难有一个可以数量化的标准,在某些情形下,由于案情复杂,很难分清每个侵权行为对损害后果的作用力究竟有多大。侵权责任法第 12 条规定的是"平均承担赔偿责任"。民法典侵权责任编编纂过程中,考虑到侵权责任的承担方式除了最常适用的赔偿损失以外,还有赔礼道歉、消除影响、恢复名誉等其他方式,因此,将"赔偿"二字删除,规定为"平均承担责任"。

三、本条与第 1168 条、第 1171 条的关系

一是本条与第 1168 条共同侵权的规定在适用范围上呈现互补关系。第 1168 条要求数个行为人共同实施侵权行为,而本条要求数个行为人分别实施侵权行为。现代民法中"共同"与"分别"的区别越来越模糊。

二是在处理数人实施侵权行为的具体案件时,首先需要看是否满足第 1168 条共同侵权制度规定的构成要件;不符合的,看其是否满足第 1171 条的构成要件;还不符合的,再看能否适用本条规定。需要特别强调的是,在逻辑关系上,并不存在不适用第 1168 条、第 1171 条,就一定适用本条的关系。

第一千一百七十三条　被侵权人对同一损害的发生或者扩大有过错的,可以减轻侵权人的责任。

【条文主旨】

本条是关于"与有过失"制度的规定。

【条文释义】

被侵权人对于损害的发生也有过错的情况下,使侵权人承担全部侵权责任有失公允。因此,侵权人可以以被侵权人的过错为由进行抗辩,要求减轻自己的侵权责任,实践中主要是减少损害赔偿的数额。严格来说,"与有过失"制度与"损益相抵"制度是不同的两项制度。"与有过失"中的"与"指的是侵权人与被侵权人双方,该制度是双方均有过错的情况下如何承担责任。侵权责任法第 26 条一个"也"字说明一切。"损益相抵"是指被侵权人因同一侵权行

为受到损害又获得利益的，计算损害赔偿额时，除非利益的性质或者依照法律的规定不得扣除的除外，应当扣除所获利益。侵权责任法与民法典侵权责任编均没有规定"损益相抵"制度，主要考虑侵权行为中极少有侵权人因同一侵权行为受到损害又获得利益的情形。

在侵权责任法立法过程中，对"与有过失"制度规定在哪一章有过争议。最终侵权责任法规定在不承担责任和减轻责任的情形一章中。在民法典侵权责任编编纂过程中，整合了侵权责任法第一章至第三章的规定，因此，"与有过失"制度被吸收到了侵权责任编第一章一般规定中。

一、关于本条的适用

民法典侵权责任编对侵权责任法"与有过失"制度作了拓展。侵权责任法第 26 条规定，"被侵权人对损害的发生也有过错的，可以减轻侵权人的责任"。本法第 1173 条规定，"被侵权人对同一损害的发生或者扩大有过错的，可以减轻侵权人的责任"。两条比较，主要变化有两点：

一是侵权责任编对损害作了限定，必须是"同一"损害才能适用本条。对"同一"的理解，在一部法律中是一脉相承的，指对一个性质相同的损害结果的发生，侵权人与被侵权人均有责任。这次作出修改，主要是有意见提出，实践中不同法院对侵权责任法第 26 条的理解和适用不一，为了维护司法裁判的统一性，应当有所限定。二是增加了损害的"扩大"。侵权责任法第 26 条"被侵权人对损害的发生"的表述中，发生是包含扩大的含义的，扩大是后续的损害，是新发生的损害，也是损害的一种形态，正确理解侵权责任法的规定，这一点必须明确。民法典编纂过程中，有意见提出，损害发生后，其范围并非立即确定，而是有可能随着时间的发展而变化。从损害发生到损害范围扩大的全部阶段，都有可能发生受害人违反对自己的不真正义务，故受害人过错制度适用的范围，不限于损害的发生，也应包括损害的扩大。经研究，民法典侵权责任编将"扩大"从"损害的发生"中独立出来了。侵权人造成了损害，被侵权人因为自己的原因，致使同一损害扩大，对扩大的部分，可以减轻侵权人的责任。

"与有过失"制度的适用范围问题一直存在争论。特别是该制度是否适用于无过错责任，我国理论界的争论由来已久。从比较法的角度来看，在绝大多数国家和地区"与有过失"制度都适用于无过错责任。民法典侵权责任编在本条明确了无过错责任也可以适用"与有过失"制度。不过，需要特别指出的是，法律明确针对特定的无过错责任类型规定了特殊免责事由的，不适用本条规则。例如，依照本法第 1237 条的规定，民用核设施或者运入运出核设施的核材料发生核事故造成他人损害的，民用核设施的营运单位能够证明损害是因战争、武装冲突、暴乱等情形或者受害人故意造成的，不承担责任。如果损害是由受害人的过失，哪怕是重大过失造成的，也不能减轻民用核设施经营人的责任。

二、"与有过失"与受害人故意造成损害的关系

侵权责任法立法过程和民法典编纂过程中，有的建议将本条中的"过错"改为"过失"。理由是"过错"包括"故意"和"过失"，如果是受害人故意造成自己损害，则不是减轻行为人责任的问题，而应当免除行为人的责任。

本法没有采纳上述意见，理由主要是如果损害完全是由于受害人故意造成的，即损害发生的唯一原因是受害人的故意，应完全免除行为人的责任。只有在侵权人对于损害的发生有故意或者重大过失，受害人对于同一损害的发生或者扩大也有责任时，才能减轻侵权人责任的问题。

立法过程中还有的建议将本条中的"可以减轻侵权人的责任"中的"可以"修改为"应当"。我们研究认为，在损害主要是由侵权人造成，被侵权人对同一损害仅有轻微责任的情况下，就不一定要免除侵权人的责任。例如，责任认定上，侵权人占99%的原因，被侵权人占1%的原因。这种情况下，如果规定"应当"减轻侵权人的责任，是不公平的。因此立法没有采纳上述建议。

> **第一千一百七十四条　损害是因受害人故意造成的，行为人不承担责任。**

【条文主旨】

本条是关于受害人故意造成损害，行为人免责的规定。

【条文释义】

受害人故意造成损害，是指受害人明知自己的行为会发生损害自己的后果，而希望或者放任此种结果的发生。受害人故意分为直接故意和间接故意。直接故意，是指受害人从主观上追求损害自己的结果发生，如受害人摸高压线自杀；间接故意，是指受害人已经预见到自己的行为可能发生损害自己的结果，但也不停止该行为，而是放任损害结果的发生，如受害人盗割高压线，导致自己伤亡。

本条规定对行为人免责，是指损害完全是因为受害人的故意造成的，即受害人故意的行为是其损害发生的唯一原因。例如，本法第1238条规定，民用航空器造成他人损害的，民用航空器的经营者应当承担侵权责任；但是，能够证明损害是因受害人故意造成的，不承担责任。

本条规定适用于过错责任自不待言，从现有法律规定来看，本条也适用于无过错责任，上述第 1238 条的规定即是无过错责任的一例。此外，本编第八章高度危险责任的很多条文都规定了受害人故意造成损害，行为人免责。侵权责任法中，本条规定在不承担责任和减轻责任的情形一章中。民法典侵权责任编整合了侵权责任法第一章至第三章的内容，因此，本条被吸收到了侵权责任编第一章一般规定中。

> **第一千一百七十五条**　损害是因第三人造成的，第三人应当承担侵权责任。

〖条文主旨〗

本条是关于第三人过错的规定。

〖条文释义〗

第三人过错的概念往往在诉讼中体现，指受害人起诉被告以后，被告提出该损害完全或者部分不是由自己造成，是第三人的过错造成，从而提出免除或者减轻自己责任的抗辩事由。第三人的过错包括故意和过失。第三人应当与被告不存在任何隶属关系，如用人单位的工作人员在工作过程中造成他人损害的，用人单位不能以其工作人员作为第三人，提出第三人过错的抗辩。用人单位应当对工作人员造成的损害，承担替代责任。

本条在适用上把握以下几点：

一、第三人过错是造成损害的唯一原因

在过错责任和过错推定责任范围内，被告能够证明损害完全是由于第三人的过错行为造成的，应免除被告的责任，由第三人对原告承担侵权责任。

在无过错责任范围内，情况比较复杂。在某些无过错责任情形之下，即使完全由第三人过错造成的损害，也应首先由被告承担责任，即被告不能以第三人造成损害为由，对原告受害人进行抗辩。在某些无过错责任情形之下，第三人的过错造成损害，被侵权人可以选择行为人或者第三人之一承担责任。例如，本法第 1233 条规定，因第三人的过错污染环境、破坏生态的，被侵权人可以向侵权人请求赔偿，也可以向第三人请求赔偿。侵权人赔偿后，有权向第三人追偿。在某些无过错责任情形之下，完全由第三人造成的损害，由第三人承担责任，即被告可以"第三人过错"造成损害为由，对原告进行抗辩。例如，我国电力法第 60 条第 2 款规定："因用户或者第三人的过错给电力企业或者其他用户造成损害的，该用户或者第三人应当依法承担赔偿责任。"

二、第三人过错是造成损害的部分原因

本条规定的"第三人过错"与本法第1168条共同侵权行为、第1170条共同危险行为、第1171条无意思联络承担连带责任的侵权行为、第1171条无意思联络承担按份责任的侵权行为等多数人侵权制度有着紧密的联系，同时也极易造成混淆。在何时、何种条件下，被告可以援用"第三人过错"而要求减轻自己责任的问题上，在侵权责任法立法过程中也有不少争论，侵权责任法颁布以来，在司法实践中也有不少错误认识。因此，有必要对以下几个问题进行澄清：

一是与第1168条共同侵权行为的关系。例如，甲和乙合谋将丙打伤，丙将乙起诉到法院，乙不能以甲参与了侵权为由，要求适用本条的规定。即构成共同侵权行为的，应当适用本法第1168条的规定，由侵权人承担连带责任，即被侵权人有权要求侵权人中的一人承担全部责任，而不能适用第三人过错免责。

二是与第1170条共同危险行为的关系。例如，甲在农田耕作时遭受枪伤，甲将其受伤时发现的非法狩猎人乙告上法庭。乙在庭上陈述，其在开枪的同时，还有另一名非法狩猎人丙也开了枪。但甲的枪伤只有一处，乙提出枪伤可能是自己所为，但也可能是丙的行为所致。这种情况下，依照本法第1170条的规定，乙的行为和丙的行为构成共同危险行为，在不能确定具体加害人的情况下，乙和丙承担连带责任，乙不能以第三人丙的行为为由，对受害人甲进行抗辩，要求与丙分担甲的损失，免除或者减轻自己的责任。当然，乙在承担连带责任后，可以起诉丙，以进一步分清二者的责任，但那是另一个法律关系。

三是与第1171条无意思联络承担连带责任的侵权行为的关系。例如，甲、乙二人分别在丙的房舍的东西两面放火烧荒，甲、乙二人没有意思联络，但两股火同时向丙的房舍蔓延，致使丙的房舍焚毁。丙将甲起诉到法院，甲提出乙的放火行为也是房屋被焚的原因之一，要求减轻自己的责任。本案中，甲、乙的行为直接结合，是构成丙的损害的共同原因，依照第1171条的规定，甲乙应对丙承担连带责任。甲以第三人侵权行为造成损害为由的抗辩不能成立。

四是与第1171条无意思联络承担按份责任的侵权行为的关系。这两种情形最难以区分，第1175条规定"损害是因第三人的原因造成的，第三人应当承担侵权责任"，这种情况下，被告是否仍然要承担部分责任，法律对此没有明确规定。这就需要司法实践中结合个案进行仔细分析，在"被告的过错"与"第三人的过错"分别构成同一损害的原因的情况下，被告可以以造成的损害还有"第三人的过错"为由，向原告行使抗辩权，要求减轻自己的责任。

第一千一百七十六条　自愿参加具有一定风险的文体活动，因其他参加者的行为受到损害的，受害人不得请求其他参加者承担侵权责任；但是，其他参加者对损害的发生有故意或者重大过失的除外。

活动组织者的责任适用本法第一千一百九十八条至第一千二百零一条的规定。

【条文主旨】

本条是关于自甘风险制度的规定。

【条文释义】

一、有关概念辨析

自甘风险和自愿承担损害容易混淆，是既有共同点又有区别的两个概念。

1. 自甘风险又称自愿承受危险，是指受害人自愿承担可能性的损害而将自己置于危险环境或场合，造成损害行为人不承担责任。其构成要件是：第一，受害人作出了自愿承受危险的意思表示，通常是将自己置于可能性的危险状况之下；第二，这种潜在的危险不是法律、法规所禁止的，也不是社会公序良俗所反对的，且此种危险通常被社会所认可存在或者难以避免的。例如，参加拳击比赛而自愿承受可能受到的人身伤害的危险。

2. 自愿承担损害又称受害人同意，是指受害人自愿同意他人对其人身或财产施加某种损害。关于自愿对其人身实施损害，例如，病人同意医生对其手术，手术将造成失血，而手术对于挽救病人生命与失血的损害相比是利大于弊，于是选择手术的情形；汶川地震中，为了施救，先锯断某人的腿，然后才能将其救出的例子等。此种损害是不违反法律或公共道德的，如果受害人以此种损害请求赔偿，被告应享有抗辩权。但是，如果甲同意乙打其一记耳光，如果乙真的打了，则乙的行为具有违法性，不能适用受害人同意。关于自愿他人对其财产进行损害，例如，同意他人对自己的财产抛弃或毁损的情形，由于财产权的权利人有权处分自己的财产，同意他人对自己财产的损害，如同自己损害自己的财产一样，一般情况下此种情形不构成对法律或公共道德的违反。自愿承担损害的构成要件是：第一，受害人明确作出了同意对其实施加害的意思表示，知道或者应当知道对其实施加害行为的法律后果；第二，同意加害的内容不违反法律和公序良俗，且不超出受害人同意的范围。

3. 自甘风险与受害人同意的区别主要为：一是适用领域不同。自甘风险主要适用于危险性的文体、探险等活动；受害人同意的适用范围比较广泛，不违反法律和公序良俗的一般行为，只要受害人同意，均可产生免责效果。二是受害人对损害后果的知情程度不同。在自甘风险制度中，受害人对其参加什么文体活动、该活动通常具有什么危险或者损伤、自己的竞技水平和身体健康情况是知晓的，只是不能具体预测自己参加活动是否一定会遭受损害、遭受多大程度的损害。自甘风险制度中，受害人往往没有明确作出自愿接受损害结果的意思表示。在受害人同意制度中，受害人对损害的发生、损害的性质、损害的范围一般都是知情、能够预测到的。三是损害发生是否符合受害人的意愿不同。受害人同意制度中，受害人必须以明示或者默示的意思表示作出处分行为，放弃法律的保护。四是损害的发生是否符合受害人的意愿不同。自甘风险制度中，受害人不希望损害后果的发生。受害人同意制度中，损害的发生符合受害人的意思。

二、国内有关规定及民法典规定自甘风险制度的考虑

侵权责任法立法过程中，有的建议规定自甘风险作为免责事由。对于是否规定，各方面有过激烈争论，没有达成一致性意见。赞成规定的理由主要是：权利人有权处分自己的权利，该处分行为只要不违反法律和公共道德，就应认可该种意思表示的效力。自甘风险往往是为了博弈一个较大的利益，或者在两个不利后果中选择一个较小的不利后果。受害人同意承受相应风险的，应可以作为被告方的抗辩事由。不同意规定的理由主要是：自甘风险是处分自己权益的行为，被告的行为不构成侵权，也就不存在免责的问题。实践中自甘风险的情况非常复杂，比如，核设施等危险区域提示不得入内，但受害人进去了，管理人就没有责任吗？因此，由司法实践根据个案的情况确定被告方的责任比较妥当。在自甘风险的情况下，被告方要不要承担责任还是看其有没有过错，有过错的承担责任，没过错的不承担，并不是说只要是受害人同意或者自甘风险，受害人有过错也不承担责任。既然已将过错作为承担责任原则，因此没有必要规定。本着谨慎负责的态度，经过反复研究，侵权责任法没有规定自甘风险制度。

民法典编纂过程中，有建议提出，参加对抗性较强的体育等活动容易发生受伤等情况，实践中，对伤害由谁承担责任经常产生纠纷。如参加马拉松竞赛活动中参赛者去世，要求组织者承担侵权责任等。为了满足具有风险性的体育竞技等方面的需要，建议增加规定自甘风险制度。我们研究认为，参加者自愿参与这些活动应当充分认识到其危险性，由此产生的正常风险原则上应当由参加者自己承担。在法律中确立"自甘风险"规则，对于自愿参加对抗性、风险性较强的体育活动，以及学校等机构正常组织开展体育课等活动学生受伤发生

纠纷时，明确责任的界限是有利的。据此，民法典侵权责任编草案二审稿增加了一条规定：自愿参加具有危险性的活动受到损害的，受害人不得请求他人承担侵权责任，但是他人对损害的发生有故意或者重大过失的除外。活动组织者的责任适用本法第 973 条的规定，即活动组织者就未尽到安全保障义务承担侵权责任。对这一规定，各方面提出了很多意见，主要是建议自甘风险的适用范围不宜过宽，应限定为体育比赛等具有一定风险的文体活动。同时，建议明确教育机构在组织这类活动时应当如何承担责任。因此，民法典侵权责任编草案三审稿对自甘风险的规定作了修改：一是自愿参加具有一定风险的文体活动，因其他参加者的行为受到损害的，受害人不得请求其他参加者承担侵权责任，但是其他参加者对损害的发生有故意或者重大过失的除外。二是如果活动组织者为学校等教育机构，应当适用学校等教育机构在学生受到人身损害时的相关责任规定。

本条适用中应把握的几点问题：

一是受害人必须意识到所参加的文体活动的风险。这种风险必然存在，但是否会产生损害结果不确定。例如，参加篮球运动一定会存在冲撞，参加足球运动必然有铲球，这些行为都有可能会造成倒地的风险，有可能会造成骨折的风险，是否必然出现这样的后果是不一定的，运动的剧烈程度、冲撞的角度、铲球的力度、双方是否遵守规则、运动护具的穿戴、参加者运动技能和身体素质等因素的不同，会产生很大的变数。本质上讲，参加任何文体活动都有可能存在风险、造成损害。侵权责任编本着谨慎的精神，仅规定了"自愿参加具有一定风险的文体活动"中才能适用自甘风险制度。"具有一定风险"应当理解为风险性较高、对自身条件有一定要求、对抗性较强等的文体活动。

二是在正常情况下，因为其他参加者的行为受到损害的，其他参加者不承担侵权责任。具有一定风险的文体活动的参加者在了解风险的前提下，仍自愿参加，在文体活动中受到损害的，其他参加者不承担侵权责任，也就说法律规定这种情况下直接免责。但是，其他参加者对损害的发生有故意或者重大过失的，这种情形下损害是由于行为人的侵权行为造成的，已经超过其自甘风险的范围，法律规定了除外条款，对此应当根据双方的过错程度，确定损害的承担。为了防止侵权人不当地援用"自甘风险"条款免责，应限定其适用范围，这也是本条将侵权人承担责任的主观要件限定于故意或者重大过失的重要原因。

三是活动组织者的责任承担上，法律规定适用安全保障义务的规定。但是应当明确，有些文体活动需要组织者详细明确告知参加者各种风险；有些活动是按照经验不需要组织者告知参加者风险的，因为这些活动的固有危险已经为社会一般人所知晓，更为参加者所熟知。这在确定文体活动组织者责任时，应当予以考虑。但是，固有风险之外的意外损害，应当由组织者承担。例如，参加马拉松活动，正常跑步过程中的晒伤、膝关节损伤、碰撞等运动伤害，是不需要组织者特别告知的。此外，在整个活动过程中，组织者是否尽到了必要的安全保障义务、采用了足够安全的措施、设计了突发情况的预案、损害发生后及时采取了合理措施等，是考虑活动组织者是否尽到了责任的因素。当然，还要考虑受害人是否有过错以及过错程度。

四是适用本条规定需要结合具体的案件，从案件的具体情况出发，审慎确定文体活动是否具有一定的风险性，是否属于自甘风险的情况，当事人双方、活动组织者是否有过错以及过错程度，从各方面从严认定和把握。

> **第一千一百七十七条** 合法权益受到侵害，情况紧迫且不能及时获得国家机关保护，不立即采取措施将使其合法权益受到难以弥补的损害的，受害人可以在保护自己合法权益的必要范围内采取扣留侵权人的财物等合理措施；但是，应当立即请求有关国家机关处理。
>
> 受害人采取的措施不当造成他人损害的，应当承担侵权责任。

【条文主旨】

本条是关于自力救济制度的规定。

【条文释义】

一、关于自力救济制度的沿革与概念

自力救济是一项古老的制度，属于私力救济的范畴，希腊罗马时期的法典中即有明文规定。现代文明国家建立后，公民的权利主要由公权力保障，私力救济逐渐演变为公力救济，通过司法程序解决纠纷成为最主要的方式之一。从私力救济到公力救济的演变是一个漫长而交错的历史过程。两者长期并存，既对立冲突，也交错互补。你中有我，我中有你，私力救济中有"公力"因素，公力救济中有"私力"因素，其间存在一种融合两者特征的社会型救济，如调解和仲裁。随着历史的发展和社会经济进步，私力救济法律化，逐渐被纳入法律框架。相比于私力救济，公权力救济具有文明性、稳定性、强制性等诸多优点。

现代社会中的自力救济，主要指在民事法律关系中，权利人在特殊情况下不借助国家机关的公力，而以自己的力量来保护自己或他人权利的行为。民法通则、侵权责任法等法律中，没有规定自力救济制度。

二、民法典对自力救助制度规定的情况

民法典编纂过程中，有的建议规定自力救济制度，主要理由有：一是司法最终解决是现代法治的基本要求，但司法最终解决不等于唯一解决，只有纠纷达到一定的条件或标准后，才会纳入司法的视野。有些私力救济方式经过长期的演化已经形成一定的习惯和规范，有时候更能实现公正。二是我国法律中规定的正当防卫、紧急避险等制度，在性质上应当属于自力救济的范围。因此，将这一制度进一步扩大有法律、理论和实践基础。三是实践中，自力救济行为广泛存在，会导致滥用自力救济的情况，引发更大的纠纷，反而不利于社会的稳定。实践中就出现了在合法权益受到侵害，来不及请求国家机关保护的情况下，受害人自己采取措施保护权益，反而被他人起诉侵权的案件。

我们研究认为，"自助行为"制度可以赋予公民在一定条件下的自我保护权利，是对国家权力在维护社会秩序和保护公民权益不及时情况下的有益补充。明确规定这种制度，对保护公民人身、财产权益安全具有重要的现实意义，也有利于对这种自力救济行为进行规范。因此，在民法典侵权责任编草案二审稿中增加了该制度，二审稿的表述为：自己的合法权益受到不法侵害，情况紧迫且不能及时获得国家机关保护的，可以在必要范围内采取扣留侵权人的财物等合理措施。行为人实施前款行为后，应当立即请求有关国家机关处理。采取的措施不当造成他人损害的，行为人应当承担侵权责任。对该规定，各方面提出了很多意见和建议。有的建议对"合法权益"进行限定，将"合法权益受到侵害"修改为"因自己的合法权益受到侵害"，以进一步明确实施自助行为的前提条件，防止被滥用。有的建议明确"情况紧迫"的内涵。有的提出，自助行为人只有在侵权人逃跑或转移财产、日后难以查找等紧迫情况下，为保全或恢复自己的权利，而对他人财产采取的予以扣留等措施，否则完全可以在事后通过民事诉讼等其他方式向国家机关寻求救济，建议明确"情况紧迫"的内涵，在"情况紧迫且不能及时获得国家机关保护的"后增加规定"如不采取自助行为，则以后权利无法实现或难以实现"。

针对这些意见和建议，民法典侵权责任编三审稿作了修改完善，规定：合法权益受到侵害，情况紧迫且不能及时获得国家机关保护，不立即采取措施将使其权益受到难以弥补的损害的，受害人可以在必要范围内采取扣留侵权人的财物等合理措施，但是应当立即请求有关国家机关处理。受害人采取的措施不当造成他人损害的，应当承担侵权责任。2019年12月形成民法典草案时，在三审稿的基础上进一步修改完善，将"不立即采取措施将使其权益"修改为"不立即采取措施将使其合法权益"。此后，根据各方面的意见，又在民法典草案的基础上进一步完善，主要是进一步明确受害人可以实施自助行为的范围：

"在保护自己合法权益的"的必要范围内。

一是情况紧迫且不能及时获得国家机关保护，这是前提条件。例如，走在路上发现自己被盗的自行车，此时不马上扣下自行车，以后将很难找到；马上去报案或者拨打"110"，时间上来不及。

二是不立即采取措施将使其合法权益受到难以弥补的损害的，这是必要条件。如前例所述，如果不马上扣下自行车，骑车人骑着车走了，以后再去寻找车在哪里就很困难了。我国民事诉讼法、专利法等法律均使用了"难以弥补"的表述，为保持法律之间的一致性，本条使用了该表述。

三是只能在保护自己合法权益的必要范围内采取扣留侵权人的财物等合理措施，这是范围条件。"保护自己合法权益"把自助行为的目的揭示出来，实施自助行为不能超越保护自己合法权益这个范围；"必要范围""合理措施"主要是自助行为扣留的财物应当与保护的利益在价值上大体相当。例如，餐馆老板发现有人吃"霸王餐"，不交钱准备离去。为了维护自己的合法权益，可以扣留与餐费价值差不多的物品，要求将来送餐费时再归还物品。

四是应当立即请求有关国家机关处理，这是合法条件。自助行为结束后，行为人必须及时寻求公权力机关救济。若行为人怠于寻求公权力机关救济，或被公权力机关驳回，或被公权力机关认定行为超出必要限度，则不排除其行为不法性，仍须依侵权行为承担相应后果。"立即请求"指自助行为完成后，"情况紧迫"的阻却事由消失，受害人应当立刻、无迟延地向有关国家机关报告自己实施了自力救济的事实，由公权力及时介入处理。只有这样，自力救济才具有正当性，成为民法上的免责事由。同时本条明确规定，受害人采取的措施不当造成他人损害的，就突破了自力救济的必要性，应当承担侵权责任。

> **第一千一百七十八条　本法和其他法律对不承担责任或者减轻责任的情形另有规定的，依照其规定。**

【条文主旨】

本条是关于民法典和其他法律在责任承担上衔接的规定。

【条文释义】

我国规范侵权责任的法律有两个层次：第一个层次是民法典侵权责任编。从基本法的角度对侵权责任作出三类规定：一是普遍适用的共同规则；二是典型的侵权种类的基本规则；三是其他单行法不可能涉及的一些特殊规则。第二个层次是相关法律。许多单行法都从自身调整范围的角度对侵权责任作出一条或者几条规定。如道路交通安全法第 76 条规定了交通事故赔偿原则。有关侵权责任的法律在宪法统率下相辅相成，共同规范侵权责任。

侵权责任法第 5 条规定，"其他法律对侵权责任另有特别规定的，依照其规定"。民法典编纂过程中，对侵权责任法的规定进行了必要的拓展，草案三次审议稿第 955 条曾规定，本编和其他法律对不承担责任或者减轻责任的情形另有规定的，依照其规定。有的提出，本条是不承担责任或者减轻责任的兜底条款。除侵权责任编以外，民法典总则编、物权编、合同编、继承编等分编，以及其他法律中对不承担或者减轻责任的情形均有明确规定，建议兜底条款囊括这些情形。经研究，我们采纳了这一意见，最终规定为：本法和其他法律对不承担责任或者减轻责任的情形另有规定的，依照其规定。

适用过错责任归责原则和无过错责任归责原则的侵权行为，能否以及如何适用本条，需要分别讨论。

1. 本法第 1165 条对过错责任作了规定。过错责任是侵权责任领域中最常见的归责原则，生活是复杂的、丰富多样的，过错责任的具体表现也就相差很大。因此，适用过错责任归责原则的侵权行为的减轻或者免除责任事由，在民法典侵权责任法律的几个高度概括的条文中无法涵盖和穷尽罗列，所有规范和涉及民事生活的民法基本法、民事单行法、各特别法中，都有大量的除外情形。本章规定的这几种不承担责任或者减轻责任的情形，适用过错责任归责原则的侵权行为当然要适用，但是，如果本法和其他法律另有规定的，也要依照其规定。

2. 本法第 1166 条对无过错责任作了规定。对于无过错责任能否适用本条，需要区分两种情形：

一是法律在相应条文中对责任的免除或者减轻事由作了明确规定的，应当适用该条中的相关规定。换句话说，本章规定的这几种不承担责任或者减轻责任的情形，在该规定中就不能全部适用。例如，本法第 1237 条规定，民用核设施或者运入运出核设施的核材料发生核事故造成他人损害的，免责事由为"能够证明损害是因战争、武装冲突、暴乱等情形或者受害人故意造成的"。对民用核设施或者运入运出核设施的核材料发生核事故造成他人损害的，只能是"能够证明损害是因战争、武装冲突、暴乱等情形或者受害人故意造成的"。又如，本法第 1240 条规定，从事高空、高压、地下挖掘活动或者使用高速轨道运输工具造成他人损害的，免除责任的事由为"能够证明损害是因受害人故意或者不可抗力造成的"，减轻责任的事由只能为"被侵权人对损害的发生有重大过失的"。

二是法律规定某行为适用无过错责任归责原则，但是在相应条文中对责任的免除或者减轻责任事由未作规定，则不适用本条规定，其不承担责任或者减轻责任的情形，适用本章规定的这几种情形。例如，本法第1229条规定，因污染环境、破坏生态造成他人损害的，侵权人应当承担侵权责任。该条是无过错责任归责原则的情形，但没有规定免除或者减轻责任事由，可以适用本章规定的这几种不承担责任或者减轻责任情形的规定，当然，如果环境法律、行政法律等其他法律对不承担责任或者减轻责任的情形另有规定的，依照其规定。

单行法对不承担责任或者减轻责任规定了很多情形，此处不再赘述。本法中也规定了一些不承担责任或者减轻责任的情形，例如，本法第316条规定，拾得人在遗失物送交有关部门前，有关部门在遗失物被领取前，应当妥善保管遗失物。因故意或者重大过失致使遗失物毁损、灭失的，应当承担民事责任。根据此规定，拾得人一般过失是不承担责任的。又如，本法第897条规定，保管期内，因保管人保管不善造成保管物毁损、灭失的，保管人应当承担赔偿责任。但是，无偿保管人证明自己没有故意或者重大过失的，不承担赔偿责任。根据此规定，无偿保管人一般过失是不承担责任的。再如，本法第1148条规定，遗产管理人应当依法履行职责，因故意或者重大过失造成继承人、受遗赠人、债权人损害的，应当承担民事责任。根据此规定，遗产管理人一般过失是不承担责任的。

第二章　损害赔偿

本章共九条，主要规定了人身损害赔偿范围、以相同数额确定死亡赔偿金、请求权的转移、侵害人身权益造成财产损失的赔偿、精神损害赔偿、财产损失的计算方式、严重侵犯知识产权的惩罚性赔偿、公平分担损失、赔偿费用支付方式等内容。

本章是在侵权责任法第二章"责任构成和责任方式"的基础上，增删编纂形成的，民法典侵权责任编一审稿中章名为"责任承担"。有的意见提出，本章绝大部分条文解决的都是损害赔偿问题，而且侵权责任编的责任形式也主要是损害赔偿。应当将侵权损害赔偿请求权与绝对权请求权相区分，有关绝对权请求权主要由物权编和人格权编作出规定，侵权责任编主要规定侵权损害赔偿。经研究我们采纳了这一建议，从民法典侵权责任编二审稿开始，本章的章名修改为"损害赔偿"。

> 第一千一百七十九条　侵害他人造成人身损害的，应当赔偿医疗费、护理费、交通费、营养费、住院伙食补助费等为治疗和康复支出的合理费用，以及因误工减少的收入。造成残疾的，还应当赔偿辅助器具费和残疾赔偿金；造成死亡的，还应当赔偿丧葬费和死亡赔偿金。

【条文主旨】

本条是关于人身损害赔偿范围的规定。

【条文释义】

人身损害赔偿是指行为人侵犯他人的生命健康权益造成致伤、致残、致死等后果，承担金钱赔偿责任的一种民事法律救济制度。侵权责任法第16条规定了人身损害赔偿制度，消费者权益保护法、产品质量法等法律以及相关司法解释在侵权责任法的基础上对人身损害赔偿制度作了补充。本条在侵权责任法等法律规定的基础上作了完善。

一、侵害他人造成人身损害的一般赔偿范围

这是指侵犯他人生命健康权益造成人身损害一般都要赔偿的项目。无论是致伤、致残还是致死，凡是有一般赔偿范围内所列项目的费用支出，行为人均应赔偿。本条在侵权责任法的基础上，吸收最高人民法院司法解释，增加了"营养费""住院伙食补助费"这两项赔偿项目；为了与残疾人保障法的表述一致，将"残疾生活辅助具"修改为"辅助器具"。行为人的行为造成他人人身伤害但并未出现残疾或者死亡后果的，原则上行为人仅须赔偿本条规定的一般赔偿范围内的赔偿项目。这里需要强调的是，本条所列举的一般赔偿范围内的赔偿项目仅是几种比较典型的费用支出，实践中并不仅限于这些赔偿项目，只要是因为治疗和康复所支出的所有合理费用，都可以纳入一般赔偿的范围，但前提是合理的费用才能予以赔偿，否则既会增加行为人不应有的经济负担，也会助长受害人的不正当请求行为，有失公正。因此，在司法实践中，法官必须在查清事实的基础上，结合医疗诊断、鉴定和调查结论，准确确定人身损害的一般赔偿范围。对人身损害的赔偿要坚持赔偿与损害相一致的原则，既要使受害人获得充分赔偿，又不能使其获得不当利益。基于这一原则，对医疗费、护理费、交通费、营养费、住院伙食补助费等为治疗和康复支出的合理费用，以及因误工减少的收入的赔偿，因一般都有具体衡量的标准，应当全部赔偿，即损失多少就赔偿多少。

二、造成残疾的赔偿范围

对于残疾的赔偿范围，我国的立法有一个发展变化的过程。根据民法通则第 119 条的规定，受害人残疾的，应当赔偿医疗费、因误工减少的收入、残废者生活补助费等费用，对于是否赔偿被扶养人生活费和残疾赔偿金没有明确规定。1993 年颁布的产品质量法、消费者权益保护法则明确规定，受害人残疾的，除应当赔偿医疗费、治疗期间的护理费、因误工减少的收入等费用外，还应当支付残疾者生活自助具费、生活补助费、残疾赔偿金以及由其扶养的人所必需的生活费等费用，但是没有明确生活补助费、残疾赔偿金以及由其扶养的人所必需的生活费三者之间的关系。对此，理论界有不同认识，法官在司法实践中也有不同做法。例如，《最高人民法院关于审理人身损害赔偿案件适用法律若干问题的解释》第 17 条规定，受害人因伤致残的，除赔偿医疗费、误工费、护理费、交通费、住宿费、住院伙食补助费、必要的营养费外，还应当赔偿其因增加生活上需要所支出的必要费用以及因丧失劳动能力导致的收入损失，包括残疾赔偿金、残疾辅助器具费、被扶养人生活费，以及因康复护理、继续治疗实际发生的必要的康复费、护理费、后续治疗费等，赔偿义务人也应当赔偿。侵权责任法规定，造成受害人残疾的，除应当赔偿医疗费、护理费、交通费等为治疗和康复支出的合理费用，以及因误工减少的收入外，还应当赔偿残疾生活辅助具费和残疾赔偿金。民法典侵权责任编在造成残疾的赔偿范围上，与侵权责任法保持一致，只是将"残疾生活辅助具"的表述修改为"辅助器具"。

三、造成死亡的赔偿范围

人身损害死亡赔偿制度是指自然人因生命权受侵害而死亡，侵权人承担金钱赔偿责任的一种民事法律救济制度。对死亡赔偿的范围，民法通则第 119 条规定，除应当赔偿医疗费、因误工减少的收入等费用外，还应当支付丧葬费、死者生前扶养的人必要的生活费等费用。1993 年颁布的消费者权益保护法、产品质量法和 1994 年颁布的国家赔偿法规定，因侵权行为造成他人死亡的，除赔偿医疗费、护理费等费用外，应当支付丧葬费、人身损害死亡赔偿金以及由死者生前扶养的人所必需的生活费等费用。上述三部法律，均采取在丧葬费和被扶养人生活费以外，同时给付死亡赔偿金的模式。《最高人民法院关于审理人身损害赔偿案件适用法律若干问题的解释》规定，受害人死亡的，赔偿义务人除应当根据抢救治疗情况赔偿医疗费、护理费、营养费等相关费用外，还应当赔偿丧葬费、被扶养人生活费、死亡补偿费以及受害人亲属办理丧葬事宜支出的交通费、住宿费和误工损失等其他合理费用。司法解释对死亡赔偿项目的列举，比法律明确列举的赔偿项目要更多一些。侵权责任法在立法和司法实践经验基础上，借鉴国外做法，规定侵害他人造成死亡的，除应当赔偿一般人身损害赔偿项目外，还应当赔偿丧葬费和死亡赔偿金。民法典侵权责任编在这一方面与侵权责任法的规定一致。

民法典侵权责任编编纂过程中，有意见提出法律规定统一的残疾赔偿金和死亡赔偿金计算标准。侵权责任编曾经尝试作出规定：残疾赔偿金的确定以国家上年度职工平均工资为基础，并可以综合考虑被侵权人丧失劳动能力的程度、受伤时的年龄、受伤前的收入状况、被扶养人的生活状况等因素。死亡赔偿金的确定以国家上年度职工平均工资为基础，并可以综合考虑被侵权人死亡时的年龄、死亡前的收入状况、被扶养人的生活状况等因素。对这一规定，在征求意见过程中，各方面有不同的认识，存在较大争议。有的提出，全国统一标准使计算数额过高，西部省区的侵权责任人难以承受。有的提出，我国幅员辽阔，各地区之间的经济发展水平和职工收入存在较大差距，全国采用单一的全国统一标准不利于解决实际的个案纠纷。我们认真分析收到的各种意见建议，又尝试将残疾赔偿金和死亡赔偿金的确定基础修改为"受诉的省级法院所在地国家上年度职工平均工资"。对此有的提出，这一规定又产生了"地区歧视"，也不公平。还有的提出，这一规定还可能造成当事人为获得较高赔偿而选择管辖法院的情况。综合来看，残疾赔偿金、死亡赔偿金的问题十分复杂，无论是侵权责任法还是民法典侵权责任编，都无法简单规定一个"放之全国而皆准"的标准，宜由法官在处理具体案件时，根据个案的特殊情况，运用自由裁量权进行裁判。据此，民法典也没有规定残疾赔偿金和死亡赔偿金的计算标准。残疾赔偿金和死亡赔偿金的决定，宜由法官在司法实践中，根据案件的具体情况，综合考虑各种因素后确定数额；也可以由最高人民法院结合近些年来的司法经验，修改目前适用的司法解释的规定。但是，为了便于解决纠纷，使受害人及时有效地获得赔偿，对因同一侵权行为造成多人死亡的情况，法律规定了可以以相同数额确定死亡赔偿金。

> **第一千一百八十条　因同一侵权行为造成多人死亡的，可以以相同数额确定死亡赔偿金。**

【条文主旨】

本条是关于以相同数额确定死亡赔偿金的规定。

【条文释义】

在侵权责任法立法中，有的提出，在许多情况下，根据死者年龄、收入状况等情形，确定的死亡赔偿数额有所不同，但在因同一事故造成多人死亡时，为便于解决纠纷，实践中，不少采用相同数额予以赔偿。例如，有的地方，对药物损害事故中的多个死者统一赔偿每人20万元，这样的做法起到了较好的社会效果和法律效果。侵权责任法吸收实践中的这些有益做法，在第17条规定，因同一侵权行为造成多人死亡的，可以以相同数额确定死亡赔偿金。民法典编纂过程中，有的建议删除本条规定。经过研究，民法典侵权责任编保留了侵权责任法的规定。立法中作出这一规定主要有以下考虑：

在境外，也有的国家采用了类似做法，如日本自20世纪70年代以来，在环境污染、药物损害、交通事故等导致多人死亡的侵权案件中，常常采用"概括的一揽子赔偿方式"解决死亡赔偿问题。"概括的一揽子赔偿方式"将受害人受到的所有社会、经济、精神损害作为一个损害，不区分财产损害与非财产损害，也不将财产损害细化为若干项目，而赋予受害人统一的赔偿请求权。

从国外经验以及我国实践情况看，在因同一侵权行为造成多人死亡的案件中，以相同数额确定死亡赔偿金主要有以下好处：一是在因同一侵权行为造成多人死亡引发的众多诉讼中，对众多的损害项目和考虑因素逐一举证比较繁琐，而且有时证明较为困难。以相同数额确定死亡赔偿金可以避免原告的举证困难，并防止因此而导致的诉讼迟延，让其可以及时有效地获得赔偿。二是考虑每个死者的具体情况分别计算死亡赔偿金，不但未必能计算到损害的全部内容，而且让法院面临较为沉重的负担，不利于节省司法资源。以相同数额确定死亡赔偿金不但可将受害人及其亲属受到的肉体、社会生活、精神生活等损害覆盖其中，有效避免挂一漏万，更好地保护受害人利益，还可以减轻法院负担，节约司法资源。三是以相同数额确定死亡赔偿金可以维护众多原告之间的团结。在处理导致多人死亡的侵权案件时，以同一数额确定死亡赔偿金，既迅速救济了原告，也防止了原告之间相互攀比，避免同一事故中的众多原告之间赔偿数额差距过大引发社会争论。实际上，从我国近些年的司法实践看，在一些因同一事故导致多人死亡的侵权案件中，由于法院最终判决的死亡赔偿金在众多原告之间差异较大，引起了当事人不满，社会效果也不是很好。

在本条的理解上需要注意：

一是以相同数额确定死亡赔偿金并非确定死亡赔偿金的一般方式，若分别计算死亡赔偿金较为容易，可以不采用这种方式。

二是根据本法的规定，以相同数额确定死亡赔偿金原则上仅适用于因同一侵权行为造成多人死亡的案件。

三是本条特别强调，对因同一侵权行为造成多人死亡的，只是"可以"以相同数额确定死亡赔偿金，而不是任何因同一侵权行为造成多人死亡的案件都"必须"或者"应当"以相同数额确定死亡赔偿金。至于什么情况下可以，什么情况下不可以，法院可以根据具体案情，综合考虑各种因素后决定。实践中，原告的态度也是一个重要的考虑因素，多数原告主动请求以相同数额确定死亡赔偿金的，当然可以；原告没有主动请求，但多数原告对法院所提以相同数额确定的死亡赔偿金方案没有异议的，也可以适用这种方式。

四是以相同数额确定死亡赔偿金的，原则上不考虑受害人的年龄、收入状况等个人因素。

这里还需要强调一点，本条只是规定，因同一侵权行为造成多人死亡的，可以对"死亡赔偿金"以相同数额确定，对死者在死亡前产生的医疗费、护理费等合理费用支出，以及丧葬费支出，宜根据实际支出情况单独计算，损失多少，赔偿多少。

> **第一千一百八十一条**　被侵权人死亡的，其近亲属有权请求侵权人承担侵权责任。被侵权人为组织，该组织分立、合并的，承继权利的组织有权请求侵权人承担侵权责任。
>
> 被侵权人死亡的，支付被侵权人医疗费、丧葬费等合理费用的人有权请求侵权人赔偿费用，但是侵权人已经支付该费用的除外。

【条文主旨】

本条是关于被侵权人死亡后，谁可以成为请求权主体的规定。

【条文释义】

被侵权人仅仅受到伤害、残疾，或者被侵权人作为组织仍存在的情况下，请求权人原则上是被侵权人本人。但是，被侵权人死亡的，其权利能力消灭，法律主体资格不复存在，死者不可能以权利主体资格请求侵权人承担侵权责任。同样，被侵权人为组织，其分立、合并的，被侵权人的法律主体资格也消失，也不可能以权利主体资格请求侵权人承担侵权责任。因此，在这两种情况下，请求权人都只能是被侵权人以外的主体。

从国外的立法来看，将被侵权人死亡情况下的请求权人分为以下两种情况：一是经济损失的请求权人。被侵权人死亡的情况下，请求权人为死者近亲属、受扶养人和丧葬费支付人，但对被扶养人的范围，规定不完全相同。二是精神损害的请求权主体。受害人死亡导致其近亲属精神损害的，该近亲属可以为请求权人。这里的近亲属一般指父母、子女及配偶。

侵权责任法在总结我国立法经验和司法实践经验基础上，参考国外立法，在第 18 条分两款作了规定：被侵权人死亡的，其近亲属有权请求侵权人承担侵权责任。被侵权人为单位，该单位分立、合并的，承继权利的单位有权请求侵权人承担侵权责任。被侵权人死亡的，支付被侵权人医疗费、丧葬费等合理费用的人有权请求侵权人赔偿费用，但侵权人已支付该费用的除外。因为民法总则将单位修改为法人、非法人组织，民法典侵权责任编在继承侵权责任法第 18 条的基础上，应与编纂入民法典的总则编保持用语一致。考虑到法人、非法人组织与自然人相比，均为组织形态，为了用语表述简单，本条将侵权责任法第 18 条中的"单位"修改为"组织"。

根据本条第 1 款的规定，被侵权人死亡的，其近亲属有权请求侵权人承担侵权责任。近亲属的范围在本法第 1045 条作了明确规定，包括配偶、父母、子女、兄弟姐妹、祖父母、外祖父母、孙子女、外孙子女。

根据本条第 2 款的规定，被侵权人死亡，支付被侵权人医疗费、丧葬费等合理费用的人有权请求侵权人赔偿费用，但是，侵权人已经支付该费用的除外。在司法实践中，支付被侵权人死亡前的医疗费等合理费用的，不一定是被侵权人本身，而是其亲属、朋友或者其他人；对于丧葬费，由于受害人已经死亡，只能是其亲属、朋友或者其他人支付。若支付这些费用的是被侵权人的近亲属，这些近亲属当然可以依据本条第 1 款的规定请求侵权人赔偿这些费用，若支付这些费用的并非其近亲属，而是其朋友、其他人或者某一组织的，实际支付费用的主体也可以作为独立的请求权人请求侵权人赔偿这些费用，但若侵权人已将这些费用赔偿给被侵权人近亲属的，实际支付这些费用的主体就不能再向侵权人请求赔偿，而只能要求获得赔偿的近亲属返还这些费用。赋予实际支付医疗费、丧葬费等费用的主体独立请求权，有利于弘扬帮扶帮衬的社会美德，保护善良的社会风俗，也可以防止侵权人获得不当利益。

在民法典侵权责任编编纂过程中，有的提出，本条第 2 款仅考虑法人和其他组织的分立、合并情形，没有考虑到这些主体的被撤销、解散和破产清算等情形的请求权主体问题。我们研究认为，本条的立法目的是解决被侵权人死亡后请求权主体的确定以及费用的追偿问题。对于组织的解散和破产清算等情形中权利如何承继，已经在企业破产法等单行法中作出了明确规定，不需要在此作出规定。

> **第一千一百八十二条** 侵害他人人身权益造成财产损失的，按照被侵权人因此受到的损失或者侵权人因此获得的利益赔偿；被侵权人因此受到的损失以及侵权人因此获得的利益难以确定，被侵权人和侵权人就赔偿数额协商不一致，向人民法院提起诉讼的，由人民法院根据实际情况确定赔偿数额。

【条文主旨】

本条是关于侵害他人人身权益造成财产损失赔偿的规定。

【条文释义】

人身权益是民事主体最基本的权益，侵害他人人身权益应当依法承担侵权责任。本条在侵权责任法第20条的基础上，增加了被侵权人的选择，对于侵害他人人身权益如何计算财产损失作了较为具体的规定。

一、按照被侵权人受到的损失赔偿

根据侵害行为及侵害人身权益内容的不同，侵害他人的人身权益造成财产损失的赔偿范围也不尽相同。主要包括：

1. 侵害他人生命、健康、身体等权益造成的财产损失的赔偿范围，一般包括积极的财产损失和可得利益的损失。依照本法第1179条规定的为积极的财产损失。被侵权人因误工而减少的收入以及受害人死亡办理丧事其亲属误工所减少的收入；被侵权人因全部或者部分丧失劳动能力而减少的预期收入；被侵权人死亡的，其因死亡而不能获得的未来一定期限内的预期收入等为可得利益的损失，即因侵权行为的发生导致被侵权人本应获得而无法获得的可得利益损失。

2. 侵害他人名誉权、荣誉权、姓名权、肖像权和隐私权等人身权益造成的财产损失。这些可以根据不同的侵权行为和相关证据具体判断处理，有实际财产损失的，按照实际损失赔偿，没有实际损失的，可以根据法律的相关规定给予救济。

二、按照侵权人因此获得的利益

一些侵害人身权益的行为财产损失难以确定，尤其是在被侵权人的名誉受损、知识产权被侵害等情况下，很难确定财产损失。在总结我国的司法实践经验的基础上，侵权责任法第20条明确规定，"被侵权人的损失难以确定，侵权人因此获得利益的，按照其获得的利益赔偿"。民法典侵权责任编编纂过程中，有的提出，随着社会发展和利益多元化，侵权行为具体样态愈发复杂。侵权责任法规定只有在"被侵权人的损失难以确定"的情形下，才能适用"侵权人因此获得利益的，按照其获得的利益赔偿"，在某些情形下对保护被侵权人的权益不利。建议不再规定先后顺序，赋予被侵权人一定的选择权，在被侵权人因侵权行为受到的损失或者侵权人因侵权行为获得的利益赔偿中进行选择，这样既能有效获得赔偿实现公平正义，又能有效遏制与震慑侵权行为。

我们慎重研究后认为，从总体上考虑，本条赋予被侵权人一定的选择权比较好。一是这样便于被侵权人选择对自己有利的赔偿方案，从而有利于保护受害人的权益。二是这样规定便于案件争议迅速有效的解决。三是从理论上讲，这里构成了侵权损害赔偿和不当得利损害赔偿的竞合。既然是竞合，显然是选择赔偿的问题。侵权责任法第 20 条确立规定的实际损失赔偿、侵权所得赔偿和法院根据实际情况确定赔偿数额三种方式渐次展开，虽然只是将"侵权人获得的利益难以确定"作为酌定赔偿的适用条件，但酌定赔偿适用的条件实际上是被侵权人的损失和侵权人获得的利益均难以确定。因为在这一模式下，只有被侵权人的损失难以确定，才需要考虑侵权人获得的利益能否确定。被侵权人获得的利益难以确定，侵权人的损失自然也难以确定。此时由被侵权人进行选择，被侵权人肯定选择最能弥补其损害的计算方式，因此不违反填平原则。

三、由人民法院根据实际情况确定赔偿数额

该规定主要针对损人不利己等获利难以计算的情况。例如，有的侵权人将别人的隐私放在网络上造成很坏的影响，他自己并没有获利，如果依照"按照被侵权人因此受到的损失"或者"侵权人因此获得的利益"赔偿，不能很好地保障被侵害人的权益，侵权人也得不到惩罚。当出现被侵权人因此受到的损失以及侵权人因此获得的利益难以确定时，被侵权人与侵权人可以就赔偿数额进行协商，协商不一致的，被侵权人可以向人民法院提起诉讼，由法院根据实际情况赔偿数额。这项规定表达了三层含义：一是侵权人损人没有获利或者获利难以计算的情况下，当事人可以就赔偿数额进行协商；二是赋予被侵权人获得赔偿的请求权，侵权人不能因为没有获利或者获利难以计算就不负赔偿责任；三是如何确定赔偿数额由法院根据侵权人的过错程度、具体侵权行为和方式、造成的后果和影响等确定。

> **第一千一百八十三条**　侵害自然人人身权益造成严重精神损害的，被侵权人有权请求精神损害赔偿。
> 因故意或者重大过失侵害自然人具有人身意义的特定物造成严重精神损害的，被侵权人有权请求精神损害赔偿。

〖条文主旨〗

本条是关于精神损害赔偿的规定。

〖条文释义〗

精神损害赔偿是受害人因人格利益或身份利益受到损害或者遭受精神痛苦而获得的金钱赔偿。

　　我国民法通则中没有规定精神损害赔偿制度。2001 年最高人民法院在民事侵权精神损害赔偿责任的司法解释中，对精神损害赔偿作了较为详尽的规定，以指导司法实践。该司法解释规定，具有人格象征意义的特定纪念物品，因侵权行为而永久性灭失或者毁损，物品所有人以侵权为由，向人民法院起诉请求赔偿精神损害的，人民法院应当依法予以受理。同时，该解释规定了确定精神损害赔偿数额的考虑因素。2009 年颁布的侵权责任法第一次在民事法律中对精神损害赔偿作了规定，即侵害他人人身权益，造成他人严重精神损害的，被侵权人可以请求精神损害赔偿。在 2013 年修改的消费者权益保护法中进一步规定，经营者有侮辱诽谤、搜查身体、侵犯人身自由等侵害消费者或者其他受害人人身权益的行为，造成严重精神损害的，受害人可以要求精神损害赔偿。

　　随着实践的发展，社会公众对精神损害赔偿的认知有加深也有误读，人民法院受理的请求承担精神损害赔偿的案件不断增多，司法实践反映现行法仍存在一些问题。为满足实践需要，在民法典侵权责任编编纂过程中，结合各方面提出的意见和建议，在侵权责任法第 22 条的基础上更进一步，作出修改完善：一是将"他人"修改为"自然人"，明确我国精神损害赔偿的主体只能是自然人。二是将"被侵权人可以请求精神损害赔偿"修改为"被侵权人有权请求精神损害赔偿"，在侵权责任编中统一规范请求权术语的表达。三是扩大了精神损害赔偿的适用范围，增加一款，规定"因故意或者重大过失侵害自然人具有人身意义的特定物造成严重精神损害的，被侵权人有权请求精神损害赔偿"。

　　1. 根据本条第 1 款的规定，侵害自然人人身权益造成严重精神损害的，被侵权人有权请求精神损害赔偿。第一，精神损害赔偿的范围是人身权益，侵害财产权益不在精神损害赔偿的范围之内。第二，需要造成严重精神损害。并非只要侵害他人人身权益被侵权人就可以获得精神损害赔偿，偶尔的痛苦和不高兴不能认为是严重精神损害。之所以强调"严重"的精神损害，是为了防止精神损害赔偿被滥用。对"严重"的解释，应当采容忍限度理论，即超出了社会一般人的容忍限度，就认为是"严重"。第三，被侵权人有权请求精神损害赔偿。一般来说，请求精神损害赔偿的主体应当是直接遭受人身权侵害的本人，自不待言。民法典侵权责任编编纂过程中，有的提出，被侵权人因侵权行为死亡的，其近亲属能不能主张精神损害赔偿，不够明确，建议予以明确。我们认为，自侵权责任法明确规定精神损害赔偿制度开始，我国民事立法对这一问题态度就是明确的：被侵权人因侵权行为死亡而导致近亲属受到严重的精神损害的，此时，本条第 1 款中规定的"侵害自然人人身权益"中"自然人"就是被侵权人的近亲属。因被侵权人已经死亡，不存在本人精神损害的问题，是因为其死亡，给其近亲属造成了严重精神损害，因此本条第 1 款已经解决了这个问题。

2. 根据本条第 2 款的规定，因故意或者重大过失侵害自然人具有人身意义的特定物造成严重精神损害的，被侵权人有权请求精神损害赔偿。在编纂过程中，民法典侵权责任编曾将本款与第 1 款放在一起规定。有的建议，不要将"自然人人身权益"与"具有人身意义的特定物"混在一起规定。我们研究认为，侵害自然人人身权益在很多情形下会造成严重精神损害，但是对"具有人身意义的特定物"应当严格限定，即使侵害了，也给受害人造成了严重精神损害，未必一定要承担精神损害赔偿责任。因为对侵权人而言，自己的行为侵害了被侵权人的物权，自己对此是非常清楚的。但是，除了遗体、遗骨等极少数物品之外，法律不能一般性地期待侵权人认知该物对被侵权人具有人身意义。只有当侵权人明知是"具有人身意义的特定物"而故意加以侵害，且造成严重精神损害的，才能要求其承担精神损害赔偿。因此，将此内容单列一款作了规定。第一，本款规定了侵害行为的主观要件，即故意或者重大过失。在民法理论中，重大过失基本等同于故意。第二，"具有人身意义的特定物"的范围，在实践中主要涉及的物品类型为：（1）与近亲属死者相关的特定纪念物品（如遗像、墓碑、骨灰盒、遗物等）；（2）与结婚礼仪相关的特定纪念物品（如录像、照片等）；（3）与家族祖先相关的特定纪念物品（如祖坟、族谱、祠堂等）。这些物品对被侵权人具有人身意义。

3. 关于精神损害赔偿的数额。精神损害本身无法用金钱数额进行衡量，但是精神损害赔偿的数额应该与精神损害的严重程度相一致。侵权人的过错程度、侵害手段、场合、行为方式、侵权行为所造成的后果，是衡量被侵权人精神损害程度的重要因素。越是故意甚至恶意的主观状态，在更为公开的场合、以更为恶劣的加害手段侵害被侵权人，对被侵权人造成越为严重的后果，则被侵权人所受精神损害的程度就越深，侵权人应承担的赔偿数额也就越高。同时应当承认，侵权人的获利情况、侵权人承担责任的经济能力与司法政策、法官结合具体案件自由裁量密不可分，因此精神损害赔偿的数额，宜在具体案件中，结合个案情况灵活处理。随着社会经济的发展变化，精神损害赔偿的数额也会随之发生变化。

> **第一千一百八十四条** 侵害他人财产的，财产损失按照损失发生时的市场价格或者其他合理方式计算。

【条文主旨】

本条是关于财产损失计算的规定。

【条文释义】

财产权益是民事权益中的重要组成部分，包括物权、知识产权、股权和其他投资性权利、网络虚拟财产等具有财产性质的权益。

因侵权行为导致财产损失的，一般按照财产损失发生时的市场价格计算。也就是以财产损失发生的那个时间，该财产在市场上的价格为计算标准，完全毁损、灭失的，要按照该物在市场上所对应的标准全价计算，如果该物已经使用多年的，其全价应当是市场相应的折旧价格。例如，一辆已经开了5年的汽车被毁坏，其全价应当是二手车市场与该种车型及使用年限相对应的价格；财产部分毁损的，应当按照由于毁损使该物价值减损的相应的市场价格标准计算。如果该财产没有在市场上流通，没有市场的对应价格，可以采用其他合理方式计算，包括评估等方式。如家传的古董，没有市场价格，就可以按照有关部门的评估价格计算。

本条系继承了侵权责任法第19条的规定，未作变更。在民法典侵权责任编编纂过程中，有的提出，实践中，从财产受到损失到法院作出判决一般都会经历较长时间，财产价格因市场因素很可能会发生较大变化，若只能按照损失发生时的市场价格计算赔偿额，对被侵权人不是很公平。还有的建议明确"其他合理方式"的具体类型是什么，以增强可操作性。

我们经研究认为，一般说来，市场价格会有上升或下降的可能，一个侵权案件审判终结需要一段时日，如果对于价格标准不作确定，则可能在司法实践中引起混乱，侵权行为发生时、诉讼开始时、诉讼终结时等都可能成为法官考虑的时间点，由于市场价格的波动，不同的时间点可能赔偿的数额就会不同。为了避免司法实践中可能出现规则运用上的不统一，本条需要明确对财产损失的计算标准，最终规定以财产损失发生的时间点计算赔偿价格，主要考虑两点：一是这个时间点相比较其他时间点最容易固定和掌握。其他时间点上，例如，起诉之日、立案之日、判决作出之日等均有各种诉讼法上的不确定性，有可能存在同一类型案件确定时间不同的情况，不利于对统一财产损失的计算点。二是本条还规定了"或者其他合理方式计算"确定损失的方法。当价格波动较大时，为了使被侵权人获得充分的救济，法官可以以其他合理方式确定损失。社会不断发展，实践极其复杂，法律没有限定"其他合理方式"的范围，由法官结合具体案情自由裁量。

> **第一千一百八十五条**　故意侵害他人知识产权，情节严重的，被侵权人有权请求相应的惩罚性赔偿。

【条文主旨】

本条是关于故意侵害他人知识产权惩罚性赔偿的规定。

【条文释义】

惩罚性赔偿也称惩戒性赔偿，是侵权人给付给被侵权人超过其实际受损害数额的一种金钱赔偿。作为一种集补偿、制裁、遏制等功能于一身的制度，在一些国家和地区得到了广泛运用。

民法典编纂之前，我国现行法律对惩罚性赔偿的具体规定主要体现在消费者权益保护法、食品安全法、商标法、电子商务法等单行法中，民法总则对惩罚性赔偿作了原则性规定。2018 年 8 月民法典各分编草案提请十三届全国人大常委会五次会议一审后，有的提出，加强知识产权保护是完善产权保护制度的重要内容，建议进一步加大对知识产权的保护力度。我们研究认为，以习近平同志为核心的党中央高度重视知识产权保护工作，多次指示和批示要求加强对侵犯知识产权行为的惩罚力度。为了切实加强对知识产权的保护，必须显著提高侵犯知识产权的违法成本，把法律的威慑作用充分发挥出来。据此，2018 年12 月提请十三届全国人大常委会七次会议审议的民法典侵权责任编草案二审稿增加一条规定："故意侵害知识产权，情节严重的，被侵权人有权请求相应的惩罚性赔偿。"2019 年 8 月提请十三届全国人大常委会十二次会议审议的民法典侵权责任编草案三审稿，在二次审议稿的基础上作了文字完善，规定故意侵害"他人"知识产权，情节严重的，被侵权人有权请求相应的惩罚性赔偿。这一规定延续至民法典本条最终的表述。

目前，我国知识产权法律主要是著作权法、专利法和商标法。此外，国务院颁布的《中华人民共和国商标法实施条例》《集成电路布图设计保护条例》《中华人民共和国植物新品种保护条例》分别对地理标志、集成电路布图和植物新品种作出规定和保护。著作权法没有规定惩罚性赔偿制度，著作权法修改已列入十三届全国人大常委会立法规划第一类项目，著作权法修正案草案于 2020 年 4 月提请十三届全国人大常委会十七次会议进行了审议。专利法修改正在进行中，草案对于故意侵犯专利权情节严重的，拟惩罚性赔偿。商标权法规定了 1 倍以上 5 倍以下的惩罚性赔偿数额。地理标志、集成电路布图和植物新品种规定在国务院行政法规中，因行政法规不宜规定惩罚性赔偿，对这三种知识产权的保护可以适用本条的规定。

> **第一千一百八十六条** 受害人和行为人对损害的发生都没有过错的，依照法律的规定由双方分担损失。

【条文主旨】

本条是关于公平分担损失的规定。

【条文释义】

我国民法通则和最高人民法院的司法解释对公平分担作了规定。侵权责任法第 24 条规定："受害人和行为人对损害的发生都没有过错的，可以根据实际情况，由双方分担损失。"

在民法典侵权责任编编纂过程中，有的提出，本条适用范围不明确，实践中争议大、裁判不统一，出现了一些问题。一是适用范围宽泛化。一些法院出现了对行为人与受害人都有过错，受害人有过错或行为人、第三人有过错的案件，依据该条予以判定的情况。二是自由裁量空间过大。"实际情况"的确定体现了对多重因素的综合考虑，一般包括受害人所受损失的严重程度、受害人与行为人的具体情况、社会道德准则与和谐等因素。司法判决中，由于侵权责任法的规定有些抽象，法官自由裁量的过程中，出现了认定过于随意、标准失之宽松的情况，导致了公平分担损失原则的滥用。因此，还应妥当限定。为进一步明确公平分担损失原则的适用范围，统一裁判尺度，避免自由裁量尺度过宽等弊端，侵权责任编草案一审稿将侵权责任法规定的"可以根据实际情况，由双方分担损失"修改为"可以依照法律的规定，由双方分担损失"。对此规定，有的意见提出，受害人和行为人对损害的发生都没有过错的情况下，要求分担损失只能依照法律规定，因此，不应再规定"可以"依照法律规定。经研究，我们在侵权责任编草案三审稿开始，采纳这一建议，删除"可以"的表述。

公平责任是不是与过错责任、无过错责任并列的侵权责任的归责原则，要不要在侵权责任法中规定公平责任，这个问题在侵权责任法的立法以及民法典侵权责任编中都有不同意见。有的认为，公平责任原则是我国民法公平原则的必然引申，是由民法所担负的保护公民和法人的合法权利的任务决定的，是市场发展的内在要求，也是淳化道德风尚、建设社会主义精神文明的需要。该责任原则既不同于过错责任，也有别于严格责任，具有相当的特殊性、功能和自身独有的适用范围。有的认为，公平责任不是侵权责任法的归责原则。因为过错责任原则和无过错责任原则，均体现了公平原则的精神。公平原则属于指导性原则，不能成为法院裁判的依据。有的认为，公平责任的适用不具有法律上的确定性，将其作为归责原则，将会背离过错责任这一基本原则，造成另一种形式的不公平。考虑到实践中有适用公平负担的特殊需求，民法通则和最高人民法院的司法解释也都对公平责任作了规定，因此，民法典保留了关于公平分担的规定，但将民法通则规定的"分担民事责任"修改为"分担损失"。该修改主要基于理论和实践两方面考虑：从理论层面来看，无过错即无责任是承担侵权责任的基本原则，既然双方当事人对损害的发生都没有过错，那么行为人就不应承担责任，而只能是分担损失。从实践层面来看，有些情况下让无过错的当事人承担责任，他们比较难以接受。因此，民法典没有将公平分担损失规定为一项侵权责任归责原则。

在本条的理解上需要注意：

1. 公平分担损失的规定是侵权责任编根据实际情况作出的特别规定，与过错责任原则和无过错责任原则均有不同。与过错责任的区别主要有：（1）过错责任原则以行为人的过错作为承担责任的前提，而公平分担行为人并没有过错。（2）承担过错责任以填补受害人全部损失为原则，公平分担只是根据实际情况适当给受害人以补偿。与无过错责任的区别主要有：（1）无过错责任不问行为人是否有过错，其适用以法律的特殊规定为根据。也就是说，承担无过错责任，行为人可能有过错，也可能无过错。而公平分担，行为人没有过错，也不属于法律规定的适用无过错责任的情形。（2）无过错责任适用于法律明确规定的几种情形。而公平分担只是原则规定适用条件，没有具体界定所适用的案件类型。（3）承担无过错责任，有的是填补受害人的全部损失，有的法律规定了最高责任限额。公平分担只是分担损失的一部分，没有最高额限制。

2. 公平分担适用于行为人和受害人对损害的发生均无过错的情况。如果损害由受害人过错造成，应当由其自己负责；如果由行为人或者第三人过错造成，应当由行为人或者第三人负责；如果行为人和受害人对损害的发生都有过错，应当根据他们的过错程度和原因力分配责任。也就是说，只要有过错责任人，都不适用本条规定。公平分担不是说加害人与受害人"各打五十大板"，而是平均分担损失。确定损失分担，应当考虑行为的手段、情节、损失大小、影响程度、双方当事人的经济状况等实际情况，达到公平合理、及时化解矛盾、妥善解决纠纷、促进社会和谐的目的。

3. "法律的规定"可以是本法的规定，例如，"因紧急避险造成损害的，由引起险情发生的人承担民事责任。危险由自然原因引起的，紧急避险人不承担民事责任，可以给予适当补偿""完全民事行为能力人对自己的行为暂时没有意识或者失去控制造成他人损害有过错的，应当承担侵权责任；没有过错的，根据行为人的经济状况对受害人适当补偿"。除了本法外，"法律的规定"还可以是其他法律根据实践需要作出的相应规定。

> **第一千一百八十七条** 损害发生后，当事人可以协商赔偿费用的支付方式。协商不一致的，赔偿费用应当一次性支付；一次性支付确有困难的，可以分期支付，但是被侵权人有权请求提供相应的担保。

【条文主旨】

本条是关于赔偿费用支付方式的规定。

【条文释义】

侵权责任制度的一项重要功能就是填补受害人的损失。由于损失既包括实际损失，例如，侵害他人造成人身损害，因此产生的医疗费、护理费、交通费、营养费等为治疗和康复支出的合理费用，也包括预期利益的损失，例如，因误工减少的收入；既涉及赔偿的额度，例如，有的赔偿费用只有百十元，有的却有几十万元、上百上千万元，也涉及侵权人的支付能力，例如，有的侵权人拿不出钱，有的财富充裕。因此，赔偿费用的支付方式成为能否有效地保护受害人利益的重要问题。

我国民法通则和最高人民法院相关司法解释对赔偿费用的支付方式也作了规定。侵权责任法借鉴有关国家和地区的立法经验，结合我国已有规定和司法实践的做法，作了规定。民法典侵权责任编继承了侵权责任法的规定。

本条对赔偿费用的支付方式作了三个层面的规定：

1. 由当事人协商确定赔偿费用的支付方式。当事人对赔偿费用支付方式的协商可以包括：是一次性支付还是分期支付；如果是分期支付，分几期，每次付多少，要不要考虑物价变化因素；要不要支付利息，利息如何计算等。当事人可以根据赔偿数额的多少，受害人对赔偿费用的需求程度，侵权人的支付能力等实际情况对赔偿费用的支付进行协商。

由当事人协商确定赔偿费用的支付方式：一是有利于赔偿费用的按时支付。比如，有的赔偿数额不是很高，侵权人一次支付没有问题，可以协商一次支付，而有的赔偿数额超出侵权行为人的支付能力，强求其一次支付，可能会陷入执行难的困境或者导致侵权行为人破产，最终损害受害人的利益。协商确定支付方式，当事人可以根据双方实际情况作出合情合理的支付安排，避免支付障碍。二是有利于合理确定赔偿费用的数额。损害赔偿的目的是弥补受害人的损失，但有时损失多少并不确定，比如，一次性赔偿受害人预期收入的，通常以赔偿费用支付时受害人的收入标准计算赔偿数额，这样就失去了对受害人将来的身体状况、发展机遇、收入调整等变化因素的考量，赔偿数额不一定合理。又如，一次性赔偿难以预测未来物价变动，将来受害人很难以物价上涨为由要求侵权人增加支付，侵权人也不能因物价下降要求退还已支付的赔偿费用。协商确定支付方式，当事人可以通过支付方式的选择，规避赔偿费用未来的风险敞口，保全自己的利益。三是有利于预防纠纷。协商确定支付方式，当事人可以充分表达自己的意愿、需求、面临的困难等，在尊重对方利益的基础上，达成双方都能接受的方案，从而避免因支付而产生新的争议。

当事人协商确定支付方式后，侵权行为人应当按照约定的方式支付赔偿费用，不能将协商作为拖延给付赔偿费用的手段。如果以合法形式掩盖非法目的，违反约定到期不履行支付赔偿费用的义务，受害人有权请求人民法院宣告该约定无效，强制侵权人履行付款义务。

2. 协商不一致的一次性支付。侵权行为发生后，受害人的损失应当得到全面和及时的弥补，因此，如果当事人就赔偿费用的支付方式协商后，受害人不同意分期支付，侵权人就应当一次性支付全部赔偿费用。一次性支付，可以彻底了结纠纷，避免受害人对侵权人未来能否按照约定支付的担心。

3. 一次性支付确有困难的，可以分期支付，但是，被侵权人有权请求提供相应的担保。虽然本条规定当事人就赔偿费用支付协商不成的应当一次性支付，但在实践中确实存在行为人一次性支付确有困难的情况，比如，有的侵权人生活困难；有的侵权人虽可竭尽全力一次性支付，但支付后不能保证自己的基本生活需要，或者造成企业停业甚至破产，带来新的社会问题。侵权责任法虽然要填补受害人损失，但也要兼顾侵权人的合法权益。民事诉讼法也规定，强制执行被执行人的财产，应当保留被执行人及其所扶养家属的生活必需品。因此，本条规定一次性支付确有困难的，可以分期支付。分期支付应当具备以下两个条件：一是一次性支付确有困难。确有困难应当由侵权人举证证明，由人民法院作出判断。二是被侵权人有权请求提供相应的担保。该担保是应被侵权人请求提供的，可以是保证人提供的保证，也可以是侵权人以自己的财产抵押、质押。

第三章 责任主体的特殊规定

本章共十四条，主要规定了监护人的侵权责任，委托监护时监护人的侵权责任，完全无民事行为能力人暂时丧失意识后造成他人损害的侵权责任，用人单位的侵权责任，个人之间因劳务产生的侵权责任，承揽关系中的侵权责任，网络侵权责任，宾馆、商场、银行等的安全保障义务，学校、幼儿园等教育机构的责任等。

> **第一千一百八十八条**　无民事行为能力人、限制民事行为能力人造成他人损害的，由监护人承担侵权责任。监护人尽到监护职责的，可以减轻其侵权责任。
>
> 有财产的无民事行为能力人、限制民事行为能力人造成他人损害的，从本人财产中支付赔偿费用；不足部分，由监护人赔偿。

【条文主旨】

本条是关于监护人责任的规定。

【条文释义】

民事行为能力是民事主体从事民事活动所具备的资格。只要达到一定的年龄，能够理智地处理自己事务的人，就具有民事行为能力。公民的民事行为能力依据其年龄和精神健康状况分为完全民事行为能力、限制民事行为能力和无民事行为能力。

设立监护制度的目的是保护被监护人的人身、财产及其他合法权益不受损害，同时监护人也要承担起管教好未成年人和无民事行为能力人、限制民事行为能力的精神病人的责任，对于被监护人给他人造成损害的，监护人应当承担责任。

民法典侵权责任编有关监护人责任的规定，沿袭了侵权责任法第 32 条的规定。

本条第 1 款主要规定责任能力和监护人承担监护责任的问题。监护责任是无过错责任还是过错责任，一直以来都有争议。本条第 1 款规定，无民事行为能力人和限制民事行为能力人造成他人损害的，由监护人承担民事责任，是由监护人的职责所决定的。由于大多数监护人与被监护人有血缘等密切关系，监护人有责任通过教育、管理等方式来减少或者避免被监护人侵权行为的发生。无民事行为能力或者限制民事行为能力人造成他人损害的，应当由监护人承担侵权责任。

依照本条第 2 款的规定，在具体承担赔偿责任时，如果被监护人有财产的，比如，未成年人接受了亲友赠与的财产或者拥有其他价值较大的财产等，那么应当首先从被监护人的财产中支付赔偿费用，不足的部分再由监护人承担赔偿责任。虽然从我国的情况来看，无民事行为能力人或者限制民事行为能力人有自己独立财产的情况不多，但是随着经济和社会的多元化发展，无民事行为能力人或者限制民事行为能力人通过创作、接受赠与或者继承等方式取得独立财产的情况将会越来越多，因此，以自己的财产对自己造成他人的损害承担赔偿责任，也是公平的。在侵权责任法立法和民法典编纂过程中，一直有意见质疑本款的合理性。本款的一个重要意义，在于解决父母等亲属之外的人员或者单位承担监护人的情况下，被监护人造成他人损害的，如果要求监护人承担责任，那么实践中很多个人或者单位可能不愿意担任监护人，这对被监护人的成长、生活会造成负面影响。为了打消这种顾虑，考虑到父母等亲属之外的人员或者单位承担监护人的情况下，可能会给被监护人留有独立财产。在这种情况下，先从被监护人的财产中支付赔偿费用更有制度安排上的意义。当然，从被监护人的财产中支付赔偿费用的，应当保留被监护人基本的生活费用，保障其正常的生活和学习不受影响。被监护人的财产不足以支付赔偿费用的，其余部分由监护人承担。

> **第一千一百八十九条** 无民事行为能力人、限制民事行为能力人造成他人损害，监护人将监护职责委托给他人的，监护人应当承担侵权责任；受托人有过错的，承担相应的责任。

〖条文主旨〗

本条是关于委托监护时监护人的责任的规定。

〖条文释义〗

侵权责任法并未规定监护人将监护职责委托给他人时，无民事行为能力人、限制民事行为能力人造成他人损害的，如何承担责任的问题。《最高人民法院关于贯彻执行〈中华人民共和国民法通则〉若干问题的意见（试行）》第22条规定，监护人可以将监护职责部分或者全部委托给他人。因被监护人的侵权行为需要承担民事责任的，应当由监护人承担，但另有约定的除外；被委托人确有过错的，负连带责任。这一规定确定了委托监护中监护人承担无过错责任、受托人在有过错时承担连带责任的规则，司法实践中一直沿用，较好地保护了被侵权人的利益，有利于督促监护人履行监护职责。但该司法解释的规定存在两个问题，一是"另有约定的除外"为监护人规避监护人责任提供了借口，不利于监护人责任的承担，且"约定"具有对内性，不能对抗被侵权人的损害赔偿请求。二是监护人是承担监护职责的第一责任人，享有履行监护职责产生的权利。实践中，委托监护大量存在于亲朋好友之间，且基本是无偿的。承担义务时要求其"确有过错的，负连带责任"，过分强调了对被侵权人的保护而没有平衡委托人与受托人的利益，使监护的权利与义务失衡。

因此，民法典侵权责任编在吸收司法解释规定和有关意见的基础上，在本条对委托监护情形下责任承担进行了明确，以突出权利与义务的一致性。2019年12月的民法典草案本条曾规定，"监护人将监护职责委托给他人的，由监护人承担侵权责任；受托人有过错的，承担相应的责任"。对此，有的意见提出，本条在语言逻辑上有瑕疵，既然"由监护人承担侵权责任"了，受托人有过错的情况下，为何"承担相应的责任"？经研究，将民法典草案该条中"由监护人承担侵权责任"修改为"监护人应当承担侵权责任"，表明有可能由监护人承担，也有可能由其他人承担，这样与后面一句"受托人有过错的，承担相应的责任"在逻辑上更加清楚，避免误解和语言逻辑问题。

委托监护是指监护人委托他人代行监护的职责，是一种双方的民事法律行为，是被监护人的监护人与受托人之间关于受托人为委托人履行监护职责、处理监护事务的协议，须有监护人委托与受委托人接受委托的意思表示一致才能成立。因此，很多学者将委托监护认定为一种合同关系。

委托监护当事人之间的委托协议一旦成立，受托人即负有依约定为委托人履行监护职责的义务；委托人负有依其约定支付必要费用的义务，如果合同中约定了支付报酬的内容，则还应当向受托人支付办理受托事务的报酬。委托人和受托人任何一方违反义务，都应当向对方负违约责任。但实践中，我国委托监护一般发生在亲朋好友之间，所以这种合同往往是口头的，也基本上是无偿的。

在委托监护中，委托人可以将部分监护职责委托给受托人行使，也可以将全部监护职责委托给受托人行使。《最高人民法院关于贯彻执行〈中华人民共和国民法通则〉若干问题的意见（试行）》第10条规定，监护人的职责包括：保护被监护人的身体健康，照顾被监护人的生活，管理和保护被监护人的财产，代理被监护人进行民事活动，对被监护人进行管理和教育，在被监护人合法权益受到侵害或者与人发生争议时，代理其进行诉讼。这些行为都是可以由他人来行使的，而并非须由监护人本人亲自行使不可的。受托人可以和应当行使何种职责，应完全由当事人之间委托监护的协议确定。

需要特别说明的是，委托监护不同于意定监护。意定监护是在监护领域对自愿原则的贯彻落实，是具有完全民事行为能力的成年人对自己将来的监护事务，按照自己的意愿事先所作的安排。本法第33条规定了这一制度：具有完全民事行为能力的成年人，可以与其近亲属、其他愿意担任监护人的个人或者组织事先协商，以书面形式确定自己的监护人，在自己丧失或者部分丧失民事行为能力时，由该监护人履行监护职责。由此可以看出两者主要有以下不同点：

第一，委托监护是监护人与非监护人之间确定非监护人代行监护职责的协议，而意定监护是法定监护人之间确定监护人的协议。

第二，委托监护中，尽管委托人可以将监护职责全部委托给受托人，但即使在此情况下，受托人也不是监护人。也就是说，监护人不能依照委托监护的协议将监护人的资格转让给他人，他人也不能通过委托监护的协议来取得监护资格。因此，在委托监护中即使监护职责全部由受托人行使，监护人的监护资格也不丧失。在意定监护中，依当事人之间的协议所确定的监护人对被监护人负监护人责任，其就是被监护人的监护人。

第三，委托监护适用于无民事行为能力人、限制民事行为能力人的未成年人或者成年人。意定监护只适用于具有完全民事行为能力的成年人。

根据本条规定，无民事行为能力人、限制民事行为能力人造成他人损害，监护人将监护职责委托给他人的，监护人应当承担侵权责任。这意味着，实行监护人责任首负原则。除了监护人外，如果受托人有过错的，也要承担相应的责任。具体承担责任的范围，由司法机关根据结合具体案件情况依法裁量。

> **第一千一百九十条** 完全民事行为能力人对自己的行为暂时没有意识或者失去控制造成他人损害有过错的，应当承担侵权责任；没有过错的，根据行为人的经济状况对受害人适当补偿。
>
> 完全民事行为能力人因醉酒、滥用麻醉药品或者精神药品对自己的行为暂时没有意识或者失去控制造成他人损害的，应当承担侵权责任。

【条文主旨】

本条是关于完全民事行为能力人暂时丧失意识后侵权责任的规定。

【条文释义】

过错是行为人承担侵权责任的要件，过错的前提是行为人有意识能力。民法典侵权责任编继承了侵权责任法第33条的规定。

1. 完全民事行为能力人对于自己丧失意识存在过错。如果是因为自己的过错，丧失了意识后造成了他人的损害，那么行为人应当根据其过错承担赔偿责任。比如，某人患有心脏病，须每天按时服药，医生禁止其骑自行车外出，但是，该人未按医嘱服药，并骑车外出，结果途中心脏病发作，丧失意识后摔倒并撞伤一行人。那么，在这种情况下，由于该人对于失去意识存在过错，所以应当根据其过错的程度来承担侵权责任。本条第 1 款中的过错，是指"过错"导致其丧失意识，因为失去意识之后确实没有过错可言。完全民事行为能力人是由于其过错导致意识丧失，那么对于丧失意识后的行为造成他人损害的，则要承担相应的侵权责任。

2. 完全民事行为能力人对于自己的行为暂时没有意识或者失去控制没有过错。如果行为人暂时没有意识或者失去控制不是由于自己的过错造成，而是由于其他原因导致发生，在这种情况下，行为人可以不承担侵权责任，不过需要根据公平分担的规定，适当分担被侵权人的损失。需要说明的是，这里对受害人是"补偿"而不是"赔偿"。因为赔偿原则上采取"填平"的原则，受害人损失多少赔多少，而补偿通常行为人没有过错，是根据行为人的经济能力，适当弥补受害人的损失。本条第 1 款的规定是本法第 1186 条公平分担损失在具体制度中的体现。

3. 完全民事行为能力人因醉酒、滥用麻醉药品或者精神药品导致自己暂时没有意识或者失去控制造成他人损害的。根据我国刑法的规定，醉酒的人应当承担刑事责任。治安管理处罚法规定，醉酒的人违反治安管理的，应当给予处罚。醉酒的人在醉酒状态中，对本人有危险或者对他人的人身、财产或者公共安全有威胁的，应当对其采取保护性措施约束至酒醒。麻醉药品是具有一定依赖性潜力的药品，连续使用、滥用或者不合理使用，易产生身体依赖性和精神依赖性，能成瘾癖。精神药品是直接作用于中枢神经系统，使之极度兴奋或抑制的药品。我国对于精神药品一直实行严格管理并严禁滥用，但为了治疗有关的病人，医院和药房也要保证精神药品正常销售。目前，一些侵权行为都是发生在行为人醉酒、滥用麻醉药品或者精神药品后。特别是在交通事故中，虽然道路交通安全法规定，饮酒、服用国家管制的精神药品或者麻醉药品，不得驾驶机动车，但是，全国每年发生的交通事故中不少都是因为驾驶员酒驾、醉驾所致。作为完全民事行为能力人，应当预见到醉酒或者滥用麻醉药品或者精神药品后会难以控制自己的行为，可能会危害公共安全和他人的生命健康，但行为人放任结果的发生，仍然驾车或者采取其他方式造成他人人身权和财产权的损害。虽然侵权行为发生时，行为人已经丧失意识，似乎没有"过错"可言，但是，其行为本身具有违法性，应当对此发生的侵权行为承担责任。本条第 2 款规定"醉酒、滥用麻醉药品或者精神药品对自己的行为暂时没有意识或者失去控制造成他人损害的"，其实也属于第 1 款"有过错"的一种情形。为了强调醉酒、滥用麻醉药品或者精神药品的行为和一般的过错相比，具有违法性，且危害性较大，第 2 款对醉酒、滥用麻醉药品或者精神药品导致自己暂时没有意识或者失去控制造成他人损害的责任专门作出了规定。

> 第一千一百九十一条 用人单位的工作人员因执行工作任务造成他人损害的，由用人单位承担侵权责任。用人单位承担侵权责任后，可以向有故意或者重大过失的工作人员追偿。
>
> 劳务派遣期间，被派遣的工作人员因执行工作任务造成他人损害的，由接受劳务派遣的用工单位承担侵权责任；劳务派遣单位有过错的，承担相应的责任。

【条文主旨】

本条是关于用人单位责任、劳务派遣单位和劳务用工单位责任的规定。

【条文释义】

用人单位的工作人员因工作造成他人损害的，由用人单位对外承担侵权责任，这种责任在理论上被称为替代责任，即由他人对行为人的行为承担责任。由于工作人员是为用人单位工作，用人单位可以从工作人员的工作中获取一定的利益，因此，工作人员因工作所产生的风险，需要用人单位承担。用人单位与工作人员相比，一般经济能力较强，让用人单位承担责任，有利于更好地保护被侵权人的合法权益，也有利于用人单位在选任工作人员时能尽到相当的谨慎和注意义务，加强对工作人员的监督和管理。

侵权责任法第 34 条对用人单位责任作了规定。需要特别说明的是，是否规定用人单位的追偿权，在侵权责任法立法过程中就有很大争议，最终侵权责任法没有规定。当时研究认为，在侵权责任法中规定追偿权是一把"双刃剑"。虽然侵权责任法对追偿权没有作出规定，但是不影响用人单位依照法律规定，或者根据双方的约定来行使追偿权。民法典侵权责任编编纂过程中，又有不少意见提出，建议在侵权责任法规定的基础上，增加规定用人单位的追偿权。因为根据诚实信用的原则，劳动者对用人单位负有忠实和勤勉的义务，当劳动者未尽到基本的注意义务造成用人单位损害的，应当承担适当的责任。但追偿比例应根据过错程度等因素综合考虑，而不应由劳动者承担所有的损害后果。建议以重大过失作为责任承担与否的分界线，合理地强化了工作人员的注意义务，也会促进工作人员在工作时的认真负责态度，从而有利于减少工作人员在工作中造成损失发生的情形，也有利于在用人单位与工作人员之间公平分配责任。我们经过考虑，采纳了这一意见。本条在继承侵权责任法的基础上，在第 1 款增加了用人单位追偿权的规定。

我国对用人单位采取的是无过错责任，只要工作人员实施侵权行为造成他人的损害，用人单位就要首先承担赔偿责任。用人单位不能通过证明自己在选任或者监督方面尽到了相应的义务来免除自己的责任。当然，用人单位承担侵权责任后，可以向有故意或者重大过失的工作人员追偿。

一、对第 1 款的理解和适用

本条中的"用人单位"，包括企业、事业单位、国家机关、社会团体等，也包括个体经济组织等。"工作人员"既包括用人单位的正式员工，也应当包括临时在单位工作的员工。

用人单位承担侵权责任的前提是工作人员的行为与"执行工作任务"有关。工作人员应当按照用人单位的授权或者指示进行工作。与工作无关的行为，即使发生在工作时间内，用人单位也不承担侵权责任，该责任由工作人员自己承担。比如，一职工在上班时间因私事将一朋友打伤，受害人就应当直接找该职工要求赔偿。为了更准确地界定工作人员的行为与职务之间的关系，本条明确用人单位承担侵权责任的前提是工作人员"因执行工作任务"造成他人损害。

需要指出的是，国家机关以及工作人员因工作造成他人损害的：一类属于履行公职权的行为；另一类不属于履行公职权的行为，是国家机关为了维持国家机关正常运转所进行的民事行为。对于第一类属于履行公职权的行为，依据国家赔偿法的规定，有的需要国家机关承担国家赔偿责任。对于第二类国家机关在民事活动中侵害他人合法权益的，国家机关需要承担民事侵权责任。比如，国家机关的司机外出办理公务，发生了交通事故，应当由国家机关承担侵权责任。本法调整国家机关及工作人员在民事活动中发生的侵权行为，对于属于国家赔偿法调整范围的，适用国家赔偿法的规定。

二、对第 2 款的理解和适用

劳务派遣是指劳动派遣机构与员工签订劳务派遣合同后，将工作人员派遣到用工单位工作。劳务派遣的主要特点就是员工的雇用和使用分离。劳动派遣机构不是职业介绍机构，是与劳动者签订劳动合同的一方当事人。派遣的员工到用工单位工作，但不与用工单位签订劳动合同，产生劳动关系。劳务派遣从制度上切断了员工与用工单位的依附关系，减少了用工单位的人力资源管理成本，为用工单位搭建了"集天下优才为我用"的平台，有利于用工单位提高劳动生产率。这种新的用人方式在一定程度上也有利于解决就业问题。

劳务派遣的用人形式不同于一般的用人单位，劳务派遣单位虽然与被派遣的员工签订了劳动合同，但不对被派遣员工进行使用和具体的管理。在劳务派遣期间，被派遣的工作人员是为接受劳务派遣的用工单位工作，接受用工单位的指示和管理，同时由用工单位为被派遣的工作人员提供相应的劳动条件和劳动保护，所以，被派遣的工作人员因工作造成他人损害的，其责任应当由用工单位承担。劳务派遣单位在派遣工作人员方面存在过错，应当承担相应的责任。例如，某商场要求派来的员工具有电工操作证和高级电工资质，以负责检测和维修商场的照明设备，但劳务派遣单位派来的员工不仅没有合格的资质，也没有任何的实践经验，结果该员工在工作时发生了火灾，造成店内租户的商品受损。在这种情况下，虽然用工单位作为直接使用员工的单位，需要赔偿租户的损失，但是劳务派遣单位在选派员工方面有一定的过错，也应当承担相应的责任。

侵权责任法第 34 条第 2 款规定，劳务派遣单位承担的是"相应的补充责任"，即首先由用工单位承担赔偿责任，用工单位不能全部赔偿的，才由劳务派遣单位赔偿。民法典侵权责任编编纂过程中，有的提出，劳务派遣单位的责任类型大致有三种情形：一是用工单位是第一顺位的责任人，劳务派遣单位是第二顺位的责任人，在用工单位承担了全部赔偿责任的情况下，劳务派遣单位对被侵权人就不再承担赔偿责任。二是在用工单位财力不足，无法全部赔偿的情况下，剩余的部分由劳务派遣单位来承担。三是劳务派遣单位存在过错，劳务派遣单位应当按照过错程度直接承担侵权责任。侵权责任法第 34 条第 2 款"相应的补充责任"的表述涵盖不了第三种情形，建议修改为"承担相应的责任"。经研究，我们采纳了这一建议。

> **第一千一百九十二条**　个人之间形成劳务关系，提供劳务一方因劳务造成他人损害的，由接受劳务一方承担侵权责任。接受劳务一方承担侵权责任后，可以向有故意或者重大过失的提供劳务一方追偿。提供劳务一方因劳务受到损害的，根据双方各自的过错承担相应的责任。
>
> 提供劳务期间，因第三人的行为造成提供劳务一方损害的，提供劳务一方有权请求第三人承担侵权责任，也有权请求接受劳务一方给予补偿。接受劳务一方补偿后，可以向第三人追偿。

【条文主旨】

本条是关于个人之间因提供劳务造成他人损害和自己损害的责任的规定。

【条文释义】

劳务关系是指提供劳务一方为接受劳务一方提供劳务服务，由接受劳务一方按照约定支付报酬而建立的一种民事权利义务关系。劳务关系的建立可以采取书面形式，也可以采取口头或者其他形式。劳务关系不同于劳动关系，主要表现在：（1）劳务关系由民法进行规范和调整。企业和个体经济组织与形成劳动关系的劳动者之间的劳动关系，由劳动法规范和调整。（2）劳务关系的主体可以是两个自然人或者自然人与单位之间，但本条仅调整个人之间形成的劳务关系。劳动关系中的一方应是符合法定条件的用人单位，另一方必须是符合劳动年龄条件，且具有与履行劳动合同义务相适应的能力的自然人。（3）劳务关系中，提供劳务一方不是接受劳务一方的职工，双方不存在隶属关系。劳动关系中的用人单位与员工之间存在隶属关系。（4）劳务关系中，接受劳务一方可以不承担提供劳务一方的社会保险。比如，国家没有规定要求居民必须为其雇用的保姆缴纳社会保险。劳动关系中的用人单位必须按照相关规定为职工购买社会保险。（5）劳务关系中，接受劳务的一方有权中断劳务关系，但没有用人单位对职工处分等权利。用人单位对职员违反用人单位劳动纪律和规章制度等行为，有权依法进行处理。（6）劳务关系中，报酬完全由双方当事人协商确定。劳动关系中，用人单位对职工有工资、奖金等方面的分配权利。用人单位向员工支付的工资应遵循按劳分配、同工同酬的原则，并遵守当地有关最低工资标准的规定。当然，如何界定个人之间形成的劳务关系，还需要根据具体情况来判断。如果是公司安排的上门服务，例如，某人购买了空调或者家具后，厂家派工人上门安装，那么在安装期间工人不慎将工具掉到楼下砸到一行人，那么系工人因工作造成他人伤害的情形，应当由工人所在的工厂依照本法的规定赔偿被侵权人的损失。

本条中"接受劳务一方"仅指自然人，个体工商户、合伙的雇员因工作发生的纠纷，按照本法用人单位的规定处理。

接受劳务一方对提供劳务一方造成他人损害承担赔偿责任的，前提是提供劳务一方的行为是因劳务产生；如果提供劳务一方的行为纯属个人的行为，与劳务无关，那么接受劳务一方无须承担责任。例如，某人家里雇的保姆周末休息外出游玩，骑车不慎将一路人撞伤，其行为与劳务无关，保姆应当自己承担赔偿责任。

一、对本条第 1 款的理解和适用

侵权责任法对接受劳务一方承担责任后，能否向提供劳务一方追偿的问题没有作出规定。民法典侵权责任编编纂过程中，有的建议增加规定此种情形下的追偿权。我们研究认为，个人之间形成的劳务关系，双方经济能力都较为有限，接受劳务一方对外承担责任后，原则上是可以向有过错的提供劳务一方追偿的，比如，王某请小时工来家里擦玻璃，告知小时工干活前要将花盆从窗台挪开，但小时工未听王某的指示，未挪开花盆，结果干活时不小心将花盆摔到楼下，将停放在楼下的一汽车挡风玻璃砸裂，那么，王某应当赔偿车主的损失，不过承担赔偿责任后可以向小时工追偿。因此，本条第 1 款在侵权责任法的基础上，增加了接受劳务一方承担侵权责任后的追偿权，但仅限于可以向有故意或者重大过失的提供劳务的一方追偿。

本条除了明确提供劳务过程中，造成他人损害的责任外，还规定了提供劳务一方因劳务受到损害时双方责任的承担。根据本条规定，提供劳务一方因劳务受到损害的，根据双方各自的过错承担相应的责任。这一规定和工作人员在用人单位受到损害的规定有所不同。《工伤保险条例》规定，中华人民共和国境内的企业、事业单位、社会团体、民办非企业单位、基金会、律师事务所、会计师事务所等组织和有雇工的个体工商户应当依照本条例规定参加工伤保险，为本单位全部职工或者雇工缴纳工伤保险费。从现有的规定来看，工作人员在工作过程中受到工伤损害的，用人单位原则上承担无过错责任。只要工作人员是因工作遭受事故伤害或者患职业病的，职工就可以依照相关规定获得医疗救治和经济补偿。由于本条中"个人之间形成劳务关系的"，不属于依法应当参加工伤保险统筹的情形，提供劳务一方受到损害后，不能适用《工伤保险条例》。个人之间劳务关系的损害，跟雇主情形下损害不一样，个人之间劳务，提供劳动的一方有较大的自主权，不像雇主对雇员的控制力那么强。造成损害的，接受劳务的一方承担无过错责任太重。所以提供劳务一方因劳务受到损害的，不宜采取无过错责任的原则，要求接受劳务的一方无条件地承担赔偿责任。实践中因劳务受到损害的情况比较复杂，应当区分情况，根据双方的过错来处理比较合理。例如，张某家雇的保姆不听张某的劝阻，执意要站在椅子上打扫卫生，结果不小心将腿扭伤，那么，雇用保姆的张某可以从人道主义的角度，带保姆看病，适当承担一定的责任，但是张某承担无过错责任，则责任过重，有失公允。所以，本法规定双方根据各自的过错承担责任，比较公平，也符合现实的做法。

二、对本条第 2 款的理解和适用

侵权责任法没有规定在个人之间形成的劳务关系中，因第三人的行为造成提供劳务一方损害的责任承担。民法典侵权责任编编纂过程中，有的意见建议补充规定这一情形。我们研究认为，根据本法第 1175 条的规定，损害是因第三人造成的，第三人应当承担侵权责任。在个人之间形成的劳务关系中，因第三人的行为造成提供劳务一方损害的责任承担，第三人应当承担侵权责任，这一点没有疑问；关键是提供劳务一方是在为接受劳务一方工作过程中受伤的，能否请求接受劳务一方承担责任。有的意见提出，提供劳务一方受损害时，应有权请求接受劳务一方承担侵权责任，但是，只能在第三人或者接受劳务一方中择一行使请求权，第三人与接受劳务的人承担不真正连带责任。民法典各分编草案一审稿采纳了这一建议，增加一款，规定因第三人的行为造成提供劳务一方损害的，提供劳务一方有权请求第三人承担侵权责任，也有权请求接受劳务一方承担侵权责任。接受劳务一方承担侵权责任后，可以向第三人追偿。2020年5月民法典草案提请十三届全国人大三次会议审议过程中，有的意见提出，个人之间形成劳务关系一般不购买相应的工伤保险，这与本法第1191条规定的用人单位责任有较大不同。因此，要求接受劳务一方承担不真正连带责任，责任分配过重。经研究，我们采纳了这一意见，将上述方案修改为"提供劳务一方有权请求第三人承担侵权责任，也有权请求接受劳务一方给予补偿。接受劳务一方补偿后，可以向第三人追偿"。

> **第一千一百九十三条**　承揽人在完成工作过程中造成第三人损害或者自己损害的，定作人不承担侵权责任。但是，定作人对定作、指示或者选任有过错的，应当承担相应的责任。

【条文主旨】

本条是关于承揽关系中的侵权责任的规定。

【条文释义】

本法规定的承揽合同是承揽人按照定作人的要求完成工作，交付工作成果，定作人给付报酬的合同。承揽包括加工、定作、修理、复制、测试、检验等工作。在履行承揽合同的过程中，承揽人对第三人造成损害或者自身遭受损害的侵权责任如何承担，我国法律没有规定。最高人民法院关于审理人身损害赔偿案的司法解释第10条规定，承揽人在完成工作过程中对第三人造成损害或者造成自身损害的，定作人不承担赔偿责任。但定作人对定作、指示或者选任有过失的，应当承担相应的赔偿责任。这一解释明确了承揽人对第三人造成损害或者自身遭受损害的侵权责任的承担规则。

考虑到在大多数情况下，承揽人主要依靠自己的技术和专业技能独立完成承揽工作，不受定作人的支配，承揽人对第三人造成损害或者造成自身损害时，不应要求定作人承担侵权责任。但是，定作人对定作、指示或者选任存在过错的，需要承担相应的过错责任，这是指定作人的指示过失责任。

需要指出的是，本法第1192条个人之间形成劳务关系，提供劳务一方因提供劳务造成他人损害责任的规定，不适用本条因承揽关系产生的纠纷。根据合同法的规定，承揽合同是承揽人按照定作人的要求完成工作，交付工作成果，定作人给付报酬的合同。承揽包括加工、定作、修理、测试、检验等工作。承揽合同与劳务合同的区别在于：承揽合同的劳动者所交付的标的是劳动成果，而劳务合同的劳动者交付的标的是劳动，定作人与承揽人之间不存在劳务关系。

> **第一千一百九十四条　网络用户、网络服务提供者利用网络侵害他人民事权益的，应当承担侵权责任。法律另有规定的，依照其规定。**

【条文主旨】

本条是关于网络侵权的一般规定。

【条文释义】

2009 年通过的侵权责任法第一次在我国民法中规定网络侵权制度，施行多年来，对解决网络民事侵权问题提供了有效方案，发挥了重要作用。但随着互联网的快速发展，网络侵权行为越来越复杂，起草民法典侵权责任编过程中，不少意见建议进一步完善、充实网络侵权责任制度，细化相关规定。为了更好地保护权利人的利益，同时平衡网络用户和网络服务提供者之间的利益，侵权责任编在侵权责任法规定的基础上，细化了网络侵权责任的具体规则：一是修改完善了网络侵权的通知规则，规定"通知应当包括构成侵权的初步证据及权利人的真实身份信息"，以减少或者避免恶意通知损害网络用户正当利益的情况。增加反通知程序，规定"网络用户接到转送的通知后，可以向网络服务提供者提交不存在侵权行为的声明"。对权利人行使权利作出时间要求，规定"网络服务提供者在转送声明到达权利人后的合理期限内，未收到权利人已经投诉或者提起诉讼通知的，应当及时终止所采取的措施"，以平衡权利人、网络用户、网络服务提供者之间的权利义务关系。二是现实中滥用"通知—取下"制度进行不正当竞争的情形时有发生，不仅给网络用户造成损害，也造成网络服务提供者的流量损失和广告收入损失。对网络服务提供者的合法权益也应当加以保护，增加规定"权利人因错误通知造成网络用户或者网络服务提供者损害的，应当承担侵权责任。法律另有规定的，依照其规定"。三是将侵权责任法第36 条中的"知道"修改为"知道或者应当知道"，以指导人民法院更好地适用法律，力求法院公正裁判和保护当事人合法权益。

本条是关于网络侵权的一般规定，互联网技术的发展和应用已经深入社会生活各个方面，一部手机具有交友、购物、支付等多种功能，网络侵权行为有增无减，日益成为社会突出问题，有必要继续维持一般性规定，突出显示网络并非法外之地；增加"法律另有规定的，依照其规定"，是为了与著作权法、专利法、商标法、电子商务法等法律的衔接，根据侵害客体的不同，适用不同的法律规定和归责原则。

一、网络用户利用网络侵害他人民事权益

网络用户利用网络侵害他人民事权益，大体可以分为以下几种类型：

一是侵害人格权。主要表现为：（1）盗用或者假冒他人姓名，侵害姓名权；（2）未经许可使用他人肖像，侵害肖像权；（3）发表攻击、诽谤他人的文章，侵害名誉权；（4）非法侵入他人电脑、非法截取他人传输的信息、擅自披露他人个人信息、大量发送垃圾邮件，侵害隐私权和个人信息受保护的权利。

二是侵害财产利益。基于网络活动的便捷性，通过网络侵害财产利益的情形较为常见，如窃取他人网络银行账户中的资金，而最典型的是侵害网络虚拟财产，如窃取他人网络游戏装备、虚拟货币等。

三是侵害知识产权。主要表现为侵犯他人著作权、商标权和专利权等知识产权：（1）侵犯著作权。如擅自将他人作品进行数字化传输，规避技术措施，侵犯数据库等。（2）侵犯商标权。如恶意抢注与他人商标相同或相类似的域名，在电商平台上销售假冒他人商标或者使用足以使消费者混淆的商标的商品等。（3）侵犯专利权。如未经专利人授权，在网站上销售专利产品。

二、网络服务提供者利用网络侵害他人民事权益

网络服务提供者是一个概括性表述，既包括提供接入、缓存、信息存储空间、搜索以及链接等服务类型的技术服务提供者，也包括主动向网络用户提供内容的内容服务提供者，还包括在电子商务中为交易双方或者多方提供网络经营场所、交易撮合、信息发布等服务，供交易双方或者多方独立开展交易活动的电子商务平台经营者。

不同类型的网络服务提供者通过网络实施侵权行为的表现也不一样。根据"技术中立"原则，技术服务提供者一般无须对他人通过网络侵犯他人民事权益的行为承担责任，如中国移动、中国电信、中国联通等电信服务运营商无须对经由其网络传输的信息承担责任，百度等搜索引擎提供者无须对搜索结果负责，但若其行为高度介入传输行为、编排搜索结果等，则须对其行为承担责任，电子商务平台经营者一般无须对其平台出现的侵权行为承担责任。此外，破坏他人技术保护措施、利用技术手段攻击他人网络、窃取他人个人信息的，也要承担侵权责任。内容服务提供者应当对所上传内容的真实性与合法性负责，如果提供了侵权信息，如捏造虚假事实诽谤他人、发布侵犯著作权的影视作品等，应当承担侵权责任。

> 第一千一百九十五条 网络用户利用网络服务实施侵权行为的，权利人有权通知网络服务提供者采取删除、屏蔽、断开链接等必要措施。通知应当包括构成侵权的初步证据及权利人的真实身份信息。
>
> 网络服务提供者接到通知后，应当及时将该通知转送相关网络用户，并根据构成侵权的初步证据和服务类型采取必要措施；未及时采取必要措施的，对损害的扩大部分与该网络用户承担连带责任。
>
> 权利人因错误通知造成网络用户或者网络服务提供者损害的，应当承担侵权责任。法律另有规定的，依照其规定。

【条文主旨】

本条是关于"通知—取下"制度的规定。

【条文释义】

"通知—取下"制度首先规定在《千禧年数字版权法》（以下简称 DMCA）中，被侵权人在获知侵权事实后，可以向提供信息存储空间和信息定位服务的网络服务提供者发出符合 DMCA 规定的侵权通知，网络服务提供者在接到侵权通知后，应当迅速移除或屏蔽对侵权信息的访问。《最高人民法院关于审理涉及计算机网络著作权纠纷案件适用法律若干问题的解释》（现已失效）首次引入"通知—取下"程序。国务院 2006 年出台的《信息网络传播权保护条例》对在著作权领域适用这一程序作出了详细规定。2009 年侵权责任法第一次在民法领域确立这一制度。2018 年电子商务法则在电子商务平台经营者侵权责任领域中适用这一制度。

一、通知的要件

根据本条规定，通知应当包括构成侵权的初步证据及权利人的真实身份信息。实践中，大多数网络服务提供者都非常重视通知书的形式和内容，很多网站提供了格式化的通知模板、专门的投诉途径，极大地简化了通知流程，提高了处理效率。一般而言，一份合格的权利通知应当包括两方面内容：

首先是权利人的真实身份信息，包括但不限于权利人的姓名、名称、住址、联系方式、电话、电子邮箱等，没有真实身份信息和有效联系方式，网络服务提供者无法与其取得联系，也无法发送网络用户声明不存在侵权行为的通知。

其次是构成侵权的初步证据，通知是权利人主张权利的重要依据，应当附有证明其权利的证据或者相关信息涉嫌侵权的初步证据，如著作权登记证书、专利证书、商标权证书、明显超出正常言论自由范围的诽谤、攻击等言辞。另外，通知中一般还应当附有涉嫌侵权信息的网址链接或其他可以定位侵权商品或信息的有效方法等，曾有权利人向网络服务提供者发送书面通知，将包含上千个字符的 URL 打印出来，给网站造成不必要的负担，这显然不是正常的维权方式。

二、网络服务提供者的义务

权利人一旦发出合格通知，就触发了网络服务提供者的义务。根据本条规定，网络服务提供者接到通知后，应当及时将该通知转送相关网络用户，并根据构成侵权的初步证据和服务类型采取必要措施。

1. 及时将该通知转送相关网络用户。"通知—取下"制度不是孤立的，而是与其他制度配合而生的，权利人有权发出通知主张权利，要求网络服务提供者采取相应措施，这只是权利人的一面之词，是"自称"，无法确定相关信息是否侵犯了权利人的权利，上传相关信息的网络用户有权提出申辩。所以，网络服务提供者应当及时将该权利人发出的通知转送相关网络用户，使其知晓，要求其作出回应。

2. 根据构成侵权的初步证据和服务类型采取必要措施。根据所提供网络服务的类型不同，不同类型的网络服务提供者在接到侵权通知后所应承担的义务也应当有所区别，对此，本条没有采取"一刀切"的方法，而是由网络服务提供者根据其掌握的证据以及提供服务的类型采取必要措施，所取得的效果应当是在技术能够做到的范围内避免相关信息进一步传播。对于提供信息存储空间、搜索、链接服务的网络服务提供者，其在接到侵权通知后，应当对侵权信息采取删除、屏蔽、断开链接等必要措施。对于电子商务平台经营者，其在接到侵权通知后，应当根据电子商务法的要求，对相关商品或者服务采取删除、屏蔽、断开链接、终止交易和服务等必要措施。对于提供接入、缓存服务的网络服务提供者，其在接到侵权通知后，应当在技术可能做到的范围内采取必要措施，如果采取这些措施会使其违反普遍服务义务，在技术和经济上增加不合理的负担，该网络服务提供者可以将侵权通知转送相应网站。

三、网络服务提供者的责任

根据本条规定，未及时采取必要措施的，对损害的扩大部分与该网络用户承担连带责任。

这一规定的核心在于如何认定"及时"。实践中，以淘宝、京东、百度、新浪等为代表的网络服务提供者每天收到大量的侵权通知，需要耗费大量人力物力对这些通知进行整理、甄别和审查，这就涉及对"及时"的理解，《最高人民法院关于审理侵害信息网络传播权民事纠纷案件适用法律若干问题的规定》

要求权利人提交通知的形式，通知的准确程度，采取措施的难易程度，网络服务的性质，所涉作品、表演、录音录像制品的类型、知名度、数量等因素综合判断。《最高人民法院关于审理利用信息网络侵害人身权益民事纠纷案件适用法律若干问题的规定》要求，根据网络服务的性质、有效通知的形式和准确程度，网络信息侵害权益的类型和程度等因素综合判断。以著作权为例，实践中，有的法院认为应当考虑作品的知名度和传播范围。例如，热门的电视剧或者电影，很短的侵权时间就可能给权利人造成巨大损失，对于热门作品，其合理删除期限应当较短，对于非热门作品，期限可以适当放宽。

四、权利人错误通知的法律后果

"通知—取下"制度在我国实施以来，对于维护权利人合法权益，打击网络侵权违法行为，净化网络空间，起到重要作用，但是权利人错误通知甚至恶意通知的事件也时常出现，甚至有人将这一制度作为打击竞争对手的重要手段，有人借用特殊销售节点，以投诉方式达到下架竞争对手的商品的方式，使其短期内丧失经营资格。2016年仅阿里巴巴知识产权投诉平台上就共发现疑似恶意投诉方账号5862个，因其恶意投诉行为造成的卖家资损约1.07亿元。

为此，本条在侵权责任法第36条基础上，特别增加这一规定，警示权利人不得滥用"通知—取下"制度，促使权利人维权行为更为理性，因错误通知造成网络用户、网络服务提供者损失的，权利人应当承担侵权责任。增加"法律另有规定的，依照其规定"这一衔接性表述，主要是考虑到本条为一般规定，根据被侵害的权利类型的不同，其他法律可能作出细化或者特别规定。

> **第一千一百九十六条** 网络用户接到转送的通知后，可以向网络服务提供者提交不存在侵权行为的声明。声明应当包括不存在侵权行为的初步证据及网络用户的真实身份信息。
>
> 网络服务提供者接到声明后，应当将该声明转送发出通知的权利人，并告知其可以向有关部门投诉或者向人民法院提起诉讼。网络服务提供者在转送声明到达权利人后的合理期限内，未收到权利人已经投诉或者提起诉讼通知的，应当及时终止所采取的措施。

【条文主旨】

本条是关于反通知制度的规定。

【条文释义】

本条是此次编纂民法典新增加的条文。侵权责任法第36条没有规定反通知制度，在起草侵权责任编过程中，有些意见提出，反通知制度对于平衡权利人与网络用户之间的利益至关重要，权利人有权发出侵权通知，相对应地，网络用户应当有权进行申辩。反通知程序是"通知—取下"制度的重要组成部分，设置反通知制度，就是赋予网络用户以抗辩的权利。未经正当程序，仅凭自称权利人的一纸通知，就将涉嫌侵权的信息从网络上取下，是对网络用户合法权益的重大限制，若不对权利人的权利加以适当限制，将会对信息自由流动构成极大威胁。因此，为了平衡和保障网络用户的合法权益，本条增加规定了反通知制度。

一、反通知的要件

根据本条规定，网络用户提交的声明应当包括不存在侵权行为的初步证据及网络用户的真实身份信息。

1. 不存在侵权行为的初步证据。有的意见对这一要件提出不同看法，认为根据民事诉讼一般举证规则，积极的构成要件由原告提出证据，被告没有义务提出消极的构成要件，有时也难以拿出证据。这一意见有一定道理，但在大部分权利类型下，初步证据是可以提出的，如著作权、专利权、商标权等，涉嫌侵权的网络用户可以提供文章底稿、著作权登记证书、专利证书、商标权证书、原产地证明、授权法律文书等，证明其具有相应的权利；诚然，有些情形下确实难以提出，如权利人主张某篇文章侵犯了其隐私权，这既是一个事实问题，更是一个法律问题，即使在法庭上，也不是三言两语能够判断清晰的。

2. 网络用户的真实身份信息。不少网络用户对外表现为昵称、笔名，而非其真实身份，实践中，这使得很多权利人在起诉时，无法准确确定被告，维权十分困难。网络不是法外之地，每个人都需要对自己的行为负责，在网络上也是一样。在权利人表明自己真实身份，指称其涉嫌侵权时，网络用户有义务表明其真实身份。

二、网络服务提供者的义务

1. 转送义务。根据本条规定，网络服务提供者接到声明后，应当将该声明转送发出通知的权利人，并告知其可以向有关部门投诉或者向人民法院提起诉讼。

纠纷主要发生在权利人与网络用户之间，网络服务提供者接到反通知后，立即产生转送义务，应当及时将反通知转送发出通知的权利人，让权利人及时知道网络用户提出了抗辩；同时履行告知义务，让权利人知晓应当及时向有关部门投诉或者向法院起诉，以解决纠纷。

2. 及时终止所采取的措施。根据本条规定，网络服务提供者在转送声明到达权利人后的合理期限内，未收到权利人已经投诉或者提起诉讼通知的，应当及时终止所采取的措施。

网络用户的声明到达权利人后，权利人应当作出适当反应，可以表示认可，也可以表示反对，可以明示，也可以默示。如果在合理期限内，权利人通知网络服务提供者，其已经向有关部门投诉或者向法院起诉，表明权利人以明示方式对反通知的内容表示反对，网络服务提供者应当继续维持此前采取的必要措施，直至有关部门或者法院有进一步指令；如果权利人在合理期限内没有投诉或者起诉，表明权利人默示认可反通知，网络服务提供者应当及时终止所采取的措施，恢复相关信息。这样规定，既是为了促使权利人尽快行使权利，避免相关权利纠纷长期处于不确定状态，也是为了尽量减少因错误通知给网络用户和网络服务提供者增加的负担。

需要说明的是，通知与反通知程序只是为快速应对纠纷而采取的一种程序性救济手段，网络服务提供者并非司法机关，其没有能力具体判断当事人之间的争议。即便权利人在合理期限内没有采取相应的法律行动，也不影响其实体权利，权利人仍然可以在合理期限届满后向有关部门投诉或者向法院起诉。

> **第一千一百九十七条** 网络服务提供者知道或者应当知道网络用户利用其网络服务侵害他人民事权益，未采取必要措施的，与该网络用户承担连带责任。

【条文主旨】

本条是关于网络服务提供者与网络用户承担连带责任的规定。

【条文释义】

此次编纂民法典，将侵权责任法第36条中的"知道"修改为"知道或者应当知道"。

一、本条的归责原则

根据本条规定，网络服务提供者与网络用户承担连带责任的主观构成要件为"知道或者应当知道"，采用的是过错责任。

我国在互联网技术发展和运用上成功实现弯道超车，从20世纪90年代末起，大量涉互联网技术和网站的案件进入法院，经过多年的司法实践，我国法院已经建立起适应我国国情的审判政策，在过错责任归责原则上也早已取得共识。

侵权责任法第36条中使用的是"知道"，从解释上，包括"明知"和"应知"两种主观状态，多年来，法院在审判实践中也是这样操作的。在编纂民法典过程中，有的意见建议将"知道"修改为"知道或者应当知道"，表述更清楚。经研究采纳了这个建议，这样修改内涵没有变化，但更清楚明了，也保持了不同法律之间用语的统一。

二、"知道"的含义

在新的语境下，"知道"即为"明知"。明知是一种主观状态，表明行为人的内心对侵权行为这一事实的发生具有明确而充分的认识，甚至放任或者积极追求损害后果的发生。如何证明行为人的主观状态为"明知"？一般有两种途径：一是行为人自认。行为人明确表示其主观状态为"明知"，当然可以认定，只是这种情形实践中较少出现。二是通过"通知—取下"制度来证明。这也是多数国家和地区司法机关判断网络服务提供者主观状态的核心标准，权利人发送的合格通知到达网络服务提供者时，即视为网络服务提供者知晓了存在通知中所指出的侵权事实，网络服务提供者有义务采取必要措施，未采取必要措施的，即属本条知道而未采取必要措施的情形，需要对损害扩大部分承担连带责任。

三、"应当知道"的含义

目前各国都不要求网络服务提供者承担普遍审查义务，但这并不意味着网络服务提供者可以完全躲进"避风港"。美国国会众议院在 DMCA 立法报告中提出"红旗规则"，也为我国学者广泛接受。所谓"红旗规则"是指当侵权事实在网络空间中像红旗一样明显时，我们便可以根据侵权事实发生的具体环境推定网络服务提供者对侵权事实应当知晓并要求其承担采取必要措施制止侵权行为的义务。这也是本条中"应当知道"的含义。

但是，"红旗规则"如何适用，"应当知道"如何判断？这是一个极具实务操作的难题，法官在具体案件中应当综合各种因素，以一个合理标准去判断，需要在促进网络行业健康发展与保护权利人合法权益之间寻找合适的平衡点，既不能失之过严，也不能操之过宽，法律难以规定一个普遍适用的标准。在掌握判断标准时大体应当遵循以下三大原则：

第一，根据提供技术服务的网络服务提供者的类型不同，判断标准应当有所不同。相比提供其他类型技术服务的网络服务提供者，认定提供接入、缓存服务的网络服务提供者"应当知道"的标准应当更加严格。接入服务连接着网站和网络用户，所有网络信息包括侵权信息都需要通过接入服务才能得以传输，但这种传输是即时的，信息量十分庞大，该类型网络服务提供者无法一一核实，如果认定标准过于宽泛，可能会使接入服务提供者承担过重的责任，影响普遍接入服务。随着互联网技术的创新和运用不断发展，网络服务提供者提供的服务类型也在不断拓展，"应当知道"的适用标准也应当随之发展。

第二，根据保护对象的不同，判断标准也应当有所不同。对于著作权而言，只要网络服务提供者没有对网络用户上传的信息进行人工编排等，一般不应认定构成侵权行为；同时还要考虑涉案作品的知名度、影响力等因素，专业视频网站应当具备甄别当前热播影视作品的能力。对于专利权而言，专利权侵权判断技术性较强，非专业人士难以作出准确判断，当前利用"通知—取下"制度打击竞争对手的现象仍然存在，具体如何适用，还有不同意见，有待进一步探讨与完善。对于商标权而言，商标权侵权判断不似专利权那样复杂，但也并非一目了然，不应令网络服务提供者承担过高的审查义务。涉嫌诋毁他人名誉、不当使用他人肖像、违法公布他人个人信息等行为，不经法院审理，有时难以准确判断是否为侵权行为，网络服务提供者不是司法机关，不应当要求其具有专业的法律素养，更不能要求其对用户发布的信息一一核实，通常人认为不应属于侵权信息即可免除责任。

第三，提供技术服务的网络服务提供者没有普遍审查义务。在审判实践中，应当谨慎认定此类网络服务提供者"应当知道"网络用户利用其网络服务实施侵权行为。如果判断标准过宽，可能会使网络服务提供者实际上承担了普遍审查的义务。事实上，由于网络具有开放性的特质，网络信息十分庞杂，要求此类网络服务提供者逐一审查，可能大量增加网络服务提供者的运营成本，阻碍网络产业的发展。但同时也要寻找促使网络服务提供者适当履行监管义务的平衡点，比如，是否通过成熟的技术手段对网站传输的特定信息进行监控，是否建立了较为完善的投诉响应机制，是否对多次侵权人建立黑名单制度等。

> **第一千一百九十八条** 宾馆、商场、银行、车站、机场、体育场馆、娱乐场所等经营场所、公共场所的经营者、管理者或者群众性活动的组织者，未尽到安全保障义务，造成他人损害的，应当承担侵权责任。
>
> 因第三人的行为造成他人损害的，由第三人承担侵权责任；经营者、管理者或者组织者未尽到安全保障义务的，承担相应的补充责任。经营者、管理者或者组织者承担补充责任后，可以向第三人追偿。

【条文主旨】

本条是关于经营场所、公共场所的经营者、管理者或者群众性活动的组织者未尽到安全保障义务的侵权责任的规定。

【条文释义】

在2009年侵权责任法的制定过程中，对于什么是安全保障义务，哪些人负有安全保障义务，哪些人是安全保障义务的保护对象，未尽到安全保障义务应当承担什么样的侵权责任等问题，各方面有不同意见。

侵权责任法在总结司法实践经验的基础上，借鉴国外相关规定，在第 37 条对未尽到安全保障义务的侵权责任作出了明确规定。

民法典侵权责任编编纂过程中，有的提出，侵权责任法第 37 条的规定，与此后修改的消费者权益保护法等法律的表述略有不同，建议统一。侵权责任法第 37 条第 1 款表述为"公共场所的管理人或者群众性活动的组织者"，消费者权益保护法第 18 条第 2 款规定为"宾馆、商场、餐馆、银行、机场、车站、港口、影剧院等经营场所的经营者，应当对消费者尽到安全保障义务"。按照后法优于先法、特别法优于一般法的规则，在表述上我们向消费者权益保护法靠拢。

根据本条规定，安全保障义务，是指宾馆、商场、银行、车站、机场、体育场馆、娱乐场所等经营场所、公共场所的经营者、管理者或者群众性活动的组织者，所负有的在合理限度范围内保护他人人身和财产安全的义务。理解安全保障义务，须注意以下问题：

一、安全保障义务人的范围

第一，宾馆、商场、银行、车站、机场、体育场馆、娱乐场所等经营场所、公共场所的经营者、管理者。公共场所包括以公众为对象进行商业性经营的场所，也包括对公众提供服务的场所。例如，本条列举的宾馆、商场、银行、车站、机场、体育场馆、娱乐场所等。除了本条列举的这些场所外，码头、公园、餐厅等也都属于公共场所。

第二，群众性活动的组织者。群众性活动，是指法人或者其他组织面向社会公众举办的参加人数较多的活动。例如，体育比赛活动，演唱会、音乐会等文艺演出活动，展览、展销等活动，游园、灯会、庙会、花会、焰火晚会等活动，人才招聘会、现场开奖的彩票销售等活动。

二、保护对象的范围

安全保障义务所保护的对象与安全保障义务人之间应存在某种关系，但是否要在法律中作出明确规定有不同意见。有的建议规定为"顾客或参与活动者"或者"进入公共场所或者参与活动的人"，有的建议规定为"合法进入公共场所或者参加活动的人"，有的建议不作明确规定。考虑到司法实践中的情况较为复杂，仅仅进入商场上洗手间、问路或者躲雨的人能不能界定为顾客，上错了公交车又准备下车的人是否属于保护对象，特别是对于非法进入者如到宾馆里打算偷窃的人是否给予保护等，争议很大。在法律中明确哪些人属于保护对象较为困难，因此，本法对安全保障义务的保护对象规定为"他人"，没有明确具体的范围，实践中哪些人属于保护对象应根据具体情况判断。

三、安全保障义务的内容和判断标准

安全保障义务的目的在于保护他人的人身和财产安全，其主要内容是作为，即要求义务人必须采取一定的行为来维护他人的人身或者财产免受侵害。这种义务的具体内容既可能基于法律的明确规定，也可能基于合同义务，也可能基于诚实信用原则而产生。由于安全保障义务人的范围很广，涉及多个行业、多类主体，不同义务人对不同保护对象所负有的安全保障义务是不同的，在法律中无法明确其具体内容。对于实践中需要确定义务人应当负有的具体安全保障义务的内容，进而判断安全保障义务人是否已经尽到安全保障义务的，可以参考该安全保障义务人所在行业的普遍情况、所在地区的具体条件、所组织活动的规模等各种因素，从侵权行为的性质和力度、义务人的保安能力以及发生侵权行为前后所采取的防范、制止侵权行为的状况等方面，根据实际情况综合判断。

四、未尽到安全保障义务的侵权责任

根据安全保障义务的内容不同，可以将安全保障义务分为以下两类：一是防止他人遭受义务人侵害的安全保障义务。这是指安全保障义务人负有不因自己的行为而直接使他人的人身或者财产受到侵害的义务。例如，宾馆负有不因自己提供的服务或者设施存在危险而使前来住宿的客人受伤的安全保障义务。二是防止他人遭受第三人侵害的安全保障义务。这是指安全保障义务人负有的不因自己的不作为而使他人的人身或者财产遭受自己之外的第三人侵害的义务。例如，宾馆对在本宾馆住宿的旅客负有使其人身或者财产安全免受第三人侵害的义务。他们之间的区别主要是造成损害后果的直接侵害人不同，未尽到前一类义务造成他人损害的，其直接加害人就是安全保障义务人，没有第三人的介入；未尽到后一类义务的并不必然导致他人的损害，只有当这种未尽到义务的行为与第三人的侵权行为相互结合时才导致了他人的损害。本条规定根据所未尽到的义务种类的不同，规定了安全保障义务人不同的侵权责任。

1. 安全保障义务人未尽到防止他人遭受义务人侵害的安全保障义务的，应当承担侵权责任。这是本条第 1 款规定的情形。如果损害结果的发生没有第三人的介入，安全保障义务人就应当自己承担全部侵权责任。例如，顾客到餐厅吃饭，由于餐厅的地板有油渍导致顾客摔倒受伤的，餐厅就应当承担侵权责任。

2. 安全保障义务人未尽到防止他人遭受第三人侵害的安全保障义务的，应当承担相应的补充责任。这是本条第 2 款规定的情形。在实践中，存在不少第三人的侵权行为和安全保障义务人未尽到安全保障义务两个因素结合在一起而造成他人损害的情形。例如，储户到银行取钱或者存款，遭到第三人抢劫，银行的保安人员未尽到安全保障义务，没有及时注意或者制止，导致储户钱款被

抢或者人身受到伤害；又如，宾馆没有完善的保安措施或者没有认真履行保安职责，导致住宿旅客被外来人员殴打等。在这种情形下，根据本条第2款的规定，第三人的行为是造成损害的直接原因，应当首先由第三人承担侵权责任。在上述例子中，应当先由抢劫者和打人者承担侵权责任，安全保障义务人未尽到安全保障义务也是造成损害的因素，应当承担相应的补充责任。理解这一规定，应当注意以下两点：

第一，第三人的侵权责任和安全保障义务人的补充责任有先后顺序。首先由第三人承担侵权责任，在无法找到第三人或者第三人没有能力全部承担赔偿责任时，才由安全保障义务人承担补充责任。如果第三人已经全部承担侵权责任，则安全保障义务人不再承担责任。

第二，侵权责任法并未规定经营者、管理者或者组织者承担补充责任后，是否可以向第三人追偿的问题，主要是考虑本条中负有安全保障义务的主体承担补充责任是因为其本身有过错，有过错一方承担补偿责任不应有追偿权。民法典侵权责任编编纂过程中，不少建议增加追偿权的规定。我们研究认为，增加追偿权的规定：一是符合不真正连带责任的法理。二是有利于避免司法中的争议，为实践中出现的具体案例提供法律依据。

> **第一千一百九十九条**　无民事行为能力人在幼儿园、学校或者其他教育机构学习、生活期间受到人身损害的，幼儿园、学校或者其他教育机构应当承担侵权责任；但是，能够证明尽到教育、管理职责的，不承担侵权责任。

【条文主旨】

本条是关于无民事行为能力人受到人身损害时，幼儿园、学校或者其他教育机构的侵权责任的规定。

【条文释义】

幼儿园、学校和其他教育机构的侵权责任，是指在幼儿园、学校和其他教育机构的教育、教学活动中或者在其负有管理责任的校舍、场地、其他教育教学设施、生活设施中，由于幼儿园、学校或者其他教育机构未尽教育、管理职责，致使学习或者生活的无民事行为能力人和限制民事行为能力人遭受损害或者致他人损害的，学校、幼儿园或者其他教育机构应当承担的与其过错相应的侵权责任。

导致在校无民事行为能力人和限制民事行为能力人人身损害发生的原因很多，主要有以下情况：（1）因幼儿园、学校和其他教育机构的教学和生活设施、设备不符合安全标准或者管理、维护不当引起的人身损害；（2）因幼儿园、学校和其他教育机构提供的食品、药品、饮用水、教学用具或者其他物品不合格引起的人身损害；（3）因幼儿园、学校和其他教育机构教师或者其他工作人员体罚、变相体罚学生或者其他侮辱学生人格尊严的行为引起的人身损害；（4）幼儿园、学校和其他教育机构组织学生进行实验教学或者劳动时发生的人身损害；（5）学生之间互相嬉戏、玩耍造成的人身损害；（6）幼儿园、学校和其他教育机构组织学生外出活动时出现的人身损害；（7）校外人员在校内造成的人身损害；（8）因学生自身原因造成的人身损害；（9）其他因幼儿园、学校和其他教育机构未尽到教育、管理职责而发生的人身损害。在校无民事行为能力人和限制民事行为能力人遭受的人身损害，幼儿园、学校和其他教育机构存在过错的，应当承担与其过错相应的侵权责任；幼儿园、学校和其他教育机构没有过错的，应当由第三人或者无民事行为能力人、限制民事行为能力人及其监护人承担责任。

法律中幼儿园、学校或者其他教育机构承担责任采用什么归责原则，一直以来就有争议，有的主张采用过错推定原则；有的主张采用过错责任原则。对学校、幼儿园和其他教育机构的侵权责任作出适当的界定，以做到既维护未成年人和其他受害人的合法权益，又维护幼儿园、学校和其他教育机构的正常教学秩序和管理秩序。侵权责任法最终在借鉴境外立法例和最高人民法院司法解释的基础上，根据未成年人的年龄和民事行为能力的不同，规定了幼儿园、学校和其他教育机构侵权责任的不同的归责原则，即第38条规定的过错推定原则以及第39条规定的过错责任原则。

民法典侵权责任编继承了侵权责任法的规定，仅对个别字词表述作了调整。

一、本条采用过错推定原则

采用这一原则的主要考虑是：无民事行为能力人智力发育还很不成熟，对事物的认知和判断上存在较大不足，不能辨认或者不能充分理解自己行为的后果，必须加以特别保护，这就要求学校更多地履行保护孩子身心健康的义务。无民事行为能力人在幼儿园、学校或者其他教育机构学习、生活期间，超越了监护人的控制范围，如果受到人身损害，基本无法对事故发生的情形准确地加以描述，此时要让无民事行为能力人或者其监护人来证明学校的过错，几乎是不可能的。采用过错推定原则，学校也能举证反驳，可以通过证明已经尽到了相当的注意并且实施了合理的行为，以达到免责的目的。同时，学校等教育机构更有可能通过保险等方式来向社会转移风险。

二、承担责任的范围

由幼儿园、学校和其他教育机构承担侵权责任的侵权行为的范围，应当限于发生在幼儿园、学校和其他教育机构的教育、教学活动中或者其负有管理责任的校舍、场地、其他教育教学设施、生活设施中的侵权行为。但具体范围究竟有多宽，存有不同意见，如学生自行到校或者放学后滞留学校发生的损害，幼儿园、学校和其他教育机构是否应当承担侵权责任等。由于这个问题较为复杂，与幼儿园、学校和其他教育机构所应负有的教育、管理职责密切相关，实践中个案的情况也千差万别，作出统一、具体的规定较为困难，宜由人民法院在具体案件审判过程中作出判断更为合适。

三、如何确定责任

如何确定教育、管理职责的范围，进而判断幼儿园、学校和其他教育机构是否已尽教育、管理职责，也存在一定争议。我们认为，教育法、未成年人保护法以及其他法规、规章中，对于幼儿园、学校和其他教育机构的教育、管理职责已经作了广泛、具体的规定，出现纠纷时，应当参考这些规定结合具体情况由人民法院作出最终判断，法律对此没有也很难作出具体规定。

四、关于免责事由

在制定侵权责任法和编纂民法典的过程中，有的建议明确幼儿园、学校和其他教育机构不承担赔偿责任的具体情形，如在自行上学、放学、返校、离校途中发生损害的，学生参加体育锻炼正常对抗中造成的损害等。我们研究认为，这些情形有的根据本法规定明显不属于幼儿园、学校和其他教育机构的责任，有的在侵权责任编一般规定一章中已经有所规定，没有必要再作重复规定。

> **第一千二百条**　限制民事行为能力人在学校或者其他教育机构学习、生活期间受到人身损害，学校或者其他教育机构未尽到教育、管理职责的，应当承担侵权责任。

【条文主旨】

本条是关于限制民事行为能力人受到人身损害时，学校或者其他教育机构的侵权责任的规定。

【条文释义】

本法第1199条规定了在受侵害人是无民事行为能力人的情况下，幼儿园、学校或者其他教育机构应当承担的侵权责任。本条则规定了在受侵害人是限制民事行为能力人的情况下，学校或者其他教育机构应当承担的侵权责任。

根据本条规定，限制民事行为能力人在学校或者其他教育机构学习、生活期间受到人身损害的，如果该限制民事行为能力人或者其监护人能够证明学校或者其他教育机构没有尽到教育、管理职责，对该限制民事行为能力人所发生的人身损害有过错，学校或者其他教育机构就要承担责任。与第1199条采用过错推定原则不同，对限制民事行为能力人的情况，本条采用了过错责任原则，主要是考虑：与无民事行为能力人相比，限制民事行为能力人的心智已渐趋成熟，对事物已有一定的认知和判断能力，能够在一定程度上理解自己行为的后果，对一些容易遭受人身损害的行为也有了充分认识，应当在构建和谐的成长环境的同时，鼓励其广泛地参加各类学校活动和社会关系，以利于其更好、更有效地学习、成长。如果适用过错推定原则，课以学校较重的举证负担，为避免发生意外事故，有的学校会采取消极预防的手段，如减少学生体育活动、劳动实践，不再组织春游、参观等校外活动，严格限制学生在校时间，甚至不允许学生在课间互相追逐打闹等，一些措施甚至与素质教育目标背道而驰，成为推行素质教育的一大障碍，最终不利于学生的成长、成熟。同时，在判断学校尽到教育、管理职责时也可以通过采用客观化的判断标准，如学校的各种教学设施是否符合安全要求，对存在的各种安全隐患是否及时排除、是否已采取必要的防范措施，学校是否制定了合理、明确的安全规章制度等来缓和举证责任，减轻被侵权人的举证负担，以利于对学生的救济。

教育法、未成年人保护法以及其他法规、部门规章中，对于学校和其他教育机构的教育、管理职责已经作了广泛、具体的规定，只要能够证明学校或者其他教育机构违反了这些职责，使限制民事行为能力人在学习、生活期间受到人身损害的，就基本可以认定学校没有尽到教育、管理职责，要依法对限制民事行为能力人受到的人身损害承担责任。

> **第一千二百零一条** 无民事行为能力人或者限制民事行为能力人在幼儿园、学校或者其他教育机构学习、生活期间，受到幼儿园、学校或者其他教育机构以外的第三人人身损害的，由第三人承担侵权责任；幼儿园、学校或者其他教育机构未尽到管理职责的，承担相应的补充责任。幼儿园、学校或者其他教育机构承担补充责任后，可以向第三人追偿。

【条文主旨】

本条是关于无民事行为能力人或者限制民事行为能力人受到校外人员人身

损害时的责任分担的规定。

【条文释义】

本法第 1199 条和第 1200 条对未成年人在幼儿园、学校或者其他教育机构学习、生活期间遭受人身损害时幼儿园、学校或者其他教育机构的侵权责任，区分无民事行为能力人和限制民事行为能力人分别规定了不同的归责原则。本条则区分造成损害的主体为幼儿园、学校或者其他教育机构以外的人员的情况，规定幼儿园、学校或者其他教育机构应当承担的侵权责任。

1. 幼儿园、学校或者其他教育机构以外的人员承担的侵权责任幼儿园、学校或者其他教育机构以外的人员是指幼儿园、学校或者其他教育机构的教师、学生和其他工作人员以外的人员。如果未成年人在幼儿园、学校或者其他教育机构学习、生活期间遭受人身损害，是由于幼儿园、学校或者其他教育机构本身的人员的行为造成的，幼儿园、学校或者其他教育机构未尽到教育、管理职责时，就要承担责任。如因学校的教学和生活设施、设备不符合安全标准或者管理、维护不当引起的学生人身损害；因学校提供的食品、药品、饮用水、教学用具或者其他物品不合格引起的学生人身损害；因学校教师或者其他工作人员体罚、变相体罚学生或者其他侮辱学生人格尊严的行为引起的学生人身损害；学生之间互相嬉戏、玩耍，教师管理不当造成学生人身损害等。但在某些情况下，幼儿园、学校或者其他教育机构以外的人员可能进入校园内或者在幼儿园、学校或者其他教育机构组织学生外出活动期间直接造成学生人身伤害，如社会人员进入学校殴打学生，校外车辆在校园内撞伤学生等。在这种情况下，该幼儿园、学校或者其他教育机构以外的人员的侵权行为直接造成人身损害后果的发生，其作为侵权人就应当依法承担侵权责任。

2. 幼儿园、学校或者其他教育机构承担的相应补充责任无民事行为能力人或者限制民事行为能力人在幼儿园、学校或者其他教育机构学习、生活期间，受到幼儿园、学校或者其他教育机构以外的人员人身损害的，该人员作为侵权人应当承担侵权责任。但由于此时受到人身损害的无民事行为能力人或者限制民事行为能力人仍在幼儿园、学校或者其他教育机构监管之下，幼儿园、学校或者其他教育机构仍负有管理职责，如果幼儿园、学校或者其他教育机构未尽到管理职责的，对损害的发生也具有过错，其未尽到管理职责的行为是造成损害发生的间接原因，应当承担补充责任。幼儿园、学校或者其他教育机构是否尽到管理职责，要根据人身损害发生时的具体情况判断，如幼儿园、学校或者其他教育机构的安全管理制度是否有明显疏漏，或者是否管理混乱，存在重大安全隐患。如果幼儿园、学校或者其他教育机构的安全保卫工作存在过失，如学校门卫管理制度欠缺或者门卫管理不善，导致校外人员随意进入学校殴打学生，或者学校为改善经济条件将学校校舍、场地租给他人使用，甚至将学校操场辟为停车场，致使校内常有车辆来往，出现车辆撞伤、撞死学生等情况的，学校就应承担补充责任。理解这一规定应当注意第三人的侵权责任和安全保障义务人的补充责任有先后顺序。首先由第三人承担侵权责任，在无法找到第三人或者第三人没有能力全部承担侵权责任时，才由幼儿园、学校或者其他教育机构承担侵权责任。如果第三人已经全部承担侵权责任，则幼儿园、学校或者其他教育机构不再承担侵权责任。

3. 侵权责任法没有规定幼儿园、学校或者其他教育机构承担补充责任后，是否可以向第三人追偿。主要是考虑本条中负有安全保障义务的主体承担相应的补充责任是因为其本身有过错，有过错一方承担补偿责任不应有追偿权。民法典侵权责任编编纂过程中，不少建议增加追偿权的规定。我们研究认为，增加追偿权的规定：一是符合不真正连带责任的法理。二是有利于避免司法中的争议，为实践中出现的具体案例提供法律依据，更好地保障无民事行为能力人或者限制民事行为能力的成长，也为平安校园建设提供支撑。

第四章　产品责任

本章共七条，主要规定了生产者、销售者、运输者、仓储者及第三人等承担产品责任的归责原则及侵权责任，被侵权人的索赔途径，先行赔偿人的追偿权，被侵权人有权要求生产者、销售者承担的侵权责任，对已投入流通后发现缺陷产品的警示、召回等补救措施及侵权责任，故意生产、销售缺陷产品的惩罚性赔偿等。

本章"产品责任"是指产品存在缺陷发生侵权，造成他人损害，生产者、销售者等所应当承担的侵权责任，而不是指合同中的产品质量不合格的民事责任。"缺陷"并非指产品有瑕疵，而是指产品质量不好达到危害人民生命和财产安全的程度。例如，汽车制动有缺陷，致使刹车不灵，造成交通事故，导致人身、财产损害，对此生产者、销售者等应当承担侵权责任。汽车空调不制冷，为产品有瑕疵，对此生产者、销售者等应当承担合同责任。

> **第一千二百零二条**　因产品存在缺陷造成他人损害的，生产者应当承担侵权责任。

【条文主旨】

本条是关于产品生产者侵权责任的规定。

【条文释义】

侵权责任法制定过程中，产品责任应采用何种归责原则，有较大争议。在广泛借鉴国际通行做法并充分调查研究国内实际情况下，侵权责任法第41条采用了无过错责任的归责原则。本条规定继承了侵权责任法的归责原则及规定。

依据本条的规定，构成产品责任须具备三个要件：第一，产品具有缺陷；第二，须有缺陷产品造成受害人损害的事实；第三，缺陷产品与损害事实之间存在因果关系。

一、关于产品缺陷

产品缺陷是构成产品责任的首要条件。我国产品质量法第46条规定了缺陷。侵权责任法起草及民法典编纂过程中，对是否将产品质量法关于缺陷产品的含义在民法中作出规定，存在不同意见。有的认为，民法典是基本法，不应再援引其他法律的规定。有的认为，民法不宜对某些概念作过细、过于具体的规定，否则会限制产品的更新与发展，随着科学技术的发展，对产品的缺陷会有不同的认识。此外，还会造成法律之间规定的重复。

侵权责任法没有对产品缺陷作出定义性的规定。实践中可以产品质量法第46条关于缺陷的规定为标准判断产品是否为缺陷产品。民法典侵权责任编继承了侵权责任法的规定，也没有规定缺陷的含义。

二、关于缺陷产品造成受害人损害的事实

缺陷产品造成受害人损害的事实，是指缺陷产品的使用人或者第三人因缺陷产品造成损害的客观存在。损害事实包括人身损害、财产损害。财产损害是否包括缺陷产品本身的损失，在立法中存在争论。有的认为，多数国家产品责任中的财产损害仅指缺陷产品以外的其他财产的损失，不包括缺陷产品本身。缺陷产品本身的损害，属于合同责任问题，应当通过合同解决，缺陷产品以外的其他财产损害，才是本章所称的财产损害。有的认为，财产损害应当包括缺陷产品本身的损害。有的提出，立法应当从我国国情出发，从保护用户、消费者的角度出发，财产损害不应区分缺陷产品本身的损害及缺陷产品以外的其他财产的损害。我们认为本条的财产损害，既包括缺陷产品以外的其他财产的损害，也包括缺陷产品本身的损害，这样，有利于及时、便捷地保障用户、消费者的合法权益。

三、关于缺陷产品与损害事实之间的因果关系

产品责任中的因果关系，是指产品的缺陷与受害人损害事实之间存在引起与被引起的关系。在一般侵权案件中，原则上是"谁主张谁举证"。产品责任是一种特殊的侵权，考虑到用户、消费者与生产者之间存在信息上的不对称，特别是对于高科技产品致害原因不易证明等特点，通常要求生产者就缺陷不存在，或缺陷与损害之间不存在因果关系举证。如果生产者不能举证证明，则认定产品存在缺陷及缺陷与损害之间存在因果关系。

> **第一千二百零三条** 因产品存在缺陷造成他人损害的，被侵权人可以向产品的生产者请求赔偿，也可以向产品的销售者请求赔偿。
>
> 产品缺陷由生产者造成的，销售者赔偿后，有权向生产者追偿。因销售者的过错使产品存在缺陷的，生产者赔偿后，有权向销售者追偿。

【条文主旨】

本条是关于被侵权人要求损害赔偿的途径和先行赔偿人追偿权的规定。

【条文释义】

被侵权人因产品存在缺陷造成损害后，往往不清楚这一缺陷究竟是谁造成的，因此，也就不知道应当向谁请求赔偿。为解决实践中这一问题，使得被侵权人尽快得到赔偿，本条规定，因产品存在缺陷造成损害的，被侵权人可以向产品的生产者请求赔偿，也可以向产品的销售者请求赔偿。产品缺陷由生产者造成的，销售者赔偿后，有权向生产者追偿。因销售者的过错使产品存在缺陷的，生产者赔偿后，有权向销售者追偿。

1. 本条所讲被侵权人，是指因产品存在缺陷造成人身、财产损害之后，有权要求获得赔偿的人，包括直接购买并使用缺陷产品的人，也包括非直接购买使用缺陷产品但受到缺陷产品损害的其他人。

2. 本条从方便被侵权人维护自己合法权益的角度出发，规定了被侵权人请求赔偿的两个途径：一个是可以向产品的生产者请求赔偿；另一个是可以向产品的销售者请求赔偿。也就是说，只要是缺陷产品引起的损害，被侵权人可以向生产者和销售者中的任何一方提出赔偿请求。

3. 根据本条规定，生产者、销售者中先行赔偿的一方有权向应当承担责任的一方追偿自己已经向被侵权人垫付的赔偿费用。预先垫付了赔偿费用的一方有权要求有责任的一方支付自己已经垫付的费用。需要明确的是，生产者和销

售者承担产品责任的原则是不同的，生产者承担无过错责任，销售者承担过错责任，对此本条明确规定"产品缺陷由生产者造成的，销售者赔偿后，有权向生产者追偿。因销售者的过错使产品存在缺陷的，生产者赔偿后，有权向销售者追偿"。先行垫付赔偿费用的一方只有在另一方符合承担产品侵权责任条件的情形下，才可以向对方行使追偿权。

4. 编纂过程中的一点考虑。侵权责任法第 42 条规定，因销售者的过错使产品存在缺陷，造成他人损害的，销售者应当承担侵权责任。销售者不能指明缺陷产品的生产者也不能指明缺陷产品的供货者的，销售者应当承担侵权责任。在民法典侵权责任编编纂过程中，有的提出，本条对销售者责任的归责原则表述模糊，"因销售者的过错"的表述易产生歧义，并且第 42 条的实际意义是解决销售者与生产者的内部最终责任承担问题。我们研究认为，侵权责任法对产品责任中生产者、销售者责任的归责原则是不同的，销售者承担产品责任采用过错责任原则。但是，该条第 1 款"因销售者的过错使产品存在缺陷，造成他人损害的，销售者应当承担侵权责任"的表述确实与第 43 条第 3 款"因销售者的过错使产品存在缺陷的，生产者赔偿后，有权向销售者追偿"的表述重复；第 42 条第 2 款"销售者不能指明缺陷产品的生产者也不能指明缺陷产品的供货者的，销售者应当承担侵权责任"也主要解决责任内部分配的问题，并且第 43 条第 2 款、第 3 款能够涵盖第 42 条的内容。由此看出，删除第 42 条并不影响侵权责任编关于产品责任的严密规定。为了使表述更加清晰简洁、上下文逻辑更加通顺，民法典侵权责任编编纂过程中，删除了侵权责任法第 42 条的规定。

> **第一千二百零四条**　因运输者、仓储者等第三人的过错使产品存在缺陷，造成他人损害的，产品的生产者、销售者赔偿后，有权向第三人追偿。

【条文主旨】

本条是关于第三人过错致使产品存在缺陷造成他人损害的侵权责任及生产者、销售者先行赔偿后追偿权的规定。

【条文释义】

产品在运输流通过程中，运输者、仓储者等应当按照有关规定和产品包装上标明的储藏、运输等标准进行储存、运输。如果运输者、仓储者等不按上述规定运输或者仓储，有可能造成产品缺陷。对此有过错的，行为人应当对因自已的过错产生的损害负赔偿责任，因此，因运输者、仓储者等第三人导致产品缺陷造成他人损害的，应当按照过错责任原则承担赔偿责任。

现实生活中，产品从生产到使用人手中，要经过生产、储存、运输、销售等许多环节，被侵权人往往不知道运输者、仓储者是谁，也不清楚产品缺陷究竟是谁造成的，损害发生后，找生产者或者销售者请求赔偿最简单、方便。因为产品使用人通常清楚从何处购买的产品，即使非直接购买者，也容易找到产品生产者。为了充分保护被侵权人的利益，方便被侵权人请求赔偿，根据本条的规定，即使是因运输者、仓储者等第三人的过错使产品存在缺陷造成损害，被侵权人仍然可以先找产品的生产者或者销售者请求赔偿。生产者、销售者承担赔偿责任后，可以依据本条的规定，向造成产品缺陷的有过错的运输者、仓储者等第三人行使追偿权，要求其支付赔偿费用。本条继承了侵权责任法第44条的规定，未作修改。

> **第一千二百零五条　因产品缺陷危及他人人身、财产安全的，被侵权人有权请求生产者、销售者承担停止侵害、排除妨碍、消除危险等侵权责任。**

【条文主旨】

本条是关于因产品缺陷危及他人人身、财产安全的侵权责任的规定。

【条文释义】

产品存在缺陷对他人可能产生两种影响：一是造成他人损害，这种损害是已经发生的，是现实存在的，被侵权人有权请求生产者、销售者承担停止侵害、排除妨碍等侵权责任。二是对他人人身、财产安全产生一种危险，存在不安全因素。从某种角度说，这是一种尚未发生、非现实存在的损害，如果不采取相应措施，这种潜在的损害随时都有可能发生，造成受害人的实际损害。为了避免这种潜在损害实际发生，给受害人造成真正的损害，杜绝、减少或者减轻受害人的损失，也为了便利被侵权人请求损害赔偿，因产品缺陷危及他人人身、财产安全的，被侵权人有权要求生产者、销售者承担排除妨碍、消除危险等侵权责任。

排除妨碍、消除危险是承担产品侵权责任的两种方式。妨碍，是指侵权人实施的妨碍他人合法权益的行为或者造成的妨碍他人合法权益正常行使的某种有害状况。排除妨碍，是指依据被侵权人的请求，侵权人以一定的积极行为除去妨碍，以使被侵权人正常行使合法权益的民事责任方式。被侵权人在请求排除妨碍时，应当注意以下几个问题：第一，妨碍必须是不法的。至于妨碍人主观是否预见妨碍后果，均不影响被侵权人提出请求。但如果妨碍是合法的，即正当行使权利的行为，则妨碍人可以拒绝当事人的请求。第二，妨碍既可以是已经发生的，也可以是可能出现的。被侵权人不仅可以对已经发生的妨碍要求排除，对尚未发生但又确有可能发生的也有请求排除的权利。第三，妨碍是权利人行使权利的障碍，只要不法行为妨碍他人行使物权、人身权等，被侵权人均可请求排除妨碍。

侵权人的侵权行为或者其他行为构成对他人人身、财产的现实威胁，为侵权责任法规定的危险。这里的危险是指现实威胁，即随时可能发生的、发生概率极大的危险而不是遥不可及的危险。消除危险，是指人身或者财产受到现实威胁的当事人请求造成危险或对危险负有责任的人消除危险状况，保障请求权人人身、财产安全的民事责任方式。适用这种责任方式，能有效地防止损害的发生，充分保护民事主体的民事权利。

需要明确的是，产品责任中，被侵权人承担排除妨碍、消除危险侵权责任有两个条件：一是产品存在缺陷；二是危及他人人身、财产安全。在这两个条件同时具备的情况下，被侵权人可以要求产品生产者或者销售者承担包括但不限于停止侵害、排除妨碍、消除危险的侵权责任。此外，还可以依据本法总则编的规定，要求生产者或者销售者以其他方式承担侵权责任，如恢复原状等。

> **第一千二百零六条**　产品投入流通后发现存在缺陷的，生产者、销售者应当及时采取停止销售、警示、召回等补救措施；未及时采取补救措施或者补救措施不力造成损害扩大的，对扩大的损害也应当承担侵权责任。
>
> 依据前款规定采取召回措施的，生产者、销售者应当负担被侵权人因此支出的必要费用。

【条文主旨】

本条是关于生产者、销售者应当采取补救措施及费用承担的规定。

【条文释义】

产品投入流通时，生产者、销售者可能因某种原因或者技术水平等未能发现产品有缺陷，在产品售出已经进入流通后才发现产品存在缺陷。在这种情形下，生产者、销售者应当及时以合理、有效的方式向使用人发出警示，或者采取召回缺陷产品等补救措施，以防止损害的发生或者进一步扩大。对此本条规定，产品投入流通后发现存在缺陷的，生产者、销售者应当及时采取停止销售、警示、召回等补救措施。

停止销售是对正在销售的产品采取下架、封存等不再出售的措施。停止销售可以避免侵权行为的扩大化，最大限度做到减少新产生损失。

警示是对产品有关的危险或产品的正确使用给予说明、提醒，提请使用者在使用该产品时注意已经存在的危险或者潜在可能发生的危险，避免危险的发生，防止或者减少对使用者的损害。警示的作用有两个：一是告知使用者产品有危险，明示产品的缺陷；二是让使用者知道在使用该产品时如何避免危险的发生，以保证人身、财产的安全。

召回是产品的生产者、销售者依法定程序，对其生产或者销售的缺陷产品以换货、退货、更换零配件等方式，及时消除或减少缺陷产品危害的行为。召回的意义在于防患于未然，就此而言，有些类似于消除危险的侵权责任方式，是生产者、销售者将缺陷产品从流通环节中撤回，阻断可能发生的危害，一般而言是停止销售的下一步措施。

侵权责任法第46条规定，未及时采取补救措施或者补救措施不力造成损害的，应当承担侵权责任。民法典侵权责任编编纂过程中，有的提出，因产品存在缺陷造成他人损害的，生产者应当承担侵权责任；因销售者的过错使产品存在缺陷，造成他人损害的，销售者应当承担侵权责任，这些内容已经在本章其他条款中明确规定了。本条应当旨在解决生产者、销售者对产品跟踪服务的义务，要求生产者、销售者对投入流通后的产品不能撒手不管。因此，建议将侵权责任法第46条"未及时采取补救措施或者补救措施不力造成损害的，应当承担侵权责任"修改为"未及时采取补救措施或者补救措施不力造成损害扩大的，对扩大的损害也应当承担侵权责任"。经研究，我们采纳了这一建议，在2018年12月提请审议的侵权责任编草案二审稿时作了相应的修改。

此外，还有的提出，为更好地保障被侵权人的权益，建议借鉴消费者权益保护法的相关规定，明确被侵权人因相关产品被召回支出的必要费用由生产者、销售者负担。我们研究认为，消费者权益保护法第19条规定，经营者发现其提供的商品或者服务存在缺陷，有危及人身、财产安全危险的，应当立即向有关行政部门报告和告知消费者，并采取停止销售、警示、召回、无害化处理、销毁、停止生产或者服务等措施。采取召回措施的，经营者应当承担消费者因商品被召回支出的必要费用。消费者权益保护法规定了召回费用承担的内容，对维护产品生产经营秩序、救济被侵权人具有积极意义，可以吸收到基本法里。

因此，采纳了这一意见，在本条中增加了召回费用承担的规定。

> **第一千二百零七条** 明知产品存在缺陷仍然生产、销售，或者没有依据前条规定采取有效补救措施，造成他人死亡或者健康严重损害的，被侵权人有权请求相应的惩罚性赔偿。

【条文主旨】

本条是关于产品责任中惩罚性赔偿的规定。

【条文释义】

根据本条的规定，产品责任中适用惩罚性赔偿的条件是：

第一，侵权人具有主观故意。明知是缺陷产品仍然生产或者销售，这一点在侵权责任法第46条中已经明确规定。民法典侵权责任编编纂过程中，有的提出，侵权责任法第46条要求生产者、销售者采取补救措施。实践中，有些企业、销售者置他人的生命财产安全于不顾，置法律规定于不顾，主观恶性极大，这种行为应当予以严惩，建议规定惩罚性赔偿。我们采纳了这一建议，在本条增加规定，没有依照前条规定采取有效补救措施，造成他人死亡或者健康严重损害的，被侵权人有权请求相应的惩罚性赔偿。

第二，要有损害事实。这种损害事实不是一般的损害事实，而应当是造成严重损害的事实，即造成他人死亡或者健康受到严重损害。

第三，要有因果关系，即被侵权人的死亡或者健康严重受损害是因为侵权人生产或者销售的缺陷产品造成的，或者生产者、销售者没有依照前条规定采取有效补救措施。本条还规定了惩罚性赔偿的适用范围，即在被侵权人死亡或者健康受到严重损害的范围内适用，除此之外的其他损害不适用惩罚性赔偿，如被侵权人的财产损害。为防止滥用惩罚性赔偿，避免被侵权人要求的赔偿数额畸高，本条规定，被侵权人有权请求相应的惩罚性赔偿。这里的"相应"，主要指被侵权人要求的惩罚赔偿金的数额应当与侵权人的恶意相当，应当与侵权人造成的损害后果相当，与对侵权人威慑相当，具体赔偿数额由人民法院根据个案具体判定。

需要指出的是，惩罚性赔偿的主要目的不在于弥补被侵权人的损害，而在于惩罚有主观故意的侵权行为，并遏制这种侵权行为的发生。从赔偿功能上讲，其主要作用在于威慑，其次才是补偿。虽然从个案上看，被侵权人得到了高于实际损害的赔偿数额，但从侵权人角度来看，这种赔偿能够提高其注意义务，从而避免类似情况再次发生。

第五章　机动车交通事故责任

本章共十条，主要规定了机动车发生交通事故造成损害承担赔偿责任的原则；因租赁、借用等情形机动车所有人、管理人与使用人不是同一人时，发生交通事故后如何承担赔偿责任；以买卖等方式转让并交付机动车但未办理登记，发生交通事故后如何承担赔偿责任；以挂靠形式从事道路运输经营活动的机动车发生交通事故造成损害如何承担赔偿责任；未经允许驾驶他人机动车发生交通事故造成损害如何承担赔偿责任；机动车发生交通事故造成损害的赔偿顺序；以买卖或者其他方式转让拼装或者已达到报废标准的机动车，发生交通事故造成损害如何承担责任；盗窃、抢劫或者抢夺的机动车发生交通事故造成损害的如何承担赔偿责任；强制保险责任限额范围内垫付抢救费用的追偿权；机动车驾驶人发生交通事故后逃逸的责任承担；好意同乘情形下的责任承担。

民法典侵权责任编编纂过程中，有的建议本章明确规定电动车的侵权责任类型。根据我国道路交通安全法的规定，非机动车，是指以人力或者畜力驱动，上道路行驶的交通工具，以及虽有动力装置驱动但设计最高时速、空车质量、外形尺寸符合有关国家标准的残疾人机动轮椅车、电动自行车等交通工具。结合《电动自行车通用技术条件》对于电动自行车以及摩托车的规定，时速20km/h 以下且车重不大于40kg 的判定为非机动车，而最高设计时速在 20km—50km/h 之间且车重大于40kg 的判定为轻便摩托车，最高设计时速大于50km/h的判定为摩托车。因此，判定电动车的责任，以及电动车是否属于机动车主要取决于驱动方式、最高时速以及车重。

> **第一千二百零八条　机动车发生交通事故造成损害的，依照道路交通安全法律和本法的有关规定承担赔偿责任。**

【条文主旨】

本条是关于机动车发生交通事故造成损害承担赔偿责任的原则规定。

【条文释义】

一、依照道路交通安全法律有关规定承担赔偿责任

道路交通安全法律，主要是道路交通安全法的规定。

1. 首先由保险公司在机动车第三者责任强制保险责任限额范围内予以赔偿。道路交通安全法第 17 条规定，国家实行机动车第三者责任强制保险制度。机动车第三者责任强制保险是解决道路交通事故赔偿问题的重要制度。机动车发生交通事故，包括机动车与机动车之间，机动车与非机动车驾驶人、行人之间，都是先由保险公司在机动车第三者责任强制保险责任限额内予以赔偿，不足的部分才由机动车一方承担赔偿责任。这对及时充分地使受害人获得赔偿，分散机动车驾驶人的风险，有重要意义。

2. 在强制保险责任限额范围内赔偿后不足部分的责任承担。

(1) 机动车之间发生交通事故的赔偿责任，由有过错的一方承担赔偿责任；双方都有过错的，按照各自过错的比例分担责任。这一规定表明，机动车之间发生交通事故的，适用过错责任原则。由于机动车之间没有强弱之分，发生交通事故的，应当适用侵权责任的一般归责原则，由有过错的一方承担赔偿责任；如果双方都有过错的，应当按照各自过错的比例分担责任。

(2) 机动车与非机动车驾驶人、行人之间发生交通事故的赔偿责任。在归责原则上，机动车与非机动车驾驶人、行人之间发生交通事故，主要适用过错推定原则，同时，机动车一方还要承担一部分无过错责任。过错推定源于过错责任原则，但在适用上与一般的过错责任原则有所不同。发生损害后，首先推定行为人有过错，同时给予其举证证明自己没有过错以及对方有过错的机会，如果能够证明自己没有过错的，可以免除责任；不能证明自己没有过错的，就要承担损害赔偿责任。过错推定与一般过错责任的最大不同就是采用了举证责任倒置的方法。

根据道路交通安全法第 76 条第 1 款规定，机动车一方没有过错的，承担不超过 10% 的赔偿责任。这是机动车在没有过错的情况下，也要承担一小部分的赔偿责任的规定。就此部分而言，机动车承担的是无过错责任。

3. 机动车一方不承担责任的情形。道路交通安全法第 76 条第 2 款规定，交通事故的损失是由非机动车驾驶人、行人故意碰撞机动车造成的，机动车一方不承担赔偿责任。这是关于机动车一方免责事由的规定。机动车与非机动车驾驶人、行人之间发生交通事故，如果交通事故的损失是因非机动车驾驶人、行人自杀、自伤、有意冲撞（"碰瓷"）等行为故意造成的，机动车一方不承担赔偿责任。

二、依照本法的有关规定承担赔偿责任

本法总则编"民事责任"规定了不可抗力、正当防卫、紧急避险等不承担责任的情形；侵权责任编"一般规定"规定了与有过失、受害人故意、第三人侵权等减轻或者免除责任的情形。这些责任承担的特殊情况，需要在确定机动车交通事故责任时，结合具体案件考虑和适用。因此，民法典侵权责任编增加了依照"本法"有关规定承担赔偿责任的规定。

需要说明的是，本条系沿袭侵权责任法第 48 条规定的基础上进行了完善。本条规定的"依照道路交通安全法律"与侵权责任法该条规定的"依照道路交通安全法"系同一含义，只是民法典编纂时根据立法技术规范进行了规范性表述。

> **第一千二百零九条** 因租赁、借用等情形机动车所有人、管理人与使用人不是同一人时，发生交通事故造成损害，属于该机动车一方责任的，由机动车使用人承担赔偿责任；机动车所有人、管理人对损害的发生有过错的，承担相应的赔偿责任。

【条文主旨】

本条是关于因租赁、借用等情形机动车所有人、管理人与使用人不是同一人时，发生交通事故后如何承担赔偿责任的规定。

【条文释义】

一、有关术语介绍

机动车租赁，是指机动车所有人将机动车在一定时间内交付承租人使用、收益，机动车所有人收取租赁费用，不提供驾驶劳务的行为。机动车管理，是指将机动车存放在某一场所，或者将机动车交付维修，机动车暂时脱离所有人占有时，保管、占有机动车的行为。机动车借用，是指机动车所有人将机动车在约定时间内交由借用人使用的行为。现实生活中，机动车租赁主要是出租人仅将机动车交付承租人使用，出租人收取租金，但不提供驾驶人员。例如，汽车租赁公司在一定期间内按约定的租金将机动车出租给其他单位或个人使用。

机动车发生交通事故，属于该机动车一方责任的，当机动车所有人、管理人与使用人是同一人时，损害赔偿责任由所有人承担，这是一种常态。在现实生活中，因出租、管理、出借等情形使机动车与其所有人、管理人分离，机动车承租人或者借用人为使用人、实际控制人的形态也是常见的。这就面临机动车发生交通事故后，是由机动车所有人、管理人还是使用人承担赔偿责任的问题。

二、对本条的理解和适用

根据本条规定，因租赁、借用等情形机动车所有人、管理人与使用人不是同一人时，发生交通事故后属于该机动车一方责任的，如何承担责任，需要把握以下几点：

第一，本法删除了侵权责任法第49条"由保险公司在机动车强制保险责任限额范围内予以赔偿"的规定。侵权责任法第六章"机动车交通事故责任"在第49条、第50条都规定了机动车强制保险责任限额范围内先行赔偿的内容。为了使条文表述简练、避免重复，同时系统规定机动车发生交通事故造成损害的赔偿顺序，本法将机动车强制保险责任限额范围内先行赔偿的内容单独写了一条。因此，本条不再规定相关内容，但在适用上不受影响，根据本法第1213条的规定，机动车发生交通事故造成损害，属于该机动车一方责任的，仍然先由承保机动车强制保险的保险人在强制保险责任限额范围内予以赔偿。不足部分，如果机动车一方购买了商业保险的，由承保机动车商业保险的保险人按照保险合同的约定予以赔偿；仍然不足或者没有投保机动车商业保险的，由机动车使用人赔偿。这是因为，租赁、借用后，机动车所有人、管理人丧失对机动车的控制，机动车使用人直接使用、支配、管理、占有机动车，成为承担责任的主体。

本条中的"使用人"不仅包括承租人、管理人、借用人，还包括机动车出质期间的质权人、维修期间的维修人、由他人保管期间的保管人等。在机动车出质、维修和由他人保管期间，机动车由质权人、维修人和保管人占有，他们对机动车享有运行支配力，而所有人、管理人则丧失了运行支配力。质权人、维修人、保管人擅自驾驶机动车发生交通事故的，应由质权人、维修人、保管人承担赔偿责任。

第二，机动车所有人、管理人对损害的发生有过错的，承担相应的赔偿责任。机动车所有人在将机动车出租、出借时应当对承租人、借用人进行必要的审查，比如，承租人、借用人是否有驾驶资格。同时，还应当保障机动车性能符合安全的要求，比如，车辆制动是否灵敏等。机动车管理人在保管、占有机动车过程中，负有妥善保管、管理的义务，不得擅自使用或者许可他人使用机动车。机动车所有人、管理人没有尽到上述应有的注意义务，便有过错，该过错可能成为该机动车造成他人损害的一个因素，机动车所有人、管理人应当对因自己的过错造成的损害负相应的赔偿责任。

第一千二百一十条　　当事人之间已经以买卖或者其他方式转让并交付机动车但是未办理登记，发生交通事故造成损害，属于该机动车一方责任的，由受让人承担赔偿责任。

【条文主旨】

本条是关于已经转让并交付但未办理登记的机动车发生交通事故，承担责任主体的规定。

【条文释义】

根据道路交通安全法第 12 条的规定，机动车所有权发生转移的，应当办理登记。在现实生活中，存在机动车已经通过买卖、赠与等方式转让，也向买受人交付了机动车，但是没有办理登记手续，甚至还存在连环转让机动车但都没有办理登记的情形。本条正是针对这种情况，明确规定了承担赔偿责任的主体。

第一，侵权责任法第 50 条规定了机动车强制保险责任限额范围内先行赔偿的内容。为了使条文表述简练、避免重复，同时系统规定机动车发生交通事故造成损害的赔偿顺序，本法将机动车强制保险责任限额范围内先行赔偿的内容单独写了一条。因此，本条不再规定相关内容，但在适用上不受影响，根据本法第 1213 条的规定，机动车发生交通事故造成损害，属于该机动车一方责任的，仍然先由承保机动车强制保险的保险人在强制保险责任限额范围内予以赔偿。不足部分，如果机动车一方购买了商业保险的，由承保机动车商业保险的保险人按照保险合同的约定予以赔偿；仍然不足或者没有投保机动车商业保险的，由机动车使用人赔偿。

第二，侵权责任法第 50 条规定的是"未办理所有权转移登记"。在编纂民法典的过程中，有的提出，根据本法物权编的有关规定，动产物权的设立和转让，自交付时发生效力，但是法律另有规定的除外。船舶、航空器和机动车等的物权的设立、变更、转让和消灭，未经登记，不得对抗善意第三人。这些规定表明，机动车所有权的转移在交付时发生效力，未经登记，只是缺少公示而不产生社会公信力，在交易过程中不能对抗善意第三人。本条立法目的规范的情形，不是物权是否发生变动，事实上机动车所有权已经发生转移。即使在附所有权保留特别约定的分期付款买卖机动车的情形下，如果机动车已交付购买人，虽然出卖人仍保留机动车所有权，但并不影响购买人取得机动车的实际支配力和使用收益。该所有权仅在购买人不依约定支付价金时才发生效力，即要求购买人返还出卖人享有所有权的机动车。因此，在发生道路交通事故后，应当由购买人承担赔偿责任，保留机动车所有权的出卖人不承担赔偿责任。本条的情形应当只是行政管理上的登记没有变更，这种管理性登记不影响侵权责任的承担。因此，建议将侵权责任法第 50 条"所有权转移"删除。经研究，我们采纳了这一建议。当事人之间已经以买卖、赠与等方式转让并交付机动车但未办理登记的，原机动车所有人已经不是真正的所有人，更不是机动车的占有人，他不具有机动车的实质所有权，丧失了对机动车运行支配的能力，不具有防范事故发生的控制力。在机动车发生事故后，仍然要求其承担赔偿责任，是不合理、不公平的。赔偿义务应当由买受人、受赠人等对机动车运行有实质影响力和支配力的机动车的实际所有人、占有人来承担。

第三，本条中的"交付"与物权编中的"交付"不应完全等同。物权理论中的拟制交付有简易交付、指示交付和占有改定等的区分。简易交付可以适用本条的规则；指示交付中，第三人不将机动车交给受让人，受让人无法实际控制机动车；占有改定中，出让人仍然继续占有该机动车，受让人无法实际控制机动车。但是，我国法律中并未出现实际交付、简易交付、指示交付和占有改定这些学理术语。因此，本条的"交付"主要是指"实际交付"。

> **第一千二百一十一条** 以挂靠形式从事道路运输经营活动的机动车，发生交通事故造成损害，属于该机动车一方责任的，由挂靠人和被挂靠人承担连带责任。

【条文主旨】

本条是关于挂靠车辆引发交通事故时的责任主体的规定。

【条文释义】

机动车挂靠从事运输经营活动，是指为了交通营运过程中的方便，将车辆登记为某个具有运输经营权资质的经营主体名下，以该主体的名义进行运营，并由挂靠者向被挂靠主体支付一定的费用的形式。挂靠形式从事道路运输经营活动一般有三个特点：一是"四证统一"，即车辆行驶证、道路运输证、驾驶证、营业性道路运输驾驶员从业资格证上的车主、业户、单位、服务单位都统一为被挂靠主体的名称。二是挂靠机动车向被挂靠主体交纳费用。三是具有隐蔽性，虽然挂靠双方签订有关运输经营的合同或内部协议，但发生交通事故造成损害时，被侵权人无法从外观上区别挂靠机动车是否属于被挂靠主体。

实践中以挂靠方式从事道路运输经营活动屡见不鲜。正因为这种方式涉及多个主体且具有隐蔽性，发生交通事故后极易引发纠纷，在吸收司法解释相关规定的基础上，本条作出了规定。一是被挂靠主体接受车辆挂靠，应当对该车辆有没有从事运输活动的能力进行核查和负责，从而控制风险；并且与挂靠机动车明确约定机动车发生交通事故造成损害时责任如何承担。二是在车辆挂靠时，有可能使乘客或者托运人因信赖被挂靠主体的管理能力及责任能力，而对挂靠机动车产生信赖，对这种信赖应当保护，被挂靠主体因为被信赖而有责任。三是区分经营性挂靠与行政强制性挂靠作出不同规定，可能导致受害人举证不能，而被挂靠人事先采取各种措施以便在诉讼中提出各项证据证明自己未收取任何费用进而达到免责的目的。

> **第一千二百一十二条** 未经允许驾驶他人机动车，发生交通事故造成损害，属于该机动车一方责任的，由机动车使用人承担赔偿责任；机动车所有人、管理人对损害的发生有过错的，承担相应的赔偿责任，但是本章另有规定的除外。

【条文主旨】

本条是关于未经允许驾驶他人机动车，发生交通事故造成损害时责任主体的确定。

【条文释义】

侵权责任法仅规定了盗窃、抢劫或者抢夺机动车发生交通事故造成损害时的责任规则。这些行为中，非法占有人均以取得机动车所有权为目的。实践中，尚存在非以取得所有权为目的而仅未经允许而驾驶他人机动车，发生交通事故导致损害的情形，例如，亲朋好友有车辆的钥匙，没有告知机动车所有人的情况下驾车外出；机动车所有人将车辆送维修厂修理，修好后还没有取回时，维修厂工人擅自驾驶车辆。这些行为均不是犯罪行为，主观恶性显然较小。发生交通事故造成损害时，属于该机动车一方责任的，在承担赔偿责任方面应与盗抢机动车发生道路交通事故时有较大区别。

《最高人民法院关于审理道路交通事故损害赔偿案件适用法律若干问题的解释》（法释〔2012〕19号）第2条规定，未经允许驾驶他人机动车发生交通事故造成损害，当事人依照侵权责任法第49条的规定请求由机动车驾驶人承担赔偿责任的，人民法院应予支持。机动车所有人或者管理人有过错的，承担相应的赔偿责任，但具有侵权责任法第52条规定情形的除外。侵权责任法第49条即因租赁、借用等情形机动车所有人、管理人与使用人不是同一人时责任主体的确认；第52条即盗窃、抢劫或者抢夺的机动车发生交通事故造成损害是责任主体的确认。由此可见，最高人民法院的司法解释已经区分了未经允许而驾驶他人机动车发生交通事故导致损害与盗窃、抢劫或者抢夺的机动车发生交通事故造成损害的责任承担，该规定具有合理性。在吸收借鉴司法解释的基础上，本条全面规定了未经允许驾驶他人机动车，发生交通事故造成损害，属于该机动车一方责任时的责任承担问题。

理解本条需要注意：

一是未经允许驾驶他人机动车，发生交通事故造成损害，属于该机动车一方责任的，由机动车使用人承担赔偿责任。未经允许驾驶他人车辆，车主对此不知情，因此，一般不应承担侵权责任，由机动车使用人承担。

二是机动车所有人、管理人对损害的发生有过错的，承担相应的赔偿责任。此处的"对损害的发生有过错"可理解为机动车所有人、管理人没有履行一般人应有的谨慎注意义务。例如，机动车所有人将车停在路边，为图方便没有熄火即下车买东西，车上同行人在等待时闲极无聊，坐在驾驶位上操作，导致发生交通事故。这种情形下，机动车所有人是有过错的，应当在过错范围内承担相应的责任。

三是本条规定了但书，而且是仅限于"本章"另有规定的除外。该但书仅指一种情形，即本法第1215条第1款规定的"盗窃人、抢劫人或者抢夺人与机动车使用人不是同一人，发生交通事故造成损害，属于该机动车一方责任的，由盗窃人、抢劫人或者抢夺人与机动车使用人承担连带责任"。

> **第一千二百一十三条**　机动车发生交通事故造成损害，属于该机动车一方责任的，先由承保机动车强制保险的保险人在强制保险责任限额范围内予以赔偿；不足部分，由承保机动车商业保险的保险人按照保险合同的约定予以赔偿；仍然不足或者没有投保机动车商业保险的，由侵权人赔偿。

【条文主旨】

本条是关于机动车发生交通事故造成损害赔偿顺序的规定。

【条文释义】

实践中，不少机动车既投保了机动车强制保险又投保了商业保险，当发生交通事故造成损害时，如何确定机动车强制保险与商业保险的赔偿顺序是实践中亟须解决的一个问题。侵权责任法第49条、第50条都规定了发生交通事故后属于该机动车一方责任的，由保险公司在机动车强制保险责任限额范围内予以赔偿。不足部分，由受让人承担赔偿责任的内容。虽然分散规定了机动车强制保险赔偿，但并未规定机动车商业保险，也没有规定强制保险与商业保险的赔偿顺序，实践中发生纠纷较多，适用法律存在空白。对此，有的意见建议民法典进行规定。

在吸收司法解释和行政法规规定的基础上，本条区分三个层次作了规定：

一是先由承保机动车强制保险的保险人在强制保险责任限额范围内予以赔偿。机动车强制保险具有一定的公共政策性质，赔偿的范围比较广、赔付较为及时，其主要目的是及时、有效地救助机动车交通事故中的受害人。

二是机动车强制保险赔偿不足部分，由承保机动车商业保险的保险人根据保险合同的约定予以赔偿。机动车强制保险赔偿额度要与国民经济发展水平和消费者支付能力相适应，而且其公益性决定了赔偿额度不会太高，在一些较为严重的交通事故侵权案件中，机动车强制保险赔偿无法涵盖全部赔偿额。此时，如果机动车购买了商业保险的，根据保险合同的约定予以赔偿。目前，我国机动车商业保险种类繁多，赔付标准、范围、额度有很大不同。商业保险合同往往约定了很多免责条款，列明了许多保险人不承担赔偿的情形。在被保险人无责任或者无过错的情况下，保险人不承担赔偿责任。因此，只能根据机动车购买的保险合同的约定进行赔偿。商业保险的成立基础在于契约自由，其主要目的在于分散机动车驾驶人的事故责任风险，由投保人自愿购买。因此，在赔偿的时候，由强制保险先行赔付，不足的部分再由商业保险赔付，是符合法理的。

三是机动车商业保险赔偿仍然不足的，由侵权人赔偿。这种保险前置、侵权人托底的规定，充分体现了保险的作用和及时救济受害人，分散机动车使用人风险的目的，符合强制保险的赔偿替代性和商业保险的补充性的性质，也在最大程度上平衡了强制保险、商业保险和侵权人的责任与义务。

> **第一千二百一十四条** 以买卖或者其他方式转让拼装或者已经达到报废标准的机动车，发生交通事故造成损害的，由转让人和受让人承担连带责任。

【条文主旨】

本条是关于以买卖或者其他方式转让拼装的或者已经达到报废标准的机动车，发生交通事故造成损害如何承担责任的规定。

【条文释义】

本条所称"已经达到报废标准的机动车"，包括国务院《报废汽车回收管理办法》中所指的两类报废机动车，主要是指"达到国家报废标准，或者虽未达到国家报废标准，但发动机或者底盘严重损坏，经检验不符合国家机动车运行安全技术条件"的机动车。

研制、生产机动车，需要有很高的技术水平。而拼装车辆很难达到机动车应有的安全技术标准，这样的车上路行驶，会造成很大的事故隐患。根据道路交通安全法第100条的规定，驾驶拼装的机动车或者已经达到报废标准的机动车上道路行驶的，公安机关交通管理部门应当予以收缴，强制报废。对驾驶人处200元以上2000元以下罚款，并吊销机动车驾驶证。

拼装和已经达到报废标准的机动车，由于其不能达到机动车上路行驶的安全标准，上路行驶后极易造成其他机动车、非机动车驾驶人和行人的损害。转让拼装的或者已经达到报废标准的机动车，本身即具有违法性，上路行驶又具有更大的危险性，因此，对以买卖、赠与等方式转让拼装的或者已经达到报废标准的机动车，由买卖、赠与等转让人和受让人、赠与人和受赠人承担连带责任。这样规定有利于预防并制裁转让、驾驶拼装的或者已经达到报废标准的机动车的行为，更好地保护人民群众的生命财产安全；在受害人有损害时，也可以根据本条获得较为充分的损害赔偿。

> **第一千二百一十五条** 盗窃、抢劫或者抢夺的机动车发生交通事故造成损害的，由盗窃人、抢劫人或者抢夺人承担赔偿责任。盗窃人、抢劫人或者抢夺人与机动车使用人不是同一人，发生交通事故造成损害，属于该机动车一方责任的，由盗窃人、抢劫人或者抢夺人与机动车使用人承担连带责任。
>
> 保险人在机动车强制保险责任限额范围内垫付抢救费用的，有权向交通事故责任人追偿。

【条文主旨】

本条是关于盗抢的机动车发生交通事故造成损害的赔偿责任主体，以及垫付抢救费用后追偿权的规定。

【条文释义】

机动车被盗窃、抢劫或者抢夺，也是所有人与机动车相分离的形态之一。驾驶被盗窃、抢劫或者抢夺的机动车，又是擅自驾驶中最极端的情形。

1. 在吸收司法解释规定的基础上，侵权责任法第52条规定，盗窃、抢劫或者抢夺的机动车发生交通事故造成损害的，由盗窃人、抢劫人或者抢夺人承担赔偿责任，没有规定机动车所有人的赔偿责任。这样规定主要考虑：一是机动车被盗窃、抢劫或抢夺后，机动车所有人丧失了对机动车的运行支配力，而这种支配力的丧失是盗抢者的违法行为造成的，又是所有人不情愿的，有时还是所有人不知悉、未预想到的。二是在机动车被盗的情形下，即使所有人对机动车保管上的疏忽，导致机动车丢失，这也与机动车发生交通事故没有直接的因果关系。因此，应当由盗抢者承担发生交通事故后的损害赔偿责任，机动车所有人不承担赔偿责任。驾驶盗抢的机动车上道路行驶，通常会给他人的生命财产安全和公共安全带来极大的危害。由于盗抢人不是车辆的拥有者，自认为轻易可以逃脱法律的制裁，因此，常发生不遵守交通法规，任意违章，甚至漠视他人生命财产安全的情况。法律在对机动车盗抢人课以刑罚的同时，规定其民事责任，有利于保护受害人的权益，制裁此类侵权行为。

民法典侵权责任编在这方面继承了侵权责任法的规定，并且本法第1212条对未经允许驾驶他人机动车侵权责任，其中对"机动车所有人、管理人对损害的发生有过错的，承担相应的赔偿责任"也明确作了排除规定"本章另有规定的除外"，即是指本条规定的情形。也就是说，在未经允许驾驶他人机动车发生交通事故造成损害，属于该机动车一方责任的，如果机动车所有人、管理人对损害的发生有过错的，需要承担相应的赔偿责任。但是本条下的机动车所有人、管理人不承担责任。

2. 盗窃人、抢劫人或者抢夺人与机动车使用人不是同一人，发生交通事故造成损害，属于该机动车一方责任的，由盗窃人、抢劫人或者抢夺人与机动车使用人承担连带责任。这里规定的"机动车使用人"，指的是盗窃人、抢劫人或者抢夺人将机动车出售、出租、借用、赠送，从而实际使用该机动车的人。一般而言，驾驶机动车发生交通事故属于该机动车一方责任的，应当由机动车使用人承担赔偿责任。但是，为了惩罚盗窃人、抢劫人或者抢夺人的行为，使他们不能逃脱法律的制裁，本条规定他们需要承担连带赔偿责任。

3. 机动车被盗抢后发生交通事故造成损害，保险人在机动车强制保险责任限额范围内垫付抢救费用的，有权向交通事故责任人追偿。一般而言，机动车发生交通事故后，应当依照本法第1213条规定的顺序，首先由保险人在强制保险限额范围内承担赔偿责任。但是，驾驶人无驾驶资格、醉酒、被盗期间肇事、故意制造交通事故等行为，严重漠视他人生命财产安全，属于明显且严重的过错，对道路交通安全构成了严重威胁。为了预防和惩罚这类行为的发生，加强对生命健康的保护，营造良好的社会氛围，及时救济受害人，驾驶人无驾驶资格、醉酒、被盗期间肇事、故意制造交通事故等情形下，应当允许强制保险的保险人在承担赔偿责任后向驾驶人追偿。在借鉴相关行政法规的基础上，本条明确规定了有上述情形的，保险人可行使追偿权。

> **第一千二百一十六条** 机动车驾驶人发生交通事故后逃逸，该机动车参加强制保险的，由保险人在机动车强制保险责任限额范围内予以赔偿；机动车不明、该机动车未参加强制保险或者抢救费用超过机动车强制保险责任限额，需要支付被侵权人人身伤亡的抢救、丧葬等费用的，由道路交通事故社会救助基金垫付。道路交通事故社会救助基金垫付后，其管理机构有权向交通事故责任人追偿。

【条文主旨】

本条是关于机动车驾驶人发生交通事故后逃逸的，对受害人的救济、道路交通事故社会救助基金追偿权的规定。

【条文释义】

一、机动车驾驶人发生交通事故后逃逸情形下对受害人的救济

机动车肇事逃逸，是指发生道路交通事故后，道路交通事故当事人为逃避法律追究，驾驶车辆或者遗弃车辆逃离道路交通事故现场的行为。

第一，机动车驾驶人发生交通事故后逃逸，该机动车参加强制保险的，由保险人在机动车强制保险责任限额范围内予以赔偿。这一规定表明，发生交通事故的机动车参加了机动车强制保险，并且发生交通事故后能够确定机动车的，由保险公司在机动车强制保险责任限额范围内予以赔偿。

第二，机动车不明、该机动车未参加强制保险或者抢救费用超过机动车强制保险责任限额，需要支付被侵权人人身伤亡的抢救、丧葬等费用的，由道路交通事故社会救助基金垫付。

机动车不明，如机动车驾驶人驾车逃逸，一时难以查明是哪一辆机动车肇事。需要明确的是，法律规定的是机动车不明，而不是驾驶人不明。因为本条规定的前提是"机动车驾驶人发生交通事故后逃逸"，驾驶人已经不明了，此时如果交通事故现场有机动车，可以通过机动车号牌、发动机编号的信息反查机动车驾驶人、所有人或者管理人，从而确定肇事者。但是，当机动车也不明的情况下，很难确定肇事者，这才需要道路交通事故社会救助基金垫付费用。

机动车未参加强制保险，因此无法通过强制保险赔偿被侵权的损失，只能由道路交通事故社会救助基金垫付费用。

抢救费用超过机动车强制责任保险责任限额的，根据道路交通安全法的规定，由道路交通事故社会救助基金先行垫付超过限额部分的费用。

二、道路交通事故社会救助基金的追偿权

道路交通事故社会救助基金垫付后，其管理机构有权向交通事故责任人追偿。为体现公平原则，引导机动车参加强制保险，本条规定，道路交通事故社会救助基金垫付被侵权人人身伤亡的抢救、丧葬等费用后，其管理机构有权向逃逸的机动车驾驶人、应当购买而未购买强制责任保险的机动车所有人或者管理人等交通事故责任人追偿。道路交通安全法和机动车交通事故责任强制保险条例也作了同样的规定。

> **第一千二百一十七条** 非营运机动车发生交通事故造成无偿搭乘人损害，属于该机动车一方责任的，应当减轻其赔偿责任，但是机动车使用人有故意或者重大过失的除外。

〖条文主旨〗

本条是关于好意同乘情形下的责任承担的规定。

〖条文释义〗

关于好意同乘的概念，学界主要存在三种观点：

第一种观点是"好意施惠行为"说，认为好意人是基于善意的愿望，同意同乘人免费乘车的请求。好意同乘关系中只有两方主体，一方是提供搭乘车辆的施惠人，另一方是接受施惠的搭乘人。并且好意同乘中的车辆必须是不具备营运资质的车辆，在经过施惠人的同意后，搭乘人才可免费搭乘，施惠人没有盈利目的，完全出于好意，让搭乘人纯粹的收益而不需付出相应的对价。

第二种观点是"同乘致损"说，认为好意同乘中的车辆可以是营运车辆也可以是非营运车辆，但是否构成好意同乘决定于搭乘行为本身是否具有无偿性，如果是有偿搭乘则不得认定好意同乘，而是属于一般的民事客运合同。如果是搭乘人仅仅是基于答谢而馈赠礼物或者是负担油费，仍然属于好意同乘。

第三种观点是"纯无偿搭乘"说，认为好意同乘中不能有给付行为的发生，即使是搭乘人出于谢意或者其他目的给予相应的对价，都不应被认定为好意同乘。

1. 是否适用于营运机动车。好意同乘主要是指非营运机动车的驾驶人基于亲情或者友情在上下班、出游途中无偿搭载自己的亲朋好友、邻居同事的情形，生活中老百姓称之为"搭便车"。好意同乘可以缓解交通压力、实现资源最大化利用、节约资源等。但是，实践中，就好意同乘引发的损害赔偿问题，司法裁判结果不一，引发了较大争议。对于好意同乘过程中造成损害的责任承担的规定，既要保护受害者的权益，也要尊重我国助人为乐的传统美德，保护民事主体之间的信赖关系，为解决民事纠纷设定切实可行的规则。营运性车辆搭载乘客，双方之间形成客运合同关系，机动车使用人应当有较高的注意义务，按照客运合同的目的，将乘客安全运送至目的地。如果发生交通事故造成损害，属于该机动车一方责任的，乘客既可以依照合同请求机动车驾驶人承担违约责任；也可以依照侵权行为请求机动车驾驶人承担赔偿责任，不存在一般性免责或者减轻责任的需要。因此，好意同乘不适用于营运机动车。但是，出租汽车在上班前或者下班后等非营运的时间，免费搭乘邻居、朋友的，可以参照适用本条规定。民法典草案该条规定，"非营运机动车发生交通事故造成无偿搭乘人损害"。对此有的意见提出，好意同乘与否并不体现在车辆本身，而是体现在车辆的运营状态。2019年12月民法典草案的规定不易读出这一层意思。我们研究认为，"非营运机动车"包括"处于非营运状态的营运机动车"这一情形。

2. 减轻责任的理由。我们研究认为：一是好意同乘既然属于好意，如果不减轻被搭乘人的责任，有违民事活动应尊重公序良俗、社会公德的原则。二是出现交通事故后，往往驾驶人自己受伤、车辆受损，于此情况下还要求驾驶人对无偿乘客尽到严格的注意义务，完全赔偿无偿乘客损失，有些苛求。这样会导致机动车驾驶人拒绝无偿搭乘，亲戚、朋友、同事概不例外，造成社会的冷漠，世态炎凉。这不符合社会目的，也不符合公序良俗。为了维护社会公德，弘扬社会公平正义，为了环保，减少汽车数量，减少空气污染，好意同乘应当是我们社会赞许并值得提倡的互助行为。实践中被搭乘人多数是出于好心而做错了事，如果让做好事的人反而却得不到好的结果，这其实与"公序良俗"原则相违背。

3. 只能减轻而不能免除机动车一方的责任。好意同乘者无偿搭乘的行为并不意味着其自甘冒险，机动车使用人对好意同乘者的注意义务不因为无偿而完全不存在，只是不同于无偿客运合同或者无偿委托合同中注意义务。好意同乘中，机动车使用人的责任适用过错责任原则。同时，也应明确区分，好意同乘不同于网络顺风车，网络顺风车的合乘者分摊部分合乘出行成本属于共享出行方式，是有偿的、营运性的。因此，好意同乘中发生交通事故造成无偿搭乘人损害，属于该机动车一方责任的，应当减轻其赔偿责任，却不可以完全免除，在鼓励人际友善利他与承担法律责任方面寻求平衡。

4. 对"无偿搭乘人"减轻赔偿责任。本章规定的侵权责任，除了本条以外均是对机动车外人员或者财产的责任，只有本条规定，是对机动车内责任分配的规定。根据本条，减轻的是对"无偿搭乘人"的赔偿责任。至于对机动车外人员或者财产的赔偿责任的承担，适用本法和其他法律的一般规定。

5. 好意同乘中，如果机动车使用人有故意或者重大过失的，不减轻其对无偿搭乘人的赔偿责任。

第六章　医疗损害责任

本章共十一条，主要规定了医疗损害责任归责原则，医疗机构说明义务和患者知情同意权，紧急情况下实施医疗措施，医务人员过错造成损害由医疗机构赔偿，推定医疗机构有过错的情形，因药品、消毒产品、医疗器械的缺陷输入不合格的血液造成患者损害的损害赔偿请求权，医疗机构不承担赔偿责任的情形，医疗机构对病历的义务及患者对病历的权利，患者隐私和个人信息保护，医疗机构及其医务人员不得违反诊疗规范实施不必要检查，维护医疗机构及其医务人员合法权益等内容。

本章采用了"医疗损害责任"的章名，这里的"损害"指的是依照本法规定，医疗机构应当承担侵权责任的患者损害，不包括实施正常的医疗行为无法避免的患者肌体损伤或者功能障碍。

> **第一千二百一十八条**　患者在诊疗活动中受到损害，医疗机构或者其医务人员有过错的，由医疗机构承担赔偿责任。

【条文主旨】

本条是关于医疗损害责任归责原则的规定。

【条文释义】

在侵权责任法立法过程中，对医疗损害责任采用何种归责原则，争议较大。疾病的发生有患者原因，疾病的治疗需要患者配合，在诊疗纠纷中不能适用无过错责任；一律实行过错推定，将助长保守医疗，不利于医学科学进步。因此，对诊疗活动引起的纠纷，宜适用一般过错责任。医疗机构及其医务人员有过错的，医疗机构才承担赔偿责任，原则上由原告承担过错的举证责任。只在特殊情况下如医务人员有违规治疗行为或者隐匿、拒绝提供与纠纷有关的医学资料，才适用过错推定责任原则，发生举证责任倒置。患者和医院之间信息不对称问题，应当通过信息交流和信息公开等办法解决。最终，侵权责任法对医疗损害责任采用了过错责任归责原则。民法典侵权责任编继承了这一规定。

侵权责任法第 54 条规定，患者在诊疗活动中受到损害，医疗机构及其医务人员有过错的，由医疗机构承担赔偿责任。在民法典侵权责任编编纂过程中，有的提出，医务人员是医疗机构的工作人员，依照本法第 1191 条第 1 款 "用人单位的工作人员因执行工作任务造成他人损害的，由用人单位承担侵权责任" 的规定，医疗机构有过错的，由医疗机构承担赔偿责任自不待言；医务人员有过错的，也应当由医疗机构承担赔偿责任。因此，建议将侵权责任法第 54 条中的 "及其" 修改为 "或者"。经研究，我们采纳了这一意见。

还有一点需要说明，患者在诊疗活动中受到损害，除了医疗机构及其医务人员有过错的条件外，医疗机构或者其医务人员的过错还要与患者的损害具有因果关系，医疗机构才承担赔偿责任。

> **第一千二百一十九条** 医务人员在诊疗活动中应当向患者说明病情和医疗措施。需要实施手术、特殊检查、特殊治疗的，医务人员应当及时向患者具体说明医疗风险、替代医疗方案等情况，并取得其明确同意；不能或者不宜向患者说明的，应当向患者的近亲属说明，并取得其明确同意。
>
> 医务人员未尽到前款义务，造成患者损害的，医疗机构应当承担赔偿责任。

【条文主旨】

本条是关于医疗机构的说明义务和患者知情同意权的规定。

【条文释义】

现行法律、行政法规、规章中规定了有关医务人员告知说明义务和患者知情同意权的内容，这些规定普遍为医疗机构的诊疗活动所遵循，并取得了很好的实践效果。本条借鉴、吸收了这些现有规定。本条规定在侵权责任法第 55 条的基础上略作修改完善。侵权责任法第 55 条第 1 款规定，医务人员在诊疗活动中应当向患者说明病情和医疗措施。需要实施手术、特殊检查、特殊治疗的，医务人员应当及时向患者说明医疗风险、替代医疗方案等情况，并取得其书面同意；不宜向患者说明的，应当向患者的近亲属说明，并取得其书面同意。在民法典侵权责任编编纂过程中，有的提出：一是医务人员 "说明病情和医疗措施" 应当具体、清楚，以便患者能够作出决定。二是近年来发生一些医患纠纷，很重要的矛盾点是医院机构要求患者或者其近亲属签署"书面"同意，一旦无法取得，往往不敢或者不愿意开展紧急措施，从而延误了最佳治疗时机。侵权责任法等法律、法规要求的"书面"同意，主要目的应当是要求医患双方对病情和医疗措施严肃对待、谨慎决策，对各自的行为负责。如果追求"书面"形式而延误治疗，实乃舍本逐末。因此，建议将"书面"同意修改为"明确"同意。至于同意的形式，可结合诊疗规范、操作经验等综合认定。三是"不宜向患者说明"是否包括"不能向患者说明"的情形不清楚，在实践中常常引发争议，应当予以明确。在患者昏迷或者由于生理、精神状态无法作出有效判断时，属于"不能"向患者说明的情形。因此，建议将"不宜向患者说明"修改为"不能或者不宜向患者说明"。我们研究后认为，这些建议均有道理，遂采纳。

本条第 1 款规定，医务人员在诊疗活动中应当向患者具体说明病情和医疗措施。这是医务人员在诊疗活动中一般应尽的义务。除此以外，如果需要实施手术、特殊检查、特殊治疗的，还应当及时向患者说明医疗风险、替代医疗方案等情况，并取得其明确同意；如果向患者说明将造成患者悲观、恐惧、心理负担沉重，不利于治疗的，就不能或者不宜向患者说明，这种情况下医务人员应当向患者的近亲属说明，并取得其明确同意。侵权责任法第 55 条即规定了"不宜向患者说明的，应当向患者的近亲属说明"的义务。民法典编纂过程中，一直有意见提出，如果患者没有近亲属的怎么办，建议将"不宜向患者说明的，应当向患者的近亲属说明"修改为"不宜向患者说明的，应当向患者的近亲属或者监护人说明"。对此应当明确，本条欲解决的问题，不是在法律逻辑上穷尽或者对应患者近亲属或者监护人，而是在于当出现"需要实施手术、特殊检查、特殊治疗的"情况时，医务人员应当解释和说明这些情况，使得照顾患者有关的人员有相应的准备。一般而言，照顾患者的是其近亲属。对于没有近亲属的，例如，居委会或者民政部门作监护人的情形，如何说明、如何征得其明确同意，往往与患者近亲属是不一样的。

本条第 2 款规定，医务人员未尽到前款义务，造成患者损害的，医疗机构应当承担赔偿责任。这里需要说明一点，不是说医务人员尽到了本条第 1 款规定的义务，在后续的诊疗活动中造成患者损害的，医疗机构就可以不承担赔偿责任了。本法第 1221 条规定，医务人员在诊疗活动中未尽到与当时的医疗水平相应的诊疗义务，造成患者损害的，医疗机构应当承担赔偿责任。

> **第一千二百二十条**　因抢救生命垂危的患者等紧急情况，不能取得患者或者其近亲属意见的，经医疗机构负责人或者授权的负责人批准，可以立即实施相应的医疗措施。

【条文主旨】

本条是关于紧急情况下实施医疗措施的规定。

【条文释义】

本法前一条规定了医疗机构的说明义务和患者的知情同意权，本条是针对抢救危急患者等紧急情况所作的特殊规定。《医疗机构管理条例》第33条规定，医疗机构施行手术、特殊检查或者特殊治疗时，必须征得患者同意，并应当取得其家属或者关系人同意并签字；无法取得患者意见时，应当取得家属或者关系人同意并签字；无法取得患者意见又无家属或者关系人在场，或者遇到其他特殊情况时，经治医师应当提出医疗处置方案，在取得医疗机构负责人或者被授权负责人员的批准后实施。本法与《医疗机构管理条例》的规定在本质上是一致的。

本条规定的"不能取得患者或者其近亲属意见"，主要是指患者不能表达意志，也无近亲属陪伴，又联系不到近亲属的情况。因此，不包括患者或者其近亲属明确表示拒绝采取医疗措施的情况。对患者或者其近亲属明确表示拒绝采取医疗措施的，如何处理，能否开展紧急医疗救治，侵权责任法立法过程中就有过争论，分歧较大。

在民法典侵权责任编编纂过程中，有的提出，对实践中近亲属的意见明显不利于患者时，医疗机构是否有权采取相应医疗措施，法律没有规定。为了避免产生争议，建议在本条"不能取得患者或者其近亲属意见的"后增加规定"或者近亲属的意见明显不利于患者的"的表述。我们经过反复慎重研究后认为，在抢救生命垂危的患者等紧急情况下，"不能取得患者或者其近亲属意见的"情况是多种多样，比较复杂的。有的情况是近亲属的决策对患者不利；有的情况是患者病重，家庭负担较重，患者或者其近亲属不愿意继续治疗；还有的情况是，在患者意识清醒时曾经立下遗嘱或者对近亲属明确表示，生命临终要有尊严，不想遭受各种治疗上的痛苦；此外，肯定还有其他一些情形。因此，如果一概规定医疗机构可以实施强行治疗，不但违反了意思自治原则，同时对患者及其家庭也不一定有益。故此，本法没有采纳这一建议。

> **第一千二百二十一条　医务人员在诊疗活动中未尽到与当时的医疗水平相应的诊疗义务，造成患者损害的，医疗机构应当承担赔偿责任。**

【条文主旨】

本条是关于医务人员过错造成损害由医疗机构赔偿的规定。

【 条文释义 】

本法第 1219 条规定，患者在诊疗活动中受到损害，医疗机构或者其医务人员有过错的，由医疗机构承担赔偿责任。民法上的过错包括故意和过失，故意容易理解，如何界定过失是本条的主要着眼点。"尽到与当时的医疗水平相应的诊疗义务"体现了侵权责任法上的重要概念，即注意义务。

在我国侵权责任法律中，依照本条规定，医务人员的注意义务就是应当尽到与当时的医疗水平相应的诊疗义务。尽到诊疗义务的一个重要方面，是诊疗行为符合法律、行政法规、规章以及诊疗规范的有关要求。需要说明的是，医务人员的注意义务并非与诊疗行为合法合规完全等同，这是两个概念。医务人员应当具有的诊疗水平，并非完全能够被法律、行政法规、规章以及诊疗规范的有关要求所涵盖。医务人员完全遵守了具体的操作规程，仍然有可能作出事后证明是错误的判断。医疗行为具有未知性、特异性和专业性等特点，不能仅凭事后证明错误这一点来认定医务人员存在诊疗过错，不能唯结果论；关键要看是不是其他的医务人员一般都不会犯这种错误。因此，本条规定的诊疗义务可以理解为一般情况下医务人员可以尽到的，通过谨慎的作为或者不作为避免患者受到损害的义务。

民法典侵权责任编编纂过程中，对本条的意见主要集中在，建议将"当时的医疗水平"修改为"当时、当地、不同资质的医疗水平"。类似的建议在侵权责任法立法时曾经讨论过。侵权责任法立法时，草案曾经规定，"判断医务人员注意义务时，应当适当考虑地区、医疗机构资质、医务人员资质等因素"。后来考虑到诊疗行为的实际情况很复杂，删去了这一规定。我们认为，社会公众对本条的立法目的可能存在一定的误读。诚然，我国幅员辽阔、各地区之间的医疗资源分布不平均，各地区之间的医疗水平存在差异，这一点应当承认。本条的立法目的，在于医务人员造成患者损害发生医患纠纷时，具体地认定侵权责任的问题。换言之，承担侵权责任需要满足四个要件：医务人员实施了未尽到诊疗义务的行为，医务人员有过错，患者有损害，行为与损害之间有因果关系，本条就是解决医务人员过错的。理解了这一点，就能理解本条的条旨：医务人员的诊疗行为有行政法规、规章和医疗行业的操作规程，这些应当普遍遵守，全国皆准。诊疗行为是否有过错，不因医疗机构处在何地、医疗机构资质如何而不同。同样的手术，不能在北京这样操作就没有过错，在西藏操作就有过错；不能在三级医院操作就没有过错，在二级医院操作就有过错。因此，在探究医务人员是否尽到诊疗义务时，不宜考虑地区、医疗机构资质的差异。同时，因为医疗纠纷解决的时间可能较长，特别是进入诉讼之后，历经一审、二审乃至再审，可能需要数年的时间。数年间诊疗水平肯定发生了进步，判断是否尽到诊疗义务，应当以诊疗行为发生时的诊疗水平为参照才公平合理。

医务人员有过错造成患者损害的，由医疗机构应当承担赔偿责任，这与本法第 1219 条的规定是一致的。

> **第一千二百二十二条** 患者在诊疗活动中受到损害，有下列情形之一的，推定医疗机构有过错：
> （一）违反法律、行政法规、规章以及其他有关诊疗规范的规定；
> （二）隐匿或者拒绝提供与纠纷有关的病历资料；
> （三）遗失、伪造、篡改或者违法销毁病历资料。

【条文主旨】

本条是关于推定医疗机构有过错的情形的规定。

【条文释义】

本法第 1218 条规定，患者在诊疗活动中受到损害，医疗机构或者其医务人员有过错的，由医疗机构承担赔偿责任。这表明医疗损害一般适用过错责任归责原则。本条即规定了例外情形：在本条规定情况下，推定医疗机构有过错。

本条与侵权责任法相比，有三处变化：

一是侵权责任法第 58 条规定的是"患者有损害，因下列情形之一的，推定医疗机构有过错"。考虑到侵权责任法第 54 条和本法第 1218 条均规定"患者在诊疗活动中受到损害"，为了明确本条的适用情形，经研究将侵权责任法第 58 条的相关表述修改为"患者在诊疗活动中受到损害"，以使得条文之间避免矛盾、衔接紧密。

二是侵权责任法第 58 条规定的是"因"下列情形之一的……本法编纂过程中，有的提出，不是"因"本条列举的三种情形，推定医疗机构有过错，应当是医疗机构"有"这三种情形之一的，推定其有过错。经研究，我们采纳这一建议，将"因"修改为"有"。

三是侵权责任法第 58 条第 3 项规定了"伪造、篡改或者销毁"病历资料三种行为。《医疗机构病历管理规定》第 29 条规定：门（急）诊病历由医疗机构保管的，保存时间自患者最后一次就诊之日起不少于 15 年；住院病历保存时间自患者最后一次住院出院之日起不少于 30 年。也就是说，病例的保管有明确的时间要求。实践中医疗机构不按照规定保管病例，或者谎称病例已经遗失而拒不提供的，应当推定为医疗机构有过错。因此，本条第3款将"销毁病历资料"修改为"违法销毁病例资料"，并增加了"遗失"的情形。

本条规定，患者在诊疗活动中受到损害，有下列情形之一的，推定医疗机构有过错，并非当然认定医疗机构有过错。也就是说，医疗机构可以提出反证证明自己没有过错。本条第1项规定的违反法律、行政法规、规章以及其他有关诊疗规范的规定，是医疗机构存在过错的表面证据，并且是一种很强的表面证据，因此，本条规定这种情形下推定存在过错。但医务人员有过错与违反法律、行政法规、规章以及诊疗规范的规定毕竟不是等同的概念。例如，遇有抢救危急患者等特殊情况，医务人员可能采取不太合规范的行为，但如果证明在当时情况下该行为是合理的，也达到了抢救的目的，就可以认定医疗机构没有过错。

本条第2项和第3项规定的情形：一方面反映了医疗机构的恶意；另一方面使患者难以取得与医疗纠纷有关的证据资料，这时再让患者举证已不合理。因此，推定医疗机构有过错。

> **第一千二百二十三条** 因药品、消毒产品、医疗器械的缺陷，或者输入不合格的血液造成患者损害的，患者可以向药品上市许可持有人、生产者、血液提供机构请求赔偿，也可以向医疗机构请求赔偿。患者向医疗机构请求赔偿的，医疗机构赔偿后，有权向负有责任的药品上市许可持有人、生产者、血液提供机构追偿。

【条文主旨】

本条是关于因药品、消毒产品、医疗器械的缺陷输入不合格的血液造成患者损害的损害赔偿请求权的规定。

【条文释义】

对药品、消毒产品、医疗器械等概念，法律法规中均有定义。2019年修订的药品管理法规定了药品上市许可持有人制度。对药品上市许可持有人的责任，药品管理法第144条作了规定。因此，本法为了与药品管理法的最新规定相衔接，在侵权责任法的基础上增加了药品上市许可持有人责任的规定。

药品、消毒产品、医疗器械、输入的血液都属于本法规定的产品。因产品存在缺陷造成损害的，可以依照"产品责任"一章的规定确定请求赔偿的主体。之所以规定医疗机构，系侵权责任法立法过程中了解到，许多患者因药品、消毒产品、医疗器械的缺陷，或者输入不合格的血液受到损害后，都有被相互推诿，求偿困难的经历。当时由于法律缺乏明确的规定，患者在这方面寻求司法保护的效果也不理想。侵权责任法考虑到当时的医疗管理体系情况，患者使用药品、消毒产品、医疗器械或者输入的血液绝大多数都是在医院进行的。对输入不合格的血液，医疗机构因过错致使患者受到输血损害的，应当承担侵权责任；无过错输血造成患者损害的，因医疗机构与其他销售者相比，更具专业性，对于血液和血液制品，医疗机构都应负有最终的把关责任，这种责任关系着患者的生死存亡，作为专业机构和专业人员，医院和医生有能力与责任对血液和血液制品进行鉴别，而患者比一般消费者而言，在专业性方面更处于劣势，医疗机构的责任不应当比一般销售者的责任更低。因此，也应当承担赔偿责任。所以，为了更好地维护患者的权益，便利患者受到损害后主张权利，侵权责任法第59条明确规定"患者可以向生产者或者血液提供机构请求赔偿，也可以向医疗机构请求赔偿"。同时规定，如果患者向医疗机构请求赔偿，医疗机构赔偿后，有权向负有责任的生产者或者血液提供机构追偿。本法继承了侵权责任法的规定，结合药品管理法对药品上市许可持有人的规定，作了必要的补充完善。

本法编纂过程中，有的提出，随着我国医药卫生体制改革，医疗机构仅是医疗用品的使用单位，而不应视为经营者。建议在"生产者"后增加"经营者"。有的建议将"患者可以向药品上市许可持有人、生产者、血液提供机构请求赔偿，也可以向医疗机构请求赔偿"修改为"患者可以向药品上市许可持有人、生产者、血液提供机构、医疗机构请求共同赔偿"，即列为共同被告，理由是实践中医疗机构承担的赔偿费用太高，追偿时有的生产者、经营者已经破产，只能自己承担相关费用。经反复研究后我们认为，一是本条是产品责任在医疗损害责任领域的细化与强调，是为在患者遭受损失时给予明确的、直接的法律指引。医疗机构使用了缺陷医疗产品或者不合格血液制品，患者面对的是医疗机构，产品上写明的是生产者，并不能知道谁是经营者。因此，本条并没有规定经营者。当然，对经营者并不是不能追责。依照本法第1203条的规定，缺陷医疗产品或者不合格血液制品也属于产品，当然可以依据这一条的规定追究经营者的责任。二是本条的法理基础是给予患者两种选择权，是给患者多一条救济的渠道；同时也赋予医疗机构的追偿权，向真正的责任人进行追偿。

第一千二百二十四条　患者在诊疗活动中受到损害，有下列情形之一的，医疗机构不承担赔偿责任：

（一）患者或者其近亲属不配合医疗机构进行符合诊疗规范的诊疗；

> （二）医务人员在抢救生命垂危的患者等紧急情况下已经尽到合理诊疗义务；
>
> （三）限于当时的医疗水平难以诊疗。
>
> 前款第一项情形中，医疗机构或者其医务人员也有过错的，应当承担相应的赔偿责任。

【条文主旨】

本条是关于医疗机构不承担赔偿责任的情形的规定。

【条文释义】

本条与侵权责任法相比，有三处变化：

一是侵权责任法第60条规定的帽子是"患者有损害，因下列情形之一的，医疗机构不承担赔偿责任"。考虑到侵权责任法第54条和本法第1218条、第1222条均规定"患者在诊疗活动中受到损害"，为了明确本条的适用情形，经研究将侵权责任法第60条的帽子的相关表述修改为"患者在诊疗活动中受到损害"，以使得条文之间避免矛盾、衔接紧密。

二是侵权责任法第58条规定的是"因"下列情形之一的……本法编纂过程中，有的提出，不是"因"本条列举的三种情形，医疗机构才不承担赔偿责任；应当是医疗机构"有"这三种情形之一的，不承担赔偿责任。经研究，我们采纳这一建议，将"因"修改为"有"。

三是与本法第1218条的表述保持一致，将"医疗机构及其医务人员"修改为"医疗机构或者其医务人员"。

侵权责任编第一章规定了一般情况下免责和减责情形的情形。例如，本法第1174条规定，损害是因受害人故意造成的，行为人不承担责任。本法第1175条规定，损害是因第三人造成的，第三人应当承担侵权责任。这些规定对于医疗损害责任也是适用的。除了上述规定，鉴于医疗损害责任的特殊性，本条规定了三种医疗机构不承担责任的情形。

1. 患者或者其近亲属不配合医疗机构进行符合诊疗规范的诊疗因患者一方不配合医疗机构进行符合诊疗规范的诊疗而导致患者损害的，是否可以完全免除医疗机构的赔偿责任，不能一概而论。医疗损害责任的归责原则是过错责任，医务人员是否合理地履行了说明义务及相应的诊疗义务，这是医疗机构最终是否承担责任的基础。因此，尽管有患者或者其近亲属不配合医疗机构进行符合诊疗规范的诊疗行为，如果医疗机构或者其医务人员也有过错的，医疗机构仍应对患者的损害承担相应的责任；反之，若医务人员已经尽到相应义务，患者的损害是因患者或者其近亲属不配合的行为所致，则医疗机构对此不应当承担赔偿责任。

2. 医务人员在抢救生命垂危的患者等紧急情况下已经尽到合理诊疗义务。一是抢救生命垂危的患者等紧急情况。对患者的紧急救治是医疗机构及其医务人员的职责之一。紧急性可以概括为两类：一是时间上的紧急性，它是指医师的诊疗时间非常短暂，在技术上不可能作出十分全面的考虑及安排；二是事项上的紧急性，它是指采取何种治疗措施直接关系到患者的生死存亡需要医师作出紧急性的决断。判断是否构成紧急情况，除了依据法律、法规和规章的规定外，还需要考虑患者的生命健康受到伤病急剧恶化的威胁，患者生命受到的威胁是正在发生和实际存在的，不立即采取紧急救治措施必然导致患者死亡的后果。

在理解本条第 2 项的内容时，必须同《医疗事故处理条例》的规定区别开来。《医疗事故处理条例》第 33 条第 1 项解决是否构成医疗事故的问题；本项解决是否承担赔偿责任的问题。

3. 限于当时的医疗水平难以诊疗的。医疗行为具有高技术性、高风险性、复杂性以及不可控因素，还有很多未知领域需要探索。有时，医疗结果具有不确定性和不可预见性。因此，法律对医务人员采取的诊疗行为是否存在过错的判断，只能基于当时的医学科学本身的发展，即是否尽到与当时的医疗水平相应的诊疗义务，尽到该项义务的，就视为医疗机构及其医务人员没有过错，对于患者的损害不承担赔偿责任。

需要特别说明的问题：一是医疗机构及其医务人员对患者进行诊疗，并不负有保证治愈的义务。二是本条规定的几项免责事由，并不是单纯向医方利益倾斜的表现，而是考虑到广大患者利益以及整个医疗行业健康发展的需要而在法律制度上所作的平衡。对医疗机构的责任，如果法律规定得过于严格，可能会导致医务人员在诊疗活动中大量采取保守性甚至防御性治疗措施，对于存在风险的治疗方案畏首畏尾，最终牺牲的还是广大患者的利益。法律在制度上为医务人员在医学科学技术的探索和创新上提供保障，也是最终为广大患者利益服务的需要。

> **第一千二百二十五条　医疗机构及其医务人员应当按照规定填写并妥善保管住院志、医嘱单、检验报告、手术及麻醉记录、病理资料、护理记录等病历资料。**
>
> **患者要求查阅、复制前款规定的病历资料的，医疗机构应当及时提供。**

【条文主旨】

本条是关于医疗机构对病历的义务及患者对病历的权利的规定。

【条文释义】

病历资料在发生医患纠纷时是医疗侵权诉讼中极为关键的证据，必须在合理的限度内赋予患者查阅和复制这类资料的权利，以平衡双方在举证责任能力上的悬殊，侵权责任法第61条对此作了规定。

在民法典侵权责任编编纂过程中，有的提出，实践中有些医疗机构以种种借口拖延向患者提供病例资料的时间：一是激化了医患双方的矛盾；二是导致患者提供证据不能，建议对医院向患者提供病历资料作时限方面的要求。我们研究认为，强调医疗机构履行提供病例资料义务的时限是必要的，但是究竟规定多长时间合适，还要考虑病例资料数量的多少、形成时间、病情等情况，以及相关诊疗规范、不同医疗机构习惯做法的差别。因此，民法典中较难作统一规定，可原则性提出要求和上位法依据，由有关行政法规规章、诊疗规范详细规定。因此，本条将侵权责任法第61条第2款"医疗机构应当提供"的规定修改为"医疗机构应当及时提供"。

一、"病历资料"的含义和范围

《医疗机构病历管理规定》第19条作了规定。这一版本的《医疗机构病历管理规定》将"医疗费用"从病历资料中删除，因此，本条在侵权责任法的基础上相应删除了"医疗费用"。

二、患者查阅、复制权利的保障和行使

1. 查阅、复制权利的保障。对于诊疗活动中产生的病历资料，必须在公平、合理的限度内保障患者一方的查阅和复制权利。《医疗纠纷预防和处理条例》第16条第2款规定作了详细规定。

2. 查阅、复制权利的行使主体。患者本人当然是行使这一权利的主体。除患者本人外，《医疗纠纷预防和处理条例》第16条第3款、第17条规定了可以查阅、复制的其他主体。

3. 医疗机构向患者提供查阅、复制病历资料的范围。《医疗机构病历管理规定》作了明确和具体的规定，

4. 拒绝提供相关病历资料的法律后果。在民事责任上，依照本法第1222条第2项的规定，患者在诊疗活动中受到损害，医疗机构隐匿或者拒绝提供与纠纷有关的病历资料的，推定医疗机构有过错。在推定过错的情况下，如果医疗机构没有相反证明，则"推定"的过错将被"认定"为过错，医疗机构将承

担不利的法律后果。

> **第一千二百二十六条**　医疗机构及其医务人员应当对患者的隐私和个人信息保密。泄露患者的隐私和个人信息，或者未经患者同意公开其病历资料的，应当承担侵权责任。

【条文主旨】

本条是关于患者隐私和个人信息保护的规定。

【条文释义】

本法总则编第五章民事权利规定了隐私权和个人信息，人格权编第六章详细规定了隐私权和个人信息的保护的内容。基于医患关系的特殊性以及医患纠纷中的现实矛盾，本条医疗领域的隐私和个人信息保护作了专门规定。

正确理解本条的规定，需要从以下几个问题把握：

一、医疗机构及其医务人员侵害患者隐私和个人信息的表现形式

医务人员在其执业活动中极易掌握患者的隐私和个人信息。医疗机构及其医务人员侵犯患者隐私权和个人信息的情况可大体分为两种：一是泄露患者的隐私和个人信息；二是未经患者同意公开其医学文书及有关资料。

二、关于承担侵权责任的条件

侵权责任法第 62 条规定，无论是泄露患者隐私和个人信息，还是未经患者同意公开医学文书及有关资料，只有在造成患者损害的情况下，医疗机构才承担侵权责任。在民法典侵权责任编编纂过程中，有的提出，医疗机构及其医务人员泄露患者的隐私和个人信息，或者未经患者同意公开其病历资料是一种较为严重的侵权行为，有可能对患者的生活、工作和学习造成重大影响。为遏制这种行为，加强对诊疗活动中自然人隐私和个人信息的保护，法律应当明确规定，无论该行为对患者是否造成损害，医疗机构及其医务人员都应当承担侵权责任。经研究，我们采纳了该意见，删去侵权责任法第 62 条的"造成患者损害"才承担侵权责任的规定。

> **第一千二百二十七条**　医疗机构及其医务人员不得违反诊疗规范实施不必要的检查。

【条文主旨】

本条是关于医疗机构及其医务人员不得违反诊疗规范实施不必要检查的规定。

【条文释义】

本条所针对的"不必要的检查行为"是社会上比较关注的"过度检查"问题。侵权责任法起草过程中，曾经使用了"过度检查"的表述。但是，有意见认为，"过度检查"非法律用语，并且何为"过度检查"，含义不明确，难以判断，建议删除。但也有意见认为，"过度检查"的现象当前确实存在，不仅给患者造成不必要的经济负担，有的过度检查甚至对患者身体带来不良影响。因此，为了维护患者的合法权益，对该问题作出禁止性规范是必要的。还有意见认为，不仅应当对"过度检查"作出禁止性规范，还应当规定其法律后果，如医疗机构应当退回不必要诊疗的费用，造成患者损害的，还应当承担赔偿责任。也有不同意见认为，在何为"过度检查"不明确的情况下，退费问题难以操作，同时，建议以"不必要的检查"代替"过度检查"的表述，并进一步明确"不必要的检查"的判断标准。在对各方意见进行综合考量的基础上，侵权责任法第63条规定，医疗机构及其医务人员不得违反诊疗规范实施不必要的检查。民法典侵权责任编继承了侵权责任法的规定，判断"检查"是否为"不必要"，标准是是否符合诊疗规范即诊疗需求。

过度检查一般是指由医疗机构提供的超出患者个体和社会保健实践需求的医疗检查服务，医学伦理学界把它称为"过度检查"。过度检查具有以下特征：（1）为诊疗疾病所采取的检查手段超出疾病诊疗的基本需求，不符合疾病的规律与特点。（2）采用非"金标准"的诊疗手段，所谓"金标准"，是指当前临床医学界公认的诊断疾病的最可靠方法。较为常用的"金标准"有活检、手术发现、微生物培养、特殊检查和影像诊断，以及长期随访的结果等。（3）费用超出与疾病对基本诊疗需求无关的过度消费。有的意见提出，近年来，公立医院公益性质淡化，有过分追求经济利益倾向。由于政府投入不足，不少公立医院运行主要靠向患者收费，出现过分依赖市场的导向。有人错误地认为医疗改革就是赚钱，把医疗引入商业化道路。与医院服务相关的药品和医疗器材生产流通秩序混乱，价格虚高，这些都成为诱发过度检查问题的社会因素。对于患者来说，过度检查导致医疗费用激增。过度检查不仅给患者造成过重经济负担，对其身体也带来不必要的风险和损害。

> **第一千二百二十八条** 医疗机构及其医务人员的合法权益受法律保护。
>
> 干扰医疗秩序，妨碍医务人员工作、生活，侵害医务人员合法权益的，应当依法承担法律责任。

【条文主旨】

本条是关于维护医疗机构及其医务人员合法权益的规定。

【条文释义】

当前医患矛盾属于社会关注的焦点问题之一，近年来医疗纠纷明显增多。当前医患双方的极度不信任导致医患关系的紧张，这种紧张状态又促使医疗纠纷不断升级。法律介入医疗活动的目的是实现医患双方权利的平衡和利益的协调，并非去解释或者解决本属于医学理论和医疗科学方面的问题。因此，在法律制度设计上，既要考虑患者作为医疗活动中弱势一方的利益保护，也应兼顾到医学行业本身的特点，如医学科学的局限性、医疗行业的高风险性。法律不仅仅为遭受医疗过错损害的患者提供保护，同样，对于医疗机构及其医务人员的合法权益，法律也要保护，医疗行业的健康、有序发展是整个社会公益的需要。因此，本法对医疗机构及其医务人员的合法权益的保护作了规范。立法过程中，不断有意见提出，本条规定属于行政法上的内容，与侵权责任法无关，建议本法不作规定。但是，也有意见认为，考虑到当前医患矛盾较为突出的现状，尤其是"医闹""伤医"事件屡有发生，已经严重干扰了正常的医疗秩序，对医务人员的生命财产安全、工作和生活安宁造成很大影响。在这种情况下，民法典不仅要对正在发生的权利义务关系作出调整和平衡，还应对将来可能发生的冲突作出法律上的指引，这也符合侵权责任法"预防和制裁侵权行为"的立法目的。

本条在侵权责任法第64条的基础上，将"干扰医疗秩序，妨碍医务人员工作、生活，侵害医务人员合法权益的，应当依法承担法律责任"单作一款进行规定，以突出民法对医务人员人身财产安全的保护和重视。需要说明的是，干扰医疗秩序，妨碍医务人员工作、生活，侵害医务人员合法权益的，除了承担民事赔偿责任，还涉及行政责任和刑事责任。2015年，刑法修正案（九）已正式将"医闹"入刑；2016年，原国家卫生计生委、中央综治办、公安部和司法部印发了《关于进一步做好维护医疗秩序工作的通知》；2019年年底，基本医疗卫生与健康促进法经全国人大常委会表决通过。暴力伤医是文明之耻，社会之伤，法律法规不断为医生撑起保护伞，但问题的关键在于：一是要采取必要措施防患于未然，例如，加强医生工作环境的安全防范系统建设，加强医院及周边巡逻防控，健全警医联动机制。二是要有法必依、执法必严，对各类伤医、闹医等行为依法果断处置，严厉打击伤害医务人员的违法犯罪行为。

第七章　环境污染和生态破坏责任

本章专章规定了环境污染和生态破坏责任。此次制定侵权责任编过程中，对本章进行了修改、补充和完善。本章共七条，主要包括两个方面内容：一是私益损害，行为人因污染环境、破坏生态造成他人合法权益损害的，应当承担侵权责任。二是生态环境损害，行为人违反国家规定造成生态环境损害的，应当依法承担修复责任。

> **第一千二百二十九条　因污染环境、破坏生态造成他人损害的，侵权人应当承担侵权责任。**

【条文主旨】

本条是关于环境污染和生态破坏侵权责任的一般规定。

【条文释义】

当前，我国面临环境污染严重、生态系统退化的严峻形势，对此，人民群众反映强烈，党中央高度关注。党的十八大以来，以习近平同志为核心的党中央高度重视生态文明建设，把生态文明建设作为统筹推进"五位一体"总体布局和协调推进"四个全面"战略布局的重要内容，加快推进生态文明顶层设计和制度体系建设，十八届三中、四中全会和十九大、十九届四中全会通过的决定，均强调"用严格的法律制度保护生态环境"，相继出台《关于加快推进生态文明建设的意见》《生态文明体制改革总体方案》，制定了40多项涉及生态文明建设的改革方案，从总体目标、基本理念、主要原则、重点任务、制度保障等方面对生态文明建设进行全面系统部署安排。

2009年通过的侵权责任法第65条规定："因污染环境造成损害的，污染者应当承担侵权责任。"在侵权责任编草案征求意见过程中，一些单位和学者建议增加破坏生态侵权责任的内容。对此曾有不同意见，一种意见认为，侵权责任法第65条中的"环境"是广义上的环境，既包含狭义上的生活环境，也包括生态环境，没有必要作出修改。另一种意见认为，2013年党的十八届三中全会通过的《中共中央关于全面深化改革若干重大问题的决定》提出"完善环境治理和生态修复制度"，2014年修订的环境保护法第64条规定："因污染环境和破坏生态造成损害的，应当依照《中华人民共和国侵权责任法》的有关规定承担侵权责任。"2017 年年底中央正式发布《生态环境损害赔偿制度改革方案》也作同样的表述。这几个文件都将"环境"与"生态"两个词并列使用，为保持法律规定以及与中央文件表述的一致性，作出修改为宜。经反复研究讨论，采纳后一种意见，将原"污染环境"修改为"污染环境、破坏生态"。"污染环境"指对生活环境的污染，"破坏生态"指对生态环境的破坏。既包括对大气、水体、海洋、土地等生活环境的污染，也包括对生物多样性的破坏、破坏生态环境和自然资源造成水土流失等生态环境的破坏；既包括水污染、大气污染、噪声污染等传统的污染，也包括光污染、辐射污染等新型污染。总而言之，侵权人因污染环境、破坏生态造成他人损害的，应当承担侵权责任。

根据本条规定，环境侵权责任继续作为一种特殊类型侵权责任，适用无过错责任归责原则。根据无过错责任原则，在受害人有损害、污染者的行为与损害有因果关系的情形下，不考虑侵权人是否存在过错，都应当对其污染行为造成的损害承担侵权责任。在起草侵权责任编过程中，对这一问题基本没有争议，学术界和实务界等各方面意见基本一致。主要考虑到，在环境侵权中，造成损害的污染物主要来源于现代工业生产排放的废水、废气、固体废物等污染物，受害人并不具有专业知识，很难证明加害人具有过错，只有实行无过错责任原则，才能有效保护受害人的合法权益。需要注意的是，本条主要规范因工业生产或者其他人为活动造成环境污染、生态破坏而对他人的人身、财产造成损害的行为，相邻关系人之间的生活污染行为不包括在内，相邻关系人的环境污染发生在相邻不动产所有人或者占有人之间，由物权法调整，造成损失主张赔偿的，适用侵权责任一般过错原则。

对企业排污符合规定的标准但造成损害的情况是否应当承担侵权责任的问题，在 2009 年制定侵权责任法时有不同意见，这次编纂民法典过程中也有意见提出这个问题。有的认为，企业排污符合规定的标准时应减轻或者免除企业的侵权责任，如果符合规定的标准也应承担侵权责任，会削弱企业的环保意识，加重企业的负担，就有经营困难甚至破产的可能，如果符合排放标准仍造成损害，应由国家出台更高的标准，否则应由国家承担相应的责任。有的意见认为，即使排污符合规定的标准，造成损害也应当承担侵权责任。环境侵权责任采用无过错责任原则，侵权人承担责任的理由在于其从事的活动所具有的危险性，并不要求污染行为本身具有违法性；国家或者地方规定的污染物排放标准，是环境保护主管部门决定排污单位是否需要缴纳排污费和进行环境管理的依据，并不是确定排污者是否承担赔偿责任的界限；即使排污符合标准，给他人造成损害的，也应当根据有损害就要赔偿的原则，承担侵权责任。2015 年《最高人民法院关于审理环境侵权责任纠纷案件适用法律若干问题的解释》也坚持这一立场，其中第 1 条规定，污染者以排污符合国家或者地方污染物排放标准为由主张不承担责任的，人民法院不予支持。从侵权责任法到侵权责任编，对这一问题的看法是一致的。

> **第一千二百三十条** 因污染环境、破坏生态发生纠纷，行为人应当就法律规定的不承担责任或者减轻责任的情形及其行为与损害之间不存在因果关系承担举证责任。

【条文主旨】

本条是关于环境污染和生态破坏侵权举证责任的规定。

【条文释义】

我国对环境侵权实行因果关系的举证责任倒置。所谓举证责任倒置，是指在法律规定的一些特殊情形下，将通常应由提出事实主张的当事人所负担的举证责任分配给对方，由对方对否定该事实承担举证责任，如果该方当事人不能就此举证证明，则推定事实主张成立的一种举证责任分配制度。它是举证责任分配的一种特殊表现形式，是相对于一般举证责任分配规则的正常分配结果而言的。其实质便是免除本应由原告承担的举证责任，而就待证事实的反面事实，由被告承担举证责任。将污染行为与损害之间的因果关系的举证义务加于污染者，有利于保护受害人的合法权益。

一、行为人应当就法律规定的不承担责任或者减轻责任的情形承担举证责任

在起草过程中，有的意见提出，根据民事诉讼举证责任的分配规则，"法律规定的不承担或者减轻责任的情形"的举证责任本来就在污染者一方，建议删除这句话。实际上，这句话是有其内在意义的，一般而言，不承担或者减轻责任的情形当然由被告方承担举证责任，这不需要法律特别强调，但是环境侵权广义上属于高度危险作业，适用无过错责任归责原则，每种高度危险作业的免责事由是不一样的，多数情形不可抗力可以免责，有的则不可以，如根据本法第 1237 条规定，民用核设施造成他人损害的，除战争、武装冲突、暴乱、受害人故意可以免责，因地震等不可抗力造成损害的，仍然应当承担侵权责任。所以，这句话实际上是明确了侵权人的免责事由。

二、行为人应当就其行为与损害之间不存在因果关系承担举证责任

侵权责任构成中的因果关系，是指违法行为作为原因，损害事实作为结果，在它们之间存在的前者引起后果，后者被前者所引起的客观联系。环境侵权适用无过错责任原则，过错不是构成环境侵权责任的要件，所以，因果关系是确定环境侵权能否成立的最重要的要件。

在一般侵权关系中，加害行为与损害结果之间是否存在法律上的因果关系，学界通说主张采用相当因果关系说，其关键在于，作为原因被考察的事件是否通常会增加损害后果出现的客观可能性。法官依据一般社会见解，按照当时社会所达到的知识和经验，只要一般人认为在同样情形有发生同样结果之可能性即可，存在这种因果关系的举证责任由受害人承担。但是，在环境侵权责任中，由受害人对行为人的行为与其损害之间存在因果关系进行举证非常困难，如果仍然按照民事诉讼中"谁主张，谁举证"原则，由受害人承担因果关系的举证义务，则受害人很难获得救济，这是由环境污染侵权的特殊性决定的。

第一，环境污染损害一般具有长期性、潜伏性、持续性、广泛性的特点，有的环境污染损害地域广泛，污染源与损害结果地距离很远，有的损害结果往往不是即时完成的，而是日积月累慢慢形成的，所以即使产生损害，往往时过境迁，证据灭失，很难判断损害事实是否由某侵权行为造成，使因果关系的证明非常困难。

第二，环境污染造成损害的过程具有复杂性，损害并非总是由污染物直接作用人身和财产造成的，往往是污染物与各环境要素或者其他要素相互之间发生物理、化学、生物的反应，经过迁移、扩散、转化、代谢等一系列中间环节后才起作用。甚至有的时候，污染物本身是不会致害的，但和其他因素一起作用就产生了损害，使因果关系表现得十分隐蔽和不紧密，认定十分困难。

第三，有的环境污染侵权涉及一系列的物理、化学、生物、地理、医学等专业知识甚至一些高科技知识，要证明行为与损害事实之间的因果关系，必须具备相关的专门科学技术知识和仪器设备，这些知识、技术和仪器并非平常人所能具备。甚至在一些时候，在现在的科学技术条件下，一些环境污染损害的因果关系还无法认定。

第四，在确定因果关系时，多因一果的现象经常出现，如数家工厂向同一河流排污，河水被污染致使饮用该河水的居民感染疾病，在这种情况下，受害人很难或根本无法证明谁是致害人，证明因果关系更困难。

正因为环境污染侵权的这些特殊性，导致环境污染的因果关系链条十分复杂，所以要证明这些因果关系链条就更为复杂，由受害人承担因果关系的举证责任有非常大的难度。为了减轻环境侵权受害人的举证负担，更迅速地救济受害人，举证责任转移或倒置制度便应运而生。

需要注意的是，在环境侵权责任中适用因果关系举证责任倒置，并不意味着受害人就不用负担任何举证义务，在诉讼中，受害人应当首先证明污染行为与损害结果之间存在联系，即存在因果关系的可能性和初步证据，只是这种可能性并不需要如相当因果关系理论要求的那样达到高度盖然性。

> **第一千二百三十一条** 两个以上侵权人污染环境、破坏生态的，承担责任的大小，根据污染物的种类、浓度、排放量，破坏生态的方式、范围、程度，以及行为对损害后果所起的作用等因素确定。

【条文主旨】

本条是关于两个以上侵权人造成损害的责任的规定。

【条文释义】

实践中，很多环境侵权往往不是由某一个企业排污造成的，而是多个企业排放污染共同造成的，这就是环境共同侵权行为。关于两个以上行为人污染环境、破坏生态造成损害，行为人对外是承担连带责任还是按份责任有不同意见。一种意见认为，应当规定污染者对外承担连带责任，再根据污染物排放量等因素确定排污者的内部责任，这样有利于救济受害人。另一种意见认为，应当规定污染者承担按份责任。经研究认为，环境共同侵权较为复杂，不能一概而论，本条主要规范两个以上侵权人造成他人损害时的内部责任划分，多个侵权人对外如何承担责任，应当根据侵权责任编一般规定确定。民法典侵权责任编一般规定对多人侵权分别不同情形作了规定，本法第1168条规定了共同侵权，本法第1171条规定了分别实施侵权行为承担连带责任的情形，本法第1172条规定了分别侵权。

适用本条环境共同侵权需要满足以下要件：一是多个侵权主体，有两个或者两个以上的行为人实施了污染环境、破坏生态行为。二是行为人实施了污染环境、破坏生态的行为，因环境侵权采用无过错责任，不需要考虑行为人的主观过错，行为人之间是否存在意思联络，都不影响适用本条。当然，如果受害人能够证明多个行为人之间存在"故意"的意思联络，根据本法第1168条规定："二人以上共同实施侵权行为，造成他人损害的，应当承担连带责任。"毫无疑问构成共同侵权，但实践中，"共同故意"的情形极为罕见。三是数个侵权行为与损害有总体上的因果关系，并不是单个侵权行为与损害之间有因果关系。四是造成了同一损害。多个侵权人分别排放污染，造成不同种类的损害，如一个企业排放污水，另一个企业排放有毒气体，造成的损害存在明显区别，不构成环境共同侵权，而是根据各自行为造成的损害后果承担侵权责任。

环境共同侵权不仅要解决多个侵权人的外部责任，也要解决多个侵权人内部如何划分责任。从理论上讲，每个侵权人承担责任大小的依据是侵权人的污染行为在导致损害的结果中所占的原因力的比例。但是，环境污染中原因力的确定比较复杂，要综合根据污染物的种类、浓度、排放量，破坏生态的方式、范围、程度，以及行为对损害后果所起的作用等因素确定。排放污染物的种类是指导致损害结果的污染物的种类，如一家企业既排放 A 有害物质又排放 B 有害物质，在确定致害污染物只是 A 有害物质的情况下，只考虑 A 有害物质的排放来确定。污染物浓度是指单位体积内所含污染物的量，排放量是排放污染物总量乘以排放浓度，如一家企业排放污水 10 吨，浓度是 0.1%，另一家企业排放污水 5 吨，浓度是 0.2%，排放量的计算是排放污水总量乘以排放浓度，并非单指排放污水总量。破坏生态的方式包括但不限于乱捕滥猎、乱砍滥伐、毁林造田，范围指受到损害的生态环境因素，如动物种群、植物种群、植物覆盖等，程度指与物种种群数量、密度、结构等与生态环境基线的差异。

当然，除了本条列举的外，排放物质的致害性、排放地与损害发生地的距离、排放时间、排放频率等多种因素也会对判断行为人的责任大小产生影响。《最高人民法院关于审理环境侵权责任纠纷案件适用法律若干问题的解释》第 4 条规定："两个以上污染者污染环境，对污染者承担责任的大小，人民法院应当根据污染物的种类、排放量、危害性以及有无排污许可证、是否超过污染物排放标准、是否超过重点污染物排放总量控制指标等因素确定。"

> **第一千二百三十二条　侵权人违反法律规定故意污染环境、破坏生态造成严重后果的，被侵权人有权请求相应的惩罚性赔偿。**

【条文主旨】

本条是关于侵权人承担惩罚性赔偿的规定。

【条文释义】

填平原则，又称补偿性赔偿原则，一直是民法特别是侵权损害赔偿坚持的基本原则，是指在确定损害赔偿时应以受害人的实际损失为准，损失多少赔多少，受害人不能从中获取超过损失的利益。环境侵权同样遵从这一原则，但在司法实践中，受害人多处于弱势地位，经济实力不足；由于环境侵权诉讼专业性较强，即便实行因果关系举证责任倒置，受害人只须证明污染行为与损害后果之间存在关联性，由于信息不对称，也是困难重重；损害鉴定评估周期长、费用高，有些案件中鉴定费用甚至超过赔偿金额。所以，总体而言，环境损害赔偿数额较低，往往不足以弥补实际损害，更难以震慑企业排污行为。

一、建立环境侵权惩罚性赔偿制度的意义

一是有利于充分救济受害人，鼓励受害人积极维权。正如前面所述，由于环境侵权诉讼存在种种困难，环境侵权赔偿数额往往不足以覆盖受害人的实际损害，甚至低于律师费、鉴定费等，使得很多受害人存在畏难情绪，不愿意提起诉讼。增加规定惩罚性赔偿，能够增加受害人对赔偿数额的预期，提高受害人的维权积极性。

二是有利于惩罚恶意侵权人。有些污染环境和破坏生态行为恶劣，损害后果严重，而且严重影响社会的可持续发展。尽管环境侵权适用无过错责任，不考虑侵权人主观是否有过错，都要承担侵权责任，但在计算赔偿数额时，行为人是否有过错以及过错程度是需要重点考量的因素之一。侵权人主观有恶意，其行为的非难性更强，更应当受到法律的否定性评价，惩罚性赔偿制度主要聚焦于此，恶意侵权人付出的赔偿数额要高于一般侵权人，从经济上给予其严厉打击，彰显惩罚性，遏止恶意侵权行为。

三是有利于警示他人不得实施类似行为。惩罚性赔偿不仅具有惩罚作用，还有阻吓作用，使可能的行为人对侵权后果望而生畏，不敢再重蹈覆辙，避免类似行为再次发生。

二、环境侵权惩罚性赔偿的构成要件

1. 侵权人实施了不法行为。根据本条规定，侵权人的环境污染和破坏生态行为应当违反了法律规定。在起草过程中，有的学者认为将"违反法律规定"作为惩罚性赔偿的构成要件不合理，加重了受害人的举证负担，不利于对受害人的全面救济。有的学者认为，只有行为人的行为违反了国家环境行政法律法规的规定，才有可能构成惩罚性赔偿，如果民法惩罚合法排污行为，则与环境行政法律发生冲突，法律对企业行为的指引功能会发生错乱，企业将无所适从。

经研究认为，惩罚性赔偿不同于普通环境侵权，其赔偿数额更高，具有普通环境侵权不具备的惩罚功能，构成要件应当更为严格。企业的排污行为只要符合国家环境行政法律法规的要求，从行政法的角度看，那就是合法的，企业的正常生产经营活动不仅是社会正常发展所必需的，也应当为法律所保护和鼓励，对企业的排污行为施以惩罚，必须以企业违反法律规定为前提，否则不具有正当性。

2. 侵权人主观具有故意。根据本条规定，侵权人的主观状态应当是故意。这是惩罚性赔偿与普通环境侵权的又一点显著不同，在起草过程中，大家一致认为，惩罚性赔偿制度的设计初衷就是针对恶意侵权人，但对如何定义恶意，也有不同看法。有的建议规定为故意或者重大过失，若仅规定故意，不恰当地缩小了惩罚性赔偿的适用范围，降低受害人主张的积极性。

经研究认为，在环境侵权引入惩罚性赔偿制度之初，不宜将范围扩得过大。"故意"作为一种主观状态，难以直接证明，实践中一般通过侵权人的行为来认定，如侵权人多次非法排污并受到行政机关处罚，侵权人将未经处理的废水废气废渣直接排放或者倾倒，侵权人关闭环境在线监测系统或者故意干扰监测系统，侵权人在正常排污设施外留有偷排孔等，这些都能证明侵权人对其排污行为可能造成的后果，绝对不是因为疏忽大意，而是故意为之，放任严重后果的发生。

3. 造成严重后果。根据本条规定，侵权人的行为造成严重后果的，才可能构成惩罚性赔偿。惩罚性赔偿具有惩罚功能，在适用上应当遵循谦抑原则，不能对侵权人动辄就处以惩罚性赔偿。惩罚性赔偿制度应当聚焦于损害后果严重的侵权行为，不仅对受害人的人身、财产造成严重损害，还可能对生态环境造成严重损害甚至不可逆转的损害。2009 年侵权责任法第 47 条规定："明知产品存在缺陷仍然生产、销售，造成他人死亡或者健康严重损害的，被侵权人有权请求相应的惩罚性赔偿。"第一次明确在民法中引入惩罚性赔偿概念，同样要求"严重损害"的后果。

> **第一千二百三十三条** 因第三人的过错污染环境、破坏生态的，被侵权人可以向侵权人请求赔偿，也可以向第三人请求赔偿。侵权人赔偿后，有权向第三人追偿。

【条文主旨】

本条是关于因第三人的过错污染环境和破坏生态责任的规定。

【条文释义】

本条规定的是如果污染环境造成损害是由于第三人的过错引起的，责任如何承担的问题。多数意见认为属于不真正连带责任。不真正连带责任，是指多数行为人违反法定义务，对一个受害人实施加害行为，或者不同行为人基于不同的行为而致使受害人的权利受到损害，各个行为人对产生的同一内容的侵权责任，各负全部赔偿责任，并因行为人之一的履行而使全体责任人的责任归于消灭的侵权共同责任形态。

本条规定的第三人，是指除污染者与被侵权人之外的第三人，对被侵权人损害的发生具有过错，包括故意和过失。符合本条规定的第三人需具备两个条件：首先，第三人是指被侵权人和污染者之外的第三人，即第三人不属于被侵权人和污染者一方，第三人与受害者和污染者之间不存在法律上的隶属关系，如雇佣关系等。其次，第三人和污染者之间不存在意思联络。如果第三人与污染者有意思联络，则第三人与污染者构成共同侵权，不属于本条规范。

1. 被侵权人可以向侵权人请求赔偿。根据本编规定，环境侵权责任适用无过错责任归责原则，只要符合本法第1229条的构成要件，侵权人就要承担侵权责任，不考虑其主观是否存在过错。根据本法第1175条规定，损害是因第三人造成的，第三人应当承担侵权责任。一般而言，第三人就是真正的侵权人，被请求承担侵权责任的人可以因此而免责。但是，在环境侵权责任中，侵权人的环境侵权行为即便是因第三人行为介入引起的，如有人偷偷关闭污水、废气净化设施，企业采购的排污净化设备质量不合格等，导致排污严重超标，侵权人无法据此主张免责。此前，单行法对侵权人是否因第三人过错行为而免责，有着不同的规定，如水污染防治法第96条第4款规定："水污染损害是由第三人造成的，排污方承担赔偿责任后，有权向第三人追偿。"1999年海洋环境保护法第90条第1款规定："造成海洋环境污染损害的责任者，应当排除危害，并赔偿损失；完全由于第三者的故意或者过失，造成海洋环境污染损害的，由第三者排除危害，并承担赔偿责任。"但在2009年制定侵权责任法时，对此进行了研究，认为第三人过错行为不应当是侵权人的免责事由。《最高人民法院关于审理环境侵权责任纠纷案件适用法律若干问题的解释》第5条第3款也作出类似规定："污染者以第三人的过错污染环境造成损害为由主张不承担责任或者减轻责任的，人民法院不予支持。"

2. 被侵权人也可以向第三人请求赔偿。侵权人承担环境侵权责任的同时，因第三人的过错行为与损害后果之间存在法律上的因果关系，被侵权人也可以直接请求第三人承担侵权责任。但需要注意的是，第三人承担责任与侵权人承担责任存在明显区别，侵权人承担的是无过错责任，被侵权人无须证明侵权人的主观过错，不存在因果关系的举证责任由侵权人承担；而请求第三人承担责任，适用过错责任，需要符合一般侵权的构成要件，即不法行为、主观过错、损害后果、不法行为与损害后果之间存在因果关系，都需要由被侵权人承担举证责任，不适用举证责任倒置的规定。

3. 被侵权人可以选择请求对象。根据本条规定，被侵权人既可以向侵权人请求赔偿，也可以向第三人请求赔偿，也可以同时向侵权人和第三人请求赔偿。赋予被侵权人选择权，方便被侵权人主张权利，及时获得赔偿，有利于加强对被侵权人的保护，避免侵权人或者第三人其中一方没有赔偿能力而无法得到充分救济。但是，被侵权人对侵权人和第三人的赔偿请求权，只能择一行使，因其只有一个"损害后果"，向被侵权人主张权利或者向第三人主张权利，选择的一个请求权实现之后，另一个请求权消灭，不能分别行使两个请求权，获得双份赔偿。《最高人民法院关于审理环境侵权责任纠纷案件适用法律若干问题的解释》第5条第1款对此也有规定："被侵权人根据侵权责任法第六十八条规定分别或者同时起诉污染者、第三人的，人民法院应予受理。"

4. 侵权人有权向第三人追偿。根据本条规定，侵权人赔偿后，有权向第三人追偿。因第三人行为的介入发生环境侵权行为，第三人的行为与损害后果之间存在因果关系，基于"自己行为自己负责"的朴素道理，第三人应当对其不法行为承担相应的责任。通常情况下，被侵权人会首先向侵权人请求赔偿，侵权人赔偿后，有权请求第三人承担责任。但第三人行为介入的情形比较复杂，损害后果可能完全由第三人的故意或者过失行为引起，也可能是由第三人的故意或者过失行为与侵权人的过失行为共同引起，第三人行为对损害后果的原因力可能很大也可能很小。具体到个案，第三人最终应当承担多少份额的责任，需要结合具体案情具体分析，侵权人有权向第三人追偿。《最高人民法院关于审理环境侵权责任纠纷案件适用法律若干问题的解释》第5条第2款规定："被侵权人请求第三人承担赔偿责任的，人民法院应当根据第三人的过错程度确定其相应赔偿责任。"

> **第一千二百三十四条**　违反国家规定造成生态环境损害，生态环境能够修复的，国家规定的机关或者法律规定的组织有权请求侵权人在合理期限内承担修复责任。侵权人在期限内未修复的，国家规定的机关或者法律规定的组织可以自行或者委托他人进行修复，所需费用由侵权人负担。

【条文主旨】

本条是关于生态环境损害赔偿制度和民事生态环境修复制度的规定。

【条文释义】

生态环境损害赔偿制度是生态文明制度体系的重要组成部分。2015年年底，作为生态文明体制改革六大配套方案之一的《生态环境损害赔偿制度改革试点方案》出台，经过两年试点，2017年年底中央正式发布《生态环境损害赔偿制度改革方案》，在全国试行生态环境损害赔偿制度，提出到 2020 年，力争在全国范围内初步构建责任明确、途径畅通、技术规范、保障有力、赔偿到位、修复有效的生态环境损害赔偿制度。

一、生态环境损害制度与一般环境侵权的不同

改革方案建立的生态环境损害赔偿制度与一般环境侵权在很多方面存在不同之处，主要有：

1. 适用范围不同。一般环境侵权适用于因污染环境、破坏生态导致或者有可能导致的人身、财产损害的情形，一定是某个民事主体的权益遭受了损害。而根据改革方案，生态环境损害，是指因污染环境、破坏生态造成大气、地表水、地下水、土壤、森林等环境要素和植物、动物、微生物等生物要素的不利改变，以及上述要素构成的生态系统功能退化。这里的损害不对应某个民事主体，是对生态环境整体造成的损害。两种损害之间存在关联，多数情况下，造成人身、财产损害的，生态环境或多或少都会有所损害，但反过来，造成生态环境损害的，未必一定会对人身、财产造成具体损害。比如，对途经某地的候鸟滥捕滥猎，造成当地生态恶化，很难说当地居民的人身、财产遭受了何种损害。

2. 责任主体不同。在一般环境侵权中，承担环境污染责任的主要是污染者或者破坏者，也即具体从事排污行为的侵权人，根据案件具体情形，环境影响评价机构、环境监测机构以及从事环境监测设备和防治污染设施维护、运营的机构等第三人，也有可能承担侵权责任。在生态环境损害侵权中，根据改革方案，违反法律法规，造成生态环境损害的单位或个人是责任主体，第三人不承担生态环境损害赔偿责任。

3. 归责原则不同。根据本法第 1229 条规定，一般环境侵权适用无过错责任，不考虑侵权人主观是否存在过错，而且即使侵权人的排污行为符合国家规定，也要承担侵权责任。根据改革方案规定，违反法律法规，造成生态环境损害的单位或个人，应当承担生态环境损害赔偿责任。所以，主流观点认为，这意味着生态环境损害赔偿制度适用过错责任，只有违反法律法规才有可能被追责。

4. 权利主体不同。一般环境侵权由受害人提起侵权之诉。根据本条规定，生态环境损害赔偿制度的权利主体是"国家规定的机关或者法律规定的组织"，"国家规定的机关"主要指改革方案规定的省级、市地级政府以及民事诉讼法规定的检察机关，"法律规定的组织"主要指符合环境保护法以及其他单行法律规定的社会组织。

二、本条构成要件

1. 违反国家规定。根据本条规定，违反国家规定是承担生态环境损害赔偿的要件之一。在起草过程中，对于是否将此作为构成要件，存在不同意见。有的意见认为，生态环境损害赔偿应当与环境侵权一样，只要有损害，就应当赔偿，不论其行为是否违反国家规定。有的意见认为，改革方案中规定，违反法律法规，造成生态环境损害的单位或个人，应当承担生态环境损害赔偿责任。

对此，经认真研究认为，生态环境损害赔偿与一般环境侵权不能等量齐观，两种制度的价值取向有所不同，一般环境侵权注重于私人权益的保护，国家规定的排污标准有可能滞后于社会经济发展，不能放任私人权益遭受侵害。而在生态环境侵权中，环境保护法第 45 条规定："国家依照法律规定实行排污许可管理制度。实行排污许可管理的企业事业单位和其他生产经营者应当按照排污许可证的要求排放污染物；未取得排污许可证的，不得排放污染物。"根据这一规定，只要经营者依法申请排污许可证并实现达标排放，便不应当承担行政法上的责任，生态环境损害赔偿的权利主体主要是国家机关，国家机关不能一方面发放排污许可证，一方面对排污行为主张损害赔偿，行政机关可以通过排污许可证制度实现污染物排放总量和生态环境标准控制，所以，不宜令其承担生态损害赔偿责任。从这个意义上讲，主流观点认为，生态环境侵权实行过错责任。

2. 生态环境损害。有损害才有赔偿，生态环境侵权依然要遵守民法这一基本原则。但生态环境损害与一般环境侵权中的损害多有不同。长期以来，环境侵权主要关注个体权益的损害，生态环境因其具有公共属性而被忽视。生态环境损害与个人权益损害既有关联也存在区别，关联主要表现在，个体权益受到损害很多是以生态环境受到损害为前提的，侵权人污染环境、破坏生态的行为，首当其冲受到损害的就是生态环境，如污染了空气、地下水、土壤，破坏了植物或动物种群等，以这些被污染的空气、水、土壤和被破坏的生态系统为媒介，侵害了个体权益，具体表现为人畜生病、种植物减产等。两者的区别主要表现在，个体权益有明确的权利人，有动力主张损害赔偿，可以用金钱来计算；而生态环境具有明显的公共属性，是人们赖以生存的基础，但在民法中，公共产品缺乏明确的权利主体，难以主张损害赔偿，而且，生态环境损害的计算也并非易事，难以用金钱来补偿。

3. 因果关系。因果关系是构成侵权责任的必要条件，问题的关键在于由谁承担因果关系举证责任。有的意见提出，生态环境侵权本质上与环境侵权一样，因果关系举证责任应当由侵权人承担。对这一问题，改革方案没有明确规定，也没有现成的方案可循。主流意见认为由权利人承担更为合适，在环境侵权中，将因果关系举证责任分配给侵权人，主要是考虑到受害人在经济上和专业知识上的不足，侵权人更有举证能力，据此推论，在生态环境损害赔偿诉讼中，国家机关和有关组织作为原告，其实力与环境侵权人相比，显然更为强大，不仅有公共财政作为支撑，人员、技术能力也更为专业，完全有能力对因果关系进行举证。

三、民事生态环境修复制度

根据本条规定，生态环境修复责任承担主要有两种方式：

1. 请求侵权人在合理期限内承担修复责任。环境修复并不是简单修补了事，具有很强的专业性、技术性和复杂性，修复的目的是使受损的生态环境复原至基线水平，是一种技术目标，一般企业或者个人难以完成，多数侵权人不具备修复生态环境的能力。侵权人作为始作俑者，是修复责任的当然承担者，权利人有权请求侵权人在合理期限内承担修复责任。这句话的意思并不是说侵权人必须独立完成修复工程，如果侵权人有能力有资质，可以凭一己之力完成；如果侵权人没有修复能力，可以出资请他人完成修复工程。

2. 自行或者委托他人进行修复。考虑到生态环境保护有及时性、有效性等特点，不能无限期等待侵权人履行修复责任，据此，本条规定，侵权人在期限内未修复的，权利人可以自行或者委托他人履行修复义务，所需费用由侵权人负担。这实际上借鉴了执行程序中代履行制度，从形式上看，完成生态环境修复工程的是权利人或者其委托的第三人，但修复责任仍然由侵权人承担。

> **第一千二百三十五条** 违反国家规定造成生态环境损害的，国家规定的机关或者法律规定的组织有权请求侵权人赔偿下列损失和费用：
>
> （一）生态环境受到损害至修复完成期间服务功能丧失导致的损失；
>
> （二）生态环境功能永久性损害造成的损失；
>
> （三）生态环境损害调查、鉴定评估等费用；
>
> （四）清除污染、修复生态环境费用；
>
> （五）防止损害的发生和扩大所支出的合理费用。

【条文主旨】

本条是关于生态环境损害赔偿范围的规定。

【条文释义】

根据《生态环境损害赔偿制度改革方案》，生态环境损害赔偿范围包括清除污染费用、生态环境修复费用、生态环境修复期间服务功能的损失、生态环境功能永久性损害造成的损失以及生态环境损害赔偿调查、鉴定评估等合理费用。赔偿义务人自行修复或委托修复的，赔偿权利人前期开展生态环境损害调查、鉴定评估、修复效果后评估等费用由赔偿义务人承担。赔偿义务人造成的生态环境损害无法修复的，其赔偿资金作为政府非税收入，全额上缴同级国库，纳入预算管理。赔偿权利人及其指定的部门或机构根据磋商或判决要求，结合本区域生态环境损害情况开展替代修复。

根据本条规定，国家规定的机关或者法律规定的组织有权请求侵权人赔偿下列损失和费用：

一是生态环境受到损害至修复完成期间服务功能丧失导致的损失。生态系统服务功能是指生态系统通过自身的作用循环提供给人类的效益或者对生态环境的效益，生态系统服务功能包括生态物质提供功能、生态控制功能、生命维持功能与文化欣赏功能等。生态环境修复需要经历较长一段时间，在此期间生态环境服务功能是不完整的，根据《环境损害鉴定评估推荐方法（第Ⅱ版）》，期间损害界定为"生态环境损害发生至生态环境恢复到基线状态期间，生态环境因其物理、化学或生物特性改变而导致向公众或其他生态系统提供服务的丧失或减少，即受损生态环境从损害发生到其恢复至基线状态期间提供生态系统服务的损失量"。生态系统服务功能作为一项独立的价值也应当得到赔偿。

二是生态环境功能永久性损害造成的损失。并不是所有生态环境损害都是可以修复的，比如，滥捕滥杀导致某些物种灭绝，这是不可逆转的，有些生态环境损害虽然可以修复，但无法修复到原来的状态。根据《环境损害鉴定评估推荐方法（第Ⅱ版）》，永久性损害指受损生态环境及其服务难以恢复，其向公众或其他生态系统提供服务能力的完全丧失。改革方案也规定，生态环境损害无法修复的，其赔偿资金作为政府非税收入，全额上缴同级国库，纳入预算管理，权利人结合本区域生态环境损害情况开展替代修复。生态系统功能的永久性损害只能通过价值估算予以赔偿。

三是生态环境损害调查、鉴定评估等费用。生态环境损害调查是指生态环境损害发生后，权利人为了评估生态环境损害情况进行信息收集的过程。生态环境损害鉴定评估是指鉴定评估机构通过技术方法对生态环境损害情况、赔偿费用、修复行为、修复效果等进行分析评价的行为。调查、鉴定评估等费用也是由生态环境侵权行为而衍生的费用，应由侵权人赔偿。

四是清除污染、修复生态环境费用。污染行为发生后，清除污染是当务之急，一般来说清除污染费用包括清污方案制定费用、清除污染操作费用。修复生态环境费用则复杂得多，包括修复方案制定费用、修复实施费用，司法实践对如何计算或确定做了大量探索，主要有环境违法利益计算法、以排污费一定比例计算法、危险消除计算法、鉴定机构确定法等，由于生态环境修复工作专业性强，有的时间跨度也比较长，法官很难作出精确计算，较为依赖司法鉴定，以鉴定机构评估的费用为基础，综合考虑若干因素计算而成。《最高人民法院关于审理环境民事公益诉讼案件适用法律若干问题的解释》第 20 条第 3 款规定："生态环境修复费用包括制定、实施修复方案的费用和监测、监管等费用。"第23 条规定："生态环境修复费用难以确定或者确定具体数额所需鉴定费用明显过高的，人民法院可以结合污染环境、破坏生态的范围和程度、生态环境的稀缺性、生态环境恢复的难易程度、防治污染设备的运行成本、被告因侵害行为所获得的利益以及过错程度等因素，并可以参考负有环境保护监督管理职责的部门的意见、专家意见等，予以合理确定。"

五是防止损害的发生和扩大所支出的合理费用。生态环境损害发生后，必须及时采取合理预防、防止损害扩大的措施，将损害控制在最小范围内，也有利于后续治理与修复工作的开展。《最高人民法院关于审理环境民事公益诉讼案件适用法律若干问题的解释》第 19 条第 2 款中也有这一规定："原告为停止侵害、排除妨碍、消除危险采取合理预防、处置措施而发生的费用，请求被告承担的，人民法院可以依法予以支持。"

第八章　高度危险责任

本章共九条，主要对高度危险责任的一般规定和几种典型的高度危险作业致害责任作出规定。其中，第 1236 条是关于高度危险责任的一般规定。第 1237条至第 1240 条大致按照危险程度的高低，区分不同的高度危险作业类型，分别对民用核设施、民用航空器、高度危险物和从事高空、高压、地下挖掘活动、高速轨道运输工具的致害责任及其不承担或者减轻责任的情形作了规定。第1241 条规定了对遗失、抛弃危险物致害责任。第 1242 条规定了非法占有高度危险物的致害责任。第 1243 条规定了未经许可进入高度危险作业区域受到损害作业人的责任减免情形。第 1244 条对赔偿限额作了规定。

> **第一千二百三十六条　从事高度危险作业造成他人损害的，应当承担侵权责任。**

【条文主旨】

本条是关于高度危险责任的一般规定。

【条文释义】

民法通则第 123 条作为高度危险责任的一般规定，为其后制定有关涉及高度危险责任的单行法和司法实践发挥了积极的指导作用。本法继承了侵权责任法在第 69 条的规定。

在起草本章时，首先考虑的一个问题是，需不需要规定高度危险责任的一般条款。我们研究认为，应当规定高度危险责任的一般条款。这样做的好处是，对目前已有法律规范的高度危险行为侵权责任的共性问题作出规定，可以为司法实践处理尚未有法律明确规范的高度危险行为提供一个指导性原则。因此，本条规定：从事高度危险作业造成他人损害的，应当承担侵权责任。这就明确了高度危险责任为无过错责任。

一、关于调整的范围

这里讲的"高度危险作业"，既包括使用民用核设施、高速轨道运输工具和从事高压、高空、地下采掘等高度危险活动，也包括占有、使用易燃、易爆、剧毒和放射性等高度危险物的行为。"高度危险作业"的表述是个开放性的概念，包括一切对周围环境产生高度危险的作业形式。一般认为，具体行为构成高度危险作业应具备以下三个条件：

第一，作业本身具有高度的危险性。也就是说，危险性变为现实损害的概率很大，超过了一般人正常的防范意识，或者说超过了在一般条件下人们可以避免或者躲避的危险。

第二，高度危险作业即使采取安全措施并尽到了相当的注意也无法避免损害。日常生活中，任何一种活动都可能对周围人们的财产或人身产生一定的危险性，但高度危险作业则具有不完全受人控制或者难以控制的危害性。

第三，不考虑高度危险作业人对造成损害是否有过错。

二、关于归责原则

高度危险作业造成他人损害的，应当承担无过错责任，这也是大部分国家的普遍做法。

三、关于减免责任事由

作为高度危险责任的一般规定，本条没有写明哪些情形可以不承担责任或者减轻责任。这不是说高度危险责任没有任何的不承担责任或者减轻责任情形。如果针对具体的高度危险责任，法律规定不承担责任或者减轻责任的，应当依照其规定。如铁路法第 58 条规定，因铁路行车事故及其他铁路运营事故造成人员伤亡的，铁路运输企业应当承担赔偿责任；如果人身伤亡是因不可抗力或者受害人自身原因造成的，铁路运输企业不承担赔偿责任。违章通过平交道口或者人行过道，或者在铁路线路上行走、坐卧造成的人身伤亡，属于受害人自身的原因造成的人身伤亡。又如，电力法第 60 条规定，电力运行事故由下列原因之一造成的，电力企业不承担赔偿责任：（1）不可抗力；（2）用户自身的过错。民用航空法第 124 条规定，因发生在民用航空器上或者在旅客上、下民用航空器过程中的事件，造成旅客人身伤亡的，承运人应当承担责任；但是，旅客的人身伤亡完全是由于旅客本人的健康状况造成的，承运人不承担责任。

还有一点需要注意，侵权责任编第一章规定了一些不承担责任和减轻责任的情形，这些规定是否也适用于本章规定呢？我们认为，如果单行法和本章具体规定了不承担责任和减轻责任的情形，侵权责任编第一章的规定原则上不适用。如果单行法和本章对某个高度危险行为没有作出具体规定，侵权责任编第一章的规定原则上可以适用，如损害是因受害人故意造成的，行为人不承担责任。

四、关于责任方式

本条规定，从事高度危险作业造成他人损害的，应当承担侵权责任。这里的"侵权责任"不仅仅是损害赔偿责任。由于高度危险作业一旦造成损害，可能对周围环境带来很大的危害，因此，作业人不仅在事后应向受害人进行损害赔偿，而且在事发时就应当积极采取停止侵害、消除危险等措施并积极救助受害人，因此，我们在这里强调的是"侵权责任"而不是仅要求高度危险作业人承担赔偿责任。

> **第一千二百三十七条** 民用核设施或者运入运出核设施的核材料发生核事故造成他人损害的，民用核设施的营运单位应当承担侵权责任；但是，能够证明损害是因战争、武装冲突、暴乱等情形或者受害人故意造成的，不承担责任。

【条文主旨】

本条是关于民用核设施致害责任的规定。

【条文释义】

侵权责任法第 70 条对民用核设施的致害责任作出明确规定，核安全法于 2017 年 9 月进行了修改。本条在继承了侵权责任法第 70 条规定的基础上，结合核安全法的规定，作了必要的修改。

1. 本条调整的主体是民用核设施或者运入运出核设施的核材料核安全法第

2 条对核设施、核材料作了明确规定。

2. 针对的是民用核设施或者运入运出核设施的核材料发生核事故造成的损害核安全法第 93 条对核事故作了明确规定。

3. 承担责任的主体是民用核设施的营运单位核安全法第 93 条对核设施营运单位作了明确规定。第 5 条规定,核设施营运单位对核安全负全面责任。第 90 条核事故责任作了明确规定。

4. 归责原则。实行无过错原则,按照本条和核安全法第 90 条第 1 款的规定,只有在能够证明损害是能够证明损害是因战争、武装冲突、暴乱等情形或者受害人故意造成的,才可以不承担责任。

关于不可抗力是否免责的问题,在侵权责任法起草和本法编纂过程中有不同意见。我们研究认为,为了更好地保护受害人,本条将受害人故意之外的不承担责任情形限制在"战争、武装冲突、暴乱等情形",而没有一般规定为"不可抗力",这与国际上的通行做法也是一致的。

5. 关于责任方式。本条规定,民用核设施的营运单位应当承担侵权责任,这里的"侵权责任"不仅仅是损害赔偿责任。由于发生核事故,可能对周围环境带来很大的危害,因此,民用核设施的经营者不仅在事后向受害人进行损害赔偿,而且在事发时就应当积极采取停止侵害、消除危险等措施并开展积极救助受害人。在损害赔偿责任上,由于核事故造成的危害面比较广,为了兼顾核工业的正常发展和保护受害人的权益,国际通行做法是通过立法规定民用核设施的赔偿限额。本法也在第 1244 条对赔偿限额作了规定。

> **第一千二百三十八条** 民用航空器造成他人损害的,民用航空器的经营者应当承担侵权责任;但是,能够证明损害是因受害人故意造成的,不承担责任。

【条文主旨】

本条是关于民用航空器致害责任的规定。

【条文释义】

我国最早处理民用航空器致害责任的法律依据是民法通则第 123 条。1995 年我国颁布了民用航空法,对民用航空器造成乘客人身、财产损害和对地面第三人损害的民事责任作了具体规定。考虑到民用航空器高速、高空带来的高风险,侵权责任法第 71 条在民法通则和民用航空法的基础上,对民用航空器致害责任作出了规定，本条继承了侵权责任法的规定。

一、本条调整范围限定在民用航空器

民用航空器是指除用于执行军事、海关、警察等飞行任务外的航空器。民用航空器主要用途有两个方面：一是专门从事运送旅客、行李、邮件或者货物的运输飞行。二是通用航空，包括从事工业、农业、林业、渔业和建筑业的作业飞行，以及医疗卫生、抢险救灾、气象探测、海洋监测、科学实验、教育训练、文化教育等方面的飞行活动。

二、责任主体是民用航空器的经营者

这里的"经营者"主要包括从事运输旅客、货物运输的承运人和从事通用航空的民用航空器使用人。

三、承担责任前提是民用航空器在使用中造成他人损害

民用航空器造成他人损害的，包括两种情形：一种情形是民用航空器在从事旅客、货物运输过程中，对所载运的旅客、货物造成的损害。按照民用航空法的规定，在从事公共运输航空中，因发生在民用航空器上或者在旅客上、下民用航空器过程中的事件，造成的旅客人身伤亡和其随身携带物品毁灭、遗失或者损坏的，承运人应当依法承担侵权责任。对托运的行李、货物而言，因发生在航空运输期间的事件，造成货物毁灭、遗失或者损坏的，承运人应当依法承担侵权责任。这里的"航空运输期间"，是指在机场内、民用航空器上或者机场外降落的任何地点，托运行李、货物处于承运人掌管之下的全部期间。另一种情形是，民用航空器对地面第三人的人身、财产造成的损害。具体说来，就是飞行中的民用航空器或者从飞行中的民用航空器上落下的人或者物，造成地面（包括水面）上的人身伤亡和财产损害。这里的"飞行中"，是指自民用航空器为实际起飞而使用动力时起至着陆冲程终了时止；就轻于空气的民用航空器而言，"飞行中"是指自其离开地面时起至其重新着地时止。

需要特别说明的是，在侵权责任法适用及民法典编纂过程中，对本条一直有错误的认识。在这里，必须申明本条的立法原意：本条既适用于民用航空器在航空运输期间造成的损害，又适用于民用航空器在飞行中对地、水面的损害。既适用于民用航空器对机上的损害，也适用于民用航空器对机外的损害。

四、民用航空器的经营者承担无过错责任

民用航空器作为一种高速运输工具，民法通则和民用航空法都规定了民用航空器的经营者应当承担无过错责任，这与国际公约和世界上通行做法是一致的。本条也坚持这个原则。关于不承担责任的情形，根据本条规定，能够证明损害是因受害人故意造成的，民用航空器经营者不承担责任；即使是因为自然原因引起的不可抗力事件，造成他人损害的，民用航空器的经营者也要承担责

任。当然，民用航空法针对不同情况，规定了较为详细的不承担责任和减轻责任情形的具体规定，仍然适用。

> **第一千二百三十九条**　占有或者使用易燃、易爆、剧毒、高放射性、强腐蚀性、高致病性等高度危险物造成他人损害的，占有人或者使用人应当承担侵权责任；但是，能够证明损害是因受害人故意或者不可抗力造成的，不承担责任。被侵权人对损害的发生有重大过失的，可以减轻占有人或者使用人的责任。

【条文主旨】

本条是关于高度危险物致害责任的规定。

【条文释义】

侵权责任法第 72 条在民法通则规定的基础上，结合实践经验，规定因易燃、易爆、剧毒、放射性等高度危险物造成他人损害责任应当承担无过错责任，并根据其危险性特点，明确限定了其不承担责任和减轻责任情形。本法在侵权责任法的基础上，加强高度危险物和生物安全管理，完善高度危险责任，将"放射性"修改为"高放射性"，并增加"强腐蚀性""高致病性"的列举。

1. 本条调整的范围涉及的是易燃、易爆、剧毒、高放射性、强腐蚀性、高致病性等高度危险物。本条调整的高度危险物，不仅仅涉及易燃、易爆、剧毒、高放射性、强腐蚀性、高致病性等这几类，其他因其自然属性极易危及人身、财产的物品也适用本条的规定。

2. 本条规范的行为是对高度危险物的占有或者使用，承担责任的主体是占有人和使用人。高度危险物本身具有危及他人人身、财产的自然属性，但往往是因为在占有和使用当中造成他人损害。高度危险物的占有人和使用人必须采取可靠的安全措施，避免高度危险物造成他人损害。

3. 占有人或者使用人承担无过错责任。这里的"侵权责任"并不限于赔偿损失，而且应当包括在事故发生后，占有人或者使用人应当迅速采取有效措施，如组织抢救，防止事故扩大，减少人员伤亡和财产损失等。

4. 不承担责任和减轻责任情形。本条规定，能够证明损害是因受害人故意或者不可抗力造成的，占有人或者使用人不承担责任。本条规定这一免责事由主要考虑两点：第一，高度危险物虽然本身具有危险属性，但危险程度不及民用核设施和民用航空器，因此，在不承担和减轻责任上，应有所区别。第二，本条规定不可抗力作为不承担责任情形，符合实践中的实际情况。需要指出的是，不承担责任情形的举证责任在于占有人或者使用人，由其来证明损害是因为受害人故意或者不可抗力引起的，才能依法不承担责任。

此外，本条还明确规定了减轻责任的情形：被侵权人对损害的发生有重大过失的，可以减轻占有人或者使用人的责任。本条将减轻责任的情形，严格限定在受害人的"重大过失"，受害人有一般过失的，不能减轻占有人或者使用人的赔偿责任。至于什么是"重大过失"，可以在实践中根据占有人或者使用人是否已经尽到注意义务、受害人行为方式、因果关系等因素作具体判断。

> **第一千二百四十条** 从事高空、高压、地下挖掘活动或者使用高速轨道运输工具造成他人损害的，经营者应当承担侵权责任；但是，能够证明损害是因受害人故意或者不可抗力造成的，不承担责任。被侵权人对损害的发生有重大过失的，可以减轻经营者的责任。

【条文主旨】

本条是关于从事高空、高压、地下挖掘活动或者使用高速轨道运输工具致害责任的规定。

【条文释义】

我们认为，由于从事高空、高压、地下挖掘活动、使用高速轨道运输工具，同使用民用核设施、民用航空器和占有、使用易燃、易爆、剧毒、放射性等高度危险物相比，危险性稍低，因此，在不承担责任尤其是减轻责任的情形上，应当与本章规定的其他高度危险作业有所区别。因此规定，被侵权人对损害的发生有"过失"而不是"重大过失"的情况下，可以减轻责任人的赔偿责任。

在民法典编纂过程中，有的提出，本法第 1239 条规定的是高度危险物造成他人损害，本条规定的是高度危险活动造成他人损害，两者的危险程度应当差不多，建议两条在因被侵权过失免责上，规定一致。经研究，我们在本条将侵权责任法第 73 条规定的"被侵权人对损害的发生有过失的"修改为"被侵权人对损害的发生有重大过失的"。

一、高空作业及责任承担

高空作业又称为高处作业，根据高处作业分级规定，凡距坠落高度基准面 2 米及其以上，有可能坠落的在高处进行的作业，称为高处作业。根据这里的解释，民用航空运输不属于高空作业，在民用航空器飞行中因坠落物体造成地面人员损害的，应当适用民用航空法和本法关于民用航空器致人损害责任。如果是高空缆车造成他人损害的，则应属于高空作业，适用本条规定。

根据本条规定，从事高空活动造成他人损害的，应当承担无过错责任。如果能够证明损害因受害人故意或者不可抗力造成的，作业人不承担责任。如果从事高空活动的经营者能够证明被侵权人对损害的发生有重大过失的，可以减轻经营者的责任。

二、高压作业及责任承担

本条里的"高压"属于工业生产意义上的高压，包括高压电、高压容器等，在不同行业里认定高压的标准不同。

从事高压活动造成他人损害的，经营者应当承担侵权责任。本法侵权责任编编纂过程中，有的提出，本条"经营者"内涵不清，既然民法典合同编已经明确供电设施产权的概念，为保持前后内容一致，建议将"经营者"修改为"产权人"。我们研究认为，产权人的范围比经营者窄。有些设施不属于产权人，但在经营人管理之下的，仍然属于本条规定的承担责任的主体，因此没有对此进行修改。

在责任免除方面，从事高压作业的经营者能够证明损害是由受害人故意或者不可抗力造成的，不承担责任。受害人对损害的发生有重大过失的，可以减轻经营者的责任。

三、地下挖掘及责任承担

地下挖掘就是在地表下一定深度进行挖掘的行为。这里的"经营者"就是从事挖掘活动的作业单位。如果能够证明损害是因受害人故意或者不可抗力造成的，经营者不承担责任；能够证明被侵权人对损害的发生有重大过失的，可以减轻经营者的责任。需要指出的是，现实中，因地下挖掘如采矿而造成人员伤亡的，受害人多属于作业企业的职工。对受害职工的赔偿，应当依据工伤保险有关规定处理。

四、高速轨道运输工具及责任承担

高速轨道运输工具就是沿着固定轨道行驶的车辆。根据本条规定，责任主体是经营者，具体到高速轨道运输工具而言，经营者就是从事高速轨道运输的运输企业。如在铁路运输中，责任主体就是铁路运输企业。

根据本条规定，只有能够证明损害是因受害人故意或者不可抗力造成的，经营者才不承担责任。被侵权人对损害的发生有重大过失的，可以减轻经营者的责任。

> **第一千二百四十一条** 遗失、抛弃高度危险物造成他人损害的，由所有人承担侵权责任。所有人将高度危险物交由他人管理的，由管理人承担侵权责任；所有人有过错的，与管理人承担连带责任。

【条文主旨】

本条是关于遗失、抛弃高度危险物造成他人损害的侵权责任的规定。

【条文释义】

一、遗失、抛弃高度危险物造成他人损害的，由所有人承担侵权责任

按照有关高度危险物的生产、储存和处置的安全规范，所有人应当采取必要的安全措施保管或者处置其所有的高度危险物。如果违反有关规定抛弃或者遗失高度危险物造成他人损害的，就应当承担侵权责任。这里的"侵权责任"不仅包括对受害人的赔偿，也包括应当积极采取补救措施，立即将抛弃的高度危险物妥善回收，防止损害扩大。如果遗失高度危险物的，应当立即组织力量追查寻找遗失的高度危险物，采取一切可能的警示措施，同时还要立即报告公安、环保等有关主管部门并配合采取应急措施。由于高度危险物本身的危险特性，这里的"侵权责任"是无过错责任。同时，考虑到遗失、抛弃高度危险物，其所有人往往是违反有关安全规范，本身有过错，因此，这里的责任应当更严格。

二、所有人将高度危险物交由他人管理的，由管理人承担侵权责任

现实中，所有人根据生产、经营需要，将其所有的高度危险物交由他人管理。如所有人可能不具备大量储存高度危险物的条件，将生产所需的高度危险物交由符合条件的储存单位保管。有的因生产、经营需要将高度危险物通过运输交由他人占有、使用。管理人在这里就是指根据所有人的委托，对高度危险物进行占有并进行管理的单位，如专业的危险化学品仓储公司、危险化学品运输公司等。高度危险物的管理人应当具有相应的资质，并应当按照国家有关安全规范，妥善管理他人所交付的高度危险物。如果因为管理不善，遗失、抛弃高度危险物的，管理人应当承担侵权责任。

三、所有人有过错的，与管理人承担连带责任

所有人将高度危险物交由他人管理的，应当选择有相应资质的管理单位，并如实说明高度危险物的名称、性质、数量、危害、应急措施等情况。如果所有人未选择符合资质的管理人，或者未如实说明有关情况，所有人即有过错。

如果管理人抛弃、遗失高度危险物造成他人损害的，所有人与管理人承担连带责任。被侵权人可以要求所有人承担侵权责任，或者要求管理人承担侵权责任，也可以要求所有人和管理人共同承担侵权责任。在对内关系上，所有人和管理人根据各自的责任大小确定各自的赔偿数额；难以确定的，平均承担赔偿责任。支付超出自己赔偿数额的连带责任人，有权向其他连带责任人追偿。

> **第一千二百四十二条　非法占有高度危险物造成他人损害的，由非法占有人承担侵权责任。所有人、管理人不能证明对防止非法占有尽到高度注意义务的，与非法占有人承担连带责任。**

【条文主旨】

本条是关于非法占有高度危险物造成他人损害的侵权责任的规定。

【条文释义】

一、非法占有高度危险物造成他人损害的，由非法占有人承担侵权责任

非法占有，是指明知自己无权占有，而通过非法手段将他人的物品占为己有。现实中，盗窃、抢劫、抢夺都是非法占有的主要形式。按照高度危险物致害责任原理，一般由实际控制人承担侵权责任。在高度危险物被非法占有的情况下，高度危险物已经脱离所有人或者管理人的实际占有，由非法占有人实际控制。因此，应当由非法占有人承担侵权责任。为了加重非法占有人的责任，非法占有高度危险物造成他人损害的，非法占有人承担无过错责任。

二、所有人、管理人与非法占有人的连带责任

所有人或者管理人对其占有的高度危险物要尽到高度注意义务，采取严格的安全措施，妥善保管高度危险物，将高度危险物放置在特定的区域，并由专人看管，防止高度危险物被盗或者非法流失。如果所有人或者管理人未尽到高度注意义务，一旦导致高度危险物被非法占有，将对社会产生巨大危害，严重威胁周围人民群众的人身财产和公共安全。因此，应当加重所有人、管理人的责任，使其对自己的过失行为负责。此外，考虑到非法占有人可能没有赔偿能力，如果仅让其承担侵权责任，受害人得不到合理的赔偿，对受害人保护不力，也不利于促使高度危险物的所有人或者管理人加强管理，采取有效的安全措施。所以，所有人、管理人不能证明对防止非法占有尽到高度注意义务的，与非法占有人承担连带责任。如果是所有人自己的原因导致他人非法占有高度危险物的，由所有人与非法占有人承担连带责任。如果所有人将高度危险物交由他人

管理，管理人的原因造成他人非法占有高度危险物的，由管理人与非法占有人承担连带责任。如果所有人和管理人都有过错的，所有人、管理人和非法占有人一起承担连带责任。需要指出的是，是否尽到高度注意义务的举证责任在所有人、管理人，如果他们不能证明已尽到高度注意义务，就推定其有过错，应当与非法占有人承担连带责任，受害人可以要求所有人、管理人、非法占有人中任何人，部分或者全部承担侵权责任。

> **第一千二百四十三条** 未经许可进入高度危险活动区域或者高度危险物存放区域受到损害，管理人能够证明已经采取足够安全措施并尽到充分警示义务的，可以减轻或者不承担责任。

【条文主旨】

本条是关于未经许可进入高度危险活动区域或者高度危险物存放区域致害责任承担的规定。

【条文释义】

高度危险责任的类型非常复杂，一般来说，对于高度危险作业活动，即高度危险作业人积极、主动地对周围环境实施具有高度危险的活动，作业人应当承担无过错责任。高度危险责任中除了这一类对周围环境实施积极、主动危险活动的高度危险作业外，还包括另一类，它并非积极、主动实施对周围环境造成高度危险的活动，而是因其管理控制的场所、区域具有高度危险性，如果未经许可擅自进入该区域，则易导致损害的发生，即高度危险活动区域或者高度危险物存放区域责任。如果将对高度危险场所、区域的控制和管理也视为高度危险活动，这一类高度危险活动是静态的，不像高度危险作业活动一样对周围环境实施了积极、主动的危险。虽然二者都属于高度危险责任，但在免责和减责事由上，二者应有所区别。因此，本条规定，未经许可进入高度危险活动区域或者高度危险物存放区域受到损害，管理人能够证明已经采取足够安全措施并尽到充分警示义务的，可以减轻或者不承担责任。

本条是在侵权责任法第 76 条的基础上修改完善而来：一是有的提出，侵权责任法"管理人已经采取安全措施并尽到警示义务的"的表述看不出举证责任是否应当由管理人负担。因此，本法将"管理人已经采取"修改为"管理人能够证明已经采取"，以明确举证责任，这并没有改变侵权责任法第 76 条的规则，只是更明确而已。二是有的提出，本章的高度危险责任，针对的是高度危险行为。应当提高高度危险活动区域或者高度危险物存放区域的管理人的义务。经研究，将侵权责任法第76条中"采取安全措施"修改为"采取足够安全措施"，将"尽到警示义务"修改为"尽到充分警示义务"。这一修改意在突出行为的高度危险性，也系采纳学界和司法实践各方意见。

一般来说，高度危险活动区域或者高度危险物存放区域都同社会大众的活动场所相隔绝。如果在管理人已经采取足够安全措施并且尽到充分警示义务的情况下，受害人未经许可进入该高度危险区域这一行为本身就说明受害人对于损害的发生具有过错。例如，出于自杀的故意积极追求损害的发生；或者出于过失，虽然看到警示标识但轻信自己能够避免。上述两种情况下，高度危险活动区域或者高度危险物存放区域的管理人可以减轻或者不承担责任。

> **第一千二百四十四条　承担高度危险责任，法律规定赔偿限额的，依照其规定，但是行为人有故意或者重大过失的除外。**

【条文主旨】

本条是关于高度危险责任赔偿限额的规定。

【条文释义】

高度危险责任属于无过错责任，其重要特点之一就是不论行为人对损害的发生是否具有过错，高度危险责任人都必须对损害承担责任，除非法律另有规定。因此，法律对于高度危险责任人的要求非常严格。但是，从行业的发展和权利义务平衡的角度来看，法律必须考虑在这种严格责任的前提下，有相应责任限额的规定，这也是许多国家在高度危险责任立法上的一致态度。我国现行法律对于高度危险责任赔偿限额问题也有比较明确的规定，对此，如果法律对不同类型的高度危险责任有赔偿限额规定的，要依照其规定。目前，我国主要在航空、铁路和核事故中规定了高度危险责任赔偿限额。虽然海上运输损害赔偿有《港口间海上旅客运输赔偿责任限额规定》，但海上运输方式是否为高度危险作业，尚有争议。

一、关于民用航空器致人损害的赔偿限额

民用航空法第128条至第130条规定了民用航空器致人损害的赔偿限额。除此之外，相关的规范性文件还有《国内航空运输承运人赔偿责任限额规定》第3条至第5条的规定。

二、关于民用核设施发生核事故致人损害的赔偿限额

《国务院关于核事故损害赔偿责任问题的批复》第7项对此作了规定。

三、高度危险责任赔偿限额的例外

侵权责任法第76条并未规定高度危险责任赔偿限额的例外。本法编纂过程中，有的提出，高度危险责任是无过错责任，承担这种责任无须考虑侵权人的过错；但是，如果受害人举证证明侵权人存在过错，那么在受害人损失明显大于赔偿标准时，仍然适用限额标准存在不公平。我们对此研究认为，民用航空法第132条规定："经证明，航空运输中的损失是由于承运人或者其受雇人、代理人的故意或者明知可能造成损失而轻率地作为或者不作为造成的，承运人无权援用本法第一百二十八条、第一百二十九条有关赔偿责任限制的规定；证明承运人的受雇人、代理人有此种作为或者不作为的，还应当证明该受雇人、代理人是在受雇、代理范围内行事。"该条已经以立法的形式明确了承担高度危险责任的人有过错时，不适用责任限额的规定。可以认为，此时受害人主张的是一般侵权责任，当适用无过错责任的责任限额会导致明显不公平时，应当允许对责任限额制度作出例外规定，即无过错责任与过错责任相互之间变通适用。如果被侵权人能够举证证明侵权人有过错，可以适用过错责任；而在被侵权人不能或者难以举证证明侵权人有过错时，可以适用严格责任要求依照赔偿限额标准获得赔偿。这种有限度的突破限额赔偿制度，使受害人权益之保护愈加完善，同时也能有效督促危险责任保有人尽安全注意义务，努力避免损害之发生。因此，本条在侵权责任法第76条的基础上增加了但书规定。

第九章　饲养动物损害责任

本章共七条，主要规定了饲养的动物致人损害的一般规定，未对动物采取安全措施的责任承担，禁止饲养的危险动物致害的责任，动物园的责任，遗弃、逃逸动物造成损害后的责任主体，第三人过错致使动物造成他人损害责任等问题进行了规定。

> **第一千二百四十五条**　饲养的动物造成他人损害的，动物饲养人或者管理人应当承担侵权责任；但是，能够证明损害是因被侵权人故意或者重大过失造成的，可以不承担或者减轻责任。

【条文主旨】

本条是关于饲养的动物致人损害的一般规定。

【条文释义】

饲养动物致人损害是间接侵权引发的直接责任的责任形态，加害行为是人的行为与动物的行为的复合。人的行为是指人对动物的所有、占有、饲养或者管理。动物的行为是直接的加害行为。这两种行为相结合，才能构成侵权行为。

一、饲养的动物致人损害的归责原则

动物致人损害是过错推定责任，构成要件是：饲养的动物；动物的加害行为；造成他人损害的事实；动物加害行为与损害之间的因果关系。

侵权责任法第78条规定的目的就是要促使动物饲养人或者管理人能够认真、负责地担负起全面的注意、防范义务，以保护公众的安全。任何动物，其本性都决定了不同程度地存在致人损害的危险。由于动物的饲养人或者管理人对动物负有管束的义务，因而也就必须对动物所具有的危险性负责，保证其动物不至于造成他人损害。而一旦这种危险性造成损害，动物的饲养人或者管理人就应承担民事责任，除具有法定的抗辩事由外，不能免责。侵权责任法第78条同时规定法定抗辩事由。本条继承了侵权责任法第78条的规定。

二、"饲养的动物"范围

普遍认为，"饲养的动物"应同时具备：为特定的人所有或者占有；饲养人或者管理人对动物具有适当程度的控制力；依动物自身的特性，有可能对他人或者财产造成损害；该动物为家畜、家禽、宠物或者驯养的野兽、爬行类动物等。对于自然保护区或者野生动物保护区的野兽，虽然可能为人们在一定程度上所饲养或者管理，如定期投放食物，甚至为其生存和繁殖提供了适宜的条件和环境，但人们对它的控制力较低。因此，野生动物不能列入本法所说"饲养的动物"。

三、动物致害责任的赔偿主体

动物的饲养人或者管理人都是责任主体。动物的饲养人是指动物的所有人，即对动物享有占有、使用、收益、处分权的人；动物的管理人是指实际控制和管束动物的人，管理人对动物不享有所有权，而只是根据某种法律关系直接占有和控制动物。当动物的饲养人与管理人为不同人时，管束动物的义务由饲养人转移给管理人，这时的赔偿主体应为管理人。至于管理人是有偿管理还是无偿管理，是长期管理还是临时管理，在所不问。

有的意见提出，"动物饲养人或者管理人"说明不了物权关系，建议修改为"所有人""管理人""占有人""保有人"。有人认为，还是沿用民法通则"动物饲养人或者管理人"为好。侵权责任法沿袭了民法通则的表述，本法沿袭了侵权责任法的表述，仍用"动物饲养人或者管理人"。本条的目的是规定

承担责任的主体，而不是规范物的归属关系。

四、抗辩事由

因被侵权人自己故意或者重大过失造成损害的，动物的饲养人或者管理人可以不承担或者减轻责任。

在动物致害中，有时被侵权人故意或者重大过失是诱发动物致害的直接原因，是引起损害的全部或者主要原因。也就是说，被侵权人致害，是因自己挑逗、刺激等诱发动物的行为直接造成的，如果被侵权人的行为不足以诱发动物，其过失只是引起损害的部分原因或者次要原因，则不能认为被侵权人在该损害中存在故意或者重大过失。例如，甲明知乙有一条性情暴躁的狗且经常咬人，但甲必须从乙的家门路过，当甲路过乙的门口时，乙的狗突然蹿出来把甲咬伤。此案中就不得认定甲是有重大过失的。因为甲的行为本身不能直接诱发动物损害，与动物损害没有必然的因果关系。

被侵权人是否存在故意或者重大过失，具体行为在不同的案件中是不相同的。在动物侵权案件中，对于被侵权人有故意或者重大过失的认定都是非常严格的，否则，任何主动接近动物的行为如果被认定为是故意或者重大过失的行为，那就会造成对动物饲养人或者管理人的偏袒，失去社会的公平。同时，被侵权人有故意或者重大过失的，动物饲养人或者管理人可以不承担或者减轻责任，这对饲养人或者管理人也是公平的。

五、举证责任倒置

动物饲养人或者管理人如果想要减轻或者不承担责任，就必须证明被侵权人的损害是因为他自己行为的故意或者重大过失造成的。如果举证不足或者举证不能，动物饲养人或者管理人就应承担动物致害的赔偿责任。

六、动物饲养人或者管理人的义务

动物饲养人或者管理人应该谨慎管束，肩负起对自己、对社会、对公众负责任的义务，这样有利于切实保障广大人民群众的人身和财产安全，维护社会的稳定和正常秩序。

> **第一千二百四十六条** 违反管理规定，未对动物采取安全措施造成他人损害的，动物饲养人或者管理人应当承担侵权责任；但是，能够证明损害是因被侵权人故意造成的，可以减轻责任。

【条文主旨】

本条是关于未对动物采取安全措施造成他人损害的责任承担的规定。

【条文释义】

随着饲养宠物人群的不断增多，社会上无序养宠物、违规养宠物的情况日益突出，动物伤人的事件逐年呈上升趋势。基于此问题的严重性，为维护百姓的人身和财产安全，侵权责任法第79条对动物致人损害的侵权责任作了严格的规定，但并未规定免责事由，即使被侵权人对损害的发生有过失，动物饲养人或者管理人也不能减轻或者不承担责任。民法典编纂过程中，有的意见提出，违反管理规定饲养动物，造成损害的，动物饲养人或者管理人承担的是无过错责任；但如果损害确系被侵权人的原因造成的，这种情况下动物饲养人或者管理人不能减免责任，会出现被侵权人因为没有责任，去主动挑逗、触摸动物，从而引发更多的损害情形发生。为了督促被侵权人正确认识自己的行为及可能产生的后果，应当规定责任减免条款。我们研究认为，在违反管理规定的情况下免除动物饲养人或者管理的责任显然是不合适的，但是可以适当减轻其责任。所以，在继承侵权责任法第79条的基础上，本条增加规定，"但是，能够证明损害是因被侵权人故意造成的，可以减轻责任"。该规定同样是举证责任倒置。

> **第一千二百四十七条**　禁止饲养的烈性犬等危险动物造成他人损害的，动物饲养人或者管理人应当承担侵权责任。

【条文主旨】

本条是关于对禁止饲养的烈性犬等危险动物致人损害的责任规定。

【条文释义】

饲养烈性动物有较大的危害性。我国很多的地方性法规对禁止饲养的烈性犬和大型犬作了明确的规定。为确保群众人身安全，本条对动物伤人的侵权行为作出了非常严格的规定，只要违反管理规定饲养了烈性犬等危险动物，并造成他人损害的，动物饲养人或者管理人就应当承担侵权责任，没有任何的免责事由可以援引。本条规定了如此严格的责任就是引导饲养危险动物的人认识到自己的社会责任和法律责任，为动物、为自己、为他人着想，不要违反规定饲养危险动物。

另外，需要说明一下属于大型犬的导盲犬的问题。导盲犬作为一种特殊的工作犬，必须要具备非常严格的条件，不仅要性情温和，喜欢与人在一起，不具有攻击性，不会对他人安全产生威胁。我国残疾人保障法强调对残疾人各项

"自立生活"权利的保护。第 58 条专门规定:"盲人携带导盲犬出入公共场所,应当遵守国家有关规定。"

> **第一千二百四十八条** 动物园的动物造成他人损害的,动物园应当承担侵权责任;但是,能够证明尽到管理职责的,不承担侵权责任。

【条文主旨】

本条是关于动物园的动物致人损害责任承担的规定。

【条文释义】

本条继承了侵权责任法第 81 条的规定。在侵权责任法起草过程中,对动物园的动物造成他人损害,动物园应当承担什么责任,就有较大争论。有的认为,作为一个公共场所,动物园应承担比较严格的责任。有人提出,被侵权人的伤害,有些时候是因为自己不遵守动物园的规定,无视警示牌、不听工作人员的劝阻,擅自挑逗动物造成的,如果动物园已尽到管理责任的,应减轻或者不承担责任。

民法典编纂过程中,有的提出,本条为过错推定责任,但会造成动物园的动物致害责任与普通人饲养动物致害责任之间的评价矛盾。第一,动物园饲养的动物比普通人饲养的动物可能更危险,能够证明尽到管理职责的,不承担侵权责任,根据本法第 1245 条的规定,普通动物饲养人能够证明损害是因被侵权人故意或者重大过失造成的,可以不承担或者减轻责任,这样不够合理。第二,动物园拥有专业的设施和人员,相对于普通动物饲养人来说,风险防范能力更强。我们采纳这一意见,作了相应修改。

本条规定,动物园的动物造成他人损害的,动物园应当承担侵权责任,但能够证明尽到管理职责的,不承担责任。也就是说,本条适用过错推定责任,动物园负有高度注意义务,只有能够证明已经采取足够的安全措施,并尽到充分的警示义务,才能认定为没有过错。如果动物园能够证明设施、设备没有瑕疵、有明显的警示牌,管理人员对游客挑逗、投打动物或者擅自翻越栏杆靠近动物等行为进行了劝阻,该尽的管理职责已经做到了,那么动物园就可以不承担侵权责任。

还有一个问题需要说明,关于野生动物致人损害的问题。野生动物保护法第 14 条规定:"各级野生动物保护主管部门应当监视、监测环境对野生动物的影响。由于环境影响对野生动物造成危害时,野生动物保护主管部门应当会同有关部门进行调查处理。"第 19 条规定："因保护本法规定保护的野生动物，造成人员伤亡、农作物或者其他财产损失的，由当地人民政府给予补偿。具体办法由省、自治区、直辖市人民政府制定。有关地方人民政府可以推动保险机构开展野生动物致害赔偿保险业务。有关地方人民政府采取预防、控制国家重点保护野生动物造成危害的措施以及实行补偿所需经费，由中央财政按照国家有关规定予以补助。"从上述规定可以看出，实践中对受到损害的单位和个人已经有了相关的救济措施。因此，本法对野生动物致害问题就没有再作专门规定。

> **第一千二百四十九条　遗弃、逃逸的动物在遗弃、逃逸期间造成他人损害的，由动物原饲养人或者管理人承担侵权责任。**

【条文主旨】

本条是关于遗弃、逃逸的动物在遗弃、逃逸期间造成他人损害的责任规定。

【条文释义】

对流浪动物的问题作出规定，明确饲养人和管理人的管理责任，有助于从源头遏制遗弃饲养的动物，看管好自己饲养的动物以防丢失的情况发生。鉴于流浪动物问题的严重性，侵权责任法第 82 条规定了遗弃、逃逸的动物在遗弃、逃逸期间造成他人损害的，由原动物饲养人或者管理人承担侵权责任。本条继承了侵权责任法第 82 条的规定。

动物的遗弃是指动物饲养人抛弃了动物。逃逸的动物是指饲养人暂时地丧失了对该动物的占有和控制。

对动物在失去饲养人或者管理人控制下造成他人损害的，无论动物饲养人或者管理人遗弃动物，还是未尽到管理责任致使动物逃逸，其行为都是加剧了动物对人和社会的危险性，而损害的事实正是由于动物在失去人为的管理和控制下任意流动的危险性所导致。因此，为了社会公众利益，为了充分保护被侵权人利益，遗弃、逃逸动物的原饲养人或者管理人就应当对自己遗弃动物的行为，以及疏于管理没有尽到管理义务的行为承担责任。

> **第一千二百五十条　因第三人的过错致使动物造成他人损害的，被侵权人可以向动物饲养人或者管理人请求赔偿，也可以向第三人请求赔偿。动物饲养人或者管理人赔偿后，有权向第三人追偿。**

【条文主旨】

本条是关于因第三人的过错致使动物造成他人损害责任承担的规定。

【条文释义】

现实中经常发生的动物伤人事件，并非被侵权人自己有过错，也非动物独立行为致人伤害，很多情形是由于第三人的原因致使动物伤及他人。如某甲故意在马身边按车喇叭，致使拴在木桩上的马受惊挣脱绳子，冲出去撞伤了行人。本条就是要解决因第三人的原因，造成动物伤害他人的赔偿问题。

一、第三人的过错

第三人的过错是指被侵权人和动物饲养人或者管理人以外的人对动物造成损害有过错。第三人的过错在大多数场合表现为：有意挑逗、投打、投喂、诱使动物，其后果致使他人受到人身或者财产的损害，其实质是实施了诱发动物致害的行为。

二、对被侵权人救济的选择权

本条赋予了被侵权人的选择权，被侵权人既可以请求第三人承担赔偿责任，也可以请求动物饲养人或者管理人承担赔偿责任。赋予被侵权人的选择权，一方面可使被侵权人获得法律救济、得到实际赔偿的可能性增大；另一方面也会使动物饲养人对动物的管理更加尽到注意义务，从而减少动物伤人的机会。这样的设计可以让被侵权人受到更多的保护。

三、动物饲养人或者管理人的追偿权

动物饲养人或者管理人之所以享有追偿权，是因为动物饲养人或者管理人实际上是代替第三人履行的赔偿义务，在动物饲养人或者管理人与第三人之间，第三人仍然是责任的最终承担者。这样规定，一方面有利于被侵权人及时获得救济，另一方面也是维护动物饲养人或者管理人自身权益的一项重要手段。

> **第一千二百五十一条　饲养动物应当遵守法律法规，尊重社会公德，不得妨碍他人生活。**

【条文主旨】

本条是关于饲养动物应当遵守法律的规定。

【条文释义】

动物的一切行为约束全部靠动物饲养人或者管理人的管制。既然饲养了动物，饲养人就应该意识到自己担负着遵守社会公德和保护公共环境的双重社会责任，不能放任宠物侵扰他人的正常生活，应该按照规定饲养动物：一是动物饲养人或者管理人在携犬出户时，应当对犬束犬链，由成年人牵领，并应当避让老年人、残疾人、孕妇和儿童。二是动物饲养人或者管理人不得让动物干扰他人正常生活。犬吠影响他人休息时，养犬人应当采取有效措施予以制止。三是不得携宠物进入市场、商店、商业街区、饭店、公园、公共绿地、学校、医院、展览馆、影剧院、体育场馆、社区公共健身场所、游乐场、候车室等公共场所；不得携宠物乘坐除小型出租汽车以外的公共交通工具；携宠物乘坐小型出租汽车时，应征得驾驶员的同意，并作好防护安全措施。四是饲养宠物要定期为其注射预防疾病疫苗、狂犬病疫苗和必要的医疗保健措施；不抛弃、不放弃饲养的宠物。五是携宠物出户时，对在户外排泄的粪便应当立即清除等。

第十章　建筑物和物件损害责任

本章共七条，主要规定了建筑物、构筑物或者其他设施倒塌、塌陷造成他人损害责任，建筑物、构筑物或者其他设施及其搁置物、悬挂物发生脱落、坠落造成他人损害责任，从建筑物中抛掷物品或者从建筑物上坠落的物品造成他人损害责任，堆放物造成他人损害责任，在公共道路上堆放、倾倒、遗撒妨碍通行的物品造成他人损害责任，林木造成他人损害责任，在公共场所或者道路上挖坑、修缮安装地下设施等造成他人损害责任，窨井等地下设施造成他人损害责任。

侵权责任法第十一章的章名为"物件损害责任"，民法典侵权责任编编纂过程中，有的提出，从语义上看，"物件"似乎无法涵盖有关"建筑物"等情形，可能使人造成误解。因此，本法将侵权责任法的"物件损害责任"修改为"建筑物和物件损害责任"。本章所指建筑物和物件包括建筑物、构筑物或者其他设施及其搁置物、悬挂物，堆放物，妨碍通行物和林木等。建筑物和物件损害责任，是指建筑物、构筑物或者其他设施及其搁置物、悬挂物，堆放物，妨碍通行物和林木等由于存在缺陷或者疏于管理、维护等，造成他人损害，侵权人应当承担的侵权责任。

　　第一千二百五十二条　建筑物、构筑物或者其他设施倒塌、塌陷造成他人损害的，由建设单位与施工单位承担连带责任，但是建设单位与施工单位能够证明不存在质量缺陷的除外。建设单位、施工单位赔偿后，有其他责任人的，有权向其他责任人追偿。

> 因所有人、管理人、使用人或者第三人的原因，建筑物、构筑物或者其他设施倒塌、塌陷造成他人损害的，由所有人、管理人、使用人或者第三人承担侵权责任。

【条文主旨】

本条是关于建筑物、构筑物或者其他设施倒塌、塌陷造成他人损害责任的规定。

【条文释义】

侵权责任法第86条对建筑物、构筑物或者其他设施倒塌造成他人损害的情形作了规定。针对实践中有的地方发生地面坍塌致人损害问题，严重危害人民群众的人身财产安全。民法典本条在侵权责任法的基础上增加了"坍塌"这种情形。

本条所说的倒塌、塌陷，是指建筑物、构筑物或者其他设施坍塌、倒覆，造成该建筑物、构筑物或者其他设施丧失基本使用功能。例如，楼房倒塌、桥梁的桥墩坍塌、电视塔从中间折断、烟囱倾倒、地面塌陷等。

一、建设单位与施工单位的连带责任、例外情形以及追偿权

（一）连带责任

侵权责任法立法过程中，有的意见认为，应当规定由建设单位、设计单位、施工单位、监理单位等承担连带责任。经研究，侵权责任法第86条第1款，将勘察单位、设计单位和监理单位作为"其他责任人"处理。民法典侵权责任编继承了侵权责任法的规定。

一是建设单位。实践中，房地产开发企业、机关和工厂是比较常见的建设单位。建设单位是建设工程合同的发包人，参与工程建设的很多环节，对建设工程的质量有很大的影响。二是施工单位。实践中，建筑公司是比较常见的施工单位。施工单位负责建设工程的具体施工工作，对建设工程质量有比较直接的影响，应当对建设工程的质量负责。

根据本条第1款的规定，由建设单位与施工单位承担连带责任。

（二）除外情形

民法典编纂过程中，有的提出，一律规定建设单位与施工单位承担连带责任，在不存在工程质量的情况下，是否有必要。经过综合考虑，在本条增加了但书规定，即建设单位与施工单位能够证明不存在质量缺陷的，不承担连带

责任。

（三）建设单位和施工单位赔偿后，有其他责任人的，有权向其他责任人追偿

一般来讲，本条第1款规定的"其他责任人"，主要包括：一是勘察单位、设计单位等。二是监理单位。三是勘察、设计、监理单位以外的责任人。例如，负责颁发建筑工程施工许可证的部门。

二、因所有人、管理人、使用人或者第三人的原因，建筑物、构筑物或者其他设施倒塌、塌陷造成他人损害的，由所有人、管理人、使用人或者第三人承担侵权责任

建筑物、构筑物或者其他设施倒塌、塌陷有多种原因，有的是因质量不合格，有的是由于年久失修，有的是业主擅自改变承重结构，不宜都由建设单位、施工单位承担责任。因此，本条第2款规定，因所有人、管理人、使用人或者第三人的原因，建筑物、构筑物或者其他设施倒塌、塌陷造成他人损害的，由所有人、管理人、使用人或者第三人承担侵权责任。侵权责任法第86条规定的是因"其他责任人的原因"，在民法典侵权责任编编纂过程中，有的提出，本条第1款、第2款均有"其他责任人"的表述，含义不同，容易引起误解。我们认为，第1款中的"其他责任人"主要是指与建筑物、构筑物或者其他设施的建设、施工相关的主体，如建设单位、施工单位、监理单位、勘查单位等。第2款中的"其他责任人"主要是指暴力装修的所有权人等房屋的使用人。为了避免误解与理解上出现混淆，我们将第2款中的"其他责任人"修改为"所有人、管理人、使用人或者第三人"。

> **第一千二百五十三条** 建筑物、构筑物或者其他设施及其搁置物、悬挂物发生脱落、坠落造成他人损害，所有人、管理人或者使用人不能证明自己没有过错的，应当承担侵权责任。所有人、管理人或者使用人赔偿后，有其他责任人的，有权向其他责任人追偿。

【条文主旨】

本条是关于建筑物、构筑物或者其他设施及其搁置物、悬挂物发生脱落、坠落造成他人损害责任的规定。

【条文释义】

在民法通则、司法解释和司法实践经验的基础上，侵权责任法第85条对建

筑物、构筑物或者其他设施及其搁置物、悬挂物脱落、坠落造成他人损害责任作了规定。在编纂民法典侵权责任编时，在继承侵权责任法第 85 条、第 86 条规定的同时，将两条的顺序互换，使得本条与下一条关于"建筑物抛物坠物"责任的规定更为紧密。

一、有关术语

建筑物是指人工建造的、固定在土地上，其空间用于居住、生产或者存放物品的设施，如住宅、写字楼、车间、仓库等。

构筑物或者其他设施，是指人工建造的、固定在土地上、建筑物以外的某些设施，如道路、桥梁、隧道、城墙、堤坝等。

建筑物、构筑物或者其他设施上的搁置物、悬挂物，是指搁置、悬挂在建筑物、构筑物或者其他设施上，非建筑物、构筑物或者其他设施本身组成部分的物品。例如，搁置在阳台上的花盆、悬挂在房屋天花板上的吊扇、脚手架上悬挂的建筑工具等。

建筑物、构筑物或者其他设施及其搁置物、悬挂物脱落、坠落，是指建筑物、构筑物或者其他设施的某一个组成部分以及搁置物、悬挂物从建筑物、构筑物或者其他设施上脱落、坠落。例如，房屋墙壁上的瓷砖脱落、房屋天花板坠落、吊灯坠落、屋顶瓦片滑落、房屋窗户玻璃被风刮碎坠落、阳台上放置的花盆坠落等。

二、责任主体

建筑物、构筑物或者其他设施的所有人、管理人或者使用人应当对建筑物、构筑物或者其他设施及其搁置物、悬挂物进行合理的管理、维护，避免给他人造成损害。本条规定了三个侵权责任主体：一是所有人，承担维护、管理的义务，应当依法承担侵权责任。二是管理人，指对建筑物等设施及其搁置物、悬挂物负有管理、维护义务的人。三是使用人，指因租赁、借用或者其他情形使用建筑物等设施的人。

三、归责原则

1. 本条采用过错推定原则，既符合社会生活的实际情况，也有利于保护被侵权人的合法权益。

2. 所有人、管理人或者使用人赔偿后，有其他责任人的，有权向其他责任人追偿。实践中，有时损害的发生除了与所有人、管理人或者使用人的过错有关外，还与其他人有关，只是该其他人不直接对被侵权人承担侵权责任。但是，所有人、管理人或者使用人向被侵权人赔偿后，有权向该其他责任人追偿。

第一千二百五十四条 禁止从建筑物中抛掷物品。从建筑物中抛掷物品或者从建筑物上坠落的物品造成他人损害的，由侵权人依法承担侵权责任；经调查难以确定具体侵权人的，除能够证明自己不是侵权人的外，由可能加害的建筑物使用人给予补偿。可能加害的建筑物使用人补偿后，有权向侵权人追偿。

物业服务企业等建筑物管理人应当采取必要的安全保障措施防止前款规定情形的发生；未采取必要的安全保障措施的，应当依法承担未履行安全保障义务的侵权责任。

发生本条第一款规定的情形的，公安等机关应当依法及时调查，查清责任人。

【条文主旨】

本条是关于从建筑物中抛掷物品或者从建筑物上坠落的物品造成他人损害责任的规定。

【条文释义】

实践中，从建筑物上抛掷物、坠落物致人损害的情形时有发生，"头顶上的安全"引起社会的广泛关注。对侵权责任法第87条的规定各方面一致有很大意见。在民法典侵权责任编的编纂过程中，如何对本条修改，是否删除本条规定，是各方面关注的焦点之一。经过反复研究、慎重考虑、大量调研、听取意见和建议后认为，从建筑物中抛掷物品或者从建筑物上坠落的物品造成他人损害的民事责任主要涉及两种情况：一是责任人容易明确的情形。建筑物的构成部分或者建筑物上的搁置物、悬挂物发生脱落、坠落，这种情形下责任人较容易被发现。二是责任人不容易明确的情形。对于这种情形，"由可能加害的建筑物使用人给予补偿"。"可能加害的建筑物使用人"必须限定在一定的合理范围内，不能机械地无限扩大至建筑物中的所有人。

民法典侵权责任编草案三审稿对侵权责任法第87条作了重大修改。对修改稿的内容，有的提出，实践中建筑物管理人主要是物业服务企业，建议明确列举出物业服务企业。经研究，我们采纳这一意见。2020年5月民法典提交十三届全国人大三次会议审议过程中，有的提出，高空抛物或者坠物行为危害公共安全，公安机关有责任进行调查以查清责任人。经研究，我们采纳了这一建议。

一、禁止从建筑物中抛掷物品

我国的民事法律规范极少使用"禁止"性的表述，盖因民事法律是调整平等主体之间权利义务的规范，以自由意志为导向。本条规定禁止性规定，是对从建筑物中抛掷物品行为的严厉谴责和禁止。

二、从建筑物中抛掷物品或者从建筑物上坠落的物品

如果物体并非从建筑物中抛掷或坠落，不适用该规定。

三、由侵权人依法承担侵权责任

从建筑物中抛掷物品或者从建筑物上坠落的物品造成他人损害的，应当由侵权人依法承担侵权责任，这是过错责任的体现。只有难以确定具体侵权人的，才适用本条的补偿规定。

四、经调查难以确定具体侵权人

难以确定具体侵权人是指无法确定物品具体是从哪一个房间抛掷、坠落的，因此无法确定具体的侵权人。本条在侵权责任法第87条的基础上，增加了"经调查"的表述。我们认为，从建筑物中抛掷物品或者从建筑物上坠落的物品，造成他人损害的，小区物业管理企业、公安等机关均及时、缜密的调查取证，尽量查明侵权人。

五、关于可能加害的建筑物使用人

按照社会生活实践经验、科学手段等方法，可以推测认为抛掷物、坠落物有可能是从某人使用的建筑物中抛掷或坠落的，则该使用人就是本条所说的"可能加害的建筑物使用人"。当然，这种可能性必须在一定的合理范围内。

六、除能够证明自己不是侵权人的外，由可能加害的建筑物使用人给予补偿

本条采用举证责任倒置，由建筑物使用人证明自己不是侵权人。建筑物使用人不能证明自己不是侵权人的，要对被侵权人受到的损害进行补偿。如果有证据能够确定具体的侵权人，则其他可能加害的建筑物使用人无须再举证证明自己不是侵权人。

七、发现真正侵权人后，承担了补偿的建筑物使用人具有追偿权

由可能加害的建筑物使用人对被侵权人给予补偿的，各个可能加害的建筑物使用人之间不承担连带责任，而是按份分别对被侵权人进行补偿。被侵权人不能要求某一个或一部分可能加害的建筑物使用人补偿其全部的损害，可能加害的建筑物使用人按照自己应承担的份额对被侵权人进行补偿后，也不能向其他可能加害的建筑物使用人追偿。但是，发现了真正侵权人的，可以向真正的侵权人进行追偿，以体现责任自负、社会公平。

八、物业服务企业等建筑物管理人的义务

物业服务企业与业主签订物业服务合同，应当履行合同约定的义务，及时采取合理措施制止、向有关行政主管部门报告并协助处理。因此，物业服务企业具有一定的安全保障义务，应当采取必要的安全保障措施。未采取必要的安全保障措施的，应当依法承担未履行安全保障义务的侵权责任。

九、公安等机关的及时调查义务

公安等机关是具有侦查权的机关，应当积极履职、为民服务，立案侦查，调查清楚具体的侵权人，尽可能减少难以确定具体侵权人的情形，不能推诿扯皮。

第一千二百五十五条　堆放物倒塌、滚落或者滑落造成他人损害，堆放人不能证明自己没有过错的，应当承担侵权责任。

【条文主旨】

本条是关于堆放物造成他人损害责任的规定。

【条文释义】

本条在继承侵权责任法第88条的基础上，根据实践的需要和有关建议，增加列举了"滚落或者滑落"两种情形。

堆放物，是指堆放在土地上或者其他地方的物品。堆放物须是非固定在其他物体上，如建筑工地上堆放的砖块、木料场堆放的圆木等。

本条所说的倒塌、滚落或者滑落，包括堆放物整体或者部分的倒塌、脱落、坠落、滑落、滚落等。例如，码头堆放的集装箱倒塌、建筑工地上堆放的建筑材料倒塌、伐木场堆放的圆木滚落等。

堆放人，是指将物体堆放在某处的人。堆放人可能是所有人，也可能是管理人。堆放人应当合理选择堆放地点、堆放高度，要堆放稳固并看管好堆放的物品，防止被他人随意挪动，防止他人特别是限制民事行为能力人和无民事行为能力人攀爬等。

本条采用过错推定原则。堆放人不能证明自己没有过错的，承担侵权责任。符合本法第1178条规定的，可以不承担或者减轻责任。

第一千二百五十六条　在公共道路上堆放、倾倒、遗撒妨碍通行的物品造成他人损害的，由行为人承担侵权责任。公共道路管理人不能证明已经尽到清理、防护、警示等义务的，应当承担相应的责任。

【条文主旨】

本条是关于在公共道路上堆放、倾倒、遗撒妨碍通行的物品造成他人损害责任的规定。

【条文释义】

一、关于公共道路

公共道路是指公共通行的道路，主要依照根据公路法和公路管理条例确定。

二、关于堆放、倾倒、遗撒妨碍通行物

本条规定的堆放、倾倒、遗撒妨碍通行物，是指在公共道路上堆放、倾倒、遗撒的物品，影响他人对该公共道路正常、合理的使用。公共道路的使用关系到公众的利益，在道路上堆放、倾倒、遗撒妨碍通行物，会对他人的安全造成不合理的危险。

在公共道路上堆放、倾倒、遗撒妨碍通行物，既可以是堆放、倾倒、遗撒固体物，也可以是倾倒液体、排放气体。

三、直接侵权人与公共道路管理人

侵权责任法第89条使用了"有关单位或者个人"的表述。民法典侵权责任编编纂过程中，有的提出，本条应当对承担责任的主体作进一步细分。我们研究认为，在公共道路上堆放、倾倒、遗撒妨碍通行的物品的主体大致可分为两类：一类是具体实施该行为的侵权人；另一类是对公共道路具有养护、管理职责的主体。公共道路涉及公共安全，公共道路管理人对道路的管理职责中当然就包括了法定的防止因第三人的堆放、倾倒、遗撒等行为造成他人损害的义务。为了保障公共道路具有良好的使用状态，公共道路的管理、维护者要及时发现道路上出现的妨碍通行的情况并采取清理、防护、警示等合理的措施。如果没有尽到这种义务，应在未尽到职责的范围内承担相应的侵权责任。本条在侵权责任法第89条的基础上，区分了直接侵权人和公共道路管理人两种情况，作了进一步的细分和完善，公共道路管理人承担的是过错推定责任。

> **第一千二百五十七条　因林木折断、倾倒或者果实坠落等造成他人损害，林木的所有人或者管理人不能证明自己没有过错的，应当承担侵权责任。**

【条文主旨】

本条是关于林木造成他人损害责任的规定。

【条文释义】

一、关于林木折断、倾倒或者果实坠落等情形

林木造成他人损害，不仅包括林木枝蔓等的掉落造成他人损害，还包括果实坠落砸伤路人、树木倒伏压坏路旁汽车等。侵权责任法第90条规定了"林木折断"，没有规定兜底情形。在民法典侵权责任编编纂过程中，有的提出，侵权责任法的规定不够全面，也没有"等"字兜底，林木倾倒、果实坠落等基于物件自身危险致人损害的情形无法囊括。本条增加列举了"倾倒或者果实坠落等"的情形。

二、关于林木的所有人或者管理人

林木的所有人或者管理人主要依照森林法确定，应当对林木进行合理的维护，防止林木出现危害他人安全的情形。

三、归责原则

适用过错推定的归责原则，林木的所有人或者管理人不能证明自己没有过错的，应当承担侵权责任。

所有人或者管理人要证明自己没有过错，通常要证明其对林木已经尽到了管理、维护的义务。需要说明的是，很多时候，林木的折断表面上是由于自然原因或者第三人等的原因造成的，但实质上与所有人或者管理人的过错有关。如果林木的折断完全是因自然原因、第三人或者受害人的过错造成，林木的所有人或者管理人能够证明自己没有过错的，不承担侵权责任。

> **第一千二百五十八条** 在公共场所或者道路上挖掘、修缮安装地下设施等造成他人损害，施工人不能证明已经设置明显标志和采取安全措施的，应当承担侵权责任。
>
> 窨井等地下设施造成他人损害，管理人不能证明尽到管理职责的，应当承担侵权责任。

【条文主旨】

本条是关于在公共场所或者道路上挖坑、修缮安装地下设施等造成他人损害责任，以及窨井等地下设施造成他人损害责任的规定。

【条文释义】

一、关于第1款规定的理解和使用

民法典侵权责任编在继承侵权责任法的基础上，作了一定的完善：一是调

整了语序，明确了"造成他人损害"是"在公共场所或者道路上挖坑、修缮安装地下设施等"的后果，使本条表述更加清晰。二是将"没有设置"修改为"施工人不能证明已经设置"，使得过错推定归责原则的表示与本章其他条文的表述保持一致。

（一）在公共场所或者道路施工

公共场所是不特定人聚集、通行的场所，在这些场所施工，很有可能对他人造成损害，因此，需要更加注意保护他人的安全。在公共场所或者道路上施工，应当设置明显标志和采取安全措施，包括以下几个方面的内容：第一，设置的警示标志必须具有明显性。第二，施工人要保证警示标志的稳固并负责对其进行维护，使警示标志持续地存在于施工期间。第三，仅设置明显的标志不足以保障他人的安全的，施工人还应当采取其他有效的安全措施。

（二）关于施工人

公共场所或者道路施工致人损害的责任人是施工人。施工人直接控制着施工场地，因此应当承担对施工场地的管理和维护义务，保障他人的安全。

（三）在公共场所或者道路上施工与在公共道路上设置妨碍通行物

本条第 1 款与本法第 1256 条规定的情形，主要有如下区别：

一是发生的原因不同。公共场所或者道路上施工致人损害责任，是施工人在施工过程中没有设置明显标志和采取安全措施，造成他人损害时应当承担的侵权责任。在公共道路上设置妨碍通行物致人损害责任，是在公共道路上堆放、倾倒、遗撒妨碍通行的物品造成他人损害，有关的单位和个人应当承担的侵权责任。

二是责任主体不同。公共场所施工致人损害的责任主体是施工人，在公共道路上堆放、倾倒、遗撒妨碍通行的物品造成他人损害的责任主体是行为人和公共道路管理人。

（四）归责原则

采用过错推定归责原则，理由主要有：一是公共场所是人们经常聚集、活动和通行的地方，施工人必须采取严格的安全措施方能避免，采用过错推定与在公共场所施工的危险程度是相符合的。二是从救济受害人的角度考虑，施工人距离证据较近，有利于查明事实真相，采用过错推定更利于对受害人的救济。三是从体系解释的角度来看，本章规定的主要是过错推定责任，该条也应适用过错推定原则。

二、关于第 2 款规定的理解和使用

（一）窨井、地下设施及其管理人

窨井是指上下水道或者其他地下管线工程中，为便于检查或疏通而设置的井状构筑物。其他地下设施包括地窖、水井、下水道以及其他地下坑道等。

窨井等地下设施的管理人，是指负责对该地下设施进行管理、维护的单位或者个人。城市地下设施复杂，例如有输水、输油、输气、输电设施等，不同的地下设施可能属于不同的单位管理，在损害发生后要明确具体的管理人，由相关的管理人依法承担侵权责任。

（二）归责原则

适用过错责任推定归责原则，这样有利于保护被侵权人的利益，也有利于促使地下设施的管理人认真履行职责，确保窨井等地下设施的安全，保护公众合法权益。

附　　则

附则共两条，规定了民法有关术语的含义，民法典的施行日期和此前颁布的各单行民法的废止。

> 第一千二百五十九条　民法所称的"以上"、"以下"、"以内"、"届满"，包括本数；所称的"不满"、"超过"、"以外"，不包括本数。

【条文主旨】

本条是关于法律术语含义的规定。

【条文释义】

本条继承自民法总则第205条。在汉语词义的解释中，"以上"指的是位置或者数目等在某一点之上；"以下"指的是位置或者数目不高于某一点；"以内"指的是介于一定的时间、数量、范围之中；"届满"指的是规定的期限已满、到期；"不满"指的是不充满，量不足；"超过"指的是高出、超出；"以外"指的是一定的限制、界限或者范围之外。从上面的基本含义可以得知，"以上""以下""以内""届满"，应当包括本数；"不满""超过""以外"，不包括本数。

在民法典编纂过程中，有的建议将本条中"民法"修改为"本法""民法典"。我们研究认为，本条关于法律术语的含义，不仅仅是在民法典中适用，在民法典外的民商事单行法中均应适用，体现的是民商事法律基本准则。本法第2条规定的"民法调整平等主体的自然人、法人和非法人组织之间的人身关系和财产关系"使用的也是"民法"这一术语。因此，我们没有采纳上述意见。

> 第一千二百六十条　本法自2021年1月1日起施行。《中华人民共和国婚姻法》、《中华人民共和国继承法》、《中华人民共和国民法通则》、《中华人民共和国收养法》、《中华人民共和国担保法》、《中华人民共和国合同法》、《中华人民共和国物权法》、《中华人民共和国侵权责任法》、《中华人民共和国民法总则》同时废止。

【条文主旨】

本条是关于民法典的施行日期和此前颁布的各单行民法废止的规定。

【条文释义】

由于民法典在中国特色社会主义法律体系中具有非常重要的地位，是民事生活领域的基本法，有些制度是对过去各个时期民事单行法的重大修改完善，有些制度是创设性的全新制度，关系平等主体的日常生活、生产，内容丰富，涉及面广，需要在通过后留出一定的时间供社会各界学习、准备。因此，反复研究后，全国人大宪法和法律委员会建议民法典在 2020 年 5 月通过后，预留约 7 个月的时间，自 2021 年 1 月 1 日起施行，对此前的民事关系，民法典没有溯及力。

民法典系统编纂整合了《中华人民共和国婚姻法》等不同历史时期颁布的 9 部重要民事法律。自民法典施行之日，婚姻法、继承法、民法通则、收养法、担保法、合同法、物权法、侵权责任法和民法总则将被替代，不再适用。需要说明的是，2014 年十二届全国人大常委会十一次会议通过的《全国人民代表大会常务委员会关于〈中华人民共和国民法通则〉第九十九条第一款、〈中华人民共和国婚姻法〉第二十二条的解释》，作为民法通则和婚姻法的立法解释，也同步废止。

后　记

为了配合民法典的学习、宣传，帮助读者更好地理解民法典的立法原意和各项规定，保证民法典的顺利实施，全国人大常委会法制工作委员会民法室参与民法典编纂的同志编写了这本书，供大家学习参考。

本书由全国人大常委会法制工作委员会民法室主任黄薇同志任主编，参加本书撰写工作的作者还有杨明仑、杜涛、石宏、段京连、庄晓泳、孙娜娜、李恩正、朱书龙、宋江涛、孙艺超、马吾叶、罗鑫煌、魏超杰、王灯、朱虎、龙俊等。

因时间和水平有限，不妥和疏漏之处在所难免，敬请读者批评指正。

作　者

2020 年 7 月